清史

图书在版编目(CIP)数据

清史：上卷、下卷/李治亭主编. —北京：人民文学出版社,2020(2023.11重印)
ISBN 978-7-02-011427-6

Ⅰ.①清… Ⅱ.①李… Ⅲ.①中国历史—清代 Ⅳ.①K249

中国版本图书馆 CIP 数据核字(2016)第 035446 号

责任编辑　徐文凯
装帧设计　刘　静
责任印制　张　娜

出版发行　人民文学出版社
社　　址　北京市朝内大街 166 号
邮政编码　100705

印　　刷　三河市宏盛印务有限公司
经　　销　全国新华书店等

字　　数　1462 千字
开　　本　710 毫米×1000 毫米　1/16
印　　张　95.25　插页 14
印　　数　3001—5000
版　　次　2020 年 9 月北京第 1 版
印　　次　2023 年 11 月第 2 次印刷

书　　号　978-7-02-011427-6
定　　价　198.00 元(上下卷)

如有印装质量问题，请与本社图书销售中心调换。电话:010-65233595

后金（清）努尔哈赤朝服像

清崇德皇帝朝服像

清顺治皇帝朝服像（局部）

清康熙皇帝朝服像（局部）

清雍正皇帝朝服像

清乾隆皇帝朝服像（局部）

清嘉庆皇帝朝服像

清道光皇帝朝服像

清咸丰皇帝朝服像（局部）

清同治皇帝朝服像

清光绪皇帝朝服像

摄政王载沣及宣统皇帝溥仪像

慈禧太后像

恭亲王奕䜣像

总理各国事务衙门

北京故宫太和殿

作者名单

（以执笔章节先后为序）

刁书仁　第一编第一至八章

李治亭　第二编第一至四章

胡　凡　第二编第五章，第三编（上）第四章，第三编（下）第七章，第四编第六章

姜守鹏　黄松筠　刘丽萍
　　　　第三编（上）第一至三章、第七章，第三编（下）第二至六章、第八章

梁希哲　李　倩
　　　　第三编（上）第五至六章、第八章，第三编（下）第一章

谢景芳　第四编第一至五章

孙文范　第五编（上）第一至四章

曲晓范　李洪权　林继红　李万荣　谷　曼　吴晓斌　张永珍
　　　　第五编（上）第五至六章，第五编（下）第一至九章

目 录

新版前言 …………………………………………………………… 1

清史总论 …………………………………………………………… 1

第一编　山海关外开基立业

第一章　从传说到历史 …………………………………… 3
 1. 仙女诞育始祖 ………………………………………… 3
 2. 孟特穆率族归明 ……………………………………… 5
 3. 世代为明"看边" …………………………………… 13

第二章　女真再度复兴 …………………………………… 27
 1. 女真溯源流 …………………………………………… 27
 2. 明对女真的治术 ……………………………………… 34
 3. 明末女真分合之势 …………………………………… 41

第三章　创建后金政权 …………………………………… 47
 1. 努尔哈赤起兵创业 …………………………………… 47
 2. 统一女真诸部 ………………………………………… 57
 3. 创建八旗 ……………………………………………… 88
 4. 创制满文 ……………………………………………… 105
 5. 建国称汗 ……………………………………………… 109

第四章　对明廷的战争 …………………………………… 115
 1. 首战抚、清 …………………………………………… 115
 2. 决战萨尔浒 …………………………………………… 121

3. 进军辽东 ………………………………………… 130

　　4. 迁都辽阳 ………………………………………… 142

　　5. 夺取广宁 ………………………………………… 151

第五章　后金发展受挫 ………………………………… 159

　　1. 弃辽阳再迁沈阳 ………………………………… 159

　　2. 兵败宁远城下 …………………………………… 162

　　3. 后金陷入危机 …………………………………… 169

　　4. 努尔哈赤之死 …………………………………… 178

第六章　皇太极改革 …………………………………… 185

　　1. 调整满汉关系 …………………………………… 185

　　2. 仿明制更定官制 ………………………………… 187

　　3. 完善八旗制度 …………………………………… 192

　　4. 推行满族文化 …………………………………… 194

第七章　后金蓬勃发展 ………………………………… 200

　　1. 向辽西推进 ……………………………………… 200

　　2. 入关袭扰 ………………………………………… 209

　　3. 三征林丹汗 ……………………………………… 217

　　4. 两征李氏朝鲜 …………………………………… 223

　　5. 黑龙江入版图 …………………………………… 234

第八章　清史新纪元 …………………………………… 242

　　1. 改国号大清 ……………………………………… 242

　　2. 确立专制政体 …………………………………… 246

　　3. 经济全面好转 …………………………………… 250

　　4. 决胜松山、锦州 ………………………………… 254

第二编　入主中原

第一章　定鼎北京 ……………………………………… 261

　　1. 大顺灭亡明朝 …………………………………… 261

　　2. 多尔衮决策进关 ………………………………… 268

  3. 吴三桂请兵 ································ 277
  4. 血战山海关 ································ 286
  5. 迁都北京 ·································· 300
 第二章 削平群雄 ···································· 309
  1. 扑灭大顺与大西 ···························· 309
  2. 渡江攻灭弘光 ······························ 317
  3. 鲁王唐王绍武覆亡 ·························· 326
  4. 最后亡永历 ································ 335
  5. 肃清反清势力 ······························ 352
 第三章 重建新王朝 ·································· 368
  1. 承袭明制政体 ······························ 368
  2. 恢复封建经济 ······························ 377
  3. 严厉整饬吏治 ······························ 387
  4. 理顺满汉关系 ······························ 395
  5. 怀柔边疆各民族 ···························· 408
 第四章 巩固与扩大统一 ······························ 422
  1. 圣祖即位与初政 ···························· 422
  2. 以农事为"国之本" ························· 428
  3. 清除鳌拜集团 ······························ 436
  4. 裁撤"三藩" ······························· 443
  5. 收降郑氏台湾 ······························ 455
 第五章 清初思想与文化 ······························ 464
  1. 三大思想家交相辉映 ························ 464
  2. 理学与经学的新变化 ························ 481
  3. 史学的蓬勃气象 ···························· 493
  4. 文学与艺术初现繁荣 ························ 503

第三编（上） 康熙开创盛世新局面

第一章 由乱走向大治 ………………………… 517
  1. 皇帝乾纲独揽 ……………………………… 517
  2. 政通人和 …………………………………… 522
  3. 调整垦荒政策 ……………………………… 528
  4. 更定赋役制度 ……………………………… 533
  5. 治黄与大治天下 …………………………… 536

第二章 长城内外一家 ………………………… 542
  1. 雅克萨反击沙俄 …………………………… 542
  2. 平定噶尔丹之乱 …………………………… 550
  3. 盛大的多伦会盟 …………………………… 557
  4. 和硕特蒙古归一统 ………………………… 563
  5. 艰难险阻保西藏 …………………………… 568

第三章 稳步进入盛世 ………………………… 575
  1. 经济全面上升 ……………………………… 575
  2. 赈灾与普免钱粮 …………………………… 582
  3. "滋生人丁永不加赋" ……………………… 588
  4. 海陆贸易兴旺 ……………………………… 591
  5. 振兴工矿手工业 …………………………… 596
  6. 圣祖巡视地方 ……………………………… 600

第四章 思想文化昌盛 ………………………… 607
  1. 崇儒家注重实学 …………………………… 607
  2. 掀起兴办书院的热潮 ……………………… 613
  3. 广开科举选拔人才 ………………………… 616
  4. 倡导学术蔚然成风 ………………………… 622
  5. 文学艺术取得成就 ………………………… 628
  6. 中西科技首次结合 ………………………… 635

第五章　康熙晚年政治 …… 642
1. 圣祖的人格与为政 …… 642
2. 吏治宽纵政风松懈 …… 649
3. 钱粮亏空储备下降 …… 654
4. 储位之争与朋党 …… 657

第六章　雍正承前启后 …… 672
1. 世宗继位辨疑 …… 672
2. 从严整顿吏治 …… 679
3. 密建储位以固根本 …… 689
4. 设军机处调整官制 …… 697
5. 发展经济的新举措 …… 701

第七章　发展边疆大一统 …… 709
1. 平叛和统一青海 …… 709
2. 雍正西征准噶尔 …… 714
3. 设噶伦以藏治藏 …… 719
4. 西南实施改土归流 …… 723

第八章　严控意识形态 …… 730
1. 康熙初兴文字狱 …… 730
2. 雍正文字狱趋严 …… 735
3. 行密折制加强督察 …… 746
4. 阐扬名实不尚虚文 …… 752

第三编（下）　盛世达到全盛

第一章　高宗的治国思想 …… 761
1. 高宗为政主"中" …… 761
2. 严惩贪官污吏 …… 768
3. 强化君主专制 …… 780
4. 再严朋党之禁 …… 785
5. 大兴文字狱 …… 790

第二章　盛世的雄姿盛容 ……………………………………………… 800
　　1. 商品生产的发展 ……………………………………………… 800
　　2. 资本主义萌芽持续生长 ……………………………………… 809
　　3. 商品市场网形成 ……………………………………………… 813
　　4. 清政府的通商政策 …………………………………………… 821
　　5. 国库财富充盈 ………………………………………………… 827
　　6. 赈灾减赋普免钱粮 …………………………………………… 834
　　7. 盛世盛设千叟宴 ……………………………………………… 838

第三章　大一统空前扩大 ……………………………………………… 840
　　1. 十全武功纪盛 ………………………………………………… 840
　　2. 土尔扈特回归祖国 …………………………………………… 851
　　3. 西藏实施重大变革 …………………………………………… 855
　　4. 金川之役与改土归流 ………………………………………… 863
　　5. 避暑山庄——盛世的辉煌 …………………………………… 871
　　6. 全盛时期的疆域 ……………………………………………… 876

第四章　多民族关系的新格局 ………………………………………… 878
　　1. 统一的多民族的大家庭 ……………………………………… 878
　　2. 创建民族事务管理机构 ……………………………………… 886
　　3. 首崇满洲与满汉一体 ………………………………………… 891
　　4. 满蒙联姻与分治蒙古 ………………………………………… 897
　　5. 治理藏、回族的政策 ………………………………………… 904

第五章　18世纪的社会生活 …………………………………………… 910
　　1. 18世纪社会等级与变动 ……………………………………… 910
　　2. 宗法制度的新变化 …………………………………………… 914
　　3. 婚姻及家庭的基本模式 ……………………………………… 920
　　4. 丰富多彩的习俗文化 ………………………………………… 923
　　5. 秘密社会及其活动 …………………………………………… 927
　　6. 佛、道与天主教的传播 ……………………………………… 931

第六章　盛世时期的对外关系 ………………………………………… 937
　　1. 中国与朝鲜、日本的密切交往 ……………………………… 937

2. 中国与安南的传统关系 …………………………………… 944
  3. 中国与缅甸的边境战争 …………………………………… 948
  4. 反击廓尔喀入侵西藏 ……………………………………… 953
  5. 中国与暹罗的关系 ………………………………………… 958
  6. 中国与荷兰、俄国、英国的关系 ………………………… 961

第七章　文化教育之极隆 …………………………………… 970
  1. 大兴教育与再举博学鸿词科 ……………………………… 970
  2. 大规模整理文献与编纂书籍 ……………………………… 974
  3. 编纂《四库全书》 ………………………………………… 980
  4. 严查与禁毁违禁图书 ……………………………………… 987
  5. 乾嘉学派及其学术成就 …………………………………… 996
  6. 文学艺术异彩纷呈 ………………………………………… 1017
  7. 爱新觉罗家族的文化创造与成就 ………………………… 1030

第八章　盛世降下帷幕 ……………………………………… 1039
  1. 持盈保泰求安 ……………………………………………… 1039
  2. 和珅专权乱政 ……………………………………………… 1042
  3. 社会动荡加剧 ……………………………………………… 1047

第四编　嘉庆道光中衰

第一章　仁宗施政图新 ……………………………………… 1055
  1. 仁宗即位与太上皇 ………………………………………… 1055
  2. 惩治和珅集团 ……………………………………………… 1059
  3. 鼓励直言陈事 ……………………………………………… 1064
  4. 禁止进献贡物 ……………………………………………… 1071

第二章　社会危机四伏 ……………………………………… 1075
  1. 颓靡成风 …………………………………………………… 1075
  2. 河防崩坏 …………………………………………………… 1079
  3. 赋税不足 …………………………………………………… 1082
  4. 八旗生计艰难 ……………………………………………… 1086

5. 军备松弛 ………………………………………………………… 1091
第三章　由治入乱 ……………………………………………………… 1095
　　1. 川楚陕白莲教大起义 …………………………………………… 1095
　　2. 东南沿海骚动 …………………………………………………… 1102
　　3. 直隶河南山东天理教起义 ……………………………………… 1104
　　4. 陕西"厢工"暴动 ……………………………………………… 1109
第四章　道光力挽颓势及失败 ………………………………………… 1111
　　1. 宣宗即位与国势 ………………………………………………… 1111
　　2. 重用庸人贻误国事 ……………………………………………… 1114
　　3. 漕运衰败与试行海运 …………………………………………… 1116
　　4. 盐政之坏与改革 ………………………………………………… 1119
　　5. 允许民间开矿 …………………………………………………… 1123
　　6. 倡导节俭与开源节流 …………………………………………… 1126
第五章　变乱四起 ……………………………………………………… 1130
　　1. 云南永北厅彝民起义 …………………………………………… 1130
　　2. 回疆张格尔叛乱 ………………………………………………… 1132
　　3. 河南安徽白莲教起义 …………………………………………… 1137
　　4. 台湾天地会起义 ………………………………………………… 1138
　　5. 山西先天教起义 ………………………………………………… 1142
　　6. 湖南永州瑶族起义 ……………………………………………… 1143
　　7. 川南彝民起义 …………………………………………………… 1147
第六章　嘉道之际学术新思潮 ………………………………………… 1150
　　1. 乾嘉学术衰落 …………………………………………………… 1150
　　2. 今文经学复兴 …………………………………………………… 1153
　　3. 新旧转折时代的龚自珍 ………………………………………… 1157
　　4. 睁眼看世界的魏源 ……………………………………………… 1161

第五编(上)　鸦片战争与清朝命运

第一章　鸦片战争前的中国与世界 …………………………………… 1171
　　1. 西方社会变革与中国距离拉大 ……………………………… 1171
　　2. 西方殖民者逼向中国 ………………………………………… 1174
　　3. 清廷的限关政策及后果 ……………………………………… 1179
　　4. 清廷严禁鸦片 ………………………………………………… 1181

第二章　鸦片战争爆发 …………………………………………………… 1186
　　1. 关于禁烟的大辩论 …………………………………………… 1186
　　2. 重用林则徐禁烟 ……………………………………………… 1190
　　3. 虎门销烟震惊世界 …………………………………………… 1193
　　4. 英国悍然出兵侵华 …………………………………………… 1197

第三章　国家衰弱的全面暴露 …………………………………………… 1201
　　1. 林则徐初战告捷 ……………………………………………… 1201
　　2. 英国扩大侵华 ………………………………………………… 1205
　　3. 屈辱议和签约 ………………………………………………… 1212
　　4. 美法等列强趁火打劫 ………………………………………… 1216
　　5. 鸦片战争再认识 ……………………………………………… 1218

第四章　太平天国与清朝对峙 …………………………………………… 1221
　　1. 洪秀全与金田村起义 ………………………………………… 1221
　　2. 太平军胜利大进军 …………………………………………… 1224
　　3. 太平天国建都天京 …………………………………………… 1227

第五章　第二次鸦片战争 ………………………………………………… 1233
　　1. 第一次鸦片战争后中外关系的演变 ………………………… 1233
　　2. 亚罗号事件与再次爆发鸦片战争 …………………………… 1239
　　3. 英法美俄逼签《天津条约》 ………………………………… 1241
　　4. 战争再起与《北京条约》的订立 …………………………… 1248
　　5. 沙俄侵夺中国东北、西北领土 ……………………………… 1253

第六章　宫廷内争 …… 1256
　　1. 两派政治集团的形成 …… 1256
　　2. 八大臣短暂辅政 …… 1260
　　3. 那拉氏发动政变 …… 1262

第五编（下）　清王朝最后五十年

第一章　同治政体新变动 …… 1273
　　1. 太后垂帘听政与亲王议政 …… 1273
　　2. 改组军机处与设立总理衙门 …… 1278
　　3. 汉官僚实力派走上政治舞台 …… 1281
　　4. 西方列强与清廷"合作" …… 1288

第二章　太平天国与捻军最后失败 …… 1294
　　1. 天京变乱与"天国"的衰败 …… 1294
　　2. 洪秀全之死与"天国"解体 …… 1298
　　3. 太平军余部与捻军继续斗争 …… 1308
　　4. 太平天国再评价 …… 1317

第三章　办洋务始末 …… 1321
　　1. 办洋务之缘起 …… 1321
　　2. 从军事工业到民用工业 …… 1326
　　3. 洋务派与顽固派辩争 …… 1338
　　4. 洋务运动与中国近代化 …… 1344

第四章　慈禧独操政柄 …… 1348
　　1. 穆宗之死与德宗即位 …… 1348
　　2. 罢黜奕䜣重组军机处 …… 1350
　　3. 德宗亲政与慈禧训政 …… 1355
　　4. 帝后两派的形成及争斗 …… 1359

第五章　边疆危机与对策 …… 1365
　　1."海防"与"塞防"互争 …… 1365
　　2. 左宗棠收复新疆 …… 1371

3. 向沙俄交涉归还伊犁 …………………………………… 1374
　　4. 日本入侵台湾及清廷交涉 ………………………………… 1378
　　5. 英俄觊觎西藏 ……………………………………………… 1379

第六章　帝国主义列强武力侵华 ……………………………… 1383
　　1. 法对华战争 ………………………………………………… 1383
　　2. 日本侵华战争 ……………………………………………… 1390
　　3. 日俄以武力争夺东三省 …………………………………… 1397
　　4. 帝国主义列强瓜分中国 …………………………………… 1399

第七章　救亡图存的尝试 ………………………………………… 1406
　　1. 德宗与康梁变法 …………………………………………… 1406
　　2. 义和团与庚子事变 ………………………………………… 1411
　　3. 慈禧被迫"预备立宪" ……………………………………… 1418

第八章　晚清思想文化巨变 ……………………………………… 1422
　　1. 维新思想的兴起 …………………………………………… 1422
　　2. 排满反清思想的鼓吹 ……………………………………… 1423
　　3. 引进西方科技与文化书刊 ………………………………… 1426
　　4. 边疆史地研究形成热潮 …………………………………… 1429
　　5. 文学艺术的新成就 ………………………………………… 1431

第九章　辛亥革命与清朝逊国 …………………………………… 1433
　　1. 风雨飘摇中的宣统政局 …………………………………… 1433
　　2. 孙中山——清朝的掘墓人 ………………………………… 1435
　　3. 武昌起义敲响清朝灭亡的丧钟 …………………………… 1438
　　4. 袁世凯"压南逼北" ………………………………………… 1445
　　5. 宣统宣布逊位 ……………………………………………… 1448
　　6. 辛亥革命评说 ……………………………………………… 1452

附　录　大事年表 ………………………………………………… 1456

新版后记 …………………………………………………………… 1462

新 版 前 言

本书初成稿于2001年,并于2002年,即清朝逊国90周年之际出版。时至现在,本书又由人民文学出版社再出版,此距清朝(后金)于公元1616年建国,已历400余年。两度出版,都使本书获得应有的学术意义。集中地反映在论著所具有的真实的学术价值,而其价值又通过学术创新,表达系列学术新观念、新观点、新方法、新体例等等。对于本书而言,这就是确立一种新的"清史观"。

本书"清史观"之核心,即以"大一统"作为贯穿全书的一条主线,平等地看待有清一代满洲、蒙古、汉及其他各民族,统一于一个政权,反对民族分裂;不论哪个民族,只要统一中国,都是合理的,也不论哪个民族,只要具备能力统治全国,也都是合法的。满洲统领多个民族入关夺权,重新统一中国,乃是明政权崩溃后的必然之势,无可厚非!清朝以儒家思想为指归,重树儒学的统治地位,坚持文化治国,终于"创造"出超越前代、气势恢宏的盛世,称"康(雍)乾盛世"。

清代的"武功"远胜前代的军事水平:矛头对准西北乱局,捷报频传;剑指南天动乱,八旗凯旋;东北勇击"罗刹"(沙俄),扬威龙江上下;西南驱准保藏,维护中华主权……满、蒙、汉八旗所向披靡,创造了史无前例的诸多奇迹。经济富足,仓廪充实;文化俊彩星驰,《四库全书》集古文化之大成,空前绝后!在清朝统治下,其前中期将中国推上一个新的发展高峰,持续百有余年。

晚清衰败,能量耗尽,智慧枯竭,任西方列强宰割,不可复振。且抱残守缺,不图变革,固守旧观念、旧制度,终被辛亥革命推翻。清朝"大一统"行世268年后,又被中华民国"大一统"所替代。可惜,未久又陷入军阀混战,中国四分五裂。只有共产党执政,才重新实现了国家的统一,才恢复并发展了清代曾拥有过的多民族"大一统"!

"大一统"的理论并非是清朝的发明,追根溯源,"大一统"源自孔子的政治主张,为历朝历代奉为治国的指导方针,自秦迄清,两千余年间的历史实践证明:"大一统"是中国历史发展的一条主线,也是关乎中国历史命运的一条生命线。

清朝坚守"大一统"的政治理念,全面继承儒家及历代实践"大一统"的历史传统。但与历代及孔子主张大不同,清破除"华夷之辨"的"大一统"的民族局限,废长城,撤藩篱,摒弃"别内外"、"辨华夷"的狭隘民族观,创立并实践不分华夷的"中外一家"、"天下一家"的全面"大一统"。"大一统"的要害问题,或称核心问题,就是解决边疆民族的真正统一。清以前,历代所行"大一统",以边疆诸民族"非我族类",不能与华夏(汉族)同列,只能行羁縻之策,以朝贡体制,保持名义上的隶属关系,其聚居地区——长城以外的"三北"地区,以及西南蛮夷地区,皆"官其酋长,因俗而治",与中央行政管理及地方州县制毫无关联。故历代所行"大一统",在边疆民族地区不过是名义而已。一句话,就是没有实行与内地一体的行政制度真正管起来。因此,历代"边患"不断,战争不止,直接影响着国家的安定,关系一代王朝的盛衰。

清朝之"大一统",不只是民族观与历代不同,同样重要的是,在边疆地区开始设治,按照秦始皇创造的郡县制模式,因地制宜,因(民)族而异,实行一地多制至一国多制,真正把边疆地区管治起来,从而使边疆地区真正进入"大一统",成为国家行政管理的一部分。这是一场划时代的伟大变革,是清朝的管理体制的伟大创造。其结果是:实现了中华民族空前大一统、政治大一统、经济大一统、文化大一统,为中华民族大家庭的最后格局定型,为中国的领土疆域定型,也为"中国"最后定位、定名!至此,清朝完成了空前"大一统"的多民族国家的建构,也完成了她对自身的历史定位,仅以上述"三定",清朝堪称是一代伟大的王朝,质言之,没有清朝就没有当代中国。

本书以"大一统"为理论指南,全面解读清史。可以说,这是本书对清史的一个重大发现,或许是本书与其它已出的同类清史断代史的最大区别之一。

本书的又一个不同之处,敢于面对学术界的分歧,勇于挑战传统陈旧之

说,观点鲜明地阐述本书的"清史观"。例如:

清与明的战争是什么性质?国内明清学界说法种种,如说清(后金)"犯上作乱"、"武装侵略"、"掠夺战争"等等。本书定位是两个政权争夺国家最高统治权的战争,从清的一方说,是重新统一全国的开始。战争不过是明清鼎革的途径或工具而已。

如何看待清军入关,入主中原?不同观点的对立尤为尖锐。持反对意见者,直斥清军入关是"民族征服战争",即落后而"野蛮"的满洲对汉族的"征服"。这种观点并不新鲜,原为西方盛行的"王朝征服论"的翻版。西方学者认定满洲人是"野蛮人",来自中国"境外","入侵"中国,"征服"中国、"征服汉族"云云。本书视此类观点荒谬,不可接受,明确认定清入关,是在打破明朝旧的统一后,实现国家的重新统一。

与此相联系,还有一种说法,咬定清军入关纯属偶然性,因为有吴三桂开关迎降这一偶然事件,才使清入关得逞。本书明确宣示:清入关绝非偶然,恰恰是历史发展的必然趋势。从理论上说,必然性是通过偶然性表现出来。割裂两者的依存关系,是无法解释历史的演变的!事实证明:清为进关早已做好了充分准备,如箭在弦上,待时而发。吴三桂"请兵"求援,为清入关提供千载难逢之机,遂一举成功!

以吴三桂、洪承畴为代表的一大批降清人物,如何评价,一直是一个争论激烈的大问题。一些学者断然否定降清者,斥他们为"汉奸"、"叛徒"。本书也鲜明地表明态度,不赞成他们给历史人物戴"政治帽子",降清人物的是是非非,只能是具体人物具体分析,反对在一国之内以王朝皇帝或民族划线,应按"大一统"民族平等的原则来评价其功过是非。

关于三藩问题,以往都站在康熙帝的立场,独责吴三桂。本书的观点是:一方面,否定吴三桂为一己及其集团利益而起兵、发动战争,破坏国家刚刚获得的安定局面;一方面,批评康熙帝年轻气盛,操之过急,轻率决策。本来,解决三藩问题,有多种办法选择,处理得法,完全有可能避免一场灾难性的战祸。但这位19岁的皇帝采取一次性三藩并撤,激怒吴三桂铤而走险。从康熙帝这方面论是非,是他决策失误,激变成乱。此次大动乱,吴三桂是主谋,又是"乱首",这场战争的全过程,还是吴三桂起主导作用。而靖南王耿氏仅是胁从,特别是平南王尚之信并未真叛,对此,本书已提出质疑。以往习称"三藩之乱",应改为"吴三桂之乱"。

康乾盛世是历史存在,还是如有人说"几个学者捧出来的"?本书以大量史实论证盛世出现的过程,并以多方面展示其雄姿盛容,无论其规模之宏大,持续时间之久,发展水平之高,无不远迈前代如汉之"文景之治"、唐之"贞观之治"等几个"盛世"。

雍正时,对西南地区沿袭数百年的土司制实行"改土归流",由此引起土司的反抗,一场场战争随之而爆发。这些事件,被认为是清朝对西南各民族的残酷屠杀,进而否定"改土归流"的正当性,否定其积极意义。本书的观点与此相反,认定是清朝在西南实行社会制度变革,或称为是一场社会改革,即废土司,除世袭,设"流官",与内地行政管理一体化。

近代史亦即晚清史,长久以来,学术观点一边倒,无歧见,无疑义。至改革开放,始有变化,有的观点走向极端,视义和团为"排外运动",把太平天国定为"邪教"。这些观点均不可取。本书与改革前的传统观点不同,又与改革开放中的极端之论划清界限。如,本书对鸦片战争"再认识",一则是西方列强对华侵略,一则随着炮声隆隆,又"送来了资本主义",促使中国自然经济解体,开启资本主义的历史进程。办洋务,不能简单地看成是统治阶级的"自强运动",应是中国近代工业化的开端。对太平天国的"再评说",仍认为是中国传统社会的最后一次大规模农民革命运动。它的失败,源于农民自身的致命弱点,政权建制落后于时代,与中国现实需要相脱离。这一结论,实则反对以前一味赞扬、过高评价的做法。辛亥革命"再评价",反驳"失败说",论定这场革命推翻清朝统治,结束中国两千余年的君主专制,取得了完全成功,完成了她所承载的历史使命。以往指责辛亥革命只气跑了皇帝,却未触动封建地主阶级。此类说法,是超越时代的苛求,脱离了中国国情,对辛亥革命提出了不切实际的要求!

凡此种种问题,本书皆持学术独见,不与各类陈说苟同,尤其不跟那些追求时尚、媚俗的奇谈怪论为伍,坚持走自己的路,辨伪存真,把真实的清史、把真理告诉给社会,让广大读者直接受益。

本书的结构安排,也打破以往的老套数,以"编"划分清史近300年历史为五大板块,以时间先后为序,严格按清史自身的发展演变,装填各编的内容,又以"章"来相互区分,从题目到内容,各章绝无彼此雷同,更无重复之嫌。往日,比如列题"经济恢复与发展"、"阶级矛盾尖锐"、"统治阶级内部斗争"诸如此类列题,确系老生常谈,千篇一律,体现"阶级斗争为纲"就是没有新意。这在本书中找不到此类标题。

　　仅举一例。清朝皇帝认为,他们的始祖叫布库里雍顺,为天女佛库伦所生。这本是流传在女真社会中的一个神话传说,被清朝的第二代皇帝皇太极引进他的家族,遂成为爱新觉罗氏永远的老祖宗。今之学者撰清史,有的斥其传说荒诞不经,干脆弃之不用。有的在书之开头部分写了这个传说,也只是说说而已,与其后之清史毫无关联。

　　本书以为,传说是历史的投影,虽说虚幻,却也含有或多或少的历史信息。既然清帝郑重其事将此传说中的人物供为始祖,我们不可小视,从科学的意义上说,他们的远祖经历过原始社会阶段,只知其母而不知父,这与黄河流域远古所发生过的事一模一样。我们循着其祖先的足迹,越过凡察这一代,继续前行,终于在史籍中找到孟特穆(猛哥帖木儿),至此爱新觉罗氏真正开始有了真实的历史记录!从布库里雍顺的传说,到真实的孟特穆,不知走过了多么漫长的年代!清朝在创立后,即尊奉孟特穆为"肇祖原皇帝"。"肇"、"原"两字都是开始之意。在孟之后,历六世,至努尔哈赤为第七世。

　　在详细考察了爱新觉罗氏从无到有、从虚到实的历史进程,本书开篇即为《从传说到历史》,将两者有机地联系起来,真实地再现了清朝先世的历史面貌。

　　本书摒弃狭隘陈旧的史观,坚持实事求是,按照清朝历史的进程,依其本来面貌,写出清史的原汁原味。

　　我还想说说本书的文字。一部论著的成败,在很大程度上将取决于文字之优劣,特别是成于众人之手的书,保持其文字风格的统一尤其重要。本书作者近十人,我既做主编,又当作者,在完成个人承担的写作任务后,便以"一支笔"统改全书而定稿。做到逐句逐页修改,不使一句"漏网"!最终使全书形成统一的文字风格,不留拼凑的痕迹。上海人民出版社"三审"后,对本书之语言文字给予高度评价。文字以通俗易懂为好,生动活泼为佳。本书两者兼而有之,故使本书受到广大读者的青睐。

　　自本书问世以来,得到社会的认可,特别是在高校及科研机构中,广大青年读者,主要是专业与非专业的学生将本书作为教科书,必读而不弃。我想,原因也是多方面的,除了上面所列本书的特色,受到欢迎,还有一个优点,这就是本书字数、规模大小适中。时至今日,字数达400余万字者,应首推萧一山著《清代通史》,次为王戎笙等数十位清史学人著《清代全史》,字数为300余万字;最短者,如《清史简编》(鄂世镛等),不过30余万字。本书分上、下两卷,总字数近140万字,介于长短之间,便于携带,更便于阅读。读者心理,字数过多,叙事繁杂,不禁望而生畏;反之,字数少,叙事简而不明,亦难引发阅读兴趣。此撰著者不可不察!

历经10余年的社会检验,本书深获好评,自不必细说。值得一提的是,2014年安徽人民出版社出版刘海峰著《百年清史纂修史》(简称《纂修史》),该书是对清亡百年间所出清朝断代史研究成果的总汇与总评论。据统计,百年中,私家著《清史》约略40家,换言之,大小近40部,仅二十世纪下半叶迄今,即有30余部问世。我主编之本书即是其中之一部。《纂修史》对各家清史内容,大都做了简要介绍,予以评点。在"九、李治亭与《清史》"的标题下,先介绍作者及其学术,照录本书之编、章目录,然后评述本书之学术特点与学术创新,作出总体评价:

"总体而言,该著观点新颖,论列独到,框架完整、结构合理、脉络清晰、史料丰富、文字流畅、阐述明达,为近年来不可多得极具个性化的清史专著。"(见该书第184页)

这一评论,实集学术界各方面之共识,给予赞赏性评价。

以目前清史研究状况而论,可以肯定地说,其研究的深度、认识之深化,比起十几年前,确有进步,研究水平明显提升,其研究成果又有大幅增加。在这种情势下,本书之再次出版,是否符合当前清史研究的需要?说得明确些,本书之学术观点是否已过时?

我的判断是,本书所表述的系列学术观点,无论是具体问题,还是清史整体观点,一点儿也不过时,相反,恰是当前清史研究之必需。本书所表述的系列新观点,在今之学术界正大行其道。如,本书之主线"大一统",在一二十年前,"和者盖寡",几无人问津,更无人为之倡!而今,"大一统"已进入清史学术界,著文写书,言必称论"大一统"。这就是说,人们正在认识"大一统",用以解释清史,把对清史的认识引向深入。本书为"大一统"做了诠释,提供了一个范例,有利于推动清史研究。坦率地说,十多年前本书提出的一些新观点,至今仍是新观点,因为学术界尚未提出新观点以取代本书的学术观点,如康熙三十年(1691)废长城之举,它的意义有多大？意味着什么？尚未被认识,亦无论证。本书首议废长城事,无疑具有重要的学术启示意义。

这是一方面。另一方面,还要看到目前学界仍有否定清史的观点,以明史抑清史,虽说是部分人,或者说,为数不多,但其声音强劲,影响不小。如说"后金——清凶残野蛮,代表了黑暗与邪恶";清军入关,"以夷变夏",汉族"亡国亡种";清朝取代明统治,"是中国历史大倒退"！"清朝统治中国250多年,是中国落后的根本原因！"如此等等,类似说法,不一而足。这些评论,已把清朝及满洲"妖魔化",真的比辛亥革命初期"反清排满"的主张走得更远、更激进,也更极端。我国改革开放已40余年,存留在部分人头脑中的陈旧观念,竟然没有丝毫改变！

不仅如此。近年来,美国学术界部分学者标榜的所谓"新清史",已浸润到我国清史学界。其主张大肆攻击清史,颠覆清史。如说,清帝不是"中国皇帝","中国是满洲的一部分";更把清朝打成"清帝国主义",清朝"大一统的伟业",就是"对新疆等地区的大规模武装侵略"。他们认为,满洲(族)不是中华民族的成员,是来自中国"境外"的"野蛮"民族。她进入中原是对中国的"入侵",是"征服中国"、"征服汉族"……

美国"新清史"的语言,如此露骨,不加掩饰,每个中国学者都看得懂,无需解释。他们声言学术,却内含明显政治取向,我们且略而不论,还是在学术范围内进行讨论。

如果按照"新清史"的观点,中国清史连同中国通史都将重新改写。危害之大,不言而喻。国内"抑清排清"的观点,固然不可与美国"新清史"同日而语,如上已指出,意见相左,似同水火。不管怎么说,这些不同意见毕竟是一国之内的学术之争,只能通过讨论,逐步趋向共识。

面对国内外学术界出现的一股否定或全面歪曲清史的思潮,本书之再出版就显得很有必要。本书并非一味肯定清朝,与全盘否定者不同的是,本书不"选边站队",既不站在明的立场,以反清朝;也不站在清的立场以反明,以清为是,以明为非,而是明确地站在客观立场,如实写出清史全貌,如实评价其功过是非。所以,在当前学术思想混乱之际,学风浮躁,浅尝辄止,本书之"清史观",或许为人们阅读及研究清史提供参考,有助于清史"拨乱反正"。不妨说,这也算是本书的一点学术价值吧!

本书除了正确传播真实的清史知识,还有一个主观意图,意在贯彻"经世致用"的史学优良传统,从清史中总结并提取有益的经验,以资当代借鉴。如前已说到,清破除历代"华夷之辨"的"大一统",创行"中外一家"的"新大一统论",是清朝留给我们的一份最宝贵的政治文化遗产。当今,坚守国家"大一统",反对分裂,维护各民族的长治久安,仍然是时代的主旋律,国家的生命线。因此,借鉴清朝的经验,就获得了"经世致用"的效益。清朝在各边疆地区设置不同的行政管理制度,是清朝的制度创新,此项举措,远超古人。清朝创立完善而有效的管理制度,是维系其长久统治并使边疆持久安宁的根本保证。清朝的这一实践经验,为当今中国创新各项制度提供了范例。清朝统辖民族众多,实行正确的民族政策,处理好各民族的关系,也是今日中国所面临的严峻的现实问题。在这方面,清朝的经验十分丰富,似可取用,当能奏效。

清朝是由满洲创建的,其文化原本落后。但自入关后,尤其重视文化,大力发展教育,极力推行意识形态领域的"大一统",举办各项文化工程,最具代表性的工程,就是集全国人才编纂空前规模的《四库全书》,又培育出大批文化各领域的杰出人才。总括一句话,如前已指出,这就是"文化治国"的大战略,把中国传统文化推上最后一个高峰!本书展示清代文化的灿烂,能不令人感到振奋!

无须讳言,清朝也有种种失误的记录,甚至是罪恶。如强制汉人剃发易服,如文字狱,镇压知识分子,永远是反面教训,警示后人,不重蹈覆辙!如前已说到,晚清时,不图变革,终归与旧制度一起灭亡!清朝的种种教训,同样是深刻的。

历史是客观的存在,永远不可改变,而改变的是人们的观念与认识。同样一件事,同是一个人,人们往往因时而变化评价,给出不同的答案。人类的认识是无限的,对任何事与人的认识,很难找到终极不变的结论!

由此看来,我们对清史的认识,同认识任何事物一样,永远不会完结。比如,秦汉两朝史已研究了两千余年,至今,我们还在研究。而研究清史,只有百年,与未来的研究相比,还仅仅是个开始。

10余年前,本书初版时,我写了一篇《清史总论》,反映了当时对清史的基本认识。现在却又有了一些新认识。顺便说到,比如全部清史可用"三个百年"来概括:第一个百年,自明万历十一年(1583)努尔哈赤起兵,直至清康熙二十二年(1683)统一台湾,正好是100年,可称为"百年创业"。第二个百年,以康熙二十三年(1684)康熙帝巡视河工,以治河即治国为始,历雍正、乾隆两朝,终止于嘉庆元年(1796)白莲教大起义,此112年,称为百年盛世。第三个百年称"百年衰亡",自嘉庆元年白莲教大起义为开端,迟至宣统三年(1912)清帝宣布退位,清亡,共历115年。这是对清史的最新认识,准确地概括与总结,正确地勾勒出清朝的历史进程。

同是一部清史,其历史内容没动、没变,对它的理解不同,又有新的认识,便有了新的解读。如上指清史三个百年之说,就是对清史的一个新解。这说明随着人们知识的积累,由量变而质变,对清史的认识又深化了一大步,以前没认识到,现在认识到了;以前认识到的,历经检验,仍然有效,一则重申,重复旧说,一则坚持不动,当有新的认识,即可取而代之。本前言有重复初版前言之处,本意在此。

以上所议,大致说说我对清史包括对本书的新的认识,趁本书再出版之际,写在这里,给广大读者做个"导读"或提示,会收到读书读史的好效果。

本书得以重新出版,是人民文学出版社给的好机会,真的很感谢!这里还不可忘记的是,国家清史编纂委员会周小东、中国人民大学博士孔勇等,为本书配图、打字,令人感动。在此一并致谢!

最后,我要说,本书并非完美无缺,缺憾甚或失误在所难免,尚祈读者、识者予以指正。

李 治 亭

2019年3月16日

清 史 总 论

2001年,恰逢辛亥革命90周年,也是清朝逊国90周年。我们撰写这部《清史》,正好应了中国近代史上这两个重大历史事件90年而作。对这一时期历史的系统整理,无疑是对辛亥革命的最好纪念,是清朝亡后90年的又一次回顾与思考。

在经历了几十年的思想变革和观念的洗礼,废弃一切不合时宜的过时的观念和理论,以新思维、新理论重新认识清史,并在借鉴今人及前人研究成果的基础上,对清史再作一次科学的总结,写出一部反映新时期学术水准的清史,就成为十分必要。

一

自清帝宣布逊位的那一天起,就为清朝统治中国268年的漫长历史画上了句号。同清以前的历代王朝一样,清朝作为一代王朝的完整历史进入史学领域,成为一个独立的王朝断代史。从此,也就开始了清史研究的历程,迄今已达90年。在这漫长的岁月里,我国学术界认识和研究清史几经变革,总的趋势是发展与提高。

清亡仅3年,即于1914年设清史馆,历时13年,至1927年修成《清史稿》,次年刊印。此书之问世,首开清史研究之先河。与此同时,有萧一山著《清代通史》出版,可谓捷足先登,开私家编著清代史之先例。这两部不同类型的著作,各自表述了对清史的认识和评价。《清史稿》沿袭前"二十四史"体例,站在清朝的立场上,颂扬清朝的文治武功。说它是一座歌颂清朝的功德碑,亦不为过。《清代通史》与前者的立场有所不同,因受辛亥革命的影响，多少贯彻了反清排满的思想倾向，如孟森著《清史讲义》所批评：对清朝"或作仇敌之词"。两书的作者们的立场、价值取向有别，但其共同处，充满了唯心史观，仍属封建史家的思想体系。尽管如此，这两部书仍然是清史的开山之作，在清史学术史上不能不占有重要地位。至今，《清史稿》仍是清史研究者的必读之书，而《清代通史》则不失为重要参考。应当指出，它架构了编纂有清一代历史的体例，基本理顺了清朝盛衰兴亡的历史进程，为后世编纂清史提供了一个范例。此书的开创意义，应予肯定。

在官修《清史稿》前后，还有汪荣宝、许国英撰《清史讲义》，刘法曾著《清史纂要》，亦属清朝通史类著作。大抵以资产阶级观点评清史，对清史多有歪曲、诋毁，不过是反满的政治宣传，算不上严肃的学术研究，不足为据。

与萧一山同时代的学者，最值得重视的当推孟森先生。他的《清史讲义》、《清朝前纪》，当属清朝通史之一种。如果与萧氏的《清代通史》相比较，孟氏所著，可称清朝简史。叙事未必至详，然而，考证史实精确，辨伪存真，破解清史疑案，为清史研究开拓新途径、新领域。其持论公允，品评是非实事求是，为学术界建树了一代新的学风。故自1937年孟氏去世这半个多世纪以来，备受学者推崇，久而不衰。

继萧一山的《清代通史》之后，长久没有产生出新的清朝断代史著作。迟至七八十年代之交，始有鄂世镛等著《清史简编》、著名清史专家戴逸主编的《简明清史》相继问世①。这是我国解放30年来清史学界首次推出的两部清朝通史之作。顾名思义，"简编"、"简明"，只叙清史之梗概，若与萧氏的书相比，其详略、繁简悬殊，特别是两部清史都只写到鸦片战争前夕，严格地说，只能算半部清史。本质的差别，就在于这两部清代简史是以马克思主义为指导，给予清史以科学的评述，但也或多或少地打上了那个时代的某些思想印记。1989年出版了郑天挺主编的《清史》，以鸦片战争为断限，分上下两编。该书应高校教学而编写，提供一部适中的教材②。稍迟，由王戎

---

① 鄂世镛等：《清史简编》，辽宁人民出版社1980年版。戴逸：《简明清史》，上册，人民出版社1980年版；下册，1984年版。
② 郑天挺：《清史》，天津人民出版社1989年版。

笙负责的《清代全史》出版①。这部分10册约350万字的书,称得上是部鸿篇巨制,其规模直追萧一山的《清代通史》②。

以上几部清朝通史著作,都是近20年来改革开放新时期清朝通史研究的代表作。其中,《简明清史》虽失于简,但基本反映和代表了我国清史研究的新水平;而《清代全史》实为新时期也是清亡以来一部最系统、最完备的清史集大成的巨著,具有承前启后的作用。

这里,仅说到清朝通史的研究和成果,约略看到清亡后清史研究的历程。至于论文之作,不妨顺便指出,1911年至1949年近40年间,发表论文约1700篇;1949年至1979年共30年,发表论文在2000篇以上③。1980年迄今,20年中,欣逢改革开放的大好时期,清史研究蓬勃发展,空前繁荣。无论研究的深度还是广度,都超过了过去任何一个时期,有上千名作者发表了研究成果,其数量之多、种类之全(专题著作、人物传记、清史资料汇编、满文翻译、辞书以及专刊等),为前70年的倍数。清史已成为学者最多、成果最多、最为活跃的一个研究领域④。

总观清史研究90年,就清朝的通史研究来说,可以认为,已建立起本研究领域的学术体系与理论体系,而在众多的学者中,也形成了相近、相同或截然相反的"清史观"。这表明,清史研究确实在许多方面取得了突破性进展,这就为清朝全史的深入研究奠定了雄厚的基础。若从整体研究水平考察,同极其丰富的清史内容相比较,同浩瀚的清史资料相比较,我们的研究尚处于起步阶段。这集中反映在我们对清史的认识和评价,远未取得共识,认识未必正确,评价亦欠准确,换言之,对清史的内涵及其特殊性的了解还不深入,故分歧在在皆有。一方面,有关清史的资料,例如档案,多如山积,而满文档案的翻译百不及一。我们的研究没能充分利用这些史料价值极高的档案,难见历史真相。事实也是这样。很多重要成果多借助清朝官方实

---

① 王戎笙等:《清代全史》,辽宁人民出版社1993年版。
② 萧一山:《清代通史》先后出版上、中两册,写至鸦片战争前,为100万字。1961—1963年补写后成5册,写到清亡,共420万字。
③ 以上统计数字据已故清史专家李燕光教授《清史研究的历程》。
④ 引自蔡美彪:《第九届全国暨国际清史研讨会开幕式大会讲话》,2000年8月23日。有关近20年的清史研究成果,除通史部分,其他数量太大,一时难以统计,这里只是估计,与实际差距不大。

录及其他官书记载,兼有少量的方志、私人笔记类。这意味着史料不全,尤其是第一手资料被忽略,难以将研究深入。

另一方面,应当承认,"华夷之辨"、汉民族自主的传统观念的影响,仍在制约着我们正确认识清史。溯自明末,延至清初,汉人主要是士大夫阶层怀有强烈的民族意识,反清排满,在恢复明朝统治的理想破灭后,其民族意识潜伏下来,一有机会便浮上"水面"。如太平天国时,又一次唤醒汉民族意识,斥清朝为"妖",视其发辫为"禽兽",一意恢复汉民族的统治。辛亥革命更以"驱除鞑虏,恢复中华"为号召,以排满、反满、灭清为其政治纲领。即使清逊国后,仍在进行排满宣传,连文学作品如历史小说之类,对清朝的历史也多为诋毁之辞。300多年来的影响一直延续到现在,学术界并没有彻底加以清除,在研究中自觉不自觉地受其影响,甚至支配学术研究,以致不能给予清朝以公允的评价,该肯定的不予肯定,却做出否定的结论。一些研究者常同明朝相比,认为清朝较明朝后退了,多加贬抑。时至今日,仍有人全盘否定清朝,还在声讨[1]。可见,经过20年改革开放,其传统观念、传统看法,依然根深蒂固。这是清史研究中的主要思想障碍。此种观念不改变,清史研究就难以深入,不易明白清史真貌,也写不出高质量的清朝通史。

在以往的清朝通史研究中,或多或少都存有以上两个方面的欠缺,既有史料不足的问题,也有认识和评价不确的问题。正是从这个意义上说,我们对清代史的研究还处在起步阶段,不可过高估计,也不能掩饰存在的问题。

本书继上述各种清朝通史之后,有借鉴,也有发展;有继承,也有改变,力图写出一部符合清朝兴亡进程的全史。愿望如此,能否达到预期目的,尚待实践。实在说,限于当前的认识与研究水平,本书仍是一次尝试,期望做得好一点而已。

二

中国历代王朝史,相互接续,组成了中国历史演进的长编。它们的各自

---

[1] 顾诚:《南明史》,中国青年出版社1997年版。

兴亡,不管如何开始,又如何结束,也不论它们存在的时间或长或短,都不过是时代的"过客"。然而,毕竟各王朝所处时代不同,社会生产发展水平不同,遇到的国内或国际问题各异,各王朝采取的政策、策略以及帝王的作为,都不可能相同。这就决定了各王朝的历史各有内涵,形成各自的历史特色。很清楚,编写一代王朝的通史,就要抓准问题,写出它的个性来,否则,就如同"千人一面"一样,按一个模式,则使各王朝大同小异,除了王朝名号,几无差别。以往写清朝通史,或多或少存在这方面的问题,造成清朝的"个性"不显,特色不清。说到底,还是对清朝的历史缺乏深刻了解,一句话,还没有真正认识清史。

那么,清史的内涵或基本特征是什么?概括地说,表现在如下几个方面。

清朝创业走过了漫长的艰难道路,创造了清以前历代王朝创业的新纪录。这里,涉及清朝历史从什么时候为开端的问题。本书将这个时间锁定在明万历十一年(1583)。这一年,努尔哈赤起兵复仇,正式开始了清朝的历史进程。经过33年的血战,统一建州女真、海西女真及东海女真,遂于明万历四十四年(1616)创建了清朝的前身政权,史称"后金"。33年血战又带来了另一个重大历史后果:满族从古老的女真族中脱胎而出,形成了一个新的民族共同体。满文的创制,就是满族初步形成的重要标志。至第二代皇太极,这个新的民族共同体进一步扩大,于天聪九年(1635)正式命名为满洲,标志满族最后形成。我们看到,从努尔哈赤起兵到创建政权、皇太极巩固政权这个过程,同满族形成这个过程交织在一起,同步进行。满族的出现,是中华民族发展中的一个重大历史事件。这不仅是努尔哈赤、皇太极个人的特殊贡献,也是清(后金)政权创建的一大贡献。故研究和编写清史,不可忽略满族的形成。皇太极在位17年,奋发有为,全面奠定了清入关夺权的雄厚基础。至第三代福临幸运进关,定鼎北京,经18年奋战,先后灭大顺、大西和南明诸政权,于顺治十八年(1661)活捉永历帝,除台湾外,基本完成了对大陆的统一。从努尔哈赤起兵时不足百人,到统治全中国;从穷乡僻壤崛起的赫图阿拉(今辽宁新宾永陵乡),中经萨尔浒、辽阳、沈阳,最后迁居北京,这一过程,历经整整三代人,共60余年。清朝创业、夺权的历程,恰恰是证实"星星之火,可以燎原"的最好例证。这是清朝与满族人创造的一个奇迹,而这类奇迹在中国历史上并不多见。

清朝所处时代和社会发展阶段,也与历朝历代有着鲜明的差别。它从古代而入近代,临界现代;它经历的社会由奴隶制(或农奴制)而封建制,再转入半殖民地半封建制,等等。经历不同时代的跨越和社会的激烈转型,在历代王朝中,也只有清朝一家。这就是清朝历史的特殊性。清朝为一个少数民族——满族所创建,经济和文化并不发达,然而,它能因应时代的变化,适应社会发展的趋势,不仅存在下来,而且获得长治久安,同时也发展和壮大了自身,这在清以前所有少数民族建立的如北魏、辽、金、元等诸王朝中独树一帜。如后金从偏僻的山区进入先进的辽东汉人地区,管理诸多名城大镇,很快适应已变化了的社会环境,实施"计丁授田",发展农业生产,促使它原有的社会制度和政权迅速封建化。皇太极时,逐渐放弃"八和硕贝勒共治国政"的体制,仿明制而建君主专制。清入关时,一改往昔的掳掠政策,不杀、不掠、不扰民,争取了民心。在战争中,特别是战争结束后,大力恢复农业生产,奖励垦荒,招徕流民归乡或就地安置,由官府出资,鼓励耕种;大规模治理黄河,大见成效。一个从事渔猎的民族到了汉人农耕区,做得比汉人王朝更好些,确属难能可贵。清一入关,就尊孔重道,重建儒家思想的统治,不只是简单地推崇,而是躬身实行,贯彻于治国的实践。在这方面,比明朝毫不逊色,而且更胜过明朝。清闭关锁国,至近代,在西方列强的压力下,被迫开放。后兴办洋务,开矿建厂,引进资本主义生产方式。统治集团顽固派拒绝变法,后又不得不采纳某些变法主张,仿西方,调整国家管理结构。凡此种种,不管它出自本愿或被迫,都是为适应其政治需要和社会发展趋势而有所更张。尽管清朝自鸦片战争后极度衰弱,仍然维持了 70 余年。自然法则,适者生存。同样道理,为政之道,惟"适者"长久。我们重视对时代及社会环境的正确认识,将有助于科学地阐明清朝历史的演变,探索其长治久安的内在因素。学术界有一种看法,断定清入关延缓了中国历史发展 100 年[①]。这是不恰当地把明末因灾荒或腐败迫使大批农民流徙的"流民"现象,看成是一场"资本主义运动",而清入关则打断了这一进程。对时代的认识有偏差,就得出了不当的结论。

[①] 李洵:《四十天与一百年》,《史学集刊》1985 年第一期。

清朝坚持国家与民族的"大一统",坚决反对分裂,为实现统一,巩固统一,发展统一,进行了长期的斗争,取得了超越前人的辉煌业绩。"大一统"的理念与政治实践,构成了清朝历史的一条主线,也是本书的一条主线。"大一统"的理论,早在春秋时代已经提出,而秦始皇把这一理论变为政治实践,开创了中国"大一统"的新时代。历代奉秦制如铁的法则,不断推进"大一统"的发展。在统一过程中,也经常出现分裂,这只是中国内部的政权分裂,而中国作为一个凝聚的整体却是牢不可破的。清朝的统一,最早始于建国前女真内部的兼并战争,然后,打破明朝的旧的统一,为清朝的统一,展开了长达100多年的斗争。清定鼎北京,对大顺、大西、南明诸政权毫不妥协,不让步,坚持国家统一的战略方针;而大顺等已无力完成统一,很快被清朝逐个消灭,避免了可能长期分裂的结局。最能体现清朝"大一统"政治观念的,试举几例:一是康熙十二年(1673)吴三桂发动叛乱,来势凶猛,以圣祖为首,采取坚决斗争的方针,经8年苦战,消除叛乱,清朝转危为安,维护了中国的统一。二是台湾郑氏政权提出不登岸、不剃发,仿琉球、朝鲜例,只同清朝保持朝贡关系。如果清朝答应这个条件,今日之台湾必非我有!值得赞赏的是,圣祖和他的重臣断然拒绝,这就保证了台湾不会从中国版图分离出去。在谈判未果后,圣祖果断下令,向台湾进军,将台湾收降。三是沙俄入侵黑龙江流域,圣祖明确表态:环黑龙江流域一水一溪,皆我领土,沙俄不得侵占。先后发起两次雅克萨反击战,将沙俄逐出中国领土。尼布楚谈判,签订条约,保住了国家大片领土。

中国历代所谓"边患",皆起自东北、西北和北部的"三北"地区。这一地区,东西延袤万余里,从来就是游牧民族生息活动的广阔舞台,构成了对历代中央王朝的主要威胁。因此,早在秦始皇时就修建了万里长城。历代沿用,增修不已。长城不仅是一道军事防御工程,也改变了中国的政治地理观念,所谓内外、塞内塞外、关内关外等,都是以长城为限隔的。能否实现"大一统",关键就看能否有效地将"三北"置于中央政权的管辖之下。可惜,历代王朝都没有从根本上解决这个问题,"边患"也难以根除,仅在和平时期保持朝贡关系。惟元朝有过短暂的大统一,当元朝崩溃,其统一不复存在。清代集历代之大成,发展"大一统"。以康熙三十年(1691)罢修长城、撤长城之防为标志,圣祖明确阐明"中外一家"、"中外一视"①的新的战略思想,为两千年一巨变。于是,在东北与北部蒙古地区实行盟旗制,置于中央的直接管辖与控制之下。西北地区如青海、新疆等处,有准噶尔部噶尔丹、策妄阿拉布坦、罗卜藏丹津、噶尔丹策零、达瓦齐、阿睦尔撒纳等相继为乱70多年。自康熙,中经雍正,至乾隆前期,同分裂活动进行了长期斗争,付出了巨大的代价。乾隆时又平定新疆回部霍集占的叛乱。最终将这一地区纳入清朝版图,设机构,驻军队,遣官治理。在西南地区,废土司,置流官,"改土归流",一改千百年来的旧制度,归入中央政权直接管辖。在西藏,亦废旧制,改由驻藏大臣执行中央管辖权。在清朝统治下的中国,其极盛时期,把"大一统"发展到了极限。世宗以自豪的口气说:"自古中外一家,幅员极广,未有如我朝者。"特别是"塞外之一统始于元代而极盛于我朝",而"今六合成大一统之天下,东西南朔,声教所被,莫不尊亲"②。这些话,是对清朝实现并发展"大一统"的生动写照。实际上,清朝"大一统"达到全盛,是到乾隆二十四年(1759)平定新疆回部霍集占之乱而实现的。如高宗所称:"关门以西,万有余里,悉人版图,如左右哈萨克、东西布鲁特及回部各城,以次抚定……以亘古不通中国之地,悉为我大清臣仆,稽之往牒,实为未有之盛事……"③至此,历经4代人不断开疆拓土,在辽阔而广大的疆域稳固地建立了清朝的统治。其北自恰克图,南尽南沙与西沙群岛;西北达巴尔喀什湖与葱岭以西,东南至台湾及属岛钓鱼岛;东北接外兴安岭、乌第河,极东至库页岛。疆域之广,远超历代,实属空前。当代中国的疆域,就是清朝留下的基业。这一点,人们不应该忘记,应给予高度评价。

创建一代政权,必建一代政治制度,而建立什么样的政治制度,亦决定政权的性质。清入关之时,西方以英国为代表,率先进行资产阶级革命,建立资本主义的政治制度。在中国,资产阶级还未产生,资产阶级革命的条件远未形成,建立资本主义的政治制度无从谈起。明朝灭亡后的中国社会,还是一个成熟的封建社会,就是说,中国的封建社会及其政治制度尚未到"垂死"的阶段,相反,它不仅继续存在,而且必然还在向前发展。这不是任何

---

① 《清圣祖实录》卷一八四。
② 《清世宗实录》卷八三。
③ 《清高宗实录》卷五九九。

人的愿望所决定的,而是中国历史发展的必然趋势。在明清鼎革的新的历史条件下,清朝没有别的选择,只能适应原明的政治体制,重建新一代封建王朝。

清朝的政治制度,概括地说,一方面,承袭明制,保留了明朝政治制度的基本框架,但又不局限于明制,而是有改变,也有调整,又有进一步发展。另一方面,增添满族独创的制度,将这两个方面有机地结合起来,经历百余年的实施,最终形成了清朝的一套更完整、更系统、更严密的政治制度,与"大一统"一样,把中国已实行两千余年的君主专制发展到了极限,达到了顶峰。早在清入关前,清太宗皇太极时期,仿照明制,始设六部,改文馆为内三院(内国史院、内弘文院、内秘书院),置二院(都察院、理藩院),合称"三院八衙门"。入关后,更定内外文武官制,为与明制一致,更改部、院首脑名称,前定六部承政,改称尚书;原左右参政改为左右侍郎;改称理事官为郎中、副理事官为员外郎;等等。明朝罢宰相,行内阁制,设大学士若干,位尊而无实权,惟身兼尚书或侍郎衔,才成为事实上的宰相。中央的权力,实由六部分掌,皆对皇帝负责。清亦照设内阁大学士,实行票拟制度。同样,大学士亦无实权,仅为皇帝备顾问、咨询而已,与明制无别。明原设六科给事中及十三道监察御史,与都察院并列为独立的监察机构。清则把台、谏两套机构合并为一个系统,将前者隶属于都察院。其他如大小九卿,照设不减。地方官制,大体亦照明制,局部稍加变通。明原设总督、巡抚,属临时差遣,事毕即裁撤。清则把督抚变为常设,命为一省或两三省区的最高行政长官。清朝承认:"我朝设官,大半沿前明数百年旧制。"①

清朝创设的新制度与机构,尤其显示了它自身的政治特色。入关前,设"议政诸王大臣会议",即由皇室诸王共议国政,决策国家军政大事。此制为清独有,本意是为保持满族贵族在中央政权中的支配地位而设的。入关后,此制显然与承袭明制不符,亦不利于实施"满汉并重"的组织原则,但又不便马上撤销,遂仍然保留,逐渐失去原有的作用,康熙时已形同虚设,至乾隆时才裁撤。此外,照设原明宗人府,另独设"总管内务府衙门",简称内务府,取代了明宫廷的宦官职责。清朝早期设管理蒙古事务的机构,称蒙古衙

---

① 《清史列传》卷六一《张百熙传》。

门,随着民族事务的扩大,遂改称理藩院。这一机构为历代所无,是清朝的独创,为巩固统一的多民族国家发挥了重大作用。清朝在"首崇满洲"的原则指导下,实行"满汉并用"的政策,如内阁4名,满汉各占2名;六部实行满汉复职制,即六部首脑正副职,满汉各1名;内务府、理藩院都不用汉人,太医院则全用汉人。而外省官员,不分满汉,"惟择贤而任"①。雍正时,创设军机处。这是清朝创造的一个特殊的制度,既不属于六部,也不属于内阁,亦非议政诸王大臣会议所属,它直属于皇帝,参与高度机密大事,故选用的军机大臣地位崇高,为加强君主专制发挥重大作用。军机处之设以及行"密折制",标志着清朝把君主专制推上了顶峰。至于近代,特别是自咸丰、同治以后,至光绪、宣统之际,因应时代的变革,其官制、政治制度又为之一变,不过仿西方而设。清代政治制度,可以认为,集历代之大成,更为严整,上下相维,左右制约,国家机器运转富有成效,因而保证了国家与社会的长治久安。

中国自古就是多民族聚居的国家。历朝历代如何处理民族问题,也就是采取何种民族政策,实关国家盛衰存亡。远的不说,如元朝将国内民族分为四等,汉人多受歧视,故其国运不足百年而亡。明朝对"三北"地区的蒙古族及女真族处理不当,引发战事不断,终明之世,国家未获安宁,其国虽亡于农民大起义,实际是亡于满族(女真)与蒙古族的联合绞杀。清朝以一个少数民族入主中原,面对汉、蒙及其他民族,如何处理它同这些民族的关系,情况更为复杂,后果也更为严重。满族统治集团比历代王朝特别是少数民族所建王朝的高明之处,就在于它制定并实施了较为正确的民族政策,成功地处理了它同汉、蒙及其他民族的关系。这一政策的开创者,首推清太宗皇太极。他一改努尔哈赤歧视与迫害汉人的政策,宣布"满汉之人,均属一体",制定了"满洲、蒙古、汉人视同一体"的具体政策②。在其父努尔哈赤建满洲八旗之后,他又续建蒙古八旗、汉军八旗,从而形成了满、蒙、汉三位一体的政治格局,成为处理民族关系的指导方针。入关后,自顺治以降,迄晚清直至亡国,清朝始终坚持"满汉一体"的政策。对汉族的政策,是清处

---

① 福格:《听雨丛谈》卷三,中华书局1959年版。
② 详见《清太宗实录》卷一、卷四二。

理民族关系的政策核心,而对蒙古族的政策,则占据特殊的地位,满蒙联盟,使两者结成了极亲密的特殊关系,与满汉民族关系并重,相辅相成。满、蒙、汉三个民族的相互关系,构成了有清一代立国的基石。在具体做法上,对少数民族比较宽松,处理其酋长或首领的过失亦相当宽大,尤其是在物质上待遇优厚,爵位崇高,这就是清朝所说的"恩养"政策。但对其叛乱,却不姑息,一再劝告无效,即施以军事打击,直至将叛乱平定为止。此即"恩威并施"之策,收到显著效果。在组织上,以有效的行政手段,伴以法律规定,严格管理。如在东北地区设盛京、吉林、黑龙江三将军衙门;在新疆设伊犁将军,管理全疆;在北部及青海地区设盟旗统辖;在西藏设驻藏大臣;在西南地区设流官。在边疆地区,因地制宜,实行不尽相同的管理办法。如此,清朝将中国境内50多个民族集于一个统一政权的管辖之下,这证明清朝的民族政策取得了成功。它的成功经验和某些失败教训,值得总结,很有借鉴价值。

历代治国,首重吏治。从中央到地方,各级吏员清廉与否,实关国家安危。历史的经验证明,历代王朝的没落乃至灭亡,多毁于吏治的败坏,所谓"官逼民反",正是对吏治败坏的高度概括,而其达于兴盛之时,也多成于吏治的清明。清朝保持了长期的繁荣与稳定,一个重要的原因,就是它的几代皇帝连续而不间断地整顿吏治,净化官场,因而收到了"源清流洁"、政通人和的奇效。清朝一面严惩贪官污吏,伴之以思想教化;一面大力表彰清官廉吏,倡导"大公"精神。这两个方面的内容便构成了清代政治的又一大特色。

清朝以皇帝为首的统治集团,坚持把澄清吏治摆在了治国的首位。入关前,开国创业28年,从努尔哈赤到皇太极时刻关注吏治,使这个勃兴的新政权,充满了朝气蓬勃、勇猛进取的精神。定鼎北京后,清朝统治集团首重吏治,严肃总结明朝亡国的惨痛教训,深刻认识到吏治极端重要,如顺治元年(1644)世祖颁即位诏书,强调:"国之安危,全系官僚之贪廉。"圣祖治国,"惟以察吏安民为要务"。他认为:"官吏之贤否,民生之休戚所关。"[1]世宗继承先辈的治国思想,宣布:"朕惟国家首重吏治",发出了"吏治不清,民何

---

[1] 《清圣祖实录》卷二五〇。

11

由安"的呐喊声①。高宗即位时,声明他之为政,"即以皇考(世宗)之政为政",表明他继续执行其父的治国路线。即使到了嘉道以后,各代皇帝在主观上也没有放松吏治。一个少数民族的统治者如此善于总结历史经验,对吏治问题的认识如此深刻,而且几代人把这一思想坚持下去,尤属难能可贵。

清朝的吏治,以严著称。入关初,加大力度打击贪官,纠正明末官场恶习。摄政王多尔衮规定:"贪官必诛……何必论赃多少";"察实纠参,必杀无赦"②。世祖也说:"朝廷治国安民,首在严惩贪官。"③不难看出打击的严厉程度。以后,政策有所调整,仍不失严厉。从世祖、圣祖、世宗到高宗,凡发现贪赃枉法,必重处不贷,轻者革职,永不叙用,重者充军、杀头。不论职位多高,也不论亲疏,发现一个,处理一个。为根治官员腐败,清朝发挥监察机关的耳目作用,将各级官员置于他们的监察之下。圣祖时行密折制,以使百官互相监督,互相纠参。在惩贪的同时,大力表彰清官廉吏,树为榜样,引导吏员修身自洁。

自明万历后期迄清初,数十年中,天灾频仍,战乱不断,经济遭到毁灭性的破坏。清朝就是在明末经济残破,几近崩溃的情况下,采取各种对策,重建封建经济秩序。举其大略,计有:制定奖励政策,招徕流民,鼓励农民垦荒,耕地逐年增加,农业生产迅速恢复并重新发展;根治黄河水患,疏通运河,大规模兴修水利,农业持续丰收,粮食产量稳步增长;减租减赋,延长新垦土地起科年限,农民负担减轻,收入增加;实行赋役改革,摊丁入地,刺激了农民的生产积极性;除贱为良,将乐户、堕民、疍户、世仆等世代从事贱业的"贱民",恢复为"良民"的身份,解放生产力;在全国各地,从城镇到乡村,广建仓储,积存余粮,备灾备荒。其他方面,如鼓励开矿,允许开海贸易等,促进手工业及商业贸易的发展。在经历了半个多世纪后,社会经济全面繁荣。康熙五十一年(1712)宣布:自上年始,其后所生人丁不再征收丁赋④。

---

① 《清世宗实录》卷三。
② 《清世祖实录》卷一一;《明清史料》丙编第一本,第27页
③ 《清世祖实录》卷五四。
④ 《清圣祖实录》卷二四九。

此即"盛世滋生人丁,永不加赋"①。千百年来实行的人头税,自此永远废除。这是划时代的一项变革,具有深远的历史意义。同时又决定:自五十年为始,三年之内全国普免地丁钱粮"一周"②,此项举措,史无前例,为清朝所独创。这些,足以证明清朝已进入"盛世"。乾隆时,库存高达8000余万两,常年保持在7000万两上下。先后四次普免全国钱粮,总计达1.2亿两,创历史最高纪录。全国人口已达3亿多,粮食足用,国用财富充盈,生动地展示了清朝鼎盛的雄姿盛容。

进入近代,受到西方列强的侵略和掠夺,封建经济呈衰退之势。但是,随着"洋务"的兴办,民用工业发展起来,资本主义迅速生长。这是清朝后期经济的一个重大变化,其结果,官僚买办、民族资产阶级及无产阶级同时诞生,由此开始了中国近代化的历史进程。

清代的文化,很鲜明地展现出几个不同的发展阶段,即:清入关初明清之际的文化、盛世时期的文化、嘉庆道光中衰时期的文化及晚清文化。从总体而论,清代文化内涵极其丰富多彩,人才辈出,成就卓著。概括地说,清代文化继承并发扬中国传统文化,全面总结,成集大成之势,把传统文化主要是儒家思想推上了一个新的高峰。乾嘉考据学、古籍校勘注释、历史学、诗歌、小说、戏剧、书法、绘画等各个领域,硕果累累,超越前人。其中,如考据学为清所独创,开辟了学术研究的一个新领域。史学新理论以章学诚的《文史通义》为代表,提出新的主张。诸如《四库全书》、《红楼梦》、《全唐诗》、《古今图书集成》、《词谱》、《曲谱》等等,都是盛世文化的代表作,远远突破了古代文化的局限,为其增添了新的内容。可以认为,清代文化是中国古代文化亦即传统文化的终结,至晚清,应是传统文化与新文化的分水岭。所谓新文化是区别于封建文化的一种新型文化,主要表现为引进了西方的文化,包括社会观、伦理观及维新思想与方法等,开始改变中国传统文化的面貌。因此,从嘉庆道光至晚清,恰是中国文化转型的时期,为新时代的到来做好了准备。

一般来说,历代开国帝王皆是一代英雄人物,他们的胆识、胸怀、谋略及

---

① 《清朝文献通考》卷一九《户口》。
② 《清圣祖实录》卷二五一。

个人素养无不超凡脱俗,各自成就了一代伟业。但延及第二代特别是第三代以后,能称得上杰出人物者,已不多见。至于末代,非庸碌即荒淫之辈。以明朝为例,共17帝,除开国皇帝太祖朱元璋及成祖朱棣、宣宗朱瞻基等少数几个皇帝值得称道外,大多皆平庸,其中不乏无道之君,如武宗的荒淫、神宗的懒惰、熹宗的嬉戏,都是这类的典型人物。国家的兴亡,固然有多方面的原因,但居于最高统治地位的皇帝的作用却是不容低估的。马克思主义从来都不否认个人在历史上的作用,而是承认并肯定个人特别是伟大人物在历史发展进程中所起的作用是任何事物都无可替代的。正是从这个意义上,我们重视并具体考察清朝诸帝的实践活动,作为分析清史进程中演变的一个重要原因。

从清入关前努尔哈赤开基立业算起,直至末帝逊位止,共历12帝。一个原属文化、经济不发达的少数民族能够夺取全国政权,并统治中国长达268年之久,实与皇帝个人的作为息息相关。总体考察,清帝大多数是好的,换言之,大都很有作为。如太祖努尔哈赤、太宗皇太极、世祖福临,还有代行皇帝职责的摄政王多尔衮,三代人相继奋斗近50年,一统天下,开创了清史的新纪元。圣祖玄烨、世宗胤禛、高宗弘历三代人继续开拓进取,创造出中国封建社会的最后一个盛世即"康乾盛世"。其规模之大、持续之久、成就之巨,都是历史上任何一个盛世所无法比拟的。这几代帝王及多尔衮皆雄才大略,文武兼备,勤于政事,事必躬亲,严于治理,生活俭朴而克己,爱读书而乐此不疲。特别是康、雍、乾三朝,诸帝知识渊博,诗词、绘画、书法无不精通,圣祖更是通晓自然科学。嘉庆以后,除3岁登极的溥仪,年纪最小,无施政能力,其他各朝论能力皆不足,没有一个能比得上前期诸帝,但对于国政仍有求治之心,还算勤奋,生活并不奢侈,更少荒淫、残暴之事。如宣宗还率先垂范,穿带补丁的衣服。至德宗,实属亡国之君,但其生活节俭,处事平和,尚能抗争抗命,欲图大有作为,促成康梁变法,为清朝的最后岁月留下了光彩的一章。惟文宗稍差,但也不像人们想象的那样荒淫;还有穆宗,受制于慈禧太后而无法作为。若论"帝德",比之历代,清朝应是比较好或属最好的之一。在努尔哈赤、皇太极时,就培育了勤政、求实、进取和俭朴的传统作风,故代代相传,保持了政权的长期稳定。

清朝统治中国268年,存在的问题不能说少,有些问题已给中国的发展带来深远的影响。尤其是到了近代以后,问题更多,引发的后果也更严重。从全局看问题,18世纪是中国发展的关键时期。当时,清朝处于极盛状态,中国在世界上占有重要地位。而西方资本主义蓬勃发展,其科技与文化纷纷东来,传入中国。然而,圣祖并没有把他已掌握的西方自然科学知识广泛地推广并应用于生产实践;世宗驱逐传教士,捣毁教堂;高宗拒绝英国欲与中国通商及建立外交关系的要求,连同西方最先进的科技也拒之于国门外,甚至将原先四个通商口岸关闭三处,只保留广州一处。这些英明的皇帝在科学面前显得愚昧无知,对世界大势的新变化毫无认识,因而拒绝开放,使中国失去了转轨并与西方对接的历史机遇。

  清朝政治专制与思想专制高度发展,人们的思想受到禁锢,蠕动中的科学与民主的思想萌芽被压制,不能自由发展,也就无法形成新思想的启蒙运动,无助于中国的社会变革。18世纪的中国思想界、学术界仍然局限在中国传统文化的范畴之内,也没能跟西方的先进理论与新思维实行对接。在18世纪,强大的中国实际上已与西方拉开了距离,这直接影响到近代中国的发展。

  清朝近代的主要问题是,不能因应时代的变化,迅速推进中国的社会变革。当英国以武力打开中国的大门,清朝被迫实行有限的开放。但是,它对西方的先进科学技术仍然无动于衷,甚至麻木不仁。魏源已提出"师夷长技以制夷"的著名主张,但统治集团对此并无反应。在第二次鸦片战争再次遭到惨重失败后,表明中国已到了积贫积弱的严重程度,在强敌面前不堪一击。洋务由此而兴办。这场运动,不过是旨在多造洋枪洋炮洋舰,装备军队,增强军事力量罢了,仍然不触及社会的变革。但由办洋务而带动了民营工业的兴起,加速了中国资本主义的发展。当甲午战争爆发及中国的惨败,中国人首先是知识界才真正猛醒,要求社会改革,全面学习西方。戊戌变法是一次尝试,试图改变中国现状。可惜,这一认识来得太晚,行动亦太迟。统治阶级中的顽固守旧派大加反对,不惜血腥镇压。变法失败了,刚开始启动的社会改革亦告中止。随后,清朝也走到了尽头。总结近代中国一系列失败,其症结就是变与不变、改与不改的问题。换句话说,只有改革开放才是近代中国的惟一出路。毫无疑问,清朝对近代中国问题难辞其责,但又不能把全部问题都归于它。因为当新时代到来之时,它不属于这个时代,其结局,只能与过了时的那个时代同归于尽。

三

我国对清史的研究,90年来已取得了重大进展,尤其是在近几十年的改革开放新时期,已形成蓬勃发展之势。但是,在清史研究中仍然存在一系列分歧和争论。从对清史总的评价及历史地位的认定,到每一个重大问题乃至一般的问题,都有不同的说法。即使史实清楚,同样可以引出不同的结论。意见相左,尖锐对立,这在清史研究中已不是个别现象。可以说,在中国历代王朝断代史中,清史是分歧和争论最多的一门断代史。本书在阐述清史的过程中,不回避学术界的分歧,直率提出我们的学术见解。为给清史研究者提供研究线索和参考,也使初学者了解清史研究的现状,特从本书中提取存在分歧争论的有代表性的问题,作一简要的评介,也有助于读者对本书的理解。

关于清史纪元的始终及历史分期问题:

按传统说法,清史纪元从1644年入关为始,其下限到1840年鸦片战争爆发前。1840年至1911年划为"中国近代史",被列为一个独立的研究领域。但谁也无法否认这段中国近代史是清史的一部分,故仍以1911年为清史的最后终结时间。清入关前的历史,简称清前史,这一段历史被归入为明史的一部分。其起始时间也有不同的划分,一说应从努尔哈赤于1616年建国算起,至入关的1644年,是为28年;一说应从1583年努尔哈赤起兵始,至入关之前,是为61年。不管从哪年开始,入关前史被从清史中划到了明史。这样,一部完整的清史被斩头去尾,只剩中间196年的历史。近年已有学者对这类传统的划分法提出了异议,主张应保持清史的完整性。清史的头尾不应分割,其头本是清朝的创业史,可称为清史的源头,自然是清史的不可分割的重要组成部分。努尔哈赤于1583年起兵创业,无疑是清朝自身的历史,不应当归到明史里去!本书明确记为:皇太极于1636年即帝位、改国号大清,这是清史真正的新纪元。所谓"中国近代史",确切地说应是"清朝近代史"。清朝所处时代,前跨古代,后处近代,是清史的不同阶段而已。

仅仅因为时代变化,硬把近代归为一个独立的学术领域,严重妨碍对清史的整体研究。清代前、中期,业绩辉煌;后期屡屡失败,丧权辱国。两个研究领域各有欠缺,就不能对清朝历史做出全面而完整的评价,在认识上难免陷入片面性。本书纠正这些不确切的分期法,从清朝自身的历史出发,顾头又顾尾,以成清史全貌。

关于清入关前的社会性质:

此题历来分歧甚多,争论了几十年,尚未达到共识。学术界把入关前的社会性质通常分为两个阶段考察:前段为进入辽东前,指赫图阿拉时期;后段是进入辽东汉人农耕区至入关前。争论集中在对前段的后金社会发展阶段的认识。一种说法是,后金已进入封建社会,称封建农奴制;一种说法是,尚处在奴隶制阶段,有的又细说为家内奴隶制。一般都认为,进入辽东地区后,以"计丁授田"为标志,开始封建化,但主"封建说"的则认为已进入成熟的封建制社会。持前说的认为,到皇太极称帝时,已完成封建化的历史进程;另一说法认为,进关后到圣祖亲政才完成封建化。论证后金的社会性质,是一个极为复杂而繁难的问题。限于史料和文物不足,缺乏数量的分析与比较,更主要的是所持理论和理解不同,难以把研究深入下去,得出令人信服的结论。鉴于研究现状,本书采用通常的"奴隶制说",入辽东迅速封建化。这个问题,有待继续研究。

关于明清战争的评价:

明清易代,主要是靠军事手段即战争来实现的。战争的胜负决定着明清的兴亡。因此,明清(后金)战争就成了研究明清之际历史的一个带有根本性的重大问题。正确地认识这场战争的由来和发展,探明战争的性质,也就对明清易代获得必然性的认识。这是一场持久性的战争,以后金天命三年(1618)努尔哈赤发起抚顺、清河之役为开端,正式揭开了明清战争的序幕,中经皇太极,再传至第三代福临,继续将战争进行到底。直至顺治十八年(1661),始将南明最后一个政权——永历小朝廷消灭,明清战争结束。这场战争持续了40余年。战争的全部过程,正是明清双方势力消长、兴亡的过程。对明清战争的评价,其主要分歧集中在对战争性质的认定上。有的学者认为,努尔哈赤首先征伐明朝,发布伐明的"七大恨",是"犯上作乱",属于非正义战争。后金进入辽东,战争性质再起变化,有的学者认为是"掠夺战争"。对清军进关,流行的说法是"民族征服战争"。本书明确阐明:努尔哈赤的"七大恨"及伐明的军事行动,是满族(女真)人反抗明朝的民族压迫和民族剥削的正义行动。努尔哈赤起兵伐明,同后来李自成反明大起义具有同等的意义,绝不可说成是"犯上作乱"。明朝为报复抚、清之役的失败,发起四路进攻,欲绞杀后金于摇篮之中,是对满族人的大规模武装镇压。诚然,后金进入辽东,情况有所变化,后金的战争具有掠夺的性质,但从根本上说,已变为两个政权争夺东北统治权的斗争。其后,皇太极屡次遣大军入关伐明,也不能简单地认为是专事掠夺的战争,正如皇太极所说,此做法是"伐大树"的战略,即不间断地消耗明朝的有生力量,如从两旁砍大树一样,砍到一定程度,大树不砍而自仆。了解清朝方面的意图,才能做出正确的分析,否则就与事实相去甚远了。清军进关,无疑是争夺全国政权,不能用"民族征服"来概括。因为这场战争不是满族对汉族的战争,而是以满族贵族为核心,有汉、蒙、索伦(即鄂温克)、锡伯及后来称为达斡尔的多民族参加的对明朝展开的总攻击。这些民族都是中华民族大家庭中的一员。应平等地看待每个民族,他们都有权反抗压迫者,有权参与夺取统治权。清军入关夺权,实质上是清入关重新统一中国,是无可非议的。显而易见,清进行的战争就是为中国统一的战争。

关于清入关之必然抑或偶然的问题:

这个问题也有两种截然不同的意见。一种意见认为,清入关乃是28年血战的必然结果。清(后金)初战得抚顺、清河,再战得辽东,继而西进得辽西大部,北进黑龙江,尽归清朝版图;抚绥蒙古,先降服漠南蒙古,次招漠北,影响远及西藏,班禅遣使沈阳,叩问清朝门庭。其势已与明朝鼎足。而清(后金)之都城,由赫图阿拉而萨尔浒,而辽阳,而沈阳,形成直逼北京之势。进关已是皇太极的明确的战略目标。这仅是时间与时机成熟与否的问题,就是说,以政治和实力而论,已具备进关的一切条件,其进关是必然的。及至进关之时,恰好李自成已推翻明朝,更有意料不到的吴三桂请兵,引导清军直驱山海关,得吴军之助,一举击败李自成,为加快进取北京扫除了障碍。这些偶然性的因素,正是必然性的体现。即使没有吴三桂的引导,清军照样可以进关,只不过是迟速或快慢之别。第二种意见坚持说清军入关纯属偶然,是因为有吴三桂等少数反动的汉族大官僚、大地主的叛卖,与满族上层贵族相勾结,联合绞杀了农民军,"窃取"了农民战争的胜利果实,并指责说强调必然性是一种"宿命论"。本书赞成清军入关乃必然之势,不同意"偶然性"的说法。从理论上说,必然性是通过偶然性表现出来的。必然性在历史发展中起着支配作用,否认必然性,就是否定历史发展规律,历史的发展就变得无序而杂乱无章,势必导致神秘主义。从历史事实出发,只要认真考察清(后金)建国至入关前28年所走过的道路,就不难得出必然性的结论。

关于清入关是否延缓了中国历史发展一百年的问题:

20世纪80年代后期,已有学者提出这个结论,断言清入主中原,使中国的发展延缓了一百年。论者认为,明朝的资本主义萌芽已快速增长,特别是明末出现大批"流民",到处流动,实质是一场资本主义运动。而清朝将其落后的生产方式强加给了中原地区,无疑打断或延缓了中国资本主义发展的历史进程。如果李自成的农民军政权主天下,资本主义就会发展得快。有的学者虽然没有提一百年的问题,却说清朝是以破坏社会生产力为代价而统一了中国。如果明朝没有被推翻,在未来的二百年内,中国会加快发展的速度。此说与"延缓百年"说异曲同工。这些说法,纯属主观想象。历史事实是,明朝已经腐败、溃烂,连自己的统治都不能维持下去,何以加快中国社会的发展?如果说,明朝的政治、经济状况良好,为什么还会发生农民大起义,以至被推翻?为什么连初起的后金都无法消灭,以至后金坐大,势不可当?明清鼎革的时代,中国依然是根深蒂固的封建社会,资本主义毕竟还处于萌芽状态,新的阶级即资产阶级远未产生,中国如何能迅速发展?明末的"流民",是由于政治黑暗、灾荒、失去土地的农民流离失所造成的,这与历史上曾因同样的原因而使农民变成流民没有什么不同,与"资本主义"风马牛不相及,哪来的"原始积累"?清朝入主中原,承袭明制,延续封建社会,是历史的必然。在当时的历史条件下,农民阶级、地主阶级连同知识分子及其他阶层劳动者,都不是先进的阶级,根本提不出新社会的蓝图,也没有能力对中国封建社会来个彻底改造。即使李自成所建政权,除了官职名称有所不同,在本质上与封建政权没有什么差异。显然,所谓"延缓"的说法,是受某种不良偏见的影响,因而是不足取的。

关于"三藩之乱"的提法当否的问题:

由圣祖撤藩而激变成乱,平西王吴三桂带头发动了一场军事叛乱,持续

8年之久。三藩始末及这场动乱是清初的一个重大历史问题。多少年来，学者们不断展开研究，取得了显著成果，但仍有一些谜团，如尚之信叛清否仍然没有破解，一些不当的说法相沿成习，所谓"三藩之乱"的提法就是其中之一。清朝从圣祖到朝廷重臣，以及官方文件，从来没有用过"三藩之乱"的说法，这个说法是后世学者提出的。首先，应当确认历史真相，那场大动乱是由吴三桂率先发动的，而其他地区的叛乱，也是因他煽动而起兵响应。吴三桂先自称元帅，再称王，最后称帝建国号，其他叛乱者都受他分封、命职、赐爵。毫无疑问，吴三桂是叛乱的总头子，自始至终起主导作用。吴氏祖孙顽抗到最后，以清军平定云南，直捣昆明而宣告叛乱结束。所以，从基本史实出发，应把"三藩之乱"改称为"吴三桂之乱"，则较准确地反映了历史的真实。其次，历史事实是三藩并没有全乱。除靖南王耿精忠响应叛乱，平南王尚可喜至死未叛，即使到了最危险的时刻，仍然为清朝忠心守藩。这里，涉及尚可喜长子尚之信叛变的问题。就因为认定尚之信叛，始成"三藩之乱"。其实，尚之信在形势岌岌可危之际，假意降顺吴三桂，受其封号，但不出一兵一卒，没有像耿精忠那样与清军交过战。尚之信的这一重大行动，得其父允许，并征得圣祖同意，作为权宜之计。仅一年多，形势稍一好转，尚之信即迎清军入粤，率部平叛。事后，他之被处死，是因酗酒行凶，以刑事之罪而赐死。耿精忠则以"背恩反叛"被处以残酷的磔刑。朝廷给两人定罪时的讨论，在《清圣祖实录》中有明确记载。另有《尚氏宗谱》也做了清楚无误的记叙。即使尚之信是真的叛乱，还有耿精忠，时间很短，仅一年多就"反正"了，他们只是中间参加了一段，而从头至尾都是吴三桂叛乱。据此，本书中称为吴三桂之乱。

关于清朝是否有过盛世——"康乾盛世"：

有的学者作出了完全否定的回答，断言清朝不曾有过盛世，如果有，也是学者"捧出来的"。大多数学者是确认"康乾盛世"的，但确认的程度并不一样，一种是不以为然，声称"盛世"是个"形容词"。与晚明比，与道光以后相比，叫"盛世"也未尝不可。可以看出，认知很勉强。一种是泛泛而论，并没有做认真的考察和论证。一种是给予了全面肯定的回答。盛世的内容很广泛，包括政治、经济、军事、文化、民族及疆域等各方面的成就，人们的认识也不完全一样。例如，盛世的生产力达到什么水平？有的跟明万历十年(1582)前相比,认为"康乾盛世"不及明万历十年的发展水平;有的认为,乾隆鼎盛时"穷兵黩武,劳民伤财";有的则指责其文化专制,钳制人们的思想,毁书禁书,大搞文字狱,给社会发展带来了消极影响,对其文化所取得的成就,没有给予多少肯定。如此等等。总的看,对"康乾盛世"估量不足,评价不高。究其原因,主要还是受传统观念的影响,又囿于成见,不愿给予过多过高的评价,保持一种低调。其次是在研究方法中缺乏比较研究。如同清代以前任何一个盛世相比较,如西汉文景之治—武帝之盛、唐代贞观之治—开元盛世、明永宣之治等,都是历史上的盛世时期,只有与这些盛世相比,才能看明白清朝的"康乾盛世"是否存在。本书对"康乾盛世"的基本观点,已在前文第二部分做了阐述,应当强调的是,"康乾盛世"是中国封建社会发展的最后一个高峰,无论其质和量,都可以傲视清以前任何一个时期的盛世。它是清朝最辉煌的历史篇章。本书以浓重的笔墨、翔实的史料,再现了"康乾盛世"当年的辉煌。

关于对中国近代史的再认识和再评价:

新中国成立以来,我们一直十分重视对中国近代史的研究与教学,在广大群众中普及的程度,远远超过任何一门断代史的传播。中国近代史已超出其学术的范畴,成为爱国主义与思想教育的政治教材。在这个特殊的学术领域,基本上不存在学术分歧,因为已有了一个统一的政治标准,按照反帝反封建的政治立场及阶级划分,就不难得出基本一致的结论来。于是,内容丰富而复杂的近代史就变得极为简单化了。诸如清政府、官僚、地主、买办和依附于统治阶级的知识分子,不是卖国即反动,很少有可以肯定的人物。当然,侵华的西方列强无一例外都是中国人民的头号敌人。与封建统治阶级及帝国主义对立的农民阶级及其他劳动者都是革命的,他们的任何反抗、反对,皆属革命行动。如号称近代中国三大革命高潮的太平天国、义和团、辛亥革命,受到高度赞扬、全盘肯定,若否定或者批评其缺点,都是政治立场问题,即使可以批评辛亥革命中民族资产阶级的软弱和不彻底性,对于农民起义及其领袖也不可以批评。曾镇压过太平天国、捻军的曾国藩、左宗棠、李鸿章等被评为屠杀革命的刽子手。左宗棠率军收复新疆,保卫了中国的领土完整,功劳之大也抵消不了他镇压捻军和西北回民起义的罪过。再如,对所谓"变节"者的辩护,也是政治问题。对忠王李秀成的辩解,就是一个典型例证。还有,汉族官僚中的实力派如李鸿章、左宗棠、张之洞等大办洋务,也以主观动机是维护清朝的腐朽统治而予以否定。评价辛亥革命,认为反帝反封建不彻底,只推翻了清朝的统治,结论是以失败告终。应当说,以往对中国近代史的研究已取得了很大成绩,这是无可否认的事实。问题是,在"左"的思潮泛滥的年代,受到各种因素的制约,在研究中或多或少影响着我们对每个历史事件或重要人物作出正确的评价。

改革开放新时期以来,在中国近代史领域形成了重新学习、重新认识和再评价的热潮,纠正了以往那些观点,比较准确地再现了历史真相。如说宣宗在第一次鸦片战争中是个投降派,而今则评论他基本属于抗战派。重评辛亥革命,认识到这场革命没有失败,基本完成了它的历史使命。对中国近代史许多重大历史事件和重要人物,几乎都重新作出评价,更接近了历史真实。但是,也应当看到,对某些问题的论证走向了另一个极端。例如,从过去完全肯定义和团转向完全否定;对农民战争如太平天国,也由过去完全肯定而变为否定多于肯定;洋务运动则被完全肯定;过去否定李鸿章,斥为卖国,现在又转为肯定的结论;等等。当然,这仅是部分学者的意见,但反映了一种倾向,即"纠偏"过了头。不管这些观点正确与否,从积极方面去理解,毕竟思想得到解放,真正打破了以往死气沉沉思想僵化的局面,形成了百花齐放、百家争鸣的崭新气象。

概括清朝近代史的内涵,帝国主义侵华与中华民族反帝反封建构成了它的基本内容,学术界一直没有异议。应当说,这一概括偏重于从政治的视角去看中国与世界。若从更深的层次来考察,近代史实际是中国社会转型的时期,一方面是西方列强殖民主义及后来的日本军国主义共同侵华,把中国逐步沦为半殖民地半封建社会;一方面是以洋务派大办洋务为标志,中国开始了近代化实则是资本主义化的进程,资产阶级和无产阶级同时形成,而前者率先登上中国的政治舞台,最终发动了一场资产阶级革命,把清朝连同两千余年的封建君主专制政体送进了坟墓。所以,近代史阶段又是中国社会大变革的时代。从这一背景出发,我们不唯政治态度论,也不唯成分论,而是从历史的发展,即从中国社会变革的需要来观察和分析问题。这就是突破以往的政治模式,以新思维、新观念重新审视中国近代史。两次鸦片战争,固然是西方列强野蛮侵华,从清朝方面也是中国一方来看,是由传统的封闭而被迫开放,进而扩大开放,由此引发中国社会内部的一系列变化。我们肯定太平天国、义和团反帝反封建的革命首创精神,同时也深刻批判小农的自私、狭隘、追逐奢华以及愚昧迷信等劣根性;我们肯定洋务运动的积极作用,也指出其历史的局限;我们认为,从戊戌变法到辛亥革命是变革中国社会的两个不同的阶段,前者失败,但影响很大,后者成功,但政权又被封建军阀所篡夺。对形形色色的事件和人物,做到实事求是的评价。总之,我们对清朝近代史,充分吸纳学术界已有的又可以接受的研究成果,而重在表明我们的观点。

对清代人物的评价,构成了当代清史研究的一个独特的领域。在改革开放20年中,人物的评价是清史研究的一大热点。这方面的成果很多,分歧也不少,特别是对某些人物的评价引出了激烈的争论。

清朝创始于努尔哈赤起兵创业,直至逊国,历经三百余年,而且跨越了不同的时代、不同的社会发展阶段,许许多多的人物应运而生,各领时代的风骚。清史著名人物之多,应是清史的特点之一。当清朝极盛时,已开始为已故的名臣名将或业绩突出者编纂人物传记,至民国初,先后修成人物传记的专书及含有人物传记的史志,如《八旗氏族通谱》、《八旗通志》、《满汉名臣传》、《碑传集》、《国朝耆献类征》、《清史列传》、《清代七百名人传》及《清史稿》等等。各书收入的人物多寡不一,如《清代七百名人传》收的人物较少,而《清史列传》共收入人物约二千四五百人。在改革开放前的数十年间,研究的人物很少,惟圣祖是个例外,对他的研究较多,故论清史,言必称康熙大帝,似乎除了他,清朝没什么重要人物。到了改革开放的新时期,这种状况才得到根本改变,从清入关前到清末,自帝王至名臣名将,各个领域的代表人物,几乎都逐个展开研究,并作出了应有的评价。最有争议或评价不一的人物,主要集中在清入关前及入关初这个时期。一类如努尔哈赤、皇太极、多尔衮等,多数意见给予肯定,少数学者针锋相对,把他们评为"残忍、暴虐"的人物。一类是从明朝方面降清(后金)的人物,争议更大。有的把这一大批人斥为没有民族气节、丧失人格的"叛徒",统称为"汉奸"。诸如范文程、洪承畴、孔有德、耿仲明、尚可喜、吴三桂等都属于此类的代表人物,称他们是沾满汉人鲜血的"刽子手",其中洪承畴、吴三桂更是大奸大恶之人。相反,凡忠于明、为明效力而不惜一死的人都是"英雄",一律给予肯定。清入关后,天下一统,自然不再有降清的问题,但对人物的评价仍然分歧很多,如世宗,以所谓"夺嫡"、残杀兄弟等恶名而备受谴责,又因其严厉、刻薄而被一些学者斥为"残暴";高宗也被论为"坐享其成"、"奢侈腐化"的"风流天子"。至于近代时期,争议的人物同样不少。凡统治阶层的人物,从皇帝到重臣,被肯定者不多,大多因这样那样的问题而被部分或全部否定了。以李鸿章为例,有的说他是卖国贼,有的说不是。洪秀全是太平天国的主要缔造者之一,进入南京后,其所作所为该如何评价?从本质上说,他还算不算农民领袖?太平天国后期的领袖们相互残杀,是否影响到对他们的个人评价?近代时期,社会变化加快,风云变幻不定,人处其中,亦在随时变化,准确评价每个人,实属不易。

评价清代人物乃至评价历史上的各类人物,既不可随心所欲,也不可凭个人好恶,而应当实事求是,历史地看待一切问题,在坚持国家统一、民族团结、促进社会发展的大原则指导下去评价人物的是非。

以上所列,不过是举其大略,至于一般的分歧争论,不复赘述了。分歧或争论是学术研究中必然出现的现象。学术发展史证明:不同学派、不同观点的学术争论是学术发展的必由之路,舍此,就没有学术的发展。如果一种思维、一个观点永远不变,学术就失去了生命。历史科学的魅力,就在于不断创新。人类的认识无止境,对历史的认识也永远不会完结。这就是说,每当时代发生变化,人们的观念也在变,必然深化了对历史的认识,在原有的基础上,提出新观点、新理论。由此往复,推动学术研究不断发展。所以,历史科学是一门古老而常新的科学,分歧或争论,正是推动学术发展的动力。清史研究90年来,就是在分歧—争论的过程中发展起来的。清史分歧多,应看作是清史研究繁荣的一个标志。只要我们发掘并详细占有翔实的史料,克服传统的旧观念,不囿于成见,就会化解分歧,达成共识,在新的基础上,将清史研究引向深入,取得更新、更多的研究成果。

四

清朝通史之作,简单地说,就是如何完整地认识清史、理解清史和表述清史的问题,换句话说,实际是以什么样的指导思想看待清史。毫无疑问,指导思想鲜明地体现出学者的观念、理论素养和价值取向,其中也反映出带有政治色彩的思想倾向。如前述《清史稿》是站在清朝的立场,贯彻了为清朝歌功颂德的指导思想。萧一山的《清代通史》则贯穿了所谓"民族革命"的思想,把满族及其统治者视为革命的对象。在"左"的思潮泛滥的年代,"以阶级斗争为纲"的指导思想贯注于史学研究中,当时的清朝通史研究也鲜明地体现了这一指导思想。这就是不同的理论思想指导,必然引出不同的认识和价值取向,因而形成不同的"清史观",虽同属清朝通史,差别却是显而易见的。

在改革开放几十年后的今天,借鉴前几部清史的优长,我们为清朝再修一部《清代史》,以反映当前对清史的再认识和研究水平,为推进清史研究提供必要的参考。如上所说,修史不可没有指导思想。我们也为本书提出了自己的指导思想,阐明我们的"清史观"。需要指出的是,我们所说的指导思想,它应是我们认识和把握清史演变的基本线索,是对价值取向和思维观念的导向规定,是对处理清代历史问题的基本方法的提示。

第一,应从整体上认识清史的内涵和基本特征。

撰写清代通史,一个最基本的要求,就是准确地描绘出清代历史的真实面貌,阐明其发展与演变的历程,揭示出它的内在变化规律。一句话,就是真实地再现清代历史。因此,如何认识和界定清史内涵,直接关系到写成一部什么样的清代通史。萧一山对清史内涵作出了这样的概括:"清以夷酋入主,擅兵专制,明室遗民,不惟抱国亡家破之惨,更具有绍光恢复之志"①,以致"三百年来之社会变迁,其端绪由爱新(觉罗)入主启之,道咸而后始为剧烈变动之时代,民国则急转直下矣。故清史亦可谓中国民族革命史,以其与民族革命之源流相终始耳"。他进一步说:"易言之,即三百年来之中国近代社会,整个受民族革命运动之支配,一切皆依其为枢纽而变动,迄于今日,仍处此'大变局'中而未能已。"②这就是说,自清入关,"明室遗民"以"恢复之志",反抗"夷酋"的异民族统治,直到辛亥革命将其推翻,所谓"民

---

① 萧一山:《清代通史》(上册),商务印书馆版(下略),第737页。
② 萧一山:《清代通史·导言》。此系萧一山为1961—1963年在中国台湾地区出版的《清代通史》全五册新写的"导言"。

族革命"贯彻始终,亦构成了清史的全部内涵。显然,这位清史研究的开拓者萧一山是站在明朝"遗民"和汉族的立场上,以"华夷"之别的观念来认识清史,并贯彻了辛亥革命提出的"驱除鞑虏,恢复中华"的政治纲领,以此为指导撰写了他所"认识"的清代历史。

与萧一山同一时期的另一著名的清史研究开拓者孟森,并不赞成萧一山用"革命时之鼓煽种族以作敌忾之气"的思想。他概括清史的内涵,主要的就是八旗制度。他说欲知清代真象,不可不知其特殊势力之所在,而特殊势力在八旗。他认为清以特殊制度(即八旗制)兴,亦以特殊制度之崩溃而败。换言之,八旗制度的兴亡决定了清朝的兴亡,这实际是把八旗制度史与清史等同起来。此种认识,虽然克服了萧一山的民族偏见,摒弃"华夷之辨"的陈旧观念,但也陷入了片面性,不能阐明清史的全部内涵。

今人撰清代通史,大体是以阶级矛盾或民族矛盾为指导,陈述清朝自身的兴亡史。这种陈述重过程,主次不鲜明,缺乏总体概括,不能给人以本质性的认识。

中国历史上各王朝都自有其或长或短的兴亡过程。它们的差别就在于所处时代不同,面临的社会问题各异,解决的方法也千差万别。这就决定了各王朝的历史各有内容,而且随着时代的发展不断增添新内容。如果不加以比较,不加以区别,就不能准确地写出一代王朝的真实历史。清朝是中国封建社会的最后一代王朝,它继承和借鉴了历代主要是明代的历史经验和教训,把封建社会的几乎一切方面都发展到了顶峰。如它的专制体制、生产力、文化、军事,特别是开疆拓土,真正统一各个民族,废弃长城之限,实行直接的行政管辖。总之,它把中国封建社会的各个方面都发展到了极限,成集大成之势。这就是本书所概括的清史内涵。我们认为,清朝集中国封建社会之大成,这构成了清朝的真实历史,也是清朝历史的基本特征。

第二,坚持用"大一统"的思想来考察和认识清朝历史。

"大一统"的理论和实践,是中国历史发展的主流,自周秦以来,数千年间,一直起着支配作用。它不仅体现在政治及思想文化的统一,更重要的是,它已形成一股巨大的内向凝聚的精神力量,当这种精神力量变为传统文化心理,就制约着人们的政治观念和实践。我们看到,中国历史上分裂、统一交替进行,当旧的统一被打破,便出现分裂,群雄割据,但迟早总是归为一统,这是在前一次统一的基础上而形成的新的更高层次的统一。这一规律性的表现,实为中国历史的一大独特现象。所以,对"大一统"实践的程度,理应成为我们衡量一代王朝强弱、盛衰的标准,也是判定其成就与贡献的一大标志。如汉、唐、元等朝,都是中国历史上开疆拓土的辉煌时代。我们以同样的标准看清朝,其疆域之扩大与行政管辖又远迈汉、唐之上。一言以蔽之,清朝极盛时已把疆域与版图发展到了极限,把边疆地区归入中央直接管辖下,以郡县制的行省制取代千百年来的单纯"朝贡制",其民族真正成了同内地一样的臣民。这一变革,是中国历史发展的巨大进步,可以称之为一次"飞跃"。毫无疑问,这是清朝对中国历史发展所作的无与伦比的贡献。

本书把"大一统"作为认识清史、评价清史的一条基本线索,也是准则之一。我们循着清朝的历史发展轨迹,从努尔哈赤、皇太极打破明朝的旧的大一统,进而实现新的大一统,再把大一统向边疆地区发展,使大一统进一步扩大。如此,则再现了清朝实践"大一统"的真实的历史进程。可惜,我们的这一认识尚未与学术界取得共识。在清史研究中,还没有意识到"大一统"的理论价值和实践的伟大意义,因而对清朝所作的贡献认识不足,也就不能作出恰当的评价。有的甚至否定清朝,无视历史事实,则与清史相去甚远。

第三,以发展的观点,辩证地看待清史。

从清朝自身的历史来说,它有胜利,也有失败;有成功,亦有挫折。如从中国历史的发展来考察,清朝对历代特别是对明代有继承和发展,在某个时期,又有倒退,总的趋势是在向前推进。我们将这两个方面综合起来,辩证地看待清朝历史的每一步发展和变化。这里,要设定一个重要的前提,即时代背景与具体历史条件的变化。离开这个前提,就不能正确分析清朝历史不同阶段的内容与实质。例如,努尔哈赤以"七大恨"伐明,具有鲜明的反抗明朝的民族压迫的性质。在进入辽东后特别是在皇太极时期,它同明朝的关系发生了质的变化:两者不再是压迫与反压迫的关系,而是争夺全国的统治权。前面提到清史学界的分歧之一即清军入关的必然性或偶然性问题,根源在于对清军入关前后的时代与形势及清朝的状况作出了不同的分析。有一种观点,说乾隆后期由盛转衰是因腐败造成的。这是以偏概全,将个别的、局部的现象当成了整体。近代时期,中国遭到西方资本主义、帝主义的野蛮侵略,招致一系列的失败。过去,在探索其失败原因时,总是强调清政府腐败无能,再就是具体到统治者个人,称为卖国,与帝国主义勾结,等等。这只是其中的一个原因,而不是全部。这里,最重要的理论欠缺,是没有对近代中国社会做一番科学的考察,只注重人为的或主观的因素,忽视了客观环境的制约作用。事实是,当中国的资本主义正在成长起来、资产阶级正在形成之际,封建经济已走向衰落,换言之,已走到了尽头;封建地主阶级已变成一个寄生而毫无作为的阶级,正走向末日。建立在封建经济基础之上、代表封建地主阶级利益的清朝,正在失去赖以生存的基础,其衰亡是必然的,中国被西方列强一再打败也是不可避免的。用发展的观点辩证地看问题,应是我们考察历史包括清史的最基本的方法。否则,就会把复杂的问题简单化,把现象当本质,以个别当全部,清史也就难见真实面貌。

第四,以国内各民族一律平等的原则看待清朝对中国的统治,正确处理清代的民族问题。

与少数民族创建的北魏、辽、西夏、金、元一样,清朝是满族创建的一代封建王朝。本来,这不存在疑义。因为创建这些王朝的鲜卑、契丹、女真、党项、蒙古、满族等民族,都是古代中国境内的少数民族,亦即中华民族的一部分。但清朝入主中原一直受到非议。明称努尔哈赤为"奴酋",称努尔哈赤所在的建州女真为"建夷";太平天国称之为"妖",将留发辫视为"兽";辛亥革命时称为"鞑虏",不仅要推翻,还要"驱除";到民国初年,萧一山作为史家仍称满族为"夷酋"。1949年以后,再也没有类似的蔑称了,然而,在意识深处仍存民族成见,还是不肯摒除历史的消极影响,动辄称满族"破坏"、"残暴"、"屠杀",宣称清入主中原延缓中国发展一百年,等等。实际还是否定清朝统治的合法性。有的论著如《南明史》中,把黑暗、腐败的南明历史描绘成以汉族地主、官僚为中心,联合农民军及其他民族的"民族抗清运动",歌颂其正义,痛斥清朝非正义。对清朝的民族政策,不看其正确与否,也不看具体的社会效果,就按着阶级观点去揭露其民族政策的实质,斥为民族压迫。即使没有给予否定,评价其民族政策也是低调,泛泛而议,没有对实践及效果做进一步的考察。

我们主张在史学领域对各民族应平等相待。无论汉族还是少数民族,只要顺应历史发展趋势,都有可能统一中国。清朝以少胜多,先后打败明朝,灭掉李自成的大顺、张献忠的大西及南明诸政权,正说明它的军事与精神力量的强大,建立全国政权,亦是顺理成章之事。今天,我们从事史学研究,不是否定历史上的客观存在,而在于分析它何以存在,又何以发展,做出科学的解释。清朝实行的民族政策,是比较成功的,收到了巨大的社会效果。它把曾是敌对势力的蒙古变为坚强的同盟者,把敌对的汉官汉将汉军收为己用,使之成为它的政权的一大支柱。这种团结包容的精神,都体现在它对汉、对蒙古的具体政策中。如果它不能团结汉族或蒙古族,必不能夺取全国政权,即使夺了政权也很难持久。所以,清朝的成功,从某种意义上说,就是它的民族政策的成功。民族问题及其民族政策,已构成清朝一大核心问题。认清其政策与策略,也就真正认识了清史。基于这一认识,本书把民族问题与政策列为清史的一条主线。

第五,实事求是,秉笔直书,不掩功,不饰非,尊重既成的历史事实,重现历史真相。

以主观所想,个人好恶,感情所致,任意"剪裁"历史事实,乃学术研究之大忌。我们的要求是,按照事实本身写,即叙其事实始末,辨明事实的真伪,在此前提下,自应分清是非功过。高宗在评价吴三桂时,曾明确指示:"功者功之,罪者罪之。"[1]有功就承认有功,有罪就承认有罪,两者不能混淆,也不能互相代替。所以在编纂《逆臣传·吴三桂传》时,对吴氏前期为清朝统一中国所建树的殊勋,以及朝廷对他的信任和优厚待遇,皆照实叙述,而后期叛乱亦写实不掩饰。这就是功过不能互掩的意思。在今天看来,高宗的观点仍然是正确的,给我们以十分有益的启示。

对于清朝的历史,我们应尊重历史事实。清入关后,废除"三饷",实施惠民政策。康熙时,大规模蠲免钱粮,从康熙五十一年(1712)起,滋生人丁永不加赋。乾隆时继续执行这些政策,其屡次蠲免的钱粮又远远超过了康熙时期。同时,坚持不懈地同贪污腐败展开斗争,不间断地整饬吏治,重刑惩治贪官。这些都是经得起考辨的事实。但是,这些事实竟也被说成是"口惠而实不至"。[2] 试问:果真如此,清朝前中期何以达到经济繁荣,社会

---

[1] 《逆臣传·吴三桂传》卷二。
[2] 参见顾诚:《南明史·序论》,中国青年出版社1997年版。

长治久安？

清入关前后，相继形成清与明、李自成、张献忠、南明等几大政治军事集团鼎足的局面。我们的态度是，只能站在客观的立场，敷陈其各自的历史，进而分析其成败得失的原因。清史研究中存在一些倾向，就是有的站在明朝统治者或士大夫的立场来否定清朝的历史；有的则站在农民战争、农民政权的立场，或站在汉民族的立场去看清史。凡此种种，都不足取，都不能如实地认识清史，不可避免地走向极端。

我们是从中国历史发展的趋势考察清朝，看其政策、行为是否符合历史发展的需要，对人民主要是农民是否有益。在这个大原则下，不怀偏见，不以好恶，秉笔直书，求实写实。仅举一例：清入关后，在京畿地区圈占土地。这本来是个局部问题，对全局并无影响，却被一些论著夸大了，批判清朝这一行为破坏了中国的生产力，把落后的生产方式强加给了先进的汉族。圈占土地，这是不易的事实，但把它夸大为全局，显然不符合事实。

第六，从清史研究中，总结其历史经验教训。

史学研究，首在考辨史实，揭示历史的真相。这只是完成了研究工作的一半，更有意义的另一半，就是从已知的事实中，总结经验教训，为人们提供带有规律性的认识和新的方法、新的启示，指导人们在实践中加以借鉴和应用。史学研究的这一独特的价值和功能，是其他门类的科学所无法替代的。

我们正是本着这一认识，在阐述清朝的历史过程中，注重总结其历史经验。如清朝的每一项重大举措、政策的制定与实施，战略战术的应用，以及统治集团与个人的主观意识与行为等，都包含着深刻的经验与教训，本书分阶段地把以上内容列成几个专题，以较浓重的笔墨详加阐发。以"康乾盛世"为例，我们总结其经验，认识到清朝将社会推进到盛世阶段有四大"法宝"：一是不断整饬吏治，保持官僚队伍的清廉；二是适宜的民族政策，不断调整满汉关系，加强同蒙古族的亲谊，以满蒙汉的联盟为核心，以优厚的物质与政治待遇，吸引其他少数民族归向清政权；三是大力发展农业生产，如高宗说："莫先于足民"，进而"富民"，以至称"本朝富民之多"[1]；四是统治者亲自倡导并带头读书，引导知识分子研讨学术，进行文化创造。本书也总

---

[1] 《清高宗实录》卷二四二；昭梿：《啸亭续录》卷二。

结它的历史教训：当清朝已达鼎盛，却拒绝开放，不与外国通商，也不交往，将英国欲与中国建交的要求及科技文明拒之于国门外。至鸦片战争前，清朝仍坚决执行既定国策，直至被西方列强用炮轰开国门，才被迫缓慢地开放，但为时已晚。

清朝的历史经验相当丰富，是留给我们的一笔丰厚的文化遗产，对于今天的中国具有直接借鉴的价值。因此，凡治清史者，当强化这一意识，深入总结它的为政、治国、治军、文化教育、民族政策及国家行政管理诸方面的经验，这是研究清史的一个重大价值。

以上所列六项，是本书所遵循的指导思想，亦构成了我们的"清史观"的基本内容。我们的主观愿望如此，能否做得好，就靠实践检验了。

《清史总论》阐明了我们对清史的基本观念，对学术界各家的观点也做了必要的评介。它涉及了清史的方方面面，但难免有遗珠之憾，或有画蛇添足之感。这些，都有待读者识别。

清朝的历史，如一幅多姿多彩的长篇画卷，让我们慢慢打开，重新把它波澜壮阔的历程展现在人们的面前……

第一编

山海关外开基立业

第一章 从传说到历史

1.仙女诞育始祖

巍峨壮丽的长白山是我国众多名山中纬度较高的山。其主峰——长白山(亦称白头山),耸峙于我国吉林省同朝鲜民主主义人民共和国接壤的边境上。她是一座火山锥体,海拔2691米,峰顶有火山湖,风景奇特,有别于全国其他名山。长白山地区冬天山高气寒,悬崖峭壁,积雪覆盖。夏天,树木繁盛,郁郁葱葱,环山兽居,百鸟歌唱,生机盎然。长白山"山顶有池,五峰围绕,临水而立,碧水澄清,波纹荡漾"①。池形如莲叶初露水面,呈椭圆形,水面海拔2194米,为火山喷发自然形成的火山湖,因湖在高山之顶,故称"天池"。"天池"是我国最高的火山湖,南北长约4850米,东西宽3350米,水面为21.41平方公里,池水的平均深度为204米②。一池天水,三江之源。据阮葵生的《长白山记》载:"鸭绿、混同、爱滹三江出焉,鸭绿江自山南西流入辽东之南海,混同江自山北流入北海,爱滹江东流入东海。三江孕奇育秀,产珠玑珍贝,为世宝重,其山风劲气寒,奇木灵药,应时挺出。"长白山为鸭绿江、图们江、松花江三江之源,鸭绿江向南流,图们江向东北流,松花江向西北流,分别注入黄海、日本海、黑龙江。

天池东北60里处有座布库里山,山下有布库里湖。湖水澄碧,清波荡漾,湖光山色,风景如画。长白山和布库里湖以其奇异的景致和神话般的魅

---

① 内大臣觉罗武木纳等谨题:《为遵旨看验长白山事》,《柳边纪略》卷一。
② 汪晓炜、颜之放:《吉林风光揽胜》,吉林文史出版社1987年版,第198页。

力,吸引着勤劳勇敢的女真人,在女真人中流传着一个脍炙人口的神话故事。

相传在很久以前的一天,有三位仙女从天上飘然而下,来到布库里湖洗澡。三仙女中,大姐叫恩古伦,二姐叫正古伦,三妹叫佛古伦。三仙女在池中尽情沐浴。浴后正要登岸穿衣时,突然发现一只喜鹊口衔朱果,放在三妹佛古伦的衣服上。佛古伦见朱果色泽鲜艳,爱不释手,含在口中,因忙着穿衣服,不慎朱果被咽进肚里,遂有了身孕。佛古伦焦急地对两位姐姐说:"我已有了身孕,不能同你们一起回去了,怎么办呢?"两位姐姐安慰她说:"此是上天让你妊娠,待你分娩后,再回去也不迟。"说完,两位姐姐便离她而去。这个神话故事,后在纂修《清太祖武皇帝实录》时,进行了润色整理,做了如下记载:

> 满洲原起于长白山之东北布库里山下一泊,名布儿里湖。初,天降三仙女浴于泊。长名恩古伦,次名正古伦,三名佛古伦。浴毕上岸,有神鹊衔一朱果置佛古伦衣上,色甚鲜妍。佛古伦爱之,不忍释手,遂衔口中。甫着衣,其果入腹中,即感而成孕。告二姊曰:"吾觉腹重,不能同升,奈何?"二姊曰:"吾等曾服丹药,谅无死理,此乃天意,俟尔身轻,上升未晚。"遂别去。

后来佛古伦生下一男孩,姓爱新觉罗,名布库里雍顺。布库里雍顺很快长大成人,相貌奇伟,举止非凡。佛古伦把自己从天而降、神鹊衔朱果及吞食后怀孕生子等来龙去脉,一五一十地细细向布库里雍顺讲述一遍,并说:"天生汝,实令汝为夷国主,可往彼处。"说完,给布库里雍顺一条船,让他乘船顺流而下,穿过丛林峡谷,到今牡丹江与松花江汇流处的斡朵里(今黑龙江依兰南)地方。佛古伦见儿子走后,凌空而起,转瞬间踪影全无。

布库里雍顺按着母亲指示的方向,乘舟顺流而下,"至于人居之处登岸,折柳条为坐具,似椅形,独踞其上"。当时在长白山东南鄂谟辉斡朵里城,"有三姓夷酋争长,终日互相杀伤"。这一天,正巧有个人到河边担水,看见布库里雍顺"举止奇异,相貌非常"[①],急忙返回去对同部落人说:大家

---

① 以上见《清太祖武皇帝实录》卷一。

不要争斗了,我在河边见到一位奇人,看来颇有来历,何不去见一下呢?三姓地方的人一听,十分赞同,停止了争斗,随同担水的人前往观看。一看果然与众不同,就惊奇地询问其来历。布库里雍顺回答说:"我乃天女佛古伦所生,姓爱新(汉语金也)觉罗(姓也),名布库里雍顺,天降我定汝等之乱。"众人听后,异口同声地说:"此人不可使之徒行。"遂互相"插手为舆,拥捧而回"①。至此三姓地方的部落再也不争斗了,一致推举他为首领,娶百里的女子为妻,布库里雍顺成为满族的始祖。

神话故事是"通过人民的幻想用一种不自觉的艺术方式加工过的自然和社会形式本身"②。大自然的各种现象常常与社会现象发生某种联系,因此在神话传说中常常体现了再创造的自然界,也表现了加工过的社会现象。佛古伦吞朱果的神话与《史记》所记简狄吞玄鸟卵的汉族神话极为相似。它反映了满族先世也同样经历过只知其母、不知其父和以鹊为神的图腾崇拜的原始社会,还表明了满族人民对他们共同祖先的崇敬。同时启迪后人:长白山和黑龙江是满族先世历史活动的舞台。

2. 孟特穆率族归明

自布库里雍顺之后,不知经过多少代,传至孟特穆。他是努尔哈赤的直系祖先,史籍记载是努尔哈赤的六世祖。孟特穆在明朝文献和朝鲜文献中写作猛哥帖木儿或童猛哥帖木儿。猛哥帖木儿和孟特穆是同一人的汉音的不同写法。猛哥帖木儿在元末是女真斡朵里万户府的万户,是斡朵里部的首领。据朝鲜文献《龙飞御天歌》记载:

> 如女真,则斡朵里豆漫夹温猛哥帖木儿,火儿阿豆漫古论阿哈出,托温豆漫高卜儿阏。朵,都果切;斡朵里,地名,在海西江之东,火儿阿江之西。火儿阿亦地名,在二江合流之东,盖因江为名也。托温亦地名,在二江合流之下。二江皆自西而北流,三城相次沿江。夹温,姓也;

---

① 《清太祖武皇帝实录》卷一。
② 马克思:《政治经济学批判·导言》,《马克思恩格斯全集》第十二卷,第761页。

哥,居何切。猛哥帖木儿,名也。古论,姓。阿哈出,名也。高,姓也。阌,阿葛切。卜儿阌,名也。①

上述史料所载的斡朵里、火儿阿、托温是女真的三城或三部。豆漫为元代的官职万户。夹温、古论、高为姓。猛哥帖木儿、阿哈出、卜儿阌为名。夹温,猛哥帖木儿的斡朵里部;古论,阿哈出的胡里改部;高,卜儿阌的桃温部,习惯上称之为"移兰豆漫"。夹温是猛哥帖木儿的夹温汉姓的意思,夹温姓即金、元女真人之夹谷氏,汉姓为童,或写作佟、仝,均为同音异写。如朝鲜《李朝太祖实录》太祖四年(1395)己巳条记载:"吾都里上万户童猛哥帖木儿等五人来献土物。"②吾都里也写作斡朵里或斡朵怜。由此可知,斡朵里万户猛哥帖木儿姓童。"移兰豆漫"的"移兰",女真语的意思为"三";"豆漫"的意思为"万",引申为万户。"移兰豆漫"为三个万户府之意。《龙飞御天歌》对"移兰豆漫"的解释是:"斡朵里、火儿阿、托温三城,其俗谓之移兰豆漫,犹言三万户也。盖以万户三人,分领其地,故名之。"③元朝设置开元路总管府和合兰府水达达总管府,对居住在东北地区的女真人进行管理。合兰府水达达总管府下设斡朵里、胡里改、桃温、脱斡怜、孛苦江等五个万户府,管理女真人户,征收贡赋,签征兵丁。"万户三人"在元朝"分领其地"三姓(今黑龙江依兰),管辖所属女真人户,为元朝耕猎纳贡,镇守北部边陲。

1368年,明朝北伐大军攻占元大都(今北京),元帝国宣告灭亡。太祖高皇帝朱元璋在应天(今南京)即位,建立明朝,年号洪武。朱元璋为了剪除盘踞在东北的故元势力,一方面派黄俦等前赴辽东,"诏谕辽阳诸处官民率众归附"④;另一方面派马云、叶旺率军从山东登莱渡海,向辽东进军,逼迫故元辽阳行省平章刘益归附。洪武四年(1371),刘益"以辽东州郡地图并籍其兵马钱粮之数"⑤降明。同年,明在辽东设置定辽都卫。洪武八年(1375)十月,明廷改定辽都卫为辽东都指挥使司,管辖辽东地区25卫138所、2州。当时,故元太尉纳哈出仍拥兵10万屯踞金山(今吉林农安),与其

---

① 《龙飞御天歌》卷七。
② 《李朝太祖实录》卷七。
③ 《龙飞御天歌》卷七。
④ 谷应泰:《明史纪事本末》卷一〇。
⑤ 《明太祖实录》卷六一。

他故元势力,彼此相依,互为声援,数扰辽东。洪武二十年(1387),朱元璋派大将军冯胜率20万大军伐金山纳哈出。明军势如破竹,大败纳哈出军,俘获纳哈出所部"二十余万人,牛羊马驼辎重亘百余里"①。其他故元残余势力也纷纷投降。至此,元朝在东北地区的残余势力基本肃清,明朝初步巩固了对辽东地区的统治,为进一步经营女真地区创造了条件。

猛哥帖木儿原居斡朵里(今黑龙江依兰一带)。其父挥厚为元朝斡朵里万户,其父死后由其袭职。从洪武年间到永乐二十一年(1423),斡朵里部曾有过三次较大的迁徙。而首次南迁直接关系到猛哥帖木儿归明的一系列问题。有关首次南迁的文献记载缺乏,因而存在的问题也很多,如南迁的时间、地点等,记载不一。

关于猛哥帖木儿的斡朵里部南迁的时间,学术界一直存在着诸多不同说法。孟森先生据朝鲜文献所载斡朵里"厚蒙上恩,安住我境阿木河之地二十余年,去岁庚寅(永乐八年,1410)背归大明"②和猛哥帖木儿于永乐三年(1405)曾说"我等顺事朝鲜二十余年矣"③的记载推定:猛哥帖木儿首次南迁朝鲜的时间,应为"洪武十四年至十七年之间"④。徐建竹先生则据朝鲜《李朝太宗实录》所载万户崔咬纳状供,推断南迁应为洪武五年以前。崔咬纳状供云:"原系玄城附籍人氏。洪武五年兀狄哈达乙麻赤到来玄城地面,劫掠杀害。当有管下杨哈剌等,被兀狄哈虏掠前去。(崔)咬纳将引原管人户二十户,前来本国吉州阿罕地面住坐。"⑤据此,他主张斡朵里部的南迁时间应在洪武五年(1372)以前,始迁徙至珲春河口附近的玄城(亦称县城),洪武五年斡朵里部因遭兀狄哈达乙麻赤等的劫掠杀害,从玄城辗转于图们江各地,最后于洪武九年定居于阿木河一带⑥。董万崙认为斡朵里南迁的时间应更早,在元朝末年或者元朝中叶,由范嚓率领,从牡丹江口迁到珲春江口⑦。日本学者池内宏认为:斡朵里部南迁的时间应在洪武二十一

---

① 张廷玉等:《明史》卷一二九《冯胜传》,中华书局1974年版。
② 《李朝世宗实录》卷二〇。
③ 《李朝太宗实录》卷九。
④ 孟森:《明元清系通纪正编》。
⑤ 《李朝太宗实录》卷一三。
⑥ 徐建竹:《建州左卫的建立与变迁》,《社会科学辑刊》1983年第一期。
⑦ 董万崙:《东北史纲要》,黑龙江人民出版社版,第352页。

年(1388),斡朵里部的南迁与明朝设置三万卫的事件有密切关联①。

在上述不同的说法中,当以日本学者池内宏的看法较切合历史实际。

明初猛哥帖木儿率斡朵里部南迁,受当时东北地区的政治、军事形势所制约。明初东北地区的形势发展总的趋势是:明朝经略东北地区,逐渐由南向北推进,促使故元势力迅速分化瓦解。

当然这一趋势的发展呈现的是一个渐进的过程。就明朝方面而言,洪武四年(1371)明廷派马云、叶旺率军从山东登莱渡海至辽东,攻占辽阳,设定辽都卫。同年,占据得利嬴城(今辽宁瓦房店得利寺山城)的故元辽阳行省平章刘益,悉举其地"兵马、钱粮之数"降明②。这充分表明明朝取代元朝在东北地区的统治权已经开始。自此,明廷乘胜而进,不断用兵东北。翌年,明朝招降故元将领高家奴等③。同年,明军又向西推进,由徐玉率辽阳官军至辽西之臭柳沟(今辽宁兴城以东),与故元也先不花军相遇,明将徐玉率军"鼓噪而进,摧其众"④。与此同时,定辽都卫指挥同知冯祥等于同年六月,率军先后攻克"十万山、大片崖、小片崖、石瓮、九崖等处,抚缉其民而还"⑤。随后,明军又向纳哈出、也先不花所控制的地区出击,"征进开元、金山等处"⑥。

当时故元在东北的残余势力,大多在纳哈出的麾下,他们控制着东北的大部分地区(包括朝鲜半岛伊板岭以北的女真地区),顽固地与明军抗争。洪武五年(1372)六月,纳哈出率兵南下,欲犯辽东,被"指挥叶旺中途阻归"⑦。十一月,纳哈出"寇辽东劫掠牛家庄,烧仓粮十余万石",明军"陷没者五千余人"⑧。洪武八年(1375)盖州之战,是明军与纳哈出一次较大的军事较量。是年十二月,纳哈出率兵进犯辽东。都指挥使马云事先得知这一情报后,命盖州明军"严兵城守,虏至,坚壁勿与战",纳哈出至盖州,见城中

---

① 池内宏:《鲜初之东北境与女真之关系》,《满鲜地理历史研究报告2》。
② 《明太祖实录》卷六一。
③ 《辽东志》卷五。
④ 《辽东志》卷五。
⑤ 《明太祖实录》卷七四。
⑥ 《明太祖实录》卷七八。
⑦ 《明太祖实录》卷七四。
⑧ 《明太祖实录》卷七六。

防备森严,"不敢攻",乃驱兵趋往金州,金州明守军"闻虏至,督励士卒,分守诸城门,选精锐登城以御之"。纳哈出见金州城牢不可破,遂"引兵退走",经盖州城南柞河北归,都指挥叶旺料事如神,"先引兵趋柞河,自连云岛至窟驼寨十余里,缘河叠冰为墙",又"藏钉板于沙中,设陷马阱于平地,伏兵以待之"。纳哈出兵经此地时,明军"伏兵四起,两山旌旗蔽空,鼓声雷动,矢石雨下"①,纳哈出军"仓皇北奔"。叶旺等乘胜追"至猪儿峪,获其士马无算",纳哈出仅以身免②,退据金山,气势大挫。

此后,明朝的势力才开始深入东部女真地区。最先至鸭绿江流域,渐次抵达长白山以东、图们江南北。明廷最初的策略是通过降明的故元女真官员招抚该地区女真各部。《明实录》洪武十五年二月壬戌条载:

> 故元鲸海千户速哥帖木儿,木答哈千户完者帖木儿,牙兰千户皂化自女真来归,言辽阳至佛山浑之地三千四百里,自佛山浑至斡朵怜一千里,斡朵怜至托温万户府一百八十里,托温至佛思木隘口一百八十里。佛思木至胡里改一百九十里,胡里改至乐浪古隘口一百七十里,乐浪古隘口至乞列怜一百九十里,自佛山浑至乞列怜皆旧所部之地,愿往谕其民,使之来归。诏许之,赐以织金文绮。③

由上述材料可知,从佛山浑(今吉林珲春),出牡丹江,经松花江下游,直抵黑龙江乞列怜(秦得利),女真"皆旧所部之地",速哥帖木儿等"愿往谕其民,使之来归"。文中提到的斡朵里、托温、胡里改三万户尚在原居处,还没有南迁。

促使女真地区局势发生重大转折的是故元海西右丞阿鲁灰和纳哈出的降明。故元海西右丞阿鲁灰所辖地区范围广阔,他凭险固守,抗拒明廷,为故元稳定女真地区局势的重要力量,既是明朝北上招抚女真地区的障阻,又是女真南下归附明朝的障碍。洪武十六年(1383),在明廷的大力宣传与招谕下,元朝的残余势力日见衰弱,故元海西右丞阿鲁灰被迫降明。《明实录》是年四月己亥条所载朱元璋的上谕,足以说明阿鲁灰所控女真地区势

---

① 以上见《明太祖实录》。
② 《明太祖实录》卷一〇二。
③ 《明太祖实录》卷一四〇。

力之大,范围之广。上谕云:

> 故元海西右丞阿鲁灰遣人至辽东,愿内附。上遣使赉勑往谕之曰,惟智者能知存亡之道,而决去就之机。今尔所守之地,东有野人之隘,南有高丽之险,北接旷漠,惟西抵元营,道路险厄,孰不以为可自固守。尔乃能率众内附,自非智者审势达变,计不及此,虽古之志士,何以过之。朕甚嘉焉。今特遣使谕意尔其知之。①

阿鲁灰降明后,元在女真地区的统治迅速解体,女真各部纷纷归附明朝。洪武十七年(1384),阿鲁灰降明的第二年,居住在松花江下游的"兀者野人酋长王忽颜奇等十五人自辽东来归"②。翌年九月,故元女真奚关总管府水银千户所百户高那日、捌秃、秃鲁不花等,因"不胜困苦",向往辽东乐土,"愿居之,乞圣朝垂恩",明廷允准,并赐高那日等"衣人一袭,琉璃珠五百,索锡五斤,弓弦十条"③。当时,居住在牡丹江一带的胡里改部、斡朵里部、桃温部也与明朝发生了联系。洪武十九年(1386)三月,胡里改部所属杨哈喇赴京,"蒙除三万卫百户职事"④。由此可知,朝廷这时已有设置三万卫的意图,而"三万卫"之称正源于故元斡朵里、胡里改、桃温三万户,说明故元三万户府已有意归附明朝。

然而,纳哈出的残余势力尚占有金山至第二松花江一带,与明军抗衡,仍然为明朝有效经营女真地区的障碍。洪武二十年(1387),明军经过一番充分准备以后,开始北征纳哈出,拉开了明初统一东北战争中最重要的一幕。是年正月,明太祖朱元璋命冯胜为征虏大将军,统率三军,傅友德、蓝玉为左右副将军,集20万大军北征纳哈出。明军势如破竹,纳哈出军势绌不敌,请降。明军俘获纳哈出"所部二十余万人,牛羊马驼辎重亘百余里"⑤。纳哈出的降服,标志着明朝清除故元在东北的残余势力取得了决定性的胜利,为明朝进一步经略女真开创了一个全新的局面。是年十二月,明朝于斡朵里设置三万卫。

---

① 《明太祖实录》卷一五三。
② 《明太祖实录》卷一六六。
③ 《明太祖实录》卷一七五。
④ 《李朝太宗实录》卷一三。
⑤ 张廷玉等:《明史》卷一二九《冯胜传》,中华书局1974年版。

据《明实录》载：

> 置辽东三万卫指挥使司，以千户侯史家奴为指挥佥事。①

时隔三个月，《明实录》又载：

> 徙置三万卫于开元（原）。先是招指挥佥事刘显等至铁岭立站，招抚鸭绿江以东夷民。会指挥佥事侯史家奴领步骑二千抵斡朵里，以粮饷难置，奏请退师，还至开元（原）。野人刘怜哈等集众，屯于溪塔子口邀击官军。（刘）显等督军奋杀百余人，败之，抚安其余众，遂置卫于开元（原）。②

由上述材料分析可知，明朝于斡朵里设置三万卫未果，只好撤回开原立卫，又涉及设立铁岭卫的问题，我们姑且不论。那么，造成明朝"徙置三万卫于开原"的原因是什么呢？材料上说是明军"粮饷难置"造成的。其实，最主要的原因是，故元的势力虽已驱除，但孤军深入的明军势力还难以控制女真诸部，而野人女真刘怜哈敢于集众"邀击官军"恰好说明了这一点。侯史家奴所部明军在斡朵里设三万卫，旋又撤回辽东，而斡朵里等三万户女真将面临怎样的形势呢？如前所述，他们已归附明朝，却又将失去明朝这一强大的后盾，在明一时失控的女真地区，他们必将受到其他女真部落的冲击，他们的身家性命难以保全。事实已证明，促使猛哥帖木儿南迁的直接原因缘于兀狄哈的侵扰。据永乐三年（1405）五月朝鲜艺文馆大提学李行的奏本云："猛哥帖木儿等始缘兀狄哈侵扰，避地到来本国东北面庆源、镜城地面居住，当差役"③。所以，在侯史家奴率所部明军撤退时，朝鲜文献记载有"起发人民"④之事。这里所说的"起发人民"，不是指撤回辽东开原置卫的明军，应是指洪武二十一年（1388）避难南迁的斡朵里等部的女真人。

洪武二十一年（1388），猛哥帖木儿率领斡朵里女真人户，溯牡丹江避乱流徙，几经辗转，历经艰辛，南迁到图们江东会宁、镜城一带阿木河谷（今朝鲜会宁）居住。阿木河谷左倚下门岭，右靠玉峰山，既适农耕，又宜牧猎。

---

① 《明太祖实录》卷一八七。
② 《明太祖实录》卷一八九。
③ 《李朝太宗实录》卷九。
④ 《李朝太宗实录》卷一三。

猛哥帖木儿于此地既从事农耕,又从事围牧。

明永乐元年(1403)朱棣即位后,锐意进取,积极着手图们江南北地区女真部落的招抚工作。

十一月,女真首领阿哈出等赴南京朝贡,明廷"设建州卫军民指挥使司,以阿哈出为指挥使"①。翌年,建州卫正式设置。

永乐二年(1404),明朝正式派辽东千户王可仁等带明成祖朱棣的敕谕招抚女真诸部。其敕谕云:

> 今朕即大位,天下太平。四海内外,皆同一家。恐尔等不知,不相统属,强凌弱,众暴寡,何有宁息之时。今听朕言给与印信,自相统属,打围放牧,各安生业,经商买卖,以便往来,共享太平之福。②

当时,居住在吾音会的女真斡朵里部首领猛哥帖木儿在图们江南北女真部落中颇有威望,被推举为女真诸部之长,统辖镜城、庆源、吾音会等地。猛哥帖木儿以他的聪明才干、崇高威望及所部的雄厚实力,理所当然地成为明朝招抚女真各部的第一号人选。

永乐三年(1405)九月三日,猛哥帖木儿随明使王教化入京,归附了明朝。明成祖"授猛哥帖木[儿]建州卫都指挥使,赐印信、银花金带,赐其幞卓③、衣服、金银、绮帛"④。猛哥帖木儿的建州卫,就是后来的建州左卫,统辖斡朵里女真人户。依明制,卫的长官为指挥使,都司的长官为都指挥使,明廷破格授猛哥帖木儿为都指挥使,表明朝廷对他的垂青。

永乐九年(1411),猛哥帖木儿率部西迁辉发江上游的凤州(坊州),与明朝的关系进一步加强,在明廷的地位也日益提高。明朝以其所部设置了建州左卫,永乐十四年(1416)二月,猛哥帖木儿以"建州左卫指挥"的官衔见诸《明实录》⑤。

猛哥帖木儿所部在凤州居住13年,永乐二十一年(1423),又东迁阿木河,促使猛哥帖木儿东迁阿木河的原因,主要是来自蒙古诸部的侵扰。

---

① 《明太宗实录》卷二四。
② 《李朝太宗实录》卷七。
③ 幞卓:幞,巾幞,幞卓即头巾。
④ 《李朝太宗实录》卷一一。
⑤ 《明太宗实录》卷一〇〇。

明朝建国以来,东北地区的形势深受北元—蒙古势力消长的影响。永乐年间,西部蒙古称瓦剌,东部蒙古称鞑靼,两大势力互争雄长,并不断地侵扰明朝北部边界。明成祖先后5次亲征漠北,致使蒙古的势力遭到沉重的打击。但是辽东地区仍面临着鞑靼蒙古的严重威胁。《明实录》永乐二十年(1422)正月壬午条载:"礼部尚书兼都察院事吕震劾奏总兵官都督朱荣,镇守辽东,不谨斥堠,致虏乘间犯边,杀伤军民,劫夺孳畜。(朱)荣及辽东都司官并广宁备御都指挥王真、周兴等俱合付法司治之。上命姑记其罪,令立功以赎。"①这条材料基本能反映辽东地区所面临的严峻形势。

永乐二十年(1422)三月,明成祖朱棣决定第三次亲征鞑靼阿鲁台的势力。这次亲征,猛哥帖木儿等率部从征。同年九月班师回京。明廷这次北征,蒙古诸部虽受到一定程度的打击,但并没有解除鞑靼、兀良哈诸部对辽东的威胁。据永乐二十年(1422)四月辛巳条载,朝鲜贺节日使吴升、马籍和赍进官许咳等从明廷回朝鲜,向国王上奏说:蒙古军队"布满辽东广宁、山海卫等处,掠夺不已"②。由此可见,就在明成祖率军转战漠北之时,辽东一带仍遭受鞑靼铁骑无情的蹂躏,致使辽东军民不得不逃离以避难。

富有谋略的猛哥帖木儿洞察当时的形势,深知溃散的蒙古诸部还会东山再起,卷土重来,建州左卫地近开原,遭受蒙古诸部的报复在所难免。因此,在随明成祖班师回京时,便奏请率部东迁阿木河定居,即得允许。

后来的事实证明,猛哥帖木儿的判断是正确的。就在猛哥帖木儿由京师返回辽东后不久,蒙古兵马再犯辽东。永乐二十一年(1423),猛哥帖木儿"率正军一千名,妇人、小儿共六千二百五十名"③,分批返回阿木河居住。返回阿木河后,猛哥帖木儿与明朝的关系更加密切。

3. 世代为明"看边"

猛哥帖木儿于永乐二十一年(1423)东迁阿木河后,效忠明朝,积极守

---

① 《明太宗实录》卷一二二。
② 《李朝世宗实录》卷一六。
③ 《李朝世宗实录》卷二〇。

13

边,屡建功绩,不断受到明廷的嘉奖和荣升。

猛哥帖木儿的家族是个大家族。其父叫挥厚,待猛哥帖木儿掌事时,父亲已过世。母亲改嫁给挥厚的异母弟包奇,生同母弟于虚里、于沙哥。还有包奇原配妻的儿子凡察、吾沙哥、时加波等诸多兄弟,成为女真中人口众多、家族强盛的大部落。由于家族势力大,又是世袭首领,归附的女真人户多达几百户,七八千口人。猛哥帖木儿以本部落的人户建成一支较强大的武装,分为左、中、右三军。他亲掌中军,凡察掌左军,长子权豆(又名阿谷)领右军①。猛哥帖木儿凭借这支训练有素的队伍为明守边。宣德元年(1426),因猛哥帖木儿忠顺守边,按时进贡,明廷晋升他为"都督佥事,赐冠带"②。宣德八年(1433)二月,猛哥帖木儿进京朝贡时,又被封为"右都督佥事",弟凡察为都指挥使③。

猛哥帖木儿这次受封后,与其弟凡察,长子权豆,随同明辽东都指挥佥事裴俊一起返回阿木河,协助明廷解决杨木答兀的问题。

杨木答兀为辽东女真千户,此人专横跋扈,不受明朝管束。永乐二十一年(1423)六月,他逃离职守,掠走开原军民1000余口,携众逃窜阿木河地区。明成祖得知后不禁大怒,斥责杨木答兀"违逆天道","负德辜恩"④,背叛朝廷,罪不可恕。下谕旨说:如"能敬顺天道,改悔前非,输诚来归,朕悉宥其罪",若执迷不悟,"即擒拿来献"⑤。这样,协助明廷追回杨木答兀所掠去的人口,就成为猛哥帖木儿义不容辞的责任。宣德八年(1433)八月,《李朝世宗实录》载明廷给猛哥帖木儿等的敕谕如下:

> 皇帝敕谕建州左卫掌卫右都督猛哥帖木儿及男阿谷(即童权豆)并大小头目人等:比先杨木答兀一起漫散出去军官,已陆续招还复业。近闻高早化等六十九家,见在尔处地方居住。兹遣指挥同知裴俊,千户赵镇、右老,百户王茂赍勒谕前来,招其回还。敕谕至日,尔等即令高早化等六十九家,尽数收拾,同指挥阿谷、裴俊等送回原卫所,安生乐业。

---

① 《李朝世宗实录》卷八二。
② 《明宣宗实录》卷一三。
③ 《明宣宗实录》卷九九。
④ 《李朝世宗实录》卷二三。
⑤ 《李朝世宗实录》卷二三。

尤见尔报效朝廷之诚心。尔等其钦承朕命毋怠,故谕。

效忠朝廷的猛哥帖木儿等,对明廷的谕旨承命不怠。八月十四日,辽东都指挥同知裴俊率明军160余人,到阿木河与猛哥帖木儿等会合。十五日拂晓,杨木答兀纠合古州女真(即七姓野人)300余人,将裴俊所部居处围得水泄不通。两军厮杀,互有伤亡。猛哥帖木儿等闻讯,率500余人马迅速赶到救援。他身先士卒,截住要路,大呼:"汝等执出杨木答兀则解围。"①敌方不允,两军展开激战。这时,凡察、阿谷也率兵前来助战。杨木答兀势穷败阵,弃马登山而逃。几天后,明朝使臣正要同凡察、阿谷等前去领所掠人口时,杨木答兀等人又伙同七姓女真800余人,气势汹汹地奔向阿木河地区,包围了猛哥帖木儿、凡察、阿谷等人的家和裴俊的营寨,纵火焚烧房屋,攻破栅墙,肆行烧杀。猛哥帖木儿等毫无准备,仓促应战,寡不敌众。猛哥帖木儿和长子阿谷等多人战死,妇女、儿童和敕书、印信被抢劫一空。次子董山被掳走,弟凡察幸免于难②。建州左卫蒙受巨大的损失。这一事件史称"阿木河之变"。

宣德八年(1433)的阿木河之变在女真发展史上产生深远影响。阿木河之变使建州左卫由阿木河迁至辽东苏子河流域,深受汉族文化的影响,加速了女真的发展步伐;促使建州三卫女真同居一个地区,增强了建州女真的凝聚力,历经兴衰繁衍,逐渐成为统一女真部落的核心。苏子河流域在辽东地区,更加密切了他们与明朝的关系。建州女真依赖苏子河流域优越的自然条件与地理位置,成为后来女真崛起、后金勃兴的根据地。

在猛哥帖木儿及阿谷被杀、董山被掳的第二年即宣德九年(1434),凡察赴明京师朝贡。明廷"升建州左卫都指挥佥事凡察都督佥事,仍掌卫事"③。时过不久,猛哥帖木儿的次子董山和阿谷的妻子,在毛怜卫指挥哈儿秃等人的多次斡旋下被赎回。

正统五年(1440)六月,建州左卫董山、凡察等"与管下三百余户"④迁到浑河支流苏子河一带,与李满柱(阿哈出之孙)的建州卫比邻而居。先

---

① 以上见《李朝世宗实录》卷六一。
② 《李朝世宗实录》卷六二。
③ 《明宣宗实录》卷一○八。
④ 《李朝世宗实录》卷八九。

是,阿哈出之子猛哥不花(李满柱之叔)来此居住。永乐二十一年(1423),李满柱因避兵乱,奏请移到婆猪江(即佟家江,今辽宁桓仁满族自治县浑江地区)一带居住,得到明廷准许。翌年,建州卫都司李满柱率领400余户移住婆猪江瓮村等处①。董山和凡察迁居辽东婆猪江、苏子河一带表明,建州女真经过半个世纪的辗转离合,重新相聚。群山环绕的苏子河谷,成为后来努尔哈赤创业的基地。

董山(童仓)是猛哥帖木儿的次子,青年英俊、仪表威严,所属部众,心多倾附。因董山藏有明廷给其父猛哥帖木儿的赐印,就和他的叔父凡察争袭建州左卫指挥使的官职。部落大部分成员心向董山,只有少数人拥护凡察。叔侄之间争袭夺位,互不相让。董山手握旧印奏报朝廷,企图独掌卫事。明廷倾向凡察,欲使凡察掌管左卫事,董山佐之,同理卫事,敕令把旧印上缴朝廷。对此,《明实录》正统三年(1438)正月癸丑条载:

> 敕建州左卫都督凡察及故都督猛哥帖木儿子指挥董山曰:往闻,猛哥帖木儿为七姓人戕害,掠去原降印信。宣德年间,又复颁降,令凡察掌之。前董山来朝云,旧印已获。近凡察来朝,又奏欲留新印,一卫二印,于法非宜。敕至尔等即协同署事,仍将旧印遣人送缴,庶几事体归一部属信从。②

但是,凡察、董山都认为祖宗留传下来的旧印不能缴回朝廷。朝廷无奈,同意保存旧印,由凡察掌卫事,将新印缴回。结果使凡察与董山关系更加紧张,置朝廷的谕旨于不顾。面对这种骑虎难下的局面,朝臣建议,增设建州右卫,以缓解凡察与董山叔侄的矛盾。正统七年(1442)二月,明廷同意朝臣奏请,分建州左卫,析置建州右卫。《明实录》记载如下:

> 分建州左卫,设建州右卫。升都督佥事董山为都督同知,掌左卫事;都督佥事凡察为都督同知,掌右卫事。董山收掌旧印,凡察给新印收掌。③

---

① 《李朝世宗实录》卷二五。
② 《明英宗实录》卷三八。
③ 《明英宗实录》卷八九。

至此,建州女真就出现了建州卫、建州左卫、建州右卫即所谓"建州三卫"。当时掌建州卫之印的李满柱,娶阿谷(董山之兄)的孀妇为妻;掌建州左卫印的董山又娶李满柱之女为妻①;而建州右卫印信则归董山之叔凡察收掌。建州三卫同居苏子河、婆猪江,是建州女真氏族联合体(部落联盟)形成的标志。

董山独掌建州左卫事时年仅23岁,有勇有谋,诚心敬奉明廷,于25岁晋升都督同知。天顺二年(1458),明廷又升董山为左都督②。董山不断晋级加官,地位在各卫首领之上,威震女真各部。

明英宗正统年间,大明帝国开始走出繁荣的时代,朝政日渐腐败,边官抚安无方,滥杀贡使,贪贿成风,引起董山等严重不满。天顺八年(1464),明廷以海西、建州入贡人数多,限令建州、毛怜等卫以百人入贡;海西等卫仅许30—50人入贡。入贡时经过边关查验后,才允许入京③。这种对女真各部的限制政策更加引起女真的不满。于是董山等集结建州、毛怜、海西等部,统兵1.5万余人,以"寇掠"予以报复。

为了达到掠夺人、畜与财富的目的,董山、李满柱对明朝采取"阳为效顺,阴为抄掠"④的两面手法,表面接受招抚,暗地继续犯边。《明实录》景泰二年(1451)记载:"建州等卫女直都督李满柱、董山等,自正统十四年(1449)以来,乘间窃掠边境,辽东为之困敝。"⑤至成化年间,更是大肆抢掠。

成化二年(1466)五月,巡抚辽东左佥都御史滕昭等奏报:"虏寇累入开原境抢掠人畜。"六月,巡抚辽东太监李良等又奏报:"虏入灰山等处剽掠人畜。"⑥九月,建州右卫女真"拥众六千分掠开原、抚顺、沈阳、辽阳等处"⑦。成化三年(1467)三月,镇守辽东太监李良等报称:"达贼屡入边境,杀虏官军人畜及器械财物"⑧。四月,董山等又"纠合毛怜等处夷人侵犯边境,虏掠

---

① 《李朝世宗实录》卷八二。
② 《明英宗实录》卷二八七。
③ 《明宪宗实录》卷四。
④ 《明宪宗实录》卷三八。
⑤ 《明英宗实录》卷二〇九。
⑥ 《明宪宗实录》卷三四。
⑦ 《明宪宗实录》卷三四。
⑧ 《明宪宗实录》卷四〇。

人畜"①，"自开原以及辽阳六百余里，数万余家，率被残破"②。建州女真的屡次犯边，严重地威胁了明朝辽东地区的安全。同年，明廷命锦衣卫带俸都指挥武忠带着成化帝的敕谕出使建州女真。董山等表示悔罪归顺，给还所掠人口，而且亲自和其他头目赴京，贡献马匹、貂皮等。董山等女真头目到北京后，成化帝到宫外迎接，由礼部官员宣读了成化帝的敕谕：

> 尔等俱是朝廷属卫，世受爵赏，容尔在边住牧。朝廷何负于尔，今却纵容下人，纠合毛怜等处夷人，侵犯边境，虏掠人畜，忘恩背义。论祖宗之法，本难容恕。但尔等既服罪而来，朕体天地好生之德，姑从宽宥。今尔回还，务各改过自新，戒饬部落，敬顺天道，尊事朝廷，所掠人口，搜访送还，不许藏匿。若再不悛，必动调大军问罪，悔将何及，其省之戒之，不许仍前为非。③

敕谕实际上是对建州女真头目的警告，让他们"改过自新"，"尊事朝廷"，"不许仍前为非"，否则，"必动调大军问罪"。董山等人经通事翻译，明白其意，都表示愿意服罪。然而，在明朝赏赐问题上，董山等贪求无厌，强索蟒衣、玉带、金顶帽等，还扬言回去之后，要纠合海西、野人抢掠。

同年七月，礼部主事高冈上讨女真二策，建议将董山等扣留在辽东。成化帝采纳此议。八月，董山等由京师返回，途经广宁（今辽宁北镇），被总兵官赵辅等拘留。董山等216人被拘留在广宁，其家属数人被放回，让他们通知本部落，归还掠去的人口。董山等人感到莫名惊诧，怒不可遏，一面骂朝廷背信弃义，出尔反尔；一面"袖出小刀，刺伤通事"。总兵官赵辅急"令甲士捕擒之"。留在驿馆的另外100多个女真首领得知事情有变，"亦各持刀乱刺馆伴兵卒"④，杀出驿馆，均被早已安排好的明军截住，当场死26人，其余的也都被擒。总兵官赵辅、李秉认为，事已至此，对建州女真的征讨不可避免。

成化帝得到奏报，一面命赵辅、李秉即刻进兵建州女真，一面派人往辽

---

① 《明宪宗实录》卷四一。
② 《明宪宗实录》卷四四。
③ 《明宪宗实录》卷四一。
④ 《明宪宗实录》卷四五。

东告谕海西女真、野人女真以阻止他们与建州女真的结盟,要求他们协助讨伐建州女真。成化帝发布敕谕,下令征讨:

> 祖宗以来,设立建州三卫,俾其近边居住,管领部属,为我藩屏,授之爵秩,赐以冠带,及其朝贡,屡加宴赏。朝廷推恩于彼,亦已厚矣。乃者都督董山等忘恩悖义,辄率丑类侵犯我边,杀掠人财,不可胜计,朕体天地之量,不即加诛,遣使招谕,令还所虏人口,赴京谢罪,与其自新,彼来朝贡,待之加厚。岂期各虏阳为顺从,阴怀不轨,与其党类意图内外应援,侵扰边方,为恶愈甚。似此谲诈反复,神人共怒,天地不容。朕不得已,遣将率师,往正其罪。重念尔等素守臣节,今又遣人随都督武忠来朝,朕甚嘉悦。自今建州三卫逆虏,或使人诱引尔等为恶,或奔窜尔处藏匿,尔即尽数拘执送来。若能统率尔众,与我大军相应,彼此夹击,克期剿灭,则朝廷大加赏赉,必不尔吝。尔等其省之图之。①

成化三年(1467)九、十月间,李秉、赵辅率明军进攻建州。具体进军路线,分为五路:李秉、赵辅统兵2.6万人为中军,"自抚顺,经薄刀山、粘鱼岭,过五岭,渡苏子河,至古城"②,即前往董山建州左卫居地;右翼军由总兵官韩斌率领,经连山关、通远堡进入叆阳边至女真地区;朝鲜派遣中枢府知事康纯、鱼有沼、南怡等,统兵万人,从东路堵截。朝鲜军队兵分两路:右路大将南怡,自满浦入攻婆猪江;左路大将鱼有沼自高沙里入攻兀弥府。明与朝鲜两军约期于九月二十九日会师。但朝鲜军于二十六日就先期攻入兀弥府(今辽宁桓仁五女山城),突袭李满柱等建州女真驻地。朝鲜出征建州女真的情况,据《李朝世宗实录》载:

> 壬寅,主将康纯奉书于承政院,以启曰:臣领兵九月二十六日,与右厢大将南怡,自满浦入攻婆猪江,斩李满柱及古纳哈、豆里之子甫罗充等二十四名。擒满柱、古纳哈等妻子,及妇女二十四口。射杀未斩头一百七十五名。获汉人男一名,女五口,并兵仗器械牛马,焚家舍积聚,退阵以待辽东兵,累日无声息。故本月初二日还师,初三日渡江。左厢大

---

① 《明宪宗实录》卷四五。
② 赵辅:《平夷赋并序》。

将鱼有沼,自高沙里入攻兀弥府,斩二十一级,射杀未斩头五十,获汉女一口,并兵仗器械牛马,焚家舍九十七区。①

这段材料实际上是朝鲜军征建州女真的一份战果报告,由此可知,朝鲜军主将康纯、右路大将南怡军征讨兀弥府的李满柱居地,李满柱一族或被杀,或被生擒。

明军随后攻入,杀掠十分残酷。明武靖侯赵辅在《平夷赋并序》中,详细地记载了明军残害建州女真的场面:"尽虏酋之所有,罔一夷而见逃。剖其心而碎其脑,粉其骨而涂其膏,强壮就戮,老稚尽俘,若土崩而火灭,犹瓦解而冰消,空其藏而潴其宅,杜其穴而火其巢。"这次战役,明军生擒女真人97名,斩首638名,俘获男女510名,夺回被掳男女1165名②。

李秉、赵辅征建州女真后,将董山从广宁槛送北京处决。据谈迁《国榷》载:成化三年(1467)十一月乙酉"召提督军务左都御史李秉还朝,董山伏诛"。其弟及几百名壮勇,谪戍福建南方省份,令永远身处异乡。建州女真经此次打击,实力大为削弱,但复仇扰边之举日甚一日。

成化三年(1467)之役"犁庭扫穴"以后,明廷为了防止建州女真复仇,再侵扰辽东地区,便着手经营东部地区的防务,开始增修辽东边墙。辽东边墙于正统年间修筑,边墙从广宁到开原,是沿辽河东西两岸修筑的,主要是防备蒙古兀良哈等骚扰辽东地区。成化五年(1469),辽阳副总兵官韩斌建议增修辽东边墙。此事《明实录》没有明确的记载,惟有贺钦的韩斌墓志铭载:"己丑,以建贼寇边,不堡兵遏之,非久计也。乃缘边自抚顺关抵鸭绿江,相其地势创东州、马根单、清河、碱场、叆阳等五堡。后又设凤凰、镇东、镇夷等三堡。广袤千余里,立烽堠实兵马。"由此可知,新增修的边墙是辽东内地与建州女真的分界线,是为阻止建州女真的侵扰而增设的。

然而,就在韩斌兴筑边墙期间,建州女真仍不断骚扰辽东地区。成化八年(1472)十一月,巡抚辽东右副都御史彭谊等奏:"九月间虏寇掠定远堡境内,右参将都指挥周俊等率军追之,弃虏所获牛畜三十余以去。旬日复纠众

---

① 《李朝世宗实录》卷四四。
② 《明宪宗实录》卷四七。

二千余入寇。"①十二月,巡抚辽东右副都御史彭谊等又奏:"八月间,虏众杀掠刺榆埚并核桃山等处修筑边墙军士一百六十余人。"②成化十五年(1479)十月,明廷再度联合朝鲜,重演成化三年之役,夹击建州三卫。命汪直监督军务,抚宁侯朱永佩"靖虏将军"印,充总兵官,讨建州女真。十月二十八日,明军分五路,约两万余人,至建州女真居地苏子河。这次战役的情况,《明实录》记载如下:

> 丁未,靖虏将军抚宁侯朱永等,袭败建州夷,上章奏捷。谓建州贼巢,在万山中,山林高峻,道路险狭。臣等分为五路,出抚顺关,半月抵其境,贼据险迎敌,官军四面夹攻,且发轻骑,焚其巢穴,贼大败,擒斩六百九十五级。俘获四百八十六人,破四百五十余寨,获牛马千余,盔甲军器无算。③

明与朝鲜两次征建州女真后,强盛的建州三卫衰落下去,有威望、有号召力、能统辖建州各部一致行动的首领都死于这两次战役。从此以后到建州左卫王杲、建州右卫王兀堂的兴起,建州三卫处于分散、微弱的状态,主要是修贡称臣。

董山遇难后,其长子脱罗,由建州左卫都指挥佟那和札荐奏,明宪宗授为建州左卫都指挥同知,李满柱孙完者秃为建州卫都指挥佥事,都降袭父职④。脱罗降袭父职以后,面临建州三卫经济极其残破的局面,他率领部众从朝鲜和辽东地区换取农器、耕牛,积极恢复农业生产,努力从事狩猎、采集生产。女真人将猎取和采集来的貂皮、鼠皮、人参、松子、榛子等,通过互市的途径输入辽东和朝鲜,换取所需要的生产和生活资料。伴随经济的逐渐恢复和发展,女真各部朝贡的人数日益增多。成化六年(1470),建州、毛怜等卫女真人,每年入贡人数多达800—900人。成化八年(1472),又增至1200人⑤。成化十年(1474),建州都指挥孛哈等又乞求增加入贡人数。此时的抚顺马市也相当繁荣。这些情况说明,脱罗时期积极恢复生产,加强了

---

① 《明宪宗实录》卷一〇八。
② 《明宪宗实录》卷一一一。
③ 《明宪宗实录》卷一九七。
④ 《明宪宗实录》卷六九。
⑤ 《明宪宗实录》卷一二六。

女真地区与辽东、朝鲜的经济交流。脱罗任职30余年,几乎年年率部赴京朝贡,于武宗正德元年(1506)故去,由其子脱原保袭父职。建州左卫指挥使脱原保,在明武宗时,曾先后5次入京朝贡,嘉靖二年(1523),其最后一次朝贡,同明廷始终保持着密切的关系。脱罗的三弟锡宝齐篇古,其事迹文献记载不详。锡宝齐篇古只有一子福满。

　　福满即为清的兴祖。兴祖与脱原保是叔伯兄弟。所以,努尔哈赤的祖系不是大首领嫡系长子的后裔,史称是建州左卫"枝部所出",就是这个原因①。福满有六子:长子德世库,次子刘阐,三子索长阿,四子觉昌安,五子包朗阿,六子宝实。六子分居六城:德世库居觉尔察地;刘阐居阿哈河洛地;索长阿居河洛噶善地;觉昌安居祖基赫图阿拉地;包朗阿居尼麻喇地;宝实居章甲地。赫图阿拉与五城相距,近者5里,远者20里,"环卫而居,称为宁古塔贝勒"②。"宁古塔"为满语ningguta的对音,汉意为六;"贝勒"是满语beile的对音,汉意为"大人",女真贵族的称号。福满诸子孙聚族分居,狩猎耕田,牧放孳息,在苏克苏浒河地域是一个较有势力的宗族。

　　觉昌安即努尔哈赤的祖父,后来清廷尊他为景祖翼皇帝。他继承先业,居住祖基赫图阿拉。"赫图"为满语hetu的对音,汉意为横;"阿拉"为满语ala的对音,汉意为岗。赫图阿拉意为横岗,在今辽宁省新宾满族自治县永陵乡老城村,清太宗时,将赫图阿拉城定名为兴京③。

　　觉昌安(叫场)家族在祖基赫图阿拉耕田放牧,经常到抚顺马市贸易。据《明代辽东档案》记载:觉昌安(叫场)从万历六年(1578)五月初三至七月十一日,共69天,先后纳抽分税银与受抚赏银物3次:

　　　　(五月)初三日,落雨。夷人叫场等四十五名,到市与买卖人[原档残缺]猪牛等物,换过麻布、粮食等货。一号起[原档残缺]抽税银五两二分四厘。

　　　　(五月)初三日。抚赏买卖夷人叫场等二十三名,牛二只,价银七

---

① 茅瑞征:《东夷考略·建州》。
② 《清太祖实录》卷一。
③ 《清太宗实录》卷一八。

钱五分,猪一只,价银一钱,盐一百五十五斤,价银六钱二分,共用银一两四钱七分。

(七月)十一日。抚赏买卖人叫场等二十一名,牛一只,价银二钱八分,猪三只,价银三钱七分,兀剌一双,价银七分,红布四匹,价银四钱八分,盐二百七十斤,价银一两八分,共用银二两二钱八分。①

应当指出的是,觉昌安(叫场)仅是建州女真苏克苏浒部的一个小部首领,到抚顺马市贸易的人数也仅数十人,与当时海西部的叶赫贝勒所率上千人赴市买卖相比,人数是相当少的。但明辽东档案有明确记载,说明他在女真各部中有威望,同时与明的关系密切。觉昌安借助与明朝的关系,利用家族优势,不失时机地扩大自己的势力范围。当时,邻地有硕色纳和加虎两个部落。"是时,近地部落中有名硕色纳者,生子九,俱强悍。又有名加虎者,生子七,俱轻捷有力,尝披铠甲,连跃九牛。二族恃强,侵陵诸路。"觉昌安(叫场)不畏强族,凭借智勇,率领宁古塔兄弟及族众前往征讨。"破硕色纳子九人,灭加虎子七人,尽收五岭迤东,苏克苏浒河迤西,二百里内诸部,六贝勒由此强盛"②。

觉昌安生有五子:长子礼敦,次子额尔衮,三子界堪,四子塔克世,五子察篇古。四子塔克世是努尔哈赤之父,后被清朝尊为显祖宣皇帝。

觉昌安父子的时代,女真社会正处于"各部蜂起,各自称汗、贝勒,噶珊(gasan,村庄)自为长,穆昆(mukun,族)自立头,互相攻战,兄弟相残,强凌弱,众暴寡,处处大乱"③的局面。觉昌安父子在女真各部中也并非"无名常胡"。在努尔哈赤诞生时,已经得到明廷的授职。始任辽东巡抚侯汝谅在《东夷悔过入贡疏》中云:"建州贼首草场(觉昌安三兄索长阿)、叫场等,遣其部落中王胡子、小麻子等四名到关。"④此时,建州巨酋王杲居古埒(今辽宁新宾古楼乡)。觉昌安管辖的穆昆,居赫图阿拉附近20里方圆之内,为王杲下属。觉昌安在王杲指挥下参与了嘉靖三十六年(1557)对抚顺关等处的掳掠,嘉靖三十八年(1559)又要求入关来市,所以辽东巡抚侯汝谅奏

---

① 《明代辽东档案汇编》下编,辽沈书社1985年版,第809—814页。
② 《清太祖实录》卷一。
③ 《满洲实录》卷一。
④ 转引自孟森:《明清史论著集刊》上册,中华书局1959年版,第161页。

报其悔过入贡。由此可知觉昌安并非"常胡"。明封疆大吏上奏中称之为"贼首",足以证明这一点。其地位仅次于王杲,明廷授职可能为指挥使。

嘉靖后期,建州的王杲(努尔哈赤的外祖父)控制建州各部通往清河、抚顺各市的货源,贩卖貂皮、人参、松子,交易大兴,"结毂连骑,炫爌于道",获取重利,大有统一建州三卫之势,俗称阿古都督。他自恃雄长,于嘉靖四十一年(1562),设伏擒杀明副总兵黑春。万历二年(1574),会同来力红围杀明游击裴承祖等。明边将急请朝廷速罢辽东市赏。同年十月,巡抚张学颜协同总兵官李成梁誓师讨伐王杲。王杲兵败,逃到觉昌安六弟宝实的儿子阿哈纳的村寨藏身。万历三年(1575)二月,王杲在阿哈纳村寨欲聚众报仇,被明军侦知来攻,阿哈纳穿上王杲的蟒挂红甲,佯冒王杲夺路,掩护王杲逃到哈达部的王台处[①]。哈达部王台率子扈尔干缚王杲,献给明边官,后被槛送京师磔死,时年47岁。

王杲死后,其子阿台受到哈达部王台长子扈尔干的保护,依旧据古埒城为苏克苏浒部首领,经常盗边,抄掠于抚顺、铁岭间。万历十一年(1583),李成梁率兵攻古埒城,征阿台。

阿台在苏子河南的古勒山(今辽宁新宾上夹河乡)依山筑寨。山势险峻,三面壁立,壕堑四设,固若金汤。同年二月,建州图伦城(今辽宁新宾汤图境内)主尼堪外兰向边关密报,引明军进攻阿台所居古埒城。李成梁统率广宁、辽阳官兵,兵分两路挺进:一路由他亲自统领,从抚顺王刚台出塞百余里,直奔古埒城;另一路由秦得倚统兵,直捣阿海所据守的沙济城。明军至古埒城,将其围得水泄不通,阿台依城据险,固守甚严。李成梁亲临督战,双方战斗激烈,明军奋战两昼夜,城仍不克。李成梁十分恼火,斥责图伦城主尼堪外兰引导官军攻城,造成进退维谷、劳兵损名的局面,要缚尼堪外兰问罪。尼堪外兰惊恐万状,发誓至城下做招抚工作。他至城下高呼:"大兵既来,岂遂舍汝而去,尔等危在旦夕。主将有命,凡士卒能杀阿太(台)来降者,即令此城之主。"城中人信其言,遂杀阿太以降[②]。李成梁破城后,自食其言,"男妇老弱尽屠之"[③],共杀无辜2200余人。

---

① 以上见瞿九思:《万历武功录》卷一一。
② 《清太祖实录》卷一。
③ 《清太祖实录》卷一。

当时，努尔哈赤的祖父觉昌安，因引导明军剿王杲有功，明廷晋升其为建州左卫都督①。努尔哈赤的父亲塔克世晋升为指挥使②。觉昌安刚从明抚顺所归来，去古埒城，被阿台拘留，劝他联手犯边。觉昌安不从，阿台拘禁不放。当明军于是年二月征讨阿台、阿海的时候，塔克世为了营救父亲，先于明军一步入古埒城，以致父子都困在古埒城中。觉昌安死于火焚，塔克世为明军所误杀。

努尔哈赤父祖遇害，明清文献记载颇为不同。《钦定满洲源流考》记载努尔哈赤的话为："害我祖父者，尼堪外兰所构也，必执以与我乃已。"③明朝文献如《皇明从信录》、《东夷考略》、《三朝辽事实录》均载为明军所误杀。对此事记述最为翔实的是程开祜《东夷奴儿哈赤考》，要点如下：

> 王台拿送王杲后，杲男阿台将叫场拘至伊寨，令其归顺，合党谋犯，以报父仇，叫场不从。阿台拘留不放，大兵征剿阿台，围寨攻急，他失因父在内，慌忙救护，混入军中。叫场寨内烧死。他失被兵误杀。④

这一明代文献的记载较为可信。宁古塔六贝勒本属王杲与阿台，又有姻亲关系，阿台是觉昌安的孙婿，塔克世长兄礼敦的女婿。当时建州女真各部的氏族制趋向瓦解，处于内部互相争杀和分裂状态。六祖宝实家族亲王杲和阿台，三祖索长阿亲哈达部王台，而觉昌安"潜行通款于明"⑤。当努尔哈赤惊悉父祖蒙难的消息，捶胸顿足，悲痛欲绝。前往诘问明朝官员说："我祖、父何故被害？汝等乃我不共戴天之仇也！汝何辞？"明朝遣使谢过曰："非有意，误耳。"遂还其祖、父遗体，并给努尔哈赤敕书"三十三道，马三十匹，复给都督敕书"。然而，明朝一方面对努尔哈赤进行安慰，一方面又暗助尼堪外兰"筑城于甲版"，扶植他做"满洲国主"⑥。建州女真各部见尼堪外兰有明朝支持，纷纷归附尼堪外兰。努尔哈赤对明朝扶持尼堪外兰极为不满，又无力与明对抗，只好将杀父、祖之仇归在尼堪外兰身上，对明朝使

---

① 《万历武功录》卷一。
② 陈建：《皇明通纪辑要》卷一九。
③ 《钦定满洲源流考》卷一六。
④ 程开祜：《东夷奴儿哈赤考》，《筹辽硕画》卷首。
⑤ 转引自孟森：《明清史论著集刊》上册，中华书局1959年版，第161页。
⑥ 《清太祖实录》卷一。

臣说:"杀我祖父者,实尼康外郎(即尼堪外兰)唆使之也,但执此人与我,即甘心焉。"①不久,努尔哈赤便杀牲祭天,含恨兴兵征讨尼堪外兰。

---

① 《清太祖实录》卷一。

第二章　女真再度复兴

1. 女真溯源流

　　女真作为族称,始见于宋代文献。汉文文献中有不同的写法,如虑真、朱先、朱理真、诸申等都是同音的异写。元明清文献中多写作"女直",这是源于避讳,因为辽兴宗的名字为耶律宗真,所以讳"真"字作"直"。宋人记载,女真是契丹人对肃慎的称呼。女真是肃慎的汉字异写,应该说无异议。

　　肃慎是我国东北地区的古老族属。先秦、两汉文献又写作息慎、稷慎。自虞舜时起,历夏、商、周,一直同中原保持密切联系。周武王伐纣灭商后,肃慎族前来祝贺,"贡楛矢石砮"①。当周成王东征,统一徐、淮地区时,"肃慎来贺",积极支持成王镇压叛乱的正义行动,于是成王派荣伯"作贿肃慎氏命"②。肃慎和西周的关系,如文献所载:"武王克商……肃慎、燕、亳,吾北土也。"③

　　汉代至三国,肃慎又称挹娄。据文献记载:挹娄东濒大海,西接寇漫汗国(即乌桓),南邻北沃沮(即图们江流域)和不咸山(即长白山),北极弱水(即黑龙江)的广阔地带。挹娄人依山傍水而居。善射猎,"弓长四尺,力如弩。矢用楛,长一尺八寸,青石为镞,镞皆施毒,中人即死"④。说明狩猎在挹娄人的经济生活中占有重要地位。汉初以来,挹娄臣服于汉朝属国夫

---

① 《国语·鲁语下》。
② 《尚书》序。
③ 《左传》昭公九年。
④ 范晔:《后汉书》卷八五《东夷到传》,中华书局1965年版。

余(今吉林农安一带),隶汉玄菟郡管辖。后来因不堪忍受夫余的压迫,多次反抗,于曹魏时摆脱夫余的统治而自立。所谓"夫余数伐之,卒不能服"①。青龙四年(236),挹娄直接同中原王朝建立联系,向魏明帝"贡楛矢"②。景元三年(262),又向魏元帝进献弓箭、貂皮等特产③,受到元帝隆重接见。两晋时期,挹娄曾多次"朝贡"楛矢石砮等物④。挹娄所居之地盛产"赤玉好貂",闻名遐迩的"挹娄貂"⑤是入贡的珍品,曾一次就向中原贡献"貂皮四百枚"⑥。

南北朝时,挹娄又称勿吉。勿吉,乃女真语"窝集"之音转,为"森林"之意。据《北史·勿吉传》记载:勿吉有七部,即粟末、伯咄、安车骨、拂涅、号室、黑水、白山等,大致居住在今牡丹江、松花江、黑龙江下游、长白山一带,其中心地区在速末江(今第二松花江)中部。可见勿吉此时已向南迁移,占据了原夫余族活动的部分地区。勿吉所处的时代,正是中国分裂割据、王朝更迭频繁的时代,但勿吉和中原始终保持着朝贡关系。大明三年(459),勿吉派使者向南朝宋孝武帝刘骏贡献"楛矢石砮"⑦。与此同时,勿吉与北朝的北魏关系也很密切,贡使络绎不绝。北魏孝文帝时,勿吉派遣乙力支来朝贡,向孝文帝报告勿吉和邻近部落的矛盾。孝文帝指示说:"宜共合顺,勿相侵扰。"⑧从中反映出勿吉与中原的密切关系。

隋朝时,勿吉又称靺鞨。靺鞨的名称,最早见于文献记载是在北齐时。据《北齐书》记载:北齐武成帝河清二年(563),"是岁室韦、库莫奚、靺鞨、契丹,并遣使朝贡"。以后靺鞨之名,多见于各种史书。靺鞨之音近似勿吉,勿吉的古音即读 mò hè,靺鞨是勿吉的音转没有疑义。其语源都是来源于肃慎语 wō jí(窝集)。窝集乃丛林之义。靺鞨是在肃慎故地发展起来的,其社会状况自然有地域的传承性。靺鞨七部由勿吉七部发展而来,各部互不

---

① 陈寿:《三国志·魏书》卷三〇《东夷传》,中华书局1959年版。
② 王钦若等:《册府元龟》卷九六八。
③ 房玄龄等:《晋书》卷九七《四夷传》,中华书局1974年版。
④ 房玄龄等:《晋书》卷九七《四夷传》,中华书局1974年版。
⑤ 陈寿:《三国志·魏书》卷三〇《东夷传》,中华书局1959年版。
⑥ 陈寿:《三国志·魏书》卷四《高贵乡公髦》,中华书局1959年版。
⑦ 王钦若等:《册府元龟》卷九六八。
⑧ 魏收:《魏书》卷一〇〇《勿吉传》,中华书局1974年版。

相属,分布地区社会发展不平衡。居于第二松花江流域的靺鞨各部,多事农耕,兼营渔猎畜牧,并且"悦中国风俗",与中原接触较多。隋文帝开皇年间,靺鞨多次"相率遣使贡献"①,隋文帝得知靺鞨"与契丹相接,每相劫掠",便对来者云:"宜各守境土,岂不安乐,何为辄相攻击",靺鞨使者欣然听之,隋文帝因此"厚劳之"②。

  唐朝靺鞨与中原王朝的关系进入了新时期。最初靺鞨各部"各自有长,不相总一"③,分为粟末、伯咄、安车骨、拂涅、号室、白山、黑水七部。至7世纪中叶,各部分别归附,形成了两个大的部落联盟。一个是以黑水靺鞨各部组成的部落联盟;一个是以粟末靺鞨为主体的渤海部落联盟。黑水靺鞨"最处北方,尤称劲健"④。其地域大致是,东北到黑龙江口、库页岛,北至鄂霍次克海,南接渤海,西抵室韦,中心地区在今松花江口到乌苏里江口一带。文献记载女真出自黑水靺鞨⑤。唐代的黑水靺鞨是以黑水部为最强的诸多部落的群体称呼。贞观十四年(640),唐朝在黑水靺鞨地区建立"黑水州"行政机构⑥。开元十年(722),唐朝在黑龙江和乌苏里江汇合处一带设置勃利州,任命当地靺鞨首领倪属利稽为勃利州刺史⑦。开元十四年(726),增设黑水都督府,任当地首领为都督、刺史等职。开元十六年(728),唐玄宗授黑水都督为云麾将军兼领黑水经略使。与此同时,黑水靺鞨首领也数次来长安"朝贡",中原始从黑水部来使口中得知有女真⑧。后唐同光三年(925),"黑水、女真皆遣使朝贡"⑨。显然,这里的女真和黑水不是一部,但又同属黑水靺鞨。渤海灭亡前,女真同黑水靺鞨的兀儿部、胡独鹿部同时遣使"来朝"。

  肃慎有故地在渤海境内,黑水靺鞨中之女真部在五代时已与中原发生密切联系,由此可见,女真与肃慎一脉相承。契丹建国后,渤海遗民逃散或

---

① 王钦若等:《册府元龟》卷九七〇。
② 魏征:《隋书》卷八一《靺鞨传》,中华书局1973年版。
③ 李延寿:《北史》卷九四《勿吉传》,中华书局1974年版。
④ 宋祁等:《旧唐书》卷一九九《靺鞨传》,中华书局1975年版。
⑤ 洪皓《松漠纪闻》:靺鞨"有黑水部,即今之女真";《大金国志》卷二三:"女真,乃黑水遗种。"
⑥ 王溥:《唐会要》卷九六。
⑦ 宋祁等:《新唐书》卷二一九《北狄传》,中华书局1975年版。
⑧ 徐松《宋会要辑稿》第一百九十六册蕃夷三:"唐贞观中,靺鞨来朝,始闻女真之名。"
⑨ 薛居正:《旧五代史》卷三二《庄宗纪六》,中华书局1976年版。

南迁,黑水靺鞨各部南下填充其故地,女真部最先为契丹人所知,于是以女真泛作黑水靺鞨之代称而出现在史籍上。

契丹建国大辽,辽朝对东北的女真十分重视,把女真分成两部分,开原以南称"熟女真",开原以北称为"生女真"。"熟女真"在今辽东和内蒙古地区,隶属辽朝南枢密院下属的东京道管辖,设置州县,编入民籍,这部分女真很快就被融合了。散居在松花江中游和牡丹江下游以北至黑龙江下游一带的"生女真","地方千余里,户口十万余……散居山谷间,依旧界外野处,自推雄豪酋长,小者千户,大者数千户"①。他们隶属辽朝北枢密院所属的东北路统军司、黄龙府兵马都部署司、咸州汤河兵马司管理,各部经常向辽纳贡,进献马匹、貂皮、东珠、砂金、人参等名贵土产。

渤海遗民的逃散和迁徙,给女真的南徙提供了空间。散居东边的各部女真溯乌苏里江和沿日本海岸南下到朝鲜半岛的东北部、长白山东麓、图们江流域和鸭绿江流域,邻接高丽,这就是《高丽史》上所称之东女真和西女真。《高丽史》上称居住在高丽东北方的女真人为东女真或东北女真。"东女真"之称始见《高丽史·定宗世家》三年(辽世宗天禄二年,948)九月条:"东女真大匡苏盖等来献马七百匹及方物。"②西女真指居住在高丽西北方的女真人。"西女真"之称始见《高丽史·显宗世家》八年(辽圣宗开泰六年,1107)八月壬辰条:"西女真揩信擒契丹东京崇圣寺僧道遵从来。"③西边各部女真进入第一松花江以南,沿牡丹江、绥芬河、阿什河等松花江支流居住,是以完颜部为中心的生女真,后来成为统一女真各部、建立金国(1115—1234)的核心。到11世纪初,女真人继续南移,迁徙到今农安县一带的称为黄龙府女真,迁徙到辉发河流域的称为回跋部女真。另外,在契丹建国之初,有一部分女真人被辽太祖耶律阿保机强迁到辽阳以南地区。史载:"阿保机虑女真为患,乃请其强宗大姓数千户,移置辽阳以南,以分其势,使不得相通。迁入辽阳著籍者曰合苏款,所谓熟女真是也。"④合苏款女真是熟女真的主要部分,并非熟女真都是合苏

---

① 徐梦莘:《三朝北盟会编》卷三。
② 《高丽史》卷二。
③ 《高丽史》卷四。
④ 徐梦莘:《三朝北盟会编》卷三。

款女真。

　　填充到渤海故地的女真与渤海的社会经济发展没有继承关系，而是在其自身原来较低的社会经济基础上向前发展。南迁后受汉族、契丹族以及高丽族的经济、文化的影响发展较快。而这种变化是以社会生产力的提高为前提的。这期间，女真社会不仅大量地从汉族、契丹、高丽等邻近地区输入铁器，而且还学会了冶铁。铁农具的广泛使用，促进了农耕的发展。至12世纪初，契丹统治下的女真人终于到达了"文明的门槛"。辽天庆四年(1114)，阿骨打兴兵伐辽，辽兵大败。翌年，阿骨打称帝，国号大金，定都上京(今黑龙江阿城)，这是满族先世继渤海之后建立的第二个地方政权，标志着女真人统一的民族共同体的第一次形成。

　　金天会三年(1125)，金灭辽后，兴师南下攻宋。翌年，金灭北宋。金皇统元年(1141)，金与南宋签订了"绍兴和议"，以淮河为宋金的分界线。贞元元年(1153)，金迁都燕京(今北京)，以对南宋和西夏采取防御及攻势。为了加强和巩固对新占领的华北地区的统治，便于学习汉制，从中央到地方的行政制度和各级官制都进行了改革，随之又不断地将猛安谋克户大批迁入关内。

　　金朝将女真人编为猛安谋克。其最初为女真人的狩猎组织，随着战争的需要成为军事组织，进而发展为军政合一的社会组织。随着猛安谋克的普遍组成，原来的氏族部落组织就逐渐消失在猛安谋克之中了。

　　从金朝初年起，统治者就不断地将猛安谋克户大批迁入新征服的地区。如金兵取辽的沈州(今沈阳)、东京(今辽阳)，就将大批女真猛安谋克户迁入今辽宁省境内。金太宗天会十一年(1133)，将几万人的猛安谋克户迁到燕山以南、淮陇以北。贞元元年(1153)，海陵王迁都燕京，又将留在上京的宗室将相亲属南迁到山东、北京、河间等地，授给迁来的猛安谋克户。迁居中原的猛安谋克户，开始并非同汉族杂居，其后插花居住，天长日久，女真人户受广大汉族先进经济、文化的影响，改变了原来的社会经济生活，完全转为农业生产，同留居东北的女真人有了明显的差别。

　　金朝的政治、经济中心虽然南移，但对留居东北的女真人也加强了管理。金在黑龙江、松花江和乌苏里江以东，分别设置了蒲与路、合懒路、恤品路、胡里改路①。据《金史·地理志》记载："金之壤地封疆，东极吉里迷、兀的改诸野人之境，北至蒲与路之北三千余里，火鲁火疃谋克地区为边。"②女真人户的南迁，造成金在东北故土的人口锐减，金朝政府不得不将在经济上还很落后、渔猎经济成分比重很大的居住在边远地区的女真人户迁来填补。如将居住在绥芬河流域的速频人、松花江下游的原五国部人迁到上京一带。金朝末年，留居东北的女真人，由于蒲鲜万奴的叛金自立、败退而随之东奔，在蒙古灭蒲鲜万奴的东夏国时，东奔的女真人分布在濒临鄂霍次克海和日本海的山岳地带，受蒙古人统治，又恢复了过去的因部而居，蒙古对之也就"因俗而治"③。天兴三年（1234）蒙古灭金，元至元十六年（1279）灭南宋，至此结束了五代以来宋、辽、夏、金长期分裂割据的局面，出现了统一的元王朝。

元朝继金统治东北的女真人，在这里设置多层次的统治机构分而治之。统治女真的机构主要有：开元路总管府管辖居住在原来金上京路各地的女真人；合兰府水达达路总管府管辖居住在今绥芬河和图们江流域的女真人。元朝还在松花江下游设立斡朵怜、胡里改、桃温、脱斡怜、孛苦江等五个万户府，统治居住在这一地区的女真人。元朝又在黑龙江下游奴儿干特设东征元帅府，管理特殊地区和库页岛。居住在绥芬河、图们江和松花江下游的女真，社会经济发展水平比较落后。到元代，他们还"各仍旧俗，无市井城郭，逐水草而居，以射猎为业"。元朝对女真各部采取"设官牧民，随俗而治"的管理方式，并向女真人征收赋税，据《元史·地理志》记载：合兰府水达达等路向元廷交纳赋税"钱粮户数二万九百六"④。一般征收实物，如貂皮、皮革、海东青等土特产品⑤。

元朝统治下的女真人，随着金朝的灭亡，在金朝时形成的统一的民族共同体也随之消失了，女真人户"各仍旧俗"，过着部落生活。各部之间缺乏联系，没有共同的经济生活，只是有共同语言、共同生活习俗的群体。女真

---

① 景方旭：《东北地舆释略》卷一。
② 脱脱等：《金史》卷二四《地理志》，中华书局1975年版。
③ 宋濂等：《元史》卷五九《地理志》，中华书局1976年版。
④ 宋濂等：《元史》卷五九《地理志》，中华书局1976年版。
⑤ 《永乐大典》卷一九四二〇。

民族发展史上呈现了一次曲折,需要由残存的女真部落再走一次民族形成的"重复"的历史过程。

元朝末年,女真各部不堪元朝的民族压迫和苛索繁征,纷纷反元,元朝虽然暂时将女真的起义残酷地镇压下去,但是不久中原各族人民的大起义风暴彻底摧毁了元朝的统治。元末明初,女真人居住和活动的地区,"东濒海,西接兀良哈,南邻朝鲜,北至奴儿干、北海"①。当元朝在东北的统治势力已逐渐消亡,明朝的势力尚未全部到达之际,女真各部有较大的迁徙,其中影响较大的是居住在松花江下游今依兰一带的斡朵里部和胡里改部,南迁到绥芬河流域和图们江两岸、朝鲜半岛,在北起黑龙江下游奴儿干地方,南到朝鲜半岛东北部,形成了几个比较集中的居住区。明朝将女真分为三大系统,即建州女真、海西女真、野人女真。建州女真,因明朝招抚建州卫而得名。原住依兰附近的斡朵里部、胡里改部和原住穆棱河流域的毛怜部,明初迁徙到绥芬河下游、图们江、珲春河流域,"事耕纴,居处饮食有华风"。永乐末年到正统初年,各部先后迁到浑河上游的支流苏子河(今新宾一带)。其居地西近辽东各卫所,南隔鸭绿江与朝鲜接近,受汉族和朝鲜经济、文化的影响较大,是明代女真各部中最先进的部分。海西女真居住在嫩江以东到倭肯河的松花江及其各支流的沿岸,松花江在元、明两代又称海西江,因而统称之曰海西女真。海西女真"略事耕种","言语居处与建州类",居山岳地带的"倚山作窟",滨水而居者"有室庐"②。正统以后,他们逐渐南迁,到嘉靖年间,迁徙到吉林附近的松花江沿岸、辉发河流域,靠近开原,为扈伦四部。野人女真主要指乌苏里江以东、沿日本海的建州女真南迁后,填补于绥芬河、珲春河一带的女真人。明代文献上称之为"七姓野人",朝鲜文献上为"深处兀狄哈"。因为他们居于"僻远"之地,朝贡"无常期"③,经济、文化比较落后,明廷将其单列,称之为"野人"女真。

---

① 《大明一统志》卷八九。
② 《东夷考略·女直》。
③ 《东夷考略·女直》。

2. 明对女真的治术

明建国后,元退回蒙古故地,史称北元,但仍拥有相当的军事力量同明朝对峙。当时,在东北的故元残余势力盘踞各地,控制高丽、朝鲜;西北方面,甘肃以西仍在北元掌握之中。北元的势力从东到西威胁着刚刚建立的明朝政权。经略辽东,招抚女真,割断故元势力同高丽的联系,是摆在朱元璋统治集团面前最迫切的任务。洪武四年(1371),明向辽东用兵,故元辽东行中书省平章刘益投降,于是在辽东设定辽都卫。这是明朝取代元朝在东北的统治权的开端。此后,明朝不断用兵东北,消灭故元的残余势力。洪武八年(1375),明改定辽都卫为辽东都指挥使司,采取以军统政、军政合一的体制,下辖25卫138个所、2个州、1个盟[①]。

伴随着明军向女真地区和兀良哈地区的推进,便着手对少数民族进行有效的管理。洪武二十年(1387),明朝降服故元纳哈出势力不久,便决定在女真地区设置铁岭卫。明廷命户部"咨高丽国王,以铁岭[②]北东西之地旧属开元"[③],欲设铁岭卫,"其土著军民女直、鞑靼、高丽人等辽东统之"[④]。因高丽王朝抵制,铁岭卫只得设在奉集堡(今沈阳东南40里),为辽东都司管辖的25卫之一。与此同时,明廷还派遣辽东指挥佥事刘显和侯史家奴分别率军在斡朵里(今依兰县西牡江口西岸马大屯)设三万卫,后因"粮饷难置"撤回开原。这一过程,总共才几个月时间,但充分说明,明朝要在边远的女真地区设置流官体制的军政机构是行不通的。

与上述情况不同,明朝在招抚蒙古兀良哈诸部时,则采取羁縻卫所制的管理方式。洪武二十二年(1389),蒙古兀良哈诸部归附,明朝"置泰宁、朵颜、福余三卫指挥使司,俾其头目各自领其众"[⑤]。史称这三卫为"兀良哈三

[①]　《万历四镇三关志》卷一。
[②]　铁岭,在今朝鲜咸镜道南端,为咸镜道和江原道边界山的山岭名。
[③]　《明太祖实录》卷一八七。
[④]　《明太祖实录》卷一八七。
[⑤]　张廷玉等:《明史》卷三二八《外国九》,中华书局1974年版。

卫"。对这三卫的建置，明廷吸取以往教训不派流官，由其"头目各领其众"。明代称这种卫所为"羁縻卫所"①。后来设置的卫所皆"一如三卫之制"②。

明朝在东北设置羁縻卫所，开始于洪武时设置的兀良哈三卫，推行于永乐时期。朱棣在做燕王时，曾主持过北方边务，对东北边务的重要地位了如指掌。他继位以后，派人招抚兀良哈，重建兀良哈三卫。同时派人深入东北女真地区，招抚女真诸部，广置羁縻卫所。

明朝对女真一贯采取招抚为主的政策。这是因为有明以来主要威胁来自北方的蒙古。明廷利用"金元世仇，欲其蛮夷自攻也"③，采取"借女直制北虏"④的策略。永乐时明朝对女真的招抚从两个方面进行：一是东出开原，招抚东南部即松花江和牡丹江上游、图们江南北、绥芬河流域等地的女真部落；一是北上海西，招抚松花江中下游，乃至黑龙江流域的女真诸部。永乐元年（1403），明廷招抚图们江南北的女真部落。这就是《李朝实录》所载："皇帝敕谕女真、吾都里、兀良哈、兀狄哈等招抚之，使贡献。"⑤随后，明成祖派辽东百户金声等持敕往谕女真各部，敕文曰："尔等若能敬训天意，诚心来朝，各立卫分，给印信，授以名分赏赐，俾尔世居本土，自相统属，打围牧放，各安生理，经商买卖，从便往来，共享太平之福。"⑥这道敕谕，充分体现了明廷对女真各部"各立卫分"的羁縻政策。同年十一月，在图们江支流布尔哈通河和海兰河流域的胡里改部设建州卫，以阿哈出为指挥使。《明实录》是年十一月辛丑条载："女直野人头目阿哈出等来朝，设建州卫军民指挥使司，以阿哈出为指挥使，余为千百户所镇抚，赐诰印冠带袭衣及钞币有差。"⑦并设建州卫经历司，置经历一员。建州卫是明初在女真各部中所设的最大、最有影响的卫，与明朝有姻亲的特殊关系。《李朝实录》载："初帝为燕王时，纳于虚出（阿哈出）女，及即位，除建州卫参政，欲使招谕野人，

---

① 张廷玉等：《明史》卷九〇《兵志二》，中华书局1974年版。
② 万历《明会典》卷一〇七。
③ 杨道宾：《海建三酋逾期违贡疏》，《明经世文编》卷四五三。
④ 《明世宗实录》卷四四四。
⑤ 《李朝太宗实录》卷五。
⑥ 《李朝太宗实录》卷九。
⑦ 《明太宗实录》卷二四。

赐书慰之。"①正因为有这种特殊关系,阿哈出及其子孙三代都是建州女真各卫所的首领。许多部落首领授为千百户、镇抚,受其管辖,而且设"建州卫经历司",这在羁縻卫中是罕见的。斡朵里部是明在图们江流域招抚的另一重要目标。斡朵里部首领猛哥帖木儿南迁今朝鲜会宁、镜城一带后,经阿哈出从中斡旋,接受明廷的招抚,授为建州卫都指挥使②。永乐十年(1412),分设建州左卫,猛哥帖木儿为左卫都指挥使。正统七年(1442),再从建州左卫中分出建州右卫,由猛哥帖木儿同母异父弟凡察职掌。明朝政府还在绥芬河之南、珲春河流域设置毛怜卫,在其东绥芬河下游设置喜剌温河卫③。明廷在设建州卫的同时,也在海西女真各部设卫。永乐元年(1403)十二月,居于今呼兰河下游的海西女真头目西阳哈、锁失哈等到京师朝贡,明廷设置了兀者卫,以西阳哈为指挥使,锁失哈为指挥同知。《明实录》是年十二月辛巳条载:"忽剌温等处女真野人头目西阳哈、锁失哈等来朝,贡马三十匹,置兀者卫,以西阳哈为指挥使,锁失哈为指挥同知,吉里纳等六人为指挥佥事,余为卫镇抚、千户、百户、所镇抚,赐诰印冠带袭衣及钞币有差。"④兀者系辽代兀惹之后裔,出自黑水靺鞨,元代称斡拙、兀惹、斡拙、兀惹、兀者均为"窝集"的不同写法,为森林之意。明廷于永乐二年(1404),又从兀者卫中析出左卫在今汤旺河中上游地区,右卫在今通肯河流域,后卫在兀者卫之北。永乐四年(1406),在松花江北呼兰河和汤旺河之间设塔山卫,后来扈伦四部中的乌拉和哈达两部皆出自此卫。同年,又置塔鲁木卫于呼兰河流域稍东一带,扈伦四部中的叶赫部出自此卫。沿松花江海西女真部落很多,明廷在这一地区设卫也比较密集,如在今阿城县蜚克图河流域的肥河卫,在今牡丹江支流倭肯河流域的呕罕河卫,都是重要的卫。

沿黑龙江下游,明廷在永乐年间设置了考郎兀卫、亦速里河卫和奴儿干卫。

永乐七年(1409),明廷在辽东都指挥使司北、东、西三面,西起鄂嫩河、

---

① 《李朝太宗实录》卷八。
② 详见第一编第一章第2节"孟特穆率族归明"一节。
③ 朝鲜文献上作温河卫或温火卫。
④ 《明太宗实录》卷二五。

额尔古纳河,东到日本海西岸,设立115个卫。同年,明廷决定在奴儿干(今黑龙江西来支流亨滚河①口岸)置奴儿干都指挥使司。早在永乐元年(1403),明廷就派邢枢等人,"往谕奴儿干吉列迷诸部落招抚之"②。永乐二年(1404),又派辽东千户王可仁前往图们江等地,招抚建州女真③。明朝的招抚政策,收到了良好的效果。"东北至奴儿干,涉海有吉列迷诸种部落,东邻建州、海西、野人女真……永乐初,相率来归。"④永乐七年(1409),奴儿干卫地方官员忽剌冬奴等人来朝,奏称奴儿干"其地冲要,宜立元帅府"。明廷接受了这个建议,设置了奴儿干都指挥使司,任命内地官员康旺为都指挥同知。奴儿干都司的主要官员,由辽东都司下辖卫所简派,是流官,不能世袭。永乐九年(1411),明廷正式派内官亦失哈、都指挥同知康旺等,"率军一千余人,巨船二十五艘"⑤,前往奴儿干,专管奴儿干都司事务。亦失哈,海西女真人,永乐五年(1407)至宣德七年(1435)29年间9次下奴儿干,并越海到库页岛,招抚黑龙江下游和库页岛等岛屿上的女真吉列迷、苦兀等部。亦失哈等的招抚活动,进一步推动了羁縻卫所的设置,到永乐末年东北的羁縻卫所增至179个,到正统末年增到184个⑥。后来经过不断的分化组合,数目又有增加。据修于万历十五年(1587)的《明会典》统计,当时共有384个卫,24个所,7个地面,7个站,1个寨⑦。

明朝在女真各部设置的羁縻卫所,与在内地各地区设置的卫所有着明显的区别。内地的卫所,纯属军事组织,任务是守屯戍、备调遣。与辽东都司的卫所又有不同,辽东地区不设州县,卫所兼管军、民二政。明代军兵有军籍,卫所官员虽有军籍,但是流官,有俸禄,卫所有驻地,衙署有定制。而在女真地区设置的羁縻卫所则与之完全不同。羁縻卫所除了军事职能外,还要管理地方行政事务,所谓"抚绥属部"⑧。卫所官员虽都是明廷直接委

---

① 亨滚河,今俄罗斯名为阿姆贡河。
② 严从简:《殊域周咨录》卷二四。
③ 《李朝太宗实录》卷七。
④ 毕恭:《辽东志序》。
⑤ 《敕修永宁寺记》碑文。
⑥ 《大明一统志》卷八九。
⑦ 万历《明会典》卷一二五。
⑧ 《明英宗实录》卷一四七。

任,但采取因其部族,授其"酋长为都督、都指挥、指挥、千百户、镇抚等职,给与印信,俾仍旧俗,各统其属"①。他们的官职是世袭的,无年俸,卫所随其部落的迁徙而迁徙,治所无常,无衙署,类似宗藩关系。在政治上必须向明廷朝贡,听从征调,是中国历史上对边疆地区少数民族的统治制度的继续。明廷设立羁縻卫所的目的,万历时的礼部尚书杨道宾在上《海建二酋逾期违贡疏》中说得再明白不过了。他说:明成祖时,"分女直为三,又析卫所地站为二百六十二,各有雄长,不使归一者,盖以犬羊异类,欲其犬牙相制也,祖宗立法良有深意"②。所谓"良有深意",就是要使女真各卫所"各有雄长,不使归一",以达到分而治之的目的。《大明一统志》在记述东北羁縻卫所的建置时,有这样一段记载:"自开原迤北,因其部族所居,建置都司一,卫一百八十四,所二十,官其酋长为都督、都指挥、指挥、千百户、镇抚等职,给与印信,俾仍旧俗,各统其属,以时朝贡。"③这段文字,涵盖了明朝对女真各羁縻卫所统治政策的基本内容。明廷实行这种"俾仍旧俗,各统其属"的传统的统治政策,保留了各少数民族原有的生产方式和社会结构,授予少数民族头领各种官职,由他们按本民族的习惯治理所辖地区。这就是"俾仍旧俗,各统其属"的意思。这种思想和政策由来已久,最早可上溯到西周时期。《礼记·王制》篇中所谓"修其教不易其俗,齐其政不易其族"的思想,开历代王朝对少数民族实行"因俗而治"羁縻统治政策的先河。唐朝继承这一统治政策,在少数民族地区设羁縻府州。唐朝建立后,为了加强对周边少数民族的管理,根据各少数民族的特点,采取了"全其部落,顺其土俗"的统治政策④,先后在周边少数民族地区设置了856个府州,在辽东地区就设有9个都督府,领有41个州,凡羁縻府州,"皆傍塞外,或寓名于夷落"⑤。明朝建立后,继续推行这一统治政策,并将此政策进一步发展。

明朝对女真各部的统治政策,具体有如下几个方面的内容。

第一,"因其部族所居"而设卫所。明廷以女真等族各部落的活动范围

---

① 《大明一统志》卷八九。
② 《明经世文编》卷四五三。
③ 《大明一统志》卷八九。
④ 司马光:《资治通鉴》卷一九三。
⑤ 宋祁等:《新唐书》卷四三,中华书局1975年版。

作为羁縻卫所区划的基础。在女真的卫所中有以山岭命名的,如塔山卫、木鲁罕山卫等;有以河流命名的,如屯河卫、斡难河卫等,这些卫分的命名,直接表明了各部落的活动范围。此外,有的是以部落之名命名的,如兀者卫及兀者左、右、前、后诸卫等;有的是以原来的城站或府州治所命名的,如双城卫、玄城卫、建州卫等。这些卫分的命名,标示出各部落所在地域的方位。

第二,命头领设土官。明廷授女真各部落头领为都督、都指挥、指挥、千百户、镇抚等官职,并"给与印信"。他们是土官,官职世袭,父死子继,无子则由兄弟或侄儿袭替,但都必须得到明政府的批准,并由明廷颁发敕书(委任状),授给官印。明廷授给女真卫所的官印,陆续发现。如中国历史博物馆所藏《禾屯吉卫指挥使司印》,印文:"禾屯吉卫指挥使司印礼部造,永乐七年九月　日礼字四十三号"。明廷为笼络女真各部,在任命女真羁縻卫所官员的官职上一般要比内地卫所官员高。据《明史·职官志》载:都督府"每府左、右都督(正一品)都督同知(从一品),都督佥事(正二品。恩公寄禄,无定员)。其属,经历司,经历(从五品)、都事(从七品),各一人。都督府掌管军旅之事,各领其都司卫所,以达于兵部"①。同书又载,都指挥使司设都指挥使1人(正二品),都指挥同知2人(从二品),都指挥佥事4人(正三品);卫设指挥使(正三品)、指挥同知(从三品)、指挥佥事(正四品)、卫镇抚(从五品);所设正千户1人(正五品),副千户2人(从五品),镇抚2人(从六品)②。女真各卫主官本应为指挥使,但明廷往往委任为都指挥使,甚至都督,官阶一品。明廷的这种羁縻政策,不仅提高了女真首领的政治地位,而且可使他们获得更多的赏赐,因为明廷对女真的赏赐是按官职大小分等次的。

第三,"因俗而治"。所谓"俾仍旧俗,各统其属",即不触动原女真部落内部的统属关系和经济结构,不改变他们的生活方式和习俗。东北边疆少数民族地区的社会经济比较落后,各部的发展也不平衡。就女真各部而言,有的处于氏族社会,社会生产以渔猎为主,农业生产尚处在"刀耕火种"阶段;有的已进入阶级社会,社会生产则以农业为主,兼事畜牧、渔猎、采集等,

---

① 张廷玉等:《明史》卷七六《职官五》,中华书局1974年版。
② 张廷玉等:《明史》卷七六《职官五》,中华书局1974年版。

其社会发展阶段存在着明显的差异性。如建州女真、海西女真南迁汉族地区，其社会经济发展明显加快。"因俗而治"依存于女真等少数民族的社会经济特点，让他们按照各部的现状"自相统属"。所谓"自相统属"，即女真各部所设的卫所具有相对独立性，各卫所头领，可以不通过明廷，独立处理卫所内一般事务。

第四，定期朝贡。朝贡是中国历代封建王朝对周边少数民族的统治政策，明廷对女真各部也采取这种政策。明廷对女真各卫所既不要求他们服兵役，又不向他们征收固定赋税，只要求各卫所官员定期进京朝贡，向明廷进献土产方物，而明廷则"量给赏赐"。朝贡对女真各部首领来说，一方面是政治义务。贡，意味着对明朝的恭顺，被视为顺"夷"。不贡，明朝便认为不尽臣职，视作叛"夷"。如到期不贡，明廷就要派官员前去催责。另一方面，朝贡对女真首领又是政治权力，凡是得到明廷委任的卫所的各级官职，实际上就是取得明朝授予其对本部落的统治权。明朝发给的印信和敕书，便是统治权力的标志和凭证。女真首领凭此可约束部众，朝贡请赏，并可依据敕书升职和承袭。明朝政府继承中国历代封建王朝的传统，又基于其建国初期的特殊情况，对女真官员"来朝"，"贡方物"例不给价，但却坚持"厚往薄来"的原则。对来朝贡的女真各卫官员，都给予优厚的赏赐。依照明例，赏赐有抚赏和回赐。抚赏又称正赏，据万历《明会典》记载："东北夷女直进贡到京，都督每人赏彩缎四表里，绢四匹，折钞绢一匹，各织金纻丝衣一套；指挥每人彩缎一表里，绢四匹，折钞绢一匹，素纻丝衣一套。以上靴袜各一双。千百户、镇抚、舍人、头目，每人折衣彩缎一表里，绢四匹，折钞绢一匹；奏事来者，每人纻丝衣二件，彩缎一表里，折钞绢一匹，靴袜各一双。"回赐是贡品的报酬，《明会典》载："回赐，进过马，每匹彩缎二表里，折钞绢一匹；貂鼠皮，每四个生绢一匹，零者每个布一匹。"①由此可见，明廷对女真的抚赏与回赐不能说不优厚。

明廷不仅给予来贡者优厚的赏赐，还允许在京贸易。洪武年间规定：凡贡品外带来的货物，愿意卖给明廷的，"照依官例具奏，关给钞锭，酬其价

---

① 万历《明会典》卷一一一。

值"①。不愿者允许在京师街市自由贩卖。

由此可见,女真各卫所的朝贡,不仅具有政治义务和政治权力,而且朝贡贸易又具有丰厚的经济效益。赏和市成为女真人生产、生活必需品的重要来源。朝贡贸易成了女真首领扩充权柄,增殖财富的重要途径。

羁縻政策并非明朝对女真的唯一政策。当中原王朝国力昌盛时,四夷归附,民族矛盾缓和,就着重于"抚";当中原王朝国力衰微,民族矛盾激化,就着重于"剿"。明王朝当然也不例外。明中叶以后,明朝统治出现全面危机,边备废弛,女真诸部犯边事件屡有发生,明廷对女真诸部则使用"抚"、"剿"交替或"抚"、"剿"并用的统治政策。

3. 明末女真分合之势

建州女真自成化年间遭受明与朝鲜的军事打击后,约有60余年保持安定,向明廷定期朝贡。嘉靖朝以来,建州女真复兴,频频犯边。嘉靖二十一年(1542),发生了建州女真赵那磕入扰凤凰城,袭击叆阳堡的事件。这次扰边的原因,是由于建州女真持有敕书却不能朝贡贸易,被阻关外引发的。"因入贡时,近夷恃强先至尽数入关,赵那磕等地远稍迟,关将每以额满阻去,间有入者,所得赐予,归途复为近夷所掠"②。因此引起建州女真赵那磕等的不满。该年十一月,建州铁骑突袭凤凰城,杀死明守备李汉、指挥佟恩等。建州铁骑所到之地"卤掠无算"③。同年,建州女真又犯叆阳堡,"掳去军人不知其数,沿边三四堡皆空"④。嘉靖二十二年(1543),建州女真又犯汤站堡,"副总兵九聚追之未及,而指挥孙腾武死焉"⑤。翌年(1544),建州李撒赤哈掠鸦鹘关、石咀儿等处。明都指挥康云"乘醉出堡与战",结果战死。千总都指挥赵奇、佟勋及把总王镇"往救,皆死之"。是役,明军死者80

---

① 万历《明会典》卷一一三。
② 《明世宗实录》卷二七三。
③ 《明世宗实录》卷二六八。
④ 《李朝中宗实录》卷九九。
⑤ 《明世宗实录》卷二七七。

人,被创者160余人①。明廷为了防御建州女真的"寇边",于嘉靖四十三年(1564)从叆阳堡向南展修边墙,筑险山堡和宁东堡。嘉靖四十五年(1566),在鸭绿江西岸筑九连城(今丹东市北郊),以防御建州女真。

  当时,建州女真巨酋王杲在浑河流域崛起。明辽东总兵李成梁以重兵讨伐王杲。王杲死后,建州女真另一首领王兀堂在婆猪江流域崛起。他自称建州右卫首领。"当是时,东夷自抚顺、开原而北属海西,王台制之;自清河以南,抵鸭绿江者属建州者,兀堂亦制之。"②万历元年(1573),辽东总兵李成梁乘败王杲之际,"展筑宽奠等六堡,其地北界王杲,东邻兀堂"③,严重地侵害了建州女真的利益。从此,王兀堂等不断盗边抢掠。万历四年(1576),御史张学颜根据王兀堂等的要求,在清河、叆阳、宽奠开市"易盐米布匹",开市一举两得,"于东夷便,边人亦便"。当时,"从开原而抚河、宽奠,皆有关市,诸夷颇称宁懿"④。可是,万历六年(1578)七月,明参将徐国辅之弟徐国臣及苍头军刘佐等把持市易,压抑市价,"强将市夷榜掠之数十,几死,以故诸市夷怀忿,欲极之怨"⑤。于是,王兀堂、赵锁罗骨等又率众犯边。万历八年(1580)二月,王兀堂等"连进犯叆阳、宽甸、永甸等地",总兵李成梁率明军"却敌追奔出塞可二百余里,至鸭儿匮得虏级七百五十四"而归。是年十月,王兀堂又从林刚谷入犯,副总兵姚大节督兵击退。王兀堂等"并遁伏,建州部益弱"⑥。建州女真王兀堂和明的战争,纯属明朝欺压建州女真所引起的。

  海西女真的主体部分,主要分布于以忽剌温江(今黑龙江省呼兰河)为中心的松花江下游地区。15世纪末至16世纪初,分布于忽剌温江流域及其以东地区的海西塔山左卫、塔鲁木卫及弗提卫的一支,先后向南迁徙。在南迁过程中,塔山左卫等三卫不断发展壮大,于16世纪30年代至70年代,先后定居于辽河上游至松花江上游之间,形成了哈达、乌拉、叶赫、辉发等四

---

① 《明世宗实录》卷二八六。
② 《明世宗实录》卷五〇九。
③ 《东夷考略·建州》。
④ 《万历武功录》。
⑤ 《万历武功录》。
⑥ 《东夷考略·建州》。

部,结成以原塔山左卫为核心的纳喇姓的扈伦联盟,是与建州女真联盟抗衡角逐最为激烈的两大集团,是推进女真族走向统一的积极力量,也是满族共同体的重要组成部分。

海西女真在正统十四年(1449)的"土木堡之变"后,遭受蒙古的蹂躏,损失惨重,各部逐渐南迁,对明朝定期朝贡,很少犯边,到正德年间犯边阻贡的事件屡有发生。明朝政府派遣兵部右侍郎石玠到辽东进行招抚工作,各关对"入贡诸夷常额外斟酌验放"①,又暂时地恢复了定期的正常朝贡。在这一过程中,强部豪酋有速长加及其子祝孔革、速黑忒及其子王忠。

速长加,又写作奇里哈尼,成化年间袭塔鲁木卫指挥佥事,为叶赫部的先世。据《清太祖武皇帝实录》载:叶赫"始祖胜根打喇汉,生石儿刻命刚兔,石儿刻命刚兔生奇里哈尼,奇里哈尼生出空格,出空格生太杵,太杵生二子,长名卿家奴,次名杨机奴,兄弟征服诸部,各居一城"②。速长加居季勒寨,正德初年,因速长加"数盗边,枭斩开原市"。其子出空格,又写作竹孔革、祝孔革,袭职后,控制敕书达700多道。正德八年(1513),他同海西酋加哈义盗边,"阻朝贡,旋就抚,以祝孔革为都督"③。

速黑忒,又写作克世纳都督。其世系源流,弘治年间为塔山前卫的首领,《清太祖武皇帝实录》载:"哈达国汗姓纳喇,名万,本胡笼族也。后因住哈达处,故名哈达,乃兀喇(乌拉)部辙辙木之子,纳奇卜禄第七代孙也。其祖克世纳都督被族人八太打喇汉所杀,万遂逃往什白部瑞哈城。"④这里提到的克世纳,明代文献写作速黑忒,为乌拉的先世。其居地,《明实录》载:"居松花江,距开原四百余里,为迤北江上诸夷入贡之必由之路。"⑤据地望可定,此地系松花江饮马河入江口一带,这一地区,为迤北江上诸夷入贡必由之路。据《明实录》记载,速黑忒始见于弘治十五年(1502),同书是年十一月壬辰条载:"塔山前等卫女直指挥速黑忒等各来贡,赐宴并彩段衣服等

---

① 《明武宗实录》卷一〇一。
② 《清太祖武皇帝实录》卷一。
③ 彭孙贻:《山中闻见录》卷一〇。
④ 《清太祖武皇帝实录》卷一。
⑤ 《明世宗实录》卷一二三。

物有差。"①速黑忒居"迤北江上诸夷入贡必由之路"②,开始控制海西女真部分敕书。速黑忒"虽号雄强,颇畏法度,彼处头目亦皆慑伏"③。他约束海西诸部,忠顺明朝。当时有开原城外"山贼"猛克,"常邀各夷归路夺其赏,速黑忒杀之",明廷以"有功"授左都督,世宗皇帝诏赐"狮子、彩币一袭,金带、大帽各一"④以示嘉奖。速黑忒借助明廷的支持"人马强盛,诸部畏之"⑤。嘉靖十二年(1533),因部内叛乱,被杀害。

继速黑忒之后称雄诸部的是其子王忠及王忠侄王台。王忠,清代文献称旺住外兰;王台称为万。据记载:

> 哈达国万汗,姓纳喇,其国原名扈伦,后建国于哈达也,因名哈达,乃乌喇贝勒始祖纳齐卜禄七代孙也。其祖先克习讷都督,为族人巴代达尔汉所害,万奔席北部相近之绥哈城居焉。其叔旺住外兰奔哈达,主其部落。后哈达人叛,旺住外兰被杀,其子博尔坤舍进杀其人以报父仇。至绥哈城迎兄万,为部主……万汗卒,子扈尔干继之,立八月卒,弟康古鲁继之;康古鲁卒,弟孟格布禄继之,至是乃亡。⑥

明代文献称万为王台,旺住外兰为王忠,这种称呼显然是汉姓。《清史稿》本传解释:"台"、"万"音近,而王字的来历是"明于东边酋长称汗者,皆译为王某",所以称王台。据《开原图说》载:"忠自嘉靖初,始从混同江上建寨于靖安堡边外七十里,地名亦赤哈答,以便贡市。亦赤哈答在开原东南,故开原呼为南关也。"⑦这是记载南关史料中最具体的史料。作者冯瑗曾任开原参政,此书系其在任期间,利用当地所藏图书编纂的。应该说可信度很高。速黑忒被杀后,王忠"逃至哈达部为酋长"⑧。王忠由松花江畔乌拉部至哈达部应为嘉靖十二年(1533)、十三年前后。检索《明实录》发现,关于王忠的最后记载是嘉靖三十年(1551)。同年七月辛卯:"王中(忠)等二十

---

① 《明孝宗实录》卷一九三。
② 《明世宗实录》卷一二三。
③ 谢肇淛:《五杂俎》卷一一。
④ 《明世宗实录》卷一二三。
⑤ 《清太祖实录》卷一。
⑥ 冯瑗:《开原图说》卷下。
⑦ 冯瑗:《开原图说》卷下。
⑧ 《清太祖武皇帝实录》卷一。

八人入奏,请升袭都督、都指挥等职。许之。"①王台最早见于《明实录》是嘉靖三十七年(1558)。是年五月己未,"海西夷都督王台等执柴河堡盗边夷酋台州等所掠来献"②。由此可以断定:王忠被杀,王台继为哈达部主,应在嘉靖三十年至三十七年之间。王忠、王台时,如明人冯瑗所说:"兵力强盛,东夷自海西、建州,一百八十二卫、二十所、五十六站,皆听其约束。"③嘉靖二十二年(1543),朵颜部蒙古欲行犯边,王忠获悉,通报明廷,明廷派兵击杀朵颜蒙古诸部400余人。由于王忠"侦报虏情功",明廷令他约束各部女真入贡,并升为都督。"东夷诸种无不受其约束者,无论近边各卫站,岁修职贡,惟中(忠)为政。"④当时,敢与王忠争雄者,惟叶赫部的祝孔革。祝孔革对明廷贡犯无常,王忠受明之命,"执而戮之,夺其贡敕及季勒寨"⑤。朝廷赞赏王忠"甚恭顺",一时辽东沿边"无一夷敢犯居民者,皆忠之力也"⑥。王忠凭借着控制贡路,集海西诸部敕书于一身,向明朝贡。又凭借明廷的势力,约束各部,成为女真之长。王忠死后,王台继承叔志,为哈达部主,仍称雄女真各部。嘉靖三十七年(1558),柴河堡女真头目台州"盗边",王台率部执台州及所掠,献给明廷,世宗皇帝"嘉其忠顺"⑦。嘉靖四十一年(1562)三月,"开原边外夷人忽失塔盗边",王台率兵擒之,明廷令"抚臣犒赏"⑧。由于王台为明守边"恭谨",当时"建州王杲、王兀堂、忙子胜、李奴才、毛怜李碗刀及祝孔革子逞加奴、仰加奴诸酋,尽服从台"⑨。万历初年,建州女真首领王杲与明边官不合,经常犯边。王台"惟恐王杲剽桀至背逆汉",将王杲所掠的"苍头军八十四人"以及杀害边官的女真人兀黑执送边关。万历三年(1575),王台缚送王杲及家属27人至明关。明廷以其"忠顺可嘉,令加勋衔"。明廷依王台为肩背,用以分建州与西部蒙古的联合,对

---

① 《明世宗实录》卷三七五。
② 《明世宗实录》卷四五九。
③ 冯瑗:《开原图说》卷下。
④ 冯瑗:《开原图说》卷上。
⑤ 彭孙贻:《山中闻见录》卷一〇。
⑥ 冯瑗:《开原图说》卷下。
⑦ 《明世宗实录》卷四五九。
⑧ 《明世宗实录》卷五〇七。
⑨ 彭孙贻:《山中闻见录》卷一〇。

王台的忠顺给予鼓励。王台最强盛时，所辖地域，"东尽灰扒、兀喇等江，南尽清河、建州，北尽仰逞二奴，延袤几千里"①。其兴盛达到极点，同时也是走向衰落的转折点。王台晚年，贪得无厌，上下"贿赂公行，是非颠倒"，凡有词讼以赂金多寡为是非曲直的标准。于是"上既贪婪，下亦效尤，凡差遣人役，侵渔诸部"，以致民不堪命，怨声载道。王台利令智昏，一意孤行，"不察民隐，惟听谮言"②，其部属多叛投叶赫，先附诸部皆纷纷离他而去。所创基业自毁之。最后众叛亲离，忧愤而死。王台卒，子扈尔干继之，北关叶赫"日以争敕构兵"③。不久扈尔干死，其子歹商幼弱，由叔康古鲁继之；康古鲁卒，弟孟格布禄继之。万历二十七年（1599），为努尔哈赤所灭。

王忠、王台叔侄称雄女真各部长达40年之久，是明初以来从来没有过的。这是女真族统一的历史发展趋势的一个里程碑。

嘉靖中叶至万历十年（1582）40年间，女真巨酋速黑忒、祝孔革、王忠、王台、王杲、王兀堂等先后崛起。其部均曾在一时之间约束许多女真部落，具有部落联盟的性质。尤其是哈达部王忠、王台叔侄，称雄诸部长达40年之久，依托明廷的支持，凭借控制开原广顺关（南关）贡道，从中获利，号令海西、建州女真各部，显示出女真族正走向统一的历史发展趋势。女真诸部的领袖们迅速崛起，如同夜空中的流星，闪耀了一下，便相继消失了，特别是王台之死，标志着女真群雄并起的时代业已结束，而女真统一的历史使命落在了努尔哈赤的肩上。王台死后的第二年，即万历十一年（1583），努尔哈赤起兵，揭开了女真统一的序幕。

---

① 以上见《万历武功录》。
② 《清太祖武皇帝实录》卷一。
③ 冯瑗：《开原图说》卷下。

第三章 创建后金政权

1. 努尔哈赤起兵创业

嘉靖三十八年(1559),努尔哈赤出生在建州女真苏克苏浒部赫图阿拉。

努尔哈赤出生的时候,大明帝国已走出了繁荣期,像一座倾斜的大厦,岌岌乎将要倒塌。早在朱元璋登上皇帝位第二年(1369)的九月初八这一天,就曾谆谆告诫皇太子朱标:"自古帝王以天下为忧者,唯创业之君、中兴之主及守成贤君能之。其寻常之君,不以天下为忧,反以天下为乐,国亡自此而始。"①洪武、永乐二帝"以天下之忧为忧",为使大明江山永固,励精图治,国势强盛。至宣德朝时,从中央到地方仓储非常充裕。据《明史·食货志》记载:"是时,宇内富庶,赋入盈羡,米粟自输京师百万石外,府县仓廪蓄积甚丰,至红腐不可食。"所以,谷应泰就称"明有仁、宣,犹周有成、康,汉有文、景"②。明太祖、太宗至仁宗、宣宗总计六七十年间,大明帝国呈现出繁荣的景象。但是,至英宗正统年间,以"土木堡之变"为标志,开始走向衰落,明初所潜在的各种矛盾逐渐显露并恶化。皇室、勋贵、官僚地主竞相肆意兼并土地,造成数以万计的农民背离土地,流徙他乡,形成历史上从未有过的"流民运动"。流民运动更加深了明朝统治的危机,宦官专权乱政,朝廷政令不通,政治日趋腐败;皇室、勋贵统治集团奢侈糜烂,挥霍无度,财政

---

① 《明太祖实录》卷四五。
② 谷应泰:《明史纪事本末》卷二八。

危机日益严重;明初以来的卫所军制也趋于败坏。然而,最为严重的统治危机还是在嘉靖朝。这个以"外藩"入继大统的"寻常之君",在位40余年,"不以天下之忧为忧,反以天下为乐",国亡自此而始。当年太祖高皇帝的祖训,一百多年后在嘉靖皇帝身上得到了验证。

世宗嘉靖帝在位45年,是明朝皇帝中在位较长的一个。他是以"外藩"入继武宗大统的。武宗朱厚照在位16年,表现反常而荒唐,政治动荡,危机四伏。他在一次"南巡"途中失足落水而染病,于正德十六年(1521)三月病死在他曾经玩乐过的"豹房"中。武宗无嗣,因而也未立皇储。按照帝王继承的惯例,依世系,选取武宗的叔父兴献王朱祐杬的长子朱厚熜继承皇位,他就是世宗嘉靖帝。

嘉靖帝即位之初,也曾营造过革武宗弊政,实现中兴的氛围,但是好景不长,犹如昙花一现。明朝中叶以来的社会危机如同一重病人,已病入膏肓。明朝已进一步走向衰落。如《明史·世宗纪》所说:"将疲于边,贼讧于内,而崇尚道教,享祀弗经,营建繁兴,府藏告匮,百余年富庶治平之业,因以渐替。"①

嘉靖朝时"南倭"与"北虏"对明朝构成极大的威胁,以致兵民疲敝,府藏告匮。所谓"南倭"是指日本武士、浪人到中国东南沿海地区进行武装走私和抢劫烧杀的海盗活动,史称"倭寇"。明朝建立初年,倭寇就对中国沿海地区进行侵扰,从辽东经山东到广东漫长的海岸线上,"岛寇倭夷,在在出没"②。至嘉靖朝以来,倭寇对中国东南沿海的侵扰,达到十分猖獗的程度。由于倭寇与中国海盗相勾结,对东南沿海地区肆无忌惮地进行烧杀抢掠,致使当地军民的生命财产蒙受巨大的损失。嘉靖三十三年(1554),倭寇在昆山"分掠村镇,杀人万计","烧房屋二万余间","各乡村落凡三百五十里,境内房屋十去八九,男妇十失四五"③。努尔哈赤出生的嘉靖三十八年(1559),倭患"自鲁迄粤,海疆糜沸,江浙受祸尤酷"④。倭寇洗劫的惨状目不忍睹:"百姓流移,死者未葬,流者未复。蓬蒿塞路,风雨晦明。神号鬼

---

① 张廷玉等:《明史》卷一八《世宗二》,中华书局1974年版。
② 张廷玉等:《明史》卷九一《兵志三》,中华书局1974年版。
③ 归有光:《昆山县倭寇始末》。
④ 《嘉靖东南平倭通录》。

泣,终夜不辍。"①"倭寇"之患对嘉靖朝之影响可见一斑。

"北虏"之患,英宗正统以后尤为严重。《明史·鞑靼传》载:"正统后,边备废弛,声灵不振。诸部长多以雄杰之姿,恃其暴强,迭出与中夏抗。"②正统十四年(1449)土木堡之变,明朝皇帝成为阶下囚,京师告急,明廷元气大伤。从此,"北虏"之患愈演愈烈。嘉靖二十九年(1550)六月,蒙古俺答进犯大同,总兵张达和副总兵林椿战死。因贿赂权臣严嵩子严世蕃而为宣府大同总兵的仇鸾,"惶惧无策",以重金贿赂俺答,请求蒙古"移寇他塞,勿犯大同"。八月,俺答移师东去,由蓟镇攻古北口入犯,明兵一触即溃,俺答长驱直入通州,直抵北京城下,"大掠村落居民,焚烧庐舍,火日夜不绝"。明廷急忙召集5万援军,皆"恇怯不敢战"③。权臣严嵩知明军不堪一击,竟上疏嘉靖帝,称俺答不过是为抢掠而已,"饱将自去",明军最好是坚壁勿战。这样,任凭俺答在北京城外抢掠"男女骡畜金帛财物,既满志,捆载去",而明军10万之众,竟相视"莫敢前""发一矢"④。最后俺答仍由古北口故道满载而归。因为是年为庚戌年,史称"庚戌之变"。嘉靖朝为抵御俺答的南犯,"增兵增饷,选卫修垣,百姓疲劳,海内虚耗"⑤。

面对朝廷腐败,百弊丛生,帑藏匮竭,江河日下的残破局面,嘉靖帝求治无方,诚惶诚恐,只好一意修玄,崇尚道教,爱方术,好祥瑞。道士邵元节投其所好,被封为真人,岁给俸禄百石,赐庄田30顷,蠲免其租,"拜礼部尚书,赐一品服"。道士陶仲文,初为辽东库使,嘉靖十八年(1539),嘉靖帝到湖广谒显陵(其生父朱祐杬陵墓),由陶仲文伴驾随行,途经河南卫辉"旋风绕驾",陶仲文预卜行宫要发生火灾,晚上果然应验。嘉靖帝对之尊崇倍加。"帝有病,既而瘳,喜仲文祈祷功,特授少保、礼部尚书。久之,加少傅,乃兼少保。"陶仲文善钻营,投其所好,在不到两年的时间,由辽东库使"登三孤,恩宠出(邵)元节上"⑥。嘉靖帝崇道尚玄,耗费大量财物。户科给事

---

① 玉垒山人:《金陵倭变小志》。
② 张廷玉等:《明史》卷三二七《鞑靼传》,中华书局1974年版。
③ 以上见谷应泰:《明史纪事本末》卷五九。
④ 张廷玉等:《明史》卷二〇四《杨守谦传》,中华书局1974年版。
⑤ 《明神宗实录》卷六七。
⑥ 张廷玉等:《明史》卷三〇七《佞幸传》,中华书局1974年版。

中郑一鹏说:"臣巡视光禄,见一斋醮蔬食之费,为钱万有八千。"①据载,嘉靖中期宫中每年祷祀斋醮就需用"黄蜡二十余万斤,白蜡十余万斤,香品数十万斤"②。

嘉靖帝整天不理朝政,讲道修玄,炼丹服药,祈求长生成仙。道士陶仲文对嘉靖帝献媚说,假如能常服用"先天丹铅"药,能长生不老。所谓"先天丹铅"是用少女的月经炼制的药。嘉靖帝信以为真,命选大批少女入宫。三次大选,共有760名8岁至14岁的少女入宫。这些女孩都是准备炼药用的。诗人王世贞有诗写道:"两角鸦青双箸红,灵犀一点未曾通。自缘身作延年药,憔悴春风雨露中。"这种惨无人道的炼药法,导致受虐待的宫女谋杀嘉靖帝的事件。嘉靖二十一年(1542),杨金英等16名宫女联手,趁嘉靖帝熟睡时,欲把他勒死。她们有的用绳子勒脖子,有的用抹布堵嘴,有的骑在身上用力勒绳子,嘉靖帝鼻孔流血,气息欲绝。只可惜这些宫女"不谙绾结之法,绳股缓不收"。声音传出门外,皇后方氏带人赶到,16名宫女均殒命③。此后,嘉靖帝不住在大内,移居西苑,不视常朝,专祈长生。朝政日衰。

朝政日衰与边患日深交织在一起,造成"天下吏贪将弱,民不聊生,水旱靡时,盗贼滋炽"④。大明帝国"百余年富庶治平之业,因以渐替"⑤。"因以渐替"表明明廷至嘉靖朝已由盛转衰。明朝的衰落,为女真族的兴起提供了有利的客观条件。那么谁能利用这个客观条件,登上历史舞台,肩负这一历史重任,尚需有主观条件。努尔哈赤的家世及其青少年时期的非同一般的经历,使努尔哈赤自身具备统一女真的主观条件,那么历史的使命理所当然地落到努尔哈赤身上。

努尔哈赤之父塔克世有五子一女,他的正妻是王杲的长女,名叫额穆齐,姓喜喇氏,生三子一女,长子努尔哈赤、三子舒尔哈齐、四子雅尔哈齐和一个女儿。塔克世的继妻,姓纳喇氏,名肯姐,是海西哈达万汗王台所养的

---

① 张廷玉等:《明史》卷二〇六《郑一鹏传》,中华书局1974年版。
② 傅维鳞:《明书》卷八三。
③ 沈德符:《万历野获编》卷一八。
④ 陈义钟编校:《海瑞集》上册,第218页。
⑤ 张廷玉等:《明史》卷一八《世宗二》,中华书局1974年版。

族女,努尔哈赤的这个后母,为人刻薄,只生育一子,即五子巴雅喇。另一庶母李佳氏,为古鲁礼之女,也生育一子,即二子穆尔哈齐。

塔克世家族,在当时的建州女真中是一个中产之家。努尔哈赤的祖父觉昌安(叫场)能率领数十女真人至抚顺马市贸易,得到朝廷的抚赏,能同海西女真强酋王台联姻,与明辽东总兵李成梁过从甚密,均说明努尔哈赤家族的权势与地位非同一般。但作为建州左卫著名酋长猛哥帖木儿后人的觉昌安六兄弟,与建州左卫各先世酋长比,家境已走向衰落。有例为证:觉昌安弟弟宝实的次子阿哈纳渥济格欲娶萨克达部长巴斯翰巴图鲁的妹妹为妻,被巴斯翰婉拒,理由是:"尔虽宁古塔贝勒,但家贫,吾妹不妻汝。"①巴斯翰因见董鄂部长克辙巴颜之家殷实,将妹妹嫁给了克辙的儿子额尔机为妻②。

努尔哈赤少年时,家族虽然比较有权势,但这个家族并没有给予他优厚的物质条件,给予他的是磨难。在努尔哈赤刚刚10岁时,生母额穆齐撒手离他而去。家事由心地不善的后母纳喇氏操持,努尔哈赤从此失去了母爱,失去了温馨的家庭,常受欺凌。面对没有温暖的家庭,努尔哈赤不得不寻求独自谋生的道路。在生活的逼迫下,他经常爬山越岭,出没在山林之中,采集松子、人参、木耳、蘑菇和猎取野禽等,然后随同父亲将这些山货送往抚顺等马市出售,作为自己生活费用的补贴。然而,努尔哈赤的奔波和辛劳,没有得到后母的怜悯,他便与弟弟舒尔哈齐离开了家,寄居在外祖父王杲家。

万历二年(1574),辽东总兵李成梁率兵攻破王杲寨,努尔哈赤与弟弟双双被俘。被俘后,努尔哈赤见机行事,跪在李成梁的马前痛哭流涕,请求赐他一死。李成梁见他乖巧可怜,赦他不死,留在帐下。史载:"太祖既长,身长八尺,智力过人,隶成梁标下。每战必先登,屡立功,成梁厚待之。"③时人形容他们"谊同父子"④。努尔哈赤勤奋好学,胸怀大志,自觉地吸收汉族文化。他喜读《三国演义》、《水浒传》等书籍,书中栩栩如生的人物,丰富的战例,用兵的方略以及治国安邦的道理,都给努尔哈赤以启迪和鼓舞。

---

① 《清太祖实录》卷一。
② 《清太祖武皇帝实录》卷一。
③ 彭孙贻:《山中闻见录》卷一。
④ 《姚宫詹文集》卷一。

努尔哈赤19岁时,离开了李成梁,又回到赫图阿拉(今辽宁新宾永陵乡老城)。他刚一回家,父亲塔克世就听信后母的挑唆,与他分家,让他另立门户。《满洲实录》记载说:"父惑于继母言,遂分居,年已十九矣,家产所予独薄。"① 分家时,努尔哈赤所得的家产数量很少,这使刚刚结婚的努尔哈赤又面临一次生活的考验。

生活的鞭子无情地鞭策着青少年时代的努尔哈赤,使他在艰苦的磨炼中成熟起来,养成了勤奋、谨慎、机警、善于思考等品格,怀有政治抱负,并在生活中练就一身骑射本领。尚武、善骑射是女真民族的优良传统。女真人将善于骑射、勇于征战的人,誉为"图鲁"即"英雄"。为了使女真人不忘骑射,女真族在幼童时就常由父兄教导,手持"木弓柳箭"进行初练。等到成年,换成拉力较大的"角弓羽箭"。17世纪初朝鲜官员李民寏访问建州,见到建州地区十几岁的少年竟能骑马如飞,奔驰在山野之中。妇女也同男子一样,执鞭跃马驰逐自若②。努尔哈赤从小在这样的环境中成长,加上自己勤学苦练,骑射技术之高超已非一般人所能比。万历十六年(1588)四月的一天,努尔哈赤到洞城去迎娶哈达万汗的孙女阿敏格格,他坐在旷野等待新娘的到来,有一人骑着马、带着弓箭从他的眼前经过,努尔哈赤询问左右随从:"此人是谁?"随从回答道:"他是董鄂部人,名叫钮翁锦,最善于射猎,在他们部里数第一。"努尔哈赤心想,何不借机与他比比高低?于是将钮翁锦邀至面前,赞许数语后,便指着百步之外的柳枝,请他献技。钮翁锦毫不推辞,"即下马挽弓,射五矢,止中三矢,上下不一",随后努尔哈赤"连发五矢皆中,众视之,五矢攒于一处,相去不过五寸,凿落块木而五矢始出"③。在场的人无不为之喝彩、敬服。

努尔哈赤起兵前后,结交了诸多益友。一天,他到苏克苏浒部的嘉穆瑚地(今辽宁抚顺营盘以东),遇见了年轻的额亦都,两人一见如故,结成密友。额亦都,姓纽祜禄氏,世居长白山脚下。幼时家门惨遭不幸,"父母为人所害",额亦都"以邻人匿之"才幸免于难。当他长到13岁那年,不忘双亲的血仇,亲手杀了仇人,投奔到嘉穆瑚的姑母家。额亦都见努尔哈赤气度

---

① 《满洲实录》卷一。
② 李民寏:《建州闻见录》。
③ 《清太祖武皇帝实录》卷一。

非凡，"识为真主，请事太祖"。于是，他不顾姑母百般阻拦，毅然辅佐努尔哈赤。万历十一年（1583）跟从努尔哈赤征讨尼堪外兰时，他骁勇善战，所向披靡。努尔哈赤"知其能，日见信任"①。安费扬古，世居瑚济寨，姓觉尔察氏，很早就结识努尔哈赤，参与了起兵初期的一系列战斗，屡败强兵。万历十二年（1584）六月，努尔哈赤为报妹夫噶哈善被杀之仇，率兵400人，攻马尔敦城城主纳木占等，因城寨倚山而建，守兵力拒，矢石杂下，连攻三日不克。安费扬古得知，乘夜率兵，从小道赤脚攀崖而上，遂克其寨，立下大功。有尼麻喇人引诱他背叛努尔哈赤，他坚决不从。又劫持安费扬古的儿子进行威胁，他终无异志②。努尔哈赤起兵之初，正因为结交了他们，还有费英东、扈尔沃、何和理这些忠心耿耿的人，才使他的势力逐渐由弱变强，由小变大。后来，他们被列入五大臣之列，掌后金国军政大权。

正当努尔哈赤为维持生计而奔波时，突然间天降奇祸：万历十一年（1583），苏克苏浒部图伦城主尼堪外兰引明军进攻王杲之子阿台时，努尔哈赤的祖父觉昌安、父亲塔克世为明军所误杀。努尔哈赤惊悉祖、父蒙难的噩耗，悲痛欲绝。他把祖、父之死归咎于尼堪外兰。五月，努尔哈赤为报父、祖之仇，以遗甲13副起兵，誓与尼堪外兰决一雌雄。当时，努尔哈赤家族的势力还很弱小，所谓"兵不满百，甲仅十三"是他起兵时的真实写照。是年，25岁的努尔哈赤想尽各种办法，借助一切可以借助的力量，共同攻打尼堪外兰。

这时，苏克苏浒部内的萨尔浒酋长瓜喇首先响应。瓜喇最初曾经归附尼堪外兰，后来尼堪外兰竟然在明边将前进谗言，瓜喇因此受到明边将的"责治"。于是他与其弟诺密纳及嘉穆瑚寨主噶哈善、沾河寨主常书等密议云："与其倚赖此人，何如附爱新觉罗宁古塔贝勒也。"大家不谋而合，一致赞同。他们的归附使努尔哈赤欣喜若狂，立即"杀牛祭天立誓"。然而，他们尚有顾虑，向努尔哈赤提出："念吾等先众来归，毋视为编氓，望待之如骨肉手足。"③努尔哈赤表示赞同，于是与他们共同对天盟誓。

可是，努尔哈赤的起兵，在爱新觉罗家族内部遭到强烈反对。当时明廷

---

① 《清史列传》卷四《额亦都传》。
② 《满洲名臣传》卷一。
③ 以上见《清太祖武皇帝实录》卷一；《清太祖实录》卷一。

边将扶植尼堪外兰,欲使他为建州左卫诸部盟主,"国人信之,皆归尼康外郎"。甚至与努尔哈赤血缘关系最近的五祖子孙,也置骨肉亲情于不顾,"对神立誓,亦欲杀"努尔哈赤,归附尼堪外兰①。在五祖子孙中,以三祖索长阿之子龙敦、绰奇阿持反对态度尤为坚决。万历十一年(1583)夏,努尔哈赤准备攻尼堪外兰,龙敦唆使诺米纳之弟萧喀达曰:"明助尼堪外兰筑城甲版,令为满洲国主,哈达国万汗又助之,尔何故附聪睿贝勒耶?"萧喀达将此言告于兄诺米纳,"遂背盟不以兵来会"②。努尔哈赤见诺米纳未按约来会,当机立断,率领其他合作者向图伦城进发。

图伦城,满语为 turen hoton,汉意为"蘗"。据《盛京吉林黑龙江等处标注战迹舆图》标示:图伦城在苏克苏浒河与浑河汇合处的东南,古埒城东北,萨尔浒城之东,界藩渡口之南。据抚顺市博物馆考古队与抚顺市社科院联合实地踏看,图伦城在今抚顺县李家乡苍石伙洛村北 1.5 公里处,与《战迹舆图》标注相符③。

尼堪外兰得知努尔哈赤攻图伦城,不敢交锋,仓皇"遗军民携妻子"逃往嘉班城。努尔哈赤攻克图伦城,首战告捷。

同年八月,穷追尼堪外兰的努尔哈赤再次率兵攻嘉班城。"不意诺米纳与其弟奈哈答暗遣人往报"尼堪外兰。尼堪外兰自知不是努尔哈赤的对手,于是又弃嘉班城,落荒而逃至抚顺东南的河口谷,想入明朝辽东边墙之内,明边将予以拒绝。正在尼堪外兰苦苦哀求明边将之时,努尔哈赤率追兵赶到,见此情形,误以为是明军前来助战,"遂退兵扎营"。当天夜里,有尼堪外兰部下的人前来归附,并向努尔哈赤献计说:"尼康外郎被大明兵阻拦,不容入边,何故退兵也。"努尔哈赤听后,懊悔地说:"诺米纳、奈哈答二人若不暗送消息,尼康外郎必成擒矣。"④

这时,诺米纳兄弟又派人对努尔哈赤说:"浑河部的杭嘉与扎库穆两处不许你们侵犯,栋嘉与巴尔达两处是我仇敌,你们可以去攻打,不然我要拦截道路,不准你们通行。"努尔哈赤听后十分恼火,遂商议"定破诺米纳之

---

① 《清太祖武皇帝实录》卷一。
② 《清太祖实录》卷一。
③ 傅波主编:《抚顺地区清前遗迹考察纪实》,辽宁人民出版社 1994 年版,第 95—96 页。
④ 以上见《清太祖武皇帝实录》卷一。

计,阳与诺米纳合兵攻城"。努尔哈赤派人约诺米纳联合出兵攻巴尔达城,让诺米纳先出兵,但诺米纳不肯首先出兵。努尔哈赤心中暗喜,说:"尔既不攻,可将盔甲器械与我兵攻之。"诺米纳"不识其计",便将兵器都给了努尔哈赤。于是,努尔哈赤轻而易举地捉住诺米纳兄弟,下令杀之。然后,率兵收复了萨尔浒城。

尼堪外兰一再逃脱,其部众私下议论说:"尼堪外兰不久前为努尔哈赤所逼,逃到边境,明朝不但见死不救,而且还阻拦他入边,从前答应他做'满洲主'全是欺人之谈。"①他们纷纷背叛了他。众叛亲离的尼堪外兰惶恐不安,携妻子亲属逃到鄂勒浑城。

3年后,努尔哈赤又向尼堪外兰所盘踞的鄂勒浑城发起攻势,考虑到沿路各部都是政敌,努尔哈赤便率军星夜前进,攻破其城,却发现尼堪外兰不在城中。不久,得知尼堪外兰已进入边墙,努尔哈赤要求送还此人。明朝使者说:"尼堪外兰既然已经进到边内,岂有送还之理?要杀,你自己来杀吧!"努尔哈赤对使者说:"你的话信不得,兴许是骗我的?"使者又说:"你如不亲自来,可派少量的兵,便将尼堪外兰交给你。"②努尔哈赤派斋萨带40人入边内搜索。当斋萨等来到边墙附近,尼堪外兰惊慌失措,想登上一座高台躲避,谁知台上的明军已将梯子撤走,尼堪外兰无处可逃,束手就擒,被斋萨捕杀。

努尔哈赤为报祖、父之仇,前后经过3年的战斗,终以仇人尼堪外兰被捕杀而告结束。

努尔哈赤起兵创业之初,所面临的形势十分严峻,外部强敌环伺,内部有宗族亲友的加害,处境极其险恶。

万历十一年(1583)六月,努尔哈赤的长祖德世库、次祖刘阐、三祖索长阿及六祖宝实的子孙暗中纠集,在庙中对神发誓,要谋杀努尔哈赤。一个漆黑的深夜,在他们正架梯登城准备袭杀时,努尔哈赤很机警,"因起著衣,带弓矢,持刀登城观之"。已登城的杀手们惊慌失措,坠城而逃。九月的一天,夜幕降临的时候,行刺者拔掉努尔哈赤住宅木围墙的栅木,偷偷潜入院

---

① 以上见《清太祖武皇帝实录》卷一。
② 《清太祖实录》卷一。

中。家犬闻声狂吠,努尔哈赤翻身而起,将三个孩子隐藏起来,握刀大呼道:"何处贼敢来相犯,汝不入我即出,毋得退缩。"边喊边用刀把敲击窗户,做出踹开窗户冲击的架势,然后以迅雷不及掩耳之势冲出门外。刺客见努尔哈赤"出势勇猛,皆遁去"。一计不成,又生一计,以龙敦为首的六祖子孙深知努尔哈赤智勇超群,要谋杀他并不是轻而易举的事,于是将毒手伸向努尔哈赤的妹夫噶哈善。噶哈善是萨尔浒部嘉穆瑚寨的首领,最早投奔努尔哈赤,两人的感情像亲兄弟一样,努尔哈赤把亲妹妹嫁给了他。龙敦挑唆努尔哈赤继母之子巴雅喇说:"你姐姐现在正巧在我家居住,咱们乘机杀掉你姐夫噶哈善,除掉这个帮凶。"①巴雅喇曾参与谋害努尔哈赤,于是带领族人埋伏在路旁,噶哈善毫无戒备,被"族人遮杀于路"。努尔哈赤听到妹夫遇害的消息,义愤填膺,召集族众想去收尸。然而族中兄弟多数与龙敦同伙,族人"无一人往"。他只好带领亲族兄弟、好友前去寻尸。族叔尼马兰城主棱登善言劝解说:"你最好不要前去了,此行我看凶多吉少,恐怕为他人所害。"怒不可遏的努尔哈赤不顾危险,披甲跃马,举弓搭箭,大声疾呼:"想要杀我的人快快出来!"②族人见状,没有一人敢站出来。努尔哈赤从容地找回妹夫的尸体,隆重地举行安葬仪式。

仇人仍不甘心,行刺暗杀和挑衅活动不断。起兵的第二年四月,一天夜里,努尔哈赤睡至半夜,忽听门外有脚步声,他机警地起来"佩刀执弓,将子女藏于僻处",让妻子装作上厕所的样子,他紧跟在后面,用妻子的身体遮挡自己,"潜伏于烟突侧"。努尔哈赤借闪电见一个人摸过来,猛地从背后用刀背将那个人击倒在地,喝令近侍洛汉把他捆起来。洛汉说:"缚之何用,当杀之。"但努尔哈赤考虑到:要是杀了他,其主人一定会以我杀人为名,派兵攻我,而我兵少难敌。于是冷静地说道:"尔必来偷牛!"那个人立即回答说:"偷牛是实,并无他意。"身旁的洛汉不解地说:"此人明明是来行刺我主,还谎称偷牛的,我看还是杀了他,以戒后人,看谁以后还敢暗算我主。"努尔哈赤仍故意说:"此贼实系偷牛,谅无他意。"③于是将他放了。

是年五月,一个阴云密布的黑夜,努尔哈赤夜不能寐,他见侍候他的丫

---

① 以上见《清太祖武皇帝实录》卷一。
② 《清太祖武皇帝实录》卷一;《清太祖实录》卷一。
③ 以上见《清太祖武皇帝实录》卷一。

鬟在灶下拨灯，灯火一会儿暗，一会儿明，努尔哈赤顿时警觉起来，一跃而起，佩刀，携弓矢，装作出外上厕所的样子，藏到烟囱后面，仔细观察户外的动静。因夜色朦胧，形影难辨，只见栅墙空处隐隐约约似有人影移动，忽然电闪雷鸣，一道光束划破夜空，借着电光发现一人手持利剑已经向他逼近，努尔哈赤一箭射去，正中那刺客的肩头，刺客惊慌而逃，努尔哈赤追上去又发一箭，"射贯两足"。努尔哈赤一跃而起，飞身一刀，刺客应声仆地，束手就擒。弟兄亲友闻讯纷纷赶来，见刺客屡屡加害，群情激愤，有的举手就打，有的持刀要杀。努尔哈赤上前劝阻道："我若杀他，易如反掌，可是他的主子必会借机向我发兵，掠走我们的粮食，我的部众断了口粮，一定会背我而去，部众一散，我们不就孤立了吗？到那时他们乘虚来攻，我们兵少粮乏，用什么来抵抗？再说如果杀掉他，恐怕别的部落也会说我们杀人启衅，不如忍耐一时，释放为上策。"众人信服努尔哈赤的意见，就放走了刺客①。

努尔哈赤自从万历十一年（1583）起兵创业以来，顶着内外各种压力，时刻都有被谋杀的危险。但是，努尔哈赤机智果断，化险为夷，继续勇往直前。

2. 统一女真诸部

努尔哈赤起兵时，女真社会正发生着急剧的变化，部落间战争频繁，争斗激烈。如《满洲实录》所载：

> 时各地之国为乱。满洲国之苏克苏护河部、浑河部、完颜部、栋鄂部、哲陈部、长白山纳殷部、鸭绿江部，东海窝集部、瓦尔喀部、库尔喀部，呼伦国之乌拉部、哈达部、叶赫部、辉发部，各地盗贼蜂起，各自僭称汗、贝勒、大人，每村每寨为主，各族为长，互相征伐，兄弟相杀，族众力强之人，欺凌、抢掠懦弱者，甚乱。②

建州女真到 16 世纪末，原来的"建州三卫"，实际上已经变成建州五

---

① 《清太祖实录》卷一。
② 《满洲实录》卷一。

部——苏克苏浒部、浑河部、完颜部、董鄂部、哲陈部和长白山三部——鸭绿江部、朱舍里部、纳殷部。各部又分为若干小部。如苏克苏浒部有图伦、萨尔浒、嘉穆瑚、沾河、安图瓜尔佳等寨,浑河部包括杭嘉、栋嘉、扎库穆、兆嘉、巴尔达、贝欢等寨。

努尔哈赤含恨起兵追杀尼堪外兰后,采取"顺者以德服,逆者以兵临"①的策略,揭开了统一建州女真各部的序幕。

万历十二年(1584),努尔哈赤起兵一年后,对苏克苏浒部内的各城寨主动出击。同年四月,努尔哈赤率兵征李岱,攻兆佳(今辽宁新宾下营子附近)。时值大雪,山高路险,兵士难行。努尔哈赤的叔叔及同辈兄弟都主张回师。努尔哈赤仍督军前进,他对众将领说:"李岱系我同姓,乃引他人害我,我岂甘心。"于是凿山为磴,鱼贯而上,"军士鳞次立,以绳束马,曳之逾岭",至兆佳城下。兆佳城位于浑河部与苏克苏浒部之间,是浑河部的西南边塞地带,为明通向建州女真两条古道中的南道。这时,族人龙敦之子已"预差人报与"李岱。李岱早有准备,"聚兵登城,张号待敌"。努尔哈赤的部下见此颇有难色,劝努尔哈赤说:"城内有备,何以攻之?不如回兵。"努尔哈赤却格外镇静地说:"吾固知其有备而来,何遽回耶!"立即督军攻城。这时,大将额亦都身先士卒,一马当先,飞身登城,其他将领紧随左右,兆佳城"即时克之"。李岱被俘,努尔哈赤念同族的份儿上"宥李岱之死而养之"②,遂回师。这就是雪夜伐李岱之役。

同年六月,努尔哈赤为报妹夫噶哈善被害之仇,率兵400人,攻萨木占的守城马尔敦山寨。

马尔敦寨,满语为 ma r dun ga san。《盛京吉林黑龙江等处标注战迹舆图》写作玛尔墩。满语"马尔"为"隔阻"之意,"敦"为"高"之意,汉译为陡高难行之岭。时为建州女真苏克苏浒部的一个城寨,位于辽宁新宾上夹河马尔敦村附近。此城依山而建,三面陡峭,坚固险峻,最高处海拔400米左右。

努尔哈赤率兵直至马尔敦山下,见山势陡峻,乃以战车3辆并进,步兵

---

① 《清太祖实录》卷一。
② 以上见《清太祖武皇帝实录》卷一;《清太祖实录》卷一。

随后。后因通往寨下的山道越来越窄,改为一车独进,二车随后。将要进到寨下时,寨上飞石如骤雨般落下,结果"前车被摧,后车相继,二车俱坏",众将士"皆蔽身于一车之后,缩首不能上攻"。努尔哈赤奋勇当先,"蔽于木桩后射一矢",正中寨主纳申的脸部,"直贯其耳"[1]。又连射4箭,射倒4人,寨上守军顿时惊慌失措。努尔哈赤乘机指挥将士后撤,"引兵遥围其寨,绝彼汲路"[2]。当努尔哈赤率军围困马尔敦寨到第四天,乘城中缺水、守备松懈之时,"密令兵跣足"攻寨。大将安费扬古率军从间道攀崖而上,一举攻下城寨。寨主纳申、完济汉"弃城走界凡",萨木占被杀,努尔哈赤"取其城而回"。

万历十二年(1584)九月,努尔哈赤攻取董鄂部。董鄂部位于董鄂河(今浑河)流域,与苏克苏浒部为邻。当时,董鄂部内部"自相扰乱"。努尔哈赤得知后,对众将士说:"东果(董鄂)部自乱,我辈宜乘机往攻。"诸将领立即谏阻说:"兵不可轻入他人之境,胜则可,倘有疏失,奈何?"努尔哈赤力排众议,颇有见地地指出:"我不先发,倘彼重相和睦,必加兵于我矣。"是年九月,努尔哈赤率兵500人,往攻董鄂部主阿海巴颜所居之地齐吉答城。城主阿海巴颜得知消息,聚兵400人,"闭城以待"。努尔哈赤率兵直抵城下,将该城围得水泄不通。然后命众将士纵火,"将上悬楼并城外房屋尽焚之"。城眼看就要陷落,"会大雪,遂罢攻"[3]。他令大队人马先行撤退,自己带12人埋伏于浓烟中。城内阿海巴颜以为努尔哈赤所率人马已全部撤退,"乃遣军出城"。努尔哈赤率众从浓烟笼罩之处突然跃出,出其不意,"斩四人,获甲二副"。

在还师途中,又攻打了翁鄂洛城。当时完颜部首领孙扎秦光滚拜见努尔哈赤,诉说:他曾被翁鄂洛(今浑江流域)的人所擒,恳求努尔哈赤"助一旅之师"以雪受辱之仇。努尔哈赤听后,暗自揣度:今既"兴兵至此,宜乘此戡定一方"。于是,决定与孙扎秦光滚连夜率兵进攻翁鄂洛城。光滚之侄岱度素与其叔不睦,密往翁鄂洛城告之。翁鄂洛城主得到报告,遂"敛兵于城"。努尔哈赤率军兵临城下,命部将"焚其悬楼并固城房屋"。努尔哈赤

---

[1] 《清太祖武皇帝实录》卷一。
[2] 《清太祖实录》卷一。
[3] 以上见《清太祖武皇帝实录》卷一。

乘机攀登上房脊,居高临下,连续射毙城内守军多人。这时,努尔哈赤被城内的神箭手鄂尔果尼发现,一箭正中努尔哈赤的头部,"透盔伤肉深指许"。努尔哈赤强忍剧痛,拔出"所射之箭射之",正中神箭手鄂尔果尼的腿部,箭穿过他两腿,"应弦而倒",而努尔哈赤箭伤处"血流至足,犹弯射不已"。城内又一名叫洛科的箭手,借浓烟潜近,暗发一箭,正中努尔哈赤项部,箭镞穿透锁子甲围领,"镞卷如钩"①,伤创寸余。努尔哈赤拔下箭镞,带出两块血肉,血流如泉涌。众将士见努尔哈赤伤势严重,要把他搀扶下来。努尔哈赤说:"尔等勿得近前,恐敌知觉,待我从容自下。"他用一只手捂住伤口,一只手拄着弓,从房上刚一下来,就昏倒在地,遂弃城还师。努尔哈赤伤势严重,昼夜流血不止,昏迷数次,直到第二天"其血方止",转危为安。

努尔哈赤待伤稍有好转,又率军去攻打翁鄂洛城。城陷后,箭手鄂尔果尼、洛科双双被俘。众将领要求处死他们,以解心头之恨。努尔哈赤不同意,微笑着对众将领说:"两敌交锋,志在取胜,彼为其主乃射我,今为我用,不又为我射敌耶?如此勇敢之人,若临阵死于锋镝,犹将惜之,奈何以射我故而杀之乎?"

努尔哈赤不仅没有因为自己被射伤而杀他们,反而亲手为他们释缚,并"赐以牛录之爵,属三百人,厚养之"②。众将领深为努尔哈赤不计私愤、宽宏大度的胸襟所感动。

万历十三年(1585)二月,努尔哈赤始攻哲陈部。哲陈部东接完颜部,南邻苏克苏浒部,西界浑河部,北邻哈达部。界凡为哲陈部的小山寨。是月,努尔哈赤率士卒50人、披甲之士25人,攻哲陈部的界凡寨。不料界凡寨主预知有备,只好回师。当努尔哈赤回师至界凡南的太兰岗时,界凡、萨尔浒、东佳、巴尔达四城城主聚兵400人前来追袭。界凡城主讷申、巴穆尼首先疾驰而至。努尔哈赤以"单骑回击"。讷申策骑猛扑,砍断努尔哈赤所执马鞭,努尔哈赤急中生智,调转马头,奋力挥刀,将讷申砍成两段,又回身射出一箭,巴穆尼中箭死于马下。追兵见两个酋长被努尔哈赤杀死,"俱退却而立",不知所措。努尔哈赤见敌众已寡,便指挥步骑撤退,自己驻马讷

---

① 以上见《清太祖武皇帝实录》卷一;《清太祖实录》卷一。
② 以上见《清太祖武皇帝实录》卷一;《清太祖实录》卷一。

申尸体旁。讷申部下呼道:"人已死,何不去,欲食其肉耶?汝回,我辈欲收主尸。"努尔哈赤从容不迫地回答说:"内(讷)申系我仇(人),幸得杀之,肉亦可食。"他做殿后,"令瘦弱之兵"先撤,并率领7位猛士将身体隐蔽,只"露其盔,似伏兵"。讷申部众见状又大声哀求道:"汝有伏兵,我等知之矣。二主已被杀,犹欲尽杀我等耶?"他们边喊边退。努尔哈赤"引兵徐还,不遗一骑"①。

同年四月,努尔哈赤率马步兵500人征哲陈部。因途中遇大水,令步骑还,只留绵甲50人、铁甲30人继进。这时,嘉哈的酋长苏枯赖虎密令属下将努尔哈赤的行动报告给托木河、章佳、巴尔达、萨尔浒、界凡五城主。于是,他们急"集兵以御"②,兵力约800人,凭浑河,抵南山,陈界凡驻兵以待。努尔哈赤的部属五叔祖包朗阿之孙扎亲和桑古里见敌方兵势强盛,慌恐万状,急忙解下身上甲胄,欲临阵脱逃。努尔哈赤气愤地说:"汝等在家,自称雄于族中,今见敌兵,何故心怯,解甲与人?"然后,他亲自执旗,率弟穆尔哈齐和近侍颜布禄、兀凌噶,总共只有4人,奋勇冲击,杀20余人。经过一阵激战,对方"不能抵挡,皆涉浑河而走"。这时努尔哈赤也累得气喘吁吁。待卸甲稍憩,对方已渡过浑河。努尔哈赤重整盔甲,率兵追杀45人,与弟穆尔哈齐追到界凡山的吉林崖。这一仗,是以4人打败敌兵800人的少有战例③。

两年以后,努尔哈赤派额亦都率兵再征哲陈部巴尔达城。这次夺城之战,额亦都勇敢善战,仗打得异常精彩。《清史列传》有如下记载:

> 丁亥年(1587)八月,命督兵取巴尔达城,至浑河,河涨不能涉,以绳联军士,鱼贯而渡。夜薄其城,率骁卒先登,城中兵猝惊起拒,跨堞而战,飞矢贯股著于堞,挥刀断矢,战益力。被五十余创,不退,卒拔其城而还。④

额亦都凯旋时,努尔哈赤迎于郊,行抱见礼,"杀二牛赐宴,又以巴尔达城备

---

① 以上见《清太祖实录》卷一;《清太祖武皇帝实录》卷一。
② 以上见《清太祖实录》卷一;《清太祖武皇帝实录》卷一。
③ 以上见《清太祖实录》卷一;《清太祖武皇帝实录》卷一。
④ 《清史列传》卷四《额亦都传》。

鞍辔之栗色名马"赐与额亦都,并赐号"巴图鲁"①。

努尔哈赤自起兵征尼堪外兰,开始了统一建州女真的战争。尼堪外兰被杀,标志着他统一建州女真已取得决定性的胜利。

万历十五年(1587)六月,努尔哈赤率兵又征陈哲部,克其山城,俘寨主阿尔泰并斩之②。

万历十六年(1588)九月,努尔哈赤又率兵征王甲(完颜)城,斩杀城主戴度墨尔根③,灭完颜部。

努尔哈赤从万历十一年(1583)起兵,用五年时间统一了建州女真本部。接着,努尔哈赤于万历十九年(1591)正月起至万历二十三年(1595),又先后夺取长白山三部——纳殷部、朱舍里部、鸭绿江部④。至此,努尔哈赤用10年时间,将女真"环满洲而居者,皆为削平,国势日盛"。

在努尔哈赤统一建州女真的过程中,万历十六年(1588年),苏完部长索尔果及子费英东、董鄂部长克辙巴颜之孙何和里、雅尔古寨扈喇虎及子扈尔汉各率所属族众至赫图阿拉归附。

费英东,姓瓜尔佳氏,为苏完部长索尔果次子。努尔哈赤起兵之初,随其父"率所部军民五百户来归"。努尔哈赤授他一等大臣,并将长子褚英之女与他为妻。史载:他"自少从太祖征讨诸国,三十余年,身先兵士,冲突坚阵,当其锋者莫不披靡。性忠直,遇事敢言,毅然不挠"⑤。因功授三等子,天命五年(1620)卒,终年57岁。何和里,姓董鄂氏,其祖克辙巴颜、父额勒吉、兄屯珠鲁世为部长。万历十年(1582),何和里代兄主其部。何和里所部兵强马壮,平素与努尔哈赤关系密切,努尔哈赤迎娶哈达万汗女时,何和里率领甲士30人扈从。回来后,努尔哈赤为表答谢,设宴款待,赠送厚礼。何和里毅然率所部归附。努尔哈赤将长女配给他为妻,并授以五大臣职务。扈尔汉,姓佟佳氏,世居雅尔古寨,年13岁时随同其父扈喇虎率所属归附努尔哈赤。努尔哈赤"恩遇之,赐姓觉罗",不久授一等大臣,居五大臣之列。

---

① 《满文老档》第四十八册,中华书局1990年版(下略),第1221—1222页。
② 《清太祖武皇帝实录》卷一。
③ 《清太祖实录》卷一。
④ 《清太祖武皇帝实录》卷一。
⑤ 《清史列传》卷四《费英东传》。

扈尔汉感戴"上抚育恩,誓以戎行效死,每出战辄为前锋"①,天命六年(1621)卒,终年48岁。

三位将领率部归附后,使努尔哈赤如虎添翼,加速了统一建州女真的进程。

《清太祖武皇帝实录》对努尔哈赤起兵五年后的建州女真社会及与明朝的关系,有如下记载:

> 太祖遂招徕各部,环满洲而居者,皆为削平,国势日盛。与大明通好,遣人朝贡,执五百道敕书,领年例赏物。本地所产,有明珠、人参、黑狐、玄狐、红狐、貂鼠、猞狸狲、虎豹、海獭、水獭、青鼠、黄鼠等皮,以备国用。抚顺、清河、宽奠、叆阳四处关口,互市交易,照例取赏。因此满洲民殷国富。②

这段史料有溢美夸张之嫌,但仍反映了努尔哈赤起兵五年后建州女真社会的实际情况。与努尔哈赤起兵前的"各部蜂起,各自称汗","互相攻战,兄弟相残,强凌弱,众暴寡,处处大乱"的局面③,形成鲜明的对照。

此时,统一后的建州女真的疆域:东起鸭绿江和佟家江;西抵辽东边墙抚顺关、清河堡一线;南近叆阳门、孤山堡、宽奠堡等地;北面包括英额河流域,可谓"国势日盛"。努尔哈赤在对明朝的关系上,极表"忠顺",得到明朝辽东边臣边将的信赖,"与大明通好,遣人朝贡"④。万历十七年(1589)九月,明廷"始命努尔哈赤为都督佥事",建州女真内部称之为都督,称舒尔哈赤为二都督,使用建州左卫之印。努尔哈赤在给朝鲜国王的书信中自称"女直国建州卫管束夷人之主佟奴儿哈赤"⑤。万历十八年(1590)四月,努尔哈赤第一次进京朝贡。努尔哈赤统一建州女真的过程,也是他兼并各部敕书的过程。据史载,他"执五百道敕书,领年例赏物"⑥。"互市交易"的扩大,成为努尔哈赤积聚财富,统一建州女真各部的经济基础。明朝辽东经略熊廷弼在当时对努尔哈赤统一建州女真评论道:"自建州之势合,而奴酋

---

① 以上见《满洲名臣传》卷一;《清史列传》卷四《扈尔汉传》。
② 《清太祖武皇帝实录》卷一。
③ 《满洲实录》卷一。
④ 《清太祖武皇帝实录》卷一。
⑤ 申忠一:《建州纪程图记》。
⑥ 《清太祖武皇帝实录》卷一。

始强;自五百道之贡赏人,而奴酋始富。"①

努尔哈赤统一建州女真以后,形势对他非常有利。从女真社会内部来说,海西女真四部虽很强盛,尤其叶赫部是努尔哈赤的劲敌,但四部并不协调。海西女真南迁形成扈伦四部后,在隆庆、万历初年时的地理位置:哈达部以东辽河支流哈达河为中心,东以大小清河和辉发河的分水岭为界,与辉发部为邻;南以柴河和英额河的分水岭为界,邻建州女真;西入广顺关通开原,所以明称之曰南关;北邻叶赫部。叶赫部在开原东北,入镇北关通开原,因名北关。辉发部以辉发河流域为中心,北邻乌拉部,南邻建州女真,东连长白山女真,西毗连哈达部。乌拉部占据以今吉林市北乌拉街镇为中心的松花江两岸,北面为卦尔察、锡伯两部,南邻辉发部,西南为叶赫部。

南迁后的海西女真扈伦四部,环开原而居,扼制贡道,收参貂过路"居停"之利,日益强大,尤其是王忠、王台的哈达部依靠明政府的支持,不仅号令海西各部,而且控制建州和东海各部的女真人。王台死后,其"四子又起内讧,甚至里通北关"②。时北关叶赫部祝孔革的两个孙子杨佳努和清佳努欲借王台死后其部内讧之机,报王忠杀其祖父之仇,并称雄于海西。于是串通王台后裔中的亲叶赫派,并勾引蒙古骑兵,一再进攻忠明的哈达部。明廷的既定方针是支持哈达部。万历十一年(1583)十二月,李成梁设计用兵诱杀杨佳努和清佳努兄弟。据《明实录》载:"镇抚设策潜兵斩获逞仰二奴酋级共三百一十一颗及塞上屯夷一千二百五十二颗"③。明廷以为王台之孙"歹商不立,则无海西;无海西,则二孽④南连北结,而开原危;开原危,则全辽之祸不可胜道"⑤。因此,李成梁竭尽武力打击叶赫部。但是哈达内乱,亲叶赫派势力超过歹商。所以,明朝不得不平衡两部的关系,于万历十五年(1587)重新分配敕书,南关哈达部保持500道,北关叶赫部原有敕书加上哈达部拨回的计499道。这种均衡调停,并未能长期地维持两部的均势。万历十九(1591),叶赫部杀哈达部首领歹商,亲叶赫的孟格布禄(王台的幼

---

① 熊廷弼:《答友人》,《明经世文编》卷四八〇。
② 李澍田等:《海西女真史料》("长白丛书"本),吉林文史出版社1986年版。
③ 《明神宗实录》(内阁文库本)卷一一。
④ 指杨佳努子纳林布禄和清佳努子布斋。
⑤ 《明神宗实录》卷一九〇。

子)立为哈达部首领,哈达部变成叶赫部的附庸,叶赫部则成为扈伦四部的盟主。

叶赫部称霸扈伦四部之后,要想将其控制范围扩大到其他各部女真,首先必须战胜努尔哈赤。为此,叶赫部从万历十九年(1591)起,就制造种种借口,向努尔哈赤挑衅,联合扈伦其他三部对建州女真用兵。

万历十九年(1591)初,努尔哈赤完成了对建州女真各部的统一,率兵从鸭绿江、长白山地区凯旋时,叶赫部首领纳林布禄派两名使者宜儿当阿和摆斯汉至努尔哈赤居地佛阿拉,向努尔哈赤传达叶赫部首领的话说:"乌拉、哈达、辉发、叶赫及建州,原本为一国,哪有五主分治之理?现在你人多地广,而我们人寡地少,将你属地额尔泯、架孔木两处,选择一处给我们算了。"①努尔哈赤听了叶赫使者的一番话,非常气愤,斩钉截铁地说:"岂有此理!我是建州国,你是扈伦国,根本不是一国。你国虽小我不应去占有,我国虽大你也不能索取。何况国家的土地非牲畜可比,岂有分给他人之理?你们都是执政大臣,非但不能劝阻你们首领的非分之想,还厚颜无耻向我传达这些昏话,赶快回去告诉你们主子,休想打我的主意。"叶赫使者回去后,向其主子转达了努尔哈赤的话。于是叶赫、哈达、辉发三部首领紧急召开联席会议,决定共同派使者对努尔哈赤施加政治压力。时隔不久,叶赫部派遣使者尼哈里、吐尔德,哈达部派遣使者代穆布,辉发部派使者阿喇泯,四名使者共赴建州见努尔哈赤。努尔哈赤仍以礼相待。席间,叶赫使者首先向努尔哈赤说:"我主有话,派我传达,我要如实说出,又恐触犯了你,我心里不安。"努尔哈赤不卑不亢地笑道:"你主子有话要说,与你并不相干,我为何要责怪你呢?你家主人有恶言相告,我自有恶语相答,这叫礼尚往来。"②叶赫使者说道:"我主说,不久前向你要地你不给,令你归顺你不从,两国若结成仇敌,只有我们的兵进入你的土地,谅你们的兵未敢踏入我们的领土。"③努尔哈赤勃然震怒,举刀断案,厉声斥责道:"你主兄弟二人,什么时候曾亲自统兵与强敌交马接刃,针锋相对地激战过?不要以为你们最近进攻了哈达部,就忘乎所以了。那是因为哈达部孟格布禄、歹商叔侄自相残杀,你主

---

① 《清太祖武皇帝实录》卷一。
② 《清太祖实录》卷一。
③ 《清太祖武皇帝实录》卷一。

趁机袭取,轻易取胜。奉劝你们不要被胜利冲昏头脑,以为对我们也像哈达部那样容易取胜,那是白日做梦罢了!你们不就是靠四境有边墙可以阻挡外人吗?我实话对你们说,我们白天不能前往,夜间也能到达你境,看你主怎么样?你主只知道口出大话,毫无用处。"三部使者目瞪口呆,不敢答话。努尔哈赤叫手下把所讲的话如实写在致叶赫部的书信上,派遣阿林恰持书前往叶赫部,并命令道:"你到后必须当着纳林布禄兄弟的面念诵此书,如果害怕不敢宣读,那你就不必回来见我。"[1]

叶赫部首领纳林布禄两次派使者赴建州进行讹诈,都被努尔哈赤给顶了回来,尤其是努尔哈赤致叶赫部首领的信更刺痛了纳林布禄的心,政治讹诈不成,他们决定实行武力征服。

万历二十一年(1593)六月,叶赫部首领布寨、纳林布禄纠合乌拉部首领满泰、哈达部首领孟格布禄联合出兵,突袭了建州的湖卜察寨。努尔哈赤闻讯,亲自统兵前往迎击,一直追到哈达部地界,攻破了哈达部的富尔佳寨。努尔哈赤回兵时,哈达部首领孟格布禄率兵追来。努尔哈赤为诱使哈达兵中伏,故意独自殿后,孟格布禄见努尔哈赤一人在后,急欲生俘,便驱军紧追不舍,一直追到埋伏之地。这时逼近努尔哈赤的有4个人,努尔哈赤回身一箭,射中其中一人的战马,骑者翻身落马[2]。接着,孟格布禄等3人也杀过来,努尔哈赤回身又发一箭,射中孟格布禄的战马,马失蹄仆地,孟格布禄也滚下马来,多亏同来的家仆泰穆布机智,扶主人换骑自己的马逃跑,孟格布禄才得以活命。这时,努尔哈赤的伏兵奋力击杀来追之敌,胜利而归。

海西联军偷袭建州失败后,更加恼羞成怒,至九月,组成九部联军,有叶赫部的布寨、纳林布禄,乌拉部的布占泰,辉发部的拜音达理,嫩江流域蒙古科尔沁部的首领翁阿岱、莽古思、明安,朱舍里部的裕楞额,纳殷部的搜稳、塞克什,锡伯部、卦勒察部等,分兵三路向建州杀来,大有一举荡平建州之势。

努尔哈赤很快得到了九部联军来攻建州的情报,特派最有作战经验的武理堪前去侦察。很快,武理堪回报说:"九部联军于傍晚时分自扎喀(今

---

[1] 《清太祖武皇帝实录》卷一。
[2] 《清太祖实录》卷一。

辽宁新宾上夹河乡五龙村西南山上)方向已经来到浑河北岸,营火密集,多似繁星,烟云缭绕,埋锅造饭,饭后将越沙济岭而来。"努尔哈赤说:"都说叶赫国过不久就要杀来,现在总算得到了证实。连夜出兵会惊动全城人不得安宁,等到天亮出兵也不迟。"于是传谕黎明前出兵。部署完毕,便酣睡起来。他的妻子富察氏衮代十分惊慌,便推醒努尔哈赤,埋怨他说:"现在九部联军就要杀来,你竟然睡起大觉来了。你是昏庸了,还是吓傻了?"努尔哈赤强睁睡眼,笑着说:"我以为什么事呢?何必大惊小怪!我若害怕怎能如此酣睡。先前光传闻九部联军要三路杀来,可什么时候难以摸清,所以心神不定。今日得到准确消息,总算了却了我一桩心事,为何不好好休息,养精蓄锐呢?"说完,又呼呼入睡了。

第二天拂晓,努尔哈赤率领诸将拜过堂子之后,又向众军进行战前动员。他说:"你们把手臂上的蔽手、脖子上的护项都取下来,放在这里。我们听天由命。如果因没有这些而在战斗中伤了手臂、脖子,那是命中注定。不然的话,碍手碍脚,不便杀敌。我们轻装上阵,定获全胜。"

这时,叶赫营中有一个投降者向努尔哈赤报告了九部联军三路共有3万人。建州兵听后有些惊慌。努尔哈赤胸有成竹地鼓励众将士说:"你们不必惊慌,我们守险待战,诱敌深入。敌若来战,我便迎头痛击;敌若不来,我将分路袭击。敌兵首领太多,指挥不一,多数是乌合之众,临战退缩不前,互相观望。领兵在前的必是主要首领,交战时,先伤敌一两个首领,敌兵必然溃散。我军虽少,如全力奋战,必胜无疑。"[①]

努尔哈赤指挥部队占据了最险要的古勒山,据险列阵。昨天九部联军攻打扎喀小城而不下,正急不可耐。努尔哈赤派勇将额亦都率精骑百人前去挑战,叶赫兵遂放弃攻城,前来迎战。额亦都出战不到几个回合,拨马佯装败阵而逃。联军不知是计,拼命追杀,一直追到古勒山下。额亦都突然回马,连杀9人[②]。叶赫首领布寨同其弟纳林布禄及蒙古科尔沁部三个首领拼力冲击过来。努尔哈赤命令放滚木礌石。于是,山上木石俱下,已冲到最前面的布寨来不及躲避,战马触木而倒,布寨还未来得及爬起,被从山上冲

[①] 以上见《清太祖实录》卷一。
[②] 《清史列传》卷四《额亦都传》。

下来的一个叫吴谈的建州兵一刀杀死。后面的纳林布禄见兄长被杀,痛哭失声。其他各部首领也斗志大减,无心恋战,纷纷策马逃离战场。联军溃不成军,各奔逃路。其中蒙古科尔沁部首领明安战马被陷,弄得丢盔弃甲,骑一匹劣马狼狈而逃。

两军相逢,夺其魁,摧其坚,以解其体。努尔哈赤见联军败退,便令吹响螺号,纵兵奋力追杀。刹那间,伏兵四起,如猛虎下山,扑向联军,杀得联军尸横马翻。建州兵一直追杀到哈达部柴河寨之南渥黑运一带,当夜幕降临才收兵回营①。

第二天天刚亮,有一个建州兵捉一俘虏来见努尔哈赤。那人慌忙叩头说:"我是乌拉部满泰之弟布占泰。今战败被擒,生死只听您发落。"努尔哈赤厉声说:"你们纠九部之众,欺害无辜,受到上天惩处。昨天布寨已落入我手,若遇到你也是如此下场。今天你既然来见,我怎么能杀你呢?俗语说:'生人之名胜于杀,与人之名胜于取',赦你不死。"于是,给布占泰松绑,赐给猞猁狲裘,加以收养。

这次战役歼灭联军4000多人,获战马3000匹,盔甲千余副。从此,努尔哈赤威名大震②。

努尔哈赤击败九部联军以后,对九部分别采取不同的处置办法。

对朱舍里部,于同年九月派兵招服;对纳殷部,于十一月派额亦都、噶盖攻下所居的佛多和山寨,杀搜稳、塞克什③。

对扈伦四部采取分化政策。优待乌拉部首领布占泰,收养四年,联姻结亲,护送回部,使他继任乌拉部首领。对辉发部,万历二十三年(1595)六月努尔哈赤亲自率兵攻克辉发贝勒拜音达理的多壁城(今吉林梅河口北山城子),为将来消灭辉发部打开缺口。

对蒙古科尔沁部,采取友好亲善的态度。万历二十二年(1594),蒙古科尔沁部明安贝勒、喀尔喀苏萨贝勒"始遣使往来",自此,蒙古各部"遣使往来不绝"④。

---

① 以上见《清太祖武皇帝实录》卷一。
② 《清太祖实录》卷一。
③ 《清史列传》卷四《额亦都传》。
④ 《清太祖武皇帝实录》卷一。

这期间，努尔哈赤对明廷一直保持"忠顺"的态度，自万历十八年（1590）至万历二十三年（1595），建州女真朝贡不断。万历二十三年（1595），万历皇帝以努尔哈赤"保塞功，加龙虎将军"①。此时的努尔哈赤是"骤跻崇阶与南关埒，借中朝（按明朝）名号，耀东方，势愈强"②。

努尔哈赤借助明廷的大旗号召女真各部，更利用击败九部联军后的有利形势，对扈伦四部采取远交近攻，先易后难，各个击破。

努尔哈赤第一个击破的目标是哈达部。哈达部，姓纳喇氏。南迁后，过着定居、农耕的生活。史载哈达部"颇有室屋、耕田之业，绝不与匈奴逐水草相类"③。万历初年时王台忠顺明朝，"北收二奴，南制建州"④。王台晚年志骄意满，内外交困，众叛亲离，于万历十年（1582）努尔哈赤起兵前一年死去。王台有六子：长子扈尔干、次子三马兔、三子煖太、四子纲实、五子孟格布禄和外妇子康古六。其中二、三、四子皆先死，扈尔干继哈达贝勒。扈尔干袭位时，哈达部面临着"外迫强敌，内虞众叛"的极为困难的处境。

王台尸骨未寒，康古六与扈尔干发生遗产之争。扈尔干怒斥康古六为"阿父奸生子欲杀之"⑤。于是康古六逃往叶赫。万历十二年（1584），扈尔干率哈达兵，由兆佳城李岱为向导，劫努尔哈赤所属瑚济寨，努尔哈赤率兵征之，杀哈达兵40余人。不久扈尔干死，王台五子孟格布禄继为哈达主，袭龙虎将军、左都督，但年尚幼弱，"众心未附"⑥，便依母族，亲叶赫。康古六纳其父遗妾温姐，又娶叶赫清佳努女，也依附叶赫，同扈尔干子歹商结仇。歹商最终为叶赫所谋杀，叶赫将歹商手中的137道敕书夺走，还夺取孟格布禄手中的363道敕书。孟格布禄无力抵抗叶赫，于万历二十七年（1599）"以三子与太祖为质"，向努尔哈赤乞师。努尔哈赤派费英东、噶盖统兵2000人助哈达，"驻防其地"⑦。叶赫对哈达倒向建州非常害怕，从中离间哈达与建州的关系。纳林布禄通过开原通事致书哈达贝勒孟格布禄云：

---

① 彭孙贻：《山中闻见录》卷一。
② 彭孙贻：《山中闻见录》卷一。
③ 瞿九思：《万历武功录》卷一一。
④ 《明神宗实录》卷二〇三。
⑤ 《万历武功录》卷一一。
⑥ 《万历武功录》卷一一。
⑦ 《清太祖实录》卷一。

"汝执满洲来援之将,挟赎质子,尽杀其兵,如此,汝昔日所欲之女,吾即与之为妻,二国仍旧和好。"①孟格布禄依其言,约定于开原商议,但机密泄漏。努尔哈赤见时机已到,决定发兵征哈达。

同年九月,努尔哈赤统兵征哈达。其弟舒尔哈齐主动请战为先锋,领兵1000人直抵哈达城下。哈达贝勒孟格布禄率兵出城迎战,舒尔哈齐一见哈达城坚兵盛,想按兵不动。努尔哈赤厉声斥责他说:"此来岂为城中无备耶?汝兵向后!"言毕,亲率众将士沿城环攻。哈达兵在城上发箭如雨,建州兵伤者甚多。双方经过六昼夜激战,哈达城陷。大将杨古利生擒孟格布禄,带到努尔哈赤面前。孟格布禄匍匐以进,努尔哈赤没有杀他,反而"以己之貂帽及豹裀赐而养之"。哈达部所属城寨完全降服,"其军士器械,民间财物,父母妻子,俱秋毫无犯,尽收其国而回"②。

努尔哈赤将孟格布禄带回建州监养,不久,以孟格布禄"私通嫔御",又与大臣噶盖"通谋欲篡位"罪,将他处死③。

明朝一向采取扶持哈达,借以统治扈伦各部和牵制建州的政策,所以出面干涉,究问擅杀孟格布禄之罪。此时,努尔哈赤还要维持对明的"忠顺",所以,于万历二十九年(1601),以女妻孟格布禄的长子武尔古岱,以其为代理人送回哈达部为首领。武尔古岱回哈达后极为困难,粮食奇缺,明朝虽然支持其复立,但又不接济,武尔古岱不得不主动投附努尔哈赤,再不返回哈达,所持363道敕书和屯寨、土地,"遂尽为奴酋有矣"④,哈达部遂亡。

哈达部灭亡之后,辉发部成为乌拉和叶赫的中介"居停"之地,"买卖夷人"均经辉发往来于乌拉、叶赫之间,辉发部的"居停"贸易兴隆起来。建州女真要夺参、貂之利,就必须征服辉发,所以辉发成为努尔哈赤下一个要猎取的目标。

辉发部的首领拜音达理,本姓益克得里,黑龙江尼马察部人,后率部众投纳喇氏,改姓纳喇,筑城于辉发河畔扈尔奇山上(今辉南县城东北17公里处),南距建州赫图阿拉七八日路程。山城三面环江,断崖绝壁,西南面

---

① 《清太祖武皇帝实录》卷二。
② 《清太祖武皇帝实录》卷二。
③ 《清太祖武皇帝实录》卷二。
④ 《明神宗实录》卷三六五。

开阔,易守难攻。

辉发部的历史可上溯至明初。永乐七年(1409)三月,明廷设忽儿海卫,以恼纳哈为都指挥。不久,其侄塔失与之争卫印,为缓解矛盾,析置弗提卫,令塔失掌弗提卫事。弗提卫的地理位置在今黑龙江省富锦市西古城,地近松花江口。后弗提卫内一部分人逆松花江而南迁。嘉靖年间,首领星古力率部移居渣鲁地方。星古力后同扈伦人噶扬噶图墨土"杀七牛祭天"①,改姓纳喇。星古力生二子,长留臣,次备臣。备臣生纳领噶和耐宽,纳领噶生拉哈都督,拉哈都督生噶哈禅都督,噶哈禅都督生齐纳根达尔汉,齐纳根达尔汉生王机砮。王机砮"招服辉发诸部,于辉发河边扈尔奇山,筑城居之"②。辉发部由此兴盛。王机砮卒,其孙拜音达理杀了他的七位叔叔,自立为辉发贝勒。

万历三十五年(1607),辉发部族众多投附叶赫,拜音达理闻之,"以七酋长之子为质,借兵于"建州。努尔哈赤以兵1000人助之。这时叶赫贝勒纳林布禄暗地里从中作梗,对拜音达理说:"尔若撤回所质之人,吾即反尔投来族众。"拜音达理信其言,说:"吾其中立于满洲、叶赫二国之间乎?"撤回做人质的七臣之子。结果纳林布禄背弃诺言,"竟不归其叛族"。拜音达理无奈,又派人去建州向努尔哈赤请求:"吾前者误为纳林布禄所诳,今欲倚上恩,乞以女赐我为婚。"努尔哈赤为了争取辉发,孤立叶赫,便解除原来其女嫁给常书之子的婚约,改许给拜音达理。但拜音达理又怕与建州联姻会得罪叶赫,竟"背约不娶"。努尔哈赤非常气愤,派人到辉发斥责拜音达理说:"汝曾助夜黑二次加兵于我,今又聘吾女而不娶,何也?"拜音达理自知理亏,狡辩道:"俟吾叶赫质子归,乃娶尔女,与尔合谋。"拜音达理出尔反尔,患得患失,终招杀身之祸。

是年九月,努尔哈赤以辉发贝勒拜音达理"助夜黑","聘我女而不娶"为借口,亲自统兵伐辉发扈尔奇山城。拜音达理"恃城垣已固"。建州军里应外合,攻破扈尔奇山城,俘拜音达理父子而杀之,"屠其兵,招服其民"③,辉发灭亡。

---

① 《清太祖实录》卷二。
② 《清太祖武皇帝实录》卷二。
③ 以上见《清太祖武皇帝实录》卷二;《清太祖实录》卷三。

辉发亡后,努尔哈赤的下一个目标就是乌拉部。

乌拉部,姓纳喇氏,居住在乌拉河(今松花江上游)流域。乌拉,为满语ula 的对音,其汉语意为江或河。乌拉部与哈达部共祖纳奇布禄,曾居于松花江海西地域。明成化、弘治、正德年间,数次南迁。至纳奇布禄之孙加麻喀朱古时,有子都尔机生子二,长子速黑忒,次子古对朱颜。古对朱颜子太兰,太兰子布颜。布颜"尽服乌喇诸部,筑城于乌喇河岸洪尼地,自称为贝勒"①。布颜卒,其子布干继之,布干卒,子满泰继为贝勒,其弟为布占泰。

乌拉部首领布颜所筑乌拉城,位于今吉林省吉林市北70里处的乌拉街满族乡。据康熙初年到过此地的杨宾所见,乌拉城的情形是:

> 吴喇国旧城(即乌拉城,人号大吴喇,以今之船厂亦名吴喇故地),周十五里,四门,内有小城,周二里,东西各一门,中有土台。城临江,江边有庵曰保宁。②

隆庆、万历年间,乌拉部逐渐成为海西四部中一支强大的势力。当时其地域:东邻朝鲜,南接哈达,西为叶赫,北达牡丹江口及其迤北、迤东地带。

在扈伦四部中,乌拉地域最广,军事最强,部民最多。击败九部联军后,建州铁骑踏向海西。但建州东北为辉发,西北为叶赫,西为哈达,努尔哈赤为了不使自己四面受敌,采取远交近攻,在征服乌拉的战争中,多次使用联姻、盟誓、政治怀柔和武力相兼的策略。从万历二十一年(1593)布占泰被擒,至万历四十一年乌拉灭亡,这20年间战争的进程可以分为两个阶段。第一阶段,从万历二十一年古勒山之战,至万历三十五年;第二阶段,从万历三十五年乌碣岩之役,至万历四十一年乌拉亡。

第一阶段的主要特点是,努尔哈赤采取恩养、宴赏、婚媾、盟誓等手段,对乌拉部施行以和为主,以战为辅的"远交"之计,以腾出手来对哈达、辉发采取各个击破的"近攻"之策。

万历二十一年(1593),布占泰被擒,3年后,努尔哈赤又助布占泰为乌拉贝勒。不仅如此,努尔哈赤为进一步笼络布占泰,曾先后五次与他联姻。万历二十九年(1601)一月,布占泰送女给努尔哈赤为妃,并请求努尔哈赤

---

① 《清太祖实录》卷四。
② 杨宾:《柳边纪略》卷一。

再许配一女与他为妻。努尔哈赤于万历三十一年(1603)将舒尔哈齐的女儿娥恩哲送往乌拉部成婚。万历三十六年(1608),乌拉败于宜罕山城,布占泰极为恐慌,为了缓和与建州的关系,再次恳请努尔哈赤许配亲女为婚,并发誓,若得努尔哈赤的女儿,永远赖建州为生。努尔哈赤又答应了他的请求,将亲生的女儿穆库什许配布占泰为妻①。建州三次嫁女于布占泰,其目的就是通过姻亲关系,结交布占泰,经济上图貂、珠之利。因为紫貂、珍珠、人参等特产是女真各部的利益所在。乌拉部居松花江畔,为东海和黑龙江各部女真人入市开原必经之路。乌拉部为了自己的经济利益,利用水路交通之便,垄断黑龙江、图们江和松花江上游各部女真的来市,收"居停"之利。正如有人记述:"奴酋(努尔哈赤)利江夷(乌拉)之心未已,也只得将三女次第与江夷占台(布占泰)为妻妾,只为尽图江夷貂、珠之利。"②政治上,叶赫、建州势不两立,乌拉部左盼右顾,不偏不倚;叶赫、建州都视乌拉部为可争取的力量,千方百计地结交乌拉部。

乌拉布占泰是一个颇有作为的贝勒,当时刚过而立之年,娴于骑射,剽悍异常。朝鲜文献记载当时的情况时说:老酋(努尔哈赤)崛强,忽酋(布占泰)继起,两人都知道练兵自强③。如前述,布占泰为了创造发展自己的条件,两次送婚于建州,通过联姻,达到防范建州的目的。由此可见,布占泰也绝非等闲之辈。

万历三十五年(1607),东海瓦尔喀部蜚悠城主策穆德黑拜谒努尔哈赤说:"乌喇贝勒布占泰,遇吾等虐甚,乞移家来附。"④努尔哈赤派兵3000人,往蜚悠城迎接。布占泰获悉,即"发兵一万截于路(今图们江右岸乌碣岩)",爆发了著名的乌碣岩大战。建州军分兵两路迎击乌拉兵,"缘山奋击,乌拉兵大败","斩三千级,获马五千匹,甲三千副"。这次战役是建州与乌拉的第一次正面军事较量。此役后,双方在军事力量上发生了明显的变化。乌拉一蹶不振,建州"其势大盛"。不久,努尔哈赤乘机灭辉发。

乌碣岩之役后,建州与乌拉的战争进入第二阶段。努尔哈赤变政治怀

---

① 《清太祖武皇帝实录》卷二。
② 张涛:《东北虏情议》。
③ 《李朝宣祖实录》卷一九三。
④ 《清太祖武皇帝实录》卷二。

柔为武力征服,是这一阶段的主要特点。这期间,建州乘胜三次征乌拉,其中,努尔哈赤曾两次亲征。

万历三十六年(1608)三月,努尔哈赤命长子褚英、侄儿阿敏,"领兵五千征乌拉部,围异憨山城(今吉林市郊牦牛河附近),克之,杀千人,获甲三百副,尽收人畜而归"。这是建州主动征乌拉的开始,标志建州对乌拉的战略发生变化。

万历四十年(1612)秋九月,努尔哈赤以布占泰抢掠"所属兀吉部虎儿哈卫二次,乃欲娶太祖所定叶黑(叶赫)布戒(布寨)贝勒之女,又以骲箭射太祖侄女娥恩姐"为借口,亲统大军征乌拉,在乌拉河(今松花江)大败乌拉军①。

翌年(1613)正月,努尔哈赤见布占泰仍无和好之意,又听说"布占泰欲将女查哈量、男绰启诺及十七臣之子,送夜黑为质,娶太祖所聘之女,又欲囚太祖二女"②之事,再次决定亲统重兵征乌拉。是月十七日,努尔哈赤率兵至乌拉。布占泰率3万兵马列阵以待。两军相距百步,努尔哈赤"奋然挺身而入,诸贝勒大臣率军士鼓勇纵击"。"两军之矢如风发雪落,声如群蜂,杀气冲天",乌拉兵"十损六七,其余抛戈弃甲,四散而逃"③。建州兵乘势,遂取其都城。布占泰仅以身免,投叶赫而去。乌拉自此灭亡。

以上仅就建州与乌拉战争的特点及过程做简单的叙述。同乌拉的战争,持续时间长,规模大,内中的矛盾错综复杂。大抵有以下诸方面的因素:

一是建州与乌拉军事实力均衡,而在早期,乌拉的军事实力一度强于建州。我们知道,努尔哈赤家族在建州卫的力量是较弱小的,万历十一年(1583)努尔哈赤起兵时,仅有铠甲十三副,兵不满百,力量微弱。他硬是靠拼搏、奋斗不已,才逐渐强大起来,最后统一建州。但和乌拉等"四强"相比,实力还不占优势。因此,乌拉等四部尤其是叶赫、乌拉两部,敢于藐视建州,不把努尔哈赤放在眼里,万历十九年(1591)海西使臣态度蛮横地要求努尔哈赤割地就是证明。

当时建州的兵力少于乌拉。努尔哈赤起兵初期,兵力远远不足,即使

---

① 以上见《清太祖武皇帝实录》卷二;《清太祖实录》卷三。
② 《清太祖武皇帝实录》卷二。
③ 《清太祖实录》卷四。

10余年后,较乌拉仍有差距。万历二十三年(1595),朝鲜通事何世国到建州费阿拉,目睹:"老乙可赤(努尔哈赤)、小乙可赤(舒尔哈齐)麾下五千余名,常在城中,而常时习阵千余名,各持战马着甲,城外十里许练兵。而老乙可赤战马则七百余匹,小乙可赤战马四百余匹。"①翌年三月,明朝官员余希元到费阿拉,入城前"骑兵四五千左右成列随行","步兵万数,分左右列立道傍者,至建州城而止"②。由上可知,时建州的步骑约在两三万。乌拉的兵力,乌碣岩大战乌拉出兵一万,"败死不下七八千"。万历四十一年(1613)灭乌拉之战,努尔哈赤倾全城之兵力3万,"击溃敌兵(乌拉)三万,杀一万"③,降俘乌拉卒骑"不下数万人"④。显而易见,乌拉的兵力强于建州。

就连努尔哈赤也承认乌拉为大国。他把乌拉比喻成一棵"大树",不止一次地对将士说:"欲伐大木,岂能骤折!必以斧斤伐之,渐至微细,然后能折。相等之国,欲一举取之,岂能尽灭乎?且将所属城郭尽削平之,独存其都城,如此则无仆何以为主,无民何以为君?"⑤正是为了砍倒乌拉这棵"大树",从万历二十一年(1593)布占泰被擒至万历四十一年(1613)乌拉灭亡整整20年间,他一面交替使用联姻、盟誓与武力征伐的策略,一面发展壮大自己的政治、经济、军事实力。万历三十五年(1607年)的乌碣岩之战是对建州实力的一次检验。此役后,建州"其势大盛,雄于诸部,故远近部落几尽服属……而且其规模排置,又非忽贼(即乌拉)之比"⑥。所以,乌碣岩之战是建州与乌拉之战的转折点,原因就在于此。

二是建州、乌拉、明朝廷三者相互之间错综复杂的关系也是重要因素。

努尔哈赤征乌拉时,满族共同体还未形成,尚处在"强凌弱,众暴寡"的统一兼并战争阶段。谁胜谁负,谁主谁臣,除政治、军事实力起支配作用外,利用各种矛盾,处理好诸方面的关系,也是不可忽视的因素。所谓"夫草昧

---

① 《李朝宣祖实录》卷六九。
② 《李朝宣祖实录》卷七三。
③ 《满文老档》卷二。
④ 《光海君日记》卷七九。
⑤ 《清太祖武皇帝实录》卷二。
⑥ 《光海君日记》卷一四。

之初……必先树羽翼于同部"①,就是这个道理。

乌拉方面,要保存自己,吞并建州,光靠自己的力量难以办到,必须与海西诸部联盟,尤其是结交叶赫。尽管海西内部矛盾重重,但为了对付建州,不得不结盟以自保。另外,蒙古也是一支不可忽视的力量。到过建州的朝鲜使臣申忠一认为:"诸胡中蒙古、如许(即叶赫)、兀喇等兵最强。"②所以乌拉北结蒙古。同时又南靠明廷,仍用明廷原来所封的卫所名义,以号令所属各卫所,保持其主导地位,其目的在于"树羽翼于同部",与建州抗衡。

明廷方面,无论建州、乌拉皆其"属夷",力图使其永远对己称臣纳贡,所以既反对建州统一,又抑制乌拉的强大。它先支持哈达以压制乌拉、叶赫,控制建州。当建州灭南关哈达后,明转而支持北关叶赫与乌拉。明礼部左侍郎何宗颜说:"有北关在,可牵奴酋(努尔哈赤)之后,辽沈或可恃以无恙"③。

建州方面,努尔哈赤为灭掉乌拉,一方面对乌拉文武相兼,一方面巧妙地臣服明朝,姻盟蒙古,同时结好朝鲜,以壮大军事实力,解除后顾之忧。上述策略是努尔哈赤成功的重要因素。万历十六年(1588)统一建州五部后,即刻"与大明通好,遣人朝贡"④。灭乌拉前,努尔哈赤亲自4次到北京朝贡,以示建州对明朝的臣服,这样就减少了明朝方面的干涉。对蒙古,自万历二十二年(1594)始,与蒙古科尔沁贝勒明安等"遣使往来,于是蒙古各部长遣使往来不绝"⑤。与朝鲜的关系,如朝鲜使臣所说:"与我国日致款好。"⑥

上述明朝、乌拉、建州间,构成了错综复杂的关系。努尔哈赤凭着对当时形势的敏锐警觉和卓越的军事才能,利用错综复杂的矛盾,巧妙地避开自己的政敌,经过20年的艰苦努力,终于蚕食了乌拉。

三是努尔哈赤征服乌拉期间,不仅受外部诸因素的影响,而且有来自建

---

① 魏源:《圣武记》卷一。
② 《李朝宣祖实录》卷一八九。
③ 《明神宗实录》卷五八六。
④ 《明神宗实录》卷二一五。
⑤ 《清太祖武皇帝实录》卷一。
⑥ 《光海君日记》卷一四。

州统治集团内部矛盾的制约。努尔哈赤与其弟舒尔哈齐、长子褚英的矛盾纠葛,同样对这场战争产生影响。

在努尔哈赤起兵之初,其弟舒尔哈齐处于副手的地位。舒尔哈齐是"同父异母所生的唯一的弟弟,国人、好的僚友、敕书、阿哈等全部同自己一样专主"①。这样,无论是女真人内部,还是明朝看来,其弟舒尔哈齐在地位、权势、兵力、财产等方面,与努尔哈赤并没有悬殊的上下高低之别,只有年龄上的长幼之分。万历二十三年(1595),朝鲜通事何世国随从明使到建州,先至努尔哈赤处,再到舒尔哈齐家,"一样行礼"②,分别受到兄弟的接见与宴赏。努尔哈赤与舒尔哈齐的矛盾正是在这年年底初见端倪。同年十二月,朝鲜申忠一又至建州,向努尔哈赤兄弟赠送礼品。事后舒尔哈齐对申忠一说:"日后你金使若有送礼,则不可高下于我兄弟。"③两人矛盾加深,达到激化程度是在万历三十五年(1607)乌碣岩之役。在这次战斗中,舒尔哈齐因布占泰是自己的女婿,不忍进攻加害于他,故意"率兵五百落后留在山下"。努尔哈赤以舒尔哈齐作战不力,命将其二将常书、纳齐布处死,后依舒尔哈齐的恳请免死,但"常书定(罚银)百两罪,全部收回给大臣纳齐布管辖的诸申"。努尔哈赤指责舒尔哈齐"在战争中没有一次特别好的表现。在国家大政中,也没有心平气和地说一次好话,全然无德"④。最后于万历三十七年(1609)三月,"收回给弟贝勒的全部国人、僚友以及一切东西,只剩孤零一身"⑤。

舒尔哈齐被剥夺权力后,矛盾又转向努尔哈赤的长子褚英。褚英是万历八年(1580)佟佳氏所生。万历二十六年(1598)率兵征安褚拉库路,被赐号"洪巴图鲁"。因屡有战功,被努尔哈赤委以掌政。可是褚英"不能公平地治理父汗所交付的大国,心术不正,使父汗任用共同甘苦的五大臣互不和睦而苦恼,使淑勒昆都仑(努尔哈赤)汗爱如心肝的四个儿子也苦恼起来",导致统治集团内部矛盾激化。努尔哈赤在权衡褚英与"四大贝勒"、"五大

---

① 《满文老档》卷一。
② 《李朝宣祖实录》卷六九。
③ 申忠一:《建州纪程图记》。
④ 《满文老档》卷一。
⑤ 《满文老档》卷一。

"臣"两方面的力量对比之后,断然剥夺了褚英的执政大权。此后万历四十年(1612)、四十一年(1613)两次出兵征乌拉,都未让褚英带兵,将他留在家中。褚英因权力被夺,对努尔哈赤恨之入骨,在家"诅咒出征的父汗、诸弟、五大臣的咒语,对天地焚烧,还对僚友说:'我们的兵出征乌拉失败才好!如果那样就不让父、诸弟入城'"①。为了加强统治权,努尔哈赤于万历四十一年(1613)三月二十六日将其监禁。万历四十三年(1615),下令将褚英处死。努尔哈赤就是在建州统治集团内部的重重矛盾中,进行征服乌拉的战争的。

努尔哈赤征乌拉战争的胜利,对统一东北女真具有深远的意义。战后,整个形势朝着有利于建州女真的方面发展。其中之一就是为统一东海、黑龙江女真奠定了基础。东海、黑龙江女真分散居住在乌苏里江以东,黑龙江两岸,北至外兴安岭的广大地区。其生产水平,处于较建州、海西女真要低的发展阶段。但是,东海、黑龙江女真是兵员和劳动力的后备军,也是财富的来源,谁能争取其归附,谁就能在统一战争中增强实力。乌拉恰处在通往东海女真的要塞。东海瓦尔喀部"因地方遥阻,附乌拉"②。渥集部的赫席黑、俄漠和苏鲁、佛纳赫三路也"因住地相离很远,被乌拉国隔阻,至今服从乌拉国过活"③。可见,乌拉是建州统一东海女真的障碍。灭掉乌拉,就扫除了这一障碍,打开了通往东海诸部的大门。从此,建州"威行迤东诸部","兵锋所指,莫敢谁何……东至北海之滨,并为其所有"④。

努尔哈赤以超人的智慧和胆略,在与海西诸部的角逐中,利用矛盾,运用由近及远、集中优势、各个击破等军事策略,用 20 年时间完成了对乌拉的征服。然后,又不失时机地把兵锋指向扈伦四部中的最后一部——叶赫部。

叶赫部,源于明初海西塔鲁木卫。据《明实录》永乐四年(1406)二月庚寅条记载:女真野人头目打叶等来朝,命置塔鲁木卫⑤。后历洪熙、宣德、正统、景泰、天顺五朝约 60 年,塔鲁木卫一直向明廷朝贡。成化十九年

---

① 以上见《满文老档》卷三。
② 《清太祖武皇帝实录》卷三。
③ 《满文老档》卷一。
④ 《光海君日记》卷一四。
⑤ 《明太宗实录》卷四〇。

（1483）十二月,塔鲁木卫指挥的儿哈你等至京"朝贡"。正德八年（1513）八月,的儿哈你因"入寇"明边,被明边将杀死①。其子祝孔革袭职。祝孔革时叶赫兴起,与哈达部王忠因"敕书不平"而相争②。结果祝孔革为王忠所杀,敕书被哈达全部夺去。祝孔革子太杵,太杵子清佳努、杨佳努,兄弟二人"绥服叶赫诸部,各居一城,哈达国人多归之"③。叶赫部复兴。

　　叶赫贝勒清佳努、杨佳努,抚驭部众,依险筑二城。据《盛京通志》卷一五永吉州条载:"叶赫山城,城北四百九十五里（从沈阳算起）,归叶赫贝勒所居,周围四里,东西各一门。""叶赫山城,叶赫城西北三里,周围四里,南北各一门,内有一小城,周围二里,南北各一门。"《吉林通志》卷二四又载:"叶赫城,城南二百二十五里,周围四里,东南二门。夜黑城在北山之隈,砖甃城根,亦有子城,尚余台殿故址。北即叶赫所居之东城,叶赫山城为西城。"据此可知,叶赫东城依山而建,西城为山城。西城所在地,据《柳边纪略》记载:"也合（叶赫）老城在驿路旁,新城亦可望见,俱无人迹。"④老城为东城,新城为西城,今叶赫站西南3里之地,叶赫河以北有所谓西城子,应为西城旧址,东城应在叶赫站以南或东南依山处⑤。

　　叶赫贝勒清佳努与杨佳努,分据东、西二城,实力渐强。万历十一年（1583）十二月,清佳努与杨佳努犯明边。巡抚李松与总兵李成梁设计诱使清佳努与杨佳努提兵200余骑,"擐甲叩镇北关,索重赏"⑥。预先埋伏的明军四起,斩杀了两兄弟及部属等300余人。

　　清佳努和杨佳努被杀后,叶赫贝勒由清佳努子布寨、杨佳努子纳林布禄分别继任。明总兵李成梁以哈达势弱,决定伐叶赫以杀其势。万历十六年（1588）三月,李成梁率明军直捣叶赫山城。这次战役,使叶赫部继清佳努、杨佳努之后又一次受到沉重的打击,客观上为努尔哈赤灭叶赫,统一女真创造了有利条件。努尔哈赤打着臣属明朝的旗号,先姻盟叶赫,在灭哈达、辉发、乌拉以后,对叶赫策略突变,转守势为攻势,最后吞并叶赫。

---

　　① 《明武宗实录》卷一○三。
　　② 《明神宗实录》卷二○三。
　　③ 《清太祖实录》卷六。
　　④ 《柳边纪略》卷一。
　　⑤ [日]今西春秋著,刁书仁译:《海西女真境域考》,《长白学圃》1990年第六期。
　　⑥ 彭孙贻:《山中闻见录》卷一○。

自万历二十一年（1593）努尔哈赤大败九部联军后，叶赫、哈达、辉发、乌拉四部一度同建州盟誓修好。万历二十六年（1598）正月，他们遣使向努尔哈赤赔礼道歉说："因吾等不道，以至于败兵损名，今以后，吾等更守前好，互相结亲。"叶赫贝勒布扬古将其妹许配给努尔哈赤，金台石将女儿嫁给努尔哈赤的次子代善。努尔哈赤为缓和与叶赫的矛盾，欣然同意。于是"备鞍马盔甲等物以为聘礼"，更歃血会盟①。盟誓是为达到政治目的而采用的一种权术，是双方实力均衡时的一种妥协，随着双方实力的消长，毁约背盟势所必然。

不久，建州与叶赫的关系又趋紧张。努尔哈赤派大将穆哈连远征蒙古科尔沁，获马50匹，凯旋途经叶赫部，被金台石、布扬古全部截留，并"执穆哈连于蒙古"②。与此同时，金台石又将许配给代善的女儿，转嫁给蒙古喀尔喀部贝勒介赛。叶赫毁约背盟，使之与建州的矛盾加剧。万历三十一年（1603）九月，努尔哈赤的爱妃孟古即杨佳努之女病逝，临终前思见其母。努尔哈赤派人前往叶赫部，恭请叶赫部送孟古母亲前往建州会面。叶赫部断然拒绝，只派孟古乳母的丈夫前往建州探望。努尔哈赤对此事极为不满。

孟古，姓纳喇氏，叶赫贝勒杨佳努的女儿。努尔哈赤刚起兵时，曾往叶赫，杨佳努便把女儿许配给努尔哈赤。史载：孟古"年十四适太祖。其面如满月，丰姿妍丽，器量宽洪，端重恭俭，聪颖柔顺，见逢迎而心不喜，闻恶言而色不变，口无恶言，耳无妄听，不悦委曲谗佞辈，吻合太祖心，始终如一，毫无过失"，甚得努尔哈赤喜爱。万历二十年（1592）十月，喜得贵子皇太极。万历三十一年（1603）秋，她突患重病，病中思母心切，甚想一见，但叶赫不允许。她于当年九月告别人世。

孟古的去世，使努尔哈赤"爱不能舍"，悲痛欲绝。为表示对她的爱慕之情，努尔哈赤杀牛、马各百匹，"斋戒月余，日夜思慕痛泣不已"。棺椁停在禁内3个月方肯送葬，最后把她的尸骨安葬在赫图阿拉尼牙满山岗，随葬奴婢4人。天聪三年（1629）迁葬福陵。崇德元年（1636），追谥孝慈武皇后。清康熙元年（1662），改为孝慈高皇后。

---

① 《清太祖武皇帝实录》卷一。布扬古为布寨之子，金台石为纳林布禄之子，他们的父亲先后死去，由他们继任贝勒。
② 《清太祖实录》卷二。

努尔哈赤"恨夜黑不令母子相会之仇"①,遂于万历三十二年(1604)正月初八日率兵征伐叶赫,"克张、阿气兰二城,取其七寨,俘二千余人而还"②。

万历四十一年(1613),乌拉灭亡后布占泰逃往叶赫,努尔哈赤三次派使臣赴叶赫,要求交出布占泰,但叶赫拒不交人,致使建州与叶赫的关系进一步恶化。是年九月,努尔哈赤征叶赫。先是,遣使者致书斥责叶赫说:"布占泰阵中被擒应伏诛,吾养之,连妻以三女,因与我为仇,故怒而征之,乃破其国,身投汝地,当献与我。如此遣使三次,夜黑国金台石、布羊姑贝勒不与。"努尔哈赤在九月初六日,领兵4万征叶赫部。时有逃卒将努尔哈赤出兵的消息密报给叶赫。叶赫遂收张、吉当阿二路部众。努尔哈赤率兵围兀苏城,派人向城内喊话说:"城中军民,降则已,不然必攻取之。"城中将领回答说:"若养之则降,况汝师众如林,不绝如流,盔甲鲜明,如三冬冰雪,吾等焉敢抗拒。"守将山谈、扈石木开城门投降。随后,建州军又连下叶赫所属张城、吉当阿城、黑儿苏城等"大小城寨凡十九处,尽焚其庐舍粮储,收兀苏城降众三百户而还"。

努尔哈赤亲征叶赫所部凯旋,使叶赫再次蒙受惨重损失,以致叶赫贝勒寝食不安,惶惶不可终日,不得不求助于明朝。他们向明廷申诉说:"哈达、辉发、兀喇已被尽取矣,今复侵吾地,欲削平诸部,然后侵汝大明,取辽阳为都城,开原、铁岭为牧地。"③万历皇帝信以为真,急忙遣使去建州,致书努尔哈赤云:"自今以后,勿侵叶赫,若从吾言,是推吾之爱而罢兵。若不从吾言而侵之,势将及我矣。"④并派游击马时楠、周大岐率兵千人,携带火器,帮助叶赫戍守东西二城。明廷的干预迫使努尔哈赤只得暂缓攻取叶赫。努尔哈赤为了解除明廷的猜疑,缓解与明廷的关系,亲自赴明抚顺所,投书游击李永芳,申诉攻叶赫的理由。《清太祖武皇帝实录》记载如下:

> 吾国兴兵,原为夜黑、哈达、兀喇、辉发、蒙古、实伯(席北)、刮儿恰(卦尔察)九国,于癸巳年会兵侵我,上天罪彼,故令我胜。于时,杀夜黑布戒,生擒兀喇布占太。至丁酉年,复盟,宰马歃血,互结婚姻,以通

---

① 以上见《清太祖武皇帝实录》卷二。
② 《清太祖实录》卷三。
③ 以上见《清太祖武皇帝实录》卷二;《清太祖实录》卷四。
④ 《清太祖实录》卷四。

前好。后夜黑负盟,将原许之女悔亲不与,布占太乃吾所恩养者,因与我为仇伐之,杀其兵,得其国,彼身投夜黑,又留而不发,故欲征之。吾与大国,有何故乃侵犯乎?

努尔哈赤的初衷是向明廷申诉出兵叶赫的理由,解除明廷对他的猜忌。进而想切断明廷与叶赫的联系,为此他又派第七子阿巴泰率所属阿都等30余人求质于明,没有得到明廷允准。

然而,叶赫依仗明廷的支持有恃无恐,将已许给努尔哈赤之女改嫁蒙古巴哈达尔汉贝勒的长子莽古尔岱台吉。叶赫的目的是想依靠明朝,联姻蒙古,以对抗建州。

先是,万历二十五年(1597),叶赫与建州关系和睦,叶赫贝勒布扬古(布寨之子)以妹许配努尔哈赤。不久两部关系紧张,叶赫悔婚约,致使此女30岁尚羁留叶赫,成为老女。此老女已婚配建州,现又改嫁蒙古,对努尔哈赤及整个建州是莫大的侮辱。所以闻此事后,努尔哈赤众将领义愤填膺,纷纷建议攻打叶赫,以雪耻辱。《清太祖武皇帝实录》记载如下:

> (万历四十三)六月初,夜黑布羊姑以妹许太祖,受其聘礼。又欲与蒙古胯儿胯部蟒孤儿太台吉(乃八哈搭儿憨子也)。诸王臣曰:"闻夜黑将汗聘之女欲与蒙古,所可恨者莫过于是,当此未与之先,可速起兵,若已与之,乘未嫁时,攻其城而夺之。况此女汗所聘者,非诸王可比,既闻之,安得坐视他适?"皆力谏兴兵不已。太祖曰:"或有大事可加兵于彼,以违婚之事兴兵则不可。盖天生此女非无意也,因而坏哈达、辉发、兀喇,使各国不睦,干戈扰攘至此。大明助夜黑,令其女不与我而与蒙古,是坏夜黑,酿大变,欲以此事激我忿怒,故如是也。今尽力征之,虽得其女,谅不久而已,反成灾患。无论与何人,亦不能久。启衅坏国已极,死期将至矣。"诸王臣反复谏之,必欲兴兵。太祖曰:"吾以怒而兴师,汝等犹当谏之,况吾所聘之女为他人娶,岂有不恨之理,予尚弃其忿恨,置身局外以罢兵,汝等反若为仇校,令吾怨怒何也?聘女者不是,汝等深恨何为,岂因忿遂从汝等之言乎?汝等且止。"言毕,令调到人马皆回。其女聘与蒙古未及一年果亡。诸王臣奏曰:"此女迄今三十三岁,已受聘二十年矣。被大明遣兵为夜黑防御,夜黑遂倚其势,

转嫁与蒙古,今可侵大明。"①

努尔哈赤每临大事,均以理智控制感情,以理服众。他不以该女而兴兵叶赫,也不以该女犯大明,而是捕捉战机,洗雪其耻。

直到万历四十七年(1619),萨尔浒之役努尔哈赤大获全胜,明军节节败北,已无力顾及叶赫,努尔哈赤抓住这一千载难逢的机会,决定对叶赫发起总攻击。

是年八月,努尔哈赤召集诸王贝勒大臣会议,谋划对叶赫的作战方略。商定四大贝勒②率军围布扬古的西城;努尔哈赤率八固山额真督军进围金台石的东城。八月十九日努尔哈赤率大军向叶赫挺进。

叶赫贝勒金台石所居东城,又称叶赫山城,依山修筑,坚固险要。瞿九思《万历武功录》详细记载了东城的情况:

> 其外大城以石,石城外为木栅,而内又为木城。城内外大壕凡三道,其中坚则一山特起,凿山板,周回使峻绝,而垒石城其上。城之内又为木城,木城中有八角明楼,则其置妻子,资财所也。上下内外,凡为城四层,木栅一层。其中控弦之士以万,甲胄者以千计,刀剑、矢石、滚木甚具。③

努尔哈赤率军直驱金台石东城下,将东城四面包围,"遂分队破其外部,军士整顿云梯战车"。并令金台石投降,金台石回答道:"吾非汉人,均男子也,吾亦有手,岂肯降汝,惟有死战而已。"④金台石誓死不降。努尔哈赤命众将士"持楯列梯以进,两军拒战,矢如雨雹"。城上叶赫兵奋勇抵抗,"发巨石滚木,掷以火器"⑤。努尔哈赤又命众将士"穴其城",城遂破,"城中军民俱降"。金台石携妻及幼子登所居之八角楼。

建州军进围八角楼,向楼上喊话说:"汝降则下,不然必攻之。"金台石回答说:"吾不能战,城已被克,今困于家,虽战亦不能致胜,若得吾妹所生子皇太极请来一见,得闻的言,吾即下矣。"⑥这时,皇太极正率军攻叶赫西

---

① 《清太祖武皇帝实录》卷二。
② 大贝勒代善,二贝勒阿敏,三贝勒莽古尔泰,四贝勒皇太极。
③ 《万历武功录》卷一一。
④ 《清太祖武皇帝实录》卷二。
⑤ 《清太祖实录》卷六。
⑥ 《清太祖武皇帝实录》卷二。

83

城,努尔哈赤派人召皇太极至东城,对他说:"尔舅欲闻尔言,故唤尔前来。尔去之,下则已,不下,则令我军士拆毁其台。"皇太极遵父命前去劝舅舅金台石投降,金台石说:"若确是我甥四贝勒,则得尔养我之善言后,为舅我即下之,若言不养而杀之,我下台何为?"①皇太极对这位从未谋面的舅舅说:

> 天设此险,俾汝筑城,疲劳百姓,至于数年,所筑重城,今皆摧破,独据此台,欲何为也。汝方欲诱人至此,与汝并命,孰肯如汝之意,俾我名臣亲身攻汝耶。汝如何曰:得吾。活汝盟言,汝方下也。岂吾之战不能擒汝,而与汝盟欤。吾已在此,汝下,引汝往见父皇,生杀惟父皇命。且汝当日之意,将欲剪灭亲戚,食其肉,饮其血耶,我屡欲和好,遣使汝国,凡二三十往,汝轻视我,谓我惧而求和,杀吾使臣,或羁留焉,致有今日倾覆之祸。若父皇念汝恶则戮汝,倘不念汝恶,以我之故贷汝,汝生矣。

皇太极慷慨陈词,历数舅舅背信弃义的行为,并把上述话重复几遍,金台石不听。皇太极离开之前,又一次告诫金台石说:"舅有言,吾来此即下,吾乃来,若下速下,引见父皇,否则我往矣。"金台石又提出新的要求说:"勿去,待吾近臣阿尔塔什先去见汗,察言观色,回时吾方下。"阿尔塔什被带到努尔哈赤面前,努尔哈赤怒数其罪,"以鸣镝射之数次"②。阿尔塔什回去后,金台石仍不降服。皇太极又召金台石的儿子德尔格勒劝降,金台石还是不从。金台石三次拒降,努尔哈赤命军士持斧毁台楼。金台石之妻携子下台楼降。金台石众叛亲离,无路可走,举火自焚,未死。被俘后,用绳子绞死。

东城攻陷后,西城也危在旦夕。布扬古惊恐万状,派人来告诉四大贝勒,表示愿意投降,但"怀疑不敢出"。大贝勒代善说:"汝果愿降,恐兄弟皆来,或因男子之故见杀,盍令汝母先来。汝母,吾外姑也,我岂执妇人而杀之乎?"布扬古果然让其母亲来见代善。代善以礼相见,其母亲对代善说:"汝无盟言,故吾二子怀疑而惧耳。"代善乃以刀划酒誓道:"今汝等降,我若杀之,殃及我。汝俾我誓,饮誓酒而仍不降,惟汝等殃。汝等不降,破汝城,必杀无赦。"代善向布扬古的母亲做了降后不杀的承诺,自饮誓酒一半,另一半送给布扬古。布扬古饮誓酒后,"遂开门降"。代善引布扬古去拜见努尔

---

① 《满文老档》第十二册,第110—112页。
② 以上见《清太祖实录》卷六;《清太祖武皇帝实录》卷二。

哈赤,布扬古见努尔哈赤时不恭,仅屈一膝,不拜而起。努尔哈赤亲自以金卮赐酒,布扬古"沾唇而已,又不拜而起"。努尔哈赤见此状,心想,"吾既不念旧恶,留而豢养之,贷其死,予以生全,未见有喜色,仍仇怨,且跪拜不少屈,此人不可豢养耶。"当天夜里,缢杀之。

叶赫东西二城降服后,"所属各城俱降"①。至此,叶赫部灭亡。

努尔哈赤在统一扈伦四部的同时,又逐步地收抚"野人"女真。

"野人"女真的一支为东海女真,居住在黑龙江支流松花江和乌苏里江流域及乌苏里江以东滨海地区。努尔哈赤征服东海女真是自南向北、从西向东逐渐推进。万历十九年(1591)正月,努尔哈赤率军攻"长白山之鸭绿江路,尽收其众"。万历二十一年(1593)十月,努尔哈赤招抚朱舍里路(松花江上游头道江流域)女真。同年十一月,努尔哈赤又命额亦都、安费扬古等率兵千人攻纳殷路(松花江上游松江河流域)之佛多和山寨②。至此,完成了对长白山部女真的统一,开始北进,解决瓦尔喀部。万历二十四年(1596),努尔哈赤派费英东率军初征瓦尔喀,"取噶嘉路,杀部长阿球,降其众以归"③。万历二十六年(1598)正月,努尔哈赤派其五弟巴雅喇、长子褚英和将领噶盖、费英东等领兵千人征安褚拉库路(松花江上游二道白河流域),"取其屯寨二十处。其余尽招服之,获人畜万余而回"④。五弟巴雅喇因功赐号"卓礼克图",长子褚英赐号"洪巴图鲁"。

万历二十七年(1599)正月,东海渥集部虎尔哈路路长王格、张格,率百余部众归附努尔哈赤,并献纳"黑白红三色狐皮、黑白二色貂皮"。自此以后,渥集部虎尔哈路每年定期朝贡。其部长博济里等6人向建州求婚,努尔哈赤因其率先归附,将6位大臣的女儿分别许配给他们为妻,以联姻的方式巩固和加强与东海渥集部虎尔哈路的联系。

万历三十四年(1606),由于乌拉部积极东进,促使努尔哈赤于南略耳(今吉林安图境内)首先设置一个村寨。据《李朝实录》是年二月条载:"初,

---

① 以上见《清太祖实录》卷六。
② 《清太祖实录》卷二。
③ 《清史列传》卷四《费英东传》。
④ 《清太祖武皇帝实录》卷一。

老乙可赤(努尔哈赤)设一部落于南略耳,诱纳山外水下诸胡,尽令来附。"①当时居住在南略耳一带的"诸胡"就是清代文献所记载的瓦尔喀诸部。他们"苦于忽胡(乌拉)之侵掠,无不乐于归附老酋(努尔哈赤)"②。

万历三十五年(1607)正月,东海瓦尔喀部蜚悠城(今吉林珲春北二十里古城)城主策穆特黑到建州,拜见努尔哈赤说:"吾等因地方遥阻,附乌喇,乌喇贝勒布占泰遇吾等虐甚,乞移家来附。"③努尔哈赤急命弟舒尔哈齐、长子褚英、次子代善、费英东、扈尔汉等率兵3000人,往蜚悠城迎接。如前述,乌拉部也来争夺,在乌碣岩与建州兵相遇,乌拉被击败④。

万历三十七年(1609)九月,努尔哈赤向东北推进,受到渥集部虎尔哈路的抵抗。虎尔哈路大约有千人,"来侵聪睿恭敬汗所属之宁古塔城",努尔哈赤率兵前往迎战,"击败呼尔哈之一千兵,生擒其大臣十二人,斩人一百,获马四百匹,甲百副"⑤。其后,努尔哈赤以呼叶路(乌苏里江上源之一力毕河流域)收纳已投降的虎尔哈路部众为由,派军征讨。同年十二月,命扈尔汉率兵千人往征呼叶路,"尽克之"⑥。

万历三十八年(1610)十一月,正逢努尔哈赤52岁生日,命额亦都率兵千人,赴图们江北岸、绥芬河和牡丹江一带,招抚渥集部的纳木都鲁(绥芬河中游)、绥芬(绥芬河下游)、宁古塔(今黑龙江宁安东南至绥芬江上游之间)、尼玛察(绥芬河上游)四路女真,"将其民俱编户携来"⑦。随后又乘胜征讨雅兰路(今俄罗斯苏昌河流域)女真,"获人畜万余而回"⑧。

万历三十九年(1611)七月,努尔哈赤命七子阿巴泰、费英东、安费扬古征东海渥集部之乌尔古宸(今黑龙江省虎林境内七虎林河流域)、木伦(今黑龙江穆棱河流域)二路。先是,努尔哈赤赐予归附的宁古塔路首领僧格、尼喀里二人铠甲40副。僧格、尼喀里将铠甲置于绥芬路。而乌尔古宸、木

---

① 《李朝宣祖修正实录》卷四一。
② 《李朝宣祖实录》卷一〇九。
③ 《清太祖实录》卷三。
④ 《清太祖武皇帝实录》卷一;《清太祖实录》卷三。
⑤ 《满文老档》第一册,第8页。
⑥ 《满文老档》第一册,第9页。
⑦ 《满文老档》第一册,第9页。
⑧ 《清太祖武皇帝实录》卷二。

伦二路入侵绥芬路,"掠其四十副甲而去"。努尔哈赤派人告谕其退还所掠铠甲。乌尔古宸、木伦"既未送还所掠甲胄,其路人等亦未降"①。努尔哈赤派兵千人征讨之。万历四十三年(1615)十一月,又征讨额黑库伦路(约在今俄罗斯伯力以东之滨海地区)的女真,受到女真部众的抵抗,努尔哈赤命将士"布阵鸣螺,越壕三层,毁其栅,攻克其城"②,阵斩800人,俘获万人,稍后凯旋。努尔哈赤攻取额黑库伦路以后,立即派兵征服东海北部未附之女真部落。"时东海沿边散居诸部,多未归附"。万历四十五年(1617)正月,努尔哈赤派兵400人,"悉收其散处之民。其岛居负险不服者,乘小舟尽取之而还"。

万历四十六年(1618)十月,东海虎尔哈部长纳喀答率民百户来归,努尔哈赤遣200名官兵前往迎接,努尔哈赤亲自赐宴,使其部众感激万分,寄语未附者说:"上以招徕安集为念,收我等为羽翼,恩出望外,吾乡兄弟诸人,其即相率而来,无晚也。"③

万历四十七年(1619)正月,努尔哈赤命大将穆哈连率兵千人,尽收东海虎尔哈部军民。同年六月,穆哈连再至虎尔哈部,"遣民千户,丁男二千而回"。努尔哈赤亲自出城迎接归附者,并"置酒二百席,宰牛二十只"④,盛情款待他们。

天启五年(1625),努尔哈赤在集中兵力夺取辽沈地区以后,又先后多次征讨东海女真。是年正月初七,努尔哈赤命侍卫博尔晋带兵2000人,"征剿近东海而居之瓦尔喀"。三月初五日,塔玉、噶尔达、富喀纳等率虎尔哈"男丁一百一十二人"、瓦尔喀"男丁二百二十二人"⑤归附。四月初四日,努尔哈赤族弟王善,副将达朱户、车尔格统兵1500人征瓦尔喀凯旋,努尔哈赤出沈阳城迎接,并杀牛羊40头,置席四百桌,备酒四百瓮,犒劳出征将士与编户降民⑥。八月,努尔哈赤命雅护、喀穆达尼率兵征东海卦尔察部,俘获其部众2000人而归。十月,努尔哈赤又命其子阿拜、塔拜等率兵千人,征东海虎尔哈部,兵分两路,俘其众1500人而归。努尔哈赤亲自出城迎接,设

---

① 《满文老档》第二册,第11页。
② 《清太祖实录》卷四。
③ 《清太祖实录》卷五。
④ 《清太祖武皇帝实录》卷三。
⑤ 《满文老档》第六十四册,第622页。
⑥ 《满文老档》第六十五册,第628页。

宴招待凯旋的将士①。

努尔哈赤对东海女真的用兵前后约30年时间,基本统一了东海女真诸部。

"野人"女真的另一支黑龙江女真,因居住在黑龙江流域而得名。在黑龙江流域,居住着黑龙江虎尔哈部、萨哈连部、萨哈尔察部、使犬部、使鹿部和索伦部等。努尔哈赤在统一东海女真的同时,多次发兵征讨黑龙江女真。

努尔哈赤兵锋所向首先是萨哈连部。萨哈连,满语是"黑色"的意思。黑龙江古称黑水,该部女真居于此,故名萨哈连。万历四十四年(1616),努尔哈赤命扈尔汉、安费扬古率兵2000人,征萨哈连部,"取河南河北诸寨,凡三十有六"。努尔哈赤在征讨萨哈连部之后,又招抚萨哈尔察部。萨哈尔察为满语 sahalca 的对音,是"黑色貂皮"的意思。萨哈尔察部民居住在牛满河(今布列亚河)地区,其部长率部归附后,努尔哈赤纳其为额驸。与此同时,努尔哈赤又征服黑龙江下游地区的使犬部和使鹿部。万历四十四年八月,"招服使犬路、诺洛路、石拉忻路路长四十人,乃班师"②。努尔哈赤在征服使犬部的同时,不断向居住在黑龙江口和库页岛一带的使鹿部女真用兵,使这一带的女真纷纷归附,努尔哈赤在这一地区"设姓长、乡长,子弟继之"③。至此,努尔哈赤完全统一了女真各部。

3. 创建八旗

努尔哈赤在统一女真各部的过程中,于万历四十四年(1616)即汗位的前夕,将所属女真人皆编入八旗(gusa),从而正式确立了八旗制度。满语称之为固山牛录(gusanim)。旗是满语固山的汉译,八固山译为八旗。固山牛录制度的形成和确立,是在女真氏族制度穆昆塔坦组织的膨胀及其职能的衰退过程中,逐渐形成和确立的。

女真人的社会组织,通常以两种方式划分:一种按血缘组织层层划分为哈拉(hala)、穆昆(mukun);另一种按基层地域组织即噶珊(gasan)来划分。

---

① 《清太祖实录》卷九。
② 《清太祖实录》卷五。
③ 《库页岛志略》卷一。

实际生活中,这两种方式相互交错在一起。

明代女真距离其原始的氏族形态已相去甚远。其原始的氏族形态,由于史料不足,尚无法考察。只知道同一个男性祖先的子孙称为同一哈拉,哈拉汉译为姓。哈拉分裂为若干个子哈拉,分居在不同的地方称之为穆昆,由某个哈拉迁徙到某地的穆昆称穆昆哈拉。《八旗满洲氏族通谱》中的"氏族"即为穆昆哈拉。满族人称自己的姓氏曰穆昆哈拉。《八旗满洲氏族通谱》乾隆九年(1744)的御制序云:"哈拉得之于生。穆昆是来自所居的地方",十分准确地表达了穆昆与哈拉的关系。我们知道,族外婚是氏族分裂的重要原因。氏族繁衍到一定程度,必须分裂迁徙,与不同姓氏的氏族交往,才能满足氏族成员的婚姻要求。《满洲实录》记载的清开国传说中的始祖布库里雍顺,入主三姓(ilanhala)部时,娶百里女为妻子①,即是最好的说明。元末明初的动乱、邻族的袭扰这一特殊的历史条件,又促进了女真氏族的大迁徙。大约从努尔哈赤建国上溯六世到八世,女真社会经历了一次大动荡。这次大动荡,除居住在黑龙江江北和绥芬河上游、乌苏里江上游的"野人"女真,有的地方尚保持着哈拉外,其他女真人皆由于迁徙而完成了由哈拉向穆昆的过渡。如曾为建州左右卫主体氏族之一的觉罗哈拉分为八个穆昆。关于觉罗哈拉的分衍过程,《八旗满洲氏族通谱》记述得较为翔实:

  觉罗为满洲著姓,内有伊尔根觉罗、舒舒觉罗、西林觉罗、通颜觉罗、阿颜觉罗、呼伦觉罗、阿哈觉罗、察喇觉罗等氏。其氏族蕃衍,各散处于穆溪、叶赫、嘉木湖、兴堪、萨尔浒、呼讷赫、雅尔湖、乌喇、瓦尔喀、松花江、阿库里、佛阿喇、哈达、汪秦等地方。②

《八旗满洲氏族通谱》虽成书于雍正年间,但因为是稽考满洲源流之作,所以对女真人由哈拉向穆昆过渡的过程辨析十分清晰,合乎"因生赐姓,胙土命氏"的规律。

明初,在女真地区设置的羁縻卫所,"俾仍旧俗,各统其部"。部就是"按原籍地名分类编辑"的穆昆③,卫所基本上是以穆昆为单位设置的。胡

---

① 《满洲实录》卷一。
② 《八旗满洲氏族通谱》卷一二。
③ 《八旗满洲氏族通谱》卷首。

里改部为一个穆昆,明设建州卫,阿哈出为穆昆达①,执掌卫事。斡朵里部为一个穆昆,猛哥帖木儿为穆昆达。宣德八年(1433),猛哥帖木儿及长子权豆被七姓兀狄哈人所害,斡朵里穆昆惨遭损失,由其弟凡察掌穆昆事。猛哥帖木儿次子董山逃回后,其穆昆成员拥立他继其父为穆昆达,执掌建州左卫。凡察为另一个穆昆达,执掌建州右卫。穆昆是明代女真社会内部氏族组织的基本形态。由于处于明朝统治之下,其外在的形式是明的羁縻卫所,氏族的穆昆达又是明卫所的职官。

  进一步考察穆昆的内部状况就会发现,每一个穆昆内,存在着若干有血缘关系的包(boo)。"boo",在满语中本义是住在一间房屋的建立在婚姻和血缘关系基础上的家庭,是一个以一夫一妻制为基础的户。可见,女真人的最基本的社会单位是家(boo),亦即户。现试将斡朵里部凡察一姓各家所属村落列表如下②:

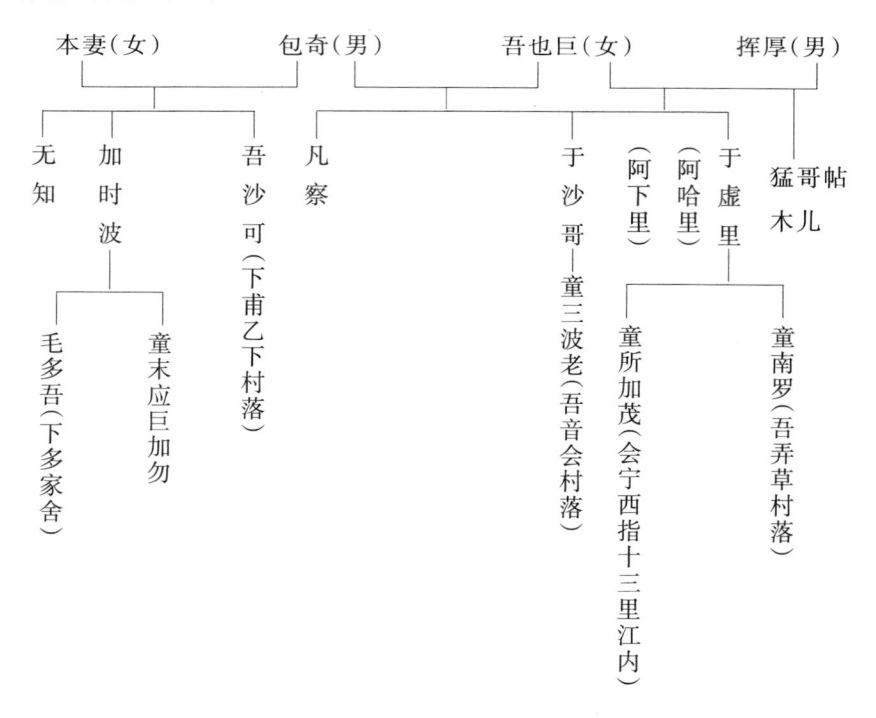

```
      本妻(女)   包奇(男)   吾也巨(女)   挥厚(男)
         |_____|            |_____|
         |    |    |      |         |    |    |
        无   加   吾     凡        于   (阿)(阿)于  猛
        知   时   沙     察        沙   下  哈 虚  哥
             波   可               哥   里) 里)里  帖
             |    (下              |                木
         ____|    甫               童                儿
         |    |   乙               三
        毛   童   下               波   童    童    童
        多   末   村               老   所    南    
        吾   应   落)              (吾  加    罗    
       (下  巨                     音   茂    (吾   
        多  加                     会   (会   弄    
        家  勿)                    村   宁    草    
        舍)                        落)  西    村    
                                        指    落)   
                                        十          
                                        三          
                                        里          
                                        江          
                                        内)         
```

----
① "达"(da),首长。穆昆达,氏族长。
② 《李朝成宗实录》卷五二。

由上表可知,童南罗和童所加茂是亲兄弟,分居在吾弄草和会宁西指十三里江内两个不同的村落。童三波老是他们的从兄弟,又分居在吾音会村落。吾沙可和毛多吾是叔侄,分居在下甫乙下和下多家舍。毛多吾和童南罗等是同一祖父的孙子,吾沙可和童南罗等也是叔侄关系。由此可知,原来包奇一家仅仅三代,便已经分居在5个村落了,可见建州女真人是分家另过的。

那么,明代女真人的家是怎样的呢？成化十一年(1475),据被建州女真人劫去、后逃到朝鲜的汉人阿家化说:"俺年十四岁时,为建州贼松古老等所抢,随住其家。松古老妻一人,子二人,女一人,唐女二人。"①正德十三年(1518),建州酋长金主成可的女婿童尚时向朝鲜平安道节度使李长生叙其家庭情况时说:"主成可率二子同居,长子、次子及我则各居。"②松古老这位能聚众一千几百骑的女真酋长,家里仅5口人。而另一女真首领仅与二子同居,至多是4口之家。可见明代女真人的家是建立在婚姻和血缘关系基础上的一夫一妻制的家庭。

这种家(boo)分布在村落或村屯、村寨(gasan)里。

女真人的村屯或村寨,至少在金代就已存在。《金史语解》载:劾山部的劾山为噶珊,被称做乡③。在明初的《华夷译语》中称村为哈厦(hasa)。《清文汇书》中gasan称村。《增订清文鉴》云:沿着各城郭(hecen hoton)的外侧的党或里(falga,法拉嘎)的街道住的家(boo)称gasan④。康熙朝《御制清文鉴》卷一二"嘎珊"条曰:"ya ya hoton hecenitu lergi fai gat e henge bega san sembi"。汉语为城堡外围若干法拉嘎(falga)构成的住所称嘎珊。法拉嘎,据《清文总汇》载:"宗族之族与穆昆法拉嘎(mukunfalga)同。"⑤羽田亨《满和辞典》"falga"条收集了"falga"的各种含义:"1.一族、同族(10.人伦二:族);2.部落,一街上にある家の集团(19.城郭:党);3.书记が事务を执る所、役场(20.部院一:甲);4. Niruifalga同じ,村の集会所(汇:本佐

---

① 《李朝中宗实录》卷五三。
② 《李朝中宗实录》卷六一。
③ 《金史语解》卷二《部族》。
④ 《增订清文鉴》卷一九。
⑤ 《清文总汇》卷一二。

领人众聚会议话的去处,即 Niruifalga 也)"①。上述引文括号前为日文解释,括号内为清代满语辞书解释。由此解释不难看出,法拉嘎的含义在不断演变,即由血缘组织的"族"(mukun)的同义语变为地缘组织的"党"、"甲",以至佐领的议事场所。由此可知,法拉嘎为穆昆的同义语,噶珊是由原属一个穆昆或不同宗族的法拉嘎所组成的地缘组织。

明代女真的村屯称 gasan。有关明代女真村屯组织的史料,迄今为止最基本的史料是《李朝实录》中转引的《鲁山君日记》卷一三"鲁山君三年(1455)三月己巳"条所收的李氏朝鲜咸吉道体察使李思哲对居住在图们江两岸的建州女真的调查报告。我们根据李思哲的报告,介绍一下图们江女真人的村屯组织。

(一)会宁附近有 21 个村屯。7 个斡朵里村屯,13 个兀良哈村屯,1 个所属部落不清楚。从血缘关系看,每个村屯均为多姓,没有一个村屯是血缘的同姓。如会宁附近的吾弄草村屯李贵也管下的斡朵里部,"四十余家,内壮丁八十余名"。有 13 个姓氏,其中童姓 5 家、李姓 2 家、浪姓 3 家。检考其世系,也并非同一血缘。就连凡察家族父子兄弟,竟也分居在 5 个村屯。

(二)钟城附近有 7 个村屯,皆属兀良哈。血缘村屯只有 1 个,未载其家数,只记"右入族类三十余名",其余的均是多姓。

(三)稳城镇附近有 5 个村屯,4 个兀良哈村屯,1 个女真村屯。没有血缘村屯,皆为多姓。

(四)庆源镇附近有 8 个村屯,3 个兀良哈村屯,4 个女真村屯,都是多姓。

(五)庆兴镇附近有 8 个村屯,5 个骨看村屯,3 个女真村屯。除骨看兀狄哈两个血缘村屯外,其余皆为多姓。

图们江流域的女真分布是这样,居住在其他地方的女真也莫不如此。成化十一年(1475),朝鲜碧潼郡中寺住僧被建州女真首领李甫儿加大(李满柱之子)掳掠,途经婆猪江(今浑江),"历野人所居之屯五:初屯十余家,第二屯又十余家,第三屯二十余家,第四屯又二十余家,第五屯六七家

---

① [日]羽田亨:《满和辞典》,第 125 页。

也。"①嘉靖七年(1528年)朝鲜边将叙述鸭绿江下游女真人的分布情况:"边方之人如出一口而言之云,且彼人所居,非如大都,而无城郭,或二十余家,或三十余家,作屯聚居"②。

村屯或村落,满语称嘎珊(gasan),是建州女真人的社会组织。从上面所述的女真村屯的情况,我们可以获得下述认识:建州女真的村屯是以地缘性为主的组织,基本上一个部落(aiman)的人居住在一个村屯。李思哲报告中的50个左右女真部落,有45个部落各自居住在一个村屯,说明女真的部落仍有一定的凝聚力。但更应引起人们注意的是,同一部落的人已经分居在许多村屯。如斡朵里部人分居在会宁镇附近7个村屯,兀良哈部人分居在28个村屯,表明女真人的部落已被村屯所切割,每个村屯由嘎珊达(村、屯长)来管理。氏族组织不知不觉地变成了地缘组织,"亲属性质的联系愈让位于地区性质的联系",但是,"其成员间原先的亲属关系的痕迹还往往是很显著的"③。在gasanda(噶珊达,即村长)外还有halada(姓长、族长),管理婚姻和祭祀,表明地缘性居主要地位,血缘性的组织还跨村屯保留。

再举两条稍晚的材料来进一步说明。万历十一年(1583),栋鄂部部长克辙巴颜引兵攻宁古塔部所属东南二处地方,宁古塔贝勒相与谋曰:"我等皆同祖所生,分居十二处(gasan),势涣散,难相声援,当聚族(mukun)而居。"即定议。索长阿子吴泰又反对其议曰:"一处(gasan)何可居也,将不为孳息畜产地乎?今不必聚居,借兵于哈达万汗。"上文所说宁古塔贝勒为德世库、刘阐、索长阿、觉昌安、包朗阿、宝实,由兴祖都督福满所生。六主与其子分处12个村屯,这些村屯以赫图阿拉为中心,"近者五里,远者二十里,环卫而居"④。由此可知,宁古塔部(aiman)至少分居于10个村屯。这种村屯是以地缘为主,带有血缘性的组织,而这种血缘性的组织长期地保留着。

建州女真的村屯一般由10户至40余户人家组成。据李思哲的报告,

---

① 《李朝中宗实录》卷五三。
② 《李朝中宗实录》卷六一。
③ 恩格斯:《家庭、私有制和国家的起源》,《马克思恩格斯选集》第四卷,第148页。
④ 《清太祖实录》卷一。

会宁镇吾弄草屯居住斡朵里人 40 余家,壮丁 80 余名。会宁镇以西 135 里远的无乙屯居住兀良哈人 20 余家,壮丁 40 余人。会宁镇以西 90 里斜地屯住兀良哈人 15 家,壮丁 30 名。不足 10 家的村屯有 10 个,11 家到 20 家的村屯 4 个,21 家至 30 家的村屯 4 个,31 家至 50 家的村屯 3 个。钟城镇附近的 7 个村屯,10 家以下的村屯有 3 个,11 家到 20 家的村屯有 2 个,20 家以上的 2 个。鸭绿江一带女真人的村屯也大致相同,每村屯"或二十余家,或三十余家,作屯聚居"①。

建立在女真人基层单位家基础上的村屯由族长(mukunda)和村屯长(gasanda)来管理。凌纯声在他所著的《松花江下游的赫哲族》一书中详细记载了赫哲人的社会组织。据他所述,氏族是赫哲社会的基本组织,当时氏族有两个名称,一是哈拉(hala,姓),一是穆昆(mukun,族),哈拉为其原来的母氏族,"穆昆"为哈拉中迁徙他处的子氏族。女真人的姓氏和氏族是一个词,也称"穆昆哈拉"。同一哈拉或同一穆昆的人必须遵守同一族规,不许通婚,实行严格的族外婚。每一族由族人公举族长(穆昆达)一人,一般由德高望重、有财力者担任。族长管理全族的"司法行政"。如有离婚事宜,当事者报告族长,由族长裁决。如发现族长有不法行为,由全氏族另选举他人。若干个氏族聚居的地方为屯,赫哲语称屯长噶珊达(gasanda),由各氏族长选举,管理一屯的事务。凌纯声所记赫哲人的情况,对我们认识明代女真人的社会组织很有裨益。

建州女真人的生产活动是以村屯或以族为单位进行的。正统十二年(1447),据朝鲜平安道都节制使朴以宁的报告:建州女真人"其渔猎之时,则自三月至于五月,又自七月至于十月,人数多不过三十,少不下十余。……或曰野人渔猎者,率以二十余人为群,皆于郁密处结幕。每一幕三四人共处,昼则游猎,夜则困睡,积柴燃火"②。这条材料反映了女真人的生产情况。即女真人以村屯、宗族为单位,各家出男丁,结成十几人至三十几人不等,分为若干幕,每幕几人"于郁密处"从事狩猎活动。幕是居留的小屋,或曰窝铺,满语称塔坦(dadan),住在同一塔坦从事狩猎的人,由同族或

---

① 《李朝中宗实录》卷六一。
② 《李朝世宗实录》卷一一五。

同村屯组成。由此可见塔坦是一种生产组织。这种生产组织在狩猎时有一定的分工。所谓"胡人之风分山守之,利其山之产焉。若弃旧守之山,则无可依居处"①。发生战争时可集结几百人,甚至几千人,共同行动。村屯的村长与族长,即朝鲜官员申忠一在《建州纪程图记》中所说的各部落的酋长。关于其职掌,该书有如下记载:"各部落酋长,聚居于城中,动兵时,则传箭于诸酋,各领其兵,军器、军粮使之自备","粮饷、奴酋等各处部落,例置屯田,使其部酋长,掌治耕获,因置其部,而临时取用"②。这里所说的各部落应是各村落、村屯,那么所说的"酋长"就应是各村屯的 gasanda(村长),平时管理耕种之事,战时各率其村屯之兵,自备兵器、军粮参战。

固山牛录制度,就是在女真氏族制度穆昆塔坦组织的膨胀及其职能的衰退过程中,逐渐形成和确立的。

自万历十一年(1583)努尔哈赤起兵,对女真各部进行统一战争起,女真社会的氏族制度受到剧烈的冲击。一方面是努尔哈赤的穆昆组织迅速膨胀,其他各部的穆昆组织遭到破坏;另一方面努尔哈赤的穆昆由于迅速膨胀而不得不分裂为若干个穆昆,并且在膨胀和分裂的过程中蜕变,逐渐地丧失了穆昆组织的主要职能。固山牛录组织便突破了穆昆组织对它的局限,最后取代了穆昆组织的主要职能,成为女真人的社会组织。

穆昆制度蜕变的直接因素是女真各部间的掠夺、征服和兼并战争。按照女真人的习俗,凡是征服战争中的投降者及归附者,都要收养于自己的穆昆之中。因为氏族的全部力量、全部生活能力决定于它的成员的数目。努尔哈赤自起兵之日起,就将投降者和归附者加以"编户"、"恩养"。

穆昆制度蜕变的深层次因素,则是经济因素的杠杆作用,要求用征服和兼并战争来打破血缘关系的氏族制度的封闭。

明代女真各部之间激烈而又频繁的战争,还有其特殊的历史原因,那就是对明廷的朝贡贸易和马市贸易。有明一代的女真各部头人,既是氏族部落的首领,又是明廷设置的羁縻卫所的职官,基于这双重身份,又成为凭借明廷颁发的敕书获得从事朝贡贸易和马市贸易特权的"市夷",占有敕书越

---

① 《李朝中宗实录》卷八一。
② 申忠一:《建州纪程图记》。

多,"擅参貂之利"就越大,其氏族部落就越富强。因之,抢夺敕书的战争,从嘉靖中期开始愈演愈烈。努尔哈赤征服、统一建州女真各部之日,就是他占有建州女真全部敕书(500道)之时。

关于明代女真人的穆昆组织蜕变的详细过程,由于史料所限,已经难以追寻其踪迹。但是,由于满文档案中幸而保存有万历三十八年(1610)的穆昆塔坦组织的记载①,因此根据这份比较完整的材料,再参考其他文献中的零星材料,就可能勾画出努尔哈赤时穆昆组织膨胀和分裂的大概过程及其主要职能衰退的具体表现。

如前所述,在努尔哈赤的祖父觉昌安时,宁古塔是一个穆昆。努尔哈赤从其父亲塔克世家族中分离出来独掌门户,到他起兵时,以努尔哈赤为代表的家庭已壮大成为一个穆昆。这个穆昆在兼并建州各部的战争中招抚日众,其穆昆迅速扩大,收养在其穆昆内的投降者和归附者便成为异姓成员,被编入穆昆内的基层单位塔坦中,在努尔哈赤及其近亲家族(弟、子、侄)的统率下从事狩猎和战争。当然,这些被编入努尔哈赤穆昆内的成员仍有其自己的姓氏(穆昆哈拉),其原血缘关系的穆昆,对其祭祀和婚配仍有氏族的约束力。但是最主要的社会经济活动(狩猎和战争)则要在努尔哈赤的穆昆组织内进行。这样,在建州女真人的氏族组织中,就形成了一个显贵的统治其他一切穆昆的穆昆,可以称之为领主穆昆,亦即努尔哈赤的穆昆,它以"收养"的形式统治其他各穆昆的成员。统治的穆昆执行着社会的政治、经济、军事的职能,而被统治的穆昆主要是执行祭祀和婚配的职能。

大约在统一建州女真之后,努尔哈赤的大穆昆由于过分膨胀,不得不分为两个穆昆。关于这次穆昆的分裂,《满文老档》记载:"聪睿恭敬汗之弟舒尔哈齐贝勒系惟一同母弟,故凡国人(gurun)、贤良僚友(gucu)、敕书、奴仆(aha)以及诸物,皆同享之。"②朝鲜《李朝实录》和申忠一的《建州纪程图记》将努尔哈赤和舒尔哈齐记作二部,以及明朝文献称之为"奴速二酋",都是记述分成两个穆昆后的情况③。两个居于统治地位的穆昆,分别以努尔哈赤和其弟舒尔哈齐为首领,从文献上可以知道延续到万历三十六年(1608)。这一

---

① 《满文老档》卷七九至八一。
② 《满文老档》第一册,第7页。
③ 参见申忠一:《建州纪程图记》;《明世宗实录》卷四四一。

年的十二月,努尔哈赤持建州500道敕书中的357道,舒尔哈齐持140道,赴京师入贡①。哈达和辉发灭亡之后,两个居于统治地位的穆昆,又由于过多的"收养"而迅速膨胀,不得不再一次分裂为三个穆昆。这一次的改编穆昆和前次不同,有一点显著的变化,就是拆散被征服的女真人的血缘和原住地的联系,分别编入不同的穆昆中。努尔哈赤的长子褚英成为新编穆昆的首领。与此同时,三个穆昆之间的矛盾也在发展。万历三十七年(1609)舒尔哈齐因与乌拉部联姻,结成萨敦哈拉,想要离开努尔哈赤,被努尔哈赤强行制止,曾暂时收回分给舒尔哈齐的国人、僚友、敕书和奴隶(同年又发还)。舒尔哈齐的地位降低,和努尔哈赤次子代善共同成为第三穆昆的首领。万历三十八年(1610)的族籍表,记载了这三个穆昆的情况。这时的穆昆,其社会组织仍然是两级,基层组织是塔坦,第一穆昆由12个塔坦组成,第二穆昆由13个塔坦组成,第三穆昆也由12个塔坦组成,塔坦既是社会生产组织,又是财富分配的单位。就是说,在穆昆塔坦制度内发展着的固山牛录组织,还没有取代女真人原来的社会制度穆昆塔坦组织。

同时,我们可以从族籍表所记载的穆昆组织状况中判断出,这种穆昆塔坦组织已经形成许多自我否定的因素。维护制度的主要职能已经衰退和变化,正在向相反的方向转化。

变化之一是,女真人的数以百计的穆昆,其成员都被编入努尔哈赤的血缘家族成员居于统治地位的三个穆昆之中。显贵的努尔哈赤家族已经在事实上高居于所有女真人的穆昆之上。所有穆昆的主要经济职能,都不能再以其本穆昆的组织来进行,这就从根本上破坏了女真人的氏族制度。

变化之二是,不仅有原来同一部落、同一穆昆的成员,而且将归附者、降服者都收养在这三个穆昆中,使这三个大穆昆不再是血缘的氏族组织。氏族组织本来是血缘纽带结成的社会集团。而今,全部女真人(不含乌拉和叶赫两部)编成三大穆昆,每一穆昆中都包含许多不同的姓氏,只保存穆昆的外壳,丧失了同一血缘的纽带。

变化之三是,财产分配的不平等。敕书是女真各级首领们的重要财产,族籍表中记载了哈达部原有的363道敕书的分配,约为三个等次,第一个等

---

① 《明世宗实录》卷四五三。

次:努尔哈赤41道,其子褚英和代善各40道,舒尔哈齐和其子共35道,哈达部原首领武尔古代30道。第二个等次:后来成为努尔哈赤的五大臣的额亦都、何和里、费英东、扈尔汉、安费扬古各8道到5道不等。另外,乌拉部的先祖、塔山前卫首领速黑特的后裔雅虎和茂巴里共有9道,哈达部王台的后裔苏巴海有5道。234道近三分之二的敕书集中在努尔哈赤及其家族和纳喇氏(哈达和乌拉部皆为纳喇氏)的手中。其余的129道敕书,分给其他众多的有身份地位的人,每人一、二道,还有二三人共有一道的。这是极为悬殊的差额分配,它必然导致氏族制度的瓦解。

氏族组织是以血缘为纽带,其成员共同劳动从事生产、平等分配的组织。而这些基本属性在努尔哈赤统辖的三大穆昆中皆消失殆尽。此后,在满、汉文的文献上则已看不到关于穆昆组织及其社会职能的记述。万历三十九年(1611)舒尔哈齐被幽禁而死,万历四十一年(1613)褚英被囚,表明努尔哈赤吞并了这两个人的部众。

我们从后来的满族人的祭祀和婚配可以知道,满族还是和与其原来的姓氏相异的姓氏婚配,以其原来的穆昆的始祖为其祭祀的始祖,而不以曾编入的这三个穆昆作为婚配和祭祀的氏族制度原则。这就说明了努尔哈赤起兵以来27年间人为强行编制的穆昆,并不是根植于满族人社会生活中的氏族组织。当固山牛录制度在其内部发生变化、突破其限制而取代之时,女真人(满族)的社会制度便由穆昆塔坦制度进化为固山牛录制度了[①]。

清代的八旗组织是在牛录组织的基础上形成的。万历十九年(1591),努尔哈赤统一建州诸部。伴随统一战争的进行,归附人口日众,先前那种带有血缘关系的军事与生产组织,已不适应统一战争的需要,遂于万历二十九年(1601)组建八旗,以300个男丁为一牛录。《满洲实录》卷三记载:"是年,满洲国太祖淑勒贝勒,始以三百男为一牛录(niru),每牛录下设牛录额真(eien)。先前行师打猎时,不论人之多寡,照依族(mukun)寨(gasan)而行。"先前以一族一村为单位的生产组织形式,至此被吸收入以300个男丁

[①] 书中有关穆昆塔坦组织的膨胀及其职能的衰退的内容,参考李洵、薛虹主编:《清代全史》第一卷,辽宁人民出版社1985年版。

为一牛录的社会组织中。万历四十三年(1615),努尔哈赤最后确立了八旗牛录制度。对这一重大事件,《满文老档》记载如下:

> 聪睿恭敬汗将收集众多之国人,尽行清点,均匀排列,每三百丁编一牛录(niru),牛录设额真(eien)一人,牛录额真下设代子(daise)二人、章京(janggin)四人。村拨什库(gasanbosoku)四人。将三百男丁以四章京之分编塔坦(tatan),无论作何事,往何地,四塔坦的人按班轮值,其同工、同差、同行走。①

根据上段材料可知,牛录本来是女真社会中的狩猎组织,这种狩猎组织以族、寨为基础。努尔哈赤为了统一战争的需要,把归附日众的国人平均划一,以300个男丁编为一牛录,置牛录额真,其下置代子(骁骑校)两人。每牛录300个男丁分成4个塔坦。塔坦是女真人穆昆内部的固有组织,最初是随着季节的变化,采集、狩猎经济活动的不同,以3—4人为一伙组织起来,后来便固定化成为穆昆内部的基层组织。其后,由于狩猎规模的不断扩大,就在塔坦之上设一人指挥几个塔坦的成员统一行动,凡是采集、渔狩,特别是狩猎和战争,都由这个人担任指挥,指定方位,分工协作,几个塔坦统一行动的组织即是牛录。《清太祖武皇帝实录》又载:"满洲人出猎开围之际,各出箭一枝,十人中立一总领,属九人而行,各照方向,不许错乱,此总领呼为牛录厄真。"②据此记载可知,牛录额真的委派和牛录的设置仅仅是临时性的,只限于"出猎开围",所辖少则9—10人,多不过20—30人。对其总领称牛录额真。牛录,是大箭的意思,额真是主人、头人的意思,清入关后,称为佐领。

努尔哈赤时期编设的牛录,在《八旗通志》和《八旗满洲氏族通谱》中概称之为"国初"的牛录,到努尔哈赤即位时,大体以300个男丁为准。也有原来的村屯被编成一个牛录的。如苏完地方三潭"领三百户来投,编牛录,令其子布赖统之"。长白山地方辉和氏叶克书"国初,率尼马察村三百余人来归,编佐领统之"。还有原来的村屯被分为几个牛录的,如尼马察地方的西林觉罗氏雅尔纳,"国初,同亲伯之子阿格巴颜,率领部属来归,编三佐

---

① 《满文老档》第四册,第36页。
② 《清太祖武皇帝实录》卷二。

领"。安褚拉库地方的他塔喇氏罗屯,"国初,率八百户来归……编二佐领"。与此同时,原来的几个村屯被编成一个牛录的也很多,如宁古塔地方的宁古塔氏瑚克特克在国初率 9 村 50 户来归,被编成半个牛录①。穆溪地方的伊尔根觉罗氏阿尔塔什于"国初,率七村户口来归,太祖高皇帝以宗室之女妻之,设佐领,令其长子阿山统焉"②。此外,国初努尔哈赤将战争俘获的人口赐给有功之臣管辖,也属此种情况。如《碑传集·弘毅公额亦都家传》记载:"诏以公所俘获者,益以赏给户口,为三佐领,隶公家,俾无预上役,为公私属,供田虞,并采人参,备药物以奉公。"③努尔哈赤因额亦都征战有功,将其俘获的人口赏给他,编成三佐领,作为私属,为其从事农耕、狩猎等劳动。像这样被俘获人口编入牛录的事例很多。又如长白山地方富察氏苏尔东阿"国初来归,令其镇守辉发。时有七村人,据佛多扣城以叛,苏尔东阿率兵往围,三月下之,招降四十户,以招降户口,编佐领,使统焉"④。需要注意的是,这里所说的"俘获者"或"投降者",与上文所载的从某部"来归者"身份是不同的。"来归者"编入牛录成为旗丁,"俘获者"、"投降者"编入牛录成为奴仆,在主人的田庄(tokso)从事耕种。这种情况为万历四十七年(1619)降后金的朝鲜官员李民寏亲眼所见:"自奴酋及诸子,下至卒胡,皆有奴婢(互相买卖)、农庄(将相则多至五十余所),奴婢耕作。以输其主,军卒则但砺刀剑,无事农亩者。"⑤

上述牛录,是以原来的村屯为基础,以 300 个男丁为基准数,重新编成的。这种村屯中的血缘关系愈来愈让位于地缘关系。先前管理各部的 aimanda(部长)和村屯的 gasanda(村屯长)、mukunda(族长)被编入八旗牛录组织中,成为牛录额真下的 janggin(章京)和(gasanbosoku 村领催),也称为"守堡"。如《满文老档》天命六年(1621)三月条载:"给管牛录的千总银各十两,布各十匹,缎子各一匹,给村领催的守堡布各四匹。"天聪八年(1634)四月官名改革,牛录额真改牛录章京,章京改小拨什库(也称拨什

---

① 以上见《八旗满洲氏族通谱》卷一、卷三九、卷一七、卷一一、卷四一。
② 《八旗满洲氏族通谱》卷一二、卷二六。
③ 钱仪吉:《碑传集》卷三。
④ 《八旗满洲氏族通谱》卷一二、卷二六。
⑤ 李民寏:《建州闻见录》。

库)。村领催称屯拨什库。不过有的地方亦称拨什库为千总。据《柳边纪略》载:"每站笔帖式一(俗呼邦识),拨什库一(俗呼千总)"①。

随着征服战争的不断扩大、牛录编设的增多,为适应多兵力大规模作战、统一指挥的需要,努尔哈赤将若干个牛录组成一个军事单位,设一首领统率,以旗为标志,组织行军或战斗。这样,便在牛录之上组建了固山(旗)。早在万历二十一年(1593),努尔哈赤迎战叶赫部组织的九部联军,"令诸王大臣等各率固山兵,分头预备"②。此时,已经有不止一个固山了。固山是女真人军事编制的最大单位。开始,努尔哈赤一个人指挥各牛录兵作战,没有固山组织,战争中有包抄的需要,分成两路,各以不同的旗导引,逐渐固定化,形成二固山。随着牛录的再增加,战争要求四面包围,又分为四固山。清代文献有的记载编设四旗是在灭亡哈达之后的万历二十九年(1601),以黄、白、红、蓝四色旗帜为标记。万历四十三年(1615)十一月,努尔哈赤整编女真氏族社会军事组织,最后确立了固山牛录制度,即八旗牛录制度。

八旗牛录制度取代穆昆塔坦制度的过程中,女真社会内部的社会关系也相应地发生了变化,逐渐形成了汗与伊尔根、贝勒与诸申、额真与阿哈的阶级对立关系,这种阶级结构的出现,带来了财产分配和私有化诸方面的变化,所有这些都表明了八旗牛录制度下的女真社会,已形成与穆昆塔坦制度根本不同的阶级社会。

八旗牛录制度下女真社会关系中最基本的、决定女真社会性质的,是贝勒与诸申的关系。

贝勒(beile),女真社会中原来的各部之主皆称贝勒。如叶赫、乌拉、辉发、哈达等部,其首领皆称贝勒。努尔哈赤称淑勒贝勒(surebeile),汉译为聪明的贝勒。其祖父觉昌安六兄弟称宁古塔贝勒,其弟舒尔哈齐、穆尔哈齐皆称贝勒。贝勒分为主旗贝勒和不主旗贝勒。主旗贝勒,满语称为和硕(hoso)贝勒,和硕为四方四角之意。和硕贝勒(hosoibeile)意为一方之主,就是专主一旗之主。在努尔哈赤时期,主旗的和硕贝勒如下表:

① 杨宾:《柳边纪略》卷三。
② 《清太祖武皇帝实录》卷一。

旗色别	1607年	1616年	1626年
正 黄	努尔哈赤	努尔哈赤	努尔哈赤
镶 黄			
正 红	代 善	代 善	代 善
镶 红			岳 托
正 白	褚 英	皇太极	皇太极
镶 白		杜 度	杜 度
正 蓝	舒尔哈齐	莽古尔泰	莽古尔泰
镶 蓝		阿 敏	阿 敏

努尔哈赤是八旗之总主（汗），又是两黄旗的和硕贝勒。和硕贝勒和本旗不主旗的其他贝勒同是本旗属下各牛录之主，和硕贝勒又是本旗不主旗贝勒之主。和硕贝勒和不主旗的贝勒都是努尔哈赤和舒尔哈齐的兄弟子侄。他们的子孙还有更多地位低下一点的，仿照蒙古的称呼，称之为台吉，后来称之为阿哥（age，皇子）。这一部分人是整个女真社会的专主者和占有者。八旗之间没有统属关系，是平等独立的关系。

努尔哈赤家族之外，诸元勋等家族是社会中的贵族阶层，主要是女真氏族，也包含蒙古贵族及投降的汉官。其中最显赫的是满洲俗称的八大家，据《啸亭杂录》记载为：费英东所出的瓜尔佳氏、额亦都所出的钮祜禄氏、杨古利所出的董鄂氏、阿兰泰所出的辉发氏、布占泰与孟格布禄所出的乌喇氏、图鲁什即硕翁科罗所出的伊尔根觉罗氏和图海所出的马佳氏。这些家族皆占有大量的诸申户。

诸申（jusen），在满语中和女真是一个词，为女真社会氏族成员的称呼。原在穆昆塔坦中从事采集、渔捞和狩猎，受氏族首领指挥和统辖。在努尔哈赤编设固山牛录组织的过程中，各女真户皆隶属牛录额真管辖，其身份便从氏族的成员沦为固山贝勒的部下和隶民，这种普遍的身份变成隶民的女真人，汉译写作诸申。朝鲜人申忠一在万历三十三年（1595）冬访问努尔哈赤所居的汗城佛阿拉，其属下诸申说："前则一任自由行止，亦且田猎资生，今则既束行止,又纳所猎。"①这句话十分准确地说明了女真氏族成员身份地位的变化。隶属于牛录组织的诸申从过去承担狩猎的生产义务,变为对八旗贝勒承担兵役、劳役和赋役,受八旗贝勒的统治和剥削。

诸申男丁最沉重的负担是兵役。诸申要随旗驻防,要被签发去打仗,每次出征要买马备鞍,自备粮食、军械等。这些虽说是诸申的私有财产,但必须在牛录额真的监督下准备好,否则要受到处罚。如果诸申的"军用盔甲、弓箭、枪、长柄大刀、鞍辔等物"②没有准备好,牛录额真就要受到严罚;"倘一应物件修治完好,军马肥壮",牛录额真则升职。

诸申还要承担无休止的劳役。诸申承担的劳役是十分繁重的,如筑城、建边堡、建烽台、运送石木和粮草、挖壕。努尔哈赤几次迁都,每一次迁都都要大兴土木,诸申都要按男丁人数,轮番赴役。

诸申还要开垦土地屯田。努尔哈赤为了解决粮食问题,于万历四十一年(1613),按牛录抽丁屯田积粮,代替征粮。"命一牛录出男丁十人,牛四头,以充公役,垦荒屯田。"③在这以前,申忠一在万历二十四年(1596)冬来佛阿拉时看到:"奴酋等各处部落,例置屯田,使其部酋长,掌治耕获,因置其部,而临时取用,不于城中积置。"④这种从各部女真家户征收粮赋的办法,"国人苦甚"⑤。改为签发牛录属下男丁,充公差,统一屯垦,置仓储粮,免除或减少征收,是减轻诸申户的负担,保证战争胜利进行的措施。

屯田以外,诸申还要缴纳各种临时签派的物品。其征赋签役的方式,据《建州闻见录》载:"凡有杂物收合之用,战斗力役之事,奴酋令于八将,八将令于所属柳累将,柳累将令于所属军卒,令出不少迟缓。"⑥

正是由于诸申对贝勒要承担上面所述的这些义务,所以努尔哈赤才说:"如果没有诸申,贝勒怎能生存呢。"⑦

诸申属自由民,有家庭,有牲畜、房屋以及一切生产工具、生活用品,也

---

① 申忠一:《建州纪程图记》。
② 《满文老档》第四册,第36页。
③ 《满文老档》第四册,第36—37页。
④ 申忠一:《建州纪程图记》。
⑤ 《旧满洲档》荒字档。
⑥ 李民寏:《建州闻见录》。
⑦ 《旧满洲档》晟字档。

包括奴隶。

八旗牛录社会制度中第二种对立关系是额真与阿哈的对立关系。

额真(ejen)来自蒙古语,是"主人"的意思。女真人家庭的家长为额真,从努尔哈赤、诸贝勒、大臣,直到诸申户,每个家庭都有额真。这个家庭是由与家长有直接血缘关系的若干自由人和若干非自由人(阿哈)组成的。阿哈(aha)是奴隶。在女真氏族社会,女真家庭(boo)蓄奴的现象十分普遍。奴隶的主要来源是抢掠的汉人和朝鲜人。朝鲜文献记载,自永乐二十二年(1424)至宣德八年(1433)10 年间,被抢掠的汉人奴婢自建州女真逃到朝鲜,经朝鲜送还辽东都司的有 566 名①。据统计,明朝政府向建州女真讨还被掳汉人约 1500 人,当时建州女真人口估计为 2300 余户,不到两户就要逃跑一个奴隶,可见女真掳掠汉人和朝鲜人为奴的数量是惊人的。这些被掳掠来的奴隶与主人同室而居、同桌而食,所以称作包衣阿哈(booiaha),为家内奴隶的意思。阿哈主要从事农耕和家内使唤。

汗和伊尔根的关系,不同于前两者的社会关系,是国家统治者和其臣民的关系。伊尔根是和汗相对应的民。所谓"天子为汗,汗子为诸贝勒大臣,诸贝勒大臣之子即为民(伊尔根)"②。伊尔根不仅包括女真人,还包括蒙古人和汉人。

如上所述,八旗牛录制度的三种社会关系,为努尔哈赤起兵以后到进入辽沈地区之前的女真社会的基本关系,而贝勒与诸申的关系则是以女真族人为主体的最基本、最普遍的社会关系。

八旗制度的创立,源于女真社会的氏族组织,往上追溯,可接续宋代女真人,与创建金国的阿骨打所建猛安谋克组织有内在联系。同为女真人,而宋代女真人即金国女真人为明代女真人的直接先世。从猛安谋克到努尔哈赤所建八旗制,无疑是一个新创造、新发展。它既是社会组织,也是军事制度,"以旗统人,即以旗统兵"③。正是这一组织,使满族与其先世金国女真人,也与明代女真人区别开来,构成了有清一代社会组织的一大特色。有关八旗制度,历来是国内外学者关注的一个重要问题,也存有争议,如八旗制

---

① 《李朝世宗实录》卷六〇。
② 《满文老档》第四十四册,第 404 页。
③ 《清文献通考》卷一七九。

创立的时间,就有1601年、1605年、1612年、1615年诸说。这里,没有展开论争,只取通常的说法,重在阐明八旗制的由来及其内部关系,至于创立的时间,就显得不那么重要了。

八旗制的建立,把原来的生产组织与军事组织有机地结合起来,使全社会形成了一个严密的整体,在军事上也提高了战斗力,产生了巨大的效力。这为后金的建立创造了一个必要的条件。

4.创制满文

努尔哈赤在统一女真的过程中,地域不断扩大,人口日渐增多,为适应女真社会政治、经济、军事、文化迅速发展的需要,万历二十七年(1599)二月,命额尔德尼和噶盖创制满文。满文的创制和颁行是满族发展史上的一件划时代的大事。努尔哈赤创制新文字,与女真文的消亡有着密切关系。

金代女真人参照契丹文字,创制了女真文。女真文有女真大字和女真小字两种。女真大字为完颜希尹所造。据《金史·完颜希尹传》载:"太祖命希尹撰本国字,备制定。希尹乃依效汉人楷字,因契丹字制度,合本国语,制女直字。"金太祖天辅三年(1119),女真大字颁行。后金熙宗于天眷元年(1138)创制"女真小字"[①],于皇统五年(1145)颁行。但是,随着金朝的灭亡,女真文字也没有保留下来,逐渐变成了历史上的死文字。据文献记载,到元朝末年,懂得女真文的人已经为数不多。明初,女真人尚能使用女真文字。著名的《永宁寺碑记》,就是用汉文、蒙古文和女真文三种文字刻写的。其中女真文的书写人为辽东女真人康安。明成祖朱棣招抚女真吾都里、兀良哈、兀狄哈时的谕旨是用女真文书写的[②]。正统年间,女真人已不懂女真文,改为蒙古文字。据《明英宗实录》正统九年(1444)二月玄城卫指挥撒升哈、脱脱木答鲁等奏:"臣等四十卫无识女直字者,乞自后敕文之类,第用达达字。"[③]明英宗允准。达达字即蒙古文字。到努尔哈赤时期,建州女真与

---

① 脱脱等:《金史》卷四《熙宗纪》,中华书局1975年版。
② 《李朝太宗实录》卷五。
③ 《明英宗实录》卷一一三。

105

明廷和朝鲜之间的公文,"用蒙古字以代言者,十之六七;用汉字以代言者,十之三四"①。当时,女真社会中的政令文书均由汉人龚正陆用汉文书写,再译成蒙古文发布。如《清实录》所载:"时满洲未有文字,文移往来,必须习蒙古书,译蒙古语通之。"②女真人讲女真语,写蒙古文,这种女真语言和蒙、汉文字之间的矛盾,不利于政令文书的通行,远远满足不了女真社会发展的需要。

万历二十七年(1599)二月,努尔哈赤命额尔德尼和噶盖创制满文。《清太祖实录》对此事记载颇为详细,现引录如下:

> 上欲以蒙古字制为国语颁行。巴克什额尔德尼、扎尔固齐噶盖辞曰:蒙古文字,臣等习而知之,相传久矣,未能更制也!
>
> 上曰:汉人读汉文,凡习汉字与未习汉字者,皆知之。蒙古人读蒙古文,虽未习蒙古字者,亦皆知之。今我国之语,必译为蒙古语读之,则未习蒙古语者,不能知也。如何以我国之语制字为难,反以习他国之语为易耶?
>
> 额尔德尼、噶盖对曰:以我国语制字最善,但更制之法,臣等未明,故难耳。
>
> 上曰:无难也,但以蒙古字合我国之语音,联缀成句,即可因文见义矣。吾等此已悉,尔等试书之,何为不可?
>
> 于是,上独断,将蒙古字制为国语,创立满文,颁行国中。满文传布自此始。③

由上述引文可知,创制满文在于使语音与文字相统一;创制满文的方法是以蒙文字母,协合女真语音,拼读成字。那么,怎样以蒙文字母联缀女真语音呢?努尔哈赤对此讲述得很清楚,他说:"写阿字下合一妈字,此非阿妈乎(阿妈父也)?厄字下合一脉字,此非厄脉乎(厄脉母也)?"④

按照努尔哈赤提出的创制满文的基本原则,额尔德尼和噶盖仿照蒙古

---

① 福格:《听雨丛谈》卷一一。
② 《清太祖武皇帝实录》卷二。
③ 《清太祖实录》卷三。
④ 《清太祖武皇帝实录》卷三。

文字母,根据女真语音的特点,开始创制满文。

额尔德尼和噶盖是杰出的满语言专家。史载额尔德尼是满洲正黄旗人,世居都英额,姓纳喇氏。少年时聪颖好学,兼通蒙古文与汉文。投归努尔哈赤后,被赐号巴克什(baksi)。巴克什,汉语为学者的意思。额尔德尼多次随从努尔哈赤征蒙古诸部。他"能因其土俗、语言、文字,传宣诏令,招纳降附,著有劳绩"。天命三年(1618),随努尔哈赤征明,取抚顺。回师途中,明总兵张承荫自广宁聚众追蹑,额尔德尼身先士卒,同诸将领一起还击,"收其众",斩总兵张承荫,因功授男爵。额尔德尼一生虽建树武功,但其主要功绩是创制了满文。噶盖,姓伊尔根觉罗氏,世居呼纳赫,满洲镶黄旗人。追随努尔哈赤屡立战功,"位亚费英东"。他受命创制满文,同年"以事伏法"。额尔德尼"遵上指授,独任拟制"①。满文制成,天命八年(1623)五月,额尔德尼因收受贿赂,以隐匿罪受诛②。额尔德尼虽以微末之罪受诛,其功业却与世长存。天聪七年(1633)清太宗皇太极曾谕文馆儒臣说:"额尔德尼遵太祖指授,创造国书,乃一代杰出之人。"③这个评价符合历史实际,也是公允的。

由额尔德尼和噶盖创制的满文,称为无圈点满文,在女真地区推行30余年,对女真地区政令的推行,与明廷、朝鲜公文的交往,发挥了巨大作用,产生了积极影响。但是,在运用过程中,逐渐发现存在诸多不尽如人意之处。如字母数量少,清浊辅音不分,上下字无别,语法不规范,字形不统一等,这些问题亟待改进。天聪六年(1632),皇太极命满语专家达海改进无圈点满文。关于此事,《满文老档》记载如下:

> 十二字头,原无圈点。上下字无别,塔、达、特、德、扎、哲、雅、叶等,雷同不分。书中寻常语言,视其文义,易于通晓。至于人名、地名,必致错误。是以金国天聪六年春正月,达海巴克什奉汗命加圈点,以分晰之。将原字头,即照旧书于前。使后世智者观之,所分晰者,有补于万一则已。倘有谬误,旧字头正之。④

---

① 以上见《清史列传》卷四《额尔德尼传》;赵尔巽等:《清史稿》卷二二八《额尔德尼传》。
② 《满文老档》第四十八册,第472—473页。
③ 《清史列传》卷四《额尔德尼传》。
④ 《满文老档》第四十五册,第1196—1197页。

皇太极命达海对老满文"酌加圈点以分析之",达到"音义明晓,于字学更有裨益矣"①。

达海,满洲正蓝旗人,世居觉尔察,以地为氏。祖父博洛,努尔哈赤时来归附,父艾密禅官至散秩大臣。达海"幼慧,九岁即通满汉文义。弱冠,太祖召直左右"。当时,"凡国家与明及蒙古、朝鲜词命,悉出其手;有诏旨应兼汉文音者,亦承命传宣,悉当上意"②。不久,命其翻译《明会典》、《素书》、《三略》等汉文典籍。后达海与纳扎通奸,事发,"拟达海、纳扎以死罪"。但努尔哈赤考虑,若杀达海,则再没有像达海这样"通晓汉文汉语者",于是,下令杀纳扎,将达海"缚以铁索,钉于粗木而囚之"③。从轻处置达海,亦见努尔哈赤重文化、重人才。

皇太极继位后,重新起用达海。达海受命改进无圈点满文。《清史列传》本传载:"达海遵旨寻绎,酌加圈点。又以国书与汉字对音未全者,于十二字头正字之外增添外字,犹有不能尽协者,则以两字连写,切成其切音,较汉字更为精当,由是国书之用益备。"④后又翻译《资治通鉴》、《六韬》、《孟子》、《三国志》等汉文古籍。事实表明,满文一经创制,就得到应用,为发展满族文化做出了重大贡献。因积劳成疾,达海于天聪六年(1632)七月庚戌病逝,年仅38岁。皇太极惊悉噩耗十分痛惜,挥泪对群臣说:"今闻病笃,深轸朕怀。其及身未曾宠任,朕当优恤其子,尔等以朕言往告之,因赐蟒缎一、缎二,令侍赍往达海所。"并对达海一生在满语文方面所做的贡献给予极高的评价:"初,我国未深谙典故,诸事皆以意果行。达海始用满文,译历代史书,颁行国中,人尽通晓。……达海与额尔德尼应运而生,实佐一代文明之治。"⑤

满文的创制和颁行,是满族文化发展史上的重要里程碑,这对满族共同体的形成起到了促进推动作用。民族语言与文字,是民族相互区别的显著标志,满文的创制,最终使满族从女真中脱胎而出,并与女真相区别。所以,

---

① 《清太宗实录》卷一一。
② 赵尔巽等:《清史稿》卷二二八《达海传》,中华书局1977年版。
③ 《满文老档》第十四册,第133—134页。
④ 《清史列传》卷四《达海传》。
⑤ 《清太宗实录》卷一二。

满文应是满族形成的一个突出标志。

5. 建国称汗

努尔哈赤在统一建州女真,进而统一海西女真、东海女真及"野人"女真的过程中,逐步走向全民族的统一,其结果,必然建立国家政权。他所做的一切,实际都是为建立国家政权做准备。

努尔哈赤统一女真诸部,一个最实际的历史后果,就是人口迅速增加,地域不断扩大。为管理已得的人口和土地,就要立法、建制度、筑城为首府,这正是国家政权所必需的。早在万历十五年(1587),努尔哈赤就立禁约法,筑佛阿拉城。是年六月二十四日,《清太祖武皇帝实录》卷一载:"定国政,凡作乱、窃盗、欺诈,悉行严禁。"即规定保护私有财产,镇压叛逆,负担赋役。立君臣上下之分,设生杀罪罚之刑,表明国家政权已具雏形。

佛阿拉城是努尔哈赤为女真国——后金国建的第一座都城。"佛阿拉"为满语,"佛"汉语为"陈旧"之意,"阿拉"是低矮的或平顶的山岗。佛阿拉,俗称旧老城。《清实录》载:"上于硕里口虎拦哈达东南、加哈河两界中之平冈,筑城三层,并建宫室。"[①]佛阿拉城位于今新宾满族自治县的永陵乡。《兴京县志》载:"旧老城在二道河南山,上(努尔哈赤)未建赫图阿拉前之都城,基地尚存,土垒方里,故址宛在。"努尔哈赤是在原建州"老营"的废墟上修筑佛阿拉城的。此城与叶赫、乌拉、哈达、辉发等城,虽然规模有大小,但形制都一样。记载此城形制比较详细的是《建州纪程图记》。万历二十三年(1595)十二月,朝鲜南部主簿申忠一奉命出使佛阿拉城,次年正月返回朝鲜。在访问期间,他对佛阿拉城进行了实地考察。《建州纪程图记》是他的考察记录。该书对佛阿拉城的情况记录如下:

>奴酋家在小酋家北,向南造排;小酋家在奴酋家南,向北造排。
>外城周仅十里,内城周二马场许。
>外城先以石筑,上数三尺许,次布椽木,又以石筑,上数三尺,又布

---

① 《清太祖实录》卷一。

椽木,如是而终,高可十余尺。内外皆以粘泥涂之,无雉堞、射台、隔台、壕子。

外城门以木板为之,又无锁钥,门闭后,以木横张,如我国将军木之制。上设敌楼,盖之以草。内城门与外城同,而无门楼。

内城之筑,亦同外城,而有雉堞与隔台。自东门过南门至西门,城上设候望板屋,而无上盖,设梯上下。

内城内,又设木栅,栅内奴酋居之。

内城中,胡家百余;外城中,胡家才三百余;外城外四面,胡家四百余。

内城中,亲近族类居之;外城中,诸将及族党居之;外城外居生者,皆军人云。

外城下底,广可四五尺,上可一二尺;内城下底,广可七八尺,上广同。

城内泉井仅四五处,而源流不长。故城中之人,伐冰于川,担曳输入,朝夕不绝。

昏晓只击鼓三通,别无巡更、坐更之事。外城门闭,而内城不闭。

胡人木栅……家家虽设木栅,坚固者,每部落不过三四处。

城上不见防备器具。

佛阿拉这种以土石为基础夯实,布列木杆,交替上升筑城的方法,我们称之为"夯筑布椽式筑法",即将木椽(与城墙宽度同尺码的细圆木)筑在夯土层中,起着连接加固作用,提高了墙体质量,增强了城墙的坚固程度。可以说,这是女真人利用当地自然资源,因地制宜、因材筑城的一种创造,是建州女真人筑城的特点之一。而内城的建筑,根据申忠一的记载和考古发掘,可知主要有两处,一处是"奴酋"努尔哈赤的居址,一处是"小酋"舒尔哈齐的居址。努尔哈赤的居地处在佛阿拉台地正中的最高处,有7道门。正中有砖墙一道,将栅城均匀地分成东西两院。砖墙正中开一道大门,门楼上盖青瓦,北段中心开一门,亦盖青瓦。木栅城的东院有房屋6栋,20余间,大多为砖瓦房,也有屋顶苫草的。"客厅"在东院正中,其西北是"鼓楼",有两处"行廊",一在客厅东,共8间,一在客厅南,共3间。客厅是努尔哈赤处理公务、接待宾客和祭天祭神之所;鼓楼是专司晨暮报时,以礼乐迎送努尔哈赤出入栅城之处；行廊则是召集臣属议事、饮宴的地方。西院有建筑9所，也是20余间，其中有楼3座。西院的主体建筑是努尔哈赤"常居"之寝宫，坐落在西院中央，共3间，为砖瓦房，雕梁画栋，丹青彩绘。此外，还有神殿、阁台、楼阁等。楼宇最高为三层，上盖丹青鸳鸯瓦，墙涂白灰，壁绘锦绣，柱椽画彩。这些建筑是努尔哈赤最早的"大内宫阙"，东部是其处理政务之"殿"，而西部为其起居之"宫"。舒尔哈齐的居址，由十字墙将院落分成四大块，舒尔哈齐居于西部南院。

至万历三十一年（1603）筑赫图阿拉城迁居之前，佛阿拉城一直是努尔哈赤统治建州女真的首府。

万历十七年（1589），努尔哈赤所辖人口和地域不断扩大。继苏完、雅尔古等部来归附后，又相继兼并了王甲、兆嘉等部。努尔哈赤一面受明封为都督佥事，一面在佛阿拉"自中称王"。是年七月，朝鲜平安道兵马节度使援引建州女真童海考等的报告说：

　　左卫酋长老乙可赤兄弟，以建州酋长李以难等为麾下属。老乙可赤则自中称王，其弟则称船将。……胁制群胡，从令者馈酒，违令者斩头。①

努尔哈赤在大败叶赫九部联军、完全统一建州女真之后，于万历二十四年（1596）致书朝鲜说：

　　女直国建州卫管束夷人之主佟奴儿哈赤禀，为夷情事。蒙你朝鲜国，我女直国二国往来行走学好，我们二国，无有助兵之礼。②

由此可见，这时努尔哈赤的王权范围已扩展至整个建州女真。但他对外自称是"女直国建州卫管束夷人之主"。所谓"管束夷人之主"，即统治女真之王。但他不敢称"汗"，仍沿用明廷对女真的称呼——"女直"，并不得不加上建州卫的字样。说明努尔哈赤对当时的形势及自己的实力有透彻的分析，既有称王称霸的雄心大志，又很理智，在时机不成熟时，委曲求全。

万历二十九年（1601），努尔哈赤灭哈达，设四旗，明廷加授他龙虎

---

① 《李朝宣祖实录》卷二九。
② 申忠一：《建州纪程图记》。

将军。

万历三十一年(1603),努尔哈赤将首府由佛阿拉迁至赫图阿拉。

赫图阿拉为满语,汉译为横岗,明称"蛮子城",后来清朝称兴京,位于今新宾满族自治县永陵镇老城村。赫图阿拉城东西长510米,南北宽456米。外城为圆角方城,内城墙顶宽约4米,底宽10米,东、南、北三面有门,西为断崖。据程开祜《筹辽硕画》载:

> 城高七尺,杂筑土石,或用木植横筑之。城上环置射箭穴窦,状若女墙,门皆用木板。内城居其亲戚,外城居其精悍卒伍。内外现居人家约二万余户。北门外则铁匠居之,专治铠甲。南门外弓人、箭人居之,专造弧矢。东门外则有仓敖一区。赫图阿拉城位于苏克素浒河与加哈河之间。

《清太祖武皇帝实录》记载:

> 太祖从虎拉哈达南岗,移于黑秃阿喇处筑城居住。宰牛羊三次,犒劳夫役。

万历三十三年(1605)修筑完内城,便开始修建外城。是年三月"于城外复筑大郭,宰牛羊犒赏夫役五次"①。

赫图阿拉的地理位置具有重要的战略地位。依山傍水,进可攻,退可守。同时,又具有优越的自然地理条件,使努尔哈赤占据了身居辽东以临天下的有利形势。

同年十一月十一日,努尔哈赤又致书朝鲜边将说:"建州等处地方国王佟,为我二国所同计议事,说与满浦官镇节制使知道……"②这里,努尔哈赤第一次称"建州国",也是第一次称"国王"。从而使其王权又提高一步。

万历三十四年(1606),蒙古喀尔喀五贝勒之使"进驼马来谒,尊太祖为昆仑都(即恭敬之意)汗"③。这是外人给努尔哈赤上尊号之始。

万历四十四年(1616)正月,努尔哈赤在赫图阿拉城举行告天即位仪

---

① 《清太祖武皇帝实录》卷二。
② 《东国史略事大文轨》卷四六,转引自《清史论丛》第一集,香港文海出版社,第24页。
③ 《清太祖武皇帝实录》卷二。

式。《满文老档》记载如下:

> 丙辰年,聪睿恭敬汗五十八岁。正月初一日,申日,国中诸贝勒、大臣及众人曾议曰:"我国从无立汗,其苦殊深,天乃生汗以安国人也!汗既天生,以恩抚贫困之国人,豢养贤达者,即应称上尊号。"议定后,八旗诸贝勒、大臣率众成四面四角,立于八处,有八大臣持书自八旗出跪于前,八旗诸贝勒、大臣率众跪于后。立于汗右侧之阿敦侍卫及立于汗左侧之巴克什额尔德尼,各自出迎,接八大臣跪呈之书,放置于汗前御案。巴克什额尔德尼立于汗左前方,宣书咏诵"天任抚育列国英明汗"。宣罢后诸贝勒、大臣起,继之,各处之人皆起。于是,汗离座出衙门,叩天三次。叩毕回位后,八旗诸贝勒、大臣依次庆贺元旦,各向汗三叩首。①

告天即位,定下两个问题:一是称号,努尔哈赤被称为"天任抚育列国英明汗"。二是年号,《满文老档》没有记载,《清太祖实录》明确记载:"建元天命,以是年(万历四十四年)为天命元年。"②但是,关于"国号",直至天命四年(1619)萨尔浒大捷后,对明与朝鲜才正式使用。据朝鲜文献《栅中日录》同年三月载:"后金国王敬达朝鲜国王七宗恼恨事。"《三朝辽事实录》同年五月载:后金天命政权之事,"朝鲜咨报,奴酋僭号后金国汗,建元天命,指中国为南朝,黄衣称朕,词甚侮嫚"③。朝鲜文献《光海君日记》记载努尔哈赤建元称汗之事甚详,故载录如下:

> 建州夷酋佟奴儿哈赤,本名东逊。我国讹称其国为老(乙)可赤,此本酋名,非国名,酋本姓佟。其后或称金,以女真种故也。或称雀者,以其母吞雀卵而生酋也。今者国号僭称金。中原人通谓之建州。④

光海君李珲在位14年被废,《光海君日记》为李朝仁祖时所修,故其所载史实应为努尔哈赤建国称汗的最可靠史料。

综上所述,努尔哈赤从万历十五年(1587)"定国政",至天命四年

---

① 《满文老档》第五册,第44页。
② 《清太祖实录》卷五。
③ 王在晋:《三朝辽事实录》卷一。
④ 《光海君日记》卷七九。

(1619)才最终完成了建国称汗的渐进过程。努尔哈赤建国称汗标志着一个新的国家政权在东北地区建立起来,从此成为与明廷相对抗的一支独立的政治军事集团。

第四章 对明廷的战争

1. 首战抚、清

天命三年(1618),后金与明廷的关系发生了根本性的变化。是年正月,后金汗努尔哈赤对诸贝勒宣布:"吾意已决,今岁必征大明国。"①自努尔哈赤宣布对明作战时起,后金便投入了战前准备。派兵伐木,制造云梯,修检兵器,喂肥马匹,加强对八旗军的攻城训练,准备进攻明的抚顺。四月十三日,努尔哈赤在赫图阿拉誓师征明,书写进攻明廷的理由"七大恨",诉告于天。这件事是后金与明廷的关系发生根本变化的标志。"七大恨"全文如下:

> 我之祖、父,未尝损明边一草寸土也,明无端起衅边陲,害我祖、父,恨一也。明虽起衅,我尚欲修好,设碑勒誓,凡满、汉人等,毋越疆圉,敢有越者,见即诛之,见而故纵,殃及纵者,讵明复渝誓言,遣兵越界,卫助叶赫,恨二也。明人于清河以南,江岸以北,每岁窃逾疆场,肆其攘夺,我遵誓行诛,明负前盟,责我擅杀,拘我广宁使臣纲古里、方吉纳,挟取十人,杀之边境,恨三也。明越境以兵助叶赫,俾我已聘之女,改适蒙古,恨四也。柴河、三岔、抚安三路,我累世分守疆土之众,耕田艺谷,明不容刈获,遣兵驱逐,恨五也。边外叶赫获罪于天,明乃偏信其言,特遣使臣遗书诟詈,肆行凌侮,恨六也。昔哈达助叶赫,二次来侵,我自报之,天即授我哈达之人矣,明又党之,挟我以还其国,已而哈达之人,数

---

① 《清太祖武皇帝实录》卷二。

被叶赫侵掠。夫列国之相征伐也,顺天心者胜而存,逆天意者败而亡,何能使死于兵者更生,得其人者更还乎。天建大国之君,即为天下共主,何独构怨于我国也。初扈伦诸国合兵侵我,故天厌扈伦启衅,惟我是眷,今明助天谴之叶赫,抗天意,倒置是非,妄为剖断,恨七也。①

细分析"七大恨"的内容,都是努尔哈赤起兵以来与明廷之间发生的重大问题。第一恨,是努尔哈赤的父、祖为明军所杀害,将多年来压在他心中的积怨第一次公开指向明廷。第二、四、五这三恨,是谴责明廷偏袒哈达,卫助叶赫,压制建州。这是建州女真征服女真各部,同明朝的基本矛盾。所谓叶赫老女早许努尔哈赤,叶赫毁婚改适蒙古之事,前文已述。这里,努尔哈赤不过是利用此事作为兴师攻明的一种口实。正如辽东巡按御史王雅量所说:"奴酋治容之人,何求不得,而斤斤一三十五岁之老女?且夷俗何所不为,而未嫁之老女有何体面? 所系不过留其不了之局,以兴问罪之名,乘间窃发,其图渐大,渐可蚕食,此奴之本志也。"②第三、六、七这三恨,是控诉明廷恃强欺弱,以大欺小,不遵守界约,越边取利,侵占建州已得的哈达的土地。"七大恨"文告概括地反映出建州女真对明廷民族压迫的控诉,是利用女真人的民族情绪,率师伐明的檄文。

天命三年(1618)四月十三日,努尔哈赤"告天七大恨"誓师后,当天即出兵。努尔哈赤令兵分两路:命左翼四旗兵攻取东州、马根丹;他亲率右翼四旗谋取抚顺。

在计袭抚顺之前,努尔哈赤申明军纪:"阵中所得之人,勿剥其衣,勿奸其妇,勿离其夫妻,拒敌者杀之,不与敌者勿妄杀。"③

明的抚顺城,位于辽东边墙东部,浑河北岸,属于沈阳中卫所属的千户所,设游击一员,总辖防守事宜。抚顺城建于明初洪武年间,周围仅3里,但它是当时辽东城(今辽宁辽阳)以东的边防重镇,明于辽东开马市贸易,这里设有抚顺关。辽东边墙外的少数民族,特别是建州女真要进入边内,必须经过抚顺关,所以地理位置极为重要。

---

① 《清太祖实录》卷五。
② 《明神宗实录》(内阁文库本)卷四三。
③ 《清太祖武皇帝实录》卷二。

努尔哈赤青年时期经常到抚顺贸易,他对抚顺的山川、道里、城垣了如指掌。抚顺游击李永芳,努尔哈赤也同他打过多次交道,可谓老相识。所以他知道抚顺城坚兵强,硬攻难以得手。关键时刻,皇太极向努尔哈赤和诸兄弟献计说:"闻李永芳开大马市,至二十五日止,边备必疏,宜先令五十人佯作马商,驱马五路入城为市,嗣即率兵五千,夜行至城下,举炮内外夹攻,抚顺可得。"①努尔哈赤认真听了皇太极的智取计划,完全同意。然后令众贝勒、大臣分头做准备。

大军按预定的部署进军。扮作商人的八旗兵于十四日在大军之前赶赴抚顺城内。皇太极统率的5000八旗兵也于十四日夜间神不知鬼不觉地兵临城下。突然一声炮响,打破了沉寂的夜空,顿时炮火烛天,潜入城内的后金兵到处呐喊放火。守城游击李永芳从梦中惊醒,当他明白是怎么回事时,城内守军和百姓已慌乱得不可收拾,抚顺城已处于后金的包围之中。李永芳急忙赶赴城东门,部署抵抗。明千总官王命印,把总官王学道、唐钥顺等率部激战阵亡,其他官员见势不妙,临阵脱逃。在这种情况下,李永芳已是束手无策。这时努尔哈赤派被俘的汉人入城,带给李永芳一封劝降信,信中"以禄位相诱"。李永芳接过劝降信阅毕,"衣冠立南城上,言纳降事,又令城上备守具"②。努尔哈赤命八旗兵竖梯攻城,不到一个时辰,八旗兵竖云梯登上城墙。这时,李永芳穿着官服、骑着马出城,向努尔哈赤投降。同一天,后金军另一路八旗兵攻占东州、马根丹。

十六日,努尔哈赤扎营于嘉班城,命令八旗兵清点战利品,共获人、畜30万,论功行赏,分给众军。俘虏中有山东、山西、苏州、杭州、河东、河西等地来经商的16名汉人,分别发给路费,让他们每人携带一份"七大恨",返回老家③。由于战利品太多,八旗兵连续5天都没分完。到了二十日,努尔哈赤下令不要在此久留,立即撤军,余下的财物带回家中再分配。

抚顺失陷,游击李永芳剃发投降的消息传到广宁(今辽宁北镇),明辽东巡抚李维翰大为震惊,手足失措,急檄总兵官张承胤等率兵万人奔抚顺,追剿努尔哈赤。明军惊慌上阵,远途奔波疲惫不堪。后金早有准备,以逸待

---

① 计六奇:《明季北略》卷一。
② 《清太祖武皇帝实录》卷二。
③ 《清太祖武皇帝实录》卷二。

劳,士气高昂。四月二十一日,张承胤、副将颇廷相、参将蒲世芳、游击梁汝贵等率明军仓促赶来,临战采取三营分列的战法。努尔哈赤命代善、皇太极统军三面环攻明军,并利用风沙大作、明兵一时睁不开眼睛的有利天时,猛烈冲杀。明军惨败,张承胤、蒲世芳皆战死,颇廷相、梁汝贵冲出重围,"见失主将,亦陷阵死,将士死者万人,生还者十无一二,举朝震骇"①。后金八旗兵获马9000匹、甲7000副,"兵仗器械,不可数计"②。

努尔哈赤在攻陷抚顺城后,对汉人的态度发生了明显的变化。过去凡"遇唐人(汉民)则尽屠"③,此次攻下抚顺则不然,命将士安排抚顺汉民千余户,不让汉人父子兄弟夫妇流离失所。"至于六亲失散者,查给伊亲,奴仆失散者,查归本主。又与房田牛马衣食牲畜器皿等物。"④并依明廷制度对投降的将官委任大小官员,"著交其原主游击李永芳管辖"⑤。努尔哈赤还与诸将领商议:"当尽心供养该抚顺城游击,以使其生活有趣"⑥,并将其第七子阿巴泰的长女婚配给李永芳。

同年五月十七日,努尔哈赤统八旗兵北上,十九日攻取抚顺以北、铁岭以南的抚安堡、花豹冲、三岔儿堡等大小11堡。二十日,招抚崔三屯及周围四堡⑦。然后回师都城赫图阿拉。

抚顺失陷的消息传到北京,举朝震惊,明神宗更是诚惶诚恐。他在给兵部的上谕中云:

> 辽左覆军陨将,虏势益张,边事十分危急。尔部便会推堪任总兵官一员,令克期到任料理军务,一应防御驱剿事宜,著督抚等官便宜调度,务期殄灭,以奠封疆。⑧

兵部遵旨调兵遣将,起用废将李如柏,镇守辽东,推兵部侍郎杨镐任辽东经略,起用原任总兵官杜松屯山海关。又召总督蓟辽侍郎汪可受先出关

---

① 张廷玉等:《明史》卷二三九《张承荫传》,中华书局1974年版。
② 《清太祖实录》卷五。
③ 程开祜:《筹辽硕画》卷七。
④ 《清太祖武皇帝实录》卷二。
⑤ 《满文老档》第六册,第63页。
⑥ 《满文老档》第六册,第63页。
⑦ 《清太祖实录》卷五。
⑧ 《明神宗实录》卷五六八。

统镇全局,令顺天巡抚移镇山海关,保定巡抚移镇易州①。

努尔哈赤在攻陷抚顺以后,忙于安置编户的汉人,整顿内部,并且在沿边布防,防御明军的反扑剿杀。

后金等了两月余,明军并没有来剿杀。于是,努尔哈赤决定进取清河。

清河堡位于赫图阿拉"西南一百六十里,周围四里零一百八十步,东、南、西、北四门"②。清河堡地势险峻,孤悬山中,为辽沈屏障。"高山四拥,南枕辽阳,北控宽奠,相去百余里"③,是明和后金出入辽东边墙的孔道。后金军从此处出来,西北长驱沈阳,西南直逼辽阳,其间无险可守。

后金攻取清河前,辽东经略杨镐认为清河四面群山环抱,只有正东一条路通向鸦鹘关(今辽宁新宾西南三道关),守为绝境,战为奇地,所以进行了认真的修筑。城上布列火炮、枪、铅子、铁弹子等,所谓"一切火器城守之需,靡不具备"④。并指令守将邹储贤,后金兵若来犯,设伏于城外的山径小路或山间之地以牵制敌兵,万万不可拥兵于城内,束手待毙⑤。

七月二十日,努尔哈赤率八旗劲旅向清河进发,当天围困了鸦鹘关。镇守清河主将邹储贤得报后,下令婴城拒守。游击张旆、守堡官张云程竭力劝其出城迎战,邹储贤坚持不允。邹储贤率清河守军8000余人,利用城上设置的1000多座大炮及滚木礌石,据城设防,进行死守⑥。二十一日清晨,努尔哈赤率八旗军包围了清河,清河的攻守战是残酷的。八旗将士有的冲到城下竖云梯,有的放箭,瞬间将清河城围得水泄不通。城上守军凭险抵抗,"巨炮千余,一时竞发,滚木矢石齐下"⑦。八旗将士死伤惨重。努尔哈赤一看强攻不下,立即改变战术,采取远围,并派降将李永芳到城下劝降。主将邹储贤勃然大怒,指骂李永芳说:"你既投彼,则无朋友之义,可速去,不然且放箭。"李永芳只好退回。⑧ 招降不成,努尔哈赤派八旗兵用盾板车为掩

---

① 王在晋:《三朝辽事实录》卷一。
② 康熙《盛京通志》卷一〇。
③ 王在晋:《三朝辽事实录》卷一。
④ 程开祜:《筹辽硕画》卷九。
⑤ 程开祜:《筹辽硕画》卷一〇。
⑥ 程开祜:《筹辽硕画》卷一〇。
⑦ 《清太祖实录》卷五。
⑧ 《光海君日记》卷一六九。

119

护挖城墙。二十二日下午,城东北角终于攻破。八旗兵乘城上守军惊慌失措,叠尸登城。主将邹储贤知固守已无望,遂焚毁衙门、屋宇,"大骂赴敌",战死疆场①。全城军民惨遭杀害。清河堡陷落后,努尔哈赤又挥师南下,焚毁一堵墙(今辽宁本溪东北马家城子)、碱场(今辽宁瓦房店市西南)二堡,"将该路窖藏之粮谷,尽行运回。所种田禾,尽行秣马"②。努尔哈赤攻陷抚顺和清河及辽东沿边的军事行动,其目的并不是占领城池,如攻取抚顺等城,不仅将其拆毁,其间"台墩多至115座,自抚顺至张家楼子凡三百里,皆被毁坏"③。"自三岔至孤山并遭焚毁,宽、瑷望风惊遁矣。"④民居房屋也尽行焚烧,其间不见人烟,明军即使再来也无存身之地。显然,努尔哈赤的目的,是破坏明在辽东的防御能力。

明廷失清河及辽东沿边诸堡,全辽震惊。据朝鲜陈奏使尹晖驰启:

> 奴酋本月二十一日围清河堡,四更攻城,二十二日未时城陷。游击中军及添兵游击俱被害,军兵及居民五万余人,或被掳,或被杀。辽东总兵及都司率兵登城防备,辽、广骚扰,五六十里人烟不通。⑤

辽东经略杨镐闻清河已陷,于二十五日自广宁赴辽东,斩千总陈大道等败将。明将李如柏"因清河告急,自辽阳领兵救护,闻城陷不进"⑥。副将贺世贤也率兵5000出瑷阳来援,见清河城已陷落,遂斩女真屯寨中妇幼百余人而还⑦。

九月二十五日,努尔哈赤派军掠抚顺城北之会安堡,俘获千余人,斩杀300人于抚顺关。留一人,割去双耳,令其送信与明廷。其书云:

> 若以我为逆理,可约定战期出边,或十日,或半月,攻城搦战;若以我为合理,可纳金帛,以了此事。⑧

---

① 瞿九思:《万历武功录》卷一一。
② 《满文老档》第七册,第65页。
③ 程开祜:《筹辽硕画》卷七。
④ 王在晋:《三朝辽事实录》卷一。
⑤ 《光海君日记》卷一三一。
⑥ 王在晋:《三朝辽事实录》卷一。
⑦ 《清太祖实录》卷五。
⑧ 《清太祖武皇帝实录》卷二。

抚顺、清河等城接连失陷，明"举朝震骇"①，觉得一个小小的"建州夷"，竟敢冒犯天朝，一时之间，明廷上下主张立即"大张天讨"努尔哈赤之声，不绝于耳。明神宗决定倾其国力，一举而灭努尔哈赤，这就酿成了明清兴亡史上的首次决战——萨尔浒大战。

2. 决战萨尔浒

萨尔浒之战是明廷企图消灭后金而发动的一次大战。为了进行这场战争，明廷忙于选将、调兵、拨饷、督师，大有一举歼灭后金的架势。

委任将帅　明廷召前兵部右侍郎杨镐经略辽东。杨镐，河南商丘人，万历八年(1580)进士。曾任知县，后入为御史。万历二十五年(1597)朝鲜之役，擢右佥都御史，"经略朝鲜军务"②。同年十二月，杨镐会同总督邢玠、提督麻贵统兵4万围攻岛山，"围攻十日不能下"，后倭将行长援兵骤至，杨镐"大惧，狼狈先奔，诸军继之，贼前袭击，死者无算"，明军大败。《明史》评述这次战役："谋之经年，倾海内全力，合朝鲜通国之众，委弃于一旦，举朝嗟恨。"③这个抗倭败将却隐瞒败状，嫁祸于人。这种贪生怕死、丧师辱国的愚材，怎堪辽东经略重任！明廷实属用人不当。

调李如柏以故官挂印镇守辽东。李如柏，字子贞，李成梁第二子，早年因"从父出塞有功"，历游击、参将、副总兵、宁夏总兵、右都督等职。后以疾归"家居二十余年"，因辽东总兵官张承胤抚顺之役战死，诏以故官镇辽东④。

任命杜松为山海关总兵。杜松，榆林人。世为将，"以廉勇著闻"，立功边陲。杜松闻命，率兵赴辽，师出潞河，潞河人得知久仰的杜大将军经此，纷纷前来相送，"聚观人相摩，挥汗沾驿亭"。杜松"袒裼示与人，刀镞无完肤，其瘢斑斑，如痘疹小儿，红理错出，则良肉也"。他慷慨激昂地对相送的人

---

① 张廷玉等：《明史》卷二三九《张承荫传》，中华书局1974年版。
② 张廷玉等：《明史》卷二五九《杨镐传》，中华书局1974年版。
③ 张廷玉等：《明史》卷二五九《杨镐传》，中华书局1974年版。
④ 张廷玉等：《明史》卷二三八《李如柏传》，中华书局1974年版。

说:"松,不识字武夫,惟不学读书人贪财畏死耳。"在场的人深为感动,甚至"有挥涕者"。

与杜松齐名并称"刘杜"的刘綎,字子绶,南昌人,年16便随父从征。刘綎身高不满七尺,骁勇善战。据南昌家乡父老讲,一次刘綎父亲刘显阅军比武,"以汉寿亭侯祠大刀置地,一军莫敢举,(刘)綎舞而趋风,军中惊服,呼刘大刀"①。后因受贿罢为"废将",这次得以起用。他熟知战守兵事,上言曰:

> 庙堂战守之议未定,将之责委未决,兵之分布未明,即火器、铠仗、车马未备,诸省征发未集,召募者未练,臣故所统旧将卒绎络未至。况今日主兵事者,中无成算,诚有可忧。闻警汹汹,危形若旦夕。而稍退,则处堂怡怡,竟置度外。应事过于张皇,绸缪疏于桑土,是宜虑而后动,战乃克胜。②

刘綎所言战守,极具参考价值,但好谀己功的杨镐未予采纳。

调集兵马 辽事起,明廷兵部议调兵10万。杨镐抵关,请调边兵。兵部征调主客兵7万。又先后从宣大征募3000人,山西2000人,延绥3000人,宁固2000人,真定2500人③。至萨尔浒之战前,巡按辽东陈王庭上奏,各地援辽兵马,据他"亲查点过,主客军丁各四万有奇"④。

增赋转饷 兵部提出调兵10万,需饷300万,请发内帑。谁知明神宗视钱如命,哪肯用内库钱发饷。户部无奈,请加派田亩,充作"辽饷"。全国除贵州外,所定田亩总数为700万亩,每亩加3厘5毫,总计加派银200万零31两⑤。

胁迫朝鲜出兵 辽东都司咨文朝鲜配合征讨。咨文曰:

> 辽东都司为夷情事。奴酋无端启衅,虐焰滔天,题奏圣朝赫然震怒,已经调集人马犁庭扫穴。谅比邻属国,亦所共愤。……本官即便启

---

① 以上见彭孙贻:《山中闻见录》卷七。
② 查继佐:《罪惟录》列传一九。
③ 《明神宗实录》卷五七四。
④ 《明神宗实录》(内阁文库本)卷四七。
⑤ 《明神宗实录》卷五七四。

知国王预期教演火器以听进剿,申饬沿边将领加意侦防,候火兵齐进。①

朝鲜国王得明朝指令,不敢不听命,重要的是,努尔哈赤崛起,也直接威胁朝鲜,故对出兵持积极态度。

重金悬赏 明廷从经略杨镐之请,擒斩努尔哈赤者,以万金赐赏。兵部刊印榜文,晓谕天下。榜文称:

> 有能擒斩奴儿哈赤者,赏银一万两,升都指挥世袭;擒斩奴酋八大总管者②,赏银二千两,升指挥使世袭;擒斩奴酋、十二亲属伯叔弟侄者③,赏银一千两,升指挥同知世袭;擒斩奴酋中军、前锋暨领兵大小头目者,赏银七百两,升指挥佥事世袭;擒斩奴酋亲信领兵中外用事小头目者,赏银六百两,升正千户世袭。以上应赏功级,皆自军卒言之。……北关金、白两夷,擒斩奴酋,即给与建州敕书,以龙虎将军封植其地。其朝鲜擒斩,照中国例一体升赏。④

由此榜文可见,这个"赏格"既悬赏擒杀努尔哈赤,又要诛杀其子孙叔伯弟侄,可谓株连九族,斩尽杀绝。明廷发动萨尔浒之战的目的昭然若揭。

万历四十七年(1619)二月十一日,辽东经略杨镐、蓟辽总督汪可受、辽东巡抚周永春、辽东巡按陈王庭在辽阳演武场会师。原定二十一日各路军队出辽东边墙,因二月十六日"大雪迷径",出师日期推迟至二月二十五日⑤。是日,杨镐宣布军令14条,官兵有违令者斩。并取尚方剑,将抚顺临阵脱逃的指挥白云龙,当场枭首示众。师行祃祭,"大将荷刃,屠牛,三割而始断"。将领刘招孙在教场驰马试槊,木柄蠹朽,槊头堕地⑥。誓师后,明军兵分四路,直捣努尔哈赤老营赫图阿拉。各路兵将配置及进军路线:

以开原、铁岭为一路,从靖安堡出边,总兵官马林为主将,率游击麻岩、丁碧、都司郑国良,原任游击葛世凤等官兵1.5万人,开原兵备佥事潘宗颜

---

① 《光海君日记》卷一二七。
② "八大总管"即代善、莽古尔泰、阿巴泰、皇太极、巴布海、汤古岱、羊羔儿太、杜度。
③ "十二亲属"即阿敏、额亦都、阿敦、达海、何和里等。
④ 《明神宗实录》卷五七八。
⑤ 《明史纪事本末补遗》卷一。
⑥ 王在晋:《三朝辽事实录》卷一。

监军,岫岩通判董尔砺赞理军务。并有叶赫军2000人助攻,以管游击事都司窦永澄监叶赫军。从开原出三岔儿,从北面进攻赫图阿拉①。

以抚顺为一路,山海关总兵杜松为主将,率都司刘遇节、原任参将龚念遂等官兵2.5万人,以分巡兵备副使张铨为监军,从西面进攻赫图阿拉②。

以清河为一路,命辽东总兵官李如柏为主将,率参将贺世贤、都司张应昌、游击尤世功等官兵2.5万人,以分守兵备参议阎鸣泰为监军,推官郑之范赞理军务,由清河出鸦鹘关,从南面进攻赫图阿拉③。

以宽奠为一路,命总兵官刘𫄸为主将,率都司祖天定等1.5万人,以兵备副使康应乾为监军,同知黄宗周赞理军务。朝鲜援军1.5万人,由都元帅姜弘立为主帅,都司乔一琦督军,归刘𫄸指挥。从凉马佃出边,从东面进攻赫图阿拉④。辽阳和广宁为明辽东根本重地,由原任总兵官秉忠、总兵李光荣,各率本部兵马分别镇守⑤。经略杨镐为诸路总指挥,坐镇沈阳。他要求各路兵马"出边之时,合探会哨,声息相闻,脉络相通"⑥。

努尔哈赤于天命三年(1618)五月攻下抚顺后,即严密封锁消息,不准任何人私自出入。根据收集到的明军情报,早已准确地判断明军主力必定从抚顺方面来攻,选择决战的战场在浑河和苏子河汇合处南岸的界藩山一带。界藩山在浑河南、苏子河东,再东有小山吉林哈达,苏子河西为萨尔浒山。

努尔哈赤针对明军的部署,召集诸贝勒、大臣会议进行周密研究,制定出具体的作战方略。这就是集中优势兵力,全力对付从抚顺方面来攻的这一路明军。利用地形,分设少数兵力拖住其他各路,即如李永芳的建议,"凭尔几路来,我只一路去"⑦的作战方针。在明军动兵之前的二月十五日,努尔哈赤派八旗兵1.5万人在界藩山上修筑防御工事,并将苏子河壅沙筑堤,以乘明军渡河之时,开堤放水,分割明军,再分别包抄消灭。

---

① 彭孙贻:《山中闻见录》卷七。
② 王在晋:《三朝辽事实录》卷一。
③ 《明史纪事本末补遗》卷一。
④ 《明史纪事本末补遗》卷一。
⑤ 王在晋:《三朝辽事实录》卷一。
⑥ 《明神宗实录》卷五七九。
⑦ 参见海滨野史:《建州私志》卷中;傅国:《辽广实录》卷上。

明军抚顺路主将杜松深知杨镐既主观又寡谋,李如柏不可信,马林胆小如鼠,军备又不充足,遂"密上书当事,冀缓师,李如柏邀其使责之,不达",只好遵命按期进军。杜松与杨镐"素不协,绽得檄,亦以地形未谙请",杨镐大怒曰:"国家养士,正为今日,若复临机推阻,有军法从事耳。"杜松只好按既定部署于二月二十九日从抚顺所出边,直抵浑河岸。此时距会师期限只有半天,尚有60里路程。杜松迫于限期,遣人查看河深,"河水不及马腹,而河中横小舟数十",便催促兵士徒渡。诸将领请求宿营,根本不听。杜松此时酒意正浓,袒露胸怀,挥舞大刀,"裸骑径渡"。众将士请他披甲,杜松轻蔑一笑道:"入阵被坚,非夫也。吾结发从军,今老矣,不知甲重几许",边说边麾兵而进。先是,努尔哈赤派兵在上游筑坝蓄水,至是决坝放水。明军"皆解衣涉,水齐于胸"①,淹死千余人,一水相隔,军队一分为二。辎重渡河困难,"尚遗车营枪炮在后"②。杜松率前锋渡河后,俘获女真14人,焚克二寨,遂一面疾书报捷,一面策骑急驰,至萨尔浒山口。但是,龚念遂营因未能渡河而驻于斡珲鄂漠地方。

萨尔浒,汉语为"碗架",在今辽宁省抚顺市东大伙房水库,位于浑河上游与苏子河汇流处,西距抚顺70里,东距赫图阿拉百余里,为后金与明出入的门户。三月初一日,杜松军至萨尔浒时,东路刘𬘩虽于二月二十五日出宽甸,但因在凉马佃会合朝鲜援军,尚在马家口一带行进中;北路马林军二月二十九日出铁岭,也因叶赫兵还未出动,尚在途中;南路李如柏军,是日刚刚出清河鸦鹘关,且行动迟缓。只有恃勇喜功的杜松孤军突进,至萨尔浒后,兵分两队:一队在萨尔浒山下结营;一队由他亲自率领进抵吉林崖,攻打界凡城。于是,努尔哈赤下令暂且不顾其他各路明军,集中兵力齐赴萨尔浒。努尔哈赤对将领们说:"先破萨尔浒山所驻之明军,此兵破,则界凡之兵皆丧胆矣。"③他亲自指挥八旗兵进攻萨尔浒明军大营,明军发炮接战,后金兵仰射冲杀,铁骑纵横驰突,驱散明军,所向披靡,一鼓作气攻下萨尔浒明军大营。然后,麾师驰援吉林崖。进攻吉林崖的杜松军,得到萨尔浒营陷落的败报,不禁心慌。杜松虽多次组织进攻,奋力厮杀,但明军士气低落,一败涂

---

① 以上见《明史纪事本末补遗》卷一。
② 《明神宗实录》卷五八〇。
③ 见乾隆帝书萨尔浒战争事碑文。

地,最后连杜松也矢尽力竭,落马而死。明军尸体遍野,损失惨重。这次大战在萨尔浒打得最激烈,因击败明军主力而大获全胜,所以历史上称这一整个战役为"萨尔浒之战"。

杜松部明军被击败后,开原路马林军已进到尚间崖。他得知杜松兵败,顿时不寒而栗,士兵丧胆,所部大哗。他急忙改变战术,转攻为守,形成"牛头阵",即他亲自率军扎营尚间崖,依山结成方阵;潘宗颜在斐芬山扎营(均在今辽宁抚顺哈达近处);将领龚念遂军扎营斡珲鄂漠,互成犄角。他自以为"牛头阵"既能互相救援,又能以战车和壕堑阻遏后金骑兵,以炮铳和火箭制服后金的弓矢。其实,这种消极的防御正中努尔哈赤的妙计,后金军仍实行集中优势兵力,各个击破的战术。首先,努尔哈赤与皇太极率1000精骑,突破龚念遂,最后将他杀死,顷刻之间龚营全军覆没。接着,努尔哈赤指挥代善、阿敏、莽古尔泰各率军冲向马林营,明军先放鸟枪、巨炮,但未放几下,后金兵潮水般地涌入,火器无法施展。两军短兵相接,利刃飞舞。明军势不能敌,副将麻岩等战死,马林见大势已去,落荒而逃。明军死者遍山谷,血流尚间崖下,河水皆赤。努尔哈赤攻下尚间崖马林营,又马不停蹄地驰往斐芬山潘宗颜营。驻守斐芬山的潘宗颜营虽防守严密,冒死激战,但终因寡不敌众,潘宗颜及众将皆战死①。途中赶来援助的叶赫兵闻明军败北,便不战而撤。

努尔哈赤连破西、北两路明军后,便乘胜紧急调兵遣将对付南、东两路明军。他亲自率4000八旗兵回赫图阿拉坐镇指挥,其余诸贝勒、大臣率军设伏于阿布达里冈,准备迎击刘𫄧军。刘𫄧,身经大小数百战,以勇猛著称。他善用大刀,能使一口重120斤的镔铁刀,在马上抡转如飞,人们称他为"刘大刀"。但他勇敢有余,谋略不足。刘𫄧受命之后,于二月二十五日出宽甸。大雪纷飞,寒风刺骨,通往赫图阿拉的路岭峻隘险,山径崎岖,丛林密布。刘𫄧率2万大军艰难跋涉,疲惫不堪。中途经历几次小的战斗,生擒斩获的除女真游骑外,多为屯寨妇女儿童。小有获胜,振奋军心,但中了努尔哈赤诱兵之计,终于进入了早已布置好的阿布达里冈埋伏圈。

这时,杜松、马林两路明军战败的消息,刘𫄧全然不知。为诱使刘𫄧深

---

① 《清太祖实录》卷六。

入,皇太极献上一条计谋:利用杜松军败时缴获的令箭,由一个明降卒冒充杜松派的人,到刘𫓹军前谎称:"杜将军已深入赫图阿拉城下,敬请将军急速启营,共同夹攻,必破后金城。"①刘𫓹果然信以为真,下令加快进军。当假传命令的降卒返回后,努尔哈赤密令以刚缴获的杜松军大炮传报。刘𫓹听到炮声不断,以为杜松大军已到赫图阿拉,他惟恐杜松抢占头功,下令大军火速前进。

当刘𫓹亲率前锋精锐行进到阿布达里冈时,早已埋伏在山顶、丛林、溪谷中的后金八旗兵漫山遍野而起。阿敏等率兵突击,将刘𫓹军拦腰切断,猛攻其尾部。皇太极等率兵从山上冲下来,似山洪暴泻,排山倒海。刘𫓹挥动大刀与皇太极、阿敏等激战数十回合,力竭战死。刘𫓹所部顷刻大乱,后金八旗兵乘胜左突右冲,明军全军溃败。这时朝鲜援军已走投无路而投降。

杨镐得知三路明军覆灭的消息后,急忙下令南路李如柏撤军。其实,李如柏胆小如鼠,出师最晚,行动迟缓,还未来得及同后金交锋,接到撤军命令,急速回师。

整个萨尔浒之战,仅进行了5天。这场努尔哈赤与辽东经略杨镐、后金与明廷决定盛衰的决战,以后金的胜利和明军的溃败而告终。这次战役,明文武官将死亡310余员,军士死亡45870余人,阵失的马、骡、驼共28600余匹②。

泱泱大明帝国为何竟遭惨败呢?根本原因是明廷的腐败。明神宗是个不问政事的昏君,他沉湎酒色,骄奢淫逸。他视"金钱珠玉为命脉",仅仅采办珠宝,就曾用银2400万两,而每年国家"赋税之额,乃止四百万"③,仅此一项就为国家田赋收入的6倍。在他即位22年时,亲自为自己监造"寿宫",费银800万两,相当于两年的国家田赋收入,约占全国1000万农民一年的口粮。修"寿宫"6年,用工6500万个,当时全国每户平均要出6个半工。宫女的胭脂钱,每年用银40万两。皇长子及其他诸王册封冠婚用银,竟达934万两,仅袍服费就用了270余万两。万历二十四年(1596),福王朱常洵就藩河南洛阳,皇帝下诏"赐庄田四万顷,所司力争",方"得减半",以

---

① 《清太祖实录》卷六。
② 王在晋:《三朝辽事实录》卷一。
③ 张廷玉等:《明史》卷二四〇《朱国祚传》,中华书局1974年版。

至于河南地方"腴土不足,取山东、湖广田益之"①。至高无上的皇帝及皇室如此,各级官僚也随之腐败,层层接受贿赂,"以远臣为近臣府库,又合远近之臣为内阁府库",均皆受贿,以致"外帑匮乏,私藏充盈"②。皇帝"利令智昏"③,从万历中期起,不断向各地派出大批矿监税使,对全国人民进行无孔不入的大掠夺。几年后,全国"如沸鼎同煎,无一片安乐之地。贫富尽倾,农商交困。流离迁徙,卖子抛妻,哭泣道途,萧条巷陌"④。以致民穷国贫,人心思乱,"民变"迭起,边事告急。

面对明廷岌岌可危,像一幢大厦将要倾倒的严峻局面,皇帝仍沉溺于玩耍,不肯上朝。朝臣无奈,将如何请皇帝上朝视为第一策⑤。国子监署事司张鼐说,今廷臣见皇上一面,"如大旱之求时雨"⑥。辽东抚顺等地陷落,萨尔浒战败,廷臣奏疏"章满公车",皇帝仍留中不问⑦。萨尔浒之战败绩,御史杨鹤上疏陈失败之原因:

> 辽事之失,不料彼己,丧师辱国,误在经略;不谙机宜,马上催战,误在辅臣;调度不闻,束手无策,误在枢部;至尊优柔不断,又至尊自误。⑧

杨鹤刚正不阿,直指皇帝及各级大臣,难能可贵。其实根本原因是明廷政治腐败种下的恶果。可悲的是这位直言之臣的同僚们"恶其直,将假他事逐之",杨鹤便引病辞职⑨。在这种腐朽的政治局面下谁还敢直言上疏!

军政废弛。万历中期以后,军政废弛,兵变频仍,辽东地区的边备危机更加严重。万历中期,兵科都给事中侯先春奉命阅视辽东。他"西自山海,北抵辽河,东至鸭绿江,南极于海……足迹无不遍历焉"⑩。他上奏极言辽东的军政情况:

---

① 张廷玉等:《明史》卷一二〇《福王常洵传》,中华书局1974年版。
② 张廷玉等:《明史》卷二三一《钱一本传》,中华书局1974年版。
③ 程开祜:《筹辽硕画》卷七。
④ 《明神宗实录》卷三七六。
⑤ 程开祜:《筹辽硕画》卷六。
⑥ 程开祜:《筹辽硕画》卷一七。
⑦ 程开祜:《筹辽硕画》卷六三。
⑧ 张廷玉等:《明史》卷二六〇《杨鹤传》,中华书局1974年版。
⑨ 张廷玉等:《明史》卷二六〇《杨鹤传》,中华书局1974年版。
⑩ 《明经世文编》卷四二八。

今辽虏患频仍,民生涂炭,权归武弁,利饱囊中。狐假虎以噬人,狗续貂而蠹国,钱粮冒破,行伍空虚,民脂竭于科求,马力疲于私役,法令不行,将不用命,民不见德,远迩离心。①

这样的弱军怎能抵御强敌?可是,他们却鱼肉百姓。侯先春又详细叙述了官将勒索辽民的情形:

大将军遣各将领、提兵屯驻各城堡,近者一月,远者两三月,或更番往复,岁以为常。每丁军所至,城堡骚然,酒食尽出于民家,妇女多遭其淫辱。一家倾竭,蚕食别室,稍不如意,尽行毁房。马蹄经过,鸡犬一空,弓刀悬门,人皆丧魄。且领卒将官,尽是婪秽之辈,非惟不知禁戢,又身先导之,被害者安所控诉乎?其丁军未必御虏,而先遭一强虏也。民谣有云:若遭大虏还有命,若遭家丁没有剩。盖深苦之也。②

军政和军纪如此废弛,如有战事,怎能勇赴疆场。萨尔浒之战,明廷临时征调,仓促应战,军心不齐,器械钝朽,将领叛逃,援兵皆"伏地哀号,不愿出关"③。

帅将不和。在萨尔浒之战中,明军加朝鲜援军合起来约10万,惨败于后金6万之师。明工科给事中方有度说,明廷的忧患不在于努尔哈赤如何强盛,而在"萧墙之内"。明军主帅与将领之间,将领与将领之间,"心怯而忌,气骄而妒"④。兵部误点杨镐为经略,主持辽事。杨镐轻率寡谋,任人唯亲而嫉贤。凡事都偏听李如柏的,而李如柏"贪淫,跋扈尤甚"⑤,这次出师又消极、逗留、观望。三月三日,会战于赫图阿拉的日期已到,他仍率所部迟迟缓行在清河路上,一接到杨镐的令箭,便狼狈逃窜。主帅杨镐与贺世贤帅将之间"以幕宾所构酿成大衅而形迹至今未化"⑥。再如刘铤与杨镐素不和,朝鲜都元帅姜弘立同刘铤的下述对话,可见一斑:

---

① 《明经世文编》卷四二八。
② 《明经世文编》卷四二八。
③ 《明神宗实录》卷五七一。
④ 《明神宗实录》卷五七七。
⑤ 张廷玉等:《明史》卷二三八《李如柏传》,中华书局1974年版。
⑥ 《明神宗实录》(内阁文库本)卷四六。

> 臣弘立往见都督问各路兵数,答曰:"西南路大兵齐进,东路兵只有俺自己亲丁数千人,且有各将所领要不出满万耳。"臣问曰:"然则东路兵甚孤,老爷何不请兵?"答曰:"杨爷与俺自前不相好,必要致死!俺亦受国厚恩,以死自许,而二子时未食禄,故留置宽田矣。"臣问曰:"进兵何速也?"答曰:"兵家胜筹,唯在得天时、得地利、顺人心而已。天气尚寒,不可谓得天时也;道路泥泞,不可谓得地利也;而俺不得主柄,奈何?"颇有不悦之色。①

萨尔浒之战的直接原因是后金进取抚顺引起的。从明初始,200多年间,建州女真始终处于明朝的政治统治和民族压迫之下。此次后金掠抚顺、清河,明廷曾以归还掠去的人口为条件,谋求议和。从这个角度来看,萨尔浒战役是明廷为了保卫边塞而发动的反击战。不过,从历史总进程来看萨尔浒战役的性质,则源于有明一代200多年间对女真的民族统治。努尔哈赤宣告"七大恨",进取明抚顺,其直接目标固然在于掳掠人畜财物,但有坚持完成统一女真、推翻民族压迫的政治目的。

萨尔浒之战对明与后金关系来说,是一次历史性的转折。战后,努尔哈赤才对明朝正式打出后金国的牌子,铸"天命金国汗印",开始称明廷为"南朝",从根本上改变了对明廷的隶属关系。后来清高宗乾隆皇帝在评价此次战役时说:

> 由是一战,而明之国势益削,我之武烈益扬,遂乃克辽,东取沈阳,王基开,帝业定。②

3. 进军辽东

萨尔浒大捷之后,后金在赫图阿拉举行盛大的庆典,但以努尔哈赤为首的爱新觉罗家族的子孙们并没有陶醉在胜利的喜庆气氛中,努尔哈赤又下达命令:休整士卒,修缮器械,不失时机进占开原、铁岭,夺取辽沈。

---

① 《光海君日记》卷一三七。
② 《清高宗实录》卷九九六。

同后金的欢庆胜利、厉兵秣马相反,萨尔浒战败的消息传至京城,举朝震惊。京城内外一片混乱,城内居民思外逃以避难,四方饥民又逃来京师乞食。军心更坏,人人思逃。朝廷文武急得团团直转,拿不出扭转辽东局势的对策。大学士方从哲疏请皇帝"即日出御文华殿,召集文武百官,令各摅所见,备陈御虏方略,庶几天威一震,国势自张"①。他在上疏中指出萨尔浒之战后辽东的局势是:

> 军气日益灰沮,人心日益惊惶,开原商贾士民逃窜几半,宽、叆城堡奔溃一空,辽之为辽真岌岌乎有不可保之势矣。辽东失而祸立至于山海,立至于京师,患切燃眉救同拯溺。②

然而,他的上疏却留中不报。

明廷在萨尔浒丧师两个月以后,对辽东局势并没有作出有力的决策,努尔哈赤抓住这一时机,乘胜进取开原。

开原是东北地区的一座古城,人口众多,繁华丰盈。它东邻建州,西接蒙古,北界叶赫。开原不仅是明朝同蒙古和女真人经济活动的重要场所,而且是明廷在辽东对付蒙古和女真势力南进的前沿堡垒,战略地位十分重要。天命四年(1619)六月初十日,努尔哈赤统率4万大军,从靖安堡入明边内,向开原进发。时值天降大雨,道路泥泞,河水上涨,行军十分不便。为了不走漏消息,努尔哈赤以小股部队直奔沈阳为疑兵,沿途抢掠以虚张声势,分散明军的注意力。同时,派兵测量开原河水是否可渡。尽管如此,努尔哈赤想夺开原的意图,还是被叶赫探知,他们立即秘报开原。然而,明廷署开原兵备事推官郑之范以消息不实为借口,竟将叶赫使臣一顿鞭打后放回。这给努尔哈赤夺取开原提供了有利战机。他立即派哨探到开原,对城内军队多寡、兵士勇怯、粮饷虚实、将吏智庸,都一一了解清楚。尤其是探知守军到城外远处牧放马匹,便乘虚率兵围开原城。

当时,开原城由署开原兵备事推官郑之范、原总兵官马林、副将于化龙、参将高贞、游击于守志等率兵戍守。城内守军兵无粮饷,马缺食料,军心涣散,毫无斗志。据备御罗万所言:

---

① 《明神宗实录》卷五八〇。
② 《明神宗实录》卷五八〇。

> 赴署开原兵备事推官郑之范处领草豆,并无升束马食刍秆,一日而倒死二百四十九匹。把总朱梦祥到开原领钱粮一月不给,各军衣物尽变,马倒人逃。①

六月十五日深夜,后金兵临开原城下。明总兵马林事先没有防备,仓促应战。努尔哈赤一面指挥八旗军布战车、竖云梯攻城,一面布置重兵于城东门进行夺门搏战。后金八旗兵攻城,受到守城明军的顽强抵抗,战斗异常激烈。据《清实录》记载:

> 城上布兵防守,城外四门屯兵。我兵遂布战车、云梯进攻,欲先破东面寨门掩杀。正夺门时,攻城者云梯未竖,遂逾城而入。城上四面兵皆溃。其城外三面兵,见城破大惊,冲突而走,被抵门之兵尽截杀于濠内。郑之范预遁,马林、于化龙、高贞、于守志、何懋官等,并城中士卒尽被杀。

开原城10余万居民,生还者仅千余人。辽抚驰书杨镐"欲将牛车数十辆载死尸,于城外分别男女埋之,无敢往者。沿边各堡居民逃避一空"②。努尔哈赤撤兵时,将开原城焚毁,变为一座废墟。

努尔哈赤毁开原后,并没有回师赫图阿拉,而是在界凡山"筑城架屋居之"。命众贝勒、大臣们:"吾欲居界凡,令马牧于此也,早令之壮,八月兴师"。明人王在晋记述此事:

> 开原乃黄龙府旧地,东邻奴酋,西接炒花、宰赛诸酋巢穴,迤北则金、白二酋在焉。辽阳所恃以断隔夷房之路,联络北关互为声援,开原失而铁岭、辽沈岌岌乎殆矣。③

开原一攻破,辽东又一重镇铁岭就成为努尔哈赤夺取的下一个目标了。

铁岭是明沈阳北部的重要城堡。努尔哈赤不惜重金收买明军将领,达到从其内部攻破堡垒的目的。原来,李如桢时任辽东总兵官,杨镐以其为铁岭人,派他守铁岭。不久,又令他屯驻沈阳,改派参将丁碧等领兵防守铁岭。

---

① 王在晋:《三朝辽事实录》卷一。
② 《清太祖武皇帝实录》卷三。
③ 王在晋:《三朝辽事实录》卷一。

于是,努尔哈赤就把丁碧作为收买的对象。七月二十四日,努尔哈赤亲统大军向铁岭进发,到三岔儿堡,入老边。驻守沈阳的李如桢得报后,本来一昼夜的时间便可赶到铁岭,然而至二十五日还在途中徘徊,不肯急速增援。恰恰在这有限的时间里,努尔哈赤紧握战机,指挥八旗军攻城。城上明军守将喻成名、吴贡卿、李克泰等率军施放火炮、矢石,拼命坚守。努尔哈赤组织凌厉的攻势,派八旗兵竖起楯梯,全力登城;同时,被收买的明参将丁碧作为内应,打开城门,引导八旗兵进城。明守将喻成名等因外无援兵,内有叛徒,城陷阵亡。守城诸将除游击王文鼎逃跑外,其他将士皆阵亡,军丁战死者4000余人,居民中男子皆被屠杀,被俘者近万人。努尔哈赤"屯兵三日,论功行赏,将人畜尽散三军"①。铁岭是明朝沈阳北部的重镇,万历初年"铁岭一卫世职至数百人,城中皆官弁第宅。复行兵民居地……附郭十余里,编户鳞次",城中"妓女者至二千余人",每晚"夹道皆弦管声"。这样一个繁华城镇,经此战事,直到康熙末年,还能看到遗迹,"掘土数寸,即有刀镞、甲胄、髑髅诸物处处皆然"②。

铁岭陷落,总兵官李如桢闻报未能驰援,拥兵不救,巡按辽东御史陈王庭参劾李如桢失职罪行:

> 臣惟大将,三军之司命,百姓之生死系焉。故推毂得人,坐镇一方,保障四境,闻警驰援,如风雨骤至。然后缓急攸赖闻无忝也,是主将之责任何如重者,可以怯懦不振之,李如桢当之乎。据七月二十四日酉时,署铁岭游击李克泰以虏入三岔儿堡,紧急夷情飞报李如桢矣。闻虏距边只十四五里,设使亲提一旅衔枚疾趋,一夜可度铁岭。虏闻援至,自不得不解铁岭之围,何乃缩朒观望,延至二十五日申时方抵新兴铺,俟贺镇守兵至方才合营,而铁岭于是日辰时陷矣。③

李如桢危难时刻拥兵不救,铁岭失陷第二天,却赶来取家乡城外死尸的人头170余颗,以备冒功之用。李如桢被下狱论死。至崇祯时,他被免死充军。

---

① 《清太祖武皇帝实录》卷三。
② 王一元:《辽左见闻录》。
③ 《明神宗实录》(内阁文库本)卷四七。

明廷继萨尔浒之败后开原、铁岭又相继陷落,但并没有促使明廷认真吸取教训,只是把罪责推诿给辽东经略杨镐,将其逮京问罪,"罪镐者陷杀我名将数员,驱戮我士卒数万,糜费我钱数百万"①。其实,明廷辽东惨败,杨镐固然有不可推卸的责任,但从根本上看,明朝的政治腐败是失败的主要原因。

努尔哈赤在短短5个月的时间里,连攻下开原、铁岭,灭叶赫。明廷惊恐万状,对辽东局势抱以悲观态度。大多官员和士民认为已不堪收拾。熊廷弼在一年以后的乞罢疏中对辽东局势描述得十分具体:

> 当是时,河东士民谓辽必亡,纷纷夺门而逃也;文武官谓辽必亡,各私备马匹为走计也;各道谓辽必亡,遣开原道韩善、分守道阎鸣泰往辽,皆不行,而鸣泰且途哭而返;河西谓辽必亡,议增海州、三岔河戍,为广宁固门户也;关内谓辽必亡,且留自备而不肯转饷也;通国谓辽必亡,不欲发军器火药,而恐再为寇资也;大小各衙门谓辽必亡,恐敌遂至京师,而昼夜搬家眷以移也;中外诸臣谓辽必亡,不议守山海都门,则议戍海州为辽阳退步,戍金、伏(复)为山东塘埤也;即敌亦谓辽必亡,而日日报辽阳坐殿以建都也。②

这是当时辽东形势和明朝官民心态的真实写照。而努尔哈赤正踌躇满志,认为到辽沈建都坐殿的日子指日可待了。

明廷在此严峻时刻,于万历四十七年(1619)六月,授命熊廷弼以兵部右侍郎兼右佥都御史衔,代替杨镐经略辽东。熊廷弼单骑就道,于八月初二日到海州接任,初三日入辽阳,担起挽救危局的重任。

熊廷弼,字飞白,江夏(今武昌)人,万历二十六年(1598)进士,擢保定推官,后任御史。他"身长七尺,有胆知兵,善左右射",然而"性刚负气,好谩骂,不为人下,物情以故不甚附"。万历三十六年(1608)巡按辽东。时巡抚赵楫、总兵李成梁放弃宽奠800里给建州,并"将六万民户焚舍内徙"③,熊廷弼不畏权贵,弹劾两人罪状。熊廷弼"在辽数年,杜馈遗,核军实,按劾

---

① 《明神宗实录》(内阁文库本)卷四七。
② 计六奇:《明季北略》卷一,中华书局1984年版(下略)。
③ 张廷玉等:《明史》卷二五九《熊廷弼传》,中华书局1974年版。

将吏,不事姑息,风纪大振"①。后来明廷党争案起,熊廷弼回籍听勘。

在辽东危亡之际,熊廷弼重新被起用,任辽东经略。八月,他至辽阳上任。是时,辽沈地区几乎是人去村空、城空,兵械、粮饷匮乏,将卒思逃,军无斗志,到处是一片混乱的局面。他着手先安定民心,严肃军纪,稳定局势,再徐图恢复。他命佥事韩原善往抚沈阳,但韩原善"惮不肯行";继命佥事阎鸣泰至虎皮驿,阎鸣泰"恸哭而返"。熊廷弼乃"自虎皮驿抵沈阳,复乘雪夜赴抚顺"考察军事形势。总兵贺世贤"以近敌沮之",熊廷弼说:"冰雪满地,敌不料我来。"②为安定民心,严肃军纪,他奖赏贺世贤等有功的将领,以鼓舞士气。处斩了临阵脱逃的将领刘遇节、王捷、王文鼎等人,以肃军纪③。并"设坛躬祭抚、清、开、铁死事将帅军民"④。又诛贪将陈伦,劾罢总兵官李如桢⑤。召集流亡返乡务农,"所至招流移"数十万人,使去者归,散者聚⑥。"由是人心复固"⑦。

提出安边之策。熊廷弼刚接任经略时,曾提出保辽之策,具体内容如下:

> 今日制敌,曰恢复、曰进剿、曰固守。而此时语恢复,语进剿,未敢草草。不如分布险要,守正所以为战也。然守亦未易,顷者臣至各边相度,敌之出路有四:东南为瑷阳,南清河,西抚顺,北柴河、三岔儿间,俱当设重兵。而镇江南障四卫,东顾朝鲜,亦不可少,此险要之大略也。四路首尾相应,每路设兵三万,裨将十五六员,主帅一,分前后左右各营,对垒则前锋迎之,中军继之,左右横击之,后军殿之,分夺正以当一面。镇江设兵二万,裨将七八员,副总兵一,分屯义州、镇江,夹鸭绿江而守。如敌犯朝鲜,四路分捣以牵之。敌与四路相持,则镇江、朝鲜合兵而捣之。此联络之大略也。清河、抚顺、三岔儿山多漫坡,可骑步并进,当用西北兵。宽、瑷林箐险阻,可专用川土兵。镇江水路之冲,当兼用南北兵。此兵将之大略也。善行师者,行必结阵,止必立营,贮放刍

---

① 夏燮:《明通鉴》卷七六。
② 张廷玉等:《明史》卷二五九《熊廷弼传》,中华书局1974年版。
③ 《明史纪事本末补遗》卷二。
④ 《明史纪事本末补遗》卷二。
⑤ 张廷玉等:《明史》卷二五九《熊廷弼传》,中华书局1974年版。
⑥ 张廷玉等:《明史》卷二五九《熊廷弼传》,中华书局1974年版。
⑦ 张廷玉等:《明史》卷二五九《熊廷弼传》,中华书局1974年版。

粮,兼作退步,且兵随各帅往塞上,辽城空虚,宜再设兵二万驻辽阳,以壮中坚。海州、三岔河设万人联络东西,以备后劲。金、复设万人防护海运,以杜南侵。各边画疆而守,小警自为堵截,大寇互相应援,选其精悍者迭出以挠之。此征行居守之大略也。敌兵计十万,今议官兵十八万,此毫不可裁者。①

由上述内容可以看出,熊廷弼主张"坚守进逼之策",即又守又战,守中求战。然而,当他到任时,铁岭、开原等已接连失守,保辽之策,不得不做某些调整。即厚集兵力,坚守辽阳。

从万历四十七年(1619)九月起,熊廷弼实施守辽阳之策,即"南顾北窥之计"②。南顾辽阳,坐镇坚守,北窥沈阳。具体部署是:以赞画刘国缙统率辽城军民固守辽阳,熊廷弼亲自统领大军转战于辽阳城外,总兵官柴国信、李怀信、贺世贤三将领于虎皮驿、奉集堡和沈阳之间互为犄角,如果后金挥师西进,三总兵相互增援,阻止后金军深入辽沈腹地③。

明廷把熊廷弼推入辽东险局,却不为之筹济必需的兵和粮。因此熊廷弼最大的而且是无法解决的困难是兵饷不足。后来参劾熊廷弼的给事中姚宗文,此时巡视辽东,对辽东的局势和熊廷弼的处境,曾作如下公正、确切的比喻:辽东"危如一病者势奄奄未绝……而秉家政者漫视之,求药不应,呼粥糜不应,如必欲杀之而后已"④。熊廷弼即使是最高明的"医生",也难妙手回春。但是,熊廷弼以其卓越的胆识和勇于任事的精神,依靠民心,团结将卒,筹集军械、粮饷,以及正确的军事部署,到万历四十八年(1620)春,由固守辽阳,南顾北窥的战略,发展为坚守沈阳,北窥开原、铁岭,东逼后金的有利形势。

在后金方面,这时也有诸多问题亟须解决,如果解决不当,是无法进取辽沈的。首先,从开原、铁岭抢掠来的人畜财物需要分配。因为以抢掠为战争目的的后金国,这个问题如果不及时处理好,是难以发动下一次比较大的军事行动的。其次,在铁岭战役中,虽然擒获了喀尔喀五部蒙古中势力最强

---

① 《明史纪事本末补遗》卷二。
② 程开祜:《筹辽硕画》卷三六。
③ 程开祜:《筹辽硕画》卷四一。
④ 程开祜:《筹辽硕画》卷二五。

的宰赛贝勒,但是并没有与喀尔喀蒙古结成巩固的反明联盟。而能号令蒙古各部的察哈尔部林丹汗仍忠顺明朝,坚持"助剿奴贼"的立场。再次,怕朝鲜增援辽东。萨尔浒之战后,努尔哈赤就致书朝鲜,要求缔结反明同盟和开展边境贸易。熊廷弼任经略伊始,曾派使臣赴朝鲜督促出兵,配合反击后金。当时盛传明廷征集的朝鲜军队已入辽东,将于万历四十八年(1620)春天对后金来一次捣巢之战。所以努尔哈赤在政治上争取朝鲜,是从军事上防御明军再发动进攻的最紧迫的一着棋。而朝鲜囿于与明的宗藩关系,又感激于明的援朝战争,特别是对后金国在辽东战局中的胜负仍判断不清,所以对后金的结盟要求,持搪塞敷衍态度。因此后金对朝鲜十分防范。此外,后金需在军事上做准备,如备粮草、养肥战马、打制武器等。上述各种原因都说明,后金在灭叶赫后不具备进攻辽沈的条件,只能暂时采取守势,待条件成熟再进取辽沈。

于是就形成了万历四十七年(1619)夏季以后努尔哈赤与熊廷弼在辽东的一守一防的对峙形势。

努尔哈赤的守是为了攻,而且守中有攻,攻的目的是破坏熊廷弼的防御。万历四十八年(1620)六月,努尔哈赤进行一次试探性的进攻,乘熊廷弼离开辽阳,后金以万骑由抚顺关入境,以万骑由东州堡入浑河,明总兵贺世贤"以三百人屯沈阳",总兵柴国柱"以二百人屯奉集,拒却之"①。这次战斗,证明了熊廷弼只要兵粮有济,假以时日,是完全能够匡复全辽的。

正当辽东形势向着有利于明廷方面转化的时候,腐败透顶的明廷却从根本上破坏了这一来之不易的有利形势。万历四十八年(1620)七月二十一日,明神宗朱翊钧逝世。其长子朱常洛于八月初一日继位,改元泰昌,即明光宗。但继位后仅一个月,又吞红丸死于乾清宫。朱常洛的长子朱由校继位,改元天启,即明熹宗。一时"梃击"、"红丸"、"移宫"等"三案构争,党祸益炽"。权贵们都卷入了这场权势争夺之中,宦官魏忠贤结党营私,排斥异己,结成了一个庞大的阉党集团。熊廷弼虽在边防卓有功绩,但他耿介正直,不肯趋附于魏忠贤,而言官中又多脱离实际或附诣阉党者,熊廷弼自然成为交章参劾的对象。兵部赞画主事刘国缙、给事中姚宗文首先挟私鼓动

---

① 《明史纪事本末补遗》卷二。

同伙参劾熊廷弼，熊廷弼不甘屈服，上疏自辩；御史冯三才、张修德又弹奏熊廷弼，熊廷弼"再疏自明"，"辽已转危为安，臣且之生致死"①。给事中魏应嘉等复连章攻劾，朝廷以袁应泰为辽东经略，罢斥熊廷弼。

熊廷弼这一次戍辽，成绩是明显的。他的"交代疏"，以确凿的事实，不仅做出了愤慨的抗辩，而且是如实反映了万历四十八年（1620）辽东局势好转的实况。此奏疏摘要如次：

> 去秋辽阳以北，弃城而逃；今自沈、奉以南，不但本城逃者复归，而开、铁、蒲河以南，不知日集几许，各处商客增来几许？此交代之人民也。清、抚、开、铁、蒲、伊、汛等城，咸为敌陷，虽未遽复，而沈阳、奉集、宽瑗、碱阳、长永、宽甸皆弃城也，今皆复守，而辽阳无论已。此交代之城堡也。去秋辽城止弱马兵四五千人，川兵万人，沈阳戍兵万余人。今援兵、募兵计十三万，各堡渐有屯集，各城渐有设防。此交代之兵马也。自去年八月起，今年九月终，止通共用银二百三十一万余两，米豆用一百余万石，不知"一年虚糜八百万"之语，是从何来？此交代之钱粮也。各色军器，除疏请内库，咨取各边不计外，打造过灭虏（虏）大炮，重二百斤已上者以数百计，百斤、七八十斤以数百计，百子炮以千计，三眼铳、鸟铳以七千余计，其余盔甲、胸包、臂手、甲梁、战车、枪刀、弓箭以及钢轮、火人、火马、火罐、钉镲、牌楯等项，皆以数千万计。此交代之器械也。何一件非职大声疾呼，争口斗气所得来？何一事非职废寝忘餐，吐血呕肝所干办？何一处非职身临脚到，口筹手画所亲授？一切地方极繁极难事体，有边才数年经营不定者，一年而当之，而为臣者亦难矣！②

熊廷弼的被罢斥，仅是明末历史舞台上一出悲剧而已。类似这样的悲剧，在明末一幕幕越演越激烈。此后，熊廷弼传首九边、袁崇焕诏磔西市、孙承宗满门殉国……直到明朝灭亡。明末同后金国的战局，明之所以失败，非忠勇智谋边将之不可为，是明末政治极端腐败，统治集团昏聩无能，自取灭亡。

袁应泰取代熊廷弼为辽东经略。袁应泰，字大来，凤翔（今属陕西）人。

---

① 张廷玉等：《明史》卷二五九《熊廷弼传》，中华书局1974年版。
② 计六奇：《明季北略》卷一。

万历二十三年(1595)进士。泰昌元年(1620)九月擢右佥都御史,代周永春巡抚辽东。十月,擢兵部右侍郎。他代为辽东经略后,以薛国用为巡抚。虽然袁应泰在受命后杀白马祭神发过誓:"臣愿与辽相终始,更愿文武诸臣无怀二心,与臣相终始。有托故谢事者,罪无赦。"但是他"历官精敏强毅,用兵非所长,规画颇疏"。熊廷弼原是在辽"持法严,部伍整肃",以守御为主;袁应泰却"以宽矫之"。他妄自诩,谋取抚顺,完全改变了熊廷弼的原有部署。时逢蒙古诸部灾荒"多入塞乞食",袁应泰命纳之,混入大量后金谍工,阴为后金内应,"祸且叵测"①。由于袁应泰上述错误的军事措施,构成了后来辽沈决战失败的直接原因。

努尔哈赤在同熊廷弼的对峙中,深知沈阳、辽阳两城防备坚固,始终不敢贸然进取沈阳,仅发兵抄掠,焚毁沈阳以北及其周围各堡。他在积蓄力量等待时机。明廷的皇位更替,党争益烈,经略易人,给后金进兵辽沈提供了好时机。努尔哈赤紧紧抓住这个有利机遇,向辽沈大举进兵。

沈阳是明廷在辽东的重镇,为了保住这座城市,明军在城周围挖了壕沟,伐木为栅,埋伏火炮,城头上环列火器,分兵坚守。

天命六年(1621)三月十日,努尔哈赤亲自统率八旗兵水陆并进,直取沈阳城。十二日,兵临沈阳城下。努尔哈赤面对这座"坚城",并没强攻,只派数十名骑兵引诱明军出城迎战,并命令李永芳派人送信给沈阳总兵贺世贤,招他投降。贺世贤看了来信勃然大怒,斩了来使。此人向以勇猛寡谋著称,见后金兵迟迟不来攻城,更助长了他的轻敌思想。他饮酒数杯后,不顾众将领苦苦劝阻,率领1000多亲丁出城,发誓"尽敌而返"。后金兵佯装败退,贺世贤乘锐轻进,离城越来越远。这时,努尔哈赤命令一部分八旗兵将贺世贤重重围困起来,使其不得脱身,又命令其他八旗兵急速攻城。贺世贤率千余勇士虽拼力厮杀,但终因寡不敌众,身中数箭战死。这边后金兵全力攻城,兵卒以毛毡裹身,推四轮车在前,精骑在后,竭力进攻东门。明军炮火齐发,八旗兵死伤惨重。这时城内闻知贺世贤等战死,军心涣散,城内收降的蒙古人砍断桥索,放下吊桥,后金兵蜂拥而入,一举攻占了沈阳城。

沈阳之战,努尔哈赤主要依靠骑兵野战打援,消灭明军有生力量,而攻

---

① 以上见张廷玉等:《明史》卷二五九《熊廷弼传》,中华书局1974年版。

城战是利用城外野战首胜,杀死守城主将,造成城内慌乱,加之内奸接应,最终取下城池的。如果贺世贤不出城恋战,凭借坚固的城防工事,以炮火打击攻城的金兵,待援军至,内外夹击,努尔哈赤是不可能取胜的。正如当时明廷方面评价此次战斗:"自奴酋发难,我兵望风先逃,未闻有婴其锋者,独此战以万余人当虏数万,杀数千人,虽力屈而死,至今凛凛有生气。"①

后金攻陷沈阳,屯兵沈阳,论功行赏,将所获人畜财物分给八旗官兵。到三月十八日,努尔哈赤召集八旗贝勒、大臣道:"沈阳已拔,敌兵大败,今即宜乘势,率众长驰,以取辽阳。"②诸贝勒、大臣会议同意努尔哈赤的重大军事决策。会后努尔哈赤亲统八旗军,向辽阳进发。

自明隆庆元年(1567)镇守辽东总兵官由广宁移驻于辽阳后,辽阳遂成为辽东的首府,政治、经济、军事、文化的中心。经略辽东的熊廷弼、袁应泰都驻在辽阳。辽东的一切防务,都以辽阳为重点,城池坚固,外围城壕,沿壕列火器。环城设重炮,派重兵把守。"沈阳、奉集二城为藩蔽,而辽东捍建州,西障土蛮,较奉集更重。沈阳既陷,奉集失犄角之势,亦没。时骁将劲卒皆萃沈、奉,辽兵不满万"③。经略袁应泰得知沈阳失陷后,居然在5天之内急调各路明军13万守辽阳,并放太子河水于壕内,增加了一道新防线。

天启元年(1621)三月十九日,努尔哈赤率军直趋辽阳城的东南角,兵临城下。辽东经略袁应泰督催总兵官侯世禄、李秉诚、朱万良、梁仲善、姜弼等率兵5万出城5里,准备迎战。努尔哈赤立即率左翼四旗兵与明军对垒。这时,皇太极也率兵赶到,要求进战。努尔哈赤说:"吾已令左翼兵往击,汝勿前进,可率右翼兵驻城旁觇之。"皇太极哪肯放过立功的机会,对努尔哈赤说:"令后至二红旗兵留城旁觇视可也。"④说毕,一挥手领兵冲上去。明军兵力重点放在东门和小西门。努尔哈赤率左翼四旗攻打小西门,皇太极率右翼四旗攻打东门。右翼分兵堵塞城东入水口,左翼分兵挖开小西门闸口以泄壕水,当城壕开始干涸时,后金兵两面夹攻,明军受挫败退。皇太极乘胜追击,杀出60里外,直到鞍山地界才返回。攻取辽阳首战告捷。当晚

---

① 《明熹宗实录》卷八。
② 《清太祖实录》卷七。
③ 《明史纪事本末补遗》卷二。
④ 《清太祖实录》卷七。

后金兵回到城南7里地方安营。

后金八旗兵击溃了出城迎击的各路明军,便开始部署攻城。辽阳城内军民拼死守城,以火箭、火炮乃至火罐、砖石等掷向冲击而来的后金兵。但后金兵仍冒着刀火飞石猛冲,不断地竖云梯、列楯车攻城,同城垛守军展开肉搏战。二十日下午西城门火药库起火,火势很快蔓延到城上,西城守军乱了阵脚。趁乱之时,八旗兵开始登城。傍晚辽阳城西门、西关为后金军所占领。

辽阳西关的失守,严重威胁着辽阳全城的生存。二十一日,经略袁应泰与张铨等据东城和东关为阵地,再次组织军民抵抗。但数次冲击均为后金八旗兵所击溃。袁应泰见后金兵潮水般地涌入城内,知大势已去,便登上城东门的镇远楼,对张铨等将领说道:"本院奉命专征,欲恢复疆土,扫平夷狄,上报朝廷,下安百姓。无如天数至此,使谋臣不能决策,勇将不能奏功。辽阳全城危在指顾,若退守河西,不惟无颜面圣,抑且羞见诸将士,愿缴尚方,誓以身殉。"张铨深受感动地说:"我辈皆受国恩,今日患难时正当捐躯报国,愿相从地下,同为厉鬼击贼耳。"①言毕,率众将士继续坚守。袁应泰又急写了几封书信交给亲信后,从容不迫地整整衣冠,朝西南京师方向叩头拜辞,然后放火焚楼殉职。分守道何廷魁妻子投井而死,监军崔儒秀自缢身亡。巡按御史张铨见辽阳将失陷,决心与辽阳城共存亡。他坦然地向衙署走去。身边随从将他扶上马,拥到小南门,他坚决不肯离去,执意回到衙署大堂之上正襟危坐。这时已降后金的李永芳奉命前来劝降。李永芳自我辩白道:"当初我投降后金也是出于不得已。"张铨拒绝同李永芳对话,喝道:"汝为我言,我为谁言,今无及矣!"李永芳碰了钉子,回去向努尔哈赤汇报。努尔哈赤听完李永芳的报告后,派人把张铨带到自己面前。张铨从容不迫,面不改色。后金兵喝令他跪拜努尔哈赤,张铨却大骂道:"吾天子宪臣,肯屈膝耶!"②努尔哈赤耐心地劝他投降,要给他高官厚禄。张铨冷笑道:"吾受朝廷深恩厚禄,若降汝苟活,是遗臭后世也。汝虽欲生我,在我惟知一死而已。汝生我,乃汝国美名也,我守死不屈,则我之名流芳青史矣!"③在场

---

① 计六奇:《明季北略》卷二。
② 《明史纪事本末补遗》卷二。
③ 《清太祖实录》卷七。

的皇太极听了他这番话,气愤已极,举刀要砍,张铨竟引颈以待。努尔哈赤见之,知道他的意志不可动摇,下令将他送回衙署。张铨回到衙署,整理一下衣冠,向西南京师所在的方向八拜,沉痛地说:"臣再不能报国矣!"又四拜遥望父母之后,自缢而死。努尔哈赤得报后,深有感触地对身边的贝勒、大臣说:"忠臣孝子是国家栋梁,张大人就是忠孝之臣,令人敬佩,你们要效仿张大人,做忠臣孝子,我的话要牢记。"于是命令李永芳备棺,以礼安葬张铨于辽阳城外。

努尔哈赤夺取辽阳以后,"数日间,金、复、海、盖州卫,悉传檄而陷"[①]。据《清太祖实录》记载:

> 辽阳既下,其辽东之三河、东胜、长静、长宁、长定、长安、长胜、长勇、长营、静远、上榆林、十方寺、丁家泊、宋家泊、曾迟镇、西殷家庄、平定、定远、庆云、古城、永宁、镇彝、清阳、镇北堡、威远、静安、孤山、洒马吉、瑷阳、新安、新奠、宽甸、大奠、永奠、长奠、镇江、汤站、凤凰、镇东、甜水站、草河、威宁营、奉集堡、穆家堡、武靖营、平鲁堡、虎皮驿、蒲河、懿路、汛河、中固城、鞍山、海州、东昌、耀州、盖州、熊岳、五十寨、复州、永宁监、栾古、石河、金州、盐场、望海埚、红嘴、归服、黄骨岛、岫岩、青台峪、西麦城等东河大小七十余城,官民俱剃发降。

辽河以东,东起镇江(今辽宁丹东附近),西抵辽河沿岸,南至金州卫(今辽宁金州)以北,北到开原以北,计70多个城堡,尽归后金统治。努尔哈赤以辽河为界称汗辽东,建都于辽阳的愿望得以实现。八旗军户迁来辽东,从此,后金的发展进入了一个新的历史阶段。

4. 迁都辽阳

辽阳是辽东的首府,又是历史古城。城南有群山环抱,中有太子河诸水贯穿而过,依山带水,城池地势险要,为历代兵家必争之地。自秦汉以来,历

---

① 王在晋:《三朝辽事实录》卷四。

代多在此设治,辽、金两朝在此建都,元朝设辽阳等处行中书省,明置辽东都指挥使司,成为东北的政治、经济、军事和文化中心。因此,努尔哈赤夺得辽阳重镇后十分高兴,谓此乃"承天眷佑"授予辽阳。

攻克辽阳后,努尔哈赤即决定迁都。他召开诸贝勒、大臣会议商议此事。他说:"天既眷我,授以辽阳,今将移居此城,抑仍还我国邪?"诸贝勒大臣"俱以还国对"①。他们还以为努尔哈赤攻下辽东后,抢掠一阵便回赫图阿拉安享太平。而努尔哈赤却不以为然,主张迁都于此。并对迁都的理由进行了如下阐述:

> 国之所重,在土地人民。今还师,则辽阳一城,敌且复至,据而固守,周遭百姓必将逃匿山谷,不复为我有矣。舍已得之疆土而还,后必复烦征讨,非计之得也。且此地,乃明及朝鲜、蒙古接壤要害之区,天既与我,即宜居之。②

努尔哈赤以其卓越的胆识与战略眼光对迁都辽阳的重要性进行了透彻的分析,赢得了众贝勒、大臣的赞同。

三月二十四日,努尔哈赤命移辽阳汉官、汉民于北城,南城由努尔哈赤、诸贝勒、大臣、满洲八旗驻防的军户居住③。四月初五日,努尔哈赤的大福晋乌喇纳喇氏,率领众侧妃、庶妃到达辽阳。《满文老档》载:"初五日,众福晋至,总兵官等诸大臣迎至城外校场,下马步行,导引众福晋之马入城。众军士沿街列队相迎。自城内至汗宅,地设白席,上铺红毡,众福晋履其上进见汗。"④

同年七月初三日,努尔哈赤在辽阳都司衙门升殿,召集群臣,大宴诸贝勒、大臣。总兵官以下、备御以上官员分左右依次而坐。席间,努尔哈赤"亲举金卮,遍赐以酒"⑤,又赐衣一袭,群臣谢恩。努尔哈赤意味深长地对群臣说了下面一段话:

---

① 《清太祖实录》卷七。
② 《清太祖实录》卷七。
③ 《清太祖武皇帝实录》卷三。
④ 《满文老档》第20册,第192页。
⑤ 《清太祖实录》卷八。

明之国最大也,尚以为不足,而欲并人之国,故丧其师。明之土最广也,尚以为不足,而欲夺人之土,故丧其地。此皆天厌明而佑我也。赖尔诸臣攻战之力,仰承天眷,故朕及尔等得至此地。酒一卮,衣一袭,为物几何,岂足酬劳哉! 但念尔诸臣,宜力疆场,勤劳王事,兹集殿廷,用申欢叙,以见朕心嘉悦而已。①

此时的努尔哈赤并没有被胜利冲昏头脑。在占据辽东地区后,面临经济相当发达,文化水平远高出女真(满族)人的汉人农耕经济社会,用什么样的方式,建立什么样的经济秩序,怎样安置女真人户,又怎样统治人口众多的汉族人民? 这些都是摆在以努尔哈赤为首的后金统治集团面前的急需解决的问题。

这里有必要对后金进入辽沈地区以前的社会经济状况作一简介。

明朝中叶,建州女真人(满族的前身)南迁苏子河、浑河流域,与明朝抚顺城毗连,这里有适合农业生产发展的土壤和气候,又便于接受汉族高度发展的封建经济文化的影响,其社会生产力因而得以迅速发展。

大量使用铁制农具与耕牛是女真人社会生产力提高的一个重要标志。女真人对铁器并不陌生,早在辽和金时期即开始使用铁制农具。据金代文献记载,阿骨打时"邻国有以甲胄来鬻者,倾资厚贾,以与贸易,亦令昆弟族人皆售之,得铁既多,因以修弓矢,备器械,兵器稍振"②。说明此时铁制品已经输入女真。东北地区出土金代铸造的铁铧犁,足以证明女真人久已使用铁制农具。建州女真人使用铁制农具也是史学界公认的事实。其铁器来源有二:一部分是自己制造的,所谓"野人之地亦产铁,非尽无铁镞也"③。但是,建州女真产铁少则是事实。大部分铁器是从邻近各族,特别是从汉人那里购买的。明成化年间,太监汪直弹劾兵部侍郎马文升时说,女真人启衅是由于马文升"禁不与农器交易"④。说明女真人所需的铁器,相当部分是从互市中得到的。据明代辽东档案记载,女真人购买铁器数量相当大。仅万历十二年(1584)三月十八日一次交易,从辽东"马市"就购进"铧子壹仟

---

① 《清太祖实录》卷八。
② 脱脱等:《金史》卷一,中华书局1975年版。
③ 《李朝成宗实录》卷五〇。
④ 严从简:《殊域周咨录》卷二四。

(零)叁件"①。当时,除应用铁制农具外,牛耕也很普遍。15世纪初,定居于斡木河一带的猛哥帖木儿的部众"率男女二百余,牛一百余头"②从事农耕。至15世纪中叶以后,建州女真的农业生产发展迫切需要辽东的耕牛、铁器。正统七年(1442)明廷特许建州女真所缺的耕牛、农器可以"如旧更易应用"。在明代辽东档案中,有关建州女真人从辽东马市交换耕牛、铁器的记载,屡见不鲜。所以,明朝人认为"耕牛(是)边人(建州女真人)所恃以为生"③的重要生产手段。铁犁与牛耕,使建州女真的土地得以垦殖。婆猪江(今吉林境浑江)"两岸大野,率皆耕垦,农人与牛,布散于野"④。佟家河、苏子河一带,"无野不耕,至于山上,亦多开垦"⑤。并且"田地品膏,则粟一斗落种,可获八九石,瘠则仅收一石云"⑥。这里粟的产量可能有些夸大,但仍可证明当时建州女真的农业发展水平是比较高的。万历四十七年(1619),朝鲜李民寏目睹了这一情景,他在《建州闻见录》中以"土地肥饶,禾谷丰茂,旱田诸种,无不有之"的语句,描绘了建州女真的农业生产⑦。荒地辟为良田,种植品种齐全,有了剩余,于是"秋后掘窖以藏,渐次出食,日暖便有腐臭。其土产禽、兽、鱼、鳖之类,蔬菜瓜茄之属皆有之"⑧。粮食自给有余,甚至多次到辽东"马市"出售交换。有关建州女真出售粮食,明代辽东档案有很多记载。如万历六年(1578)六月初三:夷人张乃奇等人到市,与买卖人孙国臣等交易麻布、木耳、粮食等货⑨。反映当时建州女真的农业生产力发展很快。

铁制农具的运用,促进了手工业的发展。建州女真人原来"不解炼铁",只能"贸大明铁自造",即通过与明廷、朝鲜贸易"得正铁改造耳"⑩。明中叶后,冶锻铁器已很普遍,甚至女真村落中的冶匠,都可以"设风炉造

---

① 《明代辽东残档选编》,辽宁大学历史系铅印本,第54页。
② 《李朝世宗实录》卷二〇。
③ 《明英宗实录》卷五二。
④ 《李朝世宗实录》卷七七。
⑤ 申忠一:《建州纪程图记》。
⑥ 申忠一:《建州纪程图记》。
⑦ 李民寏:《建州闻见录》。
⑧ 李民寏:《建州闻见录》。
⑨ 《明代辽东残档选编》,第31页。
⑩ 《李朝成宗实录》卷五二。

箭镞,皆淬之"。至万历二十七年(1599)三月,"始炒铁,开金银矿"①,开始较大规模地采矿和冶炼。这时,手工业内部已有了行业分工:"粮、铁、革、木,皆有其工。"②万历二十二年(1594),朝鲜通事何世国在旧老城亲眼见到建州有"甲匠十六名,箭匠五十余名,弓匠三十余名,冶匠十五名",并且这些工匠"皆是胡人(建州女真人)"③。万历四十七年(1619),努尔哈赤征叶赫时,部众"盔甲鲜明,如三冬冰雪"④,从侧面反映出后金手工业的发展水平。

与此同时,建州女真人的商品交换也有一定的发展。他们通过朝贡的方式或"马市"的贸易,同明廷和朝鲜等进行产品交换。他们曾到乌拉等地低价收购"东珠、紫貂",运往辽东"马市",以"厚利"出售从中获利⑤。他们"本地所产有明珠,人参,海獭,青鼠,黄鼠等皮,以备国用",或至"抚顺、清河、宽甸、瑷阳四处关口,互市贸易,照例取赏。因此,满洲民殷国富"⑥。

建州女真在社会生产力发展的基础上接受明朝、朝鲜的封建制影响,在16世纪左右,社会经济得以迅速发展。

伴随建州社会经济的发展和后金夺取辽沈的胜利,努尔哈赤发布了在辽东地区实行的基本国策,即颁布了"计丁授田"令。"计丁授田",有其历史渊源,是在进入辽沈地区以前已推行的庄田制、牛录屯田制的发展。

据万历二十三年(1595)朝鲜使臣申忠一访问佛阿拉的报告,努尔哈赤统一建州以后其庄田制是很发达的。他从朝鲜满浦镇(今属平安北道江界郡)至努尔哈赤的驻地佛阿拉城,沿途经过68处居民点,其中有6处"农幕":"蔓遮胡人童流水农幕","童时罗破农幕","小酋农幕"(二处),"阿斗农幕","奴酋农幕"⑦。申忠一所记的这种"农幕",不是一般的居民村落,而是一种特设的农庄,满语称"拖克索"。

拖克索(tokso)一词,汉语为庄园、田庄、农庄之意。《清文鉴》说:"田

---

① 《李朝成宗实录》卷二五三。
② 李民奂:《建州闻见录》。
③ 《李朝宣祖实录》卷六九。
④ 《满洲实录》卷四。
⑤ 程开祜:《筹辽硕画》卷二。
⑥ 《清太祖武皇帝实录》卷一。
⑦ 申忠一:《建州纪程图记》。

耕的人所住的地方叫拖克索。"①可知拖克索不是一般的村庄、居民点,而是一种特设的农业生产的组织形式。那么,拖克索这种农业生产组织形式,出现在何时呢?

据清代较早的原始档案记载,丁未年五月,努尔哈赤派幼弟卓里克图贝勒、额亦都巴图鲁、费英东札尔固齐、扈尔汉虾率兵1000人出征,袭取赫席赫鄂谟和苏噜佛纳赫拖克索,俘虏2000人而归②。丁未年,即明万历三十五年(1607),努尔哈赤于是年派兵袭取二地的拖克索,说明拖克索设置在这之前无疑。可惜《满文老档》的记事始于万历三十五年,所以难以从中看到更早的关于拖克索的记载。

女真人社会中出现拖克索,从朝鲜文献记载中可以追溯到15世纪30年代。《李朝实录》记载:明正统二年(1437)十月,"(李朝世宗)遂传旨曰:平安道都节制使李葳入讨婆猪贼,令大臣议功。右议政卢闬启云:此不足赏也,葳之所讨,不过一二农幕而已,何功之有"。在关于这一件事的记载中,更有不称"农幕"而直书"田庄"者:"(九月)十一日,左右军入古音闲地,夹攻贼田庄,贼各逃遁。"③这里所称的"贼",均指建州女真人。两条材料不仅直接说明"农幕"即"田庄",而且告诉我们,至迟在15世纪30年代,作为满族前身的女真人,就已建立起一些拖克索了。

不过,拖克索在女真人生活中大量出现,还是在努尔哈赤兴起以后的事。努尔哈赤兴起之初,建州的拖克索数量还不多。而且农幕的所有者都是比较高的八旗首领,如:"奴酋农幕"就是努尔哈赤本人的,"小酋农幕"是舒尔哈齐的,"阿斗农幕"是努尔哈赤从弟的,"童时罗破农幕"是舒尔哈齐女婿的,"童流水农幕"是蔓遮地方首领的。但万历四十六年(1618)努尔哈赤陷明抚顺、东州、马根丹、抚安堡、花豹冲、三岔儿堡、清河、一堵墙、碱场等地区,翌年,破明军及朝鲜援军,取开原、铁岭,随着军事征战的胜利,俘获人口的增加,统治地区的扩展,拖克索急剧增加。据曾在萨尔浒之战中被俘、在后金生活一年多的朝鲜官员李民寏说:"自奴酋及诸子,下至卒胡,皆有

---

① 《清文鉴》卷一九。
② 《满文老档》第一册,第4页。
③ 《李朝世宗实录》卷七九、卷七八。

奴婢（互相买卖）、农庄（将胡则多至五十所），奴婢耕种以输其主。"①从申忠一到李民寏相隔十几年时间，上至努尔哈赤，下至八旗军卒，都置拖克索，而且"将胡"所占之数量竟达50余所。此后随着对明战争的不断发展，还不断设置拖克索。如天命六年（1621）闰二月（尚未进沈阳），后金"在尼堪（即汉人）放弃的范河路""设置八贝勒拖克索"②。说明拖克索这种农业生产组织形式在后金辖区已经相当普遍。

建州的生产组织除庄田制外，还推行屯田制。建州对屯田并不陌生。明朝在辽东地区实行屯田制。努尔哈赤的先世猛哥帖木儿在斡木河时，即采取"复业屯种"。所以，努尔哈赤以明的军屯和先世的屯种为借鉴，也推行八旗牛录屯田制。

八旗牛录制度是从女真人的狩猎生产组织基础上发展起来的社会组织。未编牛录前的女真氏族成员受氏族首领指挥统辖，从事采集、渔猎活动。努尔哈赤编设固山牛录组织，"按行军旗色，以定户籍"③，各女真成员皆归所属牛录额真管理，其身份从氏族成员沦为固山贝勒的部下和隶民，这种由氏族成员身份变成隶民的女真人，满语写作 jusen，汉语对译为诸申。编入八旗牛录组织中的诸申，随着努尔哈赤征服战争的经常化，家庭中的男丁全部是八旗军卒，其家庭成员必须为战争承担各种义务。朝鲜人申忠一万历二十三年（1595）冬访问努尔哈赤所居的佛阿拉，其属下诸申说："前则一任自由行止，亦且田猎资生，今则既束行止，又纳所猎。"④这句话具体说明了女真氏族成员过去是自由的，以田猎为生。今则丧失了自由，从承担氏族制度的狩猎生产义务，变为对八旗贝勒承担兵役、赋贡，受八旗贝勒的统治和剥削。

为了战争的需要，诸申（牛录男丁）要自备弓矢、甲胄，饲养战马，自备糇粮，这些虽说是诸申的私有财产，但是必须在牛录额真（后称牛录章京）的监督下准备好，不符合要求会受到惩罚。不仅如此，还要向汗和贝勒、大臣供应粮食等。努尔哈赤统一建州诸部之后，粮食奇缺，仅靠抢掠明朝辽东

---

① 李民寏：《建州闻见录》。
② 《满文老档》第十八册，第168页。
③ 乾隆《大清会典》"八旗都统"条。
④ 申忠一：《建州纪程图记》。

沿边的粮食远不能满足需求。尤其后金与明朝关系破裂,停止朝贡与马市,不能再从市场以毛皮换取粮食。粮食成为后金极其严重的问题。努尔哈赤对积储粮食的重要性是有充分认识的。万历四十三年(1615年)六月,诸贝勒、大臣建议"征讨明国",努尔哈赤表示不同意的主要理由也是粮食问题。他说:"今若征明,义在我方,天佑我也!天既佑我,或有所得。既有所得,则其所得人畜何以养之?我等尚无粮库,养其阵获之人畜,则我等原有之人均将饿死矣!乘此闲暇,宜先收我国人,固我疆土,整修边关,垦种农田,建仓库以积粮。"①问题就是如此尖锐,要发动战争,扩展势力,首先必须充实库藏,储备足够的粮食。为此,努尔哈赤于万历四十一年(1613)从各牛录中签发人丁实行牛录开荒屯田。四十三年(1615)重申"令每一牛录,出男丁十人,牛四头,以充公役,垦荒屯田,自是粮谷丰登,修建粮库"②。在这以前,申忠一在万历二十四年(1596)去佛阿拉,看到的是"奴酋等各处,例置屯田,使其部酋长掌治耕获,因置其部,而临时取用,不于城中积置"③。这种从各部女真家户征收粮食的办法,如《满文老档》所说:先前向"国人征粮赋,则国人受苦"。后改签发牛录属下男丁屯田,置仓储粮,"国人遂无忧困苦,粮储转为丰足"④。实行牛录屯田,牛录属下的军丁既要披甲征战,又要签派种田植谷,所谓"凡有杂物收合之用,战斗力役之事,奴酋令于八将,八将令于所属柳累(牛录)将,柳累将令于所属军卒,令出不少迟缓"⑤。

天命六年(1621)七月十四日,努尔哈赤以金国汗的名义颁布其在辽东地区实行的基本国策,所谓"计丁授田"的谕令:

> 为行分田事通知各村,圈地海州地方十万日、辽东地方二十万日,共计三十万日之田地,分与我军队之人马。凡我众白身者,可到我原居住之地播种。汝等辽东地方之诸贝勒、大臣⑥、富户弃田很多,将其田没收,我必需之三十万日最好在其中圈占。如果不足可到从松山起,铁

---

① 《满文老档》第四册,第32页。
② 《满文老档》第四册,第37页。
③ 申忠一:《建州纪程图记》。
④ 《满文老档》第三册,第19页。
⑤ 李民寏:《建州闻见录》。
⑥ 诸贝勒、大臣,指明在辽东的官员。

岭、懿路、蒲河、和托和、沈阳、抚西、东州、马根丹、清河,直到孤山等地播种。如仍不足,则可出境播种。……今年播种之收成,仍由各自收获。我今计田,平均分给,一男丁种粮之田五垧,种棉之田一垧,汝等不得隐瞒男丁,隐瞒则分不到田。今后乞讨者不许乞讨。乞丐、僧侣皆分给田地,应在自己田地上勤勉耕作。男丁三人共耕贡赋之田一垧,男丁二十征兵一人,出公差一人。①

同年十月一日,下达给汉民的命令再次重申此谕令:

征收明年士兵食口粮,马食草料,耕种之田。辽东五卫之人,应交出要耕种的无主田地二十万日,海州、盖州、复州、金州四卫之人,同样应交出要耕种的无主之田十万日。②

根据上述两则史料,可知计丁授田的基本内容为:

(一)八旗军户(包括进入辽东地区以前已编入八旗的蒙古人和汉人)和新征服的辽东地区的汉户对调,使八旗插入到辽东各地区驻防,在新占领区确立军事统治。

(二)圈占辽东五卫和海州等四卫的土地,实际是最后圈占了整个辽东地区的土地。因为北部辽海卫、铁岭卫和沈阳中卫的土地,在这以前已入后金版图,八旗军户已经迁入。宽甸六堡等土地,李成梁放弃后一直是女真与汉户杂居,归后金统治。计丁授田令没有提到的只有宁辽右卫(今凤凰城)地方,从后来的实际情况看也被圈占。计丁授田规定圈占的是无主荒地,其实不仅是无主荒地,几乎是辽东的全部耕地。例如,辽东五卫耕地共计376954亩,如按每五亩为一日计算③,不过75390日,远不够要圈占的20万日。海州四卫耕地1436917亩,折合287383日,这个数目超过要圈占的10万日。辽、海九卫共计1813871亩,折合362774日,也就是说,从这个数字上看,只有62774日是圈占数额的余数。辽东都司所辖二十五卫登录的耕地总面积为632400日,这次要圈占的30万日接近其一半面积,可以断定绝

---

① 《满文老档》卷二四。
② 《满文老档》卷二七。
③ 一日即一垧,谓劳力一日的耕种量。据熊廷弼《修复屯田疏》:"辽俗五亩为一日"(《筹辽硕画》卷五);《盛京通志》:"一日可为五六亩"。后相沿6亩为1日。

非限于无主荒田。

（三）辽东五卫和海州四卫圈占的土地按丁分给"我军队的人马"即八旗士兵。计丁授田令没有明确规定每一男丁授田多少，但据以后的文献记载，每丁授田5日。

住在辽、海九卫地方的"凡我众白身"，即汉户，迁徙到"我原居住的地方播种"，指的是沈阳以北，东抵辽东边墙，西到东辽河东岸，如果不足，可到边墙以东。规定每丁给田6坰，此外三丁共耕贡赋田1坰，取代明在辽东地区实行的军屯制。

计丁授田令执行时，授田是绝对不足数的，因为汉户并非全迁，女真户来后还要和汉户共住、共吃，这样土地只能按当地实有数额来计丁授田，"名虽五日，实在只有二三日"①。计丁授田是狩猎的女真族在征服农业民族以后，将本族的生产全面过渡到农业生产上来，把包括本民族在内的各族人民都强制地附着在土地上，建立封建依附关系的必然产物。计丁授田制度所建立的生产关系，比明末辽东地区的解体中的军屯制及在其基础上发展起来的封建租佃关系显然有所倒退。但就女真族自身来说，走出辽东山区之前，农耕的拖克索（庄园）依靠战争中俘获的汉人和掳掠来的朝鲜人耕作，牛录屯田的收获只作为军马粮草的补充。计丁授田在女真人社会中确立了封建土地占有制度，土地成为基本的生产资料，农业成为经济的主要部门，这无疑是女真人社会发展史上一个阶段性的飞跃。

5. 夺取广宁

辽沈失陷，"河西军民尽奔，自塔山至闾阳二百余里，烟火断绝"②。明廷的震惊程度，远远超过抚顺、开原、铁岭失陷的时候。朝野上下以为辽西之亡即在眉睫。如果京师的屏障广宁失陷，则山海关濒危，京师可虞。文武百官拿不出应变的对策。他们惟一的希望是守住广宁，拖延时间，再集军

---

① 《天聪朝臣工奏议·高士俊谨陈末议奏》。
② 张廷玉等：《明史》卷二五九《熊廷弼传》，中华书局1974年版。

151

应战。

广宁,即今辽宁省北镇。背靠医巫闾山,南临大海,西界锦州,东隔辽河与辽阳对峙,为辽阳通山海关之咽喉要地。明朝失辽阳后,辽东巡抚移驻此地。有明一代,广宁一直是辽东地区仅次于辽阳的第二大城。广宁向设重兵驻防。但是自战事以来,明军群集辽阳、沈阳,"河西兵马之精劲及糗粮器具之转输,无一不为河东竭蹶从事"。据天启元年(1621)四月辽东巡抚薛国用上奏说:广宁城当时"虚拥空城,欲募兵,而居民俱窜,欲措饷,而帑藏如洗,盖岌岌乎难之也"①。当时广宁城有兵"不满千人,又半系创残之余"。新任巡抚王化贞就任后全力招募,"所招残兵亦万余人,然皆赤身徒手,马匹械仗,无处寻觅"。同年五月,刑科给事中熊德阳奉命往辽,祭告医巫闾山之神,回京后将在辽东的所见所闻上奏朝廷:

> 若关外一线之路,寄于海与西虏之间,村落残破,驿递萧条……至广宁虽稍成城镇,然实不及江南一中县也。城在山隈,可俯首而窥,聚族几何,可屈指而尽,所恃三岔河,而黄泥洼可褰裳而渡,日望援兵,不啻拯焚救溺。……辽陷一月,援兵尚未至广宁,虽有不弃广宁之名,已有弃广宁之实矣。②

给事中熊德阳的奏疏,说明了广宁危如千钧一发的严峻形势。

还在天启元年(1621)三月十三日沈阳失陷,十九日报至京师,刚继位3个月的明熹宗朱由校在一片惊惶中集文武官廷议之时,廷臣在讨论中想起了回籍听勘的原辽东经略熊廷弼。大学士刘一燝言:"熊廷弼守辽一年,奴酋未得大志,不知何故,首倡驱除,及下九卿科道会议,又皆畏避,不敢异同,而廷弼竟丢,今遂有沈阳之事。"御史江秉谦也说:熊廷弼"其才识胆略有大过人者,使得安其位,而展其雄抱,当不致败坏若此"③。明熹宗只好重新起用熊廷弼。三月二十九日,特派专使捧敕赴江夏,往谕熊廷弼来京任职:

> 朕惟尔经略辽东一载,威慑夷虏,力保危城,后以播煽流言,科道官风闻纠论,敕下部议,大臣又不为朕剖分,听令回籍,朕寻悔之。今勘奏

---

① 《明熹宗实录》卷九。
② 以上见《明熹宗实录》卷一〇。
③ 《明熹宗实录》卷八。

具明,已有旨起用,适辽阳失陷,堕尔前功,思尔在事,岂容奴贼猖獗至此。尔当念皇祖环召之恩,今朕冲年,遘兹外患,勉为朕一出筹画安攘,其即日叱驭前来,庶见君臣始终大义,特命该部赍敕召谕,如敕奉行。①

明熹宗在敕谕中充分肯定熊廷弼在辽任职时保全危辽的功绩,谴责部科道言官排挤他的过失,并自责罪己偏听闲言,恳请他出山,为自己分忧。四月初二日,又谕:"熊廷弼守辽一载,未有大失,换过袁应泰,一败涂地,当时倡议何人,扶同何官,将祖宗百战封疆,袖手送贼,若不严核痛稽,何以惩前警后!"②于是明廷惩治前劾熊廷弼的御史冯三元、张修德和给事中魏应嘉,各降三级,并除姚宗文名③。

熊廷弼于五月十八日到京"陛见"。六月一日,他胸有成算,上抗金保辽的"三方布置策":陆上以广宁为中心"用骑步对垒于河上,以形势格之而缀其全力";海上各置舟师于天津、登、莱,袭扰后金辽东半岛沿海地区,从南面乘虚击后金侧背,"动其人心,奴必反顾而亟归巢穴",可复辽阳;经略驻山海关居中节制,"以一事权"④。这一著名的战略,得到熹宗的认可,遂命熊廷弼为兵部尚书兼都察院右副都御史,驻山海关,经略辽东军务。七月初三日,熊廷弼离京赴任,熹宗从阁臣之请,熊廷弼以经略尚书奉命出征,除专敕外,加赐敕书一道、尚方剑一把,将士不听命者,副总兵以下,可先斩后奏。熹宗特"赐大红麒麟服一、彩币四,宴之郊外",命文武大臣陪饯,又以京营5000人护行。其礼仪之隆重,实前所罕见,亦见熹宗及廷臣对熊廷弼的期待之重。

可是,在熊廷弼来京师以前,四月初六日,明廷已起用右参议王化贞为广宁巡抚。王化贞,进士出身,由户部主事历右参议。《明史》对他的评价是:"为人骁而愎,素不习兵,轻视大敌,好漫语。"⑤但他能勇于任事。此时广宁已是一座孤城,兵不满千,甲仗皆无,火器缺乏。王化贞到镇广宁,召集散亡,得万余人,防守辽河。由于努尔哈赤尚未进攻,王化贞一时间名望赫

---

① 《明熹宗实录》卷八。
② 《明熹宗实录》卷九。
③ 张廷玉等:《明史》卷二五九《熊廷弼传》,中华书局1974年版。
④ 《明熹宗实录》卷一一。
⑤ 张廷玉等:《明史》卷二五九《王化贞传》,中华书局1974年版。

然。兵部尚书张鹤鸣极其信赖他,"悉以河西事付之","所请无不允"①。朝中文武也以为其有胆有识,倚以为重。但王化贞缺乏自知之明,对后金未来进攻,看做是自己召集流亡,激励官兵,联络蒙古而守住了广宁。王化贞认为只要派两万兵守三岔河,河长120里,步骑一字摆开,每数十步搭一土窝棚,置军6人,划地分守。熊廷弼反对这样部署。他说:"东兵(指后金)过河,所置地仅里许,窝卒仅百许,空散二万众于沿河"②,不能阻止后金骑兵。王化贞寄希望于蒙古察哈尔部林丹汗的援助,他认为"虎墩兔助兵四十万,遂欲以不战取全胜"③;又臆断以李永芳为"内应",必兵至而后金自溃。他上疏"愿以六万人进战,一举荡平"④后金,至"仲秋八月,可高枕而听捷音"。如此狂言,视军事如儿戏!熊廷弼"主守",认为"西部(指察哈尔蒙古)不可恃,永芳不可信,广宁多间谍可虞"⑤。他力图纠正王化贞的错误的部署计划,王化贞却恼羞成怒。于是,意见相左,一个主守,一个主战,所谓"经抚不合"之议自此而起,而朝廷中袒护王化贞者多,支持熊廷弼者少。

五月二十日,王化贞属下毛文龙请命袭镇江。王化贞给予支持,毛文龙率197人从海上轻进,联系盖、复、金州的降金明将为内应,于七月二十日袭取镇江。明廷在接连失败后,得此奇胜,"缙绅庆于朝,庶民庆于野"⑥。王化贞尤为得意,主张派兵从海上支援毛文龙,并且要求督师4万进据辽河,让蒙古兵乘机进取,大举反攻,必一鼓而胜。熊廷弼则竭力反对,认为王化贞想立刻大举反攻是轻举盲动的主张,但派兵支援毛文龙,巩固从朝鲜牵制后金之阵地还是正确的。本来熊廷弼也主张联络朝鲜,此时如能赞成王化贞的这一主张,支持毛文龙,扩大牵制力量,就可缓和同王化贞的矛盾。但熊廷弼却意气用事,责难说:"三方兵力未集,文龙发之太早,致敌恨辽人,屠戮四卫军民殆尽,灰东山之心,寒朝鲜之胆,夺河西之气,乱三方并进之谋,误属国联络之算,目为奇功,乃奇祸耳。"⑦结果诸镇观望,毛文龙得不到

---

① 张廷玉等:《明史》卷二五九《王化贞传》,中华书局1974年版。
② 《熊襄愍公集》卷八。
③ 张廷玉等:《明史》卷二五九《王化贞传》,中华书局1974年版。
④ 《明熹宗实录》卷一八。
⑤ 张廷玉等:《明史》卷二五九《王化贞传》,中华书局1974年版。
⑥ 王在晋:《三朝辽事实录》卷五。
⑦ 张廷玉等:《明史》卷二五九《王化贞传》,中华书局1974年版。

援助，只好退守皮岛。

此后，熊与王之间，凡事意见相左，愈演愈烈。熊廷弼认为王化贞的这一套都是不着边际的误国之策。可是十几万大军握在王化贞手中，熊廷弼徒有经略虚名，没有经略实权。王化贞一切行动都不通过熊廷弼，直接请示兵部尚书张鹤鸣。枢阁出于宗派和意气，都支持王化贞，排挤熊廷弼。熊与王不合竟发展到经略和兵部、辅臣之间难以共事的地步。直到冬季来临，努尔哈赤要乘冰封过河时，熊廷弼已无能为力，要求朝廷"宜如抚臣约，亟罢臣"。廷臣亦感到，经、抚不和，必坏封疆大事，应在两人中取留一个，这才决心罢退不喜欢的熊廷弼，专委王化贞。此时，后金兵已逼西平。明廷"遂罢议，仍兼任二臣，责以功罪一体"①。这样，熊廷弼的命运只有充当替罪羊了。

正当明廷九卿科道会议争吵经略和巡抚去留之时，努尔哈赤准备进兵河西。他先派李永芳与王化贞之间谍工往来，得知明朝辽东经略和巡抚不和，战守不定，熊廷弼内外受困，王化贞浪言玩兵，广宁军备废弛，沿河防守单弱。努尔哈赤决计乘机西渡辽河，兵指广宁。

天命七年(1622)正月十八日，努尔哈赤亲率诸贝勒、大臣，带领八旗军，向广宁进发。经鞍山、牛庄，二十日渡辽河，直逼西平堡(今辽宁盘山古城子)。巡抚王化贞得到后金军西进的警报，仓促布兵防守。王化贞以重兵坐镇广宁，总兵刘渠以两万人守镇武堡，总兵祁秉忠以万人守闾阳，罗一贵、黑云鹤以3000人守西平堡。

二十日，努尔哈赤率军渡过辽河，围西平堡。守城参将黑云鹤本应与罗一贵共同坚守。可是黑云鹤轻敌，出城野战，结果战死。熊廷弼得知西平堡被围，急催总兵刘渠从镇武堡来援。努尔哈赤得知明军来援的消息后，即兵分两路：一路继续加紧围攻西平堡，一路向平洋桥堵截镇武方面的援军。坚守西平堡的副总兵罗一贵断然拒绝后金的诱降，誓死坚守城池，命将士发射大炮向城下后金兵轰击，矢石齐发。努尔哈赤命八旗兵冒矢冲击，竖立云梯攻城。八旗兵三进三退，战斗异常激烈。据《明熹宗实录》记载：

罗一贵将三千人守西平……贼先攻西平，黑云鹤出战而死。罗一

---

① 张廷玉等：《明史》卷二五九《王化贞传》，中华书局1974年版。

贵固守不下,杀奴数千人。李永芳竖招降旗,阴遣人说一贵。一贵骂之曰:"岂不知一贵是忠臣,肯作永芳降贼乎!"斩其使,亦于城中竖招降旗。奴尽锐攻之,相持两昼夜。用火器杀贼,积尸与墙平。会一贵流矢中目,不能战,外援不至,火药亦尽。一贵北向再拜曰:"臣力竭矣!"遂自刎。奴尽屠西平。①

副总兵罗一贵最后矢尽援绝,自刎殉职。努尔哈赤以惨重的代价夺下河西重要据点西平堡。

西平堡正激战时,王化贞偏信游击孙得功的建议,集合广宁、闾阳两路的兵力来援镇武堡。明军舍弃守城用大炮的优势,却与善野战的后金兵相搏。以孙得功为先锋,会同守闾阳驿的祁秉忠、守镇武的刘渠等率军3万,前往西平增援。已暗降后金的孙得功无意战斗,刚与后金接战,就率先逃跑,明兵大溃,至沙岭(广宁南),遭后金围歼,3万人马全部覆没,刘渠、祁秉忠战死阵中②。

广宁虽有重兵驻守,又有王化贞坐镇指挥,但他不谙军事,备战亦不得法,守备、军纪都很松弛。十九日,努尔哈赤统兵过辽河的消息传来,军民人心动摇,城中富家大户早已逃奔。游击孙得功在援救西平时佯败先归,因"潜纳款于太祖,还言师已薄城,城人惊溃"③。他到处煽动,城内人更加恐慌,纷纷出逃。王化贞急召孙得功至衙署,仍委以守城重任。孙得功刚一出衙署,立刻封闭府库,把守火药库,据守城门,逼令城内居民剃发,声称要擒拿王化贞,连同广宁城作为献给努尔哈赤的进见礼。这时,广宁城实际上已成空城,而巡抚王化贞却一无所知。参将江朝栋得知兵变,急入王化贞卧室,催促王化贞说:"事急矣,快走!"他和王化贞直奔马厩,"所养马匹皆为叛贼盗去"④,王化贞的行李只好用两只骆驼装载,狼狈逃出广宁城。二十三日至大凌河,同率5000兵来接应的熊廷弼相遇。王化贞只有抱头大哭。熊廷弼见状讥讽王化贞说:"六万众一举荡平(辽阳),竟何如?"王化贞提出守宁远和前屯,此时,努尔哈赤还没有来追击,事实上以后也没有来追,在宁

---

① 《明熹宗实录》卷一八。
② 王在晋:《三朝辽事实录》卷八。
③ 赵尔巽等:《清史稿》卷二三一《孙得功传》,中华书局1977年版。
④ 王在晋:《三朝辽事实录》卷七。

远和前屯稍事等待,收集溃散,不是不可以的。可是熊廷弼认为"已晚,惟护溃民入关可耳"。王化贞亦无计可施,此时听从了熊廷弼的意见。二十六日,拥溃民入山海关,沿途"尽焚积聚"①,以防资敌。数十万辽西难民"携妻抱子,露宿霜眠,朝乏炊烟,暮无野火,前虞溃兵之劫掠,后忧塞虏(后金)之抢夺,啼哭之声,震动天地"②。

二十四日,努尔哈赤率军开赴广宁,孙得功等率士民出城迎接。努尔哈赤轻取广宁后,环广宁各城堡不战而降,计有闾阳驿、小凌河、松山、杏山、盘山驿等40余城堡的明朝守城官皆附。后金将广宁等城数百万帑币、粮食、火药、马牛、布帛等运回辽阳。至天命八年(明天启三年,1623)三月二十四日,努尔哈赤下令烧毁广宁城,撤离广宁、义州(今辽宁义县)等城,将全部兵马撤回辽东。广宁之役,是后金继辽沈大战后的又一次巨大胜利,对后金的巩固和发展具有重要意义。

广宁兵败,河西失守,熊廷弼以"失陷封疆"罪,回籍听勘。明天启五年(1625)八月,朝廷党争日趋激烈,熊廷弼受到牵连,在太监魏忠贤操纵下,将其处死,传首九边。更可憎者有人投井下石,诬陷熊廷弼"侵盗军资十七万",积"家资百万"③。阉党魏忠贤"矫旨严追",继续迫害熊廷弼的家属,"罄赀不足,姻族家俱破",长子熊兆珪自刭死,熊案成为千古奇冤。到崇祯元年(1628),有工部主事徐尔一为熊廷弼申冤:

> 廷弼以失陷封疆,至传首陈尸,籍产追赃。而臣考当年,第觉其罪无足据,而劳有足矜也。广宁兵十三万,粮数百万,尽属化贞。廷弼止援辽兵五千人,驻右屯,距广宁四十里耳。化贞忽同三四百万辽民一时尽溃,廷弼五千人,不同溃足矣,尚望其屹然坚壁哉!廷弼罪安在?化贞仗西部,廷弼云"必不足仗"。化贞信奉李永芳内附,廷弼云"必不足信"。无一事不力争,无一言不奇中,廷弼罪安在?且屡疏争各镇节制不行,屡疏争原派兵马不与。徒拥虚器,抱空名,廷弼罪安在?

熊廷弼自任辽事以来,"不取一金钱,不通一馈问,焦唇敝舌,争言大

---

① 张廷玉等:《明史》卷二五九《王化贞传》,中华书局1974年版。
② 王在晋:《三朝辽事实录》卷七。
③ 张廷玉等:《明史》卷二五九《王化贞传》,中华书局1974年版。

计"。《明史》熊廷弼本传这样评价：

> 惜乎！廷弼以盖世之材，褊性取忌。功名显于辽，亦骤于辽。假使廷弼效死边城，义无反顾，岂不毅然节烈丈夫哉！广宁之失，罪由化贞，乃以门户曲杀廷弼，化贞稽诛者且数年。①

明廷政治腐败，是非颠倒，真正应负辽西失陷责任的王化贞得到种种庇护，拖延5年才伏诛。熊廷弼却做了明朝腐败政治的牺牲品。

---

① 以上见张廷玉等：《明史》卷二五九《范志完传》，中华书局1974年版。

第五章　后金发展受挫

1. 弃辽阳再迁沈阳

天命六年(1621)三月努尔哈赤占据辽阳以后,一反过去攻下城池掳掠一空,撤回其根据地的做法,说服诸贝勒和群臣,"迁居于此"①。最初居住在都司衙门。翌年(1622)三月,努尔哈赤决定另筑辽阳新城。他召集诸贝勒、大臣曰:

> 我国家承天眷佑,遂有辽东之地,但今辽阳城大,年久倾圮,东南有朝鲜,北有蒙古,二国俱未弭帖。若舍此征明,恐贻内顾之忧。必更筑坚城,分兵守御,庶得固我根本。②

努尔哈赤提出另建新城的理由有二:一是辽阳古城"年久倾圮",不便居住;二是"东南有朝鲜,北有蒙古,二国俱未弭帖。若舍此征明,恐贻内顾之忧"。当诸贝勒、大臣以兴建城郭,辽民劳苦相谏时,努尔哈赤执意建筑新城,他说:

> 今既与明构兵,岂能即图安逸,汝等所惜者,一时小劳苦耳,朕所虑者大也。苟惜一时之劳,何以成将来远大之业耶?朕欲令降附之民筑城,而庐舍各自营建。如此虽暂劳,亦永逸已。③

---

①　《清太祖武皇帝实录》卷三。
②　《清太祖实录》卷八。
③　《清太祖实录》卷八。

众贝勒、大臣同意了努尔哈赤另筑新城的决定。于是,在辽阳城东太子河畔,兴筑辽阳京城宫殿、城池、衙署,称为东京。据《辽阳县志》载:清初都城在太子河东,距城五里余,天命六年筑城①,同时建宫殿,"城周六里零十步,高三丈五尺,东西广二百八十丈,南北长二百六十二丈五尺"②。据实际踏看测量,辽阳东京城在今辽阳市以东8里的东京陵乡新城村。城是沿地势修建,呈菱形。东京城的构筑法与赫图阿拉等处不同,是在城墙内填夯土,底为石砌,夯土中央夹以碎石,城表砌青砖。这种构筑方法已摆脱赫图阿拉等城的较为原始的构筑法,转为以砖石筑城,是清入关前在都城城郭建筑史上的一个进步。

天命八年(1623),辽阳东京城竣工,翌年,努尔哈赤将景、显二祖及爱妃叶赫纳喇氏的遗骨移葬于东京城东北4里许之杨鲁山。这表明后金似乎要将辽阳东京城作为永久性的都城。

然而,天命十年(1625)三月,努尔哈赤突然召集诸贝勒、大臣会议,提出迁都沈阳的主张。这又出乎诸贝勒、大臣意料之外,展开了一场激烈的争论。诸贝勒、大臣提出相反的意见:"迩者筑城东京,宫室既建,而民之庐舍尚未完缮,今复迁移,岁荒食匮,又兴大役,恐烦苦我国。"努尔哈赤坚持己见,强调指出:

> 沈阳形胜之地,西征明,由都尔鼻渡辽河,路直且近。北征蒙古,二三日可至。南征朝鲜,可由清河路以进。且于浑河、苏克苏浒河之上流伐木,顺流下,以之治宫室、为薪,不可胜用也。时而出猎,山近兽多,河中水族亦可捕而取之。朕筹此熟矣,汝等宁不计及耶?③

努尔哈赤分析了沈阳在地理、交通、政治、经济、军事上的重要地位之后,认为是"形胜之地",便于控制整个东北地区。所以他决定后金政治中心由辽阳迁至沈阳。

沈阳是我国东北地区的历史名城之一,具有悠久的历史。地处于辽河平原的中部,浑河北岸。沈阳之名,来源于浑河。古浑河又称沈水。据《元

---

① 据《清太祖实录》、《清太祖武皇帝实录》应为天命七年始建。
② 《辽阳县志》卷六。
③ 《清太祖实录》卷九。

一统志》载:"浑河在沈阳路,源出贵德州东北,西南经沈州南十五里,旧称沈水,水势湍急,沙土混流,故名浑河。今水澄澈,遇涨则浑。"依据古代的习俗"水南为阴,水北为阳",沈阳既居浑河(即沈水)以北,故名曰"沈阳"。

天命十年(1625)三月初三,努尔哈赤自辽阳迁都沈阳。《满文老档》记载如下:

> 三月初三日,汗迁沈阳,辰时出东京,谒父祖之墓祭扫清明,于两殿杀五牛,备纸钱而祭之。祭扫毕前往沈阳。①

从此,沈阳继辽阳发展成为东北地区政治、经济、文化和交通的中心。

努尔哈赤迁都沈阳后,改建沈阳城,兴修沈阳宫殿,根据北京中国第一历史档案馆所藏的《盛京城阙图》所绘制的有关太祖居住之宫、盛京宫殿、11座王府等资料,可以了解清入关前所建沈阳城的面貌。

汗宫,即努尔哈赤所居之宫,为天命十年(1625)三月迁都沈阳建的宫殿。此宫是天命九年(1624)由海城黄瓦窑人侯振举一家及其所属工匠所建。至天命十一年(1626)八月十一日努尔哈赤逝世,一直居住于此。汗宫是一座长方形二进院落组成的建筑,南向,正南为山门,入门为第一进院落,东西无对称建筑。第二进院落的建筑筑在高台之上,山门与第二进院落的正门中间有御路相连,沿石阶而上,过第二进院落的山门,正面便是一座三间的正殿,殿顶由黄、绿两色琉璃瓦铺成。正殿东西两侧各有面阔为三间的配殿一座。努尔哈赤居住的汗宫为硬山式高台建筑,墙、门、配殿均用绿色琉璃瓦,而正殿则为黄琉璃瓦加镶绿琉璃瓦边②。

努尔哈赤除建"汗宫"外,还修筑了办事衙署——"大衙门"与"八旗亭",也就是今日沈阳故宫的大政殿和十王亭。大政殿,最早称为大衙门,满文写作"amba yamun"。清入关前,满文将"殿"均写成"衙门",意为办事的衙署。大政殿坐北朝南,宏伟壮丽,金碧辉煌。台基上矗立朱红圆柱,正面有金色双龙盘绕,象征威严吉祥。大政殿是作为盛京皇宫内举行重大活动的最庄严和最神圣的地方。诸如皇帝继位、宣布重大军事活动的进军令、颁布大赦令等重要政令、迎接凯旋将士、举行国宴等重要仪式,皆在此举行。

---

① 《满文老档》第六十四册,第627页。
② 参见铁玉钦主编:《盛京皇宫》,紫禁城出版社1987年版,第28—29页。

十王亭依序排列在大政殿左右。其中最靠近大政殿、向前略为突出的两座亭子,为左右翼王亭。其余八亭则按八旗旗序呈燕翅状排开。东侧为左翼王和镶黄、正白、镶白、正蓝四旗王亭;西侧为右翼王和正黄、正红、镶红、镶蓝四旗王亭,合计十亭。这些亭子与大政殿组合成完整的建筑群,它们既是努尔哈赤与八和硕贝勒等议政的殿亭,又是八旗制度在宫殿建筑上的反映。乾隆四十三年(1778),高宗东巡盛京时赋五言律诗一首,赞颂大政殿与十王亭。诗曰:"一殿正中君,十亭左右分;同心筹上下,合志立功勋。辛苦缅相共,规模迥不群;世臣胥效落,宗子更摅勤。"

2. 兵败宁远城下

努尔哈赤轻取广宁后不久,仍退回辽东,明朝无力反攻,大约4年之间,直到努尔哈赤进攻宁远之前,明朝与后金双方都采取守势。

广宁失陷,明廷命令王在晋为兵部尚书兼都察院右副都御史,经略辽东。王在晋对辽西的局势抱悲观态度,他认为"东事一坏于清抚,再坏于开铁,三坏于辽沈,四坏于广宁。初坏为危局,再坏为败局,三坏为残局,至于四坏则弃全辽而无局"①。只有退守山海关,凭关设险,以卫京师。同时,他又错误地认为,辽地人民不可靠,生来习惯于懒散,当兵不是跑,就是降②。他主张拉拢蒙古,"以夷制夷",对付后金兵。王在晋一心想弃守宁远(今辽宁兴城)和前屯(今属辽宁绥中县境)两城,请求在山海关外八里铺再筑一座关城,以兵4万人守御。他在《题关门形势疏》中说:

> 再筑边城,从芝麻湾起,或从八里铺起者,约长三十余里,北绕山,南至海,一片石统归总括,角山及欢喜岭悉入包罗。如此关门可恃为捍蔽。第计费甚巨,而民夫当用数万人。夫国家为万年不拔计,何恤一二百万金,独是数万人夫。③

---

① 《明熹宗实录》卷二〇。
② 王在晋:《三朝辽事实录》卷三。
③ 王在晋:《三朝辽事实录》卷九。

明廷对王在晋的建议争论不绝,内阁首辅叶向高不能决。阁臣孙承宗自请巡边,经实地考察后,认为固守关外方是上策。他力驳王在晋再筑边城之议:"今不为恢复计,画关而守,将尽撤藩篱,日哄堂奥,畿东其有宁宇乎?"①并同王在晋"推心告语,凡七昼夜",王在晋仍无动于衷,不肯接受。孙承宗回京师后,借讲筵之机,面奏明熹宗,称王在晋不足任,自请督师②。天启二年(1622)七月,明廷罢王在晋。他接到圣旨后,望阙遥拜,喜出望外,竟说:自有辽事以来,守边的大将战死的成了沙场之鬼,活着的被捕成"缧绁"之囚,我有幸得全归了③。

　　王在晋戍辽期间,正是努尔哈赤西边忙于运粮,东边镇压暴动,顾此失彼的时候,明廷竟任用王在晋这样的经略,拥兵山海,毫无东进恢复失地之心。对努尔哈赤来说,实在是不可多得的帮助;对明朝来说,不能不说是延误军机。

　　天启二年(1622)八月,明廷派孙承宗以辅臣身份督山海关及蓟辽天津登莱诸处军务,经略辽东。

　　孙承宗,字稚绳,河北高阳人。"貌奇伟,须髯戟张。与人言,声殷墙壁。"早年为县学生,曾留意边事。后常"喜从材官老兵究问险要阨塞",因此"晓畅边事"④。万历三十二年(1604),登进士第二人,授编修。熹宗天启初,以左庶子充任日讲官。每听承宗讲授,辄曰"心开",故眷注特殷。

　　广宁失陷后,廷臣皆知孙承宗知兵,屡疏谏,因命其主持辽东军务。他上疏言:

> 迩年兵多不练,饷多不核。以将用兵,而以文官招练。以将临阵,而以文官指发。以武略备边,而日增置文官于幕。以边任经、抚,而日问战守于朝。此极弊也。今天下当重将权。择一沉雄有气略者,授之节钺,得自碎置偏裨以下,勿使文吏用小见沾沾陵其上。边疆小胜小败,皆不足问,要使守关无阑入,而徐为恢复计。⑤

---

① 张廷玉等:《明史》卷二五〇《孙承宗传》,中华书局1974年版。
② 张廷玉等:《明史》卷二五〇《孙承宗传》,中华书局1974年版。
③ 王在晋:《三朝辽事实录》卷一〇。
④ 张廷玉等:《明史》卷二五〇《孙承宗传》,中华书局1974年版。
⑤ 张廷玉等:《明史》卷二五〇《孙承宗传》,中华书局1974年版。

孙承宗从辽事失守中引出的一条沉痛教训是，必选边将，重将权。他遴选和器重的将领，就是袁崇焕。

袁崇焕，字元素，广东东莞人。万历四十七年（1619）进士，授福建邵武知县。他"为人慷慨负胆略，好谈兵。遇老校退卒，辄与论塞上事，晓其阻塞情形，以边才自许"。天启二年（1622）正月，袁崇焕"单骑出阅关内外"，回京后具言关外形势，说："予我军马钱谷，我一人足守此。"①廷臣们赞叹他的胆略，御史侯恂奏请破格擢用袁崇焕。明廷授他为兵部职方司主事，旋升为山东按察司佥事山海监军②。时兵部尚书王在晋代熊廷弼为辽东经略。袁崇焕反对王在晋无所作为的消极防御方略，力主积极防御，坚守关外，屏障关内，营筑宁远，以图大举。他虽深受王在晋器重，但他"薄在晋无远略，不尽遵其令"③。

孙承宗对辽东的局势有十分清楚的认识和周密的长远规划。他在奏守关大略疏中称：

> 盖前屯备而关城安，宁远备而前屯益安。倘不以此计，而以一步不出关为守关，遂以安插辽人为强迎，遂以经营宁远为冒险。夫无辽土何以护辽城，舍辽人谁与守辽土，无宁前何所置辽，不修筑何以有宁前，而修筑之事不一劳何以贻永逸而维万世之安？④

孙承宗认为，辽东形势首先在固守宁远。宁远和前屯地势险要，城内屯聚重兵，积储粮草，足可阻敌于山海关北两百里以外，在对待辽民的问题上，孙承宗与王在晋截然不同。他认为聚守关城的是秦、晋、川、湖、齐、梁、燕、赵之兵，对这些客兵，要他们抛弃妻室、子女，效死边疆是很难的。主张议兵必须先考虑土著辽民，安插辽人在宁远、前屯两卫及卫下各所各堡，屯田守边，叫做"以辽人守辽土，以辽土养辽人"。

经孙承宗的苦心经营，辽西的战守形势发生了很大的变化。山海关城的守战器械移入前屯和宁远。孙承宗决计戍守宁远，命祖大寿兴工营筑，袁

---

① 张廷玉等：《明史》卷二五九《袁崇焕传》，中华书局1974年版。
② 《明熹宗实录》卷一八。
③ 张廷玉等：《明史》卷二五九《袁崇焕传》，中华书局1974年版。
④ 《明熹宗实录》卷四〇。

崇焕与满桂驻守。祖大寿误以为朝廷"不能远守,筑仅十一,且疏薄不中程"。袁崇焕于是手定规制,亲自督责,营筑宁远。《明史·袁崇焕传》记载:

> 崇焕乃定规制:高三丈二尺,雉高六尺,址广三丈,上二丈四尺。大寿与参将高见、贺谦分督之。明年讫工,遂为边外重镇。桂,良将,而崇焕勤职,誓与城存亡;又善抚,将士乐为尽力。由是商旅辐辏,流移骈集,远近望为乐土。①

经袁崇焕亲率军民经营,一度荒凉凋敝的宁远,变为明朝抵御后金的关外重镇。

天启五年(1625)夏,袁崇焕分派将士向锦州以东弃地驻守。至此,孙承宗率属下将领"在关四年,前后修复大城九、堡四十五,练兵十一万,立车营十二、水营五、火营二、前锋后劲营八,造甲胄、器械、弓矢、炮石、渠答、卤楯之具合数百万,拓地四百里,开屯五千顷,岁入十五万"。逃入关内的辽民先后出关返回故土的多达十余万。孙承宗安插辽民、用辽人之策,深得人心,一时间辽西稍呈太平景象,为宁远之战的胜利准备了民心和物质条件。

天启三年(1623)九月,宁远城防工事竣工,关外防御体系完成,孙承宗图谋规制辽东,请饷24万两白银,并且得到熹宗的批准。可是,素与孙承宗不和的兵、工两部尚书从中作梗,采取拖延战术,"许而不与,文移往复稽缓之"。当时阉党魏忠贤嫉贤妒能,把持朝政,以孙承宗德高望重,极力拉拢他依附自己。但孙承宗因其为权奸,"不与交一言,忠贤由是大憾",必欲置承宗死地而后快。天启五年(1625)下半年,孙承宗请西巡蓟辽,路过京师,贺万寿节,面见明熹宗陈述边情。此事被阉党魏广微闻知,急忙转告魏忠贤。此时,魏忠贤已经驱逐杨涟、赵南星、高攀龙等东林人士,害怕孙承宗面见皇上告发他们的丑行,遂诬陷孙承宗"左袒东林","拥兵数万将清君侧"②。并指使御史李藩、崔呈秀等弹劾孙承宗此行是"挟兵震主"。魏忠贤又跑到皇帝那里,绕着床告哭状。皇帝不辨真伪,听信谗言,下旨给孙承

---

① 张廷玉等:《明史》卷二五九《袁崇焕传》,中华书局1974年版。
② 张廷玉等:《明史》卷二五〇《孙承宗传》,中华书局1974年版。

宗:"无旨离汛地,非祖宗法,违者不宥。"①并且命令兵部发飞骑三次,阻止他入京。这时,孙承宗已到通州,只好掉转马头回山海关。

此间,努尔哈赤也是采取守势。天命八年(1623)以后,后金国内社会危机非但没有缓解,而且更趋严重。辽南城乡的汉民暴动此起彼伏,民族关系更趋紧张,粮食奇缺,饥荒严重,女真族内部也不够安定。蒙古游弋于西,需要时时设防。朝鲜威胁于东,并支援毛文龙的抗金活动。南面时有来自海上的明军的袭击。在军事上努尔哈赤除以重兵防范和镇压汉民暴动外,在边境上三面设防:驻守镇江,防御毛文龙,监视朝鲜;驻守辽南四卫沿海,防备明登莱水师来袭;自耀州往北沿辽河岸筑边城,设堡、台,防御明军和蒙古。明与后金双方就这样各采取守势,对峙达4年之久。

天启五年(1625)九月,发生了明军柳河(辽宁新民境,源出敖汉旗,经彰武县入边)事件,使阉党乘机有文章可做,迫使孙承宗上疏求退。明廷以高第出镇辽边,这就揭开了宁远之战的序幕。当时,后金遣大批汉人到三岔河以南的盐场煮盐,汉人不堪其苦,寻找机会逃跑。同年五月,汉人刘伯漒率领几个逃民来找总兵马世龙戴救,报告说:四王子皇太极驻在耀州城,统兵不足300人,杀死皇太极,既救出汉民,又可立奇功。马世龙初因孙承宗有令不准轻举妄动,未敢行动。后应哨将鲁之甲所请,马世龙也有贪功之念,于是兵分两路:一路由左辅率领兵出柳河上游;一路由右屯卫前锋副将鲁之甲、锦州驻防前锋营参将李承先、水兵营游击金冠等率领军出柳河下游。约定鲁之甲这路兵于二十二日在二家沟会合渡柳河,二十七日袭取耀州。可是,明官将之间互不协作,金冠的水兵营故意违期不到会师地点。鲁之甲等统兵等到二十五日,金冠军仍未到,只好用六七只小船摆渡过河,几千官兵集结在柳河两岸,数日不能渡毕,以致贻误军机,被金兵侦知,在耀州城外设伏。明军到耀州城下,以为城中无备,结果伏兵四起,杀声一片,明军仓皇溃逃。后金兵一直追杀到渡口,未来得及过河的全部被歼,死亡400余人,鲁之甲、李承先两将死于沙场。但明将左辅出兵上游,却俘获500多后金兵而归。

柳河之役本是一次小的战斗,明与后金双方胜负相当,对大局无关紧

---

① 张廷玉等:《明史》卷二五〇《孙承宗传》,中华书局1974年版。

要。假如明军协调一致,金冠水兵营及时会合,明军获胜还是有把握的。虽然败了,对辽西的防务也无大损害,何况此役有败有胜,并非全败。消息传到朝廷,阉党却利用柳河之战大做文章,大肆渲染柳河之败,胡说什么柳河之败"辽之精锐十万尽矣","关门旦夕将要失守",用攻击马世龙来打击孙承宗。昏庸的皇帝竟然不查明真相,随声附和,轻信这些别有用心的奏疏,下旨责备孙承宗,令马世龙戴罪立功。孙承宗见朝廷是非不明,只好忍痛上疏求退,于同年十一月致仕回籍。

柳河事件后,孙承宗罢归乡里。明廷以高第代行辽东经略。他原在兵部时就极力主张只守山海关,受到孙承宗的批评而怀恨在心。高第进士出身,素不知兵,以媚谄阉党而受以封疆重任。他刚一到任,就借柳河兵败为由,下檄山海总兵马世龙,把锦州、右屯、大凌河、小凌河、松山、杏山、塔山等城兵马、器械撤下来。在撤退过程中,丢弃米粟十余万石,难民死于道路,哭声震野,致使军无斗志,士气低落。当高第督促明军撤退时,袁崇焕愤怒地说:"我宁前道也,官此,当死此,我必不去"①,誓死守卫成为关外孤城的宁远。

宁远是明朝在山海关外的另一座军事重镇。背靠起伏的热河丘陵,面向波涛滚滚的渤海,扼居辽东走廊咽喉,西连万里长城,东接锦州,为山海关之前卫。它的安危直接关系到山海关的安危。

善于伺机而动的努尔哈赤,得到孙承宗罢去,怯懦无能的高第撤军关内,宁远孤守的哨报,决定进军宁远。努尔哈赤的战略目标是,夺取宁远,进而占有辽河以西地区,直接威胁山海关。这次出征,他抱着必胜的信念,所以不惜动用全部军队,必欲一举攻克。

天命十一年(1626)正月十四日,努尔哈赤率诸贝勒、大臣统领13万大军,号称20万,从沈阳出发,兵锋所向,直指宁远。后金大军一路所向披靡,轻取10座城堡,二十三日,兵临宁远城下。

努尔哈赤自以为他所率10余万大军一定会使宁远明军胆战心寒,不必进攻,宁远明军就会向他投降。于是,他写了一封招降信,让被俘的汉人交给袁崇焕。信中说:"吾以二十万兵攻此城,破之必矣。尔众官若降,即封

---

① 张廷玉等:《明史》卷二五九《袁崇焕传》,中华书局1974年版。

之高爵。"①努尔哈赤低估了袁崇焕的决心和勇气,他得到的是完全否定的回答。袁崇焕义正辞严地回答:"汗何故遽加兵耶?宁、锦二城,乃汗所弃之地,吾恢复之,义当死守,岂有降理!乃谓来兵二十万,虚也,吾已知十三万,岂其以尔为寡乎?"②袁崇焕在回信中表示决心抵抗,誓死不降。这使努尔哈赤非常恼火,立即传令全军准备攻城。

此时,宁远城内明军不满2万人。袁崇焕临危不惧,采纳众将领的建议,制定兵略,扬长避短,婴城固守。并派大将满桂、副将左辅朱梅、参将祖大寿等分处防守,相互应援。袁崇焕刺血为书,激励将士,城中军民精神振奋,斗志高涨③。

二十四日,后金兵发起攻城。八旗兵重点攻城的东南角。攻城兵前锋身披铁铠两重,号"铁头子"。以此军推双轮战车进攻在前,战车上覆盖生牛皮,内伏勇士数名。每战以此攻具紧靠城墙,上挡敌锋,勇士在内奋力凿破城墙,打开缺口,然后八旗兵冲锋,突入城内。但当时恰是最严寒的季节,土冻得坚如岩石,城墙虽被凿坏,却不崩塌。努尔哈赤眼看此计不成,便令八旗兵强攻。守在城上的袁崇焕、满桂、祖大寿等与士兵拼命固守,枪、炮、药罐、礌石从城上泻下,爆炸声、哭喊声连成一片,后金兵前仆后继,冒死不退,但也无法前进。有的将士刚冲到城下,就被明军的火器击毙。努尔哈赤见军队伤亡太大,一时攻不上去,只好下令暂停进攻。

第二天,努尔哈赤再次组织八旗兵倾力攻城。八旗兵分成百队,环城进攻,攻势凌厉。袁崇焕临危不惧,指挥若定。大将满桂率将士登城,悬西洋大炮11门于城头,循环轰击。随着一声声爆炸,后金八旗兵被炸得人仰马翻,死伤惨重。在明军的利炮面前,八旗兵无法发挥作用,各旗将只好驱赶兵士进攻,但一到城下便掉头而逃。后金兵因死尸过多,顾不上攻城,只顾抢运尸体,天寒地冻无法掘地掩埋,只好运至城西门外砖窑焚化。攻城仍在继续。同前一日战况一样,除了伤亡骤增,没有任何进展,八旗兵士气大挫,努尔哈赤不得不下令停止攻城。宁远明军防守战的胜利已成定局。

二十六日,努尔哈赤在决定退兵的时刻,发现觉华岛是袁崇焕储粮的地

---

① 《清太祖武皇帝实录》卷四。
② 《清太祖武皇帝实录》卷四。
③ 彭孙贻:《山中闻见录》卷四。

方,于是派武纳格率八旗蒙古攻击觉华岛。为了防止宁远明兵出城救援,仍命大部队包围宁远城,不让明军出城。

觉华岛坐落于海中,距宁远城约20里,明朝在岛中储备大批粮饷,以供宁远等城将士食用。明守粮参将姚抚民带兵驻扎岛上,还有部分百姓。努尔哈赤进攻宁远失利,发现觉华岛有机可乘,于是派遣武纳格率数百骑兵袭击。守岛的明军发觉后金兵来攻岛,凿冰15里为壕堑,阻挡后金兵进入岛中,但后金骑兵绕开凿冰处进击,攻入岛内。岛上几千兵民全为后金兵所屠杀,无一生还。火烧战船2000余艘、粮草千余堆。宁远城上的明军望见觉华岛浓烟四起,知道觉华岛已陷落,但他们自身处于后金的包围之中,只能眼睁睁地看着觉华岛陷落。

努尔哈赤摧毁了觉华岛,出了一口气。看到宁远城仍无法攻下,他不禁感叹再三,于二十七日带着遗憾从宁远撤兵,返回沈阳。此战无功而返,这是后金同明交战以来,第一次遭此惨败。

3. 后金陷入危机

后金占领辽沈地区以后,控制了汉人聚居的辽河东西广大地域。女真族正式成为这里的统治民族。摆在后金统治者面前的新问题是,对辽东汉人采取什么政策才能巩固其统治。努尔哈赤曾因反抗明朝统治者实行民族压迫政策而起兵反明,在夺取辽东以后,他也对辽东汉人实行民族压迫政策。

努尔哈赤一进入辽沈,立即强迫汉人迁徙,努尔哈赤不明白农业定居民族的大迁徙将会引起怎样的社会大动荡,造成如何严重的后果。后金为对辽东汉人加强控制,防止叛逃,曾多次下令大量迁徙汉人。

第一次大规模强制迁徙汉人是在天命六年(1621)八月到十二月。首先将辽东半岛东海岸"沿海之黄骨岛、石咀堡、望海埚、归化堡等处及其屯民,悉退居距海六十里以外"①,将自旅顺到金州的居民迁入城堡。接着,又

---

① 《满文老档》第二十五册,第227页。

将金州、复州居民移到海州(今辽宁海城)。在辽东半岛东西两侧海岸实行"海禁"和"坚壁清野"。在十一、十二月,强迁鸭绿江下游西岸凤凰城、镇江、叆河、宽甸以及长甸、永甸、镇东、镇西等地汉人,先集中在就近的城堡中,然后北徙萨尔浒、清河以北,三岔儿以南和威远堡、奉集堡等女真人居住的地区①。这次迁徙的地区,西起辽河下游东岸的耀州和牛庄,东到鸭绿江西岸,南起旅顺、金州,北到海州,半个辽东的汉人都卷进了强制迁徙的行列。可以想见整个辽东在后金军进入的当年冬季,都处于激烈的动荡之中。

第二次迁徙的高潮,是天命七年(1622)后金占领广宁之后。将河西广宁五卫、义州二卫、锦州二卫等地几万汉人强迁辽河以东金、复、海、盖各州和沈阳、威宁营、奉集堡等地安置,分别归佟养性、李永芳、刘兴祚管辖。规定河西人和河东人"大户合于大宅,小户合于小宅,房则同居,粮则同食,田则同耕"②。在辽东地区又造成一次大紊乱。

第三次迁徙的高潮,是天命八年(1623)六月。当年二月末,明廷毛文龙的军民在辽南一带十分活跃,辽南四卫和鸭绿江下游两岸的镇江、叆河、凤凰城等地纷纷掀起抗后金的斗争。为此后金将辽南各地的汉人迁到耀州、海州、牛庄、鞍山以西,住在此地的女真人往北向东辽河东岸沿边开境农耕和驻防。这次迁徙再一次使汉人骚动不安。

被迁的辽东民众困苦不堪。如锦州城被迁的居民 13784 人,其中男丁 6150 人;右屯卫 17728 人,其中男丁 9074 人,共计 31512 人,其中男丁 15224 人③。他们被强迫迁徙至岫岩、复州、金州等地,努尔哈赤没有给予他们土地,命他们与当地居民同居合耕,结果是既剥夺了被迁徙者的田地,又掠占了当地居民的土地。实际上大量迁徙的汉人耕无田,住无房,穿无衣,食无粮,生活困苦到极点。

强令"剃发"。努尔哈赤每攻占一个汉人聚居的地方,就下令"剃发"。以"剃发"作为汉人降服后金的标志。但强令"剃发",改变汉族的习俗,侮辱尊严,引起汉族人的不满。如镇江汉人拒绝"剃发",努尔哈赤派武尔古岱、李永芳率兵前往镇江,将拒不"剃发"归降者残杀,并俘获其妻子儿女

---

① 《满文老档》第二十八册,第 252—254 页。
② 《满文老档》第三十五册,第 319—323 页。
③ 《满文老档》第三十五册,第 319—323 页。

1000余人,分赏给官兵为奴①,引起汉族人激烈的反抗。

在努尔哈赤的民族压迫政策下,辽东汉族人民普遍地展开了抗暴斗争。

首先是逃亡。辽沈失陷前,辽东民众听说清河、开原、铁岭后金军野蛮屠杀的惨状,为之毛骨悚然,逃得十室九空。辽沈失陷后,汉族人纷纷逃出沦陷区。天命六年(1621)六月,刘兴祚到金州任游击招降汉人时,"至金州城,见城内惟有书生二人,光棍十人。次日询之,谓城中书生皆逃避于海岛"②。又据《满文老档》天命十一年(1626)七月记载:"取辽东后,叆河之人散失……凤凰城、镇江、汤山、长甸、镇东五城,空旷无人。"③后金军对逃跑的汉人实行严防和屠杀的政策,汤站堡附近驻扎的后金军为防范汉人逃跑,甚至将境内已降的汉人作为俘虏,杀了近万人④。从明文献可以看到,前后拥入关内的辽东民众(包括辽河以西)以百万计,进入朝鲜境内的有数十万人,浮海入岛的也有数十万,逃到山东登莱地区的不下数万,编入水师的达3万⑤。

投毒,也是汉人反抗的一种普遍的斗争方式。后金占领辽阳不久,努尔哈赤居住的汗城(辽阳南城)内各井都有汉人投下的毒药,被后金兵发现后,逮捕20多人审问,查不出结果。后来发现出售的食物,从猪、鹅、鸭、鸡,到蔬菜瓜果中都有毒药。于是下令凡开店肆者均须立牌于门前,写清姓名,买吃的东西时记住店主的姓名⑥。投毒斗争遍及各地,甚至努尔哈赤到海州,举行宴会时,汉人向井中投毒,幸被八旗侍卫发现,险遭毒害⑦。

武装暴动是从反剃发斗争开始的。后金军进入辽阳,随即强迫汉人剃发,不剃发就杀头,辽阳汉人不堪忍受这种暴行,奋起反抗。据《明史纪事本末》记述:

有诸生父子六人,知必死,持刀突而出,毙其师,诸子持梃共击杀二

---

① 《满文老档》第二十二册,第205页。
② 《满文老档》第二十三册,第212页。
③ 《满文老档》第七十三册,第707页。
④ 《满文老档》第二十六册,第234页。
⑤ 陈仁锡:《无梦园初集》卷四。
⑥ 《满文老档》第四十二册,第387页。
⑦ 《满文老档》第二十二册,第207页。

十余人。仓卒出不意,百姓乘乱走出,五六百人结队南行,建州不之追。①

后金强迫剃发的消息传到辽南各地,立即激起反剃发的武装暴动,其中镇江、复州、盖州的武装斗争规模较大。

镇江(今丹东市北郊)是辽东地区通往朝鲜的重要门户,原为明辽东边墙的南端,地居要冲,从镇江过鸭绿江到朝鲜义州,在辽、金、元、明时期一直是朝鲜陆路通中国的要道,出海顺黄海北侧诸岛连接山东登莱,是辽东东边的大镇。努尔哈赤攻下辽沈后,派归附的明将到镇江推行剃发令,立刻激起武装暴动。"有大姓招兵数万,欲为我歼奴。"②天命八年(1623)五月五日,当努尔哈赤得"惟镇江之人,拒不剃发,且杀我使臣"的报告,立即派武尔古岱和李永芳率兵千人,前去镇压③。经过近20天的军事行动,才暂时镇压下去,武尔古岱等"俘其妻孥千人"回辽阳。努尔哈赤从中"选出汉民三百,赐与都堂总兵官以下游击以上各官。其六百俘虏,赐与随行军士"为奴隶④。

辽南四卫是辽东最富庶的地方,其中金州、复州、盖州都能直接出海,南接登莱。天命八年(1623)六月,复州城民不能容忍后金的剃发暴行。万余男子举行暴动。努尔哈赤派次子代善、第十子德格类等率兵两万前往镇压,复州城男子,除病弱和儿童外,全部被杀,并将妇女、儿童掳走,分给八旗将士为奴⑤。盖州暴动的组织者是士子,诸生李遇春与其弟李光春等"聚矿徒二千余人自守"⑥。武装暴动的主力军是辽南四卫的矿工,他们一部分集结在辽阳东面的东山,大部分集结到盖州附近的铁山。天命六年(1621)五月,努尔哈赤派武尔古岱、李永芳率兵3000前往铁山进行镇压。暴动者手持弓箭、木棍、石块与八旗兵进行激战,双方相持多日,互有胜负。于是,努尔哈赤又从辽阳调兵8000,再次围攻铁山。"数万人尽遭李永芳毒手,而尚

---

① 《明史纪事本末补遗》卷二。
② 沈国元:《两朝从信录》。
③ 《满文老档》第二十四册,第198页。
④ 《满文老档》第二十四册,第205—206页。
⑤ 《满文老档》第五十六册,第524—526页。
⑥ 《明熹宗实录》卷一一。

有万余人奔入朝鲜。"①

后金攻陷广宁等城后,八旗的铁蹄蹂躏河西,强迫河西汉人迁徙河东,激起了更大规模的反抗斗争,其中以十三山(凌海市以东)军民的反抗斗争最为激烈。据《边事小纪》记载:据守十三山山城的有4万余人,据前寺山的有万余人,据查角山的有4万人,他们据十三山以自保,绝不剃发归顺。努尔哈赤派兵围攻,数次不克,李永芳再率军仰攻,又被"山顶飞石打下"②。后金军将十三山团团围住,但他们誓死不降,"有七百人黑夜潜偷下山,至海边渡上觉华岛。婴孩都害死。问何以害死,曰'恐儿啼,贼来逼赶也'"③。宁肯扼杀婴儿,也不向后金降服,这是多么崇高的义举!

以努尔哈赤为首的统治集团借着军事征服,强制实行大迁徙,使女真军户与汉族人同吃同住,一面将女真军户普遍地变成农奴,另一方面又将辽东地区的汉族人也变成农奴。这种民族压迫政策和暴力统治,造成社会秩序极为混乱。首先形成社会危机的是粮食匮乏。粮食问题一直是女真人社会的严重问题。进入辽东以前,其粮食主要靠辽东地方供应。占领辽东以后,这一地区的经济受到战争的破坏,粮食严重不足,不仅努尔哈赤无法解决,就是到了皇太极初期,仍是"司农称匮,仓无积粟"④。当时辽东地区售粮给无粮户,粮价"一升收银一两"⑤,辽东粮价平时一石粮为一两银,现在官价竟是平时粮价的数十倍,可见粮食紧张到何等地步。再有汉人的大逃亡加剧了社会的动荡不安。为此,经常派遣各旗牛录将领到汉人所居旗下村屯、城堡,逐堡逐村地清查,防止逃赋和避役。

长时期的社会动荡不安,使后金国无法立足辽东,努尔哈赤企图通过剥夺汉人的粮食来稳定社会秩序,宣布以有无粮食作为区别汉人为敌为友的标准,他说:"应把没有粮食的汉人,视为仇敌,不是我们的僚友。"⑥根据这一原则,在天命九年(1624年)第一次甄别汉人有粮户和无粮户,对无粮户

---

① 沈国元:《两朝从信录》。
② 王在晋:《三朝辽事实录》卷一〇。
③ 王在晋:《三朝辽事实录》卷一〇。
④ 《天聪朝臣工奏议·佟养性谨陈末议奏》。
⑤ 《满文老档》卷五二。
⑥ 《满文老档》卷六一。

实行残酷的屠杀政策。努尔哈赤这样做,在于消灭无粮户,保存有粮户①,以其余粮养活女真人,结果适得其反,社会危机进一步加深。天命十年(1625)十月,努尔哈赤再一次甄别汉人,实行大屠杀。在屠杀中指责汉民"不念收养之恩,仍思念尼堪方面","仍与尼堪一方合伙","不停止准备棍棒(反抗武器)"。派遣八旗官员对各地汉民"详加鉴别",凡被认为"有罪恶的人"②统统杀掉。大屠杀留下来的人,又分到女真户下,实行编庄(拖克索),每十三丁、七牛,给田百垧,立为一庄,庄为汗、贝勒、大臣所有;汉总兵官以下,备御以上,备御一人编立一庄③。

这次的编庄是在计丁授田、汉人大迁徙的基础上进行的。计丁授田后,组织成农庄的形式进行生产。这次编庄,与天命七年(1622)二月派石廷柱、刘兴祚等对辽西迁徙辽东的汉户编庄分田的农庄大体相同,是农奴性质的。农庄上的劳动者有自己的经济,耕种自己的份地,被固定在土地上,连同土地一同为庄主所占有,耕种"公课"田,对国家纳贡赋;此外还要向庄主缴纳各种实物和承应各种差徭,因而受国家和庄主的双重剥削,意味着汉族人民地位的下降,变成庄主私人占有的农奴。这种将汉人社会地位降低到近似农奴的编庄,更加激起了汉族人民的强烈反抗,逃亡相继,使后金国的社会生产遭到严重破坏。

努尔哈赤一死,皇太极即位,立即废除这种编庄,将部分汉人重新改为编户。这次调整的必要性不在于仅仅减少每庄的壮丁数,而在于解放了其中的三分之二的农奴,使他们从八旗农庄中脱离出来,恢复为独立的民户,身份地位上由农奴成为"编户齐民"。

后金的政治体制,是以八旗制度下的军事组织为基础建立的君主专制的等级统治。伴随着努尔哈赤的统治权从佛阿拉逐渐移到沈阳,其间经历了关于汗位及汗位继承的激烈斗争。

最初努尔哈赤为加强汗权,幽杀其胞弟舒尔哈齐。舒尔哈齐死后,汗位之争的焦点移向努尔哈赤的长子褚英。

褚英,母佟佳氏,万历八年(1580)生。他于万历二十六年(1598)率兵

---

① 《满文老档》卷六〇。有粮户的标准,每口人有5升或4升粮,并有畜力者。
② 《满文老档》卷六六。
③ 《满文老档》卷六六。

征安楚拉库路,被赐号洪巴图鲁。万历三十五年(1607),在乌碣岩之战中立功,被赐号阿尔哈图土门。第二年,又同阿敏贝勒等攻乌拉,克宜罕山城①。万历四十一年(1613),努尔哈赤55岁时,决定立长子褚英为汗位继承人,授命他执掌国政。褚英执政后,心胸狭窄,操之过急,受到代善、阿敏、莽古尔泰、皇太极四大贝勒和费英东、额亦都、扈尔汗、何和里、安费扬古五大臣的激烈反对。努尔哈赤对褚英进行了多次教育,并命令代善辅佐他。然而,褚英在努尔哈赤率兵出征时,暗中对天焚香,诅咒其父,希望他死在疆场。于是,努尔哈赤在万历四十一年(1613)三月下令将长子褚英幽禁于高墙之中,万历四十三年(1615)八月下令将褚英处死。

褚英被处死后,后金的"建储"之争更为激烈。主要表现在四大贝勒中代善和皇太极之间的明争暗斗。代善与皇太极相比,代善居长,皇太极为弟;以实力而言,代善拥有两旗,皇太极掌有一旗;代善宽厚得众心,皇太极则威严,众人畏惧。努尔哈赤决定让代善执掌国政,并说过:待我百年以后,我的诸幼子、大福晋(系指努尔哈赤的大妃乌拉纳喇氏阿巴亥)由大阿哥代善照理②。努尔哈赤将爱妃阿巴亥和诸幼子托给代善,即决定日后由代善袭汗位。所以,朝鲜文献记载:努尔哈赤百年后代善"必代其父"③。代善自协助努尔哈赤主持国政后,随着他的权位日重,他同努尔哈赤和皇太极的矛盾趋向激化。代善乃一名武将,除带兵打仗,冲锋陷阵,屡立军功外,在抚理民政方面才干较平庸。在处理争端时,常怀有私心,不能公平地处置,致使努尔哈赤心中不快。在重大问题的决策上,又常与努尔哈赤不协调。

代善与努尔哈赤和皇太极之间的矛盾,因小福晋德因泽向努尔哈赤告密而公开爆发。据《满文老档》记载,天命五年(1620)三月,努尔哈赤的小福晋告发道:"大福晋曾两次备办饭食,送与大贝勒,大贝勒受而食之。又一次,送饭食与四贝勒,四贝勒受而未食。且大福晋一日两三次差人至大贝勒家,如此来往,谅有同谋也。大福晋自身深夜出院亦已二三次之多。"④努尔哈赤即派扈尔汉、额尔德尼、雅逊、莽噶图四大臣进行调查,小福晋所告之

---

① 《清史列传》卷三《褚英传》。
② 《满文老档》第十四册,第134页。
③ 李民寏:《建州闻见录》。
④ 《满文老档》第十四册,第134页。

事属实。诸贝勒、大臣在汗的家里宴会、集议国事时,大福晋常"以金珠妆身献媚于大贝勒,诸贝勒大臣已知觉,皆欲报汗责之,又因惧大贝勒、大福晋,而弗敢上达"。努尔哈赤对代善与大福晋的暧昧关系极为愤慨,但他既"不欲加罪其子大贝勒",又不愿家丑外扬,以大福晋"窃藏绸缎、蟒缎、金银、财物甚多为词,定其罪"①。小福晋德因泽因告密有功,升为与努尔哈赤同桌共食。或言德因泽告密之谋出自皇太极。皇太极借代善与大福晋的隐私,一箭双雕。既使大福晋被废,又使大贝勒声名狼藉,使努尔哈赤与代善的父子关系疏远,为他后来取得汗位准备了重要条件。

努尔哈赤年事已高,立储的计划一次次失败,促使他试图废除立储旧制,实行八旗贝勒共治国政的制度。

天命七年(1622)三月初三日,努尔哈赤发布实行八旗贝勒共治国政的汗谕,其要点如下②:

(一)"夫继父为国君者,毋令力强者为君";"尔八王中择其能受谏者即嗣父为国君。若不纳谏,所行非善,尔八王即更择其能受谏而好善者立之。"

(二)"尔八王治理国政,一人心有所得,直陈所见,其余七人则赞成之。如己无能,又不赞成他人之能而缄默坐视,则当易之,择其子弟为王。"

(三)"尔八王面君时,勿一二人相聚,须众人皆聚之,共议国政,商办国事。"

(四)"八王商议,设诸申大臣八人,汉大臣八人,蒙古大臣八人;八大臣下,设诸申审事八人,汉审事八人,蒙古审事八人。"

(五)"众审事审理后,报于大臣,大臣拟定后,奏于八王知,由八王审断定罪。"

(六)"国君于每月初五、二十日,御殿二次。"

各王为保证"务记汗父训诲,勿存暴乱之心,他人谗言,切勿得隐瞒,即行讦发等语",八王宣誓,并将誓词写于木牌挂在脖子上,其誓词要点如下③:

---

① 《满文老档》第十四册,第 134 页。
② 《满文老档》第三十八册,第 345—346 页。
③ 《满文老档》第三十八册,第 347—348 页。

（一）"居乡间，不得私议谁善谁恶，设有一或二贝勒议论汗父之善恶者，勿当面质对，退而会议，经众人议断善恶是实"；

（二）"八旗诸贝勒凡本人获罪，而不准他人入告者，乃为邪恶之人也"；

（三）"征战之时，八旗诸贝勒，不论尔旗下人或他旗下人有事故，非经众人审理不得单独入告。若单独入告，则必相争矣。经众人审理而后入告，则无怨尤也"；

（四）"凡见行为悖逆之人，勿得放过，即行责之"；

（五）"诸兄弟，互有怨尤，可以明言，若匿怨不言，而诉于众者，乃为居心邪恶，专行哄骗之人也"；

（六）"若逾父汗所定八份所得之外，另行贪隐一物，隐一次，即免除一次所得之份，隐两次，即免除两次所得之份，隐三次，则永免其所得之份"；

（七）"若不记父汗训诲之言，不纳众兄弟之谏，竟行背逆之事，则初记者罚之，再犯者夺其诸申。若夺其诸申而不抱怨，修身度日则已。若执拗不服，不致杀尔，将囚禁之。若负此言，仍行邪道，则天地佛神皆加谴责"。

上述摘引的后金国政治体制的要点，其基本精神是：

第一，在努尔哈赤死后抑制汗权，提高八旗贝勒集体共治的权力。原来强调一切必须听从汗的命令，现在强调一切必须听从八王的指令，不听从则可以更换；原来由汗任命大臣，现在规定由八王共同议定任命大臣；原来定罪，由贝勒上报父汗定罪，现在规定由八王共议定罪。

第二，要绝对保持八旗贝勒间的平衡，势均力敌，共同决策，共同行动。

这种八旗贝勒共治国政的政治体制，比努尔哈赤君主专制下的八旗制度，显然是一个逆转和倒退。为什么后金在进占辽东以后会设计出这样一幅政治体制的蓝图呢？这不是他们的主观臆造，而是与八旗制度有密切关联的。

努尔哈赤创建的八旗制度在征服统一支真各部、对明发动战争的过程中，曾发挥过巨大的作用。八旗制度日趋巩固的前提在于八家平均分配的经济制度。"有人必八家分养之，地土必八家分据之"①，即是八旗经济制度的真实写照。同时，八旗之间各成体系，互不相干，界限分明。随着努尔哈

---

① 《天聪朝臣工奏议·胡贡明五进狂瞽奏》。

赤征服战争的发展,俘获日众,八旗制度向着两个完全相反的方向发展:一方面是要加强君权,打破八旗的均等;另一方面却是不断地扩大八旗的经济实力,管辖人丁日多,占据土地日增,增设旗下衙门,增添旗丁官员,致使八旗的相对独立性越来越强,随之八旗贝勒之间的明争暗斗也加剧了,力图保持势均力敌。任何政权权力和经济利益都必须绝对平均地分配,甚至连一个因罪处死的人也得碎尸八块,分悬八旗衙门前。八旗的巩固和完善,远远超过破坏八旗制度的趋势。凡是有损于八旗制度的,就要受到遏制和打击。最突出的例子,就是努尔哈赤在他的儿子中立储,每当立储,总是加剧贝勒之间的矛盾,最后因各贝勒的反对而失败。褚英因禁后被杀,代善被罢黜,莫不如此。努尔哈赤有鉴于此,才决定实行八贝勒共治国政的制度。这种逆历史趋向的倒退的政治体制自然不能行之久远,皇太极即位后,反其道而行之,加速了向中央集权的政治体制方向的发展。

4. 努尔哈赤之死

天命十一年(1626)正月努尔哈赤攻宁远兵败,满怀忿恨地撤离,二月九日回到沈阳。此次战争之后,努尔哈赤的生命将要走到尽头,而他之死,宁远之败实是其诱因。

宁远之战是后金与明交战以来,明廷第一次打了这样的大胜仗。宁远大捷传到京师,举朝欢庆。兵部尚书王永光说:"辽左发难,各城望风奔溃,八年来贼始一挫,乃知中国有人矣。"明熹宗也由衷地说:"此七八年来所绝无,深足为封疆吐气。"①宁远之战的胜利使明廷上下为之振奋,袁崇焕声威大震,被提升为右佥都御史,受到熹宗玺书嘉奖。袁崇焕在敌强我弱、外援断绝的不利条件下,取得宁远之战的胜利,也算是一个奇迹。

努尔哈赤宁远之败,首先是八旗兵不善攻坚,惯于旷野激战,可是宁远之战却逼使后金兵弃长用短,打了一场艰难的攻坚战。其次是努尔哈赤又犯了骄兵必败的错误,以劳赴逸,以主为客,以箭制炮,最终败北。如后金谋

---

① 《明熹宗实录》卷六八。

臣刘学成所言:"汗自取广宁以来,马步之兵三年未战,主将怠惰,兵无战心也。兼之车梯藤牌朽坏,器械无锋,及汗视宁远甚易,故天降劳苦于汗也。"①

宁远之战,对当时的局势影响是很大的。在后金方面,八旗军对明军产生畏惧心理,尤其是怯于攻坚战。在明朝方面,军威大振,破除了后金军不可战胜的畏惧心理。蒙古的察哈尔部和喀尔喀部误以为努尔哈赤全军覆没,更向明朝方面靠拢,接二连三地截杀后金使臣,与后金为敌。朝鲜国王在努尔哈赤宁远失败后,由表面上坐视两端的态度,转为公开支援明军,接济毛文龙军饷。

宁远之战后,后金的困难程度有所加深。努尔哈赤怀疑自己是不是思虑过多,身体倦惰,在信心不足中带有悲观情绪。为了掩饰宁远兵败的苦闷,他把将士的不满引向蒙古。他以蒙古背弃若"征明与之同征,和则与之同和"②的盟誓,兴师问罪。天命十一年(1626)四月初四日,他亲自统率军队远征蒙古喀尔喀的炒花和巴林两部。此役对喀尔喀的打击是沉重的。炒花所遗人户"望西北而奔,以依虎酋(林丹汗)。奴得其部落、牲畜无算"③。《明史·鞑靼传》记载此役:"大清兵袭破炒花,所部皆散亡。"努尔哈赤大胜而归。五月二十一日,蒙古科尔沁奥巴贝勒来沈阳,努尔哈赤出城10里开帐迎接。然而这些都未能排解努尔哈赤因宁远兵败而积郁在心头的痛苦。

六月二十四日,努尔哈赤谕示诸子要相互和睦,坚持实行"八分"的分配原则,重申八贝勒"共治国政"的原则。这次谕示读来颇有遗嘱的味道,反映出努尔哈赤心神不宁,悲苦难言,既眷恋又厌政的复杂心态。

努尔哈赤积郁成疾,七月二十三日病势加重,不得不去清河温泉疗养。努尔哈赤到清河后,在八月初一日,派遣阿敏贝勒持书祭拜堂子,乞求天神、祖宗保佑。祭文说:"父,尔之子汗患疾,因设父像祭之。乞佑儿之病速愈,凡事皆蒙扶助。儿痊愈后,将于每月初一日祭祀弗替。倘若不愈我亦无可奈何。"④阿敏念完祭文,杀牛、烧纸,祭祀神祇。但努尔哈赤的病情仍在加

---

① 《满文老档》第七十一册,第693—694页。
② 《清太祖武皇帝实录》卷四。
③ 《明熹宗实录》卷七二。
④ 《满文老档》第七十二册,第703页。

重。八月初六日,努尔哈赤急回沈阳,乘舟顺太子河而下,并传谕大福晋阿巴亥前来迎接,会于浑河。八月十一日到沈阳东40里的瑷鸡堡时,背疽(皮肤上的毒疮)突然发作,医治无效,与世长辞,终年68岁。

关于努尔哈赤之死,长期有一种说法:攻宁远时,被炮击伤致死。此说不确,实因败后情志不舒,导致背发痈疽,不治而死。这已为近年学者所证明。

努尔哈赤是我国满族的民族英雄,是一位中国历史上杰出的政治家、军事家。

努尔哈赤从建州女真一小部落的酋长,弯弓射箭,经过36年的征抚战争,统一了女真各部,结束了女真族内部长期分裂、动荡混乱的局面。在统一女真的过程中,以女真族为核心,吸收了部分汉族、蒙古族、朝鲜族等,形成了一个勇于进取、英勇善战的满族共同体,从而使女真社会进入了新的历史时期。

努尔哈赤在女真族内部,逐步推行一系列的改革措施,建都城,称汗王,定国政,明赏罚,创满文,建八旗,对巩固和发展后金政权起了重要作用。

努尔哈赤不畏强暴,坚决反对明王朝推行的民族压迫政策,他善于团结女真内部的力量,面对比自己强大的明王朝,却能以少胜多,以弱克强。在反对明王朝的军事战争中,审时度势、诱敌深入、据险设伏、巧用疑兵、集中兵力、各个击破、用计行间、里应外合,创造出明清战争史上也是中国古代军事史上的诸多奇迹。他所缔造的八旗军,纪律严明,勇猛善战,如《清实录》中所赞誉的那样,"野战则克,攻城则取","立则不动摇,进则不回顾,威名震慑,莫与争锋"[①]。

努尔哈赤在统一女真各部的战争中,能顺应女真社会的发展趋势,采取一些重大措施,发展生产。特别是进入辽沈地区后,为适应新的形势,实行"计丁授田",在土地所有制、生产关系和分配形式上都与以前的奴隶制不同,反映出封建生产方式的某些特征,促使女真社会由奴隶制向封建制转变。

当然,在肯定努尔哈赤实现女真诸部统一、促进满族共同体形成、实行

---

① 《清太宗实录》卷三二。

女真社会改革等进步历史作用的同时,也要看到他的历史局限性。努尔哈赤最大的过失是在占据辽沈地区后,带着其氏族部落传统的原始意识,仍然将掠夺作为积聚财富和民族交往的主要手段。推行民族压迫政策,残酷地屠杀或抢掠。这种政策由于受到汉族人民的不断反抗和斗争,后又被迫进行调整,曲折而又缓慢地向适应汉族人民原有的封建制度方面发展。

努尔哈赤一去世,关于汗位的继承人选问题,立即成为后金政局的焦点。

努尔哈赤生前,曾指定八旗的四大贝勒为代善、阿敏、莽古尔泰、皇太极,四小贝勒为阿济格、多尔衮、多铎、济尔哈朗。阿敏和济尔哈朗为舒尔哈齐之子,不是努尔哈赤的直系,并曾参加过其父舒尔哈齐的分裂叛逃活动,一般来说,是不可能入选的。莽古尔泰性情粗野,他的生母继妃富察氏由于"窃藏金帛"被努尔哈赤废掉,莽古尔泰竟将其杀死,这件事在八旗贵族中产生了极坏的影响,因此,他自然不会被拥立为汗。四小贝勒中只有阿济格崭露头角,而多尔衮当时仅15岁,多铎只有13岁,皆未成年,在政治上还不可能独立。但阿济格、多尔衮、多铎三兄弟的生母,是皇太极生母叶赫纳喇氏死后努尔哈赤继立的大妃乌喇纳喇氏,这母子四人在八旗贵族中是不可轻视的一支势力。这样一来,汗位竞争者自然是皇太极、代善和纳喇氏所出诸子。其中多尔衮的可能性最大,因受努尔哈赤偏爱,多尔衮、多铎领有正白、镶白二旗,又有其正当盛年的生母控制于上,势力强大。这自然为各大贝勒所难容。所以努尔哈赤尸骨未寒,诸大贝勒为了"防患于未然",以努尔哈赤"遗言"为由,导演了一出逼迫乌喇纳喇氏为努尔哈赤殉葬的悲剧。

八月十二日,即努尔哈赤去世的第二天,诸贝勒借口努尔哈赤生前曾有遗言,逼令乌喇纳喇氏殉死,对此《清太祖武皇帝实录》记载如下:

> 帝后原系夜黑国主杨机奴贝勒女,崩后复立兀喇国满泰贝勒女为后,饶丰姿,然心怀嫉妒,每致帝不悦,虽有机变,终为帝之明所制,留之恐后为国乱,预遗言于诸王曰:"俟吾终必令殉之。"诸王以帝遗言告后,后支吾不从,诸王曰:"先帝有命,虽欲不从不可得也。"后遂服礼衣,尽以珠宝饰之,哀谓诸王曰:"吾自十二岁事先帝,丰衣美食,已二十六年,吾不忍离,故相从于地下。吾二幼子多儿哄、多躲,当恩养之。"诸王泣而对曰:"二幼弟吾等若不恩养,是忘父也,岂有不恩养之

理!"于是,后于十二日辛亥辰时自尽,寿三十七,乃与帝同柩,巳时出宫,安厝于沈阳城内西北角。又有二妃阿迹根、代因扎亦殉之。①

由此可知,年仅37岁的乌喇纳喇氏正当盛年,又有两个幼子,无论如何是不愿殉葬的,而诸王以先帝"遗命"逼迫其殉葬。那么,所谓的先帝"遗命"是诸王捏造的吗?诚然,女真族是有殉葬习俗的。一般情况下夫死,妻妾有为夫殉葬的,但并非所有的家庭都如此,而且多是小妾随夫殉葬。正妻、福晋以身殉葬的并不多见,特别是乌喇纳喇氏尚需抚育幼子,一般来说,不会让她去殉葬。从史料看,却有"逼殉"的意思。但如一些学者所证,一定是逼殉,也未必如此肯定。以努尔哈赤开国创业之功,用一个地位高的大妃来殉葬,陪侍努尔哈赤,也是可能的。总之,大福晋乌喇纳喇氏做了牺牲品,但与汗位争夺扯到一起,并无可靠证据。乌喇纳喇氏死后,多尔衮与多铎年幼,失去靠山,无力争夺汗位,这一后果,也是不争的事实。汗位的继承主要是在皇太极与代善两人之间选出一个。

在褚英被处死、代善失宠后,努尔哈赤不再指定继承人,尤其没有留遗嘱,故引发后人的种种猜测,把汗位的继承看成是一场激烈的争夺。其实,努尔哈赤去世前一年,一再阐明继承人的条件,让他的诸子互相推选。所以,皇太极与代善继承汗位问题,应该说,是通过个人条件的比较,由众兄弟子侄共同推选决定的。但在推选过程中,充满了矛盾和斗争,也是很自然的。

在乌喇纳喇氏殉葬的第二天,选择汗位继承人的活动就开始了。首先是代善长子贝勒岳托和三子萨哈廉兄弟向代善提议:"国不可一日无君,宜早定大计。四大贝勒(皇太极)才德冠世,深契先帝圣心,众皆悦服,当速继大位。"②代善自知已不是皇太极的对手,无意与其争位,马上表示:"此吾夙心也,汝等之言,天人允协,其谁不从。"他先去找阿敏、莽古尔泰商量,他们表示同意,随后又与阿巴泰、德格类、济尔哈朗、阿济格、多尔衮、多铎、杜度、硕托、豪格等集议,一致赞同这个意见。事实表明,皇太极以才德与卓著的军功,加之35岁的盛年期,终于赢得了众兄弟子侄的一致拥戴。于是,共同

---

① 《清太祖武皇帝实录》卷四。
② 《清太宗实录》卷一。

起草了一份劝进书,劝皇太极继位。皇太极便推辞说:

> 皇考无立我为君之命,我宁不畏皇考乎?且舍诸兄而嗣位,我又畏上天。况嗣大位为君,则上敬诸兄,下爱子弟,国政必勤理,赏罚必悉当,爱养百姓,举行善政,其事诚难。

皇太极所说这段话,的确是他的心里话,父亲生前无立他为君之命,又忧心诸兄弟是否诚心拥戴他继位,所以推辞再三。代善、阿敏、莽古尔泰及众贝勒再三说:"国岂可无君,众议已定,请勿固辞。"从卯时一直僵持到申时,最后皇太极终于接受,于天命十一年(1626)九月一日正式即汗位。这一推选过程,体现了女真族原始民主制尚存残余,就是说,遵循了民族的古老传统,也符合努尔哈赤生前所主"推选"的本意。应该承认,皇太极之即位,主要动力是诸兄弟子侄推选,不完全是个人争来的。

这一天,皇太极举行了庄严的即位典礼。皇太极率领诸贝勒、大臣焚香告天,群臣行九拜礼,诏以明年改元为天聪元年,大赦国中自死罪以下罪犯。第二天,皇太极"欲诸贝勒共循礼义,行正道,君臣交儆"①,率诸贝勒、大臣向天地盟誓。皇太极对天盟誓曰:"谨告于皇天后土,今我诸兄弟子侄,以国家人民之重,推我为君,敬绍皇考之业,钦承皇考之心。我若不敬兄长,不爱子弟,不行正道,明知非义之事而故为之;兄弟子侄微有过愆,遂削夺皇考所予户口,或贬或诛,天地鉴谴,夺其寿算。"接着代善、阿敏、莽古尔泰率诸兄弟子侄也盟誓:"我等兄弟子侄,询谋佥同,奉皇帝,缵承皇考基业,嗣登大位,宗社式凭,臣民倚赖,如有金壬,心怀嫉妒,将不利于上者,天地谴责之,夺其寿算。"最后,皇太极感谢代善、阿敏、莽古尔泰三大贝勒的拥戴,对三大贝勒,因"初登宸极,不遽以臣礼待之"②。皇太极率诸贝勒举行向天地盟誓的活动,无疑是表明:即位以后,将遵守努尔哈赤制定的八和硕贝勒"共治国政"的制度,敬兄长,爱子弟,汗与诸贝勒是平等关系,同时众贝勒也要效忠于新汗。

皇太极继位,既表明了八和硕贝勒"共治国政"的政治体制得以保存,也反映了皇太极在本族中的强大势力。但随着后金国社会生活、政治体制

---

① 以上见《清太宗实录》卷一。
② 以上见《清太宗实录》卷一。

的不断"汉化",后金统治集团为了适应新的形势,尤其是对明斗争的需要,必须加强汗的权力。皇太极在满汉群臣的支持下,以明朝封建专制主义君主制度为模式,加强了自身的政治权力,其代价必然是对满族贵族势力的削弱和对原八和硕贝勒共议国政体制的变革。

第六章　皇太极改革

1. 调整满汉关系

努尔哈赤晚年实施的各项政策中出现了诸多失误,使后金的发展招致了重大挫折。对此,皇太极是了如指掌的。他上台伊始,施政的目标就是调整政策,纠正失误。他在调整政策中抓住了努尔哈赤政策失误中最为严重的问题,就是对待汉人、汉官的民族压迫政策。努尔哈赤晚年由于对汉人、汉官施行了错误的政策,屠杀、镇压、奴役及民族歧视的结果,如前述,已激起汉族各阶层的反抗斗争,造成民族矛盾激化,社会动荡不安,更使社会生产萎缩,粮食产量锐减,经济陷入困境。皇太极清醒地认识到,满汉之间的矛盾是后金国动乱之根源。因此他一即位,首先提出"治国之要,莫先安民"的总方针。皇太极所说的"安民",并非平常意义上的安抚,而是要调整和完善对汉人、汉官的政策,缓和满汉之间的尖锐矛盾,他"安民"的着重点放在安抚汉人上。在其即位的第四天就颁布了一项新令:

> 我国中汉官、汉民,从前有私欲潜逃,及令奸细往来者,事属以往,虽举首,概置不论。嗣后惟已经在逃,而被缉获者,论死。其未行者,虽首告亦不论。①

这项新令对以前被迫逃亡的汉官、汉民一律赦免,扭转了努尔哈赤晚年借口所谓"叛逃"、"间谍"对汉人滥杀无辜的错误做法。这就使后金统治下

---

① 《清太宗实录》卷一。

的绝大多数汉人安定下来。因为新令已经规定"国中汉官汉民"是后金国的"民",治国要安民,这种"民"应受到国家保护,而不得滥杀。这一做法产生了积极效果。"由是汉官汉民皆大悦,逃者皆止,奸细绝迹。"

几天以后,又发布了旨在改善汉人的社会地位,提高他们在生产等各方面积极性的谕令。如规定:"工筑之兴,有妨农务",今后"止令修补,不复兴筑",使民人"专勤南亩,以重本务";又如:"满汉之人,均属一体,凡审拟罪犯,差徭公务"等,应一律平等,不得差别对待;又规定:诸贝勒及其属下"有擅取牛羊鸡豕者,罪之"①。

皇太极实行"分屯别居"的政策,是对满汉关系的一次重大调整。努尔哈赤时代,实行编庄,"汉人每十三壮丁编为一庄,按满官品级,分给为奴"。庄中的汉人壮丁,人身基本没有自由,成为庄主的附属物,且与满族贵族、官员同处一屯,因此"汉人每被侵扰,多致逃亡"。皇太极对此有所改变,即"按(官员)品级,每备御给壮丁八、牛二,以备使令。其余汉人,分屯别居,编为民户,择汉官之清正者辖之"②。这样,就有百分之四十的汉族壮丁被分离出来,恢复自由身份,成为个体农民。同时,满汉分开,自立一庄,用汉官管理,大大缓解了满汉之间的矛盾,在当时的历史条件下,使社会生产力有了一次较大的解放。

为了进一步调整满汉关系,皇太极重新修定和颁布《离主条例》。所谓"离主",就是奴隶或奴仆有权对主人进行控告,经核实,主人按律治罪,告发者准许离开主人,获得自由身份。天聪五年(1631)七月重新议定的《离主条例》共六款,其中明确规定:犯有私行采猎、私行隐匿、擅杀人命、奸属下妇女等罪,许奴仆告发,"讦告者准其离主"③。翌年三月,皇太极又对《离主条例》做了补充:"凡讦告之人,务皆从实。如告两事以上,重者审实,轻者审虚,免坐诬告罪,仍准原告离主。如告数款,轻重相等,审实一款,亦免坐诬告之罪。如所告多实,及虚实相等,原告准离其主。"④这些规定,在一定范围内限制了八旗满族贵族的特权,使许多汉人奴仆成为自由人,在法

---

① 以上见《清太宗实录》卷一。
② 以上见《清太宗实录》卷一。
③ 《清太宗实录》卷九。
④ 《清太宗实录》卷一一。

律上有了保障。因而改善了汉民的地位,提高了他们的生产积极性,使满汉之间的矛盾得到进一步缓解。

皇太极坚持优礼汉官的政策。他深知争取汉官的合作与支持,对后金政权至关重要。他特别优礼汉官,比努尔哈赤做得更有成效。对范文程的重用就是一个生动的事例。努尔哈赤时,范文程仅是个章京。皇太极即位后,把他安置在自己身边,让他参与机要。每议军政大事,皇太极总问:"范章京知道吗?"诸大臣上奏有不妥之处,皇太极便问:"何不与范章京商议?"奏事大臣回答"范章京已同意",皇太极就不再追问,指示依奏处理。范文程多次为皇太极起草谕旨。皇太极经常召范文程进宫商议军国大事。在生活上,皇太极也给范文程多方关照,请范文程吃饭是常事。有一次,皇太极请范文程吃饭,看到满桌"殊方珍味",范文程想到自己的老父亲未曾吃过,迟迟不下筷。皇太极一看,立刻明白了他的心思,当即派人把这桌珍味送到范文程家,给其父享用,范文程很受感动[①]。

不仅如此,皇太极还积极做争取明朝将领的工作。最初是争取明东江镇的毛文龙,没有成功,但在永平之役中,争取了一大批明朝中下级将领,如马光远等,后来成为八旗汉军的骨干。在大凌河战役中,争取明将明军的工作获得成功。明在辽东的主力军"祖家军",除主帅祖大寿本人外,大部分将领归顺后金。接着是争取毛文龙死后离散的部下,孔有德、耿仲明、尚可喜等先后航海涉险投后金,皇太极给予高规格的待遇,为后来组成八旗汉军创造了条件。

皇太极实行的上述调整满汉关系的政策,在一定程度上保护了汉族的基本利益,大大缓解了满汉矛盾,对后金政权的发展起了重要作用。

2. 仿明制更定官制

皇太极即位后,立即使满族贵族上层的权力分配状态失去了平衡,这种不平衡表现为满族贵族内部的矛盾与斗争。

---

① 李桓:《国朝耆献类征初编》卷一。

满族贵族间的权力冲突,首先表现在皇太极继位之初,对后金体制进行的改革,即设八大臣及十六大臣。八大臣"总理一切事务,凡议政处,与诸贝勒①偕坐,共议之。出猎行师,各领本旗兵行,凡事皆所稽察"。任命十六大臣,以其任务不同又分为两班:第一班的任务是"佐理国政,审断狱讼,不令出兵驻防"。第二班的任务是"出兵驻防,以时调遣,所属词讼,仍令审理"②。八大臣与十六大臣详见下表③:

旗　别	总管旗务八大臣	佐理旗务十六大臣	调遣十六大臣
正黄旗	纳穆泰	拜尹图、楞额礼	巴布泰、霸奇兰
镶黄旗	达尔哈	伊孙、达朱户	多内、杨善
正红旗	和硕图	布尔吉、叶克书	汤古代、察哈喇
镶红旗	博尔晋	吴善、绵和诺	哈哈纳、叶臣
镶蓝旗	顾三台	舒赛、康喀顿	孟坦、额孟格
正蓝旗	拖博辉	屯布禄、萨壁翰	昂阿喇、色勒
镶白旗	车尔格	吴拜、萨穆什喀	图尔格、伊尔登
正白旗	喀克笃礼	孟阿图、阿山	康古礼、阿达海

八大臣、十六大臣的人选,都是经过皇太极精心挑选的,把过去有较强自主性的八旗旗主势力,纳入了正规的政治体制之内,加强了后金国汗的权力。在先前的四大贝勒共议国政、总揽军政大权的机制结构中,用八大臣、十六大臣的行政机制,代表最高统治者行使日常军政管理职权,相对削弱了除皇太极以外的其他三大贝勒的权力,把他们的权力分散到八大臣与十六大臣,从而使权力进一步集中到皇太极手中,为君主集权制度的发展创造了条件。

紧接着,皇太极不失时机地削弱三大贝勒的势力。天聪三年(1629)正月,皇太极以关心三大贝勒的身体健康为由,剥夺他们每月轮流执政的大权。他通过"诸贝勒八大臣共议",由八大臣传谕旨:"向因值月之故,一切

---

① 指三大贝勒等参与国政的上层八旗贵族。
② 《清太宗实录》卷一。
③ 《清太宗实录》卷一。

机务,辄烦诸兄经理,多有未便,嗣后可令以下诸贝勒代之,倘有疏失,罪坐诸贝勒"①,实际是把三大贝勒轮流执政和行政管理的大权转移到八大臣手中。这样,自然使皇太极与三大贝勒之间的矛盾进一步发展。皇太极深知要巩固自己的汗位,必须彻底削弱三大贝勒的权力。天聪四年(1630)六月,皇太极借二贝勒阿敏"弃滦州、永平、迁安、遵化四城"②而败归为口实,召集诸贝勒大臣会议,宣布阿敏罪状十六条,以丢弃永平、屠杀汉民为最大。众议没收阿敏及其子洪科托的属民、家奴、财物、牲口,转赐给其弟济尔哈朗。阿敏被幽禁,10年后,死于囚所。翌年八月,在大凌河战役中,皇太极与莽古尔泰发生口角,莽古尔泰拔剑相胁,皇太极以莽古尔泰"御前拔刀罪",革去大贝勒爵位,降为一般贝勒,罚银1万两入官,把莽古尔泰排除在执政大贝勒之外。9个月后,莽古尔泰"偶得微疾",突然死去③。

同年十二月,制定朝见仪式时,参政季伯龙提出:莽古尔泰"不应当与上并坐",代善立即表示:"我等既戴皇上为君,又与之并坐,恐滋国人之议,谓我等奉上居大位,又与之并列而坐,甚非礼也。……自今以后,上南面中坐,以昭至尊之体,我与莽古尔泰侍坐上侧,外国蒙古诸贝勒坐于我等之下。如此,方为允协。"诸贝勒、群臣都表示赞同,皇太极顺水推舟,表示同意。天聪六年(1632)正月元旦朝贺大典,皇太极正式废除"与三大贝勒俱南坐受",改为"南面独坐"④。天聪九年(1635)九月,皇太极召开诸贝勒大臣会议,列出代善四条罪状,众议革去代善大贝勒名号,削除和硕贝勒职,剥夺十牛录所属人口,罚雕鞍马10匹、甲胄10副、银万两。事涉及他的儿子萨哈廉,也处以罚鞍马、银两等物。皇太极给予从宽处理,只罚银、马、甲胄。从此,威胁皇太极汗权的三大贝勒势力基本消除,皇太极的汗权才得以真正巩固。

皇太极逐渐消除三大贝勒的势力之后,为了适应新的形势和满足后金的发展需要,建立起一套仿照明朝的国家行政体制。

皇太极继位之初,虽有八大臣及十六大臣之设,但不过是对这种体制的

---

① 《清太宗实录》卷五。
② 《清太宗实录》卷七。
③ 《清太宗实录》卷一二。
④ 《清太宗实录》卷一〇。

一种调整而已。而真正的行政体制的建立,是从建立六部开始的。皇太极十分注意学习汉族的统治经验,在对旧行政体制进行改革前,他反复强调要"凡事都照《大明会典》行,极为得策"①。天聪三年(1629)四月,皇太极设文馆。文馆的设立,为他借鉴明朝制度,推行体制改革,做了组织上、思想上的准备。"命儒臣分为两直,巴克什达海同笔帖式刚林、苏开、顾尔马浑、拖布戚等四人,翻译汉字书籍;巴克什库尔缠同笔帖式吴巴什、查素喀、胡球、詹霸等四人,记注本朝政事。"②皇太极给文馆规定了两项职能,一是让儒臣翻译汉文典籍,借鉴汉族的统治经验;一是记注本朝政事,总结执政得失。随后,皇太极不断吸收汉族谋士入馆理事,如范文程、宁完我、马国柱、高士俊等。后来文馆不仅仅是译书、记注的机构,往来的国书及大臣的奏章都要经过文馆处理,文馆的大臣也以奏议的方式向皇太极陈述自己的政治主张,参政议政。

天聪五年(1631)七月,皇太极接受汉官宁完我的建议,仿明朝体制设吏、户、礼、兵、刑、工六部。明朝的"六部"是没有中书省即没有丞相的"六部",直接听从于皇帝。正如汉官宁完我所说的:"我国六部之名,原是照蛮子家(指明朝)立的。"③六部"各有所司,无旷废之处"④。后金的六部虽直属于皇太极,但是由八旗贝勒分掌各部事务,具有旗、政双轨制的性质。六部最初人员如下:

吏部由贝勒多尔衮掌,图尔格为承政,满朱习礼为蒙古承政,李延庚为汉承政,其下设参政八员,以索尼为启心郎。

户部由贝勒德格类掌,英俄尔岱、觉罗萨壁翰为承政,巴思翰为蒙古承政,吴守进为汉承政,其下设参政八员,以布丹为启心郎。

礼部由贝勒萨哈廉掌,巴都礼、吉孙为承政,布彦代为蒙古承政,金玉和为汉承政,其下设参政八员,以祁充格为启心郎。

兵部由贝勒岳托掌,纳穆泰、叶克书为承政,苏纳为蒙古承政,金砺为汉承政,下设参政八员,以穆成格为启心郎。

---

① 《天聪朝臣工奏议·高鸿中陈刑部事宜奏》。
② 《清太宗实录》卷五。
③ 《天聪朝臣工奏议·宁完我请变通大明会典设六部通事奏》。
④ 钱仪吉:《碑传集》卷四。

刑部由贝勒济尔哈朗掌,车尔格、索海为承政,多尔济为蒙古承政,高鸿中、孟乔芳为汉承政,其下设参政八员,以额尔格图为启心郎。

工部由贝勒阿巴泰掌,孟阿图、康喀赖为承政,囊努克为蒙古承政,祝世荫为汉承政,其下设满洲参政八员,蒙古参政二员,汉参政二员,以苗硕浑为满洲启心郎,罗绣锦、马鸣佩为汉启心郎[①]。

后金六部的组织形式是不设尚书,而以八旗贝勒管各部事务。六部"承政"的地位相当于明制的左右侍郎。"承政"这级组织与旗务组织明显不同的是,"承政"官职分别由满、蒙、汉三个民族的官员组成,是清入关后政权结构中设满、蒙、汉"复职"的开端。六部设复职,各有满、蒙、汉参加,目的还是各民族利益,有利于国家安定。后金仿明制设六部机构,所谓"金承明制",承袭的是明朝专制主义体制,尽管在组织形式上有所不同,但在机制和行政效能等方面则是相同的。虽然贝勒们分掌六部事务,但是他们与皇太极已不再是先前的平行关系,而是君臣隶属关系,他们必须对汗(皇帝)负责。此种变革,无疑加强了汗权。

后金国天聪五年(1631)仿明制设立六部,但整个政治体制尚不完善,各种职能机构也不配套。所以六部设立不久,一些汉官就提出了体制不完备的问题。汉臣宁完我提出:虽设六部,但"官制未备,法度不周",恐会招致"弊窦乱阶,萌于积渐",担忧反对者会攻击"汉制不宜行我朝"。他与其他汉官都认为"设官立法"要"相因相制",即建立相配套的职能机构,如六科、言官及内阁[②]。但是在天聪朝还没有正式建立一整套的相关机构。这是由于后金当时尚不具备设立的条件,更主要的是八旗大臣会议还有相当大的权力,旗、政还没有分开,贝勒掌部务正好排斥新制度,使之难以运作。直至建元称大清国皇帝时,才于崇德元年(1636)进一步仿明制进行大规模的体制改革。所以说,皇太极的天聪仿明体制改革,仅是后金国政治体制改革与确立专制政体的开端而已。

[①] 《清太宗实录》卷九。
[②] 《清太宗实录》卷一〇。

3. 完善八旗制度

努尔哈赤创建八旗制度,最初为四旗,后增至八旗。基本成员主要是满族,故称满洲八旗。其中也有一定数量的蒙古人和汉人,分隶各旗之中。

早在天命六年(1621),后金进入辽沈地区后,归附的蒙古军民日多,有的已被单独编为牛录,称蒙古军,由武纳格、布彦代统领,隶满洲八旗。皇太极即位后,蒙古军民归附不断增多,天聪三年(1629),将先前的蒙古军扩编成"蒙古二旗"。天聪七年(1633),"蒙古二旗"分为左右二营,分别由武纳格和鄂本兑为固山额真。天聪九年(1635),皇太极将蒙古二旗扩充为蒙古八旗,旗色和建制同满洲八旗一样。

八旗汉军最早见于努尔哈赤时期,当时在满洲八旗中就有16个汉人牛录。八旗汉军的形成与"三顺王"即恭顺王孔有德、怀顺王耿仲明、智顺王尚可喜有密切关系。

袁崇焕于崇祯二年(1629)计杀毛文龙后,虽任命了新的东江主帅,但实际上毛文龙势力已经瓦解。毛文龙的部下孔有德、耿仲明均为辽东人,是毛的亲信将领。毛文龙被杀后,两人被明朝调往山东,隶登莱巡抚孙元化部下。崇祯四年(1631年),皇太极围大凌河,兵部檄孙元化发兵往援。孙元化调孔有德部千余人由陆路奔宁远,行至吴桥,部队哗变,数败官兵,进攻登州,耿仲明内应,遂占登州。明廷速派朱大典等率兵进剿,孔有德、耿仲明终因众寡悬殊,兵将损失严重,遂于天聪七年(1633)五月,决计投顺后金。皇太极得知后,立即派范文程、刚林与济尔哈朗等率兵接应。当时孔、耿所带将官107人,精壮官兵3643人,连同家属7436人,水手壮丁448人,其家属624人,总计12258人[①]。加上枪炮等兵器,载船数百艘,这支庞大的队伍,历尽艰辛,由金兵护送到辽阳。皇太极对孔有德、耿仲明的归附极其重视,于六月间特发一道谕旨:"向者,我国将士于辽民多所扰害,至今诉告不息。今新附之众,一切勿得侵扰。此辈乃攻克明地,涉险来归,求庇于我,若仍前

---

① 参见孙文良、李治亭:《清太宗全传》,吉林人民出版社1983年版,第314页。

骚扰,实为乱首,违者并妻子处死,必不姑恕。"当孔、耿从辽阳来沈阳进见皇太极时,皇太极要以本族隆重的抱见礼接见。诸贝勒反对说:"皇上恐不宜抱见,但以礼相待可耳。"①皇太极不同意,说:"昔张飞尊上而陵下,关公敬上而爱下,今以恩遇下,岂不善乎!元帅、总兵曾取登州,攻城略地,正当强盛,而纳款输诚,遣使者三,率其兵民,航海冲敌,来归于我,功孰大焉。朕意当行抱见礼,以示优隆之意。"议定后,孔有德、耿仲明率各官依次序立,他们二人先行汉族礼,复至御座前叩头,双手抱皇太极膝行抱见礼。宴会上,皇太极手持金卮,向孔、耿二人敬酒。宴毕,又各赏赐蟒袍、貂裘、撒袋、鞍马等物②。并封孔有德为都元帅,耿仲明为总兵官,赐予敕印。

天聪七年(1633)十月,原毛文龙部下明广鹿岛副将尚可喜派人来与后金约降。翌年正月,尚可喜携部下及眷属 3500 余人归顺。至此,毛文龙部下的势力大部分已归服后金。

孔有德、耿仲明、尚可喜率众归服,给后金带来了巨大的政治影响。皇太极把孔、耿的部队命名为"天佑军",尚可喜的部队命名为"天助军"。而且规定了旗色,孔、耿部队的旗纛为"白镶皂",尚可喜部队的旗纛"于皂旗中用白圆心为饰"③。后又规定孔、耿与八和硕贝勒同列一班,获得同八旗旗主一样的地位,实际上等于新设两旗汉军,孔、耿、尚为旗主。可以认为,"三顺王"来归,是皇太极编制汉军八旗之始,就在孔、耿归顺不久,即天聪七年(1633)七月,皇太极令从满洲各旗抽取汉人,规定凡各户内有汉人十丁者,抽兵一人,共得 1580 人,由汉官马光远统领,旗帜用黑色。

崇德二年(1637)七月,皇太极将八旗中的汉军分为左右翼两旗,左翼旗以石廷柱为固山额真,右翼旗以马光远为固山额真。崇德四年(1639),二旗扩编为四旗,每旗设牛录十八员,固山额真一员,梅勒章京二员,甲喇章京四员。四旗的固山额真是:黄旗为马光远,白旗为石廷柱,红旗为王世选,蓝旗为巴颜。原汉军两旗旗帜都为元青色,分为四旗后,马光远旗为元青镶黄,石廷柱旗为元青镶白,王世选旗为元青镶红,巴颜旗为纯元青④。

---

① 《清太宗实录》卷一四。
② 《清太宗实录》卷一四。
③ 《清太宗实录》卷一八。
④ 《清太宗实录》卷四七。

崇德七年(1642)六月,根据形势的发展,汉军又由四旗扩编为八旗,以祖泽润、刘之源、吴守进、金砺、佟图赖、石廷柱、巴颜、墨尔根的侍卫李国翰八人分别为固山额真。以祖可法、张大猷、马光辉、祖泽洪、王国光、郭朝忠、孟乔芳、郎绍贞、裴国珍、屯泰、何济吉尔、金维城、祖泽远、刘仲金、张存仁、曹光弼等16人为梅勒章京①。其中祖泽润、祖可法、祖泽洪、祖泽远四人为祖大寿的子侄,张存仁、裴国珍等是祖大寿的部下,均为大凌河之役投后金的汉官,皇太极以这批人为骨干编入八旗汉军。同年八月,皇太极取得松锦大战的胜利后,已加封王爵的恭顺王孔有德、怀顺王耿仲明、智顺王尚可喜等联名请求"以所部,随汉军旗下行走"。皇太极允其请,"命归并汉军兵少之旗,一同行走"②。孔有德归属汉军正红旗,耿仲明归属汉军镶蓝旗,尚可喜归属汉军正黄旗。至此,孔、耿、尚的部队归属于汉军建制。

皇太极完善八旗制度具有深远的意义。首先,进一步巩固皇权。蒙古、汉军八旗的组建,使满洲八旗贝勒的权势再次得到削弱,打破他们对军队的垄断,使他们逐渐失去与皇权抗衡的力量。其次,扩大兵源,满足战争之需,增强了作战能力。满、蒙八旗擅长骑射与野战,而汉军八旗优长火器,大大提高了后金国的作战能力。完善八旗制,是皇太极对八旗制度的一个重大发展,把整个社会置于八旗制的控制之下,使社会的组织机制趋于完善,形成一个统一体,增强了全社会的凝聚力。八旗制贯穿有清一代,构成了清代一个最显著的特征。

4. 推行满族文化

满族本身有自己的民族文化,这种文化根基于女真族古老的文化传统,同时,满族在形成过程中还受到汉文化的深刻影响,这对满族的发展起到了积极的促进作用。

努尔哈赤起兵创业后,伴随着女真族重新凝聚,及时地创制了满文。到

---

① 《清太宗实录》卷六一。
② 《清太宗实录》卷六二。

天聪六年（1632），由达海加以改进，至此满文作为一种文字才较为完善。满文的出现，表明满族文化进入一个新的发展时期，也标志着满族基本形成。由于有了本民族的文字，对发展本民族文化起到了不可估量的作用。通过翻译，为吸收外民族的文化，提供了方便条件。自从满文创立后，就被应用于书写各种文书，记载政事，额尔德尼曾用满文记录了努尔哈赤的政治、军事活动，形成满族最早的历史记录，这就是留存到现在的《满文老档》。皇太极继位后，为了促进满族文化的发展，十分向往汉族文化，天聪三年（1629）设立文馆后，令达海主持"翻译汉字书籍"；令巴克什库尔缠主持"记注本朝政事，以昭信事"。翻译汉文典籍是"欲以历代帝王得失为鉴"；记注本朝历史，皇太极是为了"记己躬之得失"①。为便于参阅和翻译汉文典籍，皇太极曾于天聪三年（1629）十月派人至朝鲜，索取《春秋》、《周易》、《礼记》、《资治通鉴》等汉文典籍②。至天聪六年（1632），已译出《明会典》、《素书》、《三略》等书籍。正在翻译中的还有《资治通鉴》、《六韬》、《孟子》、《三国志》及《大乘经》等书，可惜天不假年，天聪六年这位著名的翻译家英年早逝。达海死后，翻译汉文典籍继续进行。在天聪年间形成一股学习、吸收汉文化的热潮。一些熟悉汉文化的文馆儒臣借翻译介绍汉文典籍，不断地向皇太极进讲"中国之制"。如文馆秀才王文奎对皇太极说："帝王治平之道，微妙者载在四书，显明者详诸史籍"，他建议皇太极"于听政之暇，观览默，日知月积，身体力行，作之不止"③。参将宁完我则强调《资治通鉴》等史籍"实为最紧要大有益之书，汗与贝勒及国中大人所当习闻、明知"④。这些建议和主张对皇太极产生很大影响。天聪五年（1631），宁完我等人提出设六部等建议后，皇太极十分赞同，还特别指出："凡事都照《大明会典》行。"⑤

满族本身的教育，最初多以训练骑射为主，以成年男子获得狩猎与战斗的技能为目的。正如皇太极所说："我国家以骑射为业，今若不时亲弓矢，

---

① 《清太宗实录》卷五。
② 《李朝仁祖实录》卷二一。
③ 《天聪朝臣工奏议·王文奎条陈时宜奏》。
④ 《天聪朝臣工奏议·宁完我请译四书五经、通鉴奏》。
⑤ 《天聪朝臣工奏议·高鸿中陈刑部事宜疏》。

惟耽宴乐,则田猎行阵之事,必致疏旷,武备何由得习乎?"①这样一个长期从事狩猎的民族,只重视骑射战斗的训练,不重视文化知识的教育,与其经济生活和以军事活动为业的客观环境有密切关系。但随着形势的发展,皇太极从永平四城得而复失,以及明军死守大凌河城,在粮尽援绝的情况下,仍坚持四个月而拒不投降的事实中,得到启示:驻守永平等城的贝勒弃城而逃,主要是贝勒们"未尝学问,不明礼义之故";明军在粮尽援绝的情况下尚死守,主要是有"为朝廷尽忠"的素质。他训斥诸贝勒及大臣说:"朕令诸贝勒大臣子弟读书,所以使之习于学问,讲明义理,忠君亲上,实有赖焉。闻诸贝勒大臣,有溺爱子弟不令就学者。得毋谓我国虽不读书,亦未尝误事。"为了让诸贝勒、大臣子弟"读书明道理,为朝廷尽忠",他下令:"自今凡子弟十五岁以下,八岁以上者,俱令读书。如有不愿教子读书者,自行启奏。若尔等溺爱如此,朕亦不令尔身披甲出征,听尔任意自适。"②皇太极强调对八旗子弟进行文化教育,引起汉官们的充分重视,胡贡明建议设立八旗官学。他说:"皇上谕金、汉之人,都要读书,诚大有为之作用也。但金人家不曾读书,把读书极好的事反看作极苦的事。若要他们自己请师教子,益发不愿了,况不晓得尊礼师长之道理乎?以臣之见,当于八家(八旗)各立官学,凡有子弟者,都要入学读书,使无退缩之辞。"并建议选拔"有才学可为子弟训导的"为师。教学内容,"小则教其洒扫应对,进退之节,大则教其子、臣、弟、友、礼、义、廉、耻之道。诱掖奖劝,日渐月磨,二三年必将人人知书达礼,郁郁乎而成文物之邦矣"③。胡贡明的建议,对于建立八旗的教育体制有重要意义,清代的八旗官学,就是这样建立起来的。

皇太极继承父亲的遗愿,作为创业之君,深知立国必须文武并用的道理。他加强文治的重要举措,就是利用传统的科举考试选拔治国人才。天聪三年(1629)八月,皇太极谕令:"自古国家,文武并用,以武功戡祸乱,以文教佐太平。朕今欲振兴文治,于生员中考取其文艺明通者优奖之,以昭作人之典。诸贝勒府以下,及满汉蒙古家,所有生员,俱令考试。于九月一日,

---

① 《清太宗实录》卷三四。
② 《清太宗实录》卷一〇。
③ 《天聪朝臣工奏议·胡贡明陈言图报奏》。

命诸臣公同考校,各家主勿得阻挠。有考中者,仍以别丁偿之。"①开科取士,这是后金国建国以来第一次,具有首创意义。参加这次考试的,有满、蒙、汉知识分子。许多人前去赴考。特别是天命十年(1625)十月努尔哈赤对明朝生员"通明叛乱"事件实行屠杀后"隐匿得脱者"约300人,也纷纷参加考试。考试结果,有200人考中。这些人通过考试,得到的最大待遇是可以从原来"皇上包衣下、八贝勒包衣下,及满洲、蒙古家为奴者"的下等地位"尽行拔出"②。免除了奴隶的身份,并根据考取的等级获得奖赏和优免差徭的权利。天聪八年(1634)三月,后金又举行一次从汉族生员中选拔人才的考试。考中一等的16人,二等的31人,三等的181人,共228人。

皇太极既向往汉族文化,又是个民族意识很强的人。他一方面迫切需要汉族的先进文化,以摒弃本民族中那些不合时宜、落后于时代的文化与习俗;另一方面十分注意保留本民族的文化特点,反对全盘汉化。如在国语骑射上,皇太极始终坚持保留本民族的特点。他曾说:各朝"各有制度,不相沿袭,未有弃其国语,反习他国之语者。事不忘初,是以能垂之久远,永世弗替也"③。天聪八年(1634)四月,他下谕旨将后金官名、城邑名统统改为满语名称。如沈阳城改名为盛京,此即满语的汉译。原明使用的总兵、副将、参将、游击、备御等官名,分别改为昂邦章京、梅勒章京、甲喇章京、牛录章京等满语官名。皇太极要求:今后"毋得仍袭汉语旧名,俱照我国新定者称之。若不遵新定之名,仍称汉字旧名者,是不奉国法,恣行悖礼者也。察出决不轻恕"④。

用满语名称取代汉语名称,最具重大意义的莫过于改本民族名称。天聪九年(1635),皇太极特别颁发谕旨:"我国原有满洲、哈达、乌拉、叶赫、辉发等名,向者无知之人,往往称为诸申。夫诸申之号,乃席北超墨尔根之裔,实与我国无涉。我国建号满洲,统绪绵远,相传奕世。自今以后,一切人等止称我国满洲原名,不得仍前妄称。"⑤其实,诸申与肃慎、女真都是同音,皇

---

① 《清太宗实录》卷五。
② 《清太宗实录》卷五。
③ 以上见《清太宗实录》卷一八。
④ 《清太宗实录》卷一八。
⑤ 《清太宗实录》卷二五。

太极越禁止越说明满族是从肃慎、女真发展而来。但从另一个角度看问题，皇太极宣布本民族称满洲，同样有重大意义，这就是给本民族正式命名。从此，满洲族（简称满族）沿用至今，为中国的一个人数众多的少数民族。

长期以来，女真族为适应生产实践的需要，形成了本民族独特的服饰风格。从女真人演化为满族，一般都穿戴紧身窄瘦的缨帽箭衣。这种服饰便于狩猎和打仗。进入辽沈以后，有不少满族人开始仿效明朝的宽衣大袖的服饰，有的大臣甚至向皇太极建议改满族服装为汉装。皇太极对此深为不满。崇德元年（1636）十一月，有一天皇太极召集诸贝勒、大臣，请内弘文院大臣给他们读《金史·世宗纪》。读完后，皇太极借机发表一番议论：

> （金世宗）惟恐子孙仍效汉俗，预为禁约。屡以无忘祖宗为训，衣服语言，悉遵旧制，时时练习骑射，以备武功。虽重训如此，后世之君，渐至懈废，忘其骑射。至于哀宗，社稷倾危，国遂灭亡。乃知凡为君者，耽于酒色，未有不亡者也。先时，儒臣巴克什达海、库尔缠屡劝朕改满洲衣冠，效汉人服饰制度，朕不从，辄以为朕不纳谏。朕试设为比喻，如我等于此聚集，宽衣大袖，左佩矢，右挟弓，忽遇硕翁科罗巴图鲁劳萨，挺身突入，我等能御之乎？若废骑射，宽衣大袖，待他人割肉而后食，与尚左手之人，何以异耶！

皇太极以《金史》为鉴，谆谆告诫诸贝勒、大臣，担心重蹈金朝覆辙，"恐日后子孙忘旧制，废骑射，以效汉俗，故常切此虑耳"①。为此，他曾颁布法令：后金国官民服饰，"俱照满洲式样，男人不许穿大领大袖、戴绒帽，务要束腰；女人不许梳头、缠脚。僧道照旧衣帽，其道士妇女，亦不许梳头、缠脚。该管牛录章京稽察，若有违者，本身及该管牛录、拨什库俱有罪。"②

在推行发展满族文化的同时，皇太极还不断地摒弃满族社会文化中的陋习。他针对满族婚姻一直沿袭的"嫁娶则不择族类，父死而子妻其母"③的氏族社会后期把妇女视为家中共同财产的陋习，尖锐地指出："于宗室

---

① 以上见《清太宗实录》卷三二。
② 《清太宗实录稿本》，辽宁大学铅印本，第7页。
③ 李民寏：《建州闻见录》。

内,妄娶叔父、兄弟之妻,非理也。"①崇德改元后,对此进行了坚决的改革,规定:"自今以后,凡人不许娶庶母及族中伯母、婶母、嫂子为媳妇。"皇太极对此规定做如下解释:"凡女人若丧夫,欲守其家资、子女者,由本人(家)宜恩养,若欲改嫁者,本家无人看管,任族中兄弟聘与异姓之人。若不遵法,族中相娶者,与奸淫之事一例问罪。汉人、高丽(朝鲜)因晓(汉人)道理,不娶族中妇女为妻。凡人既生为人,若娶族中妇女,与禽畜何异!我想及此,方立其法。"②皇太极改革婚姻上的陋习,革除汉人妇女缠足的恶俗,在当时有重大意义,标志着满族社会文明达到一个新的水准。

满族社会当时还盛行一种"夫死妻殉"的不成文陋规。这种习俗具有野蛮落后的性质,常常成为迫害妇女的残忍手段,在贵族中也常以这种手段来消灭某些政治隐患。天聪八年(1634)二月,后金法令明确规定:"妇人有欲殉其夫者,平居夫妇相得,夫死,许其妻殉,仍行旌表。若相得之妻不殉,而强迫逼侍妾殉者,其妻论死。其不相得之妻及媵妾,俱不许殉。违律自殉者,弃其尸,仍令其家赔妇人一口入官。有首告者,将首告之人,准离本主,夫族兄弟,各坐以应得之罪。"将人殉之风在法律上予以禁止,不能不说是一个重大进步。与此同时,对当时丧葬奢靡之风渐盛,皇太极也极为不满,他指出:"徒为靡贵,甚属无益。"天聪八年(1634)二月,后金定丧祭燔化规格:"自贝勒以下,牛录额真以上,凡有死葬者,许焚冬衣、春秋衣、夏衣各三袭。庶人许焚冬衣一袭、夏衣一袭、春秋衣一袭。自贝勒以至庶人,有不及此数者听之。"③

皇太极顺应后金社会的发展,将学习借鉴汉族文化与弘扬发展满族文化有机地结合起来,为后金成功地迈向全国性政权奠定了思想文化基础。

---

① 《清初内国史院满文档案译编》,第214页。
② 《清太宗实录稿本》,第6—7页。
③ 以上见《清太宗实录》卷一七。

第七章　后金蓬勃发展

1. 向辽西推进

天命十一年(1626)十月,努尔哈赤去世后两个月,皇太极即汗位仅月余,明廷宁远巡抚袁崇焕派都司傅有爵、田成及李喇嘛等34人的使团到达沈阳,为努尔哈赤吊丧,并祝贺皇太极即位①。这一举动,使后金多少感到意外。明金双方一直处于交战状态,并无吊死问疾的交往。原来,袁崇焕此举是为了探听后金的虚实,试探后金新汗是否有议和的动向。袁崇焕当时的战略意图是,希望争取一个缓冲的时间,用来构筑以锦宁为中心的一条防线,作为向后金反攻的基地。而皇太极对明使的到来,知道其吊丧、祝贺是假,侦察后金动态才是真实目的,便来个将计就计,将这场戏演下去。此时,后金正运筹出兵朝鲜,解除它的后顾之忧。所以,双方这种"缓兵之计"的"议和"意向,不谋而合。皇太极给予明使团热情的款待。明使在沈阳住了一个多月才走。十一月,皇太极命方吉纳、温塔石等带着他致袁崇焕的信,偕同明方使臣抵达宁远。皇太极在给袁崇焕的信中说:

> 尔停息干戈,遣李喇嘛等来吊丧,并贺新君即位。尔循聘问之常,我岂有他意,既以礼来,当以礼往,故遣官致谢。至两国和好之事,前皇考往宁远时,曾致玺书尔,令汝转达,至今尚未回答。汝主如答前书,欲两国和好,我当览书词以复之。两国通好,诚信为先,尔须实吐衷情,勿

---

① 《清太宗实录》卷一。

事支饰也。①

皇太极在信中,除表示对明使团来吊丧及祝贺新君即位的谢意外,正式表明议和的意向。而袁崇焕获宁远大捷后,为了防止金兵再犯,提出了"宁为正着,战为奇着,款为实着,以实不以虚,以渐不以骤"②的战略。他看到后金使者带来的皇太极书信,正符合"款为实着",决定以议和作为缓兵之计。

可是,袁崇焕对皇太极的来信没有复书。一个月后,后金使者方吉纳等从宁远回来,原封带回皇太极的信,转述袁崇焕的意见:皇太极的信中把"大明国、大满洲国字样并写,不便奏闻,故不遣使,亦无回书"③。然而此时皇太极对议和持积极态度,为此,他派达海、库尔缠与三大贝勒商议起草一份议和意见书。由于后金正要出兵朝鲜,怕明军援救,更怕明军由辽西进攻沈阳,使后金陷入腹背受敌。因此,皇太极急于以和谈方式牵制明军。

天聪元年(1627)正月,皇太极再次派方吉纳、温塔石把拟定好的议和书交给袁崇焕。议和书的主要内容有三:一是说双方所以引发战争,是明朝对后金"欺藐陵轹"所引起的,也就是说双方战争的责任在明方面;二是本着"不论国之大小,止论理之是非"的判断战争的原则,后金是"循理而行"的战争,明朝是"违理而行"的战争;三是议和条件,如果"以为我是,欲修两国之好",明朝先送黄金10万两、白银百万两,缎匹百万匹,毛青布千万匹,作为和好之礼。双方和好之后,金国每年以东珠10颗,貂皮1000张,人参1000支给明朝,明朝给黄金1万两,白银10万两,缎匹10万匹,布匹30万匹给金,作为双方的馈送礼物④。

袁崇焕收到后金的议和书后,只好向明廷报告,他在奏疏中称:

> 夷使方金纳约九人特来讲话,随诘来夷,何故起兵?彼云前来打围,乘便抢西达子,断不敢擅入宁前,又投递汉文夷禀,将向时皇帝二字改"汗"字,如虎酋之称,而仍彼伪号,然即差人求款,伪号安得犹存,因

---

① 《清太宗实录》卷一。
② 《清太宗实录》卷一。
③ 《明熹宗实录》卷八四。
④ 《清太宗实录》卷一。

此原书还之,而留其来目,暂放一二小夷回话,令易去年号,尊奉正朔。①

由上述可知,袁崇焕并没有把后金议和书的全部内容报告明廷,与后金议和,并未得到明廷的指示,纯属他个人的主观行为。他想利用和议争取时间,加强关外诸城的防御。当时明廷对与后金议和之事十分重视,他代表明廷提出了与后金议和的条件:

> 然而十年荼毒,如罪已深,一旦输清,听信匪易,侵地当谕令还,叛人当谕令献,当不止去僭号,奉正朔,一纸夷书,数字改换,便可释憾消夷也。与其疑信异同,拒之既题之后,无宁讲誊妥当,慎之未题之先,该抚想有成算,或别有妙用,悉听密筹,封疆事重,不厌叮咛,鼓舞吏士,明烽远哨,仍旧戒严,务保万全,舒朕东顾。②

从皇帝的谕旨,袁崇焕已看出明与后金所提出的议和条件相距甚远,根本无议和的可能。只能把议和作为政治手段,抓紧时间修复锦州、中左、大凌河之城,所谓"姑以和之说缓之。敌知,则三城已完,战守又在关门四百里外,金汤益固矣"③。

天聪元年(1627)三月,袁崇焕派使臣杜明忠偕同后金使臣方吉纳、温塔石等到沈阳,带来袁崇焕与李喇嘛的书信各一封。袁、李二人的书信是根据明朝的意图,希望皇太极接受明廷的议和条件,即"今若修好,城池地方作何退出,官生男妇,作何送还"④。此时,后金已赢得战机打败了朝鲜,两国结为"兄弟之盟";同时,又把明军毛文龙所部赶下海,已无后顾之忧。因此皇太极的态度发生了变化。四月初八日,皇太极遣明使杜明忠等还,致书袁、李,对袁、李二人来书的内容加以驳斥。与此同时,皇太极又以明军修筑锦州等城为由,提出双方议和划界问题:"若果两国议和,先须分定疆域,以何地为尔国界,何地为我国界,各自料理。"⑤这里所谓"分定疆域",就是山

---

① 《明熹宗实录》卷八〇。
② 《明熹宗实录》卷八〇。
③ 张廷玉等:《明史》卷二五九《袁崇焕传》,中华书局1974年版。
④ 《清太宗实录》卷二。
⑤ 《清太宗实录》卷三。

海关以内归明,辽河以东归后金,而宁锦一带为中间地带。袁崇焕非常清楚,这样划界,就等于明朝承认了后金占领的土地,明朝也就从此无从提出交还失地问题了。因此他收到来书后,不再复书,议和宣告流产。

后金利用议和拖延时间,争取主动,征服了朝鲜,从根本上解除了后顾之忧。天聪元年(1627)五月,皇太极决意征明,揭开了辽西拉锯战的序幕。

辽河以西的广大地区,是连接辽沈与山海关内外的咽喉地带,具有重要的战略地位。明廷倾国力保辽西,以卫山海关,千方百计阻止后金南下,因而形成了后金与明朝在辽西地区进行了长达十四五年的拉锯战。

是年五月,后金征朝鲜的大军回沈阳不久,皇太极得到一个重要报告:明军于锦州、大凌河、小凌河"筑城屯田"。皇太极马上意识到,明朝议和是假,争取时间、加强防御是真,如果这些军事要地一旦修缮完备,必将对后金进兵造成极不利的影响。于是,皇太极当机立断,留贝勒杜度、阿巴泰守沈阳,亲自率诸贝勒、将士5万余人征明,力图抢在这些城池完工前,一举攻克。

后金军五月六日出发,九日至广宁旧边,选精锐为前哨,探清明军虚实后,皇太极将军队分为三队,命济尔哈朗、阿济格、德格类、豪格等率精骑为前队,皇太极与代善、阿敏、莽古尔泰等统大队人马居中,"令攻城诸将,率绵甲军及厮卒等,携云梯、挨牌等物为后队"①,日夜兼程,浩浩荡荡直趋辽西。十一日,皇太极率两黄旗、两白旗兵直趋大凌河,驻守大凌河的明军皆弃城而走,后金兵未遇什么抵抗便到达锦州城下。大贝勒代善、阿敏等率正红、镶红、镶蓝旗兵直逼锦州城下,遂围其城。大贝勒莽古尔泰率正蓝旗兵直趋右屯卫,携其所获,也会于锦州。

锦州城建于明洪武年间,后经成化、弘治朝时增修,成为辽西与辽东之间的重镇。当时锦州城已修筑完工,城坚池深,驻有明军3万余人。明锦州总兵赵率教、左辅及监军太监纪用等,得知皇太极率后金兵来攻,便把临近城堡的守军和粮食皆迁至锦州城内,实行坚壁清野。

皇太极率八旗兵在"锦州城外,四面扎营"②。明军见后金兵来势凶猛,

---

① 《清太宗实录》卷三。
② 计六奇:《明季北略》卷二。

一方面凭城固守,一方面派一名守备、一名千总缒城而下,到后金营谈判,借此拖延时间,以便等待援兵。皇太极见明派的来使,盛气怒目地说:"尔欲降则降,欲战则战"①,拒绝议和谈判,命两人回城,带给锦州总兵一封信,信中说:

> 夫两国和好,宜先议定疆界,某地属尔,某地属我,疆界既定,方得彼此宁辑。若以力相争,必致构兵不已,况尔之兵力,已屡经较量矣,岂犹不自知也。乃佟然以退还辽东土地人民为言,是尔有意激怒我,愿事争战矣。我故谕杜明忠,有嗣后两国仍为敌国,我亦不复遣使之语。今董率三军,亲至城下,尔等坐困孤城,外援莫至,将待势穷力屈,俯首就戮耶?抑事识机先,束身归命耶?夫讲信修睦,共享太平,岂不甚美。乃既不能相敌,而愿事战争,是徒驱尔生灵,毙之锋镝也,于心奚忍哉?我为敌国,见尔民死伤者众,心犹恻然。昨者将二千余人,尽已释还。乃尔等不以朝廷为念,不悯百姓死亡,乐事兵争,不思和好,而固执此妄谬之辞,我甚不解也。今或以城降,或以礼议和,惟尔两太监酌而行之耳。……遵我裁定礼物,诚心议和,我岂有不从者乎!倘犹迟疑观望,我蒙天眷佑,一鼓而下此城,则山海关以西,非复尔国有矣。此皆尔国文臣,贻误尔主,以致丧师失地,非我之佳兵也。②

总兵赵率教等读了皇太极的信,拒绝献城投降,答复说:"城可攻,不可说也。"皇太极十分生气,命令围锦州城的八旗兵"分两路抬拽车梯、挨牌,马步更番进攻西北二隅"③。赵率教同总兵左辅、副总兵朱梅等率全城军民英勇抵抗,"力督各营将领并力射打,炮火矢石交下如雨,自辰(早七八时)至戌(晚七八时)打死敌尸填塞满地。至夜,拖抬死尸,退兵五里,西南下营"④。皇太极见攻城受阻,急遣官回沈阳调援兵。十五日,后金骑兵环城而行,却不敢过于靠近城垣。皇太极派往锦州城议和的使者三去三返,赵率教却命"闭城不纳"。十六日,赵率教又行缓兵之计,派明使出城赴金兵营

---

① 《清太宗实录》卷三。
② 《清太宗实录》卷三。
③ 《明史纪事本末补遗》卷五。
④ 计六奇:《明季北略》卷二。

解释道:"昨因夜晦,未便开城延入,今可于日间来议。所需诸物,自当先与。至和好之事,俟退兵后,奏知朝廷再议。"①皇太极复命绥占、刘兴治入锦州城议和。当后金使者至城下,又不允许入城,明显是想拖住金兵,等待援军的到来。

袁崇焕深知此次金兵犯明,主要目标是宁远城。如从宁远城发来援军解锦州之围,就会造成宁远城内兵力不足,有可能兵败城陷。他说:"宁远兵不可动",请"发兵逼之"②。即命山海关总兵满桂率军救援锦州,另调山东明军从海上支援。为了鼓舞锦州军民誓死守城的信心,袁崇焕派人致书锦州军民,告之朝廷的援锦计划,"内有调集水师援兵六七万,将至山海、蓟州、宣府兵亦至。前屯、沙河、中后所兵,俱至宁远。各处蒙古兵已至台楼山。我不时进兵。锦州城中,火器俱备,兵马甚多,如加意防守,何能攻克!若遣使来,须亲书以防意外等语"。不料此书信被金兵截获,皇太极"尽得其援兵之信"③,知道有援军来解锦州之围,到那时攻城更加困难。因此想在明援军未到之前攻下锦州。十七日,皇太极移军锦州城西2里许驻营,加紧对锦州城的劝降工作。十八日,他命射书于锦州城中。然而,城内军民不为所动,婴城固守。

到了五月二十五日,皇太极见固山额真侍卫博尔晋、固山额真副将图尔格自沈阳率援军已到,马上改变战略计划,不再围锦州,转攻宁远。因为攻下宁远,锦州则不攻自破。皇太极命觉罗拜山、巴希等率领少数人马监视锦州,而亲统大军直指宁远。

二十八日黎明,皇太极率领后金兵至宁远北岗。此时袁崇焕坐镇宁远,早有准备,沉着应战。他与监军太监刘应坤、副使毕自肃,"督将士登陴守,列营濠内,用炮距去"④。又派游击二员,率步兵200人掘壕,"以车为营,列火器为守御"。明总兵满桂从山海关率领1万援军,在"宁远城东二里,列阵于南,沿城环列枪炮",协助守城。皇太极来到阵前,见明军沿城环列枪炮,"因其地逼近城垣",后金兵难以用骑兵纵击,为了引诱明军出城野战,

---

① 《清太宗实录》卷三。
② 《明熹宗实录》卷八四。
③ 《清太宗实录》卷三。
④ 张廷玉等:《明史》卷二五九《袁崇焕传》,中华书局1974年版。

205

皇太极命令退军,逾山岗,环视明军动静。明军不为所诱,"按兵不前"。皇太极见此计不成,欲率军攻城,而代善、阿敏、莽古尔泰皆认为距离太近,不可攻。皇太极满脸怒气地说:"昔皇考太祖攻宁远不克,今我攻锦州又未克,似此野战之兵,尚不能胜,尚何以张我国威耶?"说完,亲率贝勒阿济格与诸将侍卫、护军等,疾驰进击。后金兵首先遭到宁远城外明军的奋力抗击,明车营都司官军用红夷炮等火器轰打后金兵,后后金兵死伤严重。接着满桂、尤世禄、祖大寿等率明军与后金兵展开激战。明军死伤严重,满桂身中数箭。这一战役,延续到第二天,明将袁崇焕在城上发挥枪炮的威力,后金继续遭受重大损失,连皇太极的营帐都被红夷大炮炸毁,贝勒济尔哈朗、萨哈廉及瓦克达均受重伤①。皇太极只好放弃攻宁远,回师锦州。

三十日,后金兵至锦州。六月四日,皇太极想在锦州挽回一些面子,亲自督战攻城,企图一举拿下锦州城。但是,守将赵率教等指挥明军用红夷大炮和各种火箭不断射击攻城的后金兵,使后金兵无法接近城下,战斗一直进行到傍晚,后金兵伤亡极大。皇太极考虑"因战壕深阔,难以骤拔,时值溽暑,天气炎蒸"②,便下令停止攻城,回师沈阳。

宁、锦苦战,后金兵损失惨重,皇太极无功而返。当时人称此役为"宁锦大捷"。其实,明军取得胜利,主要还是袁崇焕的"凭坚城用大炮一策"发挥了决定性的作用。皇太极吸取了教训,改变战略:"彼山海关、锦州防守甚坚,徒劳我师,攻之何益"③。于是,放弃了攻打宁、锦,而采取绕开坚城,毁边墙入内地,深入明境,"取其无备之城邑"④。

天聪三年(1629)后金军入关袭扰,进攻北京,给明廷以沉重的打击。皇太极率后金军东归不久,明廷命兵部尚书、大学士孙承宗督关外军务。孙承宗仍采取以积极防御为主的战略方针,命祖大寿、何可刚等辽将率领军士和役夫修筑大凌河城,以加强宁锦防线。

皇太极得知明在大凌河筑城的消息后,毫不迟疑地昼夜催调各军包括蒙古兵"各率所部,来与大军会"。天聪五年(1631)七月,皇太极命贝勒杜

---

① 《清太宗实录》卷三。
② 《清太宗实录》卷三。
③ 《清太宗实录》卷六。
④ 《清太宗实录》卷九。

度、萨哈廉、豪格留守沈阳,自己亲率大军离沈阳西行。并宣布军纪:"至俘获之人,勿离散其夫妻、父子,勿掠夺其衣服。尔诸臣以及士卒,各宜凛遵。"①八月初一日,蒙古各部2万余人前来会师。翌日,兵分两路,贝勒德格类、岳托、阿济格等率2万大军,由义州进发,屯于锦州、大凌河之间;一路由皇太极亲统,从白土场入趋广宁大道,约定初六日会于大凌河城。

大凌河城,当时称大凌河中左千户所,位于锦州东30多里,属锦州守备管辖,明宣德三年(1428)建城,周围3里12步。嘉靖四十二年(1563),巡抚王之浩重修,后毁②。这次经孙承宗提议,决定再次修复。这时"修筑大凌河城,已经半月,城墙已完,雉堞完其半。有总兵祖大寿及副将八员、游击约二十员、马兵七千、步兵七千、夫役商贾约万余人"。

八月初六日,后金兵两路会于大凌河城下。皇太极对大凌河城的攻取,一改过去架云梯强攻的办法,而是采取长围久困、打援策应的新战术。皇太极对众贝勒说:"攻城恐士卒被伤,不若掘壕筑墙以困之。彼兵若出,我则与战,外援若至,我则迎击。"③兵力的具体布置如下:

正黄旗固山额真楞额礼,率本旗兵围北面之西侧;镶黄旗固山额驸达尔哈围北面之东侧;贝勒阿巴泰率护军在后策应。

正蓝旗固山额真觉罗色勒围正南面,莽古尔泰、德格类两贝勒率护军在后策应;镶蓝旗固山额真宗室篇古围南面之西,贝勒济尔哈朗率护军在后策应,蒙古固山额真吴讷格围南面之东。

正白旗固山额真喀克笃礼,率本旗兵围东面之北,多铎在后策应;镶白旗固山额真伊尔登围东面之东侧,多尔衮居后策应。

正红旗固山额真额驸和硕图率本旗兵围西面之北,大贝勒代善居后策应;蒙古固山额真鄂本兑围正南面;镶黄旗固山额真叶臣围西面之南侧,岳托居后策应。

蒙古各贝勒自率本部兵围其隙缝处。

为了阻止锦州方面的援军和大凌河城方面可能出现的明方突围部队,皇太极在大凌河城和锦州之间的大道上部署了总兵官佟养性旧汉营的火炮

---

① 《清太宗实录》卷九。
② 李辅:《全辽志》卷一。
③ 《清太宗实录》卷九。

营,备有红衣炮、将军炮计40余门。

皇太极做了严密部署后,命各旗分赴各防区,环城四面掘壕。据《满文老档》记载:"壕沟周长三十里,城与壕之间有三里。壕深一丈,广一丈,壕外砌墙,高一丈,墙上有垛口。于墙内五丈外掘壕,其广五尺,深七尺五寸,覆以秫秸,掩土其上,于周围尽扎营。营外亦掘壕,深五尺,广有五尺,困于城内之人不能出,城外之人不能入。"①这一套严密的围困工事,把大凌河城围得水泄不通。

后金军首先截断大凌河与锦州之间的大道,然后用火炮轰击城外的墩台,迫使城中明军出降。城内明兵亦出兵袭击后金兵,但皆败退。明廷闻后金兵围困大凌河城,急命关外诸城出兵援救。孙承宗由山海关来锦州,企图救援大凌河城围。八月间,辽东巡抚丘禾嘉、山海总兵吴襄、宋伟率兵北上,增援大凌河城,在长山(大凌河城东南)地方与后金兵遭遇,败归锦州②。九月二十四日,明太仆少卿张春又督吴襄等马步兵4万余人,由锦州方向来援大凌河城。翌日,渡小凌河,即行掘壕,列车盾枪炮,整列甚严。皇太极得到报告,立即把军队一分为二,亲率其半前往。他见明军"壁垒森严",心想"何必攻其坚,致伤我军,欲俟彼起行前来,攻其不备",遂引军还③。二十七日,明军四更末拔营起行,直趋大凌河,距城15里时,皇太极得报告,率代善、莽古尔泰、德格类、阿济格等领2万后金兵前去迎战。见明军"马步兵合营,四面布列大小枪炮,以备接战"。皇太极率八旗两翼骑兵列阵,呐喊冲杀。右翼兵冲锋在前,左翼兵紧随其后,与明军激战。这时"有黑云起,且风向我军,明兵趁风纵火,火燃甚炽,将逼我阵。天忽雨,反风向西,火灭,明军反被火燎"④。火攻后,皇太极率后金兵向明军发起猛攻,明军溃败,张春及部将30余人被俘。自此,关外明军已无力再派兵援救了。大凌河城守将祖大寿坚守城池,不再出击。

在后金军的严密封锁下,大凌河城已成孤城。祖大寿和他的守城将士面临着粮尽的严重危险。许多军民伤亡、饿死,军马以至死人都成为充饥之

---

① 《满文老档》第三十八册,第1131页。
② 《明史纪事本末补遗》卷五。
③ 《满文老档》第四十一册,第1153页。
④ 《满文老档》第四十一册,第1154—1155页。

物,甚至出现"杀其修城夫役及商贾平民为食,析骸而炊"的惨景。至十月间,大凌河城内骑兵及工役商贾约3万人,"因相继阵亡,或饿死,或互相食,至是,存者止万一千六百八十二人、马三十二匹",处于"外无援兵,内无刍粮,军民危急已极"的严峻形势。

皇太极在严密封锁大凌河城的同时,还不断地向城内发动政治攻势,几次投信给祖大寿,劝他投降。祖大寿最初坚决不投降,直至十月中旬,"粮绝薪尽",兵民相食时,才最后下了投降的决心。他对城内将士说:"我降志已决,至汗之待我,或杀或留,我降后,或逃或叛,俱当誓诸天地。"他杀死反对投降的副将何可刚,然后派遣副将四人前往后金营中盟誓。后金方面保证祖大寿及其部下等的生命安全,祖大寿保证他的部下放弃抵抗①。当天晚上,祖大寿亲自到皇太极御营。皇太极派诸贝勒出迎1里,他本人出幄外迎接,祖大寿欲跪见,皇太极止之,行满族最隆重的抱见礼。席间皇太极亲自捧金卮给祖大寿斟酒,把他穿用的黑狐帽、貂裘、金玲珑、缎靴、雕鞍、白马等一大堆珍贵物品赏给了祖大寿。祖大寿感激不尽,以妻、子尚在锦州,请求允许他回去设计智取锦州。皇太极当即同意。十一月初一日晚,祖大寿带26人,渡小凌河,徒步去锦州,大凌河方面故作交战追赶之状,不断发炮。锦州守将丘禾嘉信以为真,将他救回锦州城。但是,祖大寿一去不返,其子侄都留质于后金,也在所不顾了。10年后锦州战役时,他才真的投降。

祖大寿走后,后金兵进入大凌河城,举行盛大宴会,招待大凌河城归顺将官。十一月初九日,皇太极下令班师回沈阳。

2. 入关袭扰

从天聪二年(1628)始,后金用兵蒙古察哈尔部,迫使其退至西喇木伦河之外,这样就给后金让出一条能避开山海关,绕道突破明的边墙,攻入内地的通道。

天聪三年(1629)十月,皇太极亲统大军入关征明。以熟识路径的蒙古

---

① 以上见《清太宗实录》卷一〇。

喀喇沁台吉布尔噶都为进军向导。十一月二十日,后金军抵达喀喇沁之青城,大贝勒代善、三贝勒莽古尔泰在途中私议回军,认为"我兵深入敌境,劳师袭远,若不获入明边,则粮匮马疲,何以为归计。纵得入边,而明人会各路兵环攻,则众寡不敌。且我等即入边口,倘明兵自后堵截,恐无归路",建议回师。皇太极对这些说法很不满意,他说:"伊等既见及此,初何为默默不言,使朕远涉至此耶?众志未孚,朕是以不怪耳。"贝勒岳托、济尔哈朗表示拥护皇太极的意见,代善、莽古尔泰见此,立即改变态度说:"我等所谋如此,今闻尔等言亦是,仰听上裁可耳。"①于是,皇太极"约法三章"。二十四日,后金兵到达老河。皇太极召开诸贝勒、大臣会议,决定分兵前进。他命济尔哈朗,岳托率右翼四旗兵及右翼蒙古诸贝勒进攻大安口;又命阿巴泰、阿济格率左翼四旗及左翼蒙古诸贝勒从龙井关攻入;皇太极与代善、莽古尔泰等率大部队继续前进,进攻洪山口,各路预定在遵化会合。二十七日,阿巴泰、阿济格一路攻入龙井关,明汉儿庄副将易爱、洪山口参将王遵臣率兵来援,后金"尽歼其众"。是日,济尔哈朗、岳托一路攻入大安口。翌日,皇太极一路军也攻克洪山口城,驻师城内。三十日,皇太极率军由洪山口起营,进至遵化城下,致书遵化巡抚王元稚说:"我既大举兴师。岂肯中止,尔可速自审处,毋贻后时之悔。"②后金军在距遵化城5里处扎营。

十一月初一日,明山海关总兵赵率教闻警,急忙率副将、参将、游击等9员将领,以精兵4000人来援遵化。皇太极得到探报后,命阿济格率左翼四旗及蒙古兵迎击。赵率教率明军"悉力拒战"。最后,赵率教这员骁将被阿济格斩于马下,其余副将、参将等都被斩杀,赵率教所率"一军歼焉"③。

是日,皇太极召集诸贝勒商议,决定十一月初三日攻遵化城。攻城方略为:正黄旗纳穆泰率本旗攻北面之西;镶黄旗额驸达尔哈率本旗攻北面之东;正红旗额驸和硕图率本旗攻西面之北;镶红旗雍舜率本旗攻南面之东;镶白旗图尔格率本旗攻东面之南;正白旗喀克笃礼率本旗攻东面之北。皇太极布置完后,又"各指其地示之,授以方略"④。

---

① 以上见《清太宗实录》卷五。
② 《清太宗实录》卷五。
③ 夏燮:《明通鉴》卷八一。
④ 《清太宗实录》卷五。

初三日黎明,八旗诸将领遵照皇太极的布置开始攻遵化城。各旗分别列阵,竖梯城下。正白旗萨木哈图率先登城,诸旗兵继之,"掩杀其守陴兵"①,城内明兵皆溃败,巡抚王元稚败退回署,自刭而死。参将李樻、游击彭文炳、守备徐联芳、推官李献明、知县徐泽、教谕曲毓龄等皆死②。后金兵迅速占领遵化城,城中军民抵抗者尽杀之。皇太极为表彰正白旗萨木哈图奋勇先登遵化城之功,亲自向他赐酒,进行慰劳,并传谕八旗将士说:"我军年来,皆怯于攻城,况此城较前所攻之城更坚。萨木哈图奋勇先登,殊可嘉也。宜优录之。"③

十一月十一日,皇太极命参将英俄尔岱、游击李思忠、文馆范文程,统备御8员、兵800人,留守遵化,自己亲率大军直趋北京。京师闻警,立即戒严,命令各地驻军驰援京师。在宁远的袁崇焕迅速集合部队,进抵山海关,留兵扼守,自己亲自率军昼夜兼程,抢先攻入蓟州,企图遏止后金军前进。然而,皇太极却率军迅速离开蓟州,绕过袁军西进。袁崇焕侦知后金军西去,急率军追赶。皇太极率军一路连下玉田、三河、香河诸城,于十五日驻通州。而袁军则抵达运河要镇河西务,距通州城不到半日路程。袁崇焕打算直接进京师,但他还在蓟州时,朝廷已听到袁崇焕"导金兵入内地"的流言,下令袁不得过蓟州一步。他却不明白这里边的真意。十六日,袁崇焕抵左安门,后金军也进至德胜门外,两军在广渠门外激战,北京城上明军发大炮助战,后金军退却。二十二日,后金军退屯南海子。二十三日,崇祯帝在平台召见袁崇焕、祖大寿、满桂、黑云龙等将领,袁崇焕要求率兵入城,遭到拒绝。二十四日,皇太极移营南苑,遂用反间计,企图杀害袁崇焕。据《清太宗实录》记载:

> 先是,获明太监二人,令副将高鸿中,参将鲍承先、宁完我、巴克什达海监守之。至是还兵,高鸿中、鲍承先遵上所授密计,坐近二太监,故作耳语云,今日撤兵,乃上计也。顷见上单骑向敌,敌有二人来见上,语良久乃去。意袁巡抚有密约,此事可立就矣。时杨太监者,佯卧窃听,

---

① 《清太宗实录》卷五。
② 夏燮:《明通鉴》卷八一。
③ 《清太宗实录》卷五。

悉记其言。①

二十九日,高鸿中、鲍承先故意放跑杨太监。他马上去见崇祯帝,报告了袁崇焕通敌的绝密情报。崇祯帝原本就怀疑袁崇焕不忠,又听杨太监所言,信以为真。十二月初一日,崇祯帝以"议饷"的名义召袁崇焕、满桂、祖大寿等入见,乘机逮捕了袁崇焕,将他下了诏狱。举朝震惊。

袁崇焕身任辽东督师,负辽东的战守大任,是当时明与后金关系中举足轻重的人物。他在督辽过程中的所作所为,却遭到一些人的误解与责难。他在任内曾与皇太极进行议和活动,此事朝廷已知,并非私下活动,但朝臣怀疑他与后金有某种特殊关系。在他第二次出任辽督时,向皇帝提出了一个"五年复辽"计划,实际上许下了一个无法兑现的愿。这次后金兵临北京城下,使他的"五年复辽"计划实际化为泡影,他遭受舆论非议是必然的。他诱杀明东江镇总兵毛文龙,更使他受到多方责难。毛文龙原本是李成梁的部下,后投到广宁巡抚王化贞部下任游击之职。后金攻占辽东,他逃到沿海岛屿,招收逃散的辽民数十万,选其精壮者为兵,骚扰后金,牵制后金不得西进,成为牵制后金的一支力量,所以屡次受到明朝的封赏,被明廷任命为东江镇总兵官,加都督衔。毛文龙这支势力的战斗力并不强,但在战略上对后金的牵制作用,确确实实使后金感到头痛。如果用兵消灭他,缺乏水军、船只,无法攻击海岛上的毛军;如果用议和招降的手段对付他,他又不会轻易上钩。袁崇焕杀毛文龙时,列举了毛文龙12条罪状,其中最主要的是说他欺君冒功,专利一方,交结魏忠贤等罪状,称不杀毛文龙,"这东江一块土,终非皇上所有"②。袁崇焕杀了毛文龙,表面看是整肃内部,实则也是排除异己。严重的问题是,在战略上犯了一个大错误,失去了一支对后金的牵制力量。他是先斩后奏,以巡抚杀总兵官,前所未有。所以,当崇祯帝听到毛文龙被杀的奏报,"意殊骇",感到十分惊讶。"天下闻之,诧为奇举"。举朝上下不能理解袁崇焕此举的意图。毛文龙事件使袁崇焕遭到多方责难,给他埋下了隐患,或者说祸根。

十二月初一日,生性多疑的崇祯帝,为朝野舆论所左右,以"议饷"为名

---

① 《清太宗实录》卷五。
② 张岱:《石匮书后集》卷一〇。

召袁崇焕入见,质问袁崇焕为何杀毛文龙,为何进京逗留不战?本来,崇祯帝对袁崇焕擅杀毛文龙就深怀疑忌,如今,他把袁杀毛文龙与主"和议"两事联系起来,断定袁私通后金,此次后金纵兵突袭北京,也必是袁纵容所致,目的是迫使朝廷订城下之盟。袁崇焕一时无法分辩,崇祯也不容分辩,下令逮捕入狱。魏忠贤的余党乘机谋兴大狱,交章上疏,必置袁崇焕于死地。明廷给袁崇焕所定的罪名有两条:一是擅杀毛文龙;二是践约,即与后金达成密约,引后金兵入关。翌年八月,以磔刑即俗称千刀万剐,将袁崇焕残酷处死,兄弟、妻子流放3000里,其家产没收入官①。

袁崇焕被捕后,他的部将祖大寿十分惊慌,匆匆率部逃回山海关外。皇太极向北京及其周围地区多次发动进攻。明廷任命满桂为武经略,统帅各地援军。满桂是蒙古人,骁勇善战,他率步骑5000人,与大将黑云龙、麻登云、孙祖寿等在永定门外列阵,准备迎击从良乡方面掠夺回来的后金主力。后金军以骑兵四面包抄,明军寡不敌众,大败,满桂、孙祖寿战死,黑云龙、麻登云等被俘②。此时后金将领建议皇太极乘势攻下北京城。皇太极笑着说:"城中痴儿,取之如反掌耳。但其疆圉(域)尚强,非旦夕所能破,得之易,守之难,不若简兵练旅,以待天命可也。"③十二月末,皇太极留下一封致崇祯帝的信后,率军东进,连下永平、遵化、滦州、迁安四城,留阿敏率兵据守,其余诸军随皇太极回沈阳。

永平等四城,在后金军大部分撤走之后,力量单薄,又由于指挥上的失误,使明朝大学士孙承宗得以组织起祖大寿等部全力反攻,仅用十几天的时间,就收复了永平四城。后金统帅阿敏屠杀了四城的降官、降民后逃回沈阳。

皇太极率军入关袭扰,进围北京,是后金兵进关的一次大演习,是他对明实施"伐大树"战略的组成部分。通过实践,打破了天朝大国明朝不可侵犯的神话,同时获得了与明朝主力会战的经验,在山海关明军严密防守的情况下,后金可以绕过山海关,奔袭中原内地,从战略上打击进而瓦解明军的

---

① 有关袁崇焕之死及得祸,详见张廷玉等:《明史》卷二五九《袁崇焕传》;谈迁:《国榷》卷九〇;《清太宗实录》卷五等。
② 张廷玉等:《明史》卷二七一《满桂传》,中华书局1974年版。
③ 昭梿:《啸亭杂录》卷一。

防御体系。而明军在防堵后金的军事活动中始终陷于被动,征调了几乎全国的兵力,竭尽全力,用以保卫北京。幸好后金没有攻城,否则,后果不堪设想。从战略上看,皇太极已从此次突入内地取得了经验,从此后金军可能随时进出内地,给予明朝以新的打击。而明朝方面则失去战争的主动权,陷入被动。

天聪八年(1634),皇太极又发动了远袭明朝宣府、大同的战役,是为第二次入关。宣府最早为秦汉时的上谷郡,明初在此设开平卫,与辽左互为唇齿。大同是秦汉时的云中郡,明初设大同府。这两处重镇都是以防御和控制北方游牧民族而为历代兵家所重视。明朝为阻止蒙古兵南下,筑城堡,派重兵,宣府号称"北门之势为今为壮矣",大同"亦称金汤"①。但到了明末,这一地区边备松弛,一方面由于蒙古兵的不断侵袭破坏;一方面,明抽调大量兵力增援宁锦至山海关一线的防务,致使宣、大一带防务空虚。皇太极召集诸贝勒大臣会议,征求他们对征明的意见,最后皇太极选择宣府、大同作为军事行动的突破口,避实击虚,攻其不备,袭扰这两个军事重镇,给京师直接造成军事威胁。

是年五月初,皇太极调集各路兵于沈阳。命和硕贝勒济尔哈朗、大臣孟阿图等留守沈阳,并指示他们说:"凡遇敌人来侵,须侦探确实,悉心商议,相机应援,觇敌情形,从容接战,慎勿深入。"②二十二日,皇太极率大军离沈阳西行。六月二十日,后金军至喀喇拖落木地方驻营,皇太极命和硕贝勒德格类率正蓝旗固山额真罗色勒、镶蓝旗固山额真篇古、左翼固山额真吴讷格及蒙古诸部兵马,进兵独石口,约定至朔州(今山西朔州)会师。六月三十日,命大贝勒代善,和硕贝勒萨哈廉、硕托,率正红旗固山额真梅勒章京叶克舒、镶红旗固山额真昂邦章京叶臣、右翼固山额真甲喇章京阿代及蒙古诸部兵马入得胜堡,攻略大同一带,西过黄河,会兵朔州。七月初五日,命贝勒阿济格、多尔衮、多铎率正白旗固山额真昂邦章京阿山、镶白旗固山额真梅勒章京伊尔登等及蒙古诸部进入龙门,会师于宣府(今河北宣化)。皇太极亲率贝勒阿巴泰、豪格、杨古利诸将领及正黄旗、镶黄旗天佑、天助两部汉兵入

---

① 《明经世文编》卷四六〇。
② 《清太宗实录》卷一八。

尚方堡,由宣府攻略朔州一带。并且议定四路军于七月初八日分别破关口而入。七月初七日,贝勒豪格拆毁尚方堡边墙。初八日,皇太极亲率大军由此入边,分道而进。贝勒阿济格、多尔衮等人率军攻打龙门,没攻下,遂趋宣化会兵。初九日,后金军至宣化城东南隅驻营,掠夺周围的牲畜财物,焚其庐舍,毁其稼禾。十一日,命阿济格、多尔衮等人率军略保安州(今河北涿鹿)、延庆州(今北京延庆)等地,威胁京师。十三日,皇太极率军抵东城,致明朝代王一封信,复约其遣使议和。二十二日,皇太极领兵围攻应州(今山西应县)。二十八日,贝勒德格类率领的东路大军入独石口,取长安岭,攻赤城,至应州会师。

明在宣化、大同一带的防务十分空虚,八旗铁骑往来穿梭于各州府台堡之间。崇祯帝一看宣化、大同之兵不顶用,急调宁远总兵吴襄、山海关总兵尤世威率军2万分道驰援大同。同时宣布京师戒严。

后金各路大军陆续会于应州。皇太极命诸贝勒攻克了代州,分道出攻:东路至繁峙,中路至八角,西路至三岔。八月十三日,皇太极率军自应州赴大同府,攻城5天,吴襄兵败。十五日,各路大军在大同城下会师。皇太极遣书大同守将总兵曹文诏,提出议和,遭到曹文诏的拒绝,因此下令攻城,数日不下。十九日,皇太极弃大同,转攻怀远。三十日,全军进驻万全左卫(今河北万全)。闰八月四日,皇太极攻下万全左卫,斩守备常汝忠,歼灭明军千余人。七日班师出边,九月十九日回到沈阳。

这次皇太极率八旗劲旅入关袭扰,历时两个多月,其活动范围,以宣化、大同为中心,即在今河北西北部、山西北部,攻围大小城镇台堡50余座。后金兵所到之处,"禾稼尽蹂躏,庐舍尽焚毁,台堡之人,俘斩甚众,遇哨卒辄击败之。军威丕振"[1],再一次向明朝显示了八旗将士能征善战的威力。

崇德元年(1636)五月,皇太极改元称清帝后又发动了第三次入口袭扰明朝的战争。五月三十日,命武英郡王阿济格、贝勒阿巴泰等率大军征明,取道内蒙古进关。七月六日,清军在延庆会师。明廷得知后惊恐万状,"诏诸镇星驰入援,京师戒严"[2]。七日,阿济格等领兵由居庸关进入长城,向京

---

[1] 《清太宗实录》卷二〇。
[2] 夏燮:《明通鉴》卷八五。

师进军。十七日,清军攻占昌平,一部分清军深入到西直门一带,崇祯皇帝大为惊恐,再传檄各镇入京勤王。其实,清军根本无意攻打京师,而是转战房山,薄涿州,攻固安,克文安、永清,分兵攻潞县(今北京通州)、遂安、雄县、安州、定州等州县。在这一个多月的时间里,清军"遍蹂畿内,攻略城堡"①,前后"克十二城,凡五十六战皆捷,共俘获人口、牲畜十七万九千八百二十"②。九月二十八日,阿济格等率军回到沈阳,皇太极率诸贝勒、大臣出城10里,设宴迎接。

崇德三年(1638)八月,皇太极派兵又一次入关伐明。二十三日,皇太极命睿亲王多尔衮为奉命大将军,贝勒豪格、阿巴泰副之,统率左翼;贝勒岳托为扬武大将军,贝勒杜度副之,统率右翼,分两路进兵。九月二十二日,岳托等率右翼兵,从密云东北墙子岭口,拆毁边墙,四路前进。二十八日,多尔衮率左翼兵,由青山关毁墙而入。明总兵吴国俊战败,退守密云。清军越迁安,过丰润,会合于通州河西,绕经北京,进抵涿州(今河北涿州),分兵八道,一道沿太行山下,一道沿运河下,其余六道布于山河之间,纵兵并进。清军兵锋指处,明军纷纷披靡,"燕京迤西千里内六府,俱已蹂躏"③。

至崇德四年(1639)正月,多尔衮、杜度等率军渡过运河,历山东境内的临清,分道而进,合军会攻济南。这个号称中原大都会的济南城被攻破,明宗室德王朱由枢被俘,后送往盛京。城被焚毁。然后,清军转攻山东其他城镇16处。三月二十八日,多尔衮等班师还沈阳。

这次入关袭扰以中原为进兵目标,"旌旗所指,无不如意"。在关内纵横半年时间,败明军57阵,攻克山东济南府并3州55县2关,斩杀两名总督及以下将领共百余人,生擒明德王、郡王、奉国将军等,"俘获人畜计四十六万二千三百有奇",黄金4039两,银977000余两④。

皇太极和他的将领一再入关袭扰的军事行动,给当地百姓带来了重大灾难,给明造成了巨大的物力、财力及军事损失,达到了削弱明朝的战略目的。

---

① 《明史纪事本末补遗》卷六。
② 《清太宗实录》卷三一。
③ 《清太宗实录》卷四五。
④ 《清太宗实录》卷四六。参见《明史纪事本末补遗》卷六。

3. 三征林丹汗

　　元朝灭亡后,蒙古族分裂为三,以成吉思汗直系后裔为主体,驻牧在大漠南北的鞑靼部;驻牧在天山南北的瓦喇部;驻牧在大兴安岭东南的兀良哈部。明成化十年(1474)元世祖忽必烈的七世孙巴图孟克继鞑靼汗位,称达延汗,他先后击败了瓦喇和兀良哈,以大漠为中心,加强对蒙古各部的统治。嘉靖二十二年(1543),达延汗病逝,由其长孙博迪继汗位。这时,蒙古内部逐渐分为三大部分:以沙漠瀚海(即戈壁大沙漠)为限隔,其南部称漠南蒙古,即内蒙古;北部称漠北蒙古,或称喀尔喀蒙古,即外蒙古;西部称漠西额鲁特蒙古[①]。漠南蒙古因驻牧插汉儿(察哈尔)之地,因以名部,即称为察哈尔部[②]。此时博迪迁于漠南,亦称察哈尔汗。漠南蒙古内分为敖汉、奈曼、巴林、扎鲁特、克什克腾、乌珠穆沁、浩齐特、苏尼特、鄂尔多斯等九部[③]。博迪死后,传位于其子达赉逊库(明人称"打来孙")。当时"俺答方强,惧为所并"[④],且又因"与俺答盗马仇杀,遂携所部东徙"于辽东边外[⑤]。由达赉逊库四传至林丹,万历三十二年(1604)即汗位,称库图克图汗。林丹汗企图恢复祖业,驻营广宁(今辽宁北镇)以北,积极进行统一蒙古各部的活动,并经常骚扰明边。"东起辽东,西至洮河,皆受此房约束"[⑥],且"子孙生聚日蕃衍,众可四十万,有八大部"[⑦],势力甚强。

　　由于察哈尔蒙古地处后金与明之间,东与后金接壤,南与明毗连。它的向背直接影响后金和明双方力量的消长,所以明与后金都在竭力争取察哈尔蒙古。察哈尔蒙古最早臣服于明。天命四年(1619)十月,林丹汗致书努尔哈赤,自称"四十万蒙古之主巴图鲁青吉思汗",称努尔哈赤为"水滨三万

[①] 魏源:《圣武记》卷三。
[②] 张廷玉等:《明史》卷三二七《鞑靼传》,中华书局1974年版。
[③] 张穆:《蒙古游牧记》卷七。
[④] 张廷玉等:《明史》卷三二七《鞑靼传》,中华书局1974年版。
[⑤] 方孔炤:《全边记略》卷一。
[⑥] 沈曾植:《蒙古源流笺证》卷八。
[⑦] 彭孙贻:《山中闻见录》卷一〇。

诸申之主"，并向努尔哈赤进行军事威胁，不允许后金攻打广宁城。努尔哈赤复书，坚决拒绝了林丹汗的挑衅，指出林丹汗所统兵力"三万之众尚且不足"，后金从未惧怕，一面又挑拨林丹汗与明廷的关系，认为女真与蒙古虽"语言相异，然服、头亦雷同"①，应联合起来抗明。天命七年（1623）后金发兵攻克广宁，林丹汗慑于后金的强大，不敢与之争锋。当时，努尔哈赤正全力巩固和经营辽东地区，避免与林丹汗交战。他采取笼络蒙古的政策，分化瓦解林丹汗的势力，先后与科尔沁、扎鲁特、喀尔喀等建立了友好关系，使林丹汗的势力在蒙古诸部中日益孤立。天命十年（1625），林丹汗攻打科尔沁部，努尔哈赤亲统大军往援，林丹汗"仓惶夜遁，遗驼马无算，围遂解"②。努尔哈赤在蒙古诸部威信大增，许多部纷纷归顺后金。

皇太极继位后，继承努尔哈赤对蒙古各部联姻结盟的政策，将打击的矛头，主要指向林丹汗。在不足10年时间内，三次征伐林丹汗。

天聪元年（1627）正月，刚刚即位不久的皇太极听说林丹汗兴兵攻打喀尔喀诸部的消息，抓住这个时机，向奈曼部衮出斯巴图鲁、敖汉部琐诺木杜凌、塞臣卓礼克图致书，要求建立友好关系：

> 闻尔曾与乌木萨忒绰尔喇嘛言，欲与我国和好。果尔，尔衮出斯巴图鲁可与敖汉部落杜凌、塞臣卓礼克图定议，遣一晓事人来，以便计议。我素禀直道而行，善者不欺，恶者不惧。……尔等诚与和好，同除强暴，各保疆围，正在此时。彼察哈尔汗攻掠喀尔喀，以异姓之臣为达鲁花，居诸贝勒之上矣。又离析诸贝勒之妻，强娶诸贝勒之女，以妻摆牙喇之奴矣。尔等岂无见闻乎！若以我言为然，可将此书与两克西克腾诸贝勒观之。③

皇太极这次致书，除表达真诚友好之意外，揭露了林丹汗的罪恶行径，收到极好的效果。奈曼、敖汗终"因察哈尔不道，来求圣主福庇"④。是年七月，奈曼、敖汗诸贝勒"举国来附"⑤，皇太极给予隆重的接待。随着形势的

---

① 《满文老档》第十三册，第129—130页。
② 《皇清开国方略》卷二。
③ 《清太宗实录》卷二。
④ 《皇清开国方略》卷一一。
⑤ 《清太宗实录》卷三。

发展,蒙古诸部归附后金者越来越多,最后连林丹汗属下的重要人物也陆续投向皇太极,林丹汗越发孤立,与此同时,蒙古各部为反抗林丹汗的暴力统治而逐渐联合起来。

天聪二年(1628)初,蒙古喀喇沁部联合鄂尔多斯、阿巴噶、阿苏特、喀尔喀诸部,组成10万大军,与林丹汗率领的4万人马,大战于归化城(今内蒙古呼和浩特)。林丹汗所部大败而逃。此时,喀喇沁部贝勒苏布地杜棱、朵内衮济等致书皇太极,希望后金出兵援助,一鼓作气消灭林丹汗:

> 察哈尔汗不道,伤残骨肉,天聪皇帝与大小贝勒俱知之。我喀喇沁部落,被其欺凌,夺去妻子牲畜。我汗与布颜台吉、博硕克图汗、鄂尔多斯济农、同雍谢布及阿苏忒、阿霸垓、喀尔喀诸部落合兵,至土默特部落格根汗赵城(归化城)地方,杀察哈尔所驻兵四万人。……今左翼阿禄、阿霸垓三部落及喀尔喀部落,遣使来约,欲与我合力兴师,且有与天聪皇帝同举兵之语,请天聪皇帝睿裁。观伊等来约之言,察哈尔汗根本摇动,可乘此机,秣马肥壮,及草青时,同嫩阿霸垓、喀喇沁、土默特兴师取之。大国如欲发兵,即宜秣马厉兵,至期进发,如不发兵,亦听大国之便。兹蒙皇帝敕谕,谨此奏闻。

皇太极见书后,与诸贝勒、大臣相议,同意联合出兵,共讨林丹汗,并派使臣赍书,谕喀喇沁部贝勒吴尔赫及塔布囊等曰:"汝以察哈尔汗不道,来书欲与我国和好,合兵讨之。如果欲和好,尔两塔布囊,可为倡率,令贝勒吴尔赫,各遣人来,面议一切,可也。"①与此同时,皇太极为了表明联合征讨林丹汗的诚意,于天聪二年(1628)二月,亲自率军打察哈尔多罗特部。得知多罗特部青巴图鲁塞棱"并其部众,俱在敖木伦地方,遂驻兵以待"。于是,皇太极率诸贝勒攻打敖木伦地方,多尔济哈谈巴图鲁受伤逃走,尽获其妻子,杀台吉古鲁,俘获110200余人。

皇太极首战告捷,对蒙古诸部产生深刻影响。

九月,皇太极决定亲征察哈尔部林丹汗。他以盟主的身份,遣使谕:"蒙古科尔沁国诸贝勒、喀喇沁部落塔布囊等,敖汉、奈曼及喀尔喀部落诸

---

① 以上见《清太宗实录》卷四。

贝勒,令各率所部,会于所约之地。"①九月初六日,皇太极率诸贝勒、大臣统满、蒙大军西征林丹汗。初八日至都尔鼻,蒙古敖汉部济发琐诺木杜棱、奈曼部衮出斯巴图鲁等,各率兵来会。初九日至辽阳。蒙古喀尔喀部诸贝勒,各率兵来会。十三日,蒙古扎鲁特部台吉喀巴海率兵来会。十七日,蒙古喀喇沁部汗喇思喀布、布颜阿海之子台吉毕喇什、万旦卫征、塔布囊马济、贝勒耿格尔及众小台吉、塔布囊等,各率师来会。十八日,喀喇沁部落首领苏布地杜棱等,率众塔布囊,以兵来会。惟有科尔沁诸贝勒俱不至,土谢图额驸奥巴、哈谈巴图鲁、满珠习礼虽率兵起行,但"自行侵掠",因而延误了会兵的日期。皇太极大怒,派遣巴克什希福"往邀土谢图额驸,速令来会"。二十日黎明时分,皇太极率满、蒙联合大军"驰去席尔哈、席伯图、英汤图诸处",进攻林丹汗军,"俱克之"。然后派精骑追捕败军,一直追到兴安岭②。皇太极亲征林丹汗大获全胜而归,更加巩固了他的"盟主"地位,确立了归附的蒙古诸部对后金的臣属关系。

天聪六年(1632)三月,皇太极决定再次亲征察哈尔部林丹汗。"遣使以大军启行日期,谕归降各蒙古贝勒,令以所部兵,来与大军会。"③并下达命令:

> 朕以察哈尔汗不道,亲率大军征讨,必纪律严明,方能克敌制胜。尔固山额真、梅勒额真、甲喇额真、牛录额真,以次相统,当严行晓谕所属军士,一出国门,悉凛遵军法,整肃而行。若有喧哗者,除本人即予责惩外,该管将领,仍照例治罪。大军启行之时,若有擅离大纛,一二人私行者,许执一送本固山额真,罚私行人银三两,给与执送之人。驻营时,采薪取水,务结队偕行。有失火者,论死。凡军器,自马绊以上,俱书各人字号,马须印烙,并紧系字牌。若有盗取马绊、马络等物者,俱照旧例处分。有驰逐雉兔者,有力人罚银十两,无力人鞭责。启行之日,不得饮酒。若有离纛后行,为守城门及守关人所执者,贯者以徇。

这道军令,一是对出征的将士严肃军纪;二是令后金出征将士经蒙古地

---

① 以上见《清太宗实录》卷四。
② 《清太宗实录》卷四。
③ 《清太宗实录》卷一一。

方时,不可惊扰蒙古各部,争取蒙古各部对这次征讨的积极支持。

四月初一日,皇太极命贝勒阿巴泰、杜度等人留守,亲率大军由沈阳出发西行。大军至辽河,正赶上涨水,皇太极与诸贝勒乘船,其余"人马皆浮水而过,凡两昼夜始尽"。经都尔鼻、喀喇和硕、都儿白尔济、西拉木伦河等地,十二日,皇太极率军进抵昭乌达,沿途蒙古诸部来会合的有:喀喇沁、土默特部诸贝勒、喀喇车里克部阿尔纳诺木齐、伊苏忒部噶尔马伊尔登巴图鲁、扎鲁特部内齐、敖汉部班第额驸昂阿塔布囊、奈曼部衮出斯巴图鲁、阿禄部的萨扬、巴林部塞特尔、科尔沁土谢图额驸奥巴等。皇太极举行盛大宴会,招待蒙古各部首领。各路兵力总计约10万左右。

皇太极这次出征的目的在于捣毁林丹汗的根据地,俘获林丹汗。林丹汗得报皇太极"已举大兵无数来征"①,惊恐万状,自知不是对手,带领部众"弃本土西奔,遣人赴归化城,驱富民及牲畜,尽渡黄河"。皇太极下令加速追击。四月二十二日,后金军过兴安岭,驻营于大儿湖附近的公古里河。此地距沈阳约1350里。第二天,从察哈尔部逃来一人,报告说:林丹汗携部众奔库里得勒酥地方,距离此地约一个月路程。皇太极对诸贝勒说:"察哈尔知我整旅而来,必不敢撄我军锋,追愈急,则彼遁愈远。我马疲粮竭,不如且赴归化城暂住。"②于是大军向归化城方向前进。行军途中,多是荒无人烟之地,军中粮饷不济,靠捕兽充饥。大军至朱儿格土地方,只见黄羊遍野,士兵捕杀,以肉代替粮食。皇太极令后金军分作两翼围猎,一天时间,捕获数万只。皇太极也参加了捕黄羊的活动。他连发二矢,每矢贯两只黄羊,计射羊58只。当时正逢盛夏季节,天气连续高温无雨,附近又无水。士卒渴甚,以至昏倒在地,只好夜里行军。第二天好不容易才见到人家,士兵以一只黄羊换一碗水喝。

五月二十三日,皇太极率领大军至木鲁哈喇克沁地方,兵分两路挺进。左翼以贝勒阿济格为帅,率巴克什吴讷格、科尔沁土谢图额驸奥巴及巴林、扎鲁特、喀喇沁、土默特、阿禄等部万余人进攻大同、宣府一带的察哈尔部;右翼命济尔哈朗、岳托、德格类、萨哈廉、墨尔根戴青、多尔衮、多铎、豪格等,

---

① 以上见《清太宗实录》卷一一。
② 王先谦:《东华录》天聪六年四月。

率兵2万人，往取归化城及黄河一带部民。皇太极同代善、莽古尔泰统大军前进。二十七日，各路大军分别到达归化城。皇太极与诸贝勒在昭乌达会齐蒙古各部，日行几百里，"西至黄河木纳汉山，东至宣府，自归化城南及明国边境，所在居民逃匿者，悉俘之。归服者，编为户口"①。六月八日，皇太极率军自归化城回师，经宣府时，与明朝巡抚沈棨等举行了地方性的议和活动。七月二十四日，顺利回到沈阳。

经过这次长途追击，林丹汗率残部昼夜不停地向图白忒部（西藏）逃去。其部众"素苦其暴虐，抗违不往"。十余万部众，途中逃散十之七八，加上病死的，所剩无几。最后，部众无粮糇，牲畜无饲料，出现"杀人以食，自相攻夺"②的惨状。林丹汗也因患天花病死于青海大草滩。

皇太极得知林丹汗已死，于天聪九年（1635）二月，命多尔衮、岳托、萨哈廉、豪格等率精骑1万人，前往黄河河套一带，收抚察哈尔部众，寻找林丹汗长子额哲等人的下落。一个月后，在西喇珠尔格地方，遇到林丹汗的妻子囊囊太后及1500户前来归附。从她口中得知额哲的驻地。多尔衮派温泰等护送林丹汗妻子一行回沈阳，他们继续前进。四月二十日，渡过黄河，星夜疾驰，至鄂尔多斯托里图地方，寻找到林丹汗之子额哲，他与部众1000余户表示归服，并献出传国玉玺。九月间，多尔衮等率远征军回到沈阳，受到盛大而热烈的欢迎。

察哈尔林丹汗的覆灭，在蒙古族历史上是一件大事，漠南蒙古各部落臣附于后金，标志着皇太极实现了对漠南蒙古的统一。击败林丹汗对后金具有战略上的意义，在明廷、后金、蒙古三种势力的三角关系中，后金取得了二比一的优势。明廷的以"西虏制东夷"的战略彻底破产。

从总体战略态势上看，后金征服了漠南蒙古之后，不但解除了来自右翼的威胁，而且可以把它的右翼伸到明廷的背后。这种右翼包抄的态势，已对明廷构成了严重的威胁，使其处于孤立的境地。

---

① 《清太宗实录》卷一一。
② 《皇清开国方略》卷一九。

4. 两征李氏朝鲜

朝鲜是中国的近邻,自古以来就结成了友好相处的关系。朝鲜自从公元14世纪末建立李氏王朝以来,与明朝的关系十分密切。两国政治、经济、文化往来不断。由于朝鲜的战略地位重要,明和清都十分重视与朝鲜的关系。明万历年间,日本丰臣秀吉侵略朝鲜,明廷出兵协助朝鲜打败了日本的侵略,从此两国关系更加密切。努尔哈赤兴起后,明廷在发动的萨尔浒等战役中,曾征调朝鲜军队前来助战。后金势力进入辽河以东地区后,当其势力向西发展时,朝鲜又成为后金的后顾之忧。控制或征服朝鲜,成为后金对明作战总战略的一个组成部分。因此,皇太极在战略上采取的是先征服蒙古,再征服朝鲜,最后用全力进攻明廷。

天聪元年(1627)正月,皇太极为了缓解进攻明廷时的后顾之忧,准备用武力来迫使朝鲜就范。他命大贝勒阿敏、贝勒济尔哈朗、阿济格、杜度、岳托、硕托等统兵征朝鲜。临行前,皇太极对诸贝勒说:"朝鲜屡世获罪我国,理应声讨。然此行非专伐朝鲜,明毛文龙近彼海岛,倚恃披猖,纳我叛民,故整旅徂征。若朝鲜可取,则并取之。"①既"问罪"朝鲜,又征剿毛文龙。

此时,毛文龙率兵驻在朝鲜之皮岛。皮岛也称东江镇(今朝鲜湾之椵岛)。他大批召集流徙的辽民,"前后数十万口"②。朝鲜为了防御后金侵犯,积极支援毛文龙,如拨给辽东汉民土地耕种,并供给大量粮食,以解决军民的生计。毛文龙在朝鲜的支持下,势力大增,对后金构成很大的威胁。明廷因此升毛文龙为东江镇总兵官,加都督衔。朝鲜国王李倧向毛文龙表示:"寡人与贵镇,事同一家,心肝相照,唇齿相须。"③朝鲜与明廷关系之深可见一斑。

随着毛文龙势力日益壮大,后金就更加归罪于朝鲜的支持,正如毛文龙

---

① 李肯翊:《燃藜室记述》卷二一。
② 李肯翊:《燃藜室记述》卷二一。
③ 《李朝仁祖实录》卷一四。

223

所言:"奴酋之恨巨掣尾,每转恨于朝鲜之假地。"①皇太极即位后,下决心解决多年的后顾之忧。

天聪元年(1627)正月十三日,阿敏等率大军渡鸭绿江,直逼朝鲜边城义州城下。派人登上南山,对义州城内喊话说:"大金国二王府奉命征讨,城中将士解甲出降,南土军兵悉出归乡。不然,铁骑蹂躏,乱杀靡遗。"十四日,后金兵突然围攻义州城,命巴图鲁艾博率军攀梯登城,朝鲜守将李莞、崔梦良等仓促应战。此时,先潜入城中的朝鲜人韩润作为内应"焚火军器,一城大乱,反氓开门"②,义州城陷。李莞、崔梦良等被执处死。城中有"明兵一万,朝鲜兵二万,均劝降未从,遂尽杀之"③。这天夜里,阿敏派济尔哈朗率军进攻毛文龙驻守的铁山,由于毛文龙移驻皮岛,未能捉住,而将铁山守将毛有俊、刘文举等杀死。

后金军入朝轻取义州,说明朝鲜防御力量薄弱,足以取胜,而毛文龙避居皮岛,隔海相望,未备水师,无法进攻。因此,阿敏将主攻目标转向朝鲜。于是留大臣8人、兵8000人驻守义州。

十五日,阿敏率大军与济尔哈朗等会合,继续东进,并致书朝鲜国王。书云:"汝国有四条罪责:天可汗宾天,不即送使致吊;宣川之役,一不杀戮,不即送使致谢;文龙,我之大仇,而容接内地,给饷护恤;辽民,我之赤子,而招亡纳叛,一不送还。吾甚恨之。"④十八日,后金军攻取朝鲜郭山城,招降临盘、宣川、定川等城。阿敏在进军途中,派人向皇太极报告自己的进军方略。即"我等驻平壤,饲养马匹,并遣使访朝鲜王,以探彼处情形,事若顺当,将往其王所居之城"。皇太极接到来书,对阿敏等的军事活动"不胜喜悦"⑤,对他的进军方略表示赞同,并发出指示说:"尔出师诸贝勒所至克捷,朕闻之,不胜喜悦。前进事宜,尔等详加审酌,可行则行……如不可行,亦勿强行。"⑥于是,阿敏率大军继续深入,渡江抵安州城下,并于二十一日黎明

---

① 《明清史料(甲编)·平辽总兵毛文龙奏》。
② 赵庆男:《乱中杂录》,潘喆等编:《清入关前史料选辑》第三辑,第301—302页。
③ 《满文老档》下册,第809页。
④ 赵庆男:《乱中杂录》,潘喆等编:《清入关前史料选辑》第三辑。
⑤ 《满文老档》下册,第810页。
⑥ 《清太宗实录》卷二。

开始攻安州城。据朝鲜文献记载："是日黎明,远近烟雾不辨咫尺,贼中吹角鸣鼓,呐喊飑旗,万骑骈进,云屯雷击。城中炮射,一时俱发,坠骑落壕,死者山积。前仆后入,左冲右突,并驱骆驼,输进长梯,一时登城。长枪短兵,彼此相持,势如风火,措手不及,贼满城中,追逐乱杀。"①最后,朝鲜军队孤立无援,安州城陷落。安州牧使金浚、兵使南以兴等将领引火药自焚。后金军的损失也很大,在安州休整4天。二十五日,大军起行,第二天进抵平壤。平壤城内守兵不满万人,后金兵尚未到,其将官如"鸟惊鱼骇,望风先溃"②。因此,如入无人之境,唾手而得平壤。当天,后金兵渡过大同江,于二十七日驻军中和地方。同一天,朝鲜国王李倧离开汉城,逃往江华岛。并命已归降后金的姜弘立之子姜琦、朴兰英之子朴霁持朝鲜国王李倧国书,至后金营中投书议和。可是阿敏对议和不感兴趣。二月一日,后金兵占黄州后,阿敏才向朝鲜方面"遣差胁和,要以三事:一曰割地,二曰捉给文龙,三曰借兵一万,助伐南朝"③。二月七日,后金兵至平山驻营。八日,朝鲜使臣进昌臣到平山营中拜见阿敏说:"吾王闻贝勒至,特遣我来,凡有所言,我身任之。今我国自愿认罪,贵国必欲如何定议,请驻兵于此。"阿敏听了此话,仍不满足,还要向汉城进兵。岳托、济尔哈朗等坚决不同意进兵汉城,双方僵持不下,最后只有召开八旗大臣会议解决。会上七旗大臣都同意与朝鲜议和,阿敏在众贝勒、大臣的压力下,只好接受诸将领的意见。

三月初三日,阿敏派总兵刘兴祚、巴克什库尔缠为代表,乘船到江华岛,与朝鲜国王李倧及其大臣举行会盟。后金国在"盟誓"中,要求朝鲜国王李倧承担的议和条件是:

> 自盟之后,朝鲜国王李倧应进满洲国皇帝礼物,若违背不进;或不以待明国使臣之礼待满洲国使臣;仍与满洲结怨,修筑城池,操练兵马;或满洲俘获编入户口之人,逃回朝鲜容留,不行遣还;或违王所言:与其远交明国,勿宁近交满洲之语。当告诸天地征伐之,天地谴责朝鲜国王,殃及其身。

---

① 赵庆男:《乱中杂录》,潘喆等编:《清入关前史料选辑》第三辑。
② 吴晗辑:《朝鲜李朝实录中的中国史料》,第3331页。
③ 赵庆男:《乱中杂录》潘喆等编:《清入关前史料选辑》第三辑。

这个誓言,即所谓"平壤之盟"。盟誓完全按后金习俗,即"刑白马、乌牛,焚香,设酒肉骨血土,各一器"。双方代表焚香,宣读誓词①。誓毕,将誓词烧掉,器皿里的祭品埋入土里。盟誓之后,库尔缠率20人先回沈阳向皇太极报捷。而阿敏却违反纪律,命令八旗将士分路掠夺3日,获大批人畜财物,退出境外。

后金此次用兵朝鲜的军事目的,主要是企图以武力迫使朝鲜切断与明廷的关系,使朝鲜在后金与明的交战中倾向后金,或采取中立的态度。朝鲜方面,在后金入侵之时,幻想明廷的援助,虽战败,但不愿屈服于后金。同时,后金当时主要进攻目标是明廷,不可能倾全力于朝鲜,和议既成,就急速回师。所以后金此次进军朝鲜,并未达到预期的目的。"平壤之盟"的性质是一种"兄弟之盟",事后朝鲜并没有认真履行议和条件。朝鲜仍然与明廷保持密切关系,而且积极备战,对后金要求遣还逃人一事,推托不办。对后金要求的3000石粮食,也打了折扣,"一千发卖市上,二千用以相遗"②。对于朝鲜与明断绝关系一事,朝鲜国王李倧公开向后金表示:"贵国既欲议和息兵,甚为美意,故孤亦喜而许之。但念敝邦之于明朝,君臣分义甚重,若贵国要我负明,则宁以国毙,断不敢从。"③天聪七年(1633),后金与朝鲜的矛盾日益尖锐。是年十一月,后金在致朝鲜国王李倧书中列举了朝鲜违约的十件大事。其中有朝鲜"助兵于明",朝鲜民人"越境采参",停止互市,新筑城防等④。至天聪十年(1636)后金与朝鲜的关系最后破裂,是由于皇太极称帝,促使双方的矛盾急剧激化起来。是年二月,八和硕贝勒及外藩蒙古各部王公贝勒联名上书皇太极称帝,皇太极命内外诸贝勒:"宜令朝鲜国王知之。"皇太极想借上尊号之机,采取外交手段,迫使朝鲜向后金称臣。于是皇太极借吊朝鲜王妃逝世之便,命户部承政英俄尔岱、马福塔等,率领包括蒙古王公在内的170余人的庞大代表团赴朝鲜,并带去以后金八和硕贝勒、十七固山大臣及蒙古十六部四十九贝勒的名义给朝鲜国王李倧的信。信中说:"我等谨遵上谕,遣使相闻。王可即遣亲近子弟来此,共为陈奏。我等

---

① 以上见《清太宗实录》卷二。
② 《清太宗实录》卷四。
③ 《清太宗实录》卷一三。
④ 《清太宗实录》卷一六。

承天意,奉尊号,事已确定。推戴之诚,谅王素有同心也。"①二月十六日,英俄尔岱等人率使团渡过鸭绿江,到达朝鲜义州,向朝鲜义州府尹李浚说明此次来朝的意图。即因"我国既获大元,又得玉玺,西达(蒙古)诸王子愿上大号,欲与贵国议处"②。义州府尹李浚立即将此事飞报朝鲜国王。对拥戴皇太极上尊号一事,李朝一片哗然。反对派掌令洪翼汉说:"臣闻今者龙胡之来,即金汗称帝事也。臣堕地之初,只闻有大明天子耳……今乃服事胡虏,偷安仅存,纵延晷刻,其于祖宗何,其于天下何,其于后世何?"③大臣玉堂满脸流泪说道:"今者虏使龙骨大等赍慢书,称以尊号定夺,此言奚为至哉。臣等窃不胜痛哭焉。丁卯之难惨被蹂躏,羁縻之举出于下策。竭生民之膏血,稀行人之玉帛,卑辞乞怜者,十年于兹矣。彼既欲僭伪号则必不待我以邻国,将臣妾我也,属国我也。"最后,反对派主张:"戮其使,而取其书,函其首,奏闻于皇朝,责其背兄弟之约,僭天子之号,明言礼义之大,悉陈邻国之道,则我之说益申,我之势益张矣。"主和派完城君崔鸣吉却说:"龙胡之行,唯以春信吊祭为名,汗书亦无别语,其所谓慢书乃八高山及蒙古王子书也。答其循例之书而拒其悖理之言,君臣之义、邻国之道得以两权,宜缓祸之策亦何可全然不思乎"④。朝鲜国王李倧进退两难,没有主见,只是根据多数廷臣的主张,决定不接见来使,不接受来书,不派人去后金"劝进"。

二十四日,后金使团一到汉城,就被监视起来,昼夜防守。馆学儒生甚至提出"焚虏书,斩虏使,以明大义"。使团一出门,朝鲜百姓怒目而视,有些儿童拾起石块,争相投向使团成员,显然,朝鲜举国上下已掀起仇后金的浪潮。英俄尔岱大怒,率使团不辞而别。朝鲜方面既不阻拦,也不欢送,只是派人追上使团,将朝鲜国王写给皇太极的信交使团带回。同时,朝鲜国王"又以书三封,谕其边臣固守边疆"⑤。此谕旨被英俄尔岱截获,三月十日回到沈阳,一并交给皇太极。

朝鲜国王李倧得知后金使团气愤而归,又截获了他给边臣的谕旨,深感

---

① 《清太宗实录》卷二七。
② 《李朝仁祖实录》卷三二。
③ 《李朝仁祖实录》卷三二。
④ 以上见《李朝仁祖实录》卷三二。
⑤ 李肯翊:《燃藜室记述》。

问题的严重性,于是采取两项应急措施:一是调兵遣将,积极备战。三月初一日,李倧下谕云:

> 我国卒致丁卯之变,不得已权许羁縻,而溪壑无厌,恐喝日甚,此诚我国家前所未有之羞耻也。含垢忍痛,思将一有所奋,以湔此辱者,岂有极哉。今者此虏益肆猖獗,敢以僭号之说,托以通议,遽以书来,此岂我国君臣所忍闻者乎!不量强弱存亡之势,一以正义断决,却书不受。……虽知兵革之祸,迫在朝夕,而反以斥绝为快。况八路若闻朝廷有此正大之举,危迫之机则亦必闻风激发,誓死同仇,岂以远近贵贱而有间哉。忠义之士各效策略,勇敢之人自愿从征,期于共济艰难,以报国恩。

二是遣使道歉。三月中旬,朝鲜国王命参议罗德宪、参判李廓等人到后金致歉,在给皇太极的书中解释说:"寡人有疾,不即相见,不料贵使发怒径去,殊未知其故也。"至于不受执政大臣和外藩蒙古贝勒致朝鲜国王书,是因为"此则非但前例之所无,抑约条之所未有,故接待宰臣不敢收领转示,亦是事体当然,寡人非有所失也"①,最后请求见谅②。

四月十一日,皇太极举行盛大的登基典礼,从这时起,改国号为清,改元崇德。当时朝鲜使臣罗德宪、李廓也参加了上尊号大典,但是在群臣行三跪九叩大礼时,惟独他们二人不参拜,不行大礼。在旁边的八旗贝勒等"殴捽(李)廓等,衣冠尽破,虽或颠仆,终不曲腰,以示不屈之意"③。皇太极也被朝鲜使臣的态度所激怒,气愤地说:朝鲜使臣如此无礼,"皆朝鲜国王有意构怨,欲朕先起衅端,戮其使臣,然后加朕以背弃盟誓之名,故令其如此耳"④。

在朝鲜使臣罗德宪、李廓归国时,皇太极修书一封带给李倧。朝鲜使臣在离境不远的通远堡,给当地守臣写了封信,信中说:"我等奉命出使,贵国忽生异心,以势逼迫。但吾首不能自断。一切羞辱俱已受尽,此古今所无之

---

① 《李朝仁祖实录》卷三二。
② 《李朝仁祖实录》卷三二。
③ 李肯翊:《燃藜室记述》。
④ 《清太宗实录》卷二八。

事也。幸得至吾界，甘受国法而死，尚复何言。"朝鲜使臣又告知当地守臣，皇太极给他们国王的信也留在通远堡，此书"藏于百卷纸内，用斜皮二十张包裹，置于鱼米驮内"，"伏望贵城大人解开驮内，将书通汗知道，亦知我不辱其国也"①。原来，他们临归国前，英俄尔岱和马福塔奉命将皇太极给朝鲜国王李倧的信交给他们，他们二人想打开信看一下，信中是否有不合规定之处，被英俄尔岱、马福塔加以制止。等到出城行至十里河地方（沈阳苏家屯南），他们打开皇太极的信，大为震惊，只"见封套上称呼、押印，果与旧规不合。其书中写你我之国，责备詈骂，毫无兄弟相敬之意，视如奴隶，我国大（人）臣何忍观之，是自辱其君父也，虽万死犹有余辜"。所以决意将信留下，"伏乞谅察"②。

朝鲜使臣回归不久，李倧派使臣送给皇太极一封信，皇太极拒绝收纳，说"你们国王既然不看朕的信，朕何必看你们国王的信呢"，原封不动将信退回。此前皇太极曾要求朝鲜国王"若自知悔罪，当送子弟为质"，也遭到朝鲜的拒绝。表明两国的关系已彻底破裂。皇太极这才下决心"举大军以临尔境"，亲征朝鲜③。

皇太极为了征朝鲜，积极做出征前的准备。十一月十九日，他在笃恭殿召集诸贝勒、大臣，宣布将统大军亲征朝鲜，并且发布上谕说：

> 尔等简阅甲士，每牛录各选骑兵五十人，步兵十人，护军七人，共甲三十二副。昂邦章京石廷柱所统汉军，每甲士一人，箭十五枝，甲士二人备长枪一杆。二牛录备云梯一，挨牌一，穴城之斧、钻、锹、镢俱全。马匹各烙印系牌。一应器械，各书号记。携半月行粮，于二十九日来会。

二十五日，皇太极率诸王贝勒祭告太庙，并告征朝鲜之由。二十九日，皇太极又传谕朝鲜军民说："朕因是特起义兵，声罪致讨，原非欲加害尔等也，亦尔之君臣，贻祸于尔等耳。尔等但安居乐业，慎毋轻动，如妄自窜走，恐遇我兵见害，凡拒敌者必诛，奔逃者则俘之，倾心归顺者，秋毫无犯，更加

---

① 《清太宗实录稿本》，辽宁大学历史系铅印本，第22页。
② 《清太宗实录稿本》，辽宁大学历史系铅印本，第22页。
③ 《清太宗实录》卷二八。

恩养。谕尔有众,咸使闻知。"①

十二月初一日,奉召的蒙古各部率兵应约会于沈阳,加上八旗兵,号称10万。皇太极命和硕郑亲王济尔哈朗留守沈阳。和硕礼亲王代善、和硕睿亲王多尔衮、和硕豫亲王多铎、多罗贝勒岳托、多罗贝勒豪格、多罗安平贝勒杜度等随皇太极出征。二日,皇太极亲率大军往征朝鲜。行至沙河堡东冈,皇太极命多尔衮、豪格分统左翼满洲三旗、蒙古三旗及外藩蒙古左翼兵,从宽甸路入长山口,以牵制朝鲜东北诸道的兵力。初三日,又派户部承政马福塔、前锋大臣苏萨等率兵300人,扮作商人,日夜兼程,作为前锋往围朝鲜都城。接着又派多铎等率领护军千人,增援马福塔等。初九日,皇太极率大军到达镇江城附近驻营。翌日,渡过鸭绿江,攻陷义州。接着,清军势如破竹,十二日攻占郭山,城内守军"惧我兵威,知不能敌","皆稽首请降"②。十三日,下定州。并命杜度等选精骑,往攻皮岛、云从岛、大花岛、铁山一带,以切断明军对朝鲜的增援。

正当清军渡过鸭绿江,向朝鲜京城推进时,朝鲜境内陷入一片混乱。十二日,从义州府尹林庆业的状启得知:"贼兵弥漫,是夕贼兵分路渡江,倍道亟进。"十三日,又得报告,清军已接近平壤。于是,朝鲜京城"上下慌忙,莫知所措,徒婷娴而已,城中恟惧,出门者相继"。十四日,国王李倧派人把宗室嫔妃送往江华岛,午后,李倧带领大臣出京城南门前往江华岛时,得报清军"数百铁骑已到弘济院,而以一枝兵遮阳川江,以截江都之路"。李倧只好退回城内。此时城内"上下遑遑,都城士女哭声载路"。李倧急忙召集群臣,问道:"事急矣,将奈何?"可是,大臣们一个个"慌忙罔措,不知所对"③。命申景禛率军出城阻止清军,崔鸣吉前往清营见马福塔等,"以缓其师"④。国王李倧率众从水沟门逃往南汉山城。途中,只见"东宫执鞚者亡走不见,急募人以从,东宫手执鞭之,由铜岘路出水口门,城中士女跣足奔走,与大驾相杂而行,颠仆道路,哭声震天",二更始入南汉山城⑤。

---

① 《清太宗实录》卷三二。
② 《清太宗实录》卷三二。
③ 李肯翊:《燃藜室记述》。
④ 《李朝仁祖实录》卷三三。
⑤ 李肯翊:《燃藜室记述》。

当马福塔等人发现中了崔鸣吉等的缓兵计后,朝鲜国王李倧率群臣已逃至南汉山城,即于十五日领兵围此城。十六日,多铎、岳托率军相继到达南汉山城,"环绕围之"①。

南汉山城地势险要,城墙坚固。李倧退守该城后,一方面加强防御,一方面下诏全力抵抗。诏书云:"目今君臣上下同守一城,和议已绝,唯有战耳。战胜则上下俱存,不胜则上下俱亡。唯当死中求生,危处求安,协心齐力,奋身当敌。则彼虏孤军深入,其强易弱,四方援兵相继而至,天若助顺可以全胜。"②并不断下谕朝鲜诸道求援,书曰:"君臣上下,寄在孤城,危若一发,岌岌之势,卿可想也。星夜驰赴,前后合击,期剿灭,以救君父之急。"③于是,朝鲜诸道纷纷起兵勤王。结果,三起勤王之师,皆为清军所打败。两次突围之战,亦以失败告终。"城中积刍已尽,马多饥死,募纳马饷士。"④城内人心浮动,士气大挫。

二十九日,皇太极率大军到达南汉山城,在西门外驻营。

崇德二年(1637)正月初一,皇太极环视南汉山城的布防形势,以此城易守难攻,决定采取围城打援的战术,胁迫朝鲜国王李倧投降。初二日,朝鲜全罗道沈总兵、李总兵率兵来援,为岳托所截击败之。同时,遣英俄尔岱、马福塔以清帝的名义致书朝鲜国王,指责他"阳为和顺,阴图报复","自贻祸于国与民也,群黎百姓岂不怀恨于尔哉"。朝鲜国王复书解释道:"小邦自从丁卯结好以来,十余年间,实心尊礼,不但大国所知,实皇天所鉴。"⑤朝鲜军前来解围,又被清军击退。朝鲜君臣见救援无望,蜷缩孤城,智穷力竭,一筹莫展,于是决定投降。十一日,朝鲜国致皇太极书云:

> 小邦僻在海隅,惟事诗书,不事兵革,以弱服强,以小事大,乃理之常。岂敢与大国相较哉!徒以世受皇明厚恩,名分素定。曾在壬辰之难小邦朝夕且亡,神宗皇帝动天下之兵拯济生灵于水火之中,小邦之人至今铭镂心骨,宁获过于大国,不忍负皇明,此无他,其树恩厚而感人深

---

① 《清太宗实录》卷三二。
② 《李朝仁祖实录》卷三三。
③ 李肯翊:《燃藜室记述》。
④ 李肯翊:《燃藜室记述》。
⑤ 《清太宗实录》卷三三。

也。……今皇帝方以英武之略,抚定诸国而新建大号,首揭宽温仁圣四字,盖将以体天地之道,而恢伯王之业,则如小邦愿改前愆,自托洪庇者。宜若不在弃绝之中,兹欲更布区区以请命于执事。①

此信表明,朝鲜李氏王朝已公开向清廷求和。

二十二日,多尔衮等人率清军至江华岛渡口。二十三日,占领江华岛,俘获朝鲜王妃、王子及群臣妻子家口等。二十四日,皇太极遣使通告朝鲜国王,清军已攻占江华岛,宗室嫔妃及文武百官的妻子都已被俘获。二十七日,朝鲜使臣从清营返回南汉山城,向朝廷报告在清营所见,国王李倧"惊惨痛苦,城中臣庶,送家累到江都者,举皆号哭。于是朝廷震骇,罔知攸处,遂定出降之议"②,表示愿意出城投降。皇太极认为逼迫朝鲜签订"城下之盟"的条件已经成熟。他征得诸贝勒、大臣的同意后,派遣使者敕谕朝鲜国王李倧,提出由清廷方面提出投降条款,朝鲜方面必须承认。各项条款如下:

(一)"当去明国之年号,绝明国之交往,献纳明国所与之诰命册印,躬来朝谒。"

(二)"尔(李倧)以长子,并再令一子为质。诸大臣有子者以子,无子者以弟为质。"

(三)"尔有不讳,则朕立尔质子嗣位。"

(四)"从此一应文移,奉大清国之正朔。"

(五)"其万寿节及中宫千秋、皇子千秋、冬至、元旦及庆吊等事,俱行贡献之礼,并遣大臣及内宫奉表。其所进往来之表及朕降诏敕,或有事遣使传谕,尔与使臣相见之礼,及尔陪臣谒见并迎送馈使之礼,毋违明国旧例。"

(六)"朕若征明国,降诏遣使,调尔步骑舟师或数万,或刻期会处,数目限期,不得有误。"

(七)"军中俘获,过鸭绿江后,若有逃回者,执送本主。若欲赎还,听从两主之便。"

---

① 《李朝仁祖实录》卷三四。
② 《南汉解围录》,转引自刘家驹:《清初政治发展史论集》,中国台湾商务印书馆1978年版,第120页。

（八）"我军以死战俘获之人,尔后毋得以不忍缚送为词。"

（九）"尔与内外诸臣缔结婚媾,以固和好。"

（十）"新旧城垣,不许擅筑。"

（十一）"尔国所有瓦尔喀,俱当刷送。"

（十二）"日本贸易,听尔如旧。当导其使者来朝,朕亦将遣使与彼往来。"

（十三）"其东边瓦尔喀,有私自逃居于彼者不得复与贸易往来。"

（十四）"每年进贡一次,其方物数目:黄金百两、白银千两、水牛角二百对、豹皮百张、鹿皮百张、茶千包、水獭皮四百张、青鼠皮三百张、胡椒十斗、腰刀二十六口、顺刀二十口、苏木二百斤、大纸千卷、小纸千五百卷、五爪龙席四领、各样花蓆四十领、白苎布二百匹、各色绵绸二千匹、各色细麻布四百匹、各色细布万匹、布千四百匹、米万包。"①

朝鲜国王李倧上书皇太极,表示接受以上条款。三十日,朝鲜国王李倧身着青衣,带领长子李溰、次子李淏、三子李濬及群臣,"献上明国所给敕印,自南汉山城来朝见"②。清廷礼官于汉江东岸三田渡地方筑坛。坛为九层阶,皇太极南面坐于坛上,"张黄幕,立黄伞,盛陈兵甲旗纛,手下精兵数万,结方阵"③。朝鲜国王及诸子、文武群臣行三跪九叩头大礼后,李倧坐于皇太极左侧,其次是和硕亲王、多罗郡王、多罗贝勒、李倧诸子、蒙古诸王④。朝鲜文武百官坐于坛上东隅,江都被执之臣坐于坛下。坐定举宴,宴席间"行酒礼,动军乐"⑤。宴毕,皇太极命"尽还李倧妻子、子妇及群臣妻子",赐国王李倧黑貂袍套、雕鞍马,又赐给王妃及第三子黑貂皮套。此时,朝鲜君臣各与妻子、子妇相见,皆相抱恸哭云:"稍缓数日,我等皆为灰烬矣。今日幸遇皇帝宽恩,普天均被,我等方得完聚。"⑥皇太极派英俄尔岱、马福塔送朝鲜君臣返回汉城,留下长子李溰、次子李淏作人质。朝鲜君臣出城时,

---

① 以上见《清太宗实录》卷三三。
② 以上见《清太宗实录》卷三三。
③ 李肯翊:《燃藜室记述》。
④ 以上见《清太宗实录》卷三三。
⑤ 李肯翊:《燃藜室记述》。
⑥ 以上见《清太宗实录》卷三三。

"满城哭送,声动天地"①。他们入汉城时所见的情形,据朝鲜文献《燃藜室记述》记载:

> 清人载箱笼器皿,驱我国人民,自都城出来者,横亘于路,盖清主令空城以遗我,故留阵城中者,各自搬运所掳而出也。被掳人等,路逢我行,拊膺号泣不肯行,清人怒以鞭捶之,或追击我行曰:以尔之故,此辈不肯行矣。宰臣受鞭者数人。

崇德二年(1637)二月二日,皇太极先行班师,命多尔衮、杜度率军携所俘获随后回国。借此机会,皇太极派硕托、孔有德、耿仲明、尚可喜部,携红衣大炮往攻明在辽东沿海设防的皮岛。至四月,击败明兵,擒获岛帅沈世魁,就地处死。至次年二月,沈世魁从子沈志祥率余众向清军投降,计将士及百姓共2500余人。皇太极优礼相待,后封沈志祥为续顺公②。

征朝鲜之役历时整整两个月,彻底征服了朝鲜。清廷给予朝鲜的条款与前次"平壤之盟"的条款,其性质明显不同。"平壤之盟"对朝鲜来说毕竟是"兄弟之盟",具有一些对等的性质。这次清廷所提条款,完全将朝鲜降至清属国的地位,是"君臣之盟"。这次战役对清与朝双方以及明廷都产生了深远的社会影响。在政治上清与朝鲜由先前的"兄弟关系"变为"君臣关系";经济上朝鲜每年要向清廷进贡,而且进贡的数量惊人,给朝鲜带来极大的负担;军事上,朝鲜由清廷的敌手变为助手,从根本上解除了朝鲜同明的藩属关系,也除掉了清廷的后顾之忧,且从朝鲜获得了人力和物资以参加对明的战争。总之,这次战争达到了既征服了朝鲜,又削弱了明廷,为清西向伐明铺平了道路。

5. 黑龙江入版图

皇太极继位后,继续努尔哈赤的事业,向黑龙江流域进军。他在上谕中

---

① 李肯翊:《燃藜室记述》。
② 关于皮岛之役,详见《李朝仁祖实录》;《清太宗实录》卷三四、三五;张廷玉等:《明史》卷二七一,中华书局1974年版;赵尔巽等:《清史稿》卷二三四等,中华书局1977年版。

反复强调满族同黑龙江流域诸民族的渊源关系:"尔之先世,本皆我一国之人,载籍甚明",故"此地人民语言与我国同,携之而来,皆可以为我用"。对当地各民族应采取"善言抚慰,饮食甘苦,一体共之"的态度①。也就是说,要对黑龙江流域各族采用招抚的政策,使之归附。在皇太极这种政策的影响下,黑龙江各部落纷纷前来归顺。天命十一年(1626)十二月,"黑龙江人来朝,贡名犬及黑狐、玄狐、红狐皮,白猞猁狲、黑貂皮,青鼠皮等物"②。天聪五年(1631),黑龙江地方虎尔哈部落托思科、羌图礼、恰克莫、插球四头目来朝,"贡貂、狐、猞猁狲等皮"③。天聪七年(1633)十二月,萨哈尔察部落头目费扬古、满代率46人来朝,献貂皮1769张④。萨哈尔察,满语为"黑色貂皮"之意。因精奇里江至黑龙江汇合处广大地域盛产貂皮,故以"萨哈尔察"称谓这一地区的达斡尔族居民。天聪八年(1634)二月,黑龙江地方羌图里、嘛尔干率六姓67人来朝,贡貂皮668张。同年五月,黑龙江地方头目巴尔达齐率44人来朝,贡貂皮1818张⑤,"略表臣服之义"⑥。

巴尔达齐在清代文献中也记载为"索伦部头目"⑦。"索伦部"是明末清初对黑龙江中上游的鄂温克、达斡尔、鄂伦春等族的总称。索伦,满语为solon,意为"上游人"、"上江人",系指黑龙江上游。索伦部"挽强命,洞兕虎,迹禽兽,雄于诸部"⑧。巴尔达齐是达斡尔人,是索伦部著名首领,居住在精奇里江畔的多科屯,以精奇里江的江名为姓,称精奇里氏巴尔达齐。

巴尔达齐倾心内附,与后金建立了亲密的隶属关系后,索伦部的各部头领纷纷归附。仅同年八月,索伦部就有古齐、哈拜、孔恰泰、吴都汉、讷赫彻、特白哈尔等率部众来朝,贡献貂、狐皮⑨。皇太极为嘉奖其内附之功,将皇族女嫁给他,招为额驸。此后,巴尔达齐与清的关系更加密切,几乎每年都率黑龙江以北、精奇里江一带的索伦部首领数十人向清贡纳貂皮,清廷也回

---

① 《清太宗实录》卷二一。
② 《清太宗实录》卷一。
③ 《清太宗实录》卷九。
④ 《清太宗实录》卷一六。
⑤ 《清太宗实录》卷一七。
⑥ 徐宗亮:《黑龙江述略》卷四。
⑦ 《清太宗实录》卷一八。
⑧ 《黑龙江志稿》卷一一。
⑨ 《清太宗实录》卷二〇。

赐丰厚的礼物,交往极为频繁。崇德四年(1639),索伦博穆博果尔归附清廷又反叛,巴尔达齐却始终如一,协助清廷统一黑龙江以北地区。顺治六年(1649)巴尔达齐内迁北京,死后葬于德胜门外祁家豁子。清廷为表彰他对大清帝国统一黑龙江的贡献,于顺治十六年(1659)立碑以志纪念。碑文曰:

> 稽古建业,驱策群力,不吝爵赏,以劝有功,昭示后世,以永其传,所以励忠,盖甚备也。尔巴尔达奇(齐),原系京奇里兀喇人,倾心内附,岁贡方物,及同党相残,又能率尔兄弟,协力纳款,真识时保身者矣。方期后效,忽尔奄终,应志贞珉,以贲泉壤,国典臣忠,庶其昭垂毋致哉。①

应当指出,像巴尔达齐这样诚心归附清廷、前来朝贡的为数不少,但是,观望、犹豫的仍不在少数。于是皇太极决定采取剿抚并用的策略,慑服诸部,使其归顺。天聪八年(1634)十二月,皇太极命管步兵梅勒章京霸奇兰、甲喇章京萨穆什喀率章京41员、兵2500人,往征黑龙江地方虎尔哈部。他对这次出征十分重视,在给出征将领的上谕中说:

> 尔等此行,道路遥远,务奋力直前,慎毋惮劳而稍息也。俘获之人,须用善言抚慰。饮食甘苦,一体共之。则人无疑畏,归附必众。且此地人民,语音与我国同,携之而来,皆可以为我用。攻略时,宜语之曰:尔之先世,本皆我一国之人,载籍甚明,尔等向未之知,是以甘于自外。我皇上久欲遣人,详为开示,特时有未暇耳。今日之来,盖为尔等计也。如此谕之,彼有不翻然来归者乎。尔等其勉体朕意。大丈夫凡受委任,当图报称。②

又谕曰:

> 入略之后,或报捷,或送俘,必令由席北绰尔门地方经过为便。将来遣人往还,及运送军粮,亦必于此处相待。其应略地方,须问向导人。有夏姓武因屯长喀拜,从役二人,库鲁木图屯长郭尔敦,从役三人,及纳屯一人,适已偕至。今俱令其从军矣,尔等可率之以往。经行道路,询

---

① 《一等阿思哈番巴尔达齐碑》,原碑现存北京市文管处。
② 《清太宗实录》卷二一。

彼自知。若彼处已经略定,此归附三屯,不可稍有侵扰,宜令留于本处。仍谕以因尔等输诚来归,故使复还故土,自后宜益修恭顺。倘往来稍间,必谴责立至矣。若所略不获如愿,则不必留此三屯,当尽携来。凡器用之属,有资军实者,亦无使遗弃。军还,务令结队而行,不可分散。尔等其凛遵焉。①

是日,召见先前归附、这次从征的屯长喀拜、郭尔敦等进宫,赐食。然后传谕喀拜曰:

尔地方僻陋鄙野,不知年岁,何如率众,来居我国,共沾声教。朕久欲遣人往谕尔部,但国务殷繁,未得暇耳。人君各统其属,理也。尔等本我国所属,载在往籍,惜尔等未之知耳。今尔诸人率先归附。若不遣尔还,留居于此,亦惟朕意。朕知尔等贤,故遣归。此行可引我军前往,凡各屯寨,其善指示之。②

皇太极明确指示了这次出征的战略意义及用兵方略,足见皇太极对这次用兵的重视程度。

天聪九年(1635)四月十四日,远征黑龙江地方的霸奇兰、萨穆什喀遣人来报战果:收服编户壮丁2483人,人口数7302人;牲畜数:马856匹、牛543头、驴8头。俘获妇女幼稚116人,马24匹、牛17头,以及貂皮、狼皮、狐皮、猞猁狲皮并水獭、骚鼠、青鼠、白兔等皮3140张。五月初六日,霸奇兰等凯旋,皇太极因出征诸将"出师勤劳",与他们行抱见礼,并设大宴款待出征诸将及归降各部落的头目。席间,皇太极亲自以金卮斟酒赐给诸将领。第二天,对归附的7302人,皇太极命"俱赐房屋田地、衣食、器皿等物"③。对归附的诸部首领如此厚待,无疑对黑龙江诸部起到了很好的感召作用。不久,索伦部的塞布奇屯、噶尔达苏屯、戈博尔屯、额苏里屯、阿里岱屯、克殿屯、吴鲁苏屯、榆尔根屯、海轮屯、固浓屯、昆都轮屯、吴兰屯等先后归顺。

崇德二年(1637),索伦部乌鲁苏穆丹屯长博穆博果尔也于四月"率八

---

① 《清太宗实录》卷二一。
② 《清太宗实录》卷二一。
③ 《清太宗实录》卷二三。

人来朝,贡马匹貂皮"①。他精通武艺,势力强大,黑龙江"南北诸城屯俱附之"②,成为部落联盟的首领。博穆博果尔在沈阳住了近两个月,受到皇太极的热情款待,临行时,皇太极赐以鞍马、蟒衣、凉帽、玲珑鞓带、撒袋、弓矢、甲胄等物③。翌年十月,再次来朝。他两次来朝,并非诚心归附,而是在诸部纷纷归顺的大势下,不得不做出姿态,观察清廷虚实,伺机作对。

博穆博果尔第二次朝贡回黑龙江后,自以为控制了黑龙江南北各城屯,便拒绝归顺清廷,不再来沈阳朝贡。博穆博果尔此举严重破坏了清廷对黑龙江流域的经营。皇太极恐迁延日久,"虑其势盛,不可制"④,便果断地决定先发制人,派兵进行征讨。

崇德四年(1639)十一月,皇太极命萨穆什喀、索海等率军前往黑龙江征讨博穆博果尔。临行前,皇太极指示出征将领:

> 尔等师行所经屯内,有已经归附纳贡之屯。此屯内又有博穆博果尔取米之屯,恐尔等不知,误行侵扰,特开列屯名数目付尔,毋得违命骚扰侵害。行军之际,宜遣人哨探于前,防护于后,加意慎重,勿喧哗,勿参差散乱,勿忘纪律。尔等此行,或十八牛录新满洲,或添补缺额牛录之新满洲,各固山额真、梅勒章京、甲喇章京、牛录章京,详加查阅,视其有兄弟及殷实者,令从征,尔等亦应亲加审验,左翼主将萨穆什喀、副将伊孙,右翼主将索海、副将叶克书,或两翼分行,则各听该翼将令,或同行,则总听两翼将令,凡事俱公同酌议行之。⑤

可见,皇太极对这次出兵的目的说得非常清楚,即征讨博穆博果尔,并指示了具体的用兵方略。博穆博果尔的势力主要集中在黑龙江上游的雅克萨、铎陈、乌库尔、阿萨津、多金诸城。当清军到达这些城堡时,他们坚守城堡,拒绝投降。清军首战雅克萨城,接着攻乌库尔城,至晚克之。然后转攻铎陈城,"力攻一日,至次日,复欲进攻",博穆博果尔率兵前来增援。清军主将萨穆什喀、索海等"恐伤我军,遂还",在阿里阐至铎陈之间设下伏兵。博穆

---

① 《清太宗实录》卷三五。
② 《黑龙江志稿》卷五四。
③ 《清太宗实录》卷三六。
④ 《黑龙江志稿》卷五四。
⑤ 《清太宗实录》卷四九。

博果尔不知是计，果然中了埋伏。清军"击败敌兵，斩杀甚众，生擒四百人"①。清军乘势攻下铎陈、阿萨津、多金诸城。博穆博果尔率余众落荒而逃。崇德五年(1640)三月，萨穆什喀、索海派遣党习、郭查等回盛京报告此次战役的情况，对此《清实录》记载如下：

> 臣等前奏获二千二百五十四人，后自额苏里屯以西、额尔土屯以东，又获九百人，共获男子三千一百五十四人……马四百二十四，牛七百有四。又先后获貂、猞猁狲、狐、狼、青鼠、水獭等皮共五千四百有奇，貂、猞猁狲、狐、狼皮等裘共二十领。②

这次征讨博穆博果尔取得很大的战果，但是在皇太极看来这次战役并未结束，因为博穆博果尔还没就擒。当众贝勒、大臣欢庆胜利之时，皇太极独自定计擒拿博穆博果尔。七月，皇太极命内大臣巴图鲁詹、理藩院参政尼堪传谕蒙古诸部，从蒙古兵中挑选身体强健、箭法高明的蒙古骑兵240名，组成一支精干的轻骑部队，令益尔公固、图哈纳、绰隆三人为向导，以梅勒章京席特库、济席哈为将领出征。出发前，皇太极向这两位将领密授机宜，这支小部队就秘密地出发了。与此同时，皇太极公开扬言"我军将于黑龙江地方牧马，必捣博穆博果尔"。众贝勒均不解其意，皇太极先不做解释，只要求他们依计而行。

十二月中旬，梅勒章京席特库派人从遥远的黑龙江送回捷报："获博穆博果尔及其妻子家属，其男妇幼稚九百五十六名口，马牛八百四十四。"③诸贝勒、大臣听到这个消息都感到惊异。到这时，皇太极才将他的计谋和盘托出：博穆博果尔自叛后抗拒我军，彼时朕已定计，欲令其北遁，以便擒获。所以朕公开扬言我军将到黑龙江畔牧马，一定捉到博穆博果尔，而暗中派席特库、济席哈率蒙古兵从蒙古北边追击。博穆博果尔果然中计北逃，终于将其追获④。皇太极用的是声东击西的策略，在黑龙江虚张声势，诱使博穆博果尔北逃，他做梦都想不到会与席特库等遭遇，猝不及防，束手就擒。崇德六

---

① 《清太宗实录》卷五一。
② 《清太宗实录》卷五一。
③ 《清太宗实录》卷五三。
④ 《清太宗实录》卷五三。

年(1641)正月十六日,席特库、济席哈率部队押解博穆博果尔等人回到盛京。

崇德五年(1640)五月,皇太极再次招抚黑龙江地方虎尔哈部。招降及俘获家口共1277人,留在原地1194人,仅携回83人;获捕海豹人及捕貂鼠人共485人,携回者44人,剩余者"令仍居彼地"①。崇德八年(1643)三月,皇太极派护军统领阿尔津、哈宁噶等第三次征黑龙江虎尔哈部,攻克波和里、诺尔噶尔、都里三屯,招降了小噶尔达苏、大噶尔达苏、绰库禅、能吉尔等四屯。同年五月,阿尔津从军中向皇太极奏报:

> 臣等军至彼地,所向克捷,其波和里、诺尔噶尔、都里三处,俘获男子七百二十五名,小噶尔达苏、大噶尔达苏、绰库禅、能吉尔四处投降来归男子三百二十四名,妇人二十九,又俘获妇女幼稚一百九十九口,获马共三百十有七,牛共四百有二,貂、狐、猞猁等裘共四领,貂、狐、水獭、青鼠等皮共一千五百有奇。②

七月初,护军统领阿尔津、哈宁噶等率军回到盛京。携回俘获和归附的男女小孩共2568人,牛、马、驴450余头,各种珍贵毛皮2000余张。皇太极非常高兴,"其携来男子,命按丁披甲,编补各旗缺额者。其余俘获,分别赏给出征将领"③。为了表彰出征将士的功劳,光赏白银一项就达15384两。至此,清廷基本完成了对黑龙江流域的统一。

崇德七年(1642),皇太极以自豪的口吻总结他所取得的业绩时说:

> 予缵承皇考太祖皇帝之业,嗣位以来,蒙天眷佑,自东北海滨(鄂霍次克海),迄西北海滨(贝加尔湖),其间使犬、使鹿之部,及产黑狐、黑貂之地,不事耕种,渔猎为生之俗,厄鲁特部落,以至斡难河源,远迩诸国,在在臣服④

努尔哈赤从建国前就开始着手统一黑龙江及乌苏里江流域,开了个头,自然具有开创意义。皇太极继其后,多次招抚与用兵黑龙江流域,把原属明

---

① 《清太宗实录》卷五一。
② 《清太宗实录》卷六四。
③ 《清太宗实录》卷六五。
④ 《清太宗实录》卷六一。

廷奴儿干都司所管辖的区域,全部纳入了清的版图。除辽西个别几个小城镇,整个东北地区已归于清的一统之下。这是经过两代人的辛勤努力,才最终取得这样的丰功伟绩。

第八章　清史新纪元

1. 改国号大清

天聪十年(1636)四月,皇太极正式即皇帝位,受"宽温仁圣皇帝"的尊号,改元崇德,国号"大清"。从此,中国历史上又出现了一个与历代王朝相同的新王朝——清朝,它标志着一个新时代的开始。

清朝的国号有一个历史演化过程。清,源于建州女真。明万历四十四年(1616),建州左卫首领努尔哈赤于赫图阿拉称汗,号天命汗。此前努尔哈赤并无年号,更无国号。万历二十四年(1596),朝鲜使臣申忠一访问建州,带回给朝鲜的回帖,努尔哈赤自称"女直(真)国建州卫管束夷人之主",钤印用明廷颁给的"建州左卫之印"①。万历三十三年(1605),努尔哈赤自称建州等处地方国王。万历四十六年(1618),努尔哈赤攻陷抚顺后,此称号传入明廷,明人才知道努尔哈赤自称"建州国汗"②。万历四十七年(1619)萨尔浒之战,努尔哈赤开始称"后金国汗",用"后金天命皇帝"的国玺。在其后给毛文龙的书信中,甚至直接称"大金国皇帝"。

努尔哈赤把国号定为"金",其意图是十分明显的,就是把自己作为前代金朝的后继者。努尔哈赤本人毫无隐讳地以金裔自居,视完颜金为先朝。关于努尔哈赤称自己及其族人是完颜金的后裔,在《满文老档》有多处明确记载。试举例:

---

① 申忠一:《建州纪程图记》。
② 沈国元:《皇明从信录》卷四〇。

（天命六）四月初一日，汗曰："昔大辽帝欲杀忠顺安分之人，故我金汗兴师征辽，得天嘉佑，以辽国基业授予金汗。"①

（天命六年五月）二十七日，汗巡视河东辽东地方招降之国人。出城之日至鞍山堡，遇自盖州来献金天会汗三年所铸之钟之人。……（汗曰）天会汗乃我先祖金国阿骨打之弟，名乌齐迈，号天会汗。因献我先祖朝古钟，著升官职，赏其送钟之人。②

努尔哈赤自诩为金的后裔，尊金为先朝，因为金朝在女真人历史上是最为光辉的一页，使用"金"作为国号，有继承金国的事业，继往开来，团结各部女真人的政治意义。当然，努尔哈赤与金朝女真同属一族，从这个意义上说，努尔哈赤应是完颜金国的真正后裔，反过来说，金代女真是他们的直接先世。

但皇太极时，又否定了这种继承关系。如天聪五年（1631年），皇太极率兵围锦州，在给祖大寿的信中曾说："尔国君臣惟以宋朝故事为鉴，亦无一言复我。然而明主，非宋之裔，朕亦非金之后。彼一时也，此一时也，天时人心，各有不同。"③这是皇太极为招降祖大寿的需要，否认他是金代的后裔。因为两宋时期，金朝多次发动对宋的不义战争，宋统治下的人民深受其害，在历史上已经留下了深远的影响。明受此影响，视努尔哈赤为金之后裔，绝不与之谈判，不予议和，以避免再蹈两宋覆辙。皇太极为了避免引起汉人对历史上女真人的怨恨，就否认与金朝女真的关系。

皇太极将国号由"金"更改为"清"，清代官方文献上未作任何说明。因为在皇太极看来，无须作这样的解释或说明。但是后人却为此而大费周折，给予种种解释。有人从字面上解释，有人从字义上解释，有人把它与萨满教联系起来，更有的人把它与五行中的水火相克相联系。上述这些解释恐怕有牵强附会之嫌。

其实，"清"与"金"字为转音，实际上是以汉字的发音为基础，改换一个发音相似的汉字而已。"清"与"金"字发音相近。当然，从音韵学上看，

---

① 《满文老档》第二十册，第186页。
② 《满文老档》第二十册，第206—207页。
③ 《清太宗实录》卷九。

"清"字是属庚韵,"金"字属侵韵。但皇太极及诸贝勒、大臣改"金"为"清",不会作这种音韵学上的研究,只求两个字音近罢了。

那么,皇太极为什么将通行二十几年的"大金国"国号用一个音近的字"清"来代替呢?这恐怕有如下的考虑。

皇太极既然要建立一个新朝代、新国家,必须按惯例,改国号,改年号。中国历代皇帝都把改元视为政治生活中的大事,具有更新改制的意义。按通例,改年号是常事,如汉、唐两朝的皇帝,都很注重改年号,更纪元。但改国号在历史上各朝各代却少见,只有在改朝换代之际,才出现新朝的国号,并将国号坚持用到底,不作更改。

改国号不单单使人耳目一新,更主要的是表明新的王朝与其他王朝有别,具有本朝的特色。皇太极既然要建立一个新朝代、新国家,如果继续沿用历史上已经存在的朝代国号,是不合适的。仅仅为了与金朝相区别,而自称"后金"作为正式的朝代国号,还没有这样的先例。只有后代史家才这样称呼,所谓"后汉"、"后周"等,都是历史编纂学上的称谓。

皇太极改"金"为"清",虽为一音之转,但"清"字已赋予这个新国家、新朝代以新的意义,标志着这个以满族贵族为主体的女真国(金国),此时已经发展为以满族为主体,包括汉族、蒙古族和东北地区其他民族在内的大清国。清国比女真国(金国)的包容量要大得多,与中国历史上的汉、唐、宋、元、明等朝代没有什么区别。改国号,说明努尔哈赤开创、由皇太极继承的事业,已开始进入了新的历史纪元。

天聪十年(1636)四月十一日,皇太极选择这一天为即皇帝位的吉日。是日黎明,皇太极在诸贝勒、大臣的拥戴下,出德盛门,前往天坛祭告天地。天坛设于德盛门外,四面设有台阶。坛上安放一张香案,上铺黄绫缎,中设"上帝神位"。导引官奉香,皇太极至香案前跪下,从导引官手中接过香,连上三次,敬献完毕。由读祝官诵读祝文。其文曰:

> 维丙子年四月十一日,满洲国皇帝臣皇太极敢昭告于皇天后土之神曰:臣以眇躬,嗣位以来,常思置器之重,时深履薄之虞,夜寐夙兴,兢兢业业,十年于此。幸赖皇穹降佑,克兴祖父基业,征服朝鲜,混一蒙古,更获玉玺,远拓边疆。今内外臣民,谬推臣功,合称尊号,以副天心。臣以明人尚为敌国,尊号不可遽称。固辞弗获,勉徇群情,践天子位,建

国号曰大清，改元为崇德元年。窃思恩泽未布，生民未安，凉德怀惭，益深乾惕。伏惟帝心昭鉴，永佑邦家，臣不胜惶悚之至。谨以奏闻。

宣读完祝文，皇太极和百官依次入座，他率先饮酒，食祭品，然后分给百官。

接下来的仪式，是在太政殿举行"受尊号"礼。殿内正中放一把御金椅。诸贝勒、大臣左右分列两侧。这时，乐声大作，"众行三跪九叩头礼"①。礼毕，多尔衮和科尔沁贝勒巴达礼从左侧站出，岳托和察哈尔汗之子额驸额哲从右侧站出，再加上杜度和都元帅孔有德，他们每两人合捧一枚皇帝御用之宝，上前跪献给皇太极，这是代表着满、蒙、汉及其他少数民族把象征皇帝权威的御用之宝交给皇太极，表示承认他至高无上的地位。献御用之宝后，"满洲、蒙古、汉官捧三体表文，立于坛东，以上称尊号建国改元事，宣示于众"。读毕，再一次行叩头礼。皇太极在鼓乐声中走出太政殿回宫。

第二天，皇太极率百官到太庙追尊祖先。追尊始祖为泽王，高祖为庆王，曾祖为昌王，祖为福王。尊努尔哈赤为"承天广运圣德神功肇纪立极仁孝武皇帝"，庙号太祖，陵园称福陵。翌日，定宫殿名。中宫为清宁宫，东宫为天睢宫，西宫为麟趾宫，次东宫为衍庆宫，次西宫为永福宫。台东楼为翔凤楼，台西楼为飞龙阁。正殿为崇政殿，大殿为笃恭殿。

四月二十三日，皇太极大封兄弟子侄。封大贝勒代善为和硕礼亲王，贝勒济尔哈朗为和硕郑亲王，墨尔根戴青贝勒多尔衮为和硕睿亲王，额尔克楚虎尔贝勒多铎为和硕成亲王，阿济格为多罗武英郡王，杜度为多罗安平贝勒，阿巴泰为多罗饶余贝勒②，并各赐银两。蒙古诸贝勒也按亲王、郡王等级分别敕封。

二十七日，皇太极又加封孔有德为恭顺王，耿仲明为怀顺王，尚可喜为智顺王。赐宴崇政殿，并赐银两有差。其部下也分别论功升赏。

皇太极改国号大清，开辟了清朝历史的新纪元。严格地说，清朝的历史应从这里开始，他是名副其实的大清第一个皇帝。他所创立的大清国及其基本国策为后代继承者所遵奉，大清的国号延续200多年，直至辛亥革命。

---

① 以上见《清太宗实录》卷二八。
② 以上见《清太宗实录》卷二八。

2. 确立专制政体

皇太极改国号为大清的前一个月,即天聪十年(1636)三月间,改文馆为内三院。内三院即内国史院、内秘书院、内弘文院。这是在建立清朝的前夕,仿明制确立专制政体的又一个重大步骤。

天聪年间,皇太极接受汉官的建议设立文馆,为其后来推进各项改革做思想和政治上的准备。皇太极为了加强专制政体,在文馆内聚集了一大批汉官,如范文程、宁完我、高士俊、高鸿中、鲍承先、王文奎等人。这些人是确立专制政体的策划者、倡导者。把文馆扩为内三院,标志着这个政权的进一步"汉化"。内三院是按照前代王朝中的翰林院和内阁的体制而建立的,但又与翰林院、内阁有所区别,所以内三院是按照"参汉酌金"的指导思想设立的。内三院的职责如下:

内国史院职责:"记注皇上起居诏令,收藏御制文字,凡皇上用兵行政事宜,编纂史书,撰拟郊天告庙祝文及升殿宣读庆贺表文,纂修历代祖宗实录,撰拟矿志文,编纂一切机密文移及各官章奏。掌记官员升降文册。撰拟功臣母妻诰命、印文,追赠诸贝勒册文。凡六部所办事宜,可入史册者,选择记载,一应邻国远方往来书札,俱编为史册。"

内秘书院职责:"撰与外国往来书札。掌录各衙门奏疏,及辩冤词状,皇上敕谕文武各官敕书,并告祭文庙,谕祭文武各官文。"

内弘文院职责:"注释历代行事善恶,进讲御前,侍讲皇子,并教诸王。颁行制度。"①

内国史院设大学士1人,学士2人;内秘书院设大学士2人,学士1人;内弘文院设大学士1人,学士2人。这些大学士、学士分别由满人、汉人、蒙古人担任②。如汉官范文程为内弘文院大学士,鲍承先为内秘书院大学士,王文奎为内弘文院学士。

---

① 《清太宗实录》卷二八。
② 《清太宗实录》卷二九。

清朝的内三院是根据"参汉酌金"的原则建立的。如将内三院职掌与明朝的有关机构比较,就会发现,它具有明确中央中枢机构的职能。如内国史院职掌,"记注皇上起居诏令",明朝归翰林院史官掌管。据《明史·职官志》载:"凡记注起居,编纂六曹章奏",皆由史官充之。再如,内国史院负责"编纂史书",明朝也归翰林院的专职史官担任。如《明史·职官志》载:"史官掌修国史,凡天文、地理、宗潢、礼乐、兵刑诸大政,及诏敕、书檄,批答王言,皆籍而记之。"至于内国史院的撰诏令及郊天告庙表文、纂修历代实录、编纂一切机密文移、撰拟诰命册文等职权,大都为明代内阁权限范围。据《大明会典》卷二二一记载,内阁的权限有:上徽号、议勋进笺、登极表并一应奉旨应制文字的撰写;修实录诸书充总裁、副总裁官;奏请修《玉牒》,拟奏宗室请名、请封;撰拟朝廷祭告祝文及谕祭文;撰拟亲王、文武大臣赐谥及文武官诰敕;掌管制敕与诰敕一应文书等等。

内秘书院的职责中如"撰与外国往来书札",明归内阁制敕房。制敕房为内阁的属司,设中书舍人。据《明史·职官志》载:"王文始以左都御史进吏部尚书入内阁,自后诰敕房、制敕房俱设中书舍人。"而"掌录各衙门奏疏",则为明六科给事中的权限。据《大明会典》卷二一三载:"凡每日早朝,六科轮官一员于殿廷左右,执笔记录圣旨。仍于文簿内注写某日某官某,钦记相同,以防壅蔽。……凡各衙门题奏本状,奉旨发落事件、开坐具本。户、礼、兵、刑、工五科俱送吏科。每日早朝,六科掌科官同于御前进呈。"至于"辩冤词状",明归通政司及大理寺等机关①。

内弘文院职掌中的进讲御前,明归翰林院学士、侍读。明设翰林院,在朱元璋的心目中,是将文学优长之士置之身边,事有质疑,召其以询。关于翰林院,朱元璋说得十分明白,他曾对侍读张信说:"官翰林者,虽以论思为职,然既列近侍,旦夕左右,凡有国家政治得失,生民利病,当知无不言。昔唐陆贽、崔群、李绛之徒在翰林,皆能正言谠论,补益当时,显闻后世,尔等当以古人自期。"②内弘文院大学士为汉官范文程,他日夜伴随皇太极左右,参与军政大事。皇太极经常与范文程商讨军国大事,有时一谈就是几个时辰。

---

① 张廷玉等:《明史》卷七四《职官志》,中华书局1974年版。
② 《明太祖实录》卷二四九。

有时范文程刚出宫,又被召回宫再谈①。由此可见,范文程等人与明朝翰林所起的作用是一样的。至于内弘文院职掌中的"侍讲皇子,并教诸王",明归詹事府。

通过上述内三院职掌与明朝有关机构的比较,我们发现,清朝的内三院几乎涵盖了明朝的内阁、翰林院、六科给事中等职掌。如果加上天聪年间所设的六部和崇德元年(1636)所设的都察院,实际上将明朝中央中枢机构的主要职能都承袭过来了。明朝中央的一套机构,是集历代之大成,建立在专制主义中央集权政体之上的,清朝"参汉酌金"承继了这套机构,恰好说明清朝的政治体制在发生变化,即清朝的政治体制在向专制主义中央集权进化。

皇太极为了进一步推进清朝政治体制的集权化,设立了都察院。该机构与内三院、六部不相属,独立行使监察各部的职权,基本上是根据明制建立起来的政权监察系统。皇太极在设立都察院时,对都察院诸臣发表的上谕说:

> 尔等身任宪臣,职司谏诤。朕躬有过,或奢侈无度,或误谴功臣,或逸乐游畋,不理政务,或荒耽酒色,不勤国事,或废弃忠良,信任奸佞,及陟有罪,黜有功,俱当直谏无隐。至于诸王贝勒大臣,如有荒废职业,贪酒色,好逸乐,取民财物,夺民妇女,或朝会不敬,冠服违式,及欲适己意,托病偷安,而不朝参入署者,该礼部稽察。若礼部徇情容隐,尔等即应察奏。或六部断事偏谬,及事未审结,诳奏已结者,尔等亦稽察奏闻。凡人在部控告,该部王及承政未经审结,又赴告于尔衙门者,尔等公议。当奏者奏,不当奏者公议逐之。明国陋规,都察院衙门亦通行贿赂之所,尔等当互相防检。有即据实奏闻。若以私仇诬劾,朕察出,定加以罪。其余章奏,所言是,朕即从之,所言非,亦不加罪。必不令被劾者,与尔面质也。尔等亦何惮而不直陈乎。至于无职庶人,礼节错误,不必指奏。我国初兴,制度多未娴习,尔等教诫而宽释之,可也。②

从上谕中可以看出,都察院具有很大的权力,上自皇帝、诸王,下至各部

---

① 李桓:《国朝耆献类征初编》卷一。
② 《清太宗实录》卷二九。

臣,都察院都有权劝谏、弹劾、纠察。充分说明清朝政治体制逐渐制度化。

清朝的政治体制中,在此之前,未设专司监察的官员。监察工作,主要依据旗下人的揭发检举即所谓《离主条例》来处理。用皇太极自己的话说:"何必立言官,我国人人得以进言,若立言官,是隘言路也。"①其实,言官的作用不仅是揭发时弊和监察官员犯罪,更具有出谋献策,沟通上下内外左右的作用,从这个意义上讲对一个政权它是不可缺少的机制。所以,天聪时汉官多次上奏,建议设立言官机构。其中以马国柱的上奏为代表,他在给皇太极的奏疏中说:

> (汗)未睹不立言官之害也。请详言之。言官不立,无责成,而有嫌疑,谁肯言之? 即有言者,必私而不公,是开人以报复之门,而扰乱国家也。汗试思连年以来,谁曾公道说几件事来? 即有言者,果是为汗为国? 抑是报怨报仇? 汗一详思而自明矣。建立言官,乃千古帝王之美意良法,后世人主,虽有神圣亦不得弃而不置。若言官一立,汗之过失得闻,贝勒是非不掩,国中善恶可辨,小民冤苦得伸。虽言官至私,必不敢少隐父兄之过者,职分使然也。臣观我国近日欺隐成风,朋党搏击,善恶混淆,真假莫辨,实可为寒心而扼腕者。袪弊防奸之着,莫要于言官之设也。②

汉官马光远也上奏说:"伏乞皇上早选铁面鲠直之人,立为八道言官,不时防察,如有奸盗邪淫,谋逆贪恶,谎诈欺公,含冤抱屈者,许据实指名参奏以听,皇上拿问处分。如有廉能公勇者,许即时奏闻,以听皇上试用。如此则忠良进步,狐鼠潜踪,而国家事无不大治矣。伏乞上裁。"③对明朝专制政体了如指掌的汉官们清楚地知道,明朝的政权体制经200多年运行,比历代体制更臻于成熟。要把清朝的政治体制按明制改造,言路监察无论如何不可不设。最后皇太极和诸贝勒、大臣采取了汉官们的意见,设立了都察院。

清朝于崇德三年(1638)七月设立理藩院,则充分体现出清朝政治体制

---

① 《天聪朝臣工奏议·马国柱请更养人旧例及设言官奏》。
② 《天聪朝臣工奏议·马国柱请更养人旧例及设言官奏》。
③ 《天聪朝臣工奏议·马光远敬献愚忠奏》。

的特征。它的前身是蒙古衙门,后来随着蒙古事务的增多,把蒙古衙门扩大为理藩院,其地位与六部平行。初设,专门负责蒙古方面的事务。入关后,其管理范围扩大,不仅仅是负责处理蒙古事务,而且将国内各少数民族的事务及外藩如朝鲜事务都纳入到该机构管理。

皇太极对清朝政治体制的进一步改组,主要是在汉官们的积极参与下完成的,它标志着清朝专制中央政治体制基本确立。

3. 经济全面好转

清廷入关前,其经济、政治、文化中心主要在辽东地区。这个地区除东部山区有一些采参、采蜜的采集经济和西部草原有一些畜牧业经济外,基本上是农业经济。经历代王朝不断开发,辽东地区已成为和关内北方地区没有什么差异的封建经济较为发达的地区。但是,从16世纪末到17世纪初,辽东地区发生了巨大的变化。首先是万历年间,日本发动侵略朝鲜的"壬辰战争",明廷出兵援朝,辽东地区作为后方基地,承受极为沉重的粮饷差役负担。时隔不久,万历二十四年(1596)以后,明廷派矿监税使对全国大肆搜刮,辽东地区又遭到税使宦官高淮的野蛮掠夺,致使辽东地区"贫富尽倾,农商交困,流离迁徙,卖子抛妻,哭泣道途,萧条巷陌"①。再次,建州女真兴起,连年与明在这个地区争战,加上连年的自然灾害,使辽东地区的生产和人民生活遭到巨大的破坏。天命四年(1619)一年内,死于战乱和自然灾害的达10余万人,"或全城死,全营死,全寨死,全村死,全家死,或家死其半,子死其父,兄死其弟,妻死其夫,山骸川血,鬼哭人号"②。辽东人民为避战祸与自然灾害,纷纷背井离乡,仅逃入朝鲜的辽东难民"前后数十万口"③。努尔哈赤进入辽沈地区后,虽然采取过一些措施,力图恢复残破的经济,但经济形势并没有多大好转。加之他晚年由于政策的失误,致使后金的经济状况非但没有好转,反而更糟。就在皇太极即位的天聪元年

---

① 《明神宗实录》卷三七六。
② 熊廷弼:《经略疏牍》卷一。
③ 李肯翊:《燃藜室记述》。

（1627），国中正闹饥荒。因"国中大饥，斗米价银八两，人有相食者。国中银两虽多，无处贸易，是以银贱而诸物腾贵"①。当时良马一匹，需银 300 两；牛一头，银 100 两；蟒缎一匹，银 150 两；布一匹，银 9 两。国中大饥，盗窃、抢劫严重。皇太极不禁叹息："民将饿死，是以为盗耳。"②皇太极认为，要使国中的经济走出困境，经济形势全面好转，必须调整政策，制定奖励发展生产的措施。

皇太极对努尔哈赤时期农奴制的庄屯生产方式进行整顿。他改变原先的"编庄"制，其重要意义不仅在于减少壮丁的人数，更主要的是将一大部分汉族壮丁从农奴制庄园中解放出来，成为"编户齐民"。这对充分调动这些汉族民户发展农业生产具有积极意义。前述颁布《离主条例》，也是调整生产关系的一项重大举措③。崇德三年（1638）正月，皇太极加大了调整生产关系的力度。他指出："前得辽东时，其民人抗拒者被戮，俘取者为奴，朕因念此良民在平常人家为仆者甚多，殊为可悯，故命诸王等以下及民人之家，有以良民为奴者，俱著察出，编为民户。"④这样一来，大批汉族奴仆从八旗官员户下解放出来，成为自由民，极大地调动了他们的生产积极性。

皇太极重视农业生产，制定与颁布了有利于农业生产的法令和措施。首先是减少非农业生产性的项目。皇太极即位不久，就发出一道发展农业生产、停止大规模的建筑工程的谕旨：

> 工筑之兴，有妨农务，从前因城郭边墙，事关防御。故劳民力役，事非得已，朕深用悯念。今修葺已竣，嗣后有颓坏者，止令修补，不复兴筑，用恤民力，专勤南亩，以重本务。其村庄田土，八旗移居已定，今后无事更移，可使各安其业，无荒耕种。如各牛录所居，有洼下不堪耕种，愿迁移者，听之。⑤

天聪元年（1627）九月，皇太极明令禁止屠宰大牲畜。他说："嗣后，自宫中暨诸贝勒，以至小民，凡祭祀、筵宴，及殡葬、市卖，所用中马骡驴，永行

---

① 《清太宗实录》卷三。
② 王先谦：《东华录》天聪元年六月。
③ 《清太宗实录》卷九。
④ 《清太宗实录》卷四〇。
⑤ 《清太宗实录》卷一。

禁止"①,违者治罪。保护大牲畜,禁止屠宰,同样是保证农业生产的一项重要的政策性规定。

皇太极作为一国之君,将"立国之本"的农业生产始终系于心中,放在首要位置,抓到了经济的根本。天聪七年(1633)正月,他向国内发布一道指导农业生产的长篇上谕:

> 田畴庐舍,民生攸赖,劝农讲武,国之大经。尔等宜各往该管屯地,详加体察,不可以部务推诿。若有二三牛录同居一堡者,著于各田地附近之处,大筑墙垣,散建房屋以居之。迁移之时,宜听其便。至于树艺之法,洼地当种梁稗,高田随地所宜种之,地瘠须加培壅,耕牛须善饲养,尔等俱一一严饬。如贫民无牛者,付有力之家代种,一切徭役,宜派有力者,勿得累及贫民。如此,方称牛录额真之职。若以贫民为可虐,滥行役使,惟尔等子弟徇庇,免其差徭,则设尔牛录额真何益耶。至所居有卑湿者,宜令迁移。若惮于迁移,以致伤稼害畜,俱尔等牛录额真是问。方今疆土日辟,凡田地有不堪种者,尽可更换,许诉部臣换给。如给地之时,尔牛录额真、章京,自占近便沃壤,将远瘠之地,分给贫人,许贫人陈诉。再尔等于该管之地,各宜督率所属长幼,于春夏秋三时,勤于习射。朕不时遣部臣往察,如有不能射者,必治牛录额真之罪。此系我国制胜之技,何可不努力学习耶。

这篇上谕对发展农业生产具有指导意义。

皇太极不仅重视农业生产,更重视农业生产技术的提高。他指出:"树艺之法,洼地当种梁稗,高田随地所宜种之,地瘠须加培壅。"②崇德元年(1636)十月,他召群臣于笃恭殿研究农业种植技术问题,在讨论中曾指出:"树艺所宜,各因地利,卑湿者可种稗稻之粱,高阜者可种杂粮,勤力培壅,乘地滋润,及时耕种,则秋成刈获,户庆充盈。如失不耕,粮从何得耶?"③翌年春天,针对崇德元年春寒,播种失时,粮谷歉收的情况,谕户部云:

> 今岁虽复春寒,然三阳伊始,农时不可失也。宜早勤播种,而加耘

---

① 《清太宗实录》卷三。
② 以上见《清太宗实录》卷一三。
③ 《清太宗实录》卷三一。

治焉。夫耕耘及时,则稼无灾伤,可望有秋,若播种后时,耘治无及,或被虫灾,或逢水涝,谷何由登乎。凡播谷必相其土宜,土燥则种黍谷,土湿则种秋稗。各屯堡拨什库,无论远近,皆宜勤督耕耘,若不时加督率,致废农事者,罪之。①

皇太极为了使农业生产有保障,还颁布一些旨在保护农业生产的法令。天聪五年(1631)七月,颁布牲畜入田惩罚令:"骆驼、牛、马、驴、骡入人田者,计每匹头罚银一两,仍偿其禾。"②九年(1635)三月,谕各八旗牛录:"嗣后有滥役民力,致妨农务者,该管牛录章京、小拨什库等俱治罪。"同年六月,皇太极又下令禁止八旗贵族郊外放鹰,"扰害人民,踩践田园,伤残牲畜故也",违者"决不恕"③。

由于皇太极重视农业生产,调动农业生产者的积极性,至崇德年间,农业经济以前所未有的速度发展起来,基本改变了即位初年的困难状况。据崇德三年(1638)五月内国史院的一份资料统计:八旗纳官粮丁31889人,每丁以粮3金斗、草20捆计之,共收获9000仓石,实际收获量超过预产量1300仓石3金斗④。

清廷的传统经济主要是本民族的特色经济,如人参、貂皮、蜂蜜等,是满族与其他族交换生产、生活资料的主要产品。到崇德年间在张家口等地进行互市。清廷以本地所产的明珠、人参、黑狐、貂、虎、豹等特产,换回高级绸缎及日用品等。皇太极曾说:"朕嗣位以来,励精图治,国势日昌,地广食足,又以计令各处互市,文绣锦绮今皆有之。"⑤这段话反映了后金(清)的经济主要是农业生产有了重大发展,物质较为丰富,改变了即位初的困难状况。

清的手工业也有长足的发展。皇太极积极鼓励开矿,开办大型冶炼场,特别是从明传入的先进的冶炼技术,得到了广泛应用。天聪五年(1631),已能自行炼铁,铸造红衣大炮,制造精良的盔甲。此外,民间的织布、织缎等

---

① 《清太宗实录》卷三四。
② 《清太宗实录》卷九。
③ 《清太宗实录》卷二三。
④ 《清初内国史院满文档案译编》崇德朝,第308—310页。
⑤ 《清太宗实录》卷四六。

手工业,也已具有一定水平。特别是清将与明战争中俘获的人作为农奴、工匠,用来从事社会的物质生产,大大提高了社会生产力。

总之,皇太极在位期间所采取的各项经济政策和一系列措施,不仅促进了社会生产力的发展,使清的经济全面好转,而且为清廷入关奠定了牢固的物质基础。

4.决胜松山、锦州

松锦大战是由皇太极发动的,这是继萨尔浒激战之后,在明清历史上的又一次战略性的大决战,对明清兴亡至关重要。

就清廷来说,皇太极即位后经过十几年的经营,社会矛盾已基本缓和,登极称帝后政权得到进一步的巩固与发展。然而,在山海关以东,仍有明廷死死不肯放弃的锦州、宁远、松山、杏山等重镇,此数城不得,山海关就牢不可破,清政权就不会安定。这些重镇紧紧封住山海关通往内地的通道,使清军进出内地都要绕道。所谓清军"屡入塞,不得明尺寸之地,皆由山海关阻隔"[①]。清军欲打开山海关,进攻北京,争城夺邑,必须拔除关外明军的这几个据点,取得全辽,才能把清的势力推向全国。从这个意义上说,松锦决战是关系到清能否发展的关键一战。

从明廷方面看,在辽东不断失地,军事上处于劣势。失去辽东,还想以辽西为根据地,恢复辽东。待辽西诸城失去后,原想借助于蒙古、朝鲜来牵制清廷,以减轻些压力,没想到蒙古、朝鲜反为清廷所控制,明感到压力越来越大。所以,明在辽西构筑的锦州—宁远防线集中了辽东的精锐部队驻守,倾全力固保这条防线。如果这条防线被破,等于将山海关的大门向清打开,等于失去全辽。这条防线的得失,确实是关系到明廷存亡的大事。正如明山西道御史米寿图所说:"关外之存亡,神京之安危,决于一战。"[②]"明清之兴亡系于关外诸城之得失"[③],而锦州则居关外诸城之首。

[①] 魏源:《圣武记》卷一。
[②] 《明清史料》乙编,《兵科抄书南京山西道御史米寿图题本》。
[③] 《锦西县志》卷一。

崇德五年(1640)初，皇太极及其统治集团便开始考虑如何攻破锦州的战略问题。是年正月，都察院汉官参政祖可法、张存仁在一份奏章中提出"进攻"之策，即先得宁锦门户，此为"剪枝伐树"之略也。皇太极接受了这一建议，决定对锦州实行围困。为了使围困锦州能够长久，皇太极决定在位于锦州与广宁之间的义州实行屯田，筹集军粮。三月，他任命济尔哈朗、多铎为左、右翼主帅，率军"往修义州城，驻扎屯田"①，并承担围困锦州城的任务。四月二十九日，皇太极率军离盛京，亲往义州巡视筑城屯种情况。

皇太极又命将锦州城周围的庄稼全部毁掉，切断明军的一切联系。把围城部队分作几班，轮班更戍。翌年三月，围困锦州的济尔哈朗、阿济格、多铎等在锦州城四面"每面立八营，绕营浚深壕，沿壕筑垛口，两旗之间，复浚长壕，近城设逻卒哨探"②。其围困办法一如围大凌河时。皇太极为了进一步加强围困的兵力与火器攻坚力量，调来孔有德、耿仲明、尚可喜的部队和所有的神威大将军炮队参加围困。锦州城已被包围得水泄不通了。

此时的锦州守将是十年前曾在大凌河城降过后金的祖大寿。他当时谎称妻子在锦州，要求带回妻子，愿做内应，智取锦州，被皇太极放回后，一去不复返。他仍受命于明廷，坚守锦州。总兵祖大寿在"锦州被围，填壕毁堑，声援断绝"③的情况下，派人突围向明廷求援。明廷为了使锦宁防线不致因失锦州而瓦解，从西部战场抽调与农民军作战的主帅洪承畴赶来辽东，出任蓟辽总督。洪承畴，福建南安县人，万历四十四年(1616)中进士，总督三秦，因镇压陕西等地的农民起义有功，受明廷重用。洪承畴的援军包括：宣府总兵杨国柱、大同总兵王朴、密云总兵唐通、蓟州总兵白广恩、玉田总兵曹变蛟、山海总兵马科、前屯卫总兵王廷臣、宁远总兵吴三桂等八总兵，共13万人，火速驰援锦州。

洪承畴是一个富有军事指挥经验的将领，他深知清军的战斗力强，所以对于同清军作战，持慎重态度。他认为明军"久持松杏，以资转运，且镇守颇坚，未易撼动……此可守而后可战之策也"④，主张且守且战，采取"持久

---

① 《清太宗实录》卷五一。
② 《清太宗实录》卷五五。
③ 张廷玉等：《明史》卷二六一《丘民仰传》，中华书局1974年版。
④ 谈迁：《国榷》卷九七。

之策"。然而兵部尚书陈新甲求功心切,顾虑13万大军长期集结关外,清兵乘势而入京师;更担心战斗旷日持久,兵部与国库拿不出那么多粮饷,主张速战速决。崇祯帝先是赞同洪承畴的意见,后又接受陈新甲的主张。于是,陈新甲派五品职方郎中张若麟前往宁远前线,督促洪承畴急速进兵。洪承畴迫于命令,只好冒险。他于七月二十六日在宁远誓师。二十八日将兵马粮草留屯宁远、杏山和锦州东南沿海的笔架山岛,而率6万兵马,轻装北进到松山,寻求与清决战。洪承畴在松山城北的乳峰山结营,把骑兵部署在城的东、西、北三面,步兵置于乳峰山与松山之间,立7座大营,形成北面朝着锦州,后面联结杏山、塔山与宁远一线的解锦州之围的态势。

当时,清前线总指挥多尔衮率右翼驻守在乳峰山东面的东石门,豪格率左翼驻守乳峰山西面的西石门,阻止明军进入锦州城。洪承畴决定采用"对东西二门进兵,以分其势"的战术,于是明军"遂立车营,环以木城,部署略定,建州兵大骇"[1]。多尔衮见此情况,"颇劳心焦思"[2],急于与明军决战。七月二十九日,洪承畴命总兵杨国柱率所部攻打驻守西石门的清军,却遭多尔衮的伏击,明军损兵折将,首战受挫。八月初二日,多尔衮率清军"直冲汉阵,不利而退,清人兵马死伤甚多"[3]。自此明清双方在争夺乳峰山要地时,虽然"数战围不解"[4],但清军围锦州打援的战术失利,整个战局对清十分不利,迫使清军后撤60里,不得不请求援军。皇太极得知"锦之用兵,屡战败衄,势将退北"[5]的消息,大出乎他所料,"闻之忧愤呕血"[6]。他决定十一日亲自出征,但是呕血不止,延至十五日未等病愈,亲率大军出发。八月十九日,皇太极所率大军赶赴松山。

松山城的战略位置十分重要,它处在锦州、杏山及宁远之间,为宁锦咽喉,因此松山成为明清双方会战争夺的焦点。皇太极到松山后,详细观察了地形与明军的布防。他发现明军大部分集中在前锋,后队颇弱,猛然省悟:

---

[1] 《明史纪事本末补遗》卷五。
[2] 《多尔衮摄政日记》闰六月初七日。
[3] 吴晗辑:《朝鲜李朝实录中的中国史料》,第3687页。
[4] 吴晗辑:《朝鲜李朝实录中的中国史料》,第3687页。
[5] 《锦西县志》卷一四。
[6] 《沈阳状启》辛巳年八月二十日。

"此阵有前权而无后守,可破也。"①于是他将军队部署在松山与杏山之间,"横截大路驻营"②。然后,从锦州西往南,穿越松杏之间,一直到海口,连掘三道大壕,各深8尺,宽丈余,人马不得过,形成对松山的一种包围态势,同时切断了松山与后方杏山、塔山的联系。然后对从塔山、宁远来的援军,实行打援,并伏击从松山突围的溃军,这样的态势使清军由被动转为主动。

明军原来的意图是想在松、锦之间与清军决战,但背后被清军切断后,"大惧,欲战财力不支,欲守则粮已竭,遂合谋退遁"③。八月二十一日,洪承畴召开军事会议,商议对策。他对诸将说:"彼兵新旧迭为攻守,我兵既出,亦利速战,当各敕本部,与之力斗,余身执桴鼓以从事,解围制胜,在此一举矣。"他刚一说完,就遭到一些将领的反对,他们提出"因饷乏,议回宁远就食"④。最后,洪承畴也同意突围回宁远的意见。第二天黎明,明军八总兵率所部进攻清军防地,准备突围,受到清军的阻击。当天夜里,大同总兵王朴乘天黑首先率所部逃走,引起明兵大乱,其他将帅也率所部竞相向杏山方面驰逃。总兵吴三桂、王朴、白广恩、唐通、马科等兵马在溃逃中遭清军阻击,损失惨重,被斩杀的明军达5.3万多人。催战的职方郎中张若麟从小凌河口乘船由海上逃回宁远,只有曹变蛟、王廷臣两总兵和辽东巡抚邱民仰,与洪承畴一起撤入松山城固守,士卒仅万余人。

皇太极取得松山大捷,消灭了明军援锦的主力,但是松山、锦州、杏山三城仍为明军所占据,发动此役的战略目标尚未实现,因此他调集大军围困松山城。皇太极采取的战术不变,不去攻坚,而是围困。从崇德六年(1641)九月松山、杏山等城被清军围困,至翌年二月二十一日,围困松山的豪格、多铎等传来新的情况,明松山副将夏承德已遣人来降,并以其子夏舒为人质,约定于二月二十八日为内应,献城给清军。此时松山城内人多粮少,援兵无望,处于"转饷路绝,阖城食尽"⑤。二十八日晚,清军应约攻城,一举攻下松山城,生擒洪承畴及诸将领。皇太极命将洪承畴、祖大乐送往沈阳,把邱民

---

① 计六奇:《明季北略》卷一八。
② 《清太宗实录》卷五七。
③ 《清太宗实录》卷五七。
④ 《明史纪事本末补遗》卷五。
⑤ 夏燮:《明通鉴》卷八八。

仰、王廷臣、曹变蛟就地处决。

松山城一破,锦州是"城内粮尽,人相食,战守计穷"①。守将祖大寿无计可施,率部投降。清围困锦州用了一年多时间,终于不战而克。祖大寿第二次降清后,仍受到皇太极优厚的待遇,其妻子、奴仆和部下官属兵丁户口4580余人以及家资都受到保护。

四月中旬,皇太极遣使招抚杏山城明军,遭到拒绝。四月二十一日,命济尔哈朗等率军攻杏山城,二十二日,清军占领杏山。

至此,松锦战役最后以清胜明败而宣告结束。此次战役是清朝战略上的一次重大突破,表明明清双方战略相持阶段结束,清廷转向战略进攻,为进关开辟了道路。而明廷十几万精锐被歼,著名的宁锦防线已破,山海与宁远更加孤立,大明江山处于风雨飘摇之中。然而一个新的情况出现了,清廷在松锦战役胜利后,尚未来得及整顿军马,再向明廷发动新的攻势,皇太极突然病逝,使得清廷对明的攻势暂时停顿下来。

皇太极为大清入关、君临天下,已准备了一切必要的条件。可惜,他没有等到这一天就去世了。他的儿子即位后,开始了以"顺治"为标志的崭新时代。

---

① 《太宗皇帝大破明师于松山之战书事文》。

第二编

入主中原

第一章　定鼎北京

1. 大顺灭亡明朝

当后金勃兴于辽东,一步步登上中国的历史舞台,向明连年征战的时候,在西北又有一支新兴的政治军事力量崛起,这就是陕西农民于明崇祯元年(1628)揭竿起义。短短几年,星星之火已成燎原之势:农民起义军由开始时的小规模分散状态,终于会合成一支浩浩荡荡的大军,分别在李自成、张献忠的领导下,向明展开了一场持久的生死大搏斗。农民军登上历史大舞台,无疑改变了明与清的力量对比,并扮演了重要角色,加速了明和清兴亡的历史进程。

明朝统治集团一直对农民军实施高压政策:以军事力量及其他一切手段,不惜任何代价,必欲将农民军镇压下去。明朝的军事镇压曾经取得了重大效果,几度将农民军打败,濒于一蹶不振。然而,农民军顽强抗争,不断从失败乃至绝境中重新走向胜利。如崇祯十一年(1638),农民军大败,李自成妻女失散,仅率刘宗敏、田见秀等十八骑突围,经商雒,逃到汉中,隐姓埋名,潜伏下来,等待时机。张献忠也是困难重重,在遭到明军重创后,已在李自成失败前,率部在谷城向明朝投降,以便积蓄力量,东山再起。

这种困难的景况并没有持续多久,很快又有了新的转机。崇祯十二年(清崇德四年,1639)五月,张献忠在谷城重举义旗,向明朝发起了进攻。此后,张献忠虽几度遭受程度不同的挫折,但总的趋势是向前发展的,最终进入四川,建立了以"大西"为国号的政权。李自成则在商雒山中隐藏了两年左右,于崇祯十三年底至次年初冲出商雒,闯入河南,振臂一呼,成千上万饥寒交迫的农民踊跃参加起义队伍，达数十万之众，声势浩大，再次猛烈地冲击着明王朝的腐败统治。

有关李自成、张献忠领导的农民起义及农民战争，官方和私家著述记载相当翔实，丰富多彩，但主要是属于明末历史的重要内容，故不作详细阐述①。这里，要强调的是张献忠、李自成的转机是怎样出现的？历史给他们提供了什么样的机遇？因为这关系到李自成后来何以迅速地攻取北京，一举灭亡了庞大的明王朝。研究明清史，往往忽略了对这一问题的全面认识和分析，简单地看成是农民战争的"伟大力量"推翻了明王朝。这一说法虽有一定道理，但还要更深层次地观察和分析李自成攻取北京与关外的清政权的因果关系。以皇太极为首的清朝统治集团决策攻取明在关外的重镇锦州，引发一场大决战（史称松锦决战），为李自成摆脱困境、最后灭亡明朝扫清了道路，并准备了条件。

清在崇德五年（明崇祯十三年，1640）三月，对锦州实施围困之策，以迫使明守城将士不战而降。锦州所处战略地位，对明廷的安危绝对重要。清军围锦，明廷惊慌，不惜一切代价，必保锦州。清军围锦州之日，正是李自成陷入困境之时。历史的发展很快给了农民军重振雄风的机遇：明廷倾注全力解锦州之围，将重兵猛将调至关外援锦，以固山海关之守，捍卫京师，保住大明江山。此举之胜负，将对李自成东山再起与明朝灭亡产生极大的影响。明调集八镇总兵官及其所部，共精兵13万。其中，玉田总兵官曹变蛟、宣府总兵杨国柱、大同总兵王朴都是从西线即防堵李自成农民军的前线调到东线山海关外的。如曹变蛟是一员猛将，与李自成的农民军屡经交战，具有丰富的实战经验。自从李自成、张献忠率领农民军纵横于中原大地，捣于明之腹部，而清政权胁于外，形成内外夹攻，东西撞击之势，明便疲于奔命，顾此失彼。如同防堵洪水，哪里出现险情，就往哪里调重兵。但是，布防在东线的明将士，为抵御清军，始终不敢调离防地，转赴中原镇压农民军。这次又将西线用以镇压农民军的精锐之师调到山海关外，尤其是敢于把富有谋略、

---

① 李自成、张献忠领导农民起义的史实，除官方如《明史》有专门记载之外，明清之际还留有大量私家著述，如《平寇志》、《流寇志》、《豫变纪略》、《国榷》、《明史纪事本末》、《绥寇纪略》、《烈皇小识》、《崇祯长编》、《罪惟录》、《甲申传信录》、《明季北略》等，还有方志和时人、名人的笔记、杂记等等，不下数十种，皆属记述明末农民战争的重要史料。

同农民军交战10年的洪承畴调来,任援锦13万大军的统帅,这突出表明解救锦州的战略意义,对明朝的命运攸关,不惜孤注一掷。同时,也应看到,西北战场趋于平静。李自成、张献忠等农民军几被打垮,张献忠以伪降躲过了覆灭之灾;李自成则全军覆没,仅率不足20人逃入商雒山中。在对付农民军的明朝诸将帅中,洪承畴最有谋略,战绩最多,作用也最大。他于明天启七年(1627)被派往陕西,出任督粮道参议。自崇祯元年陕西宜川、府谷等地爆发农民起义后,洪承畴就走上了战场,到崇祯十二年(1639)调离,他在西北战场战斗了整整十年,从都御史巡抚延绥而升陕西三边总督,再晋升为兵部尚书,总督山西、陕西、四川、湖广、河南军务,全权主持五省镇压农民军。他本是一介文弱书生,在陕西镇压农民军不过五六年,即迅速升任兵部尚书,兼五省军务,他是以军功和谋略而取胜的。在陕西与强悍而又飘忽不定的农民军周旋,很少有失败;治军严,战斗力强,所部号称"洪兵"。陕西农民起义初期的领袖原称"闯王"的高迎祥,就是被洪承畴设计擒拿的。

但是,清在关外虎视眈眈,对明廷是个巨大的牵制,分散了它对农民军的镇压力量。特别是清军进关袭扰,消灭了明廷的有生力量,无疑也减弱了对农民军的进攻。崇祯十一年(1638),清军突入长城,进至京畿地区。北京告急。洪承畴就在国家危亡的严重时刻,被调进北京勤王,从此便离开他战斗了十年的西北战场。他不仅自己走了,还带走了一批披坚执锐的骁将。西北战场明军力量空虚。明廷误以为李自成等已销声匿迹,剩余小股农民军不足为虑,故倾全力于山海关外,以洪承畴为蓟辽总督,统率13万精锐,在松山同清军决战。当明清两军正向锦州、松山一线集结时,李自成乘机冲出商雒山,突入河南。这里正饥荒严重,饥民遍地。李自成登高一呼,饥民响应,声势大震。明将无力堵截,更乏力征战。镇压农民军的主帅洪承畴和明之精锐之师正在关外与清军对峙,遂给李自成以千载难逢之机,得以卷土重来,以入河南为标志,是一大转机,也是明末农民大起义在屡遭挫折后的一次根本性的转机。

崇祯十三年(1640)十二月,李自成从商雒经武关入郧阳(今湖北郧阳区),往西至均州(今湖北丹江口西),由此北进,入河南境,在伊洛间,"饥民从者数万"。实力增强,遂将兵锋指向永宁(今河南洛宁),挥军围城。以"云梯肉搏攻城",将永宁攻克;沿洛河北上,再围宜阳,一举破城,"众至数十万","河南振动"。继之,又连破偃师、新安等城镇①。李自成入河南,如蛟龙入海,横扫各处明军,所向披靡。即将开始的洛阳攻城战,将把农民起义推进到一个新阶段。

洛阳是周秦以来古都城之一,后来虽失都城地位,其经济生活长期保持繁荣,仍然是一大都市。明代时,在此设河南府。万历帝最宠爱的儿子朱常洵,赐封福王,其王府就坐落在城内。万历帝还赐给他2万顷土地及无数财物珠宝,是明宗室诸王中最富有的一个藩王。洛阳城坚固,城墙高而厚,池水深,攻取不易。因为有福王居此,军事防御尤为严密。李自成以洛阳为财富之区,政治地位重要,选定为进攻的目标,于崇祯十四年(1641)正月,率大军直抵城下。明总兵王绍禹于数日前率部来此,为其坚守。李自成挥大军猛攻两天,福王"募死士"拼死守御,虽多次击败起义军的攻击,最终还是无法挡住其攻势,而在关键时刻,王绍禹部分将士挥刀砍杀守城的明兵,打开城西门,起义军一拥而入。王绍禹"跳城"逃跑。城内明将吏非死即降,很少有逃出城的。福王朱常洵于混乱中"缒城出",藏匿于外城的迎恩寺中。李自成及其将士痛恨福王作恶多端,一进城就包围了福王府,付之一炬,转瞬之间,一座庞大而奢华的王府建筑化为灰烬。很快,又搜索到福王。李自成历数其罪,当即处死,"置酒大会,脔王为俎,杂鹿肉食之,号福禄酒"。福王罪大恶极,故遭此下场②。

洛阳围城战及其胜利,标志着李自成领导的农民起义军已彻底走出困境,正向着胜利迅猛发展。

二月,继洛阳围城战大捷之后,李自成又发起了开封攻城战,把农民大起义推向一个新高潮。开封为中原名城,李自成敢于以近4万的步骑兵发起攻击,显示了农民军东山再起后的巨大实力。由于城池坚固,明廷又厚集兵力防守,未能迅即攻下。李自成左目被箭射伤,只好暂时解围撤兵③。

与此同时,张献忠所领导的另一支农民起义军也重振雄风,到处攻击明军,不断取得新战绩。当李自成攻取洛阳时,张献忠正出夔门,自川入湖北。在击溃明军的不断堵截后,于二月初突袭湖北重镇襄阳(今襄樊市,含明之

---

① 以上见彭孙贻:《平寇志》卷三,上海古籍出版社1984年版(下略),第81页。
② 彭孙贻:《平寇志》卷四,第84—85页。
③ 彭孙贻:《流寇志》卷五,第74—75页;参见郑廉:《豫变纪略》卷三。

樊城)成功。驻藩此城的襄阳王朱翊铭被俘,其王府毁于冲天大火之中。张献忠痛恨明皇室贵戚及贪官污吏,毫不留情地将朱翊铭以下,包括贵阳王朱常法共40余人,统统处死。史载,襄阳军资及搜括来的财富如山积,皆落于农民军之手。张献忠将其中部分财物赈济当地饥民①。

主持镇压农民军的明督师杨嗣昌攻取无方,得悉洛阳、襄阳等一系列大小城镇失陷,特别是福、襄两王被杀,惶惶不可终日,计无所出,自知躲不过朝廷的严究,遂于三月畏罪自杀②。果然,崇祯帝严厉追究失陷封疆大臣之罪,下令逮捕河南巡抚李仙风、总兵王绍禹、陕西三边总督郑崇俭、郧阳巡抚袁继咸等。李仙风以罪重,自缢而死,郑崇俭与王绍禹一并斩首处死。明朝重新调派将吏,组织新的攻势。

李自成、张献忠农民军活跃在楚、豫两省,攻城略地,杀富济贫。明军疲于奔命,很难捕捉到农民军活动的踪影。至九月,陕西总督傅宗龙会合保定总督杨文岳并三总兵,共4万兵马,直趋河南项城(今项城南)。李自成在此设伏,当明军进入圈内,即聚而歼之,明军大败,傅宗龙被活捉,被处死于项城下③。这是李自成等农民军进入中原后取得的又一次巨大胜利,士气空前高涨。他们乘胜进兵,扫荡明在河南的统治。年末,以50万之众再攻开封,虽未破城,却显示了农民军的巨大威力和气概④。

在李自成伏击傅宗龙、大战项城城下的时候,明和清在松山的决战刚刚结束:明损失13万精兵,主帅洪承畴率部分将领被围于松山城内,已成瓮中之鳖,指日可破。第二年即明崇祯十五年(1642)二月,松山、锦州、塔山、杏山四城连失,洪承畴被俘降清。此战使"九塞之精锐,中国之粮刍,尽付一掷,竟莫能御,而庙社以墟矣"⑤。后果之严重,已直接危及明朝的生存。

明在关外和中原腹地即东、西两个战场连续遭到重创,实力锐减,更加虚弱,而农民军越战越强,实力迅速增长。特别是在明与清决战松山惨败之后,对农民军几无进攻的能力,变为消极防守。该年正月,李自成第三次攻

---

① 《明清史料》乙编,第924页。参见谷应泰:《明史纪事本末》卷七七。
② 谷应泰:《明史纪事本末》卷七八;戴笠:《怀陵流寇始终录》卷一四。
③ 彭孙贻:《平寇志》卷四。
④ 郑廉:《豫变纪略》卷四。
⑤ 谈迁:《国榷》卷九七。

开封20余天,明军只有死守;五月,李自成四围开封,兵力已达百万,规模空前。崇祯帝严令督师丁启睿急救开封。丁启睿不得已,集各部明军,号称40万。李自成遂挥军迎战于朱仙镇,明军胆怯,无斗志,很快解体,各自逃跑。农民军大获全胜。丁启睿以兵败丧师辱国罪被逮入狱,保定总督杨文岳革职审查,总兵杨德政处死①。农民军继续围开封,达半年,明军已无力救援。至九月,黄河骤涨,农民军与明军各秘密决堤,以洪水来淹对方。顿时,马家口、朱家寨两口并决,全城陷洪水之中,数十万人死于非命,仅剩2万余人。黄河又一次改道②。

李自成在崇祯十五年"一岁间,略定河南南阳、汝宁四十余州县,兵不留行,海内震焉"③。

到崇祯十六年(1643),李自成、张献忠各自领导的农民军都迅猛发展起来,各自建立政权。二月初,李自成率先以襄阳为襄京,建倡义府,自立为"奉天倡义文武大元帅";从中央到其所占领地区,皆设官建制。六月间,张献忠以武昌为都,改武昌府为"天授府",自称"西王",其辖地主要是湖广大部分地区。两个农民政权并立,共同向明朝展开更猛烈的进攻。在这一年,李自成在军事上取得的最显著的进展,是同明督师孙传庭展开战略决战。崇祯帝为挽救危局,对陕西三边总督孙传庭委以重任,加兵部尚书衔,总督应天(南京)、凤阳、江西及皖、豫、楚、川、黔、陕等省军务,铸督师七省之印,把希望寄托在他身上,以为他会创造出奇迹来。九月,孙传庭勉强凑足了人马,出潼关东进,寻找农民军主力决战。李自成将其诱至郏县地区,围而攻之,大败明军,歼灭4万余人,孙传庭收数千骑,狼狈逃回潼关。明军精锐尽失,自此再无力发动进攻了。十月,李自成向陕西发展,率大军抵潼关,明军不堪一击,遂弃关不守。七省督师孙传庭战死于阵前,明军四散,溃不成军。李自成军长驱直入,于十一日进入西安④,为不久进军北京奠定了坚实基础。

在农民军的猛烈打击下,明朝元气大伤,苟延残喘,于摇摇欲坠中迎来

---

① 彭孙贻:《平寇志》卷五,第111、114—115页。
② 彭孙贻:《平寇志》卷五,第116页。
③ 张岱:《石匮书后集》卷六三。
④ 以上见彭孙贻:《平寇志》卷六、卷七。

了崇祯十七年（1644），是时，已处亡国的前夜。李自成据西安，正积极准备接替明朝的统治权。在这里，他定国号"大顺"，改元"永昌"，他由大元帅改称"顺王"；铸永昌钱，自制衡器，与明彻底决裂。从中央到地方设官建制已臻于完善。一个新朝，已初具规模。

张献忠亦于年初率大军离开荆州西进，大举入川，谋求发展。后来，他以成都为京，建大西政权，大量消灭明军有生力量，为李自成亡明扫除了障碍。正月初，李自成以号称百万之众，分兵两路，进军北京。紫禁城内，崇祯帝真的成了孤家寡人，议迁都，舍北京，南下图存，议而不决，不了了之；下重赏，力图阻止农民军东进，沿途明守将却纷纷迎降，几无抵抗。农民军如入无人之境，所至克捷，故进展神速，才一个多月，已于三月十四日抵达居庸关。崇祯帝所倚重的守将唐通与监军太监杜之秩等开关迎降。在千钧一发之际，廷议辽东名将吴三桂率劲旅入卫京师，但朝中大臣互相推诿，谁也不出一策，不作决议，及至决议调吴三桂时，为时已迟。为何不敢调吴三桂进京？就是怕关外清军乘虚而入，夺占山海关，直接危及大明江山。这实际上又是清军牵制了明军，分散了它的兵力，比张献忠更有力地"支持"和"援助"了李自成进京亡明。

崇祯十七年（1644）三月十七日，李自成大军围北京。次日，太监曹化淳打开彰义门迎降。崇祯帝走投无路，又不愿投降，遂携忠心耿耿的太监王承恩，一起登煤山自缢身死。十九日，在欢呼声中，李自成骑马入城，进驻紫禁城，宣告明朝的统治正式结束。至二十一日，明朝文武百官除少数殉节外，大都投降大顺新王朝，达3000余人①。明朝的中央政权土崩瓦解。

明朝覆亡，正是农民起义军血战近20年的最终结果。以李自成为领袖的明末农民大起义，功不可没，永垂史册。但也应看到，李自成能捷足先登，也包含了关外清军与张献忠领导的农民军合力打垮了明朝，而李自成则收到了果实。

---

① 钱䶮：《甲申传信录》卷五。又计六奇《明季北略》卷二〇载："次日（二十一日），朝贺者果一千三百余人。"

2. 多尔衮决策进关

1644年,即明崇祯十七年、清顺治元年,在中国编年史上堪称是一个重要的年份。在这一年内,甚至几个月内,形势变化恰似天翻地覆,建国近300年的明王朝,终于灭亡;农民起义如星星之火,燃成燎原大火,势达鼎盛,只经山海关一战而败,不能复振;清军进关,意外得吴三桂之助,夺权如囊中取物……如此等等,历史之演变,何等动人心魄!而种种巨变,都巧逢于这一年的几个月内,令人眼花缭乱。

在李自成亡明的同时,清军与大顺政权即展开了角逐。在历史发展或转变的紧要关头,往往会涌现出一批杰出人物,发挥关键的作用。在明亡之际,清朝向何处去,事关前途命运,必须作出抉择。以多尔衮为代表的清朝统治集团决策人物,审时度势,当机立断,毅然进关,不仅决定了清朝未来的命运,也改变了李自成、张献忠及南明的历史命运。

多尔衮系清开国皇帝努尔哈赤第十四子、皇太极的异母弟。努尔哈赤在世时,他深得钟爱;父去世时他才15岁。皇太极即汗位,对他格外器重。多尔衮为人多才多智,经常随皇太极出征,17岁时,以军功赐号"墨尔根代青"。天聪五年(1631),设六部,他出任吏部首脑。天聪九年,他奉命远征,招降察哈尔林丹汗之子额哲,喜获元朝的传国玉玺,皇太极以"天命"有归,始决定即帝位,改国号为大清。多尔衮建此殊勋,皇太极给予特殊礼遇,在称帝大典上,让他作为满洲的代表,捧满文表文请上尊号,显示了多尔衮的突出地位。皇太极即帝位,大封功臣,多尔衮受封为睿亲王。亲王爵位最高,只有皇太极的哥哥代善等少数人获此高位,他以最小的年龄跻身此行列中。崇德三年(1638),皇太极任命他为"奉命大将军",统率大军进关伐明,比他大20多岁的兄长阿巴泰做了副手。此次伐明,取得巨大胜利:转战河北、山西、山东等地,攻克40余城,俘获25万人,满载而归。皇太极发动围锦(州)之役,继而同明军在锦州南郊之松山进行战略决战,多尔衮是参加此役的重要将领之一,又立新功。皇太极在位17年中,多尔衮实居重要地位,职高权重,握有一旗的兵力,更兼才智超群,军功累累,在清统治集团中,享有很高威信。

皇太极获松锦决战大捷后,国力空前强大。明朝在整个东北地区只剩下辽西中后所、中前所、前屯卫(均在今辽宁绥中)、宁远(今辽宁兴城)等四城。这是明在东北的最后一小块地盘,已处在清的严密监视之下。明朝变得极度虚弱,再也经受不住清朝强大的八旗劲旅的打击了。清军进关夺权已经提到了议事日程上。皇太极正在思考这一战略大计,与他的满、汉谋臣加紧筹划。不料,崇德八年八月初九日(1643年9月21日)夜里,皇太极端坐在清宁宫南窗前的御榻上,"无疾而终"①。去世时,年仅52岁。九月二十一日,被安葬在沈阳的昭陵,俗称"北陵"。实际上,他并非像官方史书所说的那样"无疾而终",去世前两年即崇德六年"圣躬违和",开始有病,以后频频发作,至病重时,以大赦死罪以下罪犯、向寺庙祷告或施白金等方式,祈求上天挽救他的生命。这说明皇太极之死并非偶然②。

虽说皇太极去世前二三年经常生病,但从他的年龄和身体条件来看,谁也不会想到他死得那么快。他死得太突然,兄弟子侄,整个大家族,以及满、蒙、汉文武大臣无不深感震惊。当人们很快从皇太极驾崩的震动中清醒过来,便不约而同地想到谁来继承他的皇位？直至去世前皇太极既没有留遗嘱,也未及指定他的继承人,谁也无法猜测皇太极心目中的继承人究竟是谁。于是,围绕皇位继承问题,"诸王兄弟相争为乱,窥伺神器"③。明廷方面也得到情报,称:"逆奴(指皇太极)已伏天诛,诸孽争立相杀"④。实际上,争夺皇位的激烈斗争,主要集中在睿亲王多尔衮和肃亲王豪格叔侄之间进行。皇太极有子11人,长子豪格时年35岁,能征惯战,在疆场已驰骋多年,军功显赫。按父死子继的传统继承法,豪格以长子继承已故父亲的皇位,也是顺理成章的事。可是,掌握极大实权而又觊觎皇位的多尔衮不甘心由其侄儿豪格即位,由此便引发了诸王争位的严重斗争。

皇太极去世第四天,八月十三日,多尔衮首先采取行动,来到三官庙,单

---

① 《清太宗实录》卷六五。
② 关于皇太极之死,参见孙文良、李治亭著:《清太宗全传》第444—445页有关考证,吉林人民出版社1983年版。
③ 《清世祖实录》卷一〇。
④ 《明清史料》乙编,第573页。

独召见两黄旗的实力派代表人物索尼,向他征询皇位继承人的人选问题,实际是谋求两黄旗对他的支持。索尼明白多尔衮的意图,他不顾忌其权势,直言相告:"先帝有皇子在,必立其一,他非所知也。"明确表态,不同意多尔衮以弟弟的身份继承其亡兄的皇位。两黄旗是皇太极生前自将的两个旗,自然效忠于皇太极,一致拥立皇太极之子即位,形成了一派强大的力量。索尼的表态,实际代表了两黄旗的一致意见。

次日,多尔衮决定召集诸王大臣会议,讨论嗣君的人选。天快亮的时候,"两黄旗大臣盟于大清门,令两旗巴牙喇兵张弓挟矢,环立宫殿,率以诣崇政殿"①。以武力包围了会场,剑拔弩张,杀气腾腾,如不立皇太极之子,一场流血势不能免。会议一开始,索尼等首先发言:"虎口(指豪格,此为朝鲜人的称呼),帝(指皇太极)之长子,当承大统。"多尔衮很恼火,眼看对己不利,下令异姓大臣都退出会议,只留下诸王继续开会。礼亲王代善、郑亲王济尔哈朗等多数拥戴豪格。岂料豪格却说:"福小德薄,非所堪当。"他"固辞退去"。多尔衮趁机表态:"汝等之言是矣,虎口王(即豪格)既让退出,无继统之意。"②这时,英亲王阿济格、豫亲王多铎"劝睿王(多尔衮)即帝位"。多尔衮有所顾忌,犹豫不决,没有马上答应他们的要求。多铎又毛遂自荐,要诸王立他为帝。多尔衮是他的同母兄弟,当即驳斥,否定了他的荒谬主张。多铎不再坚持,又提出立代善,说:"不立我,论长,当立礼亲王(代善)。"代善老成持重,无意争皇位,他以自己年老体衰,难以胜任为由,拒绝了多铎的提议③。正争执不下时,两黄旗的将领们"佩剑而前曰:吾属食于帝,衣于帝,养育之恩与天同大,若不立帝子,则宁死从帝于地下而已。"这是一个明确无误的警告,如多尔衮当皇帝,他们将不惜生命为之抗争。多尔衮已感受到豪格一派的实力强大,是不会允许他安坐龙椅的。再说清政权已大量接受了汉文化的影响,接受了父死子继的政治观念,欲再回到从前兄终弟及的旧传统,是很难行得通的。所以,即使多尔衮具备当皇帝的条件,也无法实现。他深知其难,不可强为之。但为阻止豪格即位,他以退为进,提出立皇太极第九子年仅6岁的福临为帝。因为皇帝年龄太小,他

---

① 赵尔巽等:《清史稿》卷二四九《索尼传》,中华书局1974年版。
② 以上见《沈馆录》卷六,第2833页,载《辽海丛书》第四册。
③ 赵尔巽等:《清史稿》卷二四九《索尼传》,中华书局1974年版。

与济尔哈朗为"辅政",代行皇帝日常的行政职权;分八旗为两半,他们两人各掌一半,待小皇帝"年长之后,当即归政"①。这一折中方案为诸王贝勒所接受,同意福临继承皇位。两黄旗的本意是拥戴豪格即位,因受多尔衮一派势力的阻挠,加之豪格辞让而没能实现,但也满足了他们坚持立皇子的要求,不再与多尔衮派对立。两黄旗的索尼、谭泰、图赖、巩阿岱、锡翰、鄂拜等六位大臣设"盟于三官庙,誓辅幼主,六人如一体"②。

一场争皇位的政治危机就这样暂告结束,基本实现了皇权的和平过渡。然而,斗争尚未完全止息,少数人为此又付出了生命的代价。在诸王议立福临为帝两天后,即八月十六日,代善的次子硕托与其侄阿达礼(代善第三子萨哈璘之长子)开始密谋,欲推翻诸王决议,拥立多尔衮为帝。他们俩分头活动,到诸王家鼓动,甚至先后两次动员他们的长辈代善给予支持。代善断然拒绝,并明告:"为何再发妄言?祸必立至,任汝所为!"③他们敢于推翻成议,到处活动,为多尔衮鼓吹,显然是受到某种权势人物的支持和鼓励。代善以事关重大,将其子孙违法事向多尔衮举报,而多尔衮却说:"吾亦闻之。"但他并未制止,也未揭发阿达礼等人的非法活动,不禁令人怀疑阿达礼的行为是否得到了多尔衮的默许或鼓励。事情公开后,多尔衮迅速采取行动,将阿达礼与其母、硕托与其妻逮捕,于当天晚上以叛逆罪"即缢杀之"④。他们为支持多尔衮当皇帝却又被多尔衮处死,这难免有杀人灭口之嫌。硕托与阿达礼叔侄做了这场争位斗争的牺牲品,多尔衮果决而迅速地处死他们,是为了表明他处事公正,且无意争皇位,大树个人威信。实际上,他处死他们,最主要的原因应是硕托叔侄的阴谋活动没有得到他们所期望的支持,相反却都遭到断然拒绝,如多铎不出见,告诫:"此非相访之时"⑤。甚至连他们的父亲、祖父也坚决反对直至举报他们的活动。在这种情况下,只有迅速处死他们,才能平息事态的进一步发展。

皇太极死后的这场皇位之争,以最小的代价、最短的时间而结束,没有

---

① 以上见《沈馆录》卷六,第2833页。
② 赵尔巽等:《清史稿》卷二四九《索尼传》,中华书局1974年版。
③ 《沈馆录》卷六,第2833页。
④ 赵尔巽等:《清史稿》卷二一六《阿达礼传》,中华书局1977年版。参见《沈馆录》卷六,第2833页。
⑤ 《沈阳状启》,第514页。

造成严重后果,基本保持了上层统治集团的团结一致,这就为不久的入关创造了最为有利的条件。从皇位的争夺而言,无论是豪格派,还是多尔衮派,双方都是失败者。多尔衮没能即帝位,豪格派自然感到宽慰;豪格没有继大统,多尔衮派也心安。不过,多尔衮获摄政王的国家最高职权,这是豪格所无法企及的。开始,另一辅政济尔哈朗列在多尔衮之前。不久,多尔衮就名列首位,实操国家权力,真正成了实权派,取得了国家的决策权。

自皇太极去世,至清军入关,只隔8个月时间。皇太极过早地去世,失去了入主天下的机缘。机缘可遇而不可求。他之去世,却给福临和多尔衮提供了千载难逢的大好时机,让他们在明清易代的关键时刻扮演了重要角色。多尔衮不辱使命,忠实地实践皇太极的夙愿,把他的事业迅速地推向前进。

办完皇太极的丧事一个月后,多尔衮与济尔哈朗等诸贝勒就采取军事行动,准备攻取宁远以西至山海关之间的中后所、中前所、前屯卫三城,然后再集中兵力攻取明在山海关外的最后一座孤城宁远。崇德八年(1643)九月十一日,郑亲王济尔哈朗与多罗武英郡王阿济格统领大军,携红衣大炮和各种火器,自沈阳出发,直奔宁远方向而来①。

九月二十三日,清军越过宁远,直抵中后所城下。次日傍晚,清军开始攻城。激战一夜,清军破城而入,歼灭明军马步兵4500人,俘虏4000余人②。二十九日,转攻前屯卫,于十月一日破城,阵斩明总兵李辅明、袁尚红等30余员将官,歼灭明兵4000余人,俘获2000余人。济尔哈朗不给明军以喘息的时间,另派一支部队进攻距此不远的中前所城。守城的明总兵黄色得知前屯卫城已失守,惊慌失措,弃城而逃。清军进入中前所,俘获千余人③。

清军连续作战,前后不过七八天,一鼓作气,连取三城,歼灭与收降明兵共1.5万余人;三城中的军需物资,也被清军收掠一空。事实表明,明朝军事衰败,已不堪一击,而清军却表现出强大的战斗力,攻必克,战必胜。在清军面前,从锦州到山海关数百里间,如今只剩下宁远城,它成了名副其实的

---

① 《清世祖实录》卷二。
② 《清世祖实录》卷二。
③ 《清世祖实录》卷二。

一座孤城了。辽东名将吴三桂率辽兵守御此城。多尔衮暂不攻取，大抵考虑到此城非中后所等三城可比，不仅城坚，又有名将吴三桂在此，不易攻取。更重要的原因是，吴三桂的舅父祖大寿等一批亲属在松锦战后已降清，多尔衮仿效皇太极的做法，利用他们的亲戚关系，招降吴三桂，以收不战而取之的效果。实际情况是，即使吴三桂不降，对清军已不构成威胁，宁远城已处于清军的严密监视并控制之下。在军事上，吴三桂已无所作为。多尔衮决策攻取中后所三城，其战略意义就在于为清军即将入关扫清了道路。

对于清朝来说，决定性的一年——1644年，终于来到了。

新年初始，摄政王多尔衮遣使，携带他的书信，取道内蒙古地区，向西寻找农民军，欲实行联合，共同伐明，分享胜利果实。这一主动行为，突出表明清政权急于推翻明朝的迫切愿望，但对依靠自身的力量能否最后消灭明朝，显然缺乏信心，故提出联合农民军的政策。使者终于找到了农民军，也将信转到了李自成手里，但李自成根本不予理睬，没有作出答复，遂使多尔衮的这一谋划落空①。

三月初，清朝获知吴三桂率军民数十万，撤离宁远进关的消息，就已判断出明朝面临严重危机，因而更加密切地注视着形势的发展。局势果如清朝所料：农民军正以排山倒海之势，向北京扑来。在明军已失去任何抵御能力的情况下，眼看北京陷入危境，崇祯帝这才忍痛做出决定：舍弃宁远，就是丢给清朝也在所不惜，只要吴三桂统辽兵速进关勤王，以救北京。其实，多尔衮和他的将领们并不完全了解北京的情况，只是从吴三桂撤离宁远感受到明朝已处在危险之中，但还不至于很快灭亡。所以，多尔衮"下令修整军器"，储备粮饷、马匹，定于四月初将"大举进讨"明朝②。

四月初四日，清军就要出征时，内枢密院大学士范文程上书多尔衮，全面阐述进取中原、一统天下的战略思想。他写道：

> 乃者有明，流寇蹂于西土，水路诸寇环于南服，兵民煽乱于北陲，我师燮伐其东鄙，四面受敌，其君若臣安能相保耶？……此正欲摄政诸王建功立业之会也。窃惟成丕业以垂休万祀者此时，失机会而贻悔将来

---

① 《明清史料》丙编第一本，第89页。
② 《清世祖实录》卷三。

者亦此时。何以言之？中原百姓鏖离丧乱,荼毒已极,黔首无依,思择令主,以图乐业,虽间有一二婴城负固者,不过自为身家计,非为君效死也。今明朝受病已深,不可复治,河北数省,必属他人,其土地人民,不患其不得,患我既得而不能有。

夫明之劲敌,惟我国与流寇耳。如秦失其鹿,楚汉逐之,是我非与明朝争,实与流寇争也。战必胜,攻必取,贼不如我;顺民心,招百姓,我不如贼。为今之计,必任贤抚民,远过流寇,则近者悦而远者来,即流寇亦入而为臣矣。……不然,是我国徒受其劳,而反为流寇驱民也。使举其见在者而驱之,后乃与流寇争,非计之长也。往者弃遵化而屠永平,我兵两次深入而返,彼地官民必以我无大志,所为者金帛女子耳,纵来归顺,亦不久留,其不服者间或有之。彼时得其城而屠之,理也,其何敢以谏?但有已服者,亦有未服而宜抚者,当严禁军卒,秋毫无犯,又示以昔日得内地而不守之故,及今日进取中原之意,官仍为官,民仍为民;官之贤能者用之,民之失所者养之,是抚其近而远者闻之自服矣。如此,河北数省可传檄而定也……

此行(指即将出征)或直趋燕京,或相机攻取,要当于入边之后,山海关长城以西择一坚城,顿兵而守,以为门户,我师往来,斯为甚便。惟摄政诸王察之。①

从奏疏内容可知,范文程写此疏时,对李自成率农民军进入北京,明朝已亡还一无所知。多尔衮也没有得到这方面的情报,他只是从吴三桂率军民撤离军事要塞宁远这一动向作出判断,欲乘明朝危机时刻进关夺权。尽管形势已发生天翻地覆的变化,范文程对形势的分析一点也不过时,正是体现出他的超前意识和对事态发展的预见性。他从战略上指明:清朝的"敌人"不再是明朝,因为明已虚弱至极,其亡必然,仅是时间问题。妨碍清夺权的劲敌是强大的农民军,所以争天下"实与流寇争也"。他正确比较清朝与李自成等农民军各自的优劣势,提出清化解劣势为优势即战胜农民军的具体政策和策略。如不以金帛女子为目的,不杀不抢不掠,收拾人心,可稳

---

① 范文程奏疏全文详见《清世祖实录》卷四、《碑传集》和《八旗通志》等书。但清代官书收录此奏疏,已经删削或挖改。上述三种所记,亦略有出入。

固地得到"河北数省"或"大河(黄河)以北",占据半壁江山,进而才有全国。他疾呼:此次进关,是清朝兴亡的紧要关头,千载难逢的大好时机,成大功而一统天下在此时,失机遇而遗恨将来亦在此时。范文程把清军此次进关看成是清朝的命运之战,字里行间,洋溢着必胜的信念。已经发生和正在发生及即将发生的事态,都证明他的分析和预见完全正确。范文程的深刻阐述,从思想上和政治上武装了清朝统治集团,后来的事实表明,多尔衮完全采纳了范文程的意见,逐一付诸实施。

清军尚未出发,明亡的消息传到沈阳。多尔衮此次进关的本意是征伐明朝,始料不及的是,农民军以百万之众,如风卷残云,摧枯拉朽,竟然捷足先登,抢先进入了北京,无疑夺得了统治权。形势变化之快,政治新局面的出现,都使多尔衮及诸王贝勒感到震惊,一时无所措手足。面对这场大事变,清朝该怎么办?明已亡,不再成为清军的征伐对象,还要不要出兵?如何对待农民军政权?如此重大的问题,多尔衮似乎不敢贸然作出决定。于是,他紧急召开会议,商量进关大计。除了诸王贝勒,多尔衮特别邀请范文程参加。汉官范文程知遇于努尔哈赤,更为皇太极所看重,待他为心腹谋臣,极受推崇。多尔衮仿效皇太极的做法,给予重用。此刻,范文程已到辽南的盖州(今辽宁盖州)汤泉养病。他接到多尔衮的令旨,立即返回沈阳,参加会议。他成竹在胸,侃侃而言:

> 自"闯寇"猖狂,中原涂炭,近且倾覆京师,戕厥君后,此必讨之"贼"也。虽拥众百万,横行无惮,揆其败道有三:逼殒其主,天怒矣;刑辱缙绅、拷掠财货,士忿矣;掠民资、淫人妇、火人庐舍,民恨矣。备此三败,行之以骄,可一战破也。我国家上下同心,兵甲选练,诚声罪以临之,恤其士夫,拯其黎庶,兵以义动,何功不克?①

他又提醒多尔衮,如果国家只想留居关东(即东北地区),不图大进,那就"攻掠兼施";如想统一天下,则"非乂安百姓不可"。

范文程四月初四日的上书内容,特别是上述讲话,明确指出:李自成领导的农民军政权不是清联合的对象,而是"必讨"的敌人;不能与它分享天

---

① 李霨:《内秘书院大学士范文肃公墓志铭》,钱仪吉:《碑传集》第三册。

下,必须将其消灭,由清一家统治。形势的大变化,使多尔衮完全放弃了皇太极晚年曾设想的联合农民军攻明的战略和政策,改为你死我活的斗争。范文程的战略思想,就是乘明朝刚被推翻、农民军在北京立足未稳的混乱之时,挥师进关,一举成功。他提出的这一战略目标,极大地鼓舞了以多尔衮为首的清朝统治集团的勃勃雄心。他重点阐述的农民军"三败"的论点,论证并确信农民军"必败",却是为不久的事变所证实。因此,范文程所论,是从思想认识上加强了多尔衮等决策人夺权的信心。范文程一再强调,清欲取天下,必须改变以往抄掠、乱杀人的政策,要严禁杀掠,实行安抚的政策,安定百姓,争取民心,就一定能够胜利。多尔衮完全接受了范文程的建议,在入关时都付诸实施。

范文程的思想对执掌国家权力的多尔衮影响极大,他已完全意识到此次进兵对清朝的命运将是决定性的,不容丝毫疏忽。他断然作出关系清朝命运的一项历史性的决策:进关夺权。他下达了紧急动员令,征调兵马迅速集结。四月初七日,举行庄严的出师仪式,先向太祖、太宗神灵祷告;次日,刚 7 岁的顺治小皇帝亲临笃政殿,会见诸王诸将,向摄政和硕睿亲王多尔衮颁赐"奉命大将军"敕印。因为皇帝年幼,授权多尔衮"代统大军,往定中原",战守方略,一切赏罚,"俱便宜从事"。多尔衮接受敕印,行三跪九叩头礼[①]。初九日,多尔衮率多罗豫郡王多铎、多罗武英郡王阿济格、恭顺王孔有德、怀顺王耿仲明、智顺王尚可喜、续顺公沈志祥及范文程、洪承畴等一大批满、汉、蒙将领等,齐聚堂子,奏乐行礼,再向天行拜。拜毕,炮声大作,多尔衮统率"满洲、蒙古兵三之二,及汉军与恭顺等三王、续顺公兵"启行[②]。

清军入关实数,官方文献不载。据朝鲜方面报告:"数日之内,急聚兵马而行,男丁七十以下、十岁以上,无不从军。成败之判,在此一举。"[③]显见多尔衮的出师,志在必胜必得。随军的李氏朝鲜"人质"李淐作《沈馆录》,记述清军前后进关"十余万云,而蒙古人居多焉"。还有"孔、耿两将四万骑,领率大炮车子大路直行"[④],都包括在清军入关总数之内。那么,入关清

[①] 《清世祖实录》卷四;参见《沈馆录》卷七,第 2838 页。
[②] 《清世祖实录》卷四。
[③] 《李朝仁祖实录》卷四五。
[④] 《沈馆录》卷七,第 2841 页。

军约在 10 万至 12 万之间。李氏朝鲜认为：清朝"前后兴师，未有如今日之大举"①。多尔衮为夺取中原政权，不惜倾国出动，把清的命运完全寄托于这次入关之战。

3. 吴三桂请兵

多尔衮统率大军，出沈阳西行。因为有山海关阻隔，皇太极时，屡次进关袭击明朝，都绕道内蒙古地区，从今抚宁、迁安、遵化等地附近的长城口突入关内。此次入关，仍行旧路，每天以 40 里至 60 里不等的速度前进，边行军边打猎，尚无紧迫感。十一日，渡过辽河。十三日，前进至辽西 120 里的地方宿营②。多尔衮身任统帅，全军乃至清朝兴亡的命运系于一身，不能不感到一种沉重的压力。多年来，清军一直同明军交战，已熟知其作战特点，总是把它打败，所以对明军一点也不感到可怕，但从未与农民军交过锋，甚至都没有接触过。这次进关，将与农民军展开激战，能否取胜，他确实有几分担心。他想到了与农民军打过 10 年仗的洪承畴，就向他征询作战方略。洪承畴不假思索，脱口而出。为便于分析问题，将他的谋略征引如下：

> 我兵之强，天下无敌，将帅同心，步伍整肃，流寇可一战而除，宇内可计日而定矣。今宜先遣官宣布王令，示以此行特扫除逆乱，期于灭贼，有抗拒者必加以诛戮，不屠人民，不焚庐舍，不掠财物之意。仍布告各府州县，有开门归降者官则加升，军民秋毫无犯；若抗拒不服者，城下之日，官吏诛，百姓仍予安全；有首倡内应立大功者，则破格封赏，法在必行，此重务也。况流寇初起时，遇弱则战，遇强则遁。今得京城，财足志骄，已无固志，一旦闻我军至，必焚其官殿府库，遁西而行。贼之骡马不下三十余万，昼夜兼程，可二三百里，及我军抵京，贼已远去，财物悉空，逆恶不得除，士卒无所获，亦大可惜也。今宜计道里，限时日，辎重在后，精兵在前，出其不意，从蓟州、密云近京处，疾行而前。贼走则即

---

① 吴晗辑：《朝鲜李朝实录中的中国史料》上编，第 3733 页。
② 《沈馆录》卷七，第 2839 页。

行追剿,倘仍坐据京城以拒我,则伐之更易。如此,庶逆贼扑灭……

　　初,明之守边者,兵弱马疲,犹可轻入,今恐贼遣精锐伏于山谷狭处,以步兵扼路。我国骑兵不能履险,宜于骑兵内选作步兵,从高处觇其埋伏,俾步兵在前,骑兵在后,比及入边,则步兵皆骑兵也,孰能御之! 若沿边仍复空虚,则接踵而进,不劳余力。抵京之日,我兵连营城外,侦探勿绝,庶可断陕西、宣府、大同,真(定)保(定)诸路,以备来攻,则马首所至,计日功成矣。流寇十余年来,用兵已久,虽不能与大军相拒,亦未可以昔日汉兵轻视之也。①

这是洪承畴自降清一年多来第一次发表如此系统的见解,对时局作了深刻分析,准确地预测未来,具体地规定了有关政策。他与范文程发表的见解不谋而合。他再次强调严申纪律极端重要,要战胜对手,必须改变清军以往抢掠财帛所造成的可怕形象,要以新的面目出现,才能扭转如范文程在奏疏中所说的"顺民心,招百姓,我不如贼"的不利状况,这是同农民军在政治上与思想上的"角逐",不容忽视。其次,洪承畴以他的实战经验,总结出李自成农民军"遇弱则战,遇强则遁"的特点,并不可怕;料定农民军进京后,必将是"财足志骄,已无固志",农民军有这一致命弱点,更容易被打败,当听到清军将至,必焚宫殿,携财逃走。因此,清军应限定时日,以精兵为前驱,速行追剿,即使农民军据京师不撤,也给清军造成进攻和消灭他们的机会。他明白地告诫多尔衮,尽管农民军有许多弱点,其作战能力仍很强,不可与明军同等对待。在军事上,他很慎重地提醒多尔衮,要防止中农民军的埋伏。可惜,李自成和他的谋士们根本就没有想到设伏这个问题,洪承畴所担心的事并没有发生。可是,事先不得不防,有备而无患,显见洪承畴处事计虑周全。最后,对于进京路线,他主张从蓟州、密云接近京师的地方突破。这一方略,显然没有把吴三桂开关迎清军考虑在内,换言之,即将发生的吴三桂请清军助战,没有在他的预料之内。这表明,截止到多尔衮与洪承畴商讨大计之时,他们对山海关及吴三桂的情况还是一无所知。

洪承畴一席谈,从思想上进一步坚定了多尔衮必胜的信念。他接受了洪承畴的意见,大军向蓟州、密云方向前进。在进军途中及后来入关,多尔

---

① 《清世祖实录》卷四。

衮约束军队秋毫无犯,严格执行纪律,说明范文程与洪承畴的方略已被施行。

十五日早晨,大军出发,才行5里,至翁后地方(今辽宁阜新地区)[①],突然停止前进,众将士都感到奇怪。历史的偶然性在这里突然出现:原来据守山海关的吴三桂派出两名使者郭云龙和杨珅,兼程疾驰,直奔沈阳,向清朝请兵求援,抵御李自成农民军的进攻。不意两使在翁后与清军相遇。这一偶然的巧合,改变了原先的事态发展趋势,促成了一幕历史新剧。

吴三桂,字长白[②],又字月先,中后所(今辽宁绥中)人,祖籍江南高邮(今属江苏)。他生于明万历四十年(1612),至明亡(1644)时已经30多岁。父吴襄,投身行伍,初隶辽东名将祖大寿属下,由参将逐步升级,特别是与祖氏结亲,成为祖大寿的妹夫后,其升迁更快,至崇祯四年(1631)已出任锦州总兵,后又授为都督同知。吴氏以祖氏为后援,遂成为与祖氏并列的辽东豪族。吴三桂自幼习武,考武科中举,承父荫,授都督指挥。在其父亲与舅父祖大寿的庇护下,由游击升副将等职。到洪承畴总督蓟辽时,他升为辽东团练总兵官,年仅28岁。松锦之战时,他是明方的主力将官之一。当被清军包围时,吴三桂与大同总兵王朴等六总兵乘夜突围逃跑,入宁远固守。打了败仗,独斩王朴,吴三桂仅降三级,仍守宁远,还加提督职衔,看得出来,明廷对吴三桂相当重视,把吴氏集团倚为靠山。吴三桂也实心任事,招集散亡,加紧训练,其兵力由松山败后的3000人很快增至三四万人,是一支很有战斗力的部队。清廷方面对吴三桂也同样重视。皇太极利用松山大捷、明军惨败的时机,亲自写信给他,许以优宠待遇,招他投降;又动员已降清的吴三桂的舅父祖大寿,兄吴三凤以及其他亲属与部属,连连写信,劝吴三桂降清。吴三桂或婉言相拒,或不予回答。明在关外仅剩他守卫的一座孤城——宁

---

① 翁后系指今何地?学术界说法不一,迄无定论。一种通行的说法,指为今辽宁北镇。朝鲜人李淐随清军入关,留有《西行日记》,每日行止皆有记载,可惜地名难考。所记十五日与吴三桂遣使相遇,未记其地名。翁后系《清世祖实录》所记。考《西行日记》所经之地,至锦州、义州(县)前,皆属蒙古人居地,有蒙古人村落、帐篷为证,可知清军行经今辽宁西部蒙古族地区。以道里计,加之天数,及地形地貌,其翁后当在今辽宁阜新附近。

② 多数史书记为"长白",《清史稿·吴三桂传》写作"伯"。"白"与"伯"音近,写法有别。

远,他也决不投降①。

还在崇祯十七年(1644)二月时,形势日趋危急,崇祯帝特提升吴三桂之父吴襄为中军府都督,进京供职,提督京营,保卫北京的安全。三月初,农民军连获大捷,明朝的形势急剧恶化。崇祯帝这才下决心放弃宁远,调吴三桂率部进京,用以对抗农民军。同时给他加封"平西伯",以重事权②。约在三月初十日或稍后,吴三桂率宁远军民20万众③,向山海关进发。妇幼老少啼号,拥塞于道,每天行路不过50里。至十六日才进关,二十日到达丰润,而李自成已于十九日进入北京。吴三桂得此消息,自知进京"勤王"已无实际意义,于是掉转马头,回师山海关暂驻。形势突然变化,明已亡,他向何处去?有两条路可供选择:一是向李自成投降,成为新朝新贵;一是投向关外的清朝,永保富贵。他一时拿不定主意,静观形势变化再作决定。正如人们所料,李自成首先采取行动,特派明降官为专使,前往山海关,携犒师银4万两和给吴三桂的黄金、白银等赏赐,另有敕书一道,封吴三桂为侯④。吴三桂接受了优厚的条件,率部入京,行抵永平(今河北卢龙),"大张告示:本镇率所部朝见新主,所过秋毫无犯,尔民不必惊恐"⑤。然而,李自成在京拷掠缙绅、追赃索饷,吴三桂的父亲吴襄也在其中,家被抄掠。更为严重的是,刘宗敏将吴三桂的爱妾陈圆圆掳为己有。当吴三桂听到这个消息,顿感奇耻大辱,勃然变色,怒气冲冲地挥师返回山海关。他由归降农民军改为与之对抗,誓不两立。

吴三桂一度降李自成,携甲入朝,这是不争的事实。问题是,他为何出尔反尔?学术界流行一些似是而非的说法。例如,说是大地主、大官僚、大军阀的本性所决定的;说把陈圆圆扯进来,纯属无稽之谈;有的干脆否定陈圆圆其人的存在;等等。事实是,李自成在北京实行的追赃政策,使已降的明将吏及下属普通办事人员都很难幸免,被抓、被拷打,性命不保,家中财产

---

① 有关吴三桂守孤城、拒降等详细史实,可参见李治亭:《吴三桂全传》,人民文学出版社2017年版。
② 谷应泰:《明史纪事本末》卷九七;参见彭孙贻:《流寇志》卷九。
③ 多数记载称宁远军民为50万众,显系夸大。谈迁:《国榷》卷一〇〇记:"三桂徙二十万众"。
④ 彭孙贻:《平寇志》卷一〇。参见《甲申朝事小记》卷五"吴三桂始末"。
⑤ 《辛巳丛编·吴三桂纪略》。

被掠,连妻子儿女也受辱,包括吴三桂的亲属也未给予保护,甚至受到严重伤害。在这种情况下,怎么可以设想吴三桂会无动于衷,予以容忍呢?陈圆圆,一个弱女子,本来微不足道,但是,她正是吴三桂所爱之人。李自成的大将刘宗敏图个人之乐,夺吴三桂所爱,这在吴三桂的感情上是难以接受的,所以才拔剑断案,大呼:"大丈夫不能保一女子,何面目见人耶?"①如吴梅村的名诗《圆圆曲》所写:"冲冠一怒为红颜"。这里固然有讥讽之意,却也说的是实情。一句话,就是李自成的错误政策把吴三桂推到了清朝一边。

吴三桂降而复叛,与李自成的大顺政权彻底决裂,就使他处于前有京师农民军,后有关外清军,腹背受敌的境地。为能自保,生存下去,惟有投靠清朝一种选择了。吴三桂原本一直拒绝清方的巨大诱惑,绝不降清。而此时形势已发生重大变化,他忠于的明朝已不复存在,又为大顺政权所逼,如不得到清方的支持和援助,难免不被农民军剿杀。幕僚方光琛进言:"莫若请北兵(清兵)进关,共歼李贼,事成则重酬之。"局势紧迫,刻不容缓,吴三桂决计向清乞师,即命部将杨珅与郭云龙为使,前往沈阳。②

吴三桂处在大顺与清"两强"之间,又占据战略要地山海关,有精锐辽兵近4万,不容小视。在两强面临命运决战的关键时刻,吴三桂以向清乞师为契机,站到了清朝一边,结为同盟,这无疑是清朝的幸运,对大顺而言,却是厄运的开始。

以上简述了吴三桂乞师的由来,但这一过程还远没有结束,因为多尔衮尚未同意,双方结盟也未成立。更重要的一个问题,就是吴三桂在乞师谈判过程中如何降清的?

吴三桂遣使乞师,与清军相遇于翁后,除《清世祖实录》作了简要的记录,还有直接证人,随军的朝鲜国王世子李淏在逐日所记的《西行日记》中特别记述了吴三桂遣使的事,他是从范文程的"密言"中得知的。据范文程说:"山海总兵吴三桂遣副总(兵)一人、游击一人来言:山西流贼春秋初,犯围皇城;三月,皇城见陷,皇帝兵逼自缢,后妃皆自焚,国事至此,已无可为。

---

① 刘健:《庭闻录》卷一《乞师逐寇》;孙旭:《平吴录》;计六奇:《明季北略》卷二〇《吴三桂请兵始末》。
② 《辛巳丛编·平吴录》。

贼锋东指,列郡瓦解,唯有山海关独存,而力弱兵单,势难抵挡。今闻大王业已出兵,若及时促兵来救,当开山海关门以迎大王,大王一入关门则北京指日可定,愿速进兵。"①此记述甚为准确,惟"副总"有误,应为副将,指杨珅;所说游击即指郭云龙。另外,可以再引证吴三桂写给多尔衮的请兵或"乞师"信,以窥真貌:

> 三桂初蒙我先帝拔擢,以蚊负之身荷辽东总兵重任。王之威望,素所深慕,但春秋之义,交不越境,是以未敢通名,人臣之谊,谅王亦知之。
>
> 今我国以宁远右偏孤立之故,令三桂弃宁远而镇山海,思欲坚守东陲而巩固京师也。不意流寇逆天犯阙,以彼狗偷乌合之众,何能成事!但京城人心不固,奸党开门纳款,先帝不幸,九庙灰烬。今贼首僭称尊号,掳掠妇女财帛,罪恶已极,诚赤眉、绿林、黄巢、(安)禄山之流,天人共愤,众志已离,其败可立而待也。我国积德累仁,讴思未泯,各省宗室,如晋文公、汉光武之中兴者,容或有之;远近已起义兵,羽檄交驰,山左江北,密如星布。
>
> 三桂受国厚恩,悯斯民之罹难,拒守边门,欲兴师问罪,以慰人心。奈京东地小,兵力未集,特泣血求助。我国与北朝通好二百余年,今无故而遭国难,北朝应恻然念之,而乱臣贼子亦非北朝所宜容也。夫锄暴剪恶,大顺也;拯顺扶颠,大义也;出民水火,大仁也;兴灭继绝,大名也;取威定霸,大功也。况流寇所聚金帛子女,不可胜数,义兵一至,皆为王有,此又大利也。王以盖世英雄,值此摧枯拉朽之会,诚难再得之时也。乞念亡国孤臣忠义之言,速选精兵,直入中协、西协,三桂自率所部,合兵以抵都门,灭流寇于宫廷,示大义于中国,则我朝之报北朝者,岂惟财帛?将裂地以酬,不敢食言。本宜上疏于北朝皇帝,但未悉北朝之礼,不敢轻渎圣聪,乞王转奏。②

此信全文,载于清官方实录,是否经过删改?不得而知,但把吴三桂对农民军的仇恨和请兵求援的急切心情写得淋漓尽致。

长期以来,人们把这封信看成是吴三桂向清朝"请降"。这是对历史的

---

① 《沈馆录》卷七《西行日记》。
② 《清世祖实录》卷四。

莫大误解。无论从内容，还是从字里行间，都看不出降清之意，只申明一个中心思想即"请兵"或"借兵"，时人也有以"乞师"相论，其义为一，就是向清朝求援，出兵助他，灭掉"流寇"。稍加剖析全信，不难见真意：

第一，吴三桂以"亡国孤臣"的名义，恳请清朝出兵，帮助他报君父之仇，使明朝再度"中兴"。

第二，吴三桂以南北朝对称明清，泾渭分明，即使明已亡国，他本人仍属明朝，表明其立场不容混淆。

第三，吴三桂给清军规定了进兵路线：一从"中协"即喜峰口、龙井关等处；一从"西协"即墙子岭（即今墙子路）、密云等处长城入口。这本是皇太极时屡次入关的旧路，吴三桂意，仍让清军循旧路而进，他却牢牢地控制着"东协"即山海关与界岭口等重要关隘。所谓西协、东协、中协等，是明末为防清军而设的几个军事防区，其中以东协最为紧要，山海关为其要冲，去京师最便捷。吴三桂自任东协，是为正面进兵，而中协、西协，已属侧翼，并且绕路，多耽搁时日。显然，吴三桂自为主，而将清军置于"客兵"的地位。从这一安排，也看不出吴三桂与清朝为一家的意思。

第四，吴三桂俨然以明朝代言人或代表的身份，郑重许诺，"我朝"报答清朝出兵"兴亡继绝"的功劳，不只给财物，还将"裂地"——割让领土酬谢。

吴三桂此信为"请兵"而非降清，与前引《西行日记》的记录是完全一致的。由此可以证明，清官方实录收载吴三桂此信没有删改，至少吴三桂的本意没有改动，换言之，其本意得以保留下来，因而具有历史的真实性。

多尔衮得此信，心中又喜又困惑。喜的是，以前屡次招降吴三桂，都不答不应，此次却送上门来，主动要求合作；使他困惑的是，当此亡国之秋，吴三桂处境艰难，却无降意。读信至再，反复思考，仍找不出他降清的蛛丝马迹。这个精明过人的摄政王，不禁怀疑吴三桂是否有诈，因为山海关方面的情况，他仍一无所知，不会轻易相信吴三桂的话。多尔衮召来他的兄弟阿济格、多铎等人商量，也无法确认吴三桂的真实意图。吴三桂一直同清军交战，坚守忠明的臣节，这封求援信来得太突然，他们思想上毫无准备，仅凭一纸书信，怎能轻信。不过，多尔衮还是从中看到了某种希望，他不会放弃。为慎重起见，须先搞清楚虚实再作决定。于是，他把杨珅留下，实则是留作人质,派其妻弟拜然与郭云龙一起回山海关探视实况①。

吴三桂信中提供的信息,使多尔衮对明亡后的形势有了进一步的了解,入关的心情更为急切,决定冒险一试。他不按吴三桂所约定的路线,也不走经内蒙古的路线,而是大胆改变行军路线,直趋山海关。为加强清军的攻击力量,以防不测,命学士詹霸、来衮速往锦州,调汉军携红衣大炮,发往山海关②。

从十六日开始,行军速度稍加快,以每日80里左右进军,至十七日下午,抵达义州(今辽宁义县),已离内蒙古地区,进入汉人聚居的辽西地区。十九日中午,到达锦州。从义州至锦州,不过90里,却行走了一天半。看来,多尔衮不急于进军,速度从容,其意是等待山海关方面吴三桂的进一步消息。他不想冒进,而是边等待边试探着前进③。

多尔衮思考的中心问题,就是如何与农民军"角逐",战而胜之,但眼前最现实的问题,则是怎样招降吴三桂,把他引进清朝,为己所用。在派遣妻弟拜然赴山海关后,他给吴三桂写了一封信,这是对吴三桂来信的书面答复。内容如下:

> 向欲与明修好,屡行致书,明国君臣不计国家丧乱,军民死亡,曾无一言相答,是以我国三次进兵攻略,盖示意于明国官吏军民,欲明国之君熟筹而通好也。若今日则不复出,惟有底定国家,与民休息而已。予闻流寇攻陷京师,明主惨亡,不胜发指。用是率仁义之师,沉舟破釜,誓不返旆,期必灭贼,出民水火。及伯(指三桂)遣使致书,深为喜悦,遂统兵前进。夫伯思报主恩,与流贼不共戴天,诚忠臣之义也。伯虽向守辽东,与我为敌,今亦勿因前敌,尚复怀疑。昔管仲射桓公中钩,后桓公用为仲父,以成霸业。今伯若率众来归,必封以故土,晋为藩王,一则国仇得报,一则身家可保,世世子孙长享福贵,如河山之永也。④

多尔衮撇开吴三桂信中所提具体条件而不论,简要地概括了范文程、洪

---

① 《沈馆录》卷七《西行日记》。
② 《清世祖实录》卷四。
③ 《沈馆录》卷七《西行日记》。
④ 《清世祖实录》卷四。

承畴几次建言所阐述的基本思想,向吴三桂声明大清出兵之本意,打出了"期必灭贼,出民水火"的旗号,对吴三桂的义举给予高度评价,这就与他提出的为君父"报仇",同"流寇"不共戴天的呼吁取得了完全一致。此信的主旨,还在最后几句话:劝吴三桂"来归"实则投降,给予裂土封王的最高奖赏,指山河为誓。招吴三桂归降,是皇太极的既定政策,前已屡招而未果,以目前处境论,是劝降的绝好机会,聪明的多尔衮抓住不放,决心将可能性变为现实。

多尔衮派人飞马先行送信,自率大军仍照原速行军。于二十日中午前后,行至连山驿(今辽宁锦西),忽见吴三桂的原使者郭云龙与新派的孙文焕两人疾驰而至。在面见多尔衮时,发出了十万火急的求救:"贼兵已迫,朝夕且急,愿如约促兵以救!"①他们呈上吴三桂的第二封信:

> 接王来书,知大军已至宁远。救民伐暴,扶弱除强,义声震天地,其所以相助者,实为我先帝,而三桂之感戴,犹其小也。三桂承王谕,即发精锐于山海以西处,诱贼速来。今贼亲率党羽,蚁聚永平一带,此乃自投陷阱,而天意从可知矣。今三桂已悉简精锐,以图相机剿灭,幸王速整虎旅,直入山海,首尾夹攻,逆贼可擒,京东西可传檄而定也。又仁义之师,首重安民,所发檄文最为严切,更祈令大军秋毫无犯,则民心服而财土亦得,何事不成哉!②

从此信中,多尔衮始知农民军正逼近山海关,吴三桂处境危险,其救兵如救火的焦急心情跃然于纸上。值得注意的是,吴三桂对多尔衮率清军"直入山海(关)"表示庆幸,与前一封信要求清军走西协、中协的路线是一个根本转变。从多尔衮方面说,他没有照吴三桂的要求去做,恰恰是读了吴三桂的请兵信才改变了行军路线。这一决定,实具战略意义,对清朝命运攸关。直入山海关,缩短了进军时间,在吴三桂危在千钧一发之际赶到关下,不仅挽救了吴三桂免于被农民军消灭,也为清军战胜农民军奠定了坚实的基础。如按原定路线行军,其历史的结局就很难设想了。而吴三桂在面临农民军的巨大压力下,感受到了生存的威胁,才意识到多尔衮"直入山海"

---

① 《清世祖实录》卷四。
② 《清世祖实录》卷四。

是他的莫大幸运。即将发生的山海关血战,将证明这一切。多尔衮感到满意的是,吴三桂提出了具体的作战部署,与清军约定"首尾夹攻"农民军,看来,这不会有假,因而消除了心中的大部分疑惑。然而,仍使他想不明白的是,吴三桂对归顺清朝的事,何以只字不提?他权衡利害,意识到眼前的关键是彻底击败农民军,山海关绝不可以落入农民军之手!他暂时不急于说服吴三桂归降,不必苛求,必须在农民军攻占山海关前赶到。他不再犹豫,下令急行军。从连山开始,才真正兼程前进。吴三桂信中说"知大军已至宁远",这是吴三桂计算清军的行军速度做出的估计。多尔衮接到信时,清军刚到宁远东北的连山。为了争取时间,多尔衮以轻骑兵前行,带动全军加快前进。

《西行日记》中有具体描绘急行军的精彩片断:"达夜疾驰,人马饥渴,黄埃涨天,夜色如漆,人莫开眼,咫尺不辨。至宁远城下,夜已三更矣。不分城堞之远近,只见城中火晕,始知城下过去矣。"过宁远而不入,乘夜疾驰,到二十一日拂晓,从沙后所城(今辽宁绥中境)穿过,距山海关仅百里左右。清军将士忍饥渴,顾不上歇息,连续经过中前所、前屯卫、中后所等城,至傍晚,已抵山海关外15里的地方,多尔衮下令停止前进。至此,清军疾行一昼夜,奔驰200里[①]。

在吴三桂两次遣使的接引下,清军终于及时到达山海关前,已听到"关上炮声,夜深不止"。

由于清军及时赶到,一场由农民军、吴军、清军三方参战,后两者联合攻农民军的规模空前的血战,就要在关前展开。

4. 血战山海关

在今辽宁与河北相临处,横亘着一座与长城连体的关城,它就是闻名遐迩的山海关,以其实居全中国诸关隘之首,故号称"天下第一关"。

山海关北枕叠嶂,南襟大海。峥嵘险峻的燕山,峰峦林立。万里长城

[①] 以上见《沈馆录》卷七《西行日记》。

沿着峰峦极顶,飞腾蜿蜒,似蛟龙起舞;向南延伸八里,即是长城的起点,俗称老龙头,伸向大海,畅饮着万顷巨浪。山海关整个城垣与万里长城连接,背山临海,虎踞龙盘,所谓"襟连沧海枕青山",山海关之名,即源出此意。

山海关始建于明太祖洪武十四年(1381)。为防御蒙古人及"东夷"(即女真人),魏国公徐达奉命在此创建关城,设山海卫。自此,山海关即成"关里"与"关外"的分界线。按地理方位,"关外"也就是山海关以东的地方,今辽宁,后延伸到吉林、黑龙江两省,人们习惯称为"关东"。

山海关的主体建筑呈四方形,周长8里137丈4尺,环以护城河,宽5丈,深2丈5尺。城设四门:东门称"镇东",西门称"迎恩",南门称"望洋",北门称"威远"。在东、西二门外,与关城紧密相连各建一座小城,称东、西罗城,是为加强二门的防御能力而建的。东罗城城墙高2丈3尺4寸,周长542丈4尺,其东、南、北三面各设一门,门外有护城河环绕;再建水门两个、角楼两个、敌楼七个。西罗城在关城内侧西门外。

在关城南北两侧2里处,长城的内侧,南水关、北水关附近,各建一座小城,称南北翼城。城墙高2丈余,周长377丈4尺9寸,各设南北两个门。南北翼城是驻关的防兵屯驻之所,从南北两个方面拱卫关城[①]。

山海关城依山临海,与长城连为一体,于城外设城,门外设门,构思奇妙,自成一完备体系,防御十分严密。自努尔哈赤至皇太极时期,一直在窥视关门,总想得到它。可是,他们深惧山海关无隙可乘,从不敢涉险攻关,每次进兵关内,总是绕道内蒙古地区,从长城其他关口突入。他们望关门而兴叹,徘徊20余年,却始终未能越雷池一步。如今,多尔衮率大军"直入山海",前辈的夙愿就要变为现实,内心的兴奋是不言而喻的。

清军到达山海关近郊时,李自成率大顺军已先于一日到达。李自成为何亲自出征山海关,必剿吴三桂?这个问题不能回避,也不难回答。

前已指出,吴三桂父吴襄被关押,爱妾陈圆圆被掳,吴三桂愤怒,降而复叛,与李自成决裂。他回师突袭山海关,将接替他守关的明降将唐通打败,重新占领山海关。有诗为证:

---

① 参见罗哲文:《长城》,北京出版社1982年版。

>吴师旋关日,文武尽辞行。
>士女争骇窜,农商互震惊。
>二三绅儒辈,早晚共趋迎①

诗中反映了吴三桂突返山海关引起百姓惊慌的情形。他迅速组织军队,招募新兵,陈兵演武场,举行阅兵誓师,激励将士的战斗意志。他把李自成派来劝降的两名使臣召至军前,立斩其中的李甲,割头祭旗;另一个叫陈乙的,割下两个耳朵,放他回京,让他传话:"令李贼自送头来!"接着,他给父亲写了一封信,是对父亲劝降信的回答。这里,引重要的几句话:"父既不能为忠臣,桂亦安能为孝子!桂与父诀,请自今日。父不早图,贼虽置父鼎俎之旁以诱三桂,不顾也。"②

父吴襄劝吴三桂降农民军的信,史载出自牛金星之手。此信广为流传,为人们所熟知。吴三桂初意投降,自然也包括接受了父亲的劝告。如前所述,他得知父被拷掠,爱妾被占,一方面深感受辱,另一方面他怀疑李自成不怀善意,引诱他入京一并逮治。他既有此警觉,岂能上当。他返回山海关后,给父亲写信,明里是针对父亲信中的内容,批评父亲只知让儿子做忠臣孝子,而自己却忍辱偷生,屈服于农民军的压力,不能为朝廷尽节。所以,吴三桂指责父亲:你自己都不能当忠臣,还怎么能让儿子当孝子呢!他宣布与父亲永诀:即使他们把你放到油锅里,或放到案板上来胁迫我,我也不会理睬的!而实际上,吴三桂的这番表态主要是说给李自成、牛金星等人听的。因为此信必经他们之手,阅后才有可能给吴襄看。显然,吴三桂通过此信宣布同农民军彻底决裂,没有恢复关系的任何可能。

吴三桂公开宣布"讨贼",向各处散发告示:

>钦差镇守辽东等处地方总兵官平西伯吴示:为复大仇,歼大寇,以奠神京,以安黎庶事。切痛先皇被弑,亘古奇殃;剧寇披昌,往代未有,凡属臣僚士庶,能不碎首殒心!今义兵不日来京,尔绅衿百姓,须各穿

---

① 《临榆县志》卷九《舆地编·纪事》,时人余一元作《叙旧事诗》,记吴三桂重返山海关之实况。
② 计六奇:《明季北略》卷二〇《吴三桂请兵始末》;谷应泰:《明史纪事本末》卷七八《李自成之乱》。

缟素,协力会剿,所过地方,俱接应粮草,务期罄捣巢穴,纤介无遗。庶使克复神京,莫安宗社,乾坤再整,日月重光。特示。①

吴三桂自任"讨贼"之责,要报君父之仇。他在山海关"传檄远近",号召并动员各地绅衿百姓同他一起对抗农民军,以图重新恢复明朝的统治。

补述上面的史实,会进一步认识李自成亲征山海关、吴三桂向清朝"请兵"投靠的历史真相及其原因。

吴三桂在山海关的举动,很快传到北京。四月初六日,李自成刚刚得到他的使臣被杀被残的消息,十分震惊,转而大怒,余怒未息,初九日又得吴三桂绝父的信;吴三桂"讨贼"的告示也在京中广泛流传,人心惶惶,李自成不禁"徘徊失据"②。这时,他才感到事态十分严重。他进北京后,在北方及京畿地区,明朝已不复存在同农民军对抗的军事力量,而吴三桂突然出现,敢向他挑战,是他始料不及的。吴三桂有一支精锐的部队,占据天险山海关,对北京的农民军构成直接威胁。李自成最担心的是,如果吴三桂投向清朝,开关引进清兵,后果将不堪设想。招降的路已堵死,他没有别的选择,只能以军事手段解决吴三桂问题③。

李自成决策征讨吴三桂,赶在他降清前夺占山海关。但是,他的几位重要谋臣都反对用武力解决。李岩主张李自成应迅即帝位,用以招抚吴三桂,通过政治手段能够消除矛盾,不宜派兵攻打④。牛金星也劝告:"我新得京师,人心震叠,彼必不敢轻动",应赶快给吴三桂"颁爵赏,示激劝"⑤。宋献策说得更明白:"皇爷(指李自成)去,皇爷不利;三桂来,三桂不利。"⑥这些意见,李自成都不听。其实,李自成并没想到与吴三桂打仗,也没想到与清军战斗,更没有打大仗的思想准备。他以为占有北京,大局已定,"天命"归己,江南可传檄而定,至于一个吴三桂,亦不足虑,只要派支军队去,必将马到成功。因此,他打算派刘宗敏、李过率部出征。不料,"诸伪将耽乐,殊无

---

① 计六奇:《明季北略》卷二〇。
② 谈迁:《国榷》卷一〇〇。
③ 谈迁:《国榷》卷一〇一。
④ 彭孙贻:《流寇志》卷一一。
⑤ 《谀闻续笔》卷一。
⑥ 《平西王吴三桂传》,载《明季稗史初编》卷二六;参见谈迁:《国榷》;查继佐:《罪惟录》等。

斗志"①,讨论出兵的事,"仓皇无定"②。四月十二日,李自成集诸将群臣再议东征山海关,"刘宗敏等逡巡未应"。李自成无法,只好"亲行"出征。缺乏准备,士气低落,想法不一,这些因素已埋下了失败的种子,特别是宋献策的话,不幸而言中,很快在战场上得到了验证。

十三日,天刚亮,李自成正式出师,计马步兵6万③,刘宗敏、李过等一批将领奉命随征。牛金星、宋企郊等留守北京。在出征的重要人物中,还有崇祯皇帝的三个儿子:太子朱慈烺、永王、定王,以及吴三桂的父亲吴襄,各自骑马随后而行。李自成把他们挟往山海关,是指望用这几个人质,来争取吴三桂回心转意。用父子情打动吴三桂,投降还不算晚,否则就处死其父;明太子与二王,是吴三桂在檄文与谈判中必要的人,吴三桂之意,企图把太子控制在自己手里,以为"中兴"之计,一旦将太子拥上皇帝的宝座,他就成了"中兴"的元勋。李自成是要让吴三桂亲眼看到他们都健在,便于讨价还价,和平解决。

李自成率大军经通州、密云,过永平,于四月二十日到达山海关附近④。此时,清军已到连山驿,接到吴三桂第二次告急信,即开始加速。当农民军与清军相遇之时,一场决定命运之战,遂不可避免。

概括山海关之战,可分为两个阶段:前一阶段是李自成农民军与吴三桂辽兵激战;后一阶段是清、吴联军同农民军展开决战。两段战事,分两个战场进行:一为石河战场,另为一片石战场;共计3次战役:两次是石河战役,一次是一片石战役。根据现已掌握的史料,可以清晰地重现山海关之战的

---

① 徐鼒:《小腆纪年附考》卷五。参见孙旭:《平吴录》与抱阳生:《甲申朝事小记》卷五《吴三桂始末》。
② 彭孙贻:《流寇志》卷一一。
③ 李自成出征山海关的兵数,各书记载不一致:《明季北略》卷二〇记"率兵四十万,号八十万";《明史·李自成传》记20万;《孤臣记哭》、《四王合传》、《明史纪事本末》、《罪惟录》、《石匮书后集》等皆记为6万;《流寇志》记5万,声言10万;《吴三桂纪略》记"发兵10万,号30万";《定思小纪》、《遇变纪略》记10万,等等。综核史实,以6万为北京发兵数,加先遣山海关之兵数,近10万。
④ 关于李自成抵关与开战之日期,一些史书记载有误。如《平寇志》卷一一记丁丑(二十日)决战,何时至关,失载。《明季北略》载十九日吴三桂与农民军战于一片石;二十日,清、吴联军与农民军决战。这些记载皆误。事实是,四月二十日晚,农民军至关前,休息一夜,兼部署兵力,于次日(二十一日)早晨,开始发起进攻。

全过程。

山海关之战,首先在石河打响。

正如吴三桂给多尔衮的第二封信中所报告的,当得知农民军正向山海关扑来时,他已遣精锐兵马出关城,在山海关以西即关内一侧,石河西岸,占据战略要地,列阵以待。一份档案资料提供了此战的细节:一个姓臧的将官说,他"协同"吴三桂属下的"佟副将,列营排阵,自龙王庙至谭家颇罗止"。他"统集乡勇三万余人,随吴王(三桂)官兵协力夹剿"。这里说的"乡勇",是当地的地主武装。姓臧的将官说:"臣等身作前锋,与贼(农民军)死战。"①这是说,此战打先锋的是由3万人组成的地主武装即"乡勇"。由此可知,吴三桂将他的主力即多数兵力守关,只派出部分兵力与地主武装来抵御农民军的进攻。显见地主武装成了此战的主力。那么,吴三桂到底有多少兵力?多种史籍有所记述,但皆不确,唯与吴三桂同时经历山海关事变的人,其记述可靠。程儒珍作《关门举义诸公记》云:"甲申(1644)四月,吴三桂奉召入援,兵五万,号十五万。"程氏是当时人,亲见吴三桂率部经山海关前往北京勤王,至吴返关时,亦为其亲历。另一当事人,是当地乡绅佘一元,他参与吴三桂对抗农民军及迎降清军诸事。作《叙旧事诗》,回忆当时情景,内中有两句:"关辽五万众,庚癸呼如何。"②吴三桂从宁远带来的辽兵有3万余人,《庭闻录》卷一载:在山海关又收溃散明兵,包括击败唐通招降的兵士约2万人。故称"关辽"之兵,计5万左右。吴三桂的正规军不算多,少于李自成的兵力,但"乡勇"人数可观,经短期训练,就投入战场。吴三桂派出3万"乡勇"迎战,他的辽兵估计出战的不会多,因为关城更重要,必以多数兵力守卫。以出战1万余或至2万左右,加上"乡勇",共五六万,大抵可以挡住农民军的进攻。

另一份档案,是名叫郭应龙的教官在山海关战役后,向清朝请功的奏疏,具体报告了乡勇与当地"诸生"如何在极其困难的情况下,协助吴三桂在四月二十一日的大战中打败农民军。他说:

> 切思关门兵单饷匮之时,逆闯逼犯,充斥郊原,彼时山海抚部镇道

---

① 转引自李光涛:《明季流寇始末》下编,第96—97页。
② 佘一元:《山海关志》卷五;《临榆县志》卷八《舆地编·纪事》。

一时俱缺。臣加以训导,业蒙平西王宪委,公同统练,督率生员赵云翰、孙贻英、赵云翔、张端扬、王应庚、于腾蛟、郭充中、孟日吉、刘广志、余一贯、张承胤、林浒、吕调元等,输助粮饷七千八百五十余两,稽查战马一百二十余匹,于四月二十一日,逆贼蜂至关门,诸生纠率乡勇数万,前赴西河(即石河西)扎营助战。①

以上两份档案披露了一个重要事实:当地乡绅百姓,连同读书人即"诸生",都被动员、组织起来,"协同"吴三桂的"官兵",共同对抗农民军。

李自成到达山海关时,曾派使者最后一次通令吴三桂投降,遭到断然拒绝,并发现吴三桂军已列阵迎战,便不再对吴三桂抱有幻想,迅即部署兵力:一在石河西,以主力作正面进攻;一派唐通率少量骑兵,从关城东北30里的九门口出关,绕到关外,在一片石立营②,目的是截住吴三桂出逃关东之路,与关内一侧的农民军夹击吴军。

这是二十一日早晨,在石河西岸,战斗首先由农民军发起而全面展开。双方都发挥出最大的战斗力,拼力"死战"。以乡勇为前锋的吴军,"连杀数十余阵";农民军锐气甚盛,突入佟副将营内,乡勇急救,将农民军击退。农民军的目标是一举攻克山海关;吴军极力挡住农民军的攻势,拖延时间,等待清军前来助战。激战到中午,吴军与乡勇有些招架不住,西北防线被突破,数千农民军骑兵飞驰至关城的西罗城北侧,眼看就要登城,幸亏吴军城上城下密切配合,才击退了农民军。与此同时,李自成调出部分兵力攻打北翼城,欲打开一个缺口,为夺占山海关创造条件。负责指挥守北翼城的山海关副总兵冷允登拼命死守,屡次击退,又屡次来攻,部分农民军已登城,情况十分危急,幸亏吴三桂及时调军支援,才把已登上城的农民军击落到城下③。

这场恶战,已进行了一整天,吴军几度陷入危险,又几度转危为安。战况显示出吴军的顽强战斗力,绝非李自成向北京进军途中所遇到的那些一触即溃的明兵。农民军欲得山海关,必将付出更高的代价。

---

① 转引自李光涛:《明季流寇始末》下编,第97—98页。
② 《清世祖实录》卷四。
③ 《明清史料》丙编第五本,第449页。

天色已晚,吴三桂为保存实力,便把军队撤回关城,凭险固守。双方转为炮击,爆炸声彻夜不停,把大地震得抖动不止。进至关外15里的清军也被炮声所惊扰,不由得一阵阵心悸。

有一首诗记述了二十一日的战况:

> 逾日敌兵至,接战西石河。
> 伪降诱敌帅,游骑连北坡。
> 将令属偏裨,尽歼副城阿。
> 遥望各丧胆,逡巡返巢窠。
> 我兵亦退保,竟夜严巡呵。①

这首诗不事渲染,也无夸张,以写实的手法再现了二十一日的战事。

当日晚,一片石之战也打响了。原来,吴三桂乞师的使者向多尔衮通报李自成的将领唐通已在关外立营。其立营的一片石,距离清军营地不过三四十里,多尔衮感受到威胁,不顾部队急行军的疲劳,毫不迟疑地命诸王各率精兵向一片石发起进攻。部将图赖率前锋兵先行,至一片石,与唐通部数百骑兵交战,很快将其击垮,生擒两人②,战斗结束。

关于一片石之役,特别需要辨明几个问题。首先是一片石在什么地方。史籍记载混乱,实际是不知其地在何处。《明史》说李自成"以别将从一片石越关外",是把一片石说成在山海关内了。《明季北略》说农民军"又从关西一片石出口,东突外城,薄关内",又把一片石说成在山海关西了。《明通鉴》说"一片石在永平府抚宁县东北",也不准确,应在抚宁县东南。其他如《清世祖实录》、《清史稿》及《临榆县志》等书,都说一片石在关外,具体地点在哪里,都不能道其详。经学者实地考察,一片石不在山海关内,也不在山海关西,而是在关外,即今辽宁省绥中县李家台附近。最重要的物证是,迄今还矗立着顺治八年所立的一块墓碑,墓主人是做过通政大夫的耿国才,碑文中有"葬于一片石之麓"一行字,可知一片石就在附近③。近年经考古发掘,已发现一片石遗址,1986—1989年重新修复的九门口长城,此处就是

---

① 《临榆县志》卷八《舆地编·纪事》。
② 《清世祖实录》卷四。
③ 郑川水等:《一片石战场不在山海关西》,《辽宁大学学报》1982年第三期。

"一片石关"。在九门口即九道水门下的河床铺设7000平方米的巨石平面,故称"一片石"。其宏伟雄姿,再现原貌①。当年,唐通就是从九门口亦即一片石关出关,在关前扎营。

其次,唐通率军多少?《国榷》、《庭闻录》、《圣武记》等书皆说唐通部2万人于一片石立营。但《明季北略》、《清世祖实录》则载唐通仅率数百名骑兵。以如此之少的兵力,不足与关内一侧农民军夹击吴军。多尔衮是此战的当事人之一,他没有必要隐瞒一片石农民军的人数,相反,他会渲染对方兵力之强,以显示他战必胜的威力。《清世祖实录》记此役仅寥寥几句,似乎没什么可记述的。事实大抵如此,所说"2万",是臆测而不能成为事实。考之当时实况,李自成所部不多,不宜分兵而弱势;他对于清军之来否,一无所知,尚未想到分兵出关以防清军。所以,他不会分兵2万出关,派唐通率数百人,当属监视吴三桂的动向,或防止吴三桂从九门口出关逃走。

再次,一片石之战是个小仗,既不能代表山海关之战的全部战役,也无重大影响,就是说,对李自成胜败,对清军与吴军的胜负,都不起关键作用。它是清入关前,与农民军的一次小规模接触。最重要的战役是在山海关内石河西打的两次大仗,故史称"山海关之战"。但有的著作称之为"历史上有名的一片石之战",说"此战地点,是在一片石城东的石河西岸"②。这就完全搞错了。石河与一片石是两个地点、两个战场,石河是流经山海关西的一条河,入渤海,却误认为"在一片石城东",这个严重错误应予纠正。

继一片石小战之后,更激烈而又具有决定性意义的战斗,是次日的第二次石河大战。

二十一日一整天的战斗,虽然李自成农民军被击退,但吴军也消耗了实力,处境险恶。吴三桂料定明日必有一场恶战。他为清军迟迟不进关而十分焦急。一夜之中,他连续派使者至清营,敦促多尔衮尽快入关。据载:"三桂遣使者相望于道,往返凡八次。"③处事谨慎而精明的多尔衮,迟至下半夜,才下令清军向山海关移动,黎明时,推进到离山海关只有四五里的欢

---

① 《辽宁重大文化史迹》,辽宁美术出版社1990年版。
② 柳义南:《李自成纪年附考》,中华书局1983年版,第280—281页。
③ 计六奇:《明季北略》卷二〇。

喜岭①,已看清关城上空烟尘弥漫,听得"炮声大发"不绝②。

清军马上就要入关,多尔衮忽生疑惑,找来阿济格、多铎密议:"岂三桂知我南来,故设此诱耶?且吾尝三围彼都,不能遽克,自成一举破之,其智勇必有过人者。今统大众亲至,志不在小,得毋乘战胜精甲,有窥辽之意乎?不如分兵固守四境,以观动静。"三人"咸有惧色,遂顿兵不进,驻营于欢喜岭,高张旗帜,休息士卒"③。岭上有一座威远台,筑有城堡,原为山海关前的一个军事哨所。多尔衮与诸王进威远台,继续观察动静,又遣使前往山海关,进一步等待吴三桂的消息。

在此关键时刻,多尔衮以眼前所见,怀疑吴三桂是否有意引诱他来,借农民军之力消灭清军。他又被一举攻克北京的李自成所震撼,怀疑农民军会乘战胜吴三桂之机,突袭清朝的疆土。为万全计,他按兵不动。

二十二日清晨,吴三桂已望见关外清军营地,却不见清军行动,急忙再派山海关士绅冯祥聘、吕鸣章、曹时敏、程邱古、佘一元 5 人代表当地民意前去敦请。佘一元曾作诗数首,专记此事经过,其中一首写道:

> 清晨王师至,驻旌威远台。
> 平西召我辈,出见勿迟回。
> 冯吕暨曹程,偕余五骑来。
> 相随谒摄政,部伍无喧哗。
> 范公致来意,万姓莫疑猜。
> 煌煌十数语,王言实大哉。
> 语毕复赐茶,还辔向城隈……④

这首诗真实地记述了二十二日早晨他们 5 人至威远台面谒多尔衮的情景。特别提到范文程陪同接见,代表清方,向他们解释清军此次出兵的意图,转告当地百姓不要"疑猜"。会见结束,多尔衮派范文程随同佘一元等 5 人返山海关,面见吴三桂,通告清军即刻入关。

---

① 欢喜岭,又叫凄惶岭,位于山海关东四五里之地。以往出征或戍人至此岭,因离家乡而远至塞外,心情"凄惶";戍人返归故乡,至岭,眼望山海关,以举足到家而"欢喜",故名。
② 《沈馆录》卷七《西行日记》。
③ 计六奇:《明季北略》卷二〇。
④ 《临榆县志》卷八。

天已大亮,李自成正在调动兵力,准备攻城。吴三桂更加焦急,他无法再等下去,遂率十余员将官、数百精骑,一口气驰入清军营地欢喜岭上的威远台,谒见多尔衮。这正是多尔衮所期待的,他要利用这一绝好的机会,使吴三桂归服清朝,换言之,收降他。时间紧迫,双方开门见山,一拍即合。于是,吴三桂迅即剃发而称臣,按满洲人的习俗,杀白马祭天,宰乌牛祭地,向天地行礼,歃血订盟,斩衣折箭为誓①。

　　从努尔哈赤就立下一条不易的原则:汉人或其他族人降清,必须剃发易服,改习满洲习俗,否则就是"异类"。因此,剃发易服就成为汉人降清的唯一标志。在吴三桂发出求援信至剃发前,都不能看成是已经降清,是求援"乞师",不是求降。学术界常常混淆两事的界限,混为一谈,也就说不清历史的真相。在农民军大举进攻之际,吴三桂已无路可走,就是说,他已没有可供选择的余地,只有彻底投向清朝这条路可走。他同意并当即剃发易服,证明他正式投降清朝。山海关战役结束后,他受封为清朝的平西王,尤属降清的重大标志。

　　吴三桂降清,就当时或稍后人们的认识,称誉或同情者多,持批判的人亦有之,也有的即使不赞成他降清,仍能理解他的处境,不得已而为之②。吴三桂降清的一幕演得有声有色,多尔衮接受吴三桂降清的威远台遗址尚存。

　　多尔衮以重赏的收买政策、灵活应变的手段,终于诱使吴三桂降清,完全达到了既定目的,这就为彻底战胜农民军奠定了政治的与军事的基础。吴三桂与清已结为一家,多尔衮即进行军事部署:吴军来不及剃发,为与农民军相区别,密令全军将士以三指宽的白布条缠在身上,作为记号,免被清军误伤。据说,白布一时凑不够,"即以裹足布裂用之"③。出战时,以吴三桂率吴军打先锋,英王阿济格为左翼,豫王多铎为右翼,各统万骑,分别从南水门、北水门入关,多尔衮殿后指挥,从关城中门入。多尔衮让吴三桂先出

---

① 吴三桂面谒多尔衮,进而降清,颇具戏剧性,一些史书记述此事绘声绘色。受文字所限,本书不便详写,可参见《平寇志》、《平吴录》、《鹿樵纪闻》、《甲申传信录》、《临榆县志》、《明季北略》诸书,皆有详略不一的记载。
② 《国榷》、《幸存录》等书作者谈迁、夏允彝等著名人物对吴三桂降清,有的赞成,有的同情和理解。《甲申核真略》、《甲申传信录》等书作者皆持批判态度,指责吴三桂降清为非义之举。
③ 《清世祖实录》卷四。

战,仍有考验其真假之深意;从战术上说,清军以逸待劳,当农民军与吴军交战而疲惫时,突然出击,攻其不备,可一战而胜。临别时,多尔衮一再叮嘱吴三桂:清军入关后,已为"一家",不动百姓一草一粒,违者必以军法处死。要转告全城军民,勿得惊惶①。

吴三桂率随从将士疾驰回关,果断下令,将山海关东大门与南北水门打开。这道控扼东北通往华北的雄关,第一次为八旗铁骑敞开大门。按预定部署,浩浩荡荡的清军分作两路,如两股洪流,直入关门。多尔衮自率主力3万余骑殿后,从中门入城。余部仍驻欢喜岭②。

清军入关,无疑是明清兴亡史上一个重大的历史事件。此刻,以清、吴联军为一方,以农民军为另一方的各自的统帅正走向战场,当他们遭遇之际,一场决定命运的血战,就在山海关前展开。

吴三桂率所部5万人,率先出战,直奔石河西。

李自成指挥大军已在石河西岸红瓦店一带摆开决战的阵势:北自山、南至海,绵亘二三十里,如一字长蛇,面向山海关西大门,显示出一举夺关的雄壮态势。李自成带少数随员及崇祯帝的太子朱慈烺等,立马于西北角一座高岗上。在他的背面,燕山峰峦耸峙;前面是一片宽阔的平川地带,石河从燕山深处谷底流出,流贯其间,南流注入渤海。时值农历四月下旬,正是它的枯水季节,水浅流缓,清澈见底。河床尽铺大小鹅卵石,人马涉水,如履平地。李自成立马高岗,战场全貌,尽收眼底。

李自成看到他的军队威武雄壮,旌旗翻飞,惊心动魄,心中充满了必胜的信念。他曾说:"吴三桂兵仅三千,我三十万,以一百人捉一人,可用靴尖踢倒!"③出征前,他还许下诺言:"等攻下山海关,我再即位。"④他低估了吴军的战斗力,而对于清军"全不提防"。可是,昨日(二十一日)与吴军首战石河,已感到吴三桂所部辽东边兵是他与明兵交战以来所遇到的最强劲的对手。他已意识到,今后的"成败决于一战"。为保证此战的决定性胜利,

---

① 《临榆县志》卷八。
② 《清世祖实录》卷四。
③ 《吴三桂纪略》。
④ 《定思小纪》,第73页。

他把全部军队都投入了战场①。

很快,吴军呐喊着飞驰过河,李自成即下达命令,农民军毫不畏惧地迎了上去。一场空前的血战就此开始。

刚一交战,忽然刮起了大风,飞沙走石,尘土蔽空,咫尺莫辨。吴三桂复仇心切,又有清兵为后援,勇猛倍增。他鼓噪全军奋击,不顾一切地直冲农民军右翼即阵首。吴三桂与部将如吴国贵等挥刀跃马,冲锋陷阵。士卒受其激励,个个自奋②,"无不一当百"③。

农民军毫不示弱,奋勇进击,前仆后继,对吴军实行三面合围。吴军东西驰突,向左突,农民军的号旗左指,迅即进围;吴军向右突,农民军的号旗则右指,再进围,吴军再冲开……如此反复,"阵数十交,围开复合"④。激战中,金鼓大作,战马嘶鸣,人声呐喊,更有"炮声如雷,矢集如雨"。其中一些"飞丸乱射",已散落到城内的庙堂附近⑤。

激战已持续到中午,吴军逐渐失去进攻的势头,眼看支持不住了。隐蔽在城内的多尔衮看得十分清楚。他迅速召集诸王贝勒及出征的诸将官,再次动员:"须各努力,破此,大事就会成功!"然后,他部署兵力,向海的方向鳞次布列,冲突农民军阵尾,与吴军两头夹攻⑥。他一下达出战的命令,蓄势待发的清骑兵如弦上之箭,从城内飞也似的冲了出去。以正白旗骑兵为先锋,后继铺天盖地,恰如"万马奔腾不可止",锐不可当。清军铁骑正以旺盛的锐气,勇猛冲锋,所至无不披靡。吴军得到增援,顿时振作,战场迅即改观。

李自成正惊异之际,有一僧人告知"满洲兵"已参战,劝他赶快回避⑦。李自成策马下岗西走。

李自成的大将刘宗敏一直在战场厮杀,已中箭负伤,还在坚持战斗。当沙尘散开,"带发辫"的骑兵突现眼前时,农民军不禁惊呼:"满兵来了!"于

---

① 谷应泰:《明史纪事本末》卷七八。
② 钱𫗧:《甲申传信录》卷八。
③ 谷应泰:《明史纪事本末》卷七八。
④ 彭孙贻:《流寇志》卷一二。
⑤ 《沈馆录》卷七《西行日记》。
⑥ 《清世祖实录》卷一七。
⑦ 刘健:《庭闻录》卷一;谈迁:《国榷》卷一〇一;彭孙贻:《平寇志》卷一一。

是,一哄而散,迅速波及全军,纷纷丢弃弓矢武器,自相践踏,一片混乱。约有一顿饭的工夫,随着沙尘远去,石河战场顷刻变得空旷寥廓①。清、吴联军跟在逃跑的农民军将士后边继续穷追猛打,一直追击40里才收兵。有很多农民军被追逼到海边,投海淹死的不知有多少②。

石河之战,是一场拼实力、拼精神的空前规模的血战,打得相当惨烈。双方留下的尸体"弥满大野",沟水尽赤。被遗弃的辎重、军械到处都是。据战场目击者佘一元说,石河西红瓦店一带是交战最为激烈的地方,"凡杀数万人,暴骨盈野,三年收之未尽也"。有一首《石河吊古诗》为证:

二十年前战马来,石河西岸鼓如雷。
至今河上留残血,夜夜青磷照绿台。③

关门血战,以清军彻底胜利,李自成彻底失败而告结束。对清朝来说,是以数万人的生命和鲜血为它进据北京而举行的一场悲壮的奠基礼。自此,它从胜利走向胜利,直至一统天下。它之胜利,一个主要原因,就是吴三桂开关迎降清朝,并以5万辽兵投入,形成对农民军的战略上的优势。同时,多尔衮作为清军的统帅,具有优秀的军事家的素养,抓住机遇,以正确的战略战术和政策指导这次战役。获此成功,实非偶然。李自成之败,归根到底,是他进京后的一系列重大失误,特别是对吴三桂的政策,表明他缺乏政治眼光,硬是把吴三桂推向清朝一边,自失其助,而让清军形成军事上的优势。出战山海关,又失于轻率,准备不足,匆匆出师;军队士气明显下降,也源于进京后"恣意淫掠,身各怀重赀,无有斗志"④,刚与清军接战,即生怯心而溃逃,招致全线崩溃。当然,他遇到的对手,是一个正在勃勃兴起的清朝,欲战而胜之,实非易事。这也许是李自成与农民军的一个不幸。山海关战败,对李自成、对农民军都是一场真正的悲剧,标志着他们全面失败的开始。与清朝走向正好相反,自山海关战败后,农民军一蹶不振。这场血战,真正

---

① 《沈馆录》卷七《西行日记》。
② 关于山海关之战,可参阅的论著如顾诚《明末农民战争史》,周远廉等《皇父摄政王多尔衮全传》,孙文良、李治亭《明清战争史》等。
③ 此诗为康熙初山海卫掌卫印守备陈廷模所作,当时恰是关门血战20年。见《临榆县志》卷六。
④ 计六奇:《明季北略》卷二〇;参见彭孙贻:《平寇志》卷一一。

改变或决定了各自的历史命运。所以,史称山海关之战为战略决战或命运之战是恰如其分的。

5. 迁都北京

山海关决战后的一个最直接的后果,就是李自成让出北京,清朝兵不血刃,唾手而得;进而迁离原都城盛京(今沈阳),把北京选为新都城,奠定了一统天下的坚实基础。

清朝迁都,就自身而言,实为一划时代事件,它从一个地区性的都城迁到能统治全中国的京师,意义尤为深远。

清和吴三桂联合击败了李自成,自然要欢庆他们所取得的这一巨大胜利。多尔衮想的是,如何把胜利继续推向前进。从政治上说,他做了两件事:一是他的军队不驻城里,在离山海关5里的地方安营,不惊扰百姓。此意是收揽民心,重树清军形象。实际是实施范文程、洪承畴的新政策,将他的承诺付诸行动。二是论功行赏,激励将士的进取之心。其中最重大的举措是履行他对吴三桂许下的诺言。多尔衮以顺治皇帝的名义,封吴三桂为平西王,赏赐玉带、蟒袍、貂裘、鞍马、撒带、弓矢等物。同时,下令吴三桂以下各将官及所部士卒皆剃发①。吴三桂受封为平西王,部属剃发,标志着他彻底降清。他从请兵、献关、与清军联合作战,到受封为王,是一个短促而复杂的过程,至此宣告最后完成。在吴三桂之前,皇太极时期汉人异姓封王的有三人,这就是封恭顺王的孔有德(后改封定南王)、封怀顺王的耿仲明(后改封靖南王)、封智顺王的尚可喜(后改封平南王),吴三桂是为第四王。吴三桂与前"三顺王"不同的是,他是在清入关的关键时刻,献关投降,并与清军联合作战,一举将李自成农民军击溃。他为清朝入主中原首开胜利纪录,奠定清统一天下的基础,其功勋之大,非孔、耿、尚三人所能比拟。以后,清对他的酬报不断加厚,其地位居"三顺王"之上。

山海关大战后的第二天,四月二十三日早晨,多尔衮下令乘胜追击,向

---

① 《清世祖实录》卷四。

农民军展开新的攻势,目标直取北京。他调给吴三桂马步兵1万,为此行的先锋,他本人率大军随后出发。行前,他发布命令:"此次出师,所以除暴安民,灭流寇以安天下也。今入关西征,勿杀无辜,勿掠财物,勿焚庐舍。不如约者罪之。"再颁文告,晓谕沿途官民,声明清军保证"取残不杀,共享太平"之意。实践证明,这些约束和许诺取得了良好的社会效果①。

再说李自成率残部自山海关溃退,连夜逃至永平(今河北卢龙),驻营暂歇。次日,吴三桂作为先锋,率部进逼永平。农民军的士气大衰,与吴军刚一交战,就被击败。李自成拔营,仓促向北京退去。行至永平西20里的范家庄(或称范家店),他再也无法遏制对吴三桂的愤怒,下令将其父吴襄斩首,用竹竿挑着头颅示众②。为摆脱吴三桂的追击,李自成与部属马不停蹄、日夜兼程地逃向北京。

四月二十六日,李自成回到北京。面对清和吴三桂军即将兵临城下的紧迫形势,农民军士气低落,已难固守偌大个北京城。还在出征前,李自成已有了回关中的想法,此时承兵败之后,便决意放弃北京,向关中撤退,再图发展。他找来牛金星,心情忧郁地说:"北兵(指清军)势大,城中人心未定,我兵岂可久屯于此!即十个北京,不敌一秦中险固。今为之策,不若退处关西,以图坚守。"牛金星表示赞成,并提出学习西楚霸王项羽焚烧咸阳的故事:"大内(指皇宫)金银搜刮已尽,但皇居壮丽,焉肯弃掷他人!不如付之一炬,以作咸阳故事。即使后世议我辈者,亦不失为楚霸王之英豪。"有关撤退及善后大计,就这样决定了。

李自成对吴三桂痛恨已极,于二十七日将其继母祖氏、弟弟、妹妹及族人共34口全部处死,尸体丢弃在王府二条胡同③。一个大家族仅剩吴三桂和他的一个哥哥吴三凤幸免。正如吴梅村在《圆圆曲》中写道:"全家白骨

---

① 《清世祖实录》卷四。
② 刘健:《庭闻录》卷一;谈迁:《国榷》卷一〇一。
③ 吴氏家族被杀人口,说法不一,有说38口,有说30余口,有说50余口。可信的说法,应为34口。见《庭闻录》卷一、《甲申核真略》第36页、《国榷》卷一〇一。又李自成杀吴襄,史书记载不同,如《平寇志》、《明史纪事本末》等书,记载李自成败归北京后,将吴襄及家属38口一并杀害;《明季北略》记为李自成出师山海关前先杀吴襄。这些记述有误。事实是,李自成败退至永平西数十里远的范家庄先杀吴襄,至京后又杀其全家,如《国榷》、《甲申核真略》、《永平府志》、《逆臣传·吴三桂传》等记述较确。

成灰土,一代红妆照汗青。"

二十八日,吴三桂率所部进至近畿,传檄远近,通告人们他的"义军"不日就要进入北京,要求已"降贼诸臣反正自赎"①。城内城外,更加人心惶惶。眼见农民军大势已去,那些士绅们暗中准备迎接吴三桂军进城;已降农民军的明朝官员也准备摇身再变,投靠吴三桂。

北京局势呈混乱状态。李自成接受部下的"劝进",计划即皇帝位,然后再撤出北京。他不愿让吴三桂打乱他的部署,命刘宗敏、李过、李岩等率部出城拒战,连营18座,力图阻止吴三桂入城。农民军迎战吴三桂军与后续的部分清军,结果又被击败,伤亡2万人。刘宗敏等败退回城。

二十九日,这是农民军在北京的最后一天,也是农民军入城的第40天。清军和吴三桂军的先头部队已经进入北京城郊,李自成不予理睬,毅然在武英殿举行即位典礼。时间紧迫,即位仪式草草结束,立即着手撤退。至夜10时左右,李自成下令放火、发炮,事先已备好的硝磺、桐油等易燃物立即燃烧起来,火光烛天,照耀如同白昼②。

三十日,天蒙蒙亮时,李自成挟太子、两王从容出齐化门,刘宗敏等继其后,撤出北京。李自成和他的将士,来也匆匆,去也匆匆。他只在北京居留了41天,才当了两天皇帝,就带着终生的遗憾一去不复返。

吴三桂探知农民军已撤离北京,欲拥兵进城。但多尔衮不同意,命令他随同阿济格、多铎追击农民军③。足智多谋的多尔衮担心吴三桂先入京,成其新主人,"建虏将不复纳矣"④;更担心吴三桂得到明太子朱慈烺和永王、定王,万一扶持他们在北京皇城重登皇帝宝座,将清置于"客兵"地位,就难以实现早已确定的政治目标。所以,多尔衮宁愿北京几天内空缺无主,也不能让吴三桂先得,必须把北京留给他自己去占领,以便把它牢牢地掌握在自己手中。

从李自成撤离北京,到多尔衮进京,其间有两天多,北京成了无主之城,

---

① 彭孙贻:《平寇志》卷一一。
② 谈迁:《国榷》卷一〇一;参见彭出贻:《平寇志》卷一一。
③ 杨士聪等:《甲申核真略》,第37页。
④ 谈迁:《国榷》卷一〇一;参见《平寇志》卷一一。

明朝旧官纷纷出来维持社会秩序。至五月初二日①,多尔衮正式进城,都中士民出朝阳门外,跪伏道旁迎接。从这一天起,中国历史进入以大清为国号的新时代。

古老的北京,历经沧桑,却从未有过在不到半年的时间内,三易国主。先是三月十九日凌晨,大明末帝朱由检走投无路,吊死在煤山;同一天中午,大顺国王李自成进北京,入承天门,登皇极殿,至四月二十九日,又在武英殿即皇帝位。大顺新朝取代明朝,成了北京的主宰。第二天天还没亮,李自成就率领他的人马从这里撤退,从此一去不复返。五月初二日,继大顺朝之后,以多尔衮为代表的清朝,不动一枪一刀,堂而皇之地进驻北京,成为北京的新主人。尽管顺治小皇帝还远在关外的沈阳,但摄政王多尔衮具有完全资格代表小皇帝,也代表了清朝。所以,自多尔衮入北京之日起,即标志清朝历史新纪元的开始。皇太极时,清军多次深入内地,甚至兵临北京城下,但都没有占领它。经多尔衮之手,把梦想变为现实,这真是一个奇迹。但创奇迹的人,绝非多尔衮一人,从努尔哈赤到皇太极及其诸兄弟子侄,还有汉、蒙将吏,直至吴三桂开关、参战,无一不是参与者,他们都发挥了各自的作用。北京不是打出来的,而是李自成让出来的。当然,山海关前已经历了一场血战,实际上是吴三桂所部出力最大,牺牲最多,而清军是在农民军疲敝无力反击的情况下,借吴军之力,一举将其击溃的。如果李自成不急于撤离,而是重新组织力量,凭险固坚守北京,清朝如何会迅速得到它?又岂能兵不血刃地直入北京?农民军拱手将北京让给清朝,这不是清朝的又一个幸运吗?有一民谚曰:"朱家(明)面,李家(自成)磨,做好了馍馍送给对过赵大哥(指爱新觉罗,即清朝)。"这正是说清朝幸运的意思。

李自成撤离北京后,京畿内外,社会秩序相当混乱,人心惶惶,对新入主北京的满洲贵族怀有恐惧心理。更严重的问题是,前经李自成农民军大量占用粮草,撤离时又将京中粮草运走,造成百姓生活极端困难的状况。朝鲜人记述了当时的窘况:因为屡经战火,又正值大旱,远近土地,都被兵马所践踏,北京"城底数百里,野无青草;城中之人,相聚为盗",已成百姓生活的大

---

① 《国榷》、《明季北略》、《甲申核真略》等书记多尔衮进京时间为五月初三日。清官方自记时间为五月初二日,应属可信,今从之。见《清世祖实录》卷五。

患。粮食匮乏,"人马饥馁",新进城的清朝将吏官兵也没有足够的粮食可供食用,只得用"积年陈腐之米"充饥①。

形势严峻,刻不容缓。稳定北京,站稳脚跟,对清朝未来的发展,能否建立全国统治,关系重大。未及决定迁都,顺治小皇帝尚未至京,摄政王多尔衮就果断采取措施,实施新政策,力图扭转不利局势。

第一,严禁军队骚扰北京百姓,更不得抢掠,以安定民心。多尔衮入京时,将军队大部分驻扎城外,命将军级管理城门,"凡军兵出入城门者,有九王标旗方得出入"。特别是如有士卒随意出入百姓家,"论以斩律"②;驻营处,士卒做饭于道旁埋锅生火,严禁入民家③。八旗军队严守纪律,一改昔日入关杀掠的政策,很快赢得京畿内外百姓的信任④。

第二,与安定民心密切相关的一项政策,即取消剃发令,允许汉人照旧束发。努尔哈赤、皇太极时把汉人剃发易服看成是降顺大清的标志。清一入关,吴三桂及其将士先后剃发。进入北京,多尔衮仍行剃发的政策,引起汉人的普遍抵制,人心骚动,对清表现出强烈不满。多尔衮感到问题严重,如坚持下去,很难立足,对清十分不利。他被迫作出让步,于五月二十三日发布命令,允许"天下臣民"照旧束发,各随其便,衣冠也照依明式⑤。此举大得民心,主要是汉人为之"欢呼"。

第三,为死于非命的明崇祯帝治丧,赢得故明士大夫的支持。多尔衮入关途中,曾向吴三桂表明态度:他率"仁义之师",为"明主"报仇,"出民水火","期必灭贼(指李自成)"。进入北京后,多尔衮决定重新安葬崇祯帝,把他入主北京同亡明、逼死"明主"的李自成区别开来,借以安抚"舆情"。五月初四日,即入京的第三天,他给故明的吏员、遗老及兵民发布一道令旨:

> 流贼李自成原系故明百姓,纠集丑类,逼陷京城,弑主暴尸,括取诸王、公侯、驸马、官兵财货,酷刑肆虐,诚天人共愤,法不容诛者。我虽敌国,深用悯伤。今令官民人等为崇祯帝服丧三日,以展舆情。著礼部、

---

① 吴晗辑:《朝鲜李朝实录中的中国史料》,第3734—3735页。
② 《沈馆录》卷七《西行日记》。
③ 《定思小纪》。
④ 吴晗辑:《朝鲜李朝实录中的中国史料》,第3734页。
⑤ 第一历史档案馆藏:顺治元年七月十四日山东巡按朱朗鋑《谨启为广文德以端王化事》。

太常寺备帝礼具葬。

　　李自成在找到崇祯帝的遗体后,草草安葬,已失明士大夫之心。而多尔衮以隆重的帝王礼重新安葬,立即博得一片赞扬声。清官方说:摄政王"谕下,官民大悦,皆颂我朝仁义声施万代云"①。此虽然属于自夸之词,但这一举动,确能打动人心。从六日开始,为崇祯设神位于帝王庙,令原明百官、士民服丧三日,为其议谥号、议葬。经议:崇祯帝朱由检庙号"怀宗",谥号"端"皇帝。将他与周皇后同葬于规模宏大的田妃墓中,命名为"思陵"②。

　　崇祯帝身后,总算享受到了他的帝王之礼,与他的后妃得一永久安息之处。这一切,都不过是做给活人看的。果然,原明士大夫,乃至南明也报以感激之情。如有一明官称:"发丧安葬先帝,举国感清朝之情,可以垂史书,传不朽矣。"③南明弘光朝大学士史可法对清安葬崇祯帝也感激涕零。他致多尔衮书,是一篇义正辞严的名作,内中就写下了赞美的话:"殿下入都,为我先帝后发丧成礼……且免剃发之令,示不亡本朝。此等举动,震古铄今,凡为大明臣子,无不长跪北面,顶礼加额。"④这也是故明士大夫或者说是地主阶级共同的情感。显然对崇祯帝后重新安葬之举已收到了巨大的社会效果,产生了良好的影响。多尔衮入北京之初的举动,已获得了成功。

　　多尔衮在政治上所做的更具深远历史意义的一件大事,就是决策迁都。从沈阳迁居北京,开创了清朝发展的新天地。

　　后金建国时,建都于赫图阿拉(今辽宁新宾永陵老城),是为其第一都城。随着战争的胜利、事业的不断发展,其都城也一迁再迁。后金天命四年(1619),乘萨尔浒大战的胜利,将都城迁至萨尔浒城(今辽宁抚顺东浑河畔)。天命六年(1621),攻取辽阳(今辽宁辽阳)后,不到一个月,努尔哈赤将辽阳作为新都城。至八月,在辽阳城东、太子河东岸,重新营建一城,名东京⑤,代替辽阳旧城。后又发现"沈阳四通八达之处",无论伐明、征蒙古、威胁朝鲜,都是一战略要地。天命十年(1625)三月,努尔哈赤又把都城从东

---

① 《清世祖实录》卷五。
② 计六奇:《明季北略》卷二〇;谈迁:《北游录·纪文》。
③ 《明清史料》丙编第一本,第94页,"马绍愉致吴三桂书"。
④ 计六奇:《明季南略》卷二《史可法答书》。
⑤ 《清太祖武皇帝实录》卷四。

京迁往沈阳①。过了一年多,都城沈阳初具规模,努尔哈赤就去世了。皇太极继其后,继续增建扩建,并将沈阳改称盛京。全城规模宏大而壮丽,远远超过了前几个都城。重要的是,沈阳已取代辽阳千余年的首要地位,成为清入关前东北第一城,与明争夺、控制蒙古、同朝鲜较量的大本营。从赫图阿拉到沈阳,是清朝历史行程的坐标,也是满族勃兴史的鲜明轨迹。终皇太极之世17年,又经福临短暂的一年左右,沈阳作为后金-清的都城,经历19年,为清廷的发展发挥了巨大作用,特别是为入主中原奠定了不可动摇的基础。

定鼎北京,是努尔哈赤以来主要是皇太极确立的政治目标。早在天聪九年(1635),皇太极就明确提出夺取北京的设想。先是许多汉官纷纷倡言,力主直取北京。皇太极说出了自己的想法:"朕反复思维,将来我国既定之后,大兵一举,彼明主若弃燕京而走,其追之乎?……倘蒙天佑,克取燕京,其民人应作何安辑?我国贝勒等皆以贪得为心,应作何禁止?此朕之时为厪念者也。"②是时,后金已摆脱困境,兵强马壮,整个形势十分有利。但皇太极认为时机不成熟,仅作此设想而未付诸实施。到崇德七年(1642)九月,松锦大战刚刚结束,清已空前强大,满、汉官如固山额真李国翰、佟图赖、祖泽润,梅勒章京祖可法、张存仁等又提出了攻取北京的问题,说:"惟当因天时,顺人事,大兵前行,炮火继后,直抵燕京而攻破之,是皇上万世鸿基,自此而定。"皇太极赞成取北京,但他有自己的战略,认为"取燕京如伐大树,须先从两旁斫削,则大树自仆"。他把取北京形象地比做"伐大树",必须从两旁一斧一斧地砍削,最后不砍自倒。所以,他主张必得"彼(明)国势日衰,我兵力日强,从此燕京可得矣"③。

皇太极的预言,在他死后不久得到了应验。多尔衮率大军入关,又顺利地得到了北京,完全实现了皇太极的夙愿。他继承了皇太极的遗愿,入北京的第二天,就说:"本朝定鼎北京。"这本来是顺理成章的事,不料在统治集团内部却有不同意见,以多尔衮的同母兄阿济格为代表,反对迁都。他提出的理由是,当年"初得辽东"时,因为"不行杀戮",致使清(实则称后金)人

---

① 《满文老档》卷六四,太祖朝。
② 《清太宗实录》卷二二。
③ 以上见《清太宗实录》卷六二。

"多为辽民所杀"。如今已得北京,就应"大肆屠戮,留置诸王以镇燕都",其余"还守沈阳,或退保山海,可无后患"。反对迁都者还提出一些理由,主要是说,经过战火之后,公私储积已荡然无存,北京供应十分困难,无法生存。多尔衮引述皇太极生前多次说过的"若得燕京,当即徙都",逐一反驳,再三劝说,坚决主张不能放弃北京①。这时,京城内谣言四起,说七八月清朝将从北京迁回沈阳。多尔衮不得不及时发布文告,批驳谣言,明确声明北京就是本朝的定鼎之地,决不东迁。指出这些谣言都是"奸徒"或者是"流贼的奸细"有意制造的,不过是动摇民心,破坏安定②。几经讨论,诸王贝勒及大臣终于同意迁都,目光短浅、缺乏政治远见、思想落后的阿济格等人也无话可说。六月十一日,多尔衮正式上奏顺治皇帝,迎驾迁都。他写道:

> 仰荷天眷及皇上洪福,已克燕京。臣再三思维:燕京势踞形胜,乃自古兴王之地,有明建都之所。今既蒙天畀,皇上迁都于此以定天下,则宅中图治,宇内朝宗,无不通达,可以慰天下仰望之心,可以锡四方和恒之福,伏祈皇上熟虑俯纳焉。③

多尔衮委派吞齐喀、和托、固山额真何洛会等为使,携带他的奏疏返回沈阳,请求顺治帝批准。顺治帝才7岁,还不懂世事,怎能决策这样的大计?请示只是形式,既然叔父摄政王已做了决定,他自然同意。其实,另一摄政王济尔哈朗留守沈阳,也得听从北京诸王的决策。迁都北京,汉官们无不赞成,甚至极力鼓吹。他们愿意返回在中原的家乡,亦在情理之中。蒙古八旗的将吏们跟随决策走,自无异议。惟有满洲八旗王公贵族中有一部分人留恋关外故土,习惯狩猎生活,不适应中原地区的纯农耕生活。当初迁辽阳、迁沈阳时,他们都表示反对,但努尔哈赤态度坚决,他们也无可奈何。

接到多尔衮关于迁都的奏疏后,立即准备迁都事宜。八月二十日,顺治帝与他的母后、诸妃嫔及留守诸臣在八旗兵的护卫下,自沈阳起程,离开先人的创业之地。与他们同迁北京的,还有他们的家属,沈阳的百姓也分批随迁。据朝鲜《李朝实录》记载:"沈阳农民,皆令移居北京。自关内至广宁十

---

① 吴晗辑:《朝鲜李朝实录中的中国史料》,第3735页。
② 《清世祖实录》卷五。
③ 《清世祖实录》卷五。

余日程,男女扶携,车毂相击云。"顺治帝大队人马行抵通县时,多尔衮率诸王贝勒及文武大臣前来迎驾,然后,随驾而行。至九月十九日午后,顺治帝车驾从正阳门(北京前门)通过,直入紫禁城,顺治帝遂成为真正的新主人。

按多尔衮的计划安排,顺治帝还须登基一次。在多尔衮等人看来,在关外当皇帝,毕竟是偏居一隅,现在到了明故都北京,要表明清是继明之后的合法继承者。此时虽仅得黄河以北的半壁江山,但在北京重新举行登基仪式,是要向全中国表示清朝已君临天下,未占领的江南广大领土也是它的一部分。一句话,通过这项活动来造成政治上的重大影响,显示天命归清,争取民心臣服清朝。

十月初一日,正式举行登基大典,顺治帝亲临南郊,告祭天地,即皇帝位,成为统治全中国的大清第一帝。整个仪式,隆重而庄严,其繁文缛节自不必细说。最后,大封功臣,论功行赏。以多尔衮功最高,再封为叔父摄政王,赏赐独厚。吴三桂再封平西王,颁金册,赏赐白银万两。其他满、汉诸臣都得到等级不同的封赏[①]。

[①] 有关详情,见《清世祖实录》卷九。

第二章　削平群雄

1. 扑灭大顺与大西

　　清朝定鼎北京后,面临的形势依然严峻,除了经济极其困难,最大的问题是如何消除割据,统一全国。当时,还有退入山西、陕西的李自成的大顺政权,偏处四川的张献忠的大西政权,又有远据江南的明朝后裔建国称帝,史称南明。他们各自称雄一方,都在力图消灭异己,吞并其他各方,欲一统天下。他们与清朝并立并存,形成四个政权,亦即四个强大的政治军事集团。他们都有自己的优势,究竟谁战胜谁,哪家最后统一全国,这是摆在他们面前的生死存亡的根本问题。

　　清朝以占有北京视为"天命"归己,自认为合法的统治者,其他存在的任何政治军事势力,都是"伪逆"或"叛贼",都必在消灭之列。以多尔衮为首的清朝统治集团,将农民军首先是李自成集团视为最严重的危险势力,因而一开始就把进攻的矛头指向了李自成的大顺政权。

　　李自成推翻明朝,控制了河北、山东、河南、山西、陕西、湖北,还控制了江苏、安徽的部分地区。以占领北京为标志,大顺政权达到了鼎盛,在总体实力上甚至已超过了当时尚处关外的清朝。然而,山海关之惨败,造成其势急剧下降。李自成从北京撤退,进一步加剧了衰败的趋势。尽管如此,大顺政权尚有一定的实力。多尔衮充分意识到大顺对清来说,仍是最大的威胁。他作出决策,就是不给大顺农民军以喘息的时间,继续乘胜猛打,使对手没有机会或充足的时间准备反击。

　　在李自成从山海关败退后,多尔衮就命吴三桂为先锋,日夜兼程追击李自成。另命英亲王阿济格、豫亲王多铎各率所部,协助吴三桂军追击。吴三桂经北京,多尔衮不许他进城。吴三桂率部"绕城而西",尾随农民军,拼力追赶。五月初二日,追到庆都(今河北望都),与农民军相遇。李自成令辎重部队先行,留轻兵殿后拒战,誓死决胜负。吴三桂军、清军奋力进击,农民军以死相搏。交战中,忽然狂风大作,尘沙飞扬,天地阴晦,农民军旌旗皆折,人马倒退,农民军经不住战斗,又失败了。庆都之战,是农民军撤离北京以后的又一次重大战役,再受重创。多尔衮为此次胜利不禁喜形于色,说:"两战两败之,贼势益不支,鸟兽骇散。"①接着,五月初三日,农民军撤到定州(今河北定州),穷追不舍的清军和吴三桂军随后追来。李自成率军迎战,又遭失败,他的部将谷可成阵亡,左光先伤足,死伤士卒数千人②。初四日,李自成退至定州南的真定(今河北正定)。次日,李自成亲统大军,督率诸将,要与吴三桂决一死战。吴三桂指挥吴军,以及清将固山额真谭泰、准塔,护军统领德尔德赫、哈宁噶等率前锋兵,投入战斗③。双方纵兵大战,从上午一直激战到傍晚,杀得地动山摇,难分胜负。忽然,东风大作,黄沙蔽天。李自成料到难以取胜,遂下令收兵,撤离战场。这时,一流矢飞来,正射中他的肋下(一说中肩),从马上跌落下来,被护卫救起,疾驰还营④。此时,清军和吴三桂军也已力竭,没有追击,返回营地。

  河北、河南、山东等地原已降大顺的故明官吏,眼见大顺大势已去,于是纷纷倒戈,背叛了农民军。李自成召集诸将讨论此事。李岩向李自成自荐,请求率兵前往他的故乡河南平叛。这一建议不失为一良策,却被牛金星用来挑拨离间,对李自成说:"岩雄武有大略,非能久下人者。河南,岩故乡,假以大兵,必不可制。十八子之谶,得非岩乎?"牛金星诬告李岩欲借赴河南平叛之机,拉出一支队伍,自立为帝。李自成连遭失败,心绪烦躁,最担心部属背叛他。牛金星的谗言,李自成不辨真假,信以为真,就授意牛约李岩共饮,在酒宴上把李岩杀害了⑤。此事发生后,引发李自成领导集团内部的

---

① 《清世祖实录》卷六。
② 详见谈迁:《国榷》卷一〇一;彭孙贻:《平寇志》卷一一;《李闯小史》第154—155页。
③ 《清世祖实录》卷五。
④ 谈迁:《国榷》卷一〇一;张廷玉等:《明史》卷三〇九《李自成传》;谷应泰:《明史纪事本末》卷五八。
⑤ 张廷玉等:《明史》卷三〇九《李自成传》,中华书局1974年版。

混乱,文武不和,军心动摇,如宋献策"扼腕愤叹",大将刘宗敏"切齿"痛骂牛金星①。农民军的战斗力继续下降,因而加速了失败的进程。

李自成经真定战败后,丢弃或烧毁辎重,轻装疾驰,经获鹿、井陉,于五月初六日出固关,退入山西②。随着李自成及农民军主力退出河北,京师以北、居庸关内外,以及天津、真定等广大地区,都归降了清朝③。

吴三桂和清军尾随农民军,一直追到固关前。农民军防御很严,而吴三桂和清军自山海关追至此地,长途行军数千里,未能得到充分休息,又屡经激战,不堪再战,吴三桂就此停止追击,决定班师。五月十二日,吴三桂与英亲王阿济格等率部返回北京。多尔衮派大学士范文程等出城迎接慰劳④。

吴三桂、阿济格追剿农民军,把李自成逐出河北,从山海关直至固关,其战果巩固了清朝在京畿地区的统治根基。可是,李自成退入山西,还保有强大的军事力量。此时,张献忠已进据四川;南明政权已成立,欲与清划长江而守。因此与李自成农民军进行最后较量,乃是多尔衮所考虑的首要的战略目标。他明确表示:"既得中原,势将混一。"⑤六月下旬,顺天巡抚柳寅东建议西征李自成,说今日事势,莫急于"西贼"(指李自成),多尔衮"是其言"⑥。八月初一日,招抚山西、应袭恭顺侯吴惟华又"陈征西五策",把柳寅东的建议进一步具体化⑦。这些建议为多尔衮提供了重要参考。至十月十九日,多尔衮以顺治帝的名义,任命英亲王阿济格为"靖远大将军",平西王吴三桂和智顺王尚可喜各率所部从征,目标直指李自成建都的西安⑧。

同时,多尔衮决定十月二十五日出兵江南,命豫亲王多铎为"定国大将军",恭顺王孔有德、怀顺王耿仲明随征。多铎尚未出发,忽然传来河南的告急军情:李自成的骑兵1万、步兵2万余人正向怀庆、卫辉两城发动进攻。怀庆总兵官金玉和出战已被击毙,阵亡士兵达1755人⑨。原来,李自成败

---

① 徐鼒:《小腆纪年》卷六。
② 《虎口余生记》,第36页。
③ 《清世祖实录》卷五。
④ 《清世祖实录》卷五。
⑤ 《朝鲜李朝实录》仁祖二十三年正月。
⑥ 《清世祖实录》卷五。
⑦ 《清世祖实录》卷六。
⑧ 《清世祖实录》卷一〇;赵尔巽等:《清史稿》卷四七四《吴三桂传》。
⑨ 《清世祖实录》卷一二、一七。

退山西,实力仍相当雄厚,占有山西、陕西、甘肃、宁夏、湖北、河南部分地区,军队还有数十万。他回到西安后,凭其实力,重新进行军事部署。有一"大顺永昌元年七月初七日行牌",为清大同总兵姜瓖所得。行牌载:"今报长安(西安)二府田(即田见秀),绥德、汉中高(一功)、赵(光远)从西河驿过(黄)河,统领夷汉番回马步兵丁三十万;权将军刘(宗敏)统兵十万过河,从平阳(山西平阳)北上。"又报:"皇上(指李自成)统领大兵三百五十万,七月十二日从长安起马,三路行兵,指日前来……"①这份档案材料证明李自成确实组织过军事反攻,但其兵力数字不足为据,显系夸张。事实上,这些反攻几乎都没实现,就是说,有个计划却没有实施。他仅在河南怀庆地区展开局部反攻,一度得势,河南呈现危急状态。

多尔衮深感事态严重,如果不彻底击败大顺军,就无法顺利下江南。于是,他改变进军江南的计划,迅速通知阿济格、吴三桂,并令多铎部停止南下,先救怀庆,转攻陕西,取潼关,两军夹击,会师西安,"务期合力进剿"②,一举将李自成彻底打垮。

多铎所部抵怀庆,大顺军自知不敌,就撤退了。多铎即从孟津渡黄河,经陕州(今属河南三门峡市),直驱潼关20里外扎营。潼关为西安的屏障,大顺军能否守住,关系到李自成能否在西安立足。李自成与大将刘宗敏率军出西安,前来潼关增援。顺治元年(1644)十二月二十九日,潼关战役打响。刘宗敏率军出战,首战失利,大顺军伤亡过半。至顺治二年正月初四日,大顺军刘芳亮率部发起进攻,又被清军击败。李自成亲率马步兵拒战,多铎增派镶黄、正蓝、正白三旗兵力,结果大顺军步兵被歼,骑兵逃走。初五、初六两天,李自成又组织反击,都以失败告终。初九日,清军调来红衣大炮,给大顺军以重大杀伤。李自成虑及北路清军即阿济格、吴三桂部正向西安推进,被迫撤回主力,回师西安③。守潼关的大顺将领马世耀献关投降,十三日,清军入潼关。很快发现马世耀假降,便把他处死。

潼关之战,是清入关后继庆都、定州之役的又一次战略性大会战。李自成亲临战场指挥,持续十余日,屡战屡败,消耗了实力,士气一再下降。经此

---

① 《明清史料》甲编第一本,第13页。
② 《清世祖实录》卷一〇。
③ 《清世祖实录》卷一四。

大战的沉重打击,潼关失守,西安不保,大顺军再无稳固的立足之地了。

多铎部在潼关没有久留,正月十六日离潼关,两天后进入西安。李自成料西安不能守,于十三日焚宫室,撤离西安,出蓝田口,经商州,奔往湖北。清军未战而得西安①。

阿济格、吴三桂部为夹击西安的北路军。该部先经宣府(今宣化)、大同,招降两城大顺军②。至年底,由山西保德州(今保德)结筏渡黄河,进入陕北,大顺军迅速瓦解,各州县纷纷迎降③。惟有榆林守将高一功,是李自成的心腹大将,拒不投降,阻止清军南下。多铎已误会师西安的时间,遂把围攻榆林交由大同总兵姜瓖等指挥,而自率所部南下。高一功不敌清军,被迫撤离榆林。

阿济格、吴三桂部南下绥德,直趋延安。李自成侄儿李锦坚守,高一功也撤到延安来了。与清军相持20天后,李锦、高一功突围而走。清军进入延安。至二月,阿济格奏称:自出师"八战皆捷",攻克陕西州县4城,招降38城④。占领西安时,清统治集团欢呼"大业已成",遂命多铎整军南下,照原计划对南明展开总攻击;命阿济格等追击大顺李自成残部⑤。

阿济格等奉命,尾随李自成,紧紧追赶。三月,追入河南。李自成奔湖北,抵襄阳,进驻武昌⑥,改称"瑞符县",驻留达50余天。当阿济格和吴三桂追到武昌,李自成命刘宗敏、田见秀指挥5000骑兵出战,又被击败。大顺军无心拒战,大批逃亡,还有不少人降了清朝。李自成看到武昌守不住,被迫弃城,继续向东撤退。四月,清军追至湖北兴国州(今阳新县)附近的富池口,与大顺军遭遇,再次给予重创。下旬,清军追至距九江40里的地方,双方展开大战,李自成部被打垮,全军覆没。特别是李自成的两个叔叔及妻妾、大将刘宗敏与其妻、李自成养子姜耐、原明降将左光先及其一妻三子、宋献策等,都被清军俘获。据阿济格报告战果:共十三战,获马6450匹、船

---

① 《清世祖实录》卷一四。
② 《顺治元年十二月十三日宣大总督吴孳昌启本》。转引自顾诚:《明末农民战争史》,中国社会科学出版社1984年版,第284页。
③ 《明清史料》丙编第五本,第469页。
④ 《清世祖实录》卷一四。
⑤ 《清世祖实录》卷一四。
⑥ 吴伟业:《绥寇纪略》卷九。

3108只;先后击败大顺军计20万。合计河南属城、湖广属城、江西属城"共六十三城,已尽设官抚定矣"①。收降南明左良玉之子左梦庚及大批将士达十余万众。还有一个重要人物就是李自成的丞相、头号军师牛金星,他和其子乘兵败逃跑,投降了清军。刘宗敏和李自成的两个叔叔均被"斩于军前"②。九江之战,可以看作李自成大顺政权至此宣告结束。

关于李自成的结局,有多种说法。据阿济格和吴三桂的奏报:大顺军于九江败后,其余众"窜入九公(宫)山,随(遂)于山中遍索自成不得;又四方搜缉。有降卒及被擒贼兵俱言自成窜走时,携随身步卒仅二十人,为村民所困,不能脱,遂自缢死。因遣素识自成者往认其尸,尸朽莫辨,或存或亡,俟就彼再行察访"③。

据阿济格等人的说法,因尸朽不能辨,又不是他们亲眼所见,所谓李自成"自缢死",只是来自传说,连他们也不敢相信是真的。最后的结论为,是死是活,尚待进一步"察访"。

顺治帝得此捷报,即表示:"朕甚嘉悦"。以李自成之死,消除国家大患,故于顺治二年(1645)闰六月十一日祭告天地太庙,向列祖列宗报捷。一个月后,朝廷又得到确报,大顺军并没有"兵尽力穷",而且李自成也并没有死,业已逃遁。七月二十日,摄政王多尔衮痛斥阿济格谎报军情:"尔等先称流贼已灭,李自成已死,贼兵尽皆剿除,故祭告天地太庙,宣谕中外。后又言自成身死是真……今又闻自成逃遁,现在江西。此等奏报情形,前后互异……岂有如此欺诳之理?"④阿济格为此受到严厉处分⑤。李自成是死是活,最终还是没有查清楚。直到康熙朝,文华殿大学士张玉书也说:"自成生死终未有实据"⑥。是时修《明史》,作《流贼传》,对李自成的结局,也没有得出一个恰当的结论。迟至乾隆朝时作《钦定宗室王公功绩表传》,高宗也斥责阿济格当年讹报李自成之死,说:"英亲王阿济格秉心不纯,往追流贼,讹报已死……"

---

① 以上见《清世祖实录》卷一八。
② 《清世祖实录》卷一八;参见彭孙贻:《流寇志》卷一四。
③ 《清世祖实录》卷一八。
④ 《清世祖实录》卷一九。
⑤ 《清世祖实录》卷二〇。
⑥ 《张文贞公文集》卷七。

关于李自成的结局,从当事人阿济格、多尔衮,经康熙、雍正两朝,直至乾隆朝,将近百年,一直没有搞清楚,已成了难解的疑案。

官方如此,至于私家著述、民间稗史志乘,据统计,约有60种,"自成之死,传闻异辞",说法种种,各执理由①。

近半个世纪以来,学术界几度试图解决李自成的结局问题,终因争论激烈,分歧过深而未果。但通常仍采用郭沫若先生在20世纪40年代作《甲申三百年祭》的说法:李自成"为清兵所迫",于顺治二年(1645)九月"牺牲于湖北通城九宫山"。后又修正此说,改为通山九宫山②。80年代后,就李自成结局研究再掀起更为激烈的争论。一种看法仍坚持郭沫若的"九宫山遇害说";另一种,论证李自成兵败出家的"夹山寺禅隐说"③。其实这一说早已有之,但人们并未重视它,以为是口碑传说,不足为据。90年代以来,湖北石门县考古与文物工作者以及明史学界的学者们,已找到诸多有关李自成在夹山寺为僧的史迹和相关文物,强有力地证明:李自成当年并没有死于九宫山,既没有自缢,也没有被程九伯等地主武装所害,而是于兵败后来到石门县,遁入空门,直至安然去世。这一论证,使得李自成被害于九宫山的说法黯然失色,而原先被忽视或不敢相信的禅隐夹山寺的说法突现出来。虽然不能或尚不足以取代"九宫山遇害说",姑且可以两说并存。两种说法争论激烈,各有其代表性论著,可谓针锋相对,不让分毫④。

不管李自成是九宫山遇害,还是禅隐石门县夹山寺终老,总之他已消失了,退出了历史舞台。两个结局,其结果都一样。作为一代英雄,李自成已完成了他的历史使命——推翻明王朝,已体现或发挥了他作为杰出人物的历史作用。

李自成突然消失,大顺解体,清朝又去了一个竞争对手,消除了心腹之患。下一个攻取目标,就是挥师渡江南下灭南明和入川灭大西政权。进川

---

① 刘重日主编:《李自成终归何处——兼评〈李自成结局研究〉》,三秦出版社1999年版,第26页。
② 郭沫若在《历史研究》1956年第六期发表一段文字,对前说稍作更正。
③ 此说详见《李自成终归何处——兼评〈李自成结局研究〉》一书。
④ 以王戎笙先生等著《李自成结局研究》为代表,具体阐述"九宫山遇害说",驳斥禅隐夹山寺的说法。刘重日先生主编《李自成终归何处——兼评〈李自成结局研究〉》为代表,针锋相对,批驳"九宫山遇害说"之不确。

攻取张献忠大西政权,是较下江南稍后开始的。张献忠领导的农民军,是一支独立的政治军事力量。早在明崇祯元年(1628),张献忠与李自成在延安同时加入陕西府谷人王嘉胤领导的农民起义,后又同归高迎祥领导。高迎祥牺牲后,张、李各自发展,各成一独立的势力。开始,他们曾有过军事合作,协同作战,给明军以沉重打击。但随着斗争的深入,双方各自实力的增长,彼此已生猜忌。于是,他们不再合作,独立同明军作战,攻城略地,各占地盘。清顺治元年(1644)正月,李自成在中原军声大震,正谋取明都北京时,张献忠却避开李自成的势力,放弃长沙、荆州,统率号称步骑数十万,大举入川。其意甚明,他的意图是向四川发展,在此建立根据地。先克夔州,再破万县;五月,自忠州出发,直趋重庆。六月初八日,攻克涪州。此时,明已亡国,但四川仍是明宗室及明朝将吏的一统天下。原明朝四川巡抚陈士奇为阻止张献忠进逼重庆,在其所经地段布设重兵防守。张献忠自涪州分水陆两路进军,势如破竹,击溃明军防线,于六月二十一日攻入重庆,明瑞王朱常浩、巡抚陈士奇及知府王行俭皆被生俘。张献忠命全部处死[①]。八月初,张献忠挥师水陆两路攻成都。初九日,破城而入。明蜀王朱玉澍及当地官员或投井投河自杀,或被俘处死。四川大部分地区都被张献忠农民军占领。

张献忠得了四川,着手建立自己的政权。十月,张献忠称"西王",正式成立"大西"政权,改元大顺。以成都为都城,名西京,将蜀王宫改为他的行宫。从中央到地方,建官制,任命各级文武将吏,出任各行政长官。他还铸币造历,开科取士。四川暂时形成了稳定的局面。

在张献忠建立起对四川的统治秩序时,清朝忙于追击李自成的大顺军,组织大军下江南,尚未顾及四川。在李自成彻底失败、南明弘光政权覆亡后,张献忠失去了屏蔽,使他与清朝的矛盾突出了。顺治三年(1646),多尔衮以顺治皇帝的名义,任命肃亲王豪格为"靖远大将军",统率八旗进川,征讨张献忠[②]。这时,张献忠的处境已很困难,主要是来自原明朝的地方将吏,在南明的指使下,纠集残余势力,向大西政权不断发动袭击或大规模进

---

① 以上见谷应泰:《明史纪事本末》卷七七《张献忠之乱》。
② 《清世祖实录》卷二三。

攻。像重庆这样的重镇,也被明参将曾英、兵备道马乾重新夺占。南明任命王应熊为督师,驻军遵义;任命樊一蘅为总督、马乾为四川巡抚,向全川发布文告,宣布约各路兵马于本年底会师①。四川各地官绅受此鼓励,纷纷组织乡团等地主武装,一时蜂起,如川北地区,有的乡团山寨武装竟众至10余万人。他们与当地及南明派来的将吏相呼应,到处攻击大西农民军。张献忠穷于应付,不得不派出军队四处征剿,因而消耗了大量实力。大西在川中的统治处于极不稳定的状态。

大西政权正处于困难之中,清军突然进川来,张献忠自感无力对抗,决定弃成都北上。八月,大西军从成都出发,一路旌旗蔽空,展现雄姿。九月,张献忠率大西军到达顺庆(今四川南充),很快进至西充的凤凰山下。他没料到的是,其守卫保宁的部将刘进忠,竟至汉中降清,引导豪格率大军直趋张献忠驻营之地。清军以精骑为先行,疾驰五昼夜,于十一月末至盐亭。此处与西充交界,凤凰山就在其交界处。二十七日黎明,大雾弥漫,咫尺莫辨。清军突然与张献忠遭遇,随行的刘进忠即指明谁是张献忠。清将中有一射箭高手雅布兰闻讯,迅即飞出一箭,正中张献忠面额(有说射中咽喉,还有说射中左肋心脏部位),从马上栽下来。清军一拥而上,将张献忠擒获,趁其未死,就地斩首②。豪格向朝廷报捷,称:"献忠伏诛,四川平定。"③张献忠所部有130个营,30万人左右,其时非死即逃,已经溃不成军。但其主要将领,如"义子"孙可望、李定国、刘文秀、白文选、艾奇能等保存了下来,最后与南明结合,开始了新的抗清斗争。

2. 渡江攻灭弘光

明亡后,明宗室在江南广大地区相继成立弘光、隆武、绍武、永历、鲁监国等小朝廷,延续明王朝的统治,史称南明。南明以强大的实力,控制江南半壁。但清朝绝不容忍其继续存在下去,必加以攻灭,以完成大清的一统

---

① 温睿临:《南疆逸史》"马乾传"、"樊一蘅传"。
② 见《明史》、《明通鉴》等;但《石匮书后集》、《明史纪事本末》却说张献忠系病死,不确。
③ 《清世祖实录》卷二九。

崇祯十七年（1644）三月十九日李自成进北京时,明朝的陪都南京一无所知,还是一派歌舞升平的景象。迟至二十九日,这里始传京师陷落,人们仍半信半疑。四月十二日,有关北京陷落、崇祯帝自杀的准确消息终于传到南京,百官无不震惊,相顾失色,一片恐慌。在经历了短暂的震荡之后,他们很快意识到必须马上拥立新君,稳定局势,以图重新恢复明王朝的统治。

崇祯帝诸子都落入李自成大顺政权之手,生死未卜,无法迎立,只能在宗室中物色合适的人选。当人们把目标集中到福王朱由崧、潞王朱常涝两人身上时,南京的封疆大吏及领兵将官各树党派,展开了一场激烈的明争暗斗,目的是把本派所选中的人立为新君,以博取拥戴之功,在新朝中获得更大的权益。从立新君伊始,就暴露出统治集团内部的倾轧,全不为国家安危着想,只谋取个人或一派之私利。经过反复较量,耍尽阴谋诡计,以兵部侍郎兼右佥都御史、凤阳总兵马士英为首,内贿操江诚意伯刘孔昭,外结总兵黄得功、刘泽清、高杰、刘良佐等手握重兵的将领,向兵部尚书史可法、兵部右侍郎吕大器等人施加压力,软硬兼施,将他们推举的贤明的潞王排斥下去,而把品行不端、"七不可立"[①]的福王朱由崧迎立为新君。马士英导演的这场闹剧,终于如愿以偿[②]。

崇祯十七年（1644）五月十五日,福王朱由崧在南京即帝位,以明年为"弘光"元年,史称弘光政权,是南明第一个小朝廷。即位时即封赏百官:以史可法、马士英为兵部尚书,张慎言为吏部尚书,高弘图为礼部尚书。史、马、高三人皆为东阁大学士;进黄得功为靖南侯,左良玉为宁南侯,高杰为兴平伯,刘泽清为东平伯,刘良佐为广昌伯。其他各官都一一封赏。在百官中,唯马士英以拥戴之功,封赏独厚。朱由崧下达旨意:"马士英保障东南,肤功更著,着加太子太保,荫一子锦衣卫指挥佥事世袭。"[③]

朱由崧即位一个多月,处事谨慎守礼,听从各方面的意见,选贤任能,宣

[①] 兵部右侍郎吕大器、都御史张慎言、詹事姜曰广等反对立福王,认为他有"七不可立":不孝、虐待下属、擅权干预政务、不读书、贪鄙、淫乱、酗酒。见《小腆纪年》卷一"弘光上"。
[②] 计六奇:《明季南略》卷一《南京诸臣议立福藩》;参见李天根:《爝火录》卷三,浙江古籍出版社1986年版。
[③] 计六奇:《明季南略》卷一。

布实施"国政二十五款"①；在军事上，也按史可法提出的在江北地区设"四镇"的计划，迅速予以落实。史可法说得很清楚："国家设四藩于江北，非为江左偏安计也，将欲立定根基，养成气力，北则为恢复神京之计，西则为澄清关、陕之图，一举而遂归全盛耳。"②福王批准这项计划，至少说，他即位之初还有一点图恢复的想法，即使是表面文章，毕竟付诸实施了。看起来，颇有一番气象。人们对"中兴"大业抱有希望。

可是，福王很快就忘记了亡国恨、君父仇，天天"深居禁中，惟渔幼女，饮火酒，杂伶官演戏为乐"。为修兴宁宫，建慈禧殿，耗费了大量资金，开宴、赏赐无度，使"国用匮乏"③。福王昏庸，朝政大权落到马士英手中。他把史可法视为障碍，极力排斥，让他到扬州督师，自己可以把持朝中大权。史可法也想避开他，同意赴扬州。然而，南京士民一致反对，发出抗议："为何夺我史公？"福王正倚重马士英，不愿他出镇扬州督师，拒绝舆情，特加给史可法太子太保衔，把史送走了事，以安抚朝廷内外④。马士英结党营私，排斥异己。他起用崇祯帝钦定"逆案"（指魏忠贤阉党）中的人物阮大铖，进一步加剧了统治集团的派系斗争。诸如正直的大臣张慎言、高弘图、吕大器、姜曰广等人先后被排挤出朝廷。马士英操纵朝政，"浊乱国是"。崇祯时进士、官至巡按湖广的黄澍，于六月二十日上朝，当面向福王揭露"马士英权奸误国"。接着，他又上《论马士英十大罪》，连上《再抗疏》、《三抗疏》，痛斥马士英祸国殃民。但福王对此沉默，不予处理⑤。弘光政权完全继承明末的腐败，且有过之而无不及。

弘光政权除了政治腐败，在大政方针的决策上，也是一再失误，同样反映长期生活在歌舞升平中的达官贵人头脑僵化，不谙实事。他们按千古不易的观念，把李自成和张献忠等农民军视为主要危险和敌人，天天喊"讨贼"，讲"中兴"，却不做一点实事。面对清军入关、占据北京这一严重形势，还感受不到威胁南明的已不是农民军，恰恰是清政权。即便如史可法，也看

---

① 计六奇：《明季南略》卷一《国政二十五款》。
② 计六奇：《明季南略》卷二《史可法请行征辟》。
③ 计六奇：《明季南略》卷二《朝政浊乱》。
④ 李天根：《爝火录》卷三，浙江古籍出版社1986年版。
⑤ 计六奇：《明季南略》卷二。

不清形势，不免轻重倒置。六月，李自成已节节败退，正由盛转衰之时，史可法上《款清灭寇疏》，提出："目前最急者，无逾于办寇矣。"他进一步解释说："但清既能杀贼，即是为我复仇，予以义名，因其顺势，先国仇之大而特宥其前辜，借兵力之强而尽歼其丑类，亦今日不得不然之着数也。"他把清入关看成是帮助明朝复仇的友好举动，主张继续借用清兵全歼农民军①。马士英也主张："若可羁縻专力办贼，亦是一策。"②这样，与清议和，实行"联虏击寇"的方针，已成为弘光政权的一项国策。

弘光政权对清之幻想，还表现在对吴三桂的政策上。他们把吴三桂捧为大英雄、大救星。如太仆少卿万元吉要求为吴三桂"功成勒鼎"③。群臣还把他比作唐朝的中兴名将郭子仪、李光弼，"与郭、李同功"④。马士英首议，对吴三桂"宜速行鼓励，接济其用"⑤。福王便赐封吴三桂为蓟国公，由户部发银5万两、漕米10万石，派专使自海道运送给吴三桂⑥。后又加封其父吴襄为辽国公，其母祖氏为辽国夫人⑦。

弘光政权为贯彻其"联虏击寇"的方针，于七月十八日正式派出代表团，前往北京议和。以左懋第为正使，陈洪范和马绍愉为副使。他们的使命是：在天寿山特立园陵，为崇祯帝改葬；割山海关外地给清，每年另给10万两银，往来国书按古称"可汗"；通使礼仪，宜遵"会典"等⑧。另携黄金千两、银10万两、蟒缎等万匹，前往北京修好⑨。也给吴三桂带去赐封诏书与礼物，当面呈交。

顺治元年（1644）十月十二日，陈洪范使团从正阳门进入北京城。三天后，弘光政权的酬谢礼物被如数收去，多尔衮拒不出见，只派内院大学士刚林及属下官员出面交涉，断然拒绝议和要求，使臣提出致祭崇祯帝和改葬的

---

① 李天根：《爝火录》卷四，浙江古籍出版社1986年版。
② 李天根：《爝火录》卷四，浙江古籍出版社1986年版。
③ 李天根：《爝火录》卷四，浙江古籍出版社1986年版。
④ 计六奇：《明季南略》卷二。
⑤ 李天根：《爝火录》卷三，浙江古籍出版社1986年版。
⑥ 《弘光实录钞》卷一。
⑦ 《弘光实录钞》卷二。
⑧ 徐鼒：《小腆纪年》卷七。
⑨ 关于弘光出使情形，可参见陈洪范《北使纪略》；计六奇《明季南略》卷二；钱䎫《甲申传信录》卷一〇。

要求,也被拒绝。二十六日,刚林转达多尔衮的旨意,向他们下了逐客令:你们明早即行。我已遣兵将,押送至济宁。同时,宣布:"你们回去通告,我们即发兵南下。"这期间,他们要见吴三桂,而吴三桂拒绝见面,给他的赐封诏书、赏赐的礼物及漕米等,一律拒收。弘光政权欲与清议和,共同击寇的计划全部落空,对吴三桂极力笼络也没有达到目的。使团被迫离京,行至沧州,左懋第和马绍愉被扣留,只放陈洪范一人回去①。这次出使失败,对清朝的幻想也彻底破灭了。

当陈洪范三人代表弘光政权出使北京时,七月末,多尔衮特给史可法写了一封长信,史可法接信后,也给多尔衮答书一封。这两封著名的书信,在某些相关的著作中一再被全文转述,已为人们所熟知。这两封问答书,分别见于《明季南略》卷二、《史可法集》及蒋良骐《东华录》卷四等。多尔衮写信的目的,是听说南京方面已立新君,这将有碍于他统一江南,但又不知南方的底细,本意是向掌实权的人物如史可法进行试探,如同招降吴三桂一样,招抚他归属清朝,就不致大动干戈,而能解决弘光政权的问题。信中首先声明:清之取北京,"乃得之于闯贼,而非取之于明朝也"。表明他取得北京是正大光明的。相反,信中指责弘光政权"欲雄据江南,坐享渔人之利,揆诸情理,岂可谓平?"他要求弘光政权:"宜劝令削号称藩,永绥福位。"最后,他发出警告:"兵行在即,可东可西,南国安危,在此一举。"②

史可法回书,不软不硬,却是义正辞严,明确无误地驳斥了多尔衮的威胁利诱。他传达的信息就是双方"坚同仇之谊,全始终之德,合师进讨,问罪秦中,共枭逆成(指李自成)之头,以泄敷天之愤"③。

不言而喻,双方谁也不会赞成对方的观点。没有共同的利益和共同的识见,是不会聚到一起的。多尔衮放弃了对弘光政权的幻想,正从实际来筹划如何消灭它。当然,史可法的意愿也只是幻想。事实已表明,清朝无须同弘光"合师",就可以消灭李自成的大顺军。史可法却没有认识到,还在做一厢情愿的幻梦。但他传给清朝的另一个重要信息,就是追击大顺军可以,

---

① 关于弘光出使情形,可参见陈洪范《北使纪略》;计六奇《明季南略》卷二;钱𣲗《甲申传信录》卷一〇。
② 计六奇:《明季南略》卷二《清朝移史可法书》、《史可法答书》。
③ 计六奇:《明季南略》卷二《清朝移史可法书》、《史可法答书》。

但绝不可以乘机占据明朝领土。史可法的立场,代表了弘光政权中忠于明王朝的抗战派的要求,而实际上其内部并非都是如此。

多尔衮与史可法的问答信,特别是遣使议和失败,双方的战争必不可免,清军南下仅是时间问题。从多尔衮方面说,追灭陕西李自成时,就急不可待地欲毕其功于一役,企图同时把弘光政权灭掉,只是李自成势大,不敢分兵南下,才延缓了对弘光政权的进攻。然而,弘光政权并没有充分利用这个有利时机来加强自己,反而陷入互相残杀的深渊而不能自拔。

本来,弘光小朝廷成立时,已在军事上做了南京防御的部署,那是完全针对农民军的,在议和谈判失败以后,才将防御对象事实上转移到清军方面来。因为大顺军和清军均来自北方,所以防御重点相应地放在长江以北,基本上是以淮河和长江为两道防线。顺治元年(1644)五月十三日,史可法提出了具体的防御设想:

> 从来守江南者,必于江北。当酌地利,急设四藩,以淮(安)、扬(州)、泗(州)、庐(州)自守,而以徐(州)、滁(州)、凤(阳)、六(合)为进取之基。兵马钱粮,皆听自行征取。而四藩即用黄得功、高杰、刘泽清、刘良佐为我藩屏。固守江北,则江南之人情自安。[①]

史可法说得很清楚,两道防线,淮河流域以进攻为主,长江北岸以守为主,所设四藩镇在此防御体系中起关键作用。军队所需钱粮,由各镇在自己的防区内自行解决。全部部署,兵力几十万,主旨在防守,看不出进攻的态势,为"实守之计",是想把敌人"御于门庭之外"的一套措施[②]。

史可法精心筹划,部署甫定,内争加剧,镇将亦起摩擦,直至大动干戈。崇祯时的阉党成员阮大铖与马士英相勾结,处处干扰破坏史可法等正直人士的事务,与之针锋相对,上《守江策》,本是不懂军事的胡说,竟当上"江防兵部"侍郎,晋为尚书。史可法请求兵饷,因马士英从中阻挠,迟迟无法落实。顺治元年底,清军攻取了邳州、宿迁,不久又退出,邳、宿为弘光政权所收复,但仍在危险中,史可法飞书告急。马士英见来书大笑不止。有人问他为何不以为然?他满不在乎地说:"你以为真有此事耶?不然,此史道邻

---

① 计六奇:《明季南略》卷一。
② 计六奇:《明季南略》卷一。

(史可法号)之妙用也。岁将莫(暮)矣,阳河将吏例应叙功;耗费钱粮,例应销算,盖为叙功销算计也。"①这是马士英无中生有,诬蔑史可法企图在年终时寻机邀功请赏。对如此重大的军情,一笑了之。其实卖官鬻爵,以"助饷"、"助工"为名,大肆搜刮民财的,正是权震内外的马士英一伙。当时有一首民谣说:"中书随地有,都督满街走;监纪多如羊,职方贱似狗;荫起千年尘,拔贡一呈首;扫尽江南钱,填塞马家口。"②

更严重的问题是,领兵将领内斗内战。顺治二年(弘光元年,1645)正月,驻睢州(今河南睢县)的总兵许定国在酒宴上诱杀兴平伯高杰。清军未南下,一员大将先死于非命。高杰部将起兵攻入睢州,大肆屠杀,许定国逃跑,投降了清朝③。史可法闻知这一惨剧,不禁哀叹:"中原不可为矣!"④与高杰有宿怨的黄得功乘高杰已死,派兵袭击扬州,把高杰的眷属全部杀掉。不久,左良玉起兵造反。他早年与马士英分属东林和阉党两个不同派别,受封为宁南伯。现同处弘光朝,表面和好,暗中作对。为西防大顺军,朝廷决定在今安徽无为县东南筑板矶城,左良玉认为是防他的;马士英裁他的军饷,激起强烈不满。恰巧有一北方人来江南,自称是崇祯帝的太子。左良玉认为是真的,马士英则说是假的。左良玉便利用这一事件,于顺治二年三月,以"清君侧"为号召,起兵讨马士英,焚武昌,率号称数十万军队,顺流而下。至九江,左良玉病死,其子左梦庚继续向南京进兵。就在左良玉出兵时,清朝向弘光政权发起了总攻。

顺治元年(1644)十月二十五日,多尔衮决策命豫亲王多铎率师下江南,发布对弘光政权的声讨檄文,号召南京等地文武官员向清朝"投顺";警告"抗命不服者,本身受戮"⑤。因为李自成大顺军发动反击,情况有变,暂停南下,临时决定多铎率军赴陕西,配合英亲王阿济格追击李自成大顺军。在完成既定军事计划后,多铎自西安还军赴河南,执行南下命令,进攻弘光政权。顺治二年二月八日,发布向南京进军的命令。顺治帝给多铎的诏令:

---

① 《青怜屑》卷上《崇祯长编》。
② 张岱:《石匮书后集》卷四八《马士英传》。
③ 张廷玉等:《明史》卷二七三《高杰传》,中华书局1974年版。
④ 张廷玉等:《明史》卷二七四《史可法传》,中华书局1974年版。
⑤ 《清世祖实录》卷一〇。

闻尔等破流寇于潼关,遂得西安,不胜喜悦。初曾密谕尔等往取南京,今既攻破流贼,大业已成,可将彼处事宜交与靖远大将军和硕英亲王等。尔等相机即遵前命,趋往南京。大丈夫为国建功正在此时,汝其勉之。①

三月初七日,清军分三路进兵:一路由多铎统率,出虎牢关(今河南汜水);一路由固山额真拜尹图指挥,出龙门关;一路由兵部尚书韩岱统领,出南阳路。三路军同趋归德(今河南商丘),所过州县皆下。四月初五日,自归德起程,十三日进至泗州,明军烧毁淮河桥逃跑。入夜,清军渡淮河,直趋扬州城。史可法曾精心策划以扬州为中心,联络江北四镇,构成一防御体系,现已被破坏殆尽。这时,为堵截左良玉兵,马士英调黄得功率兵前往芜湖镇守。刘良佐也调离,刘泽清大掠而东。史可法屡次向南京告急,要求速发援兵救扬州。但福王不听史可法的呼吁,只听马士英的摆布,将重兵调至长江上游以防左良玉,根本不顾及清兵的进攻。一些大臣也请求马士英加强扬州的守备。马士英坚决拒绝,说:"我君臣宁死于清,不可死良玉手!"

十七日,清军已至扬州城北,一部分清军至其城南。次日,兵临城下,进而包围了全城,四面围攻。史可法率全城据守。至二十四日夜,多铎命攻城诸将拜尹图、图赖、阿山等用巨炮轰城,城墙多次被击毁,又屡次被修复。二十五日,在孤立无援的情况下,扬州终被攻陷,史可法被俘,拒绝多铎的劝降,慷慨就义②。次年,他的家人找不到他的尸体,就将其衣冠葬于梅花岭。他的部将刘肇基守北门,也战斗到流尽最后一滴血。刘是辽东人,血洒南疆,堪称"忠烈"③。

从四月二十五日破城,至五月初五日,清兵在扬州城内留居10日,无日不杀人,故史称"扬州十日"。据一些史书载:"扬州士民死者尸凡八十余万"④。当时全城人口尚不到七八十万,何至杀了这么多人?此说不足为信。扬州是南京的门户,以弘光政权的实力,至少能坚守一段时间。结果内乱、内战严重地削弱了明军的防御能力,在关键时刻,从福王到马士英都不

---

① 王先谦:《东华录》顺治朝四。
② 张廷玉等:《明史》卷二七四《史可法传》,中华书局1974年版。
③ 徐鼒:《小腆纪传》卷二二《刘肇基传》。
④ 温睿临:《南疆逸史·史可法传》。

给一点支持和帮助,扬州岂能不败!扬州一破,南京岌岌可危。

五月初五日,清军进抵长江北岸。初八日晚,开始渡江,先取了镇江。南京城内已慌作一团,不是商量如何抵抗,却是准备逃或降。初九日,明江南守兵皆溃。到了半夜,福王朱由崧见大势已去,即带着后妃宦官共四五十人,骑着马,出通济门逃了。十一日,马士英也逃了。十五日,多铎身穿红锦箭衣,骑马进入南京城①。明总督京营忻城伯赵之龙率公侯驸马、内阁大学士、六部尚书等官僚 55 人降清;各级武官 86 人、马步兵共 238300 人皆降。赵之龙命南京城百姓家家设香案,用黄纸写"大清皇帝万万岁",又另写"顺民"二字,贴在门上。弘光小朝廷未及逃跑或欲降清的文武百官争先朝贺。据说,职名红揭堆至五尺高,凡十数处,求靠新主人②。

多铎入南京,贴了两张通告,一张是《大清叔父摄政王晓谕江南文武官员》,另一张是他本人的,叫《钦命定国大将军豫王晓谕南京官民》。两张通告的大意是:"福王僭号称尊,沉湎酒色……民生日瘁,文臣弄权,只知作恶纳贿;武臣要君,惟思假威跋扈。上下离心,远近仇恨。"③

再说福王朱由崧一行从南京逃出,奔太平(今安徽当涂),刘孔昭此时不认这个逃难的皇帝,不予接纳;又奔芜湖,投靠黄得功。已降清的刘良佐率军追来,射杀黄得功,劫夺朱由崧,献给了多铎④。当了一年皇帝的福王朱由崧,其实无福可言,只享乐一阵,就成了大清的阶下囚。4 个月后,被押送北京,次年五月,这个无用之物被处死。

清军入南京,迅速采取行政措施,改南京为江南省,设布政司,以应天府为江宁府。消除明朝旧迹,以树新朝形象。

弘光政权占地江南,疆域广大,财力雄厚,大都未经明末农民战火,更未经清军骚扰,经济状况好于北方。军事实力强大,总兵力达 50 万以上,或近百万,超过刚刚入北京的清军。南京为形胜之地,可进可退,可守可攻。朱元璋创建政权即以此为都,后明成祖朱棣迁都北京,这里称为陪都。明朝在

---

① 《清世祖实录》卷一六;邵廷采《东南纪事·江南闻见录》记为二十四日清军入南京城,今从实录。
② 邵廷采:参见《东南纪事·江南闻见录》。
③ 计六奇:《明季南略》卷四。
④ 计六奇:《明季南略》卷四《刘良佐挟弘光回南京》。

此的统治确属根深蒂固,且优秀人物辈出,治国治军皆不乏人才。弘光政权最有可能复兴大明,换言之,具备许多条件,即便不能全部恢复,也有条件与清划江而守,保江南半壁。然而,福王何其昏庸,岂有"中兴"之望?马士英、阮大铖狼狈为奸,陷害忠良,除了私欲,全无国家利益。昏君奸臣胡作非为,把大好形势丧失了,仅一年工夫,原有的一切都化为乌有,弘光政权如昙花一现,转眼间,消失得无影无踪。

清军渡江占据南京的天然形势,凭借攻灭弘光政权的巨大影响,为在江南继续歼灭其他南明政权,统一江南,奠定了可靠基础。

3. 鲁王唐王绍武覆亡

继弘光之后,又有鲁王、唐王、绍武、永历诸政权相继成立。弘光政权灭亡以后,明朝复兴的希望更加渺茫了。但残存的明朝后裔及忠于明的地主官僚抵抗派不甘心退出历史舞台,便假明朝旗号各建政权,但彼此不相顾,各维护本派的既得利益,结果被强大的清军各个击破,都落得一个覆亡的结局。这里分别叙述鲁王、唐王、绍武及永历政权的兴亡。

弘光政权灭亡后,浙江地区的拥明势力把鲁王朱以海推出来,拼凑成又一个南明政权,以"监国"为号。鲁王不直接称帝,大抵是由于他不属于明皇室嫡系。弘光帝朱由崧是明神宗的嫡孙,而鲁王是一个远支的藩王,其祖先是明开国皇帝朱元璋的第十子朱檀,封地在山东兖州,传到他这一辈已是第十代了。其兄朱以派以长子袭封鲁王,不幸于明崇祯十五年(清崇德七年,1642)清军攻破兖州时被俘,自杀身死①。朱以海则于崇祯十七年二月接替其兄,嗣位鲁王。明亡后,他随诸藩王南下,弘光政权命他移驻台州(今浙江临海)。弘光政权刚亡,举人张煌言受浙东地主及原明将吏委派,前往台州,请朱以海出来"监国"。顺治二年(1645)闰六月二十七日,迎立朱以海至绍兴,以分守衙门为"行在",就在这里成立了鲁王监国小朝廷。

扶立鲁王监国政权的主要有两股势力:一是尚未被清打垮或收编的原

---

① 张廷玉等:《明史》卷一一六《鲁王传》,中华书局1974年版。

明朝军队;二是当地的原明朝官吏、乡绅、诸生和他们组织的义军。他们的代表人物有:在弘光朝曾任兵部尚书的张国维,因与马士英不和,辞归故里;原吏科给事中熊汝霖、九江金事孙嘉绩、刑部员外郎钱肃乐,都以失权而奋起抗清,在各自的家乡组织"义军",把鲁王作为旗帜号召民众给予支持。政权成立,张国维、朱大典、宋之普等皆为大学士,方逢年以崇祯时首任内阁大学士也入阁。仿明朝中央官制,设六部,凡有身份地位并支持鲁王的都得到封赏,任命官职。马士英也逃到浙东,想入这个小朝廷,被张国维痛斥其误国十大罪,遂不敢来①。这个政权,只限于浙江的一部分,尚有点实力。

与鲁王监国政权同时,以郑芝龙、黄道周等地方实力派为首,在福建福州迎立唐王朱聿键称帝,年号"隆武"。论亲疏,与朱以海一样,朱聿键也是与皇室较远的一支藩王。其先祖朱桱,为朱元璋第二十三子,封为唐定王,封地南阳。论辈分,他长于朱以海一辈,两人是叔侄关系。朱聿键于崇祯五年(1632)嗣立为王。九年八月,清军突入长城,骚扰京师近畿。他"倡义勤王",没经允许,擅自率护卫军北上京师,以助抗清。行至豫州,被崇祯帝严令禁止。此举违背祖制,又抗违现皇帝的诏命,加谋叛罪,将其废为庶民,发配到凤阳,囚于高墙。至崇祯十七年,明亡,福王在南京称帝,才把他放出来,没有恢复故爵,封为南阳王,安置在广西平乐府②。顺治二年(1645)五月弘光被清军灭亡时,朱聿键尚未去广西,却逃到了杭州。镇江总兵郑鸿逵认为朱聿键可以利用,派人把他护送到福建,并与南安伯郑芝龙、巡抚都御史张肯堂及礼部尚书黄道周等,共同捧出朱聿键,于闰六月七日,监国于福州③。20天后,在郑鸿逵的坚持下,朱聿键祭告天地、祖宗,正式即皇帝位,建元"隆武",改福州为天兴府,以布政司衙门为行殿。郑芝龙、郑鸿逵皆晋爵为侯,郑芝豹封为澄济伯,郑彩为永胜伯。郑芝龙之子郑森,赐姓朱,名成功,他就是著名的郑成功。郑氏家族控制了唐王政权。

鲁王与唐王政权,一个在浙江,一个在福建,如同邻居,近在咫尺,却互不信任,更谈不上合作,相反,矛盾尖锐,相互倾轧,削弱了自身实力,其失败是必然的。

---

① 张廷玉等:《明史》卷二七六《张国维传》;参见计六奇:《明季南略》卷五《鲁王监国》。
② 温睿临:《东南纪事》卷一《唐王聿键》。
③ 徐鼒:《小腆纪传》卷三《隆武》。

鲁王监国初期,颇有一点起色,收复了富阳(今属浙江)等地。监国当年十月中旬前后,与清军大战于钱塘江上。清军已占领了杭州,方国安、张国维、王之仁等鲁王的将领发起了进攻,清浙闽总督张存仁、总兵田雄率军亲自上阵。结果,清兵大败回城,明兵追至草桥门,因暴雨突降而止。如是数日,终因暴雨连绵,未破杭州。有人评论说:"清兵南下,至兖,至豫,至淮,至扬,以及入金陵,下苏、杭,所至逃降,莫敢以一矢相抗者。至是而始与之战,战而且捷,真三十年来未有之事!"①

这一良好的局面并没有持续多久,很快陷入内外交困的险境。首先,兵力和粮饷不足。鲁王有多少军队?没有明确记载,只知受封为荆国公的方国安有军队10万,其他将领的军队不会超过他。饷源不足,如"宁波、绍兴、台州三郡田赋,不能继,恒缺食"②。当地百姓连富户也"以助饷受累"③。特别是当地乡绅及诸生组织的"义军",不能与正规的官军平等领粮饷,积极性受到严重打击。其次,内部人心不一,唐王与鲁王两政权相互拆台,各受伤害。如唐王和他的谋臣算计吞并鲁王政权,曾派使刘中藻到浙东颁诏,鲁王政权中一些人想奉诏,以投靠更有势的唐王政权,致使鲁王政权上层人心涣散。更为恶劣的是,奸贼马士英到方国安处栖身,极力挑拨,破坏唐王与鲁王本已僵持的关系。这是鲁王监国第二年三月,唐王派陆清源为使,前来方国安军中犒师,显然是行拉拢之计。马士英便唆使方国安斩杀陆清源,并发布檄文,"数隆武罪",进一步挑起"浙闽水火"。张国维不禁叹息:"祸在此矣。"至六月,隆武政权进行报复,也斩鲁使。"两国自残而敌乘之以入",使先前的一切努力"付之东流"④。

五月二十日,清摄政王多尔衮授贝勒博洛为"征南大将军",率所部抵达杭州,在钱塘江北岸立营,用大炮轰击方国安营寨,其厨房锅灶也被击中。他身为鲁王的总兵官已无意对抗,想投唐王,因为唐王早就私下招用他,他以为入福建必得大用,即使不成,亦可退入滇、黔。至二十七日夜,方国安悄悄拔营而走。但他并未去福建投唐王,而是直趋绍兴,率马士英、阮大铖的

---

① 计六奇:《明季南略》卷五《清兵大败》。
② 张廷玉等:《明史》卷二七六《钱肃乐传》,中华书局1974年版。
③ 张岱:《石匮书后集》卷四〇《张国维传》。
④ 计六奇:《明季南略》卷五《浙闽水火》、卷六《王之仁击清兵》。

军队,劫持鲁王南行,准备降清。次日,钱塘江上诸军知方国安部逃走,也一哄溃散。惟有王之仁一军未散,但孤军难支,亦于二十九日退还宁波。张国维率部追鲁王去了。鲁王在钱塘江全线瓦解。博洛向多尔衮报捷称:"大军五月二十日抵杭州,适贼兵营于钱塘江东岸,绵亘二百里,舣舟江上以待。我军未具舟楫,不能渡。忽见江沙暴涨,水浅可涉,遂会固山额真图赖等策马径渡,分兵往击之,伪国公方国安望风胆落,尽弃战舰急趋绍兴,携伪鲁王朱彝(以)垓(海)遁台州,大军奋力追剿,屡获全胜,擒伪总兵武景科等,斩获甚众,江东底定。"①博洛所报,大体符合实际情况。

清军是在六月初一日渡过钱塘江的,当日攻占绍兴。马士英、阮大铖与方国安逃离绍兴,本欲以鲁王作为降清的晋身之阶,因看守忽病,鲁王趁机逃脱。张国维追鲁王至台州,未能同行,后回家乡,兵败投园池自杀②。朱大典守金华,死守3个月,已降清的方国安为清军冲锋陷阵。城破时,朱大典举火自焚,其子与爱妾拒降,皆以死为明尽忠③。

鲁王朱以海逃经舟山,入福建,再到厦门、南澳(今广东南澳,处海中),都不能立足,最后在长垣暂栖身。

唐王隆武政权,仅坚持年余而亡。隆武初立,尚集聚了一大批有实力的人物,凡有声望的旧臣包括南京弘光政权被排挤出来的人如姜曰广、高弘图等都加盟该政权。辖地也大于鲁王政权,除福建,远至两广、湖广、云贵、四川等省区都在它的管辖之下。关键是这些地区的原明封疆大吏及地方的实力派,还有江南抗清势力的领袖,都承认并拥戴唐王的最高统治地位。这是鲁王监国所无法相比的。而且,唐王朱聿键颇有作为,志在复兴,时刻以励精图治、匡复祖业为念,欲有所为。当时人和后世史家对他多给予肯定的评价,亦多寄同情之心。有人说:唐王"英才大略,不能郁郁安于无事"④,大体反映了人们的共同看法。我们从他即位后亲自执笔下登极、分封、亲征三诏,可以想见他的为人。其登极诏说:

---

① 王先谦:《东华录》顺治三年六月丁酉。参见计六奇:《明季南略》卷六《方国安夜走绍兴》、《浙师溃散》。
② 计六奇:《明季南略》卷六《张国维赴园池》。
③ 翁洲老民:《海东逸史》卷四《朱大典传》。
④ 黄宗羲:《行朝录》卷一《隆武纪年》;参见南炳文:《南明史》,南开大学出版社1992年版,第142页。

> 朕以天步多艰,遭家末造,忧劳监国,又阅月于兹矣。天下勤王之师,既已渐集,向义之心,亦以渐起,匡复之谋,渐有次第。朕方亲从行间,鼓舞率励,以观厥成。而文武臣僚,咸称"萃涣之义,贵于立君;宠绥之方,本乎天作。时哉不可失,天命靡不胜。"朕自缺然,未有丕绩以仰对上帝,克慰祖宗,则临安息辔,遵让无期,大小汎汎,如河中之水,朕敢不黾勉以慰众志而副群望。①

与一般官样文章不同,此文写得声情并茂,较为真实地表达了这位称帝的新君的理想追求。

朱聿键称帝时,清军刚刚渡江取南京、杭州,而在沪宁杭地区,各地抗清斗争风起云涌,如江阴城军民坚决抵制清朝的剃发令,提出"头可断,发不可薙"的口号,在新旧典史陈明遇、阎应元的领导下,从顺治二年(1645)闰六月初至八月末,坚守3个月,给予清军以重大杀伤②。嘉定也从闰六月开始,不惜流血牺牲,同前来围城的清军展开浴血奋战③。清军攻昆山,也遭到了当地军民的坚决抵抗,知名人士顾炎武也参加了抗清的战斗。八月,清军攻松江,原明将吏动员民众和明军,进行了坚决的反击。可惜各地的抗清斗争缺乏统一的领导,各自孤立作战。新成立的隆武政权,既没有统一组织领导,更没有任何具体的支援,任凭清军将这些抗清力量各个歼灭。从弘光、鲁王监国到隆武,都是完全脱离民众的抗清斗争,没有充分利用他们的力量来壮大自己的实力。隆武与鲁王监国各行其是,当隆武向鲁王下达手诏时,遭到严词拒绝④。彼此不配合,更难同心戮力,不惜相互攻击,形同水火,轻易地被清军各个击破。特别是内部矛盾重重,同样政治腐败。例如,大学士封了30余人,做实际事的人少,权力高度集中在郑芝龙与其弟郑鸿逵等手握重兵的郑氏集团之手。唐王的皇后曾氏干预政事,影响唐王,所谓"内溺曾妃,外牵郑氏",故"识者已知其不能成大功也"⑤。

清军进逼,形势极为严峻。掌握兵权的郑氏不愿出战,他们只想获得或

---

① 徐鼒:《小腆纪年》卷三《隆武》。
② 计六奇:《明季南略》卷四《江阴纪略》。
③ 夏燮:《明通鉴》附编卷二下。
④ 徐鼒:《小腆纪传》卷四○《熊汝霖传》。
⑤ 夏燮:《明通鉴》附编卷二下。

保持个人的权势,对于隆武的兴亡毫无兴趣。郑芝龙,福建南安石井人,早年从事海盗生涯,往来于日本等地,娶日本女子为妻。崇祯时,接受招抚;弘光时,官至总督、总兵等职。但他仍独霸海上贸易,谋取暴利,"岁入以千万计,富拟于国"。这个集官僚、盗贼和军阀于一身的人,没有什么正义可言。当他与其弟拥戴唐王后,其郑氏集团便主宰了这个政权,将唐王置于傀儡的地位①。

隆武政权"战守机宜悉芝龙为政"。他"借征钱粮,大鬻官爵"。在军事上,唐王屡次催他出师,他不得不做做样子,命将出战。然而,"每云饷乏,终无一兵出关(指仙霞关)也"②。顺治三年(1646)正月,唐王命郑鸿逵率师出浙东,命郑彩为副元帅出江西。可是,"既出关,不行,未几称饷绝而还"③。郑氏集团就是这样以"缺饷"等为口实,或拖延,或刚出师即返回。所谓议战守,几无实际可言。郑氏集团无意出师,引起正直大臣的义愤。黄道周,福建漳浦人,明天启进士,才学高深,为人敢言,崇祯时得罪皇帝被贬归家。至隆武政权立,才被请出来,唐王待之以礼,尊敬特甚,用为武英殿大学士,一度位居首辅。此时,他"愤郑氏无出师意",不肯为复兴明朝出战,便自请赴江西募兵。唐王批准,他于隆武元年(1645)七月出发,唐王给他"空札百函",以为可得粮饷供应。实际上,他的旨意根本行不通。尽管困难重重,这位大学者在途中仍得到远近响应,收"义旅"9000余人。他由广信(今江西上饶)出衢州(今浙江衢州),十二月进至婺源(今属安徽),本计划进攻徽州(今安徽歙县),但遭遇降将提督张天禄率清兵来战,兵败被擒,所部皆溃④。黄道周被押往南京,清朝方面希望他投降。身任江南招抚之任的洪承畴,一心想保留他这同乡的性命,条件还是降顺。黄道周断然拒绝,如所书:"纲常万古,性命千秋;天地知我,家人何忧",已表明他矢志忠于明朝,决不降清。清朝无法改变他的意志,遂于次年三月将其处死⑤。

唐王朱聿键眼见郑氏主要是郑芝龙不肯出力,而黄道周又以失败告终,

---

① 黄宗羲:《行朝录》卷一《隆武纪年》。
② 仙霞岭上设关门,称仙霞关,处福建、浙江、江西三省交界处,尤为福建的战略通道。
③ 杨陆荣:《三藩纪事本末》卷一,中华书局1985年版,第7页。
④ 瞿共美:《天南逸史》,《岭表纪年》,浙江古籍出版社1985年版,第257页。
⑤ 计六奇:《明季南略》卷八《黄道周不屈》。

他无法安坐小朝廷而无所事事,便决意亲自出征,发下出征的诏书,向臣民通告他即将出征的消息。但为郑芝龙所阻,未能成行。郑芝龙的势力在福建,正可以挟唐王以号令一切,倘若唐王离福建,他的指令乃至影响都将失去作用,所以,他拼命阻挠唐王出征。

这时,原明崇祯朝及弘光朝均任要职的杨廷麟与万元吉等占据江西大城赣州,实力较雄厚,邀唐王入赣。唐王晋升杨廷麟为兵部尚书兼东阁大学士,万元吉为总督兼巡抚。唐王决定"出汀州入赣",又遭郑芝龙阻挠,他甚至动员"省中人数万,呼拥请还"。唐王不得已,只好"驻跸剑津"①。隆武二年(1646)四月,唐王声明:"宁进死,不退生!"坚决不肯回福州②。然而,赣州明军与清军战斗4个多月,已于上年十月初四日被清军攻破,杨廷麟投水死。江西抗清失败。

隆武二年(1646),湖北、江西、安徽、浙江等地隆武政权的抵抗连连受挫,浙东地区失守,福建就摆在了清军面前。清朝对原明将吏除了军事解决,还采取招抚之策,许以诸多优厚条件,招诱他们投降。还在顺治二年闰六月,多尔衮派原明重臣洪承畴,以兵部尚书等职总督军务,招抚江南各省③,黄熙允负责招抚福建。他们都是郑芝龙的同乡,即以高官厚禄诱郑芝龙投降。郑一拍即合,立即表态:"倾心贵朝,非一日也。"他愿协助清军入闽,畅通无阻④。于是,郑芝龙欺骗唐王,以征海寇为名,率军离福州。同时,他下令撤去了守仙霞关的明兵。

八月,清征南大将军贝勒博洛命固山额真图赖为先锋,从广信、衢州分两路进军福建。清军至仙霞关,不见明军守御,从容过岭过关。二十一日,唐王知仙霞不守,自延平出奔。二十四日,清军进入延平。唐王携宫眷逃向汀州(今福建长汀)。清护军统领阿济格、尼堪、杜尔德及明降将李成栋率部分兵力追赶。二十八日,追至汀州,将唐王和皇后曾氏俘获,斩于汀州府堂。唐王一死,隆武政权亦亡,清军以破竹之势,入泉州而福州,而漳州,至十二月,"福建悉平"。据报:清入福建,共取胜20余阵,降总兵20员、副将

---

① 计六奇:《明季南略》卷八《隆武驻建宁》。
② 陈燕翼:《思文大纪》卷五。
③ 赵尔巽等:《清史稿》卷二三七《洪承畴传》,中华书局1977年版。
④ 计六奇:《明季南略》卷八《郑芝龙降清》。

41员、参将游击72员、马步兵68500余人①。

隆武政权灭亡后,郑芝龙又与清将博洛讨价还价,遂于顺治三年(1646)十一月中旬至福州,正式降清。博洛所许授予闽广总督官职未兑现,按朝廷旨意,将他送往北京,一去不复返。其子郑成功坚决反对投降,遂率部入海。

隆武政权不复存在,其中许多将吏又投向鲁王监国政权,一时间,人才多聚,鲁王颇有兴盛之势。如以熊汝霖为东阁大学士、张煌言为右佥都御史,封郑彩为建国公、张名振为定西侯、杨耿为同安伯、郑联为定远伯、周瑞为闽安伯,等等。刘中藻原为唐王臣属,现转到鲁王这边,授为兵部尚书兼东阁大学士。有了这批人的辅佐,鲁王政权的日子一度好过些。从鲁王入闽到监国三年(1648)三月,"先后克获建宁、邵武、兴化、福宁三府一州,及漳浦、海澄、连江、长乐等二十七县,温(州)、台(州)响应,军事颇振"②。这是鲁王政权存在期间在福建沿海取得战果最多的时期,给人们带来了某些希望。

然而,这种兴盛的局面并没有维持多久,很快因内部矛盾重重,外部清军强攻而丧失。鲁王朱以海身处"敌在门庭,朝不及夕"的险境中,不以救亡图存为念,却怀"深宫养优之心",无所作为,"颇安逸乐"③;外戚张国俊专权,从隆武政权投过来被封为建国公的郑彩跋扈,他们全不为国家利益着想,只知追欢逐乐,败坏风气。兵部尚书钱肃乐强烈批评说:他们"满目太平,燕笑漏舟之中,回翔焚栋之下"④。清朝方面却加大进攻的强度:调两广、江浙之兵分路进攻福建。其闽浙总督陈锦与靖南将军陈泰攻占建宁,擒斩了郧西王朱常潮等⑤;攻兴化,大学士朱继祚、参政汤芬等皆被杀。鲁王监国政权已得的府、州、县复失殆尽⑥。靖南将军陈泰向朝廷报捷说:"福建

---

① 《清世祖实录》卷二九;徐鼒:《小腆纪年附考》卷一三;赵尔巽等:《清史稿》卷二三五《图赖传》。
② 徐鼒:《小腆纪传》卷七《监国鲁王》。
③ 全祖望:《鲒埼亭文集·庄太常传》。
④ 徐鼒:《小腆纪年附考》卷一一。
⑤ 王先谦:《东华录》顺治五年四月。
⑥ 徐鼒:《小腆纪传》卷七《监国鲁王》。

二府一州二十九县,先为贼踞,臣等领兵剿杀,俱已恢复,安设官兵,全闽底定。"①

鲁王已在福建失去立足之地,被他的一个忠实支持者张名振迎至浙江健跳所,再转移到舟山岛。顺治八年(鲁监国六年,1651),清总督陈锦率军从海、陆大举进攻。双方展开了激烈的交战,至九月初一日,舟山城破,为清军所占。对鲁王监国政权来说,此战是一次决定性的大战,无法再在浙江安身,又转而赴厦门,投向郑成功,求其庇护。但郑成功只拥奉成立不久的永历政权,不承认鲁王监国政权。鲁王朱以海无事可干,真的成了个孤家"寓公"。这表明,鲁王政权名存实亡。顺治十年(鲁监国八年,1653)三月,鲁王朱以海"自去监国号,奉表滇中",即永历政权,标志鲁王监国政权正式宣告结束。在郑成功的庇护下,鲁王辗转到过金门、南澳、澎湖等地寓居,于康熙元年(1662)十一月死在台湾②。

在南明诸政权中,最短命的小朝廷,就是绍武政权,从建立到覆亡,只有一个半月时间。其政权之成立,亦如同儿戏,是一帮原明朝地方大吏、军阀、士绅上演的一出闹剧。

绍武政权的当政者朱聿𨮁,是唐王朱聿键的四弟。朱聿键当了隆武皇帝,把唐王的爵位让给了他。顺治三年(1646),隆武政权垮台后,朱聿𨮁到了广东。十月,明朝另一个藩王朱由榔于广东肇庆监国。原隆武政权经略江西、湖广的大学士苏观生,当唐王死于汀州时,正在南安(今江西大余),后退入广州。恰在此时,朱聿𨮁与隆武政权的大学士何吾驺也到了广州,于是,苏观生与何吾驺等原明朝官吏于十一月二日拥立朱聿𨮁为帝,年号"绍武",以广州都司署为行宫③。苏观生封为建明伯,掌兵事;关捷先为吏部尚书,与顾元镜、王应华、曾道唯等并拜为大学士,分掌各部。仅几天时间,封官加爵达数千人,匆忙中治宫室、服舆、卤簿,来不及制备冠服,都借自演戏的优伶④。

从血缘关系论,绍武继隆武为"兄终弟及",无可怀疑,但立国于肇庆的

---

① 王先谦:《东华录》顺治六年四月。
② 翁洲老民:《海东逸史》卷二《鲁监国》、卷一三《张煌言传》。
③ 计六奇:《明季南略》卷九《广州立绍武》。
④ 张廷玉等:《明史》卷二七八《苏观生传》。

桂王政权遣使至广州,斥责苏观生另立朱聿𨮁之失,苏观生大怒,斩杀两使,引发朱氏两政权的战争。绍武失败,又招海盗数万人,于十二月二日在海口激战,打败了桂王的军队。两政权的残杀,突出地反映了南明政权是何等腐败!他们对清军时刻可能到来都不为备,十二月十五日,当清军已逼近广州时,苏观生不信,还斥责说:"湖州昨天有报,何以来得如此之急?有敢妄言惑众者斩!"直到清军已进入广州城东门,苏观生才开始召集将吏进行战斗。然而,为时已迟,苏观生只好闭门自缢而死。朱聿𨮁换装到王应华家藏匿,王应华怕连累自己,不收纳,被迫往城外逃跑,被清骑兵追获。清将杜永和派人送饭,他拒绝进食,给水也不喝,遂投缳自缢而死。在广州的明室周王、益王、辽王等十六王皆被杀。何吾驺、王应华等降清①。统率清军的两广总督佟养甲和提督李成栋消灭了绍武政权,占领了广州②。

鲁王监国、隆武、绍武三个小朝廷相继覆亡,最后仅剩一个永历小朝廷还在顽强地支撑着,成了清朝攻击的最后一个目标。

4. 最后亡永历

南明历时最久的是继弘光、隆武之后的永历政权。这个政权在极其艰难的情况下,顽强地支撑了15年,而清朝也与之战斗了15年,付出了重大的代价。

永历帝,明神宗之孙,桂王朱常瀛的第四子,名由榔。桂王封在衡州(今湖南衡阳)。崇祯十六年(1643),张献忠率农民军攻占了衡州,其长兄与二兄被处死,父常瀛携眷逃到广西,住在梧州。不久,父亲与三兄相继去世,由榔成了桂王唯一的继承人。隆武帝以朝廷的名义,同意他袭封桂王爵。顺治三年(1646年)八月,隆武政权灭亡,两广总督丁魁楚、广西巡抚瞿式耜、巡按王化澄及旧臣吕大器、李永茂等相聚于广东肇庆,共议朱由榔监国。他们去梧州迎朱由榔,其母王太妃极力劝阻,说:"此大事,恐不胜任,

---

① 张廷玉等:《明史》卷二七八《苏观生传》,中华书局1977年版。
② 《行在阳秋》卷上;杨陆荣:《三藩纪事本末》卷二《李成栋平粤东》。

愿先生更择可者。"但丁魁楚等坚请,其母无可奈何,朱由榔遂被接到肇庆,于顺治三年十月初九日监国,十八日即帝位①。朱由榔时年24岁,以当年仍称隆武二年,表示与隆武帝的统续关系,改明年为永历元年②。任命丁魁楚为东阁大学士兼戎政尚书、吕大器为东阁大学士兼兵部尚书、瞿式耜为大学士兼吏部右侍郎,其余新旧大臣分别授予各级官职③。一个新的南明政权又建立起来了。与此同时,苏观生等在广州拥立唐王监国,号"绍武"。于是,"二百里内立两帝,自树内鲠,三百年国纪,人披其叶,而我刘其根矣"④。

永历政权建立时,清朝已推进至浙江、福建、江西、湖北等省,它所控制的地区仅限于广东、广西、云南、贵州和四川等地的一部分。如果从大局出发,绍武政权不当立,与永历政权合而为一,亦能增强同清朝对峙的实力。永历帝遣兵科给事彭耀赴广州,说服绍武归并于永历,反复宣示"正统所在"。苏观生不听,将彭耀杀死,即日遣兵问罪肇庆。永历的兵部右侍郎林佳鼎率部出战,与绍武兵相遇于三水(广州与肇庆之间),绍武兵被击败,又被迫至海口,奋力反击成功,永历兵"全军俱覆",林佳鼎等"同死于水"。正准备命将再战,清军突入广州,俘虏绍武帝,苏观生自缢⑤。

这两个政权初立,不以国事为重,为争名分和正统,不惜兵戎相见,大搞内耗。由此已见明末官僚之腐败,朱氏宗室子孙不足成大事。绍武实力远不及永历,很快为清所灭,实则自取灭亡,是不足惜的。

清朝对南明政权的基本政策,没有别的选择,就是武力消灭,凡俘获的南明诸政权皇帝及朱氏宗室诸王必杀,不留活口,不贻隐患。换言之,朱氏子孙成了宰割或消灭的主要对象。这在扑灭弘光、隆武、绍武政权的过程中,都说明了它的基本政策的一致性。绍武亡后,永历就是南明唯一的政权了。清的基本政策不变,仍以武力为主要手段,从军事上把它彻底打垮。当然,也伴以"招抚",使之接受条件,向清朝投降。这一政策也取得了显著

---

① 见鲁可藻:《岭表纪年》卷一;钱澄之:《所知录》卷二;瞿共美:《天南逸史》第264页。
② 各书记载朱由榔监国与即帝位时间不一,此依黄宗羲《永历纪年》。
③ 计六奇:《明季南略》卷一二《永明王始末》。
④ 瞿共美:《天南逸史》,第265页。
⑤ 钱澄之:《所知录》卷中《永历纪年上》。

成效。

　　顺治三年(1646)五月,恭顺王孔有德奉诏,率所部会于京师。八月,授孔有德"平南大将军",率怀顺王耿仲明、智顺王尚可喜及续顺公沈志祥、右翼固山额真金砺、左翼梅勒额真屯泰等大将,统率全军"南征"。命湖南至江西赣南入广东"诸将悉受有德节制"。是时,明湖广总督何腾蛟驻湘阴(今湖南湘阴),其他诸将李赤心、黄朝宣、刘承胤、袁宗第、王进才、马进忠等"分屯湖南北,号十三镇"①。当孔有德率大军到达时,双方展开大战,争城夺地,战斗激烈。

　　当孔有德军至湖北,降清的李成栋攻占了广州,绍武政权覆亡。广州距肇庆甚近,不过二三百里。清军占领广州,对近在咫尺的永历政权已构成严重威胁,清军进攻的目标,无疑首选肇庆。永历帝惊惶失措,急忙与臣属逃离肇庆,到达梧州,在此暂住,于次年即永历元年正月入居桂林。永历政权撤走之后,清军接踵而至,肇庆、梧州相继陷落。留守肇庆的广东巡抚朱治㶏被逼剃发,守梧州的广西巡抚曹日烨降清;辅臣丁魁楚离弃永历帝,自去岑溪,李成栋将其追获,连其家属仆从数百人全部斩杀②。接着,清军攻陷平乐,逼近桂林,永历帝怯懦,听信太监王坤的话,弃粤赴楚。瞿式耜坚持不可,指出:"上留则粤留,上去则粤亦去。"永历帝及随行人员到底去了全州,瞿式耜以文渊阁大学士兼吏、兵二部尚书留守桂林。

　　永历帝离桂林而去,一些官员为之恐慌,总督侍郎朱盛浓、巡按御史辜延泰、布政使朱盛澜、副使杨垂云、桂林知府王惠卿等都未战先逃,只有瞿式耜及总兵官焦琏等少数地方官愿留下,誓与城共存亡。当清军进攻的警报传来,"桂林虚无甲兵,只调来焦琏率所部300骑守桂林"③。

　　三月十一日,李成栋部清军数万自平乐进入桂林境内,有数十骑突入文昌门,迅即登城楼。瞿式耜急呼焦琏应战。焦琏骁勇善战,来不及披甲,袒臂控弦提刀,先挽弓射倒清军数人。清骑下城,短兵接战,焦琏斩杀多名清骑。所部300人尚不知清骑入城,刚吃完饭,关闭了城门,清骑不得出,绕城乱窜。焦琏率300人"大呼杀出",直冲清军大营,无不以一当百,喊声震

---

① 赵尔巽等:《清史稿》卷二三四《孔有德传》,中华书局1977年版。
② 钱澄之:《所知录》卷中《永历纪年上》。
③ 以上见瞿共美:《天南逸史》,第270页。

天,杀伤清军数千,追逐数十里。清军退至阳朔①。保卫桂林,永历将士初战告捷。

3个月后,约在五月下旬,又发生了第二次桂林之战。此前,驻武冈总兵官刘承胤奉永历帝之命,发兵数千前来桂林增援。但刘部将吏"挟饷不出兵",瞿式耜搜尽库藏,又"捐囊万金",甚至其夫人邵氏又把自己的簪珥数百金献出来,犹不能满足他们的要求,还跟焦琏部将士不和,竟然"哗变击斗,掠市而去"②。

清军侦知桂林城内兵变,防守空虚,由镇抚耿献忠、屠垺鳌率领,从平乐、阳朔出动兵力数万,"蜂拥而至"③。五月二十五日,直抵桂林城下,环攻文昌门,城内"吏士皆无人色"。瞿式耜与受伤的焦琏分门把守。瞿式耜用大炮击杀清军,迫使其稍稍退却。次日晨,焦琏等未及吃早饭,身先士卒,开城出战,击其无备,直至中午,已击杀清军数千。二十七日,再次出战,士气百倍,清军"大败,尽弃甲仗而奔走"。还有一路清军,自栗木岭来,不知阳朔、平乐来的清军已败,仍然进兵,明将马之骥疾驰渡江,一举击败,又追杀了20里而还④。

两次桂林战役,以后一次规模较大,战况激烈。这大概是清军入关以来,主要是渡江以来,明军所取得的最好的战绩。清军受到打击,延缓了继续进兵的速度,为永历巩固政权提供了条件,特别是极大地鼓舞了当地士民将吏,对前途增强了信心。焦琏等趁桂林战胜,于八月初直取阳朔,攻下平乐,收复贺县、富川;陈邦傅又由宾州、柳州而复浔州、梧州等地。"全粤粗定"⑤。广西暂时变成了永历政权的天下。

在顺治四年(1647)下半年,永历政权的形势一度好转,处境明显改善。但此时永历帝却被刘承胤所控制,他因派兵入援桂林而受封为安国公。为

---

① 瞿共美:《天南逸史》,第271页。
② 钱澄之:《所知录》卷中《永历纪年上》。
③ 明人记清与南明史事,多不具体记录清军将领或统帅姓名,往往以"北兵"称之。此次桂林之战,《所知录》记明将具体,记清将则以"北兵"代之。《天南逸史》则明记孔有德、耿仲明、尚可喜率军攻桂林。此记不确。查《清史稿》孔有德、尚可喜传,顺治四年南征湖南,并未载攻桂林之事。攻桂林的清军来自阳朔、平乐等处,为李成栋部。
④ 钱澄之:《所知录》卷中《永历纪年上》;瞿共美:《天南逸史》,第273页。
⑤ 钱澄之:《所知录》卷中《永历纪年上》。

达到独揽朝廷大权的目的,他挟持永历帝到他的地盘武冈(今属湖南)去。瞿式耜多次上疏,力劝永历帝切勿去武冈。永历帝受其劫持,遂转移至武冈,改武冈为"奉天府",一切政事皆决于刘承胤。

这时,清军在湖南进展颇为顺利。在孔有德的指挥下,有耿仲明、尚可喜、沈志祥等辅佐,连连击败"十三镇",取长沙、湘阴、湘潭、衡州、祁阳、宝庆等地。原隆武政权的督师何腾蛟、原李自成的大将归服隆武并受封为南安侯的郝永忠等率部万余骑,自湖南退到广西,入桂林,永历政权予以接纳,声势颇振。

孔有德已知永历帝驻武冈,谋划偷袭,于夜间自宝庆出兵,直趋武冈,八月二十五日,突至城外。永历帝闻讯,仓皇出逃,前往靖州(今湖南靖州县)躲避。刘承胤没有逃,将城连同自己都献给了清军。他并没有获得好下场,孔有德以他卖主求荣,仍然把他杀了①。吏部尚书兼东阁大学士李若星、兵部左侍郎傅作霖等人,都在武冈被俘,拒绝剃发降清,均被杀害。还有朱氏宗室岷王以下,连亲属共70余人,孔有德设宴招待,至"半酣"时,全部处死②。

永历帝逃往靖州,孔有德派巴牙喇纛章京线国安等追击。明总兵萧旷、姚有性有兵1.2万人,共守靖州。清军兵临城下,夺门而入,俘获萧旷、姚有性等。永历帝又逃出靖州,逃向柳州(今广西柳州),随扈大臣只有马吉翔,不久,其他重要官员才陆续聚于此地。

孔有德再派出梅勒章京蓝拜攻略黔阳(今湖南境)、沅州等地,明将张宣弼率3万人出战,清军轰击,力克沅州城(今湖南芷江)。孔有德在向朝廷的报捷书中称:"自出师至此,凡获明宗室桂王子尔珠等二十七人,降明将自(刘)承胤以下四十七人、偏裨二千余人、马步兵六万八千有奇。"为此,朝廷奖励孔有德黄金250两,奖给尚可喜、耿仲明黄金各200两,奖沈志祥黄金100两,其他将士各按军功等次奖赏③。

至顺治五年(1648)春,清军又进克辰州(今湖南沅陵)等。至此,"湖南诸郡县悉定",进而又取得贵州黎平府(今仍称黎平)、广西全州。这些地区

---

① 钱澄之:《所知录》卷中《永历纪年上》。
② 鲁可藻:《岭表纪年》卷一,第43页。
③ 赵尔巽等:《清史稿》卷二三四《孔有德传》,中华书局1977年版。

如沅州、黎平、全州等，皆处湖南、广西、贵州交界处，故攻取不难。孔有德又招降铜仁、全州、兴安、灌阳"苗峒二百九十有奇"，俘获明宗室荣王之子朱松等40余人，以及所属总兵以下"诸将吏甚众"。孔、耿、尚三王基本完成了在湖南的使命，奉命班师，结束了这次为期近两年的军事行动。朝廷给他们三人更优厚的奖赏①。

孔有德略湖广，隆武政权及李自成农民军余部被逐出湖南，进入广西，与永历政权相会合。在广西，还是永历政权占据统治地位，但处境仍很困难。北有湖南清军，南有广东清军，广西处其中间，压力甚大。孔、耿、尚撤离湖南后，使永历政权有了一个重大的转机，这就是永历二年(1648)四月②清广东提督李成栋公开叛清归明。他原为明兴平伯高杰的将领，镇守徐州，清军攻取南京时，李成栋降清。降清后，李成栋随征福建，然后挥师进粤，灭绍武政权。清得广东，李成栋功最大。但朝廷仅授予左都督衔，提督广东总兵官，而佟养甲在他之上，任命为两广总督，李受其节制，心中不平。还在正月二十七日，江西提督金声桓与部将王得仁在南昌举兵叛清，"反正"归明。金声桓本系弘光政权南宁侯左良玉部将，弘光政权亡时降清。因不满于朝廷对他封赏不公，加之上司江西巡抚、巡按等对他们的种种欺凌与勒索，遂决意叛清，逮捕巡抚章于天，传檄远近，江西全省归南明，惟赣州守将不叛③。消息传到广东，对李成栋无疑是一巨大鼓舞。永历政权的存在，在湖南、贵州、广西与广东部分地区的顽强战斗，还有民众的抗清斗争此起彼伏，又使他看到了某种希望，激起回归明朝的感情。他与养子李元胤、署广东布政使袁彭年密商大计时，表达了他的思想感情："吾辈因国难至此，然每念之，自少康至今三千余年，正统之朝，国祚中绝，必有继起而兴者。本朝(指

---

① 赵尔巽等：《清史稿》卷二三四《孔有德传》、《尚可喜传》，中华书局1977年版。
② 李成栋叛清归南明的时间，各书记载不一。如《明季南略》记为顺治五年(永历二年)四月初十日；《所知录》记四月初十日闻成栋"反正"，是其事之发生必在四月十日前，明记为"三月十七日黎明"；《爝火录》记为三月十七日，是其举事之日；《永历实录》记为六月，《安龙逸史》亦记为六月；《岭表纪年》则记为"闰三月十五日"，"反正"后，改四月为闰三月，从明正朔。考其史实，各书记事法不同，记六月者，是指李成栋遣使至永历帝处，其"反正"早已发生；所记四月，是指其"反正"消息传到永历帝所在的南宁；记为三月十七日，系指"反正"发生之日。至于闰三月的说法，《爝火录》作者驳正：考戊子年(顺治五年)，无论清时历、《明大统历》，分别闰在四月、六月，无闰三月，故此种记法皆误。
③ 《永历实录》卷一一《金声桓传》。

明朝)深仁厚泽,远过唐、宋,先帝(指崇祯帝)之变,遐荒共悯。今金将军声桓所向无前,焦将军琏以二矢复粤西七郡,陈将军邦傅虽有降表,终不解甲。天时人事,殆未可知。"①三月十七日黎明,李成栋密令军队齐聚教场,发动兵变,同时割去发辫,恢复汉族装束。佟养甲在李成栋胁迫下,也割辫"反正"。李成栋即时出榜,宣布归明,弃清年号,改用永历年号,并传檄所属各州县郡,一律改复汉人衣冠。"粤东十郡,不半月而抵(底)定。"②广西巡抚耿献忠闻讯,在梧州响应,率所属割辫投诚。影响所及,原任广西巡抚曹日烨等,都投到李成栋属下。

江西金声桓、广东李成栋先后叛清,投向永历政权,使永历帝不费一刀一枪,就得到广东、广西、江西等地区,其疆域大大扩展,军队迅即增加数十万,政治影响尤为深远,给民众以极为巨大的鼓舞。此时是永历政权处境最好、最为兴旺的时期。

永历帝为表彰他们的"反正"壮举,不吝崇高爵位之赏:先封金声桓为豫国公(一说昌国公),总督南浙、江、闽,便宜行事;封王得仁为建武侯;封李成栋为惠国公,总制江、广、闽、浙;封佟养甲为汉城侯、兵部尚书。他们的部将都按等逐一封赏③。

显然,形势的发展对永历政权很有利。但是,这个小朝廷始终没有自己稳固的根据地。永历帝胆小,感到危险就跑,总是远离战场,一听说清军要来,马上逃跑,以致居无定址,到处漂泊,曾居水上,以"龙舟"为殿。自武冈逃出,历靖州,经柳州、象州,于永历元年(1647)十二月初五日再回桂林。仅驻两个多月,以溃兵拥入桂林,大肆抢劫,局面混乱,又要迁离。瞿式耜出面,力劝勿迁。他说:"播迁无宁意,国势愈弱,兵气愈难振,民心皇皇复何依?"又说,"劝激将士,背城借一,胜败未知。若以走为策,桂城危,柳(州)益危。若今日可到桂,明日亦可到南(宁府)、太(平府)。"瞿式耜"泪下沾衣",反复陈述,永历帝就是不听,于次年二月二十七日夜又逃出桂林,奔平乐④,于三月初十日入南宁府,暂驻下来。这个至尊的皇帝无他能,惟以"三

---

① 李天根:《爝火录》卷一八,,浙江古籍出版社1986年版,第766—767页。
② 钱澄之:《所知录》卷中。
③ 《永历实录》卷一一《金声桓传》、《王得仁传》。
④ 计六奇:《明季南略》卷一一《帝走平乐》。

十六计走为上"为能事,堪称是位"流浪皇帝"。在李成栋"反正"后,特请他建都广州,并准备起建宫室。朝臣中,吏部侍郎吴贞毓支持李成栋的主张。永历帝本人也很赞成。瞿式耜担心"(李)成栋挟王(永历帝)自专",坚决反对迁广州,力请返桂林。经反复争论,最后达成折衷意见:永历帝赴广东,但不驻广州,而以肇庆为都①。

永历二年(1648)八月初一日,永历帝率臣属至肇庆,以肇庆府治为行宫,成为永历朝廷的首府。在此居住的时间有一年多,算是历次播迁时间最长的一次②。

尽管永历帝一逃再逃,但受到江西金声桓与王得仁"反正"的影响和鼓舞,南明同清朝的战争在短期内仍然取得显著的进展。

就在永历帝出走桂林,到达南宁不久,又爆发了第三次桂林争夺战。

鉴于桂林的战略地位,清朝欲得广西,必先夺桂林。如前述,清军两次争夺皆以失败告终。而此次的大举进攻,是因桂林城内明军的内乱给清军以可乘之机。当永历帝离桂林时即二月二十七日,郝永忠部在灵川(位桂林东北)被清军击败,奔还桂林,"放兵大掠"。同时,滇营溃兵也自灵川撤回,"入城纵火相攻",大肆抢掠,"城内如洗"。劫后,郝永忠率部撤至柳州。事变后,瞿式耜亦回桂林,一面安抚百姓,整顿秩序,一面调兵入援。先后有焦琏自平乐、督师何腾蛟自永福至,又有楚镇周金汤、熊兆佐,滇帅胡一青闻变提兵入桂林。南明军威再振于桂林③。

清军侦知桂林内乱,于三月二十二日乘虚袭桂林,直抵北门。瞿式耜守城,何腾蛟督兵三面出击:胡一青领滇兵出拱极门,周金汤与熊兆佐率楚兵出武胜门,焦琏随何腾蛟出文昌门,如三股洪流,向清军猛烈冲击。清八旗军久历战阵,也同样凶猛相搏。明军"皆殊死战",三路相互配合,终将清军击败,被迫退回全州。时人称此战是南明有史以来最大的胜利。远在南宁的永历帝喜闻捷报,给诸将颁赐奖赏,特别褒赏瞿式耜,赐"精忠贯日金图书一枚"④。

---

① 李天根:《爝火录》卷一八,浙江古籍出版社1986年版,第771—772页。
② 钱澄之:《所知录》卷中。
③ 李天根:《爝火录》卷一八,第761—762页;钱澄之:《所知录》卷中《永历纪年上》。
④ 计六奇:《明季南略》卷一一《瞿式耜复守桂林》;徐鼒:《小腆纪传》卷二九《何腾蛟传》。

自桂林战后,进入下半年,永历政权在湖南取得重大进展。顺治四年,清遣孔有德等"三王"平定湖南,班师回朝,所留驻守军队不足以对抗明军,在明军的强大攻势下,各郡县又被夺去。明军分为两支力量:一是活动在湖南北部和中部的李赤心与高必正部。李、高本系李自成的悍将,失败后,被何腾蛟、堵胤锡收降,归隆武政权。隆武唐王将李锦改名,赐名赤心;将高一功改名为"必正"。隆武失败,包括何腾蛟在内,李赤心、高必正等一大批将领都加入了永历政权。李、高奉命来到湖南,于十月初渡过荆江,先后夺取了常德、益阳、湘潭等地。一是在湖南南部由何腾蛟指挥的明军,从十一月一日开始,攻永州,前后46战,历时3个月,将此城攻占,再克衡阳城。清在湖南主要剩下长沙一个城市了①。

但是,永历政权这一大好的局面只维持了短暂的时间,转瞬即逝,失败接踵而至。从军事上说,清朝以强大的攻势和雄厚的实力击败了分散而又不相一致的明军的反攻。江西金声桓和广东李成栋先后"反正",给清朝带来了巨大的震动,甚至有些惊慌。但它很快从震动中恢复镇静,并迅速作出反应,选派强有力的将帅和精锐的军队,毫不迟疑地展开大规模的进攻。

金声桓叛清仅数月,多尔衮主政的朝廷立即任命满洲正黄旗固山额真谭泰为"征南大将军",率师征江西。这时,金声桓与王得仁正全力进攻赣州,久攻未下。谭泰用"伐魏救韩"的策略,率大军进攻江西的政治中心南昌,以重兵包围数层。金、王不得不舍弃赣州,回师南昌,突入城内,也就入了清军的包围圈。清军久围而不攻,城内粮绝,人相食。至顺治六年(1649)正月十八日,谭泰以时机成熟,发起总攻击,一举成功。史载:

> 己丑(1649)正月,大雨连旬,城多坏。声桓部将汤执中守进贤门,约内应。王师(清军)乃佯攻得胜门,声桓、得仁齐赴救,而奇兵已从进贤门梯垒以登,城遂陷。声桓自投于城之东湖死,得仁短兵突得胜门,三出三入,已而被俘,杀之。②

江西首府南昌城陷,清军乘胜攻取九江、南康、瑞州、临江、袁州诸府。

---

① 杨陆荣:《三藩纪事本末》卷三《何腾蛟殉楚》;曾可潄:《岭表纪年》卷二;钱澄之:《所知录》卷中;参见谢国桢:《南明史略》,第212—214页。
② 徐鼒:《小腆纪传》卷六五《金声桓传》。参见《永历实录》卷一一《金声桓传》。

当南昌被围时,永历帝命李成栋率师救援。他从南雄率20万大军先攻赣州,再救南昌。救赣未成,反遭大败,退至信丰(赣州南)。谭泰遣将,于顺治六年(1649)三月,与李成栋部激战。很不幸,李成栋将渡河时,"堕渊水溺死"①。救江西失败,遂使清军连破信丰、抚州、建昌,"江西悉平"②。谭泰得胜还朝。

清朝在江西发动反攻的同时,也在湖南采取军事行动。顺治五年(1648)九月,任命郑亲王济尔哈朗为"定远大将军",率师征湖南,次年正月进驻长沙。此时,湖南大部为永历政权所控制。湖广总督何腾蛟,总兵马进忠、陶养用等一大批将领分据湖南各主要地区,李赤心也在湖南活动。济尔哈朗针对明军分守各地,亦"分军进击"。何腾蛟携吏卒30人前往李赤心处,邀他率部赴衡州,准备攻长沙。因李赤心与明将不谐,遂引兵而去。至湘潭,已是空城,李赤心不守。何腾蛟尾随至湘潭。清军侦知城内无兵,遂派已降清的何腾蛟部将徐勇入城,将何腾蛟俘获,押往长沙。济尔哈朗亲自劝降,何腾蛟断然拒绝,绝食7天被杀③。何腾蛟是南明史中一个极重要的人物。他在崇祯时已出仕为官,从知县做起,至崇祯十六年(1643)已升至右佥都御史,代理巡抚湖广。明亡,入弘光朝,再入隆武朝,收抚李自成余部李锦、高一功、郝摇旗等共30余万人,功勋卓著。隆武亡,又入永历朝,尤受器重,拜为大学士,督率各部兵马。他以忠贞、实心任事,协调各方,享有很高威望。他之死,引起上自永历帝、下至臣民的深切悲痛。《所知录》作者钱秉镫与何腾蛟同仕隆武,对其死,作《悲湘潭诗》,以示悼念。其中说:"长沙兵散湖南空,湘潭城中失相公。举朝变色摧天柱,白日惨淡时行营(宫?)……我兵溃走任东西,相公独在湘潭住。夜半衔枚虏骑来,湘潭无兵城门开。相公衣冠虏能识,拥之罗拜声如雷。大骂不绝相公亡,但见长沙城中哭声哀。"此诗记述何腾蛟之死的经过及明军状况,很真实,很准确。其他与此不同的记述,皆不足据。

据《清史稿》记载:清军占领湘潭后,于"四月次辰州,一只虎(李赤心)遁走;克宝庆,破南山坡、大水、洪江诸路兵凡二十八营。七月,下靖州,进攻

---

① 《永历实录》卷一一《李成栋传》。
② 赵尔巽等:《清史稿》卷二四六《谭泰传》,中华书局1977年版。
③ 钱澄之:《所知录》卷中《永历纪年上》。参见杨陆荣:《三藩纪事本末》卷三《何腾蛟殉楚》。

衡州,斩(陶)养用,逐敌(明军)至广西全州,分军下道州、黎平及乌撒土司,先后克六十余城"①。顺治七年(1650)正月,济尔哈朗还朝。

清朝重新夺回湖南。明军闻风而溃。何腾蛟之死,对永历政权是一严重打击。不到一年时间,江西、湖南得而复失,刚刚出现的好局面正在迅速丧失。

在派出济尔哈朗征湖南不久,多尔衮再派大军征两广地区。顺治六年(1649)五月,他决定重新任用"三顺王"。为适应新形势的需要,改封号,启用新的名称:改封孔有德为定南王,令率旧兵3100人、新增16900人,合为2万人,出征广西;改封耿仲明为靖南王、尚可喜为平南王,各率新旧兵1万人,合为2万人,同征广东。三王都挈家驻防,以保南疆安宁②。

孔、耿、尚三王所率军队,皆属汉军,战斗力很强,用以攻南明,很见效果。他们从遥远的京师,南下进军,分别在桂林、广州爆发了空前激烈而残酷的战斗。

耿仲明与尚可喜于同年十月进兵,十一月耿仲明畏惧朝廷追究他隐藏逃人的问题,于途中自缢而死,其子耿继茂领其军。十二月二十八日抵南安,乘除夕之夜,出其不意,一举攻克南雄,总兵杨杰被杀。顺治七年(1650)正月初三日,再克韶州,然后倍道进取广州。二月六日兵临城下。李成栋死后,永历帝命杜永和接替李成栋出任两广总督,驻守广州。杜永和拒绝尚可喜的劝降,发炮击清军。尚可喜见城池坚固不易攻,即与耿继茂分兵协作,围困全城。这是一场持久而惨烈的攻守战。《尚氏宗谱》对其先祖的这场战斗作了详细的叙述。一直到十月,围城达8个月,杜永和就是不降,动员全城百姓拼死抵抗。二十九日发起总攻,炮火矢石如雨,清军死伤累累,据载:倒在城下的清军,其伏尸山积,几与城墙同高。尚可喜冒死督战,曾以自杀相激励。十一月三日,城破,明守军死6000余人,被逼下海死者不计其数。杜永和等乘舟逃走,守城总兵范承恩降。攻下广州后,附近诸郡县随之而下③。

孔有德部南下,经湖南,先与济尔哈朗协同作战,平定全省。至顺治七

---

① 赵尔巽等:《清史稿》卷二一五《济尔哈朗传》,中华书局1977年版。
② 赵尔巽等:《清史稿》卷二三四孔有德等传,中华书局1977年版。
③ 《尚氏宗谱·先王实迹》。

年(1650),他追击明将马进忠等,攻下武冈、靖州,进入广西,占领全州,进逼桂林。留守桂林的大学士瞿式耜已无法组织兵力迎战清军。留在城里的一些将领钩心斗角,整天以声色自娱。十一月初,孔有德率清军至,守城的滇营将领赵印选却携全家逃之夭夭,另一将领胡一青也逃了,王永祚投降。桂林城内空无一兵,瞿式耜坚持不走。清军一进城,就把他和愿与之同生死的兵部侍郎张同敞俘获了。孔有德亲自劝降,也动摇不了他们的意志,关押40天,在桂林就义①。桂林已失,所属各县也都攻下。至此,广州、桂林两省城的丧失,标志着永历政权在两粤的统治行将结束,其斗争中心随之转移到西南地区。

在明军各路溃败、清军进逼的危险形势下,特别是清军直趋广州时,永历帝再也无法安居肇庆了,决定迁到更安全的地方去。群臣皆劝"车驾不宜轻动",他还是执意迁走。最后,留下李成栋的义子李元胤留守肇庆。永历帝于永历四年(1650)二月迁至梧州,又不敢上岸,驻在停泊江边的"龙舟"上,将舟船作为朝贺与办事的宫殿,称为"水殿"②。

永历政权的惨败,并非完全败于军事力量的不足,恰恰相反,论实力,比之南下的清军,略占优势。问题的关键是,朝政极其腐败、黑暗,各树党派,互相倾轧,不能形成一个统一的力量。在政治分化中,已形成吴、楚两党。吴党骨干有朱天麟、张孝起、吴贞毓、堵胤锡、王化澄等10余人,内倚锦衣指挥马吉翔,外结陈邦傅。楚党有都御史袁彭年、给事中丁时魁、蒙正发、少詹事刘湘客、给事中金堡等5人,时号"五虎",外结大学士兼吏兵部尚书瞿式耜,内倚李元胤。他们"互相攻击无虚日"。在永历帝避难于梧州"水殿"、李元胤留守肇庆时,吴党骨干户部尚书吴贞毓、兵部侍郎程源等10人合疏揭发"五虎"的罪行。永历帝也不细问原因,将5人投入监狱。正巧,原农民军将领高必正率部来此,代为辩白,才改为轻处。两党的忌恨并没有消除。时两粤诸军方丧师失地,永历朝廷不敢追究,惟以宽处了结。不仅如此,那些败将还得到最高爵位的封赏。如赵印选封开国公,胡一青为卫国公,曹志建为保国公。时人称"赏败"。又说:赏败将,"则百战之将,其何以

---

① 《行在阳秋》卷上。《庚寅始安事略》、《所知录》卷下《永历纪年下》记瞿式耜被俘至死甚详。
② 钱澄之:《所知录》卷下《永历纪年下》。

酬功哉？"①

永历朝的腐败，与弘光、隆武、绍武、鲁监国政权的腐败，一脉相承。不管国难、家难当头，从未停止过内部争斗。在这里，正直的人无法立足，不是被排挤，就是被置于死地。如瞿式耜、何腾蛟之死，都是在无兵无将的情况下被俘，英勇就义的。永历朝的腐败难以尽述②。总之，永历朝内部分崩离析、互相倾轧，才导致了在江西、湖南及两广的连续失败。

明军连续失败，形势急转直下。永历帝在梧州也不能久住，遂于永历四年（1650）十一月十日离开梧州，十六日迁至南宁驻下来③。正当永历政权危难之际，张献忠余部孙可望与李定国等归降，成了该政权后期的支撑力量。

张献忠死后，孙可望率大西军余部向南转移，占据了云南、贵州和四川的部分地区。自感独力难支，始有投靠永历政权的想法，遂由反明转变为"扶明"，于永历三年（1649）初，遣使与当时还在肇庆的永历政权联系，请封秦王。永历君臣正走投无路，为获取支持，破例批准，时在永历五年五月。第二年初，永历君臣接受孙可望的建议，迁到他所在的贵州安隆所，因改名为"安龙府"④。

顺治九年（1652）五月，孔有德将家属移居桂林后，率兵取贵州。朝廷命吴三桂取四川，共同打击永历政权。

在清军压境和进逼中，永历政权全靠孙可望等人的支撑。针对孔有德大举进犯，孙可望遣李定国出湖南，征虏将军冯双礼协助，以步骑8万阻击孔有德军；遣刘文秀与王复臣阻击吴三桂，步骑6万，以攻成都⑤。仅几个月，李定国、冯双礼等连续攻占靖州、沅州、武冈与宝庆等地。孔有德退回桂林。七月，李定国趁桂林清军少，突然兵临城下。清军寡不敌众，桂林城破，孔有德自刎而死，其妻妾等殉⑥。此战以定南王孔有德败亡而名垂史册。

---

① 《所知录》卷下。
② 《所知录》、《爝火录》、《永历实录》、《岭表纪年》、《三藩纪事本末》皆有详细记载。
③ 钱澄之：《所知录》卷下《永历纪年下》。
④ 徐鼒：《小腆纪传》卷五《永历中》。
⑤ 徐鼒：《小腆纪传》卷五《永历中》。
⑥ 赵尔巽等：《清史稿》卷二三四《孔有德传》，中华书局1977年版。

李定国因功封西宁王,冯双礼封兴国侯。

刘文秀进川顺利,连克叙州、重庆,逼近成都。但在保宁与吴三桂部遭遇,以骄傲轻敌故,被吴三桂击败,率残部退回川南。李定国继续取得进展,继克桂林后,于十一月十三日又下衡州。清朝又派来敬谨亲王尼堪为"定远大将军",征讨李定国。双方在衡州遭遇。尼堪中埋伏阵亡①,但明军却被打败了。桂林又被清军夺回。永历七年(1653)六月下旬,李定国试图夺桂林,激战七昼夜,未能奏效。此为七战桂林。自此,永历政权再无力争夺桂林了。但李定国"两蹶名王"的壮举,却是南明史上最辉煌的一页。

永历八年(1654)冬,李定国进兵广东,所部万余人,再次收复罗定、新兴、石城、电白、阳江、阳春等地,攻肇庆,围新会。世祖已派珠玛喇为"靖南将军",率师援广东,与尚可喜、耿继茂二王协同作战。新会大战,李定国彻底失败②。在广东无法立足,李定国退到广西南宁去了。

永历帝自永历五年(1651)冬迁安龙,一驻5年,却为孙可望所专权,称此段时间为"孙可望时代"亦不为过,名为永历政权,实为孙氏王朝③。更严重的是,孙可望正逼永历帝"禅让"。他最忌恨李定国,李是他专权而逼宫的主要障碍,他甚至策划阴谋,欲谋杀李定国。永历十年三月,李定国秘密接走永历帝,开始了最后一段颠沛流离的生活。他们来到云南昆明,改云南府为滇都。以迎驾功,封李定国为晋王、刘文秀为蜀王、白文选为巩国公,其他追随的将吏分别封为公、侯、伯等。孙可望对此愤怒至极,于永历十一年率师14万攻云南。李定国与刘文秀仅有数千人,吓得人人失色。在关键时刻,孙可望的大将白文选叛变,与李定国里应外合,将孙可望击败,狼狈逃回贵州。孙可望无法安身,仅携随从10余骑逃至长沙,于是年十月向总督洪承畴投降,后被世祖封为"义王"④。经此内乱,永历政权已衰弱不堪,再也无法重振雄风,其覆亡已是只待时日了。

孙可望降清后,立即上奏疏,力陈进兵云南,机不可失。平西王吴三桂

---

① 赵尔巽等:《清史稿》卷二一六《尼堪传》,中华书局1977年版。
② 《尚氏宗谱·先王实迹》对新会之战有详细而生动的记述。
③ 徐鼒:《小腆纪传》卷六五《孙可望传》。
④ 以上见《清世祖实录》卷一一三;《贰臣传·洪承畴传》;《明清史料》丙编第二本,第176页。

也积极建议一举荡平永历政权①。

多尔衮于顺治七年(1650)去世后,世祖完全接管了国家大权,一切军国大事皆由他作出决定。到顺治十四年时,他已满20岁,实践已显示了他的才能和气度。他接受孙可望、吴三桂的建议,于年底至次年正月任命将帅出征云贵:任命吴三桂为"平西大将军",由汉中出兵,经四川,直取贵州②;命固山额真赵布泰为"征南将军",自广西取贵州③;任命宗室固山额真罗托为"宁南靖寇大将军",自率一路军,由湖南前往贵州。已被任命为兼湖广、江西、广西、云南、贵州五省经略的洪承畴,同罗托同行④。以上是三路大军共取贵州。最后,世祖又任命多罗信郡王多尼为"安远靖寇大将军",会同罗平郡王罗可铎,多罗贝勒尚善、杜兰,固山额真伊尔德、阿尔津、巴思汉等统大军,自为一路,专取云南。吴三桂等三路克取贵州后,"即宜乘机进取云南"⑤。清朝动用重兵,实欲乘"贼党内乱,人心未定之际",毕其功于一役,彻底平定云贵。

三路大军进展迅速而顺利。吴三桂报:一路所遇明兵,非逃即降,已收降兵5000余人。罗托一路出湖南至贵州,已招降官兵4990余人、男女人口9800余人、马1400余匹、象12头。赵布泰也报捷,已抵贵州,所过地方,俱"就抚"⑥。出兵不足50天,贵州全省底定⑦。

经此三路进剿,永历政权已被压缩到云南地区。顺治十五年(1658)十月五日,在多尼的主持下,各路军的指挥齐聚贵州平越府(今福泉)附近的杨老堡(今杨老驿)举行军事会议,制定了进攻云南的作战方略,仍分三路进军:以吴三桂部为北路,自遵义出兵;以赵布泰为南路,自都匀出师;多尼为中路,由贵阳进兵。三路大军约定:十二月会师昆明。罗托与洪承畴留守贵阳,督理粮饷⑧。

---

① 刘健:《庭闻录》卷三。
② 《清世祖实录》卷一一三。
③ 赵布泰,又写作卓布泰,见蒋良骐:《东华录》卷八;《清世祖实录》卷一一三。
④ 《清世祖实录》卷一一三。
⑤ 《清世祖实录》卷一一四。
⑥ 《清世祖实录》卷一一七。
⑦ 《贰臣传·洪承畴传》。
⑧ 《清世祖实录》卷一二三。参见徐鼒:《小腆纪年附考》卷一九。

尽管云南地区山高水险,李定国也做了部署,凭险设防,仍然抵挡不住三路清军的迅猛攻势。清军于十二月中旬会师于云南曲靖,离昆明仅有数百里。

李定国败退回昆明,建议撤离。经讨论,向中缅边境地区撤退。消息传出,昆明"城内外哭声鼎沸"。兵民数十万同撤,拥塞道路,种种艰难,可想而知①。在颠沛逃亡中迎来了新的一年永历十三年(1659)。正月初一日,永历帝和他的臣属逃到云南西部的永平。初三日,三路清军浩浩荡荡开进昆明城。永历的卫国公胡一青、提学道徐心箴、光禄寺卿黄复生、提督刘之扶等一批将吏率部向清军投降。同日,永历帝逃至永昌(今云南保山)暂驻。永历帝下"罪己诏",李定国也以指挥失误,请求处分。永历帝不同意,说:"是国之祸,王何罪焉!"②

二月初二日,吴三桂、赵布泰出师追击。十五日,进至玉龙关(大理北),击败在此防御的白文选、张先璧、陈胜所部,歼灭明军4000余人,占领大理。李定国闻玉龙关失守,保护永历帝撤离永昌,十八日逃到腾越(今腾冲)。清军紧追不舍,强渡澜沧江,入永昌,过腾越,抵怒江。过江至西岸20里,有一磨盘山,为高黎贡山南段,地势险要。李定国在此设伏三道,必欲全歼清军③。吴三桂率部2万余人先赶到山下,以累胜竟毫无戒备,顺山间羊肠小道鱼贯而行,很快进入埋伏圈。在此千钧一发之际,永历政权的大理寺卿卢桂生从伏中逃出,向吴三桂泄其谋。吴三桂大惊失色,急令后撤。明兵伏发,双方短兵肉搏,血肉横飞,尸"如堵墙"。因为明伏兵提前暴露,顿时混乱,李定国在山顶指挥失灵。吴三桂因此获救,拼死力战,从早至中午,难分难解。赵布泰与多尼各率所部及时赶到,终于将明军完全打败。李定国率残部撤退,去追寻永历君臣。综合各方记载,此战空前酷烈,伤亡惨重。明伏兵6000余人,被歼三分之二。将领窦民望、王玺等战死。吴三桂部属、固山额真沙里布、祖泽润等18名将官及辅国公干图、扎喀纳等战死,凡已上

---

① 李天根:《爝火录》卷二八,浙江古籍出版社1986年版,第927页。
② 徐鼒:《小腆纪传》卷六《永历下》。
③ 徐鼒:《小腆纪年附考》卷一九,第23页。

山的清军无一生还,损失近万人①。战况报至京师,世祖以"败绩"论处,多尼以下,10余名重要将领都受到严厉处分②。

磨盘山败后,李定国与永历帝失去联系,无法找到,遂率残部奔孟艮。永历帝一行于二十八日逃到中缅边境铜壁关,护从将领孙崇雅叛,劫掠辎重而去。另一大将靳统武也放弃对永历的保护,率部出走。永历帝率余众进入缅甸③。二月三十日,吴三桂及诸将没能追到永历帝,也自边界回兵,于三月二十三日回到昆明。

永历帝逃出国门后,其留在云南、四川等地的明重臣宿将纷纷投降清朝,截止到九月底,据文献载,仅向吴三桂投降投诚的将吏有百余人,兵士达3万余人④。永历政权土崩瓦解。

永历帝和他的少数臣属逃离中国,标志着永历政权维持了14年后,宣告垮台,南明的历史就此画上了句号。流亡缅甸近两年的永历帝最后的结局是,顺治十八年(1661)十一月吴三桂统大军进入缅境,胁迫缅甸国王交出永历帝及随行人员。其中有太后马氏、皇后王氏、太子朱慈煊、公主及太监20余人,还有文武诸臣妻妾子女百余人,一并押回昆明。经新即位的康熙帝下令,康熙元年(1662)四月二十五日上午十时左右,吴三桂在昆明对永历帝父子执行死刑,用弓弦逐个勒死⑤,永历帝时年38岁。其母与后妃押至北京途中自杀⑥。与李定国并列为王的巩昌王白文选,已于吴三桂入缅时,率部属、将吏及家口共11299人、马3260匹降清,封承恩公⑦。李定国听到永历帝被勒死的消息,痛不欲生,于六月病逝于云南景线⑧,其子李嗣兴则率部向吴三桂投降。

永历小朝廷是南明历时最久的一个政权。前有弘光、隆武诸政权一批

---

① 刘健:以上见《庭闻录》卷三;《清世祖实录》卷一三二;徐鼒:《小腆纪年附考》卷一九,第24页。
② 《清世祖实录》卷一三七、一四一。
③ 李天根:《爝火录》卷二九,第931页;杨陆荣:《三藩纪事本末》卷四,第70页。
④ 详见《清世祖实录》卷一二五、一二六;刘健:《庭闻录》卷三。
⑤ 刘茝等:《狩缅纪事》;徐鼒:《小腆纪年附考》;赵尔巽等:《清史稿》卷四七四《吴三桂传》。
⑥ 温睿临:《南疆逸史》卷三《永历帝纪略》。
⑦ 《清圣祖实录》卷六;刘健:《庭闻录》卷三。
⑧ 《清圣祖实录》卷七。

名臣宿将及李自成余部的强有力支持,中后期又有张献忠余部的加入,故能维持长久,同强大的清军展开经年不息的激战,创造了惊人的业绩。然而,内部派系纷立,争权夺利,不能结为同心;尤其将吏倾轧、陷害,不改腐败恶习,实力内耗殆尽。故今人论南明之亡,非亡于清,却是自己将自己打倒[①]。南明诸政权抗清,尤其是那些敢死之士至死不降清,一直为人们所称道,并扬明而抑清,批判清入关而下江南之举,斥为非正义。这些反抗斗争,确有汉人为保卫本民族文化传统之意义,以死相抵的人,其气节可嘉,精神可贵。如从政治上看,不过是为保存和延续明王朝的腐败统治而战,为保卫这些腐败而黑暗透顶的小朝廷,有悖于历史发展趋势。由于永历朝历时较长,与清朝的斗争极其复杂,头绪纷繁,因此尽量写得较详细,以如实反映这段特殊的历史。

5. 肃清反清势力

　　南明弘光、隆武、鲁监国、绍武及永历诸政权,各自承明朝的统绪,坚持"反清复明",力图恢复明朝旧有统治。李自成创建的大顺和张献忠创建的大西两政权,先以反明为政治目标,建立起他们对国家的统治。清入关后,则改为抗清以图存,其余部进而同隆武、鲁监国、永历等政权相会合,成了南明的一部分。在他们的影响和推动下,特别是清军下江南后,实施剃发易服令,激怒了江南士绅和广大民众,奋起抵制或反抗清朝的统治,迅速波及全国。于是,大江南北,反清斗争风起云涌,此伏彼起。社会动荡不安,清朝刚刚建立的统治受到严重挑战。

　　南明诸政权、大顺与大西两个农民军政权及其余部,无疑构成了抗清斗争的主体力量。除此而外,还有一些不属于他们的军事武装力量,有的虽奉南明正朔,却是独立开展反清的军事活动。就是说,他们没有组织具有国家性质的政权,仅仅是作为一支独立的武装力量而存在,活动在一个或几个地区,自立自保,或攻城夺地,不接受或不承认清朝的统治。这些独立的武装

[①] 顾诚:《南明史·序论》,中国青年出版社1997年版。

力量包括：故明宗室起兵反清，故明遗臣及士绅不甘心明亡，拒绝归服清朝，组织当地民众反抗；有的原为明将吏，降清后复叛，或先降农民军，至农民军败，再降清，又趁机反清；有的原为农民军将领，先降明而降清，继之举兵叛清。在部分地区，当地百姓不堪忍受清官吏的高压政策，宣布起义；还有趁局势混乱，召集无业游民或丧失生计的贫民，打家劫舍，割据一方，扰乱清朝统治秩序，清朝视他们为"土贼"、"土寇"。这些互不统属，又无联系的分散的武装组织，都向清朝展开斗争，统称为"反清势力"。如同对南明诸政权，大顺、大西政权一样，清朝的态度，就是逐个消灭，彻底肃清。它实施军事打击与招抚并用的两手政策，无不奏效，最后取得了完全成功。

（一）故明宗室的反清活动

早自明开国之时，朱元璋分封诸子为王，分居各地，世代承袭。朱元璋之后，各代皇帝仿效，都把自己的儿子封王赐土。至明末，200多年间，累计封王之多，难以计数。明亡前后，朱氏诸王遭到农民军与清军的沉重打击，非死即逃，浪迹各地。他们往往被那些抗清的政治军事集团或某些原明军阀奉为代表，继续打出明朝的旗号，以号召民众。如福王朱由崧、鲁王朱以海、唐王朱聿键、朱聿𨮁、永明王朱由榔等，都是在逃难流亡中被发现，迎立为君的。但多数藩王却没有这样的机遇，他们中一些王只能组织地方武装，同不幸的命运抗争。这里，仅举几例。

顺治二年（1645）六月，益王朱由本在建昌（今江西南城）起兵。他是明宪宗朱见深的六世孙，于万历四十五年（1617）袭封为益王。清将金声桓夺取了南昌，时任建昌知府的王域、推官刘允浩、江西布政使夏方亨、湖东分巡道王养正等，不承认清朝的统治，遂拥戴益王朱由本为代表，起兵反清。一个多月后，七月间，清军兵临城下，将建昌攻克，益王逃脱，去了福建，而夏方亨等一批明官被俘，后处死[①]。益王之弟永宁王朱由𣚴也在建昌，参加了反清斗争。兵败城破后，逃至宁都大函乡，招抚了活动在福建汀州（今长汀）与赣州一带的农民起义军，曾连续攻取建昌、抚州、进贤，直逼南昌，引起清军惊慌。但孤立无援，粮饷不足，退守抚州。清将金声桓派重兵攻围，于顺

[①] 张廷玉等：《明史》卷二七八《王养正传》。参见《清世祖实录》卷二〇；徐鼒：《小腆纪年附考》卷一一，第404—405页。

治三年四月破城,朱由㰒死难①。

朱常㳆起兵于蕲水(今湖北浠水)斗方寨,是明宗室中较大的一股反清势力。关于朱常㳆的身世,说法不一。《明史》失载。据其他史籍,一说为樊山王朱翊𨧱的次子,为明仁宗的八世孙;一说袭樊山王,因荆王朱慈烟死后无嗣,改袭荆王;还有其他说法。考之明史,朱翊𨧱乃嘉靖至隆庆时人,而朱常㳆却是崇祯时人,二者生活的年代相差数十年,故父子关系不能成立。如果说常㳆承袭荆王朱慈烟实有可能。朱慈烟封地在湖北蕲州(今无名,位于蕲春西南,长江北岸)。《明史》记载,崇祯十六年(1643年)正月张献忠破蕲州,但朱慈烟先一月去世,农民军掠王宫而去②。当朱常㳆起兵时,是"自蕲州,道英山,赴蕲水"。可知朱常㳆来自荆王的封地蕲州,亦证他与荆王有承继关系。顺治二年(1645)十二月,他受当地武装组织的拥立,袭取了太湖县(今属安徽),清朝知县饶崇秩吓得逃跑了。提督张天禄等分路进攻,这一支抗清力量失败,朱常㳆被俘,顺治三年被处死③。两年后,即顺治五年春,在鄂、皖两省交界地区又有宁藩石城王后裔朱统锜率众抗清,自称"石城王",联络和招抚当地各寨民众,同清军展开战斗,一度声势浩大。迟至顺治七年才被镇压下去④。

从顺治二年(1645)六月至顺治五年(1648)七月,近3年间,明宗室组织或参与反清活动的还有多起,如顺治二年六月有宗室朱盛沥于茅山起兵,欲进攻南京⑤;宗室通城王朱盛澂于长兴县起兵,攻取了湖州⑥;顺治三年正月十八日夜,以明潞安王、瑞昌王为首,率兵2万余人,分三路进攻南京,也遭到了失败⑦。还有个别宗室趁局势混乱,妄自称王。楚王后裔朱容藩是个"无赖",早先混入明将左良玉军,又投入李自成余部农民军,再投机于永历政权,骗得掌宗人府事。后谋入四川,自称是"楚王世子",自封"天下兵马副元帅",称他所居住的忠州(今重庆忠县)为"大定府",以居室称"行

---

① 温睿临:《南疆逸史》卷四八《宗藩》。
② 张廷玉等:《明史》卷一一九《荆王传》,中华书局1974年版。
③ 《蕲黄四十八寨纪事》卷二《附皖寨名》。
④ 《蕲黄四十八寨纪事》卷一《鄂寨篇》。
⑤ 温睿临:《南疆逸史》卷三六《卢象观传》。参见《南天痕》卷三《朱盛沥传》。
⑥ 徐鼒:《小腆纪传》卷四七《金有鉴传》;参见温睿临:《南疆逸史》卷三六《金有鉴传》。
⑦ 《清世祖实录》卷二四。

宫"。由于他另搞一套，把永历政权对四川的统治搞乱，互相残杀，后果严重。未及清军攻击，他的骗局就被戳穿，被永历所属的军队杀死①。

在《清世祖实录》中，还记录了很多明宗室的反清活动。如活动于淮安的新昌王、山东宁阳王朱翊镞、金华的蜀王朱盛浓、乐安王朱谊石、湖南的荣王之子朱松、贵溪王朱长标、在贵州与广西的南威王朱寅卫、长沙王朱由栉等等。他们的反抗十分脆弱，经不起清八旗军的凶猛打击，无不以失败告终，或死或逃，但大多被清朝俘获处死，逃者亦不知所终②。

（二）明遗臣孤忠的反清活动

明亡后，从中央到地方封疆大吏、基层官吏，纷纷投向清朝，为其效力。但也有一批人不肯降清，仍以原官头衔组织当地军民，抵制清朝新统治者入境，就地抗击他们的进攻。

以清军下江南，占领南京为开端，原明一些将吏和士大夫即投入抗清斗争，在江南半壁很快形成风起云涌之势。

以金声和江天一为领导的一支抗清势力颇具影响。金声于崇祯元年（1628）中进士，授庶吉士。明亡后，福王弘光政权召他任职，辞不就。清军破南京，金声与门生江天一"纠集士民保绩溪、黄山，分扼六岭"。在他的影响下，宁国邱祖德、徽州（今安徽歙县）温璜、贵池吴应箕等"多应之"。他奉唐王隆武政权的名号，组织诸路军，攻取了旌德、宁国诸县。这一有利的局面并未维持多久，宁国邱祖德先败。邱祖德约举人钱文龙、诸生麻三衡和沈寿荛等举兵。时邱祖德驻华阳，麻三衡驻稽亭，约共攻宁国府城，遭到失败，沈寿荛死于阵中，邱祖德退山中，清军袭破山寨，将其俘获，"磔死"。麻三衡起兵时，有诸生吴太平、阮恒、阮善长、刘鼎甲、胡天球、冯百家，连他本人，号称"七家军"。麻三衡兵败被俘，押至南京处死，其余"六家"皆死。金声、江天一失其助，亦于顺治二年（1645）九月二十日失绩溪，已降清任总兵职的原明将张天禄将金、江两人俘获，押至南京。时任总督负责招抚江南的洪承畴以早年的友谊多方劝降，遭到金、江两人的斥责和痛骂。十月八日，两人同日于南京被处死。

---

① 以上见徐鼒：《小腆纪传》卷九《朱容藩传》；参见顾诚：《南明史》，中国青年出版社1997年版。
② 参见周远廉：《多尔衮传》，吉林文史出版社1986年版，第238页。

金、江兵败被俘,温璜更独力难支。原明御史黄澍将郡城献给清军,里应外合,温璜亦败,回到家中,先杀妻女,然后自刎死。据守贵池的吴应箕,在金声败后,败走山中被俘,"慷慨就死"①。

在江南地区,如太湖、江阴、常州、松江、昆山、嘉定、嘉兴等地,都有原明朝将吏召集当地士民,组织抗清。这些武装抗清势力互不联系,各自为战,也创造了许多可歌可泣的业绩。

吴江人吴易,以太湖湖畔长白荡为根据地,同清朝展开斗争。其人于崇祯时中进士,福王即位南京,他受史可法赏识,授予职方主事。顺治二年(1645)六月,南京弘光政权亡,吴易举兵,仅有30人。后收降一股盗匪1400余人,获船70只,加上原有30只船,达百只船。吴易遂建立一支水师队伍,同清军展开斗争。当时,清军不习水战,吴易用计,多次击败清军。顺治三年四月,清总兵张胜兆率7000清兵,乘船前来吴江"肆掠"。吴易又用计,设伏兵,将清军击败,张胜兆弃舟逃走,兵士也丢弃辎重,狼狈逃窜。张胜兆惊呼:"渡江以来未有此败!"不久,他为报复吴江人,又率3000人自苏州至吴江。吴易"用草人装兵",诱使清军射箭,待其力竭,发动反击,清军再败。八月,吴易驾舟至他的一位下属孙璋家饮酒,不幸被人告密,清军猝至,将他俘获,押至杭州处死②。

江苏江阴、嘉定两城同清朝的斗争,是明地方官吏同当地士民联合反清的两个最突出的事例。论斗争的规模、坚持的时间、战斗的酷烈及其影响之大,在清入关后明遗民的抗清斗争史上,是最激动人心的一页。

事情的缘起,是因清占领南京后,下达了剃发令,强制实施,因而激怒了当地士民,奋起抗争,酿成了一场大流血恶战。

弘光政权垮台后,顺治二年(1645)六月,清朝接收了江阴,委派方亨来此任知县。他忠实地执行清朝的法令,强迫剃发,并威胁不得违抗。清朝的剃发命令,首先在当地饱读诗书的知识分子中引起强烈不满,喊出了"头可断,发决不剃"的誓言。于是,青少年们聚集起兵,响应者即达万人。次日,四乡士民不约而至,自发地组织起来,众至以十数万计。该县典史陈明遇受

---

① 有关金声起兵事,详见《明史》卷二七七金声、邱祖德、吴应箕、温璜等人本传;《明季南略》卷四《贵池吴应箕传》、《宣城麻三衡》、《张天禄袭休宁》、《金声、江天一骂洪承畴》等。
② 详见计六奇:《明季南略》卷四《吴江吴易》。

拥护，举为首领。还有一个阎应元，原任广东英德县主簿，未及上任，暂居江阴，也被推举，专司军事指挥。他懂军事，对全城防御精心做了部署。知县方亨被囚，又被处死。消息传到南京，引来清军围剿，遭到惨败。强攻不行，改为劝降，还把豫亲王多铎的劝降书射入城中，都被阎应元严词拒绝。清军再发动强攻，已降清的原明东平伯刘良佐亲自指挥，用牛皮帐攻城，城中用炮石力击，清军死伤累累，不敢近城下。八月初，清军攻占了松江后，调来大量兵力，由贝勒博洛统率的骑步兵达20万，实施强攻，至八月二十一日夜，攻入城。城内士民与清军巷战，绝不投降。阎应元受伤被俘，当夜就地杀害。陈明遇"举家自焚"死①。

江阴士民守城总计81天，史载"城内死者九万七千余人，城外死者七万五千余人"，共17万余人；清朝"围城者二十四万，死者六万七千，巷战中死又七千"，凡7万余人②。阎应元死前题诗，内有："十万人同心死义，留大明三百里江山。"可知江阴城集10万人口。一说："集六万人同心死义"，或为6万人，都是约数，最多不超过10万人。此战双方的伤亡人数无疑被夸大了，但死的人多也是事实，比此后在南方一些地方发生的战事伤亡要多。此诗句还点明斗争是为了保存"大明"此地"三百里江山"。剃发令激化了矛盾，才引发一场恶战。

在江阴激战的同时，嘉定士民同清军的战斗也打响了。顺治二年（1645）六月，清朝派遣张维熙出任嘉定知县。城内外盛传下达了剃发令，人人要剃发，遂使士民愤怒起来，于闰六月十二日夜，举火焚烧停泊在城东关外清军梁德胜的兵船，击毙清军80余人。驻扎在吴淞的李成栋闻讯，屡遣兵攻城皆败。时居嘉定城的侯峒曾被推为"盟主"，主持守城大计。侯峒曾于天启五年（1625）中进士，官至江西提学参议，后荐为顺天府丞，未及赴任，北京已陷。福王即位于南京，任命他为左通政，"辞不就"，在家闲居。当南京城陷，"州县多起兵自保"。侯峒曾义不容辞，召集地方名士，有崇祯十六年（1643）的进士黄淳耀，举人张锡眉、董用圆，诸生马元调、唐全昌、夏云蛟等，共谋大事，"誓死固守"。他还邀来明吴淞总兵吴志葵派兵700人

---

① 张廷玉等：《明史》卷二七七《阎应元传》；计六奇：《明季南略》卷四《江阴纪略》、《江阴续记》。
② 韩菼：《江阴城守纪》下；温睿临：《南疆逸史》卷三三《阎应元传》。

增援，但被清军击败，不再派援兵。嘉定援绝。李成栋指挥清军围攻，围解再围，死伤累累，仍强攻不已，并一再劝降遭拒绝。死守12天，至七月初三日，李成栋以优势兵力发起总攻。适逢大雨，城一角崩塌，至次日，清军乘机拥入，城陷。侯峒曾携两子投水自尽。黄淳耀与其弟黄渊耀同缢于庙中僧舍。其他如张锡眉、董用圆、夏云蛟、唐全昌皆死。清军入城，大肆屠杀，城内外士民死者约2万余人①。

在嘉定南面的松江，以明兵部右侍郎沈犹龙为首，同清军展开了激烈战斗。坚守近两个月，兵败城破，沈犹龙中流矢死②。

在浙东地区，原明一些地方官吏、乡绅也纷纷起兵反清。他们的斗争，为鲁王监国政权的建立奠定了基础。顺治二年（1645年）闰六月初，有余姚乡绅原明吏科给事中熊汝霖与原九江道金事孙嘉绩共谋，在余杭首先揭开了浙东地区反清斗争的序幕。绍兴诸生郑遵谦继其后，率人闯入衙门，将清朝命官绍兴知府张愫和山阴知县彭万里杀死，正式起兵反清。他动员原明大理寺丞章正宸和弃官在家的于颖与他共主大计。同月，在宁波有原明刑部员外郎钱肃乐等起兵；在慈溪有原明山西道御史沈宸荃等起兵反清③。

降清明将李成栋攻占广东后，当地士绅及明吏不甘心于清朝的统治，也纷纷组织起来，向清军发起进攻。其中有原明官吏陈邦彦聚众甘竹滩、张家玉崛起于东莞、陈子壮谋于九江村起兵等等④。

以上是原明将吏及士民反清斗争举例，都发生在清军下江南后，自顺治二年（1645）上半年至顺治三、四年间。论规模，都不算大，不过一城或一县；除江阴、嘉定坚守时间稍长，一般或几天，或10余天，皆以失败告终，但他们所表现出来的高风亮节、勇于牺牲的精神，值得人们景仰和学习。

在"反清复明"的各种势力中，最具影响、最有力量的，就是著名的郑成功的武装组织。赫赫的战绩，崇高的气节，收复台湾的壮举，一直为后世所

---

① 有关嘉定城士民抗清经过，详见《明史》卷二七七《侯峒曾传》；《明季南略》卷四《嘉定侯峒曾、侯岐曾》、《黄淳耀、渊耀》、《嘉定屠城纪略》；《鹿樵纪闻·嘉定之屠》。
② 松江抗清事，详见《明史》卷二七七《沈犹龙传》、《陈子龙传》；《小腆纪传》卷四六《沈犹龙传》。
③ 浙东地区抗清事，详见《浙东纪略》；《东南纪事》卷五《孙嘉绩传》、《鲁王春秋》等。
④ 广东抗清事，详见《明史》卷二七八《陈邦彦传》、《张家玉传》、《陈子壮传》及《南疆逸史》等书。

钦仰。

郑成功随其父郑芝龙最先归属于隆武政权,很受重视,赐姓"朱",故又叫"朱成功";封忠孝伯,挂招讨大将军印。隆武亡,郑芝龙降清,他拒降,率部入海,居南澳。鲁王监国召他,他不愿归服,仍用隆武年号。永历政权成立,他受封为威远侯,永历三年又封广平公,至永历十二年进封延平郡王。他虽归属永历政权,却没见过永历帝的面;有联系,却是独立作战,和战进退,皆由自己作出决定,而无法请示永历政权的批准。所以,他领导的军事力量,是一个独立的军事集团。他开始是在广东潮州抗清,转而赴福建,夺取了厦门,袭取金门。自此,兵势益强,威震东南海上。他围漳州7个月,清军攻围海澄而无奈,厦门失而复得等等,都表明了这支队伍特别能战斗。清朝一心想招降他,顺治九年(1652)十月委派闽浙总督刘清泰出马,特给他一道招降敕令,力劝其归降;已降清的郑芝龙也受清朝委托,给其子写信招降。郑成功断然拒绝,对清朝的回答是:大举进攻浙闽沿海地区。兵势最盛时,达17万。进入浙江境内,攻占乐清、宁海等城邑,进至羊山,因遇台风而退师到舟山[①]。

郑成功屡次试图北伐,欲收复明朝故土,但都半途而废。永历十三年(1659)三月,他又发出了北征的命令。四月,大军从水路进兵,经舟山至崇明,进入长江,直抵京口,攻取了重镇镇江。此次北征,与鲁王监国名将张煌言合师,声势浩大,得其助,进军顺利,目标直取南京。途中所经府州县,闻风归附,"或招降,或克服,凡得府四、州三、县则二十四"[②]。郑成功挥师继续西上,七月初九日自仪凤门登岸,在狮子山扎营,兵临南京城下。清总督郎廷佐守南京,惧于郑军的兵势,以假投降而行缓兵计。大将甘辉等识破其狡诈,但郑成功被一连串的胜利冲昏了头脑,一概不听。于是放松戒备,等待郎廷佐届时投降。果然,清军由仪凤门穴地而出,衔枚疾走,直捣郑军中坚,另以骑兵绕出山后,两面夹击,郑军阵营大乱,大将甘辉奔江口,被执遇害。郑成功急收残兵退入海,所得城邑皆失。在退兵经镇江时,郑成功不禁放声痛哭,悔恨交加,自责说:"是我轻敌,非尔等之罪也!"[③]此次北征,是郑

---

① 徐鼒:《小腆纪传》卷三八《朱成功传》。
② 《张苍水全集》卷一二《北征录》。
③ 徐鼒:《小腆纪年附考》卷一九,第750—755页。

成功与张煌言合师反攻最壮观而辉煌的一次。然而,郑成功因骄傲、失算,功败垂成,损兵折将,元气大伤。自此,再无反清的一兵一卒能够到达长江,威胁南京了。这次惨败后,郑军虽在厦门打败了清军的进攻,但在大陆攻城夺地已经结束,更谈不到北伐了。永历政权也被逐出国境,双方的联系就此中断。顺治十八年(永历十五年,1661)三月,郑成功发兵攻台湾,将荷兰占领者驱逐,收复了台湾。次年,郑成功去世,永历政权亦亡[①]。

原明朝的遗臣孤忠,多属地方基层小官吏和诸生,部分是辞官在家的职位略高的将吏。他们的反清斗争,实属忠君报国,不甘心于"异民族"的统治,故不畏清朝的强大,宁肯以卵击石,明知失败亦不退缩,不惜以个人及全家生命殉节,所谓宁为玉碎,不为瓦全,可歌可泣,不愧是儒家道德的典范。对比之下,南明各小朝廷,只争名利,谋权谋私,全然不顾亡国之恨,一遇清军,非逃即降。虽有强大的军事实力,却极少做过认真抵抗。当然,也不乏仁人志士,但多受排挤,不能发挥作用,惟以尽节全其志。南明若认真组织民众,团结一致,不至于速亡。至于那些分散的遗臣孤忠,虽说气节可嘉,却无力改变历史的进程,恢复明朝只不过是一个梦想。

(三)明末农民军余部的反清斗争

农民军余部,是指李自成失踪(或战死)后的大顺军系统与张献忠战死后大西军的余众。这部分将士继续存在,仍握有雄厚的武装力量。先说张献忠余部,以孙可望等为首加入了永历政权,他们的农民军的性质已经改变,完全成了永历帝的军队。他们与永历政权共生存。至永历政权亡,永历帝本人被绞死,以李定国去世为标志,原张献忠余部不复存在。再说李自成部属,曾与南明隆武政权合作过,即使在南明不复存在后,作为一支独立的军事力量,在南方和北方继续与清朝对抗,活动了很长时间。

李自成率大顺军进入湖广,他本人不知所终,其部属进退失据,滞留通山和蒲圻境内,接受清朝招降。据有关档案记载:李自成的副将王复远、光山伯刘体纯、磁侯刘芳亮、义侯张鼐、总兵郝摇旗、泽侯田见秀、太平伯吴汝义、绵侯袁宗第等,各率兵马投诚,总计马步兵近20万[②]。后因谈判条件有

[①] 赵尔巽等:《清史稿》卷二二四《郑成功传》。有关郑成功的业绩,可参见《先王实录》、《海上见闻录》、《海东逸史》等;另外,《南明史》第317—346页亦有较详细的叙述。
[②] 《明清史料》甲编第二本,第121—122页。

争议而作罢。在湖广还有另一支大顺军,由李自成的侄儿李过与妻弟高一功率领。当李自成匆忙撤出西安时,李过等驻守陕北地区,未及与之同撤。后闻确切消息,亦率部赶到湖广,仍没找到李自成部。幸运的是,这两支军队终于在顺治二年(1645)秋会合于松滋县(今湖北松滋市),兵力为30万。他们拒绝了清朝的招降,转而投向南明。在湖广总督何腾蛟、湖北巡抚堵胤锡的说服下,他们正式加入隆武政权。隆武帝为表彰他们的这一壮举,将他们的军队命名为"忠贞营",李过改名为"赤心",高一功改名为"必正",赐名郝摇旗为"永忠",封高氏为"贞义夫人"①。

李自成部属加入隆武政权,易帜改政权名号,换言之,是向南明投降,由原先的仇人变为一家,共同"反清复明"。他们之合并,完全是各自的利益需要,一句话,是为了生存。因此,不能以"民族矛盾"一概而论。"忠贞营"与孙可望等不同,前者尚保持原农民军的整体,将士隶属关系不变,有一定自主权。仍称他们为农民军余部,也不算失实。后者是彻底变为永历政权的不可分离的一部分,是该政权后期的支撑力量,护卫在永历帝的左右。比较之下,"忠贞营"同隆武政权的关系,具有联盟合作的性质。实际上,隆武政权中诸大臣和地方将吏大多视他们为"异类",处处歧视排挤,甚至连粮饷也不发给他们。所以,由李赤心(过)领导的"忠贞营"与之若即若离,在遭到南明官僚及地方乡绅的封锁时,不得不抢掠地方资财,维持生存。隆武政权亡后,李自成的余部转而加入永历政权,不过奉明号,受其官职,实际却未真正一体化,仅存政治上的隶属关系而已。

大约在永历三、四年之际,大顺军余部开始脱离南明,选择川楚交界的地方作为根据地,驻扎下来。这里山高林密,路窄而险,易于隐蔽。比较知名的农民军将领如刘体纯、郝永忠、李来亨、贺珍、袁宗第、马腾云、塔天柱等,各率本部兵马,择地而居。史称"十三家"。此为泛指,不一定有十三家。他们各自为政,但彼此又互为联系,结为一个松散的政治军事集团,推刘体纯为头:"十三家虽威福自擅,悉推体纯为首,听节制。"②十三家兵马在此长期扎营,并非消极躲避,他们一面屯耕练兵,养精蓄锐;一面伺机出击,

---

① 张廷玉等:《明史》卷二七九《堵胤锡传》,中华书局1974年版。
② 《湖北通志》卷六九《武备志七》。

在近处攻城夺地,但不占领,以消灭清军的有生力量,取得粮饷为目的,留下了不少胜利的记录①。

永历政权后期,已属强弩之末,全国形势趋于稳定,清朝的统治也日益巩固,对川楚交界处的十三家欲以招降的方式解决。顺治十三年(1656),世祖指令宁南靖寇大将军阿尔津以优惠条件招降郝永忠、刘体纯、李来亨等。顺治十八年八月再下特诏,要求十三家放下武器,归降朝廷。其结果,十三家的主要领导拒降,但其部属却不断离开营寨,投入清军。清朝在消灭永历政权后,无后顾之忧,开始全力扑灭十三家。康熙元年(1662),清朝分兵三路进攻:湖广提督董学礼率部出湖广,陕西提督王一正出陕西,四川总督李国英出四川,共击十三家。三路皆胜,农民军遭到失败。次年,李来亨联合其他六家共七家5万多兵马反攻巫山,又被李国英等击败,损失惨重。其部属纷纷降清,农民军的实力进一步削弱。同年八月,清朝以都统穆里玛为"靖西将军"、都统图海为"定西将军",率精锐,会同湖广、四川诸军,最后给予十三家以毁灭性的打击。在清军的强大攻势下,农民军成百上千至几千人降清。刘体纯一退再退,终无可退时,遂自刎死。十二月下旬,袁宗第、郝永忠、明宗室东安王朱盛蒗、原明官受命监视大顺军的洪育鳌等被俘,很快被处死。马腾云、党守素、塔天宝等率部降清。最后,只剩李来亨一家了。清军集中兵力,全面围攻李来亨。康熙三年(1664)八月,李来亨退无可退,遂自杀身死,部属一哄而散。至此,十三家抗清的历史终结,也是全国反清斗争的终结,如说:"来亨败没,中原无寸土一民为明者。"②

(四)原明与农民军降清将吏的复叛和武装反清

继江西南昌金声桓叛清后,有广东的李成栋起兵响应,这两起反叛事件,对清朝是一个巨大的震动。数月后,即顺治五年(1648)十二月初,山西大同总兵、原明降将姜瓖公开叛清,引发了西北地区的一场大规模动乱。

姜瓖原为明朝的地区军事长官,在山西大同任总兵官。李自成率大军直取北京时,他开关迎降,对农民军亡明助了一臂之力。李自成前赴山海

---

① 具体战役与战况,详见清末民初编辑的地方志,如《湖北通志》、《襄阳府志》、《南漳县志》及《永历实录》、《李来亨传》、《郝永忠传》等。
② 《永历实录》卷一五《李来亨传》。清平定十三家,参见《清圣祖实录》卷九、一〇、一一、一三;《明季南略》卷一六《擒获郝逆》;《清代农民战争史料选编》第一册。

关,欲消灭吴三桂,不意被清军与吴军的联合作战所击败,狼狈退出北京。姜瓖见李自成大势已去,毫不迟疑地投降了清朝。多尔衮对他很满意,以为他"忠诚为国,擒杀伪将,平定大同、阳和",仍把大同交给他镇守①。降清刚满5年,在金声桓、李成栋的影响下,姜瓖又公开声明与清朝决裂。这是个典型的反复无常的人,为了一己之利,可以叛卖任何人。在明、清、大顺(大西)几方角逐中,此人随心所欲,在它们中钻来钻去。不管出于何种动机,他的反清并未博得人们多少同情。

姜瓖发动叛乱,其"兵势甚盛,西连榆林、宁夏、甘肃,三总兵同时并起,全秦震动"②。他带头反清,山西各地响应,陕西也直接受到影响。一部分是原明降将和官吏,不甘心为清朝任职,趁机"反正";一部分是原大顺军的吏卒,失败后隐伏下来,至形势一乱,再度出来战斗;还有的趁机发动新的起义,形形色色都在乱中表现出来。例如,原明参将王永强据延安,刘登楼据榆林,原明臣李建泰也据太平(今山西襄汾西)反清。他们相互呼应,多有配合,造成西北大乱。在他们起兵初,响应热烈。如姜瓖所在的大同"附近十一城皆叛"③。最有战斗力的莫过于王永强部,他在榆林反清,迅速出兵,攻陷延安,领兵南下,目标直取西安。先后攻陷榆林以南19个州县,势力达到西安东北的蒲城④。他的军队大多是李自成农民军余部,故战斗力强,所向披靡。

清军入关当年的十月,多尔衮已派阿济格、多铎、吴三桂等平定山西、陕西,李自成退出后,遂成清朝的一统天下。事实证明,这种靠军事手段所得到的胜利并不稳固。一个重要的原因,就是各种反清势力包括农民军,在遭到打击后都潜伏下来,而且人心对新统治者尚不适应,未予真正认可,故一有风吹草动就乱,有人振臂一呼,就有十倍百倍的人响应。我们看到,在灭亡南明弘光政权后,约从顺治二年(1645)下半年起,全国形势又出现了反复,连京畿和邻近省区也处于动荡不定的局势之中。礼科右给事中姚文然惊呼:"北直接壤山东、河北一带,盗贼日炽,商贾不前,耕桑失时。兵到,则

---

① 《明清史料》丙编第五本,第401页。
② 刘健:《庭闻录》卷二《镇秦徇蜀》。
③ 《清世祖实录》卷四一。
④ 《明清史料》丙编第九本,第805页。

东剿西遁;兵撤,则勾连复起。"①其中,以山东榆园农民起义的声势最为浩大。以任七、张七为首领,号称义军百万。从顺治四年(1647)起,连克10个州县,屡败清军。除此,到处还有聚众为害地方的"土寇"。清入关前,屡次进关骚扰,如山东、河北、山西、陕西等省都被残破;又经李自成农民军的反复扫荡,给明朝以沉重打击,但同时因战争也破坏了当地的农业生产;再经清入关后,进兵晋、陕、鲁,又受到战争的破坏,人口流徙,农业荒废,真是兵荒马乱,民不聊生。这几个省区确属"重灾区"。大量流民、饥民无以为生,便铤而走险,聚众为团伙,靠打家劫舍,抢夺官府资财,维持生计。所以,这部分的武装反抗,应区别对待,即便情有可原,也不能完全视为反清的正义事业。这些武装力量的存在,对反清斗争起到了推波助澜的作用。至顺治五年姜瓖叛变,则把北方主要是西北地区的反清斗争推向了高潮。

多尔衮在遣发大军南征金声桓、李成栋叛变的同时,也派出一支大军西征山西、陕西的反清势力。多尔衮选中了平西王吴三桂和墨尔根侍卫李国翰,各率所部兵马,前往地处甘肃、四川与陕西三省冲要的汉中,征剿反清的武装力量。顺治五年(1648)六月初,吴三桂率部离京赴陕西汉中,驻地南郑(今汉中)。入陕后首战阶州(今甘肃武都),明宗室自封为王的朱赤釜、定远侯赵荣贵被斩于阵中,部众万余人被歼7000余人②。接着,向王永强部发动反攻。顺治六年三月十三日,吴三桂会同李国翰、汉羌镇总兵张天福等,北上咸阳,分三路进兵,会师于洛川和鄜州(今陕西富县),共取延安。吴三桂部跟踪王永强,自宜君,疾驰至富平,奔蒲城,于二十三日追至流曲镇北,与王永强部遭遇,力挫农民军,王永强被击杀③。

五月,吴三桂与李国翰挥师进兵延安,王永强部自知不敌,把延安让给了清军④。吴三桂统兵迅速攻取了延绥镇城,再北上,攻克宜君、安塞、清涧(均属陕西)诸镇⑤,兵锋直指榆林。刘登楼、任一贵、谢汝德等率农民军守城。清军猛攻数日,农民军弃城而逃。谢、任两首领死于溃逃中,刘登楼被

---

① 《清世祖实录》卷四五。
② 《清世祖实录》卷四二。
③ 以上见《明清史料》丙编第八本,第723—724页;丙编第九本,第805页。
④ 《清世祖实录》卷四四。
⑤ 《清世祖实录》卷四五;参见刘健:《庭闻录》卷二。

俘,当即处死,余众投降①。吴三桂部与李国翰部自榆林渡黄河,攻击陕西最北部与山西交界的保德、府谷两城,历时半年多,胜利结束战斗。守府谷的以"经略"高友才为首的将官300余人被处死,投降叛军的原榆林道孙士宁、副将贾梧、游击季鼎铉等被俘,就地处决②。到顺治八年(1651),陕西"一切巨寇俱已歼灭殆尽"③。陕西三边总督孟乔芳驻陕近10年,消灭17.6万余人,吴三桂入陕作战近2年,歼敌也达4.5万人。陕西的局势恢复正常,吴三桂与李国翰率部返回汉中④。

山西方面,姜瓖据大同叛。多尔衮初意,以劝降为主,在屡遭拒绝后,于顺治六年(1649)初亲自率军出征。所属士卒为满洲八旗劲旅,将帅先后有阿济格、巴布泰、吴达海、吞齐喀等,皆能征惯战。多尔衮因事返京。至六月,多尔衮再次率师征大同。七月,把指挥权交给随征的将领,自己又回北京了。八月,他又派其兄阿济格、巩阿岱率军攻大同。陕西总督孟乔芳也率军自陕至晋支援。精兵猛将云集大同城下,姜瓖已无能为力了。至八月二十八日,姜瓖部将杨振威等32人合谋,将姜瓖及其兄姜琳、其弟姜有光杀死,取其首级,打开城门,连同全城献给了清军。姜瓖之乱,持续了9个月,到此结束。多尔衮下令,赦免杨振威32人及其家属和兵丁,其余吏、民、兵等一律处斩,大同城墙拆去5尺高的墙体,将姜瓖等人的尸骨烧成灰烬,埋入土坑。显见多尔衮在发泄愤怒,以报复的手段,大杀手无寸铁的人。据报告:浑源、朔州、大同县三地,男丁死18864人,剩5479人(妇女老幼不在此数)。"经王师屠戮,人民不存。"⑤大同已破,其随叛的州县皆瓦解。山西基本恢复了安定。

四川也处于混乱状态。还在顺治三年(1646)初,摄政王多尔衮已派肃亲王豪格出征四川,将农民军击败,张献忠亦死于阵中。四川初定。岂料两年后,四川又动乱起来。张献忠余部重新起义、暴动,原明将吏、明宗室趁机

---

① 《清世祖实录》卷四六。
② 《清世祖实录》卷五一。
③ 《明清史料》丙编第八本,第798页。
④ 《明清史料》丙编第九本,第862页。
⑤ 原件藏中国第一历史档案馆。转引自周远廉等:《多尔衮全传》,吉林文史出版社1986年版,第248页。

起兵。四川已不为清所有。顺治五年（1648），四川巡抚李国英报告："全川皆贼，已成燎原之势！"①但朝廷还顾不上四川，把兵力集中到近在京师肘腋的山西、陕西等省。到顺治八年下半年，晋、陕、甘已定，腾出兵力，转而进川，以恢复那里的社会正常秩序。朝廷又选中了吴三桂，于九月初八日给他一道出征四川的命令："四川逆贼盘聚，斯民陷于水火。兹特命尔统领大军，入川征剿……"希望吴三桂"宽朝廷西顾之忧"②。

吴三桂进川前，四川半是永历政权的天下。名义上，都受到永历帝的赐封，奉南明旗号，实则是大大小小的军阀，拥兵自重，割据一方。这些握有军队的军阀，绝大多数是原明四川的地方将吏。在张献忠死后，其余部如孙可望、李定国、刘文秀、艾能奇等自四川撤退，进入贵州、云南。于是，原明的官僚、军阀趁机占据一方。而永历政权也来到四川，谋求发展，赐封了大量官衔和爵位。这些地方势力就投向南明，与清朝划清了界限。如樊一蘅，原为明兵部右侍郎，总督川陕军务，永历帝晋升他为太子太傅、户兵二部尚书，驻川主持"全蜀收复计"③。钱邦芑，原明四川巡按；杨展，原为川镇中军；陈士奇，原为四川巡抚；詹天颜，原为监军佥事；皮熊，原为总兵，以及其他川中诸将，多如牛毛，永历帝都给爵赏④。严重的问题是，这些将吏全无民族、国家之念，"分地自守"，互相攻击，争夺地盘，兵连祸结，"二三年来，操戈同室"⑤，致使四川"全省分崩离析，号令各擅"，如掌四川巡抚权的樊一蘅，所能号令的，仅叙州（宜宾地区）一府而已⑥。川中诸将自相为乱，招致孙可望重回四川，重新征讨各个军阀，又经历了一场战乱。四川诸军阀，不管其是否反清，他们的存在，没有什么进步、正义可言。这些武装势力极端腐败，残害地方，百姓遭殃。清朝力图消灭这些武装势力则是符合历史发展潮流的。

吴三桂与李国翰于顺治九年（1652）二月分路进川。四川军阀彼此攻战，颇有战斗力。然而，同清军接战，却相形见绌，不堪一击了。吴三桂部取

---

① 《明清史料》丙编第七本，第666页。
② 《清世祖实录》卷六〇。
③ 徐鼒：《小腆纪传》卷三四《樊一蘅传》。
④ 徐鼒：《小腆纪传》、温睿临：《南疆逸史》有关人物列传。
⑤ 《小腆纪传补遗》卷二《王祥传》。
⑥ 徐鼒：《小腆纪传》卷三四《樊一蘅传》。

重庆,杀总兵李廷明等,分兵围成都,深入叙州;至六月,又北取石泉(今北川),招抚了漳腊、松潘等地,大批南明军投降、投诚,将吏纷纷接受招抚。吴三桂进川仅4个多月,蜀地渐次安定。不料至七月,刘文秀等率步骑,连同云贵土司猓猡部众,共6万人,攻入四川。吴三桂所取得的诸郡县又起而响应,连重庆也失陷了。在叙州进行了一场大战,吴三桂兵败,退到保宁固守。南明兵气势甚盛,刘文秀也自认全胜,对吴三桂不深防,围而不打。吴三桂看破其布防之不足,遂以全力死战,经过一场血战,清军反败为胜,南明死4万余人,大将王复臣不降,于阵中挥刀自刎,刘文秀侥幸逃走,率残部退回云南①。此后,南明再无力进川了。而刘文秀一败,四川又恢复了清朝的统治。

　　清军入关伊始,就同大顺军展开争夺战。进据北京后,全面出击:北逐大顺,西讨大西,渡江南下,扫荡残明势力,在东南沿海将郑成功逼走台湾。迄顺治十八年(1661),以俘获永历帝为标志,除台湾之外,整个中国大陆基本实现了统一。这是自明万历晚期国家分裂(以万历四十四年即1616年努尔哈赤建后金国家为标志)以来,特别是经崇祯元年(1628)陕西农民大起义,动乱长达45年后才实现的重新一统。结束了战争,恢复了社会的安定,无疑具有深刻的历史意义。清入关后所进行的十余年战争是统一全国的战争,旨在削除群雄,建立爱新觉罗氏的一统天下。不能把它称为"民族征服战争"。因为这不是境外的异民族对中华民族的武力征服,而是在一国之内争夺全国最高统治权的斗争。满族贵族崛起,积极参与夺权、统一国家的大业,这与中国历代创业之君的武力夺权,并没有什么两样。所以,把清入关后所进行的战争解释为"民族征服战争"是不妥当的。对全国各地主要是江南地区的抗清或反清斗争,也要做具体分析。不能将凡是反对或武装抗击清朝的都视为天经地义的进步事业,或是"天然"合理。清实施剃发令,强迫汉人从满俗,实属一项野蛮的政策,激起汉人的反抗也是必然的。但南明几个小朝廷仍抱残守缺;军阀、官僚争立朱氏为王为帝,无非是谋取个人私利,其政治黑暗远胜过明末。以这样腐朽政权来阻挠国家的重新统一,就没有多少进步可言。

---

① 徐鼒:《小腆纪传》卷三七《刘文秀传》;参见《清世祖实录》卷六九。

第三章 重建新王朝

1. 承袭明制政体

当清朝以北京为政治中心,确立其对全国的统治地位时,恰值17世纪中叶。在西方,以英国为代表,刚刚实现了资产阶级革命,封建专制统治被推翻,资产阶级取代了封建地主阶级,成为资本主义社会的统治者。以此为开端,人类社会已进入资本主义的新时代。这是人类社会的巨大进步,具有划时代的意义。

限于当时科学技术发展的水平,东西方远隔重洋,信息不通,因此,英国资产阶级革命不会给中国带来任何影响。即便到了1789年法国资产阶级大革命爆发,中国与世界仍处于隔绝状态。这就是说,在中国不存在外部对她的影响问题。中国依然循着她自身的规律和道路向前发展。自秦始皇创立君主专制政体,发展到明代,已延续了1800余年,深深地根植于中国这一古老而广阔的土地上,形成了一套与西方有区别并带有中国特色的专制政体。有明一代,把这一专制政体进一步完善、补充、发展,达到了更完备、更严密、更行之有效的新水平。学术界通常把明清两代划为我国封建社会的晚期,认定封建社会已走向衰落。其实不然。在明代,封建社会远未走到尽头,其专制政体显示其成熟的程度,它还在继续发展。事实上,到了清代,又把专制政体发展到了一个新高峰。在这个庞大的封建社会的母体内,也仅仅在局部地区如江浙或沿海地带孕育了很微弱的资本主义萌芽,资产阶级的形成更无从谈起,也就没有建立资本主义社会制度的可能性。无论是农民起义建立的大顺、大西政权,还是满族贵族建立的清朝,还有明宗室受地主官僚及军阀拥立的诸政权,都不代表新的生产力,更不是先进阶级,根本不可能全盘破坏封建专制,来建立一个崭新的社会制度。所谓清入关延误中国一百年的说法,是没有根据的。

史学界向有"汉承秦制"之定评,而"清承明制"也为史家所共识。清朝皇帝对此也不讳言,坦率承认它对明朝的继承。清朝是以占统治地位的满族贵族为核心建立的一代王朝,当它崛起时,必然借助明朝现有的政治制度,来建立自己的国家权力机构。尤其是在思想文化方面,是不能同汉族积有千百年的传统文化相匹敌的。因而又从在中原王朝占统治地位的儒家思想中汲取营养,拿来做它的统治思想。很清楚,它选择和继承明制,是历史的必然,换言之,这是清朝惟一的选择,在当时的历史条件下,它没有其他的路可走。即使李自成或张献忠能建立一统天下的新王朝,也不可能抛弃封建专制而建立别的什么制度。

清朝消除李自成、张献忠及南明三大割据政权,肃清一切反清势力,也摧毁了明朝的国家机器,在明朝的这片废墟上重建自己的一代王朝。它把明朝的政治制度作为自己的建国之制,在此基础上建立更适合其需要的、更完备的体制。

官制是政治制度的本质体现,有什么样的政治制度,就有什么性质的官制。封建官制,就是封建主义专制制度的最集中体现,最鲜明地反映了专制的本质特征。所说"清承明制",首先在官制包括统治机构的设置上,总的框架是沿袭明的制度。这是清重建新王朝的一项重要内容。

综观清代官制,可概括为三个特点:一是逐步完善起来,其中有因袭,也有增减,约历百余年而成为定制。二是基本沿用明制。《清史稿》卷一一四《职官志序》说:"世祖入关,因明遗制,内自阁部,以迄庶司,损益有物;藩部创建,名并七卿,外台督抚,杜其纷更,著为令甲。"清朝对此并不讳言:"我朝设官,大半沿前明数百年旧制。"[1]世祖亲政后,对明朝政治制度倍加赞扬,他说:"明太祖立法周详,可垂永久,历代之君皆不能及也。"[2]他进一步表明承袭明制的态度:"朕自践祚以来,斟酌前代之典章,每于有明用深嘉

---

[1] 《清史列传》卷六一《张百熙传》。
[2] 蒋良骐:《东华录》卷一七。

叹。"①三是在沿袭明制的同时,也有本民族的独创,将两个方面巧妙地结合在一起,形成清朝专制政治的特色。

清沿袭明制,早在关外时期已经开始。清太宗皇太极要求诸贝勒大臣"凡事都照《大明会典》行"②。既是沿袭,也是仿照,按明制设置国家机构。天聪三年(1629)始设文馆,再设六部、内三院等机构,至入关前,已初具规模。入关后,由区域统治变为全国统治,原先的机构设置及职能已不能完全适应新形势的需要,全面恢复已瘫痪的明朝政体,重建清朝的制度,也是顺理成章之事。

清军进入北京的第二天,摄政王多尔衮为使清朝政权迅速运转,发挥统治效力,即采取应急措施,宣布原明"各衙门官员俱照旧录用,可速将职名开报,如虚饰假冒者罪之";有的避李自成农民军"回籍,隐居山林者,亦具以闻,仍以原官录用"③。其职名皆以顺治元年(1644)三月十九日大顺军占领北京前的职衔为准,"各复原职"④。接着,再作明确规定:"在京内阁、六部、都察院等衙门官员,俱以原官同满官一体办事。"⑤多尔衮从明官中选取部分人委以要职。如被明崇祯帝罢免的原内阁大学士冯铨,命其"以大学士原衔,入内院佐理机务"⑥;命洪承畴"仍以太子太保兵部尚书兼都察院右副都御史,同内院官佐理机务"⑦;召原大学士谢升入京,入内院供职⑧。

这一举措,清楚地表明入主北京的清朝虽已取明而代之,却不改变其政治体制,而大量起用明官,按原职务任事,意在恢复其官制,又施以笼络的政策,获取他们对新政权的积极支持。这与李自成进北京后废弃所有明官、大肆拷掠的极端做法形成了鲜明对照。

明代君主专制高度发展,一个重要内容,就是在中央不设宰相,实行内阁制,设大学士若干,有的身兼尚书或侍郎衔,掌实际权力的大学士,便有

---

① 《清世祖实录》卷一四一。
② 《天聪朝臣工奏议·高鸿中陈刑部事宜奏》。
③ 《清世祖实录》卷五。
④ 张怡:《谀闻续笔》卷一,《笔记小说大观》第八辑。
⑤ 《清世祖实录》卷五。
⑥ 赵尔巽等:《清史稿》卷二四五《冯铨传》,中华书局1977年版。
⑦ 《清世祖实录》卷五。
⑧ 《清世祖实录》卷八。

"首辅"之称,成了事实上的宰相。清大学士对皇帝负责,提出建议,阐明想法,参与国家决策,为皇帝草拟文件,但决定权在皇帝之手。内阁下之六部,其各部首脑都对皇帝负责,请示决定实施与否,都经皇帝裁决。这一制度,将皇权置于至高的地位,所谓内阁不过是皇帝的办事机构,大学士充任皇帝的秘书而已。这样,就防止了如历代出现过的君权旁落、宰相专权,乃至威胁皇权的弊端,保证了皇帝的宝座不会被权臣所篡夺。

清入关前,在皇太极时期,已建立了中央集权和君主专制的体制,其最高决策和权力机构是"议政诸王大臣会议"。它是由皇室中位高权重的诸王组成的统治集团的权力核心,共议国政,共同决策国家军政大事。这个权力机构,是在努尔哈赤创建后金国的过程中设立的,带有原始军事民主的性质。它为满族所独创,在汉族所建的中央政权中没有实行过。它由单纯以血缘关系为前提的皇室成员组成,入关后,显出它的落后性,必须扩大决策人员,跳出民族的或血缘关系的局限,组成新的统治集团。

议政诸王大臣会议,作为"祖制"是不能取消的。多尔衮另仿照明内阁制,将"内三院"改为内阁。所谓内三院,是入关前皇太极所设内国史院、内秘书院、内弘文院,简称内三院。多尔衮将此制与原明内阁结合起来,任命一些重臣为内三院大学士,行使原明内阁的职责。与明内阁编制7人一样,清内三院大学士人选,以顺治二年(1645)为例:刚林(满)、范文程、希福(满)、祁充格(满)、李建泰、冯铨、洪承畴(谢升也是其成员,是年正月去世),仍是7人之数。

明内阁行票拟制度,"按明时旧例,凡内外文武官民条奏,并各部院覆奏本章,皆下内阁票拟,已经批红者,仍由内阁分下六科,抄发各部院,所以防微杜渐,意至深远"。洪承畴与冯铨联名建议,应恢复明票拟制[①]。多尔衮予以采纳,按其原有的程序和规定行事。大学士名尊位崇,实际不过充当了多尔衮和皇帝的顾问和咨询,上传下达的办事员。这在本质上与明内阁制并无区别。至于诸王大臣会议,与内阁大学士并行不悖。前者所享有的权利,远胜过大学士,他们直接参政、议政,重要的是,能做出决策,但关键还得皇帝批准,否则行不通。随着皇权不断加强,议政王大臣会议的权限日益

---

① 《清世祖实录》卷五。

缩小，作用亦微乎其微，直至变成一虚衔，于乾隆五十六年（1791）正式撤销。

在中央，最重要的职能部门，就是吏、户、礼、兵、刑、工等六部。这六部的首脑分掌国家实权，明以前，六部统于宰相之手，而自明太祖朱元璋开始，罢宰相，六部直接对皇帝负责，而皇帝的意图、指令、任免、措置等，分别通过六部去贯彻执行。明对六部执掌的权限及职事规定得更明确，其制度也更完备。六部以吏部的地位和权力为重，居诸部之首。诸部下设"司"，其中吏、礼、兵、工各有4司，具体分管本部某一方面的事务。户、刑两部，以事务繁且重，各设13司，分掌全国各行省的财政和刑法等事。六部首脑称尚书，其副职称侍郎，所属各司主管官员称郎中、员外郎、主事。

清入关前，清太宗据明制创设六部，每部由皇室一名贝勒总理部务，其下设承政、参政、启心郎、笔帖式（满语，意为文书），每个部按比例由满、汉、蒙古人任职①。这些名称，大多是满、汉义混杂，与上述明制名称有别。另据明设监察御史，亦设都察院，与三院六部不相属，独立行使监察各部官员直至皇帝、诸贝勒言行的职权。顺治元年（1644），定内外文武官制，更定部、院首脑名称，如"承政"改名为尚书，原左、右"参政"改为左、右侍郎，理事官改为郎中，副理事官改为员外郎，额者库改为主事。原设满、汉启心郎，至顺治十五年（1658）裁撤。都察院承政则改称左都御史。同时，将独立行使监察的六科给事中及十三道监察御史都并入都察院，为其下属，从而结束了唐宋以来监察机关台、谏并列而纷争不已的局面。

自隋唐至明，在中央机构有大小九卿之称。所说"大九卿"，系指六部与都察院、通政司、大理寺之合称；以詹事府、鸿胪寺、太常寺、光禄寺、太仆寺、顺天府、国子监、翰林院、尚宝司等机构的官员，概称"小九卿"。清入关前已设的机构继续保留，未设的亦照明制而设，也成大小九卿之数，直到清逊国基本未变。

明代设宗人府，专门管理皇族之家事，地位崇高。顺治九年（1652），按明制设宗人府，其首脑称宗令，由宗室中一亲王或郡王出任。其副职称左宗正、右宗正、左宗人、右宗人，各一人，亦由宗室中贝勒、贝子至镇国公等级别

---

① 王先谦：《东华录》天聪五年七月。

的人出任。至雍正时,还是"宗室、满洲参用",乾隆二十九年(1764),"始专用宗室人员"①。该机构专掌皇族属籍,定时修辑玉牒、赏罚、申教,以及生卒、婚嫁诸事。名为国家行政机构,实则是皇族自己管理本族事务的专门机构。任此职,亦是仕途之阶。

与宗人府有联系却有显著区别的是,清又创设内务府这一民族特点鲜明的机构。全称为"总管内务府衙门",其长官称"总管内务府大臣",简称"总管大臣",从满族大臣中选任。此机构专门管理皇帝及其一家的日常生活。总管大臣实际就是皇帝家的大管家。这与宗人府的管理范围及职责明显区别开来。内务府何时创设?具体日期已不可考②。清官书如《清文献通考》卷八三、《清通志》卷六六等都笼统地说:"国初置内务府"。这是说,此机构设于清入关前。由包衣制演化而成。所谓"包衣",系满语,"奴仆"之意。全称是"包衣阿哈",译成汉语,即"家中使用的奴仆"。管理包衣的头目,叫"包衣大"或"包衣达",汉译为"管领"。包衣都隶属旗籍,称为某旗某家之包衣。皇帝统上三旗,其余五旗由王公贵族分领,这是顺治七年(1650)世祖亲政后划分的。隶属上三旗的包衣,自然就是皇帝的奴仆,服侍皇帝一家人的生活。这些包衣,就归内务府掌管,亦称内务府属。据《清史稿》中《职官志五·内务府》载,其职掌包括宫廷宴飨、典礼、祭祀、库藏、财用、服舆、赏赐、造作、牧厩、供应、刑律等事项,由总管大臣统辖,其下又设广储(内设银、缎、衣、茶、皮、瓷六库)、会计、掌仪、都虞、慎刑、营造、庆丰七司。再设武备院、上驷院、奉宸院,号"内三院";设"四处"即总理工程处、养心殿造办处、武英殿修书处、刊刻御书处;"二房"为御茶膳房、御药房;三旗纳银庄、官房租库、官学、织染局,以及江宁(南京)、苏州、杭州织造监督等③。整个内务府内设机构细密,职掌庞杂,举凡宫廷生活的一切方面及皇室财富都在这个机构的管辖之内,连分散在外如江宁等地的织造,也由内务府兼理。内务府总管大臣秩级,初定从二品,乾隆十四年(1749)改为正二品。此职为清代官职中的"肥缺",格外荣宠。只有贵幸之臣,或皇亲国戚,

---

① 赵尔巽等:《清史稿》卷一一四《职官志一·宗人府》,中华书局1977年版。
② 郑天挺:《探微集》,中华书局1980年版,第92—93页。
③ 参见《大清会典》卷八七,《清文献通考》卷八三;郑天挺主编:《清史》,天津人民出版社1989年版,第225页。

才有机会出任总管大臣,而后才有更高的提升,进入国家的权力中心。

清代内务府的职责,在明代统由宫内太监负责,故明太监达到数万。约从周代始用"寺人"(即太监)执掌宫内事,仅是供宫廷洒扫使令的奴仆而已。但"秦汉以后,典兵干政,流祸无穷"。如后汉、唐末,特别是明代,深受宦官之祸,以至亡国,都与宦官乱政有密切关系。宦官生理不健全,心理变态,文化素质低下,一经侵入国家政权核心,无不招致国乱而亡。像明天启朝大太监魏忠贤"目不识丁",竟操纵国家大权,任意胡为。崇祯朝,初期抑制太监,很快又起用,委以重任,放到军队中任职,称"监军",用以监视将帅。明朝宦官为害最烈。鉴于历史的教训,自清太祖建国至太宗朝,宫内取消太监。世祖入关后,据明寝宫旧制,大量裁汰太监,裁定名额,只留千余人,并立下严格规定,严禁内外官员与内官(太监)交结;太监"犯法干政,窃权纳贿,嘱托内外衙门,交结满汉官员,越分擅奏外事,上言官吏贤否者,凌迟处死"。处罚之严酷,于此可见。这是世祖定的法令,但他又自坏其法,于顺治十一年(1654)设十三衙门,"酌用寺人之意"①,为他们立衙门,就给了窃权干政的机会。明朝设立二十四衙门,世祖缩为八监三司二局合为十三衙门,掌管皇帝及家人的一切事务。至世祖去世,已存在了七八年,其气焰日见张狂。世祖临终前留下遗诏,其中已认识到,设十三衙门,委用任使太监,已与明无异,自责为"罪一"。有了十三衙门,内务府包衣就不起作用了。圣祖即位伊始,宣布新政之一,就是革除十三衙门,将干政的太监吴良辅处决,"复以三旗包衣,设内务府"②。这是恢复内务府机构,代替太监行使其职权,一直延续到清亡。

清废除太监掌管宫廷内务的管理体制,创立内务府,亦即革除了历代太监之弊,是对君主专制的一项变革,也避免了太监之祸。清代从制度上做了保证,又管束极严,惟晚清有个别太监如安得海违章违制,基本上没发生问题。可见,内务府之设具有积极意义。

清朝在政治制度上另一项有重要意义的创造,就是理藩院之设。它有一个发展过程。在清入关前时期,崇德元年(1636)最先设立蒙古衙门,专

---

① 《清世祖实录》卷七六;赵尔巽等:《清史稿》卷一一八《职官志五·宦官》。
② 赵尔巽等:《清史稿》卷一一八《职官志·内务府》,中华书局1977年版。

门负责处理蒙古方面的事务。崇德三年七月设理藩院,取代蒙古衙门,成为清政权专门处理蒙古及其他少数民族事务的机构。它的首脑官叫"管理院务大臣",从满族中选一大学士充任此职;又设尚书、左右侍郎等,各由一满人充任。雍正元年(1723),始命王公大学士领院事。光绪三十二年(1906),"更院为部"。宣统三年(1911)改尚书为大臣,侍郎为副大臣。该院的首脑,顺治十六年(1659)定以礼部尚书衔掌院事,侍郎衔协理院事;顺治十八年,以该院隶属于礼部,"未合旧制,停兼衔",依六部例,"令入议政,班居工部后"。中国自古以来就是一个多民族的国家,理应设专门机构管理境内各少数民族事务。然而,在清以前,"理藩一职,历古未有专官"。至清,"遐荒绝漠,统治王官,为有清创制"①。《清史稿》如此评价,符合历史实际。有清一代,民族关系处理得好,各民族长期安定,理藩院所做的贡献,是不能忽略的。

  清朝中央官制系统,已显示出它迅速而全面地恢复了明朝的政治体制,沿着专制政体继续运行。不仅如此,它还鲜明地体现出满、汉、蒙在这个中央政权中的各自地位和彼此的关系。早在皇太极时,已明确规定了"满汉一体"的治国方针,在他的政权内,容纳汉官汉将共同治国。至入关后,"国家混一华夏,满汉并重",惟"京朝武臣,置有满洲专缺,其文职衙门堂官,皆满汉并用"。事实正是如此。内阁4相,满人、汉人对等,各占2名。尤其是六部首脑之设,实行满汉复职制,其办法是:每部设尚书2人,即满、汉各一人,同为本部首脑。故六部12个尚书,其中满尚书6人,汉尚书6人。这种一职2人的编制,为历代所无,因而体现了"满汉一体"、满汉并用的方针。有的部门,根据职掌性质,不一定都是满汉并用。如宗人府所属,全用皇室宗族,只用汉府丞一人、汉主事一人,作为辅助,掌校汉文册籍而已;再如内务府、理藩院,都不用汉人;而太医院则全用汉人。至于外省官员,不分满汉,"惟择贤而任"②。所说满汉"并重"并用,实际还是"首崇满洲",突出了满官的首要地位。如满、汉两尚书,也是满尚书在前,处主导地位。这样做的目的是显而易见的,无非是保持或巩固满族贵族对汉人和其他民族的

---

① 以上见赵尔巽等:《清史稿》卷一一五《职官志·理藩院》,中华书局1977年版。
② 福格:《听雨丛谈》卷三,中华书局1959年版,第47页。

统治。

以上所列,为中央政权的官制系统。如同历代,清朝还有一个庞大的地方官制系统。大体说,基本框架建置亦沿明制,因时制宜,稍加变通。

地方行政长官,以行省级为最高,其职名为督抚,即总督与巡抚的简称。明代系临时因军事或庶政、重大事件等而差遣,加总督或巡抚的头衔,事毕即撤销。清入关建制,把它固定下来,变为一省区或数省的最高行政长官,执掌本地区的军民庶政。清初设行省18个,基本上每省设巡抚一人,每一省或数省设总督一人(有时兼巡抚)。这一级的官员,是名副其实的封疆大吏。

在督抚以下,设承宣布政使司和提刑按察使司两机构,其长官分别称布政使、按察使。前者又称"藩台",专司一省庶政及财政与人事等;后者又称"臬台",专管一省的司法、刑狱、纠察等。一省的教育、科举考试等事务,专设提督学政一人主管。一句话,是主管地方教育的行政长官。在一些有特殊需要的省区,亦专设职官。如奉天、山东、直隶、两淮、两浙、广东、四川等盛产盐的地区,国家实行专卖,特设置盐运使,主管当地盐政。

在省布、按与府(州)县之间,还设有一级长官,称"道员",又叫"道台"。此职名是从设"道"为一级机构而来的。如一省之内专管粮食储备的就叫粮储道,专管盐业的叫盐法道,其他如兵备道、河工道等,都是专业化的行政管理部门。

地方的基层机构为府(州)县。一省之内设府、县若干,各设长官治理地方。在府级衙门,设知府一人,是省与县承接的一级机构。在一些特殊地方,设直隶州,与府治平行,其秩级低知府一级。县是最基层的一级行政单位,长官称知县。俗称"父母官",多指知县级的官。因为这一级官处于最基层,与百姓接触最多,百姓的食衣住,都有赖于本县官的实际运作。全国有县1358个,涉及面最广,官员也多。他们清廉与否,治绩优劣,直接关系国家统治的根基[①]。有清一代,始终关注州县一级的政权建设,不断整饬吏治。

[①] 有关清初建地方官制的情况,详见赵尔巽等:《清史稿》卷一一六《职官志三》;参见郑天挺主编:《清史》第208—209页。

清朝所建从中央到地方的政治机构,不仅使它确立了对全国的统治,也意味着清朝全面恢复和重建封建专制政体,这既是对明朝的继承,也是近两千年封建专制的延续。

2.恢复封建经济

明末以来,天灾人祸接踵而至,长城内外动乱不已,其经济陷入崩溃,经济秩序完全混乱。农民作为封建国家的主要生产者,既然不能照常从事农业生产,为求生存,或铤而走险,参加农民起义,进行战斗;或流徙别处,形成一股巨大的"流民潮",冲击着封建社会的统治秩序,加剧了社会的动荡;还有多少人被战争蹂躏,或坐以待毙,抛尸荒野……明末的经济完全崩溃之日,也正是统治中国200多年的明王朝垮台之时。

顺治元年(1644)五月,清朝入据北京,标志着统治全国的开始。在经历了长期的战乱之后,明朝留给清朝的是国家残破、经济凋敝的烂摊子。入关之初,清朝仅领有河南、河北、山西、陕西等省及山东部分州县,基本属京畿地区。这一地区,所受破坏最为严重。农民战争的烈火首先在山西、陕西点燃,10余年间,燃遍中原大地。李自成及张献忠领导农民军纵横驰骋,一方面打乱了明朝的统治秩序,一方面无情的战争也给生产、生活带来了巨大破坏。还有关外的清政权,屡次突袭关内,深入秦、晋、冀、鲁等京畿或以远的地区,蹂躏劫掠,加重了破坏的程度。在屡经战争之后,黄河以北至京畿地区已是满目疮痍,残破不堪。清朝的档案留下了大量记录。

顺治元年(1644)七月,天津总督骆养性上一奏本,概述当时农民苦难之状:"当此民穷财尽之秋,田野荒芜之日,使小民经年力作,无以赡生。"同月,上林苑监蕃育署署丞郭永泰上报他到任时所见:"城门民房俱成灰烬,十室九空,目不忍睹。"八月,北京所属大兴县知县阮德基、宛平县知县杨辉联名报告该两县之艰难:"两县自遭流寇残破以后,库藏如洗,搜无可搜,借无可借,如此之苦,如此之穷也。"也是八月间,户科给事中冯杰上奏:"臣目击黎元疾苦,无如连年兵变,丁倒户绝,田地荒芜,久无人种。"

山东也是"连岁之凶荒,兼频年之兵火,丧亡既尽,丝粒靡存"。广东道监察御史刘今尹题本称:"北直、山东逆寇焚掠殆尽,至于山西一省几无遗类!"保定地区靠近北京,同样是一派荒凉。保定巡抚王文奎奏道:"自定兴而西,睹其道路荒凉,邮亭焚毁,人烟冷绝,车尘阙如。每抵州县,城郭尚有鹑衣马户环拥诉泣称极难支者。"除"奉差员役贪惨成风",滥行摊派,"更有流氛惨蹋,搜劫无遗,较之曩时苦逾百倍"①。

据河南巡抚罗绣锦报告:"各省遭残流寇,无如河南更甚。"虽然"河北三府诸官寥无一人","军民流离",但"河南五府城郭拆毁,竟成丘墟!"可以想见,这些地方已成无人之区。

顺治元年(1644)八、九两个月,天津发生严重瘟疫,对当地的社会生活又是一次严重打击。此地"从来人民辏集",是"神京咽喉,水陆通衢"的要地,"近被流贼毒害,地方凋残,人不聊生,困苦已极"。岂料"上天降灾瘟疫",来势猖獗,有"一二日亡者,有朝染夕亡者,每不下数百人,甚有合家全亡,不留一人者。排门逐户,无一保全"。此疫由城内"转炽城外遍地",更以"城中尤甚,以至棺藁充途,哀号满路"。天津总督骆养性也发出哀叹:"卑职目击伤心",真是"有耳所不忍闻,目所不忍见者"②。

以上所引档案资料,都是当时入关一年内来自地方官员的报告,所报众口一词,并非有意夸大,而是真实地反映了黄河以北广大地区的悲惨情状。7年后,山西省经济状况还在恶化,巡抚刘弘遇痛诉地方困苦已达极点:"遍地伏莽,百姓杀戮过半,财物焚掠殆尽,庐舍丘墟,田荒芜";又遭蝗灾,"食伤无遗",故"地方之残,再莫残于晋省;百姓之苦,更莫苦于晋省百姓矣"。山西是明末至清初的一个重灾区。

明代江南本属富庶地区,明末吏治败坏而黑暗,也给这一地区带来了严重破坏。幸运的是,长江以南半壁河山很少波及战火,较少遭受农民战争的破坏。农民军进攻北京及夺取北京后,消息传来前,江南还是一派歌舞升平,生活在南京等大都会的明宗室、权贵、缙绅等,依然是花天酒地,脂粉香弥漫秦淮河上……直到清军渡江南下,才把他们从天堂打入地狱。江南终于燃起了战火。

---

① 以上见《明清史料》丙编第三本,第208—209、230、232、236、242页。
② 以上见《明清史料》丙编第五本,第429、439页。

从顺治二年(1645)渡江南下,直到顺治十八年冬擒获南明最后一个皇帝永历,战争进行了15年。由于明宗室不断组建政权,在当地军阀或缙绅的支持下,组织了有效的抵抗,使战争延续下来,战争规模也越来越大,有些重要城镇经过多次反复争夺。如前叙桂林经过了六七次的战争,把这个富庶的重要城市破坏得面目全非。特别是湖南,农民军、南明军加之清军几进几出,受战争摧残尤其严重。再如四川,先经张献忠入川扫荡明之势力;清赴川征剿,事毕撤军;南明又来,清军再入川,如是者三度进出,才最后平定。为报复坚守不降的南明军,清不惜屠城进行报复。如扬州、嘉定、江阴、广州等地南明军顽强抵抗,至城破,清军进行屠城。战后,美丽富饶的江南也已残破不堪,满目荒凉。

南京归降,并未屠城,但破坏亦重。弘光时,忙于"征兵措饷,民不聊生"。再有"地方棍徒四起,抢劫率以为常,民岌岌朝不谋夕"。清军入南京后,已是"十室九空,库藏如洗"。清军战马无处牧放,百姓被逼,"舍己田以牧马"。环南京城60里内,"稻田俱尽",真的变成了牧马场①。

湖南长沙、常德、衡州(今衡阳)等重镇,以地处冲要而成为清与南明及农民军争夺的战场,破坏最重。顺治四年(1647)初,湖南巡抚张懋熺受命赴湖南上任,各处巡视后,认为湖南七郡皆遭残毁,其中"岳州(今岳阳)之焚毁杀戮极惨,而巴陵为最惨",其"人丁断绝"。自崇祯十五年(1642)以来,"无岁不被焚杀,无地不为战场,加以今春奇荒,骼骴盈道,蓬蒿满城"。他从岳州至长沙,自雇夫役,自带行粮。至夜,竟宿于草丛中。白天在树下吃饭,"村不见一庐舍,路不见一人",真是"惨目骇心"。到了长沙,"城中房舍皆无,民皆弃家远遁"。衡州连年遭兵寇杀掠,上年又闹灾荒,"颗粒无收",百姓"饿死大半"。清军取湖南,先已任命的道、府官员随军到任,据查:有人有地可治理的只有四五个县②。到顺治十三年(1656),岳州、长沙、衡山等地,还是"城无完堞,市遍蓬蒿,虽间有寥寥孑遗,尽皆结草而栖,苟安于颓垣败壁之余,即通衢古道驿舍萧条……"③破坏如此之重,难以在短期内恢复。

---

① 《明清史料》丙编第六本,第518页。
② 《明清史料》丙编第七本,第608页。
③ 《明清史料》丙编第十本,第910页。

再看看与湖南毗邻的江西省情形。据江西巡按董学成奉命巡视所报：自万安抵赣州200余里，"沿途之庐舍俱付灰烬，人踪杳绝。第见田园鞠为茂草，郊原尽属丘墟"，以至"鸡犬无闻，烟火寂然"。偌大个赣州城，仅存"数宅茅房，小民难以安居"，保甲不足千人，仓库空空，"并无钱谷"。朝廷派来地方官，却"无民可治，地已荒而无力可耕"。他核查过袁州等五府，旧存仓谷"皆因兵马残毁，焚掠一空，仓吏竟无一人，仓廒尽成瓦砾，已属不可问矣"①。顺治七年(1650)，经查庐州所属各州县皆经战乱，而英山县受害最重，据统计，该县原额男丁为11135人，至本年只实存542人；原额田塘地共1145顷81亩8分，而至本年大多已抛荒，只存熟田26顷48亩6分②。

前已提到四川天灾人祸之惨。清任命的四川巡抚李国英具体报告了四川的惨状：他于顺治三年(1646)随征四川，已见"成都城舍丘墟，孑遗饿殍，百里无烟，寇党纵横"。他有兵千人，却无颗粒粮食③。顺治七年，他由总兵升为四川巡抚，所见"蜀地赤野荒残，哀鸿寥落"。他不禁哀叹："臣恸其百里寒烟，招徕无术。"④

地处辽远的云、贵、广西等地，开发较晚，经济状况落后于中原。永历小朝廷在此经营10余年，与清军展开拉锯战。至战争结束，云、贵无处不凋残，百姓苦状，难用语言形容。顺治十五年(1658)时，贵州省内"寥寥孑遗，披草为衣，掘菜为食，饥寒交迫，寄命无所……枵腹坐以待毙"⑤。两广总督李率泰于顺治十三年报告广西情况："处处凋零，荆榛满野，瓦砾徒存，村落丘墟，人烟寥寂，仅存鸠形鹄面之人。"⑥

在东北地区，山海关外的辽东，相当今辽宁省境，向以发达的农业和先进的汉文化实居全区首位。明清之际，这里也是重灾区。自后金建国至入关前的28年间，这里是明清(后金)的主战场，承受战争的不断洗劫，经济遭到破坏，人口锐减，许多文化名城、军事重镇都在战争中被摧毁了。如开原、铁岭、广宁(今辽宁北镇)、大凌河城(今辽宁凌海市)、松山、杏山、塔山、

---

① 《明清史料》丙编第七本，第653页。
② 《明清史料》丙编第八本，第783页。
③ 《明清史料》丙编第七本，第666页。
④ 《明清史料》丙编第八本，第749页。
⑤ 《明清史料》丙编第十本，第958页。
⑥ 《明清史料》丙编第十本，第912页。

义州(今辽宁义县)、中后所(今辽宁绥中)、旅顺等大小城镇,都变成了废墟,当地人口被迁走,城也给扒掉了。其他如锦州、宁远(今辽宁兴城)等城,虽未毁坏,却被废弃,成了无人居住的一座空城。明中叶,辽宁北部的边城铁岭,其"繁华反胜内地"①。还有东北名城辽阳,为明统治东北的政治、文化与军事中心,其繁荣可知,但在战争中已化为历史的陈迹。至清军入关,顺治迁都北京,在"从龙入关"的潮流中,各级将吏、士兵连同家属,各族百姓,绝大多数都随八旗军队与皇帝入居中原,遂使不少地方变成了空无一人的无人区。当关内正在恢复中,辽东却仍然荒凉。顺治十八年(1661),奉天府尹张尚贤在给皇帝的奏疏中描绘了辽东的状况。他写道:在辽东许多城镇已没有正式居民,"惟有流徙诸人"而已。所谓"流徙"者,主要是为谋生而自关内来的"流民",还有部分因犯罪而被发遣到这里服刑的"流人"。眼睛所见,到处是"荒城废堡,败瓦颓垣,沃野千里,有土无人"②,昔日的繁荣荡然无存。

所列举的大量史实,已形成一幅悲惨而凄凉的清初社会生活画面:经济全面崩溃,良田变为荒芜的草地,繁华的都会、城市,或变为一片焦土,或残垣断墙,行旅断绝,难见炊烟,熙熙攘攘的人群如魔术般从地面上消失了……东汉末年,军阀混战,北方破败,"千里无鸡鸣"。而明清之际至清初,重新出现了东汉末年的可怕景象。

在社会经济全面崩溃、国家残破的严峻形势下,清朝深陷困境,举步维艰。为稳步地建立起对全国的统治,还在战争进行过程中,清朝已开始关注农业生产和百姓的正常生活,所以,每得一地,每占领一处,即迅速派官治理,采取得力措施,医治战争创伤,尽快恢复农业生产。在战争基本结束时,便全面地把注意力转到农业生产上来,力争经济尽快恢复和发展。

概括地说,清朝采取了如下重大举措和经济对策:

事情还得从头说起。清入关伊始,首先采取的一个重大行动,就是全面废止明朝弊政。顺治元年(1644)七月八日,入关仅两个月零五天,由摄政王多尔衮向全国发布"令旨",意在除旧布新,明令废除祸国殃民的"三饷":

---

① 王一元:《辽左见闻录》。
② 《清圣祖实录》卷二。

> 至于前朝（指明朝）弊政厉民最甚者，莫如加派辽饷，以至民穷盗起，而复加剿饷；再为各边抽练，而复加练饷。唯此三饷数倍正供（指缴纳赋税的正常定额），苦累小民，剔脂刮髓，远者二十余年，近者十余年，天下嗷嗷，朝不及夕……①

明末"三饷"，名曰"加派"，是在正常数额之外另加增的税额。此一弊政，始行于嘉靖末年。其后，不但没有革除，反而恶性膨胀，"加派"数额愈来愈多。至崇祯朝，经济发生危机，财政枯竭，遂嫁祸于百姓，以镇压农民军而增"剿饷"，以训练士卒而增"练饷"，以对付后金（清）而增"辽饷"，合称"三饷"，将农民逼入绝境。崇祯时御史郝晋痛言：

> 万历末年合"九边"饷止二百八十万（两），今（崇祯十年后）加派辽饷至九百万，剿饷三百三十万，业已停罢，旋加练饷七百三十余万。自古有一年而括二千万以输京师，又括京师二千万以输边者乎！②

郝晋的话，是对多尔衮"令旨"的最好说明。上述三项费用，皆属军费开支，都是额外加派。除此，还有"暗加、私派"等等，终于把农民逼上梁山，也把明朝推上了绝路③。

多尔衮及其统治集团洞悉"三饷"及各种私派严重危害国家安定，是对百姓的一大祸害，在"令旨"中正式宣布："自顺治元年为始，凡正额之外，一切加派如辽饷、剿饷、练饷，及召买米豆尽行蠲免。各该抚按即行所属各道、府、州、县、军卫衙门，大张榜示，晓谕通知。"他严厉警告：此令颁布后，"如有官吏通同朦胧混征暗派者"，一经发现，"必杀无赦"。有知情不举者，"连坐"同罚。他要求各级官员迅即到民间去，"问民疾苦"④。

同年十月，世祖迁居北京，再即皇帝位，在其诏书中再次重申了多尔衮"令旨"中废除"三饷"及其他一切加派的命令，又规定了新的优惠政策：凡清军经过之地（战争正在进行），当地百姓只缴纳正常数额的二分之一，另

---

① 《明清史料》丙编第一本，第90页。
② 张廷玉等：《明史》卷七八《食货志·赋役》，中华书局1974年版。
③ 张廷玉等：《明史》卷二五二《杨嗣昌传》，中华书局1974年版。
④ 《明清史料》丙编第一本，第90页。

二分之一全免；清军未经过而自动"归顺"之地，当地百姓正粮减免三分之一①。

清朝"念及小民困苦已极"，厉行蠲免之策。规定：各省拖欠钱粮，如夏税、秋粮、马草、丁银、盐钞、商税、鱼课，及内供（专供应宫廷的物品）颜料、蜡、茶、芝麻、棉花、绢布、丝绵等，近20项，"自顺治元年五月初一日以前，凡未经征收者，尽行蠲免"。关于丁银，"凡幼未成丁、老残未豁者悉与豁免"；军民年70岁以上者，允许一子侍养，免其"杂泛差役"；80岁以上者，赠给绢一匹、绵一斤、米一石、肉10斤；90岁以上者，加倍赠送；居住京师和外地府州县的鳏、寡、孤、独，及残疾而失去生产能力者，由官府供养。其他方面，如马站驴站夫及递运所车站夫价等银、京师行商车户等役使、故明对盐商之各项加派、各类工匠银等等，或全免，或永行废除，均作了具体规定②。

蠲免前朝一切加派与所欠钱粮，力图解除长期加在广大百姓身上的枷锁，把他们从明末经济压榨中解脱出来，为经济的复苏注入了活力。对年老者和残疾者及独身人，实行官府包养，此一善政，为前朝所不曾有过，因而得到民众的欢迎。尽管当时处于战争状态，经济相当困难，未必全部实现，但它以法令的形式颁布全国，就与明不顾百姓死活，强行征收"三饷"及其他加派有着原则区别。20年后，社会生活终于有了显著的变化，这与初期实施上述各项政策有着直接关系。现今一些清朝断代史，很少或完全不提及清初实施过对失去劳动力的人与年老者的优待政策，以为这些"小事"不值得论说。恰恰相反，这些"小事"实则是关乎人心向背、社会稳定的大事，也反映了一个政权对民生的关注程度，应成为评价的一个根据。

重建赋役制度，是恢复封建经济正常运转，建立新的经济秩序的必要条件，也是国家赖以生存的物质基础。

明亡后，其"赋税图籍"亦为战火毁坏殆尽，其中"多为流寇所毁"③。清入关后，因户口、土地册籍毁失，无法掌握全国的土地及应征的赋税数额，难以确定征税的标准。经查档册，惟万历朝的土地与赋税图籍尚存。多尔衮采纳大学士范文程之议，即以万历时期的土地与税额为据，剔除各项加

---

① 《明清史料》丙编第一本，第97页。
② 《明清史料》丙编第一本，第99—100页。
③ 赵尔巽等：《清史稿》卷一二一《食货志·赋役》，中华书局1974年版。

派,陆续向全国开征①。

以上规定,不过是权宜之计,从长远来说,"赋役之制未颁,官民无所遵守"。顺治三年(1646),命户部负责制定国家统一的赋役大法。至顺治十四年,制定出《赋役全书》,颁行全国,被称为"一代之良法"②。与此同时,丈量土地,编定"鱼鳞册";清查户口,编户口册,称"黄册"。两者"与赋役全书相表里"③。《赋役全书》的完成及与其相应的配套规则的制定,表明清朝已初步建立了本朝的赋役制度,消除了入关初的赋役混乱状况,促使经济纳入到正常轨道,社会秩序趋于正常。

数十年战乱造成人口大量散失,土地荒芜严重。朝廷采取重大措施,千方百计招徕四散逃亡的农民重返家园,鼓励他们垦荒。清朝统治集团认识到:"开垦一节,实国家生财之大计,天地自然之利也。"④世祖始入关,即下垦荒兴屯之令:凡州、县、卫无主的荒地,允许并分给"流民"及当地驻守的官兵屯种。如无力耕种者,官府给耕牛、用具与种子,第二年补还一半,第三年全部补还。当时,有大批南明兵或农民军余部自首投诚,官府即把荒田授给他们,永远归其所有;饥民在流徙之地,允许就地落户占田;罪犯当遣者,限年屯垦,完成限额,可以返回原地,如愿留居,听其自便。各省屯田,由官方资助耕牛和种子的,至收获时,缴纳三分之一;自备耕牛和种子,当年只缴收成的十分之一,第二年至第三年上缴三分之一。

初定的垦荒奖惩条例,时间限定很严格,因各地情况不同,具体政策也有差异,前后时间不一,所行办法亦有变化。顺治元年(1644),令山西新垦地免赋税一年;河南、河北有荒地 94500 余顷,以其人少,交由当地驻防军队屯种。次年,顺天地区则行"计兵授田法",每个守兵可耕种 10 亩,其耕牛、种子由官方资助。又如河北、山东、山西等地,凡驻满洲八旗军队的,都给无主之地,允许耕种 4 年。顺治六年,命各省招募流民,编入当地里甲户籍,发给执照,垦荒种地为业,当地官府不许预征租税,不许私派,6 年后,按熟地

---

① 赵尔巽等:《清史稿》卷二三二《范文程传》,中华书局 1974 年版。
② 《清世祖实录》卷二五。
③ 《清世祖实录》卷一二〇。
④ 《明清史料》丙编第十本,第 910 页。

纳税粮。顺治十年,允许四川荒地由当地百姓自由开垦①。前文已提到辽东地区的荒凉境况。清朝也采取积极的对策,鼓励百姓出关,到辽东地区开垦土地。顺治八年,朝廷首次下达允许关内人出关垦荒的命令:"以山海关外荒地甚多,民人愿出关垦地者,令山海道造册报部,分地居住。"②顺治十年,颁布了《辽东招民垦荒授官条例》,具体规定以招民多少,给予不同的奖励。如招民至百人者,文职授予知县,武职授给守备,超过百人,每增加百人即升官一级。被招的百姓每人给月粮1斗,垦地1垧给种子6升;每百人为一组,给牛20头③。此条例仅实施至康熙七年(1668)即被废止。为保护"本朝龙兴之地",不予鼓励关内汉民出关垦荒④。后定禁令,对东北地区实行"封禁"。

这里需要指出,清初社会经济问题,包含的内容相当广泛,以土地占有和赋役为其大宗,各有政策、法规;实施或执行的程序,均有规定,十分复杂。以纳租税来说,纳税户根据《易知由单》所列税赋项目、数目,按"自封投柜"法自行纳税;征收赋税和日常管理,又制赤历册、奏销册、循环簿、粮册、序册等等,名目繁多。再如租税按土地肥瘠分成等级,其应纳税额各不同;新垦土地起科年限,屡有变化,特别是南北方有所不同,即便一个地区内也有差别,情况更为复杂、繁琐。本书不便逐一开列,亦不便逐一解释,主要是阐明清初治理经济问题的指导原则、政策导向、具体经济政策的制定与实施,分析其经济活动的实践意义。清初圈地,本属经济问题,但它的影响所及,已经远远超出了纯经济问题的范围,不是一个简单的土地占有问题,其实质是关乎政治稳定、满汉民族利益争端的一个要害问题。此处略而不书,留待后面再作评述。

终顺治之世,一面继续与南明争夺,还在进行战争;一面恢复农业生产,重建封建经济体制,制定与实施新的经济政策,逐步取得实效。顺治八年(1651)前,在《清世祖实录》及其他官方文件中,很少见到有关人口与土地的统计数字。因为在顺治八年(1651)前,南方还有数省区尚被南明控制,

---

① 赵尔巽等:《清史稿》卷一二〇《食货志·田制》,中华书局1974年版。
② 《清文献通考》卷一。
③ 《盛京通志》卷三五《户口》。
④ 参见《吉林通志》卷一。

清朝无法掌握那里的经济情况,即使刚刚夺取了一些省区,战后的萧条、瘫痪,也难以统计。这就造成前7年缺失这方面的记录。自顺治八年底开始,才逐年有了土地与人口等经济情况的数字统计,显示出逐年上升的趋势。就以顺治八年为例:全国丁口为1063万余,土地为2908584顷61亩[①]。实际上,云、贵等省还被永历政权所盘踞,这些地区的土地与人口数尚未计入全国的总数。到顺治十八年(1661),除台湾外,大陆基本实现统一,其统计数字才具有全国意义。是年,人口已达1920万余[②],土地为549万余顷[③]。仅10年,翻了将近一番。同明万历前期即国势尚未乱时相比,自然相差较远,但以清定鼎北京未久,又承明末大乱之后,在不长的时间内,不仅重建了国家政权,且恢复了农业生产,社会经济得以重新运转,初见成效,其成就还是相当显著的。经过数十年动乱,中国又重新获得发展的机会,这不能不归功于清朝为此所作的多方面努力。

如何评价清入关初,主要是顺治至康熙初这一时期的经济措施及其成就,学术界向有不同的说法。有的以为这一时期的经济不足道,没有什么成就可言;有的认为,清把关外落后的生产方式带进中原,主要例证是圈地、投充等;有的说,清虽已提出一些改进措施,但多未实行,用"口惠而实不至"一言以蔽之,即使在康熙时期也是如此;有的断言,清朝的生产力发展水平即使在盛时即康熙雍正乾隆时期也未达到明万历时期的水平;有的具体说到清革除明末加派的"三饷"时,认为清的加派比明末还重,赋税也重。如此等等,说法之多,已见分歧之深。其实,问题的关键,在于看问题的角度不同,对清入关不予认可,持贬抑态度,也就不能正确评价清朝的经济实践活动。因此,必须从中国历史发展趋势来考察其实践活动,并作具体问题具体分析,给予充分披露。

[①] 《清世祖实录》卷六一。
[②] 赵尔巽等:《清史稿》卷一二〇《食货志·赋役》,中华书局1974年版。
[③] 阮葵生:《茶余客话》卷三,第83页。

3. 严厉整饬吏治

中国历代王朝的兴亡无不与吏治问题息息相关。所说吏治,就是从中央到地方各级官僚吏员,分掌国家的各级政权,他们本身的素养、品德、才能优劣,能否在国家法律、政策乃至道德习惯的范围内执行自己的职责,取得何种成效等等,这些就构成了吏治问题。一句话,吏治就是国家对所有吏员的管理及他们自身的实践活动。他们的所作所为,直接关系到百姓的根本利益,影响到社会风气的变化,更牵动着社会的安定和王朝的安危。自秦以后,历代王朝的没落或亡国,多毁于吏治的败坏。而国家强盛,社会繁荣,则多成因于吏治清明。如史称"文景之治"(汉)、"贞观之治"(唐)、"永宣之治"(明)及本书将要阐明的"康乾盛世",都是吏治最好的时期。在这些时期,社会风气清正,百姓安居乐业。因此,吏治一向是历代王朝所关注的重要问题。

清代从大乱走向大治,形成"康乾盛世"的极盛局面,是与清初以来严加整饬吏治分不开的。

清初整饬吏治,有几个明显的特点:一是从明朝亡国的历史经验中汲取深刻教训,简言之,以明亡为反面教材,不断教育各级官员,绝不可重蹈覆辙;又用揭露出来的官员犯罪事实,进行教育、告诫,引以为训。二是要求严格,处分重,绝不许徇私情,不论职位多高,一经发现劣迹,不予宽恕。三是皇帝及统治集团抓吏治,抓得早,更重要的是,能连续不断地治理,持之以恒,即使到了鼎盛的康乾盛世阶段,仍不松懈,这在历代不多见。

清军入京伊始,主政的摄政王多尔衮就从速整饬吏治,严加约束。入京的第二天即五月初三日,他针对明末吏治腐败,向原明投诚归顺的内外官员发出明确的指示:"各官宜痛改故明陋习,共砥忠廉,毋朘民自利。我朝臣工不纳贿,不徇私,不修怨,违者必置重典。凡新服官民人等如蹈此等罪犯,必治以国法不贷。"[①]面对京师中大批归降的明朝将吏,多尔衮向他们发出

---

① 《清世祖实录》卷五。

严厉的警告,不是没有根据的。早年,他随皇太极并曾自率大军屡次进关,目睹了明统治下的中原地区,由于吏治败坏而造成民不聊生的种种惨状。特别是同归降过来的大量汉官共事,非常了解明统治集团的黑暗与腐败,已认识到明朝亡国的沉痛教训。所以一入关就保持着高度的警惕,时时向百官包括已降而录用的原明文武官员敲警钟。

五月二十四日,入京近一个月,多尔衮对兵部官员谈起明亡的教训:"至于明朝之破坏,俱由贪黩成风,德不称任,功罪不明所致。"①六月,他召集百官,再次总结明亡的深刻原因。他开门见山、一针见血地指出:"明国之所以倾覆者,皆由内外部院官吏贿赂公行,功过不明,是非不辨,凡用官员,有财之人虽不肖亦得进;无财之人虽贤才亦不得用,所以贤者皆抱恨隐沦,不贤者多夤缘幸进……乱政坏国皆始于此,罪亦莫大于此。"他再次告诫内外官员,如不"尽洗从前贪婪肺肠",仍"行贿营私,国法具在,必不轻处,定行枭示"②。

多尔衮对明朝失国的分析,很有见地。他把吏治提高到关系国家安危的高度来认识,反映出他的政治素养和文化素养很高。人们常说,清政权落后,满族落后,文化更落后,总强调努尔哈赤、皇太极到多尔衮只懂打仗,不懂文化。事实正好相反。明朝皇帝都受过严格的文化教育,却很少有懂得治国道理的,尤其像万历、天启、崇祯等都没有明白吏治的重要性,就如多尔衮所说:功过不分,贤与不贤颠倒,吏治好坏,不闻不问。而清入关前已建国近30年,很少有贪污、行贿之事发生。比较一下,可知清政权廉洁,政治清明,充满了勃勃生气。它最终战胜明与农民军,也是必然的。

尽管当政者一再劝诫和提出警告,吏治并未有明显好转,相反,继续败坏,与明末相比,不减分毫。顺治元年(1644)八月初,入京刚满3个月,都察院左副都御史刘汉儒上疏,首议吏治,痛加揭露吏治败坏的情况:"近来吏治不可言矣!"他列举事实:"有司之不肖,率衙役为之作俑,在稍有才者尚能驾驭,而庸愞之流一凭左右为线索,积滑老蠹,枭张虎噬,人莫敢谁何。或指盗以诈良愚,或包讼以陷无辜,室中之藏可窥也,立地便起风波;睚眦之

---

① 《清世祖实录》卷五。
② 《清世祖实录》卷五。

恨欲报也,觌面即加锋刃,一票到手,百姓股栗,倾家破产,比比皆然,民有愿死见阎罗而不愿生逢皂衣者。"①显见明末官吏恶习未除,一得禄位,又死灰复燃,重蹈明末故辙。

入京初,天下未定,兵连祸结,饥荒四告,清朝处境很困难。然而,从中央到地方,大小官吏却以宴乐为事,一如明末官场的腐败,全无黎民百姓困苦之念,还是追求享乐。顺治四年(1647年)九月,礼科右给事中杨时化上疏:"诸臣年来,日从事于宴会,筵醑之费,三倍于昔,加以优伶戏剧,五倍于昔。俸入几何,堪此淫纵!"有的官员"才出公署即赴宴席,甚有一日几家征召者⋯⋯精神既疲于宴会矣,欲其勤于政事,无尸厥官,亦不可得也"。他认为:"废职诲贪,养交乱政,此为乱阶也。覆辙在前,势所必至!"②明当国时,官场腐败,盛行此种歪门邪道,如"京官政事外,惟拜客赴席为日课"③。两相比较,如出一辙。

清入关初,即革明末"加派"之弊。可是,地方官我行我素,照旧于正额之外,另加派税额。天津总督佟养性奏:"年来加派繁多,小民已苦不给,加之墨吏苛求,瞒官作弊,正额之外,重加火耗⋯⋯民无聊生之日,皆由吏胥为奸⋯⋯"多尔衮批示:"前有旨,官吏犯赃审实立行处斩",如果"违禁加耗,即以犯赃论罪"④。

吏科给事中林起龙痛陈吏治败坏:"今贪官污吏遍天下,虽有参劾,不过十分之一,其他弊端较之明季更甚!"⑤可见清承明朝弊政,积习难改,吏治问题多么严重。

多尔衮治理吏治腐败,采取严厉打击贪官污吏的手段。他提出惩贪的原则是,不论贪赃多少,一经发现,审实无误,就判死刑。他在入关后颁布的《谕军民人等令旨》中规定:凡官吏作弊,私自暗中加派税额,"察实纠参,必杀无赦";知情而不检举者,即以同罪并罚。他要求各级官吏对各该管部门的"贪官污吏"有加耗受贿之事,要"朝闻夕奏",不得稍有拖延⑥。多尔衮

---

① 《明清史料》丙编第三本,第227页;参见《清世祖实录》卷六。
② 《明清史料》丙编第八本,第760页。
③ 阮葵生:《茶余客话》卷二,第79页。
④ 《明清史料》丙编第三本,第208页。
⑤ 林起龙:《严贪吏以肃官方疏》,《皇清奏议》卷七。
⑥ 《明清史料》丙编第一本,第90页。

特别警惕入关后大批归降的原明将吏故态复萌,不改旧习,又立下一条规定:降前诸多不法事,"不必苛求",但"此后官吏犯赃,审实立行处斩"①。具体说,就是自顺治元年(1644)五月二日即清军入京之日起,凡在京的中央各部、院官吏,外任的巡抚、按察、司道、各府州县官员、镇协营路军卫军官,下至书吏、班皂、通事、拨什库、粮长等差役官,如犯有"贪贿枉法,剥削小民者,照常治罪,不在赦例"②。把贪贿枉法打入历代所行"十恶不赦"之列,其惩贪力度之大,创下最新纪录。不过,在个别时候特殊情况也稍变通。如顺治五年十一月,顺治给先祖上尊号,"大赦天下",以特例将"大贪罪应致死者,只赦免死刑,但赃物全部追回,本人永不叙用"③。

为严厉打击贪官,针对一个地区的实况,为本地区规定了惩罚条例。顺治二年(1645)四月,在颁给陕西等省的"恩诏"中,特为惩贪专列一条,痛斥"官吏贪赃,最为民害",规定自本年二月一日起,省内一切大小官员,"但有贪贿枉法,剥削小民者,俱治以死罪"④。向河南、江南等省颁发大赦诏书,决定自本年六月一日起,犯有贪赃枉法之事,"俱计赃论罪,重者处死"⑤。

在多尔衮摄政期间,已制定了惩贪条例,让百官遵守,不得违法;同时又加强监察部门的职能,发挥它对百官风纪的监督作用,就是把他们置于监察部门及其专职官员的"耳目"监视之下,发现问题即时纠参。顺治元年(1644)七月二十九日,多尔衮向都察院、六科及十三道全体官员发出指示:"尔等既司风纪,为朝廷耳目之官,一有见闻,即当入告。"他特别要求监察部门的官员:"凡贪污枉法,暴戾殃民者,指实纠参,方为称职。"他具体阐明这些官员的职责和"称职"的标准,要求他们:"自今以后,凡六部卿寺堂属大小官员,尔等宜从公举劾,直言无讳。"要做到举劾"内勿避亲,外勿避仇,不肖者,即实指其不肖。勿徇私情,勿畏权势。"⑥在多尔衮的严格督率下,监察部门认真履行职责,揭发和处理了许多贪污或违法的案件,在国家政治生活中发挥了重大作用。

---

① 《清世祖实录》卷五。
② 《清世祖实录》卷九。
③ 《清世祖实录》卷四一。
④ 《清世祖实录》卷一五。
⑤ 《清世祖实录》卷一七。
⑥ 《清世祖实录》卷六。

顺治初,惩贪雷厉风行,决不姑息。顺治二年(1645)初,宣府巡抚李鑑揭发赤城道(今属河北境)朱寿鋆贪赃枉法。朱十分恐惧,指使自己的儿子去找英亲王阿济格的心腹绰书泰,通过他再找阿济格,托他向朝廷求救。绰书泰、阿济格先后出面,威胁李鑑释放朱寿鋆。李鑑坚决反对,上疏揭发他们徇私情、包庇等罪。多尔衮下令内院等衙门共同审理此案,审实重处:判朱寿鋆、绰书泰及其第四子死刑,陈尸示众,没收全部家产;总兵刘芳名革职[①]。

顺治五年(1648)三月,甘肃巡按许弘祚私自向固山贝子满达海赠送骆驼、帐房。此事被揭发,即将许弘祚革职,满达海私收礼品也受到相应处分,所得礼品被没收[②]。官员之间、上下级之间相互送礼,馈赠钱物,是助长贪风的一大祸患,此为明末官场恶习。多尔衮予以严禁,明文规定巡按官员"除文移会稿外,不许交相馈送",于俸禄之外,多取"便是贪赃"[③]。许弘祚违禁,明知故犯,故得此重处。

顺治六年(1649)二月,汉羌总兵尤可望以"冒饷科罚、闻警规避、妄杀兵丁、擅造龙旗、窝藏伪官、奸淫良妇"等罪被逮。总兵一职是地方驻军的最高军事长官,而尤可望竟无法无天,无恶不作,被判死刑[④]。

同年八月,福建巡按周世科以"贪婪无忌,屡用非刑杀人,罪在不赦"而被逮问。据载,此人极残忍,毫无人性。他指使爪牙随便抓人,诬为盗,施以酷刑。其方法是:将人置于一扇门板上,四肢伸开,用钉子钉住;在地上竖一根木头,将人从"后股穿入,旋转作磨,谓穿心磨";还有活剥人皮、用火烧阴部,同样残酷,将人活活折磨致死[⑤]。周残暴至极,激怒了福建各阶层百姓,纷纷举行抗议活动。经多尔衮过问,批准革职后逮问,至顺治六年(1649),将周及其他4个贪官就地斩首[⑥]。

顺治七年(1650)十二月,摄政王多尔衮病逝。他摄政7年,决策进关,击败李自成、张献忠两支强大的农民军;决策下江南,击溃南明抵抗,为清统

---

① 《清世祖实录》卷一三。
② 《清世祖实录》卷三七。
③ 《清世祖实录》卷一五、一七。
④ 《清世祖实录》卷四二。
⑤ 《榕城纪闻》,《清史资料》第一辑。
⑥ 陈鸿等:《清初莆变小乖》,《清史资料》第一辑。

一全国立下了功勋。他进北京后,首重吏治,方法得当,为后世继任者奠定了坚实的基础。

顺治八年(1651)正月,世祖刚刚14岁,正式亲政。他继承多尔衮摄政时期的各项政策,继续从严整饬吏治,从重惩治贪污、行贿受贿等犯罪者,力图建立一代廉明政治。

世祖亲政,对吏治的认识比其叔父更深刻,更富于理论色彩。二月,他对都察院官员说:"朝廷治国安民,首在严惩贪官,欲严惩贪官,必在审实论罪。"①他亲自抓吏治,巡察各部,反复阐述吏治关系国家安危的道理,不断发出指示,说明在各省设总督、巡抚、都御史、巡方、巡盐、巡视茶马各御史,"原为察吏安民,安民之本,首在惩贪"②。他痛斥"贪官蠹国害民,最为可恨!"③他打击贪官更坚决,毫不留情。到顺治十二年(1655),眼见"贪风不息",他加大了打击的力度,制定了更为严厉的法律,同贪官污吏进行斗争。十一月,宣布:自今以后,"内外大小官员,凡受赃至十两(银)以上者,除依律定罪,不分枉法不枉法,俱籍其家产入官,著为例"。这是不容更改的法律。顺治十六年闰三月,因"贪习犹未尽改",下令另立法规,加重对贪赃枉法的人的处分。这项新法规是:自今始,贪官赃至10两,责打40板,然后流放到荒凉而寒冷的席北(今黑龙江境),不准折赎④。以当时的货币价格而论,10两白银根本算不上大数目。以10两为限额,若贪100两,就是限额的10倍,那罪行可就很重了。

世祖抓大案、要案,亲自审讯,迅速处理,震慑贪官,为法立威。

顺治八年(1651)十月,江南巡按秦世祯揭发江宁(今南京)巡抚土国宝"徇庇贪污诸不法事",世祖即批准将其革职后拿办,审实后判刑。土自知罪重,难逃一死,就在接到世祖谕旨的第二天自缢而死⑤。

引起更大震动的一件大案,是顺治十二年(1655)发生的顺天巡按顾仁受贿案。是年十月十九日,吏部书吏章冕"刎颈叩阍",冒死告发顾仁"悖旨

---

① 《清世祖实录》卷五四。
② 《清世祖实录》卷九五。
③ 《清世祖实录》卷九五。
④ 《清世祖实录》卷一二五。
⑤ 《清史列传》卷七九《土国宝传》。

婪赃,陷害无辜"。世祖得报,亲自审讯。原来,顾仁为世祖的钦差,以刑部主事任巡按衔,"察访地方疾苦,纠劾贪墨官吏"。行前,世祖两次接见,叮嘱至再。然而,顾仁一出京城,就胆大妄为。有王士琦等人,欲谋取巡按书办的职位,托顾仁的熟人刑部司官贺绳烈代为求情,各送银200两给顾,章冕也给顾送银200两。贺氏"作保"。但以不遂己欲,便陷害章冕,先发至真定,企图杀人灭口。

世祖审实,遂于十一月九日召集满汉文武大小官员,将顾氏罪行公之于众。世祖气愤地说:顾仁"悖旨坏法,收蠹纳贿,深可痛恨!"贺绳烈"寡廉鲜耻,倚恃不法巡按,居间行贿"。世祖要求大小官员再加详审,提出处理意见。内大臣、内三院、议政大臣、九卿詹事科道等官举行会议,判顾仁凌迟处死,妻子及子女、家产"籍没入官";判贺绳烈斩首。世祖宽大,改判顾仁立即斩首,贺改为绞刑处死,其他各项维持原判①。

数日后,世祖追究何人推荐顾仁科举,何人录取,如何得以混入朝廷为官,经内大臣鳌拜确察,顾仁的推荐人是刑部尚书与刑部侍郎王尔禄,准其考选者是吏部尚书王永吉等5人,分别给予降级处分。

顺治十五年(1658)十一月,江南按察使卢慎言贪赃数万两银,数额巨大。世祖审实后,将其凌迟处死②。

类似的大小案件,举不胜举。据统计,仅见于官书所载,自顺治八年(1651)到十七年,9年中,世祖亲自处理的贪污案件达45件③。可以肯定,对贪污贿赂的从严惩治,是对腐败势力的沉重打击,必有利于风气向好的方面转化。

世祖说过:"优者选用,劣者除名,澄清吏治,大端在此。"④照他的见解,澄清吏治,不仅要惩治"劣者",如清除贪官污吏,淘汰庸官,还要选用"优者",即选贤任能,发现和选拔优秀人才,是吏治的一个极重要的方面,从一定意义上说,这是"澄清吏治"的根本保证。要而言之,必须将这两个方面——惩贪与用贤有机地结合起来,两者相辅相成,才能真正收到实效。

---

① 《清世祖实录》卷九五。
② 《清世祖实录》卷一二九。
③ 此据周远廉《顺治帝》一书的统计,见该书第134—136页,吉林文史出版社1993年版。
④ 《清世祖实录》卷五四。

多尔衮摄政时，就实行奖励贤能的政策，凡为官清廉、品行端正及业绩突出者，都给予记功或物质奖励，提拔重用，委以重任。宣府巡抚李鑑秉公执法，刚正不阿，不畏权贵的威胁利诱，因而受到奖励，赏赐玲珑鞍马一匹、貂皮大衣一件、黄金50两、白银千两，将没收贪官朱寿鋆的家产转赠给他。未久，提升他为兵部右侍郎兼都察院右佥都御史①。有关奖励清官、好官的事例，在《清世祖实录》中甚多。

多尔衮说得好："得贤则治理雍熙，不得贤则民生憔悴。"②他为得贤人，常常反复思虑，夜里常辗转而不能入眠。概括起来，在顺治朝起用贤人，招揽人才，大致通过四种途径：一是从归降过来的原明将吏中选拔，只要没有劣迹，又实心任事，都一律起用。如顺治二年（1645）七月，清军下江南，一次就任用明官373人；委任原湖广、江南、江西三省的明官50人③。世祖在即位诏书中宣布：原明官因遭迫害而被降职，或遭冤狱的，经考核，果系可用，一并昭雪，恢复原官；读书人中，有"才华出众，孝悌著闻者"，特许各府州县提学官推荐"试用"；原明文武进士、文武举人，都予以承认，重新起用④。

二是因战乱而躲到山林中的"隐逸之士"，只要才德皆佳，以及"武谋出众，胆力过人者"，由当地巡按官员查实上报，经吏、兵部复核，即准予征聘进京录用。

三是通过在朝的官员荐举给朝廷，予以选用。被荐举的人果系贤能，给荐举人"优加进贤之赏"，否则，"必严行连坐之罚"⑤。

四是通过科举考试，从优选拔。开科取士，为隋唐以来历代选拔人才的主要途径。清入关的第二年，顺治二年（1645）三月十五日举行考试，五月，从应试的314人中选出227人参加廷试，优者授予官职。次年三月，各地举人进京殿试，选出进士近50名。八月，"再行科举"；来年二月，"再行会试"⑥。其后，科举频繁举行，扩大录取名额，为国家提供了更多的人才。清

---

① 《清世祖实录》卷一三。
② 《清世祖实录》卷六。
③ 《清世祖实录》卷一九。
④ 《清世祖实录》卷九。
⑤ 《清世祖实录》卷六。
⑥ 《清世祖实录》卷二五。

代科举,自童试、乡试,至京会试,再达殿试,层层选拔,形成了一套严密的制度。欲保持政治清新,必以新代旧,以廉除贪,净化官场的风气。康熙以后,科举考试成了选取人才的主要途径,作为补充,荐举人才也是一种途径。

清朝初入关,从全国范围来说,仅得半壁,急需人才又无从得到,"目今一切举用人员,悉取材于明季",以致"邪正兼收","泾渭不分"。其奸邪之人和败类混入清政权,明朝的种种恶习和劣迹也随之混入,因而造成清初吏治严重不纯。所以清初吏治之坏,是明末吏治败坏的继续。顺治二年(1645)七月,浙江道御史关达提出甄别明将吏优劣的办法:被明废弃的"抗直忤时"之人可用;虽被废弃但属"逆党权翼与贪墨类"不可用;被明任用而实属"持禄养交,日暮倒行而不知耻者"不能用①。为保证贤人得用,严防坏人混进各级政权机构,顺治元年(1644)六月二十九日多尔衮率先提出:"不许以贪官酷吏,及赀郎、杂流朦胧充数。"②所谓"赀郎",指用钱买官的人,买官是为了谋取更多的私利。"杂流"是指无正当职业而游手好闲之辈,以及从事社会贱业之人。这类人文化素养低,沾染社会不良习气,如混入官府,必助长吏风的败坏。从多尔衮到世祖,选用人才慎重、严格,严防小人、坏人、庸人等"三种人"混入清政权。尽管如此,仍难免有坏人混进官府兴风作浪,只有狠狠打击贪官污吏,才能把这些心术不正的人赶出去。

在顺治时期,始终坚持"安民之本,首在惩贪"的方针,同吏治中的腐败展开了坚决的斗争,不间断地严厉打击贪官污吏。不管地位有多高,职权有多大,直至市井中的巨恶、大奸,只要发现贪污、受贿,必严惩不贷。同时,大力表彰廉吏,起用贤人,从而抑制了贪风日炽,自明末吏治败坏的局面始有改观,为清朝走向大治创造了政治条件。

4.理顺满汉关系

清朝以一个少数民族入主中原,首先面对一个经济发达、文化积存深

---

① 《清世祖实录》卷一九。
② 《清世祖实录》卷五。

厚、人数众多的汉民族,一进关,便置身于汉民族的汪洋大海之中。它能否统驭汉民族,直接关系到它能否建立全中国的有效统治。在清入主中原时,边疆地区各少数民族林立,分合未定,能否皆听命于清朝,也是个未知数。在这种形势下,清朝理顺满族与汉族的关系,具有决定性意义。

早在入关前,主要是在皇太极时期,已成功地建立起以满族贵族为核心,与汉、蒙古等民族的地主王公贵族联盟的关系,把东北地区的各民族容纳到八旗组织中。以天聪十年(1636)四月改国号为大清,即皇帝位,改元崇德为标志,一个多民族的国家政权正式建立。

皇太极建立的民族关系的新格局,无疑为将来入关,确立对全国各民族的统治奠定了基础。在这个民族的新格局中,满汉关系居于指导地位。皇太极即汗位不久,就明确宣布:"满、汉之人,均属一体,凡审拟罪犯、差徭公务,毋致异同。"①除了汉族,蒙古人同样不容忽视,因此,他又强调:"满洲、蒙古、汉人视同一体。"他打了个比方:"譬诸五味,调剂贵得其宜。若满洲庇护满洲,蒙古庇护蒙古,汉官庇护汉人,是犹咸苦酸辛之不得其和。"②在他执政的17年中,他不断调整满汉、满蒙关系,最终形成了满蒙汉三族一体的政治格局,造成了空前的协力进关夺权的态势。

清军入关后,面临的主要矛盾是什么?学术界为此长期争论不休:一说民族矛盾,一说阶级矛盾。两说都拘泥于某种固定的模式,看问题绝对化。当时,国内四分五裂,有南明、大顺、大西及清政权分立,各保自己的政权,同其他政权展开角逐,这就很难把这场复杂的矛盾斗争单纯地说成是清同广大民众的民族矛盾或阶级矛盾而成为主要矛盾。他们之间的矛盾斗争包含了民族或阶级斗争的内容,但它不足以概括四方斗争的真相。满族贵族入主中原,因为文化上的明显差异,必然与汉族发生冲突。对于汉族来说,有一个如何接受或包容满族的问题,而满族亦有如何适应在更广大的汉族聚居地区实行统治的问题。一句话,满汉之间存在民族矛盾,但也不能说成是国内主要矛盾。如前已指出,清入关前,已在东北地区建立了满、蒙、汉民族联盟的政治统治,其中既包括对汉族、蒙古族广大下层百姓的统治,也包括

---

① 《清太宗实录》卷一。
② 《清太宗实录》卷四二。

对满族平民百姓的统治。而入关则是把清在东北的统治扩展到全国,这与关外的统治没有什么两样。在统治集团中,有大批汉官汉将;在地方,也有大批汉官汉将包括原农民军将领任职。在八旗军队中,更有成千上万的汉族与蒙古族士兵。他们追随清政权,不过是消灭其他各政权,一统天下,谋取自己生存的切身利益。显然,把一个拥有东北各民族的清政权,同关内各政权的争夺,用民族矛盾来概括,并认定为社会的主要矛盾,是不恰当的。从民族关系和阶级关系来分析问题,应当承认,这两对矛盾交织在一起,各有其内容,但都不能反映历史的真相。实际上,清入关后与其他政权的斗争,就是统一与分裂之争,说得具体些,是由清统一,抑或明继续保住其朱氏家族的统治,还是由大顺或大西夺取全国的统治权。如果这几个政权达到势均力敌,就是说,谁也不能统一或消灭谁,造成几个政权并立的局面,那么,国内分裂就会继续下去。结果,清迅速地取得战略上的优势,击败其他三方政权,实现了新的统一。

清定鼎北京后,面临的社会矛盾何止一端。在各种矛盾交织的严峻形势下,清朝统治集团必须解决的一个重要问题,就是理顺同关内汉民族的关系,实现同怀有对抗或抵触意识的汉族士大夫阶层及百姓的全面和解,惟有与被统治者汉人合作,才能建立并巩固已取得的全国统治权。

从多尔衮摄政,到世祖亲政,都忠实地贯彻执行皇太极"满汉一体"的遗策,推进"满汉一体化"的历史进程。这是对皇太极生前制定的政策的继承和延续,是在新形势下的广泛应用。这一政策已成为有清一代最重要的国策之一,是保证清长治久安的立国基石。

清初,推行"满汉一体化",借以理顺满汉关系,是从两个方面进行的:一方面吸纳汉文化,并使满族认同,用以充实本民族,缩短与汉民族的差距;一方面将满族文化灌注于汉民族的意识之中,使汉族认同,向满族靠拢,消除其民族的独立意识。这一历史进程,其结果是满汉文化的有机结合,促成了两个民族和平共处,同处一个统一的国家政权之下,构成了清代民族关系及文化的特色。

汉代以降,几乎历朝历代皆以儒家学说为其统治思想,孔子独尊,被推到至高无上的地位。而崇奉其学说,阐释其理论的历代学者,也都进入儒家"圣贤"的行列。经千百年的沉积、丰富和发展,儒家学说、孔子的思想,不仅是汉文化的代表,也成为中华民族文化的主导文化。因此,对儒家学说的认同,也就是对汉族及其文化的认同。早在入关前皇太极时期,已经对儒家思想采取了认同的态度,开始了"满汉一体化"的历史进程。入关后,摄政的多尔衮则加速推进"满汉一体化",首重儒家学说,严加保护各地所建的"圣贤祠庙","禁军民侵扰",而对孔子尤其表现出他的至诚和崇敬。入关一个多月,六月十六日遣官"祭先师孔子"[①]。清朝推崇孔子,祭祀不绝,此为首次祭祀。十月,正式袭封孔子第 65 代孙孔允植为"衍圣公",照明朝级别兼太子太傅,其子孔兴燮照例加二品冠服;孔允植之弟孔允钰、孔子的弟子颜回后裔颜绍绪、曾子后裔曾闻达、孟子后裔孟尔玺等仍袭五经博士。孔氏族人孔贞堪仍任曲阜知县,孔允植第三子承袭汶上县"圣津学院"的世袭太常寺博士。其他有关地方官员的任用,都由衍圣公提名报吏部,照准任命[②]。

顺治二年(1645)正月,朝廷正式"铸给衍圣公印",新受封的衍圣公孔允植进京朝贺世祖的"万寿节",献两匹马,多尔衮只收其忠心,而却其礼物。数日后,经多尔衮同意,更定孔子的封号,赐予"大成至圣文宣先师"的新名号。于是,孔子脱去明朝加给的名号,摇身一变而成为清朝的"至圣先师"[③]。

清朝对孔子后人及其他"圣贤"的后人优礼有加,尤其对孔子至诚至敬,礼遇与优待独厚,意在向汉人表明清朝不怀民族偏见,实行"满汉一体"。清朝给予的封赏,都被衍圣公孔允植所接受,实则是承认清朝统治的合法性。当汉族知识界尚疑惑不定或抱有抵触情绪时,孔允植对清朝的态度,起到了率先示范的作用。顺便指出,孔允植曾提出保持原有的冠服,不剃发,被多尔衮坚决拒绝后,不再有异议,服从了清朝的规定,也是对满族文化的认同。

前叙朝廷蠲免明虐政如"三饷"、开科取士、大量吸收汉儒参政、不拘一格起用故明将吏、有功必赏等举措,目的都是千方百计消除汉人对满族的抵触心理,争取他们给予支持与合作。多尔衮把"满汉一体"的政策贯彻到实

---

① 《清世祖实录》卷五。
② 《清世祖实录》卷九。
③ 《清世祖实录》卷一三。

政的方方面面。在他颁发的谕令中,总是强调这一政策的重要性。顺治二年(1645)四月,多尔衮重申:"满汉官民,俱为一家。"他针对满族人及其家仆恃其民族的优越地位,鱼肉汉人,或强买强卖等违法行为,规定:"不论满洲及满洲家汉人"即拿送至京师,如不服拘拿,即写明姓名、住址,"赴京控告"①。这一做法,是贯彻皇太极所定满汉诉讼"毋致异同"的政策,换言之,一切依法从事,满汉一视同仁。

实行"满汉一体",一个最有力的政策,就是允许满汉通婚。在历史上,汉人同少数民族通婚是被禁止的,无论是成文法,还是习惯法,都没有规定民族间通婚。因政治原因而与少数民族通婚如西汉与匈奴的"和亲"是个例外,不是完全开禁。在那个时代,民族之间隔阂很深,文化传统差异鲜明,也难以实施通婚。至清初,允许满汉通婚,政策是由处于统治地位的满族统治集团提出来的。这是一个非常重大的突破,从政治上、文化上,都突破了千百年的传统习惯,迈出了关键的一步。我们从世祖、多尔衮对此事的认识,亦可窥见满族的民族思想实具开放性、进取性。顺治五年(1648)八月,世祖向礼部发出指示:"方今天下一家,满汉官民皆朕臣子,欲其各相亲睦,莫若使之缔造婚姻。自后满汉官民,有欲联姻好者,听之。"接着,世祖指令户部说:"朕欲满汉官民共相辑睦,令其互结婚姻。"责令户部具体负责实施,做了明确的规定:凡满族官员的女儿欲嫁汉人,应先向户部报告;满族人无官职,部册有名者,令各牛录章京报告户部后,才准予结婚;部册无名者,由各牛录章京自行批准;汉官之女欲嫁满族人,也须报部;没有任职的,"听其自便",无须报部。对满族官民只有一条限制,即必须娶汉人之女为妻者,"方准其娶",其意不准娶汉女为妾②。允许两个民族互通婚姻,在民间已属自由通婚,仅有官职的人须履行申报手续。限制满族纳汉女为妾,对汉女实是一种保护,也防止满族人腐化。清朝实施满汉通婚,是一项很"开放"的政策,对消除民族间隔阂,促进民族融和,无疑具有积极意义。它是"满汉一家"、"满汉同心合力"的体现③。

世祖亲政后,进一步推动"满汉一体化"。他不厌其烦地反复宣传他的

---

① 《清世祖实录》卷一五。
② 《清世祖实录》卷四〇。
③ 《清世祖实录》卷四三。

"不分满汉,一体眷遇"的思想①。顺治十二年(1655年)三月,他在对兵部官员的讲话中,专门阐述了对满汉的政策。他说:"满汉人民,皆朕赤子","必使各得其所,家给人足"。他所以勤政求治,"唯求惠养满汉,一体沾恩"②。他若发现满汉不能一体对待,马上纠正。有一次,他发现自他亲政以来,"各衙门奏事,但有满臣,未见汉臣。"他当即指示内三院:今后凡进奏本章,内院、六部、都察院、通政使司、大理寺等衙门官员,以及满汉侍郎卿以上,都要"参酌公同来奏"。以前,满官可以亲到皇帝面前,列于左右,当面领受皇帝的"圣谕",而汉官却无此待遇。河南道监察御史朱鼎延提出异议,请求以后"汉臣亦得随班启奏"。世祖接受了他的请求,改变了原先不合理的做法③。过去,各部院寺掌印堂官皆为满族人,对汉人有所歧视。世祖发现后,立即纠正,以后不分满汉人,以先任命的官员担任④。

更改官职的满文名称为汉文名称,也是实施"满汉一体"的一项举措。后金建国时,将吏职名为明朝固有名称与部分满文名称并用。后废汉名,皆以满文重新命名,包括爵位名,都按本民族的语言起名。皇太极为保护本民族文化,曾大力普及满语,倡导满族习俗。入关后,便发现满文名称与汉文化不协调,不利于消除民族间的差异。顺治十七年(1660),更改官职的满文名称,如固山额真,据满文义,改成对应的汉文名称,叫都统;改梅勒章京为副都统,甲喇章京改为参领,牛录章京改为佐领,噶布什贤按班改为前锋统领,巴牙喇纛章京改称护军统领。名称的"一体化",有利于两个民族的"一体化",缩小了两者之间的差距。

值得提出的是,建立汉人的"绿营"军队,是推进"满汉一体"的又一实际行动。八旗军队人数不多,其满洲八旗不过四五万士卒,如加上蒙古八旗、汉军八旗等,也不过12万左右,无法控制广大的汉人。入关后,清朝陆续在各省建立"绿营",吸收大批汉人入伍;同时,招降南明官兵,迅速充实了"绿营"的兵额。据统计,到世祖末年,"绿营"兵已达60余万⑤。因其使

---

① 《清世祖实录》卷七二。
② 《清世祖实录》卷九〇、四〇。
③ 《清世祖实录》卷一一九。
④ 《清世祖实录》卷一二九。
⑤ 参见周远廉:《中国王朝兴衰史》(清朝卷),广西人民出版社1996年版,第82页。

用的军旗为绿色,统称绿营兵或绿旗兵,或简称为绿营、绿旗。汉人同满人具有同等服兵役的义务,以军功获取同样的升职机会,此一途径,也是汉人的晋身之阶。从这个意义上说,也显示了"满汉一体"的意义。

清朝推行"满汉一体"的政策,使之成为立国的基石,获得汉族官僚士大夫的欢迎和支持。特别是世祖倾心学习汉文化,不时地召见汉官,在一起讨论治国之道,评论古今得失,君臣各抒己见,气氛十分融洽。他们为之感动,不禁心悦诚服,说"皇上日召见臣等,满汉一体,视如家人父子,自今以后,诸臣必同心报国,不复有所顾惜"①。这些话,难免有奉承之意,却也反映了对清朝这一政策的认同。

表面看,"满汉一体",彼此平等相待,"毋致异同"。其实并非完全如此。在这一政策中,本质上还是"首崇满洲",即维护满族处于第一或主导的地位。对此,世祖并不讳言,他明确无误地说:"若以理言,首崇满洲,固所宜也。"②这就是说,最高统治者所倡导乃至实行的"满汉一体",是以"首崇满洲"为指导的一项根本政策,因此,对满汉官并不能完全做到平等对待,必然造成满汉官之间的矛盾甚至冲突。顺治十年(1653)二月,工科副理事官祁通格大胆提出:今汉官有罪,或革或降或罚,"其法甚备",但与满官立法"不一",远比对满官严厉得多。他要求立一适合满族与汉族的"一体之法"③。这位理事官提出满汉官立法不一的问题,恰恰反映了满汉官员之间存在不平等。

满汉官同为办事之官,却不平等对待,自然引起汉官的不满。汉官詹事府少詹事李呈祥被议罪,是因他"讥满臣为无用","称汉官为有用",有意排挤满官。刑部以"巧言乱政"判他死刑。世祖开恩,免死,改为流放盛京(沈阳)④。李呈祥以言论罪,损害了满族的利益,差点丢了性命。

顺治十年(1653)四月,又发生了满汉官员相互排斥的事件,起因于审理任珍一案,世祖指令刑部集合满汉九卿科道共同审理。以吏部尚书陈名夏、户部尚书陈之遴、都察院左都御史金之俊等为首,单独召集汉官共28人

---

① 《清世祖实录》卷七一。
② 《清世祖实录》卷七二。
③ 《清世祖实录》卷七二。
④ 《清世祖实录》卷七二。

进行讨论。满官也自行开会讨论,没有一个汉官参加。两方结论不一致。世祖看了他们的奏疏,非常生气,马上召见陈名夏等28人,痛斥他们与满官"心志未协"。陈名夏等28人分别受到罢官、降级、罚俸等处分,而满官却未受到任何处分①。后来,陈名夏以"痛恨"满族人剃发、鄙视其衣冠等罪状,被处以绞刑。在处理具体问题时,满汉官也常有分歧,满官维护满族人的利益,汉官则维护汉族人的利益。世祖常批评汉官"但知汉人之累,不知满洲之苦"②。类似的事例,不胜枚举。

以多尔衮、世祖为首的统治集团是在维护满族根本利益的前提下,实施"满汉一体"的政策。因此,汉满的矛盾和斗争不仅在上层统治集团内存在,而且在下层两个民族中也尖锐地存在。清朝为照顾和保护本民族的利益,实行圈地,贯彻投充、逃人等法令,极大地伤害了汉人的生存利益,由此引发严重的民族矛盾和冲突,变成一个重大的社会问题,导致社会动荡不安。

所说圈地,是指清入关后,在直隶和京畿地区圈占汉人土地,分配给满族王公贵族及满族八旗将士。随之而来的问题是,满族王公贵族及八旗将士所占有的旗地和庄园需要大批人力为其耕种或经营。这些被役使的人无疑都是汉人。由于汉族农民丧失土地,被迫投向满族贵族为奴,供其役使,称为"投充"。与此相联系,投充的汉人不堪忍受奴役,纷纷逃跑。朝廷为防止奴仆逃跑,特制定《逃人法》,给予严厉的法律处罚,实际是对"逃人"的镇压。

清朝定鼎北京,"东来"即从山海关外来的诸王、勋臣、兵丁及其家属,皆"从龙入关",亟须安置,提供生活之资。顺治元年(1644)十二月——世祖在北京即位两个月后,摄政王多尔衮颁布《圈地令》,其中说:

> 凡近京各州县民人无主荒田,及明国皇亲、驸马、公、侯、伯、太监等,死于寇乱者,无主田地甚多。尔部(指户部)可概行清查,若本主尚存,或本主已死而子弟存者,量口给与;其余田地,尽行分给东来诸王、勋臣、兵丁人等。此非利其地土,良以东来诸王……等无处安置,故不

---

① 《清世祖实录》卷七四。
② 《清世祖实录》卷九〇。

得不如此区划。然此等地土,若以满汉错处,必争夺不止。可令各州县乡村满汉分居,各理疆界,以杜异日争端。①

《圈地令》强调:只圈占近京的"无主荒地"。北京地区经战乱后,确有"无主"的荒地,包括明朝皇室及勋贵等走死逃亡,土地已荒;还有虽没有逃亡,清朝也予以没收,把这些土地分给满族王公贵族及八旗将士,亦属必然。问题是,在执行过程中,圈占土地已远远超出了规定的范围,"无论有主无主地土,一概拨换、圈占"②。自顺治二年(1645)至四年初共两年多,先后三次圈地。以顺治四年初圈地为例,记录于官方档案的计有:

顺义、怀柔、密云、平谷 4 县圈地:60705 垧;

雄县、大城、新城 3 县圈地:49115 垧;

昌平、良乡、房山、易州 4 县圈地:59860 垧;

容城、任丘 2 县圈地:35051 垧;

河间府圈地:21539 垧;

安肃、满城 2 县圈地:35900 垧;

完县、清苑 2 县圈地:45100 垧;

通州、三河、蓟州、遵化 4 州县圈地:110228 垧;

霸州、新城、漷县、武清、东安、高阳、庆都、固安、安州、永清、沧州共 11 州县圈地:192519 垧;

涿州、涞水、定兴、保安、文安 5 州县圈地:101490 垧;

宝坻、香河、滦州、乐亭 4 州县圈地:102200 垧③。

以上,共圈 41 州县、1 府土地,总计 812897 垧。在被圈的州县中,顺天、保定、永平、河间被圈的土地最多,共 166838 垧④。

被圈占土地的州县,皆为今北京所属的乡镇县及以远地区,统称为京畿。经圈占后,民地所属无几。如今河北蓟县,原额地 4348 垧,屡次被圈占土地共 4278 垧,民地仅剩 70 余垧⑤。

---

① 《清世祖实录》卷一二。
② 《清世祖实录》卷三〇;《清文献通考》第一册卷五。
③ 《清世祖实录》卷三〇。
④ 《大清会典事例》卷一三五。
⑤ 《蓟县志》卷五,第 489 页。

满族贵族圈占土地,带来了严重后果:一方面满族贵族占有大片土地,"广连阡陌",生活富饶;一方面,汉族农民失去土地,被强行迁出世代居住之地,"辗转流离",很多农户沦为满族旗人的农奴,生活贫困,因而加剧了满汉民族矛盾。表面看,圈地是经济活动,实质是个政治问题。

清朝统治集团也已看到了问题的严重性,不得不采取一些补救措施,以图缓和汉满民族间的紧张关系。

第一,将被圈地的农民迁到未圈地的州县,另行"拨补"土地耕种,同时给予"豁免钱粮"的优待。凡迁到离原居400里的农户,准免两年的钱粮;迁到300里内,准免1年①。但是,被圈的土地都是上等良田,而拨补的土地大都是"薄地",无疑给农民增加了生活的困难。

第二,退还已圈土地。本来,圈地是牺牲汉族农民的利益,满足满族贵族的利益。但是,他们额外多圈的土地,却用作"畋猎、放鹰、往来下营之所"。顺治八年(1651)二月,世祖发现了这个问题,召见户部官员,斥责满族贵族剥夺汉农民的"耕耨之区,断其衣食之路,民生何以得遂?"他指令户部马上行文地方官,"将前圈地土尽数退还原主,令其乘时耕种。"②世祖的指示,暂时抑制了圈地的势头。闰二月,科臣李运长上奏,请免圈良乡、涿州等13州县剩余地,以缓解农民的困难。顺治批准了他的请求③。

随着满族王公贵族逐步得到安置,朝廷也几经修改政策,圈地随之低落,至康熙初年,遂告永行停止。

学术界对清初圈地评价过当,说是满族将其落后的生产方式带进中原,破坏性极大,阻碍了生产力的发展。有的把圈地称为一场"运动",其提法亦失准确。显然,这些认识多少有些夸大。首先,应当明确圈地的性质,如多尔衮于顺治四年(1647)三月作出解释:"满洲从前在盛京(沈阳)时,原有田地耕种,凡赡养家口及行军之需,皆从此出。数年以来,圈拨田屋,实出万不得已,非以扰累吾民也。今闻被圈之民,流离失所,煽惑讹言,相从为盗,以致陷罪者多,深可怜悯。"④很清楚,圈地并非将土地辟为牧场,与"落后的

---

① 《清世祖实录》卷三〇。
② 《清世祖实录》卷五三。
③ 《清世祖实录》卷五四。
④ 《清世祖实录》卷三〇。

生产方式"联不上,却是以行政权力为迁来的满族贵族分配土地,以用作生活之资。如果圈地仅仅限于原明皇室及权贵的土地,或真正是无主的荒地,就不致引发满汉民族矛盾和社会不安。但满族王公贵族却是贪得无厌,凭借特权,任意侵占汉民土地,带有暴力掠夺的性质,将圈地扩大化了,以至越圈越多,造成不良后果。这大概是多尔衮始料不及的。故表示圈地"万不得已",主观上并非"扰累吾民"。他说出上述一席话后,即下令从顺治四年起,圈地"著永行禁止"。事实上,大规模圈地只持续了4年就停止了。其后是屡禁并未杜绝,乃部分权贵违法所为,应与统治集团的政策有所区别。调整圈地政策的过程,也就是理顺满汉关系的过程。

还应当指出,圈地限于以京畿为中心的北方部分地区。据清初人吴振棫著《养吉斋余录》的说法,清初圈地涉及州县地区为81处,北达开平(今内蒙古多伦),西北至张家口,东北至山海关外的辽阳、海城等地,南至德州[①]。很清楚,圈地是个局部问题,其矛盾的发生、发展也仅局限于部分地区,对全国的局势并无影响。

与圈地相关联的一个问题,就是汉人投充旗下为奴。

满族人尚武,崇尚军功,不事农耕。努尔哈赤时,进军辽东,"俘掠辽沈之民,悉为满臣奴隶"。这些成百成千被掳的汉人,为满族贵族从事农耕,供养其生活。进关后,满族八旗获得了大量土地,却不习于农耕,于是,朝廷采取一项政策:允许甚至号召生活贫苦的汉族农民或失业者可以投到满族人之家为奴,谓之"投充",实质是变相掳汉人为奴,与努尔哈赤时名目有别而已。

顺治二年(1645)三月,以世祖的名义颁布一道谕旨,规定:在战争中被俘的汉人甚多,如"情愿入满洲家",可赴户部申请批准;"无衣无食,饥寒切身"的汉人,如不能维持生计,欲"投入满洲家为奴者",可向户部报告,即准"投充"。但"力能自给者,不准"。如罪犯隐瞒罪行而"投充"者,一经查出,仍治罪不赦。如"投充"后逃跑者,称"逃人",本人及窝藏之人、邻居和十家长、百家长等乡官,俱照"逃人例"治罪[②]。

[①] 参见郑天挺主编:《清史》,天津人民出版社1989年版。
[②] 《清世祖实录》卷一五。

  上述有关"投充"的规定,对汉人有"逼勒为奴"的嫌疑。顺治又颁谕旨,声明并无"逼勒"之意,目的是"原为贫民衣食开生路",防其因贫困而为盗,危及社会安定①。

  "投充者",如世祖明言:"奴隶也"②。贫民一经"投充",即失去人身自由,其命运包括身家性命完全掌握在主人之手。清朝官方也承认:"投充人即系奴仆,本主愿卖者听。"③奴仆可以随意被主人买卖,这与古代社会商周时期的奴隶没有什么区别。可见,清初实行"投充",的确是历史的倒退,此种制度的落后与野蛮是不言而喻的。清朝统治集团把"投充"说成是解救穷人的一项善举,显系欺骗。

  清朝制定并实施"投充"的政策,为满族贵族大量掠夺贫民为奴提供了法律保护。于是,他们采用"逼勒"、"言语恐吓、威势迫胁"等手段,连同一般能自食的农民、各种工匠等,都"务令投充"。为求得满族人的庇护,一些自耕农民带着自己的土地一起投到满族旗人之家。为此,满汉民族矛盾又尖锐起来。朝廷为缓解矛盾,不得不再颁法令:"凡恐吓民人,逼胁投充为奴者",允许本人到户部告状,或到五城御史及顺天府衙门控诉;在外地的庄头等将平民和匠人逼胁为奴的,由当地道府州县审明,惩处违法者④。接着,又提出限额的法令,就是限制各满族之家应收投充人数,防止滥收投充人。但王公贵族凭其职权,仍在扩大定额。如多尔衮死后,清查他所属的投充数额,在其子多尔博名下,滥收至800人之多⑤,其庄园"滥令投充",也达680余人⑥。

  投充为奴的汉人,受到各种非人的待遇,不堪忍受,纷纷逃亡。《投充令》颁行才一年多,至顺治三年(1646)五月,"逃人已几数万"。逃的多,捕获的少,遂制定《逃人法》。

  《逃人法》,始自努尔哈赤,凡汉人奴仆逃离主家,必予追捕,抓到后,一律处死。法令相当严厉。皇太极时,放宽《逃人法》,捕获"逃人",可以免

---

① 《清世祖实录》卷一五。
② 《清世祖实录》卷五八。
③ 《大清会典事例》"户部"卷一三二。
④ 以上见《清世祖实录》卷一五。
⑤ 《清世祖实录》卷五九。
⑥ 《清世祖实录》卷五九。

死,至逃多次才重处。制《离主条约》,凡符合条例,奴仆可以自动离主,恢复自由民身份。入关后,多尔衮主政时期,其《逃人法》较皇太极时严厉。这一法令,固然要惩治逃跑的奴仆,但重点是严惩隐匿逃人者,以为堵住藏匿的漏洞,逃人无处可藏,就会减少甚至杜绝逃亡。如何惩治,都做了具体规定①。顺治八年(1651)正月,世祖亲政,大赦天下,惟"隐匿满洲逃人"与"十恶"之罪者不予赦免②。顺治十一年(1654),几经修订《逃人法》,作更具体的规定,举其要者,窝藏者处死,逃人连逃三次者处死③。

法令森严,却阻止不了奴仆大逃亡。顺治十三年(1656)三月,世祖对兵部官员慨叹:"逃亡日众,十不获一!"他针对汉官徇庇汉人,劝诫他们体谅满族人之心:如逃人更多,满族人驱使何人?生活何赖?他表示,他为政惟求"满汉一体",要汉官与他"一心"才是④。他又做满族八旗下各牛录的工作,劝诫他们善待汉人奴仆。同年六月,世祖向他们发出指示:近10余年来,奴仆叛逃甚众,窝藏越来越多,故立严法示惩:窝逃正犯,照例处以绞刑,家产籍没,邻居者流放,有关部门的官员,亦受处分。立法如此严厉,究竟为了什么?还不都是顾及你们数十年征战劳苦!想想你们家中奴仆为何轻易逃跑,必有原因。如你们平日善待,不任意凌辱、非刑拷打,他们一定会感恩效力,岂有想逃之理?你们要反省改悔,使奴仆充盈,安享福贵⑤。

世祖劝诫满汉双方,要汉官理解汉人"投充"满族之必要;要满族人改善"投充者"的境况,力图缓和矛盾,建立和谐的关系。然而,这无助于改变"投充"的实质,即满族人对汉人的奴役。这的确是满族落后性的一个突出表现。随着形势的稳定,《逃人法》逐渐松弛,条件放宽,以不断调整政策,民族矛盾趋于淡化,社会走向安定。

剃发,是引发江南一些地区激烈抗争的主要原因。这一政策,与圈地、"投充"及《逃人法》一样,都是满族贵族对汉族的民族压迫与剥削。剃发,本属女真人即满族的习俗,却强加给汉人,理所当然地遭到汉人的反抗。顺

---

① 有关惩治窝藏逃人的具体规定,详见《清世祖实录》卷二六、二七。
② 《清世祖实录》卷一〇二。
③ 《清世祖实录》卷八六。
④ 《清世祖实录》卷九〇。
⑤ 《清世祖实录》卷一〇二。

治二年(1645)五月,多尔衮颁布剃发令,要求:"各处文武军民尽令剃发,倘有不从,以军法从事。"清初,视此习俗为验证对清是否忠心的试金石。在这个问题上,从努尔哈赤开始,直到世祖,从不迁就,绝不更改。要降清、拥清,必剃发,否则就不是大清的臣民,只有一死。虽然因为剃发已激起汉人的大规模抗争,也没有迁就他们而取消。世祖以来,延续至清末,剃发易服始终没有改变,却变成了满、汉共有的风俗习惯。应该说,满族的剃发不能算做是落后的习俗。问题不在此,而在于满族统治者把自己民族的文化习俗强加给汉人,而且是通过暴力手段来实现的。南下江南时,竟提出"留发不留头,留头不留发"的野蛮口号,为此而牺牲了多少万人的生命。

多尔衮、世祖及其大臣们所做的一切努力,都收到了明显的效果,"满汉一体"贯彻到了各个方面。但本质问题是"首崇满洲",满汉矛盾或冲突不可避免。统治集团为此不断调整政策,调和矛盾,理顺两个民族的关系。到顺治十五年(1658)以后,民族间的矛盾才大为削弱,彼此安定下来。发展到康熙时,满汉关系才真正得以巩固,开始进入一个新的发展阶段。

5. 怀柔边疆各民族

民族问题,从来就是历代王朝命运攸关的一个带有根本性的问题。在中国这样一个多民族并存的国家内,边疆地区及其民族无疑是她的重要组成部分。中央王朝与周边的民族关系如何,实关一代王朝的治乱兴衰。历代有所谓"内忧外患"之说,是把中原地区的汉族(汉以前称华夏)社会矛盾和斗争视为"内忧",而把周边的民族同中央王朝的矛盾和斗争包括战争,看成是"外患"。有"内忧"而生"外患",或"外患"引发"内忧"。这两种情况,都会造成国家动乱,甚至分裂。当内外忧患交织在一起,国家就将陷入危机,直至亡国。因此历代皆重民族问题,采取各种对策,或抚绥,或怀柔,或征伐,目的是争取边疆民族与中央王朝保持政治隶属关系,维护国家的"大一统"。

明朝之亡,应是一个典型事例。它就是在"内忧外患"的双重打击下而失国的。自建国始,它一直为民族问题所困扰。先是退居长城外的元朝残余势力及其后裔,跟明朝时战时和,相持二百余年;后有东北地区的女真人即后来的满族勃兴,与明争战不已。当农民大起义爆发,明亡遂不可避免。总结明亡的历史教训,抛开农民起义的原因不论,在民族问题上,它的政策与策略是失败的。就是说,它虽然采取历代传统的民族政策,毕竟没有处理好同蒙古人、女真人的关系,坚持"华夷之辨",严内外之限,致使双方矛盾尖锐而不可解,蒙古人、女真人与农民起义军一起成了明王朝的掘墓人。

清朝初兴,汲取了明朝的教训,早在关外时期主要是皇太极时期,极力笼络汉、蒙民族,对其上层实施优礼与怀柔的政策,并创建八旗,将其组织起来,形同一体,在同明朝的斗争中,为统一全国发挥了重大作用。定鼎北京的顺治朝,继承努尔哈赤以来的遗策,尤其是贯彻皇太极时的民族政策,首重满汉关系,以政策理顺,建立起巩固的联盟,作为立国的基石。在此基础上,怀柔边疆各民族,不仅同已建立起隶属关系的民族继续保持友好往来,而且还在扩大并发展新的关系。顺治时期,边疆地区基本安定,保证了国内统一战争的顺利进行。

清朝定鼎北京时,边疆民族林立,各有其居住区域。东北地区是满族的故乡,清朝的"龙兴之地"。在这里,除了汉、满、蒙古族,在黑龙江两岸,乌苏里江至海,广布鄂温克、达斡尔、鄂伦春(入关前后泛称索伦)、赫哲、奇勒尔、费雅喀等渔猎或兼农作的民族。在皇太极时期,皆入属清政权。清入关后,东北就成了它的大后方,统治稳固,不存在任何问题。但在入关前夕即崇德八年(1643),沙俄侵略者入侵到黑龙江流域,至康熙时构成了对东北边疆的严重威胁。

长城以北的广大地区,向东西两侧延伸,简称"三北"地区,几个世纪以来,都是强悍的蒙古人驰骋的广阔的历史舞台。从努尔哈赤到皇太极,对蒙古实行招抚之策,与之联姻和亲;对其顽固势力,予以军事打击。到皇太极天聪八年(1634),将漠南蒙古完全置于后金的控制之下,陆续编入盟旗,关系十分密切。漠北蒙古各部也赴沈阳向清称臣纳贡。

西北地区,为厄鲁特蒙古游牧地,分为四部:准噶尔、杜尔伯特、和硕特、土尔扈特。因相距遥远,信息不通,迟至皇太极后期到顺治初,始与清朝陆续建立了朝贡关系。

在西南地区,包括今云南、贵州、四川及广西部分,有僮(壮)、黎、苗、瑶、彝等少数民族世居于此。他们"无君长,不相统属","各长其部,割据一方"。自元至明,代为"边患",后为明所降服①。

西藏与云贵同处西南边陲,有其特殊性。和硕特蒙古顾实汗入藏,为本地区的最高统治者。早在清崇德七年(1642),西藏达赖五世遣使,万里迢迢,首途沈阳,向清廷通好,是为西藏与清廷交往之始。

当清倾全力汹涌进关,同李自成、张献忠及南明等"群雄"逐鹿中原时,各边疆少数民族尚属安定,基本没有介入中原的纷争,也没有给清朝的统一战争带来麻烦。

无论是多尔衮摄政,还是世祖亲政,一方面忙于统一全国的战争,一方面同边疆诸民族保持以往的友好关系,待之以礼,赏赐优厚,多方笼络,增强其向心力。各民族皆守清朝法律与惯例,以时朝贡。

这里,以顺治二年(1645)也就是清入关第二年为例,以先后为序,列出该年中清朝与边疆民族交往的情况。据《清世祖实录》辑出,列表如下:

时间	交往纪事	史料出处
正月初一日	外藩蒙古王使臣等上表朝贺。	卷13,页1
正月二十日	赐扎鲁特部额参德、毛奇塔达蟒缎等。	卷13,页8
二月初二日	赐蒙古科尔沁部土谢图亲王巴达礼及其来使蟒缎、衣服等物。	卷14,页17
四月二十二日	以太宗第八女固伦公主下嫁科尔沁部土谢图亲王巴达礼之子巴雅思护朗,赐宴庆贺。	卷15,页28
四月二十三日	赐蒙古扎赖特部莽色台吉班第、巴延缎䌷、银器、角弓等物。	卷15,页28

---

① 魏源:《圣武记》卷七《雍正西南夷改流记上》。

（续表）

时间	交　往　纪　事	史料出处
四月二十九日	于驿馆赐宴科尔沁部土谢图亲王巴达礼等。	卷15，页32
五月初五日	赐卓礼克图达尔汉诺颜朝衣、马匹等。	卷16，页4
五月十六日	命蒙古阿坝垓部塞尔哲尔台吉袭其父卓礼克图郡王爵，赐银盆、衣缎等物。	卷16，页13
五月二十五日	科尔沁部土谢图亲王巴达礼、和硕格格归家，赐金银、彩缎、衣服、鞍马等。	卷16，页19
五月二十六日	土谢图亲王巴达礼离京。多尔衮遣大学士刚林等传谕：恐蒙古挑起事端，如事出紧急，来不及奏报，即可便宜行之。此事只靠你执行。巴达礼表示"誓死以报"。	卷16，页19
闰六月初七日	赐进贡之鄂尔多斯部温冲台吉朝衣、雕鞍等。命翁牛特部已故郡王孙杜棱之孙波托和袭爵。	卷18，页8
闰六月十四日	鄂尔多斯部喇嘛塔尔尼齐等人贡驼马。	卷18，页17
闰六月二十八日	赐敖汉部固伦公主缎匹衣服、黄金百两，并赐公主之子墨尔根巴图鲁、齐伦巴图伦鞍马等物。	卷18，页24
七月初一日	赐进贡之鄂尔多斯部沙格杜尔台吉等银器、弓矢、蟒缎等物。	卷19，页1
七月初十日	乌朱穆秦部车臣亲王赴京贡马，按规定宴赏。	卷19，页10
八月初四日	赐温卜达尔汉卓礼克图蟒缎绒补、片金绸缎等物。归化城土默特部一等梅勒章京禄格效力有年，升为三等昂邦章京，赐珠顶貂帽等物。	卷20，页4

(续表)

时间	交往纪事	史料出处
八月十八日	赐鄂尔多斯部陶荫台吉甲弓、撒袋等物。	卷20，页9
八月十九日	席北（即锡伯）部洪额尔格纳进贡方物。	卷20，页9
八月二十七日	喀尔喀部古伦迪瓦胡土克图喇嘛、石勒图胡土克图等赴京贡驼马；归化城土默特梅勒章京禄格贡驼马；喀尔喀部嘛哈撒马谛塞臣汗等遣使贡马，按例宴赏。	卷20，页11
九月初三日	遣固伦公主及固伦额驸巴雅思护朗归蒙古。	卷20，页18
九月初五日	命已故科尔沁部扎萨克图郡王布塔齐之子拜萨噶尔袭爵。	卷20，页18
九月初六日	科尔沁和硕卓礼克图亲王吴克善、多罗巴图鲁郡王满朱习礼同其祖母和硕福妃、母和硕贤妃来朝，摄政王多尔衮、辅政王济尔哈朗率诸王大臣迎之。	卷20，页18
九月初九日	命已故扎赖特部孟和达尔汉和硕齐之子塞棱袭扎萨克贝勒爵。	卷20，页19
九月十四日	赐科尔沁部扎萨克图郡王拜萨噶尔弓矢、朝衣等。	卷20，页20
九月二十一日	赐科尔沁部和硕福妃一行及吴克善、满朱习礼等宴。	卷20，页21
九月二十九日	喀尔喀部土谢图汗遣使贡马，宴赏之。	卷20，页23
十月十三日	外藩蒙古二十七旗头目来朝，宴赏之。	卷21，页5

(续表)

时间	交往纪事	史料出处
十月二十七日	喀尔喀部嘛哈撒马谛塞臣汗遣使贡方物;太宗第二女固伦公主下嫁察哈尔汗之子阿布鼐。	卷21,页7
十一月初九日	科尔沁部和硕福妃等一行离京归家。辅政王济尔哈朗奉命出城欢送。	卷21,页15
十二月十四日	厄鲁特部顾实汗之子多尔济达赖巴图鲁台吉来请安,贡马、氆氇。朝廷遣使同伊克三胡土克图西行,与顾实汗议和好礼。其子表示,他们议定后,臣等无不奉命。	卷22,页5

顺治二年(1645),正是清军追击李自成农民军、挥师渡江、大规模战争激烈进行之时。尽管清朝全力贯注于战争,仍然频繁与"三北"地区蒙古等民族进行交往。如上表所示,这一年见诸官方记录,达30次,平均每月有两次以上。交往的内容,包括:蒙古诸部向朝廷朝贡,奉表致贺、进贡物、奉命袭爵;清朝方面,则按成例召见、宴赏、分赐礼物,或封爵,给予极优厚的款待。凡蒙古诸部首领去世,均由朝廷颁发命令,指令其子袭爵,行使国家主权,诸部无不听命。清皇室与蒙古结为姻亲,更见双方的密切关系。但是,清朝对蒙古诸部并不完全放心。如表中所列:五月十六日,科尔沁部土谢图亲王巴达礼离京,多尔衮特派大学士刚林、宁完我向巴达礼密传他的指示:"天下大业已定,正黎庶休养之时。然恐蒙古造衅,缓则密奏候旨,其有急不及奏者,尔即便宜行之。吾唯尔是恃!"巴达礼非常感动地说:"臣昔蒙太宗皇帝宠眷,今又沐王殊恩,敢不誓死以报!"

多尔衮摄政时期,继续执行努尔哈赤以来与蒙古的和亲政策,其中与科尔沁部的关系最深。努尔哈赤时,其后妃多为科尔沁人;皇太极的孝端文皇后、孝庄文皇后、宸妃等都是科尔沁人,连同他的兄弟子侄,以及贝勒大臣也多娶科尔沁王公贵族的姑娘为妻。世祖的章皇后还是科尔沁人。同样,努尔哈赤、皇太极也把他们的公主及诸王贝勒的女儿下嫁给科尔沁的王公贵族。这种极为密切的关系,与清朝相始终。高宗巡视科尔沁时,写诗赞美:

"塞牧虽称远,姻盟向最亲。"①正因为有这一层特殊的关系,多尔衮才放心地说出不能公开的秘密嘱托。巴达礼明白清朝的意图,是要他密切监视蒙古各部的动向,如发现他们有不轨的行动,立即向朝廷奏报,请示处置办法,若事出紧急,来不及请示,授予他自行处置权。巴达礼感激朝廷对他的绝对信赖,决心以死报答朝廷。

事实证明,多尔衮的担心并非多余。就在清朝顺利发展与蒙古的关系时,漠南蒙古苏尼特部背离清朝而去,在巩固的满蒙联盟中首次出现了裂痕。

苏尼特部驻牧张家口外,距北京近千里。原属察哈尔林丹汗,因不满其暴虐,率部民北徙,往依喀尔喀部。崇德四年(1639),其部落长腾机思与叟塞又自喀尔喀部率众来归,受到皇太极优礼接待,命多罗郡王阿达礼之妹嫁给腾机思,封为额驸、多罗墨尔根郡王;封叟塞为多罗杜棱郡王。腾机思作为回报,也把自己的女儿嫁给清皇室固山贝子博罗为福晋。双方通过联姻加深了关系②。自顺治元年(1644)至二年,该部不断派贡使,按例朝贡③。

顺治三年(1646)四月,腾机思与其弟腾机特各率所部,突然逃往喀尔喀。因何叛离清朝,史无明载,我们只能做这样的解释:他们以元太祖成吉思汗的后裔子孙并不甘心屈从满族的清政权,投靠刚刚同清朝建立隶属关系的强大的喀尔喀,不过表明向清朝闹独立。这一事件必然给满蒙关系造成消极影响,如引起蒙古诸部的连锁反应,势必危及清朝的统治。多尔衮意识到这一事件的严重性,必须迅速制止。于是,即于五月二日任命能征惯战的和硕亲王多铎为"扬威大将军",以多罗承泽郡王硕塞为副,率满洲八旗,会同漠南蒙古各部军队一起出征。自六月以来,清军屡战屡胜,腾机思的军队连遭失败,损失惨重。清军继续北进,先后同喀尔喀部土谢图汗衮布、车臣汗硕雷的数万军队激战,一举将其击败④。衮布、硕雷被迫上表认罪,献出1000匹马、100头骆驼,作为和好的礼物,表示臣服。腾机思兄弟已失依靠,亦上表乞降。顺治五年(1648)八月,腾机特进京朝贡,多尔衮予以接

---

① 张穆:《蒙古游牧记》卷一《科尔沁》。
② 《清太宗实录》卷五八、六三。
③ 《清世祖实录》卷二、二〇。
④ 《清世祖实录》卷二七。

纳,将所犯罪过皆予赦免。然后,设宴、赐缎匹等物,极表款待之意。九月,将已故郡王腾机思的爵位赐给腾机特承袭①。次年正月,又封腾机思之子撒玛查台吉为贝勒②。

继苏尼特叛逃事件后,又发生了喀尔喀部掠夺巴林部的牲畜、人口的事件。朝廷立即进行干预,于顺治四年(1647)五月向喀尔喀发出严重警告,要求其部落长归还所掳掠人、畜,并以骆驼百头、马千匹前来谢罪③。喀尔喀为清朝的强大所震慑,至次年八月,土谢图汗、硕雷汗等人表示认罪,按要求,贡马千匹、骆驼百头。目的已达到,朝廷不再追究④。

从处理苏尼特叛逃及喀尔喀侵掠巴林等事件,可以看出,清朝实施努尔哈赤以来所行恩威并施的政策,处理果断、及时,防止事态扩大,事件的影响缩小到最低限度,北疆迅速地恢复了平静,因而制止了蒙古内部离心势力的滋长。经此次之乱,喀尔喀各部以及厄鲁特部皆接受朝廷的招抚,较前恭顺,频繁朝贡。顺治七年(1650)十月末,喀尔喀部诺门汗向朝廷上表,表达对清朝的忠诚:今派遣四贝勒为首及大臣前往北京,"坚盟和好",一切均照朝廷规定行事⑤。十一月,该部额尔德尼诺木齐等至京朝贡⑥;厄鲁特部巴图鲁贝勒等、噶木布胡土克图等两批贡使先后到京,贡驼马等⑦。接着,世祖遣使臣前往喀尔喀部所属诸部,向他们宣布朝廷的政策和具体规则:每年各按旗进贡一次,每旗的贝子进驼一头、马8匹,朝廷按定例赏赐。至于遣使贸易,各从其便⑧。

喀尔喀诸部处漠北地区,较之漠南蒙古归属清朝要晚一些,皇太极时,尚未做出明确规定。此时,定出法律性的条例,用以约束他们。喀尔喀诸部遵守朝廷法令,按时朝贡,确立了隶属关系。

顺治八年(1651)三月,该部硕雷之子噶尔马撒望与储护尔两台吉来京

---

① 《清世祖实录》卷四〇。
② 《清世祖实录》卷四二。
③ 《清世祖实录》卷三二。
④ 《清世祖实录》卷四〇。
⑤ 《清世祖实录》卷五〇。
⑥ 《清世祖实录》卷五一。
⑦ 《清世祖实录》卷五一。
⑧ 《清世祖实录》卷五一。

415

朝见,世祖在太和殿接见了他们①;

八月,土谢图汗遣贡使达884人,人数之多,超过了其他各部;

同月,车臣汗的贡使及随员309人亦到京朝贡;

十一月,厄鲁特部遣使并随员共320人至京朝贡。

世祖深感满意,亦照条例,命礼部举行盛大宴会,宴请进贡的使臣们,另给丰厚的礼物,表达了中央王朝对远方臣民的怀柔之意②。

清朝对北疆蒙古的政策,除对其叛变者招抚无效而不得不用兵外,其主导方面,仍是千方百计地施以怀柔之策,用物质、金钱、爵位与各种赏赐,以至联姻等手段,极尽笼络之深意,增强其对清朝的向心力。如内部发生纷争,清朝则充当仲裁者,居中调解,务使双方或几个方面和解。若有违犯朝廷政令和法律者,就严格执行条例,给予处罚;如能悔过,确已改正者,不管罪行多么严重,都予以宽大处理,既往不咎,保持原待遇不变。一般来说,清朝对少数民族的政策,较之对汉人的政策,似乎更为宽松,不那么严厉。仅举一例:鄂尔多斯部扎穆苏曾杀死朝廷使臣,率其兄弟部落叛逃。至顺治七年(1650)十一月,"因不能谋生",又来归顺。论罪,扎穆苏应死。世祖给予宽大处理,免死,仍令其管辖所属③。如果汉官敢杀朝廷使臣,其结局将是很惨的。

清朝的怀柔政策,重点是对少数民族的头人、首领实行的,但又不限于上层王公贵族,而是把朝廷的恩惠进一步扩大到各部所属,使之对清朝怀有感激之情,俯首听命。以顺治四年(1647)十月赏赐各部下属为例,按世祖的命令,向蒙古各部下属人员颁赐钱财等物,计有:

科尔沁土谢图亲王下虎巴,卓礼克图亲王下白尔格;

乌朱穆秦部车臣亲王下祁格特、耨讷赫;

敖汉部墨尔根巴图鲁郡王下杜理琥;

奈曼部达尔汉郡王下孟克;

阿坝垓部卓礼克图郡王下布仑代、噶尔玛色冷;

翁牛特部杜棱郡王下博济纳木色冷;

---

① 《清世祖实录》卷五五。
② 以上见《清世祖实录》卷五九、六一。
③ 《清世祖实录》卷五一。

苏尼特部杜棱郡王下车格；

四子部落扎萨衮达尔汉卓礼克图下阿木达尔；

扎鲁特部尚加布下巴彦代、布尔思海；

蒿齐忒部博罗特额尔得尼下拖贝；

喀喇沁部扎萨衮杜棱下阿哈土、阿济极尔；

土默特部扎萨衮达尔汉下巴雅思虎寨桑；

吴喇忒部楚成格下巴拜；

巴林部塞卜腾下代通、桑噶尔载①。

上述共14部19人。他们都是部落首领的属员，各得朝廷的赏赐，自然个个欢喜，以得皇帝的赐物为荣，因而提高了皇帝在他们以至广大蒙古牧民心目中的崇高地位。

最高奖赏莫过于同皇室联姻。如：皇太极第二女、第八女下嫁蒙古，顺治四年（1647）十一月，皇太极第十一女固伦公主下嫁给阿坝垓部噶尔玛索讷木②。他们成为清朝皇室的额驸后，即被封为郡王或亲王等崇高的爵位。能得到如此崇高而荣宠的爵位，毕竟是少数，但产生的影响却是广泛而深远的。

清初，对蒙古人的政策并非一视同仁，而是根据他们的忠诚程度或实际需要，来确定不尽相同的政策。科尔沁与清朝关系最深，该部对清朝最忠诚，故赢得清皇室的完全信任，但对喀尔喀部和厄鲁特部的政策则有区别。这两个地区的蒙古人跟清朝建立关系较晚，远没有达到与科尔沁那样的亲密关系，还不那么巩固。喀尔喀因容纳苏尼特叛逃，掳掠巴林部人、畜，而受到清朝征伐，后虽认罪，恢复朝贡，但清朝并不完全信任，仍存有戒心，保持警惕。一项有关限制喀尔喀与厄鲁特的政策便制定出来。这是顺治七年（1650）二月，世祖指示户、兵两部，要对喀尔喀、厄鲁特买卖马匹予以限制。具体规定是：自今以后，喀尔喀与厄鲁特两部的人，"从边外前来"，凡章京以下，披甲以上，如无骆驼、马匹，有人愿买的，每一次只准买一匹（头）。如违例多买，其马匹没收入官，治以应得之罪。买卖时，由每旗选出两名章京

---

① 《清世祖实录》卷三四。
② 《清世祖实录》卷三五。

官员当场监督,并将买马人姓名汇造清册,其中一册送户部验看,一册由买马者自留,以备查验。在马匹交易所,持册呼买马人姓名,查验登记无误,便准入市场买马。此外,还规定商贩、买卖人及非披甲人(即士兵),一律不准买喀尔喀、厄鲁特人的驼马,如有违犯,处抽100鞭的惩罚,驼马没收入官。又特别规定:居庸关以内(指长城内)所有官员、百姓及士兵一切人等,都不许"沿途迎买",一经发现,即押解至京,"按贼律问罪";如执法官及吏役人员私买或纵容买者,也按"贼律"惩治①。

马匹、骆驼为蒙古人的生活所赖,也是交通工具,而在军事上,马匹尤不可或缺。限制喀尔喀、厄鲁特人的马匹与骆驼的买卖,除了经济上的原因,主要还是限制过多交往,防止渗透,保持戒备状态。

世祖时期,清朝同西藏的关系取得了引人注目的重大发展。如果说,皇太极去世前与西藏初步建立了政治联系,那么,到世祖时,由遣使往还,发展到达赖亲自朝觐,最终确立了政治隶属关系。

清军初入关,仅领有京畿地区,战争正在进行,西藏与清朝也失去了联系。顺治二年(1645)三月,清军取得陕西后,多尔衮以世祖的名义,颁发"恩诏",其中,就如何联络西藏地区的问题作了明确规定:乌斯藏番僧应从陕西入贡者,由当地布政司察号,如携有印信与番本咨文,准予照旧例(指明朝旧规)进京朝贡②。西藏距北京路途遥远,途中多属荒无人烟之地,山高水险,走完全程,需一年左右。崇德八年(1643)五月,皇太极遣察干、格隆等为使,随藏使赴藏,向达赖等表达他的敬意,借此机会,争取西藏达赖归清,进一步孤立明朝。3个多月后,皇太极去世。当察干等特使返回时,形势巨变,明朝已亡,清朝已君临天下。他们直接进北京,已是顺治三年(1646)八月,此行西藏往返达4年余。随同来京的,有达赖喇嘛、厄鲁特顾实汗等西藏政教领袖派遣的班第达喇嘛、达尔汉喇嘛等,向皇帝"上表请安",进金佛、念珠、普鲁绒、甲胄、马匹等贡物。多尔衮代表皇帝,向他们赠送甲胄、弓矢、撒袋、大刀、鞍辔、银器、缎匹、皮张等物,也是赏赐,包含答谢之意③。除达赖,还有班禅胡土克图、巴哈胡土克图、鲁克巴胡土克图、伊尔

---

① 《清世祖实录》卷四一。
② 《清世祖实录》卷一五。
③ 《清世祖实录》卷二七。

扎尔萨布胡土克图、萨思夏喇嘛、额尔齐东胡土克图、伊思达格隆胡土克图、诺门汗等宗教领袖,"各上书请安",各献西藏土特产,向皇帝表达敬意。

顺治四年(1647)二月,多尔衮遣使赴藏,由喇嘛、侍卫及格隆等组成代表团,作为回访,向西藏达赖、班禅及各方政教领袖答谢,阐明朝廷的怀柔政策,并各赠金玉器皿、缎匹、雕鞍、甲胄等物①。西藏与清朝的关系进一步密切起来,往来日益频繁。如清朝官方记录:

顺治五年(1648)三月,达赖喇嘛等遣使,进贡"方物"②。

顺治六年(1649)八月,达赖遣使至京,贡"方物",并上表说他本人希望"于壬辰年夏月朝见"皇帝③。壬辰年,为顺治九年;夏月,按农历为四月至六月。达赖要求在这个季节朝见皇帝。

同年十一月,达赖遣噶布初西喇布等朝贡,朝廷赏给更优厚的礼物④。

顺治七年(1650)七月,达赖遣使,贡舍利子等佛家宝物⑤。

顺治八年(1651)正月,正值传统的春节,达赖、班禅与顾实汗等各遣使"上表问安"⑥。

同年三月初一日,世祖登临太和殿,接见达赖的使臣⑦;过了几天,世祖遣使臣带着他的敕谕和礼物前往西藏,答复达赖的请求,准其来京见面⑧。同月,达赖、顾实汗"各遣使贡方物"⑨。

同年四月初一日,世祖遣多卜臧古西等携带他的谕旨和礼物,前往西藏,召达赖来京觐见。

在很短的时间,世祖两度发出邀请,召达赖来京,亦见其迫切心情。顺治九年(1652)八月,达赖遣使至京,请求觐见之地或在归化城(今内蒙古呼和浩特),或在代噶地方,请皇帝裁定。世祖答复说:近来因内地西南用兵,系军国重务,难以脱身,不便出长城相见,拟派亲王大臣前往迎接,等平息战

---

① 《清世祖实录》卷三〇。
② 《清世祖实录》卷三七。
③ 《清世祖实录》卷四五。
④ 《清世祖实录》卷四六。
⑤ 《清世祖实录》卷四九。
⑥ 《清世祖实录》卷五二。
⑦ 《清世祖实录》卷五五。
⑧ 《清世祖实录》卷五五。
⑨ 《清世祖实录》卷五五。

乱,国家无事,便可亲行。相见之地,可在边内(长城内)近地①。

其实,在达赖发出约见之地的请求时,已率3000人出发了②。途中,达赖接到世祖的谕旨,请示说:边内多疾疫,在边外相见为便。世祖见其奏疏,当即同意他的请求。世祖为表示对达赖的格外尊敬与优待,借以服蒙古之心,执意破例出边远迎,至代噶地方等待达赖的到来③。大学士洪承畴等人都以"天象"异常,不宜出宫为由,再行劝阻。世祖"畏天命",这才改变主意,改派和硕承泽亲王硕塞与内大臣等出边往迎④。

顺治九年(1652)十二月十五日,西藏宗教领袖之一五世达赖喇嘛历经长途跋涉,终于到达北京⑤。这是自崇德八年(1643)建立联系后,历10年之久,终于实现了达赖首途北京具有深远历史意义的会见,标志着西藏从隶属明王朝又纳入到新的一代中央王朝,对清朝来说,又是一次民族政策及国家统一的重大胜利。

世祖亲至南苑,以隆重的礼仪欢迎达赖的到来,举行盛大宴会款待。达赖进献马匹与方物,世祖一一收纳。会见十分融洽。第二年二月,天气转暖,达赖因不服水土,要求归藏。世祖批准,仍命和硕承泽亲王硕塞等率八旗官兵护送到代噶地方⑥。四月,世祖向达赖赐封号、金册、金印,命礼部尚书觉罗朗球、理藩院侍郎席达礼等前往,向暂驻代噶地方的达赖当面呈交。其封号是:西天大善自在佛所领天下释教普通瓦赤怛喇达赖喇嘛。金册之文,用满、汉、藏三种文字书写。

同时,还封厄鲁特部顾实汗为遵行文义敏慧顾实汗⑦。

清朝正式册封达赖与顾实汗,这就从法律意义上规定了西藏与青海同清朝在政治上的隶属关系,这两个地区纳入清朝的版图。

对青海厄鲁特蒙古及西藏的关系,皇太极去世前仅开其端,而发展关系、从法律上确立隶属关系,是在顺治朝完成的,这应是它的一项值得称颂

---

① 《清世祖实录》卷六七。
② 《清世祖实录》卷六八。
③ 《清世祖实录》卷六八。
④ 《清世祖实录》卷六九。
⑤ 《清世祖实录》卷七〇。
⑥ 《清世祖实录》卷一七二。
⑦ 《清世祖实录》卷一七四。

的重大成就。

在西藏归属清朝的影响下,新疆吐鲁番各民族也与清朝确立了隶属关系。顺治十三年(1656)九月,世祖颁发诏书,规定自本年以后,每五年朝贡一次。进贡人员,入关时不得超过百人,进京的人数以30人为限,其余皆留驻甘肃,等进京人员返回时,即一齐出关,不得滞留内地①。从这些规定来看,毫无疑问,已把新疆地区置于中央政权的控制之下。

顺治十八年(1661)正月,世祖病逝,年仅24岁。朝廷满、蒙、汉众臣给他做了全面评价,最受推崇的是他完成了一代"大一统之业":其"声教所讫,东至使鹿、使犬,西至厄讷忒黑、吐鲁番,北至喀尔喀、鄂罗斯,南至琉球、暹罗、荷兰西洋诸国,梯山航海,重译来王,自古创业垂统之君,未有若斯之盛者也"②。这些话基本上反映了世祖之世重建多民族"大一统"国家所取得的巨大成就。

顺治之世18年,不仅仅是世祖一人,还包括多尔衮及其统治集团的共同奋斗,基本完成国家的重新统一,结束了明末以来长达40多年的内乱,为清朝疆域的最后确定和多民族的凝聚奠定了稳固的基础,也为康熙朝天下大治开拓了道路。

---

① 《清世祖实录》卷一〇二。
② 《清世祖实录》卷一四四。

第四章　巩固与扩大统一

1. 圣祖即位与初政

世祖正值英年,尚未考虑过他身后立嗣的大事。当他突然染病并迅速恶化时,自感康复无望,才想到立嗣。他生有8子,都很小,他想让次子福全继承皇位,却被孝庄太后所阻,另提出三子玄烨继位。世祖拿不定主意,征询他的外国好友汤若望的想法。汤若望认为玄烨已出过痘,身体已有免疫力,继位最有利。世祖不再犹豫,当机立断,宣布第三子玄烨为皇太子,继承帝位。世祖在遗诏中,任命资深、威望素著的索尼、苏克萨哈、遏必隆、鳌拜等四个异姓重臣为辅政大臣,帮助和辅佐他的幼子玄烨管理国家。

顺治十八年(1661)正月初九日,即世祖去世后第三天,玄烨正式即帝位,改次年为康熙元年。自此,清朝的历史便进入以康熙为标志的蓬勃发展的新时代。为使玄烨的称谓与年号相区别,以下均称圣祖。

玄烨即位时,年仅8岁,尚无处理朝政的能力,所说圣祖初政,是指他亲政前四大臣辅政时期,国家方针大计,皆由四大臣共同决策,换言之,他们代行皇帝的职责,具体执掌朝政。

以索尼为首的四大臣,都是功勋卓著的朝廷元老重臣。

索尼,姓赫舍里氏,满洲正黄旗人。早在努尔哈赤时期,随其父归后金。父硕色、叔希福皆入文馆,为开国元勋。皇太极时,倍受信任,出任吏部启心郎,办理过蒙古事务,日值内院,授三等男爵。

苏克萨哈,姓纳喇氏,满洲正白旗人,也是在努尔哈赤艰难创业时,其父苏纳来归,娶努尔哈赤第六女,招为额驸。他原为多尔衮部属,很受重用。

遏必隆,姓钮祜禄氏,满洲镶黄旗人。父额亦都是努尔哈赤的五大臣之一,被招为额驸,其母称和硕公主。初袭父一等子爵,任侍卫,后以功授三等骑都尉世职。

鳌拜,姓瓜尔佳氏,满洲镶黄旗人。从皇太极时起,他就是一员骁将,勇敢善战,积军功甚多,赐号"巴图鲁"。清定鼎北京,他南下川、贵,皆冲锋陷阵,屡建功勋。

在多尔衮摄政时期,索尼、遏必隆、鳌拜都受到排斥,唯苏克萨哈是多尔衮的部属。索尼等三人遭多尔衮打击迫害,源于入关前皇太极去世后的诸王争位斗争。在讨论谁来继承皇太极的皇位时,以英郡王、豫郡王为首的一批王公贵族拥立多尔衮,而两黄旗的大多数人拥立肃亲王豪格,其中,索尼、鳌拜等尤为坚决,甚至动用两旗巴牙喇部队张弓携矢,包围崇政殿,以武力相威胁。在崇政殿,索尼、鳌拜首先倡言立豪格,声称:"吾等属食于帝(指皇太极),衣于帝,养育之恩,与天同大,若不立帝之子(豪格),则宁死从帝于地下而已。"① 在此之前,索尼已向多尔衮明确表态:"先帝有皇子在,必立其一,他非所知也。"② 断然拒绝多尔衮当皇帝。在两派势均力敌的情况下,多尔衮被迫放弃了欲自立为帝的企图,也阻止了豪格继承皇位,遂达成妥协,取折中方案,拥戴皇太极第九子6岁的福临为皇帝③。作为补偿,由多尔衮与郑亲王济尔哈朗摄政,不久,多尔衮排挤济尔哈朗,独擅国家大权。

福临即位后,索尼、鳌拜、遏必隆尽心辅佐幼主,却不依附当政的多尔衮,引起多尔衮忌恨,寻找借口,予以严厉打击。他革去索尼所有职务,籍没财产,废为平民,并将他逐出北京,迁往盛京皇太极的陵园居住,他的亲属凡任职的一律革职。将鳌拜降职降爵,曾两次定为死罪,以罚银赎身。遏必隆也被籍没家产一半,革去世职。至世祖亲政,特别是多尔衮去世后,索尼等人的境况才好转。世祖知索尼等忠君为国,便为他们恢复名誉,官复原职,委以重任。索尼晋爵一等伯,擢升内大臣、议政大臣,总管内务府。鳌拜晋二等公爵,任职领侍卫内大臣、议政大臣,加少傅兼太子太傅。遏必隆晋一等公爵,任职议政王大臣、领侍卫内大臣,加少傅兼太子太傅。苏克萨哈本

---

① 《清世祖实录》卷四。
② 赵尔巽等:《清史稿》卷二三五《图赖传》,中华书局1977年版。
③ 赵尔巽等:《清史稿》卷二四九《索尼传》,中华书局1977年版。

是多尔衮的人,但他在多尔衮死后首告多尔衮"逆谋",有立大功的表现,博得了世祖的信任,也晋封二等子爵,出任领侍卫内大臣、议政大臣,加太子太保①。

索尼等4人都是历三朝或四朝的元老,又同属皇帝自将的上三旗,他们在朝廷中的地位是无可争辩的。世祖遗命,以他们4人为辅政大臣,确属很合适的人选。但还有更深层的原因:世祖与身居幕后的孝庄太后有鉴于同姓王贝勒如多尔衮等独擅朝政,又引发诸王争权,严重威胁皇权,危及大清王朝的统治。与其冒如此风险,莫如遴选皇室以外异姓大臣来辅佐幼主,有利于抑制诸王权势的膨胀;同时,皇室中诸王贝勒的实力亦可给予四辅臣以强大影响,不致脱离先帝们的遗策。事实证明,世祖用四辅臣辅政的决策是正确的,基本保持了圣祖初政亦即四辅臣辅政时期的安定,顺利度过了圣祖幼年虚政阶段。所选四人,亦经世祖慎重挑选,如世祖遗诏所说:"伊等皆勋旧重臣,朕以腹心寄托,其勉矢忠荩,保翊幼主,佐理机务,布告中外,咸使闻之。"②

索尼四人受命之时,宣读如下誓词:

> 兹者先皇帝不以索尼、苏克萨哈、遏必隆、鳌拜等为庸劣,遗诏寄托,保翊冲主,索尼等誓协忠诚,共生死,辅佐政务。不私亲戚,不计怨仇,不听旁人及兄弟子侄教唆之言,不求无义之富贵,不私往来诸王贝勒等府,受其馈遗,不结党羽,不受贿赂,惟以忠心仰报先皇帝大恩。若复各为身谋,有违斯誓,上天殛罚,夺算凶诛。③

誓词表达了他们忠君、无私报国的共同心愿。临危受命,内心亦充满了感激之情。

摆在四辅臣面前的使命并不轻松。世祖去世时,国内大规模战争基本结束,南明最后一个政权永历小朝廷刚刚被消灭,但还有李自成、张献忠的农民军余部仍然活动在川、鄂地区,还在继续进行武装抗清的斗争;以郑成功为首的原明将吏还掌握着一支强大的军队,已退入台湾,继续抗清。对清

---

① 详见赵尔巽等:《清史稿》卷二四九,,中华书局1977年版。
② 《清圣祖实录》卷一四四。
③ 《清圣祖实录》卷一。

朝来说,敌对势力的存在,仍然是不容忽视的威胁。

经过明末政治腐败、农民战争及清军入关的统一战争,黄河流域,大江南北,农业生产及社会生活都遭到严重破坏。顺治朝时,一边进行战争,一边恢复生产。至大规模战争结束,而农业生产还远未恢复。因此,全面恢复生产,恢复社会的正常生活,是一项最重要也是最艰巨的任务。

国内形势如此,外患已悄悄降临到中国的大门前,甚至已侵入内地。当年清军入关之时,凶恶的沙俄殖民军已入侵到中国的黑龙江沿岸,到处建立起军事据点,屠杀和掠夺东北边疆各民族。在南方,西方殖民强盗纷至沓来,如葡萄牙、荷兰等捷足先登,侵占澳门等地。还有西班牙、英、法等西方殖民者正向东南沿海地区渗透。

显然,无论国内或国际形势,都潜伏着某种程度的危险因素,如解决不当,就会使某一方面矛盾激化,进而引发其他矛盾,那时,社会就会陷入全面危机。这对四辅臣无疑是巨大的考验。

四辅臣初政,提出了"率循祖制,咸复旧章"的治国指导方针[①]。这是针对顺治朝仿明、汉化过快而发的,表明他们要恢复祖宗的传统和旧有的典章制度,也就是说,以满族的文化传统为指导来治理国家。这首先表现在机构调整上,有以下几个方面的变动:

顺治时设十三衙门,宦官重新被大量使用,其势正在聚集,有重蹈明朝覆辙的苗头。这有违于祖制。四辅臣将十三衙门改为内务府。

理藩院源自关外时期的蒙古衙门,原与六部同列。世祖将其改隶于礼部,变成它的一个下属机关,将它降格使用。四辅臣以该机构隶礼部不合祖制为由,取消其隶属关系,恢复其独立机构的地位。

关外时期,已设内三院。至顺治十五年(1658),世祖采用明制,将内三院撤销,改为内阁,另设翰林院。世祖刚去世,四辅臣便将内阁、翰林院取消,重新恢复内三院旧制。

从机构的调整,已见四辅臣重传统、重民族,是具有思想保守倾向的一派人物。

尽管四辅臣思想偏于保守,但在许多方面仍执行世祖时的有关政策。

---

① 《清圣祖实录》卷三。

多尔衮与世祖皆重吏治,对贪污受贿等,视为大奸大恶,必严加惩处。四辅臣也首重吏治,代替幼帝连下谕旨,说:"民生之安危,由于吏治之清浊;吏治之清浊,全在督抚之表率,若督抚清正,实心为民,则下吏孰敢不洁己秉公!"他们痛斥某些官吏:近闻守令贪婪者多,征收钱粮,多加火耗,或者指公费科派,或向民户强取,借机肥己,献媚上级官员,下至户书里长等役员,恣行妄派,百姓困苦,无处申告。此后,由科道官负责,不时访察弊端,随时予以揭露,向朝廷纠参[①]。实际上,四辅臣重申了多尔衮、世祖执政时有关惩贪的禁令,表明他们重视吏治、继续整饬吏治的决心。

在军事上,继续扫荡南明残余势力与农民军余部的抗清活动。至康熙三年(1664),以李来亨为领导的大顺军余部夔东十三家全部被消灭,可以认为,自明末崇祯初年爆发农民大起义以来,历经近40年的战争,至此最后终结。除台湾外,大陆已完全实现了统一。四辅臣对据守台湾、仍奉永历年号的郑氏政权(郑成功已去世,其子郑经承继延平郡王爵),采取招抚的政策,利用郑氏政权内部的矛盾,予以分化,诱使其部属降清。自顺治十八年(1661)九月,至康熙三年十月,仅仅3年多,就招降了郑氏所属将吏直至最下层的千总、把总等官共3000余人,随降的士卒与百姓达10余万人。郑氏政权为此受到严重削弱。与此相联系,海禁渐弛。原来,在顺治时,为防郑氏政权与大陆联系,实施了严厉禁海的政策,即令居住在沿海地区的百姓,包括山东、江苏、浙江、福建、广东等地以捕鱼为生的渔民,往内地迁移数十里,严令不许片板下海,致使广东渔民丧失生计。索尼等辅政后,逐渐放宽海禁。康熙四年,首先允许山东部分沿海地区的渔民下海捕鱼。康熙八年解除禁令,尽弛海禁,沿海地区开始恢复正常的生活。

四辅臣的经济政策,主要是实施奖励垦荒、蠲免赋税、废除圈地等措施,都取得了显著成效。

四辅臣在全面推进经济发展、进一步缓和社会矛盾的过程中,密切关注汉人特别是士绅的动向,一经发现有违抗朝廷的活动,立即镇压。先后发生在江南地区的"哭庙案"和"奏销案",是两起违抗朝廷令旨的事件,遭到了残酷的打击。

[①] 《清圣祖实录》卷一四。

顺治十八年(1661)正月,世祖刚去世,苏州府堂设皇帝灵位,所属官员齐聚,哭临3天。有吴县知县任维初平时不法,有贪污等行为,激起众怒,诸生倪用宾、金人瑞等百余人冲进庙内,鸣钟击鼓,又拥入拜祭世祖灵位的州府堂,达千余人,"号呼而来",欲将知县逐出去。官府认为此举惊扰先帝之灵,"罪大恶极"。巡抚朱国治迅速将倪用宾、金人瑞等18人逮捕。此事以"劣生纠党肆祸"为由,上奏皇帝,将18人判死刑。

另一起是奏销案。顺治时,苏州府等处欠交钱粮,"侵欺五十余万两之多,积至数年之久"。顺治十八年(1661)三月,辅臣得知,下令清查,指示:如抗粮不纳,"从重治罪"。经查,苏州、松江、常州、镇江等四府及溧阳县,未交完钱粮的文武绅衿共13517人。很快,旨意下达:"绅衿抗粮,殊为可恶。"指令户部按照定例"严加议处"①。结果,凡有职务或有头衔的都被革去,或被降职。有一探花(一甲第三名进士及第)名叫叶方蔼,仅欠"折钱一厘",竟被革去功名。民谣有"探花不值一文钱"之句。与他同被革的"士绅同日除名者,万有余人"②。

在当时,这两个事件均属要案大案,涉及人多,处分严苛,影响甚大。这两件事,真正的过错不在"犯事"者。所谓"哭庙",不过是反对一个贪官,于朝廷无损。仅仅是此举干扰了地方官员哭祭世祖,殊为大不敬,才将为首的18人处死。所谓"奏销案",严厉打击当地绅衿,仅仅是未交足钱粮定额。经长期战乱,苏州等地破坏严重,家给不足,即使那些富户也不富。再说这些地区向称富庶,税额也最多,是其他省的数十倍乃至百倍,这就造成这些绅衿纳税不足,只好拖欠。这在各省比比皆是,就是说,欠交钱粮的绝非仅苏州等地区的绅衿。但朝廷偏要小题大做给予重处,甚至因只欠一厘钱,也将其探花革去。如此严苛而近乎荒唐的事,真是罕见!从深层次考察,由于南方士绅追随南明抗清反清,给清朝制造了不少麻烦,所以清朝上层及中层的吏员,自然要痛恨江南的知识分子。实则是对江南知识分子的一次有力度的报复。

四辅臣辅政时期,对顺治朝的政策有所调整,包括机构也有局部的变

---

① 《清圣祖实录》卷二、三。
② 陈康祺:《郎潜纪闻》卷四。

更,总的来说,还是必要的,大体沿袭或继承了顺治朝的大政方针。他们声明要遵循祖制、旧章,有守旧的一面,不过,也没有更明显的复旧。世祖遗诏,其中一条是自责重用汉人。四辅臣虽重满族,其实对汉官的使用一如多尔衮、世祖。如吴三桂、尚可喜、耿继茂(耿仲明之子)三藩各据一方,军政庶务专擅,眼看其势坐大,四辅臣既未察觉其危险,也未予任何限制,对他们的种种优待丝毫未减,仍然信任他们,依赖他们为朝廷解"南顾之忧"。可见四辅臣对汉官的政策没有变。三藩势力得以巩固与发展,四辅臣给予的方便、优待,当是一个非常重要的因素。

四辅臣所做的一切努力,为圣祖亲政创造了有利的条件,为他大治天下奠定了基础。

2. 以农事为"国之本"

农业历来是中国封建社会的经济基础,国家存亡的根本,百姓的生命之源。所说"国之大计在农"①,正反映了圣祖对农业的认识是相当深刻的。他亲政后,再三强调农业极端重要。如他说:"农事,实为国之本;俭用,乃居家之道。是以朕听证时,必以二者为先务。凡亲民之官能仰体朕意,在在竭力,何虑不家给人足乎!"②有一次,他亲自"策试"来自全国各地的贡士,提出:"小民之依,惟农桑为重。"③圣祖的深意,是把他最重视农事的想法,统统告诉他的臣民,变为他们的实际行动。

满族虽起自游牧,善骑射,不善农事,但从建国时起,有努尔哈赤倡导,已把农业生产列为重要的部门。特别是皇太极时期,已把农业置于社会经济的首要地位,反复开导他的不善农业的兄弟子侄及其本族臣民,灌输重视农业的思想,具体讲解农业之重要及耕作方式方法。这以后,以农为国本的思想,已成为历朝皇帝及统治集团的传统国策。如顺治帝与多尔衮,都不忘农业这个根本,在进行统一战争中,仍不废农业生产,得一地即迅速恢复当

---

① 《清圣祖实录》卷六。
② 《清圣祖实录》卷一一六。
③ 《清圣祖实录》卷一二〇。

地的农业生产。四辅臣辅助年幼的圣祖,对发展农业生产不遗余力,为此,采取一切有利措施,尽快把农业恢复起来,走上发展的轨道。

农业之本在土地。清初,历经大乱之后,招徕流亡或散失的农民归农,开垦土地,是恢复经济的首要任务。顺治朝屡次颁布招徕流民、奖励垦荒的条例。但战争还在进行,社会还不安定,百姓流离,难返家园,所定垦荒条例也难以实施,即便在一些地区实施,收效也不明显。这种情况,到顺治后期才有所改变,但距离所定目标尚差很远。圣祖继其后,在四辅臣的主持下,继续推行顺治朝的垦荒政策,进而做了些调整,补充了一些新规定,推动全国的垦荒活动进一步开展起来。

康熙初年,大规模的军事行动暂告结束,朝廷开始把注意力转到农业生产上来,严令各省全面推行垦荒政策,尽快医治战争创伤,恢复农业生产,使之尽快得到发展。康熙元年(1662),四辅臣以皇帝的名义,发布一道指令,要求从次年开始,各省荒地在5年内全部开垦,到规定期限进行清查,如发现省内荒地尚多,自总督、巡抚以下官员分别给予处分[1]。辅政大臣的目的,是通过行政手段,督促各省大小官员把垦荒列为当务之急,期于5年内大见成效。因为各省情况不一,又制定了不同的政策。如云贵两省是受战争残破的重灾区,允许该省垦荒不立年限。起科年限,一般都以3年为期,个别地区还可放宽,如河南南阳府和汝州等地区,定为5年后起科[2]。

各地开垦荒地多少,随时上报户部,记录在案。康熙二年(1663),云南巡抚袁懋功奏报:全省开垦田地1200余顷[3]。

康熙三年(1664)五月,偏沅巡抚周召南奏报:湖南省宝庆(今邵阳)、永州(今零陵)、辰州(今沅陵)、郴州(今郴州)、靖州(今靖州县)等五府州属开垦田地634顷;岳州(今岳阳)、长沙、衡州(今衡阳)、常德、靖州等数府州属,续垦田地共518顷又36亩。湖广巡抚刘兆麒报:安荆等十府州属续垦1807顷又45亩[4]。

康熙四年(1665),偏沅巡抚周召南再报:长沙、衡州等府于康熙三年共

---

[1] 康熙《大清会典》卷二〇《户部·开垦》。
[2] 《清圣祖实录》卷六。
[3] 《清圣祖实录》卷一二。
[4] 《清圣祖实录》卷一二。

开垦荒田3133顷又66亩①;同年三月,河南巡抚张自德奏报:康熙三年(1664)度全省所属州县开垦荒地共19361顷②;四月,云南巡抚袁懋功报:康熙三年度,全省开垦荒地2459顷③;七月,贵州巡抚罗绘锦报垦数:康熙三年度,全省各府卫垦田12900余亩④;八月,偏沅巡抚周召南又报:康熙三年度湖南全省垦田共7219顷⑤。

上述是从《清圣祖实录》中摘出的康熙二年(1663)至四年部分省上报的垦田数量。3年中,所报仅为湖南、云南、贵州、河南等少数省份。几省中,以湖南垦荒为最多,河南、云贵次之。除云贵两省战乱最重、清朝收复最晚外,湖南也是饱经战乱的重灾区。这里,地广人稀,田地荒芜甚重。还有四川,破坏同样严重,都是国家实行垦荒的重点省区。索尼等辅臣为垦荒成绩突出的地方官员请功:嘉奖河南"劝垦荒地功",加授河南总督刘清泰兵部尚书衔,加授河南巡抚周自德工部尚书衔⑥,加授偏沅巡抚周召南工部右侍郎衔⑦,给云南总督赵廷臣、巡抚袁懋功加授太子太保、工部尚书衔⑧。

为加速土地的开垦,索尼等辅臣又将地方驻军投入垦田。康熙六年(1667)八月,命河南、山东、山西、江南、浙江等省的现驻投诚官兵(指南明及农民军向清朝投诚的人员)开垦荒地,从康熙七年开始,每名士兵给地50亩,预支本年俸饷,作为购买耕牛和种子的费用,下一年停发。耕种3年后,"照例起科"缴税粮⑨。

同年九月,湖广道御史萧震建议实行"屯田之制",其办法是,"驻一郡之兵,即耕其郡之地;驻一县之兵,即耕其县之地;驻一乡之兵,即耕一乡之地"。他是针对贵州、四川两省"地多人少"而提出这个建议的。驻军行屯田之制,"则国家养兵之费既省,而两省荒田亦可渐辟矣"。索尼等辅臣认

---

① 《清圣祖实录》卷一四。
② 《清圣祖实录》卷一四。
③ 《清圣祖实录》卷一五。
④ 《清圣祖实录》卷一六。
⑤ 《清圣祖实录》卷一六。
⑥ 《清圣祖实录》卷一三。
⑦ 《清圣祖实录》卷一六。
⑧ 《清圣祖实录》卷六。
⑨ 《清圣祖实录》卷二三。

为可行,以皇帝的名义,当即批准①。

十二月,四川总督苗澄等请求:从重庆、夔州等镇,成都城守军营及督抚提标兵中抽调7000人,开垦成都地区土地,预计每年可得米42000石,可节省兵部拨银56000两。辅臣同意,予以实施②。

从清朝官方记载中,看到清初垦荒尚不普遍,还没有在全国全面开展起来。顺治朝时,可以归因于战争尚未结束。那么,到圣祖即位至亲政前后,其垦荒仍局限在受灾最重的少数省区,尽管颁行了各种奖励办法,也包括处罚条例,结果还是没有达到预期的目标,原因何在?

康熙七年(1668)四月,云南道御史徐旭龄对此做了深刻分析。他首先指出:"国家生财之道,垦荒为要。乃行之二十余年而无效者,其患有三":一是"科差太急,而富民以有田为累";二是"招徕无资,贫民以受田为苦";三是"考成太宽,而有司不以垦田为职"。这三个原因,就是以往垦荒的通病。归纳其意,因为国家对垦荒的田地索取赋税太急,富民以田多而受苦累,不如田少点为好;穷人无生产用的资金,多得田负担不起,自然也就失去了垦田的积极性;再说官员,对他们的政绩考核过于宽大,就不以垦田为当务之急。他认为要解决垦荒的通病,必须放宽"起科"的年限,以前一律规定开垦荒地3年后起科,是不妥的。因为土地有好坏的区别,不能按统一的年限起科。他认为,应区别对待,即"新荒者三年起科,积荒者五年起科,极荒者永不起科"。这样,就会提高农民垦荒的热情,"佃垦者众矣"。他又指出,以前"听民自佃"也不对,因为"民有贫富不等",应对"流移者给以官庄,匮乏者贷以官牛,陂塘沟洫,修以官帑",使百姓财力充裕,"而力垦者多矣"。对于官员,要从严要求,必须限以几年招复户口,几年修举水利,几年垦完荒地,有功就提升,无垦荒功的就罢免。只有严格实行奖惩,才能起到督劝垦田的作用③。

接着,又有四川巡抚张德地发来奏报:鉴于四川在屡经战乱之后,"民无遗类,地尽抛荒",有土无人,除了"招民"之策,别无"裕国之方"。他请求制定一项奖励政策,规定各省文武官员有能"招民"30家的给予记录一次;

---

① 《清圣祖实录》卷二四。
② 《清圣祖实录》卷二四。
③ 《清圣祖实录》卷二五。

能招至50至60家的,记录两次;如招至百家的,不论俸满与否,即准升转①。

圣祖接受了他们的建议,重新调整和制定新政策,大力鼓励垦荒。从康熙十年(1671)起,连续3年一再放宽各地新垦荒地起科的年限。先是以4年起科,次年再延长到6年,至康熙十二年(1673)宣布:"嗣后各省开垦荒地,俱加宽限,通计十年,方行起科。"②在10年内,垦荒者自种自用,不向国家缴纳赋税,实在是再优厚不过了。

可是这项重要政策,因吴三桂之乱而暂时中断,未及在全国实行。直到康熙十八年(1679),又做政策调整,以原定10年起科年限过长,改为6年,通行全国③。个别地区,如四川不少地方未曾起科。

朝廷对地方官员垦荒制定了奖惩条例,同时也为鼓励百姓开垦土地而制定了相应的奖励规定。据《清通志》卷八一、《清文献通考》卷二所载:"贡监生员民人垦地二十顷以上者,试其文义通顺者以县丞用,不能通晓者以百总用;一百顷以上,文义通顺者以知县用,不能通晓者以守备用。"还规定,因战乱而流徙荒远地区如四川僻远之地,若本人(家)愿留此垦荒居住,其所垦"地亩永给为业"。这几项政策,无疑会刺激农民或其他劳动者的垦荒积极性,将产生促进作用。

垦荒需要一定的资金购买牛具种子,贫苦农民无力承担。朝廷针对不同地区的贫苦程度,给予相应的资助。如,湖广行省内归州(今秭归)、巴东、长阳、兴山、房县、保康、竹溪、竹山等西部山区、半山区,"久为巨逆盘踞,人民逃窜",经清军屡次征剿,已平息,"难民渐归",愿就地垦荒,却"苦无农器"。康熙四年(1665)五月,经奏请,特批准"酌给牛种,听其开垦,三年后起科"④。多数情况,由各级官府无息借贷,规定若干年后还本。针对河南所报情况,对该省垦荒做出新规定:外省人来此垦荒落户,如发现本人在他处犯有罪过,只处罚本人,不得株连家属;凡本地土地有数年无人耕种,又不缴纳税赋,即属"抛荒"地,如被人开垦,不许原主索要;新垦地亩,暂就

---

① 《明清史料》丙编第十本,第1000页。
② 《清圣祖实录》卷四四。
③ 康熙《大清会典》卷二四《户部·赋役》。
④ 《清圣祖实录》卷一五。

各该县"下则"(以土地肥瘠分为若干等级,其税粮照等缴纳,下则为最末等)纳税粮,3年后仍照"原定等则输粮"①。

在荒田中,有一部分是原明藩王的田产以及皇庄与勋戚的庄田,清初统称为"废藩"庄田。早在明开国时,朱元璋分封诸子为王,把他们封藩到全国各地,分得所在藩地数量不等的大片土地。他们世代承袭,土地亦照数传给后代;朱元璋之后,历朝皇帝又各封自己的儿子为王,照例给藩地。历代藩王所占土地之多,实属惊人。如明穆宗第四子潞王朱翊镠封藩卫辉(今属河南),其土地多达4万顷。明神宗第三子福王朱常洵封藩洛阳,赐庄田4万顷,因遭诸臣反对,只好减半,占尽"中州腴土"。因不足数,又取山东、湖广之地,以补足2万顷之数②。诸王及皇室勋戚等显贵,皆是最大的土地占有者。明亡后,这些大大小小的宗室显贵对其大批庄田土地失去了占有权。对这些土地如何处置呢?康熙八年(1669),圣祖采取以下对策:

第一,革除原明各藩王田产的所有权,转给原耕种的奴仆即农民自由耕种。

第二,对无人耕种的剩余土地,"召民开垦"。这些土地"改入民名",称为"更名田"。自此,土地所有权转入民户,"永为世业",与"民田"一例输粮③。

据统计,这批田产约有20多万顷,分布在直隶、山东、河南、山西、湖南、湖北、甘肃、陕西及江南、四川等10个省区,多属肥沃之地④。应当指出,这些土地并没有全部转入农民手中,其中在直隶、京畿的部分田产已被满洲八旗王公将士圈占为旗地。不管怎么说,毕竟还有相当数量的"废藩"田产转为农民所有,使那些无地的贫民获得了一份土地,因而受到农民欢迎。此举颇得人心。

四辅臣辅政及圣祖亲政后,千方百计鼓励甚至不惜重奖,严督各地方官,动员农民及其他劳动者垦荒,约自康熙十年(1671),全国的垦荒始有起

---

① 《清圣祖实录》卷一〇八。
② 张廷玉等:《明史》卷一二〇《诸王五》,中华书局1974年版。
③ 《清圣祖实录》卷二八。
④ 转引自王春霖、高桂兰:《康熙帝的治国艺术》,中国台湾联经出版事业公司1983年版,第144页。参见王毓铨:《明代王府庄田》,中华书局1964年版。

433

色,而从康熙二十年平定吴三桂之乱后,逐渐形成热潮。大批流徙的农民陆续返籍,战争结束,裁减的大批兵士返回家乡务农,增加了农村劳动力;无地的农民前往各地垦荒,如湖广民人前往四川开垦,山东民人奔往"口外"耕种①。垦荒的热潮在全国兴起,展现出社会安定、欣欣向荣的景象。

垦荒成效据《大清会典》载:顺治十八年(1661),全国民田总数为549万余顷,到康熙二十四年(1685),增至608万顷②。在24年间,土地增加了近60万顷。如扣除8年吴三桂之乱,平均每年递增3.8万顷左右。其后,增长的速度明显加快,到康熙后期,全国的土地数额已基本达到明万历初年的水平。

圈地始于摄政王多尔衮,给畿辅地区农民的生计一度造成巨大损害,直至世祖去世,圈地还在继续。康熙初年,四辅臣辅政期间,又挑起了大规模调换圈地的事件,圣祖洞察圈地的严重危害,遂于康熙八年(1669)下令永远停止圈地。他认为:"比年以来,复将民间房地圈给旗下,以致民生失业,衣食无资,流离困苦,深为可悯。自后圈占民间房地永行停止。其今年所已圈者,悉令给还民间,尔部速行晓谕。"③令旨虽颁,圈地仍时有发生。直到康熙二十四年,再申前旨:"凡民间开垦田亩,若圈与旗下,恐致病民。嗣后永不许圈。如旗下有当拨给者,其以户部现存旗下余田给之。"④圈地持续了近40年,终于完全停止下来,而与圈地有一定联系的"投充",遂告结束。至此,满汉民族矛盾进一步缓和,农民生产积极性得以发挥,社会生活日趋稳定。

钱粮税收是国家财政的主要来源,故其赋税制攸关国家生存。康熙初年,在大力发展农业生产的同时,对顺治朝初建的赋税制做必要的调整和改进,进一步完善,制度趋于严密而易行。顺治元年(1644)规定:各省解送京师的各项钱粮,总归于户部;顺治七年,又改为各部、寺分管催收,造成赋税入多门,名目繁杂,滋生出诸多弊端。康熙二年(1663),决定从下一年度开

---

① 《清文献通考》卷二《田赋考》。
② 《清圣祖实录》卷五载:顺治十八年全国土地数为526万余顷;卷一二三载:康熙二十四年为589万顷。二项统计数字都低于《大清会典》所载。今从《大清会典》。今人论著多以康熙二十四年的统计数字为例证,也是相沿成习,姑从之。
③ 《清圣祖实录》卷三〇。
④ 《清圣祖实录》卷一二〇。

始,总括各类杂项税收,统称"地丁钱粮",作十分考成,每年正月扣拨兵饷部分外,其余都解送户部;各省将本省所收钱粮,造一简明赋役册,送给户部核查。至于各部衙门所需钱粮,于每年底报具体数目,次年由户部支给,至年底核报①。赋税规则删繁就简,去杂项,统称地丁钱粮,由户部统收,变革税入多门之弊,保证了国家的收入不致流失。

顺治朝所行"易知由单",内列项目多而杂,明说"易知",其实民户并不"易知"。康熙六年(1667),对此"由单"加以简化:单内删除地、丁两项以外的杂项名目,只开列各纳税户的土地等级(分上、中、下三等)及应征收的实数。顺治时制序册、会计册、赤历册等,靡费无益,分别于康熙四年、七年、十八年渐次废除,原定黄册每10年编造一次,也一律停造②。赋税制进一步简化,删除重复、不合理的部分,易于实行,也方便了农民。

清理户口人丁,是完善赋税制度的一个重要方面。农民除了缴纳赋税,还要承担力役,即为封建国家当差,为地方或为国家的公共工程如筑城、修路、兴修水利、大型建筑等服役。其役夫都是国家法定年龄的丁壮充任。清初,承战乱之后,户口混乱,人口散失,差役无从征发,所征夫役,老少不分,失去了对年龄的限制。顺治十八年(1661)末,江南道御史胡秉忠提出,应由户部等部门核实户口人数,规定凡年16岁以上为成丁,60岁一律豁免,不再承担差役;有冒充僧道而无度牒者,"悉令为农安插",附入户口丁册当差。此项建议获得批准,通令全国执行③。

顺治朝至康熙初期,逐渐完善的赋税制度,对农民及其他劳动者"索取"较为合理,就是说,基本适应当时的生产发展水平,农民尚可以承受,在被"索取"之后,还略有剩余。比起明万历以来数十年的困苦、在死亡线上的挣扎,是一个明显改善。有的论著中大多引用清初"加派"、"私征"等事实,否定或降低对清初经济政策的客观评价。须知,"加派"是国家法定以外的弊端,不能代表国家的法制规定,而清统治集团也是在不断打击,力图消除它。"加派"等弊,在各地情况不一,有轻有重,在一些地方并没有这种

---

① 《清圣祖实录》卷九。
② 以上见赵尔巽等:《清史稿》卷一二一《食货志二》;参见王庆云:《石渠余纪》卷三《纪赋册粮票》。
③ 《清圣祖实录》卷五。

现象。所以说,清初额外加赋,主要是为应付战争的需要,是临时性的。世祖、圣祖都已认识到加累百姓负担,不得已而为之。

3. 清除鳌拜集团

世祖遗命索尼等4人为辅政大臣,共同辅佐幼帝,直至圣祖亲政为止。四辅政的出现,实际也就确立了"辅政体制"。这一体制,是对顺治前期"摄政体制"的改革,从政治发展来考察,实属历史的进步。摄政体制的最大弊端是,极易造成摄政者个人专权,从而侵犯或威胁皇权。多尔衮系皇族直系血亲,为福临的叔父,又兼满洲正白旗主。其同母兄多铎、阿济格为镶白旗主,合两旗之实力,在满洲八旗中居于强大地位,加之又握有摄政的最高权力,已形成君弱臣强的局面,不能不危及皇权的绝对权威。索尼等4人为异姓臣属,又是皇帝所掌握的两旗的属员,因此他们与皇帝有既是君臣,又是主奴的双重关系,对皇帝的忠诚是不容置疑的。从职分看,摄政与辅政,虽一字之差,其区别亦大,前者是代行皇帝之权,可以独自处理政务,不必事事请旨,成了实际的皇帝。后者则不同,明确规定他们与幼帝共同听政,即使幼帝听不懂,也要临朝听政,象征皇权主宰一切,而辅臣只能是佐理、辅助。为防止辅政四臣个人专断政务,特别规定了四辅臣协商一致的原则,个人不许单独谒见皇帝或太后(指孝庄皇太后,世祖之母,圣祖之祖母),个人也不许决策大事。凡事须由四臣协商一致,然后集体请示皇帝或皇太后批准,再以皇帝的名义公布。以上几项规定,意在防止四大臣或其中任何个人独擅大权,保证幼帝平稳而顺利地过渡到亲政。

四辅臣辅政初期,尚能保持和衷共济,遵守誓言,共同决策,朝廷内外相安无事。然而,这一局面未能维持多久,很快就被鳌拜所打破。他处心积虑谋取权力,欲取代其他三位辅臣而独擅辅政大权。当他达到这一目的时,就不可避免地对皇权构成了严重威胁,也把自己推向了历史发展的反面,落得了一个悲惨的下场。

四辅臣中,索尼为经历四朝的元老,年龄最大,列辅臣首位。鳌拜不敢与之争锋。位居第三的遏必隆与鳌拜同属一旗,遇事随声附和,处处退让。

鳌拜需要这样的人依附自己，就施以拉拢的手段拉到自己这边。鳌拜要打击的就是位居第二的苏克萨哈。此人耿直，遇事经常同鳌拜争论，进而发展到争吵，积怨日深①。论爵位，他低于鳌拜，却居第二位。鳌拜居末位，心里不服气。他还担心索尼年老，一旦去世，苏克萨哈很可能接替索尼，跃居首辅地位。鳌拜狂妄，一意谋取大权，就把矛头首先对准了苏克萨哈，终于酿成了一场流血斗争。

这场斗争，是由鳌拜无端挑起是非，提出调换黄白两旗已圈占的土地而引发的。

清入关之初，圈占京畿地区的土地，按照八旗左右翼的次序，分配给八旗将士。摄政王多尔衮出于一己之私，将应拨给镶黄旗的永平地区的好地拨给了他所属的正白旗，而把保定府、河间府、涿州等处的贫瘠地拨给了镶黄旗。因慑于多尔衮的权势，镶黄旗的将士、旗员都敢怒而不敢言。20余年过去了，时过境迁，两旗倒也相安无事②。

苏克萨哈属正白旗，鳌拜则属镶黄旗。多尔衮早已作古，而此时鳌拜成了掌权的重要人物之一。他要报当年本旗受压之仇，借机打击苏克萨哈，于是旧事重提，"立意更换"两旗土地，得到索尼、遏必隆"附和之"，即于康熙五年(1666)正月，命大学士户部尚书苏纳海、侍郎雷虎会同直隶总督朱昌祚、巡抚王登联，"酌意圈换"③。消息传开，朝廷内外"皆言不便"④。属正白旗的苏纳海持反对意见，说："地土分拨已久，且康熙三年奉有民间地土不许再圈之旨，不便更换，请将八旗移文驳回。"⑤总督朱昌祚、巡抚王登联等也表示反对，苏克萨哈与之抗争尤其激烈。他们抵制圈换，是完全正确的。应当承认，当年分配有违旗制，但事属已往，"旗民相安久"，没有人再追究此事，如果重新调换，势必引起旗与旗、旗与民之间的纷争，给他们的生活造成新的困难，不利于大局的稳定。旗民相沿已久，安土重迁，不愿再举家迁移，一听说调换旗地，群情汹汹，抵制换地。据载：此次"圈地议起，旗

---

① 《满洲名臣传》卷五《苏克萨哈传》。
② 赵尔巽等：《清史稿》卷二四九《索尼传》，中华书局1977年版。
③ 蒋良骐：《东华录》卷九。
④ 赵尔巽等：《清史稿》卷二四九《鳌拜传》，中华书局1977年版。
⑤ 《清圣祖实录》卷一八。

民失业者数十万人"①。后果确实严重。所有这些,都没有使鳌拜回心转意,相反,他却被朱昌祚等人的反驳与抗争所激怒,即以此事为借口,谋兴大狱。他以圣祖的名义,指使吏、兵两部将苏纳海、朱昌祚、王登联三人投入监狱。年已13岁的圣祖召见四辅政询问此事。属两黄旗的索尼、遏必隆对鳌拜欲处死苏纳海等3人不表示反对;苏克萨哈也变得沉默不语。圣祖虽小,却也看出问题的严重性,没有批准。鳌拜胆大妄为,仍假借皇帝的名义,将苏纳海、朱昌祚、王登联3人处以绞刑,籍没家产②。圣祖眼看着苏纳海等冤死,竟无力营救。

处死苏纳海等3人后,鳌拜强行换地,给旗民带来灾难。朝廷内外官员惶惶不安,而鳌拜气焰更为张狂,人人畏惧。

康熙六年(1667),圣祖14岁,照世祖亲政例,已到了亲政的年龄。索尼以自己年老多病,又见鳌拜势日张,担心出事,趁机提议圣祖亲政。苏克萨哈、遏必隆表示赞成,鳌拜也不敢公开反对。三月,四辅臣联名上奏,恭请圣祖亲政。圣祖以自己年幼,表示想再等几年。此事拖到六月,索尼病逝。鳌拜再无顾忌,竟以首辅大臣自居,"班行章奏,鳌拜皆列首"。苏克萨哈、遏必隆无意争权,处处退让。鳌拜独擅大权,与其弟穆里玛,侄塞本特、讷莫及班布尔善、阿思哈、玛尔赛、泰必图、济世、吴格塞等人,结党营私,"凡事即家定议,然后施行"③。鉴于政情有变化,皇太后同意圣祖亲政,遂于七月初七日举行亲政大典,正式将权力移交给皇帝。

亲政大典的举行,标志着辅政时期已经结束,开始了圣祖主政的时代。但圣祖毕竟才只有14岁,不足以驾驭全局。四辅臣尚有3人健在,辅政7年,已形成势力,在近期还不能摆脱他们。所以,圣祖在亲政诏书中,仍把三辅臣列于诸王贝勒之前,实际还保留他们的辅政地位。圣祖于亲政后第四天宣布给苏克萨哈、遏必隆、鳌拜三人加恩晋爵(索尼已于去世前晋爵一等公),指令议政王贝勒、大臣商议,然后向他报告④。

三辅臣荣宠如日中天之际,出人意料的是,苏克萨哈突然提出引退的请

---

① 赵尔巽等:《清史稿》卷二四九《苏纳海传》,中华书局1977年版。
② 《清圣祖实录》卷二〇。
③ 赵尔巽等:《清史稿》卷二四九《鳌拜传》,中华书局1977年版。
④ 《清圣祖实录》卷二三。

求,理由是身染重病,"不能始终效力于皇上之前",现在圣祖已亲政,他要求"往守先皇帝陵寝",又写了一句很重的话:"如线余息,得以生全。"①

很显然,苏克萨哈的引退是针对鳌拜而发的。他俩已成政敌,水火不容。从圈换旗地事件,苏纳海等重臣被冤杀,已感到同鳌拜共事十分危险。在圣祖亲政后,鳌拜毫无引退之意,还抢到首位,企图当个名副其实的首辅。他打定主意,急流勇退,避开鳌拜,以图保全性命,免致被其所害,故有"得以生全"之语。

不料,苏克萨哈的这道奏疏竟引来杀身之祸。鳌拜早把他视为眼中钉,必欲除之,独揽辅政大权。恰巧,苏克萨哈的奏疏给他提供了机会。他明知其奏疏是针对他的,就盗用圣祖的名义,下旨责问:"不识有何逼迫之处?在此何以不得生,守陵何以得生?"他与同党大学士班布尔善等人再次谋兴大狱,诬陷苏克萨哈对皇上不满、不欲归政,罗织罪状二十四款②,以"大逆"论处,与其长子、内大臣查克旦并处以磔刑,余子6人、孙1人、其兄弟之子2人皆处斩;受牵连的二等侍卫占布桂等37人被革职,降为兵丁。

判决完全是鳌拜一手操纵,由他上奏圣祖批准。圣祖"知鳌拜等怨苏克萨哈,数与争是非,积以成仇,与其党班布尔善等,构成罪款,必欲置之极刑",坚决不允。鳌拜利令智昏,"攘臂上前,强奏累日"。在圣祖面前,他挥舞着手臂,不遗余力地强辩,几天来逼迫圣祖表态,不达目的,决不肯罢休!这位刚满14岁的少年皇帝,终于被逼不过,全部批准了对苏克萨哈及其亲属的判决。但圣祖不忍心对他们施以酷刑,将磔刑改判绞刑,鳌拜让步,这才结束君臣的激烈争论③。

陷害苏克萨哈及其亲属于死地,手段之狠毒,再次暴露了鳌拜及其集团穷凶极恶的本质。圣祖作为一个至高无上的皇帝,连一个大臣的生命都无法保护,却被一个辅臣所逼,名为亲政,其实权仍操在鳌拜手中。可见,君权已旁落。处决了苏克萨哈及其亲属后,议政王大臣会议,给遏必隆加恩,授为一等公,鳌拜由二等公升为一等公。

四辅臣已去其二,剩下遏必隆随声附和,俯首听命,惟鳌拜之命是从。

---

① 《清圣祖实录》卷二三。
② 二十四款罪状详见《清圣祖实录》卷二三。
③ 《清圣祖实录》卷二三。

鳌拜大权在握,除皇帝外,他是最有权势的人物。在朝中,他想提拔谁,想革谁的职,由他一人决定,圣祖批准只不过是在形式上履行手续而已。例如,工部缺一尚书,鳌拜推荐济世,圣祖根本就不知道有这个人,他强行安插。他安插亲信和亲属,将其侄儿玛尔赛补授户部尚书。每当向圣祖奏事、议事,不管是否合理,稍有违逆他的心意,他当场叱喝部臣,在圣祖面前"施威震众"。科道官屡次奏报朝中事,他屡次要圣祖禁止,惟恐涉及他与亲信。他"闭塞言语",凡奉承他的人就提拔,不合己意者,必欲陷害①。种种不法之事,不一而足,圣祖忍无可忍,决心除掉他。

在索尼一去世,特别是苏克萨哈被害之后,鳌拜独擅朝政大权,已达到权力的顶峰。他为所欲为,欺压朝中大臣,随意陷害与他有不同政见者。他的所作所为,已激怒于上,圣祖为之愤愤;积怨于下,群臣为之侧目。

圣祖欲除掉鳌拜,但在朝中诸臣连侍卫也无法依靠,因为各要津部门包括侍卫,都是鳌拜安插的。圣祖忧虑鳌拜势大难制,不敢贸然行事。圣祖少年老成,他悄悄地组织了一支忠于他的卫队。所谓卫队,不过是些同他的年龄差不多的少年。他选择身体强健的少年,召进宫内,整天陪他做"布库之戏"②,其中,有索尼次子索额图,任命为一等侍卫,实际担任了这批少年的首领。圣祖故意常常当着鳌拜的面,同这些少年滚打在一起,示意他无心政事,只顾玩耍。有时,鳌拜还暗中监视,看不出破绽,渐渐地放松了警惕。在圣祖的训导下,这些陪侍娱乐的少年,已同圣祖建立了亲密的关系,完全效忠于他。

圣祖等待时机,准备采取行动。事前,他有意将鳌拜的主要亲信党羽先后派遣出京,执行各种名义的使命③,用以削弱鳌拜的势力,有助于一举成功。

康熙八年(1669)五月二十六日,圣祖召集诸少年侍卫,问道:"汝等皆朕股肱耆旧,然则畏朕欤,抑畏(鳌)拜也?"他们同声回答:"独畏皇上!"圣

---

① 蒋良骐:《东华录》卷九。
② 昭梿:《啸亭杂录》卷一。参见姚元之:《竹叶亭杂记》卷一。布库,为满语,汉译意为"扑击"、"角力",属蒙古、满族人摔跤的竞技活动。圣祖年少,玩此"角力"游戏,故称"布库之戏"。
③ 《清圣祖实录》卷三〇、三一。

祖便公布鳌拜罪恶,授计捉拿。然后,宣召鳌拜入宫议事。毫无戒备的鳌拜像往常一样,只身前来,刚进宫门,就被埋伏的少年侍卫按倒在地,一举擒获①。

圣祖迅即指示议政王大臣会议,严加审讯。他又发出指示:遏必隆知情不举,缄口不言,未曾将鳌拜的恶行报告过一句话;一等侍卫阿南达每进奏时,总吹捧鳌拜为"圣人",一并拿下。圣祖运用"擒贼先擒王"的谋略,先逮住鳌拜,其集团顷刻瓦解,诸如穆里玛、塞本特、纳谟、佛伦、苏尔玛、班布尔善、阿思哈、噶褚哈、济世、玛尔赛、泰必图、迈音达、吴格塞、布达礼等一批同党,皆乖乖被捕,一并审问定罪②。

经康亲王杰书等议政王审讯,共议出鳌拜大罪30条、遏必隆罪行12条③,判决如下:

鳌拜,革去一切职务,立斩处死;其亲子、兄弟亦斩首,妻子及孙子为奴,家产没收;其族人,有官职及在护军的,均应革退,各鞭一百,披甲当差。

遏必隆,革职,立绞处死;未分家之子及其妻为奴,其子所袭之公爵,另选族人承袭;其族人有官职及在护军的,均革退,披甲当差。

班布尔善,犯有罪行21条,应革职、立斩,因系宗室,改为立绞。

塞本特,定罪6条,革职,即行凌迟处死。

还有吏部尚书阿思哈、户部尚书玛尔赛、兵部尚书噶褚哈、吏部侍郎泰必图、鳌拜弟都统穆里玛等"助恶结党",均应革职,立斩处死;玛尔赛已故,"应抛尸";鳌拜之子那摩佛,侄儿纳谟、佛伦及党羽阿林等12人应予立斩;鳌拜兄赵布太、婿赖虎等应立绞。以上,其妻与未分家之子为奴,家产籍没。

其他,有"谄事"、知情不举者,及被鳌拜擅授官职者,都逐一革职、鞭打。

圣祖对鳌拜为首的集团犯罪,作了如下分析:

> 鳌拜等以勋旧大臣受国恩,奉皇考遗诏,辅佐政务,理宜精白乃心,尽忠图报。不意鳌拜结党专权,紊乱国政,纷更成宪,罔上行私。凡用

---

① 昭梿:《啸亭杂录》卷一《圣祖拿鳌拜》。
② 《清圣祖实录》卷二九。
③ 鳌拜、遏必隆罪状,详见《清圣祖实录》卷二九。

人行政,鳌拜欺藐朕躬,恣意妄为,文武官员令尽出其门,内外要路,俱用伊之奸党。班布尔善……结为党羽,凡事先于私家商定乃行;与伊交好者,多方引用,不合者即行排陷。种种奸恶,难以枚举。①

圣祖对鳌拜及其同党的罪行作了高度概括。这是一个腐败的政治集团,清除它是完全必要的。鳌拜被逮,往日不可一世的气焰顿消,他乞请再见皇上一面。圣祖赐恩准见。"他请皇上看了搭救清太宗御驾时,在自己身上留下的伤疤。"②圣祖动了恻隐之心,念及他自皇太极以来为国家建树的功勋,不忍加诛,遂将其死刑改为革职拘禁,家产籍没,子免死,同父一起终身禁锢。不久,鳌拜病死于囚所,其子释放。其他要犯也逐一作出处理:遏必隆从宽处理,将死刑改为革职夺爵,一年后,命以公爵宿卫内廷③。班布尔善等骨干人物及鳌拜之弟和侄儿数人,大多免死,革去职务④。

结案后,又查出一大批朝中及部分外任官员依附鳌拜,向其行贿等事,圣祖一律不予追究。

同时,凡受鳌拜陷害致死、革职、降职者,逐一昭雪,恢复名誉,如苏克萨哈,恢复原官职及世爵,由其后人承袭⑤。

圣祖粉碎了鳌拜集团,从根本上废除了辅政体制,收回了"批红"之权,朝中一切事情,必由他一人审批,"惟一人操之"⑥。过去数年中,具有议政和决策最高权力的机构议政王大臣会议,被鳌拜所操纵。经此事变后,圣祖加以整顿,决定诸王贝勒中的长史、闲散议政大臣不再参加议政。此后,会议讨论的问题,任何人不得向外泄露。

圣祖与鳌拜的矛盾,实则是统治阶级上层集团内部的权力之争。清入关后,随着在全国统治地位的确立和巩固,加强中央集权即君主专制,乃是必然之势。多尔衮从摄政走向个人擅权,削弱君主的权威,结果死后被加"谋逆"罪,剥夺爵位。与多尔衮共事多年的鳌拜继其后,理应从多尔衮的

---

① 《清圣祖实录》卷二九。
② 白晋:《康熙皇帝》,黑龙江人民出版社1981年版,第5页。
③ 钱仪吉:《碑传集》卷五《遏必隆传》。
④ 《清圣祖实录》卷二九。
⑤ 赵尔巽等:《清史稿》卷二四九《鳌拜传》、《苏克萨哈传》,中华书局1977年版。
⑥ 《清圣祖实录》卷二五八,第8页。

结局中取得深刻教训,可是,他却一味追求权力,甚至把自己凌驾于幼帝之上,这就必然引发残酷的斗争,要么强权的臣属"吞并"君主,要么君主消灭擅权的强臣。所以,鳌拜专权,既不为圣祖所容,也与日趋加强的中央集权背道而驰,其失败是不可避免的。

圣祖以16岁之年,独自策划,一举拿下权重势大的鳌拜。从这一事件的前前后后,反映了圣祖所用策略、方法之得当,他的胸怀、识见,崭露出一个卓越的政治家才干。此后清朝在他的统治下,走上蓬勃发展的道路,从大乱走向大治。

4. 裁撤"三藩"

圣祖铲除了鳌拜集团之后,实现了君主集权,加强了最高统治集团的集中与统一。这对于维护国家的政治"大一统",继续发展社会安定局面创造了条件。

但是,圣祖又面临着另一个危险:这就是"三藩"割据所造成的潜在威胁。如不及时解决,后果将十分严重。

所谓"三藩",是指王藩云南、贵州的平西王吴三桂,王藩广东的平南王尚可喜,王藩福建的靖南王耿精忠。他们来自遥远的辽东,于明末至明亡时投归后金(清)。其中尚可喜、耿仲明、孔有德等追随皇太极南征北战,在皇太极改国号大清即帝位时,他们被赐封为王:孔有德封恭顺王、耿仲明(耿精忠之祖父)封怀顺王、尚可喜封智顺王,合称"三顺王"。顺治元年(1644)清军入关时,收降了吴三桂,吴三桂与清军在山海关前打败了李自成农民军,即被赐封为平西王。顺治六年五月,在征发"三顺王"南下征南明时,改封孔有德为定南王,改封尚可喜为平南王,改封耿仲明为靖南王。吴三桂已被调到汉中,镇压农民军余部,仍封平西王。

改封后,孔有德率部及家属征广西,尚可喜与耿仲明征广东。同年十一月,尚、耿部进至江西,耿仲明因部属隐匿逃人事被揭发,畏罪自杀,所部委于其子耿继茂统领,后袭靖南王爵。顺治七年(1650)十二月,尚与耿部攻克广州。孔有德进军广西,夺占桂林,至顺治九年,遭南明军袭击,孔有德兵败桂林,自杀死,唯有一子,后被南明军杀害。以无子承袭,爵除。顺治十六年(1659)三月,世祖在北京作出决策:命已克取贵州、云南的吴三桂驻镇云南,兼辖贵州;尚可喜留镇广东①;耿继茂(耿精忠之父)驻镇地有几次变更,因担心已据台湾的郑成功的反攻,遂于顺治十七年七月命耿率所部及家口移驻福建②。吴、尚、耿三王驻镇地就这样确定下来,这就是"三藩"的由来。

清朝以崇高的王爵,赐封给汉人,将他们远封在东南及南部边疆地区,自有其深意。众所周知,南方气候闷热而潮湿,满族人和蒙古人不服水土;这里又是少数民族聚居地区,生活条件艰苦,民情复杂,满族人入关未久,难以控驭。更虑及南明残余势力和郑成功部的活动,一在崇山峻岭与河湖纵横之间,一在沿海,满族人或蒙古人虽有骑射长技,却难以发挥作用。把这些地区交给三位汉将管理,"以汉制汉",可收实效,足以"宽朝廷南顾之忧"。

"三藩"所领之地,不是封地。入关前,皇太极初封孔、尚、耿为王,分驻辽阳、海州(今辽宁海城市),此为驻防地,不具有锡土封藩之义。皇太极的兄弟子侄中也有一部分封王、亲王,此为崇高爵位,享受法定的待遇,却不给封地。入关后,大封诸王,仍不给封地,只给爵位。他们都不出京城,就是说,不在外地任职。即便住在京城,在朝中不任职,亦不掌权,只享受爵位的待遇。这是清代分封与历代裂土而封的重要区别。世祖时,沿袭皇太极时的体制,并无变化。当战事稍缓,大规模战争趋于结束时,"三王"陆续调回关外原驻地驻防。当南明及农民军余部仍然活跃在南方边疆地区,清军反复征伐,仍不能根绝,闹得"疆圉弗宁",才迫使朝廷重新动用"三王"的力量,派遣其南下,战争结束,就地驻镇。事实表明,"三王"从无固定的藩地,随时听调,朝廷也从没有宣布过某地为某王的封地。

圣祖继位后,在给吴三桂的晋封亲王的金册中重申顺治八年(1651)的原则:"朕登大宝,特仿古制,视诸臣功德差等,授以册印,俾荣及前人,福流后嗣。"③这段话,概括地表达了自皇太极以来所封各王与历代分封有着根本的不同。清朝的做法,仅在封王的名称和形式上"特仿古制",而在实质

---

① 《清圣祖实录》卷一二四。
② 《清圣祖实录》卷一三八。
③ 《明清史料》丁编第八本,第701页。参见《清世祖实录》卷六〇。

内容上却有别于历代的分封制,这就是赐爵号而不"锡土"。"三藩"所辖地区仅是驻防地,而不是封藩的领地。但是,"三藩"的实际情况,却与清朝的主观愿望及政策规定相反,他们真的把其驻防地变成了封藩之地。

造成这一后果,恰与朝廷的政策密切相关。鉴于云贵、两广、福建新近开辟,民族的和政治的情况复杂,局势还不够稳定,尤其是台湾郑氏政权的存在,对清朝构成实在的威胁,所以不得不授予"三藩"以特殊的权力。这些权力包括:兵权,各掌握一支实力强大的军队,负有出征的直接指挥权;当地财政、钱粮、兵饷的支配权;民政权,即民事庶务、地方兴革的管理权;还有人事权,当地官员的考核、甄别、荐举、弹劾、罢斥及赏罚等等。举凡地方一切事务,均授予裁决权,连本省的督抚大员也置于"三藩"各自的监督之下。朝廷规定:在"三藩"行使其权力时,中央"内外各衙门不得掣肘"。他们只对皇帝负责,"遵奉"皇帝的旨意行事。中央各部门对"三藩"要办的事,只是履行必要的手续,不能干涉,更不许随便阻止。

朝廷区别"三藩"的不同情况,对他们的特殊权力都做了具体规定,虽有某些差别,但总的政策是一致的。就是这些特殊权力的规定,才使"三藩"具有裂土分封的意义。

这些特权,正是四辅臣辅政和鳌拜擅权时颁给的。他们始料不及的是,这些带有临时性的特殊权宜竟被吴三桂等"三藩"所利用,极力保持和发展个人或集团的势力。

从顺治到康熙初四辅臣辅政的 6 年间,一直实行笼络的政策,授予特权,听任他们自行其是,已成割据之势。具体反映在如下几个方面:

第一,"三藩"各握兵权,拥兵自重。尚可喜、耿精忠(父耿继茂死后袭爵)各有旗兵 15 佐领、绿营兵 7000 人左右,丁口各 2 万人[①]。按一佐领甲士 200 人计算[②],15 佐领应为 3000 人,加上绿营兵,各有军队万余人。这是朝廷准予的额设兵数。但是,在额设之外,他们各"旗下所蓄养甚众"[③]。此为私人武装,或称"家丁"或家兵。朝廷并不知情,因为不在编制内,人数不详,恐怕不会少于额兵。

---

① 魏源:《圣武记》卷二《康熙戡定三藩记上》,第 61 页。
② 《逆臣传》卷一《吴三桂传》:"甲二百设一佐领"。
③ 许旭:《闽中纪略》。

"三藩"中,以吴三桂的实力最为雄厚。他平定云贵后,兵力多达7万余人,后屡经朝廷裁减,又把他的一些将领调离云贵,仍定制为53佐领,计甲士万余人,绿营兵1.2万人,总计兵力为2.3万余人、丁口有数万人①。吴三桂掌握的军队,比耿、尚两王的总和还要多一些。除额定兵员,他也"蓄养"私人武装。他与尚、耿不同,明里裁军,暗地里继续征兵,实行"按地加粮,按粮征兵",故军队有增无减。"三藩"军队,名为国家额设,实际完全控制在他们个人的手里,也就变成了他们的私人武装。

第二,在经济上,"三藩"在各自的辖区随意征收赋税及其他杂税,不受国家约束。尚可喜专制广东,私设征收苛捐杂税的"总店",就连日用的鸡豚及蔬菜、水果等不税之物,一概加倍抽税,其他如铜、铁、锡、木材等,除按规定缴税外,又私加税为己有。如此盘剥,每年不下10余万两白银。总之,"凡米谷鱼盐,刍荛布帛之属,市侩侵渔,利归王府"②。广东有通海之便,尚藩大搞海上私贩,牟取巨利。"藩府之富,几甲天下"③,就是尚藩的写照。

耿藩所在地福建,盛产鱼盐,其"利为天下最",百姓以此为生④。耿藩不执行朝廷的有关规定,"横征盐课",逐户"勒索银米",掠取大量财富⑤。他利用海运之便,自坏国家禁海令,同荷兰及东南亚大搞走私贸易,无所顾忌。

在这方面,吴三桂更甚。他的军队与家口最多,除了靠国家提供资金,还通过掠夺的手段,聚敛财富。他在云南也搞圈地,掠夺民地。开始,朝廷同意圈占些土地,解决兵士与其家属的生计问题。但吴藩额外多圈,给当地本已穷困的百姓带来了新的灾难。康熙七年(1668),云南巡抚袁懋功不得已出面为民请命:"滇服极薄,百姓极贫,今一旦驱别境,穷困颠连,不可尽状。"⑥朝廷出面干预,吴藩被迫停止圈地。但他以放牧、狩猎为由,强行征用民地,夺其产业。他把昆明三百里内作为刍牧的场所,"其外为奉养之区者三百余所,其道路之所费,岁时畋猎征求,又不与焉"。他与其部属铲除

---

① 《逆臣传》卷一《吴三桂传》。
② 《广州府志》卷二八《金光祖传》。
③ 《觚賸》卷八《粤觚》下。
④ 许旭:《闽中纪略》。
⑤ 《清圣祖实录》卷九四。
⑥ 刘健:《庭闻录》卷四《开藩专制》。

民人坟墓,夺占民居,奴役其妻孥,闹得民不安生[1]。吴藩用圈占的土地,开设诸多田庄。他的"勋庄棋布,管庄员役尽属豺狼"。又"勒平民为余丁,不从则曰:'是我逃人'",以法律加以惩处[2]。

明时,云贵的赋税已经"过重",而吴藩意犹未尽,仍在过重的赋税基础上,实行"按地加粮"。清初,按土地肥瘠不同,划分为若干等,规定了不同的税额。吴藩不守规定,任意加粮。据平息吴三桂之乱后调查:吴藩在云南"播虐万状,民不胜苦,废田园转沟壑者,已过半矣"[3]。基本反映了当时的实况。云南"地产五金",为生财的一大来源。吴藩垄断省内矿产的开采,利润源源进入他的府库。其办法是,或向金、银、铜、铅等矿场征收高额税,或部分矿场由藩府直接经营,或用铜铅铸钱,专发售给越南,换取银两。吴藩通过这种违禁的交易,从中获利[4]。除此,又垄断盐井税收[5];非法放高利贷,向经商或从事其他行业者放贷,称"藩本",收取高额利息。明里请示朝廷,允许云南同西藏开展茶马贸易,暗里却变成吴藩的私人贸易。地方官走私贸易、经商及放债等活动,为朝廷所严禁,特制定法律加以约束。康熙六年(1667),左都御史王熙遵照圣祖的指令,专门调查走私贸易的问题,点出耿藩所在的福建、尚藩所在的广东,以及江西、湖广等地,当地官员走私贸易十分猖獗,有的"指称藩下,挟势横行,假借营兵,放债取利"。虽未点云贵,但其走私贸易、放债比尚、耿两藩有过之而无不及。圣祖再次下令严禁,违者重处[6],并指示户部制定具体条例,其中一条就是针对"三藩"的:如藩王纵容家人"强占关津要地,不容商民贸易者,要对藩王本人罚银一万两,将管理藩王家务的官员革职,将军、督抚以下文武各官都以革职论处[7]。事实上,这些制定的法规,他们并不执行。朝廷百官惧于"三藩"势力,"三藩"又得朝廷恩宠,谁也不敢揭发,避之犹恐不及。

"三藩"一方面垄断地方财政,搜刮民财,聚敛财富;一方面伸手向朝廷

---

[1] 刘坊:《天潮阁记》卷五《云南序》。
[2] 刘健:《庭闻录》卷四。
[3] 《八旗通志》卷一九七《蔡毓荣传》。
[4] 《八旗通志》卷一九七《蔡毓荣传》。
[5] 《八旗通志》卷一九六《石琳传》。
[6] 《清圣祖实录》卷二二。
[7] 《清圣祖实录》卷二三。

索取巨额粮饷和经费,用以养兵和行政开支。"三藩"所属将吏士卒所需俸饷,动以巨万,朝廷便征调各省"协济"云贵、广东、福建。以顺治十七年(1660)为例,仅云南一省年需俸饷 900 余万两,"天下正赋钱粮,其数当不及此也"①。加上福建、广东两省饷银,共需 2000 万两,而本年全国军饷也不过 1700 余万两。康熙五年(1666),左都御史王熙指出:"直省钱粮,半为云贵、湖广兵饷所耗。就云贵言,藩下官兵岁需俸饷三百余万,本省赋税不足供什一,势难经久。"②因此有人说"天下财赋,半耗于三藩"③,实非虚语。每有饷不足,"三藩"就连章告急。朝廷尽量满足他们的要求。"三藩"需求浩大,常使各省为难,亦使掌管钱粮的户部疲于奔命,国家财政为此常陷入困难的境地④。因此,"三藩"的存在,在经济上已成为国家的巨大负担。

第三,用人、任免当地官员,其权力也被"三藩"所操纵。藩王可以随意任免官员,吏部只履行手续而无权更改。尤以吴三桂为甚,他把选用的人派到外省为官,名曰"西选",即平西王选用的官员。开始,只有吏部将文职人员的选用交由吴三桂全权处理,即将官吏的任免权力下放给他。康熙五年(1666)十月,兵部提出,请"照吏部例",将云贵两省武职员缺,"悉听该藩题补",如无可补之人,可由吴藩题明,再由兵部确认。辅政的四辅臣表示同意⑤。吏、兵两部将云贵的用人权统统交给了吴藩,他还可以随意把自己的人安插到全国各地,所谓"西选之官满天下",可见吴三桂的势力之大。

圣祖亲政后,君主专制政体得到恢复,中央集权也得到了加强。而"三藩"独擅权力,自行其是,势必同日益加强的中央集权产生不可调和的矛盾。这一后果,是由两个方面的原因促成的。一是吴、尚、耿三王有意保持和扩大自己的实力,千方百计维护已得到的特殊利益;二是从顺治到康熙初年,由于客观斗争形势的需要,先后给予了他们过多的优待和特权,实际上鼓励和助长了他们的势力恶性膨胀。长时间来,朝廷对此失去警惕,即使有人敲警钟,也不予重视。如顺治十八年(1661),四川川北道杨素蕴首先发

---

① 王命岳:《耻躬堂文集》卷四《论滇饷疏》。
② 赵尔巽等:《清史稿》卷二五〇《王熙传》,中华书局 1977 年版。
③ 魏源:《圣武记》卷二《康熙戡定三藩记上》,第 62 页。
④ 《明清史料》丁编第八本,《平西王吴三桂密奏本》。
⑤ 刘健:《庭闻录》卷四。

难,揭发吴三桂擅自用权,"有碍国体"①;康熙七年(1668)又有甘肃庆阳府知府傅弘烈,其后有中丞御史李棠参劾吴三桂不法事,甚至大胆预言"必有异志,宜早为防备"。结果,他们差点丢了性命,一个被迫辞官归故乡,一个被充军到广西梧州,一个被革职②。可见,朝廷的不力对"三藩"割据的形成是很重要的因素。

从上述"三藩"形成的历史与现状,可以看出,"三藩"已将清朝赐爵而不赐土的驻防地,变成事实上的封地;朝廷本意是用他们镇守南疆,"屏藩王室"③,但却事与愿违,成了与中央抗衡的割据势力。"三藩"已成为朝廷的心腹之患。

圣祖清除了鳌拜集团,解决"三藩"问题就提到了日程上。据圣祖说,他久有撤藩之意,"自少时,以三藩势焰日炽,不可不撤"④。这是康熙二十年(1681)十二月刚平定吴三桂叛乱后说的一段话,回忆往事,透露他早年的想法。他听政以来,以"三藩"及河务、漕运为三大事,"夙夜廑念,曾书而悬之宫中柱上"⑤。两事互为印证,他当时有此远见卓识是可信的。圣祖最担心的是"三藩"俱握兵柄,所以不敢贸然采取行动。他在等待时机。

撤藩的时机终于来到了。康熙十二年(1673)三月,尚可喜突然申请撤藩,要求允许他"归老辽东"⑥。尚可喜很明智,他已看透了朝廷对他们的疑虑,天下太平,却感受到了危险,莫如主动撤藩,交权归家,以释皇帝之疑,可保子孙平安⑦。他主动申请,在客观上为圣祖处理"三藩"问题铺平了道路。于是,圣祖抓住这一难得的时机,顺水推舟,迅即批准⑧。这一做法,实际是暗示吴、耿也应效法尚可喜,主动提出,平和解决,君臣相安。圣祖批准尚可喜撤藩的谕旨传达到各级官员,果然,吴三桂、耿精忠被迫申请返乡。

诸王贝勒大臣会议,一致认为耿藩可撤,但对吴藩撤否,却出现了严重

---

① 《清圣祖实录》卷五。参见《国朝先正事略》卷五。
② 赵尔巽等:《清史稿》卷二五二《傅弘烈传》;孙旭:《平吴录》,第4页。
③ 《明清史料》丁编第八本,第701页。
④ 《清圣祖实录》卷九九。
⑤ 《清圣祖实录》卷一五四。
⑥ 《清圣祖实录》卷九九。
⑦ 《尚氏宗谱·先王实迹》。
⑧ 勒索德洪等:《平定三逆方略》卷一,第5页。

分歧。户部尚书米思翰、刑部尚书莫洛、兵部尚书明珠等少数人支持圣祖"三藩"并撤的主张①，而多数廷臣持相反意见，以内弘文院大学士图海、索额图等主张最力。圣祖指示，议政王大臣会同户、兵两部及九卿科道诸臣再讨论，希望取得一致意见。会议结果，还是两种意见尖锐对立。圣祖力排众议，乾纲独断，作出撤吴藩的决定②。

事情绝非如圣祖想的那么简单，以为一道圣旨就可以解决问题。他本人及其撤藩的支持者明知情况复杂，吴和耿两王请撤藩并非出自本愿，就应慎重估量当时的形势和撤藩可能产生的后果，多设想几种方案，选取最佳方案，防患于未然，是完全必要的。归纳起来，可有五种方案：

其一，恪守皇太极以来，世祖、多尔衮和圣祖即位后多次许下的诺言，允其"子孙世袭罔替"，与"山河同永"③，永不撤藩。其二，将吴、尚、耿三王调到北京，以觐见为名，叙君臣之乐，借机把兵权收回。此法颇类宋太祖"杯酒释兵权"。其三，区别对待，分期撤藩，以分其势，如兵法云：各个击破。其四，不急于撤藩，即使他们主动要求，亦可缓图之，如他们老一辈去世，新一代掌权，趁其年轻，威望不重，再解决也不迟。其五，三藩同撤，一次性解决。

解决问题的途径是多种多样的，各有其可行性。比较以上各个方案，如多数廷臣所主张的，区别对待，分期撤藩，即第三个方案，较为策略。因为尚可喜率先撤藩，出自本愿，不易反悔。而耿精忠为第三代承袭，没有威望，也缺乏政治经验，把他撤下来，不致出乱子。最后，只剩下吴三桂，势单力孤，再稍待时日，等他过世后，也不难解决。多数廷臣欲保留吴藩，实在是担心他的势力强大，怕闹出大乱子。但圣祖计不出此，却选择了最后一个方案，是最下之策。圣祖时年20岁，血气方刚，操之过急，断然一次性解决，惹出一场大乱。如果他能冷静、谨慎些，或许能避免一场八年内战，至少可以延缓发生，对清朝更有利。即将发生的吴三桂之乱，实由撤藩引起，圣祖处理不当，是不能辞其咎的。

康熙十二年（1673）八月二十四日，圣祖以手诏敕谕吴三桂，在肯定他

---

① 赵尔巽等：《清史稿》卷二六九《明珠传》，中华书局1977年版。
② 《清圣祖实录》卷四三。
③ 《清世祖实录》卷六〇。

的巨大功绩之后,笔锋一转:"但念王年齿已高,师徒暴露,久驻遐荒,眷怀良切,近以地方底定,故允王所请。"他期待吴三桂北上,"慰朕眷注,庶几日夕觐止,君臣偕乐,永保无疆之休"。他还向吴做出保证,迁移回锦州,住处、生活都已妥善,"王到日,即有宁宇"①。圣祖的诏书中温暖洋溢,关怀有加,但明确暗示,只要顺利撤藩,君臣两无嫌猜,吴可保荣誉,共享太平之福。

吴三桂若接受这一解决办法,就会太平无事。然而,他申请撤藩并非出自本意,不过是虚意应付。他满以为朝廷一定会"慰留"他继续镇守云南,照以往诏书所许愿,还会让他的子子孙孙守云南。因此,他毫无撤藩的思想准备。当撤藩令下达到昆明,他顿时"愕然气阻,其党愤愤不平"②。吴三桂内心充满了悔恨与愤怒,即与其党羽密谋起兵。至九月初,圣祖派来办理迁移事宜的礼部侍郎折尔肯、翰林院学士傅达礼抵昆明。吴假意表示接受,却一再拖延动身的日期,暗中加紧准备。十一月二十一日,吴三桂处死不肯依附他的云南巡抚朱国治,云贵总督甘文焜自杀,扣留钦差折尔肯,公开举兵叛清。他自称"天下都招讨兵马大元帅",继而改称周王,以明年为周王元年③。消息传到北京,"举朝震惊"④。大学士索额图请求处分主张撤藩的大臣。圣祖说:"此出自朕意,伊等何罪!"

面对吴三桂公开叛乱,圣祖迅即采取如下措施:一是增派八旗精锐前往咽喉要地荆州固守,"以遏贼势"⑤;二是紧急通知广州与福州,两藩停撤,以孤立吴三桂;三是将留住在北京的额驸、吴三桂之子吴应熊及家属暂行拘禁,散处各地的原属吴三桂的官员一律赦免,使其"安心守职",借以分化吴三桂的势力,稳定大局⑥;四是削去吴三桂王爵,有擒斩吴三桂之头者,即以其王爵赏。圣祖虽只20岁,却很沉着,反应敏捷,行动迅速,措施得当。随着叛乱的扩大,他意识到这是为命运而战,毫不迟疑地以巨大的勇气独当拯救清朝危亡的重任。

圣祖称他早已看到"三藩"的危害,立志必撤,然而,对撤藩的后果却未

---

① 《清圣祖实录》卷四三。
② 刘健:《庭闻录》卷四《开藩专制》。
③ 《清圣祖实录》卷四四。
④ 魏源:《圣武记》卷二《康熙戡定三藩记上》。
⑤ 以上见昭梿:《啸亭杂录·论三逆》;《康熙起居注》康熙十八年八月八日。
⑥ 《清圣祖实录》卷四四。

及考虑,更没有做军事准备。所以面对吴三桂的突变,只是仓促应战。清入关已逾30年,八旗军队疏于战事,在形势突变的情况下,未免惊慌失措,当吴三桂挥师北上时,各城镇、军事要塞非破即降。吴三桂"散布伪札,煽惑人心,各省兵民,相率背叛"。云南、贵州、四川等省先叛。吴军快速进入湖南,前锋已抵长江南岸,与荆州清军夹江而峙。康熙十三年(1674)二月,广西将军孙延龄起兵响应吴三桂,广西全陷;三月十五日,靖南王耿精忠接受吴三桂之约,在福州起兵,攻略江西、浙江等地。耿藩参加叛乱,使吴三桂如虎添翼,仅一年,吴三桂势力"得据大江之南"①。接着,叛乱很快蔓延到山西、陕西、甘肃诸省,连河北总兵蔡禄也于彰德密谋响应,甚至京城内也在骚动,屡次发生骚乱事件。塞外,又有原察哈尔部布尔尼起兵反清。一时间,"东南西北,在在鼎沸"②。此时惟平南王尚可喜坚守"臣节",断然拒绝吴三桂的威胁利诱。他已年老,又在病中,无力控制局势,广东大部分均响应叛乱,只有广州和邻近的四郡还在坚持,形势岌岌可危。

　　吴三桂发动军事叛乱,向清朝展开大规模武装进攻,使清朝陷入入关以来一场空前的政治危机之中。就其实质而言,这场斗争是统治阶级内部的权力之争,也是中央集权与地方割据之争。吴三桂以"反清复明"为号召,一度煽惑广大汉人和原明将吏起来反对清朝的统治,因而给这一斗争染上了某种民族斗争的色彩。但是,吴三桂挑起的这场斗争并不具有正义性。国家刚刚统一,社会刚刚安定下来,全力医治战争创伤,生产正在恢复中。吴三桂却破坏国家统一,重新将长期遭受战乱之苦的广大百姓又推入战火之中。更重要的是,吴三桂起兵的动机和目的,完全是为一己之私,为保护他的家族及其集团的利益不惜铤而走险,陷各族人民于灾难。因此,吴三桂的行为是"叛乱",清朝为维护国家统一而战,具有正义的性质。

　　平息吴三桂之乱前后历时8年。大体经历了三个阶段:

　　第一阶段,自康熙十二年(1673)十一月至十四年底,为吴兵战略进攻阶段。从全局看,已形成三大战场:耿精忠控制福建,进攻浙江、江西为东线;四川、陕西、甘肃为西线,以陕西提督王辅臣部叛军为其主力;吴军在湖

---

① 《清史列传》卷一《吴三桂传》。
② 赵翼:《皇朝武功纪盛》卷一《平定三逆述略》。

南,是为中路战线,应是正面战场。三条战线,同时进攻,吴军声势浩大,处于鼎盛的态势,而清军疲于奔命,呈顾此失彼之状。

第二阶段,自康熙十五年(1676)至十七年八月吴三桂去世,为战略相持阶段。清军在经历了第一阶段的惊慌与失败之后,很快进行调整,战斗潜力逐渐得到发挥,加之圣祖调动与部署正确,又有全国的物资与后方的可靠支援,终于顶住了吴军进攻的势头。圣祖亲定战略方针:以荆州为战略立足点,牵制湖南战场的吴军主力,与之对峙而不攻,全力从东西两个侧翼入手,待除掉两顾之忧,再集中兵力与吴军展开决战。在"剿抚"并用方针的指导下,于康熙十五年六月迫使王辅臣兵败后向清军投降,陕西底定,西线战斗结束。至十月,耿精忠投降,东线战事亦停。十二月,一度迫于形势而假投降吴三桂的尚之信(尚可喜之长子,尚可喜于康熙十五年去世,尚之信袭王爵)也公开反吴①。形势大变,对清军有利;吴军连遭失败,士气低落,已失王辅臣与耿精忠之助,处境更加孤立。康熙十七年(1678)三月,吴三桂在湖南衡州(今衡阳)称帝,国号大周。八月,74岁的吴三桂得病暴亡。长子吴应熊在京师被处死。其孙吴世璠即位,改元"洪化"。他见势不妙,弃衡州,退居贵阳,再退回到昆明死守。

第三阶段,自康熙十七年(1678)八月吴三桂去世至二十年(1681)十二月,清军全面反攻,吴军全线溃败,直至灭亡。清军进入湖南,于康熙十八年正月进攻重镇岳州,吴军弃城逃,常德、长沙、衡州等重镇相继而下,湖南、四川、贵州、广西被清军收复。圣祖遣三路大军,分别自湖南、四川、广西向云南进军。康熙二十年二月,三路大军会师于昆明城郊。经过8个月的围困后,于十月二十九日,三路大军攻破昆明城,吴军降,吴世璠服毒自杀,其党羽也被一网打尽。吴三桂之乱彻底平息②。

清朝胜利了,开始对"从逆"的骨干分子严加惩处,必欲根除一切敌对势力。

耿精忠是仅次于吴三桂的首犯之一。他于康熙十五年(1676)冬投降,圣祖许诺既往不咎,免去一切处分,恢复王爵。但战争结束后,还是不放过

---

① 关于尚之信叛清,《尚氏宗谱》详述尚之信为保全地方被迫假降于吴三桂,并暗报朝廷,已得到圣祖谅解,《清圣祖实录》亦有披露。
② 李治亭《吴三桂全传》有详尽叙述,人民文学出版社2017年版。

他。康熙十九年(1680)诱他进京,然后以"归顺后尚蓄逆谋"等罪逮捕①。同时,命耿精忠的亲属归旗,其旧部在浙、闽任官职的一律还京。靖南王藩彻底解散。康熙二十一年(1682),判决耿精忠凌迟处死,子耿显祚斩首,其部将曾养性等骨干分子8人均凌迟处死,黄国瑞等15人斩首。

其次是尚之信。其护卫张永祥、张士选于康熙十九年(1680)三月赴京"首告"他"谋逆事"。圣祖即派刑部侍郎宜昌阿等人赴广东,"秘图擒拿"尚之信。此时,尚之信率部平叛,刚刚收复广西武宣。宜昌阿等赴武宣,宣读"圣旨",将尚之信逮捕,押回广州。尚之信不服,上疏自辩。圣祖命将尚之信押解京师对质。这时,其藩下都统王国栋擅自行动,查封王府库藏,引起王府属吏长史李天植等的愤怒,与尚之信弟尚之节密议,将忘恩负义的王国栋杀死。这一意外事件,加速了对尚之信的惩处:康熙十九年(1680)七月作出判决:尚之信"不忠不孝,罪大恶极,法应立斩,姑念曾授亲王,从宽赐死"。家产没收,妻子入官为奴;尚之节、李天植等就地正法②,另三个弟弟之孝、之璋、之隆从宽,革职枷责。王府所属15佐领编入上三旗,后又决定"属下旗员,俱应撤还京师,另行安插"③。平南王藩不复存在。

平西王藩,除吴三桂及夫人张氏病死,其家族成员皆死于非命,族灭藩亡,其藩下骨干多处死,活命者皆发配到东北地区,充当驿卒服苦役。

从已发现的史料可以断定,圣祖对耿精忠、尚之信的处置,是一场有预谋的政治谋杀。在吴三桂死后,他俩是必欲除掉的首要目标。事实是,耿精忠与尚之信"反正"后,忠于朝廷,积极参加平叛的战斗,取得了瞩目的战绩。以功抵罪,不至于处死。在战争中,圣祖有言在先,完全赦免他们所犯的过错,极尽笼络之意。但当大功告成之日,这些人被视为心腹之患,必罗织罪名加以消灭。就罪过而论,耿精忠陷得最深,给清朝造成的损失也大。但既然已允赦免一切,而仍从严惩处。特别是尚之信,名为降吴三桂,受封号,实际未出一兵一卒,从未与清军交战,他之死,绝非参加叛逆而得祸。在讨论如何处置他们时,大学士明珠说了实话:"尚之信不过纵酒行凶,口出狂言。"此意甚明,他没有犯"叛国"罪,以其亲王身份,是不能判死刑的。明

---

① 《逆臣传》卷二《耿精忠传》。
② 勒德洪等:《平定三逆方略》卷五三;参见《清圣祖实录》卷九一。
③ 《清圣祖实录》卷九八。

珠认为,耿精忠不同,他"负恩谋反,且与安亲王书内,多有狂悖之语,甚为可恶"。故论定耿精忠之罪"较尚之信尤为重大"[1]。可见即使耿精忠应处死,尚之信也不该判极刑的。总之,撤藩是圣祖既定国策,他们都做了牺牲品。后来,康熙四十一年(1702),圣祖为尚之信平反:"上(圣祖)廉知公(之信)贞诚,特旨赐公妻子归宗完聚,仍赐田房、奴仆,服役养赡。公有未婚女五人,皆特恩择配,复赐奴仆妆奁。"清代史官"为君者讳",不将此事载入《清圣祖实录》和任何官书,却载于当时的《尚氏宗谱》,其事之真,不容怀疑。如不知错,圣祖何以提出平反?尚之信若大逆不道,圣祖或后继者绝不会给他平反,对家属不会给以优待抚恤。当初圣祖杀尚之信,完全是出于统治集团的政治需要。

从上述史实,所谓"三藩之乱"实际上叛乱始终是吴三桂起主导作用。耿精忠是胁从,尚之信是应付,他们很快"反正",与清军一道,共同平定吴藩之乱。本书分辨史实,故称"吴三桂之乱"似较允当。

5. 收降郑氏台湾

清朝平息吴三桂之乱,历时8年,付出了重大代价。然而,它所获得的成果远远超出了所受的损失。这一历史结局的深远意义就在于,清朝在新的基础上实现了新的统一。顺治时期,用武力统一了全国。从吴三桂之乱的发生到"天下骚动",反映了清朝的统一是不巩固的,基础显得很脆弱。吴三桂倡乱,打破了清朝的统一,呈现分裂状态。如果清朝没有能力赢得这场战争,就会使中国再现南北分裂的局面。圣祖以坚定的信念,在清朝命运攸关的时刻,亲自领导了这场斗争,最终取得全胜,重新统一了全国,这是清入关后的再统一。其规模之大,斗争之尖锐性及深刻性,并不比顺治朝逊色。以吴三桂为代表的半路加入清政权而形成的原明将吏集团,他们同清抗争,不过是为本集团的利益,并利用了汉人抗清的心理来达到自己的目的。"三藩"都是寄生的腐朽集团,还保留着原明朝的某些腐朽习性,力图

---

[1] 《清圣祖实录》卷一〇〇。

维护以往的旧制度,保持他们在政治上、经济上的特殊权利。他们是明末遗留下来的一群腐败的封建官僚兼地主的军阀。因此吴三桂之乱,以反清为号召,最终不可能给人民带来好结果。他的失败是不可避免的。

平吴战争,实则是一场政治大扫荡,不仅彻底铲除了明末所遗大小军阀及一切反清势力,而且在思想上也涤荡了明末以来的腐朽风气和僵化的意识形态,有利于社会的进步。平息吴三桂发动的这场大动乱,完全巩固了清朝的统治,它变得空前强大。这是清朝发展史上一个历史转折点,以此为契机,圣祖抓住这个有利的历史机遇,施展政治家的抱负,大治天下,把清朝引上了繁荣之路。

在解决了"三藩"的问题后,如何处理台湾问题就提到了圣祖和诸王贝勒大臣面前。于是,圣祖乘战胜吴三桂叛乱之余烈,迅即决策攻取台湾,责成施琅为福建水师提督,作为全军统帅,立即着手筹划与实施进军事宜。

顺治末,郑成功在东南沿海抗清连遭挫折,又与南明永历政权失去了联系,遂于顺治十八年(1661)挥师渡海,向台湾转移。康熙元年(1662)二月,荷兰殖民者向郑军投降,交出台湾。自此结束了荷兰在台湾的殖民统治,台湾重回祖国怀抱,揭开了郑氏统治台湾的新史篇。

郑成功转移到台湾,目的是决不降清,不做它的臣属,忠明到底。他有多次投向清朝的机会,其父郑芝龙背弃南明隆武政权,投降了清朝,而清朝则利用父子之情,以父胁子,招诱郑成功投降。从顺治九年(1652)至十一年,清遣使与郑成功举行了三次谈判。清赐封他为海澄公,又让出泉州、漳州、惠州、潮州四府地,给郑成功部队驻扎。条件优越,而郑成功始终坚持不剃发,遂使三次谈判以破裂而告终[①]。其父郑芝龙流徙宁古塔(今黑龙江宁安)。圣祖即位后,将郑芝龙处死。

郑成功入台不久,于康熙元年(1662)五月初八日病故,时年仅38岁。他短暂的一生,做了两件大事:一是组织与统率南明军抗击清军,轰轰烈烈,战绩辉煌。矢志忠明,即使父亲被囚,将被处死,亦不动摇。入台湾,仍奉明祀,至死不改。姑且不论其忠于一个腐败而行将灭亡的南明小朝廷是否值得,其品格与节操确实令人景仰。二是从荷兰殖民者手里收复台湾,开创中

---

① 杨英:《先王实录》顺治十一年九月二十四日记。

华民族反抗西方殖民主义斗争之先河,在中国历史上留下了光辉的篇章,不愧民族英雄的称号。

郑成功去世后,郑氏集团不幸发生夺权的流血斗争。郑成功的部将黄昭、萧拱宸奉其弟郑袭为"东都主"。此时,郑成功之子郑经驻守厦门,闻讯后,急忙率军自厦门赴台,捕杀黄、萧,继承了其父延平郡王的权位。郑经主政后,大力垦荒,主要是军队都垦荒种地,增加粮食生产,发展手工业,从事海上贸易等。台湾地区得到开发,面貌焕然一新。在吴三桂发动叛乱时,郑经派人与耿精忠联络,派遣军队在福建沿海登陆,攻城略地。但耿精忠很快"反正",郑经孤立无援,亦遭失败,退回台湾。康熙十九年(1680),郑氏政权所固守的金门、厦门被清军收复后,再也无力反攻了。

郑经回到台湾,不理政务,沉湎于酒色,以"嬉游为乐"①。他的岳父冯锡范乘机窃取权力,主宰一切。这预示着郑氏政权正走向衰落。

清朝对郑氏政权的政策,未去台湾前,主要采取招抚之策,欲不战而得。郑氏去台湾后,双方有大海之隔,而台湾孤悬海中,限于当时的航海技术,满洲八旗视大海如天堑,即使汉兵亦不习海上作战,无法接近台湾,更谈不上军事进攻了。所以,郑氏政权能够长久坚持。清朝始终不放松对郑氏政权的警惕,时时感受到它的威胁,不断采取各种措施,严加封锁,切断台湾与大陆的任何联系。

在郑成功转移台湾前,清朝已实行海禁,寸板不许下海。因为郑成功活动在东南沿海地区,当军事失利时,即转移海上,而且沿海岛屿亦成其集散之地。实行海禁,从经济上加以封锁,使其坐以待毙,但收效不大。至郑成功迁台,清朝进而实施"迁海"之策。顺治十八年(1661)十二月,清朝颁布《严禁通海敕谕》:"郑成功盘踞海徼有年,以波涛为巢穴,无田土物力可以资生";"若无奸民交通商贩,潜为资助",则郑成功"坐困可待"。"今滨海居民已经内迁,防御稽察,亦属甚易,不得仍前玩忽。"

朝廷严令,商人、民人船只"如前下海",其地方封疆大吏如督抚、提督、总兵等从重治罪②。此前不久,即顺治十八年(1661)九月,始颁"迁海"令:

---

① 林谦光:《台湾纪略》。
② 《明清史料》丁编第三本。

迁沿海居民。提出"若空其土而徙其民,寸板不许下海,则贼无食而自散。至是上自山东,下至广东,皆徙。筑垣为界,发兵戍守"①。这就是说,北自山东,中经江苏、浙江、福建,南至广东等省,沿海数千里,凡居民都内迁数十里,筑墙垣为界,派兵戍守。沿海只有兵而无民,实际变为无人区。《严禁通海敕谕》是对此迁海令的重申,规定更为明确、严厉。

台湾开发较晚,其生产发展水平与大陆相比,差距较大。诸如布帛、油麻、铁器等,都依赖大陆供应,连粮秣也不足以自给。清朝实行迁海封禁,断其物资来源,陷台湾于困境。实际上,这一政策对两岸都带来了损害②。

清朝对郑氏政权实施招抚与军事进攻交替进行的政策。顺治十八年（1661）闰七月,清朝颁布《招抚郑成功部下建功来归诏》,主要内容有:凡郑成功部属,有能"生擒郑成功,或斩其首,或擒其妻子,或自领部曲,或招贼党羽来归,不惟赦其前罪",仍一体对待,各得封赏③。郑成功死后,过了两个月,即顺治十八年七月,清朝趁机招抚。由靖南王耿继茂和总督李率泰实施,两次派人前往厦门,劝说郑氏归降。以后,清朝又屡次遣使赴台,表明朝廷招抚与优待之意。但是,郑氏始终坚持不剃发,不登岸,只称臣纳贡。郑氏仅在政治名分上附属于清朝。而清朝视台湾为国家的一部分,予以拒绝。因此,招抚又以失败告终。

清朝的招抚政策实际上在郑氏政权的广大官兵中产生了巨大的效应。郑成功在世时,由于不断发生内讧,促使其部分将士响应清朝的呼吁,不断投向清朝,著名将领施琅、黄梧等,就是在顺治八年（1651）、十三年先后降清的。郑成功去世以后,内部争权夺利,甚至不惜残杀,促使更多的将士投向清朝。康熙二年（1663）六月,郑氏家族郑泰（郑成功从兄）之弟郑鸣骏、其子郑缵绪及将领忠靖伯陈辉、左武卫杨富、左虎卫何义、都督杨来嘉、参军蔡鸣雷等"文武大小共四百余员,船三百余号,众万余人",至泉州港降清。

十月,郑成功之弟郑袭降清；定国公郑鸿逵之子郑耀吉和郑芝豹生母黄氏及家眷、家丁共775口自金门前往福建降清。

---

① 乾隆《同安县志》卷九《征抚》。转引自施伟青:《施琅评传》,厦门大学出版社1987年版,第60页。
② 参见施伟青:《施琅评传》第六章《对台湾的贡献》,厦门大学出版社1987年版。
③ 《明清史料》丁编第三本,《招抚郑成功部下建功来归诏》。

康熙三年(1664)正月,援剿右镇林顺统领所部在镇海卫归清;二月,南澳守将护卫左镇杜辉在揭阳港降清,还有总兵翁多球率兵民6万降清。

三月,郑经的大将五军戎务左都督周全斌统众从漳浦镇海卫投清;另一大将永安伯黄廷自漳浦、云霄投清;接着,如周宽、杨沣、周珍等一大批将领率兵民3.6万余人先后降清①。

从康熙元年(1662)到三年,郑氏降清的文武将吏共3985人、食粮饷兵40962人、归农者64230人、眷属人役共63000人,大小船只900多只。郑军共40万人,降清者已达四分之一②。

在吴三桂之乱期间,郑军登陆,占据了福建部分地区,后遭失败,又退回台湾。在郑军失败过程中及失败后,约康熙十六年(1677)至十九年,大批郑氏官兵将吏降清,据学者统计,先后有30多起,降清人数在10万人以上③。

郑氏将吏士卒以及所属百姓,持续不断地投向清朝,无疑削弱了郑氏政权的实力。如此之多的人包括郑氏家族中的要人降清,自有多方面的原因。如经济陷入困境,生计艰难,以投清为生存之路。相当一部分人不愿远离故土,不想涉险过洋,或不愿迁台,只有归清才解脱了眼前的困境。还有一个重要原因,这就是郑氏政权内部分裂,不团结,尤其是郑成功行事专横,顺者昌,逆者亡,驭下苛刻,受到伤害的部将被迫离他而去。如施琅遭到郑成功迫害,其亲人被杀害,他本人性命几不保,死里逃生,投归清朝,得到重用。后来,正是施琅率师灭掉郑氏政权。继郑成功之后,郑经论才能远逊其父,生活却腐化,不能服众,导致许多将领另谋生路。尽管郑氏实力一再自相削弱,却能维持多年,全凭大海之险,否则,早就不复存在了。

清朝无法招抚郑氏政权回归,决定不再招抚,以军事手段解决台湾问题。但是,对郑氏政权的分化瓦解,力图招抚郑氏部属归清,则从来没有停止过。所以,郑氏将吏及兵士降清的特别多。

清朝决定对郑氏政权不再招抚,正是索尼等四辅臣辅政时期,他们试图

---

① 以上见"台湾文献丛刊"《郑氏关系文书》、《续明纪事本末》。
② 统计数字见孔立:《郑氏官兵降清事件述论》,《郑成功研究国际学术论文集》,江西人民出版社1989年版(下略)。
③ 见孔立:《郑氏官兵降清事件述论》,《郑成功研究国际学术论文集》,第64—65页。

攻取台湾,有过两次出师之举:一次是在康熙三年(1664)十一月,命福建水师提督、靖海将军施琅统率舟师,攻取台湾。行至洋面,遭遇飓风,被迫回师。另一次是在康熙四年(1665)三月,施琅再次受命,统师征台湾,驶入外洋,为狂风暴雨所阻,又是半途而废①。军事进攻不成,再改为招抚。康熙六年(1667),四辅臣决策,派遣总兵官孔元章两次赴台招抚。双方分歧甚大,没有达成任何协议②。清朝招抚,再次失败。

康熙七年(1668)初,圣祖下达旨意,召施琅进京,面陈进兵台湾大计。其中说:渡海进军台湾"关系重大,不便遥定。著提督施琅作速来京,面行奏明所见,以便定夺"③。施琅进京后,圣祖授予内大臣之职,以备将来进军之用。

施琅祖辈世居福建晋江衙口,生于明天启元年(1621)二月。早在青少年时,投军于郑芝龙,历任游击、副总兵、金都督左冲锋等职。后转入郑成功部,在抗清斗争中发挥了重大作用,因而受到郑的器重,授为左先锋。后由于意见分歧,加上个性倔强,互不相容,两人遂反目为仇。郑成功竟逮捕施琅,欲置之于死地。幸亏诸将暗中相救,施琅得以脱身,而他的父亲和弟弟则被郑成功杀害。郑成功处理不当,逼得施琅只有投靠清朝。他在清军中勇敢善战,一再立功,从副将晋升总兵官,再晋升为水师提督。他与郑氏有杀父之仇,这使施琅时刻想着报仇,不断向朝廷献计献策,必欲征台灭郑氏。

施琅入京师任内大臣,征台之议暂时搁置,他还是不断宣传他的征台主张,让朝中诸大臣乃至圣祖了解他。他任内大臣长达13年,此间发生了吴三桂之乱,郑经率军登陆,在福建沿海攻城略地。施琅密切关注,不时地提出建议。

平息吴三桂之乱,撤除"三藩"后,解决台湾郑氏政权长期割据的问题,已提到圣祖的面前。一个有利的因素是,台湾郑氏政权发生内乱,这是进兵的大好时机。原来,就在康熙二十年(1681),郑经突然死亡,其长子郑克塽继承王位,为争权而互相残杀。郑经的岳父冯锡范欲长久独擅大权,力图排挤掌兵的陈少华。陈氏为郑克塽的岳父,冯用计解除了陈氏的兵权后,郑克

---

① 江日昇:《台湾外记》卷六《施琅题为舟师进攻台湾途次被风飘散拟克期复征事本》。
② 夏琳:《闽海纪要》卷上。
③ 施琅:《靖海纪事·边患宜靖疏》。

壐受到孤立。于是,冯锡范与郑经诸弟策划,发动政变,将郑克壐缢杀,立郑经次子郑克塽为延平王。郑克塽年仅12岁,一切权力都归冯锡范。同时,又有刘国轩参与争权,明争暗斗,后果十分严重。正如施琅所指出:"今刘国轩暴戾操权,动辄杀戮,以威制人,谁肯为几肉!"他还提到刘国轩"恃武妄杀,稍有隙缝,全家屠戮,人人思危"。他坚定地认为:"此端便是可破可剿之机。"①

但朝廷对征台灭郑,大臣们的意见并不一致。一部分反对动用军队征台,以为刚刚平息吴三桂之乱,天下初定,不宜再开兵端;在福建的一些封疆大吏尤其反对武力统一台湾,以水师提督万正色反对尤力,他断然说:"台湾断不可取!"②还有一些认为"海洋险远,风涛莫测,长驱制胜,难计万全"③。有些甚至怀疑施琅的忠诚,断定他征台湾,"必叛"无疑。以内阁大学士李光地、福建总督姚启圣、巡抚吴兴祚为主战代表,力主趁机攻取台湾,永绝后患。他们力保施琅可当大任,因为他与郑氏有世仇,其心可保;熟悉海上情况,又有谋略,威震海上④。

圣祖听取了各方面的意见,终于决定下达了进军台湾的命令,正式任命和起用施琅为福建水师提督,委以全权,统率大军取台湾。

经过一段时间的精心准备,康熙二十二年(1683)六月十四日,施琅统领水师2万余人、战船300艘,自铜山出发,浩浩荡荡,直趋台湾的门户澎湖列岛。

在施琅发兵前,台湾方面刘国轩遣使议和,这也许是对清朝多年招抚的一个主动回应,或者因内部混乱,难以维持下去,寻找清朝的支持,以图长期维持割据局面。但他还是坚持称臣进贡,不剃发,不登岸。郑氏使者仅到福州,由福建总督姚启圣接待,并将刘国轩的议和条件转呈北京,请圣祖决断。圣祖再次表明清朝立场:"如果悔罪,剃发归诚,该督、抚等遴选贤能官前往招抚。或闻知大兵进剿,计图缓兵,亦未可料。""倘机有可乘,可令提督(施琅)即遵前旨进兵。"这一决策,派使臣前往台湾传达给刘国轩,得到的回答

---

① 施琅:《靖海纪事·决计进剿疏》。
② 《清圣祖实录》卷一一六。
③ 《清圣祖实录》卷一一二。
④ 《清圣祖实录》卷九六。

仍不变。这是进兵台湾前最后一次交涉,又以失败告终。于是,圣祖不再犹豫,令施琅进军①。

刘国轩得知清军即将进军的消息,亲自统率2万余众、200余只船,分据澎湖各岛屿②。一场关系台湾郑氏政权命运的海战即将展开。

四月十五日,也就是进军的第二天,傍晚时施琅率水师已达澎湖附近。十六日,施琅挥师向澎湖发起进攻,刘国轩率郑军迎战。双方都没有投入主力,是一次小规模的接触战,互有杀伤,郑军稍占优势③。十七日至十八日,双方再战,刘国轩败,清军夺取了虎井、桶盘二屿④。

二十二日,施琅分兵三路进攻,与郑军展开决战。施琅为此战作了精心细密的部署:以随征都督陈蟒、魏明,副将郑元堂统领双帆艍船50只为一股,作为奇兵夹攻;随征总兵董义、康玉,守备洪天锡统船50只为一股,作为"疑兵牵制";将大鸟船56只居中,分为8股,每股7只,"各作三叠"。施琅居中为一股,兴化镇臣吴英领一股居左,平阳镇臣朱天贵、前营游击何应元合领一股居右,金门镇臣陈龙领一股在次左,署中营参将罗士珍、署右营游击蓝理、署后营游击曾成合领一股在次右之右,署铜山镇臣陈昌领一股在次左之左,海坛镇臣林贤领一股在末右,厦门镇臣杨嘉瑞领一股在末左。其余船只留为后援⑤。

施琅的战阵部署很独特:他把船只分作若干股,实际就是一个个战斗小组。每股配几名将领,具体指挥作战。这就是小分散,大集中,由施琅居中总指挥,各股将领也能独立发挥作用,又不致在海面上乱了阵形,互相顶撞,自乱阵法。施琅在海边生,在海里长,在海上战斗多年,熟悉海性与海上作战要求,故部署精妙,有独到之处。

这场决战确为一次命运之战,郑氏能否保住台湾,清朝能否得到台湾,将取决于此战之胜败。有关战况,施琅的《靖海纪事》等书皆有相当精彩的描述。如说:"炮火、矢石交攻,有如雨点;烟焰蔽天,咫尺莫辨。"战斗"自辰

---

① 《清圣祖实录》卷一○九。
② 赵尔巽等:《清史稿》卷四七《施琅传》;参见施琅:《靖海纪事》。
③ 夏琳:《闽海纪事》卷下。
④ 沈云:《台湾郑氏始末》卷六。
⑤ 施琅:《靖海纪事·飞报大捷疏》;《台湾外记》卷一○。

至申",激战七八个小时,终于将刘国轩完全打败,其焚杀、自焚、跳水溺死者达1.2万余人,各级将领达300余人;另有165名各级军官,带领郑军4853人倒戈投降。刘国轩仅驾一只快船逃回台湾。清军损失,十六日和二十二日共死亡329人,受伤者为1800余人。清军以很小的代价大获全胜①。

澎湖对台湾极为重要,如同门户或屏障,澎湖一失守,台湾无险可依,指日可下。施琅乘澎湖之战大胜,及时向郑氏政权派使劝降,施加压力。刘国轩等见大势已去,遂放弃抵抗。他派兵胁迫郑克塽、冯锡范向清朝投降。郑、冯没有别的选择,就上表求降。施琅不战而胜,接受郑氏政权归降。八月,清军登上台湾岛,"百姓壶浆相继于路,海兵皆预制清朝旗号,以迎王师"②。郑氏统治集团腐败已不得民心,而清廷的统一之举受到了台湾人民的热烈欢迎。

自顺治十八年(1661)至康熙二十二年(1683),郑氏在台湾维持了22年的统治。郑成功驱逐荷兰殖民者,将台湾收复,有大功于中华民族,彪炳史册。但其子孙及统治集团坚持割据,实质上是在分裂祖国。之所以没有成为事实,关键在于圣祖的远见卓识,他视台湾为中华民族的组成部分,决不放弃台湾,坚决进军收复。施琅连篇累牍地上疏,表述其收复台湾的抱负,阐明其重要意义,这对坚定圣祖的信念并作出决策,直接起到了促进作用。施琅勇于承担历史重任,不惜冒生命危险,换来了台湾回归的伟大胜利。

台湾回归后,清廷在台湾设台湾府,下设三个县即台湾、诸罗、凤山等,隶属福建省管辖。在这里驻兵8000人,设总兵1员、副将2员。在澎湖也设兵2000人驻防。在台湾设治、驻兵、派官等,这就把台湾比同祖国内地一样,真正置于清朝的统一管辖之下。

清朝收降郑氏和台湾,标志着中国完全实现了统一,这是中国历史上的大事件,也是清入关40年来所取得的一项重大成就。

---

① 施琅:《靖海纪事》;参见施伟青:《施琅全传》,第163—167页。
② 《靖海志》卷四;参见赵尔巽等:《清史稿》卷二六〇《施琅传》。

第五章　清初思想与文化

1.三大思想家交相辉映

明清换代,中国社会经历了天崩地坼的巨大变化。明末农民大起义的风暴,其势如摧枯拉朽,庞大的明王朝顷刻瓦解,给予清初学人以强烈的刺激。清入关及其后近20年的统一战争,中国社会遭受了阵阵剧痛,但随着清朝统治者逐步地调整政策,社会日趋稳定,也使广大汉族知识分子放弃了反清复明的幻想。在这一历史转变过程中,清初学人不断总结明灭亡的教训,探索天下治乱的根源,扭转明末"游谈无根"的空疏学风,遂使清初的思想文化界出现繁荣的局面。

近代学者王国维在总结清代思想文化的发展时,对清代学术的特点有过精辟概括:"国初之学大,乾嘉之学精,而道咸以来之学新。"①其中"国初之学大",是指清初的学者治学之范围广博,他们并不局限于一个领域,而是凡关乎国计民生者无不探索,因而显示出一种阔大的气象。这是有其深刻的历史根源的,最关键之点是,清初学者一反明末浮夸空谈的学风,强调"实践"、"实行"、"实功"、"实事","讲求经世致用的功利主义,易主观玄想为客观考察,祛空谈求征实"②,把学术研究的范围扩大到自然、社会和思想文化各个领域,举凡天文、地理、经史、典制、文物、吏治、财富、河漕、兵工、民俗,乃至文字、音韵,无不精研深究。由此清初学术界形成的经世学风,具有

---

① 王国维:《观堂集林》卷二三《沈乙庵先生七十寿序》。
② 王俊义、黄爱平:《清代学术与文化》第一章《绪论》,辽宁教育出版社1993年版。

鲜明的时代特色。清初思想文化异彩纷呈,展现出全新的风貌。为叙述方便,也照应到清初思想文化的内在联系,不妨就从黄宗羲、顾炎武、王夫之三大思想家写起。

(一)黄宗羲

黄宗羲,字太冲,号南雷,别署梨洲山人、梨洲老人,世称梨洲先生。浙江余姚黄竹浦(今余姚市明伟乡浦口村)人,生于明万历三十八年(1610),卒于清康熙三十四年(1695),享年85岁。父亲黄尊素是明末东林名士。天启年间(1621—1627)为阉党魏忠贤所害,惨死诏狱。黄宗羲痛父之死于非命,而奉养祖父和母亲不能为父报仇,每读书至夜深人静之时,"伏枕呜呜哭,不敢令堂上知"。直到崇祯皇帝朱由检即位,明末政局发生重大变化,19岁的黄宗羲便袖长锥入京为父讼冤。时魏忠贤已死,黄宗羲和同难子弟要求朝廷严惩了曹钦程、李实、许显纯、崔应元等党人,"设祭于诏狱中门,哭声如雷,闻于禁中"。连皇帝也为之感动。

黄宗羲回到家乡,遵父遗命拜理学家刘宗周为师。"乃从之游。又约吴越中向学者六十余人共侍讲席"①,并教导弟弟黄宗炎、黄宗会,"皆成儒者"。崇祯中,阉党势力图谋复起,南都太学诸生坚持与阉党势力进行斗争,作《南都防乱揭》,签名之日,"被难诸家推宗羲居首"②,成为士子心目中与阉党斗争的领袖,难怪南明弘光时阮大铖得势后,意欲将《南都防乱揭》签名之140人逐个捕杀,只是因为清军迅速攻下南京,黄宗羲才得免此难。

明清交替之际,黄宗羲起兵抗清。他率领黄竹浦数百名弟子组成"世忠营",抗拒清军,失败后走入四明山,结寨自固。后又追随鲁王于海上,与张煌言、冯京第等人戮力匡复,经常潜行往来于内地,从事反清复明的活动,因而清廷对他十分畏忌。梁启超写道:"他晚年自述说道:'自北兵南下,悬书购余者二,名捕者一,守围城者一,以谋反告讦者三,绝气沙埠者一昼夜,其他连染逻哨所及无岁无之,可谓濒于十死者矣。'读此可以知道他奔走国难所经历的艰苦何如了。"③及至清军攻下浙江,黄宗羲间行归家,杜门不

---

① 江藩:《国朝汉学师承记》卷八,中华书局1983年版。
② 《清史列传》卷六八《儒林传·黄宗羲》,中华书局1987年版(下略)。
③ 梁启超:《中国近三百年学术史》五《阳明学派之余波及其修正》,北京中国书店1985年版。

出,毕力著述。康熙十七年(1678),诏征博学鸿儒,掌翰林院学士叶方蔼要推荐他,他以有病、母老坚辞不赴。康熙十九年(1680)开始修明史,左都御史徐元文又推荐他,"辞如初"。康熙二十九年(1690),刑部尚书徐乾学再次荐举他,"仍不出"①,终生不仕清,直到去世。

在清初学术史上,黄宗羲是个起衰振敝的杰出学者和教育家,也是启蒙思想家和历史学家。其导师刘宗周是王阳明学派传人,黄宗羲也属王学之真脉。但明末王学已走入末路,"讲学之风已为极敝,高谈性命,直入禅障,束书不观,其稍平者,则为学究,皆无根之徒"②。黄宗羲从刘宗周学时,"越中承海门周氏之绪余,援儒入释。石梁陶氏奭龄为之魁,传其学者沈国模、管宗圣、史孝咸、王朝式辈,鼓动狂澜,翕然从之,姚江之绪至是大坏"。面对这种形势,黄宗羲以青年人的锐气,团结吴、越60多名青年士子,共侍刘宗周讲席,"力摧其说,恶言不及于耳"③。后来他又对王阳明的"致良知"说给以新的诠释,认为"致字即是行字,以救空空穷理,只在知上讨个分晓之非"。又发挥说:"先生承绝学于词章训诂之后,一反求诸心,而得其所性之觉曰'良知',因示人以求端用力之要曰'致良知'。良知为知,见知不囿于闻见;致良知为行,见行不滞于方隅。即知即行、即心即物、即动即静、即体即用、即工夫即本体、即下即上,无之不一,以救学者支离眩骛、务华而绝根之病。"④正因为他对王学作了新的解说,所以梁启超称黄宗羲不是王学的革命家,也不是承继人,而是"王学的修正者"⑤。在后半生的讲学活动中,他批评"明人讲学袭语录之糟粕,不以六经为根柢,束书而从事于游谈"⑥的弊病,提倡"学必原本于经术,而后不为蹈虚;必证明于史籍,而后足以应务;元元本本,可据可依"⑦。他要求学生"必先穷经,经术所以经世,方不为迂儒之学,故兼令读史"⑧。在黄宗羲的教导下,他的弟子们皆能笃尚

---

① 《清史列传》卷六八《儒林传·黄宗羲》。
② 全祖望:《鲒埼亭集外编》卷一六《甬上证人书院记》。
③ 全祖望:《鲒埼亭集》卷一一《梨洲先生神道碑文》。
④ 黄宗羲:《明儒学案》卷一〇、卷首。
⑤ 梁启超:《中国近三百年学术史》五《阳明学派之余波及其修正》。
⑥ 全祖望:《鲒埼亭集》卷一一《梨洲先生神道碑文》。
⑦ 全祖望:《鲒埼亭集外编》卷一六《甬上证人书院记》。
⑧ 全祖望:《鲒埼亭集》卷一一《梨洲先生神道碑文》。

实学,不堕讲学之流弊,一扫明末脱离实际的恶劣学风,而为清代浙东学派开了风气之先。

黄宗羲的启蒙思想,集中反映在《留书》(作于顺治十年)和《明夷待访录》(作于康熙元年至二年)中,这两部书把批判锋芒直指统治中国近两千年的君主专制制度。以秦为界,将秦以前的中国历史称为"古",秦以后的历代王朝称为"今",指出"古者以天下为主,君为客,凡君之所以毕世经营者,为天下也。今也以君为主,天下为客,凡天下之无地而得安宁者,为君也。是以其未得之也,荼毒天下之肝脑,离散天下之子女,以博我一人之产业,曾不惨然,曰:我固为子孙创业也。其既得之也,敲剥天下之骨髓,离散天下之子女,以奉我一人之淫乐,视为当然,曰:此我产业之花息也。然则为天下之大害者,君而已矣。"①这种思想在当时是前无古人的。尽管黄宗羲并没有否定君主专制制度,但批判却是深中肯綮的,这是对封建时代"君权至上"的否定,其中所透露的则是近代民主启蒙思想的曙光。梁启超说:"三百年前——卢骚(即卢梭)《民约论》出世前之数十年,有这等议论,不能不算人类文化之一高贵产品。"赞誉"的确含有民主主义的精神"②。梁启超本人也正是受了黄宗羲思想的激励,起而投身维新变法运动的。黄宗羲也为理想社会进行了设计,十分重视宰相在国家事务中的作用,主张以学校作为议政之场所,提出"有治法而后有治人"的法治主张,还提出了"工商皆本"的经济主张。

黄宗羲对清代学术贡献最大的是在史学方面,其具体成就有三:

一是对故国史的编纂,其成果主要体现于康熙三十二年(1693)编成的《明文海》。自康熙七年(1668)到十四年(1675)间,披阅千余家明人文集,编成了217卷的《明文案》,以后又不断地搜集、补充,最后扩编成482卷的《明文海》。这部书对于研究明代历史极具价值,《四库全书总目提要》评论:"其搜罗极富,所阅明人集几至二千余家。……可谓一代文章之渊薮,考明人著作者,必当以是编为极备矣。"③

二是对学术史的编纂,开辟了史学园地中一个新的体裁,其代表作就是

---

① 黄宗羲:《明夷待访录·原君》。
② 梁启超:《中国近三百年学术史》五《阳明学派之余波及其修正》。
③ 《四库全书总目提要》卷一九〇《集部·总集类五》,中华书局1965年版。

《明儒学案》。此书编纂于康熙十五年(1676)至二十四年(1685)间,全书以阳明学派为主流,兼述各家各派,记载了有明一代 200 多位学者的言行和学术思想,是一部系统总结明代学术发展演变的专著。书成之后,备受学术界推崇,汤斌称其"如大禹导山导水,脉络分明;事功文章,经纬灿然。真儒林之巨海,吾党之斗杓也。"①继此之后,黄宗羲又着手编撰《宋元学案》,未及完成而卒,由其子黄百家和全祖望续编而成。自黄宗羲的《明儒学案》问世,中国史学的百花园中又增加了一个学术史门类,史书体裁也增加了新秀"学案体"。梁启超评说:"中国有完善的学术史,自梨洲之著学案始。"②

三是开创了以史见长的浙东学派。今人称:"清代浙东学派擅长史学,不仅肇基者是黄宗羲,而且他治史的一些基本特点,也影响了这个学派的主要代表人物,为他们所继承和发展。"③继承黄宗羲史学传统的,主要有其子黄百家、学生万斯同、私淑弟子全祖望等人。黄百家和万斯同均被延入清廷明史馆,参与明史的撰修。特别是万斯同,以布衣参与史局,最后竟卒于明史馆。全祖望则继承了黄宗羲未竟的事业,将其未完成的《宋元学案》最终补撰完成。钱穆说:黄宗羲治史有两个特点:一曰注意于近代当身之史,二曰注意于文献人物之史④。其实,这两点是从表象上看,如果从深层的精神风范上看,黄宗羲所开创的浙东史学最注重的应是弘扬民族正气,褒奖明季的遗民忠烈。至于浙东学派的殿军,当今多谓是章学诚。香港大学何冠彪先生认为这是有误的⑤,近有人进一步指出:"至乾嘉时代,考据学风靡学界,已鲜有绍浙东先哲之余绪者。如果我们在乾嘉学界找出一位浙东学者,在他身上还可以看到浙东学派的影子,那么这个人并不是章学诚,而是邵晋涵。但也正是在邵晋涵身上,我们看到了浙东学派的终结。"⑥

黄宗羲一生勤奋好学,"自明十三朝实录上溯二十一史,靡不究心,而归宿于诸经。既治经,则旁求之九流百家,于书无所不窥者"。"既尽发家

---

① 汤斌:《与黄太冲书》,《南雷文定》三集《附录》。
② 梁启超:《中国近三百年学术史》五《阳明学派之余波及其修正》。
③ 李国钧主编:《中国书院史》第十九章《甬上证人书院与清代浙东学派》,湖南教育出版社 1994 年版。
④ 钱穆:《中国近三百年学术史》第二章《黄梨洲》,商务印书馆 1997 年版。
⑤ 何冠彪:《浙东学派问题评议》,《清史论丛》第七辑,中华书局 1986 年版。
⑥ 暴鸿昌:《章学诚与浙东学派关系考辨》,《暴鸿昌文集》,黑龙江教育出版社 1998 年版。

藏书读之,不足,则抄之同里世学楼钮氏、澹生堂祁氏,南中则千顷斋黄氏,吴中则绛云楼(钱氏)。穷年搜讨,游屐所至,遍历通衢委巷,搜鬻故书,薄暮,一童肩负而返,乘夜丹铅,次日复出,率以为常。"①可见其学识渊博,故著述宏富,涵盖政治、经济、历史、哲学、天文、地理、数学、文学、宗教诸多学科,计有110多种,1300多卷,2000余万字。据今人分类统计如下(已佚者不计在内):

(1)文选汇编类18种,存9种:《明文案》217卷,《明文海》482卷,《明文授读》62卷,《姚江逸诗》15卷,《黄氏捃残集》7卷,《剡源文抄》4卷,《杲堂诗文抄》13卷,《子刘子学言》2卷,《黄忠端公文集》6卷;(2)专著类68种,存27种:《留书》1卷,《明夷待访录》2卷(今存1卷),《破邪论》1卷,《汰存录》1卷,《易学象数论》6卷,《深衣考》1卷,《子刘子行状》2卷,《孟子师说》2卷(今分7卷),《思旧录》2卷(今存1卷),《黄氏家录》1卷,《葬制或问》1篇,《梨洲末命》1篇,《明儒学案》62卷,《宋元学案》100卷(由其子百家与全祖望续成),《弘光实录抄》4卷,《行朝录》3卷(分《隆武纪年》、《赣州失事》、《绍武争立》、《鲁纪年》、《舟山兴废》、《日本乞师》、《四明山寨》、《赐姓始末》),《海外恸哭记》1卷,《西台恸哭记》1卷,《冬青树引注》1卷,《金石要例》1卷,《历代甲子考》1卷,《四明山志》9卷,《匡庐游录》1卷,《今水经》1卷,《授时历故》1卷(今本4卷系后人据原本整理之作),《授时历法假如》1卷,《西洋历法假如》1卷,《新推交食法》1卷(今本2卷系后人据原本整理之作);(3)自著诗文集类26种,存18种:《南雷文案》10卷外1卷,《吾悔集》(即《南雷续文案》)4卷,《撰杖集》(即《南雷文案三刻》)1卷,《南雷文定》五种(《前集》11卷,《后集》4卷,《三集》4卷,《四集》4卷,《五集》4卷,末一种又名《病榻集》、《病榻随笔》)27卷,《南雷杂著》1卷,《南雷余集》(又名《南雷集外文》)1卷,《南雷文抄》(郑祐抄本)3卷,《南雷文抄》(梨洲门人抄本)1卷,《南雷文约》4卷,《南雷诗历》3种(分3卷本、4卷本、5卷本),《匡庐行脚诗》1卷②。

黄宗羲以其雄厚的学术实力及宏富的著述,在清代学术史上占有重要

---

① 全祖望:《鲒埼亭集》卷一一《梨洲先生神道碑文》。
② 白寿彝总主编:《中国通史》第十卷《中古时代·清时期(下)》,上海人民出版社1996年版。

的地位,其功在开创清代学术之新风气,树一代典范。著名学者钱穆称其欲推学术与事功而为一,"将以经史植其体,事功白其用,实践以淑之身,文章以扬之世。其意趣之宏大,规模之恢伟,固足以掩顾、颜而上之矣。"又说:"梨洲之为学,则实创清代之新局矣。"①萧一山称黄宗羲"在清代学术,虽非经学正宗,而其攻击空疏,提倡读书之论,于晚明风气之转捩,实亦大有力焉。""其学问之闳大,在清初鲜有几及者,而其精神之卓荦,尤为足称云。"②黄宗羲政治思想之影响更是远及清末,梁启超指出:"清初之儒,皆讲'致用',所谓'经世之务'是也。宗羲以史学为根柢,故言之尤辩。其最有影响于近代思想者,则《明夷待访录》也。"此后梁启超、谭嗣同"倡民权共和之说,则将其书节钞,印数万本,秘密散布,于晚清思想之骤变,极有力焉"③。

(二)顾炎武

顾炎武初名绛,学名继绅,字忠清。明亡后,因景仰南宋抗元英雄文天祥之门生王炎午的忠贞品格,改名炎武,字宁人。江苏昆山花浦村人。因其家乡有一亭林湖,学者称其为亭林先生。生于明万历四十一年(1613),卒于清康熙二十一年(1682年),终年69岁。

顾氏本是江东望族。父亲顾同应,母亲何氏,有子5人,顾炎武是次子。祖父绍芳之弟绍芾,为顾炎武叔祖,有子同吉早殇,聘王氏,未婚守节,顾炎武在襁褓中就过继给王氏为子。嗣祖顾绍芾博学多闻,经常教育他"为士当求实学,凡天文、地理、兵农、水土,及一代典章之故不可不熟究。"④嗣母王氏抚养顾炎武,"昼则纺绩,夜观书至二更乃息"⑤,这也对顾炎武立志向学产生了深刻影响。顾炎武少年时即耿介绝俗,14岁为诸生,与同里归庄相友善,"同游复社,相传有'归奇顾怪'之目"⑥。清兵下江南,顾炎武和归庄一起参加了抗清斗争。昆山城陷,民众死难4万余人。当时顾炎武正奉嗣母避难于常熟,王氏闻知城陷,绝食而死,临终前遗言:"我虽妇人,身受

---

① 钱穆:《中国近三百年学术史》第二章《黄梨洲》。
② 萧一山:《清代通史》第七章《清初学术思想之大势》,中华书局1985年影印本。
③ 梁启超:《清代学术概论》六,岳麓书社《梁启超史学论著四种》本,1998年版(下略)。
④ 顾炎武:《亭林余集·三朝纪事阙文序》,《顾亭林诗文集》。
⑤ 顾炎武:《亭林余集·先妣王硕人行状》,《顾亭林诗文集》。
⑥ 江藩:《国朝汉学师承记》卷八,中华书局1983年版。

国恩,与国俱亡,义也。汝无为异国臣子,无负世世国恩,无忘先祖遗训,则吾可以瞑于地下。"①嗣母的壮烈行为给顾炎武的思想以极大的震动,使他终生保持遗民气节,始终不与清廷合作。顺治年间,顾炎武为避仇家陷害,伪作商贾出游,变姓名为蒋山傭。返籍后,有三世仆陆恩及其婿欲告发顾炎武"通海",在家乡难以立足,"遂去家不返。……垦田于山东长白山下,畜牧于山西雁门之北,五台之东"②。康熙年间,受山东莱州黄培诗案牵连,系狱7个月,经友人李因笃和外甥徐乾学营救出狱,从此策马往来河北诸边塞10余年。康熙十年(1671),清廷内阁大学士熊赐履邀他入明史馆,被他拒绝。康熙十七年(1678)诏举博学鸿儒,内阁学士叶方蔼再次推荐他,他再次拒绝。次年,大修明史,"诸公又欲特荐之。贻书叶学士讱庵,请以身殉,得免。"晚年的顾炎武定居于陕西华阴,置田50亩以供生活,直到去世。

顾炎武是明清之际扭转一代风气的杰出学者。他在后半生的游历生活中,所至之地"以二马二骡载书自随,所至厄塞,即呼老兵退卒,询其曲折。或与平日所闻不合,则即坊肆中发书而对勘之。或径行平原大野,无足留意,则于鞍上默诵诸经,注疏偶有遗忘,则即坊肆中发书而熟复之"③。可知他治学之勤奋。综观顾炎武一生治学之方向,可以用"崇尚实学、经世致用"来概括。

崇尚实学,在顾炎武的行实中表现为反对明末王学之流弊"空谈心性"所造成的恶果,提倡穷六经之旨、急当世之务的实学。他在《日知录》中对宋明理学之空谈多有批评,说:今之君子"终日言性与天道,而不自知其堕于禅学也"。"今日之清谈有甚于前代者。昔之清谈谈老庄,今之清谈谈孔孟,未得其精而已遗其粗,未究其本而先辞其末,不习六艺之文,不考百王之典,不综当代之务,举夫子论学论政之大端一切不问,而曰'一贯',曰'无言'。以明心见性之空言,代修己治人之实学,股肱惰而万事荒,爪牙亡而四国乱,神州荡覆,宗社丘墟"④。他更把批判的锋芒直指王阳明的心学,说道:"以一人而易天下,其流风至于百有余年之久者,古有之矣。""其在今

---

① 顾炎武:《亭林余集·先妣王硕人行状》,《顾亭林诗文集》。
② 赵尔巽等:《清史稿》卷四八一《儒林·顾炎武传》,中华书局1977年版。
③ 以上见全祖望:《鲒埼亭集》卷一二《亭林先生神道表》。
④ 顾炎武:《日知录》卷七《夫子言性与天道》。

日,则王伯安之'良知'是也。孟子曰:'天下之生久矣,一治一乱。'拨乱世反之正,岂不在于后贤乎!"①这里顾炎武是以"拨乱世反之正"为己任,起而倡导"修己治人之实学"。

经世致用,在顾炎武之行实中表现为"反对内向的——主观的学问,而提倡向外的——客观的学问"②。这集中表现为他所提倡的"明道救世"之宗旨。他提出:"君子之为学,以明道也,以救世也。"③他所要明的道,仍然没有脱离儒家之道,但他是在对宋明理学进行批判的基础上提出"明道救世"主张的。他认为"自宋以下一二贤智之徒,病汉人训诂之学,得其粗迹,务矫之以归于内,而'达道'、'达德'、'九经'、'三重'之事置之不论,此真所谓'告子未尝知义'者也。其不流于异端而害吾道者,几希。"④他鲜明地提出了"经学即理学"的主张,指出:"理学之名,自宋人始有之,古之所谓理学,经学也,非数十年不能通也。""今之所谓理学,禅学也。"⑤顾炎武的主张是对晚明学术界已产生的"通经学古"思潮的继承和发展,当经过明清换代这一天崩地坼的大动乱之后,其"经学即理学"的主张格外能够振聋发聩,并在学术界迅速激起共鸣。他进一步强调"经学自有源流,自汉而六朝,而唐而宋,必一一考究,而后及近儒之所著,然后可以知其异同离合之指。如论字者必本于《说文》,未有据隶楷而论古文者也"⑥。正是由于顾炎武的倡导,并身体力行,践履实学,既重视书本知识,又重视实地考察,为后人留下了丰富的学术遗产,也使清初的学风发生了极大变化,开启了乾嘉朴学之先河。

顾炎武借阐述孔子之道而扭转明末王学末流"游谈无根"的弊病,明确提出了"博学于文"和"行己有耻"两项主张。他说:"愚所谓圣人之道者如之何?曰:博学于文;曰:行己有耻。自一身以至于天下国家,皆学之事也;自子臣弟友以至出入、往来、辞受、取与之间,皆有耻之事也。耻之于人大矣!不耻恶衣恶食,而耻匹夫匹妇之不被其泽,故曰:'万物皆备于我,反身

---

① 顾炎武:《日知录》卷一八《朱子晚年定论》。
② 梁启超:《中国近三百年学术史》六《清代经学之建设》。
③ 顾炎武:《亭林文集》卷四《与人书二十五》,《顾亭林诗文集》。
④ 顾炎武:《日知录》卷七《行吾敬故谓之内也》。
⑤ 顾炎武:《亭林文集》卷三《与施愚山书》。
⑥ 顾炎武:《亭林文集》卷四《与人书四》。

而诚'。呜呼！士而不先言耻,则为无本之人;非好古而多闻,则为空虚之学。以无本之人而讲空虚之学,吾见其日从事于圣人而去之弥远也。"①这里的博学于文,包含的内容十分广泛,"自身而至于家国天下,制之为度数,发之为音容,莫非文也。……谥法曰:'经天纬地曰文'。"②近人梁启超说:"其意以为,所谓人生哲学(性)、所谓宇宙原理(天道),都散寄于事物条理(文章)之中,我们做学问,最要紧是用客观功夫,讲求事物条理,愈详博愈好,这便是'博学于文'。"③这里的行己有耻,是对中国自先秦以来所形成的耻感文化传统的继承和发扬,他在《日知录》中诠释剖析礼义廉耻指出:"礼义,治人之大法;廉耻,立人之大节。盖不廉则无所不取,不耻则无所不为。人而如此,则祸败乱亡无所不至,况为大臣而无所不取、无所不为,则天下其有不乱、国家其有不亡者乎！然而四者之中耻尤为要,故夫子之论士曰:行己有耻。孟子曰:人不可以无耻,无耻之耻,无耻矣。又曰:耻之于人大矣,为机变之巧者,无所用耻焉。所以然者,人之不廉,而至于悖礼犯义,其原皆生于无耻也。故士大夫之无耻,是谓国耻。"④对此,梁启超作了深刻分析:顾炎武为什么专标"行己有耻"呢？"因为宋明以来学者,动辄教人以明心见性,超凡入圣,及其末流,许多人滥唱陈调,自欺欺人。而行检之间,反荡然无忌惮,晚明政治混浊,满人入关,从风而靡,皆由于此,亭林深痛之。"因此,顾炎武提出了"亡国亡天下"之说,认为"保天下者,匹夫之贱,与有责焉耳矣。"梁启超对此概括为"天下兴亡,匹夫有责"的名句,并指出:这实在是"教人竖起极坚强的意志抵抗恶社会。其下手方法,尤在用严正的规律来规律自己,最低限度要个人不至与流俗同化,进一步还要用个人心力改造社会"⑤。顾炎武一生正是认真实践着自己的人生主张。

顾炎武一生足迹半天下,"自少至老未尝一日废书"⑥,其为学范围广阔,而尤究心实学,"凡国家典制、郡邑掌故、天文仪象、河漕兵农之属,莫不

---

① 顾炎武:《亭林文集》卷三《与友人论学书》。
② 顾炎武:《日知录》卷七《博学于文》。
③ 梁启超:《中国近三百年学术史》六《清代经学之建设》。
④ 顾炎武:《日知录》卷一三《廉耻》。
⑤ 梁启超:《中国近三百年学术史》六《清代经学之建设》。
⑥ 潘耒:《日知录序》。

穷原究委,考正得失"①,为后人留下了丰富的学术成果。综其毕生所著,有《天下郡国利病书》120卷、《肇域志》、《音论》3卷、《诗本音》10卷、《易音》3卷、《唐韵正》20卷、《古音表》2卷、《韵补正》1卷;又有《金石文字记》、《求古录》等。而最能代表其学术成就的是积30年之功而写成的《日知录》32卷,此外还有《杜解补正》3卷、《石经考》、《九经误字》、《五经异同》、《二十一史年表》、《历代帝王宅京记》、《营平二州地名记》、《昌平山水记》、《山东考古录》、《京东考古录》、《谲觚十事》、《菰中随笔》、《救文格论》、《亭林文集》、《诗集》等等。顾炎武虽著述宏富,然其为人却极其谦虚,史称清初学者有根柢者,以炎武为最,但他又能广交贤豪长者,虚怀商榷,绝不自满。在他自作的《广师篇》中说:"学究天人,确乎不拔,吾不如王锡阐;读书为己,探赜洞微,吾不如杨瑀;独精三礼,卓然经师,吾不如张尔岐;萧然物外,自得天机,吾不如傅山;坚苦力学,无师而成,吾不如李容;险阻备尝,与时屈伸,吾不如路泽农;博闻强记,群书之府,吾不如吴任臣;文章尔雅,宅心和厚,吾不如朱彝尊;好学不倦,笃于朋友,吾不如王弘撰;精心六书,信而好古,吾不如张弨。"②这种虚怀若谷的精神和求实学的态度,实为人之楷模。

顾炎武在清初学术界是开一代风气的大师,给后世留下深远的影响。梁启超曾总结说:顾亭林"在清学界之特别位置,一在开学风,排斥理气性命之玄谈,专从客观方面研察事务条理;二曰开治学方法。如勤搜资料综合研究,如参验耳目闻见以求实证,如力戒雷同剿说,如虚心改订不护前失之类皆是;三曰开学术门类。如参证经训史迹,如讲求音韵,如说述地理,如研精金石类皆是"。"至于他的感化力所以能历久常新者,不徒在其学术之渊粹,而尤在其人格之崇峻"③。顾炎武晚年的经历与黄宗羲、王夫之两人不同,他自45岁弃家北游,至69岁逝世,故其间经历使他的学术风尚影响当世,"仅就为学的风尚而论,顾炎武的影响确实要较黄、王二人为大"④。

(三) 王夫之

王夫之,字而农,号薑斋,还用过卖薑翁、一瓠先生、瓠道人、双髻外史、

---

① 《清史列传》卷六八《儒林传·顾炎武》。
② 《清史列传》卷六八《儒林传·顾炎武》。
③ 梁启超:《中国近三百年学术史》。
④ 陈祖武:《顾炎武与清代学风》,《清史论丛》第四辑,中华书局1982年版。

桴杌外史等别号①。湖南衡阳人,晚年隐居于衡阳县金兰乡高节里石船山下(今衡阳曲兰乡湘西村),"筑土室曰观生居。晨夕杜门,学者称船山先生"②。生于明万历四十七年(1619),卒于清康熙三十一年(1692),终年73岁。

王夫之之父王朝聘,为明副贡生,从学于知名学者伍学父,又拜邹德溥为师,得阳明学派弟子邹守益(邹德溥之祖)之传,"以真知实践为学"③,这对王夫之有很大的影响。崇祯末年,王夫之乡试中举。是时,明末农民大起义如火如荼,明廷已无法再举行会试,王夫之也就失去了再试的机会。张献忠率大西军攻入湖南,延揽士人,王夫之拒不合作。大西军"执其父以为质。王夫之自引刀遍刺肢体,舁往易父"。"免之,与父俱归"④。这一年,他25岁。清顺治初年,清军占领湖南,王夫之的父亲、叔父及哥哥相继在战乱中去世。此间,王夫之在衡阳组织义兵抗清,事泄失败,走依桂林瞿式耜。瞿式耜将他推荐给桂王朱由榔,因他请假为父守制,未能授官。直到顺治七年(1650)他守制期满,才被授予行人司行人的官职,时年31岁。永历小朝廷政治腐败黑暗,大敌当前,仍党争不断。王夫之说首辅严起恒救金堡等之狱,又三次上疏弹劾吴党王化澄,"化澄将搆大狱陷之死地,会降帅高必正救之,得免"。逃过这一难后,王夫之又返桂林依瞿式耜。后闻母病,间道归楚,但当他赶回衡阳时,他母亲早已去世了。及至瞿式耜殉难桂林,严起恒被害南宁,王夫之知事不可为,"遂决计遁隐"⑤,时年33岁。此后他"益自晦匿,浪游郴、永、涟、邵间"⑥,四处隐居以逃避清廷的追捕。顺治十七年(1660)以后,清廷放松了民族高压政策,王夫之便定居衡阳金兰乡高节里,一面教学,维持清苦的生活;一面进行深入的学术研究,著述不辍,直到去世。

在清初三大思想家中,王夫之的学术体系最为博大精深。钱穆将王夫

---

① 白寿彝总主编:《中国通史》第十卷《中古时代·清时期(下)》。
② 李元度:《国朝先正事略》卷二七,岳麓书社1991年版。
③ 王夫之:《显考武夷府君行状》,《王船山诗文集》。
④ 赵尔巽等:《清史稿》卷四八〇《儒林·王夫之传》,中华书局1977年版。
⑤ 钱穆:《中国近三百年学术史》第三章。
⑥ 李元度:《国朝先正事略》卷二七。

之与黄宗羲相比较,认为"船山则理趣甚深,持论甚卓,不徒近三百年所未有,即列之宋明诸儒,其博大闳括,幽微精警,盖无多让。"①梁启超将王夫之与顾炎武相比较,认为二人都是王学反动所产之人物,非但能破坏而且能建设,但"亭林建设方向近于'科学的',船山建设方向近于'哲学的'"②。王夫之总结了中国古代哲学,在自然观、认识论、辩证法、历史观等方面都有所发展。

首先,王夫之继承和发展了张载"太虚即气"的学说,明确提出元气是构成宇宙的物质本体,元气本身即涵有运动变化的必然规律。他说:"太虚即气,絪缊之本体,阴阳合于太和。""絪缊,太和未分之本然;相荡,其必然之理势。""阴阳二气充满太虚,此外更无他物,亦无间隙。天之象,地之形,皆其所范围也。""以气化言之,阴阳各成其象,则相为对。刚柔、寒温、生杀必相反而相为仇,乃其究也。互以相成,无终相敌之理,而解散仍返于太虚。""聚散变化,而其本体不为之损益。""散而归于太虚,复其絪缊之本体,非消灭也。聚而为庶物之生,自絪缊之常性,非幻成也。"③王夫之继承了张载的气本论,认为元气是宇宙的唯一存在,宇宙间除了元气以外再无他物,同时他还指出气有形态的变化,但气本身是不生不灭的。他尖锐地批判了佛教和一切唯心主义者关于万物的生灭由心决定的主张,指出:"天地本无起灭,而以私意起灭之,愚矣哉。"④王夫之对张载气本论的发展,表现在他关于世界的物质实体思想更为明确,他提出"实有"的范畴,改造"诚者物之始终"的传统论题,进一步论证了"絪缊不可象"是"气"最本质的属性,即客观实在性。他说:"夫诚者,实有者也,前有所始,后有所终也。实有者,天下之公有也,有目所共见,有耳所共闻也。"⑤"诚者,天之道也,阴阳有实之谓诚。"⑥"诚"是孟子以来儒家唯心主义的一个重要概念,王夫之加以改造,变成了他唯物主义体系的一个重要范畴。王夫之还批判了宋明理学关于理气、道器关系的主张,提出了唯物主义的理气论和道器论。在理气关系

---

① 钱穆:《中国近三百年学术史》第三章《王船山》。
② 梁启超:《中国近三百年学术史》七《两畸儒》。
③ 以上见王夫之:《张子正蒙注》卷一《太和篇》,上海古籍出版社1956年版。
④ 王夫之:《张子正蒙注》卷四《大心篇》。
⑤ 王夫之:《尚书引义》卷三《说命上》,中华书局1976年版。
⑥ 王夫之:《张子正蒙注》卷一《太和篇》。

上,他指出:理是依赖于气而存在的,"理者,物之固然,事之所以然也。"①"气者,理之依也"②,"理不先而气不后","理便在气里面","气外更无虚托孤立之理"③。这是对程朱"理在气先"的深刻批判。在道器关系上,他指出:天下惟器,道在器中。他说:"统此一问,形而上则谓之道,形而下则谓之器,无非一阴一阳之和而成。尽器,则道在其中矣。"④"天下惟器而已矣。道者器之道,器者不可谓之道之器也。""无其器则无其道。……洪荒无揖让之道,唐虞无吊伐之道,汉唐无今日之道,则今日无他年之道者多矣。未有弓矢而无射道,未有车马而无驭道,未有牢醴、璧币、钟磬、管弦而无礼乐之道,则未有子而无父道,未有弟而无兄道,道之可有而且无者多矣。"⑤这是具有朴素唯物主义和辩证法因素的思想。

其次,王夫之的哲学体系中包含有丰富的辩证法思想。他在张载的"一物两体"学说的基础上,提出了"分一为二"与"合二以一"的命题。他肯定"一气之中,二端即肇,摩之荡之,而变化无穷。"⑥认为矛盾双方的这种关系,一方面是"相峙而并立"⑦,"判然各为一物,其性情、才值、功效,皆不可强之而同"⑧,这是"分一为二"的关系;另一方面,两者又"相倚而不相离"⑨,"交相入而包孕以运动之貌"⑩,这是"合二以一"的关系。王夫之深刻地指出:"合二以一者,既分一为二之所固有矣。"⑪能够认识到"合二以一"是"分一为二"所固有的一种属性,实为超越前人的创见。他进一步论证:"两端者,虚实也,动静也,聚散也,清浊也,其究一也。""非合两而以一为之纽也"⑫。"非有一,则无两也"⑬,说明了对立面的统一,没有统一性则

---

① 王夫之:《张子正蒙注》卷五《至当篇》。
② 王夫之:《思问录·内篇》。
③ 王夫之:《读四书大全说》卷一〇。
④ 王夫之:《思问录·内篇》。
⑤ 王夫之:《周易外传·系辞上传》。
⑥ 王夫之:《张子正蒙注》卷一《太和篇》。
⑦ 王夫之:《周易内传》卷一上。
⑧ 王夫之:《周易内传》卷五上。
⑨ 王夫之:《周易内传》卷五上。
⑩ 王夫之:《周易内传》卷六。
⑪ 王夫之:《周易外传》卷五。
⑫ 王夫之:《思问录·内篇》。
⑬ 王夫之:《张子正蒙注》卷一《太和篇》。

不能构成矛盾,正是这种认识使他的辩证法思想超越了前人。王夫之还研究了运动和静止的辩证关系,指出"太虚者,本动者也;动以入动,不息不滞"①,"方动即静,方静旋动,静即含动,动不舍静"②,"一动一静,阖辟之谓也。由阖而辟,由辟而阖,皆动也。废然之静,则是息矣"③。他认识到了动和静是互相包含的,运动是"太虚"所固有的属性,是永恒的,绝对的静止是没有的。在肯定事物是永恒运动的同时,他又提出了"天地之化日新"的发展观点,认为宇宙的运动变化是个不断更新的过程,他说:"天地之德不易,而天地之化日新。今日之风雷非昨日之风雷,是以知今日之日月非昨日之日月也。"④他把日新之化概括为两种类型,即量的积累和质的更新,指出"质日代而形如一,无恒器而有恒道也",就是说事物的本质在不断更替、日新,而外形却不变、如一。比如:"肌肉之日生而旧者消也,人所未知也。人见形之不变而不知其质之已迁,则疑今兹之日月为邃古之日月,今兹之肌肉为初生之肌肉,恶足以语日新之化哉!"⑤他认为,事物所以具有旺盛的生命力就在于"惟其日新"⑥,"推故而别致其新"⑦。王夫之这种变化日新的发展观点,后来为中国近代资产阶级思想家所吸取,用作维新变法的理论根据。

再次,王夫之在批判继承古代认识论的基础上,建立了朴素的唯物主义认识论的体系。他对佛教唯心主义"能"、"所"范畴进行了批判和改造,赋予其新的意义。他说:"所谓能者即思也,所谓所者即位也。""所谓能者即己也,所谓所者即物也。"就是说"能"是思维,即认识能力,是主体;"所"是认识对象,即客观事物,是客体。他指出:"境之俟用者曰所,用之加乎境而有功者曰能。能所之分,夫固有之。""乃以俟用者为所,则必实有其体;以用乎俟用,而以可有功者为能,则必实有其用。体俟用,则固所以发能;用,

---

① 王夫之:《周易外传·系辞下传》。
② 王夫之:《思问录·外篇》。
③ 王夫之:《思问录·内篇》。
④ 王夫之:《思问录·外篇》。
⑤ 王夫之:《思问录·外篇》。
⑥ 王夫之:《周易外传》卷六。
⑦ 王夫之:《周易外传》卷二。

用乎体,则能必副其所;体用一依其实,不背其故,而名实各相称矣。"①在这里,王夫之明确肯定"因所以发能","能必副其所",即主体的认识是客体所引起的,认识必须符合客观事物,这是坚持了唯物论的反映论。在知行关系上,他提出了"行则知之"的知行统一观。他很重视"行"在认识中的作用,明确指出:"行"是基础,"由行而行则知之"②,"且夫知也者,固以行为功者也;行也者,不以知为功者也。行焉可以得知之效也,知焉未可以得行之效也"。他强调:知必以行为功,行可有知之效,行不以知为功,而知则不得有行之效,是则"行可兼知,而知不可兼行。下学而上达,岂达焉而始学乎?君子之学,未尝离行以为知也必矣"③。他肯定行是知的基础,但也未忽视知对行的作用,指出:"由知而知所行"④,"知行终始不相离"⑤,"知行相资以为用"⑥。王夫之的知行统一观,是过去的唯物主义所未能达到的。

在历史观上,王夫之提出了"理势合一"的观点。首先,他肯定社会是发展的、进化的,批判复古主义者是"泥古过高而菲薄方今"⑦,其所以美化古人、崇拜先王,不过是"奉尧舜以为镇压人心之标的"⑧。其次,在肯定社会发展进化的基础上,他提出了"理势合一"的历史观。他反对在历史之外设置什么"天理"、"神意"、"道统"来主宰历史,而主张社会发展的规律应从其内部寻找,"只在势之必然处见理"⑨。他所说的势,是历史发展的必然趋势和客观过程,"凡言势者,皆顺而不逆之谓也,从高趋卑,从大包小,不容违阻之谓也"。而理则是体现于历史发展中的规律性,"势既然而不得不然,则即此为理矣"。两者之关系是统一不可分割的,"势因理成","迨已得理,则自然成势"。"理势不可以两截沟分","势之顺者即理之当然者已"。他的理势统一论与他在自然观方面的"理在气中"论是一致的。他说:"其

---

① 以上见王夫之:《尚书引义》卷五。
② 王夫之:《读四书大全说》卷四。
③ 王夫之:《尚书引义》卷三。
④ 王夫之:《读四书大全说》卷四。
⑤ 王夫之:《读四书大全说》卷三。
⑥ 王夫之:《礼记章句》卷三一。
⑦ 王夫之:《读通鉴论》卷二〇。
⑧ 王夫之:《宋论》卷六。
⑨ 王夫之:《读四书大全说》卷九。

始之有理,即于气上见理,迨已得理,则自然成势,又只在势之必然处见理。"①物质世界是具有客观规律的,在历史发展中,这客观规律便表现为必然之趋势。

王夫之之所以能在学术上有诸多的突破性成就,是与他学思结合的治学方法分不开的。他主张:"致知之途有二,曰学、曰思。思不容不审,学不容不博,学非有碍于思,而学愈博则思愈远;思正有功于学,而思之困则学必勤。"②正是这种"学思"兼用的方法,使王夫之的学术体系博大精深,卓然自成一家,也为后人留下了丰富的学术遗产。著作计有:《周易内传》12卷,《发例》1卷,《周易大象解》1卷,《周易稗疏》4卷,《周易考异》1卷,《周易外传》7卷,《书经稗疏》4卷,《尚书引义》6卷,《诗经稗疏》4卷,《诗经考异》1卷,《诗广传》5卷,《礼记章句》49卷,《春秋稗疏》2卷,《春秋家说》7卷,《春秋世论》5卷,《续春秋左氏博议》2卷,《四书训义》38卷,《四书稗疏》2卷,《四书考异》1卷,《读四书大全说》10卷,《说文广义》3卷,《读通鉴论》30卷,《宋论》15卷,《张子正蒙注》9卷,《思问录·内篇》1卷,《外篇》1卷,《俟解》1卷,《噩梦》1卷,《黄书》1卷,《识小录》1卷,《老子衍》1卷,《庄子解》33卷,《龙源夜话》1卷,《愚鼓歌》1卷,《相宗络索》1卷,《楚辞通释》14卷,《薑斋文集》10卷,《诗集》10卷,《诗余》3卷,《诗话》3卷,《外集》4卷,《夕堂永日八代文选》19卷。

王夫之学术体系虽然宏博,但在当时并未流行,因他"窜身瑶峒,席棘饴荼,声影不出林莽,门人故旧又无一有气力者为之表彰。殁后四十年,其子敔抱遗书上之督学,宜兴潘太史宗洛因缘得入四库,上史馆,立传儒林,而其书仍不传"③。直到道光年间,才由他的后代孙王世佺刻成《船山遗书》18种,后来又由曾国荃补刻,共收63种。1930年,上海太平洋书店又用铅字排印,共收70种。在近代历史上,王夫之的思想成为启蒙思潮重要的思想源泉之一,谭嗣同将王夫之视为自己的直接先驱,梁启超也受到他的影响,章太炎则更说道:"当清之季,卓然能兴起顽懦,以成光复之绩者,独赖而农

---

① 王夫之:《读四书大全说》卷九。
② 王夫之:《四书训义》卷六。
③ 李元度:《国朝先正事略》卷二七《王而农先生事略》。

一家而已!"①

2. 理学与经学的新变化

(一) 孙奇逢与北学

孙奇逢,字启泰,又字钟元,河北容城人。因长期在河南辉县夏峰村开堂讲学,人称其为夏峰先生,文集称《夏峰集》。生于明万历十二年(1584),卒于清康熙十四年(1675),享年91岁。

孙奇逢17岁时,通过万历二十八年(1600)的顺天乡试,值父母去世,守墓6年,受到朝廷表彰。与定兴鹿善继讲学,互以圣贤相期许。"家故贫,饔飧不给,巨室以金粟馈,婉却之。"天启年间,魏忠贤迫害东林党人,孙奇逢与鹿善继之父鹿正及张果中尽力保护,时人称为"范阳三烈士"。明清之际,他携家入易州五峰山避难,"门人亲故相保者数百家"。以后又徙居河南辉县苏门山,"工部郎中马光裕奉以夏峰田庐,乃辟兼山堂,读《易》其中,率弟子躬耕自给,四方来学愿留者亦授田使耕,所居遂成聚。"②孙奇逢在夏峰住了25年。明清两代朝廷多次征聘他为官,他均拒绝,仍以讲学著述终其生。

孙奇逢之为学,本于陆象山、王阳明,同时又兼采二程、朱熹,颇有会合朱、王之气象。其论学大旨:"以慎独为宗,以体认天理为要,以日用伦常为实际。"③他引阳明高足邹守益"除却自欺便无病,除却慎独便无学"之语说:"此语自道得尽千圣万贤,看切做功夫只有慎独。慎独者,慎其勿自欺者也。古来自欺者,莫过乡愿,故圣门痛斥之","欺愈工而斫吾真益甚,非独勘独证,戒慎提醒,终无自慊之路"。④ 他强调求学之功夫惟在慎独,要做到慎独首先要从不自欺开始。对于如何体认天理,他说:"明道谓'天理二字,是自己体贴出来'。是无时无处莫非天理之流行也。精一执中,是尧舜

---

① 章炳麟:《船山遗书序》。
② 《清史列传》卷六六《儒林传·孙奇逢》。
③ 汤斌:《孙夏峰先生墓志铭》,转引自萧一山:《清代通史》卷上。
④ 《孙征君年谱》,转引自萧一山:《清代通史》卷上。

自己体贴出来;无可无不可,是孔子自己体贴出来;主静无欲,是周子自己体贴出来;良知是阳明自己体贴出来;能有此体贴,便是其创获,便是其闻道;恍惚疑似据不定,如何得闻? 从来大贤大儒,各人有各人之体贴,是在深造自得之耳。"[①]孙奇逢从理学前贤的行实中,总结出"体贴"二字,并用以教人,教导为学者要在日用饮食之间随处体认天理,"每举一念,行一事,接一言,不可有违天理、拂人情处便是学问"[②]。他对理学做了通俗的解释,特别强调"躬行实践",使其很容易为普通民众所理解和实行,因此在当时产生了很大影响,与江南黄宗羲、关中李颙成鼎足之势。

孙奇逢既是学者,又是教育家,在教授生徒的同时,笔耕不辍,著作有160余卷。计有《读易大旨》4卷,《四书近指》20卷,《理学宗传》24卷,其他有《尚书近指》、《圣学录》、《两大案录》、《甲申大难录》、《乙丙纪事》、《孙文正年谱》、《岁寒居交集》、《答问》、《日谱》、《畿辅人物考》、《中州人物考》、《孝友堂家乘》、《四礼酌》等书百余卷,还有《新安县志》、《苏门遗事》以及年谱、传记、行述、墓铭、语录、诗文杂著等。以上经后人编选有《夏峰先生集》16卷,《孙夏峰先生全集》96册,均在道光年间刊行。此外,在《三贤集》中也收有他的著作。他的《理学宗传》比黄宗羲的《明儒学案》成书早十几年,在学术发展史上具有重要地位。

孙奇逢之学在北方影响很大,因其德高望重,拜之为师者甚众。尤其到了苏门以后,四方负笈求学者多达数百人,流寓泰州的四川籍学者费秘闻其名,"往苏门,谒孙奇逢,称弟子"[③]。对这些求学者,他不分贵贱贤愚、官民长幼,一以诚意接待,因此而名在天下。他的著名弟子有:河南新安人魏一鳌,著有《四书偶录》、《诗经偶录》、《雪亭诗草》。汤斌,康熙朝官至工部尚书。直隶滦州人赵御众,绝意仕进,"手辑夏峰遗书为《传信录》二十五卷,以志渊源,又辑奇逢粹语为《夏峰答问》五卷,五录其所见以合于师教,为《弗措录》,又著《困亨录》"[④]。此外还有张沐、崔尉林、耿介、钱佳选、高镕等人,足见其影响之大。

---

① 《夏峰集》卷二。
② 《夏峰集》卷一。
③ 《清史列传》卷六六《儒林传·费密》。
④ 《清史列传》卷六六《儒林传·孙奇逢附赵御众》。

(二) 李颙与关学

李颙,字中孚,号二曲,陕西盩厔县人,"二曲者,水曲曰盩,山曲曰厔也"[1]。又别署为二曲土室病夫,学者称之为"二曲先生"。生于明天启七年(1627),卒于清康熙四十四年(1705),亨年78岁。

李颙先世没有治学传统。父李可从在明末被征从军,战死于河南襄城。李颙时年16岁,与母亲相依为命。其母欲令其从师受学,但因交不起学费"师皆谢之"。后在母亲支持下发奋自学,"家无书,俱从人借之。其自经史子集以至二氏(佛、道)之书无不观。然非以资博览,其所自得,不滞于训诂、文义,旷然见其会通。"[2]李颙学成后,讲学关中,声名鹊起。母亲去世他守墓3年,然后又徒步去襄城寻找父亲尸骸,由是而为常州知府骆钟麟请去主讲于道南书院,"凡讲于无锡,于江阴,于靖江、宜兴,所至学者云集"。李颙讲学出名后,地方官屡屡向朝廷推荐他,康熙十七年(1678)诏举博学鸿儒,礼部以"海内真儒"荐举他,他称病不去,竟被用床抬至省城,他绝食6天,拔刀自刺,方得准假治病。晚年他为逃避盛名之累,迁居富平,筑土室,荆门反锁,杜门不出,仅顾炎武来访才一见。康熙四十二年(1703),康熙帝西巡,指名召见,他仍以老病为由拒绝,直到去世。

李颙之为学,亦出于王阳明,他主张"以尊德性为本体,以道问学为工夫,以悔过自新为始基,以静坐观心为入手"[3]。要求学者应该先看陆九渊、杨简、王守仁、陈献章之书,阐明心性,得道之本源;然后再读二程、朱子以及吴与弼、薛瑄、吕柟、罗钦顺之书,以尽践履之功;然后"由功夫以合本体,下学上达,内外本末,一以贯之。至于诸儒之说,醇驳相间,去短集长,当善读之。不然,醇厚者乏通慧,颖悟者杂竺、乾,不问是朱是陆,皆未能于道有得也"[4]。可见他虽是根柢王阳明,但走的却是会通之路,进而达到兼采众长,自成一家。在他的思想体系中,以"悔过自新"和"明体适用"两点最具特色。何谓悔过自新?他认为古今名儒导道救世,各家宗旨虽不同,"要之不出悔过自新'四字,总是开人以'悔过自新'的门路,但不曾揭出此四字,所

---

[1] 赵尔巽等:《清史稿》卷四八〇《儒林传·李颙》,中华书局1977年版。
[2] 全祖望:《鲒埼亭集》卷一二《二曲先生窆石文》。
[3] 以上见《清史列传》卷六六《儒林传·李容》。
[4] 全祖望:《鲒埼亭集》卷一二《二曲先生窆石文》。

以当时讲学费许多辞说。愚谓不若直提'悔过自新'四字为说,庶当下便有依据。"①他指出:"下愚之于圣人,本无以异。但气质蔽之,物欲诱之,积而为过。此其道在悔,知悔必改,改之必尽。夫尽,则吾之本原已复,复则圣矣。曷言乎自新,复其本原之谓也。"②何谓明体适用?他认为,儒者之学就是"明体适用之学","穷理致知,反之于内,则识心悟性,实修实证;达之于外,则开物成务,康济群生,夫是之谓明体适用"③,"明体而不适于用,便是腐儒;适用而不本于明体,便是霸儒;既不明体,又不适用,徒泪没于辞章记诵之末,便是俗儒"④。"明体适用"学说是李颙实学思想的成熟形态,是他的全部实学体系中最有价值的一部分,一则力图恢复儒学的经世传统;二则是对宋明理学家重体轻用的批判;三则对清初健实学风的形成起了积极的推动作用。

李颙最初有志于济世,著有《帝学宏纲》、《经筵僭拟》、《经世蠡测》、《时务急策》等书,后来将这些书稿焚毁,又著有《十三经注疏纠谬》、《二十一史纠谬》、《易说》、《象数蠡测》,其学极博。及至40岁以后,意识到这些徒为"口耳之学,无当于身心,不复示人。所至讲学,门人皆录其语。……其巾箱所藏,惟取《反身录》示学者"。因此他留下的著述不多,仅有《二曲集》、《四书反身录》2种,近世有人将此二书合而为一,并将以前未结集刊行的《垩室录感》、《司牧宝鉴》及其门人所辑之《历年纪略》、《潜确录》等汇集在一起,统名之曰《二曲集》。李颙的学说在当时影响很大,他与孙奇逢、黄宗羲被时人称为"三大儒"。但他起自孤微,"上接关学六百年之统,寒饿清苦之中,守道愈严,而耿光四出,无所凭借,拔地倚天,尤为莫及"⑤。梁启超称赞他的讲学"带有平民的色彩"⑥。

(三)颜李学派

清代初期,与程朱、陆王两大学派卓然不同,以讲求实践、实用为特征,"对于二千年来思想界为极猛烈、极诚挚的大革命运动,其所树的旗号曰

---

① 李颙:《二曲集》卷一《悔过自新说》。
② 全祖望:《鲒埼亭集》卷一二《二曲先生窆石文》。
③ 李颙:《二曲集》卷一五《鳌屋答问》。
④ 李颙:《四书反身录》卷一《大学》。
⑤ 全祖望:《鲒埼亭集》卷一二《二曲先生窆石文》。
⑥ 梁启超:《中国近三百年学术史》五《阳明学派之余波及其修正》。

'复古',而其精神纯为'现代的'"①学派,就是这首倡于颜元、大成于李塨的颜李学派。

颜元字易直,又字浑然,河北博野人。因其治学力主实行,极力提倡一个习字,名其所居曰"习斋",因以为号,学者又称其为习斋先生。生于明崇祯八年(1635),卒于清康熙四十三年(1704),终年69岁。

父颜昶,原为蠡县朱氏养子,故颜元初为朱姓。在颜元4岁时颜昶戍辽东,死于关外,母改嫁,他一直长于朱氏家,直到近40岁时才归博野本宗,复姓颜氏。颜元幼年时学神仙导引之术,后来又染上轻薄恶习,到19岁乃悟前非,洗心向学,学陆王、学程朱、学兵法、读通史,名其斋曰"思古",自号"思古人"。30岁时与王养粹交好,"相约为日记,十日一会,考功过"②,终生学行得益于此。34岁时乃悟尧、舜、周、孔之道在六府(水、火、金、木、土、谷)、三事(正德、利用、厚生)、三物(即六德:知、仁、圣、义、忠、和,六行:孝、友、睦、姻、任、恤,六艺:礼、乐、射、御、书、数)、四教(文、行、忠、信),此后遂毅然以弘扬周、孔之道为己任。后又感觉思不如学,学必须习,乃改思古斋为习斋,设教里中。62岁时曾短期主讲于漳南书院,因漳河洪水毁坏了书院,他辞归乡里不再外出,直到去世。

颜元之为学,根柢也出于王阳明,再加之自己的刻苦,卓然自成一家。他因"明季诸儒崇尚心学,无补于时,驯至大乱,士腐而靡,兵专而弱,故其学主于历实行、济实用……惟在实学实行实用之天下"③。他说:"道不在诗书章句,学不在颖悟诵读,而期如孔门博文约礼,身实学之、实习之"④。为什么要提倡实习呢?他说明其缘由道:"吾尝谈天道性命,若无甚扞格,一著手算九九数,辄差。王子(养粹)讲冠礼,若甚易,一习初祝,便差。以是知心中醒,口中说,纸上作,不从身上习过,皆无用也。"⑤于此可见他以"实行"、"实习"为宗旨之拳拳用心。他躬行教人的内容,主要是周公、孔子的六德、六行、六艺,而对六艺又特别加以注意。他的这些主张,梁启超概括

---

① 梁启超:《中国近三百年学术史》十《实践实用主义》。
② 萧一山:《清代通史》卷上。
③ 《清史列传》卷六六《儒林传·颜元》。
④ 颜元:《存学编·上太仓陆桴亭书》。
⑤ 颜元:《存学编·性理评》。

说:"他所谓习,绝非温习书本之谓,乃是说凡学一件事都要用实地练习功夫,所以我叫他做'实践主义'。……他用世之心极热,凡学问都要以有益于人生可施诸政治为主,所以我又叫他做'实用主义'。"①这一概括是极为恰当的。

颜元因倡导实行、实习,因而反对读书、著书,曾说:"人之岁月精神有限,诵说中度一日,便习行中错一日;纸墨上多一分,便身世上少一分。"②所以一生著作很少,只有《存学编》4卷、《存性编》2卷、《存治编》1卷、《存人编》4卷,他的弟子李塨和王源编有《颜元年谱》2卷,钟錂又辑有《言行录》2卷、《辟异录》2卷。

李塨字刚主,号恕谷,河北蠡县人。生于顺治十六年(1659),卒于雍正十一年(1733),享年74年。

父李明性,平生学行甚高,深受颜元敬重。李塨自幼与颜元交往,一则父命其从颜元学,二则他也深服颜元"学习六艺"之说,乃自21岁起拜颜元为师。后来他32岁时乡试中举,但未中进士。到60岁时被选为通州学正,只当了80多天的官,就称病告归,居乡著述,直到去世。

李塨之学出于颜元,时人以颜李并称。但他同时又吸取了其他学者的长处,而将颜学光大。除了学礼于颜元外,还"学琴于张而素,学射于赵思光,学数于刘见田,学书于彭通,学兵法于王余祐"③。颜元一生足不出户,不轻与人交,李塨则广交游,闻名于时。他的朋友郭金汤任桐乡县令,杨勤任富平县令,先后请他入幕,他欣然前往,使当地政教大行。南下时他遍访学者,弘扬师说,并曾向毛奇龄学习乐学与经学。北游京都,他又与万斯同、胡渭等名家交往,他所著的成名作《大学辨业》深得万斯同推重,并为之作序。万斯同还在自己的讲会上把他介绍给学术界,请他讲学,遂使李塨名满京都,而天下也才知道还有颜元这样一个学派。由于李塨为传播颜学所做的努力,使得当时一些著名学者如王源、恽鹤生等,均成为颜学的门徒。所以梁启超说:"这派虽由习斋创始,实得恕谷然后长成。"④

---

① 梁启超:《中国近三百年学术史》十《实践实用主义》。
② 颜元:《存学篇·总论诸儒讲学》。
③ 《清史列传》卷六六《儒林传·李塨》。
④ 梁启超:《中国近三百年学术史》十《实践实用主义》。

颜元之学特重实行,反对著书立说。李塨则不然,除了弘扬颜学之外,他还留下了许多著作,计有:《周易传注》7 卷,《筮考》1 卷,《郊社考辨》1 卷,《论语传注》2 卷,《大学传注》1 卷,《中庸传注》1 卷,《传注问》1 卷,《李氏学乐录》2 卷,《大学辨业》4 卷,《圣经学规纂》2 卷,《论语》2 卷,《小学稽业》5 卷,《拟太平策》7 卷,《阅史郗视》5 卷,《恕谷后集》13 卷。

颜李学派当时力倡实行、实习,反对空言无行,卓然自成一家。但只到李塨即戛然而止。一度兴盛的学派,若伏流沉潜于地底,直到晚清经戴望等人表彰,始得重放异彩。究其原因有二:一则是清廷独尊朱学,再则是清初学术发展内在逻辑的制约,亦即经史考据之风的兴起使然①。

(四)张履祥、陆世仪与吕留良

张履祥,字考夫,又字渊甫,浙江桐乡人。世居杨园村,学者称其为杨园先生。生于明万历三十九年(1611),卒于清康熙十三年(1674),终年 63 岁。

张履祥 9 岁丧父,母亲沈氏教他读《论语》、《孟子》,并教导说:"孔孟亦两家无父儿也,只因有志,便做到圣贤。"②这对他的立身学行有重要影响。他受业于刘宗周之门,讲求"慎独"之学,入清以后,转而归向朱熹的"格物穷理"之学,并向王学发起攻击,认为"姚江以异端害正道,正有朱紫苗莠之别,其弊至于荡灭礼教,今日之祸,盖其烈也"③。黄宗羲继承刘宗周的宗旨,以之鼓动天下,他不以为然,认为"此名士,非儒者也"④。晚年一意程朱之学,以讲求躬行实践为主,梁启超称他是"清儒中辟王学的第一个人"⑤。

张履祥之为学,大要是以仁为本,以修己为务,而以《中庸》为指归,还特重践履。他宗法朱熹之说,主张穷理居敬,认为"居敬所以存心也,穷理所以致知也。惟居敬故能直其内,惟穷理故能方其外。惟内之直故能立天下之大本,惟外之方故能行天下之达道。然居敬穷理,又非截然有两种功夫也,博学、审问、慎思、明辨,是为穷理;其不敢苟且从事、勤始怠终及参以二

---

① 陈祖武:《清学术思辨录》九《从孙奇逢到颜李学派》,中国社会科学出版社 1992 年版(下略)。
② 《清史列传》卷六六《儒林传·张履祥》。
③ 张履祥:《杨园先生全集》卷四《答沈德孚》。
④ 《清史列传》卷六六《儒林传·张履祥》。
⑤ 梁启超:《中国近三百年学术史》九《程朱学派及其依附者》。

三,即为居敬"。提倡知行并进,内外相辅,认为"无一念非学问,无一事非学问"。因此他非常重视躬行实践,教导学生要务经济之学,自己每年都亲自耕田数十亩,并总结自己的经验写成《补农书》,大力宣传"治生当以稼穑为先,能稼穑则无求于人,而廉耻立;知稼穑艰难则不妄取于人,而礼让兴。廉耻立、礼让兴,世道可复古矣"①。他的著作有《备忘录》、《愿学记》、《读易笔记》、《读史偶记》、《言行见闻录》、《经正录》、《初学备忘》、《近鉴》、《近古录》、《训子语》、《补农书》、《丧葬杂说》、《训门人语》及《诗文集》,总计 54 卷。

陆世仪,字道威,号刚斋,江苏太仓人。明亡以后,他凿地 10 亩,筑亭其中,不通宾客,自号"桴亭",学者因称其为桴亭先生。生于明万历三十九年(1611),卒于清康熙十一年(1672),终年 61 岁。

陆世仪之为学,笃守程朱家法,以格致、诚正、修齐、治平为程序,以居敬、穷理、省察、克治为功夫。与同里陈瑚、盛敬、汪士韶诸人相约,"为迁善改过之学。或横经论难,或即事穷理,反复以求一是。甚有商榷未定,彻夜忘寝,质明而后断,或未断而复辨者"②。时人将他们称为"娄东四君子"③。他同张履祥相似,也以朱熹倡导的"居敬穷理"之教为入手功夫,其中又特别重视"敬"字。他说:"四个字是居敬穷理,一个字是敬。"又说:"居敬是主宰,穷理是进步处。"又说:"古人以居敬为力行,穷理为致知者,毕竟敬字该得行字,行字当不得敬字。须把居敬作主,下面却致知力行,一齐并进,方有头绪。"④于此可见他对"敬"字的重视。陆世仪虽主张"居敬穷理",但平生治学特重躬行实践,志存济世,于天文、地理、河渠、兵法、技击等无不通习。其一生为学之精粹,辑为《思辨录》一书,取《中庸》"慎思"、"明辨"之意,以逐日记录其学思所得,内容分为小学、大学、立志、居敬、格致、诚正、修齐、治平、天道、人道、诸儒、异学、经子、史籍 14 类。除此之外,他的著作还有《论学酬答》、《宗礼典礼折衷》、《礼衡》、《易窥》、《诗鉴》、《书鉴》、《春秋考论》等 40 余种。

---

① 《清史列传》卷六六《儒林传·张履祥》。
② 赵尔巽等:《清史稿》卷四八〇《儒林传·陆世仪》,中华书局 1977 年版。
③ 陈瑚:《陆桴亭先生行状》,《陆子遗书》卷首。
④ 陆世仪:《思辨录·居敬类》。

吕留良，一名光轮，字用晦，又字庄生，号晚村。浙江崇德（今桐乡）人。明亡后削发为僧，更名耐可，字不昧，号何求仙人，能医，又号吕医山人。生于明崇祯二年（1629），卒于清康熙二十二年（1683），终年54岁。

吕氏在明时是世代官宦之家，吕留良在崇祯末年参加过文人结社的活动。明亡后，吕氏家族散万金家财，起兵抗清。失败后亲朋多死，他为免遭迫害，改名光轮，应清廷科举考试。此事给他留下终生遗憾。以后他绝意科场，以行医为业，并评选时文。晚年因其名望益高，地方官要向朝廷推荐他，不得已削发为僧，卒于山中。死后40余年，雍正时，受曾静反清案的牵连，被开棺戮尸，枭首示众，子孙门人惨遭迫害，著述皆被焚毁。

在清初学者中，吕留良是以"尊朱辟王"而名于时的。他说："某平生无他识，自初读书即笃信朱子之说。"宣称："凡天下辨理道、阐绝学，而有一不合于朱子者，则不惜辞而辟之耳。"①吕留良之所以"辟王"，是出于对明亡历史的反思，他指出：明朝自正德、嘉靖以来，"邪说横流，生心害政，至于陆沉。此生民祸乱之原，非仅争儒林之门户也"。因此"今日辟邪，当先正姚江之非"②。他将陈献章、王守仁都列为朱子之罪人、孔子之贼，足见他对王学抨击之严厉。吕留良之所以"尊朱"，则是他在排斥王学之后，在当时的历史条件下无法提出更新的主张，因此他只能向传统复归，上寻到朱子，提出"救正之道，必从朱子"③。那么，怎样进行救正呢？他阐述说："今示学者似当从出处、去就、辞受交接处画定界限，扎定脚根，而后讲致知、主敬工夫，乃是破良知之黠术，穷陆派之狐禅。盖缘德祐以后，天地一变，亘古所未经。先儒不曾讲究到此，时中之义，别须严辨，方好下手入德耳。"④吕留良在这里以南宋末年恭帝被元兵掳去一事作为比较，提出"时中之义，别须严辨"，自是有其深刻用意，这用意即是"在发挥民族精神以不屈膝仕外姓为主"⑤。于此可见吕留良之尊朱，其意在提倡民族气节，用以唤醒清初士子的民族意识。正是这一思想，吕留良才遭到了清廷加于身后的"戮尸枭

---

① 吕留良：《吕晚村先生文集》卷一《答吴晴岩书》。
② 吕留良：《吕晚村先生文集》卷一《答高汇旃书》。
③ 吕留良：《吕晚村先生文集》卷一《与张考夫书》。
④ 吕留良：《吕晚村先生文集》卷一《复高汇旃书》。
⑤ 钱穆：《中国近三百年学术史》第二章《黄梨洲》。

示",直到清亡后才得以昭雪。

(五)阎若璩、胡渭与毛奇龄

阎若璩,字百诗,号潜邱。祖籍为山西太原,自其五世祖起侨居江苏淮安。生于明崇祯九年(1636),卒于清康熙四十三年(1704),终年68岁。

阎若璩6岁入学,至15岁时智慧顿开,自此颖悟异常。当年以商籍补为县学生员。他将古人陶弘景、皇甫谧的话题写在自家房柱上:"一物不知,以为深耻,遭人而问,少有宁日。"集中体现了他的为学志向。他曾多次参加科举考试未中。此后,他以经史考据与海内学者相交游,顾炎武以所撰《日知录》相商讨,他为之改订数条。编修汪琬著有《五服考异》,他又为之纠正数条。尚书徐乾学奉敕修《一统志》,聘请他参与其事。到晚年名声愈大,学者称之为"潜邱先生"[①]。他68岁时,康熙帝南巡,有人举荐他,他却没赶上召见。后来被当时尚为藩王的清世宗胤禛请到京城,不久就病死了。

阎若璩治学以考据见长。他最得意之作为《古文尚书疏证》。那是他20岁时,"读《尚书》,至古文二十五篇,即疑其伪。沉潜三十余年,乃尽得其症结所在,作《古文尚书疏证》八卷,引经据古,一一陈其矛盾之故,古文之伪大明"[②]。《尚书》本为儒家之重要典籍,由孔子删定而成。经秦始皇焚书后,至汉代始有今古文之分,伏生所传28篇为今文,武帝时鲁共王坏孔子壁而出《古文尚书》,经孔安国整理后比今文多出16篇。至魏晋时,《古文尚书》久已失传,东晋时忽有梅赜献出《古文尚书》,比今文增多25篇,且有孔安国所作的注。到了唐代整理古代典籍,由陆德明据以作《经典释文》,孔颖达据以作《五经正义》,此后梅赜所献之《古文尚书》便为世所重,今古文遂混而为一,成为全社会所信奉的儒家经典。这期间曾有北宋吴棫、南宋朱熹、元吴澄、明梅鷟等人怀疑其伪,但未能推倒疑案。至阎若璩之书出,对梅赜之《古文尚书》进行了全面考证,共得出128条证据,从今、古文之篇数、篇名、语言、文体、内容等方面,用比较的方法一一揭示出其作伪之证据,在当时确实是振聋发聩,令世人耳目一新。其结论是:梅赜所献之《古文尚书》,乃是"不古不今,非伏非孔,而欲别为一家之学"之书。由此而使《古文

---

① 江藩:《国朝汉学师承记》卷一《阎若璩》。
② 《清史列传》卷六八《儒林传·阎若璩》。

尚书》之疑案大白于天下,而其影响在当时学术界亦甚巨,因此梁启超称之为"近三百年学术解放之第一功臣"①。

阎若璩除了精通考据外,还精于历史地理学,对"山川形势,州郡沿革,了若指掌"②。著有《四书释地》5卷,此外还有《孟子生卒年月考》1卷、《潜邱札记》6卷等等。

胡渭初名渭生,字朏明,一字东樵,浙江德清人。生于明崇祯六年（1633）,卒于清康熙五十三年（1714）,享年81岁。

胡渭12岁时父亲去世,母亲沈氏携他避乱于山谷间,"虽遭颠沛,犹手一编不辍"③。15岁时入为县学生。一生潜心经史,尤精舆地之学,其代表作即《禹贡锥指》20卷,并有图47幅,对"古今水道山脉,条分缕析,聚米画沙,如身历目击者矣"。特别是对汉唐以来黄河河道之迁徙,清初黄河之形势,治河之方略,多有论列,其导河入渤海之主张,被人称为卓论。

胡渭给予当时思想界以最大影响的,还是《易图明辨》10卷,"专辨宋儒所传'太极'、'先天'、'后天',即所谓《河图》、《洛书》等种种矫诬之说"④。胡渭指出:儒家经典《诗》、《书》、《礼》、《春秋》皆不可无图,惟《易》无所用图,其六十四卦、二体六爻之画即是其图。他说:"河图之象,自古无传,从何拟议？洛书之文,见于《洪范》,奚关卦爻？《五行》、《九宫》初不为《易》而设,《参同契》、《先天》、《太极》特借《易》以明丹道;而后人或指为《河图》,或指为《洛书》,妄矣!"明确宣布:"凡为《易图》以附益经之所无者,皆可废也。"⑤胡渭经过深入的考证,揭出河图之根源乃是宋初华山道士陈抟为了修炼,根据《易》理,演化成图,本为道家养生之术,绝非伏羲、文王、周公、孔子之旧。陈抟以之授给李之才,李之才授给邵雍,后人遂以讹传讹,将其当成伏羲所传,实在是穿凿附会。梁启超指出:"所谓'无极'、'太极',所谓《河图》、《洛书》,实组织'宋学'之主要根核。宋儒言理、言气、言数、言命、言心、言性,无不从此衍出。周敦颐自谓'得不传之学于遗经',程、朱辈

---

① 梁启超:《中国近三百年学术史》六《清代经学之建设》。
② 江藩:《国朝汉学师承记》卷一《阎若璩》。
③ 江藩:《国朝汉学师承记》卷一《胡渭》。
④ 梁启超:《中国近三百年学术史》六《清代经学之建设》。
⑤ 胡渭:《易图明辨》卷首《题辞》。

祖述之,谓为道统所攸寄。于是占领思想界五六百年,其权威几与经典相埒。"使后人知道宋学自是宋学,孔学自是孔学,离之则双美,合之则两伤,"此实思想之一大革命也"①。此外,胡渭还著有《洪范正论》5 卷、《大学翼真》7 卷。

毛奇龄,字大可,又名甡,别字于齐、春庄、初晴、秋晴、晚晴等,浙江萧山人。又以郡望称西河,晚岁学者称之为西河先生。生于明天启三年(1623),卒于清康熙五十二年(1713),享年 90 岁。

毛奇龄少年颖悟,明末避乱于县之南山,筑土屋读书其中。顺治三年(1646)曾随明保定伯毛有伦抗清,失败后又受到仇家陷害,"乃变姓名为王士方,亡命浪游"②。康熙十七年(1678),应博学鸿词科考试,列为二等,授翰林院检讨,充明史纂修官。康熙二十四年(1685)又充会试同考官,冬天告假南归,"得痹疾,遂不复出"③。

毛奇龄为学之初,即受到刘宗周的影响,"在他晚年的治经实践中,也无不体现出以王学为宗旨的鲜明趋向。然而他倡考证以斥杜撰,其间所贯穿的考辨精神,在方法论上则已非昔日理学旧貌"④。他之为人有一特点,其自负在经学,"然好驳辨,他人所已言者,必力反其词"⑤。阎若璩作《古文尚书疏证》以后,凡阎氏认为伪作之处,他必反其说,力辩为真,写了《古文尚书冤词》8 卷。又删自己的旧作《尚书广听录》为 3 卷,力求胜过阎若璩。诚如钱穆所说:"西河好胜,仗其才辨,不欲人之得美名以去,而求以出其上,于是乎有《古文尚书冤词》。《古文》之伪,已成不净,西河辨之虽力,皆废话也。"⑥经钱穆考证,毛奇龄之考证学乃是得自阎若璩,阎氏书成寄给毛氏时,毛氏写信争论只在"朱陆之辨,而不及古文真伪",只是当李塨倡《古文尚书》非伪之说后,毛氏才作《古文尚书冤词》。钱氏谓:"余又考潜邱癸酉(康熙三十二年,1693)游西泠,西河介姚立方(际恒)与相见,则其时西河于《古文》之伪未持异议可知。及后四年丁丑(康熙三十六年),恕谷始来

---

① 梁启超:《清代学术概论》五。
② 赵尔巽等:《清史稿》卷四八一《儒林传·毛奇龄》,中华书局 1977 年版。
③ 《清史列传》卷六八《儒林传·毛奇龄》。
④ 陈祖武:《清初学术思辨录》十四《毛奇龄与清初经学》。
⑤ 《清史列传》卷六八《儒林传·毛奇龄》。
⑥ 钱穆:《中国近三百年学术史》第六章《阎潜邱毛西河》。

杭,见西河、立方,又与桐乡钱晓城辨,屡以《古文》非伪之意告西河。又二年己卯(康熙三十八年),悫谷过淮上,见潜邱,乃云'毛先生有新著',则西河成《冤词》在戊寅、己卯(康熙三十七至三十八年)间也。"①

毛奇龄除了与阎若璩辩而作《古文尚书冤词》外,其他著述亦多,计有《诗传诗说驳议》5卷,《白鹭洲主客说诗》1卷,《古今通韵》12卷,《仲氏易》30卷,《推易始末》4卷,《春秋占筮书》3卷,《易小帖》5卷,《易韵》4卷,《河图洛书原舛编》1卷,《太极图说遗义》1卷,《春秋毛诗传》36卷,《春秋简书刊误》2卷,《春秋属词比事记》4卷,等等。后人辑有《西河全集》,分为经集、文集二部。"著述之富,甲于近代"②。

3. 史学的蓬勃气象

(一) 清初的私家修史之风

清朝初年,经过明末农民大起义风暴的洗礼之后,很多学者都在探讨明朝所以灭亡的原因和教训,因此私家修史蔚为风气,形成热潮,为历代所仅见,尤其是私修明代史之多,已成为清初思想文化方面的一大特色。其间比较重要而有代表性的史家有谈迁、谷应泰、查继佐等。

谈迁,原名以训,字仲木,号射父,浙江海宁人。明亡后改名迁,字孺木,号观若,自称为江左遗民。生于明万历二十二年(1594),卒于清顺治十四年(1657),终年63岁。

谈迁对史学最大的贡献,是以一人之力,完成了一部108卷(正文104卷,加卷首4卷)的编年体明朝通史《国榷》。全书上起元文宗天历元年(1328),下至南明弘光元年(1645),记述了自朱元璋诞生起直到福王政权灭亡止的包括有明一代276年在内的317年的历史。其书名所以取为《国榷》,谈迁解释说:"横木水上曰榷。汉武帝榷商税,今以榷史,义无所短长也。事辞道法,句榷而字衡之。大抵宁洁毋靡,宁塞毋猥,宁裁毋赘。"③可

---

① 钱穆:《中国近三百年学术史》第六章《阎潜邱毛西河》。
② 《清史列传》卷六八《儒林传·毛奇龄》。
③ 谈迁:《国榷·义例》,中华书局1958年版。

见他是要如实记述明朝的历史。他之所以要撰写明朝的历史,一则有感于明代实录之不实,二则不忍心看着明朝"国灭而史亦随灭"①,为此他不惜耗费毕生之精力,撰成这部《国榷》。谈迁之撰写此书,肇端于明末,成书于清顺治十三年(1656),其初稿成于天启六年(1626),参考诸家著述 120 余种,但尚缺崇祯一朝史事,到明亡以后,他又搜集崇祯一朝之邸报,续加了崇祯、弘光两朝史事,完成了《国榷》全编。但是书成不久,顺治四年(1647)夏,《国榷》书稿被盗贼全部偷走,谈迁 20 多年的心血付之东流。50 多岁的谈迁面对这沉重的打击,毅然发愤,重新编写《国榷》。于是他再次以实录为依据,遍考群籍,广为搜订,又花了 10 年工夫,终于重新写完了《国榷》。谈迁私撰的这部《国榷》,主要的史料依据是列朝实录和邸报,"参以诸家编年,但又不偏信实录,也不侧重私家著述。他对史事的纪述是十分慎重的,取材很广泛,但选择很谨严,择善而从,不凭个人好恶"②,因而它的史料价值很高,历来为治明史者所重视。另外,由于《国榷》成书以后长期没有刊行,抄本亦少,因而仍保留其原貌,未受到清代官方的删改,其中保留的明朝后期史料及建州女真之事迹,为研究清朝开国史和明清交替具有重要参考价值。

谷应泰,字赓虞,号霖仓,河北丰润人。生于明泰昌元年(1620),卒于清康熙二十九年(1690),享年 70 岁。顺治四年(1647)中进士,历官户部主事、员外郎等职,顺治十三年(1656)调任提督浙江学政佥事,在任期间网罗文士陆圻、徐倬、张子壇等人,编成了一部纪事本末体的明代史《明史纪事本末》,这是他史学的最大贡献。

《明史纪事本末》全书共 80 卷,上起元朝至正十二年(1352 年)朱元璋起兵,下迄明朝崇祯十七年(1644)明灭亡,将有明一代之重大史事分列为 80 个专题,每题 1 卷,沿用南宋袁枢《通鉴纪事本末》之体裁,而成纪事本末体的明朝断代史。《明史纪事本末》成书于顺治十五年(1658),早于清代官修《明史》约 80 年,其史料来源主要得自明人纪事本末体史籍如高岱的《鸿猷录》、范景文的《昭代武功编》、张岱的《石匮藏书》以及谈迁的《国榷》等

---

① 黄宗羲:《南雷文定》卷七《谈孺木墓表》。
② 吴晗:《谈迁和国榷》,《国榷》开篇。

书,在保存了大量珍贵史料的基础上,对这些史籍进行了一番斟酌取舍,同时"以其繁富精彩的论赞,在诸家纪事本末体史籍中独树一帜"①。时人称赞说:"阅其纪事而汙隆兴废之故、贤奸理乱之形,洞如观火,较若列眉;更读其论断诸篇,又无不由源悉委,揣情虑实",赞为"洵一代良史也"②。今人认为:它所汇集的史料,多可补官修《明史》之缺失,因而是"研究明史必不可少的一部史籍"③。

查继佐,初名继佑,后因应县试时误写为继佐,遂名继佐,字伊璜,一字敬修,号与斋。浙江海宁人。明亡后改名省,字不省。游粤后隐姓名为左尹,别号非人氏。其所居近东山,居庐名朴园,人称东山先生、朴园先生。生于明万历二十九年(1601),卒于清康熙十五年(1676),享年75岁。

查继佐幼承家学,崇祯年间考中举人,有文武才,为江南名士。清军下江南,鲁王"监国",他出任兵部职方司主事、监军御史,在浙东抗击清军,失败后于顺治三年(1646)返乡隐居,致力于明史著述。曾受庄廷鑨明史狱牵连,险遭杀身之祸。获免于难后,他以个人之力完成了一部纪传体的明史《罪惟录》。《罪惟录》是他自顺治十二年至康熙十四年(1655—1675)以20年的时间,冒着生命危险而完成的明朝断代史,全书共106卷,一说120卷④,今浙江古籍出版社本则为《纪》22卷、《志》32卷、《传》36卷,共计90卷。它成书于官修《明史》之前很早,以明朝年号系年,为抗清人物立传,对清朝称"满人"而不称"大清",并在书中讥刺投降派,鲜明地表现出作者的立场。该书的史料价值很高,有些为《明史》所隐去的史实,它都能清楚记载,如关于景帝之死的真相;再如列传中李贤、袁黄等人的传记中,有许多他书所不见的独特记载。因此有人评论"它的许多论断叙入了不少遗闻轶事,往往别开生面,足资考证"⑤,为研究明史必备的参考书。

张岱,字宗子、石公,号陶庵、蝶庵居士,自称六休居士、古剑老人。浙江山阴(今绍兴)人。生于明万历二十五年(1597),约卒于清康熙十八

---

① 陈祖武:《清初学术思辨录》十一《清初的史学(上)》。
② 傅以渐:《明史纪事本末序》,上海古籍出版社影印本,1994年版。
③ 陈祖武:《清初学术思辨录》十一《清初的史学(上)》。
④ 见[日]山根幸夫主编:《中国史研究入门·明代部分史籍概说》。
⑤ 方福仁:《罪惟录·前言》,浙江古籍出版社1986年版。

年(1679,一说二十八年),享年82岁。少时居于杭州,工骈文,散文短隽有味,潜心文史,尤精明史。明亡以后,避乱剡溪山(在今绍兴嵊州)中,杜门谢客数十年,著有纪传体明代史《石匮书》及其《后集》。

《石匮书》又名《石匮藏书》,全书220卷,始著于明崇祯元年(1628)。明亡以后,张岱携稿屏迹深山,又历10年而成书,其间五易其稿,九正其讹。他利用家中累世积累的丰富资料,前后历经27年始成,力求撰述时事语必准确,以便藏之石室,传之后世,因而该书具有很高的史料价值。但该书止于天启,崇祯以后事迹尚缺。康熙初年,谷应泰组织编写《明史纪事本末》,张岱受聘参与其事,于是广泛收集崇祯年间的邸报等资料,归后撰成《石匮书后集》63卷,附录1卷,体例同于《石匮书》,专记崇祯朝及南明史事,其中有关农民起义的记载以及在抗清斗争中殉难的诸臣列传用力最大,因而成为本书之特色。

傅维鳞,初名维桢,字掌雷,号歉斋。河北灵寿人。生于明末,年代不详,卒于清康熙六年(1667)。傅维鳞在明末崇祯年间考中举人,清初顺治三年(1646)考中进士,授为编修,参与修《明史》。他正是利用在弘文院分修《明史》的机会,搜求抄录诸书、家乘、文集、碑志等共300余部,9000余卷,然后以《明实录》为中心,考订异同,互相参证,编纂成一部纪传体的明史,取名为《明书》。该书上起元文宗天历元年(1328),下迄明崇祯十七年(1644),所记史实丰富,间有超过官修《明史》者。全书共171卷,因其不懂史法,《四库全书总目提要》批评它"体例舛杂,不可缕数"。其原因则是"一代之史,记载浩繁,非综括始终,不能得其条理。而维鳞节节叶叶,凑合成编,动辄矛盾,固亦势使之然矣"①。尽管该书有很多缺点和缺略,但因成书在《明史》之前,仍为治明史者所重视。

除了上述贯通有明一代的史书之外,专记明清更迭的私家史书也很多,如计六奇的《明季北略》《明季南略》,黄宗羲的《行朝录》《海外恸哭记》,顾炎武的《圣安纪事》,王夫之的《永历实录》,温睿临的《南疆逸史》,钱澄之的《所知录》,邵廷采的《东南纪事》,杨英的《先王实录》,等等。综论中国古代史事、典籍、地理、方志、学术演变以及评论史事的著述更是蔚为大

---

① 《四库全书总目提要》卷五四《史部别史类存目》。

观。如顾炎武的《天下郡国利病书》和《肇域志》,顾祖禹的《读史方舆纪要》,马骕的《绎史》和《左传事纬》,李清与吴任臣的《南北史合注》、《南唐书合注》、《十国春秋》,黄宗羲的《明儒学案》,孙奇逢的《理学宗传》,梁份的《西陲今略》,刘献廷的《广阳杂记》,朱彝尊的《经义考》及王夫之的《读通鉴论》、《宋论》,等等。

上述诸多史家和史学著述的出现,无不反映出清初历史学所涉及的范围之宏大、广博,它是与明末清初学者们所倡导的经世实学思潮紧密相连、遥相呼应的。

(二) 清初官修史书

清朝(后金)建国伊始,就重视史学,遵循汉人的文化传统,编纂史书成为其治国的一个重要方面。官修史书的发展大致可以分成两个方面:一是设官记载君主的言行并纂修编年体的实录,以及对当朝重大历史事件作专题撰述;二是设官为前朝修史。清初的官修史书也是围绕着这两个方面而展开的。

遴选儒臣记载皇帝的一言一行,置起居注馆,这一做法早在清入关之前即已实行。如《清史稿》载:"初,天聪二年,命儒臣分两直,巴克什达海等译汉字书,即日讲所由始,巴克什库尔缠等记注政事,即起居注馆所由始。"[①]入关后,顺治年间,起居注官由翰林院选派日讲官兼任,"顺治十四年定,置日讲起居注官满洲八人、汉人十有二人,掌侍直起居,记言记动,均翰林、詹事、坊局官以原衔兼充"[②]。康熙七年(1668)内秘书院侍读学士熊赐履奏准,遴选儒臣侍值左右,记载皇帝的一言一动,"书之简册,以垂永久"。康熙八年,给事中魏象枢奏准,每当朝会、听政之时,"仍择满汉词臣文字雅重者数人,备顾问,记起居"。直到康熙九年,"始置起居注馆于太和门西廊"[③]。从以上记载中可以看到,正式设立起居注馆是在康熙九年,设有满族记注官4人,汉族记注官8人,负责记载皇帝的言行举动,只要皇帝临朝听政或举行各种典礼,他们都要随侍左右,回来后就要逐事记载存档。其记注体例是将谕旨、题奏、官员引见、除授等等依次记载。按照规定,起居注官

---

① 赵尔巽等:《清史稿》卷一一五《职官志·翰林院》,中华书局1977年版。
② 纪昀等:《历代职官表》卷二四《经筵日讲起居注官》,上海古籍出版社1989年版。
③ 《钦定大清会典事例》卷一〇五五。

在记载之时，凡属有档可查的事项，必须直接查阅并照录原档，即"载部本查略节（部本的摘要），载通本查揭帖（题本的副本，照例须送起居注馆一份），有遗落即查对红本、丝纶簿，有疑者亦查对红本（批过的题本）。凡载祭祀、行礼、问安、驾临、驻跸各项，俱查照内起居注"①。每天所记的内容，均由当值的起居注官签署姓名于后，按月成册，康熙朝每月一册，雍正以后因奉旨增记各衙门奏事时所奉的谕旨等，遂使内容增多，每月分成两册，每年成 24 册，是为草本。草本完成后，一般是在下一年编定，分月编纂，由编纂官作跋于后，然后每隔一页于骑缝处加盖翰林院印信，待年终奏闻皇帝后，送交内阁储藏，稿本则仍存于翰林院。由此可知，起居注具有档案史料的性质，属于内廷秘籍，具有重要的史料价值。

自从康熙九年（1670）设置起居注馆以后，直到清朝灭亡的 200 多年间，除康熙五十七年至六十一年起居注馆一度被裁撤外，其他时间始终记注未停，到目前为止所发现的清代起居注册共达 1.2 万余册，起于康熙十年九月，终于宣统二年（1910）十二月，中间有所缺佚。其中包括满、汉两种文本，又有正本与稿本之别，是研究清代历史与文化的原始资料。

《实录》的纂修是清代官修史书的最重要的部分。清初仿照明代由后一朝皇帝为前一朝皇帝修《实录》，为此定制：每当皇帝死后，新君继位，都要设立实录馆，纂修前朝《实录》，指派受宠信的军国重臣主持其事，一般是大学士领衔，主持编写上一代或上几代皇帝《实录》，并由新君审阅"钦定"。早在入关前的清太宗朝，就于崇德元年（1636）纂成《太祖武皇帝实录》，凡 4 卷，详述努尔哈赤一生中的重大活动，涉及当时的政治、经济、军事、宗教、文化、民族等多方面，材料比较真切，史料价值很高。入关以后，又于顺治六年（1649）正月开设实录馆，纂修《太宗文皇帝实录》，以大学士范文程、刚林、祁充格、洪承畴为总裁，学士王铎、查布海等为副总裁。到顺治九年（1652）正月，由于此前所修之《太祖实录》、太宗档册等被多尔衮指使刚林、祁充格改窜，至多尔衮去世，刚林与祁充格亦被处置，世祖下令重开太宗实录馆，以大学士希福、范文程、洪承畴为总裁，学士伊图、苏纳海等为副总裁，历 3 年多的时间，修成《清太宗文皇帝实录》65 卷，并将被多尔衮改窜的《太

---

① 《钦定大清会典事例》卷一〇五五。

祖实录》改回。世祖去世后,圣祖幼年继位,当他于康熙六年(1667)七月亲政之后,礼部尚书黄机即奏请纂修《清世祖实录》。经过一番准备,九月正式开馆,命大学士班布尔善为监修总裁官,大学士巴泰、图海、魏裔介、卫周祚、李霨为总裁官,学士塞色黑、禅布、明珠等12人为副总裁官,其他满、汉纂修官各14人,到康熙十一年(1672)五月修成《清世祖实录》,凡144卷。开馆不久,圣祖又于当年十一月命内秘书院大学士班布尔善校对《太宗实录》。及至《清世祖实录》修成之后,又于康熙十二年七月命重修《清太宗实录》,并且任命大学士图海为监修总裁官,大学士索额图等为总裁官,学士郭四海、熊赐履等为副总裁,后因吴三桂叛乱的爆发而搁浅。康熙二十一年十月,又命重修《清太祖实录》,以武英殿大学士勒德洪为监修总裁官,大学士明珠、李霨、王熙、黄机、吴正治为总裁官,至康熙二十五年二月告成,凡10卷。清初修成的太祖、太宗、世祖三朝实录,到乾隆年间又经一次重修,其间多有修改和加工,有失初修时的面目。清朝之所以多次修改实录,主要是为了掩盖其祖先曾为明朝藩属的历史事实,同时也是为了掩盖其先朝的某些弊政,由此而使清初三朝实录多有失实之处,给后人研究历史带来了不利的影响。尽管如此,因为实录是根据上谕、朱批奏折、起居注及其他宫中档册整理而成,其史料价值仍然很高,是我们研究清初以至整个清代历史必须参照的基本史料。

为前代修史,是历代封建王朝官修史书的重点。清朝为修《明史》,历经顺治、康熙、雍正三朝,至雍正十三年(1735)始告完成,乾隆四年(1739)刻版印刷,历时90余年,是历代官修史书中费时最长、参与人员也多的一部史书。顺治二年(1645年)五月,清廷入关不久,就开明史馆,"命内三院大学士冯铨、洪承畴、李建泰、范文程、刚林、祁充格等纂修《明史》"[①]。但这时初入关,各地农民军和南明政权还在抗清,康熙初年又有吴三桂之乱,因而修史工作无法进行,明史馆也形同虚设。至康熙十八年(1679)三月,平定吴三桂之乱已近尾声,清朝的统治日趋巩固,于是,再开明史馆,"以学士徐元文、叶方蔼、庶子张玉书为总裁"[②],后来继任总裁的有徐乾学、陈廷敬、

---

① 赵尔巽等:《清史稿》卷四《世祖本纪一》,中华书局1977年版。
② 赵尔巽等:《清史稿》卷六《圣祖本纪一》,中华书局1977年版。

王鸿绪等人。徐元文聘请著名史家万斯同为总审稿人,万斯同先后审定《明史稿》共500卷,称万氏《明史稿》。但这部史稿却因万氏去世,而为当时的总裁王鸿绪所攘窃改窜,致失其本来面目。圣祖去世后,世宗又于雍正元年(1723)重开史馆,以隆科多、王顼龄为监修,以张廷玉、朱轼等为总裁,将王鸿绪之《明史稿》再行删改,至雍正十三年(1735)成书,由张廷玉领衔上奏,乾隆四年(1739)刊刻告成,共计336卷。自司马迁修《史记》,历代续修各朝断代史,迄至清完成《明史》,始成24史的规模,构成了中国古代史最系统而完备的记录,为世界所仅见。

在清初对官修《明史》贡献最大者,当首推万斯同。

万斯同,字季野,浙江鄞县(今鄞州)人,学者称其为石园先生。生于明崇祯十一年(1638),卒于清康熙四十一年(1702),终年64岁。他早年受业于黄宗羲,深得其史学之真传。他博通诸史,尤熟明代史事,"于有明十五朝之实录,几能成诵。其外,邸报、野史、家乘,无不遍览熟悉"[①]。

康熙十七年(1678),清廷诏征博学鸿儒,浙江巡道许鸿勋要推荐他,他力辞得免。次年开明史馆,徐元文请他入史馆任七品纂修官,他则要求:"以布衣参史局,不署衔,不受俸。"[②]徐元文答应了他的要求。他便以布衣的身份,住进徐家,精心审订、校改稿件,一直到康熙四十一年(1702)在京病逝。徐元文之后,历任监修、总裁如张玉书、陈廷敬、王鸿绪等,无不对万斯同礼敬有加,将《明史稿》的审订之事完全委托给他。他在审阅史稿时,每阅过之后,"谓侍者曰:取某书某卷某叶有某事当补入,取某书某卷某叶某事当参校。侍者如言而至,无爽者。《明史稿》五百卷皆先生手定"[③],足见他对明史纂修贡献之大。万斯同之所以坚持以"布衣参史局",乃是他深知唐以后官修史书"仓卒而成于众人"[④]之手,"惟恐众人分操割裂,使一代治乱贤奸之迹暗昧而不明耳"[⑤]。他在审订《明史稿》的过程中,以《明实录》为基本史料依据,"凡实录之难详者,吾以它书证之,它书之诬且滥者,

---

① 黄百家:《万季野先生斯同墓志铭》。
② 全祖望:《鲒埼亭集》卷二八《万贞文先生传》。
③ 全祖望:《鲒埼亭集》卷二八《万贞文先生传》。
④ 方苞:《方苞集》卷一二《万季野墓表》,上海古籍出版社1983年版。
⑤ 钱大昕:《潜研堂文集》卷三八《万先生斯同传》,上海古籍出版社1983年版。

吾以所得于实录者裁之"①。因为有万斯同这样的史家为之审订,清官修《明史》被誉为 24 史中写得较好的一部。

(三)学术史与历史地理学

学术史的编纂在明末清初盛极一时,形成清初史学发展的一大特色,梁启超认为:"学术史一部门,至清代始发展。"②诸家著作有周汝登的《圣学宗传》、孙奇逢的《理学宗传》、魏裔介的《圣学知统录》、汤斌的《洛学编》、魏一鳌的《北学编》、费密的《中传正纪》、张夏的《洛闽渊源录》、熊赐履的《学统》、范镐的《理学备考》等等。但是,上述著作或强人就我,或不得要领,或体例参差,均不尽如人意。直到黄宗羲之《明儒学案》刊行之后,以其严谨的体例、明晰的叙述,才堪称为"真正之学史"③。黄宗羲的《明儒学案》是其历史著作中的代表作,全书共 62 卷,把有明一代 200 余名学者按时代顺序,分各个学派编排起来,叙述其发展概况,并采摘各家文集、语录,分析宗派源流,成立 17 个学案。其次序为:崇仁、白沙、河东、三原、姚江、浙中王门、江右王门、南中王门、楚中王门、北方王门、粤闽王门、止修、泰州、甘泉、诸儒、东林、蕺山。具体叙述每一学案时,先写一篇小序,提纲挈领地介绍案主的学术宗旨;接着是案主的小传,对各人的生平经历、著作、思想和学术传授作扼要介绍;然后是案主的著作或语录的选辑,间述作者的意见。像这样三段式的编纂体例,结构严整,集先前学术史著作之大成,实为黄宗羲所首创。《明儒学案》是黄宗羲一生治学心血的结晶,其对后世的影响也很深远,他所开创的学案体的史学体裁为后人所继承。

历史地理学的研究在中国古代也有着悠久的传统,清初则以顾炎武和顾祖禹两人成就最大。然顾炎武之《天下郡国利病书》和《肇域志》乃是年轻时读书的资料积累,是他"感四国之多虞,耻经生之寡术,于是历览二十一史以及天下郡国志书、一代名公文集及奏章文册之类,有得即录"④,积累 40 余帙,到晚年无力整理,便略加以排列,取有关"舆地"者为《肇域志》,取有关"利病"者为《天下郡国利病书》,实际是史料长编性的未完成之书。而

---

① 钱大昕:《潜研堂文集》卷三八《万先生斯同传》,上海古籍出版社 1983 年版。
② 梁启超:《中国近三百年学术史》十五《清代学者整理旧学之总成绩(三)》。
③ 梁启超:《中国近三百年学术史》十五《清代学者整理旧学之总成绩(三)》。
④ 顾炎武:《天下郡国利病书·序》。

顾祖禹则是穷毕生之精力,"远追《禹贡》、《职方》之纪,近考《春秋》历代之文,旁及稗官野乘之说,参订百家之志"①,同样也是"出入二十一史,纵横千八百国"②,用了30多年的时间,精心撰成了一部《读史方舆纪要》。

  顾祖禹,字景范,号宛溪,江苏无锡宛溪人,人称宛溪先生。生于明崇祯四年(1631),卒于清康熙三十一年(1692),终年61岁。高祖顾大栋、曾祖顾文耀在明代嘉靖、万历年间出仕,熟悉明代北部边防。父亲顾柔谦精于史学,认为明朝之灭亡就在于不懂得山河险固和封疆大势,"慨然欲举一朝之典故,讨论成书"③。受家庭环境之影响,顾祖禹自年轻时就绝意仕进,关注于政治、军事地理的研究。自顺治十六年(1659)起,他一面教书,一面撰写《读史方舆纪要》,时年28岁。此后,三十年如一日,忍受贫困,直到逝世之前不久才完成写作。《读史方舆纪要》全书130卷,分为4个部分:第一部分凡9卷,综述历代州域形势,即上自唐虞三代、下迄有明各朝的政治区划与沿革;第二部分凡114卷,以明代两京、十三布政使司的行政区划为单位,分别叙述其各自所属府、州、县的情况,各省卷首冠以总叙,综论其历史地位,然后逐一介绍各府、州、县的情况,对重要的城镇、山川、关隘、桥驿等尤为用力,载之最详;第三部分凡6卷,为川渎,采录了历代地理书中对山川、江河、漕河、海运的记载;第四部分1卷,为分野,采录了历代史志中关于各地星宿分野的说法。该书尤重政治、军事地理的研究,对明朝的国防及京都的安全、江南地区的重要、四川的战略地位等多有论述,其对各地农业生产的特点、城市的盛衰、交通的变迁、漕运的状况、水利的兴修等也有叙述,是研究自然、经济地理的重要资料。该书具有很高的学术价值。顾祖禹将历史事变与地理环境结合起来进行研究,有着强烈的经世致用色彩,不仅在当时受到著名学者如魏禧、刘献廷、王源、彭士望等人的称赞,即对后世学者也有极重要的参考价值,因而该书成为中国古代历史地理学的光辉典范。

---

① 顾祖禹:《读史方舆纪要》卷首《总叙一》。
② 熊开元:《读史方舆纪要·序》,《读史方舆纪要》卷首。
③ 顾祖禹:《读史方舆纪要》卷首《总叙一》。

4. 文学与艺术初现繁荣

清初的文学艺术,经过明清更迭的历史巨变之后,呈现出一派繁荣的景象。它的思想倾向,体现出时代的主流,是以三大思想家顾炎武、黄宗羲、王夫之为代表的坚持民族气节、抒写兴亡之恨、反映民间疾苦的现实主义创作精神。它构成了清初文学艺术的主旋律。

(一) 诗词创作与成就

顾炎武一生以学术著名,但其诗文成就也超绝一代。他主张学以经世,认为"言志"为诗之本,观民风为诗之用,主张"诗主性情,不贵奇巧"①。他的诗作多写国家民族兴亡大事,托物寄兴,吊古伤今,具有丰富的历史内涵和沉雄悲壮的艺术风格。如他的诗《精卫》:"万事有不平,尔何苦自空?长将一寸身,衔木到终古。我愿平东海,身沉心不改。大海无平期,我心无绝时。"借精卫填海以咏志,充分表现了坚贞不屈的情怀。《秋山》诗描述清军下江南时江阴、嘉定、昆山等地人民的抗争:"秋山复秋水,秋花红未已。烈风吹山冈,磷火来城市。天狗下巫门,白虹属军垒。可怜壮哉县,一旦生荆杞。归元贤大夫,断脰良家子。楚人固焚麇,庶几歆旧祀。句践栖山中,国人能致死。叹息思古人,存亡自今始!"又描述失败后被屠杀劫掠的惨状:"一朝长平败,伏尸遍冈峦。北去三百舸,舸舸好红颜。"②直到晚年,仍在《赠朱监纪四辅》诗中写道:"十载江南事已非,与君辛苦各生归。愁看京口三军溃,痛说扬州七日围。碧血未消今战垒,白头相见旧征衣。东京朱祐年犹少,莫向尊前叹式微。"③从这里,可以看到他"烈士暮年,壮心不已"的精神。

黄宗羲以启蒙思想家著称,他的诗作也很感人。其《山居杂咏》写道:"锋镝牢囚取次过,依然不废我弦歌。死犹未肯输心去,贫亦其能奈我何?

---

① 顾炎武:《日知录》卷二一《古人用韵无过十字》。
② 以上见顾炎武:《亭林诗集》卷一。
③ 顾炎武:《亭林诗集》卷二。

廿两棉花装破被,三根松木煮空锅。一冬也是堂堂地,岂信人间胜著多。"①读其诗能感受到的是历经患难而志气不移,甘居贫困而不向清朝统治者屈服的战斗精神。此外,他的诗还有怀旧之感,每多故国之悲,如《感旧》:"南都防乱急鸥枭,余亦连章祸自邀。可怜江南营帝业,只为阮氏杀周镳!"《出北门,沿惜字庵至范文清东篱》:"两两三三郭外阡,僧房篱落共连延。高林初带冰霜气,风景俄成惨淡天。如此江山残照下,奈何心事菊花边。不须更觅登高地,只恐登高便泫然。"②

王夫之也是写诗能手。其诗往往追怀旧事,感慨平生,使人从中窥见他对国破家亡的隐痛。如《耒阳曹氏江楼》:"韩城公子椎空折,独倚吴钩赋远游",当是指兵败逃亡之事。其《读指南集二首》中有:"绛节生须抱璧还,降戋谁捧尺封闲。沧波淮海东流水,风雨扬州北固山。鹃血春啼悲蜀鸟,鸡鸣夜乱度秦关。琼花堂上三生路,已滴燕台颈血殷。"又云:"沧海金椎终寂寞,汗青犹在泪衣裳。"③反映了他报国未遂而留下的无限感慨。

清初还有许多遗民诗人,他们的诗满怀故国之情,抒写兴亡之恨,描述民生疾苦。较有代表性的诗人有吴嘉纪、屈大均、归庄、钱澄之、杜濬、方以智、阎尔梅等人。这些人的诗作汇成清初诗坛一股激荡民族气节、阐扬爱国豪情的潮流,具有鲜明的时代特色。

清初诗坛除了遗民诗人外,作为文学主流之一,尚有号称"主盟文坛数十年"的钱谦益,他和吴伟业、龚鼎孳被称为"江左三大家"。

钱谦益,字受之,号尚湖,又号牧斋,晚号蒙叟,又曰东涧遗老,江苏常熟人。生于明万历十年(1582),卒于清康熙三年(1664),享年82岁。明万历三十八年)(1610)中进士,弘光朝官至礼部尚书,顺治二年(1645)清兵下江南,他降清后被任为礼部侍郎,半年后辞官回乡,晚年参与秘密反清活动。他博学工辞章,论诗反对严羽的"妙悟"说,主张诗要"有本":"诗者,志之所之也。陶冶性灵,流连景物,各言其所欲言者而已。"又说:"古之为诗者有本焉。国风之好色,小雅之怨诽,离骚之疾痛叫呼,结轖于君臣夫妇朋友之

---

① 黄宗羲:《南雷诗历》卷首《题辞》。
② 以上见黄宗羲:《南雷诗历》卷一。
③ 以上见王夫之:《五十自定稿》,转引自邓之诚:《清诗纪事初编》,上海古籍出版社1984年版。

间,而发作于身世逼侧,时命连蹇之会,梦而噩,病而吟,春歌而溺笑,皆是物也,故曰有本。"①这些主张对当时和后世的诗文创作深有影响。诗的风格接近晚唐诗和宋诗,技巧相当成熟并有创造性,如早年有《南归感事》诗云:"破帽青衫出禁城,主恩容易许归耕。趁朝龙尾还如梦,稳卧牛衣得此生。门外天涯迁客路,桥边风雪蹇驴情。汉家中叶方全盛,五噫何劳叹不平。"晚年步杜甫《秋兴》诗韵成《后秋兴》诗百余首,其中一首有云:"海角崖山一线斜,从今也不属中华。更无鱼腹捐躯地,况有龙涎泛海槎。望断关河非汉帜,吹残日月是胡笳。姮娥老大无归处,独倚银轮哭桂花。"颇多对时事和命运的感慨。

吴伟业,字骏公,号梅村,江苏太仓人。生于明万历三十七年(1609),卒于清康熙十年(1671),终年62岁。明末他参加过复社,官至少詹事,明亡后为清廷所征,官至国子监祭酒,但不久即请假归隐。其诗风取法盛唐诸家以及稍后的元稹、白居易,号称"娄东派",不少是反映社会现实之作。如对洪承畴降清之事多有讥讽的《松山哀》诗:"出身忧劳致将相,征蛮建节重登坛。还忆往时旧部曲,喟然叹息摧心肝。"如《圆圆曲》则讽刺吴三桂为争圆圆而降清,开篇即说:"恸哭六军皆缟素,冲冠一怒为红颜。"末尾又吟:"妻子岂应关大计,英雄无奈是多情。全家白骨成灰土,一代红妆照汗青。"这些诗句反映了明清兴亡一系列重大历史事件,成为千古名句,为人所传诵。七言歌行也是他擅长的,文辞清丽,音节调谐,既委婉含蓄又沉着痛快,颇有特色,为当时文士所推崇,号为"梅村体"。

清初诗人施闰章和宋琬,人称"南施北宋"。施闰章字尚白,号愚山,又号蠖斋,安徽宣城人,生于明万历四十六年(1618年),卒于清康熙二十二年(1683),终年65岁。顺治年间进士,康熙时应试博学鸿词科,授翰林院侍讲,其诗作具有现实主义倾向,写作技巧也比较成熟。如对人民的痛苦有真实描绘的《牵船夫行》诗:"君看死者仆江侧,伙伴何人敢哭声。"他的五言诗很有抒情的意境,如《太白祠》:"太白骑鲸去,空留采石祠。当轩千里水,绕屋万松枝。山月长清夜,江云无尽时。谁将一樽酒,把臂共论诗!"

宋琬,字玉叔,号荔裳,山东莱阳人。生于明万历四十二年(1614),卒

---

① 《唐诗英华序》及《宋玉叔安雅堂集序》、《周元亮赖古堂合刻序》。

于清康熙十二年(1673),终年59岁。顺治四年(1647)进士,官至四川按察使。他才名卓著,但宦途多舛,两次被人诬告入狱,故其诗多感伤忧患反映现实主义之作,"然才气充沛,似过于施"①。如其《同欧阳令饮凤凰山下》诗:"茅茨深处隔烟霞,鸡犬寥寥有数家。寄语武陵仙吏道,莫将征税及桃花。"其他如《感怀》、《听钟鸣》、《悲落叶》、《写哀》、《九哀歌》等作品,极为悲愤沉痛。

清初以写词见长的词人,有纳兰性德、陈维崧、朱彝尊等人。

纳兰性德,满洲正黄旗人。原名成德,字容若,号楞伽山人,康熙初叶大学士明珠之长子,生于清顺治十二年(1655),卒于康熙二十四年(1685),终年仅30岁。纳兰性德为康熙十二年进士,授三等侍卫,后进一等侍卫,无意仕进,喜交文士,一时学者如徐乾学、顾贞观、朱彝尊、陈维崧、姜宸英等均与之交往。他长于诗古文辞,尤工于词,直抒胸臆,自然清丽,风格与南唐后主李煜颇为相近。如《长相思》:"山一程,水一程,身向榆关那畔行,夜深千帐灯。风一更,雪一更,聒碎乡心梦不成,故园无此声。"他多次奉命出塞,故描写边塞生活的词也独具特色,如《菩萨蛮》:"朔风吹散三更雪,倩魂犹恋桃花月。梦好莫催醒,由他好处行。无端听画角,枕畔红冰薄。塞马一声嘶,残星拂大旗。"

陈维崧,字其年,号迦陵,江苏宜兴人。生于明天启五年(1625),卒于清康熙二十一年(1682),终年57岁。他少时被誉为神童,长而才名益著,应康熙初博学鸿词科,授翰林院检讨。工诗及骈散文,尤长于词,所作多至1800首,与朱彝尊合刊词稿,名《朱陈村词》,二人并称"朱陈"。其词风效法宋代大词人苏轼和辛弃疾,不少作品反映了民间疾苦,很有现实意义。如《贺新郎·纤夫词》:"战舰排江口,正天边、真王拜印,蛟螭蟠钮。征发棹船郎十万,列郡风驰雨骤。叹闾左、骚然鸡狗。里正前团催后保,尽累累锁系空仓后。捽头去,敢摇手。　稻花恰称霜天秀,有丁男、临歧诀绝,草间病妇。此去三江牵百丈,雪浪排樯夜吼。背耐得土牛鞭否?好倚后园枫树下,向丛祠亟请巫浇酒。神佑我,归田亩。"

朱彝尊,字锡鬯,号竹垞,晚号小长芦钓鱼师,又号金风亭长,浙江秀水

---

① 邓之诚:《清诗纪事初编》卷六《宋琬》。

（今嘉兴）人。生于明崇祯二年（1629），卒于清康熙四十八年（1709），享年80岁。他是明末大学士朱国祚之曾孙，康熙初应博学鸿词科，授为翰林院检讨、日讲起居注官，参修《明史》。博学工诗，又工词，古文也很擅长，为清代浙西词派的开派宗师，辑唐、宋、金、元词500余家而成《词综》，为研究词的创作和发展的重要典籍。其词取法南宋词人姜夔、张炎，多在字句声律上下功夫，偏重于形式美的追求，因而艺术上有很高的成就，为人所推崇。由于他过分地在技巧上下功夫，讲求炼字琢句，有时不免流于碎巧。其咏物怀古之作多有寄托，如《水龙吟·谒张子房祠》："当年博浪金椎，惜乎不中秦皇帝！咸阳大索，下邳亡命，全身非易。纵汉当兴，使韩成在，肯臣刘季？算论功三杰，封留万户，都不是，平生意。"又如《长亭怨·雁》、《卖花声·雨花台》、《凤蝶令·石城怀古》等，都与感慨明朝之亡相关。朱彝尊和陈维崧二人一个推南宋诸家，一个尊苏、辛，对以后乾嘉时代的词风极有影响。此外，清初长于填词的诗人还有王夫之、彭孙遹、毛奇龄、曹贞吉、李良年、李符、顾贞观、尤侗、曹溶、沈皞日、沈岸登、龚翔麟等人。

清初的诗歌包括词作，最大的特点是，与经世致用的学风一脉相承，面向现实、反映现实；其次，诗词人又多是学者，一身二任，诗词之作，反映了他们的学术主张，如顾、王、黄及方以智、朱彝尊、钱谦益、吴伟业等等都是。取得的成就巨大，艺术水平足以超越元明，上追唐宋。钱仲联、钱学增为《清诗精华录》写"前言"，指出：诗继唐宋高峰以后，中经元明时代一度衰落，"至清代又奇峰突起"。这虽然是对整个清代诗的总评价，但也包括了对清初诗词的评价，即清初发其端。

（二）散文与小说

清初散文有相当的影响者，当数钱谦益和顾炎武。钱谦益力排明代前后七子的文学复古倾向，有转移文坛创作风气的作用。只不过因高宗站在满族统治者的立场，"对其极力诋毁，今人犹沿袭一位封建皇帝的观点"[1]，因而对其文学成就的评价有欠公允。顾炎武则力倡"文须有益于天下"，说："文之不可绝于天地间者，曰明道也，纪政事也，察民隐也，乐道人之善

---

[1] 暴鸿昌：《钱牧斋降清考辨》，《暴鸿昌文集》，黑龙江教育出版社1998年版。

也。"①这显然是文学必须反映现实生活的主张,这对后人有深远的影响。清初专以散文名家者,还有侯方域、魏禧、汪琬、王猷定等。

侯方域,字朝宗,河南商丘人。生于明万历四十六年(1618年),卒于清顺治十一年(1654),终年仅37岁。其父为东林党人,故他得以与东南名士相交游,"富于文辞,以致盛名"②。他入史可法幕,参与高杰军事,入清后又应顺治八年乡试为副贡生。他的散文当时被推为第一,只是因其学力不够,而以才气见长,未免有些做作。其名作《李姬传》刻画了一个能辨别士大夫贤否的严正高洁的妇女形象;其他如《马伶传》、《任源邃传》、《答田中丞书》、《与吴骏公书》、《与方密之书》、《癸未去金陵日与阮光禄书》等作品,均具有现实意义,是散文中之佳作。

魏禧,字冰叔,号裕斋,又号勺庭、叔子,江西宁都人。生于明天启四年(1624),卒于清康熙十九年(1680),终年56岁。明亡后,他与其兄际瑞、弟礼隐居于金精之翠微峰,名其堂为易堂,又与南昌彭士望、林时益,同邑李腾蛟、邱维屏、彭任、曾灿等9人结为生死之交,人称为"易堂九子"③,魏禧兄弟称"三魏"。魏禧好读史书,尤好《左传》和苏洵作品,"其为文,凌厉雄健,遇忠孝节烈事,则益感激,摹画淋漓"④。故散文多为表彰抗敌殉国和志节之士,写过不少有关人物传记,如《江天一传》、《许秀才传》、《高士汪沨传》、《哭莱阳姜公昆归君文》等,寓抒情于叙事之中,读来感人至深。其代表作《大铁椎传》塑造了一个大侠客、大力士的英雄形象,感慨其不为世用,叙事生动鲜明,为世人所传诵。

汪琬,字苕文,号尧峰,又号钝翁,江苏苏州人。生于明天启四年(1624),卒于清康熙二十九年(1690),终年66岁。顺治十二年(1655)中进士,又应康熙时博学鸿词科,授翰林院编修,参与修《明史》,旋因病乞归,结庐尧峰山,闭户著述。锐意于古文辞,效法唐宋,文名甚著,为文长于叙事,"一时公卿志铭表传,必以琬为重"⑤。他为文主张博观约取,力求纯正。其

---

① 顾炎武:《日知录》卷一九《文须有益于天下》。
② 邓之诚:《清诗纪事初编》卷八《侯方域》。
③ 邓之诚:《清诗纪事初编》卷二《魏禧》。
④ 《清史列传》卷七〇《文苑传·魏禧》。
⑤ 《清史列传》卷七〇《文苑传·汪琬》。

《江天一传》记事简当不繁,刻画性格明朗。但其性情卞急、褊狭,"于人多所诋诃"①,以是人多嫉之。

王猷定,字于一,号轸石,江西南昌人,生于明万历二十七年(1599),卒于清康熙元年(1662),终年63岁。其父为明太仆卿。王猷定是钱谦益的学生,入史可法幕,清入关后,绝意仕进。为文学习"三苏","以诗古文自负"②,对明清之际文风之转变有很大作用。其作品如《李一足传》、《汤琵琶传》、《义虎记》等,皆属传奇性散文。

清初小说与诗文相比,稍嫌逊色,但在明末批判堕落世风、反映现实生活的优良传统基础上,出现了在思想内容和艺术手法上均有相当水平的作品,其代表作就是陈忱的《水浒后传》。

陈忱,字遐心,一字敬夫,号雁宕山樵,浙江乌程(今湖州)人。约生于明万历十八年(1590),卒于清康熙九年(1670),享年80岁。他一生生活在穷困之中,明亡后,仍不忘故国,与顾炎武、归庄等人结为"惊隐诗社",暗中从事反清活动,后见大势已去,退而著书以泄家国之愤。这从《水浒后传》第一回卷首长歌句"千秋万世恨无极,白发孤灯续旧编"中可以看出,而又用"古宋遗民"做笔名,明显是暗寓反清。

《水浒后传》全书40回目,系根据《水浒传》的故事加以敷衍而成,写梁山好汉未死的32位英雄不堪忍受宋朝统治者的压迫,在李俊、阮小七的率领下再度起义,并英勇抵抗入侵的金兵,最后到海外创立基业的故事。小说一开始就写阮小七凭吊梁山、手刃张干办和李俊太湖捕鱼、反抗巴山蛇两件事,由此展开了梁山英雄们的继续反抗斗争,反映出正是由于统治阶级残酷迫害"梁山余党",才使得尚存的、散居各地的梁山好汉又重新举起义旗。再次起义的梁山英雄们,无论在政治见识上,还是在斗争艺术上,都有新的进步。如阮小七的形象较之《水浒传》更加饱满,李应已不再是个单纯使枪弄棒的武夫,而成为具有政治头脑的首领,铁叫子乐和已是为义军出谋划策的智囊人物,李俊亦从一个水军头领变成德孚众望的义军领袖。小说还进一步描写了金兵南下所造成的"四野萧条,万民涂炭"的情景以及梁山英雄

---

① 邓之诚:《清诗纪事初编》卷三《汪琬》。
② 邓之诚:《清诗纪事初编》卷二《王猷定》。

们反抗金兵的斗争。在清初的历史背景下,这些描写具有极深刻的寓义,显示出陈忱的爱国和反对民族压迫的思想。小说最大不足是反映皇权思想、封建意识过浓,同时也受才子佳人小说和大团圆结局的影响,因此削弱了小说的积极意义。

清初小说家著名的还有褚人获,他根据罗贯中《隋唐志传》、佚名《隋炀帝艳史》,参考史书和唐宋传奇如《开河记》、《太真外传》等以及民间传说,写成了100回目的《隋唐演义》,歌颂了草莽英雄的勇敢、义气,揭露了统治者的荒淫无耻。另外有刘璋的小说《斩鬼传》10回,描写钟馗捉灭世间各种为非作歹的恶鬼的故事,讽刺世态,有一定的现实意义。顺治、康熙年间还出现一批才子佳人小说,较著名的有:《玉娇梨小传》、《平山冷燕》、《好逑传》等。

清初的文学批评卓有成就,其代表人物就是金圣叹。金圣叹原名采,字若采,又名喟,苏州长洲(今属苏州)人。他曾顶金人瑞之名应科举考试,故又名人瑞(一说明亡后更名人瑞),字圣叹,以字行。生于明万历三十六年(1608),顺治十八年(1661)以哭庙案遭清廷杀害,终年53岁。他少负才名,聪颖博学,喜好佛学,名其书斋为"唱经堂",因又称为唱经先生。好评点古籍,议论风发,自成一家,经他评点的书主要有《水浒传》、《西厢记》、《天下才子必读书》、《唐才子诗》、《杜诗解》等。金圣叹高度完善了古代戏曲、小说批评的评点形式,将序、读法和总批、夹批、眉批等方式结合为一体,使文学鉴赏、批评和理论阐述熔为一炉,为小说批评提供了更加宽广的天地,对评点派产生了深远影响。如经他批点并删削而成的70回本《水浒》,通俗易懂广泛流传,以致形成许多人只知金本《水浒》,却不知有原本《水浒》的局面。

(三)戏曲创作

清初的戏曲创作,以昆曲为代表,并且进入了全盛时期,最鲜明的特点,就是专业戏剧作家的大批涌现,集中表现在以李玉为中心的创作活动在苏州地区的作家群体。

李玉,字玄玉,一作元玉,号苏门啸侣,又号一笠庵主人,江苏吴县(今属苏州)人。约生于明万历十九年(1591),卒于康熙十年(1671),享年80岁。在明末应试科举,但只中举人,时人称他是"好学奇古士也,其才足以上下千载,其学足以囊括艺林。而连厄于有司,晚几得之,仍中副车。甲申以后,绝意仕进,以十郎之才调,效耆卿之填词。所著传奇数十种,即当场之歌呼笑骂,以寓显微阐幽之旨"①。可以看出他在入清后致力于戏剧创作的情况。他是当时创作最多、影响较大的剧作家之一,作品据说有60多种,确知剧本名目的有42种,现存有20种(包括与人合作之曲目)。他还参与修改当时著名的戏曲音乐家徐于室和钮少雅的《北词广正谱》18卷,考订翔实,为北曲之曲谱中最称完备的著作。还协助张大复编制了《寒山堂南曲谱》,与沈自晋编制了《南词新谱》。

　　李玉作品初期以"一笠庵四种曲"("一、人、永、占")最为著名。一即《一捧雪》,写莫怀古藏有一捧雪玉杯,严世蕃为谋取一捧雪而谋害莫怀古,莫家为此而历尽苦难的故事。"人"即《人兽关》,写桂薪受施济厚恩,但却忘恩负义,事出《警世通言》卷二十五《桂员外途穷忏悔》。"永"即《永团圆》,写江纳的贪富欺贫。"占"即《占花魁》,写秦钟与莘瑶琴的故事,事出《醒世恒言》卷五《卖油郎独占花魁》。明清换代,经历了"天崩地裂"的世事沧桑之后,李玉对社会的认识有了提高,写出的《万里圆》、《千钟禄》、《清忠谱》等作品,在思想内容和艺术成就上大都超过了早期的作品,这是亲身经历的亡国之痛在他剧本中的反映。《万里圆》(圆又作缘)写的是清初孝子黄向坚万里寻父之事,以一个家庭分处两地为线索,反映了明末清初社会动荡的现实,揭露了南明小朝廷的腐朽混乱和清兵南下人民遭受的苦难。《千钟禄》又名《千忠戮》、《千忠会》,写明初靖难之役后,建文帝在程敬济随同下扮作和尚,四处流亡、历尽种种苦难的事,剧中描述了朱允炆流亡的惨痛和朱棣屠杀的残暴,写朱棣残杀方孝孺并诛十族,杀害了忠于建文帝的众多大臣,将头颅装了数十车运往各地示众,颇能引起具有亡国之痛的人们的共鸣。其艺术手法也很有表现力,剧中建文帝于逃亡途中所唱的一支《倾杯玉芙蓉》曲,堪称血泪交流的至性文章,很有感染力,其词云:"收拾起大地山河一担装,四大皆空相。历尽了渺渺程途,漠漠平林,叠叠高山,滚滚长江。但见那寒云惨雾和愁织,受不尽苦风凄雨带怨长!雄城壮,看江山无恙,谁识我一瓢一笠到襄阳。"此外,李玉还有一些描写英雄传说和历史故

---

① 吴伟业:《北词广正谱·序》。

事的作品,如《牛头山》写岳飞父子抗金破敌的故事,《风云会》写宋代赵匡胤、郑恩的故事,《昊天塔》写杨家将的故事,《七国记》写春秋战国时孙膑的故事,等等。

李玉同时代的苏州作家还有:朱㿥,字素臣,为李玉好友,代表作品《十五贯》。朱佐朝,朱㿥之弟,字良卿,代表作《渔家乐》。叶时章,字稚斐,代表作《琥珀匙》。毕万侯,字晋卿,一名魏,字万后,代表作《三报恩》。在这个作家群中,李玉与朱㿥、毕万侯、叶时章共同创作的《清忠谱》是反映这一时代最成功的作品。《清忠谱》描写明熹宗天启年间东林党人和苏州人民反抗魏忠贤阉党黑暗统治、挽救周顺昌冤狱的斗争故事,作品揭露了阉党集团祸国殃民的罪恶,塑造了东林党人周顺昌耿介清廉、疾恶如仇的光辉形象,描绘了以颜佩韦、杨念如等五义士为首的苏州市民支持周顺昌与阉党集团进行斗争的场面,具有强烈的现实意义。

在清初,戏曲理论也有相应的发展,在舞台演出和创作实践方面进行较多理论总结者当推李渔。

李渔原籍浙江兰溪,生于江苏如皋,原名仙侣,字笠鸿,后字笠翁,一字谪凡,号天徒,别署笠道人、随庵主人等,人称李十郎。生于明万历三十九年(1611),约卒于康熙十八年(1679),终年68岁。他自养家妓,携之四处演出,有丰富的戏曲舞台经验,其理论总结存于《闲情偶寄》一书,书中分词曲和演习两部分进行了论述。在词曲部分中,从结构、词采、音律、宾白、科诨、格局六个方面论述了戏曲文学,论证了立主脑、脱窠臼、密针线、减头绪、审虚实等一系列创作技巧问题,还从舞台效果出发论证了戏曲语言贵浅显、戒浮泛等具体办法;演习部从选剧、变调、授曲、教白、脱套五个方面论述了戏曲表演的问题,是他多年艺术演出与教学经验的总结,颇多借鉴作用。但他在戏曲的思想内容和创作倾向方面的论述很少可取之处。他的剧本保留下来的有18种,常见者为《笠翁十种曲》,代表性剧目为《风筝误》、《雁翎甲》等。

此外,清初艺坛还有说书艺人柳敬亭,本姓曹,名逢春,后改名柳敬亭,以说书卖艺为生。他原籍江苏通州(今南通),后徙泰州,遂为泰州人。他的说书艺术很高,道具无非醒木一方,折扇一把,但临案讲说时却能达到出神入化的境界,"每发一声,使人闻之,或如刀剑铁骑,飒然浮空;或如风号雨泣,鸟悲兽骇"①,被后世说书艺人奉为一代宗师。

(四)绘画艺术

清初的画坛,受明末董其昌的影响,崇尚元代黄公望、倪瓒的手法,在运用干笔皴擦方面有所成就,其代表人物就是王鉴和王时敏。

王鉴,字元照,号湘碧,又号染香庵主人,江苏太仓人。生于明万历二十四年(1596),卒于康熙十六年(1677),享年81岁。他是嘉靖名士王世贞之孙(一说为曾孙),家中收藏丰富,本人精通画理,尤长于摹古,功力很深,为清初正统画派"清六家"之首。王时敏也是太仓人,原名赞虞,字逊之,号烟客、西庐老人,晚号归村,世称西田先生。生于明万历二十年(1592),卒于康熙十九年(1680),享年88岁。他是万历时首辅王锡爵之孙,荫官至太常寺少卿,入清后隐居不仕。他作画刻意摹仿黄公望、董其昌,讲求运腕虚灵,作品笔墨苍润,随意点染,丘壑自成,人称"画能开立宗派,一代画人,鲜有能越其范围者"②。王鉴和王时敏为清初画坛领袖,但由于他们把仿古、临古放在第一位,轻视写生和创造,因而缺乏艺术个性,只是由于受到当时统治阶级的欣赏,遂被认为当时绘画的正宗,与后来的王翚、王原祁、吴历、恽寿平合称"四王吴恽"。

清初画坛又有著名的"四僧",即四个做过和尚的画家:弘仁、髡残、朱耷、原济。弘仁原姓江,名韬,又名舫,字六奇(又作亦奇),又字鸥盟,安徽休宁(一说歙县)人。生于明万历三十八年(1610),卒于康熙二年(1663),终年53岁。明亡后削发为僧,号渐江,又号无智,善画山水,师法元代倪瓒,经常往来于黄山、雁荡山之间,常画黄山松石,与新安籍画家查士标、孙逸、汪之瑞合称为"新安四大家"。髡残原姓刘,字介丘,号石谿,自称残道者,晚署石道人,湖南常德人。生于明万历四十年(1612),约卒于康熙三十一年(1692),享年80岁。明亡后自剪其发为僧,善画山水,长于干笔皴擦,风格苍浑,论者称作奥境奇辟,缅远幽深,笔墨高古,设色清湛,有元人之胜概,为明清人所难及。因其号石谿,与号石涛的原济并称"二石"。朱耷是明宁王朱权之后,原名统𨨗,江西南昌人。生于明天启六年(1626),约卒于康熙

---

① 黄宗羲:《南雷文定前集》卷一〇《柳敬亭传》。
② 邓之诚:《清诗纪事初编》卷一《王时敏》。

四十四年（1705），享年79岁。明亡后先剃发为僧，后又做道士，号八大山人，别号有个山、雪个、人屋、良月、道朗、破云樵者等。他以水墨写意花鸟画著称，笔墨简括，形象夸张，自成风格，对后世影响很大。原济是明靖江王后裔，原名若极，号石涛，明亡后出家，法名原济，一作元济，后人传为道济，别署为大涤子、清湘老人、苦瓜和尚。广西全州人。生于明崇祯十五年（1642），卒于康熙五十七年（1718），终年76岁。他长于画山水、花卉，山水创作多来自写生，亦工人物，笔意纵横，淋漓洒脱。他还总结自己的创作经验写成《画语录》一书，是继宋代郭熙《林泉高致》之后最有价值的一部绘画美学著作。

　　清初画坛大事还有《芥子园画传》的出版。"芥子园"是李渔流寓金陵时别墅的名字，其女婿沈心友家中原存有明代李长蘅画的课徒山水画稿43页，沈心友请山水名家王安节整理和增编，3年后增加到133页，把山水画的各种技法条分缕析地介绍出来，并附临摹古人的各式山水画40幅，为初学做范本，篇首冠有"青在堂学画浅说"。这本画册在李渔的支持下，于康熙十八年（1679）用套版精刻成书，用"芥子园"的名义出版，是为《芥子园画传》第一集。以后又陆续增编了二集、三集、四集，成为初学国画者必备的教科书，对后世有深远的影响，至今仍为人们所使用。

第三编(上)

康熙开创盛世新局面

第一章 由乱走向大治

1. 皇帝乾纲独揽

明代以后,中国封建专制主义呈现出继续发展的趋势:地方权力日益集中于中央;中央权力日益集中于皇帝。清朝的政治制度基本上承袭明制,因而这一趋势仍在发展,最突出的表现就是威胁皇权的各种因素不断受到控制,皇权不断加强,皇帝乾纲独揽。

有明一代,影响、削弱和威胁皇权的主要因素和表现是太后揽权、外戚篡权、权臣专权、宦官擅权、朋党乱权等等,清初这些因素和表现也不同程度地存在,但圣祖吸取历史上皇权被削弱的教训,采取了一些有力措施,使那些不良因素得到有效的控制,因而皇权日益加强。这些措施主要包括有:

首先,不断削弱八旗旗主的势力。早在清建国初期,八旗分立,四大贝勒共理国政。经太宗皇太极和世祖福临的调整,由皇帝直接掌握的"上三旗"成为八旗的核心。康熙初年,四大辅臣均出自"上三旗":索尼为正黄旗,苏克萨哈为正白旗,遏必隆和鳌拜同属镶黄旗。自皇太极后期,皇权逐步得到加强。然而,影响和威胁皇权的因素依然存在,最突出的莫过于鳌拜专权。圣祖亲政不久,清除了鳌拜集团,使"上三旗"的权力完全掌握在皇帝手中。同时,决定改变八旗职官的名称,"以后固山额真汉字称为都统,梅勒章京称副都统,甲喇章京称参领,牛录章京称佐领,昂邦章京称总管"①。固山额真汉译为"旗主",改称为都统,这不单纯是一个名称改变的

---

① 蒋良骐:《东华录》卷八,顺治十七年三月。

517

问题,而是通过名称的改变,说明八旗的主人只有一个,那就是皇帝。康熙十八年(1679)规定八旗官职正式设置都统、副都统,"掌宣命教养,整诘戎兵,以治旗人"①。各都统、副都统均由皇帝直接任命,并听命于皇帝。各旗的王公无权干涉旗务。这就进一步削弱了八旗诸王和原旗主的权力。康熙五十七年圣祖又派遣自己的儿子管理八旗旗务,进一步加强了对八旗的控制。他对议政王大臣们说:"见今正蓝旗满洲都统延信前往出兵,其满洲、蒙古、汉军三旗之事,著七阿哥(诸子生序十五、排序七,淳度亲王允祐)办理。正黄旗满洲都统巴塞,署理黑龙江将军事务,其满洲、蒙古、汉军三旗之事,著十阿哥(诸子生序十八、排序十,原封敦郡王允䄉)办理。正白旗满洲都统和礼差往云南,其满洲、蒙古、汉军三旗之事,著十二阿哥(诸子生序二十一、排序十二,履懿亲王允祹)办理。如此,则别旗相效法,自必发愤勤事也。"②这样,圣祖就牢牢地掌握了作为清朝军政支柱的八旗,皇权明显地加强。

其次,严格控制宦官权势。清入主中原之初,接受了明朝宦官乱政的教训。顺治十三年(1656),世祖特命工部铸造铁牌,立于内务府和交泰殿,上书:"朕今裁定内官衙门及员数职掌法制甚明。以后有犯法干政,窃权纳贿,嘱托内外衙门,交结满汉官员,越分擅奏外事,上言官吏贤否者,即行凌迟处死,定不姑贷。特立铁牌,世世遵守。"③可是,世祖在宦官这个问题上也有失误。如在遗嘱中写道:"祖宗创业,未尝任用中官,且明亡国,亦因委用宦寺。朕明知其弊,不以为戒,设立十三衙门,委用任使,与明无异,致营私作弊,更逾往时,是朕罪之一。"④为此,康熙元年(1662),清廷宣布"十三衙门尽行革去",仍由内务府管理宦官。康熙朝还严格控制宦官的数量和品衔,如限定宫中太监不过四五百人,宦官品衔最高为四品,不得加至三品以上⑤。康熙十六年(1677)五月二十七日,设置敬事房,这是专管宫内一切事务及管理太监、宫女的机构,也是自康熙朝设置的唯一的宦官机构。其职

---

① 乾隆《大清会典》卷九五。
② 《清圣祖实录》卷二八一。
③ 转引自王树卿:《清朝太监制度》。
④ 赵尔巽等:《清史稿》卷五《世祖本纪二》,中华书局1977年版。
⑤ 余金:《熙朝新语》卷四。

掌是:管理皇帝、后妃、皇子皇女的生活,负责宫内陈设、清扫、守卫,传奉内务府的谕令,办理与内务府各衙门的往来文件①。可见敬事房仅管理宫内具体事务,远离了朝廷政务。这样就使太监难以有干政的机会。这一机构从设置之日起就隶属内务府,不能单独对外行文。顺治、康熙两朝都制定了严惩太监干政的条例,康熙四十年(1701)还下令捣毁祸国殃民的明廷太监首领魏忠贤之墓,以压抑宦官势力的恶性膨胀。应该说康熙朝对宦官势力控抑是有成效的。

再次,抑制、打击朋党势力。大臣朋党是对皇权的一股重要威胁势力。对此,无论世祖还是圣祖,都有清醒的认识并严行禁止。康熙十六年(1677)圣祖就指出:"人臣分立门户,私植党羽,始而蠹国害政,终必祸及身家。"②康熙三十年,圣祖在谈到明廷朋党的危害时指出,朋党之害"历代皆有,而明末为甚","分树党援,飞诬排陷,迄无虚日,以致酿祸既久,上延国家"。因此对朋党"深切痛恨"③。尽管如此,在康熙朝大臣朋党仍有出现,如内大臣、议政王大臣、太子太傅索额图,其侄女是圣祖第一任皇后。在清除鳌拜势力的斗争中索额图立有功勋,被擢升为大学士,自此成为朝臣中的最大实力人物。其势力就此膨胀,朝臣中党附者甚多,直接威胁到了皇权,为此,在康熙十六年,圣祖提拔户部尚书明珠为武英殿大学士,用以牵制索额图。康熙十八年,左都御史魏象枢密疏索额图"朋比徇私","予政贪侈"等不法事,被迫辞去大学士职。康熙二十三年,圣祖又革去索额图内大臣、议政大臣职,至康熙二十五年仍任其为领侍卫内大臣。康熙四十年,索额图以老乞休。康熙四十二年,索额图依附、教唆太子争位事发,圣祖以"议论国事,结党妄行"之罪,令宗人府将其拘禁,不久死于幽所④。并将索额图诸子逮捕,交索额图之弟心裕、法保拘禁,同时禁锢了党附索额图的大臣麻尔图、额库礼、温代等人⑤。明珠任武英殿大学士之后,其势力也渐大,党附者日见增多。明珠在内阁中与勒德洪、余国柱、李之芳等也营私结党。康熙二

---

① 《钦定宫中现行则例》卷四。
② 蒋良骐:《东华录》卷二〇,康熙朝。
③ 《清圣祖实录》卷一五三。
④ 《清圣祖实录》卷二一二。
⑤ 赵尔巽等:《清史稿》卷二六三《魏象枢传》、卷二六九《索额图传》,中华书局1977年版。

十六年,直隶巡抚于成龙疏揭明珠、余国柱卖官纳贿。康熙二十七年御史郭琇疏劾明珠与余国柱"结党行私","背公营私"。明珠被免去大学士职,勒德洪、余国柱及其他党附的大臣均被免职①。这样,康熙朝两个较有势力的朋党集团先后被抑制、粉碎。

圣祖这些措施的实行,无疑有利于皇权的加强。康熙朝皇权的加强不仅仅表现在上述防御性措施的实行,他同时还采取了一些积极加强皇权的措施:首先是皇帝亲理朝政,独揽乾纲。清袭明制,皇帝听政、议政、理政实行朝会制度。看一个皇帝是否勤政,只要看他对朝会的态度便可做出判断。明代特别是其后期有几个皇帝,成天花天酒地,很少驾临早朝亲理朝政,致使大权旁落,不是落入太监手中,便是落入权臣手内,造成国势日衰。清自入关以后,吸取了明亡的教训,皇帝多勤于政事,亲理朝政,坚持朝会制度,尤以康熙朝更为突出。清廷的朝会,分大朝、常朝和御门听政三类。大朝就是每年元旦、"万寿圣节"和冬至为大朝日;常朝即每月逢五为常朝日;御门听政就是皇帝每天都要驾临乾清门,接见群臣,处理政事。因此衡量一个皇帝是否勤于政务,主要看他对御门听政的态度。圣祖御门听政的次数较多,而且能够做到认真听取意见。康熙二十三年(1684)五月十一日,御史卫执蒲建议:皇上或以五日或以二三日为期进行御门听政。圣祖对这一建议的回答是:"御史卫执蒲奏请御门听政或以五日或以二三日为期,其意盖欲君臣之间,政事余暇稍得休息也。朕自躬亲庶政,宵旰弗遑,念致治之道,务在精勤,厉始图终,勿宜有间。二十余年以来,于凡用人行政,事无巨细,罔不殚心筹画,早夜孜孜,有如一日","在朕未明求衣、辨色视朝,日与大小臣工率作省成,用熙庶绩。近念尔诸臣奏事劳苦,少展御门晷刻,俾得从容入奏,非图便安。迩年海宇敉宁,政事渐简。顷复谕部院衙门,事务应得归并者,酌量合奏,斯于简要清省。从此民生日康,刑清政肃,部院章奏,当不期省而自省。若必予定三日、五日以为奏事常期,非朕始终励精之意也。"②康熙四十年以后,圣祖御门听政的次数明显减少,但每月仍有近十次,至少也有一两次。圣祖每次御门听政均分听政、议政两段进行。每次听完各部院堂官

---

① 赵尔巽等:《清史稿》卷二六九《明珠传》、卷二七〇《郭琇传》,中华书局1977年版。
② 《康熙起居注》康熙二十三年五月十一日。

奏事以后，都要与大学士、学士共同讨论各督抚、部院所题奏之事。圣祖听政、议政十分认真："一切政事皆国计民生所关，最为重大，必处置极当，乃获实效。"他要求参加议政的官员直陈己见，不要附会迎合："朕从来不惮改过，惟善是从。"①圣祖正是通过御门听政、亲理朝政把统治大权牢牢地掌握在自己手中。

设置南书房，培养处理机要事务的参谋和秘书班子。内阁，本来就是封建专制制度的产物，是废除宰相后，辅助皇帝处理政务的一个机构。清入关前并没有设置内阁，而是设置内三院，即内国史院、内秘书院、内弘文院②。顺治十五年（1658），仿照明制，改内三院为内阁，当时分"四殿"（中和殿、保和殿、文华殿、武英殿），"二阁"（文渊阁、东阁）。康熙初年，四辅臣辅政期间，依据"率循祖制，咸复旧章"③的原则，又废掉了内阁，恢复了内三院。圣祖亲政，清除鳌拜集团后，又改内三院为内阁。这反映了统治集团内部对设置内阁的意见并不一致，加上时置时废，人们对之并不重视。另有清与明不同之处，即不仅设置了内阁，还有议政王大臣会议，"国初定制，设议政王大臣数员，皆以满臣充之。凡军国重务不由阁臣票发者，皆交议政大臣，每朝期坐中左门外会议，如坐朝仪。"④这是清廷最高的中枢机构，把权力分散于少数王公贵族的政治体制，已不适应日益增强的专制制度。因之康熙年间这种议政王大臣会议制度，随着八旗旗主势力的削弱，已成虚设。为了适应日益增强的皇权的需要，康熙十六年（1677），圣祖又在议政王大臣会议和内阁之外设置了南书房⑤。在翰林中挑选博学善书者，常侍皇帝左右，为皇帝"观书学字"提供方便。后来入值南书房的人员除与皇帝讨论学问外，更重要的是简任机密，"代拟谕旨"、"咨询庶政"、"访问民隐"⑥。南书房实际上成为皇帝的机要参谋和秘书班子。这一设置是圣祖加强皇权的一项重要措施。

建立密折制度，使皇帝更多、更直接地了解吏治民生。诸臣向皇帝奏事

---

① 《康熙起居注》康熙二十二年闰六月二十三日。
② 光绪《大清会典事例》卷一一。
③ 乾隆《大清会典》卷二。
④ 昭梿：《啸亭杂录》卷二《议政大臣》。
⑤ 另有一说，南书房成立于康熙十年，见赵尔巽等：《清史稿》卷二六六，中华书局1977年版。
⑥ 徐珂：《清稗类钞》秩爵类《南书房供奉》。

原分为题本和奏本两种。所谓题本,即大臣因公事而呈皇帝的题奏;所谓奏本,即大臣们因私事而呈皇帝的奏文,其来往批发都要经过内阁。约在康熙二十年(1681)前后,又建立第三种奏事制度,即密折制度。它是一种大臣向皇帝直接陈奏机要秘事,奏文直接递送皇帝,不再经过内阁转呈,而皇帝的批示也直接下达奏事大臣。无疑,这种制度使皇帝对重大机密事件能直接掌握,有利于皇帝对诸臣的控制和皇权的加强。开始时,密折是作为题本的一种补充,多为向皇帝报告某种皇帝交办的政务,有的则是大臣用来向皇帝请恩、谢恩,内容并不机密。但是后来,密折成为大臣们向皇帝陈奏机密事件,而且不让他人知道的一种奏事制度。比如,圣祖于康熙四十八年十月二日在管理苏州织造大理寺卿兼巡视两淮盐课监察御史李煦的请安折上朱批道:"朕体安。近日闻得南方有许多闲言,无中作有,议论大小事。朕无可以托人打听,尔等受恩深重,但有所闻,可以亲手书折奏闻才好,此话断不可以叫人知道,若有人知,尔即招祸矣。"①开始时,实行密折制度还仅局限于皇帝少数几个亲信,如曹寅、李煦、王鸿绪等,后来实行密折制度的范围逐渐扩大,以致所有在京大臣和地方督抚、提镇等官,均可以采用密折这种形式向皇帝奏事。为此,圣祖还在康熙五十一年正月专门发了一道上谕:"朕为国为民,宵旰勤劳,亦属分内掌事,此外所不得闻者,常令各该将军、总督、巡抚、提督、总兵官因请安折内附陈密奏,故各省之事不能欺隐,此于国计民生,大有裨益也。"②他要求在朝官员,亦应将机要政事,密折陈奏。密折绝不留稿,手批后即还给本人。

上述各项措施的实行,使康熙朝皇权空前加强,皇帝真正做到了乾纲独揽。

2. 政通人和

封建统治的维持、加强和巩固,其所实行的政策是否符合百姓的利益固

---

① 故宫博物院明清档案部:《李煦奏折》,中华书局1976年版,第76页。
② 《清圣祖实录》卷二四九。

然十分重要,而吏治的好坏十分关键。清入主中原后,顺治朝包括多尔衮摄政时期,从严整饬吏治,已初见成效。至圣祖时,进一步总结了明代及历史上的统治经验和教训,十分重视吏治。当他巡视地方的时候,了解当地吏治、民生情况即"察吏安民"就成为他巡视地方的两项重要内容。如说:"惟以察吏安民为要务"。他认为,"官吏之贤否,民生之休戚所关","大臣者小臣之表也。吏不廉,则民生不安;大臣不法,则小臣不廉"①。他痛恨贪官污吏,说:"朕恨贪污之吏,更过于噶尔丹,今后澄清吏治,如图平噶尔丹则善矣。"②又说:"官不清则为民害,水不清则无利于民,天下之清浊皆如此也。""不清之官,朕有法以正之;不清之水,朕有策治之。"③这些精辟的认识,表明了圣祖整肃吏治的决心。那么,圣祖又是怎样整肃吏治的呢?他采取了以下措施:

第一,慎选官员。清廷的官员,据史载"京省大小之职,不啻二万有奇"④。对这样一个庞大队伍,如何选拔贤吏十分重要。清朝选官沿袭明制,自顺治初继续实行科举制度,作为培养和选拔官员的主要途径,即所谓"正途"。童生通过县考、府考、院考等初级考试,合格者为秀才,只有秀才才能参加乡试、会试、殿试的逐级考试。乡试每三年考一次,在省城举行,考中者为举人。次年在京城举行会试,参加者必须为举人,考中者为进士,然后再参加由皇帝亲自主持的殿试。殿试分三甲录用,一甲取三人即状元、榜眼、探花,赐进士及第,可直接授翰林院官职。二甲赐进士出身,三甲赐同进士出身。二、三甲可再考翰林院庶吉士,称"馆选",考中者入院继续读书,未中者另授官职。但是仅靠科举所录用的人才,远不能满足清廷的需要。为此,康熙十七年(1678)又创设了"博学鸿词科":先由内外大臣荐举,"凡有学行兼优,文词卓越之人,不论已仕、未仕"均可荐举。这次各省共荐举143人⑤。经过考试,最后由圣祖亲自定彭孙遹、汤斌、朱彝尊等20人为一等,李来泰、毛奇龄、施闰章等30人为二等⑥。时人盛赞此举:"康熙己未,

---

① 《清圣祖实录》卷二五〇。
② 《清圣祖实录》卷一八三。
③ 《清圣祖实录》卷一九五。
④ 储方庆:《铨政》,《皇朝经世文编》卷一七《吏政三》。
⑤ 《清圣祖实录》卷八〇;福格《听雨丛谈》卷四记为183人。
⑥ 《清圣祖实录》卷八〇。

鸿博之征,一时人才搜罗殆尽。盖国家定鼎数十年,德意培养,文教昌明,如宝山初开,琳琅尽献,猗欤盛矣!"①这种"博学鸿词科",亦可称其为一种特殊的科举取士。康熙年间还实行保举的选官办法,就是荐举者(主要是九卿)以保人的身份向朝廷荐举某人出任某官。文献称这种保举是"科举取士之外,荐举一途,得人称盛"②。圣祖很重视各省督抚的选用。法国传教士白晋写的回忆文章《康熙帝传》记载:圣祖"皇帝为了选拔重要官员,尤其是各省巡抚们所费的苦心及为了监督他们行为而费的心机,达到令人难以想象的程度"③。他重视督抚的选拔,是因为他认为:"督抚清廉,则属员交相效法,皆为良吏。"④圣祖欣赏直隶巡抚于成龙之清廉,令九卿推荐像于成龙那样的清廉官员。大学士们推荐了云贵总督范成勋、山西巡抚马齐、四川巡抚姚缔虞。圣祖认为:"成勋等居官皆优,但尚有勉强之意。"⑤圣祖求贤若渴,还专门指定某些他信得过的重要官员,向他推荐朝廷所需要的官员。例如,康熙四十年十月,他谕令内阁移文总督郭琇、张鹏翮、桑额、华星及巡抚彭鹏、李光地、噶礼、徐潮等保举属吏:"凡伊等所属道员以下,知县以上官员,有实心惠爱民生,居官清廉者,虽有罣误降罚,俱不必论,著各具折开送内阁。其别省官员内有伊等所灼知者,即越省亦著列名奏闻。"⑥为了保证被荐举官员的质量,后来圣祖又规定:"九卿毋碍保举同乡及本省官吏,限每人岁举毋逾十人。"康熙五十三年,尚书赵申乔荐举潮州知府张应诏能耐清贫,可为两淮运使。圣祖说:"清官不系贫富,张伯行家道甚饶,任所日用,皆取诸其家,以为不清可乎!一心为国即好官。或操守虽清,不能办事,亦何裨于国。"⑦"一心为国即好官",这是圣祖选官的重要标准。

第二,严格考核。为了培植风纪整肃的官僚队伍,除了慎选官员以外,还必须建立一套行之有效的管理考核制度。清袭明制,对地方官实行每三年考核一次,称"大计";对京官实行六年考核一次,称"京察";对武职人员

---

① 阮葵生:《茶余客话》卷二。
② 赵尔巽等:《清史稿》卷一〇九《选举四》,中华书局1977年版。
③ 白晋:《康熙帝传》,刊《清史资料》第一辑,中华书局1980年版,第208页。
④ 《清圣祖实录》卷二四三。
⑤ 赵尔巽等:《清史稿》卷一〇九《选举四》,中华书局1977年版。
⑥ 王庆云:《石渠余纪》卷一《荐举》。
⑦ 赵尔巽等:《清史稿》卷一〇九《选举四》,中华书局1977年版。

实行五年考核一次,称"军政"。考核的方法是:地方的总督、巡抚及提督、总兵,京官三品以上者,自陈政事得失,吏部、都察院开列事实具奏候旨。以下的官员则由吏部、都察院进行考核,即分别由京堂、督抚、提督填注考语,造册送吏部、都察院。通过考核"视其称职与否,即分别去留,以示劝惩"①。考核为一等者加一级。如有冒滥徇私者,按保举连坐法予以处分。平定吴三桂之乱以后,自康熙二十二年(1683年)起,清廷就坚持实行考核制度,对官员进行严格的考核。

圣祖除了重申已定的考核制度外,又提出和实行一些新的措施,进一步充实有关考核制度。其一,由于"大计"和"军政"考核往往流于形式,部门长官对属下进行考核时,"每将微员细事填注塞责,至真正贪酷官员有害地方者,反倒瞻徇庇护,不行纠参,以致吏治不清,民生莫遂"。"贪酷庸劣之辈,无所戒惩,而守法奉公宣劳尽职者,遏抑不彰,无所激劝"。为避免这一弊端,圣祖决定实行"两年举劾"制度,要求地方长官两年举劾一次自己属下的功过,分别进行奖惩②。其二,"京察"每六年才进行一次,相隔的时间太长,圣祖要求在京各衙门堂官,对本衙门的属员,要随时进行甄别、指参,以示劝惩③。其三,建立注册考核制度。规定在京各部院衙门官员因病、因事而不能赴衙门办公者,均需注册,"以凭分别勤惰"④。

圣祖还亲自对官员进行考察。他在位 61 年中,先后 129 次到地方巡视,察访吏治则是他巡视地方的主要内容,通过自己的耳闻目睹,提拔任用和处理了一批地方官员。他深有体会地说:"凡居官贤否,惟舆论不爽。果其贤也,问之于民,民自极口颂之;如其不贤,问之于民,民必含糊应之。官之贤否,于此立辨矣。"⑤圣祖又利用新任官员赴任前向皇帝"陛辞"的机会,亲自对官员进行考核,并对他们提出要求。如康熙二十四年(1685)二月十三日,新任漕运总督徐旭龄于乾清门陛辞,圣祖对他说:"源洁则流清。尔为大吏,务正己率属,官吏自不为奸。朕因前任诸漕督俱不称职,闻尔向

---

① 《清文献通考》卷五九。
② 《清圣祖实录》卷一八三、一八五。
③ 王庆云:《石渠余纪》卷二《甄别京官》。
④ 《清圣祖实录》卷一一四。
⑤ 《清圣祖实录》卷二〇一。

任山东,居官清慎,著有声誉,故特简兹任。尔可益励勤恪,安辑军民,以副朕委任至意。"圣祖还征询徐旭龄有什么要陈奏的,徐旭龄就将自己了解到的漕运中存在的各种陋规作了奏报,并表示:"臣到任后,务彻底清厘,以苏军民之困。"徐旭龄又奏报了自己关于减兵裁员以节省冗费的打算。圣祖对他说:"此等应行事宜,尔到任后即具本奏来,朕自允行。"同时向他提出:"漕河事务原属一体,凡河工有关漕务者,尔便宜行事,不必推诿。其属官贤否,宜从容细访,廉察德贞,方可入告。举一人务使千万人知劝;劾一人务使千万人知惩。"①这次陛辞,圣祖对徐旭龄较为满意,因此传令,陛辞后赐食于乾清门。

第三,惩贪奖廉。严惩贪官,表彰清廉,是具体而形象地宣扬应提倡什么,反对什么,也是清廷整肃吏治的一个重要方面。圣祖说过:"治天下以惩贪奖廉为要。廉洁者奖一以劝众,贪婪者惩一儆百。"②

惩治贪官,是康熙年间整肃吏治的中心和重点。圣祖对贪污深恶痛绝,对贪官必严加惩治,绝不宽大,更不予赦免。康熙二十四年(1685),规定"凡别项人犯,尚可宽恕,贪官之罪,断不可宽!此等人藐视法纪,贪污而不悛者,只以缓决故耳。"③因此凡属贪污大案、要案,圣祖都要亲自过问。如康熙二十三年三月,揭发出一件重大贪污案,涉及官员甚多。此案是在"三藩"之一尚之信被处死以后,清廷派去查看尚之信家产的侍郎宜昌阿,会同广东巡抚金儁,私吞了大量军饷及尚之信的家产,在接受了商人沈上达的贿金后又杀沈灭口。他们共侵吞白银89万两及其他财产。此案经议政王大臣会议审定,圣祖批准,判处宜昌阿、金儁死刑。被判处死刑者还有:郎中宋俄托,员外郎卓尔图、尚之璋(尚之信之弟)、宁天祚、王瑜,笔帖式伊色、硕多礼斩首,道员王永祚绞刑。另外,都统赖塔因征剿云南有功,从宽处理,保留职务,削去加级,罚俸一年。在审理此案时,刑部侍郎禅塔海因未审出谋害沈上达一事犯包庇罪,亦被革职④。再如康熙五十一年四月,揭发出一批高官受贿案。经审理查清:原任刑部尚书齐世武受贿3000两白银;原任步

---

① 《康熙起居注》康熙二十四年二月十三日。
② 《康熙起居注》康熙二十四年十一月初二日。
③ 《清圣祖实录》卷一二二。
④ 《清圣祖实录》卷一一五。

军统领托合齐受贿2400两白银;原任兵部尚书耿额受贿1000两白银;户部侍郎李仲极纵容家人受贿,为其子"从中捐纳";户部尚书穆和伦、侍郎塔进泰亦均纵容家人受贿。圣祖对此案的最后批示是:齐世武、托合齐、耿额三人判处绞刑,李仲极革职,穆和伦与塔进泰各降三级,从宽免降,调往他处,另行安排①。另外,圣祖对那些无视百姓生计,玩忽职守的官员,一经发现,就立即给予惩处。例如,康熙三十六年山东饥馑,百姓乞食者甚多,巡抚李炜竟不奏闻,圣祖以"不知抚恤百姓罪"将其革职②。康熙三十七年,云贵总督王继文来京陛见,因未陈奏所属官员贤否及百姓疾苦情况,圣祖就令其休官致仕③。

惩贪、奖廉两个方面是相辅相成的。圣祖整肃吏治,惩贪与奖廉二者并重,而以奖廉为主,花费的气力也最大。他说过:"考察官吏,以奖励廉洁为要。"④在贪污之风盛行的年代,为官清廉十分不易。因此,圣祖在"察吏"的过程中,十分注意发现清官。第一个被他发现并被树立为官吏榜样的是于成龙。于成龙,字北溟,号于山,山西永宁(今离石)人,顺治十八年(1661)他45岁时,授广西罗城知县。他在任内"洁己爱民,建学宫,创济养院,任事练达",康熙六年(1667)升任四川合州知州,十三年又任武昌知府、黄州知府。十四年,黄州大饥,于成龙及时赈济,"全活数万人",受到百姓的爱戴。当他赴福建按察使任时,"民遮送至九江,凡数万人,哭声与江潮相乱",按察使任内,又被荐为"廉能第一",升为布政使⑤。康熙十九年,于成龙又升任直隶巡抚。他是非分明,支持廉吏,反对和弹劾贪官。圣祖听到于成龙的事迹以后,十分高兴。康熙二十年二月初五日,圣祖在懋勤殿召见他,说:"尔为当今清官第一,殊属难得。"同时告诫,"为政之道,当知大体,小聪小察,不足为多,且人贵始终一节,尔其勉旃。"⑥后来,于成龙升任两江总督。康熙二十三年四月十八日病逝。其遗物"惟笥中绨袍一袭,床头盐豉数器而已"。百姓闻之,"罢市聚哭,家绘像祀之"。圣祖再次盛赞于成龙

---

① 《清圣祖实录》卷二五〇。
② 《清圣祖实录》卷一八七。
③ 《清圣祖实录》卷一九一。
④ 《清圣祖实录》卷一九一。
⑤ 李元度:《国朝先正事略》卷七。
⑥ 《康熙起居注》康熙二十年二月初五日。

"实天下廉吏第一"①。康熙二十三年,圣祖又命九卿科道等官荐举清官,结果推荐出直隶巡抚格尔古德,吏部郎中苏黑、范承勋,江南学道赵苍,扬州府知府崔华,兖州府知府张鹏翮,灵寿县知县陆陇其等,这些官都是"操守俱清,居官亦好"。对于这7个官员,圣祖多有了解,他说:"格尔古德想亦自佳,近闻患病,亦甚羸弱,因此特差御医前往调理。陆陇其向亦闻其居官甚好,今诸臣俱各称善,想当不谬。但从此之后操守不改,永著清名,方为真实好官。"②自康熙二十年后,被圣祖表彰过的好官就不下二三十名。除于成龙之外,还有"江南第一清官"张伯行③,"古人中亦不多得"的陈瑸④,"爱恤军民,甚属可嘉"的傅拉塔⑤,以及格尔古德、陆陇其、彭鹏、张鹏翮、李光地、汤斌、王骘、吴琠、富宁安、赵申乔、施世纶等。

以上事例反映康熙朝特别是在平定吴三桂之乱后,圣祖紧紧抓住慎选官员、严格考核、惩贪奖廉三个环节,加强了对吏治的整肃。因而这一时期吏治有所好转,出现了政通人和、社会安定、经济发展、初现盛世的景象。圣祖整肃吏治的目的是为了维护封建统治,不能从根本上解决吏治败坏的问题。但毕竟遏制了吏治败坏的趋势,促进了社会的进步。特别是慎选官员、严格考核、奖惩结合的察吏方法以及重点考察属官等,一直为以后的君主所借鉴。

3. 调整垦荒政策

清廷为恢复和发展农业生产,自顺治朝开始实行一系列招民垦荒政策,但成效不大,各地仍然存在着大量荒地。如四川,直到康熙十年(1671)仍然是"有可耕之田,而无耕田之民"⑥。因此,招民垦荒仍属当务之急。康熙

---

① 赵尔巽等:《清史稿》卷二七七《于成龙传》,中华书局1977年版。
② 《康熙起居注》康熙二十三年五月十七日。
③ 赵尔巽等:《清史稿》卷二六五《张伯行传》,中华书局1977年版。
④ 赵尔巽等:《清史稿》卷二七七《陈瑸传》,中华书局1977年版。
⑤ 《清圣祖实录》卷一六四。
⑥ 《清圣祖实录》卷三六。

初年,继续推行顺治朝的各项垦荒措施,又对以前的垦荒成效不大的问题进行检讨,重点是调整招民垦荒政策。主要表现在:

第一,加大力度推行垦荒政策。康熙元年(1662)清廷下令,自次年起,各省必须在5年之内将本辖区内所有荒地全部开垦,如果到期限其辖区内"荒芜尚多,督抚以下分别议处"。这是一个强制性的措施。然而几年过去,收效甚微,各地竟出现了虚报垦荒成绩的现象。为了杜绝这一造假的弊端,清廷不得不在康熙四年下令,废止康熙元年所颁布的限定5年垦完全部荒田的规定①。

第二,调整起科年限。顺治十八年(1661),河南道御史刘源濬就认为产权不稳和起科太急是影响垦荒发展的两大障碍②。康熙七年(1668)四月,云南道御史徐旭龄提出,过去垦荒"二十年而无成效",主要有三个原因:"一则科差太急,而富民以有田为累;一则招徕无资,而贫民以受田为苦;一则考成太宽,而有司不以垦田为职。"③就科差太急而言,顺治元年规定:久荒者"三年起科"④。顺治二年又规定:新荒者"一年后供赋"⑤。顺治六年又放宽规定:荒地开垦6年以后,方征收钱粮,"其六年以前,不许开征"⑥。当时,连年战争,军费开支庞大,财政常入不敷出,因此无论"六年起科",还是"三年起科"的规定,地方都没有认真执行。徐旭龄建议:"田有高下不等",起科年限亦不应划一,强求一律,"新荒者三年起科,积荒者五年起科,极荒者永不起科"⑦。圣祖接受了这一建议。康熙十年,圣祖同意山东、山西两省和浙江温、衢、处三府卫所兵丁所垦荒地"四年起科"⑧。次年,又放宽到6年起科。康熙十二年十一月,圣祖认为:"小民拮据开荒,物力维艰",如果科催太急,势必影响垦荒的积极性。因此决定:"嗣后各省开垦荒地,俱再宽限,通计十年方行起科。"⑨然而,不久又爆发了吴三桂叛乱,战

---

① 康熙《大清会典》卷二〇《户部·开垦》。
② 《清圣祖实录》卷三。
③ 《清圣祖实录》卷二五。
④ 康熙《大清会典》卷二〇《户部·土地》。
⑤ 《清文献通考》卷一《田赋》。
⑥ 《清世祖实录》卷四三。
⑦ 《清圣祖实录》卷二五。
⑧ 《清圣祖实录》卷三六。
⑨ 《清圣祖实录》卷四四。

争期间,筹饷紧迫,基本上仍然执行3年起科的规定。康熙十八年,圣祖决定重新调整起科时间,鉴于10年起科的时间过长,3年起科的时间又过短,因此规定:"开垦荒地,仍准六年后起科。"①8年的战争结束之后,有些地方又恢复到3年起科。至于福建、浙江等沿海省份,由于开放海禁,为鼓励对一些展界地、生荒地的开垦,在该地区开垦荒地"宽限五年之后,按亩起科"②。其他如贵州、甘肃、湖广等地,仍然执行五六年起科,甚至永远不起科的规定。由于延长了起科时间,从而调动了农民垦荒的积极性,加快了垦荒的速度。

第三,明确垦荒产权问题。在河南道御史刘源瀗提出垦荒产权问题的当年,为了解决垦熟后还有原主认领的矛盾,清廷规定:"先给帖文,以杜争端,开列姓名、年月并荒田四至、坐落,每岁由县申府,而道,而院,则刁讼自息。"③康熙二十三年(1684)进一步规定:"凡地土有数年无人耕种完粮者,即系抛荒。以后如已垦熟,不许原主复问",并"给予印信,永准为业"④。清初,满族贵族圈占土地的现象十分严重,包括圈占垦荒的土地。这种情况,直至康熙二十四年还时有发生。同年作出规定:民间开垦的荒地"自后永不许圈"⑤。康熙朝四川荒地较多,当时湖广农民前往四川开垦荒地者就有数十万人⑥。朝廷鼓励移民开荒,对移民开荒的土地所有权问题也有明确规定。如康熙二十九年规定:"四川民少而荒地多,凡流寓愿垦荒居住者,将地亩给为永业。"⑦"民多自楚来徙,垦荒占田,遂为永业。"⑧对产权有此明确规定,提高了垦荒者的积极性,垦荒获得显著的效果。

第四,增加贷给垦荒者的牛、种、银两。贫苦农民无力购买耕牛、种子,必然影响他们的垦荒积极性,这就是徐旭龄所说的"招徕无资,而贫民以受田为苦"。康熙初年,大规模战争基本结束,清廷财政状况也已好转,为帮

---

① 康熙《大清会典》卷二四《户部·赋役》。
② 刘兆麒:《总制浙闽文檄》卷五《查议清核招垦田地》。
③ 《清圣祖实录》卷三。
④ 《清圣祖实录》卷一〇八。
⑤ 光绪《畿辅通志》卷一《诏谕》。
⑥ 《清文献通考》卷二《田赋考》。
⑦ 同治《万县志》卷九。
⑧ 光绪《定远县志》卷一。

助贫困农民解决没有牛、种的困难,增加了贷给垦荒农民的牛、种、银两。康熙四年(1665),为安顿鄂西各州县流民,鼓励他们积极垦荒,除规定所垦荒田"三年起科"外,还对"苦无农器者","酌给牛、种、银两",并"不拘次年征收例,令三年后补还"①。康熙六年,为鼓励河南等六省投诚的官兵开垦荒地,决定自康熙七年起,"每名给五十亩,预支本年俸饷,以为牛、种"②。在平息吴三桂之乱的8年中,这项工作受到了影响。及至战争结束后,朝廷对垦荒十分关心,贷给垦荒者牛、种重新被提到议事日程上来。康熙二十三年,随着开放海禁,朝廷鼓励福建、浙江等沿海各省展界开垦荒田,除了决定实行"五年按亩起科"外,还决定"官给牛、种"和银两③。许多省,如河南、陕西、湖北、甘肃等地都增加贷给垦荒者的牛、种、银两。如康熙三十二年,为"招徕西安等处流民复业,每户给牛一头并犁银五两,谷种银三两,雇觅人力银二两"④。康熙三十三年,陕西无论有地无地之民,一律"给予牛、种、银两,以为耕种之资"⑤。康熙四十三年,天津总兵官蓝理奏请招募江南、福建等处无业之民,开垦直隶沿海旷地及丰润、宝坻、天津等处洼地。朝廷同意了他的申请,并决定对被招募者"给予牛、种"⑥。康熙五十三年,为解决甘肃无业饥民的就业,特"准甘肃村堡之中有荒地未种者,查出拨与无地之人耕种,并动库银买给牛、种"⑦。另有记载:"将荒地查出,置之房产,每户二间。无业之民发与口粮、种子、牛犋,令其开垦,即与本人永远为业,照例六年起科。"⑧至于由各府州县自行筹措牛、种,招徕垦荒者,则更加普遍。

  第五,奖励缙绅招民垦荒,重定地方官考成。为了解决农民无力购买"牛、种"的困难,朝廷实行贷给垦荒者"牛、种"、银两的政策,但是由于清初财政较困难,拿不出更多的资金予以资助。于是就想到充分利用缙绅和地方的资金为垦荒服务,因此实行了一些奖励缙绅地主招民垦荒的政策和对

---

① 《清圣祖实录》卷一五。
② 《清圣祖实录》卷一〇八。
③ 《总制浙闽文檄》卷五《查议清核招垦田地》。
④ 《清文献通考》卷二《田赋考》。
⑤ 《清圣祖实录》卷一六〇。
⑥ 《清圣祖实录》卷二一八。
⑦ 《清文献通考》卷二《田赋考》。
⑧ 《清圣祖实录》卷二六〇。

地方官进行招垦考成的政策,以推动垦荒事业的发展。

顺治十四年(1657)清廷规定:"文武乡绅垦五十顷以上者,现任者记录,致仕者给匾旌奖。"①十七年又规定:"垦地百顷以上,考试文义优通者,以知县用,疏浅者以守备用;垦地二十顷以上,文义优通者以县丞用,疏浅者以百总用。"②康熙十年(1671)规定:"如候选州同、州判、县丞等及举贡监生生员等,有力招民者,授以署职之衔,使之招民,不限年数","统以三百户为律。俟三百户民尽皆开垦,取有地方甘结,方准给俸,实授本县知县","随征投诚各官,俟立有军功咨部补用者,能如数招民开垦,照立功之例,即准咨部补用"③。

朝廷还将有无"田功"(垦荒成绩)作为官员考成的重要内容:地方官以"田功"论升黜,"有田功者升,无田功者黜"④。顺治十四年(1657)规定:"督抚按一年内垦至二千顷以上者记录,六千顷以上者加升一级;道府垦至一千顷以上者记录,二千顷以上者加升一级;州县垦至一百顷以上者记录,三百顷以上者加升一级;卫所官员垦至五十顷以上者记录,一百顷以上者加升一级。"同时还规定:"若开垦不实及开过复荒,新旧官俱分别治罪。"⑤由于这一考成规定太宽,因而捏报垦荒成绩、骗取记录、升级的现象层出不穷,所以康熙元年(1662)又规定:"荒地未经开垦捏报开垦者,督、抚、道、府、州、县等官,分别议处","凡官员有将熟地称为新垦者议处,督、抚、布政使司失察,一并议处"⑥。康熙四年进一步明确:如果擅将"荒地捏报垦熟者,原报督抚降二级,罚俸一年;道府降四级调用;州县卫所官革职",并停止执行关于限5年垦完荒地的规定。康熙六年又对呈报垦荒的程序明确规定:呈报垦荒地,必须等待三年开垦的荒地起科时,"取具里老无包赔甘结",报部核明,才能按等议叙。即便如此,仍然制止不了作弊现象的发生。朝廷不得不在康熙八年规定:"停止督抚垦荒加级记录之例。"⑦康熙二十年为清查

---

① 《清世祖实录》卷一〇九。
② 康熙《大清会典》卷八《吏部·汉缺选法》。
③ 《清圣祖实录》卷三六。
④ 《清文献通考》卷二《田赋考》。
⑤ 《清世祖实录》卷一〇九。
⑥ 光绪《大清会典事例》卷一六六《户部·田赋》。
⑦ 康熙《大清会典》卷二〇《户部·开垦》。

各省隐占田亩,特别谕令督抚,要防止"州县有司,或利其升叙,虚报田粮,摊派民间"①。依据上述规定,奖惩分明。一方面奖励了一批确实招民垦荒的官员,如浙江处州知府周茂源,自行捐俸"每三户给牛一只,每人给米一石",从而推动了该府垦荒的发展,其所属10县报垦荒田1900多顷②;另一方面也惩罚了一批虚报垦荒成绩的官员,使垦荒得以顺利地开展起来。

上述一系列政策和措施,使垦荒取得了明显的成绩。如四川、广西、云南、贵州,经吴三桂之乱,"地方残破,田土抛荒",经过30年的垦殖,到康熙五十一年(1712),人口日益增加,田土渐次开垦,"崎岖之地,已无弃土,尽皆耕种矣"③。所以圣祖在康熙五十三年骄傲地说:"今人民蕃庶,食众田寡,山地尽行耕种,此外更有何应垦之田。"④

4. 更定赋役制度

清入主中原以后,有关赋役的制度较为混乱,短时间内还不能制定出新的赋役制度,为适应眼前的急需,只能按明制征收赋税。遂于顺治元年(1644)十月颁布诏令:"地亩钱粮,悉照前明会计录。自顺治元年五月朔起,如额征解。凡加派辽饷、新饷、练饷、召买等项,俱行蠲免。"⑤由于战乱不断,清朝统治者需要巨额收入,以保证其战争的进行。所以,实际上清初的赋税征收较之明末并未减少,辽饷虽然废除,但又不得不暂时继续征收。顺治十八年,因滇闽用兵和修建世祖陵墓又开征练饷,蠲免三饷成了一句空话。总赋税征收额度,各地钱粮"悉复万历间原额"⑥。顺治十八年,全国共有纳税田549万余顷,当年赋税银2757万余两,粮近648万石,平均每亩纳银3分9厘,粮1升1合,以1石折银1两计,每亩应纳赋粮5升⑦。此外,

---

① 《清圣祖实录》卷九四。
② 乾隆《浙江通志》卷一五七《名官》。
③ 《清圣祖实录》卷二四九。
④ 《清圣祖实录》卷二五九。
⑤ 赵尔巽等:《清史稿》卷四《世祖本纪一》,中华书局1977年版。
⑥ 嘉庆《大清会典事例》卷三一。
⑦ 王庆云:《石渠余纪》卷三。

在地方还有名目繁多的附加税即"加派",势豪之侵夺,蠹役之敲诈,都加重了劳动人民的负担。

在这种形势下,为防止官吏贪占勒索和加派滥收,督促农民按时按量缴纳田赋,以保证其财政收入,在康熙中期以前,围绕赋税的征收办法,采取了一些改进措施。这些措施主要是:

第一,重修赋役全书,统一征收标准。顺治初年,一些官员针对赋役制度混乱的状况上疏:"赋役之制未颁,官民无所遵循"①,要求制定统一的赋税标准。顺治三年(1646),清廷下令:"查复在京各衙门钱粮款项原额及现在收支销算数目,在外直省钱粮现在熟田应征起存数目"②,并命冯铨、英俄尔岱拟定赋役全书,颁行天下。顺治九年,命各省督抚,饬所属州县,在每年年底要将"荒田有无开垦,户口有无加增"载入全书报户部。同时决定各省赋役全书统一由布政使司刊造。各省在刊造赋役全书时,要去掉明末加增的项目,保证照明万历年间的原额征收。"总载地亩人丁赋税定额及开亡、开垦、招徕之数,为征敛之大纲。"③每个州县发两本,一本存库房,备有司查考;一本存学宫,"俾士民检阅"④。顺治十一年决定修订赋役全书,"全载州县田地、户口、赋役","务期可永远遵行",顺治十四年编成。修订后的赋役全书,地丁"先开原额,继开荒亡,再开实征,又开起存,起运分别部寺仓口,存留详载款项细数"。和原来的赋役全书相比,做了不少修改。比如,宗禄银原入存留,修改后入起运;衬甲、盔甲,原解本色,修改后均为改折;南粮本折原留南用,修改后以南粮抵军需;关于官员经费也制定了一些新的规定⑤。但是修订后的赋役全书"头绪繁多,易于混淆"。为此,康熙二十四年(1685),圣祖又下令重修。重修的赋役全书,"止载起运、存留、漕项、河工等切要款目,删去丝秒以下尾数",名曰"简明赋役全书"。康熙二十七年编成后,圣祖要求廷臣与各省督抚对《全书》详察细阅,认真讨论修改后再颁行。清廷要求各州县一律遵照新编的《全书》造征粮比簿,不再另行造册。

---

① 《清文献通考》卷一。
② 嘉庆《大清会典事例》卷一四九。
③ 王庆云:《石渠余纪》卷三。
④ 嘉庆《大清会典事例》卷一四九。
⑤ 嘉庆《大清会典事例》卷一四九。

康熙三十年,令各州县把赋役全书科则刻石于公署门外,以便士民知悉①。至此,清朝钱粮征收项目和数额基本上固定下来。《简明赋役全书》成为清廷征收赋税的根本大法。

第二,颁行易知由单,严禁官员私派。为了杜绝胥吏在征收钱粮时私征加派,顺治六年(1649),清廷颁行易知由单。易知由单即通知单,单上将州县额征起运、存留、本折分数、漕白二粮及京库本色,俱条悉开载。开征前,按户分给,作为缴纳钱粮的依据。顺治十五年又把申饬私派之令也刊入易知由单。易知由单内容繁多,一般士民难于掌握。康熙六年(1667)决定易知由单只载该县上中下三等田及每亩应征数额。易知由单的颁行,对遏止官吏滥派起了一定作用。但是后来,各地官吏又假借刊刻易知由单,"指称纸版之费,用一派十",趁机勒索百姓。康熙二十六年,除江苏外,其他各省均停止颁行易知由单②。

第三,实行截票法,防止漏纳和滥收。顺治十年(1653),实行截票法。截票,又叫串票,是百姓向官府缴纳赋税而取得的凭证。在截票上,"开列地丁钱粮数目,分为限期,用印钤盖,就印字中间截票为二:一给纳户为凭;一留库柜存验。按图各置一册,每逢比较查验,有票者免催,未截者追比。"③截票法实行后不久,就发现"不肖有司与奸胥通同作弊,借名磨对稽查,将花户所纳之票,强留不给,遂有已完作未完,多征作少征者"。康熙二十八年(1689),对截票作改进,实行三联截票法:一留州县,一付差役应比,一付纳户执照。同时规定:"嗣后征收钱粮豆米等项,均给三联印票,照数填写。如州县勒令不许填写及无票付执者,许小民告发,以监守自盗例治罪。"④后来又从三联截票演变为四联截票,即一存府,二存根,三给花户,四于完粮后令花户别投一柜以销欠。不久又取消四联截票,恢复实行三联截票⑤。

第四,实行纳户自行投柜法。顺治十八年(1661),实行此法,用以禁止

---

① 嘉庆《大清会典事例》卷一四九。
② 王庆云:《石渠余纪》卷三。
③ 嘉庆《大清会典事例》卷一四三。
④ 嘉庆《大清会典事例》卷一四三。
⑤ 赵尔巽等:《清史稿》卷一二一《食货二》,中华书局1977年版。

州县官吏私室称兑税银,要求在各公署门前设置木柜,令税银纳户亲眼看见税银投柜。康熙三十九年(1700)又进一步规定,由税银纳户亲自将税银投入木柜,并不许里长、银匠、柜役称收税银①。

第五,实行滚催法。为排除胥吏假手征收,督促纳户按时缴纳钱粮,自康熙三十九年(1700)开始采用滚催法,即于每里之中,或五户,或十户,设一滚单。滚单上写明每一纳户田亩多少,该纳粮若干,春完多少,秋纳若干,分作十限,每限应完数量。发给甲内首名,依次滚催。一限收完,二限挨次。如有一户沉单不完不纳,查出究处②。

上述各项措施及实施方法,目的在于防止地方官吏作弊,保证钱粮的征收。尽管这些措施得不到完全的执行,但在一定程度上还是防止了一些弊端的产生,相对减轻了百姓的负担,保证了钱粮如数征收。

5. 治黄与大治天下

黄河,是中华民族的生命之河。今全长5460公里,发源于青海巴颜喀拉山北麓,明清时东流经四川、甘肃、宁夏、内蒙古、陕西、山西、河南、安徽、江苏诸省,不仅哺育了中华民族,也给沿河地区的人民带来了无穷的灾害。清初,黄河之灾十分频繁,据学者统计,顺治年间大的决口就达15次,康熙元年至十六年(1662—1677)黄河大的决口竟达67次之多③,河南和苏北是重灾区。如康熙元年黄河决口,河南大水,"大梁四面水围毕,余波冲倒郑州城,中牟县去十之七,支派遍满蓬池乡,张杨一市无居室,三十六陂尽泽国"④。康熙六年,黄河在桃源(今泗阳县)出现缺口,塞而复决,"沿河州县,悉受水患"。尤其是黄河与运河交汇的清河县(今属淮安),竟"城门堵塞,乡民毙溺数万"⑤。康熙九年五月,黄河、淮河并溢,连同高邮、宝应二地

---

① 嘉庆《大清会典事例》卷一四三。
② 《清文献通考》卷二。
③ 戴逸:《简明清史》第一册,人民出版社1980年版,第299页。
④ 韩程愈:《白云楼集略》卷四《黄河水》。
⑤ 赵尔巽等:《清史稿》卷一二六《河渠志一》,中华书局1977年版。

湖水一道倾泻,造成"江(都)、高(邮)、宝(应)、泰(州)以东无田地,兴化以北无城郭室庐","入海港口尽塞"①的局面。康熙十四年,徐州、宿迁、睢宁、清河等州县险工并决,"民多流亡"。康熙十五年黄河水倒灌洪泽湖,沿岸堤防决口30余处,"扬(州)属皆被水,漂溺无算"②。

那么,为什么清初黄河决口、泛滥如此频繁?究其原因主要有:一是自明季潘季驯治黄以后,黄河由泗夺淮经云梯关入海的路线固定下来,但却带来一个问题,即洪泽湖东的清口不仅是黄淮交汇之处,也是运河出入的咽喉,构成了多事之区,那里一旦出现淮不抵黄,就要发生黄水倒灌,"小则扪塞河口,大则淤垫河身"③,有时甚至黄、淮二水一起涌入运河,冲决堤坝,泛滥成灾。二是明末以来,连年战争,特别是农民战争,河道年久失修,造成河决频繁发生,水患为害甚大。三是清政权刚刚入关,地方秩序依然混乱,某些地方为了地方私利,擅自决口,也加重了水患的为害程度。如安徽泗州、盱眙人在州县官的支持下,为了本州县的私利,竟然擅自新开沟路8条,造成淮水在周桥闸、翟家坝决口,高邮等处被淹④。四是清初财政困难,出现水患,多半是采取一些临时性措施补救,尚无力进行一些大工程予以根治,故时堵时决,这也是水患频繁的重要原因之一。特别是康熙十五年(1676)发现原河道总督王光裕在"治河"中竟然欺上瞒下,上报正在抢修的项目,实际上并未动工;上报已堵塞完固的项目,实际上新修的堤高、宽还不及旧堤的一半⑤。

圣祖十分重视治河,他说:"朕听政以来,以三藩及河工、漕运为三大事,夙夜廑念,未尝偶忘,曾书而悬之宫中柱上。"⑥当平定吴三桂之乱已经胜利在望之时,圣祖开始把注意力转到关系国计民生的治河上来,寻找"一劳永逸"的治河之计⑦,这也正是他大治天下的开始。

康熙十六年(1677)三月,圣祖任命安徽巡抚靳辅为河道总督。靳辅

---

① 赵尔巽等:《清史稿》卷一二六《河渠志一》,中华书局1977年版。
② 赵尔巽等:《清史稿》卷一二六《河渠志一》,中华书局1977年版。
③ 陈文述:《颐道堂文钞》卷九《与友人论不宜引黄济运书》。
④ 《清圣祖实录》卷二七。
⑤ 《清圣祖实录》卷六五。
⑥ 阮葵生:《茶余客话》卷一。
⑦ 《清圣祖实录》卷六三。

(1633—1692)，字紫垣，辽阳人，汉军镶黄旗。顺治九年（1652）以官学生授国史馆编修，此后先后担任过内阁中书、兵部员外郎、郎中、通政使司右通政使、内阁学士兼礼部侍郎和安徽巡抚等职。自康熙十六年任河道总督，直到二十七年去职，三十一年二月再度起用，同年十一月病故于任上，终年60岁①。提到靳辅治水，必须同时提到陈潢。靳辅曾多次向圣祖说过："凡臣所经营，皆潢之计议。"②陈潢（？—1689），字天一，浙江钱塘人。自幼聪敏，喜读经世之书，但是屡试不就。康熙十年与靳辅结识，自此成为靳辅的幕友，并追随靳辅于仕宦生涯。特别是在靳辅任河道总督期间，他协助靳辅治河，提出许多好的建议，有功于治河。康熙二十七年靳辅被劾罢职，陈潢也以"屯田扰民"的罪名，被捕入狱，次年（1689）死于狱中。陈潢的治河经验，后来由其同乡张霭生编辑成集，名为《河防述言》③。

靳辅、陈潢治黄，首先是从调查、考察开始。康熙十六年（1677）三月，靳辅受命任河道总督，于四月即率陈潢赴宿迁河工署就任。为了掌握情况，他们用两个多月的时间，沿着河干，"上下千里，泥行相度"，对河患区进行了实地考察④。他们认真听取各方面的意见，广泛求教于各地绅衿、兵民、工匠、役夫，"凡有一言可取，一事可行者"，"莫不虚心采择，以期得当"⑤。同时，还对历代治河的经验进行了研究。靳辅决定采用明代河臣潘季驯的"筑堤束水，以水攻沙"的理论，依据圣祖关于"务为一劳永逸之计"的指示精神，提出了一个将河道、运道视为一体，进行综合治理的方案，连续8次向圣祖奏明自己的治河设想，此即《经理河工八疏》。圣祖将靳辅提出的治河方案，交给议政王大臣会议讨论，议政王大臣会议提出此方案暂缓实行。靳辅对所提方案又作了某些调整，再上《敬陈经理河工八疏》。康熙十七年正月，议政王大臣会议通过了靳辅调整后的治河方案，圣祖批准实行，并根据靳辅的申请，拨银250万两，限期3年完成⑥。

自康熙十七年（1678）开始至二十二年，靳辅按其预定的治河方案，完

---

① 《清史列传》卷八《靳辅传》。
② 《清史列传》卷八《靳辅传》。
③ 《清史列传》卷七一《陈潢传》。
④ 王士禛：《靳文襄公辅墓志铭》，钱仪吉：《碑传集》卷七五。
⑤ 靳辅：《靳文襄公奏疏》卷一《河道敝坏已极疏》。
⑥ 《清圣祖实录》卷七七。

成的主要治河工程有：一是自清江浦以下历云梯关至海口，于河身两旁各疏引河一道，以所挑之土，筑两岸之堤，堤长690里，使淤塞10年的海口开始疏通①。二是将清口封闭，另从新庄闸之西南挑河一道，至太平坝；自文华寺挑河一道，亦接太平坝，均达烂泥浅之引河内。这样以七里闸为运口，使运口与黄、淮交汇处远隔，运河不为黄河水所灌②。三是将洪泽湖与高邮、宝应诸湖间的高家堰诸多决口堵塞，并将清口至周桥90里旧堤增高筑厚，又新筑周桥至翟坝30里堤坝，并于堤外帮筑坦坡，坡长为堤高的8倍③。四是筑清水潭东西长堤两道。清水潭逼近高邮湖，地势卑洼，决口大，水患重。在高家堰完工之后，采用"避深就浅，于决口上下退离五六十丈为偃月形，堤决口两端而筑之"的办法，筑西堤921丈5尺，东堤605丈，另挑绕西越河一道长840丈，圣祖赐名"永安河"④。此外，还加修了归仁堤。归仁堤用以障睢水，不使侵淮。靳辅将旧堤加高培厚，另挑引河一条，用其土筑大坝一道，又筑滚水坝一座，不使黄水倒灌。五是漕船入黄，行至宿迁，原由董口北达，董口淤塞，则改道骆马湖接迦河。但骆马湖湖浅水面宽，漕船难行。为此，靳辅在宿迁西北40里旧皂河挑新浚旧，另开皂河40里于骆马湖旁，以接迦河，"行驶安全，便于挽运"⑤。上述工程，大部分均按计划完成，但是导黄入海工程在3年的期限内没有完成。康熙二十年，靳辅上疏自责，请求处分。圣祖将其革职，令其"戴罪督修"⑥。特别是康熙十九年、二十年又遇两次大水，决口90余丈。群臣中不少人对靳辅治河持有疑义，靳辅要求朝廷派人对其工程进行检查。康熙二十一年，圣祖派户部尚书伊桑阿等4人勘视河工。此时候补布政使的崔维雅奏呈所著《河防刍议》及《两河治略》，对靳辅所主持的治河工程采取一概否定的态度，提出24个问题质问靳辅。靳辅虽然进行了答辩，但是圣祖仍然决定继续对靳辅进行革职处分，令其戴罪督修。直到康熙二十二年底导黄入海工程基本完成，海口大辟，下流疏

---

① 靳辅：《治河方略》卷六《经略河工第一疏》。
② 《清圣祖实录》卷七七。
③ 靳辅：《治河方略》卷二《治红中·高家堰》。
④ 靳辅：《治河方略》卷二《治红中·永安河》。
⑤ 赵尔巽等：《清史稿》卷一二七《河渠志二》，中华书局1977年版。
⑥ 《清圣祖实录》卷九六。

通,圣祖说:"今闻河流得归故道,深为可喜。"①即于同年十二月,恢复了靳辅河道总督的职务。

自康熙二十三年(1684)至二十七年,靳辅主持的治河工程已由下游转向中游。此间所完成的主要工程有:一是黄河南岸的毛城铺、王家山、大谷山、归仁堤等处,筑建减水闸坝,以保徐州一带的堤坝工程。修筑减水坝,这是陈潢治河的重要经验。河身狭窄之处,是堤坝承受水势压力最大的地方,为了减少该处堤坝的压力,就在该处开渠引水,调节水量,然后再把引出之水引入河面较宽的正河口,这样就"使暴涨随减,不致伤堤"②。二是在河南的考城、仪封一带筑堤7989丈,在封丘筑大月堤330丈,在荥阳修埽工310丈,以保护堤岸,防止河水冲刷堤岸。三是开凿中河工程,保证运河船只安全通行。原来运河漕船自清口进入黄河,在黄河运行200里,至张庄运口出黄河。这一段河运,危险极大。为确保漕运安全,靳辅在这段黄河北岸开凿一条中河,即中运河,由清河仲家庄出黄河进入中河,经桃源、宿迁、骆马湖至张庄运口,使漕船入黄30里后就进入中河行驶,保证了漕运的安全。正如文献所载:"创开中河以避黄河一百八十里波涛之险,因而漕挽安流,商民利济,其有功于运道民生,至远且大。"③

但是就在这一时期,在清朝统治集团中,关于如何治黄产生了分歧意见:以于成龙为首的一些大臣,主张开浚河口故道;而靳辅、陈潢等人却坚决主张"筑堤束水以注海"。双方各执己见,争论不休。圣祖则命靳辅督理黄河堤岸,而任命安徽按察使于成龙管理下河事务,实际上,圣祖支持于成龙的意见。而这种治河的分歧,又演变成统治集团内部的政治矛盾与斗争。靳辅最终成为这场斗争的牺牲品。康熙二十七年(1688)三月,圣祖将靳辅革职,将陈潢下狱。后来圣祖南巡时,亲见"上河堤岸修筑坚固","江南、淮南诸地方,自民人、船夫,皆称誉前任河道总督靳辅,思念不忘"④。康熙三十一年他重新委任靳辅为河道总督,但靳辅在当年就逝世于任所。

在靳辅去世以后的30年中,靳辅的继任者于成龙、张鹏翮等基本上都

---

① 《清圣祖实录》卷一一一。
② 王士禛:《靳文襄公辅墓志铭》,钱仪吉:《碑传集》卷七五。
③ 《清圣祖仁皇帝圣训》卷五一。
④ 《清圣祖实录》卷一四〇。

遵循着靳辅的治河方针。连反对靳辅最激烈的于成龙,在实践中也不能不修正自己的错误,而执行靳辅的治河方针。圣祖对此曾问过于成龙:"尔尝劾靳辅,谓减水坝不宜开,今果何如?"于成龙回答:"臣彼时妄言,今亦视辅而行。"①

除了治黄以外,各地还进行了不少中小型的水利工程,如康熙元年(1662)重修四川夹江县的龙门堰;康熙二年修筑安徽和州铜城堰;康熙三年修筑江苏嘉定楠木堰;康熙九年修筑陕西郿县金渠;康熙十年疏浚刘家、吴淞二江的入海通道;康熙十二年兴筑陕西城固县五门堰和修筑河南安阳万金渠;康熙二十三年修筑安徽五河县南湖堤坝,修复云南昆明湖堤坝;康熙二十七年再筑安徽徽州鱼梁坝;康熙三十七年开始治理永定河,挑河建堤,疏直水道,浚深河床;康熙三十八年疏通直隶滹沱河、漳河;康熙四十五年修复四川都江堰堤坝;康熙四十七年修建甘肃、宁夏大清渠;康熙四十八年挑浚河南郑州贾复河故道,江苏疏浚注入太湖的白茆、福山等河港;康熙五十三年整治广西桂林到梧州的河道;康熙五十七年修筑浙江海塘;等等②。上述工程,除少数如治理永定河属新建外,多数为修复重建工程。

治理黄河,关系国计民生,有利于社会的安定,一向为历代所必重。清代自圣祖始,以治黄、淮为中心,全面兴修水利,前后历时30年,6次南巡,阅视河工。实施治黄的战略计划之日,突出表明,自此全面转入经济建设,大治天下,亦即治国的开始。正如圣祖于康熙二十二年(1683)收复台湾时说过的一句话:"今四海太平,最重者治河一事。"③治河取得了完全成功,达到了治国的目的。

---

① 赵尔巽等:《清史稿》卷二七九《于成龙传》,中华书局1977年版。
② 赵尔巽等:《清史稿》卷一二九《河渠志四》,中华书局1977年版。
③ 《圣祖仁皇帝祖训》卷三三《治河一》。

第二章 长城内外一家

1. 雅克萨反击沙俄

中国历代所谓"边患",皆起自东北、西北和北部的"三北"地区。为防御北方匈奴不断内扰,秦始皇营建人类史上最伟大的工程之一——万里长城,将广阔的草原及其游牧民族隔离于汉族聚居的农业地区之外。这道万里长墙,把中国分为两个部分,形成了"内外"之分、塞内外之别。历代继承秦制,皆以长城为屏障,固守"华夷之辨"的传统观念,因而限制了国家的真正统一。清朝摒弃历代的传统政策,主要是从圣祖开始,废长城而不用,撤长城之防御,在"中外一家"思想的指导下,长城内外各民族形同一体,真正实现了国家"大一统",开创了中华民族大一统的崭新局面。

有关黑龙江流域,中国古代文献早有记载。约在公元前5世纪成书的《山海经》称黑龙江为浴水,公元7世纪以后成书的《北史》称其为完水,隋唐文献称为黑水,《太平寰宇记》称为乌桓水,《金史》称为百里罕,《辽史》始称黑龙江[①]。蒙古语为哈拉穆连,满语为萨哈连乌拉。生活在黑龙江流域的各族,其名称较复杂,各个时期称呼不一,变化也大,有肃慎、乌桓、鲜卑、柔然、室韦、挹娄、勿吉、靺鞨,以及8世纪以后的契丹、女真、蒙古等族。文献上称居住在这里的肃慎人,在公元前11世纪就与中原民族发生了联系。肃慎人曾向周王朝贡献"楛矢石砮"[②],西周以后,中原王朝一直称这一

[①] 西清:《黑龙江外纪》卷一。
[②] 《国语·鲁语》。

地区为自己的领土,即"肃慎、燕、亳,吾北土也"①。汉代、三国时称挹娄,南北朝称勿吉,臣服于北魏政权。隋唐时称靺鞨,唐代靺鞨分七部,其中粟末靺鞨逐渐强大并于圣历元年(698)建立了渤海国,唐朝封其国王为渤海郡王、渤海国王。渤海国隶属后,成为唐朝的忽汗州。黑龙江中下游为黑水靺鞨活动的地区,也一直与唐朝保持着隶属关系,开元十四年(726)唐朝设置黑水都督府,以加强管辖。黑龙江中上游、精奇里江一直到外兴安岭是室韦族活动的地方,与唐朝保持朝贡的隶属关系。辽、金、元也一直有效地管理着这一地区。明朝自永乐元年(1403)就派员到黑龙江下游招抚,永乐三年在黑龙江入海口附近设立奴尔干卫。永乐七年,在这一地区设置卫所115处。为加强管理,同年又设置奴尔干都指挥使司。这里设置的卫所到万历年间已增至384卫、24所,实行有效的管辖。

努尔哈赤自1583年起兵,就致力于统一居住在这一地区的女真各部。1599年至1640年,后金(清)对此地先后15次用兵,4次招抚,统一了女真各部。为了加强管理,清廷最初设置宁古塔章京,顺治十年(1653)改为宁古塔昂邦章京,康熙元年(1662)改为镇守宁古塔等处将军,康熙二十二年增设黑龙江将军,分别管理松花江以东的黑龙江中下游,乌苏里江以东地区及松花江、黑龙江北岸今俄罗斯境内的支流毕占河以西直至尼布楚地区。

至迟到8世纪前期,唐朝已在黑龙江地区设置了行政机构,其后辽、金、元、明、清几代,对这一地区都实行着有效的统辖。所谓黑龙江流域"自古以来就是无主之地","第一个开发者"是俄国哥萨克,那完全是违背历史事实的。

沙皇俄国原是一个欧洲国家,领土与中国并不接壤。至17世纪,俄国先后吞并了西伯利亚诸汗国,越过乌拉尔山,征服了西比尔汗国,并建托博尔斯克城,作为向东扩张的据点。接着,又占据叶尼塞河流域,建叶尼塞斯克。不久,又推进到勒拿河流域,建雅库次克。又向东扩张,一直达到鄂霍次克海。叶尼塞斯克、雅库次克遂成为俄国哥萨克入侵黑龙江流域的两个据点。1636年(明崇祯九年,清崇德元年),当俄国哥萨克在阿尔丹河流域建立塞堡时,才知道有关黑龙江这条大河的最初消息,竟比中国人晚了近三

---

① 《左传》。

千年①。此后,俄国就不断有人入侵黑龙江流域。1640年(明崇祯十三年,清崇德五年),俄国雅库次克督军彼得·戈洛文派遣70余名哥萨克入侵黑龙江,因中途受阻,未果。1643年(明崇祯十六年,清崇德八年),彼得·戈洛文又派瓦西里·波雅科夫率133人深入黑龙江。他们自雅库次克出发,到达精奇里江上游,顺流而下,冬季到达乌姆列坎河口。好客的达斡尔人给他们提供食物,并介绍了与博格达汗(即清朝君主)内地的交易情况。然而他们强盗行径不改,到处烧杀抢掠,使当地达斡尔人不得安宁,终于奋起反抗。1644年(顺治元年),他们沿精奇里江窜至黑龙江,当到达松花江口时,当地的虎尔哈人消灭了其中的许多人。由此他们不敢从原路返回,而从海上遁逃,历时两年才回到雅库次克,生还者仅15人②。

  1649年(顺治六年),俄国又组织了第二次对黑龙江的武装入侵。由哈巴罗夫率领的70名哥萨克于次年越过外兴安岭,到达雅克萨以西的鄂尔河口。当地的达斡尔人得知消息,及时撤离。哈巴罗夫把军队留在这里,他返回搬兵,又带来137人,并携有要求当地人做他们的奴隶的"训令"。1651年(顺治八年)哈巴罗夫率200名入侵者到达古伊古达儿村时,要求居住在此地的千余名达斡尔人和50余名满族人向俄国纳赋。达斡尔人拒绝了他们的要求,并坚决抵抗,结果661人被杀,361名妇女儿童被俘。是年秋,俄国哥萨克袭击了旧瑷珲城,又到达黑龙江下游赫哲人居住的乌扎拉村,四出抢掠,遭到当地赫哲人和朱舍里人的联合抵抗。赫哲人和朱舍里人向清廷报告说,这里来了"罗刹",要求派兵保护。清廷命宁古塔章京海色率600人包围了乌扎拉村,哈巴罗夫被迫向黑龙江上游撤退,并遣使莫斯科要求增援。1653年(顺治十年)哈巴罗夫回到莫斯科③。

  1654年(顺治十一年),俄国又派斯捷潘诺夫代替哈巴罗夫,率领370名哥萨克第三次入侵黑龙江。他们窜到松花江骚扰,与清朝军队相遇,结果被打败,退出松花江,向黑龙江上游逃窜,至呼玛河口,建呼玛城堡。年底,清廷派固山额真明安达往征黑龙江上游的"罗刹"。清军包围了呼玛城堡,分三路围攻。哥萨克拼死抵抗。清军因携带的粮食有限,只好撤围。此次

---

① 参见北师大清史研究小组:《一六八九年的中俄尼布楚条约》,人民出版社1977年版(下略)。
② [俄]弗纳德斯基主编:《俄国历史资料集》第一卷,1972年版,第269页。
③ [美]弗·阿·戈尔德:《俄国在太平洋的扩张(1641—1850)》,商务印书馆1981年版,第49页。

战役之后,清廷将作战基地由宁古塔移向乌喇(今吉林)、卜魁(今齐齐哈尔)及黑龙江城(今爱辉),并恢复了乌喇造船厂。盘踞在呼玛城堡的哥萨克,为解决粮食困难,又窜到黑龙江下游费雅喀人居住的地方抢掠,并在那里建立科索戈尔斯克越冬站。顺治十四年(1657),清廷派宁古塔昂邦章京沙尔虎达率军打败了俄军,斯捷潘诺夫率500人沿松花江而上,沙尔虎达率军激战于黑龙江松花江汇合处,打死和活捉了270名哥萨克,其余230人逃回雅库次克或尼布楚①。顺治十七年(1660)宁古塔昂邦章京巴海辛军大破哥萨克于黑龙江下游古法坛村,至此,入侵黑龙江中下游的沙俄匪徒全部被肃清,清军取得了反侵略战争第一阶段的胜利。

沙俄派哥萨克从雅库次克入侵黑龙江,另派哥萨克从西面入侵黑龙江上游流域,顺治十一年(1654),占领了尼布楚,当地的蒙古族进行了坚决的抵抗。康熙四年(1665),又南下占领了喀尔喀蒙古土谢图汗所属的楚库柏兴(色格楞斯克),并东进占领了雅克萨。土谢图汗多次向沙俄提出抗议,并于康熙十二年(1673)、十四年两次派人去莫斯科交涉,但是沙俄是不甘心退出已侵占的地区的。康熙十九年,沙俄又成立了"尼布楚督军区",并在额尔古纳河东岸建立了额尔古纳堡。康熙二十年,清廷派大理寺卿明爱前往黑龙江与沙俄交涉,雅克萨俄军头目拒不谈判。圣祖决策,以武力驱逐侵略者②。

康熙二十年(1681),清政府平定了吴三桂之乱,二十二年又收复了台湾,就转而解决北部边疆的安全问题。收复台湾的前一年即康熙二十一年四月,圣祖先至盛京"谒陵",巡视东北边疆,观看了松花江上的水师演习;九月,派副都统郎谈、公彭春率数百人以捕鹿为名,到雅克萨附近侦察③,为反击沙俄做准备。郎谈在侦察回来之后,向圣祖建议,待春暖花开之后,水陆两军并发,速战速决,收复雅克萨。圣祖并未采纳郎谈关于发动进攻的意见,而是下令在黑龙江城和呼玛两地建立城堡,与俄军对峙,并贮备粮食,修造船只,筹划屯田,开辟驿路,进行充分的准备④。九月,圣祖下令,从宁古

---

① [俄]瓦西里耶夫:《外贝加尔哥萨克史纲》第一卷,1916年版,第98页。
② [俄]瓦西里耶夫:《外贝加尔哥萨克史纲》第一卷,1916年版,第156页。
③ 《清圣祖实录》卷一〇四。
④ 《清圣祖实录》卷一〇九。

塔调兵五六百人,达斡尔兵四五百人,到黑龙江建城永驻,并带家眷同往①,此即后来的旧瑷珲城。自此至康熙二十四年,清廷从多方面积极准备。首先在康熙二十二年抽调乌喇、宁古塔兵1000人驻守瑷珲,次年又调1000人到黑龙江屯田戍守,从北京抽调500人,还抽调了山东、山西、河南和福建的部分汉军。其次,从盛京抽调600人到瑷珲帮助筑城。再次,就是征贮粮食,共征集1.2万石,设仓库贮存,同时在黑龙江流域开垦屯田1500多垧。此外,在乌喇造船厂准备了大型战船10艘,二号战船30艘,江船10艘,并有几百艘运粮船;开辟了长达四五千里的自辽河到黑龙江城的运输线以及从乌喇到黑龙江城的驿站②。

与此同时,沙俄也在进行备战:沙俄加固了雅克萨城堡,城门及司令部都建立了炮楼③。在尼布楚增驻哥萨克骑兵,从雅克萨到尼布楚之间驻有2000余人。康熙二十二年(1683),沙俄又招募1000名哥萨克前往雅克萨增援。同时还把雅克萨从"尼布楚督军区"划出来,单独成立"雅克萨督军区",并任命托尔布津为"雅克萨督军"。为解决粮食供应问题,沙俄还在尼布楚和雅克萨一带建置了众多的农庄④。

自康熙二十二年(1683)圣祖调兵永驻黑龙江之后,在当地人民的配合下,至次年,已基本肃清黑龙江流域散在的沙俄侵略军。圣祖为表明清朝不愿意与沙俄打仗,而愿意谈判的意愿,又派了两名使臣前往尼布楚,要求俄方派人到齐齐哈尔谈判,但是遭到俄方的无理拒绝。又释放了一批沙俄俘虏回国,并携带一份咨文到雅克萨,俄方却一直不予答复⑤。在和平的努力迄无结果的情况下,圣祖才决定以武力收复雅克萨。于是,雅克萨反击战爆发。

第一次雅克萨战争:康熙二十四年(1685)正月,圣祖下达以武力收复雅克萨的命令。他指出:"兵非善事,不得已而用之。向者罗刹,无故犯边,

---

① 《清圣祖实录》卷一一二。
② 《清圣祖实录》卷一〇六、一〇八、一〇九、一一一、一一二、一一三、一一四、一一九、一二〇;北师大清史研究小组:《一六八九年的中俄尼布楚条约》,第168—173页。
③ [俄]瓦西里耶夫:《外贝加尔哥萨克史纲》第一卷,1916年版,第158页。
④ [俄]瓦西里耶夫:《外贝加尔哥萨克史纲》第一卷,1916年版,第166、171、184页。
⑤ 《清圣祖实录》卷一一二。

收我逋逃,后渐越界而来,扰害索伦、赫哲、飞牙喀、奇勒尔诸地,不遑宁处,剽劫人口,抢掳村庄,攘夺貂皮,肆恶多端。是以屡遣人宣谕,复移文来使,罗刹竟不报命,反深入赫哲、飞牙喀一带,扰害益甚,爰发兵黑龙江,扼其来往之路。罗刹又窃据如故,不送还逋逃,立即剪灭。"①他任命都统彭春为统帅,副都统班达尔善、护军统领佟宝、副都统马喇及銮仪使侯林兴珠参赞军务,决定春暖冰融后即出兵。是年三月十七日,清朝再次致书俄方,要求俄军撤出雅克萨。然而俄方仍然不予答复。四月二十八日,清军3000人已集结在黑龙江城。五月二十二日,清军又向俄方发出最后通牒,俄军依仗城防坚固,不肯迁归。清军决定发起强攻。二十四日,清军截击一队沙俄援军,击毙30余人,俘虏10余人。二十五日,清军攻城开始,炮火齐发,击毙俄军100余人,城内着火,又无防火设备,火光冲天,一片混乱。雅克萨督军托尔布津走投无路,被迫投降,并举行了投降仪式,托尔布津发誓决不重来,率余下的700余人撤回俄国。清方派兵送至额尔古纳河口,第一次雅克萨反侵略战争胜利结束②。彭春等收复雅克萨之后,只将城堡一烧了之。雅克萨周围的庄稼没有收割,也没有设立哨所,还未等朝廷的命令下达,就擅自匆忙撤军。而沙俄见有隙可乘,在两个月后卷土重来,重新占领了雅克萨。

第二次雅克萨战争:当托尔布津率领残部回到尼布楚,沙俄所派的拜顿率领600人也赶至尼布楚。当他们得知清军已撤离雅克萨之后,就在八月重新返回雅克萨,重筑城堡,还做了长期固守的准备。康熙二十五年(1686)二月,清廷才得知俄军又重新占领雅克萨的消息。圣祖立即部署了第二次雅克萨之役。他命令萨布素将军率军2000人攻取雅克萨,派郎谈、班达尔善、马喇等参赞军务。五月上旬,清军由瑷珲出发,月底到达雅克萨附近扎营。清方致信俄方令其投降,俄军置之不理。此时雅克萨的俄军有826人,并配备有12门大炮。清军控制着黑龙江江面,切断了从尼布楚来援的俄军的通路。六月初,清方从南北两面攻城,击毙俄军111人,"雅克萨督军"托尔布津也被击毙。但是,雅克萨城防较之前一次修筑得较牢固,一时难以攻下。而清军只有50支火枪,其余的武器均为弓箭刀矛,攻坚力

---

① 《清圣祖实录》卷一一九。
② 据《清圣祖实录》卷一二一、一二三。

较差。因此,清军停止强攻,改为长期围困。经过5个月的围困,雅克萨城内的俄军只剩下150人①。是年十二月,城内俄军只剩下66人。当雅克萨城即将被清军攻破之时,萨布素却接到朝廷停止攻城、解除围困的命令。原来沙俄派出的使节已到达北京,表示愿意谈判②。

康熙二十四年(1685)三月,圣祖在雅克萨战争前夕,再次致书沙皇,敦促俄军撤出雅克萨,双方进行谈判,再次表达了和平解决的愿望。此信用俄、蒙、拉丁三种文字写成,交给6名沙俄俘虏,取道喀尔喀蒙古,送往莫斯科。是年秋末冬初,有两名俄俘到达莫斯科,将清方的书信交给沙皇③。是年十一月,沙皇接到有关第一次雅克萨战争俄军失败的报告,十二月,决定接受清方的建议,派使团谈判。同月,俄方谈判信使由莫斯科出发。康熙二十五年八月,沙俄谈判信使由中国北部入境,十一月十日到达北京,为此清方才下达了停止攻城、撤销围困的命令。

康熙二十五年(1686)一月三十日,沙皇正式任命费多尔·阿列克谢耶维奇·戈洛文为俄方谈判的全权代表,正式谈判使团组成,随行军队938人。二月初五日使团从莫斯科出发,途中得知第二次雅克萨战争的消息。戈洛文原想与清军打一仗再谈,因此他下令雅克萨和尼布楚要坚守待援。但是当其先遣部队到达尼布楚时,中俄双方停战令已下,俄方的谈判信使又赶来与戈洛文会面,并将圣祖的信交给戈洛文。康熙二十六年九月,俄国使团到达楚库柏兴,又接到沙皇的训令,中心内容是:由于俄土战争爆发,为避免两头作战,可以放弃雅克萨,以换取占领尼布楚广大地区,并要求戈洛文千方百计地去实现,如果实在不行,则采取拖延谈判的战术④。

康熙二十七年(1688)五月三十日,圣祖派出谈判代表团从北京出发,前往楚库柏兴,与沙俄使团谈判。清朝谈判使团的首席代表为领侍卫内大臣索额图,依次是都统、国舅佟国纲和理藩院尚书阿尔尼、左都御史马齐等。耶稣会传教士徐日升和张诚任译员,率领护卫800人⑤。但是,又发生了噶

---

① 《清圣祖实录》卷一二四。
② 《清圣祖实录》卷一二七。
③ 《俄中两国外交文献汇编(1619—1792)》,中译本,第57页。
④ 齐赫文斯基主编:《十七世纪俄中关系》第二卷,第178页。
⑤ 《清圣祖实录》卷一三五。

尔丹叛乱,使团中途受阻,于七月二十二日返回北京,并派人通知俄方,希望双方使团能在北京进行谈判。康熙二十八年五月二十三日,俄方代表到达北京。经双方商定:谈判地点改在尼布楚(今俄属涅尔琴斯克)。五月二十六日,清方谈判使团第二次出发。此次使团分水陆两路前往谈判地点。六月初七日萨布素由水路先期到达尼布楚;十五日,索额图亦由陆路到达尼布楚。俄方谈判使团在戈洛文率领下,二十四日由楚库柏兴出发,八月十九日到达尼布楚。

谈判正式开始之前,双方的朝廷均对自己的使团有明确指示。圣祖向索额图明确指出,此次谈判方针为:"今以尼布潮(即尼布楚)为界,则鄂罗斯货易无栖托之所,势难相通。尔等初议时,仍以尼布潮为界。彼使者若恳求尼布潮,可即以额尔古纳为界。"①沙皇对戈洛文的指示是:第一方案是以黑龙江为界;第二方案是以比斯特拉河(牛满江),或者以结雅河(精奇里江)为界;第三方案是以雅克萨为界②。

经协商,双方同意谈判会场设在尼布楚城附近。在同等距离上,双方各保持500名士兵。八月二十二日,中俄在尼布楚的谈判正式开始。谈判一开始,双方代表就进行了激烈的争论。经过艰苦、复杂的谈判和中方的一再让步,双方终于在康熙二十八年七月十四日(1689年9月7日)达成了协议,并举行了签字仪式,签订了《中俄尼布楚条约》。

《中俄尼布楚条约》是在基本平等的基础上签订的。双方代表都是在各自的朝廷事先指示的范围内进行谈判、交涉,条约所涉及的问题,没有超出双方朝廷愿意接受的范围。

缔结的《中俄尼布楚条约》,应该说,对中俄双方都有利。就清朝而言,虽然在贝加尔湖以东至尼布楚地区的领土问题上作了很大让步,但是促使俄军撤出雅克萨,收复了黑龙江流域被俄侵占的领土,并从法律上明确肯定了黑龙江流域、乌苏里江流域是中国的领土。另外由于中俄双方签订了条约,停止战争,就使清朝及早腾出手来解决噶尔丹叛乱问题,有利于进一步完成国家的统一。就沙俄而言,他们虽然撤出了雅克萨及黑龙江流域,但是

---

① 《清圣祖实录》卷一四〇。
② 齐赫文斯基主编:《十七世纪俄中关系》第二卷,第178页。

他们却取得了清朝承认他们对尼布楚及其以西领土的占领,巩固了沙俄在该地区的统治。同时由于中俄签约停战,也使沙俄可集中力量解决在西方所面临的问题。同时,清朝在中俄商业贸易方面做出了让步,使沙俄打开了同中国通商的门户,因而沙俄获得的利益是明显的。所以双方签约之后,沙俄代表喜形于色。"中国钦差大臣与全权大臣互道珍重,互相拥抱,互相祝贺,然后分手。"①

2. 平定噶尔丹之乱

元朝灭亡,进入明代后,蒙古族散居长城以北的广大地区。按其活动的地域,基本上分为漠南蒙古、漠北蒙古(即喀尔喀蒙古)与漠西蒙古(即厄鲁特蒙古)三部分。厄鲁特,本来是部分蒙古族的自称,元代又称斡亦刺惕、斡亦刺、外刺、卫拉特,明代称瓦剌,清代称厄鲁特或卫拉特。元代时,厄鲁特贵族曾与元宗室保持联姻关系,势力显赫。元朝灭亡后,整个蒙古族势力渐衰,而厄鲁特即瓦剌的势力却日渐强盛,人口增至4万户以上。领地也由叶尼塞河上游向西、向南扩展,或进入扎布汗河、科布多河流域,或进入准噶尔盆地。明永乐六年(1408),厄鲁特的三大贵族马哈木、太平、把秃孛罗向明朝朝贡,被封为顺宁王、贤义王、安乐王。其后,又与明朝发生了大规模的战争,战后又恢复了朝贡关系。至明末清初之际,厄鲁特蒙古逐渐形成准噶尔、杜尔伯特、土尔扈特、和硕特四大部。四部各自为长,各统所部,互不相属。但为与喀尔喀蒙古斗争的需要,又逐渐形成联盟,推举出一两位盟主,协调四部之间的关系。15世纪至17世纪,在与喀尔喀蒙古的斗争中多为其所败,被迫向额尔齐斯河、鄂毕河及哈萨克草原转移,土尔扈特部甚至迁移至伏尔加河流域。在与喀尔喀蒙古的斗争中,准噶尔部领主哈喇忽喇威信渐高,为准噶尔部的强大奠定了基础。哈喇忽喇死后,其子和多和沁继位,密切了与西藏五世达赖的关系,支持和硕特部顾实汗进入青海,占领西藏,从而使准噶尔部势力更加强大,乌鲁木齐遂为准噶尔所有。他娶和硕特

---

① 《八旗通志》(初集)卷一五三《郎谈传》。

部顾实汗的女儿为妻,又娶了土尔扈特部首领鄂尔勒克之女为妻,亦将自己的女儿嫁给鄂尔勒克之孙朋楚克为妻。他又与喀尔喀蒙古扎萨克图汗素巴第共同召开了厄鲁特蒙古与喀尔喀蒙古的封建主会盟,制定了《1640 年喀尔喀·厄鲁特法典》,缓和了各部之间的矛盾,调整了关系,加强了团结。同时他又积极发展畜牧业、手工业,使准噶尔的经济实力也有了迅速增长①。同时准噶尔部还保持了同已入主中原的清朝的朝贡关系。

顺治十年(1653),和多和沁去世,其子僧格继承了他的事业。此时准噶尔部发生内乱,僧格同父异母的长兄车臣、二兄卓特巴巴特尔与僧格争夺遗产,互相争杀。顺治十六年,车臣与卓特巴巴特尔二人被迫承认了僧格的准噶尔部继承人地位,然而斗争并未结束。康熙九年(1670),僧格终于被其长兄车臣和二兄卓特巴巴特尔杀害。僧格的同母弟弟噶尔丹闻讯,立即从西藏赶回准噶尔部,打着为僧格复仇的旗号,与其长兄车臣及二兄卓特巴巴特尔的联军在阿尔泰山进行激战,车臣被杀,卓特巴巴特尔逃往青海②。噶尔丹遂成为准噶尔部的首领。

噶尔丹(1644—1697),巴图尔珲台吉和多和沁的第六子。年轻时即到西藏"投达赖喇嘛,习沙门法"③,深得达赖五世的钟爱与重视,授予他"呼图克图"尊号。但是他的兴趣并不在佛教,而在政治。奋斗目标是:"圣上君南方,我长北方"④,进而与清朝争夺天下。当他成为准噶尔部首领之后,就一步一步地朝着既定的目标迈进。他制定了"近攻"与"东进"两套计划。所谓"近攻",就是计划分两步走,第一步是先统一天山北路的厄鲁特诸部。康熙十二年(1673),噶尔丹出兵攻击其从兄弟巴噶班第及其叔父楚虎尔乌巴什,但兵败受挫。康熙十五年他再次出兵,擒获了其叔父楚虎尔乌巴什,杀死其从兄弟巴噶班第。康熙十六年,噶尔丹又出兵攻击其岳祖父鄂齐尔图车臣汗,"破其部",吞并了部分鄂齐尔图部众,实现了"胁诸卫拉特奉其令"⑤。康熙十八年,噶尔丹又率兵3万,迫使吐鲁番与哈密臣服。达赖五

---

① 张廷玉等:《明史》卷三二八《瓦剌传》;《皇朝藩部要略》卷九《厄鲁特要略一》。
② 张穆:《蒙古游牧记》卷一二《青海绰罗斯》。
③ 《亲征平定朔漠方略》卷一。
④ 《亲征平定朔漠方略》卷七。
⑤ 《皇朝藩部要略》卷九《厄鲁特要略二》。

世应其请,赠"博硕克图汗"号。

所谓"近攻"计划的第二步,就是征服天山南路。当时叶尔羌汗国统治天山南路,其内部斗争十分激烈,主要是白山派与黑山派的斗争。当司马依为叶尔羌汗国之汗时,他支持黑山派,禁止白山派,并将白山派首领阿帕克和卓驱逐出境。阿帕克和卓就向达赖五世求救。达赖五世给噶尔丹写信,向他推荐阿帕克和卓,并令他发兵叶尔羌。康熙十八年(1679),噶尔丹根据达赖五世的指令,首先攻下了喀什噶尔城,接着又攻下了叶尔羌城,司马依汗被俘,叶尔羌汗国灭亡。在噶尔丹的支持下,阿帕克和卓成为天山南路的总督。自此,天山南路亦隶属于准噶尔部[①]。康熙二十一年,噶尔丹又发兵进攻哈萨克的头克汗,结果失败。第二年噶尔丹再次发兵进攻哈萨克,将头克汗擒获。同年,噶尔丹又发兵征服了天山的柯尔克孜人。康熙二十三年,噶尔丹发兵攻占了哈萨克的商业城市塔什干与赛里木都[②]。康熙二十四年噶尔丹占领了费尔干纳[③]。至此,"近攻"计划圆满完成,噶尔丹的势力大增。

噶尔丹"近攻"计划的顺利完成,为实现其"东进"计划打下了基础,并推动他积极实现其"东进"计划。噶尔丹的所谓"东进"计划,就是控制青海的和硕特蒙古与漠北的喀尔喀蒙古,并在此基础上实现统一蒙古各部,建立大蒙古帝国。不难看出,噶尔丹的"东进"计划,实际上是和清朝争夺对和硕特蒙古和喀尔喀蒙古的控制,因而就必然和清王朝发生直接冲突[④]。

噶尔丹和清朝的关系,在他成为准噶尔部首领之后的头十年,总的来说是好的,一直保持着朝贡关系。但是清政府对他却一直存有戒心,并对他的某些行动加以限制或表示不满。如康熙十六年(1677),他攻杀鄂齐尔图汗之后,遣使献俘,清朝加以拒绝。康熙十八年,噶尔丹称汗,请求清朝批准并授以印信,清朝也予以拒绝。康熙二十二年清朝要求噶尔丹将其入贡人数限制在 200 名以内。但噶尔丹对这项规定未加理睬,次年入贡时照例派了

---

① 穆罕默德·沙迪克·喀什噶尔:《和卓传》,转引自郭松义主编:《清代全史》第三卷,辽宁人民出版社 1993 年版,第 160 页。
② 《清圣祖实录》卷一八八。
③ 钮仲勋:《准噶尔西北疆域考》,《中俄关系史论文集》。
④ 关于噶尔丹的"近攻""东进"计划,参见马大正:《论噶尔丹的政治和军事活动》,《民族研究》1991 年第二期。

3000人。清朝不得不在康熙二十五年重申上述规定①。噶尔丹清楚地知道,清朝是他实现"东进"计划的最大障碍。为了与清朝对抗,他必须寻找靠山,于是,便投靠沙皇俄国。早在康熙二十年,他就积极与沙皇俄国接触。是年十一月,他派两名使节率领70人的使团前往伊尔库茨克,并带去给沙皇的一封信。而此时喀尔喀蒙古正全力反抗沙皇俄国的入侵。俄国正想用噶尔丹来牵制喀尔喀。为此,俄使戈洛文曾多次接见噶尔丹的使节,并提出了建立俄准联盟的建议②。有了沙皇俄国做靠山,噶尔丹便放心地实施其"东进"计划。康熙二十六年,噶尔丹率3万大军占领了喀尔喀蒙古的扎萨克图汗部,并唆使扎萨克图汗进攻土谢图汗部。康熙二十七年,噶尔丹又兵分三路进攻土谢图汗部。而此时的土谢图汗部,正全力以赴地反抗沙皇俄国的入侵,因此受到腹背夹击,初战失利,噶尔丹就率领军队大肆抢掠喀尔喀蒙古。喀尔喀部数十万部众被迫南迁,全部进入内蒙古,"溃卒布满山谷,行五昼夜不绝"③。

噶尔丹占领喀尔喀蒙古的漠北牧地后,气焰十分嚣张。但正在这时,由于内争,极大地削弱了噶尔丹的势力。康熙九年(1670)僧格被杀,噶尔丹接任准噶尔部的首领时,僧格的三个儿子策妄阿拉布坦、索诺木阿拉布坦、丹津鄂木布当时年龄尚小。康熙二十七年,僧格的三个儿子均已长大成人,特别是索诺木阿拉布坦为僧格嫡妻所生,是僧格汗位的合法继承人,极大地威胁着噶尔丹的地位。噶尔丹在这一年毒杀了索诺木阿拉布坦。在此之前,噶尔丹还霸占了策妄阿拉布坦的妻子。夺妻杀弟的仇恨,使策妄阿拉布坦忍无可忍,就在这年冬季,在僧格7名旧臣的支持下,率部众5000人逃往富饶的博罗塔拉(今新疆博罗)。噶尔丹闻讯,率2000人追赶,被策妄阿拉布坦消灭,噶尔丹仅率少数亲信逃走,致使噶尔丹势力大减。而厄鲁特部的杜尔伯特部诸台吉,多从策妄阿拉布坦,使噶尔丹势力又减,且使其粮食供应失去了来源④。康熙二十八年十一月,楚虎尔乌巴什之子额琳臣又率1000余人投奔清朝,进一步削弱了噶尔丹的势力。

---

① 《清圣祖实录》卷一一六、一二七。
② 齐赫文斯基主编:《十七世纪俄中关系》第三卷,第621页。
③ 张鹏翮:《奉使俄罗斯日记》,《小方壶斋舆地丛钞》第二帙。
④ 魏源:《圣武记》卷三《雍正两征厄鲁特记》。

康熙二十九年(1690)六月,噶尔丹由于粮尽,率军经乌尔扎河、喀尔喀河东进南下,侵入科尔沁草原、锡林郭勒草原、乌珠穆沁盆地进行抢掠,直接威胁到清朝对内蒙古的统治。圣祖被迫改变原先力图调解噶尔丹与喀尔喀蒙古矛盾的打算,决策打击和消灭这股制造分裂和动乱的亲俄势力。于是调兵遣将,任命其皇兄裕亲王福全为抚远大将军,皇长子允禔为副将军,此路为左翼,率主力出古北口;以康亲王杰书为安北大将军,和硕简亲王雅布、多罗信郡王鄂扎副之,是为右翼,于七月六日率主力出喜峰口。圣祖亲临前线指挥,自率一路军,于七月十四日由北京出发。三路大军,约计10万人左右。不料二十二日圣祖突患感冒,不得不于次日返京。噶尔丹闻听清朝已发大军,就在七月十五日首先宣战,于七月二十七日抢先占领距京师仅700里的乌兰布通峰(今内蒙古克什克腾旗境)。八月一日,福全督大军向准噶尔阵地进攻,炮火齐发,当日就摧毁了噶尔丹的"驼城",大败准噶尔军①。福全本来应该一鼓作气将噶尔丹军消灭,但中了噶尔丹假降之计,又听从了西藏喇嘛济隆"休战罢兵"的劝说,即下令"暂止勿击",使噶尔丹得以逃脱。对此事,圣祖甚感遗憾,并于八月十八日遣人敕谕噶尔丹,历数其罪恶,并指出:"若再违誓言,妄行劫夺生事,朕厉兵秣马,见俱整备,必务穷讨,断不中止。"②

康熙三十年(1691),准噶尔部经济极度困难,圣祖应噶尔丹之恳求,慷慨赠银千两救济准噶尔部众,并一再劝说噶尔丹回归清朝③。然而,噶尔丹阳奉阴违,既不准备投降,更不甘心失败。他于康熙三十一年上书清廷,继续索要土谢图汗及哲布尊丹巴胡图克图,甚至遣人到内蒙古煽动叛乱。康熙三十四年,噶尔丹又集结骑兵3万,从土拉河向东进犯。圣祖决心征剿,却遭到部分廷臣的阻挠。几经周折,圣祖于康熙三十四年十一月决计分三路出兵,进攻噶尔丹。东路,由黑龙江将军萨布素统辖盛京、宁古塔、黑龙江等地东北三省的军队,共6000人,防其东侵;中路,调京城兵及宣府绿营兵共27970人;西路,由抚远大将军费扬古与振武将军孙思克等统率,调归化城与宁夏兵共22400人。康熙三十五年二月三十日,圣祖亲率中路大军起

---

① 《清圣祖实录》卷一四七、一四八。
② 《亲征平定朔漠方略》卷四七。
③ 《清圣祖实录》卷一五〇。

行。四月初,得知准噶尔军仍在克鲁伦河一带,而此时清军的中路和西路均已接近克鲁伦河。五月四日,圣祖敕谕噶尔丹:"今朕大军已出汛界,与尔逼近,两路兵俱已到土喇,东路兵俱已溯克鲁伦河而来",因不忍生灵惨遭涂炭,故拟"觌面定议,指示地界"①。噶尔丹本来不相信圣祖会亲征,当他得到圣祖亲率大军前来的确切消息,不禁大惊,于五月七日上疏"乞暂缓师",暗中却传令尽弃庐帐、器械而逃。圣祖得知噶尔丹逃遁的消息之后,立即下令轻骑直追,并身先士卒,疾追5天,后因军饷不继,才改由先锋军、满洲火器营兵及亲随护军组成一支精锐队伍,由内大臣马思喀率领,每人带足20日口粮急速追赶,务求全歼②。五月十三日,费扬古率西路大军至昭莫多(今蒙古乌兰巴托南之宗莫德),正好与噶尔丹军遭遇。费扬古命前锋诱噶尔丹军至大军阵前,即下令全军出击,命精骑兵绕至敌后,袭击其辎重,于是敌营大乱败退,清军乘胜追击30余里,直至特勒尔济山口。这次战役,共歼敌3000余人,生擒数百人,并获"牛羊、庐帐、器械无算"。噶尔丹仅率数骑逃脱。五月十八日,圣祖闻讯大喜,决定班师,令费扬古驻守科图,招降噶尔丹残部③。昭莫多之役,全歼了噶尔丹军的主力,给噶尔丹以致命打击,大伤了他的元气。

噶尔丹西逃后,沿途又收集余部5000人,而且在青海、新疆天山南路还有其余部,在西藏有班第支持他。圣祖认为,"此贼一日不灭,则边陲一日不宁",就会给边疆留下"隐患"④。为防止噶尔丹死灰复燃,圣祖决定进行第二次亲征。这次亲征的目的在于招降噶尔丹及其余部,并切断噶尔丹逃往青海、新疆、西藏的通路,即便噶尔丹不降,也要最大限度地孤立他,使之无容身之地。康熙三十五年(1696)九月十八日,圣祖第二次亲征噶尔丹大军起行。二十二日,命人将招抚噶尔丹的蒙古文敕书印刷300道送至费扬古军前,"令其颁示"。他对议政王大臣说:"噶尔丹似此困极,虽不进讨,亦必灭亡。今但以招抚为要,故谕大将军,频遣噶尔丹降人往招之。噶尔丹今

---

① 《清圣祖实录》卷一七三。
② 《清圣祖实录》卷一七三。
③ 魏源:《圣武记》卷三《康熙亲征准噶尔记》。
④ 《清圣祖实录》卷一七三。

虽不降,其部落既散之后,自来归顺矣。"①九月二十九日,圣祖得到确切消息:噶尔丹往扎萨克图汗旧居之地博罗乌纳罕地方过冬。而此地距汛地有40日路程。圣祖急令费扬古:"不必进兵,至来春青草萌时,秣马以待,视噶尔丹所往,剿而除之。此际当频遣厄鲁特降人招抚为要。"②圣祖于十月到达归化城。二十一日,圣祖遣返在昭莫多之役被俘的厄鲁特曼济回准噶尔并带给噶尔丹一道敕文:"今朕又亲率六师远莅于此。且各处调兵邀击。尔等妻子、马畜诸物俱已散亡,衣食已尽,势迫无归,况时渐严寒。朕不忍尔属下厄鲁特妻子相失,穷困冻饿而死,特遣谕招抚。今重复降敕,尔等若悔前愆,俯首向化,朕一体加恩抚恤,俾各得所,尔部下厄鲁特亦得妻子完聚,咸获生全","今若又不觉悟,听信匪言,则后悔莫追矣,尔其勿疑勿惧,特谕"③。十一月,圣祖至宁夏,接到费扬古的奏疏,称噶尔丹派格垒古英等20人前来议降。二十五日,圣祖召见了格垒古英等人。二十七日,将格垒古英遣还,并让他转告噶尔丹:"令其亲身来降,否则朕必往讨","朕在此地行猎待尔,限七十日还报,如过此期,朕即进兵矣"④。十二月二十日,圣祖此行达到了招抚噶尔丹部众,遏制噶尔丹外援的目的,返回北京。

康熙三十六年(1697)二月,圣祖限定的70日已过,仍不见噶尔丹来降,于是圣祖便在二月初六日第三次亲率大军往征噶尔丹。他率军经山西大同,陕西府谷、神木、榆林而至宁夏。另外兵分两路,每路均为2000人。一路由费扬古率领出归化城,另一路由孙思克、博霁率领出嘉峪关,各带4个月的口粮,到郭多里巴尔哈孙之地会合。而此时的噶尔丹手下只有五六百人马,粮草皆无,每日杀马为食,却不肯投降。准噶尔的部众闻讯纷纷向清军投降。是年闰三月十三日清晨,噶尔丹得病,当晚死去⑤。噶尔丹的侄儿丹济拉等"携噶尔丹尸骸及噶尔丹之女钟齐海,共率三百户来归"⑥。至此,圣祖根除噶尔丹集团的目的已完全达到,于五月十六日凯旋。

---

① 《清圣祖实录》卷一七六。
② 《清圣祖实录》卷一七六。
③ 《清圣祖实录》卷一七七。
④ 《清圣祖实录》卷一七八。
⑤ 另一说是噶尔丹至阿察阿穆塔台地方饮药自尽,参见孟昭信:《康熙大帝全传》,吉林文史出版社1987年版。
⑥ 《清圣祖实录》卷一八三。

圣祖亲征噶尔丹的胜利意义重大,清除了漠北、西北分裂、动乱的"隐患",稳定了那里的社会秩序,加强了清政府对厄鲁特蒙古、喀尔喀蒙古的管辖,为后来统一西部与西北部边疆,为统一的多民族国家的最后形成奠定了基础,并向前迈进了一大步。特别是消灭亲俄势力,进一步团结了蒙古族群众,有效地抗击和抵御了沙俄的南侵。

3. 盛大的多伦会盟

在清朝平定噶尔丹叛乱的统一战争中,圣祖统率喀尔喀三部与内蒙古49旗举行"会盟",及时地把内蒙古盟旗制推广到喀尔喀三部的外蒙古地区,取得了完全成功。

喀尔喀蒙古是元太祖成吉思汗第十五世孙达延车臣最小的儿子格埒森扎赉尔珲台吉的后裔,其部称喀尔喀,其游牧范围东达额尔古纳河和呼伦贝尔,西连阿尔泰山,北面包括贝加尔湖到石勒喀河一带,南邻内蒙古。最早分七旗,分别由格埒森扎赉尔珲台吉的7个儿子领之。分左右两翼,长子、次子、六子、七子为右翼,留牧于杭爱山,由长子阿什海达尔罕为右翼长;三子、四子、五子为左翼,徙牧于土拉河、克鲁伦河流域,由三子诺诺和伟征诺颜为左翼长。正如文献所载:喀尔喀蒙古"析众万余为七旗,授予七人领之"①。后来逐渐形成三汗,即右翼的扎萨克图汗,左翼的土谢图汗、车臣汗。另外,赛音诺颜部隶属于土谢图汗。

清初,喀尔喀蒙古三大部已经形成。崇德三年(1638),喀尔喀蒙古三汗向清王朝呈表称臣,献"九白之贡",即"每岁汗及济农、诺颜、大台吉等各贡白马八匹,白驼一头,谓之'九白'之贡"②。康熙元年(1662),喀尔喀三部发生内讧。右翼和托辉特部的扎萨克额琳沁杀死了扎萨克图汗旺舒克,没经清朝批准,旺舒克之兄绰墨尔根自立为汗,因而其部众多不服,纷纷归附左翼的土谢图汗③。康熙九年,清廷下令废掉绰墨尔根,而令旺舒克之弟

---

① 张穆:《蒙古游牧记》卷七《外蒙古喀尔喀四部总叙》。
② 《皇朝开国方略》卷二二。
③ 何秋涛:《朔方备乘》卷三《喀尔喀内属述略》。

成衮承袭扎萨克图汗号。成衮虽然在抗击沙俄入侵、整顿本部的封建秩序方面取得成绩,但是在收拢本部部众时却与左翼土谢图汗部发生了矛盾。原来在右翼内讧时,其部众归附土谢图汗部甚多,成衮向土谢图汗索要部众,土谢图汗部予以拒绝。成衮无奈,只好求助于达赖五世,达赖就派扎尔布奈到漠北,召集喀尔喀各部会盟,协商解决这一问题。然而土谢图汗拒绝出席会盟,致使问题久拖不得解决。康熙二十三年,成衮上疏清廷要求解决。圣祖对喀尔喀的形势十分关心,因为内讧削弱了喀尔喀部的力量,不利于漠北的稳定,不利于对沙俄入侵的抵制,不利于清廷对漠北和西北的统治,于是他下令达赖五世(此时尚不知达赖五世已去世,西藏实权掌握在第巴·桑结嘉措手中)派人配合清朝大臣赴漠北调解喀尔喀各部的矛盾。第巴·桑结嘉措当即派参巴陈布呼图克图赴漠北,但此人行至归化城却生病死去。第巴·桑结嘉措又派噶尔亶西勒图赴漠北。清朝使臣理藩院尚书阿喇尼与噶尔亶西勒图商定,康熙二十五年喀尔喀各部在土谢图汗部库伦伯勒齐尔"会盟"。"会盟",又称"大阅"、"会阅",是蒙古各旗或扎萨克定期集会,协商解决重大问题的一种特殊的组织形式,以达到调解矛盾、实现团结的目的。

康熙二十五年(1686)八月,喀尔喀蒙古各汗、济农、诺颜、台吉、宰桑齐聚土谢图汗部库伦伯勒齐尔举行"会盟"。清朝对此次会盟十分重视,派出理藩院尚书阿喇尼和额驸巴特马什及大喇嘛等一行24人、随员200余人赴会。八月二十二日阿喇尼传达了圣祖的谕旨:"尔等以兄弟之亲,互相吞并,异日必至交恶生乱","尔汗、济农、台吉等,当仰体朕意及达赖喇嘛之心,尽解前怨,将兄弟人民各归本扎萨克,令其和协,照旧安居"[1]。喀尔喀各部均表示愿意遵从圣祖的旨意。经协调决定:"两翼互相侵占之台吉人民,令各归本主。一切应审结事件俱审拟完结。"各济农、诺颜、台吉等跪于佛像之前,发重誓:"自今以往,永当和协。"[2]至此,喀尔喀两翼的矛盾才算基本解决。清政府又将喀尔喀蒙古原设八旗改析为十四旗,意在分其势,更加便于朝廷控制。

---

[1] 《清圣祖实录》卷一二五。
[2] 《清圣祖实录》卷一二七。

库伦伯勒齐尔"会盟",基本上解决了喀尔喀蒙古内部的矛盾,调整了喀尔喀各部的关系,使之重归于好。特别是清政府通过"会盟",加强了对喀尔喀各部的控制,为日后统一喀尔喀蒙古奠定了基础。

库伦伯勒齐尔"会盟",无疑阻碍了噶尔丹的"东进"计划,噶尔丹千方百计地破坏库伦伯勒齐尔"会盟",派其属下车臣乌巴什到喀尔喀右翼,令其单独召开右翼各部"会盟"。车臣乌巴什在喀尔喀右翼"会盟"会上宣称:"汝右翼人等,毋得违扎萨克图汗令,违者即为叛教。"①康熙二十六年(1687)九月,噶尔丹又率兵3万进占喀尔喀右翼扎萨克图汗部,并诱使扎萨克图汗进攻土谢图汗部。土谢图汗也有责任,就是他没有遵照库伦伯勒齐尔"会盟"的规定,将投附于他的扎萨克图汗的部众全部归还给扎萨克图汗,而是只遣还其半,致使噶尔丹挑拨阴谋得逞。扎萨克图汗将上述情况奏报朝廷,圣祖令他们遵守盟誓,不得擅自动武。当噶尔丹率众分南北两路进攻土谢图汗时,激起土谢图汗部众的愤怒,敦促土谢图汗起兵迎战。土谢图汗没有向朝廷奏报,就贸然起兵迎战。在战斗中,将扎萨克图汗沙喇擒获并处死。噶尔丹趁扎萨克图汗部失去首领而混乱之际,掳走了大量扎萨克图汗部众。康熙二十七年五月,噶尔丹又命其弟多尔济扎卜率400人到车臣汗境内哨探,恰遇土谢图汗长子噶勒丹多尔济率5000人往援土谢图汗,双方发生战斗,多尔济扎卜被杀。于是,噶尔丹便借口扎萨克图汗及自己的弟弟多尔济扎卜被杀,于康熙二十七年六月,分三路大举入侵喀尔喀土谢图汗部。土谢图汗率兵起而反抗。后来,在前来进行调解的朝廷使者和西藏拉萨使者的劝说下,土谢图汗同意退兵议和②。

噶尔丹答应和喀尔喀土谢图汗部议和,却加紧部署兵力,乘喀尔喀土谢图汗部主力抗击沙俄入侵之机,自杭爱山后突然袭击土谢图汗部。土谢图汗派人向朝廷求救,同时发兵迎战噶尔丹。但是由于腹背受敌,无力支撑,仓皇南逃。噶尔丹军乘势沿克鲁伦河东下,劫掠车臣汗部,车臣汗部兵败,人心惶惶,便在巴颜乌兰集会,决定南迁内附。噶尔丹大军却穿过车臣汗部东隅,直达呼伦贝尔。但是噶尔丹也担心后路被切断,于七月回师。八月初

---

① 《亲征平定朔漠方略》卷四。
② 《亲征平定朔漠方略》卷四。

四日在回师途中,与土谢图汗部主力相遇于鄂罗会诺尔。经过三天的激战,土谢图汗大败,土谢图汗部也被迫南迁。喀尔喀蒙古各部南逃的景象十分悲惨,文献记载:"喀尔喀通国各弃其庐帐、器物、马驼、牛羊,纷纷南窜,昼夜不绝。"①

面对大批南迁的喀尔喀部众,圣祖一度左右为难,他后来回忆说:"其时若不允其内附,恩养所得,必皆沦入厄鲁特",这无疑是纵容噶尔丹的掠夺行径,助长噶尔丹分裂势力的扩大;如果允许喀尔喀内附,那么噶尔丹必然"假此衅端,与我朝构难",而且噶尔丹已经来疏,要求朝廷对内附的喀尔喀部众,"或拒而不纳,或擒以付之"②。经过深思熟虑,圣祖决定,甘愿冒与噶尔丹开战的风险,接纳内附的喀尔喀各部③。并下令将内附的喀尔喀蒙古各部安排在苏尼特、乌珠穆沁、乌喇特各部牧地放牧,同时运送粮食,予以赈济④。

康熙二十八年(1689)四月,圣祖敕谕噶尔丹:喀尔喀部被你所败,前来投朕,朕均收抚,安插于汛界之外,并赈给粮米。朕统御天下,朕不收抚,谁能抚之? 指出:"战争非美事,辗转报复,将无已时,仇敌愈多,亦不能保其常胜。是以朕欲尔等解释前仇,互市交易,安居辑睦,永息战争。"⑤圣祖仍然抱着和解的态度,力图调解准噶尔部与喀尔喀部之间的矛盾,制止战争。

喀尔喀各部南迁之后,清廷虽然拨给牧地,并多次给予赈济,喀尔喀各部在南迁过程中部众散失甚多,但其多数没有接受因内讧而力量削弱、惨遭噶尔丹侵掠、丧失家乡的教训,当他们进入内蒙古之后,仍然是目无法度,不受约束,以强凌弱,自相抢掠,甚至抢劫驿站和漠南蒙古。同样,漠南蒙古有时也对喀尔喀蒙古进行抢掠,情况十分混乱。本来,在这次喀尔喀蒙古南迁中,漠南蒙古不仅拨出肥沃的牧地供喀尔喀蒙古使用,而且还出兵保护喀尔喀蒙古南迁。喀尔喀蒙古对漠南蒙古的劫掠,使漠南蒙古甚为伤心和反感,也时有劫掠喀尔喀蒙古的事件发生。这种相互劫掠,无疑增加了喀尔喀蒙

---

① 《清圣祖实录》卷一三五。
② 《清圣祖实录》卷一三六。
③ 《清圣祖实录》卷一八三。
④ 《清圣祖实录》卷一三七、一四四。
⑤ 《清圣祖实录》卷一四〇。

古与漠南蒙古之间的矛盾,影响了边疆的稳定,危及清朝统治的巩固,必然引起清廷的严重关切。

一些较为开明的喀尔喀蒙古贵族,如以车臣汗之叔纳木扎勒为首的一些贵族,已经意识到加强内部团结的重要性,要求朝廷在喀尔喀蒙古也像漠南蒙古那样实行盟旗制度。他们的这一要求与圣祖的想法正好一致。圣祖说:"喀尔喀来降者饥困已极,自相劫掠,应速置扎萨克,遣贤能蒙古王、台吉等,晓示法度,收集离散。"①为此,圣祖接受了纳木扎勒等人的请求,决定在喀尔喀蒙古各部建立盟旗制度,以便有效地把喀尔喀蒙古管理起来。这项举措,自康熙二十八年(1689)十月初八日开始,派科尔沁土谢图亲王、喀尔喀达尔汉亲王等率漠南蒙古各旗所派的都统、副都统等赴喀尔喀蒙古诸部,分三路"增设扎萨克(旗长),收集离散之众,分为旗队,以便督察"②。不久,在库伦伯勒齐尔"会盟"时建立的14旗基础上又增置12旗,在喀尔喀蒙古共建26旗。

乌兰布通战役之后,圣祖决定于康熙三十年(1691)五月在多伦诺尔(七水泊)举行"会盟"。这次"会盟"不同于往昔:一是圣祖决定亲临"会盟",反映了清朝对这次"会盟"的重视;二是参加"会盟"的不仅有喀尔喀蒙古各部贵族,还有漠南蒙古49旗的扎萨克。这次"会盟"的规模是空前的。

四月三十日,圣祖抵达多伦诺尔,命兵部尚书马齐等将喀尔喀各部及漠南蒙古49旗与会者按等从百里移近50里,环绕皇帝行营同列。五月二日,"会盟"正式开始。首先明确是非,解决喀尔喀蒙古内部的团结问题。土谢图汗在"自行陈奏"中,承认了自己擅杀扎萨克图汗沙喇的错误,同时也指出沙喇背叛喀尔喀诸部投附噶尔丹的罪行。圣祖既明确土谢图汗杀死沙喇应负主要责任,又念其率众来归,因而不予处分;而对扎萨克图汗投附噶尔丹一事,因沙喇已死,部众已南迁归附,也既往不咎。以此来促进喀尔喀各部的团结和统一,孤立噶尔丹。圣祖的这一决定,受到喀尔喀蒙古各汗及大小台吉的一致拥护。五月三日,根据喀尔喀各部的要求,按照漠南蒙古"四十九旗编为旗队,给地安插"③的原则,决定将喀尔喀蒙古编为36旗,土谢

---

① 《清圣祖实录》卷一四二。
② 《清圣祖实录》卷一四二。
③ 《清圣祖实录》卷一五二。

图汗、车臣汗的名号保留,封扎萨克图汗部的策妄扎卜为和硕亲王,其余蒙古贵族,均去其原有的济农、诺颜等名号,按等级分别授以多罗郡王、多罗贝勒、固山贝子、镇国公、台吉等衔。并强调:"自今以往,尔等体朕爱养之恩,各守法度,力行恭顺。如此,则尔等生计渐蕃,福及子孙,世世被泽;若违法妄行,则尔等生计既坏,且国法俱在,凡事必以所犯之法治罪。"①同日,圣祖还向喀尔喀各部首领颁发了丰厚的赏赐。五月初四日,"会盟"举行盛大的阅兵典礼,受阅的有骑兵近万人,步兵1200人,炮兵500人,铜炮70门。受阅队伍长约10里,显示了强大的军事力量,增强了喀尔喀部众依靠朝廷收复故土的信心。考虑到黄教在蒙古族中的影响,圣祖在五月初六日、初七日又两次接见黄教的代表人物哲布尊丹巴胡图克图,令其竭力维护喀尔喀蒙古各部的团结。"会盟"中,许多蒙古部众提出"愿建寺以彰盛典"②的要求,圣祖决定拨出专款,在多伦诺尔建立"汇宗寺"。

多伦"会盟"的影响是深远的,意义是重大的:

第一,由于在喀尔喀蒙古实行了盟旗制度,加强了清朝廷对喀尔喀蒙古诸部的直接控制,密切了与喀尔喀蒙古诸部的联系。新任命的扎萨克是清朝的一旗之长,既要管理本旗的军事、行政、司法各项事务,又要绝对执行皇帝的旨意,服从理藩院的命令,使喀尔喀蒙古各盟旗成为清朝有机整体不可分割的一部分,并成为保卫边疆的重要力量。对此,圣祖认识得十分深刻,他说:"守国之道惟在修德安民,民心悦则邦本固,所谓众志成城者是也。""昔秦兴土石之工,修筑长城。我朝施恩于喀尔喀,使之防备朔方,较长城更为坚固。"③他还说:"本朝不设边防,以蒙古部落为屏藩耳。"④

第二,多伦"会盟",使喀尔喀蒙古重新统一,增强了团结,彻底孤立了噶尔丹分裂势力,加速了噶尔丹的灭亡。如果说过去由于喀尔喀蒙古内讧,使噶尔丹有机可乘,击败了喀尔喀蒙古各部的话,那么,此次"会盟",喀尔喀蒙古各部之间增强了团结,也使噶尔丹的挑拨不能得逞。喀尔喀蒙古各部的统一,兵力的增强,有力地打击了噶尔丹分裂势力,加速了噶尔丹势力

---

① 《清圣祖实录》卷一五一。
② 《大清一统志》卷四〇九。
③ 《清圣祖实录》卷一五一。
④ 《清圣祖实录》卷二七五。

的最终覆灭。

第三,沙俄向外扩张,图谋中国领土,喀尔喀蒙古各部处于抗击其入侵的最前线,因而喀尔喀蒙古力量的强大与否直接影响到清朝北部边境的安定。多伦"会盟"的成功,吸引着处于沙俄统治下的喀尔喀蒙古部众,不断地摆脱沙俄的统治,归附清朝,这就进一步孤立和打击了沙俄侵略势力。例如,康熙三十年(1691),原车臣汗部车布登属下部众1000余户,挣脱沙俄的羁绊,归附清朝[1]。康熙三十二年,原土谢图汗部属600余户,也摆脱沙俄的统治,归附清朝[2]。喀尔喀蒙古诸部的力量增强了,有力地抵制了沙俄对我国的入侵,保卫着我国北方边疆的安全。

4. 和硕特蒙古归一统

早在入关前,清廷就与西藏地方政权建立了政治联系。崇德四年(1639),皇太极派人专程去西藏,致书西藏地方政权和宗教领袖选派高僧到清朝辖地传播佛教[3]。而此时的西藏,无论是地方政权还是宗教,经过长期的纷争,基本上分为两大势力:一是大宝法王噶玛噶举与藏巴汗相结合;一是大慈法王格鲁派(即黄教)索南嘉措与阐化王相结合。两种势力你争我斗,都力图消灭对方。当时正值蒙古势力兴起,双方都企图依靠蒙古势力战胜对方。而这时厄鲁特蒙古和硕特部日益强大起来,并在其首领顾实汗的率领下于清崇德二年(明崇祯十年,1637)袭杀了喀尔喀蒙古的却图汗,击败其4万之众,进据青海。

顾实汗原名图鲁拜琥,为厄鲁特蒙古和硕特部首领。和硕特部为元太祖成吉思汗之弟哈布图哈噶尔的后裔,活动于新疆乌鲁木齐一带,十传至哈尼诺颜洪果尔,共有六子,图鲁拜琥为其第四子。当第二子拜巴噶斯汗掌握该部时,和硕特部较强大,为厄鲁特蒙古四部之长,于明万历十五年(1587)率领厄鲁特四部打败喀尔喀蒙古。不久,厄鲁特四部纷争,准噶尔部渐渐取

---

[1] 张穆:《蒙古游牧记》卷九《车臣汗部》。
[2] 《清圣祖实录》卷一五九。
[3] 《清太宗实录》卷四九。

代和硕特部的地位，并与和硕特部决裂，厄鲁特蒙古的力量明显削弱。拜巴噶斯汗死后，其弟图鲁拜琥接任为和硕特部首领，为顾实汗。

顾实汗为了寻求新的牧地，逐渐进据青海，位于喀尔喀蒙古却图汗之侧。当却图汗进入西藏，与藏巴汗勾结迫害黄教时，达赖五世和班禅四世在明崇祯八年（后金天聪九年，1635）冬，派人向顾实汗求援，于是才有顾实汗率众击败却图汗，进占青海之举①。顾实汗击败却图汗之后，又于清崇德四年（1639）出征喀木，一年之后，击败西康的反黄教势力。清崇德六年，顾实汗又率众向西藏进军，击败了反黄教的主力藏巴汗的军队，次年捕杀了藏巴汗，从而统一了青海、西康、西藏。达赖五世在顾实汗的支持下，建立了噶丹颇章政权，自任法王，下设第巴一人，总理政事。自此，达赖取得了西藏地方政权，但实际上，西藏地方完全在顾实汗的控制之下②。顾实汗的诸子及拜巴噶斯汗的诸子，则分据青海。

顾实汗进占青海之后，于清崇德元年（1636）派头目库努克向清朝贡马匹等方物，使者于次年到达盛京（今沈阳）③。清崇德七年，顾实汗与达赖五世、班禅四世共同派以伊拉古克三胡图克图（顾实汗二兄拜巴噶斯汗之孙）为首的使团去盛京，受到皇太极的热情接待④。清于崇德八年派7人使团入藏交好⑤。顺治二年（1645），顾实汗又派其第六子多尔济·达赖巴图尔向清朝请安，并表示：清朝使者"与我国汗议和好礼，彼此议定，则臣等无不奉命"⑥。此时，清朝尚无力直接统治西藏，而是通过顾实汗来间接地控制西藏。顺治九年十一月，达赖五世率班禅四世的代表及顾实汗的代表到达北京，受到了清朝的隆重礼遇。清朝封达赖五世为"西天大善自在佛所领天下释教普通瓦赤喇怛喇达赖喇嘛"，封顾实汗为"遵行文义敏慧顾实汗"，正式委托他帮助顺治皇帝管理青藏地区⑦。顺治十一年，顾实汗病逝，清朝派人专程赴西藏祭奠。

---

① 参见郭松义主编：《清代全史》第三卷，辽宁人民出版社1993年版，第212—213页。
② 牙含章：《达赖喇嘛传》，第31页。
③ 《清太宗实录》卷三九。
④ 《清太宗实录》卷六三。
⑤ 《清太宗实录》卷六四。
⑥ 《清世祖实录》卷二二。
⑦ 《清世祖实录》卷七四。

顺治十一年至康熙三十六年(1654—1697)这40余年间,青海和硕特蒙古各部与清朝的关系是若即若离,其离心倾向明显地主要表现在三个问题上:

一是不断侵扰甘肃。顾实汗在世时,在青海活动的主要有顾实汗的10个儿子,分左右二翼。左翼为长子达延汗(顺治十五年继承汗位,主管西藏与左翼)、次子鄂木布、三子达兰泰、四子阿玉什(后为顾实汗二兄拜巴噶斯汗嗣子,其子孙均隶属拜巴噶斯汗长子鄂齐尔图车臣汗);右翼为五子伊勒都齐、六子多尔济、七子瑚鲁木什、八子桑格尔扎、九子衮布察珲、十子达什巴图尔。在青海活动的和硕特蒙古,除顾实汗的十子外,还有拜巴噶斯汗的子孙、阿玉什的长子鄂齐尔图,次子阿巴赖诺颜等。顾实汗逝世以后,和硕特蒙古各部互相争长,并不断扰掠清朝。据统计,这段时间,青海和硕特蒙古诸部掠边达30多次[①]。康熙五年(1666)甚至纵牧于河西的大草滩、黄城滩。康熙六年,清廷晓谕右翼的多尔济和左翼的鄂木布,要求他们约束本翼各支,停止抢掠内地。达赖五世也敕谕青海和硕特蒙古不得骚扰内地,他们才从大草滩和黄城滩撤回青海[②]。

二是与吴三桂勾结。吴三桂在叛乱前后,为了拉拢青藏和硕特蒙古以壮大自己的势力,于康熙九年(1670)将云南丽江府所属中甸、维西两地让给和硕特蒙古,并与和硕特蒙古通商互市,要求和硕特蒙古出兵援助他,但是和硕特蒙古一直没有出兵[③]。康熙十三年,顾实汗六子多尔济之子墨尔根台吉乘提督王辅臣在平凉叛应吴三桂之机,进犯河西,后被迫退回。清廷使者在拉萨告诫达赖五世,要约束青海蒙古,不要在吴三桂叛乱时乘机抢夺百姓。达赖五世表示遵从,但对于朝廷使者提出希望和硕特蒙古出兵协助平叛的要求,达赖喇嘛婉言予以拒绝[④]。事实上,直到康熙二十年,达赖五世一直与吴世璠(吴三桂之孙)有书信往来。康熙二十一年平定了吴三桂之乱,迫使达赖与青海和硕特蒙古将中甸与维西交还云南[⑤]。

[①] 马楚坚:《青海归清的历史转折与突破》,《清史研究》1993年第二期。
[②] 《清代藏事辑要》卷一康熙六年十月丙申。
[③] 《清代藏事辑要》卷一康熙二十年十月甲申。
[④] 《清代藏事辑要》卷一康熙十四年四月乙卯。
[⑤] 《清代藏事辑要》卷一康熙二十一年九月己未。

三是与噶尔丹秘密往来。在此期间,噶尔丹对青海和硕特蒙古采取又打又拉的政策。先是在康熙十六年(1677)率兵袭杀了顾实汗二兄拜巴噶斯汗的长子鄂图尔齐汗,并进入青海,由于担心遭到清兵伏击,后又退出。此后,噶尔丹对和硕特蒙古则主要采取拉拢政策。噶尔丹将自己的女儿嫁给当时势力强大的青海和硕特蒙古首领之一博硕克图济农(顾实汗五子伊勒都齐之子)之子根特尔为妻①。因而部分和硕特蒙古与噶尔丹有往来,特别是博硕克图济农与根特尔父子与噶尔丹有频繁的使者与书信往来,受到圣祖的警告②。

在这种错综复杂的关系中,和硕特蒙古权衡利弊,从自身的民族利益出发,最后决定投附清朝。首先投附清朝的青海和硕特蒙古是顾实汗第三子达兰泰之子衮布,但是这一行动受到了和硕特其他各部的抵制,尤其是受到达延汗之孙拉藏汗的抵制。不久,拉藏汗的态度发生了变化,他派人告诉衮布说:"我将偕青海诸台吉内附。"③拉藏汗态度的转变与当时整个形势的变化有关,这一时期清朝先后解决了南明政权和三藩问题;同时又击败了噶尔丹,并将喀尔喀蒙古纳入自己的体制,实行盟旗制。十分明显,清朝势力强大,控制周边的能力明显增强。在这种形势下,和硕特蒙古就不能不考虑同清朝的关系问题。而加速和硕特蒙古投向清朝的一个重要因素,是西藏内部的权力之争。自顾实汗入藏之后,他实际上控制着西藏的实权。顾实汗死后,其长子达延汗继位。康熙九年(1670)达延汗去世,由其子达赖汗继位。但此时达赖汗的势力已远不及顾实汗,而且其权力又时刻受到第巴·桑结嘉措的威胁。特别是康熙三十六年当达赖汗得知第巴·桑结嘉措串通噶尔丹企图推翻他的统治以后,达赖汗及其子拉藏汗当即决定内附清朝④。

康熙三十六年(1697)春,顾实汗仅存的第十子达什巴图尔等31位和硕特蒙古台吉,经会盟之后决定内附,派代表赴北京。是年十一月,达什巴图尔台吉等和硕特蒙古代表拜见了圣祖,表达他们内附的愿望⑤。康熙三

---

① 《外藩蒙古回部王公表传》卷八二,《扎萨克和硕亲王察罕丹津列传》之察罕丹津是根特尔之兄。
② 《清圣祖实录》卷一七八。
③ 《清圣祖实录》卷一八〇。
④ 《清圣祖实录》卷一八〇。
⑤ 《清圣祖实录》卷一八六。

十七年正月,圣祖册封达什巴图尔台吉为和硕亲王,其他台吉也都分别被授予贝勒、贝子、公等爵位①。自此清王朝加强了对和硕特蒙古的控制,也加强了对青海的管理,使河西走廊的安全有了保障,也控制了进入青藏的交通要道,确保对西藏的控制。

顾实汗第四子阿玉什过继给其二兄拜巴噶斯汗为嗣子。阿玉什共有16个儿子,其长子和罗理与另外11个儿子游牧于黄河西套称西套厄鲁特,均隶属于拜巴噶斯汗的长子鄂齐尔图;另外4个儿子在青海。康熙十六年(1677),噶尔丹袭击了当时任和硕特蒙古首领的鄂齐尔图,并破其部②。在西套的和罗理率部众万余逃至甘肃,后游牧于额济纳河一带。其部众及其弟弟抢掠了乌喇特旗和宁夏的茂明安、鄂尔多斯诸部。和罗理上疏清廷,为其部属和其弟弟请罪。圣祖赦免了他们并命他们退出鄂尔多斯牧地③。康熙二十四年和罗理率700人入朝,清廷命其200人入京,其余均留在归化城进行贸易。康熙二十五年,和罗理至京觐见圣祖。圣祖赐地阿拉善,此名即贺兰山的音转④。同时决定鄂齐尔图之孙罗卜藏衮布阿喇布坦(即和罗理之侄)也迁至阿拉善与和罗理一起游牧⑤,并划定了游牧区的界限:"牧地当贺兰山西,龙头山北,东至宁夏府边外,南至凉州、甘州二府边外界,西至古尔鼐,接额济纳土尔扈特界,北逾戈壁,接扎萨克图汗部界。"⑥

康熙三十年(1691),噶尔丹扰掠喀尔喀蒙古,迫使其南迁。噶尔丹又逼近阿拉善,朝廷命和罗理内迁。在内迁过程中,和罗理部下大肆劫掠喀尔喀蒙古。圣祖遣使斥责其掠夺行径。和罗理先是遣使至朝廷请罪,后又亲自率领50人至宁夏,请求朝廷拨给其粮米,救济其部众,并表示愿意内附。圣祖命和罗理及其子云木春入觐,允许他们仍然在阿拉善游牧⑦。

康熙三十五年(1696),圣祖第二次亲征噶尔丹时,和罗理之子云木春率阿拉善军为前锋,在昭莫多战役中立有功勋。战后,布防于布隆吉尔河、

---

① 《外藩蒙古回部王公表传》卷八一《青海厄鲁特部总传》。
② 《外藩蒙古回部王公表传》卷七九《阿拉善厄鲁特部总传》。
③ 《清圣祖实录》卷一一二。
④ 《外藩蒙古回部王公表传》卷八〇《扎萨克多罗贝勒和罗理列传》。
⑤ 《清圣祖实录》卷一〇四。
⑥ 张穆:《蒙古游牧记》卷一一《阿拉善额鲁特旗》。
⑦ 《外藩蒙古回部王公表传》卷八〇《扎萨克多罗贝勒和罗理列传》。

额济纳河、哈密等地①。康熙三十六年十月,清廷将和罗理所部正式编为一旗,即阿拉善旗,直属理藩院,其下编为8佐领。圣祖任命和罗理为阿拉善旗扎萨克,授其为贝勒②。阿拉善旗在清代蒙古各旗中有其特殊性,该旗不仅直属理藩院,而且与清朝皇室关系密切。自和罗理之子阿宝开始,与清皇室世代联姻。同时,阿拉善旗在清朝统一西部和西北部边疆的斗争中都立有功勋③。

5. 艰难险阻保西藏

自顾实汗进入西藏以后,和硕特蒙古一直控制着青藏高原。当汗位传至其子达延汗,特别是传至其孙达赖汗时,形势逐渐发生了变化。达赖汗无论就其势力还是威望来说,都远不如其祖父。这一时期,西藏统治阶级内部、和硕特蒙古内部的矛盾都在逐渐加深和激化,而这一切矛盾又集中在六世达赖的确立上。

康熙二十一年(1682),五世达赖罗桑嘉措去世,第巴·桑结嘉措却别有用心,秘不发丧,选择了一个与五世达赖面貌相似的喇嘛,冒充五世达赖。第巴·桑结嘉措趁机把西藏大权抓到自己手中,抵制、排斥和硕特汗(达赖汗)的控制。康熙三十六年即五世达赖逝世15年之后,第巴·桑结嘉措才宣布五世达赖去世的消息,同时宣布转世灵童已经找到,正式迎接他到布达拉宫坐床,他就是达赖六世仓央嘉措。可是,和硕特达赖汗坚决不承认这个六世达赖,认为他是假达赖。真假达赖之争自此展开。康熙四十年,达赖汗去世,其子拉藏汗继位。拉藏汗与第巴·桑结嘉措的关系进一步恶化。特别是康熙四十四年第巴·桑结嘉措阴谋杀害拉藏汗,被拉藏汗发觉,双方发生军事冲突,桑结嘉措兵败被捕杀。拉藏汗任命隆素为第巴,然后将事变向朝廷奏报,称:桑结嘉措所立六世达赖仓央嘉措沉湎于酒色,是一个假达赖喇嘛,应予废除。圣祖即命将仓央嘉措押送北京,另寻真达赖喇嘛,并封拉

---

① 《外藩蒙古回部王公表传》卷八〇《扎萨克多罗贝勒和罗理列传》。
② 《清圣祖实录》卷一八五。
③ 魏源:《圣武记》卷三《国朝绥服蒙古记三》。

藏汗为翊法恭顺王①。

康熙四十五年(1706)五月,仓央嘉措被押往北京,行至西宁口外病故②。同时拉藏汗选立波克塔山之胡必尔汗伊喜嘉措为六世达赖,但未得到西藏人和青海和硕特蒙古诸台吉的承认。青海和硕特诸台吉另外选立里塘的噶桑嘉措为六世达赖呼必尔汗。除已废掉的仓央嘉措,由和硕特蒙古选立的六世达赖就有两人。两个六世达赖并立,反映了青海和硕特蒙古和拉藏汗的矛盾十分尖锐。双方均上报朝廷,指责对方所立的六世达赖是假的。圣祖为调解双方的矛盾,一方面册封班禅额尔德尼,提高其地位,使其与达赖共主喇嘛教,并协助拉藏汗管理西藏地方事务③;另一方面派人征询班禅关于两个达赖谁真谁假。班禅关于这一问题的答复是:伊喜嘉措是真,噶桑嘉措为假,并责令青海和硕特蒙古将噶桑嘉措送往红山寺居住④。结果,青海和硕特蒙古又分为两派:少数和硕特台吉拥护朝廷的决定,承认伊喜嘉措为真;而多数和硕特台吉却坚持噶桑嘉措为真,特别是察罕丹津等表示,要强行以武力将噶桑嘉措送往拉萨。形势十分紧张。圣祖就派兵前往西宁,如果察罕丹津真要动武,朝廷就出兵以武力征伐。当察罕丹津得知清廷的军事部署后,未敢动武。圣祖为了缓和矛盾,又令将噶桑嘉措送至宗喀巴寺(青海塔尔寺)居住⑤。

真假六世达赖之争,实际上是和硕特蒙古各部之间的矛盾与斗争。圣祖一直采取调解矛盾、缓和矛盾的措施,不使矛盾进一步恶化,其目的主要是防止准噶尔蒙古乘机插手,以维护边疆的安定。当形势稍稍安定之后,康熙五十五年(1716)闰三月,朝廷重新任命了青海和硕特蒙古左右两翼的首领,并派人到青海主持和硕特各部会盟,"令其永远和睦"⑥。可是,这一局面并未维持多长时间,就发生了准噶尔部策妄阿拉布坦入侵西藏的重大事变。

---

① 《清圣祖实录》卷二二七。
② 一说仓央嘉措被青海和硕特蒙古隐藏起来,见郭松义主编:《清代全史》第三卷,辽宁人民出版社1991年版,第229页。
③ 《清圣祖实录》卷二五三。
④ 《清圣祖实录》卷二六三。
⑤ 《清圣祖实录》卷二六八。
⑥ 《清圣祖实录》卷二六八。

策妄阿拉布坦是准噶尔部僧格之子。康熙九年(1670),僧格被杀,噶尔丹成为准噶尔部的首领。此时,策妄阿拉布坦与其两个弟弟均小。至康熙二十七年,策妄阿拉布坦兄弟三人均已长大成人,而噶尔丹阴谋杀死了策妄阿拉布坦的弟弟索诺木阿拉布坦,又霸占其未婚妻,迫使他率部众5000人逃往乌兰乌苏。他召集其父僧格的旧部,势力逐渐扩大。由于他与噶尔丹矛盾尖锐,因而在清廷征伐噶尔丹的斗争中,基本上站在清廷一边,并趁机扩大自己的势力范围。噶尔丹战败后,他又招降了噶尔丹的残部,势力又有所扩大。

当策妄阿拉布坦羽毛丰满之后,亦步噶尔丹后尘,开始征战周围各部,向外扩张。康熙三十七年(1698)、三十八年,他寻找借口,连续两次出击哈萨克,占领了哈萨克的大片土地,其势力已扩大到锡尔河下游①。康熙五十四年,他又率兵进攻哈密与南疆,攻占了阿克苏、喀什噶尔,并在南疆建立了傀儡政权,以收其赋②。就是在这一年,他开始谋夺青海和西藏。其实,策妄阿拉布坦早就想插手西藏。早在康熙三十六年,圣祖就警告策妄阿拉布坦不要"染指西藏"③。康熙四十五年,策妄阿拉布坦不听警告,派人到西藏,企图迎请仓央嘉措,只是由于清廷先走了一步才未能得逞。在拉藏汗与西藏地方及青海诸蒙古台吉矛盾尖锐而势孤力单的时候,策妄阿拉布坦却别有用心地娶拉藏汗之姊为妻,并将其女嫁给拉藏汗的长子噶尔丹丹衷。康熙五十二年,噶尔丹丹衷去伊犁娶亲,策妄阿拉布坦却将他扣留了3年。康熙五十四年四月,圣祖谕令策妄阿拉布坦速将拉藏汗之子噶尔丹丹衷送回,令其举行会盟,警告他以后只准领准噶尔部之众,不许四处兼并④。

康熙五十五年(1716)十月,策妄阿拉布坦阴谋夺取青藏。他公开宣称要将拉藏汗之子噶尔丹丹衷送回西藏,暗中又派遣两路大军分取西藏和青海,取青海的一路在毕留图被清军击溃,逃回了准噶尔部⑤。赴西藏的一路由策妄阿拉布坦的干将大策凌敦多布等率领,共6000多人,在康熙五十六

---

① 《清圣祖实录》卷一八八。
② 龚柴:《天山南北路考略》,《小方壶斋舆地丛钞》第二帙。
③ 《清圣祖实录》卷一八七。
④ 《清圣祖实录》卷二六三。
⑤ 《清圣祖实录》卷二七〇。

年六月到达藏境,越过腾格里湖,直指达木。拉藏汗毫无准备,当他得知准噶尔军队已过腾格里湖时,才匆忙在达木布防。虽然奋力抵抗了两个月,达木终于被准噶尔军队攻陷。直到这时,拉藏汗才慌了手脚,急忙向清朝求救①。拉藏汗这封求救信,迟至康熙五十七年二月朝廷才收到。

康熙五十六年(1717)七月二十八日夜,准噶尔军围攻拉萨,由于有内奸接应,经过一夜的血战,至次日清晨拉萨陷落。拉藏汗等退往布达拉宫,大策凌敦多布又率军猛攻布达拉宫,拉藏汗被杀,六世达赖伊喜嘉措被拘于扎克布里庙②。拉藏汗的次子率30人突围而出,很快被准噶尔军擒获,只有其子从另道逃至青海,才将拉萨陷落的详情向朝廷报告③。

大策凌敦多布占领拉萨之后,首先组成以达克咱为第巴的亲准噶尔政权,接着又发兵进攻前藏等地,企图占领整个西藏,进而占领青海。但此时形势却发生了不利于准噶尔的变化:准噶尔士兵在拉萨烧杀抢掠、破坏寺庙等行径,激起西藏人的抵制。准噶尔控制六世达赖伊喜嘉措,但西藏人认为他是假达赖喇嘛,故在西藏根本没有号召力。青海和硕特蒙古因与拉藏汗有矛盾,在准噶尔军队进攻西藏的时候没有介入,他们既没有支援拉藏汗,也没有与准噶尔合作。西藏宗教领袖之一五世班禅痛斥准噶尔军队:"背信弃义,杀人如麻。"④准噶尔在西藏处于孤立地位,这将有利于清朝进军西藏。

清廷得知准噶尔进攻西藏的消息,最早是在康熙五十六年(1717)七月,驻守巴里坤的靖逆将军富安向朝廷作了报告。清廷认为准噶尔进军西藏的目的不外有两个:一是征服拉藏汗,占领西藏;二是与拉藏汗合兵,攻打青海。当时策妄阿拉布坦已与拉藏汗联姻,而拉藏汗与青海和硕特的矛盾又甚深,因此第二种可能性较大。圣祖一面令理藩院尚书致书拉藏汗,警告他不要与策妄阿拉布坦联合进攻青海;一面调兵2000发往成都,500人发往西安,以防不测。如果准噶尔进占西藏,就与青海和硕特蒙古合力征讨准噶尔;如果是拉藏汗与准噶尔合作进攻青海,则与青海和硕特蒙古合作坚决

---

① 《清圣祖实录》卷二七七。
② 《清圣祖实录》卷二七九。
③ 《清圣祖实录》卷二七八。
④ 《清圣祖实录》卷二七九。

消灭拉藏汗和策妄阿拉布坦①。直到当年十月,圣祖才接到青海亲王罗卜藏丹津的报告:准噶尔军此次进藏是要消灭拉藏汗,占领西藏。康熙五十七年二月才接到拉藏汗的求援信。圣祖在二月十一日决定派兵前往西藏救援②。

二月十三日,圣祖任命色楞率军2400人进藏征伐准噶尔军。从派遣军队的数量就可以看出,圣祖此次军事行动是轻敌的。这种轻敌思想源于在哈密战役中,清军以一当十,200名清军击退了2000名准噶尔军。而据报告说,准噶尔军此次入藏人数在6000人至1万人,那么以2400人击之,当不会成问题③。圣祖这种轻敌思想也影响了领兵将领色楞。色楞受命之后,立即率兵向西藏疾进。五月十三日清军抵达木鲁乌苏(今通天河,金沙江上游)。六月初九日,护理西安将军额伦特率绿营兵2000人也到达木鲁乌苏。然而此时求胜心切的色楞率兵深入藏地,额伦特试图从近路赶上,与他会合④。准噶尔军则诱敌深入。七月十七日,准噶尔军2000人来攻清军,在战斗中诈败撤退。七月二十日色楞率清军到达喀喇乌苏拜都岭,在此安营扎寨,等待额伦特前来会合⑤。七月二十一日,色楞率清军与准噶尔军接战,歼敌200人。七月二十八日,额伦特率精兵400人经与准噶尔军血战后与色楞会师,八月初五日其余的绿营兵也与色楞会师。然而此时,清军已陷入准噶尔军的包围之中,粮饷又被准噶尔军劫走,供应断绝⑥。接着,准噶尔军又掠走了清军的马匹和驮畜。九月二十八日,饥饿已极的清军只好徒步突围。准噶尔军则收拢包围圈,额伦特战死,色楞被俘杀,清朝第一次入藏征准噶尔军彻底失败⑦。

清军第一次入藏惨遭失败,震动了朝野。一些廷臣鉴于入藏路途遥远,反对再次进军西藏。青海一些蒙古台吉害怕殃及自身,也反对再次出兵。但是,圣祖十分清楚:准噶尔问题不解决,不仅西藏,整个西部边疆都将永无

---

① 《清圣祖实录》卷二七三。
② 《清圣祖实录》卷二七七。
③ 《清圣祖实录》卷二七五。
④ 《清圣祖实录》卷二八〇。
⑤ 《清圣祖实录》卷二八一。
⑥ 《清圣祖实录》卷二八一。
⑦ 魏源:《圣武记》卷五《国朝抚绥西藏记上》。

宁日。圣祖毫不动摇，决策第二次出兵西藏①。接受了第一次出兵盲目轻敌的教训，这次出兵前做了充分准备。一是调重兵，选良将。第二次进藏清军共分三路，调动军队号称36万。任命第十四皇子固山贝子胤祯（即允禵）为抚远大将军统率大军；任命延信为平逆将军，统率中路1.2万人；调年羹尧为川督兼管川抚事，与护军统领、定西将军噶尔弼同领南军1万人；由振武将军傅尔丹、靖逆将军富宁安同率北路大军4万余人。二是重视军饷供应。此次进军西藏十分重视军饷供应，以保证顺利进军。如，军事行动的统帅胤祯驻师木鲁乌苏，亲管进藏的军务粮饷；南路的主要统帅年羹尧也亲自督理军饷。三是重视合击，全面出击准噶尔部，使其首尾不相顾。此次出兵，主要目的是征伐入藏的准噶尔军队，与此同时进攻准噶尔本土，北路大军的任务就是出击准噶尔本土，以牵制其对入藏准噶尔军的增援，因此这次军事行动是全面打击准噶尔部。四是注意协调与青海和硕特蒙古的关系。青海和硕特蒙古与准噶尔部蒙古同属厄鲁特蒙古，历史上有着渊源关系。青海和硕特蒙古与拉藏汗虽然均属和硕特蒙古，但矛盾严重，特别是在真假达赖喇嘛问题上相互对立。而此次准噶尔部对拉藏汗的攻击，对青海和硕特蒙古来说，有利害一致的地方，因此在准噶尔部进攻拉藏汗时持观望态度。而今后的动向则十分重要。青海地处入藏的要道，青海和硕特蒙古的向背直接关系到清军入藏的成败。为此，圣祖十分重视协调与青海和硕特蒙古的关系，特晋封察罕丹津为多罗郡王②。察罕丹津与亲王罗卜藏丹津及其他青海蒙古台吉在塔尔寺会盟并决定出兵万人进藏③。五是利用宗教，团结西藏人与蒙古人。西藏人和蒙古人都崇信黄教，"真假达赖之争"使许多西藏人和蒙古人无所适从。拉藏汗所立的伊喜嘉措既未得到西藏人和青海蒙古人的认可，而又已落入准噶尔的手中。为青海蒙古人所拥立的噶桑嘉措在此次清军入藏的过程中，却派僧人到各处晓谕各地要欢迎清军。康熙五十九年（1720）二月，圣祖命"封新胡必尔汗（即噶桑嘉措）为弘法觉众第六世达赖喇嘛，派满汉官兵及青海之兵，送往西藏"④。清军第二次入

---

① 《清圣祖实录》卷二八七。
② 《清圣祖实录》卷二八三。
③ 《外藩蒙古回部王公表传》卷九三《青海厄鲁特部总传》。
④ 《清圣祖实录》卷二八七。

573

藏就高举着护教的旗帜,受到西藏人和蒙古人的欢迎。四月,清军中路、南路、北路大军分别由西宁、成都、莫代察罕叟尔起程。各路大军进展顺利,准噶尔军及其所控制的藏兵相继溃败。八月二十三日,南路大军就进占了拉萨。中路大军也于九月初八日到达拉萨。九月十五日噶桑嘉措在布达拉宫举行隆重的坐床典礼,至此,"真假达赖之争"才最终结束,拉藏汗所立的伊喜嘉措被押解到北京①。北路清军在向准噶尔部本土的进攻中,大败准噶尔军,招降了2500余人,其所属的维吾尔人也纷纷迎降。截至九月十五日,以噶桑嘉措坐床为标志,清军第二次入藏取得了完全的胜利。

清军第二次入藏获胜,加强了清廷对西藏的管理。首先,建立了西藏地方政权,由朝廷任命康济鼐、阿尔布巴、隆布鼐、扎尔鼐、颇罗鼐为噶伦,总理藏政,废除了第巴独揽西藏政务的政体,加强了对西藏的直接管理②;其次,进藏清军撤回之后,在拉萨留驻了4000名满洲、蒙古和绿营兵,维护治安,此为清朝在西藏驻兵之始③;此外,为加强西藏地方与中央的联系,开辟了自打箭炉到拉萨的驿道,设驿站66处,派1900名士兵分守各驿站④。

---

① 《清圣祖实录》卷二八九。
② 《外藩蒙古回部王公表传》卷九一《西藏总传》。
③ 《清圣祖实录》卷二九一。
④ 《清圣祖实录》卷二九九。

第三章 稳步进入盛世

1. 经济全面上升

在漫长的中国封建社会中,出现过几个相对较好的时代,史称"盛世"。如有些学者将中国历史上出现的特殊年代,称之为战国盛世、西汉"文景"盛世、唐"开元"盛世、明"永宣"盛世、清"康乾"盛世。清代的"康乾"盛世是历时最长的一个。盛世所具有的共同特征,或者说应该具备的条件是:"国家统一,经济繁荣,政局稳定,社会久安,国力(包括军事实力)强大,文化昌盛"等①。盛世的出现有一个过程,上述诸条件也并非一下子一齐具备的,而是有一个形成的过程。在诸条件中,经济繁荣则是盛世形成的基础。这一条件的形成,往往是盛世出现的重要标志。清代康乾盛世出现于何时,也应从经济入手进行研究。当康熙后期社会经济初现繁荣之日,正是康乾盛世出现之时,或者说是清王朝进入了盛世。有学者认为其标志性事件有二:一是自康熙五十二年(1713)以后"滋生人丁永不加赋";二是自康熙五十年始,三年之内轮免全国各省钱粮一周。这两项正是社会生产恢复、发展,国家财政收入持盈,人民群众负担减轻的集中体现,应是清朝社会经济初现繁荣的重大标志。

中国是一个农业社会,农业生产不仅关系到百姓生活,也关系到封建政权的财政收入。田赋收入一直占封建政权财政收入中的绝大部分,虽然所占比例呈下降趋势,如明代约占90%,清顺治年间约占87%,康熙二十四

---

① 李治亭主编:《中国历史五大盛世·总序》,河南人民出版社1998年版。

年(1685)约占85%①,但仍是财政的主要收入。圣祖说:"国家赋税皆出于农。"②他亲政以后十分重视农业生产,采取了一系列恢复和发展的措施。如废除圈地令,实行"更名田",不断调整垦荒政策,改革赋役制度,以及治理黄河等。康熙初期,农业生产虽有发展,但由于当时正进行着平定吴三桂之乱、收复台湾、抗击沙俄入侵等多次战争,在康熙二十四年以前的财政依然很紧。以后仍有一些战争发生,如征讨噶尔丹、进兵西藏等,但内地社会基本保持安定,社会生产发展迅速。到康熙中期,社会经济已逐渐呈现繁荣景象,主要表现在人口增多、耕地面积扩大和国家财政收入持盈。

首先,考察人口增加的情况:前期的顺治、康熙、雍正三朝的"人口",文献失载,只有"人丁"的记载。就是仅有16岁至60岁的成年男丁数,其中既不包括全部女子人数,也未计16岁以下和60岁以上的男子人数。因此,这与"人口"数相差甚远。据文献记载顺治与康熙朝人丁数如下:

年　代	人丁数	资料来源	推算人口数
顺治八年(1651年)	10633326	张玉书:《张文贞公集》卷7	42533304
康熙元年(1662年)	19203233	《清圣祖实录》卷7	76812932
康熙十年(1671年)	19407587	《清圣祖实录》卷37	77630348
康熙二十年(1681年)	17235368	《清圣祖实录》卷99	68941472
康熙二十五年(1686年)	20341738	《清圣祖实录》卷128	81366952
康熙三十年(1691年)	20363568	《清圣祖实录》卷153	81454272
康熙四十年(1701年)	20411163	《清圣祖实录》卷206	81644652
康熙五十年(1711年)	24621324	《清圣祖实录》卷248	98485296
康熙六十年(1721年)	24918359	《清圣祖实录》卷295	99673436
康熙六十一年(1722年)	25309178	《清世宗实录》卷3	101236712

依据地方志中有关记载,研究顺治、康熙、雍正三朝人丁与人口的比例,

---

① 何本方:《清代商税制度刍议》,《社会科学研究》1987年第一期。
② 《清圣祖仁皇帝圣训》卷三〇。

认为大体上为1∶4①。这就可据以推算出当时的人口数。但是,推算出来的人口数与实际人口数不可能是一致的,因为当时明显存在着漏报的问题。圣祖就说过:"朕凡巡幸地方,所至询问,一户或有五六丁,止一人交纳钱粮;或九丁十丁,亦止二三人交纳钱粮。"②可见当时不报的人丁数相当多。

  从推算的结果来看,康熙朝人口发展的总趋势是不断增长。但是在8年平吴三桂之乱的战争中人口略有下降,最低时为康熙十五年,当时人口为64149072人,较之康熙十年的77630348人减少了13481276人,减17.37%。康熙二十一年的人口又恢复到康熙十年的水平。此后又是一个不断增长的趋势,而且增长的速度较快。康熙三十年较康熙二十年人口增加12512800人,增18.15%,出现了又一个增长高峰。此后人口增长速度放缓,康熙四十年较康熙三十年人口增加了190380人,增0.23%。康熙四十年以后人口增长速度又逐步加快,康熙五十年较康熙四十年人口增加了16840644人,增20.63%,出现又一次增长高峰。如果拿康熙六十一年和康熙历年人口相比,那么康熙六十一年的人口,较康熙六十年增加1563276人,增1.67%;较康熙五十年人口增加2751410人,增2.79%;较康熙四十年人口增加了19592560人,增24.00%;较康熙三十年人口增加了19782440人,增24.29%;较康熙二十年人口增加了32295240人,增46.84%;较康熙十年人口增加了23606364人,增28.40%;较康熙元年人口增加了24423780人,增31.80%。即61年间人口增加了2450万,增近32%。如果拿康熙六十一年的人口和顺治年间相比,增长数就更为明显;康熙六十一年人口较顺治八年(1651)人口增加了58702508人,增138.02%。70年间人口增加了近5900万,增近140%,可见人口增长速度之快。

  其次,考察清初耕地面积增加的情况。康熙朝实行了一系列奖励垦荒的政策,垦田数量增加。有学者据《清实录》对顺治六年至康熙五十六年(1649—1717)各省的垦田情况作统计,列表如下③:

---

① 郭松义:《清初人口统计中的一些问题》,《清史研究集》第二辑,中国人民大学出版社1982年版。
② 《清圣祖实录》卷二四九。
③ 郭松义:《清初封建国家垦荒政策分析》,《清史论丛》第二辑,中华书局1980年版。

省　区	垦田数量(顷)	省　区	垦田数量(顷)
直隶	5340	湖广(湖南、湖北)	113553
盛京	10000	广东	10747
山东	3252	广西	3807
山西	483	四川	107356
河南	131534	贵州	1290
江南(江苏、安徽)	13288	云南	3659
江西	21915	合计	437934

从上表可以看出，在清初近70年间共垦田近44万顷。如果从《清实录》对康熙朝各年度的耕地统计来看，这70年间耕地增加的数量远远超过上述有关垦田数量的统计：

年　代	耕地面积(顷)	与前一个年代相比增加或减少面积(顷)	增减%	资料来源
顺治八年(1651年)	2908586			张玉书：《张文贞公集》卷7
康熙元年(1662年)	5311358	2402772	121.05%	《清圣祖实录》卷7
康熙十年(1671年)	5459170	147812	2.78%	《清圣祖实录》卷37
康熙十五年(1676年)	4864234	-594936	-11.20%	《清圣祖实录》卷64
康熙二十年(1681年)	5315373	451139	9.28%	《清圣祖实录》卷99
康熙二十五年(1686年)	5903439	58806	1.11%	《清圣祖实录》卷128

（续表）

年　代	耕地面积(顷)	与前一个年代相比增加或减少面积(顷)	增减%	资料来源
康熙三十年（1691年）	5932684	29245	0.50%	《清圣祖实录》卷153
康熙四十年（1701年）	5986986	54015	0.91%	《清圣祖实录》卷206
康熙五十年（1711年）	6930344	943358	15.75%	《清圣祖实录》卷248
康熙六十年（1721年）	7356451	426107	6.15%	《清圣祖实录》卷295
康熙六十一年（1722年）	8510992	1154541	15.69%	《清世宗实录》卷3

从上述统计看出，康熙朝耕地面积总的发展趋势是在不断增加。但在8年平吴三桂之乱的战争期间，耕地面积明显减少，康熙十五年（1676）耕地面积较之康熙元年减少了447124顷，减8.42%，但是仍比顺治八年（1651）的耕地面积增加1955648顷，即增67.24%。康熙二十年的耕地面积基本上恢复到康熙元年的水平，此后则呈现缓慢增加的趋势，至康熙五十年耕地面积的增长出现了一个高峰，即康熙五十年的耕地面积较之康熙四十年增加了943358顷，增15.75%。康熙六十一年又出现了一个新的高峰：这一年的耕地面积较康熙六十年增加了1154541顷，增15.69%；较康熙五十年的耕地面积增加了1580648顷，增22.81%；较康熙四十年的耕地面积增加了2524006顷，增42.16%；较康熙三十年的耕地面积增加了2578308顷，增43.46%；较康熙二十年的耕地面积增加了3195619顷，增60.12%；较康熙十年的耕地面积增加了3051822顷，增55.90%；较康熙元年的耕地面积增加了3199634顷，增60.24%。而康熙六十一年的耕地面积较之顺治八年的耕地面积增加了5602406顷，增192.62%，增加近一倍，可见其增长速度之快。

这一时期的土地增长速度快于人口的增长速度,因而人均耕地面积也呈现不断增长趋向。如顺治八年(1651)人均耕地面积为 7.03 亩,康熙元年(1662)为 6.92 亩,康熙二十五年为 7.26 亩,康熙四十年为 7.33 亩,康熙五十年为 7.04 亩,康熙六十年为 7.47 亩,康熙六十一年为 8.41 亩。就整个清代而言,人均耕地面积呈下降的趋势,但是康熙朝却是一个例外。

再次,康熙朝国家的财政收入也在逐年增加。田赋在国家财政收入中占相当大的比重,因此耕地面积的增加,其田赋收入必然也相应增加。加上工商业有了一定的发展,工商税收也在逐年增加。所以在康熙二十四年(1685)以后,国家的财政收入呈现逐年增加的趋势。

康熙朝国家财政收入情况

年　　代	田赋银(两)	杂课银(两)	合计(两)	资料来源
康熙元年 (1662 年)	31891000	2733578	34624578	《清圣祖实录》卷 7
康熙十年 (1671 年)	32123702	2792705	34916407	《清圣祖实录》卷 37
康熙十五年 (1676 年)	25249146	2250972	27500118	《清圣祖实录》卷 64
康熙二十年 (1681 年)	28454868	2399468	30854336	《清圣祖实录》卷 99
康熙二十五年 (1686 年)	34152482	2761308	36913790	《清圣祖实录》卷 128
康熙三十年 (1691 年)	34325445	2697751	37023596	《清圣祖实录》卷 153
康熙四十年 (1701 年)	34359117	2690698	37049815	《清圣祖实录》卷 206
康熙五十年 (1711 年)	36816906	3729228	40546134	《清圣祖实录》卷 248
康熙五十五年 (1716 年)	36887628	3761124	40648752	《清圣祖实录》卷 270
康熙六十年 (1721 年)	35693105	3772363	39465468	《清圣祖实录》卷 295

（续表）

年　代	田赋银（两）	杂课银（两）	合计（两）	资料来源
康熙六十一年（1722年）	34145461	4044111	38189572	《清世宗实录》卷3

应作一点说明：《清实录》中的田赋分为两部分，一部分为征银数，另一部分为征米麦豆的石数。康熙时期，每年的米价并不一致，有每石米5钱者，有每石米2两者。就是同一年度，各地的米价也不一样，其中以每石米价8钱至1两2钱者为多数。为了便于计算，这里统一按每石米价为1两计。如康熙元年（1662）《清实录》记：是年田赋征银25769387两，征米6121613石①，按每石米折银1两计，是年田赋为31891000两。以下同。

从上表看出，康熙时期的财政收入，大体上是每年在3000万两至4000万两之间。但8年平吴三桂之乱期间财政收入下降，曾一度下降到2000多万两。以康熙十五年（1676）计，这一年财政收入为27500118两，较之康熙十年的34916407两，减少了7416289两，减21.24％。战争结束以后，国家的财政收入开始回升。康熙二十五年的财政收入已达36913790两，超过康熙十年的财政收入，增加了近200万两，增长幅度为5.72％。到康熙五十年，财政收入已达到4000万两。因此，圣祖决定自康熙五十年开始，三年内全国各省轮免一次赋税。康熙五十五年的财政收入仍超过4000万两，为40648752两，超过康熙元年600多万两，即超过17.40％。康熙末年财政收入略有下降，但大体上仍然保持在4000万两左右。

从文献记载来看，康熙初年，户部每年略有积存，反映了国家财政情况的好转。如康熙六年（1667）已存银248万两。康熙八年、九年，每年存银六七百万两。康熙十二年平吴三桂之乱的战争爆发时，库存银已达2135余万两。在8年的平吴三桂之乱战争中，库存银数量减少，如康熙十六年库存银为530万两，康熙十七年库存银为330万两。战争结束后，库存银又逐年增加。康熙二十五年库存银已达2600万两。康熙三十一年至康熙六十一年这30年中，户部每年的库存银大致在3000万至4000万两之间，最高时达4736万两②。

---

① 《清圣祖实录》卷七。
② 《康雍乾户部银库历年存银数》，转引自郭松义主编：《清代全史》第三卷，辽宁人民出版社1991年版，第94页。

综上所述,从康熙朝时期,清朝的人口、耕地面积同时增加以及国家财政收入增长而且持盈的情况来看,康熙中期以后,社会经济已初现繁荣,正稳步走向"盛世"。

2. 赈灾与普免钱粮

赈济与蠲免,这是历代王朝经常推行的一项经济政策,被统治阶级视为是一项德政。在清以前,举凡灾荒年间,实行救济,安定社会秩序,稳定封建统治,是一项补救措施。无论是赈济灾民,还是蠲赋免役,都是与灾荒联系在一起的,其赈济与蠲免的对象主要是灾民。然而,到清代却发生了变化,除了具有救灾以恢复生产的作用和意义外,还具有宣示"皇恩"的目的。清代的蠲免种类更多,除灾蠲以外,还有恩蠲、普蠲、荒蠲、逋蠲等,被蠲免的对象更广泛,除灾民以外,还包括非灾民的部分百姓,甚至全国臣民都能享受到这一政策的实惠。

赈灾,是清廷给予灾民的一种救济,用以帮助灾民渡过难关,维持生产和生活。施以赈济的灾害,包括水灾、旱灾、蝗灾、霜雹灾、地震灾、火灾、潮灾、飓风灾等等。根据灾区受灾程度的不同,给予不同的抚恤。其方式基本上分为赈济和蠲免两种。这里集中介绍康熙朝的赈济措施。

对于什么样的灾害称之为"成灾"而给予抚恤也是有变化的。顺治时期规定:按收成10分计算,凡被灾四分以上者均为成灾,都要给予一定的抚恤。至康熙十七年(1678),这项规定有了修改,"改五分以下者为不成灾",凡被灾六分以上者才称为"成灾",再给予相应的抚恤[1]。

圣祖对赈济灾民十分重视,视赈济为"养民"。他要求各地官员,当本地发生了灾情,要及时上报朝廷。他最痛恨地方官"匿灾",指出"自古弊端,匿灾为甚"[2]。因此规定凡报灾迟延者都要受到处罚,匿灾不报者要受到更重的处罚。有的官员因匿灾不报,甚者受到降五级的处分[3]。

---

[1] 王庆云:《石渠余纪》卷一《纪灾蠲》。
[2] 《清圣祖实录》卷二一九。
[3] 《清圣祖实录》卷二三九。

赈济主要分赈米和折赈两种。清初,亦有常平仓之设。康熙初年,根据灾区灾情的轻重与百姓所需之缓急,予以赈米。康熙九年(1670),淮、扬大水,圣祖立即下令:"檄行督抚,即发仓粟,赈济饥米",每人赈米5斗①。康熙十年御史徐越提出一套具体的赈济办法:在各府州县分设米厂若干,"使饥民无奔赴守候拥挤之患",然后计人给米,每日人各一升,三日一给。这样,一石米可供一人百日用,万石米可供万人百日用,十万石米可救十万灾民,百日后麦收即可接上。圣祖十分欣赏这套办法,下令前往灾区赈济的官员"速如议行"②。自此以后,各省发生大灾赈米时均按此办法赈济,即均以口日合计发给③。

由于有些地方常平仓储米不多,或者仓米被官吏侵用所存无几,需要开仓赈济时存米无几,只好进行折赈,即将应赈给灾民的米,折为银两赈济灾民。如康熙四十六年(1707)淮、扬又遭水灾,当地常平仓已无存粮可赈,清廷便将应赈之米折为银两发给,成人每月赈银三钱,小孩减半。这种折赈的标准,直到乾隆朝仍仿行。由于中国地广人口密,气候复杂,每年受灾的地区总是不少,有时是连年赈恤,发帑银数十万两,甚至上百万两。为此,每遇重灾赈济时,清廷都要派部院堂司官员以董其事。在对灾区进行赈济时,要动用官帑,有时还发动官员借银予以赈济。例如,康熙四十二年山东大灾,就发动官员进行助赈,凡助赈者清廷均给予议叙。当时京师共有佐领千余人,圣祖下令在这些佐领中,每3人出1人,共抽出300余人,每人均出借3000两银,计90余万两,分头前往各州县进行赈济④。

蠲灾是依据灾区灾情的轻重,蠲免其应纳的田赋或应服的工役。具体分为:蠲赋、减征、缓征、贷、免一切逋欠等数种。顺治六年(1649年)规定:"凡遇灾蠲,于起运存留均减,存留不足,即减起运,有可借口无项可免,使民不沾实惠者论罪。"顺治八年规定:"凡灾蠲州县,以蠲免之数刊发免单,已入者抵明年正赋,违者以赃论。"⑤还规定:被灾八分至十分,免田赋十分

---

① 《清圣祖实录》卷三二。
② 《清圣祖实录》卷三五。
③ 王庆云:《石渠余纪》卷一《纪赈贷》。
④ 王庆云:《石渠余纪》卷一《纪赈贷》。
⑤ 王庆云:《石渠余纪》卷一《纪灾蠲》。

之三;被灾五分至七分,免田赋十分之二;被灾四分,免田赋十分之一①。康熙朝规定:被灾五分以下者为不成灾;被灾六分者,免田赋十分之一;被灾七分八分者,免田赋十分之二;被灾九分以上者,免田赋十分之三②。灾情重者,则田赋常常全行蠲免,并不拘泥于上述规定。如康熙四年(1665)元月,户部议复:"山东济南、兖州、东昌、青州四府,旱灾十分,应照例蠲额赋十之三;登州、莱州二府,旱灾七八分,应照例蠲十之二。"但圣祖决定:"山东济南等六府所属地方,既已被灾,将康熙四年分应征钱粮,俱著蠲免,张榜通行晓谕众民。"③再如,康熙七年直隶50个州县遇水灾,规定:被灾九分以上者,免除其全部田赋;被灾七分八分者,免田赋十分之四。此外,还有加免的规定,如康熙七年江南淮、扬水灾,开始均免十分之一的田赋,后来邳州等地又加免十分之二的田赋④。不久,又规定:"被灾九分、十分者,全蠲本年额赋;被灾七分、八分者,于应蠲外,加免二分。"⑤受灾过重,田地不能耕种者,免赋时间延长。一般为免赋三年,有的则永远免除。康熙七年河南安阳、临漳因水冲沙压地,免征田赋三年⑥。康熙八年陕西鄜县因山洪暴发,民田被沙石所压,不能耕种,永远豁免其田赋⑦。灾蠲在制度上也日益完善。如规定连年发生饥馑的地方,要蠲、赈兼施,务从其厚。报灾的期限,规定夏灾在六月,秋灾在七月(后改为九月),各地必须入报灾情。各地督抚得报后,必须亲到受灾之地察看灾情,发仓先赈,并向朝廷具题。康熙三年规定:各督抚接报后,先将额赋停征十分之三,以待题免。由于当时是地、丁分征,因此康熙四年又规定:凡是灾区,田赋免多少,丁赋亦免多少⑧。不难看出,以上蠲免田赋的规定,得益者均为田主即自耕农,而未涉及租种土地的无地农民。因此康熙九年又规定:"灾伤蠲免,或有穷民,租种官绅富户地,其应纳

---

① 《清文献通考》卷四五《灾蠲》。
② 王庆云:《石渠余纪》卷一《纪灾蠲》。
③ 《清圣祖实录》卷一五。
④ 王庆云:《石渠余纪》卷一《纪灾蠲》。
⑤ 《清圣祖实录》卷三四。
⑥ 《清圣祖实录》卷二七。
⑦ 《清圣祖实录》卷二八。
⑧ 王庆云:《石渠余纪》卷一《纪灾蠲》。

租谷、租银,亦令地主照分数免征。"①康熙二十九年又规定:"嗣后直隶各省遇有恩旨蠲免天下钱粮之处,七分蠲免业户,三分蠲免佃种之民。"②康熙四十九年,圣祖再次强调:"嗣后,凡遇蠲免钱粮,合计分数,业主蠲免七分,佃户蠲免三分,永著为例。"③

当时各地灾蠲的数额是很大的。如康熙四十六年(1707),江苏、浙江旱,免两省明年丁银70万两,田赋银380余万两,粮48万石,豁免江苏积欠银60余万两,米麦30余万石。康熙四十七年,两省又遭水灾,决定再免两省明年地、丁银630余万两④。湖广自康熙四十二年至四十四年共蠲免钱粮达1600余万两。截止到康熙四十四年十一月,全国所免田赋,以银两计,达9000余万两,是现存库帑总数4500万两的2倍⑤。

清初,因战乱各地荒地很多。为鼓励农民开荒而实行的蠲免称为荒蠲。最初,各地按明万历年间额赋进行收缴,因而农民负担仍重,如"山东地土荒芜,有一户止存一二人,十亩止存一二亩者。倘为计口核实,一概征收,名为免三分之一,实为一二亩而纳五六亩之税,荒多丁少,以荒地累熟地,以逃丁累见丁,是有蠲之名,无蠲之实"。山东如此,其他各地亦同。为此,清廷决定:"其抛荒之地,无论有主,尽行蠲免。"⑥顺治元年(1644),直隶、河南因战乱被蠲免田赋。顺治二年,山西也因战乱免除田赋。顺治四年,又决定"除江南淮徐无主荒地租,有主者量免正赋三年、漕米一年"。顺治八年,"除山西荒田赋二万八千四百九十顷"。康熙二年(1663),"除广东、福建海滨无主田赋"。康熙八年,"除河南陕州、江南灵璧、临淮各荒地田赋"⑦。

逋蠲,即蠲免逋欠,蠲免历年积累下来的欠赋。其数量是相当大的。顺治元年至十七年(1644—1660),直隶各省共拖欠田赋银2700万两,米700万石。考虑到如此巨额的逋欠,民力是无法偿还的,与其偿还逋欠,又欠新赋,不如蠲其旧赋,保证新赋的征收。为此,自顺治朝开始,就逐步蠲免逋

---

① 康熙《大清会典》卷二一《荒政》。
② 《清圣祖实录》卷一四七。
③ 《清圣祖实录》卷二四四。
④ 王庆云:《石渠余纪》卷一《纪灾蠲》。
⑤ 《清圣祖实录》卷二一〇。
⑥ 蒋良骐:《东华录》卷五。
⑦ 均据《清通典》卷一六。

欠。顺治十一年,蠲免顺治六年、七年两年的逋欠。顺治十三年,蠲免顺治八年、九年两年的逋欠。康熙二年(1663),蠲免顺治十五年以前的逋欠。康熙四年,蠲免顺治十八年以前的逋欠①,如此等等。康熙八年,因甘肃之平凉、临洮、巩昌三府所属地方,"屡被灾荒,较他省不同",圣祖决定"将旧欠钱粮,俱免追征"②。康熙十八年二月,"免江西康熙十年以前旧欠钱粮"③。是年十月,"免湖广康熙十三年至十七年所欠旧赋"④。康熙十九年,"以江南赋重,免十二年以前民欠"⑤。康熙四十五年又决定:"直隶、山东积欠钱粮,今年俱已蠲免,其山西、陕西、甘肃、江苏、浙江、江西、湖北、湖南、福建、广东各省,自康熙四十三年以前未完地丁银二百十二万二千七百有奇、粮十万五千七百石有奇,著按数通行豁免,或旧欠已完在官,而见年钱粮未完足者,亦批准扣除。"⑥

一般来说,漕粮逋欠是无蠲免先例的,然而也破例蠲免。康熙九年(1670),桃源(今江苏泗阳)因屡受水灾,未完康熙六年、七年的漕粮1.6万余石,圣祖"准其蠲免"⑦。接着,又以同样理由将高邮等六州县未完的康熙七年、八年漕粮2.8万余石"尽行蠲免"⑧。此后,蠲免漕粮旧欠亦成常事。如康熙二十七年,圣祖决定:"免各省康熙十七年以前漕项旧欠。"⑨康熙三十五年决定"免各省漕赋宿逋"⑩。

在蠲免中,还有一种称为"恩蠲"的蠲免形式。即逢国家庆典,或皇帝巡幸,或军兴,由皇帝下令对有关地方的钱粮进行蠲免。清初,如清兵进入北京,新君登极,皇帝、太后寿辰,皆为国家庆典,是时均要宣布蠲免钱粮。如顺治元年(1644)五月,多尔衮率清兵入北京,飞报盛京,世祖率诸王、贝勒和群臣祭告天地,诏示内外,宣布废除明末的三饷加派,并免京师居民赋

---

① 王庆云:《石渠余纪》卷一《纪蠲免》。
② 《清圣祖实录》卷二八。
③ 《清圣祖实录》卷七九。
④ 《清圣祖实录》卷八五。
⑤ 王庆云:《石渠余纪》卷一《纪蠲免》。
⑥ 《清圣祖实录》卷二二七。
⑦ 《清圣祖实录》卷二五。
⑧ 《清圣祖实录》卷三二。
⑨ 《清圣祖实录》卷一三九。
⑩ 王庆云:《石渠余纪》卷一《纪蠲免》。

役三年①。圣祖在位时间最长,又经常到外地巡视,他巡视所路过的地方,都要进行蠲免,以示恩泽。康熙十年(1671)九月,圣祖到盛京(今沈阳),以寰宇一统告祭祖陵,免除其跸路所经地方当年的田赋,这是巡幸蠲免之始②。康熙三十七年七月,圣祖奉皇太后巡视吉林乌拉(今吉林市),并再次到盛京谒陵,所经地方亦都进行蠲免。圣祖先后在康熙二十三年、二十八年、三十八年、四十二年、四十四年、四十六年6次巡视山东、江淮,康熙四十一年、四十九年至五台山,康熙四十二年西巡至陕西西安,以及多次巡视畿甸和塞外,所到地方都"蠲减兼行"③。康熙三十五年,圣祖率兵亲征噶尔丹,是年"以军兴,免陕西明年租赋"。康熙五十七年,征讨策妄阿拉布坦,是年决定:"以西边军兴,免陕甘明年地丁一百八十余万两。"④

所谓普蠲,即在国库充盈之时,为示恩泽于民,以及显示太平盛世,而实行的一种普遍蠲免政策。普蠲分为两种:一是普遍蠲免各省钱粮;另一是普遍蠲免漕粮。康熙二十四年(1685)三月,圣祖对廷臣说:"今国帑充足,朕欲蠲免各省明岁钱粮,以纾民困。尔等会同户部,予行酌议。"廷臣讨论的结果认为:各省在同一年普免,恐国家经费拮据,建议轮流蠲免。圣祖同意这一建议⑤,于当年"免河南、湖北今年租及来年之半,又免直隶、江南今年秋冬明年春夏之应纳者"。康熙二十五年,"免直隶、四川、贵州、湖广、福建明年额赋及今年赋之未入者"。康熙二十六年,"江苏、陕西亦如之"。这样,"三载之内,布惠一周。后来普免之典,实肇于此"⑥。

康熙朝第二次普蠲各省钱粮是自康熙五十一年(1712)开始的。本来,在康熙五十年,"原欲将天下钱粮一概蠲免。廷臣集议,恐各处兵饷,拨解驿递烦苦",因此改为自康熙五十一年开始,"三年以内,通免一周,俾远近均沾德泽","三年中计免天下地丁粮赋新旧三千八百余万"⑦。即免直隶、

---

① 印鸾章:《清鉴》卷一《世祖顺治》;王庆云:《石渠余纪》卷一《纪蠲免》。
② 王庆云:《石渠余纪》卷一《纪蠲免》。
③ 王庆云:《石渠余纪》卷一《纪蠲免》。
④ 王庆云:《石渠余纪》卷一《纪蠲免》。
⑤ 《清圣祖实录》卷一二七。
⑥ 王庆云:《石渠余纪》卷一《纪蠲免》。
⑦ 王庆云:《石渠余纪》卷一《纪蠲免》。

奉天、浙江、福建、广东、广西、云南、贵州康熙五十年应征地丁及旧欠①；免山西、河南、陕西、甘肃、湖北、湖南康熙五十一年应征地丁及旧欠②；免江苏、安徽、山东、江西康熙五十二年应征地丁及旧欠③。

清朝普蠲漕粮亦始自康熙朝。康熙三十年(1691)圣祖谕曰："各省岁运漕米，向来未经议免，时切轸怀。今储积之粟，恰足供用，应将起运漕粮逐省蠲免。"④经廷臣讨论决定："除河南省明岁漕粮已颁谕免征外，湖广、江西、浙江、江苏、安徽、山东，著自康熙三十一年始，以次各蠲免一年。"⑤

康熙朝蠲免数额庞大。据有人统计，总数不下1.4亿两⑥。这是清朝为减轻人民负担所办的一件实事，不仅有利于恢复发展社会生产和社会的稳定，也有利于封建统治的巩固。康熙朝屡行恩蠲和普蠲，说明了清朝经济繁荣，财政持盈，从而反映了此时清朝正步入"盛世"。

3. "滋生人丁永不加赋"

"滋生人丁永不加赋"是康熙朝实行的一项重大的赋役改革，这是有关丁银征收的改革措施。清初，丁银的征收十分混乱，矛盾也很尖锐。这种混乱，有的是由于制度自身所造成的。清初的丁役制度基本上承袭明制。"田赋"和"丁银"，历来是封建国家的主要税收，合称"正赋"。所谓"丁役"(丁银)，即按丁服役或纳银。清廷规定："凡载籍之丁，六十以上开除，十六以上添注，丁增而赋随之。"⑦凡16岁至60岁的男子为成丁，每个成丁都要服役或交纳银两。然而各省丁银并不一致，"有分三等九则者，有一条鞭征者，有丁随丁起者，有丁随地派者"⑧。"其科则，轻自每丁一分数厘，重则山

---

① 《清圣祖实录》卷二四四。
② 《清圣祖实录》卷二四八。
③ 《清圣祖实录》卷二五一。
④ 王庆云：《石渠余纪》卷一《纪蠲免》。
⑤ 《清圣祖实录》卷一五三。
⑥ 孟昭信：《康熙大帝全传》，吉林文史出版社1987年版，第423页。
⑦ 王庆云：《石渠余纪》卷三《纪停编审》。
⑧ 《清文献通考》卷一九《户口考》。

西之丁有四两者,巩昌有八九两者"①。而且清代的人丁,除了民丁以外,还有屯丁、匠丁、灶丁、渔丁、站丁、土军丁等,浙江的民丁又有乡丁与市丁之分。不同的人丁,丁银也不同。除了按丁纳银外,江西、广东、福建等省还征收妇女盐钞银等等。如此复杂和混乱,产生矛盾也属必然。

为保证丁银的征收,清廷制定了一整套严格的户口管理、人丁编审制度。按制度规定5年一编审。编审时,汰衰老故绝,增入成丁,清查隐漏捏报。然而,清初人丁锐减,为保证丁银的征收,暂时以明万历年间丁数作原额。有些地方编审时还存在"折丁"的现象,即将三等九则之丁,一律折为下下丁计算。这种折算的结果,使编审"成丁"失去了原有的意义。编丁时,又有各种优免政策,如规定:"其在仕籍者及举贡监生员与身隶营伍者,皆例得优免。而佣保奴隶又皆不列于丁。"②地方豪绅就和官吏勾结起来,利用这些规定逃避编丁。又规定编丁只限土著,客籍户口不计入,也造成一些地方人丁逃亡。特别是清初,有些地方连年战争,人口锐减,这些地方就"以亡丁之差,加之孑遗之民"③。贫丁无力承担繁重的丁银,只好逃亡,因而应役之丁更少,再将逃丁的丁银加在尚在的人丁身上,使尚在的人丁所承担的丁银更加繁重。如此恶性循环,矛盾越来越尖锐。如山东黄县,因为"丁累",人口"逃亡过半",有些村庄甚至"逃者十之九"④。

这个时期,随着社会生产的恢复和发展,社会稳定,人口和土地的开垦都有较快的增长。就整个清前期而言,人均耕地面积呈下降的趋势,然而康熙年间却是一个例外,人均耕地面积呈现逐年增加的趋势:顺治八年(1651)人均耕地为7.03亩,康熙二十五年(1686)为7.26亩,康熙四十年为7.33亩,康熙五十年为7.04亩,康熙六十年为7.47亩,康熙六十一年为8.41亩。即这个时期耕地面积的增长速度快于人口的增长速度,或者说田赋银的增长速度快于丁银的增长速度,田赋银在地丁银中所占的比例越来越大。这种情况也造成康熙晚期人口逃亡增多,丁银征收困难。为了稳定人丁不再因银重而逃亡,稳定社会秩序,使人丁安心于生产,保证农业生产

---

① 王庆云:《石渠余纪》卷三《纪停编审》。
② 张玉书:《张文贞公集》卷一《编审人丁议》。
③ 《明清史料》丙编第八本《汉詟录抄写奏议档残本》。
④ 李蕃:《雪鸿堂文集》卷一《编审均徭序》。

的发展,进而保证田赋的收入,实行丁赋改革也就提上了议程,这就是"滋生人丁永不加赋"。

这项政策,可以视作是一种蠲免措施,即免除滋生人丁的丁银。很显然,实行这项措施,必须有较强的经济基础。康熙末年,由于社会生产的恢复和发展,国家财政收入有所增加,国库存银经常保持在3000万至4000万两白银,这就为康熙后期实行这项政策创造了物质条件。

康熙五十一年(1712),圣祖发布谕旨:"朕览各省督抚奏编审人丁数目,并未将加增之数进行开报。今海宇承平已久,户口日繁,若按现在人丁加征钱粮实有不可,人丁虽增,地亩并未加广。应令直省督抚,将现今钱粮册内有名丁数,勿增勿减,永为定额。其自后所生人丁,不必征收钱粮,编审时,只将增出实数查明,另造清册题报。朕凡巡幸地方,所至询问,一户或有五六丁,止一人交纳钱粮;或九丁十丁,亦止二三人交纳钱粮"。"前云南、贵州、广西、四川等省,遭叛逆之变。地方残坏,田亩抛荒,不堪见闻。自平定以来,人民渐增,开垦无遗。或沙石堆积,难于耕种者,亦间有之。而山谷崎岖之地,已无弃土,尽皆种矣。由此观之,民之生齿实繁,朕故欲知人丁之实数,不在加征钱粮也"①。此令于康熙五十二年在全国实行,均以康熙五十年人丁数征收丁银②,以后"滋生人丁永不加赋"。

"滋生人丁永不加赋",把全国征收丁银的总额335万余两固定下来,各级官府都不得随意增加,使广大农民的负担相对稳定,特别是在那些人丁编审混乱、矛盾尖锐的地方,减轻了劳动人民的负担就更加明显。生活相对安定,这就减少了人丁逃亡,有利于社会生产的发展。自康熙五十二年(1713)实行"滋生人丁永不加赋"起,到康熙六十一年,短短的10年中,人丁就增加到25309178人,耕地面积增加到851099240亩③,较之康熙五十年,人丁增加了687854人,增2.79%,耕地面积增加了158064806亩,即增加了22.81%④。可见这10年中垦荒面积增加迅速。当然,垦荒面积增加,其原因很多,实行"滋生人丁永不加赋"是其重要原因之一。这项政策为后

---

① 《清圣祖实录》卷二四九。
② 康熙五十年人丁为24621324人,丁银为335万余两。
③ 《清世宗实录》卷三。
④ 《清圣祖实录》卷二四八载康熙五十年人丁为24621324人,耕地面积为693034434亩。

来实行"摊丁入地"创造了前提条件,即"今滋生人口,概不加赋,则丁口亦有一定,可以派归田粮,永为成制"①,"自续生之赋罢,丁有定数,征乃可摊"②。把丁银负担固定下来,但并没有解决人丁负担不均的问题。每户人丁经过一定的时间会发生生死的变化,清廷规定:"缺额人丁以本户新添者抵补,不足以亲戚丁多者抵补,又不足以同甲粮多丁顶补。"③正是这种"顶补",使缙绅与官吏相勾结逃避丁银有隙可乘,以"顶补"的名义,将缙绅的丁银"顶补"到贫苦农民身上,直到以后实行"摊丁入地",才使这一矛盾得到解决。

"滋生人丁永不加赋",其积极意义远远大于消极意义。不仅减轻了农民及其他劳动者的负担,更重要的是,取消以后所生人口的人头税,无疑是鼓励人口迅猛增长。此后人口猛增,恰与这一政策直接相关。还因为这项政策有丰厚的物质基础作保证,因此又一次生动地反映了这一时期经济的发展和社会的安定。

4. 海陆贸易兴旺

顺治十二年(1655)以前,清朝对沿海居民出海经商,沿袭明末的政策并未禁止。顺治十二年以后,为消灭沿海的南明势力,迫使据守在台湾的抗清力量就范,隔断沿海人民与抗清力量的联系,先后在顺治十二年、十三年,康熙四年(1665)、十一年、十四年5次下达禁海令。顺治十七年,康熙十一年、十七年3次下达迁海令④。海禁期间主要是禁止商人出海到各国经商。直到收复台湾以后,于康熙二十三年宣布撤销海禁:"各省先定海禁处分之例,应尽行停止。"⑤清初的海禁,时间长达29年。康熙二十四年宣布江苏的松江、浙江的宁波、福建的泉州和广东的广州为对外贸易港口,并分别设

---

① 乾隆《海宁州志》卷三。
② 嘉庆《无为州志》卷七。
③ 王庆云:《石渠余纪》卷三《纪停编审》。
④ 光绪《大清会典事例》卷一二〇、六九二、七七六;《东华录》顺治十七年九月癸亥条、康熙十七年闰三月丙辰条。
⑤ 《清圣祖实录》卷一一七。

立江、浙、闽、粤四海关,管理对外贸易事宜①。自此,海关制代替了市舶司制。

海关征税基本上分两种:一种是船钞,即船税,又称吨税。凡外国商船进口,必须先纳船税,"粤海关历办税务,系将夷船分为一二三等,均照东洋船例减钞银十分之二,按船征收。丈量各船时,梁头长阔丈尺,将应征银数递增递减。凡一等大船征钞自一千一百余两至二千一二百两不等,二三等中小船征钞八百余两至四百余两不等"②。如以每船平均货银为15万两,按中等船征钞800两,其税率为0.53%。海关另一种征税是货税,即货物的进出口税。各种货物的进出口税率不等,总起来说,无论进口税率还是出口税率,都是较低的。据估计:"进口税常为百分之十六,出口税常为百分之四。"③进口税略低于明代的"十分抽二",出口税略高于国内货税的"三十税一"。这一估计大体合适。

清朝对海外贸易管理,还有一点与明朝明显不同,就是清廷与外商不直接发生关系,而是通过中介人行商进行,实行所谓"以官制商,以商制夷"的行商管理制度。行商,是清廷特许的专门经营海外贸易的洋行商人。洋行是外洋行的简称,最早出现于康熙二十五年(1686),各时期洋行行数不等,时多时少,多时达20余行,少时只有4行。广东又称"十三行",即行商办理海外贸易的商业机构。虽然这不属清廷的行政机关,但却通过它垄断和管理着对外贸易。行商一般由家业殷实的大商人充任。因为"洋商承揽夷货,动辄数十万两,承保税饷,自数万两至十余万两不等",因此,"非实在殷实诚信之人,不克胜任"④。清廷对行商的控制十分严格。规定:新充任行商者,必须有一两名行商作保,或总散各商联保,最后由户部批准,并且还有一两年的试用期。行商在对外贸易中是以清廷代理人的身份出现,具有官商性质。行商的主要职能有四:一是代替外商缴纳关税。外商来华贸易,应该缴纳的一切关税,均由行商代纳,如有偷税、漏税、欠税,亦由行商承担。二是代理外商销售进口货物,又代理外商采购货物。三是代理外商办理一

---

① 《康熙二十三年八月户部尚书梁清标题本》。
② 梁廷枏:《粤海关志》。
③ 童书业:《中国手工业商业发展史》,齐鲁书社1981年版,第331页。
④ 《清代外交史料·嘉庆朝四》。

切交涉事宜。清廷认为，"天朝制度，从不与外夷通书信，贸易事件应由商人代禀"。四是监督外商在华的一切行动①。康熙五十九年，各行商联合组成一个行会团体，即"公行"，以避免各洋行之间的竞争和加强对各洋行的管理。

为招徕生意和鼓励某些商品的进口，清廷还实行减税和免税制。康熙二十三年（1684）规定："应将外国进贡定数船三只内，船上所携带货物"，"予以免税优待"②。海关征收欧美商船船钞，本来已较东洋船钞减去十分之二，康熙二十四年决定，在"原减之外，再减二分，东洋船亦照例行"③。康熙三十七年九月，法国第一艘商船到达广州，清廷认为是法国国王路易十四派来的，决定将他们应纳的税"全部宽免"④。康熙四十七年，对暹罗贡使所携带的货物"免征税，以示柔远之意"⑤。

自康熙二十三年（1684）开放海禁以后，对外贸易迅速发展。康熙二十五年，粤海关宣布：停泊在广东的洋船就有29艘。康熙五十五年到六十一年7年中，仅从粤海关进入中国的英、法等国商船就有81艘，其中，康熙五十五年最多，这一年就有22艘外国商船进入中国，康熙五十六年最少，但也有5艘外国商船进入中国，一般来说，每年自粤海关进入中国的外国商船在10艘左右⑥。而据日本长崎交易所的统计，康熙二十三年到日本的中国商船为26艘，二十四年为85艘，二十五年为102艘，二十六年为136艘，二十七年激增到194艘，5年之内竟上升了6倍以上⑦。后来由于日本政府实行限额贸易，限制去日本的中国船只数量，使中国去日本的船只有所减少。当时中国与东南亚各国保持贸易关系，但是与中亚及非洲不见有贸易往来的记载，而欧美诸国来华贸易迅速发展，并成为来华贸易的主要国家。欧洲有葡萄牙、西班牙、荷兰、英国、法国、丹麦、瑞典、普鲁士、意大利、俄国等，美洲

---

① 《史料旬刊》第二十一期。
② 梁廷枏：《粤海关志》卷八。
③ 梁廷枏：《粤海关志》卷二二。
④ 参见郭廷以：《中国近代史》第一册，商务印书馆1947年版，第207页。
⑤ 《清文献通考》卷二六。
⑥ 《康熙朝汉文朱批奏折汇编》第七册、第八册，转引自郭松义主编：《清代全史》第三卷，辽宁人民出版社1991年版，第133页。
⑦ 转引自韦庆远：《论康熙时期从禁海到开海的政策演变》，《中国人民大学学报》1989年第三期。

有美国、秘鲁、墨西哥、智利等。就这些国家与中国的贸易关系而言,其特点是:"西洋来市,东洋往市,南洋互市。"①

开海禁以后,对外贸易迅速发展。不久清廷发现,每年出海到南洋诸国的海船有千余艘,但是"回来不过十之五六,其余悉卖在海外"②。因此,在康熙五十六年(1717)下令禁止出海南洋③。这一禁令执行10年之后,到雍正五年(1727)宣布撤销,重开海禁④。康熙五十六年至雍正五年的海禁,只是限制中国商人到南洋各国经商,到日本等国经商则不在禁止之内,即"内地商船,东洋行走犹可"⑤。康熙五十六年同时规定这次海禁并不禁止外国商人到中国经商,正如文献所载:"至于外国商船,听其自来。"⑥此次海禁10年,加上上次海禁29年,共39年。这39年海禁,无疑影响着中外贸易的发展。但是,清廷只是禁止中国商人到外国经商,却并未禁止外国商人到中国经商。故不能因这39年海禁而将清初的整体外贸政策概括为"闭关锁国"政策,更不能以此将整个清朝的外贸政策概括为"闭关锁国"政策。

除了撤销海禁,实行发展对外贸易的政策外,对国内也实行了一系列通商、恤商和利商的政策。圣祖认为:"商民为四民之一"⑦,"彼家赀皆从贸易积聚,并非为官贪婪所致,何必刻剥之"⑧,因此提出通商、恤商和利商的主张⑨。在平吴三桂之乱的战争结束之后,圣祖立即下令豁免在战争期间加增的税额。康熙二十二年(1683)、二十六年两次下令,将"康熙十三年以后加增的各项税银,查明豁免"⑩。其次,废除各项私征、滥派的苦商、困商、累商的措施。如圣祖下令,除按定例应设立牙行者照旧设立外,"其余一切私设牙行,尽数除革"⑪。再比如,有些地方,如湖广、江西等产粮区,曾严禁

---

① 包世臣:《安吴四种》卷二〇。
② 《清文献通考》卷二三。
③ 《清圣祖实录》卷二七一。
④ 《清世宗实录》卷五八。
⑤ 《康熙起居注》康熙五十五年十月二十五日。
⑥ 《康熙起居注》康熙五十五年十月二十五日。
⑦ 《清圣祖仁皇帝圣训》卷二。
⑧ 《清圣祖仁皇帝圣训》卷四六。
⑨ 蒋良骐:《东华录》卷二八。
⑩ 雍正《长芦盐法志》卷一《诏旨》。
⑪ 《清圣祖实录》卷二三八。

本省粮米出境，"以致米商裹足，米价愈增"。为此，圣祖"特敕各督抚开禁，听商贩卖"①。康熙年间还规定：各省要设立关税之所，缮具税则，刊刻于木榜之上，"照示商民，照额征收"，"如有不肖官吏于定额之外，私行滥收者"，"依律治罪"②。再次，康熙年间还开始统一度量衡制度。康熙二十三年下令统一制钱的重量，规定：每钱大约重一钱，每钱一串值银一两。康熙四十三年，宣布废除盛京的"金石"、"金斗"、"关东斗"，规定各省一律改用底面平准的升斗。圣祖还亲自参加标准的铁升、铁斛的观察校准。康熙五十八年又规定了16两为1斤③等。此外，康熙年间，清廷对某些商人还曾贷款予以支持，同时收取高额利息。这些商人，往往是那些与朝廷关系密切的垄断大商人。如康熙四十年，圣祖亲自批准借给具有皇商身份的内务府员外郎张鼎臣、张鼎鼐和主事张常住兄弟三人以及江宁织造曹寅、皇商王纲明等人帑银共计10万余两④，由他们采买、承运铜斤。康熙四十二年，圣祖又批准借给两淮盐商周转资金100万两⑤。康熙四十三年，圣祖批准借给长芦盐商张霖、查日长等8人周转资金70万两⑥。

　　正是在这种通商、恤商和利商的商业政策的鼓励下，康熙中期以后，国内商业进一步发展，商品市场逐步形成，新的商业城镇不断出现，商业开始繁荣。如苏州府的吴江县，明成化年间只有4个商业市镇，康熙年间增加到7个商业市镇⑦。直隶宣化府的张家口，康熙时已成为汉族与蒙古族交易的重要市场，当时张家口已经是"商贾辐辏，居然都会"，"蒙古诸色人等，出入贸易，如一家人，故其民安业，日以繁庶"⑧。由于康熙二十二年（1683）规定蒙古诸部进京贡使限定为200人，其余的人可以在张家口、归化城（今呼和浩特）进行交易，因而归化城的汉蒙贸易也进一步发展起来，康熙年间，这里已是"商贾丛集"⑨。东北边疆城市宁古塔（今黑龙江宁安市），康熙时商

---

① 《清圣祖实录》卷二三三。
② 《清圣祖实录》卷一八。
③ 《清圣祖仁皇帝圣训》卷五三。
④ 《关于江宁织造曹家档案史料》，中华书局1975年版，第15—20页。
⑤ 故宫博物院明清档案部：《李煦奏折》，中华书局1976年版，第219—220页。
⑥ 故宫博物院明清档案部：《李煦奏折》，中华书局1976年版，第219—220页。
⑦ 张大纯：《姑苏采风类记》。
⑧ 钱良择：《出塞纪略》康熙二十七年五月七日条。
⑨ 《清圣祖实录》卷一七七。

业已甚繁荣,"货物客商络绎不绝"①。由于商业繁荣,不仅商业市镇增加,而且还出现了许多著名的商业城市。康熙时苏州商业的繁荣程度,时人孙嘉淦称远胜于京师:"阊门内外,居货山积,行人水流,列肆招牌,灿若云锦。语其繁华,都门不逮。"②汉口镇在此时已是"舟车辐辏,百货所聚,商贾云屯"③。佛山已是"四方商贾之至粤者,率以是为归","桡楫交击,争沸喧腾,声越四五里,有为郡会所不及者"。那里"阛阓层列,百货山积,凡希觏之物,会城所未备者,无不取给于此。往来绎络,骈踵摩肩,廛肆居民,楹逾十万,虽曲遂之状无以过也"④。城镇商业的繁荣,正是康熙朝实行通商、恤商和利商政策的必然结果。

5. 振兴工矿手工业

康熙朝实行的两项手工业政策,影响和推动了这一时期工矿手工业的发展。一项是将班匠银摊入地亩,彻底废除匠籍。明末手工工匠虽然免除了轮班赴役,但仍然保留着匠籍,每个手工工匠每年要向封建政权缴纳四钱五分的"班匠银"。清入主中原以后,由于连年战争,社会生产遭到严重破坏,民族矛盾和阶级矛盾异常尖锐。为了维持和巩固统治,清廷实行了一些恢复和发展社会生产的措施,在手工业方面影响较大的就是废除"匠籍"。顺治二年(1645)决定:"免山东章邱、济阳二县京班匠价,并令各省俱除匠籍为民"⑤,"除豁直省匠籍,免征京班匠价"⑥。所谓匠价即班匠银。就是说从顺治二年起,废除匠籍,免征班匠银。同时还规定:凡应役工匠都要"按工给值"。应该说,这是一项推动手工业生产的重要政策,可惜当时并没有将这项影响深远的政策坚持下去。因为实行后不久,清廷就发现废除

---

① 吴振臣:《宁古塔纪略》。
② 孙嘉淦:《南游记》,《小方壶斋舆地丛钞》第五帙。
③ 孙嘉淦:《南游记》,《小方壶斋舆地丛钞》第五帙。
④ 道光《佛山忠义乡志》卷一二《金石·修灵应祠记》。
⑤ 《清世祖实录》卷一六。
⑥ 嘉庆《大清会典事例》卷七一七。

匠籍,实行"按工给值",虽然减轻了手工工匠的负担,缓和了官府与手工工匠之间的矛盾,也有利于手工业的发展,但是这种办法却增加了清廷自身的负担,束缚了手脚。因为一方面减少了班匠银的收入;另一方面却还要从国库中拿出钱来支付"按工给值"的工匠费。而清初工程浩繁,国家财政很紧,根本难以支付工匠费这笔额外开支,所以就又退回到"原地"。顺治十五年,即宣布废除匠籍14年之后,工部提出:"今臣部工程尚繁,需用不贷,应将匠价仍照经制征解。"世祖同意了工部的意见。此后,"直省匠价,仍照经制征解"①,班匠银照纳,手工工匠的社会地位和负担又回到明末的状态,他们的反抗斗争不断发生,影响了清初社会的安定和封建统治的稳定。

这一时期清廷既想减轻手工工匠的负担,又不愿减少班匠银的收入,一直处于矛盾之中,找不到一个妥善的解决办法。直到康熙三十七年(1698),才找到了一条自认为是"两全其美"的解决办法,即将班匠银摊入地亩进行征缴。这样一来,手工工匠不再缴纳班匠银,同时又保证了清廷的班匠银收入。这种办法首先实行于浙江平湖。据《平湖县志》记载:"本朝全书,(平湖县)额征班匠银一百三十九两六钱一分七厘五毫。匠户出班,虽改营别业,不得免焉。甚且本户逃之,累及宗堂。武进王玮作县令时,义民杨汉林呈请详题,自康熙三十七年为始,得归地丁摊征,民累以豁。"②不久,山东、湖南、陕西、直隶、安徽、江苏、广东也先后将班匠银摊入地亩征收。这种办法的实行,第一,既保证了国家财政收入,又使"穷民息累"③,减轻了手工工匠的负担,所谓"在有田之户所增无几,而手艺贫民受益良多"④。征收班匠银时,胥吏趁机敲诈勒索,弊端甚多,将班匠银纳入地亩征收,在一定程度上减少了胥吏舞弊的机会。第二,班匠银纳入地亩,不再按匠户人头征收,至此,匠籍才算彻底废除。这不仅削弱了手工工匠和封建政权的依附关系,而且减轻了手工工匠的负担,提高了手工工匠的生产积极性,更加有力地推动了民营手工业的发展和商品经济的发展。第三,由于各地班匠银固定,因此,一般来说,班匠银摊入地亩早于摊丁入地的实行。班匠银摊入地

---

① 《清文献通考》卷二一。
② 乾隆《平湖县志》卷二一。
③ 光绪《嘉兴府志》卷二〇。
④ 乾隆《震泽县志》卷一〇。

亩征收,为后来摊丁入地的实行提供了经验,推动了摊丁入地的早日实行。

康熙朝影响和推动手工业发展的另一项政策,是逐步放宽对民营矿冶业和其他民营手工业的限制。顺治时和康熙初年,虽然实行了一些恢复和发展农业生产的措施,但对某些手工业,特别是矿冶业却采取了一些限制、严禁的政策。如,对民营矿冶业,康熙十年(1671)时还是"永禁开采",康熙十三年时还是"照旧严禁",康熙十七年时仍是"再行禁止"①。对民营纺织业,限制机户拥有的纺织机"不得逾百张"②。那么,为什么这一时期对工矿手工业采取如此的政策呢?原因有三:一是"重本抑末"这一传统思想的影响。清初,清朝统治者虽然对农业十分重视,并采取了一系列恢复和发展农业的政策,但是对传统视之为"末业"的手工业,仍然没有放到应有的位置上。二是为自身统治的安全起见,百般地加以限制,因为工矿业多为人们聚集的地方,每座矿山,少则数百人,多则上千人上万人,甚至数万人聚集在一起,这对一个刚刚建立起来的政权,无疑是一种威胁。三是传统的封建迷信思想在左右着人们,禁矿的借口不外是破坏了风水龙脉,甚至还有人把当地的种种天灾人祸都归罪于开矿,因而不仅严禁开矿,还要对开矿人进行诽谤和迫害。

康熙中期,特别是在平定吴三桂之乱以后,情况发生了变化:一是国内战争基本结束,清朝的统治日益加强和巩固。二是国家铜不足用,铸造钱币减少。钱少而贵,这不仅影响到商品交换和国家财政,还影响到社会生活的安定。三是土地兼并日益激烈。大批农民失去土地成为流民,不少人拥向矿山,寻找出路,所以妥善地安置流民,已成为清廷面临的重要问题。正是在这种形势下,清廷为加强其封建统治,安置部分流民,解决钱币少的矛盾和适应社会经济发展的需要,对民营工矿手工业采取逐步放宽限制,有条件地开放矿禁的政策。康熙十八年(1679),为了解决"铜不足用"的矛盾,既下令搜集废铜器皿、废弃的铜炮,"尽行确察,解部鼓铸"③,又下令"凡一切有铜及白黑铅处所,有民具呈愿采,该地方督抚,即选委能员,监管采取"④,

---

① 嘉庆《山阴县志》卷三《严禁凿山碑纪略》。
② 同治《上元江宁两县志》卷七《食货考》。
③ 《清圣祖实录》卷八四。
④ 《清圣祖实录》卷八五。

即首先对铜、铅矿有条件地开了禁。康熙二十一年,云贵总督蔡毓荣主张应该大力开发云南的矿产资源:"听民开采,而官收其税。""广示招徕,或本地殷实有力之家,或富商大贾,悉听自行开采,每十份抽税二份"。为了鼓励地方官员支持开矿,提出:地方官招商开矿,"得税一万两者,准其优升;开矿商民上税三千两至五千两者,酌给顶戴,使之鼓励"①。圣祖对此立即批准实行。康熙二十三年,又把云南的措施推广到各省,允许各省鼓励铜、铅生产。其规定的基本内容:一是各地矿藏任民采取,但仅限本州县人报采,不得越境采取;二是各矿的开采,"八分听民发卖,二分纳官",而金银矿则是"官收四分,给民六分";三是"道厅官如得税铜铅,每十万斤记录一次,四十万斤加一级。州县官得税,每五万斤记录一次,二十万斤加一级";四是铁、锡等矿亦照此办理②。康熙朝还取消了从前的机户"不得逾百张"织机的规定,而实行"有力者畅所欲为"的政策③。

由于对工矿手工业放宽了限制,这一时期工矿手工业有了明显的发展,并出现一些规模甚大的矿业。最早开禁的云南采矿业,康熙四十四年冬至康熙四十五年秋(1705—1706),共收矿税80152两白银、84两黄金,等于康熙二十四年矿税的20倍④,可见其发展速度之快。康熙二十九年商人何锡在广东海阳县仲坑山开矿,最盛时工人"凡十三万余人","每年获利不下八九万两"⑤。康熙五十二年,四川一碗水地方聚集了"无室可居,无田可耕,乏产贫民"万余人开矿⑥。据有人统计,当时全国大型矿场,康熙二十三年为9座,康熙二十四年就增加为29座,康熙四十六年为55座,康熙五十一年增至66座⑦。可见发展的速度之快。

这一时期对工矿手工业的开禁政策还是有局限的。在实行商民自行开采时,仅限于本地商民开采,绝对不允许越境开采。特别是自康熙四十三年(1704)以后,工矿手工业政策又采取逐步收缩的方针。康熙四十三年,

---

① 师范:《滇系》卷八,蔡毓荣筹滇第四疏《理财议》。
② 《清圣祖实录》卷一一六;康熙《大清会典》卷三一。
③ 同治《上元江宁两县志》卷七《食货考》。
④ 《清圣祖实录》卷二三一。
⑤ 光绪《丰顺县志》卷二三、二六。
⑥ 《清圣祖实录》卷二五五。
⑦ 彭泽益:《清代前期手工业的发展》,《中国史研究》1981年第一期。

江西商民萧宗章等呈请开采南源山等处铅、锡矿,圣祖批示:"闻开矿事情,甚无益于地方,嗣后有请开采,俱著不准行。"①接着康熙四十四年,又以何锡所开矿场"聚众几至十余万,强梁争竞,时时有之"为借口,下令"永为封闭"②。康熙五十年,又以湖南产铅地方"山深谷邃,境通黔粤,苗瑶杂处,开采不便"为理由,也决定"永为封禁"③。康熙五十三年又下令停止河南有矿地方开挖④。康熙五十四年云南诸臣请开银矿,圣祖又以明末矿徒造反为理由不准所请⑤。同年,广州的矿场也因聚集多人,清廷下令"严行封禁"⑥。康熙五十七年,四川各矿场也被"通行停止"⑦。这样,至康熙末年,各省的矿场几乎均被封禁,矿业生产急剧下降。

这一时期矿冶政策之所以又从逐步放宽改变为逐步收缩,仍然是利益的驱动,即清廷为了维护其自身统治。在工矿手工业发展起来以后,国家财政收入随之增加;但随着矿场的发展,聚集在矿场的矿工也日渐增多,这样就对清朝的封建统治构成威胁。清朝正是鉴于明季矿徒造反的教训,为防止百姓聚众造反,所以其矿冶政策才有了如此大的变化。正如有人指出:"盖明季矿徒之祸,上所素稔故也。"⑧

6. 圣祖巡视地方

圣祖一生中频繁外出,不辞劳苦,巡视全国各地,构成康熙朝为政的一大特色。

圣祖外出巡视地方,不仅次数多,时间长,内容也多种多样。圣祖外出巡视开始于康熙十年(1671)。这一年,圣祖刚刚18岁,于九月初三日由北

---

① 《军机处奏折录副》,《清代矿业》上册,中华书局1983年版,第68页。
② 《清圣祖实录》卷二二一。
③ 雍正《大清会典》卷五三。
④ 雍正《大清会典》卷五三。
⑤ 李清植编:《李文贞公年谱》卷下。
⑥ 雍正《大清会典》卷五三。
⑦ 雍正《大清会典》卷五三。
⑧ 李清植编:《李文贞公年谱》卷下。

京出发,东巡盛京、吉林,告祭祖陵,于十一月初三日返京,历时两个月。不久爆发吴三桂叛乱,8年平定叛乱后,圣祖继续出巡。自康熙二十年至六十一年,在这42年间,圣祖先后出巡地方129次,平均每年出巡3次多。共计出巡时间为6590天,平均每次出巡的时间为51天。其中出巡时间最长的一次为184天,即康熙五十六年四月十七日至十月二十日到热河避暑、行围、慰抚蒙古。最短的一次为5天,即同年三月二十七日至四月初一日到京郊巡视河西务河堤。42年中平均每年巡视地方的时间为155天,即在这42年中,平均每年有5个多月巡视地方。在这42年中,一年出巡地方的时间在200天以上者有9个年度,即康熙三十五年、四十二年、四十四年、四十六年、五十年、五十一年、五十三年、五十五年、五十六年。一年中出巡地方在150天至199天者有15个年度,即康熙二十三年、三十六年、三十八年、四十年、四十三年、四十五年、四十八年、四十九年、五十二年、五十四年、五十七年、五十八年、五十九年、六十年、六十一年。一年中出巡地方在100天至149天者有12个年度,即康熙二十年、二十一年、二十二年、二十四年、二十七年、二十八年、三十年、三十三年、三十七年、三十九年、四十一年、四十七年。一年中出巡地方在50天至99天者有4个年度,即康熙二十九年、三十一年、三十二年、三十四年。一年中出巡时间在50天以内者只有两个年度,即康熙二十五年出巡42天,康熙二十六年出巡44天。而一年中出巡时间最长者为256天,即康熙五十六年,圣祖在这一年里70%以上的时间出巡地方。

  圣祖出巡的地方,次数最多者为塞外热河,共45次。出巡京畿38次,出巡直隶遵化33次。此外,到山西巡视8次,到山东出巡7次,到江南出巡6次,到盛京、吉林各3次(康熙十年那次计算在内),陕西两次,河南、宁夏各1次。

  圣祖出巡地方的目的,就其主要方面而言:一是考察民情吏治。圣祖说:"古人之君,居深宫之中,不知民间疾苦者多,朕于各处巡行,因目击之故,知之甚确。"[1]又说,"臣下贤否,朕处深宫何由得知?缘朕不时巡行,经

---

[1] 《康熙起居注》康熙五十五年闰三月二十二日。

历之地,必谘询百姓,以是知之。"①圣祖出巡地方,每到一处,都要考察民情生计,农情丰歉和民俗奢朴。他说:"朕比年以来,巡行七省,惟秦晋两地民稍充裕。畿南四府及河南一路,殊觉生计艰难。山左初次巡幸,民甚饶裕,继而少减,今则大异往昔矣。"②康熙二十八年(1689),圣祖第二次南巡,也是第一次巡视浙江的时候,他称赞:"省会兵民俱相和辑,生齿蕃庶,闾里乂安",但是他看到"南人习俗奢靡",对"家无储蓄"表示忧虑③。圣祖每次出巡地方,都要亲自考察当地的吏治,并根据考察的结果,决定官吏的去留升降。康熙二十三年十一月,圣祖第一次南巡,驻跸宿迁,发现漕运总督邵甘问题严重,遂将其撤职。圣祖申饬邵甘说:"朕时巡之举,原欲周览民情,察访吏治。尔身为大臣,理应洁己率属,乃莅任以来,并无善状,且多不谨处。此朕得知舆情,访闻颇确。"邵甘虽然进行了狡辩,但是在确凿的证据之下,只好伏地谢罪,且乞扈从④。康熙二十七年三月,圣祖因与河道总督靳辅在如何治黄的问题上发生分歧,而将靳辅革职。康熙二十八年第二次南巡时,对靳辅督修的河堤进行了实地查验,又广泛听取官民对靳辅的反映,改变了原来对靳辅的看法。他在返京后的第三天,就宣布撤销原来对靳辅的处分,他说:"朕南巡阅河,闻江淮诸处百姓及行船夫役,俱称颂原任总河靳辅,感念不忘。且见靳辅疏理河道及修筑上河一带堤岸,于河工似有成效,实心任事,克著勤劳。前革职属过,可照原品致仕官例,复其从前衔级。"⑤

　　巡视、督理河防工程,这是圣祖出巡地方的又一目的。圣祖六次南巡,每次都要视察和督理河工。但是称圣祖六次南巡都是为了治河,此说与事实不完全相符。巡视与督理治河确实是圣祖出巡地方的一个重要目的和重要内容。据统计,圣祖第一次南巡时用了6天时间视河,第二次南巡时用了3天时间视河,第三次南巡时用了4天时间视河,第四次南巡时用了6天时间视河,第五次南巡时用了4天时间视河,第六次南巡时用了3天时间视

---

① 《清圣祖实录》卷二〇一。
② 《清圣祖实录》卷二一五。
③ 《清圣祖实录》卷一三九。
④ 《康熙起居注》康熙二十三年十一月十一日。
⑤ 《康熙起居注》康熙二十八年三月二十一日。

河。六次南巡,用于巡察、督理河工的时间总计为26天①,占六次南巡时间549天的4.74%。显然不能称圣祖六次南巡都是为了治河。圣祖每次南巡,确实要用3天至6天去视察和督理河工。康熙二十三年(1684)圣祖第一次南巡时,十一月初十日,在视察高家堰堤工,历武家墩、高家堰、高良涧闸、周家桥、翟家坝、洪泽湖,往返百里,河工要害,皆为谘询。视察后对河督靳辅说:"朕观高家堰,地势高于宝应、高邮诸水数倍,前人于此筑石堤障水,实为淮、扬屏蔽。且使洪泽湖与淮水并力敌黄,冲刷淤沙,关系最重。今高家堰旧口及周桥、翟坝修筑虽久,仍须岁岁防护,不可轻视,以隳前功。"靳辅听后奏称"谨遵圣谕"②。可见,圣祖亲自对河工进行视察,使他对治河有了发言权。圣祖还在康熙三十二年、三十三年、三十四年、三十七年、三十八年、三十九年、四十年、四十一年、四十三年、四十五年、五十年、五十六年和六十一年出巡时,视察了永定河工、子牙河工、通州河堤、河西务河工、京郊河堤等河防工程。

笼络汉族,慰抚蒙古,也是圣祖出巡的另一个重要目的。他利用出巡的机会,特别是对汉族知识分子表示关心,并慰抚蒙古王公贵族,以巩固其统治。圣祖尊孔崇儒,早在康熙八年(1669)就亲率诸王、百官祀孔,步行进大成门,至孔子位前,行三跪九叩之礼,并听满汉祭酒讲《易经》、《书经》。他说:"圣人之道,如日中天,讲究服膺,以资治理,尔师生共勉之。"③这在汉族知识分子中引起很大反响。他出巡至江宁,三谒明孝陵(朱元璋墓),亲自祭奠明朝的开国皇帝。康熙二十三年(1684)十一月,第一次南巡归途中到曲阜孔庙祭孔,特书"万世师表"匾额,悬挂大成殿中,并决定重修孔庙。他还赋诗称:"銮辂来东鲁,先登夫子堂。两楹陈俎豆,数仞见宫墙。道统唐虞接,儒宗洙泗长。入门抚松柏,瞻拜肃冠裳。"④充分表达了他尊孔崇儒之意,使汉族士大夫倍感亲切。

圣祖在每年的外出巡视中,都十分重视对蒙古王公贵族的团结,他说:"昔秦兴土石之工,修筑长城。我朝施恩于喀尔喀,使之防备朔方,较之长

---

① 吴建华:《南巡纪程》,《清史研究通讯》1990年第一期。
② 《康熙起居注》康熙二十三年十一月初十日。
③ 《清圣祖实录》卷二八。
④ 《康熙起居注》康熙二十三年十一月十八日。

城更为坚固。"①又说,"朕阅经史,塞外蒙古多与中国抗衡,自汉、唐、宋至明,历代俱被其害。而克宣威蒙古,并令归心,如我朝者未之有也。"②因此,每次出巡塞外,慰抚蒙古王公贵族几乎都是其出巡的重要内容。据统计,在圣祖129次出巡中,有43次巡视、慰抚蒙古,在康熙三十年、四十二年、四十五年、五十一年,五十三年、五十五年6个年度中,一年之中两次巡视时慰抚蒙古,可见圣祖对慰抚蒙古多么重视。每次慰抚蒙古时,不仅亲自接见蒙古王公贵族,给予大量赏赐,还极关心蒙古族的生计,遇有灾荒即给予赈济,还派人到蒙古地区指导蒙古族从事农业生产。康熙二十四年(1685)七月,圣祖到蒙古地区巡视,得悉蒿齐特部蒙古约有3000人"皆采野薤草根为食,人多形容憔悴"后,就对理藩院尚书阿尔尼说:"今欲救蒿齐特部落蒙古,若将畿内之粟转运至彼,则饥而甚者恐不能待,可速将拜察地方储备之粟措支一千石,遣尔等贤能司官昼夜兼驰,运去赈济。朕宁自节用可耳。"③由于赈济及时,灾民才得重生。

  巡视中,不断举行围猎习武活动,是对军队的重要训练。满族原是一个狩猎民族,以武功建国。圣祖继承了其祖先尚武的传统,充分体现在他出巡活动的安排上。在129次出巡活动中,有46次和习武有关,如围猎、检视和训练军队、部署军务等,占129次出巡活动的35.66%。习武是圣祖出巡的重要目的和重要内容之一。围猎,本来是满族祖先的一种生产活动。圣祖组织围猎绝不是把它作为一种生产活动来安排的,而是通过这项活动,让宗室及王公子弟不忘祖先尚武的传统和以此来对军队进行训练、演习。他对行围活动的安排,均按习武的要求进行。圣祖说:"一年两次行猎,专为讲武,与行兵无异,校(行)猎纪律自当严明。从前行猎之人,概令带旗,不许擅射,今既讲武,若概令带旗,不许驰射,何以习武?今此行猎,于三四人内,令一人带旗,其余俱令驰射。如此递换带旗,递换驰射,则均可练习武事。其导猎章京最为紧要,应于章京、侍卫内拣选才优者委之。"④因此,圣祖出巡时,狩猎活动安排甚多,有时一次出巡就安排围猎活动达27次之多。有

---

① 《清圣祖实录》卷一五一。
② 《清圣祖实录》卷一八〇。
③ 《康熙起居注》康熙二十四年七月十五日。
④ 《康熙起居注》康熙二十一年十一月二十五日。

时,圣祖出巡是为了部署某项军事活动。康熙初年,沙俄不断侵扰中国北部边疆,平定吴三桂之乱后,圣祖出巡吉林,一个重要目的就是为反击沙俄侵略而进行军事部署。他泛舟松花江上,检阅了吉林水军。他在《松花江放船歌》中有这样的诗句:"乘流直下蛟龙惊,连樯接舰屯江城","貔貅健甲皆锐精,旌旄映水翻朱缨"①。

圣祖出巡,多乘便谒陵行香,避暑游览。圣祖差不多每年都要去遵化谒孝陵,而且还三次东巡盛京去祭奠祖陵,他还五次到五台山进香。关于圣祖到五台山进香还有一些传说,事关其父世祖是否曾到五台山出家为僧的问题。当然这仅为传说,关于为什么要到五台山进香,清仁宗颙琰(嘉庆皇帝)有过说明:"原以瞻礼佛相,为民祈福,且其地介处西北蒙古诸部落,赴山瞻拜者每岁络绎不绝,銮辂经临,瓣香展敬,亦寓绥藩之意,非以侈游观也。"②圣祖每年夏季出塞,特别是康熙四十七年(1708)承德避暑山庄初步建成以后,每年到避暑山庄,除了行围、慰抚蒙古王公以外,主要是避暑。圣祖出巡地方,特别是六次南巡,其中一个目的就是游览各地风光,虽然他从不把这一目的摆在明面上,但从他安排的出巡活动内容来看是十分明显的。

皇帝巡视地方包括边疆地区,这在历代也是常见之事。但是,像圣祖这样一生中巡视次数之多,持续时间之久,巡视地区之广,堪称历代之"最"。他长途跋涉,从内地到边疆,从中原到江南,在长城内外、大江南北,甚至在人迹罕至之地,到处留下足迹。这需要有孜孜追求的信念,为大治天下勤勉自励,把国家治理得蒸蒸日上,展现出明末以来从未出现过的充满活力的繁荣局面。圣祖开创的这一治国新风,产生了深远的政治影响。他的子孙世宗雍正、高宗乾隆两朝继承他的事业,发扬光大,终于把清朝推向辉煌的顶峰。

康熙六十一年(1722)十一月十三日,圣祖在他的寝宫安然地闭上了双眼,溘然长逝,终年69岁。他留下一份长篇遗诏,历数他一生的追求和业绩:"数十年来,殚心敬慎,有如一日,此岂仅'劳苦'二字所能该(概)括耶!"③圣祖在半个多世纪里,以其毕生的精力,把一个纷乱而残破的中国引

---

① 《康熙御制文集》第一集卷三六。
② 《皇朝政典类纂》卷二八四。
③ 《清圣祖实录》卷三〇〇。

向大治,真正开创了一个空前统一、政治稳定、经济繁荣的新时代。他创造了中国封建社会发展的一个奇迹。正如世宗对其父圣祖的评价:"论继统则为守成,论勋业实为开创。"①世宗这两句话,完整而准确地评价了圣祖的一生。

按照圣祖的遗嘱:"雍亲王皇四子胤禛,人品贵重,深肖朕躬,必能克承大统。著继朕登基,即皇帝位。"②他就是世宗,以明年为雍正元年。

---

① 《清世宗实录》卷二。
② 《清世宗实录》卷二。

第四章　思想文化昌盛

1.崇儒家注重实学

儒家思想作为中国传统文化的核心,渗透到中华民族的深层心理结构中,对封建社会的稳定发挥着巨大的作用。清统治者以满族入主中原,为了实现统治的稳定,从顺治到康熙朝,都十分重视推崇儒家。

清世祖入主中原的第二年,即将国子监孔子的神牌改为"大成至圣文宣先师"①。及至世祖亲政后,于顺治九年(1652)九月亲至太学隆重释奠孔子,以皇帝之尊而在孔子牌位前行二跪六叩礼,赏赐衍圣公、五经博士和颜、曾、思、孟四氏子孙及祭酒、司业等官职。顺治十二年三月,又敕谕礼部:"朕惟帝王敷治,文教是先,臣子致君,经术为本。""今天下渐定,朕将兴文教、崇经术以开太平,尔部即传谕直省学臣训督士子,凡六经诸史有关于道德经济者,必务研求通贯,明体达用。"②顺治十四年九月,举行了清代历史上第一次经筵大典,十月,"以开日讲祭告先师孔子于弘德殿"③。可见清统治者已认识到,儒家学说对于治国安邦有重要的价值,是时,即使在南方战争仍在进行的形势下,还是将崇尚儒学摆在了重要地位。

圣祖以冲龄即位,自幼即接受儒家教育,亲政后虽面临鳌拜专权的局面,仍坚持尊崇儒学。康熙八年(1669)四月,举行了隆重的释奠孔子大礼,先期斋戒,释奠之日在棂星门外下辇,圣祖怀着虔敬的心情,"由大成中门

---

① 蒋良骐:《东华录》卷五,中华书局1980年版(下略)。
② 《清世祖实录》卷九一。
③ 赵尔巽等:《清史稿》卷五《世祖本纪二》,中华书局1977年版。

步进先师位前,行二跪六叩头礼",并在彝伦堂听祭酒宣讲《易经》,司业讲《书经》①。清除鳌拜集团后,面对当时"风俗日敝,人心不古,嚣凌成习,僭滥多端,狙诈之术日工,狱讼之兴靡已,或豪富凌轹孤寒,或劣绅武断乡曲,或恶衿出入衙署,或蠹棍诈害善良,崔苻之劫掠时闻,仇忿之杀伤叠见"的现状,圣祖认识到必须用儒家思想去引导人心,化民成俗,向礼部颁示了"圣谕十六条":"敦孝弟以重人伦,笃宗族以昭雍睦,和乡党以息争纷,重农桑以足衣食,尚节俭以惜财用,隆学校以端士习,黜异端以崇正学,讲法律以儆愚顽,明礼让以厚风俗,务本业以定民志,训子弟以禁非为,息诬告以全良善,诫窝逃以免株连,完钱粮以省催科,联保甲以弭盗贼,解仇忿以重身命。"②这十六条的核心,就是用儒家的伦理道德来整齐风俗,以教化为先导而达到长治久安之目的。接着,又命礼部议定经筵日讲的一应仪制。礼部议复:"经筵应照顺治十四年例,每年春秋两季举行,择于明年二月十七日午时开讲","其日讲日期择于本年十一月二十一日巳时开讲"③。由此确定了有清一代的经筵之制,尊崇儒学形成了一套制度化措施,为后世子孙所遵循。

由于圣祖尊崇儒学,掀起了一股新高潮。其表现是,康熙二十三年(1684)首次南巡返京途中,于十一月十八日亲临曲阜孔庙,举行隆重的拜谒孔子大礼。这一天,圣祖在侍臣陪同下,在奎文阁下辇,步入大成殿,在孔子塑像前行三跪九叩之大礼,宣读御制祝文,并赐手书"万世师表"四字匾,悬额殿中。还在"诗礼堂"听国子生、孔子裔孙孔尚任讲《大学》,举人孔尚钎讲《易经》。在遍览孔子遗迹后,又亲到孔林,在孔子墓前酹酒祭奠,"行三叩礼"。为了显示自己的尊孔之意,特意宣布:"朕今亲诣行礼,务极尊崇至圣,异于前代,所有曲柄黄盖,留供庙庭,四时飨祀陈之,以示朕尊圣之意。"④这一尊崇孔子的举动,确实是超越前代的,目的就是要"阐扬文教,振起儒风"。在祭孔的同时,又派恭亲王长宁等祭祀周公,这使陪同的儒臣大为感慨,起居注官在记述中写道:"兹者临幸阙里,尊尚先师,以万乘之尊,

---

① 《清圣祖实录》卷二八。
② 《清圣祖实录》卷三四。
③ 《清圣祖实录》卷二四。
④ 《清圣祖实录》卷一一七。

特行九叩礼。牲牢乐舞,隆举仪章,谒林尊爵,拜跪致敬。""旷典隆恩,超轶前古,汉高之祀太牢,明皇经邹鲁赋诗,宋宗制赞词留祭器,虽传为盛事,礼犹阙略。孰有如今日者哉!"①这是陪同儒臣的心声,当由这些儒臣再传扬出去时,这一尊孔崇儒的举动能产生一种轰动效应。最终目的则是要用儒家学说统一士子的思想和行为,以达到兴礼乐、明教化、巩固清朝的统治。

除了亲谒孔庙、行礼示范外,圣祖在平时对儒家学说也是孜孜好学,并特别注重实行。在第一次南巡途中,他与高士奇谈到自己的学习情况,说:"朕自五龄即知读书,八龄践祚,辄以学庸训诂询之左右,求得大意而后愉快。日所读者必使字字成诵,从来不肯自欺。及四子之书既以贯通,乃读《尚书》,于典谟训诰之中,体会古帝王孜孜求治之意,期见之施行。及读大、易,观象玩占于数,圣人扶阳抑阴,防微杜渐,垂世立教之精心,朕皆反复探索,必心与理会,不使纤毫扞格,实觉义理悦心,故乐此不疲。但资性不敏,独于易旨虽极研究,终未洞彻耳。至若史、汉以及诸子百家、内典、道书,莫不涉猎,触事犹能记忆。"②一个封建帝王,从5岁起每天坚持读书,学习儒家经典,反复探索领会,在历史上是不多见的,"康乾盛世"的出现,正是清统治者崇儒家,重实学,孜孜求治的结果。

这种崇儒好学,贯穿圣祖一生,直至晚年。康熙五十一年(1712),他谕示大学士说:"朕自冲龄笃好读书,诸书无不览诵。每见历代文士著述,即一句一字于理义稍有未安者,辄为后人指摘。惟宋儒朱子,注释群经,阐发道理,凡所著作及编纂之书,皆明白精确,归于大中至正,经今五百余年,学者无敢疵议。朕以为孔孟之后有裨斯文者,朱子之功最为弘巨。"他要求廷臣们就如何表彰朱熹拿出意见。廷臣们经过一番讨论,决定将原先配享于孔庙东庑的朱熹"遵旨升于大成殿十哲之次,以昭表彰至意"③。除了抬高朱熹的举动外,圣祖在晚年仍坚持"日读性理诸书"④,并对他的侍臣们说:"理学之书,为立身根本,不可不学,不可不行。朕尝潜玩性理诸书,若以理学自任,则必至于执滞己见,所累者多。反之于心,能实无愧于屋漏乎?"

---

① 《康熙起居注》康熙二十三年十一月十八日。
② 《康熙起居注》康熙二十三年十一月。
③ 《清圣祖实录》卷二四九。
④ 《康熙起居注》康熙五十四年十一月。

"凡人读书,宜身体力行,空言无益也"①;"朕自幼喜读性理。性理一书,千言万语,不外一敬字。人君治天下,但能居敬,终身行之足矣"②。正是由于有这种主张和见识,在他身边才聚集了一批理学官僚,推尊程朱,躬行实践,使康熙朝的政风为之一变。

在圣祖身边的理学名臣中,最令人注目的是熊赐履。熊赐履,字敬修,一字青岳,号素九,别号愚斋,湖北孝感人。生于明崇祯八年(1635),卒于清康熙四十八年(1709),享年75岁。顺治十五年(1658)中进士,"选庶吉士,授检讨。典顺治乡试,迁国子监司业,进弘文院侍读"③。康熙六年,圣祖亲政伊始,下诏诸臣"直陈政事得失"。熊赐履上疏近万言,直陈尊儒崇道之重要,略谓:皇上"生长深宫,春秋方富,诚宜选择左右,辅养圣躬,薰陶德性"。"慎选耆儒硕德,置之左右,优以保衡之任,陶以师傅之礼……从容闲燕,讲论道理。又妙选天下英俊,使之陪侍法从,朝夕献纳,切劘治体,毋徒事讲幄之虚文,毋徒应经筵之故事,毋以寒暑有辍,毋以晨夕有间"。他推荐《大学衍义》是切要下手之书,"诚千圣之心传,百王之治统,而万世君师天下者之律令格例",希望"皇上延访真儒深明厥旨者,讲求研究……以为敷政出治之本"。如此则可以"直接夫二帝三王相传之心法,自有以措斯世于唐虞三代之盛"④。这一上疏深得圣祖赞许,鳌拜想要治其妄言之罪,赖圣祖保全。康熙十年开经筵,即命以"熊赐履为讲官,知经筵事"⑤。以后圣祖对熊赐履十分信任,几至言听计从。史称其"自初应诏上书,即力言圣学为第一要务,其后屡以为言。会圣祖日益勤学,既开经筵,益尽心于尧舜羲孔之道暨周程张朱五子之书,咨诹讨论,达于政事,仁浃而义炳,其端绪实自公发之"⑥。

再一个是李光地。李光地,字晋卿,号厚庵,又号榕村,福建安溪人,生于明崇祯十五年(1642),卒于清康熙五十七年(1718),享年77岁。康熙九

---

① 《康熙起居注》康熙五十四年十一月。
② 《康熙起居注》康熙五十六年十一月。
③ 赵尔巽等:《清史稿》卷二六二《熊赐履传》,中华书局1977年版。
④ 彭绍升:《故东阁大学士熊文端公事状》,钱仪吉:《碑传集》卷一一。
⑤ 赵尔巽等:《清史稿》卷八九《礼志·经筵仪》,中华书局1977年版。
⑥ 彭绍升:《故东阁大学士熊文端公事状》,钱仪吉:《碑传集》卷一一。

年中进士,吴三桂之乱时,他因不受耿精忠伪官而心向清廷,派家人携蜡丸密陈破敌之计,受到圣祖赏识,破格擢为内阁学士。此后,李光地便以理学受知于圣祖,从康熙二十五年起"授翰林院掌院学士,直经筵,兼充日讲起居注官,教习庶吉士",历官兵部侍郎、直隶巡抚、吏部尚书、文渊阁大学士等职,"时上潜心理学,旁阐六艺,《御纂朱子全书》及《周易折中》、《性理精义》诸书,皆命光地校理,日召入便殿研求探讨"①。李光地对圣祖的影响也很深,他因受到朝臣排挤,每有建策,很少见于章奏,多是与圣祖直接沟通,如释江宁知府陈鹏年之狱,两江总督噶礼与巡抚张伯行互讦,以李光地之言而张伯行得复官;方苞坐戴名世《南山集》狱论死,以李光地之言而得释并召入南书房;等等。他去世后,圣祖感叹:"李光地久任讲幄,简任纶扉,谨慎清勤,始终如一。且学问渊博,研究经籍,讲求象数,虚心请益。知之最真无有如朕者,知朕亦无有过于李光地者。"②

在康熙朝的理学名臣中,较重要者还有魏裔介、魏象枢、汤斌、陆陇其、张伯行等人。

魏裔介,字石生,号贞庵、崑林,河北柏乡人,生于明万历四十四年(1616),卒于清康熙二十五年(1686),享年70岁。顺治三年(1646)中进士,久居言路,多所纠劾,生平笃信程朱之学,"以见知闻知述圣学之统。著述凡百余卷,大指原本儒先,并及经世之学"③。在顺治朝及康熙初年,先后进言二百余疏,"内赞政典,外筹军务,皆中机要","号称敢言第一"④。

魏象枢,字环极,一字环溪,号庸斋,又号寒松,山西蔚州(今河北蔚县)人,生于明万历四十四年(1616),卒于清康熙二十五年(1686),享年70岁。他认为躬行实践才是真道学,以言官起家,所言多能切中时弊。世祖亲政,他上疏极陈时弊,"请饬州县各依易知单造格眼册,注明人户姓名、粮银款目及蠲赈各清数,呈大吏核验,印发开征。又请定藩司会计之法,以杜欺隐;立内外各官治事之限,以清稽滞"。圣祖亲政后,他上陈:"先教化则宜崇臣僚之家教,亟治河则宜蓄任使之人才,正人心则宜戒淫巧,励天下则宜辑礼

---

① 赵尔巽等:《清史稿》卷二六二《李光地传》,中华书局1977年版。
② 《清史列传》卷一○《大臣画一传档正编·李光地》。
③ 赵尔巽等:《清史稿》卷二六二《魏裔介传》,中华书局1977年版。
④ 任启运:《太子太傅保和殿大学士兼吏部尚书魏公传》,钱仪吉:《碑传集》卷一一。

书"。任左都御史后,"首疏申明宪纲十事,圣祖嘉其切中时弊"①。史传称魏象枢"廉直謇謇,能规切用事大臣,尤言人所难言"②。

汤斌,字孔伯,一字荆岘,号潜庵,河南睢州(今睢县)人,生于明天启七年(1627),卒于清康熙二十六年(1687),终年60岁。顺治朝进士,后又从孙奇逢学,既笃守程朱,也不鄙薄王守仁。自己十分重视身体力行,不徒尚讲论。其在江宁巡抚任上,注重整齐风俗,崇尚教化,令州县立社学,禁止迎神赛会及妇女游寺观,毁苏州五通祠,"教化大行,民皆悦服"③。

陆陇其初名龙其,字稼书,浙江平湖人,生于明崇祯三年(1630),卒于清康熙三十一年十二月(1693),终年63岁。康熙九年中进士,授江南嘉定知县,为官清廉,"守约持俭,务以德化民"。"去官日,惟图书数卷及其妻织机一具"。后任河北灵寿知县,大行教化,"在灵寿七年,去官日,民遮道号泣,如去嘉定时"。平生服膺程朱理学,力斥王守仁之学,"为县崇实政,嘉定民颂陇其,迄清季未已。灵寿邻县阜平为置冢,民陆氏世守焉,自号陇其子孙"④。

张伯行,字孝先,号敬庵、恕斋,河南仪封(今兰考)人,生于清顺治八年(1651),卒于雍正三年(1725),享年74岁。康熙二十四年中进士,初为内阁中书,后改外吏。早年即崇尚程朱,在家乡"建请见书院,讲明正学"。又"构精舍于南郊,陈书数千卷纵观之,及《小学》、《近思录》,程、朱《语类》"等,认为这才是入圣学之门庭。出仕后,"尝曰:'千圣之学,括于一敬,故学莫先于主敬。'因自号曰敬庵。又曰:'君子喻于义,小人喻于利。老氏贪心,佛者畏死,烈士徇名,皆利也。'在官所引,皆学问醇正,志操洁清"⑤。

在清代名臣中,死后能从祀于孔子庙者,仅汤斌、陆陇其和张伯行3人。他们皆以理学而受知于圣祖,其廉能清正之品行皆得力于其所学,虽"不为时所容而为圣祖所爱护",其缘由盖在于"其躬行实践,施于政事,皆能无负

---

① 《清史列传》卷八《大臣画一传档正编·魏象枢》。
② 赵尔巽等:《清史稿》卷二六三《魏象枢传》,中华书局1977年版。
③ 赵尔巽等:《清史稿》卷二六五《汤斌传》,中华书局1977年版。
④ 赵尔巽等:《清史稿》卷二六五《陆陇其传》,中华书局1977年版。
⑤ 赵尔巽等:《清史稿》卷二六五《张伯行传》,中华书局1977年版。

其所学"①。

2. 掀起兴办书院的热潮

清初,由于战争正在激烈进行,特别是江南抗清斗争此起彼伏,因而清廷对明末思想比较活跃的书院讲学活动十分敏感。顺治九年(1652)下令:"各提学官督率教官、生儒,务将平日所习经书义理,着实讲求,躬行实践,不许别创书院,群聚徒党及号召地方游食无行之徒,空谈废业,因而起奔竞之门,开请托之路。"②这是清初统治者着眼于防范汉民族的反清斗争,为了强化政治统治而采取的一项措施。但是,为了笼络广大汉族知识分子,使其为己所用,对于一些地方官修复前明原有的书院也给予鼓励和支持。"自顺治十四年从抚臣袁廓宇请,修复衡阳石鼓书院,嗣后各直省以次建设","研究道艺,为国光宠"③。石鼓书院是历史最悠久的书院之一,其址在衡阳市北二里石鼓山。与睢阳、白鹿、岳麓并称为四大书院。袁廓宇请求修复这一著名书院,其主要目的在于"表彰前贤,兴起后学"④,因而得到世祖的批准。袁廓宇修复的石鼓书院并非清代最早的书院。在江西省,巡抚蔡士英于顺治十年前后,即已会同藩、臬诸司将鹅湖、白鹿、白鹭洲、友教所谓"四大书院"依次恢复、整理、聘师、开讲。此外,在顺治年间又新建有18所书院、书舍等,还修复了前代已有的书院11所⑤。

圣祖崇儒重道,多次向书院颁赐御书匾额,使书院在康熙年间有了新的发展。据历史记载:康熙二十五年(1686)"颁发御书'学达性天'四字匾额于宋儒周敦颐、张载、程颢、邵雍、朱熹祠堂及白鹿洞书院、岳麓书院,并颁日讲解义经史诸书";康熙三十二年"颁御书'学达性天'匾额于江南徽州紫阳书院";康熙四十二年"御书'学宗洙泗'匾额,令悬山东济南省城书院";康

---

① 赵尔巽等:《清史稿》卷二六五《论曰》,中华书局1977年版。
② 光绪《大清会典事例》卷三九五。
③ 《清续文献通考》卷一〇〇。
④ 《清文献通考》卷六九。
⑤ 参见李才栋:《江西古代书院研究》第六章第一节,江西教育出版社1993年版。

613

熙四十四年"御书'正谊明道'匾额悬董仲舒祠,'经术造士'匾额悬胡安国书院";康熙六十一年"颁御书'学道还淳'匾额于苏州紫阳书院"①。圣祖的这些举措,其意盖在提倡程朱理学,同时对清代书院的发展起着很大的刺激作用。

康熙朝新建书院甚多,其中较著名的有建于南昌的"豫章书院",建于广信府(今上饶)的"信江书院",建于鄱阳的"芝阳书院"等。康熙二十四年(1685),巡抚安世鼎疏请圣祖为白鹿洞书院赐额并颁发国子监《十三经》、《二十一史》。康熙二十五年圣祖亲书匾额"学达性天",于次年送到,以后又陆续颁赐《古文渊鉴》、《朱子大全》、《周易折中》等书,均收藏于白鹿洞书院御书阁中。康熙五十六年,圣祖还御书"穷理居敬"匾额与"章岩月朗中天镜,石井波分太极泉"楹联,赐予"鹅湖书院"。以上这些举措,说明在书院建设上,也继承了程朱学派的教育思想和书院宗旨。在圣祖倡导下,地方官对书院的发展更是不遗余力,不仅新建书院众多,就是明朝旧有之书院,也得到了修复并有新的发展,据统计,在康熙朝,全国新建书院537所,修复和重建前代书院248所,加上顺治时期的书院,总共近千所②。

清世宗即位后,其初年,书院发展小有波折。雍正四年(1726),江西巡抚裴㦽度等在重修白鹿洞书院后,上疏朝廷,"请于各省荐举孝廉方正中,简发一人,授以官职;或于词臣中遴选文行兼优者为掌教"。可是,这一奏请却未被礼部批准,而且世宗在谕旨中说:

> 朕临御以来,时时以教育人才为念,但期实有益于学校,不肯虚务课士之美名。盖欲使士习端方,文风振起,必赖大臣督率所司,躬行实践,倡导于先,劝学兴文,孜孜不倦,俾士子观感奋励,立品勤学,争自濯磨,此乃为政之本。至于设立书院,择一人为师,如肄业者少,则教泽所及不广;如肄业者多,其中贤否混淆,智愚杂处,而流弊将至于藏垢纳污。若以一人教授,即能化导多人俱为端人正士,则此一人之才德,即可以膺辅弼之任、受封疆之寄而有余。此等之人,岂可易得?……是以

---

① 《清文献通考》卷七三、六九。
② 统计数字转引自白新良:《中国古代书院发展史》,南开大学出版社,第129页。

朕深嘉部议,不肯草率从裴𢡟度之请也。①

这道上谕表明两点:一是认为培养人才应以学校为本,由大臣督率躬行;二是书院恐有藏垢纳污之流弊,而且难有德行兼备、可为表率之人。所以他支持部议,驳回了裴𢡟度之请。此后不到7年,雍正十一年(1733)正月,世宗又发了一道谕旨:

> 谕内阁:各省学校之外,地方大吏每有设立书院、聚集生徒讲诵肄业者。朕临御以来,时时以教育人才为念。但稔闻书院之设,实有裨益者少,浮慕虚名者多,是以未尝敕令各省通行,盖欲徐徐有待而后颁降谕旨也。近见各省大吏,渐知崇尚实政,不事沽名邀誉之为,而读书应举者,亦颇能屏去浮嚣奔竞之习。则建立书院,择一省文行兼优之士读书其中,使之朝夕讲诵,整躬励行,有所成就,俾远近士子观感奋发,亦兴贤育材之一道也。督抚驻扎之所,为省会之地,著该督抚商酌举行,各赐帑金一千两。将来士子群聚读书,须预为筹画,资其膏火,以垂永久,其不足者,在于存公银内支用。封疆大臣等并有化导士子之职,各宜殚心奉行,黜浮崇实,以广国家菁莪棫朴之化。则书院之设,于士习文风有裨益而无流弊,乃朕之所厚望也。②

世宗的这道上谕对书院看法有了变化。首先,以前书院多有浮慕虚名者,因而他不支持,现在之所以转而支持,乃是由于封疆大吏崇尚实政,不慕虚名的结果;其次,世宗也认识到:建立书院是兴贤育才的重要途径,因此他要求督抚驻扎的省会城市都要兴办学院,并且封疆大吏都要肩负化导士子之责;第三,书院的经费由官府支付。

由于上谕明确了兴办书院的宗旨和经费之所出,于是各省省会相继建立了由总督或巡抚控制的书院,计有:保定莲池书院,属直隶;济南泺源书院,属山东省;太原晋阳书院,属山西省;开封大梁书院,属河南省;南京钟山书院、苏州紫阳书院,属江苏省;南昌豫章书院,属江西省;杭州敷文书院,属浙江省;福州鳌峰书院,属福建省;武昌江汉书院,属湖北省;长沙岳麓书院、

---

① 《清世宗实录》卷四三。
② 《清世宗实录》卷一二七。

长沙城南书院,属湖南省;西安关中书院,属陕西省;兰州兰山书院,属甘肃省;成都锦江书院,属四川省;肇庆端溪书院,属广东、广西省;广州粤秀书院,属广东省;桂林秀峰书院、桂林宣成书院,属广西省;昆明五华书院,属云南省;贵阳贵山书院,属贵州省;京师金台书院;沈阳书院,属盛京。以上这些省会书院,又叫会城书院、省城书院,它们构成清代省级书院的主体,自雍正朝以后,一直受到清廷和各直省政要的关照。据统计,雍正朝新建书院91所,修复前代的书院为13所,共104所①。书院得到了长足的发展,成为各省的文化教育中心②。

3. 广开科举选拔人才

自隋代创行科举制度后,科举便成为中国封建社会后期的主要选官制度,一直实行到清朝末年。清入主中原后,在科举选士方面,继承明朝一系列制度。明制"科举必由学校"③。学校有两类:一为国学,二为府州县学。清沿明制但有变化:"京师曰国学,并设八旗、宗室等官学。直省曰府、州、县学。"④

国学初设于顺治元年(1644),将原明代的北监改为太学,称国子监。设祭酒为主管,下辖四厅:绳愆厅、博士厅、典簿厅、典籍厅;属员有司业、监丞、博士、助教、学正、学录、典籍、典簿等官;设率性、修道、诚心、正义、崇志、广业六堂为讲习之所。入国子监读书的生徒分为贡生和监生两种。贡生名目有六:曰岁贡、恩贡、拔贡、优贡、副贡、例贡;监生名目有四:曰恩监、荫监、优监、例监。岁贡即取府、州、县学中食廪年深的生徒,依次入监读书,其数额为顺治二年(1645)所定,即府学每年送1人,州学每三年送2人,县学每二年送1人,每一正额有二名陪额;恩贡是每逢国家有庆典或登极诏书,即以当年正贡生为恩贡,次贡生为岁贡;拔贡是选拔在地方考取一、二等的文

---

① 统计数字转引自白新良:《中国古代书院发展史》,天津大学出版社1995年版,第157页。
② 参见陈谷嘉、邓洪波:《中国书院制度研究》第二章,浙江教育出版社1997年版。
③ 张廷玉等:《明史》卷六九《选举一》,中华书局1974年版。
④ 赵尔巽等:《清史稿》卷一〇六《选举一》,中华书局1977年版。

行兼优之生员入太学,因岁贡是按年资,故复立拔贡以遴选优秀者;优贡与拔贡相似,选文行兼优之廪膳生、增广生作优贡;副贡乃是令取中乡试副榜的生员选送入监读书;由廪膳生、增广生、附生或俊秀监生援例报捐贡生者称为例贡。以上岁贡、恩贡、拔贡、优贡、副贡在当时称为"五贡",与科举出身者并称为"正途"。恩监是从八旗汉文官学生以及满、汉算学生中考取,另外临雍观礼的圣贤后裔和由武生、奉祀生、俊秀生入监者,皆称为恩监;荫监分为恩荫和难荫两类,前者是满汉官员各照品级,奉敕送子入监读书,后者是勤劳国事而死及为国殉难者,得荫子入监;优监同于优贡,廪、增生选为优贡,附生准作优监;例监亦同例贡,是由俊秀报捐监者,皆为捐纳入官者必由之路。

八旗官学为清代所特有。顺治元年(1644)若琳奏请于满洲八旗所在之地各立书院,以国学二厅(博士厅、绳愆厅)、六堂教官分头教习,按时赴监考课。得到批准后,八旗便各建学舍,每佐领下选送官学生1名,其中10名学习汉文,其余皆学满文。顺治二年又合两旗为一学,每学用教习10人,酌取京省生员充任,以后学额屡有增减,教习主要于国学贡生中选送,亦间有从监生、举人中考选者。八旗宗学设于顺治十年,凡未受封之宗室子弟,年10岁以上者俱入学,其教师由国学中的满洲生员担任。景山官学设于康熙二十四年(1685),地点在北上门两旁之官房,选内务府三旗(即皇帝亲统之正黄旗、镶黄旗、正白旗,亦称上三旗)佐领、管领下之幼童360名,分为清书(满语)3房,各设教习3人;汉书3房,各设教习4人。开始时,满教习选用内务府官老成者充任,汉教习由礼部考取生员文理优通者充任,后来改选内阁善书、射的中书充满教习,新进士中老成者充汉教习。

府、州、县、卫儒学沿袭明制,顺治七年将明朝南京国子监改为江宁府学。最初在各省设督学道,以各部郎中进士出身者充任,惟顺天、江南、浙江设提督学政,用翰林官充任,掌管一省之儒学事务。其后督学道与提督学政屡有裁并,至雍正朝一体改称学院,每省设1人,掌学校之政令,每年岁、科二试巡察下属,考察师儒优劣和生员勤惰,予以黜陟。各学之教官,府设教授,为正七品官;州设学正,县设教谕,均为正八品官。教授、学正、教谕均额设1人,并各设1名训导以为辅佐,均为从八品官。各学生员名目有三种:廪膳生、增广生、附生,初入学者为附学生员,廪膳生和增广生皆有定额。廪膳生是由国家发给在学生员膳食津贴,后来廪膳生名额屡有增加,称为增广生,亦由国家发给津贴,所以廪、增生要在岁、科两试中等第高的附生中取补。生员名额最初视各地人文差异,分大、中、小学,大学40名,中学30名,小学20名。后改为府相当于大学,大州和县相当于中学而名额减半,小学4名或5名。康熙九年又改为大府、州、县各仍旧额,另定中学12名,小学7名或8名。以后屡有变化,至雍正年间,定直省廪、增额府为40名、州30名、县20名、卫10名,其新设之地,府学相当于州学,州学相当于县学。至于八旗满洲、蒙古、汉军子弟之名额,初由顺天考试取进,满洲、汉军各120名,蒙古60名,共300名;康熙中期减为满、蒙古40名,汉军20名;后又增为满、蒙各60名,汉军30名。

清代对学校的考核十分严格。各地儒童入学须经考试,初用"四书"文、《孝经》论各一,因《孝经》题少,又增从《性理大全》、《太极图说》、《通书》、《西铭》、《张子正蒙》等书命题,后又定为正考试"四书"文二,复考试"四书"文、"小学"论各一。圣祖先后向直省儒学颁布《圣谕广训》和《训饬士子文》,以后儒童到县、府复试时还得背诵《圣谕广训》一条。生员入学后,必须在监学习,平时成绩的考核有月课、季考,除考"四书"文外,兼试策论,此外还要学习《大清律》之刑名、钱谷等条目,每月还要在明伦堂听教官诵训《训饬士子文》等。生员除了丁忧、患病、游学、遇事故外,无故不应月课三次者将受戒饬,终年不应者将被开除。生员除了有月课、季考外,还有岁试、科考,内容亦不出"四书""五经"之范围,缺考者需及时补考,缺考三次者即开除。至于对教官的考核,则由学政实行,按其文行及训士勤惰,随时荐举或黜免。康熙中期,改由巡抚考试,考试四等以上者给凭赴任,五等者学习三年后再考试,六等者取消任职资格。雍正初,定为四、五等俱解任学习。教官履任经六年考成俸满,能尽心训导、士无过犯者,由总督、巡抚、学政保提,擢用为知县。

清代武生附于儒学,通称武生。顺治初年,京卫武生童考试由兵部主管,康熙三年改由学院主管,直省府、州、县、卫武生由儒学教官兼管。武生除习骑射外,还要学《武经七书》、《百将传》及《孝经》、"四书"等,学政每三年对此进行一次考核。武生考试每年有岁试,无科试,考试分内外场,先外场考骑射,次内场考策论,岁试列一、二等者准许参加科举考试。

有清一代的科举考试承袭明制而又有所发展,分为定期举行的常科和不定期举行的特科两大类,常科又分为文、武两途;其特科则为明代所无。常科考试是清代科举的主要形式,每三年举行一次。顺治元年规定,逢子、午、卯、酉年举行乡试,时间在秋八月,地点在各省省会,俗称"秋闱",中式者为举人。每次乡试的次年,即逢辰、戌、丑、未年举行会试,时间在春二月,地点在京师,俗称"春闱",因会试由礼部主持,故又称为"礼闱",中式者为贡士。会试之后要举行殿试,由皇帝亲自考试贡士,即所谓"天子亲策于廷",时间在会试后的三月,乾隆朝改为四月。殿试的结果是分出一、二、三甲,一甲三人,为状元、榜眼、探花,赐进士及第;二甲若干人,赐进士出身;三甲若干人,赐同进士出身。乡试取中的第一名称解元,会试取中的第一名称会元,二甲第一名称传胪,这些都是沿用明朝的旧称。无论乡试还是会试,都要连经三场考试,初九日试首场,考"四书"三题,"五经"各四题,士子各占一经;十二日考二场,考论一道,判五道,诏、诰、表内科一道;十五日试三场,考经史时务策五道。乡、会试考试内容相同。

　　乡、会试的考官,主持乡试的有正、副主考官,由礼部题请皇帝任命。各省主考官均为一正一副,以进士出身之侍郎以下、京堂各官充任;顺天府起初也是一正一副,后来在乾隆朝增为一正两副,至晚清增为一正三副,专用协办大学士、尚书以下,副都御史以上官,编修、检讨都不再入选。同考官则按房分任,每房1人,亦称"房考",与主考官同时任命,负责各房分卷及评阅考卷,并向主考官推荐优秀试卷。考试的考场称为贡院,士子席舍称号房,拨军士看守称为号军。考官入闱后要封钥,内外门隔以帘。在外之提调、监试称为外帘官,在内之主考、同考称内帘官。各省皆由巡抚总摄场务之事,称为监临官。监试为临场稽察之员,提调负责场务及文牍诸事,其他受卷官、弥封官、誊录官、对读官等也各有定员和职掌。此外,还有巡绰官、搜检官、供应官和医官以及吏役仆从等。主持会试的主考官称总裁,清初设总裁4至7人,后来减为2—3人或4—5人,咸丰朝以后定为4人,正总裁1人,副总裁3人,均从进士出身的阁、部大员中选派。同考官最初为20人,其中翰林官12人,六科4人,吏部、礼部、兵部官各1人,户部、刑部、工部官每科轮用1人。后来,额为18人,称为"十八房",按五经分房阅卷,同考官均由各衙门推举,送内院裁定。皇帝还任命礼部侍郎1人为"知贡举",作为会试的监临官;礼部选派司官2员为正副提调,其监试、巡察官则由御史担任;其他受卷、弥封、誊录、对读、监门等官,俱由内院、中书科、国子监等衙门官中选用。

乡、会试录取的名额称为"中额"。乡试中额顺治二年(1645)定:顺天最高168名,江南163名,浙江、江西、湖广、福建皆逾百名,河南、山东、广东、四川、山西、陕西、广西、云南自90余名递降,至贵州40名为最少,时中额共1418名。以后各省中额屡有增减。乡试正榜之外还有副榜,副榜中额最初各省自6名至20名不等,康熙十一年(1672)定制:各省乡试,每正榜5名,取副榜1名,副榜与正榜同时公布。中副榜者要取得举人资格,还须在以后的乡试中取入正榜。会试中额没有一定,一般按应试人数的多少,钦定中额,历科大致在三百数十名左右。顺治三年、九年均取中400名,而以雍正八年庚戌科取中406名为最多,乾隆五十四年己酉科取中96名为最少。各省名额并不均衡,多者二三十名,少者几名。清初会试亦设副榜,中副榜者免其廷试,直接由吏部授职。康熙三年废除副榜,雍、乾以后又有明通榜,乾隆五十五年后又挑选誊录榜,定额40名,充各馆缮写,积年深者可以议叙授官。

清代八旗子弟参加乡、会试始于顺治八年,当时八旗子弟每牛录下读满、汉书者有定额,应试及各衙门任用均于此选取,额外者不得学习,因此往往名额不足。所以顺治十四年至康熙十五年,八旗的科举考试时举时停。这一时期八旗的乡、会试,均以满洲、蒙古为一榜,汉军、汉人为一榜,至康熙二十六年诏令同汉人一体应试。随后定制,乡、会试先考马步弓箭,骑射合格者才许应科考,其意在于文事不妨武备。最初八旗的乡试,仅考满文或蒙古文一篇,会试加倍;汉军考"书"艺2篇、"经"艺1篇,不通经者增"书"艺1篇,第二、三场考论、策各1篇。以后逐科递加,自从与汉人一体应试后,就不像从前那样简易了。八旗乡试中额,顺治八年定为满洲、汉军各50名,蒙古20名,以后屡有增减。会试初制,满洲、汉军进士各25名,蒙古10名,以后亦多有增加,或者临时请旨,无确定数额。

清代的武科举,世祖时即下诏举行,一如文科之制。乡试逢子、午、卯、酉年,会试逢辰、戌、丑、未年。乡试于十月举行,直隶、奉天试于顺天府,各省试于布政司,中式者称为武举人,第二年九月会试于京师,中式者称为武进士。不论乡试、会试，均分试内、外三场。首场试马射，二场试步射、技勇，此为外场；三场试策2问、论1篇，此为内场。其主考官，外场考官，顺天乡试和会试以内大臣、大学士、都统4人充任；内场考官，顺天乡试以翰林官2人充任，会试以内阁、六部、都察院、翰林院及詹事府堂官充任。同考官，顺天乡试以进士出身之京官4人充任，会试以进士出身之内阁、六科、部员4人充任。会试的知武举由兵部侍郎担任。各直省以总督、巡抚为监临、主考官，进士出身之同知、知县4人为同考官，外场由提督、镇守等将官为辅佐，其余提调、监射、监试、受卷、弥封、监门、巡绰、搜检、供给俱有定员，只是比文闱人数减少。殿试时选朝臣4人为读卷官，皇帝亲临观看骑射、技勇，然后考试策文，殿试评出状元、榜眼、探花，一如文科举。武科举的乡试中额，康熙二十六年（1687）定制，视各省文闱中额之半，雍正朝小有增减，其中陕西、甘肃因人材壮健，弓马娴熟，自康熙朝至乾隆朝，先后各增中额30名。会试中额多者近300名，少者亦近100名。

特科考试乃是"天子亲诏以待异等之才"①，有清一代之特科称为博学鸿词科、经济特科、孝廉方正科。其博学鸿词科共举行了两次，康熙朝举行的第一次博学鸿词科，称为"己未词科"。康熙十七年（1678）正月，圣祖敕谕吏部："自古一代之兴，必有博学鸿儒，振起文运，阐发经史，润色词章，以备顾问著作之选。朕万几余暇，游心文翰，思得博学之士，用资典学。我朝定鼎以来，崇儒重道，培养人才，四海之广，岂无奇才硕彦、学问渊通、文藻瑰丽、可以追踪前哲者？凡有学行兼优、文词卓越之人，不论已仕未仕，令在京三品以上及科道官员，在外督抚布按，各举所知，朕将亲试录用。其余内外各官，果有真知灼见，在内开送吏部，在外报督抚代为题荐，务令虚公延访，期得真才，以副朕求贤右文之意。"②吏部遵旨传谕各地，内外官共推荐186人，被荐人陆续到京后，圣祖命从十一月起，除京城现任官员外，每月每人发给俸银三两、米三斗作为廪饩，直到考试结束。康熙十八年三月初一，在体仁阁举行了考试，应试者凡143人，试题为《璇玑玉衡赋》，《省耕诗》五言排律二十韵。圣祖亲自阅看试卷，结果取中一等20名：彭孙遹、倪灿、张烈、汪

---

① 赵尔巽等：《清史稿》卷一〇九《选举·制科》，中华书局1977年版。
② 《清圣祖实录》卷七一。

霍、乔莱、王顼龄、李因笃、秦松龄、周清原、陈维崧、徐嘉炎、陆棻、冯勖、钱中谐、汪楫、袁佑、朱彝尊、汤斌、汪琬、邱象随;二等30名:李来泰、潘耒、沈珩、施闰章、米汉雯、黄与坚、李铠、徐釚、沈筠、周庆曾、尤侗、范必英、崔如岳、张鸿烈、方象瑛、李澄中、吴元龙、庞垲、毛奇龄、钱金甫、吴任臣、陈鸿绩、曹宜溥、毛升芳、曹禾、黎骞、高咏、龙燮、邵文远、严绳孙。这50人均被录用,授为翰林官,其中邵文远授侍读,汤斌等4人授侍讲,彭孙遹等18人授编修,倪灿等27人授检讨,俱入史馆纂修《明史》。尤为引人注目的是陕西富平人李因笃、江苏长洲(今苏州)人冯勖、浙江秀水人朱彝尊、江苏吴江人潘耒、无锡人严绳孙5人,以布衣平民而入选,在当时产生了巨大的政治影响。它标志着清廷崇儒重道政策的成功,不仅笼络了广大汉族儒士,消弭了他们反抗清廷的意志,而且为以后学术文化的发展与繁荣奠定基础,促进清朝统治者的儒学化,形成满汉文化合流的历史趋势,使清朝的统治更为巩固。

4．倡导学术蔚然成风

学术就是指较为专门的、有系统的学问。中国的传统学术包括经学、史学、文学、语言文字学以及在古代称为心性义理之学的哲学,古籍之整理,还包括学术风气和治学方法等等。在康熙朝,学术风气焕然丕变,成为清初学术宏阔气象至乾嘉学术专门精深的一个转折。综观这一时期学术之演变,有如下几个特点。

首先,身为最高统治者的圣祖之勤学,对整个学术风气的演变起着表率作用。萧一山说到圣祖"年十七八岁时,读书过劳,至于咯血,而不肯少休"[1],其好学不倦之精神令人感动。其后开经筵、日讲,他又以日讲隔天进行无法满足其求学之心,对学士傅达礼等说:"人主临御天下,建极绥猷,未有不以讲学明理为先务。朕听政之暇,即于宫中披阅典籍,殊觉义理无穷,乐此不疲。向来隔日进讲,朕心尤为未足,嗣后尔等须日侍讲读,阐发书旨,

---

[1] 萧一山:《清代通史》卷上第二十六章"康熙之政要"。

为学之功，庶可无间。"①自此以后，圣祖坚持每日由儒臣进讲儒家经典，即使军务倥偬亦不稍歇，孜孜讲求治道，成为清朝帝王为学之表率。如康熙十二年八月二十六日，当讲官讲过《子曰可与共学》一章、《唐棣之华》一章之后，圣祖将讲官熊赐履召至御前讨论治道，"对曰：'为治固患废弛，然求治甚急，将纷更丛脞，为弊滋甚，所讲欲速不达也。'上曰：'致治诚不宜太骤，只合日积月累做将去，久之自有成效。'对曰：'求治太急，还是人欲用事，必无欲然后可以言王道。'上曰：'有纯心才有纯政，以后只看道理如何，合理的方行，不合理的只不行便了。'对曰：'合理的决行，不合理的决不行，虽二帝三王不过如是。然何以为合理，何以为不合理，必须讲究烂熟，方能泛应曲当，不然恐未免毫厘千里之谬也。'上曰'明理最是要紧，朕平日读书穷理，总是要讲求治道，见诸措施。故明理之后，又须实行，不行，徒空谈耳。'对曰：'非知之艰，行之唯艰。然行之不力，正由知之不真也。'赐履又奏曰：'从古圣帝明王未有溺于佛老者。无论尊信其说如秦皇、梁武贻笑千秋，即稍为假借，便累君德不小，望皇上始终以为深戒。'上曰：'此正论也，朕当切识之。'"②

从这段师生暨君臣之间的对话中，可以看到：其一，儒家思想及宋明理学确有其合理的精华，圣祖也真正认识到了这些精华的价值，因而才孜孜不倦地"读书穷理，讲求治道，见诸实行"；其二，宋明以来的统治者，大多将理学的"存天理，去人欲"加以曲解，把自己打扮成"理"的化身，片面地强调被统治者的义务而抹杀其应有的利益，将被统治者受压迫剥削说成是天然合理的，其结果使理学走向极端而致没落。但在圣祖这里，理学的天理与人欲之辨、知行关系等则成了最高统治者约束自己行为的思想指针，理学在清代君臣的政治实践中，真正显示其政治价值。由此也显示出了中国传统文化伦理政治价值的积极意义。

圣祖的勤奋好学，除了其个人因素和儒臣的引导外，其间还有他的祖母孝庄文太皇太后的培养和教育之功。康熙初，学士傅达礼等将《大学衍义》译成满文进呈，圣祖拿给其祖母看后，"上召学士傅达礼等至懋勤殿，谕曰：

---

① 《康熙起居注》康熙十二年二月初七日丁未。
② 《康熙起居注》康熙十二年八月二十六日。

尔衙门所进翻译《大学衍义》一书,朕恭呈太皇太后御览。奉慈谕云:人主居四海臣民之上,所关甚巨。然代天理物,端在躬行;致治兴化,必先修己。此书法戒毕陈,诚为切要。尔特加意是编,命儒臣翻译刊刻,更令颁赐诸臣,予心欣悦。用是,特出予内帑白金一千两,可即赉予在事官员。朕仰遵慈旨,特赐尔等在事官员"①。孝庄文太皇太后对其孙圣祖之举动积极支持,以至出内帑赐译书之官员,其政治影响是不可低估的,对清代帝王崇尚儒家、注重学术之风气产生了深远影响。

圣祖又将这种精神推广到各类学校,其集中表现就是康熙四十一年(1702)颁布的《训饬士子文》。其文曰:

国家建立学校,原以兴行教化,作育人才,典至渥也。朕临御以来,隆重师儒,加意庠序;近复慎简学校,厘剔弊端;务期风教修明,贤才蔚起,庶几械朴作人之意。乃比来士习未端,儒教罕著,虽因内外臣工,奉行未能尽善,亦由尔诸生积锢已久,猝难改易之故也。兹特亲制训言,再加警饬,尔诸生其敬听之:从来学者,先立品行,次及文学;学术事功,源委有叙。尔诸生幼闻庭训,长列官墙,朝夕诵读,宁无讲究?必也躬修实践,砥砺廉隅,敦孝顺以事亲,秉忠贞以立志。穷经考义,勿杂荒诞之谈;取友亲师,悉化骄盈之气。文章归于醇雅,毋事浮华;轨度式于规绳,最防荡轶;子衿佻达,自昔所讥,苟行止有亏,虽读书何益! 若夫宅心弗淑,行己多愆,或蜚语流言,胁制官长;或隐粮包讼,出入公门;或唆拨奸猾,欺孤凌弱;或招呼朋类,结社要盟;乃如之人,名教不容,乡党弗齿,纵幸逃褫扑,滥窃章缝,返之于衷,能无愧乎? 况乎乡会科名,乃抡才大典,关系尤巨。士子果有真才实学,何患困不逢年? 顾乃标榜虚名,暗通声气,夤缘诡遇,罔顾身家。又或改窜乡贯,希图进取,嚣凌腾沸,网利营私,种种弊情,深可痛恨! 且夫士子出身之始,尤贵以正,若兹厥初拜献,便已作奸犯科,则异时败检逾闲,何所不至? 又安望其秉公持正,为国家宣猷树绩,膺后先疏附之选哉? 朕用嘉惠尔等,故不禁反复惓惓,兹训言颁到,尔等务共体朕心,恪遵明训,一切痛加改省,争自濯磨,积行勤学,以图上进。国家三年登造,束帛弓旌,不特尔身有

---

① 《康熙起居注》康熙十二年二月十九日。

荣,即尔祖、父亦增光宠矣! 逢时得志,宁俟他求哉? 若仍视为具文,玩愒勿徽,毁方跃冶,暴弃自甘,则是尔等冥顽无知,终不能率教也。既负栽培,复干咎戾,王章具在,朕亦不能为尔等宽矣! 自兹以往,内而国学,外而直省乡校,凡学臣师长,皆有司铎之责者,并宜传集诸生,多方董劝,以副朕怀。否则职业复修,咎亦难逃,勿谓朕言之不豫也。尔多士尚敬听之哉!①

圣祖对于学人之品行十分重视,对人品与学行之关系分析得十分透彻,他要求士子们"必也躬行实践",要"敦孝顺以事亲,秉忠贞以立志。穷经考义,勿杂荒诞之谈,取友亲师,悉化骄盈之气"。他列举了种种不良行为进行批判,敦勉士子们"争自濯磨,积行勤学,以图上进"。由此可见圣祖为扭转士习、端正学风、倡导学术而号召、引导的惓惓用心,故萧一山先生赞叹说:"盖帝于学问文章之士,恂恂往复,不以訑訑之声色拒人,与朝士布衣共讲朴学,为励学而谆谆告诫士子,差等师表,实所罕见,自少至老,不改其初。由其勤学好问观之,孰知其力扫三藩,威行万里,番戎稽首,朔漠归心,为神武不世出之主哉? 此则真兴文教,非浮慕开明之象者也。"②

圣祖在倡导学术方面最有成效者,当属修史和编撰图书。康熙二十五年(1686)四月,圣祖敕谕礼部、翰林院:"自古帝王致治隆文,典籍具备,犹必博采遗书,用充秘府,盖以广见闻而资掌故,甚盛事也。朕留心艺文,晨夕披览,虽内府书籍,篇目粗陈,而裒集未备。因思通都大邑,应有藏编,野乘名山,岂无善本? 今宜广为访辑。凡经史子集,除寻常刻本外,其有藏书秘录,作何给值采集,及借书抄写事宜,尔部院会同详议具奏。务令搜罗罔轶,以副朕稽古崇文之至意。"③礼部和翰林院经过商议,做出如下安排:"购求遗书,应令直隶各省督抚,出示晓谕。如得遗书,令各有司会同儒学教官转详督学及该督抚,酌定价值,汇送礼部;其无刻板者,亦令各有司雇募缮写,交翰林院进呈;有愿自行呈送者,交礼部汇缴。"圣祖对此批复道:"自古经史书籍,所重发明心性,裨益政治,必精览详求,始成内圣外王之学。朕披阅

---

① 《清圣祖实录》卷二〇八。
② 萧一山:《清代通史》卷上第二十六章"康熙之政要"。
③ 《清圣祖实录》卷一二五。

载籍,研究义理,凡厥指归,务期于正。诸子百家,泛滥诡奇,有乖经术。今搜访藏书善本,惟以经学史乘、实有关系修齐治平、助成德化者,方为有用,其他异端诐说,概不准收录。"①

康熙朝搜集遗书,面向全国范围,其主要目标是经书和史书,这无疑会对学术发展起一种导向作用,使学者们将目光多聚焦于儒家经典与古史,进而促进了乾嘉学派的形成,同时又为清高宗弘历之搜求遗书开了先河。

除了注重对经史文献的搜集外,圣祖还注重对儒家经典的整理与传注,并且在此基础上全面展开了对各种文献的整理和编纂。康熙朝经筵、日讲成为定制后,圣祖命将儒臣们的经筵讲稿编辑成书,先后编成《经解》等类书籍,如:《日讲易经讲义》18卷、《周易折中》22卷、《日讲书经解义》13卷、《书经传说汇纂》24卷、《诗经传说汇纂》20卷并序2卷、《春秋传说汇纂》38卷、《孝经衍义》100卷以及徐乾学《读礼通考》120卷等等,此外还有《朱子全书》66卷、《性理精义》12卷、《律吕正义》5卷等等。

从康熙朝起,每当有重大军事行动之后,为了宣示其武功,"皆奏奉谕旨纪其始末,纂辑成书,或曰'方略',或曰'纪略',随时奏请钦定"②。康熙二十一年(1682)首先修成了《平定三逆方略》60卷,记清廷平定吴三桂叛乱之事,为清代第一部"方略"。康熙二十七年纂修了《平定罗刹方略》4卷,记康熙时抗击沙俄侵略的雅克萨自卫反击战及中俄谈判订约之事。康熙四十三年又纂修了《亲征平定朔漠方略》48卷,记圣祖三次亲征平定噶尔丹分裂势力之事。其他还有《平定察哈尔方略》上下两卷,记康熙十四年平定察哈尔布尔尼叛乱之事;《平定海寇纪略》4卷,记平定台湾郑氏之事。此后,纂修"方略"成为定例,这些方略、纪略记载了许多重大历史事件,为后人保存了弥足珍贵的历史资料。

在康熙朝的编撰图书活动中,还编纂了几部有影响的类书和工具书。如由张英等编纂的《渊鉴类函》450卷;由张玉书等编纂的《佩文韵府》443卷;由吴士玉等编纂的《骈字类编》240卷、《子史精华》160卷;由何焯等编纂的《分类字锦》等。其中最有代表性的类书是自康熙四十年(1701)开始

---

① 《清圣祖实录》卷一二六。
② 梁章钜:《枢垣纪略》卷一四《规制二》,中华书局1984年版。

编纂、至雍正朝成书的《古今图书集成》1万卷。该书是继明代《永乐大典》以后最大的一部类书,由侍奉皇三子诚亲王胤祉的儒臣陈梦雷主持编纂,康熙四十五年编成,分为6编32志6109部,初名《古今图书汇编》,未及刊刻。世宗即位后,胤祉遭禁锢,陈梦雷也受到牵连,遂由蒋廷锡主持编校,世宗赐名《古今图书集成》,蒋仅改志为典,编、部一仍其旧,共1万卷,约1亿字,雍正四年(1726)用铜活字印行。该书内容广泛,材料丰富,分类详细,包括了当时的主要学问,因而远远超过以前的类书。最有代表性的工具书是《康熙字典》42卷,该书由陈廷敬主持编纂,始纂于康熙四十九年,至五十五年完成,共收字47035个,并对每个字的不同音切和意义作了介绍,还差不多在每字每义下都举了例子,特别是注明"始见"的古书,极具学术价值。此外,还有李光地等编纂的《音韵阐微》18卷。

康熙朝对清朝早期皇帝的"圣训"也进行了编纂。康熙二十五年(1686)编成《太祖高皇帝圣训》4卷,此后又纂成《太宗文皇帝圣训》6卷、《世祖章皇帝圣训》6卷,至雍正朝又编成《圣祖仁皇帝圣训》60卷。这一时期编纂的史书则有《御批通鉴纲目》59卷,《通鉴纲目前编》1卷,"外纪"1卷,"举要"3卷,《通监纲目续编》27卷;《历代纪事年表》100卷。"会典"和"则例"的编修更体现出当代史的特色。清代第一部"会典"始修于康熙二十三年,至二十九年成书,计162卷,此书仿照明代《大明会典》的体例,将清初至康熙二十五年的行政法规及其事例按阁、部等衙门分类编纂,所载皆为"现行条规"①,史料价值很高,此后直到清末共编了5次"会典"。康熙朝的这部"会典"就俗称为《康熙会典》。"则例"是由各衙门将行政上的典型实例汇集起来,编纂成册,以便有关官员办公时有所依据。"则例"的编纂系由熊赐履倡导,康熙朝编定有《六部题定新例》、《刑部则例》、《中枢政考》、《吏部品级考》、《兵部督捕则例》、《户部赋役全书》、《学政全书》、《旗地则例》等。

康熙朝编纂的大量书籍中,还包括自然科学书籍。其中最著名者为《数理精蕴》53卷,总结了当时数学上的成果,为清代算学者的教科书。此外,还有《历象考成》42卷、《星历考原》6卷、《月令辑要》24卷及《图说》1

---

① 乾隆《大清会典》卷首《条议》。

卷;又有《广群芳谱》100卷,是重要的植物学著作;《钦定皇舆表》16卷和《钦定方舆路程考》不分卷以及《御定清凉山志》10卷,均属地理类著作。

康熙朝大规模组织编纂图书,范围广泛,门类甚多,涵盖了当时各个学术领域,又动员与组织各方面学者撰写,形成了一支宏大的学术队伍,人才迅速成长,有相当一批人成为著名的学者。这对促进学术发展起到巨大的推动作用,乾嘉学派的形成,当与这种编书的实践活动有着直接的关系。

5. 文学艺术取得成就

自康熙中期起,随着清朝的统治在全国日益巩固,社会安定,经济发展,为文学艺术的繁荣提供了有利的条件和物质保证。先从诗歌说起,可以说,人才辈出,形成诗人群体,其中较有成就者,首推王士禛。

王士禛(初名士禛,卒后因避清世宗胤禛讳,追改士正,乾隆时诏改士祯,故书中士正、士祯者皆为士禛),字子真,一字贻上,号阮亭,晚号渔洋山人,山东新城(今桓台)人,生于明崇祯七年(1634),卒于清康熙五十年(1711),享年78岁。顺治十五年(1658)中进士,翌年选为扬州府推官,康熙三年(1664)入京为礼部主事;十七年,经大学士李霨及冯溥、陈廷敬、张英等荐其能诗,圣祖"召士禛入对懋勤殿,赋诗称旨。改翰林院侍讲,迁侍读,入直南书房。汉臣自部曹改词臣,自士禛始"[①];十九年迁国子祭酒,二十三年迁少詹事,二十九年充经筵讲官及国史副总裁,三十三年充《渊鉴类函》总裁,三十八年迁刑部尚书,四十三年坐王五案革职,康熙五十年卒。著作有《带经堂集》、《泉华纪闻》、《池北偶谈》、《香祖笔记》、《居易录》、《分甘余话》、《粤行三志》、《秦蜀驿程》、《陇蜀余闻》、《渔洋诗话》、《国朝谥法考》诸书。

王士禛少年时即以诗名,是继钱谦益、吴伟业之后的文坛领袖,以诗受知于清圣祖,眷遇甚隆。"明季文敝,诸言事者,习袁宗道兄弟,则失之俚俗;宗钟惺、谭友夏,则失之纤仄;教陈子龙、李雯,轨辙正矣,则又失之肤廓。

[①] 赵尔巽等:《清史稿》卷二六六《王士禛传》,中华书局1977年版。

士禛姿禀既高,学问极博,与兄士禄、士祜并致力于诗,独以神韵为宗。"①"神韵说"是王士禛诗歌主张的精髓,它主要是吸取王维、孟浩然一派山水田园诗的经验,理论上着重继承司空图"味在酸咸之外"和严羽"唯在兴趣"的宗旨,要求诗歌风神蕴藉,韵味渊永。这对矫正肤廓、怪僻的诗风,铸炼优美的诗歌意境有着良好的作用;然其流弊则多为空疏,为回避尖锐的社会矛盾辟一洞穴。此外,尚有两个特点:一是欲寓"沉着痛快"于"古淡闲远"中,因此他倡"神韵"并非一意追求虚寂。二是适合蕴含"神韵"的大都为绝、律短诗,且以五言为主;"而他对摅写悲愤、顿挫激昂的七言歌行和乐府往往亦予肯定,说明'神韵说'并非是他诗论的全部内容"②。

这一时期有诗名者还有查慎行和赵执信。查慎行,字悔余,本名嗣琏,字夏重,晚号初白老人,浙江海宁人。生于清顺治八年(1651),卒于雍正六年(1728),享年78岁。"少学文于黄宗羲,受诗法于钱秉镫,与朱彝尊为中表兄弟,得其奖挹,声名渐起。"③自朱彝尊去世之后,他主持东南文坛,后进者都很推崇他,卓然为一大家。他教人为诗,主张"诗之厚在意不在词,诗之雄在气不在貌,诗之灵在空不在巧,诗之淡在脱不在意",可谓通论。他的诗以白描见长,不尚藻丽,"自明人喜称唐诗,至国朝初年嫌其窠臼渐深,往往厌而学宋,粗直之病亦生焉;得宋人之长,而不染其弊,固当于慎行屈一指云"④。著作有《他山诗钞》、《敬业堂诗集》、《敬业堂续集》等。

赵执信,字伸符,号秋谷,又号饴山老人,山东益都人。生于康熙元年(1662),卒于乾隆九年(1744),享年83岁。康熙十八年中进士,二十八年以国丧期间宴饮观剧罢归。他虽是王士禛的甥婿,但论诗服膺清初的冯班与吴乔,而与王士禛异趣,在其所著《谈龙录》中,主张"诗以言志,诗之中须有人在,诗之外尚有事在",讥讽王士禛"诗中无人",强调诗要有个性,要表现各人不同的遭际,有真感慨,有真思想。今人称"赵执信肯定了温柔敦厚的诗教,同时重视个人禀性,以为:'诗之教温柔敦厚,盖必人之天性近之,而后沐浴风雅,扬扢比兴,咀其精英而挹其芳润,庶几有得,非苟然也。'从

---

① 赵尔巽等:《清史稿》卷二六六《王士禛传》,中华书局1977年版。
② 王运熙、顾易生主编,王镇远、邬国平编选:《清代文论选》上,人民文学出版社1999年版。
③ 邓之诚:《清诗纪事初编》卷七《查慎行》。
④ 《清史列传》卷七一《文苑传·查慎行》。

而强调了诗人的创作个性"①。著作有《饴山诗集》、《饴山文集》、《礼俗权衡》、《声调谱》、《谈龙录》等。

康熙中后期在散文方面有两个著名人物戴名世和方苞,均为安徽桐城人。

戴名世,字田有,一字褐夫,晚年置宅桐城之南山,又著《忧庵记》,世人遂称之为南山先生或忧庵先生,生于清顺治十年(1653),康熙四十八年(1709)中进士,康熙五十二年以《南山集》案被杀,终年61岁。少年即有文名,"喜读《太史公书》,考求前代奇节玮行。时时著文以自抒湮郁,气逸发不可控御"②。戴氏论文主张"言有物",然则何谓言有物呢?"夫有所为而为之谓之物;不得已而为之谓之物;近类而切事,发挥而旁通,其间天道具焉,人事备焉,物理昭焉,夫是之谓物也。"③这是说文章要有感而发,内容才能充实。他还主张为文要精、气、神合一,"强调了文气以及文词声色之外的'神'之重要,在理论上成为桐城派文人宗尚雅洁与注重神气的先导"④。戴氏因遭文字狱之祸,所著《南山集》于其身后遭禁毁,后人叙述文章规范和宗派源流时也不敢提起他。至道光年间,其同乡后人戴存庄才编成《戴南山先生全集》行世。论及清代古文桐城派,每以方苞、姚鼐为主将。"戴氏年长于望溪,与之同执文坛牛耳,后因《南山集》案发,导致身败名裂,书亦遭禁毁。然其在文学方面之影响,则久而弥固,故以戴氏为桐城派之先驱,决非过分之言。"⑤

方苞,字凤九,号灵皋,晚号望溪,生于康熙七年(1668),卒于乾隆十四年(1749),享年82岁。康熙四十年会试第四名,因母病未参加殿试,后因戴名世《南山集》案牵连下狱,因李光地救得免,以白衣入值南书房,历康熙、雍正、乾隆三朝,官至礼部侍郎,75岁时解官归里。方苞为文倡导"义法"说。其所谓"义法","'义'即《易》之所谓'言有物'也,'法'即《易》之

---

① 王运熙、顾易生主编,王镇远、邬国平编选:《清代文论选》下,人民文学出版社1999年版。
② 赵尔巽等:《清史稿》卷四八四《文苑传·戴名世》,中华书局1977年版。
③ 张仲沅:《戴南山先生古文全集》卷三《答赵少宰书》。
④ 王运熙、顾易生主编,王镇远、邬国平编选:《清代文论选》下,人民文学出版社1999年版。
⑤ 王树民:《戴名世学术思想述略》,《河北师院学报》1984年第四期。

所谓'言有序也'。'义'以为经而'法'纬之,然后为成体之文"①。即要求文章内容充实,条理清晰,结构严谨,合乎体制。方苞所写的《与孙以宁书》《答乔介夫书》是对他自己传记文写作中如何贯彻"义法"的说明,其以"义法"论文的一个具体表现就是主张"雅洁"的文风。雅洁,首先是指剪裁得当,所谓"明于体要而所载之事不染"。其次,则要求语言精练雅驯,他以为:"南宋、元、明以来,古文义法不讲久矣。吴、越间遗老尤放恣,或杂小说,或沿翰林旧体,无一雅洁者。古文中不可入语录中语,魏、晋、六朝藻丽俳语,汉赋中板重字法,诗歌中隽语,《南北史》佻巧语。"可见他对古文语言的标准②。方苞在清代古文家中有较高的地位,其一传至刘大櫆,再传至姚鼐而形成了桐城学派。

康熙中期以后,小说的发展,以蒲松龄和他的《聊斋志异》为代表。蒲松龄,字留仙,一字剑臣,号柳泉居士,世称聊斋先生,山东淄川(今淄博)人,生于明崇祯十三年(1640),卒于清康熙五十四年(1715),享年76岁。他自其祖父时起家道开始衰微,父亲被迫弃儒经商,到他出生后,家境更为贫困。从幼年起,受家庭和社会环境的影响,他就羡慕功名,醉心科举,19岁时,连考中县、府、道三个第一,但以后却屡试不第,一生与功名无缘。迫于生计,他不得不以做幕宾、教官为生,直到72岁才援例出贡,4年后便去世了。

《聊斋志异》是蒲松龄的代表作,也是中国文言志怪小说的一座高峰,在他40岁左右时已基本完成,此后不断有所修改和增补,为其一生心血之结晶。全书共有491篇短篇小说,每篇多为千字,最长亦不过3000余字,文字精练、生动,既广泛吸收了前人创作的艺术经验,又能融会贯通,形成自己独特的风格。综览《聊斋志异》全书,其作品大致可以分为三类:第一类是描写爱情主题的作品,在全书中数量最多,表现了强烈的反抗封建礼教的精神。其中《婴宁》《莲香》《香玉》等作品,通过花妖狐魅和人的恋爱,写出了青年男女自由相爱的故事,表现了作者理想的爱情;而《鸦头》《细侯》、《连城》《宦娘》等作品则揭露了封建社会对青年男女爱情生活的种种阻

---

① 刘季高校点:《方苞集》卷二《又书货殖传后》,上海古籍出版社1983年版。
② 王运熙、顾易生主编,王镇远、邬国平编选:《清代文论选》下,人民文学出版社1999年版。

碍,描写了他们的反抗斗争。第二类是揭露和抨击科举制度的罪恶和腐败。如《叶生》揭露科举之埋没人才;《素秋》、《神女》、《阿宝》等篇暗示科举考试之贿赂公行;《司文郎》、《于去恶》等篇则抨击考官的有眼无珠;而《王子安》则是批判那些只以功名利禄为念而醉心科举的人物;《贾奉雉》更是赞扬那些不肯向科举制度低头、不屑"易面目图荣耀"的士子。第三类是揭露现实政治的腐败和统治阶级对人民的残酷压迫,其最著名的一篇是《促织》,批判的锋芒直指封建社会的最高统治者——皇帝,只因皇帝爱斗蟋蟀,遂使民间无数家庭受到迫害以至倾家荡产。《席方平》则通过席方平为替父报仇,魂入阴间告状申冤,受到种种毒刑拷打仍不屈服,终于使仇人受到制裁,父冤得以昭雪的故事,形象地反映了被压迫人民的反抗呼声和复仇愿望。除以上三类作品外,《聊斋志异》里还有很多揭露统治阶级人物灵魂丑恶、歌颂劳动人民道德情操高尚的作品,从不同角度塑造了各种不同类型的人物形象,从各个不同的侧面反映了当时的社会生活。

康熙中期以后的戏曲和戏曲家,最著名者当推洪昇与他的《长生殿》、孔尚任与他的《桃花扇》,号为"南洪北孔"。

洪昇,字昉思,号稗畦,又署稗村、南屏樵者,浙江钱塘(今杭州)人,生于清顺治二年(1645),卒于康熙四十三年(1704年),终年60岁。康熙七年为国子监生,"游京师时,始受业于王士禛,后复得诗法于施闰章。其论诗引绳切墨,不顺时趋,与士禛意见亦多不合,朝贵轻之,鲜与往还。见赵执信诗,惊异,遂相友善,所作高超闲淡,不落凡境"①。他与王士禛、施闰章有师生之谊,但却不和,与赵执信交往甚密。康熙二十七年,他完成了《长生殿》剧作,演出后轰动一时。康熙二十八年,因在佟皇后丧期内上演《长生殿》,被给事中黄六鸿所劾革去监生,"然则此狱明明一党争也"②。回归故里后,康熙四十三年与客饮酒舟中,醉后失足落水而死。

《长生殿》是洪昇的代表作,描写的是唐明皇李隆基与贵妃杨玉环的爱情故事。洪昇写作此剧历经十余年,他在《长生殿例言》中叙说其创作过程道:"忆与严十定隅坐皋园,谈及开元、天宝间事,偶感李白之遇,作《沉香

---

① 《清史列传》卷七一《文苑传·赵执信传附洪昇》。
② 邓之诚:《清诗纪事初编》卷七《洪昇》。

亭》传奇。寻客燕台,亡友毛玉斯谓排场近熟,因去李白,入李泌辅肃宗中兴,更名《舞霓裳》,优伶皆久习之。后又念情之所钟,在帝王家罕有,马嵬之变,已违凤誓,而唐人有玉妃归蓬莱仙院、明皇游月宫之说,因合用之,专写钗合情缘,以《长生殿》题名,诸同人颇赏之。乐人请是本演习,遂传于时。盖经十余年,三易稿而始成,予可谓乐此不疲矣。"观此可知他的创作是经过了《沉香亭》到《舞霓裳》,再到《长生殿》的三易稿,而内容则由唐明皇和杨玉环的故事与其他内容共存一剧,发展到专写唐明皇和杨玉环的爱情故事,因而集中凸显出李、杨"钗合情缘"的主题,同时又从他们爱情的发展拓展开去,展示了安史之乱前后广阔的社会背景。洪昇在剧中着力描绘了李、杨的爱情生活,同情他们的爱情悲剧,同时又批判了他们的爱情所造成的严重政治后果,就此对统治集团的腐朽做了无情揭露,并且把自己的理想熔铸在他所创造的人物形象中,具有强烈的感情色彩和鲜明的倾向性,取得了很高的艺术成就,因而在当时南北上演,盛极一时。洪昇的其他戏曲有《四婵娟》,著作有《啸月楼集》、《稗畦集》、《稗畦续集》、《诗骚韵注》等。

孔尚任是孔子六十四代孙,字聘之,一字季重,号东塘,别署岸堂主人、云亭山人,山东曲阜人。生于清顺治五年(1648),卒于康熙五十七年(1718),享年71岁。早年隐居曲阜县北石门山中读书,康熙二十四年圣祖第一次南巡,北归时到曲阜祭祀孔子,孔尚任在御前讲经称旨,受到赏识,破格授予国子监博士。两年后,他随侍郎孙在丰疏浚黄河海口三年多,其间游历了扬州、南京等地,结识了一些明代遗老,凭吊了前明遗迹,颇多兴亡之感。康熙二十九年回京,后迁户部主事、员外郎等职。他自回京后,始将酝酿已久的《桃花扇》剧作构思付诸写作,历十余年而成,上演后大获成功,但很快他就因文字祸被罢官归里,再未出仕。

《桃花扇》是孔尚任的代表作,他以侯方域、李香君的爱情故事为线索,集中反映了南明腐朽动荡的社会现实和统治阶级内部的矛盾斗争,其创作亦是三易其稿。他自述道:"《桃花扇》一剧,皆南朝新事,父老犹有存者。场上歌舞,局外指点,知三百年之基业,隳于何人,败于何事,消于何年,歇于何地,不独令观者感慨涕零,亦可惩创人心,为末世之一救矣。"[①]可知他是

[①] 孔尚任:《桃花扇·小引》,人民文学出版社2020年版,第1页。

借离合之情写兴亡之感,用以惩创人心,达到供后人借鉴的目的。因为写的是历史剧,他特别注重史实的准确,说:"予未仕时,每拟作此传奇,恐闻见未广,有乖信史;瘖歌之余,仅画其轮廓,实未饰其藻采也。"①及其历经十年完稿之后,凡关乎"朝政得失,文人聚散,皆确考时地,全无假借。至于儿女钟情,宾客解嘲,虽稍有点染,亦非乌有子虚之比"②,观此可知他创作态度之严谨及用力之深。正因如此,《桃花扇》取得了很高的艺术成就,它把侯方域和李香君的悲欢离合与南明的兴亡结合起来,比较集中地反映了南明小朝廷内部的各种矛盾,尖锐抨击了弘光朝昏君当朝、权奸秉政的腐败政治,突出颂扬了李香君为忠贞爱情而"碎首淋漓"、血染桃花扇的光辉形象,是一部具有爱国主义思想的优秀剧作。孔尚任的其他戏曲有与顾彩合著的《小忽雷》,诗文有《湖海集》、《岸堂文集》及与刘廷玑合作的《长留集》。

康熙中后期的绘画艺术,继王时敏和王鉴之后,有王原祁、王翚、吴历、恽寿平,称为"清六家",前四人又称为"四王"。王原祁乃王时敏之孙,字茂京,号麓台、石师道人,生于明崇祯十五年(1642),卒于清康熙五十四年(1715),享年74岁。王原祁之画得乃祖王时敏亲授,"于黄公望浅绛法,独有心得,晚复好用吴镇墨法"。"每画必以宣德纸,重毫笔,顶烟墨,曰:'三者一不备,不足以发古隽浑逸之趣。'"他于康熙九年中进士,由知县授给事中,改中允,值南书房,累官至户部侍郎,以画受知于圣祖,"常召入便殿,从容奏对。或于御前染翰,上凭几观之,不觉移晷"③。又命其鉴定内府所藏古今名画,任《佩文斋书画谱》总裁及《万寿盛典》总裁,凡明代以前有关书画之论、跋、考证、鉴藏和书画家传等无不采录,后世誉为"书画宝典"。王原祁及其弟子形成了清代画坛的娄东派。

王翚,字石谷,号耕烟散人、剑门樵客、乌目山人、清晖老人,江苏常熟人。生于明崇祯五年(1632),卒于清康熙五十六年(1717),享年86岁。自幼酷爱山水画,"太仓王鉴游虞山,见其画,大惊异",遂将其带至太仓,与王时敏共同培养,历20年而学成。其论画曰:"以元人笔墨,运宋人丘壑,而泽以唐人气韵,乃为大成。"时人称其"古今笔墨之龃龉不相入者,翚罗而致

---

① 孔尚任:《桃花扇·本末》,人民文学出版社2020年版,第5页。
② 孔尚任:《桃花扇·凡例》,人民文学出版社2020年版,第11页。
③ 赵尔巽等:《清史稿》卷五〇四《艺术传·王原祁》,中华书局1977年版。

之笔端,融冶以出。画有南、北宗,至翚而合"。他在康熙中期奉召"以布衣供奉内廷。绘《南巡图》,集海内能手,逡巡莫敢下笔,翚口讲指授,咫尺千里,令众分绘而总其成。图成,圣祖称善"①。王翚及其弟子形成了清代画坛的虞山派。

吴历也是江苏常熟人,又名子历,字渔山,号墨井道人、桃溪居士。生于明崇祯五年(1632),卒于清康熙五十七年(1718),享年87岁。他"学画于王时敏,心思独运,气韵厚重沉郁,迥不犹人"。论者谓王翚以清丽胜,吴历以冷隽胜,"王原祁论画,右历而左翚,曰:'迩时画手,惟吴渔山而已。'"他在明亡后曾从传教士至澳门学拉丁文,晚年弃家从天主教并游历过欧洲,"作画每用西洋法,云气绵渺凌虚,迥异平时"②。恽寿平是江苏武进人,名格,字寿平,以字行,后又改字正叔,号南田,又号云溪外史、白云外史、东园客等。生于明崇祯六年(1633),卒于清康熙二十九年(1690),终年58岁。自幼喜爱绘画,山水学元人王蒙,后见王翚之画,自叹不如,"遂兼用徐熙、黄筌法作花鸟,天机物趣,毕集毫端,比之天仙花人"。他因父亲忠于明朝,不应清廷科举,卖画养家,常处贫困之中。他的诗、书、画皆佳,每当画成,"辄自题咏书之,世号南田三绝"③。恽寿平和他的追随者形成清代画坛的常州派。

康熙年间的画家还有龚贤、樊圻、高岑、邹喆、吴弘、叶欣、胡造、谢荪等称"金陵八家",以及善画山水、花卉的梅清,善画人物的王树谷,既长于山水、人物、花鸟之写意而又长于指画的高其佩等。

6. 中西科技首次结合

清代顺治、康熙两朝科学技术的发展,与西方传教士的东来密切相关,而中西科技的结合,反映了这一时期的中国科技发展的新趋势。其主要表现为天文历法的修订、数学的发展、地图的测绘等几个方面。

---

① 赵尔巽等:《清史稿》卷五〇四《艺术传·王翚》,中华书局1977年版。
② 赵尔巽等:《清史稿》卷五〇四《艺术传·吴历》,中华书局1977年版。
③ 赵尔巽等:《清史稿》卷五〇四《艺术传·恽格》,中华书局1977年版。

说到天文历法的修订,首先要提到天主教耶稣会士汤若望。汤若望1592年出生于德国科隆一个富裕的贵族家庭,自幼接受耶稣会设立的贵族学校的教育,16岁时进入罗马德意志学院,3年修业期满后加入耶稣会成为会士,此后开始对数学(包括天文、历算)和神学进行研究,1618年受耶稣会派遣来华,1623年到达北京,此后除在明崇祯初(1628—1630)短期被派往西安外,他一直在北京,直到康熙五年(1666)去世。

明末崇祯年间,日食失验,徐光启奏请设局修订历法,任监督,汤若望被征入局掌推算。新历修订好后,未及颁行而明亡。清入主中原后,汤若望为保护教堂图书和天文仪器免遭损失,上疏摄政王多尔衮,引起清廷重视。其后他又以准确预言了顺治元年(1644)八月初一日的日食而受到信任,清廷不但采用了他用西洋新法修成的历书,定名为《时宪历》,而且任命他为钦天监监正,"并谕汤若望遵旨率属精修历法,整顿监规,如有怠玩侵索,即行参奏。加太仆寺卿,寻改太常寺卿。十年三月,赐号通玄教师……旋复加通政使,进秩正一品"①。汤若望学识渊博,上晓天文下识地理,尤其精通近代自然科学,能制造各种天文仪器,铸造大炮,设计要塞图样,造起重器械,并在北京宣武门内仿文艺复兴时代的建筑风格建造了一座大教堂,其在华以天文历算为主的著作多至20余种,有《远镜说》、《恒星经纬图说》、《交食历指》、《测日略》、《历学小辩》、《浑天仪说》、《火攻挈要》等。著名学者陈垣称赞其著述"言历算天文者众","故若望谈道(传教)之名,反为其历学天文所掩"②。今人对汤若望在中国的活动,也给予应有评价:"他以有限的生命和精力,更多地从事自然科学研究与著述,为中国科学技术的进步起促进作用,使他的贡献超越了教会、教友的狭窄范围,而使广大民众和科学事业受益。"③

清世祖逝世后,杨光先,挑起了历法之争。杨光先字长公,安徽歙县人,生于明万历二十三年(1595),卒于清康熙八年(1669)。他在顺治朝就屡次上疏攻击汤若望所制《时宪历》荒谬。圣祖即位,四辅臣执政,"颇右光

---

① 赵尔巽等:《清史稿》卷二七二《汤若望传》,中华书局1977年版。
② 陈垣:《主制群征·序》。
③ 李兰琴:《汤若望简论》,《世界历史》1989年第一期。

先"①。于是,杨光先又上《请诛邪教疏》,弹劾汤若望。鳌拜令刑部逮捕、审讯汤若望及其重要下属监员南怀仁等,结果汤若望被革职下狱,钦天监监员宋可成、宋发、朱光显、刘有泰、李祖白皆被杀。新历法废弃不用,杨光先出任钦天监监正。由于杨光先根本不懂天文,所推历法谬误百出,圣祖亲政后,将杨光先革职,其时汤若望已去世,"乃召南怀仁,命治理历法"②。

南怀仁(1623—1688)也是天主教耶稣会会士,比利时人,于1659年(顺治十六年)来华,次年因汤若望推荐,奉召至北京钦天监任职。康熙七年,参劾钦天监监正杨光先、监副吴明烜治历舛错,被任为钦天监监副,"节气占候,悉用南怀仁说"③。康熙十二年擢为监正。在南怀仁的主持下,用西方科技知识改造观象台仪器,先后制成黄道经纬仪、赤道经纬仪、地平经仪、地平纬仪、纪限仪、天体仪,并绘图立说,编为《灵台仪象志》。南怀仁所造的这些仪器十分精密坚固,改变了北京观象台的科学研究条件,提高了科研水平,经历了二百多年的岁月沧桑,至今保存完好。这些仪器是西方科学技术与中国古代科学知识结合的典范④。南怀仁之后,清廷的钦天监一直都用"西洋人",相继不绝。乾隆朝时戴进贤、徐懋德、刘松龄、傅作霖皆赐进士及第。

提到中国数学的发展,首先要说到徐光启与传教士利玛窦合译的《几何原本》前6卷,他们用的底本是利玛窦的老师德国数学家克拉维斯的注解本,对中国数学界产生了一定的影响。利玛窦还带来了克拉维斯编的《实用算术概论》,他与李之藻参考《算法统宗》,编译了《同文算指前编》、《同文算指通编》和《同文算指别编》。这是我国第一部系统介绍欧洲笔算的数学书⑤,介绍了自然数、小数的四则运算和用笔算解比例、开方、级数、方程等问题,对中国算术的发展有较大影响。三角是传教士邓玉函、罗雅谷等在《崇祯历书》中介绍到中国的;对数则是波兰传教士穆尼阁于清初顺治时在南京传授给薛凤祚的。以上西方数学知识的传入,都与天文历法的发

---

① 赵尔巽等:《清史稿》卷二七二《杨光先传》,中华书局1977年版。
② 赵尔巽等:《清史稿》卷二七二《南怀仁传》,中华书局1977年版。
③ 赵尔巽等:《清史稿》卷二七二《南怀仁传》,中华书局1977年版。
④ 参见晏路:《康熙和在华西洋传教士的科学技术活动》,《满族研究》1993年第三期。
⑤ 参见张云台:《明末清初西方科技输入中国之管见》,《科学学研究》1995年第二期。

展有密切的关系。在西学输入的同时,中国也产生了自己的一批科学精英,如薛凤祚、王锡阐、梅文鼎、明安图等学者。

薛凤祚,字仪甫,号寄斋,山东淄川(今淄博市)人,生于明万历二十七年(1599),卒于清康熙十九年(1680),享年82岁。少年时跟魏文魁学习传统历算之学,"顺治中,与法人穆尼阁谈算,始改从西学,尽传其术,因著《算学会通正集》十二卷,《考验》二十八卷,《致用》十六卷"[①]。他第一次将对数介绍到中国,所编《比例对数表》是从1到2万的常用对数表;《比例四线新表》是正弦、余弦、正切和余切的6位对数表;《三角算法》中讲的平面三角法和球面三角法都比《崇祯历书》更为完备[②]。他与王锡阐等人切磋历算之学,时称"南王北薛",其译著还有《天步真原》、《天学会通》、《历学会通》等。

王锡阐,字寅旭,又字昭冥,号晓庵,江苏吴江(今属苏州)人。生于明崇祯元年(1628),卒于清康熙二十一年(1682),终年55岁。兼通中西历学,当徐光启等修新法时,聚讼盈庭,锡阐"独闭户著书,潜心测算。天色澄霁,辄登屋卧鸱吻间,仰观景象,竟夕不寐,务求精符天象。著《晓庵新法》六卷,考古法之误而存其是,择西说之长而去其短,据依圭表,改立法数,识者莫不称善"[③]。此外,著作有《历说》6篇、《历策》1篇、《大统历启蒙》、《丁未历稿》、《推步交朔测小记》,又以治历首重割圜,作《圜解》。测天当据仪晷,造三晷,兼测日、月、星,因作《三辰晷志》。"俱能究术数之微奥,补西人所不逮"[④]。

梅文鼎,字定九,号勿庵,江南宣城(今安徽宣城)人。生于明崇祯六年(1633),卒于清康熙六十年(1721),享年89岁。儿时侍父士昌及塾师罗王宾,仰观星象,"辄了然于次舍运转大意。年二十七,师事竹冠道士倪观湖,受麻孟旋所藏台官交食法,与弟文鼐、文鼏共习之"[⑤]。他总结古代历法之特点,补其缺失,写成《历学骈枝》6卷,得到倪观湖的肯定,"自是遂有志历

---

① 赵尔巽等:《清史稿》卷五○六《薛凤祚传》,中华书局1977年版。
② 参见张云台:《明末清初西方科技输入中国之管见》,《科学学研究》1995年第二期。
③ 《清史列传》卷六八《王锡阐传》。
④ 赵尔巽等:《清史稿》卷五○六《王锡阐传》,中华书局1977年版。
⑤ 赵尔巽等:《清史稿》卷五○六《梅文鼎传》,中华书局1977年版。

学。值书之难读者，必求得其说，至废寝食。遇畴人子弟及西域官生，皆折节造访。人有问者，亦详告无隐，期与斯世共明之"①。由于他为学不故步自封、专己守残，能够兼采中西、求其是通，所谓"法有可采，何论东西；理所当明，何与新旧"②，因而卓然成为名家。康熙朝开明史局，《历志》自吴任臣分修后多有修改，最后由他审核定稿，他为之摘其讹误50余处。一生著作天算之书凡80余种，有《元史历经补注》、《古今历法通考》、《郭太史历草补注》、《回回历补注》、《周髀算经补注》、《明史历志拟稿》、《历学疑问》等等。圣祖南巡时，李光地将其《历学疑问》进呈，圣祖阅后大加称赞，召入御舟中畅谈3天，并赐手书"绩学参微"以示褒奖。梅文鼎之孙梅毂成，字玉汝，号循斋，又号柳下居士，生于清康熙二十年，卒于乾隆二十八年（1763），享年83岁。幼承家学，于天文、算学均有造诣，曾任康熙时期编纂的《数理精蕴》、《历象考成》诸书的分纂，又参与修《明史》之《天文》、《历志》部分，著作有《增删算法统宗》、《赤水遗珍》、《操缦卮言》等，并将乃祖所著编辑成《梅氏丛书辑要》，收书25种，共62卷。

明安图是正白旗蒙古（今内蒙古锡林郭勒盟南部）人，字静庵，生于康熙三十一年（1692），卒于乾隆二十八年（1763），享年72岁。自幼入钦天监为官学生，累官至钦天监监正，是圣祖亲自培养的数学人才。他在康熙朝参与编纂《数理精蕴》、《历象考成》诸书，乾隆年间又"预修《御定历象考成后编》、《御定仪象考成》"。他的数学成就首推《割圜密率捷法》4卷，当时法国传教士杜德美来华，带来了"用连比例演周径密率及求正弦、正矢之法"，但没有给出公式和证明。明安图"积思三十余年"，终于给出证明，又"于杜氏三法外，补创弧背求通弦、求矢法"，"又弦、矢求弧背，并通弦、矢求弧背，凡六法，合杜氏共成九法"③。这些总称"割圆九术"，代表当时数学研究的新水平。

康熙朝还编成一部介绍西方数学知识的百科全书《数理精蕴》53卷。此乃圣祖"御定《律历渊源》之第二部也"，其他两部一为《律吕正义》，内容为音乐原理；一为《历象考成》，内容为天文历法。《数理精蕴》"上编五卷，曰立纲明体，其别有五：曰数理本源、曰河图、曰洛书、曰周髀经解、曰几何原

---

① 《清史列传》卷六八《梅文鼎传》。
② 梅文鼎:《堑堵测量》卷二。
③ 赵尔巽等:《清史稿》卷五〇六《明安图传》，中华书局1977年版。

本、曰算法原本(河图、洛书当合为一,方符其别有五之数);下编四十卷,曰分条致用,其别亦有五:曰首部、曰线部、曰面部、曰里部、曰末部;又表八卷。其别有四:曰八线表、曰对数阐微表、曰对数表、曰八线对数表,皆通贯中西之异同,而辨订古今之长短"①。该书对当时引进的西方数学知识进行了系统而有条理的编排和介绍,也收集了中国古代数学的精华,并进行比较性的研究,是中国古代罕有其匹的巨大工程。书成以后,以圣祖御制的名义颁行全国,影响深远,成为清代习算学者必读之书。

地图的测绘取得新成就,主要是由西方来华的传教士完成的。参加者有张诚、白晋、雷孝思、杜德美、费隐、麦大成、冯秉正、汤尚贤、德玛诺、山遥瞻等10人,其中除费隐是奥地利人、麦大成是葡萄牙人外,其余8人均为法国人,中国学者仅有明安图、何国宗、何国栋等人参加。清代地图的测绘肇始于康熙二十八年(1689)的中俄尼布楚边界谈判,传教士张诚向圣祖进呈了一幅绘好的亚洲地图,并指图说明中国的东北部分因地理知识缺乏,无法绘制,建议圣祖组织一次全国大地测量②。后来法国传教士巴多明因中国传统地图上许多府县位置与实地情形不符,建议圣祖重新测绘全国各省地图。这些传教士的建议使圣祖下决心绘制全国及分省地图。此后他从广州购入仪器,每到东北和江南各地巡视的时候,就命随行的传教士测定经纬度。在条件成熟之后,他命耶稣会会士先测京师附近地图,由他亲自校勘,认为远胜旧图,才下令由中、西双方人员组成测绘队进行全国地图的测绘③。正式的测绘工作开始于康熙四十七年,至康熙五十七年全图绘成,历时10年之久。其间,清廷分派测绘人员到全国各地,东北至黑龙江以北,北至蒙古,东南至台湾,西南至西藏、青海,采用的是经纬度测量和三角测量,其中经纬度测量历时8年,在全国共测定经纬点630处④。康熙五十七年将实测的结果总汇成全国地图,名为《皇舆全览图》,总图共集32帧,别为分省图,省各一帧。圣祖不无自豪地夸示于内阁学士蒋廷锡等说:"《皇舆全览图》,朕费三十余年心力,始得告成。"大学士和九卿们阅后备加称赞,

---

① 《四库全书总目提要》卷一〇七《子部·天文算法类二》。
② 参见卢良志:《中国地图学史》,测绘出版社1984年版。
③ 参见杜石然等:《中国科学技术史稿》下册第九章,科学出版社1982年版。
④ 参见金应春、丘富科:《中国地图史话》,科学出版社1984年版。

认为该图于山川水道、关门塞口、海汛江防、村堡戍台、驿亭津镇、其间扼冲据险、环卫交通，荒远不遗，纤悉毕载，"星罗棋布，栉比鳞次，从来舆图所未有也"①。这确实是中国亘古未有的一幅全国地图，是"亚洲当时所有的地图中最好的一幅，而且比当时的所有欧洲地图更好、更精确"②，说明中国在地图学的发展方面走在当时世界的前列。

清廷绘制《皇舆全览图》时，新疆地区天山南北尚处于与清廷敌对的准噶尔部控制之下，因此实测工作仅至哈密为止，哈密以西未能测量。乾隆二十年（1755）清廷派何国宗、刘统勋、明安图偕西方传教士蒋友仁、宋君荣等到新疆进行测绘，乾隆二十四年完工，后编成《皇舆西域图志》。此图志在很长时期内均为一切新疆地图之所本。乾隆朝时，又令法国传教士蒋友仁在康熙《皇舆全览图》的基础上进行改制增订，并利用了传教士宋君荣搜集的有关亚洲的地理资料。全图完成后，制成铜版104块，这就是十三排的《乾隆内府舆图》。所示的范围比康熙《皇舆全览图》的更大；北至北冰洋，南至印度洋，西达红海、地中海和波罗的海，是当时世界上最完全的亚洲大地图。为此李约瑟称赞说："中国在制图方面又一次走在了世界各国的前面。"③

顺治、康熙两朝，中国的科学技术呈现出向前发展的势头：中国已有了自己的一批科学家，在数学及地图测绘等领域已达到或超过了西方的科技水平，居近代自然科学的前列；西方传教士纷纷来华，把科学带给了中国，并影响了中国。这批传教士本身就是自然科学学者或科学家，当他们与中国的科学家相结合，亦即东西方科学文化之结合，就产生了积极的作用，推动了中国科技的新发展。这是清前期中国科技发展的一个新特点。其次，作为最高统治者即皇帝，主要指圣祖，对自然科学十分热心，认真学习，熟知算学、几何、地理、测绘等科学知识，大胆起用来华的西方学者，给他们以信任，让他们发挥作用，并应用西方的科技，完成对全国地图的测绘。这是又一个特点。可惜，这一发展势头没能继续下去，未及引导到生产实践中，就停顿甚至倒退，一个基本原因是，西方文化如宗教信仰不为中国所容，在传教士被逐出宫廷，逼其返国后，其科学技术也随之而被最高当局摒弃了。

---

① 《清圣祖实录》卷二八三。
② 李约瑟：《中国科学技术史》第五卷第一册，科学出版社1976年版。
③ 李约瑟：《中国科学技术史》第五卷第一册，科学出版社1976年版。

第五章 康熙晚年政治

1. 圣祖的人格与为政

圣祖即位时,清朝正处于建立全国政权后需要巩固、发展的重要时期。其时,清入主中原还不足20年,根基未稳,百废待兴。因此,稳固统治,丕扬祖业,是当时历史赋予清朝统治者的重大使命。圣祖亲政后,慨然以维系清朝国运为己任,采取一系列有力措施,消弭叛乱,清除割据,抗击外来侵扰,恢复和发展社会生产,逐步进入鼎盛时期。圣祖在位凡61年,"虽曰守成,实同开创"[①]。其间备历艰难,屡经风险,终能化险为夷,恢弘基业,这与圣祖本人的统治风格有很大关系,更与他的为政之道密切相关。

圣祖自幼就勤于学问,毅力坚强,时刻注意修身养性,不稍倦怠。他这种嗜学敏求的作风,在很大程度上得益于其祖母孝庄文太皇太后的培育和教诲。孝庄文太皇太后十分能干,又有政治远见,圣祖继位后,她为教养这位尚未成年的帝孙费尽心血。即使在圣祖亲政后,仍时时告诫勿忘"祖宗骑射开基,武备不可弛。用人行政,务敬以承天,虚公裁决"[②]。圣祖奉命惟谨,亲为表率,苦练武艺以示重武,立志继承其列祖列宗骑射开国的尚武精神,光大先祖基业。以后圣祖在治国方面所表现出来的果毅决断、敢作敢为的魄力,可以说正是他勤于骑射的锻炼结果。而且,孝庄文太皇太后对圣祖温文尔雅、勤政爱民的为政风格的形成,也有着十分深刻的影响。她作书勉

[①] 赵尔巽等:《清史稿》卷八《圣祖本纪三》,中华书局1977年版。
[②] 赵尔巽等:《清史稿》卷二一四《孝庄文皇后传》,中华书局1977年版。

励圣祖说,古称君为难,苍生至众,天子一人临其上,故须深思如何得民心,方能得国之道。只有使四海安居乐业,清朝的统治才能绵历无疆。所以,为君者应"尚宽裕慈仁,温良恭敬,慎乃威仪,慎尔出话,夙夜恪勤"①。这些谆谆教诲与勉励,对圣祖一生的行政,有着十分明显的导向作用。为探求治国之道,圣祖研求经史,切磋砥砺,一日不稍懈。他说:"朕自五龄即知读书,八龄践祚,辄以学庸训诂询之左右,求得大意而后愉快。日所读者必使字字成诵,从来不肯自欺。及四子之书既已通贯,乃读《尚书》,于典谟训诂之中,体会古帝王孜孜求治之意,期见之施行。及读大、易,观象玩占于数,圣人扶阳抑阴,防微杜渐,垂世立教之精心,朕皆反复探索,必心与理合,不使丝毫扞格。"②圣祖孜孜问学的目的,"无非欲讲明义理,以资治道","务期躬行实践,非徒为口耳之资"③。在他看来,人君讲究学问,"若不实心体认,徒应故事,讲官讲讲之后,即置之度外,是务虚名也,于身心何益?"④总之,圣祖不仅从儒家经籍中体会到万古帝王治国之意,而且从古圣先贤的言行中学到了为人之道,即宽厚爱人,勤勉为业。这种人格,反映在作为清朝最高统治者的圣祖身上,就成了他安邦治国的性格力量。

圣祖在儒家学说的熏陶下逐渐成为明君贤主的典范,时人多谓这是个人修养的结果。终其一生,他凡事皆以儒学为准绳,以博雅之志究天人之理,"兢兢业业,一日二日,万几惟恐隐微之地有一端未善,故日讲求于先儒性命之学,以务尽其诚意正心之功,而犹恐未得其要也"⑤。最高统治者具有深厚文化素养和高尚道德情操,显然会对治理国家产生积极的影响。清初社会之所以能向协调、和谐的方向发展,一个重要原因,就是圣祖有一套理性而且系统的为政方略。这种为政方略,既是圣祖为适应当时的客观历史环境而形成的治国思想,又是圣祖作为明君贤主的个性特征的集中体现。综合起来看,圣祖为政之道的基本点主要有:

第一,君臣一体,抚驭臣工。圣祖多次强调"天下当以仁感,不可徒以

---

① 赵尔巽等:《清史稿》卷二一四《孝庄文皇后传》,中华书局1977年版。
② 《康熙起居注》第二册,第1249页。
③ 《康熙起居注》第一册,第310页。
④ 《康熙起居注》第一册,第86页。
⑤ 《康熙御制文集》第一集,卷一七。

威服"①,表示自己"尚德不尚威",将以仁心仁政,"以四海为一家",使"遐迩上下倾心"②。当然,这类言论,并不表明他对君主专制政治有所松动,但作为一种统治策略,在他看来,欲更有效地行使君主权力,必须以融洽的君臣关系为补充,这样才能造成君臣同心共图大治的政治氛围。他说:"朕嗣守丕基,临御以来,无一日不与群臣接见,恒恐席崇高之势,不克尽群下之情"③,反复强调:"君臣谊均一体,分势虽悬,而情意不隔。"④康熙十七年(1678)五月,圣祖在总结历史经验教训的基础上,提出了较完整的为政原则:

> 朕观古来帝王,如唐虞之都俞吁佛,唐太宗之听言纳谏,君臣上下如家人父子,情谊浃洽,故能陈善闭邪,各尽所怀,登于至治。明朝末世,君臣隔越,以致四方疾苦,生民利弊无由上闻。我太祖、太宗、世祖相传以来,上下一心,满汉文武,皆为一体,情谊常令周通,隐微无有间隔。一游一豫,体恤民情,创作艰难,立万世不易之法。朕虽凉德,上幕前主之盛世,凛遵祖宗之家法,是与天下贤才共图治理,常以家人父子之意相待,臣僚罔不兢业,以前代为明鉴也。⑤

为笼络人心,抚驭臣工,圣祖对臣属多行慰问赐赏。这种"天恩优渥",不但使老臣"感戴高厚,没齿难忘",而且在廷臣子"亦无不感戴,奋励报国恩"⑥。

最能体现圣祖"君臣谊均一体"思想的是他鼓励臣下忠贞敢言,通畅言路。圣祖自幼潜心儒学,以圣帝明王为法,故生性谦逊,尤好不耻下问,这为其广开言路提供了基本的道德前提。这种谦虚美德体现在政治生活中就是虚心纳谏,从善如流。圣祖说:"宽弘容纳,正所以开敢言之路而使人得尽其言,舜之大智全在于此。"又说:"人臣尽言固当直切无隐,人君纳谏尤当虚怀悦从,若勉听其言,后复厌弃其人,则人怀顾忌,不敢尽言矣。每阅唐太

---

① 《清圣祖实录》卷一二八。
② 《康熙御制文集》第一集,卷二六。
③ 《康熙御制文集》第一集,卷一七。
④ 《康熙起居注》第一册,第47页。
⑤ 《康熙起居注》第一册,第366页。
⑥ 《康熙起居注》第二册,第878页。

宗、魏徵之事，叹君臣遇合之际，千古为难。魏徵对太宗之言：臣愿为良臣，毋为忠臣。尝思忠良原无二理，惟在人君善处之，以成其始终耳。"①对言官的作用，圣祖尤为重视，认为"上之则匡过陈善，下之则激浊扬清"②，强调广开言路为"图治第一要务"③。不过，也应该看到，"君臣谊均一体"并不意味着平等的利益和纯挚的同事情谊，在封建君主专制的条件下，它实质上是建立在等级森严基础上的带有政治诱惑色彩的感情联络。在实际运作中，臣僚多瞻前顾后，畏缩不前，或不吐真言，因此圣祖每每指责臣下"不各以所见直陈，一切附会迎合朕意"，感叹"今世之人，专务逢迎谄媚，鲜有直道而行者"④。尽管如此，与历史上许多帝王相比，圣祖在融洽君臣关系、广开言路上堪称是位明君，因此取得了成功。

第二，殚心竭力，勤于政事。圣祖为政，"孜孜汲汲，小心敬慎，夙夜不遑，未尝少懈，数十年来殚心竭力，有如一日"。他认为，作为统摄全国的君主，"一事不谨，即贻四海之忧；一时不谨，即贻千百世之患。不矜细行，终累大德，故朕每事必加详慎。即如今日留一二事未理，明日即多一二事矣。若明日再务安闲，则后日愈多壅积。万几至重，诚难稽延。故朕从政，无论巨细，即章内有一字之讹，必为改定发出。……五十余年，每多先事绸缪……岂可执不必兼总细务之言乎？"⑤康熙勤劬一生，了无休息，可谓鞠躬尽瘁，死而后已，其为政之业绩，可称帝王之典范。至圣祖晚年，全国虽尚未达到移风易俗，家给人足，但已天下安定，四海承平，这都与康熙勤敏务实、励精图治有直接关系。

第三，崇尚清节，力戒骄奢。圣祖将吏治清廉视为社会稳定的基本前提，他说："民生不遂，由于吏治不清，长吏贤，则百姓自安。"⑥又说，"崇尚清节乃国家为治之要务，为官者皆清，则百姓自然得遂其生"⑦，因而反复强

---

① 《康熙御制文集》第一集，卷二六。
② 《清圣祖实录》卷八三。
③ 《清圣祖实录》卷一八〇。
④ 《康熙起居注》第二册，第 1026、1610 页。
⑤ 《清圣祖实录》卷二七五。
⑥ 《康熙起居注》第一册，第 84—85 页。
⑦ 《圣祖仁皇帝起居注残稿》，《清初史料丛编》。

调"人臣服官,首崇廉耻之节"①。为了保证政风廉洁,他采取一系列措施,褒扬清廉,惩斥贪官。

首先,注重高级官员的德政表现。康熙认为:"朝廷政治,惟在端本澄源,臣子服官,首崇奉公杜弊,大臣为小臣之表率,京官为外吏之观型。大法则小廉,源清则流清,此从来不易之理。如大臣果能精白乃心,恪遵法纪,勤修职业,公而忘私,小臣自有所顾畏,不敢妄行在外。"②并且,就政治等级序列而言,居高官者如为政清廉,则上行而下效,因为"天下之民所倚依为生者守令也,守令之贤否系于藩臬,藩臬之贤否系于督抚,督抚又视乎部院大臣而行,部院大臣所行果正,则外自督抚而下至于守令,自为良吏矣。"③

其次,选拔、优遇清官。在为政的实践中,圣祖深感"知人难,用人不易,致治之道,全关于此"④。故特别留意于发现清官,以清吏治。在圣祖看来,"倘若举之人居官皆善,此乃实心为国无私之贤臣也;所举者有不善者,此其心虽为国特识鉴未到之故耳;若所举皆贪污行私,此则大玷为臣之义,不可一日容于世者也"⑤。在这一举荐思想指导下,一批才学优长、品行廉洁的官僚得以脱颖而出,彰显于世,他们对整饬吏风、保证国家政权正常运行具有十分重要的作用。然而,理政勤民,事务烦琐;为政时难免瑕瑜互见;加之清官多志趣雅洁,持身唯正,不循流俗,摒绝私情,易遭人陷害、嫉妒。因此,清官虽名美于时,但难于自保。针对这种情况,圣祖对清官力加保护,凡居官清正者触犯政纪法律,他均尽量减轻处罚,或免予处分。保全清官,既可使其敢于主持正义,勇于任事,亦可弘扬正义,激励来者,此举对官僚政治的稳定和谐提供了有力的保障。

再次,惩治贪污,倡行节俭。圣祖对贪污坏法之事极为痛恨,视之与诬陷良善、屠戮百姓无异。尽管圣祖为政以宽仁相尚,但却不将奸贪坏法者列于宽宥之列。他说:"昔人有云:正朝廷以正百官,正百官以正万民。欲正百官,则举贤不如退不肖,何则?以为贤而举之,纵使稍有请托,然彼念以己

---

① 《康熙圣训》卷四三。
② 《康熙御制文集》第一集,卷一〇。
③ 《清圣祖实录》卷二一六。
④ 《康熙政要》卷一。
⑤ 《康熙御制文集》第二集,卷二。

为贤,犹必勉为好官。若黜退不肖之员,则众知所戒,各改其行,俱勉为好官也。"①为此,康熙三十九年(1700),特开"风闻言事之例":"科道官以风闻题参,即行察核督抚,贤者留之,不贤者去之。如此,则贪暴敛迹,循良竞劝,于民大有裨益。嗣后各省督、抚、将军、提、镇以下,教官、典史、千把总以上,官吏贤否,若有关系民生者,许科道官以风闻入奏。"②此外,圣祖厉行重典,严惩贪墨。他说:"朕观自古帝王于不肖大臣正法者颇多,今设有贪污之臣,朕得其实,亦必置之重典。"③并断言:"凡别项人犯尚可宽恕,贪官之罪断不可宽。此等人藐视法纪,贪污而不悛者只以缓决故耳。今若法不加严,不肖之徒何以知警?"④为了不给奸贪之官以翻身的机会,圣祖更将贪污与十恶之罪相提并论,遇赦不宥。这种法律上的严厉惩处,有力地打击了贪官污吏的嚣张气焰。

同时,圣祖为使清廉之风遍布海内,他身体力行,力戒奢靡,节用以爱民。圣祖"自幼龄读书,即知酒色之可戒,小人之宜防"。他时刻注意节俭,户部库存,非用于出师、赈饥未敢妄费,他认为:"此皆小民脂膏。"所有巡狩行宫,不施彩绘,每处所费不过一二万金,较之河工岁费三百余万,尚不及百分之一。宫内支用,亦严禁浮费⑤。圣祖曾自豪地说过:"朕自御极以来,酌量撙节,不敢滥费,从古无如朕之节用者。"⑥此言虽有夸张之意,但基本属实。

第四,宽仁和平,力行德政。圣祖治国,以德礼相尚。他说:"国家致治,首在崇尚宽大,爱惜人才,俾事例简明,易于遵守,处分允当,不致烦苛,乃符明作惇大之治。"⑦及至晚年,总结一生道德政事,他说:"持身务以诚敬为本,治天下务以宽仁相尚,虽德之凉薄,性之不敏,此心此念兢守五十年,夙夜无间。"⑧可以说,在清朝统治尚需巩固的客观历史条件下,圣祖顺应时

---

① 《康熙起居注》第三册,第 2085 页。
② 《清圣祖实录》卷二〇一。
③ 《清圣祖实录》卷一五四。
④ 《康熙起居注》第二册,第 1364 页。
⑤ 《清圣祖实录》卷二〇一。
⑥ 《清圣祖实录》卷二五五。
⑦ 《清圣祖实录》卷四三。
⑧ 《康熙御制文集》第三集,卷一七。

势,摒弃严猛之政,以宽为本,与民休息,实为上策。

圣祖的这一政治主张,源于他的治国务求实政的性格。他说:"为治固患废弛,然求治甚急,将纷更丛脞,为弊滋甚,所讲欲速不达也"①;"求治太急,还是人欲用事,必无欲然后可以言王道。"②按他自己的解释,"从来与民休息,道在不扰,与其多一事,不如省一事。朕观前代君臣,每多好大喜功,劳民伤财,紊乱旧章,虚耗元气,上下讧嚣,民生日蹙,深可为鉴"③。基于这种认识,圣祖思治天下,以宽大为主,于民施惠,不事苛求。他作《宽严论》,较系统地阐述了这一治国为政之道。他说:"致治之本在宽仁……古之圣王知其然,体上天仁爱之心,出而御物,德以道之,政以齐之,刑以范之,惟务化民于善,闲民以义而已,不忍制民以术,怵民以威也。……夫物刚则折,弦急则绝,政苛则国危,法峻则民乱,反是者有安而无危,有治而无乱。……朕抚绥元元,期以纯王之道化民成俗,凡束湿之政弗敢庸也,苛察之明弗敢尚也,恐恐焉日处其刑之重而德之薄,夫宁忍从事于猛欤?书曰宽克仁,彰信兆民,诗曰不竞不绿,不刚不柔,敷政优优,百禄是遒。诗书之言,朕之蓍鉴矣。"④

"宽仁和平"这一治国为政方针,几乎贯穿于圣祖的一切政务活动中。在安抚民众方面,圣祖主张休养生息,平易待民。他认为:"自古国家久安长治之谟,莫不以足民为首务,必使田野开辟,盖藏有余而又取之不尽其力,然后民气和乐,聿成丰亨豫大之休。"⑤只有以宽厚为根本,始可成敦裕之治。为保障安民富民目标的实现,圣祖特别强调为政者须"清净划一,无为而治",不滋事扰民。圣祖反复声明:"息事宁人恤民之善经,治理之要道",并表示:"朕但愿以平易之道,图久安长治,不愿烦扰多事。"⑥在稳定社会秩序方面,圣祖主张宽平缓刑,矜慎刑狱。圣祖认为:"天地之大德曰生,重物之生所以奉若天道,故矜慎刑狱,是治天下第一义也。"强调:"刑罚非圣人

---

① 《康熙起居注》第一册,第 115 页。
② 《康熙起居注》第一册,第 115 页。
③ 《康熙政要》卷八。
④ 《康熙御制文集》第一集,卷一七。
⑤ 《康熙御制文集》第一集,卷四。
⑥ 《康熙御制文集》第三集,卷三四。

之得已,若科条繁密则有深文周内之弊"①,因而主张钦恤狱囚,宽以用刑。在对待臣僚方面,圣祖主张君臣一体,对臣属奉行宽缓为政,弃瑕录用,微罪不究。圣祖对大小臣工中营私舞弊的现象,除非罪大难赦者绳之以法,否则均多加包容,留待改过自新。康熙四十三年(1704)十一月,圣祖说:"朕尝观史书,自古大臣得始终善全者甚少,朕今御极四十余年……从不多生事,但穆然清净,处之以和平,故诸臣皆得享其福也。"②

圣祖为政宽平,是有条件的,并非对所有人都一视同仁。比如,他对有反清言行的汉人就坚决镇压,毫无仁厚可言;对那些危害专制君权者、罪大恶极的贪官污吏以及违反现存社会等级秩序及伦理道德者,也决不宽贷。但是,这些严厉的措施,从维护专制主义君主集权的政治需要看,仍不失为必要的政治举措。圣祖为政,宽猛相济,刚柔得体,这使其专制统治具有明显的开明色彩,为清朝的繁荣昌盛在政治上提供了必要的保证。圣祖时,"久道化成,风移俗易,天下和乐,克致太平。其雍熙景象,使后世想望流连"③。这一盛世的局面,正是圣祖的思想与人格魅力及其政治实践的产物:

2. 吏治宽纵政风松懈

圣祖治吏,指导思想是"端本澄源","源清流洁"。观其一生,除战时外,他平时"惟以察吏安民为要务"。他认为,"官吏之贤否,民生之休戚所关",因而一再强调:"大臣者,小臣之表也。吏不廉,则民生不安;大臣不法,则小臣不廉。"④基于此,圣祖大力倡行清廉为政,不厌其烦地告诫大小官属当以民为本,清心寡欲,尽职尽责;而对贪污腐化、搜刮民脂民膏的官员则严惩不贷,决不宽容。经过数十年的倾心治理,吏治日见清明,人心安定,政通人和。但到了他的晚年,这种情况发生了变化。由于圣祖年迈多病,烦

---

① 《康熙御制文集》第三集,卷四二。
② 《清圣祖实录》卷二一八。
③ 赵尔巽等:《清史稿》卷八《圣祖本纪三》,中华书局1977年版。
④ 《清圣祖实录》卷二五〇。

事缠身,倾力治吏难以为继,因而吏治问题的种种痼疾又沉渣泛起,出现了政风低落的颓败现象。

圣祖晚年最烦恼的一件事,就是太子争位问题。康熙四十七年(1708),圣祖以不忠不孝、暴虐无忌,将皇太子允礽废黜。在封建社会,皇太子被视为"国本",废立太子乃国家头等大事。圣祖老年废储,实属迫不得已,但由于愤懑过甚,遂身染沉疴,"肌体瘦,自分难于调治"。不久,即致"目不辨远近,耳不分是非"①。康熙五十七年,65岁的圣祖更是体弱多病,"心神恍惚,身体虚惫",不仅时时头晕目眩,步履艰难,而且遇事健忘,常常神不守舍,因此对政务已是精力不济,力不从心了。然而,更使他心神不宁、憔悴不堪的是,皇太子废而复立,尔后再废,于是诸皇子中觊觎储位者各结朋党,比排构陷,钩心斗角,皇太子问题成为圣祖晚年挥之不去的心病。因未能安排好皇储,加之病魔缠身,垂暮的圣祖对身后之事忧心忡忡,萦萦系念,心境甚为悲凉凄楚。他担心昔日的功业付之东流,愧对列祖列宗,如果"元首丛脞而股肱惰,至于万事隳坏而后,必然招天灾人害,杂然并至"。倘若不幸而果真如此,则"虽心有余而精神不逮,悔过无及,振作不起,呻吟床榻,死不瞑目,岂不痛恨至于死"。他期望的是:"倘得终于无事,朕愿足矣。愿尔等大小臣邻,念朕五十余年太平天子,惓惓叮咛反复之苦衷,则吾之有生考终之事毕矣。"②康熙五十八年,他又谕曰:"朕临御以来,一切机务必皆躬亲……少壮时精力有余,不觉其劳。今血气渐衰,精神渐减,办事殊觉疲惫,写字手亦渐颤,仍欲如当年事事精详,则力有不能,若草率办理,此心又有未安。"③他担心各级官吏"见朕血气精神渐不如前,因以为奸"。果然,他的担心终成事实,封建官僚政治的种种弊病,在圣祖晚年日益凸显,吏治渐趋废弛。

其实,圣祖晚年时出现吏治败坏的根源,更主要的倒不是其年老多病,无心于吏治,从根本上说,却是封建官僚政治体制发展的必然结果。从主观上说,也是圣祖宽仁为政的一个负面效应。康熙前中期对吏治问题费尽心机,确实取得了很大成效。但封建官制的痼疾,官场中恶劣的官僚作风根深

---

① 《清圣祖实录》卷二三六。
② 《清圣祖实录》卷二七五。
③ 《清圣祖实录》卷二八四。

蒂固,冥顽不化,难以根除,从严整治时,吏治见好;稍一放纵,吏治即坏。即使在整治时,诸如大小官僚私派、加征、贪污、勒索之风亦屡禁不绝。特别是康熙中期以后,天下安定,经济状况大好,追求安逸享受的思想严重滋长,纵有金山银海亦不以为足。除了小部分,大多官员供职不勤,偷安自便,以公事之名,从中谋私。甚至有些被称为"清官"的也不能洁己自律,"或分内不取而取别项,或本地不取而取偿他省。更有督抚所欲扶持之人,每岁暗中助银,教彼勒取清名"①。而圣祖奉行的宽仁为政,实际是放松了对吏治继续整饬,不能严加处分违法乱纪的大小官员,恰好助长了这些陋习的滋蔓。从总体上看,他对官吏比较宽容,作奸犯科者如不属罪在不赦之列,多不给予重处。督抚上任时,圣祖嘱咐:务必安静,"安静则为地方之福"。实质是不让他们多事、生事,采取忍耐的态度,对贪污的属吏先训诫之,若始终不悛,再行参劾②。康熙中期以后,圣祖默认了州县官取一分火耗。这是对贪污、贿赂恶风的一种容忍和退让。对高级官吏虽重点考察,但若发现假公济私、营私舞弊等行为,圣祖也多"著从宽免"、"悉免追取"。这种做法,主观上是想通过平和的方式感化官吏,而实际上却给吏治的腐败埋下了隐患。

吏治败坏首先反映在官吏贪风日炽。康熙四十九年(1710),户部贪污大案暴露:户部尚书希福纳等人数年来侵吞银20余万两。商人金璧供称:得银之户部堂司官达120人,共侵吞银40余万两③。督抚府州县官贪污成风,有的省份甚至激成民变。江南江西总督噶礼,"赃款内三百四十余口家人俱入官,查出房产七十五处、地一百余顷、当铺十三所,其价本银两并金器皿,俱注册交送户部。此外,隐匿房产、土地、人口、财帛等项,俟发觉再议"④。噶礼贪污数量巨大,开始并没有受重处,后有其母告发他欲加害自己,圣祖以其不忠不孝,才令他自尽。至于上官勒索下属更是肆无忌惮。康熙五十八年,安徽颍州知州王承勋首告凤阳知府勒索银11800两;安徽布政使年希尧勒索银5800余两⑤。督抚进京陛见也是公开要钱大捞一把的好

---

① 《清圣祖实录》卷二一五。
② 《康熙起居注》第三册,第1719—1720页。
③ 《清圣祖实录》卷二七七。
④ 《康熙起居注》第三册,第2084页。
⑤ 《清圣祖实录》卷二八六。

机会。贵州巡抚黄国材于康熙五十八年十月奉命进京陛见,司道各府共送盘费1.4万余两①。由于督抚勒索府州县官,而府州县官则敲诈百姓,在河南激成民变。巡抚李锡任意殃民。阌乡县令白澄私加火耗,贪赃6万余两;宜阳县令张育徽贪赃4000余两。河南府知府李廷臣私征滥派,戕伤良民。于是阌乡等县掀起了以亢铤为首的民众暴动,拒抗官兵②。圣祖说:"李锡任河南时,任意殃民,恣行科派,几至酿成大事。"③类似的情况各省时有发生。

最能反映康熙后期吏治败坏情况的,莫甚于陕西。陕西的督抚藩臬都由满官充任,但他们目不识丁,凡案牍批详,均委于幕客;察检官吏,亦假手堂官,吏治民生皆不过问。但刻剥聚敛,恒舞酣歌,却不稍暇。"上官既无善类,属吏朘民以奉之,加征杂派,苛政日增,间有自好之士,不竭膏血为馈遗,既不能保其位,且有破家之身者。"康熙五十四年(1715),清廷发兵西藏平叛,命内地筹饷支军。陕西以"本省贡赋不足供军需"为由,加派协饷,动以数百十万计。督抚下大小官吏莫不从中侵蚀,以饱私囊。各州县官吏以"军储"为名,加征不已。"兵饥于外,民困于内,其不倒戈揭竿者,幸耳!"④

圣祖晚年的吏治废弛,还表现在各级衙门政纪的懈怠和行政效能的下降。这种情况,早在康熙中期圣祖即有所察觉。有一次,他与大学士阿兰泰谈到在京各部院官吏办事情况时说:"近日部中各官,凡事不行速结,惟务偷闲,入署未久即散,归家偃息。如此,则政事有不壅积者乎?"⑤有的政务,皇帝下旨令九卿集议,他们"彼此推诿,不发一言,或假寐闲谈,迟延累日"⑥。京官如此,地方官亦然。有的地方官贪图安逸,疏于职守,大部分时间滞于省城,不愿在穷乡僻壤甘于寂寞。这些官吏,"时时只顾身家,刻刻只虑子孙",至于"国家之安危,民生之休戚",一概"毫不相关"⑦。政纪如此懈怠,是封建政权机能遭到削弱的具体表现。

---

① 《清圣祖实录》卷二八六。
② 《清圣祖实录》卷二七八。
③ 《康熙起居注》第三册,第2463页。
④ 以上见汪景祺:《读书堂西征随笔》,第39页。
⑤ 《清圣祖实录》卷一七五。
⑥ 《清圣祖实录》卷一一一。
⑦ 李发甲:《澄清吏治疏》,《皇清奏议》卷二三。

这种情况的出现,是圣祖始料未及的,也给当时清朝统治带来严重的负面影响。

其一,与民休息的方针受到严重干扰,阶级矛盾有重新激化的趋势。康熙朝推行的一系列恢复社会经济的政策,如奖励垦荒、多次蠲免赋税、大力兴修水利等,确实收到了休养生息之效。但到康熙后期,官场的腐败,使这些"德政"不同程度地遭到破坏,甚至使有些"惠民之举"变成了"累民之举"。以河工为例,圣祖苦心经营多年的水利工程,日见废弛。由于帑金工料被层层克扣分肥,各项工程质量低劣,"闸河之深宽丈尺,不能仍照旧制,而蓄水湖之围坝,俱成平地"。有的河员甚至故意将完好的河堤扒开缺口,以便在修补时侵蚀钱粮。他们人为制造水患,而"绝不顾一方百姓之田墓庐舍尽付漂没而有冤莫告也"①。贪官污吏层层盘剥,劳苦人民怨声载道。到康熙后期,百姓(主要是农民)破产流亡日益严重。每逢灾荒之年,"老幼弱稚者半为殍积,少壮强勇者乞食他乡"。京师向称"首善之地",也往往是"辇毂之下聚数十万游手游食之徒,昼则接踵摩肩,夜不知投归何所"。他们都是"著籍之民氓",因为"逋欠租税",抛弃父母妻子而"浪迹于都中"②。广大人民在求生不得、忍无可忍的情况下,被迫铤而走险,揭竿而起。康熙末年,小规模的农民起义绵延不绝,给统治阶级造成了很大威胁。

其二,钱粮亏空严重,财政状况恶化。清初财政,经康熙前期朝廷着力整顿,不仅扭转了以前入不敷出的局面,而且府库年年都有积存。但由于官员政纪松弛,加上缺少有力的监督,从州县到省,愈来愈把挪移、侵占钱粮当成司空见惯之事。康熙后期,各省藩库钱粮亏空,"或多至数十万","是侵是挪,总无完补"。亏空的根源,正如后来清世宗所说的那样,"盖巡抚之资用,皆取给于藩司,或以柔和交好,互相侵挪,或先钩致藩司短长,继以威制勒索,分肥入己",多在于负有盘查藩库之责的巡抚。督抚布按这些封疆大吏互相勾结,互相徇庇,一起盗窃国库。

其三,各级衙门行政效能下降,国家机器和皇权受到削弱。在贪风日炽的情况下,官员的录用和升迁并不系于个人的才能和品行,而取决于对上级

---

① 《雍正朱批谕旨》雍正二年七月二十五日,李卫奏折。
② 周祚显:《驱游惰以归本业疏》,《皇清奏议》卷三四。

官僚馈遗的多寡,因此,他们在谋得官位后,当然就"惟以奔走承顺上官为第一着",而对"仓库、命案、逃人、闾阎之疾苦、生全以养,皆置之高阁"①。从中央到地方,遇事推诿、惟务虚文、不讲实效、欺上瞒下、办事拖拉等现象比比皆是。

康熙后期,吏治败坏所造成的这些影响,从根本上危及了清朝的统治。因此,对吏治进行整顿,继续实施与民休息的方针,缓和阶级矛盾,强化地主阶级的国家机器,提高效能,改善国家财政状况以及进一步巩固和强化专制主义的中央集权,就成了圣祖的继承人清世宗为政的一个重大政治课题。

3. 钱粮亏空储备下降

清前期,由于推行一系列恢复和发展生产的有力措施,如治河、垦田、赈灾等等,减轻了农民的负担,特别是康熙二十年(1681)平息吴三桂之乱,撤除三藩,使社会重新出现了一个相对稳定的环境,推动了农业、手工业和商业的发展。这样,国家财政收入增加了。在一般情况下,全国每年的收入"地丁约三千万两,耗羡约三百万两,盐税约五百七十多万两,关税约五百四十多万两,加上其他收入总计约四千八百多万两"。清廷的支出有四大项:"兵饷约一千七百万两,俸廉约五百四十三万两,治河费约三百八十万两,驿站费约六百万两,加上其他支出,共约三千四百多万两。"从清初到鸦片战争前大致在这个数字上下。收支相抵,还有1400多万上下银两的节余,可用于临时支出。所以,清朝历年或多或少都有储存,"年至少总在五百万两"②。从康熙二十年到乾隆中期差不多都是这样。对于这部分财政,圣祖曾经说过:"户部帑金,非用师赈饥,未敢妄费。谓此皆小民脂膏故也。"③由此可见,如果不发生重大自然灾害和军事活动,清前期的库存应该是逐年增加的。

但是,康熙后期出现了钱粮亏空严重,储备不断下降的趋势。雍正二年

---

① 以上见《清世宗实录》卷三。
② 以上见郑天挺:《清史简述》(未刊稿)。
③ 《清圣祖实录》卷二七五。

（1724）十一月，世宗对内阁九卿等官员说："历年户部库帑亏空数百万两，朕在藩邸知之甚悉。"①他所说的，就是指康熙后期的情况。据圣祖说，康熙四十八年（1709）户部库存银是5000余万两②。这大概是康熙朝户部库银贮存最多的一年。到康熙六十一年（1722），户部库存仅剩800余万两③。二者相差之多，令人惊讶。

康熙后期，钱粮亏空，户部库银贮存锐减的原因是多方面的。其中，主要原因有圣祖亲口讲的两点，即"用师赈饥"，特别是康熙后期对西北用兵，军费开支庞大。对于宫廷用费，圣祖一向比较注意，他曾说："当以一人治天下，不以天下奉一人。以此为训，不敢过也。"④又说，"朕阅载籍，历代以来，皆由朴而渐至于奢，未有由奢而渐至于朴者，不可以不禁也。"⑤他多次亲自盘问检查宫中花销费用，例如康熙四十八年（1709）十一月，他向大学士们说："明朝费用甚奢，兴作亦广，一日之费，可抵今一年之用。其宫中脂粉钱四十万两，供应银数百万两。"圣祖又说，明季宫女至9000人，内监至10万人，而清宫廷内不过四五百人而已⑥。第二年四月，圣祖又强调指出："朕近查宫中人数，皇太后宫及朕所居正宫不过数百人，较之明代宫人则减省多矣。先是，光禄寺供应宫中用度，每年用银七十万两有余，朕渐次节省，不使滥溢，一年止需七万两矣。理藩院向来每年赏赐供应外藩宾客用银八十万两，今裁减浮费，一年止需八万两矣。户工两部前此每年所用钱粮，其数过多，今十日一次奏闻，用过数目，所需钱粮已极少矣。"⑦因此，康熙后期的宫廷用费并不算多，对户部库银影响不大。对户部库银影响较大的，应该是大小官吏的侵吞挪用，贪污纳贿，这是造成康熙后期钱粮亏空、储备不断下降的重要原因之一。但是，对于钱粮亏空问题，圣祖却抱着宽容的态度。例如，康熙四十八年十一月，科臣郝林条奏有关各省钱粮亏空问题，圣祖却对大学士等说："郝林但知州县钱粮有亏空之弊，而对于亏空之根源，未之

---

① 《清世宗实录》卷二六。
② 《清圣祖实录》卷二四〇。
③ 见商鸿逵：《明清史论著合集》，北京大学出版社1988年版，第132页。
④ 《康熙政要》卷一三《论俭约第十九》。
⑤ 《康熙政要》卷一三《论俭约第十九》。
⑥ 《清圣祖实录》卷二四一。
⑦ 《清圣祖实录》卷二四二。

知也。凡言亏空者,或谓官吏侵蚀,或谓馈送上司,此固事所时有。然地方有清正之督抚,而所属官员亏空更[多],则又何说?朕听政日久,历事甚多,于各州县亏空根源,知之最悉。从前各省钱粮,除地丁正项外,杂项不解京者尚多,自吴三桂变乱以后,军需浩繁,遂将一切存留款项尽数解部,其留地方者,惟俸工等项必不可省之经费,又经节次裁减,为数甚少。此外则一丝一粒,无不陆续解送京师,虽有尾欠,部中必令起解。州县有司[无]纤毫余剩可以动支,因而挪移正项,此乃亏空之大根源也"①。这是圣祖对钱粮亏空问题的解释,个中不乏情理之处,但这也正是问题之所在,吏治败坏也就不可避免了。再如,他认为:"正项钱粮二[千]两征收未完五百两者,按分数议处,其例甚轻,若因公挪用五百两,则处分甚重。今但责令赔偿足额,其罪似乎可宽,不必深究。凡事不可深究者极多,即如州县一分火耗,亦法所不应取。寻常交际一二[十]金,亦法所不应受,若尽以此法一概绳人,则人皆获罪,无所措手足矣。"②这是圣祖对州县耗羡和州县馈送上司这类事情的基本态度,大有法不责众之意。在这里,我们再举一例:康熙四十九年十月,圣祖与户部尚书张鹏翮有一段对话,内容有关命张鹏翮察审江南钱粮亏空问题,相关部分摘录如下:

上曰:"此[项]亏空,据称因公挪用,毕竟系何公事?"

鹏翮奏曰:"大概如赈济平粜以及修塘等事。"

上曰:"朕屡次南巡,地方官预备纤夫,修理桥梁,开浚河道,想皆借用帑银,原冀陆续补足,而三次南巡为期相隔不远,且值蠲免荒灾,所征钱粮为数不少,填补不及,遂致亏空如此之多,尔等皆知之而不敢言也。"

鹏翮曰:"皇上屡次南巡,必大沛恩膏于百姓,至于一切供亿,悉由内府储备,并无丝毫累及民间。"

上曰:"即如纤夫一项,需用既多,伺候日久,安得无费。至于修造行宫,亦必借用帑银,后方抵补,尔等岂肯明言其故乎?今合计江南亏空有几何?"

---

① 蒋良骐:《东华录》卷二一。
② 蒋良骐:《东华录》卷二一。

鹏翮曰:"约计共五十余万,于准、宜思恭应赔十六万,其余将俸工抵补,至康熙五十三年,可补足矣。"

上曰:"三年之内,地方官员,或升或调,或革或故,前各官挪用亏空,而将后来者之俸扣补,于理不顺,朕心实为不忍。至于胥吏贱役,若不给予工食,何所资生？势必致于累民。今部中每遇一事,辄议令地方官设法料理,皆[修]饰美名,而实则加派于地方也。"

鹏翮曰……

上曰:"朕非但为百姓,亦为大小诸臣保全身家性命也。钱粮册籍皆有可考,地方官借因公挪用之名,盈千累百馈送于人,若加严讯,隐情无不毕露,朕意概从宽典,不更深求。……今即因数次巡幸,用钱粮四五十万,亦不为过。明年天下钱粮以次尽行蠲免,若留此亏空之项,以为官民之累,非朕宽仁爱养嘉予维新之至意。"①

从这次谈话的基本精神,可以窥见康熙后期吏治的基本状况和圣祖对钱粮亏空的基本态度,这是解开康熙后期钱粮亏空、户部库银积存下降问题的一把钥匙。

4. 储位之争与朋党

康熙十四年(1675),圣祖依照历代王朝立嫡立长的传统,册立刚满周岁的嫡长子胤礽为皇太子。对年幼的皇太子,圣祖倍加疼爱,亲加训谕教诲,"告以祖宗典型,守成当若何,用兵当若何。又教之以经史。凡往古成败,人心向背,事事精详指示"②。圣祖又简拔有名望的大臣,如大学士张英、理学家熊赐履为其讲学,还选派老成的翰林官朝夕随从,加意指点。同时圣祖又让皇太子胤礽熟悉地方风俗,了解民间疾苦,训练他的政治才能。皇帝到各处出巡,都让皇太子随驾侍行。当圣祖外出或采取重大军政行动

---

① 蒋良骐:《东华录》卷二一。
② 《清圣祖实录》卷二三四。

时,命他参与其事,还安排他监国,留守京师①。

但是,随着太子年龄的增长,问题逐渐出现。由于他是唯一的皇位继承人,不免有早日继登大宝的想法并热衷于权力的追求,在日常的言行上也有所流露。从文献记载可知,圣祖与太子间出现裂痕始于康熙二十九年(1690)。这年,圣祖第一次亲征噶尔丹,征途中身体不适,太子至行宫给父亲请安,圣祖觉得太子"略无忧戚之意",而且"绝无忠爱君父之念",很不高兴,内心已留下了阴影②。

康熙三十六年(1697)九月,圣祖第三次亲征噶尔丹期间,将太子身边的膳房人、茶房人或处死,或拘禁家中,罪行是"私在皇太子处行走,甚属悖乱"。如他说:"皇太子听信匪人之言,素行遂变,自此朕心眷爱稍衰,置数人于法。因而外人窃议皇太子不孝及所行不善者,遂自此始。"③父子之间的裂痕至此明晰,皇太子的地位已发生动摇。

康熙四十一年(1702)九月,圣祖南巡视察,皇太子、皇四子、皇十三子侍行。十月,皇太子病,留在德州。圣祖召致仕原保和殿大学士、领侍卫内大臣索额图前来侍奉皇太子。但翌年五月,宣布索额图的罪状,说他结成"太子党",背后怨尤,议论国事,将他交宗人府拘禁,后处死。

索额图是满洲正黄旗人,辅政大臣、一等公索尼第三子,皇太子胤礽生母孝诚仁皇后之叔父,与皇太子关系非同一般。皇太子成年后,与父皇在皇位问题上矛盾增多,互相不信任也加重了。而与太子关系非同一般的索额图为之担心,与一些人议论,背后有怨言,这就是所谓的"结党妄行",但仅此而已。后来圣祖在第一次废黜皇太子时说:"从前索额图助伊(皇太子)潜谋大事,朕悉知其情,将索额图处死。"④所说"潜谋大事",当指图谋夺取帝位。问题的性质十分严重,但并没有说出具体事实。不过,从圣祖的指责中可知,索额图与太子的关系不正常,问题的根源在索额图误导太子。圣祖每每以明朝党争为训,始终保持高度警惕,一经发现,决不姑息。不管事实如何,可以肯定,索额图的行迹已引起圣祖的警觉,故加以严处。

---

① 《清圣祖实录》卷二三五。
② 《清圣祖实录》卷一四七。
③ 《清圣祖实录》卷二三五。
④ 《清圣祖实录》卷二三四。

索额图被处死了,但对他的批判并未结束。康熙五十二年(1713),圣祖第二次废太子时又说:"昔立胤礽为皇太子时,索额图怀私倡议,凡皇太子服御诸物,俱用黄色,所定一切仪注,几与朕相似。骄纵之渐,实由于此。索额图诚本朝第一罪人也。"①圣祖这次指责,已经涉及具体事实,指明太子之过,系侵犯皇帝的权威,超越太子的身份,使用了与太子身份不相称的"服御诸物",显系僭越。这一切,都因索额图"倡议",把太子引至错误的道路。索额图为太子的外祖父,格外疼爱他,两人的关系甚为密切。圣祖指示索额图"侍奉"太子。因此,太子有错,责任在索额图。但太子也有他自身的问题。正如圣祖指出:皇太子"惟肆恶虐众,暴戾淫乱,难出诸口,朕包容二十年矣",其"种种恶端,不可枚举。朕尚冀其悔过自新,故隐恶优容至于今日"②。显然,皇太子自幼过于被疼爱、娇惯,纵其所欲,任其所为,尤其是发现皇太子的一些劣迹时,又采取隐忍优容的态度,可惜,皇太子并不省悟,没能及时改正错误。应当指出,圣祖对皇太子的指斥,难免偏听偏信对太子的流言蜚语,因为太子兄弟众多,几个有实力的兄弟暗中图谋太子之位,散布一些似是而非的传言,以图影响圣祖对太子的信任。同时,太子处皇帝继承人的地位,朝中及皇族内一些人积极靠拢太子,成为拥立太子的一个派别,明争暗斗势不可免。但在废太子前,主要问题不在于圣祖偏听偏信,而是太子行为不端所致。

康熙四十七年(1708),圣祖巡幸塞外避暑,皇太子及大阿哥胤禔随驾侍行。九月初四日,圣祖召诸王大臣等齐集行宫,宣布了皇太子不仁不孝等罪过:其中"更可异者,伊每夜逼近布城,裂缝向内窥视。从前索额图助伊潜谋大事,朕悉知其情,将索额图处死。今胤礽欲为索额图复仇,结成党羽,令朕未卜今日被鸩,明日遇害,昼夜戒慎不宁"。他宣布:不能让这不仁不孝的太子继承皇位。圣祖说完,痛哭仆地,被众大臣扶起后,又说近来让直郡王胤禔③护理自己。圣祖最后说:"乘朕身体康健,定此大事,著将胤礽即

---

① 《清圣祖实录》卷二五三。
② 《清圣祖实录》卷二三四。
③ 康熙三十七年(1698)三月,封皇长子胤禔为多罗直郡王,皇三子胤祉为多罗诚郡王,皇四子胤禛、皇五子胤祺、皇七子胤祐、皇八子胤禩均为多罗贝勒。

行拘捕。"①废皇太子,也是对结党的一个严厉打击。

九月十六日,圣祖返京,九月十八日,圣祖祭告天地、太庙,正式宣布废黜皇太子。这是皇太子胤礽第一次被废黜。从胤礽的总体素质来看,不但在生活作风上太骄奢放纵,就是在政治上也太张狂,他并不是嗣皇的合格人选。圣祖历数废皇太子不孝不仁之事,他确有失德之处,废黜他不是没有道理。圣祖对他的继承人要求严格,无可非议。当然也不排除有某些不实之词,如说废皇太子要为索额图报仇,要谋害他,缺乏足够的事实根据,至少是夸大了事实,把现象当成了问题的实质。后来,圣祖自己也承认"皇太子虽有恶名,并未杀人,亦无党羽"②。

预立皇太子,变更自努尔哈赤以来皇帝生前不立嗣的制度,是圣祖为政的一大失误;而立胤礽又废黜,引起朋党之争,更导致了康熙后期的政治紊乱。从此以后,"皇帝心甚不快,颇有乖常之举,大小臣僚如坐针毡"③。圣祖又"因二阿哥之事,身心忧悴,不可殚述"。自康熙四十七年(1708)大病之后,圣祖心神大伤,渐不及往时④。不能不承认,公开预立皇太子一事,酿成了圣祖长达半个多世纪的政治生涯中最不幸的历史悲剧。

废黜皇太子后第七天,圣祖又发表了一番令人惊讶的言论,他说:"拘禁胤礽时,胤禔奏:'胤礽所行卑污,大失人心。相面人张明德曾相胤禩,后必大贵。今欲诛胤礽,不必出自皇父之手。'言至此,朕为之惊异。朕思胤禔为人凶顽愚昧,不知义理,倘果同胤禩聚集党羽,杀害胤礽,其时但知逞其凶恶,岂暇计于朕躬有碍否耶?似此不谙君臣大义,不念父子至情之人,洵为乱臣贼子。天理国法,皆所不容也。"⑤由此又引发了当时轰动朝野的胤禔欲谋杀废皇太子的事。具体内容是:胤禔与蒙古喇嘛巴汉格隆勾结,谋用咒人之术镇魇废皇太子胤礽。巴汉格隆供认此事属实,在直郡王府也挖出了镇魇物件10余件。

当初,圣祖拘执胤礽并指责他"欲为索额图复仇"时,圣祖是非常紧张

---

① 《清圣祖实录》卷二三四。
② 《秦道然口供》,《文献丛编》第三辑。
③ 吴晗辑:《朝鲜李朝实录中的中国史料》下编卷五,中华书局1980年版(下略)。
④ 《清圣祖实录》卷二七五。
⑤ 《清圣祖实录》卷二三四。

的("令朕未卜今日被鸩,明日遇害,昼夜戒慎不宁"),后来他又说:"今皇太子所行若此,朕实不胜愤懑,至今六日未尝安寝","朕初意进京后告祭奉先殿,始行废斥,乃势不可待,故于行在拘执之"①。另据当时任文渊阁大学士的李光地在《榕树语录续集》中记载:"当东宫废时,风声恶甚";"废太子不妨,杀太子不可";"至于杀之则不祥之事莫大焉"。可见,在圣祖精神过度紧张时,确有过杀胤礽的考虑②。"所以不杀者,恐如汉武帝之后悔,致后人滋其口舌也"③。正是在这种政治背景下,胤禔向皇父说了"欲诛胤礽,不必出自皇父之手"的蠢话,并做出了镇魇废皇太子的蠢事。至于相面人张明德给胤禩看相之事,先是胤禔向皇父陈奏过,圣祖也承认:"此等情节,直郡王(胤禔)早已详悉密奏。"④并且最终将张明德捉拿归案。从这件事可以看出,胤禔并无二心。

　　据以上分析,胤禔不是不谙君臣大义,更不是乱臣贼子,《清实录》所载其父对他的评价是不公允的。事实上,圣祖很器重胤禔。据长期在清廷供职的法国传教士白晋描述,胤禔不但外表英俊,人也聪明,才华横溢,"且有许多优秀品质和极好的天性","皇帝十分宠爱这位皇子"⑤。胤禔不仅在其父外出巡幸时随驾侍行,并且多次肩负重任,驰骋疆场,或处理政务。圣祖在塞外,当皇太子出事后,在皇父"未卜今日被鸩,明日遇害"的紧张日子里,让胤禔护理自己,又命胤禔看守皇太子。皇父对他的钟爱与信任,应是事实。只因庶出,没有资格选为太子。但是他却因为那样的蠢话和行为遭到了皇父最严厉的惩罚:令革去胤禔的王爵,幽禁于王府内,撤回其上三旗所分佐领,封给了胤禶,将镶蓝旗所分佐领赠给了弘玉,其包衣佐领及浑托和人口均分给胤禶和弘玉。这还不够,由于对他不放心,圣祖外出时接二连三地指示要对他严加看管。就这样,胤禔的政治生命就此终结。不管他的愚蠢行为和言语是出自对父皇的关心,为了给父皇解忧,还是为了推举八阿哥当皇太子,昔日叱咤沙场的多罗郡王,在众目睽睽之下倒在了储位之争的

---

① 《清圣祖实录》卷二三四。
② 林铁钧、史松主编:《清史编年》第三卷(康熙朝)下,中国人民大学出版社1988年版,第322页注②。
③ 《清圣祖实录》卷二九一。
④ 《清圣祖实录》卷二三五。
⑤ [法]白晋:《康熙帝传》,《清史资料》第一辑,中华书局版。

角逐场上。

空虚了的储位,牵扯着每一个皇子。由谁来填补这个空缺,就成为最高统治阶层最关心的问题,而圣祖的皇子们更加紧了夺位的斗争。当时,凡是已涉足政治舞台的皇子,差不多都卷进了这个旋涡,只是扮演的角色不同。从当时的情况来看,主要是皇四子胤禛和皇八子胤禩斗法,其他皇子或明或暗地向他们靠拢。所说朋党的斗争,就在诸皇子及其支持者中展开。

对圣祖来说,最敏感、最忌讳,也最担心的问题,就是皇子们树党倾轧,觊觎皇位。但在废皇太子后,皇子们一个接一个地在争太子位的问题上出事。大阿哥胤禔因谋杀废皇太子而被拘禁,而令八阿哥胤禩大难临头的则是"相面案"。

皇太子在塞外出事后,圣祖任命胤禩署内务府总管,但这位八阿哥办差刚 20 天,圣祖便开始对他进行一系列的指责:"八阿哥到处妄博虚名,凡朕所宽宥及所施恩泽处,俱归功于己,人皆称之。朕何为者?是又出一皇太子矣。""废皇太子后,胤禔曾奏称胤禩好。春秋之义,人臣无将,将则必诛。大宝岂人可妄行窥伺者耶?胤禩柔奸性成,妄蓄大志,朕素所深知。其党羽早相要结,谋害胤礽。今其事皆已败露,著将胤禩锁拿,交于议政处审理。"①胤禩此番在劫难逃。据说听了皇父上述讲话,皇九子胤禟和十四子胤禵向皇父保"八阿哥无此心",结果惹恼了圣祖,胤禵言语行动有些冲动,最后挨了二十板子,与胤禟一起被逐了出去②。

康熙四十七年(1708)十月初二日,圣祖说:"张明德于皇太子未废之前,谋欲行刺,势将渐及朕躬。"而胤禩"知而不奏,为臣子者当如是耶?"当天,胤禩被革去贝勒,为闲散宗室③。十月初四日,圣祖又对胤禩进行了事发以来最激烈的指责。

十月下旬,圣祖在病中对大臣们说:"自有废皇太子一事,朕无日不流涕,顷幸南苑,忆昔皇太子及诸阿哥随行之时,不禁伤怀。因是今日回宫,已召见八阿哥,并将召皇太子一见。"顷刻又传谕说:"朕适召废皇太子,亦既见之矣。自此后不复再提往事。"此次圣祖召见胤禩的内容,《清实录》中并

---

① 《清圣祖实录》卷二三四。
② 《清圣祖实录》卷二三五。《秦道然口供》,《文献丛编》第三辑。
③ 《清圣祖实录》卷二三五。

无记载。对废皇太子圣祖召见过两次，详细内容也不见于《清实录》，只说询问前事（被废斥缘由）后，感到胤礽之疾"渐已清爽，亦自知其罪，谓理当拘执"。对此，圣祖甚觉欣慰，故于十一月初八日，他进一步表示："朕竭力调治，果蒙天佑，狂疾顿除，不违朕命，不报旧仇，尽去其奢费虐众种种悖谬之事，改而为善，朕自另有裁夺……"①这次讲话，意在放风，虽未明言复立皇太子，但废皇太子的种种恶端，大多推给了已故的索额图，其余的则是胤禔魔魅所致。

十一月十六日，圣祖继续强调当初拘禁胤礽是必要的，认为其问题都是魔魅所致，"虽有暴怒捶打伤人事，并未致人于死，亦未干预国政"，接着，当众将胤礽开释，并让他当众表明心迹。而胤礽说："皇父谕旨，至圣至明。凡事俱我不善，人始从而陷杀之。若念人之仇，不改诸恶，天亦不容。今予亦不复有希冀，尔等众人若仍望予为皇太子，断断不可。"随后，圣祖又对众人说："朕览史册，古来太子既废，无得生存者，过后人君莫不追悔。自禁胤礽后，朕日日不能释然于怀。染疾以来，召见一次，胸中疏快一次。"

同月二十八日，圣祖复封胤禛为多罗贝勒。胤禛的问题到底是什么？恢复爵位时，其父说了什么？在恢复爵位之前，其父为什么同意胤禛与胤祉、胤禛、胤祺给自己检视药方②？是不是对胤禛的看法也改变了？很可惜，关于这些，《清实录》中没有任何记载，给后人增添了一层迷雾。

经过一段时间，圣祖复立胤礽为皇太子的准备工作大体就绪。胤礽复出可能存在某些障碍，圣祖担心被"性生奸恶之徒利用，其日后必成乱阶，随时究察，穷极始末"③，经考虑，逐一加以处理。圣祖这样做，一方面是肃清外廷于己不利的一些传闻，端正自己在废皇太子过程中扭曲了的形象；另一方面是为众大臣卸包袱，理顺胤礽与大臣们的关系，进一步淡化胤禛在廷臣中的威望，从而为胤礽复出扫清道路。

康熙四十八年（1709）三月初十日，胤礽在盛大庄严的仪式中复位于东宫。与此同时，圣祖指示宗人府，将胤祉、胤禛、胤祺皆封为亲王；胤祐与胤䄉封为郡王；胤禟、胤䄉、胤䄉皆封为贝子，"惟八阿哥乃获大罪，身撄缧绁

---

① 以上见《清圣祖实录》卷二三五。
② 《清圣祖实录》卷二三五。
③ 《清圣祖实录》卷二三七。

之人,留其贝勒足矣"①。这次册封,除了皇六子、皇十一子已死外,皇十四子以上,惟有皇十三子胤祥没有册封爵位。据说是"胤祥戊子九月以旧东宫事波及,亦削贝子,后再复"②。看来胤祥在储位之争中也是一个不安定分子,曾受到其父的制裁,而且问题还较严重。

东宫复立后,紫禁城里似乎又恢复了往昔的天伦之乐,但潜伏的储位危机仍然存在,并还在发展中。至康熙五十年(1711),圣祖指责大臣中"有为皇太子而援结朋党者",这些大臣被指控"为太子结党会饮",即所谓"结党会饮案"。在整个案件审理过程中,圣祖亲自鞫审,动用了各种手段,查出参与其中的有关人员,又从中审出刑部尚书齐世武、原步军统领托合齐、原兵部尚书耿额等人犯有贪污受贿罪,因而受到应有的处分。从这一事件,可以认为,圣祖对皇太子并不放心,仍然保持警惕,而且随着年事增高,身体每况愈下,不放心的程度日益加深。

康熙五十一年(1712)九月,圣祖指责胤礽"狂疾"未去,大失人心,再次下令将其拘禁,接着宣布将胤礽废黜。这样,胤礽也如胤禔一样,淹没在储位之争的政治旋涡中。从此,他被禁锢咸安宫,再没有出头之日。

事实表明,胤礽缺乏嗣皇应该具备的政治素质和品格。即使当了皇帝,也很可能是个平庸之辈,不会有什么大作为。但是,圣祖在储位问题上确实是"防禁甚严"③,如档案记录:"东宫目下虽然复立,圣心犹在未定"④。他一方面正式复立皇太子,另一方面,鉴于以往的教训,又怀疑猜忌,加意防备。反观胤礽,对其父也持疑忌心态,并不放心,"彼有一小太监善福,如厕皆遣人伺察,以此观之,当无处不留心伺察者矣"⑤。另据当时朝鲜使臣给本国的报告说,皇太子常埋怨:古今天下岂有40年的太子!并受不了父皇对他控制甚严,使之不得须臾离其侧,而对诸弟在外悠闲羡慕不已⑥。圣祖与太子之间,父子两人,一方担心其子不顺从,不能"倾心向主",遇事不能

---

① 《清圣祖实录》卷二三七。
② 萧奭:《永宪录》卷一。
③ 吴晗辑:《朝鲜李朝实录中的中国史料》下编卷六。
④ 《康熙朝汉文朱批奏折汇编》康熙四十九年正月二十九日。
⑤ 《清圣祖实录》卷二五一。
⑥ 吴晗辑:《朝鲜李朝实录中的中国史料》下编卷五。

不敏感；另一方则继位心切，当了40年太子，已经不耐烦，故满腹牢骚，怨气冲天。父子间的隔阂本未完全消除，各怀心腹事，一旦有什么闲言碎语传到圣祖那里，专制君主绝不会容忍。他发出警告："嗣后众等各当绝念，倾心向主，共享太平。后若有奏请皇太子已经改过从善，应当释放者，朕即诛之。"①

皇太子再次被废，储位又空虚了。圣祖为此感到忧心不安，不能不担心有人窥探神器，觊觎皇位。事实正是这样，储位空虚，又引发诸皇子的激烈竞争。储位是皇子们和权贵们最为关心的事，已成年的皇子都不安定，不禁蠢蠢欲动。圣祖分外警惕，密切关注诸皇子的言行。

自"相面案"后，胤禩的政治地位降低了。原先，他是皇子中年纪最小的贝勒；现在，比他小的皇子都有封为郡王的，而他还是个贝勒。康熙五十三年（1714）十月，圣祖在巡幸塞外途中，对他进行了激烈指责：胤禩在其母二周年祭拜之后，并未趋赴行在，"并不请旨，藐视朕躬。朕因愤怒，心悸几危"；"胤禩系辛者库贱妇所生，自幼心高阴险"；"听相面人张明德之言，遂大背臣道，觅人谋杀二阿哥"；"朕前患病，诸大臣保奏八阿哥，朕甚无奈，将不可册立之胤礽放出"；"胤禩仍望遂其初念，与乱臣贼子结成党羽，密行险奸，谓朕年已老迈，岁月无多，及至不讳"；"朕深知其不义情形，即将所遣太监冯进朝等于朕所御帷幄前，令众环视，逐一夹讯，伊已将党羽鄂伦岱、阿灵阿尽皆供出，自此朕与胤禩父子之恩绝矣"；"朕恐后日必有行同狗彘之阿哥，仰赖其恩，为之兴兵构难，逼朕逊位而立胤禩者……不然，朕日后临终时，必有将朕身置乾清宫，而尔等执刃争夺之事也"。圣祖一针见血地指出："胤禩因不得立为皇太子，恨朕切骨，伊之党羽亦皆如此。二阿哥悖逆，屡失人心；胤禩则屡结人心，此人之险，实百倍于二阿哥也。"②

胤禩再次遭难，主要罪状就是这些。究其起因，是胤禩没有趋赴行在请安，"并不请旨，藐视朕躬"引起的。胤禩在朝廷中的威望，不能不引起皇父的警觉和不安。迷恋于威福自专和绝对权威，是老年时的圣祖在政治思想上的一大特征。"朕因愤怒，心悸几危"，说明他心脏不好，容易激动发怒，

---

① 《清圣祖实录》卷二五一。
② 《清圣祖实录》卷二六一。

一时影响了正常的思维活动。皇子们不断在储位问题上明争暗斗,圣祖已被搅得几成病态,有反常之举也不足为怪。事实上,这一事件过后,胤禩并没有被革去爵位,其父也没有把他放到与胤禔、胤礽相同的位置。即使是被检举出来的所谓胤禩党羽阿灵阿和鄂伦岱,也没有被认真惩处。另一个所谓的党羽马齐,第二年就又被起用,委以重任。凡是定为胤禩党羽的朝廷大臣,似乎没有一个被圣祖打倒。这一切表明,圣祖未必真相信胤禩阴险极甚,他只是把问题看得过于严重了。

康熙五十五年(1716),胤禩得了伤寒病。正在热河避暑的皇父指示胤裪同太医商酌调治,不久还派马齐、阿灵阿、鄂伦岱等人前往探视,多方请医,竭力调治。除胤裪外,几乎全为所谓的胤禩党羽,应为有意安排。翌年正月,圣祖又传谕其关怀问候,其中有一句"故不敢送去",这使胤禩不自安,至门上跪求"不敢二字承受不起"。其父有些怅然,对诸皇子说:"胤禩往往多疑,每用心于无用之地。"胤禩已被其父治得心有余悸,无所措手足了。尽管胤禩在朝中仍有威望,但再不作非分之想,默默无闻,皇父也就放心了。

空虚的储位仿佛一座迷宫,不仅皇子们眼热,也让朝臣疑虑重重,猜测不已。这时,废皇太子胤礽又打算死灰复燃,曾用矾水写字,与外界往来,密送信息,又嘱托正红旗满洲都统公普奇保举自己为大将军,可称为"矾书案"①。康熙五十六年(1717)四月后,圣祖的健康状况越来越不好,羸弱多病,神情恍惚,卧病几近五旬。翌年正月,翰林院检讨朱天保奏请复立胤礽,圣祖大怒,将其处以极刑,并给其家人以严惩。大学士会同九卿,于次日就立储一事上折具奏,圣祖让他们修改议定礼仪,为再立太子做好准备。不过,这个未来的储君肯定不再是胤礽②。孟森指出:"圣祖末年,诸王大臣所默喻上意,知为将来神器之所归者,乃十四阿哥胤禵。"③

康熙五十七年(1718)十月,为了解决西北和西藏问题,"保护黄教众

---

① 《清圣祖实录》卷二六六。孟森:《清世宗入承大统考实》,《明清史论著集刊》下册,中华书局1959年版,第534页。
② 以上见《清圣祖实录》卷二七七。《康熙起居注》康熙五十七年正月。
③ 孟森:《清世宗入承大统考实》,《明清史论著集刊》下册,中华书局1959年版,第519页。

生",圣祖任命皇十四子固山贝子胤禵为抚远大将军王①,誓师青海,驻扎西宁,节制各路军马,征讨准噶尔策妄阿拉布坦。显然,这是一次非同寻常的人事安排。

首先,这次用兵意义重大,胤禵担此重任,是皇父的重大决策。如果是在当年,圣祖肯定要亲征。而此时将此重任交给胤禵,显见圣祖托付之重,给予此子以极大的信赖。康熙六十年(1721)十一月,为明年大举进剿,特召胤禵回京师,面授方略,圣祖命雍亲王胤禛、诚亲王胤祉率领内大臣等郊迎②。所有这些,足以证明此次用兵的重要性和圣祖对这次用兵的重视。像这样一位掌握节制各路军马大权的统帅,既不可能让朝臣担任,亦不可能让一般的皇子担任。这是每个皇子见了都会眼红的任命,是建功立业、树立个人威望的极好机会,也是皇父假此考验和培养储贰的良好途径。正因为如此,圣祖才进行了较长时间的考虑和充分酝酿,"迟疑至今"。让皇子挂帅出征的决定,是在"矾书案"发生前作出的,胤礽探到了信息,不然,他就不会又有所表现。

其次,胤禵是个有才华、有作为的皇子,也是皇父喜爱的皇子之一。皇父的任命,可以说明他是圣祖心目中的嗣皇人选。胤禵与胤禛是同母兄弟,所不同的是,他是在皇父身边长大的,深受皇父疼爱,甚至成婚后,皇父仍破例让他和福晋住在紫禁城内③。受命出征时,在圣祖的诸多阿哥中,无论是历事责任之重大,还是封爵年纪之轻,胤禵皆脱颖而出,引人瞩目。

康熙五十七年(1718)十一月,胤禵统帅大军出征之日,举行了规模盛大的仪式。圣祖在太和殿亲自主持颁授大将军敕印,出征之王、贝子、公等俱戎服齐集太和殿前,不出征的王、贝勒、贝子、公等并二品以上俱蟒服齐集午门外。胤禵登殿受敕印,诸王、贝勒、贝子等并二品以上大臣俱送行至德胜门列兵处,大将军王胤禵望阙叩首,整队起程。按照其父指示,"其纛用正黄旗,照依王纛式样",这说明胤禵享受王爵待遇和规格,而且"当时诏旨,奉章悉称大将军王"。胤禵大军出发后,青海蒙古和硕特部盟长罗卜藏丹津等进京,圣祖接见他们时强调指出:"现在大将军王带领大兵,驻守西

---

① 萧奭:《永宪录》卷一;《清世宗实录》卷一。
② 萧奭:《永宪录》卷一。郊迎一事,《清圣祖实录》不载。
③ 见杨珍:《满文档案中所见胤禵皇位继承人地位的新证据》,《中国史研究》1990年第三期。

宁。由此降旨,相隔甚远。军事当相机调遣";"大将军王是我皇子,确系良将,带领大军,深知有带兵之能,故令掌生杀重任。尔等或军务,或巨细事项,均应谨遵大将军王指示。如能诚意奋勉,即与我当面训示无异"。罗卜藏丹津等人返回青海会见胤禵时表示:"今见大将军王有何训示,当竭力遵行。"胤禵说:"尔等应遵皇父此旨。"又说,"良者我必奏明皇父;如有恶劣不遵法者,我亦无计,当以法律治之。"罗卜藏丹津当即表示:"嗣后会盟,当谨遵圣主训示,及大将军王交谕事件而行。"① 事实上,这次军事行动,胤禵是代表皇父出征。这是后来胤禛当皇帝后之所以对胤禵发泄心中积怨的原因之一。他指责胤禵"昔日用兵,有诸王掌大将军印者,有大臣掌大将军印者,唯胤禵妄自尊大,种种不法,我朝大将军如此行事者,从未之闻也"。但是,圣祖生前对胤禵不但未加指责,而且是满意的,表明胤禵行使的一切权力,都是其父同意或默许的,可见皇父对胤禵的信任。

再次,两次废黜胤礽之后,圣祖并未打消立储的念头,只是"关系甚重,有未可轻立者"。此后再立皇太子,不可能再立年长的皇子,这一点,他在康熙五十二年(1713)的讲话中说得很清楚:"凡人幼时,犹可教训。及其长成,一诱于党类,便各有所为,不复能拘制矣。"当时,在已受封的皇子中,胤禛36岁,到康熙六十年他已44岁了,显然属于年长皇子,按其父的思想和顾虑,成为储贰人选的可能性不大。而胤禵当年是26岁,到康熙六十年前后也仅有30多岁。

康熙五十六年(1717)十一月,圣祖于乾清宫东暖阁召见诸皇子及满汉大臣,称:"朕平日所欲言,今特召尔等面谕。"这次面谕,除了对自己的一生进行总结之外,又说了这样几点:一是说:"此谕已备十年,若有遗诏,无非此言。"二是由他自己近日多病,心神恍惚,而讲到"昔梁武帝亦创业英雄,后至老年,为侯景所逼,遂有台城之祸;隋文帝亦开创之主,不能预知其子炀帝之恶,卒致不克令终。又如丹毒自杀,服食吞饼;宋祖之遥见烛影之类,种种所载疑案,岂非前车,皆由辨之不早,而且无益于国计民生。汉高祖传遗命于吕后,唐太宗定储位于长孙无忌,朕每览此,深为耻之。或有小人希图

---

① 爱新觉罗胤禛:《抚远大将军奏议》,《清史资料》第三辑。胤禵一度改名为胤祯,至胤禛即位后恢复其原名。参见冯尔康:《雍正传》,人民出版社1985年版,第66页。

仓卒之际,废立可以自专,推戴一人,以期后福。朕一息尚存,岂肯容此辈乎?"三是说:"今臣邻奏请立储分理,此乃虑朕有猝然之变耳。死生常理,朕所不讳。惟是天下大权当统于一。十年以来,朕所行之事,所存之心,具书写封固,仍未告竣。立储大事,朕岂忘耶?"一个月后,圣祖再次强调:"朕缮写一生之事,已备十年。朕言不再之语,已尽之矣。"①可见,这件手谕就是其身后遗诏。据有的学者考证,康熙六十一年宣布的遗诏,是仓促之际从圣祖这件手谕中转抄、增删、改写而成,是伪造的,始作俑者就是雍亲王胤禛②。上述手谕未提储贰,圣祖希望日后嗣君人选确立后,"但得数句之怡养,保全考终之死生,朕之欣喜岂可言。从此岁月悠久,或得如宋高宗之年,未可知也"。宋高宗赵构活了80岁,看来圣祖健康状况尽管每况愈下,但对于猝然之变没有思想准备,也就不可能宣布储贰人选。他要把储位交给一个经得住考验,且有一定影响和威望的皇子,应该说,这个储君正在他的安排和思考之中。从圣祖对征战在西北疆场的胤禵的勉励中,可以窥见其心思,他说:"有事之际,身为儿臣之人,理应舍身报效。如今得此效力之机,只应喜庆欢欣而已,其它话没有用处";"这许多年来,朕从来没有像现今这样颜面丰满,寝食安适过。你被交付重要事宜,出征已经一年。(这一年来)凡是你派回的人,都是经过朕亲自会见后,才遣返的,也许他们没有告诉你吧?你只应把心放宽松,在交付的事上勤谨效力"③。自康熙四十七年储位危机以来,圣祖的心情一直很沉重。像这样高兴、这样舒畅的时候,如果不是在储位问题上有希望了,是不会出现的。皇父的话语重心长。所以,皇子出任大将军统兵,与储贰人选密不可分,尤其是在当时特定的政治环境下。皇父把这个机会赐给十四阿哥,事实上也就是默认了未来的储君地位非他莫属。

　　胤禵统帅大军出征4年,战功显赫,但是有关材料后来均被世宗销毁,或涂抹殆尽,唯有从蛛丝马迹中还可以窥见一二。例如,胤禵多次参劾一些

---

① 《清圣祖实录》卷二七五。《康熙起居注》康熙五十六年。
② 参见王锺翰:《清圣祖遗诏考辨》,白寿彝主编《清史国际学术讨论会论文集》,辽宁人民出版社1990年版;冯尔康:《雍正传》,第62页;《清史编年》卷三康熙朝下。
③ 引自杨珍:《满文档案中所见胤禵皇位继承人地位的新证据》,《中国史研究》1990年第三期。

出征的文臣武将玩忽职守、拖延、推诿、克扣粮饷、贪污纳贿、敲诈勒索、骚扰百姓、军纪松弛,甚至包括"粮米不行节省,马畜不行爱惜"等问题,从中反映出胤禵勇于任事、赏罚分明、不务虚名的精神,亦可见他的军事领导才能。再如,胤禵遵照皇父指示,进军西藏,封呼必勒罕为弘法觉众第六世达赖喇嘛,派满汉官兵及青海兵护送入藏,安全到达拉萨。为此,圣祖指示宗人府勒碑纪念。雍正二年(1724)闰四月,世宗谴责碑文撰写者宗室阿布兰说:"前大将军胤禵自军前回时,伊特出班跪接,从来宗室公于诸王阿哥并无此例也。宗人府建立碑亭,翰林院所撰之文,阿布兰以为不佳,另行改撰,并不颂扬皇考功德,惟称赞大将军胤禵,拟文勒石。朕即位后,伊自知诬谬,复行磨去。"①在康熙朝,这类事也是很敏感的,特别是对皇子歌功颂德之类,一律被视为结党,居心叵测,而受到严厉惩处。而阿布兰撰写的碑文,圣祖不会不知道。知道而不怪罪,这对于一再强调"倾心向主"、"国家惟有一主"的圣祖来说,是值得注意的变化,说明圣祖正在有意识、有步骤地树立胤禵的威信②。然而,正当胤禵在西陲屡建大功业之时,圣祖于六十一年(1722)十一月十三日去世了。事情来得那样突然,以至人们尚未来得及细加思考,一个新君——雍正帝已登上了太和殿,接受臣子们的朝贺,即位大典也在此举行了。

有关圣祖立储、废立太子及他心目中的皇位继承人等问题的分析、考证文章,已发表很多,所提证据不少。总的来看,多属猜想,以某些迹象为据,断定在废太子后,圣祖心目中的皇位接班人为第十四子胤禵。所有类似的论证,无非是贬低后来即位的雍亲王胤禛,更否定胤禛即位的合法性。如果说圣祖心向胤禵,他明知自己年老多病,又为何将胤禵远遣西北?倘若一旦病倒,能不虑及其他皇子可能夺位?实际上,胤禵党附胤禩,圣祖看得格外清楚,给予重任,远离京城,不过是分化其党,安抚其心而已。此事,圣祖始终不露心声,仅从种种迹象做出判断,仍属猜测,不足为据。

圣祖晚年为太子储位而苦恼。他仿效汉人习惯,早立太子。当他的儿子们尚未成年及刚成年,尚能相安无事,及至成年,介入政治与权力,其明争

---

① 《清世宗实录》卷一九。
② 参见杨珍:《满文档案中所见胤禵皇位继承人地位的新证据》,《中国史研究》1990年第三期。

暗斗势不可免。所说"朋党"由此而生成。显然,圣祖在处理此事的过程中并不高明,多有失误。即使他发现了问题,及时处理,甚至在第二次废太子后不再立新太子,其朋党之争非但没有止息,反而因太子虚位更刺激了几个有实力的皇太子的争斗。不过,他毕竟从此事取得了教训,不再立太子,说明他晚年头脑仍保持几分清醒。还有,他处理果断,对结党严厉打击,没有酿成更大的祸乱,为其后胤禛即位扫清了障碍,使国家权力能和平交接,基本保持了统治集团内部的一致,维护了社会安定的局面。

第六章 雍正承前启后

1. 世宗继位辨疑

康熙六十一年(1722),胤禛继皇帝位,即清世宗,以明年为雍正元年(1723)。在登极诏中,世宗大谈皇父亲授神器,奉遗诏,承大统;继则讲亲亲之谊,"朕之昆弟子侄甚多,惟思一体相关,敦睦罔替,共享升平之福,永固磐石之安"①。从他即位伊始,就不断地宣扬和解释这些观点。然而,朝野对他继位的合法性却打上了问号,人言啧啧。迄今为止,学术界不断为之论证,认定是夺嫡、夺位。此为清宫疑案之一。在此有必要辨疑,以图做出合理的解释。

据《清圣祖实录》记载,康熙六十一年(1722)四月中旬,圣祖按惯例率众皇子往热河行宫,于九月末回京。途经密云,巡视河堤。十月下旬前往南苑行围。十一月初七日,他病了,自南苑回驻畅春园。因病,原拟十一月十五日的南郊大祀,特命胤禛代行。胤禛以"圣躬违和,恳求侍奉左右"。上谕曰:"郊祀上帝,朕躬不能亲往,特命尔恭代。斋戒大典,必须诚敬严格,尔为朕虔诚展祀可也。"胤禛遵旨。初十日,胤禛三次派人至畅春园候请圣安。十一、十二日,胤禛每日都派人至畅春园候请圣安。在这三天,其父都是传谕"朕体稍愈"。十三日丑刻(1至3时),圣祖病情加重,催促召胤禛,"谕令速至"。寅刻(3至5时),召胤祉、胤祐、胤禩、胤祹、胤䄉、胤祹、胤祥诸皇子和理藩院尚书隆科多至御榻前,谕曰:"皇四子(胤禛)人品贵重,深

---

① 《清世宗实录》卷一。

肖朕躬,必能克承大统。著继朕登基,即皇帝位。"胤禛闻召驰至,巳刻(9至11时)"趋进寝宫,上告以病势日臻之故"。当天,胤禛3次(《清世宗实录》记为5次)进见问安。戌刻(19至21时),圣祖在畅春园去世,享年69岁。

从《清圣祖实录》的记载来看,南苑生病之前,圣祖日常活动正常,巡幸热河,视察河堤,回京不久又去南苑行围。若精力不济,肯定不会作如是安排。但《清圣祖实录》并未记载圣祖到底得的是什么病。"传旨,偶冒风寒,本日即透汗。自初十至十五日静养斋戒,一应奏章,不必启奏。"这倒像是感冒,而且还比较重[1]。

康熙四十七年(1708)之后,圣祖经过两次大病,元气大伤。康熙五十七年正月,圣祖以手书形式对诸王、满汉大臣说:"不幸身罹大忧,肢体不能动履,已寝卧五旬矣。一切丧事(指皇太后去世)未得尽心,又无暇调治,所以右足较左足瘦削,或至残废与否,难以预料。容颜憔悴,皮骨仅存。"同月二十一日又说:"今已年高,病虽渐愈,手尚作颤,不能说即时复旧。"二月初六日,他在手书中讲:"若谓身安,则羸瘦已极,仅存皮骨。"二月底又说,"朕体稍早起,手颤头摇,观瞻不雅。或遇心跳之时,容颜顿改。骤见之人,必致妄起猜疑。"[2]看来他身体已十分虚弱,即使这两年有所康复,特别是胤禵出征后,将来神器有所归,心情格外舒畅,但他毕竟年近古稀,又伤了元气,已是老态龙钟,经不起重病的折磨了。

圣祖生病后第三天,就派遣胤禛去南郊斋戒祀天,而胤禛则不愿意去。《清圣祖实录》中也未谈及圣祖生病后初七、初八、初九日三天是谁侍奉左右,也未记载有人去请安。胤禛遵旨去南郊后,从初十日开始连续三天派人至畅春园请安,据《清世宗实录》的说法,每日三次。这里不能不让人产生疑问,圣祖是否有意把他从身边支走?而他每天派人请安是否有探听动静的意图?每次请安,圣祖都是"传谕朕体稍愈",是否有意放风,以稳定胤禛?而"圣躬不豫时,降旨召胤禵来京,其旨为隆科多所隐",此条材料虽系案犯曾静的供词,收入《大义觉迷录》,则是值得重视的。十三日丑刻,圣祖病情加重,命急召胤禛,谕令速至。既然胤禛闻召驰至,为何直至巳刻才迟

---

[1] 萧奭:《永宪录》卷一;冯尔康:《雍正传》,第59页。
[2] 《康熙起居注》康熙五十七年。

迟到畅春园？

从官方对圣祖去世前后的记载来看，也令人生疑。胤禛闻召驰至，趋进寝宫是十三日巳刻。在《大义觉迷录》中世宗回忆说："至十三日，皇考召朕于斋所。朕未至畅春园之先，皇考命诚亲王……著朕即皇帝位。是时，惟恒亲王胤祺以冬至命往孝东陵行礼，未在京师。庄亲王胤禄、果亲王胤礼、贝勒胤裪、贝子胤祎俱在寝宫外祗候。及朕驰至问安，皇考告以症候日增之故，朕含泪劝慰。其夜戌时，龙驭上宾。朕哀痛号呼，实不欲生，隆科多乃述皇考遗诏。朕闻之惊恸，昏仆于地。诚亲王等向朕叩首，劝朕节哀。朕始强起办理大事。此当日之情形，朕之诸兄弟及宫人内侍与内廷行走之大小臣工所共知共见者。"

在《清世宗实录》中有如下记载："是日，上问安进见五次（《清圣祖实录》记三次）。戌刻，圣祖宾天，上哀痛号哭，擗踊不已。尚书隆科多进曰：'大行皇帝深惟大计，付授鸿基，宜先定大事，方可办理一切丧仪。'上恸哭仆地，良久，乃起，趋至御榻前，抚足大恸，亲为圣祖更衣，遵用孝庄文太皇太后制赐御服，上皆敬加于首，然后进御。时诸王大臣恭议殡殓大礼，宜奉大行皇帝还宫。于是，命淳郡王胤祐守卫畅春园；贝子胤裪至乾清宫敷设几筵；十六阿哥胤禄、世子弘昇肃护宫禁；十三阿哥胤祥、尚书隆科多备仪卫、清御道。上亲安奉大行皇帝放黄舆，攀依号哭……"

上述两段史料，一为世宗为洗刷自身而作的解释，一为官修实录。如果仔细辨考，也能发现一些蛛丝马迹。

第一，圣祖患病以来，除隆科多在宫中侍疾之外，有关皇子在寝宫侍奉值班的情况，尤其是十三日圣祖病重之后的侍奉值班情况，都无任何记载。这与前两次大病时迥异，前两次生病，有关皇子特别是胤禛如何侍奉汤药、关心皇父，《清圣祖实录》记载得清清楚楚。而这次什么也没有，甚至从巳刻趋进寝宫的胤禛已是圣祖的接班人了（据说对他保密），接连进见问安三次（或五次），居然也未留在皇父身边值班，这种违背情理的做法，不能不令人生疑。

第二，胤禛三次进见问安时，除了"皇考告以症候日增之故，朕含泪劝慰"，其余的什么也没有谈。圣祖既然已把他定为接班人了，为什么还要瞒着他，此时此刻连一点嘱托都没有？并且，这个所谓寅刻传位末命，直至圣祖去世,其间长达8个小时,竟然没有透露一点风声,连当事人胤禛自己也说不知道。以圣祖的英明和专制,对传位这样的大事,怎么会不亲自安排和宣布,反而由旁人在自己死后宣布,这符合圣祖的性格特点吗?"今天下大小事务,皆朕一身亲理,无可旁贷。若将要务分任于人,则断不可行。所以无论巨细,朕必躬自断制。"虽然这是他在两年前说的,却恰好说明了其性格特点,即使"年力虽衰而志意始终如一"。只要他一息尚存,是绝不会让他人在自己死后代为宣布传位这件大事的。因为这样做容易被人利用,出现死无对证的局面,历来为人主所忌。而这又是圣祖晚年多次强调的,他在面谕中指出:"汉高祖传遗诏于吕后,唐太宗定储位于长孙无忌,朕每览此,深为耻之。或有小人希图仓卒之计,废立可以自专,推戴一人,以期后福。朕一息尚存,岂肯容此辈乎?"生前说得很明确,这种蠢事,他是绝不会做的。所谓寅刻传位末命,大概是没有的事,是讲给他人听的。雍正八年(1730),世宗在给内阁的上谕中讲:"果亲王(胤礼)在皇考时,朕不知其居心,闻其亦被阿其那(胤禩)等引诱入党,即朕御极后,隆科多奏云:'圣祖皇帝殡天之日,臣先回京城,果亲王在内值班,闻大事出,与臣遇于西直门大街,告以皇上绍登大位之言,果亲王神色乖张,有类疯狂。闻其奔回邸第,并未在宫迎驾侍候'等语。朕闻之甚为疑讶,是以差往陵上暂住以远之。"①其时距圣祖死已有8个时辰,而在圣祖寝外祗候的胤礼也只是与隆科多相遇时才听说了其兄继位的消息,并惊讶得有类疯狂,这可以说明所谓寅刻传位末命是子虚乌有,圣祖在世时没有表明要让胤禛嗣续,否则,胤礼绝不会因惊讶而有那样的举动。具有讽刺意味的是,在传位问题上,始终只有胤禛自己在解说。因此正像有的学者所指出的,根本不存在胤祉等七皇子与隆科多同受寅刻传位末命一事。在雍正九年抛出的《大义觉迷录》之前,没有八人同受末命的具体记载。而在此期间,胤禩、胤禟和隆科多已死;胤䄉被拘禁;胤祉已革去亲王,胤祹已革去郡王;胤祐则明哲保身,敬顺小心,受到其兄的夸赞;胤祥本来就是同伙,不必担心。于是世宗在其辩解书中首次编造了八人同受末命的谎言②。至于说:"朕向者不特无意于大位,心实苦之。

---

① 《雍正起居注》雍正八年五月。
② 参见孟森:《清世宗入承大统考实》;戴逸主编:《简明清史》第二册。

前岁十一月十三日皇考始下旨意,朕竟不知。若少觉之,朕亦必别有道理。皇考陟天之后,方宣旨与朕,朕岂可明知而任国家之受乱乎？不得已缵承大业。"①此后他在《大义觉迷录》中进一步绘声绘色地说,其父去世后,"朕哀恸号呼,实不欲生,隆科多乃述皇考遗诏。朕闻之惊恸,昏仆于地"。这不过是做给众人看的。

第三,所谓"圣祖遗诏",经考证认为是胤禛一手伪造的,是在康熙五十六年(1717)手书御旨基础上删削、修改,再添上一条寅刻传位末命拼凑而成的。也就是《大义觉迷录》中所说"隆科多乃述皇考遗诏"。十六日颁布的遗诏只有满文本,御史杨保等人参奏鸿胪寺官未宣读汉文,世宗说:"宣读清字诏书时,大小臣工既已共闻,即与宣读汉字诏书无异。此盖皇考在天之灵使满汉人员翕然如一家之意也。"以此作为对众人的解释。

《清世宗实录》卷一说:"圣祖尝谓大臣曰:朕万年后,必择一坚固可托之人,与尔等作主。"后来昭梿在《啸亭杂录》中也说:"(圣祖)因谓众曰:'朕必立一刚坚不可夺志之人,为尔天下共主。'盖谓宪皇帝也,众莫能测上意。"②所说"坚固可托之人"、"刚坚不可夺志之人",确实是雍亲王的形象和性格特征。昭梿所说,很可能是出自《清世宗实录》,这不像是圣祖所说的话,且与圣祖的思想、性格不符:"朕自幼读书听政已久,治国之道莫要于宽舒","朕则待下宽恕";"仁皇(圣祖)天资纯厚,遇事优容,每以宽大为政,不事黢刻";"朕之喜怒,无不即令人知者,惟以诚宽为尚耳"③。一般说来,圣祖给人一种仁慈、宽厚的印象。而其子胤禛则是刚坚不可夺志、坚固可托之人,他总能够达到目的,有不可抗拒的威严。对待异己或政敌可以不择手段,对待臣下也未必讲究诚意,他继位时,思想、性格已经定型,其父不可能立一思想、性格与自己格格不入且已年过四十五的皇子嗣续。这可以联想曾静的供词:"先帝(圣祖)欲将大统传与胤禩,圣躬不豫时,降旨召胤禩来京,其旨为隆科多所隐,先帝宾天之日,胤禩不到,隆科多传旨,遂立当今。"虽然这是"小道"传闻,颇引人思考。

---

① 《雍正起居注》雍正二年八月。
② 昭梿:《啸亭杂录》卷四《王太仓上书事》。
③ 《康熙起居注》康熙五十三年;萧奭:《永宪录》卷一;昭梿:《啸亭杂录》卷一《优容大臣》;《清圣祖实录》卷二五五。

第四,圣祖的死因也有可疑之处。十三日丑刻,圣祖病情加重后,头脑清楚,没有言语障碍。直到巳刻,胤禛来到寝宫后,尚能讲自己病情加重的原因。这表明如果没有外因的作用,即不存在引发心血管系统出现骤然变化的外部因素的话,绝不会死在当天。从康熙四十七年(1708)以后,圣祖多次谈到自己头晕心悸,沉闷,右手不能写字,手颤头摇,"或遇心跳之时,容颜顿改"等等,一系列症状,确实像患有心血管方面的疾病。即使后来有所康复,但潜在的危险依然存在。这就有"气死人"的可能。

圣祖临终时,胤禛肯定在现场,而且很可能就是他在寝宫侍疾,或者还有隆科多。《清世宗实录》说圣祖死后,"上恸哭仆地。良久乃起,趋至御榻前,抚足大恸,亲为圣祖更衣"。这就奇怪了,在圣祖弥留之际,为什么没有站在皇父身边,特别是没有站在皇父的头部这边,而是与御榻有一段距离,且所在位置还是皇父的脚部那边?更令人纳闷的是为什么在咽气前没有来得及更衣,而在死后才更衣?另外,据《永宪录》记述:"上宴驾后,内侍仍扶御舆与入大内。相传隆科多先护皇四子雍亲王回朝哭迎,身守阙下。诸王非传令旨不得进。次日至庚子(十九日),九门皆未启。"①奉大行皇帝回乾清宫,内侍仍扶御舆入大内,情景依然如平日。当此深夜,世宗亲自身守阙下,诸王非传令旨不得进,而且将京城九门关闭了6天。当时,提督九门巡捕三营统领兼理藩院尚书隆科多,掌京城警卫武力。《清世宗实录》记载,雍正五年(1727)十月初,定隆科多四十一款重罪,其中有"圣祖仁皇帝升遐之日,隆科多并未在御前,亦未派出近御之人,乃诡称伊身边曾带匕首,以防不测"一条。圣祖去世那天,说隆科多并未在御前,又与前说自相矛盾。所谓"以防不测",无非是防止有变,换句话说,是防止诸王有变,故诸王非传令旨不得进。鉴于以往诸王争储位,在此事变的关键时刻不得不防。

圣祖死因可疑,丧事办得也很蹊跷。圣祖死于十三日戌刻,十四日举行殡殓大礼。十四日戌刻,也就是深夜给大行皇帝大殓。整个过程,从死到入殓,也不过一整天。时值冬季,第二天是冬至,世宗特赏梓宫前太监皮衣,所以尸体停放三五天肯定没有问题。即使胤禵远在大西北,不能很快赶回奔丧,也应该等一等其他人。另外,入殓选在深夜,这是为什么?按世宗的指

---

① 萧奭:《永宪录》卷一。

示,大殓时,"著令王、贝勒、贝子、公、文武大臣,俱入乾清宫门内,令其瞻仰,得其哀恋之情";"公主、王妃先可远列丹墀,著仍入大内,亲近梓宫,使得尽哀。朕之兄弟子侄,亦令俱入乾清门,在丹陛上,随朕行礼"。其实,深更半夜恐怕谁也无法瞻仰先帝遗容,怎能"得其哀恋之情",这样匆匆忙忙入殓,也是叫人生疑的。雍正四年(1726)六月定胤禩罪状四十款,其中有"圣祖仁皇帝宾天时,阿其那(世宗让胤禩改名,以示羞辱)并不哀戚,乃于院外倚柱,独立凝思,派办事务,全然不理,亦不回答"。雍正八年,世宗指责其兄时说:"皇考龙驭上宾,方有大事之夜,朕命胤祉管理内事,阿其那管理外务,乃胤祉私自出外与阿其那密语多时,不知所商何事。"①这正是反映胤祉、胤禩对皇父的死因及眼前发生的一切都表示怀疑。种种迹象表明,圣祖的死很突然,联想他的身体状况,胤禛有可能向其父说了些什么,其父在情绪波动太大的情况下猝死。

《朝鲜李朝实录》中有两条材料,似乎可以说明胤禛继位是圣祖生前敲定的。这两条材料,一是说圣祖病重期间,曾召见阁老马齐,说:"第四子雍亲王胤禛最贤,我死后立为嗣皇。胤禛第二子有英雄气象,必封为太子。"一是说圣祖病重后,曾向胤禛讲述为君不易和治理天下之要,且将自己的扑珠送给胤禛,说:"此乃顺治皇帝临终时赠朕之物,今我赠尔,有意存焉,尔其知之。"这两条材料确很重要,可惜,中国官方文献上没有记载,特别是《清实录》中也没有提到此事。《永宪录》也有一条记录,说:"上大渐,以所带念珠授雍亲王。"②李氏朝鲜官方实录及《永宪录》所记,为他书所不载。如果记述属实,足够证明胤禛继位合法合理。问题是,清官方不载,就连世宗本人在面对四起的谣言时,也不曾提到上述两书所载的事。所以,要彻底认定世宗"夺位",就不能单单引述清官方史书,而应对相反的记载做出解释。如说朝鲜官方实录及《永宪录》记载皆不可信,断然拒绝,也是没有根据的。

以上所说"辨疑",大体是当前史学界较通行的说法。本书之所以把这个问题提出来,是因为这个问题很重要,不能回避,应予正视。的确,世宗继

---

① 《清圣祖实录》卷四五;《雍正起居注》雍正八年五月。
② 《朝鲜李朝实录》景宗十二年二月;萧奭:《永宪录》卷一。参见冯尔康:《雍正传》,第63—64页。

位有诸多疑点,值得分析、考证,有助于揭示历史真相。有关世宗"夺位"说,在他即位的当时就已传出他"夺位"的种种说法。世宗完全了解宫廷内外的谣传,不得不自己站出来解释,驳斥各种流言蜚语。所谓"夺位",这在历代王朝乃是常见的现象。如号称明君的唐太宗李世民不是靠发动政变、击杀其兄、逼父让位才上台的吗?人们并未谴责,更未否定他,相反,对此事看得很淡,因为他很有作为而受到称赞;隋炀帝杨广也是靠阴谋夺了应属于其兄的皇位,因为他荒淫至极,才受到后人的批判。清世宗因为"夺位"而倍受人们指责,大抵是当时他树敌太多,难免给他散布许多谣言。他的性格刚强,打击政敌包括他的诸兄弟决不手软,招致人们的反感。评价一个帝王,不是看他怎样得位,重要的是看他一生的政治实践、思想素养与才能,对历史的发展起到何种作用,这才是评价一切历史人物的主要根据。如果用评价唐太宗的心态来看待清世宗,也许就不会把他即位的疑问看得那么严重了。

2. 从严整顿吏治

历代治国,首重吏治。吏员清廉与否,实关国家安危。清入主中原伊始,就以明朝亡国为借鉴,从严从速整顿吏治。圣祖承其后,以整肃吏风为要务,不仅施之于法,尤重"宽仁",伴之教化、培育,倡导儒家修身之主旨。至康熙中期,已历50年,基本实现正本清源,从民风、士风到吏风为之巨变。正如康熙四十二年(1703)圣祖南巡至山东济南,参观趵突泉时提笔写下的"源清流洁"四个大字[①],这是说趵突泉的源头清纯而无污秽,流出来的水也是洁净的。

到康熙后期,由于圣祖为政"尚宽",吏治变得松弛,出现了败坏之象,诸如贪污、贿赂、欺隐、造假等恶劣风气,又重新抬头。且有滋蔓之势。圣祖虽有察觉,仍以一生主"宽仁",不嗜杀而自慰。

世宗即位后,按圣祖生前为政的思路,继承其治国的基本方略;同时,因

[①] 蒋良骐:《东华录》卷一九。

时制宜,根据现实中出现的新问题,做出新的决策,甚至大胆改变不合时宜的做法。

雍正元年(1723)正月元旦,正是传统春节的第一天,世宗做的第一件政事(节日问安行礼除外),就是发下他亲笔写的"训谕"11道,分别给各省总督、巡抚以下至州县官,总计不下万言①。仅此一事,已见即位还不到两个月的世宗所表现出的勤勉为政的精神。他在位13年,始终如一,未曾稍懈。世宗给各级官吏分别发下的"训谕"11道,不仅表达了他的为政思想和治国原则,让所有官吏都知道;更重要的是,告诫和指导他们如何忠于职守,保持清廉。

在给总督的"训谕"中,写道:"总督地控两省,权兼文武,必使将吏协和,军民绥辑,乃为称职。"特别是"澄清吏治,必本大公之心,虚怀察访",如确实为人清廉而有名节,又才能练达的,要任以要职,举此一人"可以风百"。以善逢迎的指为有能力,以沽名钓誉者为贤人,甚至暗通贿赂,私下接受委托,使这些不法、品行不端的人得到推荐,"而朴实无华,敦尚实治者,反抑而不伸",受到压制,这哪里是正道呢?他指出,有些官员刚当官时,尚能保持清廉,而官当大了,则马上改变以往的操行,古人称为"巧宦",这类人的内心还需问吗?他希望总督各官要"察吏安民,练兵核饷",多做实事,不务虚名,秉公而不持偏,否则"国法森严",是难以宽免的。

在给巡抚一级官员的"训谕"中,强调"吏治不清,民何由安!"痛斥营私舞弊,纳贿赂,分肥入己,加征加派,"不恤小民之脂膏,但饱溪壑于无厌"。如此"积弊,尤为国法所不容者"。在给管理学校教育的督学官员的"训谕"中,表达了对"兴贤育才"的渴望;向提督、总兵等武官,分别提出了具体要求;给各省布政使的"训谕",以其"任既重,责亦大",要求尤为严厉,对实际上存在的贪占、贿赂等腐败,世宗逐一指出,并洞察"弊源",不烦"反复谆且言之",期待他们"悔且改也",否则"三尺莫逭"。世宗训谕各省按察司,执掌大小狱讼,"民命所关",必得"肃清纲纪,无致废弛";他一针见血点明问题根源:"总之,病官、病民,悉缘贪黩",即由贪污而来。如"因循不改","必置于重法"。在给副将、参将、游击等将官的"训谕"中,明确指出存在的问

---

① 《清世宗实录》卷三。

题,就是"营伍废弛,为害最大"。究其原因,仍为"将弁之贪利而废法";一是冒虚粮而兵无实数,一是克扣月粮而兵有怨心。因此,上亏国家的粮饷,下盘剥士卒之脂膏,办理军务,不能廉正服众,谁肯用命!他警告他们:如"恣意逞威,虐民生事,为害于地方,王法森严,决难轻贷!"

世宗向各省知府发出"训谕",以其官处下层,"与民最亲",着重说明这一级官员为"吏民之本",老百姓所以能安居乐业,没有"叹息愁恨之心",关键是政治平和,诉讼合理。他鼓励知府官员以先代"循吏自勉",如"徇私纳贿,不能率属爱民,贻害地方",他不会宽恕的。

知州、知县是国家基层官员,尤其值得重视,如世宗所训谕:"朕惟国家首重吏治",州县官"乃亲民之官,吏治之始基也"。他是说,州县官是吏治的基础,虽说品级卑下,责任实属重大。他打了个比方:一个省的吏治,如同盖一座房子,督抚大员作为栋梁,司道官员就是墙壁,州县官就是"基址"。百姓是邦本。固邦本,就取决于吏治,而吏治之本则在州县。如州县官品行不端,就如同基址不立,那么,房子就不牢固。这又取决于州县官能否做到清廉自持,实心尽职。其中钱粮,关系尤重,一丝一毫一粒,都是百姓的脂膏,"增一分则民受一分之累;减一分则民沾一分之泽"。他指出,近年乱加"火耗",百姓怎能承受?他严令禁止,如被发现,"必从重治罪"①。

世宗一次就发出11道"训谕",针对各级官员,既讲明道理,又指出存在的问题以及改进的方法,公布奖惩原则,娓娓道来。除这11道外,他又给内阁大学士、八旗官员分别发出"明谕",这在历代帝王中实不多见。在这11道"训谕"中,已清晰地展示出他的为政思想。他把理论的阐释与实际问题紧密地结合起来,看得出来,世宗观察问题极富深刻性,他提出为官"名实相符"的思想,颇有创新之意,成为他澄清吏治、培育新的吏风的指导方针。这一方针,贯彻在他下发的11道"训谕"之中。

在整顿吏治的过程中,世宗把握"宽严相济"的原则。雍正七年(1729)五月,他根据数年为政的经验,向大学士和九卿官员明确地阐述了自己的理论:

自古为政者,皆言宽严相济。所谓"相济"者,非方欲宽而杂之以

---

① 世宗发"训谕"11道,详见《清世宗实录》卷三。

严,方欲严而杂之宽也。惟观乎其时,审乎其事,当宽则宽,当严则严而已。如十人当赏,则俱赏之,断无以赏者太多,而舍一二人不赏之理;十人当罚,则俱罚之,断无以罚者太多,而宽一二人不罚之理。即如户部也,综核钱谷,惟在公平。直省征解钱粮,其不足者,固当查核,若余于额数之外者,岂遂不当查核乎?即如刑部也,按律定罪,务期明允。直省审谳重案,其间失出者,固当驳诘,若失入而致冤抑者,岂遂不当驳诘乎?总之,宽严适协其宜,乃为相济,非参杂于宽严之间,而为子莫之执中也。譬之饮食,原相需也,然亦当饮则饮,渴者不可以饮解;当食而食,饥者不可以饮充,若强饥者以饮,强渴者以食,是相背也,岂相需之道乎!①

世宗的这篇言论,极富哲理,阐述清晰。比较圣祖的主张,有很大不同。圣祖所主:"治天下之道,以宽为本。"他推崇古人"多一事不如少一事"的说教,"以不生事为贵"。这种思想,在他晚年尤其突出。世宗则较少片面性,他主张该宽则宽,该严就严,不能偏向一个方面而无视另一个方面,一味主宽,必使法纪松弛,人不畏法,犯者就众;而一味主严,刑罚过而不当,就会使人丧失进取心,其中亦有人将遭冤抑。所以,宽严相济,不失为治国之良法。

世宗整顿吏治,是通过表彰和重用廉吏与从严打击贪官两个方面同时进行的。世宗发现和起用田文镜,即为典型事例。雍正元年(1723),山西巡抚德音报告山西去年收成甚好,并无饥民。田文镜奉命告祭华山,回京师复命,将所见山西荒歉情况详细汇报。世宗很感动,认为他经过山西,当地民间疾苦并不是他的责任,却能直言无隐,如不属"忠国爱民"之人,怎能做到这一点。于是,即命他前往山西,办理赈灾事宜。他尽心竭力,圆满地完成了使命,世宗任命他为山西布政使。在任内,他将历年积欠亏空钱粮及地方种种弊端,逐一剔除清理,"吏治整顿一新"。因河南诸事废弛,又将他调为河南布政使,很快又提升为河南巡抚。3年来,他整饬河工,堤岸坚固,黄河安流,连续3年丰收。他每事秉公洁己,不搞私交,绅衿畏法,地方安宁。世宗对他的表现非常满意。雍正四年十二月,世宗召集满汉大臣百官,评述田文镜的业绩,称他"实为巡抚中之第一",把他树为洁己奉公的榜样。适

---

① 《清世宗实录》卷八一。

值浙江道监察御史谢济世参奏田文镜,告以"党私负国、贪虐不法十罪"。世宗完全信任田文镜,在群臣面前代为担保,说:"田文镜秉公持正,实心办事,乃天下督抚中所罕见者,贪赃坏法之事,朕可以保其必无。"他命大学士、九卿官员审查此案。结果,"满汉大小臣佥云:田文镜并无贪婪之事,谢济世所参各款皆虚。"世宗痛斥谢济世身为言官"颠倒是非,扰乱国政,实大有害于人心世道,为国法之所断不可容",下令将谢济世革职,发往阿尔泰军前效力赎罪①。

原来,田文镜参劾河南属吏黄振国、关赚、汪諴、邵言纶等人贪赃不法,谢济世为他们鸣冤。在此之前,已有从广西巡抚升任直隶总督的李绂来京陛见时参劾田文镜,两人所参内容一模一样。世宗即断为"结党营私","排挤倾陷"。当诸臣逐条核实田文镜之不法事,谢济世"茫无凭据,俯首无词"。世宗指出,谢济世"受人指使,情弊显然"。他说,前曾发下旨意,有被上司参劾官员,允许到都察院控告申诉。黄振国、关赚、汪諴、邵言纶等被参,为什么不去申诉?竟"暗结党援,将本身所犯之罪,巧为掩饰,钻营李绂密奏,今又指使谢济世挺身陈奏",显系结党,报复私仇,推翻已结之案。世宗最痛恨结党,一经发现,决不宽恕。前次已将案中人黄振国逮捕,上列其他官员不过罢官。如今发现他们结党,排陷好人,世宗当以"法所难容",复将黄振国、汪諴处死,邵言纶、关赚发遣边疆充军。

在处理田文镜被劾一案中,世宗特颁谕旨:"言天下巡抚中,实心任事,不避嫌怨,为国为民者,惟田文镜、李卫、杨文乾三人!"李卫时任浙江巡抚,杨文乾任广东巡抚,均以政绩显于朝廷②。雍正六年(1728)五月,世宗再次表彰田文镜,向内阁通报说:田文镜"自到河南以来,忠诚体国,公正廉明,豫省境内,吏畏民怀,称为乐土……从前三年,收成丰稔,而今岁八府各州,二麦复登大年。又如连年豫省黄河工程,当暑雨时行之际,全无泛滥……吏治民风之善,实为直省第一。"他要求与河南邻省的山东,以田文镜之精神,办理两省之事。世宗本想把田文镜调任他省总督,但虑及他为河南官民所爱戴,不忍心调离,临时定制,设"河东总督",管理河南、山东两省事务。声

---

① 《清世宗实录》卷五一。
② 《清世宗实录》卷五一。

明此项决定是"因人设立之旷典",下不为例①。

与田文镜同受表彰的,还有云贵总督鄂尔泰。世宗称赞鄂尔泰"公忠诚勤,实心任事,是以云南地方连岁丰登"。他不禁感叹:"若各省督抚皆如田文镜、鄂尔泰,则天下允称大治矣!"②

世宗鼓励有胆识、敢于直言而正直的大臣,力图树新风,力诫阿谀奉承、不说真话的恶劣风气。世宗刚即位,时任检讨官的孙嘉淦上疏,言三事:亲骨肉、停捐纳、罢西兵(指青海用兵)。世宗召集大臣,出示此疏,严厉责备翰林院掌院学士说:"你翰林能容忍这个狂士吗?"这位学士叩头谢罪。大学士朱轼在场,慢慢地说道:"此生诚狂,但臣佩服其胆量。"过了一会儿,世宗不禁大笑:"朕也不能不佩服他的胆量!"立刻召见他,经谈话,即授以国子监司业。过了几天,世宗用手指了指孙嘉淦,对群臣说:"朕即位以来,孙嘉淦每事直言极谏,朕不但不怒,而且还感到高兴,你们应当效法。"③

世宗大力表彰清官,树为榜样,以正吏风;同时,他动员各级官员揭发贪黩不法、侵吞公帑、勒索百姓、行贿受贿等贪官,一经核查属实,就马上处理,尤其是抓住大案、要案,从重定罪,起到震慑人心、贪官敛迹的作用。

世宗处理年羹尧、隆科多两案,就是在全国引起巨大的政治震动的案件。年羹尧以平定青海的功劳,受封为一等公。世宗赏给他金黄服饰、三眼花翎、四团龙补;其子年富封为一等男爵,其家奴魏之耀赏四品顶戴。这些崇高的荣誉和宠幸,是前所未有的。宠极生骄,年羹尧变得骄横,目空一切。例如,他进京时,公卿大臣在广宁门外跪接,他骑马而过,"毫不动容",王公有下马问候的,他也只是点点头而已。朝中大臣给一个外省总督下跪迎接,既无前例,也从无此项规定。及至见世宗时,他在"御前箕坐,无人臣礼"。年羹尧原属世宗即位前雍府的人,关系密切。世宗即位,他有拥戴之功,受命赴甘肃,以钳制抚远大将军允禵。所以,他特别受到世宗的宠信,委任他为川陕总督,又兼甘肃的军政大权④。他自恃受宠,陕、甘、川三省军政大权在握,目无朝廷和法纪,任意妄为。还在雍正二年(1724)时,世宗已看出年

---

① 《清世宗实录》卷六九。
② 蒋良骐:《东华录》卷二九。
③ 金梁:《清帝外记》,第81页;《清人逸事》卷五。
④ 昭梿:《啸亭杂录》卷九《年羹尧之骄》。

羹尧、隆科多"大露作威福、揽权势光景",已授意朝中部分大臣"皆当疏远之",使之觉醒,否则,"此二臣将来必至不能保全"①。

雍正三年(1725)三月,年羹尧的问题开始败露。他在"日月合璧、五星联珠"的奏贺本中,误将"朝乾夕惕"写作"夕惕朝乾",而且奏本"字画潦草",世宗不禁大怒,斥责他:"自恃己功,显露不敬之意,其谬误之处,断非无心!"②四月,世宗向大学士们公布已掌握在手的年羹尧过犯:妄行推举庸劣的胡期恒为山西巡抚,妄参道员金南瑛等人;青海、蒙古饥馑,隐匿不报;等等。世宗说:年羹尧"从前不至于此,或系自恃己功,故为怠玩","如此之人,安可仍居川陕总督之任!"便将他调离陕西,补授杭州将军③。但年羹尧得此命令后,迟迟不动身,亦不愿交大将军印,希图留任。在被迫赴杭州途中,在河南仪封逗留不走,幻想世宗回心转意,再把他调回来。这又激怒了世宗,严令不得逗留,速赴杭州。世宗见他无改悔之意,几次命他回奏,对已揭发的问题做出解释。他却是支吾掩饰,前后矛盾,不肯认错。遂通知有关部门对年羹尧的问题展开调查。至十二月,议政王大臣与刑部正式提交年羹尧的罪证,称:"年羹尧反逆不道,欺罔贪残,罪迹昭彰。"据报,弹劾及提供罪证的案牍,如"邱山之积,罪恶逾溪壑之深"。其罪状计有:大逆之罪五、欺罔之罪九、僭越之罪十六、狂悖之罪十三、专擅之罪六、忌刻之罪六、残忍之罪四、贪黩之罪十八、侵蚀之罪十五,总共为92款大罪。

年羹尧获罪如此之多,实属惊人。政治触犯皇权,可以按皇帝的旨意定罪,自不必细说。惟其经济方面犯罪,有实物或贪占银两为证,远比政治犯罪更有其实在性。这里,只列举其贪黩之罪18款中几项数字也就足够了,如接受经他题补官员的感谢银为40余万两,勒索捐纳人员额外银24万两,私占咸宁等18处盐窝,勒令四省效力人员每人帮银4000两,在浦州截获私盐值银1万两入己。其侵蚀之罪15款,其中,冒销四川军需160余万两,又加派银56万两,侵用康熙六十年至雍正三年俸公银14.9万余两,抄没塔儿寺(今青海境内)内之物私自变价1.4万余两,砍取桌子山木材,借称公用,存贮入己,等等。年羹尧以贪污、挪用、侵占、受贿、强夺、巧取等手段,已积

---

① 蒋良骐:《东华录》卷二六。
② 《清世宗实录》卷三一。
③ 《清世宗实录》卷三一。

累赃私巨万,还经营房地产、典当、贩卖马匹和木材,所得不义之财又不知凡几。称他为贪得无厌的大贪污犯,一点也不过分。年羹尧借用手中的封疆大权,自行其是,形同割据。这些事,自然不是他一人所为,他的部属、家仆都参与了不法活动。所以,这是一个以年羹尧为首的大贪污集团。

就其经济贪赃,确已构成死罪。大清律规定:侵盗钱粮银满300两的,斩。刑部据此不可赦免的罪状,判处年羹尧死刑,其家属也都从严处理。

世宗的最后裁决是:念及年羹尧有青海之功,不忍加以极刑,交给步军统领阿齐图,令"自裁",即由他自己结束生命。其父年遐龄、兄年希尧"皆属忠厚安分人",革职,免死;所有赏给御笔及衣物等一并收回;其儿子甚多,惟年富恶劣,立即斩首,其余15岁以上之子,都发往广西、云南、贵州极边的烟瘴之地充军;其妻系宗室之女,遣还母家;财产全部抄没入官,其现得之赃银120万两发往西安,以补在川陕各项贪银数,其族人有现任及候补文武官的均革职;其嫡亲子孙将来长到15岁者,都陆续发遣,不许赦回,永不许为官;有匿养其子孙者,"以党附叛逆例治罪"①。

年羹尧最得宠时,满门皆官,权倾朝野,是除了皇族之外最为显赫的家族。由他一人犯罪,累及整个家族,昔日的辉煌,顿时化为乌有,其子孙永居边地,永不得为官,处分惩罚是够残酷的。

在处理年羹尧案之后,又揭露了隆科多的不法事,再次震惊朝野。隆科多是非同凡响的人物,其妹系世宗嫡母,位居皇太后。隆科多被世宗称为"舅舅",在廷臣奏本中凡涉及他,都须书写"舅舅隆科多",以示尊崇。特别是圣祖临终前留下遗嘱时,朝廷大臣唯有隆科多一人在场,对世宗承继大位起了关键作用。因此世宗一接管政权,马上任命为总理事务大臣之一,百般推重,加官晋爵,赏赐不断,一再表彰。雍正二年(1724)六月,他盛赞隆科多为"圣祖皇帝忠臣,朕之功臣,国家良臣,真正当代第一超群拔类之稀有大臣"②。隆科多荣宠至极,无以复加。是时,隆科多主内,年羹尧主外,两人同为世宗依赖的国家柱石。

这两人几乎同时铸成了一个致命的大错:擅权作威福,恰与世宗欲加强

---

① 《清世宗实录》卷三九。
② 《雍正朱批谕旨》。

皇权相冲突；贪赃枉法，徇私舞弊等行为，又与世宗严加整顿吏治背道而驰。世宗凡事看得明白，况且又极精明，岂容大权旁落任他们妄为，败坏国家体制。隆科多获宠未久，世宗就发出警告，此后也屡加提示，给予批评，但隆科多并不改过。

雍正五年（1727）十月，在充分查证事实后，由顺承郡王锡保等出面，给隆科多定罪41款，包括大不敬之罪五、欺罔之罪四、紊乱朝政之罪三、奸党之罪六、不法之罪七、贪污之罪十六。前四项罪，大抵都属擅权作威福，与君权抗衡，具有结党营私的性质。不法与贪污罪共23款，所占比重最大，已超过全部罪行的一半，均属经济犯罪，如贪污、受贿以及敲诈勒索，仅举以下几项：勒索诈取安图银38万两，收受赵世显银1.2万两，收受满保黄金300两，收受苏克济银3.6万余两，收受甘国玺黄金500两，收受六格格（皇室之女）猫睛暎红宝石，收受李树德银2.1万余两，收受菩萨保银5000两等。当罪行将要全部暴露时，隆科多将贪占勒索的金银寄藏在菩萨保家。

年羹尧、隆科多都在经济上大肆搜刮，构成了他们犯罪的主要内容，这也是官场中普遍存在的问题，基层官员尤其严重。他们远离朝廷，难得见天子一面，所犯"大不敬"罪甚少，几乎不存在这类问题，但经济掠夺、贪赃枉法却是普遍的。隆科多随侍皇帝，自恃荣宠，忘乎所以，犯不敬、不法、僭越等罪，自不足奇怪。如选任官员，都须经皇帝批准。而他竟敢包揽，所选官员"皆自称为佟选"（隆科多姓佟），所谓经皇帝批准，不过是例行公事，走走形式而已。年羹尧在陕西，私选官员也自称"年选"。仅此一条，也是世宗所不能容的。所以，隆科多与年羹尧一样，身败名裂是必然的。

锡保等判隆科多斩首，立即执行。世宗召集议政王大臣、内阁、九卿等官员，宣布对隆科多的处理。他说，按罪行论，隆科多罪重，"实不容诛"，但念及圣祖临终授命，大臣中唯隆科多一人，如将他处死，于心不忍，改为监禁，在畅春园外附近空地造屋3间，永远禁锢。家产不必抄没，即使抄没，也不足抵赔赃银数十万两之数，交他本旗照数追完。他的儿子岳兴阿革职，玉柱发往黑龙江当差[①]。

论罪条款，隆科多没有年羹尧那么多，但其性质却是一样的，都构成了

---

① 《清世宗实录》卷六二。

死罪。隆科多毕竟是世宗的亲舅,世宗还是网开一面,没有处死一个人,也没抄家,比起年羹尧家族的毁灭,真是幸运多了。

年羹尧、隆科多其兴也暴,其败也速。他们之间,有某种联系,主要的还是他们自身的问题:他们各自结党营私,贪赃枉法,腐败堕落,是作为贪官被清除掉的。在处理年、隆问题时,还有原四川巡抚蔡珽也以贪污、受贿、冒销藩库银共10余万两、黄金900两等罪行17款被参劾,处以死刑,待秋后处决①。

世宗即位之初,针对圣祖晚年吏治松弛,匡正吏风,雷厉风行,不惜以重刑打击贪官污吏,开了杀戒,处决了一些罪大恶极的贪官。他对于"贪婪不法"者尤为痛恨,"不可宽宥",还要"加倍惩治",所谓矫枉过正,也是必要的。实际上,处决的只是极少数,大多是革职、降级、调离重要职务,也有被流放充军的。事实上,世宗并不轻易用刑法,也不完全依赖行政手段,相反,更多的是用教育、训诫,使之弃恶从善。他说:"朕治天下,惟有教养兼施,劝善惩恶,此外非朕之所知也。"②他这番表白,并非虚语。雍正十二年(1734)正月,他对内阁、诸王大臣说:"朕十二年来,恳切至诚,时时训诫尔诸王大臣,所颁谕旨不下数千万言。"③据现存的《雍正朱批谕旨》及《清世宗实录》中的谕旨、讲话确有数千万言。他手批口谕,议论纵横,洋洋洒洒,每每不下千百言,有不少达到万言。所以,在《清世宗实录》中,每页都有他的谕旨,比之圣祖还要长。就说批示,一般没什么要说的,就写上"知道了"三个字。但他对每事都有长短不一的批示,阐述他的政见,给诸大臣以启示。他所讲的都是关于治道,教化各级官员公忠体国,反对贪黩不法。他用自己的思想和行为既影响也教育了从中央到地方的各级官吏。他一再强调:"朕治天下之道,首重用人。"举凡"大小文武官员,俱亲加看验、考试、补用,至降革罚俸等项处分,必再三详审,务使情罪允当,不令稍有屈抑"④。事实上,他都是在屡经训诫后,见其不改,或收效不大时,才施以处分的。约自雍正三年后,吏治渐有起色,如他说:"各省吏治,今渐可观",惟四川、陕

---

① 《清世宗实录》卷六一。
② 《清世宗实录》卷八〇。
③ 《清世宗实录》卷一五一。
④ 《清世宗实录》卷三四。

西两省"劣员甚多",皆因年羹尧"任用私人,举劾不公所致"。后经吏部整顿,问题也很快解决了①。雍正八年四月,世宗说:"近年以来,朕留心体察内外文武大小官员,虽不尽大法小廉,而奉公守法,各勤职业者多,朕心深为嘉悦。"显然,他对8年来澄清吏治所取得的效果是满意的。这时,他又采取一项措施:对过去被参罚的官员,内外有数百人,于当年秋冬之间,予以"开恩宽免,以示奖励"。包括满汉大小官员被革职、降级、留任及罚俸、停升的,"悉行宽免",但前已下"特旨,永停俸禄者"不得宽免。世宗说,他这样做,是给这些受处分的官员"予以自新迁善之路"②。自年、隆问题处理之后,官员受处分的渐少,特别是雍正八年后,官员犯赃行贿的事明显减少,好官、清官不断涌现出来。

经过数年雷厉风行的整顿,一改圣祖晚年的颓废吏风,国家各级官吏大多能够奉公守法,百姓少受其害,社会安定。吏风好转,社会风气也随之好转。雍正六年(1728)四月,河南孟津县民翟世有在路上拾到170两银,经寻找,如数还给了失主陕西人秦太,"并不受谢"。河南总督田文镜送匾嘉奖,向朝廷申报请奖。世宗立即批示:"朕心深为嘉悦,著给七品顶戴,仍赏银一百两。"以后各处奏拾金不取者甚多,"不能悉载"③。封建史家常用"夜不闭户,道不拾遗"来形容太平盛世。这种景象正是整顿吏治带来的一个积极结果。

3. 密建储位以固根本

清朝作为中国最后一个封建王朝,已把高度发展和成熟的封建专制主义中央集权政治体制发展到了顶峰。清廷吸取了中国历代封建统治的经验教训,采取一系列措施,建立严密的制度,从而使外戚、权臣、宦官等受到了严格的限制和打击。但是,建储和皇位继承的问题仍然是最高统治集团内部矛盾斗争的焦点。康熙朝后期统治集团内出现的一系列矛盾都是由此引

---

① 《清世宗实录》卷三三。
② 《清世宗实录》卷九三。
③ 蒋良骐:《东华录》卷二九。

发出来的,直接影响了政局,即使如建树非凡的圣祖本人,亦被建储之事搞得心力交瘁。在中国历史上,无论立嫡立长,一旦以正式的名义立下皇位继承人,就要警惕皇太子的势力是否严重地威胁皇权,也要警惕大臣们投奔其门下,对皇权形成威胁,从而扰乱朝政。如果不预立储君,又易引起人心不稳,甚至出现皇子们的激烈斗争,彼此残杀凌夺、尔虞我诈。这种皇权的继承交替之争,就是储君之位的争夺,处理不当将会直接影响到统治集团的稳定。圣祖最终还是没有妥善解决皇位继承问题,从而使人们对世宗皇位继承的合法性常常产生疑问。

世宗亲历过储位之争,对斗争的内幕一清二楚,亲身体验和感受到皇位争夺所带来的危险和后患。正是由于这一斗争,深深地刺激了世宗,启发他对这个棘手问题予以反思。为了避免重蹈覆辙,必须及时总结和吸取前朝的教训,于是,世宗即位不久,雍正元年(1723)八月,向群臣公布了建储的新规定。这就是废除嫡长子预立为皇太子的传统做法,改行密建储君的制度。他说:"今朕诸子尚幼,建储一事,必须详慎,此时安可举行?然圣祖既将大事付托于朕,朕身为宗社之主,不得不预为之计。今朕特将此事亲写密封,藏于匣内,置之乾清宫正中世祖章皇帝御书'正大光明'匾额之后,乃宫中最高之处,以备不虞。诸王大臣咸宜知之。或收藏数十年,亦未可定。"①当时在场的诸王大臣等表示唯当谨遵圣旨。世宗命众大臣退出,留下总理事务王大臣,密写皇太子的名字,置于一锦匣内,将密封的锦匣藏于"正大光明"匾之后②。为了更稳妥,他还另书写同一圣旨,密封于锦匣中,随身携带,以备不测之际,仍然可以实现自己的意愿,从而保证他所选定的储君能够顺利即位③。这样,秘密建储的制度就建立起来了。

密建储位制度一直延续到清后期。这种制度是对中原王朝嫡长子继承制的否定,是封建王朝皇位继承的一次重大的完善和超越,是对封建传统礼制的一次有力的突破和扬弃,成为封建王朝继承权制度史上最有效和最完善的创举。这种制度避免了皇族内部父子兄弟之间的流血冲突和宫廷丑闻,鼓励了各位皇子的上进心,维护了统治集团内部的稳定。而且,这种制

---

① 《清世宗实录》卷一〇。
② 《清世宗实录》卷一〇。
③ 张廷玉:《澄怀园自订年谱》,沈云龙主编:《近代中国史料丛刊》第五十二辑,文海出版社版。

度不分嫡庶长幼,唯以统治者所需要的德才为标准,无疑符合封建王朝长治久安的根本利益。从以后几朝皇帝的顺利继承来看,没有发生什么重大的皇位之争,说明了这种密建储位制度是可行的,达到了预期的理想效果,适应了封建制度晚期君主专制与皇权加强的政治需要。

世宗创建密建储位制度,提高了他自身的权威,避免了圣祖晚年诸皇子争夺太子之位的明争暗斗,取得了对大臣和皇储的完全控制权,保持了统治集团内部的高度统一,这是他的一大政绩。

世宗通过密建储位制度,妥当地解决了皇位继承问题,但是,他并没有因此而感到轻松,因为在他看来,还存在三种势力对他的威胁。一是以允禩、允禟、允䄉、允禵[1]等人为首的异己势力;二是以年羹尧为首的"年派"和以隆科多为首的"隆派"集团;三是科甲官员势力。

世宗得以即位,是与其他诸兄弟角逐储君,明争暗斗的结果,但是这场斗争并没有随着胤禛继位而止息。以允禩、允禟等为首的诸皇子集团仍然存在,他们联合朝廷中部分大臣和皇室成员,形成一股实力雄厚的政治势力,精明过人的世宗从即位起就感受到了他们的威胁。他别无选择,唯有彻底消除这个集团,才能真正建立起他个人的君主专制,维护清朝的政治稳定;也唯有彻底消除这个集团,才能使自己、皇室和一些官僚从斗争中摆脱出来,集中更多的精力来处理政治及社会等方面的事务。因此,即位不久的世宗精心策划消灭诸兄弟的反对派集团,已是势在必行。

世宗在诸兄弟中最忌恨的是允禩,深知他最有心计,亦有才干和能力,还在诸兄弟和朝臣中享有很高的威望。因此,世宗在皇位不稳固、朝政初接的情况下,采用安抚、稳住他的策略。世宗在居丧的第二天,就命允禩和允祥、马齐、隆科多四人为"总理事务"大臣;规定处理日常国政,"所有启奏诸事"均交四大臣;凡他的谕旨,"必经由四大臣传出,并令记档"[2]。世宗不但重用允禩,还拉拢他集团中的其他人。他任用允禩的追随者马齐为四大臣之一,赐允禩的儿子弘旺为贝勒[3],这在诸皇侄之中是极为罕见的。世

---

[1] 为避世宗胤禛讳,其兄弟名一律改"胤"为"允"。
[2] 《清世宗实录》卷一。
[3] 《清通志纲要》卷三。

宗还削去允禩的母舅噶达浑的贱籍,赏赐世袭佐领之职①。与允禩关系密切的闲散宗室佛格被任命为刑部尚书;与允禩交往密切的司官佟吉图被提升为山东按察使,旋升布政使,等等②。总之,世宗通过加官晋爵等拉拢手段,首先稳住了以劲敌允禩为首的异己集团,使自己有精力和时间从容处理,并腾出手来对付诸兄弟中的其他异己分子。

允禩的同党、十四弟允禵以抚远大将军身份率师驻守甘州(今甘肃张掖),世宗惟恐他拥兵自重,就以治丧为借口,将他与九弟允禟相交换,把允禵调回京师③。恰巧喀尔喀泽卜尊丹巴胡土克图圆寂于京师,世宗借机把依附于允禩的敦郡王允䄉、世子弘晟派为专使,护送胡土克图龛座赴喀尔喀④。把诚亲王允祉调到景陵;命允禵守护圣祖陵寝,在其附近的汤泉地方居住⑤。世宗就这样以各种名义和借口,把以允禩为首的诸兄弟异己政治势力搞得四分五散,使他们不能聚在一起闹事。世宗说过:"朕即位以来,离散伊党,令居远地,惟望伊等改悔前行,不致生事,罹于国法耳。"⑥

世宗除对劲敌允禩的势力采取拉拢和瓦解的政治策略之外,还给自己的亲信大臣和部分兄弟子侄等加官晋爵,以增强自己的实力。他赐封允祥为和硕怡亲王;准予有拥戴之功的舅舅隆科多承袭其父佟国维为一等公爵,并加封"舅舅"尊称,等等。

尽管世宗做得有条有理,甚为稳当,但允禩和他的同伙继续与之作对,一面散布各种流言,说他"凌逼弟辈";一面消极怠工,对他的谕旨不认真执行,甚至公开对抗。世宗命允禟去西宁,他却迟迟"不肯起程",屡次推诿,故意拖延时日。允禵、允䄉、允禟等都听允禩的"指示",却无视世宗的谕旨⑦。世宗忍无可忍,于雍正二年(1724)四月革去允䄉的王爵,"调回京师,永远拘禁"⑧。

---

① 《上谕内阁》雍正三年九月三十日。
② 《上谕内阁》雍正四年十月初五日。
③ 《清世宗实录》卷四。
④ 《清世宗实录》卷三。
⑤ 《清世宗实录》卷六。
⑥ 《清世宗实录》卷二三。
⑦ 《清世宗实录》卷一八。
⑧ 《清世宗实录》卷一八。

世宗深知：敢于向他的君权挑战、不执行他的旨意、藐视他的权威的，只有他那几个有实力的兄弟做得出来。但即位之初，君权不稳，世宗还有所顾忌，只是提出："尔诸大臣内，不无立党营私者，即宗室中，亦或有之。"他警告诸臣特别是他的诸兄弟："有则痛改前非，无则永以为戒。"①他一再提醒他的大臣和诸兄弟君权至上，容不得丝毫怀疑。如他说："朕为率土之主，尔等莫非王臣，若任尔等之纵恣，朕何以对圣祖皇考乎？"②他还向诸大臣强调天子的绝对权威，说："国家设官分职，各有专司，而总揽万几，全在一人之裁决！"③诸如此类的话，世宗讲得甚多，他要求诸大臣及诸兄弟无条件地向他效忠，不得有丝毫的离心离德。

随着世宗的皇位进一步巩固，特别是年羹尧手握重兵，平定准噶尔部罗卜藏丹津之乱，青海安定，在政治进一步稳定的有利形势下，他已不满足于对诸兄弟的告诫和拉拢，开始有计划、有步骤地消除以允禩为首的异己势力。

世宗深虑允禩在朝中影响之大，党羽之众，故不敢直接拿允禩本人开刀，而是旁敲侧击，先除其羽翼，以孤立他。他先是公开批评允禩办案"草率拟罪"，又革去与允禩结党的宗室苏努的贝勒爵位④。雍正二年（1724）八月，他公开点允禔、允禟、允䄉、允禩等的名，指出他们早在圣祖时已"结为朋党"⑤。十一月，世宗再次点名痛斥允禩："廉亲王存心狡诈，结党营私。自朕即位以来，凡遇政事百般阻挠"。接着他批评"在廷诸臣尚为廉亲王所愚，反以朕过于苛刻，为伊抱屈"。"党援终不能解散也。党援必由众人附和而成，若廉亲王一人，何所恃而如此行为乎"。他再次警告群臣：如能革心改正以前的错误，那么允禩"党散势孤，朕得以不伤骨肉手足之情"⑥。这表明，允禩在朝廷中还保持着相当的势力。为争取人心，世宗当众揭露其罪行，并警告群臣同他划清界限，从而达到进一步孤立他的目的。世宗逐步清除允禩集团的成员，如马尔齐哈、常明、七十、阿尔松阿、德宁、鄂伦岱、阿灵

---

① 《清世宗实录》卷六。
② 《清世宗实录》卷一八。
③ 《清世宗实录》卷二〇。
④ 《清世宗实录》卷二〇。
⑤ 《清世宗实录》卷二三。
⑥ 《清世宗实录》卷二六。

阿、裕亲王保泰等,他们或被革职削爵,或充军,或被处死①。遭此沉重打击的允禩集团已是一蹶不振。

经过一系列的准备,雍正三年(1725)七月,世宗终于向允禩集团的核心人物采取政治行动,革去允䄉的贝子爵位②;十二月,将允禵的多罗郡王爵位革去,降为贝子③。当允禩集团彻底失去反击的能力,处于世宗严密的监视和控制下,便加快了最后解决的步伐。

雍正四年(1726)正月初五日,世宗在西暖阁,当着众多满汉文武大臣,历数允禩的种种过失。他借助于圣祖生前对允禩的批评,断然说其"自绝于天,自绝于地,自绝于祖宗,自绝于朕,宗姓内岂容有此不忠不孝大奸大恶之人乎?"他一针见血地点明允禩"希图册立"为太子,谋取皇位,他不能容忍允禩的"狂悖已极",宣布"将允禩黄带子革去,以严宗牒"。至于允禟、苏努、吴尔占等,"结党构逆,靡恶不为",也都"革去黄带子"。命宗人府将他们4人除名④,从此把这4人开除出爱新觉罗家族。

二月初,世宗命将允禩押在宗人府内看守,"圈禁高墙",加以监禁⑤;允禟押解到保定圈禁;允禵押于寿皇殿近处,与其子白起同被"禁锢"⑥。世宗还不罢手,令允禩自改名为"阿其那"(满语,"狗"之意),令允禟自改名为"塞思黑"(满语,"猪"之意)。允禩势力的其他重要成员,有的被处斩,有的被禁锢,有的被革去爵位,等等⑦。

将允禩势力主要成员处理后,于六月正式公布允禩罪状40条,允禟罪状28条,允禵罪状14条。其中最根本的一条,就是允禩与允䄉、允禟、允禵、允禵"结为死党",希图"大位"。八月十四日,允禟突然"病故";九月十日,允禩也"病故"了,后人怀疑两人之死实为密杀。至今尚无确证,只好存疑。

世宗经过4年之久的密谋策划和缜密行动,终于把这股势力一网打尽。

---

① 《清世宗实录》卷二〇、二一、二五、二九。
② 《清世宗实录》卷三四。
③ 《清世宗实录》卷三九。
④ 《清世宗实录》卷四〇。
⑤ 《清世宗实录》卷四一。
⑥ 《清世宗实录》卷四四。
⑦ 《清世宗实录》卷四四、四一。

这实际上是圣祖晚年诸子争夺储君的后遗症,是这一斗争的继续,直到此时,才以世宗的彻底胜利而告终。应该说,这个庞大的异己势力的存在,严重威胁着世宗的君权,更为重要的,是危及中央集权的正常运转,世宗打击和消灭他们,实为君主专制下的必然结局,而不应只看作是世宗个人对异己兄弟积怨之深,残酷报复所致。当然,处置过重,未免残酷。但这场斗争必然大大加强了君主专制,保持了最高统治集团的稳定,维护了社会安定,对"康乾盛世"的延续起到了促进作用。

在世宗集中力量消灭允禩异己势力之际,又有年羹尧和隆科多两个权臣案件交错于其间。年羹尧和隆科多是世宗初政期间的左膀右臂。年羹尧主政于外,掌握西北军事指挥权,是世宗在军事上的主要依靠者。隆科多主内,对世宗有拥戴登基之功,为此,世宗任命他为总理事务大臣之一,并先后任命为吏部尚书、兼步军统领、兼管理藩院事,任《圣祖仁皇帝实录》和《大清会典》总裁官、《明史》监修总裁,赐太保衔等,是世宗在中央的主要有力支持者。世宗初政之际,为了确保君权的稳固和政局的安定,才选中年、隆二人,并使之与怡亲王允祥一起组成了雍正朝初期的"三驾"马车,共同推动新生政权的稳步发展。因此,对他们的特殊宠信,是由世宗初政时期的特殊政治形势所决定的。对他们宠信尊荣有加,容易结党营私,权力过多过大,为所欲为,从而妨碍君主专权。如果他们擅权狂纵,作威作福,贪赃枉法,势必与精明过人的世宗发生权势冲突,从而自取灭亡。

世宗大兴年羹尧之狱的主要原因,说到底,是年与世宗本人的专制集权不相容,厉行"乾纲独断"的世宗不能容忍敢与他对抗的年派集团的存在。年羹尧"自裁"之后,世宗还搞了汪景祺案和钱名世案,这是他进一步采用文字狱的方式打击年羹尧所牵连之人。

在处理年羹尧案期间,世宗已开始酝酿制造隆科多案。隆科多与年羹尧相似,其权臣地位也是由世宗初政时期的政治形势所造成的。他深知自己与世宗关系不甚融洽,便主动辞去步军统领兼职,希图世宗可以容忍他。但是,凡对君权专制有碍之人,世宗都丝毫不能容忍。

年羹尧、隆科多之案,其实质是君臣权力分配的斗争,他们成了世宗加强君权的牺牲品。通过年、隆之案,消除了权臣,从而保证世宗真正"乾纲独断"的绝对权威。初政时,世宗需要年、隆的支持。当他们的权势过大时,又为世宗所不容,故失败也属必然。

世宗在短短4年内完成了三个震动朝野的消除异己、权臣的"战役",彻底摧毁了允禩集团、年派集团、隆派集团。在这之后,又出现了反对科甲官员的斗争。

明朝亡国的惨痛教训之一,就是朋党之争,结党营私,空谈误国,所谓明亡实亡于党争,是有一定道理的。有鉴于此,自入关以来,清廷一直重视这个问题,极力防止朋党再次出现。但是科举制度下师生关系的特殊性,彼此回护、互通声气的积习之深,不会一下子就消失,而到清代,即使并无师生关系的下级官员也要投拜朝中权贵,硬拉门生老师之谊,这已成为当时官场一种十分有害的陋习。雍正三年(1725)六月,长芦巡盐御史莽鹄立上折,请世宗禁止官员投拜门生之风,其折中写道:"臣见钻营附势之徒,广通声气,投拜门生,未中者遇科场则求关节,已仕者遇计典则图荐举,且有素不相睦,一拜师生,遂成胶漆,求分说情,每至以直为曲,偏徇庇护,罔顾法纪。"世宗朱批道:"师生党比之风,朕所深恶,此奏甚属得理,与朕意合。"①世宗决定等待时机予以打击。

监生出身、无师生同年之援引的田文镜,只知图报世宗的提拔和赏识。他在河南就视师生朋比为病,因而对科甲出身的属员黄振国、邵言纶等,没有给予必要的礼遇,而且要求责备甚严。恰逢广西巡抚李绂与他们同为康熙四十八年(1709)的进士,他上疏参劾田文镜。而田文镜此时深受世宗的信任和重用,他以黄、邵等都是同年进士,他们之间"不无徇私袒护"上劾奏,隐隐地把矛头对准李绂,欲加以罪名而陷政敌于死地。雍正四年(1726)十二月,浙江道监察御史谢济世又上疏劾奏田文镜"营私负国、贪虐不法"等罪名。世宗发现他所奏内容与李绂完全相同,认为这是受李绂指使,"公然结为大党,扰乱国政,颠倒是非",便将谢革职,发往阿尔泰军前效力赎罪②。

世宗紧紧抓住李、谢共参田文镜案,大肆深究,以此作为自己打击科甲结党的绝好契机,决定就此拉开反击科甲结党之役。

---

① 《雍正朱批谕旨》雍正三年六月初二日,莽鹄立奏折。
② 《雍正起居注》雍正四年十二月初七日、初八日。

世宗开始惩治科甲领袖。首先以李绂在广西、直隶任内之事把他革职,当谢济世承认参劾田文镜是受李绂指使时,就把他投入监狱。其次抑迫、打击吏部尚书、云贵总督杨名时。至于一般科甲出身的官员,世宗也搜查他们的过失,予以惩处。

世宗还从政治措施上采取防范办法,如给事中、御史和吏部的司官变为不一定从科甲中铨选,还有师生回避的条款,定出了师生陋习徇庇处分例等,希望能由此防止科甲官员结党营私。他对于结党的科甲官员坚决予以打击,以期达到清厘政务、整顿吏治的目的。他曾经说:"朕日夜孜孜……岂容尔等科甲中党援积习,为世道民生之害,而不望其翕然丕变乎?"①这正是世宗打击科甲官员势力的深层次原因。

4.设军机处调整官制

清世宗发展君主专制政体,举措甚多,其中以创设军机处是最重要又有力的变革,对后世的影响也最大。

军机处为雍正朝所独创,它是在实践中逐渐探索出来的一项特殊制度。清代著名学者赵翼说:"雍正年间,用兵西北两路,以内阁在太和门外,儤直者多,虑漏泄事机,始设军需房于隆宗内,选内阁中书之谨密者入直缮写。后名军机处。"②由此可知,军机处是缘于用兵西北,为经办军需及防止漏泄机密而设立的。关于军机处到底设于何年,说法不一。其实,作为一项重大的变革举措,是有一个逐渐完善的过程的。最初的军需房始于雍正四年(1726);后改为军机房,应为雍正七年;最后定称为"办理军机处",简称"军机处",应为雍正十年,《清史稿·世宗纪》就持此说。另外还有其他说法。

世宗设立军机处,还有更深一层的原因,正如礼亲王代善之裔孙昭梿所说:"国初设内三院外,其军国政事,皆付议政诸王大臣,然半皆贵胄世爵,不谙事务,宪皇(世宗)习知其弊,故设立军机大臣。"③

---

① 《清世宗实录》卷八七。
② 赵翼:《簷曝杂记》卷一《军机处》。
③ 昭梿:《啸亭杂录》卷七《军机大臣》。

军机处具有以下特点:首先,它无实员,根据皇帝的实际需要而随时增减。从《清世宗实录》看,最初只有大学士张廷玉、蒋廷锡等三四人,最多时也不超过11人。其次,从阁臣、六部尚书、侍郎等中选出"熟谙政体者,兼摄其事",称为"军机大臣",他们都属兼职,不设专职,以品级高、资历深者为"首席"、"首揆"、"揆席"等。有失去原职者,或授予京城外职务者,其在军机处的兼职则被取消。军机处的官员,名曰军机章京①。军机大臣互不隶属,各自对皇帝一人负责。再次,军机大臣地位虽高,但毫无实权,他们的职责是"掌书谕者,综军国之要,以赞上治机务,常日直禁庭以待召见",即使皇帝巡幸外地,亦如内廷。总之,军机大臣的职责就是"承旨",即对上传递各处奏折,向下传达皇帝御旨,实际上只是充当了皇帝的侍从秘书。军机章京负责缮写谕旨、记载档案、查核奏议等。军机大臣和军机章京虽身处权力的核心,"只供传述缮撰,而不能稍有赞划于其间也"②,一切听命于皇帝一人。最后,军机处特别强调高度的机密性。它不同于一般的机构衙门,它必须时刻同皇帝保持垂直联系,军机大臣要留在离皇帝最近的地方,以便随时快速入宫承旨。"军机为枢密重地,非有特召,不许擅入"③,杜绝人员来来往往泄密。军机大臣办公的地点,亦随皇帝的行止而定。皇帝巡幸外地,军机大臣亦随往。不管在何处"入直",都属皇帝的禁区,离皇帝甚近④。另外,世宗召见军机大臣议事,只许一名军机大臣"独见",其他军机大臣不得参与。雍正十年(1732)三月,世宗命铸军机处印信。由礼部负责铸造的银质印信,贮于"办理军机处,派员管理"。用印时,"皆立时请印出,大臣监视。用毕随即缴还,盖防偷换弊也"⑤。印信分程序管理,相互制约,相互监督,无论职位多高、权多重的大臣,都无法私自动用印信。

军机处的创设,当初是为应对青海战事,以其办事迅速而机密,收到了巨大的效果,避免了过去官场中的扯皮、推诿、拖沓等陋习,这是世宗始料所不及的。他看到,任用军机大臣,可以摆脱朝廷中各官僚机构的牵制,自己

---

① 昭梿:《啸亭杂录》卷七《军机大臣》。
② 赵翼:《簷曝杂记》卷一《军机处》。
③ 昭梿:《啸亭杂录》卷七《军机大臣》。
④ 光绪《大清会典事例》卷三。
⑤ 昭梿:《啸亭杂录》卷七《军机大臣》。

的谕旨可以直接下达到任何一个地方、任何一个部门,可以把权力运用得随心所欲而不受滞碍。因此,世宗将军机处专办军务逐渐扩大到国家政务,使它在国家政治生活中发挥主导作用。从此以后,清廷非但没有撤销这一特殊设置,还进一步加强和完善,使之成为有清一代一项重要制度,把中国的封建专制制度发展到顶峰。

军机处创设后,自然使中央体制及运行机制发生了深刻的变化。这主要体现在三个方面:原为朝廷权力中枢的内阁,成为有名无实的机构,大学士也徒有虚名,不参与机务;清入关前独创的"议政王大臣会议"制度,同样有名无实;国家事务的决策权"总汇"于军机处,而后者则被世宗一人牢牢地控制在手中。世宗说:"生杀之权,操之自朕。"①确实如此,如"人之使臂,臂之使指",一切权力皆由世宗一人操持,军机处官员都成了他的办事员,唯世宗之命是从。

雍正朝军机处的创建,不但加强了皇权,还提高了行政效率,保证了君主专制的高度运行,实行了政治上、思想上的"乾纲独断"的统治,维护了清朝最高统治集团的长期稳定与统一,推动清朝向着盛世稳步发展。

世宗欲达到"政治一新"的宏远政治目标,除了增设军机处外,对官制还有其他重要举措。

康熙朝后期,圣祖采取"多一事不如少一事"的"宽仁"政策,出了问题多半从轻了结,以致吏治趋坏,助长了贪风日炽的局面。这使得钱粮短缺,库帑亏绌②。世宗即位后,深知财政陷入危险境地,决定清查亏空。他对此特别关注,在雍正元年(1723)正月十四日即位刚月余之时,就发出上谕,决定在中央设立会考府,由怡亲王允祥、舅舅隆科多等人主政该府,清厘钱粮奏销"出入之数"③。

会考府设立之后,把各部院动用钱粮的奏销权收回,由会考府专门稽查核对,防止了自行奏销所带来的营私舞弊。在会考府成立后不足3年时间内,就驳回或改正了部院钱粮奏销事件96件,占所办总数的百分之十七④。

---

① 《清世宗实录》卷三二。
② 昭梿:《啸亭杂录》卷二《理足国帑》。
③ 《会考标题奏档》,《文献丛编》第四十三辑。
④ 《上谕内阁》雍正三年八月十三日。

清查过程中,涉及贵族皇亲和高级官僚,世宗亦不宽贷。如履郡王允裪在管理内务府事务时出现亏空,他被迫将家用器皿出卖,以补偿空缺。敦郡王允䄉也被抄家赔偿①。

雍正元年(1723),在地方也已普遍展开对亏空的清查工作。如六月,潞州知府加璋告发山西巡抚苏克济勒索各府州县银450万两,于是抄没家产,以偿亏空,并责令其仆人赵七赔偿20万两②。河南总督赵世显督治黄河时,偷工减料,侵吞钱粮,将其逮捕,投入刑部大狱,抄没家财充公③,等等。

世宗通过在中央设立会考府,清查了国库的亏空,并以抄家籍没等手段迫使其归还国库,打击了贪官污吏,财政状况迅速好转,扭转了国库空虚的状况,以国家财政保障了雍正朝稳步向前发展。

世宗增设会考府以解决经济问题,此外还采取"台省合一"的措施以加强皇帝政治上的独断权力。

六科给事中职位并不高,但责任紧要,地位关键,它有"传达纶音,稽考庶政"④的职能,正是这种封还皇帝奏章的特权,使其地位特殊。精明过人的世宗鉴于前明六科以言官身份干预朝政的弊端,特别是在储位之争中,他亲身感受到六科官员参与其间的危害性,遂于雍正元年(1723)规定:六科掌印给事中的人选须交都察院共同拣选保奏。这样,把六科给事中的考核权转归都察院,使他们成为都察院的属吏,都御史对他们同等看待,按御史的身份大量派出,管理诸如巡视城、漕、盐、仓等事务⑤。这样,就削弱了给事中的重要职权,使之实质上隶属于都察院,即当时人所说的"台省合一"。

世宗一方面虽削弱了给事中的职权,另一方面却扩大了监察御史的职权,特向各地派遣各种类别的巡察御史,以加强对地方的监督。雍正三年(1725)向各省派遣巡察御史,让他们处理一些地方事务,同时监察地方百官。雍正四年,增设稽察内务府的四员御史⑥;雍正五年,又增设稽察宗人

---

① 《雍正起居注》雍正二年十月十七日。
② 萧奭:《永宪录》卷二上。
③ 萧奭:《永宪录》卷二下。
④ 《清通志》卷六五《职官》。
⑤ 曹一士:《四焉斋文集》卷二《请复六科旧制》。
⑥ 《雍正吏部则例·铨选满官则例》。

府的两员御史①；雍正七年，特派巡农御史到直隶稽查营田事宜②。通过以上种种措施，世宗改革了六科的官制，达到了强化皇权的目的。

世宗在大力加强思想控制、大兴文字狱的过程中，发现"浙江风俗浇漓，甚于他省"③，浙江人是"恩德所不能感化者，狼子野心聚于一方"④，于是他决定对此大力整顿。雍正四年（1726）十月，他接受吏部建议，决定派遣专职官吏到浙江，"查问风俗，稽察奸伪，应劝导者劝导之，应惩治者惩治之，应交于地方官审结者即交地方官审结，应参奏提问者即参奏提问，务使绅衿士庶有所儆戒，尽除浮薄嚣陵之习"⑤，该官被命名为"观风整俗使"，河南学政王国栋被任命为右佥都御史衔浙江观风整俗使。王国栋到任后，主要是惩办不法绅衿，改变当地民风士俗，强化对绅衿和人民的控制。世宗还根据各地的具体情况，向湖南、广东、福建等省也派了观风整俗使。雍正朝后期，还向陕甘派出了宣谕化导使，大体与之相似。

最后，需要涉及的是世宗还对地方官制进行了一些调整和变革。雍正二年（1724），世宗接受山西巡抚诺岷的建议，撤销卫所，改为州县。同时，在鞭长莫及的边远地区、赋多事繁的地区、人口增殖地区增设和复置府州厅县，或者提升为直隶州等，使地方官辖区缩小，加强了管理，确保国家财政税收；而对地方官员实行更定补授的办法，则加强了皇帝对基层的遥控能力。这样，世宗通过对中央、地方，乃至基层官制的全面调整，进一步强化了君主专制集权。

5. 发展经济的新举措

世宗即位之后，除了继承圣祖恢复和发展封建经济，特别是培养和扶植小农经济的政策，如兴修水利、旗地租佃关系的改革、准许部分壮丁开户和

---

① 《雍正吏部则例·铨选满官则例》。
② 《上谕内阁》雍正七年二月十九日。
③ 《雍正起居注》雍正四年十月初六日。
④ 《雍正朱批谕旨》雍正四年十一月十六日。
⑤ 《雍正起居注》雍正四年十月初六日。

出旗为民、蠲免钱粮、打击贪官污吏等等，又在圣祖的基础上实行了一些发展经济的新举措，如成立会考府，清查中央和地方的地丁钱粮亏空，对侵吞挪用钱粮、贪污纳贿的官员进行经济上的严厉打击等。以下分叙世宗实施的发展经济的新举措。

首先，在康熙后期实行"盛世滋丁，永不加赋"的基础上推行"地丁合一"改革措施。

康熙五十一年（1712）的经济改革，主要是固定康熙五十年的人丁数，从而固定康熙五十年的丁银不变。这一年的人丁总数是2462万，丁银总额是335万两，这就是所说"盛世"的丁银，对国家收入来说并不吃亏，我们从圣祖于康熙五十一年正月对大学士、九卿等的讲话内容可以领悟出来。他说：

> 联览各省督抚奏编审人丁数目，并未将加增之数尽行开报。今海宇承平已久，户口日繁。若按见在人丁，加征钱粮，实有不可。人丁虽增，地亩并未加广。应令直省督抚，将现今钱粮册内有名丁数勿增勿减，永为定额。其自后所生人丁，不必征收钱粮，编审时止将增出实数审明，另造清册题报。朕凡巡幸地方所至，询问一户或有五六丁，止一人交纳钱粮，或有九丁十丁，亦二三人交纳钱粮。诘以余丁何事，咸云："蒙皇上弘恩，并无差徭，共享安乐，优游闲居而已。"①

这个讲话虽然有点自我解嘲，但还是敢于面对现实。现实情况是，逃丁、漏丁无法统计上来，更无法征收这部分逃、漏的丁银，也就只好承认现实，"与其派在人而多贫民之累，孰若摊在地而使赋役均平"②。这就是世宗实行"地丁合一"政策的由来。

"地丁合一"也叫"摊丁入亩"、"摊丁入地"、"丁随地起"等等，康熙五十五年（1716）后个别省份已经实行。雍正元年（1723）七月，直隶巡抚李维钧请示"直属丁银请摊入田粮"③。同年九月，户部议复李维钧的报告，建议

---

① 《清圣祖实录》卷二四九。
② 田文镜：《抚豫宣化录》二。
③ 《清世宗实录》卷九。

世宗"应如所请,于雍正二年为始,将丁银均摊地粮之内,造册征收"①。雍正二年,"地丁合一"政策首先在河北省推行。

"地丁合一"的具体内容是:"令各省将丁口之赋,摊入地亩,输纳征解,统谓之'地丁'。""将丁银随地起征,每地赋一两,摊入丁银二钱二厘,嗣后直省一体仿行。""自后丁徭与地赋合而为一,民纳地丁之外,别无徭役矣。"②以上所引,说得很明白,"地丁合一"的基本精神是简化赋役的征收办法,将双重标准化而为一,民纳地丁之外,别无徭役,对于无地或少地的农民减轻了负担,提高了农民的生产积极性,有利于缓和社会矛盾,促进社会生产继续发展,具有重要的积极意义。

其次,解决贱民籍。清初,在一些省份存在不少社会身份低下的贱民,如广东的疍民、浙江的惰民、山西的乐户、安徽的伴当、江苏的丐户等等。关于这些人的来源,大概是源于明初太祖和成祖统治时期,而在明后期又有所发展,至清初依然没有脱籍,世世代代处于社会最底层,可以说,这是明代的一大秕政而遗留给了清朝。对此,世宗从其即位伊始,即开始陆续解除贱民籍,恢复他们的平民身份。

雍正元年(1723)四月,除山西、陕西教坊乐籍,改业为良,"使数百年相沿陋习,一旦廓清"③。

同年九月,除浙江绍兴府惰民丐籍,改业为良④。

雍正五年(1727)四月,令将江南徽州府伴当、宁国府世仆开豁为良。

雍正七年(1729)五月,世宗指示广东省督抚,转饬有司晓谕:"凡无力之疍户,听其在船自便,不必强令登岸;如有力能建造房屋及搭棚栖身者,准其在于近水村庄居住,与齐民一同编列甲户,以便稽查。势豪土棍不得借端欺凌驱逐,并令有司劝谕疍户,开垦荒地,播种力田,共为务本之人。"⑤

雍正八年(1730)五月,世宗批准江苏巡抚尹继善的请求,将苏州府属之常熟、昭文(旧县名,今属常熟)两县旧有丐户照乐籍惰民之例,"除其丐

---

① 《清世宗实录》卷一一。
② 赵尔巽等:《清史稿》卷一二一《食货二》,中华书局1977年版。
③ 《清世宗实录》卷六;萧奭:《永宪录》卷二。
④ 《清世宗实录》卷一一。
⑤ 《清世宗实录》卷八一。

籍,列于编氓"①。

清代各省存在的贱民阶层,是历史上遗留的前明秕政。雍正元年(1723)三月,御史年熙在条奏中说,山西、陕西两省的乐户,另编籍贯,世世子孙娶妇生女,逼勒为妓,绅衿贡监以及土豪地棍呼召,不敢不来,侑酒宣淫,百般贱辱。他们的祖先,系明初永乐时起兵,未肯附顺,遂将其子女发入教坊,编为乐籍②。贱民阶层的出现,是历史发展的一股逆流,既无益于国家,又有伤风化,而且压良为贱,是对人性的野蛮摧残,不利于封建统治秩序的稳定。对这个问题,世宗及其统治集团有比较深刻的认识。例如,雍正五年(1727)四月,世宗在给内阁的手谕中说:

> 朕以移风易俗为心,凡习俗相沿,不能振拔者,咸与以自新之路。如山西之乐户、浙江之惰民,皆除其贱籍,使为良民,所以励廉耻而广风化也。近闻江南徽州府则有伴当,宁国府则有世仆,本地呼为细民,几与乐户、惰民相同。又其甚者,如二姓丁户村庄相等,而此姓乃系彼姓伴当世仆,凡彼姓有婚丧之事,此姓即往服役。稍有不合,加以箠楚。及讯其仆役起自何时,则皆茫然无考,非实有上下之分,不过相沿恶习耳。此朕得诸传闻者,若果有之,应予开豁为良,俾得奋兴向上,免至污贱终身,累及后裔。③

世宗即位后的一系列措施,都表明他在重典治吏方面是很突出的,成就也很显著。同时,我们从上述材料也可看到,他在解除贱民籍方面的认识也是相当深刻的,尽管雍正朝在解除贱民籍方面还不彻底,存在这样或者那样的问题,但是,作为一个封建帝王,像世宗那样已经很不容易了。关于这一点,从雍正七年(1729)五月他给广东督抚的手谕中可以看出:

> 闻粤东地方,四民之外另有一种名为疍户,即瑶蛮之类,以船为家,以捕鱼为业,通省河路俱有疍船,生齿繁多,不可计数。粤民视疍户为卑贱之流,不容登岸居住,疍户亦不敢与平民抗衡,畏威隐忍,跼蹐舟中,终身不获安居之乐,深可悯恻。疍户本属良民,无可轻贱摈弃之处,

---

① 《清世宗实录》卷九四。
② 《雍正朝汉文朱批奏折汇编》(一);萧奭:《永宪录》。
③ 《清世宗实录》卷五六。

且彼输纳鱼课,与齐民一体,安得因地方积习强为区别,而使之飘荡靡宁乎?著该督抚等转饬有司,通行晓谕,凡无力之疍户,听其在船自便,不必强令登岸;如有力能建造房屋及搭棚栖身者,准其在于近水村庄居住,与齐民一同编列甲户,以便稽查。势豪土棍不得借端欺凌驱逐,并令有司劝谕疍户,开垦荒地,播种力田,共为务本之人,以副朕一视同仁之至意。①

贱民在社会上是最受歧视、最受压迫的阶层,不许他们与良家百姓通婚,不许穿戴良民的服饰,不许应科举考试,更不允许进入仕途,在社会政治身份上被欺压,人性受到残酷的摧残。世宗解除贱民籍的思想和实践,是其"民为邦本"的政治思想中的重要组成部分,反映了一个有作为的封建帝王的远见卓识。这件事,圣祖没有解决,而世宗给解决了。

再次,耗羡归公与设养廉银。所谓耗羡,是指正项赋税之外的一种加征部分,历朝几乎都程度不同地存在这个问题,其中,常见的名目有:雀鼠耗、升斗耗、仓场耗、火耗等,实际上这是以折耗为名目而征收的一种附加税,既是对征税对象的不合理的额外勒索,又是滋长贪官污吏的温床。清初,虽然一度予以取消,但不久又开始蔓延,以至康熙朝后期成为很严重的一个社会问题。乾隆年间钱陈群曾上《条陈耗羡疏》,其中说:

> 本朝定鼎后,耗羡一项,尚存其旧。康熙六十余年,州县官额征钱粮,大州上县,每正赋一两,收耗羡银一钱及一钱五分、二钱不等。其或偏州僻邑,赋额少至一二百两者,税轻耗重,数倍于正额者有之。不特州县官资为日用,自府、厅以上,若道若司若督抚,按季收受节礼,所入视今之养廉倍之。其收受节礼之外,别无需索者,上司即为清官;其止征耗羡,不致苛派者,州县即为廉吏;间有操守清廉,如陆陇其之知嘉定,每两止收耗羡银四分,并不馈送节礼,上司亦或容之者,以通省所馈节礼,尽足敷用,是清如陆陇其,亦未闻全去耗羡也。其贪得无厌,横征箕敛者,时干纠察,自节礼之说行,而操守多不可问,其势然也。议者以康熙年间无耗羡,非无耗羡也,特自官取之,官主之,不入于司农之会

---

① 《清世宗实录》卷八一。

计,无耗羡之名耳。①

从钱陈群的奏疏中可知:一是康熙年间耗羡之重,甚至超过正项钱粮。二是康熙年间即使是清官,也收耗羡,在官场里是一个普遍现象。三是耗羡大部分都被官吏中饱私囊了,圣祖却视而不见,仅仅图个"无耗羡之名",这是康熙朝后期吏治废弛的一个重要原因。四是康熙年间的状况不能再继续下去了,主要问题是吏治败坏,国家钱粮亏空,财政困难,非改革不可。但是,明清时期,官俸较薄②,入不敷出,维持廉耻,亦应有基本收入作保证,否则只能是一句空话。例如,康熙六十一年(1722),陕西巡抚噶什图奏称,"陕西亏空甚多,若止于参革官员名下追补,究竟不能速完。查秦省州县火耗,每两有加二三钱者,有加四五钱者。臣与督臣商议,量留本官用度外,其余俱捐补各省亏空,如此则亏空即可全完。"噶什图的条奏,实际上是将收上来的耗羡,量留地方官用度外,其余归公留作他用。这样,可以减少地方官中饱私囊的现象。但是,对于噶什图的条奏,圣祖的答复是:"朕谓此事大有关系,断不可行。定例私派之罪甚重。火耗一项,特以州县官用度不敷,故于正项之外,量加些微,原是私事。朕曾谕陈璸云:'加一火耗,似尚可宽容。'陈璸奏云:'此乃圣恩宽大,但不可明谕许其加添。'朕思其言,深为有理。今陕西参出亏空太多,不得已而为此举。彼虽密奏,朕若批发,竟视为奏准之事。加派之名,朕岂受乎?"③从这里可以看出,圣祖为了图个"不加派"的虚名,不敢正视现实已经到了什么地步。

与其父不同,世宗是一个非常务实,也很有政治见解和胆识的皇帝。他即位伊始,即着手解决其父不想也不敢解决的耗羡问题。雍正元年(1723)五月,湖广总督杨宗仁在给朝廷的奏疏中说:"俸工一项,乃朝廷禄养官役之恩,岂可任意饬捐,以填贪壑。湖广州县以上俸工报捐,已经十有余年,总无分厘给发,责成官役枵腹办事,焉能禁其不需索闾阎?今自雍正元年起,一切官役应支俸工,俱令各照额编支领,俾均沾实惠。从前凡有公事,无一不令州县分捐,实皆派累百姓。臣通长计算,但令州县于所得加一耗羡内,

---

① 钱陈群:《条陈耗羡疏》,《皇朝经世文编》卷二七《户政二》。
② 《清文献通考》卷四二《国用》。
③ 《清圣祖实录》卷二九九。

节省二分,解交藩司,以充一切公事之费,此外丝毫不许派捐。近奉部文,又将解部余平一分,恩赐免解,承办公事,更得有余,况节礼陋规,概行禁革,则州县亦易于补苴从前亏空矣。"这份奏疏的基本精神就是耗羡归公,禁革节礼陋规。世宗对这份奏疏表示支持:"所言全是,一无瑕疵,勉之。"①雍正二年六七月间,山西抚臣诺岷、布政使高成龄又先后提出并奏请实行耗羡归公和设养廉银问题②,得到世宗的大力支持。有关实行耗羡归公和养廉银制度的具体内容,蒋良骐《东华录》有一个概括:

> 直省各官向无养廉,州县俱征收火耗,借资日用,上司所需,即取给州县,贪吏以此借口,上司曲为容隐,弊窦滋多。至是诺岷奏请将山西所得一年耗银,提解司库,除抵补无着亏空外,分给各官养廉。而山西布政使高成龄复请通行直省。上以剔除积弊,必更定法,耗羡必宜归公,养廉须有定额,诏总理王大臣九卿集议。会各省皆以次奏请,议遂定。是举也,上独申睿断,因时制宜,创行万世良法。以诺岷首发其议,谕奖其通权达变,于国计民生,均有裨益。③

实际上,世宗起初让总理事务王大臣九卿科道等会议时,曾告诫他们要"平心静气,秉公会议",后来发现他们所议,"见识浅小,与朕意未合"。于是,世宗明确指出:

> 州县火耗,原非应有之项。因通省公费,及各官养廉,有不得不取给于此者。朕非不愿天下州县丝毫不取于民,而其势有所不能。且历来火耗,皆州县经收而加派横征,侵蚀国帑,亏空之数,不下数百余万。原其所由,州县征收火耗,分送上司,各上司日用之资,皆取给于州县,以致耗羡之外,种种馈送,名色繁多,故州县有所借口而肆其贪婪,上司有所瞻徇而曲为容隐,此从来之积弊,所当剔除者也。与其州县存火耗以养上司,何如上司拨火耗以养州县乎?④

世宗的分析相当深刻,他已经将耗羡归公和设养廉银的原因、来龙去脉以及

---

① 蒋良骐:《东华录》卷二五。
② 《清世宗实录》卷二一、二二。
③ 蒋良骐:《东华录》卷二六。
④ 《清世宗实录》卷二二。

杜绝贪贿的几种情况分析得相当透彻,"是提解火耗,既给上下养廉之资,而且留补亏空有益于国计。若将州县应得之数,扣存于下,势必额外加增,私行巧取,浮于应得之数,累及小民。况解交督抚,则显然有据;扣存州县,则难保贪廉,此州县羡余之不可扣存者也"。不但如此,世宗又针对有人提出"提解火耗,非经常可久之道",指出:"凡立法行政,孰可历久无弊?""今提解火耗,原一时权宜之计,将来亏空清楚,府库充裕,有司皆知自好,则提解自不必行,火耗亦可渐减。"①

耗羡归公实行前的情况,如世宗即位后即发现:"今钱粮火耗,日渐加增,重者每两加至四五钱,民脂民膏,脧剥何堪!""今州县火耗,任意加增,视为成例,民何以堪乎?"②自雍正年间山西提解火耗后,各直省次第举行。其后又酌定分数,各省文职养廉280余万两及各项公费,悉取诸此。至高宗即位,"廷臣多言其不便。帝亦虑多取累民,复令廷臣及督抚各抒所见"。大学士鄂尔泰、刑部侍郎钱陈群、湖广总督孙嘉淦皆言:"耗羡之制,行之已久,征收有定,官吏不敢多取,计已定之数,与未定以前相较,当不逮其半,是迹近加赋而实减征也。且火耗归公,一切陋习悉皆革除,上官无勒索之弊,州县无科派之端,小民无重耗之累。"③

耗羡归公之后,基本用途有三:一是留作地方办公用费,一是弥补亏空,一是官吏养廉。后者占大部分。据记载,总督巡抚最高有达到3万多两的,少的也有八九千两;而知县多的有3000多两,少的也有四五百两。一般来说,养廉银比年俸少者高出几倍几十倍,多者高出上百倍几百倍。但是,养廉银的来源是归公的耗羡,对于纳税人来说,与耗羡归公之前相比较,并没有增加负担,相反,还有减轻的趋势。当然,这仅仅是指耗羡归公之后的一段时间而言,它不可能杜绝由于政体腐败而引发的各种社会弊端,特别是官场中的贪污贿赂问题。

---

① 《清世宗实录》卷二二。
② 《清世宗实录》卷三。
③ 赵尔巽等:《清史稿》卷一二一《食货二》,中华书局1977年版。

第七章 发展边疆大一统

1. 平叛和统一青海

和硕特部蒙古为厄鲁特蒙古四部之一。明末,在该部首领顾实汗的率领下,进入西藏和青海地区,控制青藏地区达30年之久。顺治十三年(1656),顾实汗去世,其子鄂木布继立,因无力驾驭和硕特诸部,造成在青海的顾实汗诸子分裂割据,各自为政。各部还多次窜扰内地,成为清朝西北地区的边患。

康熙三十六年(1697),清廷在平定准噶尔部噶尔丹叛乱之后,派遣额驸阿喇布坦等前往青海,招抚和硕特诸部,并在察罕托罗海会盟。这样,青海的和硕特诸部均内附①。当时顾实汗的第十子达什巴图尔也参加了会盟,并被召至北京,圣祖封其为和硕亲王,任诸部之长。

康熙五十五年(1716),达什巴图尔去世,其子罗卜藏丹津继承和硕亲王爵位。不久形势发生变化。康熙五十九年,清军入藏,驱逐了进入西藏的准噶尔部,组建了西藏地方政府。罗卜藏丹津及青海的和硕特诸部参与了这次战争,支持清廷驱逐准噶尔部,还参与护送六世达赖喇嘛入藏。

罗卜藏丹津自从继承父亲的爵位之后,一直企图"复先人霸业,总长诸部"②,并"希冀藏王已非一日"③。本来,他以为此次参与驱逐准噶尔部和护送六世达赖喇嘛有功,统治青海、西藏,非他莫属。可是清廷在驱逐准噶

---

① 赵尔巽等:《清史稿》卷七九《地理志二六》,中华书局1977年版。
② 魏源:《圣武记》卷三《雍正两征厄鲁特记》。
③ 年羹尧:《奏复西海等处军务情形折》,《年羹尧奏折》专辑上。

尔部之后所采取的措施,使他大失所望。

清廷为防止边疆地区再出现割据势力,对青海采取分治政策。在准噶尔部势力被逐出西藏之后,对在这次战役中立有功勋的青海和硕特诸部分别进行了封赏。一方面给罗卜藏丹津加俸银200两、缎5匹;另一方面又册封青海原和硕特蒙古郡王察罕丹津为亲王、贝子额尔德尼·额尔克托克托鼐为郡王,并让两人共领青海右翼。清廷的这项措施,不仅打破了罗卜藏丹津企图做藏王的美梦,也使他想成为青海共主的理想成为泡影,并削弱了他在青海的影响。正是在这种形势下,罗卜藏丹津发动了叛乱。

康熙六十一年(1722),圣祖去世。清廷驻西宁的抚远大将军胤禵回京奔丧。罗卜藏丹津认为时机已到,经过谋划,就在雍正元年(1723)正式叛清。是年五月,罗卜藏丹津胁迫青海和硕特诸部台吉到察罕托罗海"会盟"。罗卜藏丹津自称达赖珲号,并强令各部台吉"呼旧日名号,一律不许呼王、贝勒、贝子、公封号"①,正式宣告与清朝脱离关系。罗卜藏丹津这次叛清会盟,遭到了一些和硕特首领的抵制和反对。察罕丹津亲王、额尔德尼·额尔克托克托鼐郡王都抵制这次会盟,没有前往参加。索诺木达什、厄尔克托尔、色布腾札尔等和硕特蒙古台吉也先后脱离罗卜藏丹津而投归清朝。于是,罗卜藏丹津便领兵袭击察罕丹津亲王、额尔德尼·额尔克托克托鼐郡王。察罕丹津亲王和额尔德尼·额尔克托克托鼐郡王抵挡不住罗卜藏丹津的进攻,相继率领家属和部下逃到和州、甘州,并向清廷求援。

即位不久的世宗闻报后,立即派遣驻西宁的兵部侍郎常寿到罗卜藏丹津的驻地沙拉图宣布谕旨,令其"罢兵和睦"②。罗卜藏丹津不听劝阻,并且囚禁了清廷使臣常寿,煽动各寺院的喇嘛参加叛变。特别是西宁附近塔尔寺的大喇嘛察罕诺门汗参与后,由于其在宗教界影响较大,"远近风靡,游牧番子、喇嘛等二十余万,同时骚动"③。一时间叛清的势力大增,整个青海都骚动起来,罗卜藏丹津趁机率兵攻打西宁。

在这种形势下,世宗果断下令,坚决用武力镇压叛乱。世宗任命川陕总督年羹尧为抚远大将军,并任命四川提督岳钟琪为奋威将军,参赞军务。同

---

① 《清世宗实录》卷一〇。
② 《清世宗实录》卷一〇。
③ 魏源:《圣武记》卷三《雍正两征厄鲁特记》。

时谕令西北的平逆将军延信以及四川、陕西、云南三省督抚、提督,一律听从年羹尧的调遣。

年羹尧用兵十分有经验。他针对罗卜藏丹津的动向,作了妥善的军事部署:派兵驻守永昌布隆吉河,防止罗卜藏丹津叛军窜扰内地;派兵驻守巴塘、里塘和黄胜关,截断叛军进入西藏之路;派兵驻守吐鲁番和噶斯泊,防止罗卜藏丹津和准噶尔蒙古相互勾结。部署就绪后,年羹尧指挥清军向西宁附近的叛军发起进攻。清军攻势凌厉,罗卜藏丹津叛军招架不住,开始恐惧,遂送还常寿,请和罢兵。世宗不允,指示年羹尧不准叛逆请和,坚决以武力平叛,起到杀一儆百的作用。罗卜藏丹津请和不成,又无力抵抗,只好率部溃逃。清军趁机把西宁附近地区逐渐从叛军手里收复回来,接着,又收复了镇海、申中、南川、西川与北川等地。至年底,一些原来持观望态度或被胁从叛清的青海和硕特台吉率10余万众归顺清朝。清军在这次平叛中遇到的抵抗主要是参与叛乱的喇嘛,其中尤以郭隆寺战斗最为激烈。郭隆寺的喇嘛,"素与罗卜藏丹津、阿尔布坦温布等和好",所以抵抗清军的进攻十分凶猛。清将岳钟琪指挥清军直前奋击,"据其三岭,毁其十寨",还有千余喇嘛逃入山洞,清军"复聚薪纵火",俱熏死①。这次战役之酷烈,连年羹尧也说:"自三藩平定以来,未有如此大战者。"②至雍正二年(1724)正月,各寺喇嘛参与叛乱基本解决,只剩下罗卜藏丹津龟缩在柴达木。

怎样进一步解决柴达木的叛军?清军将领中有两种意见:一种意见是调兵两万,从西宁、松潘、甘州、布隆吉河四面围攻;而以岳钟琪为首的另一部分将领主张,以精兵五千,直捣巢穴。世宗考虑再三,决定采纳岳钟琪的意见,并命岳钟琪率军征伐。这次战役在雍正二年(1724)二月初八日打响。清军趁春草未生,罗卜藏丹津未备之机,分三路直趋柴达木。当清军到达罗卜藏丹津所在的乌兰木和尔时,"贼尚卧,马未勒衔,惊不知所为,各鸟兽窜。生擒藏巴札布,并获罗卜藏丹津母阿尔太哈正与妹阿宝"③。罗卜藏丹津换穿女人服装,只身逃往准噶尔部,为策妄阿拉布坦所收留。接着,清军四面包围,十路并进,围剿凉州、庄浪一带叛军。到二十二日,战斗基本结

---

① 《清世宗实录》卷一五。
② 年羹尧:《附奏征剿西海番众土民片》,《年羹尧奏折》专辑上。
③ 年羹尧:《附奏征剿西海番众土民片》,《年羹尧奏折》专辑上。

束。清官方文献关于这次战役记载:"计师行深入,自雍正二年二月初八日至二十二日,仅旬有五日,成功之速,为史册所未有。"①世宗也把此役的胜利看作是十年以来从未有过的"奇功"②。

清军之所以能如此迅速平叛,主要是罗卜藏丹津发动的这场叛乱不得人心。一些和硕特蒙古部落被胁迫从叛,当清廷大举进军时,他们便纷纷归降,"招降数十万众,又降其贝勒、贝子、公、台吉等二十余人"③。世宗果断的决策,也是清军取胜的一个原因。当世宗得知和平解决已不可能时,决定以武力征讨;当罗卜藏丹津在重兵压力下企求罢兵时,世宗指示年羹尧坚决平叛;当战役一个个取得胜利时,世宗又接受乘胜追击的建议,这样就在敌人不备的情况下迅速地彻底结束了这次战役。还有,世宗用人得当也是取胜的原因之一。诸如年羹尧、岳钟琪等都得到重用,给予充分信任。他对岳钟琪说:"朕信得你,但凡事以持重为上。西边有年羹尧、你二人,朕岂有西顾之虑。愿你等迅速成功,朕喜闻捷报。"④

三月初一日,清军在取得平叛胜利后凯旋。清廷举行献俘仪式,祭告太庙等庆祝活动。世宗奖励有功人员,晋升年羹尧为一等公,岳钟琪为三等公,勒碑太学。

罗卜藏丹津被平定,清朝统一了青海。为巩固其封建统治,又采取了一系列措施。当时年羹尧先后提出了《边防事宜八条》、《青海善后事宜十三条》和《禁约青海十二事》,世宗均批准实行。所实行的措施有如下主要内容:

一是整饬青海和硕特蒙古各部台吉及其下属藏民,根据他们的不同表现进行赏罚。对青海和硕特蒙古各部,按漠北蒙古(喀尔喀蒙古)的惯例,将他们"编置佐领,以扎萨克领之"⑤。青海和硕特蒙古编为21旗,绰罗斯编为2旗,土尔扈特编为4旗,辉特编为1旗,喀尔喀编为1旗,共计29旗。每旗均设扎萨克,由该管台吉担任。每100户编为1佐领,不满100户者编

---

① 《平定准噶尔方略》前编卷一二。
② 年羹尧:《附奏征剿西海番众土民片》,《年羹尧奏折》专辑上。
③ 《皇朝藩部要略》卷一一《厄鲁特要略三》。
④ 《雍正朱批奏折》第一〇九卷二号,雍正六年九月三十日,岳钟琪奏折及朱批。
⑤ 张穆:《蒙古游牧记》卷一二《青海厄鲁特蒙古游牧所在》。

为半佐领,几个佐领编为1旗。各旗之间划定界限,不得相互统辖,甚至不得相互往来。各旗每年都要会盟一次,由清廷西宁办事大臣主持,选择盟长。还规定了各部的朝贡制度,即各部分成三批,每批三年一贡,九年一轮回。过去青海的藏民均属蒙古各部管辖,平叛后清廷把藏民收为编户,单独设立卫所,征其赋税,不再隶属蒙古各部。这项措施,既使蒙古王公的政治、经济特权没有什么改变,又使他们转为清朝的官员,成为统治牧民的工具。

二是大力整顿青海各喇嘛寺院。平叛后,清廷即着手对寺院进行整顿。过去各寺院喇嘛"多者二三千,少者五至六百"①。如今,限定各寺院房屋不得超过200间,喇嘛不得超过300人。寺院不得直接向百姓征收租粮、银两。寺院日常所需由清廷供给。同时,清廷每年派员稽察两次,各寺院的喇嘛首领要向清廷做出甘结,以严格控制寺院势力的发展。

三是清廷在青海及其附近各军事要地修筑城堡等军事设施,并派驻军。如在河西走廊的甘州、四川边外单噶尔斯地方、打箭炉外木雅吉达地方、吹音地方、巴塘、里塘、潘州等军事要地设官添兵,一旦有事变,大军即刻结集、赶到。又修筑边墙,修建城堡,新设镇营,派驻军队,对青海进行了有效的控制。

此外,清廷还采取发展青海农业生产,安定青海人民生活的一些经济措施。比如,西宁周边存在许多可耕之地,清廷就将北方地区直隶、山西、山东、河南、陕西五省的犯人送到这里垦荒种地,还招募西宁一带的农民与驻军家属进行垦荒屯田,并实行由官府给予牛具、种子,3年免纳租赋的优惠政策,以鼓励发展农业。又在西宁、西川边外那拉萨拉地方设置集市。青海与内地每年可在二月和八月进行贸易。而蒙古族日常所需要的生活用品,如茶、布等物品,则一年四季均可交易。这些贸易活动,加强了青海蒙古族与内地各族民众的联系,有利于促进民族的团结。

清廷的意图是加强对青海的控制与统治,因此还对青海的行政建制做了较大的变革:雍正三年(1725),清廷改西宁卫为西宁府,其下辖二县一卫,即西宁县、碾伯县和大通卫。任命副都统达鼐为首任办理青海蒙古番子

---

① 《清世宗实录》卷二〇。

事务大臣,掌管青海的一切事务①。实施这些政策,清廷就把青海和硕特蒙古诸部完全置于自己的控制之下,加强了对青海和硕特蒙古诸部的统治。

2. 雍正西征准噶尔

圣祖、世宗、高宗祖孙三代都十分重视对西北边疆的经营。他们都认识到,西北边疆安定与否,关键在于准噶尔部蒙古问题解决得如何。"准噶尔问题"不彻底解决,喀尔喀部蒙古就不得安宁,西藏、青海及西北边疆都难以安定。自康熙朝开始着手处理准噶尔问题,直到乾隆年间最终解决,近一个世纪。这中间,世宗继续推行圣祖的准噶尔政策,有力地扼制了准噶尔势力的膨胀,并为乾隆朝最终解决问题奠定了基础。正如魏源所说:"圣祖垦之,世宗耨之,高宗获之。"②这是评价祖孙三代持续对西北边疆的经营,也是对雍正朝西征准噶尔战役作用的恰当总结。

世宗发动西征准噶尔之役是在雍正七年(1729)。其理由为"准噶尔匿青海叛贼罗卜藏丹津将不靖,必扰青海及唐古特"③。罗卜藏丹津逃亡准噶尔是在雍正二年。为什么在过了5年之后才解决这个问题?这是由双方形势的发展所决定的。就清廷而言,康熙末年,圣祖派胤禵为抚远大将军驻兵甘州(今甘肃张掖),以防准噶尔部。世宗继位后,以驻军日久过劳,而把驻军撤回内地。此时,世宗由于忙于巩固帝位,加上财力不足,无力西顾。此时准噶尔部策妄阿拉布坦遣使议和,此举符合世宗的心愿。双方经过几次和谈,终因准噶尔部拒不交出罗卜藏丹津这一问题而未能达成协议。雍正五年后,清朝内部问题已基本解决,世宗的帝位得到巩固,加上青海问题、西藏问题先后解决,这就为解决准噶尔问题创造了条件。因为实行了财政改革,国库收入逐年增多,户部存银"三千余万,国用充足"④。雍正五年十二月,准噶尔部策妄阿拉布坦去世,其子噶尔丹策零袭爵。世宗认为时机已

---

① 参见魏源:《圣武记》卷三《雍正两征厄鲁特记》和赵尔巽等:《清史稿》卷五二二《藩部五》。
② 魏源:《圣武记》卷三《雍正两征厄鲁特记》。
③ 《皇朝藩部要略》卷一一《厄鲁特要略三》。
④ 昭梿:《啸亭杂录》卷一《理足国帑》。

到,即着手准备西征准噶尔。策妄阿拉布坦在世时,不仅遣使到北京讲和,也减少了与周边民族之间的武装冲突。策妄阿拉布坦较重视发展社会生产,并加强了与周边民族的贸易往来。因此此时期准噶尔部"马驼牛羊,遍满山谷"①,物质基础逐渐丰厚。噶尔丹策零袭位后,怀有同其父甚至超过其父的政治野心,针对清朝集结兵力,图谋作乱,再次构成了对西北边疆的威胁。正是在这种形势下,爆发了雍正年间的西征准噶尔战争。

为打好这次战争,世宗下令进行认真准备。

首先是统一认识。当世宗决心用兵准噶尔之时,他组织廷臣对这一问题进行了讨论。廷臣的意见分为两派:一派是以大学士朱轼、都统达福为代表,他们认为当时是"天时人事未至,不宜用兵";另一派是以大学士张廷玉、云贵总督鄂尔泰为代表,认为反对用兵是"庸人畏事,识见不远,但知论难易,而不论是非,并不论利害"②。世宗针对反对用兵的意见,提出:"策妄殂落,噶逆新立,彼境分崩之势,何云不可?"达福争辩说:"策妄虽死,其老臣固在。噶逆亲贤使能,诸酋长感其先人之德,力为扞御。主少则易谏,臣强则制专。我以千里转饷之劳,攻彼效死之士,臣未见其可。况天溽暑,未易兴师。"世宗竟说:"达福患暑疾,盖以卤汁灌之。"达福仍然不服,继续争辩,坚持己见。世宗这时就使用皇帝的权威压服达福:"然则命汝副傅以行,尚敢辞耶?"达福再也无话可说,用兵西北之策遂定③。

其次是集兵选将。由张廷玉推荐,世宗任命领侍卫大臣、三等公傅尔丹为靖边大将军,又令达福等为参赞大臣,发京师等八旗兵屯驻阿尔泰山为北路军。任命三等公、川陕总督岳钟琪为宁远大将军,四川提督纪成斌参赞军务,这一路为西路军,主要是发四川、山西、山东、河南等地绿营兵,屯驻巴里坤(今新疆巴里坤哈萨克自治县)。两路约定明年会师攻伊犁。世宗对这次挑选的将士感到很满意,他说:"选派将领,悉系镇协中优等人材,拣选兵丁,率皆行伍中出格精壮,殊非草率从事。"④

再次是保障军需。用兵西北,一个重要问题就是必须保障军需供给。

---

① 何秋涛:《朔方备乘》卷四《准噶尔荡平述略》。
② 《雍正朱批奏折》第四一〇七卷七号,鄂尔泰奏折。
③ 昭梿:《啸亭杂录》卷三《记辛亥败兵事》。
④ 《雍正朱批谕旨》雍正七年五月初九日,张元佐奏折及朱批。

为此,需大量的骆驼、骡马用于运输。早在雍正五年(1727),世宗就命令河南总督田文镜在河南购买驮骡3000匹。田文镜购买后,送至西安交给岳钟琪,经验收,在这3000匹驮骡中,竟有400匹因口老或口小而不合格。岳钟琪又在陕西购买了400匹,以补足3000匹的要求。

最后是确定作战方略。准噶尔蒙古擅长骑射,转移轻便。针对准噶尔部的这一特点,世宗命九卿研究如何制敌。当时岳钟琪献"车营法"。其法仿邱濬旧制,稍加修改,即:"凡车广二尺,长五尺,用一夫推挲而四夫护之。五车为伍,二十五车为乘,百车为队,千车为营。行以载糗粮军衣,夜则团聚为营。战时两队居前,专司冲突,三队后以随之,其余五队,则团护元戎,以防贼人劫战。"岳钟琪并呈上车营图。世宗接受了这一建议,下令打造战车,并"命满洲护军习之,号车骑营,后北征时,屡以车师取胜"①。

在进行了上述一系列准备之后,雍正七年(1729),世宗下令发兵西北,远征准噶尔部:"若不迅行扑灭,将来必为蒙古之巨害,贻中国之隐忧。"②六月,以师告太庙,在太和殿举行了隆重的受钺礼。雍正年间的西征准噶尔之役,从雍正七年起,到雍正十一年冬准噶尔遣使求和止,历时4年半,经历了4次大的战役,即科舍图之战、和通淖尔之战、鄂登楚勒之战和光显寺之战。清军有胜利也有失败,简述如下。

科舍图之战:正当清军西、北两路大军兴师之际,准噶尔部首领噶尔丹策零在得知清军西征的消息后,为松懈清军的斗志,派遣使臣特磊到岳钟琪军营,声称罗卜藏丹津在准噶尔部企图谋害噶尔丹策零,阴谋事发,已被逮捕,正准备押送给清廷,因闻清军西进的消息,又把他押回伊犁。如能赦既往,噶尔丹策零表示愿听从清廷命令,把罗卜藏丹津押送进京。岳钟琪立即把这一情况上报朝廷。世宗闻报后,决定"谕以受封、定界、遣回逃人,当宽宥其罪,进兵之期暂缓一年"③,并调傅尔丹、岳钟琪回京议事。而准噶尔部就利用清军这一年缓兵的难得时机,进行了充分准备,并寻找机会打击清军。形势随之发生了变化,出击的主动权由清军转到了准噶尔部。机会终于被准噶尔部等到了。原来,清军西路在岳钟琪回京议事期间,由四川提督

---

① 昭梿:《啸亭杂录》卷一〇《车骑营》。
② 《清世宗圣训》卷一一《武功》。
③ 王先谦:《东华录》,雍正朝卷一六。

纪成斌代行军务。纪成斌派副参领查廪率士兵在科舍图卡伦一带放牧运输使用的骆驼、骡马。查廪"性懦葸,畏边地寒,因以马驼付偏裨,以五十人放牧而已。率众避寒山谷间,日置酒交会,挟娼妓以为乐"。准噶尔部侦知这一情况,遂决定袭击科舍图的清军。雍正八年(1730)十月,噶尔丹策零派遣宰桑方马木特率兵2万,乘清军不备,突然袭击科舍图。当查廪竟知准噶尔军前来袭击,竟笑言:"鼠盗之军,不久自散",因而按兵不动。结果,马、驼遭掠,查廪竟弃军而逃。后经清总兵樊廷、副将冶大雄等率军2000人追击,总兵张元佐等又带兵往援,经过7个昼夜的苦战,才夺回大部分马、驼①。此役之后,世宗对岳钟琪不再信任,并派西路副将军以分其权。此役,清军失败于轻敌。当世宗决定发兵西北之后,却又轻易地决定缓兵一年,这不仅给对方以准备之机,同时还懈怠了清军的斗志,并把发动进攻的主动权交给对方,给对方以可乘之机。

和通淖尔之战:科舍图战役之后,准噶尔部把进攻的目标由清军的西路军转到北路军。他们派少量军队牵制清军的西路,把主力3万人投入到对北路清军的攻击。此时,北路清军在傅尔丹的率领下,进驻科布多。雍正九年(1731)六月,噶尔丹策零命大小策棱敦多布率3万人马进攻清军的北路。准噶尔军采用惯技,先派人到傅尔丹军前诈降,佯称准噶尔部内部有人谋反,兵力分散,只有小策棱敦多布率兵东来。北路清军统帅傅尔丹是一个有勇无谋之人,轻易地就相信了谎言,认为是天赐良机,即决定乘准噶尔部"内部混乱"之机,"乘其不备,正宜速迎掩夺"②。当时副都统定寿等向傅尔丹谏言:可能有诈,不要轻信进军。傅尔丹听不进去,遂以4000人为前锋,他自统大军继之。准噶尔部以少数人诈败,引诱清军进入伏击圈,早已埋伏在山谷里的2万多准噶尔军队,立即向清军发动了猛烈攻击,"笳声远作,毡裘四合,如黑云蔽日"③,把4000人的清军前锋部队紧紧地包围住。傅尔丹闻讯,又派出6000人往援。援军未至,前锋部队已被击溃。准噶尔军队乘胜直击北路清军大营驻地和通淖尔。傅尔丹命索伦蒙古兵御之,亦为准噶尔军所败。傅尔丹只好且战且退,狼狈逃回科布多(今新疆吉尔格

---

① 昭梿:《啸亭杂录》卷一○《岳威信始末》。
② 《清世宗实录》卷一○七。
③ 昭梿:《啸亭杂录》卷三《记辛亥败兵事》。

朗图)。此役,清军损失惨重,北路军共有3万多人,但是逃回科布多的只有2000余人,几乎全军覆没,准噶尔军获得全胜①。此役清军失败于统帅是个庸才,不仅勇而无谋,而且听不进劝谏,一意孤行,结果招致全军覆没。重用傅尔丹,说明世宗有时识人不准,他对这次清军惨败也负有不可推卸的责任。然而,世宗却把这次惨败说成是兵家常事,只将傅尔丹降为振武将军了事,同时命康亲王崇安暂管抚远大将军印务。

鄂登楚勒之战:噶尔丹策零在和通淖尔之战后,企图乘胜扩大战果。一方面,他继续备战,"以伺清军西路"和"以窥清军北路"②;另一方面,却把主攻方向放在喀尔喀蒙古。他企图乘清军在和通淖尔惨败后萎靡不振时,对喀尔喀蒙古进行大掠夺。雍正九年(1731)八月,他命大小策棱敦多布率军跨过额尔齐斯河,进入索尔华乌拉克沁地方。大策棱敦多布屯兵3000人于苏克阿勒达呼为后援,小策棱敦多布率26000人掠夺克尔伦、鄂尔海、喀喇乌苏等地。九月,喀尔喀蒙古副将军丹津多尔济亲王和额驸策凌郡王领兵迎击来犯的准噶尔军。丹津多尔济和策凌避开准噶尔主力,派军夜袭苏克阿勒达呼大策棱敦多布的营地,并引诱准噶尔军追击至鄂登楚勒地方。丹津多尔济和策凌率军列阵迎击准噶尔军,终于大败准噶尔军,并斩其将喀喇巴图鲁,大策棱敦多布被迫撤退,移营西里山。不久,小策棱敦多布之子曼济也被清军击败。准噶尔军只好从阿卜塔克、拜塔克一路撤退③。此次战役,准噶尔军的主力虽未受重创,但这次小胜对清军来说却意义重大,改变了自开战以来一败再败的局面,鼓舞了清军的士气。世宗奖赏这次战役的有功之臣,额驸策凌晋封为亲王。

光显寺之战:光显寺即额尔多尼昭,故又称额尔多尼昭之战。噶尔丹策零掠夺喀尔喀蒙古的计划,虽然在鄂登楚勒受挫,但是他的野心不死,稍事整顿,就在雍正十年(1732)六月,派遣小策棱敦多布率军3万再攻喀尔喀蒙古。八月,当小策棱敦多布侦知喀尔喀策凌亲王率军驻博图山时,遂潜袭策凌牧区塔米尔,"掠其子女牲畜"。策凌闻讯大怒,"断发及所乘马尾誓天",率军急救,并报顺承郡王锡宝,请求夹击。当时策凌率军2万人,乘准

---

① 魏源:《圣武记》卷三《雍正两征厄鲁特记》。
② 魏源:《圣武记》卷三《雍正两征厄鲁特记》。
③ 魏源:《圣武记》卷三《雍正两征厄鲁特记》。

噶尔军不备,"夜半绕间道出山背,迟明,自山顶大呼压下。准噶尔军从睡梦中惊醒,人不及马,马不及鞍,仓促应战,大败而逃"①。策凌率军紧追不舍,接战10余次,一直追到鄂尔浑河边之光显寺。策凌利用"左阻山,右限大水",准噶尔军无路可逃的有利地形,"乘势蹴之,击杀万余,尸满山谷,河水数十里皆赤"。小策棱敦多布乘夜突围,自推河逃出②。光显寺之战,清军获得重创准噶尔军之大捷。世宗闻报,十分高兴,封策凌为超勇亲王,赐黄带,并命其"佩定边左副将军印,进屯科布多,授盟长便宜行事"③。又从土谢图汗部拨出21旗给策凌,自此赛音诺颜部才为扎萨克,成为喀尔喀蒙古的四部之一。

光显寺之战,准噶尔部受到重创,元气大伤,已无力再与清军打下去。雍正十一年(1733)冬,噶尔丹策零遣使向清廷求和。此时,清廷内部虽然战或和意见不一,但是,世宗已决心议和,因为他认识到,连年出兵西北,财政困难,不宜再战。雍正十二年七月,世宗派傅鼐前往准噶尔议和。几经交涉,一直到乾隆四年(1739)双方才达成协议,划定喀尔喀蒙古与准噶尔蒙古游牧区的界线,即以阿尔泰山为界,准噶尔部在山西游牧,不得越过界东;喀尔喀部在阿尔泰山以东游牧,不能越过界西。自雍正七年开始的西征准噶尔战役,至此暂告结束。

雍正时期,清廷对准噶尔蒙古用兵,有胜有败,从总体上说,没有达到彻底解决准噶尔问题的目的,但对准噶尔势力的扩张,还是起了遏制作用。

3. 设噶伦以藏治藏

康熙末年,圣祖总结了过去经营西藏的教训,一方面决定改变过去"以蒙治藏"的经营方式,实行"以藏治藏",使藏族领袖人物管理西藏,保证清廷的政策、措施得到贯彻实行;同时,废除大权独揽的第巴制。康熙六十年(1721),决定在西藏实行"噶伦共管制",任命西藏上层人物康济鼐、阿尔布

---

① 张穆:《蒙古游牧记》卷八《外蒙古喀尔喀齐齐克里盟游牧所在》。
② 赵翼:《皇朝武功纪盛》卷二《平定准噶尔前编述略》。
③ 何秋涛:《朔方备乘》卷三《喀尔喀内属述略》。

巴、隆布鼐为噶伦,共同管理西藏政务;另一方面,在清军大部分撤出西藏以后,留4000名满、汉官兵驻守西藏,由公策妄诺尔布统辖。同时又在里塘、昌都驻兵,保持西藏的安宁。对西藏通往准噶尔部的交通要隘严加防范,保证中原地区与西藏的道路畅通。因此,康熙末年,西藏地区社会秩序较安定。

世宗继位以后,对西藏的经营采取了两项措施,这对后来西藏形势的发展都产生了影响。

第一项措施是,雍正元年(1723)七月,世宗以清军在西藏"屯扎日久","供应繁费"[①],决定把驻西藏的军队撤回。清军从西藏撤出后,只在四川的察木多(今西藏昌都)留部分军队驻守,这样就削弱了清廷对西藏的控制力量。后来阿尔布巴的叛清,就是与世宗此项措施有关。

第二项措施是,雍正元年(1723),世宗为加强噶伦的力量,决定在原来设置三名噶伦的基础上,再增设两名噶伦,即后藏的颇罗鼐和前藏的札尔奈。同时决定康济鼐为首席噶伦,管理前藏事务;又授予颇罗鼐为扎萨克一等台吉,管理后藏事务。采取这项措施,意在加强噶伦力量,但他没有想到,事实上这项措施反而削弱了噶伦的力量,进一步加剧了本已存在的藏族贵族内部的矛盾斗争。因为康济鼐与颇罗鼐二人都是后藏人,在噶伦中却起着主要作用,而噶伦中的其余三人即阿尔布巴、隆布鼐、札尔奈都是前藏人,他们在噶伦中虽占多数,却都不掌握重权,这就加深了前藏与后藏贵族之间的矛盾。特别是六世达赖的父亲索南达结又站在前藏贵族一边,更加剧了双方的矛盾斗争。

雍正元年(1723)五月,青海罗卜藏丹津叛清,世宗为防止叛变蔓延到西藏和确保西藏社会的安定,除派兵驻守巴塘、里塘和黄胜关,截住叛军进入西藏之路外,于是年九月又派都统鄂齐、学士班第、提督周英等率兵2000人入藏。西藏的五噶伦之一颇罗鼐也率藏军参加了清廷的这次平叛斗争,收复了原隶属罗卜藏丹津的青海纳雪等四部,阻止了叛乱向西藏蔓延,因而立有功勋。

鄂齐入藏后,很快发现了西藏五噶伦之间的不和与矛盾,并向世宗报告

---

① 《清世宗实录》卷五。

了情况，还特别指出，六世达赖的父亲与阿尔布巴、隆布鼐结为一党，调唆达赖喇嘛对康济鼐不满。为了保证西藏社会的安定，鄂齐对他们做了一些调解工作，直到雍正三年（1725）六月，鄂齐、班第、周英等奉召率军返回内地①。

世宗十分重视鄂齐等人的报告，为解决西藏贵族之间的矛盾，十一月，再次派鄂齐、班第等人入藏。鄂齐等人于雍正四年（1726）六月到达拉萨，宣布由康济鼐总理西藏政务，阿尔布巴协理。又召康济鼐与索南达结同时入京。但世宗的这一决定仍然是事与愿违，又招致索南达结和阿尔布巴的不满。他们依仗自己在西藏贵族中的社会地位比康济鼐高，实力也比康济鼐强，容忍不了清廷关于康济鼐总理西藏政务的决定。索南达结甚至推说有病拒不赴京②。

根据鄂齐、班第回京后的报告，世宗对西藏的形势甚为担心。他担心阿尔布巴由于不满导致叛清，特别是担心他与准噶尔部勾结。他权衡了形势，决定加强对西藏的直接控制。根据鄂齐、班第的建议，决定撤销隆布鼐、札尔奈二人的噶伦职务，以削弱阿尔布巴的势力，使他孤掌难鸣。同时决定派内阁学士僧格和副都统马喇为驻藏大臣，调解西藏贵族间的矛盾，加强对西藏局势的控制。

阿尔布巴与索南达结听到清廷派驻藏大臣的消息后，决定先下手为强，企图在驻藏大臣进藏之前，就以武力消灭康济鼐与颇罗鼐，迫使清廷承认他独掌西藏的既成事实。于是就发动叛乱。六月十八日，在大昭寺借议事之机，将康济鼐乱刀杀死，又派兵攻打后藏的颇罗鼐。僧格、马喇到达拉萨后，又恶人先告状，谎称康济鼐、颇罗鼐反叛黄教。

僧格一方面派人了解情况，一方面立即把西藏这一紧张形势上报清廷。对西藏这种形势应该如何处理，当时大臣们的意见是有分歧的：岳钟琪等人认为派遣大军入藏平叛为上策，因为阿尔布巴等公然杀死朝廷命臣，不杀此辈后患无穷③。对此主张云贵总督鄂尔泰等人却持保留态度，他们提出"以

---

① 参见多卡瓦·策仁旺杰：《颇罗鼐传》，四川民族出版社1981年版。
② 《雍正朱批奏折》第一二九一卷，岳钟琪奏折。
③ 《雍正朱批奏折》第一二九三卷，岳钟琪奏折。

抚为上,剿杀次之;羁縻为上,驾驭次之"①的主张。世宗一时也拿不定主意,他既想从边防长远之计考虑,趁此机会将西藏事宜料理清楚;又担心贸然举兵会使阿尔布巴挟持达赖喇嘛逃往准噶尔,使事情更加复杂。因此,他先是命"陕西各路及四川、云南各派兵马预备,以候调遣",随后又令"各路兵马停止,不必预备"。但却传密旨给僧格,令他心中有数,不要被阿尔布巴的假象所迷惑,诸事要偏袒颇罗鼐一方②。

自阿尔布巴杀死康济鼐,发兵进攻后藏起,颇罗鼐一面派人把这一紧张情况上报清廷,一面率军奋起抵抗。最初由于阿尔布巴武器精良,又有准备,而颇罗鼐是仓促应战,寡不敌众,曾败退昂仁。经过休整后,与阿尔布巴再战江孜,由于此时阿尔布巴军粮接济已发生困难,双方相持不下。十一月,阿尔布巴因战不胜颇罗鼐,就派人向清廷求援,请求清廷出兵援助。世宗听到这一消息,喜出望外。他原来担心出兵会迫使阿尔布巴挟持六世达赖投奔准噶尔部的情况已不存在了,而如今是阿尔布巴请求清廷出兵。世宗决心乘机用兵西藏。与此同时,西藏的形势也发生了变化:在阿尔布巴与颇罗鼐在江孜相持时,经班禅派出代表调解,双方休战。颇罗鼐利用休战之机,分兵两路向拉萨疾进,并在雍正六年(1728)五月突然发动了对拉萨的袭击,占领了拉萨,俘获了阿尔布巴和隆布鼐。当1.5万名清军进入拉萨时,阿尔布巴等已被擒。清军在左都御史查郎阿的率领下,南北两路合兵进一步肃清阿尔布巴的余部,并将阿尔布巴等人处死③。由阿尔布巴发动的战乱历经一年,至此才宣告结束。阿尔布巴自发动战乱起,并未公开反清,但因为他杀害了朝廷命官,清廷还是以"叛逆"罪将他处死。颇罗鼐平叛有功,被册封为贝子,代替康济鼐总管前后藏政务。清廷根据颇罗鼐的建议,授色珠特色布腾和策凌旺札尔为噶伦。不久,又晋封颇罗鼐为贝勒,任其长子珠尔墨特策布登统率阿里诸路兵马以保西藏,并授其为扎萨克一等台吉,又授颇罗鼐银印一颗,以便其行文管理西藏地方。

世宗接受了初登帝位时贸然自西藏撤军的教训,决定在西藏正式设置驻藏大臣办事衙门,派正副驻藏大臣各一人,分驻前后藏,沟通朝廷与西藏

---

① 《鄂尔泰奏折·论西藏事宜折一》,《掌故丛编》第四辑。
② 《清世宗实录》卷六一。
③ 赵尔巽等:《清史稿》卷五二五《藩部·西藏传》,中华书局1977年版。

的联系,并协助颇罗鼐管理西藏,任期3年。首任正副驻藏大臣为副都统马喇、内阁学士僧格。驻藏大臣主要任务是管理驻藏清军,稳定社会秩序,协助颇罗鼐处理政务,此为驻藏大臣制度的首创。同时,又留下川、陕兵各1000人分驻前后藏,由驻藏大臣指挥。此后,还在昌都留驻滇军1000人,以为声援。鉴于在阿尔布巴叛乱中六世达赖父子都有不同程度的卷入,特别是达赖的父亲索南达结与阿尔布巴相互勾结,危害严重,为避免这类事情再度发生,世宗决定将六世达赖父子移驻达赖喇嘛的出生地里塘。至雍正十二年(1734)才由里塘返回拉萨。

世宗这些措施,对于西藏社会的安定,防止西藏贵族与准噶尔部相互勾结,特别是对加强中央对西藏地方的直接控制,以及统一的多民族国家的巩固,都起到了积极作用。但是,世宗过分依靠并重用颇罗鼐,至乾隆朝初期又继承和发展了这一政策,终于酿成尾大不掉,甚至导致分裂割据局面的出现。

4.西南实施改土归流

改土归流,是指清朝废除西南少数民族地区的土司制度,改由朝廷委派流官进行统治的一项改革措施。这项措施,开始实行于明代,但基本还是土司制。清康熙年间个别地区也实行过。至雍正年间才大规模地在西南地区改制,这是一次重大体制改革。

这里所说的西南地区,主要是指今云南、贵州、广西、四川以及湖南部分地区。在此地区,居住着众多少数民族,如苗族、瑶族、壮族、白族、彝族等。在这些少数民族聚居的地区,自元代以来就实行着土司制度,这是一种与该地区存在的领主制经济,甚至奴隶制经济、原始社会末期经济相适应的统治制度,包括土司、土官制度。土司制度,就是在部分少数民族地区设置宣慰司、宣抚司、安抚司、招讨司、长官司,其官爵受封于朝廷,实际上是割据一方的地方政权机构。土官制度,就是在部分少数民族地区也同中原地区一样建立府、州、县等机构,但其官职均由少数民族的酋长或头人担任,即土知府、土知州、土知县等。其职务为世袭制。在实行土司制度的地区,一切均由土官掌管,中央很少过问。其土地、人民均归土官所有,粮差一并在土官名下总收。这种土司制度在其实行初期,成为封建中央政权对少数民族地区实行统治的有力工具,对少数民族地区的社会发展起过有益的作用。但,土司制度很快走向其反面。清初,土司制度已严重阻碍本地区社会的发展,也不利于国家的统一,必须进行重大改革。

第一,土司制度的经济基础已经动摇。土司制度的经济基础是封建的领主制经济,甚至还包括奴隶制经济或原始社会末期经济。明清之际,这些地区封建地主制经济进一步发展,有的地区地主制经济已在社会经济中占了主导地位,不能不动摇土司制度的经济基础。这种情况的出现,主要是由于明廷大力推行屯田。这是一种有组织、有计划的向少数民族地区移民,其结果是改变了少数民族地区的人口结构。如在明末,云南屯田人口几乎与当地人口相等。明亡后,随着清朝在这些地区建立统治,进入这里的满汉军人、农民、商人不断增多。随着汉族人口的大量迁入,先进的生产技术也带到了这里,封建的租佃制度出现了,地主制经济发展起来了。而土司仍然无偿地奴役着农奴,已妨碍了正在日益发展着的地主制经济,并引起新生地主阶级的反抗。康熙四十九年(1710),湘西的苗族地主麻龙德等人,就向官府投诉请废除土司制度①,这些都反映了新兴地主阶级的要求。

第二,人民群众的不断反抗,沉重地打击了土司的统治。土司的残酷压榨和剥削,加剧了少数民族地区的社会矛盾,引起劳动人民的不断反抗。土司制度是一种世袭制度,正如文献所载:"彼之官,世官也;彼之民,世民也;田产子女为其所欲,苦乐安危为其主,草菅人命若儿戏,莫敢有咨嗟叹息于其侧者。以其世官世民,不得于父,必得于子于孙,且数倍蓰,故死则死耳,莫敢与较者。"②在政治上,土司"可以任意取其牛马,夺其子女,生杀任情,土民受其鱼肉,敢怒而不敢言"③。在经济上,土司残酷剥削土民,"一年四小派,三年一大派。小派计钱,大派计两。土民岁输土徭,较汉民丁粮加多十倍"④。在土司的压榨剥削下,土民无法生活,只好逃亡或公开反抗。如

---

① 光绪《湖南通志》卷八四《苗防四》。
② 刘彬:《永昌土司论》,《皇朝经世文编》卷八六。
③ 《清世宗实录》卷二〇。
④ 蓝鼎元:《鹿洲初集》卷一《论边省苗蛮事宜书》。

雍正八年(1730)八月,云南昭通府永善县少数民族川保、二象、木谷二耶、木谷四哥等,聚集50余名土民,"各带刀弩棍箭",举行反抗土司压迫的起义,杀死土千户安永长,"复拥入署,搜得印信,放火烧衙。又往挖曲寨,搜获财物,席卷而散"①。

第三,地方分权已不适应强化了的中央集权的需要。自平定吴三桂之乱,撤除三藩后,清加强了对西南边疆的统治。而存在于西南地区的土司制度,已与这变化了的形势不相适应。有些土司的势力恶性膨胀,已形成了名副其实的地方割据势力。如云南丽江府土知府木氏,其领地方圆数百里,"宫室之丽,拟之王者",特别是他还在丽江与鹤庆交界的地方设置邱塘关,"出入者非奉木公命,不得擅行。远方来者必止,闻者入白,命之入,乃得入。故通安诸州守,从天朝选至,皆驻省中,无有入此门者。即诏令至,亦俱出迎至此,无得竟达。巡方使与查盘之委,俱不及焉"②。有的土司还支持或直接参加吴三桂叛乱。有的土司私藏内地逃犯,拒不交出。特别是土官与其上司机关既狼狈勾结,又矛盾重重,也危及了地方的安定。因此,云贵总督蔡毓荣说:"土官以世系承袭,不由选举","我国家八法计吏,三年考绩,土官皆不予焉。不肖者无惩,间有一二贤者,亦无以示劝。欲其奉职守法也,得乎?"③

第四,清代既是土司制度的进一步完善时期,又是土司制度的终结期。土司制度开始实行于元,明已日趋完善,到了清初,在明的基础上更加完备。清的土司制度,土司的职守明确,并建立了土司的考核制度、奖惩制度,实行土司的开科考试,禁止土司越界扩张,把土司一律划归流官管辖等等。土司制度越来越严密,与流官制度的差异越来越小,其发展趋势必然是被流官制度所取代。因此,土司制度的日益完善,已为自身的被废除创造了条件。事实也正是如此,土司制度的完善期,也正是改土归流的开始期。

雍正四年(1726)九月,云南巡抚管云南总督事的鄂尔泰正式提出改土归流的建议:"云贵大患,无如苗蛮,欲安民必先制夷;欲制夷,必改土归流。而苗疆多与邻省犬牙交错,不必归并事权,始可一劳永逸。"可以认为,"制

---

① 《重囚招册》,《康雍乾时期城乡人民反抗斗争资料》,中华书局1979年版,第617页。
② 徐弘祖:《徐霞客游记》卷七《滇游日记六》。
③ 蔡毓荣:《筹边第二疏》,乾隆《云南通志》卷二九《艺文》。

夷"、"安民"是改土归流的重要目的。鄂尔泰又说:"为剪除夷官,清查田土以增赋税,以靖地方事……若不改土归流,将富强者渐次擒拿,懦弱昏庸者渐次改置,纵使田赋兵刑尽心料理,大端终无就绪。"可见,"增赋"是改土归流的另一重要目的。同时,鄂尔泰还提出了具体的实施方针:"计擒为上,兵剿次之;令其自首为上,勒献次之。"①世宗批准了鄂尔泰的建议,并将四川闹事的三个土府即东川、乌蒙、镇雄划归云南。不久,又提升鄂尔泰为云南、贵州、广西三省总督,总理西南地区的改土归流事宜。

改土归流虽为大势所趋,但绝非一帆风顺,这中间有过激烈的斗争。世宗和他的谋臣们认识到了这一点,因此这次全面的、大规模的改土归流是以武力为后盾而展开的。雍正四年至十三年(1726—1735)西南地区的改土归流,从整体上看,广西、四川、湖广三省主要是招抚,而云南、贵州两省则是以武力解决为主。

雍正年间,西南地区进行改土归流的土司共有60余个,改土归流的先后顺序是:

雍正四年(1726),先后有8个土司进行了改土归流,其中云南7个,湖广1个。云南在这一年进行改土归流的土司有:乌蒙土府,被平叛以后置乌蒙府;镇雄土府,被平叛后改土府为镇雄州;东川土府,被平叛后置东川府;邓川土知州被革职后,安置江西;裁霑益州土知州,改设流官;裁镇沅土知府,改设流官;裁威远州土知州,改设流官。湖广的桑植宣慰司,宣慰使向国栋因仇杀被革职,其地置桑植县。

雍正五年(1727),先后有15个土司进行了改土归流,其中湖广10个,云南两个,贵州两个,广西1个。在这一年湖广进行改土归流的土司有:永顺宣慰司,宣慰使彭肇槐呈请改流,其地置永顺府;南渭土州纳土,其地并入永顺县;施溶土州缴印纳土;上溪土州缴印纳土;腊惹山长官司纳土;麦著黄洞长官司纳土;白岩洞长官司纳土;田家洞长官司纳土。云南姚安府土同知被革职;裁永平县土县丞。贵州平浪长官司长官被革职;康佐长官司长官被革职。广西泗城土知府被革职。

雍正六年(1728),四川有4个土司进行改土归流:阿都宣抚司宣抚使

---

① 参见魏源:《圣武记》卷七《雍正西南夷改流记上》。

被革职,降为长官司;河西宣慰使被革职,降为土千总;天全六番招讨司,其地置天全州,改设流官;天全六番招讨副司,改设流官。

雍正七年(1729),有6个土司进行了改土归流,其中贵州两个、广西两个、云南1个、湖广1个。这6个土司是:贵州的中曹长官司副长官被革职;洪番长官司长官被革职。广西的东兰土知州被革职;龙州长官司改置龙州厅。云南的思茅等六版纳改设流官。湖广的保靖宣慰司宣慰使彭御彬因仇杀安置辽阳,其地置保靖县。

雍正八年(1730),贵州3个土司进行改土归流。即蛮夷长官司副长官被革职;石阡长官司长官被革职;把平长官司长官被革职。

雍正十年(1732),有3个土司进行改土归流。其中广西有两个,即归顺土知州被革职;思明土知府被革职。湖广1个,即东乡宣慰司宣慰使被革职。

雍正十一年(1733),有两个土司进行改土归流。其中广西1个,即恩城土知州被革职。湖广1个,即忠建宣抚司宣抚使被革职,其地改置恩施县。

雍正十二年(1734),有4个土司进行改土归流。其中湖广有3个,即茅冈长官司纳土;忠峒安抚司安抚使田光祖等15名土官呈请改土归流,其地入宣恩县;容美宣慰司宣慰使田旻如畏罪自杀,不许承袭,其地置鹤峰州。四川1个,即酉阳宣慰司宣慰使被革职,其地置酉阳直隶州。

雍正十三年(1735),湖广有19个土司进行改土归流。即大喇长官司纳土;上洞长官司纳土;下洞长官司纳土;施南宣抚司宣抚使覃禹鼎被革职,其地置利川县,并设施南府领六县;散毛宣抚司纳土;忠路安抚司纳土;忠孝安抚司纳土;高罗安抚司纳土;木册长官司纳土;大旺安抚司纳土;临壁长官司纳土;东流安抚司纳土;唐崖长官司纳土;龙潭安抚司纳土;沙溪安抚司纳土;卯峒长官司纳土;漫水宣抚司纳土;西萍长官司纳土;裁建南长官司,其地入咸丰县①。

当然,雍正年间并没有把西南地区的全部土司都进行改土归流。据有

---

① 据张捷夫《论改土归流的进步作用》第202—204页资料重新整理,《清史论丛》第二辑,中华书局1980年版。

人统计,全国存在过的土司大约有800多个,主要分布在湖广、云南、贵州、广西、四川、甘肃、青海和西藏①。经过雍正朝改土归流之后,除湖广省仅有几个空衔,基本上已无土司外,其他各省都仍然有土司存在。

由于改土归流是在少数民族地区进行的大规模的行政机构改革,所以有和平改革,也有武力改革。对清廷这一政策的评价,学术界历来有分歧。基本上是两种意见:一种认为是民族同化政策,加重了对少数民族的压迫和剥削,影响和阻碍了少数民族社会的发展;另一种意见认为,这一政策有其历史进步作用。我们认为改土归流政策的历史进步作用是其主流,主要表现在以下几点:

第一,鄂尔泰在奏疏中所提出的"制夷"、"安民"的目的,应该说是都达到了。在方圆数千里的边疆少数民族地区实行改土归流,消除地方割据、地方分权,无疑有益于边疆的巩固,有益于中央集权的加强。当然,不能说土官换成流官就可安民。能否真正安民,还要看流官是清廉还是苛猛。世宗十分重视对少数民族地区流官的选派,他指出:"凡属番夷苗倮杂处省份,若能使文武弁员,清正自持,丝毫不敢不利于彼,可保无一事也。是乃探本寻源上策,当竭力勉此。"②第一批被安置到改土归流地区的流官,大多数是较清廉的,对这些地区在乾隆年间社会保持安定曾起了促进作用。鄂尔泰在奏疏中提出的改土归流的另一目的——"增赋"的效果也是明显的。改土归流后,清廷在这里清丈土地,清理钱粮,实行统一的税收政策,既减轻了劳动人民的负担,又保证了封建国家的税收来源。

第二,改土归流推动了边疆地区社会经济的发展。改土归流后,一般来说都相对安定,这本身就为这些地区社会经济的发展创造了良好的社会条件。原来被土司强占去的土地,清廷允许农民按原价赎回,有的地方甚至允许农民自由占田。同时,清廷又鼓励农民垦荒屯田,收到了明显的效果。如东川府,在土司统治时期,"膏腴四百里无人敢垦";改土归流后,大量的荒地被开垦,"屯田东川,岁收二万石"③。特别是改土归流后各族劳动人民频繁来往,其他民族特别是汉族的先进生产技术进一步传播。适于山区生长

---

① 张捷夫:《清代土司制度》,《清史论丛》第三辑,中华书局1982年版。
② 《雍正朱批谕旨》雍正四年三月十七日,法敏奏折朱批。
③ 《光禄寺少卿杨公墓志铭》。

的汉族地区的玉米与甘薯等高产作物也被引进,推动了社会生产的发展。

第三,改土归流促进少数民族地区社会的进步。改土归流地区,其社会发展原来均较汉族地区落后,大多处于农奴社会阶段,有的甚至处于奴隶社会或原始社会末期。改土归流后,先进的文明之风刮进了这些偏远山区。不仅先进的生产技术传播了进来,一些过去被束缚在土司领地上从事各种劳役的家奴,成为有一定自由的自耕农。改土归流之后,清廷广设学校,有些地方还设置了府学、州学、县学。据记载,云南全省康熙年间建学校99处,而雍正年间建学校148处,约占全省学校的1/3[①]。清廷又在这些地方开科取士,使一部分人有了入仕参政的机会。同时清廷还在这些地区积极革除各种陈规陋习,如禁止土司专擅、禁止仇杀、禁止抢掠人畜财物、禁止杀牲等。再如,永顺府旧有"骨种三习",按习俗姑氏之女无论年龄大小都必须嫁给舅氏之子等落后习俗都予以革除。

我们并不否认在改土归流的过程中充满着民族的、阶级的以及统治阶级内部的矛盾,并且多次发生过流血斗争,有些措施违背少数民族的意愿,如强行剃发留辫,禁止火葬,强迫其姓名与语言从汉俗等。但是,促进社会发展和多民族国家的形成的历史作用是主流,应该予以肯定。

---

① 乾隆《云南通志》卷七《义学》。

第八章　严控意识形态

1. 康熙初兴文字狱

　　文字狱,是指因为文字的细故而构成的狱案,其形式是以文字作品获罪,具体说,就是当事人在其诗文等文字著作中,或某些言论中,流露出对现状不满的情绪,或触及当朝某方面忌讳的人和事,即根据其思想倾向甚至是捕风捉影而治罪。文字狱自秦以后屡屡发生,论数量之多、规模之大、持续时间之久当属清朝了。清代文字狱泛滥自然有其特殊的历史原因。清朝以满族入主中原,按汉族传统观念视为"天昏地暗,日月无光",在一部分知识分子当中有着相当激烈的民族敌忾情绪。大规模的抗清武装斗争虽然失败,但反清思想仍通过各种形式如文字作品在民间流传,并与以复明为目的的反清起事结合起来,使清廷坐卧不安。这样,为巩固清朝的统治地位,对汉族反清复明思想防范必严,打击惟恐不力,到乾隆朝更发展到病态的疑惧和猜忌,必欲彻底泯灭汉人的民族意识和民族气节而后快。这足以说明清代文字狱泛滥是民族矛盾、民族斗争在思想文化、意识形态领域内的反映。从整个中国古代历史看,明清时代是封建社会走向更成熟完备、君主专制发展到顶峰的时代,因此文字狱自然远远超过以往历代王朝。

　　清代文字狱是从康熙朝正式肇始的。顺治朝时,与南明的武装斗争异常激烈,文化思想领域中的禁忌尚不苛严,在戎马倥偬之中清廷顾不上检查诗文作品的内容。对文化思想领域进行严密控制,是在统治比较稳定的康熙朝开始进行的。

　　明亡后,明代遗民特别是士大夫十分留恋故国,出于汉族文化为中心的传统华夏观念,对从关外入主的满族统治者充满敌意和惊惧,且以处在满族人统治之下为羞耻。这种排满、反清复明的情绪,不管以何种方式表现出来,一经清廷所察觉和怀疑,便会遭不测之祸。清廷以满族人为少数,处于人口众多的汉人之中,时有如履冰临渊之感,因此对汉人尤其是士大夫阶层保持着高度的警惕性。清初最早的文字狱就是对当时流行的民族思想和反清意识的一种反应,是清廷为遏制反清复明思想而采取的镇压措施。

康熙朝60余年间,虽有骇人听闻的文字狱发生,但数量不多,文禁尚宽,与后来的雍正、乾隆两朝更为严厉的文字狱相比有显著不同。康熙朝文字狱不超过10起,最大的案件是庄廷钺《明史》案和戴名世《南山集》案。这两个大案都是因作品中流露出眷念明朝的民族意识而遭到不幸。

顺治十八年(1661)正月,24岁的世祖病故,遗诏索尼、苏克萨哈、遏必隆和鳌拜为四辅臣,翊护幼主圣祖,佐治国事。当时,政柄操纵在四辅臣手中。清代文字狱史上一桩罕见的大案庄廷钺《明史》案就发生在康熙二年(1663)四辅臣当权的时候。《明史》案是由庄廷钺的《明书辑略》引发的。

庄廷钺乃是浙江湖州府南浔镇富豪庄允诚之子。庄家出才子,时称"九龙"。此九人对经史诗文博览精通。其家资万贯,依附风雅,其中尤以庄廷钺为甚。庄廷钺15岁入选国子监,中拔贡,后因病双目失明。他受"左丘失明,厥有《国语》"的鼓舞,欲著书立说,载之史册,也想创作一部传世史作。适逢邻居朱家藏有朱国桢所撰《明史》稿本。朱国桢死后,家道衰落,欲卖出此书稿。这正合庄廷钺之意,遂以银1000两购买之。

朱国桢此书,取国事及公卿志、状疏、草命,胥抄录几数十帙,未成书,空缺崇祯朝及南明史事。所以,庄廷钺又延请江浙名士以及有志于纂修明史的史家如茅元铭、吴之铭、唐元楼、韦全祐、潘柽章、吴炎等10余人,对书稿进行增删润色。缺少的史传部分,则采用茅瑞徵的《五芝纪事》和《明末启祯遗事》,加以编纂成书,名为《明史辑略》。

顺治十二年(1655),庄廷钺死,其父庄允诚邀请当时名士李令皙为之作序,由其岳父、当地富豪朱佑明出资赞助,在南浔镇北圆通庵刻印,于顺治十七年冬刊行。

庄允诚欲为该书增加身价,因慕当时异才名士查继佐、陆圻、范骧等三人的声望,在未征得本人同意的情况下,擅自将他们列名于参订者。有一个与范骧旧交者、解任户部侍郎周亮工,偶见范骧等为该书列名参订者,深知倘清廷知晓,将使范骧等无辜受累,便建议他们三人赶快向官府检举,以为脱身之计。岂料三人对此不甚介意。这是因为当时凡刻书刊印,列名人于"参订者"已视为常事,既可以为书增价,又可宣扬个人名声。周亮工为他们代写呈稿,向按察衙门检举,但被驳回,以为"文章之事,不便存案"。不料严州司理嵇永福认为此事关系甚大,乃持呈稿请学道胡尚衡裁决。学道批复说:"文章之事,何必存案?贵司以为需要,就烦贵司代批如何?"嵇永福乃批复说:"明史一书,非奉旨孰敢擅刻?仰湖州府严查确报,以便详宪题参可也。"湖州府学教授赵君宋接到学道胡尚衡批文后,即命本学廪生俞世祯详查细审,摘出书中违碍之处数十条,并欲上报省宪。于是,庄允诚请湖州分守道张武烈以赵君宋之阴事威胁他,使赵君宋不敢惹是生非。庄允诚又结交通政司王元祚,使此事暂时结案。

谁知一波刚平,另一波又起。赵君宋告发庄氏《明史》事,被原浙江粮道、因贪赃而免职的李廷枢知晓。李廷枢原是湖州府现任知府陈永命的主考房师,他以为奇货可居,以此可以从庄允诚家讹诈巨财,于是告知陈永命。接着,庄允诚贿赂陈永命,而李分文未得,一气之下,乃转告其亲家吴之荣。

吴之荣贪欲无度,知道借此事讹诈,无疑将使他获得巨额利益。他深知满族人忌讳,尤其是关于满族的兴起、明清关系及战争等,均为清廷所避讳之史实。他正是抓住这一点,贪得无厌地向庄、朱两家大肆敲诈勒索。

其实此书中所谓"悖逆"忌讳之处,大概有:不尊称清室先祖,直呼其名;贬低和否定清太祖努尔哈赤以"七大恨"起兵反明的合理性;称清先祖和清兵为"贼"、"夷";在《显皇帝纪》中把清人自诩的"龙兴"目为"兹患";对明清战争中明之败甚为感慨、悲泣,其故国之情溢于文辞;仍奉南明弘光、隆武、永历为正朔;而不书清之年号为正朔;等等。庄允诚只想了却儿子的心愿,确实不知出版此书潜伏何等重大的危险,加之有钱有势,故对吴之荣举报不甚重视,过低地估计了此事的严重后果。

从府州县到省道衙门,俱被庄、朱两家用银子买通,吴之荣不但没有告倒,而且多次被官府押出境外,遭到羞辱。他不甘心,就摘取书中"悖乱"之语,以"造写逆书"为题,进京状告朱、庄两家。刑部收审此案。康熙元年(1662)十一月,刑部派满官员罗多等至湖州府,勘查此案。同时将庄允诚、朱佑明押解京都，投入刑部大狱候审。

至十二月，庄允诚因惊吓和不堪受笞杖之苦，病死于狱中。朱佑明不甘就死，又买通关节，答应以银数万两贿赂抚院朱昌祚，只求"仅一身流徙，不累家口，不致籍没"。但是，朱佑明的儿子朱念绍的大舅子、杭州康熙元年进士王羽，又请求管理南关旗下人图奈营救。朱昌祚恼羞成怒，立即与审理此案的满侍郎戴、吴二人提审此案。

案情越审越大。康熙二年（1663），刑部如实上报朝廷，四大辅臣阅案宗后大怒，称旨严刑审讯。清军下江南时，江南、西南地区的反清斗争，明朝的学者名士在其中起着重大作用。清廷对于他们中的敌视甚或有悖逆行为者，则历来严厉镇压，绝不手软。如：顺治十八年（1661）三月和五月，先后发生奏销案和哭庙案，紧接着就发生庄氏《明史》案，清廷当然十分重视，并利用此案，对汉族知识分子大开杀戒。

康熙二年（1663）五月，刑部审讯定谳，拟罪奏报，四辅臣称旨：庄廷鑨被剖棺戮尸，庄、朱两家以及凡为该书作序、校补、刻印、编撰者，其父兄弟子侄年15岁以上者70人斩决，其中凌迟处死者18人，妻妾女孙及子侄15岁以下被流徙为奴者数百人。二十六日在杭州宣判执行。此案被处死人数甚多，一说"杀七十余人"，一说"名士伏法者二百二十二人"①。其中有最令人痛惜的两名年轻的史学家潘柽章和吴炎，都被凌迟处死。顾炎武对他们十分敬慕，把自己收藏的千余卷史料借给他们。潘、吴因修史而殉难，顾炎武悲愤万状，作《书潘吴二子事》及《祭吴潘二节士诗》：

> 露下空林百叶残，临风有恸莫椒兰。
> 韭溪血化幽泉碧，蒿里魂归白日寒。
> 一代文章亡左马，千秋仁义在吴潘。
> 巫招虞殡俱零落，欲访遗书远道难。

诗中时而低吟凄诉，时而悲愤呐喊，沉痛哀悼名士义人惨遭杀戮，把他们与左丘明和司马迁并列，流露了明遗士人对文字狱的怨恨悲愤之情，读来令人心肺撕裂。

---

① 陈康祺：《郎潜纪闻》卷一一。

康熙八年(1669)五月,少年天子亲政,结束了四辅臣时代,同时也控制了文字狱的恶性发展态势。圣祖开始调整对汉族知识分子的政策,康熙十二年诏命荐举山林隐逸,十七年开设博学鸿词科,十八年开《明史》馆。这样,宽文网之禁,成了对汉族知识分子新政策的一个重要内容。自圣祖亲政到《南山集》案发,在这40余年时间,只发生过一起较为著名的朱方旦案,对知识界似乎无甚影响,怀柔和宽容知识分子的政策仍在贯彻执行。当时,思想界十分活跃,有所谓"违碍"之处的诗文著作陆续结集刊行,尤其是清初十分敏感的史学,有志于著述故明的史家都重新著述成书,如计六奇的《明季南略》、《明季北略》,温睿临的《南疆逸史》,都于此期间成书。更为甚者,民族情绪尤烈的著名思想家王夫之在《读通鉴论》中说,天下大防有"华夏"和"夷狄",而"夷狄"乃"异类","歼之不为不仁,夺之不为不义"等过激之辞,清廷都未予追究。为打消人们的顾虑,康熙朝规定:"凡旧刻文卷,有国讳勿禁;其清、明、夷、虏等字,则在史馆奉上谕,无避忌者。"圣祖的开明和宽容在清朝诸帝中可称是绝无仅有的。但是,在圣祖晚年,还是发生了震惊朝野的戴名世《南山集》大狱。

戴名世是清初学者,他对官修《明史》有所不满,想私撰一部《明史》。科举落第后,他返回家乡安徽桐城南山岗隐居,其弟子龙云鄂、方氏族人方正玉把戴氏文章和书信结集,取名《南山集》刊行问世。此书中有根据同乡方孝标所作《滇黔纪闻》议论南明史事,用南明帝号,不给清廷以正朔地位,触犯忌讳,给戴名世带来了横祸。康熙四十八年(1709),戴名世中进士,授翰林编修。康熙五十年十月,都察院左都御史赵申乔首劾《南山集》,参奏他"妄窃文名,恃才放荡。前为诸生时,私刻文集,肆口游谈,倒置是非,语多狂悖。今身膺恩遇,叨列巍科,犹不追悔前非,焚削书版,似此狂诞之徒,岂容滥厕清华"。圣祖得报,十分警觉,当即批示要"严察审明",将结果向他"具奏"①。《南山集》一案背景复杂,与当时诸王竞争储位、皇太子胤礽两次被废有关。在审理此案的过程中,江南总督噶礼与江苏巡抚张鹏翮相互攻讦,互倾政敌,而且当时民族矛盾又出现紧张的迹象。种种因素交织在一起,使得案情扑朔迷离。经过长达半年之久的审理,结案时刑部等衙门的

---

① 《清圣祖实录》卷二四八。

判决十分严厉:戴名世以其所著《南山集》、《孑遗录》内有"大逆"等语定罪,应即行凌迟处死;方孝标受到牵连,因其所著《滇黔纪闻》有"大逆"语,"应锉其尸骸"。戴、方两氏之祖父、子孙、兄弟及伯叔父、兄弟之子,年16岁以上者,俱查逮捕,立即处斩;其母、女、妻、妾、姊妹,子之妻妾,及15岁以下的子孙、叔父、兄弟之子,都给功臣家为奴。方孝标之族人,有职的一律革退,除已嫁女,一律发配到乌拉(今吉林境内)、宁古塔(今黑龙江宁安)、伯都纳(今吉林扶余)等处安插。还有汪灏、方苞为戴名世"逆书"作序,应立斩;方正玉、龙云鄂自首,其妻及子充军到宁古塔;编修刘岩得到"逆书"而不自首,应革职,同妻流放3000里①。圣祖对此案很慎重,刑部的谳词"五上五折本",最终除戴名世处斩之外,其余受株连者均从宽处置。当时圣祖为政尚宽,对戴名世《南山集》一案虽很重视,但处置尚不苛严。

康熙朝圣祖在位61年,当时清廷尚未有借助文字狱镇压反清知识分子的政策意识,不少案件大多是起于汉族人之间的构陷和倾轧。圣祖对亲信李光地说:"你们相倾相害,满洲谁害汝?"言语尖锐,令人深省。偌大的文字狱,横加杀戮,违背圣祖"生一事不如省一事"的稳定方针。而且社会影响太大了,禁锢思想,抑制学术,扼杀人才,为害更甚。

2. 雍正文字狱趋严

雍正朝13年(1723—1735)中,文字狱远远超过康熙朝,据统计,有近20起狱案。其中以雍正六年立案追查吕留良诗文著作案为标志,分为前后不同的阶段。前一阶段是作为统治阶级内部斗争的手段而发生的,这与康熙朝明显不同,一般尚未带有镇压汉族知识分子反清思想和民族气节的性质。而后一阶段的文字狱则表明,世宗已开始注意镇压那些具有潜在民族意识的汉族知识分子。

世宗即位之初,就将正在编修《古今图书集成》的著名学者陈梦雷父子驱逐出京师,"发遣边外"。这主要是因为陈氏依附世宗的政敌诚亲王允

---

① 《清圣祖实录》卷二四九。

祉,他欲先剪除其羽翼,陈氏父子便成为皇权争夺的牺牲品。与此同时受处分的还有"耿逆伪相"杨文言,称其"一时漏网,公然潜匿京师,著书立说"。杨此时已死,世宗下令,调查杨的子弟有在京者,一律驱逐,发遣外地①。雍正朝前期,许多案件纯粹是世宗以此为借口,打击政治上的异己力量。大将军年羹尧恃功骄纵,功高震主,世宗蓄意诛灭他,给年羹尧罗织了许多罪名,其中重要的一条是年在奏折中把"朝乾夕惕"错写成"夕惕朝乾",世宗借此指责:"年羹尧非粗心办事之人,直不欲以朝乾夕惕归之于朕耳。""观此,年羹尧自恃己功,显露不臣之迹,其乖谬之处,断非无心。"②这真是欲加之罪,何患无辞。雍正三年(1725)十二月,大将军年羹尧被世宗赐令自尽。接踵而至的是两起文字狱:汪景祺《西征随笔》案和钱名世作诗寄赠年羹尧案,使年案余波又起波澜。

汪景祺为年羹尧的入幕之宾,他曾写诗讥笑圣祖,诅咒"雍正"年号有"一止之象",犯的是"悖逆"大罪。在《功臣不可为论》一文中,讽劝年氏不要做功臣,因为功高震主,必死无疑③。世宗在赐死年之后,便立即公布汪景祺的种种罪状,斩首枭尸。

钱名世为当时名士,实际上他算不上"年党",但世宗不放过他,钱名世写诗吹捧谀颂年羹尧,如"分陕旌旗周召伯,从天鼓角汉将军"之句,把年比为周朝的召伯,汉朝的卫青、霍去病。世宗最恨朋党,害怕威胁皇权。钱名世所作实际上反映了知识分子中的一种极坏的趋附权贵,任自吹嘘习气,这会助长朋党之风。钱名世虽有"江左才子"之美称,但行止不端,名声不好,于是世宗想借此来整肃士林之风以及名士依附权贵之风。世宗以其所犯"文词谄媚奸恶,为名教所不容",即革去职务,发回原籍。他命地方官员把他亲书的"名教罪人"四字制成匾额,悬挂在钱名世住宅门前,指令地方官员定期查看,若未悬挂,当即治罪。世宗为充分发挥警戒大小臣工的作用,还命在京现任官员,凡由举人、进士出身的,都要仿照诗人刺恶之法,每人写一首诗赠送钱名世,嬉笑怒骂,冷嘲热讽,越刻薄越妙。所写诗文汇集成册,

---

① 《清世宗实录》卷二。
② 蒋良骐:《东华录》雍正三年三月。
③ 萧奭:《永宪录》卷三。

由世宗亲自审定,交由钱名世保存①。世宗下达谕旨,刊刻付印这些"刺钱"诗文,以宣纸印题曰:《御制钱名世》,在雍正朝向各省学校都颁发一部,用以教训准备做官入仕的读书人。对钱名世这一别出心裁的处分,虽未杀其身,但却诛其心,使他终生蒙受耻辱,死后亦不得翻身。

说起清朝的文字狱,再也没有比雍正朝的查嗣庭案更广为人知了。

查嗣庭是浙江杭州府海宁县人,其兄弟四人都为进士出身,尤以长兄慎行以诗文出名。当时查氏门户盛荣一时,被人们传为美谈,有连桂之瑞。查嗣庭于雍正四年(1726)因文字获罪,查家由盛而败。据世宗所说,他深信相面家所言查嗣庭长着一副"狼顾之相",对这种人要小心警觉,因为这种人心术不正,怀有异志。其实,查嗣庭"维民所止"试题案的背景十分复杂,最根本的原因在于名声太高的查嗣庭依附隆科多。隆科多因其姑姑是圣祖的生母孝康皇后、姐姐又是世宗的嫡母孝懿皇后而显赫。在胤禛兄弟争夺储位及入继大统的斗争中,隆科多全力支持世宗登位。其拥戴之功,正是隆科多后来得祸的根源。由于世宗继位疑点很多,而他是承传圣祖遗诏的唯一的人,也就是说,成为世宗合法继位的惟一历史见证人。他介入机密太多,为世宗之大忌。而且由于大小官员、士子纷纷依附于他,形成一朋党集团,权势炙手可热,严重威胁皇权。所以,大兴隆科多之狱势在必行。但苦于一时无机可乘,而查嗣庭在这个时候被打成隆党成员,为最后消灭隆党作舆论、造声势,是世宗整个政治棋局中下的一着妙棋。

雍正四年(1726)正逢各省乡试之期,查嗣庭被任命为江西省乡试主考官。乡试完毕,世宗反复推敲,找到一些文字上的"罪证",但稍嫌不足,于是下令对查嗣庭的寓所和行李作一次突击搜查,果然查出两本日记。世宗于九月召集在京大学士、九卿、翰詹、科道等大小官员,当众公布查嗣庭的罪行。

查嗣庭典试江西的试题之中,罪证主要有如下几点:首题:"君子不以言举人,不以人废言。"这是孔子之言,世宗认为用此为试题,是对朝廷保举人才之令有所不满,暗中讥讪。三题:"介然用之而成路,为间不用则茅塞之笑。"世宗认为出此题实为居心不良。策题:"君犹腹心,臣犹股肱。"世宗

---

① 《清世宗实录》卷四二。

挑剔查嗣庭不尊君为"元首",分明不知君上之尊,有辱君威。《易经》次题:"正大而天地之情可见矣";《诗经》次题:"百室盈止,妇子宁止";《易经》三题:"其旨远其辞文"。世宗认为:这是暗示人要把"正"和"止"两字联系起来思考,体会其中寓意,而且暗与汪景祺《历代年号论》一文,说"正"有"一止之象",这是恶意诽谤雍正年号,更为甚者,后一"止"字为"正"字头上去一横,如同斩头。世宗得出结论:"所出题目,显露心怀怨望、讥刺时事之意。"科举考试,考官从"四书""五经"中摘取文句命题,因涉嫌谤讥而获罪的,在明代已层出不穷,但如此善于联系、精于深究,能透过题面文字而洞见命题之深意者,恐怕前无古人。世宗为使人心服,不给人穿凿附会之嫌疑,又抛出了查氏第二部分罪证,从其日记中挖出更为严重的罪证:对圣祖用人行政的无端攻击,如以翰林改授科道为"可耻",以裁汰冗员为"当厄",以钦赐进士为"滥举",以戴名世获罪为"文字之祸",等等。对查嗣庭以"一派荒唐之言"记载"未有之事"更为气愤,如记热河(承德)偶发大水,"淹死官员八百人",又记"雨中飞蝗蔽天"等。世宗还列举查嗣庭"受人嘱托,代人营求之事",罪行之重,岂容辩解①。查嗣庭又攀附隆科多,受其重用,这与朝廷政治斗争交织在一起,自然难逃其厄运了。为了钳制汉族知识分子的思想和民族感情,动不动就以文字断定"悖逆实迹"。世宗普遍施用这一罪名,来惩治一切哪怕流露出一点对清朝怀有不满情绪的人。雍正四年(1726)九月,世宗命将查嗣庭革职查办,交刑部、都察院和大理寺三司会审,定罪具奏。在查检查嗣庭书信文札之中,又审查了凡与查嗣庭有书信往来的官员。经过审查,廉州守李元伟、庆都令刘绍曾、济宁河道杨三炯、云南驿盐道沈元佐等与之有师生、同年之谊,夤缘请托,结党营私。世宗认为,"师生同年联络声气,植党徇私,朋比为奸,惑人听闻,其为害世道人心更甚于小说淫词。"查嗣庭文字案之所以一拖再拖,直到第二年五月才结案,正是由于世宗的注意力由粉碎隆科多朋党集团转向打击"科甲朋党"方面。他认为,科甲朋党已构成对皇权的新的威胁。于是,他借此案来打击科甲出身的许多官员,如直隶总督李绂、御史谢济世等。查嗣庭被捕入狱,病死狱中。雍正五年五月,世宗命"戮尸枭示",查嗣庭兄慎行父子从宽免处,释放

---

① 《清世宗实录》卷四八。

回籍;兄嗣瑮父子免死,流放3000里,案内15岁以下的子弟皆流放3000里。查嗣庭的家产一律变卖,留作浙江海塘工程的费用①。

震动朝野的查嗣庭文字狱就这样结束了。因浙江连出汪景祺案和查嗣庭案,世宗在浙江特设观风整俗使,且暂时停止浙江全省的乡、会两试,以示惩罚。

继查嗣庭文字狱之后,又相继发生了谢济世注释《大学》、怨望诽谤案以及陆生枏《通鉴论》案等。

雍正朝文字狱甚多,而以曾静投书案以及吕留良文字狱为最重要。吕留良文字狱案发之前,有曾静、张熙投书案拉开了序幕。曾静是湖南郴州永兴县人,本为一落第书生,写书化名为夏靓。他因参加科举,曾读过清初著名学者吕留良的《时文评选》,深受其学术和反清复明思想的影响,密谋反清。曾静读吕留良的《钱墓松歌》及《题如此江山图》等诗文,"始而怪,既而疑,继而信"。他误以为川陕总督岳钟琪为岳飞后代,其先人与满族先世金朝(女真)有世仇,便想鼓动他起兵反清,以达到恢复明朝之目的②。于是,密令其学生张熙投书岳钟琪,署名"南海无主游民夏靓遣徒张倬上书"。关于此信的内容,从世宗编纂的《大义觉迷录》一书和有关上谕中,尚可窥见一斑。这封书信中,曾静以"华夷之分大于君臣之伦"来否认清朝统治的合法性;以胤禛谋父、逼母、弑兄、屠弟、贪财、好杀、酗酒、淫色、诛忠、任佞等10大罪状,完全否认世宗即位的合法性。他指出,世宗即位以来,"寒暑易序,五谷少成","山崩川竭,地暗天昏","湖广、江西、广西、广东、云南、贵州六省,在我一呼可定",说明反清时机已经成熟。最后,又说岳钟琪"系宋武穆王岳飞后裔,今握重兵据要地,当乘时反叛,为宋明报仇"。他策动岳起来反清复明,阐明反清的条件已经具备,如此直指当朝皇帝,胆量之大,实属惊人。

岳钟琪,四川成都人,在铲除年羹尧朋党集团的斗争中,起了重要作用。因此,世宗令其代年羹尧任川陕总督。岳钟琪深得世宗信任,委以封疆重任,对皇帝"惟知有国,不知有身",无限忠诚。川陕总督定例为满缺,而他

---

① 《清世宗实录》卷五七。
② 《张倬投书岳钟琪案》,《文献丛编》第一辑。

以汉官高升此职,无疑会震动朝野,故遭诽谤、诬陷,时有发生。因他与岳飞同姓,想排挤他的人,风言风语,说他乃岳飞后裔,欲举川、陕兵马造反。这使他诚惶诚恐。

岳钟琪极想向世宗剖明心迹,却遇到张倬、夏靓上书策反,而且同持岳钟琪乃岳飞后代这一理由,使他惶惶不安,便亲自严刑审问张倬。张倬宁愿"舍身可以取义",牢记老师临行所叮咛:"只去献议,不必告以姓名里居",虽遭重刑至昏绝而无所招供。岳钟琪无计可施,立即上密折:"恳圣恩准将张倬解送到京。"但是世宗却于该折朱批中写道:"此事在卿利害所关。量卿不得已而然,但料理急些了。当缓缓设法诱之,何必当时追问即加刑讯?伊既有是胆为此事,必是一忘命不畏死之徒,便解京亦不过如此审问。"这是世宗提醒岳钟琪,要想方设法诱使张某招供。

岳钟琪苦思妙计,便谎称自己早有谋反之意,对张用刑,只不过是验其真伪。这个毫无政治斗争经验的村野士人信以为真,"将其师实在姓名居地,并平素与伊师往来交好诋毁天朝之人,各姓名居地一一吐出"。原来,送书人名叫张熙,化名张倬,师从曾静。其师曾静的反清复明思想是深受吕留良的诗文影响。这样,岳钟琪将张熙供出的湖南、浙江等地10余人的住址及吕留良家藏《备忘录》等全部情况,立即密报世宗。

世宗接到密折后,极力抚慰夸奖他,说他自己朝夕焚香,祝愿岳钟琪"多福多寿多男子",并说给岳的谕旨"少有口心相异处,天祖必殛之"①。

世宗完全掌握了案情,开始采取行动,批捕案内各要犯。雍正七年(1729)十月间派副都统海兰、十一月初派刑部左侍郎杭奕禄作为钦差大臣急赴湖南,协同湘抚王国栋审理曾静若干人等。同时命浙江总督李卫查抄吕留良家,将吕氏之子孙、学生等抓获;命江南总督范时绎抓获与此案有牵连者车鼎丰、车鼎贲、孙用克等人,并在湖广、浙江、江南等处分别刑讯拷问,得知曾静等并无六省"在我一呼可定"之实力,才命将各犯解送京师,交刑部进一步审讯。

世宗自然了解朝野上下人等对其处理允禩党人,诛戮年、隆等举措颇多议论,但苦于一时不便公开论战,只好隐忍不发。他自知允禩、允禟虽死,年

---

① 《张倬投书岳钟琪案》,《文献丛编》第一辑。

与隆虽或杀或监禁,但他们的党羽远未清除彻底,还在社会上兴风作浪,散布对自己不利的舆论和谣言。世宗览阅曾静等人的供词,始知允禩集团的残余力量才是心腹之患;亦深知要清除根深蒂固的反清复明的思想并不是一件容易的事。正如他在雍正六年(1728)十月十七日岳钟琪的奏折上所写出的自己的心声:

> 朕览逆书,惊讶堕泪。览之,梦中亦未料天下有人如此论朕也,亦未料其逆情如此之大也。此等逆物,如此自首,非天而何？朕实感天祖之恩,昊天罔极矣。此书一无可隐讳处,事情明白后,朕另有谕。①

云贵、广西总督鄂尔泰在奏折中进一步分析此案之由来及实质,说:曾静之所以能够如此"诬谤圣躬",是"其事有渐,其事有因","若非由内而外,由满而汉,谁能以影响全无之言据为可信,此阿其那(允禩)、塞思黑(允禟)等之本意,为逆贼曾静之本说也"②。这正暗合世宗的看法,所以上谕称赞鄂尔泰"恳挚详明,深诛奸逆之心"③。

刑部参审官员承命追问曾静,曾供认是听安仁县生员何立忠、永兴县医生陈象侯所言,而他们又是听茶陵州堪舆陈帝西所言,陈供认是听前往衡州去的四个旗人所言。这样深究细探,世宗终于断定这是发配南方边疆的犯人传说的。于是命有关省巡抚长吏查究。广西巡抚金𫓯奏报:种种流言为该省流犯所谎造。世宗赞许他:"逐一密查,确有证据。"④湖南继任巡抚赵弘恩极力追查,终于查知详情,急报世宗:允禩等人在发往戍地的途中,"逢人讪谤,解送之兵役,住宿之店家共闻之。凡遇村店、城市高声呼喊:你们都来听新皇帝的新闻,我们已受冤屈,要向你们告诉,好等你们向人传说。又云:只好问我们的罪,岂能封我们的口？"⑤又据耿精忠之孙耿六格供认,他在发配的途中,听到允禩心腹太监何玉柱、于义等人讲述皇上改诏、谋父、逼母等说法传闻。达色供认允禩的太监马起云向他讲太后自杀的情况⑥。

---

① 《张倬投书岳钟琪案》,《文献丛编》第一辑。
② 《雍正朱批谕旨》雍正七年四月十五日,鄂尔泰奏折。
③ 《上谕内阁》雍正七年十月初十日谕。
④ 《上谕内阁》雍正七年九月初二日谕。
⑤ 《大义觉迷录》卷三。
⑥ 《大义觉迷录》卷三。

这样,世宗终于从曾静案中深挖出允禩集团是他失德舆论的散播者,从而找到了再次消灭和打击政敌允禩集团的残余势力的借口和良机,达到了第一个目的。他一面再次不厌其烦地宣布允禩等人的罪行,一面逐条辩明自己没有过失,特加解说自己继嗣大统的合法性。雍正七年(1729)九月,世宗下令将有关这个案子的上谕编辑在一起,附上曾、张的口供和忏悔的《归仁录》,连同吕留良的诗文,以及自己的反驳文章,合刊为一书,取名曰《大义觉迷录》。世宗在该书中作序说:将此书"通行颁布天下各府州县远乡僻壤,俾读书士子及乡曲小民共知之,并令各贮存一册于学宫之中,使将来后学新进之士,人人观览知悉"。如果不知此书,一经发现,就将该省学政、该州县教官从重治罪①。世宗利用此案,制成教材,宣扬自己初政之伟业、嗣位之合法,其影响之大,遍及全国各地。世宗为了让曾静等现身说教,宣传《大义觉迷录》,不但不杀他们,而且还说"即朕之子孙将来亦不得以其诋毁朕躬而追究诛戮之"②。他命杭奕禄带曾静到江宁(今南京)、苏州、杭州等地宣传,然后到湖南观风整俗使衙门听用③;命尚书史贻直带张熙到陕西各地宣传,然后遣送原籍,随时候旨传用④。这是世宗处理曾静案的奇特而又富有策略的处置方案。

吕留良及其子孙、学生比起曾、张,可没有如此幸运,其命运之惨烈足见世宗对待汉族知识分子"异端"思想的惩罚手段之极端残酷!吕留良(1629—1683),号晚村,浙江石门人。顺治十年(1653)中秀才后,多次周旋科场,屡试不第,苦闷至极。顺治十七年结识浙东余姚著名学者黄宗羲,又与宁波隐士高斗魁等相识,使他悔恨求取清朝功名。黄、高等人的永不仕清的气节,使他思想大变,从此隐逸山林,恋昔非今,蔑视现政,著述授徒,被人们尊称为"东海夫子"。吕留良在其著述中特别强调华夷之别,说:"华夷之分,大于君臣之义。"⑤实际上是强调要保持民族气节,不要做满族贵族的臣民,这成为清军入关后蓬勃发展起来的抗清斗争的思想基础。他视清朝入

---

① 《大义觉迷录》卷一。
② 《大义觉迷录》卷三。
③ 《雍正朱批谕旨》雍正八年二月初四日,赵弘恩奏折;《雍正朱批谕旨》雍正八年二月初八日,李卫奏折。
④ 《雍正朱批谕旨》雍正十年二月初三日,史贻直奏折。
⑤ 《大义觉迷录》卷三。

统中原为亘古未有之绝大灾难;怀恋故明,不承认清朝政府,谓之"彼中"、"燕"、"北"、"清"①,而不称"大清"、"圣朝";并拒绝入仕清廷,誓死不就。为了免被纠缠,他削发为僧。这种民族立场,影响很大,"穷乡晚进有志之士,风闻而兴起者甚众"②。如僻处湘南山区的曾静慕其名而趋之,由此可见其名扬海内而不虚。

世宗为了掩盖满族贵族对其他民族实行的压迫政策,消弭汉族反对异族统治的斗争,清除汉人的反清复明情绪,为清朝统治以及本人继嗣的合理性服务,他用一个"海内士子尊崇其著述非一日矣"的吕留良作为对象来进行声讨③,从而达到异常之效。

世宗对吕留良的"华夷之分,大于君臣之义"的批驳,有其独到见解,他反复解说"中外一家","天下一统,华夷一家"④,这是他从时代前进中已意识到中华民族各民族相互融合的历史性进步,这更符合历史发展的总趋势,有利于中华民族的团结与统一。应该说,世宗的政治主张和实践是正确的。但在高度专制的封建社会里,那些持有与统治者相反主张的异端思想者,自然会成为高压政策之下的牺牲品。世宗还列举清朝统治的若干好处和伟大业绩,来说明华夷无别,用以维护满族为统治民族的清王朝政权。世宗主张以德为王,不分地域,这对维护多民族国家的统一有积极意义。但他又以此来掩盖清朝的民族压迫和歧视问题,这是他的历史局限性,由本身所处地位决定的。

世宗还从吕留良著述中摘引排斥清朝合法正统地位且无清朝"大一统"之尊的文字,对它们公开进行逐一批驳。另外,罗织吕氏与吴三桂叛乱有关之罪名,说吕"与逆藩吴三桂连书",对吴三桂"称兵犯顺则欣然有喜,惟恐其不成。于本朝疆宇之恢复则怅然若失,转形于嗟叹"。世宗痛骂吕留良"助虐迎寇",犯下"勾结叛乱"的弥天大罪。其实,从吕留良晚年过着隐居生活的处境和"平生心事消磨尽"的心境,早已与世隔绝,超脱世事,根本看不出他有与吴三桂勾结倡乱的嫌疑和可能。至于吕留良日记内对当时

---

① 《大义觉迷录》卷四。
② 吕留良:《吕晚村先生文集》附录吕葆中等撰《行略》。
③ 《上谕内阁》雍正八年十二月十九日谕。
④ 《大义觉迷录》卷一。

各地自然灾异及传闻的记述,甚至其弟子严鸿逵与之相类的日记记载,世宗都没有轻易放过,对吕、严所记一一予以披露,逐条加以驳斥,责骂严鸿逵"种种丧心病狂,皆拾吕留良之唾余而尤加幻妄,岂非凶虐性成,万死有余之逆贼乎?"而吕留良在日记中所记圣祖事,更使世宗愤怒,斥责这是吕留良"诬诋圣德",并借此机会宣扬其父皇盛德之举、洪天之业。

世宗处心积虑,把曾静投书案与吕留良文字案顺理成章地牵扯到一起,以曾案为导火线,以谋反书为突破口,从而很自然地把论战转移到"华夷之辨",来证明清朝统一中国的合理性以及自己嗣位的合法性。于是,由曾静投书案导致吕留良文字狱变成政治谋反案,而使曾静投书策反案变成文字思想悖逆案。这一切,都是世宗政治斗争和加强思想控制所需而做出的裁定。

雍正八年(1730)十二月,通知各省府州县将吕留良所著文集、诗集、日记等已刊刻及抄录者,限于一年内尽行焚毁。同时把刑部结案意见行文交各省学政,遍询各学生监的意见和反映,试探士民等人的态度。世宗还命大学士朱轼等将吕著《四书讲义》、《语录》等逐条批驳,纂辑成书,到雍正九年十二月书成,刊刻颁发学官①,与《大义觉迷录》一起宣讲。

世宗迟迟不给吕留良文字狱定案,是为了扩大宣传效果,要使"远近寡识之士子不至溺于邪说"。显然,世宗将处理此案的过程,变成一场思想教化"运动"。直到雍正十年(1732)十二月,才正式定案:命将吕留良及其子已故进士吕葆中、严鸿逵戮尸枭示,另一子吕毅中、沈在宽立斩,吕、严孙辈俱发遣宁古塔(今黑龙江宁安),给披甲人为奴,倘有"顶替隐匿等弊,一经发觉,将浙省办理此案之官员与该犯一体治罪"。吕家财产没官,充浙江工程之用。另外,吕留良的学生以及私刻、私藏吕氏之书的人,不是被杀、被革去功名,就是被流放到边远之地②。

世宗处置文字狱,必欲从思想上、肉体上一起消灭,株连九族,实为酷烈。

曾静投书案和吕留良文字狱案之后,世宗和各级官员更加密切注视人

---

① 《上谕内阁》雍正九年十二月十六日谕。
② 《清世宗实录》卷一二六。

们的思想,特别是知识分子的诗文的思想倾向,文字狱及与之相似的狱案频频举发。

文字狱之兴,一些地方官员以查出犯忌文字为邀功请赏之捷径,动辄检举别人文字中的"悖逆"之处,但世宗对这些似是而非的小事并不注意,他关注的是事关重大的问题。雍正七年(1729)四川成都知府王㴻密参学政宋在诗所出的试题"子欲居九夷",显寓讥讽之意,被世宗斥为"此乃王㴻多事苛求也"。又如同年,湖南巡抚赵弘恩参奏浏阳县《朱姓家规》中"朱倚、左衽,可变华夏",实乃"肆其犬吠,狂悖亵慢"。世宗指示赵弘恩"不必深究",但要对朱姓严加教育,示以警告①。尽管世宗无意于让地方官吏任意效仿他去挑剔文字,但曾静案和吕留良案之后,文字之祸仍在不断地蔓延。

雍正八年(1730)十月,广东巡抚傅泰看到《大义觉迷录》,误以为广东著名学者屈大均号"翁山"即是张熙所招供的屈温山,实系读音之误。傅泰就遍查"屈翁山"诗文杂钞诸书,发现其中"多有悖逆之词,隐藏抑郁不平之气"。这时屈大均早已死去30多年,其子屈明洪自动到广州投监,交出所存其父的诗文及刊版。傅泰顺藤摸瓜,并上报世宗。世宗以其子自首,从轻处理,只将其后人流放福建,诗文焚毁②。

同年还有徐骏诗文案。徐骏,刑部尚书徐乾学的儿子,选庶吉士,徐有诗句:"明月有情还顾我,清风无意不留人。"被冤家告发:"思念明代,不念本朝,出语诋毁,大逆不道。"世宗说,这是讥讪悖乱的言论,照大不敬律处斩,文稿尽行禁毁。有人猜测,这可能是因为徐之父亲徐乾学与康熙朝的权相明珠结为党援,当时身为雍亲王的世宗不会对他有好感,而徐骏本人又骄狂暴戾,毒死其塾师,为情理所不容③。故世宗借此处死他。十一月,又发生了范世杰呈词案。范世杰,福建汀州府上杭县童生。他读到《大义觉迷录》之后,向福建观风整俗使刘师恕投递词呈,大肆吹捧赞颂世宗,极力斥责曾静,并为自己生于斯盛世而庆幸。他没有想到却因此遭到拘禁审问,梦想得到学政的赏识也落空。福建学政戴瀚追问范世杰词呈中所言"三兄有抚驭之才,钦遵父命,让弟居之,而圣君不敢自以为是,三揖三让,而后升堂

---

① 《雍正朱批谕旨》雍正七年十二月初九日,赵弘恩奏折及朱批。
② 《雍正朱批谕旨》雍正八年九月十九日,傅泰奏折。
③ 《清世宗实录》卷九九。

践天子位焉",这些话从何而来?是何居心?说来可怜可叹:企图侥幸进身的小人范世杰自讨苦吃,被押交原籍地方官严加约束,每逢朔望,令其宣读《大义觉迷录》,再敢多事,即行治罪①。

其后,还发生了安徽含山县黄正超家藏"逆书"案、孟辅世上书悖逆案以及沈伦《大樵山人诗集》案等。但这些案件有一个共同的特点,就是犯事人都没有政治主张,也与政治集团无关,完全是受了文字之累。文字狱主要是针对知识分子即士大夫阶层而进行的思想镇压。由康熙朝开其端,至雍正朝日趋严厉。这正表明,随着皇权进一步加强,专制主义的发展,必然在意识形态领域强化思想统治,严控人们的思想。雍正朝大兴文字狱正好适应了这一政治需要。

3. 行密折制加强督察

世宗在大兴文字狱,钳制思想,扼杀汉族知识分子的反清复明的民族主义的同时,也对国家行政机构、管理制度相应地做了一些变革,主要是确立密折制度,加强君主督察职能。

清入主中原之后,保留了满族的某些旧制,但更多的是因袭明制,把这两个方面巧妙结合起来,具有其独创的特点。清初,地方官员若有地方公事需报告皇帝,要加盖官印;若有个人私事,则不用官印。前者称题本,后者称奏本,这两种文本都交通政司进呈,先由有关官员阅毕,方可再由皇帝亲自阅览,因此这两种文本都是公开的,不是只有皇帝才可拆阅的秘密奏疏。有确切证据证实,最迟到康熙三十二年(1693)已有了秘密奏折,这种奏折当时叫"奏帖",是秘密的,不能让第三者知道。可见它是一种后起的官方文书。现存故宫博物院的苏州织造李煦于康熙三十二年六月某日的请安折恐怕是已发现的最早的奏帖之一。圣祖阅览李煦于同年七月奏报苏州得雨并报米价折,写下了朱批:"朕已大安。五月间闻得淮徐以南时旸舛候,夏泽愆期,民心慌慌,两浙尤甚。朕夙夜焦思,寝食不安,但有南来者,必问详细,

---

① 《雍正朝文字狱·范世杰呈词案》,《文献丛编》第七辑。

闻尔所奏,少解宵旰之劳。秋收之后,还写奏帖奏来。凡有奏帖,万不可与人知道。"①这种奏帖的最关键处在于一个"密"字。再如圣祖在江宁织造曹寅于康熙四十三年七月二十九日的折中朱批:"倘有疑难之事,可以密折请旨。凡奏折不可令人写,但有风声,关系匪浅。小心,小心,小心,小心!"②圣祖对奏帖的机密要求以及对亲信敦教保守机密的迫切心情溢于言表,足见这种奏本的机密性是其他奏折所不能比的。能够拥有呈送这种奏帖权利的人,都是皇帝的亲信和耳目,关键在于同皇帝本人的亲密程度和信任程度,而不在于官阶的高低。如康熙四十年,江苏巡抚宋荦的奏帖,竟由李煦代为转达③。可见宋荦当时并不享有呈送奏帖的特殊待遇,而李煦、曹寅等人虽只是皇帝的家奴,却以皇帝的亲信和耳目的特殊身份享有此种待遇。圣祖晚年,这种密折制度已经大体形成,能够有权上奏帖的官员也已增多,而且大多数官员利用"请安折",密陈地方官员动态、人心世情等。但当时尚未形成严格完备的密折制度。

世宗即位之后,才开始全面实行这种密折制度,并在实践中得到完善。这主要从行使密折的人范围明显扩大、奏折的内容大大丰富、奏折的保密性得到完全保障以及奏折发挥的巨大功效等方面反映出来。

康熙朝时,只限于一些皇帝的家奴、亲信、耳目和一些高级官吏有权密上奏折,而雍正时期拥有此项权利的人大大增多。雍正元年(1723),世宗下令各省督抚密上奏折,因而封疆大吏都有了这个权利。后来,世宗又给予各省提督、总兵官、布政使、按察使和学政等官员以奏密折的待遇,只是没有直接递送密折的权利。另外,一些末流小官吏,世宗也特许上密折。如浙江杭州知府孙国玺、山东兖州知府吴关杰、福建盐驿道伊拉齐、陕西粮盐道杜滨、浙江粮道蔡仕舢、云南驿盐道李卫、江安粮道葛森、湖广郧阳府同知廖坤、湖南衡永郴道王柔、山东沂州营副将杨鹏等,这些"道府等员,乃系小臣,品级卑微,无奏对之分"④,只是因为他们或为亲近大臣的子侄,或为引见时获得青睐者,才得到上密折的恩宠。朝廷派到地方的常设官员,如江

---

① 故宫博物院明清档案部:《李煦奏折》,中华书局1976年版,第1—2页。
② 故宫博物院明清档案部:《关于江宁织造曹家档案史料》,中华书局1975年版,第23页。
③ 故宫博物院明清档案部:《李煦奏折》,中华书局1976年版,第23页。
④ 《雍正朱批谕旨》卷一四二,王柔奏折朱批。

宁、杭州、苏州三织造,巡监御史,税关监督,也都授予密折言事之权。甚至有一些临时派到地方的官员,如清理江苏积欠的户部侍郎王玑和分查松江府钱粮的王溯维等,也可奏密折言事,这是世宗为了及时、准确地了解下情才特许的权限。至于皇帝的家臣、亲信,朝中京堂以上和翰詹科道等官员,更是自然赋予密折言事之责。总之,世宗扩大了奏密折人员的范围,其人数多达千余人。

雍正朝的密折内容,以君臣筹商全国或地方的紧要政务为其最重要的内容。世宗在位时的许多重大改革,大多是经过君臣密商后才决定付诸实践的。如摊丁入亩制度,就是他同黄炳、李维钧以及九卿通过密折反复斟酌,才决定实施的。世宗就是用密折这种公文,使下情上达,尽量了解臣下的隐衷及真实想法。雍正二年(1724)十一月,世宗向大学士等发出上谕:"凡督抚大吏任封疆之寄,其所陈奏皆有关国计民生,故于本章之外准用奏折,以本所不能尽者,亦可于奏折中详悉批示,以定行止。"①再如西南改土归流的决策,也是世宗利用密折制,与其心腹大臣反复磋商后做出的。

世宗君臣利用密折筹划政务,巨细不一,赞否难定,但却都是奏折的重要内容。世宗在宁夏道鄂昌奏谢允其奏密折言事的折子上批谕道:"今许汝等下僚亦得折奏者,不过欲广耳目之意。于汝责任外,一切地方之利弊,通省吏治之勤惰,上司孰公孰私,属员某优某劣,营伍是否整饬,雨旸果否时若,百姓之生计如何,风俗之淳浇奚似,即邻近远省,以及都门内外,凡有骇人听闻之事,不必待真知灼见,悉可以风闻入告也。只须于奏中将有无确据,抑或偶尔风闻之处,分析陈明,以便朕更加采访,得其实情,汝等既非本所管辖,欲求真知灼见而不可得,所奏纵有谬误失实,断不加责。"②由此可知,大凡地方吏治和民情等诸多情况,世宗都想知晓,这些可以说构成了密折的第二项、第三项内容。他利用密折,也着重考核地方官吏的行事、操守、声名和才情等。不论亲信还是非亲信,不论了解的还是不很了解的,世宗都令臣工互相监督,文武官吏,上下之间,中央大员和地方官员之间都在相互核查之列。至于地方的情况,微细到雨水、作物长势、物价以及市井传闻等,

---

① 《清史列传》卷一二《觉罗满保传》。
② 《雍正朱批谕旨》雍正七年六月十八日,鄂昌奏折朱批。

都在密奏之列,希望从密折中获得实情。雍正六年(1728)三月,世宗在苏州织造李秉忠奏报苏州民情的密折上批示道:"览雨水调和情形,深慰朕怀。凡如此等之奏,务须一一据实入告,毋得丝毫隐饰。"①世宗正是利用这些密折,及时而又详细地掌握了各地方的风土人情、生产生活和吏治状况,为他的决策提供了重要依据。

同臣工一起讨论用人问题和宣布对官员的任用等,构成了密折的又一项内容。雍正四年(1726)八月,世宗在鄂尔泰奏报滇、黔两省文武官员折上批示道:"治天下惟以用人为本,其余皆枝叶事耳。览汝所论之文武大吏以至于微弁,就朕所知者,甚合朕意。……但所见如是,仍必明试以功,临事经验,方可信任,即经历几事,亦只可信其已往,犹当留意观其将来,万不可信其必不改移也。"②他不但畅谈用人治国思想,还启示官员如何做人为官。田文镜刚刚被提升为河南巡抚时,惟知感恩图报,世宗顾虑他急躁误事,特在其密折朱批中规劝道:"但天下事过犹不及,适中为贵,朕不虑不及,反恐报效心切,或失之少过耳。"③这以后,世宗还多次劝勉田文镜和李秉忠等人妥当行事,莫负任用之恩。世宗还不厌其烦地指示官员之间特别是平级之间要和衷共济,彼此相惜,不可匿怨而友,尤不可徇友误公,这样才能处理好政事。

世宗借助密折来臧否人物,并宣布或决定官员的去留任用。如评论浙江知县张坦熊、云南知州张坦骢、知州张坦让等人的居官治政情况。世宗有时命人传达谕旨,若有传误,便用朱批谕旨改过来。

臣工的密折之后,几乎都有皇帝的朱笔批语,名曰:"朱批谕旨",它和密折构成密折制度的主要内容。世宗对密折的批语,往往因人而异,有时甚至事情相近,而批语却相异甚大。《朱批谕旨》载其"上谕",特意说明:"至其中有两奏事,而朕之批示迥乎不同者,此则因人而施,量材而教,严急者导之以宽和,优柔者济之以刚毅,过者裁之,不及者引之,并非逞一时之胸臆,信笔旨画,前后矛盾,读当体朕苦心也。"④

---

① 《雍正朱批谕旨》雍正六年三月初三日,李秉忠奏折及朱批。
② 《雍正朱批谕旨》雍正四年六月初八日,鄂尔泰奏折及朱批。
③ 《雍正朱批谕旨》雍正二年九月初三日,田文镜奏折及朱批。
④ 《雍正朱批谕旨·卷首上谕》。

世宗为了及时、有效地处理棘手问题,便借助密折的机密性来下达命令,而不走颁布正式公文的渠道,以免走漏风声,贻误政事。

雍正朝的密折内容包罗广泛,在国家政治生活中起着十分重要的作用,直接关涉政令的畅通与执行,这就需要确保它的机密性。为此,世宗屡次以此要求上密折的人。如他在鄂昌的密折上批示说:"密之一字,最为紧要,不可令一人知之,即汝叔鄂尔泰亦不必令知。假若借此擅作威福,挟制上司,凌人舞弊,少存私意于其间,岂但非荣事,反为取祸之捷径也。"①世宗在禅济布密折上的批语对保密问题说得极为透彻:"至于密折奏闻之事,在朕斟酌,偶一宣露则可,在尔既非露章,惟以审密不泄为要,否则大不利于尔,而亦无益于国事也。其凛遵毋忽。"②正因为保密是写密折的前提条件,所以世宗不厌其烦,严格要求大小臣工保守密折和朱批内容的机密,并以泄密对他们不利相威胁。对于不遵守密折机密的人,世宗采取了必要的惩罚措施,如雍正二年(1724),他停止了浙闽总督觉罗满保、山西巡抚诺岷、江苏布政使鄂尔泰、云南巡抚杨名时等人上密折的权利,以示惩罚③。

为了确保密折的机密性,世宗制定了保密制度,主要分为四项举措。第一,收回朱批奏折。世宗登基肇始,就命令内外官员上交圣祖的朱批、朱谕,并规定:"嗣后朕亲批密旨,亦著交进,不得抄写存留。"④此后定制,书写密折之人必须在一定期限内,将原折及朱批一起上交,由宫中保管,任何人不得私抄存留。书写密折的人不得把皇帝的朱批作为自己奏事的依据而写入题本,否则以泄密论处。第二,制造密折专用箱锁。世宗命令内廷制专用皮匣,并配有锁和钥匙,只发给具奏官员。所有奏折均放入匣内,派专人送至京城。钥匙只配有两份,除皇帝以外,只有奏密折人专有另一份,这样,匣子只有皇帝和奏密折人能够打开。奏匣每员发数个,只做传递密折之用,即使被盗或遗失,亦不能仿制。第三,密折直送内廷。督抚的密折由地方直接送到内廷乾清门,不经通政司转呈,至于地方道府等卑微小臣等,交由世宗指定的王公大臣转呈。当时具有转呈密折权利的人,多为世宗的亲信心腹,如

---

① 《雍正朱批谕旨》雍正七年六月十八日,鄂昌奏折及朱批。
② 《雍正朱批谕旨》雍正三年十月初七日,禅济布奏折及朱批。
③ 《雍正起居注》雍正二年十一月初九日条。
④ 《上谕内阁》康熙六十一年十一月二十七日谕。

怡亲王允祥、尚书隆科多、大学士张廷玉等,这是为了替书写密折的官员保密,不使人知晓地方上有哪些小臣也拥有书写密折的权利。转呈的王公大臣虽是亲信,也不能拆看,奏密折之人也不许向转呈人泄露,如朱纲一再在密折中保证绝对秘密,连隆科多"亦不敢令闻知一字"①。第四,由世宗亲自拆密折,不许任何人开阅;写朱批亦是他自己亲笔书写。他说:"各省文武官员之奏折,一日之间,尝至二三十件,多或至五六十件不等,皆朕亲自览阅批发,从无留滞,无一人赞襄于左右,不但宫中无档可查,亦并无专司其事之人。"②世宗精力过人,才能如此朝乾夕惕,事无巨细皆亲躬勤治。

世宗正是通过扩大奏密折人的范围来丰富密折内容,并强化密折的保密性,从而完善了这种密折制度,使得下情上达、上令下通,为雍正朝"政治一新"发挥了极重要的作用。

雍正朝的密折制度,其具体功效主要有以下几点。第一,使世宗能够得心应手地直接处理地方政务,剥夺了内阁的中间参政权,使中央和地方直接融成一体,使地方直接感受到皇帝的绝对权威,为皇帝的乾纲独断提供了必要条件。第二,便利于世宗贯彻他的政令。许多重大政策措施雷厉风行地得到贯彻执行,大大提高了行政效率。第三,最为世宗所关注的,就是这种密折制度便于他有效控制官员,尤其是在雍正初年的政治斗争中,充分显示这种制度的奇特效果。它使得官员之间相互监督,彼此存有戒心,从而不敢胆大妄为,不敢欺下媚上,只能甘心做忠顺的奴才。而最令人忌讳的是,这种密折制度具有一定程度上的告密性质和职能,把官员秘密言事变成官员的一项本职工作,因而亦具有特务性质。对此,世宗有时也不忌讳,自云:"朕励精图治,耳目甚广。"③耳目者,特务也,其主要职能就是密察民情吏治,为皇帝治国提供情报。世宗曾忠告四川巡抚宪德要"理察于博采广谘中,要须平情酌理,辨别真伪,方可以言用耳目也"④。

密折制度,表面上看,是一种文书制度的规定,实质上是政治上的一个重大变革,进一步强化了君主专制,保证皇帝对国家权力、对百官的全面控

---

① 《雍正朱批谕旨》雍正三年正月初七日,朱纲奏折。
② 《上谕内阁》雍正八年七月初七日谕。
③ 《清世宗实录》卷七八。
④ 《雍正朱批谕旨》雍正五年六月二十四日,宪德奏折及朱批。

制,一切机构及各级官吏对皇帝负责,而皇帝的任何指令和一系列政策得到严格执行,实现了以世宗为核心的高度集中与统一,也确保了上层统治集团内部协调一致。这是政治稳定、社会安定的必要条件之一。

4. 阐扬名实不尚虚文

在雍正朝,世宗在政治上加强君主专制,进一步完善从中央到地方的权力运行机制;同时,他在思想领域强化思想统一,实行思想文化专制。迭兴文字狱,就是他为严控意识形态所做的努力,也可以认为是其重大的政治实践活动之一。不仅如此,他还把其政治理念与道德准则灌注到社会中去,使他的臣民得到教化,移风易俗,统一人心。他提出的"名实观"、"公诚论",禁抑浮夸,不尚虚文,反对乡愿,比之其父圣祖做得更坚决、更彻底,成效显著。这些丰富多彩的内容,构成了雍正朝政治的又一大特色。

任何一个时代都需要有一个统一的思想和规范人们行为的道德准则。思想和道德是国家或民族的灵魂,只有将经济与思想交互作用,付诸实践,才能创造出一个辉煌的时代。清朝从大乱走向大治,正是循着这条道路开创出来的。圣祖以60余年坚持不懈,一扫前明积弊,再现中国历史上曾有过的辉煌。利久弊生,在圣祖晚年陶醉于已取得的成就,满足于天下太平时,由宽纵而松弛,封建社会固有的弊病日益显露出来:吏风之坏已露端倪,浮夸做假,欺世盗名,追逐名利;民风已趋奢侈,士民不端,社会风气亦失淳朴。世宗针对社会现状,主要是针对吏风、士风不正,提出了他的为政思想,把他的理论阐释与解决实际问题紧密地结合起来,力图正民俗,树新风,整饬人心,达到强化思想统治、巩固政权的目的。

世宗治国,除了用刑法和行政手段,亦不废思想教化,在这方面他不厌其烦,反复不停地说教,手批口谕,把他的理论和思想灌输给他的臣民,使之弃旧图新,弃恶向善。他说:"朕治天下,惟有教养兼施,劝善惩恶,此外非朕之所知也。"[①]这段话,可以看作是他以思想治国的指导方针。

---

① 《清世宗实录》卷八〇。

世宗提出的"名实观",是对顺治朝以来特别是康熙朝为政经验的总结和理论的概括。圣祖一生倡导行实政,说实话,反对虚文浮夸,反对追求形式和慕虚名。世宗继承了圣祖的思想,并进一步发挥,总结出"名实观"。即位伊始,于雍正元年(1723)元旦,他在写给各省区总督、巡抚以下至各州县官的共11道"上谕"中,首次提出并系统阐扬"名实"的政治理论。他认为,凡为政,总不过是"兴利除弊",必"以实心,行实政,实至而名亦归之"。所说"名者,实之华也"。用今天的语言表述,所谓名与实,也就是内在与外表,换言之,就是实践的效果与应得的评价:"名"不过是"实"华美的外表。只有做实事,行实政,"而后名归焉",即得到美名,受到人们的称赞。他举例说:"洁己爱民,奉公尽职",这就是"实";治事优异,"民歌舆诵",这就是"名"。在解释了名与实的相互关系后,他抨击官场士大夫对"名实"的歪曲。他说:现之当官的人,"钓誉以为名,肥家以为实,而名曰:名实兼收"。在吏治松弛,腐败日行的情况下,士大夫都标榜"名实兼收"。他们所说"名"者,"官爵也";所谓"实者","货财也";"以献赂为实,虚誉为名",动不动就说"名实兼收";又有的"以弋取虚誉为名,而以封殖多藏为实";更有"矫饰虚声,潜纳贿赂,陋习相沿,谓之名实兼收"。凡此种种,官场中盛行的所谓"名实兼收论"[①],都被世宗揭露无遗,不仅在理论上做了深刻分析,而且揭示了问题的实质:全在于谋一己之私利,就是不肯为国家、为百姓做一件实事,更谈不上为他们谋利益了。

世宗最厌恶"乡愿"这种人。因为此类人"居之似忠信,行之似廉洁",貌似忠诚、清廉、谨慎,实则虚伪,沽名钓誉,欺世盗名。世宗说自己"不敢言恶人之所恶,但知乡原(愿)之当深恶耳"[②]。问题的关键是,这种人只求名,不做实事,力图用假象来掩饰其虚伪。世宗强调,操守廉洁是居官立身之本,但是不做实事,也与好名声不符,同样是有害的。他在训诫地方高级官员时指出:"封疆大吏职任甚巨,《洪范》所称有猷、有为、有守三者并重,则是操守者不过居官之一节耳。安民察吏、兴利除弊,其道多端。倘但恃其操守博取名誉而悠悠忽忽,于地方事务不能整饬经理,苟且塞责,姑息养奸,

---

① 《清世宗实录》卷三。
② 《雍正朱批御旨》雍正四年九月四日。

贻害甚大。"①这种人,"但知洁己而不知奉公,国家亦安用此木偶为也!"②世宗所重,就是实践。如只重个人名誉,却不知"奉公",形同"木偶",他绝不会用这样的人。他指出:"沽名邀誉,乃居官之大患。大凡在任时贴德政之歌谣,离任时具保留之呈牒,皆非真正好官也。"③很清楚,世宗要求每一个官员恪尽职守,必有所为,其"取重及见轻于朕,正在此等处"④。

总结世宗的"名实观",就是一句话:求实,躬行实践,做实事。与此相联系,世宗又提出"公诚论"。他十分推崇儒家思想,以自己对儒家经典的学习和治国的实践,把儒家思想归纳并阐释为至诚至公,把它作为政治行为的准则和道德的规范。早在世宗即位之初写给各级官吏的"训谕"中,就反复强调一个基本思想,即"必本大公之心",凡事"宜笃矢忠诚","本之至公","公慎无私",等等。至雍正十二年(1734)正月,他对诸王大臣集中阐明"公诚"的思想。他说:

> 心乎天下国家之谓公,心乎一身一家之谓私。为大臣者,诚心乎天下国家之公,而不计及一身一家之私,天有不降之百祥者,朕信其必无是理。……苟心乎一身一家之私,而不计及天下国家之公,天有不降之百殃者,朕亦信其必无是理。……然天下国家之事,非朕一身所能独理。书曰:天工人其代之。朕不能不赖尔诸王大臣之克代天工,则朕固不能已于谆谆训诫尔诸王大臣也。⑤

二月,他又进一步解释"公诚"的本意。他说:"朕意诚者,体也;诚之者,用也。天以诚为体,而用则寄之人,故曰天工。人其代他之人,代天者,天之用也。诚之者之用,即诚者之体,此'天人合一'之道也。得天之诚,谓之君子,存之是曰诚之者,若庶民被欲所累,即责其复还为实,无妄之天岂易得哉!"⑥

世宗应用儒家的"天人合一"理论,为他提出的"公诚论"做出解释。诚

---

① 《清世宗实录》卷四六。
② 《清世宗实录》卷一五六。
③ 《清世宗实录》卷九四。
④ 《雍正朱批御旨》雍正元年六月二十五日,李维钧奏折朱批。
⑤ 《清世宗实录》卷一三九。
⑥ 《雍正起居注》雍正十二年二月。

心无私而为天下国家,就是公,"上天"必然降福;反之,若为一家一身,就是私,"上天"必然降下灾祸。"上天"是"以诚为体"的,诚就是上天意志在人间的具体体现。人代表天来实践"诚",称为"天工",怀有诚心的人,其行为即是"诚"的体现。所以,他要求大臣们都"克代天工",以诚待天下国家,以诚事君。诚就是真实无伪、无私,这正是臣民们应遵守的政治准则。

明代"理学",所谓"存天理,灭人欲",王阳明的"心学",是典型的唯心主义,走向了理论的极端。世宗也讲天理、天道,但其本意还是注重"人事",讲求人的实践,把"公诚"的思想具体化到事君、事国家以公、以诚。只讲人"心"的作用,却不能实践,就不能体现出"公诚"的思想。他反驳理学家对"理"的解释,认为"理"含义宽泛,不易为人们所理解。他说,对"理",人们可以有各种各样的解释,比如说,自执一孔之见明明是偏见,却说成"理";明明是不正确的看法,也说成"理";自挟个人利益,不过知其一点,也自称为"理";从古人那里寻章摘句,不过是糟粕,却误以为"理";本来是错误地理解了"先贤"之意,也称为"理";道听途说,为"庸师邪友"所迷惑,也以为是"理";如此等等,举不胜举。在他看来,这"理"是难以用一个标准来衡量的,惟有"诚"字含义明确,是无法随意变易或用其他解释替代的。因为"诚"所包含的内容既简洁又易懂,他解释为"公忠敬慎,真实无伪"的意思[1]。世宗从理论与实践相结合上,比较了"理"与"诚"的差别,不难看出,"诚"更具有实践的指导意义。

世宗的"公诚"思想,是在理论上对儒家学说的新概括,不仅继承而且发展了世祖以来主要是圣祖以儒家学说治国的理论和实践。他绝非是空洞的理论说教,而是把"公诚"理论作为他的统治思想,并付诸实践,应用到方方面面。

世宗的"名实观"与"公诚论",有着内在的密切联系,两者一脉相承。核心的问题,就是实践、实行,在"公诚"思想的指导下,去具体做每件事。换言之,只要履行自己的职责,为国家做事,就是"公诚"的体现。一句话,不做事,不为国家谋利,就谈不上"公诚",等于是空话。反之,只谋一己一

---

[1] 《雍正朝汉文朱批奏折汇编》第八册,第 846 页。参见高翔:《康雍乾三帝统治思想研究》,中国人民大学出版社 1996 年版,第 151—152 页。

身之私利,就是违背了"公诚",必陷入灾祸。

世宗在他大量的亲笔御批中,或给朝廷内外大臣的"训谕"中,"大抵其中教诲之旨居多"①。所谓"教诲",即以"公诚"、"名实"而教之。他并非夸夸其谈,而是以"公诚"、实行自励,做出表率。他说:"朕自身体力行,为天下先。"②此非虚语,他用自己的行动实践了自己的诺言。

终世宗之世,他每天从早到晚,"凝坐殿室",披览各处章奏,"目不停视,手不停批,训谕群臣,日不下数千百言"。雍正十二年(1734)正月,世宗对内阁、诸王大臣说:"朕十二年来,恳切至诚,时时训诫尔诸王大臣,所颁谕旨不下数千万言。"③现存的《雍正朱批谕旨》及《清世宗实录》,收录他的讲话、谕旨,确有数千万言。他手批口谕,议论纵横,洋洋洒洒,每每不下千百言,有时达到万言。所以,在他的《实录》中,几乎每页都有他的谕旨,大多比圣祖的还要长些。就说批示,一般没什么要说的,就写上"知道了"三个字,但他对每件事都写下一段长短不一的批语,阐述他对此事的分析和见解,给诸大臣以启示。他所讲的,都是关乎治道、为官、为人的准则,教化各级官员公忠体国,旗帜鲜明地反对乃至痛恨贪黩不法。可以说,他的所有谕旨、批示以及谈话,都是绝好的思想与政治教材。读到他写下的文字,仿佛听到他对臣下滔滔不绝地进行劝导,声声入耳,令人回肠荡气。

世宗为政,并非说说而已,而是抓具体的事,严督有关部门和官员,把他的指令迅速落实。例如,他兴办教育,强调教育是使人改过从善,造就人才的必经途径。于是,他为宗室子弟办了"义学",又称"宗学";再办"觉罗学",对入学的对象、年龄、学习课程等,他都亲自过问,逐一落实。他说:"朕临御以来,时时以教育人材为念,但期实有益于学校,不肯虚务课士之美名。盖欲使士习端方,文风振起,必赖大臣督率所司,躬行实践,倡导于先,劝学兴文,孜孜不倦,俾士子观感奋励,立品勤学,争自濯磨,此乃为政之本。"④可见,世宗做事务实而不图虚名。

---

① 《清世宗实录》卷九六。
② 《清世宗实录》卷五七。
③ 《清世宗实录》卷一五一。
④ 《清世宗实录》卷四三。

选任官吏,要选准人,使用得当,是一件十分困难的事。世宗知其难,必慎之又慎。从督抚、提镇直到道府、参游、州县官等各级官员的选拔,他都亲自考核,再决定弃取,每每将吏、兵两部的"月折翻阅再四",总是"终夜不寝,必得其人,方释然于中"①。

世宗勤政的事例不胜枚举。他在位期间,从未外出巡视,连避暑山庄也未曾去过。他一天生活的范围很狭窄,除了夜间稍事休息的寝宫,就是在他办公的地方度过每一天。没有奢侈的生活,也没有什么声色之乐,整天就是埋在纷至沓来的章奏之中,不停地疾书作答、下指令;或是接见群臣,不停地阐述自己的政见和想法。他的生活的确枯燥无味,但他乐此不疲。他从自己身处皇帝之位而深感"为君之难,实不可以言语形容者也"。他自评自己这样做,"悉出于至公至正之心"②。从他的实绩来看,不能认为是溢美之词,而是真实地反映了他对事业的追求。

世宗为政求实求真,不慕虚名,贵在实行,这是太祖以来代代相承的优良传统。满族勃兴于东北地区的穷乡僻壤,清朝肇兴于边陲荒凉之地,硬是靠着实力拼搏,艰难开创,终有天下。自太祖努尔哈赤创业,中经太宗皇太极,至世祖福临入关,都是从军事实践、以实为政中走过来的。圣祖玄烨在位60余年,事必躬亲,兢兢业业,不搞并坚决反对"虚文"一类的形式主义,对溢美的赞颂与夸大最为反感,深恶痛绝,反对群臣屡上尊号的建议,终其一生没有接受过任何尊号。世宗总结祖宗为政的传统,说:"太祖、太宗、世祖,以至皇考,咸贵实行,不尚虚文。"③他正确地总结了太祖以来的政治经验,并坚持运用于他的政治实践,取得了积极的社会效果,国家兴旺发达。

史学界对世宗的评价,褒贬不一,贬者更从他的品质上提出了质疑,痛斥其人性之狠毒。对此姑置不辩,亦不论其优劣,但就其勤奋、求实、贵实行的政治作风而论,仍不失政治家的优秀品格。他能率先示范,从自我做起,大力整顿颓靡之风,重治腐败,清除积弊,振作人们的精神,真正起到了移风易俗的作用。这就大大提高了行政管理能力,保持国家机器的正常运转,加

---

① 《清世宗实录》卷四九。
② 《清世宗实录》卷四九。
③ 《清世宗实录》卷二。

快了社会发展的步伐。

雍正朝只有13年,时间虽短,却是承前启后,继往开来,为乾隆朝继续推进"盛世"向前发展铺平了道路。

清史

大清受命之寶

清史

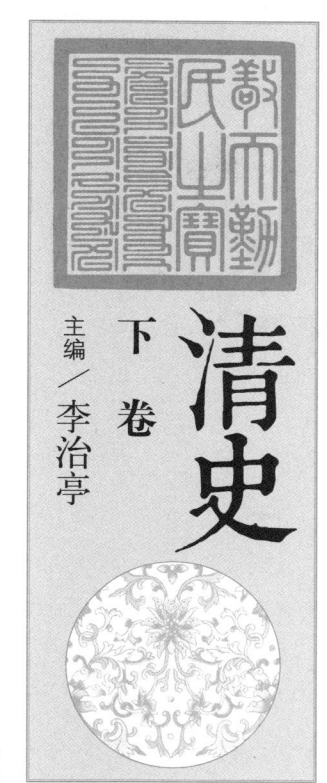

清史

下卷

主编／李治亭

人民文学出版社

第三编(下)

盛世达到全盛

第一章 高宗的治国思想

1. 高宗为政主"中"

雍正十三年(1735)八月二十三日深夜,清世宗去世了。从发病到去世,只有3天时间,终年58岁。接替帝位的是高宗,即爱新觉罗·弘历,就是赫赫有名的乾隆皇帝。他是世宗第四子。世宗生前秘密建储,直到去世才公布,从而消除了圣祖公开建储而产生的一系列纷争。弘历于雍正十三年九月初三日顺利登基,改明年为乾隆元年(1736)。

高宗即位时已25岁,清朝历世祖(18年)、圣祖(61年)、世宗(13年)三帝,共近百年。政治与经济形势,远比世祖、圣祖即位时好得多。经过世宗,13年的勤奋治国,实行多方面的改革,匡正时弊,吏治大见改善,四境基本安谧。经济也重新获得发展的机会,农业连年丰收,税收兴旺,储备大幅度增加,仓庾皆充实,积贮可供二十余年之用。世宗一扫圣祖晚年之政治暮气,重新给社会注入了活力,世宗去世时,没有留下重大麻烦,在新君高宗面前,社会已经进入繁荣、稳定和发展的时期。

世宗即位初期以"严"、"猛"的政治风格治国,这为根治圣祖晚年的政治松弛是完全必要的。到高宗即位时,世宗的治国思想已不适应新形势的需要,必须总结康熙、雍正两朝治道的利弊得失,拿出一套自己的治国方针,雍正十三年(1735)十月,即位伊始,便对总理事务王大臣作了一番意味深长的讲话,道出其政治思想和为政方针:

> 治天下之道,贵得其中,故宽则纠之以猛,猛则济之以宽。而《记》称一张一弛,为文武之道。凡以求协乎中,非可以矫枉过正也。皇祖圣

761

祖仁皇帝深仁厚泽,垂六十年,休养生息,民物恬熙。循是以往,恐有过宽之弊。……夫整饬之与严厉,宽大之与废弛,相似而实不同。朕之所谓宽者,如兵丁之宜存恤,百姓之宜惠保,而非谓罪恶之可以悉赦,刑罚之可以姑纵,与庶政之可以怠荒而弗理也。朕观近日王大臣等所办事务,颇有迟延疏纵之处,想以朕宽大居心,诸臣办理,可以无事于整饬耶?此则不谅朕心,而与朕用宽之意相左矣。……朕主于宽,而诸王大臣严明振作,以辅朕之宽。夫然后政和事理,俾朕可以常用其宽,而收宽之效,此则诸臣赞助之功也。倘不能如是,恐相习日久,必至人心玩愒,事务废弛,激朕有不得不严之势。①

他再三号召王公大臣共相勖勉,以防将来之流弊。此后,他又屡降谕旨,反复强调"治道贵乎得中,矫枉不可过正"。

乾隆元年(1736)二月,有几件事令高宗感到不满,大致均与延误拖拉、敷衍了事、日渐废弛、鲜能振作有关,皆不合高宗的"两执中"之意。他说:"其他矫枉过正,与此相类者不一而足,是皆狃于一偏,而不知其流弊者也。"康熙朝时,由于"臣下奉行不善,多有宽纵之弊";雍正朝时,由于"臣下奉行不善,又多有严峻之弊"。于是,他对为政主"中"的道理,又作出进一步的解释:

近觇诸臣奉行,渐有错会朕旨,而趋于怠弛之意。朕滋惧焉。天下之事,有一利必有一害。凡人之情,有所矫,必有所偏,是以中道最难。先儒谓子莫所执,乃杨墨之中,非义理之中也。必如古圣帝明王,随时随事,以义理为权衡而得其中,乃可以类万物之情,成天下之务。故宽非纵弛之谓,严非刻薄之谓。朕恶刻薄之有害于民生,亦恶纵弛之有妨于国事。尔诸臣尚其深自省察,交相劝勉,屏绝揣摩迎合之私心,庶几无旷厥职,而实有补于政教。戒之慎之。②

同年三月,高宗对总理事务王大臣说:"天下之理,惟有一中。中者,无过(无)不及,宽严并济之道也。人臣事君,一存迎合揣摩之见,便是私心,而

① 《清高宗实录》卷四。
② 《清高宗实录》卷一二。

事之失中者,不可胜数矣。""现在各省督抚,皆昔年皇考简用之人,即朕偶有除授,亦系从前曾任封疆者,乃当年条奏则专主于严,而近日条奏,又专主于宽。以一人之身,而前后互异如此,是伊等胸中毫无定见,并不计理之是非、事之利病,而但以迎合揣摩好事,希冀保全禄位,固结恩眷,而不知大违乎皇考与朕之本意,适成为庸鄙之具臣而已。"他告诫臣下:"务去偏私之锢习,务以大中之道,佐朕办理天下事务,永底平康之治。若因此谕,又复错会意旨,以严刻苛细相尚,则识见更为庸劣,其咎不可逭矣。"①

同月,高宗针对署江苏巡抚顾琮奏请"酌平盐价"一事,指出:"此事朕不便明颁谕旨,恐又蹈天津之弊也。"他引用子产的典故说:"故子产之言曰:'火烈,民望而畏之,故鲜死焉;水懦弱,民狎而玩之,则多死焉。'故宽难。其后太叔不忍猛而宽,郑国多盗,卒至尽杀之,盗乃少止,则朕办理盐政之谓也。"他还指出:"皇考十三年以来之整顿,并非有意用严也。而诸臣则以为凡事宜从严,且曰:'不如是则站不住也。'即朕今日政惟求旧,亦并非有意用宽也,而诸臣则以为'凡事宜从宽,庶皇上之见许也'。是皆以一己得失为重,而未尝就事论事明矣。"所以"当今之政,莫若谨守皇考十三年以来之整理,而向日一二奉行不善,过于苛细者,渐次缓改,则吏治而民安",如果"今日曰宽此,明日曰宽彼,以至群相怠玩,百弊丛生,必至激朕又有不得不用其严之时,则非天下臣民之福也"。高宗强调,之所以如此讲,"亦并非自悔其宽,而有意用严之渐"。他指示将此谕与江苏、浙江二省督抚藩臬等大员共观之,以共相砥砺。

月末,山东巡抚岳濬一日内三次奏报有关山东省的事情,遭到高宗的谴责:"汝为东省巡抚,安民察吏,是汝责任。通省若文若武属员大吏,不知有几,其贤否优劣,从未一言奏及,是何意见?汝于皇考时,不过为一小心谨饬之材,然尚黾勉办事也。近日看汝光景,大有废弛之渐。想汝观望朕之用人行政好尚宽大,故为怠玩乎?不知朕之宽,乃公正之宽,非荒废之宽也。其有玩法犯科之流,朕何曾少有假借?"②为此,高宗在此曾又指出:"朕并非优柔无能之主,诸臣若少错会意,致趋废弛之路,朕惟地方大吏是问。"③

---

① 《清高宗实录》卷一四。
② 以上见《清高宗实录》卷一五。
③ 《清高宗实录》卷一三。

高宗即位后,为政主中,一改其父那种严猛的形象。然而结果总是事与愿违,奉行不善,下面接连发生的事情使高宗有所警觉。乾隆元年(1736)五月,"原任江西巡抚常安回京,船过仲家浅闸口,于不应放闸之时,下令开闸,仆从多人,闸官畏其威势,躲避不敢过问。常安遽行越漕起板,将船放行"。高宗对此事很重视,随即传旨质问常安:"伊乃多方掩饰,蒙混回奏。"他又降旨询问总河白钟山,令其据实奏闻。高宗得实常安在地方上仗势横行霸道,勒令闸夫违例起板放船,非常气愤,下令将常安革职,连同仗势欺人的家人一并拿交刑部严审。高宗又强调指出:

> 朕御极以来,见从前内外臣工,不能仰体皇考圣意,诸凡奉行不善,遂有流于刻核之处,是以去其烦苛,与民休息,并非宽纵废弛,听诸弊之丛生,而置之于不问也。而内外臣民,不喻朕意,遂谓法令既宽,可以任意疏纵,将数年前不敢行为之事,渐次干犯。即如盐禁稍宽,乃朕优恤穷民之意,而直隶、江浙、闽广诸省,私枭盐棍,辄敢招集无籍之徒,肆行无忌,现在查拿究处。然此不过编户小民,不能深悉朝廷德意,一时触法犯禁,犹可云愚昧无知。至于常安,乃封疆大吏,岂不知宪典之当遵,而亦为此市井跋扈之举乎?朕看此等情形,天下臣民,竟有不容朕崇尚宽大之势。《传》曰:"宽则得众。"《易》曰:"元者善之长也。"朕以天地好生之心为心,岂肯因一二无知之辈,即自改其初志。但治贵得中。若于玩法之徒,亦用其宽,则所谓稂莠不除,将害嘉禾。倘不速为整理,恐将来流弊,无所底止,是以近日处理数案。

被处理的案件有,户部侍郎李绂之滥举进士,刑部侍郎励宗万保举河员受请托,刑部尚书福敏之办理废员推诿迟误,"即将伊等交部严察议奏"。又如王常出口,多骑驿马数匹,高宗说:这是"总理事务王大臣偶尔疏忽,亦现在交部察议"。对此等事件,高宗认为:"良以玩忽纵肆之风,渐不可长。而此风一长,则宽不成其为宽,而民亦反有受其果者。"他说,这不是忽而变为严苛,不要误以为这是转宽为严,"总之,治贵得中,事求当理。不当宽而宽,朕必治以废弛之罪;不当严而严,朕又必治以深刻之罪"[①]。此后,高宗

---

① 《清高宗实录》卷一九。

一再强调,不要迎合,不要揣摩,不要改易前操,误以为一味宽大,否则,必将自食其果。

为了使为政主"中"的思想深入人心,痛改旧习,乾隆二年(1737年)五月初,高宗决定以"为君难,为臣不易"命题,于初七日对满翰林少詹读讲学士以下、编修检讨以上诸员进行考试。试后,他很有感触地对总理事务王大臣深入讲解了"为君难,为臣不易"的道理,并指出为君者,"崇尚宽大,则启废弛之渐;稍事振作,则长苛刻之风"。"即此一端,为君之难,概可知矣。"①这是高宗即位后不过两年的感受和体会。在乾隆三年五月的一次讲话中又说:"数年以来,朕屡以此训戒臣工,无如积习已深,猝难变化。即如朕于当宽之事,降一宽恤之旨,而诸臣遂以为朕意在宽,凡所办理,所条奏之事,悉趋于宽之一路矣。朕于当严之事,降一严厉之旨,而诸遂以为朕意在严,凡所办理,所条奏之事,悉趋于严之一路矣。且有今日之号令甫颁,而明日之摹拟旋至。一人未改面貌,两事迥异后先。人心不古,何至于兹?"②

高宗即位后,总结了康熙、雍正两朝为政的经验教训,特别是其父时期吏治看似肃清,一片平静,实际上是面从心非,许多矛盾都潜伏下来了,也留给高宗一些亟待解决的问题,特别是卷进政治斗争旋涡中的一些政治错案亟待纠正。在解决这类政治上的冤假错案当中,反映出了高宗作为一位封建时代政治家的气魄和胆量,与其祖、父一样,各有侧重点和角度不同而已。

高宗在纠正前朝错案当中,也有例外的情况。例如,发生在雍正七年(1729)二月的曾静、张熙投书反清案和由此而引发的吕留良案,本来这两起案件事实清楚,证据确凿,在案情方面没有疑义。但是,当时世宗的处理却令人瞠目结舌。曾静企图策动川陕总督岳钟琪起兵反清,结果,主犯曾静不诛,却诛从犯。据说,曾静的供词牵涉很多宫中事情,尤其是世宗夺嫡和由此而引发的一系列丑闻,说明已传布到民间。世宗不杀曾静师生二人,是让他们当活教材,到民间去肃清影响,宣扬当今皇帝的英明,忏悔自己愚昧无知,上了死鬼吕留良的当。世宗觉得这样做效果会更好,所以告诫后世子孙不要杀他们。殊未料到这样做效果却适得其反,有关的宫廷秘闻广为流

---

① 《清高宗实录》卷四二。
② 《清高宗实录》卷六八。

传。在父亲世宗刚刚撒手人寰,高宗便急忙下令逮捕曾静、张熙二人,收缴并销毁《大义觉迷录》,并解释说:"然在皇考当日或可姑容,而在朕今日断难曲宥。"①至于违背其父遗言,也就顾不得了。

与曾静、张熙投书反清案的处理相似的,还有高宗即位后立即驱逐宫内的僧道一类人。为了掩饰其父迷信于炉火修炼之说,他强为辩解说:"圣心深知其非,聊欲试观其术,以为游戏消闲之具,因将张太虚、王定乾等数人置于西苑空闲之地,圣心视之,如俳优人等耳,未曾听其一言,未曾用其一药,且深知其为市井无赖之徒,最好造言生事……"②这一番解释,不过是遵循为君讳、为亲讳之传统,有所掩饰而已。

以上两件事,不属于纠正前朝错案。但是高宗即位后并不赞成其父生前的一些做法,说明高宗在藩邸时已经洞察时事,很有政治头脑,只是不便表态罢了。

高宗在为政务在"酌中"思想的指导下纠正前朝政治错案,主要集中在以下几个方面:一是纠正与夺嫡有关的打击迫害,或受其牵连,殃及池鱼的错案;二是纠正因所谓科甲朋党被打击,包括对读书人的排斥以及以文字细故罪人的错案;三是或以不合时宜,或以不驯服,或以莫须有的罪名而被罢斥的错案。高宗既要贯彻他的为政"主中"的方针和思想,又要表明其父的正确,他的所作所为是对其父的继承。

与夺嫡有关而遭打击迫害的涉及面广,不仅有世宗的兄弟如允禔、允礽、允祉、允䄉、允禩、允禟及其子孙亲属,还有康熙朝的一些老臣重臣被牵连,如阿灵阿父子、揆叙、鄂伦岱、苏努父子、延信等。事实上,隆科多案、年羹尧案以及查嗣庭试题案、汪景祺《西征随笔》案等,都属于夺嫡案范围,只不过有的是间接被牵连的。他们当中,有的本人被平反,有的是子孙亲属被宽大,有的还被重新封官加爵,不一而足。高宗处理这些遗留问题,一般都是在乾隆初年即完成了。拖延时间较长的是允礽、允䄉案,他们的子孙在乾隆初年即被宽大,归宗复籍,但他们本人却一直到乾隆四十三年(1778)正月才被平反。高宗在一份上谕中说:

---

① 《清高宗实录》卷九。
② 《清高宗实录》卷一。

> 圣祖第八子允禩、第九子允禟结党妄行,罪皆自取。皇考仅令削籍更名,以示愧辱。就两人心术而论,觊觎窥窃,诚所不免。及皇考绍登大宝,怨尤诽谤,亦情事所有,特未有显然悖逆之迹。皇考晚年屡向朕谕及,愀然不乐,意颇悔之,若将有待。朕今临御四十三年矣。此事重大,朕若不言,后世子孙无敢言者。允禩、允禟仍复原名,收入玉牒,子孙一并叙入。此实仰体皇考仁心,申未竟之绪,想在天之灵亦当愉慰也。①

实际上,世宗在世时没有得到过精神上的超脱与安慰,也没有能摆脱"隐痛"②。在他身后,"谋父"、"逼母"、"弑兄"、"屠弟"、"杀子"的恶名如同幽灵一样缠绕在他身上,无法摆脱。但是,在世宗的"遗诏"中,恳切希望诸臣属从此之后都能各秉忠良,屏除恩怨,"俾皇太子弘历成一代之令主"。留此遗愿,其言也哀,其心也诚。弘历完成了其父无法实现的遗愿,以极大的勇气修正其父的错案,为允禩、允禟这些冤死的叔叔们平反。从而,高宗成为中国历史上翻案较多的君主之一。为此,他还招来一些异议。乾隆元年七月,署四川巡抚兵部侍郎王士俊密陈四事,第一条云:"近日条陈,惟在翻驳前案,甚有对众扬言,只需将世宗时事翻案,即系好条陈之说。传之天下,甚骇听闻。"高宗接连召见总理事务王大臣、九卿等,向他们强调:

> 夫指群臣为翻案,是即谓朕为翻案矣。此大悖天理之言也。从来为治之道,损益随时,宽猛互济。《记》曰:"张而不弛,文武勿能。弛而不张,文武勿为。"一张一弛,文武之道,文武岂有意为张弛哉!亦曰:"推而行之,与民宜之耳。"昔尧因四岳之言而用鲧,鲧治水九载,绩用弗成。至舜而后殛鲧于羽山。当日用鲧者,尧也。而诛鲧者,舜也。岂得谓舜翻尧之案乎?③

高宗逐条驳斥,也为日后推行他的治国方略奠定了思想基础。

综观高宗的为政思想,是在总结圣祖特别是世宗的治国经验教训的基

---

① 赵尔巽等:《清史稿》卷二二〇《允禩传》;参见薛瑞录:《溥杰关于雍正杀弟的口碑资料》,《清史研究通讯》1983年第二期。
② 萧奭:《永宪录》续编,《清代史料笔记汇编》第五十二辑,龙门书店1969年版,第358页。
③ 《清史列传》卷一八《王士俊》。

础上提出来的。他对以前两朝的治国方略有继承,也有改革,值得注意的是,他既不损害其父的形象,又把其父定的错案予以纠正,其勇气和实事求是的精神表现出一代杰出政治家的胸怀和眼光。

2. 严惩贪官污吏

考察清入主中原后经历顺治、康熙、雍正三朝,由澄清吏治,不断根治腐败而兴,乾隆晚期又由吏治腐败而转衰。贪污、贿赂等弊端本是封建王朝的不治之症,凡是有识有为的封建统治者都能不同程度地提出惩治贪官问题。而像清高宗那样戒贪不啻三令五申,惩贪不惜屡兴大狱,涉及人犯之多,打击面之广,持续时间之长,只有明太祖朱元璋可以与之相比。然而,乾隆朝的贪风却是屡惩不绝,而且大案要案迭起,甚至上下串通一气,在其为政的后期,历史上罕见的大贪污犯和珅却没有受到惩处,相反,还受到重用,这在历朝历代也是非常典型的。

乾隆初年,因承雍正朝,吏治良好,官吏的贪欲有所收敛。约在乾隆五年(1740)前后,侵贪案有增多的趋势;乾隆十年后,贪风渐炽,致使题参案累累。乾隆十二年四月,高宗在要求将官员侵盗钱粮题参各案速行审结时说:近来"侵贪之员,比比皆是"[①]。同年九月,他再次指出,各省的侵贪案件累累。乾隆二十年后,各省侵贪大案、重案频频发生,其中案情重大、具有典型性的案例有:

乾隆二十二年(1757)四月云贵总督恒文贪污受贿案。早在三月,恒文疏劾贵州粮道沈迁婪索属吏,鞫实论斩。谁知事隔不久,云南巡抚郭一裕即参奏恒文"令属员买金,短发金价;巡阅营伍,沿途纵容家人收受属员门礼等款"[②]。此案,恒文以进献为名,中饱私囊,被赐令自尽。郭一裕虽然疏劾恒文,但因其参与买金制金手炉进献一事,也被革职。另有赵沁等15名州县官吏被勒索行贿,因没有主动揭发检举,也分别给予降级处分。

[①] 《清高宗实录》卷二八八。
[②] 《清高宗实录》卷五三六、五四○;赵尔巽等:《清史稿》卷三三九《恒文传》。

同年十月山东巡抚蒋洲亏空库银案。蒋洲是雍正朝文华殿大学士蒋廷锡之子,乾隆二十二年(1757)由山西布政使升任巡抚,同年七月调山东。他在山西布政使任内亏空库银2万多两,离任时又勒派全省属员为自己弥补亏空,并盗卖寿阳县山木补项。在调查中发现,冀宁道杨龙文官衙内有蒋洲勒派银数清单,而太原府知府七赉又联名作札,向属下催取勒索,"明目张胆,竟如公檄,视恒文之授意派买,更有甚焉"①。在审查蒋洲案的过程中,又发现前任山西巡抚明德、冀宁道杨龙文、按察使拖穆齐图、知州朱廷扬、守备武琏等一批官吏也都有贪污纳贿、亏空侵吞钱粮的问题,"是该省风气,视库帑为可任意侵用,已非一日",而"巡抚藩臬朋比作奸,毫无顾忌"②。结果是蒋洲、杨龙文等正法,七赉被处绞监候,秋后处决,明德、拖穆齐图等被革职,拿问治罪。

在此两案之前还有两件大案,即乾隆二十一年(1756)正月浙江按察使富勒浑密劾原浙江巡抚鄂乐舜勒索盐商银8000两。鄂本人是雍正年间进士,历任布政使、巡抚等要职。父亲是雍正朝重臣、乾隆初辅政大臣鄂尔泰。高宗斥责他"箴箴不饬、败检负恩",赐令其自尽。同年九月湖南巡抚陈宏谋疏劾布政使杨灏趁买补仓谷之机,用克扣、短发的手段,侵贪银3000多两。杨灏被拟斩监候。次年秋审时,湖南巡抚蒋炳以该犯限内完赃,归入缓决。此事被高宗查阅秋审官犯册时发现,深感骇异。他说:藩司大员侵吞补仓之银,"自当入于情实",否则"督抚大吏皆可视婪赃亏帑为寻常事",何以整饬官员而肃法纪? 而九卿科道官居然"蒙混照复,将视朕为何如主? 今日检阅之下,不胜手战愤栗"③。遂下令,杨灏即行处死,蒋炳被革职,遣戍军台,数十名九卿科道官分别受到革职或降级等处分。

乾隆二十二年(1757)前后,高宗接连采取严厉的打击措施之后,大案有所减少,但乾隆三十年以后,大案、重案又屡屡发生。

乾隆三十一年(1766)正月,首先揭出留任江苏巡抚庄有恭挟私舞弊案,接着又揭出原山西巡抚和其衷贪黩欺蒙案。庄有恭是乾隆四年一甲一名进士,乾隆三十年已累迁至协办大学士、刑部尚书、暂管江苏巡抚。苏州

---

① 《清高宗实录》卷五四九。
② 《清高宗实录》卷五四九、五五〇。
③ 《清高宗实录》卷五二一。

同知段成功纵使家人书役欺诈扰民案发后,庄有恭授意下属为其从宽开脱;接着,又查出段成功原在山西阳曲县任内,仅半年就亏空银1万余两。当他升任同知时,帮助他弥补亏空的州县官有32人,而保举他的上司原山西巡抚和其衷也给银500两。段成功仅为一县令,何以出现这种情况?高宗指示追查,发现通省州县连同和其衷本人平时与段犯都有交结馈遗之事①。段成功被即行正法,庄有恭、和其衷被判斩监候,秋后处决。但到了同年八月,庄有恭被加恩免罪,补授福建巡抚②。

乾隆三十二年(1767)正月,又揭出原湖南巡抚李因培徇庇欺蒙案。李因培是乾隆十年进士,二十九年授湖北巡抚,旋移湖南。在湖南任上,常德知府锡尔达揭发武陵知县冯其柘亏空库帑2万余两,而李因培在此之前却向朝廷奏报湖南全省无亏空,所以,他"虑以歧误得罪,示意布政使赫升额令桂阳知州张宏燧代偿万余"③。同时,李"转因其(锡尔达)不先面禀,遽行揭参为嫌,欲图寻事参劾"④。高宗认为,李因培案情虽严重,但与和其衷不同,和先受段成功之贿而曲为庇护,"是以即行予勾。以因培较之,尚无得赃之款",故令其自尽,恩赐一个全尸。而庄有恭之所为,"犹属外吏相沿积习,是以定谳示惩,旋仍施恩录用"⑤。

上述三大案的共同特点,就是巡抚大员不但不能正己率属,而且上下伙同、沆瀣一气,以行其蒙蔽欺君之伎俩。这一点,几乎成了乾隆朝官场风气的通病和显著特点,连高宗也深感积习难返。与这种官官相护、徇私枉法行为相伴而行的,则是乾隆朝中后期出现了更多的重大贪污案:

乾隆三十三年(1768)六月,揭出两淮盐政预提盐引案。主犯高恒是大学士高斌之子、高宗慧贤皇贵妃之弟。高恒任两淮盐政期间,以筹措高宗南巡费用为名,陈请每年预提纲引20万至40万两,得到高宗的允许。但是,高恒"复令诸商每引输银三两,为公使钱。因以自私事,皆未报部"⑥。这部分额外附加银数量相当大,除了历年办贡花销和高宗南巡诸项差务费用外,

---

① 《清高宗实录》卷七五四、七五六、七五七。
② 《清高宗实录》卷七五三、七五四、七五五、七五六。
③ 《清高宗实录》卷七六七。
④ 赵尔巽等:《清史稿》卷三三八《李因培传》;《清高宗实录》卷七七八。
⑤ 《清高宗实录》卷七九六。
⑥ 赵尔巽等:《清史稿》卷三三九《高恒传》,中华书局1977年版。

历届两淮盐政以下诸官员多有侵吞。其中,高恒收受银3.2万两,普福1.88万两,两人均被正法。高恒被处死十周年祭时,他的儿子、驻叶尔羌办事大臣高朴因贪婪苦累回民案,于乾隆四十三年九月被就地正法。当年,高宗处死高恒时,孝贤皇后之弟、大学士傅恒曾为之求情,"乞推慧贤皇贵妃恩,贷其死"。高宗听后很生气,反问:"如皇后兄弟犯法,当奈何?"傅恒吓得战栗不敢言。处死高朴时,高宗说:"高朴贪婪无忌,罔顾法纪,较其父高恒尤甚,不能念为慧贤皇贵妃侄而稍矜宥也。"与高朴案性质类似的,还有乾隆五十四年和阗领队大臣格绷额勒索伯克案。在处理此案时,高宗一面指示将格绷额就地正法示众,一面指出:"在内地督巡任内,贪黩从事即属不可,况乌什、阿克苏系新疆回地,尤当洁己奉公,加意奋勉",以后如再有重蹈覆辙,"朕必从重治罪,决不轻贷,格绷额即前车之鉴也"①。可见,在边疆少数民族地区犯贪赃枉法罪,惩罚尤重。

乾隆三十四年(1769)九月又揭出原贵州巡抚方世儁和巡抚良卿贪黩勒索、徇庇属员的种种劣迹。两人都是乾隆初年进士,科甲出身,结果,方世儁在贵州省城被正法,良卿被处绞监候,秋谳时入情实伏法。乾隆三十七年初,又揭出云南布政使钱度重大贪污案。钱度是乾隆元年进士,在布政使任内居然贪赃不下八九万两,而且绞尽脑汁转移浮财,或做窖,或做夹壁,以为永久之计。其作案手段是:遇到藩库支放银两时,每百两扣平余银一钱、七八分不等,先后放银2200余万两,共扣平余银4万余两。不仅如此,他身为地方大员,"又将玉玩等物,勒派属员,婪索重价"②,情节十分恶劣,被逮送京师处死。

乾隆四十年(1775)以后,侵贪案又有恶性发展。乾隆四十六年闰五月,甘肃揭出通省官员冒赈侵贪监粮大舞弊案。甘肃产粮少,州县仓储困难,原有捐监旧例,以为权宜调剂之用,"令民输豆麦,予国子监生,得应试入官,谓之监粮"③。乾隆三十三年重开此例,由布政使王亶望负责。王亶望利用陕甘总督勒尔谨昏聩,每年虚报旱灾,谎称以粟治赈,私留银两后,自总督以下皆有分取。这个贪黩大案,甘肃省侵吞赈灾银2万两以上的有20

---

① 《清高宗实录》卷一三二二。
② 《清高宗实录》卷九〇七。
③ 赵尔巽等:《清史稿》卷三三九《王亶望传》,中华书局1977年版。

人,1万两至2万两的有11人,1000两至9000两的有26人,而要犯勒尔谨、王亶望、布政使王廷赞、兰州知府蒋全迪等还不算在内。从王亶望家抄出的赀产竟有300万两之多。高宗说:"此案若照侵盗钱粮一千两以上应斩正例,则所有各犯皆应置之重典。特以人数众多,不忍一概骈诛。因照侵冒银数多寡,稍为区别。"即使宽大到侵贪1万两以上又无守城功的处死,也几乎囊括了甘肃省绝大部分官员。此案陆续正法者共有56人,免死发遣者有46人。谁料事情至此并未结束,闽浙总督兼领浙江巡抚陈辉祖在查抄王亶望家产时,鬼迷心窍,私藏偷换金玉器、字画等物,被高宗痛斥为"盗臣",处以斩监候。后来又因他在闽浙两省任内州县亏空严重,被赐令自尽。

甘肃通省官员冒赈侵贪监粮案是高宗继位以来最为严重的合伙贪污大案。此后,乾隆四十七年(1782)四月,又揭出山东巡抚国泰大贪污案。国泰,四川总督文绶之子。他是纨绔子弟,对属吏不以礼相待,稍不如意就加以呵斥,连大学士于敏中之弟、布政使于易简都以谄事之,甚至长跪言事。乾隆四十七年四月,御史钱沣参奏国泰及于易简贪纵营私,向属员勒索贿赂,致使各州县仓库亏空。对此,高宗很重视,特派尚书和珅、左都御史刘墉偕同钱御史前去查办。在办案时,"和珅故祖国泰,墉持正,以国泰虐其乡,右沣"。调查结果,国泰勒索通省属员,赃银多至累万,加上山东省吏治废弛,"诸州县仓库,亏二百万有奇"①。而于易简身为藩司大员,乃一味逢迎阿附,且为国泰文过饰非,有欺君之罪。两人均被赐令自尽。对山东省州县亏空问题的处理,高宗感到人数众多,且并非侵冒入己,与甘肃省监粮之案不同,遂予以期限,令其自行弥补。

与国泰案性质相类似的,还有乾隆四十九年(1784)五月揭出的江西巡抚郝硕勒派属员案。郝硕是原两江总督郝玉麟之子。乾隆四十七年,他借口进京陛见,短少盘费,又因应交海塘公项,屡次向各司道府州县勒派银各1000两至数百两不等,以致合省承风,公帮私派,统计收受馈送银两竟至累万盈千。高宗认为,照郝硕这样,将来各省司道大员都以陛见为词,递相派累,属员辗转逢迎,后果不堪设想。而且对郝硕的劣迹,同城之藩臬不闻不见,无一人陈奏,也都馈送银两,连总督萨载也无一字奏及。那么,设立督

---

① 赵尔巽等:《清史稿》卷三三九《国泰传》,中华书局1977年版。

抚,相互督察的责任又何在？特别是此案发生在国泰败露之时,郝硕仍敢效尤,"朕实不料封疆大吏有如此牟利贪黩者"①。视国泰例,也予郝硕以全躯,赐令自尽。总督萨载被革职留任,罚养廉银三年。其他代郝硕收存或馈送银两各官员亦分别惩治。趁此机会,高宗"通谕诸直省督抚,当持名节,畏宪典,以国泰、郝硕为戒"②。

乾隆朝最后一次惩贪兴大狱,是乾隆六十年(1795)高宗寿登86岁、归政在即之时。这年六七月间,揭出福建自督抚司道以及各府州县通同一气,分肥饱囊,以致通省仓库钱粮亏空累累。而且,福建历任总督自乾隆四十四年起,收受盐务陋规2万两至5万两不等,除前任闽浙总督富勒浑和雅德有贪污受贿问题外,继任总督觉罗伍拉纳仅勒索盐务陋规一项就有15万两之多,巡抚浦霖也有2万多两,收受其他贿赂尚不算在内。抄伍拉纳家产,得银40多万两,如意多至100余柄,高宗把他比作唐代的元载,元家仅胡椒就多达800斛。抄浦霖家产,得窖藏金700两、银28万两,田舍值银6万多两,其他朝珠、衣服、玉器等尚不在此数③。督抚如此贪婪,布、按以下哪能不效尤？按察使钱受椿甚至延案勒贿；布政使伊辙布与库吏周经串通分肥,侵亏帑项。周经乃一微末库吏,侵亏帑银竟有8万两之多。此案侵亏超过1万两被处以绞决的还有李堂等10人,通省州县亏空钱粮积至200余万两。按高宗指示,钱受椿先刑夹二次,重笞四十,传集闽省官员监同正法,以为贪黩者戒。伊辙布在逮送京师途中毙命,伍拉纳、浦霖逮送京师正法。伍拉纳出身觉罗,浦霖系乾隆三十一年进士,高宗说:"伍拉纳未尝学问,或不知洁己奉公之义。霖以科目进,起自寒素,擢任封疆,乃贪黩无厌,罔顾廉耻,尚得谓有人心者乎？"④

在福建发生通省侵贪亏空案不久,八月,高宗对督抚大吏状况有一个基本估计,他说:"各省督抚中洁己自爱者,不过十之二三"⑤;而举朝文武瞻徇情面,营私枉法,"上下扶同之习,固结不解,各省皆然"。高宗不禁感叹:

---

① 《清高宗实录》卷一二〇八、一二一〇；赵尔巽等：《清史稿》卷三三九《郝硕传》。
② 赵尔巽等：《清史稿》卷三三九《郝硕传》,中华书局1977年版。
③ 赵尔巽等：《清史稿》卷三三九《觉罗伍拉纳传》；《清高宗实录》卷一四八六、卷一四八八。
④ 赵尔巽等：《清史稿》卷三三九《浦霖传》,中华书局1977年版。
⑤ 《清高宗实录》卷一四八四、七七七。

"是使朕竟无一可信之大臣。"①高宗主要是指封疆大吏而言,至于朝廷大臣,他很少怀疑,因此,乾隆朝惩贪,主要是打击地方上的贪官污吏,在这一点上,与朱元璋有所不同。导致一个封建王朝由盛转衰,由治而乱,社会矛盾激化,主导因素首先来自统治集团内部,根源在贪官污吏。由上而下,大大小小的贪官污吏犹如吸血虱虫,上侵国帑,下朘民膏,不但为百姓之大害,亦是国家之大害。贪污纳贿一旦效尤成风,浸透了官场,就会出现"蠹众而木折,隙大而墙坏"的后果,必然会动摇和瓦解封建王朝的统治根基。因此,任何一个有政治远见的封建帝王,都能在一定程度上认识到贪官污吏对社会的危害。而在这方面,高宗论述之多,认识之深,在历代帝王中均不多见,也充分体现了他的法治思想。

首先,高宗对官场中贪污纳贿的普遍性有一定认识。他说,官场风气败坏,积习已久,效尤成风,所以才贪黩者常多而廉洁者常少,故官犯中以侵贪者偏多,这是他长期从政得出的结论。有统计资料表明,整个乾隆朝较重大的弹劾案共计4600余件,其中涉贪案有589件,占全部弹劾案的12%强。由此证明,封建社会官吏与贪侵确有不解之缘。

其次,向来人们对官吏贪赃索贿、聚敛搜刮民财者认识较清,称之为贪官;而对那些利用职权侵蚀国家仓库、亏空钱粮的官吏,或认识不清,或判处较轻。对此,高宗指出:"渔利于民者,贪也;蠹蚀于官者,侵也。"②他把这种侵贪国家财产的官吏称为"盗臣"。而这种"盗臣","以无畏之心,而济之以无穷之欲,则派累以肥橐者有之,因事而勒索者有之,甚至枉法而受赃者有之。朝廷之府库,且所不顾,更何民瘼之可矜,何民膏之足惜。此侵则必贪,势使然也"③。因此,不管是贪官,还是盗臣,"厥罪惟均"④,后者同样是令人厌恶。贪官是以服官、受禄又有养廉银之人,而为盗贼之行,蠹国病民,其罪非但不可逭,而且"干犯法纪之人,莫如悖逆、贪污二者,于法断无可纵"⑤。将贪污和悖逆相提并论,是相当深刻的论述。

---

① 《清高宗实录》卷一四八四、七七七。
② 《清高宗实录》卷三五一。
③ 《清高宗实录》卷三五一、三四九、五七六。
④ 《清高宗实录》卷三五一、三四九、五七六。
⑤ 《清高宗实录》卷三五一、三四九、五七六。

再次，高宗发现，对于侵贪案，人们不但认识模糊，而且量刑也往往从宽，"有督抚轻拟，经九卿改入情实者；有九卿混入缓决，经朕指示情节，改入情实者"①。由此而带来的后果是严重的，"盖立法而法不行，则人心无由知警。向来侵贪之犯人，人皆知其必不正法，不过虚拟罪名，是以侵渔之案，日积而多。若不亟为整顿，则营私蠹国之风，由兹日长，渐至酿成锢习"②。高宗还说过，与其失之宽而使犯者众，莫若明白地让他们知道无从假借，有所警戒，从而不致重蹈覆辙，使更多的人能得到保全。他主张"惟一犯侵贪，即入情实，且即与勾决"，使"人人共知法在必行，无可幸免"，"俾共知洁己奉公之大义"③。

最后，高宗惩贪，除了像高朴、格绷额这类人之外，还有两类人也从严从重处罚。一是监察官，一是科场舞弊，两者一旦发觉，严惩不贷。例如乾隆五年（1740）四月四川道监察御史褚泰受贿代盐商渎奏案，褚泰受赃银500两，于当年七月限内完赃，呈请照例减等，高宗批示说："褚泰身系言官，与寻常婪赃者不同，不准减等"，褚犯被入情实伏法。乾隆六年三月，山西学政喀尔钦贿卖文武生童案发生后，高宗严厉指出："昔日俞鸿图贿卖文武生童，我皇考将伊立时正法，自此人知畏惧，而不敢再犯。今喀尔钦贿买生童之案，即当照俞鸿图之例而行。"④仅与此案相关的高宗谕旨，前后就有10数次之多，但是，科场舞弊依然如故。乾隆五十三年三月，高宗指出："每遇考试，辄百计钻营，夤缘关节，其舞弊伎俩，愈出愈巧，而考官等听受请托，暧昧营私，甘心鬻法，无所不至。"他考虑现存科场条例，于一切防弊之法，本为详备。其杜弊之方，凡至等于穿窬窝劫，但还是我行我素。在这种情况下，高宗提出："夫繁设科条以杜弊窦，不如严饬法纪以绝弊源。……若不肖之徒，冥顽无耻，即多其条目，日事防闲，而防弊之法有尽，舞弊之术无穷。"在他看来，"此不在增设条例，而在严示创惩也"⑤。

高宗即位伊始，俨然以宽大之主自居，注意力主要放在戒贪上。为此，

---

① 《清高宗实录》卷一四三。
② 《清高宗实录》卷三五一。
③ 《清高宗实录》卷三五一。
④ 《清高宗实录》卷一四六。
⑤ 《清高宗实录》卷一三〇一。

他提出过防微杜渐之道;实行过朝廷格外旷典;在京职官俱加添双俸,外省官员皆给养廉银,并允诺将来国用充足时再行加恩;希望全体官员都能"严义利之辨,审祸福之关,勿得纵欲败度,自贻后悔"①,不要"贪图一时之小利,置身家性命于不计"②。然而,所有这些肺腑之言,连同法外之仁,都只能感动于一时,不可能维持长久。法定权益无论怎样优厚,都满足不了他们日益增长的个人贪欲。这种贪欲一旦付诸行动,就会干出各种不法行为。由于侵贪案渐多,大致从乾隆五年(1740)开始,特别是乾隆十年以后,惩贪几乎成为高宗整顿吏治的重要内容。

高宗惩贪,基本上做到了有犯必惩,儆贪风而申国宪,从他采取的惩贪措施也可得到证明:

第一,制定和颁布律、例条文,加强法的约束作用。

清代司法,有律有例,律、例并行,都是断狱的根据和准则,与明代类似。由于客观形势的发展,乾隆朝先后重修、改纂并颁布了《大清律例》、《大清会典》(乾隆朝)、《大清会典则例》、《上谕条例》以及各部院衙门《则例》,再加上具有法律效力的高宗谕旨,不可谓不多。其中,有关惩治侵贪、贪赃枉法、贿赂、营私舞弊、托人带物以及针对其他不法行为的条款相当具体。另外,每当发生重大侵贪案之后,高宗都要进行总结和采取相应措施。例如,乾隆十八年(1753)八月,河南重大亏空误工案揭发后,高宗在严厉打击案犯的同时,及时找出河工方面存在的漏弊,清理积弊,剔除既往,慎重于将来。

第二,重视督抚的监察作用。总督和巡抚是皇帝亲自简用倚任之人,高宗认为:"从来为政之道,安民必先察吏。是以督抚膺封疆之重寄者,舍察吏无以为安民之本";"夫用人之柄,操之于朕。而察吏之责,则不得不委之督抚"。他指示各省督抚将属员贤否具折奏闻③。同时,他又多次指出,一省之察吏纠贪是督抚专责。藩司为一省钱粮之总汇,府、州、县官吏为地方基层政权的亲民官,均为督抚辖下的属员。如遇属员侵亏帑项,贪赃枉法,索贿受贿,督抚必须据实参劾。而且还规定各省督抚在所辖属员内通行查

---

① 《清高宗实录》卷四七、八六。
② 《清高宗实录》卷四七、八六。
③ 《清高宗实录》卷七〇。

察,将有无亏空据实保奏,并将所有保奏各折保存,实与不实,以待将来验证。"奏牍既陈,祸福惟听其自取。将来或别经犯案,惟于覆奏之该督抚是问"。高宗还进一步规定:"嗣后并著于年终将属员有无亏空之处,汇奏一次,以重责成,著为令。"①不但使督抚察吏经常化,还法律化了。乾隆六年(1741)三月揭出山西学政喀尔钦贿卖生员案和布政使萨哈谅贪婪枉法案后,高宗警告山西巡抚喀尔吉善说:"但自今以后,晋省吏治,全问之于汝。二三年后,若无起色,汝其慎之。"②乾隆朝督抚大员参劾较多的原因即在于此。

督抚不但有察吏之责,督抚之间也有相互监督、纠劾的责任,而且,藩臬也有检举、揭发督抚的权利。至于中央科道官本职就有言责,是朝廷耳目。这就从上至下形成了一个相互作用的监察网,在戒贪、惩贪方面无疑是至关重要的。这恐怕也是乾隆朝督抚被纠劾较多的原因之一。

第三,对案犯的处罚转向从重从严,以彰惩贪之意。乾隆六年(1741)定例,文武官员犯侵贪等罪者,即是贪官。其情罪较重者,于限内完赃之后,陆续发往军台效力。"嗣后官员有犯侵贪等案者,亦照此办理。"③乾隆十二年四月,高宗发现近年来亏空之风渐炽,遂又颁发了严惩亏空积习的新指示,恢复雍正年间"属员亏空仓库钱粮,定有上司分赔"之例。以后凡是帑项侵亏无着,也惟该管上司是问。高宗认为,这样做,便于进一步革除"苟且因循,废法欺公之恶习"。同年六月,为了防止侵贪劣员转移赃款、肥自家及子孙,而自己却一死了事的伎俩,又规定:以后的侵贪案,若该员身故,审明确实属侵盗库帑者,将其子监追,并以此为例。不让贪犯及其家属在经济上占到任何便宜,对于严侵盗、惩贪婪,是很必要的。另外,向来侵亏仓库钱粮实犯之案,初皆拟以斩、绞重辟,虽然二限满而未能完赃,也"率入缓决",很少有入情实问斩的。高宗发现问题出在则例上,"盖因例内载有分年减等,逾限不交仍照原拟监追之语,至秋审时概入缓决。外而督抚,内而九卿法司,习为当然","即在本犯,亦恃其断不拟入情实,永无正法之日,以致心无顾忌",致使人不畏法,侵贪日炽。为此,高宗于乾隆十二年九月"定

---

① 《清高宗实录》卷七七七、一四三。
② 《清高宗实录》卷七七七、一四三。
③ 《清高宗实录》卷一五一。

侵贪犯员罪名",经大学士、九卿议定条例,高宗批准,规定:"凡侵贪案犯,二限已满,察其获罪之由,如动用杂项及挪移核减,一应著赔。作为侵欺,并收受借贷等款,问拟贪婪。迨监追后急图完公者,量拟为缓决。若以身试法,赃私累累,至监追二限已满,侵蚀未完尚在一千两以上,及贪婪未完尚在八十两以上者,秋审时即入情实,请旨勾到。"①查明情罪,按例定拟,入册候勾,决不宽贷,较以前是从重了。乾隆二十三年九月以后,又颁布了停侵亏限内完赃减等例。高宗认为:"侵亏仓库钱粮入己,限内完赃,准予减等之例,实属未协。苟其因公挪移,尚可曲谅;若监守自盗,肆行无忌,则寡廉鲜耻,败乱官方已甚,岂可以其赃完限内,遂从末减耶?……嗣后除因公挪移及仓库霉浥,情有可原等案仍照旧例外,所有实系侵亏入己者,限内完赃减等之例,著永行停止。"②侵贪仓库钱粮入己的盗臣与婪赃枉法的贪官本无区别,"夫蠹国与朘民,为害维均"。只是贪官"因事鱼肉穷檐,其罪视盗臣尤重";"夫朕之严于待墨吏,乃所以安民也"③。视婪赃枉法搜刮民财的贪官,比侵贪朝廷仓库钱粮的盗臣更为可恨,这是高宗在惩贪认识上的一个特点,而颁布停侵亏限内完赃减等例,说明对监守自盗的惩罚加重了。

高宗改变御众以宽的初衷,是"诸臣迫朕以不得不严之势,非朕之本意也。夫栽培倾覆,惟人自取。或严或宽,总归一是"④。但从高宗从政经历和所处的政治环境以及个人性格特点来看,他不可能像其父那样一贯严峻,"朕向有句云,不为已甚去已甚";"因物付物,惟正斯中,以人治人,期改而止"⑤;"皇考曾以朕为赋性宽缓,屡教诫之",等等⑥。

第四,鼓励据实纠参,反对模棱两可,当所谓的"和事佬"。乾隆朝官场风气败坏的重要表现,就是姑容徇庇之风相沿成陋习,助长了贪风的发展。高宗对此有较清楚的认识。

乾隆五年(1740)连续发生十几起贪污贿赂案,高宗深感问题严重,于当年十一月发布"饬廷举劾无存瞻顾","谁贪谁廉,即行公举。虽门生故

---

① 《清高宗实录》卷二九九。
② 《清高宗实录》卷五七〇、六七〇。
③ 《清高宗实录》卷五七〇、六七〇。
④ 《清高宗实录》卷六七〇、一一三八、一四六四。
⑤ 《清高宗实录》卷六七〇、一一三八、一四六四。
⑥ 《清高宗实录》卷六七〇、一一三八、一四六四。

旧,不为徇庇,庶人皆知畏惧而勉励矣"①。不久,高宗又训勉督抚省改积习。乾隆六年二月,又训饬言官,对婪赃枉法要秉公题参。在惩贪的同时,他经常借机斥责官员相互瞻顾容隐,鼓励据实题参。乾隆六年高宗访闻山西布政使萨哈谅贪婪不法和学政喀尔钦贿卖生童,对山西巡抚喀尔吉善失察和迟参表示不满,交部严加议处,还借此通饬各省督抚:"遇本省贪官污吏,不思早发其奸,或题参一二州县以塞责,而于此等大吏,反置之不问。且妄意朕心崇尚宽大,遂尔苟且姑容,以取悦于众";又训饬九卿,指出:"人臣之所最尚者惟廉","夫九卿为朕股肱心膂,才具虽有短长,操守何难自勉";又训饬科道,像山西这样的重案,"并不指实纠参,岂果出于不知耶";最后,连原山西巡抚石麟也被革职②。

除上述措施外,还有诸如对案犯抄家、株连案犯子孙等等。可以说,高宗惩贪基本上是坚决的,特别是在乾隆中后期,屡兴大狱,确实做到了穷源到底,水落石出,然而问题是,高宗惩贪而贪不止,贪风反而愈演愈烈。如果抛开其他原因不谈,仅就高宗本身而言,至少《清史稿》中有两条史料是值得重视的。其一,卷三三九列传一二六"论曰":"高宗谴诸贪吏,身大辟,家籍没,戮及于子孙。凡所连染,穷治不稍贷,可谓严矣!乃营私歁法,前后相望,岂以执政者尚贪侈,源浊流不能清欤?抑以坐苞苴败者,亦或论才宥罪,执法未尝无挠欤?然观其所诛殛,要可以鉴矣!"其二,卷三三七列传一二四"论曰":"法者所以持天下之平。人君驭群臣,既知其不肖,乃以一日之爱憎喜怒,屈法以从之,此非细故也。(卢)焯、阿思哈、景素坐贪皆勘实,犹尚复起;图尔炳阿匿灾至面谩,反诛告者;(宫)兆麟口给,(闵)鹗元迎上指,至不胜疆政而始去之。高宗常谓:'朕非甚懦弱姑息之主,不能执法。'执法固难,自克其爱憎喜怒,尤不易言也。"仅就前一条看,高宗的奢侈挥霍,已可谓"尚贪侈"。而被"论才宥罪"者,如总督李侍尧,《清史稿》本传说他:"屡以贪黩坐法,上终怜其才,为之曲赦";本传"论曰"也说:"侍尧眷遇尤厚,屡坐赃败,屡屈法贷之。盖特怜其才,非以其工进献也"。

---

① 《清高宗实录》卷一三〇。
② 《清高宗实录》卷一三八、一四三、一四六。

3. 强化君主专制

高宗即位之初,其在政治上的主要活动,是在"宽严相济"思想的指导下,对雍正朝的统治政策进行适当的调整,全面审查和纠正了雍正朝为政过严所带来的弊病。他连续宣布一系列新政策、新措施,意在刷新政治,革除弊政,去旧习,变风俗,且毫无顾忌,应变必变。这种大刀阔斧勇于除弊的作风,很快赢得社会各阶层的欢迎和支持。如昭梿所述:"纯皇帝(高宗)即位时,承宪皇(世宗)严肃之后,皆以宽大为政:罢开垦,停捐纳,重农桑,汰僧尼之诏累下,万民欢悦,颂声如雷。"[①]高宗采取各项措施,加强皇权,在世宗的基础上,又将封建君主专制制度进一步强化,到了登峰造极的地步。

乾隆二年(1737),高宗重新恢复军机处。重建军机处的主要目的是加强皇权。因为在世宗去世后的大丧期间,由庄亲王允禄、果亲王允礼、大学士鄂尔泰、张廷玉组成的总理事务处,有代为处理国家日常事务之权。这些亲王重臣,职位尊显,联络广泛,一定程度上构成了对皇权的威胁。为了处理国家要务,高宗每日须处理大量的密折。但由于其统治经验不足,亲自处理存在着不少困难。假手于总理事务王大臣,又有大权旁落之虞。因此,他迫切需要一个既能贯彻自己的意旨,又有工作效率的工作机构。这样,撤销总理事务处,重新恢复军机处,就成了高宗强化皇权的重要举措。

在确定军机处的编制、规模、人员、权限和工作范围方面,高宗都按照自己的意图进行了妥善安排。他任命鄂尔泰、张廷玉、讷亲、海望、纳延泰、班第等6人为军机大臣。对于军机大臣的遴选标准,他极为重视:第一,不准宗室担任军机大臣,以防宗室权力过重,直接威胁皇权;第二,首席军机大臣须由满族人充任,以保证满族权贵在政权中的主导地位;第三,不论资历,倚重亲信,以确保军机处能够贯彻自己的意旨。高宗还非常注意健全军机处的各种制度。乾隆十四年(1749)他下令将雍正时军机处的"办理军机事务"印文改为"办理军机事务印信",并规定平时由内奏事处之太监收存,用

[①] 昭梿:《啸亭杂录》卷一《纯皇初政》。

印时,由值班军机章京以镌有"军机处"三字之金钥匙将之请出,用毕立即交还。为了保密,高宗特下谕曰:"军机处系机密之地,所交密议章奏,本无宣泄,其应交该部密议者,嗣后俱交军机处存记档案,交发部议。其奏事处所奉密议事件,著亦交军机处记档转发。"①军机处值房,亦有严密的防范制度,即使是王大臣,没有皇帝的特旨,也不准到军机处值房去。其规制为:"凡京外王大臣有奉特旨到军机处恭听谕旨恭读朱笔及阅看各处奏折者,方得在军机堂帘内拱立,事毕即出。其余部院内外大小官员,不得擅入。其帘前窗外、阶下,均不许闲人窥视。满、汉章京之值房亦如之。"②尤为重要的是,高宗还通过各种方式,削弱中央和地方各机关的权力,而将其集中于军机处。因此,与雍正朝相比,乾隆朝的军机处权力愈加扩大,举凡中央、地方各机构,军机处无不涉足,"内而六部、卿寺及九门提督、内务府、太监之敬事房,外而十五省,东北至奉天、吉林、黑龙江将军所属;西北至伊犁、叶尔羌将军、办事大臣所属,迄于回裔诸属国,有事无不综汇。且内阁、翰林院撰拟有弗当,又下军机处审定,故所任最为严密繁巨。"③除了帮助皇帝拟写谕旨、办理皇帝交议的大政、审办大狱案件、审核内阁、处理奏折、奉派出京查办事件、参与科举考试事宜、陪同皇帝出巡以及积累有关档案资料等事务性工作,还对从中央到地方的各级文武官员的使用和职责提出建议,供皇帝参考。这说明乾隆朝军机处在清代国家机关中,虽位居内阁之下,但其实权却远远超越内阁。出于维护君主专制的需要,皇帝并不宣布军机处执掌大权,惟恐君权旁落,因此又采取一些限制办法以掣其权。高宗始终不给军机处设专官、立衙署,从军机大臣到军机章京皆为兼职。军机处职权虽重,实际上完全秉承皇帝的旨意办事,是皇帝个人的秘书处。这样高度的集权体制,使高宗"太阿在握,威柄不移",真正成了至高无上的统治者。

恢复并完善军机处组织,扩大其权限职能,使高宗通过军机处将朝政紧紧地控制在手中。他还采取各种措施,整饬官僚队伍,以使各级官吏贯彻他的意志,从而将中央到地方的各种事权收入彀中,保证政令的上通下达。其具体运作是:

---

① 梁章钜:《枢垣纪略》卷一。
② 梁章钜:《枢垣纪略》卷一四。
③ 梁章钜:《枢垣纪略》卷二二。

其一,完善奏折制度。奏折制度是康熙雍正朝以来控制官吏的一种有效手段,通过皇帝的亲信将各地官员的为政情况据实密奏,可使皇帝真实掌握为官者之品行作风、治绩优劣。高宗即位后又将这一制度加以完善,一再下令扩大具折言事官员的范围,加强奏折的保密程度,提高奏折在上行公文中的地位。正是依靠这种制度,高宗多次及时地平息了统治集团内部的政治斗争,揭露并处理了官吏中各种作奸犯科、贪赃枉法的案件。奏折制度在树立皇帝权威、约束官员行为方面,均起到了很大作用。

其二,分批引见官吏,坚持考核制度。高宗对除授官吏,概加引见;此外,还陆续调各地现任提督、各省藩臬赴京觐见。根据这些规定,除授官吏离京赴任,必须赴宫门请训;任职于外的将军、都统、副都统和督抚、提镇、藩臬、知府等军政官员,必须按期奏请陛见。高宗"每于引见时,必执笔详记,详视熟察,虽有碍于观瞻而不顾者,即为知人其难一句耳"①。至于官员的任免,他更是详加考察。凡属知府以上官员,皆由他亲自选派,各地督抚不得奏请简发,尤其不准擅自任免。如乾隆二十三年(1758)四月,两广总督陈宏谋以广东按察使出缺,奏请"将该省道员王概、梁国治就近简用一员升补",遭到高宗痛斥:"藩臬为方面大员,由朕等简补用,从无督抚奏补之理。"②因而将陈宏谋降调江苏,以示惩戒。对于内外文武官吏的各种考核制度如京察、大计、军政等,高宗也极为重视,不稍懈怠。这些办法,使高宗加强了对官员的控制。

其三,广开八旗仕途。清朝以少数民族统治者的身份入主中原,在建立和巩固政权的过程中,以满族为主体的八旗发挥过突出的作用。因此,入关以后,清统治者一直执行内满外汉的政策,以确保满族人在国家政权机构中居于主导地位,稳固清朝的统治根基。为了解决生齿日繁的八旗生计问题,同时也出于扩大统治基础的考虑,高宗实施了开放八旗仕途的计划。乾隆二年(1737)九月,他下令改变中央各部满族、蒙古郎中只准保举地方布政、按察两司的规定,准许他们和汉官一起保举道员。乾隆六年二月,又作出重要决定:嗣后满族进士,亦著照依甲等名次选用知县。不久,他以绿旗营伍

---

① 《清高宗实录》卷一四。
② 《清高宗实录》卷五六〇。

废弛,"分用满员,以资铨辖"为由,陆续派大批旗员补任绿营守备以上的官吏。到此,朝廷内外所有官缺几乎全部开放,八旗子弟入仕名额大为增加。满族官员不仅在中央和各级地方掌握着主要权力,而且在绝对数量上也将及半数①。官员成分的改变,显然有助于统治根基的稳定。

其四,惩治贪官污吏。高宗费尽心机,毫不手软,不惜以重典惩治贪官污吏,肃清吏治。他指出:贪官"多留一日,则民多受一日之残,国多受一日之蠹"②。终高宗之世,因贪污而被处决的大小官员不计其数,其中不乏督抚、布政等高级官吏。通过严厉惩贪,加大打击力度,直接起到了震慑作用,高宗的专制统治得到了空前加强。

对于清朝统治者来说,加强中央集权,除了有效地对汉民族加强控制外,维系满族旧俗,防止满族人渐被汉俗同化,无疑具有特殊的意义。清入关后,满汉杂居逐渐扩大,随着满族政治地位的提高、经济生活的改善和地理环境的变化,八旗兵尤其是满族旗人"渐染汉俗",并导致八旗军队战斗力的普遍下降。有鉴于此,高宗从大清王朝的长治久安出发,强调保持满族旧俗,维护满族在政治上的主体地位,在军事上保证八旗兵的战斗力,其中,将提倡"国语骑射"列于首位。

"国语"即满语,亦称清语,本是满族的民族语言,入关初,尚能保持,但百余年后,开始衰落了。高宗即位时,满语文的使用已出现危机之兆,满族人运用汉语文者渐多,以致满语文逐渐废弃不用。针对很多八旗子弟"习汉书,入汉俗,渐忘我满洲旧俗"③的情况,高宗认为"清语为国家根本"④,要想维护清朝的统治,必须坚持说满语,采取相应的办法鼓励满族人使用本民族的语言文字。他提出,八旗子弟应以"国语"为重,凡八旗三品以上大臣子弟,只有做到"娴熟国语,练习弓马",方能参加科举考试。他解释说:"我国家满洲世臣宣力赞政者多,原不借文章一途。但承平百余年,满洲词臣,文藻黼饰,亦不可少,大臣子弟中果能于国语骑射之外兼习文艺,在伊等

---

① 吴晗辑:《朝鲜李朝实录中的中国史料》第十一册,第4553页。
② 《清高宗实录》卷三五一。
③ 《清高宗实录》卷一八一。
④ 昭梿:《啸亭杂录》卷七《宗室小考》。

延请师资扩充闻见,较之寒素之家成材自易。"①为激励满族人说满语,高宗采取了许多措施,如确立宗室考试满语制度,停止翻译考试,设族长监督满语学习,编纂满语文工具书等。高宗极力挽救满语文的衰落,是他试图保持本民族的民族特性,在文化上加强统治的一种努力,虽然收效不大,但在当时从某种程度上也起到了巩固清朝统治的作用。

在提倡学习和使用"国语"的同时,高宗同样重视骑射要务,以保持满族传统之长技。清朝本以武功定天下,但入关后,由于承平日久,骑射的传统习俗同样衰微。高宗已有察觉,他说:"近见满洲人等并不以骑射为要,惟贪图安逸,畏服劳苦。即本身所有军器鞍辔撒袋等物,亦不知整顿,惟用意于浮华虚文、服饰衣物而已。"②为扭转八旗兵骑射废弛的局面,自乾隆六年(1741)起,他多次率领八旗北上秋狝,行围狩猎,操演骑射。他自称:"朕每年行围射猎,正为使官兵等熟习骑射,不至废弛"③;"每岁行围木兰,特欲令满洲臣仆服习劳苦、熟谙技艺之意。若不如此,则满洲各大臣侍卫官员兵丁等,必致俱不能骑射矣"④。乾隆十七年,他还分别于紫禁城箭亭、御园引见楼、侍卫教场和八旗教场立"训守冠服骑射碑",上书清太宗告诫满族子孙勿忘骑射之圣训,让八旗官兵在训练时学习,"俾我后世子孙臣庶,庶知满洲旧制,敬谨遵循,学习骑射,娴熟国语,敦崇俭朴,屏去浮华,毋或稍有怠惰"⑤。同时,他还利用各种场合训诫八旗将士勤习骑射,并经常督促检查,优者奖之,劣者罚之。通过这些措施,高宗整饬八旗武备,加强了对军队的控制,收到了明显的效果,有助于强化君主专制的中央集权。

在加强君主专制的过程中,高宗除从机构、制度及风俗等方面着力外,还进行了频繁的巡幸活动,其目的,就是为了"察民瘼,备边防,合内外之心,成巩固之业"⑥。据统计,从其即位至去世前,各种巡幸活动不下150次。这些经久不断的巡幸活动,一则提高皇帝的声望与权威,一则巩固其君

---

① 《清高宗实录》卷七二六。
② 《清高宗实录》卷一四三。
③ 《清高宗实录》卷三六七。
④ 《清高宗实录》卷九六七。
⑤ 《清高宗实录》卷四一一。
⑥ 《清高宗御制诗初集》卷四三《避暑山庄百韵诗序》。

主专制的绝对统治地位。高宗的巡幸,主要集中在三个方面,即巡幸避暑山庄和秋狝木兰、盛京谒陵及六巡江南。

高宗通过恢复军机处、整顿吏治、提倡国语骑射和四出"巡幸"等措施,进一步加强了他对全国的控制,同时,也使皇帝的专制统治得到了空前的加强。

4. 再严朋党之禁

"朋党"历来是中国封建专制政治的伴生物,在历代王朝屡屡出现。历史已证明,朋党往往出现在最高统治集团内部,进而内外联络、上下勾结,搞乱了国家政治,破坏了上层统治集团的协调一致,直接威胁皇权,削弱或失去对国家的控制。当朋党出现,或形成朋党斗争的局面,一代王朝便由此而启乱阶。朋党既是一个吏治问题,也是一个加强中央集权的问题。清朝建国后,就不停地同朋党展开斗争,力图铲除朋党,避免重蹈历朝朋党乱国的覆辙。清朝早期及中期反朋党的一切努力和取得的显著成效,构成了清朝政治的一大特色。

清朝入主中原以后,时刻以明朝亡国为鉴,不断深入总结明朝由国乱而亡的历史教训。其中,朋党乱国就是严重教训之一。自多尔衮摄政始,就明申朋党之禁;康熙朝时,圣祖一再发出警告,力防朋党,结果还是出了"太子党",引发一系列明争暗斗。幸好圣祖最终制止了朋党之争的蔓延。世宗出于对他已得帝位的强力维护,保证他的皇权不受任何威胁,尤以高度警惕的目光注视着他的兄弟们及重臣的动向,不遗余力地反对结党干政乱政,反复论证朋党之害。他通过整饬吏治,肃清官场贪风,打击政敌,处置重臣如年羹尧、隆科多等的结党营私,基本消除了朋党势力,保持住了上层统治集团的集中统一。

高宗继承先辈们治国的有效经验,洞察时弊,深悉朋党的严重危害,重申朋党之禁,从理论上阐述,具体制定政策,采取有力措施,防范朋党,而一经发现,必严加惩处,消灭朋党于萌芽之时。高宗的政治实践,巩固了皇权,强化了君主专制。

取缔以允禄为首的宗室异己的活动,是高宗即位后大规模打击朋党的先声。允禄是圣祖的第十六子,雍正元年(1723)奉旨过继为庄亲王博果铎之后嗣,袭封庄亲王。他与圣祖第十七子允礼同被世宗遗命授为辅政大臣,允礼去世后,允禄在宗室中的地位更加煊赫,无人能出其右,吸引不少宗室王公倚其门下。不久,允禄与废太子允礽之子、理亲王弘晳,恒亲王允祺之子、火器营都统弘昇,怡亲王允祥之子弘昌、弘晈等人气味相投,过往甚密,引起了高宗的高度警觉和不满。宗室结党,是皇权之大忌,其患无穷。特别是弘晳"自以为旧日东宫嫡子,居心甚不可问";弘昇曾获罪于雍正朝,虽高宗对其加恩授官,但仍"思暗中结党,巧为钻营";弘昌"秉性愚蠢",好惹是生非,放荡不羁;弘晈"乃毫无知识之人",这些"不守本分"之辈麇集于允禄周围,"渐有尾大不掉之势"①。乾隆四年(1739),高宗首先以"挑动事端,使我宗室不睦"为名,将其逮捕,随后又以"结党营私罪",革去允禄的亲王双俸及议政大臣、理藩院尚书等职务。弘晳、弘昌等分别被革去亲王、贝勒等封爵。后来查明,弘晳确曾向善于邪术的安泰"问过准噶尔能否到京,天下太平与否,皇上寿算几何,将来我还升腾与否"等语,可见弘晳不仅结党营私,还企图变天,属大逆罪。高宗怒令将弘晳永远圈禁,并再次痛斥允禄②。此后,这些宗室党人遂远离政治,以书画诗赋了却余生。

允禄、弘晳一案处理过后,高宗开始把斗争矛头指向鄂尔泰、张廷玉等朋党。鄂尔泰,满洲镶蓝旗人。雍正朝时,累官云贵总督、首辅大学士,地位显赫。鄂尔泰一人得势,满门皆显宦,子侄为总督、巡抚者达6人之多。乾隆朝初,其势力又有所膨胀,与鄂尔泰有联络的达官显贵有庄亲王允禄、公哈达哈、军机大臣海望、湖广总督迈柱、河道总督高斌、贵州巡抚张广泗、巡抚鄂昌、工部尚书史贻直、御史仲永檀、学政胡中藻等③。职位与鄂尔泰同样尊崇的汉族巨宦张廷玉是安徽桐城人,大学士张英之子。雍正朝时,张廷玉即已官至大学士,被视为股肱之臣。在他的援引下,"桐人之受国恩、登仕籍者","甲于天下"。乾隆朝初,这种情况又有所发展,其子弟姻亲官居

---

① 《清高宗实录》卷一〇三。
② 《清高宗实录》卷一〇六。
③ 《襄勤伯鄂文端公年谱》,《清史资料》第二辑。

要职者有数十人,"外间舆论动云,桐城张、姚两姓,占却半部缙绅"①。张廷玉本人也"负天下重望","皆以为张阁老在,天下无事云"②。鄂、张两派势力之间也钩心斗角,互相倾轧。所有这些,都构成了对皇权的隐患。高宗对鄂、张植党营私的活动虽早有察觉,但他们毕竟是满、汉大臣的领袖人物,况且乾隆初改革还有赖于他们的支持,因此,他没有过早地加以惩治,而是耐心地等待机会的成熟。

经过几年的内修外治,高宗的统治根基已稳,完全可以着手解决鄂、张朋党问题了。乾隆五年(1740)四月,他发布上谕,指责臣下逢迎结党,从侧面对鄂、张提出了警告。他说:"鄂尔泰、张廷玉,乃皇考与朕久用之好大臣,众人当成全之,使之完名令节,永受国恩,岂不甚善。若必欲依附逢迎,日积月累,实所以陷害之也。"并告诫鄂尔泰、张廷玉:"更当仰体朕心,益加敬谨,以成我君臣际遇之美。"③言已至此,其意甚明。乾隆七年十二月,鄂尔泰的门生、御史仲永檀与鄂尔泰之子鄂容安私议奏折内容之事被揭发,高宗命严加审讯,结果证明仲永檀"依附师门,有所论劾,无不预先商酌,暗结党援,排挤异己"④。高宗借此大做文章,诏有司治仲永檀附党营私之罪,并给鄂尔泰以降职处分。乾隆十年,鄂尔泰病逝,其党不散。乾隆二十年,鄂尔泰的得意门生、内阁学士胡中藻撰《坚磨生集》案发,高宗举其诗集中"又降一世"、"亦天之子"、"与一世争在丑夷"等数十事,以悖逆罪,将其处死。由胡中藻案又将鄂尔泰侄、甘肃巡抚鄂昌牵扯其中,继而又将大学士史贻直网罗在内。这样,鄂尔泰朋党遭受重创,一蹶不振。

在对鄂尔泰势力进行打击的同时,高宗也对张廷玉及其党羽进行了惩治。早在乾隆六年(1741)十二月,都察院左都御史刘统勋即上书,建议高宗"敕下张廷玉,会同吏部衙门,将张、姚两姓部册有名者,详悉查明……自命下之日,三年之内,停其升转"⑤,以限制张廷玉势力的发展。此后,张廷玉扩展党羽的活动稍有收敛。乾隆七年十二月,高宗又将原准张廷玉之子

---

① 《清高宗实录》卷一五六。
② 吴晗辑:《朝鲜李朝实录中的中国史料》第十一册,第4489页。
③ 《清高宗实录》卷一一四。
④ 赵尔巽等:《清史稿》卷三〇六《仲永檀传》,中华书局1977年版。
⑤ 《清高宗实录》卷一五六〇。

张若霭袭其父伯爵的成命收回,不准承袭。乾隆十年鄂尔泰病故后,为了防止张廷玉的势力乘机发展,高宗以首席军机大臣须由满族人担任为由,将位在张廷玉之下的讷亲擢升为首席军机大臣,从而使张廷玉抑居其下。同时,又将傅恒选入军机处,对张廷玉加以掣肘。乾隆十三年讷亲被黜,高宗又将傅恒擢为首席军机大臣。经过一段时间的试用,在确知傅恒已谙习国家事务后,于次年十一月谕令张廷玉休致。张廷玉与皇帝之间的矛盾终于公开化。

乾隆十四年(1749),张廷玉得谕以年老致仕,他"以世宗遗诏许配享太庙,乞上一言为券",获皇帝同意。但张廷玉仅派其子张若澄入朝谢恩,令高宗大为恼怒,欲传旨诘责张廷玉。但此旨未发,张廷玉已入朝谢恩,高宗认为此系张廷玉门生,时暂署协办大学士、尚书之职的汪由敦泄露消息所致,故而将汪解职。高宗并就配享太庙一事羞辱张廷玉,说:"试思太庙配享皆佐命元勋,张廷玉有何功绩勋猷,而与之比肩乎?鄂尔泰尚有经度苗疆成就,而张廷玉所长,不过勤慎自将,传写谕旨,朕诗所谓'两朝纶阁谨无过'耳!"①命削去张廷玉伯爵,以大学士原衔休致。但事情未完,乾隆十五年七月又引出朱荃落水案牵连张廷玉。朱荃与张廷玉是儿女亲家,以前举行京察时,张廷玉将其列为一等,后经汪由敦全力推荐,得任四川学政。任职期间,朱荃匿丧赶考,贿卖生童。此事被人揭发,经审讯,朱荃家属供认其"勒索新进诸生规礼及补廪、出贡等银约有四五千两"②。高宗闻讯后,下令已回老家的张廷玉交还"历年颁赐诸物",并没收了张廷玉在京中护国寺附近的房产以及私银1.5万两以代朱荃赔交赎罪官项等。经高宗大力惩创,张廷玉的势力和影响几乎被消除殆尽。这样,影响政局达20年之久的鄂、张朋党势力销声匿迹,高宗的专制统治得到了进一步的强化。

除了打击势力庞大的朋党集团,高宗还采取种种措施,限制和整治各级官员以姻亲、同乡、同年、师生等关系互相结党。其中,完善回避制度是高宗限制朋党的一种重要举措。乾隆十二年(1747)二月,高宗令武员任职回避本省。十五年三月,定旗员任职回避500里以内。二十六年十二月,定官员

---

① 《清高宗实录》卷三五五。
② 《清高宗实录》卷三六九。

中"有内外兄弟为其属官,令官小者回避"。三十二年十二月,回避范围扩大至受业师生。三十九年六月又规定:"母之父及兄弟、妻之父及兄弟、己之女婿、嫡甥及本身儿女姻亲、中表兄弟、子妇之亲兄弟,凡系本管上司、下属,例亦令官小者回避。"①四十五年七月,又禁止同在一省的上司属员于现任内结亲,"违者,照违令律议处"。四十九年十一月,回避范围又扩大到署理官员。与此同时,高宗还先后下令,严禁"上司子侄往来任所,经过所部境内,拜谒地方官,张扬声势";严禁地方官将现任九卿官员之父祖表请入祀乡贤祠以及各地绅衿为当地官员建立生祠;严禁督抚经过地方时,知府以下地方官"跪地迎送";严禁"各省兵民制送上官衣伞"。所有这些措施,都对防止地方势力结党营私起了积极作用。

此外,高宗还通过强力手段,惩治一些敢于不顾禁令而结党营私者,以示儆诫。乾隆八年(1743),湖南衡阳知县李澎与善化知县樊德贻纵容衙役,加征粮赋浮费,民怨沸腾。粮储道谢济世查清敲诈事实,参劾二知县。但巡抚许容却包庇李、樊,将谢济世调离本职,并指使布政使张璨写信给经办人仓德。仓德将此事上报湖广总督孙嘉淦及漕运总督顾琮。孙嘉淦包庇许容,压案不办。顾琮则报告都察院,御史胡定"录湖南民揭帖,谓布政使张璨、按察使王玠、长沙知府张琳、衡州通判方国宝、善化知县樊德贻容指,朋谋倾陷"。高宗派人查明事实真相后,将孙嘉淦、许容、张璨、王玠、张琳、樊德贻、李澎革职,并要求"诸督抚当涤自儆省,以嘉淦、容为戒"②。

另一典型案件为陶正靖徇私请托案。乾隆五年(1740),京畿地区久旱苗枯,高宗借此询问刚刚上任的太常寺卿陶正靖,是否因用人不当而获罪于上天?陶正靖思忖良久,答曰:"廷珍负清望,无大过。近日放还,天语峻厉,非所以优老臣。"③廷珍即魏廷珍,官至工部尚书。高宗因其办事推诿,因循懈怠,屡诫不改,乘其老病乞休,遂放还原籍,以肃官风,处理得可谓恰如其分,但陶正靖的说法颇令高宗费解。不久,高宗得知魏廷珍、孙嘉淦、任兰枝三人为同年进士,继而又得知陶正靖乃礼部尚书任兰枝的门生,陶正靖为魏廷珍请托是受任兰枝指使。于是,高宗便令任兰枝拟写"有关于师生

---

① 《清高宗实录》卷九六六。
② 赵尔巽等:《清史稿》卷三〇六《胡定传》,中华书局1977年版。
③ 赵尔巽等:《清史稿》卷二四〇《魏廷珍传》,中华书局1977年版。

年谊比周朋党之渐"的谕旨,"申饬陶正靖,并使众人知所警戒"①。最后,不但魏廷珍没有复用,任兰枝、陶正靖皆交部议处。

乾隆朝打击朋党的案件在在皆是,并取得了显著成效。不过,朋党作为封建官僚政治的衍生物,并没有因此而绝迹,每当条件适合时,就会重新出现。从顺治朝开始,特别是康熙朝以后,就一直警惕朋党,不断打击、抑制,但朋党仍然存在。由于采取有力措施,从制度上做出严格规定,既严加防范,又加重打击,故朋党势力没能发展起来,没有对政局造成明显的破坏,危害不大,因而维持了上层统治集团的稳定,形成一个良好的政治氛围,为推行各项政策创造了条件。

5. 大兴文字狱

乾隆朝的文字狱,时张时弛,此伏彼起,总的看来,主要集中在乾隆中期的 30 年间,至后期,随着清朝统治的完全巩固,文字狱也就基本停止了。

新政伊始,高宗想给人以万象更新的感觉。他对其父世宗为政峻严所带来的消极后果,以及不利于新君地位的巩固,对政局稳定潜伏的危险等,都有清醒的认识。为了纠正世宗为政偏严的弊病,实现其"宽严相济"之道,高宗颇注意缓和官场中的紧张氛围,调整统治政策,以宽缓为基调,特别是在一定程度上放松对汉族知识分子思想意识等领域的禁锢。另外,高宗正处于风华正茂之际,对政事不熟,治国能力尚欠功夫,故而兢兢业业,惟恐失策,"宵旰不遑,勤求至治"。乾隆初年,全国政治形势相对稳定,经济状况良好,如"吴中谣"所称:"乾隆宝,增寿考;乾隆钱,万万年。"②在这些情况下,文字狱之不兴,实势使然。

乾隆前期的 10 余年间,文字狱只有谢济世私注经书案一件,但从高宗的处理可看出,并不想再兴文字狱。谢济世在雍正朝就因私注《大学》获罪。高宗即位,他被召还京,复御史原职。但他不知进退,把私注经书呈献

---

① 《清高宗实录》卷一一五。
② 昭梿:《啸亭杂录》卷一《纯皇初政》。

给皇帝,还上书言事,建议:"去邪勿疑","出令勿贰"。这就触犯了高宗的忌讳:自己可以纠正皇考的某些失误,但不许臣属说破。高宗对他甚为不满,斥为"摭拾浮言"。谢济世于乾隆三年(1738)以御史转湖南粮储道身份迎奉老母。据说湖南巡抚蒋溥与他有隙,向高宗密奏谢济世刊印《大学注》、《中庸疏》。乾隆六年九月,高宗授命湖广总督孙嘉淦查处此事,但在对孙的指示中只言及谢"识见迂左","至其居官,朕可保其无他也"。这是向孙明示,不可借此兴大狱。最后,只将谢所注经书及版片全部销毁,仍留其为湖南粮储道一职,实现了高宗"不以语言文字罪人"的诺言。乾隆二十年二月在部署打击朋党的胡中藻诗狱时,高宗又有意借谢济世"纵子指官撞骗"一事来究治谢之罪。高宗说:"使其人尚在,自当明正其罪,以昭惩创。"是时,谢济世已病故,亦是他的大幸。

高宗初政时文字狱虽未大兴,但鄂尔泰与张廷玉之间的门户之争,却为乾隆中期再掀文字狱高峰埋下了伏笔。

乾隆朝文字狱的引发,当以乾隆十六年(1751)发生的伪造孙嘉淦奏稿案为开端。孙嘉淦历任左都御史、吏部尚书、刑部尚书、直隶及湖广总督等要职,以敢于直言苦谏著称。乾隆十五年七月,江西千总卢鲁生和守备刘时达合谋伪造了孙嘉淦指责高宗失误的奏稿,借此扰乱人心,从而达到扰乱高宗南巡的目的。高宗于乾隆十六年六月发现了流传到云南的伪造孙嘉淦奏稿。他顺藤摸瓜,在全国范围内追查伪稿的作者。结果,令高宗坐卧不宁的是,全国各省乃至西南土司地区,都有伪稿在暗中传抄转阅。直到乾隆十八年二月,高宗深感再追查下去于己不利,才下令将正犯卢鲁生凌迟,刘时达处斩,草草结案。

在追查、审讯伪稿案的1年零8个月中,高宗疑虑重重,时而怀疑伪稿是曾静、张熙余党所为,又怀疑是汉族读书人所为,也怀疑过是被杀的川陕总督张广泗的亲友故交在造谣生事,又觉得伪稿和湖北聚众起事的马朝柱的"伪诏书"及"伪檄文"相似,这些都使得他心神不宁。总之,伪造孙嘉淦奏稿案使高宗顿时感到有一股可怕的敌对和不满情绪在全国弥漫,尤其是对金川战事失利负有责任的川陕总督张广泗的供词:"但知皇上慈仁,不知皇上英武",给他的触动更大,他开始对即位以来所实行的宽松政策进行反思。他对臣工说:"朕闻之,深为抱愧。水懦而泛,亦朕所深戒!"高宗开始改变从宽缓转向严猛的为政方针。他对形势和政局作出新的估量后,决心大力强化对思想意识的控制。他认为,这是关系到清朝安危的头等大事。他对伪稿案作出总结:"此等奸徒,传播流言,涛张为幻,关系风俗人心者甚大,不可不力为整饬。"可以说,伪造孙嘉淦奏稿案对乾隆朝文字狱的兴起,产生了不可低估的重大影响。

高宗初政时,为了表示对皇考的尊重,也是为了稳定政治的需要,仍然重用鄂尔泰、张廷玉辅政。但是,这又使得一度消沉的臣属之间的斗争复起,高宗深感皇权受到干扰。他为此绞尽脑汁,寻找时机,准备将鄂、张的政治势力和政治影响清洗殆尽。

经过几年的精心筹划,高宗终于在乾隆二十年(1755)选中了胡中藻这个"靶子",并以此为契机,对鄂、张等重臣予以毁灭性打击,达到将朋党派系斩草除根的目的,同时也掀起了文字狱高潮。

胡中藻,号"坚磨生",官至内阁学士,又兼侍郎衔,乾隆元年(1736)中进士。他平时以鄂尔泰高足自居,又与鄂尔泰之侄鄂昌密交,对张廷玉派的官僚视若仇敌。他出过一本文辞险怪的《坚磨生诗钞》,这给高宗提供了绝好的机会,可以从诗集中随意罗织字里行间的"狼子野心"。

乾隆二十年(1755)年初,高宗借群臣进贡方物、祝贺自己 45 岁寿辰之机,下谕旨训诫众臣。他说:徇情曲庇向为党援门户之肇端,过去皇考洞悉此等陋习,曾大力振刷,如查嗣庭、吕留良各案。今竟有人胆敢故态复萌,朕非不能执国法以警奸顽,大小臣工应引以为戒。高宗的话语中暗含杀机,并将正待追查审讯的胡中藻案定性为与查、吕案相同,明示了他此举乃是借机振刷派系门户之陋习。

如此大造舆论之后,高宗开始采取行动。首先,派人连夜赶到江西新建逮捕胡中藻;其次,由军机处寄发密谕,命将胡任广西学政时所出试题及与人唱和之诗 36 首密封,专差驰送京城;再次,密令查抄甘肃巡抚鄂昌的寓所,封固其与胡往来应酬的诗文、书信及其他讽刺朝政或嘱托公事的文字,并迅速解京;最后,命军机大臣等提讯为《坚磨生诗钞》作序并刊刻的侍郎张泰开。

三月十三日,一切准备就绪,高宗把大学士、九卿、翰詹、科道等召集到驻跸的韩村行宫聆听面谕。他说,经过皇考严加惩创,数十年来臣民咸知警惕,不意仍有出身科目、厕身清要而鬼蜮为心者,借诗歌吟咏,而肆其悖逆诋讪。最后,他点出此乃胡中藻所为,并一一细数其罪状。

《坚磨生诗钞》中有"一把心肠论浊清"句,高宗曲解为:"浊"字加在国号"清"之上,肺腑难测;将"下眼训平夷"句,误解为巧骂皇帝识力卑下;"记出西林第一门"句,又被别解为"攀援门户,恬不知耻",如此等等,纯属望文生义,皆成罪证。最后,高宗声色俱厉地说出了大兴胡案的必要性:"数年以来,并无一人参奏胡中藻,足见相习成风,牢不可破。朕更不得不申我国法,正尔嚣风,效皇考之诛查嗣庭!"

其实,胡中藻诗中不乏颂圣之作,高宗硬说他鸱张狂吠地攻击清朝及当今皇帝。结论已下,谁敢为之辩。高宗欲以此案借题发挥,围歼威胁皇权的朋党势力,这就决定了胡中藻在劫难逃。高宗说得明白:"大臣立朝当以公忠体国为心,若各存意见,则依附之小人遂至妄为揣摩,群相附和,渐至判若水火。古来朋党之弊悉由于此。"可见向以"从未尝以语言文字责人"[①]自诩的高宗,这次实际上以"朋党责人"为名惩处胡中藻等人。高宗经过慎重考虑,没有滥杀牵连之人,乾隆二十年(1755)四月十一日从宽斩决胡中藻;其弟胡中藩免缘坐;其母年已八旬也免其缘坐,且留下胡之赀财百金供其养老之用;出资刊刻之人张泰开免予治罪释放,仍在尚书房行走戴罪暂用。而与此案有涉的鄂昌却没有这么幸运了。

鄂昌为鄂尔泰之侄,任甘肃巡抚,与胡中藻唱和往来,情趣相投。其罪名皆以种种捕风捉影之事罗织而成,与胡中藻之罪名如出一辙。最后,鄂昌以"纯属满洲败类","从宽赐令自尽"。鄂昌是清代罹文字之祸的满族人中官品最高的一个,他代表着满族的一种倾向:仰慕汉文化,甚至集种种汉人之习于一身,这是高宗重惩鄂昌的深层次文化上的原因,诚如高宗所说:"今后如有与汉人互相唱和、较论同年行辈往来者,一律照鄂昌,严惩不贷!"

因胡案而被株连的还有鄂尔泰、史贻直和鄂容安等人,均给予惩处。从表面上看,胡案似乎只打击鄂派势力,实则包括鄂、张两派在内的大小臣工

[①] 故宫博物院文献馆编:《清代文字狱档》,上海书店1986年版,第89、55页。以下案例,皆引自该书。

尽皆震怖。高宗说："胡中藻依附师门，甘鹰犬，视张廷玉等为寇仇；而张廷玉所用之人，也未必不以鄂尔泰、胡中藻为匪类。"从此以后，鄂、张的政治势力得到清除，高宗真正做到了乾纲独断。

如果说胡案还表明高宗以主要精力关注于政治方面的朋党势力，那么乾隆二十二年（1757）的彭家屏私藏明末野史案则表明，他开始把注意力转向危及清朝统治的思想意识方面了。

乾隆二十一年（1756）秋，河南、山东、江苏三省发生特大水灾。次年正月十一日，高宗开始第二次南巡。在南巡之始，高宗即下旨破例对山东济宁和江苏徐、淮、海三府加赈数月，惟独灾情最重的豫西归德府却没有普降皇恩，这是由于河南巡抚图勒炳阿匿情不报所造成的。

豫西一带灾情严重，灾民鸠形鹄面，哀鸿遍野，流离失所，怨声载道。在这种情况下，河南在籍布政使彭家屏决定乘前往山东接驾的机会，向皇帝面陈灾情。彭家屏奏称豫西夏邑、商丘、虞城、永城四县洪水成灾，以夏邑独重，百姓啼饥号寒，甚至有铤而走险者，而巡抚图勒炳阿却匿灾不报。高宗一向对彭家屏没有好感，视之为宠臣李卫的走卒，且又因彭为夏邑人，疑他是地方缙绅干预政事，邀誉乡里之举。但高宗在济宁时，从河东河道总督张师载的奏报中特别注意到"惟夏邑被灾独重"之句。高宗知张师载品行朴质诚实，且与彭家屏没有关系，相信他的奏报真实。于是，他稍稍训斥了图勒炳阿，命查明灾情，给赈一月，稍微安抚灾民，缓和矛盾。

四月初，高宗南巡后回京，顺道视察苏北徐、淮两府属下各州县。看到灾民衣不蔽体、饥寒交迫的惨状，高宗命随行步军统领衙门员外郎观音保微服私访豫西各县的灾情。高宗继续前行。四月初七日、初九日，连续有河南夏邑人在御道旁跪告御状，夏邑民人张钦、艾鹤年、刘元德等人告发本县县令孙默办赈不实，胥吏夤缘为奸，侵吞赈粮。高宗见夏邑人一个接一个地越级上控，疑心是彭家屏暗中主使的。但经审问，暗中主使人是夏邑县生员段昌绪和武生刘东震。于是，高宗命将刘元德等人交图勒炳阿审办。同时下了一道谕旨，诫训夏邑百姓不得越级上控，不得借端妄诉，要待上司查明参奏。

四月十八日，高宗驻跸德州行宫，微服私访的观音保奏闻所见一切。至此，高宗确知夏邑灾情实况：百姓卖儿鬻女，食不果腹，衣不蔽体。高宗权衡再三,决定将图勒炳阿革职,发往乌里雅苏台军营效力赎罪,夏邑、永城县两知县革职拿问,惩办不称职的官员,整饬吏治;同时,为了防止越级上控成风,甚至引起百姓闹赈罢市,以及乡绅干预公务,下令彭家屏就近还家,刘元德、段昌绪、刘东震从严审办。

四月十六日,侍卫成林传讯段昌绪,段拒不赴堂,知县孙默亲自赴段家查拿。他在段家搜查出吴三桂反清檄文的抄本。孙默和成林认为仅此一端,就证明他主使别人告御状实乃包藏祸心。四月二十日,侍卫成林回奏高宗。高宗仔细审阅查抄来的吴三桂反清檄文,深感夏邑县的闹赈事件有着复杂的政治背景。于是,高宗迅速采取四项措施:仍留图勒炳阿河南巡抚之任;夏邑县知县孙默查出段昌绪私藏吴三桂反清檄文的抄本,不必革职,仍留原任;命直隶总督方观承会同图勒炳阿追查"伪檄"来源;命方观承会同图勒炳阿查抄彭家屏,是否亦有"伪檄"。高宗深疑彭家屏与段昌绪一样,都是妄图借官员失误来煽动百姓闹事,怀有反清排满的政治用心。而且,由于彭家屏是在籍二品大员,高宗自然更加重视他。高宗连发谕旨,令彭家屏来京候审,同时派钦差大员到彭家严查一切文字书籍。四月二十七日,高宗召见了戴罪之身的彭家屏,并以锐利的词锋频频逼问彭家屏,最后,彭不得不交代出其所私藏的明末野史,如《潞河纪闻》、《豫变纪略》、《南迁录》、《酌中志》等。高宗当即下旨,将彭家屏革职拿问,待方观承奏折到时,再审明按律治罪。

不久,方观承的奏折送到,但他却被刘元德一案纠缠得乱了分寸,没有把查办重点放在彭家屏藏匿"逆书"上。于是,高宗特命军机大臣传谕方观承,令其把查办重点落在私藏"逆书"上。几经审讯逼问,彭家屏之子彭传笏终于招认自己得知段昌绪家查出"逆书"后,连夜烧毁自己家藏的明末野史等抄本,以备不测。方观承立即具折奏闻,高宗命将彭传笏等押京严审。

六月初六日,经军机大臣、九卿、科道会审,彭家屏拟斩。高宗下谕旨:"彭家屏本应斩决,但所藏之书,既经烧毁,罪疑惟轻,著从宽改为应斩监候,秋后处决"。高宗实在拿不出彭家屏具体的"诋毁悖逆"之词,只是欲加之罪,借彭家屏狱案震慑汉族士子臣民而已。但是,河南巡抚图勒炳阿却欲置彭于死地而后快。他上奏高宗,告发彭家屏刊刻的族谱《大彭统记》,内容"甚属狂悖",而且族谱中凡遇庙讳及清朝诸帝的御名皆不缺笔以示尊敬。高宗认为彭家屏目无君上，殊难容忍，遂赐令他自尽。彭传笏亦改为应斩监候，秋后处决。段昌绪也被斩首。彭案了结后，把图勒炳阿调离河南回京，仍旧革职拿问夏邑、永城县两个知县，同时一并豁免夏邑等四县历年旧欠钱粮，并且蠲免了本年应征地丁钱粮，派官员根治归德府属各县历年受灾之源，等等。

高宗在处死彭家屏，了结此案之后，留存于民间的明末野史引起了他的高度警觉，他担忧这会影响清朝的统治秩序，开始考虑如何销毁一切悖逆书籍，由此引发了一场"禁书"运动。

与彭家屏案同时发生的还有段昌绪私藏吴三桂伪檄文案，10 年以后即乾隆三十二年（1767）又发生了蔡显《闲渔闲闲录》案和齐周华逆词案等，不一而足，这些构成乾隆朝第一个文字狱高峰。

乾隆朝第二个文字狱高峰，发生于乾隆四十二年至四十八年（1777—1783），短短 7 年间，被记载下来的文字狱竟多达 50 余起，其密集程度，堪称中国古代文字狱之最。

在大兴文字狱中，高宗独创了一种"运动"，即动用整个国家机器查办、销毁某一种或几种禁书，必欲使一切不符合清朝统治思想的旧刻新编的禁书销毁殆尽。从乾隆四十二年（1777）起，文字狱伴随着这种全国范围的雷厉风行的禁书运动而激增起来。

乾隆四十二年（1777）的王锡侯《字贯》案，就是在上述背景下兴起的。王锡侯，原名王侯，江西新昌人。他中举之后，多次参加会试都落榜而归。在仕途无望的忧愁中，他想通过著书留名于后世。他曾写过一些平庸之作如《王氏源流》、《经史镜》等。《字贯》是他花费 17 年辛苦的自得之作，是一部按照天、地、人、物四大类编写的简明字典。他对这部体例新颖、部头可观的字典寄予厚望，想借它的刊行换取银子，来改变他"床头金尽、瓶中粟罄"的生活困境。

谁也没有料到，《字贯》非但没有换来他梦寐以求的名誉和金钱，反而招来杀身之祸。王锡侯的同族人王泷南曾因唆讼而发配，后来逃回原籍。当时血气方刚的王锡侯到官府告发，把王泷南再次发配。多年以后，王泷南遇赦回家，一直伺机报复。乾隆三十九年（1774），高宗下令全国查办禁书。王泷南认为复仇的机会到了。于是，他抓住《字贯》的小辫子不放，于乾隆四十二年来到新昌知县衙门,控告王锡侯编纂的《字贯》"狂妄悖逆"。

《字贯》一书前有王锡侯的自序,其中有对《康熙字典》不加掩饰的贬损之词:"然而穿贯之难也!今《康熙字典》所收四万六千字有奇,学者查此遗彼,举一漏十,每每苦于终篇掩卷而仍茫然。"这部字典是圣祖"御制"的,岂能由王锡侯任意贬损?新昌知县不敢耽搁,立即向上司江西巡抚海成禀报详情。海成调取《字贯》原书,命幕僚审查检阅。但幕僚们认为王锡侯的论断乃属"狂妄不法",不能算是"悖逆"。于是,海成据此拟具奏折,向高宗禀明案情,建议革去王锡侯举人头衔,以便审拟。同时将《字贯》一部40处粘签,恭呈高宗御览。

高宗御览海成的奏折和《字贯》之后,勃然大怒。原来在《字贯》"凡例"中直书康熙、雍正、乾隆的名字,于是断定此乃大逆不法之事,应照大逆律问拟。而如此明显的"悖逆"之处,海成竟说它"无悖逆之词",于是高宗骂他"双眼无珠"、"天良尽昧",命他将王锡侯火速押送京师,交刑部严加审问。这样,王锡侯《字贯》案一下子升级为钦办的特级逆案了。

其实,清朝臣民虽不能直书诸皇帝的名字,但人们如果没有留心避讳,也不见得非要治罪不可,高宗即位后曾再三降旨声明:"避名之说,乃文字末节,朕向来不以为然。"但这次高宗为什么要抓住这个"文字末节"的小问题,把《字贯》案升级为"从来未有"的特大逆案呢?

原来,高宗对明末清初的野史、明遗民的诗文集等特别敏感,害怕它们不利于自己的统治。他想出征集图书的办法,在全国颁布"搜辑古今群书"的谕旨,但效果不理想,征集的书籍中竟然没有"稍有忌讳之书"。于是,高宗直接下令查办一切有碍清廷的禁书,但查办禁书的效果亦不佳,特别是江苏、浙江等省的进展更是缓慢。这使高宗意识到各省督抚对查办禁书漫不经心,于是他决心寻找机会,制造一起大案,促使各省督抚警悟,从而有力地开展禁书运动。这次江西巡抚海成竟没有看出王锡侯触犯庙讳、御讳,没有看出"大逆不法"之罪。高宗决定拿海成当典型,狠狠地惩戒督抚们,从而推动禁书的查办工作。

海成是胸无点墨的旗员,但对查办禁书却十分认真。他为了在穷乡僻壤深入开展查办禁书,命令各州县把地保召集起来,训练各地的地保们如何查办禁书,然后让他们挨家挨户地宣讲,并由官府以加倍的书价购买上缴的书籍。这样,到乾隆四十一年(1776)年底,江西省已查缴禁书达8000余部,列全国各省之冠。高宗对他十分赏识,通谕各省督抚仿而行之。但这次却一反常态,严词斥责海成过去查办应毁书籍原不过是空言塞责,并未切实检查等等,并借此警告训诫各省督抚查办禁书塞责不力者将如海成一样受到严惩。于是,高宗将海成革职,交刑部治罪,刑部拟斩立决,高宗最后决定从宽改为斩监候,秋后处决。

海成这样一位查办禁书格外卖力的地方大员,一不小心却成为查办禁书运动以来第一个被判死刑的大吏,实在具有讽刺意味。由于高宗有意借《字贯》案推动查办禁书运动,所以,有关此案的每一道谕旨都寄发给全国各省督抚。各省督抚自然从中吸取教训,对查办禁书更加卖力,丝毫不敢懈怠,唯恐成为海成第二。在封疆大吏众多官员中,最感到震惊的要数两江总督、海成的顶头上司高晋了。高宗下严旨责问高晋的失察之罪,最后高晋受到降一级留任的处分。

乾隆四十二年(1777)十一月二十八日,大学士、九卿会同刑部终结此案,他们按照皇帝既定的意旨,照大逆律将王锡侯凌迟处死,他的弟侄、子孙和妻媳等人照律缘坐,家产一律充公,其所著书籍一律查缴销毁。最后,高宗命从宽处理,王锡侯改为斩立决,他的子孙王霖等7人改为斩监候,秋后处决,妻媳和年未及岁之子给功臣家为奴。

纵观整个《字贯》案,可以说这是高宗有意制造的一起文字狱,它服务于查办禁书这个政治目的,而王锡侯和海成等人只不过是这场运动中的祭品而已。

为了排除查办禁书的种种障碍,高宗在处置《字贯》案之后,又兴起了徐述夔《一柱楼诗》案等几起大狱,使全国特别是文化发达的江苏、浙江地区,掀起了挟仇诬陷的告讦之风。这个时期的文字狱都是因查办禁书引起的,其中多有藏书者畏罪自首或挟嫌诬告者,故文字狱当时又称"书祸"。

高宗发动禁书运动的目的,是想彻底消灭汉人特别是知识分子中的"反清复明"的思想意识。为此目的,不惜望文生义、深文周纳,如徐述夔诗案,仅据"明朝期振翮,一举去清都"两句"逆诗",就作为结案的罪证。中国18世纪的知识分子正是在这种文化思想专制的淫威之下,不敢议论当代的现实问题,隐身于故纸堆中,窒息了思想,摧残了人才。龚自珍的诗句"避席畏闻文字狱,著书都为稻粱谋",令人余悸尚存。

乾隆五十五年(1790)十一月,又兴起了《奈何吟》案狱,成为乾隆朝文字狱的绝响。

乾隆五十五年,江苏省沭阳县民张怀路向官府控告监生仲见龙的祖父仲绳所撰《奈何吟》一书多狂悖之语。两江总督孙士毅据情上奏。十一月,高宗下谕旨,大意是《奈何吟》一书虽不如吕留良、徐述夔狂吠悖逆,但其中如"举世尽成狐假虎"及"石渠天禄,酿成祸种"等语句甚为谬妄,应该从严惩治。次年三月,孙士毅审查得知仲绳为明末清初人,仲见龙系仲绳远族子孙,《奈何吟》中的牢骚怨言,是仲绳针对崇祯、弘光朝有感而发,张怀路因挟仇涉讼,才将《奈何吟》告发。于是,孙士毅据此判仲绳曾孙仲克顺等拟杖一百、流三千里。高宗降谕旨,认为孙士毅所判未免过重,"仲绳诗词谬妄,系指明季而言,更不值代胜国追究,将其裔孙治罪也"。其诬告之张怀路、唆讼之赵从依律惩治。

在这以后,年高岁暮的高宗被奸佞权臣和珅弄权窃柄,已不能高效能地统驭政局了,文字狱也随着清朝统治的巩固转而日趋衰落。文字狱作为有清一代特殊的历史现象,有其必然性。满族作为少数民族入主中原,统治人数众多、思想文化先进的汉族,其必然要在思想文化领域里维护满族的统治利益,而汉人的反清复明思想又为文字狱的兴起提供了根据,从清末邹容《革命军》一书中的仇满情绪可见一斑。当然,那些因文字而遭迫害的知识分子,其政治、学术观点并非完全正确。但这并不能说明文字狱有多大的合理性,它是封建专制主义在思想文化领域内的极端专制。

文字狱是清朝统治的最不光彩的一页记录。从其发端到其结束,持续了近百年。其持续之久,受害株连之多,处罚之惨,实属空前。文字狱的历史,完全反映了清朝在思想文化领域的专制达到了登峰造极的地步。

第二章 盛世的雄姿盛容

在顺治、康熙、雍正朝艰难创业、奋力开拓的基础上,乾隆朝继统,再接再厉,达到了封建社会发展的极限,展现出盛世的雄姿。

1. 商品生产的发展

清入主中原初期,由于长期战乱,土地荒芜,人口锐减,社会经济十分残破。清廷采取了一系列恢复与发展经济的措施,到康熙中期,呈现出繁荣的景象。至乾隆中期,社会经济的发展达到极盛,其突出表现,是封建经济中的商品生产即小商品生产有了显著发展;新的生产方式即资本主义的萌芽得到恢复并有所变化;商品市场网形成,商业繁荣;国库财富充盈。

封建经济中小商品生产的发展,既表现在农业生产中,也表现在手工业生产中。

乾隆朝农业商品生产的发展,首先反映在农业生产力的提高。以农业生产技术的改进为标志,集中地反映了乾隆朝农业生产力发展的水平。高宗钦定的《授时通考》一书中所记载的农业生产工具,没有超出明代徐光启的《农政全书》。然而,这一时期的农业生产技术确实有了明显的改进和提高,它反映在以下几个方面。

一是改土造田获得新成就。自康熙末年实行"滋生人丁永不加赋"的政策以后,人口增加迅速,人口增长的速度远远超过土地开垦的速度。康熙朝人均耕地面积本来呈上升趋势,如康熙元年(1662)人均耕地面积为 6.92

亩,康熙五十年(1711)为7.04亩,康熙六十一年(1722)为8.41亩①。然而到乾隆朝,由于人口增长速度超过耕地面积增长速度,人均耕地面积逐渐减少,呈下降趋势。如乾隆三十一年(1766)人口为208095796人,耕地面积为7807290顷②,人均耕地面积只有3.75亩,只为康熙元年人均耕地的54.19%,为康熙五十年人均耕地的53.27%,为康熙六十一年人均耕地的44.59%。人均耕地面积的减少,一方面迫使农民不得不精耕细作以求增产;另一方面也迫使农民向贫瘠土地进军,改良土壤。这一时期,广大农民在改造山地、改造盐碱地和改造黄土高原方面取得了可喜的进展。进一步丰富了梯山为田的经验:首先选好坡脚平地作为起点,自下层开起,至山尖,"分为七层";其次,在初开的梯田上要先种萝卜以松土地,次年即可种植玉米、棉花等农作物。此外,在修造梯田的同时,还要堵截涧水,引入各层梯田③。西北地区沿黄河居住的农民,在长期的实践中认识到:河水"浊泥善肥禾稼,所淤处,变为沃壤,其收数倍"④,并总结出不少经验。如有的在沟谷选好适当的位置,用柳条编成堤堰,拦截冲刷下来的水土,久而淤泥自成良田。有的沿山坡修造"软堰",收到制止水土流失和改土造田的双重作用⑤。在改造盐碱地方面也总结出许多经验。南方有"堤塘耕作法",即"因势利导,大者堤,小者塘,界以埂,分为塍,久之皆成沃"。北方有地气通达法,即在盐碱地适中位置,挖方圆三四尺,填好耕土,地气通达两三年后,附近丈余土地便成良田。还有苜蓿养地法,即在盐碱地上先种三年苜蓿草,以养地、暖地,三年后即可种庄稼⑥。

二是农艺学有明显进步。对选育良种,适时播种,已获得新的认识。农民从实践中认识到:"种子选育好,多收三成还不了。"⑦因此十分重视选种、育种,并出现了"养种田",即专门用于培育种子的田地。同时还注意适时播种,许多农谚就反映了这方面的经验。如河南的水稻播种是:"二月清明

---

① 详见本书第三编(上)第三章第一节"经济全面上升"。
② 《清高宗实录》卷七七五。
③ 吴颎:《策学备纂》卷二《农政门》。
④ 光绪《畿辅通志》卷八五。
⑤ 参见吴枫、张亮采主编:《中国古代农业技术简史》,辽宁人民出版社1979年版。
⑥ 朱国桢:《涌幢小品》卷一。
⑦ 民国二十三年《灵石县志·灵石农事语》。

801

不用忙,三月清明早下秧"①;河北种麦是:"麦子得了九月节,不怕来年二月雪"②;山东植棉是:"谷雨早,小满迟,立夏棉花正应时"③;等等。注意施肥造肥,乾隆朝杨屾在《知本提纲》中指出:"垦田莫如粪田,积粪胜如积金",还总结了十种选肥的方法④。有些农民总结出了施肥要做到"三宜"(即时宜、土宜、物宜)、"三看"(看天、看地、看苗情施肥)的经验。明代南方地区已多复种,清代进一步得到推广,北方地区如直隶、山东、陕西的关中地区也已实行三年四熟或二年三熟。而且粮棉间种较普遍,既保证了一年两熟,又利用植物相辅相成的关系,把用地和养地结合起来⑤。同时,还总结了轮种的实践经验。如"糜茬种豆,外甥见舅"⑥,讲的是深根和浅根植物适于轮种。而"糜茬种谷,见了就哭"⑦,讲的是两种浅根植物不宜于互相轮种。"油见油,十年愁"⑧,讲的是两种油料作物不宜连种在同一块地里。此外,就是引水灌田。由于北方地区较旱,因此引水灌田就成为北方农业生产的一个重要课题。清代引水灌田的方法主要有两种:一种是修水渠,引河水灌田;另一种是打水井灌田,每井可灌田10亩左右。乾隆朝时,陕西先后共凿井13.8万口⑨。而有的文献记载:"直省各邑,修井灌田,不可胜计。"⑩据不完全统计,陕西、山西的灌田面积,大约占耕地面积的10%左右⑪。

  三是引进、推广高产粮食作物。引进和推广高产粮食作物,对于解决人多地少的矛盾和维持劳动者的生计起了很大的作用。乾隆年间,人均土地明显减少,就格外重视对高产作物的引进和推广,并取得了显著的成绩。甘薯,又称番薯、红薯、地瓜,约在明万历年间由南洋引进到我国沿海诸省,主要是在闽、广一带种植,至清乾隆年间才逐渐推广到山东、河南、直隶诸省。

---

① 民国二十三年《重修信阳县志》卷一。
② 民国二十年《井陉县志》第十编。
③ 民国二十三年《夏津县志续编》卷五。
④ 杨屾:《知本提纲》卷五。
⑤ 王象晋:《群芳谱》。
⑥ 民国二十三年《灵石县志》卷一二。
⑦ 民国二十三年《灵石县志》卷一二。
⑧ 民国二十年《卢龙县志》卷一〇《农谚》。
⑨ 雍正《陕西通志》卷六一《井利附》。
⑩ 乾隆《枣强县志》卷一九。
⑪ 姜守鹏:《明清北方市场研究》,东北师大出版社1996年版,第55页。

乾隆四十一年(1776),山东按察使陆跃刊印了《甘薯录》,总结甘薯的种植经验。高宗看后,下令北方各省都要刊印、传抄,加以推广应用。陆跃也因推广甘薯有功,升任湖南巡抚。甘薯具有品质好、产量高,既可做主食,又可酿酒,并能防止虫害等特点,很快就在黄河流域诸省推广开来,山东、河南种植最多。产量十分可观,"每亩可得数千斤,胜种五谷几倍"①,因而很快成为北方许多地方的重要粮食作物。

乾隆时广为传播的另一种高产作物,就是人人皆知的玉米。玉米,即玉蜀黍,原产美洲,故又称番麦。约在明嘉靖年间传入中国。此作物性耐旱涝,适于在山地种植。乾隆朝以前尚未推广,随着改土归流的深入,许多流民进入山区,玉米也就随之在四川、陕西、湖南、湖北诸省深山推广。在四川,"玉蜀黍,土名包谷,旧惟蜀中种此。自夷陵改府后,土人多开山种植"②。乾隆三十年(1765)以后,"川楚人多,遍山漫谷,皆包谷矣"③。据对山东清平、临朐,河南南阳、滑县和山西虞乡五县的统计,这些县份在清代播种玉米的面积大致占耕地面积的10%至20%,占15%以下者居多④。

高粱,约在宋元之际由中亚引进。明代时南方种植高粱已很普遍,至清代种植已推向北方。高粱具有耐寒的特点,适于北方种植,因此很快就代替了粟的地位,成为北方的主要粮食作物。据吴承明先生估计,清代高粱的播种面积就全国而言,约占总耕地面积的10%左右⑤,北方种植高粱的面积比南方略多一些,大体与种植玉米的面积相同。

正是受益于生产技术的提高,清代的粮食亩产量较之宋代和明代都有明显增加,据估算,宋代的粮食亩产量约为165斤,明代约为245斤,清代约为310斤,即明代比宋代每亩约增产80斤,增幅为48.5%,清代比明代每亩约增产65斤,增幅为26.5%⑥。

农业商品生产的发展,也反映这一时期农业商品性生产的程度有明显提高:

---

① 陆跃:《甘薯录》,转引《全薯传录》。
② 乾隆《东湖县志》卷五。
③ 道光《石泉县志》。
④ 姜守鹏:《明清北方市场研究》,东北师大出版社1996年版,第53页。
⑤ 许涤新、吴承明:《中国资本主义的萌芽》,人民出版社1985年版(下略),第198页。
⑥ 姜守鹏:《明清社会经济结构》,东北师大出版社1992年版,第107页。

第一,农业向市场提供的商品粮有所增加。乾隆时粮食亩产量比明代增加26.5%。有些农户劳动力或土地较多,或生产技术较高,他们收获的粮食也就多,除自给以外,尚有剩余,因此向本地区城镇提供的粮食也越来越多。正如有的文献所载:"输纳毕,然后市其余,易布棉御冬,有婚丧亦借此举之。"①清代,田赋已由实物改纳货币,这样每年就要有2.91%的粮食需要投入市场以换取白银缴纳田赋。另外,这一时期货币地租大约占三分之一,佃耕的土地大约占20%,这样,又有3.33%的粮食进入市场,反映了农业和市场的关系更加紧密,农业为市场而生产的程度有了提高。

第二,土地和劳动力商品化程度提高。土地与劳动力是农业生产的两种主要生产要素,其商品化的程度应该说是农业生产商品化程度的主要标志。中国封建社会,土地私有、土地买卖出现较早,到了清代,由于官田制的衰落和商品经济的发展,土地买卖已逐渐成为地权转移的主要手段,而且土地"屡易其主"②。乾隆年间,某些地区甚至"十年之间,已易数主"③,土地成为"商品",说明土地市场已经形成并有所发展。

乾隆朝对《大清律》进行修改后,农业长工劳动力已成为商品,劳动力市场进一步发展与扩大,在劳动力市场出卖劳动力者,不仅有本地雇工,还有外地雇工。有的雇主雇用几个、十几个、几十个、上百个甚至几百个农业雇工的情况已经出现,并已形成了劳动力市场价格。如乾隆三十年(1765)七月,直隶房山县田满生受雇于杨生儿家,当时言明每日按市场价格给制钱40文,按日发给。一天杨生儿照旧给田满生40文制钱,田满生说:"今日市价工钱五十五个大钱",要求杨生儿按市价加钱④,这一事实真实地反映了劳动力市场价格的存在。农业劳动力市场的形成与发展,为农业中孕育新的生产方式即资本主义的萌芽创造了条件。

第三,经营经济作物增多。清代的经济作物主要是棉花、烟草、油料作物(花生、大豆)、甘蔗、茶等。农民经营经济作物、蔬菜和瓜果,除了少量自给外,主要是为了投入市场。经营经济作物的增加,反映了农业生产商品化

---

① 《古今图书集成》,《职方典》卷一五五。
② 康熙《栖霞县志·序》。
③ 钱泳:《履园丛话》卷四。
④ 档案,乾隆三十年十二月十八日直隶总督方观承题。

程度的提高,农业为社会、为市场提供的商品更多。"要想富,芝麻、棉花、瓜果树","要发家,芝麻花"①。这些农谚反映了农民对经营经济作物的重视。这一时期,农民经营经济作物明显增多。直隶成安县,棉花的种植面积占总耕地面积的49.83%,豆类占3.37%,芝麻占1.66%,这几项就占总耕地面积的54.86%②。河南偃师县棉花种植面积占总耕地面积的28.1%,豆类种植面积占22.62%,两项合计占50.72%③。山西解县棉花种植面积占总耕地面积的33.4%④。烟草自明代传入后,主要在闽、广种植,后来逐渐向北方推广,到了清代,山东、河南、陕西种植烟草者亦甚多。乾隆朝以前,山东种植烟草者尚不多,至乾隆年间,"则遍于天下,而济州之产,甲于诸郡"⑤。乾隆年间修的河南《鹿邑志》亦称:"旧志俱不载烟草,今则遍地栽之,未能禁止。"⑥据统计,内地17省(广西未计算在内)方志中有关于烟草种植记载的就多达195州县⑦。而甘蔗,广东与福建种植最多,台湾种植甘蔗的土地,至乾隆年间几乎占总耕地的28%⑧。茶叶的种植则以福建、浙江、安徽、湖南最普遍。福建上杭,"凡山皆种茶"⑨;浙江於潜,"邑中各山皆产茶"⑩。其他如果树、蔬菜甚至种花亦相当发达。北方当时有"桃三杏四梨五年,花红果子(沙果)七八年,枣树当年就还钱"⑪的农谚,既反映了农民种植的果树种类,也反映了农民种植果树主要是为了将产品投入市场以换取货币。

综上所述,可知清代特别是乾隆朝以后,农业的商品化生产相当发达。

在清代,封建商品生产的发展,除了农业商品生产,还包括手工业商品生产。中国的手工业虽早已和农业分离,但几个主要的手工业部门却长期

---

① 民国十八年《新河县志·农谚》。
② 民国二十年《成安县志》卷五。
③ 乔荣筠:《偃师县风土志略·物产》。
④ 民国九年《解县志·木棉》。
⑤ 乾隆《济宁直隶州志·物产志》。
⑥ 乾隆《鹿邑志·物产志》。
⑦ 郑昌淦:《明清农村商品经济》,第341页。
⑧ 戴逸:《乾隆帝及其时代》,中国人民大学出版社1992年版,第283页。
⑨ 乾隆《上杭县志·物产志》。
⑩ 嘉庆《於潜县志·物产志》。
⑪ 民国二十一年《南皮县志·农谚》。

被官营手工业所垄断,官营手工业的产品不投入市场流通,无助于商品生产的发展。而民营手工业的产品主要是为了投放市场。因此,民营手工业的发展,直接影响着市场的扩大和商品生产的发展。清代民营手工业迅速发展的主要原因是:第一,农业生产力的提高(主要表现为生产技术的改进)和农业商品化生产程度的提高,为发展民营手工业生产在劳动力和生产资料方面提供了条件。第二,乾隆中期以后,清廷将班匠银摊入地亩,彻底废除匠籍制度,削弱手工业工人对封建国家的依附关系,提高了他们的生产积极性,更有力地推动了民营手工业的发展。雍正时实行摊丁入亩之后,劳动力可自由流动,为发展城市手工业提供了劳动力来源。第三,明代中叶以后,官营手工业总的发展趋势是由盛转衰,清康熙中期开始在官营手工业中实行雇募制,并改分散管理为集中经营,较明末虽有一定发展,但发展趋势是由盛转衰,这在客观上为民营手工业的发展提供了条件。第四,这一时期,清廷还实行某些有利于发展手工业生产的政策,直接起到了促进作用。如逐步放宽对民营矿冶业的限制,推动了民营矿冶业的发展。乾隆朝作出政策性规定:"各省凡有可采之矿,俱经该地方官查明保题,先后开采,以济民用。"[①]又如,提倡植桑种棉,制定有关纺织手工业的政策,促进了边远偏僻地区纺织业的发展。像陕西,自古为蚕桑之地,但在乾隆朝以前,"日久废弛,绸帛资于江西,花布来自豫楚",经清廷倡导,这里的纺织业才"渐次振兴"[②]。

民营手工业显著发展,既表现在家庭手工业和手艺人手工业商品生产程度的提高,也表现在民营手工业作坊的发展,而这一点正是这一时期手工业发展的主要标志。

家庭手工业:指那些与小农业密切结合的以家庭为生产单位的手工业。其生产一开始主要是为了自家生活的需要,其生产目的是自给性的。这种自然经济状态的手工业在清代仍然存在。随着农业商品性生产的发展,不少农户的家庭手工业已从自给性生产向商品性生产转化。乾隆年间许多农户的家庭手工业正处于这种转化过程。清初山东登州已出现"织工勤有余

[①] 《朱批奏折·工业类》,转引自马韵珂:《中国矿业史略》,开明书店1932年版。
[②] 陈宏谋:《劝种桑树檄文》,《皇朝经世文编》卷三七。

布,亦兼于乡市,复有商贾贩之城市,庶人在家及末作游富者均需焉"①。到乾隆时,有些农户家庭手工业已成为不可缺少的家庭副业,甚至成为家庭的主业。如饶阳"农民力田而外,专业纺织"②。其家庭手工业的收入已成为家庭的重要收入之一,甚至"一切乡赋及岁终经费,多取办于木棉"③。这一时期,某些地区的家庭手工业已成为某种手工业产品的生产聚集地,其商品性生产的程度相当高。如山东济南府,"长山俗多务织作,善绩山茧,茧非本邑所出,而业之者颇多,男妇皆能为之"④。

手艺人手工业:指那些具有某种专长的手工工匠为他人进行加工生产的手工业。生产的产品既不是为了自家消费,又不投放市场。如直隶遵化州王景顺为李琅家织绸子,"讲定一匹绸子两吊东钱的工价"⑤。但在乾隆年间,手艺人手工业生产已不断商品化:有些手艺人从由顾客自备原料而为顾客加工生产,发展到由手艺人准备原料,根据顾客的需要而为其进行订货生产。当这些自备原料而为顾客进行订货生产的手艺人,在订货生产之暇,把自备的原料制成人们常需的产品投放到市场出卖时,就逐渐脱离自然经济形态而成为小商品生产者了。

手工业作坊:这一时期主要表现为民营手工业作坊数量迅速增加,规模越来越大,生产水平日益提高。

清代民营手工业主要集中在以下几个手工业部门:

丝织业:以江南最为发达。嘉兴王江泾镇"多织绸,收丝缟之利,居家可七千余家,不务耕绩"⑥。吴江盛泽镇乾隆年间"居民百倍于昔,绫绸之聚亦且十倍"⑦。乾隆朝以后,北方的丝织业也有一定发展。如山东莱阳,由于其北部产山茧,这里的丝织业发展较快,该县共有十几个丝织手工业作坊,缫丝织绸,其产品"多运销烟台转外洋,获利十余万金"⑧。山西潞安府,

---

① 顺治《登州府志》卷八。
② 乾隆《饶阳县志》卷上。
③ 道光《济南府志》卷一三。
④ 道光《济南府志》卷一三。
⑤ 档案,乾隆四十二年十二月十日总督直隶巡抚事周元理题。
⑥ 光绪《嘉兴府志》卷四。
⑦ 乾隆《吴江县志》卷四。
⑧ 民国二十四年《莱阳县志》卷二。

乾隆年间最盛时,"其登机鸣杼者,奚啻数千家","共有绸机一万三千余张"①。

制瓷业:制瓷业中心仍是江西景德镇。明代末年,民营瓷窑已占90%以上②,并采用了一些新工艺、新方法。如明代出现彩瓷,甚至出现"五彩"。清康熙、雍正年间出现的"粉彩",更胜过"五彩"。"粉彩"与"五彩"的不同之处在于向色釉中加入了一种铅粉,使绘制者可以随意使用,并使其绘制的花纹凸起,富于立体感③。

矿冶业:康熙、乾隆年间逐步放松对民营矿冶业的政策以后,发展较快。云南是清代的主要产铜地区,嘉庆年间这里共有铜厂35座,其中仅有1座为明代所建,3座建于清雍正年间,30座建于乾隆年间,1座建于嘉庆年间。乾隆三十四年(1769)云南产铜量高达1456万斤,为明代云南产铜量的5倍④。清代陕西冶铁业发展迅速并成为全国较大的产区。陕西共有铁厂27个,小厂有三四座铁炉,大厂有六七座铁炉⑤。如按每个铁厂有5座铁炉计算,那么27个厂共有铁炉135座,每炉按日产铁700斤计,每年按生产180天算,则每炉产铁126000斤,135座铁炉共产铁1701万斤⑥。

采煤业:乾隆朝以前,清廷对民间采煤虽有禁令,但百姓自行开采者仍然不少。乾隆五年(1740)工部尚书哈达哈建议:"凡产煤地方,无关城池龙脉及古昔帝王圣贤陵墓,并无碍堤岸通衢处所,悉听民间自行开采,以供炊爨,照例完税。"⑦高宗同意他的建议。自此,禁令解除,民营采煤业便迅速发展起来。山东峄县的采煤业"方乾、嘉时,县当午道,商贾辐辏,炭窑时有增置。而漕运数千艘,连樯北上,载煤动数百万石,由是矿业大兴"⑧。清代采煤技术也有明显改进。明代煤窑一般只深5丈,即20米左右,而清代有的煤井已深达百米。井口一般采用辘轳吊出,有的则采用滑轮和绞车代替

---

① 乾隆《潞安府志》卷八。
② 秦佩珩:《明清社会经济史论稿》,中州古籍出版社1984年版,第148页。
③ 道光《浮梁县志》卷八。
④ 彭泽益:《中国近代手工业史资料》第一卷,三联书店1957年版,第349页。
⑤ 严如煜:《三省边防备览》卷九;道光《宁陕厅志》卷二。
⑥ 许涤新、吴承明:《中国资本主义的萌芽》,第463页。
⑦ 档案,乾隆五年十一月初九日领侍卫内大臣工部尚书哈达哈等题。
⑧ 光绪《峄县志》卷七。

辘轳,用畜力代替人力,并实行双井以通风,技术更为先进①。

造纸业:清代的民营造纸厂多数是在乾隆朝以后发展起来的。如陕西的民营造纸业,由于陕西"丛竹生于山中,遍岭漫谷,最为茂密,取以造纸,工本无多,获利颇多,故处处皆有纸厂"②。安远厅"有纸厂六十三座",砖坪厅"纸厂二十二处",安康县"有纸厂六十三座",等等。这些纸厂每家匠作三四人、五六人不等③。生产的纸张有竹纸、麻纸、麦秸纸、茸子纸等。

其他如制糖业、制烟业、制盐业、制茶业、酿酒业、采木业等,清代都有明显的发展。如,四川犍为井灶,康熙年间共有煎锅 594 口,每锅日出盐百余斤,共出盐 59400 余斤,嘉庆十七年(1812)煎锅增至 1650 口,共出盐 165000 余斤,相当于康熙年间的 2.8 倍④。随着甘蔗、烟草和茶树种植面积的扩大,制糖业、制烟业和制茶业也都有了进一步的发展。

2. 资本主义萌芽持续生长

所谓资本主义的萌芽,是指封建社会晚期出现的资本主义生产方式的最初形态。它的出现反映了社会生产力发展到一定水平,尤其是农业产品可以养活更多的非农业人口的结果,是商品经济已经发展到开始瓦解封建经济,小商品生产开始向资本主义商品生产过渡的结果,是自由雇工出现的结果。通常的说法是,中国资本主义萌芽出现于明代中叶,主要在南方某些商品经济较发达地区的某些手工业部门中,如江南的纺织业,广东的冶铁业、铸铁业。而在北方,或手工业的其他部门以及农业当中,目前尚未有充分的资料可以说明当时已出现了资本主义萌芽。由于明末清初的战乱,社会经济残破,使刚刚出现的"萌芽"中断了一个时期,直到清康熙中期,随着社会经济的恢复和发展,资本主义萌芽才再度出现并有了缓慢发展:就地区而言,康、雍、乾三朝特别是乾隆朝以后,资本主义萌芽不仅在南方更加普

---

① 许涤新、吴承明:《中国资本主义的萌芽》,第 522—523 页。
② 严如熤:《三省山内风土杂识》。
③ 卢坤:《秦疆治略》。
④ 吴炜:《四川盐政史》卷二。

遍,而且在北方某些地区也有出现。而且,不仅在纺织业、冶铁业、铸铁业中,制瓷业、采木业、造纸业、采煤业、农产品加工业(如制烟业、制糖业、制茶业)等手工业中也出现了,特别是农业中也出现了资本主义萌芽。

在南方,纺织业、冶铁业、铸铁业等手工业行业中资本主义萌芽已恢复并发展,如具有资本主义萌芽性质的丝织工场,其规模较明代要大,明代南京丝织业的机户最多只拥有几十张机,而清代乾隆年间有的机户竟拥有"五六百张机"①,全城共有织机"以三万余计"②。当时素机每机需机工2人,花机每机需机工3人,按此计算,有的机户需雇机工1200人至1800人,全城共需机工6—9万人。在北方,这些部门也出现了资本主义萌芽。如陕西南山铁厂,"令商民自出资本,募工开挖",冶炼时,"每炉匠人一名,辨火候,别铁色成分。通计匠作、佣工每十数人可给一炉。其用人最多,则黑山之运木、装窑……供给一炉所用工须百数人。如有六七炉,则匠作、佣工不下千人。""铁既成版,或就近作锅厂,作农器。匠作、搬运之人,又必千数百人。"因此,当时大厂有"二三千人",小厂有三四炉,"亦必有千数百人"③。

清代新出现资本主义萌芽的手工业行业主要有:

制瓷业:景德镇的民营制瓷业进一步发展,而且有新的生产方式的萌芽。"民窑二三百区,终岁烟火相望,工匠人夫,不下数十万,靡不借瓷资生"④。窑的规模甚大,"每窑一座,需工数十人",小的民窑"一窑中约十三四人"⑤。佣工者"皆聚四方无籍游徒,每日不下数万工"⑥。实行的主要是计月工资:"工价每月三钱"⑦。

造纸业:造纸业仍以家庭作坊为主,但具有资本主义萌芽性质的手工工场已出现。陕西汉中"西乡纸厂二十余座,定远纸厂逾百,近日洋县、华阳

---

① 光绪《重纂江宁府志》卷一五。
② 同治《上元江宁两县志》卷七。
③ 唐英:《陶事图说》;光绪《江西通志》卷九三。
④ 乾隆《浮梁县志》卷一《风俗》。
⑤ 何焯:《景德镇陶业纪事》。
⑥ 萧近高:《参内监疏》;光绪《江西通志》卷四九。
⑦ 唐英:《陶事图说》;光绪《江西通志》卷九三。

亦有小纸厂二十余座"①。小厂每座工匠三四人、五六人、十数人不等,大厂"每厂匠工不下数十人"②,甚至百余人。这些佣工有计日付资者,每日工钱25—30文不等;有计月付资者,每月工钱900—1200文;亦有计件付资者,如每造纸一担给银0.55两,雇工与雇主的关系是"平等相称","同坐共食,并无主仆名分"③。

采木业:乾隆朝以后,陕甘终南山一带木材采伐业多为雇工经营,规模较大,如凤县"柴厢十三家,每厂雇工或数十人至数百人不等"④。周至县"枋板厂、猴柴厂匠作、水陆抬运人夫,大者每厂数百人,小亦数十人",有的"大圆木厂匠作,水陆挽运之人,不下三五千人,其开阀以渐而进,平时进止皆有号令,号曰某营,与行军同","开林百十里,作料两三春","一厂群工备,大者屡千人"⑤。受雇者多为外来流民,所谓"工徒半流徙,亿万倚以生"⑥。投资者多为山西商人与陕西商人。

采煤业:自乾隆五年(1740)解除采煤禁令以后,直隶、山东、陕西等地采煤业发展迅速,各煤厂雇用工人数十人至数百人不等,如陕西白水"西南有煤井四十眼,挖煤、搅煤人工,约计三五百人"⑦。直隶滦州有个叫张钢的人,他开的煤窑用工竟达上千人⑧。这些受雇工人,挖煤工实行计时工资,日工资为200文至250文;而运煤工多实行计件工资,按运煤多少、运距长短计算。他们与雇主的关系,虽有一定的封建性,但基本上属于自由雇工⑨。

其他如制糖业、制烟业、制茶业等农产品加工业,也出现了资本主义萌芽。如台湾已成为产糖中心,出现了一些规模比较大的糖廊、糖寮、糖房。一般来说,每廊需牛18头,用工有糖师、火工、车工等17人,每月工资平均

---

① 严如熤:《三省边防备览》卷九。
② 卢坤:《秦疆治略》。
③ 彭泽益:《中国近代手工业史资料》第一卷;第396—397页。
④ 卢坤:《秦疆治略》。
⑤ 严如熤:《三省边防备览》卷九。
⑥ 严如熤:《三省边防备览》卷九。
⑦ 卢坤:《秦疆治略》。
⑧ 光绪《滦州志》卷一四。
⑨ 卢坤:《秦疆治略》。

约3.5两至4两①。制茶业多为安徽和山西商人经营。福建瓯宁"茶厂多在山僻",当时茶厂数量"不下千厂,每厂大者百余人,小者亦数十人"。当然,这百余人或数十人,除制茶工人外,还包括植茶工与采茶工②。乾隆年间,广西"种烟之家,收成鬻于商贾,刨切发卖。大市烟铺三二十间,中小市亦十余间、五六间,大铺用工三二十,中铺、小铺亦不减十余或七八人"③。江西瑞金的烟厂不下数百处,"每厂五六十人,皆自闽粤来"④。

农业:乾隆五十三年(1788)对清律的修改,从法律上正式确认农业长工与雇主的关系是"凡人关系"⑤,这是对现实生活中农业上已使用"自由雇工"事实的肯定,推动了农业中"自由雇工"的发展,促使农业中资本主义萌芽的出现。乾隆朝以后,某些农业商品性生产较发达的地区,特别是经营经济作物的地区,已出现了雇用十几个、几十个甚至上百个、数百个农业雇工的情况,即资本主义生产方式的最初形态。如乾隆年间,河南光山县熊已克祖上有200亩土地,由于他早亡,家业破落,200亩土地相继典卖。其妻雷氏"矢志教子,荒园数畦,艺植桃树,岁赢巨利",不仅将200亩土地收回,还新添置了一些土地。熊氏最后经营200亩以上土地的桃园,雇工不会少于10人⑥。雍正年间山东益都出现了雇用几百名雇工经营烟草种植的大经营主⑦。康熙年间,山东濮州还出现了拥有万亩土地植棉的大经营主⑧。种植万亩棉田,需要雇用数百名雇工。可见,以此种生产方式经营的农业规模之大。

从以上列举的事实可以清楚地看到:清代康熙中期以后,出现资本主义萌芽的手工业行业增多了,地区扩大了,而且在部分商业性农业较发达的地区,农业中也稀疏地出现了资本主义萌芽。由于中国封建社会比较成熟,受

---

① 黄淑璥:《台湾使槎录》卷三《赤嵌笔谈》。
② 蒋蘅:《禁开茶山议》,《玉寥山人文抄》卷二。
③ 《吴英拦舆献策案》,《清代文字狱档》第五辑。
④ 乾隆《瑞金县志》卷二。
⑤ 乾隆《大清律例》卷二八,附《大清律例纂修条例》。
⑥ 熊绪瑞等:《光山熊氏宗谱》第一卷《传述》,转引自李文治等:《明清时代的农业资本主义萌芽问题》,中国社会科学出版社1983年版,第167页。
⑦ 光绪《益都县图志》卷一一。
⑧ 康熙《濮州志》卷二。

其经济、政治和文化的制约,中国资本主义萌芽的发展仍然十分缓慢,甚至是"萌而不发"。

3. 商品市场网形成

随着封建经济中商品生产的发展以及资本主义萌芽的缓慢发展,商品交换频繁,市场网形成,商业繁荣,这构成了康雍乾三朝盛世经济的一大特征。

商品的集散、转运、销售,原料的取得和劳动力的购买都离不开市场。康、雍、乾三朝,随着商品经济的发展,统一的多民族国家的最后形成,封建社会的相对稳定,国内商品市场越来越扩大,长途贩运日益发展,并且形成了由农村集市、城镇市场、区域性市场和全国性市场组成的商业网。

农村集市的发展:集市,各地称呼不同,北方称集市,南方称墟市,西南称场市,有的地方还称街、圩、亥、务等。集市是清代农村市场的主要形式,也是清代商品市场最基层的网结。参加农村集市贸易谓之"赶集"、"趁墟"、"赶场"、"赶街子"等。这一时期的集市比之明代有很大发展。首先表现在集市的数量迅速增加。福建八府一州在明弘治年间只有186个集市,到清乾隆年间已发展到700多个集市[1]。四川彭山县,康熙年间只有两个集市,乾隆年间已发展为7个;乐至县雍正年间有9个集市,乾隆年间为11个集市;江油县雍正年间有4个集市,乾隆年间为7个集市[2]。清代集与集之间的距离多为40里至50里,即所谓"十里有庐,三十里有宿,五十里有市"[3]。而商品经济较发达的地区,集与集之间的距离为20里。其次,这一时期的发展还表现在一些不定期集市转为定期集市和定期集市集期的缩短上。清代的农村集市分定期、不定期两类,定期集市又有日集、双日集、每旬四集、每旬三集、每旬二集和每旬一集六种。这一时期的集市以每旬二集即

---

[1] 陈鉴:《明清福建农村市场试探》,《中国社会经济史研究》1986年第四期。
[2] 高王凌:《乾隆时期的四川场市、场市网及其功能》,《清史研究集》第三集。
[3] 乾隆《仪封县志》卷三。

五日集为多数。例如，山东清平县，清嘉庆年间共有 16 个集市，全部为 5 日集①。康、雍、乾时期农村集市的发展，还表现在集市的经济功能日益完备。其经济功能大致有三种：一种是满足附近居民"以有易无"的需要，为小生产者调剂产品的余缺。市场上大多是"为买而卖"的小商品生产者，但也有部分"为卖而买"的商户。这类集市当时占多数。另一种集市除上述功能外，还具有贩运商品，集散土产品的功能。这类集市不仅要调剂附近居民的余缺，还要在更大范围内（如一县）解决供需平衡问题。这类集市有些是专业市场，如棉市、布市、米市、山货市、药材市等。还有一种集市除了具有上述两种功能外，还具有调剂劳动力与资金余缺的功能。农村集市具有这种经济功能是封建商品经济发展的结果。如雍正十三年（1735）六月，河南柘城农民秦克石"携锄赴市，候主雇觅"②。乾隆十三年（1748），山西阳高县张士良到市场"觅人锄田"③。

城镇市场的繁荣：城镇是商品的集散地、转运贸易的起落点和各地集市的联结点。城镇与商品经济密切相关，与商业是相辅相成、互相依存的。清代的城镇市场有两种：一种是市镇集市，就是设置于市镇的集市；另一种就是城镇里的商业店铺，这是城镇里的经常性的和主要的商品市场。这一时期城镇市场的繁荣，首先表现在市镇集市有显著发展。市镇集市与农村集市的不同点在于，在市镇集市进行交易的，除了市镇四周的农民，主要是小商贩，其商品的购买者主要是城镇居民。这一时期市镇集市和农村集市同样有较快的发展。如山东的胶州，其市镇集市发展非常快。其西关沙滩每旬二、四、七、九日为牛、骡、驴、马专业市场；其余各种集市分布在西关各街，均为午前集，午后散集，而且也多为专业集市，如菜市、果木市、地瓜干市、鱼市、肉市、草市等④。其次，这一时期城镇市场的繁荣还表现为商铺的行业和铺面数量的增多。各城镇所拥有的店铺行业并不相同，有的多达六七十种行业，有的只有十几种，一般多为二十几种。但总的来说，行业的数量和店铺数量日益增多是其发展趋势。如，明代山东临清城内拥有大小店铺五

---

① 嘉庆《清平县志·实业志》。
② 档案，乾隆元年九月七日河南巡抚富德题。
③ 档案，乾隆十三年七月二十日刑部尚书阿克敏题。
④ 赵文运等：《胶州志》卷五二。

六百家,清代临清拥有大小店铺达千余家①。清代的广东佛山有大小街道34条,商店数千家,大酒家30多家②。这一时期,在某些较大的商业繁荣的城镇,还出现了一些专业街巷,甚至一街一行、一巷一行。如山东济宁就有布市口大街、棉花街、纸店街、姜店街、枣店街、牛马市街、果子巷、瓷器胡同等③。新的商业城镇不断涌现,原有城镇的商业区不断扩大,是城镇市场繁荣的一个重要方面。如湖州府,明代有市镇22个,清代乾隆年间已发展为31个④。其中武康县,明代只有两个市镇,清代乾隆年间新增加了5个市镇⑤。这一时期的城镇市场,一般都是县级的商品市场中心,是本县各地集市的联结点和贸易中心,具有调剂本县产品余缺的功能。有些城镇市场,由于其规模较大或商品生产比较发达,或地处交通要冲,因此不仅是本县的商品市场中心,而且是一个地区的商品市场中心。有的则成为区域性市场,即一省或一个经济区的商品市场中心。

区域性市场的形成:所谓区域性市场,即由于相近或同一的自然地理条件,共同的生活习惯,以及政治、经济的联系,在一省或邻近的两三个省的范围内形成的更大范围的商品市场。这一时期由于商品生产的发展,商业的繁荣和商路的增辟,区域性市场已形成并有所发展。如北方的齐鲁市场、中原(豫章)市场、燕北(京津)市场、潞泽市场、关中市场、辽东市场,南方的岭南市场、江南市场、湖广市场、漳泉市场、江西市场,等。各个区域性市场都形成了一个或几个区域市场中心。如齐鲁市场的中心城市有济南、临清、青岛;关中市场的中心城市有西安、咸阳、南郑;中原市场的中心城市有开封、洛阳、南阳等。齐鲁市场的中心城市之一临清,其商品市场既为本地居民、手工业者和附近州县农民服务,也为鲁西和直隶东部部分州县服务,它是一个以中转为主的商品市场。临清的粮食,每年销量达500—1000万石,是北方最大的粮食交易中心。临清又是南方棉织品、丝织品北销的中转站,山西、陕西、辽东的布商从这里购货北销,山东、河南各州县布商也从这里购

---

① 许檀:《明清时期的临清商业》,《中国经济史研究》1980年第二期。
② 光绪《广州府志》卷一五。
③ 道光《济宁直隶州志·街衢》。
④ 陈学文:《湖州府城镇经济史料类纂》,第236页。
⑤ 乾隆《武康县志》卷三。

货,回到本地发卖,是北方最大的纺织品市场。山东盛产棉花,至棉花收获季节,这里每天都汇集数万斤棉花,转售江南。其他如山东各州县特别是鲁西地区使用的山西铁器、江西瓷器、安徽及福建茶叶,都是由这里进货。而山东所产的梨、枣、羊皮和毛织品以及辽东的人参、貂皮也由这里转售外省[1]。这一时期所形成的区域性市场,不仅调剂着本区域各地区间商品的余缺,而且集散本区域的土特产品,与其他各区域性市场相交换。不少区域性市场已形成了本区域所特有的商品,如岭南的铁器,江西的瓷器,江南的布匹,齐鲁的棉花,湖广的粮食,辽东的人参、貂皮等。

全国市场的形成:关于清代康雍乾三朝时期全国市场是否形成,目前学术界意见并不一致:有的认为这一时期全国市场并没有出现;也有的认为这一时期全国市场已经形成。本书采纳全国市场已经形成的看法。之所以持这种主张,主要基于以下三点:一是清代已具备了全国市场出现的必要前提。首先,清代商品生产发展迅速,为这一时期市场的扩大和全国市场的出现提供了重要的物质基础。其次,全国统一,社会基本安定,为全国市场的出现提供了必要的环境条件。乾隆年间对天山南北的统一,标志着统一的多民族国家的最后形成,封建专制主义中央集权不断加强,不仅把全国各地从政治上联结在一起,也把全国从经济上、文化上联结为统一的整体,并为统一商业政策、统一税制、统一币制、统一度量衡制度的实行提供了可靠条件。再次,清代商路的增辟,长途贩运的发展,也为全国市场的出现提供了必要的前提。清代东西商品的交换,主要是长江运输,当时长江商路已延长至长江上游,增辟了自宜昌到宜宾长约两千多里的商路,总长达五千多里,长江沿岸出现了一批新的商业城市,如长江中游的汉口,因长江商路的增辟,它已成为全国重要的商业中心市场。清代东西商路水系还有珠江运输线以及东北的辽河、松花江和黑龙江运输线。清代南北商路主要是运河河运和海运。运河河运,南自杭州、北至通州,长达两千多里,它的畅通,不仅促进了两岸商业的发展,同时连接了几个主要的区域性市场,发挥了巨大的纽带作用。此外,还有赣江水运和湘江水运。清代的海运已南起上海,经山东到天津,并由天津延长至营口,与辽河连运。正是由于商品生产的发展,

---

[1] 许檀:《明清时期的临清商业》,《中国经济史研究》1986年第二期。

统一的多民族国家的最后形成和社会的相对安定,以及商路的增辟、长途贩运的发展,推动了区域性市场的进一步繁荣,并为全国市场的出现创造了必要条件。

二是全国市场已经形成,其标志还表现在清代某些产品不仅形成了中心产地,而且这些中心产地的产品其市场已遍及全国,或者说某些商品已经有了全国市场。如明代苏州、杭州已成为丝及丝织品的生产中心,至清代,又出现了两个新的丝织业中心,即南京、广州,它们的产品遍布全国各个市场。时人称"江绸贡缎之名甲天下",其产品"北溯淮泗,达汝洛,趋京师;西北走晋绛,逾大河,上秦陇;西南道巴蜀,抵滇黔;南泛湖湘,越五岭,舟车四达,悉贸迁之所及耳"①。而广州的丝织品,"金陵、苏杭皆不及",人称"广丝甲于天下"②。其他,如苏州、松江的布,佛山的铁器,景德镇的瓷器,台湾的糖,安徽、福建的茶等,都有了全国性的市场。

三是由于区域性市场的发展,各区域性市场进一步联结起来,已形成了几个全国中心市场,即时人所谓的"四大聚":"天下有四聚,北则京师,南则佛山,东则苏州,西则汉口"③。除"四大聚"外,还有"天下商贾聚"④的广州、南京、杭州、扬州、天津等城市。

康、雍、乾三朝时期,商品生产发展,商业繁荣,商路广阔,已形成了由农村集市、城镇市场、区域性市场与全国性市场组成的商业网。

在商品生产发展与市场扩大的带动下,生产要素市场也出现了。生产要素市场,主要包括生产资料市场、劳动力市场和金融市场。

封建社会的主要生产部门是农业,土地是农业的主要生产资料。土地是否可以买卖,以及土地商品化的程度,反映了封建社会商品经济的发展程度。土地私有,土地成为"商品"在中国出现较早,这是中国封建社会有别于西欧封建社会的重要特点之一。随着商品经济的发展,明代的土地买卖已很盛行,甚至出现了"百年田土转三家"的现象。而至清代,特别是乾隆年间,土地买卖更加频繁,并成为获取土地所有权的主要手段。影响土地买

---

① 陈作霖:《金陵物产风土志》。
② 屈大均:《广东新语》卷一五。
③ 刘献廷:《广阳杂记》卷四。
④ 屈大均:《广东新语》卷一七。

卖的优先购买权和"活卖"、"找价"等受到限制，土地市场价格已经形成，从而推动了土地买卖的发展和土地市场的扩大。土地"屡易其主"[①]，有些地方甚至出现"千年田，八百主"[②]的现象。

农业生产资料除了土地以外，就数耕畜，包括牛、马、骡、驴等，其中以耕牛最重要，所谓"有田没有牛，主人干发愁"[③]。乾隆年间，耕畜市场几乎每州县都有一处或数处，甚至十数处。如山东武定府商河县就有19处[④]。有些耕畜市场设于县城，但多数设于集镇，为专业市场。当然，在一般集市上也有出售耕畜的。

生产工具市场是较早出现的另一种生产资料市场。清代，随着农业生产的发展，农具市场也有很大发展。雍正年间，河北阜城县"贩铁者，农器居多，西至自获鹿，东至自临清泊头"[⑤]。可知农具主要是本地市场自己解决供应，但有些农具也贩自外地。北方市场上的农具，除本地生产外，多来自山西、广东、无锡等地[⑥]。

其他生产资料市场，如种子市场，制油、制酒原料市场，纺织用棉花市场等手工业生产资料市场，清代亦甚发展。如，山东高唐州有棉花专业集市数十个，"每集贸易者多至数十万斤，每年交易量也有数百万斤"[⑦]。

随着自由雇工的出现，劳动力市场也随之出现。清康熙中期以后，将班匠银纳入地亩，废除了匠籍制度，"解放"了工匠。自雍正朝开始，各省都先后实行了摊丁入地，也"解放"了无地的农民，特别是清律的修改，从法律上明确了农业长工的"自由雇工"身份[⑧]，这些都为清代劳动力市场的发展创造了条件。清代各种文献关于劳动力市场的记载很多，反映其劳动力市场较之明代的劳动力市场有了明显的发展与扩大。劳动力市场，时称"人市"、"工市"、"农市"。文献上经常有雇工赴市觅雇主，雇主赴市觅雇工的

---

① 康熙《栖霞县志·序》。
② 《武进县志》民谚，转引自顾炎武：《天下郡国利病书》卷二三。
③ 民国二十三年《大名县志》。
④ 道光《商河县志》卷三。
⑤ 雍正《阜城县志》卷一二。
⑥ 参见姜守鹏：《明清北方市场研究》卷三《区域性市场的发展》，东北师大出版社1996年版。
⑦ 光绪《高唐州志》卷三。
⑧ 乾隆《大清律例》卷二八，附《大清律纂修条例》。

记载。如,山东一些失去土地的农民,"每当日出之时,皆荷锄立于集场,有田者见之,即雇觅而去"①。

劳动力市场的发展还表现在劳动力市场上已出现客籍雇工,不仅有外乡的,还有外县的、外省的,甚至北方劳动力市场上出现了南方雇工出卖劳动力。客籍雇工的出现,一方面调剂了各地劳动力的余缺,另一方面也反映了劳动力市场的扩大。

清代的劳动力市场,多数雇主雇用雇工人数在 10 名以内,但在某些行业中已出现了雇用十几名、几十名、几百名甚至上千名雇工的情况。雇用十几名以上雇工的主要集中在几个手工业部门,如冶铁业、采煤业、采木业、制瓷业、纺织业、造纸业等。如陕西周至县,一个"大圆木厂,匠作、水陆挽运之人,不下三五千"②。农业中也出现了雇工较多的情况,如山东就出现了雇用数百名雇工经营烟草种植的大地主③。

不同时期、不同地区劳动力市场上的劳动力价格虽然有所不同,但这一时期已形成了劳动力市场价格。有的文献记载了雇工要求雇主"每日照市价给制钱"④。而且这一时期全国各地如南方与北方,劳动力的价格也大体接近。手工业雇工的年工资 5000—12000 文不等,平均为 8000 文;农业长工的年工资 2000—6400 文不等,平均为 3500 文;商铺店员的年工资 2000—13000 文不等,平均为 6000 文。手工业雇工的月工资 400—2000 文不等;农业短工的月工资 200—400 文不等,平均为 300 文;商铺店员的月工资 200—750 文不等,平均为 500 文。手工业雇工的日工资 30—115 文不等,平均为 70 文;农业短工的日工资 25—100 文不等,平均为 50 文⑤。

生产要素市场的出现,还表现在这一时期金融市场已萌芽。这是由于商品经济的发展、货币数量的增加和使用货币的广泛,金融事业发展的结果。

高利贷典当业的发展:高利贷是一种收取高额利息的贷款,它往往是由

---

① 李渔:《资治新书》卷二。
② 严如熤:《三省边防备览》卷一四。
③ 光绪《益都县图志》卷一一。
④ 档案,乾隆三十年十二月十八日直隶总督方观承题。
⑤ 参见姜守鹏:《明清北方市场研究》卷四《北方的劳动力市场价格》,东北师大出版社 1996 年版。

保人作保进行贷款。还有一种高利贷是以实物抵押为手段进行高利息贷款，即当铺。康、雍、乾三朝时期，随着货币经济的发展，使高利贷业十分活跃。其计息方法，有以年计的，有以月计的，有以日计的，而以月计者为多数。利息多为月息三分、五分，即借一两银子，月息三分或五分。虽有低于三分者，但很少，有的高达九分，还有加一（10%）、加二（20%）、加三（30%）者。据不完全统计，康熙二十四年（1685）全国共有 7355 家当铺，乾隆十八年（1753）猛增至 18308 家，增加了将近一倍半①。其增长速度是很快的，反映了这一时期高利贷典当业的发展相当迅速。还有一种特殊的高利贷，即清廷的生息银两，由国库拨出一定数量的银两交内务府或各镇、各省营运，以获得的利息解决低层官员的经济困难等。这种生息银两始于康熙朝，至乾隆朝则逐步收缩，嘉庆年间再度活跃，直至鸦片战争后仍然存在。康熙四十二年，圣祖亲自批准借给两淮盐商 100 万银两，年息为 10%②。雍正元年（1723）拨出 90 万银两生息，月息"按一分生息"③。这种生息银两与民间的高利贷没有什么本质的不同，只不过利息稍低一些而已。其月息为一分至三分不等，以一分、二分为多数。清廷将生息银两投放市场，扩大了高利贷资金和高利贷市场，推动了高利贷业的发展。

  印局、钱庄和账局的出现：随着高利贷业的发展，一种专门经营高利贷的信用组织——印局出现了。约在明天启年间，北京已有关于印局的记载④。康熙二十年（1681）两江地区已出现专放高利贷的组织印局。清代中期以后，各主要商业城市都出现了印局。其利息较一般高利贷要高，多在月息三分至六分⑤。明代晚期，白银与铜钱并用，因而出现了经营兑换业务的信用组织，开始是摆摊，称钱桌或钱摊，后来出现以门面经营，称钱庄、钱铺、兑店。到清代，钱庄的职能逐渐扩大，除兑换业务外，还经营放债与存款。钱庄盛行于江南，以汉口、上海为中心，绍兴帮的势力最强。与钱庄职能类

---

① ［日］安部健夫：《清代に於け万典当业の趋势》，转引自潘敏德：《中国近代典当业之研究》，中国台湾师大历史研究所 1985 年，第 131 页。
② 《两淮众商求代题再借皇帑折》，故宫博物院明清档案部：《李煦奏折》，中华书局 1976 年版，第 219—220 页。
③ 《清雍正朝镶红旗档》，东北师大出版社 1985 年版，第 45—46 页。
④ 《明熹宗实录》卷五三。
⑤ 《于清端公政书》卷七。

似的信用组织北方称之为"账局"。第一个账局是山西商人王廷荣出资金千万两在张家口开设的"祥发永"①。山西商人在北京、张家口经营的账局最多,仅北京城鸦片战争前就有百余家账局,本银在一千数百万两②。账局的借款对象,一为工商店铺,二为印局、典铺、钱铺,三为官吏和蒙古贵族。它为工商业融通资本,有利于工商业的发展。

票号的出现:虽然明代民间已有"会票"即汇票一类流通③,但经营汇兑业务的信用组织票号的出现是在清代。由于票号多掌握在山西商人手里,因此又称"山西票号"。山西票号的分号,分布在全国90多个城镇,有400多庄,当时号称"汇通天下"。在银行出现以前,"全恃此以为汇兑"④。票号的利息,存款一般为月息三至四厘,放款为月息七至八厘,较低的为五厘,较高的为一分。其服务对象为钱庄、当铺和一般的工商业者,并对清廷提供信用,缓解了国家财政危机。从票号资金来源、服务对象及其职能来看,基本上仍属于封建主义的生息资本,但有利于商品经济的发展,促进长途贩运和大区域之间的经济交流,推动了全国性市场的出现,也为近代银行的出现,从人才、管理制度和经验的积累方面,提供了条件。

4. 清政府的通商政策

康、雍、乾三朝时期,商品生产迅速发展,并出现了新生产方式的萌芽,市场日益扩大,商业繁荣,清廷为了适应这种商品经济日益发展的需要,在商业政策上进行了某些调整,最明显的表现是变"抑商"政策为"通商"政策。

"重农抑商","强本抑末",是历代封建政权的传统政策。清代处于封建社会晚期,但毕竟仍然处于封建社会,因而其"重农"、"强本"的政策没有

---

① 清度支部档案,宣统二年十二月《账局注册册》。
② 档案,咸丰三年六月二十九日御史宋延春奏折。
③ 顾炎武:《日知录》卷一一。
④ 徐珂:《清稗类钞》第五册《山西票号》,中华书局1984年版。

发生根本性变化。世宗就说过:"朕自临御以来,无刻不廑念民依,重农务本。"①然而,商品经济的发展,对封建政权的"抑商"政策却产生了极大的冲击,并使之有所调整,即由"抑商"政策调整为"通商"政策。在清代封建统治者的观念中,对商人和商业的认识发生了明显的变化。最具有代表性的认识就是"工商皆本"、"五民皆需"思想的出现,反对传统的"抑商"政策,而主张实行"通商"政策。黄宗羲指出:"今夫通都之市肆,十室而九,有为佛而货者,有为巫而货者,有为奇技淫巧而货者,皆不切于民用,一概痛绝之,亦庶乎救弊之一端也,此古圣王崇本抑末之道。世儒不察,以为工商为末,妄议抑之。夫工固圣王之所欲来,商又使其愿出于途者,盖皆本也。"②明嘉靖时任工部尚书的胡松明确提出"通商惠工"的主张③。清世祖针对当时榷关的弊端而谕吏部:"榷关之设,国家借以通商,非以苦商。"④世宗说得更明确,雍正元年(1723)指出:"国家之设关税,所以通商,而非以累商;所以便民,而非以病民也","嗣后榷关者,务须秉公,实心查验,过关船只,随到随查。应报税者,纳税即放,不得任意作弊、勒索阻滞,以副朕通商便民之意"⑤。雍正二年他又指出:"从来关榷、盐税之设,所以通商裕国。或用钦差专辖,或令督抚专理,无非因地制宜,利商便民之至意也。""困商实所以自困也",结果是"致商人失业,国帑常亏","通商即所以理财,足民即所以利国"⑥。这些封建统治者强调的已不是传统的"抑商",而是"通商"、"通商裕国"、"通商便民"。

清廷为了更好地推行"通商"政策,还具体采取了一些措施,制止各种苦商、累商、困商、勒商弊端。清代商人把这些弊端总结为"六苦",即"一输纳之苦,一过桥之苦,一过所之苦,一开江之苦,一关津之苦,一口岸之苦,总计六苦"⑦。为此清廷不得不下令制止各种苦商、累商的弊端。顺治年间,设置钞关,滥派官员,而这些官员"包揽经纪,任意需索,量船盘货,假公私

---

① 《清世宗实录》卷一六。
② 黄宗羲:《明夷待访录·财计三》。
③ 胡松:《陈愚忠效末议以保万世治安事》,《明经世文编》卷二四六。
④ 《清世祖实录》卷五四。
⑤ 《清世宗实录》卷一○。
⑥ 《清世宗实录》卷一六。
⑦ 赵尔巽等:《清史稿》卷一二三《食货志四》,中华书局1977年版。

行,沿河一带公然与劫夺无异,商贾恐惧不前,百物腾贵"。为此清廷不得不强调"著仍旧每关设官一员,其添设者悉行裁去,以后不得滥立"①。再如,许多州县为了多得牙帖税课,就滥设牙户,"而市井奸牙,遂恃此把持,抽分利息。是集场多一户牙户,商民即多一分苦累,甚非平价通商之本意"②。为此,圣祖下令:"一切私设牙行,尽数除革。"③但是24年之后世宗不得不再次强调:牙帖只能由省藩司衙门发给,"不许州县滥给,所以防增添之弊,不使贻累商民也"④。有些产粮省份,如湖广、江西,都曾禁止本地区粮米出境,"以致米商裹足,米价愈增"。康熙年间,"特敕各督抚开禁,听商贩卖"⑤。乾隆年间,再次强调"其内地务宜流通,不得禁示"⑥等等。

清廷为了推行"通商"政策,就相关政策也作了某些调整,并采取了一系列具体措施,主要有:

调整商税政策:顺治、康熙年间,是清代税制的建立时期。这一时期清廷的税制总的来说是承袭明制。其内容主要有四项,即地丁税、盐课、关税、杂赋。这四个项目是生产税和商税混同在一起。根据有关学者的归纳⑦,清代的商税应包括:

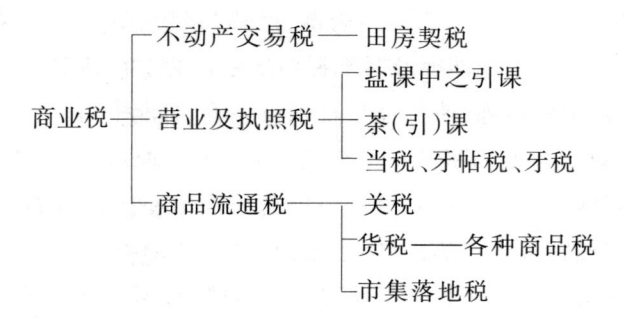

```
              ┌─不动产交易税──田房契税
              │                ┌─盐课中之引课
   商业税──┼─营业及执照税─┼─茶(引)课
              │                └─当税、牙帖税、牙税
              └─商品流通税──┬─关税
                                ├─货税──各种商品税
                                └─市集落地税
```

这个时期的税率基本上与明代相同,即按货物价值的3%科征⑧。这一税率

---

① 《清世祖实录》卷五四。
② 《清世宗实录》卷一三六。
③ 《清圣祖实录》卷二三八。
④ 《清世宗实录》卷一三六。
⑤ 《清圣祖实录》卷二三三。
⑥ 《清高宗实录》卷三一四。
⑦ 许檀、经君健:《清代前期商税问题新探》,《中国经济史研究》1990年第二期。
⑧ 乾隆《户部则例》卷五九《关税杂课上》。

直到光绪年间才发生变化。自雍正年间到道光年间是清代税制不断改革、不断完善的时期:一是革除陋规,革除商税中加收和重收部分。比如雍正八年(1730)禁革关税中的"戥耗"[①],限制"火耗"不得超过10%[②]。二是减免粮谷货物商税。雍正年间对自暹罗运米到广州的商船"概免征税"[③]。乾隆八年(1743)规定:凡带米万石以上者,免其船货银十分之五,5000石以上者,免其船货银十分之三[④]。三是对百姓日常生活用品及零星贩卖之物免征商税[⑤]。四是固定盈余税额,使其成为国库不可缺少部分[⑥]。五是加强对税课的考核,增加了税课奏销制度和税银拨解制度[⑦]。经过雍正朝和乾隆朝的不断改革和完善,清代的商税制度已成为中国古代最完整的商税制度。

以平抑米价为核心的价格政策:清廷十分重视对物价的管理,尤其重视对米价的管理。粮食是百姓生活所必需,粮价的涨落,直接影响着百姓的生活和社会的安定。清代的物价政策主要是粮食价格政策。清廷对粮价的调整或者说是平抑米价,采取了许多措施,如设置常平仓,以调整、平衡市场上的粮食价格。嘉庆年间,各地常平仓共储粮3630万石[⑧]。灾荒年头,采取给散、赈贷、赈粜等赈粮政策,直接或间接地起了平抑粮价的作用。再就是招商运米以平抑粮价,并严禁囤积居奇,严禁"遏籴"[⑨],等等。特别是建立了粮价奏报制度,使清廷能够及时掌握各地粮价的变化情况,并根据粮价高低,采取平抑粮价的措施,使各地粮价保持平衡,保持稳定。对市场上一般商品的价格,则设立专门机构——牙行,对物价采取统一核定,依时估价。由于清廷对百姓的基本生活物资——粮食采取了平抑价格的政策,而粮价又直接影响其他物价的涨落,特别是土地价格、劳动力价格的平衡与稳定。这就为区域性市场的形成和全国性市场的出现创造了重要条件。

统一度量衡制度:清初,度量衡十分混乱,各地相差悬殊,影响了商品流

---

① 乾隆《大清会典则例》卷四八《户部关税下》。
② 《清高宗实录》卷九。
③ 《清文献通考》卷二六。
④ 《清文献通考》卷三二。
⑤ 乾隆《户部则例》卷五五《关税免税》。
⑥ 嘉庆《大清会典事例》卷一九〇。
⑦ 乾隆《大清会典》卷一六。
⑧ 王庆云:《石渠余纪》卷四《纪常平仓额》。
⑨ 《清高宗实录》卷三四一。

通与商品交换。顺治年间,清廷着手对度量衡进行整顿,又经过康熙、乾隆两朝的整顿,就器制而言,基本上达到了统一:

度法:丈(十尺),尺(十寸),寸(十分),分(十厘),厘(十毫),毫(十丝),丝(十忽),忽(十微),微(十纤),纤(十沙),沙(十尘),尘(十埃),埃(十渺),渺(十模),模(以下皆十折),糊糊,逡巡,须臾,瞬息,弹指,刹那,六德,虚空,清净。

量法:石(二斛),斛(五斗),斗(十升),升(十合),合(十勺)、勺(十撮),撮(十秒),秒(十圭),圭(十粟),粟。

衡法:斤(十六两),两(十钱),钱(十分),分(十厘),厘(十毫),毫(十丝),丝(十忽),忽以下与度法同。

田法:顷(一百亩),亩(积二百四十步),分(积二十四步)。

里法:三百六十步计一百八十丈为一里。①

为了保证统一度量衡的施行,清廷又从法律上规定:"民间如有不遵法律私造或私用不合规则的度量衡,或在官府业经验查之度量衡上,加贴补削者,应受笞刑六十,工匠同罪。"②然而直至鸦片战争前,各地的度量衡也没有最终划一,混乱的情况仍然存在,这势必影响清代全国统一市场的形成,并从一个侧面反映了清代中期以后吏治的败坏。尽管如此,清廷对度量衡的统一,有利于商品交流,特别是有利于各地区之间的商品交流。

完善货币制度:货币是市场上各种商品的价值表现,又是商品交换的手段。为了适应商品经济发展的需要,保证封建政权的财政收入,稳定封建统治,清廷十分重视对货币的管理。一是统一币制:顺治七年(1650)因库银不足,曾造纸币12万贯,顺治十八年即停止。康熙朝以后,银荒逐渐解决,不再使用纸币,白银重新作为主币流通于市场。就整体而言,清代的币制基本上是银、钱兼用,"用银为本,用钱为末"③。在流通中,大数用银,小数用钱。因此有文献记称"本期始专以银为币"④。全国货币统一以白银为主币,是商品经济发展的结果,也是统一的封建专制主义中央集权不断加强的

---

① 吴承洛:《中国度量衡史》上编第九章第四节,上海书店1984年版。
② 吴承洛:《中国度量衡史》上编第九章第五节,上海书店1984年版。
③ 陈宏谋:《申铜禁酌鼓铸疏》,《皇朝经世文编》卷五三。
④ 《清文献通考》卷一三。

结果。币制的统一也推动了商品经济的发展。二是严格控制白银的开采。清代的白银,尚未铸成银币,仍然以一种称量货币流通,当时通称为银两。基本上分为碎银、银锭两类。当时白银来源有二:一为国内生产,但产量不多,且藏银量并不丰富,因此清廷对金银矿的开采一直采取严格控制的政策。顺治初年,开山东临朐、招远银矿,顺治八年(1651)罢之。康熙年间又改为"遣官监采"山西应州、陕西临潼、山东莱阳银矿。康熙二十二年(1683)悉行停止,并谕:"开矿无益地方,嗣后有诸开采者均不准行。"雍正年间,官吏曾多次请开,均不准行。乾隆二年(1737),在同意广东开采铜矿的同时又重申:"其金银矿悉行封闭。"直到乾隆五年,贵州、云南各银矿才"相继开采"①。清代采银量最多为556996两②。白银的另一来源是由国外输入,主要是由于对外贸易而由欧、美以及菲律宾、日本等国输入。在鸦片战争前的140年间,由国外输入的白银有几亿两之多③。三是统一铸造铜钱,严禁私铸。清廷户部设宝泉局,工部设宝源局,各省亦设局负责铸钱。各省所铸钱,以宝字为首,次铸本省一字,如安徽为"宝安",陕西为"宝陕"。严禁私铸,犯者斩。货币价值基本稳定,白银与黄金的比价,清初为10∶1,乾隆中期为20∶1,以后大体上波动在18∶1至20∶1之间④。钱与银的比价大体上保持在1000∶1左右。顺治年间为700∶1至1400∶1之间,康熙年间在1000∶1上下,乾隆初年为720∶1⑤。鸦片战争后由于白银外流,银价复上涨。货币价值基本稳定,为物价的稳定创造了条件。币制的统一,无疑有助于商品经济的发展,有利于商品交换,对稳定百姓生活也起到了积极作用。

---

① 赵尔巽等:《清史稿》卷一二四《食货五》,中华书局1977年版。
② 彭泽益:《鸦片战后十年银贵钱贱波动下的中国经济与阶级关系》,《历史研究》1961年第六期。
③ 彭信威:《中国货币史》第八章第二节,人民出版社1958年版。
④ 钱泳:《履园丛话·银价》。
⑤ 陈宏谋:《申铜禁酌鼓铸疏》,《皇朝经世文编》卷五三。

5. 国库财富充盈

盛世经济持续保持繁荣,直接带来财富大幅度增加,国库储备充足。这是衡量当时盛世发展水平的一个重要标准。

康、雍、乾三朝时期,农业经济持续发展,商品经济上升为国家的一项重要收入,清廷的财政,不仅其收入与支出在数量上有明显变化,而且其财政结构也发生了明显变化。

关于清廷的财政收入,有学者已做了专门研究,列出统计数字,有关财政收入情况摘列如下表[①]。

单位:万两

时　间	地丁银 岁入	%	盐课银 岁入	%	商　税 岁入	%	总　额
顺治九年(1652年)	2126	87	212	9	100	4	2438
康熙二十四年(1685年)	2727	85	276	9	187	6	3190
雍正三年(1725年)	3007	82	443	12	203	6	3653
乾隆十八年(1753年)	2938	70	701	17	535	13	4174

此统计表中还有几项重要的财政收入没包括进去,如茶课、矿课、常例捐纳等。从表中亦可看出:清廷的财政收入,自顺治九年(1652)至乾隆十八年(1753)百年中,呈上升的趋势,乾隆十八年财政收入总额较雍正三年(1725)财政收入总额增14.26%,较康熙二十四年(1685)财政收入总额增30.85%,较顺治九年财政收入总额增71.21%,即百年当中清廷的财政收入增1736万两,增171.21%。从表中也可看出,地丁银收入在数量上基本上也呈上升的趋势:乾隆十八年较雍正三年地丁银收入减2.30%,较康熙二十四年增7.74%,较顺治九年增38.18%,但是地丁银在财政收入总额中所占的比例却呈下降的趋势,由顺治九年占87%,康熙二十四年下降为85%,

---

① 何本方:《清代商税制度刍议》,《社会科学研究》1987年第一期。

雍正三年下降为82%,乾隆十八年下降为70%;而盐课与商税,无论在数量上,还是在财政收入总额中所占的比例,都呈上升趋势。如商税,就数量而言,乾隆十八年的商税较雍正三年的商税增163.55%,较康熙二十四年的商税增186.10%,较顺治九年的商税增435%。而商税在财政收入总额中的比例,由顺治九年的4%,上升到康熙二十四年、雍正三年的6%,又上升到乾隆十八年的13%。

《清史稿》中关于乾隆三十一年(1766)国家的财政收入有较详细的记载:地丁银2991万两,耗羡银300万两,盐课574万两,关税540万两,芦课、鱼课14万两,茶课7万两,落地杂税85万两,契税19万两,当牙税16万两,矿税有定额者8万两,常例捐输300万两①,合计该年的财政收入为4854万两。这一年国家财政收入基本上体现了康、雍、乾最盛时的财政收入。其中,地丁银、耗羡银占67.80%,盐课占11.83%,关税、芦课、鱼课、茶课、落地杂税、契税、当牙税、矿税占14.19%,常例捐输占6.18%。乾隆三十一年的财政收入较乾隆十八年又增680万两,即增16.29%,而较顺治九年(1652)的财政收入则增2416万两,即增99.10%,增将近一倍。但从常例捐输占财政收入的6.18%可以看出清廷的财政是喜中有忧:一是商品交换原则已进入选官当中,常例捐输的收入虽然可以解决一时的财政困难,但埋伏下了吏治败坏的隐患;二是说明此时财政收入虽有大幅度的增加,但仍然相当困难,为此不得不采取如此下策以增加财政收入。

《清史稿》中还较详细地记载了乾隆三十一年(1766)国家财政支出情况:"满汉兵饷一千七百余万两,王公百官俸九十余万两,外藩王公俸十二万两有奇,文职养廉三百四十七万两有奇,武职养廉八十万两有奇,京官各衙门公费饭食十四万两有奇,内务府、工部、太常寺、理藩院祭祀、宗室备用银五十六万两有奇,采办颜料、木、铜、布银十二万两有奇,织造银十四万两有奇,宝泉、宝源局工料银十万两有奇,京师各衙门胥役工食银八万两有奇,京师官牧马、牛、羊、象刍秣银八万两有奇,东河、南河岁修银三百八十余万两,各省留支:驿站、祭祀、仪宪、官俸、役食、科场廪膳等银六百余万两,岁不全支,更走漕船岁约需银一百二十万两,是为岁出三千数百万两之大数,而

---

① 赵尔巽等:《清史稿》卷一二五《食货六》,中华书局1977年版。

宗室年俸、津贴、漕运旗丁诸费之无定额者,各省之外销者不与焉。"[1]是岁支出,有定额者合计为3451万两,其中兵饷支出占49.26%,各省留支占17.39%,各种俸禄占15.97%,河防修浚占11.01%,为宫廷服务的各种开支占6.09%,其他0.28%。

可见,军费是国家财政支出的主要部分。首先,就常额兵饷而言,清代历朝兵额虽有所不同,但大体上拥有20万左右的八旗兵,60万左右的绿营兵,兵饷在1300—2400万两之间[2],一般在1700万两左右[3]。以岁言之,康熙朝的兵饷占每岁财政支出的十分之八,即所谓"以兵饷居其八"[4]。乾隆朝,"兵饷一项,居国用十之六七"[5]。其次,有清一代,战争费用十分庞大。如乾隆年间,仅大小金川用兵、准回之役、缅甸之役、廓尔喀之役以及镇压台湾林爽文起义等几次战争的费用就高达15052万两。平均每年战费就高达250万两,加上常额兵饷,每年军费就需2000万两。清廷另一项重要的财政支出就是俸禄,约占国家财政开支的16%。清朝统治者接受了明王朝灭亡的教训,注意压缩宫廷开支。清代宫廷"岁支六十余万两"[6],但实际上宫廷费用每年不会低于200万两[7]。乾隆三十一年(1766)的财政支出中,宫廷费用仍占6.09%。河防水利工程费用,是另一项重要财政支出。康熙前期虽已设立岁修银,但数量较小,多调沿河州县民夫进行无报酬劳动。乾隆朝以后,每年从国库拨款治河的费用也只有70万两左右[8],像乾隆三十一年用380万两治河是特例。乾隆年间用于治河的费用共计5200.3万两,平均每年费银86.67万两,每次较大的河防工程都实行暂行捐纳,以捐纳的收入补费用之不足[9]。

如果把清与明的国家财政相比较,可以明显地看出清廷的国家财政收

---

[1] 赵尔巽等:《清史稿》卷一二五《食货六》,中华书局1977年版。
[2] 王庆云:《石渠余纪》卷二《纪列朝各省兵数》。
[3] 嘉庆《大清会典》卷一二。
[4] 萧震:《请开黔蜀屯政疏》,《皇清奏议》卷一七。
[5] 档案,《俸饷》军务经制善后(一),乾隆七年三月十一日巡抚黄廷桂奏。
[6] 昭梿:《啸亭杂录》卷八。
[7] 姜守鹏:《明清社会经济结构》,东北师大出版社1992年版,第290—291页。
[8] 光绪《大清会典事例》卷九〇三。
[9] 姜守鹏:《明清社会经济结构》,东北师大出版社1992年版,第291—292页。

入较明廷有明显增加,几乎增了一倍;清的商税收入无论从数量上还是从占总收入的比例上看都有明显增加,反映清代商品经济的明显发展;常例捐纳成为清廷重要的财政收入项目;财政收入体制,由明代实物与货币合收体制转为清代货币体制。清与明在国家财政支出方面也发生了变化:清的军费明显增加,并成为国家财政支出的第一大宗,尽管清的军队较明时减少了一半,但由国库开支的常额兵饷却增了几倍,如清乾隆朝常额兵饷为1700万两[1],明万历朝只有380万两[2],增加近三倍半;清的宫廷费用较明时减少,明的宫廷费用几乎占国家财政收入的一半,为其财政支出的大部分,清朝接受了明亡的教训,尚能控制宫廷开支,然而,自乾隆朝以后,宫廷生活日渐奢华,开支日益庞大;清代的河防水利费用较明时有所增加,清乾隆朝平均每年为86.67万两,与明万历朝平均每年13.6万两[3]相比,增加了四倍半还多,但在整个国家财政开支中仍微乎其微。可见,清的财政开支仍然属于封建的消费型开支。

康熙六年(1667)已有库存银248万两,康熙十二年吴三桂之乱时库存银已达2135万两,至吴三桂之乱结束,库存银逐年增加,大体上保持在3000—4000万两之间,最多时达4736万两,但是康熙末年却只有800余万两。雍正年间,由于狠抓亏空,财政状况有所好转,国库存银逐年增加,最多时已达6000万两。但是由于用兵西北,动用库银大半,雍正末年国库存银大体上在3000万两左右,最少时只剩下2400万两。乾隆年间国家财政继续好转,国库存银大体上保持在7000—8000万两左右[4]。乾隆年间,"每岁天下租赋,以供官兵俸饷各项经费,惟余二百余万"[5]两,按此数目递增,乾隆中期以后,库存银本来应该更多,但是却一直保持7000万两左右,如乾隆四十六年(1781)高宗说:"朕即位之初,部库不过三千万,今已增至七千余万"[6]。主要原因有二:一是乾隆年间战争频繁,军费数量庞大,几次战争费用就高达15052万两;二是乾隆年间多次减免钱粮,仅五次"普免天下钱

---

[1] 赵尔巽等:《清史稿》卷一二五《食货六》,中华书局1977年版。
[2] 张廷玉等:《明史》卷二三五《王德完传》,中华书局1974年版。
[3] 姜守鹏:《明清社会经济结构》,东北师大出版社1992年版,第287页。
[4] 吕坚:《康雍乾户部银库历年存银数》,《历史档案》1984年第四期。
[5] 赵尔巽等:《清史稿》卷三〇三《梁诗正传》,中华书局1977年版。
[6] 王庆云:《石渠余纪》卷三《纪会计》。

粮"就蠲免赋银 2 亿两①;三是高宗六次南巡、八十寿典以及将圆明园由 28 景扩至 40 景、将避暑山庄由 36 景扩至 72 景,其规模宏大,费资浩繁。因此,乾隆四十一年库存银为 6000 万两,乾隆五十一年为 7000 万两,直至乾隆末年,基本保持这一数额②。可见,康乾盛世的经济状况包括财富的积累,已远远超过明万历前期的发展水平。

  粮食产量是衡量封建社会经济发展水平与财富积累的一个重要指数。考察康、雍、乾三朝时,便发现这一历史时期耕地与粮食产量不断增加,已经展现出盛世的繁荣景象。在具体考察前,首先应解决对粮食总产量的估算方法。目前学术界有两种估算方法:一种是按每个历史时期的人口乘以人均每年占有的粮食来估算这一时期的粮食总产量;一种是把估算的亩产量乘以当时粮食作物的耕地面积,这种估算方法可能比前一种估算方法更接近事实,本书就采用这种方法对乾隆年间的粮食总产量作一估算。采用这种方法,首先必须对当时的亩产量作一估算。我们对清代粮食亩产量估算为 310 斤/市亩。其次,还必须对那个时期种植粮食作物的耕地面积作一估算。《清实录》虽对当时的耕地面积有所记载,但当时尚有折亩、隐漏等因素,因而所记数字较实际偏低,特别是没有把乾隆朝内地新开垦土地和边疆屯田计算在内。据戴逸先生估算,乾隆年间每年平均增加耕地 210 万亩,至乾隆末年新增耕地约 1.5 亿亩,全国耕地已达 10.5 亿亩③。又据一些学者估计,清前期用于种植粮食作物的耕地面积约占总耕地面积的 85%④。按此计算,乾隆末年用于种植粮食作物的耕地应为 89250 万亩,合 82253 万市亩⑤。按每市亩粮食产量为 310 斤计算,那么乾隆末年的粮食总产量应为 25498430 万斤,合 212487 万石⑥,即 21 亿多石。明代最盛时其耕地面积为 7.84 亿亩⑦。种植粮食作物的耕地按占总耕地的 90% 计,则为 70560 万

---

① 周远廉:《乾隆皇帝大传》,河南人民出版社 1990 年版,第 69 页。
② 吕坚:《康雍乾户部银库历年存银数》,《历史档案》1984 年第四期。
③ 戴逸:《乾隆帝及其时代》,中国人民大学出版社 1992 年版,第 292 页。
④ 史志宏:《清代前期的耕地面积及粮食产量估计》,《中国社会经济史研究》1989 年第二期。
⑤ 1 清亩=0.9216 市亩。
⑥ 按每石为 120 市斤计算。
⑦ 许涤新、吴承明:《中国资本主义的萌芽》,第 40 页。

亩,合 61447 万市亩①。明代每市亩的产量为 245 斤,则其粮食总产量为 15054515 万斤,合 125454 万石,即 12.5 亿多石。若以乾隆末年粮食总产量与明代最盛时的粮食总产量相比,增 8.5 亿石,即增 68%。这 8.5 亿石,因为耕地面积增加而增 53749 万石,即近 5.4 亿石,占增加的 8.5 亿石的 63.52%,即将近 64% 是由于扩大耕地面积而增加的;其余 3.1 亿石则是由于亩产量提高而增加的。如果按人均粮食计算,则不仅没有增加,反而减少了。清乾隆末年人口按 3 亿人计算,人均粮食为 850 斤,而明代最盛时人口按 1.2 亿计算,则人均粮食约为 1250 斤左右。清与明相比,人均粮食减 400 斤,即减 30%。去掉种子、手工业原料(酿酒、制酱等)、饲料以及常平仓储粮,人均口粮还是很紧张的。为此,清廷制定什么样的粮食政策就显得特别重要。例如,必须做好缺粮区与余粮区、灾歉区与丰收区的粮食调配、运销及平抑粮价等,以保证民食,稳定社会秩序,巩固其政权。

设立常平仓、社仓、义仓,在全国范围内建立贮存、调配粮食的仓储制度,是清廷粮食政策的重要组成部分。所谓常平仓,为官府所建,所贮粮食由官民捐输、拨帑采购,或赎罪罚俸所得,它们多设立于州县。社仓设于乡村,义仓设于市镇,均为民办,由当地绅商市民集资兴建,自行管理,实为官督绅办。

设置常平仓是中国古代社会的传统,创设于西汉,明初是否设置了常平仓,学术界意见不一,但在明成化年间确已出现,至嘉靖年间已甚普遍。清继承了中国历代社会的这一传统,常平仓初设于康熙年间,"国初常平贮谷,未有定额,第令州县以自理赎缓,积谷入仓,鼓励富民捐谷者"。康熙二十九年(1690),山东丰收,清廷下令每亩捐 3 合,得 25 万石以备荒。康熙三十年命直隶所收捐米,大县存 5000 石,中小县以千石递减。后来,又下令贮粮加倍,因而一县贮粮多至万石②,即"每大州县一万石,中八千石,小六千石"③。康熙三十一年,山东又获丰收,则令每亩捐 4 合。康熙四十二年陕西丰收,下令每斗粮捐 3 合,又动用国帑 10 万两,采买 4 万石粮建仓。康熙四十三年,始颁各省州县贮谷之数,如山东、山西州县贮谷自 12000 石

---

① 1 明亩 = 0.870849 市亩。
② 王庆云:《石渠余纪》卷四《纪常平仓额》。
③ 《清文献通考》卷三七《市籴》。

至2万石，江西大县12000石，江苏、四川大县不过6000石，福建56万石，台湾80余万石。康熙六十年各省报常平仓储谷已达数千万石，但是由于"州县侵蚀，存仓无几"①。因此"直省常平仓所储米谷，康熙年间未经定额，或定额无多"②。雍正年间，清廷发现，南方由于潮湿，米容易霉烂，因此改贮米为贮稻谷，米易谷的比例为一比二即一石米易二石谷，根据各省存仓米的数量，限定时间完成易谷计划，如限定云南4年完成，贵州3年完成。后来又规定北方各省如山西、河南亦均行易谷制。随意挪移、侵蚀仓谷者要进行严厉处分，对某些省份的常平仓进行清查。如雍正四年（1726）福建歉收，先后自江西运米10万石、自浙江运谷20万石往济，仍感不足。世宗感到很奇怪，经了解才知道：福建虽然名义上贮谷170万石至180万石，但实际上十无三四。于是，雍正五年遣官对福建的常平仓进行清查。由于采取了上述措施，雍正年间的常平仓积贮有所增加，达2000万石。乾隆初年，高宗说："常平积贮以备不虞，故准臣工奏请，以捐监谷石，增入常平。"当时众论颇以为采买过多，有碍民食，因而高宗又下令："今直省积谷应悉准康熙、雍正间旧额，其加贮者以次出粜，或拨补邻省，至原额而止。"有廷臣提出康熙年间常平仓档案不全，难以稽考，应以雍正年间旧额为准，高宗同意这一意见。这样就确定了各省的常平仓定额，即云南70万石、西安270万石、甘肃320万石、福建250万石、广东290万石、贵州90万石、直隶210万石、奉天（今辽宁）120万石、山东290万石、山西130万石、河南230万石、江苏150万石、安徽180万石、江西130万石、浙江280万石、湖北50万石、湖南70万石、四川100万石、广西120万石，19省常平仓储粮总计达3350万石。除常平仓贮谷外，有些省份还另有仓储。高宗指令这些省份予以保留"照旧存贮"，即河南漕谷仓70万石、江宁省仓1.2万石、福建台湾仓39万石、浙江永济仓8万石、玉环同知仓6000石、广东粮运通判仓9万石、江南崇明仓2万石，总计129.8万石。至乾隆三十一年（1776），各省常平仓数额只有江西、河南、广东与规定数额相同，湖南、山西、四川、广西、云南、贵州六省略有增加，其余10省均不同程度地减少，而且有些省份减少甚多，如浙江定额

---

① 王庆云：《石渠余纪》卷四《纪常平仓额》。
② 《清文献通考》卷三六《市籴》。

280万石,减少了220万石;奉天定额120万石,减少了100万石。到嘉庆初年,各省所存常平仓粮已不足恃。因此,清廷不得不饬各省督抚稽查,重定数额,并屡下买补之令①。

事实表明,清乾隆年间,因土地开垦和生产力的提高,粮食生产总额较明代最盛时增8.5亿石,即增63.52%。尽管人口迅猛增加,但清廷的常平仓内基本上可保持三四千万石的存粮以备不虞,这从一个侧面反映了盛世的雄姿。

6. 赈灾减赋普免钱粮

王庆云在《石渠余纪》中对清廷的蠲免政策评述道:"本朝丁田赋役素轻,二百余年以来,未尝增及铢黍。而诏书停放,动至数千百万。敛从其薄,施从其厚,所以上培国脉,下恤民依,岂唐宋以来所可同年而语者哉!"清代的蠲免,不仅为唐宋所不及,甚至可说是空前的。就清朝自身而言,尤以康熙、乾隆两朝为最盛。高宗在这方面则完全仿效其祖父的做法,并使之有所发展。

赈济:乾隆朝十分重视对灾民的赈济。高宗说:"至于水旱灾荒,尤关百姓之身命,更属朕心之所急欲闻知而速为经理补救者。"②乾隆一朝,赈灾次数之多、范围之广、规模之大和发放救灾钱粮数量之巨,都是前所未有的。乾隆元年(1736)高宗就下令,勘灾吏胥的费用"可酌动存公银两",不得摊派于民,累及地方。乾隆三年确定:"凡赈,大口日给五合,小口半之"。同时还特别强调照顾贫寒儒生,他说:"学田为数无多,贫生身列胶庠,自不便与贫民一例开赈",规定:"嗣后遇赈贷之时,教官将贫生名籍开送地方官,于存公项内量发,交教官均散"。③乾隆四年,江南地方因上年"收成歉薄,民食维艰",高宗下令存留江苏漕米数十万石,以备救灾之用④。乾隆七年,重

---

① 以上见王庆云:《石渠余纪》卷四《纪常平仓额》。
② 《清高宗实录》卷九〇。
③ 王庆云:《石渠余纪》卷一《纪赈贷》。
④ 《清高宗实录》卷八四。

新规定了赈济标准:"地方凡遇水旱,即行抚恤,先赈一月谓之正赈,亦称急赈。察明灾情后,被灾六分,极贫加赈一月,七八分极贫加两月,次贫加一月;九分十分,以次递加一月,谓之加赈。或地方积歉,或灾出非常,得将极贫加赈至七八月,次贫五六月。或赈期已满而有旨格外加恩者,亦谓之加赈。"①是年六、七、八月,黄河、淮河同时涨水,江苏、安徽受灾甚重,灾民达七八百万。赈给江苏所属29州县卫米156万余石、银505万余两,赈给安徽所属24州县米83万余石,银233万余两,总计合银1000余万两②。乾隆十二年,山东90州县大水,赈米50余万石,谷46万余石,银170余万两③。乾隆三十一年,甘肃、宁夏发生大地震,高宗命有关官员迅速查明灾情,"加恩赈恤","毋致一夫失所",拨库银20万两救济④。乾隆三十五年,直隶大灾,拨部库银220万两;是年甘肃大灾,拨西安藩库银200万两;乾隆四十三年,黄河溢,河南受灾,赈银160万至170万两。乾隆四十六年,江苏大水,赈银160万至170万两。乾隆四十七年,黄河溢出,水淹三省,拨浙商佐工银80万两济江南,淮商公输银200万两济山东。乾隆五十年,河南大旱,赈银250万两。乾隆五十一年安徽大灾,拨关税银100万两。乾隆五十五年,萧、砀水灾,拨银100万两,又拨运关库银百万两赈之。此外,"六十年中,凡一隅偏灾,赈费数万两至数十万者,不可胜计,而履端行庆,甲年灾区,乙年新春加赈,盖岁以为常。"⑤

蠲灾:雍正年间决定:被灾十分的地区免额赋十分之七;被灾九分的地区,免额赋十分之六;被灾八分的地区,免额赋十分之四;被灾七分的地区,免额赋十分之一。乾隆年间,对灾区除大量赈济外,又根据灾情的不同程度,蠲免其应征钱粮。乾隆七年(1742)、十一年、十八年,东南各省多次遭受水灾,清廷均下令对其田赋进行蠲免。据户部统计,雍正13年间江南灾蠲达140万两,乾隆元年至十八年18年间江南灾蠲计2290万两,可见乾隆年间灾蠲数量之巨。按例,轮蠲的省份恰好遇灾,则不再蠲免,但是乾隆年

---

① 王庆云:《石渠余纪》卷一《纪赈贷》。
② 《清文献通考》卷四六。
③ 王庆云:《石渠余纪》卷一《纪赈贷》。
④ 《清高宗实录》卷八二。
⑤ 王庆云:《石渠余纪》卷一《纪赈贷》。

间发生了变化,仍然令该省于次年补蠲。如,乾隆三十六年甘肃省轮免,这年甘肃适逢大旱,于是高宗决定第二年甘肃仍按灾情轻重进行蠲免。再如皇帝巡幸的地方,例免额赋十分之三,如该地遇灾,则其蠲免比例加大,可免十分之五、十分之七而无定数①。

恩蠲:雍正十三年(1735)九月初三日,高宗举行登基大典,特颁恩诏,大赦天下。其中有一项规定:"将雍正十二年以前各省钱粮实在民欠者,一并宽免。"②这次被蠲免的积欠,有学者估计约有1000万两之巨③。高宗一直以其祖父圣祖为榜样,在位期间进行了六次南巡,每次南巡,所经之处,都要蠲免钱粮十分之三。如高宗第一次南巡,免除他所经过地方江苏积欠的地丁银228万两,安徽积欠30.5万两,免除浙江应征地丁银30万两,免除所经过的直隶、山东州县应征地丁银十分之三,又免山东积欠97万余两④。高宗在位时间较长,巡幸的地方和次数也较多。他每次巡幸所经过的地方都要蠲免钱粮30%,有时更多。乾隆八年(1743)、十九年、四十三年、四十八年高宗谒祖陵于盛京,免当年奉天田赋及庄头粮石,减旗地年粮之半。其他如乾隆十一年、二十六年、四十六年、五十一年、五十七年幸五台,四十七年、五十年幸盘山,以及常年幸木兰,均有蠲免。乾隆十三年、二十一年、三十六年、四十一年、四十九年、五十五年东巡阙里(孔子故居),禋祀岱宗(泰山),则免山东曲阜、历城、泰安额赋。乾隆十五年幸嵩洛,则免祥符、登封田租。乾隆三十五年高宗六十寿辰、四十五年七十寿辰,三十六年皇太后八十寿辰,均有大规模的蠲免。军兴蠲免亦多,乾隆年间定例:"凡过兵之处,各免三分之一,以为例。"如乾隆三十二年用兵缅甸,蠲减云南两年额赋。三十九年用兵金川,蠲减四川额赋。四十四年四川军需,免官民赔贴三百八十万两。五十二年出兵台湾,减免福建各属田租。六十年归政大典,亦普蠲各省钱粮⑤。

普蠲:自康熙朝开始的普蠲各省钱粮及普蠲漕粮,乾隆朝也完全继承了

---

① 以上见王庆云:《石渠余纪》卷一《纪灾蠲》。
② 《清高宗实录》卷三。
③ 周远廉:《乾隆皇帝大传》,河南人民出版社1990年版。
④ 王庆云:《石渠余纪》卷一《纪蠲免》。
⑤ 以上见王庆云:《石渠余纪》卷一《纪蠲免》。

下来,而且更加频繁。乾隆十年(1745)正月初六日,高宗宣谕:"朕思海宇乂安,民气和乐,持盈保泰,莫先于足民。况天下之财,止有此数,不聚于上,即散于下。仰惟我皇祖在位六十一年,蠲租赐复之诏,史不绝书。又后特颁恩旨,将天下钱粮普免一次。朕以继志述事之心,际重熙累洽之候,欲使海澨山陬,一民一物,无不均沾大泽,为是特降谕旨,将丙寅年(十一年)直省应征钱粮,通行蠲免。其如何办理之处,著大学士会同该部,即速定拟具奏。"①根据廷臣们的奏议决定:将直隶、奉天、江苏、西安(陕西)、甘肃、福建、四川、湖南、云南、贵州等省银1042万余两,于乾隆十一年全免;浙江、安徽、河南、广东、广西等省银862万余两,于乾隆十二年全免;山东、湖北、江西、山西等省银919万余两,于乾隆十三年全免。共免除全国地丁银2824万余两。耗羡银照旧输纳,留充地方公用②。不久,又规定免除原不在蠲免范围的甘肃的"番粮草束",福建台湾之粟米,四川之"夷赋",陕西西安的马贡,河南官庄、义田,广东官租、学租,浙江滨海之租谷租银,直隶固安、霸安之旗户屯粮,奉天之米豆,山西之本色兵饷。乾隆三十五年又决定:"自三十五年为始,各省钱粮通行蠲免一次。"后来又决定四十三年为始,普免天下钱粮,仍分三年轮免。五十五年再按年轮免各省钱粮一次。加上归政大典诏书决定自嘉庆元年(1796)为始轮免各省钱粮,计五次,共蠲免各省钱粮约14000余万两③。

除五次普免各省钱粮以外,还三次全免南方各省漕粮。乾隆三十一年(1766),以京通仓仓储有余,遵循康熙三十年(1691)庆典旧例,自三十一年起,免各省漕粮,五年而遍④。乾隆四十三年谕:以庚子年(乾隆四十五年)七旬万寿,普免天下漕粮一次,七年而遍⑤。乾隆五十九年以明年岁届六十年,又普免八省漕粮,五年而遍⑥。每年漕粮总额为400万石⑦。三次免漕粮,共免1200万石,每石以1两计,共1200万两。

---

① 《清高宗实录》卷二四二。
② 《清高宗实录》卷二四三。
③ 王庆云:《石渠余纪》卷一《纪蠲免》。
④ 王庆云:《石渠余纪》卷一《纪蠲免》。
⑤ 《清高宗实录》卷一〇六八。
⑥ 《清高宗实录》卷一四五八。
⑦ 王庆云:《石渠余纪》卷四《纪漕粮》。

两项普免合计共约 15200 万两。乾隆朝既然敢于五次普免各省钱粮和三次普免漕粮,反映了当时库存之丰盈。而普免的实行,不仅减轻了百姓的负担,而且有利于发展生产,繁荣社会经济,因而受到人们普遍的欢迎。江苏昆山龚炜在高宗第一次下普蠲诏之后著文称:"诏下之日,万方忭舞"①。

7. 盛世盛设千叟宴

封建统治者都喜欢设宴示富、示盛、示恩。乾隆朝是清代的鼎盛时期,高宗本人又是极善于表现自己,因此在位期间充分利用了"设宴"这一传统方式,并有所发展。整个乾隆朝设宴无数,影响较大者有如下三类宴会,即宗室宴、大蒙古包宴、千叟宴。

宗室宴:在乾隆朝以前,围绕皇位继承问题,历朝都发生过宗室诸王之间的激烈斗争。康熙、雍正两朝,这一斗争显得更加激烈。乾隆朝宗室之间虽也有矛盾,但没有发生过争夺皇位的激烈斗争。世宗共有十子,其中长子弘晖、次子弘盼、三子弘昀、七子福宜、八子福惠、九子福沛均早殇。四子弘时也于雍正五年(1727)去世。世宗逝世时,在世的皇子仅三人,即五子(后排为四子)弘历,六子(后排为五子)弘昼,十子(后排为六子)弘曕。而弘昼、弘曕从未对弘历的皇位构成威胁,而且弘昼还是弘历执政时的得力助手。因此乾隆朝的宗室关系较和谐,这是有别于康熙、雍正两朝之处。高宗在乾隆九年(1744)、四十七年先后举行过两次宗室宴。乾隆九年这次规模较小,高宗在丰泽园宴请王公及近支宗室百余人,高宗还更其殿名为"惇叙殿",以系宗族情谊。第二次宗室宴在乾清宫举行,参加这次宗室宴的有王公宗室 3000 余人,"极为一时之盛"②。

大蒙古包宴:乾隆年间,先后经历了对厄鲁特蒙古准噶尔部达瓦齐的战争、对厄鲁特蒙古辉特汗阿睦尔撒纳的战争以及对回部布拉尼敦、霍集占的战争,完成了对天山南北的统一,从而最终实现了对全国的统一,这不仅是

---

① 龚炜:《巢林笔谈》卷四《乾隆十年全蠲丁粮》。
② 昭梿:《啸亭续录》卷一《宗室宴》。

乾隆朝的盛事,也是整个大清王朝的盛事。对此,高宗津津乐道,不仅言表于文字,而且自乾隆中期以后,每当回部、哈萨克、厄鲁特等诸部首领入贡时,都要在避暑山庄万树园等处设大黄幄殿,可容千人,其势如保和殿之宴,宗室王公及新降的少数民族诸王、贝勒、伯克都要与会,俗称"大蒙古包宴"①。如,乾隆三十六年(1771),当土尔扈特部回归祖国之后,是年九月,高宗于木兰围场接见土尔扈特部首领渥巴锡。回到避暑山庄后,又多次在澹泊敬诚殿、四知书屋等处接见渥巴锡,并封渥巴锡为卓哩克图汗,赐宴于万树园,设灯宴,观火戏。高宗还赋诗祝贺,其中有一首的诗句称:"西陲平定已多年,宴赍频施毕后先。孰意新归额济勒,山庄重看设灯筵。"②

千叟宴:康熙五十二年(1713)圣祖六十大寿时,开千叟宴于乾清宫,与会者1900余人。宣称向其祖父学习的高宗,对于千叟宴之设也完全继承了下来并有所发展,不仅次数增多,而且规模更大。高宗先后举行过两次千叟宴。第一次是乾隆五十年(1785)在乾清宫前举行,参加者3900余人,各赐鸠杖。第二次是在嘉庆元年(1796),这一年高宗正式让皇位给自己的儿子颙琰,即仁宗嘉庆皇帝。是年,高宗已86岁,他在皇极殿再次举行千叟宴。与会者均为60岁以上的老人,计5900余人,其中有百岁以上的老人十多位,均赐酒联句。这些参加千叟宴的老人,既有朝廷老臣,也有退仕官员以及绅士,但更多的是一般平民百姓,他们从全国各地齐集京师,共祝世间的安定和昌盛,共祝老人们的长寿、幸福。因此,昭梿称:"百余年间,圣祖神孙三举盛典,使黄发鲐背者欢饮殿庭,视古虞庠东序养老之典,有过之无不及者,实熙朝之盛事也。"③从圣祖到高宗,举办这一活动,体现出太平盛世君与民同乐,共享太平之福;从一个侧面,反映了经济繁荣、物资丰富。诚如昭梿所评:实为盛世之"盛事也"。

---

① 昭梿:《啸亭续录》卷一《大蒙古包宴》。
② 《乾隆御制诗文全集》卷九《万树园灯词》乾隆三十六年。
③ 昭梿:《啸亭续录》卷一《千叟宴》。

第三章 大一统空前扩大

1. 十全武功纪盛

乾隆五十七年(1792),高宗时年82岁,在第二次反击廓尔喀入侵西藏,与廓尔喀国王拉特纳巴都尔停战议和之后,于十月初三日亲撰《御制十全记》,记述了他所进行的十次主要军事活动,也就是"十全武功"。他写道:"十功者,平准噶尔为二,定回部为一,扫金川为二,靖台湾为一,降缅甸、安南各一,即今二次受廓尔喀降,合为十。其内地三叛么么,弗屑数也。"①高宗所说的"十全武功"即十大战争,是他在位57年间亲自筹划而取得的主要军事成就。至于其他在内地镇压人民起义的各次军事行动,如乾隆三十九年镇压王伦起义,乾隆四十六年、四十九年镇压甘肃回民起义,乾隆六十年镇压湘黔苗民起义等就未计在内。按高宗的自述,这"十全武功"是:

"平准噶尔为二":即乾隆二十年(1755),往征厄鲁特蒙古准噶尔部达瓦齐,动用兵力5万。乾隆二十一年(1756)二月,征讨厄鲁特蒙古辉特汗阿睦尔撒纳。

"定回部为一":乾隆二十三年(1758)正月,用兵万人往征天山南路回部布拉尼敦、霍集占。

"扫金川为二":即乾隆十三年(1748),用兵3万征大金川土司莎罗奔。乾隆三十七年至四十一年(1772—1776),用兵10万,平定大小金川。

---

① 《清高宗实录》卷一四一四。

"靖台湾为一":乾隆五十一年(1786),镇压台湾林爽文起义。先后动用兵力6万,历时3年。

"降缅甸、安南各一":乾隆三十一年(1766),清军反击缅甸的战争,先后动用兵力近5万人,历时5年。乾隆五十三年(1788),清军出兵安南(越南),用兵两万。

与廓尔喀的战争共两次:乾隆五十三年(1788),第一次反击廓尔喀入侵西藏。乾隆五十六年(1791),第二次反击廓尔喀入侵西藏,用兵两万余人,历时两年。

这10次军事行动,全部发生在边疆。其中六次属国家内部的战争,四次是与其他国家的战争。这10次军事行动前后持续36年之久,共动用兵力三四十万,由于战事发生在边疆,军用物资运输困难,因而战争费用也较多。清廷对准噶尔部和回部的军事费用为3300万两,两次对大小金川的军事费用共9000万两,两次与廓尔喀的战争费用为1052万两,对缅甸之役900万两,镇压台湾林爽文起义的军事费用为800万两[1]。以上9次军事行动的费用共15052万两。乾隆朝共60年,平均每年用于战争的费用至少250多万两(未计安南用兵费用)。每年的兵饷为2400万两[2],两项合计,平均每年的军事费用达2650多万两,占年均国家财政收入4174万两[3]的百分之六十以上。因此,直隶巡抚黄廷桂奏称:乾隆朝"兵饷一项,居国用十分之六七"[4],此说基本正确。那么在用兵的这36年间,平均每年用于军事方面的财政支出接近3000万两,占每年财政收入的百分之七十以上。这长达36年之久的大规模战争,如果不是发生在乾隆朝,必将会引起社会的极端混乱。正是当时社会经济繁荣,为这10次大规模战争的进行提供了物质保证。反映了清朝的强盛。

这长达36年的10次战争,均在西北部、西部、西南部及东南海疆进行的,有力地加强和巩固了清朝的边疆,特别是最终解决了长期困扰清朝统治的厄鲁特蒙古问题,进一步加强对天山南北以及西藏地区的统治,形成一个

---

[1] 赵尔巽等:《清史稿》卷一二五《食货六》,中华书局1977年版。
[2] 王庆云:《石渠余纪》卷二《纪列朝各省兵数》。
[3] 何本方:《清代商税制度刍议》,《社会科学研究》1987年第一期。
[4] 档案,《俸饷》军务经制善后(一),乾隆七年三月十一日巡抚黄廷桂奏。

巩固的、统一的、多民族的清帝国,有利于各民族之间的团结、互助和共同发展,并有利于防御外来侵略。

这10次军事活动,高宗自诩为"十全武功",似乎都打了胜仗,其实不尽然。不能否认,从总体上来说,多数是打了胜仗,但并非都获得了最后的胜利,有的是以失败告终;有的虽不能称失败,但也绝不是胜利;何况在那些获得最终胜利的军事行动中也是胜中有败。因此称"十全武功"不完全符合事实。

这10次大规模的军事行动,均在高宗的决策、指挥及具体运筹下进行的,真实地反映了高宗的军事才能。这10次军事行动的决策,有些是正确的,反映了高宗能够抓住时机,果断地做出决定。当然,也有许多失误,有的是战争决策失误;有的是任命将领不当;有的是轻敌所致;有的是对敌情估计不准;有的是战役安排失当;等等。例如发动对安南的战争就是个错误的决定。

这10次军事行动,毕竟是在封建统治者决策和指挥下的战争,充分体现了战争的封建性。如乾隆五十一年(1786)镇压台湾林爽文起义,就是一场非正义性的战争。在战争中,各族劳动人民的生命财产遭受了巨大的牺牲和损失。再如乾隆二十一年(1756)远征厄鲁特蒙古辉特汗阿睦尔撒纳时,因时间紧迫,来不及筹集和运输军粮,高宗决定"因粮于敌",即军队不带粮草,而直接取之于厄鲁特蒙古。这不仅给厄鲁特牧民,也给邻近的喀尔喀蒙古带来了极大的灾难,他们不仅被征调去服兵役,还要负担繁重的军饷供应,使蒙古民众都感到准噶尔战争是个累赘。

"十全武功"其经过十分复杂而曲折,内容相当丰富。本节重点叙述天山南北路的3次战争,其余7次分别在有关部分阐述。

新疆是中国西北部的边陲地区,境内天山山脉横亘中部,西起葱岭,东抵哈密,绵延数千里,把新疆自然分成两大部分,天山以北,习惯称北疆,以南称南疆。清代,又称北疆为天山北路,南疆称天山南路,所谓回部,即指天山南路。乾隆朝对天山南北的完全统一,大致经历了三次战争:第一次是对厄鲁特蒙古准噶尔部达瓦齐的征伐。第二次是平定厄鲁特蒙古辉特汗阿睦尔撒纳之乱。通过这两次战争,基本上平定厄鲁特蒙古诸部,统一了天山北路。第三次是对维吾尔族布拉尼敦、霍集占的征讨,平定回部之乱,完成了

对天山南路的统一

(一)远征厄鲁特蒙古准噶尔部

康熙、雍正两朝,同厄鲁特蒙古准噶尔部已进行了长期的斗争,战争时打时停。而准噶尔部割据势力仍然顽强地活动在西北边疆地区,不仅影响和阻碍着清朝的统一,而且威胁着它的统治。到乾隆朝时,形势向有利于清朝的方向发展:一方面,清朝的统治至乾隆朝已进入鼎盛,经济繁荣,社会稳定,为清朝彻底解决厄鲁特蒙古问题提供了十分有利的条件;另一方面,这一时期准噶尔内部发生了重大变化,原来统一的准噶尔部由于内乱而遭到削弱。

乾隆十年(1745),准噶尔部强有力的首领噶尔丹策零去世,立即爆发了争夺汗位的斗争。噶尔丹策零有三子,长子喇嘛达尔札因系庶出,未能继承汗位。而次子纳木札尔"以母贵嗣汗位"①。三子策妄达什年龄虽小,但其背后有强大的贵族集团的支持。因此,三兄弟展开争夺汗位的斗争,纳木札尔被击败,其兄喇嘛达尔札取得了汗位,但遭到大策零敦多布后裔达瓦齐等人以及辉特部台吉阿睦尔撒纳、和硕特部台吉班珠尔等贵族集团的反对。达尔札为了巩固自己的汗位,杀死了策妄达什,迫使达瓦齐与阿睦尔撒纳欲投往清朝。达尔札发现后,逮捕了达瓦齐的家眷,囚于伊犁,并派兵捉拿达瓦齐。乾隆十七年十一月,达瓦齐、阿睦尔撒纳与达尔札双方战于伊犁,结果达尔札失败被杀,达瓦齐夺取了汗位。他"终日饮酒,事务皆废"②。小策零敦多布的后裔济勒噶又起兵争夺汗位,内部战争再度爆发。厄鲁特蒙古诸部中的杜尔伯特部身受内部纷争之害,就在该部首领车凌、车凌乌巴什、车凌孟克的率领下,于乾隆十八年冬率3000多户万多人,经过一个多月的跋涉,到达乌里雅苏台归附清朝。"三车凌"的附清,极大地削弱了厄鲁特蒙古的力量,为清朝平定准噶尔部提供了有利的时机。高宗决定抓住这一有利时机,"明岁拟欲两路进兵,直抵伊犁,即将车凌等分驻游牧,众建以分其势"③。此时,厄鲁特蒙古内争又起,辉特部台吉阿睦尔撒纳在协助达瓦齐取得汗位的斗争中,力量逐渐壮大,就向达瓦齐提出分治伊犁以北的厄鲁

---

① 魏源:《圣武记》卷四《乾隆荡平准部记》。
② 《清高宗实录》卷四八一。
③ 《清高宗实录》卷四八一。

特的要求,被达瓦齐拒绝。乾隆十九年六月爆发了达瓦齐与阿睦尔撒纳之间争夺厄鲁特统治权的战争,阿睦尔撒纳战败,投顺了清朝。

三车凌附清后,高宗已做了平定准噶尔部的准备,阿睦尔撒纳的附清,更坚定了他平定准噶尔的决心。他说:"阿睦尔撒纳乃重要之人,伊若来降,明年进兵,大有裨益。"① 然而,他的这一决定却遭到了几乎全体王公大臣的反对,在诸王公大臣中只有大学士傅恒一人支持高宗的决定。但是,高宗还是排除诸王公大臣的干扰,毅然决定对准噶尔部出兵,这正是高宗的高明之处。

乾隆二十年(1755)春,高宗不顾群臣的反对,决定发北、西两路大军征讨厄鲁特蒙古准噶尔部达瓦齐。北路统帅为班第,任命为定北将军,又任命阿睦尔撒纳为定边左副将军,此外还有参赞额驸色布腾巴勒珠尔亲王、讷默库郡王、班珠尔郡王、青衮杂卜郡王以及尚书公达尔党阿、总督伯鄂容安等,率兵3万。西路统帅为永常,任命为定西将军,撒喇尔为定边右副将军,参赞军务的大臣有额琳沁多尔济亲王、车凌亲王、车凌乌巴什郡王、车凌孟克贝勒、色布腾贝勒、札拉丰阿贝子、阿兰泰将军等,率兵2万。二月二十二日和二十五日,两路大军分别由乌里雅苏台和巴里坤出发,约期会师于伊犁东北的博罗塔拉(今新疆博乐市)。这次军事行动高宗确定的方针是"以番攻番",即以新降的厄鲁特兵为先锋,两路分别由副将阿睦尔撒纳与撒喇尔率厄鲁特兵打着他们原来的旗帜先行,目的在于分化厄鲁特诸部,招纳降人,减少阻力。正如高宗所说:"朕此次即满洲兵亦不多用,仍以新归顺之厄鲁特攻厄鲁特耳。"②

由于厄鲁特蒙古诸部连年战争,人心厌战,因此清朝此次出兵十分顺利,大军所至,厄鲁特蒙古各部纷纷归降。师行不久,就有札哈沁部德济若率1300户及准噶尔大台吉噶勒藏多尔济降清。接着,又有阿巴噶斯、哈丹以及呼尔满台吉纳木奇率1600户,衮布札卜率4000户和五集赛幸桑等来降。"师行数千里无一人抗颜行者。"③ 出现这种好形势,高宗十分高兴,说:"噶勒藏多尔济乃准噶尔大台吉,今率所属来降,平定准噶尔,大功告成必

---

① 《清高宗实录》卷四六八。
② 魏源:《圣武记》卷四《乾隆荡平准部记》。
③ 魏源:《圣武记》卷四《乾隆荡平准部记》。

速,此实上天眷佑,大兵所到,不烦一矢,皆已稽首归诚。"①

四月中旬,两路清军按原定计划会师于博罗塔拉后,开始向伊犁进军。伊犁河南岸的居民闻讯,纷纷前往清军大营归降,其中有牧民、商户、船户,也有喇嘛,有的还志愿派兵协助清军进剿达瓦齐,而此时的达瓦齐,由于众叛亲离,人心涣散,已无力抵抗清军的进攻,只好撤出伊犁,率万余人退居格登山(在伊犁西南180里,今新疆昭苏境内)。于是清军派归降的准噶尔喀喇巴图鲁阿玉锡、巴图济尔噶勒、察哈什率25人夜探达瓦齐军营。阿玉锡等人乘敌不备,拍马横刀直闯达瓦齐大营。达瓦齐惊慌失措,疑为清大军到来,急率数千人逃走,剩下的数千人均归降于阿玉锡。清晨,阿玉锡率5000余名降众返归大营。青衮杂卜郡王率兵继续追击达瓦齐残部,沿途又收降达瓦齐部6000余人。此时,达瓦齐身边只剩下20余人,企图逃奔天山南路维吾尔族首领霍吉斯伯克。霍吉斯得知达瓦齐前来的消息,就设计将达瓦齐一行20余人全部俘获,并亲率200余人将达瓦齐等押送到清军大营。清军当即派人把达瓦齐押至京师。至此,准噶尔部达瓦齐割据势力土崩瓦解②。平定准噶尔部是清朝统一天山南北的重要一步。高宗下令在伊犁建"平定准噶尔勒铭伊犁之碑"和"格登山碑",以纪念这次战事的重要胜利。

(二)征讨厄鲁特蒙古辉特汗阿睦尔撒纳

阿睦尔撒纳系厄鲁特蒙古辉特部台吉,其父是厄鲁特蒙古和硕部拉藏汗长子丹衷,其母是厄鲁特蒙古准噶尔汗策妄阿拉布坦的女儿,因而他与厄鲁特蒙古四部中的三部均有密切关系。这一特殊身份,使他早就梦想成为"珲台吉","总管四卫拉特"③,即总管整个厄鲁特蒙古。准噶尔部的达瓦齐力量强大,成为他实现野心的最大障碍。阿睦尔撒纳投奔清朝,原想假清朝之手消灭达瓦齐后,他就会成为厄鲁特四部之汗。为达此目的,他不断宣扬:"我等四卫拉特与喀尔喀不同,若无总统之人,恐人心不齐,不能外御诸敌,又生变乱。"④他在协助清军征讨达瓦齐的过程中,趁机扩大地盘,收编降兵,扩充自己的势力。然而,当达瓦齐势力被消灭以后,清朝总结以往的

---

① 《清高宗实录》卷四八五。
② 祁韵士:《皇朝藩部要略》卷一二《厄鲁特要略四》。
③ 祁韵士:《皇朝藩部要略》卷一二《厄鲁特要略四》。
④ 魏源:《圣武记》卷四《乾隆荡平准部记》。

经验教训,对厄鲁特蒙古实行"众建以分其力"①的方针,将厄鲁特蒙古分为四部,分别封阿睦尔撒纳为辉特汗、车凌为杜尔伯特汗、班珠尔为和硕特汗、噶勒藏多尔济为绰罗斯汗,阿睦尔撒纳的梦想因而破灭。于是,他就猖狂地进行谋叛活动。他不着清朝官服,不使用清朝的印信,并以准噶尔汗自居,自用珲台吉菊形篆印②。

早在征讨达瓦齐的大军出发之前,阿睦尔撒纳就向清朝提出请牧乌里雅苏台的要求。高宗已看出其勃勃野心,并令有关人员注意他的动向。当达瓦齐被擒之后,阿睦尔撒纳反叛行为日益明显,高宗向大臣们明确指出:"伊犁既定,阿睦尔撒纳觊得为总台吉。朕以为此人必不可使独居准噶尔,因分四卫拉特为四汗",密令班第相机行事,如图谋不轨,就将他正法于军中。班第手下只有500人,未敢动手,只是督促他与厄鲁特其他各部首领同去热河觐见,待觐见时再作处理。不料喀尔喀郡王青衮杂卜却将这一消息泄漏给阿睦尔撒纳。八月,当觐见队伍行至乌隆古河时,阿睦尔撒纳借口回自己牧地治装,摆脱了对他实行监视的额琳沁而叛逃。高宗闻讯,立即派兵前往阿睦尔撒纳的牧地,将其家眷拿获③。

阿睦尔撒纳逃至塔尔巴哈台,立即公开打出叛清的旗号,一时间"伊犁的诸喇嘛、宰桑劫掠军台,蜂起应之"④,将留守伊犁的班第、鄂容安、撒喇尔率领的500名清兵团团围住。终因势孤人少,班第、鄂容安兵败,自杀身亡,撒喇尔被俘而降。高宗命令定西将军永常率领的6000名清兵西行平叛,支援班第。永常闻变丧胆,不仅不发兵西行,反而将军队后撤至巴里坤,致使伊犁的班第孤立无援而败。陕甘总督刘统勋提出,放弃巴里坤撤至哈密⑤。高宗闻讯,当即下令将永常、刘统勋撤职解京。九月,任命策楞为定西将军,达尔克阿为定边左副将军,札拉丰阿为定边右副将军,玉保、达尔党阿、富德为参赞大臣,黄廷桂为陕甘总督,分两路夹击阿睦尔撒纳。十二月,阿睦尔撒纳逃至伊犁,与那里的余部会合。平叛的清军距伊犁有一日之程。阿睦

---

① 《清高宗实录》卷四八九。
② 魏源:《圣武记》卷四《乾隆荡平准部记》。
③ 魏源:《圣武记》卷四《乾隆荡平准部记》。
④ 魏源:《圣武记》卷四《乾隆荡平准部记》。
⑤ 《清高宗实录》卷四九七。

尔撒纳诡计多端,派人到清军大营诡称阿睦尔撒纳已被擒获,不日就解送。而策楞未辨真伪,就下令停止进军,并上报朝廷。阿睦尔撒纳趁机逃窜。高宗十分生气,下令将策楞撤职,任命达尔党阿为定西将军,继续征讨阿睦尔撒纳。

乾隆二十一年(1756)五月,喀尔喀蒙古青衮杂卜发动了撤驿叛变,不仅切断了清军的后路,而且对喀尔喀蒙古影响很大,使叛清的气焰更加嚣张。喀尔喀 23 个扎萨克王公齐聚克伦河畔开会,并推哲布尊丹巴呼图克图为盟主,酝酿叛清,形势极端紧张,有一触即发之势。此时高宗才醒悟到,在征讨厄鲁特蒙古时,忽略了喀尔喀蒙古。于是他立即派章嘉三世活佛亲赴喀尔喀,说服哲布尊丹巴及喀尔喀蒙古王公不要轻举妄动。青衮杂卜失去了喀尔喀蒙古诸部的支持,势单力薄。与此同时,高宗命衮札布为定边左副将军,率兵征讨青衮杂卜。青衮杂卜被迫到处逃窜。十一月二十八日,清军与青衮杂卜在中国与俄罗斯交界处相遇,青衮杂卜已无力抵抗,束手就擒,解送京师后被处死。

为进一步加强对喀尔喀蒙古地区的统治,高宗把平定青衮杂卜的功劳完全记在哲布尊丹巴身上,并"晋加敷教安众喇嘛名号"①,进一步安抚和稳定喀尔喀蒙古;同时,设置库伦办事大臣,以加强对喀尔喀蒙古地区的管辖。

青衮杂卜被平定,使征讨厄鲁特蒙古的清军的后路有了保障,并使清朝腾出兵力,集中力量解决厄鲁特之叛,并为最终彻底解决厄鲁特蒙古问题奠定了基础。

针对厄鲁特诸部的形势,清朝重新调整了平叛的部署。乾隆二十二年(1757)三月,高宗任命成衮札布为定边将军,车布登札布为定边左副将军,兆惠为定边右副将军,率 7000 大军,分两路进兵:一路由成衮札布统率,自珠勒都斯出发;一路由兆惠统率,由额林哈毕尔噶出发。同时,高宗遣使至哈萨克阿布赉处,做阿布赉的工作,向他说明清廷平叛的决心,要求他予以协助,切断阿睦尔撒纳的逃路。

青衮杂卜被平定以后,形势对清军十分有利。清军进兵迅速,兆惠再克伊犁,并追击参与叛乱的辉特部首领巴雅尔,在塔尔巴哈台将其擒获。准噶

---

① 《清高宗实录》卷五二八。

尔部的绰罗斯汗噶勒藏多尔济被其侄子札那噶尔布杀死,台吉尼玛又杀死札那噶尔布,尼玛也被擒。叛清的辉特部和准噶尔部先后被平定。清军趁势追击,其他首领也先后被擒。阿睦尔撒纳见大势已去,就带领20余人逃入哈萨克,投奔阿布赉。清廷事先已做好阿布赉的工作,阿布赉就派人散其马匹,阿睦尔撒纳发觉后,遂于六月渡过额尔齐斯河逃往俄国。

高宗得知这一消息后认为:"游魂远窜,将来必不能久甘穷困,势必滋生事端,为患边境。""逆贼一日不获,西路之事一日不能告竣。"①他又指出:"俄罗斯既收留叛贼,始未尝不欲抚而用之。"②即指示理藩院多次行文俄罗斯,要求履行《布连斯奇条约》,把阿睦尔撒纳引渡给清朝。俄国开始时百般搪塞,直到乾隆二十二年(1757)八月阿睦尔撒纳因患天花病死,才将阿睦尔撒纳的尸体送交清朝。至此,平定阿睦尔撒纳之役才告结束,天山北路即天山以北包括今蒙古西部在内的广大地区,正式纳入清王朝的版图。自清政权建立之初开始的统一蒙古的事业,经历百余年,才最终完成。

(三)平定天山南路布拉尼敦和霍集占之乱

天山南路,即天山以南的广大地区,又称"回部"。清初,这里属叶尔羌汗国统治,其内部纷争十分激烈,分为白山派(以头戴白帽为标志)和黑山派(以头戴黑帽为标志)。早在康熙十七年(1678),厄鲁特蒙古准噶尔部噶尔丹势力大盛,灭亡了叶尔羌汗国,扶植白山派阿帕克统治南疆。康熙二十四年阿帕克去世,南疆重新陷于混乱,特别是在噶尔丹败亡之后,准噶尔部暂时无力过问南疆时,黑山派重新占领叶尔羌,并立达尼亚为汗。当准噶尔部的策妄阿拉布坦势力强盛之后,康熙五十四年又派兵征服了天山南路,并将黑山派首领达尼亚和白山派首领艾赫麦德及其两个儿子布拉尼敦和霍集占拘押在北疆伊犁。后来因为达尼亚降附准噶尔部较早,就被放回南疆,并成为叶尔羌、阿克苏、和田、喀什噶尔四城的统治者。达尼亚死后,其子尤素夫成为黑山派首领,他企图摆脱准噶尔部的统治,与准噶尔部当时的统治者达瓦齐多次争斗。乾隆二十年(1755)清军占领伊犁时,释放了被准噶尔部拘押的白山派首领艾赫麦德的两个儿子布拉尼敦和霍集占(此时艾赫麦德

---

① 《清高宗实录》卷五四七。
② 《清高宗实录》卷五五五。

已死)。根据高宗的指示,清朝派兵保护布拉尼敦回叶尔羌,扶植他统治南疆,而将霍集占留在伊犁,掌管那里的回部事务。对当时已统治南疆并与准噶尔部兵戎相见的黑山派尤素夫不予理睬。在回部白山派与黑山派的斗争中,高宗站在白山派的一边并极力扶植,主要原因有二:一是高宗认为布拉尼敦、霍集占是清军把他们从拘押中解救出来的,并扶植他们统治南疆,定会对清廷忠心不二;二是由于此次平叛中将达瓦齐擒交清军的乌什维吾尔族首领霍吉斯的推荐,而霍吉斯是反对黑山派的。事实发展证明,高宗的这一选择是个不小的失误。正是高宗认为对清廷忠心不二的布拉尼敦、霍集占,当势力稍增之后,就立即发动叛清,构成对清朝统治的新的威胁。

布拉尼敦在清军的保护下回到天山南路,立即与黑山派展开斗争。白山派得到清廷的支持,加上黑山派领袖尤素夫刚刚去世,群龙无首,因而黑山派被击败,天山南路重新被白山派所控制。布拉尼敦和霍集占的影响与日俱增。开始,他们还不敢贸然与清廷决裂,一方面积蓄力量,另一方面又派代表到京师活动。此举迷惑了高宗,他说:"霍集占虽未可深信,然其遣使远来,明有畏惧天朝之意。"因此,命兆惠"勿用加以兵威办理方为妥协"①。然而,当布拉尼敦、霍集占势力大增以后,就公然打出叛清旗帜。乾隆二十二年(1757)三月,把清廷的使节阿敏道囚禁并杀死,自行建立政权,僭称巴图尔汗②。此时清廷正处于平定阿睦尔撒纳之乱的关键时刻,一时尚无暇南顾。乾隆二十三年,当解决了阿睦尔撒纳之乱后,才腾出手来解决布拉尼敦、霍集占的问题。

乾隆二十三年(1758)正月,高宗任命雅尔哈善为靖逆将军,率万名清军进入南疆,进攻南疆的战略要地库车。霍集占率数千人增援,清军设伏,一战就把霍集占的援军击溃,消灭霍集占军1400余人,霍集占率800人进入库车。清军取得了南疆平叛第一个回合的胜利③。

这时的形势对清军十分有利,清军完全可以乘胜攻克库车,擒获霍集占。问题是,清军统帅雅尔哈善昏庸无能,身为前线指挥,却不理军事,成天与部下饮酒下棋,结果让霍集占率400人突围逃走,失掉了擒拿霍集占的大

---

① 《清高宗实录》卷五二四。
② 《清高宗实录》卷五五五。
③ 《乾隆御制诗文全集》卷一二《托和鼐行》。

好时机。高宗得知消息,自叹自己用人不当,下令将雅尔哈善正法,同时命定边将军兆惠、副将富德率军进入南疆。高宗对形势的判断仍然有误,他一再督促兆惠迅速进军,指出:"今年断不撤兵,且必于今冬竣事。"①在高宗的督促下,兆惠匆忙地率4000名士兵于十月十六日抵达南疆叶尔羌城下。由于人少不能合围,又远离后方,军饷供应不上。兆惠被逼无奈,亲率大军攻打英奇盘山,企图夺取牧马以充军粮,结果中了埋伏而大败。霍集占的军队乘机出城,反而将清军团团围住。兆惠派人赶往阿克苏告急。在兆惠刚被围时,命靖边将军纳木札尔率200名士兵往代兆惠,但是中途遭遇3000名叛军,双方激战,清军寡不敌众而失败,纳木札尔被杀。当清军大营接到兆惠的告急信之后,立即派定边右副将军富德与舒赫德会合,率军前往叶尔羌增援。乾隆二十四年(1759)正月,增援清军与叛军战于呼尔璊。巴里坤大臣阿里衮、副都统爱隆阿此时亦率军前往支援,叛军败逃叶尔羌城。援军与兆惠会师后,撤回阿克苏休整。

乾隆二十四年(1759)夏季,清军集结了3万多人,发起了对布拉尼敦、霍集占的攻击。几经较量,布拉尼敦、霍集占见大势已去,六月布拉尼敦逃离喀什噶尔,霍集占逃离叶尔塞,两人会合后向帕米尔高原逃去。清军一方面接受平叛准噶尔部杀人过多的教训,在此次进军南疆的过程中,高宗一再强调:"大军进剿,惟欲擒获布拉尼敦、霍集占,与回人无涉。"②同时减少赋税,因而清军所到之处,望风归附;另一方面清军又紧迫布拉尼敦、霍集占不舍。在帕米尔高原,双方展开了三次大规模的战斗。清军还展开了攻心战,令已归降的维吾尔族人到阵前喊话,瓦解士气,归降清军。此役清军共收降叛军12000人,布拉尼敦、霍集占只率几百人逃入巴达克山。

为了彻底解决回部问题,高宗认为必须擒获布拉尼敦、霍集占。为此,一方面督令富德不得"稍一迟疑",务必即刻擒获叛首;另一方面又传檄巴达克山汗素勒坦沙,要他缚献布拉尼敦、霍集占,如违抗则进兵征剿③。是年九月,在清廷的威逼之下,巴达克山汗素勒坦沙率军在阿尔浑楚岭与布拉

---

① 《清高宗实录》卷五六九。
② 《清高宗实录》卷五六四。
③ 《清高宗实录》卷五六四。

尼敦、霍集占交战,并将两人擒杀①(一说是"击毙霍集占,生擒布拉尼敦"②)。霍集占的首级献于清军大营,而布拉尼敦的尸体未获。据富德报告说,布拉尼敦的尸体被回人盗往喀什噶尔。至此,清征伐回部之叛的战事宣告彻底胜利。

这样,清朝在乾隆二十年至二十四年(1755—1759)历经 5 年,先后取得了平息达瓦齐、阿睦尔撒纳、布拉尼敦和霍集占的三次胜利,绥服了厄鲁特蒙古,统一了天山南北两路,这是清朝最终统一中国的极重要的一步,也是高宗完成其先人圣祖、世宗未竟的事业,对中国历史的发展所作出的重要贡献。乾隆二十五年二月二十七日,平叛大军返回京师,高宗亲自迎接。

2. 土尔扈特回归祖国

土尔扈特人从遥远的欧洲重返祖国,是发生在乾隆朝的重大历史事件之一。它从一个侧面生动地反映了在处于极盛时期的清朝的统治下,各民族归于一统的盛况。

土尔扈特部为厄鲁特蒙古(漠西蒙古)四部之一。17 世纪时,厄鲁特蒙古四部各自为汗,互不统属。其中准噶尔部日益强大,欺压其余三部。土尔扈特部不甘受准噶尔部的欺凌,约在 17 世纪 20 年代,时当明朝末年,在其首领鄂尔勒克的领导下,自天山北路,辗转迁至里海之滨伏尔加河下游地区游牧③,并逐渐发展壮大成为一个拥有数十万牧民和 8 万军队的汗国。土尔扈特部迁至伏尔加河下游以后,既与那里的俄罗斯的势力不断进行斗争;又与厄鲁特蒙古其他三部保持着密切的联系。明崇祯十三年(1640),土尔扈特部领袖鄂尔勒克参加厄鲁特蒙古诸部和喀尔喀蒙古诸部召开的会议,参与制定著名的《蒙古卫拉特法典》。同时,还与厄鲁特蒙古其他三部保持通婚等关系。自清入主中原以后,土尔扈特部一直与清廷保持着密切联系:顺治十二年(1655)土尔扈特部遣使入贡。顺治十四年,遣使贡马,并于归

---

① 《清高宗实录》卷五九九。
② 《清高宗实录》卷五九七。
③ 《乾隆御制诗文全集》卷一一《土尔扈特部纪略》。

化城与清进行马市贸易①。康熙三十六年(1697),土尔扈特汗阿玉奇遣使人贡;康熙四十三年,阿玉奇的嫂子携其子阿拉布珠尔入藏礼佛;康熙五十一年,阿玉奇遣使假道俄罗斯到京师朝贡;同年,清廷派图理琛等前往伏尔加河下游探望土尔扈特部,康熙五十三年图理琛到达土尔扈特部驻地,受到阿玉奇的热情接待②。乾隆二十一年(1756),阿玉奇之孙、土尔扈特汗敦罗布喇什遣使绕道俄罗斯,历经三年到达京师,向清廷献纳贡物,并表明土尔扈特部对俄罗斯"附之,非降之也。非大皇帝有命,安肯为人臣仆"③。事实表明,土尔扈特部在土尔扈特汗阿玉奇、敦罗布喇什时期,一直与清廷保持着密切联系。

乾隆二十六年(1761),土尔扈特汗敦罗布喇什去世,其子渥巴锡继承汗位,是年刚19岁。当时面临着严峻形势:土尔扈特部与俄罗斯的矛盾日益尖锐激化。俄国扶植土尔扈特部中的亲俄势力,企图削弱渥巴锡汗的力量,以完全控制土尔扈特部。阿玉奇的四子敦罗布旺的两个儿子道迪比和阿沙莱,长期住在彼得堡,并接受东正教的洗礼,改为俄国姓氏:敦多克夫。沙俄企图扶植敦多克夫家族以取代渥巴锡的统治,使土尔扈特部所居住的地区成为俄国的一个行政区域。同时,沙俄又千方百计地削弱渥巴锡汗的势力,强化汗下面"札尔固"的权力,改变"札尔固"原来由汗任命的规定,改为"札尔固"的任命必须由俄国批准。这些措施,无疑是侵吞土尔扈特人,把他们变为沙俄的臣民,因而加深了渥巴锡汗与沙俄的矛盾。不仅如此,俄国还鼓励、支持顿河流域的哥萨克大量移民土尔扈特部所居住的伏尔加河下游,侵占了牧地,使土尔扈特人与哥萨克移民的矛盾也十分尖锐。此时,俄国与瑞典、土耳其征战不已,每次战争都向土尔扈特部征兵,不仅影响了土尔扈特部的牧业生产,而且出征的土尔扈特人绝大多数战死在沙场,不数年,土尔扈特部就死伤数万人之多,造成土尔扈特部社会的极大动荡。土尔扈特人深受沙俄的欺凌、剥削和百般的歧视,是土尔扈特部决定回归祖国的重要原因。

沙俄的残酷统治,使土尔扈特人以逃亡进行反抗,但逃到哪里去?同祖

---

① 何秋涛:《朔方备乘》卷三八《土尔扈特归附始末》。
② 《皇朝藩部要略》卷一〇《厄鲁特要略二》。
③ 《乾隆御制诗文全集》卷七《宴土尔扈特使臣》。

国的千丝万缕的民族情感与文化联系,使他们决定返回祖国。此时在清廷的平准战争中,有一部分厄鲁特人逃亡到土尔扈特部居住的伏尔加河下游。这部分厄鲁特人对于他们的故土天山北路总是恋恋不舍,他们向土尔扈特人宣称那里土地辽阔、水草丰盛,适于放牧,而且在那里生活的都是与土尔扈特部同属一个民族的厄鲁特蒙古人。甚至像清廷指名缉拿的舍楞等人,也念念不忘地要返回天山北路。这就进一步推动他们坚定了返回祖国的愿望。

恰好此时,沙俄由于与土耳其发生战争,下令征调土尔扈特部16岁以上的男子"尽行出兵"。土尔扈特部民情激愤。渥巴锡汗更是忧心忡忡,返回祖国的决心虽然已下,可是准备工作尚未着手,而沙俄的征兵令已下。为了稳住沙俄,使之对他们不起疑心,他果断地决定:他要亲自率领数万名土尔扈特士兵前往土耳其参加俄土战争;同时,又与部下暗中策划返回祖国的行动。在俄土战争中,土尔扈特人作战勇敢,并作出了重大牺牲,然而,沙俄却未给予他们应有的酬劳,这就更加使他们坚定了摆脱沙俄的统治,返回祖国的决心①。

乾隆三十五年(1770)秋,渥巴锡率领赴土耳其作战的士兵归来,加紧了返回祖国的准备工作,并决定于是年冬,乘伏尔加河结冰,北岸的万余名土尔扈特人过河之后,即举行反抗沙俄统治的武装起义,开始返回祖国的行动。然而这一年冬季气温较高,伏尔加河久不结冰,计划无法实施。土尔扈特人对这一决定,采取了保密措施,可是关于土尔扈特部要举行武装起义的消息还是传了出去。至11月,沙俄已得知土尔扈特部的动向,就令渥巴锡把自己的儿子送到彼得堡去做人质,并征调土尔扈特部1万人加入俄国军队。这就到了千钧一发之际,如再不即刻行动,整个计划就要告吹。渥巴锡当机立断:起义提前举行! 乾隆三十五年十一月三十日(俄历1771年1月4日,公历1771年1月15日),渥巴锡召开动员大会;次日,即十二月初一日清晨,土尔扈特人袭击了沙俄驻土尔扈特的兵营,举行武装起义。据色布腾巴勒珠尔所奏:"十二月初二日,从额济勒起兵,率领全部游牧,扬言去抢

---

① 椿园:《西域总志》卷二《土尔扈特投诚纪略》。

哈萨克,约定日期,渥巴锡共同一心。"①渥巴锡率领土尔扈特部3.3万余户16.8万余人,开始了返回祖国的艰险历程。

关于土尔扈特部开始返回祖国的日期,汉文资料记载不一,大致有三种说法:一为乾隆三十五年十月;二为乾隆三十五年十一月;三为乾隆三十五年十二月。据有关学者考证,俄国档案的记载,为1771年1月5日,即乾隆三十五年十一月二十日。后又有人进一步考订:俄国档案记载的1771年1月5日是俄历而非公历,俄历1771年1月5日,为公历1771年1月16日,即乾隆三十五年十二月初一日,而且这一天是土尔扈特部举行武装起义的日子,而非土尔扈特部开始返回祖国的日期,土尔扈特部开始返回祖国的日期应为乾隆三十五年十二月初二日,即俄历1771年1月6日,公历1771年1月17日②。

土尔扈特部回归祖国的队伍,分为前、中、后三部分:以舍楞和巴木巴尔率领的精锐部队为先头部队;妇孺老弱均在中间,两侧有士兵保护;渥巴锡亲自率领部队殿后,阻击尾追的沙俄军队。回归路程遥远,艰辛曲折,不仅要战胜寒冷、饥饿和疾病,还要不断战胜沙俄的前堵后追,以及沿途不断袭击他们的哥萨克、哈萨克和巴什基尔人。乾隆三十六年(1771)七月初八日,他们经历千辛万苦,终于到达伊犁河流域的察林河畔,与前来迎接的清军相会。在半年多的回归历程中,土尔扈特部付出了惨重的代价,出发时约有17万人,而回至中国的仅7万多人,六成以上牺牲在途中。土尔扈特部回归祖国的行动,赢得了世界的瞩目和尊敬。19世纪英国作家德昆西在《鞑靼人的反叛》中写道:"从有最早的历史记录以来,没有一桩伟大的事业,能像上个世纪后半期一个主要鞑靼民族跨越亚洲无垠的草原,向东迁逃那样轰动于世与那样激动人心"③。

当土尔扈特部回到祖国,立即受到清廷的热情接待。高宗指示,要"口给以食,人授之衣,分地安居,使就米谷而资耕牧"。在土尔扈特部回归祖国后的三个月内,清廷为了解决土尔扈特人的生活困难,购运马、牛、羊近27万头,官茶2万余封,米麦4.1万余石,羊裘5.1万余袭,布6.1万余匹,

---

① 郭基南等:《满文土尔扈特档案译编》,民族出版社1988年版,第111页。
② 郭成康:《土尔扈特蒙古回归日期续考》,《历史研究》1998年第二期。
③ 转引自戴逸:《乾隆皇帝及其时代》,中国人民大学出版社1992年版。

棉5.9万余斤,毡帐400余具及帑银20万两①。乾隆三十六年(1771)九月初八日,渥巴锡等人在木兰围场觐见了高宗。九月十九日,高宗在避暑山庄又接见了渥巴锡等,赐封渥巴锡为卓哩克图汗,策伯克多尔济为布延图亲王,舍楞为弼哩克图郡王,巴木巴尔为毕希呼勒图郡王等。重新对土尔扈特部进行了安置。渥巴锡所部称旧土尔扈特部,舍楞所率部众为新土尔扈特部。旧土尔扈特部分南、北、东、西四盟,共十旗,分别置于喀喇沙尔、布克赛里、精河县、库尔喀乌苏;新土尔扈特部设二旗,置于科布多、阿勒泰地区。随来的和硕特恭格部设四旗,置于博斯腾湖一带。

土尔扈特部回归祖国,既是土尔扈特部热爱祖国的正义行动,又是大清帝国强盛的一个重要表现。对此,沙俄竟然行文对清朝进行恐吓,说什么清朝如果收留土尔扈特部,即为"不守和好,恐兵戈不息,人无宁居"。对此,清廷立即回文答复:土尔扈特部是厄鲁特蒙古四部之一,原非俄国所属,你们对他们征调繁苛,他们不堪其苦,才率众返回祖国。你们"或以兵戈,或守和好,我天朝惟视尔自取而已"②。

清朝在乾隆年间,既以武力统一了厄鲁特蒙古的准噶尔各部,厄鲁特蒙古的重要组成部分土尔扈特部又回归祖国,这样,清朝就完全统一了厄鲁特蒙古,也就完全统一了整个蒙古族,使蒙古民族成为清王朝统一、多民族大家庭的重要成员。

3. 西藏实施重大变革

崇德七年(1642),西藏已与清朝建立了政治联系,至顺治年间,联系更加紧密,并明确了西藏地区隶属于清。但在康熙五十六年(1717)厄鲁特蒙古和硕特部拉藏汗被杀以前,这近75年间,清朝实行的是"以蒙治藏"的政策,即由和硕特顾实汗及其继承人拉藏汗等代清廷在西藏实行统治。正如世祖所说:顾实汗在西藏是"作朕屏辅"③。自清军把杀死拉藏汗的厄鲁特

---

① 《乾隆御制文二集》卷一一《优恤土尔扈特部众记》。
② 《清高宗实录》卷九一四。
③ 《清世祖实录》卷七四。

蒙古准噶尔部驱逐出西藏之后,康熙六十年开始,清廷在西藏宗教上依靠达赖、班禅实行统治,行政上则由"以蒙治藏"转为依靠藏族贵族实行对西藏的统治,即"四噶伦联合执政"。雍正六年(1728)平定阿尔布巴之叛后,噶伦虽仍保留,但清廷又指定噶伦颇罗鼐总理西藏政务,同时又派两名驻藏大臣,建立驻藏大臣衙门,协助颇罗鼐处理政务。这是清廷对西藏地区实行直接统治的关键性一步。乾隆年间,通过平定珠尔墨特那木札勒叛乱、挫败英国对西藏的渗透和击退廓尔喀对西藏的入侵,又进一步加强清廷对西藏地区的统治,完全打破了历代对西藏的统治方式,实行重大的改革,最终将西藏变成中央直接管辖的一个重要而特殊的行政区。

(一)平定珠尔墨特那木札勒叛乱

由于颇罗鼐在雍正六年(1728)平息阿尔布巴之乱中有功,清朝采取了支持颇罗鼐的政策,任命他总理西藏地方政务,还支持他训练西藏兵骑兵1万、步兵1.5万,分御各隘口,清廷的驻藏军队则减少至500人。雍正九年颇罗鼐的爵位由一等台吉晋升为贝勒,再晋升为多罗贝勒;乾隆四年(1739),高宗又晋封他为郡王①,高出其他噶伦四五级,成为名副其实的"西藏王"。因颇罗鼐"凡事俱竭力奋勉,办理妥协",又加封其次子珠尔墨特那木札勒为"长子",并明确规定"长子系日后袭王爵、总理彼处事务之人";又册封其子珠尔玛特策布登为镇国公②。西藏王的王位可以世袭,这在西藏地区实属空前绝后。然而,正是这种不断加大颇罗鼐权力的政策,为日后珠尔墨特那木札勒的叛清埋下了祸根。

乾隆十二年(1747)颇罗鼐病故,按规定,珠尔墨特那木札勒顺利地袭封为郡王,他妄想独治西藏的野心也立即表现出来。如他对达赖喇嘛不尊重,竟拒绝达赖喇嘛祭祀颇罗鼐,在驻藏大臣傅清的申饬下才准许达赖喇嘛吊祭颇罗鼐。他对清廷派的驻藏大臣也不尊重,乾隆十四年傅清离藏,原四川巡抚纪山降调为驻藏大臣。纪山到达拉萨一个多月,珠尔墨特那木札勒竟然不去拜见。后来当他了解到纪山并不妨碍他"行事"之后,就一反常态,不仅亲往拜见,还称纪山为叔,对其行跪拜礼,并经常与纪山饮酒作乐,

---

① 《清高宗实录》卷一〇六。
② 《清高宗实录》卷二五六。

关系极不正常。是年十月,高宗不得不把刚刚调离西藏的傅清重新派回西藏,与纪山同任驻藏大臣。此时珠尔墨特那木札勒已在秘密进行叛清的种种准备。乾隆十三年,他奏请撤走清廷驻藏军队,高宗基本同意这一要求,留100名士兵驻拉萨。他又借口为了防御厄鲁特蒙古准噶尔部,亲自率领军队到喀喇乌苏地方进行军事训练,趁机调动兵力,重新部署炮位,运储火药,做好武装暴动的准备。同时他想方设法扩大自己的势力。乾隆十四年,他向清廷诬告长兄珠尔玛特策布登;又随即将其袭杀,强占其封地,派自己儿子驻防。他还杀害或黜革颇罗鼐时代的旧人,抄没其家产,把查抄的物品分给自己的亲信。他秘密派遣心腹坚参札锡等前往准噶尔部,要求在他公开叛清以后,发兵到拉达克地方对他进行声援。此外,珠尔墨特那木札勒还派人监视驻藏大臣的活动。他计划在发动叛清之后,断绝西藏驿站的交通往来,隔断西藏与内地的联系。他又自立名号,以"汗王"自居,等等。

高宗虽然命四川总督策楞、提督岳钟琪和驻藏大臣纪山、傅清四人"密行会商","有备无患"①,但对珠尔墨特那木札勒可能叛清仍估计不足。乾隆十五年(1750)初,新任驻藏大臣傅清与拉布敦相继到达西藏,珠尔墨特那木札勒的叛迹已很明显,扬言准噶尔部将发兵进攻西藏,以此为借口,聚兵2000人,企图发动叛乱。傅清等立即向清廷奏报珠尔墨特那木札勒的种种叛迹,但高宗却不以为然,认为珠尔墨特那木札勒"身为藏主,操生杀而擅富贵,俸赐所颁,贸易所入,岁获重赀,而且倚借中朝声势,众蒙古皆与往来,可得厚利,伊更何所贪图希冀?若叛去,则全无所得,伊何所利而反耶?至伊远在天末,虽有大臣往驻,并不监制其行为,分夺其声势,伊又有何拘束困苦,而以逆谋自救耶?利无可图,害无可避,而谓其将有异谋,诚过虑也"②。他一再断言珠尔墨特那木札勒不会反叛,训诫傅清不必多疑。是年九月,傅清等第二次上疏称:珠尔墨特那木札勒"现在调兵防阻,有谋不轨之意"③。接着,又第三次上疏,发出警报:珠尔墨特那木札勒"其跳梁之状,日益显著"④。当高宗接到傅清等的第三次疏报,态度已有转变,明确表示:

---

① 《清高宗实录》卷三五一。
② 《清高宗实录》卷三六四。
③ 《清高宗实录》卷三七四。
④ 《清高宗实录》卷三七五。

"此事看来势不容已,自应擒获,明正其罪。"①此时,珠尔墨特那木札勒已下令不准沿途兵民及文书出入,高宗的谕旨被阻,未能送达。

在这种紧迫的情况下,身边只有百名士兵的傅清与拉布敦想以武力制止叛乱,擒拿叛首是行不通的;如果任其发展下去,那就等于自动放弃西藏。于是,两人计议,决定冒险用计擒杀叛首。乾隆十五年(1750)十月十三日,傅清、拉布敦以宣读圣旨为名,召珠尔墨特那木札勒到驻藏大臣行署。珠尔墨特那木札勒自以为驻藏清军已撤回内地,驻藏大臣势单力孤,不敢对他如何。当他登楼以后,傅清早已安排人撤走梯子,在他们相见时,傅清突然拔刀将珠尔墨特那木札勒杀死,并杀死其随从四五人。但其党羽卓尼罗卜藏札什却乘混乱之机跳下楼,召集同党聚众围攻驻藏大臣衙署。由于双方力量相差悬殊,傅清受伤后自杀身亡,拉布敦也受重伤被杀,主事第塔尔、参将黄元龙亦自尽身亡。尚有49名士兵、77名商民被杀。叛乱者还劫走库银8.5万余两②。

珠尔墨特那木札勒发动叛乱十分不得人心,达赖喇嘛闻讯后,立即令公爵班第达"集兵拒逆",并"暂理藏王事务",下令不得断绝驿路,不得惊扰汉民,不得收留叛兵。很快,卓尼罗卜藏札什等13名要犯被逮捕,被劫走的库银大部分被追回,社会秩序安定下来。是年十二月二十一日,副都统班第等率清军进入西藏,到达拉萨,又逮捕了德什奈等14人,并在二十五日以聚众为乱、杀害大臣、劫夺库银等罪,处死卓尼罗卜藏札什等叛首。高宗下令,为表彰舍身平叛的傅清、拉布敦的功绩,追赠为一等伯,著入贤良祠,并将驻藏大臣之通思岗衙署改为傅清、拉布敦祠堂,赐名"双忠祠",另于京师修建一座"双忠祠"。

珠尔墨特那木札勒事件被平息后,清廷接受了这次事件中西藏无驻兵和藏王权势过大的教训,重新调整了西藏的管理机构,制定了《酌定西藏善后章程》。这次调整,有如下明显变化:一是本着多头分势的原则,决定西藏此后不再设置藏王,保留原来设置的四名噶伦,但有所调整,现设四名噶伦为三俗一僧,改变原来四名噶伦均由俗人充任的规定,重要问题噶伦必须

---

① 《清高宗实录》卷三七五。
② 赵尔巽等:《清史稿》卷三一二《傅清传》、《拉布敦传》,中华书局1977年版。

请示达赖喇嘛和驻藏大臣;二是提高驻藏大臣的权力,有关噶伦的事务由驻藏大臣管理;三是驻兵西藏,清廷决定在西藏驻兵千人,且在西藏的咽喉打箭炉,也要派驻重兵;四是管好塘汛,保证西藏与清廷的联系,并强调管理塘汛之权一定要掌握在驻藏大臣之手。以上规定,是对西藏行政管理体制的重大变革,经乾隆朝,真正完成了对西藏管理体制的变革,从此,清朝不仅巩固了在西藏的统治,也使西藏与中央政权结成了密不可分的隶属关系。

（二）挫败英国对西藏地区的渗透

最早进入西藏的欧洲人是天主教传教士。明天启四年(1624),葡萄牙籍天主教耶稣会会士安东尼·德·安夺德由印度潜入西藏传教。接着,又有几名西方传教士亦由印度接踵而至。但他们并没有站住脚,都在清顺治九年(1652)被西藏当局驱逐出境。至康熙四十七年(1708),天主教托钵僧团又进入西藏传教,雍正二年(1724)还在拉萨修建了教堂,发展了11名教徒。这些传教士还积极搜集有关西藏军队、政务、交通、商情等方面的情报,挑拨西藏与清廷的关系,激起西藏人民的强烈反对,不得不于乾隆初年退出西藏。

最早向西藏进行渗透活动的西方国家是英国。英国先占据了距西藏不远的印度孟加拉省。乾隆三十三年(1768),英国指令东印度公司驻印度代表搜集有关西藏的情报,先后两次向西藏进行渗透。

第一次渗透活动是乾隆三十七年(1772),印度孟加拉省与不丹发生冲突,英国趁机进攻不丹。不丹进行抵抗,但不幸遭到失败。六世班禅应不丹的要求,出面进行调停。英国答应可以与不丹议和,却趁机向六世班禅提出派遣一个使团进入西藏的要求。乾隆三十九年五月,以波格尔为首的英国使团进入西藏。这一使团的使命,英国驻印度总督赫斯定说得十分明确:一是查清拉萨与西伯利亚之间的大片土地和交通状况;二是查明由孟加拉到拉萨以及由拉萨通往西藏各地区的道路和居民情况;三是设法缔结孟加拉与西藏的商约,如有可能争取在拉萨设置英国商务代表机构[①]。英国是企图通过西藏进入中国内地,避免从海上进入中国时所遇到的抵抗。因此,使

---

① 马克翰:《乔治·波格尔出使西藏和托马斯·曼宁旅行到拉萨故事》,伦敦1879年版,转引自列昂节夫著、张方廉译:《外国在西藏的扩张》,民族出版社1959年版。

团在到达日喀则的第二天,便拜会了六世班禅,波格尔向班禅提出英国希望与西藏订立通商条约的要求,班禅答应向拉萨有关官员转达。不久,西藏地方政府从拉萨派出代表,双方在日喀则进行会谈。英国使团再次提出希望与西藏订立通商条约的要求。西藏地方政府的代表明确答复:西藏是清朝的一部分,签订通商条约,必须经过清朝廷。英国使节们不甘心失败,又向班禅提出可否单独与班禅管辖的后藏签订通商条约。这一要求也同样遭到拒绝,班禅严正指出:整个西藏都在大皇帝管辖之下,西藏的一切无不听命于朝廷[1]。波格尔提出签订通商条约以及企图挑拨西藏与清朝廷的阴谋均遭失败。但是,使团在日喀则停留期间,搜集到了大量有关西藏的情报,并结交了一些西藏的大农奴主。

第二次渗透活动是在乾隆四十四年(1779)英国东印度公司发生财政危机之后,迫切需要向外倾销商品,于是,再一次把注意力投向西藏。乾隆四十八年,印度总督赫斯定以祝贺七世班禅坐床的名义,向西藏派遣了由武官忒涅等人组成的第二个使团。使团的重要使命之一就是要求与西藏签订通商条约和允许英国商人在西藏从事经商活动。为此,使团在西藏使出了种种伎俩:一是大力渲染波格尔与六世班禅的所谓"友谊",企图以此获得西藏人的好感;二是使团带来了丰厚的"礼物",分送给波格尔结交的以及他们新结交的大农奴主,企图以此换得这些大农奴主对英国要求通商的支持。然而又遭到了失败。清廷和西藏地方政府都明确表示:不同意与英国签订通商条约,也不批准英国人到拉萨去。驻藏大臣还专门发布了高宗关于以后禁止忒涅及其他外国人入境的诏书[2]。忒涅在此行中详细绘制了入藏的路线,后来他向英国政府建议:要想与中国建立关系,必须先同西藏建立关系,只有通过西藏才能到达北京[3]。英国并不甘心失败,紧接着又挑唆西藏的近邻廓尔喀发动了对西藏的进攻,企图以此坐收"渔翁之利"。

(三)击退廓尔喀对西藏的进犯与清朝对西藏管理的加强

乾隆后期,发生过两次廓尔喀进犯西藏的事件。乾隆五十三年(1788)

---

[1] 荣赫鹏著、孙煦初译:《英国侵略西藏史》,转引自王戎笙主编:《清代全史》第四卷,辽宁人民出版社1990年版,第280页。
[2] 列昂节夫著、张方廉译:《外国在西藏的扩张》,民族出版社1959年版,第11—12页。
[3] 王戎笙主编:《清代全史》第四卷,辽宁人民出版社1991年版,第281页。

六月十六日，廓尔喀派遣3000人马，未经宣战就公然入侵西藏，并占领了济咙、聂拉木、宗喀等地，严重威胁着后藏重镇札什伦布。这次战争以西藏地方政府瞒着清廷与廓尔喀订立纳金赎地的协议而结束。乾隆五十六年六月，廓尔喀又以索要赎金为由，劫持关押西藏的代表并派兵攻占了聂拉木，八月又增兵，大举入侵后藏，占领了定日、萨迦、济咙等地。十一月，高宗任命福康安为大将军，海兰察、奎林为参赞大臣，率兵进藏。次年五月，收复了廓尔喀占领的全部领土，并迅速攻入廓尔喀境内，廓尔喀国王遣使求和。

在这次廓尔喀进犯事件中，暴露了西藏所存在的问题：一是西藏地方官员的腐败，各项制度废弛，内部纷争不息，根本无力抵挡外来的侵略。二是清廷对西藏的管理不力，所派驻藏大臣多系庸人，形同虚设。事件发生后，高宗分析了历史和现状，指出"卫藏一切事务，自康熙、雍正年间，大率由达赖喇嘛与噶（布）伦商同办理，不复关白驻藏大臣，相沿已非一日。达赖喇嘛系清修梵行，惟知葆真养性。离尘出世之人，岂复经理俗务，自必委之于噶（布）伦，而噶（布）伦等遂而从中舞弊，诸事并不令驻藏大臣与闻。及滋生事端，始行禀白，吁求大臣为之经理，迨至事过，仍复诸事擅行，以致屡次滋衅，成为体统……""积习相沿，不可不大为整顿。向来驻藏大臣，往往以在藏驻扎视为苦差，诸事因循，惟思年期届满，幸免无事，即可更换进京。今经此番大加惩创之后，自应另立章程，申明约束，岂可复循旧习！嗣后，驻藏大臣与达赖喇嘛，遇有应办事件，当一一商同办理，噶（布）伦与在藏章京会办，不得稍有专擅。"高宗这一训示，令福康安抵藏后，立即转告达赖喇嘛和各呼图克图大喇嘛，并令他们"嗣后即遵照办理，以期永绥卫藏"[①]。乾隆五十七年（1792）闰四月，高宗在给鄂辉、和琳的谕令中再次强调："向来驻藏大臣，不谙大体，往往因接见时瞻礼，因而过于谦逊，即与所属无异，一切办事与噶（布）伦视若平行，授人以柄，致为伊等所轻，诸事专擅，并不关白大臣，相习成风，已非一日……鄂辉、和琳均系钦差大臣，除拜佛瞻礼之外，其办事原应与达赖喇嘛、班禅额尔德尼平等，至噶（布）伦等即系属员，诸事自须禀命钦差办理。如伊犁将军之统辖伊犁、喀什噶尔参赞之统辖回疆，方足以符体制而肃纲纪。鄂辉、和琳在彼，应乘此时加意整饬，力矫从前积习，

[①] 《清高宗实录》卷一三九三。

俾以噶(布)伦等感知天朝威令,不敢心生玩忽,庶权归一,可期抚驭番民,永绥卫藏。"①

为了对西藏加强管理,高宗在乾隆五十七年(1792)八月二十七日、二十八日两次谕令福康安,一定要处理好西藏的善后工作,"将善后各条令,公同详酌妥办","以期经久遵行,边隅永臻宁谧"。在二十八日的谕令中,对条令应包括的内容均详加指示。除强调驻藏大臣的地位外,高宗针对一些流弊特别提出一系列改革措施:"藏内达赖喇嘛、班禅额尔德尼等呼毕勒罕示寂后,令拉穆吹忠作法降神,俟神附伊体,指明呼毕勒罕所在,乃拉穆吹忠往往受嘱,任意妄指,以致达赖喇嘛、班禅额尔德尼等亲族姻娅,递相传袭,总出一家,与蒙古世职无异。甚至丹津班珠尔之子亦出有呼图克图之呼毕勒罕者,即仲巴与沙玛尔巴同为前辈班禅弟兄。仲巴系札什伦布商卓特巴,坐享丰厚;沙玛尔巴居住廓尔喀,未能分润,唆使贼人抢掠,此呼毕勒罕不真及族属传袭之流弊也。嗣后应令拉穆吹忠四人,认真作法降神,指出实在根基,呼毕勒罕若干,将生年月日各书一签,贮金奔巴瓶内,令达赖喇嘛等会同驻藏大臣,对众拈定,作为呼毕勒罕,不得仍前妄指,私相传袭。"②这里高宗第一次提到采用"金瓶掣签制",是西藏地区的一项意义深远的政治改革,此后,清廷以"金瓶掣签制"来决定达赖喇嘛或班禅额尔德尼的灵童转世问题,从而把西藏置于中央政权的直接管辖之下。

福康安根据高宗关于处理西藏问题的指示,会同达赖喇嘛、班禅额尔德尼、驻藏大臣和西藏地方官员多次讨论,先后共提出处理西藏问题事宜102条,最后修订为29条,于乾隆五十八年(1793)正式颁布执行,这就是著名的《钦定西藏章程》。内容十分广泛,包括政治、军事、财政、贸易、司法、宗教、外交等方面,首先明确规定驻藏大臣与达赖喇嘛、班禅额尔德尼处于平等地位,共同协商处理西藏政务,并督办藏内事务。其次,明确规定今后达赖喇嘛、班禅额尔德尼以及各地黄教呼图克图转世必须实行"金瓶掣签制"。再次,加强了对西藏边疆贸易和外事的管理,外国人入藏必须报经驻藏大臣衙署批准。另外,严格管理藏币,由驻藏大臣派官员与噶伦对所铸西

---

① 《清高宗实录》卷一四〇三。
② 《清高宗实录》卷一四一一。

藏货币进行检查,加强对税收的管理,税额的确定必须经驻藏大臣同意。成立3000人的西藏正规军,军官由驻藏大臣和达赖喇嘛共同任命。还规定了西藏的地方司法制度,明确规定对犯罪者的处罚必须经过驻藏大臣的批准等①。

《钦定西藏章程》的制定,从政治、经济、军事、司法、外交及宗教诸方面提高了驻藏大臣的地位和职权,加强了清朝中央对西藏地方的控制和管理,密切了西藏与内地的联系,有利于西藏社会的稳定和发展。

4. 金川之役与改土归流

我国西南地区包括今云南、贵州、四川、广西等省区,是少数民族聚居又是与汉族杂居的地区。这里有苗、瑶、壮、白、藏、彝等20多个少数民族。元、明两代这里实行过土司制度。自清康熙朝开始,废除了部分土司,实行"改土归流"。雍正朝在这一地区大规模推行改土归流。但有些地方仍然保留着土司制度,四川的大小金川就是其中之一,乾隆时,有些地方的土司发动过几次叛乱,影响较大者是大小金川土司的叛乱。

大小金川是大渡河上游的两条支流,地处四川西北,大金川在西,小金川在东。其流向均由东北流向西南。因这两条支流流经的诸山产金而得名。大金川又名促浸;小金川又名攒拉。这里"地不逾五百里,人不满三万众"②,是藏族聚居之地。明代设置土司,颁发金川寺演化禅师印,大小金川统由其掌管。清代顺治时,金川寺演化禅师吉尔卜细归附,清廷仍授其职。康熙六十一年(1722),金川的土司色勒奔派兵随四川提督岳钟琪出征有功,被授予副长官司职衔。雍正元年(1723)川陕总督年羹尧为削弱金川土司的势力,原有的金川寺演化禅师改为小金川土司,另外设置一个大金川安抚司,使大小金川互相牵制,互相制约。

(一) 第一次金川之役

乾隆七年(1742),大金川长官司色勒奔去世,其子莎罗奔继任,势力日

---

① 《钦定西藏章程》,全文见牙含章:《达赖喇嘛传》,人民出版社1984年版。
② 《平定金川方略》卷一《平定两金川告成太学碑文》。

强,多次攻掠附近的土司,特别是企图吞并小金川,暗结小金川土司泽旺之弟良尔吉为内应。乾隆十一年,莎罗奔劫持小金川土司泽旺并夺其印①。川陕总督庆复见事态严重,就责问莎罗奔。莎罗奔无奈,把泽旺放归小金川,并归还其印信②。然而,莎罗奔仍然想扩大势力。乾隆十二年春,莎罗奔以听老人言及革布什咱和明正等地原曾为金川属地为借口,出兵攻打革布什咱土司的鲁密和明正土司的章谷,妄图将它纳入自己管辖之下。章谷距川西军事重镇打箭炉仅四日路程。四川巡抚纪山得报,感到事态严重,他立刻飞报朝廷,同时命泰宁协副将张兴前往镇压。张兴轻率少谋,遭大败,千总向朝发所率6000人突遇埋伏而阵亡,损失惨重。对此,川陕总督庆复认为:大金川四面环山,地形复杂,不便用兵,因此他奏请"以番攻番",调集小金川、革布什咱、巴旺、杂谷等土司出兵,联合向大金川进攻。庆复的这一建议遭到高宗的否决,认为莎罗奔身受朝廷封赠,竟敢抗击官兵,是目无朝廷,必须予以严惩,以"宣示皇威,以全国体"③。庆复对此处理不力,下令将他调离,另派贵州总督张广泗任川陕总督,统兵讨伐。

　　张广泗率兵3万,分七路进攻大金川:川西兵分四路进攻大金川的勒乌围、噶拉依;川南兵分三路进攻大金川以北地区。张广泗自恃在贵州苗疆的用兵经验,盲目轻敌,所谓"酋首不日可以殄灭"④,大金川指日可破。然而,事与愿违,遭到了莎罗奔的顽强抵抗。莎罗奔在险要之地筑碉楼,"累石如小城,中峙一最高者,状如浮图,或八九丈、十余丈,甚至有十五六丈者,四围高下皆有小孔,以资瞭望,以施枪炮"⑤。张广泗攻碉的方法,仍然是老一套,"或穴地道,以轰地雷,或挖墙孔,以施火炮,或围绝水道,以坐困之"。这老一套攻碉方法早为金川人所熟知,并做好了应付的准备。半年过去了,张广泗仍毫无进展,无奈,连上奏章陈述困难。高宗一再督促张广泗:"或断其粮道,或绝其水路,使之坐困,谅无不毙之理"。要求张广泗充分认识到:"此次用兵,非小小克捷惩创于目前所可了事,必须统计金川番情,大为

---

① 魏源:《圣武记》卷七《乾隆初定金川土司记》。
② 《平定金川方略》卷一。
③ 《清高宗实录》卷二八四。
④ 《清高宗实录》卷二九三。
⑤ 《平定金川方略》卷三。

筹办，实足以慑服诸蛮，为一劳永逸之策，方不至事久复有蠢动。若此时稍有迁就，以图速战，将来办理愈难，反不若无此役之为得计矣。"①为此再增兵5万。本来，大金川已有投降之意，但高宗在上述思想指导下，提出"断无纳降受款，草率了局之理"，拒绝受降，引起金川土司作困兽之斗，以致8万清兵，竟战胜不了几千金川兵，反而多次遭到惨败②。乾隆十二年（1747）十二月十四日，副将张兴与游击陈礼在马邦遇伏，兵败被歼，影响更大。张广泗向高宗请罪，又向朝廷要求增兵。兵部尚书班第认为"增兵不如选将"③。高宗同意，于乾隆十三年四月特命大学士讷亲为经略大臣前往四川，领侍卫内大臣傅尔丹、护军统领乌尔登等人随同前往，岳钟琪加升提督衔，统领军务。

岳钟琪于四月下旬到达，与张广泗共议兵分10路，由岳钟琪率领5路进攻乌第围；张广泗率领另外5路进攻噶尔厓。恰好此时讷亲到达四川。讷亲任首席军机大臣，最得高宗宠信。其实，他不过是一个文臣，没有什么实际作战经验，但却恃宠瞎指挥。在他还没有到达时，就下令限三日内攻下噶尔厓，将进攻噶尔厓的5路改为3路，并更改了进攻的重点。结果清兵一败涂地，伤亡甚大，总兵任举和参将买国良均阵亡。此后，讷亲不再敢言战，又别出心裁地提出"以碉攻碉"的策略，遭到高宗的坚决反对，指出他身为经略，只宜持其大纲，带兵作战仍应由张广泗负责④。但讷亲仍不自觉，又上疏高宗，陈述用兵困难，建议再增调精兵3万，增饷数百万，提出明年或两三年后待有机可乘时再行攻取。这一建议遭到高宗的严厉斥责："此见非矣！岂有军机重务，身为经略，而持此两议，令朕遥度之理！"⑤岳钟琪到达兵营后，发现张广泗重用小金川土舍良尔吉，而此人与莎罗奔暗通，乃使清兵的动向均为莎罗奔所掌握；参战的土兵"不惟无用，且须防范"，汉兵伤亡甚重，士气十分低落，无不见碉而怯⑥。高宗看到岳钟琪的奏报，甚为震惊，遂下令将张广泗锁解京师问罪，并将讷亲革职，另任傅恒为经略大臣、大学

---

① 《清高宗实录》卷二九八。
② 《清高宗实录》卷三一三。
③ 《清高宗实录》卷三〇九。
④ 魏源：《圣武记》卷七《乾隆初定金川土司记》。
⑤ 《清高宗实录》卷三二一。
⑥ 《清高宗实录》卷三二三。

士、川陕总督,增派八旗兵、汉兵3.5万,强调对所调士兵要"详加选择,务期汉仗雄壮、技勇熟练方准入选"①。

乾隆十三年(1748)十一月初三日,傅恒自京师出发,十二月下旬到达兵营。他努力贯彻高宗的意图,斥责讷亲、张广泗的"以碉攻碉"的作战方略;斥责张广泗信任坏人,贻误军情。他下令将小金川土舍良尔吉、土目苍旺处死。他又揭露讷亲怯懦偷安,不恤士卒,招致失败。还发布了他的用兵策略,即当大军齐聚以后,分路进攻,挑选精锐部队,直捣敌人中坚。由于情况发生变化,他的计划未及实施。

这时,情况发生变化主要有二:一是高宗对这场战争的态度发生了变化。傅恒由京师出发后20天,高宗认为:此次傅恒出师如一举成功,当然是国家的大幸;如出意外,到明年三四月还未能取胜,就下令撤兵休战,待秋季再说②。此意是想尽早结束这场战争。二是大金川的形势发生了变化,当大兵压境,莎罗奔有意求和,具禀乞降。其实,莎罗奔乞降之意早在乾隆十三年(1748)春就已提出,当时高宗一意孤行,拒绝受降。当莎罗奔再次乞降时,岳钟琪代奏,高宗也立即表示允降,第一次金川之役就这样结束了。

这场战争历时两年,清军三易主帅,先后"调派京东及各省满汉土官兵共六万二千五百余名",耗银计"七百六十万四千八百余两"③。这场战争从表面上看,最后是以莎罗奔乞降而结束,似乎是清朝胜利了,而朝廷也自称:"兵不血刃,一平金川"。事实上,战争开始时,清朝出动4万余人,至乾隆十三年(1748)九月只剩下2.51万人④,死伤将士1.5万余人,而对方是全部人口还不及3万人⑤的大金川,可见是付出了沉重的代价。不过,终于制止了莎罗奔土司继续为乱,迫使其投降,战争也算体面地结束了。但是,问题仍未从根本上解决,隐患未能彻底清除,故又发生了第二次金川之役。

(二) 第二次金川之役

第一次金川之役后,清廷转而实行"以番制番"的政策,有意扶植与大

---

① 《清高宗实录》卷三二六。
② 《清高宗实录》卷三二九。
③ 李鸿彬、白杰:《评乾隆朝金川之役》,《清史研究》1998年第二期。
④ 《清高宗实录》卷三二五。
⑤ 大金川、小金川人口合起来才3万。可见大金川人口不会超过3万。

金川矛盾较大的革布什咱土司，以制约大金川。然而，大金川并未甘心臣服，因莎罗奔已年老，土司事务由其侄郎卡主持。乾隆二十三年（1758），郎卡为化解与革布什咱的矛盾，增强同清朝抗衡的实力，遂将自己的女儿嫁给革布什咱土司为妻，进而勾结其所属领地丹多地方的头人，趁机夺取了丹多。于是，大金川与革布什咱的战争爆发了。在这场战争中，小金川站在革布什咱一边。大金川出动3000名土兵，占领革布什咱全境，还占据小金川的部分领地。四川总督开泰组织大金川周边九个土司联合进攻大金川。这九个多属势力弱小的土司，又各有打算，因此战争打了两年多也不分胜负。乾隆二十五年，莎罗奔去世，郎卡请求袭封和换发印信，提出休战的要求。开泰认为战争再打下去，地方不得安宁，趁机与各土司协商，最后达成协议：大金川退还所占领地，各土司撤兵，郎卡承袭为大金川安抚使。

大金川郎卡承袭安抚使以后，势力大增，刚过两年安静的日子，至乾隆二十七年（1762），郎卡又开始侵吞周围的土司。党坝首先受到攻击，引起各土司惶恐不安。高宗闻讯，即下令开泰再组织力量联合进攻大金川。开泰感到以九个小土司的力量很难制服大金川，故又对大金川"常加慰服"。此举高宗大为不满，斥责他"殊失控制大体"①。乾隆二十八年六月，开泰被革职，由山东巡抚阿尔泰接任四川总督。然而阿尔泰也是无能之辈，战争断断续续又打了3年，大金川不仅未败，反而又占据了一些土司的碉寨。高宗传谕众土司，要同心协力，早日"捣平金川巢穴"②。此时郎卡也感到树敌过多的不利，深恐清军与众土司联合作大规模进攻，因此表示愿意将所占的碉寨退还，以求休战。阿尔泰早想了结此场战事，也就依允了。高宗虽然觉得阿尔泰对此事的处理"究未妥善"，但已成事实，只好"将错就错，以完此案"了③。

郎卡接受了两次遭到九个土司联合攻击的教训，于乾隆三十二年（1767）主动将女儿许配给小金川土司泽旺之子僧格桑为妻，大小金川重归于好。大小金川互为依靠之后，各自开始向周边的土司进行蚕食。乾隆三十五年三月，小金川的僧格桑借口鄂克什土司让喇嘛诅咒他们父子，以搜查

---

① 《清高宗实录》卷六九一。
② 《清高宗实录》卷七六三。
③ 《清高宗实录》卷七七七。

符咒为名,出兵掠夺鄂克什的牲畜和人口。阿尔泰出面调停,僧格桑仍坚持鄂克什必须割让三寨作为赔偿。乾隆三十六年革布什咱土司色楞敦多布与其侄敦珠汪札尔发生内讧,敦珠汪札尔就向大金川求救。时郎卡已去世,由其子索诺木袭职,即派兵占领了革布什咱。阿尔泰闻报,令索诺木退兵。索诺木不但没有理睬,反而将革布什咱的百姓赏给小金川当差。小金川见大金川得手,就趁机侵占瓦寺司的巴朗拉,又进犯明正司。大小金川互相勾结,又同时滋事。高宗闻报大怒,决定再次出兵金川。这就是第二次金川之役。

第二次金川之役是针对大小金川的。乾隆三十六年(1771)十月,清廷正式宣布征讨小金川,命理藩院尚书温福为定边右副将军,代阿尔泰统兵,并派副都统铁保、侍郎桂林、副都统常保柱、莽喀察率兵前往。十一月,桂林到达四川后,疏劾阿尔泰贻误军机。阿尔泰被革去大学士衔,留在军营办理粮饷。桂林补授四川总督。对小金川的战事分为两步,先是夺回被小金川占据的鄂克什和明正等地,接着进入小金川境内作战。小金川之所以敢于进犯邻近的土司,主要是依仗大金川的支持。当清兵一进入小金川境内,小金川就派人到大金川求援。大金川土司索诺木意识到此次清廷出兵主要是冲着他而来,小金川一灭,下一个目标就轮到大金川了。因此,他赶紧派人到清军大营中,表示愿意出面调停,希望清军从小金川撤兵,但遭到了清廷拒绝。此时,他又以护亲为名,派出700名土兵往援小金川和阻截清兵粮道。

乾隆三十七年(1772)正月,增派到四川的陕西、甘肃、贵州等地的清军陆续入川。当时清军兵分两路:一路由温福率领,自西进兵;一路由桂林率领,自南合击小金川。五月,桂林派3000人深入黑垅沟,被对方截断后路,桂林却不派兵增援,致使除200人逃回外,几乎全军覆没。桂林故意不报军情被揭露后,高宗就派阿桂代替桂林任南路指挥[①]。十二月,清大军已达美诺,僧格桑将妻妾送往大金川,并请求父亲泽旺代他出来乞降,遭到泽旺的拒绝,他被迫也逃到大金川。当清军到达底木达时,泽旺出降,被押解进京师。清军要求大金川的索诺木交出僧格桑,索诺木置之不理,于是高宗下令

---

① 魏源:《圣武记》卷七《乾隆再定金川土司记》。

并征大小金川。

清军到达小金川后,高宗任命温福为定边将军,阿丰与丰升额为副将,对大金川展开攻击。温福把军队分为三路,但各路均无多大进展。此时,索诺木却在暗中积极活动。乾隆三十八年(1773)六月,索诺木煽动已降的小金川各路土官率众起来反抗清军,偷袭温福大营成功,温福被打死,各碉寨所驻官吏闻讯溃逃。高宗闻讯,立即任命阿桂为定西将军,并调建锐营、火器营2000人,吉林索伦兵2000人,又从黑龙江、伊犁、成都、荆州、西安等地驻防满洲八旗中调精兵5500人,共9500人;再从云贵、两湖、陕甘各省抽调绿营兵11000人;加上原出征将士,共达7万余人。兵分西、南、北三路,自十月二十九日同时向金川进兵。清军进展迅速,5日内即攻克美诺、底木达;8日内,清重新平定小金川。

继平定小金川之后,清廷于乾隆三十九年(1774)正月,集中3.3万将士发动对大金川的攻击。这次战役打得十分艰苦。由于这里地势险要,大金川又有充分作战准备,"金川人增垒设险,严密十倍于小金川"[1]。但清廷的备战也较充分,吸取了前次作战失利的教训,避免失误。由熟悉情况的邻近土司的土兵引导,三路人马除丰升额率领的一路因道路艰险进展不大外,由阿桂、明亮率领的两路进展均较迅速。根据战况,清军及时作了调整,将丰升额一路与阿桂一路合起来。到了八月,清军已攻至大金川官寨勒乌围的门户逊克尔宗。索诺木惊慌万分,设计将逃入大金川的僧格桑杀死,差人将其尸体及其妻妾送到清军大营乞降,阿桂不准。接着,他又将大金川的大头人逮捕,向清将乞降,阿桂仍然不准。乞降不成,索诺木就督促逊克尔宗的守兵死守。自八月至十月,清军尽管发动了多次攻城,却未能攻克。直到十月中旬,阿桂乘大金川兵防守疏忽,一举攻下险地墨格尔后,才顺利逼近勒乌围。此时,雨雪连绵,道路泥泞,难于行进,清军只好在此地屯兵数月。乾隆四十年四月,天气转晴后,清军集中了5.7万人向勒乌围进攻。索诺木再次乞降,阿桂还是不允。八月十六日,清兵终于将勒乌围攻下,索诺木早已逃至噶尔厓,清军遂移师噶尔厓。自勒乌围被攻占后,大金川的败势已定,士气涣散,清军所到之处,大金川士卒纷纷溃逃。十二月,清军两路会

---

[1] 魏源:《圣武记》卷七《乾隆再定金川土司记》。

师,将噶尔厓团团围住,索诺木的母亲、兄弟、头人投降。直到乾隆四十一年二月,索诺木在走投无路的情况下,被迫率妻妾及余下的2000余人出寨投降。阿桂将索诺木等要犯押解京师,凌迟处死。至此,第二次金川之役才告结束①。

第二次金川之役,自乾隆三十六年(1771)十月正式宣布征讨小金川,到乾隆四十一年二月索诺木投降,历时4年半,清廷"共调集十四省营、十八路土司、满汉屯土官兵一十二万九千五百余员名","动帑银六千一百六十万两"②,这是高宗"十全武功"中历时最长、耗资尤巨的一次战争。

(三)对金川管辖的加强

两次金川之役,清廷对付"地不逾五百里,人不满三万众"的大小金川,前后历时7年,用兵192000人,耗资6920余万两,严重地耗费了国力,加重了百姓的负担。两次战争进行得十分残酷,不仅金川藏民损失惨重,清军士卒亦伤亡数万人。清廷为加强对这一地区的管辖和统治,采取了一系列措施:

一是改土归流,废除这一地区的土司制度,设置与内地相同的州县,派遣流官,实行直接管理。乾隆四十一年(1776),在大金川设置阿尔古州,在小金川设置美诺厅。乾隆四十四年,又将阿尔古州并入美诺厅,裁撤阿尔古州。乾隆四十八年,改美诺厅为懋功屯务厅,其下领有懋功屯、抚边屯、章谷屯、绥靖屯、崇化屯等5屯。

二是派兵驻防金川。为防止再次发生叛清,决定在金川驻军,"资其控驭弹压"③。乾隆四十一年(1776)后,在大金川派驻3000人,分别驻于勒乌围、曾达、噶喇依、噶尔厓、茹寨、马尔邦等地;在小金川派驻3000人,分别驻于美诺、底木达、大板昭、僧格宗、翁吉尔垅、约咱等地。金川驻军统归成都将军管辖,并规定成都将军每年要到金川巡视两次④。至乾隆五十四年,随着金川社会秩序的安定,在金川地区陆续设州县,逐渐与内地其他州县

---

① 魏源:《圣武记》卷七《乾隆再定金川土司记》。
② 李鸿彬、白杰:《评乾隆朝金川之役》,《清史研究》1998年第二期。
③ 《清高宗实录》卷一〇〇四。
④ 《清高宗实录》卷一〇〇四。

相同①。

三是实行屯制。驻兵设屯,战守结合,并将当地各族民户亦按军屯体制编制。屯区周围的土司,亦归屯管辖。金川设屯的种类分为四种:一为兵屯,即派驻的军队6000人,除分拨差防外,俱给地耕种;二为练屯,即原来的杂谷五寨屯练,随征金川后,留派差防,拨地耕种;三为"番屯",即归附的金川藏民,亦视兵屯例,给以牛犋籽粮,授地屯垦;四为民屯,即内地民人(多为汉族)愿往金川开垦者,亦给地耕种,每户给地30亩,为恒产。屯制的实行,有力地促进了金川的开发,也有利于清廷对金川的管辖②。

四是调整居民的民族结构。这里原为藏民聚居区,为铲除土司势力,决定变单一民族结构为多民族杂居。除原金川土司及其家属250人解京师或处斩,或永远监禁,或发往边疆为奴外,将189名金川大小头人及藏民迁到京师编为佐领,入内务府正白旗,又将在战争中投降的金川藏民赏赐给周围的12个土司为民。通过兵屯、民屯等方式,从附近的土司或内地州县迁入大批人口③。

五是废除苯教,振兴黄教。金川的藏民长期以来信奉苯教,而苯教喇嘛在大小金川叛清中起了很坏作用。清廷宣布苯教为"邪教",除将其为首的两个喇嘛解京师处死外,宣布废除。又从京师选派黄教喇嘛前往金川寺庙中担任住持,大力提倡黄教,自此黄教在金川藏民中广为传播并最终取代了苯教④。

清廷实行上述一系列政策后,金川地区的社会秩序遂较安定,土地得到开发,经济和文化都有了发展,对这里的管辖也有所加强。

5. 避暑山庄——盛世的辉煌

避暑山庄,是清代自圣祖以来历朝皇帝避暑和从事各种政务活动之地,

---

① 参见曾唯一:《乾隆平定金川后的善后事宜》,《四川师大学报》1986年第六期。
② 参见潘洪钢:《清代乾隆朝两金川改土归屯考》,《民族研究》1988年第六期。
③ 李心衡:《金川琐记》(七)。
④ 李心衡:《金川琐记》(二)。

871

位于北京东北400里的承德。滦河与武烈河流经其间,古代曾称武烈河为热河,故避暑山庄又有热河行宫或承德离宫的名称。

避暑山庄始建于康熙四十二年(1703),康熙四十七年(1708年)初具规模。乾隆朝又作较大规模改造和扩建,至乾隆五十五年(1790)主要工程才最后完成,先后历88年。这座著名古典园林的出现,正是"康乾盛世"的重要象征。

从整体而言,避暑山庄基本上分为两大部分,即山庄自身和山庄北面、东面的寺庙群"外八庙"。山庄自身占地8400余亩(约564万平方米)。四周均筑有"虎皮墙",周长约20里。所处地势,酷似中国地形的缩影,即西北多山,东南多水。自身又分宫殿区、景苑区两部分。

宫殿区位于整个山庄的南部,由四组宫殿组成。第一组为"正宫",在整个宫殿区的西部,为皇帝居住和处理政务之地。正宫的宫殿群呈南北长的长方形,主要有"丽正门"、"避暑山庄门"、"澹泊敬诚"、"四知书屋"、"烟波致爽"、"云山胜地"等建筑,南北排开。"澹泊敬诚"为主殿,又称"楠木殿"。楠木殿后面是五间后殿,即"四知书屋"。再后面为19间平房,称"万岁照房"。其北又自成院落,殿面为七间皇帝寝宫,寝宫东、西各有小院,为后妃寝宫,这里组成"烟波致爽"。最后又是两层楼的建筑,称"云山胜地",为皇帝和后妃登楼观景之场所。第二组为"松鹤斋",位于正宫东侧,建筑布局类似正宫。这是高宗生母居住的地方。7间大殿称"松鹤斋",有17间照房,类似"云山胜地"的览胜观景的建筑也为两层楼,称"畅远楼"。第三组称"万壑松风"。依岗临湖,风光幽静,建筑结构灵活多变,有江南园林的气息。主要建筑为殿面5间的大殿"纪恩堂",为皇帝批阅奏章、接见群臣之处。大殿两侧有曲廊与几座平房相接,其中一座称"鉴始斋",为高宗少年时读书的地方。第四组称"东宫",位于"松鹤斋"东,整个宫殿区的最东部。其主殿称"勤政殿",为皇帝处理日常政务场所。"卷阿胜境"是皇帝观景处,以览湖区景色。"清音阁",即"大戏楼",为皇帝观戏之处。"福寿阁"为皇帝宴请少数民族王公贵族和外国使节之处。但是,这组宫殿建筑已不复存在。

宫殿区北部为景苑区。这里有秀美的自然风光,还有人造的秀丽景致,特别是许多著名的江南景点都有仿造。景苑区的风景又分为湖区、平原区、山区三部分,而以湖区的风景构成它的主体。

湖区:整个湖面被洲、岛、桥、堤分割为澄湖、长湖、西湖、半月湖、银湖、如意湖、镜湖等几个不同形状的水面。原来水面有700余亩。有许多是仿南方的著名景点。如"芝径云堤"是仿杭州苏堤而修建连接湖区各景点的一座长堤。"上帝阁"是仿镇江金山寺的意境而建。岛上的"月色江声"建筑区,则主要采用了北方四合院布局。"如意洲"上的建筑群,既有北方四合院特色,又采用江南园林灵活布局。整个湖区建筑群体现和综合了我国南北方的建筑风格。

平原区:西北依山,东至宫墙,占地约有1000余亩。由"万树园"和"试马埭"组成。"万树园"在东部,植有苍松、老柳、古榆、巨槐等北方树木,又在林中筑有南北风格各异的建筑,既有北方的蒙古包,又有仿南京"报恩寺"和杭州"六和塔"修建的永佑寺舍利塔。"试马埭"在西部,是一片绿草地,点缀几座蒙古包,具有蒙古草原风光。这里是一座大赛马场。

山区:位于西部,自南而北,山势起伏,岭上树木丛生,幽谷溪流,峰回路转。依山修筑了一系列建筑物,如"山近轩"、"宜照斋"、"碧静堂"、"绿云楼"、"绮望楼"等。山中有寺庙,如"珠源寺"、"水月庵"、"广元宫"、"斗姥阁"等。

整个山庄主要景点原共有72景,今仅存9景,占72景的八分之一。

圣祖题字的"四字景"有[1]:

(1)烟波致爽※　　(2)芝径云堤※　　(3)无暑清凉※

(4)延薰山馆※　　(5)水芳岩秀※　　(6)万壑松风※

(7)松鹤清樾　　　(8)云山胜地※　　(9)四面云山

(10)北枕双峰　　(11)西岭晨霞　　(12)锤峰落照

(13)南山积雪　　(14)梨花伴月　　(15)曲水荷香

(16)风泉清听　　(17)濠濮闲想　　(18)天宇咸畅

(19)暖流喧波　　(20)泉源石壁　　(21)青枫绿屿

(22)莺啭乔木　　(23)香远益清　　(24)金莲映日※

(25)远近泉声　　(26)云帆月舫　　(27)芳渚临流※

---

[1] 今存者加注符号※。

(28) 云容水态	(29) 澄泉绕石	(30) 澄波叠翠
(31) 石矶观鱼	(32) 镜水云岭	(33) 双湖夹镜
(34) 长虹饮练	(35) 甫田丛樾	(36) 水流云在

高宗题字的"三字景"有：

(1) 丽正门	(2) 勤政殿	(3) 松鹤斋
(4) 如意湖	(5) 青雀舫	(6) 绮望楼
(7) 驯鹿坡	(8) 水心榭	(9) 颐志堂
(10) 畅远台	(11) 静好堂	(12) 冷香亭
(13) 采菱渡	(14) 观莲所	(15) 清辉亭
(16) 般若相	(17) 沧浪屿	(18) 一片云
(19) 萍香泞	(20) 万树园	(21) 试马埭
(22) 嘉树轩	(23) 乐成阁	(24) 宿云檐
(25) 澄观斋	(26) 翠云岩	(27) 罨画窗
(28) 凌太虚	(29) 千尺雪	(30) 宁静斋
(31) 玉琴轩	(32) 临芳墅	(33) 知鱼矶
(34) 涌翠岩	(35) 素和斋	(36) 永恬居

在山庄东面和北面的山麓，则矗立着宏伟壮观的寺庙群，这就是"外八庙"。这里实际上是有12座庙，因其中有8座庙分8处管理，习称为"外八庙"。这些庙宇是自康熙五十二年（1713）至乾隆四十五年（1780）陆续修建的。12座寺庙名称是：溥仁寺、溥善寺（今不存）、普乐寺、安远庙、普宁寺、普佑寺（今不存）、广缘寺、须弥福寿之庙、普陀宗乘之庙、殊像寺、广安寺（今不存）、罗汉堂（今不存）。

这些庙宇是集中国各民族宗教建筑艺术之大成与创新，融合了汉族、藏族、满族、回族等各民族的建筑艺术，充分体现了多民族的文化色彩。其建筑造型有殿、阁、楼、亭、廊、塔、台等，是中国各族的劳动人民高度智慧和创造才能的体现。

避暑山庄和外八庙的修筑是康乾盛世的产物，首先是当时社会经济的发展和繁荣，为修筑奠定了经济基础，提供了物质保证。避暑山庄和外八庙的修筑长达88年之久，其花费巨大，包括人力、物力和财力是无法精确计算的。如："澹泊敬诚"即"楠木殿"，修建后进行过一次改建，就用银7.15万两,用工 18.4 万个①。乾隆朝在湖区修建"烟雨楼"用银 3.5 万两②。修建"水心榭"东部,仿建的"文园狮子林"用银 7.6 万两③。在平原区修建的永佑寺舍利塔费银 20.9 万余两④。在山区修建的"山近轩",其宫门大殿的部分工程就花费了 3 万余两,"广元宫"的殿宇房间部分费银 6.6 万两⑤。外八庙的普陀宗乘之庙,其鎏金铜瓦就用掉黄金近 1.5 万两,后来又两次整修,花费 70 万两白银⑥。普佑寺一次维修费用就达 17560 两白银⑦。从上述数字可以看出修建费用之庞大。如果不是在盛世社会经济繁荣时期,那是很难想象的。

其次是避暑山庄和外八庙的修筑是统一的多民族国家最后形成、巩固和发展的见证。乾隆二十年至二十三年(1755—1758)在平定厄鲁特蒙古准噶尔部达瓦齐与辉特部阿睦尔撒纳的叛清之后,高宗决定修建"普宁寺",取"普遍安宁"之意。此庙是仿西藏最早的寺庙三摩耶庙的式样修建,其前半部的大雄宝殿则属汉族寺庙"伽蓝七堂"式建筑。准噶尔部的达什达瓦部参加平叛战斗,该部首领达什达瓦父子先后牺牲。达什达瓦之遗孀率 6000 人迁入内地,被安置在热河的有 2136 人。高宗于乾隆二十九年修建安远庙,供他们举行宗教活动。此庙是仿伊犁河北岸著名的固尔札都纲旧制修成,所以又称伊犁庙。乾隆三十一年,清廷为了表彰来京师朝贡的生活在天山北路巴尔喀什湖附近的哈萨克族和布鲁特族(即柯尔克孜族),修建了普乐寺。该寺的前部按汉族"伽蓝七堂"式修建,后部的腰墙上有巨大的坛城,上建旭光阁。乾隆三十五年,高宗的生母钮祜禄氏八十寿辰,他本人六十寿辰。当时蒙古族、藏族王公贵族齐聚承德祝寿。于是,高宗决定仿照西藏拉萨布达拉宫修建"普陀宗乘之庙"。"普陀宗乘"是藏语"布达拉"的汉译,故此庙又称"小布达拉宫"。占地 19 万多平方米,有大小建筑 60 余座,是外八庙之首。乾隆三十六年落成之日,土尔扈特部渥巴锡刚刚率部

---

① 《热河园内改盖楠木殿并前宫等处粘修工程销算黄册》,故宫博物院明清档案部藏。
② 《内务府奏销档》奏字三七三,故宫博物院明清档案部藏。
③ 《乾隆四十三年十二月奏销档》,故宫博物院明清档案部藏。
④ 《内务府奏销档》奏字三六四、三七三,故宫博物院明清档案部藏。
⑤ 《内务府奏销档》奏字三六八,故宫博物院明清档案部藏。
⑥ 《清高宗实录》卷八八六。
⑦ 《普佑寺粘修殿宇房间工程奏销黄册》,故宫博物院明清档案部藏。

自伏尔加河下游返回祖国,渥巴锡到承德觐见高宗,也参加了落成典礼。高宗在此庙内还立了《土尔扈特全部归顺记》与《优恤土尔扈特部众记》两块巨型石碑。乾隆四十五年高宗七十寿辰时,六世班禅远道从西藏到避暑山庄祝寿。高宗下令仿班禅世居的日喀则札什伦布寺的形制建筑了"须弥福寿之庙"。"须弥福寿"即藏语"札什伦布"之汉译,意思是如须弥山一样多福多寿。此庙仅用一年即建成,占地6000平方米,融合了汉、藏民族的建筑风格。

避暑山庄是清朝统治者会见蒙古王公等少数民族首领的政治活动场所。每年盛夏,皇帝率后妃及诸王大臣在这里居住数月之久,实际上,山庄成了清朝的第二个都城。从避暑山庄与外八庙的创建过程及其建筑风格,还有政治活动的内容,全面显示了盛世的辉煌。避暑山庄的历史,就是统一的多民族国家形成、巩固、发展的见证。

6. 全盛时期的疆域

中国统一的多民族国家的形成是有一定过程的,可以说始自秦朝,完成于清朝。历代王朝其疆域虽然并不完全一致,然而追求"大一统"则是共同目标。清王朝是以满族贵族为核心的封建政权,所追求的"大一统"目标与历代王朝完全一致。自清入主中原以后,完全继承了中国历代王朝所形成的疆域并有所发展。世宗对当时正在形成中的清朝疆域,作出如下评说:"自我朝入主中土,君临天下,并蒙古极边诸部落俱归版图,是中国之疆土开拓广远,乃中国臣民之大幸,何得尚有华夷中外之分论哉!"[①]就是说,世宗时已将边疆各民族地区均纳入清王朝"大一统"的疆域范围之内。在此疆域范围内的领土就绝不允许分离出去。清王朝疆域的统一也有一定过程,康熙、雍正、乾隆三朝盛世时期基本完成。在清朝边疆统一的过程中,主要的事件有:

康熙二十二年(1683)统一台湾,基本奠定了东南海疆。

[①] 《大义觉迷录》卷一。

康熙二十四年(1685)、二十五年两次雅克萨反侵略战争和康熙二十八年《中俄尼布楚条约》的签订,保卫和巩固了东北边疆。

康熙三十年(1691)喀尔喀蒙古各部举行多伦诺尔会盟,加强了喀尔喀蒙古之间的团结,密切了喀尔喀蒙古与清廷的关系,巩固了北部边疆。

乾隆二十年(1755)对准噶尔部达瓦齐的战争和乾隆二十二年对辉特部阿睦尔撒纳的战争,以及乾隆三十六年土尔扈特部蒙古返回祖国,完成了对厄鲁特蒙古的统一,巩固了西北部和西部边疆。

乾隆二十三年(1758)、二十四年平定回部布拉尼敦、霍集占的叛清,巩固了对天山南路的统治。

乾隆十五年(1750)平定西藏珠尔墨特那木札勒叛清,乾隆五十八年反击廓尔喀入侵西藏的胜利,进一步加强了对西藏地区的统治,巩固了西南部边疆。

清朝对边疆地区的统治正是在康、雍、乾三朝盛世时达到极盛,标志着统一的多民族国家的最后形成。

当时清朝的疆域是十分辽阔的[①]:

西起巴尔喀什湖以东以南和帕米尔高原,接中亚细亚;

东到日本海、渤海、黄海、东海,库页岛、台湾及其附属岛屿;

北抵戈尔诺阿尔泰、萨彦岭、外兴安岭至鄂霍次克海;

南至南沙群岛的曾母暗沙;

西南达喜马拉雅山脉,包括拉达克。

在中国的疆域内,陆地总面积达 1300 多万平方公里,人口至鸦片战争前已达 4.1 亿,形成一个土地辽阔、人口众多的庞大而宏伟的封建帝国。

[①] 马大正:《清代边疆史研究刍议》,《清史研究》1998 年第二期。

第四章 多民族关系的新格局

1. 统一的多民族的大家庭

当清朝建立起全国性的政权以后,经康熙、雍正、乾隆三朝的经营,最后形成了空前统一的多民族国家。在这个中华民族大家庭里,共同生活着满、汉、蒙古族等50多个成员。

满族:是清代中国的统治民族。满族源于女真族,在努尔哈赤统一各部女真过程中形成新的民族共同体。后金天聪九年(1635),皇太极改族名为"满洲",标志着满族的最后形成。清代的满族被编入"满洲八旗",清朝坚持"首崇满洲"的政策,满族在政治上享有种种特权。顺治元年(1644)清入主中原,满族"从龙入关",主要分布在直隶及驻扎于各地。由于大批满族人迁入内地,东北地区的满族人明显减少,但仍然保留着较多的满族习俗。当流民不断拥入东北,康熙中期以后,东北的村屯里满族人渐习汉语,生活习俗也逐渐汉化。而迁入内地的满族人,处于汉文化的包围,受影响更为明显。清朝统治者力图保持"国语、骑射、服饰"的满族传统,但抵不住强大的影响,百余年后,基本被融入汉文化之中。

汉族:是清代中国人口最多的民族,约占当时全国人口的90%以上,是清朝统治下的主体民族。主要生活在黄河流域、长江流域、珠江流域和松辽平原以及全国各地。其居住地区约占清朝疆域的40%至50%。在清入关前归附清的汉族人,多被编为"汉军八旗",是八旗组织的重要组成部分。满族人数毕竟很少,故清朝统一全国、巩固统治,不能不借助或依靠汉族的力量。它与满族、蒙古族及其他少数民族友好相处,长期共存,共同发展,为清代历史不断谱写新篇章,以其先进的文化给予它们深刻的影响,同时也吸收它们的文化,来发展壮大本民族。清朝实行"满汉一体"的政策,因此保持了汉人的长期安定。没有汉人的安定,清朝就不可能长治久安;同样,没有汉人的积极参与,就没有清朝的存在。汉族对于清朝之绝对重要,是不言而喻的。

蒙古族:约在13世纪初形成。从它登上中国历史舞台时起,就以勇猛、善战著称,驰骋欧亚大陆,一再创造出神话般的奇迹,使世界为之惊骇。在成吉思汗及其后继者的统率下,先后灭掉西夏、金朝、南宋而一统中国,建立元朝对全国近百年的统治。明初,元朝虽亡,其民族仍然顽强地存在下去,继续与明朝对峙。当清朝崛起时,蒙古族部分部落如科尔沁部等"加盟"清政权(后金),双方结成军事联盟,并以联姻进一步巩固双方的密切关系。太宗时,绥服了漠南蒙古,进而扩大到漠北蒙古,成为清朝的一支生力军。后扩建八旗,单独成立"蒙古八旗",成为清政权的支柱之一。在同明的斗争中及入关夺权,蒙古八旗是清朝的一支十分可靠和强大的军事、政治力量,做出了重大贡献。同汉族一样,没有蒙古族的加入,清朝就不会有天下。满蒙关系最密切,一直保持联姻的传统政策,蒙古族享受着特别的优待。它无疑是清朝统治下的一个十分重要的民族,在统一的多民族的大家庭中占据着特殊的地位。

清代东北地区,除了满族、汉族、蒙古族外,还有达斡尔、鄂温克、鄂伦春、锡伯、费雅喀、赫哲和库页等民族。这些民族人数不多,但都有本民族的文化。清入关前,它们先后加入清政权,成为满洲共同体的新成员,习称"新满洲"。

达斡尔族:亦写作"打虎儿",居住在黑龙江上游和中游地区,亦称"萨哈尔察部"。达斡尔族多以江河为姓(哈拉)。考察其民族源流,系与满族有渊源关系,成为满族的来源之一。清入关前,该部族纷纷加入满洲八旗。入关后,留在当地的人仍保留其文化习俗,自成一民族。清初,达斡尔族有18个哈拉,形成了以地缘为纽带的部落集团。17世纪沙俄入侵达斡尔族居住区,带来了深重的灾难,被迫迁至嫩江流域,被编为3个"扎兰"。达斡尔族骁勇善战,清廷常征调他们驻防瑷珲、呼伦贝尔和新疆等地。

鄂温克族:自称"鄂翁喀拉",意为"住在大山林中的人们",亦称"额里克特",清入关前在文献中以"索伦"称之,有清一代长期沿袭这一名称,后改为今名鄂温克。其祖先居住在贝加尔湖沿岸。世居勒拿河中游一带的鄂温克称"使鹿鄂温克";居住在精奇里江、牛满江一带的鄂温克称"使马鄂温克"。

鄂伦春族:与鄂温克族同源分出之一支。"使鹿鄂温克"又称"鄂伦千",即鄂伦春,对外仍称鄂温克。17世纪中叶迁至大兴安岭地区居住。清代鄂伦春主要分四部,托河部、阿里多布库部,游猎于托河、多布库尔河、甘河、垄勒河一带;库玛尔部,游猎于呼玛尔河流域;毕拉尔部,游猎于毕拉尔河、逊克河一带。

锡伯族:又写作"席帛"、"喜伯"、"实伯"、"西北"、"锡百"、"什百"等,实则是音同写法不同。锡伯族世居在嫩江流域,属女真族系。明清之际,在科尔沁蒙古的管辖之下,与蒙古族杂居。乾隆二十九年(1764),清廷征调其部分族人进驻伊犁,成为居住在新疆的少数民族之一。

上述鄂伦春、鄂温克、达斡尔及锡伯族都是满洲共同体的重要来源,在清的统一斗争中积极参与,以骁勇、善骑射而成为八旗的劲旅。

赫哲族:又称"赫真"、"奇楞"等。"赫真"又写作"黑斤"、"黑金"、"赫金"、"赫津"等;"奇楞"又写作"奇楞尔"、"齐凌"、"奇勒"、"麒麟"等。居住在勤得利以下和乌苏里江沿岸的赫哲人自称赫真;居住在勤得利以上地区及混同江、松花江南岸的赫哲人自称奇楞。明代东北地区"野人"女真的重要组成部分。该族生产水平低下,以渔猎为生,以犬为交通工具,故也称使犬部。清入关前,对这一地区用兵17次,招抚了赫哲族,并采用编户或编旗等方式对赫哲族实行有效的管辖。

费雅喀族:又称"非牙喀"、"飞牙喀"。金代称其为"吉里迷",明代称其为"乞烈迷",俄国人称其为"吉里亚克"。散居在黑龙江下游和库页岛上。据乾隆朝满文老档记载,居住在黑龙江一带的费雅喀族有50个氏族2250户,居住在库页岛上的费雅喀族有6个氏族148户。

库页族:唐代称"窟说",明代称"苦兀"或"苦夷",清代称其为"库页"、"库叶"、"库野",居住在库页岛南部,语言结构接近于印度尼西亚各族。明万历四十五年(1617),库页岛诸族归附后金政权,初隶宁古塔章京统辖,后归吉林将军管辖。

东北地区是满族的故乡,清入关后,这里成了它的可靠后方,保持了长久的安定,各民族和睦相处。

清代新疆地区,除了蒙古族外,还有维吾尔、哈萨克、柯尔克孜、塔吉克和部分汉、回、藏等族。

维吾尔族:古称"袁纥"、"韦纥"、"回纥"、"回鹘"、"畏兀儿"等,主要生活在天山南路广大地区。清朝统一天山南北两路后,把部分维吾尔族迁至天山北路伊犁地区。语言属阿尔泰语系突厥语族,多信仰伊斯兰教。清代的维吾尔族,渐由游牧业转向农业,文化艺术有相当的发展,尤以擅长歌舞著称。

哈萨克族:由古代的乌孙、突厥、契丹的一部分和后来蒙古人的一部分长期融合而形成。语言属阿尔泰语系突厥语族。清代的哈萨克族,主要居住在天山南路,乾隆中期一部分迁至天山北路塔尔巴哈台和伊犁,也有少部分居住在青海和甘肃西部。"鄂拓克"即部落,是其基本行政单位,其下包括若干氏族。其社会经济以游牧为业,多信仰伊斯兰教。

柯尔克孜族:古称"坚昆",又称"吉利吉斯"、"布鲁特"。清代的柯尔克孜族,主要居住在天山南路,部分居住在天山北路。语言系阿尔泰语系突厥语族。有以阿拉伯字母为基础的文字。居住于天山南路者兼用维吾尔文;居住在天山北路者兼用哈萨克文。多信仰伊斯兰教,少数信仰喇嘛教。主要经营畜牧业,居住在天山北路特穆尔淖尔(今伊塞克湖)附近者已从事农业。

塔吉克族:主要分布在天山南路的色勒库尔(今塔什库尔干塔吉克自治县)、叶尔羌(今莎车)、坡斯坎木(今泽普)、哈尔哈里克(今叶城)、固满(今皮山)。语言属印欧语系伊朗语族。无文字,用维吾尔文。多信仰伊斯兰教。居住在山地者从事畜牧业,居住于平原者从事农业。

清代的青海和甘肃地区,除汉族以外,还有回族、东乡族、撒拉族、土族、保安族、裕固族、藏族。

回族:古称"回回",是7世纪至13世纪由迁入中国的波斯人、阿拉伯人、中亚细亚人长期与汉族、蒙古族、维吾尔族相融合而形成。清代的回族,主要居住在西北的甘肃、陕西等地。回族多从事商业,故也有定居于山东济南、临清等地城镇的。部分回族士兵及其家属也有因调防而迁居驻防地。

多使用汉语、汉字，基本信仰伊斯兰教，为清代少数民族人数较多的民族之一。

东乡族：13世纪进入甘肃临夏东乡的蒙古族长期与汉族、回族交往而形成。聚居于甘肃临夏。语言属阿尔泰语系蒙古语族，通用汉语、汉文，多信仰伊斯兰教。主要从事农业，亦兼营畜牧业。

撒拉族：自称"撒拉儿"。古称"沙喇"、"撒喇"、"撒拉回"，由元代迁入青海的撒马尔罕人与藏族、回族、汉族、蒙古族等长期交往而形成。主要居住在青海循化、化隆和甘肃临夏。语言属阿尔泰语系突厥语族，通用汉语、汉文。多信仰伊斯兰教。

土族：自称"蒙古尔"、"蒙古勒"或"蒙古尔孔"、"垄罕蒙古尔"（意为蒙古人），反映了其与蒙古族有着密切关系。藏族称其为"霍尔"。多居住在青海的互助、大通、碾伯（今乐都）、上川口司（今民和）和甘肃的天祝等地。语言属阿尔泰语系蒙古语族，通用汉语、汉文。多信仰喇嘛教。主要从事农业生产。

保安族：蒙古人的后裔，多半信仰伊斯兰教。主要居住在甘肃临夏。语言属阿尔泰语系蒙古语族，通汉语，用汉字。主要从事农业，兼营手工业，其生产的腰刀闻名于甘肃、青海一带。

裕固族：元代称其为"萨里畏吾"，明代称其为"撒里畏吾儿"，又称"黄蕃"、"黄头回鹘"，自称"尧乎尔"、"西拉玉固尔"。由河西回鹘后裔与蒙古族、汉族长期交往、相处而形成。聚居于甘肃酒泉等地。多信仰喇嘛教，通汉语，用汉文，主要从事畜牧业，兼营农业。

藏族：居住在青海和甘肃的东南部，主要聚居地是今西藏地区。此外，在四川西部、云南西北部也有居住。自称为"博"，居住在西藏地区的自称"博巴"，四川西部称"康巴"，在青海、甘肃东南部和四川西北部又称"安多哇"，有的称"嘉戎哇"。藏族是清代少数民族人数较多的一个。语言属汉藏语系藏缅语族，有文字。信仰喇嘛教。清兵入关之前，藏族即与清政权发生了联系，康、雍、乾三朝时期，藏族与汉族、满族、蒙古族等各族人民联系密切。尤与蒙古族，均为信仰喇嘛教，两族交往更为密切，影响广泛。

清代四川地区，除汉、藏、回等族外，还有彝族和羌族。

彝族：自称"诺苏"、"米撒发"、"撒尼"、"阿西"等。古称"夷人"。清代文献经常称其为"罗罗"、"倮倮"、"卢鹿"。部分居住在云南、贵州、广西，主要聚居四川凉山。语言属汉藏语系藏缅语族，有文字。清代的彝族，社会仍处于奴隶制阶段，习有"黑骨头"和"白骨头"之分，黑彝为奴隶主，白彝为奴隶。

羌族：自称"尔玛"。主要聚居四川茂州(今茂县)和松潘南部。语言属汉藏语系藏缅语族，无文字。乾隆朝用兵金川，驻兵其地，后实行改土归流，促进了羌族与汉族人民的交往。

清代云南地区，少数民族居住最集中，除汉、藏、回、蒙古等族外，还有白、傣、磨些、窝尼、倮倮、拉祜、景颇、布朗、阿昌、普米、怒、崩龙、独龙、基诺、佤、苦聪等20多个民族。这些民族，受险山恶水的阻隔，彼此隔绝，生产水平低下，刀耕火种，尚未脱离原始生活状态。在经历部分土司的动乱之后，这一地区保持了长期的稳定。

白族：自称"白子"、"白尼"。汉语称其为"白人"、"僰人"、"民家"，纳西语称其为"那马"，倮倮语称其为"勒墨"。主要聚居于云南大理，散居于碧江、元江、昭通和贵州等地。语言属汉藏语系藏缅语族彝语支。多与汉人杂居，来往较多，相互影响较大。

傣族：古称"掸"、"金齿"、"白衣"、"白夷"，清代文献称"僰彝"、"摆夷"。主要聚居于普洱府的车里地区(今西双版纳地区)，部分在景谷、景车及金沙江一带。语言属汉藏语系壮侗语族壮傣语支。有文字。多信仰小乘佛教。社会生活处于封建领主制经济时期。

磨些族：自称"纳"、"纳西"，古称"摩沙"，今定名为纳西族。主要聚居于云南丽江地区，部分在四川西昌地区。语言属汉藏语系藏缅语族彝语支。通用汉文。社会生活与白族相同，封建的领主制经济占统治地位。

倮倮族：又称"栗些"、"劣㔉"、"力些"、"栗粟"。唐代称"栗蛮"、"栗粟两姓蛮"。主要聚居于云南怒江流域，散居于丽江、大理及四川西昌等地。语言属汉藏语系藏缅语族彝语支。

窝尼族：自称"和尼"、"倭尼"、"布都"、"碧约"、"卡多"等，元代称"和尼"，明清时称"窝尼"，今定名为哈尼族。主要居住在云南。语言属汉藏语系藏缅语族彝语支。

拉祜族：又称"倮黑"。主要居住在云南。语言属汉藏语系藏缅语族彝语支,有拉丁字母形式的文字。

景颇族:自称"景颇"、"载瓦"、"喇期"、"浪峨",由唐代"寻传"部落的一部分发展而成。主要居住在云南。语言属汉藏语系藏缅语族景颇语支,有拉丁字母形式的文字。

布朗族:元代称"蒲人",系唐代"朴子蛮"后裔的一部分。主要居住在云南。语言属南亚语系,通傣语。多信仰小乘佛教。

阿昌族:元代称"峨昌"、"俄昌",系唐代"寻传"部落的一部分发展而成。主要居住在云南。语言属汉藏语系藏缅语族。信仰小乘佛教。

普米族:古称"西蕃"、"巴苴"。主要居住在云南。语言属汉藏语系藏缅语族。

怒族:自称"阿怒"、"怒苏"。元代称"路蛮",明清时称"怒人"。主要居住在云南。语言属汉藏语系藏缅语族。以农业为主,狩猎次之。

崩龙族:自称"纳安"、"布雷",系唐代"朴子蛮"后裔的一部分。主要居住在云南。语言属南亚语系。多信仰小乘佛教。

独龙族:又称"俅人"、"曲人"。主要居住在云南。语言属汉藏语系藏缅语族。社会生活仍保留着原始公社制残余。

基诺族:聚居于云南西双版纳基诺山,因而得名。语言属汉藏语系藏缅语族。社会生活处于原始公社制末期。

佤族:自称"布饶"、"阿佤"、"佤佤"。主要居住在云南。语言属南亚语系。

苦聪族:又作"果葱"、"古宗"、"苦崇"。主要居住在云南。社会生活处于原始公社制末期。

清代的贵州、广东、广西、湖南、湖北等地,还有苗、侗、瑶、土家、布依、水、仡佬、仫佬、壮、毛南、黎等族。

苗族:是清代西南少数民族中人数较多、影响较大的一个。半数居住在贵州,部分在湖南、湖北、云南、广西、广东和四川等地。多与他族杂居。语言属汉藏语系苗瑶语族苗语支。

瑶族:隋唐时称"莫瑶",宋以后称"瑶",系由古"长沙武陵蛮"的一部分发展而成。居住为大分散、小集中,半数以上于广西,其余在湖南、云南、广东、贵州等地。语言属汉藏语系苗瑶语族,接近壮侗语族,通用汉文。

侗族：自称"甘"，清代文献中作"洞"、"峒"。主要居住在贵州、湖南、广西毗连地区。语言属汉藏语系壮侗语族侗水语支，多通汉语。清代时侗族农民多为汉族地主做佣工。

土家族：自称"毕兹卡"，为"本地人"之意。清代文献中作"土民"、"土苗"、"土丁"。多居住在湖南、湖北，与汉、苗族杂居。语言属汉藏语系藏缅语族，多通用汉语、汉文。主要从事农业。

布依族：又称"仲家"、"仲苗"、"青仲"，系古"百越"的一支发展而成。主要居住在贵州南部和西南部。语言属汉藏语系壮侗语族壮傣语支，多通汉语。

水族：主要居住在贵州与广西的毗连地区。语言属汉藏语系壮侗语族侗水语支，通用汉文。

仡佬族：又作"仡僚"、"革老"、"鸠僚"、"革僚"、"葛僚"。主要居住在贵州、广西、云南等地。语言属汉藏语系，通用汉语。

仫佬族：古称"姆佬"，又称"伶"、"木佬苗"。主要聚居于广西。语言属汉藏语系壮侗语族侗水语支。多通汉语与壮语，使用汉文。

壮族：清代少数民族中人数较多的一个。自称"布壮"、"布依"、"布土"、"布越"、"布板"、"布偏"、"布僚"、"雅伊"等。由古"百越"的一部分发展而成。古称"西瓯"、"骆越"、"乌浒"、"俚"、"僚"，宋代始称"撞"。后改称"僮"，今定名为"壮族"。多数居于广西，部分在云南、广东等地。语言属汉藏语系壮侗语族壮傣语支。

毛南族：又作"茆难"、"冒南"、"茅难"、"茆滩"。主要居住在广西。语言属汉藏语系壮侗语族侗水语支，多通壮语、汉语，多用汉文。

黎族：由古越人的一支发展而成。主要居住在海南岛的中南部。语言属汉藏语系壮侗语族黎语支。为了推动黎族与汉族交往，乾隆时在两族毗连地区开辟墟市。

清代福建、台湾地区有畲族、高山族。

畲族：自称"山客"，古称"峯人"、"峯民"，又作"畲瑶"、"峯户"，原居住在广东、福建和江西交界地区。明代至清康熙年间，大批畲族人向闽中、闽东、闽北和浙南迁徙，陆续开荒定居。通汉语、汉文。

高山族：世居台湾。内部有"阿美"、"排湾"、"泰雅"、"赛夏"、"布农"、

"曹"、"雅美"、"鲁凯"、"卑南"、"平埔人"等不同称呼。语言属南岛语系印度尼西亚语族。康熙二十二年(1683)清朝统一台湾后,大量汉族人迁入台湾,推动了高山族社会的发展。

在清朝统治下,辽阔的中国土地上已有50多个民族同生存共发展。这些民族绝大部分成为今日中国56个民族的组成部分,只有个别族(如库页、费雅喀、苦聪等族)已不存在。清时统一的多民族国家的形成,对近代中国社会发展的影响很大:一是限制、打击了边疆地区的割据势力,真正建立了中央朝廷同边疆地区的隶属关系,空前发展和巩固中国的大一统,为今日统一的多民族国家奠定基础。二是促进各个民族之间政治、经济、文化的交流,推动了中国社会的进步,特别是推动了少数民族地区社会的进步。三是有利于全国性市场的形成,促进中国封建社会商品经济和向近代社会的发展。特别要指出的是,在西方殖民主义势力东侵之前,中国全面实现统一,为抵御后来的侵略准备了条件。也应该看到,乾隆年间统一的多民族国家的最后形成和巩固,充满了激烈的斗争,清朝为此付出了重大代价,各民族也做出了惨重的牺牲。尽管清朝不惜采用暴力手段,但坚持国家的统一,反对分裂,符合中华民族的根本利益,也顺应了中国历史发展的总趋势。

2. 创建民族事务管理机构

后金政权初建时,基本是单一的满族政权。随着势力加强和发展,其他族加入后金政权的越来越多,必然要求有一个管理民族事务的机构。当时影响较大的,首先是蒙古族。努尔哈赤、皇太极都非常重视。最初,将归附的蒙古人纳入"满洲八旗"进行管理,至天聪九年(1635),始另编"蒙古八旗"[①]。崇德元年(1636)皇太极称帝时,归附的蒙古人已有16部。为加强管理,设置了专门机构"蒙古衙门"。至崇德三年六月,改名为"理藩院"。对此,圣祖说过:"太宗文皇帝时,蒙古部落尽来归附,设立理藩院,专管外

---

① 《八旗通志》卷一《旗分志一》。

藩事务。"①至乾隆朝,理藩院已成为管理漠南蒙古、漠北蒙古、漠西蒙古以及青海、甘肃、西藏和西南地区的民族事务机关,同时还办理与部分外国通商的交涉事务。

理藩院大致经历如下变化:

蒙古衙门初设时期,设承政、参政各三四人。更名理藩院后,设承政1人,左右参政各1人,副理事官8人,启心郎1人。崇德四年又增设每旗章京1人。顺治元年(1644)七月,机构作了调整:承政改为尚书,参政改为侍郎,副理事官改为员外郎,并规定尚书1人,满洲、蒙古补授一品;左右侍郎各1人,满洲、蒙古补授二品;员外郎21人,为四品;满洲启心郎1人,汉军启心郎2人,堂主事2人,校正汉文官2人,满汉司务各1人,汉副使1人,满洲笔帖式11人,蒙古笔帖式41人,汉军笔帖式2人。顺治五年增设汉院判1人,汉知事1人。顺治十五年裁满洲启心郎1人,汉军启心郎2人②。顺治十六年又决定以礼部尚书掌理藩院事,以礼部侍郎衔协理理藩院事,并改尚书为二品,侍郎为三品③。

康、雍、乾三朝时,理藩院机构不断完善。圣祖即位当年,顺治十八年(1661)恢复理藩院为独立的中央机构地位。圣祖谕:"理藩院,专管外藩事务,责任重大。今作礼部所属,于旧制未合。嗣后不必兼礼部衔,仍称理藩院尚书、侍郎。"④开理藩院尚书入议政之列,列工部尚书之后,并设录勋、宾客、柔远、理刑四司,增设满、蒙郎中11人掌管,又增设满洲主事4人。康熙二十年(1681),增设满、蒙员外郎8人,蒙古主事2人。康熙二十八年,增设汉主事2人,汉文笔帖式每旗各1人,汉军笔帖式每翼各2人。康熙三十年,又增设员外郎8人,设满洲、蒙古司务各1人,四司主事各1人,满、蒙、汉笔帖式54人。康熙三十八年,分原柔远司为柔远前司、柔远后司,裁满蒙司务、汉院判、知事、副使、主事等官。康熙四十六年,设银部郎中、员外郎各1人,司库1人,笔帖式2人,库使4人。雍正元年(1723)裁去库使2人,定以王公、大学士兼理理藩院事。雍正七年,设置巡按游牧御史。雍正十一

---

① 光绪《大清会典事例》卷二一。
② 雍正《大清会典》卷三。
③ 光绪《大清会典事例》卷二〇。
④ 光绪《大清会典事例》卷二〇。

年,增设满笔帖式17人,蒙古笔帖式14人。乾隆二十二年(1757),改录勋司为典属司,宾客司为王会司,柔远前司为柔远司,柔远后司为旗籍司。乾隆二十六年,并旗籍司、柔远司为一司,增设徕远司。改定尚书为从一品,侍郎为二品,郎中为五品,员外郎为从五品。乾隆二十七年,仍分旗籍、柔远为二司。乾隆二十九年,改原典属司为旗籍司,原旗籍司为典属司。乾隆四十二年,裁蒙古员外郎1人,增设蒙古郎中1人。乾隆四十九年,裁满洲郎中2人、员外郎6人、主事2人,增设蒙古郎中2人、员外郎1人、主事2人。至此,理藩院共设有六司:旗籍司、王会司、典属司、柔远司、徕远司、理刑司。还有满档房、汉档房、蒙古房、司务厅、当月处、督催所、银库、饭银处、俸档房等机构。理藩院额设职官为:尚书1人(满从一品),左右侍郎各1人(满二品),额外蒙古侍郎1人,郎中12人(满4人、蒙8人,正五品),员外郎36人(满11人、蒙25人,从五品),堂主事6人(满2人、蒙3人、汉1人),校正汉文官2人(汉2人),司务2人(满、蒙各1人),各司主事10人(满2人、蒙8人),银库司官、司库、库使5人(满5人),笔帖式99人(满38人、蒙55人、汉6人)。共设职官176人,其中满66人,蒙101人,汉9人①。

理藩院的职掌是:"掌外藩之政令,制其爵禄,定其朝会,正其刑罚。"②具体说,有如下六个方面:

一是掌蒙、回诸番部王公、土司等官的封袭、年班、进贡、随围、宴赏、给俸等事,并派遣该院司员、笔帖式到少数民族聚居区管事,定期更换。

二是办理满、蒙联姻事务。凡遇皇帝下嫁公主,指配额驸之事,由宗人府会同理藩院办理。

三是管理喇嘛事务,保护黄教。

四是管理蒙古各旗会盟、划界、驿道及商业贸易事。

五是修订有关法律,如《蒙古律》、《回律》、《苗例》、《番律》等,参加审理刑民案件。凡判遣罪以上者,均报理藩院会同刑部或三法司审定执行。

六是掌管部分外交、通商事务③。清代前期的外交由礼部与理藩院共同管理,大致的分工是:东、南两面由海上来往的各国交往事务由礼部掌管;

---

① 《理藩院则例·通例下》。
② 光绪《大清会典》卷六三。
③ 参见李鹏年:《清代中央国家机关概述》,黑龙江人民出版社1983年版。

西、北两面由陆路来往的各国交往事务由理藩院分管。

理藩院各司的职掌是：

旗籍司：掌管漠南蒙古各部、归化城土默特部以及黑龙江的达斡尔、索伦、鄂伦春等族的事务，包括区域的划定、封爵及袭封、会盟、驿站及乌拉票的发放、军旅包括军器的管理、官兵俸饷的发放等。

王会司：掌管颁发漠南蒙古诸部王公贵族以及嫁给蒙古王公的公主及格格和额驸的俸禄，核定年班名单，办理其朝贡、赏赐事宜，组织参加朝会、宴会、典礼等活动，安排热河行围王公们的围班等。

典属司：掌管外扎萨克包括漠北蒙古、漠西蒙古诸部的边界划定，会盟、屯戍、封袭、驿递等事；管理蒙、藏各地的喇嘛教事务，接待达赖、班禅每年派遣的入贡使节；直接管理察哈尔等处各族游牧人事宜；管理少数民族地区的贸易以及中俄恰克图贸易和廓尔喀入贡等事宜。

柔远司：颁发外扎萨克包括漠北蒙古、漠西蒙古以及蒙、藏地区喇嘛的俸禄；安排年班、围班、朝贡以及他们来京后参加筵宴、赏赐和发放路费等事宜。

徕远司：掌管哈密、吐鲁番两回部扎萨克的封袭事宜；掌管回部扎萨克及新疆其他各回部首领的年班、朝贡事宜；掌管新疆回部以外的其他各族，如布鲁特、哈萨克等部落的朝贡、给衔事宜；掌管四川等处土司年班事宜。

理刑司：掌管外藩各部的刑罪事，即掌管各民族的刑罚事。清廷为了加强控制，除《大清律例》外，还专门制定了《蒙古律》、《回律》、《苗例》、《番律》以及《西宁青海番夷成例》等。外藩诸部判遣罪者报理藩院，会刑部执行；判死罪者，报理藩院，会三法司定谳，定为监候则入秩牢[①]。

其他机构的职掌是，满档房：掌办理奏折及本院官员题缺出差事；汉档房：掌缮写题本，翻满译汉及保管档案；蒙古房：掌管蒙文翻译及蒙文题本事；司务厅：掌管理藩院的吏员、通事、差役事，及收内外扎萨克来的文书；当月处：掌收在京衙门的文书兼管理藩院的印信；督催所：掌稽察全院文移，注销文卷等事；银库：掌理藩院财务出纳、保管事务；饭银处：掌理藩院书吏饭

---

① 光绪《大清会典》卷六六。

银及其他经费开支事;俸档房:掌理藩院官员额定俸银、俸米开支等事①。

除上述机构外,理藩院还附设了一些机构。如内馆:设于东安门外御河桥侧,是漠南蒙古各部即内扎萨克年班来京人员居住的地方。设监督1人,大吏4人,小吏8人,应承蒙古人员来京事宜。外馆:设于德胜门外正黄旗教坊北,是漠北蒙古及漠西蒙古各部即外扎萨克年班来京人员居住的地方。设监督1人,负责应承外扎萨克来京人员事宜。蒙古官学:又称咸安宫蒙古官学,主要任务是教习蒙文,培养蒙古文翻译人才。设总裁3人,教习2人,额设24名学员。唐古特学:顺治十四年(1657)设,置教习1人。主要任务是教习唐古特文字(藏文),并负责翻译藏文奏章文稿。乾隆五年(1740)设助教,后又增设习业1人、副教习2人。额设学员24人,额外学员16人,学习期限5年,期满由达赖考试。托忒学:除由唐古特学习业、助教兼管外,额设兼教官2人,主要任务是教习托忒文字(托忒文字形似蝌蚪文字,科布多、杜尔伯特、土尔扈特等部都使用这种文字)及翻译托忒文字文书,额设学员8人。俄罗斯馆:建于康熙三十三年(1694),初为俄罗斯来京贸易商人居住的地方,后来成为一切来京俄罗斯人员居住的地方,设监督1人②。木兰围场:康熙二十年四月始建,位于承德以北234里处,南北300里,总面积约1.5万平方公里,内设67个小型围场,一说是72个小型围场,相距二三十里不等,最近者仅六七里。最初于围场行"哨鹿围",满语谓之"木兰",故称木兰围场。初设总管1人(四品),章京8人(六品)。乾隆十八年,总管升三品,章京升五品,并增设左右翼长各1人(四品)、骁骑校8人。喇嘛印务处:掌印扎萨克达喇嘛办公的地方。驻京喇嘛有扎萨克达喇嘛1人,副扎萨克达喇嘛1人,扎萨克喇嘛4人,达喇嘛17人,副达喇嘛4人,苏拉喇嘛19人,教习苏拉喇嘛6人,额外教习苏拉喇嘛4人,德木齐31人,格斯贵50人。康熙十八年题准,给予扎萨克达喇嘛印信。则例馆:专修理藩院则例的机构。康熙二十六年,则例馆编修《理藩院则例》。乾隆五十四年作校订。后在嘉庆十六年(1811)、道光三年(1823)、光绪十六年(1890)又进行修订。

---

① 《理藩院则例·通例下》。
② 《理藩院则例》卷六三。

理藩院还派出司员、笔帖式到蒙古及其他地区办理民族事务,任期1年至6年不等,期满更换。

理藩院的设置,是清代朝廷管理民族事务在机构上的一个创造。"理藩一职,历古未有专官,唯周官大行人差近之。秦汉以降,略存规制。遐荒绝漠,统治王官,为清创制。"[1]这是清朝管理境内各民族地区的政治、经济、军事、司法、宗教、交通各方面事务以及处理部分外交关系(如俄国、廓尔喀等)的重要机构,也是制定处理民族问题方针、政策的执行机关,使民族管理制度化得到具体体现。理藩院在清代早期及中期统一的多民族国家的最后形成、发展和巩固过程中起着促进作用,对中国社会的发展的影响深远。

3.首崇满洲与满汉一体

清朝境内生活着50多个民族,其中尤以满、汉族对清朝的影响具有决定性的意义。满族是清朝的统治民族;汉族是人口最多、文化较先进的民族。对这两个民族实行什么样的政策,不仅关系到社会的安定,也直接关系到清政权的生死存亡问题。因此清代统治者历朝都十分重视。

"首崇满洲",这是清朝关于满族的总政策。清入主中原以后,虽然吸收了汉族等地主阶级参与统治,但仍以满族贵族为统治核心,占有特殊地位。尽管各个时期的政策有所变化,但"首崇满洲"没有动摇。

首先表现在以满族的习俗为"国制",强制其他民族特别是汉族剃发易服。入关初,清朝统治者面对强大的农民军力量和南明势力,一度暂时停止执行在关外推行的剃发易服令。顺治二年(1645),在清军于各地节节胜利的形势下,再度强行剃发易服,把满族的习俗定为"国制",强制其他民族执行。是年六月,摄政王多尔衮下令:"各处文武官员,尽命剃发。倘有不从,以军法从事。"[2]又令:"自今布告之后,京城内外限旬日,直隶、各省地方自部文到日亦限旬日,尽令剃发。遵依者为我国之民,迟疑者同逆命之寇,必

---

[1] 赵尔巽等:《清史稿》卷一二一《职官志六》,中华书局1977年版。
[2] 《清世祖实录》卷一七。

置重罪。若规避惜发,巧辞争辩,决不轻贷。该地方文武各官,皆当严行察验,若有复为此事渎进章奏,欲将朕已定地方人民,仍存明制不随本朝制度者,杀无赦。其衣帽装束,许从容更易,悉从本朝制度,不得违异。"①仅过一个月,对从容易服之令又有更改:"官民既已剃发,衣冠皆宜遵本朝之制。从前原欲即令改易,恐物价腾贵,一时措置维艰,故缓至今日。近见京城内外军民衣冠遵满式者甚少,仍著旧时巾帽者甚多,甚非一道同风之义",重申易服之令②。剃发之令本来就激起许多汉人的反抗,易服不仅有一个民族习惯的问题,还有一个物质条件的问题,因而执行起来比剃发还要难。直到顺治十年,世祖还指出:"一代冠服自有一代之制,本朝定制久已颁行,近见汉官人等冠服体式以及袖口宽长,多不遵制",因此他再次强调:"以后务照满式,不许异同。如仍有参差不合定式者,以违制定罪"③。这种把满族习俗定为"国制",强加给其他民族的法令,一直坚持于整个清代。这一法令使人们时刻不会忘记:满族拥有特殊的权力和地位。

其次,大力推行维护满族利益的"圈地令"、"投充令"与"逃人法"。清入关以后,为了使满族人都享受到战争胜利的果实和解决"旗人生计"问题,实行野蛮的"圈地令"和"投充令"。顺治年间就实行过三次大规模的圈占土地。清初,在直隶圈占的旗地就达 207515 顷 10 亩 5 分,投充旗地为 29677 顷 51 亩 2 分,两项旗地合计为 237192 顷 1 亩 7 分④,占当时直隶全省土地 459772 顷⑤的 51.59%。直隶的大部分土地被清朝皇室、八旗贵族和八旗官兵等所占。近京各州县的土地甚至 80%—90% 都变成了旗人的土地。固安县旗地占全县土地的 99.36%,密云县占 94.73%,宝坻县占 90.66%,雄县占 83.03%⑥。对此情况,清初文人方文有诗句:"一自投充与圈占,汉人田地剩无多"⑦。不仅强占土地分给旗人,还用政权的力量来保证旗人土地上的收入。如,清廷令各地官府代为征解旗地的地租,如旗人地主

---

① 《清世祖实录》卷一七。
② 《清世祖实录》卷一九。
③ 《清世祖实录》卷三七。
④ 据《八旗通志》卷一九、二〇统计。
⑤ 《清文献通考》卷一〇。
⑥ 姜守鹏:《明清社会经济结构》,东北师大出版社 1992 年版,第 40 页。
⑦ 方文:《涂山续集·北游草》。

与汉人佃户发生争执,其诉讼案均由户部直接办理,这样做,"与旗人大有裨益"①。还规定八旗地亩原系旗人产业,不许典卖与民。到雍正朝旗人生活日益腐化,他们不断变卖旗地,世宗不得不下令将典卖与民的旗地一一查出,"奏请动用内库银,照原价赎出,留在各该旗"②。康熙二十三年(1684)还规定要严惩那些不能完纳上缴定额银粮的经营旗地的庄头③。

  清入关前,被清兵掳掠的百万汉人分给旗人做奴隶;入主中原以后,在征战过程中又掳掠了大批人口为奴,加上"投充",因而旗人户下为奴者更多。一些奴仆由于忍受不了旗人的奴役,有的自杀,而更多的是逃亡,"数月之间,逃人已几数万"④。大批奴仆逃亡,影响了旗人的生计。为此,早在入关前,清朝就颁发血腥的"逃人法"。顺治三年(1646)五月,又对"逃人法"进行修改,基本精神是严惩"窝主"。因为"逃人"是旗人的财产,如果严处"逃人",就会影响对他们的奴役;重惩"窝主",令人望而生畏,不敢再窝藏"逃人",使"逃人"无处可藏。

  再次,在清廷各级机构里,满族官员掌握着要害部门。清朝是以满族贵族为统治核心,国家的大政方针和决策完全被皇帝、议政王大臣会议所垄断;中央行政机构六部、都察院等衙门,也一度由满族的诸王、贝勒、贝子分管⑤。后设复职,即六部首脑及副职均由满、汉人组成,如满尚书、汉尚书各一人,但满官仍占主导地位。满族官员俸禄十分优厚:"摄政王三万两,辅政王一万五千两,亲王一万两,郡王五千两,贝勒二千五百两,贝子一千二百五十两,镇国公、辅国公俱六百二十五两"⑥。除俸禄外,还不时获得巨额赏赐。清入关之初,满族官员的品级一般要高于同职的汉族官员二三级,甚至四五级,并且享受着一些特殊待遇。如满族大学士、尚书、左都御史均系正一品,而汉族大学士为五品,提高后为正二品,汉族尚书、左都御史为正二

---

① 《清高宗实录》卷一一九〇。
② 王庆云:《石渠余纪》卷四。
③ 中国人民大学清史研究所等:《康雍乾时期城乡人民反抗斗争资料》,中华书局1979年版,第206页。
④ 《清世祖实录》卷二六。
⑤ 《清世祖实录》卷五五。
⑥ 《清世祖实录》卷一〇。

品。满族郎中为正三品,汉族郎中为正五品,相差四级①。而且满族官员享受着汉族官员没有的待遇。如满族大臣患病,朝廷遣人治疗;有丧事时,皇帝特遣大臣往赐茶、酒,而汉族大臣则享受不到上述待遇。

在行政管理上,满族纳入八旗系统进行管理,而汉人是纳入保甲—县—府—省系统进行管理。清进占中原以后,其统治机构基本承袭明制,在地方设省、府、厅、州、县等衙门,在县以下设保甲以加强对民人的控制。"各府州县卫所属乡村,十家置一甲长,百家置一总甲,凡遇盗贼、逃人、奸宄、窃发事故,邻佑即报知甲长,甲长报知总甲,总甲报知府州县卫"②。而居住在这些地区的满族,则纳入八旗系统,实行"旗民分治"。"我朝立制,满洲、蒙古、汉军俱隶八旗。"③八旗是旗人政治、经济、军事合一的社会组织,每旗设都统、副都统、参领、佐领,佐领以下设骁骑校、领催(即拨什库)、族长协理庶务,负责处理旗人诸务,上自军政、户籍、铨选、司法,下至婚娶、风俗、日常出入,稽察不轨,明确规定,各地方官"无约束旗人之责"④。旗人案件,由各旗或地方特设的理事同知审理,地方官无权过问案件,更无权对犯罪的旗人用刑。这种"旗民分治"的管理体制,正如满人赫泰所说:"国家定鼎以来,布列八旗,分编参佐领为之管辖,犹天下之省、郡、县之阶。"他还认为八旗的一族即如一省,一参领为一府,一佐领为一县⑤。

"首崇满洲"还表现在其他方面,如科举考试,满族不仅单独设科,而且录取名额也优厚。会试录取本无定额,却规定满族、汉军进士各为25人,蒙古进士为10人⑥。又如,旗人可娶汉民之女为妻,但汉民绝不准娶旗人之女为妻,正身旗人不能领养汉民之子为嗣等。再如,旗人在法律上享有特殊的权利,在量刑方面,旗人与汉民轻重不等。汉民犯法,有笞、杖、徒、流、死五刑;旗人犯法虽然也有五刑,却有"折枷"的规定。

"满汉一体",是清朝的一项最基本的国策,经历了一个演变的过程。

---

① 《清世祖实录》卷三二。
② 《清世祖实录》卷七。
③ 《八旗通志·凡例》。
④ 《八旗通志》卷一八。
⑤ 《皇朝经世文编》卷三五,赫泰:《复原产筹新恳疏》。
⑥ 赵尔巽等:《清史稿》卷一一四《选举三》,中华书局1977年版。

努尔哈赤时期,对汉人政策是"以满治汉"。在天命朝后期政策稍作修改,实行"以汉治汉"的政策,任命少数汉人降官管理降俘的汉民。皇太极时期,这种政策进一步发展,一是改变将降俘的辽东汉人沦为奴隶的政策,宣布恢复其"民户"的地位。实行"编户为民"政策。并宣布"满、汉之人,均属一体,凡审拟罪犯,差徭公务,毋致异同"①。二是建立汉军八旗,使之成为一支可用的军事力量。同时吸收汉人参政,如下令汉人生员参加考试,录取其中的优秀者②。再如不断吸收汉人降官参加政权。

清入主中原以后,以上的政策又有发展。首先,为缓和民族矛盾,在笼络汉族官僚地主方面采取了一些措施,宣称:凡明朝文武官员迎降者,一律照旧录用,"有开门归降者,官则加升,军民秋毫无犯","有首倡内应立大功者,则破格升赏,法在必行"③。这些措施对笼络汉族官僚地主阶级,共同对付农民军,收到明显的效果。为缓和民族矛盾的另一重要措施,就是逐步修改、调整激化民族矛盾的"圈地令"、"投充令"和"逃人法"。

其次,逐步实行满汉官员同职享受同等待遇。顺治十五年(1658),在六部、都察院等重要机构里,满汉官员人数相等,品级也相同④。而鳌拜擅权时期,又将满族官员的品级提高。康熙八年(1669)圣祖再次强调:"满汉大小官员,职掌相同,品级有异,应行划一","将满洲官员品级照顺治十五年之例,其现在品级,仍准保留,以后补授之时,照此定例补授"⑤。随之又制定了《品级考》,将满汉官员的品级及提升手续划一,并刊刻执行。此后,又将满汉大臣其他方面的待遇也逐步划一。康熙十一年六月,圣祖得知汉族礼部尚书龚鼎孳患病,下令:"满洲大臣患病皆遣医治疗。今闻礼部尚书龚鼎孳患病,朕满汉一视,尔其同近御侍卫吴海,率御医如文照,往龚鼎孳家诊视。"⑥康熙十七年十二月八日,圣祖又谕满族大学士索额图、明珠:"满洲大臣有丧,特遣大臣往赐茶酒。自今以后,凡遇汉大臣丧事,命

---

① 《清太宗实录》卷一。
② 《清太宗实录》卷五。
③ 《清世祖实录》卷四。
④ 《清世祖宗实录》卷一一九。
⑤ 《清圣祖实录》卷三二。
⑥ 《康熙起居注》第一册,第38页。

内阁、翰林院满洲大臣赍茶酒赐之。"①这些规定,无疑有利于笼络汉族官僚地主阶级。

再次,将旗人编入保甲,实行"满汉同治"。"旗民分治"的状况到康熙中期就维持不下去了,康熙二十五年(1686)四月,"兵部等衙门议复直隶巡抚于成龙疏言:顺、永、保、河四府,旗民杂处,盗警时闻,非力行保甲不能宁谧。向例地方各官无管辖屯拨什库(即领催)之例,各旗都统等官又远在京城,窃恐屯拨什库不能严束旗丁及本身窝盗为盗不法等项,难以稽察。应将各庄屯旗丁,同民户共编保甲,令屯拨什库与保甲、乡长互相稽察。如旗丁居民犯法,许地方各官一体申报该抚该都统究治。应如所请,从之"②。这种保甲法与"旗民分治"有三点明显不同:一是旗人和汉民同编保甲;二是拨什库与保长互相稽察;三是地方官有权约束旗人。雍正七年(1729),世宗下令:近畿旗庄"仿(汉民)保甲之制,设立屯目、乡长,分任防闲纠举",而且规定地方官在清查户口、旗户争讼以及处理窝赌、窝逃、斗殴时,有权向旗人的乡长、屯目稽察③,即将旗人保甲纳入地方官的管辖范围。乾隆五年(1740)将旗人保甲制推向东北④,乾隆十六年又推向热河、察哈尔等处⑤。乾隆二十二年,将旗人保甲正式纳入保甲制度⑥。这样,地方官的权限已扩大到旗人,"满汉一体"化向前发展了一步。

"满汉一体"化还表现在清朝统治者大力提倡尊孔崇儒,使儒家思想居于封建统治思想的正统地位。以孔子思想为代表的儒家思想是历代封建王朝的统治思想,孔子被历代封建统治者奉为神圣。顺治十四年(1657)二月,即对孔子加谥为"大成至圣文宣先师"⑦。入关以后,清朝最高统治者即谒孔庙,特别是康熙八年(1669),圣祖由汉官陪同到太学祀孔。康熙十二年七月决定:"嗣后祭祀文庙,满文官三品以上亦应前期斋戒二日陪祀。"⑧

---

① 《康熙起居注》第一册,第390页。
② 《清圣祖实录》卷一二五。
③ 《清世宗实录》卷八五。
④ 《清高宗实录》卷一一五。
⑤ 《清高宗实录》卷四〇三。
⑥ 光绪《大清会典事例》卷一五八。
⑦ 余金:《熙朝新语》卷一。
⑧ 《清圣祖实录》卷四二。

康熙二十三年十一月,圣祖南巡归途路经山东曲阜,他亲谒孔庙,并行三跪九叩之礼,还亲书"万世师表"匾额,亲自撰写碑文"以昭录行尊奉至意"①。在儒学中,清朝统治者又十分重视理学。圣祖就尊崇朱熹,并把朱熹牌位从孔庙两庑先贤中抬出,放在大成殿四配十哲之后成为第十一哲。他说:"宋儒朱子,注释群经,阐发道理。凡所著作及编纂之书,皆明白精确,归于大中至正,今经五百余年,学者无敢疵议。朕以为孔孟之后,有裨斯文者,朱子之功,最为宏巨。"②他把朱熹对"四书""五经"的注释,作为科举考试考"四书""五经"的标准。圣祖把朱熹的理学列为清代思想的正宗。他说:"朕读其书,察其理,非此不能知天人相与之奥,非此不能治万邦于袵席,非此不能仁心仁政施于天下,非此不能内外为一家。"③康熙九年,圣祖根据儒家的教导,制定并颁发了《圣谕》十六条。世宗又对这十六条进行了注释,称之为《圣谕广训》,于雍正二年(1724)颁发全国,广为宣传。尊孔崇儒,使儒家思想居于清朝统治思想的正统地位,是实现"满汉一体"的思想文化基础。

4. 满蒙联姻与分治蒙古

自努尔哈赤开始,清历朝都十分重视同蒙古的关系。清不仅把蒙古的一部分编成蒙古八旗,使其成为重要的军事力量,还通过联姻与蒙古结成同盟,在与明朝的斗争中取得了胜利。入关以后,至乾隆朝不仅统一了蒙古各部,而且使之成为国家的北方屏障。这一对蒙古的政策确实收到明显效果。圣祖说:"朕阅经史,塞外蒙古多与中国抗衡,自汉、唐、宋至明,历代俱被其害;而克宣威蒙古,并令归心如我朝者,未之有也。"④清代对蒙古政策虽然历朝有所侧重,但基本内容始终没有改变。

第一,联姻结盟。历代封建帝王的婚姻都不乏政治色彩,即借助于和某种势力联姻,与其结盟,以扩大自己的势力,因而这种婚姻在很大程度上是

---

① 《清圣祖实录》卷一三〇。
② 王先谦:《东华录》康熙五十一年二月。
③ 《御纂朱子全书·序言》。
④ 《圣祖圣训》卷六〇。

一种政治行为。清代历朝皇帝的婚姻也是如此,尤其是与蒙古族各部联姻,这种政治色彩表现得更为突出。与蒙古族联姻,所谓"北不断亲"。从清代历朝皇帝的婚姻情况来看,自努尔哈赤到末代皇帝溥仪共 11 代 12 个皇帝,共有后妃 224 人,其中满族 100 人,占已知族属 183 人的 54.64%,蒙古族 22 人,占 12.02%,汉族(汉军)60 人,占 38.79%,维吾尔族 1 人,占 0.55%,不明族属者 41 人。在 22 名蒙古族后妃中,大多出现在清初期,清太祖、太宗、世祖、圣祖时就有 17 人,占 22 名中的 77.27%,反映了当时与蒙古族结盟更为迫切、更为重要。在 27 名皇后中,蒙古族皇后就有 6 人,占 27 名的 22.22%,其中博尔济吉特氏 5 人,阿鲁特氏 1 人。5 名博尔济吉特氏都是来自蒙古科尔沁部。科尔沁部是最早与建州女真联盟的蒙古部落。与蒙古科尔沁部联姻正是为了加强同蒙古各部的联盟。这种联盟在清初尤为重要,因而出身于蒙古族的皇后也多出现在这一时期。

除了皇帝迎娶蒙古族后妃外,还有皇帝的女儿即公主嫁给蒙古各部的王公贵族,"北不断亲"主要表现在这个方面。清朝诸帝共有女儿 82 人、养女 12 人,其中有 57 名女儿、养女出嫁。有 20 名嫁给满族,33 名嫁给蒙古族,4 名嫁给汉族(汉军)。嫁给蒙古王公贵族 33 人,占出嫁的 57 名的 57.90%,这一特点清初尤为明显。如皇太极共有 15 女出嫁,嫁给蒙古族有 11 人,占 15 名的 73.33%。圣祖共有 9 女出嫁,嫁给蒙古族的有 7 人,占 9 名的 77.78%。整个清代几乎历朝皆有公主嫁给蒙古族。而蒙古王公贵族将女儿嫁给诸皇子,或清宗室王公将女儿嫁给蒙古王公贵族者,更是人数众多。

第二,分而治之。自努尔哈赤开始,至高宗期间,清朝根据蒙古各部归附的早晚和忠顺程度,采取了不同的治理方式,总的精神是"分而治之"。

首先,将归附较早、较忠顺的蒙古科尔沁部和喀喇沁部编为"蒙古八旗",使其成为八旗军的重要组成部分。开始由于人数较少,编为牛录,隶属于满洲八旗。天命七年(1622)始编蒙古旗①,天聪三年(1629)已有两个蒙古旗②,天聪九年正式编立"蒙古八旗",但喀喇沁左翼旗、喀喇沁右翼旗

---

① 《满文老档》卷四〇《太祖》。
② 《清太宗实录》卷一八。

及土默特旗三个蒙古旗仍隶属在满洲八旗之下，共 11 个蒙古旗[①]，此后成为重要武装力量。当时的编制：蒙古正黄旗 1256 人，镶黄旗 1045 人，正红旗 870 人，镶红旗 1016 人，正白旗 890 人，镶白旗 980 人，正蓝旗 860 人，镶蓝旗 913 人[②]。

其次，随着漠南蒙古、漠北蒙古和漠西蒙古的先后归附，在外藩蒙古诸部实行盟旗制。盟旗制是清朝"分治蒙古"的组织手段，是在蒙古诸部原有社会制度鄂托克和爱马克的基础上，糅合满族的八旗制度而建立的一种制度。它的基本单位是旗，是一种社会组织和军事单位合一的组织。正是利用这种盟旗制，清朝对蒙古各部加以利用、限制。对此圣祖说过："蒙古人欲各为札萨克，不相统属。朕意伊等若各自管辖，愈善。昔太祖、太宗时招徕蒙古，随得随即分旗、分佐领，封为札萨克，各有所统。"[③]漠南蒙古诸部于崇德元年（1636）正式建立盟旗制[④]，顺治年间增设 24 旗，康熙初年又增设 4 旗，到乾隆年间，漠南蒙古 24 部共设有哲里木盟、卓索图盟、昭乌达盟、锡林郭勒盟、乌兰察布盟、伊克昭盟等 6 盟 49 旗[⑤]。康熙二十九年（1690）打败准噶尔部之后，次年在多伦诺尔召开漠北蒙古（喀尔喀蒙古）各部封建主会议，建旗 32 个，并任命了各旗札萨克。康熙三十五年再败噶尔丹之后，又一次对漠北蒙古划地建旗，新增旗 23 个。雍正三年（1725）漠北蒙古又新增旗 19 个，共增加到 74 旗。乾隆二十四年（1759），在漠北蒙古的土谢图部、札萨克图部、车臣、赛音诺颜部及所附的厄鲁特、辉特二部共设置了 4 盟 86 旗[⑥]。在漠西蒙古（厄鲁特蒙古），康熙三十六年在归附的部分和硕特人居住的阿拉善设 1 旗。雍正三年在和硕特部设 1 盟 29 旗。雍正九年在以阿拉布珠尔为首的部分土尔扈特人中设额济纳旗。清朝对漠西蒙古诸部的统一直至乾隆年间才完成。乾隆十九年，在漠西蒙古设赛音济雅哈图左翼盟，下设杜尔伯特部 11 旗附辉特部 1 旗；设赛音济雅哈图右翼盟，下设 3

---

① 《清太宗实录》卷二二。
② 《八旗通志》卷一。
③ 《清圣祖实录》卷一八五。
④ 《清太宗实录》卷三一。
⑤ 张穆：《蒙古游牧记》。
⑥ 光绪《大清会典事例》卷六三。

旗附辉特部1旗。乾隆三十七年,在回归的土尔扈特部渥巴锡部众设4盟10旗;在舍楞部众设1盟3旗;在和硕特部设1盟3旗。至此,在漠西蒙古共设9盟64旗①。在外藩蒙古,共设置19盟199旗。

再次,"分而治之"的政策还表现在对那些曾反抗过清朝统治而后来又被统一的蒙古部落,在那里只设旗,不再设盟,各旗只设总管掌旗,不设札萨克,没有世袭封爵,各旗分别隶属于各地的将军、都统、大臣,再辖于理藩院。这种蒙古旗称之为内属蒙古旗。内属蒙古旗中有少部分是蒙古小部落。内属蒙古旗共有49旗:察哈尔部蒙古8旗,伊犁察哈尔部蒙古8旗,归化土默特部蒙古2旗,札哈沁部蒙古2旗,伊犁厄鲁特蒙古上3旗、下5旗,塔尔巴哈台厄鲁特蒙古1旗,热河厄鲁特蒙古1旗,察哈尔厄鲁特蒙古2旗,呼伦贝尔厄鲁特蒙古1旗,青海厄鲁特蒙古2旗,科布多明噶部蒙古1旗,阿尔泰乌梁海部蒙古1旗,阿尔泰纳尔乌梁海部蒙古2旗,唐努乌梁海部蒙古5旗,索伦部蒙古5旗。这49旗的各旗总管,"官不得世袭,事不得自专"。

由于以上三种"分而治之"的治理方式,结束了蒙古各部长期的混战局面,又分散了蒙古的力量,使其无法形成统一的力量,成为清朝的"不侵不叛之臣"②,有利于清朝的大一统和边疆的安宁。

第三,羁縻与严控政策。清朝分封的世袭蒙古王公爵位,初封时有175人。其中汗3人:康熙四十八年(1709)封喀尔喀车臣汗部乌默克为车臣汗,乾隆二十年(1755)封杜尔伯特部车凌为特古斯库鲁克达赖汗,乾隆三十六年封土尔扈特部渥巴锡为克卓哩克图汗。和硕亲王13人:崇德元年(1636)封科尔沁部巴达礼为土谢图亲王,同年封科尔沁部乌克善为卓哩克图亲王,顺治十八年(1661)封科尔沁部满珠习礼为达尔汗巴图鲁亲王,康熙三十五年封喀尔喀赛音诺颜部善巴为和硕亲王,雍正九年(1731)封喀尔喀赛音诺颜部策稜为和硕亲王,乾隆二十一年封土谢图部喇木丕勒为和硕亲王,等等。多罗郡王27人,多罗贝勒30人,固山贝子25人,镇国公19人,辅国公58人。除这175个王公爵位以外,还封有可以世袭的蒙古族一等台吉84人,三等台吉2人,一等塔布囊2人,三等男2人,共计90人。清

---

① 光绪《大清会典事例》卷六三。
② 以上见魏源:《圣武记》卷三。

代封各部蒙古可世袭的爵位共计265人①。

在封爵的同时,还赐予优厚的俸禄以及各种特权。顺治十八年(1661)重申:"外藩世职,亦应给俸。"②科尔沁部亲王俸银2500两,俸缎40匹;其他亲王俸银2000两,俸缎25匹。科尔沁郡王俸银1500两,俸缎20匹;其他郡王俸银1200两,俸缎15匹。贝勒俸银800两,俸缎13匹。贝子俸银500两,俸缎10匹。镇国公俸银300两,俸缎9匹。辅国公俸银200两,俸缎7匹。一等台吉俸银100两,俸缎4匹③。还经常以粮食、马匹、牛羊等赈济蒙古各部牧民,以免受灾的蒙古牧民流离失所。这种赈济十分广泛,既包括漠南蒙古各部,也包括漠北蒙古各部和漠西蒙古各部。如,康熙二十七年(1688),漠北蒙古诸部被迫内迁时,牧民饥寒交迫,圣祖下令以各种方式予以救济:或赍其茶布银两,或采买牛羊分发给牧民,或开仓放米,或设立饭厂散赈牧民④。据有人统计,康熙二十年到六十一年(1722)共赈济蒙古诸部40余次,几乎每年都进行赈济⑤。

此外,还制定"年班"与"围班"制度。凡出过天花的蒙古王公贵族,定期轮番到京师觐见皇帝,是谓"年班";凡未出过天花的蒙古王公贵族不宜进京,而是轮番到木兰围场觐见皇帝,称之为"围班"。皇帝对来觐见的蒙古王公贵族都要进行赏赐,以增强其向心力。

清朝一方面对蒙古诸部实行羁縻笼络政策,另一方面采取了一系列措施对他们严加控制,把蒙古诸部完全置于控制之下。控制措施主要表现在两个方面:一是为了保证"分而治之"政策的实行,防止蒙古各部重新联合,严格控制蒙古诸部之间在政治、经济、军事、婚姻方面的联系。首先是蒙古各盟旗之间都划有界线,两旗之间有山河者以山河为界,无山河者垒石为界。各盟旗只准在本旗境内放牧,不能越界到其他旗内放牧,越界者要进行处罚。顺治初年已规定,蒙古诸部"越自己所分地界,肆行牧放者,罚马百匹,札萨克贝勒、贝子、公七十匹,台吉五十匹,庶人犯者,本身及家产均罚取

---

① 赵尔巽等:《清史稿》卷二一五至二一七《藩部世表》,中华书局1977年版。
② 《清圣祖实录》卷二。
③ 王戎笙主编:《清代全史》第二卷,辽宁人民出版社1991年版,第214页表。
④ 《清圣祖实录》卷一二七、一四〇、一四一、一四二、一四四、一四八。
⑤ 孟昭信:《康熙大帝全传》,吉林文史出版社1987年版,第264页。

堂给见证人"①。康熙元年(1662)又重申:"外藩蒙古,不得越旗畋猎。"②雍正五年(1727)又加重对违例的蒙古王公的处罚:"越自己所分疆界,肆行游牧者,王、贝勒、贝子、台吉等,无论管旗不管旗,皆罚俸一年。无俸之台吉及游牧民犯者,仍按例罚取牲畜。"③还规定:各部蒙古人出境,必须向本旗禀明,擅自逃离本旗,要以军法从事,同时追究失察官员的责任④。其次,严禁蒙古各部私自购买军器。购买则由本旗札萨克开具证明报理藩院,开给出口信票。同时还规定漠南蒙古各部不准擅自将甲胄、弓矢等军器卖给漠北蒙古诸部或漠西蒙古诸部,违者受罚⑤。再次,严禁漠南蒙古各部与漠北蒙古各部、漠西蒙古各部之间进行通婚。通婚只能在漠南蒙古诸部之间、漠北蒙古诸部之间、漠西蒙古诸部之间进行。同时还规定:漠南蒙古诸部不准同漠北蒙古诸部及漠西蒙古诸部进行贸易,违例进行通婚或贸易者都要受到处罚。如果漠南蒙古"台吉、塔布囊等,擅自与喀尔喀(漠北蒙古)、厄鲁特(漠西蒙古)结姻往来者,革去爵秩,不准承袭,所属人(丁)全给其近族兄弟,除妻子外,家产、牲畜皆没官"⑥。这是很重的处罚。

二是严行禁止蒙古各部与其他各族特别是与汉族之间的往来联系。早在清初,已严令禁止汉族到蒙古族地区开荒种地,同时也严令禁止蒙古族雇用汉族农民耕种。康熙二十六年(1687)下令:"嗣后蒙古等雇内地民人耕种之处,永行禁止",对违反者要进行惩处⑦。乾隆时内地汉族到蒙古族地区耕种者越来越多,清廷屡禁不止,在此情况下,被迫对上述禁令做了某些修改:"嗣后蒙古内部所有民人,民人村中所有蒙古,各将彼此附近地亩,照数换给,令各归其地",对那些"杂处已久,一时难以分移,应令札萨克会同司官、同知、通判等,渐次清理"⑧。总的政策仍是强调严禁汉、蒙民族杂居。其次,严禁汉蒙两族之间通婚。康熙二十二年规定:"凡内地民人,出口于

① 《理藩院则例·录勋清吏司下》,乾隆朝内府抄本。
② 康熙《大清会典》卷一四二。
③ 光绪《大清会典事例》卷九八一。
④ 《理藩院则例·录勋清吏司下》,乾隆朝内府抄本。
⑤ 光绪《大清会典事例》卷九七八。
⑥ 《理藩院则例·录勋清吏司下》,乾隆朝内府抄本。
⑦ 《理藩院则例·录勋清吏司下》,乾隆朝内府抄本。
⑧ 光绪《大清会典事例》卷九七八。

蒙古地方贸易、耕种,不得娶蒙古妇女为妻,倘私相嫁娶,察罚一九,仍将所嫁之女离异,还给娘家。私娶之民,照内地例治罪。知情主婚及说合之蒙古人等,各罚牲畜一九。"①再次,对蒙汉之间的贸易,虽未明令禁止,但却严加限制。如,汉族商人到蒙古族地区经商者,必须向官府领票,票上注明经商者姓名、人数、货物种类、数量、经商起点、起程日期,并限定一年返回。规定汉族商人到蒙古族地区经商的几个进出关口及经商路线,并规定必须现银、现货交易。不准汉人携带家眷经商,不许在蒙古地区置买地产;不许在蒙古地区娶妻成家,更不许娶蒙古女子为妻,不许起蒙古族名字。同时规定不许贩运铁器、金属器物、军器等。对违反上述规定者,根据情节轻重给予没收货物、逐出蒙地、枷号、鞭打并押解回原籍、今后永不准到蒙地经商等处罚②。此外,还严禁蒙古族学习汉语、汉字,不准使用汉名。同时规定:蒙古族"王公、台吉等不准延聘内地书吏教读,或充书吏。违者照不礼重私罪议处"③。

第四,利用、提倡、崇奉喇嘛教,强化对蒙古族的思想统治。喇嘛教,其中格鲁派亦称黄教,在清代蒙古族、藏族、土族、裕固族等族中流传甚广,尤其是在蒙、藏地区影响更大。清政权建立之初就十分重视推崇喇嘛教,清人陈康祺说:"盖本朝龙兴之初,喇嘛孝顺最早,而其术盛行东土,又夙为蒙古诸部藩所崇信,故优礼彼教,正以羁縻外藩。"④高宗也说过:"兴黄教即所以安众蒙古,所系非小,故不可不保护。"松筠说得更直接:之所以推崇喇嘛教,是"所谓即以其人之道,还治其人之身者"⑤。可见,清朝提倡、推崇喇嘛教,正是为了巩固自己政权,强化对蒙古族、藏族等民族的思想统治。

清朝对喇嘛教的政策主要表现为两个方面:首先,对喇嘛尤其是上层喇嘛待遇优厚。《理藩院则例》规定:凡蒙古人出家当喇嘛者,都免收赋税,免其兵役和各种差役。正是在清廷的提倡和鼓励下,蒙古人家庭凡有两个以上男性者必须有一人到寺庙当喇嘛,因而蒙古诸部中喇嘛势力大增。乾隆

---

① 《理藩院则例·录勋清吏司下》,乾隆朝内府抄本。
② 《理藩院则例》卷三四。
③ 光绪《大清会典事例》卷一。
④ 陈康祺:《郎潜纪闻》卷一。
⑤ 松筠:《西藏图考》卷七。

朝创立"金瓶掣签制",并将这一制度推广到整个蒙古地区,在京师雍和宫内亦设一"金奔巴瓶",以此控制了蒙古地区大小呼图克图(活佛)之呼毕勒罕(转世)之权①。其次,大量修建喇嘛寺庙,蒙、藏贵族也修建大量喇嘛寺庙。康雍乾三朝时蒙古地区有多少喇嘛庙没有确切统计,但清末,内蒙古有喇嘛庙1000余座,外蒙古有747座,青海、甘肃、新疆、四川有500至600座,共约有2300余座②。每座寺庙拥有喇嘛少则十几人,多则300人,按平均100人计,则蒙古族喇嘛约有23万人。清廷对喇嘛庙的规模加以限制,雍正二年(1724)规定:"嗣后定例,寺庙之房不得过二百间,喇嘛多者三百人,少则十数人,仍每年稽察二次,令首领喇嘛出具甘结存档。"③

5. 治理藏、回族的政策

清廷治理藏族的政策有一个形成和发展的过程。这一政策可以归纳为如下三个方面:

一是从"以蒙治藏"到"以藏治藏",再变为派遣大臣直接管理西藏。这一政策,在清代各个时期随着西藏政治形势和清朝自身力量的变化而不断地变化、不断地调整。大体上可分为三个阶段:

第一个阶段,从崇德七年(1642)到康熙六十年(1721),实行"以蒙治藏"的政策。这一政策起因于崇德七年厄鲁特蒙古和硕特部著名领袖顾实汗率领蒙古兵进据西藏,推翻了原西藏地方藏巴汗的统治,而成为西藏和青海的统治者。顾实汗一直与清关系密切,早在崇德元年就差人联系,他进据青、藏的当年,又与达赖、班禅共同派代表团到盛京,受到皇太极的热烈欢迎④。清入关后的次年,即顺治二年(1645),顾实汗派其六子到京师,表示对清政权的臣属态度⑤,此后几乎每年都要遣使入京。顺治十年,世祖遣大

---

① 《清高宗实录》卷一四二四。
② 马汝珩、赵云田:《清代边疆民族政策简论》,《清史研究》1991年第二期。
③ 《清世宗实录》卷二〇。
④ 《清太宗实录》卷六四。
⑤ 《清世祖实录》卷二二。

臣赴西藏,册封顾实汗为"遵行文义敏慧顾实汗",并称顾实汗在西藏是"作朕屏辅"①。顾实汗死后,清廷指定顾实汗的继承人拉藏汗代行管理西藏,直到康熙五十六年(1717)厄鲁特蒙古准噶尔部侵扰西藏,杀死拉藏汗,才结束了和硕特统治西藏的历史。

第二个阶段,从康熙六十年(1721)至乾隆十六年(1751),实行"以藏治藏"的政策,即依靠西藏贵族治理西藏。准噶尔部入侵西藏以后,西藏陷于混乱。清廷于康熙五十七年、五十九年先后两次派兵入藏平叛,将准噶尔部驱逐出西藏。为了加强对西藏的统治,实行的是依靠西藏贵族治理西藏。康熙六十年初,清廷任命藏族贵族康济鼐、阿尔布巴、隆布鼐、扎尔鼐四人为"噶伦"(政务官),由四噶伦联合执政,雍正元年(1723)又增加颇罗鼐为噶伦,成为五噶伦联合执政②。雍正五年,噶伦内讧,联合执政瓦解。雍正六年,颇罗鼐率兵进入拉萨,平息了内讧。但仍保留噶伦,又册封颇罗鼐为郡王,在噶伦之上总理西藏政务,直至乾隆十五年(1750)珠尔墨特那木札勒发动叛乱。

第三个阶段,自乾隆十六年(1751)以后,实行政教合一的"噶厦制度",并不断完善驻藏大臣制度。驻藏大臣制度发端于拉藏汗代行管理西藏期间,康熙四十八年(1709),圣祖派侍郎赫寿到西藏,"协同拉藏办理事务"③。雍正六年(1728),在任命颇罗鼐总理西藏政务的同时,又向西藏派遣两名驻藏大臣,并建立驻藏大臣衙门,协助颇罗鼐处理政务④。自乾隆十六年西藏实行噶厦制度以后,驻藏大臣已不是协助西藏地方政府处理政务,而是与达赖喇嘛一起共同领导。乾隆五十八年颁布《钦定西藏章程》以后,驻藏大臣制度更加完善。章程明确规定:驻藏大臣是督办西藏政务,其地位与达赖、班禅同等;达赖、班禅"转世"时,必须在驻藏大臣监督下实行"金瓶掣签";西藏各级僧俗官任命由驻藏大臣会同达赖奏请,升黜、赏罚由驻藏大臣全权主持;西藏的涉外事务统由驻藏大臣负责;西藏的财政由驻藏大臣

---

① 《清世祖实录》卷七四。
② 《卫藏通志》卷一三《纪略上》。
③ 《清圣祖实录》卷二三六。
④ 赵尔巽等:《清史稿》卷五二五《藩部八》,中华书局1977年版。

稽察总核;等等①。清廷通过驻藏大臣加强了对西藏的直接管理。

二是政教合一。乾隆十六年(1751)以前,西藏是政教分治,政治上实行"以蒙治藏"或"以藏治藏";以达赖和班禅为宗教领袖,进行思想统治。顺治十年(1653)世祖封达赖喇嘛为"西天大善自在佛所领天下释教普通瓦赤喇喇呾达赖喇嘛"②,明确了他在喇嘛教中的领袖地位。康熙五十二年(1713),为了平衡达赖势力,又封五世班禅为"班禅额尔德尼",并颁给金册、金印③,使达赖与班禅共同成为蒙、藏的宗教领袖。但他们并不管理行政,清廷甚至斥责干预政务的七世达赖喇嘛④。乾隆十五年(1750),珠尔墨特那木札勒发动了叛乱,驻藏大臣傅清和拉布敦诱杀了珠尔墨特那木札勒,但傅清、拉布敦也被叛党杀死,七世达赖下令平息叛乱,清廷亦派兵入藏。叛乱平息后,乾隆十六年对西藏管理体制进行了重要改革,改行政教合一的噶厦制,废除原来的郡王总理政务制度。噶厦(发布命令的机关)由四名噶伦(一名僧官、三名俗官)组成,在驻藏大臣和达赖喇嘛的共同领导下,处理西藏政务。达赖喇嘛之下还设有详仓(秘书处),掌管噶厦下达的政令,公文必须盖有达赖的印章才生效。西藏各级僧、俗官员的任命,必须由驻藏大臣会同达赖奏请。此时的达赖喇嘛不仅是宗教界的领袖,也是西藏地方政权的首脑⑤。

三是尊崇喇嘛教。如果说在蒙古族地区尊崇喇嘛教是为了加强对蒙古族的思想统治的话,那么在藏族地区,特别是在乾隆十六年(1751)实行政教合一的政策之后,其意义就更加深远,具有加强思想统治与政治统治的双重意义。正是在这一政策的鼓励下,藏族地区的喇嘛教有了迅速发展。据不完全统计,康、雍、乾三朝时期达赖喇嘛所辖的寺庙有 3050 座,有喇嘛 302500 余人;班禅所辖寺庙有 327 座,有喇嘛 13700 余人⑥。即藏族的寺庙共有 3377 座,共有藏族喇嘛 316200 人,平均每座喇嘛寺庙有 94 人。藏族

---

① 《卫藏通志》卷一二《条例》。
② 《清世祖实录》卷七四。
③ 《清圣祖实录》卷二四五。
④ 赵尔巽等:《清史稿》卷五二五《藩部八》,中华书局 1977 年版。
⑤ 《卫藏通志》卷一二《条例》。
⑥ 参见马汝珩、赵云田:《清代边疆民族政策简论》,《清史研究》1991 年第二期。

寺庙约占全部喇嘛寺庙5677座(3377+2300)的59.49%,即近60%,可见喇嘛教在藏族地区发展之快,规模之大。

中国历史文献中有"回民"与"回人"之称,狭义的"回民"、"回人"即回族,主要居住在甘肃、陕西以及散居在全国各地;广义的"回民"、"回人"则是指中国境内信奉伊斯兰教的所有民族,不仅包括回族,还包括居住在天山南北两路的维吾尔族、哈萨克族、柯尔克孜族和居住在甘肃的撒拉族等。在中国历史文献上还有"回部"的记载,这是专指居住在天山南路的维吾尔族各部。本书所称之"回"是广义上的"回民"、"回人",即泛指信仰伊斯兰教的各族。清廷对回民的政策,又以对回部的政策最为典型,清廷治理回民的政策可以归纳为以下几个方面:

一是在这一地区实行伯克制的行政管理体制。自乾隆二十四年(1759)平定霍集占的叛乱后,在天山南路维吾尔族聚居区,沿用其族原有的伯克制并加以改造。即在维吾尔族各城设置阿奇木伯克(总管)、伊沙噶伯克(协理)、噶杂拉齐伯克(掌地亩钱粮)、商伯克(征输粮赋)、哈子伯克(管诉讼)等来管理"回务",同时废除原有各级伯克的世袭制,各城的伯克皆听命于清廷派驻本城的参赞大臣(或办事大臣、领队大臣)。同时规定,各城伯克均由皇帝指派,还要定期轮班到京师觐见皇帝①。还决定回部不派驻八旗兵、绿营兵,但各城要有番戍兵,"拣选头目,统辖城堡,总归伊犁军营节制"②。

二是尊从回民对伊斯兰教的信仰,实行"以回治回"的政策。伊斯兰教约在唐永徽二年(651)传入中国。天山南路的维吾尔等民族约自宋代开始信仰伊斯兰教。清朝对某些民族信仰伊斯兰教,总的政策是尊从其信仰。顺治年间发生米喇印、丁国栋等反清事件,因此康熙、雍正年间均有大臣上疏要求严禁伊斯兰教,圣祖、世宗均未同意。圣祖说:"如尔等虽招抚回子,遏止其教,亦能令其皈依佛法,跪拜喇嘛乎? 今天下太平之时,惟令各行其道,若强之使合,断不可行。"③世宗也说:信仰伊斯兰教的回民也是"国家的

---

① 参见周远廉:《乾隆皇帝大传》,河南人民出版社1990年版,第497页。
② 《清高宗实录》卷五七〇。
③ 《圣祖圣训》卷六〇。

赤子",他们的信仰"乃其先代留遗,家风土俗",因而不能"强其画一"①。到高宗时,情况发生了变化,伊斯兰教内部出现了不同的派别,清廷则根据他们对清朝的态度,采取支持一派,限制、打击另一派,即"以回制回"的政策。17世纪时天山南路维吾尔族信仰的伊斯兰教分裂为白山(白帽)派与黑山(黑帽)派,两派斗争激烈。乾隆二十一年(1756)白山派的大小和卓木叛清以后,清廷对两派的态度十分明朗,即支持黑山派,打击白山派②。乾隆中期,甘肃回民的伊斯兰教徒分为两派,一派称格底木派(老教),另一派称伊合瓦尼派(新教)。清廷则支持老教,镇压起来反抗的新教苏四十三与田五、马四圭③。

三是实行回民屯田与"普尔制"货币体制。乾隆年间统一天山南北路之后,便在天山北路大兴屯田,既有兵屯,又有民屯。维吾尔族居住的天山南路,人口众多,农业较发达,可垦之地已不多。自乾隆中期起,清廷鼓励、支持维吾尔族到天山北路伊犁附近建城屯田,称之为"回屯",共有9屯,建宁远城以居之,选维吾尔族人为阿奇木伯克,管理回屯事务,"自宁远城以东三百里皆回民屯"④。嘉庆年间,在这里屯田的维吾尔族人已达3.4万人。

普尔钱是维吾尔族居住区使用的一种铜钱。清统一天山南北后,出于尊重维吾尔族的习惯和便于当地经济的发展,决定在维吾尔族地区使用新的普尔钱。这种铜钱"轮廓方孔,如制钱式",面铸"乾隆通宝"汉文,幕铸地名为满文及回文,1枚普尔钱可换制钱5枚。这种普尔钱只在天山南路各城通用⑤。

四是隔离、限制回民与其他民族交往。最初,清廷对天山南北各族人民赴内地贸易并无限制,但后来不仅要验印,还在人数、贸易地点上加以限制⑥。同时规定,内地的汉人赴天山南北贸易或佣工,不仅要持有印票,而且不准"擅娶回妇为妻",违反者要依例定罪⑦。撒拉族与回族都信仰伊斯

---

① 《清世宗实录》卷八〇。
② 《那文毅公奏议》卷八〇。
③ 《清高宗实录》卷一一二七、一三四一。
④ 徐松:《西域水道记》卷四。
⑤ 《回疆通志》卷七《钱法》。
⑥ 《圣祖圣训》卷五七。
⑦ 《钦定回疆则例》卷八。

兰教,关系密切。只因为部分回族参加了撒拉族苏四十三领导的起义,清廷规定:不准撒拉族"充当兵役","不许私行出入内地"①,而且要求各地官员"设法开导内地回民,各知守法相爱,勿与撒拉尔回众往来联络"②。

① 《循化志》卷八《回变》。
② 《清高宗实录》卷一一七九。

第五章 18世纪的社会生活

1.18 世纪社会等级与变动

18世纪,在人类发展史上是一个伟大的世纪。西方资本主义蓬勃发展,人类正经历着前所未有的巨大变革。18世纪正是人类历史转折的分水岭。而在东方,清朝统治下的中国却处于封建社会晚期。它是一个封建地主阶级统治的社会,也是一个等级社会。在这一时期,封建的经济、政治、文化等空前繁荣,封建伦理、宗法关系等依然根深蒂固。这些,都给予社会以决定性的影响。18世纪的清代社会,形成6个具有鲜明差别的等级,又由于经济、政治等方面的因素,其中一些等级中又分为不同的层次。只有认识18世纪的世界大势,了解中国的国情,才会明白中国何以在人类历史转折的时刻落伍了。18世纪的清代社会等级,如下所示。

第一是皇帝:这是封建等级中的最高等级,是封建地主阶级的总代表、最高的统治者。他又是最大的土地占有者,清初在圈占土地中,挑选最肥沃的土地建立起来的皇庄,分布在畿辅和奉天的就有1201所,占有土地3936274亩[①]。他还有权夺取任何人的土地留归自己或分赠他人。他集政、军、财、文的立法、司法、行政大权于一身,掌握国家官吏的任免权,死刑的批准权。他具有绝对权威且神圣不可侵犯。他可以决定一切,谕旨就是法令。谁触犯或威胁到他的尊严和权力,就是大逆不道,要受到严惩。

第二是皇帝之下的王公贵族:这是一个特权大地主等级。他们属于清

[①] 据嘉庆《大清会典》卷七六《统计》。

朝的最高统治集团,在法律上享有封建特权。不仅拥有数量庞大的土地,还享有免除全部赋税的特权。在这显赫的等级中,又分为三个等第:

皇室王公贵族。皇室即指爱新觉罗家族。按血缘关系的亲疏,又分为宗室和觉罗。宗室即清太祖努尔哈赤及其兄弟的后裔,佩黄带子;觉罗,即努尔哈赤伯、叔父的后裔,佩红带子以示与宗室相区分。他们的后世子孙均可承袭先世爵位。如努尔哈赤的后世子孙中受封及袭爵者多达1978人,其中亲王140人,郡王94人,贝勒63人,贝子53人,镇国公88人,辅国公209人,镇国将军148人,辅国将军249人,奉国将军261人,奉恩将军673人。均可入宗室学校或觉罗学校读书,出校即可以任官。此外,还享有其他政治特权,如大清律规定殴打宗室或觉罗者,罪重九等,殴伤者则重十等①。

异姓王公贵族。是指满洲八旗中的非爱新觉罗氏及蒙古八旗与汉军八旗中的王公贵族。他们占有大量土地并享受免除赋税等特权。

孔府衍圣公及其近支后裔。因受孔子庇荫,享受如同王公贵族的种种特权,也是个特权大地主集团。他们占有大量祭田、学田,且免粮免差,还享有可以拘审其佃户等权力。

第三是官僚缙绅等级:指各级官员,包括现任官员,退职居乡、沙汰和候补官员等。他们拥有大量土地并享受一定的优免权利,如京官一品免田赋1000亩,以下递减至九品京官免田赋200亩,外官免京官的一半。各官仅免自身差役②。在法律上他们也享受一定的特权,如一般老百姓对他们触犯要受重罚等。根据所享受的特权的大小,这一等级又可分为八旗官、高官(文官三品以上、武官二品以上者)和一般官吏三个等第。

第四是绅衿等级:指那些有了功名尚未入仕者,包括文武举人、监生、生员等。他们大多拥有一定数量土地,并享有一定的优免权。按规定,可免田赋40亩及免除自身差役③。他们的法律地位高于一般百姓,如可由家人代替诉讼,一般不受拘押,轻罪可纳赎。绅衿等级又分为举人(可称其为"老爷")、生监(不再服青衣可服蓝衣,但不能称其为"老爷")。

第五是凡人等级:指平民百姓,又称庶人。他们人数最多,处于社会的

---

① 光绪《大清会典事例》卷一《宗人府》。
② 《清文献通考》卷二五。
③ 《清文献通考》卷二五。

下层,没有任何特权,但对封建国家的义务却主要由他们来承担。这一等级的构成十分复杂,包括各种行业和不同的阶级。按社会经济地位的不同,又可分为地主(包括作坊主、商人、高利贷者)、自耕农(包括小作坊主、小商人)、八旗壮丁、佃农、自由雇工(包括农业雇工、手工业雇工和店员)等一些等第。其中,八旗壮丁是一个特殊的等第。他们按其经济地位应属自耕农,但与自耕农不同,其土地是"计口授田"分来的,且这部分土地免交田赋,但负担较重,要三丁抽一丁服兵役[①]。

第六是贱民等级:这是最底层的等级,存在于封建社会中的奴隶制残余。他们与主人存在着人身隶属关系,与凡人等级有良贱之分,"四民为良,奴仆及倡优隶卒为贱",良贱不得通婚。清廷虽然豁除过部分贱民的贱籍,但这一等级在清代始终存在。按其经济地位、法律地位的差异,这一等级又可分为雇工人、隶卒、佃仆、乐户、奴婢等五个等第:

雇工人,他们与凡人中的自由雇工的不同之处,是在契约期限内与主人之间存在着人身隶属关系,与他人则属凡人关系。

隶卒,在衙门中服役的皂隶、马快、禁卒以及长随、家人等,这是特殊等第。他们中有的人在经济上相当富有,但在法律上却属于贱民。实际上他们是为封建政权服务的走卒和帮凶。

佃仆,他们佃种田主的土地,又称世仆、庄仆。与凡人等级中的佃农不同之处,在于他们与田主具有人身隶属关系。

乐户,指惰民、疍民、九姓渔民以及娼妓、优伶等。他们中多数人的先人在明代因为种种原因被降为贱民,且世代相袭,不准脱籍。

奴婢,这是贱民等级中的主要部分,是在法律上地位最低下的一个等第。他们人身隶属于主人,主人不仅可随意打骂他们,且可以将他们买卖、赠予,甚至杀死他们或者逼他们陪葬。康熙十二年(1673),清廷正式"命禁止八旗包衣、佐领下奴仆随主殉葬"[②]。清初奴婢的数量较明末有明显的增加,这些奴婢包括汉人原有的奴婢和八旗家奴,还包括战争中所获的战俘、圈占土地时的投充人以及卖身为奴、因罪遣发为奴者。

---

① 《八旗通志》卷一八。
② 王先谦:《东华录》康熙十二年六月乙卯。

清代社会的等级制度具有如下特点：

一是发展的不平衡性。阶级决定等级，等级又是阶级的体现。这些等级和等第，主要存在于中原地区，也就是汉族、满族地区和部分蒙古族地区，而地处边陲的少数民族地区，所存在的等级和中原地区的等级并不完全一致。如部分蒙古族部落和藏族地区处于封建社会早期的农奴制阶段，其农奴主和农奴的等级十分严格，服饰的等级十分鲜明。凉山地区的彝族处于奴隶制阶段，彝族地区有黑彝（富有的奴隶主）、曲诺（有人身隶属关系的农民）和阿加、呷西（均为奴隶）等主要阶级等级。就在中原地区，各地区的等级其发展也很不平衡的。如在邻近清朝统治中心京师的直隶、山东、河南，官僚缙绅等级数量较多；直隶的土地半数被圈占，这里的自耕农等级数量较少，而佃农、雇工数量则较多；孔府衍圣公等第集中在山东；乐户等第主要存在于山西、陕西；惰民、伴当、世仆等第主要存在于江南一带；疍民等第主要存在于广东沿海、沿江一带；而九姓渔民主要存在于钱塘江上；等等。

二是金钱可改变等级。随着封建商品经济的发展，商品交换原则渗入到封建等级制度之中，即金钱可"赎身"，金钱可"买官"，用金钱可改变等级：原属旗下奴婢者，可花钱"出旗为民"[1]。最典型的莫过于"捐纳为官"，即花钱买官以改变等级身份，捐纳是封建王朝依靠卖官鬻爵的一项财政收入措施。清代捐纳始于康熙十三年（1674），文职京官五品郎中以下，外官四品道府以下，武职自三品参将、游击以下均可捐纳：道员13120两、知府10640两、郎中7680两、员外郎6400两、知州4820两、知县3700两、从九品未入流160两，捐一名生监108两[2]。从一个白丁捐得一个知县需银3700两，正如有人指出："朝为白丁，上一千七百两即授小县矣，再上一千两而先用矣，再上一千两即用矣。通计不过三千七百两即授小县，而烟火万家司其政矣"[3]。

三是"豁贱为良"，即废除部分奴隶制残余。清初，奴婢数量迅速增加，由于奴婢惨遭虐待，他们忍无可忍，或逃跑，或进行反抗与斗争。清廷虽有"逃人法"，却制止不了奴婢们的反抗斗争。为了缓和矛盾，康熙年间起被

---

[1] 《清文献通考》卷二〇。
[2] 参见许大龄：《清代捐纳制度·历届捐例贡监生捐纳官职银数表》。
[3] 顾琮：《请分简繁名器疏》，《皇朝经世文编》卷一七。

迫对有关法律做某些调整,豁除某些贱民的贱籍。康熙二十四年(1685)规定,旗下奴婢,凡是其主人"情愿放出为民"或"愿令赎身为民者",可"出旗为民"。雍正元年(1723)四月,下令豁除山西、陕西乐户贱籍,改业为良民。七月,又令丐户改贱为良。雍正五年四月,又将徽州府的伴当、宁国府的世仆"开豁为良"。雍正七年五月,又开豁疍户的贱籍。乾隆年间又将九姓渔户豁贱为良,等等。乾隆五十三年(1788),对大清律中的有关条文作了修改,把农业长工从"雇工人"等第中解脱出来,成为自由雇工①。尽管如此,这些措施仍有很大的局限性,如规定被开豁者在四世之内不得报捐和应试②,但是,它毕竟在剔除封建社会中的奴隶制残余方面向前迈了一大步,也反映了封建等级制度的衰落。阶级关系变化的事实表明,随着商品经济的发展,人身依附关系也随之逐渐削弱,这是18世纪中国历史发展的趋势之一。

四是封建等级的再生能力很强。尽管封建等级制度总的趋势是在逐渐衰落,但作为封建社会的主要等级——地主阶级再生能力很强。其原因固然很多,其中土地私有并可买卖,是主要原因之一。中国封建社会与西方封建社会很大的不同点,就是土地可自由买卖。这种土地自由买卖到了清代,已成为兼并土地的主要手段,并使地权转换十分频繁。土地自由买卖的发展,赋予封建地主阶级以特有的活力,使其在社会动乱之后得以复生和加强。清初,由于明末农民战争的打击,封建地主土地所有制有所削弱,然而随着社会经济的恢复和发展,一些富裕农民、商人、高利贷者不断购买土地,成为新的地主。康熙中期以后,地主的数量明显上升,他们占有的土地数量也日益增多,一度被削弱的地主阶级重新加强起来,使中国封建社会得以延续。

2. 宗法制度的新变化

宗族、宗族组织、宗族制度,一直存在于整个中国封建社会,并且影响着

---

① 乾隆《大清律例》卷二八《斗殴》附《大清律纂修条例》。
② 《清高宗实录》卷八九六。

中国封建社会的长期延续,且具有中国独有的特点。处于封建社会晚期的清代,宗族制度达到了鼎盛。世宗说过:"立家庙以荐烝,设家塾以课子弟,置义田以赡贫乏,修族谱以联疏远。"①他所讲的这四个方面,不仅是清代宗族制度的基本内容,也是清代宗族制度较前完善的四个主要方面。

18世纪的中国社会,建置祠堂、成立宗族组织十分普遍,几乎遍地皆是。祠堂是供奉祖先之处,总聚族人的标志。明代中叶以后,取消了庶人建祖庙和追祭远祖的禁令,于是,祠堂大量建立。进入清代,祠堂的数量迅速增多。中国传统习惯,就是"聚族而居",一些强宗大姓,"其俗尤重聚居,多或万余家,少亦数百家"②。建立祠堂是总聚族人的重要方式。正如张履祥评述:"今欲萃人心,莫大于敦本收族,欲敦本收族,莫急于建祠堂。"③陈宏谋也指出:"直省惟闽中、江西、湖南皆聚族而居,族皆有祠。"④故一些强族大姓都建有祠堂。

与祠堂密切相关的是族田迅猛增长。族田,指一个宗族所共有的土地。族田的来源有三:或一姓祖先遗留下来的共有财产;或同族人合资共买的土地;或族人中之仕宦者、殷富者所捐之田。族田又分为:义田,用于赡养同族人的土地;祭田,又称祀田、尝田、圭田,其收入用于全族的祭祀活动,有时也用于进行一些社会救济,或用于修缮祠堂;族内茔地,即族内共有的墓地,包括附近的可耕地,此地的收入用于雇人看守坟茔及茔地的树木。族田与祠堂一样是宗族制度不可缺少的重要组成部分,二者相辅相成,缺一不可。所谓"族必有祠,祠必有产"⑤。清代族田之设也是十分普遍的,族田的规模在数百亩、数千亩乃至数万亩。江西的族田,据乾隆年间调查,就有6739处⑥。那里"诸姓皆有祠,祠有祭田","有滋息至百千亩者"⑦。数量如此庞大的族田的存在,其社会影响是明显的:一是促进了宗族制度的发展,因为设置族田的目的就在于收拢族人,族田庞大,所收族人必然众多;二是由于

---

① 《圣谕广训》,宣统二年印本。
② 张海珊:《小安东窝文集》卷一《聚民论》。
③ 张履祥:《家堂》,《皇朝经世文编》卷六六。
④ 陈宏谋:《寄杨朴园景书书》,《皇朝经世文编》卷五八。
⑤ 许仲元:《三异堂笔记》卷二。
⑥ 辅德:《请禁祠宇流弊疏》,《皇清奏议》一八。
⑦ 同治《宜黄县志》卷一《风俗》。

族田的部分收入用于赡养族人,救济族人之贫困者,因而缓和了族内激烈的阶级矛盾与阶级斗争,有利于封建统治的巩固;三是族田的部分收入用于奖励遵守封建伦理道德的人,从而维护了封建伦理道德,维护了封建制度;四是随着族田的发展,在某些地方形成了一股强大的地方宗族势力,威胁着中央集权统治。

为封建统治阶级培养人才,普遍兴办义塾。宗族所兴办的学校一般称族塾、义塾或义学。族塾一般设于祠堂内,凡是同族子弟均可入学,还免费供给膳食、书籍、笔墨。他族的子弟是不能进入的。为了支持族人办学,有的宗族拨出部分族田为学田或从族田的收入中拨出一部分兴办族塾。清代的宗族组织都十分重视兴办本族族塾。除了在经费方面予以保证外,还选择族内品学兼优者担任塾师,以保证族塾的办学质量。有些宗族组织还制定奖励制度,鼓励那些学有成就者。如江苏费氏宗族,在其《家规》中就规定:"入学给花红银五两,出贡贺银五两,乡试中式贺银十两,会试中式贺银二十两,入翰林贺银五十两。鼎甲贺银一百两,有能出仕者照贺银加倍。"[①]族塾的设置,不仅用封建的理学思想教育子孙后代,并为封建统治阶级培养了人才。如范仲淹一族,其族塾在宋、明两代就出了52名进士,184人做了官,到清代仅顺治朝,该族塾就出了12名进士,37人做了官[②]。

编修族谱是宗族活动的一项重要内容,这是提倡尊祖敬宗的一种重要手段,所谓"族必有祠,宗必有谱"[③]。广修族谱是清代宗族制度发展的一个重要标志。在明朝后期,追祭祖先只限于始迁祖,联谱也仅限于本县。到清代,编修族谱的活动与明代相比有如下特点:一是清代编修族谱十分广泛,特别在南方一些地方各村族皆有谱牒。北京国家图书馆已清理出馆藏族谱有2250种,其中1160种族谱修于清代,占2250种的51.56%[④]。但各地修谱的情况是不平衡的:"蜀陇滇黔诸省于谱牒茫然不解,殊属疏漏鄙俗,两江、两浙、两湖诸省,崇仁厚,联涣散,各村族皆有谱牒。"[⑤]二是清代族谱,合

---

① 《费氏族谱》卷一《家规》。
② 《文正书院传谱》,《清史研究集》第六辑,第218页。
③ 李绂:《别籍异财论》,《皇朝经世文编》卷五九。
④ 杨宝华:《北京图书馆藏家谱简介》,《谱牒学研究》第一辑,第265页。
⑤ 钟琦:《皇朝琐屑录》卷三八《风俗》。

谱的范围广泛,已是合府、合省通牒,甚至全国通谱了。孔丘的后裔早已全国通谱,排定行辈;满族爱新觉罗宗室这一支也在康熙年间全国通谱,排定行辈。三是清代编修族谱追联远祖、攀附名门成风。如果说明代族谱一般多从始迁祖写起,那么清代已突破始迁祖而追溯远祖。由于年代久远,多数已无法联谱,于是就出现了一股编造历史、攀附名门的风气。如李氏都追记为李耳的后代,张氏则追记为张良的后代,姜氏则追记为姜尚的后代,等等。

清代族祠的遍立、族田的增多、族塾的兴办、族谱的广修,主要反映了清代宗族制度的新发展,也形成了清代宗族制度的新特点。

第一,宗族制度臻于完善。首先是宗族组织管理机构更系统、更严密。按父权家长制的原则组织起来的宗族组织,普遍设立族长,是一宗之长、全族之长。选择主要考虑人选的辈分、年龄、德行、威望、官爵,"由合族择廉能、公正、人望素孚者,公举充任"[1]。一族之内又分若干支,支下又有"房",又分别设支长、房长。一些稍大的宗族,族长之下还配备若干助手和执役人员,辅助族长管理族务,如宗相:负责掌管全族的族田、钱谷和礼仪;宗直:负责纠察本族族务,以评定是非、曲直。其次,是宗族组织管理制度的完善,一般都制定族规,也有称为祠规、宗规、宗约、家规、家训、家范等等。族规是宗族的法规,宗族制度的支柱,依靠它把全族维系成为一个同姓的血缘关系的共同体。再次,是宗族组织管理职能的完善。其一是宣讲圣谕、律例、族规,规定:"宜于岁时合会,集族中父老子弟当堂听讲《圣谕广训》。"[2]其二是规定族长有约束、处罚族人的权力,对那些违反族规的族人,轻则将其传至祠堂训斥、鞭杖、罚跪、关押、示众或处以罚款,重则开除族籍,报官惩究[3]。其三是拥有健全的经济管理职能,如对族田收入和其他族内经济收入的使用,以及禁止盗卖族田和族内其他财产都有严格规定。

第二,清代是缙富阶层的宗族制度。它不同于先秦的贵族宗族制度,也与汉唐的士族宗族制度、宋元明代的大官僚宗族制度有所不同[4],所包含的阶层更加广泛,其中有官僚地主、有功名而未仕的绅衿地主、庶民地主以及

---

[1] 《云阳涂氏族谱》卷一一《族范志》。
[2] 《平江叶氏族谱》卷一。
[3] 陈宏谋:《寄杨朴园景素书》,《皇朝经世文编》卷五八。
[4] 参见冯尔康:《清代宗族制的特点》,《社会科学战线》1990年第三期。

商人和高利贷者,他们均属于缙富阶层。明嘉靖以前,建祠、修谱限于仕宦之家,追祭祖先限于四代。嘉靖十一年(1532)明廷废除了不准庶人建祠修谱和追祭远祖的禁令,但庶人建祠修谱者为数不多。清代越来越多的绅衿、庶人地主、商人、高利贷者参与建祠、修谱,他们参与购买族田、设置族塾和掌握、控制宗族组织,或者是有权,或者是有钱,不是官僚即为殷富。从清代修的族谱来看,担任族长者,或为官僚及其致仕者,或为有功名的士子,或为富有的地主、商人、高利贷者。死后入家庙被祭祀即祠享者的条件是:"论德、论爵、论功、孚众论者"①。最主要的是看两条:一看爵位高低,官职大小;二看对族内的捐赠多少和贡献大小。

第三,宗族制度与封建政权结合得更加紧密。西周以来,历代的宗族制度均与国家政权结合在一起,而前者是为后者服务的,是维护统治的工具。然而,清代的宗族制度从多方面维护封建统治,族权是封建政权的延伸和补充。族长经常向族人宣讲圣谕,要求族人忠君、爱国。有的宗族在祖训中提出:"君恩重于亲恩","宁可终身无父,不可一日无君"②。做一代王朝的忠顺臣民。要求族人按期缴纳田赋和完成各种差征。有的在家规中提出:"凡我家族,夏熟秋成,及期完纳(田赋),毋累官私,实亦忠之一端也,而实保家之道也。"③宗族组织不仅教育族人要安分守己,敦睦族人,还拨出部分族资用以赡族,缓和族内的阶级矛盾。在一些爆发农民起义的地方,有的宗族甚至组织宗族武装,对抗农民起义。宗族组织教育族人遵守封建法律,维护封建秩序。对宗族制度的这一作用,人们看得十分清楚:"族房之长,奉有官法,以纠察族内子弟。名分即有一定,休戚原自相关,比之异姓之乡约保甲,自然便于觉察,易于约束。"④清人冯桂芬甚至说:"牧令所不能治者,宗子能治之,牧令远而宗子近也;父兄所不能教者,宗子能教之,父兄可以宽而宗子可以严也。宗子实能弥平牧令、父兄之隙者也。"⑤

清廷对宗族组织的政策,总的来说,是采取支持、提倡的政策。如允许

---

① 《宜兴篆里任氏家谱》卷二至四。
② 《洪氏族谱》,浙江人民出版社1982年版,第20页。
③ 《张氏家宗谱》卷二《家规》。
④ 陈宏谋:《选举族正族约檄》,《皇朝经世文编》卷五八。
⑤ 冯桂芬:《校邠庐抗议》下卷《复宗法议》。

或鼓励庶民建置祖庙以及追祭远祖。这一政策,有清一代未作改变,因而促进了宗族组织的不断发展。清廷提倡、鼓励殷富的官僚、地主、商人、高利贷者向本宗族捐赠族田,建置族塾,并规定捐赠千两以上者,由礼部转呈皇帝,为捐赠者建立牌坊,予以表彰①。并通过法律规定对族田进行保护,对盗卖族田者予以惩处②。同时规定族田不予摊丁,还经常下令减免族田田赋银两③。清廷根据某些地方"聚族而居"的特点,利用宗族组织治理族人的特殊作用,选派族正承担部分保甲长的职责。

但是,宗族组织除了具有维护和巩固封建统治的作用外,有时还具有削弱和危害封建统治的作用,因而清廷对宗族组织的政策既支持、提倡其维护、巩固封建统治的方面,又限制、打击其削弱和危害封建统治的方面。如在那些宗族势力较强,又是几个宗族同居一地或相邻近的地方,由于宗族利益,往往是"健讼"较多,影响了当地社会秩序的安定。为此高宗下令各地官府要留心稽察,"如借端建立府省公祠,纠合匪类,健讼挠民,如江西恶俗者,一体严行禁治,以维风化,以正人心,毋得仅以文告奉行故事"④。某些宗族势力较强大的地方,为了争夺土地,宗族之间经常发生械斗,破坏了当地治安,清廷则下令:"如有此等自恃祠产厚以致纠合族众械斗毙命及给产顶凶之事,除将本犯按律严惩外,照该抚所请,将祠内所有之田产查明,分给一族之人,俾凶徒知所警惧;而守分之善良,仍得保有世业,以赡族人。"⑤还有,某些宗族组织,族权膨胀,行使了国家政权的司法权力,如族长处死违法的族人等。对此,高宗明确指出:"生杀乃朝廷之大权,如有不法,自应明正刑章,不宜假手族人,以开其隙。"⑥从而限制了族权的膨胀。

---

① 魏源:《庐江章氏义庄记》,《皇朝经世文编》卷六六。
② 庄有恭:《请定盗卖买祀产义田之例以厚风俗疏》,《皇清奏议》一八。
③ 《范氏家承》卷一六,转引自[日]清水盛充:《中国族产制度考》。
④ 《清高宗实录》卷七○九。
⑤ 《定例汇编》卷九《户例田宅》。
⑥ 《清文献通考》卷一九八《刑四》。

3. 婚姻及家庭的基本模式

婚姻制度包括家庭关系,是社会制度的一个缩影。它具体地体现了阶级关系、人的价值与伦理道德观念。它是社会生产发展到一定阶段的产物,并与社会经济的发展、政治制度的演变、文化形态的变革相适应。中国封建社会长期延续,封建婚姻制度也延续下来。至清代康乾盛世,封建专制已达顶峰,封建宗法宗族制度进一步发展,其婚姻制度也随着发展、变化,但仍然保持着传统的习俗,同时也具有18世纪的鲜明的时代特征。

清代的婚姻主要的仍然是包办婚姻,即由父母或其他家长做主,所谓"父母之命,媒妁之言",是不可违抗的。国家法律明确规定:"婚嫁皆由祖父母、父母主婚,祖父母、父母俱无者,从余亲主婚",倘若自行嫁娶,还要受杖80的处罚①。明代以来,虽已出现追求婚姻自由的思想倾向,这时形成为一种发展趋势。但青年男女追求婚姻自由往往得不到家长的理解和社会的支持,常常酿成悲剧。曹雪芹在《红楼梦》中描述的贾宝玉和林黛玉的爱情故事,便是这一类悲剧的典型。

"门当户对"是封建社会择婚的首要标准。这种等级联姻,是清代婚姻的重要特征。婚姻带有鲜明的政治性质,在封建贵族中婚姻甚至成为政治联盟、军事联盟的工具。"门当户对",是指婚配双方家庭所处的封建等级大体相当,"婚姻择,先门第"②。一般来说,贵族家庭选贵族家庭,官绅择官绅,庶民择庶民。在"良"这个等级中,有时会出现官民联姻,特别是官僚与商人联姻,官府是不加干预的。如果出现良贱之间的联姻,则是法律所禁止的:"凡官并吏娶乐人(贱民之一种)为妾者,杖六十,并离异;若官员子孙娶者,罪亦如之";一般庶人以奴婢为夫妻者,要"杖九十","各离异"③。所以,地方志中一再提到"婚姻论良贱"④。

---

① 光绪《大清会典事例》卷七五六《刑部·户律婚姻》。
② 雍正《浙江通志》卷六〇《风俗》。
③ 光绪《大清会典事例》卷七五六《刑部·户律婚姻》。
④ 光绪《崇明县志》卷四《风俗》。

时至18世纪,中国婚姻制度所讲究的"门当户对"除了在政治上等级相当之外,还有经济上的含义,即联姻双方在经济上也是大体相等,所谓"婚姻之家,必量其贫富而后合"①。在男方要看女方能带来多少嫁妆;在女方要看男方聘礼的多少。在联姻诸礼中,彩礼是不可缺少的,也是最重要的一个条件。随着商品经济的发展,清代索要的彩礼也越来越多,并出现了摆阔斗富的风气,这在统治阶级中尤为盛行。当时的婚嫁费"富家五六百金,中产半之,下此轻之,多不及也"②。

在清代,成婚的年龄较前几代要早,盛行早婚制。清人张履祥说:"古者男子三十而娶,女子二十而嫁,其婚姻之订多在临时。近时嫁娶已早,不能不变通从时。男女订婚大约十岁上下便须留意,不得过迟,过迟则难选择。"③清廷规定男子16岁、女子14岁便可婚嫁④。当时人们多在20岁左右婚嫁,"迟早不宜两岁"⑤,即提前或延迟不超过两岁。

中国封建社会一直存在着一夫多妻制。明代对纳妾尚有限制,男子必须年40岁以上尚无子嗣者方准纳妾,清代对纳妾不再限制,因此清代家有一妻多妾者很盛行。尤其是一些达官贵人、富家豪绅,几乎都妻妾成群。据有人统计:湖北范氏成婚者385人,其中20人纳妾,占5.2%;睢阳沈氏成婚者178人,其中29人纳妾,占16.3%⑥。纳妾不受限制而盛行,从一个侧面反映了地主官僚阶级日趋腐朽,封建制度已走向没落。

清代处于封建社会晚期,无论是家庭的构成、种类、功能,与前代相比都没有发生质的变化,仍属于封建家庭,但也有别于封建社会早期和中期的家庭。

家庭构成的基本因素是由婚姻联结在一起的夫妻,以及他们的未婚子女,这种家庭是"核心家庭",亦称"个体家庭"。清代的家庭有核心家庭、直系家庭和家族家庭三类。核心家庭:成婚的夫妻及其未婚子女,还包括未婚的兄弟姊妹。这种家庭基本上是由一代人或两代人组成。清代家庭的基本

---

① 光绪《无锡金匮合志》卷三〇《风俗》。
② 陈确:《陈确集》卷二。
③ 张履祥:《杨园先生全集》,《训子语》下。
④ 俞正燮:《癸巳类稿》卷三《媒氏民判解》。
⑤ 王有光:《吴下谚联》,中华书局1982年版,第55页。
⑥ 郭松义:《清代人口问题与婚姻状况的考察》,《中国史研究》1987年第三期。

形态还是一夫一妻制,子女多为三四个或更多。这种家庭成员一般在3至6口人。直系家庭:由夫妻双方和其已成婚的子女及未成婚的第三代子女组成。家族家庭:又称祖系家庭。基本模式是四代人同居或四代以上同居的大家庭。四世或四世以上同居的家族家庭,往往出现在仕宦中。

清代家庭的经济基础是小农业和家庭手工业相结合、自给性生产和商品性生产相结合的封建性的小农经济,商品性生产成分越来越大,且已占主导地位。清代家庭的功能主要有以下方面:

一是封建经济的基本生产单位。这种生产有两个基本特征:首先,是小农业与家庭手工业相结合。中国封建社会的农民负担较重,他们只靠农业生产的收入不足以养家糊口,还必须动员全家成员从事一项或几项家庭手工业或其他副业,以补农业收入之不足。其次,这种生产又是自给性生产与商品性生产相结合。其生产成品,除了自给外,还有相当部分产品投入市场,而且投入市场的产品比重越来越大,有少数家庭的生产就是商口性生产。

二是向封建国家缴纳赋税或向地主缴纳地租,实现封建社会产品分配的基本单位。18世纪的清代,其产品的初次分配,按封建国家占有、地主(或作坊主)占有及劳动者占有三部分进行分配。封建国家占有部分:自实行摊丁入地及耗羡归公以后,平均每亩土地应缴纳地丁银、耗羡银0.0618两,合粮6升1合8勺,约占清代每亩产量的2.91%;清代的地租率多在50%以上,实行预租或押租其地租率最少为68%,就平均而言,地租率在60%者为多数;而劳动者所得,自耕农约占97%,佃农约占40%[①]。

三是参与市场进行产品交换的基本单位。康熙中期以后,承着商品生产的发展,商业繁荣,市场扩大,并形成了由农村集市、城市市场、区域性市场和全国性市场组成的商业网。而家庭正是活跃在广大商品市场上的基本主体。就占人口绝大多数的广大农村的农民家庭而言,他们不仅是向市场投放商品的主要生产单位,还是市场商品的重要购买单位。

四是维持家庭成员的生存,赡养老人,抚育后代。每个家庭都必须保持一定的消费水平。就多数劳动者的家庭来说,其家庭消费除了用于维持家

---

① 参见姜守鹏:《明清社会经济结构》第四章,东北师大出版社1992年版。

人的生存和自身的再生产外,还包括维持物质资料的再生产。家庭的消费水平或消费能力从根本上说,是由当时的生产力发展水平决定的。当时,"一夫所耕,不过十亩"①,"自耕其田,岁息钱不过十四五文"②,合粮不过十四五石,全部用于五六口之家的吃粮,平均每人每天也不过七八两粮食,这是一种维持生命和劳动力再生产的最低的生活水平。而拥有5亩以下土地的半自耕农和租种他人土地的佃农家庭,则经常处于饥寒状态。

五是宗族的联结点和族规、族权的落实点。每个家庭经常以封建的"三纲"、"五常"思想教育自己的家庭成员,要求自己的家庭成员孝父母、敬尊长、睦族人、遵国法、守家规,从思想上、制度上维护和巩固封建统治。在家庭中,家长制占统治地位,家长不仅是一家之主,是家庭财产和利益的代表者,也是族权在家庭的具体执行者。特别是家庭夫权强化,妇女是丈夫的附庸,丈夫不仅可以随意打骂妻子,还可以将妻子卖掉,就是丈夫死去,也要求妻子守贞节,"从一而终"。

4. 丰富多彩的习俗文化

清代处于中国封建社会晚期,因而也处于中国传统文化的总结时期,集中地继承和总结了中国的传统习俗。这一时期,传统习俗已发展得相当完整和成熟。一些习俗已固定化,特别是节日习俗,经过历代承袭、演变,到清代已固定下来,并且延续至今;再如某些传统习俗已制度化,如婚礼中的"六礼",丧礼中的"五服",均已制度化;某些传统习俗已法律化,由法律保护其实行,如家长制下有关家长的地位、财产的分配和继承等均已纳入法律,由国家法律予以保证。

以节日习俗为例,中国的节日习俗大致可分为农事节日、庆祝节日、祭祀节日、纪念节日和社交游乐节日五类。

农事节日,由岁时二十四节气而来,即立春、雨水、惊蛰、春分、清明、谷

---

① 光绪《川沙厅志》卷四《汤斌疏略》。
② 包世臣:《安吴四种》卷二五。

雨、立夏、小满、芒种、夏至、小暑、大暑、立秋、处暑、白露、秋分、寒露、霜降、立冬、小雪、大雪、冬至、小寒、大寒。一般来说，人们关心的是这些节日的农事，很少安排其他活动，但有例外，如立春，要举行迎春活动，如"鞭春牛"或演春耕戏等。清明，普遍举行祭祀祖先即扫墓的活动，插柳、植树或郊游踏青。冬至，举行祭天仪式。清朝皇帝要亲自到圜丘（天坛内）举行祭天大典；民间有吃"冬至团"活动。

庆祝节日，春节，正式为农历正月初一日，但庆祝活动早在节前已开始，主要活动有"扫房"、"办年货"、"送灶君"、"贴春联"，大年三十要"接灶君"、"守夜"、长辈发给晚辈"压岁钱"，午夜子时要鞭炮齐鸣、"猜元宝"（吃饺子）。春节早晨要燃放"开门炮"，互相拜年，直至正月初五日。元宵节（灯节、上元、元夕）即正月十五日，主要活动有吃元宵（汤圆、定心圆）、观灯；还举行放焰火、扭秧歌、踩高跷、耍龙灯等丰富多彩的活动。

纪念节日，主要有端午节，即五月初五日，为纪念战国时代爱国诗人屈原，要吃粽子，赛龙舟。为了去灾辟邪，人们在门上插艾蒿，小孩戴"五色绳"、"小扫帚"及香囊。

祭祀节日，如七月初七日，传说中牛郎织女相会之日，这一天晚上要摆供果、看天河，实际上是祭祀天河星群。中秋节，主要活动是祭月、赏月、吃月饼。十二月初八日腊八节，要吃赤豆等煮成的"腊八粥"以防瘟疫。灶君节，这一天（北方腊月二十三日，南方腊月二十四日）要举行欢送灶君的仪式，吃灶糖。

社交游乐节日，如风筝节，九月初九日重阳节这一天竞放风筝。"花朝"即百花生日（有的在二月初二日，有的在二月十二日，有的在二月十五日）那天举办花展、赏花、种花活动。

中国是一个多民族的国家，历史上形成的许多习俗都是各民族长期融合的结果。如春节，不仅汉族过春节，满族、朝鲜族也过春节，蒙古族和回族虽然还有本民族的庆贺节日，但同时也过春节。如肉孜节（开斋节），是回族、维吾尔族、哈萨克族、柯尔克孜族、塔吉克族、东乡族、撒拉族等信仰伊斯兰教民族的共同节日。再如甘肃、宁夏、青海地区的回族、土族、东乡族、撒拉族、保安族、裕固族等，在每年的五月或六月都要举行为期5天的"花儿会"，这是一种歌会，届时青年男女以各种方式组成"花儿班子"进行对歌。

清代习俗的民族融合性还具有其特殊性。清朝入主中原之初,用政治权力,强迫汉族和其他少数民族改变自己的民族习俗而服从满族的习俗,最明显的莫过于男子的发式与服式。清廷要求男子改变原来的束发于顶而剃发梳长辫;严禁戴平顶帽,只准戴瓜皮帽;禁穿明式服装,一律改穿满族男子服装,即长衫、马褂、马甲。这项措施遭到汉族及其他少数民族的强烈反抗。但后来也就成为这些民族的共同习俗了。由于清代满族与汉族长期混居的结果,原为满族或汉族一个民族的习俗,后来也成为两个民族共有的习俗了。如满族妇女的服装是上下连裳的"旗袍",罩马甲,足蹬旗鞋(木底中间有高跟)。到清朝晚期,许多汉族妇女也着"旗袍"。"旗袍"遂成为一种中国传统服装而流传到国外。而一些满族妇女也喜欢穿戴汉族妇女的服饰。在饮食习俗方面,满族入关以后全面地接受了汉族的饮食习俗,而满族的"涮羊肉"、"萨其马"(又称"糖缠",满族风味食品)也为广大汉族人民所喜爱。清代宫廷的"满汉全席",大小计130件,主副食兼具满汉两个民族的饮食特点,集中地反映了中国传统的饮食特点。清明,汉族在这一天扫墓、插柳、植树、郊游踏青,后来满族亦如此。浴佛节,传说四月初八日为释迦牟尼的诞生日,汉族佛教徒在这一天要"浴佛"以纪念,清朝接受了这一习俗,并有所发展,即将浴佛节与满族固有的堂子祭结合起来。中元节,又称鬼节,七月十五日汉族过鬼节,这一天道观寺庙都要做法事,民间要在这一天祭祖,并在沿河放荷花灯。满族原无此节,后在清宫中亦有此习俗。

由于中国民族众多,地方辽阔,尽管在长期的交往中形成了一些各民族、各地区的共同习俗,但是在清代,一些民族或地区仍然保留了一些本民族、本地区的独特的风俗习惯。有些少数民族有自己民族的独特的庆祝节日,如傣族的"泼水节"、藏族的"洛萨节"、苗族的"郎卯"、水族的"借端节"等。有些少数民族还有自己的纪念节日,主要有:四月十八日为锡伯族的杜因拜专札坤节,纪念乾隆二十九年(1764)4000名锡伯族官兵及其家属自东北到伊犁地区进行屯垦,四月十八日是他们出发的日子,后来每逢这一天,锡伯族都要举行赛马、射箭、摔跤、郊游、赶庙会等各种活动。五月初五日为布依族的"王龙赶祭歌节",这个节日主要是为了纪念布依族抗清首领杨元保而设,它形成较晚,人们在这一天要举行洗澡、对歌等纪念活动。七月初一至初五日为藏族的"酸奶节",又称"藏戏节"、"雪顿节",是为了纪念唐东结波以演戏筹款修建铁索桥,推动了藏族地区的交通发展和经济发展,藏族在每年的七月初一至初五日要举行各种活动纪念他。此外,还有壮族纪念歌仙刘三姐的"三月街",白族为纪念杀蟒英雄段赤诚每年四月初八日都要耍海芦等。

　　清代的生活习俗,各民族、各地区也有很大的不同。清代的饮食习俗经过长期的演变,已经形成了具有各地特色的食品 2000 余种,如粤菜、闽菜、苏菜、徽菜、鄂菜、鲁菜、京菜、川菜等系列名菜以及北京"烤鸭"、山东"糖醋鱼"、安徽"马蹄鳖"和"武昌鱼"等名菜,就地方口味而言,总的趋势是"南甜、北咸、东辣、西酸"。各地还形成了一些著名食品,如"天津包子"、沈阳"老边家饺子"、四平"李连贵大饼"和"海城馅饼"等等。其居住习俗各地区、各民族也不同,南方室内用床,北方室内修炕,北京的住房为"四合院",中原黄土地区为"窑洞",蒙古族住宅为"蒙古包",藏族则为石墙平顶的"碉楼式"住宅,满族和朝鲜族住宅为草房,其烟筒均修在房侧,但其炕又不一样,朝鲜族全屋均为炕,谓之通炕,而满族则是北、西、南三面修炕,谓之"万字炕",等等。

　　随着商品经济的发展,清代的某些习俗也被打上了商业的烙印。如各种庙会,原本是纪念各种神祇举行宗教活动的,但在清代的庙会上,宗教活动已退居次要地位,而变成了文化庙会(唱戏等)、商业庙会,特别是北方的庙会大部分已市场化,成为乡镇集市的重要补充,甚至成为规模较大的集市。因此庙会又称"庙市"、"神集"。

　　在商品经济发展的影响下,清代的一些习俗,特别是在统治阶级当中,出现了追求奢华的时尚。以礼俗为例,祝寿是一种重要的礼俗。这种礼俗到清代,追求奢华的风气使其也有发展:办寿的次数越来越频繁,规模越来越奢华。特别是富户和官宦人家,一办数日,大摆宴席,还要唱堂会。而一般百姓办寿,在自己家中设寿堂,晚辈和亲友要献寿礼,主要是寿桃、寿面、寿幛、寿联等,晚辈向寿星行跪拜礼;主食是长寿面(面条),或面制"寿桃"(馒头)。

　　婚姻礼俗继承了传统的"六礼":一是"纳采",即男方以羔羊、嘉禾等为贽礼向女方求亲。二是"问名",即男方求问女方出生年月日时辰,是否相克。三是"纳吉",即正式定亲,又叫"过细帖"、"换帖"。四是"纳徵",又称

"纳银",即男方向女方送彩礼。五是"请期"或"告期",即议定结婚日期,由男方"下帖"通知女方。六是"迎亲",即结婚,男方到女方家迎接新娘回家成亲。在迎亲的前一天,女方到男方家"铺房"或"踩花堂";成亲当天上午,女方送嫁妆到男方家;拜天地后,新郎、新娘要"坐帐"、吃"子孙饽饽"(半生不熟的饺子);当夜,有"闹洞房"的习俗。

丧葬礼俗比以前越来越烦琐、庞杂,追求规模排场成风。有关礼俗主要有:"送终"(子女守候在临死老人床前),"忾敛"(即停尸,用特制的敛被盖上尸体),"报丧","立孝堂","复魂"(甩动寿衣口喊××回来呀),"奉体魄"(整理尸体),"小殓"(死后第二天为死者着寿衣),"大殓"(死后第三天入棺),"封材"(亲友见死者最后一面然后盖棺钉死),"服丧"(晚辈为死者戴孝,服丧分斩衰、齐衰、大功、小功、缌麻五服),"做道场"(请和尚、尼姑、道士做法事),"期七"(每7天做一次法事,期七共7次),"出殡","盘丧"(下葬前的仪式),"安葬","袝祭"(安葬后的次日将死者牌位放到祖庙相应位置),"圆坟"(安葬后的第三天死者家属为坟添土、奠纸)等。

5. 秘密社会及其活动

在中国封建社会,存在着一种由下层群众为了某种政治的、经济的或其他方面的目的自发组织起来的群体,具有结社性质,从事某种带有政治色彩或经济利益的活动,为封建统治者所禁止,故其活动转入地下秘密状态。他们的组织自成系统,构成一独特的社会形态,这类群体被称为"秘密社会"。秘密社会在封建社会早就存在,历代皆有。清代自始至终都存在着秘密社会。它可分为两大系统:一为秘密教门系统或称秘密宗教系统,即民间的秘密宗教组织,如白莲教、罗祖教、弘阳教、八卦教、天理教等;二为秘密会党,是以歃血为盟、结拜兄弟的方式组织群众,如天地会等。

清代秘密社会,发展到18世纪,相当盛行,种类繁多,对社会的影响明显增强。探索它盛行的原因,一方面,是封建制度日趋没落,各种社会矛盾日益激化,特别是清中叶以后,吏治腐败,财政枯竭,社会动荡,统治危机加深。另一方面,由于土地兼并激烈,人均土地日益减少,加上赋役负担和地租剥削的沉重,大批农民纷纷破产,流离失所的流民增多,广大下层民众已到了无法生存下去的境地,因而反抗斗争此起彼伏。这是秘密社会出现、存在和发展的主要社会原因。随着商路的增辟,长途贩运的增加,从事运输的工人也明显增多。特别是雍正年间实行"摊丁入亩","取消"人头税,更推动了人口的流动。而某些秘密社会组织,尤其是会党,正是适应了这种流动人口日益增多的需要,适应了他们之间互相帮助、互相接济、团结自卫的需要。清朝以儒家思想为其统治思想,并允许佛教、道教等其他宗教与儒家并存。但是,这些思想毕竟是为维护和巩固封建统治的,未能完全反映广大下层劳动者在现实中最迫切的要求,如获得土地,向往过美好生活,要求贫富平等,期盼圣人,救星出世,等等。适应这些要求的某些宗教组织便应运而生。一些秘密组织以扶困济危、互相帮助为宗旨,对贫困农民具有强烈的吸引力,故使这类组织迅速发展起来。这些民间秘密团体及宗教组织的主张是与封建统治的意志相违背的,因而被视为非法,迫使这些组织不得不转入地下活动,秘密社会便产生了。

清代秘密社会包括18世纪盛行的秘密社会,主要有以下特点:

一是秘密社会的存在贯穿了有清一代,其组织庞杂,名目繁多。参加者主要有农民、流民、运输工人、水手、手工业者、小商贩、城市贫民和部分兵丁差役、中小地主,以下层劳动者为主体。势力遍及全国,主要分布于直隶、河南、山东、山西、江苏、浙江、安徽、江西、湖北、福建、广东、广西、四川、陕西等地。有些组织早在明末清初就存在,如白莲教、闻香教、大乘教、圆顿教等。有些则是后来成立的,如康熙年间的无为教、五荤道收元教、八卦教以及天地会等。清代的秘密社会组织究竟有多少种,说法不一。有人据清道光年间江西陈众喜编《众喜宝卷》上列出各种教派,称约有70余种;也有据《清实录》和各种奏议、文集、方志上的记载,称有百余种;还有人认为有四五百种之多[①]。对于清代的秘密社会组织庞杂并且遍布全国各地,早在清初颜元就十分感慨地说:"如今大行",京师府县以至穷乡僻壤都是所谓"家有不梵刹之寺庵,人或不削发之僧尼,宅不奉无父无君之妖鬼者鲜矣!口不诵无

---

① 参见喻松青:《明清时代民间的宗教信仰和秘密结社》,《清史研究集》第一辑。

父无君之邪号者鲜矣！风俗之坏，于此为极"①。清初如此，至中期、晚期更为严重。

二是绝大部分组织都与劳动人民的反抗斗争密切结合，有些组织就是一些反抗斗争的鼓动者、组织者。如顺治二年（1645），山西朔州张四、李二等人，以"皇天清净善友会"的形式联络群众，发动武装反抗。康熙四十七年（1708），浙江"天地会"首领张念一，以大岚山为根据地，聚众起事。乾隆十三年（1748），福建建安、瓯宁的"老官斋教"教徒，聚众反抗当地官府。乾隆三十九年，山东寿张县人王伦，以"清水教"宣传、组织武装。乾隆四十年"混元教"在鄂豫皖以"换乾坤、换世界"为口号，组织起义。乾隆五十一年，台湾"天地会"首领林爽文，以大里杙为根据地，组织起义。乾隆朝以后，几次大的武装起义几乎都与秘密社会组织紧密联系在一起。如，嘉庆元年至十年（1796—1805）的白莲教起义，人数达40万至50万，遍及川、楚、陕、甘、豫、湘等省204个府州县厅。嘉庆十八年，直、豫、鲁"天理教"起义。道光十二年（1832），台湾"天地会"首领张丙、陈办等起义。道光十三年，山西赵城"先天教"首领曹顺起义，等等。实际上，清中叶的武装起义几乎都是由秘密结社或宗教组织发动的，可见其社会影响之大。

三是一些组织其宗旨具有"反清"或"反清复明"的内容。清朝入主中原以后，各地的反清斗争此伏彼起。随着国家的统一，满汉民族矛盾已经不那么重要了，但反清斗争在一些地方还时有发生，特别是在那些阶级矛盾较尖锐的地区。由于满族贵族是统治阶级的核心，有些地方的斗争往往衍变成排满反清的斗争。这种复杂的斗争形势给予某些秘密社会组织以影响，往往以"反清"为口号、为宗旨。如乾隆、嘉庆年间在河南、山西、湖北、江南一带活动的"清茶门教"，传有《三教应劫总观通书》，书中明确地进行"反清复明"的宣传："清朝以（已）尽，四文正佛，落在王门。胡人尽，何人登基，日月复来属大明，牛八原来是土星。"②四川的"铁船教"教首自称牛八（朱），"西大乘教"教首李卯儿也称"牛八"，都带有鲜明的"反清复明"色彩。"天地会"以洪为姓，自称洪家兄弟，甚至以洪为暗号，洪字暗指朱元璋年号"洪

---

① 颜元：《存人编》。
② 《谕那彦成将军在佛口王姓为首传教者照律问拟》，《清代档案史料丛编》第三辑，中华书局1980年版。

武",表明他们是"反清复明"的。有些组织虽然反清,但却从"复明"转为"复汉",即恢复汉人统治,如"天理教"教首李文成就自称是"李自成转世"。

清代的秘密社会组织很多,今对其中一些主要的组织作一评述。

白莲教,又称白莲菜、白莲道、白莲会、白莲堂。融合佛教天台宗和净土宗的信仰,以西方净土白莲池为归宿,故名。明末,"白莲结社,遍及四方,教主传头,所在成聚"①。至清代,白莲教已成为拥有信徒最多、影响最大的民间秘密宗教组织。清初,出现许多新的支派如五荤道收元教等,均属白莲教系统。乾隆年间,白莲教重新活跃于湖北、四川、安徽一带,反清复明色彩鲜明,宣称教首刘之协之子刘四儿是"弥勒佛转世,当辅牛八"②。嘉庆年间,发动了一次规模很大的武装起义。

罗祖教,又称罗教、老官斋教、无为教、大乘教、先天教、三乘教、龙华会等,明正德年间由山东人罗清创立。其八字真诀"真空家乡,无生老母"流传后,为许多秘密宗教组织所接受。至清雍正、乾隆年间,盛行于运河两岸,并与青帮密切结合。乾隆十三年(1748),其一支"老官斋教"在福建建安、瓯宁聚众起义,提出"代天行事"、"劫富济贫"的口号③。

弘阳教,又称红阳教、混元教、三阳教、白阳教、青阳教、龙天会等。明万历年间创立。其宗教信仰主要是变世说,宣传"弘阳劫尽,白阳当兴"。清乾隆年间,河南"混元教"教首樊明德提出"换乾坤,换世界"④的口号。主要活动于直隶、河南、山东、山西、四川一带,于乾隆四十年(1775)发动起义。

天理教,在"八卦教"的基础上于嘉庆年间创立,教首为"天皇"林清、"地皇"冯克善、"人皇"李文成。其宗教信仰与八卦教相似,吸收佛教的"五戒"(戒杀、戒盗、戒淫、戒毁、戒欺)和儒家的"五常"(仁、义、礼、智、信)思想,信仰"变世说"。自成立之日起即准备武装起义,于嘉庆十八年(1813)发动了直、豫、皖武装起义。

---

① 张廷玉等:《明史》卷二二六《吕坤传》,中华书局1974年版。
② 庆桂:《钦定剿平三省邪匪方略》,《方略》正编卷一九八。
③ 《清高宗实录》卷三七五。
④ 《清高宗实录》卷九八三。

清茶门教,又称清茶门红阳教、清净门斋,由明末"闻香教"发展而成。实行佛教的"五戒",宣传"三世三劫"说,崇奉弥勒佛。明天启二年(1622)在教首徐鸿儒的领导下发动起义。入清以后,继续活动于直隶、河南、山东、山西、湖北、安徽、江南一带。主要是招揽信徒,进行敛钱。

天地会,它的起源,学术界说法不一,有主张起源于康熙甲寅年(1674);也有主张雍正甲寅年(1734);还有主张乾隆二十六年(1761)。其中起源于康熙甲寅年的说法较为合适①。天地会是以歃血结盟为手段来组织群众,较少迷信色彩。天地会成员之间均以兄弟相称,讲究义气,"有福同享、有难同当"。成员中虽然也有农民,但基本群众是背井离乡、以出卖苦力为生的游民群众,如水手、粮运手、小商小贩和其他游民。天地会自其成立起,就与武装斗争密切结合,并且发动过多次武装起义,沉重地打击了清朝统治者,并为近代劳动人民的反抗斗争积累了经验。天地会这种秘密结社的组织形式以及"反清复明"的口号,对近代资产阶级革命也不无影响。

6. 佛、道与天主教的传播

18世纪的清朝,无论经济、政治、军事、文化都达到了社会发展的极限,而受尊崇的佛教、道教都得到了相当的发展,这两大宗教与儒家思想构成了所谓儒释道三位一体,都被用作统治中国的思想武器。天主教为外来宗教,一度也得到清朝的认可,影响甚大。

(一) 佛教的儒化

清入主中原以后,即确立儒家思想的统治地位。同时,也充分利用佛教和道教来维护统治,宣扬"儒释道"三位一体。清朝承袭明制,自中央到地方都设置了管理佛教的僧寺衙门机构:京师设僧录司,主官称正印、副印,下设善世、阐教、讲经、觉义等;直省设僧纲司,州设僧正司,县设僧会司②。清

---

① 参见赫治清:《论天地会的起源》,《清史论丛》第五辑,中华书局1984年版。
② 光绪《大清会典》卷五五《礼部·祠祭清吏司》。

初,对佛教的发展还有一些限制,如禁止私建寺院,一家内不足三丁者不准出家,年龄限制为16岁以上者不准出家,40岁以上的僧人方准招徒一人,出家者必须领有官府发给的"度牒"等。乾隆以后,停止发放"度牒",出家为僧不再受到限制,从而推动了佛教的迅速发展。康熙元年(1662)七月,礼部统计,当时全国有大小寺庙79622处,僧尼118907人①。乾隆时僧尼约有三四十万人,清末约80万人,也有人估计已达百万。

随着商品经济的发展,社会风气日趋奢靡,某些佛教徒的生活呈现出腐化的趋势,他们不顾佛家的戒律,甚至违背清朝法律。如《大清律例》就有严格规定:"凡僧道娶妻妾者,杖八十,还俗。""僧道犯奸,加凡人私奸罪二等论。"②但仍刹不住种种佛门腐败之风。

明代以来,佛教衰败的趋势有增无减,佛教已无力用自身的力量来解决这一问题,只好求助于外力。明、清统治者都把儒家思想作为它们的统治思想,于是佛教就向儒家思想靠近,用儒家思想解释佛经十分盛行。继明代佛教儒化之后,清代"三教同源"的思想已很普遍。清初名僧方以智与其师道盛一起,以弘扬三教同源为己任。方以智说:"佛生西,孔生东,老生东而游于西,而三姓为一人。"③高僧智旭甚至说:"儒之德业学问,实佛之命脉骨髓!故在世为真儒者,出世乃为真佛。"④最为典型的是智旭,他用儒家的"五常"思想解释佛家的"五戒",说:"五戒即五常:不杀即仁,不盗即义,不邪淫即礼,不妄言即信,不饮酒即智。"⑤这就是儒释合流,使两者统一起来。

自隋唐,佛教便门派林立,至清代依然如此,主要有禅宗、净土宗、天台宗、贤首宗、唯识宗、律宗、喇嘛教等。由于门派林立,内耗极大,佛教日趋衰落。明末出现一种趋势,由门派竞立逐渐走向门派融合。其中影响最大的是禅宗和净土宗,由于修持方法简单,易于被广大信徒所掌握,也为其他门派所重视。于是,倾向禅净融合、同归净土形成门派融合。清代这一趋势更发展,净土宗成为佛教各门派的共主。

---

① 小横香室主人:《清朝野史大观》卷一一《清代述异·康熙时直省寺庙僧尼总数》。
② 《大清律例》卷一〇《户律·婚姻·僧道娶妻》。
③ 方以智:《象环寱记》。
④ 智旭:《灵峰宗论》卷二《法语·示石耕》。
⑤ 智旭:《灵峰宗论》卷二《法语·示吴劭庵》。

(二)道教的衰落

道教是中国本土的传统宗教,以"道"为最高信仰,相信通过修炼可达到长生不老,因此在民间得到长足发展,对中国的传统文化影响很大。道教发展到清代,除演化成一些秘密宗教组织以外,已走向衰落。一个明显的事实是,道士的数量不多。清初,道士仅2万余人;康熙元年(1662)七月,据礼部统计,各直省共有道士21286人[①];乾隆朝,禁止"真人派"法员到各地开坛传度以后,道士的数量更见减少。清代道教派别林立,大小教派有86个。对此,有的人说这是道教兴旺发达的表现。可试想:这么多的教派,没有一个权威的指导思想;在组织上四分五裂,互相制约,怎能形成一支统一的道教力量?封建统治阶级说限制就被限制,说禁止传教就被禁止传教,怎么能说是兴旺发达的表现呢?

清代的道教之所以衰落,既有其内在原因,也有外在影响。道教自身的发展存在两个问题:一是道教的经典在整理和总结方面虽然取得了一定成果,如康熙时彭定求编辑刊印的《道藏辑要》共28集,收入几乎包罗了历代道教大师的主要著作共283种,但没有一种新的或有影响的道书问世。二是明代以来就出现了儒释道"三教同源"、"三位一体"的发展趋势,"自心者,三教之源,三教皆从此心设施。苟无自心,三教俱无;苟昧自心,三教俱昧"[②]。在清代,统治阶级中有不少信道教的,加入全真道(道教教派之一)的儒士也不在少数,他们文化修养不低,但仅仅是以儒家思想解释道教经典,从没有一部新的道教著作问世。

清代道教衰落的一个重要外在原因,是清朝的道教政策所致。雍正朝以前,主要是以利用为主。清朝入主中原后,从中央到地方普遍设立道教衙门,管理道教事务。中央设立道录司,主官称正印、副印,其下设正义、演法、至灵、至义等,各省府设道纪司,州设道正司,县设道会司[③]。世宗比其父祖更强调利用道教。他尊崇道教,十分欣赏先人关于"以佛治心,以道治身,以儒治世"的论点[④],认为儒、佛、道各有所宗,三教同理,在他主办的法会

---

① 小横香室主人:《清代野史大观》卷一一《清代述异·康熙时直省寺庙僧尼总数》。
② 智旭:《灵峰宗论》卷七《疏·金陵三教祠重劝施棺疏》。
③ 《清文献通考》卷八八。
④ 《清世宗关于佛学之谕旨》二,《文献丛编》第三辑。

上,既有儒士,也有和尚,还有道士。世宗一生中结识了不少道士,目的在于追求长生不老。他深信道士所炼丹药可延长人的寿命,不仅自己食用,也送给心腹大臣。他之死,与食丹药不无关系。雍正以后,清廷的道教政策主要是强调对其加以限制,高宗下令:"嗣后,真人差委法员往各省开坛传度","永行禁止"①。正是在这种严禁传教的限制下,道教转向衰落。

(三)天主教的传播与被禁止

基督教早在唐代和元代曾两次较大规模地传入中国,至明万历年间,基督教第三次传入中国。这次传入中国的基督教,主要是基督教中罗马天主教。由于西方传教士以科学技术为传教手段,比较尊重中国的风俗习惯,加之以儒家思想解释天主教的教义,因而发展很迅速。至崇祯三年(1630),中国的天主教信徒已达38万人。明末清初,由于战乱,有所减少,康熙三年(1664)仍有164400人②。康熙三年,杨光先奏劾天主教传教士汤若望潜谋造反、邪说惑众、历法荒谬。清廷下令逮捕,发生了"北京天主教案",即"汤若望历案"。康熙八年圣祖为汤若望平反昭雪,其他西方传教士也获准回各省教堂传教,自此进入了一个新阶段③。康熙九年,迅速发展到273780人。康熙三年,各省共有教堂43所,在华传教士35人;康熙四十年,各省天主教堂达104所,在华传教士113人④,其发展速度是惊人的。

自清廷为汤若望昭雪之后,西方传教士不仅可到各地传教,有的还被聘到朝廷一些部门担任职务,如南怀仁被任命为钦天监监正,加太常寺少卿衔,利类思、安文思、徐日升、李守谦先后到京师襄理历政,南怀仁还奉清廷之命铸造战炮320门,为此又任工部右侍郎。徐日升、张诚还以译员身份参加中俄尼布楚谈判等。圣祖亲书"敬天"二字匾额,赐悬天主教教堂,并说:"朕书敬天,即敬天主义也。"⑤反映了这一时期清朝统治者与天主教教士的密切关系。

半个世纪之后,即康熙五十九年(1720),圣祖却又下令禁止天主教在

---

① 《清续文献通考》卷八九。
② 方豪:《中西交通史》,岳麓出版社1987年版,第977页。
③ 关于"汤若望历案",参见张力、刘鉴唐《中国教案史》,四川社会科学院出版社1987年版。
④ 方豪:《中西交通史》,岳麓出版社1987年版,第977页。
⑤ 黄伯禄:《正教奉褒》康熙十年条。

中国传播,这一禁令长达120年,直到鸦片战争爆发才被迫撤销。从允许到禁止在中国传教,这一政策性的变化,原因主要在天主教方面,即其内部的矛盾与斗争及罗马教廷对中国天主教徒政策的改变。

对待中国的天主教信徒在祀天、尊孔和祭祖的问题上,明末在传教士中就存在着分歧。以利玛窦为首的大部分传教士认为:祀天、尊孔、祭祖是中国人的风俗,应该允许中国信徒参加;以龙华民为首的部分传教士则认为:祀天、尊孔、祭祖是偶像崇拜,触犯了天主教"十诫"之一,应予禁止。利玛窦在世时,基本上执行利玛窦的主张,因而相安无事。利玛窦逝世后,一度执行龙华民的主张,从而引发南京天主教案纠纷,影响了天主教在华的传播、发展。崇祯元年(1628),在华耶稣会开会决定执行利玛窦路线,并销毁龙华民的有关小册子,自此,天主教在华势力又继续发展。

康熙年间,在华传教的耶稣会会士继续执行利玛窦路线,却遭到来华传教的多明我会会士、方济各会会士、奥斯定会会士等的强烈反对。随着传教士中非耶稣会会士比例的增加,在传教士中"礼仪之争"越来越激烈。为此,罗马教廷成立一个专门委员会研究这个问题。罗马教廷决定:中国的天主教信徒不得参加祀天、尊孔、祭祖等活动,并派多罗来华传达这一禁令。康熙四十五年(1706),多罗在南京宣布教廷的禁令:不许中国天主教信徒称"天",亦不许称"上帝",不许悬挂"敬天"匾额,"不许入孔庙行礼","不许入祠堂行一切"之礼,等等①。此举遭到清朝的反对,圣祖下令将多罗押解到澳门拘禁。康熙四十六年,在华24名耶稣会会士联名向教廷上书,指出多罗来华对天主教事业十分不利,圣祖也派耶稣会会士去教廷要求罗马教皇收回成命,均遭拒绝。康熙四十八年,教皇克莱孟十一世重申上述禁令。耶稣会会士继续上书要求改变禁令。康熙五十四年罗马教皇下令:此后对禁令不再讨论。对此圣祖立即作出反应:"自利玛窦到中国二百余年,并无贪淫邪乱,无非修道,平安无事,未犯中国法度","自今而后,若不遵利玛窦的规矩,断不准在中国居住,必逐回去"②。康熙五十八年,教皇又派嘉乐为出使中国的特使。次年嘉乐到达北京,圣祖接见了他。圣祖看了嘉乐

---

① 陈垣:《康熙与罗马教皇使节关系文书》,故宫博物院影印本。
② 陈垣:《康熙与罗马教皇使节关系文书》,故宫博物院影印本。

带来的教皇禁令译文之后,批道:"览此告示,只可说得西洋人等小人,如何信得中国之大理?况西洋人等无一人懂汉书者,说言议论令人可笑者多。今见来臣告示,竟是和尚道士异端小教相同,彼之乱言者,莫过如此。以后,不必西洋人在中国行教,禁止可也,免得多事。"①

显然,清朝"禁教"的最根本原因,是天主教文化与中国传统文化的冲突。清朝的统治思想是儒家思想,天主教既要在中国传播,却又公开反对中国的传统文化,还要求清廷承认其反对中国传统文化的合法性,其不可行性是显而易见的。没有罗马教皇关于禁止中国天主教信徒祀天、尊孔、祭祖的禁令,就不会有康熙末年禁止天主教在中国传教的禁教令。

---

① 陈垣:《康熙与罗马教皇使节关系文书》,故宫博物院影印本。

第六章 盛世时期的对外关系

1. 中国与朝鲜、日本的密切交往

（一）与朝鲜的密切交往

清朝对外关系中，同朝鲜的交往最为密切，长期保持友好关系。早在清入关之前，经两次征伐，李氏朝鲜王国成为清朝的藩属国，此后关系又进一步发展。

清朝与朝鲜是宗主国与藩属国的关系，即"宗藩关系"。这种关系就是朝鲜承认清朝的宗主国地位。朝鲜的国王去世，要派使节到京师告哀，新即位国王要接受清朝册封。每当重大的节庆日，如冬至、元旦、清帝生日，朝鲜要遣使者前往京师朝贡，表示祝贺。清朝同朝鲜的"朝贡"关系，"朝"是以藩国的身份按礼仪规定朝见清帝，接受册封；"贡"是按规定交纳一定数量的贡品。清朝正是通过这种"朝贡"关系来维护天朝大国的尊严和"宗主"的地位。朝鲜作为藩国，接受清帝的册封。但其内政和外交，清廷一般不作干涉，也不向朝鲜派驻官员和军队。清廷接受交纳的贡物，主要是从政治意义上确认藩属国地位，并非是经济上的掠夺。清廷在接受贡物后的"回赐"，其价值大多超过贡物价值的数倍以上。

在康熙年间，由吴三桂叛乱而引发的一场内战，致使朝鲜国内的反清情绪有所滋长。但鉴于"清国虽疲，制我则有余"①，采取了克制的态度，后因参农越境挖人参和边境问题，双方经过交涉，得以谅解。两国之间的关系一

---

① 吴晗辑：《朝鲜李朝实录中的中国史料》第十册，中华书局1980年版（下略），第3998页。

直是友好的。在朝鲜的京城,建立有专门招待清朝使节的"慕华馆",朝鲜国王总是亲自接见。朝鲜使者来到京师,清廷也予以热情接待,派出官员陪同他们游览和购物。双方都培训了不少从事翻译工作的人员。康熙三十七年(1698),朝鲜全境发生严重天灾,"饥馑疠疫之惨,实前古所未有也"①。清朝派吏部侍郎陶岱率大小船只110余艘,"发仓米一万石,千里航海赈济,并许贸米二万石"②。康熙五十六年,圣祖得知朝鲜国王李焞患眼疾,特派侍读学士阿克敦带领官员前往慰问,并带去药材空青等,用以治疗眼疾③。

到雍正、乾隆朝,两国使节往来不断。据统计,从雍正元年(1723)到乾隆末年(1795),朝鲜往中国派遣使者团共有205次;清朝往朝鲜派遣使者团为53次④。使者团的频繁往来,加深了两国之间的了解和在政治、经济、文化等方面的交流。使者团进行数量巨大的礼物交换,采取的形式是"朝贡"与"回赐",实质上就是官方贸易⑤。

这种以"朝贡"形式为主的贸易关系,早在清入关前就开始了。崇德二年(1637),规定朝鲜的贡道由凤凰城进入。"朝鲜每年进贡一次,并圣节、元日、冬至三大节,为四贡同进"⑥。皇太极规定凤凰城等地官员前往朝鲜义州贸易,每年限定两次;库尔塔人前往庆源及宁古塔人前往会宁贸易,每年限定一次。当时朝鲜是用银、棉衣和人参(即包参)同清朝商人交换布、丝、绸。

清入主中原以后,这种贸易仍然是以朝贡的形式为主。朝方贡使带到京师的货物,在朝鲜使节的住所会同馆内进行交易。当时,"胡人(指朝鲜商人)持各色物货入来,馆中纷沓如市"⑦。朝鲜人韩德厚的《燕行日录》对会同馆开市的热闹场面有记述:"始揭开市榜,而物货之价,比前倍跃。盖彼中商贾输转南京锦彩,彼我国使行,方作大买卖,其初则平其相贸,少无欺

---

① 吴晗辑:《朝鲜李朝实录中的中国史料》第十册,第4188页。
② 吴晗辑:《朝鲜李朝实录中的中国史料》第十册,第4176页。
③ 《清文献通考》卷二九四。
④ 朴真奭:《中朝经济文化交流史研究》,辽宁人民出版社1984年版,第97页。
⑤ 韦庆远等主编:《清代全史》第五卷,辽宁人民出版社1991年版,第267页。
⑥ 光绪《大清会典事例》卷五〇二"礼部"。
⑦ [朝]金昌业:《老稼斋燕行日记》,《东洋学报》第六十二卷,1981年第三、四号合刊,第297页。

负,商译辈亦得其利矣。"①中国南方商人带至京师的丝织品,不能直接与朝鲜人进行交易,须以北京商人为媒介,据朝鲜人李坤在《燕行记事》中所记:"凡绫缎之属,皆自南京制造者。而南京货主来馆,于北京正阳门外设廛头买卖,燕商取而转鬻我人。"②"廛头买卖",是指专门做这种转手买卖的大行商,朝鲜人金昌业的《稼斋说丛》有专门记载,有一个叫郑世泰的商人拥有雄厚的资本,几乎垄断了北京城中对朝鲜的商品交易③。

除馆内开市贸易外,两国之间的边境贸易也很活跃。主要贸易市场就有鸭绿江东南岸的中江(义州)市场、图们江东岸的会宁市场、图们江南岸的庆源市场。中江开市在每年春、秋两季各举行一次。最初为官市,由双方派出官员监管,共同确定每次交易的商品品种及价格,禁止民间私自进行牝马、人参交易。康熙四十八年(1709),中江市场被取消。

由于同朝鲜有着密切的友好关系,清廷对朝鲜商人的来华贸易按规定给予特殊优待免税。乾隆十三年(1748),规定:"朝鲜人入山海关,所带货物如系彼国土产该督稽查与凤凰城总管印文相符,及出管所带货物与本部札相符,仍免其输税。"④

图们江东岸的会宁开市和南岸的庆源开市(合称北关开市),在乾隆朝商贸活动非常活跃。《咸镜道会源开市定例》记载了朝鲜国王英祖三十年即乾隆二十四年(1759):"庆源、下马宴翌日或其日,期会厚春(即珲春)商人开公市。彼此官员外三门会坐,犁、釜、牛三种,入给捧价,牛亦烙印,而公市一两日毕后,差使员先归,仍开私市。厚春人等,乘车载物,陆续而至,到三头户及厚春将、头,以次东壁列坐,地方官西壁主坐,看检交易,数三日而罢。继许马市,亦不过一二日而罢。"⑤可见,庆源交易市场有公市、私市之分,其中私市交易是在双方地方官的监督之下进行的。

庆源交易市场的繁荣景象,乾隆四十八年(1783)即朝鲜国王正宗七年

---

① [朝]韩德厚:《燕行日录》,《东洋学报》第六十二卷,1981年第三、四号合刊,第309页。
② [朝]李岬:《燕行纪事》,《东洋学报》第六十二卷,1981年第三、四号合刊,第308页。
③ 《东洋学报》第六十二卷,1981年第三、四号合刊,第304页。转引自郭蕴静:《清代商业史》,辽宁人民出版社1994年版,第390页。
④ 光绪《大清会典事例》卷五一一"礼部"。
⑤ [日]寺内威太郎:《庆源开市和珲春》,《东方学》第七十辑,第10页。转引自郭蕴静:《清代商业史》,辽宁人民出版社1994年版,第392页。

洪仪《北关纪事》的记载："厚春（即珲春）、鄙泳两处，与庆源不过十里内地，买卖之时，皆朝来夕往，男女童稚，无有不来。其货物则马匹绝少，皮物居多，其余器用什物瓮盎苞筐，至于猪狗，亦皆持来。惟书册、纸笔墨，两市皆不来，意者杂种边胡，不事文墨之欲。场市之闹哄，人物之繁象，非会宁之可比。"《北关纪事》还记载交易情况和商品种类："数十年以来，汉人之贫不聊生者，渐次奠居于厚春部下边，自成一落，名曰缮城，皆以铁冶为业，且能设机取兽，煮海为盐，故犁盐之利，在渠自足，不取我国。而开市之时，所持来者，银货、皮货、彩缎、绒毡，比前尤多，则似是缮城人所教成。而满人之贱待汉人，无异奴隶。昨年开市，缮城人多持银子来买，其形如钟子。"[1]清朝与朝鲜之间的贸易，特别边境上的三个贸易市场，商品种类繁多。清朝商人主要是用丝织品、皮货、布匹、文具等物来交换朝鲜商人手中的纸张、苎布、人参、牛马等物。朝鲜的棉纸，被东北地区的居民用作糊窗御寒，称"高丽纸"，颇受欢迎，成交数量相当可观。

康熙四十一年（1702）清廷规定：中江市场征收税额为4000两[2]。朝鲜学者丁若镛的《牧民心书》称：清朝与朝鲜之间的贸易，朝鲜每年流入中国的白银多达五六十万两。雍正六年（1728），世宗准将"朝鲜国人赊欠内地商人银六万两，令该国将已收银存于彼国，如有应用之处，听其支用。其未完者，概行免追"[3]。

清朝与朝鲜的贸易活动，促进了经济、文化交流。曾到中国旅行的朝鲜作家朴趾源于乾隆四十六年（1781）在《热河日记》中，称赞中国辽东地区的农业生产技术先进，如细垄耕作方法和利用牛马粪为农田施肥，并主张把这些先进方法用于朝鲜的农业生产之中。中国的活字印刷术传入朝鲜后，朝鲜于14世纪发明了铜活字印刷术。中国在此基础上于18世纪又发明了木活字印刷方法。在朝鲜来华的使团中不乏文人学者，这些人来到京师后，总要到琉璃厂采购图书及文具。乾隆四十一年（1776），朝鲜学者李德懋，先后到过12家书店购书，种类达130余种。多次来华的朝鲜学者朴齐家、柳

---

[1] ［日］寺内威太郎：《庆源开市和珲春》，《东方学》第七十辑，转引自郭蕴静：《清代商业史》，辽宁人民出版社1994年版，第12页。
[2] 赵尔巽等：《清史稿》卷五二六《属国一》，中华书局1977年版。
[3] 光绪《大清会典事例》卷五一三。

得恭等,同中国的著名学者纪昀、李鼎元、罗聘、孙星衍等人有着密切的交往,分别后彼此经常通信,结下了深厚的友情。

(二)与日本的关系

中日传统的友好关系,向以贸易及文化往来为其主要内容。康熙二十四年(1685),清朝实行开海贸易政策,促使贸易迅速发展。即使在南洋海禁时期,清廷仍允许"内地商船东洋行走犹可"[1]。中国进入日本长崎的商船数,从康熙二十三年的24艘,增至康熙二十七年的193艘,发展迅猛。康熙二十七年一年之中,进入日本的中国商人及其他人士有9128人之多[2]。在长崎,修建专供中国商人居住的唐人坊,总面积达9370坪(一坪合3.3平方米)。建筑物中除住房外,还有库坊、市场以及关帝庙、观音堂等。

尽管当时日本正处于江户幕府锁国时期,禁止日本商人出海贸易,但并不禁止中国商人到日本进行贸易,日本仍是中国外洋贸易的主要对象,因而中日贸易有较大的发展。

1723 至 1795 年中国到日本商船统计表[3]

时　　间	商船数(艘)
雍正元年至十年(1723—1732 年)	287
雍正十一年至乾隆七年(1733—1742 年)	153
乾隆八年至十七年(1743—1752 年)	136
乾隆十八年至二十七年(1753—1762 年)	153
乾隆二十八年至三十七年(1763—1772 年)	114
乾隆三十八年至四十七年(1773—1782 年)	117
乾隆四十八年至六十年(1782—1795 年)	150
合　　计	1110

上表说明,从雍正元年(1723)至乾隆六十年(1795)73 年间,从中国开往日本的商船竟有1100艘之多。当时开往日本的商船,特大型船可载货120—200万斤,大船可载50—60万斤,中小船可载20—30万斤。日本所开放的对华贸易口岸仅有长崎一处,中国商人在长崎建立的商馆有12座,

---

[1] 《康熙起居注》康熙五十六年十月。
[2] [日]大庭脩:《江户时代日中秘话》,中华书局1997年版。
[3] 统计表资料来自胡锡年译:《中日文化交流史》,商务印书馆1980年版,第642—645页。

"可供一百五十所住宅和店铺之用"①。

中日贸易的商品种类繁多,从中国运往日本的商品有生丝及丝织物、糖、药材、纸张及书籍等;从日本运往中国的商品有黄铜、金、银和海产品等。由浙江出口运往日本的商品种类有白丝、绉绸、绫子、南京缎子、锦、金丝布、葛布、毛毡、绵、茶、纸、竹纸、扇子、笔、墨、砚石、瓷器、药、漆、胭脂、冬笋、南枣、竹鸡(鹑类)、红花木犀、药种、化妆用具等等②。

据日本学者大庭修所著《江户时代唐船带来书籍之研究》一书的记载,康熙二十六年(1687)年底从宁波起航开往日本的一艘商船(船主为刘上卿、王懋功),船上所载货物有:白丝47包,大花绸1050匹,大红绉纱61匹,中纱1001匹,色绸56匹,东京丝116斤,东京缥402匹,大卷绫610匹,素绸1310匹,绵400斤,色缎200匹,嘉锦90匹,杭罗350匹,红毡6110张,银朱800斤,水银700斤,白术6000斤,东京肉桂1100斤,山萸肉6000斤,牛皮350张,山马皮1000张,鹿皮5600张……漆3000斤,朱砂2000斤,冰糖10100斤,白糖7万斤,乌糖9万斤,茯苓香1000斤,黄芩2000斤,麝香40斤,人参10斤,墨3000斤,古画5箱,书60箱……菜油400斤,贝母1000斤③。

在贸易的商品之中,值得一提的是日本黄铜的进口。中国由于缺乏铸造铜币的原料,而日本的铜价较低,因此许多中国商船到日本买铜,回来后按官价卖给官府。清初,每年在春秋两季各派两艘船只赴日本购铜,每船可载铜10万斤,每年自日本购铜40万斤,后增至70万斤。乾隆元年(1736),高宗派人到日本采购铜料200万斤。据统计,从康熙五十五年(1716)至乾隆六十年,进口多达162253032斤,平均每年200余万斤,是铸造铜币的重要铜料来源。由于中国出口的商品种类繁多,数额巨大,因而每年虽然进口大量的黄铜,但从总额上看,中国仍然处于出超地位。

随着贸易的发展,文化交流也有所加强。这种文化交流从一开始就是双向的,但主导方面仍然是中国文化对日本文化的影响。但是在清后期,日本文化在某些领域取得了明显的成就,受到中国人的赞誉,并传入中国。这

---

① 姚贤镐:《中国近代对外贸易史资料》第一册,中华书局1962年版,第82页。
② 胡锡年译:《中日文化交流史》,商务印书馆1980年版,第674页。
③ 转引自郭蕴静:《清代商业史》,辽宁人民出版社1994年版,第380—384页。

一时期大量的中国图书典籍传入日本。平泽元恺的《琼浦偶笔》记载日本安永四年(清乾隆四十年,1775)六月,由厦门起航开往日本的一艘商船,所载货物除丝织品等,还有《十三经注疏》、《二十四史》、《渊鉴类函》等典籍。嘉庆二十一年(1816),由南京起航开往日本的商船,载有《康熙字典》(50套)、《渊鉴类函》(80套)、《十三经注疏》(24套)等30余种共数百套图书典籍[①]。

中国理学在传入日本以后,至德川幕府时期,"朱子学"成为日本的官学。清康熙朝,圣祖大力提倡理学,刊刻《性理大全》,编写《性理精义》,日本十分崇敬,称清为"上国"。当时的幕府统治者德川纲吉为推行儒学,在幕府中设立儒官,推广"朱子学"。日本元禄四年(清康熙三十年,1691),日本建立汤岛圣堂——孔庙。由于德川幕府的大力推行,儒学特别是"朱子学"在日本迅速发展。

日本江户幕府时期,清乾嘉考据之风亦传入日本,并成为反对官学"朱子学"的斗争武器,开始了儒学复古运动。顾炎武、戴震、钱大昕的著作被大量介绍,形成日本的考据学派。

江户时代以后,中国的通俗文学在日本十分流行,训点、翻印、改编、翻译、仿作应有尽有。中国小说《三国演义》、《忠义水浒传》、《西游记》、《今古奇观》、《红楼梦》等均被译成日文。《水浒传》译出后,仿作就有《本朝水浒传》、《日本水浒传》、《女水浒传》、《倾城水浒传》等,可见影响之深。中国戏曲《还魂记》、《西厢记》、《琵琶记》、《桃花扇》、《长生殿》等剧本也被译出,广为流传。

日本文学正式输入中国,始于乾隆五十九年(1794),鸿蒙陈人把日本的《忠臣库》译成汉文,改名为《海外奇谈》,凡14卷。这是除印度故事外,传入中国的最早的一部外国小说。

日本还大量招纳中国的人才,如高级工匠、医生、学者乃至军政人员,皆以重金聘请。雍正三年(1725),苏州府崇明县名医周岐来,56岁时被聘请到日本行医。他到日本不久,便得到日本人弓削清胤收藏的明朝人秦昌遇所著《幼科折衷》书稿,此书在中国并未刻印。周岐来协助弓削整理此书,

---

① 转引自郭蕴静:《清代商业史》,辽宁人民出版社1994年版,第385—387页。

亲自撰写序言、题解,于公元1726年以《折衷源流》的书名出版①。到日本的中国名医,还有苏州府昆山县的赵淞阳、福建汀州府的朱来章以及其兄长朱佩章、朱子章。朱氏三兄弟在雍正年间到日本行医,不仅带去了医疗技术,同时还把大批的中国书籍、地图带到了日本。

日本用重金招聘中国各类人才,"教演弓箭藤牌,偷买盔甲式样",教演"阵法","钉造战船",乃至于"讲解律例"等等,引起清廷高层官员如浙江总管李卫的忧虑。然而,清朝并没有因此强行禁止各类人才前往日本应聘。各类科技人才和学者的应聘,对日本科学文化的发展和中日文化交流起到了促进和桥梁的作用。

2. 中国与安南的传统关系

安南(今越南),与清朝保持着密切的关系。顺治年间,安南王遣使向清朝奉表贡方物。康熙五年(1666),清朝册封黎维禧为安南国王,并赐镀金驼纽银印,此后三年一贡,通商互市。

乾隆五十三年(1788),清朝因安南内乱而出兵干预。

明宣德六年(1431),安南建立黎氏政权,嘉靖时政权被莫氏所夺。清顺治十七年(1660)黎维祺在旧臣阮氏、郑氏的支持下夺回了政权。由于阮氏、郑氏复国有功,被封为左右辅政,势力大增,并互相争权夺势,国王徒有其名。乾隆时,郑检称郑靖王,阮惠称泰德王。乾隆五十一年(1786)郑检死,阮惠趁机攻下国都东京黎城(今河内),掌握了政权。次年,老国王去世,其孙黎维祁继位。郑氏旧臣贡整企图扶黎拒阮。乾隆五十三年阮惠派阮任领兵大败贡整,阮任占据东京,却企图自立为王。阮惠又灭了阮任,请黎维祁复位。黎维祁不敢出,其母等62人进入广西龙州向清朝求救。边臣及时奏报朝廷,高宗决定出兵安南,扶助黎氏。于是,命两广总督孙士毅、提督许世亨率绿营兵1万余人,云南提督乌大经领镇兵8000人,出兵安南。阮惠闻讯,主动后撤,因而清军较容易地攻占了黎城。十一月二十二日,孙

---

① [日]大庭脩:《江户时代日中秘话》,中华书局1997年版,第184—186页。

士毅奉命册封黎维祁为安南国王。孙士毅又奏请远征广南,活捉阮惠,高宗拒绝其请,并连下九令命其返粤。但是孙士毅却违抗撤兵之旨,又盲目轻敌。乾隆五十四年正月初一日,阮惠趁清军置酒张乐之机,于夜间突然攻城,孙士毅匆忙撤退,大败而退回镇南关(今友谊关)。高宗将孙士毅革职,任命福康安为两广总督。高宗分析了安南的形势,认为"天厌黎氏",黎氏政权已腐败不堪。而"安南则多瘴疠,水土恶劣",经过"再四思维,实不值大办"①,即指示福康安不再出兵。而阮惠亦不想再与清朝对抗,就主动遣使求降求贡,并请册封安南国王。经阮惠三次派人乞降,并将所俘清军送还,乾隆五十四年六月二十二日,高宗正式册封阮惠为安南国王②,同时,将原安南王376人安置,归入汉军旗。乾隆五十五年,阮惠亲至避暑山庄为高宗祝寿,受到礼遇。此后,清朝与安南一直相安无事。

清朝与安南是"宗藩关系",通过"朝贡"进行官方贸易。安南以土特产如香料、土布、金属矿产及其制品为"贡物"输入中国,清则以"赏赐"的形式,回赠人参及各种药材、丝织品和图书等。此外,陆路边境贸易活动也很活跃,主要通道有三:一是广西凭祥、龙州府和思明府至安南安越县市桥江;二是云南蒙县至安南临洮府及富良江;三是河阳隘至洮江、富良江。海道通商则有广东廉州五雷山至安南海东府的定期航线③。

除主要交通干线外,漫长边境线上的一些关隘和小道也有贸易活动。广州将军策楞在乾隆八年(1743)的一封奏折中写道:"南宁、太平、镇安三府,皆与夷境接壤,中间以山为限,山之外为安南,山之内为各属土司,而山之断续处即为关隘。计三关一百隘口内,惟平而、水口两关许民出入,镇安一关为该国贡道所经,其余百隘原俱封禁,后因内地商民出口贸易,并佣工觅食,乐于近便,俱由隘口出入,而若辈在外又多娶有番妇,或留恋不归,或往来无间,夷境已同内地,久无中外之防。现在虽将隘口封禁,但三关百隘之外,皆有小径可通。"④

在边境贸易中,由广西出口到安南的主要货物有布帛、米粮、豆油和其

---

① 《清高宗实录》卷一三二三。
② 阮惠,又叫阮光平,系给乾隆帝上表中自称。
③ 《清续文献通考》卷二九六《安南》。
④ 《明清史料》庚编,第54页。

他日常用的生活品,从安南进口的商品有铜、银、铅、铁、丹砂、水银、食盐、翡翠等。其中,食盐是广西从越南大宗进口的商品之一。云南同安南的边境贸易,晚于广西与安南的边贸,直到雍正八年(1730),才在开化府所属的马白关设立税口,派驻同知等官员进行稽查,"凡遇商贩出关,给予司颁印结,并印烙腰牌,注明年龄、籍贯,照验放行。回日将牌照呈缴,照例收税"①。

东南沿海地区与安南港口之间也有海上贸易。两广总督李侍尧奏折中,有如下描述:"安南毗连广西沿边之外,粤东海道自潮州以西迤至琼南几三千里,闽、粤放洋船只在在可通。检查粤海关税簿,本港商船每岁赴交置备锡箔、土香、色纸、京果等物。其自交回广,则带槟榔、胡椒、冰糖、砂仁、牛皮、海参、鱼翅等。"②在进出口贸易的主要货物中,大米是安南向中国出口的重要商品。乾隆二十一年(1756),两广总督杨应琚在奏折中写道:"粤东附近之安南等国均是产米之乡,现在内地商民贸易各国,有带米回籴于边海民食,甚为有益,请嗣后商民有自备资本领照赴安南等国运米回粤粜济民食者,照闽省之例酌量奖赏议叙。"经户部会同吏部议复,基本上同意杨应琚的建议。此后就有不少商人从安南运回大米,在粤地以平价出粜,商民邱章隆等人赏给九品顶戴,以示奖励。乾隆二十六年,澄海县商民王朝阶"由安南购运洋米二千六百四十六石零回粤,陆续粜济民食"③,经两广总督李侍尧上报朝廷,户部、吏部同意给予王朝阶九品顶戴。

安南的顺化、会安,是广南地区同粤东进行海上贸易的主要港口,驻有大量的华商。《海外纪事》一书作者大汕于康熙三十四年(1695)正月十五日由广州黄埔港起航,"船上四五百人,货物填委"④,经过12天航行,到达安南顺化港。福建厦门同广南也有商船定期往来。"往来商船,由厦门至广南,过安南界,历七州洋,取广南外之占毕罗山,即入其境。"⑤当时往来的商船很多,据有人统计,一年中开往安南的商船有63艘之多⑥。

---

① 转引自中国社科院历史所:《古代中越关系史资料选编》,中国社会科学出版社1982年版,第598页。
② 转引自余定邦等:《近代中国与东南亚关系史》,第18页。
③ 《明清史料》庚编,第70页。
④ 大汕:《海外纪事》,第2页。
⑤ 《皇朝通典》卷九八《边防》。
⑥ 姚贤镐:《中国近代对外贸易史资料》第一册,中华书局1962年版。

顺治十七年（1660），安南国王派使者来京师朝贡之后，双方亲善使臣来往频繁，为贸易活动的开展创造了极为有利的条件。来华使臣归国途中，总要在江宁（今南京市）购买绸缎，清廷令当地官员为使臣代买，提供便利。乾隆九年（1744），为便利安南北部谅山、驱驴两地同广西毗邻地区的边境贸易，清廷将原来封禁的广西毗邻地区村隘开放，增加新的边贸渠道。乾隆五十八年，安南在北部边境增设花山市，从平而关出口的中国商人可乘船直达花山市进行交易，路程仅200里。可见，双方统治者对边贸活动的发展都予以支持的。

随着商贸活动，中国进入安南的华侨日益增多。其中，参加开采银矿等矿产的矿工占有很大的比重。至乾隆年间，在安南的华侨已成为一个很大的移民群体。在会安，有长达3里的"大唐街"，聚居着很多华侨。据《海外纪事》所载："会安各国客货码头，沿河直街长三四里，名大唐街。夹道行事，比栉而居，悉闽人，仍先朝服饰，妇人贸易。凡客此者，必娶一妇，以便贸易。"①顺化的福建会馆、会安的华人义冢、头碧萝的伏波将军庙，都是当时华侨留下的建筑物。乾隆末年，居于安南的华侨人数已经很多。会安一地，华侨人数约在6000人以上②。其中，"有广东、福建、潮州、海南、嘉应五帮，贩买北货，中有市亭会馆，商旅凑集"③。在安南的华侨矿工、商人，为安南的开发和贸易的发展做出了自己的贡献。

旅居安南的华人学者，对安南的文化教育事业亦有很大贡献。旅居嘉定的华侨郑怀德（福建长乐人），撰写《嘉定通志》一书，记述安南南圻各镇的地域、风俗、物产及历代沿革，为安南阮氏王朝编纂《大南实录》、《大南列传》和《大南一统志》提供了史料。来自福建漳州的潘清简，来到安南后曾担任政府官吏，成了安南著名的文学家和史学家。他著有《梁溪诗草》、《卧游集》，并主持《钦定越史通鉴纲目》和《大南（正编）列传》的编纂，在安南历史学和文学史上享有一定的地位。

乾隆四十年（1775）六月，边境贸易一度关闭，对双方经济特别是安南的经济影响很大。安南国王请求恢复边境贸易，高宗令两广总督和广西巡

---

① 大汕：《海外纪事》，第80页。
② 转引自余定邦等：《近代中国与东南亚关系史》，第21页。
③ ［越］高育春等编：《大南一统志》卷六。

抚"将水口等关即令正常贸易,以副朕胞与为怀,一视同仁至意"①。乾隆五十六年,重新开放陆路边境贸易。同年六月,清廷制定《安南通市章程》,有如下16条主要内容②:

(1)商民前赴安南贸易,先由原籍确查给照;(2)商民货少人多,毋许原籍地方官滥给牌照;(3)商民出口船只、人夫,应在龙州、宁明州雇觅;(4)龙州、宁明州仍应设立客长,以查明人照货物是否相符;(5)牌照应令厅、州各员当堂换给,以杜勒掯诸弊;(6)商货出入关隘,应令守口营弁随验随放;(7)商民出入关隘,应分别定以期限;(8)出口商贩遇有疾病事故,应令就近报知该国镇目转报内地,以便稽查;(9)内地商民潜入安南各厂,应责成该国镇目查逐;(10)商贩买卖货物,应听其随时自便;(11)南宁流寓商民出口贸易,应准由宣化县就近给照;(12)商民进口应查出口腰牌以杜私越;(13)水陆商贩出入应令大员综理稽核;(14)奸徒私越,应申明定例严禁;(15)违禁货物应先期刊刻晓示;(16)出口商贩,应即出示招徕。

安南也采取了一系列相应措施,"于谅山镇驱驴庯立市,分设太和、丰盛二号"③,以方便广西与谅山之间的边贸活动。边境贸易又有新的发展,清朝出口的货物有槟榔、烟、茶、纸札、缸碗、布匹、颜料、糖、油、绸缎、药材等物,安南出口的货物有砂仁、大茴、薯莨、交绢、竹、木等。

恢复边贸活动后,使者来往频繁。而政治、经济交往的发展,又促进了双方的文化交流。乾隆五十五年(1790),安南国王"恳请颁示正朔",高宗立即将时宪书20本发往安南,在安南颁行。在春节赏赐给王公大臣的御书"福"字,也"一体赏给"安南国王。中国时宪书在安南的颁行,扩大了中国文化对安南的影响。

3. 中国与缅甸的边境战争

在缅甸有一则古老的传说:远古时代有个龙公主,她与太阳神相爱,生

---

① 《清高宗实录》卷一三四四。
② 《明清史料》庚编,第187—190页。
③ 《清高宗实录》卷一四三四。

下三个蛋,其中一个蛋孵出了女孩,后来嫁给中国皇帝;第二个蛋孵出了男孩,做了缅甸国王——骠苴低;第三个蛋碎裂成宝石。因此,缅甸人称中国人为"胞波"(一母所生的同胞)。这一传说反映了中国与缅甸关系的久远和密切。

到清代,中缅关系出现曲折,在乾隆朝时期发生了多次边境战事,关系时断时续,战后才建立起政治上的隶属关系。

顺治十六年(1659)正月,清军进入昆明,南明永历帝朱由榔出逃。当朱由榔和护驾的2000名南明军逃至缅甸边境时,缅甸官员要求南明军队放下随身携带的武器,方准入缅甸境内。朱由榔被迫同意这一要求。顺治十八年八月,平西王吴三桂和征西将军爱星阿奉命率兵10万赴缅甸捉拿朱由榔。是年十二月抵达距缅甸首都阿瓦城仅60里的旧晚坡。缅甸派出使节表示愿意缚献朱由榔,要求清军退兵。于是,朱由榔被绑赴清军大营,清军撤出缅甸①。乾隆十五年(1750),缅甸国王莽达拉向清朝具表,"愿充外藩,备物致贡",高宗接受了这一要求。乾隆十六年六月,缅甸贡使到达,高宗亲自接见,此后缅甸与清朝建立了正式的朝贡关系②。

乾隆三十年(1765),缅甸国王莽纪觉去世后,其弟懵驳嗣位。他兼并了西部的结些和南部白古、大姑拉、小姑拉各部,势力渐强。是年十一月,又占领了孟艮,孟艮土司逃至云南普洱府十三猛的猛遮,并到镇沅府乞降。于是缅甸派兵追至九龙江一带,进行骚扰。普洱镇总兵刘德成当即率兵800人前往思茅。云贵总督刘藻闻知,又派参将何琼诏率800士兵往援。当高宗得知缅甸兵扰边和刘藻的部署后,立即谕:"必当穷力追擒,捣其巢穴,务使根株尽绝,边徼肃清。"③高宗又考虑到中缅边事的复杂性,刘藻未必能办好,决定调久任陕甘、熟谙筹办军需事务的杨应琚出任云贵总督,而调刘藻任湖广总督④。正如高宗所料,刘藻不仅"未娴军旅",而且还谎报军情。参军何琼诏奉命率兵800人前赴整控江防堵缅军时,轻敌思想严重,全然没把军事重务放在心上,"乃将兵器捆载行装,将弁等徒手散行,遇贼冲击,败溃

---

① 戴笠:《行在阳秋》卷下。
② 昭梿:《啸亭杂录》卷五《缅甸归诚本末》。
③ 《清高宗实录》卷七五一。
④ 《清高宗实录》卷七五三。

奔逃",刘藻却谎称打了胜仗,何琼诏是败逃回营,刘藻却谎报其阵亡。高宗了解实情后十分生气,又将刘藻调任湖北巡抚,不久又将其革职,留滇效力①。

乾隆三十一年(1766)三月,参将彭雄楚收复猛笼、猛混,楚姚镇总兵华封收复猛遮,至此,被缅兵占领的地区均已收复②。接着,清军又攻占孟艮、整欠、猛勇,正值此时"瘴疠大作",缅兵不得不退。恰在此时,新任云贵总督杨应琚到达普洱,他立即奏报捷讯。高宗闻报大喜,立即下令蠲免十三土司当年的赋税和旧欠③。杨应琚自普洱回到省城,商讨下一步安排。在腾越副将赵宏榜等人的建议下,是年六月杨应琚多次奏请乘胜追击,出兵缅甸,并称他已发兵3000人到木邦境内驻扎。接此奏报,高宗"深为嘉悦",将征缅事宜交杨应琚全权处理④。

杨应琚出征缅甸之初,缅甸也在积极备战,调兵数万,分四路迎击清军。蛮暮的新街,位于铁壁关外,本为互市之所,居缅甸要冲,杨应琚派兵驻扎那里。九月二十日,缅兵数千人乘船突至,并登岸攻栅,清兵奋力抵抗无效,溃逃至铁壁关。杨应琚闻警,十一月派永北镇总兵朱仑进攻楞木,不克,乃驻兵铁壁关。缅兵4万人来攻,清兵迎战相持数日。守将李时升告急,杨应琚不理,却以楞木大捷入告。缅兵转而攻占了万仞关、铜壁关(今云南省境)。十二月,缅兵渡江转攻户撒,后见清兵增援,就稍稍后撤,杨应琚又立即以户撒大捷奏闻。是月,缅兵已入云南陇川,派人假称乞降,杨应琚许之,缅兵乘机占据陇川,杨应琚"仍以克捷奏闻"。直至乾隆三十二年三月,高宗根据赴云南的福灵安的奏报,才知道杨应琚前此所奏"悉属虚报";楞木大捷、户撒大捷均属虚假,并无其事⑤。高宗十分恼怒,下令将杨应琚、杨重谷、李时升、刘德成、乌尔登额等革职查办,后经廷讯,勒令杨应琚自尽,其余几人均处斩⑥。

出征缅甸的军事计划,经过杨应琚的事件,理应重新审定,然而高宗被

---

① 《清高宗实录》卷七五四、卷七五五。
② 《清高宗实录》卷七五七。
③ 《清高宗实录》卷七五八。
④ 《清高宗实录》卷七六九。
⑤ 《清高宗实录》卷七八一。
⑥ 赵尔巽等:《清史稿》卷三二七《杨应琚传》,中华书局1977年版。

过去的战功冲昏了头脑,坚持既定方针,致使一错再错,一败再败。乾隆三十二年(1767)三月,高宗任命明瑞接任云贵总督。明瑞到任后,总结了杨应琚分别守御隘口,分散兵力的教训,提出适当减少守隘官兵,以便集中兵力。高宗同意其计划。八月底,集结完毕,约2.2万人(其中满洲八旗兵3000人)。九月,明瑞出师,兵分两路:一路由明瑞、观音保率军,由木邦进攻锡箔;另一路由参赞额尔景额率军,由老官屯进取猛密,约定会师阿瓦。九月二十四日发兵时,恰逢大雨,连续三昼夜未停。明瑞一路1.2万人抵达锡箔江,结浮桥以渡,进攻蛮结。此时缅兵已在蛮结立16栅以拒。清军破其4栅后,其余12栅皆遁。领兵大臣观音保以"出师时已失军装,今军器日见其少,粮饷不足,恐难深入"为由,建议返回木邦,整旅再进。明瑞不听,坚持进军阿瓦。当清军行至距阿瓦70里的象孔时,因无军粮,无法再进。当得知猛笼有粮,就转攻猛笼,攻占后,才解决了军粮不足的困难①。由额尔景额率领的另一路军,原计划由老官屯进攻猛密,但至老官屯就受阻,缅兵已在那里设立木栅,清军不得不久屯坚栅之下,人亦多患疾病。十二月,统帅额尔景额"幽恚以死",其弟额尔登额代其职。此路9000名清军久攻老官屯不下,又得不到明瑞一路的消息,当接到清廷令其前往支援明瑞的指令后,就仓促撤兵②。乾隆三十三年春,明瑞决定取道大山土司还师。猛笼粮食虽多,但缺少运粮的牛马,"人携数升,余皆火之"。清军开始返师,缅兵就紧追不舍。清军虽然在蛮化山取得了歼灭缅兵2000人的胜利,但是当清军到达波龙厂时,缅甸已增兵追至。特别是缅甸派另一路军攻占了木邦,切断了清军的退路,形成了四五万缅军两路夹击明瑞所率清军的形势。明瑞当即命达兴阿、木进忠率军乘夜突围,他与观音保率数百亲兵进行血战,抵御缅兵的进攻。自晨至晚,且战且退,观音保和明瑞均自杀身亡。此次征缅,以失败告终③。

明瑞败死之讯传来,高宗对损兵折将的第一个反应,认为当年暂停进兵是错失良机。征缅失败的原因是由于自己轻敌,所派出的是兵不敷用,将不得人。他并没有从中吸取失败的根本性教训,仍然主张出征缅甸。乾隆

---

① 昭梿:《啸亭杂录》卷五《缅甸归诚本末》。
② 昭梿:《啸亭杂录》卷五《缅甸归诚本末》。
③ 赵尔巽等:《清史稿》卷三二七《明瑞传》,中华书局1977年版。

三十四年(1769)正月,决定"今岁必须大举进兵"①。为此,采取了一系列措施:第一,调整统帅。像明瑞这样的得力将领也遭失败,选将应更慎重。经过长时间思考之后,高宗在乾隆三十四年正月才最后决定任命大学士傅恒为征缅经略,阿里衮、阿桂为副将军,明德为云贵总督②。第二,调集人马。自乾隆三十三年二月"暂停进兵"至三十四年七月再次发动征缅战争,在这一年半的时间里,高宗一直在调集各路人马入滇,约八旗兵9000人,索伦兵3000人,福建水师3000人,瓦寺土兵2000人,厄鲁特兵1000人,共1.8万人,加上云南兵1.6万人、川兵7000人、贵州兵4000余,共4万余人,备有马骡6万余匹③。第三,反对议降。暂停进兵命令下达后,缅甸表示愿意议降,但遭高宗拒绝。第四,采取防瘴措施。命两广总督采购阿魏等防瘴药材3000余斤④。

乾隆三十四年二月,傅恒赴任,三月到达昆明,又经过4个月的紧张准备,七月征缅大军出发。这次出征兵分两路:主力由傅恒统帅9300人从戛鸠江渡河,经猛拱、猛养攻木疏,再攻阿瓦;偏师由副将军阿里衮、阿桂率领7300人由猛密夹江而上,前往蛮暮;副都统明亮、水师提督叶相德率水师3000人由水路往蛮暮,并留兵驻守各驿站及宛顶、普洱。清军主力经猛拱、猛养,历2000余里,皆兵不血刃而下,但途中多遇雨,山高路滑,士兵往往枵腹宿于上淋下湿之中,多得疾病。偏师统帅阿里衮生病,由阿桂指挥,由蛮暮江出大金江,缅兵拒守江口,被击败。十月,傅恒、阿桂两路会师蛮暮,然傅恒亦得病于军中⑤。此时缅军由防御转为进攻,会战于新街,清军获胜,并决定乘胜攻打老官屯。老官屯的缅军守御甚备,清军受阻十余日不得进,用炮轰,用火攻,挖地道,用炸药炸,皆不能破。傅恒命阿里衮率战舰列于江上,断其粮械,缅军遂惧乞降。傅恒亦因兵多染瘴,日有死亡,仅存军1.3万余人,只好受降并上报朝廷。高宗得报,立即下令,将"现在暂退,明年再行

---

① 《清高宗实录》卷八二六。
② 《清高宗实录》卷八二六。
③ 周远廉:《乾隆皇帝大传》,河南人民出版社1990年版,第550页。
④ 《清高宗实录》卷八三七。
⑤ 昭梿:《啸亭杂录》卷五《缅甸归诚本末》。

进兵之旨宣示于众"①。清军在副将军阿桂的主持下,撤回永昌屯驻。此次征缅至此宣告结束。

清朝与缅甸的关系并未就此正常化。乾隆三十五年(1770)正月,缅甸未奉表入贡即要求通商,高宗未允:"尔贡表一日不至,内地贸易一日不通。"②乾隆四十二年,缅甸来文表示:"情愿送还内地之人,输诚纳贡,恳请开门。"高宗即派阿桂前往云南办理受降事宜③。此次议降交涉并不顺利,竟长达11年之久。乾隆五十二年,缅甸表示"遵照古礼进表纳贡"④。乾隆五十五年,高宗在承德接见缅甸使节,确定缅甸十年一贡,并敕封孟云为缅甸国王⑤。自此朝贡往来不断,中缅关系走向正常化。高宗以征缅战争的胜利,列为他的"十全武功"之一。

4. 反击廓尔喀入侵西藏

廓尔喀是今尼泊尔的古称,其地与中国西藏地区相毗连,历史上一直与西藏有贸易往来,互通有无。廓尔喀"素无盐、茶,并无银两、马匹,所产惟米、豆、牛、羊、布帛、铜、铁、珊瑚、玛瑙、孔雀",西藏"素产盐斤及内地贩运银、茶",实为廓尔喀必需之物,故"向来藏属夷民往来驼运,彼此通商,相安已久"⑥。可是在清乾隆年间,不幸发生了廓尔喀两次入侵西藏的事件。

廓尔喀进犯西藏的原因主要有三:一是廓尔喀统治者为转移并缓和内部日益尖锐的社会矛盾。18世纪中叶,廓尔喀处于各部争长的分裂割据时期。其境内主要居住着巴勒布人和拉加普人,"大小部落共三十处,户口二十二万七百有零"⑦。其中拉加普人的廓尔喀部力量日渐强盛。60年代前后,廓尔喀部在其首领博纳喇赤的领导下,统一了拉加普人和巴勒布人诸

---

① 《清高宗实录》卷八四七。
② 《清高宗实录》卷八五四。
③ 《清高宗实录》卷一○二五。
④ 《清高宗实录》卷一三○六。
⑤ 《清高宗实录》卷一三五六。
⑥ 《明清史料》庚编第九本《户部为巴忠奏移令》。
⑦ 《明清史料》庚编第九本《户部为巴忠奏移令》。

部,建立起廓尔喀王国,迁都阳布(今加德满都)。王国建立后,为转移日益尖锐的社会矛盾,自 70 年代起就发动对外扩张的战争,先后攻占哲孟雄、沮木等,接着又妄图染指西藏。二是西藏六世班禅所遗巨额财产,诱使廓尔喀觊觎西藏。乾隆四十五年(1780),六世班禅赴热河避暑山庄为高宗祝寿至京师,不幸染上痘疾,于十一月初二日去世。班禅在热河和京师期间,高宗多次赏赐,加上京师各王公大臣所赠及沿途蒙古僧众的供养,"无虑数十万金,而宝冠、璎珞、念珠、晶玉之钵、镂金之袈裟、珍宝不可胜计"①。这些财宝,全部被六世班禅之兄仲巴呼图克图所独吞,其弟沙玛尔巴十分气愤,乾隆四十九年跑到廓尔喀王国报告这一情况,使廓尔喀王国认为有机可乘。三是西藏与廓尔喀的贸易矛盾是导致廓尔喀进犯西藏的导火索。到西藏做买卖的廓尔喀人有一两千人之多。他们在西藏购买商品,一般是付巴勒布银币,王国另铸新币后,其含银量较巴勒布银币要高。廓尔喀商人要求一个廓尔喀新币顶两个巴勒布银币使用,西藏人不同意,因此双方经常发生矛盾。廓尔喀人认为,从西藏购买的食盐多掺土,对此十分不满。前两个是重要原因,而贸易中的矛盾成了廓尔喀入侵西藏的借口和导火索。

乾隆五十三年(1788)五月,廓尔喀致书西藏噶伦,称:"藏内所用钱文,皆我巴勒布熔铸,此后但用新铸钱文,旧钱不可使用。再我境接壤之聂拉木、济咙二处,原系我巴勒布地方,仍应给还。"清驻藏大臣庆麟、雅满泰立即复信,明确指出聂拉木、济咙均系西藏地方,驳斥其无理的领土要求,同时指出:"现在尔等新铸钱文甚少,不能流通,仍将新旧搀杂使用。"②是年六月十六日,廓尔喀王国派苏尔巴达布率 3000 人马,未经宣战,突然进入西藏。由于西藏事先没有任何准备,加上地广力单,很快就被廓尔喀军队攻占了济咙、聂拉木、宗喀等地,严重地威胁着后藏重镇札什伦布。驻藏大臣庆麟得报后,立即抽调 1200 名驻军前往堵截,并通报四川总督李世禄,迅速派兵支援。七月二十七日,高宗接到有关廓尔喀军队入侵西藏的报告后,果断采取一系列措施,以阻止廓尔喀的入侵。首先,驻藏大臣雅满泰立即率绿营兵与达木厄鲁特兵前往札什伦布,守御后藏与廓尔喀接壤处;;另一驻藏大臣庆

---

① 赵尔巽等:《清史稿》卷五二五《藩部·西藏》,中华书局 1977 年版。
② 《巴勒布纪略》卷一。

麟率兵防范前藏。四川提督成德就近调三四千绿营兵和500名驻防的满洲八旗兵迅速赴藏支援。其次命前来热河觐见的成都将军鄂辉立即赶回成都,并赴西藏统军堵御廓尔喀军队①。还派熟悉藏情、懂得藏语的御前侍卫、理藩院侍郎巴忠入藏主持军务。再次,高宗先后从达赖仓库和班禅仓库调拨青稞麦7000石,制成糌粑,可供3000士兵半年之用,又下令购买牛、羊11500头,以解决入藏士兵的粮饷问题。同时高宗檄谕廓尔喀国王:速行退兵,归还所占之领土②。高宗这些应急措施,是及时和正当的。

在处置廓尔喀入侵问题上,高宗与某些廷臣以及西藏地方官员的看法是有分歧的。高宗的方针是:除了收复失地外,还要"勒令该头人出具甘结,明定地界,严立章程,不敢复行越界滋事。惟当趁此兵威,使之畏惧慑服,以期一劳永逸,方为妥善"③。然而,某些廷臣特别是某些地方官员则认为议和了事是上策。他们的议和理由:一是廓尔喀兵力强,西藏兵力弱,就是去援军也是鞭长莫及;二是担心内地军队入藏以后,骚扰地方;三是担心入藏官兵军饷就地解决,会加重地方的负担;四是担心入藏官兵即便打败对方,官兵一撤,廓尔喀还会来报复;等等。因此在初期,实际掌握后藏大权的仲巴呼图克图和红教喇嘛萨加呼图克图就派人与廓尔喀谈判,达赖喇嘛也派出代表前往和谈(后被率军入藏的四川提督成德说服撤回)。钦差大臣巴忠入藏后,也赞成并主持议和。

尽管高宗三令五申反对议和,但实际操作的钦差大臣巴忠置其旨令于不顾,一再敦促西藏噶伦的谈判代表丹津班珠尔迅速与廓尔喀达成协议。几经讨价还价,廓尔喀答应交出其所占三处地方,但必须交纳300锭元宝的赎金,以乾隆五十四年(1789)为始,每年给付300锭元宝,"给付三年后再行商议"④。巴忠对这一纳金赎地的协议实情不上报,而由成都将军鄂辉等向朝廷报告:"巴勒布畏罪输诚,遣头目来营乞降。"⑤本来是向廓尔喀纳款赎地,却被说成是惧畏乞降。正如魏源所指出:"未交一兵,而糜饷

---

① 《清高宗实录》卷一三〇九。
② 《清高宗实录》卷一三一〇。
③ 《巴勒布纪略》卷六。
④ 王先谦:《东华录》卷一一六。
⑤ 《清高宗实录》卷一三三二。

955

百万。"①

乾隆五十五年(1790)秋,廓尔喀按协议派人到西藏领取是年赎金300锭元宝,达赖喇嘛拒绝支付,并要求进行谈判,廓尔喀答应双方派代表到边界谈判。乾隆五十六年四月,达赖派原协议签订者丹津班珠尔持300锭元宝去谈判,意在缴纳此次赎金后,以后不再缴纳。不意廓尔喀却在六月派兵千余攻占了聂拉木,并扣押西藏的谈判代表。八月,廓尔喀又增兵大举向后藏进军,并占领了定日、萨迦、济咙等地。高宗接报后大为震怒,原以为廓尔喀再次出兵西藏,是为"旧时未完债项"引起的②,另有纳金赎地之事,尚不知情。他即命鄂辉再次前往西藏;又命鄂辉及驻藏大臣保泰、雅满泰等"潜行留心"了解拖欠实情。巴忠做贼心虚,恳祈即刻赴藏,未被允准,就以为事情已败露,"即于是夜潜出,投河淹毙"③,这倒引起了高宗的严重关注。

廓尔喀占据聂拉木、定日、萨迦、济咙等地后,在沙玛尔巴的诱唆下,又纵兵抢掠札什伦布。驻藏大臣派人将班禅接至前藏,札什伦布人心浮动,廓尔喀趁机攻占札什伦布,将寺内财物抢劫一空后退出,又攻占了定结、第哩浪古地,留兵观望。事态已发展到如此严重,高宗经过反复考虑,决定任命两广总督、协办大学士、一等公福康安为统军将军(后又封为大将军),任命二等公海兰察和奎林为参赞大臣,率兵由西宁入藏;调吏部尚书、协办大学士孙士毅署理四川总督,筹办进藏粮运④。

乾隆五十六年(1791)十一月,经询问达赖喇嘛之弟罗卜藏根敦札克,清廷才了解到纳款赎地的真相,高宗立即追究该事件的责任者巴忠、鄂辉、成德等。因巴忠已死,其子居官者"俱行革退,著在护军拜唐阿上行走"⑤;将鄂辉革去总督,成德革去将军,"各治以错误之罪。复蒙加恩,俱赏给副都统职衔,作为领队大臣",并令他们"惟当激发天良","立功自赎"⑥。

乾隆五十七年(1792)正月二十日,福康安率军到达拉萨。鄂辉、成德

---

① 魏源:《圣武记》卷五《乾隆征廓尔喀记》。
② 《清高宗实录》卷一三八五。
③ 《清高宗实录》卷一三八五。
④ 《清高宗实录》卷一三八五。
⑤ 《清高宗实录》卷一四〇二。
⑥ 《清高宗实录》卷一三九一。

率军入藏后,不久收复聂拉木①。廓尔喀得悉南北两路清军进藏以后,一方面在"各处隘口添兵防守";一方面对掳去的人质"给赍优待",准备"差人递禀乞降"。对此,福康安等未予理睬,"定计捣穴擒渠,永杜后患",高宗批准了这一用兵计划②。

闰四月,福康安率军开始反击。五月初六日,攻克察木要隘。初十日收复边境重镇济咙。至此,西藏失地全部收复。高宗闻讯要求福康安"乘胜直趋阳布"③。五月十五日,清军攻占热索桥,进入廓尔喀境内,接着又攻占了布噜、东觉,清军直抵雍雅,此地距阳布仅百余里④。

六月十五日,廓尔喀王室被迫放回人质丹津班珠尔,并捎信称:此次入犯都是沙玛尔巴唆使,而他已"服毒身亡",为此特致书请降⑤。六月十八日,廓尔喀又派大头人普鲁尔邦哈等到清军大营请降。福康安仍决定"当奋勇进攻,断不肯坐失事机",致堕其"缓兵狡计"⑥。

七月初三日,清军与廓尔喀军激战于阳布附近的甲尔、古拉本集两要塞,战斗十分激烈,清军死伤惨重,进兵受阻,退至雍雅结营⑦。廓尔喀国王于七月初八日又派人"呈缴前立合同,送交札什伦布物件及沙玛尔巴尸骨",以示求和乞降诚意⑧。福康安即将廓尔喀请和乞降一事转报清廷。高宗考虑到反击战大体已成功,而天气渐冷,如不及时撤军,恐为大雪所阻,就命福康安"如实在万难进取",就"受降完事",又命福康安传谕廓尔喀:"赦其前罪,准令纳表进贡,悔罪投诚。"⑨福康安立即办理受降事宜,清军撤入西藏。九月二十日,廓尔喀贡使到札什伦布谢罪。此役被高宗列为他的"十全武功"之一。

在这次反击廓尔喀的战争中,清朝投入兵力约有2万多人,耗银350万

---

① 吴燕绍等:《廓尔喀纪略辑补》卷二八。
② 《清高宗实录》卷一四〇三。
③ 《清高宗实录》卷一四〇六。
④ 吴燕绍等:《廓尔喀纪略辑补》卷三五。
⑤ 《清高宗实录》卷一四一〇。
⑥ 吴燕绍等:《廓尔喀纪略辑补》卷三七。
⑦ 魏源:《圣武记》卷五《乾隆征廓尔喀记》。
⑧ 《卫藏通志》卷一三中。
⑨ 《清高宗实录》卷一四一一。

两,阵亡官兵 300 余人,为维护国家主权和领土完整付出了很大代价①。这次事件的善后处理表明,清朝注意郑重处理与邻国的矛盾,力图通过谈判建立起正常、友好的睦邻关系。此后,廓尔喀坚持 5 年一贡,正常开展贸易,一直保持着友好往来,边境也得到安宁。

5. 中国与暹罗的关系

暹罗是中国的近邻,延续至今之泰国,同中国保持了传统的友好关系。在清代中国与暹罗建立了密切的关系,是双方传统友谊的重要篇章。

清入主中原不久,暹罗阿瑜陀耶王朝国王于顺治九年(1652 年)派人到广州"请贡"。康熙四年(1665)暹罗使团首次抵达京师,带来国王的表文,文中有"恭祝皇图巩固,帝寿遐昌。伏冀俯垂宽宥不恭,微臣瞻天仰圣,曷胜屏营之至,谨具表奏称闻"②等语。清朝对使团予以友好接待,并正式建立朝贡关系,规定贡期为 3 年一次,贡道由广东入境,贡船不过 3 只,每船不过百人,役员以 26 人为限。康熙七年,暹罗使团第二次访华。康熙十二年,暹罗国王又派出一个庞大的使团,圣祖在太和殿接见贡使,接受暹罗国王进呈的表文。暹罗国王送给圣祖的礼物有:驯象 1 只,孔雀 4 只,六足龟 4 只,龙涎香 1 斤,碗石 1 斤,沉水香 2 斤,犀角 6 座,速香 300 斤,象牙 300 斤,安息香 300 斤,白豆蔻、藤黄、胡椒、大枫子、乌木各 300 斤,苏木 3000 斤,胡椒花 100 斤,紫梗 200 斤,树皮香 100 斤,树胶香 100 斤,翠鸟毛 600 张,孔雀尾 10 屏,鲛绡布 6 匹,杂花色大布 6 匹,褐天 4 条,红布 10 匹,红撒哈喇布 6 匹,印字花布 10 匹,西洋布 10 匹,大冰片 1 斤,中冰片 2 斤,片油 20 瓢,樟脑 100 斤,黄檀香 100 斤,蔷薇露 60 罐,硫黄 100 斤③。送给内宫的礼物与上述相同,仅数量减半,没有驯象。

同年四月,清朝正式册封暹罗国王,"颁镀金驼纽银印,赐诰命,令使臣

---

① 参见李鸿彬:《简论乾隆抗击廓尔喀两次入侵西藏》,《清史研究通讯》1989 年第三期。
② 《清圣祖实录》卷一四。
③ 《粤道贡国说》卷一,载《海国四说》,第 178 页。

赍回"①。册封而不派使臣前往,便成了清朝与暹罗关系的"定例"。此后,在康熙、雍正两朝,暹罗多次派使团来华。高宗在位的60年间,暹罗使团来华的次数更多。

暹罗与清朝的朝贡关系,除了确认清朝为天朝大国外,其实质也是一种商贸关系。每次暹罗使团来进贡大批礼物,清朝即回赠一大批礼物。以乾隆三十一年(1765)六月十二日回赠礼物清单为例,赠给国王的有:上用妆缎4匹、补缎4匹、蟒纱4匹、补纱4匹、缎18匹、罗缎8匹、纱12匹、官用锦8匹、罗18匹;回赠给王后的礼物有:上用蟒缎2匹、补缎2匹、蟒缎2匹、补纱2匹、缎6匹、纱6匹、罗缎4匹、罗6匹②。又"加赏"国王众多奇珍异宝。

比较进贡物品和回赠物品,可知进贡物品均为暹罗的土特产品,而回赠物品则大多为国际市场上难以购买到的宫廷奢侈品,价值高昂。实际上在经济上受益较多的是暹罗。每次来华的3艘贡船,除装载数量有限的上述贡品外,还装载数量巨大的其他"压舱货物"。这些货物享有免税上岸销售的优待,并允许购买所需的中国货物运回暹罗,这无疑是一种名副其实的商品贸易。暹罗正是利用这种优惠政策,扩大两国之间的商贸活动。

暹罗来华的贡船有正贡船、副贡船、探贡船、护贡船、接贡船的区分。进贡者由广州入境,携带贡品由陆路进京,然后再由陆路返回广州,需要半年多的时间。在此期间,贡船把货物(即所谓压舱货物)贮藏在中国商馆(如泰顺馆),进行销售,并且有时间将所购货物先载运回国,然后再一次装载压舱货物来华销售,同时接载由北京返回广州的使团回国。在暹罗使团由广州入境后期间,3只贡船可往返四次,运载12船次的所谓压舱货物进行贸易,数额是相当可观的。

除朝贡贸易外,民间贸易活动也有所发展,特别是1684年清朝废止海禁之后,中国商船到达暹罗的数量开始增多,每年在10艘左右。雍正五年(1727),清朝废除南洋贸易禁令,贸易往来日趋活跃。每年二三月至四月初,从上海、宁波、厦门、汕头、广州、海南等地前往暹罗进行贸易的商船,将

---

① 《清圣祖实录》卷四二。
② 张伟仁主编:《明清档案》第二〇五册。

货物售出后,于五月底至六七月间,满载着海参、燕窝、鱼翅、蔗糖、苏木、靛青、藤黄、棉花、象牙,由暹罗起航返回,每年达80艘之多。

暹罗大米是清朝的重要进口商品之一。雍正二年(1724),暹罗派人将优良稻种和首批大米运至北京。为鼓励进口,清朝采取优惠的价格政策。乾隆八年(1743)九月五日决定:"各关米税概行蠲免。""嗣后凡遇外洋货船来闽等省贸易,带米一万石以上者,著免其船货税银十分之五。"①乾隆年间,有些华商利用暹罗的优质木料造船,然后运大米回国。闽浙总督喀尔吉善为鼓励商人到暹罗运载大米回国,奏请"如每船运米至二千石以上者,按数分别生监、民人,奏请赏给职衔、顶戴"②。他建议生监运米2000石以上者,赏给吏目职衔;4000石至6000石赏主簿职衔;民人运米2000石至4000石赏八品顶戴,6000石至1万石赏七品顶戴。高宗对这一建议表示赞成。两广总督杨应琚也于乾隆二十年提议,广东商人亦应"循闽省例议叙"。上述奖励政策的实施结果,在乾隆十九年至二十三年间,每年进口大米多达9—12万石。乾隆二十二年,仅运回厦门的洋米就多达5万余石。有不少商人确实因运回大米数量巨大而获得吏目、主簿职衔和九品顶戴。

商贸活动的发展,使旅居暹罗的华侨日益增多。徐继畬在《瀛环志略》中写道:"暹罗流寓,闽、粤皆有之,而粤为多,约居土人六分之一。有由海道往者,有由钦州之王光十万山穿越南境而往者。其地土旷人稀,而田极肥沃,易于耕获,故趋之者众也。"可见,华侨对暹罗经济的发展和两国的友好交往做出了重大的贡献。

有的华侨为捍卫暹罗的独立做出了重大贡献。乾隆三十二年(1767),在缅甸与暹罗的战争中,缅军攻入暹罗都城,国王波隆摩罗阇五世失踪,华侨郑信(1734—1782)率500余人突围成功,并以尖竹汶为基地,领导暹罗人民经过浴血奋战,收复吞武里和阿瑜陀耶城,消灭入侵的缅军主力,定都于吞武里,建立了吞武里王朝。乾隆四十一年郑信率军队将缅军赶出暹罗领土。郑信驱逐缅军,收复失地,战胜分裂势力,实现国家统一的伟大业绩,使得他成为暹罗历史上的民族英雄和杰出君主。暹罗人民为了纪念他,建

---

① 《朱批奏折》外交类,第342—6号,乾隆八年十一月初十日奏折,中国第一历史档案馆编藏。
② 《明清史料》庚编,第525、532页。

立了雄伟的郑王庙,亦称郑王塔,至今仍矗立在泰国曼谷湄南河畔,向后世昭示这一段令人难忘的历史。

清朝同郑信吞武里王朝的关系,其中多有波折。由于郑信采取措施使清朝了解情况,主动表示友善,高宗对他的态度开始转变。乾隆四十六年(1781),郑信再次派使节访华,在广东呈交公文,两广总督巴延三上奏。高宗接报后认为:"外国输诚献纳,自应允其朝贡,以示怀柔。俟该国贡使赍到贡物、表文时,巴延三等派委妥员送来京。呈进后,再降谕旨。"①同年十二月二十一日,暹罗使者在两广总督委派的官员陪同下,带着大量的贡品来到京师。经礼部准奏,按乾隆三十一年例赏赐回赠物品。乾隆四十七年(1782)正月,暹罗使者入宫"表贡方物",受到友好接待。由于郑信所派出的使团没有正式提出册封的要求,清代史籍中只是称郑信为"暹罗国长郑昭"。

公元1782年初,郑信宣布退位。同年4月6日,披耶都克将军赶回京城,处死郑信,自立为国王,号称拉玛一世(1782—1809),创立曼谷王朝。

拉玛一世即位后,自称是郑信的儿子,取名郑华,立即派人到清朝请求按旧例派使来华"朝贡",高宗予以允许。乾隆五十一年(1786),拉玛一世遣使来华,请求封号,并带来大量贡品。高宗正式封郑华为暹罗国王,命礼部铸镀金驼纽银印,交来使赍回。高宗又于乾隆五十二年二月初六日正式发出册封文告。此后,暹罗曼谷王朝同清朝建立了密切的友好关系,仅拉玛一世在位28年,派遣访华使节就多达15次。

6. 中国与荷兰、俄国、英国的关系

(一) 与荷兰通使往来

中国与西方国家的商贸往来,可上溯到明正德年间,主要有荷兰、葡萄牙等国。明清之际仍然十分活跃,荷兰属下的东印度公司,将1600万件瓷器从中国运至西方。这些国家同中国的贸易,也是以"朝贡"的形式进行

---

① 《清高宗实录》卷一一三七。

的。顺治初年规定:"凡外国朝贡使来京,颁赏后,在会同馆开市,或三日,或五日。"①顺治十三年(1656),准许荷兰"八年一次来朝","贡道由广东入","在馆内交易"②。

荷兰与清朝的通使和商贸活动,有着与其他西方国家不同的背景,顺治十八年十二月十三日(1662年2月1日)郑成功将荷兰殖民主义者从台湾驱走。是年六月,荷属东印度公司派12艘兵船到中国沿海,攻击郑成功的据点,破坏航运,并请求与清朝通商,清朝同意"两年一贡"③。康熙二年(1663)十月,荷兰又派出17艘兵舰,在泉州与清军会合,与清军联合作战的回报条件是在厦门—金门地区建立贸易基地每年进行贸易。但是,建立贸易基地的要求则被清朝拒绝。康熙五年清朝决定停止荷兰两年一贡,仍令其8年一贡。康熙二十二年清朝统一台湾后,荷兰重请通市。相隔时间由8年改为5年。此后,荷兰多次派使团来华,请求在福建建立贸易基地,都未得批准,直到雍正七年(1729),在广州设立商馆,才恢复直接通商贸易。

荷兰同清朝的"朝贡"贸易,所携来华的物品种类繁多。纺织品类有:哆啰绒、荷兰绒、哔叽缎、织金线缎、倭缎、荷兰五色大花缎、红银缎、西洋五色花色褥、西洋花布被、西洋大白布、西洋小白布等。毡类有:大毡、五色毛毡、地毡、中毡、织金大绒毡、花毡、毛毡、五色绒毡等。装饰品有:缨帽、珊瑚树、象牙、琥珀、琥珀珠等。器皿类有:玻璃杯、琉璃杯、石山匣、玻璃匣、雕花木盒、镶嵌金盒、银盘、盛珠银盘等。钟表类有:自鸣钟、万年如意八音钟、时刻报喜各式金表等。灯类有:聚耀烛台、白石昼、琉璃灯、玻璃挂灯等。镜类有:照身镜、人物镜、玻璃镜、大镜等。刀、铳、剑类有:镀金刀、镶金刀、西洋刀头、鸟枪、风枪、二眼长枪、长枪、起花金剑、镶银剑、利阔剑等。其他类:绣皮带、镶金铁甲、铜炮、雕制夹板船、小车、铜狮、皮小狗、西洋白小牛、四样酒、葡萄酒、蔷薇花油、丁香油、檀香油、火鸡蛋、海马角、燕窝、丁香、檀香、冰片、番木蔻、桂皮、五色番花等④。在这些物品中,包含了西方的新科技、新

---

① 光绪《大清会典事例》卷五一〇"礼部"。
② 《清世祖实录》卷一二〇。
③ 光绪《大清会典事例》卷三九八。
④ 《粤海关志》卷二二,第8—10页。

工艺、新发明。

清朝回赐给荷兰的礼物以绸缎为主。以顺治十三年(1656年)回赠的礼物为例,有:"大蟒缎二匹,蓝花缎四匹,青花缎四匹,蓝素花缎四匹,妆缎二匹,倭缎二匹,闪缎四匹,帽缎四匹,衣素缎二匹,绫十匹,纺丝十匹,罗十匹,银三百两。"①

康熙二十四年(1685),清朝开海贸易,设闽、粤、江、浙四处海关。广州一直是最为重要的中西贸易口岸。乾隆二十二年(1757)关闭江、浙、闽三处海关,广州成为中西贸易的唯一口岸。西方商人陆续在广州设立商馆,以法国为最早,设于康熙三十七年,后一度舍弃,至雍正六年(1728)恢复。英国设于康熙五十四年,荷兰设于雍正七年(1729),丹麦、瑞典紧随荷兰设立。在清朝开海贸易后的一段时间,荷兰的东印度公司只是与中国的商船进行间接贸易,然后把货物运回欧洲。荷兰商馆在广州设立后,始恢复与中国的直接贸易。荷兰商人从巴达维亚收购大量的胡椒、丁香、肉豆蔻等香料,装船运往广州,获取巨额利润,使英国的东印度公司利益受到巨大损失。为了独占广州市场,英国的东印度公司和散商到印尼各岛强行收购大量胡椒、锡、铜,运往印度后,再装船转运至广州。这样一来,又使荷兰公司受到严重威胁和挑战。

英国与荷兰争霸海上,抢占与垄断贸易市场,1780至1784年的4次战争,给荷兰同中国的贸易造成的打击十分严重。英国军舰袭击荷兰商船,仅1781年荷兰公司就损失4艘商船。英荷战争期间,荷兰公司向国会贷款多达数百万盾。广州的荷兰商馆向中国人借贷。负债累累的荷兰东印度公司,在1784至1790年间,又有4艘商船在中国海沉没,形势尤为严峻。这一期间,英国的东印度公司垄断了茶叶贸易,原来向英国和欧洲其他国家走私的茶叶,大量涌入荷兰,致使荷兰公司在本国和在英国的茶叶市场处境艰难。1798年,荷兰东印度公司因债台高筑而宣告破产。从此,荷兰同中国的贸易在中西贸易中所占的份额,便微不足道了。

(二)对沙俄的交涉

康熙二十八年(1689),清朝与沙皇俄国签订《尼布楚条约》。这一条约

---

① 《清世祖实录》卷一〇三。

的签订，使沙俄在中国黑龙江流域的扩张得以遏制。但是沙俄乘中段边界尚未勘定的机会，经常派军队侵入中国内地，还怂恿蒙古准噶尔内部的分裂势力发动叛乱，企图侵占我国西部和北部的蒙古族地区。在准噶尔叛乱被平定后，沙俄便采用蚕食的方法侵吞色楞格河以南和鄂嫩河一带的大片领土。

《尼布楚条约》签订后的一段时间，沙俄由于在欧洲和西亚争夺势力范围，没有能力对中国进行大规模的武力扩张。因此，为解决财政和军费不足问题，和平通商以牟取巨额利润便成了这一时期中俄关系的重要内容。俄国官方的商队，把从西伯利亚掠夺来的毛皮运到北京，高价售出，然后把所购的绸缎、布匹、金银运回国内，获取一倍乃至几倍以上的利润，每年从中俄贸易中获取数以万计的卢布。康熙四十七年（1708），沙俄胡佳科夫商队来华贸易，获利高达 27 万卢布①。

鉴于沙俄的扩张政策和侵略活动，清朝一直坚持尽早划定中段边界。在签订《尼布楚条约》时，清朝首席代表索额图就提出划定中段边界，但沙俄却一再拖延。康熙五十六年（1717），圣祖指出，一定要解决这一问题，并针对沙俄的蛮横态度，康熙五十八年由理藩院正式致函沙皇，拒绝俄国商队进入中国，中止两国之间的贸易活动。后经沙俄使团的要求，清朝一度恢复贸易活动。由于沙俄不遵守已达成的协议，在我国西北地区继续从事颠覆活动，雍正二年（1724），清朝下令完全断绝贸易往来。

中俄贸易对沙俄来说，是它的重要财政收入之一，沙俄不得不同意派使团进行有关中段边界的谈判。雍正三年（1725）六月，沙俄任命萨瓦·务拉的思拉维赤为"特遣驻华全权大臣"，率领使团来华，于雍正四年十一月到达北京。清朝派吏部尚书查弼纳等人同沙俄代表进行谈判，双方就十项问题达成协议。由于清朝没有同外国使臣在北京签约的旧例，决定双方使节到色格楞斯克附近的布拉河畔继续进行中段划界谈判。雍正五年八月，中国首席谈判代表策棱与沙俄首席代表在布拉河畔签约，这就是《中俄布连斯奇界约》。按照这一条约规定，自额尔古纳河至沙毕纳依岭之间，南部归中国，北部归俄国。

雍正六年（1728）六月二十五日，中俄两国全权代表根据在北京所达成

---

① 《西伯利亚和远东历史问题》，第 196—197 页。

的协议和《中俄布连斯奇界约》,在恰克图签订了中俄在政治、经济和宗教方面的总条约,即《中俄恰克图界约》。该条约分满文、俄文、拉丁文三种文本,内容共有 11 条,列举如下:

第一,自定议之日起,彼此各严饬所属,敦尚和睦,遵依定界,各将属下之人,严行管束,毋许滋事。

第二,既结和好,所有往事,毋庸追论,以前之逃人,不必索取,嗣后之逃逸者,双方均不得收留,务须严行查拿,送交各守界之人。

第三,边界划定,与《中俄布连斯奇界约》及《阿巴哈依图议定书》、《色楞额议定书》之规定相同(略)。彼此属下如有不肖之徒,偷入游牧,占地居住者,查明各令移回本处。近地之人,如有犬牙相错居住者,亦查明各令收回本处,肃清边界。

第四,中俄既经通商,其商人之数照原议之额,不得过 200 人,间三年一次。伊等既系商人,其供给食物、盘费之处,照旧例停止。买者、卖者,均不征税。彼此禁止之物,不准买卖。

第五,京城之俄罗斯馆,为今后俄罗斯居住之处。俄国可在北京建立东正教堂,原住传教士 1 人,现增加 3 人。中国同意俄国派 4 名学生到中国学习满文、汉文。另接通晓拉丁文 2 人。10 年轮换一次。

第六,中国行俄罗斯之公文,用理藩院印信咨行俄罗斯萨那特衙门;俄罗斯行中国之公文,用俄罗斯萨那特衙门及托博勒城守尉印信,咨行中国理藩院衙门。

第七,乌第河等处地方,暂置为两边公中地方,均不得侵占居住。

第八,设立边界头目,凡事须秉公处理,速行完结。

第九,嗣后,凡各卡遇有持军器强劫者,无论伤人未伤人,一经拿获就要严究。凡人犯应责者,中国照例鞭责,俄罗斯杖责。

第十,两地奉差大小使臣因公事到边时,说明因何事前来,系何等人,在边候信,听候迎接。

第十一,条约文本,俄国用俄文,兼用拉丁文,钤印画押交中国;中国用满文,兼用俄文、拉丁文,钤印画押交俄国[①]。

---

① 何秋涛:《朔方备乘》卷九《北徼条例考》。

沙皇俄国从《中俄恰克图条约》中获得的利益是巨大的。除了沙俄此前侵吞的我国北部蒙古地区的大片领土以《条约》形式正式划归俄国,又恢复了在北京进行的贸易,开辟了恰克图贸易市场、这就使沙俄在中国所获得的商业利益,超过了英、法、荷等国。此外,沙俄还取得了在北京建立教堂和传教的权利。《中俄恰克图条约》签订后,中俄中段边界在此后的100多年中,一直保持着相对稳定的局面。

恰克图原是色楞格河畔的俄方小城镇,雍正六年(1728)开市贸易。清朝于雍正八年在恰克图对面也建一小城,名叫"买卖城",作为中国商人与俄商贸易的据点。《中俄恰克图条约》所规定的中俄贸易地点为北京、尼布楚、恰克图等4处,到乾隆二十一年(1756)归于恰克图一处。从此,恰克图的贸易额日益增加,至乾隆四十五年,双方的贸易额已达540万卢布,乾隆五十八年又增至710万卢布。在18世纪下半叶,恰克图贸易额占俄国与亚洲各国贸易总额的三分之二,关税收入也占俄国关税总收入的三分之一左右。俄国以出口毛皮为主,中国主要出口丝绸、棉布和大黄。后来,茶叶逐渐成为向沙俄出口的大宗商品,乾隆十五年经恰克图出口的茶砖多达7000普特(一普特重16.38公斤)。中俄恰克图贸易,清朝基本上是不收税的。

清朝管理恰克图贸易的机构是理藩院,同时由库伦办事大臣负责监督。对于沙俄的违约行为,清廷采取停止贸易的措施,以示惩罚。在乾隆年间,恰克图与买卖城之间的贸易,因沙俄违约而多次被暂时停止。其中,乾隆五十年(1785)停止贸易,直至乾隆五十七年,由于沙俄的恳请和库伦办事大臣松筠与伊尔库茨克总督皮利签订《恰克图市约》,才重开贸易。

按照《中俄恰克图条约》的规定,沙俄可定期派4人来北京传教,由清廷提供食宿。还允许派学生来北京学习满文、汉文,居住在俄罗斯馆,食宿由俄国负担。俄国传教士每10年左右更换一次。到18世纪末,先后来华的俄国学生共有24人,主要是利用在理藩院充当翻译的机会窃取有关情报。这些俄国学生还负有研究中国的特殊使命。在这些人中产生了阿·列昂节夫、罗索兴、伏拉迪金等第一批汉学家,他们翻译了《大清律例》、《八旗通志》等书,编译《中国地理手册》等。事实上,传教士和俄国学生在北京的活动,为沙俄19世纪侵略中国准备了条件,也为沙俄的汉学研究奠定了基础。

(三) 拒绝英国的建交请求

自康熙二十四年(1685)清朝解除海禁,实行开海贸易,康熙三十八年英国在广州设立商馆以后,中英贸易有迅速发展,贸易额远远超过葡萄牙、荷兰、法国。到乾隆二十九年(1764),英国输入中国的商品数额达120万两,占西欧各国对华出口额的63%。中国向西欧的出口总额中,有47%是输入英国的。可见所占的比重是很大的。

乾隆二十二年(1757),清廷决定关闭闽、江、浙三处海关,仅留广州一口通商。英国商人很不满意,公然违抗清朝的法令。乾隆二十四年,英国东印度公司通事洪仁辉率英国商船到达宁波,要求同中国进行贸易,被清朝官员拒绝。洪仁辉驶船至天津"告状",被押解到广东,此即"洪仁辉事件"。此后,清廷颁布《防范外夷规条》,限制进出口货物,对外商的活动作出很多的限制。这些限制与英国的扩张政策和对华贸易产生矛盾,英国多次派使臣来华交涉,希望打开中国的大门。于是,便有马戛尔尼为首的英国使团访华。

由马戛尔尼所率领的外交使团,是中英之间最早、规模最大的一次外交活动。英国政府给予高度重视,派遣人员多,使团队伍庞大,正式成员及士兵、水手、工役多达700余人,分乘5艘船只,经过10个月的远渡重洋,于乾隆五十八年(1793)七月二十五日到达大沽口岸。由于马戛尔尼使团是以祝贺高宗八十大寿的名义而来的,讨得高宗的欢心,被恩准觐见。清廷为此规定了欢迎优恤的接待方针。高宗派长芦盐政徵瑞以钦差大臣的名义前往大沽口迎接,直隶总督梁肯堂由保定至天津接待。清廷破例允许使团从天津进口。为能在热河避暑山庄接见英国使团,高宗还取消了每年例行的围猎,对使团的餐饮供应也是十分丰盛。

马戛尔尼使团以祝寿为名,实际上,真正的目的是想通过谈判扩大通商,建立外交关系。一开始,便遇到觐见清朝皇帝的"礼仪"问题。大臣们为此有所争论,引起高宗的不快。至于觐见时采取何种礼仪,是单膝跪地,还是三跪九叩,中英双方的记载不一致。终因礼仪之争,引发东西方文化的冲突。

马戛尔尼为打动皇帝和清朝官员,不惜以重金精心购置了足以代表英国当时科技水平和工业水平的大量珍贵礼物,如天文仪器、地理仪器、机器、枪炮、车辆、图册、乐器，分装600箱。可惜，高宗对这些精美制品却不感兴趣，认为"其所称奇异之物，只觉视等平常耳"①。马戛尔尼精心购置的礼物，并没有收到预期的效果。

高宗在避暑山庄万树园召见了马戛尔尼。马戛尔尼向高宗呈递国书。高宗在觐见礼仪方面对英国使团格外通融，但对英国国书提出的要求却不让步。马戛尔尼参加完高宗的万寿庆典返回北京，清廷认为英国使团的使命已完成。可是，马戛尔尼却一厢情愿地认为事情尚未开始，急切地等待谈判。最后，向清朝提出了六项要求：

第一，请中国允许英国商人在珠（舟）山、宁波、天津等处登岸，经营商业。

第二，请中国按照从前俄罗斯商人在中国通商之例，允许英国商人在北京设一洋行，买卖货物。

第三，请于珠山附近划一未经设防之小岛，归英国商人使用，以便英国商船到彼即得收歇，存放一切货物，且可居住商人。

第四，请于广州附近得一同样之权利，且听英国人自由来往，不加禁止。

第五，凡英国商货，自澳门运往广州者，请优待免税或减税。

第六，英国船货按照中国所定之税率交税，不额外加征，请将所定税率公布，以便遵行②。

马戛尔尼所提出的这些要求，除了反映英国要求与中国通商外，其中不少内容具有殖民主义侵略性质，特别是第三条要求中国割地，当然不会被清朝接受。高宗在复信中，全面拒绝了马戛尔尼所提出的六项要求：

第一，英国使臣要求到浙江宁波、珠（舟）山、天津、广东地方收泊交易一节皆不可行。因西洋各国来华贸易俱在澳门，那里设有洋行并有通事，而他处皆无法交易。

第二，英使要求如俄罗斯在京城设立货行，亦不可行。京城向不准外国设行，俄罗斯设行只是在《中俄恰克图条约》订立之前的权宜之计。

第三，英使要求舟山附近小岛一处以便停歇、贮货尤不便准行，一是天

---

① 《乾隆御制诗全集》第五集，第84卷。
② 转引自戴逸：《乾隆帝及其时代》，中国人民大学出版社1992年版，第429页。

朝疆土各有专属;二是此处既无银行,又无法交易。

第四,英使要求在广州拨给一处居住,或可自由出入广州。仍照旧例不能更改,即西洋人可居住澳门,俱不得越过划定地界尺寸。

第五,英使要求自澳门运往广东的货物不上税或少上税亦不能行,外商交易纳税皆有定例,不能因为你国船多就少收或多收。

第六,英国此次船只是否按例上税,因为他处海口不设立交易。此次英国船只虽停泊舟山、天津,亦应按粤海关税则纳税。

第七,不得在华妄行传教。

又告知:如果今后英国仍有商船到浙江、天津交易,定当立即驱逐出洋,勿谓言之不预也。并严正指出:"天朝尺土,俱归版籍,疆址森然,即岛屿沙洲,亦必划界分疆,各有专属……此事尤不便准行。"①

这样,英国所提出的建交、在京建使馆、扩大贸易等要求均遭断然拒绝,马戛尔尼两手空空返回英国。对这次交往,学术界议论和评价不一。从这次交往中,可以看到东西方两种文化、两种社会制度的差异和矛盾。这是中国历史转轨、进入世界的一次机会。以高宗为首的清朝统治集团抱残守缺,夜郎自大,对世界大势毫无认识。拒绝英国的一切要求,固然抵制了英国对中国的殖民企图,同时也拒绝了西方的科技文明,痛失机遇,延误了中国发展的历史性机会。

从北京陪同使团南下至浙江的,是军机大臣松筠;由浙江陪同使团至广州的,是两广总督长麟。这两高官都是清朝精明强干的官员,一路上与马戛尔尼就中外各方面的问题进行了广泛的交谈,彼此有了进一步的了解。松筠、长麟向高宗作了汇报,高宗给英王写了第三道语气较为温和的敕书,允许英国使团隔年再来;而马戛尔尼经过同松筠、长麟交谈后,最终也相信英国臣民的在华利益会得到应有的保证②。

---

① 梁廷枏:《粤海关志》卷二三《贡舶·乾隆致英王敕谕》。
② 斯当东:《英使谒见乾隆纪实》,第469页。

第七章 文化教育之极隆

清朝至高宗统治的乾隆朝,经过百余年的经营,已进入了全盛期,其中,文化教育全面繁荣,盛况空前。

1. 大兴教育与再举博学鸿词科

(一)各级教育的广泛发展

乾隆朝教育在康熙、雍正朝的基础上,有着进一步发展。

首先,学校的种类有增加。如恢复设置算学馆。康熙九年(1670),令"钦天监招满汉学生教肄"①。初设时隶属于礼部,乾隆六年(1741)正式隶属于国子监,称国子监算学。"额设学生满、汉各十二,蒙古、汉军各六。续设汉肄业生二十四。遵《御制数理精蕴》,分线、面、体三部分。部限一年通晓。七政限二年。"②宗室官学也有增加。除八旗宗学和景山官学外,又有觉罗学和咸安宫官学的设立。乾隆二十三年后,不论年份,准许学生考翻译中书、笔帖式、库使等。另外,出现各种特设学校,皆为以前所无。如俄罗斯学,专为俄罗斯派来的陪臣子弟讲授汉、满语文及经史典籍而设。乾隆六年,又有俄罗斯遣人入学,"乃由国子监于满汉助教内简选二人,'专掌教事'"。唐古特学,专为教育西藏人而设的学校,还有回缅官学、琉球学等。

其次,学校建立了严密的管理体制。旧制,国子监由祭酒、司业总理监务。雍正三年(1725),始设管理监事大臣。乾隆二年(1737),孙嘉淦以刑

---

① 转引自陶愚川:《中国教育史比较研究》古代部分第八章第二节,山东教育出版社1985年版。
② 赵尔等:《清史稿》卷一○六《选举志一》,中华书局1977年版。

部尚书管监事。孙嘉淦在雍正朝任司业时建言："学校之教,宜先经术,请敕天下学臣,选拔诸生贡太学,九卿举经明行修之士为助教,一以经术造士。三年考成,举以待用。"但未被世宗所采纳。乾隆初年孙任刑部尚书,又请仿宋儒胡瑗经义、治事分斋遗法,"明经者,或治一经,或兼他经,务取《御纂折中》、《传说》诸书,探其原本,讲明人伦日用之理。治事者,如历代典礼、赋役、律令、边防、水利、天官、河渠、算法之类。或专治一事,或兼治数事,务穷究其源流利弊。考试时,必以经术湛深、通达事理,验稽古爱民之识。三年期满,分别等第,以"示劝惩"①。这一建议为高宗所采纳,把季考、月课改考"四书"题一,"五经"讲义题各一,治事策问一。经过实践,效果甚显著,一时"师徒济济,皆奋自镞砺,研求实学"②。

再次,隆重举行临雍视学大典。顺治九年(1652),清世祖首次视学,"先期行取衍圣公、五经博士率孔氏暨先贤各氏族裔赴京观礼。帝释奠毕,诣彝伦堂御讲幄,祭酒讲'四书',司业讲经。宣制勉太学诸生"③。此后康熙、雍正朝均举行天子视学典礼。高宗每称自己"稽古右文",对视学大典更加重视。乾隆四十八年(1783)下谕曰:"稽古国学之制,天子曰辟雍,所以行礼乐、宣德化、昭文明而流教泽,典至钜也。国学为人文荟萃之地,规制宜隆。辟雍之立,元、明以来,典尚阙如,应增建以臻美备。"于是命礼臣德保、刘墉等仿《礼》经旧制,在彝伦堂南建成辟雍。

乾隆五十年春,高宗驾临辟雍行讲学礼,命大学士武弥泰、大学士管监事蔡新进讲"四书";祭酒觉罗吉善、邹奕孝进讲《周易》;并颁御论二篇,宣示义蕴。王、公、衍圣公、大学士以下官,暨肄业观礼诸生,三千八十八人,圜桥听讲。乾隆朝的辟雍大典,充分反映出满族统治者的汉化以及儒家学说和学校教育对于巩固封建统治的成效。

最后,书院的发展及其性质变化。在雍正十一年(1733)对书院采取鼓励、提倡政策的基础上,乾隆朝书院迅速发展。以江西省为例,新建书院计有雍正朝5所,乾隆朝51所,嘉庆朝10所,加上修复的原有书院25所,近

---

① 赵尔巽等:《清史稿》卷一〇六《选举志一》,中华书局1977年版。
② 赵尔巽等:《清史稿》卷一〇六《选举志一》,中华书局1977年版。
③ 赵尔巽等:《清史稿》卷一〇六《选举志一》,中华书局1977年版。

百年中共有91所,"其中绝大多数是地方官员倡建、倡修的"①。

高宗同样重视书院的发展和建设。乾隆元年(1736)六月,下诏训饬直省书院师生,指出:"书院之制,所以导进人材,广学校所不及。""书院即古侯国之学也,居讲席者,固宜老成宿望,而从游之士,亦必立品勤学,自争濯磨,俾相观而善,庶人材成就,足备朝廷任使,不负教育之意。"强调"凡书院之长,必选经明行修,足为多士模范者,以礼聘请;负笈生徒,必择乡里秀异,沉潜学问者,肄业其中;其恃才放诞,佻达不羁之士,不得滥入书院中。酌仿朱子白鹿洞规条,立之仪节,以检束其身心;仿分年读书法,予立程课,使贯通乎经史;有不率教者,则摈斥勿留。学臣三年任满,谘访考核,如果教术可观,人材兴起,各加奖励;六年之后,著有成效,奏请酌量议叙。诸生中材器尤异者,准令荐举一二,以示鼓励"②。

可见,清廷对原系民间的书院,从山长的聘请到生徒的选择,都进行了规定和整顿,对于教学内容也作了要求,这既起到推动书院发展的作用,同时也造成民办书院的官学化,遂取代官学成为培育人才的基地。所谓官学化,指一是受官方控制,严格按其政治思想办学;二是官方投资,提供资金。这在当时的条件下,都能起到促进教育发展的作用。据对各省1800所书院创建、兴复、改造主建者的不完全统计,由地方官创设的有1088所,占总数的60.44%;由督抚创建的有186所,占10.33%;由京官创建的仅6所,占0.33%;敕建者101所,占5.61%。这四者共创建1381所,占76.71%。创建者不明的有210所,其他27所,占13.17%,而民立的仅182所,占10.11%。表明清代书院的官学化已达空前③。

(二) 博学鸿词特科的再举

自康熙十七年(1678)举行博学鸿词科后,对于消弭汉族士人的反清情绪,巩固清朝的统治,发挥了巨大的作用。连黄宗羲这样的名士都不再反清,将儿子黄百家、学生万斯同派至清史馆参与修明史,足以说明这一政策的成功。世宗即位后,效法其父,雍正十一年(1733)下诏:

---

① 李才栋:《江西古代书院研究》第六章第三节,江西教育出版社1993年版。
② 《清高宗实录》卷二〇。
③ 李国钧主编:《中国书院史》第十八章,湖南教育出版社1994年版。

国家声教覃敷，人文蔚起，加恩科目，乐育群才，彬彬乎盛矣。朕惟博学鸿词之科，所以待卓越淹通之士，俾之黼黻皇猷，润色鸿业，膺著作之任，备顾问之选。圣祖仁皇帝康熙十七年，特诏内外大臣，荐举博学鸿词，召试授职，一时名儒硕彦，多与其选，得人号为极盛。迄今数十年来，馆阁词林储才虽广，而宏通博雅、淹贯古今者，未尝广为搜罗以示鼓励。自古文教修明之日，必有瑰奇大雅之才，况蒙圣祖仁皇帝六十余年寿考作人之盛，涵濡教泽，薄海从风。朕延揽维殷，辟门吁俊，敦崇实学，谕旨屡颁，宜有品行端醇、文才优赡、枕经葄史、殚见洽闻、足称博学鸿词之选者，所当特修旷典，嘉与旁求。除现任翰詹官员无庸再膺荐举外，其他已仕未仕之人，在京著满汉三品以上，各举所知，汇送内阁；在外著督抚会同该学政，悉心体访，遴选考验，保题送部，转交内阁。务期虚公详慎，搜拔真才，朕将临轩亲试，优加录用，广示兴贤之典，茂昭稽古之荣。①

这道谕旨发下后，竟无人积极响应，中外大吏，相顾迟回，过了一年，仅有河东督臣荐举1人，直隶督臣荐举2人，其他省未有响应者。世宗下诏责诸臣观望，仍无改观。高宗即位后，针对督抚大员的这种态度，再次下诏：

国家久道化成，人文蔚起。皇考乐育群才，特降谕旨，令直省督抚及在朝大臣，各保举博学鸿词之士以备制作之选。乃直省奉诏已及二年，而所举人数寥寥。朕思天下之大，人材之众，岂无足膺是举者？一则各怀慎重观望之心，一则衡鉴之明视乎在己之学问，或己实空疏，难以物色流品，此所以迟回而不能决也。然际此盛典，安可久稽！朕用再为申谕，凡在内大臣及各直省督抚，务宜悉心延访，速行保荐。定于一年之内，齐集京师，候旨廷试。倘直省中实无可举，亦即具本题复。②

这道谕旨，既分析了督抚们观望的原因，又立下了明确的期限，各地督抚不敢再有稽迟，于是被荐之人陆续到京。乾隆元年（1736），御史吴元安疏称："荐举博学鸿词，原期得湛深经术、敦崇实学之儒，诗赋虽取兼长，经

---

① 《清世宗实录》卷一三〇。
② 《清高宗实录》卷六。

史尤为根柢。若徒骈缀俪偶,推敲声律,纵有文藻可观,终觉名实未称。"①经吏部商议,定考试分为两场,于赋、诗外再增试论、策。乾隆元年九月,膺荐举的176人在保和殿进行了考试,首场试赋、诗、论各一,二场试制策二,结果取中一等5人:刘纶、潘安礼、诸锦、于振、杭世骏,授予编修之职;二等10人:陈兆崙、刘藻、夏之蓉、周长发、程恂等授予检讨之职,杨度汪、沈廷芳、汪士锽、陈士璠、齐召南等授予庶吉士之职。乾隆二年,又举行一次补试,取一等1名:万松龄,授予检讨;二等:张汉授予检讨,朱荃、洪世泽授予庶吉士。乾隆元年这次再举博学鸿词特科,"与其选者,山林隐逸之数,多于缙绅,右文之盛,前古罕闻"②。

乾隆十四年(1749)十一月,高宗又下诏:"今海宇升平,学士大夫举得精研本业,其穷年矻矻,宗仰儒先者,当不乏人。奈何令终老牖下,而词苑中寡经术士也。内大学士九卿,外督抚,其公举所知,不拘进士举人诸生以及退休闲废人员,能潜心经学者,慎重遴访,务择老成敦厚纯朴淹通之士,以应精选,勿滥。"③这道谕旨发布后,经过一段时间的延访,共得40多人,再经过一番考察、复核,得陈祖范、吴鼎、梁锡玙、顾栋高等4人,授吴鼎、梁锡玙国子监司业,召对勤政殿,陈祖范和顾栋高因年老不能供职,俱授予司业之衔。这一举动,亦被称为乾隆朝特科之盛事。此外,高宗巡幸所到之处,也不断召试儒士。六幸江苏、浙江,得王昶等85人;三幸山东,得黄道熙等17人;四幸天津,得姚文田等16人;巡幸五台山,得龙汝言等9人。又开阳城马周科,以待士之不得志而隐栖岩穴或伏入门下者。

各级教育广泛发展、再举博学鸿词科及保荐经学等科种种措施,对于乾隆朝文化的大发展,直接起到了推动作用。

2. 大规模整理文献与编纂书籍

清高宗以"稽古右文"标榜自己,利用百余年来奠定的雄厚经济实力为

---

① 赵尔巽等:《清史稿》卷一〇九《选举志四》,中华书局1977年版。
② 赵尔巽等:《清史稿》卷一〇九《选举志四》,中华书局1977年版。
③ 《清高宗实录》卷三五二。

基础,开展大规模的搜求整理文献和编纂书籍活动,把清代文化的发展推向前所未有的高峰。

(一)高宗采访遗书的指示

清入主中原后,圣祖倡导儒家,重视程朱理学的政治实践,给予高宗以极大的影响。自世祖以来所形成的宫廷教育如经筵日讲等,均以儒家学说为其主要内容,辅之以史学著作,高宗正是由于接受这种系统的儒学教育,形成了对中国传统儒学的深刻认识。他说:"朕自幼读书,研究义理,至今《朱子全书》未尝释手。所谓廓然而大公,物来而顺应者,朕时时体验,实践躬行。凡用人行政,发号施令之际,实皆本于忧勤,出以乾惕。"①他又说:"夫治统原于道统,学不正则道不明。有宋周、程、张、朱子,于天人性命大本大原之所在,与夫用功节目之详,得孔孟之心传,而于理欲、公私、义利之界,辨之至明,循之则为君子,悖之则为小人。为国家者,由之则治,失之则乱,实有裨于化民成俗、修己治人之要,所谓入圣之阶梯,求道之途辙也。学者精察而力行之,则蕴之为德行,学皆实学;行之为事业,治皆实功。此宋儒之书所以有功后学,不可不讲明而切究之也。"②高宗对儒家文化尤其是宋明理学与政治的关系有着十分深刻的认识,所谓"学不正则道不明",而要讲明儒学,推崇程朱,首先就要对经史书籍进行搜求和整理。正是基于这一认识,乾隆六年(1741)正月发布了命各直省督抚学政采访书籍的谕旨:

> 从古右文之治,务访遗编。目今内府藏书,已称大备,但近世以来,著述日繁,如元明诸贤以及国朝儒学,研究六经、阐明性理、潜心正学、纯粹无疵者,当不乏人,虽业在名山,而未登天府。著直省督抚学政,留心采访,不拘刻本钞本,随时进呈,以广石渠天禄之储。③

乾隆三十七年(1772)正月,高宗再次发布令直省督抚购访遗书的谕旨:

> 朕稽古右文,聿资治理,几余典学,日有孜孜。……是以御极之初,即诏中外搜访遗书,并命儒臣校刊十三经、二十二史,遍布黉宫,嘉惠后

---

① 《清高宗实录》卷一四六。
② 《清高宗实录》卷一二八。
③ 《清高宗实录》卷一三四。

学;复开馆纂修《纲目三编》、《通鉴辑览》及三通诸书。凡艺林承学之士,所当户诵家弦者,既已荟萃略备。第念读书固在得其要领,而多识前言往行,以蓄其德,惟搜罗益广,则研讨愈精。如康熙年间所修《图书集成》,全部兼收并录,极方策之大观,引用诸编,率属因类取裁,势不能悉载全文,使阅者沿流溯源,一一征其来处。今内府藏书,插架不为不富,然古今来著作之手,无虑数千百家,或逸在名山,未登柱史,正宜及时采集,汇送京师,以彰稽古右文之盛。其令直省督抚会同学政等,通饬所属,加意购访。①

这道谕旨发布之后,采访遗书、整理文献和编纂书籍的活动就推向了高潮。

(二)宫廷编纂图书的机构

清代官修图书达到繁荣阶段,是与宫廷内设置的修书机构直接相关的。早在清入关之前,皇太极所设文馆,后演化成内三院,编纂图书由其内国史院负责。清入主中原后,内三院演化为内阁,编纂图书主要由翰林院承担,一般是内阁、翰林院和内务府兼理,内阁大学士任监修总裁官,负责组织、领导和监督;翰林院掌院学士充副总裁官,侍读学士、侍讲学士、侍读、侍讲、修撰、编修、检讨等充纂修官,典簿、待诏、孔目充收掌官,笔帖式充誊录官,亦间充收掌官②;詹事府本为东宫僚属,自世宗实行秘密建储制度后,从乾隆朝开始詹事府官员也成为官修图书的纂修官。

清廷官修图书的机构,概括起来可以分为常开之馆、例开之馆和特开之馆三种。常开之馆即通常所说的"内廷三馆":武英殿修书处、国史馆、方略馆。

武英殿位于故宫西华门内,入关后将内三院撤销,官修图书改由内阁、翰林院和内务府共同办理,康熙十九年(1680)在武英殿设修书处,隶属于内务府。初名武英殿造办处,雍正七年(1729)改名为武英殿修书处,铸给印信,正式成为编刊书籍的专门机构,其职责为"掌缮刻装潢各馆书籍及宫

---

① 《军机处上谕档》,载中国第一历史档案馆编:《纂修四库全书档案》(一),上海古籍出版社1997年版。
② 光绪《大清会典事例》卷一○四九。

殿陈设书籍之事"①。到乾隆三十八年(1773)，又增设聚珍馆，专门以木活字印刷书籍，其所印书籍质量精美，每种书前均冠以"武英殿聚珍版"，成为中国古籍中的精品。

国史馆是由文馆、内国史院演化而来，隶属翰林院。早在康熙二十九年(1690)三月，山东道御史徐树谷奏请纂修太祖、太宗、世祖"三朝国史"②，四月开馆，时称"三朝国史馆"。康熙四十五年，又编纂国史诸臣传。乾隆元年(1736)下谕修史，至十四年十二月，修成五朝本纪。乾隆三十年十月，为重修国史列传而再开国史馆，"自此以后，才成为长开之馆"③。国史馆总裁由皇帝特简，下设总纂、纂修、协修、提调、总校、誊录、校对等官④。

方略馆是专门负责撰辑"方略"、"纪略"等书籍的机构，隶属于军机处。康熙二十一年(1682)勒德洪等奉敕编纂《平定三逆方略》，始设馆，书成即撤。乾隆十四年(1749)二月，高宗在大金川战事告捷后，经张廷玉奏请，再次开馆纂修《平定金川方略》，此后即为常开之馆。乾隆朝还纂修平定准噶尔、两金川方略及临清、兰州、台湾、安南、廓尔喀等纪略。方略馆由军机大臣兼任总裁官，下设提调、纂修、收掌、翻译、誊录、校对、供事等满、汉官员，无定额，分由内阁、吏部、翰林院、詹事府等衙门传用。

其他常开之馆有"起居注馆"，隶属于翰林院。

例开之馆为实录馆、圣训馆、玉牒馆、律例馆、则例馆等。每当新君即位，便开馆纂修前帝的《实录》、《圣训》，国史馆则编修前帝的本纪。玉牒馆隶属于宗人府，清廷从顺治十三年(1656)开始，每十年修一次《玉牒》，续修皇室家谱，《玉牒》纂成后，馆即告结束。律例馆、则例馆是每隔三五年或十年开馆一次，续修各部、院《则例》，每隔三五年一修者为小修，十年开馆一修者称大修。大修时，除将近期的办事成案编辑成帙外，还将《则例》全书全面修改重刊，或补版重刊⑤。

特开之馆一般是为编纂某一大书而特别设立，书成即撤，多以所纂修之

---

① 《清通志》卷六六。
② 《清圣祖实录》卷一四五。
③ 张德泽：《清代国家机关考略》第二章第八节，中国人民大学出版社1981年版。
④ 见《大清会典》卷七〇《国史馆》。
⑤ 见杨玉良：《武英殿修书处及内府修书各馆》，载《清代宫史探微》，紫禁城出版社1991年版。

书命名其馆,如明史馆、会典馆、三通馆、三礼馆、一统志馆、图书集成馆、四库全书馆等。凡为奉旨编纂诸书所特开之馆,应用纂修官人数,多由大学士等斟酌议定,奏请皇帝批准后实行。

正是由于有这一套组织机构,又集中了许多当时一流的学者和专门人才,使乾隆朝在整理文献和编纂书籍方面取得了空前的辉煌成就。

(三)官方编刊书籍的成就

乾隆朝,是清代官方编刊书籍的鼎盛时期,无论是数量和种类都超过康熙、雍正二朝,最繁盛时"出现16种书籍同时编纂的情况"[①]。

从《四库全书总目》、《国朝宫史》等史料归纳看,乾隆朝编纂的经学书籍有:《周易述义》10卷,《诗义折中》20卷,《周官义疏》48卷,《仪礼义疏》48卷,《礼记义疏》82卷,《春秋直解》16卷,《律吕正义后编》120卷,《大清通礼》50卷,《皇朝礼器图式》28卷,《诗经乐谱全书》30卷,《乐律正俗》1卷,《日讲礼记解义》64卷,《钦定三礼义疏)174卷,以及刻石于国子监的《御定石经》,为满族人士学习儒家经典而刊行的《钦定翻译五经》58卷,《钦定翻译四书》29卷,还校刊颁行了《十三经注疏》等等。

乾隆朝纂修的史学书籍,占全部书籍60%以上,除乾隆初年刊行的《明史》、《二十一史》等大型史书外,还编有"方略"系列的《开国方略》32卷,《平定金川方略》32卷,《平定准噶尔方略》172卷,《平定两金川方略》152卷和《临清纪略》16卷,《兰州纪略》24卷,《石峰堡纪略》20卷,《安南纪略》32卷,《台湾纪略》70卷,《钦定河源纪略》36卷,《平定廓尔喀纪略》54卷等;"三通"系列有《续通典》144卷,《续通志》640卷,《续文献通考》250卷,《皇朝通典》100卷,《皇朝通志》126卷,《皇朝文献通考》300卷,属于这一系列的典章制度史书还有《大清会典》100卷,《大清会典则例》180卷,《满洲祭神祭天典礼》6卷,《大清律例》48卷,《钦定吏部则例》66卷,《钦定学政全书》4卷,《钦定科场条例》10卷,《钦定磨勘简明条例》4卷,《钦定中枢政考》18卷,《八旗则例》4卷,《大清律续纂条例》2卷,《大清律续纂条例总类》2卷,《钦定工部则例》50卷,《乘舆仪仗做法》2卷,《钦定军器则例》36卷,还有《钦定宫中现行则例》,这些都属于官修的当代史,有很高的史料价

[①] 王戎笙主编:《清代全史》第四卷第二章第二节,辽宁人民出版社1991年版。

值;"志乘"系列有《大清一统志》,乾隆二十九年重修后为442卷,《满洲源流考》20卷,《钦定热河志》120卷,《钦定日下旧闻考》120卷,《国朝宫史》36卷,《八旗满洲氏族通谱》80卷,《八旗通志》354卷,《钦定盛京通志》130卷,《钦定皇舆西域图志》46卷,《皇清职贡图》9卷,《钦定清凉山志》22卷,《国子监志》62卷等;其他"史志表传"系列有《历代职官表》72卷,《钦定明臣奏议》40卷,《钦定宗室王公功绩表传》12卷,《钦定蒙古王公功绩表传》120卷,《钦定回部王公表传》120卷,《钦定胜朝殉节诸臣录》12卷,《钦定国史贰臣传》30卷,《钦定国史逆臣传》2卷,《钦定国史列传》1142篇,《钦定皇清奏议》40册,以及《词林典故》、《南巡盛典》、《钦定经史讲义》、《钦定八旬万寿盛典》、《钦定盘山志》、《满汉臣工表传》、《功臣传》初集二集、《明纪纲目》,等等。另外,属于"实录"、"圣训"、"御制"之类的文史书籍有《世宗宪皇帝圣训》36卷,《上谕内阁》159卷,《世宗宪皇帝实录》159卷,《世宗宪皇帝上谕》1部,《世宗宪皇帝朱批谕旨》112册,《古今储贰金鉴》6卷,《世宗宪皇帝御制文集》30卷,清高宗的《乐善堂全集》30卷,《御制诗》初集44卷、二集90卷、三集100卷、四集100卷、五集100卷、余集22卷,《御制文集》初集30卷、二集44卷、三集16卷,《御纂评鉴阐要》20卷,《御制日知荟说》1卷,《御制圆明园四十景诗》,等等。

属于文字学类的书籍有《西域同文志》24卷,《辽金元三史国语解》46卷,《清文鉴》21卷,《满蒙汉三合切音清文鉴》33卷,《同文韵统》6卷,《叶韵汇辑》10卷,《音韵述微》106卷,《钦定清汉对音字式》1部;目录书有《天禄琳琅》12卷;文学方面的书有《唐宋文醇》58卷,《皇清文颖》100卷,《四书文》41卷,《唐宋诗醇》47卷,《补绘离骚全图》2卷,《钦定千叟宴诗》36卷;艺术类的书有《秘殿珠林》24卷,《石渠宝笈》44卷,《西清古鉴》40卷,《西清砚谱》24卷,《钱录》16卷及《钦定校正淳化阁帖释文》和《三希堂法帖》等等。

属于科学技术方面的书籍有《授时通考》78卷,《医宗金鉴》90卷,《历象考成后编》10卷,《仪象考成》30卷,《协纪辨方书》36卷,《仪象考成后编》30卷,《钦定天文正义》80卷,还有《万年书》、《乐律全书》等等。

清高宗的倡导及实践,推动了文化与学术的发展,取得了巨大的成就,正是在这大规模编纂书籍的活动中,终于出现了对当时和后世都产生深刻影响的《四库全书》。

3. 编纂《四库全书》

《四库全书》是清代官修的一部中国历史上卷帙最多的综合性丛书。全书规模宏大,包罗丰富,保存了乾隆朝以前中国古代数千年间各个领域的重要典籍,堪称中国古代思想文化遗产之总汇,集中国传统文化之大成,在中华文化发展史上占有首屈一指的地位。

(一) 编纂缘起与书名的确定

《四库全书》的编纂,是乾隆朝访求遗书、编纂书籍活动发展到高潮的产物。乾隆三十七年(1772)正月,高宗在上谕中除令直省督抚会同学政加以购访外,还对求访遗书的范围作了设定:

> 其历代流传旧书,有阐明性学治法,关系世道人心者,自当首先购觅。至若发挥传注,考核典章,旁暨九流百家之言,有裨实用者,亦应备为甄择。又如历代名人,洎本朝士林宿望,向有诗文专集,及近时沉潜经史,原本风雅,如顾栋高、陈祖范、任启运、沈德潜辈,亦各有成编,并非剿说、卮言可比,均应概行查明。在坊肆者,或量为给价;家藏者,或官为装印;其有未经镌刊,只系钞本存留,不妨缮录副本,原书给还。并严饬所属,一切善为经理,毋任吏胥借端滋扰。但各省搜辑之书,卷帙必多,若不加之鉴别,悉行呈送,烦复皆所不免。著该督抚等先将各书叙列目录,注系某朝某人所著,书中要指何在,简明开载,具折奏闻。候汇齐后,令廷臣检核,有堪备览者,再开单行知取进。庶几副在石渠,用储乙览,从此四库七略,益昭美备,称朕意焉。①

这次所征求遗书的范围,一为历代流传的有关"性学治法、世道人心"之类的著作,二为"发挥传注、考核典章、九流百家"等有实用性的著作,三为历代名人及本朝学者的诗文、经史类著作。搜求遗书的方法为:在书肆者

---

① 《谕内阁著直省督抚学政购访遗书》,载中国第一历史档案馆编:《纂修四库全书档案》,上海古籍出版社1997年版。以下引用均简称为《档案》。

由官府出钱购买,家藏者官为装印,只存抄本者则缮写副本。要求各省督抚先将目录和内容提要先行奏明,等候朝廷择取,并严禁吏胥从中滋扰作弊。从这一上谕看,当时高宗还未有大规模编纂《四库全书》的设计和构想。

对高宗的旨意,9个月过去了,还没有人上奏过有关采访遗书的事情。高宗对此很不满,十月十七日又发指示:"迄今几及匝岁,曾未见一人将书名录奏,饬办殊为延缓。""为大吏者果能及时率属加意搜罗,自当有求必应,何至阅时既久,袅集无闻?"他再次强调:"各督抚等其即恪遵前旨,饬催所属,速行设法求访,无论刊本、钞本,一一汇收备采,俟卷帙所积稍充,即开具目录,附折奏明,听候甄择移取。仍将现在作何办定章程及有无购得若干部之处,先行据实奏复。"①高宗对地方大吏不认真访求遗书之不满溢于言表,由此各地督抚不敢再掉以轻心。山东巡抚徐绩、直隶总督周元理、山西巡抚三宝、湖北巡抚陈辉祖、河南巡抚何煟、江西巡抚海成、署理浙江巡抚熊学鹏等纷纷上奏搜求遗书的情况,其中山东、山西、浙江等地还谈到了已在省城设局专门办理征求遗书之事。

高宗催办的谕旨发出不久,十一月二十五日,安徽学政朱筠的一份奏折对《四库全书》编撰起有重要的推动作用。朱筠,字竹君,一字东美,号笥河,顺天大兴(今属北京)人,生于雍正七年,乾隆十九年进士,选庶吉士,授编修,三十二年授赞善,次年以大考二等,擢升为侍读学士,充日讲起居注官,又充福建乡试正考官。三十六年任提督安徽学政。

朱筠的建议有四点:一是"旧刻抄本,尤当急搜"。汉唐遗书存者已少,辽宋金元以来之书尚有存者,因无新刻而流布日少,其他子史百家所存往往不过一二卷,而其书最精。"是宜首先购取,官抄其副,给还原书",这既可广本朝之藏书,又可使著述有所原本。二是"金石之刻,图谱之学,在所必录"。宋人金石、图谱之书为考古者所依据,"请特命于收书之外,兼收图谱一门。而凡直省所在现存钟铭碑刻,悉宜拓取,一并汇送,校录良便"。三是"中秘书籍,当标举现有者,以补其余"。即应先定内府藏书目录,宣示外廷,令其各举未备者以献,这样使收藏更广。他提到,前明《永乐大典》一书,编次少伦,或分割诸书以从其类,"然古书之全而世不恒觌者,辄具在

---

① 《寄谕各省督抚学政速行购访遗书并先将购访情形奏复》,《档案》。

焉。建议择取其中古书完者若干部,分别缮写,各自为书,以备著录。书亡复存,艺林幸甚"。四是"著录校雠当并重"。他列举汉、唐、宋代刘向、刘知幾、曾巩等,均为校书专家,《七略》、《集贤书目》、《崇文总目》等书均具有师法。"请皇上诏下儒臣,分任校书之选,或依《七略》,或准四部,每一书上必校其得失,撮举大旨,叙于本书之首卷,并以次进呈。""武英殿原设总裁、纂修、校对诸员,即择其尤专长者,俾充斯选,则日有课,月有程,而著录集事矣"①。

朱筠的建议,对于锐意"稽古右文"、访求遗书的高宗来说,无疑是雪中送炭,因此非常重视,当即批给大学士刘统勋等议奏。乾隆三十八年(1773)二月六日,奏上商议的结果。对于第一条建议,他们认为只要照皇帝旨意办即可,不用再议。对于第二条建议,他们认为"凡有绘写制度名物,如聂崇义《三礼图》之类,均系图谱专家,宜并为采辑。其有将古今金石源流衷叙成书,如欧阳修、赵明诚所著者,亦宜一体汇采",至于金石刻文,则不必官为拓取,免滋纷扰。对于第三条建议,他们认为宣示书目之事不必,而对缮录《永乐大典》一项进行查核后,结果令人吃惊,这部达22900余卷11095册的皇皇巨著,颇多散失,"现存在库者,共九千余本,较原目数已悬殊",其中确有稀见之书,但因卷帙繁多,又散到各韵部之中,一时难以核定。为此,他们请求:"就各馆修书翰林等官内,酌量分派数员,令其陆续前往,将此书内逐一详查。其中如有现在实无传本,而各门凑合尚可集成全书者,通行摘出书名,开列清单,恭呈御览"。对于第四条建议,他们认为不必"撮举大旨,叙于卷首",只仿宋王尧臣《崇文总目》、晁公武《郡斋读书志》,依经史子集四部名目,分类汇列,另编目录一书,"具载部分卷数,撰人姓名"②,就可超越唐宋,垂示永久了。

刘统勋的奏疏进呈之后,高宗立即作了批复,并在二月初六日当天下旨:派军机大臣为总裁官负责校核《永乐大典》之事,令其就"如何酌定条规"作详细议奏。同时,对朱筠的第四条建议作指示:"向阅内府所贮康熙年间旧藏书籍,多有摘叙简明略节,附夹本书之内者,于检查洵为有益。应

---

① 《安徽学政朱筠奏陈购访遗书及校核〈永乐大典〉意见折》,《档案》。
② 《大学士刘统勋等奏议复朱筠所陈采访遗书意见折》,《档案》。

俟移取各省购书全到时,即令承办各员将书中要指隐括,总叙崖略,粘贴开卷副页右方,用便观览。"二月二十一日,刘统勋奏上议定的校核《永乐大典》章程13条,并请调拨房屋、分派人员,高宗予以批准,并批示:"将来办理成编时,著名《四库全书》。"①《四库全书》的编撰至此才明确了方针和办法。高宗最初本意是要访求遗书,其范围也很广泛,从研究六经、性理之书,到九流百家之言,从羽翼经训之巨作,到细及名物象数之书,均在访求之列。及至朱筠上奏,经过一番商议,高宗进一步明确方针,遂引发成为修纂全书的政策。

(二)《四库全书》的编纂经过

明确《四库全书》的编纂方针和办法后,高宗首先督促查访《永乐大典》的佚本。乾隆三十八年(1773)二月二十三日,他向两江总督高晋发出指示,要他安排人到康熙朝大学士徐乾学、王鸿绪、高士奇等高官家中访问,看看是否"尚有存留此书刊本","倘果有其书,无论本数多寡,即为缴出送京"。另外,要留心寻访书贾坊林,"如见有此书,即官为收买缴送"②。

为了加快访求遗书的进程,三月二十八日,高宗又经内阁向各地督抚下旨,限期半年时间,必须将访求遗书之事完成,不许怠慢;同时对各藏书之家也警告说,有书赶紧献出,免得将来惹出麻烦:"若此番明切宣谕后,仍似从前疑畏,不肯将收藏书名开报,听地方官购借,将来或别有破露违碍之书,则是其人有意隐匿收存,其取戾转不小矣"③。这道谕旨发出后第二天,高宗又给两江总督高晋、江苏巡抚萨载、浙江巡抚三宝指示:要求他们向多方访求,并能"举一反三,迅速设法妥办"④。闰三月初三日,高宗又给两淮监政李质颖指示,告知淮阳"马姓家蓄书更富,凡唐宋时秘册遗文,多能衷辑存贮,其中亦有可观",要求李质颖设法"借抄副本呈送,于四库所储,实有裨益"⑤。

在督促查访《永乐大典》的同时,高宗又对编修《四库全书》的组织和人

---

① 《大学士刘统勋等奏议定校核〈永乐大典〉条例并请拨房添员等事折》,《档案》。
② 《寄谕两江总督高晋等查访〈永乐大典〉佚本》,《档案》。
③ 《谕内阁传令各督抚予限半年迅速购访遗书》,《档案》。
④ 《寄谕两江总督高晋等于江浙迅速购访遗书》,《档案》。
⑤ 《谕军机大臣著李质颖查访淮阳马姓等家藏书借抄呈进》,《档案》。

事作了安排。乾隆三十八年（1773）二月初六日谕旨宣布："著即派军机大臣为总裁官，仍于翰林等官内选定员数，责令及时专司查校，将原书详细检阅，并将《图书集成》互为校核，择其未经采录而实在流传已少，尚可裒缀成编者，先行摘开目录奏闻，候朕裁定。其应如何酌定规条，即著派出之大臣，详悉议奏。"二月二十一日再次指示："著再派王际华、裘曰修为总裁官，即会同遴简分校各员，悉心酌定条例，将《永乐大典》分晰校核。"并要求克期告竣，将应定条例详细议奏。大学士刘统勋等经过商议后，就办公之房屋、选调 30 名翰林官专司查办、选派提调和收掌等官员作出安排①。——为高宗所批准。

同年闰三月十一日，为了加强对编修《四库全书》的领导，高宗又指示："现在办理《四库全书》，卷册浩繁，必须多派大臣董司其事。刘统勋、刘纶、于敏中、福隆安、王际华、裘曰修，俱著为正总裁。应廉、庆桂外，并添派张若渟、曹秀先、李友棠为副总裁。"②同一天，办理四库全书处奏上了议定的应行事宜。所编修之书的来源有四：一为从《永乐大典》中辑录出之书，二为宫廷藏书，三为外省采购之书，四为武英殿官版之书。为能更好地完成这项工作，他们建议：第一，将《永乐大典》内所有各书详细检阅，分为应刊、应抄、应删三项，"其应刊、应抄各本，均于勘定后即赶缮正本进呈。将应刊者即行次第刊刻"。"将各书大旨及著作源流详悉考证诠疏崖略，列写简端，并编列总目，以昭全备。即应删者，亦存其书名，简叙删汰之故，附各部总目后。凡内廷储藏书籍及武英殿官刻诸书，先行开列清单，按照四部分排，汇成副目。""至于纂辑总目，应俟《永乐大典》采撮完竣及外省遗书开送齐全后，再行汇办进呈"。第二，将官刻各种书籍及旧有诸书，先行陆续缮写，地点即在武英殿，缮写后即精加校对，添派校勘、校对人员并由武英殿提调、翰林陆费墀负责。将确定了面页、颜色、字样、装潢的《四库全书》样书进呈，等候钦定。第三，为使《四库全书》考核精当，现有之 30 名纂修不够，于翰、詹两衙门内选得侍讲邹奕孝等 10 员为纂修。此外，郎中姚鼐，主事程晋芳、任大椿，学政汪如藻，原任学士降调候补之翁方纲，添派为纂修官，又有进士

---

① 《大学士刘统勋等奏议定校核〈永乐大典〉条例并请拨房添员等事折》，《档案》。
② 《谕著刘统勋等为四库全书处正总裁张若渟等为副总裁》，《档案》。

余集、邵晋涵、周永年,举人戴震、杨昌霖,于古书原委亦多能识,应请旨行文调取来京,在分校上行走。第四,誊录之人手原有60人,仅够写录《永乐大典》正副本。要缮写《四库全书》陈设本一样四份,工作量太大,请加至400人,"仍核定字数,每人每日写一千字,每年扣去三十日,为赴公所领书交书之暇。计每人每年可写三十三万字,并请照各馆五年议叙之例,核其写字多少以为等差。""并拟另行酌选通晓画法之贡监生员等十员作为誊录"①。上述四项,涉及编书过程的各个环节,这样所作的调整,使整个编书的组织、程序更加完善。

当编修《四库全书》工作全面展开后,高宗密切关注着编书的进展情况,发现问题随时解决。如乾隆三十八年(1773)五月,各地进书日多,他指示内阁,要将所有进到之书,待校办完竣后给还原献之家,"其如何分别标记,俾还本人,不致混淆遗失之处,着该总裁等妥议具奏"②。于是大学士刘统勋等议定了给还遗书办法,使退还遗书之事有了保障。到十月,随着编修好的书籍不断送审,高宗在信手翻检中即发现有错字,为此他又令总裁大臣详议校录《四库全书》章程。十月十八日由新上任的总裁皇六子永瑢奏上了功过处分条例,制定了工作量的考核标准以及奖惩的一应办法。这些制度确定之后,《四库全书》的编纂就有条不紊地进行下去。

在《四库全书》编修工作展开之时,收集到大内的藏书已达万余种,高宗考虑到全书一时难以速成,而且成书之后"卷帙浩如烟海,将来庋弄宫廷,不啻连楹充栋,检玩为难"。于是,在乾隆三十八年(1773)五月初一日指示内阁:"著于全书中撷其菁华,缮为《荟要》。其篇式一如全书之例,盖彼极其博,此取其精,不相妨而适相助。"③经过几年的努力,在乾隆四十三年岁末,完成《四库全书荟要》第一部书的修纂,依高宗之意,收贮于坤宁宫后御花园内之摛藻堂。次年又缮写一部,收贮于长春园内之味腴书屋。《四库全书》在编修过程中,依据已拟定的章程,对经、史、子、集四部之书,分为应刻、应抄及应存名三项,为每部书撰写了提要;高宗在审阅过程中,感到卷帙甚繁,将其刊刻成书,翻阅颇为不易,"自应于提要之外,另列《简

---

① 《办理四库全书处奏遵旨酌议排纂四库全书应行事宜折》,《档案》。
② 《谕内阁著总裁等将进到各书详核汇为总目并妥议给还遗书办法》,《档案》。
③ 《谕内阁编四库全书荟要著于敏中王际华专司其事》,《档案》。

明书目》一编,只载某书若干卷,注某朝某人撰,则篇目不烦而检查较易,俾学者由书目而寻提要,由提要而得全书,嘉与海内之士,考镜源流,用彰我朝文治之盛"①。于是又编纂《四库全书简明目录》。乾隆四十一年九月,高宗在披阅各种书籍时,"见粘签考订之处,颇为详细",很有学术价值。为了公好于天下,他命将"所有诸书校定各签,并著该总裁等另为编次,与总目、提要,一体付聚珍版排刊流传。既不虚诸臣校勘之勤,而海内承学者,得以由此研寻,凡所藏书,皆成善本,亦以示嘉惠士林至意"②。于是又编纂《四库全书考证》。

乾隆四十六年(1781)十二月,经过10年的努力,第一部《四库全书》编修完竣。以后3年内,复制的第二、三、四部也缮写完成。这四部书分别庋藏于紫禁城内之文渊阁,圆明园之文源阁,承德避暑山庄之文津阁,盛京皇宫之文溯阁。乾隆四十七年七月,高宗又考虑到江浙地区为人文渊薮,其间不乏力学好古之士,为使这些读书人能"就近观摩誊录",命将《四库全书》再复制缮写三部,分别收藏于扬州大观堂之文汇阁、镇江金山寺之文宗阁、杭州圣因寺行宫之文澜阁,"用昭我国家藏书美富,教思无穷之盛轨"③。直到乾隆五十二年这项工作陆续完成。以上七阁藏书楼之建筑,均仿照宁波范懋柱家之藏书楼天一阁样式。七部书共缮写1600万页,前后参加缮写的人员共3800多人,"总计字数达60多亿字。这是亘古未有的巨大文化工程。这项浩大的文化工程,自始至终都在高宗的亲自主持下进行。他动员国家的物力、财力、人才,全力以赴,又有一个长期安定的和平环境,故能取得成功。

(三)《四库全书》的价值和影响

《四库全书》对中国古籍文献进行系统整理,共收书3461种,计79309卷,存目的还有6793种,93551卷。因此在中国文化史上具有极其重要的地位和价值。萧一山指出《四库全书》有五大优点:其一,学者得以参考也。四库收罗已刊未刊之书,储于内廷江浙,以供学者之抄阅,则载籍备而参考

---

① 《谕内阁著四库全书处总裁等将藏书人姓名附载于各书提要末并另编〈简明书目〉》,《档案》。
② 《谕内阁著总裁等编刊〈四库全书考证〉》,《档案》。
③ 《谕内阁著交四库馆再缮写全书三份安置扬州文汇阁等处》,《档案》。

便。其二,目录之完备也。《四库全书总目提要》与《简明目录》之编纂,实与学者以莫大之利益。其三,分类之正确也。全书分为经、史、子、集四大类,其中经部分类为十,史部分类为十五,子部分类为十四,集部分类为五,虽以近世科学之眼光观之,亦得谓为确当之类别法。其四,载籍之完整也。以万千之遗书而汇为一团,以多数之简册而勒成一部,不惟齐整易于保存,亦且完备易于寻觅。其五,公共阅览之规定也。此种规制,与近世公共图书馆相似,其规模既宏,检阅亦易,以故乾隆以还,人才蔚起矣①。吴哲夫也对《四库全书》的价值进行了评估:其一,文化传承之具体表现。清高宗立意修纂《四库全书》的举动,实可视为一位传统知识分子,肩负起文化薪火递传的责任。其二,传存珍贵文化资产。具体为传存散帙,保存版本,辑存佚书。其三,方便学人之利用。全书提供了完备的历史资料,化私为公,开放借阅,且分类正确,便于检寻。其四,提供校勘学上之价值,这一点应给予正面的肯定;其五,传统知识领域之扩充。全书收录有境内少数民族的著作及流传国内的若干西洋人士的著作,开启知识世界的幅度,对文化的继往开来,意义至为深远②。

《四库全书》对当时乃至后世的文化发展都产生深远影响。以当时而论,《四库全书》的编纂,直接推动了乾隆、嘉庆时期学术的繁荣,其具体表现,就是考据学迅速发展到鼎盛阶段,乾嘉学者在文字、音韵、训诂、目录、版本、校勘、辑佚、考证等方面作出了突出的贡献,对中国传统文化进行了全面的清理和总结,形成历史上独具特色的乾嘉学派。

4. 严查与禁毁违禁图书

清高宗在"稽古右文"思想的指导下,征求遗书而编纂《四库全书》,为中国传统文化建树了一座丰碑。由于清是以满族入主中原,当统治者汉化得越深的时候,容易产生文化上的自卑心理。汉族传统的"尊王攘夷"、"内

---

① 萧一山:《清代通史》卷中第一篇第一章。
② 吴哲夫:《四库全书纂修之研究》第九章《四库全书之价值》。

中国而外夷狄"等思想,使他们的内心深处有着无法排遣的自卑感。因此,他们极力设法控制思想,钳制士人言论,泯灭汉族知识分子的反清思想和民族意识。于是便有乾隆朝的禁书、毁书及文字狱,其结果又给中国文化造成了一场无法弥补的浩劫。

(一) 从征书到禁书

乾隆三十七年(1772),高宗在发布访求遗书谕旨之后,因各省响应寥寥,又连发谕旨催办,他在乾隆三十八年三月二十八日的谕旨已透露出查禁图书的意图:

> 初次降旨时,惟恐有司办理不善,借端扰累,曾谕令凡民间所有藏书,无论刻本、写本,皆官为借抄,仍将原本给还。揆之事理人情,并无阻碍,何观望不前,一至于此!必系督抚等因遗编著述,非出一人,疑其中或有违背忌讳字面,恐涉乎干碍,预存宁略毋滥之见,藏书家因而窥其意指,一切秘而不宣。甚无谓也!文人著书立说,各抒所长,或传闻异辞,或记载失实,固所不免。果其略有可观,原不妨兼收并蓄。即或字义触碍,如南北史之互相诋毁,此乃前人偏见,与近时无涉,又何必畏首畏尾耶!朕办事光明正大,可以共信于天下,岂有下诏访求遗籍,顾于书中求摘瑕疵,罪及收藏之人乎?若此番明切宣谕后,仍似从前疑畏,不肯将所藏书名开报,听地方官购借,将来或别有破露违碍之书,则是其人有意隐匿收存,其取戾转不小矣!①

高宗就征求遗书不顺利的原因作了分析,可见他对文人著述有深刻了解,所以有此自我表白。至于对违碍书籍的处理,三月二十九日他给两江总督高晋、江苏巡抚萨载、浙江巡抚三宝的谕旨中有所说明:"其中或有诞妄字句,不应留以疑惑后学者,亦不过将书毁弃"②。

乾隆三十九年(1774)八月,在经过近两年的征求遗书之后,清廷汇集了全国缴来的1万多种书籍,高宗经过细细检看,"并不见奏及稍有忌讳之书。岂有裒集如许遗书,竟无一违碍字迹之理?"不难看出,高宗的真实目的就是要查找出违碍之书。既然下面不肯实心访求,高宗不得不以其所知

---

① 《谕内阁传令各督抚予限半年迅速购访遗书》,《档案》。
② 《寄谕两江总督高晋等于江浙迅速购访遗书》,《档案》。

来指示如何查找:"明季末造野史者甚多,其间毁誉任意,传闻异词,必有诋触本朝之语,正当及此一番查办,尽行销毁,杜遏邪言,以正人心而厚风俗,断不宜置之不办。"关于查找的重点地区,他认为:"此等笔墨妄议之事,大率江浙两省居多,其江西、闽粤、湖广,亦或不免,岂可不细加查核?"他特别要求这几个地区的督抚"若见有诋毁本朝之书,或系稗官私载,或系诗文专集,应无不共知切齿,岂有尚听其潜匿流传,贻惑后世"。他警告各地的督抚:"于已缴藏书之家,再令诚妥之员,前去明白传谕,如有不应存留之书,即速交出,与收藏之人,并无干碍。""若此次传谕之后,复有隐讳存留,则是有心藏匿伪妄之书,日后别经发觉,其罪转不能逭,承办之督抚等亦难辞咎。"①这道谕旨颁布后,查找禁书之事就在全国展开了。到十月,两广总督李侍尧奏报查出屈大均的悖逆书籍,建议将藏有禁书的屈稔浈、屈昭泗拟斩。清高宗为了显示自己真正不以收藏违碍书籍罪人,以便查出更多的违碍书籍,于十一月九日下旨:"将屈稔浈、屈昭泗免其治罪,止将其书销毁,并再行宣示,令各及早呈报。"他对高晋、萨载、三宝等人奏称查无违碍之书特别不满,责怪他们说:"今李侍尧等既从粤省查出屈大均诗文,不应江浙等省转无明末国初存留触碍书籍。岂高晋等办事不及李侍尧等之实力乎?抑江浙各藏书之家尚不能深喻朕意乎?著传谕各督抚,再行明白晓谕,此时即速呈献,尚不为晚,不过将不应收藏之书尽行销毁,杜遏邪言,以正人心而厚风俗。"他进一步发出警告:"若再隐匿不缴,后经发觉,即治以有心藏匿之罪,必不姑宽,并于该督抚等是问。"②这道谕旨发出的第二天,高宗又向各省督抚再发谕旨:"著各督抚再行晓谕,现在各省如有收藏明末国初悖谬之书,急宜及早交出,概置不究,并不追问前此存留隐匿之罪。""若经此番诫谕,仍不呈缴,则是有心藏匿伪妄之书,日后别经发觉,即不能复为轻宥矣。"③自此从乾隆三十九年到五十八年,禁书毁书的活动持续近20年之久,尤以乾隆四十年至四十七年为高潮期。

(二)禁毁图书的情况

高宗关于查缴禁书的谕旨接二连三地颁布,各地督抚再不敢敷衍塞责,

---

① 《寄谕各督抚查办违碍书籍即行具奏》,《档案》。
② 《寄谕各督抚再行晓谕如有违碍书不缴后经发觉以隐匿治罪》,《档案》。
③ 《谕各省督抚再行晓谕如有悖谬书不缴日后发觉不复轻宥》,《档案》。

于是各地方官纷纷刊发告示,传达旨意,一时间查缴的声势颇大。

乾隆四十三年(1778)十一月初一日,高宗又经内阁谕令地方督抚:"以接奉此旨之日为始,予限二年,实力查缴,并再明白宣谕,凡收藏违碍悖逆之书,俱各及早呈缴,仍免治罪。至二年限满,即毋庸再查。如限满后,仍有隐匿存留违碍悖逆之书,一经发觉,必将收藏者从重治罪,不能复邀宽典。"①各地督抚在接到高宗上谕后,又纷纷张贴告示,广为宣布。今摘录江苏、安徽等地方所贴告示如下:

> 照得违碍遗书自乾隆三十九年奉旨查缴以来,复又节次恭奉谕旨,剀切宣示。其间江宁、安徽、苏州三书局已收获数百余种,重复应毁者亦逾万数,而各绅士家藏匿尚多,更恐有近时狂悖著作,贻惑人心。近又钦奉上谕,定限二年呈缴,限满后一经发觉,将收藏者从重治罪。圣恩宽厚,犹为劝导,凡绅士人等自应激发天良,及早呈出,何必留此犯法之书,竟至性命身家而不顾。所有奉到上谕,业已敬谨刊刷誊黄,遍贴晓谕在案。
>
> 查江南为文物之邦,藏书甲于他省,立说著书之辈亦复不少。第矜腹笥之富有,当知大义为首务。念士民食毛践土者百数十年,尊君亲上之悃忱,人人共挚,何独于违碍书籍一事,罔顾名义,显悖王章。且我国家,文学昌明,书成大备,虽好学者竭一生之攻苦,犹不能博览其什一。若书既违碍,并无裨益于身心,更有关于身命,亦何必存留不缴,以致贻累及身,更累及于子孙,留以贾祸!人虽下愚,断不为此。
>
> ……为此亦仰阖属士民人等知悉:凡有一切违碍书籍,及近时人著作有不经语句者,速行尽数呈出。在城士民,速自检查,呈缴教职转缴。其有离州县城窎远者,即于教佐等到乡挨查之时,逐一缴出。其有家存书籍,无人阅看者,尽数缴官代阅代缴,并再因亲及友,多方说劝,或代为查阅缴官。倘有因此挟嫌讦控者,自必从重惩治。如查过之后,尚有存留者,即行从重治罪。②

---

① 《谕内阁著通谕各督抚予限二年实力查缴违碍书籍》,《档案》。
② 安徽、江苏巡抚合刊告示《为立法劝谕饬缴伪妄书籍以期净尽以免后累事》,载邓实《销毁抽毁书目合刻·奏缴咨禁书目》卷首。

从这些地方官告示中，可以了解到当时这场查禁图书的基本情况：一是查缴违碍书籍已有相当进展，仅江宁、安徽、苏州三处已收数百种，重复者逾万数；二是江南仍为查缴禁书之重点，因其著书立说者多，藏书丰富；三是劝缴与威胁，并利用教官具体进行查缴。

在查禁图书全面展开后，各省呈缴进京的禁书很多，高宗在亲自审核的过程中发现，各级地方官吸收以往文字狱的教训，在查禁销毁书籍时往往宁严勿宽，宁滥勿缺，造成极大的混乱。如朱璘的《明纪辑略》一书，只因附记明末三王年号，竟被数省官员奏请禁毁。高宗审阅后认为："其中叙明季事实，俱称本朝为大清，并恭载我太祖高皇帝庙号，其词尚属敬顺，并无诞妄不经字句"，指出"不必禁毁"①。对于这种过头的做法，高宗感到不妥，认为"不可不为区别甄核"。他根据明末清初的实际情况，并以维护清廷统治和满族整体利益为标准，于乾隆四十一年（1776）十一月十六日谕令各地对此加以区别，即钱谦益、金堡、屈大均等人不能死节，觍颜苟活，"其人实不足齿，其书岂可复存？自应逐细查明，概行毁弃，以励臣节而正人心"。而对刘宗周、黄道周等人，因其立朝守正，风节凛然，"其奏议慷慨极言，忠荩溢于简牍，卒之以身殉国，不愧一代完人"。又如熊廷弼受任疆场，材优干济，"乃为朝议所挠，致使身陷大辟"。又如王允成《南台奏稿》，弹劾权奸，指陈利弊，"亦为无惭骨鲠"。叶向高为颇孚众望之正人，"观其《纶扉奏草》，请补阁臣疏至七十七上，几于痛哭流涕"。这些人之书"为明季丧乱所关，足资考镜，惟当改易违碍字句，无庸销毁"；对当时之直臣如杨涟、左光斗、李应昇、周宗建、缪昌期、赵南星、倪元璐等之书亦当依此类推，"即有一二语伤触本朝，本属各为其主，亦只须改酌一二语，实不忍并从焚弃，致令湮没不彰"②。从这样区别对待中，可以看出高宗之禁书毁书的政治标准，首先就是是否具有忠义之正气。他在阅熊廷弼奏疏时，对"洒一腔之血于朝廷，付七尺之躯为边塞"二句特别赞赏，批语云："观至此为之动心欲泪，而彼之君若不闻，明欲不亡，得乎！"熊氏忠君报国，说到底，是维护明朝封建统治的忠诚卫士。高宗已看清了问题的本质，他着眼于培养封建时代的忠君爱国

---

① 《谕内阁〈明纪辑略〉不必禁毁并著撮叙唐桂二王及死事诸臣本末事迹刊附〈通鉴辑览〉之末》，《档案》。
② 《谕内阁明人刘宗周等书集只须删改无庸销毁》，《档案》。

之心,强调的是为国捐躯、临难不苟的浩然正气。这确实是检验是否维护封建地主阶级的整体利益和长远利益的标准,而高宗能把是否诋毁清朝之标准放在忠义标准之下,尤其能说明他对中国传统文化的深刻认同。

根据清高宗所定的标准,四库馆臣通过讨论,正式制定了《查办违碍书籍条款》,主要内容如下:

一、自万历以前,各书内偶有涉及辽东及女直、女真、诸卫字样者,外省一体送毁,但此等原系地名,并非指斥之语,现在《满洲源流考》内亦拟考核加载,似当分别处理。如查明实止系纪载地名者,应签出毋庸拟销,若语有违碍者,仍行销毁。

一、明代各书内有载及西北边外部落者,外省不明地理,往往概入应毁之处。但此等部落,俱《明史》鞑靼、瓦剌、朵颜等传所载,实无干碍。似应查明签出,毋庸拟销,若有语涉偏谬者,仍行销毁。

一、明末弘光年号,业经载入《通鉴辑览》,其《三藩纪事本末》一书载有三王年号,亦已奉旨存留。如各书内有但及三藩年号字样,而别无违碍字句者,应查明签出,毋庸销毁。

一、钱谦益、吕留良、金堡、屈大均等,除所自著之书俱应毁除外,若各书内有载入其议论,选及其诗词者,原系他人所采录,与伊等自著之书不同,应遵照原奉谕旨,将书内所引各条签明抽毁,于原板内铲除,仍各存其原书,以示平允。其但有钱谦益序文,而书中并无违碍者,应照此办理。

一、吴伟业《梅村集》曾奉有御题,其《绥寇纪略》等书亦无违碍字句,现在外省一体拟毁,盖缘与钱谦益并称江左三家,曾有合选诗集,是以牵连并及。此类应核定声明,毋庸销毁。其《江左三家诗》、《岭南三家诗》内如吴伟业、梁佩兰等诗选亦并抽出存留。

一、凡类事及纪载之书,原系门各为目,人各为传,不相连属。即有违碍,不过中间一门一传,其余多不相涉,不必因此概毁全书,应将其违碍之某门某传查明抽销,毋庸全毁。

一、各违碍文集内所有奏疏,现在遵旨将其中剀切可取者另行摘存,其全部仍应销毁外,至如专选奏议如《经济文编》之类,专载对策如《明状元策》之类,所载多自明初为始,似亦当分别办理。应将其中有违碍字句各编查明抽毁，其余仍应酌存，以示区别。

一、凡宋人之于辽、金、元，明人之于元，其书内纪载事迹有用敌国之词、语句乖戾者，俱应酌量改正。如有议论偏谬尤甚者，仍行签出拟销。①

上述各款，明确指出其查办违碍书籍的对象主要集中于明末清初，尤其集中在钱谦益、吕留良、金堡、屈大均等人身上，焚毁这些人的图书与将洪承畴等人列入《贰臣传》的目的是一样的，"盖崇奖忠贞，即所以风励臣节也"②。这就是以维护封建纲常、激发忠义之心为其根本标准，至于诋毁清廷之事，倒尚在其次，只要酌改字句便可以了。

自从禁毁图书确立了上述标准后，混乱状况有所改变，但范围却扩大了。乾隆四十四年（1779）十一月二十四日，高宗批准了安徽巡抚闵鹗元奏请，命将各地方志中登载的钱谦益、屈大均、金堡等所撰诗文概行删削，"著传谕各督抚，将省志及府县志书悉行查核"，"概从芟节"③，扩大到了地方志乘。乾隆四十三年七月初九日，高宗批示，将列朝边将祠碑、边防碑记中的违碍字样，"应磨毁者即行磨毁，应改刻者即行改刻"④，又扩大到了碑碣文字。乾隆四十五年十一月十一日，高宗见查禁书籍解到者甚多，"因思演戏曲本内，亦未必无违碍之处"，于是指示苏州、扬州地方官不动声色地"一体饬查"⑤，于是再扩大到戏曲剧本。其他如佛、道、伊斯兰教的讲经之书，也无不在检查之列。及至《四库全书》修成前后，又对全书进行了两次清查，又查出300余种应全毁和抽毁的大批书籍。在整个具体查禁过程中，地方督抚对所征书籍进行清理，根据禁毁条款定出全毁、抽毁等级，一一签出具册上奏，书籍也随即送缴军机处。四库馆臣对各地汇送的采进本进行检查，分门别类送缴军机处；军机处将汇总之书籍统一整理编号，由翰林院官员作细致的检查，将应全毁的书和应抽毁之处用签标出，拟出具体处理意见，最后交高宗审核裁决，应全毁的书及应抽毁部分即送至武英殿焚毁。究

---

① 陈垣：《办理四库全书档案》。
② 《谕内阁著国史馆总裁于国史内另立〈贰臣传〉一门》，《档案》。
③ 《寄谕各省督抚将志乘所载应禁诗文及著者事实书目概行删节》，《档案》。
④ 《寄谕直隶总督周元理等派员查勘沿边地方违碍门匾碑碣》，《档案》。
⑤ 《谕著一体饬查演戏剧本并传谕伊龄阿、全德留心查察》，《档案》。

竟有多少书籍、版片、石刻遭到禁毁,有人据《禁书总目》、《掌故丛编》、《文献丛编》、《办理四库全书档案》等作粗略统计,"在于销毁之列者,将近三千余种,六七万部以上,种数几与四库现收书目相埒"①。据今学者研究,"在长达十九年的禁书过程中,共禁毁书籍三千一百多种,十五万一千多部,销毁书板八万块以上"②。

这种禁毁图书给中国文化造成巨大的损失,其中明清之际的图书文献损失尤甚,以致明代建州之史事成为谜团,经过很大努力,才被当代学者逐一破解。

(三)文字狱创纪录

在禁毁图书的过程中,清廷制造的文字狱也达到了高峰。据今人研究,乾隆朝"各种类型的文字狱案件约在一百一十起以上,几乎占了清代全部文字狱案件的百分之七十左右"③;又有学者统计:清代文字狱80%以上发生在乾隆朝,"且带有涵盖地域广,持续时间长的特征"④。可见,乾隆朝的文字狱远远超过了康熙、雍正两朝,创下了纪录。

综观乾隆朝文字狱,可以编修《四库全书》和查缴禁书为界,划分为前后两个时期,各约发生50余起大案。

乾隆十六年(1751)以前,文字狱案件很少发生,惟此年发生的伪孙嘉淦奏稿案,成为高宗前期文字狱案的起点。正是由于伪奏稿案的发生,才使高宗改变了他的文化政策,在以后的几十年中,制造了百余起文字狱,借以打击知识分子和异己势力,强化其思想统治。在《四库全书》编修以前,发生过50多起文字狱案,较重要的有:胡中藻《坚磨生诗抄》案、刘裕后《大江谤书》案、彭加屏私藏禁书案、林时元投掷词帖案、刘三元缮写逆词案、邓文亮捏造梦呓案、赖宏典书写逆词案、蔡显《闲闲录》案、齐周华文字案、李海超《立品集》案、安敬能试卷诗案、吴士洪呈控收曹弊端案、查世桂私纂《金史辑略》案等等。这些案件中比较典型的是胡中藻、蔡显和齐周华的

---

① 孙殿起辑:《清代禁书知见录·自序》,商务印书馆1957年版。
② 黄爱平:《四库全书纂修研究》。
③ 白新良:《乾隆朝文字狱述评》,《故宫博物院院刊》1991年第三期。
④ 漆永祥:《乾嘉考据学研究》第二章,中国社会科学出版社1998年版。

案件①。

自乾隆后期征求遗书、开四库馆、查缴禁书，直到高宗逊位，各种类型的文字狱又有50多起。其中较重要的有屈大均诗文案、金堡《遍行堂集》案、李骥《虬峰集》案、魏塾妄批江统《徙戎论》案、戴遗孝《碧落后人诗集》案、卓天柱收藏先人卓长龄《忆鸣诗集》案、徐述夔诗狱案、王锡侯《字贯》案、刘峨《圣讳实录》案、智天豹万年日历案、尹嘉铨为父请谥案、贺士盛《笃国策》案等等。这些狱案中比较典型的是王锡侯《字贯》案、徐述夔诗狱案、尹嘉铨为父请谥案等②。这里再举一例。

尹嘉铨为父请谥案发生于乾隆四十六年（1781）。尹嘉铨是河北博野人，官至大理寺卿。其父尹会一有理学之名，官至河南巡抚。这年三月，高宗西巡五台山返京途中，尹嘉铨使其子赶赴保定行在上书，为其父尹会一请谥，并请求将其父与本朝名臣汤斌、范文程、李光地、顾八代、张伯行等一起从祀孔庙。此事触怒高宗，命将尹嘉铨革去顶戴，锁拿刑部议罪。后又从其著作中查出"狂妄悖谬"语句多处，如"朋党之说起而父师之教衰，君亦安能独尊于上"，被指为违背世宗御制《朋党论》；其"为帝者师"之句，高宗尤为恼火，指斥其"俨然以师傅自居"，并问"尹嘉铨能为朕师傅否"；高宗自称"古稀天子"，尹嘉铨自称"古稀老人"，亦被指为"目无君上"。高宗将其比作少正卯，直斥"光天化日之下，此种败类断不可复留"③。于是判尹嘉铨凌迟处死，后来加恩改为绞立决。

乾隆朝的禁毁图书和文字狱，在中国历史上造成了恶劣的影响。大批珍贵图书遭到毁弃和抽改，许多宝贵史料被销毁，造成一场文化浩劫。文字狱打击的范围十分广泛，而主要矛头"则指向了社会下层群众，杀一儆百，震悚民众"④，结果激化了阶级矛盾，同时也造成士习民风的败坏，思想、言论受到禁锢，形成了封建时代思想专制绝对化的局面。

高宗一方面大规模整理典籍，编纂了大批各类书籍，尤其是成功地编纂了《四库全书》，把清代文化推向繁荣；一方面查禁有碍清朝统治的大量图

---

① 参见本书第三编（下）第一章中《大兴文字狱》一节。
② 参见本书第三编（下）第一章中《大兴文字狱》一节。
③ 《尹嘉铨为父请谥并从祀文庙案》，《清代文字狱档》第六辑。
④ 漆永祥：《乾嘉考据学研究》第二章。

书,予以销毁或挖改,给文化造成巨大损失。与此同时,频频制造文字狱冤案,受牵连的知识分子遭到严重迫害。这实际是一个问题的两个方面,目的都是强化思想控制,巩固清朝的统治。对乾隆朝的文化政策及其实践活动,应以实事求是的态度来评价,对其有功于当世、推动于后世者,应予肯定;对其损害文化、造成恶果者,应予否定。

5. 乾嘉学派及其学术成就

清乾隆朝及其后的嘉庆朝,在经济、文化繁荣的滋养下,形成了一个以经学为中心,涵盖文字、音韵、训诂、历史地理、天文历算、金石乐律、校勘辑佚等学术领域,并以重实证、长于考据为宗旨和研究方法的学术流派。因此时达到全盛,统称为"乾嘉学派"。该学派推崇东汉许慎、郑玄之学,以汉儒经注为宗,又称"汉学";又因其学风为朴实考经证史,也称"朴学",或称"考据学"。

(一)乾嘉学派之成因

关于乾嘉学派形成的原因,说法很多,大体有如下几种:一种是"清廷高压政策为主"说。由于清朝统治者实行的是专制的民族压迫政策和文化政策,屡兴文字狱,迫使不少学者为逃避政治迫害而埋头于训诂考据之中。另一种是"远因近因"说。远因可追溯到中国史学的疑古传统、宋明理学的空言心性、清初考据学的兴起;近因既有学者怵于文网周密、大狱迭兴等现实,也有当时盛世的政治、经济较长期安定繁荣,使学者能安然恬适地沉迷于故纸堆之中。再一种是"康乾盛世为主"说,认为文字狱与考据学之间并无必然联系,而当时盛世的政治稳定,社会经济繁荣,统治者对封建学术文化的大力倡导,是使乾嘉学派产生并蓬勃发展的根本原因。还有所谓"历史原因"说。强调有三点:一是宋元以来的唯心主义理学流于空疏,明末清初的学人痛感空谈误国之害,转为"经世致用"的学术倾向,开始形成求实之风;二是宋学开创了疑古辨伪之风,为乾嘉学派所继承;三是唯物主义哲学思想和数理逻辑方法的影响,给乾嘉学派输入了新血液。另有一种是"封建学术内部矛盾为主"说。认为稳定统一的政治环境、经济繁荣昌盛的盛世、残酷的文字狱政策和统治者的倡导,是乾嘉学派形成的外在条件,决定着学派"量"的积累;而封建学术内在矛盾的发展,即明代理学家继承了历代经学发展的弊端和不断产生出的新糟粕,种下了自我否定的种子,这才是乾嘉学派形成的"质"的规定性。此外,还有人提出,乾嘉学派的产生,与当时自然科学技术的输入和发展有关。这些学者接触了自然科学技术方面的成就,并受其影响,因而思考更趋严密和科学化[①]。有的学者另提出与上述完全不同的见解,认为社会经济繁荣只不过是考据学派的一些客观条件之一。如把乾嘉学派放到一定历史时期去考察,就会看到,无论中外,考据学派都是产生于资本主义萌芽的历史阶段中,本身应该是近世启蒙运动的一部分,乾嘉学者并非沉湎于故纸堆,而是为了社会改革才去考据的[②]。

上述各种看法,仁者见仁,智者见智,是对乾嘉学派形成从不同侧面来探讨其原因。总的来说,关于乾嘉学派形成的原因,应从中国文化发展流变的纵向和清代文化的时代特点即横向进行考察,才能对这一学派的成因得到深刻的认识。

从纵向来看,乾嘉学派对中国传统文化的两大系统即经学和史学都有深入的清理和总结,这是中国文化史发展的一个必然结果。以经学而言,自秦始皇焚书坑儒,儒家经典损失惨重,因而西汉初年有今文经学之流行,至董仲舒建策"罢黜百家,独尊儒术",儒学位居传统文化的核心地位,遂使阐发儒家"微言大义"的今文经学大盛于西汉。随着先秦时代的儒家经典陆续被发现,于是即有古文经的出现,至东汉乃有古文经学之大盛。后来六朝的南北学,隋、唐的义疏派,立场与古文学并无差异。北宋以后,经学上的怀疑学派即宋学崛兴,于是正统派的古文学暂时衰歇,宋明理学遂成为取代古文经学的学术流派。

宋明理学虽具有怀疑精神,但亦是"假借经学以言理学,结果所谓'尊德性'的固然流于禅释,便是所谓'道问学'的也空疏无物。至元、明两代成为经学史上的衰落时期,而东汉古文学便乘之而复兴"。为此,周予同先生将经学的发展概括为三大派:一是"西汉今文学";二是"东汉古文学";三是

[①] 赵永春:《乾嘉学派讨论综述》,胡凡等主编:《中国历史研究专题述评》,黑龙江人民出版社1990年版。
[②] 李洵:《关于乾嘉学派的学术通信》,《清史研究通讯》1984年第三期。

"宋学"。清代乾隆嘉庆时期以惠栋为领袖的"吴派",与以戴震为首的"皖派",都与东汉古文学派有着血统的关系①。以史学而言,中国史学分为"求真"与"求用"两途,以其时代不同而各有侧重。求用者多为国家处于动荡不安或分裂割据时期,学者们为总结历史经验而致用于当世,故此类以当代史著为多,如明清之际之著作即是;求真者则多为国家处于承平时期,史家对前代史或通史进行整理或编著,以求保存一代史实。乾隆嘉庆时期承平既久,史学家受考据学风之影响,于是求真的特征表现更为明显,尤其是对古史的增补考订,为后世之史学订其讹误,补其缺失,厥功甚伟。这是中国史学自身之发展规律使然。再有是清以满族入主中原,为了能稳定地统治广大疆域和多民族,只有接受汉族的传统文化,使其自身迅速儒学化才能达此目的。清初鳌拜专权时的倒退政策所激起的民族矛盾,与康、雍、乾三朝推崇儒学以巩固统治、消弭反抗心理,形成鲜明对照。可见,乾嘉学派之出现也是清朝崇儒重道政策的一个合理结果。

从横向来看,乾嘉学派之出现是诸多因素促成的,有其自身的时代特点。一是对清初顾炎武、黄宗羲等学者所提倡的以"经世致用"为旗帜的实学思潮的继承和发展。乾嘉学者的考证经史,为后世的学术研究提供了不可低估的便利条件。这是实实在在的经世实学,带有承平时代鲜明的时代特点。二是由清朝的文化政策促成。美国学者艾尔曼指出:"在乾隆朝的官方文化中,朝廷的目标设想为考据学运动提供了支持。政治和学术通过庞大修书工程结合起来。这些工程表明,清廷的主张与当时学术思潮的主流基本上是一致的。"并认为,"没有清朝文化政策为考据学发展规范化提供先决的社会条件,考据学研究就无法大规模地展开"②。高宗在位期间,在文化事业上的一个重要活动,是对以整理、考订古典文献为主要研究内容的学者给予了鼓励和支持。在他的扶持下,学术活动进入了高潮,从而促进了形成"乾嘉学派"。三是包括图书出版业在内的学术日趋繁荣与古籍刊刻讹误炽盛两者的矛盾促成。有人对此作出分析:"一方面书籍以错讹炽盛、难以卒读的状态流布世间,且愈演愈烈;另一方面则是刻书、藏书、卖书、

---

① 参见周予同:《经学历史·序言》,载皮锡瑞:《经学历史》卷首,中华书局1959年版。
② [美]艾尔曼:《从理学到朴学——中华帝国晚期思想与社会变化面面观》,江苏人民出版社1995年版。

买书、读书的文化热潮在全国,尤其是北京和江南形成。这是一对不可调和的矛盾,对传世古籍进行大规模整理研究已成为一种客观需求,势在必行,这种客观需求与乾嘉学者的自觉活动合而为一,遂成为乾嘉考据学发达的重要成因之一。"①以上述三方面原因为主,加上诸多因素汇集到一起,终于形成了以考据为主要特征的乾嘉学派。

(二)乾嘉学派的代表人物

乾嘉学派学者众多,除了有吴派和皖派之分,也有再分为扬州学派和常州学派之说。其中的学派创始人当推惠栋。

惠栋,字定宇,号松崖,人称小红豆先生,江苏吴县人,后改籍元和,生于康熙三十六年(1697),殁于乾隆二十三年(1758),终年62岁。惠栋以传经学世家,曾祖有声,祖父周惕。父士奇,"盛年兼治经史,晚年尤邃于经学"②,惠栋"自幼笃志向学,家多藏书,日夜讲诵,自经、史、诸子、百家杂说、释道二《藏》,靡不津逮"。青年时其父被罚,"毁家修城",他为之奔波,"饥寒困顿,甚于寒素"。"中年课徒自给,陋巷屡空,处之坦然。雅爱典籍,得一善本,倾囊弗惜,或借读手钞,校勘精审,于古书之真伪,了然若辨黑白"③。乾隆九年应乡试,"以用《汉书》为考官所黜"④,自此绝仕进。50岁以后专心经术,尤精于《易》。所著有《左传补注》4卷,《古文尚书考》2卷,《后汉书补注》15卷,《九经古义》20卷,《易汉学》7卷,《周易述》20卷,《易例》2卷,《明堂大道录》8卷,《禘说》2卷,《渔洋山人精华录训纂》24卷,等等。据今人统计,有30余种,200余卷。在其所著诸书中,代表其学术成就者当数《周易述》系列。钱大昕评论为:"汉学之绝者千有五百余年,至是而綮然复章矣!"⑤惠栋之治学,继承父祖从古文字入手,以声音训诂求经书原义的传统。提倡遵守汉代经师之说:"汉人通经有家法,故有五经师,训诂之学,皆师所口授,其后乃著竹帛",所以"汉经师之说,立于学官,与经并行。五经出于屋壁,多古字古言,非经师不能辨。经之义存乎训诂,识字审

---

① 漆永祥:《乾嘉考据学研究》第一章,中国社会科学出版社1998年版。
② 赵尔巽等:《清史稿》卷四八一《儒林·惠周惕传附》,中华书局1977年版。
③ 钱大昕:《潜研堂集》卷三九《惠先生栋传》,上海古籍出版社1989年版。
④ 王昶:《惠先生墓志铭》,钱仪吉《碑传集》卷一三三。
⑤ 钱大昕:《潜研堂集》卷三九《惠先生栋传》,上海古籍出版社1989年版。

音,乃知其意。是故古训不可改也,经师不可废也"①。由此惠栋首先举起了汉学的旗帜,提倡由识字审音、通训诂而求经书之义理的治学方法,开启了以考据学为主的乾嘉学派。

惠栋所传的弟子知名者有:江声、余萧客。江声本字鳡涛,后改叔沄,号艮庭,"先世居休宁之梅田,后迁苏州,又迁无锡,复归吴下,遂为吴县人"②,生于康熙六十年(1721),卒于嘉庆四年(1799),享年79岁。江声35岁时师事惠栋,得读《古文尚书考》及阎若璩《古文尚书疏证》,乃知先前所见《尚书》、《孔传》皆晋人伪作,"于是集汉儒之说"以注二十九篇,汉注不备,则旁考他书,精研古训,成《尚书集注音疏》十二卷,附《补谊》九条、《识伪字》一条、《尚书集注音疏前后述》、《外编》一卷。余萧客字仲林,别字古农,也是吴县人,生于雍正十年(1732),殁于乾隆四十三年(1778),终年47岁。他自幼家贫,性癖古籍,闻有异书,必徒步往借。从惠栋学,又为直隶总督方观承所延聘修《畿辅水利志》,游京师,与朱筠、纪昀、胡高望等学者相友善,后"因目疾复作,举歉戴震以代,遂南归,以经术教授乡里,闭目口授,生徒极盛"③。余萧客著作有《古经解钩沉》30卷,《文选纪闻》30卷,《文选音义》8卷,《选音楼诗拾》若干卷。其中《古经解钩沉》本欲采汉、晋、唐三代经注旧说,自诸家经解所引,旁及史传类书,片语单词,悉著其目,后因其得虚损证,乃取旧稿刊行。

余萧客和江声的弟子江藩,字子屏,号郑堂,晚年自号节甫,江苏甘泉(今属扬州)人。生于乾隆二十六年(1761),殁于道光十一年(1831),享年71岁。江藩所纂《国朝汉学师承记》8卷,使经学之源流,厘然可考。另一著作为《宋学渊源记》3卷,还仿唐陆元朗《经典释文》传注姓氏之例,作《国朝经师经义目录》1卷。

另一著名学者戴震,字东原,安徽休宁(今屯溪)人,生于雍正元年(1723)。"年十六七,研精注疏,实事求是,不主一家"④。后与同郡人郑牧、汪肇龙、汪梧凤、方矩、程瑶田、金榜从学于经学大师江永,"讲贯礼经制

---

① 惠栋:《松崖文钞》卷一《九经古义述首》。
② 江藩:《国朝汉学师承记》卷二《江艮庭先生》。
③ 江藩:《国朝汉学师承记》卷三《余古农先生》。
④ 《清史列传》卷六八《儒林传·戴震》,上海古籍出版社1989年版。

度名物及推步天象,皆洞彻其原本"①,奠定了日后治学之根基。戴震性情耿介,28岁才补诸生,家屡空而学日进,后因避仇入京,与北方学者纪昀、朱筠,南方学者钱大昕、王鸣盛、王昶等名流相交往,声名鹊起。后又识惠栋于两淮盐运使卢见曾府中,论学大合,遂为忘年之交。乾隆二十七年中举人,后屡试不第。乾隆三十八年,诏开四库馆,征海内淹贯之士司编校之职,总裁荐戴震充纂修。乾隆四十年,特命与会试中式者同赴殿试,赐同进士出身,改翰林院庶吉士。戴震以学术受知,出入于著作之庭,每思勤修其职,晨夕披检,无间寒暑,经进图籍,论次精审,竟以此积劳成疾,于乾隆四十二年(1777)卒于任所,终年55岁,可谓英年早逝。

戴震是清代乾嘉学派的中坚和巨擘,学术贡献主要在三个方面。一是考据学。他主张把训诂考证与义理结合起来,治学首重《尔雅》、《方言》、《文字》等字书。说:"经之至者,道也。所以明道者,其词也。所以成词者,字也。由字以通其词,由词以通其道,必有渐。"②他特别反对时人将经学分为汉儒、宋儒,一主故训、一主义理之说。而是通过训诂、考证而探求古先哲的义理,弄清其本义。对于文字、音韵、训诂、名物、典章制度、古天算学、古地理学,他都有精湛的研究,并取得了超过前人和同辈的成就。二是自然科学。他师从江永,深受影响。在22岁到33岁期间,完成了很多自然科学方面的著作,如《筹算》、《考工记图注》、《勾股割圜记》、《周髀北极璇玑四游解》等等。入四库馆后,又倾尽全力整理久已失传的《算经十书》,从《永乐大典》中辑出《九章算术》,"尽心纂次,订其讹舛"。后又整理《孙子算经》、《五曹算经》、《张丘建算经》、《夏侯阳算经》4种及《周髀算经》和《缉古算经》2种,从朝廷采进本中选辑补校,刊入《四库全书》。三是哲学思想。主要著作有《论性》、《原善》、《孟子字义疏证》等。在宇宙观上,戴震提出了"气化流行,生生不息,是故谓之道"③的命题,认为气是道之实体,理是气在运动、发展变化中的不易之则,从而确切、完满地解决了中国哲学史上道、理、气三者关系的问题。在人性论上,他认为仁义礼智都是人性,也都是人的道德;在理欲观上,他深刻揭露了理学家"存天理,去人欲"的虚伪说教,

---

① 钱大昕:《潜研堂集》卷三九《戴先生震传》。
② 戴震:《与是仲明论学书》,《戴东原集》卷九。
③ 戴震:《孟子字义疏证·天道》前言。

尖锐地指出"后儒以理杀人"。敢于在当时提出这种见解,足见戴震思想认识之深刻。可是,戴震的哲学思想在当时并未引起学界的反响,直到20世纪初才逐渐为人们所重视。

戴震是乾嘉学派中之集大成者,著述达40余种之多。其弟子中著名者有段玉裁、王念孙、王引之等。

段玉裁,字若膺,号懋堂,江苏金坛人。生于雍正十三年(1735),殁于嘉庆二十年(1815),享年81岁。乾隆二十五年(1760)中举人,至京师"见休宁戴震,好其学,遂师事之"①。以后,历任贵州玉屏、四川富顺、南溪等县知县,46岁时转巫山县,以父老称病归家,卜居苏州之枫桥,"键户不问世事者三十余年"②。治学根柢于经学,音韵、文字、训诂方面均有成就,著作有《六书音韵表》5卷,《周礼汉读考》6卷,《礼经汉读考》1卷,《古文尚书撰异》32卷,《春秋左氏古经》12卷,《毛诗小学》30卷,《经韵楼集》12卷。成就最著者是积数十年精力写成的《说文解字注》30卷,为东汉许慎《说文解字》详细作注,阐明声音、训诂和假借,他说:"说文者,说字之书,故有'读如'、无'读为',说经、传之书,必兼是二者。汉人作注,于字发疑正读。其例有三:'读如'、'读若'者,拟其音也,比方之词;'读为'、'读曰'者,易其字也,变化之词;'当为'者,定为字之误、声之误,而改其字也,救正之词。三者分,而汉注可读,而经可读。"③正因为段书对阅读古代典籍有如此贡献,所以王念孙称赞道:"训诂之道大明。训诂声音明而小学明,小学明而经学明,盖千七百年来无此作矣。"④

王念孙,字怀祖,号石臞,江苏高邮人,生于乾隆九年(1744),殁于道光十二年(1832),享年89岁。父王安国官至吏部尚书,聘戴震至家教其子,王念孙遂尽得戴震文字、音韵、训诂之学。乾隆四十年中进士,改翰林院庶吉士,散馆授工部主事,后升郎中,擢御史,转吏科给事中。后官直隶永定河道,授山东运河道,复调永定河道,因河水复涨而引咎退休,专意读书著述,精熟水利,著作有《导河议》上下篇,《河源纪略》中《辨讹》一门出自其手。

---

① 《清史列传》卷六八《儒林传·段玉裁》。
② 赵尔巽等:《清史稿》卷四八一《儒林传·段玉裁》,中华书局1977年版。
③ 赵尔巽等:《清史稿》卷四八一《儒林传·段玉裁》,中华书局1977年版。
④ 段玉裁:《说文解字段注》序,成都古籍书店1981年版。

所撰《读书杂志》82卷最为著名，分《逸周书》、《战国策》、《管子》、《荀子》、《晏子春秋》、《墨子》、《淮南子》、《史记》、《汉书》、《汉隶拾遗》10种，又撰《广雅疏证》32卷，以每天三字为程，历经10年而成，"其书就古音以求古义，引申触类，扩充于《尔雅》、《说文》，无所不达"①。

王引之是王念孙之子，字伯申，号曼卿，生于乾隆三十一年（1766），殁于道光十四年（1834），终年69岁。嘉庆四年（1799）一甲进士，由编修官至礼部尚书。其治学以父为师，深于名物考证、校勘训诂之学。王念孙对他说："训诂之旨，存乎声音。字之声同、声近者，经传往往假借。学者以声求义，破其假借之字而读本字，则涣然冰释。如因假借之字强为解，则结鞠不通矣。毛公《诗传》多易假借之字而训以本字，已开改读之先。至康成笺《诗》注《礼》，屡云某读为某，假借之例大明。后人或病康成破字者，不知古字之多假借也。"又说："说经者期得经意而已，不必墨守一家。"②王引之能发扬父亲之说，平日论学力主通核，不墨守一家，不囿于汉学之藩篱，多所成就。所撰有《经义述闻》15卷，《经传释词》10卷，《周秦古字解诂》，《字典考证》等。"高邮王氏一家之学，三世相承，与长州惠氏相埒云"③。

乾嘉学派中，史学名家当以王鸣盛、钱大昕、赵翼为代表。

王鸣盛，字凤喈，号礼堂，又号西庄，晚号西沚居士，江苏嘉定（今属上海市）人，生于康熙六十一年（1722），殁于嘉庆二年（1797），享年76岁。他幼从沈德潜学诗，后又从惠栋问经义，遂通汉学。乾隆十九年（1754）一甲二名进士，授编修，擢侍讲学士，历任福建乡试正考官，官至内阁学士兼礼部侍郎。后坐滥支驿马，左迁光禄寺卿。丁内艰，遂不复出。移居苏州，专事著述。他的代表著作为《十七史商榷》100卷。上起《史记》，下迄《五代史》，均详加考订，"改讹文、补脱文、去衍文，又举其中典制事迹，诠解蒙滞、审核踳驳，以成是书"④，为清代名著之一。其他著作有《尚书后案》30卷，《周礼军赋说》4卷，《蛾术编》100卷等。

钱大昕，字晓徵，一字及之，号辛楣，又号竹汀，晚称潜研老人，江苏嘉定

---

① 赵尔巽等：《清史稿》卷四八一《儒林传·王念孙》，中华书局1977年版。
② 《清史列传》卷六八《儒林传·王念孙》。
③ 赵尔巽等：《清史稿》卷四八一《儒林传·王念孙》，中华书局1977年版。
④ 王鸣盛：《十七史商榷》序，北京中国书店1987年影印版。

(今属上海市)人,生于雍正六年(1728),殁于嘉庆九年(1804),享年77岁。家乃累世寒士。14岁入紫阳书院就读,得院长王峻、沈德潜赏识,又与吴中宿儒惠栋、沈彤等人为忘年交,而与同学王鸣盛、王昶、褚鹤侣等人以古学相策励,对其一生治学有极大的影响。乾隆十六年(1751)高宗第一次南巡时,他献赋称旨,特赐举人,授内阁中书。乾隆十九年为进士,授编修,擢右春坊右赞善,累充山东、湖南、河南乡试正考官,浙江乡试副考官,历官詹事府少詹事、广东学政。乾隆四十年丁忧归里,病不复出,主讲钟山、娄东、紫阳书院。其治学始以辞章名,既乃研精经、史,于经义之聚讼难决者,皆能剖析源流。文字、音韵、训诂、天算、地理、氏族、金石以及古人爵里、事实、年齿,了如指掌。古人贤奸是非疑似难明者,典章制度昔人不能明断者,皆有确见。史学代表作为《廿二史考异》100卷,亦为清代名著之一,是对历代史进行考订校勘的集成之作。名为"廿二史",实际包括二十三种史籍,即在"二十四史"中除去《旧五代史》和《明史》,加上《续汉书》。该书既利用金石文字与古文献相印证,又利用音韵学进行考证。他考史首重官制、舆地、氏族,"予尝论史家,先通官制,次精舆地,次辨氏族,否则涉笔便误"①;再是对历史上一些重要问题作了资料的爬梳整理及专门考订论述,嘉惠后学,功不可没。其他著作有《唐石经考异》、《经典文字考异》、《元史氏族表》、《元史艺文志》、《诸史拾遗》、《四史朔闰考》、《通鉴注辨证》、《十驾斋养新录》、《潜研堂文集》等。

赵翼,字云崧,一作耘松,号瓯北,江苏阳湖(今常州)人。生于雍正五年(1727),殁于嘉庆十九年(1814),享年88岁。乾隆十九年(1754)中明通榜,用内阁中书,入直军机处。"进奉文字多出其手。每扈从出塞,戎帐中无几案,辄伏地起草,顷刻千百言,不加点"②。乾隆二十六年中一甲三名进士,授编修,预修《通鉴辑览》,充顺天乡试主考官,会试同考官,后外放为广西镇安府、广东广州府知府,又佐总督李侍尧幕参军事。后绝意仕进,以诗文著述终其身,主讲安定书院。诗与同时代袁枚、蒋士铨齐名,而以史学成就最大。赵翼"高才博物,既历清要,通达朝章国典,尤邃于史学,家居数十

---

① 钱大昕:《廿二史考异》卷四〇。
② 《清史列传》卷七二《文苑传·赵翼》。

年,手不释卷,所撰《廿二史劄记》三十六卷,钩稽同异,属词比事,其于前代弊政,一篇之中,三致意焉"①。《廿二史劄记》以随笔札记的形式,对各朝正史之编撰得失作了系统论述,并综合分析考辨证正重要史实。他自述云:"此编多就正史纪、传、表、志中参互勘校,其有牴牾处,自见辄摘出,以俟博雅君子订正焉。至古今风气之递变,政事之屡更,有关于治乱兴衰之故者,亦随所见附著之。"②正因其书有如此特点,钱大昕评论道:"其记诵之博,义例之精,论议之和平,识见之宏远,洵儒者有体有用之学,可坐而言,可起而行者也。"③梁启超也评论说,钱大昕书最详于校勘文字,解释训诂名物,纠正原书事实讹谬处亦时有;王鸣盛书亦间校释文句,然所重在典章故实,赵翼书每史先叙其著述沿革,"评其得失,时亦校勘其牴牾","惟捉住一时代之特别重要问题,罗列其资料而比论之","能教吾侪以抽象的观察史迹的方法"④。此论深得赵翼史学的精髓。其他著作有《陔余丛考》、《皇朝武功纪盛》、《簷曝杂记》等。

此外,还有一些经学史学名家。

浙江余姚卢文弨,字绍弓,号矶渔,室名抱经堂,人称"抱经先生",潜心汉学,所校书甚多,刻有《群书拾补》38种,撰有《抱经堂集》34卷、《仪礼注疏详校》17卷等。

钱大昭,乃钱大昕之弟,"事兄如严师,得其指授,时有两苏之比"⑤。著作有《尔雅释文补》3卷,《广雅疏义》20卷,《说文统释》60卷,《两汉书辨疑》40卷,《三国志辨疑》3卷,《后汉书补表》8卷等。

江苏长洲褚寅亮,字搢升,一字宗郑,号鹤侣。与钱大昕同习梅氏算术及欧洲测量弧三角诸法,"中年覃精经术,一以注疏为归。从事《礼经》几三十年,墨守家法,专主郑学"⑥。著作有《仪礼管见》3卷,《公羊释例》30篇,《周礼公羊异义》2卷以及《十三经笔记》、《诸史笔记》、《诸子笔记》、《名家文集笔记》等。

---

① 《清史列传》卷七二《文苑传·赵翼》。
② 赵翼:《廿二史劄记·小引》。
③ 钱大昕:《廿二史劄记·序》。
④ 梁启超:《中国近三百年学术史》十五,《清代学者整理旧学之总成绩(三)》。
⑤ 《清史列传》卷六八《儒林传·钱大昭》。
⑥ 《清史列传》卷六八《儒林传·褚寅亮》。

江苏兴化任大椿,字幼植,一字子田,究心汉儒之学,尤长于《礼》,《四库全书》中《礼经类提要》多由其详定,著作有《弁服释例》8卷,《深衣释例》3卷,《释缯》1卷,又有《字林考逸》、《小学钩沉》、《吴越备史注》、《列子释文考异》等。

安徽歙县凌廷堪,字次仲,一字仲子,于学"六书算历,以迄古今疆域之沿革,职官之异同,靡不条贯。尤专礼学"①。著作有《礼经释例》13卷,《燕乐考原》6卷,《校礼堂文集》36卷等。

直隶大名崔述,字武承,号东壁。以怀疑、辨伪、考信为专长,著作有《考信录》一书,分为考古提要、上古、唐虞、夏商、丰镐、洙泗、丰镐别录、洙泗余录、孟子事实录、考古续说、附录等部分,考证上古史事甚博,又有《王政三大典考》、《读风偶识》、《尚书辨伪》等,弟子陈履和刊有《崔东壁遗书》。

安徽歙县程瑶田,字易畴,又字伯易,号葺荷,晚号葺翁,少师淳安方粹然,又与戴震、金榜同学于江永。笃志治经。著作有《仪礼丧服文足征记》10卷,又有《宗法小记》、《释宫小记》、《考工创物小记》、《沟洫疆理小记》、《水地小记》、《解字小记》、《声律小记》、《释草小记》、《释虫小记》等,所著《禹贡三江考》等合为《通艺录》。

浙江余姚邵晋涵,字与桐,号二云,又号南江,著作有《尔雅正义》20卷。在四库馆时从《永乐大典》中辑出久已失传的薛居正《旧五代史》,悉复原书之旧,使之与欧阳修《新五代史》并传于世。又与修"三通"、《八旗通志》等书,为浙东史学之殿军。

江苏江都(今扬州)汪中,字容甫。30岁以后专意经术,有《述学》内外篇6卷,校勘考释《老子》、《墨子》、《荀子》、《贾谊新书》、《吕氏春秋》等书,对理学多所抨击。于子学研究多有贡献。

江苏阳湖(今常州)孙星衍,字渊如,号芳茂山人。与同里杨芳灿、洪亮吉、黄景仁文学齐名,著作有《尚书今古文注疏》39卷,撰辑有《周易集解》、《夏小正传校正》等20余种,校刊有《岱南阁丛书》、《平津馆丛书》,均据善本,有资学术。其同乡洪亮吉,字君直,一字稚存,号北江,又号更生居士,少

---

① 《清史列传》卷六八《儒林传·凌廷堪》。

时以诗与同邑黄景仁唱和,时称洪黄。后从安徽学政朱筠游,同幕戴震、邵晋涵、王念孙、汪中等皆通古义,乃立志穷经。"家居,与孙星衍相研摩,学益宏博,时又称孙洪"①。著作有《春秋左传诂》20卷、《公羊穀梁古义》等20余种。

江苏甘泉(今江苏江都)焦循,字里堂,一字理堂,晚号理堂老人,其世传易学,"循博闻强记,识力精卓,每遇一书,无论隐奥平衍,必究其源。以故经史、历算、声音、训诂,无所不精"②。著作极丰,尤精易学,有《通释》20卷、《图略》8卷、《章句》12卷,总名《易学三书》,其他有《孟子正义》、《六经补疏》等30余种,其学术思想服膺戴震,作有《申戴篇》,为嘉庆年间集大成的知名学者。

(三)乾嘉学派的学术成就

经学

乾嘉学派的学术成就,主要集中在对中国传统文化的整理与研究,特别是对儒家经典的整理,成果蔚为大观。儒家经典《诗经》、《尚书》、《易》、《礼》、《春秋》在中国传统文化中占据着主流的地位,但在历代传播与研究中,存在的问题不少。乾嘉学者对此展开了全面的研究。

对《诗经》的研究,乾嘉学者重在解释训诂名物。自康熙年间陈启源撰《毛诗稽古编》后,戴震也有《诗经二南补注》2卷、《毛郑诗考》4卷,但非完璧。至嘉庆道光年间,有胡承珙精研《毛诗》,著作有《毛诗后笺》30卷,除注疏外,对唐、宋、元诸儒之说及当时论诗之作,无不广征博引,四易其稿仍未完成,后由陈奂续成;马瑞辰有《毛诗传笺通释》32卷,陈奂有《诗毛氏传疏》30卷,均为时人所推崇。

对《尚书》的研究,自清初阎若璩作《古文尚书疏证》以后,乾嘉学者成果更为丰硕,研究重点也集中于《古文尚书》的辨伪。惠栋的《古文尚书考》2卷,辨郑玄所传之24篇为孔壁真古文,东晋晚出之25篇为伪;程廷祚有《晚书订疑》及《尚书通议》,段玉裁有《古文尚书撰异》,东晋时的《古文尚书》之伪遂成定案。在辨伪的基础上对真的部分进行研究,有江声的《尚书

---

① 《清史列传》卷六九《儒林传·洪亮吉》。
② 《清史列传》卷六九《儒林传·焦循》。

集注音疏》12卷，其论多有阎若璩和惠栋所未及者；王鸣盛的《尚书后案》30卷，专主郑玄之学，间采马融、王肃及伪《尚书》传，实为今古文不分；孙星衍的《尚书今古文注疏》39卷，意在网罗放失的旧闻，因而录汉魏人佚说为多，又兼采时人王鸣盛、段玉裁诸人之说，惟不取赵宋以来诸人之注，其体例是自注自疏，又善于别择裁断，其成就超过了王鸣盛等人。

对《易经》的研究，清初黄宗羲、黄宗炎、毛奇龄、胡渭诸儒之书，拨开了千余年来笼罩《易经》的迷雾，乾嘉学者对《易经》研究又取得新成就。惠栋继承其家学传统，有《周易述》23卷、《易汉学》8卷、《易例》2卷。使"汉学之绝者千有五百余年，至是而粲然复章"①，故成为高扬汉学旗帜的代表作。张惠言有《周易虞氏义》9卷、《虞氏易礼》2卷、《虞氏易候》1卷、《虞氏易言》2卷。张惠言研究《易经》主于虞翻，时称为孤经绝学。又有《周易郑氏义》3卷、《周易荀氏九家义》1卷、《周易郑荀义》3卷、《易义别录》14卷、《易纬略义》3卷、《易图条辩》2卷等。焦循运用数学知识研究《易经》，有《易通释》20卷、《易图略》8卷、《易章句》12卷。人称此为焦氏易学三书。他在学《易经》时又随时笔录自己学习心得，有《易余籥录》20卷、《易话》2卷、《注易日记》3卷、《易广记》3卷等。

对《礼经》的研究，乾嘉学者贡献最大。儒家《礼经》向有《周礼》、《礼记》、《仪礼》之别，在历代流传与研究中，问题最多。清初有徐乾学主编、万斯同撰稿的《读礼通考》120卷，乾隆年间有秦蕙田主编的《五礼通考》262卷，由此使礼学研究大盛。乾嘉学者治礼学，有惠栋的《明堂大道录》8卷、《禘说》2卷；江永的《礼书纲目》88卷、《周礼疑义举要》7卷、《礼记训义择言》6卷、《深衣考误》1卷、《乡党图考》11卷等；戴震校《大戴礼记》，著作有《仪礼考正》1卷、《考工记图》2卷等；程瑶田对《礼经》多有研究，有关著作统名《通艺录》，考证精确，为众所推服；卢文弨有《仪礼注疏详校》17卷；翁方纲有《礼经目次》；王鸣盛有《周礼军赋说》4卷；褚寅亮有《仪礼管见》3卷、《周礼公羊异义》2卷。任大椿详定《四库全书·礼经类提要》，有《弁服释例》8卷、《深衣释例》3卷、《释缯》1卷等；段玉裁有《礼经汉读考》1卷；凌廷堪尤专礼学，有《礼经释例》13卷，刊《校礼堂文集》36卷；孔广森有《大

---

① 江藩：《国朝汉学师承记》卷二《惠周惕》。

戴礼记补注》14卷、《礼学卮言》6卷;金榜有《礼笺》10卷;王聘珍有《大戴礼记解诂》13卷,《目录》1卷;张惠言有《仪礼图》6卷、《读仪礼记》2卷。正是在乾嘉学者精研礼学的基础上,至晚清遂有胡培翚的《仪礼正义》、孙诒让的《周礼正义》、黄以周的《礼书通故》等出现,从而使清代礼学研究蔚为大观。

对《春秋》的研究,此时疏解本经者较少,仅有顾栋高的《春秋大事表》50卷,惠士奇的《春秋说》15卷等。而对《春秋》三传的研究则较多,尤以《左传》、《公羊传》成就更大。庄存与的《春秋正辞》,发挥公羊学说,为清代今文学之首倡者;段玉裁有《春秋左氏古经》12卷;洪亮吉有《春秋左传诂》20卷,《公羊穀梁古义》2卷;邵晋涵有《穀梁正义》;孔广森有《春秋公羊通义》11卷,《序》1卷;焦循有《左氏春秋传杜氏集解补疏》5卷;刘逢禄少从外祖庄存与及舅父庄述祖学,精于《春秋公羊传》,有《公羊春秋何氏释例》30篇。这对于道光咸丰年间今文经学兴起及晚清改良主义思潮的勃兴,影响甚大。

其他儒家经典的研究。如《论语》研究,有刘宝楠及其子刘恭冕的《论语正义》,焦循的《论语通释》;《孟子》研究,有戴震的《孟子字义疏证》,焦循的《孟子正义》;《尔雅》研究有邵晋涵的《尔雅正义》20卷,郝懿行的《尔雅义疏》20卷;等等。

上述有关儒家经典的研究,构成整个乾嘉考据学的主流,梁启超评价说:"他们的研究精神和方法,确有一部分可以做我们模范的,我们万不可以看轻他。他们所做的工作,也确有一部分把我们所应该的已经做去,或者替我们开出许多门路来,我们不能不感谢。"[1]

小学

在中国古代,小学主要指礼、乐、射、御、书、数"六艺"而言,至汉代则以文字之学称为小学,因此字书、训诂之类皆属小学。清代修《四库全书》时,经过考订源流,一以汉代人为依据,"以《尔雅》以下编为训诂,《说文》以

---

[1] 梁启超:《中国近三百年学术史》十三《清代学者整理旧学之总成绩(一)》。

下编为字书,《广韵》以下编为韵书"①,由此形成以文字、音韵、训诂为主的乾嘉考据学方法,而小学成为乾嘉考据学兴盛发达的最关键、最重要因素。

关于文字学的研究,戴震有《六书论》3卷,认为指事、象形、谐声、会意四者为书之体,假借、转注两者为书之用,一字具数用者为假借,数字共一用者为转注。此为乾嘉学者文字学研究之发端。桂馥撰有《说文义证》50卷,又有《说文统系图》。自段玉裁的《说文解字注》出,遂形成以《说文》研究为主的专门之学,如钮树玉有《说文新附考》6卷、《续考》1卷、《说文解字校录》30卷、《段氏说文注订》8卷;徐承庆有《段注匡谬》15卷;钱坫有《说文斠诠》14卷;钱大昭有《说文统释》60卷,沙青岩辑《说文大字典》8卷;嘉道时王筠有《说文释例》、《说文句读》、《句读补正》、《说文补正》、《说文系传校录》,合称"王氏说文五种";及至咸丰时期的朱骏声有《说文通训定声》16卷。清代的文字学前后相承,均有创造,各成大家。

关于音韵学的研究,由清初顾炎武开其端。顾炎武有《音学五书》,以宋人郑庠②的研究为基础,将古音韵系统区分为10部。之后江永有《古韵标准》6卷、《四声切韵表》4卷、《音学辨微》1卷,将古韵分为13部;段玉裁有《六书音韵表》5卷,将古韵分为17部;戴震从段玉裁的研究中受到启发,撰《声韵考》4卷、《声类表》9卷,将古韵分为18部;及至王念孙、王引之父子,又将古韵分为21部,因段玉裁的书已先出,王氏父子遂未著专书;同时又有学者江有诰,也将古韵分为21部,有《诗经韵读》、《群经韵读》、《楚辞韵读》、《先秦韵读》、《汉魏韵读》、《唐韵四声正》、《谐声表》、《入声表》、《二十一部韵谱》、《唐韵再正》、《唐韵更定部分》等,总名为《江氏音学十书》。乾嘉学者之音韵学研究,主要是为其治经服务,但为后人开辟了道路,近代学者如章炳麟、黄侃等的研究,均是在乾嘉学者的基础上更加细密而已。

关于训诂学的研究,诸多学者为古书所作的注疏多得不胜枚举,其通释语义的训诂专著,数量也远迈前代,且体式也比前代更为完备。对前代训诂

---

① 《四库全书总目提要》卷四〇《经部·小学类一》。
② 郑庠将古韵206部归并成6部。

学专著进行注释的,有戴震的《方言疏证》10卷、《尔雅文字考》10卷,邵晋涵的《尔雅正义》20卷,钱坫的《尔雅释义》10卷、《释地以下四篇注》4卷,郝懿行的《尔雅义疏》20卷,王念孙的《广雅疏证》32卷,胡承珙的《小尔雅义证》13卷,江声撰、毕沅署名的《释名疏证》8卷;考订群书而成一家之言的,有王念孙的《读书杂志》82卷,王引之的《经义述闻》15卷;纂集古代传注汇成一编的,有阮元编《经籍籑诂》106卷;专释虚词、语法的,前有康熙年间刘淇的《助字辨略》5卷,乾嘉时期有王引之的《经传释词》10卷,等等。

由于乾嘉学者的努力,中国古代的文献语言学由经学研究的附庸,发展成为有自己的理论和专著、有明确的研究范围和方向的独立学科,文字、音韵、训诂三个门类的综合运用,奠定了中国传统语言文字学的雄厚基础,并形成了规模。

辑佚、校勘与古籍整理

中国古代文献典籍十分丰富,但在历代流传的过程中,错讹、亡佚者也很多,因此辑佚、校勘成为整理古代文献典籍的基本手段。自宋代王应麟辑《三家诗》、郑氏《易注》而开辑佚之先河,至乾隆嘉庆时期辑佚和校勘成为学术研究之重要手段。

在辑佚方面,修《四库全书》时,从《永乐大典》中辑出诸多佚书。先后从《永乐大典》中辑出"著录及存目合计凡三百七十五种四千九百二十六卷,其部属如下:经部六十六种,史部四十一种,子部一百零三种,集部一百七十五种"①。其所辑古籍之重要者有李焘《续资治通鉴长编》520卷,薛居正《旧五代史》150卷,郝经《续后汉书》90卷,东汉官修的《东观汉记》24卷,还有《算经十书》、《春秋繁露》、《水经注》等,皆是从《永乐大典》中辑出、补正。这是这一时期辑佚最大的成果。

从汉、魏、晋、唐、宋代人的子、史、经注、类书中所辑之佚书及经注等书。惠栋授徒颇重辑佚,他自己纂辑的《九经古义》、《易汉学》就是代表作。余萧客的《古经解钩沉》30卷,汇集唐代以前诸家之经解、史传、类书中的诸多资料;戴震在四库馆,从《永乐大典》内辑出《九章算术》、《五曹算经》等7

---

① 梁启超:《中国近三百年学术史》十四《清代学者整理旧学之总成绩(二)》。

种，用武英殿聚珍版刊行；孙志祖辑有《文选注补正》4卷、《风俗通逸文》1卷；邵晋涵于辑录薛居正《旧五代史》厥功甚伟；周永年从《永乐大典》中辑出《公是、公非集》以下十余家，皆前人所未见；孙星衍辑有《周易集解》10卷，马、郑《尚书注》及《孔子集语》17卷等，卢见曾辑有《郑氏易注》10卷；其他如"王谟《汉魏遗书钞》，章宗源《玉函山房丛书》，辑汉、魏、六朝经说尤多"①。这一时期的辑佚书，遍及经、史、子、集，是一项为研究中国传统文化进行基本建设的工程。

在校勘方面，以此名家者甚多，其所用之方法大凡有四种：对校、本校、他校、理校。对校即用一部书的不同版本相互比勘，发现异同，择善而从；本校即依据本书的行文风格以及遣词造句的语法特点，比较前后异同，"以意逆志，发见出今本讹误之点"②；他校即根据他书的资料以校本书；理校即据理推测所校书之正误。当时以精于校勘而名家者，首推戴震。他在四库馆时，人有奇文疑义，皆来咨访，凡经他手校过的图书，"论次精审"，所校《大戴礼记》、《水经注》，"尤精核"③；卢文弨也好校书，所校《逸周书》、《孟子音义》、《荀子》、《吕氏春秋》、《贾谊新书》、《韩诗外传》、《春秋繁露》、《方言》、《白虎通义》、《独断》、《经典释文》等，均成善本，又合经、史、子、集38种刻成《群书拾补》。顾广圻也是通经学、小学，长于校雠，为时人延校宋本《说文》、《礼记》、《仪礼》、《国语》、《国策》、《文选》诸书，皆能考定文字，有益后学。再有如丁杰，为学长于校雠，其为人校定之书有《毛诗草木虫鱼鸟兽疏》、《方言汉隶字原复古编》、《困学纪闻补笺》、《字林考逸》、《苏诗补注》等？精于校勘者还有高邮王氏，王念孙的《读书杂志》82卷，包括《逸周书》、《战国策》、《管子》、《荀子》、《晏子春秋》、《墨子》、《淮南子》、《史记》、《汉书》、《汉隶拾遗》等十余种，"于古义之晦，于钞之误写，校之妄改，皆一一正之。一字之证，博及万卷"④。被梁启超称之为"实为斯学第一流作品"⑤。当时一些封疆大吏，也有对校勘学有所贡献，如卢见曾主持校刻《雅

---

① 皮锡瑞：《经学历史》十《经学复盛时代》。
② 梁启超：《中国近三百年学术史》十四《清代学者整理旧学之总成绩（二）》。
③ 《清史列传》卷六八《儒林传·戴震》。
④ 赵尔巽等：《清史稿》卷四八一《儒林传·王念孙》，中华书局1977年版。
⑤ 梁启超：《中国近三百年学术史》十四《清代学者整理旧学之总成绩（二）》。

雨堂丛书》，毕沅主持校刻《经训堂丛书》，阮元主持校刻《十三经注疏校勘记》和《皇清经解》，等等。

在辑佚、校勘的基础上，乾嘉学者及其后学对中国古代文献典籍进行全面的整理，其范围十分广泛。除儒家"十三经"外，遍及先秦诸子及汉代以后至宋代的各种古籍，有《荀子》、《墨子》、《管子》、《韩非子》、《老子》、《庄子》、《列子》、《晏子春秋》、《吕氏春秋》、《逸周书》、《国语》、《战国策》、《竹书纪年》、《穆天子传》、《山海经》、《孙子》、《吴子》、《司马法》、《周髀算经》、《黄帝内经素问》、《淮南子》、《尚书大传》、《韩诗外传》、《春秋繁露》、《列女传》、《新序》、《说苑》、《法言》、《太玄》、《潜夫论》、《盐铁论》、《论衡》、《白虎通义》、《五经异义》、《风俗通》、《越绝书》、《华阳国志》、《抱朴子》、《水经注》、《颜氏家训》、《经典释文》、《大唐西域记》、《慈恩法师传》、《困学纪闻》等等。在诸多古籍中，以《荀子》、《墨子》、《管子》的整理成就最大。

《荀子》一书，在唐代以前与《孟子》并行，宋儒将《孟子》提升至"经"的位置，而《荀子》遂被湮没七八百年。汪中首先对《荀子》进行整理校释，撰有《荀卿子通论》、《荀子年表》问世，后有卢文弨校释、江苏学政谢墉刊刻的《荀子笺释》，为《荀子》之善本书。以后顾广圻、郝懿行、刘台拱等对《荀子》进行整理补注，至王念孙《读荀子杂志》8卷出，精辟无伦，荀学开始复兴，迨至晚清而成为显学。

《墨子》一书，自汉代以后湮没近2000年，旧注久佚。也是汪中首先对《墨子》进行校勘，同时卢文弨、孙星衍、毕沅等皆治《墨子》，由毕沅总其成，为《墨子注》16卷。后有顾广圻又对《墨子》进行文字校勘，王念孙又有《读墨子杂志》6卷，墨学始复兴，迨至晚清孙诒让《墨子间诂》出，"然后《墨子》人人可读，现代墨学复活，全由此书导之"[①]。

《管子》一书，在西汉末年经刘向整理，定为86篇，在历代流传的过程中，佚失10篇，仅存76篇，又因其篇简错乱，文字古奥，历来称难读。旧有尹知章注，讹题为房玄龄，颇为浅陋。至嘉庆初年，王念孙、王引之父子与孙星衍、洪颐煊等同时校释《管子》，互相商榷，后由洪颐煊写成《管子义证》8

[①] 梁启超：《中国近三百年学术史》十四《清代学者整理旧学之总成绩（二）》。

卷。洪书兼采孙、王所校,附以己说而成,其后王念孙又续有所校,对洪书有所吸收,为《读管子杂志》24卷,共640余条,是其全部《读书杂志》中最浩博之一部。自王念孙之书出,研究《管子》风气渐开,但因舛误歧出,费解之处甚多,各家意见不尽相同。后来戴望有《管子校正》26卷,俞樾有《管子平议》6卷。近人许维遹、闻一多、郭沫若也将各家注释比较整理,汇成《管子集校》一书。

乾嘉学者对古籍的整理,为后人的研究扫清了很多障碍,其对中国文化的贡献功不可没。

史学

史学是乾嘉学派学术成就的重要组成部分,成就表现在如下方面:

在考据学风的影响下,对古史的考订、补撰以及金石史料的搜集蔚成风气,出现各种史学著作。惠栋有《后汉书补注》24卷;钱大昭有《两汉书辨疑》40卷、《三国志辨疑》3卷、《后汉书补表》8卷、《补续汉书艺文志》2卷、《嘉定金石文字记》4卷;梁玉绳有《史记志疑》36卷;崔述有《考信录》一书;杭世骏有《史记考证》、《三国志补注》、《补晋书传赞》、《北齐书疏证》、《经史质疑》等;谢启昆有《西魏书》24卷;沈钦韩有《左传补注》12卷、《左氏地理补注》12卷、《两汉书疏证》74卷等;雷学淇有《考定竹书纪年》14卷;洪亮吉有《四史发伏》12卷、《三国疆域志》2卷、《东晋疆域志》4卷、《十六国疆域志》16卷、《西夏国志》16卷等;毕沅组织编撰《续资治通鉴》;等等。史学考订、补辑工作,是对中国历代史书的一次全面清理和总结,为后人治史开拓了道路,最有成就者当推王鸣盛、钱大昕、赵翼三人。王鸣盛除《十七史商榷》外另有《蛾术编》,属以考证为主的学术著作,以论经义、史地、小学为主,旁及制度、名物、人物、文字、诗文、碑刻等,内容十分丰富,其中《说地》、《说制》、《说人》、《说物》四类38卷尤为精辟;钱大昕除《廿二史考异》外还参与过《续文献通考》、《续通志》、《一统志》等官书的纂修。对于史学之又一贡献是在元史学,有《元史氏族表》3卷、《元史艺文志》4卷,他有志于重修一部元史,已成《元史稿》100卷,不幸散佚;赵翼除《廿二史劄记》外尚有《皇朝武功纪盛》4卷、《陔余丛考》43卷、《簷曝杂记》6卷。

在官修本朝史和边疆底定的形势影响下,出现了一批研究撰写本朝史和边疆史的学者,他们的学术成就对晚清学术风气有重要影响。赵翼的《皇朝武功纪盛》,即以纪事本末的体裁,记述了圣祖、高宗两朝平定三藩,平定朔漠,平定准噶尔及平定缅甸、两金川、台湾、廓尔喀等重大史事,颇有史料价值;蒋良骐以供奉史馆之便,编写《东华录》32卷,记清代前期五帝六朝史事,取材以实录、题本为主,因其成书在清廷修改实录之前,故保存了许多重要的原始资料;陆耀辑有《切问斋文钞》30卷,将清初至乾隆年间有关经世的论文、奏疏汇集,分为学术、风俗、教家、服官、选举、财赋、荒政、保甲、兵制、刑法、时宪、河防等12门,内容十分丰富;钱大昕利用《永乐大典》一书中发现的《元秘史》和《皇元圣武亲征录》以及他在苏州玄妙观发现的《长春真人西游记》等书,研究蒙元史。祁韵士在翰林院充国史馆纂修官时,奉旨创立《蒙古王公表传》,又以《皇舆全图》为提纲,"其王公等源流支派,则核以理藩院所存世谱,订正无讹"①,历时8年而成书。又撰有《皇朝藩部要略》18卷、《西域释地》1卷、《西陲要略》4卷及《新疆识略》等;徐松博极群书,因事戍伊犁,"自出关以来,于南北两路,壮游殆遍。每有所适,携开方小册,置指南针,记其山川曲折,下马录之。至邮舍,则进仆夫、驿卒、台弁、通事,一一与之讲求"。经过这样细致的调查研究,写成《西域水道记》5卷。"又以新疆入版图已数十年,未有专书,爰搜采事迹,稽核掌故,成《新疆志略》十卷,于建置城垣、控扼险要、满汉驻防、钱粮兵籍,言之尤详。"②其他著作有《汉书西域传补注》2卷、《新疆赋》2卷等。以上既为清朝的当代史,又与边疆的巩固与开发有关,由此形成史学研究注重当代史和边疆史的特点。

　　章学诚的史学理论贡献。章学诚,字实斋,号少岩,原名文敩,浙江会稽(今绍兴市)人,生于乾隆三年(1738),殁于嘉庆六年(1801),终年64岁。他少时读书,不甘为章句之学,科场屡试不第,直到乾隆四十三年才中进士,但自认迂阔,不能适应官场,故始终未出仕。一生主要是为人做幕,以文史而游于公卿士大夫之间,先依朱筠,后靠毕沅,足迹遍布河北、河南、安徽、湖北、江苏、浙江等地,迭主定州定武、肥乡清漳、永平敬胜、保定莲池、归德文

---

① 《清史列传》卷七二《文苑传·祁韵士》。
② 《清史列传》卷七三《文苑传·徐松》。

正诸书院讲席,又主持纂修了和州、永清、亳州诸志书和《湖北通志》,惜皆未能镂版印刷。在毕沅支持下纂修《史籍考》,亦因故而未能刊行。一生治学之成就,皆荟萃于《文史通义》和《校雠通义》两书中。两书最早刊行于道光十二年(1832),近人刘承干于1921年将两书及其文集、杂著辑为《章氏遗书》50卷,称"嘉业堂本"。

章学诚的学术成就主要表现在史学理论上。其学说要点:一是将史籍分为"著述"和"比类"两部分。他说:"古人一事,必具数家之学,著述与比类两家,其大要也。"①所谓著述,即指自成一家的独断之学;所谓比类,即指资料的记录、整理和纂辑。基于这种见解,他赞成著述成家,提倡撰写通史。二是标举"史意",提倡"史德"。他说:"郑樵有史识而未有史学,曾巩具史学而不具史法,刘知幾得史法而不得史意,此予《文史通义》所为作也"②;所谓史意,即指史家的撰著意图和宗旨,所谓史德,即在刘知幾史学"三长"(才、学、识)理论基础上,再倡"史德"③之说。三是史学总体观念。他说:"有天下之史,有一国之史,有一家之史,有一人之史。传状志述,一人之史也;家乘谱牒,一家之史也;部府县志,一国之史也;综纪一朝,天下之史也;比人而后有家,比家而后有国,比国而后有天下,惟分者极其详,然后合者能择善而无憾也。"④这是将不同的史籍视为相互联系的总体来看待,统称为"史"。正是在这种总体观的指导下,他特别重视州县方志的编纂,因而倡导在州县建立志科,为修国史积累资料。其次是修志实践。章学诚未入过国史馆,其一生的修史实践主要是在地方志的纂修上,经他纂修的有《天门县志》、《和州志》、《永清县志》、《亳州志》、《湖北通志》等。在修志活动中,章学诚提出了一些重要的观点,如志乃史体,应国史所取材,重视史表的作用,史书应该有图,方志应该立"三书"之体例(即志、掌故、文征各成一书)以解决学术性与资料性的矛盾,等等。这是他在修志实践中总结出来的理论,具有重要的指导意义。此外,还高扬"六经皆史"之说,不趋从于考据学风,敢于提出自己的独立见解,这在当时考据学风靡学界的情况下,洵为难

---

① 章学诚:《章氏遗书》卷九《报黄大俞先生》。
② 章学诚:《章氏遗书》外编卷十六《和州志志隅自叙》。
③ 章学诚:《文史通义》内篇五《史德》。
④ 章学诚:《章氏遗书》卷一四《州县请立志科议》。

能可贵。

(四)乾嘉学派的评价问题

对乾嘉学派的评价应该客观、实事求是地评价其历史地位。

首先,从治学目的来看。乾嘉学者们是以"求真",力图通过比较科学的手段追求经、史的本原,这种实证性的研究无疑有着重要的意义,它拨清了围绕经史典籍的重重迷雾,使许多难读的古籍成为可读的文献,这对中华文化的发展是有重大科学价值的。

其次,从治学成就来看。他们对中国古代典籍的全面清理和总结,超过了以前任何一个朝代,正因如此,乾嘉朴学才在中国文化发展史上留下了浓墨重彩的一笔。今人每论中国学术的发展,必谈先秦子学、两汉经学、魏晋玄学、隋唐佛学、宋明理学、清代朴学,这是符合历史实际的,可以称之为中国古代学术发展史上的一个高峰。

再次,从对后世的影响来看。他们所开创的实证性研究,奠定了近现代中国传统学术的基础和规模,在文字、音韵、训诂学方面的成就至今仍是后人可吸取的养料。他们对儒家经典的研究至今仍是研究中国传统文化者可参照的成果,他们对史学和古籍的校订和整理至今仍是现代学人深入研究的奠基石。更为重要的是,乾嘉学者的学识和学风,给后人留下了宝贵的精神遗产,中国近现代许多著名的学者如王国维、章炳麟、胡适、傅斯年、陈寅恪、陈垣、黄侃以至郭沫若、范文澜等,无不受到乾嘉学派的影响。乾嘉学派在中国文化发展史上,占有十分重要的历史地位。

6. 文学艺术异彩纷呈

在清高宗倡导和组织编纂《四库全书》的推动下,学术空前繁荣,文学艺术也异彩纷呈,美不胜收。

(一)诗歌

乾隆朝及其后嘉庆朝,诗歌的发展表现为艺术派别迭出,充满了生机。以沈德潜为代表的"格调说",以袁枚为代表的"性灵派",还有以翁方纲为代表的"肌理说",在诗歌园地争奇斗妍。

沈德潜,字确士,号归愚,又号岘山,江南长洲(今江苏苏州市)人。生于康熙十二年(1673),殁于乾隆三十四年(1769),享年97岁。他屡试不第,在家授徒为生,闲暇时以诗赋自娱。鄂尔泰任江苏布政使时,刊刻江南文人诗文集《南邦黎献集》,沈德潜的诗被入选,为当时的皇子弘历所喜爱。乾隆元年,沈德潜入京应试博学鸿词科,未取,直到乾隆四年才考中进士,时年已67岁。三年庶吉士期满,殿试时,高宗亲问:"谁是沈德潜?"并称其为"江南老名士"①,即授为翰林院编修。沈德潜以诗受知于高宗,数年内9次升迁,乾隆十一年三月授内阁学士,十二年擢礼部侍郎。77岁南归时,高宗又将自己的诗集14册请他校阅,并说:"朕与德潜,以诗始,以诗终。"②乾隆四十三年,高宗处理徐述夔《一柱楼诗》案,沈德潜曾为徐述夔作传,被高宗下令追夺谥号、官衔,仆其墓碑,但高宗到晚年仍将沈德潜列为"五词臣"之末。沈德潜论诗,深受其老师叶燮的影响,他强调"诗教",认为"诗之为道,可以理性情、善伦物、感鬼神、设教邦国、应对诸侯,用如此其重也"③。重视诗歌的教化作用,但不排斥感情的成分:"古人意中有不得不言之隐,借有韵语以传之……或慷慨吐臆,或沈结含凄,长言短歌,俱成绝调。若胸无感触,漫尔抒词,纵办风华,枵然无有。"④强调诗宜有感而发,有了真挚的感情才能动人。出于"诗教"的原则,他主张写诗要注重"温柔敦厚",反对"发露",认为"唐诗蕴蓄,宋诗发露,蕴蓄则韵流言外,发露则意尽言中"⑤。他是清代"格调说"的代表人物。格调说发轫于唐代皎然,宋代严羽《沧浪诗话》已有所论,至明代李东阳明确提出"格调"的观念。所谓"格",主要指诗歌体制上的合乎规律,往往表现为拟古倾向;所谓"调",主要指诗歌的声调韵律,往往表现为从声调上去揣摩古人,并追求"调响"、"调逸",提倡气势恢宏、雄健浑厚的诗风。沈德潜的"格调说"是以复古为中心,"他宗尚唐人雄浑宏壮的诗风,又十分注重诗歌的体法声调,欲通过规橅前人来把握诗歌的创作方法"⑥。这种理论在当时因合乎统治者的情趣,因而受到高宗的赞

---

① 李富孙辑:《鹤征后录》,漾葭老屋印本。
② 赵尔巽等:《清史稿》卷三〇五《沈德潜传》,中华书局1977年版。
③ 沈德潜:《说诗晬语》卷上。
④ 沈德潜:《说诗晬语》卷上。
⑤ 沈德潜:《清诗别裁》卷首《凡例》。
⑥ 王运熙、顾易生主编,邬国平、王镇远著:《中国文学批评通史·清代卷》第七章。

赏,影响很大,但也受到如袁枚、翁方纲等人的反对。沈德潜的著作有《说诗晬语》,编选有《古诗源》、《唐诗别裁》、《明诗别裁》、《清诗别裁》,并有《沈归愚先生诗文全集》行世。

袁枚,字子才,号简斋,又号随园老人,浙江钱塘(今杭州)人。生于康熙五十五年(1716),殁于嘉庆二年(1798),享年83岁。袁枚应乾隆元年(1736)的博学鸿词科,是当时最年轻的一个,虽未取,但已为时人所重。乾隆四年中进士,授翰林院编修,先后任溧水、江浦、江宁等地知县。"既而引疾家居。再起,发陕西,以知县用。上总督黄廷桂书万余言,不省。寻丁父艰归,遂牒请养母,卜筑于江宁之小仓山,号随园。聚书籍为诗古文,如是五十年,终不复试"。袁枚仕途虽不通畅,但却有林泉之清福,享文章之盛名,其所筑随园,"崇饰池馆,疏泉架石,厘为二十四景。游人阗集,自皇华使者,下至淮南贾贩,多闻名造请交欢"①。他又不时出游名山胜景,平生以诗文自娱,极山水之乐,优游林泉,悠然自得。袁枚论诗"主抒写性灵"②,其诗与赵翼、蒋士铨齐名,号称"江右三大家";他又与当时《四库全书》总纂官纪昀齐名,有"南袁北纪"之称。关于"性灵"说的具体含义,袁枚没有做过明确的解释,有人引他《钱玙沙先生诗序》中的一段文字:"尝谓千古文章传真不传伪,故曰'诗言志';又曰'修辞立其诚'。然而传巧不传拙,故曰'情欲信,词欲巧';又曰'神也者,妙万物而为言'。古人名家鲜不由此。今人浮慕诗名而强为之,既离性情,又乏灵机,转不若野氓之击辕相杵,犹应风雅焉。"分析此段话的内涵,可知袁枚强调了两方面的问题:"就诗歌的内容而言,他追溯到儒家'诗言志'和'修辞立其诚'的原则,要求诗歌表现真实的感情;就诗歌的表现形式而言,他又提出了'巧'与'妙'的审美标准,提倡灵活风趣的艺术风格。这两方面的内容,袁枚用了四个字来加以概括,就是'性情'与'灵机',更为简明的说法便是'性灵'。'性情'与'灵机'构成了'性灵'说的基本内容。"③在袁枚看来,"性情"是诗的根本,作诗要有真性情,要有个性,他说:"性情以外本无诗"④,"若夫诗者,心之声也,性情所流

---

① 《清史列传》卷七二《文苑传·袁枚》。
② 赵尔巽等:《清史稿》卷四八五《文苑传·袁枚》,中华书局1977年版。
③ 王运熙,顾易生主编,邬国平、王镇远著:《中国文学批评通史·清代卷》第七章。
④ 袁枚:《小仓山房诗文集》卷二六《寄怀钱玙沙方伯予告归里》。

露者也"①。基于这种直抒性情的观点,他反对模仿唐宋,对于沈德潜的"格调说"有尖锐批评,对王士禛的"神韵说"也有议论,对于考据学家所作的"学问诗"更多讥讽。因此,袁枚的诗论具有强烈的批判精神,表现出封建社会末期个性解放的思想的觉醒。他的著作有《小仓山房诗文集》、《随园诗话》、《随园随笔》等。

翁方纲,字正三,号覃溪,晚号苏斋,直隶大兴(今属北京市)人。生于雍正十一年(1733),殁于嘉庆二十三年(1818),享年86岁。乾隆十七年(1752)中进士,授翰林院编修,历典江西、湖北、江南、顺天乡试,又三次督学广东,以后又督江西、山东学政,官至内阁学士。他"生平精研经术"②,参加纂修《四库全书》,为当时考据名家。正由于他精于考证、金石,因此"所为诗,自诸经注疏以及史传之考订,金石文字之爬梳,皆贯彻洋溢于其中"③,时人称其能"以学为诗"。他论诗主"肌理"说,强调"为学必以考证为准,为诗必以肌理为准"。他所标举的"肌理",关键在一个"理"字,其所包含的内容十分广泛,如人类宜遵循的原则、自然界之规律、事类环境的核心、声音律度的规律等,所谓"义理之理,即文理之理,即肌理之理也"④。他之所以倡导"肌理"说,主要用意是对沈德潜的"格调"说和王士禛的"神韵"说进行批评,他认为格调不应该局限于一种模式,批评他们的拟古之病;同时又认为神韵说流于空虚,王士禛所以标举神韵说,是为了矫正明七子以来专事模拟、虚矫肤廓之弊,遂倡空灵淡远的"神韵",其病在虚,所以他才提出"肌理"说,"欲以肌理之说实之"⑤。他的肌理说的核心乃在"实"学,所谓"诗必能切己切时切事,一一具有实地,而后渐能几于化也"⑥。翁方纲既将考据学的方法移入诗论中,对诗法进行细密慎重的探讨,也注重诗的合乎情理,行乎所不得不行,止乎所不得不止,所谓"文成而法立"⑦。作为方法论上的一种试探与开拓,"肌理"说是有贡献的。他对宋诗的提倡,

---

① 袁枚:《随园尺牍·答何水部》。
② 《清史列传》卷六八《儒林传·翁方纲》。
③ 李元度:《国朝先正事略》卷四二《文苑·翁覃溪先生事略》。
④ 翁方纲:《复初斋文集》卷四《志言集序》。
⑤ 翁方纲:《复初斋文集》卷八《神韵论上》。
⑥ 《复初斋文集》卷八《神韵论中》。
⑦ 翁方纲:《复初斋文集》卷八《诗法论》。

开清季宋诗运动之先河。著作有《复初斋文集》、《诗集》、《石洲诗话》、《小石帆亭著录》、《苏诗补注》、《经义考补正》等。

此外,有诗名者早期有厉鹗(1692—1752),字太鸿,号樊榭,浙江钱塘人;郑燮(1693—1765),字克柔,号板桥,江苏兴化人。与袁枚同时齐名者有赵翼(1727—1814),字云崧,号瓯北,江苏阳湖人;蒋士铨(1725—1784),字心余,江西铅山人。稍后者有黄景仁(1749—1783),字仲则,江苏武进人;张问陶(1764—1814),字仲冶,号船山,四川遂宁人;以及黎简(1747年—?),字简民,号二樵,广东顺德人;舒位(1765—1815),字立人,号铁云,河北大兴人;王昙(1761—1817),一名良士,字仲瞿,浙江秀水人;彭兆荪(1769—1821),字湘涵,号甘亭,江苏镇洋人。他们都力求独辟蹊径,代表着诗坛风尚的转变。中国古典诗歌"至清代,又奇峰突起",其成就"足以超越元明,上追唐宋"①。无疑,盛世的诗歌居主体地位。

(二) 散文

散文最著名的是"桐城派"古文,开创者为戴名世和方苞。戴名世遭《南山集》狱,其文后无传。方苞卒于乾隆前期,其文传刘大櫆,刘大櫆又传姚鼐,方、刘、姚三人被桐城派尊为"三祖",代表了当时散文发展的方向,并对后世影响深远。

刘大櫆,字才甫,一字耕南,号海峰,安徽桐城人。生于康熙三十七年(1698),殁于乾隆四十四年(1779),享年82岁。"始年二十余入京师,时方苞负海内重望,后生以文谒者不轻许与,独奇赏大櫆"②,就此成为方苞的学生。刘大櫆虽与方苞是师生,文章风格和论文主张并非完全一致。方苞得之于经的是义理,得之于文者是义法,而刘大櫆除了义理极纯正外,"并古人神气音节得之"。这是他对桐城派散文理论的丰富和发展。他将文章要素概括为"神气"、"音节"、"字句"三个方面。"神",主要指作家的精神气质在文中的体现,"气",指表现这种精神气质而形成的文章气势和风格,神气是作文的方式和运驾语言的先决条件,它必然要通过"音节"、"字句"来表现,所以学习和欣赏文章时,要由"音节"、"字句"中寻求"神气"。这样

---

① 《明清诗文论文集》第246页,载钱仲联、钱学增为《清诗精华录》所写前言,江苏古籍出版社1986年版。

② 赵尔巽等:《清史稿》卷四八五《文苑传·刘大櫆》,中华书局1977年版。

就将抽象的艺术效果与具体的表现形式结合起来,使之理论具有较强的实践性。这种区分精粗的观点,开启了后来姚鼐的"八字"说。著作有《海峰先生文集·诗集》、《论文偶记》,编选有《八家文钞》、《七律正宗》、《历朝诗约选》。

姚鼐,字姬传,一字梦谷,因其书斋名惜抱轩,世称"惜抱先生",也是安徽桐城人,生于雍正十年(1732),殁于嘉庆二十年(1815),享年84岁。乾隆二十八年(1763)中进士,选庶吉士,散馆授兵部主事,改礼部主事,历充山东、湖南乡试考官,会试同考官,后任刑部郎中,记名御史。《四库全书》开馆,被荐任纂修官。书成后,绝意仕进,告归江南,"主讲江南、紫阳、钟山各书院者四十余年,谆谆以诲迪后进为事"①,弟子遍及大江南北,遂使桐城派真正形成了一个文学流派。姚鼐从师刘大櫆,但不囿师说,"故世谓望溪文质,恒以理胜,海峰以才胜,学或不及,先生乃理文兼至"②。他兼采方苞和刘大櫆之长,并能有所创新,成为桐城派承前启后的关键人物。在姚鼐的总结、综合下,桐城派形成自己系统的文学理论:"夫文者,艺也。道与艺合,天与人一,则为文之至。世之文士固不敢与文王、周公比,然所求以几乎文之至者,则有道矣。"③又说:"夫诗之至善者,文与质备,道与艺合,心乎之运,贯彻万物,而尽得乎人心之所欲出。"④道与艺合、天与人一、文与质备,是姚鼐对古文和诗歌创作理论所作的高度概括。在考据学风盛行之际,姚鼐提出义理、考证、文章三者不可偏废的主张:"是三者,苟善用之,则皆足以相济;苟不善用之,则或至于相害。"⑤"三者之分,异趋而同为不可废。"⑥此外,他将散文艺术要素概括为8个字:神、理、气、味、格、律、声、色。"神、理、气、味者,文之精也;格、律、声、色者,文之粗也。然苟舍其粗,则精者亦胡以寓焉?学者之于古人,必始而遇其粗,中而遇其精,终则御其精者而遗其粗者。"⑦这些散文艺术要素,既有层次的区别,又有相互依存的关系。关

---

① 《清史列传》卷七二《文苑传·姚鼐》。
② 姚莹:《惜抱先生行状》。
③ 姚鼐:《惜抱轩文集》卷四《敦拙堂诗集序》。
④ 姚鼐:《惜抱轩文集》卷四《荷塘诗集序》。
⑤ 姚鼐:《惜抱轩文集》卷四《述菴文钞序》。
⑥ 姚鼐《惜抱轩文集》卷四《复秦小岘书》。
⑦ 姚鼐:《古文辞类纂序目》。

于诗文风格,他概括为阳刚之美和阴柔之美两大类。由于姚鼐能够集方苞、刘大櫆之长,并自己加以创造发展,遂使桐城派古文声势震天下。其著作有《惜抱轩全集》、《惜抱先生尺牍》等,编选有《古文辞类纂》、《五七言今体诗钞》、《唐人绝句诗钞》等。

与桐城派古文兴盛相颉颃,骈文也很发展。知名的骈文家有胡天游、孔广森、袁枚、汪中、洪亮吉、孙星衍、李兆洛、杭世骏、彭兆荪等,其中以汪中的成就为最大。汪中,字容甫,江苏江都(今扬州)人。生于乾隆九年(1744),殁于乾隆五十九年,终年51岁。他少孤家贫,母授以小学、《四子书》,14岁入书肆为人卖书,得遍读经史百家。乾隆四十二年为拔贡生,但绝意仕进,专意经术,尤擅辞章,于诗文书翰"无所不工,所作《广陵对》、《黄鹤楼铭》、《汉上琴台铭》,皆见称于时"[1]。汪中骈文很少模仿古人,而直抒胸臆,"状难写之情,含不尽之意"[2]。因生活所迫,有时不免流于伤感过甚。其代表作为《哀盐船文》,写扬州江面盐船失火,"坏船百有三十,焚及溺死者千有四百"的经过和惨状,被时人称为"惊心动魄,一字千金"。

由于骈散文的兴盛,又孕育一个合创作和批评为一的阳湖文派,其代表人物为恽敬和张惠言。恽敬,字子居,号简堂,江苏阳湖(今常州市)人。生于乾隆二十二年(1757),殁于嘉庆二十二年(1817),终年61岁。乾隆四十八年中举,官至南昌同知,署吴城同知,"为人矜尚名节,所至辄与上官忤",后因事被诬劾罢官,退而"益肆其力于文"[3]。著作有《书事》、《大云山房文稿》等。张惠言,字皋文,江苏武进(今常州)人。生于乾隆二十六年(1761),殁于嘉庆七年(1802),终年42岁。乾隆五十一年中举,嘉庆四年进士,授翰林院编修,充实录馆纂修官。著作有《茗柯文编》、《茗柯词》,编有《词选》、《七十家赋钞》等。从他们两人的师友渊源看,确属桐城派之一支。但他们既精于声韵考据之学,又擅长骈体,因而为文以博雅胜,不同于桐城派之拘谨枯淡。恽敬说过:"百家之敝,当折之以六艺;文集之衰,当起之以百家。"[4]这种博取广汲的主张,使阳湖派得以发展,自成一系,流传后

---

[1] 赵尔巽等:《清史稿》卷四八一《儒林传·汪中》,中华书局1977年版。
[2] 李详:《汪容甫先生赞序》。
[3] 赵尔巽等:《清史稿》卷四八五《文苑传·恽敬》,中华书局1977年版。
[4] 恽敬:《大云山房文稿》二集《目录》,四部丛刊本。

世,并对近代的文学产生影响。

(三) 小说

乾隆朝的小说创作,在康熙朝的基础上有所发展,尤其是长篇小说创作更是大放异彩。吴敬梓的《儒林外史》和曹雪芹的《红楼梦》,为中国文化史留下了不朽名篇。

吴敬梓,字敏轩,号粒民,晚号文木老人,安徽全椒人。生于康熙四十年(1701),殁于乾隆十九年(1754),终年54岁。曾祖吴国对是顺治十五年(1658)戊戌科探花,官至翰林院侍读。祖辈多以功名显赫乡里,"家门鼎盛"①。到他父辈时,家道衰微,其父吴霖起做过县学教谕。吴敬梓考取秀才后便屡困科场,与功名无缘。13岁丧母,23岁丧父,自己不善治生,却又慷慨好施,挥霍无度,数年间,祖上所留下的产业就变卖罄尽,因此被族人目为败家子。33岁时迁居南京,过起了客寓生活。科场不第,家道衰落,使他饱经世态炎凉之苦,进而厌弃功名富贵,即使安徽巡抚赵国麟荐他应博学鸿词科考试,也推辞掉了。晚年家境愈益贫困,以至靠卖书和朋友接济来生活,但他并未向贫困低头,依然"拥故书数十册,日夕自娱"。冬夜寒冷无火取暖,常常邀朋友五六人,"乘月出城南门,绕城堞行数十里,歌吟啸呼,相与应和,逮明,入水西门,各大笑散去,夜夜如是"②,并将此戏称为"暖足"。54岁时,他到扬州访友,因病客死扬州旅邸。留下著作有《文木山房诗文集》12卷,今存4卷。还有就是讽刺小说《儒林外史》。

《儒林外史》共55回。目前所见的最早刻本是嘉庆八年(1803)卧闲草堂本,共有56回。卷首载有"闲斋老人"序,对此书主旨作有概括:"其书以功名富贵为一篇之骨:有心艳功名富贵而媚人下人者;有倚仗功名富贵而骄人傲人者;有假托无意功名富贵自以为高,被人看破耻笑者;终乃以辞却功名富贵,品地最上一层为中流砥柱。篇中所载之人,不可枚举,而其人之性情心术,一一活现纸上,读之者无论是何人品,无不可取以自镜。"③吴敬梓正是以反对科举和功名富贵为核心,通过揭示人物在功名富贵面前的四种心态,涉及当时的官僚制度、人伦关系以至整个社会风尚,深刻地揭露和抨

---

① 吴敬梓:《文木山房集·移家赋》。
② 程晋芳:《勉行堂文集》卷六《文木先生传》。
③ 吴敬梓著,李汉秋辑校:《儒林外史会校会评本》,上海古籍出版社1984年版,第763页。

击了形形色色的无行文人的丑态,反映了当时的政治腐败和道德沦丧。所刻画人物周进、范进、严监生、匡超人等,无不具有强烈的批判色彩。《儒林外史》最突出的特色就是讽刺,通过刻画生动、形象、逼真的人物而洞悉其性情灵魂。善于在日常发生的、普遍存在的复杂生活现象中选择典型情节来刻画人物,表现性格。鲁迅评论说:自《儒林外史》出,其文"戚而能谐,婉而多讽,于是说部中乃始有足称讽刺之书"①。因而直接影响着后世小说的发展。

曹雪芹,名霑,字梦阮,号雪芹、芹圃、芹溪,正白旗汉军包衣,约生于康熙五十四年(1715),殁于乾隆三十九年(1764),终年50岁。先世本汉人,祖籍河北丰润,一说辽宁辽阳,后金崛起后入正白旗内务府籍,从其曾祖曹玺到其父曹頫三代世袭江宁织造,先后60余年,其曾祖母孙氏为清圣祖乳母,祖父曹寅自幼入宫为伴读,尤得圣祖信任,官至通政使、管理江宁织造、巡视两淮盐漕监察御史,圣祖六次南巡,五次驻跸曹府,后四次均由曹寅接驾,足见当时曹家与圣祖之关系及其权势的显赫。曹寅家里藏书丰富,本人能写诗、词、戏曲,与当时名士朱彝尊、尤侗、洪昇等都有交往,并且主持刊刻了《全唐诗》。这样的家庭文化氛围,对于培养曹雪芹的艺术才能起了重要的作用。曹雪芹生于南京,少年时代过的是锦衣玉食的贵族生活,这使他对高层统治者穷奢极欲与黑暗腐朽的现实有深刻的了解,曹府丰厚的文化土壤又为他文艺才能的发展提供了优越的条件。雍正五年(1727),曹雪芹13岁时,父亲曹頫受宫廷内部斗争株连,获罪革职,家产被抄没,次年全家迁回京师,曹家自此便急遽地衰落了。他成年以后,生活贫困,做过右翼宗学的笔帖式,因而结识了敦敏、敦诚兄弟。晚年移家京师西郊,更是穷愁潦倒,过着"举家食粥酒常赊"的困顿生活。从早年的钟鸣鼎食的贵族之家,到晚年的蓬牖茅椽、绳床瓦灶的断炊生活,经此巨变,痛感世态炎凉,人世辛酸,乃愤而著书。历经10年艰辛,增删5次,终于写成了不朽名著《红楼梦》。曹雪芹仅完成该书前80回,便由于贫病交加,幼子夭折,感伤成疾,在年仅50岁时溘然长逝。

《红楼梦》初名《石头记》,全书120回,据认为曹雪芹实际上完成了近

---

① 鲁迅:《中国小说史略》。

100回，其中前80回早就以抄本的形式在京城贵族间流传，而80回以后的文稿因曹雪芹的去世而散佚，后经高鹗补充、整理续写，成为120回的全本。到乾隆五十六年（1791），程伟元把前80回和后40回合在一起，用木活字首次印行。高鹗，字兰墅，一字云士，别号红楼外史，汉军镶黄旗人，乾隆进士，先后在乾隆、嘉庆两朝，做过内阁侍读、刑科给事中等职。因其续作的《红楼梦》能基本保持原书的宗旨，完成了悲剧的主题，且使故事大致完整，对扩大《红楼梦》的流传和影响起有积极的作用。

《红楼梦》以贾宝玉和林黛玉的爱情悲剧故事为主线，通过对贾、史、王、薛四个大家族的兴衰变化，尤其是通过对贾府在政治、经济、文化等方面活动的描写，揭露了封建统治阶级的奢靡和丑恶，进而揭示出封建社会必然走向覆灭的历史命运。曹雪芹着力塑造了贾宝玉和林黛玉这两个主人公的典型形象，同时又塑造出另一个典型人物薛宝钗的形象，围绕这三个人物而展开的爱情和婚姻，反映出封建阶级叛逆者所代表的进步力量与以封建家长为代表的封建势力之间的冲突，具有广阔而深刻的社会意义。其他人物如王熙凤、贾政、晴雯、袭人、尤三姐等形象也都栩栩如生，具有典型的意义。曹雪芹细致生动地刻画了这些人物的鲜明个性，既细腻真实地描写了日常的生活，又酣畅淋漓地描绘了一些大事件和大波澜，如宝玉挨打、搜检大观园等等，达到了很高的艺术成就。因此，《红楼梦》成为中国古典小说中颇具特色的现实主义杰作，对后世产生了深远的影响，后世续作者纷起，并以《红楼梦》为题材创作的诗、词、戏曲、小说、电影更是不胜枚举。有关《红楼梦》产生的社会背景、小说的价值和艺术特色、所包含的社会意义等方面的研究，又形成了中国学术界一门颇具吸引力的学问"红学"。《红楼梦》不仅是中国古典小说的杰出代表，也是世界文化宝库中不可多得的精品，成为整个人类共同的宝贵财富。

除了《儒林外史》和《红楼梦》以外，夏敬渠的《野叟曝言》，是中国小说史上的一部怪书；李百川的《绿野仙踪》，是以神仙故事为掩饰而反映社会生活的小说。

（四）戏剧

乾隆朝的戏剧，最明显特征是"花、雅之争"。所谓"花部"，也称为"乱弹"，是当时人们对各种地方戏剧的概括性称谓。所谓"雅部"，就是指以昆曲形式演出的传奇和杂剧。昆曲在明嘉靖年间到清康熙末年一直是戏剧舞台的主流，占据着统治地位，到了乾隆朝，这种戏剧由于仅为封建贵族和宫廷服务，因而日益脱离现实，远离广大的人民群众，以至无可挽回地走向衰落。与昆曲衰落相对应，花部却以其丰富多彩的内容和形式，质朴爽朗的音乐和表演，简明易晓的唱词和宾白，赢得了广大人民群众的喜爱，并且在民间艺人的栽培下，终于在乾隆末叶以后逐渐走向与雅部并驾齐驱。正如有人指出："两淮盐务例蓄花、雅两部，以备大戏。雅部即昆山腔。花部为京腔、秦腔、弋阳腔、梆子腔、罗罗腔、二簧调，统谓之乱弹。"[①]

随着雅部即昆曲的衰落，文人的传奇和杂剧创作也趋近尾声。这一时期值得注意的作家有蒋士铨和杨潮观。

蒋士铨，字心余，号清容、苕生、藏园，晚号定甫，江西铅山人。生于雍正三年（1725），殁于乾隆五十年（1785），终年61岁。乾隆十九年由举人官内阁中书，二十二年成进士，改翰林院庶吉士，散馆授编修，后乞假养母归。蒋士铨其诗与袁枚、赵翼并称三家，著作有《忠雅堂文集·诗集》，又作有杂剧、传奇16种，其中《四弦秋》、《一片石》、《雪中人》、《临川梦》、《冬青树》等9种合为《藏园九种曲》，又有《红雪楼十二种曲》。他重视戏剧的社会作用，主张宣扬封建的忠孝节义，因将"发乎情，止乎礼义"[②]作为其写作戏曲的标准，在结构和人物形象塑造方面有一定的成就。

杨潮观，字宏度，号笠湖，江苏金匮（今江苏无锡）人。生于康熙四十九年（1710），殁于乾隆五十三年，享年79岁。乾隆元年中恩科举人，入实录馆供职，后外放为县令，长期宦居四川，任邛州知州。他在传说的卓文君妆楼旧址建了一座吟风阁，广征文人吟咏其间，或演唱戏剧，后来便将自己所作的杂剧32种结集为4卷，合称《吟风阁杂剧》。他很注意戏剧的讽喻劝惩作用，在其《题词·满江红》下阕中写道："百年事，千秋笔，儿女泪，英雄血。数苍茫世代，断残碑碣。今古难磨真面目，江山不尽闲风月。有晨钟暮鼓送君边，听清切。"因长期担任州、县的地方官，因而作品内容多是写文人遭遇和前人政绩，有些创作有一定的揭露现实的意义。如《汲长孺矫诏发

---

① 李斗：《扬州画舫录》卷五《新城北录》下。
② 蒋士铨：《清容外集》十二种，《香祖楼》卷首自序，乾隆刻本。

仓》意在鼓励从政者面临对国家、人民有利的事情时应有胆有识,根据实际而作变通。《东莱郡暮夜却金》是对杨震深夜却金之事进行表彰,提出廉洁为第一官箴,很有现实意义。《寇莱公思亲罢宴》是提倡俭朴的生活作风,宣扬戒奢崇俭的思想,很有教育意义。杨潮观还仿照《诗经》和白乐天《新乐府》,在每本剧前作一小序,说明创作意图,很有价值。另有桂馥(1736—1805)的《后四声猿》、舒位(1755—1815)的《瓶笙馆修笙谱》也是当时较有影响的作品,但缺乏现实意义,是杂剧走向衰落的表现。

乾隆末年以后,"花部的势力日益膨胀,其中尤其占优势的,初则秦腔,后则二簧,道咸以后,二簧或皮簧便成了戏剧界的盟主,秦腔转衰,而昆曲渐成绝响"①。在昆曲衰落的过程中,清廷出于维护其统治的目的,对花部的兴盛进行压制,多次颁行禁令。如乾隆五十年(1785)规定:城外戏班只准演唱昆曲和弋阳腔,现有的秦腔戏班"概令改归昆、弋两腔。如不愿者,听其另谋生理。倘于怙恶不遵者,交该衙门查拿惩治,递解回籍"②。清廷之所以将弋阳腔排除在禁令之外,是因为弋阳腔传入京师后,逐渐形成京腔,已经变得官曲化了。而秦腔此时由于艺人魏长生、高朗亭之先后入京,正红极一时,掩京腔诸班而上,"京腔效之,京秦不分",既而京腔诸班"遂淹没不彰"③。嘉庆三年(1798),清廷再颁禁令说:近日倡有乱弹、梆子、弦索、秦腔等戏,与风俗人心甚有关系,"即苏州、扬州,向习昆腔,近有厌旧喜新,皆以乱弹等腔为新奇可喜,转将素习昆腔抛弃。流风日下,不可不严行禁止。嗣后除昆、弋两腔仍照旧准其演唱,其外乱弹、梆子、弦索、秦腔等戏,概不准再行唱演"④。"乱弹"虽迭受统治者的压制,却仍以其顽强的艺术生命力,冲破统治者的禁令而走向繁荣。如昭梿记述:"近日有秦腔、宜黄腔、乱弹诸曲名,其词淫亵猥鄙,皆街谈巷议之语,易入市人之耳。又其音靡靡可听,有时可以节忧,故趋附日众。虽屡经明旨禁之,而其调终不能止,亦一时习尚然也。"⑤如果说昭梿的记载只是描述了一些现象,焦循的话则真实反映了

---

① 潘光旦:《中国伶人血缘之研究》,《潘光旦文集》第二卷,北京大学出版社1994年版。
② 光绪《大清会典事例》。
③ 李斗:《扬州画舫录》卷五《新城北录》下。
④ 苏州老郎庙:《钦奉谕旨给示碑》。
⑤ 昭梿:《啸亭杂录》卷八《秦腔》。

艺术生命力之所在。"花部原本于元剧,其事多忠孝节义,足以动人;其词直质,虽妇孺亦能解;其音慷慨,血气为之动荡。"因而"郭外水村,于二八月间,递相演唱,农叟渔父,聚以为欢,由来久矣。""余特喜之,每携老妇幼孙,乘驾小舟,沿湖观阅。天既炎暑,田事余闲,群众柳荫豆棚之下,侈谈故事,多不出花部所演,余因略为解说,莫不鼓掌解颐"①。花部深深植根于人民群众之中,才日益走向繁荣,最后取得绝对优势。

(五)绘画艺术

乾隆朝绘画艺术,最有成就者当属"扬州画派"。主要代表人物有:汪士慎、黄慎、金农、高翔、李鱓、郑燮、李方膺、罗聘,他们的画风直抒个性,奇逸飘洒,敢于创新。因其不为旧法所拘囿,带有异端色彩,被认为是偏或怪,故有"扬州八怪"之称。其实,扬州八怪并不专指某几个人,而是指扬州画坛一批具有新风格的画家,还包括以后的李葂、高凤翰、陈撰、边寿民、杨法、闵贞、华嵒等人②。

扬州八怪的画家可分为三类。一类是宦途失意、不得施展政治抱负、因而来扬州卖画为生者,如郑燮、李鱓、李方膺等;一类是出身贫寒、厌弃官场的文人,如金农、高翔、汪士慎等;一类是有文人修养的职业画家,如黄慎、罗聘以及其他一些画家。他们的成就主要表现在写意花鸟画方面,人物画次之,山水画则较少。每个人又因其个人所好而不同,但他们在艺术创造上有其共同的特点,即:师造化、抒个性、用我法、专写意、重神似、端人品和博修养。郑燮是较有代表性的人物。郑燮,字克柔,号板桥,江苏兴化人,生于康熙三十二年(1693),殁于乾隆三十年(1765),享年73岁。乾隆元年中进士,先后任山东范县、潍县知县,为官清正,深得民心。乾隆十八年因大荒之年请开仓赈济而得罪上司,"辞官鬻画,作兰竹,以草书中竖长撇法为兰叶,书杂分隶法,自号'六分半书'"③。在艺术上被称为"诗、书、画三绝"。绘画作品有《衙斋竹图》、《兰竹图》等,其题画诗尤能反映他的艺术个性和创作特点,如在《衙斋竹图》上题诗:"衙斋卧听萧萧竹,疑是民间疾苦声。些小吾曹州县吏,一枝一叶总关情。"关心民间疾苦的爱民之心跃然纸上。

---

① 焦循:《花部农谭》卷首《序》,宣统三年《怀豳杂俎》本。
② 卞孝萱:《扬州八怪之一的高翔》,《文物》1964年3月号。
③ 赵尔巽等:《清史稿》卷五〇四《艺术·郑燮传》,中华书局1977年版。

除扬州八怪外,有一些宫廷文人画家,如大学士蒋廷锡是其中之一,官至礼部侍郎的邹一桂也是知名画家。还有丁观鹏、徐扬、金廷标等。以西方人而供职于清廷的画家有意大利人郎世宁、安德义,捷克人艾启蒙,德国人贺清泰等,都有一些作品传世。

7. 爱新觉罗家族的文化创造与成就[①]

爱新觉罗家族是个庞大的政治群体,也是文化的群体。他们在文化各个领域的实践活动,都留下了各自的业绩,取得了程度不同的成就。长期以来,治清史者几乎甚至完全忽略了这个庞大家族对文化的创造,没有给予评价,形成长久的空白。

(一) 诗词

爱新觉罗家族源起于东北地区,在勃兴时期,文化落后,如努尔哈赤诸子中,惟皇太极识字。在入关前后的一段时间内,未见有传世的诗词创作。当摄政王多尔衮去世、清世祖福临亲政后,他深感缺少文化的痛苦,于是,以极大的毅力苦学汉文,攻读汉文典籍。乾清宫成为他的书房,每当处理完政务之后,经常读书到深夜。经过几年的努力,他已能用汉文读、写,评定考卷,批阅公文,"他对中国小说、戏剧和禅宗佛教文学的兴趣也不断增长。大约在1659或1660年的时候,他成段地引用1656年刊行的金人瑞评点的《西厢记》。由此可见他对当代流行的文学是很有兴趣的"[②]。但是,福临未见有诗作传世,倒是他的庶兄高塞在《恭寿堂集》中有一首诗作《悼剩和尚》,颇有文学意味:"一叶流东土,花飞辽左山。同尘多自得,玩世去人间。古塔烟霞在,禅关岁月闲。空流悲偈处,今日共跻攀。"诗风质朴流畅,表达了对"剩和尚"的敬重与怀念之情。

随着清朝统治的渐趋巩固,在汉族文化的影响下,爱新觉罗家族的文化教育也逐渐继承汉族的传统而步入正轨。首先是实行经筵、日讲制,专给皇

[①] 本节据李治亭主编《爱新觉罗家族全书》之第六、七、八三册写成,谨致谢忱。

[②] [美] A. W. 恒慕义主编:《清代名人传略》选译《福临》,载《清代西人见闻录》,中国人民大学出版社1985年版。

帝讲授儒家经典,自顺治朝至康熙朝形成了一应的宫廷教育制度;其次是八旗官学、宗学的设置,自顺治朝以迄雍正朝逐渐完备,这对于提高爱新觉罗家族的文化修养具有重要意义,也为其后的诗词创作创造了条件。爱新觉罗家族的这一套宫廷教育制度是卓有成效的,据赵翼记载:"本朝家法之严,即皇子读书一事,已迥绝千古。余内直时,届早班之期,率以五鼓入,时部院百官未有至者,惟内府苏喇数人往来。黑暗中残睡未醒,时复倚柱假寐,然已隐隐望见有白纱灯一点入隆宗门,则皇子进书房也。吾辈穷措大专恃读书为衣食者,尚不能早起,而天家金玉之体乃日日如是。既入书房,作诗文,每日皆有课程,未刻毕,则又有满师傅教国书、习国语及骑射等事,薄暮始休。"①清帝为宗室子孙所聘请的老师,绝大多数是进士出身而供奉翰林院的学者,这些人博通经史诗文,在他们的教育下,爱新觉罗家族迅速地接受了汉族文化,并在诗词创作上显露出自己的才华。

清圣祖玄烨在诗词创作上很有成就,现存的1000多首诗,内容相当广泛,如他第二次亲征噶尔丹时写的《瀚海》诗:"四月天山路,今朝瀚海行。积沙流绝塞,落日度连营。战伐因声罪,驰驱为息兵。敢因黄屋重,辛苦事亲征。"表现了为平息叛乱而不畏艰险的英雄气概,同时描绘了边塞壮阔苍凉的景色。在圣祖的诗集中,征噶尔丹、平三藩、收复台湾等军旅诗占有很大比重,其他如关心民瘼、访求民隐的诗作也不少,如《喜雨》诗:"暮雨霏微过凤城,飘飘洒洒重还轻。暗添芳草池塘色,远慰深宫稼穑情。"关念民生之情跃然纸上。在圣祖的24个儿子中,皇二子允礽、三子允祉、五子允祺、七子允祐、十二子允祹、十三子允祥、十五子允禑、十六子允禄、十七子允礼、二十一子允禧、二十三子允祁、二十四子允祕均好诗文,有著作传世。其中允禧尤有文采,是诸兄弟中的佼佼者,他自号"春学居士"、"紫琼道人",很少参与政治,多与汉、满文人诗酒往还,所交有塞尔赫、李锴、郑板桥、沈德潜、朱文震等,而与郑板桥交谊尤厚。其诗作中有《喜郑板桥书自潍县寄到》:"二十年前晤郑公,谈谐亲见古人风。东郊系马春芜绿,西墅弹棋夜炬红。浮世相看真落落,长途别去太匆匆。忽看堂盘登双鲤,烟水桃花锦浪通。"足见其与郑板桥相交相知之真情。

---

① 赵翼:《簷曝杂记》卷一《皇子读书》,中华书局1982年版。

清世宗胤禛的诗作颇为后世所称许,其诗集分为即位前所作之《雍邸诗》和即位后所作之《四宜堂集》两部分,在艺术上自成一家。他的诗抒发闲适情怀者居多,毫无帝王之气,颇有隐士风范,而一些吟咏离情别绪的诗歌感情真挚、凄楚动人;他的哲理诗和佛法诗自成一家,读起来朗朗上口,余韵悠悠。如《夜坐》诗:"独坐幽园里,窗开竹影斜。稀闻更转漏,但听野鸣蛙。活活泉流玉,溶溶月照沙。悠然恬静境,把卷待烹茶。"另一《河沙》诗:"河沙千世界,只此一微尘。为见禽鱼乐,方知天地春。无心还是妄,有说却非真。识得西来意,时时景物新。"其诗意境优美,形象生动,给人以艺术的享受。世宗诸子除弘历外,弘昼、弘瞻亦颇有诗名。

清高宗弘历是一位作品最多的诗人,即位前刊有《乐善堂集》,存诗1034首;即位后《御制诗》五集存诗41800首,《余集》750首,总计43584首,数量之多,直追唐诗总量,为历代诗人之最。他的诗作题材广泛,诸如国家的重大政治活动、战争进程、农事收成、浚治河工等内容在诗中都有反映,因而其诗作的历史价值和认识价值高于艺术价值。如《岳钟琪入觐诗以赐之》诗:"剑佩归朝矍铄翁,番巢单骑志何雄!功忘淮蔡无惭李,翼奋渑池不独冯。早建奇勋能鼓勇,重颁上爵特褒忠。西南保障资猷略,前席敷陈每日中。"反映了乾隆时平定青海、金川之事。又如《科尔沁》诗:"世笃姻盟拟晋秦,宫中教养喜成人。诗书大义能明要,妫汭丛祥遂降嫔。此日真堪呼半子,当年欲笑议和亲。同来侍宴承欢处,为忆前弦转鼻辛。"反映了满蒙联姻,巩固北部边疆的成功政策。高宗诸子中,四子永城、五子永琪、六子永瑢在文坛上亦有一席之地。其十一子永瑆诗书并佳,尤工书法,如其《咏史诗》:"隋炀肆其心,不知民力艰。征辽偶然事,江都好江山。歌颂随龙舟,去去不复返。谁能鉴流沫,览镜空愁颜。"这是诗人熟知史事而发出的感慨,反映出爱新觉罗家族已全面融入汉族文化之中。

(二) 文章

爱新觉罗家族在其创业之初,文化水平确属不高,整个赫图阿拉城(今辽宁新宾永陵老城)里只有一个浙江人龚正陆是名文化人,但写出来的文章却是词不达意,错字连篇。在以后的发展过程中,从努尔哈赤到皇太极,不断地吸收汉族文化,爱新觉罗家族成员之文章写作在积极进取中也不断提高,其水平已相当可观。努尔哈赤攻明之"七大恨"告天祭文,平白朴实,无修饰、无雕琢、说天意、找借口,以证明其叛与攻之理由光明正大,且反复强调其代表真理、代表正义,成为爱新觉罗家族的一篇重要文献。在不断吸收汉族文化的过程中,努尔哈赤于天命十年(1625)四月训示诸王说:"语云:其为人也孝弟,而好犯上作乱者,未之有也。吾后代子孙当世守孝弟之道,不可违也。其为长上者,居恒当和睦其子弟,为子弟者亦宜承顺关切可也。至于上待下,下事上,务以真心实意爱敬之,慎勿怀虚假之念。且我满洲原与汉人、蒙古国别俗殊,今共处一城,如同室而居,若侮虐其下,则卑幼者必无得所之期。虽些须饮食亦当聚宴,以示亲好。然吾之所指示者此耳,汝等毋负朕言可也。"①这是将《论语》中所阐述的人伦道德观念贯彻于爱新觉罗家族的日常生活之中的训示,文章不长,却反映了努尔哈赤晚年文章之章法与内容已达到相当可观的水平。

太宗皇太极即位后,不仅熟谙统治之术,更留心于为文之道,特别重视求实精神,功利主义极强。基于此,他反对空泛无用之词,主张文贵实用。他在训谕文馆诸臣时说:"朕观汉文史书殊多饰词,虽全览无益也。今宜于辽宋金元四史内择其勤于求治而国祚昌隆,或所行悖道而统绪废坠,与夫用兵行师之方略,以及佐理之忠良,乱国之奸佞,有关政要者汇纂翻译成书,用备观览。至汉文正史之外,野史所载,皆系妄诞,此等书籍传之国中,恐无知之人信以为真,当停其翻译。"②为了实现自己的政治目标,皇太极开始强调"皇天无私,惟德是辅","有德者授命,无德者废弃"。他在训谕中说:"又见史臣称其君者无论有道无道概曰天子,殊不知皇天无亲,惟德是辅。必有德者乃克副天子之称。"又说:"今朕承天佑为国之主,岂敢遂以为天之子,为天所亲爱乎?倘不行善道,不体天心,则天命靡常,宁足恃耶?朕惟有朝乾夕惕,以仰邀天鉴而已。"③这篇训谕充满了传统的汉文化思想,显示皇太极文章的写作水平达到了一个新的高度。此外,岳托的《善抚人民奏》,提出对降卒、降民不可妄杀,要善加抚恤;豪格的《谨陈时事对策奏》提出争取与农民军联合,共同对付明朝的见解,这些都是很有见地、思维敏锐的佳作。

从入主中原至乾隆朝,随着爱新觉罗家族对汉族文化之学习日深,其成

---

① 《清太祖武皇帝实录》卷四。
② 《清太宗实录》卷二三。
③ 《清太宗实录》卷二三。

员的文章写作水平迅速提高,此时文章的质与量都相当可观,作品之多,内容之丰富,都是空前的。世祖福临、圣祖玄烨、世宗胤禛、高宗弘历均是清皇室文章之高手。他们于处理政务之暇,认真学习汉文典籍,博览群书,倾心写作,有的是斟酌字句,布局谋篇,刻意写出论、说、记、叙等类文章;有的是因国务之需所发谕、诰、诏、敕诸种指令;亦有接见臣民或外国使者以及与家人所谈论之记录。这些文章均有重要的文献价值,数量十分巨大,即以流传至今者而言,世祖福临有《圣训》6 卷、《孝献皇后行状》1 卷,并敕编有《人臣儆心录》、《资政要览》、《内则衍义》、《御注孝经》、《御定道德经》诸书;圣祖玄烨有《圣训》60 卷、《御制文集》176 卷、《康熙政要》8 卷,以及《御选古文渊鉴》、《御批资治通鉴纲目》、《御纂朱子全书》、《御定孝经衍义》,手定《数理精蕴》、《历象考成》、《律吕正义》等,还有《康熙起居注》、《朱批奏折》等;世宗胤禛有《圣训》13 卷、《御制文集》92 卷,以及《悦心集》、《大义觉迷录》、《拣魔辨异录》,还有数量极多的《朱批谕旨》等;高宗弘历更是著述宏富,有《圣训》300 卷、《御制文集》92 卷、《日知荟说》4 卷、《评鉴阐要》12 卷、《乐善堂全集定本》30 卷等,其中所载单篇文章近 2000 篇,创历代帝王著作之最,还有手定《御定资治通鉴纲目三编》、《敕撰皇清开国方略》、《钦定满洲源流考》、《钦定胜朝殉节诸臣录》、《敕撰国史贰臣传》等。此外,还有数量甚多的"钦定"、"敕撰"、"敕修"诸书,诸如各类方略、方志、史书、政书、类书、丛书等,可谓洋洋大观。而且那些身为天潢贵胄的皇子皇孙中,很多人都有诗文集刊刻行世,奏议、书牍及零篇散作亦为数甚多,形成爱新觉罗家族文章创作大繁荣的局面。这一时期的文章题材广泛,体裁多样,内容无所不包,上自军国大计、国计民生之大事,下至生活中的细枝末节,无不涉及。以体裁而论,有论、辩、说、评、记述、说明,乃至碑文、铭语、序、跋、奏疏等等,林林总总,蔚为大观。

综观爱新觉罗家族顺、康、雍、乾四朝文章之创作,有如下特点:一是文以致用十分突出,著文与治国治民等实际问题相联系。论政治、谈哲理、议史事、评人物、批古文,乃至书写序跋、碑传、杂文等等,均有的放矢与现实密切相关,多为真情实感之文章。如清初多尔衮之《报吴三桂书》、《致史可法书》、《谕官民人等》,均是典型之作。世宗胤禛在处理吕留良、曾静案时,亲自撰写《大义觉迷录》颁行天下,提出了"华夷一家"的思想,旗帜鲜明,有理有据,极具说服力。高宗弘历在处理历史遗案时,接连写出《命通鉴辑览附纪明唐桂二王事迹谕》、《命议予明季殉节诸臣谥典谕》、《命国史馆编列明季贰臣传谕》、《命追复睿亲王封爵及复开国有功诸王原号并予配享谕》以及《书明臣史可法复睿亲王书事》、《读熊廷弼传》等,均有正视历史、掀翻成案的胆识与气魄,其文洋洋洒洒,据事说理明白透彻,褒贬好恶旗帜鲜明,极富论辩之力,是文以致用原则的突出范例。二是对传统经史之议论,特别是对历史问题之考察最为用力,且成为热点。如圣祖的《经筵绪论》、世宗的《经筵讲议》、高宗的《经筵御论》等,虽为写的心得,但都是用心体会之作,很有思想和见地。又如圣祖的《读史绪论》(即御批三纲目)、世宗的《执中成宪御论》,高宗的《评鉴阐要》等书,则是以史为鉴,总结历史上成败得失之经验教训。三是哲理思想与自然科学论著占有突出位置,并且有重要意义。如圣祖有关哲学之著作多达数十篇,其涵盖面相当广泛,表明他对自然界、对社会历史、对人生伦理、对宗教信仰诸方面都有阐发和论述。他以儒家伦理为核心而发布的"上谕16条",即是进行全面伦理道德教育的精辟教材,后来其子世宗据此阐发成1万字的《圣谕广训》颁行全国,成为全社会进行伦理教育的教科书。圣祖关于自然科学的论著如《康熙几暇格物编》,手定《历象考成》、《数理精蕴》等,融合了他对近世西方之天文、历法、数学、地理、农学、水利等科学成就的积极吸收和研究成果,并结合中国实际,有开创性的贡献。此外,世祖福临的《孝献皇后行状》和世宗胤禛的《御选语录》、《拣魔辨异录》也颇具特色,值得称道。

(三)书画

爱新觉罗家族在入关之前的书画,据目前所见资料,仅天聪九年(1635)八月初八日,太宗皇太极因两名汉族画工奉旨完成《太祖实录图》而予以赏赐。"是日,先是天聪汗命画匠张俭、张应魁二人恭绘先代英明汗实录图,至是绘成,赏张俭人一对、牛一(头),张应魁人一对"[1]。表明爱新觉罗家族此时已开始接触到汉族的书画艺术。

清入主中原以后,随着清朝统治逐渐稳固,爱新觉罗家族成员,在宫廷教育的培养下,谈诗赋词、习书作画逐渐成为满族贵胄的一种时尚。在清初

---

[1] 《清初内国史院满文档案译编》上册。

的历史背景下,爱新觉罗家族书画艺术的产生,有三种情况:一是受到残酷血腥的宫廷斗争的影响,一部分家族成员为逃避现实,转而走上追求文学、艺术乃至宗教的道路。二是因特殊的身份和地位,有些成员在享受荣华富贵之余,进一步追求以诗文书画等艺事来充实自己,带动家人,使闲暇时光变得高雅、美好。由此出现了一批书画家。三是他们原来出身高贵,甚至显赫一时,后因仕途受挫,或因违背皇帝旨意被削爵夺职,或因办事昏聩而丢官受罚,或在争权逐势中惨遭淘汰,这些人官场失意后而把诗文书画当作自娱,借以安慰与解脱。第一种人如:皇室首位著名书画家高塞,是皇太极的第六子,世祖福临的庶兄,受封为镇国公,但他却选择了远离政治、不问国事的逍遥文士生活。据《八旗画录》载:他性情淡泊,嗜文学、通琴理、精词曲、工诗赋,还长于绘画,画风宗师元人倪瓒,所作笔意淡远,萧疏宁静,曾作有《琼娥图》传世。第二种情况如安和亲王岳乐,是饶余敏亲王阿巴泰(努尔哈赤第七子)的第四子,在清初东征西讨,屡立战功,任官为王,高居仕途,但在为政、军旅之余,却喜好艺事,不仅工诗,且善画,并影响到家人和后辈。

入主中原后的清朝帝王,在接受汉文化同时,也接受了汉族传统的书画艺术。世祖福临就是一个能书善画的皇帝,在亲政的 10 年间,经常亲自作一些书法、绘画赏赐近臣。他的书法学钟繇、王羲之,绘画则撷取荆浩、关仝、倪瓒、黄公望之长,所作林峦向背、水石明晦之状,具得宋元人情趣。据清人张庚《国朝画征录》记载:世祖"尝以指上螺纹作渡水牛,神肖多姿。自后臣高其佩等皆擅长纸墨,其法实始自世庙也。"这种指画艺术后来发展成清代画坛上的重要流派。据高宗敕编的皇家书画目录《石渠宝笈》记载,世祖有书法作品 4 件、绘画作品 15 件,均创作于顺治十二年至十八年(1655—1661)间。

圣祖玄烨不仅精诗文、通音律、懂术算、晓天文、知地理,对中国传统书法绘画艺术也有较高的造诣。康熙四十三年(1704)七月,他不无炫耀地向诸皇子、大臣说:"朕自幼好临池,每日写千余字,从无间断,凡古名人之墨迹、石刻,无不细心临摹。积今三十余年,实亦性之所好。即朕清字,亦素敏速,从无错误。"[①]圣祖的书风师法明人董其昌,由于他的喜好,致使当时宫

---

① 《清圣祖实录》卷二一六。

内文臣"拟董"成风。圣祖书法以行书见长,书体在董字基础上更为刚健沉稳,颇具纯朴超俗之法度。他对自己的书法作品充满自豪感,除在平日将手书广赐廷臣外,遇到机会还把墨迹恩赏镇守地方的封疆大吏,以此联络上下君臣感情。此外,他出巡所至,遇有名迹胜境,也好题诗留字。圣祖对绘画也多方面投入和参与,世祖时内廷已有很多画画人和长于书画的文臣学士,如"孟永光以工人物写真,祇候内廷",世祖深爱其画,"命内侍张笃行受其笔法"。至圣祖亲政后,"黄应湛以工人物,祇候画院","命创《阅武图稿》,赐官中书"。清初著名画家王原祁亦以进士供职内廷,"充书画谱馆总裁,鉴定古今名迹,进少司农"。圣祖南巡返京,"召集天下名工,作《南巡图》,王原祁总其事,王翚主绘图,图成进呈,称旨而获厚赏,时称盛事"[①]。满族名画家唐岱亦奉旨入宫,圣祖命其论讲绘画之法,称旨,赐号"画状元"。对于历代书画艺术品的收集、整理和著录,圣祖也很重视,敕朝臣孙岳颁、王原祁等编纂《佩文斋书画谱》100卷,该书自1800余种书籍中采辑资料,结合宫中收藏品,按历代书画论著、书画家评传和书画作品题跋、辩证、鉴藏等门类编撰,所收内容十分广泛,成为中国古代自有书画谱以来最为完备的书画著录之作。

  清世宗胤禛在书法方面亦有擅长,以行书和草书两体为佳,所作书法功力深厚,特色自生,重自娱而轻规矩,笔势凌厉硬朗,其中亦反映出他的一些个性。清高宗弘历在书法方面投入最多、个人成就最大。他热衷于学习汉族传统文化,于古代诗文、音律、典籍、书画、鉴藏乃至佛教均有较多、较深的触及。他对书画艺术的浓厚兴趣,一是表现在书法上,他遍临钟繇、二王、颜、柳及蔡、苏、黄、米、赵、董诸家,但最喜爱的还是宋人黄庭坚、米芾,元人赵孟頫和明人董其昌的笔势。从其传世的书法作品看,书风主要以"馆阁体"为主,笔墨圆润秀媚,风格流畅,令人赏心悦目,只是通篇一律,缺少变化。二是表现在绘画上,于山水、花卉、蔬果及人物、道释均擅长,尤长于松、竹、梅、兰"四君子"之作。他作画喜用董其昌笔法,着笔单纯,勾勒简洁,少皴擦晕染之势。但高宗的绘画成就一般,无法像真正的画家那样感悟到艺术真谛而获得灵感,只能简单地模仿和因袭。三是表现在他对历代书画真

---

① 潘天寿:《中国绘画史》,上海人民美术出版社1983年版。

迹的广泛收罗和认真鉴赏、题咏方面。他不遗余力地收集、庋藏古代及当代书画名作。如"觅马和之之《国风图》，历数十年，始全获，藏于学诗堂；又因得韩滉之《五牛图》，特设春藕斋以藏之"①。因收得三件稀世之珍王羲之《快雪时晴帖》、王献之《中秋帖》和王珣《伯远帖》，特意将养心殿西隔间收贮室命名为"三希堂"，他经常于该室鉴赏、品玩宫中所藏书画名迹，或在作品上题诗作赋、署款钤玺，或观赏间有感而自作书画，可见他对书画艺术的真心喜爱。此外，他对宫中所藏书画作品的整理、著录也十分重视。乾隆初即诏令臣工清点、分类内府所藏众多书画作品，至乾隆九年（1744）编成《秘殿珠林》一书，翌年又由张照、梁诗正等编成巨著《石渠宝笈》44卷，将内府收藏的所有书画作品，按书、画、卷、轴、册子分类，详载每件作品的尺寸、款识、印记、历代题跋和御题等。以后又先后编印成《南薰殿尊藏图像目》、《荣库储藏图像目》等书画录。乾隆末年，高宗又命朝臣编订《秘殿珠林·石渠宝笈续编》40卷，使后人尽知当时著名的书画作品。

雍正、乾隆朝宫廷书画达到鼎盛，也是爱新觉罗家族书画艺术的一个辉煌阶段。首先表现于书画家人数增多。据统计，爱新觉罗直系子孙"弘"字辈和"永"字辈里有越来越多的人显露才华，而旁支宗室中也不乏其人。其中高宗诸子中精于书画者为数众多，计有皇四子永珹、五子永琪、六子永瑢、八子永璇、十一子永瑆、十五子颙琰等。其次是书画家个人技法的进一步提高及其总体艺术水准的发展成熟。由于受到清宫书法、绘画风格的巨大影响，这一时期有明显的时代特征，即书法上逐渐形成名为"馆阁体"的书体，后人称"王底赵面"，进而被爱新觉罗氏子孙发展为"乾隆体"。绘画上的画风则以"院体画"为主，即从历代名迹中继承、临摹传统技法，又结合自身实践去创作，形成其笔致工整、细腻，风格华润、典雅的特色。同时由于受清宫中西洋画家的影响，绘画创作也开始注重阴阳向背、造型结构及用光用色的特点，因而其画作的质量越来越精。在众多的爱新觉罗家族书画家中，以清高宗第十一子成亲王永瑆之书法和圣祖第二十四子允祕次子弘旿、高宗第六子永瑢之绘画最为著名。

---

① 潘天寿：《中国绘画史》，上海人民美术出版社1983年版。

第八章 盛世降下帷幕

1. 持盈保泰求安

康雍乾三朝是在中国封建社会晚期出现的一个繁荣昌盛的时期,它与中国历史上其他的几个盛世相比有不同的特点,具有更为丰富而深刻的内涵。归纳其特点,有如下几个方面:

第一,封建商品经济的高度发展。这既是康乾盛世的重要表现,又是盛世出现的经济基础。在此期间,中国封建商品经济在各个生产领域都获得了大幅度的发展,农业商品性生产程度明显提高,民营手工业迅速发展,商路增辟,大量城镇涌现,全国性市场形成,因而形成了商品网,在江、浙等发达地区,尤为密集。国内商业繁荣,国外贸易发展,宇内富庶,赋入盈羡,仓廪积蓄充足,赈灾、减赋、普免钱粮远超历代。

第二,封建专制主义的中央集权政治进一步完善。地方权力日益集中于中央,中央权力集中于皇帝,君权得到空前发展和加强,皇帝是乾纲独揽。康熙、雍正、乾隆三朝君主较开明,并各有作为。这一时期,科举制度和监察制度不断完善和发展,人才易被选拔,社会也多贤达之士。总之,这一时期社会相对稳定,封建统治更加成熟。这是盛世在政治上的突出表现,也是中国封建政治制度发展的必然结果和成熟的标志。

第三,国家的空前统一和巩固的多民族国家的形成。经过康熙、雍正、乾隆三朝的经营,统一台湾,击败沙俄和廓尔喀的入侵,平定准噶尔蒙古和南疆回部割据势力,以及土尔扈特部蒙古的回归祖国和云南少数民族的改土归流,进一步巩固了北部、西北部、东北部、西南部边疆和东南海疆,限制、打击了边疆割据势力,加强了中央政府同边疆地区的紧密联系。最后形成和巩固了统一的多民族的国家。恢宏而统一的多民族国家的最终形成,实现空前的"大一统",是盛世最重要的内容,也是清朝对中国历史发展作出的重大贡献。

第四,继承与发展传统文化,全面总结并达到极盛。这是康乾盛世在文化上的划时代的建树。程朱理学成为清朝的统治思想,文化上师古风气盛行,考据学独成一学派,市民文学取得辉煌的成就,类书、丛书的大量编纂,《古今图书集成》、《四库全书》的编辑与刊刻,规模宏大,影响深远,均是对中国传统文化进行大总结的丰硕成果。

第五,盛世持续近百年。然而,物极必反,久盛必衰。封建社会固有的矛盾,已在盛世时期逐渐露出端倪:土地兼并严重,造成大量无业流民,阶级矛盾与社会矛盾日益严重;君主专断,吏治开始败坏,统治阶级生活奢侈,已失去昔日的进取心;财政拮据,外患日益逼近,各族劳动人民的反抗斗争连续不断。

乾隆中期达于极盛。高宗对于他在位期间出现的极盛局面,未敢称其为"大当",而称其为"小康"。自三代以来,几千年间,历经了多少朝代,在此期间虽然也出现过强盛之国或太平盛世,却都无法与他当政时所达到的极隆"盛世"相比美。他说:"更倦思之,三代以上弗论矣,三代以下,为天子而寿登古稀者,才得六人,已见之近作矣。至乎得国之正,扩土之广,臣服之普,民庶之安,虽非大当,可谓小康。"①这种"小康"盛世,正是高宗认为超过历史上所有盛世的主要标志。他认为:"且前代所以亡国者,曰强藩,曰外患,曰权臣,曰外戚,曰女谒,曰宦寺,曰奸臣,曰佞幸,今皆无一仿佛者。"②即乾隆盛世时期,朝政清明,无所谓乱政者。高宗对他主宰下的盛世作出了自己的总结,显露出满意的心情。应当承认,他的总结基本符合实际。但也并不全部符合实际,如所说无亡国的乱政者,就不完全符合实际。乾隆后期,亡国的乱政者已出现,此时外患有之,权臣有之,奸臣有之,佞幸亦有之,只不过高宗并没有给予注意罢了。他也十分清楚:这"小康"盛世

---

① 《清高宗实录》卷一一一二。
② 《清高宗实录》卷一一一二。

来之不易,而保持更难。因而高宗一再告诫臣下要"持盈保泰",就是要保持"全盛",永不衰败:"惟益励持盈保泰之心,夙夜倍切,永兢此意,愿与中外臣民共之。"①在诗文中他也写道:"重熙累洽诚斯日,保泰持盈亦此时。"②"凛渊冰而戒盛满,祛安逸而谨思虑。"③同时,他还表示自己一定要"弗励慎终如始之志,以竭力敬天法祖,勤政爱民,古云:适百里者半九十里,栗栗危惧,诚恐惷荒而有所陨越,将孤天恩,予又何敢如是"④,表明他怀有忧虑之心,决心不半途而废,一定要"持盈保泰"。

高宗这种居安思危,"忧盛危明"的思想,不失为政治家的远见卓识,他以此激励自己继续坚持勤政,并收到了一定的效果,又维持盛世二三十年。然而到其晚年,一方面由于封建制度本身决定这种"盛世"不会保持长久;另一方面他本人既居安思危,又陶醉于太平盛世的美梦之中,盲目自满,极端自负,不仅看不到社会存在的弊端,也不允许他人指出这些弊端,致使这些弊端滋长、蔓延,直至衰败。

高宗晚年这种盲目自满,极端自负,不许别人指出问题的心态,有几件事较典型地说明了这一点。

乾隆五十七年(1792)十月,当清朝同意廓尔喀王国修贡停兵议和之后,高宗亲自撰写了《十全记》,记述他数十年来10个方面的"武功"。这10次战争,清军并非都获得了胜利,他却把这10次战争称之为十战十胜的"十全武功"⑤。只提胜利不提失败,并把失败也说成是胜利,反映了高宗讳过喜功、自傲自满自负的思想。

乾隆五十六年(1791)二月,对上疏揭发朝政弊端的内阁学士尹壮图的错误处理。尹壮图在乾隆五十五年十一月上了一份奏折,揭露当时朝政的某些弊端:近来朝廷规定,总督、巡抚有过,可以"罚银数万,以充公用"而贷其罪。他认为此法不妥,因为督抚如能自请认罚银两而获宽免,则"在桀骜之督抚,借口以快饕餮之私",而廉洁者亦不得不希望属员资助,"日后遇有

---

① 《乾隆御制文》二集卷五《说》。
② 乾隆《御制诗文十全集》卷八。
③ 《乾隆御制文》二集卷五《说》。
④ 《清高宗实录》卷一一一二。
⑤ 《清高宗实录》卷一四四四。

（属员）亏空营私重案，不容不曲为庇护"。因此他认为这种罚银贷罪的规定"是罚项虽严，不惟无以动其愧惧之心，且潜生其玩易之念。请永停罚银之例，将罚项改记大过若干次。如才具平凡，或即罢斥，或量予京职，毋许再膺外任"①。然而，高宗看了尹壮图的奏折后，却说什么"自谓勤政爱民，可告无愧于天下，而天下万民亦断无泯良怨朕者"，"若朕如尹壮图所奏，则大小臣工等皆系虚词贡谀，面为欺罔，而朕五十余年以来，竟系被人蒙蔽，于外间一切情形，全无觉察，终于不知者"②。他竟把尹壮图揭露朝政弊端，看成是对自己的攻击。还让尹壮图察看各省亏空情况。各省官员闻讯，早已将亏空设法挪补，尹壮图如何察看得出。尹壮图无法，只好自认倒霉，认罪并请求处分。高宗仍然抓住不放，下谕旨称："天下各督抚当此吏治肃清之际，即有不肖之心，亦必默化潜移，岂敢以身试法！夫各督抚……倘谓借端赔项派累属员，则断断不敢为此。"该谕又称："尹壮图谬妄无知，以蠲额兴叹之言诬及朕躬，诬及百姓"，"尹壮图不但无君，而且无亲，人伦丧尽，岂可忝居朝列，玷辱缙绅。尹壮图著革职，交与庆成押带来京，交刑部治罪"③。这样一来，高宗就将言路也完全堵塞了，当然也就听不到大臣们对社会弊端的反映。"问题"就渐渐成堆，弊端与隐患渐渐扩大，盛世也随之而渐渐衰落。

高宗津津乐道他在位期间乱政者已经绝迹，但实际上不仅没有绝迹，而且大有人在。具有讽刺意味的是，其中最大的乱政者和珅，正是高宗自己扶植、培育、重用的，而且长期生活在他身旁。

2. 和珅专权乱政

和珅，原名善保，字致斋，钮祜禄氏，满洲正红旗人（一度曾抬入正黄旗），乾隆十五年（1750）生。父常保，母为伍弥泰之女（一说是嘉谟之女）。乾隆二十五年补授参领，三十四年由文生员承袭三等轻车都尉世职，三十七

---

① 《清高宗实录》卷一三六七。
② 《清高宗实录》卷一三六七。
③ 《清高宗实录》卷一三七〇。

年授三等侍卫。乾隆四十年擢为乾清门御前侍卫兼副都统。四十一年正月,任户部侍郎;三月,又任军机大臣;四月,任内务府大臣;八月,调任镶黄旗大臣;十一月,充国史馆副总裁;十二月,总管内务府官兵事务,赐紫禁城骑马,全家抬入正黄旗。这种提升速度真可谓"骎骎向用"[①]。

和珅被神速提升,因而就有种种传说,一种说法是:"雍正时,世宗有一妃,貌姣艳。高宗年将冠,以事入宫,过妃侧,见妃对镜理发,遽自后以两手掩其目,盖与之戏耳。妃不知为太子,大惊,遂梳向后击之,中高宗额,遂舍去。翌日月朔,高宗往谒后,后瞥见其额有伤痕,问之,隐不言。严诘之,始具以对。后大怒,疑妃之调太子也,立赐妃死。高宗大骇,欲白其冤,逡巡不敢发。乃亟返书斋,筹思再三不得策,乃以小指染朱,迅返妃所,则妃已缳帛,气垂绝。乃乘间以指朱印妃颈,且曰:'我害尔矣!魂而有灵,俟二十年后,其复与吾相聚乎。'言已,惨伤而返。迨乾隆中叶,和珅以满洲官学生,在銮仪卫选舁御舆。一日驾将出,仓猝求黄盖不得,高宗云:'是谁之过欤?'和珅应声曰:'典守者不得辞其责。'高宗闻而视之,则似曾相识者。骤思之,于何处相遇,竟不可得,然心终不能忘也。回宫后,追忆自幼至壮事,恍然于和珅之貌,与妃相似。因密召珅入,令跪近御座,俯视其颈,指痕宛在。因默认珅为妃之后身,倍加怜惜。"[②]另一种传说是:"一日警跸出宫,上偶于舆中阅边报,有奏要犯脱逃者,上微怒,诵《论语》'虎兕出于柙'之语。扈从诸校尉及期门羽林之属咸愕眙,互询天子云何。和珅独曰:'爷谓典守者不能辞其责耳。'上为霁颜,问:'汝读《论语》乎?'对曰:'然。'又问家世年岁,奏对皆称旨,自是恩礼日隆。"[③]第一种传说,实属荒诞,但反映了人们对高宗如此宠信重用和珅,感到迷惑不解。第二种传说,类似的还有,均是讲和珅在高宗身边服务过,一个偶然的机会,被发现而平步青云。虽有可信之处,但人们对其提升速度之快感到惊讶。和珅确实才华出众,精通满、汉、蒙古、藏四种文字,这是高宗宠爱他的原因之一。善于揣摩高宗的习性和脾气,甚至高宗想说什么,想做什么,他都能琢磨个八九不离十。对于高宗来说,真可谓得心应手。这是高宗宠爱和珅的一个重要原因。

---

① 赵尔巽等:《清史稿》卷三一九《和珅传》,中华书局1977年版。
② 见小横香室主人:《清朝野史大观》卷一《和珅获宠原因》。
③ 陈康祺:《郎潜纪闻》卷二。

乾隆四十一年(1776)以后,和珅升迁的速度是惊人的。四十二年五月,高宗命和珅与英廉、刘墉、梁国治等负责修改《明史》,六月升任吏部左侍郎兼署右侍郎,十月兼步军统领。四十三年初,他兼任崇文门税务总督;六月,授正白旗都统,领侍卫内大臣。四十四年八月,命其在御前大臣上学习行走。四十五年三月,任户部尚书、御前大臣兼都统,正白旗领侍卫内大臣、议政王大臣;十月,又任四库馆正总裁,兼任理藩院尚书。就在这一年闰四月,高宗把自己的第十女固伦和孝公主许配给和珅的长子丰绅殷德。四十六年,和珅任钦差大臣至兰州镇压苏四十三起义,不久即被召回京兼署兵部尚书,又管户部三库事,并任方略馆总裁。四十八年,赏戴双眼花翎,任国史馆正总裁、文渊阁提举阁事、清字经馆总裁。四十九年七月,授其轻车都尉世职,调任吏部尚书、协办大学士,仍兼管户部;九月,授一等男并兼任正白旗都统。五十一年七月,晋升为文华殿大学士,仍兼吏部与户部事。五十三年,晋封为三等忠襄伯,赏紫缰。五十四年四月,充殿试读卷官;五月又授教习庶吉士。五十五年,赏黄带四开禊袍。五十六年,兼任刻"石经"总裁。五十七年,兼任翰林院学士。五十八年,兼管太医院及御药房。六十年,充殿试读卷官及教习庶吉士。高宗做了太上皇以后,和珅仍受到重用。嘉庆元年(1796),和珅调任正黄旗领侍卫内大臣,后又调任镶黄旗满洲都统。二年,调管刑部,仍兼管户部。三年,任参赞机政并兼部务,八月晋封为一等忠襄公①。

从乾隆四十年(1775)到嘉庆三年(1798)24年中,和珅从一个三等轻车都尉升为一等男、三等伯、一等公,从一个侍卫升任军机大臣、御前大臣、领侍卫内大臣、大学士。他先后在吏部、户部、兵部、刑部、理藩院、内务府任职,有时甚至同时兼管三部事。他不仅担任户部尚书,还兼任过崇文门税务总督,长期掌管户部三库事,掌管着清朝的经济大权。他担任过兵部尚书,还先后在正黄旗、镶黄旗、正白旗、正蓝旗、镶蓝旗五个满洲旗中任领侍卫内大臣、都统之职,还担任过京师步军统领(即九门提督)。同时还充任《四库全书》等多部书的总裁、正总裁。和珅的一生,管事范围之广,权力之大,在清代历史上是罕见的。

---

① 参见冯佐哲:《和珅秘史 贪污之王》第二章,吉林文史出版社1989年版。

在高宗的宠信、重用、扶植之下,和珅不仅成为高宗的心腹大臣,而且成为首辅大学士、领班军机大臣,专横跋扈的"二皇帝"①。他培植党羽,结党营私,随着官位的迅速提高,他的关系网也迅速膨胀,其党羽遍布全国各地。和珅的弟弟和琳,本是笔帖式,乾隆五十一年(1786)后官位竟直线上升,从湖广道御史至吏部给事中、内阁学士、工部左侍郎、正蓝旗汉军副都统、镶白旗汉军都统、工部尚书、光禄大夫、兵部尚书、都察院左都御史、四川总督。爵位初封一等宣勇伯,加太子太保,再晋一等宣勇公②。和珅的"生死之交"福长安,从蓝翎侍卫,累迁正红旗副都统、武备院卿并管内务府事、户部尚书。后来仁宗在下令查办和珅的同时,也下令查办福长安,说他们"朋比为奸,获罪甚重,不得不治"③。另一骨干苏陵阿,与和琳是儿女亲家,由于和珅的特别关照,很快由内阁中书提拔为兵部侍郎、工部侍郎、户部侍郎、户部尚书、两江总督、东阁大学士兼刑部尚书④。其他如山东巡抚伊江阿、河南巡抚景安、两淮盐政使徵瑞、湖北汉阳府知府明保以及广信府知府湛露等,均为和珅安插的亲信。

这一集团权势之大,危害之深,有一则事例可以为证:有一人叫刘全,绰号刘秃子,又叫"外刘"。自幼为和珅家赶车,后被和珅提拔为大管家,主管外勤事务。据说他管理着和珅家的各处店铺,甚至还代替和珅掌管崇文门税关的税收。他依仗和珅的权势,狐假虎威,鱼肉百姓,不仅为和珅经营着庞大的家产,自己也攒下万贯家财,"至二十余万"⑤,自开、伙开铺业4处⑥。在和珅宅第附近的兴化寺街修建了一座深宅大院,其建筑规模远远超过一个管家的规格。由于和珅势大根深,反对和珅的人不敢把矛头直指和珅,就想从刘全身上打开缺口。乾隆五十年(1785),监察御史曹锡宝上疏弹劾刘全:"恃势营私,衣服、车马、居室皆逾制。"⑦但是,没想到曹锡宝却被朋友吴省钦(也是和珅集团成员)出卖,此疏尚未呈上,吴省钦已将曹锡

---

① 斯当东:《英使谒见乾隆纪实》。
② 赵尔巽等:《清史稿》卷三一九《和琳传》,中华书局1977年版。
③ 中国第一历史档案馆藏:《上谕档》785(一)。
④ 昭梿:《啸亭杂录》卷八《苏相国》。
⑤ 《清史列传》卷三五《和珅传》。
⑥ 《嘉庆诛和珅案》,故宫博物院《史料旬刊》第七期。
⑦ 赵尔巽等:《清史稿》卷三二二《曹锡宝传》,中华书局1977年版。

宝上疏的内容密告和珅。和珅即令刘全将逾制的房屋、车马、衣物拆毁或藏匿起来。曹锡宝上疏之后,高宗命留京王大臣定郡王绵恩、都察院堂官、大学士梁国治等人偕同曹锡宝一同到刘全家查验,结果当然一无所获。曹锡宝不得不承认自己失当,请求处分。曹锡宝此举不仅没有触动刘全、和珅一根毫毛,相反,他自己却遭到皇帝的申斥:"锡宝未察虚实,以书生拘迂之见,托为正言陈奏,姑宽其罪,改革职留任"处分①。由于皇帝的宠信,"阁老和珅,用事将二十年,威福由己,贪黩日甚,内而公卿,外而藩阃,皆出其门。纳贿谄附者,多得清要,中立不倚者,如非抵罪,亦必潦倒"②。

和珅利用高宗宠爱他的有利条件,把军、政、财、文大权集于一身,又利用高宗晚年年老体衰,实行专权乱政。和珅"权倾一时,内而部院群僚,外而督抚提镇,其不由和(门)者或寡矣"③,甚至连高宗诸皇子也对他望而生畏。特别是高宗做了太上皇之后,和珅"乘高宗昏耄,颇有挟太上皇帝以号令皇帝之势"④。他对于川楚"各路军营递到的奏报,任意延搁"⑤而不报。他可以把原军机处记名人员天津运司武鸿"任意撤去"。因武鸿"系捐纳出身"⑥。乾隆六十年(1795),高宗册封颙琰为皇太子时,他"泄漏旨意",向颙琰卖好。高宗病重时,他又将"宫中秘事向外廷人员叙说",透漏机密⑦。为抚绥蒙古诸部,朝廷本来规定:凡出过痘的蒙古王公可以进京晋见皇帝,未出过痘的蒙古王公则在避暑山庄晋见皇帝。和珅既未请示皇帝,又未与其他大臣商量,就擅自修改朝廷成规,规定无论出过痘或未出过痘的蒙古王公一律不必来京⑧。其专擅的严重程度可见一斑。

和珅长期掌管户部大权,又任崇文门税务监督,同时还掌管着内务府三库等财政部门,几乎把全国的财政大权都集中在自己手中;高宗本人挥霍无度,所需费用皆令和珅筹备,他就利用这种机会,在为皇帝筹款的同时,自己

---

① 赵尔巽等:《清史稿》卷三二二《曹锡宝传》,中华书局 1977 年版。
② 《朝鲜李朝实录》十一《正宗实录》正宗十八年。
③ 陈焯:《归云室见闻杂记》卷中。
④ 《清嘉庆三年太上皇帝起居注·朱希祖序》。
⑤ 《清仁宗实录》卷三七。
⑥ 李梦符:《春冰室野乘·和珅供词》。
⑦ 李梦符:《春冰室野乘·和珅供词》。
⑧ 李梦符:《春冰室野乘·和珅供词》。

也大肆掠财,不仅他自己成了"贪污之王",而且他的集团成员个个是贪污犯,乾隆晚期出现的贪污风应该说与和珅不无关系。高宗令和珅筹款,和珅则令督抚"贡献",于是层层摊派,而各层官员也都乘机捞上一把。有的官员公开说:"我之所以加倍加数倍者,实层层衙门用度,日甚一日,年甚一年。""究之州县,亦恃督、抚、藩、臬、道、府之威势以取于民,上司得其半,州县之入己者亦半。初行尚有畏忌,至一年二年,则成为旧例,牢不可破矣。"①如此毫无顾忌地贪占、行贿,可知不仅贪污已成风,而且贪污成网,即层层贪污、集团贪污。乾隆四十六年(1781)破获的王亶望贪污案,是一典型案例。在抄没其家时得金银逾百万,其同案犯中仅甘肃各府、道、州、县的官员,贪污2万两以上的就多达22人②。还有郑源璹案也是如此。郑源璹在任湖南布政使时,千方百计地向州县官吏逼索,州县官吏又向百姓搜刮,湖南怨声载道③。

和珅专权与和珅集团的形成,表明朝政已乱,由盛转衰,开始走下坡路了。

3. 社会动荡加剧

清朝处于封建社会晚期,自其建立之日起,劳动人民的反抗斗争从未停止过。就整个康、雍、乾三朝盛世而言,由于前后的政治、经济状况不同,劳动人民反抗斗争的特点也不一样。在盛世晚期,劳动人民的反抗斗争更加频繁,规模不断扩大,阶级矛盾日趋尖锐,社会动荡加剧。这一时期的劳动人民反抗斗争,可分为三个阶段:

康熙二十二年至五十一年(1683—1712)为第一阶段。

以平定吴三桂之乱与收复台湾为标志,自此以后全国形势安定,社会经济得到恢复和发展,出现盛世局面。由于地主制经济有所发展,地主阶级千方百计地增加地租数额,农民被迫起来要求减租,展开一系列经济斗争。如

---

① 赵尔巽等:《清史稿》卷三五六《洪亮吉传》,中华书局1977年版。
② 赵尔巽等:《清史稿》卷三三九《王亶望传》,中华书局1977年版。
③ 赵尔巽等:《清史稿》卷三三九《郑源璹传》,中华书局1977年版。

"顽梗不逞之佃户,据田抗租,与田主为难者十家九"①。针对地主阶级的增租,农民要求减租;针对地主阶级采用大斗、巨斛收租,农民进行"较斗"斗争;针对地主阶级实行"桶面"、"租戥",农民要求废除这些附加租;针对地主阶级夺佃增租,农民进行反夺佃和争取永佃权的斗争。这一类斗争开始是一家一户进行的,后组织起来,共同向地主进行斗争。这一类斗争在康熙中期进入高潮。江西、福建等地的广大佃农以"平仓"、"平米"、"倡永佃"为号召,组织"田兵"反抗当地的地主豪绅。康熙二十七年江西宁都的佃农李满、李矮、王焕英等组织"田兵"抗租,"据寨自保"②。这一类斗争,后来多半发展成为武装起义。有的规模还较大。如康熙四十九年,福建陈五显聚"田兵"2000余人起义,活动于永顺、德化等地。这支由农民组成的起义军,纪律严明,"村民不废耕织,照常安业"。福建提督兰理派参将尚之瑨率兵进行镇压。陈五显率部分起义军逃至海上,继续战斗,直至康熙五十年战败③。

康熙五十二年至乾隆四十八年(1713—1783)为第二个阶段。这70余年盛世社会经济得到发展和繁荣,专制主义中央集权加强,国家富强,统一的多民族国家最终形成。城乡人民的反抗斗争具有以下一些特点:第一,农民的经济斗争,更加频繁,且出现新的斗争内容,发展为抗租斗争。"乡民旧多淳谨,康熙后渐有抗租顽佃。"④广东东莞佃户抗租,造成地主"租不及额之半"⑤。这种斗争当时遍及大江南北、黄河上下、长城内外,统治阶级惊呼:"佃户抗租,久成锢习。"⑥第二,这种经济斗争逐渐发展为政治斗争,矛头不仅指向封建地主,而且指向封建政权。正如有人所分析:"(殊不知)朝廷粮赋出于田租,业主置田原为收租,佃不还租,粮从何出?在业主岂甘弃之不取?而江南百余万石漕粮,非租将何完纳?"⑦为此,不少地方都颁行

---

① 同治《瑞金县志》卷一一。
② 同治《上杭县志》卷一三。
③ 转引自本书编写组:《中国军事史》附卷"历代战争年表(下)",解放军出版社1986年版,第524页。
④ 乾隆《崇明县志》卷一二。
⑤ 嘉庆《东莞县志》卷三九。
⑥ 《清高宗实录》卷二四五。
⑦ 陈宏谋:《培远堂偶存书稿文檄》卷四五。

《严禁顽佃抗租告示》或树立"严禁恶佃架命、抬诈、霸田、抗租碑",强行规定:"倘再冥顽不灵……尚有抗欠新租,致业主具控者,定当立拿枷责,游示各乡,仍押吐退,另行招佃。"①。清廷镇压农民的抗租斗争,加上赋税徭役加重,因此,农民的反抗斗争逐渐由经济斗争转向政治斗争,其矛头直指清政权。其政治斗争主要表现为武装起义。据不完全统计,造成影响的农民起义不下50余次。这些起义多数局限在本县或邻县,人数多在几百人、几千人,但有的起义已达到几万人、十几万人,甚至几十万人。例如,康熙六十年台湾朱一贵起义,人数达30余万,攻下台湾府,朱一贵自称"中兴王"②。乾隆十七年福建蔡荣祖起义,打起了"大宁国"的旗号,攻打县城③。乾隆三十九年山东寿张王伦起义,占据了寿张,连破阳谷、堂邑二县,"声言攻城止杀官劫库,不杀百姓",数日之内就聚众几千人。王伦自称紫微星,并设置元帅、先行、国公等官④。第三,农民反抗斗争已开始建立自己的组织来进行斗争。如康熙五十二年,江西兴国县佃农李鼎三等领导争取永佃权的抗租起义,"赴县门挟长官,要求勒石著为例",取得了胜利。起义过程中建立起农民自己的组织会馆⑤。会馆不仅经常宣传抗租,而且每到秋收季节,就组织农民进行抗租。同时,有些地方的武装起义已开始利用白莲教这种宗教组织形式。乾隆四年至五年,河南伊阳梁朝凤、一枝花就是利用白莲教宣传、组织群众起义⑥。第四,城乡劳动人民的反抗斗争互相配合、互相支援。这是劳动人民的反抗斗争进一步成熟的反映。雍正八年(1730),江苏崇明县(今属上海市)农民爆发抗租斗争,他们拒不向地主缴纳租赋,并上街张贴传单,揭露大地主增加附加租以及倚势逼勒佃户的罪行,深得城镇人民的同情,商人则发动罢市以示支持⑦。

乾隆四十九年(1784)后为第三个阶段,一直延续到鸦片战争爆发。乾隆末年是由盛转衰的阶段。土地兼并激烈,地租额不断提高,无地农民大量

---

① 《澄江迩续编》卷二《文告》。
② 兰鼎元:《平台纪略》。
③ 《清高宗实录》卷四三二。
④ 《清高宗实录》卷九六六、九六七、九六八。
⑤ 同治《兴国县志》卷四六。
⑥ 档案,乾隆四年十月十九日兵部右侍郎雅尔图奏,乾隆五年正月十七日雅尔图奏。
⑦ 《朱批谕旨·李卫奏折》雍正八年六月初六日折及朱批。

增加，社会经济由发展而停滞，加上吏治败坏，贪污盛行，国家财政发生危机，更加重了劳动人民的负担，社会安定的局面正在遭到破坏。自乾隆四十九年甘肃回民田五起义后，各地大规模的起义连续不断，次数频繁，规模越来越大，对清朝统治者的打击沉重。乾隆四十九年六月爆发了田五领导的石峰堡回民起义，起义民众达数千人。起义不久，田五牺牲，起义军在马四圭、张文庆领导下继续战斗。清廷从甘肃邻省调重兵会剿，才将起义镇压下去。乾隆五十一年爆发台湾林爽文起义。乾隆四十八年，福建漳州天地会首领严烟到台湾传教，彰化人林爽文等参加了天地会，并在其家乡大里杙积极准备起义。五十一年十一月，彰化知县派兵查缉天地会，林爽文"因民之怨"①，趁机发动起义，攻占了彰化，杀死知府孙景燧，建立了政权组织，年号"顺天"，林爽文任"顺天盟主大元帅"，杨振国为副元帅。义军又攻克了淡水、诸罗等城镇，各地民众闻风响应，"遍地皆从贼"②。福康安也说："每遇攻掠地方，纠合动至数万。约计诸罗、彰化两县，乌合贼众不下数十万人。"③镇压起义的清军屡屡失利，五十二年六月，高宗令派大学士、陕甘总督福康安前往台湾，督办军务，并动用了两广、浙江、贵州、四川、湖南、福建等七省兵力，费银达千万两，历时一年零两个月，才将这次起义镇压下去。乾隆中期以后，对外贸易繁荣，海上交通发展，东南沿海居民多以海运、渔、盐为业。可是，封建统治者却对他们进行残酷的压迫和剥削，不断引发沿海人民的反抗斗争。乾隆五十九年，爆发了福建同安县人蔡牵领导的海上渔民的反抗斗争。蔡牵率领失业渔民、船工在漳、泉一带海上起义。起义军拥有百余艘船只，先后攻打过厦门、海口、浙江，并一度攻占过台湾淡水，自称"镇海威武王"，建元"光明"④。这次海上起义，纵横闽、浙、粤三省海面，转战14年之久，沉重地打击了清朝的统治。乾隆六十年爆发湘黔苗民起义。乾隆五十九年末，贵州松桃厅苗民石柳邓、湖南永绥厅苗民石三保等秘密集会，约定于乾隆六十年正月十八日同时起义，"穷苗闻讯，无不攘臂相从"⑤，

---

① 赵翼：《皇朝武功纪盛》卷四《平定台湾述略》。
② 赵翼：《皇朝武功纪盛》卷四《平定台湾述略》。
③ 《军机处录副奏折》乾隆五十二年十二月二十七日福康安奏折。
④ 魏源：《圣武记》卷八《嘉庆东南靖海记》。
⑤ 《永绥厅志》卷四。

铜仁、镇远、思南、石阡等地苗民纷纷响应,很快就形成一支八九万人的起义队伍。起义军拥立乾州厅的起义首领吴八月为苗王,石柳邓、石三保为将军。这次起义历时12年之久,清廷镇压苗民起义耗银数千万两,加重其财政负担,加速了清朝统治的衰落。

整个康、雍、乾三朝,一直程度不同地存在着劳动人民的反抗斗争,而在乾隆晚期已发展成为武装起义。这种武装起义的规模也越来越大,表明清朝的封建统治开始走向衰落。以嘉庆元年(1796)正月(高宗刚把皇位禅让给仁宗)湖北、四川等地爆发白莲教大起义为标志,敲响了康乾盛世的丧钟。

第四编

嘉庆道光中衰

第一章 仁宗施政图新

1. 仁宗即位与太上皇

乾隆六十年(1795),清高宗已85岁,尽管身体尚属健康,但行动日显笨拙,像他的大清帝国一样,已逐渐丧失了昔日的活力,群臣也在各怀狐疑之中。九月初三日,终于知道了老皇帝早已有身后事的安排。高宗在勤政殿面对皇子、皇孙及王公大臣宣布:立皇十五子嘉亲王颙琰为皇太子,以明年丙辰建元,即嘉庆元年。

高宗发布的上谕,明确了皇位的继承人选,同时还不同寻常地宣称,在他有生之年将皇位传于后代,这是了却以前许下的执政60年即归政的"初志",以与其祖父圣祖执政一样长久为满足。他在一首诗中写道:"祖孙两世百廿纪,绳继千秋比似难",自豪之情溢于言表。他一再解释提前让皇太子接班是明智之举,"特不效前代之务虚文而贻后患耳"①。

清代自雍正朝始定秘密建储制,高宗自己便是这一制度的受惠者。在高宗的观念中,如能立嫡以长是较为理想的选择。早在乾隆元年(1736)七月,高宗就按世宗所定之法,将时年7岁的嫡长子永琏(孝贤纯皇后富察氏所生)内定为皇储,亲书其名,置放于乾清宫正大光明匾后。不料乾隆三年十月永琏病死,令高宗伤心不已。乾隆十一年四月,嫡次子永琮出生,高宗本有再立嫡子之意,结果事与愿违,永琮只活了1年零8个月,因出天花病死。次年,皇后富察氏去世,高宗立嫡的想法至此绝望。

---

① 以上见《清高宗实录》卷一四八六。

1055

据史料记载,高宗秘密选立颙琰为储君是在乾隆三十八年(1773)。从乾隆十二年至此时,已长达26年之久。在这26年中,仅在颙琰出生(乾隆二十五年十月初六)前,他仍有6位兄长。永琮死后,高宗一度情绪欠佳,据高宗自言:"其时朕观视皇五子于诸子中觉贵重,且汉文、满洲、蒙古语、马步射及算法等事,并皆娴习,颇属意于彼,而未明言,乃复因病旋逝。"①皇五子是高宗的愉贵妃珂里叶特氏所生的五阿哥永琪。永琮死时,永琪才6岁,至乾隆三十一年三月病逝,时年仅26岁。

永琪之死,高宗深感秘密立储之难,并为儿子们的短命而悲哀:"朕三十余年之内,国储凡三易,尚复成何事体。"由此对立储问题更加小心谨慎。

到乾隆三十八年(1773)时,高宗的儿子在世者仅7人,其中永瑆、永颙在乾隆二十四年、二十八年过继旁支,不能再为储君;另有乌拉纳喇氏皇后所生的永璂,由于皇后被贬,也不能被选立。所以当时惟永璇、永瑆、颙琰、永璘(颙琰同母弟,排行十七,为高宗最小之子)可供选择。

八阿哥永璇时已28岁,如按"国赖长君"的传统,无疑应在被选择之列。但高宗虽年过花甲,却仍身心健旺,且内心有执政60年,上追圣祖的大愿,若能如愿以偿,到乾隆六十年时,永璇已年过半百,显然年龄偏大。另从后来的情况看,高宗不知何因,对这个儿子并不喜欢。乾隆五十四年时诸子受封,永璇居然未被封为亲王。十一阿哥永瑆时年22岁,因他在颙琰的扇子上题署"兄龙泉"的别号,受到高宗的严厉训斥。他本善书法,其作品颇受高宗喜爱,也许以才以宠自负,这番训斥决定了他再难被立储的命运。十七阿哥永璘时仅8岁,不可能选上。乾隆三十八年,14岁的颙琰则被高宗选中默定为储君。

据《清实录》记载,颙琰6岁就傅,13岁即通"五经",向工部侍郎谢墉学作今体诗,向侍讲学士朱珪学作古文、古体诗,"援笔立就,动成典则"。也许正是这一点赢得了高宗的欣赏。颙琰幼年时候居毓庆宫,分邸后移居东华门内的撷芳殿。秘密建储后,又命居毓庆宫。在为皇子的漫长的36年中,在书房师傅的悉心教导下,在父皇的严厉督责中,颙琰努力学习。后来在《味余书室全集》序言中他回忆说:"文以载道,诗以言志。幼而习,长而

---

① 庆桂等:《国朝宫史续编》卷一〇《典礼四》。

行,安身立命之处,必应以经书为标准。我朝龙兴辽沈,国语骑射诚为最要根本,固应亿万禩敬承勿懈。然为海寓之主,亦不能不以文治化成天下。故天家子弟,六龄即入上书房从师受业,陶冶性情,涵濡德义,日亲宿儒,克勤力学,虽才质有不同,聪钝有互异,而化其骄泰之性,使知孝悌之方,悟经书之奥,功非浅鲜矣。视彼前朝太子,偶一出阁讲学片时者,奚啻天壤之分哉!"①以上就是他学习的目的。关于颙琰长达三十六年的皇太子生活,无论从哪一个角度看,确实是一位不太显眼的十五阿哥。正由于在父皇的眼中不太显眼,才更能反映其澹泊、稳重、敬诚等。因为立储是秘密的,即使颙琰心中清楚,也一定要装作不清楚、不在意,否则其后果将不堪设想。事实上,在朝臣工也都心知肚明,可谁又敢"妄加猜测"呢? 秘密建储后,每年行耕耤礼时,均命他从耕播种。特别是在乾隆五十四年(1789)他被封为嘉亲王后,每岁东西两陵的春祀、坛庙的祭祀多由颙琰代行。这一切,都暗示着他的储君地位。

事实上,颙琰对乾隆中期以后的由盛转衰景象尽在眼中。当高宗为自己的业绩而自豪和自夸、而满意和陶醉之时,他惟有随从顺势地赞叹。然而,他毕竟比当局者高宗要清醒得多。他把自己的思考都写成文章。如认为无论帝王还是百姓,只有勤才能"庶政修而万事理","如其不勤,则为学者安于下流而不能上达,为治者惰于事功而庶政急荒,欲求家国治、天下平,其可得乎?"②他又认为:孔子反对奢侈,倡导节俭,"不务浮华,专事节俭,此太古之风也"。"后世踵事增华,变其本而加厉,竞奢靡之习,忘节俭之风,而礼之本意失矣"③。这些议论中,表达了对当政者的"倦勤"与"奢侈"有所不满,他看到了社会发生的一些变化,深恐这些变化成为一种惯性,主张凡事要"谨小慎微","见微知著",防患于未然。

嘉庆元年(1796)正月初一,这一天不仅是"元旦",而且是一次在世的父传子皇位交接仪式隆重举行的日子。经过一番烦琐的程序,高宗正式退位为太上皇,以宁寿宫为颐养之所;颙琰正式登极为帝,年号嘉庆,是为仁宗。在天安门城楼上,礼官宣读了"传位诏书":颂扬高宗60年功德无量,

---

① 《清仁宗御制文初集》卷五。
② 《味余书室全集》卷三五《民生在勤论》。
③ 《味余书室全集》卷三五《礼与其奢也宁俭论》。

宣布高宗归政的计划和决定,最后表示"德泽天下",颁布24款恩诏。

归政大典后,一种新的体制即"太上皇训政"正式启动。早在上年九月宣布册立皇太子的谕令中规定:"归政后,凡遇军国大事及用人行政诸大端,岂能置之不问?仍当躬亲指教,嗣皇帝朝夕敬聆训谕,将来知所禀承,不致错失,岂非国家天下之大庆!至郊坛宗社诸祀,朕年开九袠,于登降拜跪仪节,恐精力稍有未充,不足以将诚敬,自应嗣皇帝亲诣行礼;部院衙门并各省具题章疏及引见文武官员寻常事件,俱由嗣皇帝披阅,奏知朕办理,为朕分劳,庶得更遂怡养,幸跻期颐。"①规定得如此明确,新皇不过是"实习生"而已。

嘉庆元年三月十二日,朝鲜国王召见刚从中国返国的使臣,询问清高宗父子的情形,使臣说:太上皇身体健康。新皇帝"状貌和平洒落,终日宴戏,初不游目,侍坐太上皇,太上皇善则亦善,笑则亦笑。于此亦有可知者矣"。在圆明园山高水长阁行礼时,高宗对朝鲜使臣说:"朕虽然归政,大事还是我办。"甚至告知使臣,以后外国进贡,仍像以前一样,不必准备太上皇、皇帝两份②。

高宗之所以不肯放权,是因为他当权60余年说一不二,已养成了一种惯性,毫不容忍任何漠视他的存在的言行。归政大典刚过去20天,疆臣毕沅便遭到太上皇一顿斥责:"本日毕沅等奏办军粮军火情形一折,内称仰副圣主宵旰勤求,上慰太上皇注盼捷音等语,措词实属无谓。本年传位大典,上年秋间即明降谕旨,颁行中外,一切军国事务,朕仍亲理,嗣皇帝敬聆训诲,随同学习。其外省题奏事件,并经军机大臣等奏定款式,通行颁发。毕沅等并不遵照办理,是何意见?"他指出:"自嘉庆元年以后,内而部院各衙门,外而督抚大吏等,章奏事件,亦皆朕躬亲综揽,随时指示。岂因有授受之典,即自暇自逸,概置政事于不问乎?""今毕沅等所奏之折,分列圣主及太上皇帝,试思圣主睿鉴等字样,有何同异?而毕沅等故为此区别之见,有是理乎?""毕沅等身为封疆大吏,于此等寻常事件,辄鳃鳃过计,鄙陋若此。设遇地方重大要务,安望其能经理裕如耶?毕沅、姜晟,均著传旨严行申饬,

---

① 《清高宗实录》卷一四八六。
② 吴晗辑:《朝鲜李朝实录中的中国史料》第十二册,第4912页。

仍交部议处。"①

高宗应移居宁寿宫,但他仍住养心殿;他还像往年一样,按时前往避暑山庄,照他自己的说法,他仍一如既往,似乎一切都没有变。

然而,一切事物是会起变化的,自然法则是不可抗拒的。他毕竟老了,行动迟缓,视力有所减退,记忆力更大不如前,人们越来越多地关心他的健康。朝鲜使臣说他"但善忘比剧。昨日之事,今日辄忘;早问所行,晚或不省。故侍御左右,眩于举行。而和珅之专擅,甚于前日,人皆侧目,莫敢谁何云"②。太上皇越来越信任大学士和珅,这种不正常状况正是他老糊涂的表现。

嘉庆四年(1799)正月初一,高宗仍照常御乾清宫接受皇帝及诸王贝勒文武大臣等祝贺新年。正月初二,"圣躬不豫"。正月初三(1799年2月7日)清晨,89岁的太上皇终于寿终正寝,至此才算真正结束乾隆时代。这年九月十五日,葬于遵化清东陵,称裕陵,庙号高宗。

2. 惩治和珅集团

高宗辞世,颙琰,即仁宗亲政了。大丧之日,治丧就是最大的政务。据史料记载高宗"宾天"之际,"上(仁宗)至御榻前,捧足大恸,擗踊呼号,仆地良久"。大殓时,"上痛哭失声,擗踊无数。既殓,奉安梓宫于乾清宫正中","上哀恸深至,自旦至晡,哭不停声,竟日水浆不入口,王大臣等伏地环跪,恳上节哀,上悲痛不能自已,左右皆弗忍仰视"③。这些文字有的是夸张仁宗的"仁孝"。实际上也反映了他终于摆脱那种压抑后如释重负的心情。对于仁宗来说,这时确实是悲喜交集的时刻。

像高宗预想的那样,政权的交接是顺利而平静的。"皇城之内,晏如平日,少无惊动之意,皆曰此近百岁老人常事。且今新皇帝至孝且仁,太上皇

---

① 以上见《清高宗实录》卷一四九四。
② 吴晗辑:《朝鲜李朝实录中的中国史料》第十二册,第4953页。
③ 《清仁宗实录》卷三七。

真稀古有福之太平天子云。"①仁宗亲政后,如何走自己的路? 朝臣不能不揣测,等待着"大丧"过后的仁宗新政。

正月初八日即有上谕:"内阁、各部院衙门文武大臣,及直省省抚藩臬凡有奏事之责者,及军营带兵大臣等,嗣后陈奏事件,俱应直达朕前,俱不许另有副封关会军机处。各部院文武大臣,亦不得将所奏之事,豫先告知军机大臣。即如各部院衙门奏章呈递后,朕可即行召见,面为商酌,各交该衙门办理,不关军机大臣指示也。何得豫行宣露,致启通同扶饰之弊耶?"②不久,以给事中王念孙、御史广兴等弹劾,将大学士和珅和户部尚书福长安一并夺职下狱。10天后,即正月十八日,列出和珅二十大罪状,赐令自尽。这一举动几乎是出乎人意料的,至少是令人感到仁宗心思难测、果断得有点令人难以置信。尽管不少人感到和珅是罪有应得,不得善终,但未曾预料到和珅会垮得如此之快!

和珅在乾隆后期政治中,成了一个举足轻重的人物。他利用高宗对他的信任和赏识,弄权纳贿,结党营私,形成以他为中心的一股强大的政治势力。在高宗晚年愈加不知自忌,独断专行,飞扬跋扈,甚至竟敢在新皇帝即位后,行文各省,令凡有奏折,先将副本呈交军机处,然后上闻。尤其是在高宗为太上皇的几年中,和珅成了高宗的传声筒,即为出纳帝命之人。很多时候,没人知道和珅所说的到底是他的私意,还是高宗本来的意图。早在宣布册立颙琰为皇太子之前一日,和珅即前往颙琰处抢先送上一柄如意以讨好,"居然以拥戴为功"。归政后,和珅更加肆无忌惮,高宗在圆明园召见他,他竟敢骑马直入左门,过"正大光明殿"。高宗身体不适,批折字画偶有不真之处,"和珅胆敢口称'不如撕去,另行拟旨'"③。当时的形势很复杂,仁宗一方面要应付太上皇,同时还要考虑如何对付和珅,所以他喜怒不形于色,静默、谨慎,少说为佳,这使得和珅更加张扬倨傲,连朝鲜使臣都看出:"和珅之专擅,甚于前日,人皆侧目,莫敢谁何云。"据有些"野史"载:仁宗的这种忍耐已有时日,所以大丧之日即不欲再忍。"当珅出入于宫中,时伺高宗喜怒,所言必听。虽诸皇子亦惮畏之。珅益骄纵,尝晚出,以手旋其所佩剔

---

① 吴晗辑:《朝鲜李朝实录中的中国史料》第十二册,第4978页。
② 《清仁宗实录》卷三七。
③ 《清史列传》卷三五《和珅》。

牙杖,且行且语曰:今日上震怒某哥,当杖几十。睿宗(即仁宗)为皇子,必屡受其侮辱,故在谅闇中即愤而出此,不能再容忍矣。"①

关于和珅的擅权和贪婪,仁宗为储君的数十年间,早已耳闻目睹,所谓"自在潜邸知其奸"②。他甚至还写过一篇《唐代宗论》,说唐代宗即位,"苟正辅国(宦官李辅国)之罪,肆诛市朝,一武夫力耳。乃舍此不为,以天子之尊,行盗贼之计,可愧甚矣"③。当时礼亲王昭梿评价说:尽管仁宗即位后一直不动声色地与和珅周旋,不过是使其错觉,其实,细心品察,"乃知睿谋久定于中矣"④。

为何要抓办和珅,仁宗在采取行动后,一再声称:"朕所以办理和珅者,原因其蠹国病民,专擅狂悖。和珅一日不除,则纲纪一日不肃。"⑤当时,民不聊生,多为贪官污吏所逼勒。已波及数省的白莲教大起义,正是高揭"官逼民反"。清廷为化解矛盾,欲将赃官全部扫除固不可能,但杀鸡儆猴,表示一下朝廷的决心还是可做的。同时,贪风导致的河工、盐政等败坏及财政危机,经此整治,似应有所扭转,以便集中力量镇压白莲教大起义。所以,惩治和珅是仁宗亲政当然的第一要政。

惩治和珅不会激起任何波澜,仁宗心中是有数的,甚至在一般官员心中都已预感到和珅的末日。嘉庆三年(1798)春,和珅之妻去世,虽趋炎附势之官送殡络绎不绝,居然有一老妇对参加葬礼者说:"观君容止,必非不智者。今和相骄溢已极,祸不旋踵,奈何趋此势利之途,以自伤其品也。"⑥于此可见一斑。

有朝鲜使臣记述这次事变:嘉庆四年(1799)正月初三日高宗去世;初四日,"既褫和珅军机大臣、九门提督等衔,仍命与福长安昼夜守直殡殿,不得任自出入"⑦。初八日,即根据御史的参劾,宣布将和珅、福长安下狱治罪,同时派人查抄和珅府第。十一日,上谕和珅罪状,令各督抚议罪,另有何

---

① 陆保璿:《满清稗史》第五册《秦鬟楼谈录·和珅》。
② 赵尔巽等:《清史稿》卷三一九《和珅传》,中华书局1977年版。
③ 昭梿:《啸亭杂录》卷一《今上待和珅》。
④ 昭梿:《啸亭杂录》卷一《今上待和珅》。
⑤ 《清仁宗实录》卷四三。
⑥ 昭梿:《啸亭杂录》卷一○《苗氏妇》。
⑦ 吴晗辑:《朝鲜李朝实录中的中国史料》第十二册,第4979页。

罪行亦据实复奏。经臣下一番揭发,十五日,宣布和珅大罪20款:

> 朕于乾隆六十年九月初三日,蒙皇考册封皇太子,尚未宣布,和珅于初二日在朕前先递如意,以拥戴自居,大罪一。骑马直进圆明园左门,过正大光明殿,至寿山口,大罪二。乘椅轿入大内,肩舆直入神武门,大罪三。取出宫女子为次妻,大罪四。于各路军报任意压搁,有心欺蔽,大罪五。皇考圣躬不豫,和珅毫无忧戚,谈笑如常,大罪六。皇考力疾批答章奏,字迹间有未真,和珅辄谓不如撕去另拟,大罪七。兼管户部报销,竟将户部事务一人把持,变更成例,不许部臣参议,大罪八。上年奎舒奏循化、贵德二厅贼番肆劫青海,和珅驳回原折,隐匿不办,大罪九。皇考升遐后,朕谕蒙古王公未出痘者不必来京,和珅擅令已、未出痘者俱不必来,大罪十。大学士苏凌阿重听衰迈,因与其弟和琳姻亲,隐匿不奏;侍郎吴省兰、李潢,太仆寺卿李光云在其家教读,保列卿阶,兼任学政,大罪十一。军机处记名人员任意撤去,大罪十二。所抄家产,楠木房屋僭侈逾制,仿照宁寿宫制度,园寓点缀与圆明园蓬岛、瑶台无异,大罪十三。蓟州坟茔设享殿,置隧道,居民称"和陵",大罪十四。所藏珍珠手串二百余,多于大内数倍,大珠大于御用冠顶,大罪十五。宝石顶非所应用,乃有数十,整块大宝石不计其数,胜于大内,大罪十六。藏银、衣服数逾千万,大罪十七。夹墙藏金二万六千余两,私库藏金六千余两,地窖埋银三百余万两,大罪十八。通州、蓟州当铺、钱店赀本十余万,与民争利,大罪十九。家奴刘全家产至二十余万,并有大珍珠手串,大罪二十。[①]

对于这些罪行,和珅基本供认不讳。至此,和珅的罪恶之重,已不言自明。与和珅一同下狱的福长安,在涉及其罪名的全部材料中,不过说他与和珅"朝夕聚处",却对和珅的罪行不进行揭露;或说他被查抄的家产虽不及和珅多,"但已非伊家之所应有",属于"贪黩昧良"一类。其实,就出身门第来说,和珅与福长安不能相比。福长安之父傅恒是高宗重臣、孝贤纯皇后之弟,任大学士及军机大臣达23年之久。其兄福灵安、福隆安、福康安在乾隆

---

① 赵尔巽等:《清史稿》卷三一九《和珅传》,中华书局1977年版。

朝都身居要职,本人亦为军机大臣、户部尚书。

正月十八日,上谕宣布和珅"赐令自尽",福长安"斩监候,秋后处决"。

和珅一生究竟贪吞了多少财产,一直众说纷纭。据《清稗类钞》说:"和珅于乾隆朝枋政二十年,嘉庆己未,高宗崩,仁宗赐之死,籍没家产,所得凡值八百兆有奇,悉以输入内府。时人为之语曰:和珅跌倒,嘉庆吃饱。"①和珅被查抄财产达数亿、十数亿两之说,肯定是不真实的。然而至今也未能得出正确的数字。或说:"大概有数千万两之多,最多达到亿两左右"②。或认为:"除窃之大内还之大内的珠宝玉石之类不计价外,抄出的现金约有三万三千多两,现银约有三百多万两,房屋、土地、当铺、银号、车辆等本利及折价银约数十万两。"③或认为:从当时公开的数字和后来陆续查抄所增加的数字看,"可能在2000万左右,相当于全年赋银的66.86%强,也不在少数"④。无论如何,说和珅个人聚敛财产总数在清朝国家财政年总收入的20倍以上,是不符事实的。此后清朝的财政危机仍日益严重,并未出现什么"吃饱"的情况,可知和珅贪占数字虽然惊人,但也不会比乾隆中期国库存银最多时还多。

值得注意的是,和珅案的迅速解决,并未在清朝政坛和政风上引起令人担心的震动或令人期待的整肃作用。

据《清史稿·和珅传》记载:"诸劾和珅者比于操、莽。直隶布政使吴熊光旧直军机,上因其入觐,问曰:'人言和珅有异志,有诸?'熊光曰:'凡怀不轨者,必收人心,和珅则满、汉几无归附者,即使中怀不轨,谁肯从之?'上曰:'然则治之得无太急?'熊光曰:'不速治其罪,无识之徒观望觊缘,别滋事端。发之速,是义之尽;收之速,是仁之至。'"这反映了依附和珅者只不过是看中他的权势,谄媚阿谀以求官位升迁、满足贪欲而已,他们不是一个政治阴谋集团,治之迟、速都不会引起大的政治波动。仁宗宣谕廷臣:"凡为和珅荐举及奔走其门者,悉不深究,勉其悛改,咸与自新"⑤,这显示了仁

---

① 徐珂:《清稗类钞》第四册,第1569页。
② 程耀明:《清季权臣和珅被抄家产初探》,《暨南学报》1986年第一期。
③ 关文发:《关于"和珅跌倒,嘉庆吃饱"问题的质疑》,《华南师范大学学报》1991年第二期。
④ 万依等:《清代宫廷史》,辽宁人民出版社1990年版,第358页。
⑤ 赵尔巽等:《清史稿》卷三一九《和珅传》,中华书局1977年版。

宗的明智。

仁宗为了尽快解决和珅问题,是想进一步镇压已有时日的白莲教大起义。所以,清廷相沿已久的"官场习气"和贪污、贿赂之风几乎没有明显的改变,衰颓之势并未得到抑制,并未因惩治一两个大贪官而得到改变,清朝仍朝着下滑的趋势继续滑下去。对此,仁宗的这一努力成效是极为有限的。

3. 鼓励直言陈事

仁宗果断地处理了和珅,说明他想要扫除和珅的欺蔽和弄权,使更多忠于清朝的臣下更广泛地发挥作用。嘉庆四年(1799)正月,他立即派人召朱珪来京。

朱珪,字石君。乾隆四十年(1775),他任侍讲学士时,在南书房讲学,一直深受仁宗敬重。仁宗亲政时,朱珪年龄已近70岁,但仁宗仍希望他能对自己有所帮助。朱珪在赴京途中,上书陈述:"天子之孝,以继志述事为大。亲政伊始,远听近瞻,默运乾纲"。"修身则严诚欺之界,观人则辨义利之防。君心正而四维张,朝廷清而九牧肃。身先节俭,崇奖清廉,自然盗贼不足平,财用不足阜。"[①]这些主张影响了仁宗,并为仁宗接收为施政的指针。

在修身、用人、节用、奖廉等方面,仁宗都做出了较为积极的努力,也收到一些成效。这与他亲政初期善于集思广益、听言纳谏有关。亲政伊始,仁宗就不止一次地下诏求言:"朕仰承皇考付托之重,兢兢业业,勤求治理,惟惧政事或有缺失。敬念皇祖、皇考御极以后,俱颁诏旨求言,盖以九州之大,臣民之众,几务至繁,兼听则明,偏听则蔽,若仅一二人之言,即使出于至公,亦不能周知天下之务,况未必至公也。""矧朕德薄,何敢不虚怀延访,听受谠言。特此通行晓谕,凡九卿科道,有奏事之责者,于用人行政一切事宜,皆得封章密奏,俾民隐得以上闻,庶事不致失理。诸臣务须宅心虚公,将用人行政、兴利除弊,有裨实政者,各抒诚悃,据实敷陈,佐朕不逮,用副集思广

[①] 赵尔巽等:《清史稿》卷三四〇《朱珪传》,中华书局1977年版。

益至意。"①仁宗此举,既符合新君登极亲政时表态求谏惯例,又显示铲除和珅后朝政出现的新政气象,打开被压制的言路,表明对臣下的信任。实际上是,乾隆后期以来积弊日深,整治为难,千头万绪,仁宗想借机了解舆情民心。

和珅的伏法,就是仁宗借御史广兴、给事中王念孙等的弹劾采取行动的,表明了对言官的重视和决心。为了鼓励言官,仁宗亲政后不久,就为乾隆朝两件因言而获罪的案件进行平反。御史曹锡宝在乾隆五十一年(1786)上疏纠参和珅家人刘全倚权营私,聚敛巨赀,用度逾制等。疏上后,消息走漏,和珅指使刘全隐藏财物灭迹,结果"查无实据",曹本人被革职留任,6年后,含恨而死。对这一行为,仁宗亲政后大为赞赏,称"不愧诤臣之职",予以表彰:赠副都御史,其子(曹)江视"赠官予荫"②。另一是尹壮图议查地方亏空案。乾隆五十五年,时任内阁学士、礼部侍郎的尹壮图上疏建议:总督、巡抚犯有过错,不应按只交罚银不予处分的办法。当时,高宗表明他的态度,一方面为自己采取的办法辩解,一方面说建议似乎有道理,要求尹壮图"指实复奏"。尹壮图在复奏中称:"各督抚声名狼藉,吏治废弛。臣经过地方,体察官员贤否,商民半皆蹙额兴叹。各省风气,大抵皆然。请旨简派满洲大臣同臣往各省密查亏空。"这一复奏,立即引起了清高宗的不满。一向以"盛世"自夸的高宗,岂能听得对他的臣属这种评价,"竟似居今之世,民不堪命"。更命尹壮图"指实复奏"。尹壮图已自知言语惹祸,上疏承认措辞过当,请治罪,但为时已晚。高宗派了几个大臣到各省巡游一番,根本不认真检查,结果认为各省"皆无亏",且各处所见都是"商民乐业"。高宗恼怒尹氏妄言,下令治罪。最后刑部治尹壮图"挟诈欺公、妄生异议"罪,坐"斩决"。高宗令将其降为礼部主事。尹壮图得到了"宽大处理",但从此以后,官场中贪赃枉法更加肆无忌惮。

对于尹壮图所说的情况,仁宗在储位时,早有耳闻。他知道尹壮图已违高宗之意,被报喜不报忧的政风所坑害。因此亲政后,立即对尹壮图之事予以平反。当时尹壮图已请假回云南奉养老母,仁宗特旨召其来京等待升用。

---

① 《清仁宗实录》卷三七。
② 赵尔巽等:《清史稿》卷三二二《曹锡宝传》,中华书局1977年版。

3个月后,尹壮图来京谢恩,仍然请在籍养母。仁宗只得加恩赏给他给事中衔,回籍,"赐奏事折匣,命得上章言事"。

上述两事是仁宗为了表明自己听言纳谏的决心,然而,要除去乾隆朝以来言路不畅、言官畏惮的积习,仅有决心是不够的,在制度上还得做一些变动。一是规定各部院衙门、直省督抚、带兵大臣嗣后陈奏事件,可直达御前,不必另具副本关知军机处,以避免架空皇帝,并防止通同扶饰之弊端;二是允许言事者封章上递御前,任何人不得私行拆阅,利于保密和保护上言者;不久,又定立道员密折封奏例,即准许道员与地方藩臬一样具有密奏权,进一步扩大听取地方声音的范围和发挥言官对地方官进行监督的力度。

通过这些举措,言官及官员言事的风气确有所改观,政风有所好转。据昭梿《啸亭杂录》记载:"今上即位,首下求言之诏,故一时言官,皆有丰采,指摘朝政,改如转圜。虽其间不无以妄言获咎者,然其补益良多矣,故列名于后。广公泰,满洲人。下诏时,泰同广兴首先应诏,参劾和珅奸慝诸款。即时伏法,人争快之。今任内阁学士蒋公攸铦,汉军人。尝劾外省贪吏宜降革者,李奉翰、景安、秦承恩诸人因之先后获罪。外省吏治为之一张,实自攸铦发也。副宪公瑚图灵阿,宜制府绵子也。性豪迈不屑小节。今上亲政,公首条关税、盐务诸弊,又请却纳贡献,停止捐纳,一时皆懔其丰采云。"马履泰劾论湖广总督景安畏缩偷安、老师糜饷之罪,景安被罢职;继善言人不敢言,揭示翻译科场顶冒传递之弊,考场得到整顿,后又揭露八旗假养马之名以冒领饷额之弊,此弊得到清理。御史张鹏展陈奏"出师八弊政",又劾去专擅刑部20余年的郎中金光悌[①]。仁宗亲政之初,通过言路了解政情并加强了对政风的一定程度的监控,一些正直望治的官员确实感到这是一个良好的开端;一些劣迹明显、臭名昭著的贪官得到了惩治;颓废萎靡的玩愒之风也多少有些改观。

然而,乾隆嘉庆之际积累多年的复杂问题,事实上是不可能用简单的手段就能解决的。专制的人治积累起来的问题难以克服,皇帝孤家寡人于上,层层官员玩愒欺蒙于下,只用专制与人治是不可能解决的。即以言路本身来说,就不可能是真正的畅所欲言;而所揭示的问题,更不可能触动社会的

---

① 昭梿:《啸亭杂录》卷一〇《嘉庆初年谏臣》。

根本层面。尽管仁宗企图借此提高威望,但专制帝王听言纳谏的"胸怀雅量"几乎很难虚怀若谷,他既不能总肯定臣下的识见和高明,更难忍受臣下在他独断的政坛中挑剔、指责和"攻击"。更何况臣下所反映的问题和提出的建议并不一定都证据充分和恰当得体。仁宗的耐力只有半年左右,就改换了脸孔。嘉庆四年(1799)五月,仁宗认为王尔烈条陈武闱各条是"以断不可行之事,擅议更张",因此说道:"朕近阅臣工条奏,累牍连篇,率多撼捡浮词,毛举细故,其中荒唐可笑、留中不肯宣示者,尚不知凡几"。他告诫臣下:"若诸王无所建白,不必有意搜求,希图塞责。嗣后有官守者各言官守,有言责者各尽言责。如内外大臣中有应举劾之人,必须列具实绩,秉公入告,不得以琐事空言,逞臆渎听。"①此后仁宗将数名"妄奏"官员罢斥,同时在上谕中终于提出要对说话者治以"妄言之罪":"近来言事诸臣,往往不为国计民生,揆厥本衷,大约不出乎名利两途。其沽名者,如议增俸、赏兵等事,若蒙允准,可以市惠于人;不准,则归怨于上,似此居心,其巧诈尚可问乎?其牟利者,则请修不急工程,图沾余润。况在官言官,各有职守。近日并有现任封疆大臣,将他省之事越俎陈奏;或干预京师政务,是欲自见其长,而忘其出位之思。……嗣后内外大小臣工,若怀私见,不出为名为利二者,断难逃朕洞察,不得不治以妄言之罪。今朕特降此旨,杜莠言正所以来说论,并非欲诸臣安于缄然,切勿错会朕求正言之意。"②

可是,观察、认识问题的角度,言者眼界和识见的深浅因人而异,如何为"莠言"?如何为"谠论"?既难有标准,而面对皇帝的好恶难料,何人还甘愿冒治罪的风险?在此之后,随着言官被罪或因言而被责的事件不断发生,"惟以一人治天下"的极端皇权专制造成的"万马齐喑"的局面重又笼罩着朝野。

嘉庆四年八月所发生的洪亮吉上书事件,可以说是一个标志,表明嘉庆在广开言路方面后退了。

洪亮吉,乾隆五十五年(1790)进士,授职编修,后入直上书房。仁宗亲政后,参与修撰《高宗实录》。他受"诏求直言"的鼓励,上书托人代达仁宗。

---

① 《清仁宗实录》卷四四。
② 《清仁宗实录》卷四六。

洪亮吉的忠诚切直与仁宗的褊狭虚伪全由其文字表现得淋漓尽致,成了求言又拒谏的典型,现择录于下。洪亮吉奏:

> 今天子求治之心急矣,而天下望治之心亦孔迫矣,而机局尚未转者,推原其故盖有数端。某以为励精图治,当一法祖宗初政之勤,而尚未尽法也;用人行政,当一改权臣当国之时而尚未尽改也;风俗则日趋卑下,赏罚则仍不严明,言路则似通未通,吏治则欲肃而未肃。何以言励精图治尚未尽法也?自三四月以来,视朝稍晏,窃恐退朝之后,俳优近习之人,荧惑圣听者不少,此皆亲近大臣启沃君心者之责也。……一则处事大缓。夫四海九州之事,日不知凡几矣。又自乾隆五十五年以后,八年之中权私蒙蔽,事之不得其平者,又不知凡几矣。千百万中无有一二能上达者,即能上达矣,未必即能见之施行也。乃有赫然出于睿断必欲平反如江南洋盗一案者,参将杨天相有功骈首,洋盗某漏网安居,皆由署总督苏凌阿昏愦胡涂,贪赃枉法,举世知其冤,至今海上之人言之痛心切齿。而洋盗则公然上岸无所顾忌,皆此一事酿成。况苏凌阿又系权相私人,朝廷必无所顾惜,而至今尚坐拥巨资,厚自颐养。而江南查办此案,始则转辗宕延,有心为承审官开释,继则并闻以不冤复奏。……夫以圣天子赫然独断,欲平反一案而尚如此,则此外沉冤更何自而雪乎?一则集思广益之法未备。自古以来,虽尧舜之主,亦必询四岳、询群牧,盖恐一人之聪明有限,必博收众采庶可无失事。请自今凡召见大小臣工,必询问人材,询问利弊,如所言可采则存档册以记之,倘所保非人,所言失实,则治其失言之罪。然寄耳目于左右近习,不可也;询人之功过于其党类,亦不可也。盖人材至今日消磨殆尽矣。数十年来,以模棱为晓事,以软弱为良图,以钻营为进取之阶,以苟且为服官之计,由此道者无不各得其所欲而去。以是衣钵相承,牢结而不可解。夫此模棱、软弱、钻营、苟且之人,国家无事以之备班列可也。设有缓急,而以牢结不可解之大习,欲望其奋身为国,不顾利害、不计夷险、不瞻徇情面、不顾惜身家,不可得也。至于利弊之不讲,又非一日。在内部院诸臣,事不多而常若忙忙不暇,急急顾影,皆云多一事不如少一事。在外督抚诸臣,其贤者斤斤自守,不肖者亟亟营私。国计民生非所计也,救目前而已;官方吏治非所急也,保本任而已。故虑久远者,以为过忧;

事兴革者,以为生事;此又岂国家求治之本意乎?一则进贤退不肖似尚游移。夫邪教坌起由于激变。原任达州知州戴如煌之罪不容逭矣。……戴如煌虽以别案解任,然尚挈家安处川中,反得超然事外。闻教匪甘心欲食其肉,知其所在即极力焚劫。是以数月必移一处,而教匪亦必随所迹之。近知全家尚在川东,与一道员联姻,故恃以无恐。是救一有罪之人而反致杀千百无罪之人也,其情理尚可恕乎?

在奏疏后半部,洪亮吉又历数用人行政仍沿旧习,对于和珅汲引之私人,应在升迁去留上有所区别,否则将来有机会又集伙成帮;关于风俗,洪重点指出士大夫不顾廉耻,翰林大考行贿作弊,"夫大考如此,何以责乡会试之怀挟替代;士大夫之行如此,何以责小民之夸诈夤缘;辇毂之下如此,何以责四海九州之营私舞弊?"关于臣下蒙蔽欺妄,赏罚仍不严明,洪亮吉举镇压白莲教诸将的言行:劳师无功,"已死诸臣姑置勿论,其现在者未尝不议罪也。然重者不过新疆换班,轻者不过大营转饷……国法之宽,及诸臣不畏国法,未有如今日之甚者"。对于言路,洪亮吉认为"似通而未通",应将言者之言公之于朝,可行不可行、有私无私"使众共知之",如此,效果会更好。"何以言吏治则欲肃而未肃也?吏治一日不肃则民一日不聊生;民一日不聊生,而欲天下之臻于至治不可得。夫欲吏治之肃,则督抚藩臬其标准矣。试思十余年以来,督抚藩臬之贪欺害政比比皆是。幸而皇上亲政以来,李奉翰则已自毙,郑源璹则已被纠,富纲则已遭忧,江兰则已内改,此外官大省、据方面者如故也。出巡则有站规,有门包;常时则有节礼,有生日礼;按年则又有帮费,升迁调补之私相馈谢者尚未在此数也。以上诸项又宁增无减,宁备无缺,无不取之于州县,而州县则无不取之于民。钱粮漕米前数年尚不过加倍,近则加倍不止。督抚藩臬以及所属之道府,无不明知故纵,否则门包、站规、节礼、生日礼、帮费无所出也。而州县亦借是明言于人曰:'我之所以加倍、加数倍者,实层层衙门用度日甚一日、年甚一年。'究之州县亦恃此督抚藩臬道府之威势以取于民。上司得其半,州县之人己者亦半。初行之尚或有所畏忌,至一年二年则已成为旧例,牢不可破矣。诉之督抚藩臬司道皆不问也。千万人中亦或有不甘冤抑赴京上控者,然不过发督抚审究而已,派钦差就询而已。执事试思百姓告官之案,千百中有一二得直者乎?即钦差上司稍有良心者,亦不过设为调停之法,使两无所大损而已。若钦差一出,则又必派及通省、派及百姓,必使之满载而归而心始安,而可以无后患。是以州县亦熟知百姓之伎俩不过如此。百姓亦习知上控必不能自直,是以往往至于激变。湖北之当阳、四川之达州皆其明效大验也。某以为,今日皇上当先法宪皇帝之严明,使吏治肃而民乐生;然后法仁皇帝之宽仁,以转移风俗,则文武一张一弛之道也。"①

洪亮吉此疏所陈,确实是乾隆后期以来积弊日深、致病因由的最出色、最直白的第一疏!不仅直言无隐,且析理透辟、有理有据,勾勒出乾隆末至嘉庆初的社会形势图。文中既有忧国忧民的忠诚与真挚,又有久受压抑,一泄为快的激动与义愤。其所言可谓久蓄于中,一吐为快,在深深的失望中又抱有一线希望。其实,正是在这积弊日深的时刻,敢于直言时弊,才最难能可贵。岂料刚刚声言广开言路的仁宗,却听不得"逆耳"之言,在这直言面前终于不能忍耐,自失诺言。他发下谕旨,斥责洪亮吉的奏疏"语涉不经,气无伦次",认为先法世宗严明,后法圣祖宽仁是"小臣妄测高深,意存轩轾,狂谬已极。又称三四月以来,视朝稍晏,恐有俳优近习,荧惑圣听等语。朕孜孜图治,每日召见臣工,披阅章奏,视朝时刻之常规,及宫府整肃之实事,在廷诸臣皆共知,不值因洪亮吉之语,细为剖白"。令"将洪亮吉革职,交军机大臣会同刑部审讯"②。结果刑部拟照大不敬律处以斩决。后仁宗将其改为从宽免死,发往伊犁严行管束。

此事震动朝野。事后,仁宗认为洪亮吉为"愚腐之人","知亮吉无他肠,然蠢甚,亦不可不示薄惩"③。次年四月,洪亮吉被押抵伊犁不久,仁宗对此事又有所醒悟,即以天旱下诏说:对洪亮吉上疏"详加披阅,实无违碍之句,仍有爱君之诚……洪亮吉所论,实足启沃朕心,故置诸座右,时常观览,勤政远佞,警省朕躬"。命将洪亮吉释放回籍看管。仁宗能稍加纠正自己的失误已属不易。但仁宗对洪亮吉的处理已产生严重影响,正如他自己所言,自从惩处洪亮吉后,"言事者日见其少,即有言者,皆论官吏常事,而于君德民隐休戚相关之实,则绝无言及"④。本来,高宗的去世,给仁宗提供

---

① 钱仪吉:《碑传集》卷五一。
② 《清仁宗实录》卷五〇。
③ 钱仪吉:《碑传集》卷五一。
④ 《清仁宗实录》卷六五。

了大有作为的历史机遇,重振国势。但从他处理洪亮吉事件反映了他没有圣祖包容的胸怀,也没有世宗雷厉风行的作风,亦缺乏高宗的智慧,却表现出心胸狭隘,讳疾忌医,将一个忠心耿直之臣洪亮吉治以重罪,后发现处罚太重,也只是放回原籍看管,明知洪氏有"爱君之诚",也不愿重新起用,可见仁宗处事本末倒置,以致再无人敢言实事。他明知影响很坏,却无决心消除。仁宗初政,人们从开始抱有希望到失望,转瞬之间,复兴的机会随之丧失,高宗晚年的弊政继续发展下去。

4. 禁止进献贡物

仁宗初政,还有一项弃旧图新、令人称颂的善举,即崇俭抑奢,禁止进献贡物。

高宗一朝,张扬盛世,尤其至晚年,求安而无所作为,生活上有所铺张奢靡,重用和珅,吏治日趋败坏。仁宗为皇太子时,边读书边思考,已感到穷奢极欲,挥霍无度,是为人君者不可不戒的。在"味余书室"读书时,经常借史事抒发感慨。他读东汉史书时,以太尉杨震切谏汉安帝为阿母大修豪华府第之事赋诗:"边疆兵役繁,又值饥歉岁。帑藏已空虚,百姓皆凋敝。节用而爱人,尚恐不能继。仍欲重私恩,为阿母修第。巨亿迫促成,缮饰极华丽。财尽怨叛生,君道在下济。"在读到《三国志》中散骑常侍高堂隆谏魏明帝大兴土木,修筑园林观阁一事时,他又发感慨:"奢侈攸关治乱源,总在人君心性存。守礼遏欲敬胜怠,上无嗜好安黎元。"当读到西晋傅咸向晋武帝谏言"奢侈之费,甚于天灾"之语时,不禁深为奢靡的恶果和主政者的责任而警醒:"由俭入奢易纵欲,由奢返俭难化俗。逾制浮夸竞珍奇,终致匮乏本业促。形端表正善节宣,上有好者下甚焉。诘奢当自宫廷始,懋修俭德身率先。"[①]

亲政伊始,仁宗便将崇俭抑奢的思想付诸实践。在他看来,这已是刻不容缓之事。嘉庆四年正月十五日,在处置和珅案的同时发布关于禁贡的上

[①] 上引三诗均见《清仁宗御制诗余集》卷四。

谕:"夫贡之为义,始于《禹贡》。原指任土作贡而言,并非崇尚珍奇,所谓'不贵异物贱用物'也。""试思外省备办玉、铜、瓷器、书画、插屏、挂屏等件,岂皆出自己资?必下而取之州县,而州县又必取之百姓,稍不足数,敲扑随之。以闾阎有限之膏脂,供官吏无穷之朘削,民何以堪!况此等古玩,饥不可食,寒不可衣,真粪土之不吝,而以奇货视之可乎?国家百数十年来,升平昌阜,财赋丰盈,内府所存陈物件,充牣骈罗,现几于无可收贮之处。且所贡之物,断不胜于大内所藏,即或较胜,朕视之直如粪土也!朕之所宝者,惟在时和年丰,民物康阜,得贤才以分理庶政,方为国家至宝耳。至应进土贡,原为日用所必需,如吉林、黑龙江将军每年所进貂皮、东珠、人参,系该处所产之物,其他如川、广之药材,九江之瓷器,江浙之丝绸,及徽墨湖笔、笺纸、茶叶、瓜果等项,原不外任土作贡之意,仍准按例呈进。所有玉如意、铜、瓷、书画、挂屏、插屏等物,嗣后概不许呈进。""再年节王公大臣督抚等所进如意,取兆吉祥,殊觉无谓,诸臣以为如意,而朕观之转不如意也。并著一并禁止。经朕此次严谕之后,诸臣等有将所禁之物呈进者,即以违制论,决不稍贷。"①

禁贡珠宝器物,以防官吏朘民,高宗时也多次下达类似的上谕,但都鲜有实效。如今仁宗说到做到,"今上亲政时,首罢贡献之诏,除盐政、关差外,不许呈贡玩物,违者以抗旨论。……时和阗贡玉,辇至陕、甘间,上即命弃诸途中,不许解入。故一时珠玉之价,骤减十之七八云"②,此事影响极大。他不时取消一些节庆进贡的方物,并对违制进献官员进行处分。嘉庆五年二月,肃亲王永锡进玉器陈设等物,结果被仁宗痛斥,并革其都统等官,交宗人府议处,将所进物件当面掷还。仁宗在位20余年间,一直非常注意这一问题。这可算是他崇俭去奢的一个重要方面,也确实收到相当的实效。

在倡导节俭这方面,仁宗本人可算较为突出的一个。如果与高宗朝相比,不能不说仁宗确能约束自己。据《啸亭续录》所记:"近年睿皇帝讲求实学,今上(指宣宗)复以恭俭率天下,故在朝大吏,无不屏声色,减驺从,深衣布袍,遽以理学自命矣。如李侍郎宗昉,黄给谏中模,往昔皆以声色自娱者,

---

① 《清仁宗实录》卷三七。
② 昭梿:《啸亭杂录》卷一《却贡玉》。

近乃绝口不谈乐律。芝岩会客,必更易布袍,然后出见,以自诩其节俭。亦一时风气然也。"①这种风气的变化,显然反映了革新的开始。原来隆重操持的几大节日均较前"冷清"了,仁宗不仅禁止进献方物,还经常告诫不准大操大办,违者严加惩治。

在嘉庆朝,仁宗出巡活动也明显减少。每次出巡,他都一再嘱咐一切从俭。不准兴建新行宫,连旧有行宫也不欲修补。亲政当年的五月,盛京将军请修整已渐破旧的盛京夏园行宫,仁宗批示道:"满洲旧俗,遇巡幸行围驻跸之处,向俱携带毡庐帐房,随时支立行营,从无盖行宫之事,所以习劳勤而崇淳朴也。况盛京为根本之地,原因恭陵寝,用展思慕,非临幸江浙等省可比,尤应式遵前典,永守家风。今夏园一处添建行宫,复因年久加以修葺,则将来踵事增华,凡跸路经临之处,势必概增行殿,开奢靡之渐,忘勤俭之遗,劳民伤财,于风俗殊有关系,朕甚不取。所有夏园行宫既已残旧,著即撤卸,其木料砖瓦等项,即留为盛京宫殿修理工程之用。朕将来诣盛京谒陵时,该处宫殿亦只须略为整理,毋得彩饰见新,致增华费。"②嘉庆十一年(1806)初,朝鲜使臣回国向国王汇报仁宗其人和其作风时,说:"大抵以勤俭见称。观于宫殿之多朴陋,可谓俭矣。"③这大体是可信的。

仁宗写过一篇《节俭论》,其中议论说:"治天下者,先言节俭。创业之君,茅茨土阶,不期俭而自俭。守成之主,安富尊荣,易至于骄奢,而怠心生,敬念懈,政不纲矣。"④他常以历史上的败亡之道,告诫自己。但是,其时清朝整个官僚集团处于骄奢懈怠的状态中,已经积重难返了。

仁宗除了认识到守成不易外,其倡导节俭是明显反映了当时的时代特征:当时中国的人口激增,又找不到有效的解决办法。仁宗的《节俭论》有一种不得不如此的无奈:"盖修己治人之道,无过于节俭。节俭则嗜欲不行,无声色货利之失德,所以为善也。然天子之节俭与庶人不同矣。世道人心,日流日下,逢君之欲者多,引君以道者寡。为君者设自鸣其节俭,则出纳之吝者有之矣,量入为出者言之矣,弊衣羸马者形之矣,甚而至于兴利虐民。

---

① 昭梿:《啸亭续录》卷四《理学盛衰》。
② 《清仁宗实录》卷四五。
③ 吴晗辑:《朝鲜李朝实录中的中国史料》第十二册,第5060页。
④ 庆桂等:《国朝宫史续编》卷七一。

汉唐宋明之以此而失民心,侵寻以至于亡国者,皆由是也。且升平日久,户口日滋,物价腾踊,势所必然。是以内务府有加价和买之议,即如请行,此亦可以节俭而不与之乎?嗟夫!节俭岂易言哉!至于返朴还淳,岂非善政?然天地所生之物止有此数,昔以十人食之,今以百千人食之(顺治初年,各省民数一千零六十三万余口;近年增至二万八千余万口,是加至二十余倍之多也),米安得不贵?米既贵,诸物安得不贵?游手好闲僧道之流,且借此以糊口。设尽驱之力田,言之易而行之难,安得许多田予之乎?均田井田之事,设行之今,未得其利而先致其乱,非至愚泥古者不为也。为今之计,补偏救弊之不暇,实无一劳永逸之法也。……故吾之所为节俭者,亦如吾君子小人论中所云,不可不明,不可不慎,而又不可不显其迹而已耳。"[①]这是把倡导节俭同解决严峻的社会问题结合起来,但在事实上,人口的膨胀造成的恶果岂是单纯节俭所能克服的?所以,倡导节俭所能达到的作用也就极为有限了。

---

① 庆桂等:《国朝宫史续编》卷七一。

第二章　社会危机四伏

1. 颓靡成风

仁宗惩治和珅,朝野上下期待着有所改观的最关键问题是吏治的整肃。然而,仁宗并没有像人们所希望的那样,他的做法很快就让人感到困惑和疑虑。如仁宗对建议彻底清查和珅家财的官员进行驳斥;重新起用和珅同党吴省钦、吴省兰等人;同案论斩的福长安,不久即赦免,且赏还家产。和珅既倒,其他案中人太平无事,升迁调补一如既往。正如洪亮吉在奏疏中所分析:如此是非邪正不分,"他日复有效权臣所为者,而诸臣又群起而集其门矣"。由此洪亮吉建议仁宗"当先法宪皇帝之严明,使吏治肃而民乐生;然后法仁皇帝之宽仁,以转移风俗"。其实在乾隆六十年(1795)时,高宗已觉得吏治问题很糟,在谕旨中谈道:"近年以来,刑政未免稍宽,今外省遂有馈送婪索之事,自系宽之所致,不得不纠之以严。"①这与洪亮吉希望仁宗"法宪皇帝之严明"正相一致。不料洪亮吉的言论被仁宗斥为"妄测高深"而治罪。仁宗在吏治问题上,不想因和珅牵连更多的人,能起到让臣下知"雷霆之怒",对其有震慑便可以了。他对明显的贪婪不能容忍,但对全面革除弊陋和婪索既无信心,又担心引起政局骚动。因此,仁宗亲政后尽管也查处了一些大案、要案,但还不足以遏制贪污腐败之风的扭转。

湖南布政使郑源璹,贪赃枉法,贿赂买官。因交结和珅,地方上下虽有意见,也无可奈何。和珅处死后,郑经审已属罪大恶极,被判处死刑,但直到

---

① 王先谦:《东华录》乾隆六十年八月。

1075

嘉庆五年十月才被勾决执行。

这一时期,吏治腐败已是非常普遍的现象,表现为官僚整体结构已呈败坏之势。从中央到地方,通过各种所谓陋规、节礼和私下,甚至公开的行贿受贿,形成各种渠道的用银钱编织起来的关系网。基本上是通过州、县对民众敲诈盘剥,以政权的名义巧立各种名目巧取豪夺,然后再以各种借口将搜刮所得中饱分肥。上侵国课,下刮小民,肆意妄为,无视法律。

愈演愈烈的贪纵之风,已激起一些关心国运民瘼的有识者的震动和忧虑。尽管他们不可能从根本上扭转这种严重的颓败趋势,但从自身根本利益和前途着想,不能不发出惩治腐败的呼声。大学士王杰提出整饬吏治应尽快解决地方钱粮亏空的问题。州县是整个政权与民众联结的纽带,如果州县不知恤民,而以"国帑为贪缘"的手段,大量国课以种种名目落入一些贪官之手,轻则挥霍浪费,重则贪占自肥,官场必然乌烟瘴气。仁宗对此也有所感触,他下令对州县钱粮亏空问题进行多次清查。然而官场腐败,积习难改,收效甚微。亏空已遍及各省、府、州、县:"外省各官遇有题升、调补、议叙、议处、报销各项,并刑名案件,每向部中书吏贿嘱,书吏乘机舞弊,设法撞骗,已是其常伎。至负责运京饷铜、颜料各项解员,尤受其累,自投文以至批回,稍不满足其欲望,多方勒掯,任意需索,动至累百盈千,名曰'部费',公然敛派。"① 上下勾结,狼狈为奸,习以为常。所以贪污、侵占、需索、纳贿等腐败现象屡禁不止。

嘉庆朝以贪赃罪处决的第一个高官就是云贵总督、漕运总督富纲。嘉庆五年(1800)二月,富纲被揭发在云贵总督任上贪婪腐败,官风败坏;调任漕督后更变本加厉,以上缴赔补为名,向各粮道及卫弁强索摊派的银子数万两,赃私累累,被判死刑,十月勾决。

嘉庆六年(1801)十一月,原任贵州巡抚、新任云南巡抚伊桑阿被处以绞刑,其罪名是"骄黩欺罔、冒功误边"。伊桑阿曾任山西巡抚,因官风粗暴被调任贵州,然其不知悔改,对办差不满之州县肆意辱骂;兴土木盖建抚署衙门,然后强扣养廉银,摊派苛捐;纵容家人勒索属员;谎报军功骗官;等。

此外,嘉庆七年(1802),查处提督、步军统领明安受贿案;嘉庆十年,查

---

① 《清仁宗实录》卷五五。

处国库财政亏空案;嘉庆十一年,查处两广总督那彦成收容海盗、挪用赈灾款项案;嘉庆十四年,查处山东布政使邱庭隆动用公银近5万两招待刑部办案人员;查处刑部侍郎、内务府大臣广兴(弹劾和珅时为御史)受贿数万两,索要、挥霍无度。

最典型大案是江苏山阳县知县王伸汉杀人灭口、掩盖罪行案。嘉庆十三年秋,淮安一带大水,各官查报灾情,办理赈灾事务。十四年初,江南总督铁保派新科进士、江苏候补知县李毓昌赴山阳县查验。查出知县王伸汉虚报户口,浮冒赈款3万两。王伸汉见事败露,便以巨额贿赂求李毓昌通融,遭到李的拒绝和痛斥。又延知府王毂为说项。王对李毓昌说:"吾辈皆同官,谁无交谊? 古人有言:好官不过多得钱耳。不然,是毁王(县)令之家,而蹙其命也。彼岂能甘心于君者?"①结果又遭拒绝。当晚,王伸汉买通李毓昌的仆人,将李毓昌毒死,伪为悬梁自杀。王伸汉又买通知府王毂,在验尸时包庇蒙混。后被李的家人察觉,开棺重验并到京控告,王伸汉谋杀案终于败露。此案震惊了仁宗,他在上谕中写道:"地方偶遇偏灾,国家不惜帑金,原以救济穷黎。乃近来不肖州县,多有捏开侵冒,私肥己橐,其查赈委员贪图分润者,即与通同作弊,是直向垂毙之饥民夺其口食,已属毫无人心。不意山阳县查赈,因委员秉持公正,竟至谋命灭口,实为从来未有之事。"②经审实,仆人凌迟处死;王伸汉长随包祥因谋划参与处斩;王伸汉、王毂抄没家产,分别以斩、绞处死。其他收受王伸汉贿赂的8名查赈官分别轻重杖流。总督以下因失查免官者多人。

与此同时,查出直隶宝坻知县单幅等贪占上年赈银案。赈银4万两,竟被其贪污2万两,其他官员也层层下手。单幅被抄家、处死。

嘉庆朝官场中另一弊政就是书吏、书办等的徇私舞弊。这是吏治腐败和管理失控的具体表现。当官僚作风盛行官场之时,官员凡事委于书吏之手,又不加审查,便自然给书吏留下了作弊的机会。他们推波助澜,进一步助长贪风泛滥。这种情况早在乾隆朝就频繁地发生,到嘉庆朝更变本加厉。嘉庆九年(1804)六月,吏部书吏欺蒙上司,私用印信舞弊,乱用官员。此事

---

① 黄钧宰:《金壶七墨·浪墨》卷五。
② 《清仁宗实录》卷二一四。

揭露后,仁宗对此在上谕中愤怒指出:"奈诸臣全身保位者多,为国除弊者少;苟且失责者多,直言陈事者少。甚至问一事则推诿于属员,自言堂官不如司官,司官不如书吏。自大学士、尚书、侍郎以及百司庶尹,唯诺成风,皆听命于书吏,举一例牢不可破,出一言唯令是从。""若堂司如此庸碌,书吏如此狡猾,上无道揆,下无法守,太阿倒持,群小放恣,国事尚可问乎?"①由此仁宗感到吏治问题的严重性,不得不给予惩处。

嘉庆十一年八月,直隶布政使庆格奏称:"司库历年出入银数,轇轕不清,司书狡黠吱唔,因调齐粮册档案,详悉稽复,查出历年地粮耗羡,以及杂税银两,均有虚收之款。随又亲提各州县奉到司发批收,逐加复对,竟有假印贴改诸弊。随查传承办司书王丽南等,隔别严讯。历年以来,有将司发库收小数贴改大数者,有将领款抵解钱粮,又蒙混给发者,有串通银匠给与假印批收者,为弊不一;共虚收过定州等十九州县地粮正耗杂税等银二十八万余两。"②又很快找出藩司及库官假印两颗。这件事更令仁宗惊骇,立即派要员往保定彻底纠查。结果,10余年来,各种虚收虚抵、重领冒支涉及24个州县,总计达银31.06万两,甚至讲明每作弊冒支银1万两,给司书等有关人费银二三千两不等。此案审理结果,将书吏王丽南及所有有关州县官查抄家产并法办,对失察的历任直隶总督、藩司按所在任内虚收数目多少赔补并按轻重革职、降级。

嘉庆十四年(1809)十二月,一工头告发工部书吏王书常私雕假印,捏指工程,冒领库银。经查举发之事属实。书吏何以能有这样的机会和这样大胆?根源就在主管官员的玩忽职守。支领库银的名目审批,须经尚书等主要负责官员签押,并经有关人复核。可是这些书吏往往与"部曹夤缘为奸,伺大员谈笑会饮时,将稿文雁行斜进,诸大员不复寓目,仰视屋梁,手画大诺而已。更有倩幕友代画者。其习已久,故使奸蠹胥吏得以肆其奸志"。怎能不令人感慨:"嗟夫!于照常供职之事,尚复泄沓若此,又安望其兴利除弊,致吾民于熙皞之世也哉?"③

仁宗即位,面临着吏治败坏、地方钱粮亏空、国家财政困难、河防松弛、

---

① 《清仁宗实录》卷一三〇。
② 《清仁宗实录》卷一六五。
③ 昭梿:《啸亭杂录》卷八《私造假印案》。

百姓生计拮据以及军队士气低落等严重问题,这是自清朝开国以来面临的最为严峻的政治危机。在仁宗面前有两条路:一是如其先辈那样,从整顿吏治入手,加大打击力度,有可能重振早期雄风;一是维持现状,或听之任之,而这样必然会继续滑落沉沦。仁宗为政,抓不住根本,明知吏治问题严重,却不从全局考虑抓要害解决问题,而是迁就姑息,仅处分少数几个人,以致吏风继续败坏。钱粮亏空严重,此皆贪官与属吏所为,仁宗却不如世宗那样狠查到底,也不过破几个案子而已。仁宗倡导节俭,率先实行,品德可嘉,却没抓住治国的要害问题,无补于大局根本好转。

2. 河防崩坏

嘉庆朝的社会问题严重,官贪、兵疲、民乱、河决、财困等等,相互影响,又交织在一起,成为难以措手的重症。其中,"河决"关系国计民生,最为要紧。治河如治国,河不治,国亦无治,社会陷于动荡之中。

当时"河决"严重,大致有如下特点:三年五载便大规模决口一次,有时甚至连年冲决。而小规模的决口则经常不断。国家不得已经常大额度拨银修治,但收效甚微,几乎越修越严重。在和珅擅权的时期,委任河督者皆出其门,先纳贿后上任,名为制水患,实则借以侵蚀中饱,而河防乃日懈,河患乃日亟。所以萧一山指出:这是"清室中衰现象之表露较著者也"[①]。

黄河在明末因多年失修,河道迁摆不定。清初,圣祖利用人心思治的好形势,对黄河进行大规模的治理,使黄河保持了较长时期的安澜。但黄河经黄土高原流下,进入华北平原,地势平缓,流速骤然减缓,造成泥沙沉淀,雨水稍集,河水即易漫溢成灾。但如果后继者能将治河当成治国大计,认真治理,谨慎维护,黄河之水也不致构成大害。然而,从雍正朝到乾隆朝也有黄河修治,但均不成大规模,70多年间,虽不断有治河的指示和大宗拨款,黄河的漫溢和决口还是日益严重。

嘉庆元年(1796)六月,仁宗便面临第一次河决的灾难:丰汛六堡决口,

---

① 萧一山:《清代通史》卷中,第288页。

冲开运河余家庄堤,涌入运河,使江苏山阳、清河一带大面积被淹。仁宗多次发出指示,要求有关大臣做出规划,尽快将洪水引回故道,或引入正河排泄。同时,他注意挑选熟悉河务的官员参与治河。然而,这次漫口尚未治好,嘉庆二年八月,山东曹县黄河北岸又漫溢。对此仁宗高度关注,一是告诫官员要注意加强抢险,修治决口,以防止影响运河的漕运;二是边治河,边对灾民实行赈济,不惜动用国库,以期快速解决问题。他还告诫治河官员要洁身自好,督率属官防止偷工减料,保证工程质量,同时严查虚开浮冒工程费用。为节省其他开支,用以治河,他下令停本年秋狝。到年底,黄河决口总算合龙。没想到转年尚未到雨季,合龙之处竟发生垮坝。追究工程质量问题,河东河道总督司马騊被革职留任,其他有关官员受到不同程度的处分。

从嘉庆初年屡次因河决而发布的上谕指示看,仁宗对治河尚有一定识见。他认为:"治河之法,全在因势利导,若下游未能畅通,即将上游堤顶加高,日增一日,而河底淤垫亦复日高一日,将何底止?"他同意加厚加固大堤,但更主张将下游河道下挖浚深,海口通畅,使水能迅速下泄,否则任何方法都是治标之法。然而,河官未能认真贯彻执行,加之治河经费被贪占挪用,工程质量低劣,所以漫口日见频繁。据统计:小的漫口不计,仅大的决口就有十五六次。嘉庆三年(1798)九月,睢州上汛河决口,次年正月堵口;四年七月,砀汛邵家坝河漫口,年底合龙;六年六月,永定河、桑干河数处漫溢,淹没人民、良田无数,当年十月堵口;八年九月,河决衡家楼,造成重大损失,为堵塞决口,开"衡工捐例";十三年六、七月,河决王家营减水坝、宿迁南厅郭家房一带,分别在年底、次年初堵口;十三年正月、六月,南河陈家浦、荷花塘运河、七里沟运河连连决口,水淹、水积极广,严重影响了漕运;十五年七月、十月,永定河再次泛滥,河决高堰、山圩两厅;二十年二月,河决睢州二堡;二十四年七月、八月,永定河决口,仪封北岸黄河决口。

早在康熙朝时,实施治黄计划,历20年之功,治理成功,百余年间,黄河没有发生大水灾。约自乾隆中期以后,特别是在后期,疏于防治,吏治败坏,河防经费被贪占,河防工程逐渐崩坏,又失于及时根治,黄河便频频泛滥。至仁宗时,屡屡河决,洪水日溢,不仅使人民生命财产受到严重损失,逼得灾民流离失所,已造成严重的社会问题。而且连续不断的治河工程,已不堪重负，成为国家财政危机的一个重要原因。最使仁宗焦虑的是，黄河的淤垫和到处泛滥，使得国家命脉所系的运河漕运连年受到干扰，以至难以通行，给社会的经济生活带来严重影响。

嘉庆初年，湖南、贵州苗民起义刚被镇压，川、楚、陕白莲教大起义便如火如荼地展开。包括河南天理教起义和沿海流民下海为盗，都对清朝形成巨大的政治压力。而黄河屡决又进一步加深了危机。

治河经费的压力确实沉重，当时镇压白莲教起义，军费开支即多达 2 亿两。而治河少则数百万两，多则上千万、数千万两。累计起来，数目十分庞大。尽管仁宗经常对河臣强调一定要保证工程质量，"勿偏于节省"①，但对工程耗费巨大，经费是否全部用于河工心中无底，又无可奈何。嘉庆八年（1803）九月十三日，黄河在河南封丘衡家楼决口。按理汛期已过，可黄水滔滔，异常凶猛，仅几天之间崩塌堤坝 500 余丈。洪水从决口奔腾而出，漫至范县、张秋、长垣、东平、开州（今河南濮阳），一路横穿运河，东行入海。良田、庐舍沦为泽国，运河受到洪水严重冲击，情况十分紧急。仁宗下令以最快速度封堵决口。要求附近未受灾府、州、县备办物料，快速运往灾区。然而，衡家楼决口的修复工程浩大，需拨款高达 1000 万两，这对本已呈空虚状况的国库压力甚大。为尽快封堵决口，仁宗百般无奈，只好允许臣下暂开衡工捐例的请求。以卖官鬻爵的方式解决资金问题，这是饮鸩止渴，当然不能解决根本问题。

这次漫决后，仁宗已注意到非要下大力气以最有效的手段来解决黄河决口及运河漕运问题不可了。他经常与河督、漕督商讨对策，基本上取得统一认识："海口淤高，已非一日，从古无浚海之法，亦无另改海口之处。至于清口之通塞，关系漕运往来。""近年来河水稍有增长，即至顶阻清水不能畅出，河口因之阻滞，挽运维艰。即如昨冬回空船只，归次迟缓，几遭冻阻，皆因清水力弱不能刷黄之故。目前清水消落，黄河水势渐涨，已觉倒灌，即须起驳后方能挽渡，此其明验。若再不及早筹划，将来河口日见淤浅，并此一线引河，旋挑旋淤，成何事体！是此时治河即所以治漕，不可稍有稽缓。"②

---

① 赵尔巽等：《清史稿》卷三六〇《王秉韬传》，中华书局 1977 年版。
② 《清仁宗实录》卷一四六。

此后,君臣全力治理清口,蓄清水敌黄河之水,当黄河水少,清水下泄冲淤,刷深河道,初见成效。嘉庆十三、十四年间,大力开浚海口,改易河道,费银至800万两,"合计南河修堵等费用,数年之中,总共不下四千余万"①。费用之巨,实居国库开支之首位。用费、用工不少,仍不能最终解决问题,因为所修水利工程质量差,经不住洪水的冲击。所以,河决仍频频发生。嘉庆十六年(1811),仁宗对工程质量顿生疑窦:"河工连年妄用帑银三千余万两,谓无弊窦,其谁信之?"仁宗派托津、初彭龄等前往查办。查办官员仅核对账面,仍查出虚悬多年共60余万两。

从上述事实可知,治河之难不仅因为黄河难治,更难的是管理者不负责任,从治河中牟取私利。尽管仁宗对治河费尽心力,不惜投入巨额资金,仍然是边治边坏,得不到保障。嘉庆十五年(1810),仁宗就运河是否还有担负漕粮北运的能力深感忧虑,他指示两江总督松筠讨论可否仿元、明两代试行海运。地方大员认为,如海运可行,恐无法保证航运顺利,同时漕运又不能废去,设两套管理机构,开支不堪重负;如废去漕运,以此为生计的八九万人将失业。最后还是罢议不可行。

治河、漕运问题未能真正解决,不仅拖累国家财政,而且由此带来的后果日趋严重。

3. 赋税不足

嘉庆朝前期20年,黄河泛滥、决口,不断整治开支巨大;赈济灾民,地方贫困,人口增加,土地不足,等等。国家财政日益收少用多。仁宗虽然在上面倡导节俭,挥霍奢侈之风不盛,但实际上大小官吏们的贪占、侵夺并未减少,则是国家财政危机的又一个重要原因。

清代国库库存银的状况,尽管乾隆后期财政虚耗较为严重,但在乾隆五十五年(1790),尚存银8000万两②。自嘉庆朝起,则呈下降的趋势,如嘉庆

---

① 转引自萧一山:《清代通史》卷中,第289页。
② 《清续文献通考》卷六六《赋额》。

元年(1796)为5658万两,十六年为2078万两,十九年为1240万两,仅相当于乾隆朝存银最多时的六分之一多一点。道光前期略有好转,然而未能维持太久,到道光二十三年(1843),鸦片战争爆发后,仅有990万两,最少时仅800万两。国库银多数时候甚至不足以支付一项紧急工程的费用,更不要说遭遇战争了。

这种财政危机的形成是有一定深层的原因的。首先是反映在赋税的收入日益下降。

清代的赋税收入,自雍正朝实行"摊丁入亩"之后,全部赋役征收一本地亩数为根据,因此,官方对土地的控制比以往任何一代都要严格。这一改革确实相当稳定地保证了国家赋税收入。以极盛时期的乾隆朝为例,尽管常年开销庞大,国库仍然存有足够的资金,能提供国家所需的一切费用。随着商品经济发展和人口迅速增长,社会发生了明显变化:人均土地减少,而农村劳动力充裕。经商者日多,加速了经济性作物种植和农产品商品化的进程,相当多的农民从土地上游离出来,土地转让、买卖速度加快了。官府对土地的控制力被减弱了,就直接影响到赋税的收入。另一方面,人口自然增长速度过快。嘉庆朝已比乾隆前期增加了3倍,单位土地面积人口承载能力在当时的生产力水平下已达到了极限,这就相当程度上削弱农民缴纳赋税的能力。虽然当时土地兼并并隐匿土地、规避赋税的现象并不突出,但由于高度发达的土地租佃制使土地使用权一再转让,甚至连地主本人也难弄清自己的佃户,这也给赋税收纳增加了难度。

一个致命性的因素,就是社会商品经济不断发展,加上官僚制度尤其是对管理者的管理上的弊病,必然发生吏治腐败。掌权者经济上的贪欲极度膨胀,势必造成大量的奢侈浪费或侵吞国课现象。

仁宗亲政不久,因为用于镇压白莲教起义的军费开支巨大,即感到国库日绌,但除了以"节俭"号召臣下外,别无他法。大学士王杰上疏,指出国家财政日绌及腐败致病的根由是"各省亏空之弊",未引起仁宗的重视。仁宗最初对亏空问题并非认为是中饱的漏卮。嘉庆四年(1799)三月批复署山东巡抚岳起奏称应清理山东各州县亏空时说:"徐徐办理,自有成效。百姓足君孰不足,培养元气,胜于仓库实贮,奚啻万倍。捐廉罚银等事,朕必不为。"①他不认为这是一个积弊相沿,有积重难返,而又不可不亟加整顿的问题。如果让地方赔补亏空会殃及百姓,而现有亏空不补则对百姓有利。此外,他认为亏空的出现似乎并非地方官的责任,若让官员赔补是与官争利。这一错误又有害的认识终于使腐败引起的亏空听任发展到十分严重的程度。对这一问题,直到嘉庆十九年(1814)八月,仁宗才算有所醒悟。当时署江苏巡抚初彭龄上疏,其中揭示:嘉庆六年,岳起奏各属亏短银30余万两,如每年补三四万,应早已补完。然而,到张师诚任内续查,亏缺已增加到70余万两。庆保任内,更猛增至220余万两,加上江宁藩司又报亏96万多两,仅江苏一省,亏缺达318万两。十余年间,不仅未能补完,亏欠比前又多出十余倍。在事实面前,仁宗才下令将贪官施重刑并查抄家产作抵押。此后,各省的亏欠情况均把仁宗惊得目瞪口呆。山东查出:嘉庆十四年前亏空341万两,而十四年以后仅6年时间就新增334万两。仅山东一省亏空共达670余万两。由此激怒了仁宗,他下令严查,结果几乎无官不贪不占,一省之内,从上到下层层串串。为此,朝廷为抑制亏空作出一些规定:不许藩库滥行贷放银两以收回扣;严禁上司在下级交接不清的情况下强迫下属上任;支用钱粮按规定时限报销,不准借词拖延;令各藩司剔除各种名目的捐摊滥派;要求大吏升调属官职缺秉公从事,选贤任能,注重人品操行等等。这些规定在无良好监督和权力制衡的情况下,收效也就可想而知的了。因此,地方亏空问题虽然一度有所控制,但没过多久便故态复萌,成为积重难返的严重问题之一。

清代国家财政赋税收入不足的问题也与当时经常不断的自然灾害和战乱有关。黄河屡屡泛决,使得洪泛区不仅不能交纳赋税,尚需发国帑以赈济;长达8年之久的川楚陕白莲教起义和官兵的拉锯战,使得地方经济大面积残破,欲仍正常缴纳赋税是不可能的。

国库收入减少,国库存银就减少,财政危机随之而发生。嘉庆朝实属多事之秋。乾隆中期以后数十年所积累的各种社会问题都已暴露无遗。

最大的开支是军费和河工。嘉庆朝仅用于镇压白莲教起义的花费就达

---

① 《清仁宗实录》卷四一。

2亿两；在东南沿海与海盗周旋多年，如造船、造炮等军费开支，总计高达4000余万两。其他如对西南少数民族地区的用兵，对河南、山东天理教起义的镇压，又是成百上千万两。河工和漕运的开支并不比军费少。连续多年近20次的大规模堵塞黄河决口以及清口工程、浚深海口等，多者数千万，少则数百万，直到逼使仁宗同意以"捐纳卖官"来聚敛工程费用。

除上述两项大宗外，还有大批官员的俸银和军饷支出以及八旗"恩养"也是国家的沉重负担。

清代官员的骤增有着较为特殊的因素。自清初始，为了维护满族贵族的特权地位和政治上的支配权，实行高级官员中的满汉复职制，这无形中就使上层官员增加了一倍。而清代的科举考试，为笼络汉族士大夫以获得他们支持，不仅取中名额较多，且辅以"特科"。康熙朝时地主士绅还可以通过捐钱、捐粮进入仕途。嘉庆朝则愈捐愈甚，造成官员队伍膨胀，且鱼龙混杂。这些以钱粮捐官者进入仕途后，将本逐利，侵贪害政。而捐纳屡开，造成候补者多，仕途壅滞。选任中，营求赂贿在所难免。所有这一切，都使清廷支付俸银成为国家财政开支的重要负担。

地方亏空的严重和地方支出的扩大，两者关系密切。在各级衙门中，大量的日常公务是由多于官员数十倍、上百倍的属吏（也称胥吏）办理的。这些吏员虽非职官，但因其有明确的额设编制和对吏员的具体管理规定，加上事实上的对行政事务的影响日益扩大，于是，又有"官与胥吏共天下"的看法①。在中央各衙门中都有数十乃至上百、数百名的吏员，而地方上任用的吏员更多。州县衙门中的"三班六房"（三班为皂、壮、快班；六房为吏、户、礼、兵、刑、工房）一般都达数十人。尽管对吏职按季发给工食银两，数额不大，但一是人数众多；二是因其对所管事务熟悉，极易对品官实施欺蒙，上下其手，地方开支多少正和这些人密切相关。在赋税收缴时，对上则以多为少，对下则以少作多，这几乎成了清代国家财政收少支多的奥秘之一。

军队开支，嘉庆朝时已难堪重负。乾隆四十六年（1781），高宗谕令增加兵额，使军饷开支年增300万两。巨大的开支终于逼使仁宗在嘉庆十九年（1814）闰二月提出裁军，下令恢复乾隆四十六年以前的旧制。三月，裁

---

① 徐珂：《清稗类钞》第十一册，第5250页。

绿营兵14024人,而此时绿营兵总数仍有61万人。

八旗兵的开支也是一宗难堪的负担。嘉庆朝八旗人口急速增长,嘉庆十七年(1812),八旗男丁有52.3万余人,而八旗满族男丁约有22.2万人。满、蒙、汉军八旗兵额仍维持在20万人。在这项军费开支中,每名汉军的兵饷略高于绿营,再加上汉军自雍正朝不断出旗,其兵额不断被满族兵额所占,负担相对较轻。但10余万八旗满族兵额,每人月饷银3—4两,俸米年平均40斛,已超过七、八品官员的收入。为优养满族,自乾隆以后兵额仍在增加,俸禄也在增加,成为不容忽略的项目。

此外,无法预测的突发性事变,从各方面增加着财政支出。嘉庆朝以后,国家财政基本是处于"入不敷出"的困境之中。尽管仁宗倡导节俭已近于喋喋不休的程度,财政困境仍无法缓解。嘉庆后期开始的西方殖民者的鸦片走私贸易渐成狂潮之后,清朝的财政危机终于爆发了。

4. 八旗生计艰难

八旗军费是清代中期国库开支的沉重负担之一。同时,"八旗生计"也是又一个严重的社会问题。

清入主中原之后,特别是大规模的战争结束,八旗制度如何适应新情况,是摆在清朝统治集团面前的一个重大问题。事实上八旗制度一直实行入关前的基本政策,八旗作为军事组织,其兵由国家包养,并以养兵的方式来"恩养"旗人,其结果,使旗人陷入窘迫之中。清初,为解决旗人的生计问题,推行圈地政策,在京畿地区,强行圈占民人的土地、房屋,旗兵每人约分得圈占土地30亩和相应住房;派往一些主要城市的驻防八旗,也相应分有住房和土地。八旗粮饷,基本上是旗官按九品文官级别领取薪俸,旗兵按五等级别领取粮饷。没有当旗兵的称为余丁(亦称闲散),不发给粮饷,靠自家当兵者所获房、地和粮饷生活。

到康熙二十五年(1686),满族前锋、护军、领催每人月给饷银4两,每岁饷米46斛(1斛为5斗);甲兵(或称骁骑)每人月给饷银3两,每岁饷米46斛;步兵领催每人月给饷银2两,每岁饷米22斛;步兵每人月给饷银1两

5钱,每岁饷米21斛。此后,八旗兵饷的数额基本没有太大的变化。有马的旗兵还有一定数量的马乾银。清初,八旗兵的收入确实是可观的,据雍正三年(1725)十月世宗的上谕提道:"计其所得,已多于七八品官之俸禄。"① 再加上30亩地的收入,而出征时又发给一定数量的行粮,这样,维持一个家庭一年的生活还是比较富裕的:"平时赏赐优沃,制产一壮士予田三十亩,以其收入为马刍菽之费。一兵有三壮丁,大将则壮丁数十,连田数顷,故八旗将佐居家弹筝击筑,衣绣策肥,日从宾客子弟饮,虽一卒之享,皆兼人之俸。"②这种稳定可靠而又优厚的待遇被时人羡慕,称其为"铁秆庄稼老米树"。

然而,到乾隆嘉庆之际,八旗兵及其家人遭遇到越来越严重的生存危机,即所谓"八旗生计"问题。其实这一问题,早在康熙中期即已初露端倪。生计危机多发生在八旗下层的兵丁及其家属。圣祖在上谕中屡次提道:"今见满洲贫而负债者甚多。"③法国传教士白晋也谈道:"在北京为数众多的八旗兵中,有一大部分由于债台高筑而陷于极度贫困,他们军饷的大部分都付了债款的利息",即使皇帝身边的侍卫,有些"也是债台高筑"④。甚至发生千余名贫困的八旗兵群聚紫禁城神武门前,脱帽请求朝廷救济,其中有8人强行闯入御花园,险些闹成乱子。乾隆中期以后,情况更为严重。一些旗人无地无房,衣衫褴褛。京师如此,驻防地也不例外,甚至在东北地区的吉林乌喇(今吉林市),问题也相当严重。乾隆六年(1741),吉林乌喇有满族八旗兵3000余户,穷苦者即达1158户,另有甚穷者678户,贫困户几近三分之二。许多无法存活者纷纷逃走⑤。据乾隆三十六年裕亲王广禄奏称,京中八旗鳏寡孤独,难以生活的多达6239人,连宗室亦"贫乏失产,无以自活"⑥。受清朝统治者优待并倚为干城臂膀的旗人,其生计已成了清朝的沉重负担和大伤"体面"的赘疣。

八旗生计问题发生的原因并不复杂。在清初,八旗兵频于征战,粮草、

---

① 《八旗通志初集》卷六七。
② 金德纯:《旗军志》。
③ 《康熙起居注》康熙十二年十二月初一。
④ 白晋:《康熙帝传》,《清史资料》第一辑,第213—214页。
⑤ 《清高宗实录》卷一五五。
⑥ 《清高宗实录》卷八八。

马匹、军器自备,如其不足,往往将土地出典。康熙中期以后,旗人出典旗地多是因浪费奢侈,负债无法偿还,于是典出土地。而土地一经典出,赎还无望,其生计的根本保障便已丧失。乾隆四年时,"民典旗地至数百万亩,典地民人至数十万户"。乾隆十年,"旗地之典与民者,已十之五六"。八旗地亩,"近京五百里者,已半属民人"①。旗地典给民人,一般说来,与八旗兵经常参战,无力照料土地关系不大,到清代中期,天下太平,基本无战事,绝大多数旗兵已没有多少参战的机会。

八旗人口数量的增加,确是八旗生计问题发生的重要原因之一。与清代中期社会人口的膨胀相一致,八旗人口也成倍增长。乾隆朝大臣赫泰奏章中涉及八旗生计问题时说:"八旗至京之始以至今日百有余年,祖孙相继或六七辈,试取各家谱牒征之,当顺治初年到京之一人,此时几成一族,则生齿之繁衍可知。当日所给之房地是量彼时人数而赏者,以彼时所给之房地养现今之人口,是一分之产而养数倍之人矣。"②这种情况是人口自然增长的结果,但八旗兵饷政策却并不因人口增加而变化。八旗总兵额基本不变,这样,不仅增加的无法披甲的余丁日益增多,一兵之饷所养的人口也在增加,其结果自然是八旗兵及其家人生活水平普遍下降,甚至无法自给。

然而,八旗生计发生问题,其根本原因在于清朝对八旗的优待、恩养政策。自清初始,所谓"首崇满洲,固所宜也",以此使旗人成为清朝政权的坚强基础和核心力量,故其生活全部由国家包养。为保持旗人骑射习武的传统,特规定旗人不准行"四民"之业,只以当兵打仗为终生职业。此种政策,不仅使披甲入行伍者无法顾及自家的土地,更无法习得生产技能。尤为严重的是,数量日益庞大的八旗闲散人口,也不准进行各种生产活动,既不准许其自谋生计,如从工、从农、从商等一律不许,又不准其与民人交往。故旗人不事生产,也不懂生产,只有游手好闲,成了国家的"寄生虫"。乾隆朝鉴于八旗生计问题的日益严重,沈起元在《拟时务策》中说:"甲不能遍及,而徒使之不士、不农、不工、不商、不兵、不民,而环聚于京师数百里之内。于是其生日蹙而无可为计,非旗人之愚不能为生也。"③到嘉庆朝,有人建议允许

---

① 《皇朝经世文编》卷三五,舒泰:《复原产筹新垦疏》、舒赫德:《八旗开垦边地疏》。
② 《皇清名臣奏议汇编初集》卷一四五,赫泰:《筹八旗恒产疏》。
③ 《皇朝经世文编》卷三五。

旗人从事手工业时,仁宗明白地说出了不允许旗人经营实业的真实用心:如准许旗人自营生计,"八旗男妇皆以纺织为务,则骑射将置之不讲……于国家赡养八旗劲旅屯驻京师本计,岂不大相刺谬乎?"①正由于这种清廷的传统政策,使得旗人从来不从事农业生产或其他经济活动,到清代中期,随着旗人人口增加,贫而无法自救,又不能指望国家在根本上给以救助;从国家方面说,实行八旗"恩养"政策本身已成为国家财政危机的重要因素之一。在传统政策不变的情况下,已不可能解决旗人的贫困。

八旗"恩养"政策的负面影响使许多八旗兵丁厌恶生产劳动,追求奢侈生活,纵欲浪费,不知撙节,加剧了生计问题的严重程度。无论清初的圈地、占房、食粮饷,还是以后屡次三番的补贴、资助,清廷确实给旗人相当优惠的"恩养"条件。然而,这种"保障"使得旗人不仅在依赖中滋生出好逸恶劳的恶习,且"恃有天庚正供","于关领钱粮后稍有敷余,惟图目前一饱,不复顾及身家"②。甚至"以奢侈相尚,屋室器用,衣服饮馔,无不备极纷华,争夸靡丽"③,嗜酒、赌博、斗鸡、架鸟、养花、吃烟、泡戏院茶馆,肆意妄为,养尊处优,颓废不振。相当多的旗人已成废人,真如沈起元所谓"什么也不是"者。

到嘉庆朝时,旗人生计问题已成为统治者最头痛的大难题之一。在"恩养"的名义下几乎是能行的办法均已试行,却仍不能奏效。

从康熙到乾隆朝,用于赏赐和救济旗人的费用,少则数十万两,多则数百万两。设"公库"、"米局"等救济性机构,甚至替八旗兵偿债等。较重大的措施主要有:(1)旗地回赎。乾隆前期30年加上此前的雍正朝多次动用国库总共近400万两白银,赎回旗地近23万顷,并下令今后坚决不准典卖。但不久便又发现旗人仍"旋赎旋典"。(2)实行养育兵制度。雍正二年(1724),清世宗上谕:"八旗满蒙汉俱系累世效力旧人,承平既久,满洲户口滋盛,余丁繁多,或有人丁多之佐领因护军马甲皆有定额,其不得披甲之闲散满洲以无钱粮,至有窘迫不能养其妻子者。……再四筹度,并无长策,欲增编佐领,恐正项米石不敷。……今将旗下满洲、蒙古、汉军内共挑四千八

---

① 《清仁宗实录》卷三二四。
② 《清续文献通考》卷二六《户口二》。
③ 《上谕八旗》雍正二年二月初二。

百人为教养兵,训练艺业,所挑人等只给三两钱粮。"①后又挑幼丁充任;又有"有米"、"无米"之分,人数多达29207人。这就是"养育兵",实为后备兵,由官方发给少量钱粮以赡养家口,在一定程度上缓解旗人生计的压力。(3)汉军出旗。为减少在旗人数,以便减轻国家的财政压力,清廷在旗内实行满、汉有别的民族差别政策,频繁颁布汉军出旗为民令。乾隆七年下令:"定鼎"后投诚者,"三藩"户下归入者、内务府包衣拨入者、招募之炮手、过继之异姓等,出旗为民,不再"恩养"②。次年下令,未经"出仕"的微员准出旗为民。二十一年下令,凡另记档案与开户人等,汉军在京甲兵、闲散有愿往直省散处为民者,听其所往。二十三年下令,汉军中老年残疾、差使迟钝者令出旗为民。二十七年下令,汉军"从龙"人员,如直省有可靠之处,任其随便散处,愿为民者听便,六品以下现任文官愿为民者听便③。就这样,大量的汉军旗人率先被从八旗中"赶出来",剩下的少量汉军旗人后来有不少改为绿营兵。(4)设立"井田"与京旗屯垦。雍正二年,在河北固安、新城、霸县等地设立井田,"将无产业满洲五十户,蒙古十户,汉军四十户,共挑选一百户,前往种地,此拨去之人自十六岁以上,六十岁以下,各授田百亩,周围八分为私田,同力同养公田"④。3年后,又把在京无产无业及因罪革退的官兵发往井田。结果,这些人数年后卖掉耕牛农具,偷逃回京,井田失败。乾隆、嘉庆朝又在东北地区拉林招民垦荒,然后将垦熟之地安置京师贫困旗人数千户屯种。尽管遣送这些人回"祖宗之地"花费了不少财力、物力,其结果仍是数年后"逃回北京者甚众"⑤。

康熙、雍正、乾隆三朝还实行过以官府拨款形式,借给八旗都统衙门转贷给旗人,经营手工业、商业,其贷银称"生息银两",以解决八旗生计,但因有很多弊端,到乾隆十九年(1754)停止。八旗生计问题到乾隆后期、嘉庆朝已成了统治者不愿谈及的难题。

在嘉庆朝,国家因频繁用兵导致日益严重的财政危机,对八旗的救助能

---

① 《上谕八旗》雍正二年。
② 光绪《大清会典事例》卷一一一五《户口》。
③ 参见李乔:《八旗生计问题述略》,《历史档案》1985年第一期。
④ 《八旗通志续集》卷六七《田土志》。
⑤ 《清高宗实录》卷六〇〇。

力十分有限,而八旗人口迅增,普遍坐食依赖国家财政,这一矛盾日益突出,旗人的贫困化更为严重,八旗生计问题成为社会不安定的一个重要因素。

5. 军备松弛

从清入主中原后,作为国家机器的重要组成部分,军事武装力量即八旗军队、绿营兵,在武力统一全国、平息叛乱以及反击外来侵略的斗争中,发挥了独特的重要作用。至乾隆嘉庆之际,军队中暴露出武备松弛,战斗力明显衰减。从镇压湘黔苗民起义和川楚陕白莲教起义的军事行动中,可以看到:将骄兵惰,畏缩退避,已失去了前期的锐气和勇于进取的精神,致使战事久拖不胜,因而耗费了巨额军费,又骚扰了民生,激成了新的事端。

造成军备松弛、八旗军队战斗力整体下降的原因,主要来自三个方面,一是八旗军队活动环境的改变,其生存方式也随之改变,同时也改变了军队的生活观念;二是承平日久,长期无战事,物质生活改善,养尊处优,享乐思想滋长;三是军队大部分驻在全国各城镇,与社会生活融为一体,受到颓靡的社会风气的直接影响,金钱、美色的诱惑,官兵将吏的军风日渐变坏。

八旗军队的主体部分是满洲八旗。入关前,满族崇尚武功,精于骑射,有着悠久的传统。从行围狩猎的生活方式中,练就骑射的技能,培养了英勇善战的果敢精神。

清廷入主中原以后,满洲八旗连同他们的家属进入经济发达、文化先进的中原地区,生活在亿万汉人中间,从此也就永远地改变了他们传统的生活方式;生存环境改善,物质生活也变得优裕起来。他们的观念和追求也随着条件的变化而改变。

如果说,上述原因是客观条件变化带来的必然结果,那么,清入关后对八旗兵丁实行优厚的待遇,即全部由国家"恩养"的政策,则是其主观原因。恰是这一政策人为地将八旗兵置于养尊处优、自我骄纵的地位。雍正、乾隆朝以后,战事较清初大为减少,文治天下,军队的作用相对减弱,八旗中普遍出现弃武习文的现象,八旗子弟逐渐不习骑射,自觉或不自觉地抵制习武。连主管八旗的大臣,也把训练兵丁之事"视为具文",不过在军政考核或检阅时稍微演习,过后便置之不问。这种对传统观念的背弃与习性的变化,在上层王公贵族中十分严重。乾隆六年(1741),高宗在行围后说:"此次行围中,诸王大臣中竟有耽恋家室,托故不愿随往者。"①乾隆十九年,高宗承认:"现在宗室内,不但武艺无出色之人,即勤学弓马者亦少。"②八旗文官一遇演习射箭,便纷纷退避躲闪,或借口有病、臂痛等。八旗举人会试骑射,多数报称"近视",即使上场参加者,也不能正常骑射。到乾隆后期,满族八旗官兵已多不懂行围之法,射箭技艺也已生疏。到嘉庆朝,不仅一般八旗兵骑射能力很差,连精锐的前锋、护军等重要兵种也不堪检试。嘉庆十六年(1811)七月,仁宗谕称:"射布靶之前锋、侍卫、护军参领等,中箭人数甚属寥寥。"两年后,"左右两翼前锋章京内,竟无一人中三箭者,正黄、正红、正蓝三旗护军参领内,中三箭者仅有一人"③。甚至连黑龙江八旗官兵的骑射能力也令仁宗伤心不已。嘉庆十七年,在挑选的18个"素称善射"的士兵中,"中四箭者只一人,中三箭者五人,并无射中五箭"者④。当时,考试八旗武举,射箭中试标准不得不改得容易一些,甚至前移布靶,取消骑射,只考步射。尽管这样,参加考试者因臂力不够,射不到目标,只好投机取巧,将箭抬高,以能射到位置交差了事。甚至胡乱放射,几致伤人。以上几例,已见嘉庆朝时武事几致废弃,满族尚武的精神几乎荡然无存。

八旗官兵的武备松弛,还与其追逐享乐密切相关。乾隆中期以后,尽管"八旗生计"问题严重,八旗官兵家人凡有一丝剩余,便鲜衣美食,竞相攀比。嘉庆七年(1802),仁宗对阁臣说:昔日满洲淳朴旧风,"衣服率多素布",近来狃于习俗,"兵丁等竞尚鲜华,多由绸缎,以穿着不如他人为耻"。为讲"面子",满足虚荣和享乐,"无不竞美争鲜,毫无节制,以致数日之用,罄于一日,数人之养,竭于一人"。饷银一发到手,"则先市酒肉,以供醉饱,不旋踵而资用业已告竭"⑤。八旗官兵中都是这样一批人,如何能指望其为国效力,冲锋陷阵呢!

---

① 光绪《大清会典事例》卷五七三。
② 《清高宗实录》卷四七二。
③ 《清仁宗实录》卷二四六、二七一。
④ 光绪《大清会典事例》卷五一五。
⑤ 《清仁宗实录》卷一〇〇。

在八旗军队中,明显的腐败主要反映在将官勒索、苛剥兵饷、役使兵丁、贪污纳贿等方面。这在整个军队中,早已司空见惯。

八旗军队的素质退化,又久处和平环境,失去准备打仗的信念,军务废弛,丧失应有的战斗力。嘉庆年间,每发生一次农民起义,都很难迅速镇压,动辄年余,甚至十多年,反映了八旗军队今非昔比的状况。

清朝军备废弛也与统治集团的军事思想有着密切的关系。从清初到嘉庆朝几代君主,都认为清军的基本使命,就是防止或镇压边疆的叛乱及内地的民乱,用以维护其统治,只要坚持八旗的骑射优势就不难做到。结果,在经历了百余年后,八旗的骑射优势逐渐消失,绿营兵同样不堪使用。不仅骑射长技已不复存在,就连最基本的兵器也是破烂不堪。每当一年一度阅操时,不得不临时将兵器修理一下,以免有碍观瞻。乾隆末年,英国马戛尔尼使团来华,使团副使小斯当东嘲笑清朝的兵器落后:"在镇江,等待着他们的是声势浩大的军事操演。但是,马戛尔尼注意到城墙濒临坍塌,这种景象与二千多名士兵随着音乐声在旌旗下接受检阅的场面形成对照。兵士的装备如何呢? 是弓和箭、戟、矛、剑,还有几支火枪。他们戴的头盔从远处看像金属那样闪闪发光,然而人们怀疑它们是用涂了漆的皮革,甚至是用经过烧煮的纸板制成的。五颜六色的制服、衣冠不整的形象丝毫没有一点尚武气派;软垫靴和短裙甚至给士兵们添上了女性的色彩。王大人明确指出,这种华丽的装束只是'在重大场合里'才从衣柜里取出。"①在杭州大运河边一堡垒,"附近摆着十二个能放二到四磅重炮弹的笨重小铁炮。炮口上的铁同炮口的口径差不多同样厚。这种炮起不了什么实际作用,虽然看上去保存得很好"②。这使马戛尔尼确信:"如果中国禁止英国人贸易或给他们造成重大的损失,那么只需几艘三桅战舰就能摧毁其海岸舰队,并制止他们从海南岛至北直隶湾的航运。"③马戛尔尼此言尚早,未免夸张了英国的军事能力。事实上,马戛尔尼来华正当乾隆后期,尽管清朝军队存在种种问题,但还未到不堪一击的程度。

乾隆嘉庆之际,西方军事已进入火(热)兵器的时代,而中国还在应用

---

① [法]佩雷菲特:《停滞的帝国》(中译本),三联书店1993年版,第399页。
② 斯当东:《英使谒见乾隆纪实》,上海书店1997年版,第463页。
③ [法]佩雷菲特:《停滞的帝国》,三联书店1993年息到,第521—522页。

早已过时的刀、枪、剑、戟这类冷兵器。这种落后的状况,完全是因清朝统治者的极端愚昧和固守民族文化传统所致。清朝顽强地坚持其民族传统,盲目推崇骑射。把骑射及冷兵器当作永远是制敌的利器,不提倡也不引进火器技术,对火器的制造和在军队中的使用予以严格限制。原因很简单,一是怕火器代替骑射废了本民族的传统,二是更怕汉人掌握火器技术后,会使满族的骑射优势完全丧失,威胁到清朝的统治。其实,西方火器早在明末已传入中国,明朝统治者对火器并未给予重视,虽然已掌握铸造大炮、鸟枪的技术,只在局部采用,并未在军队中广泛推行,更谈不上装备更新。因此,火器在中国没有取得应有的进展,清朝比明末时还有所倒退,对火器实行严格限制,甚至排斥。使用火器,只需掌握使用方法就可直接操作,而使用冷兵器如刀、枪、箭等,则需要付出更大的代价,凭气力,练技巧,才能真正应用这些武器。一旦军备松弛,操练不足,如骑射不熟练,就丧失战斗力。嘉庆朝的军事正面临着这一危机,而且继续恶化。武器装备还停留在古代军事水平阶段,给中国未来的安危留下了致命的隐患。

第三章　由治入乱

1. 川楚陕白莲教大起义

在中国历史上，一旦社会动荡，民不聊生，秘密宗教便在民众中迅速传播。自乾隆中期，在江南便出现了颇具政治色彩的秘密结社天地会，而更具宗教色彩的白莲教则在黄河上下、大江南北重新活跃起来。

白莲教是宋代起自民间的秘密宗教，它由摩尼教、弥勒教、佛教、道教等教义教规糅合而成。其教义中佛教的善忍轮回说与道教的养生术迎合了贫苦无助的百姓的需要，而弥勒教的"千年太平"说和摩尼教的"光明将战胜黑暗"的说法更成了民众痛苦中的渴望。元末农民大起义就是以白莲教的形式组织发动的。从元代到明代，白莲教徒举行了几次起义，但清初到乾隆初年似乎已销声匿迹。然而，民间却一直在悄悄传播。乾隆三十九年（1774）山东寿张王伦起义，就是通过白莲教的支派清水教组织发动的。王伦起义失败后，清廷加强了对白莲教的镇压。乾隆四十年捕杀了河南鹿邑县人樊明德，并镇压了他所创立的混元教（白莲教支派之一），其再传弟子刘松被流放到甘肃隆德。乾隆五十三年三月，刘松将混元教改名为"三阳教"，称自己的儿子刘四儿是弥勒佛转世，入教者可免水火刀兵之灾，与他的两大弟子刘之协和宋之清在陕甘川楚地区广收教徒。

乾隆后期社会矛盾日益滋长，白莲教在各地的活动也非常活跃，尤其是在川楚陕三省交界地区，聚集了大量逃荒避税的贫民，在此开垦就食，人数以"数百万计"①。这些人原本求生无路,此时仍是生计艰难,加上五方杂处,良莠不齐,一些差役、地痞等无事生非,敲诈勒索,"今日檄令查某案,明日差令禁某事。地方遥远,小民受其凌辱无可告诉,无为申理",叫天不应,叫地不灵,早已是忍无可忍。悲惨的现实就成了各种名目的白莲教支派传播的丰厚土壤。乾隆后期,信教群众中广传所谓"真空家乡,无生父母"的八字真言,又称:"弥勒转世,当辅牛八(意为'朱'姓,亦即'扶明'),入教者可免诸厄。"②在教派首领的鼓动下,信教者日众,活动也日益公开化,反清、反压迫的倾向日益显明,已形成一支强大的社会力量,直接威胁到清朝的统治。

乾隆五十九年(1794)夏,清廷便采取了严酷的镇压措施,在全国各地同时下手,逮捕白莲教在各地的组织者。一时之间,各地教首相继被捕,许多教首及家属被关押、杀头、流放。湖北、四川、陕西、河南、甘肃等省一派恐怖。在随后的大搜捕中,许多地方官吏衙役,借搜捕之机,搜刮勒索钱财,甚至殃及无辜百姓。另外,当时贵州东南部与湖南西部的苗民大起义还未完全平息,清廷除对相邻数省严加控制外,在人役和赋税上也屡次增加,使社会矛盾进一步激化。

乾隆六十年(1795),湖北各地幸免于难的白莲教首领秘密商定以"官逼民反"为号召,于辰年辰月辰日辰时(即嘉庆元年三月初十,1796年4月17日)各地同时发动起义,然而未能按计划举行。湖北枝江、宜都两地的白莲教徒在准备过程中被当地官府察觉,在官兵的搜捕下,白莲教首领张正谟、聂杰人毅然于嘉庆元年正月初七(2月15日)提前起义,拉开了川楚陕白莲教大起义的序幕。不久,林之华、覃加耀响应于长阳、当阳;王聪儿(又称齐王氏)、姚之富等起义于襄阳北郊黄龙垱。旬日之内,义军蜂起。数月之间,在南至四川酉阳、贵州青溪,北至河南邓州、新野,以及湖北西部五府(襄、郧、荆、宜、施)一州(荆州)等广大地区,起义队伍人数达四五十万之众。

嘉庆元年(1796)四月以后,尽管湖北各支白莲教起义队伍都受到清廷

---

① 《三省边防备览》卷一四,卓秉恬:《川楚陕老林情形亟宜区处疏》。
② 那彦成:《那文颜公奏议》卷四一。

官兵的阻截和威胁,但起义军主力仍占有主动权,进逼湖北孝感、汉阳一带。六月以后,仁宗任命都统永保总统军务。永保虽受到起义军数次打击,但由于他坚持以襄阳为主攻方向,加之湖南镇压苗民起义的2万清军来援,使湖北起义军在各处均连连受挫而失败。到九月,以王聪儿、姚之富为首的已成孤军的襄阳起义军,在钟祥一带拼死冲出清军重围,大败尾追的清军,北走鄂豫陕交界地区。清军在湖北围堵失败,仁宗震怒,另任湖北巡抚惠龄总统军务。

湖北白莲教起义爆发后,四川的教徒加快了响应起义的准备。到嘉庆元年(1796)中,四川清军既南下征苗,又入楚"剿教",兵力已空。九月十五日(10月5日),四川达州白莲教领袖徐天德在亭子铺首揭义旗,数日之间,集众万人。随后东乡教民首领王三槐、冷天禄等又聚万人响应。仅一个多月,两处合一,大败前来征伐的清军,横扫川东北各地的地主武装,又会合太平起义队伍,直入陕西,分兵攻打兴安府各县,陕西教民纷纷响应。

嘉庆二年(1797)正月,襄阳起义军王聪儿、姚之富、王廷诏、李全等率军分三路攻入河南,转战陕西,由商州走镇安、安康,五月合兵后由紫阳夺船渡汉水,不断冲破清军的堵截,终于在六月进入四川。正当四川起义军被清军分割包围之际,襄阳起义军入川,立刻使战局发生逆转。仁宗决定由陕甘总督宜绵取代惠龄总统军务,兼摄川督。这是第二次更换军事统帅。

川、楚起义军的会合使其力量大增,各路起义军决定重新按青、黄、蓝、白分号设职,但仍由各路首领自将部属。清军方面,在宜绵的调动下,各路清军也渐集川东北,对起义军形成了围攻态势。起义军各路首领感到川东北地区人少民贫,数万人马的粮草供给艰难;再加上各路人马互相不信任,难于统一号令、统一指挥,这样与清军周旋将大为不利,不如仍各自为战,自行其是。于是,四川起义军撤向通江、巴州地区;襄阳起义军除李全等部分人马继续留川外,主力则经万县、云阳、奉节、大宁沿长江而下,仍返湖北。

起义军入川后忽又出川,大出清军统帅宜绵的意料。嘉庆二年(1797)六七月,当襄阳起义军返回湖北,以主力攻打襄阳,大败清军,又向西与李全部会师于陕西兴安时,仁宗指示清军各部分头追击起义军,以"专擒首逆"为功。九月,仁宗再次易帅,命新任湖广总督勒保总统军务,宜绵被免职。

嘉庆二年(1797)底,襄阳起义军在川北、陕南进行大幅度的运动后聚会于汉中以西,并准备抢渡汉水,奔袭西安,以摆脱被追击围堵的被动地位。于是,兵分王聪儿与姚之富、王廷诏与高均德、李全与樊人杰、张汉潮与刘永泰等四路。正当清军主力猛追王、姚路起义军,高均德在汉中西抢渡汉水,兵锋指向西安,迫使清军明亮、德楞泰部放弃王、姚而尾随高均德,从而使起义军主力王聪儿部得以轻松渡过汉水。消息传到京师,仁宗大怒,大骂明亮等"舍重就轻,堕贼计,使齐王氏得乘间北渡。尽夺世职、紫缰、孔雀翎,戴罪立功"①。

起义军各路渡汉水后,一度大得施展。王聪儿与高均德会师,吸引了明亮、德楞泰、额勒登保等清军主力。而李全等其他起义军则分路由城固、洋县老林山区,北出宝鸡、岐山,合攻郿县、周至。甚至一度逼近西安,吓得陕西巡抚秦承恩心惊胆战,"惟闭城独守,日夕哭泣,目皆肿"②。但因当时陕西清兵较多,加上清将德楞泰被朝廷督责所逼,追击起义军不遗余力,死死缠住王聪儿、姚之富部不放,终使起义军陷入被动。起义军在山阳的石河一带连遭挫败,退往郧西高山川谷之中,被郧西乡勇与清军前堵后攻,八九千人全部战死,王聪儿、姚之富等跳崖自杀。这是白莲教起义后遭受的最严重的挫折。在陕南的各支起义军一时陷于茫然:湖北、河南起义军想返回家乡,而川、陕籍起义军又不愿东去。只好分头在秦岭的山林中与清军周旋。嘉庆三年(1798)六月,李全、高均德部抢渡汉水成功,南下宁羌、广元,进入四川,与四川起义军冉文俦部会合,但因各部之间不能很好配合,处境仍很困难。嘉庆三年下半年,四川起义军主力之一的王三槐、冷天禄部,轻信"招抚"诡计,王三槐被勒保所俘,后被押到京师处死。年底,清廷又集中了惠龄、额勒登保、德楞泰、恒瑞四路大军,对各路起义军进行分割围堵。四川巴州起义军罗其清部被歼于方家坪,罗其清等首领被俘杀。冉文俦部不久又被围攻于通江,兵败而战死。

嘉庆四年(1799)正月初四日,仁宗不顾大丧之际,立即发布上谕,对3年来清军围攻白莲教起义军做了总结。3年来清军"靡饷至数千万两",仍

---

① 昭梿:《啸亭杂录》卷四《王文雄》。
② 昭梿:《啸亭杂录》卷四《王文雄》。

不能攻灭白莲教起义,不仅深感失望,亦感问题之严重。他写道:"总由带兵大臣及将领等全不以军务为事,惟思玩兵养寇,借以冒功升赏,寡廉鲜耻,营私肥橐。即如在京谙达、侍卫、章京等,遇有军务,无不营求前往。其自军营回京者,即平日穷乏之员,家计顿臻饶裕,往往托词请假,并非实有祭祖省墓之事,不过以所蓄之资,回籍置产,此皆朕所深知。可见各路带兵大员等有意稽延,皆蹈此借端牟利之积弊。试思肥橐之资,皆婪索地方所得,而地方官吏,又必取之百姓,小民脂膏有几,岂能供无厌之求?此等教匪滋事,皆由地方官激成。"①接着,他谈到高宗晚年的"宽厚"和官员的失误与隐饰虚捏,谈到自己力图振作,整顿朝局,以安定社会。

仁宗上谕还要求:所有高官要员奏报,"俱应直达朕前,俱不许另有副封关会军机处",并不许事先将奏报内容告知军机大臣。同时宣布夺大学士和珅、户部尚书福长安职,下狱治罪②。

为镇压白莲教起义,仁宗在行政、用人、战略诸方面作出重大调整。他以总统勒保为经略大臣,节制川、陕、楚、豫、甘五省军务,明亮、额勒登保以副都统授参赞大臣,各领一路。同时,将一些攻战不力、误事的将官分别治罪。最重要的就是改变以往的战略,在白莲教兴起与活动的主要省区,广施坚壁清野之策:"令勒保会同各督抚,晓谕州县居民,扼要团练,使贼无可掳掠,与官军相犄角。"按此战略,强令这些地区的百姓,"并小村入大村,移平地就险处,深沟高垒,积谷缮兵"③,以切断起义军与当地农民的联系,使起义军无法得到给养和武器的补充。除此,布告数省百姓,凡被"教匪"胁从者宽减其罪,准许反叛者悔罪投诚。这一政策,无疑起到了分化、瓦解起义军的作用。起义军的处境更加艰难。

就起义队伍本身来说也有其致命的弱点。首先是各怀其志,力量分散。在屡遭打击之后,不少人对前途深感失望。正当各路清军重整队伍,改换政策与策略时,起义队伍仍自行其是。襄阳起义军余部在高均德等人的率领下,仍转战于陕、川、甘各地。嘉庆四年八月,在德楞泰的尾随袭击下,高均德部失败,本人被俘杀,余部再入四川。同年,徐天德部起义军开进湖北,见

---

① 《清仁宗实录》卷三七。
② 《清仁宗实录》卷三七。
③ 魏源:《圣武记》卷九《嘉庆川湖陕靖寇记五》。

形势不利,再返四川。到嘉庆五年,在清军的围追堵截下,所到之处又被清军坚壁清野,并遭到"寨保团练"的驱赶,起义军的兵源和粮饷供应日益艰难,死伤、掉队、脱离起义军的日益增多,已失去旺盛的战斗力。尽管仍有个别战斗获得胜利,但有声势的反击每况愈下。在川东北、陕南和湖北西部的山岭中,许多起义队伍衣衫褴褛、兵器不整,甚至饥肠辘辘、朝不保夕。他们随时可能遭遇袭击,但仍艰苦地支撑着。

徐天德等在四川东乡、太平等地流动穿行,取得几次小胜,后又转战秭归、巴东、谷城等鄂西北地区。嘉庆五年(1800)六月,在宜城、荆门和天柱山等地经激烈战斗后,西撤至南漳马家营,在与清军的遭遇战中,取得一次较大的胜利,击杀总兵王凯和以下军官多人。以后,虽偶有胜仗,但至嘉庆六年夏季,数支起义军被追击于川陕鄂交界地区,不少起义军首领被俘杀,徐天德在渡河时不幸落水而死。当时,起义军不足3万人,均被围在三省交界处的老林山区,转战的余地几乎丧失。

徐天德转战川东北时,另一支以冉天元为首的起义军迅速在川西再壮声威。嘉庆五年初,成都、重庆同时戒严。在蓬溪高场院,起义军大败清军,杀死总兵朱射斗。随后北上梓潼、剑州,在江油以西马蹄岗与清军德楞泰部遭遇,起义军分八路激战,围击清军三昼夜,清军大败,几乎活捉德楞泰。在决胜关头,团练头目都司罗思举来援,以乱石击起义军。起义军败退中,冉天元坐骑中箭,他本人被俘遇害。江油马蹄岗战役是白莲教起义中最激烈的战斗,尽管清军死伤惨重,仁宗甚至将四川总督魁伦革职逮京,赐令自尽,然而,起义军的损失更是难以弥补,士气大伤。此战之后,万余起义军残部在川中屡被截杀,所余无几。

在老林山区,清军加大了围攻的力度,嘉庆七年(1802)是起义军最为艰难的一年。三月,苟文明部在陕西周至击败清军总兵刘瑞军,杀死副将韩自昌。四月,樊人杰、曾芝秀等率数千人经巫山奔湖北,虽然在马鬃岭取得了几次胜利,但起义军已越拼越少。七月,樊、曾二人败于房山,当余部向山中逃散时,被清军团团包围,起义军500余人全部跳河自杀。八月,苟文明在宁陕厅花石岩遇伏战败,跳崖而死。十一月,襄阳起义军余部首领戴仕杰在湖北战死,四川东乡起义军余部首领汤思蛟被清军擒杀。

随着重要的起义军领袖先后阵亡,骨干起义军死伤惨重,起义军的力量进一步衰落,到嘉庆七年底,起义军各残部聚于老林山区,总数只有数千人。

嘉庆七年十二月(1803年1月),额勒登保、德楞泰会同四川总督勒保、陕西总督惠龄、湖广总督吴熊光,连衔600里驰奏,向仁宗报喜。仁宗接报,立即颁诏向天下宣告胜利,同时对统兵将领加官晋爵,论功行赏。

事实上,在川东北及湖北,小股起义军仍不时出没袭击清军。嘉庆八年(1803)年中,清军不得不分兵20路,对老林山区进行全面搜索。由于清军在征伐中使用大量的乡勇,战事结束后未能妥善安置,他们无田无钱,两手空空即被遣回,受骗上当的乡勇一怒之下,又联合白莲教残余势力攻打州县。虽然人数不多,仍然震动了清廷。嘉庆九年春,仁宗再命额勒登保为钦差大臣,调兵遣将,部署镇压。到嘉庆九年九月,白莲教大起义才算最后失败。

川、楚、陕白莲教大起义,历时9年,涉及5省(加豫、甘),起义军人数最多时达40余万。为镇压起义军,清廷调集天下兵马,共涉及16省,自提督、副将以下将领军官400余人被杀,兵士伤亡更是难以计数,仅耗费国库银就高达2亿两之多。虽然将起义军镇压下去,清朝元气大伤,延续了一个世纪的康乾盛世终于结束。白莲教大起义是清朝由盛转衰的转折点。

这样大规模的农民起义之所以失败,除了当时清朝还有一定的经济、军事实力外,主要是起义者本身存在严重的弱点。他们以白莲教教义宣传组织群众,提不出明确的有号召力的政治目标和口号,甚至连"反满复汉"、改朝换代的主张也未见提出过,也没有成立较有组织的农民政权。起义队伍虽多,往往各自为战,既无统一的指挥,也无长远周密的计划,而且到处流动,始终没有一个稳定的立足之地,更谈不上根据地。在起义初期,借助士气,打败过清军,也造成对清军的牵制,但事实上更有利于清军实施各个击破。川、楚、陕经9年战火反复扫荡,多已成荒村废墟,一片萧条,加之清军寨堡分割,坚壁清野,起义军局限于这一地区,难以持久,终遭失败则不可避免了。

2. 东南沿海骚动

与川楚陕白莲教大起义几乎同时,清朝又面临着另一战场,这就是被称为"海事"的东南沿海起义,南北海陆不得安宁,把清朝推入新的政治危机之中。

嘉庆八年(1803)以后,东南海上起义的主要有蔡牵和朱濆。

蔡牵是福建同安人,乾隆五十九年(1794),始于漳、泉一带参与起义活动,后成为重要首领。朱濆原是漳州的走私商人,后成为海上闻名的起义首领。

嘉庆七年(1802)五月,蔡牵夜袭了厦门附近的清军炮台,抢走了汛炮。清廷考虑到清军水师船只矮小,难以与起义军接仗,要求各有关省份由官员捐钱,依商船米艇样式制造100多艘新型战船。此后,浙江巡抚阮元"率官商捐金十余万,付李长庚赴闽造大舰三十,名曰霆船,铸大炮四百余配之"①,加强了东南沿海的海防力量。

嘉庆八年(1803)正月,蔡牵率部抵达浙江定海,到普陀山进香,被浙江水师提督李长庚发现,率霆船发动突然袭击,蔡牵败走,李长庚穷追不舍,直到福建三沙洋面,蔡牵弹尽粮绝,在惶恐之际,诈降于闽浙总督玉德。浙江水师收兵后,蔡牵从容修好船只,备足米水,扬帆逃脱。此后,蔡牵重金向闽商订造更大的霆船,又用劫得的大米接济在粤洋的朱濆部。嘉庆九年六月,蔡、朱联合,以80余艘战船主动攻击浙江至闽的温州总兵胡振声部,结果清军孤军奋战,24艘船全部被焚毁,胡振声全军覆没,清廷大为震动。

八月,蔡、朱乘胜以110艘战船北攻浙江,与浙江李长庚发生大战,结果被李长庚各个击破,蔡牵与朱濆互相指责,其联合破裂。是年冬,李长庚再败朱濆于甲子洋。次年夏,又大败蔡牵于青龙港。屡遭失败的蔡牵决计攻取台湾,建立据点。这不能不引起清廷的高度重视。

嘉庆十年(1805)十一月,蔡牵以近百只战船,突袭台湾淡水,并举行仪

---

① 魏源:《圣武记》卷八《嘉庆东南靖海记》。

式,发布文告,自称"镇海王",建元"光明",以光复明朝为号召,公然与清廷对抗。随后联合当地会党,把队伍迅速扩大到2万余人,一时声势浩大。不久,又攻克洲仔尾,再攻入凤山,连败清军。为阻止清廷大陆援军,蔡牵以大船6艘凿沉于进台海口通道鹿耳门。年底,他指挥属下围攻台湾府城及其外围安平镇和嘉义城。清台湾镇总兵爱新泰死守府城,知府马夔升死守嘉义,等待援兵。

这时,白莲教起义刚刚平息,仁宗以为可暂时安宁,不料有此大变,立即下诏全力以赴攻灭蔡牵。嘉庆十一年(1806)初,李长庚率水师援台,使蔡牵兵分二处,台湾府城未能攻下。其后,金门总兵许松年、澎湖副将王得禄等部由大港绕安平港进攻,再加李长庚的阻击,经激烈搏战,蔡牵败出台湾。尽管如此,仁宗仍下诏将屡次贻误军机的玉德逮问,以阿林保代闽浙总督。连屡战有功的李长庚也坐罪,夺花翎顶戴。

为彻底镇压蔡牵,清廷下令所有军火、粮饷、器械、船只照军兴例由官府拨办;同时悬赏,无论何人,只要擒斩蔡牵,即受上赏;并集中军事指挥,命赛冲阿为钦差大臣,赴闽督战。蔡牵在台失败后,迅速修整船只,补充粮、水、火药等物,准备再战。由于清朝从中央到地方的官员腐败已成风气,一些痛恨赃官者和寻机谋利者或同情蔡牵,或直接交易接济,甚至"弁兵私通","不独漳、泉为然,即沿海各省份营兵等,亦有暗通"①。所以,蔡牵在"鹿耳门窜出,仅余船三十,篷朽硝缺;一回闽地,装篷燂洗,焕然一新,粮药充足"②。

对此形势,仁宗重新调整部署。首先是令"于各海口巡防严密,使一切火药米石概得杜绝,不得稍有透漏"③。同时批准李长庚所请,建造大同安棱船60艘,确保水师在战船装备上已占据的优势。另外,为防止活动于广东洋面的朱渍入闽与蔡牵再度联合,令广东地方官严密注视其动向。同时,仁宗发现地方官员之间在明争暗斗,赶紧采取措施。广东巡抚孙玉庭弹劾两广总督那彦成招抚朱渍"不惜重金为市",致使"民间有'为民不如为盗'

---

① 《清仁宗实录》卷五八。
② 赵尔巽等:《清史稿》卷三五〇《李长庚传》,中华书局1977年版。
③ 《清仁宗圣训》卷四八。

之谣"①。仁宗立即将那彦成革职,调吴熊光补任。对闽、浙地方官中早已存在的文武不协,总督与水师提督有矛盾,闽派与浙派之间的摩擦等问题,也一一调整。对新任闽浙总督阿林保排挤和攻弹李长庚予以警告和痛斥,使得李长庚大受鼓舞,成了最得力的战将。

嘉庆十二年(1807)初,李长庚大败蔡牵于粤洋大星屿;十一月,再败蔡牵于闽洋浮鹰山;随后在十二月,李长庚联同福建水师提督张见陞尾追蔡牵,蔡被逼入黑水外洋。当时,蔡牵仅有大船3艘、小船10余艘,其坐船舷篷已被炮火击毁,而清军水师战船数十倍于蔡牵。当李长庚率先追及蔡牵坐船后,准备以火攻船挂其船尾,登船搏杀时,不料蔡船尾部施放一炮,正中李长庚颈部,不久伤重而死。张见陞立即下令闽师首先撤出战斗,蔡牵竟绝处逢生,又从容撤往安南外洋。

嘉庆十三年(1808)中,蔡牵又返闽洋,其原部属已一片凋零,非败即降。蔡牵随后北上浙江沿海,又与活动于普陀附近的朱渍联合,被浙江巡抚阮元击败后,再分裂而各自为战。不久,朱渍在长山尾被金门镇总兵许松年击伤而死,其余部由其弟朱渥率领,继续在海上游荡。

为彻底解决"海事",仁宗不断下诏进行部署,调整粤、闽、浙三省将领和地方官,严厉坚持督察"通海"行为,使起义军再难得到接济。嘉庆十四年(1809)七月,朱渥率众3000多人、船42艘、炮800余尊投降清朝。新兴帮张阿治也率众500余人、炮80余尊投降。蔡牵部日益困窘,成了清军各部合攻的惟一目标。八月,闽浙水师与蔡牵血战浙江定海渔山,双方经两天一夜激战,蔡仍不能突围。尽管清军主将邱良功(时任浙江提督)和王得禄(时任福建提督)都身负弹伤,仍死围不舍,焚毁蔡船尾楼和后舵。蔡牵发现已无再逃的可能,便自燃余炮,与船同沉海中。

3. 直隶河南山东天理教起义

在上述连续爆发反抗清朝统治的大事件之后,在清朝京师及附近又发

---

① 《清仁宗实录》卷一五二。

生了天理教起义。

这场延及直隶、河南、山东并攻入紫禁城的天理教起义,发生于嘉庆十八年九月初七(1813年9月30日)。天理教久已在民间流传,即在白莲教大起义和东南沿海骚动的同时,京畿及中原地区的不安定已有所暴露。早在嘉庆八年闰二月二十日便发生了"匪夷所思"的紫禁城内"陈德行刺"事件。

陈德(或写作成德),其父陈良,原隶汉军镶黄旗,为山东青州府海防同知松年契买家奴。陈德一生跟差服役,被呼来喝去,目睹社会不平和官场腐朽的生活,积怨殊深,反抗情绪由来已久。嘉庆八年初,他又被雇主辞退,一家人失去了生计。他想到"往后难过日子,心里气恼","实在穷苦难过,要寻死路"①。但不想毫无声息地自杀了事,发誓:"我将来总要一硬对儿,哪怕官员们。拿刀扎死了一个我与他抵偿,扎了两个,我抵偿了还便宜一个,若扎四五个,我就便宜好几个。我就在这几天内,总(要)闹事。"②就这样,闰二月十六日他见街上垫道,并听得皇上将于二十日回宫,于是事先自东华门潜入紫禁城。

闰二月二十日,仁宗自圆明园入宫斋戒,其乘舆进入神武门内将进顺贞门时,陈德持小刀突然从西大房后向乘舆冲去。在一片惊呼中,乘舆速进顺贞门,而各门护军、侍卫一时惊呆,不知所措,竟无人上前拦阻捉拿。慌乱中,宝亲王绵恩、喀尔喀亲王旺多尔济、喀喇沁公丹巴多尔济等6人赶紧上前围挡。在搏斗中,绵恩的袍袖被刺破,丹巴多尔济被刺伤三处,陈德拼死冲击挣扎,寡不敌众,终被擒拿。

这时,仁宗已入顺贞门,未能目睹搏杀的场面,当随后他了解了情况后,感到十分震惊,除了下令刑部等官员严刑拷问凶手外,同时再次严旨要求宫廷侍卫及负责门禁的官员加强宫廷防卫。

经严刑讯问,陈德只供认他的行刺纯属个人行动,并无人指使。仁宗见此,只得停止讯问。此后对禁地警卫的具体制度作一些修改补充。

天理教原名荣华会或龙华会,属白莲教的一个支派,在河北、河南、山

---

① 《军机处档》,嘉庆八年闰二月二十一日《军机处奏片》。
② 《军机处档》,嘉庆八年闰二月二十一日《军机处奏片》。

东、山西等省十分盛行。嘉庆十三年(1808),原籍浙江、久居直隶大兴的小官吏林清,因素来轻财仗义,受到教民拥护,成为坎卦的掌门人。不久他控制了其他各卦的势力,将荣华会改名为天理教。由于教徒以八卦作为各分股的名称,所以又被称为八卦教。

另一著名首领是河南滑县人李文成。原为木工出身,被教徒推戴为"震卦"掌门人。因震卦为八卦之首,习教者对他很崇拜,影响很大。他又到处宣教,扩大影响。

嘉庆十六年(1811)春,各地教首李文成、林清、牛亮臣、冯克善等齐聚河南滑县,共商举事大计。议定"八卦九宫,林、李共掌";林清为天皇,冯克善为地皇,李文成为人皇。约定将来举事成功,林清取直隶,李文成得河南,冯克善得山东[1]。次年正月,各地教首又大会于滑县道口镇,决定在酉年戌月寅日午时(嘉庆十八年九月十五日午时)起事[2]。然后,四散分头准备。这年年底,李文成赴大兴县见林清,进一步商定行动计划:由李文成于滑县先行起事,各省齐动,得手后,直趋京师。林清则在京城内发动起义,然后里应外合夺取京师,推翻清朝。

嘉庆十八年(1813)七月十八日,仁宗按常例,自圆明园启銮东巡,秋狝木兰,并谒东陵。九月十五日仁宗驻跸苧髻山行宫,未料在紫禁城发生了震动朝野的大事变。

决定起事的日子一天天临近,就在教徒们日夜赶制武器的紧张时刻,滑县的起事准备被发现。滑县知县强克捷在速报河南巡抚高杞和卫辉府知府郎锦骐的同时,九月初二派出衙役将李文成、牛亮臣逮狱严讯,结果二人备受酷刑,宁死不招。这个意外,破坏了原定的起义计划,天理教的其他首领经过密商认为,原定十五日起事的日期,已急不可待,必须先发制人,立即举事。九月初七,黄兴宰等率教徒3000余人,一举攻陷滑县县城,从狱中救出李文成和牛亮臣,杀死知县强克捷。数日之间,周边数县纷纷响应,杀官围城,声势浩大。

仁宗在向东陵行进的途中,就已经接到直隶总督温承惠关于滑县失守、

---

[1] 兰簃外史纂:《靖逆记》卷五《林清》。
[2] 兰簃外史纂:《靖逆记》卷五《李文成》。

县官被杀的奏报。他不敢掉以轻心,立即连发谕旨,调兵遣将前往镇压,命温承惠为钦差大臣,直赴长垣、滑县。同时告诫涉事官员保持镇静,不要随便以"邪教"名之,妄行牵连,注意借鉴平息川楚陕白莲教的经验,不可使用乡勇,但可行坚壁清野、掘濠围困之法。这种办法,虽然不能立即攻灭李文成等起义队伍,但却有效地阻止了其原来北上京城的计划。

在京师的林清对滑县等地被迫提前起义的消息一无所知,仍在按计划行事。嘉庆十八年九月十五日(1813年10月8日),林清将组织妥当的200名教徒分成两部分,乔装打扮,并由事先联络的太监数人接应,准备分头从紫禁城东华门、西华门攻入。据当时参与镇压起义者的礼亲王昭梿所记:"十五日,太监刘得财、引祝现等由东华门入。会有卖煤者与之争道,贼脱衣露刃,为司阍官兵觉察,骤掩其扉,喧然出刃阑入者,陈爽等十数人。屈五等皆遁逃。"由于宫内警卫历来松懈,再加上仁宗出巡,侍卫更是懈怠,天理教徒一路杀入。署护军统领杨述曾率护军抵挡于协和门下,刀光闪处,双方互有死伤。此间景运门被关闭,有人告知皇次子绵宁,他带领侍卫用鸟枪射击入侵者。

与此同时,在西华门,由太监杨进忠和高广福为内应,起义者百余人全部拥入紫禁城,先攻尚衣监文颖馆,随即攻打隆宗门,一时人声喧腾。这时,冲入东华门的少部分教徒,因人数少,路途又不熟,加之侍卫等的反击,终于寡不敌众,很快被擒杀净尽。随后的战斗主要集中在隆宗门外。据魏源《圣武记》卷一〇载:皇次子绵宁"急命进撒袋鸟铳腰刀,饬太监登垣以望。俄有手白旗攀垣将窜养心门入者,绵宁发鸟铳殪之,再发再殪。贝勒绵志亦以铳殪贼,贼乃不敢越垣而进"。下午,当举事者准备放火焚烧隆宗门时,留守京师诸王率领禁军从神武门冲入,将举事教徒压往中正门外,在武英殿御河团团包围。起义者终于寡不敌众,全部被擒杀,整个进攻至此失败。两天后,林清在大兴县黄村被捕。九月二十三日,林清与所有被俘者被一同磔死。这就是震动朝野的"癸酉之变"(嘉庆十八年是农历癸酉年)。

事变发生后二日,仁宗仍在途中,特颁《朱笔遇变罪己诏》,反映出他对清朝衰败难以振作的无奈和深忧:

> 朕以凉德,布承皇考付托,兢兢业业,十有八年,不敢暇豫。即位初,白莲教煽乱四省,命将出师,八年始定。方期与吾赤子永乐升平,忽

于九月初六日,河南滑县又起天理教匪,然此事究在千里之外。猝于九月十五日变生肘腋,祸起萧墙,天理教逆匪犯禁门、入大内。大内平定,实皇次子之力也。我大清一百七十年以来,定鼎燕京,列祖列宗,深仁厚泽,朕虽未能布绍爱民之实政,亦无害民之虐事,突遭此变,实不可解,总缘德凉愆积,唯自责耳。然变起一时,祸积有日,当今大弊,在因循怠玩四字,实中外之所同。朕虽再三告诫,舌敝唇焦,奈诸臣未能领会,悠忽为政,以致酿成汉唐宋明未有之事,较之明季梃击一案,何啻倍蓰。思及此,实不忍再言矣。予惟返躬修省,改过正心,上答天慈,下释民怨。诸臣若愿为大清国之忠良,则当赤心为国,匡朕之咎,移民之俗;若自甘卑鄙,则当挂冠致仕,了此一身,切勿尸禄保位,益增朕罪。笔随泪洒,通谕知之。①

"因循怠玩"是仁宗对官场习气的总结,其实又何止于此!"变起一时,祸积有日",这是清朝统治衰败腐朽,社会矛盾不断积累而逐渐激化的必然反应。

仁宗回京后,立即任命陕甘总督那彦成代替温承惠为直隶总督,并为钦差大臣,节制山东、河南各路兵马。同时,调京师健锐营、火器营,陕西绿营,八旗马队和徐州绿营,速往河南、山东集中。

十月底,那彦成率重兵齐集河南卫辉一带。当时,滑县大伾山、道口一带天理教起义者声势正盛,清军未敢贸然出击,那彦成上书请增派援兵,再作对策。一个月的时间未见出兵捷报,清仁宗又急又气,认为那彦成畏敌避战、逗留不前,屡出严旨催促。十一月上旬,清军各部与起义者的战斗渐次展开,双方死伤惨重。起义者坚守道口,清军数路强兵猛攻,道口被攻陷时,教徒们的尸体填塞街屋。

尽管李文成仍坚守滑县,但基本已孤立无援,犹疑之间,道口陷落,立即陷入清军的重围之中。当李文成幻想外围起义各部能有所增援的当口,清军迅速调集大量的增援部队。清仁宗令那彦成务必将滑县四门围定,决不能让造反者逃脱,"若滑县之贼再行散窜,则惟那彦成是问"②。而让那彦成

---

① 《清仁宗御制文二集》卷二。
② 《清仁宗实录》卷二七八。

暗自庆幸的正是李文成恰恰不想撤离孤城,因为他先前被捕时受过重刑,腿伤未愈。一些起义首领揣度形势,感到固守滑县无异于坐以待毙,于是决定先将李文成护送出城,然后防守滑县的全部人马再西移太行。

那彦成在仁宗的严旨督催下不敢懈怠,时刻关注着起义者的动静。当李文成所部刚一转移,便被侦知动向,那彦成派重兵抄近路直趋太行,双方在太行山隘口的司寨展开了激烈的争夺。经过惊心动魄的生死拼杀,司寨终被清军攻占。十一月二十日傍晚,寨中的巷战接近尾声,起义首领与部下相继战死,李文成见大势已去,自报姓名后自焚而死。

西移太行计划的失败和起义领袖的战死,不仅给固守滑县者带来了更大的困难,也带来了精神上的沉重打击。十二月上旬,2万清军日夜围攻,牛亮臣等起义领袖拼死抵抗,初十日,清军用炸药炸坍县城西南角,起义者与清军巷战一昼夜,大部分教徒战死。被俘的牛亮臣等首领被械送京师,"磔死枭首"。其他山东定陶、金乡、曹县等地的起义,在滑县陷落前已先后失败。整个天理教大起义坚持了4个月后终于失败。

4. 陕西"厢工"暴动

陕西的岐山县地处渭河上游,山川纵横,属南山老林区,为川、陕、甘、宁交界地。明清时期,这里一直是白莲教较为活跃的地区之一。由于此地多山少地,森林密布,交通不便,官府控制力相对较弱。明中期以来,中原各处失去土地和破产的民众,携家带口,历尽艰难来此地开荒种地,维持生计。几个世纪过去了,人烟渐集。甚至有不少商人也发现这里木材易取,于是烧炭、造纸、锯木制材等各业也有了一定的规模。当地的木商雇人伐木,然后加工成各种类型的板方材运出山外,贩卖牟利。当地人称这种小加工厂为"木厢"(又写作"木箱"),受雇的劳力者被称为"厢工"或"厢(箱)士"。

就在河南、山东天理教酝酿造反的嘉庆十八年(1813)秋季,陕西岐山南山老林一带阴雨连绵,不仅粮食歉收,物价高涨,且影响了伐木贩运的生计。木材商原来以粮食雇役,眼见获利日减,于是纷纷停工,使伐木制材者无工可作,无以为生,面临着生死的煎熬。于是三五成群,掠食偷窃,结果又

1109

遭官府拘捕。岐山县三才峡厢工众多,有一人称"万五"(名万全忠)的包头(木厢中带领厢工从事运输的小工头),率数百人到厢主处借粮,遭到拒绝,于是在他的鼓动下,痛打厢主,哄抢了粮食。然后一不做,二不休,顺势召集更多厢工,烧毁木厢,一路南下,将郿县等附近地区的不少木厢一并焚毁。队伍像滚雪球一样,或三百,或五百,到山南时已有4000余人,大有舍陕入蜀之势。至此,万五将部众分成五号,各以黄、青、红、绿、白为号名,并选出各号元帅、先锋等首领。各号之间分合不定,四出攻掠。

仁宗收到陕西巡抚朱勋的紧急奏报,正是镇压河南天理教起义接近尾声之时。尽管厢工造反的性质与天理教不同,然而在白莲教曾活跃并造反的地区出现"乱民",立即引起仁宗的警觉。当即命陕甘总督长龄率兰州兵1500人兼程前往陕西,同时命令那彦成尽快解决中原的天理教起义,将杨遇春部自河南速调陕西。他告诫诸将不得以招抚了事,尽力尽快以武力解决问题。

这年年底,厢工数次与清军交战。尽管他们气势很壮,仍难以占有优势。陕西总兵吴廷刚、祝廷彪等都在西江口、平木山等处击败厢工,好在由于山高谷深,易于逃避,厢工只损失了一些骡马。然而,随着大队清军从东西两方迅速进击,厢工的处境更加困难。经过数次激战,厢工伤亡日益增加,队伍减员严重,万五被迫退入太白山老林,边打边退。清军各部齐聚,长龄、杨遇春等得知万五的行踪后,便事先在老君岭的宽沟口设下埋伏。嘉庆十九年(1814)正月十三日凌晨,万五部厢工全部落入埋伏,在激烈的拼杀中,大部分厢工战死,万五被擒杀阵前,只剩一小部分逃出,后又遭伏击,不出十数日,陕西厢工的反抗斗争最后失败。

第四章 道光力挽颓势及失败

1. 宣宗即位与国势

　　嘉庆朝后期,国势并未从困境中完全摆脱出来,也未见有明显转机。仁宗事事谨慎小心,不厌其烦地训诫大小臣工要洁己率属,关心民瘼。他恪守祖训,竭尽了全力。嘉庆二十四年十月初六(1819年11月23日)是仁宗60寿辰。还在年初时,大小官员便不断请求举行万寿盛典,庆贺他的生日,借此营造国家升平祥和的气氛。但仁宗深知今非昔比,拒绝大庆。在寿诞之日,他宣布普免天下历年正耗,民久欠及缓征、带征钱谷,共银2129万余两,米谷404.5万余石,以此宣扬政绩。他只搞了小规模的庆祝活动,在当时是较为明智的。刚度过60岁生日不久,嘉庆二十五年七月,仁宗仍按惯例秋狝木兰,二十四日抵达热河行宫,因中暑身体稍觉不适。二十五日病情加重,傍晚急召御前大臣、军机大臣等开启秘密建储匣,"宣示御书嘉庆四年四月初十卯初立皇太子绵宁"朱谕后,病逝于避暑山庄,终年61岁。这一切发生得十分突然,甚至连仁宗本人也未曾料到。因他的身体一向强健,而且平时很注意养生之道,在一年前庆寿时还认为自己活至"七十大寿"毫无问题。

　　八月初一日,皇太子绵宁(即位后改"绵"字为"旻")在避暑山庄开始主持其父的葬礼。八月二十二日灵柩运抵京师,在一系列烦琐的仪式之后,直到次年三月才安葬于昌陵(今河北易县清西陵)。

　　新皇帝旻宁的登基大典是在仁宗灵柩运至京师后第五天举行的。大丧期间,典礼自然不能热烈。从这一天始,旻宁成了清入主中原后的第六个君

1111

主即宣宗,以明年改元为"道光"。他在即位诏书中并未宣示自己继统后会对治国之策有所更张。在数十年的皇子生涯中,他经历了风风雨雨,深知大势难回,未敢轻言振颓之策。历史事实证明,道光朝比嘉庆朝更为颓败。

宣宗是仁宗次子,生于乾隆四十七年八月初十(1782年9月16日)。时高宗已年过古稀,喜添皇孙,心中更有一层隐秘:当时颙琰已被秘密立为储君。由于旻宁的特殊地位,自小就受到了较多的关爱。无论是行围习武,还是读书为文,都得到祖、父两代及上书房师傅们的悉心指教,也表现不俗。如按照清朝塑造君主品行才德的传统标准,他无疑是一个文武兼备的理想的接班人。关键的机遇是嘉庆十八年(1813)九月"紫禁城事变"时,三十岁的旻宁以鸟枪平息了天理教徒的攻击,更赢得了父皇的欣赏。尽管仁宗立他为储君的谕旨是在他17岁时便已写下并藏于"正大光明"匾后,但从这次事变后,他作为储君的人选,几乎人人都可以从仁宗的言谈中觉察出来。因此,仁宗突然辞世并未在清廷激起任何动荡。

宣宗成长的年代,目睹了清朝由盛转衰的一切,即使是生长在深宫,他也能感受到今非昔比的变迁。他在父皇赐名的园居"养正书屋"一住就是20多年。他所理解的"养正"是一切应谨从父训,循规蹈矩,自律平和,谦冲自守。他能理解父皇心中的波澜和心态:安静守成。他甚至将"养正书屋"中早年书写的座右铭"至敬、存诚、勤学、改过"条幅移到自己的寝殿,表示要安静地守住祖宗传下来的这份"家业"比什么都重要。

事实上,道光朝整个社会状况较之嘉庆朝25年还要艰难。据有人统计,到嘉庆十七年(1812),全国人口已在3.6亿以上,耕地面积只有7.9亿亩,人均土地仅2.19亩。道光初年,有些人口集中的地区,人均土地已低于1.5亩。而当时土地兼并日益加剧,贫者无立锥之地的情况已非一日,下层小民几乎到了无法生活的程度。龚自珍在嘉庆道光之际的京师,见饥民成群,"一日不再食者甚众"[①],并对当时屡屡发生的民众暴动的情况深为忧虑。

当时国家财政危机不仅未能减轻,反而呈现明显加剧。嘉庆十七年(1812),户部统计,各省积欠正项钱粮及耗羡杂税达1900余万两,奉天(今

---

① 龚自珍:《龚自珍全集·明良论一》,上海人民出版社1975年版(下略)。

辽宁)、山西、广西、四川、贵州、云南基本不大拖欠,而安徽、山东、江苏等省往往积欠多达数百万两,且屡催不应。积欠从400万两到数万两者达13省,包括最称富庶的江浙和两湖地区。宣宗初政,这种情况仍未改变,反而日趋严重,经常性积欠都在1500万两以上。至道光十九年(1839),竟达2940余万两之多。在国库收入逐年减少的同时,支出却日渐扩大。嘉庆朝共25年间,仅临时性军费开支,平均每年即高达800万两,其他开支如官俸、养廉、驿站、维修等常费之外,尚有治河和漕运等项庞大开支,简直难于措手。

当时的官场腐败之风则日益严重,如遇大兴作、河工和兵兴,便认为有机可乘,上下伸手,中饱私囊。所有大的支出事项,皆是弊端丛生,贪官污吏层层分肥。整个官僚机构俨然成了祸国殃民的"经营所"。正如龚自珍指出:"人有疥癣之疾,则终日抑搔之,其疮痏,则日夜抚摩之,犹有未艾,手欲弗动而不可得。而乃卧之以独木,缚之以长绳,俾四肢不可以屈伸,则虽甚痒且甚痛,而亦冥心息虑以置之耳。何也?无所措术故也。"[1]这是一种典型的末世景象。

到道光朝时,社会危机不仅来自国内固有矛盾的积累和发展,也与世界格局变化所带来的中国周边环境变化及其对中国日益明显的冲击有关。早期西方传教士虽说与西方殖民主义势力相伴东来,但无论其所在国如何支持,其势力毕竟不足以与当时清朝相抗衡,这也是明朝和清初之所以能容忍其在澳门租地盘桓的原因。雍正朝将传教士驱回澳门,禁止其传教,更说明了这一点。高宗晚年,英使马戛尔尼率使团来华,急欲扩大对华贸易而未能遂愿,但并未停止广州入口贸易,并仍然在寻找与中国接触、协商的机会。嘉庆二十一年(1816)闰六月,英国再派阿美士德勋爵率使团来华,因阿美士德拒绝给仁宗行三跪九叩之礼,仁宗下令:"中国为天下共主,岂有如此侮慢倨傲,甘心忍受之理。是以降旨,逐其使臣回国,不治重罪。"[2]此次接触再遭失败。

当道光朝开始时,清朝统治者仍未对已咄咄逼人的西方势力作出明智

---

[1] 龚自珍:《龚自珍全集·明良论四》。
[2] [法]佩雷菲特:《停滞的帝国》(中译本),三联书店1993年版,第576页。

的反应。其时,印度和缅甸都已被英国征服,英国殖民势力已逼近并与中国为邻。不仅如此,英国商人为改变与中国贸易中的不利地位,利用夹带和走私,正越来越多地将鸦片运入中国,造成了中国白银大量外流,使中国铜钱与白银的正常比价发生了日益明显的变化,既给中国的商业活动带来了冲击,加重了人民的经济负担,同时也使清朝的财政危机更加严重。白银外流不单单与鸦片走私进口有关,据记载,由于中国纹银成色极高,一些外国商人用成色低的洋钱(银圆)套购(换)中国白银。嘉庆十九年(1814),户部左侍郎苏楞额在奏文中揭露此事:"近年来,夷商贿通洋行商人,借护回夷兵盘费为名,每年将内地银两偷运出洋至百数十万之多。该夷商将内地足色银两私运出洋,复将低潮洋钱运进,任意欺蒙商贾,以致内地银两渐形短绌。"①宣宗即位后,这一问题日益严重,已经成了令宣宗头痛的一大难题。

道光朝承乾隆后期和嘉庆朝之弊政,国势进一步衰弱。嘉庆朝虽然将大规模的白莲教起义及各种反清斗争镇压下去,但社会矛盾一个也没有解决,相反,还在继续发展。所有矛盾和中外问题都留给了道光朝。

2. 重用庸人贻误国事

宣宗即位后想因循自守,但多年潜邸旁观也使他看到存在的一些问题。初政后,说自己"日理万机,孜孜焉,惴惴焉,尝恐用人行政或致阙失",希望有"萧、曹、房、杜"那样辅佐之臣以成就事业②。然而,在理政用人上,既未像他自称的那样谨慎勤政,也未能起用他所期望的什么经国柱石之臣。其所选用的重臣几乎尽是贻误国事、尸位素餐的庸人。

宣宗承继并延续了乾隆后期桎梏人才最甚的文化专制,人才难以大量涌现出来。龚自珍以独特的识见与切身感受尖锐地指出:"衰世者,文类治世,名类治世,声音笑貌类治世。黑白杂而五色可废也,似治世之太素;宫羽

---

① 王先谦:《东华续录》嘉庆三十七。
② 王先谦:《东华续录》卷一七。

浠而五声可铄也,似治世之希声;道路荒而畔岸坠也,似治世之荡荡便便;人心混混而无口过也,似治世之不议。""将萎之华,惨于槁木。"①这样哪里还有可能振衰起颓呢?

宣宗一生行事,心胸狭隘,气量局促,自然会影响到他的用人标准。道光朝所重用者多为谨小慎微、庸劣愚顽、明哲保身之辈,如曹振镛、穆彰阿、潘世恩、赛尚阿、琦善等。而对有才识、勇于任事者,即使能用,也难久用,或用之不信任。这使得宣宗处事更为捉襟见肘。

曹振镛,字俪笙,安徽歙县人,生于乾隆二十年(1755)。27岁中进士,37岁被高宗特授翰林院侍讲。嘉庆朝历任通政使、内阁学士、吏部侍郎、工部尚书、体仁阁大学士等。宣宗继位,迁武英殿大学士。当军机诸臣被逐后,被任为军机大臣。他任大学士长达22年,是地道的三朝元老。宣宗对他的评价是:"承书谕旨,尽心竭力","小心谨恪,动循矩法,从未稍蹈愆尤"。这种人占据了要职,发号施令,怎不衰颓。据说,曹振镛竟把自己的处世诀窍推荐给宣宗。"初,宣宗倦于大政,苦于章奏不能遍阅。振镛在枢府,乃献策曰:'今天下承平,臣工好作危言,指陈阙失以邀时誉。若遽罪之,则蒙拒谏之名。此后中外章奏,皇上无庸遍阅,但择其最小节目之错误者谴责之。则臣下震于圣明,以为察及秋毫,必无敢肆者。"②宣宗果然采纳,凡臣下所上章奏中,哪怕有极小的疏忽,必遭严斥,甚至罚俸降革。结果正如龚自珍所言造成了一个"万马齐喑"的局面。曹振镛不仅善于揣摩皇帝之喜好,且极精于笼络朝廷诸臣。晚年恩遇极隆,身名俱泰,门生弟子纷纷向他请教做官的诀窍。他说:"无他,但多磕头少说话耳。"③在其生前死后,社会上到处传播着讥讽他的歌谣联语,指出他的无能和贪劣。

潘世恩,江苏吴县人,乾隆五十八年(1793)26岁时高中状元,嘉庆二年(1797)大考一等,状元又大考翰詹居首,也算有真才实学。当时和珅有笼络之意,竟拒绝,被仁宗赏识。仁宗亲政后数年间连升高职,嘉庆十七年任工部尚书,调户部,后以守母丧,家居10年。道光七年(1827)复为吏部侍郎,迁左都御史,再授右都御史。道光十三年,拜体仁阁大学士,管理户部。

---

① 龚自珍:《龚自珍全集·乙丙之际箸议第九》。
② 以上见小横香室主人:《清朝野史大观》卷七。
③ 李岳瑞:《春冰室野乘》。

不久为军机大臣,直到离开枢府时已82岁。久居要津,殊少建树。"在枢廷凡十七年,益慎密,有所论列,终不告人",只以宣宗意向和同朝满族权贵的意见为是,"心以为非,不能显与立异"①,是个"好好先生"。时人评述其一生:"本朝耆臣生加太傅者五人,重宴琼林者八人,状元作宰相者八人,惟潘文恭公兼之。又大拜不阶协办,枢廷不始学习,皆异数也。富贵寿考,子孙继武,公之福祉,三百年一人已。"②

穆彰阿,满洲镶蓝旗人,字鹤舫,嘉庆十年(1805)中进士,历官户、礼、兵、刑、工等部侍郎。宣宗即位后,仍倍加信任,先后任内务府大臣、左都御史、理藩院尚书、漕运总督、工部尚书。道光九年(1829)为军机大臣,十六年,充上书房总师傅,拜武英殿大学士,管理工部③。是个炙手可热的人物。自嘉庆朝以来,"典乡试三,典会试五。凡覆试、殿试、朝考、教习庶吉士散馆考差、大考翰詹,无岁不与衡文之役。国史、玉牒、实录诸馆,皆为总裁。门生故吏遍于中外,知名之士多被援引,一时号曰'穆党'"④。尽管他在鸦片战争中"主和议,为海内所丛诟",然而,"上既厌兵,从其策。终道光朝,恩眷不衰"⑤。

宣宗用人如此,各项政务又承前弊端,不能及时厘革,因循固陋。上有所好,下必甚焉。上行下效,不过抱残守缺而已。

3. 漕运衰败与试行海运

清代以北京为首都,运河漕运几乎成了清朝的生命线,特设漕运总督专司其事。康熙朝的治河及圣祖沿运河南巡几乎都是为了这一"重务"。黄河逐年淤积,不仅运河经常受黄河的冲废,而且任职河、漕的官员和人役等上下通同作弊,使漕运几近于废。嘉庆道光之际,漕务的废弛不仅在运路难

---

① 赵尔巽等:《清史稿》卷三六三《潘世恩传》,中华书局1977年版。
② 陈康祺:《郎潜纪闻初笔》卷一。
③ 赵尔巽等:《清史稿》卷三六三《穆彰阿传》,中华书局1977年版。
④ 赵尔巽等:《清史稿》卷三六三《穆彰阿传》,中华书局1977年版。
⑤ 赵尔巽等:《清史稿》卷三六三《穆彰阿传》,中华书局1977年版。

通本身，自漕粮收缴、押运、发放等多重环节均弊端丛生，以至于在道光初年已不得不另想办法。

在漕粮征收环节，有所谓"浮收"。在漕粮所出的江苏苏州、松江和浙江嘉兴、湖州等主要地区，浮收之弊起于乾隆中期，以后愈演愈烈。收粮的官吏在农户交粮时，故意使量斗装满冒尖（称"淋尖"），还用脚使劲踢量器（称"踢斛"），不仅使容器装得更实更多，踢洒在外的粮食也要归官吏中饱。或干脆多收，称为损耗，最多可在规定征收数外多加40%—50%。气愤不过的农民如不交纳，便诬为"抗粮"。斗不过官府又不想忍气吞声的农民，便买通有势力和关节的人代纳，以图少受敲诈，这又被加以"包完"的罪名。因而，百姓视交米为畏途，尽管他们自粮打下后便千方百计小心保护，等待验收，结果，官吏等如不能遂愿，便诬称农民"桠交丑米"（桠，浙江方言，意为"奸"），百般刁难，逼勒需索，结果"闹漕"之事时有发生。

当漕粮上船后，又有运丁索要津贴，而这一切最终都转嫁到粮户身上。运丁常年行走水上，每船官给运银300两，其实远不敷用。运丁便随船夹带南北特产商货贩卖。后因运河淤积渐浅，漕运官员担心船只搁浅，便禁止夹带货物，加上沿运河所过关卡的吃拿卡要，运丁实难为继，只得将其损失转索于州县。

"浮收"也与运河淤积有关。由于运河受黄河的影响，到嘉庆朝时，淮扬段运河三百余里浅阻。两淮盐政阿克当阿请俟九月内漕船过竣，堵闭清江三坝，筑坝断流，自清江至瓜洲分段挑浚。仁宗批示下部议。复称："近年运河浅阻，固由叠次漫口。而漫口之故，则由黄水倒灌。倒灌之故，则由河底垫高，清水顶阻，不能不借黄济运，以致积淤溃决，百病丛生。是运河为受病之地，而非致病之原。"[①]

时或议治黄，或议治河，议来议去，终无计可施，就是说不仅漕运弊端日多，而且北上亦难。嘉庆十五年（1810）仁宗上谕说："溯查元、明时本有海运之法，后因积久弊生，遂议停止，然其始转输利赖未尝不有裨国计。此时亦并非轻言改易，惟未雨绸缪，不得不作万一之想。"[②]仁宗让江浙官员认真

---

① 赵尔巽等：《清史稿》卷一二七《河渠志二》，中华书局1977年版。
② 《清续文献通考》卷七六《国用考一五》。

研究是否可行。结果，诸官员纷纷以海上风涛太大，容易漂没；寇盗出没无常，难以保护；一旦阻于海上易霉变；海上运输成本太高等理由，上奏阻止，仁宗的海运之意未能实行。

道光朝时漕运问题更加严重。年复一年，漕船到京师越来越晚，漕运中的问题也越来越多。除"浮收"、"运丁"问题外，还是以盐政、漕运、河工为容纳冗员的藏垢纳污之地。

乾隆朝以来，屡次用兵，常以开捐筹措军费。捐官到省候补，无缺可派，即塞往盐政、河工和漕运。以漕运系统而言，"各卫有本帮千总领运，而漕臣每岁另委押运帮官，又分为一人押重，一人押空。每省有粮道督押，又别委同、通（称运同、通判）为运。沿途有地方文武催赶；又有漕委、督抚委、河委，自瓜洲抵淀津，不下数百员。各上司明知差委无济公事，然不得不借帮丁之脂膏，酬属员之奔竞，且为保举私人之地"①。漕运居然已成了"奔竞"之徒寻求发财、升官的"饭碗"。这也是嘉庆朝诸官不肯赞同海运的重要原因之一。

道光五年（1825），宣宗眼见漕粮难济，迫不得已，要求有关各官试行海运。为了顺利推行海运，宣宗下诏两江总督、漕运总督、江浙巡抚魏元煜、颜检、张师诚、黄鸣杰，各以所辖境内情形拿出意见。结果，诸臣仍多以"窒碍难行"入奏。当年，因运河淤浅，水量又少，两江总督孙玉庭为北运漕粮，特请加经费120万两，以军船接运，仍归失败，所有粮船及驳运军船全都搁浅在御黄各坝之间。宣宗不禁大怒，将反对海运，又于漕运无招数的官员全部治罪。协办大学士、户部尚书英和奏言："暂停河运以治河，雇募海船以利运。国家承平日久，航东吴至辽海者，往来无异内地。今以商运决海运，风飓不足疑，盗贼不足虑，霉湿侵耗不足患。以商运代官运，舟不待造，丁不待募，价不待筹。至于屯军之安置，仓胥之稽察，河务之张弛，胥存乎人。矧借黄既病，盘坝亦病，不变通将何策之从？"②宣宗再下诏让各省讨论，"仍多诿为未便"。为排除干扰，宣宗特调赞成海运的安徽巡抚陶澍为江苏巡抚。当时，包世臣正在扬州，听说朝廷有意行海运，立即作《海运十宜》，全面论

---

① 包世臣：《剔漕弊说》，《皇朝经世文编》卷四六。
② 《清续文献通考》卷七七《国用一五》；英和：《恩福堂笔记、诗抄、年谱》《年谱》。

1118

述了行海运的可能和优点。陶澍据此向朝廷奏请："海运虽属创行,海船实所熟习。折漕变价数百万,势必银涌贵而谷陡贱,恐官员交困。请以苏、松、常、镇、太四府一州之粟,全由海运。其安徽、江西、湖广离海上较远,浙江则乍浦、宁波海口或不能停泊,或盘驳费巨,仍由河运。"此奏被批准后,他派布政使贺长龄等赴海口操持招商驳运兑装等事。他又亲自雇定沙船千艘,三不像船数十,分两次装载,运米百五六十万石。后设海运总局于上海,并设局于天津。命理藩院尚书穆彰阿,会同仓场侍郎驻天津,验收并监兑,水师沿粮船航道巡哨保护。道光六年(1826)正月始,各州县份将本粮运抵上海受兑,分批上船北运。从吴淞口经山东成山入直沽口,全程4000余里。160万石漕米旬月抵津,没有一艘船发生意外。争吵激烈的海运试行,终于取得成功。

  海运试运成功后,陶澍疏陈《海运章程》8条,准备进一步总结经验,使海运制度化,结果"格于部议"不行。次年,两江总督蒋攸铦奏请续行海运,而朝议以河湖顺轨,未予批准。蒋攸铦原为体仁阁大学士、军机大臣,"勇于任事,不惟阿",与只会磕头不任事的曹振镛产生矛盾,在这一年被挤出朝,接琦善任两江总督。嘉庆十六年(1811)他任浙江巡抚时曾坚持反对海运,此次见海运确实较漕运利多弊少,所以特别支持陶澍的主张,没想到竟遭斥骂。宣宗上谕称:"朕思海运,原非良策,以今年河湖情形而论,本不可行",认为蒋坚持仍行海运是"自卸干系,巧占地步,止顾目前,于国计并不通盘筹划,试问为国乎,为身乎"。在宣宗心中海运只是权宜之计,他的"守旧"与其庸臣互为表里,终不肯因时制宜。他们仍一意孤行。此后近20年,既无人再行"建言",漕运积弊也当然越来越成为痼疾。各省每年解运京师的漕粮日益减少,仓库积存几空。直到道光二十六年(1846年),由于商人运米至天津贩卖已是平常事,宣宗才同意臣下行海运的建议。从此,海运南粮北调才成为不再争议的常例。

4. 盐政之坏与改革

  宣宗初政所面临的难堪,何止漕运一项,盐政之坏更是让他万般无奈。

食盐专卖,向为国家财政收入的重要来源之一。清承明制,其盐法实行引商制,即盐有引地,地方有引额,商人行盐有引票。凡销无引票之盐,即谓"私盐",是属严厉打击的对象,以保护官盐专卖和国库收入。所谓盐政,上总管于户部,各产盐地归督抚兼管,销盐办法也不相一致;有官督商销,即由官府发给商人引票,以票购盐,贩卖到引票指定的地区,这是主要的行销办法。其他还有官运商销,盐由官府自购,运往官设盐栈——大大小小的督销局或盐公堂,再由盐商购买;或官运官销,直接运往指定地点销售;另有一种所谓"包课",限于偏远省份,许民间自产自用,但要交纳盐税。所谓引票,即贩盐的特许证,每一引票规定的斤数一般在300至400斤左右,但必须卖往指定地区。官府按引收税,关卡按引查核,以防走私并抽厘税。每年行销引数大约在650万引左右,而国课总收入在550万两以上。

清廷对盐课的规定和管理,盐政在清初远较明代为好,不仅盐商有利可图,负担较轻,且食盐价格也并不昂贵,人民食盐不为困难。雍正朝以后,地方官对盐商渐行额外科派和勒索。盐商就大多以利勾结官府,谋求对贩盐的垄断,肆行加价,大发横财。此种贿赂官府之浮费就转嫁给百姓,结果中饱了层层的贪官污吏和垄断盐商的私囊。乾隆中期,高宗渐开所谓"报效"之风,遇有大事,淮扬等盐商动辄捐银数十、上百万两之多,而将此打入盐价。随着政风败坏,法制松弛,贩私盐有大利可图,纷纷铤而走险,私制私贩更加难禁。官盐因价昂而滞销,往往难以完成盐课,加之官、商勾结,以此为借口故意拖欠,造成盐课收入大量减少。皇帝带头以非法之报效,免法定之课额,更助长了盐商的故意拖欠和地方官与盐官的通同作弊。

在嘉庆朝,这种盐政败坏变本加厉。许多盐商、盐官以镇压白莲教起义所需筹措军费为名,或以提价清厘积欠为借口,一再奏请官盐加价。实际上,官盐一再加价,看似小数,实则"人人均受其累",增价后又不能减价,"累及闾阎宁有已时","且私贩本因官盐价昂而起,今再议增加则私盐自必更为充斥,官引堕销愈多"[①]。官盐价越高,走私盐者越多,私盐越盛,官盐越滞销,国课也更难完纳,积欠必更加严重。官盐价越高,人民负担越重,与官府的对立情绪越大;而私贩群聚,无处不有,甚至公然与官府对抗,渐成难

---

① 《清续文献通考》卷三四《征榷六》。

治的社会组织与势力。当时所谓走私,或是不纳任何税课,逃避关卡的盐斤;或是越界私盐,即有引票而不在规定之地行销。参与走私者不仅有一般平民,还有许多盐商,他们或利用身份漏税偷带;或买通官府、巡缉公然贩运;或任将盐斤越侵价贵的地区;有的干脆就是官吏直接参与走私。所以,清廷非常重视食盐专卖,而对盐政松弛深为恐惧。在其制度衰败的失控状态下,会上侵国库,下侵小民。正如郑观应所指出的:"今天下皆官盐,而实则天下皆私盐。名曰缉私,恐缉私之人即贩私之人也。枭私、邻私、船私可缉也,官私不可缉也。故缉私之难,虽历代明君贤相经营擘画,终无善法"①。

面对当时盐政松弛的严峻形势,两江总督孙玉庭发起了对盐政的整顿。

孙玉庭,山东济宁人,乾隆四十年(1775)进士。历官山东河东道、广西盐法道。嘉庆朝先后任湖南、安徽、湖北布政使,广西、广东、贵州、云南巡抚,云贵、闽浙、湖广、两江总督等。对整治盐务等积弊日深的地方要务,做过一些努力。道光元年(1821年)进京入觐,宣宗询问"淮盐疏销之策"。孙玉庭认为:汉口为淮南售盐总岸,向来船到随时交易,是以畅销。但在乾隆中期立封轮法,挨次序售,则私盐乘间侵越。他罗列封轮法的危害6条,请求恢复随到随销的散售旧法。这虽不是解决盐政之弊的根本办法,但确实是寻找解决问题的切入点。在当时全国九大产盐地中,淮盐为最,课额占全国大半,如淮盐问题能治有成效,定具有极大的示范意义。封轮法是垄断销盐的手段之一,当时仅半年时间在湖北盐岸积压的满装待销的盐船即达413艘,商家叫苦不迭,而民众有缺盐之虞。孙玉庭的建议可以暂解燃眉之急。所以在恢复散售法后近一年时间内,"所销盐数较前岁多至十七万九千余引。商盐卖给水贩既未于例价有减,而民间买食之盐比前较贱。是散轮之裨益商民实有成效"②。实施一年,比上年多销达26.4万引。

可是,持反对意见者也很强劲。两淮盐政曾燠上奏:散轮之后,"争先抢售跌价,水贩乘机压勒",有亏商本;接着湖广总督李鸿宾又奏:"散轮售卖,跌价抢售之弊实所难免",如不能复封轮办法,也应另订章程,加强管

---

① 郑观应:《盛世危言·盐务》。
② 《清续文献通考》卷三四《征榷六》。

理。在这场争执中,宣宗又屈从反对势力,道光八年(1828)重又恢复封轮法。此后盐政形势更加恶化。不仅私制、私贩的小民难以稽察,大股"盐枭"更是明目张胆,形成了延伸各地的"销路"。淮盐按规定应年销160万引,道光十年(1830)淮南仅销出50万引,亏历年课银5700万两;淮北销2万引,亏银600万两,简直到了积重难返的地步。正是在这种无可奈何的情况下,宣宗才把两江总督蒋攸铦召还,改为由江苏巡抚陶澍代理两江总督。

陶澍,字云汀,湖南安化人。嘉庆七年进士。道光三年(1823年)由安徽布政使升为巡抚。他治行稳健,勇于任事。道光五年调江苏巡抚任上主持试行海运成功。暂罢海运后,仍为治水和通畅运道,亲历工地,颇有政绩。道光十年被任为两江总督。

陶澍整治盐务是有一定经验的。最早在他任川东道期间,目睹私盐横行,地方官准备动用军队镇压,而陶澍坚决反对,认为这样易激起民变。后经请示决定用官盐减价四分之一以压私盐。"居民尽食官盐,私贩遂绝,数郡安堵,而商销亦倍额"。所以宣宗对于陶澍寄以很大希望。钦差户部尚书王鼎、侍郎宝兴赴两淮,会筹改盐法为课归场灶。陶澍就认为这种就盐场定税,立厂抽税,一税后任意贩卖的办法不妥。他上奏称:国家盐法本来美备,只因事久弊生,有名无实,非法病人,人自废法。今惟有申明旧章,大加厘剔。则除弊即所以兴利,非减价不能敌私,非轻本不能减价,非裁冗费不能轻本。成本既轻,盐价自减,尽可敌私,民间亦何乐蹈买私之罪?私贩将不缉而自除。且清库款,革总商,以杜侵渔之渐;定秤桶,编船号,以绝影射之萌;逃河道,散轮规,以畅运销之路;酌带销缓积欠,以清套垫之源,使射利者无可借端,欠课者无从借口,似较课归场灶之法,确有旧辙可循。并提出有关章程15则。宣宗支持这种想法,同意裁去盐政官,事权归于总督。

陶澍接管盐政事后,立即上缴原盐政养廉银5000两,裁减所管盐政衙门陋规16万多两。所裁浮费,主要有扬州盐商大费(又称公费),每年正开支30万两;岸商匦费,仅湖广汉口岸,每引征至一两二钱,年达百余万两。陶澍奏请定公费与匦费两项每引只征四钱,永不增加。这几项共减浮费110余万两。另裁所谓"窝费"。手续简明,定每引给1钱2分。仅此一项省费140余万两。再减除淮北之"坝杠"。坝杠之弊,行之淮北已久。盐从滨海运出后,要经五个坝,每过一坝,都要在过坝前后各过秤一次,然后改包,故称"五坝十杠"(杠,抬盐包过秤用的竹杠)。这个过程,是次次勒索,层层要贿,每引盐需费10余两银子,始能改捆为大包,运往指定行销地点,称之为"岸"。陶澍指定运盐捷径,改道不改捆,不再过坝,直接入湖,每包百斤,直抵口岸。除盐价外,只加运费1两,河湖船价1两,每引5两多。改用票盐法,计三联票,标明所运数量、运销地点、限期,票不离盐,否则以私盐论。结果又省费不止一半。

陶澍非常注意盐课的收入出纳,各项收入分清名目,同时以两库存储:正项贮内库,专候部拨;杂项贮外库,不许互相掺挪垫借,扫除以往一切混乱现象。同时,"革去总商管库,以杜侵渔。永禁印本减帖,以截虚报"。再就是禁止漕运粮船随带盐斤。原先,漕船卸粮回空,一向带长芦私盐,陶澍下令严禁。虽经漕运总督和御史等再三以"调剂穷丁","仍完淮课"为由力争,陶澍坚持驳斥,执行到底。私盐之弊至此杜绝。

淮北的票盐法整顿,成效显著,同时也带动了其他盐场的整顿。许多地方因地制宜,票、引兼行,都在一定程度上有所改观。陶澍整顿盐政,触犯了上下许多以盐致富者的利益,遭致无数的反对和唾骂,甚至有将其姓名编入戏文中:"一人以双斧斫桃树(谐音陶澍),妄立名目,以肆诋谟"[①]。

经过陶澍的整顿,自道光十一年至十七年,"淮南已完六纲有余,淮北率一岁行两纲之盐,尽完从前滞欠,且割淮南悬引,两淮共完正杂银二千六百四十余万两,库贮实存三百余万两"[②]。但是,食盐专卖与封建专制政治制度有着不可调和的矛盾。当国家的政治经济全面衰败表现出失控状态时,任何努力都只是暂时的喘息。后来郑观应在《盛世危言》中哀叹盐法之不可救药,就是明证。

5. 允许民间开矿

嘉庆朝矿业发展的势头,因社会经济走向衰落和时局动荡而有所减缓,

---

① 黄钧宰:《金壶七墨·浪墨》卷一。
② 赵尔巽等:《清史稿》卷三七九《陶澍传》,中华书局1977年版。

但先前的矿业基础和从业者仍然艰难地努力,使矿业生产的格局,以铜矿为主干,包括煤、铁、金、银、铅、锡、硫黄、水银、朱砂等矿业生产,基本没有变化。然而生产技术没有大的改进,许多坑尚不能充分生产,便有不少封闭停产。嘉庆初年,连年的白莲教大起义等动乱,极大地冲击了矿业,这不仅因为社会环境的不安定对矿业的直接冲击,还因为国家及地方对百姓的横征加派使矿业难堪重负,以及随着各业的凋零,矿产品的出路日益逼仄、掉价,使得许多矿区不得不先后关闭。如陕南厢工暴动,虽非矿业,但其境况类似,许多矿工生计艰难,不安和骚动在所难免,也使得清廷和地方官进退两难。总的趋势是,在嘉庆十年(1805)前后,有关矿业的政策偏于严。如大兴民人请求开平泉州(今属河北承德)四道沟、云梯沟等处铜矿。仁宗认为:"盖开采俱系无业游民,攒凑资本,互相邀集,趋利若鹜,倘已聚集多人,而铜苗渐竭,彼时何以遣散? 岂不虑其滋生事端?"①仁宗不仅不准随便开新矿,即原有的各类矿坑也仍在陆续关闭中。当白莲教起义、沿海船民起事渐近平息时,政策似乎又有所变化。但终嘉庆朝矿业并未有转机。统治者的思想仍徘徊不定:准民自由开矿,又怕民众聚集生事;不准其开矿,不仅国课受损,即无业之民也难以安置。除上述这些原因外,还有认识上的原因,如怕开矿破坏"风水"等。

宣宗继位后,仍未将开矿问题列入议程,反而陆续封闭了甘肃金厂、直隶银厂等,只有云南南安、石羊、临安、个旧地方的银厂依旧,但每年课银也是少得可怜,只有不足6万两。对铜矿,因事关铸钱,一般严禁民间任意开采。云南铜矿铜斤采办也在大幅度下降。嘉庆后期,因当地彝民造反抢掠,逼近铜厂,"厂民闻风惊惧,均各逃避"②,使得这一名闻天下的铜矿,数年内不能正常生产,不要说赢利了。道光八年(1828)十二月,贵州妈姑庙集等铅厂因开采多年,峒老山空,开采日难,而新开挖的矿峒又被雨水冲淹,为鼓励其尽快排水生产,宣宗同意减轻一些负担,少征税,以便能维持国家铸钱的需要。事实表明,宣宗一直对矿业不重视,地方偶有开矿的请示,总是不置可否,或问一句"于地脉风水有无妨碍"便了事,对开矿尚不懂其经济意

---

① 中国人民大学清史所等:《清代的矿业》(上),中华书局1983年版,第309页。
② 中国人民大学清史所等:《清代的矿业》(上),中华书局1983年版,第199页。

义,以及对国家的发展将带来何种影响。

道光二十年(1840),中英鸦片战争爆发,两年后战败,宣宗面对艰难的现状,难以苟且偷安,只得想尽办法广开财源,始重视矿业,被迫下诏弛矿禁。道光二十四年发布上谕:"自古足国之道首在足民,未有民足而国不足者。天地自然之利,原以供万民之用,惟经理得宜,方可推行无弊。即如开矿一事,前朝屡行,而官吏贪缘为奸,久之,而国与民俱受其累。我朝云南、贵州、四川、广西等处,向有银厂,每岁抽收课银,历年以来照常输纳,并无丝毫扰累于民。可见官为经理,不如任民自为开采,是亦藏富于民之一道。"如仍有可采之处,著地方官"体察地方情形,相度山场,民间情愿开采者,准照见开各厂一律办理,断不可假手吏胥,致有侵蚀滋扰阻挠诸弊"①。

这道矿业弛禁令,是中国矿业史上的一个重要文件。此后,开矿设厂确实比以前多了起来。除广西、云南、贵州、湖南等省外,其他各省也有零星奏请开采的。尽管开禁后有所成效,但各地反应并不踊跃。究其原因,在衰乱之时,民间有钱之家心有疑虑,观望畏缩;贫民维持生计尚已艰难,哪有余资开矿。地方官却多因循苟且、不思进取之辈,更有甚者,不是对开矿一无所知,便是视兴利为取索之机,只想安乐省事,借机渔利。故一些官员不是想方设法兴利,竟多借口"矿工聚众,难免滋事",百般拖延,不以为意,甚至公然要求停办。这就是开禁后见效不大的一个重要原因。

道光二十八年(1848)十一月,宣宗再次发出指示,督促地方官员认真落实"开矿"的政策:"开矿之举,以天地自然之利还之天下,仍是藏富于民。如果地方官办理得宜,何至借口于'人众易聚难散',因噎废食?著四川、云贵、两广、江西各督抚于所属境内确切查勘,广为晓喻。其余各省督抚亦著留心访查,如有苗旺之处,酌量开采,断不准畏难苟安,托词观望。倘游移不办,朕不难派员前往履勘。如果不便于民或开采之后弊多利少,亦准奏明停止。于官办、商办、民办,其应如何统辖弹压稽查之处,朕亦不为遥制,惟在该督抚等各就地方情形,熟商妥议,定立章程具奏。"②这是前项政策的进一步说明,就政策本身来说,允许民间自由开矿无疑是一大进步。然而,这一

---

① 《清续文献通考》卷四三《征榷十五》。
② 《清续文献通考》卷四三《征榷十五》。

切似乎都已太迟了,而地方官还昧于短见,行动迟缓。当时,外患内忧,举步维艰。大弛矿禁虽然倡导再三,仍难取得成效。19世纪初,西方资本主义蓬勃发展,生产力飞速增长。而中国在清朝统治下,已经明显落伍,连最简单的开矿之事,也无法取得共识,上下互阻,致使关系社会发展、利于国计民生的一项事业迟迟不能运作起来。从矿禁到弛禁,反反复复,迟迟疑疑,迄无成效。这从一个侧面反映了清朝统治集团和封建制度的腐朽。

6. 倡导节俭与开源节流

面对日益加剧的国家财政危机,欲以开矿等为财源,企图有所缓解,实为宣宗无可奈何的措施,尽管未取得什么实效,总算表现了他做出努力的意向。而更能表现宣宗政风的是他所谓倡导节俭和身体力行的反对奢靡浪费。

有一则野史传说写道:"宣宗御宇三十年,服用之俭,为史册所罕见。所服套裤,当膝处穿破,辄令所司缀一圆绸其上,俗所云'打掌'是也。于是大臣效之,亦缀一圆绸膝间。一日,召见军机大臣时,曹文正(振镛)跪进御座,宣宗见其缀痕,问曰:'汝套裤亦打掌乎?'对曰:'易作甚费,故亦补缀。'宣宗问曰:'汝打掌须银几何?'曹愕眙久之,曰:'须银三钱。'宣宗曰:'汝外间作物太便宜,吾内府乃须银五两。'"[1]此事的真伪已难考证,但"上有所好,下必甚焉"。曹振镛等不愧"巧宦"之尤。实际上,当时凡当官者在朝均服破旧,而退朝则改服绫罗锦绣。可见这些官僚并不肯真心节俭,而是弄虚作假,做表面文章。

宣宗继位后,"亏空"仍在继续发展。从道光二年到十二年(1822—1832)10年中,仅河南一省即短欠正杂钱粮240余万两、仓谷20余万石[2]。道光十九年,据户部报,各省拖欠赋税总数已达2940余万两[3],即超过全年国库收入的一半多。增加收入无源,就只好倡导节俭。既然在制度上难以

---

[1] 小横香室主人:《清朝野史大观》卷一《清宫遗闻》。
[2] 《清宣宗实录》卷二二五。
[3] 《清宣宗实录》卷三二三。

监督百官不贪,就乞灵于劝说官吏自我约束以成就"美德"。基于这种形势和危机感,逼使宣宗大声疾呼:"澄源截流,撙节糜费"①。

宣宗早在藩邸时,便已深知皇宫及官场上的奢侈腐败之风,对贪欲和骄奢淫逸深恶痛绝。他当年写过《节用而爱人论》、《崇俭去奢论》、《临财无苟得论》、《节以制度论》等文章,核心内容是守成原则:节用爱人。他认为:为君上者不应纵欲,要量入为出,不为无益之费;要节俭办事,每用财必思民之不易;要有节制,并将节俭纳入制度,形成财政监督等。正是以此为思想基础,形成了他的施政方针和节俭形象。

如果说,宣宗在藩邸时,倡节俭、反奢侈还仅仅是他个人的看法的话,那么,在即位后,便将想法变为具体的政策和实践。道光元年(1821)正月初八日,宣宗御乾清门听政,颁《御制声色货利谕》,全面系统地表达了自己的节俭观。上谕中指出:"为人君者,尤当以礼自防,无为所惑","后世子孙,若能体朕之心,法朕之行,成朕未竟之事,造次无忘不迩声色之谕,即我大清万世天下臣民之福也"。他又说:"人君不可有私财,有私财必有私事,有私事必有私人,有私人则不为其所愚者鲜矣。"见利忘义,就会贪贿不分;见利眼开,政局就会不清,吏治必然败坏。所以,为人君,应"知稼穑之艰难,力崇节俭,返本还淳","省一分,天下荫受一分之福,于吏治民生,不无小补也"。他要求把他的这番指示妥善存记,子孙世代遵守。如有蛊惑人心,繁兴修筑者,要立正典刑。这真是历史上罕有的大谈节俭,并将其上升到定国安邦、关系国计民生等大局的言论。

此后,节俭几乎成了宣宗的座右铭。他即位不久,下令停止贡福建荔枝、扬州玉及各省方物,同时发下亲笔圈定的"贡单",并告诫地方不准任意加增,并又陆续停止进陕甘口外梨、两淮盐政的烟花爆竹等。他认为,君主经常外出巡幸,必然会给地方带来意想不到的财政负担,甚至会给一些官风败坏的官员带来乘机勒索侵吞财物的口实。因此,他在位时,减少了热河避暑、木兰秋狝等惯例。其他兴建和园林修整等,能停则停;各种宫廷排场,如节日庆贺、喜庆筵宴,甚至皇室的婚事等,都坚持从俭。他所使用的毛笔、砚台都取实用、足用,从不讲究装饰,反对奢侈赏玩。甚至节俭及于减膳。平

---

① 《清续文献通考》卷六九《国用七》。

日,他反对山珍海味、食不厌精的排场。特别是在鸦片战争发生后,国库空虚,他带头减少膳食,每餐或只四菜甚至两菜。

但是,有一件事令后人不无非议,这就是对修建自己陵墓事的处理。按他的谕旨,选在东陵宝华峪陵墓工程"务使朴实"。完工后发现工程质量粗糙,有渗水之处。他得知此事,勃然大怒,几乎下令处死负责该工程的大臣英和。道光十一年(1831年),他亲至西陵,另选定龙泉峪,并将陵工改由宠臣穆彰阿负责。直到道光十六年才建成(称慕陵)。尽管这座陵墓没有华表、石像生、方城和明楼,连三间大殿也只建成单檐式,好像很节俭,然而共花费了两座陵墓的代价。这无疑是对其倡导节俭的一种嘲弄。真正嘲弄他的是曹振镛那样的表面上学皇帝在膝盖上"打掌",袖口不再"出风"的文武百官和各级官吏。宣宗的言行当然不仅是做给人看的,他知道官宦士绅以豪华奢靡相尚之风甚烈,他想用自己的"表率"来教育那些臣子,刹住奢靡之风,幻想淳朴旧俗和安贫乐道理想的实现。官员当然不敢在皇上面前放肆,只得在他面前装相,表面上以穿旧袍服为荣,背着他却锦衣玉食,饮宴无虚日。

官风日坏,世风日下,倡言节俭,谈何容易。就在宣宗继位不久,军机大臣、户部尚书英和便向宣宗面陈:各省、府、州、县养廉不敷办公,莫不取给陋规,请查明分别存革,示以限制①。其实官场的乱收费和层层搜刮已是明目张胆,无所顾忌。英和似乎想像世宗"火耗归公",酌定养廉那样,将各种名目的陋规合法化,然后按官定等增加其收入,不要不加限制。宣宗本已赞同,随又让疆臣讨论,"中外臣工多言其不可",尤以孙玉庭、蒋攸铦及尚书汪廷珍持论尖锐。侍郎汤金钊奏:"陋规皆出于民,州县犹未敢公然苟索,恐上知之而治以罪也。今若明定章程,即为例所应得,势必明目张胆,求多于额例之外。虽有严旨不能禁矣。况名目碎杂,所在不同,逐一检察,反滋纷扰,殆非区区立法所能限制也。"②宣宗认为有理,遂不做变更。结果,"陋规"未禁,讨论后反而变本加厉,贪婪之风已如瘟疫难以遏止,尚何言"节俭"。其时,已是上行而下不效。对河工诸臣的贪黩奢侈,宣宗时有耳闻,

---

① 赵尔巽等:《清史稿》卷三六三《英和传》,中华书局1977年版。
② 李元度:《国朝先正事略》卷二四。

然而,除下旨敲山震虎,说几句"一经发现,提参严办","庶几惩一儆百,力挽颓风"的话,也就了事。

宣宗主观上确是想节流。他对一年数百万两的治河费用,总希望能见到成效。然而年复一年,银钱照拨,河照样泛滥。他无法确知其中的奥妙,只好于深宫之中掂量算计,多次谕令整顿河工费用,甚至命吏部制定议处河工赔项银久不交纳的章程,"纂入例册,永远遵行"。发兵征讨张格尔叛乱,他怕前敌武臣军费开支漫无节制,一再坚持制定军需则例。凡涉开支,无论工程、赈济、军事,他都格外嘱咐。鸦片战争中调兵遣将,他一会儿调,一会儿停,犹疑不定,在相当程度上是与考虑节省军费开支有关。

省与费,在特定的情况下,正如宣宗所认识的那样,不再是一个寻常的经济问题。道光朝的国家财政危机,确实是社会整体性危机的一个重要方面,是政治危机的重要表现形式。与其说宣宗"节俭"是个人品德问题,倒不如说恰是这个最高权力所有者对危机的一种敏感和无奈。问题是,当危机由此而及于社会的各方面,成为一个综合性的震荡,企图以一种倡导的方式解决一项根本性的问题,注定是一种幻想。

第五章 变乱四起

1. 云南永北厅彝民起义

宣宗初登帝位,似乎一切都很平静。一个多月后,便有西南地区密谋起义的消息传来。西南地区,主要是指云南、贵州、广西、湖南及四川部分地区,那里宗教的、民族的、军事的、经济的,各种各样的矛盾错综复杂。自雍正朝改土归流以后,原来难以控制和解决的矛盾得到了缓解。可是仍有一些地方土司家族利用原有的势力和影响,不时地制造事端,甚至收买官府,欺压民众,以致小的冲突一直时有发生。这次,传来的消息是云南永北厅彝族民众骚动,事态有扩大的危险。

彝族主要居住在云南、贵州、四川三省以及广西境内,分布面积约50万平方公里。聚居于青藏高原东南边缘的横断山脉峡谷地区和云贵高原西部及川西南边缘,这里大都是山区,平坝面积不足百分之五,土壤、气候条件恶劣,不利于农业生产。彝族人民本来生活很艰难,为数不多的土地,不是被土司强占,便是因生活所迫而转卖。云南北部永北厅的许多彝民都丧失了土地,即使是有地者,也典出十之七八。贫苦无地的彝民难以生存,又常被土司和官府强行苛派银两,就经常发生与土司或汉人的冲突。不满情绪终于酿成永北厅彝民起义。

道光元年(1821)正月,永北厅彝民很快聚集了上千人举行起义,烧毁阿喇山衙门和附近村庄。云贵总督庆保得知消息,便立即命令提督张凤、总兵高适率兵前往镇压,同时赶紧向朝廷奏报情况。

就在公文往返的一个多月时间内,情况发生了很大变化。前往镇压的清军不仅未能达到目的,反而遭到彝民起义军的沉重打击。起义军控制的范围不断扩大,人数也在增加,并开始突破清军的围堵,向永北厅境外发展。到二月下旬,一部分彝民起义军已渡过金沙江,向楚雄府属的大姚县境移动,并与当地的彝民起义军会合,组成了更大规模的起义军队伍。

到二月下旬,起义军发展到七八千人,而清军先后调集的兵力也达8000余人,如将当地土司武装计算在内,约达上万人之多。为尽快灭掉这支起义军,宣宗趁云贵川总督换任之际,将即将离任的云贵总督庆保暂留,和新任总督史致光一道从事围堵;而即将离任的四川总督德英阿也暂留,协助四川总督蒋攸铦堵截。当时,四川方面不仅沿永北厅边界组织汉、彝民修筑防堵工事,还将界河金沙江和打冲河上的渡船等全部撤走,同时加强巡逻。

尽管如此,滇北形势还是日趋紧张,一是地形复杂,山多林密,不便展开大规模作战;二是起义军善战,清军数次与起义军接仗,都未能占有优势。滇北起义军已发展到万人以上,活跃在几乎所有彝民居住区。四川方面虽防范严密,但不构成对起义军的威胁,而云南进击的清军又屡战失利。三月中,成都将军尼玛善被派往云南,帮助庆保。又命新任贵州提督罗思举速赴云南大姚,参与镇压彝民起义。

四月上旬,彝民起义军在清军强大的攻势下,遭到重大挫败。驻扎在大姚的清军分路进击,起义军无法相互配合,经艰苦抵抗,终因寡不敌众,起义军的重要据点芝麻庄被夷为平地,首领陈添培被俘。四月中旬,清军加强了攻势,又拿下起义军据点拉古,上百名起义军战死,数十人被俘,攻入大姚地方的起义军全部失败。

与此同时,永北厅(今云南永胜)起义军也遭到重创。清军提督张凤率兵猛攻,起义军伤亡惨重,数百人被俘,重要首领唐贵也被俘获。至此,坚持了4个多月的云南永北厅彝民起义终于被镇压下去。

为了避免彝民再次起义,庆保按宣宗的旨意,对滇北彝民久为不满的诸多政策进行了调整。如重新规定:凡彝民典卖土地给汉民,买地汉民必须过户纳粮,改变已卖田无地的彝民产去粮存的不合理状况;禁止土司向本无恒产的彝民收取租息之外的苛派杂税;裁革土司属下人员,减少彝民不合理的徭役负担;在永北、大姚地区编排保甲,实行互保等。政策有所宽松,以换取彝民的安定。同时增加兵丁、官员,加强对这一地区彝民的监控。

此次西南地区少数民族的起义暂告结束,但是,由于清廷对当地管理不当和没有有效地解决民生问题,社会动荡不仅不会停止,而且会越来越严重。

2. 回疆张格尔叛乱

嘉庆二十五年(1820)九月初七,宣宗登基仅10天,来自西北边疆的奏报传来一个消息:张格尔叛乱。这一事件成了宣宗多年来寝食难安的重大问题。

自乾隆朝平定回部后,天山南北置官设治,形势稳定,保持了70余年的安定局面。然而,由于清朝官吏的苛剥和搜刮,激起了维吾尔族人民的强烈不满。大和卓博罗尼都叛清被杀后,他的儿子萨木克潜逃浩罕,后生三子,其中次子即张格尔。作为和卓的后代,张格尔的玛赫杜米家族长期统治着天山南麓广大地区,在政治上和宗教界对当地维吾尔族人民有广泛影响。长大成人的张格尔时时企图恢复失去的"天堂",在浩罕上层集团的支持下,不断骚扰边境,制造事端,并利用当地人民对清朝官吏的不满,煽动反清。当时,英国殖民势力已渗透到浩罕地区,与浩罕贵族一道怂恿张格尔重返南疆,与清朝对抗,企图乘乱渔利。驻南疆的清朝官员及属吏贪得无厌,而伯克借他们之名,大肆勒索分肥,甚至强迫维吾尔族少女轮流陪宿。这些不法行为构成了激起民愤的又一原因。

张格尔得知南疆的民怨,以为时机已到,遂于嘉庆二十五年(1820)八月,率300余人骚扰边卡。但被领队大臣色普征额率清军击败。宣宗接到的奏报即奏此事件。

让宣宗恼火的是,在随后的事件处理中所暴露出的地方将吏不法问题。他在上谕中明确告诫官员不要乱杀,防止激成更严重的对抗,可不久他就得到参赞大臣斌静将俘虏80余人一概处死的消息。经调查,得知部分事实真相:斌静腐败荒淫,专恣暴虐。次年二月,宣宗将斌静革职,发往黑龙江效力。宣宗以为惩办了不法官员,便可平息众怒,却忽视了张格尔叛乱的更为复杂的背景。

遭到沉重打击的张格尔不甘失败,道光五年(1825),他北投布鲁特,募集人马,内派奸细,多次骚扰沿边村寨。是年九月,领队大臣巴彦巴图率兵出境剿捕,结果妄杀布鲁特游牧民妇孺100多人。此事激怒了布鲁特首领汰列克,率兵2000人追袭清军,将200多名清军全部围杀于山谷之中。此事件后,张格尔立即抓住时机,迅速扩张实力,事态急速恶化。宣宗得报,马上派大学士长龄代替庆祥镇守伊犁,庆祥为参赞大臣,加强喀什噶尔的防务。他告诫前线将士:最好能擒获首逆张格尔,不要轻易出击、冒昧轻进。

道光六年(1826)夏,张格尔纠集了安集延、布鲁特等500余人,由开齐山路进南疆,先到距喀什噶尔80余里的阿尔图什,祭拜其先祖的坟墓,然后,以墓地为大本营,鼓动当地民众造反。喀什噶尔参赞大臣庆祥得报,命舒尔哈善、乌凌阿率兵1000余人围攻,先有小胜,张格尔竟突围逃脱。10余日之间,各城均参与叛乱。浩罕首领穆罕默德·阿里汗与张格尔约定,如助西四城——喀什噶尔、英吉沙尔、叶尔羌、和田成功,"子女玉帛共之,且割喀什噶尔酬其劳",也亲率军队万余人侵入南疆,攻打喀什噶尔。遭到清军顽强抵抗,乌凌阿、穆克登布等将领先后战死。激战中,张格尔见清军防守实力不强,便不守诺言,不理睬浩罕首领。而浩罕军在攻城中损失惨重,撤围退兵,其中有二三千人被张格尔说服,收为自己的亲兵,继续对喀什噶尔展开攻击。两个月后,城中弹尽粮绝,终被张格尔攻破,庆祥自杀。随后英吉沙尔、叶尔羌、和田三城同时陷落。

在喀什噶尔激战之时,宣宗才知事态的严重,下令陕甘总督杨遇春为钦差大臣,统领陕甘兵500人,迅速赶往哈密;又令山东巡抚武隆阿率吉林、黑龙江骑兵3000人前往,受扬威将军长龄节制,赶往阿克苏。共集中军队约达3万余人。

当清军大队人马日夜西进之时,西四城已全部陷落,张格尔宣称自己为"赛义德·张格尔苏丹",为当地的统治者,同时设官分职,恢复了和卓统治。为扩大战争,巩固其统治,他一面派军队东进,准备攻取东四城(乌什、阿克苏、库车、辟展),一面肆意征敛抢杀当地居民,激起了他们普遍的不满和反抗。

对于前方的消息,宣宗知道得既不详细,也不及时。他惟一能做的就是按照他的为政原则和想象发出指示。他不断向前线下发谕令,一再要求将领们注意擒贼先擒王,认为只有擒杀张格尔,才能尽快平息这场战乱,避免卷土重来。他指示大军多张贴布告,许诺有将张格尔缚获军前者,封以王爵,赏银10万两。当西四城失守消息传来之后,他才感到似一时难以收复,立即谕令长龄相机行事,"可停则停,可缓则缓",注意节约军费开支。同时,他亲自操持对前线转输军用物资:粮食、兵器、马匹、军服及一应军需,源源运往西北。

八月,张格尔叛军与清军为争夺战略要地阿克苏展开激战。

阿克苏位于南疆中部核心地带,是控制整个南疆的关键。清军如能保住阿克苏并迅速集结该地,既可阻遏叛军东进,又可以此为根据地,向西展开渐次争夺,最后收复西四城失地。因此,双方在阿克苏的争夺成了一场重要的战事。

占领西四城后,张格尔叛乱势力迅速东移,很快接近阿克苏,并将阿克苏南部的都齐特、洋阿里克、浑巴什、柯尔坪、萨雅里克等地占据,阿克苏受到严重威胁。当时,清朝增援部队尚在组建集结,为确保阿克苏的安全,办事大臣长清命参将王鸿仪率兵600人前往堵截,结果战败,全军覆没。叛军兵锋直抵距阿克苏仅40里的浑巴什河一带。尽管长清续派兵力暂时抵住了叛军,但双方在浑巴什河两岸展开了频繁的攻守战。在阿克苏形势最紧张之时,长清不得不令马队驰骋扬尘,以"疑兵"来阻止叛军的进攻。八月下旬,清军大队援兵陆续赶到,配合围攻,终于保住了阿克苏。道光六年(1826)冬,清军取得了攻取柯尔坪(今柯坪)的重大胜利,歼敌3000余人。道光七年初,清廷计划在清军集聚阿克苏后,分两路西进。主力出中路台站,一直攻击前行;偏师自巴什雅哈玛山迂回,直抵巴尔曷山草地,邀截叛军的逃窜,并与主力形成夹击之势。在大军出发之前,长龄经过认真分析,决意改变这一攻击计划。他认为,乌什边外路险难行,加上邻近的布鲁特部民情况不明,孤军深入,一旦发生意外,后果难料。而阿克苏、库车、乌什等战略要地,又不能不分兵留驻。如此,兵愈分,势愈单弱,不利于集中优势兵力。他决定以步骑2.2万人,全力出中路。二月初六日大军西进。

军行半月,一路顺利,只是军粮告急,以至于宰杀疲驼赢马充军粮。二十三日中午,大军抵洋阿尔巴特,遇叛军2万余人,一场激战开始。长龄审时度势,将全军一分为三,以杨遇春将右军,武隆阿将左军,他自督中军前击。沙岗上下,喊杀震天,在清军全力猛攻之下,叛军纷纷逃散,连追30余里。计歼叛军万余人,生擒3000余人,获全部粮草牲畜,清军士气大振。二十五日,清军进抵沙布都尔,此处"多树苇,决水成沮洳,贼数万临渠横列"①。长龄仍将全军分三路,步兵在前,骑兵在后,涉水向前攻击。然后,由骑兵自两翼迂回包抄,直刺叛军。叛军纷纷逃窜,被清军追杀过浑河40里。随后,清军又杀退叛军援兵。据统计,此战消灭叛军达四五万人。数日后,清军进抵喀什噶尔的重要门户阿克瓦巴特。张格尔自知成败在此一举,他投入叛军10余万人,准备与清军决战。二十八日清晨,清军展开攻击,枪炮齐发,并施放喷筒,藤牌兵穿着虎衣、虎帽杀入敌阵,叛军马队受惊,立即陷入混乱。清军两翼骑兵自后掩杀,奋力追击,直抵洋达玛河,歼灭叛军二三万人,活捉2000余人。次日,清军进至喀什噶尔附近的浑河北岸。在南岸,叛军列阵20余里,挖壕三道,筑土冈一道,准备拼死背城一战。双方对垒之后,互施炮火,未立即进攻。当天夜里,天气突变,大风"撼木扬沙",天昏地暗。长龄发现叛军占据有利地形,又在兵力上有绝对优势,认为机防叛军乘风沙来突袭,应后撤10里,等待天气回转。杨芳则认为机不可失,且客兵利速战,难持久。于是,清军派骑兵1000人绕自下游过河,以牵制叛军。长龄、杨遇春等率大队转向上游,于上风处渡河,潜逼叛军营垒,突发炮火攻击,一时炮火连同风沙,直扑叛军。叛军毫无防备,阵势大乱,自相践踏,惊慌而逃。天明时分,清军全线渡河,风止沙落,直抵喀什噶尔。当天下午收复被占据半年之久的喀什噶尔城。张格尔虽已逃脱,但他的妻子、侄儿被活捉。这次战斗歼叛军6万余人,活捉4000多人。

从三月初到三月末,清军略事休整,便分路继续收复失地。一月之中,接连收复英吉沙尔、叶尔羌与和田等地,并又消灭叛军数千人。至此,南疆重归平定。

南疆将如何管理,是平定后必须考虑的。道光七年(1827)五月,长龄在奏折中建议:将回疆参赞大臣和帮办大臣的驻地,由喀什噶尔东移至阿克苏,仍总理回疆八城事务,节制满汉官兵。西部其他三城原设官员一并裁

---

① 赵尔巽等:《清史稿》卷三六七《长龄传》,中华书局1977年版。

撤,因张格尔未获,形势未稳,西四城仍以800驻兵镇守。一应西四城事,暂设大阿奇木(维吾尔族官吏)一,小阿奇木三,分别管理。一两年后,根据情况酌量撤军,再决定能否实行土司制度。武隆阿在奏报中也是这样想法,对于这种"捐西守东"之策,宣宗并未赞同。他要求尽快捉拿张格尔。九月,又命直隶总督那彦成以钦差大臣赴回疆,料理善后事宜。

在此期间,张格尔仍在到处流窜,但他慑于清军兵威,浩罕及厄鲁特各部都不愿支持和接济,处境日益艰难。年底,当长龄侦知张格尔有纠众再次入侵的动向,便派遣黑山派回众大造舆论,说清兵已经撤走,喀什噶尔回民都期待张格尔回来。张格尔信以为真,十二月二十七日率骑步兵500余人从开齐山旧路进入哨卡,后起疑心逃跑时,被清将杨芳率队猛追,其部属在喀尔铁盖山被清军斩杀殆尽,张格尔终于在山顶被生擒。

道光八年(1828)五月,张格尔被押送至京师。十二日,宣宗在午门举行"受俘"仪式。两天后,宣宗在圆明园廓然大公殿廷讯,命将张格尔"寸磔枭示"。并下令勒碑太学及喀尔铁盖山,以纪念此次战事。

那彦成至回疆后,按宣宗指示全面整顿新疆:北路六城由乌鲁木齐都统专辖,南路八城由喀什噶尔参赞大臣专辖,两路均归伊犁将军统辖。并加强对各城属官的管辖、监督和选任。所有处理日常事务的章京等官,一律从京师拣选。严格各城各级伯克(维吾尔族官吏)的选补和回避制度。增加了官员养廉,准许携带眷属,配备一定的属役,裁禁各种陋规,加强防务,训练戍卒等。同时,决定新疆南北断绝与浩罕的贸易,其他国家和部落只要按章交税,并不为浩罕转卖代销,均可正常贸易;寓居新疆不足10年者,一律遣返;居住10年以上、行为端正者,则可永远居住;等等。

至此,平息张格尔叛乱才算胜利结束。此次战争,调动军队4万余众,仅军费就花费掉1200余万两,前后达7年之久。反映了清廷对边疆控制能力和反应能力的削弱,也使本已日益紧迫的财政危机雪上加霜。这场叛乱虽说是发生在道光初年,事实上,仍然是乾隆朝大小和卓问题的后遗症。

不管出于何种原因,张格尔勾结境外势力,在西北重新燃起战火,攻城夺地,自建政权,完全是分裂中国的罪恶行为。张格尔的"反清"与内地及其他边疆地区的反清斗争性质是不同的。宣宗决策予以坚决镇压,直至活捉张格尔,平息战乱,是维护中国领土主权和统一的具有重要历史意义的大事。

3. 河南安徽白莲教起义

像嘉庆朝一样,内地也不时发生一些骚动,有的造成的后果相当严重。道光二年(1822)夏,发生在河南的白莲教起义便是如此。

自发生在河南、山东、京师的天理教起义被镇压后,清廷对民间的各种秘密宗教活动一律严禁。然而,白莲教等的活动是没法禁绝的,他们暗中在民间继续存在和发展。河南一直是白莲教和各种名目的会党活跃的地区,且与安徽一带的教徒多有往来。从河南新蔡到安徽阜阳一带,更是教派复杂。阜阳城西南160里处的艾亭集和马家店都是教派活动最集中的地点。艾亭集是白莲教首领朱麻子的据点,而马家店是马姓教徒的大本营,首领叫马皮显。朱麻子,本名朱凤阁,河南汝宁府新蔡顿家冈人。家境贫寒,以租佃为生。道光初年,与安徽阜阳白莲教徒邢名章相往来,欲复兴白莲教,准备起事。道光二年(1822)夏,因发生租佃纠纷,一气之下,便在七月十三日与已住在他家中的邢名章一起杀子祭旗,宣布起义。二人竖起白色帅旗,约定凡参加起义者均着白衣白帽,很快发展到200多人。在朱、邢二人带领下,这支队伍直奔阜阳西南的艾亭集一带,扩张势力,准备攻打州县,占据阜阳一带地方。但就在起义者屯驻岳家寨的当天,就被阜阳官兵包围,经过激烈交战,起义者20多人被杀,90多人被俘,朱麻子和邢名章相继战死,这次起义仅数日便告失败。

与嘉庆朝以来所发生的大规模起义相比,朱麻子的造反简直就算不得是一件"麻烦"事。但宣宗已深感河南、安徽一带的民情重要,不可轻视。河南地区靠近京畿,如不及时扑灭,将直接威胁朝廷的安全。宣宗曾亲身经历过起义军攻入紫禁城的情景。如今白莲教再起,尽管规模不大,却表示白莲教仍然存在,自然不敢掉以轻心。

民间信仰白莲教,不能简单地看成是一种民众宗教信仰。其出现和信徒的增加,往往走向公开武装对抗,表明广大农民及其他劳动者生计的艰难和对社会希望的破灭;还表明了又不甘于人生的暗淡。这正是社会不公和统治者腐败造成的恶果。白莲教教义却给人们提供了一种希望和精神寄托,即使荒诞,也比严酷的现实更能给人们以慰藉。白莲教遂成为大众表达共同意愿的工具和组织。因此,白莲教在发展中逐渐走向实体化、组织化。广大被压迫、被剥削者从中找到了自信、正义,并最终对人间的不公和邪恶进行公开反抗。

宣宗是无法理解广大群众的感受的,他所关注的仅仅是维护自己的权力不受威胁,不容许任何人、任何力量制造麻烦和向他挑战。白莲教等及会党的存在就是一种异己力量的存在。因此,当宣宗一得知朱麻子造反的消息,立即命两江总督孙玉庭、河南巡抚程祖洛、署河南巡抚王鼎、安徽巡抚孙尔准等封疆大吏予以镇压。奉有严命的各官不敢怠慢,均对白莲教起事高度重视。因此,起义刚刚发动,尚未形成规模,就被镇压。按照宣宗的旨意,还要坚决取缔河南、安徽两地的白莲教,相关各州县开始对白莲教徒实行大搜捕。从八月初开始,各官员将搜缉捕获的名单陆续上报,涉及阜阳、息县、宿州、新蔡、正阳等不少州县,数十、上百名平民被捕,其中有邢名章的妻儿和被称为"逃犯"、"要犯"的信教者。宣宗一面庆幸事情处理得及时,一面频繁督促要尽快、彻底铲除白莲教的势力,不能松懈,甚至认为抓得太少,以为起事者只有200余人难以置信。中原地区白莲教尽管仍未搜捕净尽,但这次大搜捕不仅使道光初年的起义彻底失败,以后数十年也未再发生白莲教暴动或起义。白莲教在中国政治舞台上已消失。信此教的未必没有,但作为一支秘密宗教势力已不复存在。

4. 台湾天地会起义

台湾地区自乾隆五十三年(1788)正月林爽文起义被镇压之后,到乾隆五十六年,在彰化一带又出现了"复兴天地会"的活动,其首领为原籍福建漳州后迁居台湾彰化南投的张标和曾掩护过林爽文的居于彰化的广东人谢志。乾隆六十年(1795),又爆发了两次天地会起义,一次是陈光爱领导的,一次是由陈周全所领导。

清廷对待两次起义者的镇压极端残忍,但台湾民众一直没有停止反抗。

进入嘉庆朝,台湾又发生了一系列的"小刀会"起义。

据学者研究,"小刀会"或在乾隆四十七年(1782)八月出现于台湾彰化,称"王爷小刀会"①;另有人说"小刀会"组织早在乾隆七年就已出现在福建漳浦县②。这些"小刀会"确曾有过,只是与天地会无关。事实上作为天地会系统的小刀会最初起于台湾,正如后来史料所说:天地会在广东又称"三点会",在厦门称为"添弟会",小刀会是天地会的另一称呼,最初在乾隆五十九年五月起于台湾凤山县,创始人为郑光彩③。

郑光彩本是福建龙溪人,在台湾凤山长大成人,替人看田地为生,因强勒庄民工钱而结仇甚多。为求自保,于乾隆五十九年(1794)五月,纠集同好数十人立誓盟会,并以小刀为识别暗号及防身之用。又认为以"天地会名目易招摇,必须改换会名,掩人耳目",遂"变名小刀会"④。此后,小刀会在台湾迅速发展起来。

嘉庆二年十二月(1798年1月),台湾淡水杨肇组织小刀会,共聚100多人,焚抢台湾淡水水枧头粤庄,杀9人,被清军镇压。

嘉庆三年(1798)七月,台湾嘉义人徐章因"向无恒业",无法维持生活,便和他的朋友们商量打劫富户。为互相帮助自保,纠集18人,结拜为小刀会,尚未举事,即被官府捉拿,参与者均被捕杀。

嘉庆三年九月,台湾凤山人汪降组织结会,准备攻打凤山县城,后50余人被官兵捕拿。

嘉庆五年(1800)四月,在台湾嘉义,陈锡宗等又结小刀会,指挥数百人杀死巡检,攻入盐水港汛防地。尽管起义军已达上千人,数次击败台湾镇总兵爱斯泰的进攻,但因陈锡宗战死,起义军群龙无首,四处逃散。起义失败后,被捕者达400余人。

类似的起义后来仍时有发生,但都没有太大的影响,却使台湾的形势处于动荡状态。直到道光十二年(1832),农民领袖张丙在嘉义发动起义,震动台岛。这是台湾社会矛盾长期积聚的必然结果。

---

① 卢耀华:《上海小刀会的源流》,《食货》月刊复刊第三卷第五期。
② 庄吉发:《清代天地会源流考》,第23页。
③ 秦宝琦:《清前期天地会研究》,第289—290页。
④ 《乾隆朝朱批奏折》,乾隆五十九年十月十四日《福建水师提督哈当阿折》。

张丙,嘉义人,其先人是从福建漳州南靖到台湾的。张家世代务农,"能以信义庇乡邻,众倚重之"。道光十二年夏大旱,颗粒无收,各庄相约禁粜。张丙遵守约定,并负责查禁,结果反被私卖米遭掠者诬为强盗,因而受到地方官的逮治。这时有一个名叫陈辨的,因被粤人张阿凛所辱,便联合张丙复仇,聚众达300余人,往攻张阿凛所居之粤庄。后与官军发生冲突,于道光十二年闰九月二十四日发动起义,如旋风一样蔓延台南广大地区。

这次起义爆发迅速,规模大,一个原因是官民相仇已久,早就蓄势待发;二是陈辨、张丙等早已是天地会首领,又素享威信,有很强的号召力;第三是旱灾使民众的生活陷入更加无望的境地。因此,起义一旦激发,便难以遏止。闰九月二十五日,起义军劫大埔林汛兵军器。十月初一,攻佳里兴巡检署,连克茄苳、北势坡、八掌溪各汛。在店仔口,擒杀嘉义知县邵用之。次日,前来救援的台湾知府吕志恒军至大排竹,也被起义军包围,吕志恒被杀。三日,各路起义军将嘉义县城团团围住,甚至将前来增援的台湾镇总兵刘廷斌也围入城内。十月五日,起义军不分昼夜发动猛攻,在连续4天的攻击中,嘉义县丞朱懋,护安平协副将周承恩,守备李高然、张荣力、余国章等将官被杀,清军士兵死伤无数。这时,起义军的声势震动台湾岛。

随着起义军队伍的扩大,张丙宣布自己为"开国大元帅",建号"天运";"张告示,禁淫掠,令民无怨"①。以詹通、黄番婆、陈连、陈辨、吴扁为元帅,其下设先锋、军师等。其他天地会,首领为赖牛有,率有大小46股。总人数达到1.5万多。

事态迅速扩大,台湾不少重要将领和地方官员被杀,清朝在台湾的军事能力已很难控制局面,于是一封封奏疏火速报往京师。宣宗深感问题的严重,紧急谋划,连发上谕:命刘廷斌暂缓到广东提督任上,新任台湾总兵张琴也暂不来京陛见,共同留台对付"民乱";令闽浙总督程祖洛赶往福建,兼署福州将军,相机指挥调度赴台军队;给台湾紧急调拨白银10万两;最主要的就是调兵,从福建驻军中调出5000人赴台。

到十一月上旬,台湾传来的情况更加严重,宣宗感到所派兵力不足,十一月六日命瑚松额为钦差大臣,哈哴阿为参赞大臣,带领30名御前侍卫前

---

① 连横:《台湾通史》(下),第606页。

往台湾"视师"。随即又调派河南、西安、四川马步军3300人紧急赴台。至此,包括台湾原有驻军1650人,台湾清军总兵力已达万人之众。

起义军对嘉义城的围攻未止,便又分兵向南北扩展。十月初七,处于嘉义咽喉、郡北屏障的盐水港被黄番婆部攻陷。随后,起义军又打败了自府城前来增援的清军,获得大量的军火装备。

与此同时,天地会首领黄城又聚众于彰化境内起义,先后烧掠彰化城南多处村庄,直接威胁彰化县城的安全。不久,起义军攻占了彰化与嘉义之间的重镇斗六门城,并向西北的西螺社进兵。

嘉义以南的凤山县和台湾县也出现了起义军。短短20余日,台湾天地会起义已经席卷台湾中部和南部地区。

大股清军渡海至台湾是在十月底至十一月初,分别从台湾中部鹿仔港和南部鹿耳门登陆。金门镇总兵窦振彪于十一月初三在鹿仔登陆,一路攻击而南。先夺得盐水港,二十日进入嘉义县城。福建提督马济胜也于月初抵鹿耳门,初五进军西仔港,初七至茅港尾扎营,先后击败起义军数千人的进攻。十二日进兵铁线桥,二十二日与张丙部起义军大战。"丙拥众二万,自搏战,气锐甚,呼声震山谷,自辰至于日中,济胜坚壁不动。薄暮始纵兵出,追逐数里,擒五十余人,斩七八百人,溺水死者相枕藉。丙亦能军,收其众踞桥北。翌日再战,又败,李武松、詹通被擒,丙走伏近山麻林中"①。显然,这一仗天地会起义军遭到惨重的失败。更严重的是,自此,起义军的士气和实力都连续受挫,日渐低落。台湾战事出现转机,使宣宗觉得已没有必要再让河南、四川、西安、贵州等处官兵继续赶往福建了,于是令其返回原来营地。但是,仍然命令钦差大臣瑚松额、闽浙总督程祖洛尽快赴台,继续搜捕起义军并准备办理善后事宜。

对于天地会起义军来说,十二月是黑色的一个月。清军马济胜部的确是一支"勇健"又训练有素的军队,一月之中,起义军与其对阵10多次,均遭败绩,首领非被杀死,即被活捉。"(张)丙自败后势蹙,各庄又多助官军,皇皇无所之。十二月被执,黄城、陈辨、詹通、陈连、吴扁等亦先后被获"。未到中旬,南北路起义军全部失败。

---

① 连横:《台湾通史》(下),第607页。

道光十三年(1833)正月,总督与钦差大臣抵台。所谓"善后",就是"穷治余党,按名悉获,枭斩者三百余人,遣戍者倍之"①。被俘的起义军领袖大多在台湾被就地"正法"。而张丙、陈辨、詹通、陈连则被械送京师,处磔刑而惨死。

台湾这次起义失败后,小规模的起义仍不时发生,仅道光后期便有十九年、二十一年、二十四年三次反清斗争。是时,鸦片战争已经爆发,清朝在内外双重打击下,变得更加虚弱了。

5. 山西先天教起义

在台湾发生天地会起义的同时,距京师不远的农民起义也在酝酿之中。这就是先天教组织的在山西霍州及赵城县一带活动的起义。先天教是民间秘密宗教之一。其教义杂糅佛、道的教义,与白莲教较接近。山西一直是北方民间秘密宗教盛行地区,受直隶、山东、河南的影响较大。河北巨鹿人傅济潜入山西赵城传教,与当地人王宁、叶生宽等创立先天教。嘉庆二十一年(1816)傅济、王宁、叶生宽等因其组织破获被官府处死。次年,清廷在山西各地发布文告,严禁先天教,但在下层群众中该教仍在悄悄活动。

在道光初年,先天教在韩鉴与山东曹州(今山东菏泽)人曹顺的组织下发展起来。韩鉴,山西霍州人,当傅济传教时,他较早参与并成为组织者之一。嘉庆二十一年先天教遭受打击,他幸免于难,仍在当地秘密活动,而且更加富有经验。曹顺自幼务农,由于曹州历来为民间秘密宗教的重要据点,稍长,即拜白莲教超尘法师为师。后到山西霍州,在赵城县城外耿峪村做佣工期间,结识并拜韩鉴为师,开始在当地从事传教活动。道光十一年(1831),先天教创始者傅济之子傅邦凝由家乡来到赵城,并与曹顺联系,继其父业进行传教,这使先天教的影响进一步扩大,周围不少村庄的百姓都先后入教,甚至一些读书人和官府衙役也偷偷加入进来。道光十四年,韩鉴因年老多病,将先天教的领导权转交给曹顺。其他如韩鉴之子韩奇及张文斌、

---

① 以上见连横:《台湾通史》(下),第608页。

苗赞廷、郭牌子、道洪和尚等,也都是核心人物。

曹顺接掌先天教后,开始策划并准备发动武装起义。道光十五年(1835)春,他两次召聚众首领开会,进行组织准备工作:打造兵器,制造印信,委任军师、元帅等。起义定于三月初四夜发动。韩奇、张文斌各率一路,夹攻赵城。有县衙里的先天教徒为内应,顺利进城,烧毁县衙,杀死知县杨延亮及其家属、幕友等人,占领捕厅、武营,打开监狱,放出囚犯。次日,在曹顺的指挥下,又分两路,由赵城出发:一路约500人,南下攻打洪洞县城;一路约2000人,北上围攻霍州府城。同时派人往平阳城潜伏,待取得霍州、洪洞后挥兵攻平阳时为内应。当日中午,起义军抵达洪洞,由于赵城失守的消息已传出,洪洞清军已有准备,起义军两次进攻都未得手。另一路起义军抵霍州城下,霍州也早有防备,起义军进攻受挫,被清军抓获者十余人。就在起义军进退两难之际,清军大队援军从四面八方赶来,起义军陷入重围之中。

赵城失守的消息很快传播开来,赵城周围各州县纷纷派兵前往围攻。山西巡抚鄂顺安率太原满汉官兵800人迅速南下,大同镇总兵清安也率兵3000人驰来。当消息传到京师,宣宗迅速发布上谕,亲自部署,同时要求有关各省督抚要员严阵以待,密切注意事态的变化。但这些上谕尚未送达地方,山西的起义已被镇压下去。三月初七日,太原镇总兵台费音率兵一到霍州,起义军纷纷逃散。次日,清军攻占赵城。初十日,巡抚鄂顺安抵达赵城。起义军除死伤、逃散外,先后有300多人被俘。傅邦凝和他的家属被捕于原籍巨鹿;苗赞廷与道洪和尚被捕于山西;曹顺、张文斌等被捕于山东观城县。清廷对被俘的起义军首领均施以酷刑,有100余人被施以摘心、凌迟、斩首等死刑,更多的人被流放到新疆伊犁。

6. 湖南永州瑶族起义

道光十一年(1831)底,湖南永州江华县锦田乡长塘寨瑶民赵金龙自称"金龙王",率领五六百名瑶民,头裹红巾,揭起了反抗的大旗。随即转移至两河口,在洪江寨、黄竹寨等地打死打伤官兵差役数十人。仅10余日,其队伍便发展至1000余人。永州位于湖南、广东、广西三省交界地区,地跨南岭,森林茂密,交通闭塞。这一地区的居民以瑶族为主。险恶的自然条件,使世世代代的瑶民生活十分艰难。道光初年,两湖两广地方天地会组织在暗中发展,有些自恃势众,到瑶寨逞强,抢牛谷财产,使瑶民的处境雪上加霜,申冤无门。此时,赵金龙和常宁瑶民赵福才假借巫术跳神,制造舆论,声称瑶民中要出一个为民做主的"大瑶王"。赵金龙逐渐地成了瑶民中众望所归的有影响人物。

瑶民起义发生后,江华知县林先梁、永州知府李铭绅、永州镇左营游击王俊、总兵鲍友智很快集结官兵乡勇,分头围堵。但瑶民声势正盛,形势难于控制,清兵乡勇根本不敢正面交锋。瑶民起义军先占据了长塘的夹冲,二月下旬进入桂阳属蓝山县境,随后攻入江华县属麻冈和宁远县鲁观洞等地,并计划占据九嶷山为根据地。这时,起义军的人数约已达3000人。

在宣宗的催促下,各地封疆大员和将领纷纷聚集。湖广总督卢坤、提督海凌阿赴永州;广东、广西两省督抚提镇各官也抓紧部署邻近湖南永州的九嶷山左近地区的兵力,配合堵截。二月中旬,抵达前线的各路清军总数已达4000人,所持火器如抬炮、鸟枪、喷筒等确有相当威力。

当时,永州镇总兵鲍友智得知各地援兵陆续抵达,便分头围截合攻,结果受到巡抚吴荣光和提督海凌阿的训斥。当蓝山告急后,吴荣光将宝庆援兵尽数调来;同时,命提督海凌阿从宁远向东南增援。道光十二年(1832)二月十四日,海凌阿与副将马韬率兵冒雨向五水瑶山、九嶷山一带前进。行至池塘墟,沟窄路陡,行路艰难。这时,瑶民起义军突然杀出,清军中了埋伏。据文献记载,当时海凌阿军因路途艰难,兵不持刀矛,捆载以行,结果被伪装土人的起义军负其军器去。双方接仗时,官兵赤手空拳,闻声奔走或自跪道旁,毫无抵抗能力①。副将马韬当场战死,海凌阿骄横,以为瑶民不堪一击,竟指挥后继部队直冲入山沟起义军阵中,结果连他本人在内,包括游击、守备等,几乎全军覆没。瑶民起义军一时声威大振。赵金龙率起义军攻入宁远境内。不久,攻入新田县城,杀死县令王鼎铭,又转战常宁县洋泉。此时,湘南大部分地区都有起义军的活动。起义军的胜利和善战,加之对地

---

① 同治《桂阳直隶州志》卷二三。

形的熟悉和瑶民的支持,使清军陷入窘境,以至于官军望风败散①。至三月下旬起义军总数已发展到万余人。

清军连连挫败,宣宗不得不再次调兵遣将。湖北提督罗思举、贵州提督余步云先后被调往湖南,同时令四川、吉林、黑龙江各备精兵,随时待命。湖南瑶族起义已成了清廷所关注的大事。

起义军首领赵金龙知道形势会日益严峻,他一面继续指挥队伍在永州、桂阳一带周旋,一面继续发动组织群众,扩大实力。为便于行动灵活,相互配合,避免被围歼的危险,起义军将队伍分成了三支:一支由赵金龙率领,主要是八排散瑶和江华、锦田各寨瑶民;一支由赵福才率领,其部下多来自常宁、桂阳一带;一支由毛栗山瑶民赵文凤率领,主要有新田、宁远、蓝山的瑶民。每支队伍约两三千人。

随着清军各路人马的先后到来和攻击的次第展开,起义军进入了异常艰苦的境地。几乎在零陵、祁阳、新田、道州、桂阳等地的条条主要道路及川谷,都布满了清军的部队。包围圈日益缩小,起义军的伤亡日益增加。在桂阳弥勒铺、大坪等地,赵福才部起义军受到桂阳知府王元凤和总兵鲍友智部清军的联合夹击,经拼死搏斗,起义军1000多人战死,赵福才在混战中被杀,溃散的余部后来并入其他两部。而赵文凤部,听说清将招抚,即散去了一多半。三月初十日,湖北提督罗思举到永州,认为南路的蓝山、宁远、江华均为入粤的门户,力主清军主力从新田进击,阻遏起义军南下,与桂阳北路兵夹攻,并扼阻西通道州、零陵的小路,将起义军驱赶出山以聚歼。结果,起义军三路计四五千人及妇女两三千人均被驱逼出山,东走常宁洋泉镇。

洋泉镇位于塔山西北,为入山的隘口,有一溪通舟,街长数里,且有较为坚厚的城墙,利于防守。起义军占领此地,清军尾随而至。起义军力量单弱,连连受挫,不敢轻易出战,便暂在洋泉驻扎下来,因而陷入了孤立困守的危险境地。数日之内,各路清军兼程赶往洋泉镇,弹丸之地聚集了数万人马,起义军已被层层包围。三月二十九日,罗思举指挥清军对起义军展开猛烈进攻,激战四天四夜。四月初六日,清军发动第二次强攻,部分突破了起义军的防守。次日,双方展开了惊心动魄的巷战,10余天中,起义军伤亡达

---

① 光绪《宁远县志》卷六。

6000余人,赵金龙战死,赵文凤被俘。起义军余部仍宁死不降。从二十一日始,连续数天,清军各部对起义军据点四面投掷火弹,起义军余部大多被烧死,少数被俘。坚持了4个月的赵金龙瑶民起义终于惨遭失败。

赵金龙起义爆发后,对周围的瑶民产生了巨大震动。广东连山瑶族巫师赵子青,积极组织瑶民起事。后得知赵金龙已死,便宣称与赵金龙为师徒关系,自称"瑶王",封连山瑶民首领赵文典、赵仔灌、赵友滇等为总兵,发动起义。五月初四日率部攻击沙坪,杀死清官兵20余人。赵子青率三四百人由广东进入湖南蓝山、江华一带,收罗赵金龙余部,声言为"师傅"复仇,队伍迅速发展到2000余人。此事发生在距湖南瑶民起义失败后仅一个多月。

其实,赵子青起事前的数月间,连州八排瑶的"不安静"已引起广东清军的注意。宣宗也谕示两广总督李鸿宾,"截楚瑶之外来,靖粤瑶之内扰"①。既要防止湖南瑶民起义者南下广东,又要注意广东连州八排瑶发生起义,要避免两地瑶民相互呼应。广东连山厅属连州,是广东瑶族聚居区。该地区位于粤西北,与广西平乐府、湖南永州府、桂阳府为邻,中隔南岭。约有五六万瑶民居住在这里,最集中之地,俗称八排(即大村):南岗(行祥)、油岭、横坑、军寮、马箭、里八岗、火烧坪、大掌岭等。道光十二年(1832)初,八排瑶黄瓜寨(又称"冲")被奸民官役抢掠,瑶民向官府控告。连州同知蔡天培审问,断为抢掠者向瑶民赔偿银1200两。结果奸民抗命不服,不予赔偿。于是,自黄瓜寨始,周围数寨瑶民成百上千反抗官府,寻仇报复。随着事态的发展,瑶民与湖南的赵金龙发生联系,引起了地方官的警觉。

两广总督李鸿宾立即派提督刘荣庆、署按察使庆林率兵2000人前往堵截。当时湖南的起义声势很盛,使刘荣庆与庆林主抚、主攻意见不一。延至四月,湖南起义军失败,广东清军也想邀功请赏。五月中,李鸿宾发清军6000人,兵分三路向八排开进。瑶民自知难以抵抗,八排瑶首领8人出山跪迎,请以交出黄瓜寨闹事的瑶民息兵。结果,李鸿宾竟将8人斩首,奏报"杀贼七百"。此举立即激怒了八排瑶民,与清军拼死搏斗。正是在此背景下,赵子青率部分连州瑶民杀入湖南。

赵子青起义军在蓝山、江华迅速扩展,再次震惊了清廷。湖广总督卢坤

---

① 《清宣宗实录》卷二〇七。

急命罗思举、余步云率师镇压。五月二十一日,清军各路人马齐集江华、锦田、濠江冲附近。赵子青指挥起义军突围不成,便边打边撤。两天后,起义军被合围在银匠冲附近小山上。在清军猛烈的攻击下,赵子青率残部逃散时,不幸被俘杀,起义归于失败。

在广东八排,李鸿宾对瑶民的围剿却遭到惨重的挫败。五月二十二日夜,李鸿宾三路清军被瑶民起义军包围在川谷中。复仇的怒火使瑶民气势如虹,只见火炮乱掷,草木着火,火光照耀如同白昼。清军的火药被燃爆,官兵伤亡惨重。

广东、湖南两处有关战况几乎同时送达京师。宣宗对湖南大为赞赏的同时,又对两广总督李鸿宾恼怒异常。即派在湖南督师的钦差大臣禧恩、瑚松额转赴广东连州督师,并自湖南、贵州增兵广东连州,由禧恩署两广总督。禧恩见屡次出师不利,改用招抚。他不惜重金购物引诱部分瑶民出山。将其中数人抓捕斩首上报。当新任两广总督卢坤到任时,禧恩即宣布:"瑶山全境肃清。"

7. 川南彝民起义

距道光初云南永北厅彝民起义仅 12 年,四川南部又先后爆发了清溪县、越巂厅、峨边厅、马边厅等数次彝民起义。这次川南彝民起义仍是该地区旧有矛盾发展的结果,不仅持续时间长,规模大,而且成为道光中期很有影响的大事件。

在川南大凉山聚居着众多彝民,他们长期与汉族人民杂处。这里也是雍正朝改土归流的重点地区。道光元年云南永北厅彝民起义,在川南也引起了反响。由于清廷对这一地区加强军事控制,未能酿成大事。然而,从道光十二年(1832)底开始,直到鸦片战争前夕,这里的彝民起义连续不断,而且日益复杂。

越巂厅、清溪县、峨边厅、马边厅和雷波厅等数厅县都是围绕着大凉山的主要彝民聚居区。道光十二年(1832)十二月初一和初五,越巂厅大树堡曲曲鸟、窝石等地的彝民发动起义。起义队伍与来弹压的驻军官兵形成对峙。由于这一地区交通不畅,地形复杂,数量不多的官兵未敢轻举妄动,致使起义队伍迅速北上,向清溪县发展。成都将军那彦宝感到情况急迫,下令新任建昌总兵万荣速往出事地点,结果被交通所阻。接着,又令四川提督桂涵率兵2000人前往堵御。起义军已在清溪外围许多地方活动。桂涵急赴清溪县城,与起义军在城外展开一场战斗,结果守备杨宗彪、把总屈怀贵战死。就在此时,附近峨边厅的彝民也发动了起义,形势愈加复杂。桂涵紧急增调官兵、土练3000多人,分成三部固守。总兵万荣驻扎越嶲厅大树堡;另点兵700人设防峨边厅;桂涵自率主力扎营清溪县汉源街。

十二月十七日,彝族起义军运动到汉源街附近,桂涵指挥清军出击,彝族起义军虽拼死对抗,在战死200余人后,终于不支,败退散走于深山老林中。4天后,起义军又聚集多部达三四千人,再向桂涵大营发动冲击,仍然失败,暂据几子山等地。

道光十三年(1833)正月上旬,桂涵组织军队,兵分三路向起义军发动大规模的进攻。在正月和二月这两个月中,桂涵成了起义军的死对头。先是,清军进攻几子山起义军老营眷属聚集地,甚至烧毁了起义军首领清溪县土千户马林的住处。为解除压力,起义军组织了数千人的反击,仍然未能成功,只好将余部转移到深山老林。

四川南部交通不便,加上距京师遥远,这里一切发生的事,事事必等待皇帝的指示才能行动。因此,在宣宗的谕令送抵桂涵手中时,事态最严重的阶段已经过去。他仍一面遵照谕旨分拨官兵于各要道堵截查察,同时策划进一步搜捕藏匿的余部。而在写给宣宗的奏疏中却说:清溪县境起义军已"肃清"。

事实上,桂涵既未抓获"首犯"马林,又不能把起义军余部歼擒,而自己却在二月二十八日病死于军中。随后,清廷任命甘肃固原提督杨芳补为四川提督,令那彦宝驰赴军前,兼署提督印务。

三月上旬,那彦宝兵分三路,攻入起义军据守的老林。尽管起义军早有防备,但清军枪炮猛烈,起义军伤亡1000多人,激战一天一夜后,起义军败退。中旬,清溪起义军终于失败。

清军除留部分兵力继续搜山外,又分两路:一部由那彦宝率领转进大树堡,镇压越嶲厅彝民起义军;另一部支援峨边厅清军。

在大树堡,那彦宝探知马林在黑吗溪一带活动,便派当地土司及熟悉地形和彝情的兵士乔装,潜入起义军驻地,竟将马林及其家属抓获。四月初三日,马林被害于成都。

马林被捕杀后,大树堡一带的起义军仍有四五千人集结。他们利用险要地形,把住关隘,顽强抵抗清军。杨芳到任后,制定以据点为中心向外推进的进攻方略,从四月下旬始,分兵三路攻入起义军各据点。越巂厅的彝民起义也终于失败。

峨边厅彝民起义军主要活动在牛盘落一带山区。杨芳在大树堡取胜后,也向这里起义军据点袭击。四月三十日,起义军据险固守的五峒皆失,数百人战死,近200人被俘。最激烈的战斗发生在曲曲鸟、石圈子等地,每道山、每道梁都有抵抗和搏杀。在连续不断的对抗中,起义军牺牲了上千人,最后只得乞降。

到九月中旬,杨芳以川南三厅县彝族造反者已"肃清"上奏,被宣宗封为"一等果勇侯"。半年后的道光十四年(1834)七月,峨边厅十三支彝中的雅扎支彝再次起义,又被杨芳残酷镇压,不及一月,起义再起。直到道光十五年二月底,峨边厅彝民起义才被最后镇压下去。

马边厅与峨边厅紧邻,居民多为彝民。道光十七年(1837)六月,因彝民之间结仇相报(当地称打冤家),终于发展成官府无法控制的严重局势。为避免事态发展,建昌镇总兵张必禄、四川提督余步云两路出击,攻入凉山,彝民死伤无数。直到十一月,凉山彝民被迫四散奔逃,马边厅才算结束变乱。

第六章 嘉道之际学术新思潮

1. 乾嘉学术衰落

乾嘉学派在整理中国古典文献和历史文化遗产方面有着突出贡献。但是,随着社会出现新的问题,其学派的一些弊端也就显露出来,最后逐步走向衰落。

(一)社会形势急剧变化

乾隆六十年(1795)九月,当仁宗接受高宗内禅之时,继承的是一个危机四伏、充满矛盾、已趋衰落的皇朝。在乾隆后期各地人民反抗斗争的激荡下,嘉庆元年(1796)终于爆发了川楚陕白莲教大起义。这次大起义历时9年,波及川、楚、陕、豫、甘五省。清廷为镇压这一次起义,从全国16个省调集了大批兵力,耗费军费银2亿两,相当于4年国家财政收入的总和。在双方交战中,清军被击毙的提督、总兵以下军官达400多人,其中提、镇大员即有20多人。在镇压了白莲教大起义后,嘉庆十四年八月又镇压了蔡牵领导的东南沿海民众起义。嘉庆十八年九月又爆发了以林清、李文成为首的天理教起义。这些起义虽被镇压了,但清朝国力也大大削弱,加速了衰落的历史进程。

清朝在不断的人民起义的打击下,还面临严重的外患。英国在其资本主义发展的推动下,久已蓄谋打开中国市场,早在乾隆五十八年(1793)即派出马戛尔尼使团到北京,提出遣使驻京、开放通商口岸、减轻关税和自由传教等7条要求,均遭高宗拒绝。嘉庆二十一年(1816)又派出阿美士德使团再次来京,因礼仪问题仁宗拒绝接见。此后,清朝制定了严格的贸易限制政策,阻遏了英国打开中国市场的努力。英国又利用鸦片作为打开中国市场的敲门砖。把鸦片偷运到中国,给中国带来深重灾难。这不仅严重地摧残中国人民的身心健康,又造成清朝的白银大量外流而引起国家财政严重危机,加深了中国社会自乾隆后期以来的一系列经济危机和政治危机的程度。当清朝起而维护自己的正当权益,采取严厉措施禁烟时,英国政府在其炮舰政策的推动下,悍然发动了武装侵华的鸦片战争,把中国人民推向了苦难深渊。

这一时期清朝社会形势的急剧变化,必然引起整个社会风气和注意力的转移。乾嘉汉学如日中天时那种"家家许、郑,人人贾、马"[1]的情况,随之有了改变。虽然仍然有一些考据学家还在孜孜不倦地钻研,而整个社会风气,日益转向研究中国所面临的种种社会危机问题。

(二)考据学内在弊病日渐显露

乾嘉考据学自其勃兴时起,就有内在弊病,当发展到全盛时,弊病越来越显露出来。这些弊病,大致如下:

一是笃信儒家经典和汉儒之说,不敢越雷池一步。如惠栋治经即强调:"汉经师之说,立于学官,与经并行","古训不可改也,经师不可废也"[2]。钱大昕亦信守:"夫六经定于至圣,舍经则无以为学,学道要于好古,蔑古则无以见道。"[3]王鸣盛更明确认为:"治经断不敢驳经,而史则虽子长、孟坚,苟有所失,无妨箴而砭之。""抑治经岂特不敢驳经而已,经文艰奥难通,若于古传注凭己意择取融贯,犹未免于僭越,但当墨守汉人家法,定从一师而不敢他徙。"[4]这种拘泥于古训的见解,就是《四库全书》总纂官纪昀也如是说:"圣人之志,借经以存;儒者之学,研经为本。故经部尤纤毫不敢苟。"[5]可见,笃信儒家经典,株守汉儒之说,正是乾嘉学者的一大弊病。由此影响到他们的治学成就,始终停滞在东汉古文经师的水平。

二是治学方法限于小学为主。他们这样必然受到材料和认识水平的限

---

[1] 梁启超:《清代学术概论》二十一。
[2] 惠栋:《九经古义·述首》。
[3] 钱大昕:《经籍籑诂·序》,成都古籍书店1982年影印本。
[4] 王鸣盛:《十七史商榷·序》,北京中国书店1987年影印本。
[5] 纪昀:《纪晓岚文集》卷八《诗序补义序》,河北教育出版社1991年版。

制。所以,一面流于烦琐考证,另一面又过于盲目自信,武断地妄改古书,以致产生新的错误。有人批评道:"近世言汉学者,喜搜古义,一字聚讼,动辄数千言,几如秦近君之说《尚书》。当天下无事时,文章尔雅,以为润色太平可矣。及其有事,欲以口耳之学,当天下之变,宜其束手无策。无他,识其小,不识其大也。"①"嘉道之际,学者承乾隆季年之流风,袭为一种破碎之学。辨物析名,梳文栉字,刺经典一二字,解说或至数十万言,繁称杂引,游衍而不得所归,张己伐物,专抵古人之隙。"②这样识小不识大,流于破碎的学术,在社会面临动荡之时,自然是要被淘汰的。

三是学术风气由朴实流为虚空。考据学本身是实学,要做出成绩,必须潜心研读,扎实治学。当考据学成为一种风气、人人喜谈之后,其实事求是、无征不信的要求却非人人能做到,遂使考据学由朴实渐趋虚空。这一点,当时的学者如凌廷堪已有指陈:"浮慕之者,袭其名而忘其实,得其似而遗其真,读《易》未终,即谓王、韩可废;诵《诗》未竟,即以毛、郑为宗;《左氏》之句读未分,已言服虔胜杜预;《尚书》之篇次未悉,已云梅赜伪古书。甚至挟许慎一编,置九经而不习;忆《说文》数字,改六籍而不疑。不明千古学术之源流,而但以讥弹宋儒为能事,所谓天下不见学术之异,其弊将有不可胜言者。"③焦循也指出:"近时数十年来,江南千余里中,虽幼学鄙儒,无不知有许、郑者,所患习为虚声,不能深造而有所得。"④张惠言更明言:"近时考订之学,似兴古而实谬古。果有志斯道,当潜心读注,勿求异说,勿好口谭,久久自有入处。此时天下为实学者孰少。"⑤嘉庆七年(1802年)壬戌科会试后,主考官纪昀给皇帝写的报告,更能反映当时学术风气的变化:"三场对策,原以觇根柢之学,贵其确凿,不贵其曼衍。国家科场条例,以问十得五为中式,寓意良深。如不论所答所问是否相合,而但取征引之繁富,如题中有一《尚书》字,则古文若干篇,今文若干篇,胪列目录,动辄连篇,而题固未问今古文也;题目有一《春秋》字,则《左传》某字《公羊》作某,《穀梁》作某,比

---

① 张瑛:《知退斋稿》卷一《读毛诗传》。
② 《曾国藩全集》卷一《朱慎甫遗书序》。
③ 凌廷堪:《校礼堂文集》卷二三《与胡敬仲书》。
④ 焦循:《雕菰楼集》卷一三《与刘端临教谕书》。
⑤ 张惠言:《茗柯文补编》卷下《与陈扶雅书》。

较点画,亦每累牍,而题固未问三传异同也。如是之类,指不胜屈,殊不足以称实学。"①纪昀的报告反映汉儒之说对整个社会影响之深,及其大盛之后考据学的弊病在各种场合的表现。纪昀将这些文不对题的考据批评为"不足以称实学"。

以上,均为乾嘉学者对自身现状的认识,另一个批评汉学最力的方东树讲得更直露:"汉学诸人,言言有据,字字有考,只向纸上与古人争训诂形声。传注驳杂,援据群籍,证佐数百千条,反之身己心行,推之民人家国,了无益处,徒使人狂惑失,不得所用。然则虽实事求是,而乃虚之至者也。"②方东树从门户之见出发而抨击汉学,不免偏激,但也确实说中弊病的要害。

2. 今文经学复兴

乾嘉学术推尊两汉经学,而经学实有今古文之分,主要由于文字不同而异。今文者,即隶书。古文者,即籀书。隶书是汉代通行的文字,用这种文字写成的儒家经典人人能识,号为今文经;籀书是周代使用的篆文,汉代已不通行,不能人人尽识,用这种文字写成的儒家经典遂称古文经。今文经学流行于西汉,古文经学盛行于东汉,两者不仅文字不同,对经书的解释、评价亦有很大差异,区别在于"前汉今文说,专明大义微言;后汉杂古文,多详章句训诂。"③两汉今古文经之争,至东汉末有郑玄出,他遵古文家说而兼采今文说,遍注群经。此后郑学行而今文说衰,许多经籍传注失传,仅西汉董仲舒的《春秋繁露》和东汉何休的《春秋公羊解诂》保存下来,成为后世今文经学的重要经典。自清初迄乾隆嘉庆年间,学者治经多推尊古文经,上接东汉郑玄和许慎,遂使许、郑之学大盛,"说经皆主实证,不空谈义理"④。就在古文经学大盛之时,也有学者兼治今文经,由东汉上溯至西汉,如常州学者庄存与。此后治今文经者,有庄述祖、刘逢禄、宋翔凤等,于是在嘉庆、道光朝

---

① 纪昀:《纪晓岚文集》卷八《壬戌会试录序》。
② 方东树:《汉学商兑》卷中(下)。
③ 皮锡瑞:《经学历史》三《经学昌明时代》。
④ 《经学历史》十《经学复盛时代》。

出现今文经学复兴的局面。

(一) 庄存与

庄存与,字方耕,晚号养恬,江苏武进(今常州市)人。生于康熙五十八年(1719),卒于乾隆五十三年(1788),享年70岁。乾隆十年中一甲二名进士,授翰林院编修,官至内阁学士、礼部侍郎,又历任湖北、直隶、山东、河南诸省学政及乡试正考官、会试副考官。

庄存与治学途径与戴震等人不同,"博通六艺而善于别择",实是今古文兼治。当有人建议废除伪《古文尚书》时,他独持异议说:"辨古籍真伪,为术浅且近也。古籍坠湮十之八,颇借伪籍存者十之二,冑子不能旁览杂氏,惟赖习五经以通于治。"为此他撰《尚书既见》3卷、《说》2卷,对伪《古文尚书》加以称赞,而使古文"竟获仍学官不废"[1]。可见庄存与深明伪书之价值,充分体现出他治学能体会儒家经典之深层思想内涵,"不专为汉宋笺注之学,而独得先圣微言大义于语言文字之外"[2]。正因如此,他的学术思想与乾嘉汉学家不相吻合,"在乾隆诸儒中,实别为一派"[3]。

庄存与治学,兼采六经,尤长于《春秋公羊》学,其主要代表作《春秋正辞》11卷,附有《举例》、《要指》各1卷。全书主旨在于阐发《春秋》一书的微言大义,其核心就是倡公羊学"大一统"说。

庄存与还撰有《彖传论》2卷;《彖象论》1卷;《系辞传论》2卷,附《序卦传论》;《八卦观象解》2卷,附《卦气解》1卷;《毛诗说》4卷,《补》1卷,《附》1卷;《周官记》5卷;《四书说》1卷。这些著作在他去世30多年后才结集为《味经斋遗书》行世。

(二) 庄述祖

他是庄存与之侄,字葆琛,号珍艺,晚号檗斋,学者称珍艺先生。生于乾隆十五年(1750),卒于嘉庆二十一年(1816),终年67岁。乾隆四十五年进士,选山东昌乐知县,调任潍县,后迁曹州府桃园同知。不久,即以乞养归里。庄述祖治学的特点也是今古文兼治,从许慎《说文解字》入手,于"五经"皆有撰述,旁及《逸周书》、《尚书大传》、《史记》、《白虎通》,"于其舛句

---

[1] 《清史列传》卷六八《儒林传·庄述祖》。
[2] 阮元:《庄方耕宗伯说经序》,载《味经斋遗书》卷首。
[3] 《清儒学案》卷七五《方耕学案》。

讹字,佚文脱简,易次换弟,草薙腴补,咸有证据,无不疏通,旷然思虑之表,若面稽古人而整比之也"①。著作有《夏小正经传考释》10卷、《尚书今古文考证》7卷、《毛诗考证》4卷、《毛诗周颂口义》3卷、《五经小学述》2卷、《历代载籍足征录》1卷、《弟子职集解》1卷、《汉铙歌句解》1卷、《石鼓然疑》1卷及《珍艺宧诗文钞》等。其中以《夏小正经传考释》10卷最有影响。庄述祖治《夏小正》一依庄存与公羊学之法,重在阐发义例。庄述祖之书刊行后,为当时学者所推重,他的外甥刘逢禄、宋翔凤继承其学并发扬光大,常州学派遂成为今文经学兴起的根基。

(三)刘逢禄

他是庄存与的外孙,字申受,一字申甫,号思误居士。生于乾隆四十一年(1776),卒于道光九年(1829),终年54岁。刘逢禄祖父刘纶乾隆朝官至文渊阁大学士、军机大臣、太子太傅,卒谥文定,颇为高宗所倚重。其伯父跃云,嘉庆朝官至工部左侍郎。其外祖父是庄存与,从舅父为庄述祖。嘉庆十九年(1814)进士,选翰林院庶吉士,散馆授礼部主事,在礼部任职达12年。由于他在宦途上不甚得意,遂将主要精力集中于学术研究。

刘逢禄在外祖父庄存与、从舅父庄述祖的影响下,早年就倾心于董仲舒、何休的今文经学,潜心研究何休的《春秋公羊解诂》,撰有《春秋公羊传何氏释例》10卷30篇。他对董、何今文公羊学十分推崇,其目的在于"用冀持世之志",着眼于"拨乱反正",即以此为中介,去探求《春秋》经传"经宜权变,损益制作"②的微言大义。又有《公羊春秋何氏解诂笺》1卷,对董仲舒、何休的评价很高,称董仲舒之学"务乎大体",何休之学"条理精密"③。他尤其笃信何休,乃至把何休的见解作为《春秋》经传的绝对标准化诠释。这样就把经传与何注混为一谈了。

刘逢禄在晚清今文经学的发展中,是个关键性的人物。庄存与、庄述祖治今文经,既以《公羊春秋》为主,也采择《左传》与《穀梁传》,且于宋元学者的释义也有所资取,这说明此时常州今文学派尚未定型。及至刘逢禄治《公羊春秋》,特重家法传授,在解说时又特重何休经说,有所持论,都由何

---

① 赵尔巽等:《清史稿》卷四八一《儒林传·庄述祖》,中华书局1977年版。
② 刘逢禄:《春秋公羊何氏释例·叙》。
③ 刘逢禄:《公羊春秋何氏解诂笺·叙》。

休的《春秋公羊传何氏解诂》生发开去,既正确阐发了何休总结的"三科九旨",又对"张三世"、"通三统"等《春秋》义例作了系统笺释,进而将公羊学同当代时政紧密结合起来,提出了若干政治改革的要求,显示了公羊学作为在应变中求发展的政治学说的历史价值,由此为今文经学在清代的复兴奠定坚实基础。其著作有《申何难郑》4卷,《议礼决狱》4卷,《论语述何》、《夏时经传笺》、《中庸崇礼论》、《汉纪述略》各1卷,《纬略》2卷,《春秋赏罚格》1卷,《春秋论》上下篇、《左氏春秋考证》2卷,《尚书今古文集解》30卷,等等。

(四) 宋翔凤

宋翔凤,字虞庭,又字于庭,江苏长洲(今苏州)人。生于乾隆四十四年(1779),卒于咸丰十年(1860),享年82岁。其母是庄述祖之妹,他常随母至常州,得闻庄氏今文经学。庄述祖说他的两个外甥"刘甥可师,宋甥可友"[①]。嘉庆五年(1800)中举人,选为泰州学正,历官湖南新宁(今资兴)、耒阳等县知县,咸丰九年以名儒重宴鹿鸣,加衔为知府。

宋翔凤为学,把阐扬微言大义的经典根据从《春秋公羊传》扩展到《论语》等多种经典,把义理阐发的重点从政治方面转移到伦理道德方面。其著作有《论语说义》10卷。他诠释《论语》是探求孔子的微言大义。称这微言大义的根本则在:"欲求性与天道,必求之利与命与仁。"[②]在书中他对利、命、仁都作了颇具新意的解释,实际上是以孔子的言论为依据,对儒家政治思想体系进行新的构建,具有鲜明的时代特点。

宋翔凤兼重考据学,著作还有《论语郑注》10卷、《大学古义说》2卷、《孟子赵注补正》6卷、《孟子刘熙注》1卷、《四书释地辨证》2卷、《卦气解》1卷、《尚书说》1卷、《尚书谱》1卷、《尔雅释服》1卷、《小尔雅训纂》6卷、《五经要义》1卷、《五经通义》1卷、《过庭录》16卷以及《论语发微》、《经问》、《朴学斋札记》等。其中《过庭录》一书,是其考据学的代表作,在晚清经学札记诸书中成就较高。

---

① 《清史列传》卷六九《儒林传·宋翔凤》。
② 宋翔凤:《论语说义》卷五。

3. 新旧转折时代的龚自珍

龚自珍又名巩祚,更名易简,字瑟人,一字伯定,又字尔玉,号定盦,浙江仁和(今杭州市)人。生于乾隆五十七年(1792),卒于道光二十一年(1841),终年50岁。其父龚丽正官至江南苏松太兵备道,署江苏按察使,其母是段玉裁之女。21岁时以副榜贡生考充武英殿校录,直到38岁时才中进士,负才气而久困闲曹,仅官至礼部主事。48岁时辞官南归,50岁那年春天主江苏丹阳书院讲席,秋天突然病逝。龚自珍自幼随父亲宦途升迁调任,往来于河北、安徽、浙江、江苏等地,这样的生活经历使他对清朝的衰败有深刻的认识。他痛感社会危机和天下大乱的即将来临,因而写下了许多针砭时弊的文章,力图挽救,倡导"改革",援引今文公羊学说以图经世。主要著作有《尊隐》、《明良论》、《乙丙之际箸议》、《五经大义终始论》、《壬癸之际胎观》、《尚书序大义》、《泰誓答问》、《春秋决事比》、《春秋服杜补义》、《左氏决疣》、《古史钩沉论》、《农宗》、《己亥杂诗》等,计有文章200多篇,诗词500多首。

(一) 龚自珍的学术渊源

龚自珍的学术"博杂多方,而皆有所承"[1],他12岁时,段玉裁即授以许慎《说文解字》,使他颇通古文经学及考据之门径。所撰《最录段先生定本说文》、《说文段注札记》反映了在小学方面有很深功底。在通经的基础上他更加注重探求儒家经典微言大义,由兼取今古文经到逐步转向今文经学。

当乾嘉学者竞趋于考据一途时,章学诚则强调君子学以持世,不宜以风气为重轻,特别是高扬"六经皆史"的旗帜,"六经皆先王之政典"[2],强调"政教典章、人伦日用之外,更无别出箸述之道"[3]。这些观点多为龚自珍所吸收和发扬。龚自珍在《古史钩沉论》,特别在《乙丙之际箸议第六》中说:"自周而上,一代之治,即一代之学也;一代之学,皆一代王者开之也。""天

---

[1] 钱穆:《中国近三百年学术史》第十一章《龚定盦》。
[2] 章学诚:《章氏遗书》卷一《易教上》。
[3] 章学诚:《章氏遗书》卷二《原道中》。

1157

下不可以口耳喻也,载之文字,谓之法,即谓之书,谓之礼,其事谓之史。职以其法载之文字而宣之士民者,谓之太史,谓之卿大夫。天下听从其言语,称为本朝,奉租税焉者,谓之民。民之识立法之意者,谓之士。士能推阐本朝之法意以相诫语者,谓之师儒。王之子孙大宗继为王者,谓之后王。后王之世之听言语奉租税者,谓之后王之民。王、若宰、若大夫、若民,相与以有成者,谓之治,谓之道。若士、若师儒法则先王、先冢宰之书以相讲究者,谓之学。师儒所谓学有载之文者,亦谓之书。是道也,是学也,是治也,则一而已矣。"这些论述,不仅承袭章氏"六经皆史"之说,又更全面、更丰富了有关经与史的理解。对此钱穆先生评论:龚自珍为学之"最先门径,则端自章氏入"[1]。

除受段玉裁和章学诚的影响外,龚自珍更多的是取法于常州今文经学。庄存与之孙庄绶甲,尽通家学,曾设馆于龚家,作为塾师而对龚自珍发生影响。后来龚自珍会试落第,在京师从刘逢禄学公羊学,这对他产生了重大影响。此后他逐步转向治今文经学,尤其推崇《春秋公羊传》。龚自珍在当年写有一诗:"昨日相逢刘礼部,高言大句快无加。从君烧尽虫鱼学,甘作东京卖饼家。"[2]他又结识了宋翔凤,论学相投,有《投宋于庭》诗,欣喜之情溢于言表:"万人丛中一握手,使我衣袖三年香"[3],与刘、宋之交往,使龚自珍转向今文经学,援公羊学以经世。

(二) 龚自珍的社会批判思想

龚自珍的社会批判思想,主要表现于他 20 岁时写的《尊隐》一文、23 岁前后写成的《明良论》4 篇和 25 岁前后写成的《乙丙之际箸议》25 篇(现存11 篇)。在这些著作中,他对封建末世的种种腐败现象进行了揭露,对封建专制制度进行了批判,对后世有着深远的影响。

龚自珍在其《尊隐》一文中,以隐喻的笔法,揭露了清朝行将进入末世的景象。他以日有三时的变化为喻,借早时、午时、昏时的不同情景,说明封建王朝的兴衰变化。他特别展示"山中之民"的即将兴起,当京师"失度"、

---

[1] 钱穆:《中国近三百年学术史》第十一章《龚定盦》。
[2] 龚自珍:《龚定盦全集类编》卷一七《集外集未刻诗·杂诗·己卯自春徂夏在京师作得十有四首》,世界书局 1937 年版。
[3] 龚自珍:《龚定盦全集类编》卷一五《古今体诗·投宋于庭》,世界书局 1937 年版。

"失亲"以后,"俄焉寂然,灯烛无光,不闻余言,但闻鼾声。夜之漫漫,鹡旦不鸣,则山中之民,有大音声起,天地为之钟鼓,神人为之波涛矣"①。龚自珍在揭示封建末世的衰败景象时,敏锐地预见到了整个社会即将发生大的变动。

在《明良论》等文中,龚自珍深刻地揭示了封建末世的衰败,就在于最高统治者的专横,摧残了士大夫阶层的士气。在《明良论二》中他说道:"士皆知有耻,则国家永无耻矣。士不知耻,为国之大耻。"他把士阶层之是否知耻看得十分重要,这是他对中国传统文化的深刻把握。他认为士大夫之所以丧失廉耻,主要就在于最高统治者的肆意摧残。封建皇帝绝对专制,群臣"朝见长跪,夕见长跪",与古大臣赐坐赐茶、讲论古道之风如天渊之别。这样发展下去的结果,必然要"辱社稷"。在封建专制政治的摧残下,士大夫惟知趋福避祸,阿谀逢迎:"窃窥今政要之官,知车马、服饰、言词捷给而已,外此非所知也。清暇之官,知作书法赓诗而已,外此非所问也。""以为苟安其位一日,则一日荣;疾病归田里,又以科名长其子孙,志愿毕矣,且愿其子孙世世以退缩为老成,国事我家何知焉?嗟乎哉!如是而封疆万万之一有缓急,则纷纷鸠燕逝而已,伏栋下求俱压焉者鲜矣!"这样的官僚队伍,充斥着昏庸、卑劣、自私自利之人,他们置国家安危、民生疾苦于不顾,惟知谋一己之私利,国势如此,岂不危哉!

在《明良论三》中,龚自珍揭露了专制制度在用人上论资排辈的弊病。在《明良论四》中,他用形象的比喻:假如有人患疥癣或疮痍,必得用手来解除痛痒,"而乃卧之以独木,缚之以长绳,俾四肢不可以屈伸,则虽甚痒且甚痛,而亦冥心息虑以置之耳。何也?无所措术故也"。揭示了专制制度对整个社会的束缚。正是皇帝的束缚,使得各级官吏不敢有所行动。主张以古代君臣共治天下为榜样,由天子总其大端,加重内外大臣的权力,呼吁更法:"仿古法以行之,正以救今日束缚之病。"鉴于此,提出"删弃文法,捐除科条,裁损吏议"②的建议,给大臣以应有权力,使之能解决社会弊病。

在《乙丙之际箸议》(亦作《乙丙之际塾议》)等文中,进一步揭示了封

---

① 龚自珍:《龚定盦全集类编》卷五《尊隐》,世界书局1937年版。
② 以上见龚自珍:《龚定盦全集类编》卷六《论辨类下·明良论》,世界书局1937年版。

建衰世人才匮乏的破败景象。龚自珍揭示说："当彼其世也,而才士与才民出,则百不才督之、缚之以至于僇之。""才者自度将见修,则早夜号以求治,求治而不得,悖悍者则早夜号以求乱。""然而起视其世,乱亦竟不远矣。"① 人才被摧残殆尽、全社会麻木不仁,天下大乱只是时间问题了。为此,他大声疾呼:"一祖之法无不敝,千夫之议无不靡,与其赠来者以勒改革,孰若自改革?"②这是当时的时代最强音。

龚自珍也探讨了当时社会经济矛盾的症结所在。认为自嘉庆以来社会矛盾的不断激化,其关键就在于"贫相轧,富相耀,贫者咶,富者安,贫者日益倾,富者日益壅"。"其始不过贫富不相齐之为之尔,小不相齐渐至大不相齐,大不相齐即至丧天下"③。社会危机的根源是由于贫富两极分化,如果不及时调整,随着社会危机的日益发展,最终必将导致"丧天下"。这确实是振聋发聩的声音。

(三)龚自珍的经世思想

龚自珍的经世思想,是以今文经公羊学为指导,但又不墨守成规,以今古文兼采并蓄,师古而不泥古。公羊学论社会的发展,讲的是"大一统"、"张三世"、"通三统"。龚自珍论世,对"大一统"谈得少,对"张三世"、"通三统"谈得多。在《尊隐》中借日有三时而论国家之三世;在《乙丙之际箸议第九》中论世有三等:治世、乱世、衰世等等。在《古史钩沉论》称"古之王者存三统,国有大疑,匪一祖是师,于夏于商,是参是谋"④。在《五经大义终始论》中又说:"观其制作曰:成矣。求之《春秋》,则是存三统,内夷狄,讥二名之世欤?三统已存,四夷已进,讥仅二名。大瑞将致,则和乐可兴,而太平之祭作也。"⑤基于公羊学的理论,他对当时社会状况作了深入的考察,认为清朝的国运已进入衰世。在这存亡续绝之际,其前途有二:一是继续衰败下去,走向灭亡。在这衰亡的过程中将有新的政治力量崛起,即他所说的"山中之民",当这"山中之民"起而应天顺人之时,将会"天地为之钟鼓,神人为

---

① 龚自珍:《龚定盦全集类编》卷四《论辨类上·乙丙之际箸议第九》,世界书局1937年度版。
② 龚自珍:《龚定盦全集类编》卷四《论辨类上·乙丙之际箸议第九》,世界书局1937年度版。
③ 龚自珍:《龚定盦全集类编》卷四《论辨类上·平均篇》,世界书局1937年版。
④ 龚自珍:《龚定盦全集类编》卷五《论辨类中·古史钩沉论二》,世界书局1937年版。
⑤ 龚自珍:《龚定盦全集类编》卷四《论辨类上·五经大义终始论》,世界书局1937年版。

之波涛";二是经过"更法"、"改革"而起衰振敝。这是他根据《易经》中的变易思想,大声呼吁:"弊何以救?废何以修?穷何以革?《易》曰:穷则变,变则通,通则久。恃前古之礼乐道艺在也。"①他阐述经书大义,研究治国方略,都是以今文经学为其指导思想。"何敢自矜医国手,药方只贩古时丹。"②这诗句反映了他所处时代的历史局限,只能以儒家学说为国家的自身改革献计献策。他所开列的救时方,有调剂贫富,防止因贫富不均而丧天下;有激励官吏和士人的羞耻之心,使之尽心竭智报效朝廷;有通过增加俸禄、养其廉耻来调动各级官吏的政治积极性;有倡导研究当代政制;等等。他非常关心边防、海防的建设,主张移民西北,加强边防建设,为此而写有《西域置行省议》。当英国殖民者向中国偷运鸦片引起清朝的统治危机时,他出于维护民族尊严与国家权益的考虑,一方面坚决反对西方资本主义国家用鸦片来毒害中国,一方面主张以足够的武力打击侵略者的气焰。他给林则徐提出"三种决定义,三种旁义,三种答难义,一种归墟义",认为要禁绝鸦片烟源,"无武力何以胜也",提请林则徐要以"重兵自随",要"修整军器"③,坚决抵抗西方侵略者。

龚自珍对封建末世黑暗与腐朽的大胆揭露,所提出的改革思想和主张,集中反映了历史转折时期先进知识分子寻求历史发展方向的顽强探索。诚如梁启超评述:"晚清思想之解放,自珍确与有功焉。光绪间所谓新学家者,大率人人皆经过崇拜龚氏之一时期。初读《定盦文集》,若受电然。"龚自珍还算不上封建制度的叛逆者,但他的思想和主张,却是为封建制度的衰亡唱起了挽歌,其中也隐约地透露出新时代的曙光。

4. 睁眼看世界的魏源

魏源,字默深,意为"默好深湛之思",又字墨生、汉士,号良图,晚号"菩萨戒弟子"。湖南邵阳人。生于乾隆五十九年(1794),卒于咸丰七年

---

① 龚自珍:《龚定盦全集类编》卷五《论辨类中·古史鉤沉论四》。
② 龚自珍:《龚定盦全集类编》卷一六《己亥杂诗三百十五首》。
③ 龚自珍:《龚定盦全集类编》卷八《赠序类·送钦差大臣侯官林公序》。

(1857),终年64岁。道光二年(1822)在顺天乡试中举后,屡试均未中进士,辗转做幕于四方。后纳赀为内阁中书舍人候补,直到道光二十四年51岁时才中进士。此后,历任扬州府东台县、兴化县知县,58岁时升为高邮知州。太平天国定都天京后,被人参劾驿报迟误而夺职。63岁时游杭州,寄寓僧舍,次年三月初一日病逝。主要著作有:《书古微》12卷、《诗古微》22卷、《董子春秋发微》7卷、《曾子章句》2卷、《大学古本》2卷、《庸易通义》1卷、《说文拟雅》1卷、《圣武记》14卷、《海国图志》100卷、《元史新编》95卷、《古微堂内外集》10卷、《清夜斋诗》1卷、《古微堂诗》10卷,晚年耽于佛理,辑有《净土四经》。

(一)魏源的学术渊源

魏源如龚自珍一样,学术渊源积累于多种学术流派的涵养。为学之初,崇尚宋明理学。17岁时已是"名闻益广,学徒接踵"[①]。20岁时为湖南学政汤金钊所赏识,选为拔贡生。

嘉庆二十年(1815)魏源22岁到京师,得交汉学家胡承珙、宋学家姚学塽、今文经学家刘逢禄等人。

胡承珙,字景孟,号墨庄,安徽泾县人。嘉庆十年进士,授翰林院编修,寻迁御史、给事中,官至台湾兵备道。他精研小学,所撰《毛诗后笺》30卷,"自注疏而外,于唐、宋、元、明诸儒之说,及近人为《诗》学者无不广征博引,而于名物、训诂及三家《诗》异同,类皆剖析精微,折衷至当。其最精者,能于毛传本文前后会出指归,又能于西汉以前古书中反复寻考,贯通诗意,证明毛旨"[②]。魏源从胡承珙学,对他的治学深有影响。如以批判眼光治《诗经》,所撰《诗古微》22卷,通论《诗经》的微言大义,深为刘逢禄所赞赏,就是胡承珙也称赞他"繁征博引,纵横莫尚"[③]。姚学塽,字晋堂,一字镜堂,浙江归安(今湖州)人。嘉庆元年(1796)进士,官内阁中书,迁兵部主事。为学主躬行践履,道德修养精深。道光二年(1822)魏源访姚学塽于京师水月庵,以自己所注《大学古本》请教。姚氏为之指陈得失,魏源极为叹服,请执弟子之礼,姚氏不许。他提倡为学要"致力于知本,勿事空言"等主张,则使

---

① 魏耆:《邵阳魏府君事略》。
② 《清史列传》卷六九《儒林传·胡承珙》。
③ 胡承珙:《求是堂文集》卷三《与魏默深书》。

魏源憬然有悟，"心中固终身仰止矣"①。魏源到京师后，即向刘逢禄问公羊学，深有所得，因而对庄存与、刘逢禄十分推崇。他所撰《诗古微》、《书古微》、《董子春秋发微》等，就是沿着常州学派的学术道路前进的。齐思和评论说："魏源论学既主学以致用，见西汉讲经但明大义，引经以致用之风气，适与其说合，而力斥东汉马、郑诸儒古文，以为破碎无用。其今文之学，实得自刘逢禄，尝从之受《公羊春秋》。"②

魏源还颇究心当世之务，"熟于朝章国故。论古今成败利病，学术流别，驰骋往复，四座皆屈"③。他与著名学人钱仪吉、胡培翚、陈奂、陈亢、龚自珍等互相切磋学问。其友人李兆洛、宋翔凤等，亦皆为今文学家。道光六年（1826）他在江苏布政使贺长龄幕中，辑成《皇朝经世文编》120卷，分为学术、治体、吏政、户政、礼政、兵政、刑政、工政等8纲63目，共2000余篇，集当时经世文章之大成。

（二）以经术为治术的主张与实践

魏源所处的时代，正值国家多事之秋，他以强烈的使命感和责任感探索社会问题。在治学中以儒家学说为指导，主张通经致用；在实践中始终注意以现实政治作为鹄的，强调经术与治术的贯通。他认为"曷谓道之器？曰'礼乐'；曷谓道之断？曰'兵刑'；曷谓道之资？曰'食货'。道形诸事谓之治；以其事笔之方策，俾天下后世得以求道而制事，谓之经；藏之成均、辟雍，掌以师氏、保氏、大乐正，谓之师儒；师儒所教育，由小学进之国学，由侯国贡之王朝，谓之士；士之能九年通经者，以淑其身，以形为事业，则能以《周易》决疑，以《洪范》占变，以《春秋》断事，以《礼》、《乐》、服制兴教化，以《周官》致太平，以《禹贡》行河，以三百五篇当谏书，以出使专对，谓之以经术为治术。"④基于这种"以经术为治术"的主张，魏源对当时盛行的东汉之学进行了尖锐批评，对宋学之空谈义理和骚人墨客之吟风弄月也进行了批评。还进一步指陈当时一些学者在通经致用的探索中所表现出的"泥古"倾向，认为把儒家的具体礼制规定与政治措施视为万古不变的教条是十分有害的，

---

① 魏源：《归安姚先生传》，载《魏源集》上册。
② 齐思和：《魏源与晚清学风》，载《中国史探研》，中华书局1981年版。
③ 赵尔巽等：《清史稿》卷四八六《文苑传·魏源》，中华书局1977年版。
④ 魏源：《默觚上·学篇九》，载《魏源集》上册。

这样的庸儒是要"误天下"的,正确的原则应是"师古"与"变古"相结合。

魏源提倡以经术为治术,在实践中对当时诸多经济、政治等问题也有深刻研究和精当见解。有清一代之大政如漕运、盐法、河工、兵饷四项,魏源都有积极的建策与贡献。关于漕运,他是海运的积极倡导者和实践者。所撰《筹漕篇》上下、《海运全案序》、《海运全案跋》、《道光丙戌海运记》、《复魏制府询海运书》、《复蒋中堂论南漕书》、《上江苏巡抚陆公论海漕书》、《钱漕更弊议》等文章,反映了他力主海运的主张。如他在上江苏巡抚陆建瀛的《论海漕书》中,对漕运百余年来的弊端进行分析,认为行海运则可以清除积弊,而于"吏治、民风、国计一举三善",因而大声疾呼:"惟海运可再造东南之民力,惟海运可培国家之元气",实乃"救民之急策"[①]。其后还详细开列了海运的章程。关于盐法,他由于久居扬州,而扬州乃两淮盐政之中心,故能广咨博访,洞悉症结之所在。陶澍又在魏源的赞划下,在淮北改行票盐之法,是为有清盐法之一大改革。魏源为此撰有《筹鹾篇》、《淮北票盐志叙》、《淮北票盐志凡例》、《淮南盐法轻本敌私议自序》、《上陆制军请运北盐协南课状》等文章,深入阐述实行票盐法以增加国家收入的优点。魏源所倡行的票盐法,后来两江总督陆建瀛又将其推广到淮南和其他地区,结果"楚西各岸盐价骤贱,农民欢声雷动。是年两淮实收银五百万两"[②]。关于河工,魏源为探讨治河方略,撰有《筹河篇》上、中、下,对黄河自古以来的迁徙及其利弊作了系统分析。魏源认为:黄河"自来决北岸者,其挽复之难,皆事倍功半,是河势利北不利南,明如星日。河之北决,必冲张秋,贯运河,归大清河入海,是大清河足容纳全河,又明如星日。使当时河臣明古今,审地势,移开渠塞决之费,为因势利导之谋,真千载一时之机会。乃河再三欲东入济,人必再三强使南入淮,强之而河不受制,则曰:治河无善策,治河兼治运,尤无善策"。基于对河情的这种分析,他指出:"今日之河,亦不患其不改而北也。使南河尚有一线之可治,十余岁之不决,尚可迁延日月。今则无岁不溃,无药可治,人力纵不改,河亦必自改之。"河自改道,则必北入大清河,他建议"乘冬水归壑之月,筑堤束水,导之东北,计张秋以西",下至

[①] 魏源:《上江苏巡抚陆公论海漕书》,载《魏源集》上册。
[②] 赵尔巽等:《清史稿》卷一二三《食货志四·盐法》,中华书局1977年版。

利津以入海,如此则"数百载间大工费必可省矣"①。魏源的分析和建策,未为当局所采纳,但咸丰五年(1855)河"决兰阳铜瓦厢,夺溜由长垣、东明至张秋,穿运注大清河入海"②,则证明了他的真知灼见。

此外,关于兵饷即财政之事,魏源也有缜密的思考,提出了开源、节流、除弊、塞患等建策,又提出了仿铸洋钱之议③,虽未见行于当时,却在后世发生了影响。

(三)倡导向西方学习的第一人

道光二十年(1840)后,清朝在鸦片战争中吃了败仗,这对当时的学人是一次强烈的震动。魏源不仅亲身经历鸦片战争的整个过程,而且深切地感受到鸦片战争后中国社会的剧烈动荡和变化,这些引起了他思想上的深刻转变。他力图清理出清朝由盛而衰的历史线索,从中找到问题的症结,探索解决当前危机的办法,基于此而有《圣武记》之写作。

《圣武记》完成于中英《南京条约》签订之际。关于该书的写作目的,如"叙言"中所说:"京师,掌故海也,得借观史馆秘阁官书及士大夫私家著述、故老传说,于是我生以后数大事及我生以前上讫国初数十大事,磊落乎耳目,旁薄乎胸臆。因以溯洄于民力物力之盛衰,人材风俗进退消息之本末。晚侨江、淮,海警飙忽,军问沓至,忾然触其中之所积,乃尽发其椟藏,排比经纬,驰骋往复,先取其涉兵事及所论议若干篇,为十有四卷,统四十余万言,告成于海夷就款江宁之月。"④可见,魏源是怀着满腔愤慨之情,对长期积累的资料加以排比而写成该书的,其目的不在于考古,而在探究本朝盛衰之由,总结清朝在鸦片战争中失败之教训。故该书前10卷为叙事,历述清朝自开国至道光年间的军事史,包括创业,平定三藩,统一蒙古、准部、回部、西藏、台湾,镇压西北、西南各族反抗斗争及川楚陕白莲教起义,对周边邻国的战争等;后4卷记述清代各项军事制度并加以议论总结,于练兵之方、整军之策、筹饷之法、应敌之略论之尤详,并进一步提出了如何富国强兵的主张。这是他感于时势之变化,力图通过言前世之强盛以激励民众,鼓舞士气,共

---

① 魏源:《筹河篇》中,载《魏源集》上册。
② 赵尔巽等:《清史稿》卷一二六《河渠志一·黄河》,中华书局1977年版。
③ 见魏源:《圣武记》卷十四《军储篇》。
④ 魏源:《圣武记·叙》。

御外侮。该书在写作之时即索观者甚多,随作随刊,影响极大。《圣武记》刊行后,翻印次数甚多,至光绪四年(1878)第三次重刊时,又增入魏源所撰之《道光洋艘征抚记》上下篇,详细叙述了鸦片战争之经过,揭露英国走私鸦片和其侵略罪行以及清廷之腐败无能。他提出的"以治内为治外"之法,充分表述了向西方学习的思想。他大声疾呼:"尽转外国之长技为中国之长技,富国强兵,不在一举乎!"①魏源主张学习西方的,既有"没产正法之律"的政治、法律制度,又有造船只、枪炮、火药等西方科技,其最终目的则在于"富国强兵"。

魏源倡导向西方学习的最著名作品,是他在道光二十二年(1842)撰成的《海国图志》。鸦片战争失败后,林则徐被褫职进京候勘,他北上途中,与魏源在扬州晤面,"万感苍茫日,相逢一语无"②。林则徐将自己在广州时组织人编译的《四洲志》交给魏源,嘱他编撰成书。魏源不负挚友重望,以《四洲志》为基础,复据中外资料加以增补,"于读《礼》之暇,搜览东西南北四洋海国诸纪述,辑《海国图志》,及轮船机器各图说"③。书成时仅50卷,后增补为60卷,至道光二十七年增为100卷。他在该书叙言中说:"是书何以作?曰:为以夷攻夷而作,为以夷款夷而作,为师夷长技以制夷而作。"这里提出的"师夷长技以制夷"思想,在中国文化史上有着特殊的意义,说明当时中国的知识界已开始从"天朝大国"的迷梦中苏醒。要向对手学习,就要了解对手,所以魏源强调说:"同一御敌,而知其形与不知其形,利害相百焉;同一款敌,而知其情与不知其情,利害相百焉。"他是为了"悉其形势,则知其控驭"④,以求有用于中国而撰著《海国图志》的。该书第一部分为《筹海篇》2卷,纵论应敌之策;第二部分为图,曰《海国沿革各图》2卷,叙汉唐元明以来海国各图;第三部分为各国分述,自卷五至卷七〇凡66卷,首南洋、印度,次非洲,次欧洲,次南北美洲,而于印度和英国尤详;第四部分为表,计有《西洋教门表》、《中国西洋纪年表》、《中国西历异同表》三种;第五部分为《国地总论》;第六部分为《筹海总论》;第七部分为《夷情备采》;最

---

① 魏源:《道光洋艘征抚记》,载《魏源集》上册。
② 魏源:《江口晤林少穆制府》,载《魏源集》下册。
③ 魏耆:《邵阳魏府君事略》,载《魏源集·附录》。
④ 魏源:《海国图志·叙》。

后附有《战船图说》、《铸炮图说》、《水电图说》，等等。在当时闭关锁国的形势下，魏源广搜博采，汇纂成书，确为亘古以来之第一人，其见识和气魄，令人钦佩。正因如此，魏源的《海国图志》一书产生了深远的影响，不惟近代以来的洋务派和资产阶级维新派受其影响，该书还传入日本，促使日本许多提倡变法革新的思想家走上了维新的道路[①]。

魏源是第一个倡导向西方学习的杰出思想家，在中国文化史上占有重要的地位。他在通经致用思想的指导下，敢于正视现实，把视野从国内转向国外，把中国和世界联系起来，开创了中学与西学融合、向西方学习、向资本主义世界探索救国真理的一代新风。正如齐思和评论说："夫晚清学术界之风气，倡经世以谋富强，讲掌故以明国是，崇今文以谈变法，究舆地以筹边防。凡此数学，魏氏或倡导之，或光大之。汇众流于江河，为群望之所归。岂非一代之大儒，新学之蚕丛哉！"[②]由此可见，由乾嘉之汉学向经世务实、向学习西方转变，是一划时代的观念变革。

[①] 参阅王晓秋：《〈海国图志〉在日本的传播和影响》，载《中国典籍在日本的流传与影响》，杭州大学出版社 1990 年版。
[②] 齐思和：《魏源与晚清学风》，载《中国史探研》。

第五编(上)

鸦片战争与清朝命运

第一章　鸦片战争前的中国与世界

1. 西方社会变革与中国距离拉大

鸦片战争以前的中国，绵亘两千余年的封建政治危机四伏，清朝的统治日益腐朽，吏治腐败，贿赂、贪污成风。而小农业与家庭手工业相结合的自然经济仍占主导地位，土地兼并越来越严重，广大农民受到不断增加的地租、赋税、徭役及高利贷的盘剥，阶级矛盾日益尖锐。军事力量装备落后，军纪涣散，营务废弛，刀、矛、弓、箭等冷兵器还在普遍使用，甚至陈年旧炮仍放在海防要塞上。随着各种危机的加深，人民反抗斗争不断增加，北方白莲教、天理教及南方天地会等秘密宗教、结社组织的起义此伏彼起，从政治、财政、军事诸方面沉重打击了清朝的统治。鸦片战争前的中国社会也出现了新的历史因素，这就是正在生长着的资本主义萌芽，但仅仅是萌芽而已，远不能改变中国社会在封建道路上缓慢运行的历史现实。

与此相反，17世纪中叶以后西方社会发生了革命性的变化，西方各国陆续进入了资本主义社会，生产力得到了空前的发展。"资产阶级在它的不到一百年的阶级统治中所创造的生产力，比过去一切世代创造的全部生产力还要多，还要大。"①"历史中的资产阶级时期负有为新世界创造物质基础的使命：一方面要造成以全人类互相依赖为基础的世界交往，以及进行这种交往的工具，另方面要发展人的生产力，把物质生产变成在科学的帮助下对自然力的统治。资产阶级的工业和商业正在为新世界创造这些物质条

---

① 马克思、恩格斯：《共产党宣言》，《马克思恩格斯选集》第一卷，第256页。

件,正像地质变革为地球创造了表层一样。"①这场变革并不仅仅发生在西方个别国家,而是一场遍及欧美大陆的意义深远的社会巨变。

这场变革首先是从英国开始的。17世纪中叶以前,英国仅指英吉利王国,其领域只有英格兰和威尔士,并不包括苏格兰。当时的英国,还是一个典型的农业国家,城市很小,除伦敦有20多万人口外,其他城市居民最多也不过2万余人。农村以封建领主的庄园为中心,土地是国王、贵族和教会的财产,农民没有土地所有权,必须租种地主的土地,向地主缴纳定期的封建地租。新航路发现以后,英国的工业得到巨大发展,以毛织工业为主的手工工场日益普遍,特别是"圈地运动",致使成千上万的农民倾家荡产,流离失所,广大农村成为羊群的世界,广大农民背井离乡,成为工场的雇佣劳动者,由此破坏了英国农村的封建庄园制度,使英国的封建土地所有制开始变为资产阶级土地所有制,为英国资本主义工商业的迅速发展创造了条件。几乎与清入主中原的同时,英国的资产阶级革命爆发,在人类历史上资本主义第一次取得了对封建主义的重大胜利。18世纪,英国出现了工业革命,工业革命的过程是发明促进发展,各工业部门连锁反应。纺织业由手摇纺纱机,到水力纺纱机,再到水力织布机;机器制造业则出现了意义重大的蒸汽发动机。纺织机和蒸汽机的技术革命引起了煤炭工业、钢铁工业和农业、交通业、海上运输业的一系列技术革命,由此带来了英国社会生产力的飞跃发展。1700年,英国的煤产量仅为260万吨,1836年增加到3000万吨。生铁的产量由1740年的1.7万吨增加到1840年的140万吨。棉花产量由18世纪70年代的500万磅,增加到1841年的52800万磅。到1830年,在20年间英国已筑成铁路近1万公里。伴随着生产的飞速发展,国家城市化趋势加快,除首都伦敦由20余万人的中等城市发展为250万人的大城市外,曼彻斯特、伯明翰、兰开夏等一批新兴城市纷纷涌现。到19世纪初期,城市人口已经约占英国总人口的三分之二。英国工业革命使英国产品在世界市场上占据了垄断地位。可以说,英国是世界市场唯一的工业品供应者,工业革命为英国成为"世界工厂"奠定了牢固的基础。

法国资本主义的发展仅次于英国。17世纪,法国的手工业开始进入手

---

① 马克思:《不列颠在印度统治的未来结果》,《马克思恩格斯选集》第二卷,第75页。

工工场阶段。18世纪,手工工场更加发达,冶炼、采煤等工业中出现集中的大规模生产。1789—1794年,法国爆发了轰轰烈烈的资产阶级革命。这是一次翻天覆地的社会大革命,它以封建贵族遭到毁灭性的打击,使法国社会的经济、政治发生了根本的变革,为资本主义的广泛发展扫清了道路,极大地促进了法国工业生产的迅速上升。生铁产量1814年仅10万吨,1840年即增加到35万吨;煤产量1831年为176万吨,1847年就增加到515万吨;棉织业产量1815—1840年间增加了2倍;1830年开始修建铁路,到1846年,通车里程达1500多公里,正在修建的还有500多公里。法国在北美和印度的殖民势力虽然不断遭到英国殖民势力的排挤,但仍然是仅次于英国的殖民主义强国。

早在法国资产阶级革命之前,即1775—1783年,美国就取得了反对英国殖民主义的革命战争的胜利,建立了美利坚合众国。这时的美国,人口只有300万,资本主义还很弱小。19世纪上半叶,它从法国购得路易斯安那,从西班牙购得佛罗里达,并从墨西哥夺得得克萨斯和加利福尼亚,1867年又从俄国购得阿拉斯加,从而变成了一个从大西洋到太平洋的幅员辽阔的大国,资本主义迅速发展起来。机械纺织的纱锭数,1805年只有4500锭,1825年增加到80万锭,1850年已将近500万锭。1850年,铁路线已长达1.5万公里,居世界第一位。19世纪初,美国乘欧洲混战之机,迅速发展商业。1805年,美国商人活跃于世界各地,掌握了国际贸易的三分之一,获取了巨额利润。

德国和俄国资本主义的兴起,时间晚于英、法、美。德国从19世纪30年代起,资本主义工业有了较快的增长。1835年前后,一批新兴的工业城市陆续出现,第一条铁路开始通车。到19世纪50—60年代,普鲁士在容克地主领导下,得到资产阶级的支持,自上而下地进行了德意志民族的统一运动,使得资本主义的工业生产迅速发展。俄国早在17世纪中叶,就兼并乌克兰,征服西伯利亚。彼得一世后,又打败瑞典,将白俄罗斯、波罗的海沿岸地区、北高加索、摩尔达维亚、波兰、芬兰等地陆续并入俄国版图。17世纪中叶,俄国的势力一直东扩至中国的黑龙江流域。19世纪中叶以后,俄国势力又吞并了中亚各国,侵及中国的新疆地区。与此同时,沙皇俄国废除了农奴制,开始了资产阶级的改革。

整个西方社会经过17世纪至19世纪200年的历史进程,资产阶级已占据了统治地位,资本主义的生产关系基本确立,资产阶级的革命陆续完成。到19世纪中叶以后,资本主义已经发展到极盛时代。新兴的资产阶级将西方社会推进到了一个新的时代,而建立了大清王朝的满族贵族,却仍然因袭着中国封建社会的传统老路缓慢地爬行着。如果说,中国的封建社会与西方的封建社会都曾创造过各自的辉煌,甚至中国的封建社会还拥有过令人骄傲的亮点的话,那么,到鸦片战争前夕,双方的距离拉开了,西方先进了,中国落后了。

2. 西方殖民者逼向中国

最早来到东方的西方殖民者是葡萄牙人和西班牙人,他们的足迹是伴随着"地理大发现"的行踪踏上东方土地的。

1492年8月3日,意大利航海家哥伦布在西班牙国王斐迪南二世和女王伊萨贝拉的赞助下,携带着西班牙国王致中国皇帝的国书,率领远洋船队,从大西洋西进,首航东方。1493年后,哥伦布又三次试航东方,均未达到目的,仅仅到达了中南美洲沿岸地区,连太平洋也没有见到。此举虽然没有为欧洲殖民者找到财富遍地的东方,但却是西方寻找东方的先河。

较哥伦布稍后,1497年7月,葡萄牙航海家达·伽马奉葡王曼努埃尔之命,由首都里斯本起航,寻找通往印度的航路。次年5月,船队抵达印度西南海岸的科泽科德(今卡利卡特)。1524年,达·伽马居然以印度总督的身份第三次驶航印度。达·伽马的东来,开辟了一条欧、亚两洲商业往来的海上通道,同时也暴露了西方殖民者企图向东方国家进行殖民掠夺的端倪。

1519年9月20日,葡萄牙航海家麦哲伦在西班牙国王查理一世的支持下,率船只5艘,船员265人,从西班牙的圣罗卡港起航,渡过大西洋,绕过万圣海峡(今麦哲伦海峡),进入太平洋,并于1521年3月16日抵达菲律宾。这样,西方殖民者从东、西两个方向通往东方的道路都被找到了。

事实上,"在欧洲人冒险东进以前,红海和黄海之间早已存在的各种各样的商业,无法作统计上的计算,但是合计起来数目一定很大。单是中国帆船就每年载运大量生丝、绸缎、瓷器、白铜、大黄、樟脑、螺钿、檀香、锡、象牙、香料和珠宝玉石等等,往来于东印度群岛和印度的商埠之间。这种贸易的数量使早期的西方旅行家大为惊讶。他们把东方奇富的神话带回西方,使西班牙和葡萄牙大公的渴求土地的年轻子弟以及各航海国的冒险家商人都大为心动"①。航线一经找到,葡萄牙、西班牙殖民者当然要蜂拥前往了。

明正德九年(1514),一个叫阿尔发勒斯的葡萄牙人奉派来到中国广东的屯门(今属东莞),这是第一个来到中国的西方殖民者。明正德十一年,葡萄牙人裴斯特罗乘坐马刺加土著居民的船只驶来中国,作试探性行动。明正德十二年,葡萄牙的印度总督阿布葵葵遣使臣比勒斯与卧亚市长斐迪南安刺德率葡萄牙船和马来船各4艘,远航来华。次年,斐迪南安刺德的兄弟西门·特·安刺德也率船4艘来到上川岛,鉴于殖民者杀人越货、倒行逆施的强盗行径,明朝于正德十六年(1521)下令驱逐葡萄牙人出境。对此,西方人是这样记述的:"西门·特·安刺德率大船1艘、小船3只到圣约翰岛(指上川岛),却在进行贸易中暴露了他的贪婪,他歧视中国人的偏见和他的专横的癖性;他修筑了一所堡垒并且开始行使刑事管辖权,这样就迫使中国当局不得不同他们对抗。"②正德十七年,奉派来华的葡萄牙专使米罗刚到上川岛,即遭到中国官兵的袭击。西方最早叩击中国大门的殖民者都一一受阻。

葡萄牙殖民者在广东一带受阻后,遂北上浙江宁波、福建泉州和漳州等地。嘉靖二十四年(1545)明廷下令,分海、陆两路夹攻。嘉靖二十七年,在浙江的葡萄牙另一据点双屿港被扫荡干净。进入福建泉州的葡萄牙据点也被当地官民驱逐。北上不成,葡萄牙殖民者再度转棹南下,重回广东,谋占澳门。这次使用了卑劣的手段,贿赂当地官员,遂得混入澳门。万历十年(1582)竟以条约的形式,规定每年向广东香山县缴纳地租500两白银,此举不啻承认葡萄牙占据澳门合法了。

葡萄牙是通过非洲好望角,越过印度洋,来到中国的。而另一个殖民大国西班牙则是通过南美洲的万圣海峡(今麦哲伦海峡),越过太平洋来到中

---

① [英]格林堡:《鸦片战争中英通商史》,商务印书馆1961年版。
② [美]马士著,张汇文等译:《中华帝国对外关系史》第一卷,商务印书馆1960年版。

国的。明嘉靖四十四年(1565),西班牙将菲律宾纳为殖民地,其势力开始进入南洋地区。而南洋地区向为中国商人的势力范围,西班牙的到来,自然引起了中国商人和当地居民的强烈不满,以致引起了中国富商林凤(又译林阿凤、李马奔)于明万历二年(1574)率武装舰船62艘、水陆军兵4000人在菲律宾与西班牙军队的一场激战。此役后期,明廷福建总督派人前往侦察情况,被西班牙得知,遂派遣马丁拉达等两名传教士,随同明朝舰队一起来到中国福建,企图乘机与中国签订通商条约,是为西班牙遣使来华之始。

这时,中国的沿海贸易都操在葡萄牙之手,西班牙的殖民贸易难以得手,只能在菲律宾的马尼拉开辟与中方贸易的市场。在马尼拉,西班牙又无法与来自中国厦门、泉州、福州等地的中国商人相匹敌。于是明万历三十一年(1603),这些穷凶极恶的殖民者便露出了狰狞面目。下令大肆屠杀华人,死难者达2.5万人,菲律宾各岛上的华人,"除了少数逃脱之外,几乎全部死于刀剑之下"[①]。此后不久,中国商人再次在菲律宾市场占据主导地位。于是,明崇祯十二年(1639)又第二次大肆屠杀华人,死难者达2.1万余人。此后,还有三次类似的屠杀事件。

西班牙的对华政策更富野蛮性和侵略性。明万历十二年(1584),一个西班牙商人就在澳门狂妄地宣称:有5000名西班牙人就可以征服中国,至少也可以占有沿海各省。两年后,一个西班牙的菲律宾总督也说:有1万或1.2万个西班牙人就可以达到这个目的。明天启六年(1626),西班牙派军占领了台湾北部的鸡笼(今基隆),越三年,又占领了台湾北部的淡水,开启了西方殖民者用武力强行霸占中国领土的先例。

因垄断远洋航运贸易而素有"海上马车夫"之称的荷兰,于1601年首次来到广州,要求与中国通商,没有获准。1602年,荷兰东印度公司经荷兰政府批准,正式成立,并特许垄断印度洋和太平洋之间与本国的贸易,享有拥有武装和宣战媾和的权力。于是,荷兰殖民者在积极挤占葡萄牙在南洋的势力的同时,加快了北上侵华的步伐。明万历三十一年(1603)派军攻击葡萄牙占据的澳门,未能得逞后,即于次年强行占据澎湖,又未得逞。天启

---

① [美]马士著,张汇文等译:《中华帝国对外关系史》第二卷,商务印书馆1960年版。

二年(1622),荷兰殖民者雷伊松率舰船15艘第二次进攻澳门,澳门葡人在中国军队的支援下,击退荷军,登陆进攻的800名荷军伤亡三分之一左右。荷兰败军后,北上进入福建海面,再次占领澎湖,并屡犯金门、厦门。天启四年,明廷发兵直捣澎湖,荷军战败退走,转而占据台湾。1661年,郑成功率军2.5万人大举攻台,激战9个月,终将荷兰殖民者逐出台湾。

继葡、西、荷三国之后,几乎所有西方列强皆出动,纷至沓来,都把目光投向了东方的中国,其中尤以英国为最。

16世纪中叶,由一批伦敦商人组成的莫斯科公司派人取道伏尔加河寻找一条水陆联运到达中国的路线,因中亚地区战争频繁,道路阻隔,无功而返。1573年,英国曾经设想过五条通往中国之路,并于1576年、1577年和1578年三次沿西北航道(通过北美)寻找通往中国的道路,1580—1587年又先后六次从西北航道寻找中国,均无所获。

英国女王直接参与了寻找中国的活动。1583年、1596年和1620年,英女王伊丽莎白三次派人寻找中国,这三次均带有伊丽莎白女王致中国皇帝的信。信中称中国皇帝为"最伟大及不可战胜之君主陛下"、"伟大中华之国最强力主宰者,亚洲各部及附近诸岛屿最主要之皇帝陛下",要求中国皇帝给予"吾人在与贵国居民贸易中所需之其他特权","请赐以自由出入之权"。可是伊丽莎白的几番苦心,终成泡影。

1620年,英船"育尼康"号在澳门附近洋面被巨浪冲破,得到了当地中国居民的帮助。这可能是第一艘来华的英国船只,也是中英双方首次民间的接触。1635年,葡萄牙的印度总督授权英国东印度公司在远东贸易,英船"伦敦号"自印度果阿出发,于7月23日抵达澳门,这是英国船只第一次正式驶华。1636年10月,英国伦敦的科腾商团派遣威德尔率领一支船队前往中国,翌年6月27日抵达澳门附近,强行闯入珠江口,企图直接到广州贸易,遭到封锁后,英军攻陷了虎门炮台,击沉三艘水师兵船。威德尔终于来到广州城下,并用贿赂手段,进行了一定数量的贸易。

但是,此后100多年间,由于种种原因,英国的对华贸易始终没有打开局面,英国殖民者当然不会善罢甘休,因为"资本主义如果不经常扩大其统治范围,如果不开发新的地方并把非资本主义的古老国家卷入世界经济漩涡之中,它就不能存在与发展"①。下述三个事件足以使人们看到英国殖民者对打开中国大门的急切心情。

一是洪任辉事件。洪任辉英文名詹姆斯·弗林特(James Flint),是在东印度公司第一个充汉语翻译的英国人。清乾隆二十年(1755),洪任辉受东印度公司委派,强行前往已于两年前闭关的宁波港,理所当然遭到当地官员的严词拒绝,并被驱逐出洋,饬令回粤。洪任辉恼羞成怒,反而经舟山泛海北上,直抵天津,并将预先备好的呈文,通过直隶总督方观承递到朝廷,呈文控告了海关陋规、行商拖欠等问题。清廷审理此案后,除严惩海关官员、清查陋规外,于1759年将洪任辉由陆路押回广州,圈禁在澳门三年。

二是马戛尔尼使团访华。乾隆五十七年(1792),英国政府假借为高宗祝寿之名,派遣马戛尔尼为特命全权大使来华。该团计有随员80余人、卫兵95人,并携带有价值1.5万英镑的"贡品"600箱,其中包括天文仪器、地理仪器、图书、军品、车辆、船式等,意在宣扬西方文明和取悦清廷。该使团在华期间,高宗两次接见马戛尔尼,可谓优礼有加,还颁赐了大批玉器、瓷器、彩缎、茶叶、墨扇之类。但对马戛尔尼提出的开放宁波、舟山、天津为通商口岸,割舟山附近海岛囤货,割广州附近地方供英商居住,裁减关税,在京设立商行等项要求,则严词拒绝,"俱不准行"。就这样,马戛尔尼来华时肩负的打开中国市场的使命,一无所成,空手而归。

三是阿美士德使华。自19世纪开始,中英关系更加紧张,冲突不断发生,英国在中国的产品倾销困难重重。于是,嘉庆二十一年(1816),英国政府派阿美士德勋爵率使团再次来华。这次使团来华,原来计划向清廷提出自由贸易、扩大口岸、驻使北京、保护英国在华权益等项要求。由于"礼仪之争",阿美士德使团被遣送回国,英国的殖民要求连表达的机会都没有得到。如果说收获,那就是阿美士德在来华途中,"深入渤海沿岸测绘这一禁区的水道,取得山东到辽东一线的沿海航道详图。回国途中,又测量镇江、瓜洲、金山一线的长江水道,为以后两次鸦片战争英国进攻镇江、南京和兵临白河口,完成了航道情报的准备工作"②。

---

① 列宁:《俄国资本主义的发展》,《列宁全集》第三卷,第545页。
② 汪敬虞:《赫德与近代中西关系》,人民出版社1987年版。

在葡萄牙、西班牙、荷兰、英国拥向"天朝"的同时,美国、法国、俄罗斯、普鲁士、奥地利、比利时、丹麦、瑞典、意大利等国也先后扬帆逐波,逼向中国。到19世纪初,几乎当时世界上所有主要的西方列强都来到了中国的大门口。

3. 清廷的限关政策及后果

清朝,海上对外贸易较前代有相当的发展。到鸦片战争前夕,大致经历了禁海锁关、四口贸易、一口贸易三个阶段。

清初,严格奉行禁海锁关政策。这一政策的实行,主要有两个原因:其一是西方殖民者屡屡入侵,已构成了对中国主权的严重威胁,如1637年英船炮击虎门炮台事件。其二是郑成功割据台湾,使清朝的统一大业迟迟未完成。出于防范西方殖民者和遏制郑氏势力,顺治四年(1647),清廷颁布了禁止夷船入(广东)省禁令:议佛郎西国互市"应仍照前明崇祯十三年禁其入省之例,止令商人载下澳贸易。从之"[①]。这是禁止外洋各国来华贸易。到顺治十二年,又重申:"若官民人等擅造两桅以上大船,将违禁货物出洋贩往番国,并潜通海贼,同谋结聚,及为向导,劫掠良民;或造成大船,图利卖与番国;或将大船赁与出洋之人,分取番人货物者,皆交刑部分别治罪。"[②]这是不准沿海居民开展对外贸易。次年,清廷又严格立法:"凡沿海地方口子,处处严防,不许片帆入口、一贼登岸。"[③]由此可见,清初的禁海锁关是相当严厉的。直到康熙初年,收复台湾的问题仍然没有得到解决,所以,清廷的禁海政策也没有丝毫的改变。康熙十一年(1672),对"官员兵民私自出海贸易"者,"皆拿问治罪",并针对不同情节,对"知情同谋故纵者"、"不知情"者、"隐匿"者、"擅给印票"者、"通商漂海"者等,上自总督、巡抚,下至道府州县各级官员,分别制定出惩罚办法。清初的禁海锁关政策持续了整整40年。

[①] 《清文献通考》卷三三。
[②] 光绪《大清会典事例》卷六二九。
[③] 光绪《大清会典事例》卷六二九。

从康熙二十三年(1684)开始,清廷开始调整外贸政策。这一调整是与国内形势密切相关的。康熙二十二年,台湾郑氏政权解决后,设立了台湾府及台湾、诸罗、凤山三县。随着东南沿海地区的平定,清廷调整了对外贸易政策。当年十月,即宣布开海弛禁。康熙二十三年,"诏开海禁",允许民人出海贸易,但"硝磺军器等物,仍不准出洋"①。在解除沿海民人海禁的同时,也允许洋商来华贸易,并设立粤海、闽海、浙海、江海四处海关,分别设置在广东的澳门、福建的漳州、浙江的宁波、江南的云台山。从而开启了多口贸易时期。

此时,主要贸易活动基本都在广东进行,厦门和宁波的贸易则由于规礼之争执、当地商人资金短缺、没有可遵行的贸易惯例和成文法等诸多原因,洋船来此贸易的规模和次数很小、很少,而云台山迄今尚未发现有关中外贸易的记载。乾隆二十四年(1759)发生了洪任辉事件后,清廷惟恐开海口岸"洋船日众",则"多一洋人市集之所,日久虑生他变"②,采取断然措施,关闭了浙海(宁波)、闽海(漳州)、江海(云台山)三处海关,"将来只许在广东收泊交易"③。从此,中国的对外贸易又转变成广东一口贸易。

为了适应通商的需要,粤海关(广州海关)下的口岸"东起潮州,西尽廉南,南尽琼崖,凡分三路,均有出海门户"④。粤海关的贸易口岸计有5大总口和43处小口。5大总口分别是澳门总口、乌坎总口、高州梅箓总口、海安总口、海口总口。这些口岸的功能不尽相同,有的允许外国商船靠岸贸易,有的专门征收商税而已。

为了规范外商在华的贸易行为,清廷制定了一系列严格的措施:外国商船虽然可在黄埔停泊,但外国兵船不准驶入口内;商船中如携有炮铳,在进入黄埔前须卸下,交易完毕驶出时归还;外商到广州贸易,必须通过"洋行"进行,洋商在广州的起居行动都由洋行商人负责约束;洋商不准在广州过冬(每年五、六月进口,九、十月离开);洋商在广州只准在由洋行修建的"夷馆"中居住,严格禁止外国人雇用中国人;不准中国人向外国人借贷资本;

---

① 《清文献通考》卷三三。
② 《清高宗实录》卷五二二。
③ 王先谦:《东华续录》(乾隆朝)卷四六。
④ 梁廷枏:《粤海关志》卷五。

洋商在广州每月除在规定的时间可以到规定的地方游玩外,不准离开夷馆;不准洋商携带妇女到广州;不准外国人乘坐轿子;等等。

到鸦片战争前夕,除清初禁海锁关外,大部分时间实行的是一种限关政策。这种政策的后果大致有三个方面:一是加固中国封建社会的封闭性和落后性。闭关政策和限关政策是自给自足的封建自然经济的产物,这种政策的实施,使中国长期处于与世隔绝的状态,阻碍了中国与世界的交往,保护了封建的自然经济,有害于中国资本主义萌芽的成长,助长了封建统治者妄自尊大的心理。清朝最高统治者既昧于世界大势,又盲目排斥外国的一切东西,正如高宗于乾隆五十八年(1793)在复英国国王乔治三世的信中所说:"天朝物产丰盈,无所不有,原不借外夷货物以通有无。"①二是促进广东地区的经济发展。限关政策对封建自然经济的整体没有什么大的冲击,但对长期实行开放的广东地区却有相当大的影响,主要是促进了广东珠江三角洲的外向型农商品专业区域的形成;促进了广东外向型手工业基地的建立;刺激了商业市镇的成长和商业队伍的扩大;通过大量银圆的流通,增强了广东社会的金融实力,壮大了商业资本;加强了广东与省外的联系,促进了商品经济的发展;加强了广东与世界各国的经济、文化交流,使广州成为当时中国人开眼看世界的活动中心。三是在某种程度上起到了民族自卫的作用。清朝的闭关和限关大约持续近200年,这时是西方殖民势力东渐的时期。清朝这一政策,其制定的是维护国家利益的措施,体现了一个主权国家的外贸政策,对于抵制西方殖民者入侵起到一定遏制作用。

4. 清廷严禁鸦片

鸦片,又名阿芙蓉,俗称大烟,它是从罂粟果实取汁提炼而成的。最早出现于古埃及。罂粟约在七八世纪时由阿拉伯人带入中国,起初仅在云南、甘肃等地作为观赏植物栽种。到明成化年间,人们才发现划破罂粟果实,取出里面的汁液,经过熬炼,可制成一种棕黑色的呈块状或粉末状的东西,少

---

① 王先谦:《东华续录》(乾隆朝)卷四七。

量吞服,可治疗某些疾病。李时珍《本草纲目》和其他一些医药书,都记述了鸦片有镇静、止痛、止咳、止泻等功效。《大明会典》九十七、九十八记各国贡物时,提到暹罗、爪哇、榜葛利以乌香(鸦片)作为药品进贡。

明朝允许鸦片作为药材进口。万历十七年(1589),明廷规定每 10 斤鸦片征税银 2 钱,是为征税的开始。当时进口鸦片的数量极少,吸食者多为贵族官僚。清康熙年间,随着海禁的开放,鸦片的输入量也随之增多,税率也有所提高。至乾隆二十年(1755)1 斤鸦片征银达到 5 钱。

英国向中国输入鸦片,始自 18 世纪中叶以前,每年输入仅 200 箱(每箱 100 斤,后增至 120 斤)。乾隆二十二年(1757)以后,年输入量增加到 1000 箱左右。乾隆三十八年,英国东印度公司获得鸦片专卖权后,输入数量继续增加。乾隆五十一年,年输入量突破 2000 箱,五十五年则超过 4000 箱。嘉庆五年(1800),年输入量为 4570 箱。到道光元年(1821),年输入量近 6000 箱,3 年后,又骤增至 1.26 万余箱。道光十年达到近 2 万箱,十八年竟达到 4 万余箱。除了英国,美国也向中国输出鸦片,沙俄则从中亚将鸦片运进中国。

鸦片给西方殖民者带来巨额利润。嘉庆朝时,鸦片利润超过成本 9 倍之多,英国政府则百分之三百抽税。道光九年(1829),英国的鸦片税收超过 100 万英镑,约占英国国库全年收入的十分之一。对于美国,"鸦片贸易就像奴隶和酿酒厂一样成为许多美国大资产阶级的基础"①。

鸦片给中国带来了严重的危害和后患。其一,使中国的对外贸易由出超变为入超,道光十年(1830)以前,中国的对外贸易始终处于出超地位,此后则转为入超。以道光十年为例,英国输入中国的商品总额为 2110 余万元,其中鸦片占 1220 余万元,中国输出商品总额为 1304 余万元,中国对英贸易逆差为 800 余万元。如果没有鸦片输入,则中英贸易中方仍处出超地位。其二,由于外贸严重逆差,导致中国白银大量外流。道光三年至十一年,每岁漏银 1700 万两;十一年至十四年,每岁漏银 2000 余万两;十四年至鸦片战争前夕,每岁漏银 3000 万两。白银大量外流,又导致银贵钱贱。原来每两纹银可易制钱七八百文,道光十八年每两纹银可易制钱 1600 文左

---

① 汪敬虞:《十九世纪西方资本主义对中国的经济侵略》,人民出版社 1983 年版,第 61 页。

右。由此,使得清朝国库空虚,财政拮据,人民的负担则加重了。其三,鸦片走私猖獗,吸食者日众,污染了整个社会风气。据统计,道光十五年,全国吸食鸦片者人数几达200万人,遍布各个阶层,"上自官府缙绅,下至工商优隶,以及妇女、道士、僧尼,随在吸食,置买烟具,为市日中"①。其四,吸食鸦片之风也在沿海兵丁中蔓延。广东地区的士兵,由于吸食鸦片,素质下降,无法完成本地区的防卫任务,不得不由外地调军担任。

面对鸦片的流入,清廷多次颁布禁烟法令。雍正七年(1729),世宗发布禁烟上谕,其中规定:"兴贩鸦片烟者,照收买违禁货物例,枷号一月,发近边充军。""私开鸦片烟馆引诱良家子弟者,照邪教惑众律,拟绞监候。"其余有干系的船户、地保、邻居及兵役、失察之地方文武官弁,也将处以不同的刑罚②。此次禁烟,主要涉及贩卖鸦片和开设烟馆者,对吸食者没有处罚,并照旧允许鸦片可作为药材纳税入口,因而收效不大。

乾隆朝又多次发布禁烟法令,但内容和世宗所定相差无几,收效也不显著。嘉庆元年(1796)再次颁布禁烟令,此次与前有所不同,停止征收鸦片税,禁止鸦片输入。从此,鸦片输入由合法转为非法,鸦片入口由正常贸易转为走私入口。嘉庆二十三年三月,粤督蒋攸铦等奏《酌定查禁鸦片烟章程》指出:"入口者率暗中偷运,价值益增",洋船最初停泊在澳门,继而移至黄埔,商品交移时,夹带鸦片私售。仁宗就此事谕令:如果各船带有鸦片,查获后,将各船货物全行驱出港口,不准贸易。可是,这一谕令并没有得到认真执行。由于时禁时弛,鸦片走私数量反而与日俱增。

进入道光朝后,鸦片输入日益严重,不得不采取一系列措施,力图解决这一问题。道光元年(1821),宣宗重申前禁,规定外国商船至粤,先行出具货船并无鸦片具结,然后方准开舱。对于开设烟馆者,议徒;贩卖者,充军;吸食者,杖徒。鸦片趸船自此由黄埔迁到零丁洋。但是,宣宗的严禁政策效果是有限的。

道光二年(1822)二月,御史黄中模上《奏请严禁海洋偷漏银两》折。十五日,宣宗在给广东督抚的谕旨中,指出鸦片所以泛滥的一个重要原因是

---

① 中国史学会:"中国近代史资料丛刊"《鸦片战争》(一),第463页。
② 李圭:《鸦片事略》卷上。

"洋商多与夷勾通",要求广东督抚密查海关是否有"收受黑烟重税"致使"隐忍不发"和海关对所属员弁有"纵放"等情况。鸦片流毒已造成整个社会的"风俗之害",责成广东督抚通饬各关隘严加查拿,并追查其流通渠道;同时对查出的与鸦片有关的人员要参奏惩办,以期达到革除积弊以清关隘而裕民生。尽管如此查禁,鸦片走私却有增无减。十二月八日,御史尹佩棻在其《奏请严禁私食鸦片烟》的奏折中谈到了鸦片走私的一些情况:"鸦片烟之来,福建、浙江、南通海口地方俱有私带,广东为最。"分析了走私严重的原因有二:一是地方官不认真查拿,只派一二武弁巡查,而巡查武弁接受贿赂,与走私者勾结;二是"粤海关之包税,洋船一到即有包揽上税者",这些人将洋船所带之鸦片雇用渔船存寄,再入关查验洋船。奏折清楚地指出,鸦片走私猖獗的一个重要原因是内外勾结,地方官员腐败所致。宣宗随即命两广总督阮元及有关人员在通海口岸及天津等地,对各种船只,不论"官船民载",逐一认真查拿,以杜绝鸦片走私。此时,宣宗已认识到鸦片禁而不绝的原因,故明确表示,不要以税收为名,掩盖鸦片走私,任其泛滥。

道光三年(1823)二月二十五日,宣宗在《遵旨实力查禁鸦片》奏折上的朱批,再次表明了他的禁烟立场:"税课丰盈,固是职守当然。然查禁鸦片,尤是海口要务。果能实力禁绝,能无偷漏包庇之弊,方为不负恩任。"[①]对查出的龙门协兵士吴李茂等查获鸦片私卖分赃、署副将谢廷可和署守备夏秀芳等讳匿不报、水师提标把总詹兴有拿获烟商得贿放纵、香山协记名外委孙朝安包送鸦片船、碣石镇千总黄成凤与署守备曾振高讳匿变卖分肥等案,宣宗均予以重处,并重申各地要"认真察查,勿被属员商人蒙混"[②]。同年,吏、兵二部还议定条例:奸民私种罂粟,煎熬烟膏,地方官自行拿获,免议;违规故行纵放之官革职。八月,又定失察鸦片烟条例:百斤以上者,该管大员罚俸一年;千斤以上者,降一级留用;五千斤以上者,降一级调用。武职失察照文职划一办理。

道光十年(1830)六月十七日,宣宗在一道上谕中说:"鸦片流毒内地较纹银出口尤甚,该督等既经厘定章程,自应认真查察,务当严饬所属实力奉

---

① 中国史学会:"中国近代史资料丛刊"《鸦片战争》(一),第146页。
② 中国史学会:"中国近代史资料丛刊"《鸦片战争》(一),第146页。

行,有犯必惩,无得视为文告故事,日久又致有名无实。"①宣宗对禁烟的认识在不断深化,他看到鸦片对国家、社会的危害胜过财政上的损失。白银的外流,固然使清朝国家财政经济受到损害,但这种损害的根源是鸦片走私,只有禁绝鸦片,才能制止白银外流。因此,宣宗发布禁烟令最多的年份是道光十一年(1831),涉及对内、对外两个方面。对内政策主要有:

第一,责成地方官严禁内地种植鸦片,并要求各地方官按时逐级禀报,州县每季禀报,道府要在年终向督抚具结禀明所属有无种、卖鸦片情况。

第二,严禁内地贩卖。明令各省督抚通饬所属文武,责令各关隘巡查兵役认真查拿。同时,明定赏罚章程,对盘获鸦片走私的兵役立予赏赐。对漏查或受贿放纵在别处被查出者,要严加惩处,其所属官员要参处。对借查拿鸦片名义,栽害诬报、故意滋扰的也要严加惩处。

第三,令各省分别情况制定禁烟章程。五月十六日,杨遇春奏《甘肃省查禁鸦片烟章程》。二十二日,杨国桢奏《豫省并无种植鸦片烟之处》,被宣宗斥之为"徒托空言",责令其从速定章。二十四日,讷尔经额奏报查禁情况,未定章程,宣宗令其从速"严定章程"。六月十三日,杨国桢奏报查禁章程。十六日,刘光三奏请酌加买食鸦片烟罪名,宣宗同意,并指出:查拿到买食鸦片烟之人,除惩罚外,还要让其指出贩卖之人,如不能指出,则照贩卖之例定罪。职官和在京人役买食者,俱加一等治罪,二十六日,阮元等奏滇省禁烟章程,内容空泛,宣宗斥之为纸上空谈,于事无补。七月,讷尔经额奏山东禁烟章程。九月,祁𡏄奏广西禁烟章程。十月一日,鄂山奏川省查禁鸦片章程。

道光十一年(1831),由于宣宗对禁烟问题态度明确,各地官员的态度也较为积极,形成了道光初期的一次禁烟高潮。此后几年,禁烟仍在继续进行。道光十二年宣宗在给李鸿宾的谕令中特别指出,要注意杜绝私入鸦片之源,于省河禁止走私快艇,潮、琼各属商船不得靠拢零丁洋面。道光十三年始定严禁吸食鸦片之条。道光十三年以后,由于清廷对各省贯彻禁烟条例的执行情况缺乏认真的检查,一些地方官员并未认真查禁,因此,不少条例章程徒具虚文,零丁洋鸦片走私日益猖獗。禁烟暂趋低潮。

---

① 中国史学会:"中国近代史资料丛刊"《鸦片战争》(一),第158页。

第二章　鸦片战争爆发

1. 关于禁烟的大辩论

道光十六年(1836)四月二十七日,新任太常寺少卿许乃济上给宣宗一份奏折,为《鸦片烟例禁愈严流弊愈大亟请变通办理折》,这道奏折一反多年成制,主张放开鸦片禁例,施行弛禁政策,从而引发了清代禁烟从雍正七年以来的第一次国策分歧。

许乃济的主张,归纳起来主要有三条:

一是允许鸦片贸易合法化。把鸦片作为药材,准许纳税进口,但只准易货,不准用现银购买,使这种贸易合法化。外商纳税的用银比用于贿赂走私用银少,他们就会放弃走私,转而正常纳税交易。采取以货易货方式,可以防止白银外流。这样,就可以通过海关控制鸦片入口,解决鸦片贸易失控局面,在一定程度上解决国家财政危机。

二是允许民间种植鸦片,以此抵制洋烟进口。许乃济认为:"中原土性和平,所制价廉力薄,所食不甚伤人,上瘾者易于断绝。前明淡巴菰,来自吕宋,即今之旱烟,性本酷烈,食者欲眩,先亦有禁,后乃听民间吸食,内地得随处种植,吕宋之烟,遂不复至,食之亦竟无损于人。"[1]如果允许民间种植罂粟,内地生产之鸦片日益增多,外人赚不到钱,也就不会再运来贸易,可取得不禁自绝之效。

三是允许民间吸食鸦片。民间百姓吸食鸦片,不仅无伤政体,而且有利

---

[1] 齐思和:《黄爵滋奏疏、许乃济奏议合刊》,中华书局1959年版,第216页。

于财政。不准公职人员吸食,以免"致蹈废时失业之愆"。但对公职人员吸食者,用法也不要过严,只予以斥革即可,不必定罪。如果用法过严,反会发生"互相容隐"之事。

宣宗接到许乃济的奏折,没有马上表态,显然是有所考虑。清朝向来持禁烟政策,从无一人提出过弛禁。许乃济弛禁之策事关重大,宣宗不能不持慎重态度。两天后,即四月二十九日,宣宗谕令两广总督邓廷桢、广东巡抚祁𡎴、粤海关监督文祥会议具奏,陈述意见。不久,宣宗又收到许乃济上的两份奏折,一件是奏陈鸦片烟流弊请变通办理事,一件是奏请放宽栽种罂粟之禁事。这两件奏折是许乃济第一件奏折的继续和发挥。宣宗阅后,均发交军机处,以原折封存记匣,不发抄,大约是想等待邓廷桢等人的回奏递到以后,再做处理。六月,邓廷桢等人向宣宗复奏,同意许乃济的弛禁政策,并搞出了一个弛禁鸦片的九条章程,请宣宗批准执行。宣宗阅看后,仍未置可否。

许乃济的奏折及邓廷桢等人的复奏很快被朝臣们得知,并遭到激烈的反对,其中反对最力者为朱嶟、许球和袁玉麟等人。朱嶟为内阁学士兼礼部侍郎,许球为兵科给事中,袁玉麟为江南道监察御史。他们在上奏宣宗的《申严例禁以彰国法而除民害折》、《请禁鸦片疏》中,指出许乃济的"变通"办法是行不通的:"既不禁其售卖,又岂能禁人吸食?若止禁官与兵,而官与兵皆从士民中出,又何以预为之也?"他们主张,应"先严定治罪条例,将贩卖之奸民,说合之行商,包买之窑口,护送之蟹艇,贿纵之兵役,严密查拿,尽法惩治"。同时,以停止"互市"为手段,劝告外国鸦片贩子不要贩运鸦片入口。如有走私入口者,即行正法[①]。

宣宗接阅朱嶟、许球、袁玉麟等人的奏折后,采取了积极的支持态度,当即令两广总督邓廷桢等严厉查禁鸦片。许乃济的弛禁"变通"论没有通过,自此"举朝无继言者"[②]。然而,宣宗仍然寻找不到一条卓有成效的禁烟良策,只能在原有的禁烟章程上修修改改。

道光十八年(1838)闰四月十日,鸿胪寺卿。黄爵滋向宣宗上一份《请

---

① 李圭:《鸦片事略》卷上。
② 梁廷枏:《夷氛闻记》,第10页。

严塞漏卮以培国本折》,把禁烟问题的大辩论推向了高潮。黄爵滋,字树斋,江西宜黄人,道光三年(1823)进士,授编修,迁御史、给事中,以直谏著称。道光十五年特擢鸿胪寺卿黄爵滋奏折的主要内容如下:

第一,鸦片泛滥造成民穷财尽。列举了道光朝鸦片输入、白银外流的情况,白银外流,使"国用未充,民生罕裕","以中土有用之财,填海外无穷之壑,易此害人之物,渐成病国之忧",如不严厉禁烟,此种情况何日可止?他沉痛地说:"若再数年,银价愈贵,奏销如何能办?积课如何能清?设有不测之用,又如何能支?"①明确提出了禁止鸦片问题的紧迫性。并且,对前此提出的查海口、禁通商、不准贩运、听任内地种植等一系列禁烟办法,均一一驳斥。

第二,重治吸食。白银外流日益严重,皆因贩烟之盛造成,而贩烟所以猖獗,是因吸食鸦片之人众多。如无人吸食,也就无人再去贩运,无人贩运,外洋之鸦片也就无法销售,也就不会再行运来。基于上述理由,他力主禁烟先禁吸食。具体办法是:先限定吸食人戒烟期限,由朝廷颁布谕旨,限一年戒烟,到期未能戒烟,处以死罪。过去对吸食者判罚过轻,故而不肯断绝吸食。如今处以死罪,吸食者自会权衡轻重,"愿死于家而不愿死于市"。他还指出,吸食者以死论处,但不一定个个都处以极刑。只要定法严厉,执行严格,一年之内,虽未动刑,吸食者十之八九可戒除。这样,皇上便以"止辟之大权",行"好生之盛"②。名定要杀,其实是为了不杀。

第三,官民共遵一法,具结互保。为了保证限期以内戒烟,应饬谕各省督抚严行清查保甲,先是"晓谕",一年后,取具五家互保,发现吸食者,准令举发,知而不举者,吸食人处死,互结之家照例治罪。繁华市镇,如店铺容留吸烟之人,照窝藏匪类治罪。文武官员犯禁或逾期吸食者,加等治罪,除本人依法处置外,其子孙不准考试。官员的亲戚、幕友、家丁犯禁,除本人治罪外,该官要严加议处。军队和民众一样,也按地方保甲进行互保具结。

黄爵滋的禁烟主张,是历来禁烟奏议中态度最为激烈者,引起朝野震动。宣宗谕令内阁将黄爵滋的奏折转发给盛京、吉林、黑龙江将军和各省督

---

① 《筹办夷务始末》(道光朝)卷二,中华书局1964年版。
② 《筹办夷务始末》(道光朝)卷二,中华书局1964年版。

抚,责成他们"各抒己见,妥议章程,迅速具奏"①。不久,各省督抚和东北各将军的复奏到京,共计 28 件。其中完全赞成黄爵滋重治吸食主张的有 8 人:湖广总督林则徐、两江总督陶澍、安徽巡抚色卜星额、漕运总督周天爵、湖南巡抚钱宝琛、河南巡抚桂良、江苏巡抚陈銮、河东河道总督栗毓美。不完全同意黄爵滋主张的有 20 人:署直隶总督琦善、云贵总督伊里布、浙江巡抚乌尔恭额、黑龙江将军哈丰阿、吉林将军祥康、山东巡抚经额布、山西巡抚申启贤、护理湖北巡抚张岳崧、陕西巡抚富呢扬阿、贵州巡抚贺长龄、福建巡抚魏元烺、两广总督邓廷桢、广东巡抚怡良、闽浙总督钟祥、四川总督廷玉、江西巡抚裕泰、江南河道总督麟庆、云南巡抚颜伯焘、陕甘总督瑚松额、广西巡抚梁章钜。从总体上看,各省督抚的复奏大都同意严禁鸦片,只是在吸食者处死这一条上有不同意见。

道光十八年(1838)九月,宣宗谕令内阁讨论制定禁烟章程。内阁会上,详细讨论了黄爵滋原奏及各省将军、督抚条陈各折,参考互订,经过大半年的努力,在首席军机大臣穆彰阿、肃亲王敬敏的主持下,《查禁鸦片烟章程三十九条》拟出。宣宗皇帝审阅后批示:"朕详加披阅,尚属周妥。俱著照所议办理。并著纂入则例,永远遵行。各该衙门即速行刊刻……明白出示晓谕,咸使闻知。"②定为《钦定严禁鸦片烟条例》,于道光十九年五月颁发各省,遵照执行。

这个条例充分吸取了黄爵滋及各省督抚的严禁主张,并将其具体化、法律化。条例规定:凡是犯了鸦片罪的,无论官吏或平民,不分贩运与吸食,一律依照罪行轻重,明定罪名,如开设窑口首犯,审明后斩立决;海口员弁兵士受贿放纵,无论得赃多少,概行绞立决;官役人等拿获贩运、吸食鸦片者得财卖放,与本犯一体治罪;开设鸦片烟馆,首犯绞立决;栽种罂粟与贩运鸦片烟,首犯均拟绞监候;吸食鸦片烟人犯,一年六个月内不能悔改,无论宗室觉罗、官员、军民人等,一概拟绞监候;家长不能禁约子弟吸食者,有罪;保举人不能甄别所保人是否吸烟,也要受到惩处;在一年六个月期满后,平民已戒烟的,可以免罪,职官虽已戒者,勒令休致。新章程对

---

① 《筹办夷务始末》(道光朝)卷二,中华书局1964年版。
② 中国史学会:"中国近代史资料丛刊"《鸦片战争》(一),第398—399页。

缉私要求更为严厉,准许缉私兵弁在执行查禁时,可以使用鸟枪等武器,"格杀勿论"。

《钦定严禁鸦片烟条例》的颁布,表明宣宗有了力主禁烟的决心。在严厉禁烟的高潮中,一些地方大员的禁烟态度积极起来,各地的禁烟成果也较前显著,一批鸦片走私犯和吸食鸦片者,受到应有的法律制裁。

2. 重用林则徐禁烟

在禁烟大辩论的进行过程中,宣宗决心选择一个突破口,取得更大的成果,把禁烟运动推向高潮。这个突破口,选择在广州。广州是外商来华的唯一贸易口岸,大量鸦片就是从这里偷运进来的,因此,广东一带的烟贩和吸食者也最多。如果广东的禁烟卓有成效,那么全国的禁烟自然不难实现。究竟派谁前往广东担此重任合适呢?宣宗最后内定为林则徐。

林则徐,字元抚,一字少穆,福建侯官(今福州)人。嘉庆十六年(1811)进士。此后10年,一直在翰林院充任闲散文职,偶尔出京赴江西、云南等地充当乡试考官。直到宣宗即位的前几个月才第一次外放,补江南道监察御史,不久,又迁浙江杭嘉湖道,从此开始了真正的从政生涯。道光三年(1823)升任江苏按察使,因处理灾民闹事有功,宣宗勉励他要"好好谨守立品,勉为良臣"①。道光四年转任江宁布政使,因赈灾得力,深受各界拥戴,得到宣宗赏识,说:"即朕特派,非伊而谁!"②道光十一年,宣宗以林则徐"出膺外任已历十年,品学俱优,办事细心可靠"③,擢升为河东河道总督。因治河成绩卓著,备受宣宗眷顾,称他办事得力,"向来河工查验料垛,从未有如此认真者"④。又说:"动则如此勤劳,弊自绝矣。作官皆当如是,河工

---

① 《林则徐集·日记》,中华书局1962年版,第111页。
② 金安清:《林文忠公传》。
③ 中山大学历史系中国近现代教研组等:《林则徐集·奏稿》上册,中华书局1965年版,第11页。
④ 中山大学历史系中国近现代教研组等:《林则徐集·奏稿》上册,中华书局1965年版,第28页。

尤当如此。吁,若是者鲜矣!"①正是林则徐以干练、卓越的政绩,屡获宣宗的赏识和眷顾,成为合适人选。另一个原因就是林则徐的禁烟态度。林则徐支持禁烟是闻风而动,在湖广总督任内,就制定了六条禁烟章程和行之有效的戒烟药方,在禁烟问题的大辩论中,林则徐支持黄爵滋的严禁主张。宣宗在看过各省将军、督抚的奏折后,说:"惟湖广总督林则徐,所奏尤为剀切。"②为了促成宣宗的禁烟决心,在道光十八年(1838)九月林则徐再次上书说:"当鸦片未盛行之时,吸食者不过害及其身,故杖徒已足蔽辜。迨流毒于天下,则为害甚巨,法当从严。若犹泄泄视之,是使数十年后,中原几无可以御敌之兵,且无可以充饷之银。兴思及此,能无股栗。"③林则徐把禁烟的问题提到了国家民族存亡续绝的高度。宣宗是九月二十三日接到这份奏报的,深为其中深谋远虑之言所打动。当日便宣召林则徐进京。

道光十八年(1838)十月初七日,林则徐在湖广总督任上接到宣召进京的谕令,于十月十一日从武昌动身,迅速进京。十一月初十日,林则徐抵达京师。林则徐抵京师,朝野震动,各方人士都在静候宣宗召对林则徐的最后结果。

十一日,宣宗第一次召对林则徐。这天清晨6时左右,早朝已毕,众臣散去,宣宗让林则徐坐在毡垫之上,垂问政事。召对中,宣宗向林则徐表露了厉禁鸦片的决心,并要林则徐前往广东,主持禁烟大计。林则徐深知禁烟一事前途未卜,步履维艰,故一再婉然推拒。可是宣宗主意已决,林则徐终于答应。

十二日,第二次召对。君臣共同讨论禁烟与"外夷"挑衅动武的问题。林则徐表示,要杜绝烟毒就不怕外国动武打仗,只要有备就无患。林则徐是针对朝中廷臣有"无启边衅"的论调,害怕与洋人打仗,让宣宗放下顾虑,坚持严禁。召对时间为半小时。

十三日,第三次召对。这次继续前番的话题,林则徐详细陈述了加强武

---

① 中山大学历史系中国近现代教研组等:《林则徐集·奏稿》上册,中华书局1965年版,第25页。
② 魏源:《道光洋艘征抚记》。
③ 中山大学历史系中国近现代教研组等:《林则徐集·奏稿》中册,中华书局1965年版,第600页。

备、整顿边防的意见,宣宗深为满意。此外,宣宗还向林则徐垂询了有关京畿地区的水利问题,林则徐侃侃而谈,面奏了有关直隶水利事宜的12条意见。最后,宣宗又问林则徐是否会骑马,并恩赐林则徐可在紫禁城内骑马。在皇宫内骑马,这是皇帝对臣下少有的恩典,特别是对任职外省的官员,更是十分少有的事。这次召对时间也在半小时左右。

十四日,第四次召对。这天一早4时左右,林则徐身着绣有仙鹤的一品大员的文官朝服,腰系镶有红玉石的朝带,颈挂一串珊瑚朝珠,骑着饰满彩缨的高头大马,缓步入宫。宣宗未见过臣子骑马入宫的场面,早早来到殿外等候。林则徐本是福建人,不习惯骑马,所以,骑马双手紧勒缰绳,颇为紧张,显得战战兢兢。宣宗见状,关心地说,看来你不惯骑马,以后可坐椅子轿进宫。

十五日,第五次召对。早晨6时左右,林则徐坐在8人抬的肩舆上,头部比骑马时还要高出一截。宣宗赐予林则徐这种特别规格,是委以重任的象征。此次召对一小时,继续深入探讨了有关广东禁烟及对外贸易、税收等问题。最后,宣宗降旨:"颁给钦差大臣关防,驰驿前往广东省查办海口事件,该省水师兼归节制。钦此。"所谓"钦差大臣关防",是一方金属铸造的印章,但其权威仅次于皇帝的玉玺,为乾隆朝铸就,没有特殊使命,朝廷从不启用这一印章。这次任命,竟然允许一个文官统领水师,这在军、政权力严格分控的清朝,还没有先例。

十六日,第六次召对。林则徐清早5时左右乘轿进宫。这天召对的时间约三刻钟,君臣之间较详尽地讨论有关禁烟条例等问题。召对结束后,林则徐遵旨前往军机处,领取了象征权力和责任的"钦差大臣关防"。

十七日,第七次召对。林则徐清晨5时仍坐椅子轿进宫。召对时间为半个多小时。

十八日,第八次召对。林则徐清晨6时仍坐轿进宫。召对时间为三刻钟左右。最后,林则徐行三跪九叩大礼,向宣宗陛辞。

林则徐十一月初十日到京,自十一日到十八日,连续八天,宣宗日日召见,并赐坐毡垫,赐紫禁城骑马,赐坐椅子轿,颁给钦差大臣关防,可谓优渥有加。

十一月二十三日,林则徐轻车简从,焚香九拜,启用"钦差大臣关防",

发传票起程,由正阳门出新仪门南下,奔赴禁烟运动的前哨阵地。

3. 虎门销烟震惊世界

道光十九年(1839)正月十九日,林则徐过梅岭,入广东。当晚从南雄州城外登舟,连日昼夜兼行,经韶关、英德、清远、三水、黄鼎、佛山、花地,于二十五日抵达目的地广州。泊靠天字码头后,他在观睹的民众寂静肃穆的气氛中从容登岸。在接官亭与邓廷桢、怡良、关天培、豫堃等文武官员见面。林则徐到达广州后,将钦差行辕设在越华书院。

第二天,林则徐的禁烟工作正式启动。首先在越华书院门前贴出两张布告:一书"所有随从人等,不许擅离左右,其派在行辕之书吏,即于公馆内给予伙食,不准借端出入;凡文武各员因公禀谒者,无不立时接见"[①]。另一书"所有民间词讼,除实系事关海口应收阅核批外,其与海口事件无关者,一概不应准理,毋得混行投递。至应收之呈,亦应俟到省数日后,择期牌示放告"[②]。他和邓廷桢、怡良、关天培、豫堃在寓所里商议禁烟部署,并检阅图志,互相交流各处岛澳、口门形势。初步决定水师除跟踪鸦片趸船外,"杜绝售私之劲,实属刻不容松";准备旬日之间,与关天培一起乘舟周览虎门、澳门等处海口形势;驱逐趸船应手之后,再往东路察看机宜。

对于鸦片吸食者,林则徐力主严办。他在到达广州一周后,在奏报抵粤体察情形的折片中,请求宣宗"严例早颁",并提出办法:"如果定之例,而宽一年之期,即吸食莫多于广东,而以臣察看情形,亦可保限外无人罹法。若宽而生玩,则不惟未戒者不戒,即已戒者亦必复食,稍纵即逝,恐不可挽。"[③]当林则徐出任钦差大臣的消息传布后,广州的禁烟活动就逐渐进入高潮。林则徐在赴粤途中就指示粤方要严密查拿烟贩,逮捕内奸。邓廷桢等人密切配合,采取了一系列禁烟措施,在林则徐抵达广州之前,即先后破获私开

[①] 中山大学历史系中国近现代教研室等:《林则徐集·公牍》,中华书局1963年版,第50页。
[②] 中山大学历史系中国近现代教研室等:《林则徐集·公牍》,中华书局1963年版,第50页。
[③] 中山大学历史系中国近现代教研室等:《林则徐集·奏稿》中册,中华书局1965年版,第627—628页。

窑口案件 141 起,捉拿人犯 345 人,收缴烟枪 10157 杆①。林则徐抵达广州后的两个月内,又捕获烟犯 1600 人,缴获鸦片 461500 两,烟枪 2700 多杆,烟锅 300 多口②。

为了通计熟筹拔本塞源的办法,林则徐注意调查研究,接见文武官员、友人、旧属、同乡,了解鸦片流毒情形,"详考禁令,访悉近年情事,与夷商轻亵所由来"③,通过各种渠道的调查,林则徐认识到广东鸦片兴贩、吸食现象之所以严重,关键在于外国鸦片商人"卖烟而来",外商"若不带鸦片来,内地民人何由而吸?"④于是林则徐把禁烟方针从"重治吸食"转变为"先以断绝鸦片为首务"⑤,必须将其趸船鸦片销除净尽。因为鸦片趸船驶离零丁洋,"非特不肯抛弃大洋,亦必不肯带回本国,即使逐出老万山之外,不过暂避一时,而不久复来,终非了局"⑥。但派遣师船去外洋追捕未能确有把握。林则徐与邓廷桢、怡良密商后认为,装运鸦片的趸船虽闻风驶出外洋,但鸦片贩子大都还在广州,可以用"喻以理而怵以威"的办法,逼令他们交出囤积在趸船上的鸦片。

二月初四日,林则徐召集十三行洋商,要他们立即转告外商,必须限期交出鸦片,并保证今后来华贸易,永不夹带鸦片,如再夹带,则货物没收,人即正法。林则徐大义凛然地宣布:"若鸦片一日未绝,本大臣一日不回,誓与此事相始终,断无中止之理!"⑦洋商们接到缴烟的命令,一直观望了 3 天,最后不得不交出鸦片 1037 箱,企图以此搪塞过关。

林则徐见洋商根本没有诚意,遂准备采取进一步的行动:逮捕英国大鸦片贩子颠地。颠地长期在广州从事走私鸦片的勾当,存有鸦片最多,不仅自己拒不缴烟,还阻拦别人缴烟。所以,林则徐准备拿颠地开刀。英国商务监

---

① 清史编委会:《清代人物传稿》第一卷,中华书局 1984 年版,第 12 页。
② 中山大学历史系中国近现代教研室等:《林则徐集·奏稿》中册,中华书局 1965 年版,第 654 页。
③ 梁廷枏:《夷氛闻记》卷一。
④ 中山大学历史系中国近现代教研室等:《林则徐集·公牍》,中华书局 1963 年版,第 65 页。
⑤ 中山大学历史系中国近现代教研室等:《林则徐集·公牍》,中华书局 1963 年版,第 58 页。
⑥ 中山大学历史系中国近现代教研室等:《林则徐集·奏稿》中册,中华书局 1965 年版,第 628—629 页。
⑦ 中山大学历史系中国近现代教研室等:《林则徐集·公牍》,中华书局 1963 年版,第 59 页。

督义律得到这个消息后,感到事态严重,马上由澳门赶到广州商馆,企图利用自己的权力掩护颠地外逃。早有准备的林则徐待义律刚一进入商馆,立即发布命令:因外商违抗命令,拒不缴烟,所有停泊在黄埔港的外国商船全部封舱,不准装卸货物;所有在外国商馆做工的中国仆役和买办一律撤退;封锁商馆,安设巡船,稽查出入。就这样,义律和320多名鸦片贩子一道,被困在商馆中。这时,义律才知道自己处境不好了。但义律仍不断以"英吉利领事"的名义,要求给还船只,或通过美国、荷兰请求准许该国一船放行,对此林则徐均断然拒绝。由义律放纵企图出逃的大鸦片贩子颠地已被捕,义律无奈于二月十四日通过行商向林则徐表示:愿意呈缴英商所有的鸦片20283箱。为防止义律再施诡计,林则徐下令,在英国烟贩缴烟四分之一以后,允许商馆雇用的中国仆役返回商馆工作;缴烟一半以后,可酌量允许水上往来;缴烟四分之三以后,可以允许开舱贸易;缴烟完毕,一切照常。这一措施,保证了缴烟工作的顺利进行。同时,为了鼓励和奖励外商缴烟,林则徐还奏请宣宗批准,外商凡交出一箱鸦片,即赏给茶叶5斤,共需茶叶10万余斤,由林则徐、邓廷桢、怡良等人在广东捐办解决。

二月二十八日,缴烟工作开始。这天,22艘满载鸦片的趸船,从零丁洋驶向指定地点虎门外龙穴洋面。由于趸船高大,无法靠岸,只能停泊在水深之处,临时雇用的众多小船和数千民夫穿梭往来于趸船和海滩之间,岸上有12名文职官员负责组织接收、检验、入库、上账、看守等项工作。另有10名武职官员率领数百名清兵轮班替位,昼夜巡查。经过1个月零8天,到四月初六日,鸦片全部缴清,总计19187箱又2119袋鸦片,比义律认报的数字多出1023箱(一袋相当于一箱),总重量为2376254斤。

林则徐在广州禁烟,雷厉风行,成绩斐然。宣宗每当收到林则徐从广州发出的奏报,非常重视,详加批示。在阅到林则徐二月初四日召集十三行商人时所讲的"若鸦片一日未绝,本大臣一日不回,誓与此事相始终"时,宣宗不由得怦然心动,盛赞林则徐的忠君爱国之心。

鸦片收缴上来了,如何处置,林则徐不敢自做主张。在即将缴完鸦片之时他就上奏宣宗,请求将收缴的鸦片全部运京,呈请验明烧毁。果然,宣宗接到林则徐的奏折后,当即批道:该项烟土,数量很大,待收缴完毕,立即查明箱数,派精明干练人员解送京师,以便复验。宣宗关于鸦片解京是一道明发谕旨,当浙江道监察御史邓瀛见到后,立即于三月二十五日上奏,指出:广州距京遥远,两万余箱鸦片,车运不便,所费民力更难以计算,估计从州至江西一段水路,需雇民船百余号,水手一二千人;安徽以北的陆运,又需大车千余辆,民夫千余人,骡马五六千匹,不免赔累劳扰,而且容易偷换作弊,建议就地销毁①。宣宗遂改谕林则徐、邓廷桢就地"督率文武员弁,公同查核,目击销毁,俾沿海居民及在粤夷人,共见共闻,咸知震詟"②。

林则徐于三月二十四日在虎门奉到宣宗将收缴的鸦片原箱解京的批谕,第二天即与关天培研究起运办法。二十八日,林则徐将起运报告草成折稿,寄回广州,交邓廷桢寓目后缮发。三十日,林则徐又接到宣宗关于无庸解送来京的谕旨,遂追回折稿,与关天培等反复酌商,决定用挖池浸化的办法,于四月二十二日起,在广州东南的东莞县太平镇虎门海滩上销毁鸦片。

道光十九年四月二十二日,即公元1839年6月3日,这天上午,林则徐在广东巡抚怡良、粤海关监督豫堃、广东布政使熊常镡的陪同下,一起到达虎门,监督首次销烟。虎门山丘,人山人海,山脚中央,搭起一座高台,上挂麒麟帐,铺着红氍毹,山前山后,布满绿营哨卡,一幅写有"钦差大臣奉旨查办广东海口事务大臣节制水陆各营总督部堂林"的黄绫长幅,迎风飘扬。

下午2时,三声礼炮响过,震惊世界的虎门销烟开始了。500名健壮民夫一拥向前,奔向方形销烟池。销烟池共有两个,每个长宽各15丈,池底铺以石板,用水泥弥缝,四周拦桩钉板,绕以竹篱栅栏,池前设一涵洞,供排泄池内鸦片渣沫之用,后面通一水沟,用来引水入池。壮汉们有的向销烟池中灌水,有的抛撒盐巴,有的劈箱搬出烟土过秤,有的将烟土切成四瓣,扔入池内。经过一段时间的浸泡,又把一担担石灰倒入池中,用铁锄、木耙反复翻搅。顿时,销烟池内沸滚如汤,浓烟腾空,渣滓下沉,臭味难闻。一池销毁完毕,即打开涵洞,冲刷入海,另一池的销毁工作又开始了。

整个销烟过程历时23天(其中五月初五日是端午节,暂停一天),全部

---

① 《筹办夷务始末》(道光朝)卷六,中华书局1964年版,第161—162页。
② 《筹办夷务始末》(道光朝)卷六,中华书局1964年版,第163页。

鸦片销毁完毕,只留下公班、小公班、白皮、金花鸦片烟各两箱,作为样土,预备解送京师①。五月十五日,林则徐、邓廷桢等满怀胜利的喜悦,登舟离开虎门,返回广州。

虎门销烟,是宣宗领导的禁烟运动中最为辉煌的壮举,它以中国人民反对外来侵略者的坚强意志,震惊了世界。当宣宗阅览销烟壮举的消息后,兴奋异常,誉之为"可称大快人心一事"。

4. 英国悍然出兵侵华

清朝禁烟政策取得初步胜利,赢得了世界正直舆论的赞扬。英国剑桥大学三位一体学院布道士地尔洼著《在中国做鸦片贸易罪过论》一书,谴责鸦片贸易给英国国旗带来了莫大的侮辱,要求国会进行公开调查。英国上、下两院中的一些有识之士也反对鸦片贸易,有人甚至上书"请国王将鸦片贸易停止"②。新加坡报纸也指出:"鸦片系不法之贸易,中国官府理应禁止,因禁鸦片烟尽其所能而行,所事皆是公正合理之事","近来钦差之法度","我等见得并无一条道理可以驳之,说其不善"③。还有人指出:"若按英国律例,即应按各客商所有之鸦片,更加三倍罚银,今中国不过将其鸦片收缴而已。然因此致累我国正当贸易亦受亏缺,所以不能任人再卖。我等自知以鸦片贻害中国之故,为中国人所憎恶。"④

1839年7月31日,中国严厉禁烟的消息传到英国伦敦的印度事务所。8月5日,印度英商和逃离中国的英国鸦片贩子也把这一消息传到伦敦,义律于3月22日从澳门写给英国外交大臣帕麦斯顿的报告和林则徐谕令各国商人缴烟的文件,也在这一天送达英国外交部。8月6日,一批英国下院议员、银行家、进出口商人及鸦片走私船只的船长们,联合致函英国外交部,

---

① 中山大学历史系中国近现代教研室等:《林则徐集·奏稿》中册,中华书局1965年版,第656页。
② 中国史学会:"中国近代史资料丛刊"《鸦片战争》(二),第535页。
③ 中国史学会:"中国近代史资料丛刊"《鸦片战争》(二),第372—373页。
④ 中国史学会:"中国近代史资料丛刊"《鸦片战争》(二),第535页。

要求谒见外交大臣帕麦斯顿。7日,帕麦斯顿接见了他们,并表达了英国政府将采取强硬行动的意向。29日,义律于4月3日写的建议英国政府发动侵华战争的报告送达外交部,报告建议英国抓住机会,发动战争,"使用足够的武力",对中国进行"迅速而沉重的打击"①。

9月16日,代表英国纺织工业资本家集团利益的利物浦印度协会致函帕麦斯顿,敦促英国政府立即采取行动。27日,利物浦印度协会派出代表,到伦敦拜见帕麦斯顿。30日,曼彻斯特39家英商公司联合上书帕麦斯顿,声称中国的禁烟使他们因"失去了这个市场,而遭受损失",要求英国政府"对于中国方面的这种侵略行为,应予以迅速的、强有力的、明确的对策","利用这个机会,将对华贸易置于安全的、稳固的、永久的基础之上"②。同一天,伦敦的98个商人也上书外交大臣,要求英国政府表明立场,尽早决策,"若加拖延,深恐这项贸易落于别国商人之手"③。

在鸦片商人和热衷于经济侵略的势力一片喧嚣声中,英国政府对华战争的意向日趋明朗。1839年10月1日,英国内阁会议作出决定:"派遣一支舰队到中国海去,并训令印度总督对于我们兵船司令所采取的任何必要行动予以合作"④。但考虑到英国国内正直舆论的压力,这一决定未敢公开宣布。16日,帕麦斯顿发出第15号训令,将英国政府准备发动侵华战争的决定正式通知义律,并说明了作战计划的纲要,即远征军在1840年3月到达中国海面,立即封锁广州与白河或北京诸河,封锁广州与白河之间认为适当的若干处所,占领舟山群岛中的一个岛,或厦门,或任何其他岛屿;立刻开始捕捉并扣押能够弄到手的一切中国船只;海军司令应该进到白河河口,向中国送信,提出英国政府的要求,并把战争行动继续到清朝派遣全权官吏,答应英国的一切要求时为止⑤。11月4日,帕麦斯顿将发动侵华战争的计划通知英国海军部,并发出第16号训令,让义律尽量收集军事情报,以待英国远征军的到来。

---

① 《近代史资料》1958年第四期,第18页。
② 中国史学会:"中国近代史资料丛刊"《鸦片战争》(二),第634页。
③ 中国史学会:"中国近代史资料丛刊"《鸦片战争》(二),第636页。
④ [英]道切斯特夫人编:《一个长寿人,布劳顿勋爵回忆录》卷五,第229页。
⑤ 参见杨国桢:《林则徐传》,人民出版社1983年版,第224页。

直接靠鸦片吸吮中国人民血汗的烟贩,是这场战争的积极鼓吹者。被林则徐捉拿后逃回伦敦的大烟贩查顿公开散发鼓吹战争的小册子。1839年10月26日,查顿在私下会见外交大臣帕麦斯顿时,对发动侵华战争的规模、需要的兵力、战船的数量等等都提出了具体的建议;并建议封锁中国港口以索取赔款;签订"公平"的贸易协定;开放四个新港口;占领香港等几个岛屿。另一个大烟贩颠地,则向英国政府提供了历年在中国刺探所得的军事、政治情报。帕麦斯顿也承认:"英国政府在1840年2月间发布的各项重要侵华训令,正是依据查顿提供的意见拟定的。"①

作为英国驻华商务监督的义律,与大烟贩们狼狈为奸,在给帕麦斯顿的密信中,建议英国政府对中国使用西方国家过去从来没有使用过的武力行动的方式,即发动战争。帕麦斯顿完全支持义律的看法。在给义律的复信中表示,对中国的唯一答复,就是先动用武力,然后再进行解释。

1840年1月16日,英国女王维多利亚在国会发表演说,诬称中国的禁烟使英商蒙受了损失,触犯了英王的尊严,表示要对华采取军事行动。2月20日,英国政府正式任命海军少将乔治·懿律和驻华商务监督查理·义律为正副全权公使。同日,帕麦斯顿向懿律和义律发出第一号秘密训令,提出向中国勒索利权的条约草案,并附有海军大臣发给远征军海军司令的训令和他写的致清朝皇帝宰相书的副本。在致清朝皇帝宰相书中,帕麦斯顿胡说中国官员"迫害"英国侨民,"亵渎"英国女王,所以女王陛下才决定派海陆军前往中国沿海,要求"赔偿损失"和"昭雪冤枉"。他蛮横地提出中国必须赔偿烟价、尊重英国来华官员、割让岛屿给英国等三项要求,并且威胁说英国政府决定用武力"作为这些要求的后盾"②。在训令中,侵华军队的任务和作战计划是:一是1840年6月到达广州海面后,立即封锁珠江口,扣留一切中国船只;二是封锁珠江口以后,大部分舰只立即北上,同时切断台湾与厦门之间的运输联系,封锁钱塘江、长江口和黄河口,占领舟山群岛作为据点;三是前往北直隶湾(即渤海湾)递送《帕麦斯顿子爵致中国皇帝钦命宰相书》,以武力为后盾,迫使清朝就范;四是如果谈判不成功,海军司令就

---

① 转引自丁名楠等:《帝国主义侵华史》第一卷,人民出版社1973年版,第27页。
② [美]马士著,张汇文等译:《中华帝国对外关系史》第一卷,附录(一)、(二),商务印书馆1960年版。

采取军事行动,派一支兵力进入黄河,在黄河与运河交叉点切断南北诸省的交通线,或派一支兵力进入长江与运河交叉点,劫走那里的船只和货物。如果兵力允许,还可占领厦门。训令指出:"给海军司令留有最充分的自行决断余地,以便他根据他自己的判断,用最有效的办法进行他的敌对行动;在这样的情况下,如果中国拒绝满足我们或中止谈判,或逼使陛下全权代表中止谈判,那么海军司令的敌对行动就不该停止,也不中断,一直等到中国全权代表签下足称满意的协定,并由皇帝诏准该协定的时候为止。"①

为了把侵华战争合法化,3月19日,英国政府在议会公开宣布远征中国的决定,并提请议会通过对华军费案。4月3日,议会开始进行辩论。部分具有正义感的议员斥责英国政府偏袒本国奸商进行鸦片贸易,有失国体,反对用兵。他们说:"我政府若重德义,数年前当与中国政府协力严缉奸商。纵不然宜与奸商断绝关系。彼等以不正当贸易,所蒙损害,政府可不过问,乃事不出此,致中国政府不知我政府之意向所在,以有今日,政府不可不负责任。"外交大臣帕麦斯顿和陆军大臣马哥烈则竭力主战,他们辩解说:"政府为欲杜绝密卖,曾竭十分之力,无如东西隔绝不能尽如此意,政府只得尽其可为力者而止。今事实已有在彼处商人与中国政府开战,若坐视不救,不但损国威,辱国体,实大不列颠民族之大耻辱。"②议会内部形成两派,执政党主战,反对党主张继续通商。经过三天辩论,4月7日进行表决,结果是262票反对,271票赞成,对华军费案仅以9票的微弱多数获得通过。

从1840年6月11日起,英国的所谓"东方远征军"陆续抵达中国。侵略军由好望角和印度调集,有军舰16艘、武装汽船4艘、运输舰28艘,合计船舰48艘。共载大炮540门,陆海军4000人。陆军由布尔布利指挥,海军由伯麦统帅,懿律为陆海军最高司令。

6月21日,英国侵华远征军海军司令伯麦乘载炮74门的旗舰"威里士厘"号抵达澳门湾外。22日,伯麦从"威里士厘"号上发出公告:"现奉英女王陛下政府命令,本司令特此公告:从本月28日起,对广州入口所有河道港口一律进行封锁。"③就这样,英国资产阶级蓄谋已久的鸦片战争,终于爆发了。

---

① 《近代史资料》1958年第四期,第70—72页。
② 转引自萧一山:《清代通史》卷中,第930—931页。
③ 《中国丛报》1840年六月号。

第三章 国家衰弱的全面暴露

1. 林则徐初战告捷

虎门销烟向全世界表明了中华民族维护民族尊严的坚定立场,但是,禁烟斗争并没有取得最后的胜利。就在英国伦敦正紧锣密鼓地策划武力侵华的同时,中国南海洋面上已经开始中英之间的军事冲突。

冲突是由"具结"和"交凶"引起的。虎门销烟后,为杜绝鸦片流入,林则徐要求来华外商必须签具"永不夹带鸦片"的甘结,否则"货尽没官,人即正法"。林则徐把正常的中外贸易与鸦片走私严格区分开来,这一措施得到了包括英国商人在内的各国守法商人的支持。道光十九年(1839)三月至九月6个月内,先后有45艘美国商船和其他国家的17艘商船签字具结,进口贸易,贸易额达200万元。英国驻华商务监督义律在被迫交出鸦片之后,先是承认"货尽没官"的条件,但又反对"人即正法"的内容,指使英国商人拒绝按照林则徐的要求具结,并率领英商退出广州,住在澳门。为了恢复中英贸易的正常进行,林则徐派佛山同知携带因销烟而赏给英商的茶叶到澳门,催令英商具结。义律拒绝接受茶叶,也不履行具结,反而提出以澳门为立足点装卸货物。林则徐拒绝了义律的无理要求,不准英商停泊澳门,只准许部分英人暂驻澳门,料理商务。此时,到达广东洋面的英国商船已达32艘。林则徐郑重宣布:来船未夹带鸦片者,均准进口报验;有鸦片而自首并全行呈缴者,准予奏请免罪,并于验明后进口;若不敢报验,即日扬帆回国,亦免穷追①。林则徐的这一决定得到了许多英商的支

---

① 中山大学历史系中国近现代教研室等:《林则徐集·奏稿》中册,中华书局1965年版,第672页。

持,一些英船也准备报验进口,但义律却强令英船泊在九龙附近的尖沙嘴洋面上,一律不准进口贸易。六月,一群英船水手到尖沙嘴村酗酒作乐,并借酒启衅,殴打中国居民,"在这一次可耻的骚动中,卑鄙的暴行,使男人、妇女和儿童都被殃及,并且有无辜的人丧失了性命"①。村民林维喜被英国暴徒用木棍击中头顶心及左乳下胸部,于次日毙命。林则徐接到报告后,派新安县知县梁星源前往查办,查明确系英国水手所为,随即派员至澳门,谕令义律交出杀人凶犯,由中国官府审理。义律表面上出告示悬赏捉拿凶手,暗地里却以1500元送给家属,想私自了结此事,令中国官府"承认命案纯由误会发生"②。后来,义律虽然获得5名凶手,并未交出,而是于一艘英船上自设法庭进行审理。结果将其中三人监禁6个月,罚金20镑,另二人监禁3个月,罚金15镑。林则徐对义律抗不交凶的行为极为愤慨。为了维护中国主权尊严,林则徐于七月初七日下令断绝对英商的柴米食物供应,撤出其买办、工人,并于同日与邓廷桢从广州出发,亲自驻扎香山县城,勒兵分布各处要口,实行戒严。澳门按林则徐的指令,命令寄居澳门的英人在十一日前离开,义律被迫于十八日率英人57家全部撤离澳门,寄居于尖沙嘴货船及潭仔洋空趸船上。同时,义律派人驰报英印总督。七月二十三日,英印总督派斯密士率载炮28门的兵舰士密号抵达香港,准备与中国武力对抗。

九龙山战斗。道光十九年(1839)七月二十七日上午9时,义律率兵舰士密号、珍珠号及商船剑桥号等大小船只5艘闯进九龙湾,假装要求供应食物,企图寻衅。清军大鹏营参将赖恩爵严正表示,英军不具结、不交凶,即不供应食物。义律恼羞成怒,于下午2时向清军递上一份"抗议书",声称半小时之后不供应食物,英军就要击沉清军水师战船。半小时后,赖恩爵正派遣弁兵前往答复之际,义律竟下令开炮轰击师船,当场击毙兵丁欧仕乾。赖恩爵见状,立即挥令各船与九龙山炮台反击。清军炮火准确而又猛烈,英船上的士兵纷纷落水,英军士兵亚当·艾姆斯里事后写道:如果不是中国师船的炮火不够充足,"就不会有人生还来叙述这幕历史了"③。激战两个半小

---

① 《中国丛报》1839年八月号。
② [美]马士著,张汇文等译:《中华帝国对外关系史》第一卷,商务印书馆1960年版,第268页。
③ 《近代史资料》1958年第四期。

时,英船败退,师船奋勇追击。适逢英军援军到,双方继续激战。英军官得忌喇士率16名水手划船偷袭一只师船的船尾,师船将弁用火绳枪英勇反击,击毙多人,得忌喇士的手腕亦被打穿。6时半,英船向尖沙嘴方向逃去。这次战斗,清军击翻英双桅船1只,击毙英军17人,击伤多人,水师官兵阵亡2人,重伤2人,轻伤4人。九龙山的胜利消息传到京师,宣宗于九月初四日给林则徐下了谕旨:"既有此番举动,若再示柔弱,则大不可。朕不虑卿等孟浪,但诫卿等不可畏葸,先威后德,控制之良策也。"①表明宣宗对前敌形势缺乏充分的估计。

穿鼻洋战斗。林则徐宣布的凡来华外商,只要遵式具结,保证不夹带鸦片,均准入口贸易的政策,赢得了大部分外商的支持。义律强行阻挠所有英商进口的狂妄态度,影响了中英贸易的正常进行,也损害了英商的切身利益,所以,部分英商不顾义律的禁令,表示愿履行具结手续,进口贸易。英船担麻斯噶号首先具结验关,于道光十九年(1839)九月初九日报关入口。另一艘英船萨克逊号也将于九月二十八日报关入口。义律对此十分恼怒,决定派兵船阻止英国商船入口。

九月二十二日,英国兵船士密号及载炮20门的华仑号离开澳门向穿鼻洋前进,二十八日抵达穿鼻洋海面。义律仗恃武力,通过水师提督关天培转递给林则徐一封信,要求林则徐收回谕令,放弃"攻击"英船,允许英商及家属回居澳门,恢复一切供应。因义律拒不交出殴毙林维喜的凶手,也不准英商具结,理所当然地遭到了林则徐的拒绝。

当天中午,于5天前即已遵式具结的英国商船萨克逊号在中国引水的导航下,驶至穿鼻洋海面,准备报关入口。义律等派出兵船,横加阻挡,迫令折回。当时,关天培正率领水师巡船5艘在洋面巡逻,见此情形,遂上前查询。这时,士密号出其不意,突然发炮,袭击师船。清水师一只大船猝不及防,当即中炮被毁。提标左营二号米艇,也被炮火击中火药舱,顿时火起,烧毙兵丁6人。关天培见状,毫不畏惧,指挥大小船只29艘一齐投入战斗。关天培拔出腰刀,挺立桅前,命本船弁兵开炮回击,并挥令后船协力进攻。英舰华仑号绕到士密号后面,集中炮火,猛烈轰击关天培乘坐的师船。清军

---

① 中国史学会:"中国近代史资料丛刊"《鸦片战争》(二),第110页。

水师船只连续中炮,一船起火,另一艘船身被打穿一个大洞,海水涌进,船身倾斜。突然,炮弹飞过桅边,剥落桅木一片,从关天培手面擦过,关天培手面受伤,鲜血直流,身边亲兵迅即为其包扎,欲扶他下舱休息,关天培不为所动,仍持刀屹立,指挥战斗。清师船炮火击中士密号船首,船上英军纷纷滚跌入海。奏升水师提标左营游击麦廷章又指挥弁兵,连发二炮,击中士密号后楼,左右舱口也被打穿。双方激战一小时左右,士密号无法再战,调转船头,狼狈逃窜,华仑号也随之遁去。穿鼻洋一战,清军再次获胜。战后,珠江渔民在水中捞到英军帽子21顶,其中两顶为军官帽。其他随潮漂流的衣物,不计其数。该战役清军3艘师船受伤,15名弁兵阵亡,数十人受伤。

宣宗接到穿鼻洋捷报后,下诏"著林则徐等酌量情形,即将英吉利国贸易停止"①。林则徐奉旨于十二月初一日下令禁止一切英国船只进口,中英贸易完全停止。

官涌山战斗。穿鼻洋战役失败后,义律逃回尖沙嘴,修理船只,准备再战。尖沙嘴洋面,群山环抱,风平浪静,可攻可守,战略位置重要。英军进泊尖沙嘴洋面以后,林则徐加强了尖沙嘴一带的布防,特别是在尖沙嘴以北的官涌山上修筑工事,加强战备。停泊在尖沙嘴洋面的英军舰只,处在清军的俯视之下,时刻都有遭受清军攻击的可能。因此,英军退回尖沙嘴之后,多次放出舢板,偷偷驶向岸边,从沙滩上登陆,爬上山坡窥探虚实。驻扎在该处的清军增山营参将陈连升等发现后,派兵截拿,打伤英兵2人,夺枪1杆,余众逃走。

九月二十九日夜,尖沙嘴英军船舰多艘出动,列阵洋面,向清军官涌山阵地猛烈轰击。由于清军扎营得势,未受损失,官兵借助山势,居高临下,发炮还击,将英船击退。

十月初三日,英船又发动进攻。英军一只大船从正面开炮轰击清军阵地,同时派出小船,从侧面扑岸,乘潮登陆,百余名英兵抢上山岗,开枪击伤清兵2人。增城营把总刘明辉率兵下山截击,用大刀、木棍打伤敌人数十人,将英军赶下海去。

十月初四日,英军再次入侵,企图夺取官涌稍东的胡椒角,刚发炮试探,

---

① 中国史学会:"中国近代史资料丛刊"《鸦片战争》(二),第119页。

便被陆路提标后营游击德连指挥的清军击退。

面对英军对官涌山的连续侵犯,林则徐多次召集邓廷桢、关天培研究对策,决定加强官涌山的防卫力量,添调官兵200人,由马辰、周国英、黄者华率领,增援官涌山阵地;由关天培调拨大炮6门,布防山上,以资致远攻坚;派余保纯、张起鹍驰往,会同新安县知县梁星源,管带乡勇前后策应。

十月初六日,各路清军会集官涌山研究军事设防,决定各将领分工负责,分五路扼守各山梁要地。会后紧急行动,新调来的6门大炮也开始安装。这天傍晚,英军发现官涌山上清军添兵安炮,当即赶装炮弹,准备袭击。起更时,英船发炮,猛轰山梁清军大营,企图摧毁清军防御工事。官涌山上五路清军开炮还击,经过一个多小时的炮战,英军被打得只有招架之力,急忙将船上的灯火熄灭,启碇逃遁。第二天清早,未及逃走的十余只英船也逃到远处抛锚。海面上漂浮着被击毁的篷帆、桅樯、绳缆、杠具,狼藉不堪。

十月初八日,在九龙寻衅的英船剑桥号和多利号等十余只英国武装商船卷土重来,于傍晚时分偷偷驶近官涌山,伺机偷袭。清军发现后,立即分赴五处山梁阵地,等待英船进入射程之内。当敌船靠近,清军大炮一齐开火,多利号连中两弹,多名英军被击倒,英船不敢恋战,调头逃去。

官涌山战役,旬日之内接仗6次,英军屡战屡败。此后,英船被迫退出尖沙嘴洋面,分散寄泊龙鼓、筲洲、长沙湾、赤沥角等处外洋。

林则徐初战告捷,显示了中国人民保家卫国、反抗外来侵略的决心和勇气,也证明有准备的积极防御在一定条件下是可以击退入侵之敌的。

2. 英国扩大侵华

自道光二十年(1840)五月中旬起,英国政府派出的东方远征军开始陆续抵达中国的广东海面。原任英国好望角海军提督的海军少将懿律为远征军总司令,懿律和义律为全权代表,海军司令为伯麦。五月二十二日(6月21日),英国舰队在广东海面集结,宣布对广州和珠江口实施封锁。蓄谋已久的鸦片战争,终于爆发了。

东南沿海是清军重点布防地区之一。其中,广东驻军7万,福建6万,浙江4万,江苏5万。林则徐抵达广州后,又采取了一系列战备措施,如整顿水师、演习攻战、购置西洋大炮、改装民船、招募丁壮等,使广东防务大大增强。

英军在封锁珠江口后,准备破坏清军江面的防御工事,进犯虎门要塞。英国海军司令伯麦指挥海军舰队刚一进犯,就被清军水师参将赖恩爵发炮击退。英军见广州防守严密,遂放弃进攻。加之英国政府在侵华训令中只让英军封锁珠江口,并没有令英军攻下广州的指示,懿律决定放弃进犯广州。

六月初二日,懿律和义律除留下少量舰船封锁珠江口外,率44艘舰船离开广东海面向北进犯。按照英国政府给懿律的第一号训令,是要懿律设法把英国政府递交给中国皇帝和宰相的信函及中文译本递交广州的两广总督,并送达北京。现在,广州是交不成了,只好把信函改投厦门。此时,邓廷桢已调往闽浙总督任上,接到英军北上的消息后,则先募水勇在洋巡查。初四日,英舰布朗底号窜入厦门内港,停泊屿仔尾,舰长包诅派人乘小船企图递送信函,被水勇轰走。第二天,30余名英军改乘大船企图强行登陆,被守军击毙3人,余众返回。包诅恼羞成怒,下令发炮轰击,打死守军9人,伤14人。厦门炮台奋力反击.经过3个时辰的激战,英一艘兵船被击沉。敌舰见厦门不能得手,遂放弃投书计划,向北逃窜。

初五日,英舰队驶抵舟山海域,并在定海域南水面测量侦察。定海战略地位重要,原有兵员逾万,后竟然减到280人。海防线上连一个专职的水师将领都不设,只由陆军兼管。平时兵士不加训练,连例行巡缉也少有进行,武备废弛十分严重。初六日晨,伯麦率英舰闯入定海水域,直入港内,中午,投书定海县令姚怀祥,公然要求索取定海。英国侵略军的蛮横要求,遭到姚怀祥的断然拒绝。初七日下午2时许,伯麦见定海清军并无投降之意,便下令攻城,先以火炮轰击,清军伤亡惨重,总兵张朝发中炮后身亡。英军在炮火掩护下登陆,首先攻占了定海城东南的关山炮台,后连夜围攻定海县城。四更时分,英军由东门攻入城内。定海县令姚怀祥多处负伤,仍坚持指挥战斗,英军破城后,他不甘受辱,投池而死。初八日凌晨,定海陷落。

英军占领定海后,以布利布尔料理军费,茹克治理民事,二人发号施令,俨如总兵、县令,准备长期占领定海。

六月三十日，懿律和义律率领英舰8艘，驶离舟山北上。七月十二日，抵达天津白河口。七月十四日，懿律向直隶总督琦善发出照会，照会称：中国政府若愿意进行谈判，必须委命全权代表到英海军司令伯麦的舰艇上进行；必须在6日之内饬令委员到舰队来接受英国政府照会文本。琦善闻讯，立即派人为英军送去牛羊等食物，以示友好。七月十九日，琦善派千总白含章到英船上取回《帕麦斯顿子爵致中国皇帝钦命宰相书》。这是一份颠倒黑白的文件。除了抗议中国的禁烟运动，还诬蔑林则徐的反侵略斗争，并向清朝提出四项要求：第一，赔还全部查禁没收的鸦片烟价。第二，索取广州、厦门、福州、定海等港口为口岸，割让一岛或数岛给英人居住。第三，应对驻华英国官员平等对待。第四，偿还倒歇洋行的欠债，赔偿远征军的军费。声称这些要求如得不到满足，"则帝国政府将取其自视为适应时局之必要手段，如调派水陆军师到中国加以追讨，固围坚封中国之港口，拦截中国之船只，占据中国之岛地，仍必相战不息矣"①。

面对英国侵略者的恫吓，清廷内部以穆彰阿、琦善为代表的顽固势力乘机向宣宗大进谗言，说"夷兵之来，系由禁烟而起"②，"上年广东缴烟，先许烟价而后负约，以至激变"③。因此，宣宗对林则徐产生了怀疑。七月二十三日，即接到英国照会的次日，宣宗批示，称林则徐查禁烟土，"措置失当"，"必当逐细查明，重治其罪"，并令琦善到天津海口与英军谈判④。

至此，林则徐受命主持禁烟大计基本结束。道光二十年（1840）十月，林则徐被宣宗革职。次年，宣宗又将林则徐派赴浙江，旋即充军新疆伊犁。道光二十六年后，林则徐被重新起用，先后任署陕甘总督、陕西巡抚、云贵总督等职。道光三十年，林则徐受命为钦差大臣，驰赴广西，镇压拜上帝会，病死于广东潮州途中。

八月初四日，琦善与义律在大沽口会面，一开始就表示，只要英船返回广东，就尽量满足所提要求。当时天津海口武备废弛，炮位陈旧，一旦失守，京师将暴露在英军兵锋之下。所以，宣宗令琦善务必设法让英军远离京畿。

---

① ［日］佐佐木正哉：《鸦片战争的研究（资料篇）》。
② 《筹办夷务始末》（道光朝）卷一六，中华书局1964年版。
③ 魏源：《道光洋艘征抚记》卷上。
④ 《筹办夷务始末》（道光朝）卷一三，中华书局1964年版。

英军也考虑到自己兵力有限,难以进行大规模的军事行动,加之北方天气逐渐变冷,英军中又疾疫流行,所以懿律同意将谈判地点改在广东。英军南下途中,懿律因病回国,由义律负责全权,伯麦继任侵略军司令。

道光二十年(1840)十一月初六日,琦善以专办广东事务、钦差大臣、文渊阁大学士、署理两广总督的身份到达广州,十一月十一日,接印视事。不久,中英继续谈判。

十一月十四日,义律照会琦善,重申大沽口会谈所提出的要求。十八日,琦善未经宣宗批准,擅自答应赔偿鸦片烟价500万两。同日,琦善接到宣宗谕旨:"该夷反复鸱张,恐难以理谕,必当一面谈说,一面多方羁绊,待其稍形疲惫,乘机剿戮,方可制伏也。"① 可是,琦善对谕旨未予理睬,他初到广州时所拆除的防御工事和海防设施也未加任何修复,已解散的数千名义勇也没有重新招募,不做任何战守准备,只是对英方一味迁就。二十二日,琦善又私自答应追加赔偿烟价100万两。但英国侵略者并不满足于赔偿烟价一项,坚持要清朝开港割地。琦善虽一再迁就让步,对开港割地却不敢自作主张。中英广州会谈争执不下,英方在谈判中竟然向琦善发出了开战通牒。

当琦善将英国侵略军的无理要求和蛮横态度向宣宗报告后,宣宗的态度是明确的,谕令琦善:"英人肆求无厌,难以理谕,匪特地方不能给尺寸贸易,即烟价亦不可允给分毫",令琦善"毋得示弱"②。同时还向派往浙江的钦差大臣伊里布、直隶总督讷尔经额、盛京将军耆英、署两江总督裕谦、广东巡抚怡良、署闽浙总督吴文镕、山东巡抚托浑布发谕,要他们遴选将弁,整理炮械,准备堵御英军。

英国侵略者一面与琦善会谈,一面企图以武力相威胁,准备发动战争。道光二十年十二月十五日悍然派兵对虎门要塞的沙角、大角炮台发动突然袭击。两炮台为虎门的第一重门户,位置十分重要,分别安装有铁炮12门和17门。十五日上午8时左右,伯麦率领1500余名英军及临时召集的2000余名游民,兵分两路,扑向大角和沙角炮台。至下午3时,两炮台陷

---

① 中国史学会:"中国近代史资料丛刊"《鸦片战争》(四)。
② 《清宣宗实录》卷三四二。

落,清军伤亡惨重,三江协副将陈连升阵亡。道光二十一年正月初四日,英军强行占领香港岛。二十八日,英军舰只开始在虎门集结。二月初六日拂晓,英舰向虎门各炮台发起总攻,激战竟日,横档炮台、永安炮台、靖远炮台、威远炮台、镇远炮台及天后宫炮台相继失陷,炮台上的数百门火炮及林则徐所购的200余门西洋大炮,均被英军掳去,水师提督关天培、参将麦廷章壮烈牺牲。随后,英军战舰7艘溯珠江而上。初七日晨,英军直攻距广州仅60里的乌涌,乌涌防御工事脆弱,很快即被英军攻占,驻守在这里的署湖南提督祥福落水而死,守备达洪科、游击沈占鳌阵亡,清军伤亡500余人。初九日以后,英军又先后攻占了㴩洲炮台、猎德炮台、大黄滘炮台、凤凰冈炮台,至此,广州城门户洞开,全城震恐。

宣宗在接到广东败报后,于二月初六日下谕:"琦善著即革职锁拿,押解来京,家产查抄入官。"①琦善与义律的广州谈判也就无效。

兵临广州的英军并没有立即进攻广州,主要是兵力不足。为了集中兵力,义律将定海英军撤至广东,新任陆军总司令卧乌古也率兵700人到达广东,使广东英军达3000多人,但仍感力不从心。为此,侵略军司令伯麦离开广东,前往印度寻找援兵。

鉴于广东的严峻形势,为了挽回败局,道光二十一年(1841)正月初五日,清朝对英宣战。初八日,宣宗派皇侄、御前大臣奕山为靖逆将军,户部尚书隆文和湖南提督杨芳为参赞大臣,前往广东"征夷"。又从湖南、四川、贵州等地调兵1.7万余人急赴广东前线。补授原刑部尚书祁𡎴为两广总督。直至三月二十三日,奕山、隆文、祁𡎴一行才抵达广州,与先行到达的杨芳会合。

奕山昏庸无能,不懂军事,先是按兵不动,后又感到"不战则军饷无可开销,功赏无由保奏,急欲侥幸一试"②。四月初一日三更时分,清军分左、中、右三路,点兵出城。兵士暗携火箭、火弹、喷筒、钩镰,乘夜驾小舟靠近敌船,用长钩将船钩住,抛掷火箭、火弹,火攻泊于二沙尾和白鹅潭一带的英军船舰。由于出其不意,使英军四面受攻,夜袭取得了一定的战果。初二日黎

---

① 《清宣宗实录》卷三四六。
② 中国史学会:"中国近代史资料丛刊"《鸦片战争》(六),第147页。

明，英军重整旗鼓进行反扑，西北台清军先溃，"至是火光烛天，以及泥城港内，所备攻城之木筏材料数百，油薪船三十余艘，皆为敌人火轮船及汉奸所烬"①。无法阻止英军登岸。随后，英军绕道城西直插城北越秀山，夺取山上炮台，控制俯瞰全城的制高点。初四日，英军在商馆区登陆，占领商馆。初五日，英军直扑北门外各炮台，各炮台相继陷落。初六日，英军居高临下，集中炮火攻城。靖逆将军奕山被英军的炮火吓破了胆，急命兵丁在广州城头上挂起白旗，向英军投降。

四月初七日，义律向奕山提出了五项休战条件，奕山竟全部接受。这五项条件是：第一，限一周内交出"赎城费"600万元。第二，限清军6日内撤至离广州60里以外的地方驻守。第三，待赎金全部交清，英军退出虎门。各要隘不得再设军备。赎金逾限未清，按时间加罚。第四，赔偿英商馆损失30万元及西班牙二樯船比尔别号的损失，限一周内赔偿。第五，此约经广州知府余保纯及三钦差大臣奕山、隆文、杨芳盖印生效。此即《广州和约》。广州之战，以清军的惨败而告终。《广州和约》的签订，使中英之间的战争暂时处于休战状态。这是中英战争的第一阶段。

英国政府对于义律一年来在中国的侵略活动，并不满意，认为义律从中国勒索得太少，违背了英国政府的训令。1841年4月30日，英国内阁会议议决，召回义律，派遣璞鼎查来华主持对华侵略战争。璞鼎查离英来华，途经印度孟买，会同新任侵华英军总司令兼海军司令巴尔克前往澳门。

璞鼎查于六月二十四日抵达澳门后，除留下舰船8只和陆军1300人留守香港外，立即率舰船35艘，载炮336门，海陆军3500人，开始第二次北犯。中英鸦片战争进入了第二阶段。

七月初九日晚，英国侵略军驶抵厦门，立即向厦门清军发出限期让出厦门的最后通牒，如不答应，即行进攻。初十日清晨，英舰队开炮猛轰厦门各炮台，下午3时以后，各炮台相继陷落，总兵江继芸、副将凌志壮烈牺牲。英军占领厦门周围的炮台后，掉转清军的大炮轰击厦门，厦门的官署街市皆毁。英军进入厦门后，奸淫掳掠，无恶不作。

厦门并不是英军的主攻目标。七月二十日，英军留下舰船6艘和士兵

---

① 中国史学会："中国近代史资料丛刊"《鸦片战争》(六)，第148页。

400人，继续北上。八月初二日，英军舰船出现在浙江沿海，准备再次进攻定海。

定海第一次失陷后，原浙江巡抚乌尔恭额获罪受惩，宣宗改派两江总督伊里布为钦差大臣赴浙视师，因观望迟疑，被宣宗革职遣戍。后又派裕谦为钦差大臣，主持浙东军务。裕谦到任后，立即采取措施，加强定海、镇海的战备。

八月十二日，英军舰船4艘乘潮势闯入定海竹山门水道，被总兵葛云飞率军击退。十三日，英军再闯竹山门，又被击退。十四日，英军炮轰晓峰岭，被总兵王锡鹏击退。十五日，英军再犯晓峰岭，又被清军击退。十六日，英军又攻东港浦、晓峰岭、竹山门，均遭重创。十七日，英军对定海发动了总攻击。英军兵分三路，一路由东港浦入侵，一路强攻晓峰岭，一路由五奎山迎面攻打。定海守军在王锡鹏、葛云飞、郑国鸿三总兵的指挥下，奋勇反击，终因连续作战、装备落后、缺少援兵等原因，定海落入敌手，三总兵壮烈殉国。

英军攻占定海后，兵锋直逼镇海。道光二十一年（1841）八月二十四日，英军在镇海外洋黄牛礁附近集结。二十六日晨，英军分三队发起进攻，进攻城南金鸡岭的英军遭到清守军的顽强抵抗后，占领金鸡岭，清总兵谢朝恩阵亡。城东北的招宝山先于金鸡岭陷落。上午11时许，占领招宝山的英军利用炮台上清军的大炮，俯击镇海县城。英军大炮将城内民房轰塌起火，全城一片火海，守军溃败。钦差大臣裕谦投水获救后，气绝身亡。

英军攻占镇海后，为了控制整个浙江沿海，决定继续扩大侵略。八月二十九日晨，率舰船8艘，载英军700余人，直犯宁波城。此时，宁波提督余步云和知府邓廷彩及清军2000余人，却于先一日即已逃走，英军未放一枪，即占领了浙江重镇宁波。英军占领宁波后，以传教士郭士立为县令，实行统治。宁波等地失守的消息传到京师，宣宗气愤地说："何以英人一到，遽而失守？可见将懦兵疲，全无斗志，非英人凶焰竟不可挡，实我兵弁临阵逃脱几成习惯。"①

厦门、定海、镇海、宁波相继失守后，东南沿海形势紧张，朝中妥协乞和的议论纷起。宣宗力排众议，坚持抵抗路线。道光二十一年（1841）九月初

---

① 《清宣宗实录》卷三六二。

四日,宣宗命协办大学士、吏部尚书奕经为扬威将军,正蓝旗蒙古都统哈良阿、固原提督胡超为参赞大臣(后改命户部侍郎文蔚、副都统特依顺为参赞大臣)赴浙。

十月二十日,奕经等行抵苏州。十二月十一日,抵达嘉兴前线。此时集结在浙江各地的清军兵丁有4万余人,另有义勇、乡勇9万余人。道光二十二年(1842)正月初一日,奕经等移驻杭州。各军到浙后,都在进行紧张的战备工作。按照奕经的计划,要一举收复定海、镇海、宁波三城。具体部署是:东路以郑鼎臣为先锋,收复定海;南路一支由段永福统帅,收复宁波;南路另一支由朱贵统领,攻镇海。

正月二十九日夜,段永福所部先动,冒雨进取宁波。在内应配合下,清军入城,与英军激战竟夜,后因巷战不利,只得撤出战斗,死伤500余人。同日晚,朱贵所部在内应配合下,打开城门,冲入城中,与英军展开拉锯战,三进三出,但始终未能攻占城内,加之外援部队未能赶到,只好撤出战斗。进攻定海的一路在进攻之前即被英军击溃。

这样,奕经的三路反攻,均以失败告终。宣宗鉴于广东、浙江作战的失败,主战态度有所转变,起用妥协派人物,先后派伊里布、耆英等赴浙江。此后,中英鸦片战争进入了第三阶段。

3. 屈辱议和签约

随着英军对香港、厦门、定海、镇海、宁波等地的占领,劳师远袭的侵略者马上就遇到了一个突出的问题,即兵力不足。英军在占领宁波后,开始休整过冬,实际上也是在等待援兵。道光二十二年(1842)三月,奉调增援来华的陆海军估计有军舰7艘和陆军约7个团,从而使侵华英军"拥有军舰二十五艘,载炮六百六十八门,轮船十四艘,载炮五十六门,医院船、测量船及其他船舶共九艘,运输舰还没有计算在内。地面部队,除了炮兵以外,有步兵一万余人"[①]。"估计在战争的最后三个月,英国海陆两军作战兵力约在

[①] [美]马士著,张汇文等译:《中华帝国对外关系史》第一卷,商务印书馆1960年版,第331页。

一万五千人左右,加上辅助人员可达二万人上下。"①

为了尽快实现侵华目标,璞鼎查决定沿长江西侵,夺占南京及沿岸重镇,控制长江、运河两大水道,切断南方的漕粮、税银和各种物资向北方的运输,直接威胁清朝的经济命脉,迫使清廷完全屈服。

道光二十二年四月初四日,英军舰队开始北犯长江。途中攻占了浙江省钱塘江口的重镇乍浦。乍浦之战,十分惨烈。清军的抵抗是很顽强的。"在乍浦,英军对1700名满族守军的士气感到惊讶,对他们面对失败所表现出的拉其普特武士式的反应感到震惊"②。此役英军死伤60余人,一名上校被击毙,被俘16人。

乍浦战后,钦差大臣耆英派伊里布多次向英军提出停战议和,均遭到英军拒绝,英军决意北上,谋取更大的利益。四月三十日,英军抵达长江口外,五月初三日,英军舰船驶近吴淞口,进行侦察活动。吴淞口带江控海,历来为海防重地。江南提督陈化成驻防此地。陈化成乃清军著名将领,治军严明,经过他的积极布防,防御力量大大加强,连英军也认为:"不畏江南百万兵,只怕吴淞陈化成。"③五月初五日,会集吴淞口的英兵船轰击来往商船。初八日晨,英军开始向吴淞发起进攻。英军以3艘重型军舰从正面进攻西炮台,4艘轻型军舰突入黄浦江,进攻东炮台和吴淞镇炮台,掩护登陆部队登陆。陈化成亲临西炮台指挥发炮还击,激战两个多小时,击伤英舰数艘,英军死伤20余人。一名英国军官后来追述道:"我方舰队自与中国军队作战以来,中国人的炮火以这次为最厉害。"④就在战斗激烈进行时,两江总督牛鉴临阵溃逃,英军乘机在东炮台登陆。于是进攻东炮台的英军舰船全部转移,集中火力进攻陈化成据守的西炮台,激战持续5个小时,西炮台终为英军所占,陈化成身受重伤后,力竭阵亡。

吴淞失陷后,上海地方官吏纷纷出逃,富商大户也随之迁离。五月十一日,英军从水陆两个方向进犯上海,上海不战而陷。十四日英军退出上海,

---

① 陈明德:《鸦片战争中英军兵力问题初探》,《历史教学》1986年第八期。
② [美]费正清:《剑桥中国晚清史》上卷,中国社会科学出版社1985年版,第213页。
③ 中国史学会:"中国近代史资料丛书"《鸦片战争》(三),第270页。
④ 中科院上海历史研究所筹委会:《鸦片战争末期英军在长江下游的侵略罪行》,上海人民出版社1958年版,第228页。

集中兵力于吴淞口外,扬言北上京、津,实则准备沿江西进。

道光二十二年(1842)五月二十八日,英舰船60余艘,载兵1万余人,驶离吴淞口,沿长江西犯。六月初十日,抵达镇江江面,随即封锁瓜洲运河北口,阻断漕运。十四日,英军对镇江发起进攻,参战的英陆军近7000人,分别从西北、西、北三个方向同时攻击。清军官兵在京口副都统海龄的率领下,缨城固守,顽强阻击,节节抵抗,重创英军。英军入城后,清军官兵又与英军展开了巷战和肉搏战,"直至全军尽溃,力不能支"①。镇江之战,是鸦片战争以来英军投入兵力最多的一次。此役清军阵亡230余人,受伤263人,失踪156人。据英方统计,英陆军军官死亡3人,受伤15人;士兵死亡31人,受伤92人,失踪3人;海军军官死亡1人,卫士死亡2人、受伤4人,水手受伤17人。海龄见城已破,自缢身亡。恩格斯在为美国《纽约每日论坛报》所写的一篇社论中指出:镇江的"驻防旗兵虽然不通兵法,可是决不缺乏勇敢和锐气。这些驻防旗兵总共只有一千五百人,但都殊死奋战,直到最后一人……如果这些侵略者到处遭到同样的抵抗,他们绝对到不了南京"②。

六月二十六日,英军留下2000人把守镇江,其他舰船向江宁进犯。七月初四日,英舰船80余艘抵达江宁江面。初六日,英军在观音门附近登岸,英军军舰摆出了轰城的姿态,以武力要挟清廷。

英军兵临江宁城下,清朝统治集团内的妥协势力更加活跃,时人评论说:议抚乞和"首建其议者,两江总督牛公鉴,力赞其决者,前协办大学士伊公里布,而始终其事者,则钦差大臣耆公英"③。其实,议抚乞和的真正策划者是军机大臣穆彰阿。英舰抵达江宁,首席军机大臣穆彰阿说:"兵兴三载,糜饷劳师,曾无尺寸之效,剿之与抚,功费正等,而劳逸已殊。靖难息民,于计为便。"④战争不断失利,穆彰阿在清廷中枢施加影响,耆英、牛鉴、伊里布具体实施,促使宣宗被迫走上了求和之路。七月初六日,宣宗任命的主持议和事宜的钦差大臣耆英抵达江宁。

---

① 中国史学会:"中国近代史资料丛刊"《鸦片战争》(四),第702页。
② 恩格斯:《英人对华的新远征》,《马克思恩格斯全集》第十二卷,第189页。
③ 中国史学会:"中国近代史资料丛刊"《鸦片战争》(五),第409页。
④ 转引自范文澜:《中国近代史》上册,人民出版社1962年版,第55页。

璞鼎查于七月十五日邀请耆英等人到英舰"皋华丽"号上参观,以展示英舰的船坚炮利。实际上这是一次军事恫吓和威胁。参观后,耆英向宣宗奏报:"该夷船坚炮猛,初尚得之传闻,今既亲上其船,目睹其炮,益知非兵力所能制伏。"①璞鼎查的目的达到了。

七月二十一日,中英双方代表在江宁城外的一个大庙中举行会谈。会议根本没有什么谈判,清朝的代表只是去领取英方提出的议和条款。宣宗接到耆英送交的条款,指示耆英:"所商各条内均有应行筹酌之处。"②耆英与英方多次讨价还价之后,还是全盘接受了英方提出的条款。

道光二十二年(1842)七月二十四日,清朝的代表耆英、伊里布、牛鉴等在英舰"皋华丽"号上,与英方代表签订了中英《江宁条约》,即《南京条约》。《南京条约》共13款,主要内容有:第一,中国割让香港;第二,向英国赔偿烟价600万元,商欠300万元,军费1200万元,共计2100万元;第三,开放广州、福州、厦门、宁波、上海等五处为通商口岸,英国可在口岸派驻领事等官;第四,取消以往英商只准与清廷指定的行商进行贸易的限制,英商可以自由与中国商人进行贸易;第五,英商应纳的进口、出口货税、饷费,"均宜秉公议定则例",中国海关无权自主;第六,为英国效劳的奸细全部免罪,被监禁者加恩释放。

《南京条约》仅仅是一个初步文件,"它只阐明了一些据以建立新贸易制度的原则"③。在实际安排执行对外贸易和对外交往的新规章方面,还有许多未竟之事,需要通过补充条约规定下来。道光二十三年(1843)六月二十五日,中英《五口通商章程》公布施行。八月十五日,中英《五口通商附粘善后条款》,又称《善后事宜清册附粘和约》即《虎门条约》订立。

《南京条约》是鸦片战争的直接后果,《南京条约》破坏了中国的领土完整和关税、司法等主权,开创了用条约形式使资本主义掠夺和奴役中国合法化的先例。从此,西方资本主义打开了中国的大门,各国侵略者接踵而至,逐步把中国沦为半殖民地半封建的社会。

---

① 《筹办夷务始末》(道光朝)卷五,第2305页。
② 《清宣宗实录》卷三七八。
③ [美]费正清:《剑桥中国晚清史》上卷,中国社会科学出版社1985年版,第228页。

4. 美法等列强趁火打劫

中英《南京条约》签订的消息传到西方国家以后，极大地刺激了一些列强国家通过条约"合法"侵华的欲望。

美国总统泰勒在听到消息后，立即派特使顾盛到中国。他是长期在中国经营鸦片走私贸易的约翰·珀金斯·顾新的本家弟兄。美国在对华鸦片贸易中的地位仅次于英国，据英国东印度公司估计，1817年各国输华的鸦片总数是4500担，其中美国人占1900担。林则徐所缴获的鸦片，有1500余箱来自美国商人。所以，英、美的在华利益是一致的，打开中国大门也是美国的既定目标。

道光二十四年（1844）正月，美国特使顾盛率3艘炮舰到达澳门，并立即同护理两广总督程矞采进行交涉，在致程矞采的照会中威胁道："上次中英战争，实由于广州当局漠视英国官吏的权利所致。""如果在过去五年经验的面前，中国政府回复到已经招致祸害的途径上去，我们只有把这种行径，看作中国企图再与一个大国战争的证据。"[①]同时还声称：将在"约一月之间，兵船满载粮食，即驶往天津白河口而去"[②]，面见皇帝，呈递国书。在顾盛的武力要挟下，清廷再派耆英为钦差大臣，与顾盛谈判，于道光二十四年五月十八日在澳门附近的望厦村签订《望厦条约》。美国在《望厦条约》中除获得英国通过《南京条约》获得的特权以外，还攫取了更多的权益：第一，扩大了领事裁判权。条约规定不但中国人与美国人之间，而且美国人与其他外国人在华发生的一切诉讼，"中国官员均不得过问"。第二，扩大了关税协定权。条约规定中国要变更关税税则，"须与合众国领事官议允"，这就是说，中国必须取得美国的同意，才能变更关税。第三，进一步侵犯中国的领海权。条约规定美国商船进入中国五口停泊，中国无权管理，美国兵船可以任意到中国各通商口岸"巡查贸易"。第四，美国可以在五个通商港

---

① 转引自卿汝楫：《美国侵华史》第一卷，三联书店1952年版，第60页。
② 转引自《中国近代史》编写组：《中国近代史》，中华书局1983年版，第27页。

口建立教堂、医院。

对于中美《望厦条约》的签订,顾盛在写给美国国务院的报告中扬扬得意地说:"美国及其他国家,必须感谢英国,因为它订立了的《南京条约》,开放了中国门户。但现在,英国和其他国家,也须感谢美国,因为,我们将这门开放得更宽阔了。"①

道光二十四年(1844)六月末,法国派遣的特使剌萼尼也率8艘舰船来到澳门,要求与耆英会晤。耆英在探明法国特使的来意后,亲自到澳门谈判。九月十三日,中法双方在停泊于黄埔的一艘法国兵船上签订了中法《黄埔条约》。关于条约内容,耆英向宣宗报告说:"该夷通商章程,业经议定条款,一切均照英、米(即美国)二夷新例,字句互有异同,情节尚无出入。"②凡是英国人、美国人得到的好处,法国人也都得到了。在中法谈判中,法国人提出了一个英、美所没有提出的问题,这就是天主教的"弛禁"问题。天主教元代传入中国,后中断,明末又传入,并在部分地区发展了信徒。清雍正朝起明令禁止,始终把中国人信奉"夷教"视为非法,这是西方国家所不甘心的。由此《黄埔条约》特别规定一款:"倘有中国人将佛兰西礼拜堂、坟地触犯毁坏,地方官照例严拘重惩。"③按照所谓"利益均沾"的原则,其他外国人的传教活动也同样受到保护。在条约中虽然规定了专款,但法国还不满足,法国特使剌萼尼坚持必须由皇帝正式颁诏,将天主教"弛禁"。到道光二十五年(1845)预定互换双方正式批准的条约以前,剌萼尼表示,如果不满足正式颁诏"弛禁"的要求,"约册即不必互换","两国之事,正未可知"④。道光二十六年正月宣宗颁谕:"天主教既系劝人为善,与别项邪教迥不相同,业已准免查禁。"⑤从此清廷被迫让步,天主教在中国获得了自由传教的特权。

继英、美、法等国之后,比利时、瑞典、挪威等国也先后于19世纪40年代后期与中国签订了一批不平等条约。从此,中国的领土主权、关税自主

---

① 转引自卿汝楫:《美国侵华史》第一卷,三联书店1952年版,第79页。
② 《筹办夷务始末》(道光朝),中华书局1964年版,第2879页。
③ 王铁崖:《中外旧约章汇编》第一册,三联书店1957年版,第62页。
④ 《筹办夷务始末》(道光朝),中华书局1964年版,第2949页。
⑤ 《筹办夷务始末》(道光朝),中华书局1964年版,第2964页。

权、司法主权和领海主权遭到严重的干扰和侵犯。

5. 鸦片战争再认识

道光二十年(1840),鸦片战争一声炮响,改变了中国历史的发展进程,半殖民地、半封建社会,就从此时开始。鸦片战争是中国历史上具有划时代意义的历史事件。它给中国造成的后果严重,影响深远。它给中国人民制造的苦难,强加给中国的奇耻大辱,在中国历史上绝无仅有。这是所谓西方"文明"对中国进行的最丑恶的战争。此后,西方殖民主义、帝国主义列强对中国的一系列侵略和掠夺,都是此次战争的继续。它成为近代中国的祸乱之源,此后一系列事件都与鸦片战争有着内在的联系,对此次战争的后果和影响值得我们重新审视。

从中国方面说,无论以什么形式、什么手段来抵抗英国的侵略,都是天然合理的,都是正义的事业。对于清朝官方的抗英斗争,对于民众反抗英军的斗争,都应一体给予积极的评价。以往,一般总是肯定或歌颂民众的抗英斗争(如广东三元里围剿英军),这无疑是正确的。但对清政府组织的抗英的反侵略斗争,其评价只肯定个别人物如林则徐、关天培、邓廷桢等。这不尽符合历史事实。首先,在民族矛盾上升为主要矛盾时,只要反抗外国入侵,都应予以肯定。不应以战争失败或胜利来论是非。清军武器落后,无法挡住英军的近代先进武器装备。清军失败带有一定的必然性。抵抗而失败,还是要给予肯定的。这是肯定其民族大义和为国家、为民族而战的精神。

关于宣宗,即道光帝,有人对他持批判态度,甚至把他打入投降派,或者说他动摇于两者之间,或者以他的动机即为保大清江山而否定他的抗英立场。这些评价不完全符合历史事实,也有不妥之处。他在是否禁烟的两派斗争中,倾向坚决禁烟,有力地维护了国家利益和民族利益。他选中林则徐前往广东全权办理禁烟,当林则徐采取各种措施,毫不留情地打击英国偷贩鸦片的海盗行径,并制定具体对策时,都得到了他的支持和批准。及至发生战争,他同样坚决支持林则徐向侵略军实施打击。当清军失败时,他也没有

1218

马上泄气,还是力主打下去。直到完全失败,才不得不听从妥协派的意见,同意停战、谈判。从全过程来看,在中国人民禁烟、反抗英国等列强侵华的斗争史上,应该给予他以应有的历史地位。

关于鸦片战争失败的原因,有人指责清朝统治者懦弱无能,批判其腐败而导致战争失败。如此分析和结论,只是说对了一部分。实际上鸦片战争从发生到结束,是经过了十分复杂的过程。不能将复杂的问题简单化。中国之失败原因也是多方面的。这场战争实质上是西方资本主义与中国古老的封建主义的较量。清朝社会制度落后,运转不灵,无法应对自由资本主义制度下的英国发挥出的蓬勃的能量;中国已衰落的封建文明是难以对抗西方的科技文明的。这是鸦片战争中国失败的最根本原因。虽说中国已落后,但不能说中国不能打胜仗。在一些局部战役中,清军有能力获胜,但清政府确难取得战争的最后胜利。从这个意义上说,清朝的这次战争失败有一定的必然性。以后的一系列历史事件,直至日本发动全面侵华战争,都证明中国社会制度和科技滞后所带来的恶果。所以把失败全归因于清朝统治者,这不完全正确。即便清朝抵抗到底,多打几次胜仗,也不会改变最终失败的命运。人们对制度的选择,并不是哪个人的个人意志,而是社会发展的趋势,即由社会发展规律决定的。所以,分析鸦片战争之失败,既有社会原因,也有人为的因素,完全归结于清政府或以皇帝为首的几个人是不尽合适的。

鸦片战争的后果,除了把中国推入半殖民地半封建之路,加速了清朝灭亡的进程,同时又引起了另一后果,就是加速了封建机体内的资本主义的生长。鸦片战争后,以英国为首的西方列强在中国开工厂、修铁路、办邮电,产业工人遂应运而生。由于大量倾销新式商品,靠自然经济而生存的农民大量破产,不断拥入城市,为各产业部门提供了廉价的劳动力;而为西方资产阶级服务的买办资产阶级和由民族工业之兴起而产生的民族资产阶级,一起走上历史舞台,为未来的资产阶级革命准备了条件。当然,伴随着西方物质和科技的传入,也把西方的民主、共和等资产阶级的思想意识形态和文化引进中国,引起中国传统文化的阵阵震荡。向西方学习以自强的思想,已成为先进的知识分子的理想追求。中国思想文化界为之巨变,由墨守祖先之成规,转而要求变革;由探求经书之义理,转而要求经世致用。

由此而引发的资产阶级思想启蒙运动,是中国思想文化界的划时代的大变革。总之,鸦片战争所引起的重大变革,对近代中国的发展和演变具有重大的意义。

第四章　太平天国与清朝对峙

1. 洪秀全与金田村起义

　　道光朝末年,一场震撼清朝封建统治的斗争风暴开始孕育,这就是太平天国运动。太平天国的主要领导者是洪秀全。

　　洪秀全是广东花县官禄㘵人,其家世代为农。7岁入塾,16岁辍学居家,18岁起在本村和邻村充当蒙馆塾师。他参加科举考试,屡试不中。道光十六年(1836),再次赴广州应考,于偶然中得到一本梁阿发所写的叫做《劝世良言》的小册子,书中宣传拜上帝、敬耶稣、反对崇拜偶像等的基督教教义,给落第后的他注入了一种新的意识。第二年,科考再次落第,回家后大病一场,重病中恍恍惚惚神游了一次《劝世良言》中的天堂。道光二十三年,他重读《劝世良言》,把6年前的梦境与《劝世良言》联系起来,觉得自己是上帝的次子,耶稣的兄弟,上帝赋予了他提剑斩妖的神圣使命。从此,洪秀全放弃了科举道路,开始了拜上帝的宗教宣传。

　　道光二十四年(1844)四月,洪秀全与同是塾师的同乡好友冯云山,离开家乡辗转来到广西贵县山区。在贵县的几个月,他们的宣传有了成效,吸收了100多个农民信徒。十月,洪秀全回到广东花县,冯云山则又到了广西桂平县的紫荆山。

　　冯云山在紫荆山,经过两年多的努力,在贫苦农民中发展了3000多名信徒,正式成立了"拜上帝会"。洪秀全回到故乡后,开始从事宗教理论著述,写出《原道救世歌》、《原道醒世训》。这些文献除鼓吹上帝是唯一真神、人人应拜上帝外,还把基督教教义与儒家思想糅合在一起,提倡"勿拜邪神,须作正人"①。主张"天下多男人,尽是兄弟之辈;天下多女子,尽是姊妹之群","天下一家,共享太平"②。道光二十七年二月,洪秀全从花县到广州,从美国传教士罗孝全学习基督教教义。后因罗孝全拒绝为他施洗礼,遂于七月赴广西紫荆山,与冯云山会合。

洪秀全的到来,给紫荆山地区的拜上帝会会众很大鼓舞。他被尊为拜上帝会的领袖和教主,会众称为"洪先生","奉之若神"。洪秀全和冯云山一起,在广西大力发展拜上帝会,桂平县与邻近各县的汉、壮、瑶等群众纷纷参加,队伍不断壮大。此时,洪秀全、冯云山商议制定了《十款天条》和各种宗教仪式。洪秀全还撰写《原道觉世训》,除继续宣传上帝主宰一切,人人拜上帝之外,还把封建皇帝称为"阎罗妖",号召人们"共击灭之"。在另一部著作《太平天日》中,他宣称自己是上帝的次子,受命下凡"斩邪留正"。道光二十七年(1847)十二月,冯云山被捕入狱,洪秀全返回广东营救未果。后来,冯云山在广西拜上帝会会众的营救下出狱,回到广东。

道光二十九年(1849)六月,洪秀全、冯云山又一起来到紫荆山,拜上帝会的力量迅速发展壮大。这时,广西的拜上帝会已拥众1万余人,堪称是一个力量可观的武装集团。其基本成分为贫苦农民以及矿工、烧炭工、担夫、手工业者、小贩、无业游民等。也有一些经济地位属于中小地主及富户者,他们的入会是由于没有功名,或社会地位很低,受到当地士绅欺凌和排挤。拜上帝会的领导集团,除洪秀全、冯云山外,还有杨秀清、萧朝贵、韦昌辉、石达开等人。其势力范围分布在广西的桂平、贵县、平南、武宣、象州、博白、陆川等县,以及广东的高州、信宜一带。

拜上帝会迅速发展壮大,洪秀全决定揭竿而起,发动武装起义。道光三十年(1850)六月,洪秀全发布"团营"令,即总动员令,号令拜上帝会会众于十月到广西桂平金田村会合。各地会众接到通知后,纷纷变卖田产房屋,男女老幼成群结队,向金田进发。各地会众到达金田后,立即入营,编入军事组织。十月,各路会众汇集于金田村。总数近2万人。在团营过程中,起义军与清军发生了两次战斗。第一次,洪秀全与冯云山到平南县花洲山村秘

---

① 洪秀全:《原道救世歌》,《太平天国资料》第一册,第87页。
② 洪秀全:《原道醒世训》,《太平天国资料》第一册,第91—92页。

密布置起义事宜,被清军侦知,落入重围。在金田指挥团营的杨秀清接到消息后,立即派出援兵,将围困清军全歼,洪秀全得以安全回到金田,此被称为"迎主之战"。第二次,清军得知拜上帝会汇集金田的消息后,又派兵进攻金田,在距离金田只有五六里的蔡江村,拜上帝会设计大败清军。这两次战斗,检验了拜上帝会的军事实力,鼓舞了起义军的斗志。

道光三十年十二月初十日(1851年1月11日)洪秀全生日这一天,拜上帝会在金田正式宣布起义,"正号太平天国元年"①。此后,太平军迅速扩大到3万余人,并先后在牛排岭与屈甲同清军展开激战,后向武宣进发。咸丰元年(1851)二月二十一日,洪秀全在武宣东乡称天王。洪秀全既称天王,便以杨秀清为左辅正军师,领中军主将;以萧朝贵为右弼又正军师,领前军主将;以冯云山为前导副军师,领后军主将;以韦昌辉为后护又副军师,领右军主将;以石达开为左军主将。太平天国前期的五军主将制度,确立了行营座次的安排,太平天国的建国规模大体上具备。

金田起义和太平军的公开活动,引起了清廷的惊慌,咸丰元年(1851)三月初八日,即派大学士赛尚阿为钦差大臣赴广西,并以乌兰泰、向荣为大将,准备一举攻灭太平军。从咸丰元年二月至八月半年中,太平军转战武宣、象州、桂平、平南等地,与清军有过多次激烈的战斗,特别是武宣三里圩之战、象州中坪墟之战、桂平双髻山之战和平南官村之战,沉重打击了清朝官兵,锻炼了太平军,壮大了革命队伍。清军悍将向荣承认:"生长兵间数十年,未尝见此贼;自办此贼,大小亦数十战,未尝有此败。"②

咸丰元年(1851)闰八月初一日,太平军陆路在罗大纲率领下攻克永安州(今广西蒙山),这是太平军第一次占领城市。太平军占领永安后,清军乌兰泰部和向荣部随即赶到,将永安州团团围住。清军遭太平军重创后,迟迟不敢攻城。双方隔水为营,处于休战状态,从而使太平军得到数月时间进行政权建设。第一,确立官级。"褒封左辅正军师为东王,管治东方各国;褒封右弼又正军师为西王,管治西方各国;褒封前导副军师为南王,管治南方各国;褒封后护又副军师为北王,管治北方各国;又褒封达胞为翼王,羽翼

---

① 中国史学会:"中国近代史资料丛刊"《太平天国》(二),第850页。
② 太平天国历史博物馆:《太平天国史料丛编简辑》第六册,中华书局1962年版,第11页。

天朝。以上所封各王,俱受东王节制。"①又封秦日纲为天官丞相(后封燕王),胡以晃为春官丞相(后封豫王),其余有功将士,分别擢拔任职。太平天国的政治制度初具规模。第二,颁布天历。咸丰元年十二月十四日,太平天国颁行天历。天历乃南王冯云山于道光二十八年(1848)在桂平狱中所创。以太平天国金田起义之年为太平天国辛开(亥)元年。第三,加强军事纪律的教育。洪秀全在永安所发布的天王诏令中,大多为军事纪律教育内容,为以后的胜利打下了基础。第四,印制思想教育的宣传品。太平天国的旨准颁行诏书中,《太平礼制》、《幼学诗》、《天父下凡诏书》、《天命诏旨书》、《天条书》、《太平诏书》、《太平军目》、《太平条规》等均是在永安刻印的。

太平军与清军的休战局面到咸丰二年(1852)正月出现变化。清军统帅赛尚阿亲赴前线,督令北路向荣军和南路乌兰泰军大举进攻。二月十六日夜晚,一场大雨过后,太平军安全撤出永安,前锋直趋古苏冲。十八日,乌兰泰始率清军尾追至古苏冲,太平军2000余人遇害。十九日,乌兰泰所部在龙寮口大洞山遭太平军伏击,伤亡近千人,清军天津镇总兵长瑞、凉州镇总兵长寿、河北镇总兵董光甲、郧阳镇总兵邵鹤龄等,均被太平军击毙。从此,太平军开始向长江流域进军。

2. 太平军胜利大进军

太平军永安突围后,随即北上,设想用奇计袭取桂林。咸丰二年(1852)二月二十九日,太平军抄小路直抵桂林城郊,先锋部队利用在大洞山所获清军旗帜、军衣,乔装清军向荣部赚城。由于向荣本人早在半天前赶到桂林,奇袭没有成功。于是太平军在城西南扎营,准备围攻。因双方力量悬殊,清军援兵不断增加,太平军在围攻一个多月后,主动撤围。

四月初三日,太平军占领兴安县,初五日抵全州。攻城时,南王冯云山中炮受伤。十六日占领全州。十八日,太平军转向湖南永州(今零陵)进

---

① 中国史学会:"中国近代史资料丛刊"《太平天国》(一),第67—68页。

军。途中,在全州以北10里处的蓑衣渡,遭清军江忠源部伏击,冯云山伤重而死。五月初九日,占领道州。道州四面山险,唯一线可通,鸟道崎岖,人力难行,正是太平军在蓑衣渡战败后休整的好地方,以便"增修战具,补益军器,制备军火"①。这时,太平军的队伍已由永安突围时的3万余人增至5万余人。此时,东王杨秀清和西王萧朝贵联名发表了三篇檄文,揭露清朝的民族压迫政策和腐败,号召群众积极参加反清斗争。屯兵道州时,部分太平军将士怀念故土,想从道州越过都庞岭到灌阳,回到广西老家。杨秀清适时提出一项建议,说:太平军"已骑虎背,岂容复有顾恋?今日上策,莫如舍粤不顾,直前冲击,循江而东,略城堡,舍要害,专意金陵(南京),据为根本,然后遣将四出,即不成事,黄河以南,我可有已"②。这一战略决策得到天王洪秀全的同意,从而对太平军的未来发展起了重要作用。

咸丰二年(1852),太平军攻克郴州后,得知长沙清军兵力空虚,遂由西王萧朝贵率御林侍卫曾水源、林凤祥及李开芳等,进袭长沙。一路攻占了永兴、安仁、攸县、茶陵州、醴陵等地。七月二十八日,兵临长沙城下。随即对长沙城展开猛攻,将南门外妙高峰占领,但在激烈的战斗中,西王萧朝贵被清军南城魁星楼上所发炮弹击中阵亡。洪秀全、杨秀清得到萧朝贵阵亡的消息后,立即率大队人马前来围攻长沙。由于清军固守,太平军数十日攻打未下。十月十九日,太平军主动撤围北上。

太平军撤离长沙后,向洞庭湖南资水岸边的益阳进军,十月二十二日一举攻克。益阳附近的数千民船船户加入了太平军,从此有了一支水师队伍。太平军出资口,越洞庭湖,攻下湘楚重镇岳州(今岳阳)。在岳州又获得5000多条民船和大批军械。由于太平军建立了水师,杨秀清从船户中挑选湖南祁阳人唐正才,任命为典水匠,职同将军,正式成立水营。水营的成立,为日后太平军的军事行动起了重要的作用。又获得旧藏吴三桂的大批军械,在军事物资上有力地提高了太平军的战斗力,改变了没有重型火器的劣势。此后,太平军"从岳州起程,千舡健将,两岸雄兵,鞭敲金镫响,沿路凯歌声,水流风顺,计数日驻营鹦鹉洲"③。

---

① 中国史学会:"中国近代史资料丛刊"《太平天国》(三),第290页。
② 中国史学会:"中国近代史资料丛刊"《太平天国》(三),第290—291页。
③ 中国史学会:"中国近代史资料丛刊"《太平天国》(三),第5页。

咸丰二年（1852）十一月十二日，太平军占领了汉阳，随后又占汉口。汉阳与武昌隔江相望，江面宽阔。为了争取时间进攻武昌，典水匠唐正才设计了一座从汉阳晴川阁到武昌汉阳门之间横跨长江的浮桥，该桥系"以巨缆横缚大木，上覆板障，人马来往，履如坦途"①。桥成之后，又不断改进，"更多系大铁锚，重三四十斤者抛江中，视前益稳固，虽大风浪不能动"②。十二月初四日黎明，太平军经过充分准备用地雷炸毁武昌文昌门城墙20多丈，8名太平军战士扬旗先登，余众四围乘梯攻入，占领武昌。

武昌是太平军金田起义后所占领的第一座省城，军威大盛。群众欢欣鼓舞，踊跃参加太平军，出现了又一次扩军高潮。据有人估计，此时太平天国的总人数达50万人③。面对这样庞大的起义队伍，清朝统治集团惊恐万状，不知所措。对太平军下一步的军事动向，是"北走信阳，东下九江"，还是"西上荆襄，南回岳州"④，到底如何，一片茫然。于是，只能处处设防，逮治钦差大臣署湖广总督徐广缙，以湖南巡抚张亮基署湖广总督，以署湖北提督向荣为钦差大臣，专办两湖军务，以云贵总督罗绕典专防荆襄，以两江总督陆建瀛为钦差大臣进防江皖，以署河南巡抚琦善为钦差大臣驻防楚豫。

太平军在武昌停留，进行整军和扩军之后，咸丰三年（1853）正月初二日主动放弃武昌，以胡以晃、李开芳、林凤祥带陆路之兵，东王、北王、翼王、天官丞相以及罗大纲、赖汉英带领水军，天王洪秀全龙舟居其中，男女老幼50万人，船万余艘，顺流东下⑤。太平军沿长江东进，盛况空前，势如破竹，"其由武汉下江南也，帆幔蔽江，衔尾数十里。……行则帆如迭雪，住则樯若丛芦，炮声遥震。沿江州邑，无兵无船，莫不望风披靡。"⑥太平军水师"半多湖南炭船，名曰小拨，其舟身长而窄"，"首尾木板斜耸，高与棚齐，冲风破浪，驶迅如矢"，虽大炮轰击，不能得力，是以由岳州直下，所向无前⑦。

正月初八日，太平军长驱直入，大败两江总督陆建瀛的江防军，占领鄂

---

① 中国史学会："中国近代史资料丛刊"《太平天国》（四），第594页。
② 中国史学会："中国近代史资料丛刊"《太平天国》（四），第596页。
③ 中国史学会："中国近代史资料丛刊"《太平天国》（三），第296页。
④ 中国史学会："中国近代史资料丛刊"《太平天国》（七），第26页。
⑤ 中国史学会："中国近代史资料丛刊"《太平天国》（二），第791页。
⑥ 中国史学会："中国近代史资料丛刊"《太平天国》（三），第141—142页。
⑦ 中国史学会："中国近代史资料丛刊"《太平天国》（七），第35页。

东咽喉武穴镇(今湖北广济)以南的下巢湖。此消息传到九江,九江城内2000多清军惊慌失措,"文武弃城远避,兵勇闻风先散"①。九江是安徽、江西、湖北三省的门户。正月十一日,石达开率部顺利占领。3天后,向荣率部尾随至九江时,太平军已扬帆东下,进入安徽省境。十七日,太平军攻占万余清兵驻守的安庆城,所有藩库饷银三十余万两,总局饷银四万余两,府仓米一万余石,太湖仓米二万余石及常平仓谷以及城上大炮自二千五百斤至数百斤,共一百八十九位均为太平军所获②。此后,太平军连克池州(今安徽池州)、铜陵、芜湖、太平府(今安徽当涂)及和州(今安徽和县)等沿江重镇,直逼江宁,即南京。

正月二十九日,太平军兵临南京城西南善桥一带。太平军抵达南京后,水营"自新洲戴胜关上游夹江泊起,至七里洲下游夹江泊止",船只密排于夹江之中;陆营有"二十四座,每营多者二三百人,少者五六十人"③,连续数十里。太平军如此强大的阵容,深为当时目击者所惊叹:"其众难敌也!破江宁日,口称二百万,七八十万足数也。……故或登三山门望之,自城外至江东门,一望无际,横广十余里。直望无际,皆红头人。……既众且整,吾人望之夺气。"④二月十日,太平军开始攻打南京城,先用地雷轰塌南京北城仪凤门,攻破外城,斩两江总督陆建瀛。十一日,分别从南城聚宝门及水西门、旱西门入城,攻破内城,斩江宁将军祥厚、副都统霍隆武等,南京城遂全部为太平军所占领。

3. 太平天国建都天京

太平军占领南京,将南京改为天京,定为都城,太平天国随即进入了一个新的发展阶段。

占领南京后,近两个月的时间用于巩固天京的军事工作,并占领天京外

---

① 中国史学会:"中国近代史资料丛刊"《太平天国》(七),第46页。
② 中国史学会:"中国近代史资料丛刊"《太平天国》(七),第59页。
③ 中国史学会:"中国近代史资料丛刊"《太平天国》(四),第650页。
④ 汪士铎:《乙丙日记》卷一。

围的军事要地镇江、扬州等地。这些工作主要是:第一,设望楼。在天京城内大建瞭望塔楼。通城大街小巷无处不有,其楼高五丈,计三层,楼上设大鼓一面,每楼派五人看守,遇敌来犯,则击鼓报警。第二,建立营垒。太平军在天京各城门外都建有营垒。营内设有望楼,营外则建壕沟,沟中遍插竹签,沟外又搭拦马桩,营门口和营墙上则设枪炮门。第三,组织民众。将城内男女分别男行女行,男入男馆,女入女馆,每馆人数均为25人。男馆又分为牌面馆与牌尾馆,"城中凡男子十六岁至五十岁,谓之牌面,余为牌尾"。牌尾馆中,"使残废者守馆,老病使扫街道、拾字纸,亦不打仗"①。牌面馆者,多半都参加太平军。第四,加强水营,设疏附衙。在下关大王庙附近设水营总部,庙前设船厂,水府祠前江口,用木城遮拦,上开枪炮小口,内设望楼两处。于汉西门外设疏附衙,负责文书投递。递送文书主要用船,陆路用马。寻常文书日行百余里,紧急军情每时驶50里。船行规定,下水顺风日行240里,上水顺风日行百余里,逆风不行等,制度极为严密。

经过近两个月的整顿和部署之后,太平军采取了第一个重大军事行动,即出师北伐。咸丰三年(1853)四月初一日,天官副丞相林凤祥、地官正丞相李开芳、春官副丞相吉文元等率太平军2万人,自扬州经仪征,出师北伐。先占领天京北面的浦口,然后进入安徽境内,一路连克滁州、临淮关、凤阳、怀远、蒙城、亳州等地,遂入河南,攻下归德府城(今河南商丘)。这里是渡过黄河北上的捷径,但清军早已将渡船封锁,太平军无法渡河,只好沿河西走,沿途经过朱仙镇、中牟、郑州、荥阳,至汜水、巩县。巩县的煤矿工人发动起义,响应太平军,六、七月间,太平军在巩县乘运煤船渡过黄河,进围怀庆(今河南沁阳)。因清军大批援兵赶到,双方展开激烈的争夺战,太平军三次破城而不可得。相持两个月后,太平军撤怀庆围,进入山西。在山西境内,经垣曲、曲沃、平阳、洪洞,再折而东向,由沁源、屯留、潞城经河南涉县、武安入直隶境内。太平军东西驰骋,文宗破格任命的钦差大臣胜保所率的清军,只能疲于奔命地尾随在太平军身后,无可奈何。八月,太平军一举攻克临洺关,直隶总督讷尔经额所部1万余清军大半被歼。然后,太平军长驱直入,乘胜北上,连克沙河、任县、隆平、柏乡、赵州、栾城、藁城、晋州、深州等

---

① 中国史学会:"中国近代史资料丛刊"《太平天国》(四),第653页。

城镇,于九月十一日进军张登镇,离保定仅 60 里。清廷大震,文宗急忙任命惠亲王绵愉为奉命大将军,科尔沁郡王僧格林沁为参赞大臣,总统四将军与胜保合力抗拒。同时,京师设巡防所,宣布戒严。"时北京官民逃迁者达三万户,北城一万八千户仅余八千户。"①北伐的太平军自天京出发,到进入直隶,不到半年时间,却横扫江苏、安徽、河南、山西、直隶等省。由于清廷调集重兵防堵太平军进京路线,太平军改从藁城东进,经深州、献县、沧州等地直取天津。天津士绅富商闻讯后,自动捐输巨款,组织团练,又挖开运河堤岸放水,把天津周围变成泽国,借以凭险据守。僧格林沁也随后赶到。九月二十七日,太平军占领天津附近的静海、独流。此时,北方已进入冬季,太平军将士大多是南方人,不惯北方的寒冷,加之清军四面围攻,兵力大受耗损,处境十分艰难。在静海、独流一带坚持了 3 个多月,"虽所到以威勇取胜,究系孤军深入"②,既缺少粮食、棉衣,又无援兵到达,为避免陷入清军的重围,乃主动从静海突围南下,在阜城战役中,吉文元战死。咸丰四年(1854)四月,林凤祥、李开芳率部到东光、连镇等待天京派出的援军。天京派出的援军进到山东临清,遇阻退回,途中遭清军袭击,大部分溃散。李开芳分兵南下,接应援军,又被围困在山东高唐州。自此,林凤祥在连镇坚守 11 个月,与僧格林沁相持;李开芳在高唐州坚守 1 年多,与胜保相持。咸丰五年(1855)正月,连镇陷落,林凤祥被俘,大义凛然,在敌人的酷刑面前,"刀所及处,眼光犹视之,终未尝出一声"③。此后,僧格林沁集中全力进攻高唐州,李开芳率部突围,在茌平冯官屯再次被围。清军引水灌冯官屯,北伐的太平军营垒被攻破,将士大部分战死。李开芳亲自去清营,企图用诈降计里应外合,被清军识破,执送京师,英勇就义。至此,北伐的太平军以失败告终。但这支队伍历时两年,转战六省,深入到清廷的心脏地区,给清军以极大的打击。

太平天国定都天京后,采取的第二个重大军事行动是出师西征。四月十二日,即出师北伐后的第 11 天,春官正丞相胡以晃、夏官副丞相赖汉英等率战船千余艘,溯长江西上。先占和州,五月初四日占领安庆。当时,江面

---

① 郭廷以:《太平天国史事日志》上册,上海书店 1986 年版,第 275 页。
② 中国史学会:"中国近代史资料丛刊"《太平天国》(二),第 851 页。
③ 潘士安:《玉珍河钓徒见闻杂记》。

上太平军"千艘往来,飘忽莫测",清军则没有"一舟一筏,可以应敌"①。随后,赖汉英又率队西进,攻取江西彭泽、湖口、南康等城,沿途受到群众的热烈欢迎。五月十八日,太平军围攻南昌,双方均派出重兵增援,战斗十分激烈,相持3个月之久。八月,太平军撤南昌围北上,占领九江。太平军石祥贞、韦俊等从九江出发,向清军水陆军集结地田家镇进攻,清军大败,太平军乘胜攻克蕲州、黄州,第二次占领汉口、汉阳。同时,春官正丞相胡以晃、检点曾天养等进军皖北,连克集贤关、桐城、舒城,围攻清廷的安徽临时省城庐州(今合肥)。庐州之战,太平军击毙清寿春镇总兵玉珊,败陕甘总督舒兴阿等援兵,十二月十六日,太平军以地雷破城,安徽巡抚江忠源投金斗门内关潭下而死,庐州城破。同时,石达开亦占领了祁门、黟县、宿松等。据罗尔纲先生统计,咸丰三年"太平天国在安徽省共克复了二十二个州县"②。

咸丰四年(1854),太平军西征队伍的攻势在湖北、湖南继续展开。正月,太平军进入湖北,破清军黄州堵城大营,杀湖广总督吴文镕。太平军乘胜西上,第三次进占汉口、汉阳,并且北抵随州,西克武昌。与此同时,石祥贞、林绍璋、曾天养所部太平军进入湖南,占领长沙北面的靖港,奇袭湘潭,准备夹攻长沙。四月,与曾国藩统率的湘军在靖港、湘潭激战,靖港湘军水师几乎全军覆没,曾国藩急得投水自尽,后被随从捞起。在湘潭、岳州战役中,太平军失利,曾天养阵亡。八月,武昌城得而复失,太平军船只被焚达千余艘。不久,又兵败田家镇,太平军在长江中游的水上优势很快逆转。

咸丰四年(1854)年末,太平军在西线战场发动进攻,通过湖口之战和九江之战,又扭转了不利形势,掌握了西线战场的主动权。十一月,曾国藩的湘军在田家镇、黄梅获胜后,陈兵九江、湖口间,几乎投入了湘军所有的精兵强将,其中包括陆师提督塔齐布、湖北按察使胡林翼、道员罗泽南、知府李续宾、知府彭玉麟、副将杨载福、道员李孟群等。曾国藩亲自督战。太平军方面由检点林启容固守九江,以冬官丞相罗大纲守湖口西岸梅家洲。石达开奉命驰援,驻守湖口,指挥全局。双方相持1月有余。十二月十二日,湘军水陆师进攻湖口梅家洲,水师的一部分共舢板轻舟120余只,精兵2000

---

① 曾国藩:《曾文正公全集》奏稿卷一五。
② 罗尔纲:《太平天国史事考》,三联书店1955年版,第201页。

人,冲入鄱阳湖内。太平军乘机封锁湖口水卡,将湘军水师分割为二,轻便善战的舢板被堵在湖内,笨重的大船长龙、快蟹等挡在外江。入夜,太平军以小艇驶入外江围攻湘军的大船,两岸火箭喷筒连续施放,难以防御,被焚大战船及各种坐船40余只。湘军水师被迫退回九江城外大营。罗大纲随即赶到九江对岸小池口扎营,石达开也亲到九江督战。曾国藩见势不妙,急忙命湘军胡林翼和罗泽南部回援九江。二十五日夜,九江和小池口的太平军乘月色昏黑,驾舟突袭湘军水师,火弹喷筒齐放,烧毁湘军战船百余只,获曾国藩的坐船,湘军大败。湖口、九江大捷,改变了太平军在西线战场上的被动局面。

与九江大捷同时,秦日纲、陈玉成等向湖北黄梅、广济猛攻,湖广总督杨霈大营全军溃败。秦日纲、陈玉成西进追击,第三次克复武昌,又击败进犯武昌的清军胡林翼部。石达开见清军大部队增援湖北,江西空虚,遂从湖北转战江西,在天地会起义军的配合下,攻城掠地,使江西8府50多州县都在太平军控制之下。

太平天国从定都天京,到咸丰六年(1856)上半年,历时3年,虽然北伐失败,但西征获胜,湖北东部和江西、安徽的大部分控制在太平军手中。咸丰六年三月,秦日纲、陈玉成、李秀成等攻破清军江北大营的120多座大小营垒。五月,太平军又大破江苏巡抚吉尔杭阿于镇江高资,吉尔杭阿自杀。然后,秦日纲等又与石达开会合,一举摧毁江南大营。清朝钦差大臣、督办江南军务的向荣战败后自缢而死。江南、江北大营被击溃,解除了清军对天京的威胁,使太平天国达于全盛。

咸丰三年(1853),太平天国推出了一项重大举措,这就是颁布了《天朝田亩制度》。其中规定:县以下设立各级乡官,管理地方民政、经济和文化生活。居民凡25家设国库一所、礼拜堂一所,管理人员称两司马。农业生产收获时,两司马监督留下25家口粮,其余全归国库。25家中所有婚丧弥月等项开支,都由国库按定制发给。两司马同时又是教师,负责儿童的教育。实施乡兵制度,每年出一人为伍卒,有警为兵,杀敌捕贼;无事为农,耕田生产。有关司法制度,官吏的保举、升贬、奖惩等等,也各有规定。

《天朝田亩制度》最主要的内容是关于土地制度的规定,包括:"凡天下田,天下人同耕。……有田同耕,有饭同食,有衣同穿,有钱同使,无处不均匀,无人不饱暖也。""凡田分九等,其田一亩,早晚二季可出一千二百斤者为尚尚田,可出一千一百斤者为尚中田……可出四百斤者为下下田。尚尚田一亩当尚中田一亩一分,当尚下田一亩二分。""凡分田照人口,不论男妇,算其家口多寡,人多则分多,人寡则分寡,杂以九等。如一家六人,分三人好田,分三人丑田,好丑各一半。""凡男妇,每一人自十六岁以尚受上,多逾十五岁以下一半。如十六岁以尚,分尚尚田一亩,则十五岁以下减其半,分尚尚田五分。又如十六岁以尚,分下下田三亩,则十五岁以下减其半,分下下田一亩五分。"①从这些政策的基本内容来看,从根本上否定了封建土地所有制,明确规定把土地平分给广大农民,具有消灭封建剥削,推翻封建制度的意义。但是不久,太平天国所发出的文件又允许各地"照旧交粮纳税"②,实际上承认了原来的封建土地所有制。这说明《天朝田亩制度》从一开始就没有真正实行。在当时历史条件下,要在小生产的基础上废除私有制以及平均一切社会财富,以求人人平等,则是不可能的。这是农民的平均主义思想的一种反映,也是一种空想。但这一理想的提出,极大地鼓舞着千百万农民群众,激发着为摧毁封建统治而斗争的豪情。

---

① 中国史学会:"中国近代史资料丛刊"《太平天国》(一),第321页。
② 中国史学会:"中国近代史资料丛刊"《太平天国》(三),第204页。

第五章　第二次鸦片战争

古老中国的门户在第一次鸦片战争中被英国的"炮舰政策"打开后，英、美、法等西方列强先是分别以不同方式胁迫清廷与之订立一系列不平等的双边条约，紧接着又制造新的借口，对华发动了更大规模的第二次鸦片战争，使中国陷入更深一层的灾难之中。面对西方列强侵略的逐步升级，清廷从维护国家主权出发，试图通过外交媾和与军事抵抗两种手段来进行对抗。但由于政治腐朽，措置失当，着着被动，导致反侵略战争的又一次失败。清朝统治集团亦因此出现了前所未有的政治分裂。

1. 第一次鸦片战争后中外关系的演变

以英国为首的西方列强在与清朝签署了《南京条约》、《望厦条约》、《黄埔条约》等不平等条约以后调整对华政策，即由军事进攻逐步转向依据条约以"和平"手段来攫取中国经济利益为重点。与此同时，清朝中央政府内部在第一次鸦片战争结束后一直由坚持对外主和派人物起主导作用。所以在鸦片战争后最初6年里，清朝同西方国家的关系基本上是一种"相安无事"的局面。但从道光二十七年（1847）起，中英之间又出现了新的争端，关系再度恶化。

此次导致中英形成争端的第一个问题是广州英人入城之争。英方对华提出这个问题最早始于道光二十三年（1843），是年十月，参加中英《虎门条约》谈判的英方全权代表璞鼎查向清朝负责谈判事务的钦差大臣耆英提出，要求清廷允许已经居住在广州城外的英国商民入居城内。英方提出这一要求的依据是中英《南京条约》第二款，但实际上，该条约所载条文内容

1233

与英方的理解是有一定差异的。《南京条约》第二款记载:"自今以后,大皇帝恩准英国人民带同家眷,寄居大清沿海之广州、福州、厦门、宁波、上海等五处港口,贸易通商无碍;且大英国君主派驻领事、管事等官,驻该五处城邑"①。从上述中文条款看,清廷同意入居城邑的是英国驻华领事,而普通的英国移民只能居住于中国五处港口,没有入居城内的权利。显然,英方是在蓄意引申《南京条约》的条款,以此争取额外的利益。清廷当然知道英方的用意,但耆英害怕直接加以拒绝招致英方不满,遂采取模棱两可的推托方式,暂时予以回避。至道光二十五年二月,英国驻华公使德庇时以福州、上海等口岸已允许英国商民入城为由,第二次向两广总督耆英提出英国民人入广州城居住的要求。耆英仍以"民情未协"予以搪塞。是年底,恰好为清朝向英国缴纳最后一笔鸦片战争赔款,按照中英《南京条约》规定,中国交清赔款后,英国应将其占领的浙江舟山群岛归还中国。德庇时以全面履行中英《南京条约》为借口,将入居广州城与归还舟山联系到一起,声称如不允许英人入居广州城,英国就不归还舟山群岛②。迫于德庇时的淫威,同年十二月十六日,两广总督耆英会同广东巡抚黄恩彤派人在广州各处张贴布告,希望绅民"体谅"地方官难处,勿再对外人入城"疑虑反对",允许英人入城,以期"中外常得和平"。此布告一贴,立即招致绅民抗议。耆英眼见绅民反抗情绪高涨,不敢贸然接受英方要求,同时他又找不到继续回绝英方的理由。在左右为难的情况下,他通过暗中活动,一方面加大对璞鼎查的感情投入,另一方面承诺两年后让英人进城,从而再次取得英方对其处境的"理解",同意"暂缓入城"。但清廷也为此付出了代价,被迫做出进一步的让步,同意在翌年四月中英签署的英军《退还舟山条约》中正式写明:"进粤城之议中国大宪奉皇帝谕旨,可以经久相关,方为妥协等因。……故议定,一俟时行愈臻妥协,再准英人入城;然此一款,断不可废止矣"③。这一条款第一次肯定了英国人的入城权利。

道光二十八年(1848),原英国新加坡总督文翰接任香港总督兼驻华公

---

① 王铁崖:《中外旧约章汇编》第一册,三联书店1957年版,第31页。
② 参见茅海建:《关于广州反入城斗争的几个问题》,《近代史研究》1992年第六期,第43—47页。
③ 王铁崖:《中外旧约章汇编》第一册,三联书店1957年版,第70页。

使,上任后,照会接替耆英任两广总督的徐广缙,要求清廷按先期承诺允准英人入城。但徐广缙不顾前此耆英的许诺,对英人入城要求给予拒绝。不仅如此,徐广缙还组织乡勇在珠江两岸列队高呼抗英口号,"声震天地"。英方惟恐强行入城难以获得实际利益,并可能酿成激烈冲突,而当时又忙于欧洲战争,一时难以抽出大规模兵力来华组织新的战争,遂决定采取迂回策略,暂时搁置入城要求,去争取其他方面的利益。但英方在形式上依然做出强硬的姿态,即以文翰的名义向徐广缙递交了一份带有威胁的声明,指责清朝破坏条约和协定所规定的英方"入城权利",声称,"两国之间将来无论发生任何对中国不利的事件,其过失都在中国政府方面"①。显然,英方在这里已预先埋设了未来再次提出入城要求和扩大事态的引线。不谙时事的徐广缙等人根本不清楚英方的战略构想,将其在入城问题上的暂时退却错误地视为自己的一次重大胜利,在广州城里搭起了6座宏伟的牌楼举行庆祝,并向宣宗报告称:英人惊恐"众怒难犯,遂尔畏葸中止"②。宣宗为这意外的"胜利喜讯"而振奋,特于道光二十九年四月十五日发布上谕,称赞徐广缙等人"不折一兵,不发一矢……该督安民抚夷,处处皆抉摘根源,令该夷驯服,无丝毫勉强,可以历久向安"③,特著赏徐广缙一等子爵,准其世袭,并赏戴双眼花翎;赏广东巡抚叶名琛男爵,世袭花翎;余均升赏有差。宣宗还下令将上海、天津和南京三地督抚、道台官员拥有的外事处理权一并移交给两广总督和广东巡抚。宣宗对徐广缙、叶名琛的奖赏和国家外事权向广东集中的做法,在一定程度上鼓励了徐广缙等素有虚骄意识的清朝官员的盲目排外的情绪,减弱了外交政策上的弹性,表现出清朝的对外政策又从缓和为主急剧向强硬转变。英方迂回战略的实施和清朝对外政策重新转为盲目强硬,预示着中英之间的对抗将更为激烈。

此间中英外交上形成的另一个争端是"修约"交涉。几乎就在中国朝野上下相庆广州反入城斗争"胜利"的同时,英国即开始谋划向清朝提出新的更为苛刻的要求。道光三十年冬,广西爆发了太平天国金田起义,起义的

---

① [美]马士著,张汇文等译:《中华帝国对外关系史》第一卷,商务印书馆1960年版,第447页。
② 《筹办夷务始末》(道光朝)卷八〇,中华书局1964年版。
③ 中国史学会:"中国近代史资料丛刊"《第二次鸦片战争》(一),上海人民出版社1979年版(下略),第155页。

迅速发展,加上起义者信奉的拜上帝教的教义部分来自西方的基督教,使西方殖民者产生了绕开刚上台即持更为强硬外交路线的清朝咸丰帝和政府,利用与起义者的"合作"来获取经济利益的幻想。于是,西方殖民者便推迟了向清廷提出要求,全力开辟各种渠道对太平军进行渗透,以争取太平军的"合作"。至咸丰四年(1854),西方殖民者在历经数次活动毫无收效之后开始意识到,他们的努力是徒劳的,根本"不能从太平军的胜利中捞到什么油水"①。这样,以英国为首的西方殖民者又回过头来再向清廷提出他们蓄谋已久的侵略要求。

咸丰四年(1854)三月,英国驻华公使包令会同美国驻华公使麦莲和法国公使布尔布隆一起来到广州,要求与两广总督叶名琛会见,谈判"修约"。所谓"修约",就是要修改道光二十二年(1842)签订的《南京条约》。英国公使带头提出这一要求的"依据"是,在道光二十四年中法《黄埔条约》第三十五款中有"日后大法兰西皇上若有应行更易之处,当就互换章程,年用核计满十二年之数,方可与中国再行筹议"②的规定,另在同年签订的中美《望厦条约》中亦有类似条文。英方认为,虽中英《南京条约》、《虎门条约》中没有这样的字样,但英国援引《虎门条约》中规定的清朝将来"设有新恩施及各国,应准英人一体均沾"条款(片面最惠国待遇),认为英国可以自动获得这一权利。英方凭借这一"依据",认为到咸丰四年中英《南京条约》已经签署 12 年,"理应进行修改"。

这是英国制造的又一个侵略借口,因为虽然《虎门条约》中有"一体均沾"条款,但《虎门条约》系通商条约,此规定只限定为两国通商时给予英方的一种特殊经济待遇,如果是中美、中法在修改贸易协定过程中,清朝又给了对方新的优惠,英国据此向中国提出同样的要求,似有(不平等条约的)法理遵循。而《南京条约》属于双边政治性和约,非一般性的通商条约,并且无修改约定,所以英方要求按"十二年修改"原则重修《南京条约》,是明显站不住脚的。从英方所提修约大纲内容(英国公使进驻北京、增加中国的开放口岸数量、承认鸦片贸易合法化、废除外国进出口商品在通过中国内

---

① [美]费正清主编:《剑桥中国晚清史》上卷,中国社会科学出版社 1985 年版,第 265 页。
② 王铁崖:《中外旧约章汇编》第一册,三联书店 1957 年版,第 64 页。

地时征收的子口税)来看,此间英方随意引申条约含义的真实目的,一方面是想让中国做出外交上的让步,即允许英国公使进驻北京;同时更重要的是想进一步迫使中国在经济上让步,造成中国商品市场彻底开放的局面。本来,当中英签署的不平等的《南京条约》和随后的《虎门条约》正式生效后,英方已经获得了期待已久的进入中国通商口岸开展商业贸易的特权,中国的商品市场在事实上已被英国打开。到道光二十五年(1845),英国输华商货年度总值已由道光二十二年的969581英镑增加到2394827英镑。然而,历史并非完全按照侵略者当初"假定需要"的那样发展,从道光二十六年起,英国对华商品输出的势头就开始由逐年上升转为渐次下降。道光二十六年,英国输华商货年度总值降到了1791439英镑;道光三十年再降至1574145英镑;到咸丰四年(1854),英国输华商品额几乎"只有1843年的十七分之十"①。据英国资本家统计,在道光二十五年至二十六年间,经营英国输华制造品的商人约亏本百分之三十五至百分之四十。这种状况大大出乎英方的预料,英国资本家原以为每年的输华商品额大约在2000万英镑左右,因为当时英国每年输往印度的商货总值约为900万英镑,而中国人口高于印度3倍,所以英国人估计,年输华商品额应是输往印度商货值的2倍至3倍。英国打开中国商品市场的"这一光辉灿烂的梦幻怎么就变成了如此'贫瘠的现实'呢"②?英国工商业团体就此进行调查研究,最终得出三点原因:第一,是由于英国大量向中国倾销印度鸦片,使中国大部分白银为鸦片所吸收,导致中国缺乏购买其他工业品的支付能力;第二是中国自给自足的自然经济对外来商品仍具有特别强大的抵制作用;第三是英方不顾中国人的生活习惯向中国输入了诸如钢琴、刀叉厨具等商品,这些商品因没有消费市场,造成了大量积压。那么如何解决这些问题,以尽快扭转英国对华贸易额下降的局面呢?从英国资本家的角度来说,第一个原因是无法解决的,因为放弃对中国的鸦片贸易,英国就失去了一项难以替代的财源,所以不仅不能放弃,而且还要使之合法化;第三个原因是英国商品输出的品种选择问题,自身就能调整,虽然容易解决,但对扭转整体贸易形势影响不大;因此,

---

① 马克思:《对华贸易》,《马克思恩格斯选集》第二卷,人民出版社1972年版,第59页。
② [英]伯尔考维茨著,江载华等译:《英国通与中国外交部》,商务印书馆1962年版,第17页。

英国方面认为改变中英贸易形势的核心是解决第二个原因,而解决这个问题的关键是通过"修约"来迫使中国进一步开放市场。所以,在包令等人所提出的四项修约要求中,把扩大开放中国商品市场一项放在了突出位置。

面对英人提出的"修约"要求,清朝方面本应断然加以拒绝,但缺乏国际公法和国际交往知识的两广总督从一开始在内心里就已默认了英方的要求,而在行动上却又不知所措,遂于咸丰四年(1854)六月上奏皇帝,等待皇帝指示。奏文称:英、美两国公使"初来颇觉神秘,迨至再三查询,始知皆由于道光二十二年前在江南订约时,有十二年后重订等语。本年闰七月初六日即已届期,该国王等分遣各酋来粤,即专注意于此"。文宗的态度更是莫名其妙,他告知叶名琛"尤当不动声色,加以防范,届时惟有随机应变,以绝其诡诈之谋。叶名琛在粤有年,熟悉情形,谅必驾驭得宜"。文宗的"不动声色"、"随机应变",叶名琛将其理解并化为行动的具体做法就是"避而不见"。

叶名琛的躲避不见,使英、法愈发感到清廷是心虚害怕,因此更加胆壮,遂联合北上江苏交涉修约问题。两江总督怡良先以英、法公使无国书拒之,接着,告知英、法公使:"广东钦差大臣管理各国事务,即属钦派大臣,为便另行渎请",原路返回广东,"听候查办",把英、法公使又推回了广东。返回广东的英、法公使再向叶名琛交涉,叶仍是不见。应该说,文宗和叶名琛的这种做法是非常愚蠢的,若采用强硬外交,必须面对面据理力争,驳回其无理要求;避而不见,必然授人以柄,反而使自己被动,这正是顽固、愚昧、傲慢的表现。

英、法公使的修约要求及其沿海岸线南来北往的活动,引起了东南地区一些封疆大吏的不安。江苏巡抚吉尔杭阿为此提出了自己的见解:"莫若将计就计,钦派资望深重之大臣,前来议定妥协章程……若但令其仍回广东,致任跋涉风涛,久无成议,该夷心未惬服,终恐别生事端"[①]。文宗接到奏折后,非但不予接受,反而更加强硬,斥责吉尔杭阿是"受人要挟、被人欺蒙",并称"夷人"北上赴津,"皆嘘声恫吓"。随即通知直隶总督桂良,要求其对将要来到天津的"夷酋""正言开导,杜其觊觎之心"。文宗的强硬态度

---

① 《筹办夷务始末》(咸丰朝)卷一,中华书局1979年版,第299—300页。

决定了是年英、法、美三国公使的大沽之行最后是空手而归。这时,三国公使中有人主张立即对华用兵,但英国政府认为,此时正值英、法两国与俄国在土耳其及黑海进行克里米亚战争,无力在东亚开辟新的战场,于是决定在一段时间内搁置这一问题。

在连续以外交手段争取修约的活动遭到挫折后,英国从1856年初即开始考虑发动新的对华战争。克里米亚战争以英法方面的胜利而宣告结束后,英国感到发动对华战争的后顾之忧已消除,于是加快了组织战争的步伐。英国内阁做出决定,由英国外交部密函法国外交部,建议共同出兵攻打中国。法国之所以在这时对侵华"极感兴趣",是因为此前不久在中国广西发生了一起打死法国传教士马赖的"西林教案"事件①,引起法国不满,多次向叶名琛交涉未果,遂一直想寻衅报复。英、法双方一拍即合,双方经近3个月时间的密商,基本达成了联合出兵的协议。发动侵略战争通常要制造一个对侵略者有利的借口,以便在国内获得支持和议会通过,当时英、法实在找不到可以利用的口实。就在这个时候,传来了由英国驻广州总领事巴夏礼一手策划的"亚罗号"事件,"它像及时雨般把那进行已久的肮脏交易掩盖得天衣无缝"②。

2.亚罗号事件与再次爆发鸦片战争

咸丰六年(1856)九月初十早晨,广东水师千总梁国定率清兵40人到停泊在广州黄埔港的划艇"亚罗号"上执行公务,搜查海盗,随即将隐匿在船上的海盗李明太、梁建富和另外10名涉嫌走私的船员逮捕。英国驻广州总领事巴夏礼得知后,就此挑起事端,诡称该船为英国所有,并造谣说中国水师在该船捕人时扯落英国国旗,有损英国的主权和荣誉,并致函两广总督叶名琛称:"此为侮辱事件,事关重大,须立即赔偿。"要求释放人犯,同时向英方"赔礼道歉"。巴夏礼以最后通牒的口气要求在48小时内就上述要求

---

① 西林教案又称"马神甫事件"。
② 参见[澳]黄宇和: *Deadly Dreams: Opium, Imperialism and the arrow War* (1856—1860) *in China*,英国剑桥大学出版社1998年版,第六章。

给予答复。

英方的辱旗之控,是完全站不住脚的。因为"亚罗号"是属于广东省管辖的一艘中国船只,英方根本无权过问"亚罗号"的事情。"亚罗号"本是广东人苏亚成所有的一艘划船,他为了便于往来穗、港和厦、港之间进行走私,雇用了一名英国人担任该船船长,虽然该船曾在港英政府注册登记过,并取得悬挂英国国旗的权利,但到咸丰六年(1856)九月时,其在香港的登记已过期10天以上,该船的管辖权已重新归属于广东省。即使该船当时仍然有悬挂英国国旗的权利,依据英国航海惯例分析,那天也不会出现"扯旗"现象。按19世纪英国船舶航行习惯,船进入别国港口后,马上降旗,以示对主权国的尊重,待再度起航时才能升旗。该船在广州港内停泊已有5天,桅杆上哪里还会飘扬着什么英国国旗?英国航海法律又规定,英船进入有英国领事馆设置的国家港口时,船长必须把船照呈递给驻在当地的英国领事馆查验并交其保管,直到该船快要起航时才许再到领事馆办理离境手续,领事馆经核查该船在停泊期间没有违规及触犯所在国法律后,才予以放行。当时英国在广州已有领事馆,如"亚罗号"属港英所有,它就理应按英国惯例从事。而英国驻广州领馆的办公时间从早上10时开始,而事发时间是在早上8时,该船肯定还没领回船照,在没有船照的情况下,谁敢随便起航?① 事实很清楚,所谓"扯旗"事件完全是英方为发动侵略战争的需要而一手导演的一个子虚乌有的"故事"。

叶名琛接到英方的致函后,先是对全部指责予以否认。但在九月十七日、十八日再次接到巴夏礼和英国驻华公使包令的通牒以后,色厉心怯的叶名琛开始后退,于二十二日复函同意交还其中9人。九月二十三日,巴夏礼又发通牒,要求必须在24小时内交出全部12人。叶名琛再次退让,同意将12人释放,但不予"道歉"。九月二十四日中午,叶名琛按时将12名人犯送交英方,而此时执意要发动战争的巴夏礼以未能满足英方的全部要求为由,拒绝接收。

九月二十五日,包令带领英国军舰突袭珠江,正式挑起战争。叶名琛一方面担心开战会招致洋人诬称"蓄意挑衅",被清廷定个"首坏和局"的罪

---

① 参见[澳]黄宇和:《英国对华"炮舰政策"剖析》,《近代史研究》1999年第四期,第9—10页。

名;同时他从前此反入城斗争的虚假胜利中错误地吸取"经验",认为英军只会欺负官府,不敢惹恼中国百姓,所以他下令不许炮台守军抵抗,以便让"百姓看清英国人的侵略者形象,从而激怒百姓,使他们奋起抗敌"。由于叶名琛及清军闭门不出,广州外围的一些军事要塞很快被英军击毁。但因英军兵力不足,不敢攻入内城,以致在此后的一个多月时间里,双方一直处于不战不和的僵持状态。十月中旬,英方又放出会谈的口信,但叶名琛坚持不为所动,拒绝会见。包令和巴夏礼决定提高军事进攻规模,采用多门大炮同时炮击两广总督府,恐吓一步步升级。叶名琛就是无动于衷,让打得红了眼睛的巴夏礼大感意外。十一月,在叶名琛的支持下,广州民众以焚烧驻粤外国商馆的形式回击英军的侵略,一些商馆及十三行相继被烧。由于这是一场伦敦的英国高层事先不完全知情也没有批准的战事,巴夏礼和包令面对民众抗英逐渐高涨而自己现有兵力又严重不足,害怕继续下去不可收拾,便将英军队伍和舰船撤回香港,并报告伦敦,请英国政府批准战事及派大军前来。第二次鸦片战争的第一阶段就此结束。

3. 英法美俄逼签《天津条约》

1856年12月29日,英国报纸第一次报道了发生在广州的"亚罗号事件"及随后形成的战事,引起了英国新闻界和社会各界的广泛争论。英国政府为误导民众,抢先在1857年1月6日把英国皇家海军驻远东舰队司令西摩尔少将写给英国海军总部的一系列战地报告全部刊登在《宪报》上,让民众和国会议员首先看到的是英国军方对"亚罗号事件"的一面之词,接受诱导,站到英国政府一边。然而,英国政府这种煞费苦心的努力,其结果在关键的国会内不仅没有取得期待的效果,却适得其反。主张战争的英国首相伯麦斯顿请求军费、出兵中国的议案刚一提出,立即遭到上下两院议员的抨击。英国国家检察长在国会辩论前,以英政府不合法理,警告内阁;上院议员德比在辩论时,以"弱国受强权之压迫"、"半开化者受以文明自负者之欺凌"的论点为中国辩护,他说:"我请求,你们的投票对于代表最高皇权之低级官员的妄行职权——宣战,表示你们的不同意;吁请你们不同意,且不默认,以琐小之争执理由及可疑之公议而妄行要求,捕捉商船,不容许毁坏友谊国家之炮台,不容许炮击无防御之商业城市,完全不同意流无辜人民之鲜血";下院议员格来斯顿在辩论中的演说更为精彩,其演讲历时2小时,他说:"战争对于人类至少是一种可怕的灾祸,所以先哲们用严格的法与理来限制它,使它按照某种常例,以减少人类的野性……你们已经将这种良规完全抛弃了,你们使领事可以做外交家,而此领事竟可以指挥英国的全力,杀害无辜的人民。"伯麦斯顿出兵案的表决结果是上院通过,下院以263票对247票予以否决。伯麦斯顿不惜将下院解散重选,他以"大英帝国的光荣和海外利益"相号召,于1857年3月21日获得选举的胜利,其对中国用兵的政策才得以实行。

同年4月20日,英国政府任命前驻加拿大总督额尔金为英国驻华全权代表,统帅本土英兵1500名、香港英兵750名、印度兵350名前往中国。额尔金于4月21日离英赴法,在与葛罗为首的法国侵华军取得联络后,4月25日起航东来。

咸丰七年(1857)八月,额尔金抵达香港。九月,葛罗及法国远征军也来到香港。英法联军会合后,经过一番准备,由葛罗遣悬挂白旗的小船来广州,向叶名琛递交照会,照会中提出要求入城、赔偿损失、重新修约等三项内容,限叶名琛及清军在48小时内让出广州城。对于英法联军的战争通牒,叶名琛全然不知大难已迫在眉睫,竟称:"彼实计穷,急望通商,却不甘求我,仍大言欺人,其中实已全馁,故首插白旗进港,彼国凡弱而降服则竖白旗。(道光)二十一年,粤省受敌人三炮,即挂白布于靖海门以止炮。此次彼亦插旗,乃天道好还,可为前番吐气。"叶名琛继续按以往态度一面对英、法所提照会一一驳斥,他称自己的这种做法是"斩断葛藤,以为一劳永逸之举"[①];一面不做任何战守准备。到十一月,英法联军已集结到5679人。英法全权代表再次照会叶名琛,告知英法两国与中国的交涉权限已由全权代表转移至两国来华的海陆军司令,这实际上意味着战争即将爆发。同日,英法两国海陆军司令也送交了一份致广东督抚照会,叶一并收阅后,不与任何人研究即做了拒绝性答复。此时督署内幕友家丁已迁徙殆尽,只有叶氏一

---

① 《筹办夷务始末》(咸丰朝)卷一七,中华书局1979年版,第37页。

家按照他的主观想象依然不动。叶名琛认为,英法间矛盾甚深,不可能采取一致行动,并且又未得所在国发布战争命令,因此不过是虚张声势,实际上不敢作战。同时,他非常相信扶乩,其所有军机进止全由他父亲叶志诜所居住的长春仙馆中的占卜决定。其父告诉他已求得"十五天后敌兵自退"的好卦,他就信以为真,静等这一天的到来。

十一月,英法联军炮轰广州,揭开了第二次鸦片战争第二阶段的序幕。联军攻入城内,广州将军穆克德讷举白旗投降,叶名琛逃藏于督统衙门的后花园内,被英法联军俘获,联军先是将他囚禁于"无敌号"英舰上,随后将其送往印度加尔各答软禁。咸丰九年(1859),自称"海上苏武"的叶名琛在饱受丢城失败、被囚异国的痛苦煎熬之后,病逝于印度。

广州沦陷后,英法联军在此成立了以英驻广州总领事巴夏礼为首的包括英国人哈罗威、法国人修来在内的"联军委员会"对广州及周围地区实行军事殖民统治。原清朝广东巡抚柏贵、广州将军穆克德讷等人在三人委员会的严密控制下,保留原来的职务名称,为侵略者维持殖民统治秩序。这是西方列强在中国制造的第一个地方性傀儡机关,它一直存在到咸丰十年(1860)《北京条约》签订以后。

英法联军在占领广州后,想乘势强迫清廷签订新约,遂趋兵北上。咸丰八年(1858)一月,联军抵达上海。与联军同行的还有美国代表列威廉和俄国代表普提雅廷。早在上年初英国决定对华用兵时,英国驻美大使纳皮尔就代表英国要求美国与其采取一致行动,为美国总统所拒绝。但美国也希望在不出一兵一卒的情况下,进一步获取在华的商业利益,于是派遣历史学教授列威廉作为美国政府代表来华,期望以和平手段协助英、法达到扩大通商和传教的目的。俄国在获知英、法将向中国进兵后,担心英国会占领俄国一直觊觎的黑龙江流域。为了控制黑龙江流域,得到至少与英、法同等的在华利益,俄国外交部急召驻伦敦的海军武官普提雅廷回国,任命为驻中国全权大使。俄国政府授意普提雅廷来华后在中国人面前要强调中俄百年来的"友好关系",表示出是为"协助"中国对付西方列强而来的。但实际上,俄国给普提雅廷的任务是拉拢英、法两国,从而介入英、法的对华侵略,但又不能与英、法保持一致,以便获取清朝的信任,在关键时刻充当中西冲突的调停人,借此争取有利于俄国的战略利益。咸丰七年三月,普提雅廷到达中俄边界的恰克图,向清方提出要求,希望清廷允许其经过蒙古前往北京,商讨"共同抵抗英、法"。文宗认为,俄"狡猾性成,借端恐吓,中国不需外人帮助之力,至外国互相争斗,中国从不与闻"①,拒绝普提雅廷来华。普提雅廷又前往黑龙江口等待中国批准,并以恫吓手段胁迫,清廷仍不同意。他遂于同年六月由黑龙江口乘船直接前往渤海湾,七月到达天津,清朝官员拒绝与之见面。普提雅廷恼羞成怒,一面致函俄国外交部要求俄政府对华实行报复,一面前往上海,寻求同英、法列强"合作",制裁中国。普提雅廷在上海和香港会见了英国代表额尔金和法国代表葛罗,向他们"诉说"了他在恰克图和天津的"遭遇",极力劝告英方尽快对华施加军事压力,这中间他对英方隐瞒了其在黑龙江流域的活动。在完成了与额尔金等人的沟通并确认英、法已接受其鼓动,准备攻打天津之后,普提雅廷于咸丰八年三月抢在英法联军之前,再次来到天津,先行与驻守大沽的直隶提督张殿元取得联系(此时普提雅廷的俄国官员头衔已由驻华大使改为"驻华舰队司令和钦差大臣")。他称自己是因为不愿与广东官员交往才来天津的,并且基于中俄友好准备将英、法的战略意图告知清朝,从而获得了张殿元等人对他的信任,竟将其视为"朋友"。

三月,英、法军舰开抵大沽口外。英、法代表向清廷递交照会,要求派全权大使到大沽谈判。清廷命户部侍郎崇伦、内阁学士乌尔昆泰、直隶总督谭廷襄为钦差大臣,负责交涉。额尔金故意刁难,竟要中国另派全权大臣,同时提出五点要求:第一是公使驻京;第二是长江沿岸开埠;第三是内地旅行;第四是重订关税;第五是军事赔款。普提雅廷运用他的外交手段,以第三方的身份,自动充当起中国与英、法列强争端的"调停人"。他为达到借助英、法迫使清廷妥协的目的,讨好英、法,告诉英、法代表最好在天津谈判,但谈判前必须继续以军事手段进行恫吓,让清朝彻底就范;同时又装出帮助中国的样子,"提醒"清廷在与英、法谈判时可接受(俄国一直想争取的)通商、传教等内容,但可以拒绝(俄国暂时没有兴趣的)公使驻北京、赔偿军费、贩运鸦片和苦力、内河贸易等内容。在完全获得清廷好感的情况下,普提雅廷开始将早就准备好的俄国想割取黑龙江流域的侵略计划和盘托出。由于普提

---

① 《筹办夷务始末》(咸丰朝)卷一五,中华书局1979年版,第13页。

雅廷一直暗中鼓动英、法出兵,同时他又劝告清廷在与列强谈判中采取强硬立场,所以英、法决定提前进攻天津。四月,联军炮轰并攻占大沽,是役造成清军伤亡2万余人。英法联军的行动从侧面"证实"了普提雅廷先前向清廷提供的英军将进攻天津的"情报",使清廷对他更加信任。

四月十四日(5月26日),英、法联军进抵天津城下,扬言在攻下天津后进攻北京。文宗大为震惊。情急慌乱之中,清廷只好一面请普提雅廷和来华的美国公使出面调停斡旋,一面改派大学士桂良、户部尚书花沙纳到天津与英、法谈判。但会谈一开始,中英双方间便在关于公使进驻北京的问题上出现争执,英方步步紧逼,清方代表不愿做更多妥协,因此会谈很快陷入僵局。

为打开僵局,文宗决定重新起用主和派人物耆英以全权大臣的身份与列强谈判。然而,在此之前英国军队攻陷广州时,英军在缴获的两广总督府文件中,发现了耆英主张对英要采取外和内硬两面对付手法的奏报,英方认为耆英对英国不够"坦诚",所以英方对耆英主持谈判予以反对。五月,耆英到天津,要求会见额尔金,遭其拒绝,中英谈判由此濒于破裂。桂良通知英方,中国已做出让步,准备允许外国公使驻扎天津。耆英再次正式告知英方,他是谈判的中方全权大臣,额尔金仍不出面,只委派副代表李泰国见耆英。耆英告诉李泰国,他和李的父亲李乔治(英国驻广州首任领事)是好友,希望以此来打动李泰国。而李泰国从英国总体战略目标出发,非但不买耆英的账,反而当着耆英的面公开宣读英方缴获的耆英"佯示友好,安抚夷人"的奏书,以此羞辱耆英。

在这种情况下,耆英、桂良、花沙纳三人一起会商,研究重开谈判的策略。三人的一致意见是,为保证会谈继续下去,耆英最好退出。于是由桂良、花沙纳起草奏折,请求朝廷召回耆英。文宗接奏后,感到困惑,责问桂良等为何不让有经验的耆英参加谈判?但这一御旨尚未送到天津的时候,耆英已离津踏上返回京师之路。文宗认为耆英擅离职守,令僧格林沁在通州将耆英逮捕。在朝廷会商处治耆英的会议上,原保荐耆英的惠亲王和肃顺等人为推卸"举荐失误"的责任,力主将耆英处死,本来就对耆英一向主和持有成见的文宗立即同意了这个建议,遂赐耆英自尽。

在桂良、花沙纳的主持下,清廷与列强的谈判又重新恢复。为加快达成协议的速度,桂良、花沙纳选择俄、法、美三国代表优先谈判的方针,以期孤立英国。五月初三日(6月11日),中国与担当"调停"的俄国代表首先签署《天津条约》。主要内容有:第一,俄国公使可以进入北京,中俄邦交平等;第二,俄商可在中国已开或待开口岸经商,俄人在华享有最惠国待遇和领事裁判权;第三,俄国可在中国通商口岸设立领事馆,停泊军舰;第四,俄人可在中国境内传教;第五,中俄未定国界重新划定。随后,桂良等又同美方代表签署了中美《天津条约》。

法国也急于以类似条款同中国立约,但为英国代表所阻止。英国竭力拉着法国坚持公使驻京要求。对此,桂良请求朝廷答应,以避免战火。朝廷认为,外国公使不能驻京,以免其破坏中国体制。各地奏折汇聚朝廷,多数官员都支持朝廷的基本立场。恭亲王奕䜣提出逮捕英方代表李泰国,对英开战。是日,文宗召集亲王、军机大臣及上奏的官员开御前会议讨论和战问题。与会者分为两派,一派主张讲和,一派主张强硬,因此会议没有结果。文宗接桂良奏折,请皇帝速决和战,如和则接受公使驻京的条件,如战则从速派遣僧格林沁赴天津。中英双方争执最激烈的除公使进京一项外,还有开放口岸地点和内河航运问题。英方提出开放镇江,朝廷方面认为危及河运。英方再向清政府施加压力,送交条约大纲56款,声称内容不能更改,如当日不签约,"继续拖延",英方将视为"和议决裂",由来华代表率兵进京。桂良从争取时间、避免战争考虑,一面向清廷报告,一面同意英方的要求。文宗亦无可奈何,在最后一刻批准了公使进京的要求,同时又提出毫无实际意义的限制,即在进京后,一切会见跪拜礼节均需照中国制度,并不得携带家眷。五月十六日(6月26日),中英《天津条约》签字;翌日,中法《天津条约》达成协议。

中英《天津条约》共56款,主要内容是:第一,英方派遣使节驻扎京城;第二,英、法人携带护照,清方允许其到中国内地旅游、传教;第三,中国开放牛庄、登州、台湾(台南)、潮州(汕头)、琼州为通商口岸;平定太平军后,再增开镇江、九江、汉口三处;第四,赔偿英国军费和商欠各200万两;第五,英舰可进入中国各口岸;第六,中国不得以"夷"字称呼英国人;第七,择期在上海会谈,修改关税税则,为以后每10年修改一次。一年后在北京互换条约。

中法《天津条约》共42款,内容大致与中英《天津条约》类似。

四国公使与清廷签订完《天津条约》后,陆续离开天津。其中英、美、法三国公使随英法军舰前往上海,在此等候清朝官员会议关税税则修改问题。因俄国方面已经达到了割取黑龙江流域的目的(此时普提雅廷已配合穆拉维约夫迫使清廷签订了中俄《瑷珲条约》,割取了黑龙江以北的60万平方公里的中国领土,同时,中俄《天津条约》又为俄国的进一步侵略埋下了伏笔),对于商务交涉不感兴趣,所以普提雅廷率俄国军舰直接返回俄国。

《天津条约》的签订对清廷来说是迫不得已,在文宗看来,签约只是一个促使英法退兵的权宜之计,内心一直天真地想找机会把条约废除,他说:"自古要盟不信,本属权宜。"①由于将在上海召开中外关税会议,文宗认为这是改约或废约的难得机会,所以当英法联军一离开天津海口,文宗便立即开始筹划改变《天津条约》的策略。先是召回桂良面授机宜,制定了改约底线,即以全免关税为条件,换取英法放弃"公使进驻北京、内地贸易、内地旅行和赔款"等四项条款。接着,又谕令两江总督何桂清,要求其妥善布置,协助桂良做好改约准备工作。

桂良和何桂清对文宗的改约计划是有不同看法的,认为"事已如此,惟有就会议税则,为补偏救弊,似未可顿改前约,以致(列强)借口失信,另起波澜"②。

由于桂良和何桂清担心英方不满,导致出现新的冲突,所以在会谈过程中,除了向英方提出要修改文宗最为关心的公使进驻北京这一问题外,并没有把文宗所要改的其他条款拿到谈判桌上。对于文宗要求加快修改条约进程的指示,桂、何二人寻找各种理由予以搪塞。文宗眼见改约无望,遂召见主持天津防务的僧格林沁,研究修复和扩建大沽一带的军事防御工事。在左右为难的情况下,桂良说服英方,希望在公使进京问题上英方适当做出妥协,英方从加快关税谈判角度出发,决定在此做些许让步,同意改公使进驻北京为"可以不常驻北京",但必须到北京换约一次。咸丰八年(1858)十月,钦差大臣桂良、花沙纳与英、美谈判代表正式签署了中英、中美《通商章

---

① 《筹办夷务始末》(咸丰朝)卷六一,中华书局1979年版,第2270页。
② 《筹办夷务始末》(咸丰朝)卷三〇,中华书局1979年版,第1065页。

程善后条约》及《海关税则》。接着,桂良又同法国代表签署了大体相同的中法《通商章程善后条约》。上述条约的主要内容包括:第一,中国海关聘用英国人为帮办税务;第二,中国海关对进出口货物一律按时价值百抽五征税;第三,洋货运销内地或英商从内地收购土货出口,只纳子口税2.5%,不再纳厘金税;第四,准许鸦片进口贸易,每百斤纳进口税银30两。这个条约的内容虽然与文宗全免海关税的"内定"改约计划相比损失明显减少,但出让的利权仍然很多,使中国经济贸易进一步为外国所控制。

4. 战争再起与《北京条约》的订立

依据《天津条约》"条约订立一年后,在北京换约"的规定,咸丰九年(1859)二月,英国派遣普鲁斯为全权大使前来中国,做换约前的准备工作。四月,普鲁斯在香港联合法国公使葛罗致函桂良,准备进北京换约。桂良告知将在上海换约,普鲁斯和葛罗坚决反对,即刻率军北上。文宗得知这一消息后,告诉桂良一定要在上海换约,"倘到津船只,或受损伤,我等不能引咎,又或复开兵衅,则上年条约,必至全归罢议"。与此同时,文宗通知僧格林沁严防大沽。原直隶总督庆祺等一些官员认为不宜再战,致函新任直隶总督恒福,劝其千万"不可启衅"。

三月,桂良上奏称英国执意要到北京换约。由于朝廷内已有一批人反对开战,文宗也对英人要求入京问题有所松动,但提出限定前来人数,来时不能携带武器,不得乘轿,还同时规定上岸地点为北塘。五月,英、法使臣率兵舰16艘、官兵1300人抵达天津海河口,从英、法所派兵力规模就可看出其此行意在挑起战争。中国方面要求他们在北塘登陆,英、法使臣却蛮横地坚持要从天津的要塞大沽进入。英国海军司令何伯竟公然无理要求中方在3日内撤除大沽防务。直隶总督恒福和大将僧格林沁因已做好迎敌准备,遂拒绝英方的要求。英舰13艘同时向大沽炮击,英军600人登岸。僧格林沁下令还击。战事结果是英舰被击沉4艘,击伤6艘,英军死60余人、伤370余人,英海军大将亦被击伤;中国方面,阵亡38人。显然,此役的失败者是英军。六月,英、法无奈退回上海。

与英、法公使同来的美国公使鉴于英法联军的失败,于是遵循清军指定的路线由北塘上岸,得清廷信任,被批准进北京换约。

经过半年的补充休整,败退上海的英军又重新装备起来。咸丰十年(1860)二月,英国大使普鲁斯就中国守军在大沽对英军的阻击提出最后通牒,要求中方必须答应英方的三项要求:第一,向英国"道歉";第二,允许英国大使经大沽、天津赴北京换约;第三,赔偿军费400万两。因大沽之战获胜又一次带来信心的文宗断然予以拒绝,他指示何桂清等人转告英国:"现在天津等处设防严密,如果该夷带兵前来,惟有与之决战"①,以此迫使英方罢兵议和。

早就摸清中方底细的英国决定再次发动战争,是年四月,由额尔金、葛罗率领的另一批侵华联军到达中国,英军为1.8万人、法军7000人。何桂清担心发生新的战事,建议文宗与英、法议和,并可借联军帮助攻打太平军。文宗大怒,认为此议无异于卖国,遂撤掉他的钦差大臣职务,以薛焕代替。

五月下旬,英法联军北上,正式向中国提出宣战。六月初,英法军舰200艘齐集北塘。六月十四日(8月1日),英法联军在北塘登陆,攻击清军驻防要塞新河,清军大败,马队3000人只逃出7人。接着,英军又攻克距大沽仅8里的塘沽。在清除外围防御后,英法联军攻占大沽。4天后,攻占天津。僧格林沁率军退守通州。清廷迫不得已,派桂良和恒福以钦差大臣身份去天津议和。英国代表额尔金坚持要清廷同意其带兵几百人到北京换约,并提出由原驻广州总领事巴夏礼担任前导,先行出发料理伙食住宿。还要求清廷答应开放天津、允许英方驻兵大沽、付清赔款等条件,才能撤兵。桂良应允,但清廷予以否定,文宗斥责桂良"双目已盲",怯懦无能。对于英兵入京的要求,文宗认为"夷人续来,将内溃于心",再愚笨的人也能看出"其居心叵测,别有要挟";对于赔款,文宗认为给银就等于城下之盟,"夷人势将益形猖獗",因此"断无此理"。八月,文宗命僧格林沁阻止巴夏礼前往北京,同时悬赏捕捉"夷人",进入战争状态。但次日,文宗又派怡亲王载垣和尚书穆荫为钦差大臣前往通州议和,其摇摆不定,使具体办事的官员左右为难。

---

① 《筹办夷务始末》(咸丰朝)卷五〇,中华书局1979年版,第1863页。

载垣到通州后提出在此议和,英方派巴夏礼前来,文宗得知后,以为英人让巴夏礼先行是为额尔金观察路线,为配合英军进攻,遂谕载垣将其扣留,作为人质,想以此要挟英方。巴夏礼到通州,双方重开谈判。谈判开始后,载垣还是一心想达成协议,以缓解军事危机,所以同意英方提出的开放天津、赔偿军费、英兵400人入京等一揽子要求。就在和议将达成时,巴夏礼又提额外要求,想觐见中国皇帝,呈递国书。载垣知其若"觐见"定不肯行跪拜礼,告知此事关系国体,必须依中国习惯行跪拜礼,巴夏礼不同意,谈判破裂。

八月,就在巴夏礼准备离开通州之际,载垣按文宗的预定方针,将英国代表巴夏礼等26名英国人、13名法国人逮捕,随后送往刑部囚禁。文宗以为巴夏礼被俘,敌心必乱,因而命恒福、焦祐瀛乘此声威,激励团勇,一拥而上,痛击英军。不料额尔金在得知巴夏礼被捕后,即进攻张家湾僧格林沁大营,清军败退八里桥①。英军攻八里桥,胜保率清军在此迎击,但力战不支,向后败退。文宗眼见北京外围防御体系已经崩溃,确认失败已成定局,在此情况下,听从肃顺等人的建议,带朝廷重臣逃往热河(承德)。临行前,文宗任命其弟恭亲王奕䜣为全权议和大臣。

奕䜣素持强硬主张,所以在担任议和大臣后,虽立刻致函额尔金和葛罗要求停战议和,但其对策仍然保持强硬色彩,如拒绝先放回巴夏礼再讨论议和的要求。当接到文宗的指示要其送还巴夏礼"以示大方"的时候,他仍然拖延执行,坚持英、法必须先行退出天津的立场,不肯放人,以致议和谈判毫无进展。

英法联军到达北京,负责议和的恭亲王奕䜣竟吓得扔下议和使命,逃往卢沟桥。英法联军对北京北郊的皇家园林圆明园进行了大肆的劫掠。英法代表向清朝发出最后通牒,要求释放巴夏礼,然后讨论议和,交换条约,否则,英法联军将攻城。留守北京的恒祺与其他留京大臣商讨释放巴夏礼的问题,最后同意交还,但因囚禁的39名英、法人员只剩下18人,其余已死于狱中,引起英方极度不满,所以在同意交出巴夏礼后其压力依然不减。英法联军再发通牒,限时交回巴夏礼、开放安定门,逾时将攻城。恒祺感到不好

---

① 《法钦差葛罗之照会》,《文献丛编》第二十六辑,故宫博物院1930年刊行本。

交代,等恭亲王返城后处理。恭亲王在文宗和大臣的要求下回到北京,照会英、法公使,要求换约。然而,此时的英法联军已不再满足于到北京换约,确定要惩治清朝,暂时不同意回应和议,以作为对清朝方面囚禁英法人员的报复和"泄愤"。

额尔金和葛罗致函恭亲王,提出一系列强制性要求,如赔付英方死难者30万两白银,向法方赔偿"抚恤金"20万两;拆毁皇家园林圆明园;交还被查封的天主教堂和教士墓地等。告知清廷:这是停战、签订和约的前提条件。英法的通牒还规定了要求清廷答复和执行的时间表。

英法侵略者在离规定清廷复照的时间尚有3天的时候,竟突然派兵焚烧圆明园。于是,一座经营200年,规模宏大、建筑精美、举世闻名的皇家园林,被化为焦土和残垣。

放火烧毁圆明园,大大超出了英、法预期的对华报复程度,从英、法侵略者来说,自然是"满意"了。这时临近冬天,英、法士兵难以承受北方的寒冷,故希望尽快签约。对清朝来说,抵抗彻底无望,只有走议和这条路。

九月十一日(10月24日),额尔金在英军的护卫下至礼部大堂,与奕訢交换一年前签署的《天津条约》,同时又签署了结束战争的新约,即中英《北京条约》。该约共9条,主要内容有:第一,《天津条约》继续有效;第二,增开天津为商埠;第三,中国对大沽事件表示"谢罪";第四,改赔款数额为800万两(《天津条约》规定为400万两);第五,英国公使驻京;第六,中国割让九龙半岛南部给英国。九月十二日,中法签署《北京条约》。该约共10条,内容与中英《北京条约》大致相同,另增加了"中国归还天主教产,准法国天主教士在各省购买田地、建造房屋"一项。

中英、中法《北京条约》签订后,占领北京的法军于九月开始撤出。十月,英军亦退出北京。至此,第二次鸦片战争基本结束。

第二次鸦片战争是西方列强强加给中国人民的一场侵略战争。清朝以正义之师在本土对抗侵略者,自然得到人民群众的广泛支持,然而,清朝方面却又一次失败了。是什么原因导致清方失败? 主要有以下几点:

第一,代表国家和民族利益指挥战争的清朝中央政府在关键时刻和战犹豫不定,贻误战机。这是一场关系到中华民族生死存亡的战争,文宗及清廷本应统筹规划,先行制订出一整套切实可行的作战方案。但在战争进程中,虽然也数度言战,几次打出战旗,但文宗更多的还是从前一次鸦片战争失败的消极教训出发,对战争敷衍应付。所以在指导战争上既没有宏观的战略决策,也没有局部的切实可行的战术布置,以致处处被对方的侵略计划牵着走。空言主战,只能是被动挨打。

第二,局部的敌我力量对比相差悬殊。从整体来看,清军人数多,但近代战争衡量双方实力对比,不仅看兵力的多少,更重要的是武器的质量。当时清军一方使用的是弓箭、大刀等原始冷兵器,而敌人使用的是近代兵器,其枪支为先进的后膛枪,威力大、射程远;交通工具方面,清军是马匹、帆船,敌人是快艇、轮船,所以敌人进退自如;情报方面,英军有熟悉中国情况的传教士做内应,对中国军务了如指掌,而清方对于敌方军务布置茫然不知。因此,对方在任何一个局部发动攻击都处于优势地位。

第三,清廷缺乏对国际外交惯例的了解和国际外交斗争重要性的认识,在关系到战争与和解的问题上缺少理性思考。如叶名琛全然拒绝开放广州,文宗欲废弃《天津条约》,僧格林沁派兵逮捕并处死巴夏礼先遣团部分成员等,所造成的不仅是使互为依托、连成一体的外交斗争和军事抵抗两者脱节,而且屡次授人以柄,在事实上给敌人提供了发动战争、扩大战争的口实,导致清廷在失败的泥潭中越陷越深,不能自拔。

第四,与太平天国对清廷的牵制和打击有一定关系。持续多年的太平天国,早已使清廷财政枯竭、兵饷两缺。在这种内战和外部侵略同时并存的情况下,清廷的确难以倾全力组织抵抗外敌,从而造成战略上的被动。

第二次鸦片战争给中国社会带来了深刻的历史影响,表现在:

第一,战争进一步加深了中国社会的半殖民地半封建化。首先从经济上看,由于新开辟了8个通商口岸,使得外国经济侵略势力在华活动的区域有了新的扩大,即开始从沿海深入到内地,从东南扩展到东北。同时,低税率子口税制度的确立,更是为外国资本主义对华倾销商品大开了方便之门,创造了更为有利的条件。因此,中国自给自足的自然经济开始在较大的地理空间内瓦解。其次,从政治的变化看,由于英国霸占了南九龙半岛,此时和随后沙俄鲸吞东北和新疆的广袤领土,使中国领土的完整遭到了空前的破坏。

第二,由于惨痛的战争失败,使得清朝统治者仅存的一点对外反侵略的自信心和决心（在相当长的一段时间内）已不复存在，为了维持政权的继续运转，清朝在对外政策上开始由闭关锁国的强硬立场转为对外"权益和好"。而侵略者一方也从保证兑现已签条约中规定的侵略权益出发，积极扶持清廷发展经济，履行条约。清政府与西方列强在其利益上的一致性，决定了他们从此由相互交兵转向政治、经济上的联合。

5. 沙俄侵夺中国东北、西北领土

早在康熙二十八年（1689）中俄双方签署《尼布楚条约》划定中俄东段边界之后，沙俄侵略势力就退出了黑龙江以北地区，但由于黑龙江地区资源丰富且濒临太平洋，对扩张领土和争夺出海口有着极强烈欲望的沙俄政府自然是"难以抵挡其诱惑"，所以自18世纪初开始，沙俄就一直梦想着卷土重来。第一次鸦片战争中国的失败，使中国的国家实力受到严重削弱，沙俄认为侵吞中国领土的时机已到，于是在道光二十七年（1847）任命狂热的殖民主义者穆拉维约夫为东西伯利亚总督，由他来具体策划和实施入侵黑龙江流域的计划。

在穆拉维约夫的组织下，道光三十年（1850）六月，以涅维尔斯科伊船长为首的一支俄国海上武装"探险队"侵入黑龙江入海口。同年七月，该"探险队"占领了位于黑龙江口的中国要塞庙街，在此非法建立了本地区第一个俄国哨所。此时，正值中国南方地区爆发太平天国的武装起义，清廷为阻止太平军北上，减轻京津地区的军事压力，遂抽调大批东北骑兵入关，因此造成东北边防一时空虚。沙俄"探险队"便利用这个机会，沿着江口和滨海地区四下出击，劫夺中国领土，至咸丰三年（1853），原属于中国管辖的黑龙江江口地区已完全为沙俄武力所强占。

咸丰四年（1854）四月，穆拉维约夫亲率战船70余艘、侵略军1000余人，越过中俄边界，闯入黑龙江，横穿中国领土近2000公里，占领黑龙江下游的阔吞屯，将其改称为马林斯克。随后，沙俄悍然宣布设立以庙街（改称尼古拉耶夫斯克）为中心的"滨海省"，辖地囊括了黑龙江下游和库页岛在内的大片中国领土。

沙俄在通过军事手段非法强占了中国黑龙江流域大片土地后,决定采用外交途径配合军事威胁来迫使清政府承认其侵占事实。于是,咸丰七年(1857)俄遣普提雅廷来华。在普提雅廷此次出访过程中,最初俄方并未实现其侵略目的,但是咸丰八年英法联军扩大战争、占领大沽,给沙俄提供了一次千载难逢的外交讹诈机会。同年四月,俄东西伯利亚总督穆拉维约夫眼见清廷上下一片慌乱,无力顾及东北边防,遂率舰队至黑龙江边的中国要塞瑷珲,向黑龙江将军奕山提出蓄谋已久的重新划分中俄东段边界的要求。在双边谈判中,穆拉维约夫宣称必须以黑龙江、乌苏里江为中俄东段界河。中国代表虽曾据理力争,但沙俄方面以兵舰进行恫吓,逼迫奕山与之订立了不平等的中俄《瑷珲条约》。该条约规定:第一,黑龙江以北、外兴安岭以南(作为黑龙江以北中国人聚居地的精奇里江流域的江东六十四屯除外)的60万平方公里的中国领土划给俄国,乌苏里江以东的中国领土为"中俄共管之地"。第二,江东六十四屯仍由中国人永久居住,俄人"不得侵犯"。第三,准许俄国商人在黑龙江、乌苏里江一带自由贸易。这一条约的签订,不仅使中国失去了黑龙江流域的60万平方公里土地的管辖权,还给沙俄以后侵吞乌苏里江以东的中国土地埋下了祸根。

中俄《瑷珲条约》签订后,穆拉维约夫以"征服了黑龙江的胜利者"自居,于是年五月在海兰泡召开"庆祝"大会,宣布将该地改名为布拉戈维申斯克(报喜城)。沙俄破格提拔他为陆军上将,晋封伯爵,赐名号"阿穆尔斯基"。

沙俄在攫取黑龙江以北的中国领土后,即刻就把侵略魔爪伸向乌苏里江以东。在五月签署的中俄《天津条约》中,沙俄诱使清廷同意加入了"中俄未定国界应重新划定"的条文。清朝官员则幻想通过增加这一条款争回在《瑷珲条约》中失去的主权。清廷以为乌苏里江以东地区隶属吉林,奕山以黑龙江将军身份出让这一地区的部分利权,属于越权行为,便希冀用《天津条约》改正奕山的错误。而对俄方来说,有了这一条就等于找到了其夺取乌苏里江以东地区土地的外交突破口。咸丰十年(1860)六月,俄军占领乌苏里江流域的重要港口海参崴,将其改名为符拉迪沃斯托克(控制东方之意),先行制造事实上的夺取。有了这一战略堡垒后,俄国迅即将乌苏里江以东的许多战略要地占领。同年九月,沙俄利用英法联军进攻天津和北京的时机,派遣伊格纳提耶夫使华。十月,俄使伊格纳提耶夫以协助清廷退列强占领北京驻兵"之功",逼迫与之订立中俄《北京条约》。中俄《北京条约》的要点有:第一,乌苏里江以东地区划归俄国;第二,两国勘定西北边界;第三,中国允许俄国在喀什噶尔、库仑等地设立领事馆。至此,俄国轻而易举地通过《瑷珲条约》和《北京条约》,在中国东北割取了 1038365 平方公里土地,这个面积约等于德国和法国两国本土的总面积。

由于中俄《北京条约》中已按沙俄的要求签署了"中俄西部未定之疆界"重新进行勘察及划分的原则(顺山岭、大河之流及现在中国常驻卡伦为界),同治元年(1862),沙俄要求清廷派出代表在塔城与俄方举行勘分西北边界的谈判。是年,中国代表乌里雅苏台将军明谊、俄国代表扎哈劳在塔尔巴哈台召开勘界会议。谈判中,俄国代表坚持将中国常驻卡伦以外的土地纳入俄国版图,并争取占据水草丰美的斋桑湖和特克斯河上游地区[①]。这些卡伦本来是清朝在边境地区设立的隔离检查站,目的是控制外部或内地人随意出入边境地区,卡伦至边界尚有很大的缓冲区,大部分卡伦都设于中国境内的城镇,显然,以此作为两国边界的标志是不合理的。明谊据理严词拒绝,谈判破裂中断。同治三年(1864),新疆发生回民起事,形势危急,伊犁将军明谊为镇压起义,借俄兵参加平叛,俄国趁机要挟与之重开谈判,于是中俄在新疆塔城举行边界会谈。会议一开始,俄国代表就以谈判如不按俄方要求办理,"稍有更改",俄即派兵进攻清军相威胁,于九月订立《中俄勘分西北界约记》。根据这一条约,处于中俄边界线的巴尔喀什湖以东、以南包括斋桑湖、特穆尔图淖尔等属于中国的 44 万平方公里土地又被划入俄国的版图。

沙俄利用第二次鸦片战争迫使清廷签订了《瑷珲条约》、《北京条约》、《中俄勘分西北界约记》等三个不平等条约,一举攫取了共 140 多万平方公里的中国领土,成为第二次鸦片战争中的最大获利者。

---

① 《筹办夷务始末》(同治朝)卷四,故宫博物院 1930 年影印本,第 35 页。

第六章 宫廷内争

1. 两派政治集团的形成

第二次鸦片战争给清朝的政治带来了严重影响,其中最为直接而重大的影响,就是促使统治集团的分化。以文宗带领皇妃、皇子和一批王公大臣逃往热河为标志,朝廷内部逐渐形成了两大政治派别。

在封建时代,皇帝拥有至高无上的权力。一般来说,皇帝如果娴熟于治国之道,那么在驾驭臣工方面就能得心应手,游刃有余;假如不思进取,怠于国政,则会出现权柄下移、权臣党争的局面。而咸丰朝的文宗,既无治国之魄力,亦乏勤政之品格,实属平庸。若国家无重大变故,可能在祖业的温床上度过一生。但面对史无前例的外国入侵之变局,他不是积极应对,而是一逃了之。他在塞外仍耽于声色,不图补救,其结果是在他死后,长期隐藏着的宫廷积怨立即显露出来,终于演化成为派别权力之争。

文宗逃往热河后,朝廷实际上存在着两个政治中心:一个是在承德行宫以协办大学士、户部尚书肃顺等为代表总揽着大权;一个是留守京师的以恭亲王奕䜣为首的大多数官僚。这种局面的出现,如没有强有力的权威驾驭,很容易形成互相对立的政治集团。平庸的文宗在外患内忧中被弄得昏头昏脑,出现权臣党争似无法避免。当然,皇帝个人能力有限固然是造成朝中派别斗争的一个重要因素,但是,长期以来朝廷内部各种矛盾交叉而得不到很好解决,才是造成派别政治势力膨胀的土壤。

恭亲王奕䜣与文宗之间的矛盾由来已久。奕䜣是宣宗的第五子,曾欲立为皇储,后未果。因此在皇位继承问题上,彼此已心存隔阂。文宗即帝位后,依遵父临终遗言,封奕䜣为恭亲王,又特命他在军机大臣上行走。不久,兄弟之间在奕䜣生母的封号问题上又龃龉不断。文宗由奕䜣的生母静皇贵妃抚养长大,文宗即位之日,即册封静皇贵妃为太贵妃。奕䜣数次进言,宜尊号"太后"。文宗一直没有答应把奕䜣生母尊为太后,对此奕䜣始终耿耿于怀,甚至私自传旨"令具册礼"①,定尊号,引起文宗极大的不满。咸丰五年(1855)七月,奕䜣生母病逝,文宗私怀前嫌,责怪恭亲王"礼仪疏略,罢军机大臣、宗令、都统,仍在内廷行走,上书房读书"②。这样,兄弟之间旧怨未解,又添新仇。

随着局势吃紧,文宗面对西方列强的不断侵略,为了保住清朝基业,不得不重用宗室人员辅理朝政,奕䜣精明能干,则是较合适的人选。咸丰七年(1857)起,文宗相继授予他蒙古都统、内大臣之职。咸丰十年八月英法联军进犯天津,文宗以"巡幸热河"为名逃离京师,令奕䜣以钦差大臣的身份留守,"办理抚局"。岂料奕䜣的一系列外交活动,令文宗深为不满,特别是对同意外国使者晋京换约,"致令夷酋面见朕弟,已属不成事体","我大清尚有人耶"③!这显然是把清朝的外交失败归罪于奕䜣的不力。当文宗身染沉疴卧床不起时,奕䜣奏请赴热河行宫探疾,文宗以相见徒增伤感为由,一口回绝。文宗自知病重难愈,对奕䜣猜忌日甚。"其猜防如此,故肃顺拟遗诏,亦缘上意,不召王与顾命也。"④遗诏中任命的八个赞襄政务大臣,除为首者肃顺外,还有怡亲王载垣,郑亲王端华,军机大臣、兵部尚书穆荫,军机大臣、吏部左侍郎匡源,在军机大臣上行走、署礼部右侍郎杜翰,在军机大臣上行走、太仆寺少卿焦祐瀛等,就是没有"御弟"奕䜣,这意味着他已被排挤出领导核心之列。

以肃顺为首的庞大的权臣势力,是伴随着一批元老重臣的被弃用而步入权力核心的。在咸丰朝,新进与旧臣之间的矛盾斗争时隐时现。文宗"厌廷臣习于因循"⑤,加上善于揣摩帝意的肃顺从旁出谋划策,致使一批显

---

① 中国史学会:"中国近代史资料丛刊"《第二次鸦片战争》(二),第324页。
② 吴振棫:《养吉斋丛录》卷一二,第136页。
③ 《筹办夷务始末》(咸丰朝)卷六八,中华书局1979年度版,第2547页。
④ 中国史学会:"中国近代史资料丛刊"《第二次鸦片战争》(二),第324页。
⑤ 赵尔巽等:《清史稿》卷三八七《宗室肃顺传》,中华书局1977年版。

赫朝臣被排挤出局。如穆彰阿、耆英、祁寯藻、柏葰、周祖培、翁心存和彭蕴章等，仅大学士就有7人之多，恭亲王奕䜣与肃顺之间也有很大芥蒂。咸丰九年(1859)，肃顺借户部钞票舞弊案惩治一批人，涉嫌此案的奕䜣家人亦被查抄，奕䜣对此极为不满。咸丰十年七月英法联军攻占天津后，文宗召肃顺、奕䜣询以应对之策，肃顺主战，奕䜣主和，一时吵得不可开交，结果不欢而散。双方最大的争执，是在皇帝是否回銮的问题上。北京议和后，奕䜣及留京大臣多次吁请文宗回銮，而肃顺等人却一再阻挠，"屡下诏改行期"①。奕䜣等人所请，本在情理之中，而肃顺等人是想继续揽政。他们不仅不愿让皇帝回銮京师，反而以"热河急待修缮"为由，特令户部将库储银两悉数运承德以备用。此举虽在户部侍郎宝鋆的抵制下未成，但使奕䜣与肃顺之间的怨仇日见加深。

除了奕䜣与肃顺这两个举足轻重的人物在明争暗斗外，在文宗驻跸的热河行宫里，贵妃那拉氏与肃顺之间的矛盾也在发展。那拉氏早在京师时就恃宠干政，代皇帝披阅奏章，这自然引起御前大臣肃顺等人不满。文宗对那拉氏争强好胜的霸道作风也心存嫌恶，与肃顺讲过要废之，但"卒未忍"②，迟迟未下决心。肃顺乃文宗最信任的御前大臣，皇帝有此想法，他亦必存有成见。到热河后，肃顺与那拉氏的关系更加紧张了。肃顺作为文宗身边的宠臣，"诸妃嫔皆谨事之"③，那拉氏也不敢独异，只好表面上恭而敬之。但有一件事，那拉氏刻骨难忘。"文宗病重时与肃顺商讨身后事，语及那拉氏，多有中伤之处。帝晚年颇不满意于慈禧，以其佻巧奸诈，将来必以母后擅权，破坏祖训。平时从容与肃顺密谋，欲以钩弋夫人例待之。醇王夫妇以身家力争，得不死，然慈禧固已微侦肃顺之倾己矣。"④钩弋夫人即汉昭帝之母赵婕妤。汉武帝为防母后乱权，生前将钩弋夫人赐死，此即所谓"钩弋故事"。那拉氏对肃顺有所谓不共戴天的仇恨即发端于此。

肃顺等权贵在热河行宫的飞扬跋扈，早已激起那拉氏等人的怨恨。那拉氏深恐病情日笃的文宗死后自己受到压制。在她看来，与其坐以待毙，莫

---

① 薛福成：《庸盦笔记》卷一，第18页。
② 《清代野史》第一辑，第138页。
③ 《清代野史》第七辑，第173页。
④ 《近代稗海》第十一辑，第74页。

如先发制人。为了打击肃顺,她密令心腹太监时刻监视肃顺的言行。肃顺确实有不检点之处,如戏坐皇帝宝座,内监吹捧他有天子之相,他则喜不自禁等,这些,均为那拉氏所掌握。她并没有急于把这些事情禀告文宗,而是透露给皇后钮祜禄氏。她这样做,一是拉拢皇后,壮大力量;二是通过皇后传递给文宗,可免招致嫌疑。文宗从皇后那里得知肃顺有"犯上"之举后,虽半信半疑,但他不能不对皇权的归属产生忧虑。

肃顺从皇帝对他不冷不热的态度中,感到背后必有人作祟。他认定此人是那拉氏无疑。为了消除文宗的猜疑,同时也刹刹那拉氏的威风,他决定寻找机会以牙还牙。一次,身体稍好些的文宗欲泛舟游戏,传妃嫔随从。那拉氏为博得文宗好感,要亲自持篙划舟,以助游兴。不料虚弱不堪的文宗一不小心竟栽入湖中,幸亏太监们动作迅速,把文宗捞上岸。此事本是小事一桩,可经过肃顺的渲染,问题就严重了。他向文宗暗示,覆舟事件并不是那拉氏一时失手,而是她怀有不轨之心欲为大逆不道。他还援引叶赫那拉氏与爱新觉罗氏的先祖曾结仇的故事,说那拉氏必有篡逆之心。文宗本来正在气愤之际,加上肃顺的煽动,简直怒不可遏,写下一道手谕,大意是:我死之后,必让懿贵妃陪葬,以免她日后倾覆我大清祖业。正如人们所知,文宗死后,这道手谕并未付诸实施,但闻知此事的那拉氏却对肃顺恨之入骨,因此埋下了杀机。

对封建皇帝来说,确保本王朝的皇权世代一系,薪火相传,关键是选好"国本"。文宗在皇子载淳尚幼的情况下,对身后事的安排,更是费尽心机。他对皇后钮祜禄氏与懿贵妃那拉氏两人的联合略知一二;对肃顺与那拉氏之间的互相倾轧亦有所体察。面对独生子暂时无力亲政的现实,他既得把辅政大权交给可信赖的重臣,又得防止窥伺皇权的宗亲发动政变。思前想后,文宗决定利用宫廷中的矛盾关系,使各派势力互相牵制,以给皇子登基制造一种安全可靠的环境。

咸丰十一年(1861)七月,文宗病入膏肓,开始安排后事。为防那拉氏日后援"母以子贵"之义排挤皇后,他首先召见皇后钮祜禄氏授以机宜,嘱咐皇后:懿贵妃那拉氏绝非善辈,切不可等闲视之,若她以后安分守己,应始终待之以礼;若她失行彰著,则可召集廷臣,宣旨赐死,以杜后患。并把写好的朱谕交给皇后,令其妥善保存,以备后用,同时还赐给她一颗象征权力的

"御赏"印章,以作"护身符"。对那拉氏,文宗期望她尽生母之责,对年幼的载淳要谆谆教诲,使他在继承大统后,国家能成致治之世。为保证皇子继统后手中握有权力,文宗将"同道堂"印托予那拉氏,并嘱其自重。这两颗印章是作为下达诏谕的信符,"御赏"章为印起,"同道堂"章为印讫。

文宗临终前作这种安排其意图在于牵制辅政大臣。

文宗弥留之际,发出两道谕旨,一是立皇长子载淳为皇太子;二是立赞襄政务八大臣:"咸丰十一年七月十六日,奉朱谕:皇长子御名,现立为皇太子,著派载垣、端华、景寿、肃顺、穆荫、匡源、杜翰、焦祐瀛尽心辅弼,赞襄一切政务。特谕。"①文宗企图借助这些有政治经验的大臣和集体智慧,尽可能地辅佐皇太子成就中兴之业。另从他赐给钮祜禄氏和那拉氏两枚非同寻常的印符看,又是给八大臣"尽心辅弼"设置一道无形的障碍。通过这种相互制约的制权之术,至少能防止八大臣借机篡权,不致欺寡母幼子,以保证皇权牢牢地控制在爱新觉罗家族手里。但从长远来看,这种制衡措施是不可能持久的,因为那拉氏与肃顺的两派势力手中都握有实权,在一定的条件下矛盾必然会激化,最终必定会出现火并的局面。

2. 八大臣短暂辅政

咸丰十一年(1861)七月十七日,文宗病逝于热河行宫,皇太子载淳登上皇位,以明年为祺祥元年。根据文宗的遗诏,八大臣"精白乃心,和衷共济"②,称为赞襄政务即辅政。"赞襄"一词典出于《尚书·皋陶谟》:"禹曰:'俞,乃言底可绩。'皋陶曰:'予未有知思。曰赞赞襄哉。'"传说大禹选定皋陶为继承人,询其将来为政会有何作为,皋陶说自己没有独立见解,只知遵从先帝的意愿尽心而为。故八大臣辅佐政务,冠以"赞襄"之名。这是文宗借典故之义,殷切期望辅政大臣不负重托。经过八大臣的协调治理,文宗去世引起震动的局势很快安定下来。

---

① 故宫博物院明清档案部:《清代档案史料丛编》第一辑,中华书局1978年版,第83页。
② 《清文宗实录》卷三五六。

八大臣辅政后，首先要解决的一件大事是如何为文宗治丧。在处理丧事中一个重要问题，就是从京师选择何人赴热河行宫参加丧仪。无论地位还是身份，恭亲王奕䜣是不可或缺的最合适的人选。但文宗对他怀有高度警惕，这一点也正中肃顺等辅臣下怀。恭亲王在宗室中颇具才干，影响大，又因办"夷务"，手握重权。八大臣将他排斥在外，实际是削弱其影响，以利于他们控制大权。他们却未料到，其结果是把奕䜣推到了那拉氏一边，为他们的失败埋下了祸根。八大臣在为文宗治丧这件事上，既不想让奕䜣插手，又没理由完全将他排除在外，权衡利弊，决定取折中之策："著派睿亲王仁寿，豫亲王义道，恭亲王奕䜣，醇郡王奕譞，大学士周祖培，协办大学士、尚书肃顺，尚书全庆、陈孚恩，侍郎杜翰恭理丧仪。陈孚恩接奉此旨，即星速前来行在。豫亲王义道、恭亲王奕䜣、周祖培、全庆著在京办理一切事宜，无庸前赴行在。"①即让奕䜣等人名义上"恭理丧仪"，留守京师，只许陈孚恩一人"前来行在"，参加治丧。

文宗死在热河，竟令非宗族的汉族臣僚陈孚恩代为前来参加治丧，这确是不寻常的。原来，这是辅政大臣排斥奕䜣、拉拢人才的一种手段。陈孚恩，字子鹤，江西新城人，道光朝即由七品小京官擢升部院大臣。他以善言敢谏著称于时。文宗即位后，他因在御前与怡亲王载垣争论不止，受革职处分。咸丰八年（1858），陈孚恩复出，授兵部尚书，咸丰九年兼署刑部尚书、户部尚书，咸丰十年调吏部尚书。他虽与载垣等人构隙殊深，"及再起，乃昵附诸人冀固位"②，可见，肃顺等这样做，是借治丧之名，既能罗致党羽，又可削弱对手。

如何处理诏谕疏章的权限，这是八大臣辅政后又一个重大问题。据费行简在《慈禧传信录》中记载："两宫乃召辅政大臣入议诏谕疏章黜陟刑赏事。初，肃顺、杜翰、焦祐瀛谓谕旨由大臣拟定，太后但钤印，弗得改易，章疏不呈内览。后持不可，议四日，乃决章疏呈览，谕旨钤印。任用尚侍督抚，枢臣拟名，请懿训裁定，其他简放人员，按照京察暨疆臣密考拟具正陪数员，在御前掣签，两宫并许可。"这段记述较全面地反映两宫与八大臣在权力分配

---

① 《清代档案史料丛编》第一辑，第84页。
② 赵尔巽等：《清史稿》卷三八七《陈孚恩传》，中华书局1977年版。

问题上的争执和妥协。开始,肃顺等人企图独揽大权,由辅政大臣拟定谕旨,太后只管盖章,"弗得改易",各种奏章也不必呈太后过目。这一方案被两宫断然拒绝。僵持4天后,双方各自让步,议定如下办法:章疏进呈两宫太后阅览;所发谕旨由太后钤印;任用高级官吏,由枢臣提名,太后裁定,一般官吏用"掣签"方式确定。所谓"掣签",即把几名候选人的名签由军机处糊上进呈御前,小皇帝在两宫太后的监督下进行抽签,先抽中者委以正职,余下者委以副职,最后由两宫太后批准任用。根据上述办法,赞襄政务大臣凡发布文件宣示内外,规定须有"御赏"、"同道堂"两枚印章方能生效,盖印的公文定期交回内阁存档。双方的权力分配方案就这样暂时确定下来:赞襄大臣有拟旨之权,两宫太后有盖印批发之权。

关于如何处理两宫名分的问题,八大臣也颇费一番心思。按清朝制度,载淳继承皇位,其生母那拉氏应与皇后钮祜禄氏并尊,同称皇太后。辅政大臣们不能有违祖制,却又有意分出高低,他们以小皇帝的名义发谕旨,内称:"朕缵承大统,母后皇后应尊皇太后,圣母应尊为皇太后。所有应行典礼,该衙门敬谨查例具奏。"[①]当时,因母后皇太后钮祜禄氏住在避暑山庄"烟波致爽"殿东暖阁,故习称为"东太后";圣母皇太后那拉氏住在西暖阁,习称为"西太后"。两宫皇太后的名分至此最后确定。

3. 那拉氏发动政变

那拉氏正式定为西太后之后,她并不以与八大臣共掌政权为满足,而是欲独操权柄,凌驾于众臣之上。但她自己清楚,仅凭其个人之力,绝难扳倒已取得合法辅政地位的诸大臣。唯有暗中结党,等待时机,出其不意地给予对手以致命一击。为此,那拉氏把目光投向留守京师的恭亲王奕䜣。

奕䜣作为"御弟",却被排斥在辅政大臣之外,这使京师中以恭亲王为首的一大批官僚贵族极为不满。文宗出逃热河时,把吉凶未卜的京师甩给了奕䜣,他们跟着奕䜣,身处危境,承担巨大的政治风险,使局势转危为安。

[①] 故宫博物院明清档案部:《清代档案史料丛编》第一辑,中华书局1978年版,第86页。

在他们看来,肃顺等人陪伴皇帝逍遥塞外,仅凭文宗的信任即荣获辅政之权,何功之有？京师官员的这种不满情绪,在时任户部郎中李慈铭的日记中就有反映:"大行末命,懿亲如惠邸之尊属,恭邸之重任,皆不得与聆玉几之言,受付金瓯之托,中外骇惑,谓非圣意。自后行在所设施,失礼不经,多违祖法,而一切章奏,皆云军机处赞襄政务王大臣奉旨处分,传钞天下,然先帝固未有载垣等三人入军机之命也,是其乘间攘权,欺蔽耳目。而枢臣穆荫、匡源诸人阿附朋比之罪,皆已不足诛矣。"①在京师官员的眼里,肃顺、载垣、端华等人之所以执掌赞襄政务大权,实是投机钻营所致,不足为荣。

奕䜣胆敢与八大臣分庭抗礼,另一个极其重要原因是有外国侵略势力在背后支持他。当他留在京师"督办和局"时,逐渐改变了对这些"外夷"的态度。他认为他们"内则志在通商,外则力争体面,如果待以优礼,似觉渐形驯顺。""谅不至心存叵测"。并以英法联军相继撤出京、津及交还广州城为例,认为"倘有包藏祸心,势必据为己有,乃仅以增索五十万现银及续增各条为请,其为甘心愿和,不欲屡启衅端,似属可信"②。"是该夷并不利我土地人民,犹可以信义笼络,驯服其性,自图振兴,似与前代之事稍异。"只要"按照条约"办事,"外敦信睦,而隐示羁縻"③,就能"彼此永敦和好,并释前日猜疑"。奕䜣的这些看法,反映了以他为代表的一派官僚们的着眼点,即争取一个安定的局面以维护清朝的封建统治。同时,外国侵略者也看好奕䜣,认为只要让他掌权,即可以通过他"指挥那种适合他们的利益的政府"④。在他们看来,"只消朝廷不在北京,怡亲王、端华和肃顺继续掌政,我们就不能说中国人民已确实承受了条约。……实际掌权的人是偏向于不友好的,他们也就形成和我们为难的倾向。""我们应以温和协调的态度获致恭亲王及其同僚的信任,消除他们的惊恐,希望迟早总会发生变动,使最高权力落到他们手里去。"⑤他们的意向,与恭亲王奕䜣伺机夺权的图谋不谋而合,这为奕䜣解除了后顾之忧。

---

① 李慈铭:《越缦堂日记补》咸丰十一年冬十一月初一日。
② 《筹夷务始末》(咸丰朝)卷六九,中华书局1979年版,第1—2、8页。
③ 《筹夷务始末》(咸丰朝)卷七一,中华书局1979年版,第18页。
④ [美]拉铁摩尔:《现代中国之创造》,1945年伦敦版,第119页。
⑤ 转引自严中平:《一八六一年北京政变前后中英反革命勾结》,《历史教学》1952年第四期,第18页。

奕䜣虽身在京师,却无时无刻不在注视着热河的动静;恰好同时那拉氏也派人暗中奔走于京师、热河之间,向京师方面通风报信。这使那拉氏与奕䜣两人的想法逐渐趋向一致。文宗死后不久,两宫皇太后即遣密使约恭亲王速至热河行宫,共议大事。于是奕䜣便以叩谒梓宫为名,立即启程,八月初一日抵达热河。为麻痹肃顺等人,奕䜣假戏真演,先赴梓宫叩谒先帝,"伏地大恸,声彻殿陛,旁人无不下泪"①。然后,他在见载垣、端华、肃顺时,又"卑逊特甚",一副惟命是从的样子。肃顺等人果然被奕䜣的表演所迷惑,"颇蔑视之,以为彼何能为,不足畏也"。待两宫皇太后欲召见恭亲王奕䜣时,肃顺等人虽以"叔嫂当避嫌疑,且先帝宾天,皇太后居丧"为由极力阻止,但在两宫太后屡下旨催见的情况下,他们也不好再坚持,因此答应奕䜣觐见两宫太后②。这次会见,奕䜣和那拉氏实际上默契地达成发动政变的共识:其一,两太后泣诉八大臣恃权乱政之状,认为这些"乱臣贼子"罪该当诛,正合奕䜣之意;其二,奕䜣提出热河尽为赞襄政务大臣所控制,欲治之罪,须还京后方可动手;其三,那拉氏担心外国干涉,奕䜣保证说:"外国无异议,如有难,惟奴才是问。"③计谋既定,奕䜣于八月初七日兼程赶回京师,分头准备政变。

那拉氏首先授意一批人上奏折,大造由皇太后临朝垂帘听政的舆论。大学士周祖培指使其门生、时任山东道监察御史的董元醇,直截了当地写明奏请太后垂帘听政的折子,发往热河行在。该奏折写道:"现值天下多事之秋,皇帝陛下以冲龄践阼,所赖一切政务皇太后宵旰思虑,斟酌尽善,此诚国家之福也。臣以为即宣明降谕旨,宣示中外,使海内咸知皇上圣躬虽幼,皇太后暂时权理朝政,左右并不能干预。庶人心益加敬畏,而文武臣工俱不敢稍肆其蒙蔽之术。"除请求皇太后"权理朝政"外,该折还请求"另简亲王辅政",谓:"自古帝王莫不以亲亲尊贤为急务,此千古不易之经也","臣以为当更于亲王中简派一二人,令同心辅弼一切事务","庶亲贤并用,既无专擅之患,亦无偏任之嫌"④。该奏折明显既为太后垂帘听政提供借口,也为奕

---

① 薛福成:《庸盦笔记》卷一,第18—19页。
② 薛福成:《庸盦笔记》卷一,第18—19页。
③ 中国史学会:"中国近代史资料丛刊"《第二次鸦片战争》(二),第326页。
④ 故宫博物院明清档案部:《清代档案史料丛编》第一辑,中华书局1978年版,第91页。

䜣等人揽权鸣鼓造势,矛头直指赞襄政务八大臣。辅政大臣们岂肯示弱,八月十一日,就两宫太后谕令群臣商议垂帘暂理朝政之事"勃然抗论,以为不可"①,并说:"臣等系赞襄幼主,不能听命于皇太后,请皇太后看折亦为多事。"②肃顺等人据理力争,言辞十分激烈,以致"天子惊怖,至于啼泣,遗溺后衣"③。两宫太后自知理屈,只好作罢。但辅政大臣们并没有就此止步,而是指定焦祐瀛起草谕旨,驳斥董元醇,经过一番针锋相对的斗争,驳董的谕旨终于得以发出。

肃顺等人在抗阻那拉氏揽权的第一回合较量中取得了胜利,他们自以为有先帝遗命,手握大权,无人敢与之争锋。实际上,当时许多王公大臣,特别是执掌兵权的一些实力派人物,均或明或暗地倾向于支持奕䜣,这对于辅政八大臣来说,无疑是个致命的潜在威胁。如掌握京畿重兵的兵部侍郎胜保、科尔沁亲王僧格林沁,在权衡利弊之后,或以奕䜣为靠山,或唯皇太后马首是瞻,对赞襄政务大臣却阳奉阴违。连汉族权臣的代表人物、两江总督曾国藩亦持明哲保身的态度,对肃顺等人向其提出的"宜自请入觐,申明祖制,庶母后不得临朝"④的建议置之不理,惟恐招致权臣干政之嫌。由此看来,赞襄政务大臣表面上权倾朝野,实际上他们手中的权力缺乏稳固的根基,难以经受政治风浪的考验。后来的事变证明,他们忽视甚至蔑视奕䜣的影响和作用,极力排斥他,使他成了那拉氏夺权的一大支柱,是在战略与策略上犯下了致命的错误,最终任人宰割。

再说恭亲王奕䜣返京师后,"惟言回銮有期,太后暨上圣躬均安而已,语不及他"⑤,对与那拉氏密谋一事守口如瓶。一些大臣摸不透其中底细,惴惴不安,顿生无所适从之感。奕䜣自有考虑,他认为此事唯有暗中操纵,不宜张扬,若走漏风声,打草惊蛇,必会引起肃顺等人的警觉。同时,在他看来,"垣、顺弗司兵柄,图之亦正易,故益镇静"⑥。最重要的一条是,有夷人支持,这是难得的后盾。为此,他不作张扬,而是等待时机。为准备"迎

---

① 薛福成:《庸盦笔记》卷一,第18页。
② 吴语亭:《越缦堂国事日记》第一册,第547页。
③ 吴语亭:《越缦堂国事日记》第一册,第539页。
④ 邓之诚:《旧闻零拾·祺祥故事》序。
⑤ 薛福成:《庸盦笔记》卷一,第19页。
⑥ 黄濬:《花随人圣盦摭忆补篇》,第6页。

驾",他稳妥地进行布置,以防节外生枝。为稳住八大臣,同时也为向两宫太后传递信息,奕䜣还授意钦差大臣袁甲三、陕西巡抚瑛棨上疏,内有"两宫听政,同纂先帝遗烈"等语。肃顺等人"得疏亦漫不省览"。倒是那拉氏悟出疏中本意,她对缺乏听政信心的皇太后钮祜禄氏说:"观此则封疆将帅,亦以是责我辈,不亟谋锄诸奸者,先孤众望,今寇乱方炽,设疆臣再解体,后事尚忍言耶!"①通过内串外联,奕䜣不动声色就把各方面的力量联络起来,只待时机,即向赞襄政务大臣们兴师问罪了。

那拉氏在热河受制于人,怨恨日增,为大事计,她只好暂时忍耐迁就,尽量避免同八大臣发生激烈冲突,这也是稳住和麻痹八大臣的一个策略。但在起驾回京师这一问题上,她却表现出了相当强硬的态度。那拉氏深知,久在热河,夜长梦多,只有脱离这一孤立之地,回京师与恭亲王奕䜣会合,方能有得到除掉政敌的机会。因此,在恭亲王奕䜣回京师后不久,两宫太后就发下回銮京师的懿旨。肃顺等人极力反对,谓:"皇上一孺子耳,京师何等空虚,如必欲回銮,臣等不敢赞一辞。"两宫太后表示"非还京不可",坚称"回京后设有意外,不与汝等相干",并"立命备车驾"②。肃顺等人虽明知在权势不稳的情形下还京师于己不利,但又无借口拖延,因按清制,皇帝登基仪式必须在皇宫内之太和殿举行,皇子既已承继大统,理应尽快举行大典,决无久拖之理。在两宫太后的一再坚持下,肃顺等人被迫同意于九月二十三日"恭奉皇考大行皇帝梓宫回京"。

回京师之前,两宫太后与辅政大臣之间的关系变得微妙起来,双方一改以前动辄相争的面孔,彼此小心翼翼,互谦互让,似有摒弃前嫌之意。那拉氏以小皇帝载淳的名义,下令对辅政大臣一一加官晋爵,以示信任与重用。八大臣不知那拉氏的良苦用心,而生知恩感激之情。九月初四日,载垣、端华、肃顺面奏太后、皇上,假惺惺地说:"因差务较繁,请将管理处所,恳恩酌量改派","意在彰其劳勋"③,讨好太后。那拉氏对载垣、端华、肃顺手中的兵权早就深感畏惧,必欲除之而后快,没想到三人竟请求减差。两宫太后顺水推舟,立即"著照所请",不仅收回刚发出的成命,而且乘机解除了三人的

---

① 黄濬:《花随人圣盦摭忆补篇》,第 7 页。
② 薛福成:《庸盦笔记》卷一,第 19 页。
③ 薛福成:《庸盦笔记》卷一,第 19 页。

"兵差",其中包括步兵统领、皇帝禁军及扈从护卫等要职。那拉氏此举甚为高明,"外示优礼,实夺其兵柄也"①。肃顺等八大臣失去兵权,其返京后之失败命运,已由此注定了。

九月二十二日,即回銮京师的前一天,赞襄政务八大臣与两宫太后协商决定,由肃顺护送文宗灵柩回京,小皇帝送梓宫登舆后,先奉两宫间道回京,由载垣、端华扈从。这是那拉氏暗中安排的又一计谋。因灵柩既大且重,需128人肩抬,加之穿越崇山峻岭,行动迟缓,肃顺必然滞后;那拉氏却偕同钮祜禄氏和小皇帝,与其他几位王大臣先行抵京师。这种巧妙的布置,为那拉氏回京准备政变争得了时间;又把八大臣中的核心人物肃顺与其他7人分开,使之首尾难顾,从而达到各个击破的目的。八大臣赞襄政务以来,疏于防范,在与那拉氏等人明争暗斗的过程中步步失算,迅速走向灭亡。

九月二十三日,文宗的灵柩自热河行宫起运。那拉氏带领大部分王公大臣和宫室眷属急速行进,热河至京师500余里山路,只用5天时间即走完全程,比肃顺早到4天。九月二十九日,恭亲王奕䜣率京师王公重臣出城迎接两宫太后和小皇帝,两宫太后触景生情,涕泣不已,但没忘了在众人面前历数载垣、端华、肃顺欺藐孤儿寡母之状,意在说明辅政大臣专权欺上,罪不可赦,以期引起众人的同情和支持。果然,翌日即有大学士周祖培等人上《奏请皇太后亲操政权以振纲纪折》,声称:"惟是权不可下移,移则日替;礼不可稍渝,渝则弊生","寻经'赞襄'二字之义,乃佐助而非主持也。若事无巨细,皆凭该王、大臣之意先行定议,然后进呈皇上一览而行,是名为佐助,而实则主持"。"为今计之,正宜皇太后敷中宫之德化,操出治之威权,使臣工有所禀承,命令有所咨决,不居垂帘之虚名,而收听政之实效。"②随着这出双簧戏的上演,那拉氏正式拉开了"北京政变"的序幕。

九月三十日晨,两宫太后和奕䜣召集群臣,发表早在热河行宫就暗中拟好的上谕,向全国宣告辅政八大臣的罪行,归纳起来,计有:海疆不靖、京师被难之时,载垣等人"筹画乖方","不能尽心和议","以致失信于各国",导致皇考避难热河,有扰乱政局之罪。皇考赴热河后屡下回銮之旨,而肃顺等

---

① 薛福成:《庸盦笔记》卷一,第19页。
② 故宫博物院明清档案部:《清代档案史料丛编》第一辑,中华书局1978年版,第104—105页。

人"朋比为奸,总以外国情形反覆,力排众论",阻挠回京,皇考宵旰焦劳,圣体违和,竟致龙驭上宾,肃顺诸人有蒙蔽之罪。御史董元醇敬陈管见:"请皇太后暂时权理朝政","请于亲王中简派一二人,令其辅弼",深合上意,而载垣等人"哓哓置辩",百般刁难,致使圣意不能通达,有矫旨揽权之罪。为"服天下公论",特谕:"载垣、端华、肃顺著即解任,景寿、穆荫、匡源、杜翰、焦祐瀛著退出军机处。"①此上谕明发的当日,在载垣、端华尚未知悉被解任的信息时,恭亲王奕䜣即下令将例行早朝的载垣、端华褫去冠带,革去爵职,幽禁于宗人府。接着肃顺也在行抵密云时,被那拉氏派去的睿亲王仁寿和醇郡王奕谖等人逮捕,"交宗人府听候议罪"②。这突如其来的变故,使赞襄政务八大臣措手不及。

在擒拿肃顺、载垣、端华并解除八大臣职务的次日,两宫太后就迫不及待地加封有功的奕䜣为议政王、军机大臣,并继续掌管负责总理各国通商事务衙门,参与朝廷最高决策。其他参与政变者也都加官晋级,户部左侍郎文祥留任军机大臣,大学士桂良、户部右侍郎宝鋆皆任军机大臣,胜保出任镶黄旗满洲都统并兼正蓝旗护军统领。同时,那拉氏还表明查办肃顺党人的态度。一些落井下石之徒企图争功,纷纷密陈所谓党援之状。两宫太后以小皇帝的名义发下谕旨,说:"纠弹诸事,朕早有闻,特惩一儆百,力挽颓靡。此后不咎既往,诸臣亦毋以党援陈奏,致启讦陷。"③看来,那拉氏并没有得意忘形。通过封官许愿,奖赏政变中有功之人,首先稳住了阵脚。"特惩一儆百"的方法,避免了可能出现的混乱局势。

十月初六日,那拉氏以幼帝载淳的名义发布上谕,公开否认文宗的遗诏,称:"载垣、端华、肃顺于七月十七日皇考升遐,即以赞襄政务大臣自居,实则我皇考弥留之际,但面谕载垣等立朕为皇太子,并无令其赞襄政务之谕。载垣等乃造作'赞襄'名目,诸事并不请旨,擅自主持。"④但她又借文武百官纷纷参劾肃顺等矫诏之机,批复道:"载垣等造作擅改之件,不应载

---

① 故宫博物院明清档案部:《清代档案史料丛编》第一辑,中华书局1978年版,第101页。
② 故宫博物院明清档案部:《清代档案史料丛编》第一辑,中华书局1978年版,第103页。
③ 赵尔巽等:《清史稿》卷四二一《许乃普传》,中华书局1977年版。
④ 故宫博物院明清档案部:《清代档案史料丛编》第一辑,中华书局1978年版,第115—116页。

之实录,俨同顾命,亦不应登之册籍,假托纶音,拟请降旨销除,以期信今史传后等语。……载垣等种种悖逆欺蒙之罪,中外臣民皆已备悉,所有造作赞襄政务谕旨,确系矫传,自不应纂入实录中。"①那拉氏既给肃顺等人编织万劫不复的罪名,又作销赃灭迹的准备,明令不准载入官方史籍,可谓计虑周全,天衣无缝。一切就绪后,两宫太后终于下令:将肃顺斩决,宗室载垣、端华给予照顾,赐令自尽。奕䜣拟将景寿、穆荫、匡源、杜翰、焦祐瀛革职,发往新疆效力,太后加恩,即行革职,免其发遣。此外,八大臣的同党如吏部尚书陈孚恩,侍郎黄宗汉、成琦等人,亦被革职,永不叙用。至此,那拉氏和奕䜣彻底取得这场政变的胜利。这次政变因发生在农历辛酉年,史称"辛酉政变"。

"辛酉政变"是清朝统治集团内部一场争权夺利的斗争。那拉氏在奕䜣等人的支持下,扳倒以肃顺为首的权臣势力集团,夺取国家的最高统治权。在短短两个多月的时间里,清廷的政局风云变幻,文宗临终前苦心设计的制衡之术不仅未能阻止专权局面的出现,反而将那拉氏推向清朝统治的最高地位。在这场权力之争中,肃顺等人目光狭隘,优柔寡断,最终落了个身败名裂的下场。"辛酉政变"标志着那拉氏垂帘听政的开始,清朝从此进入由那拉氏实掌大权的时期。

---

① 《清穆宗实录》卷一〇。

第五编(下)

清王朝最后五十年

第一章 同治政体新变动

1. 太后垂帘听政与亲王议政

"辛酉政变"中赞襄政务八大臣或被杀或被逐,标志着八大臣辅政体制的结束。此后,那拉氏倾力揽权,通过垂帘的方式执掌朝政,使有清以来的政治运行机制发生了重大变化,清朝祖制中有关母后不得临朝的传统被打破,女主干政的局面由此形成。

垂帘听政,是中国封建社会一种特殊的政治现象,它是在皇帝无力亲政的情况下由皇后或皇太后代为执掌朝政的一种政治体制。所谓垂帘听政,就是在处理朝政时,皇后或皇太后端坐于御座后设置的纱屏内,不为文武臣工所见,以皇帝的名义接办奏疏,发布政令。这种现象,从根本上说,是中国封建社会男尊女卑的传统在政治上的畸形反映,封建统治集团企图通过垂帘的方式,来表明皇权暂由皇后或皇太后署理,以后再归政于合法男性君主的过渡性质。清代以前,垂帘听政不乏其例,举其要者,计有西汉高后吕雉、晋穆宗母后、唐高宗皇后武则天以及宋真宗、仁宗和英宗的皇后。历史上早有此先例。辛酉政变后不久,那拉氏为求名正言顺,夤缘附会,下令搜集典故,"将历代帝王政治及前史垂帘事迹,著南书房、上书房、翰林院等择其可为法戒者,据史直书,简明注释,汇为一册,恭呈慈览"①,以作为其垂帘听政的历史根据。

咸丰十一年(1861)九月三十日,即政变的当天,那拉氏指示内阁奉上

---

① 故宫博物院明清档案部:《清代档案史料丛编》第一辑,中华书局1978年版,第126页。

谕讨论垂帘听政事宜。上谕说:"虽我朝向无皇太后垂帘之仪,朕受皇考大行皇帝付托之重,惟以国计民生为念,岂能拘守常例?此所谓事贵从权。"①那拉氏故作姿态本有不得已之苦衷,其意无非是想掩人耳目而已。如今大势已定,皇太后垂帘听政之举势在必行,朝中无人敢申明祖制,执意抗拒。但垂帘听政毕竟是有清以来的新问题,无例可循,诸王、大臣们酌古准今,几经商议,迟迟拟不出符合太后心意的垂帘章程,那拉氏只好耐心等待。这期间,十月初一日,大学士桂良等遵谕旨上徽号,母后皇太后徽号为"慈安皇太后",圣母皇太后徽号为"慈禧皇太后"。十月初五日,周祖培奏请更改赞襄政务大臣所拟"祺祥"年号,由议政王、军机大臣恭拟"同治"二字进呈,经两宫太后允准,布告天下。所谓"同治",意即"示两宫太后临朝而治也"②。十月初九日,皇帝载淳在太和殿举行登极典礼,是为清穆宗。至此,经过一番精心装饰,可谓万事俱备,两宫太后主要是慈禧心仪已久的垂帘听政,就要准备实行。

十月二十六日,礼亲王世铎等将两宫太后召见臣下的礼节及一切办事章程拟妥奏上,其中主要条款有:

一是召见内外臣工:拟请两宫皇太后、皇上同御养心殿,皇太后前垂帘,于议政王、御前大臣内轮流派一人,将召见人员带领觐见。

二是京外官员引见:拟请两宫太后、皇上同御养心殿明殿,议政王、御前大臣带领御前、乾清门侍卫等照例排班站立。皇太后前垂帘设案,进各员名单一份,并将应拟谕旨分别注明。皇上设前案,带领堂官照例进绿头签,议政王、御前大臣捧进案上,引见如常仪。其如何简用,皇太后于单内钦定钤用御印交议政王、军机大臣传旨发下,该堂官照例述旨。

三是除授大员简放各项差使:拟请将应补应行应放各员名单,由议政王、军机大臣于召见时呈递,恭候钦定,将除授简放之员钤印发下缮旨。

这份章程,可以说是有清以来史无前例的改制规则。本来,在清朝前期,爱新觉罗家族已有过两个幼帝,即清世祖福临和清圣祖玄烨,但前者由睿亲王多尔衮、郑亲王济尔哈朗辅政,后者由索尼、苏克萨哈、遏必隆、鳌拜

---

① 故宫博物院明清档案部:《清代档案史料丛编》第一辑,中华书局1978年版,第102页。
② 邓之诚:《旧闻零拾·祺祥故事》序。

四大臣辅政，均未闻前之皇太后、后之太皇太后出而听政。那拉氏深知违制听政并非高枕无忧，为自我遮掩，同时也为自我保护，以"钦奉两宫皇太后懿旨"的名义声称："垂帘之举，本非意所乐为，惟以时事多艰，该王、大臣等不能无所禀承，是以姑允所请，以期措施得当，共济艰难。一俟皇帝典学有成，即行归政。王、大臣仍当届时具奏，悉复旧制。"①十一月初一日，两宫皇太后正式垂帘听政，满朝王公大臣、六部九卿，由吏部带领引见，在养心殿向太后行礼。关于幼帝载淳御座方位，据《翁文恭公日记》载："皇上在帘前御榻坐，恭邸立于左，醇邸立于右。"又据曾国藩日记载："皇上向西坐，皇太后在后黄幔之内：慈安太后在南，慈禧太后在北。"如此安排座次，是政变后奕䜣与那拉氏合掌朝政的一种表征，它至少向文武百官表明，恭亲王和皇太后为辅佐少年天子成就大业，定会尽心合作，并无专权之迹象。

垂帘听政虽冠以两宫皇太后之名，实际上诸多大权一揽于那拉氏，皇太后钮祜禄氏只是空有其名。正如薛福成评论："当是时，天下称东宫优于德，而大诛赏、大举措实主之；西宫优于才，而判阅奏章，裁决庶务，及召对时事咨访利弊，悉中窾会。东宫见大臣，呐呐如无语者，每有奏牍，必西宫为诵而讲之，或竟日不决一事。""西宫太后性警敏，锐于任事，太后悉以权让之，颓然若无所与者。后西宫亦感其意，凡事必咨而后行。"②可见在垂帘听政之始，两宫皇太后虽性格迥异，尚可和睦共处，但时日稍久，那拉氏本性中专横难容人的一面逐渐暴露。"呐呐如无语"的钮祜禄氏渐为附庸，无足轻重。所谓两宫太后垂帘，实为西太后听政。

两宫太后垂帘听政如愿以偿，接下来的问题是如何与恭亲王奕䜣协调好关系，把奕䜣放在什么位置上为妥。两宫太后之有垂帘之日，主要得益于恭亲王的策划和支持。当时清朝内有太平天国的冲击，外有西方列强的窥伺，两宫太后虽已秉政，但毕竟一切政事尚未谙熟。且不说朝中党派分歧，难以驾驭，单是办理夷务之事，就非常棘手难办，非有一精明强干、众论咸服的强力人物，不足以应付时局。恭亲王不仅在政变中所起的作用居功至伟，而且办事干练，为政经验丰富，完全可倚重。这样，恭亲王奕䜣获得举足轻

---

① 故宫博物院明清档案部：《清代档案史料丛编》第一辑，中华书局1978年版，第137页。
② 薛福成：《庸盦笔记》卷二，第25—26页。

重的地位,时势使然。

政变后的第二天,奕䜣即被授予议政王,在军机处行走。按清制,亲王、皇子不得干预政事。现奕䜣不仅重入军机,且特授议政王一职,以显其位,实属罕见。早在清太祖努尔哈赤开国时,虽设过议政王以商国是,但那是集体而非个人。至太宗皇太极时,因总管旗务之八大臣与诸贝勒得以参与论政,议政王的权力已被削弱。雍正朝设军机处后,"议政王之权遂微",乾隆朝终将其裁撤①。恭亲王奕䜣独享议政王之名,且又居军机处要职,后又被授为宗人府宗令,兼总管内务府大臣,掌管皇族事务和宫廷事务,足见其权之重。在清代,"军机则权而要,内务府则亲而要"②,奕䜣两者兼得,可谓无以复加。政变成功后,两宫太后为应付内忧外患之危局,把奕䜣抬至举朝无双的地位。在默契的合作中,两宫太后与恭亲王各得其所。

奕䜣面对接踵而至的权力和荣耀,他并没有忘乎所以。他熟悉宫廷内部云谲波诡,即便自己位高权重,也得谨小慎微,前车之鉴不可不引以为戒。他为了表明自己议政之态度,十月初八日上奏说:

> 臣以樗栎菲材,谊属天潢近胄,蒙皇上仰承母后皇太后、圣母皇太后懿旨委以重任。有可以安国家利社稷者,敢不尽心竭力,一秉公忠,与在廷诸臣认真办理,以期仰慰先帝在天之灵,用酬委畀深恩于万一。然任大责重,且当此中外多事之秋,深恐一时见识偶疏,致滋贻误。臣虽不敢引嫌自避,亦何敢居之不疑?再四思维,惟有吁恳天恩,俯鉴臣受命祗惧之忱,明降谕旨,饬下中外大小臣工,嗣后于朝廷用人行政贤否是非,务当各抒己见,据实胪陈,以求折衷于至当。③

奕䜣虽有推辞谦让之意,但主要用意是想通过这种方式,来表明自己无意恃权自重,藐视群臣,更无意挟制幼帝,号令天下。对奕䜣这一番话,那拉氏心有灵犀,为打消其疑虑,两宫太后以皇帝名义发出上谕安抚:

> 恭亲王奕䜣贤亲众著,朝野咸知。皇考大行皇帝在位,曾蒙特简赞理枢廷,深资倚畀。上年京畿弗靖,又复留驻京师,办理一切事务,均极

---

① 徐珂:《清稗类钞》第三册,第1279页。
② 陈夔龙:《梦蕉亭杂记》卷一。
③ 故宫博物院明清档案部:《清代档案史料丛编》第一辑,中华书局1978年版,第121页。

妥协。我母后皇太后、圣母皇太后谨循家法,授以议政王,并掌枢机,此实默体皇考燕翼贻谋。该亲王滋命益恭,其尽忠竭虑以保乂我邦家,因为至谊,所不容辞,讵非天下臣民所同系望也!……当此国家多事之秋,王以懿亲而膺重寄,凡可以安国家利社稷者,自罔不竭尽心力,而我诸臣皆身受国恩,亦岂有不及时思效,奋其忠诚,以纾多难者乎?……我两官皇太后方询切乡荛,以求治理。即恭亲王奕䜣正欲与诸臣精白一心,同襄郅治,亦得虑衷参酌,尽其多方延揽之诚。①

上谕对议政王奕䜣殷切备至,倚其为重之情溢于字里行间,几乎不容奕䜣有谦让的余地。奕䜣荣膺议政王,好像是众望所归,无可厚非。实际上,奕䜣议政之权再大,也无法逾越幼帝御座后面的两宫太后。他处于辅政地位,而两宫太后则握有最高决策权,因为任何诏旨的颁发,须有两宫的"御赏"和"同道堂"二印方能生效,这两枚印章的分量,绝不亚于皇帝的金口玉言。为了表明这种隐性的最高权力具有压倒一切的威力,在授予奕䜣议政王之称后不久,两宫太后即以小皇帝的名义发布上谕称:"朕奉母后皇太后、圣母皇太后懿旨:现在一切政务均蒙两宫皇太后躬亲裁决,谕令议政王、军机大臣遵行,惟缮拟谕旨仍应作为朕意宣示中外。自宜钦遵慈训,嗣后议政王、军机大臣缮拟谕旨,著仍书朕字。将此通谕中外知之。"②这样,两宫太后的懿旨,即以至高无上的"朕"之旨意宣示中外,谕令议政王、军机大臣遵行。

那拉氏在垂帘伊始,"极小心谨慎,不便明揽大权,但事事留心,以得政治学术之经验"③,而在治国方面,还得引恭亲王为其靠山。"那拉氏有一种坚强的意志和清楚的头脑,行将展布伟大的执政才能;但是她是一个女人,而且还没有多大的经验,所以需要她的夫弟才能够给她的那种支助。恭亲王明知他能够统治这个帝国,并且领会到男子的一切优越性,不过他不是摄政者,最后的决定权不在他的手里。所以这两人在一起工作,最初是在准平等的基础之上,到后来,当亲王认识了他在国家中的地位的时候,才像主妇

---

① 故宫博物院明清档案部:《清代档案史料丛编》第一辑,中华书局1978年版,第121页。
② 故宫博物院明清档案部:《清代档案史料丛编》第一辑,中华书局1978年版,第123页。
③ [英]濮兰德等:《慈禧外纪》,第37页。

和管家一样。"①

那拉氏与恭亲王奕䜣相勾结,不仅夺得了最高权力,而且变更"祖制",实施垂帘听政制,这是清朝政体的一大巨变,由此开始了慈禧专政的时代,构成了晚清政治的一个显著特色。

2.改组军机处与设立总理衙门

奕䜣英年得势,踌躇满志。他利用手中权力,重整朝纲,俨然一代辅政名臣。在议政之初,他通过人事更换安插亲信,把一些要害部门扼于股掌之间,其中改组军机处,控制中枢,是他采取的重大举措之一。

辛酉政变后,军机处原人员,除文祥之外悉数罢黜,充实进来的皆奕䜣集团的成员。其中桂良是奕䜣的岳父,历任湖广、云贵、直隶总督及吏部、兵部尚书等职,拜文华殿大学士。第二次鸦片战争中参与历次对外谈判,奕䜣奉命督办和局时,为幕后智囊之一。沈兆霖,道光十六年(1836)进士,历任翰林院编修、兵部右侍郎、户部右侍郎、署户部尚书、兵部尚书等职。宝鋆,户部左侍郎,奕䜣的重要亲信。曹毓瑛,道光十七年拔贡,授兵部七品小京官,后充军机章京,在那拉氏、奕䜣与八大臣的争斗中,他主动充任奕䜣集团在热河的耳目。所谓"热河密札",大多出自其手。因其穿针引线对政变助力甚大,回京后,"一岁三迁",先在军机处学习行走,同治元年(1862)迁大理寺卿,授军机大臣职②。军机旧臣文祥,咸丰八年(1858)即入军机处。文宗出逃热河时,他"以动摇人心,有关大局,且塞外无险可扼,力持不可,偕廷臣言之,复请独对"③。与英、法交涉时,他署步军统领坐镇京师,统筹洋务全局。政变成功后,奕䜣对他倍加信赖,"简任纶扉,深资辅弼,于国计民生利病所关,及办理中外交涉事件,无不尽心筹划,实为股肱心膂之臣",被誉为"中兴枢臣之冠"④。

---

① [美]马士著,张汇文等译:《中华帝国对外关系史》第二卷,商务印书馆1960年版,第67—68页。
② 章士钊:《热河密札疏证补》,《文史》第二期,第91—92页。
③ 赵尔巽等:《清史稿》卷三八六《文祥传》,中华书局1978年版。
④ 《清史列传》卷五一《文祥》。

改组后的军机处,基本上由清一色的奕䜣亲信组成,一切军国大事,均由恭亲王做主。按太后垂帘听政的体制,他们每日上班,必由领班之亲王开口请旨。军机处所拟定的谕旨,那拉氏只是"偶有更动",在绝大多数情况下,奕䜣的主张均能顺利通过①。所以有人评论说:"军机仅事承宣,久无实权。惟恭亲王议政时,略可专断。"②同治朝"两宫初政,春秋甚富,骤遇盘错,何能过问？所承之旨,即军机之旨,所出之谕,即军机之谕,此亦事实之不可掩者也"③。可见,真正的实权人物是恭亲王奕䜣。

奕䜣执掌大权时,清廷正面临着如何恰当处理与外国势力的关系的尴尬局面。在留守京师主办"抚局"的奕䜣看来,"外夷"既已驱之不去,与其徒增祸患,莫如因势利导,与之相安,积极地向西方列强靠拢。因此,他继续掌管和完善总理各国事务衙门,以利于督办"夷务"。

总理各国事务衙门,简称"总理衙门"。鸦片战争以前,清朝的对外事务,分别由礼部和理藩院管理。经过两次鸦片战争,清朝被迫割地、赔款、开口通商,涉外事务骤增,须设专门机构办理对外事务。第一次鸦片战争后设立"五口通商大臣",管理通商事宜,相继由两广总督和两江总督兼任。第二次鸦片战争后,因开口通商遍布沿海并深入内陆,交涉事务更加繁重,应设一个统筹"夷务"的正式外交机构。这样,总理衙门便应运而生。

咸丰十年十二月一日,恭亲王奕䜣就会同大学士桂良、户部左侍郎文祥奏请设立总理衙门:"查各国事件,向由外省督抚奏报,汇总于军机处。近年各路军报络绎,外国事务,头绪纷繁。驻京之后,若不悉心经理,专一其事,必致办事延缓,未能悉协机宜。请设总理各国事务衙门,以王大臣领之。"④十二月十日,远在热河的文宗发旨批准在京师设立"总理各国通商事务衙门"。奕䜣对谕中"通商"二字颇为踌躇,于是又上奏请求节去"通商"二字,"免致该夷有所借口"⑤,文宗表示同意。咸丰十一年二月初一日,总理各国事务衙门在京师正式成立。

---

① 何刚德:《客座偶谈》卷一。
② 金梁:《光宣小记》,第55—56页。
③ 何刚德:《客座偶谈》卷一。
④ 中国史学会:"中国近代史资料丛刊"《第二次鸦片战争》(五),第341—342页。
⑤ 《筹办夷务始末》(咸丰朝)卷七二,中华书局1979年版。

总理衙门初设时,文宗总以为它是一个聊以应付时局的临时机构,希望"俟军务肃清,外国事务较简,即行裁撤,仍归军机处办理,以符旧制"①。其时,朝野上下亦"日恨其不早裁撤,以为一日衙门尚存,即一日国光不复"②。这种意识,是当时上至天子、下至臣民昧于世界大势所致,也是一种排斥"外夷"的心理反应。事实上,随着外国侵略势力逐步渗入清朝统治肌体的内部,总理衙门非但没被裁撤,反而日渐膨胀,成为清廷不可或缺的关键机构。总理衙门大臣也是当时的实权人物,他们"掌各国盟约,昭布朝廷德信,凡水陆出入之赋,舟车互市之制,书币聘飨之宜,中外疆域之限,文译传达之事,民教交涉之端,王大臣率属定议,大事上之,小事则行"③。凡外交、通商、税务、铁路、邮电、海防等事务,无不归总理衙门汇总署理。文宗在世时,总理衙门确实有所掣肘,权力有限。即从总理衙门与各省的关系而言,奕䜣等初议"事宜机密者,即令各该大臣、将军、督抚、府尹一面具奏,一面径咨总理衙门",而文宗则批示:"各省机密事件,应照例奏而不咨,如事关总理衙门者,即由军机处随时录送知照,亦甚便捷,著无庸由各口先行咨报总理衙门,以归划一。"④显然,这是文宗借口旧制,有意限制总理衙门,阻止其与各省发生直接联系,以防其侵越皇帝特权。

奕䜣挟议政王之威,在改组军机处的同时,对总理衙门的职掌也一反文宗之意,着意进行强化。军机处和总理衙门这两大实权机构,一个管理对内事务,一个管理对外事务,两者虽无明显的对等关系,却有实际上的分工。为使总理衙门也像军机处那样置于自己的控制之下,奕䜣大搞任人惟亲。同治五年(1866)以前,总理衙门大臣除奕䜣、桂良、文祥外,尚有崇纶、恒祺、宝鋆、董恂、薛焕、徐继畬、谭廷襄等7人。这些人麇集于奕䜣周围,在帮办"夷务"方面发挥着很大作用。

在高度集权的封建政治体制条件下,任何中央行政部门的权限必须服从和服务于皇帝的独裁统治,总理衙门也不例外。为防止总理衙门在办理涉外事务方面有直接指挥各地方的权力,故在总理衙门之下,设立与之不相

---

① 《筹办夷务始末》(咸丰朝)卷七二,中华书局1979年版。
② 单士元:《总理衙门大臣年表·孟森序》。
③ 光绪《大清会典》卷九九。
④ 以上见《筹办夷务始末》(咸丰朝)卷七二,中华书局1979年版。

统属的南洋、北洋通商事务大臣。南洋大臣主要办理苏、浙、闽、粤、长江各口通商事务,以江苏巡抚兼领;北洋大臣主要办理牛庄(辽宁海城西部)、天津、登州(蓬莱)三口通商事务,先有大臣任专职,同治九年(1870)后改由直隶总督兼任。至于南洋、北洋大臣与总理衙门之间的关系,主要反映在办理交涉和通商两大方面。办理交涉方面,南洋大臣是:"凡交涉之事,则督所司理之,待其上以裁决,疑难者则咨总理衙门,大事则奏闻。"此条有注曰:"急事用电奏,由总理衙门代陈。"北洋大臣"凡交涉之务,则责成于关道而总其大纲,以咨决于总督"。此条亦注曰:"通省交涉洋务事件,统归关道管理。地方官遇事禀闻,由关道禀总督,以咨商总理衙门定议。各国领事有事,则会商关道,大者禀总督,剖断不决者,咨呈总理衙门。"又"凡大事则奏陈请旨"。其注云:"急事用电奏,由总理衙门代陈。"[①]以上表明,南洋、北洋大臣与总理衙门两者关系是:疑难之事或剖断不决之事,咨商总理衙门定议,电奏大事,由总理衙门代陈。总理衙门对南洋、北洋大臣,仅为备顾问与代传达而已,在制度上并无隶属关系。

这种在制度上造成的分权,并不能完全体现出相互制约的效能。议政王奕䜣当政之初,在不改变总理衙门和南洋、北洋大臣相对独立的关系的前提下,仅通过选派亲信充任南洋、北洋大臣这一办法,就使这两个外事机构与总理衙门发生某种内在的联系。此时清朝的外事活动,其大政方针均在奕䜣的统筹规划之下,南洋、北洋大臣理所当然地俯首听命于恭亲王奕䜣,从而形成短暂的议政王主政的局面。

3. 汉官僚实力派走上政治舞台

同治初年,清廷面临的第一要务,就是如何迅速消灭太平天国,稳定政局,加强对全国的有效控制。为此,在中央,奕䜣等人按照"治天下之道在亲亲"的祖宗家法[②],团结近支宗室和满族权贵,以保证清朝皇权的纯粹性;

---

① 光绪《大清会典》卷一○○。
② 《清高宗纯皇帝圣训》卷五五。

而在地方,继续利用汉族地主团练武装与太平军对抗,以求消除"叛乱"。这样,咸丰朝时已崭露头角的汉族官僚实力派,名望日隆,朝野咸闻,成了新兴的地方势力。

这批汉族官僚,是在清朝内外交困、国势衰落的危殆时期开始崛起的。咸丰初年,太平天国以排山倒海之势,把清朝统治推至岌岌可危的险境。为阻遏这支气势如虹的农民大军,清廷不惜倾力抵抗。清朝的统治集团此时已变得腐朽无能,所豢养的军队也不堪一击,根本无力挡住这股洪流。在这种形势下,清朝皇帝被迫搁置"满汉分畛"的成见,起用汉族官僚中的精英分子披挂上阵,充当维护清朝统治的得力鹰犬。在绞杀太平天国的斗争中,这批汉族官僚通过扩建团练武装而发迹,步入了清朝的政治舞台。

清廷依靠汉族官僚实为迫不得已。入主中原以来,为保持统治的稳定,虽也重视拉拢汉族地主和士人参加政权,但在统治权力的分配上,带有明显的歧视色彩。中央机构如内务府大臣、宗人府宗正、理藩院尚书,按规定只能由满族贵族担任。军机大臣中,特别是首席军机大臣,亦由满族贵族充任。各地的总督、巡抚也大多是满人。至于军权,更是不轻易放手。咸丰朝以前进行的历次重大军事行动,如圣祖时征噶尔丹,世宗时征噶尔丹策零,高宗时征廓尔喀、缅甸和大小金川,都由满族亲贵大臣统兵征伐。其间也有过例外,如圣祖时平定吴三桂之乱,用了一批汉将如蔡毓荣等;世宗时曾简派年羹尧为抚远大将军、岳钟琪为参赞出征青海;高宗时任命张广泗为总指挥出战金川等。但这些人或遭斥,或被杀,结局都很悲惨。当然也有个别获荣宠的。可见对汉人实掌兵权一直是有防范的。

太平天国的金田起义一爆发,文宗仍沿袭列祖列宗的传统,简派满族亲贵为统兵大员,调集重兵前往镇压。但这些握符出征的权贵多不知兵,不战则已,战则必败,竟无人能挡太平军之兵锋。此时的清兵,其战斗力已无法同前期相比。昔日的八旗劲旅,早已失去了先辈骁勇善战的雄风。众至60万的绿营兵也是军纪涣散,武备废弛,闻战色变。整个清军主力不论八旗或绿营,"文武以避贼为固然,士卒以逃死为长策"①,形同摆设。与此相反,一些汉族地主士绅,却自办团练,协助清军对抗太平军,为清廷所注目。咸丰

---

① 《剿平粤匪方略》卷三四。

三年(1853),文宗谕令各地举办团练,并委任丁忧或请假在籍的官员为团练大臣。以此为契机,汉族官僚开始涉足本为清廷所禁忌的军事领域。在这些团练大臣中,真正以"豪杰之士起而倡率"并"可用之团练"①的,为数不多。惟曾国藩独树一帜,他建起一支军制迥异、凶猛剽悍的地方武装湘勇,习称"湘军"。

湘军主帅曾国藩,字伯涵,号涤生,湖南湘乡人。道光进士,任翰林院侍讲学士、内阁学士,擢礼部右侍郎,后署兵、吏等部侍郎。咸丰二年(1852)六月,曾国藩丁母忧归籍守制,3个月后,奉命任湖南团练大臣,赴长沙办练勇(团丁)。他帮办团练,既异于前人,亦别于邻省。他打着办团练的旗号,罗致人才,选募兵勇,编练陆师,组建一支地方武装湘勇。为使这支队伍"呼吸相顾,痛痒相关,赴火同行,蹈汤同往,胜则举杯酒以让功,败则出死力以相救"②,曾国藩断然以募兵制代替世兵制。他规定,士兵主要招募健壮、朴实的山乡农民,军官则主要招聘才堪治民、视死如归的绅士和文生充任。在加强对士兵的控制上,他要求下级绝对服从上级,士兵绝对服从军官;为增强湘勇内部的团结,他坚持募勇的地域原则和私人情谊至上的原则,规定士兵一般只在湖南尤其是在湘乡招募,军官则由他个人任免。对兵勇的训练,除军事技艺外,还侧重以封建伦理纲常维系军队纪律。经过曾国藩"特开生面,赤地新立"③的改制,湘勇一改绿营的各种陈规陋习,渐成劲旅。咸丰四年九月,曾国藩率湘军一举攻克太平军的战略据点武昌,曾国藩由此声名大震。

武昌攻克的"捷报"传至京师,文宗深受鼓舞,立即任命曾国藩为署理湖北巡抚,并谓:"不意曾某一书生,乃能建此奇功!"首席军机大臣祁寯藻却不以为然,说:"曾某以匹夫居闾里,一呼蹶起,从之者万余人,恐非国家之福。"④文宗听罢,默然变色,随即收回成命。此后六七年,曾国藩不仅"不获大行其志"⑤,即便其他手握兵柄的汉族实力派官僚,亦不假以重权。直

---

① 汪士铎:《乙丙日记》卷三。
② 曾国藩:《曾文正公书札》卷二,第35页。
③ 曾国藩:《曾文正公书札》卷四,第2页。
④ 黄鸿寿:《清史纪事本末》卷四九。
⑤ 李元度:《天岳山馆文钞》卷一四。

到咸丰十年(1860)太平军攻占苏、常二州,两江总督何桂清被革职逮治时,曾国藩才在肃顺的力荐下,得任两江总督,并兼钦差大臣,督办江南军务。汉人任总督,此前并不乏其例,但曾国藩因兼领湘军,实力非比寻常,这对防范汉人坐大成势的清廷而言,无疑是被迫无奈的选择。正如曾国藩的幕僚赵烈文所论:"迨文宗末造,江左覆亡,始有督帅之授。受任危难之间,盖朝廷四顾无人,不得已而用之,非负扆真能简畀,当轴真能推举也。"①

辛酉政变后不久,集外廷内朝军政大权于一身的奕䜣仍"阴行肃顺政策,亲用汉臣"②,委曾国藩为钦差大臣,督办江苏、安徽、江西和浙江4省军务,督、抚、提、镇以下俱归其节制,旋授协办大学士,以提高其威权。后又把浙江、江苏、江西、湖北、安徽、湖南6省巡抚,均换成湘军将领或曾国藩所推荐的左宗棠、李鸿章、沈葆桢、严树森、李续宜、郑元善等人,以便于曾国藩在用兵省份归一事权,加强湘军对太平军的攻势。曾国藩骤得权势,内心颇多忧惧,感到"权太重,位太高,虚望太隆,惊惶之至"③,惟恐功高震主,招致不测。但在假意推辞一番之后,泰然受之。

奕䜣为让曾国藩放手节制四省军政大权以利于全盘规划,还授以督察官吏、保荐人才的人事大权。曾国藩对此受宠若惊,说:"封疆将帅乃朝廷举措之大权",外臣不应干预,当此"四方多故,疆臣皆有征伐之权,不当更分黜陟之柄","以预防外重内轻之渐,兼以杜植私树党之端"④。奕䜣却答复:"朝廷黜陟之权,原非封疆大吏所能侵越。第该大臣简任纶扉,督师江皖,膺股肱心膂之寄……不当稍有避嫌之见,方合古大臣知无不言之义,嗣后如有所知,不妨密封呈进。"⑤自此,凡有关"湖广两粤闽浙等省大吏之黜陟及一切大政,朝廷必以咨之"⑥。每当曾国藩奏报至,奕䜣、那拉氏都"详加披览,一切规画,辄深嘉许,言听计从"⑦。

曾国藩借此权力,加紧培植私人势力,扩大羽翼。咸丰十一年十二月,

---

① 太平天国历史博物馆:《太平天国史料丛编简辑》第三册,中华书局1978年版,第346页。
② 刘体仁:《异辞录》卷二。
③ 曾国藩:《曾文正公手书日记》咸丰十一年十一月十四日。
④ 曾国藩:《曾文正公全集》卷一五。
⑤ 《清穆宗实录》卷七。
⑥ 薛福成:《庸盦笔记》卷二。
⑦ 《清穆宗实录》卷一六。

太平军攻下杭州,浙江巡抚王有龄穷蹙自杀,曾国藩一面令左宗棠立即率兵入浙,一面密折保奏左宗棠为浙江巡抚,得到清廷的批准。此后,左宗棠迅速崛起,成为继曾国藩之后又一个新兴汉族实力派官僚。左宗棠入浙两个月左右,曾国藩又派其门生李鸿章率新组建的淮军救援上海,图取苏、常,并保荐李鸿章署理江苏巡抚。这样,李鸿章因缘际会,异军突起,一跃而为深受清廷器重的风云人物。曾国藩有了左宗棠、李鸿章作为他的左右臂,便"以围攻金陵属之(曾)国荃,而以浙事属左宗棠,苏事属李鸿章,于是东南肃清之局定矣"①。

除左宗棠、李鸿章外,曾国藩又陆续保荐沈葆桢为江西巡抚、李续宜为湖北巡抚(后调安徽巡抚)、毛鸿宾为湖南巡抚、刘长佑为广西巡抚、江忠义为贵州巡抚,以及骆秉章为四川总督,刘蓉、李恒、蒋益沣、韩超为布政使,等等。曾国藩的势力,随战争发展迅速扩展,所谓"西至四川,东至海,则皆倚(曾)国藩为重"②。清朝的半壁河山,实则控制于曾国藩之手。

以曾国藩为首的汉族官僚势力的急剧发展和膨胀,引起了满族权贵的猜忌。有人提醒奕䜣、那拉氏:"楚军编(遍)天下,曾国藩权太重,恐有尾大不掉之势",建议裁其军,削其权③。对此,奕䜣和那拉氏不是没有警惕,但在当时,惟有曾国藩的湘军可与太平军抗衡,曾国藩势力是清廷赖以救亡的最大支柱,如舍其不用,清朝随时都有土崩瓦解的危险。作为防范曾国藩的权宜之策,清廷只好在暗中设法加以控制,尽量削弱曾国藩势力的影响。而施以控制的最主要方法,就是在湘军内部扶植反对势力,使其彼此倾轧,互相牵制,从而达到分而治之的目的。

曾国藩所辖湘军总数号称30万,但归其直接指挥的仅12万,加之内部派系林立,各树一帜,其实真正的嫡系部队不过是曾国荃所指挥的5万之众。其他各部如左宗棠、李鸿章、沈葆桢、杨载福等,都同曾氏兄弟存有不同程度的矛盾。奕䜣则乘机利用湘系内部的矛盾,对与曾国藩貌合神离的湘系骨干进行拉拢扶植。其中,左宗棠和沈葆桢在奕䜣的支持下与曾国藩分道扬镳,是对湘系势力的最大削弱。

---

① 王定安:《曾文正公事略》卷二。
② 王闿运:《湘军志》,第61页。
③ 薛福成:《庸盦文续编》卷下。

左宗棠,字季高,湖南湘阴人。原为乡村塾师。一度在家乡举办团练,后入湖南巡抚张亮基和骆秉章幕府,主持军务。又入曾国藩幕协助筹组湘军,为曾国藩所倚重。咸丰十一年(1861年),经曾国藩保荐,得任浙江巡抚。左宗棠揽权好胜,就任浙江巡抚后,认为曾国藩用兵拙滞,对他约束、控制过严,常与之闹矛盾。这一点正被奕䜣利用,于同治二年(1863)五月超擢左宗棠为闽浙总督,使其地位与曾国藩相埒。仅1个月后,不满曾国藩遥制的江西巡抚沈葆桢,也因与曾国藩争厘金站到左宗棠一边。沈葆桢,字幼丹,福建侯官(今福州)人,道光进士,咸丰朝官至九江知府。太平军攻占九江后,随曾国藩管理营务,咸丰十年卸去广饶九南道之职,回籍养亲。曾国藩就任两江总督、节制4省军务后,保荐沈葆桢出为江西巡抚,以使其在江西为湘军筹费募饷。沈葆桢赴任不久,即"谋江省自立之策","留本地之财,练本省之兵,养本地之勇"①,并向清廷相继奏请江西的漕折、关税、厘金暂由本省调用,以供添勇练兵之用。清廷允其所请,并谓:"江西防剿,现在极形吃紧,与其糜烂之后分兵筹饷,不如先事预防,俾江省得以自固藩篱,即曾国藩亦可专力东南。"②曾国藩失去江西饷源,"焦灼不能治事,绕屋徘徊,若将有祸变之及者"③,并屡次上奏抗争,但均无济于事。清廷的这种釜底抽薪之计,使曾国藩的势力大为削弱,曾国藩自知此乃朝廷有意而为之,徒唤奈何,为善保功名,他只好听之任之,委曲求全。

其实,曾国藩并未因清廷给予的权势和荣耀而沾沾自喜,他对清廷的控制和戒备早就有所察觉。湘军成为镇压太平天国的主力后,清廷为防不测,一直以满族正白旗出身的亲信大臣官文为领钦差大臣,驻守武昌,控据长江上游;以富明阿、冯子材分守扬州、镇江,占据长江下游;以僧格林沁屯于鄂、皖之交,虎视南京。清廷的这种军事部署,用意甚明。因此,曾国藩为释清廷疑忌,"全力结欢官文,每奏事必推为首署,报捷之疏,待官而发"④,以示惟朝廷之命是从。同治元年(1862),他在给曾国荃的信中说:"阿兄忝窃高位,又窃虚名,时时有颠坠之虞。吾通阅古今人物,似此名位权势,能保全善

---

① 沈葆桢:《沈文肃公政书》卷一。
② 《清穆宗实录》卷九七。
③ 曾国藩:《曾文正公手书日记》同治三年三月三十日。
④ 姜斋:《清外史》,第152—153页。

终者极少。"①后来与沈葆桢争饷失败,曾国藩看出清廷有意离间,更感自己"用事太久,兵柄过重,利权过广,远者震惊,近者疑忌"②。他在给李鸿章的信中说:"长江三千里几无一船不张鄙人之旗帜,外间疑敝处兵权过重,利权过大,盖谓四省厘金络绎输送,各处兵将一呼百诺,其疑良非无因。"又说:"两接户部复奏之疏,皆疑弟广揽利权,词意颇相煎迫。自古握兵柄而兼窃利权者,无一不凶于国而害于家,弟虽至愚,岂不知远权避谤之道。"③"万一金陵克复,拟即引退,避贤者路,非爱惜微名,而求自全也。"④因此,克复天京(南京)后,曾国藩即自削兵权,奏请停解部分厘金,裁撤部分湘勇,为曾国荃陈请开缺回籍,以示无意拥兵自重。曾国藩的这些做法,消除了清廷的怀疑和担心,于是便继续令曾国藩总督两江。

曾国藩深悉军权的重要,他在裁军以避嫌疑的同时,仍保留了相当数量的湘军;并且,作为保其名位的另一种手段,他对李鸿章及其率领的淮军尤寄予厚望。曾国藩致信李鸿章说:"淮勇气方强盛,必不宜裁,而湘勇则宜多裁速裁。"又说:"国藩创立淮勇新军,本欲济湘军之穷,向为鄙人弥缝缺憾,今竟如愿相偿,亦天幸也。"⑤曾国藩认为,只要淮军能承湘军之续,李鸿章能绍己之业,使湘淮两军、曾李两家联为一气,任何人都不能撼动他。曾国藩的这种"嫁接"之术,不仅使湘系集团势力得以保存和延续,而且使汉族地方实力派的力量更加雄厚。那拉氏虽"自洪杨事平,而疑忌汉族之心转甚"⑥,但继之而起的捻军起义如火如荼,清廷仍得倚重湘、淮等军,无法削夺汉族地方大员手中的兵权。结果,至同治四年(1865)五月,全国10名总督,除湖广总督官文为满族人外,其他9人都是汉人;至于15个省巡抚,则为清一色的汉人。而总督中,湖南人又居其五,即直隶总督刘长佑、两江总督曾国藩、云贵总督劳崇光、闽浙总督左宗棠、陕甘总督杨岳福。巡抚当中,湘淮军功亦占其大半,曾国荃、刘蓉、郭嵩焘等皆为湖南人。那些以武功

---

① 曾国藩:《曾文正公家书》同治元年六月二十日。
② 曾国藩:《曾文正公书札》卷二三,第34页。
③ 曾国藩:《曾文正公书札》卷二三,第42—43页。
④ 曾国藩:《曾文正公书札》卷二四,第7页。
⑤ 江世荣编:《曾国藩未刊信稿》,中华书局1959年度版,第240页。
⑥ 枝巢子(夏仁虎):《旧京琐记》卷七《时变》。

而不以科第致身通显者,当时甚至目之为生员,亦飞黄腾达,威震一方,如湖北巡抚曾国荃、安徽巡抚彭玉麟、江西巡抚刘坤一、直隶总督刘长佑、湖南巡抚李翰章、陕西巡抚刘蓉、安徽巡抚李续宜等①。

这些汉族地主士绅以武功出任督抚,固然暂时挽救了清朝的灭亡,但同时也挖松了清朝中央政权的政治基础,使军权和政治实权由满族皇室为首的贵族手中转移到汉族督抚手中,渐渐形成了内轻外重的局面。

4. 西方列强与清廷"合作"

辛酉政变后,奕訢以议政王身份掌握清朝中央大权,在对外关系上,他与垂帘听政的那拉氏都力主"抚夷",以便集中力量消灭太平天国。由此,清朝的对外政策发生根本性的变化,即政治上由中外对立变为"中外同心",经济上由盲目排外到热衷洋务,军事上由拒绝洋兵转为"借师助剿"。清廷与西方列强的关系终于发展到所谓"合作"的阶段。

西方列强对清朝对外政策的转变普遍表示欢迎。因为他们需要一个"温和"、"友好"的中国政府,使之在"和平"的方式下取得更大利益。此时的清朝在太平天国的震撼下已根基不稳,他们担心这种"友好"的局面能否行之久远。因此,当务之急是如何帮助清廷消灭太平天国,以期确保他们从清廷取得的各项权益不受损害。正是在消灭太平天国这个问题上,西方列强找到了与清廷"合作"的契合点。

早在《北京条约》签字不久,法国公使就向奕訢表示愿意帮助镇压太平天国,称"所有该国停泊各口之船只兵丁,悉听调遣"。俄国公使也为镇压太平天国和捻军献计改进火器,"欲派数人来京,教铸枪炮,一并教演",并表示"拨兵三四百名在水路会击,必可得手"②。对法、俄两国慷慨拔刀相助的意向,奕訢是很愿意接受的。他在奏文中说:"综计天下大局,是今日之御夷,譬如蜀之待吴。蜀与吴,仇敌也,而诸葛亮秉政,仍遣使通好,约共讨

---

① 刘声木:《苌楚斋续笔》卷三;钱实甫:《清季重要职官年表》。
② 《筹办夷务始末》(咸丰朝)卷六七、六九,中华书局1979年版。

魏……"①他以诸葛亮"联吴伐魏"的典故为喻,主张联合西方列强讨伐太平天国。但文宗恐"借夷剿贼"流弊横生,因而疑虑重重,未做定夺。这时,忙于开辟长江新口岸的英国认为自己与清廷军事合作的内在条件尚未成熟,又不愿意俄、法对清朝的影响增大,就采取离间破坏的策略。英国公使告诉奕䜣:"剿贼本系中国应办事件,若借助他人,不占据地方,于彼何利?非独俄佛(法)克复城池不肯让出,即英国得之,亦不敢谓必不据为己有。"②这番"肺腑之言",着实令奕䜣等人踌躇不已。因此,虽然清朝上下有相当一部分人欢迎外国"助剿",但若付诸实施,显然一时还难以实现。

咸丰十一年(1861)底,太平军攻克宁波、杭州,淞沪告急。江苏巡抚薛焕以苏、浙两省绅士"合词吁请具奏"的形式,正式向清廷提出"借师助剿"的建议。奕䜣和那拉氏对薛焕的建议采取谨慎态度。但一心想"借师助剿"的薛焕却不肯罢休,又奏报说,英、法在上海的文武各员对加强上海防务"颇为出力",太平军进攻吴淞镇时,全仗外国人的炮火相助才将其击退③。奕䜣获悉这一奏报后,态度发生变化,认为西方列强"真心和好",已信而有征。同治元年(1862)正月初,奕䜣以幼帝穆宗的名义正式宣布:"所有借师助剿,即著薛焕会同前次呈请各绅士,与英、法两国迅速筹商,克日办理,但于剿贼有裨,朕必不为遥制。其事后如有必须酬谢之说,亦可酌量定议,以资联络。"④关于这一决定,奕䜣征求过两江总督曾国藩的意见。曾国藩对"借师助剿"原则上亦表示同意,认为"目下形势,舍借洋兵,亦实别无良策",但他同时又主张,因为上海是通商口岸,"洋人与我同其利害,自当共争而共守之",宜"借洋兵以助守"。至于非通商口岸之地,如苏州、常州、南京等,则不应借助洋兵,如"借兵助剿,不胜为笑,胜则后患不测"⑤。曾国藩的这一意见,基本上被采纳。这样,清廷"借师助剿"的政策得以初步确立,中外反动势力首先在防守上海的问题上达成了一致意见。

当时英国表面上严守"中立",对清廷的求助暂时不予配合,主要原因

---

① 《筹办夷务始末》(咸丰朝)卷七一,中华书局1979年版。
② 《筹办夷务始末》(咸丰朝)卷七二,中华书局1979年版。
③ 《筹办夷务始末》(同治朝)卷四。
④ 《筹办夷务始末》(同治朝)卷四。
⑤ 《筹办夷务始末》(同治朝)卷四。

在于它企图从太平天国那里得到更大的好处。中英《北京条约》签订以后，英国为实现在长江通商的特权，咸丰十一年(1861)二月，其代表在天京(南京)同太平天国谈判，提出英舰停泊天京，准许英国商船通过天京上驶长江，太平军攻击与英国利益相关的地区时，不得侵犯英国人的生命、财产等8项要求，太平天国均一一应允。稍后，英国代表又照会太平天国，要求太平军不得攻入上海、吴淞30英里以内的地区，太平天国同意1年内不进攻上海。但在根本性问题上，太平天国寸步不让。咸丰十一年冬，英国代表竟向洪秀全提出"打倒清朝，平分中国"的建议，洪秀全当即严词拒绝，说："我争中国，欲相(想)全国，事成平定(分)，天下失笑，不成之后，引鬼入邦。"英国代表威胁道："尔不与合，尔天朝不久，待为(回)我另行举动。"①洪秀全对此置之不理。英国于是凶相毕露，在一份措辞蛮横的照会中说，太平军不得进到上海、吴淞、九江、汉口周围百里地带内。对此，太平天国在复照中义正辞严地予以驳斥，指出："我国所欲殄除者，满妖盗匪也；我国所欲恢复者，中国也。今满妖未除，伟业未竟，我国碍难照准贵国所请。俟殄灭满妖之后，我国即予贵国提议以各种便利。"②

面对太平天国的严正态度，英国抛开"严守中立"的面具，暴露了真相，恫吓说："贵方已悉上海、吴淞两地为英、法军队所占领，倘贵军再敢甘冒不韪，重来进攻，则不仅将招致以前之挫败，且将因愚蠢而获致更严重之后果。"③此时正值太平天国与英国代表订立的一年之内不进攻上海的期限届满，太平军不甘示弱，立即向上海进军。负责指挥进攻上海的忠王李秀成在咸丰十一年十二月初八日发出通告：在上海贸易之洋商"各宜自爱，两不相扰。自谕之后，倘不遵我王化而转助逆为恶，相与我师抗敌，则是飞蛾扑火，自取灭亡。"④英、法两国也作出反应：声称"上海县城及其周围，包括吴淞在内，现已为英、法军队所占领"，"(太平军)胆敢进犯该地，将自蹈险境"⑤。当太平军进攻吴淞镇时，就为洋人军队炮火所阻而被迫撤退。

---

① 罗尔纲：《李秀成自述原稿注》，中华书局1982年版，第351页。
② [英]呤唎：《太平天国革命亲历记》，中译本，第326页。
③ [英]呤唎：《太平天国革命亲历记》，中译本，第327页。
④ 《太平天国资料》第二册，第743页。
⑤ [英]呤唎：《太平天国革命亲历记》，中译本，第346页。

通过这次交锋，英国感到仅凭讹诈的方式已不能迫使太平军让步，于是就准备武装干涉。清廷对在沪洋人情愿帮助官军表示欢迎，同治元年（1862）三月，发布上谕："洋人性情坚执，若因我兵单薄，借助于彼，势必多方要挟。今该洋人与逆匪仇隙已成，情愿助剿，我亦不必重拂其意，自应姑允所请，作为牢笼之计。"①至此，中外反动势力在镇压太平军的问题上终于同流合污了。

当时英、法等协助清廷镇压太平天国的兵力有两类：一是英、法驻留通商口岸的正规军，二是洋人流氓组织的雇佣军。由于正规军数量非常有限，一般不能远离通商口岸，所以，主要是通过支持和利用雇佣军来达到"助剿"的目的。这些雇佣军，都是拼凑而成的，其武器由洋人供给，但粮饷主要靠清廷接济。在清廷决定"借师助剿"前后，流窜于苏浙一带的雇佣军有美国人华尔在上海组织的"常胜军"、英国人咈乐德克在宁波组织的"绿勇"和法国人勒伯勒在宁波东组织的"常捷军"。华尔早在咸丰十年（1860）就受雇于清朝官商，组织兵痞与太平军对抗。此后，得到英国支持的华尔大肆扩编所谓"常胜军"，影响颇大。李鸿章对此描述道："此军与洋人何提督（指英国海军司令贺伯）等谊同胶漆，但食中国口粮"，"此四千人中头目均系洋人，岂中国官所能钤制"，"英人隐然以常胜军属之外国，应当作外国人用法"②。华尔雇佣军之所以被侵略者所重视，实是出于这些狡猾的殖民主义者的龌龊心理，通过由洋人指挥、用中国人打中国人的做法，尽量避免让自己的军队承担作战任务。英国驻华公使布鲁斯就建议上海英军提督"协助地方当局增强华尔的军力，成立炮队，改善清军组织，其功效较英军直接参加攻战尤为巨大"③。

清朝统治集团一直对"借师助剿"有所怀疑和警惕。奕訢就所借外国之师是否可信的问题屡次征询地方大吏的意见，薛焕忧心忡忡地说："借助之说既行，则防范之师尤亟，张军威，即所以尊国体。"特别对形同强盗的"常胜军"更是不满："华尔近日渐觉志满气骄，隐然以常胜军为己所部，进止自为主持，每遇出队，不能如官军之令下即行，大有不受羁勒之意。且每

---

① 《筹办夷务始末》（同治朝）卷五。
② 李鸿章：《李文忠公朋僚函稿》卷一，第36页；卷二，第5、7页。
③ 转引自郭廷以：《太平天国史事日志》下册，上海书店1986年版，第885—886页。

战必求重赏,溪壑亦未易盈",建议对其"默为裁制,任其桀骜不驯,万一所部过多,恐有尾大不掉之患"。于是奕䜣为潜消隐患,速令李鸿章率淮军进抵上海,并嘱其"不必专借华尔之军,方能剿贼"①。李鸿章深知淮军刚刚组建,尚不足以言战,因而抵上海后以"兵勇训练未熟,人数未齐,目下断不宜出仗"为由②,迟迟不敢贸然攻击据守太仓的太平军。太平军趁此机会,再次进攻上海,不日即克嘉定、收青浦,打得清军和"洋兵"被迫龟缩到上海城内,坚守不出。

这次战事后,清朝统治集团对"洋兵"愈感不安。因为英、法军自嘉定撤退时,竟威逼地方官焚毁县城,其暴行令人发指。奕䜣据此引以为戒,开始对"洋兵"多方掣肘。因此,当有人建议借英、法军队配合清军进攻天京时,奕䜣坚决表示反对,说:"若令外国带兵入内地攻剿,不特得一处代守一处,是为中国腹心之患;即得一处焚毁一处,亦实为地方疮疫之灾。"同样,对华尔统率的"常胜军",奕䜣也愈加疑虑,认为"华尔虽为中国出力,究系外国之人,性本不羁,心尤难测",他密令李鸿章、左宗棠必须对其"随时留心防范,俾之日就羁勒"③。恰好,同治元年(1862)八月,华尔这个罪恶累累的美国流氓在浙江慈溪被太平军击成重伤。清廷本想趁机接管"常胜军",但因华尔死前遗言以副领队白齐文接统其军,加之英人也力荐白齐文"材勇可任",清廷只好暂委白齐文为首领,待时机成熟再"次第收回兵权"④。

白齐文原为美籍海盗,接统"常胜军"后,恃有英国袒护,骄横跋扈,经常为非作歹,甚至在光天化日之下闭城索饷,闹得地方鸡犬不宁。李鸿章见状,立即同英国交涉,要求解去白齐文的军权,听候中国查办,并规定此后"常胜军""支发口粮,约束营规,裁减勇数,一切章程,均由中国主持经理,该兵官不得干预"。奕䜣对李鸿章的处理办法甚感满意,认为从此可"渐收兵柄,一切可由中国主持,庶无尾大不掉之患"⑤。同时,奕䜣又让总理衙门出面向英、法公使交涉,历数白齐文罪状,坚持将白齐文"革出中国版图,再

---

① 以上见《筹办夷务始末》(同治朝)卷五。
② 李鸿章:《李文忠公全集》卷一。
③ 《筹办夷务始末》(同治朝)卷六。
④ 《筹办夷务始末》(同治朝)卷一〇。
⑤ 《筹办夷务始末》(同治朝)卷一二。

不叙用"①。白齐文的斑斑劣迹使奕䜣更加感到"以外国人统带中国兵,谋始已属不善,即如借兵助剿,借员训练,皆属万不得已之举,其中流弊原多,而'常胜军'为尤甚"②,因而产生了解散"常胜军"的想法。继白齐文掌管"常胜军"的英国流氓军人戈登虽"尚循礼法,月糜饷五万,东征西剿,亦尚效命"③,但再也唤不起清朝统治集团的信任。同治二年(1863),"常胜军"随李鸿章克复常州之后,戈登有遣散"常胜军"辞职回国之意,奕䜣立即谕令李鸿章:此"实属不可失之机会","应乘势利导,妥为遣散"④。李鸿章遂不顾英国的阻挠,毅然解散"常胜军",并把洋枪队和炮队近千人归并到淮军里,由其统一指挥。李鸿章此举被曾国藩誉为"擘划分明,为戡乱之才"⑤;奕䜣也赞其"筹办甚属周妥"⑥。

"借师助剿"是第二次鸦片战争后清朝统治集团与西方列强"合作"的主要内容。随着殖民主义者对中国侵略的逐步深入,西方列强已开始在清朝政治中发挥作用。他们及其雇佣军虽在镇压太平天国时扮演重要角色,但由于"洋兵""所费不赀,又多流弊",终"非自强之道"⑦,清廷就匆匆地结束这种"合作"。可见清廷的"借师助剿",实是一时的权宜之计,其根本出发点是"加意拊循","曲为牢笼",使洋人"乐于助顺","俾为我用",以收趋利避害之效,这也是清廷愿与西方列强"合作"的初衷。

---

① 《筹办夷务始末》(同治朝)卷一七。
② 《筹办夷务始末》(同治朝)卷二四。
③ 李鸿章:《李文忠公朋僚函稿》卷三。
④ 《筹办夷务始末》(同治朝)卷二四。
⑤ 曾国藩:《曾文正公手书日记》同治三年五月二十二日。
⑥ 《筹办夷务始末》(同治朝)卷二五。
⑦ 《筹办夷务始末》(同治朝)卷三〇。

第二章 太平天国与捻军最后失败

1. 天京变乱与"天国"的衰败

咸丰六年(1856)上半年,太平天国取得了西征和天京破围战的胜利,在军事上达到了全盛时期。但是,军事上的胜利并不意味着政治上的稳定和政权的巩固,相反,相对平稳的环境使革命队伍内部的消极因素迅速滋长起来。

太平天国的主体是来自于社会下层的广大农民。小生产者的保守性与狭隘性,使其无法洗净自己身上的封建东西。随着军事上的不断推进,"天国"内部安富尊荣的意识逐渐膨胀,"随之而来的是人间天国的封建化"[①]。将领们进入南京后,便大兴土木,将清朝官员和富商大贾的衙门、豪宅装饰一新,变成各自的府院。洪秀全的天王府周围10余里,墙高数十丈,分为内外两重。杨秀清的东王府也是"穷极工巧,骋心悦目"。在重门深院之内,领袖们的生活日趋腐化。他们"争奇斗富,盛饰鞍鞴"[②],大肆显示排场。

领袖们不仅在生活上奢侈堕落,还公开地宣扬"君权至上"、"三纲五常"等封建思想。在《天父诗》中写道:"众小尔们要一心扶主,不得大胆。我差尔主下凡作天王,他出一言是旨是天命。尔们要遵,一个不顾王顾主都难。"还有"只有媳错无爷错,只有姬错无哥错,只有人错无天错,只有臣错

[①] 陈旭麓:《近代中国社会的新陈代谢》,《陈旭麓文集》第一卷,华东师大出版社1996年版(下略),第228、223页。

[②] 中国史学会:"中国近代史资料丛刊"《太平天国》(三),第180页。

无主错"①这样的词句。领袖们还规定一套相当严格和繁杂的封建等级制度：凡高级官员出行，下级官吏和普通士兵必须回避或跪于道旁，敢于对面行走者斩首。当年的农民领袖，已变成新的权贵，太平天国明显地蜕化为封建政权。

随着形势的发展，许多地主、乡绅、胥吏等投机分子加入到太平军队伍中来，一些城市游民和清军的散兵游勇归附了太平军，他们或心怀叵测，伺机破坏；或旧习不改，为害黎民，严重腐蚀、破坏了太平军的纯洁和团结。

随着领导集团生活的日益腐化和等级观念的逐步加深，首义诸王之间的矛盾渐趋尖锐。其中最主要的矛盾首先在天王洪秀全与东王杨秀清之间展开。洪秀全是太平天国的开创者，是太平天国最高领袖。定都天京后，他日益沉溺于宗教，每到一处，必深藏不露，将军政大事悉数托付给杨秀清处理。手握大权的杨秀清为所欲为，不时以"天父"的身份对洪秀全横加指责。他锋芒毕现，自然引起洪秀全的疑惧和不满，洪、杨之间的矛盾迅速升级。

杨秀清不仅与洪秀全有着很深的矛盾，他与韦昌辉、石达开、秦日纲等也暗中不和。特别是北王韦昌辉，表面上对东王毕恭毕敬，诚惶诚恐，"论事不三四语，必跪谢曰：'非四兄教导，小弟肚肠嫩，几不知此'"，极尽逢迎谄媚之能事②，而内心则衔恨入骨，伺机取而代之。太平天国最高领导集团内部的矛盾，直接孕育了令人痛心的天京事变。

咸丰六年（1856），随着太平天国军事形势的迅猛发展，杨秀清以为大事将成，内心中一直在不断增长的试图夺取最高统治权力的欲望开始急剧膨胀。是年七月他又一次假称"天父"下凡，对洪秀全说："尔与东王均为我子，东王有咁大功劳，何止称九千岁？"洪秀全对曰："东王打江山，亦当是万岁。"杨秀清还不满足，又问："东王世子岂止是千岁？"洪秀全被迫答道："东王既万岁，世子亦便是万岁，且世代皆万岁。"杨秀清这才心满意足地假作"天父"答曰："我回天矣。"③杨秀清逼封万岁，使洪、杨之间的权力斗争白

---

① 《天父诗》，中国史学会：《太平天国》（二），上海人民出版社1957年版，第115、378页。
② 谢介鹤：《金陵癸甲纪略》，转引自中国史学会："中国近代史资料丛刊"《太平天国》（四），神州国光社1952年版，第669页。
③ 以上见罗尔纲：《太平天国史事考》，三联书店1955年版，第261页。

热化,洪秀全预感到自己有完全失去权力的危险,遂决定采取断然措施,下密诏调远在江西、湖北前线督师的韦昌辉、石达开返京。

韦昌辉得到诏书后,火速回师,抵达天京时已是八月初三深夜。他将队伍分布在各个要害地段,占领所有通往东王府的街道。一切准备就绪后,便指挥军队以迅雷不及掩耳之势闯进东王府,上至东王本人,下至其家眷、侍从、文武官员,不分男女老幼,统统杀死。韦昌辉必欲将东王的势力斩尽杀绝,于是又想出一条毒计:伪称天王因他杀人太多而下诏令其受鞭刑四百,让杨秀清手下尚未遭其杀戮的官兵前往观看。杨秀清余部"并不知死期将至,一一先行解除武装,尽将军械存放在两大房子内,然后一同前往天京大广场观看韦昌辉"受鞭刑"。韦昌辉见杨秀清部下已齐至广场,便命亲信带兵从外面包围,然后逐一杀死。

2万名太平天国的精锐将士就这样被韦昌辉给杀掉了。当韦昌辉在天京大肆杀戮的时候,翼王石达开正在武昌前线督师。因为路途遥远,他得到密诏的时间晚于韦昌辉。还未起行,便得到了韦昌辉大肆屠杀的消息,遂火速由前线赶回天京。大屠杀后天京城内的惨象使他不忍目睹,他严斥韦昌辉的杀戮罪行。这时,韦昌辉感觉到石达开也是他揽权道路上的严重阻碍,便又决定除去石达开。石达开得报,率亲从卫兵连夜逃走,而一家老少均惨遭不测。

逃离天京的石达开上奏天王,要求立斩韦昌辉,并要亲视其头,否则便占领天京。韦昌辉的血腥屠杀早已激起天京城内广大将士的极端愤慨,洪秀全也明白不杀韦昌辉无以谢将士,于是下诏杀死韦昌辉及其帮凶秦日纲,并将韦昌辉的首级送往宁国石达开军营。历时两个月的天京变乱终于结束。

石达开回到天京,举城欢悦,众人同举他提理政务,又因钦仰他的义气,称他为"义王"。石达开谦辞不受。可是,遭受杨、韦之事的沉重打击后,洪秀全对外姓辅政心存疑忌,看到军民拥护石达开,便担心重蹈东王覆辙,于是封他的长兄洪仁发为安王、次兄洪仁达为福王,与石达开共理政事,以便牵制。石达开看洪秀全对自己毫不信任,一方面不肯忍辱负重,一方面又不愿意仿效韦昌辉发动军事政变,于是率领10万精兵,离城出走。

咸丰七年(1857)五月,石达开由天京经安庆前往江西。咸丰八年初他率部离开江西,奔闽西,转赴湘南,后进入广西、湖北、贵州、云南、四川等省流动作战。同治二年(1863)春,在作战连续失利的情况下,转移至四川大渡河边的紫打地(今安顺场),准备渡江攻打成都。因河水暴涨,无法渡河,遂陷于清军和土司兵的重重包围之中。石达开多次组织抢渡,均遭到清军轰击而未能成功。这时,士兵死伤过半,弹药、粮食供应断绝,石达开走投无路,便命妻妾5人抱幼子2人投大渡河自尽,自己则致书四川总督骆秉章,表示愿"舍命以全三军",幻想以牺牲自己来保全所率残部的性命。石达开带着3名侍从和5岁的儿子石定忠投洗马姑清营乞降,清军佯装接受投降,但旋即将石达开押解至成都处死,其部下3000余人一夜之间被围杀净尽。

石达开的分裂行动进一步扩大了天京事变对天国革命事业的负面影响,再一次给太平天国的革命事业带来了严重损失。石达开虽然才能过人,但脱离了"天国"大本营,孤军与敌周旋,势必处处受挫。

天京变乱以及作为其连带后果的石达开负气出走,成为太平天国革命事业由盛而衰的转折点。

第一,军事上,太平天国由此从战略进攻转为战略防御。由于韦昌辉、石达开相继从前线撤出重兵,就给了处于困境中的清军以喘息之机;韦昌辉、秦日纲残杀大批精英将士,石达开出走又散去10万精兵,导致革命队伍的中坚力量损失殆尽。于是,清军乘机反扑。先是上游的武汉失守,接着曾国藩指挥湘军步步下逼,于咸丰七年(1857)猛攻九江。九江西连武昌、东接安庆,位居江西咽喉,贞天侯林启荣在粮尽援绝的情况下,率部固守达一年之久,最后城破,林启荣与全军1.7万人全部牺牲。九江陷落后,湘军围困天京上游的最后一个战略要地安庆。到咸丰八年,太平军在湖北、江西、安徽、江苏所占州县大部分陷落。与此同时,清朝钦差大臣德兴阿率清军于咸丰六年攻陷扬州,重建江北大营,并于咸丰八年初从扬州蒋王庙取道仪征、六合,进抵江浦,屯驻于小店、安定桥、陡冈一线;咸丰七年钦差大臣和春、帮办大臣张国梁重建江南大营,咸丰八年初以攻取天京为目标,分兵向天京进逼。这使太平天国不得不从积极进攻转为消极防御。为了护住东南半壁江山,他们在清军天罗地网般的围困中左突右击,疲于奔命,始终无法开展积极主动而又有效的军事行动。虽然在以后二破江北、江南大营的同时出现过暂时的形势好转,但终未摆脱战略上的被动地位。

第二,"朝政不纲","人心离散"。杨秀清为人虽然狂傲张扬,不知自律,但其人却有才干。李秀成后来回忆说:"东王佐政事,事事严整,立法安民。"①内讧后,洪秀全任用宠臣蒙得恩办理政事,于是"人心改变,政事不一,各有一心"。洪秀全又"专信同姓之重"②,使那些有才能的将领无法发挥作用,庸愚无能之辈却高居显位,国势于是江河日下。再加上至高无上的"天父"被杀,使得广大将士原本坚定的宗教信仰发生严重动摇,人心日渐冷淡,锐气大减,向清军献城叛变之事在后期屡屡发生。

因此,这一场内乱使得太平天国元气大伤,成为其走向失败的关键一步。

2. 洪秀全之死与"天国"解体

天京事变后,太平天国面临着极其严重的军事危机,由此而导致政治危机。

当时全国各地的反清起义蓬勃发展,国内整个形势依然有利于太平天国的起死回生。在南方,特别是在西南地区的广西和贵州,汉、苗及其他民族起义此起彼伏,咸丰七年(1857)后,贵州白莲教各支派队伍人数多达10万,给当地的清政权统治造成了严重威胁。在北方,以张乐行为首的捻军驰骋于江淮之间、大河上下,牵制了大批清军,构成了太平军的北方屏障。此时第二次鸦片战争还在进行,清廷不得不抽出相当的兵力对抗外来侵略者。以文宗为首的满族贵族与以曾国藩为代表的汉族地主之间也存在着矛盾,清廷对汉人有所顾忌,不愿意给他们以更大的权力。这一切都为太平天国复兴提供了可能性。

为了改变"朝中无将,国中无人"的危险局面,洪秀全根据当时的情况,重建新的领导核心。他宣布:"主是朕做,军师亦是朕做"③,变原来天王、军师二元制领导为一元制。他封老臣蒙得恩为正掌率,主持政务;封青年将领

---

① 《忠王李秀成自述原稿》,转引自罗尔纲:《太平天国史事考》,三联书店1955年版,第294页。
② 《李秀成自述》,转引自太平天国历史博物馆:《太平天国文书汇编》,第491页。
③ 中国史学会:"中国近代史资料丛刊"《太平天国》(二),第514页。

陈玉成、李秀成为正掌率和副掌率,负责军事。咸丰八年(1858),又恢复前期五军主持制,由陈玉成、李秀成、李世贤、韦俊、蒙得恩五人分别担任前、后、左、右、中五军主将。新的领导核心于是形成。陈玉成,广西藤县人,出身雇农,自幼父母双亡。14岁时随叔父陈承镕参加金田起义,在激烈残酷的战争中迅速成长为一名英勇善战的杰出将领。李秀成,广西藤县人,自幼家贫。咸丰元年参加太平军,也是一位骁勇有谋的军事统帅。后期的领导集团,正是有了陈玉成、李秀成为倚重,才使太平天国的危急局面得以暂时缓和。

咸丰八年(1858)初,清军攻占天京南郊雨花台,再次包围天京;四月,湘军分两路互为策应,协同进攻安徽。为了摆脱险恶局面,七月,陈玉成、李秀成在安徽枞阳(今桐城东南)召开军事会议,研究解除被围的作战方案。决定集中兵力,"各誓一心,订约会战",先拔掉较弱的江北大营,打通天京粮道,再举兵剪灭江南大营。会后,各路大军立即行动。陈玉成率军从安徽潜山经舒城进发,克庐州,攻定远,下滁州;李秀成则挥师从全椒进发,在滁州乌衣镇与陈部会师。陈、李两军夹击江北大营的德兴阿部和胜保的马队,毙敌近4000人。又在江浦小店击退江南大营派来的援军冯子材部5000余人,随即发动向清军大营进攻的总攻势:陈、李正反两面围攻浦口江北大营,连克江浦、天长、仪征、扬州、六合,德兴阿惊慌失措,在万余人被歼的情况下率残部从六合、仪征退守瓜洲。文宗闻知败讯后,将德兴阿革职,并撤销江北大营番号。这就是有名的浦口战役,一举解除了天京北面的威胁,打通了粮饷供应线,初步稳定了人心。

正当太平军取得浦口战役胜利的时候,安庆方面却频频告急。因为曾国藩利用太平军主力集中于下游的时机,命令多隆阿、鲍超由宿松进逼安庆,同时命令浙江布政使李续宾率部入皖。李续宾为湘军悍将,作战勇猛异常,一月之内,连占黄梅、宿松、太湖、潜山、石牌、桐城、舒城,威逼三河。三河是太平军在皖北的重要军事据点和物资供应地,它扼庐州咽喉,又屏蔽安庆,战略位置极为重要。为阻敌于三河,陈玉成在击破江北大营后,立即挥师西向,采取迂回包围的战术,直捣白石山和金牛岭,包抄三河后路;同时命令庐州守将吴如孝会合捻军南下,阻击舒城方面的援军。李秀成也赶来参战。李续宾部成了瓮中之鳖,在劫难逃。十月初九日(11月14日),陈玉成首先发动进攻,直捣李续宾大营。第二天湘军反扑,却恰逢大雾弥漫,"只闻人声,不知向处"①。经过激烈战斗,全歼湘军6000余人,李续宾、曾国藩之弟曾国华以及文武官员400余人均被击毙。太平军取得了三河大捷,安庆之围不战自解,长江上游的战局基本稳定下来。

江北大营被击溃之后,江南大营依然严重威胁着天京的安全。当时江南大营在天京四周挖壕筑墙百余里,建立大小营盘130余座,并用船只封锁天京江面,以致"南北水旱两路,一线不通","京师困如铁桶一般"。

为了粉碎江南大营,咸丰九年十二月(1860年1月),李秀成召开芜湖军事会议,采纳洪仁玕提出的"围魏救赵"的战略方案,即先派兵间道佯攻杭州,袭击江南大营背后的粮饷供应地,以诱使清军分兵。然后在较长的战线上分割削弱敌人,再集中优势兵力,出其不意,一举攻破已经空虚的江南大营。咸丰十年一月,李秀成、李世贤自芜湖直趋浙江长兴,二月围湖州、破杭州。江南大营统帅和春获悉杭州城破的消息后,急派总兵张玉良率兵1.3万人赶往杭州救援。李秀成知道敌人中计,遂将主力迅速撤回,留下旗帜作为疑兵。这时,陈玉成也率军从安徽潜山东下,在东、西梁山渡江参加会战。四月,太平军10万人对江南大营发动总攻,城内太平军也出城接应。太平军直扑江南大营总部孝陵卫街口营盘,和春从梦中惊醒,仓皇逃奔镇江。太平军乘胜追击,将江南大营帮办军务、江南提督张国梁赶至丹阳。张国梁慌忙之中策马驰入丹阳南门河,因河深人乱,溺水而死。和春在得知张国梁的死讯后,也吞服鸦片自杀。二破江南大营是太平天国史上一个十分成功的战例,它彻底解除了天京之围。

江南大营的覆灭,为太平军进取江浙提供了有利的条件。咸丰十年(1860)四月下旬,陈玉成、李秀成、李世贤分别率部由镇江向东进攻,占领了常州、无锡、苏州、嘉定、松江等地,控制了除上海以外的整个苏南地区,并在此以苏州为省会设立苏福省。

二破江北、江南大营及三河大捷不仅恢复了皖北根据地,而且开辟了苏南根据地,基本上解除了清军对天京的包围和威胁,使天京事变后所造成的军事颓势有了一定程度的扭转。但是,这只是战略防御过程中的胜利,并没

---

① 《李秀成自述》,1962年中国台湾据原稿影印本,第12页。

有将太平天国的军事引向战略进攻。尤其值得注意的是,由于清军的屡战屡败,清廷不得不全力倚重以曾国藩为代表的汉族地主。七月,文宗任命他为两江总督,统辖苏、皖、浙、赣四省军务,湘军势力迅速膨胀,太平天国又一次遇到了强悍之敌的严重威胁。

太平天国后期在军事上取得一系列胜利的同时,在政治方面也有所革新。最引人注目的就是颁布了一部新的政治纲领——《资政新篇》。

咸丰九年(1859)三月,洪秀全族弟洪仁玕从香港乔装成商人来到天京。他原是拜上帝会最早的信徒之一,金田起义爆发时因未追赶上起义队伍,又遭到官府的追捕而避居香港。在那里,他广泛地接触了西方的科学技术与文化,思想变得更加开明、进步。他于危难之时来到天京,使洪秀全格外高兴,不顾自己"永无封王"的承诺,在不到一个月的时间里就晋封他为"开朝精忠军师顶天扶朝纲干王",总理国家政事。洪仁玕根据自己对西方的了解和认识,于同年写成《资政新篇》,作为开辟"新天新地、新世界"的纲领,呈献给洪秀全,"以广圣闻,以备圣裁,以资国政"。经洪秀全审批后,以干王名义颁行。

《资政新篇》共分为"用人察失类"、"风风类"、"法法类"和"刑刑类"四部分,主要内容包括:第一,用人察失,严禁朋奸;第二,革除社会陋俗,提倡福音真道;第三,仿效西方国家,实行新的政治、经济政策;第四,采用新的刑法制度。其中第三部分是《资政新篇》的核心。在这里,洪仁玕提出了诸多革新措施:具体有刷新政治,设立带有资产阶级民主色彩的"新闻官"(类似监察官)、"新闻篇"(即报纸)、"暗柜"(即意见箱),用来广纳广大民众的意见,接受舆论监督;主张兴办近代工矿企业,发展近代交通运输业,并举办譬如银行、保险等金融事业。尤其需要指出的是,《资政新篇》在外交上提出与外国自由通商、平等往来的思想,欢迎外国人前来传授技艺,但严格禁止其干涉"天国"内政。洪仁玕以他开放的眼光和新思想提出了当时中国最具有进步意义的发展资本主义的纲领,表明它的作者和太平天国领袖洪秀全不愧为向西方国家寻求真理的代表人物。但是,《资政新篇》中所提到的闪烁着新思想异彩的见解,正如有的学者所指出:"并非太平天国题中应有之义,而是游离于农民斗争之外的东西。这就决定了它不会在天国的群众中激起用上帝教造小天堂那样的反响,也不会转化为物质力量,只不过为

19世纪中国的社会思想留下了一份珍贵的资料。"①加之残酷的战争环境，尚不具备实施纲领的客观条件，所以《资政新篇》无法挽救太平天国的颓势，其大部分内容都没有实行，根本不可能解决"天国"所面临的实际问题。相反，太平天国仍然沿着其颓势逐渐走向失败。

咸丰十年（1860）三月，曾国藩乘太平军集中兵力攻打江南大营和经略苏、常之机，将湘军主力分成三路进围安庆：一路由提督杨载福及彭玉麟率领水师进攻枞阳；一路由胡林翼带兵进驻潜山、太湖；一路由李续宜、多隆阿率领2万人驻扎于安庆、桐城之间的挂车河一带。很明显，曾国藩是以全力攻安庆，作为打破太平天国的突破口。

安庆是天京上游的最后屏障，一旦失去，天京势必难保。为此，咸丰十年（1860）八月，洪秀全将陈玉成从常州召回，同洪仁玕、李秀成一起商讨解安庆围的策略。鉴于当时湘军主力主要集中于安庆，武汉仅驻留3000余人，守备空虚，洪仁玕提出了"会攻武昌，解围安庆"的策略：陈玉成率军从长江北岸由安徽入湖北，攻打武昌北面；李秀成率军从长江南岸经江西入湖北，攻打武昌西南侧，约定咸丰十一年三月会师武昌，迫使湘军回师救鄂，以解安庆之围。这一攻鄂救皖的作战方案，与二破江南大营时"围魏救赵"的方案十分相类，老谋深算的曾国藩已看出太平天国的战略意图，认为：此次太平军救安庆"取势乃在千里之外，如湖北则破黄州，破德安，破孝感，破随州、云梦、黄梅、蕲州等属；江西则破吉安，破瑞州、吉水、新淦、永丰等属，皆所以分兵力，亟肆以疲我，多方以误我。""吾但求力破安庆一关，此外皆不遽与之争得失。"②曾国藩的这一军事战略，在很大程度上已决定了安庆的命运。

咸丰十年（1860）八月，陈玉成率领北路西征大军出天京渡江北上。九月占领安徽定远炉桥，十月行抵挂车河，与驻扎于此的李续宜、多隆阿部激战，不胜而退守庐江。次年二月，连克霍山、英山，进入湖北界内，占领蕲水、黄州。当时黄州一带湘军的防备十分空虚，湖北巡抚胡林翼惊恐万分，埋怨自己是"笨人下棋，死不顾家"③，急派军队驰援。可是陈玉成却听信英国参

---

① 陈旭麓：《近代中国社会的新陈代谢》，第227—228页。
② 曾国藩：《曾文正公全集·家训》卷上。
③ 《复左京卿》，《胡林翼全集》中册，上海大东书局1936年铅印本，第169页。

赞巴夏礼的欺骗与恐吓,未等李秀成的南路大军到达约定地点,只留下赖文光守黄州,自己则率领主力回师救援安庆。

陈玉成一心想解安庆之围,不惜私自变更原定计划。李秀成则锐意苏、浙,对保卫安庆的重要战略意义认识不足,一直不愿劳师西征。在洪秀全的多次催促下,他才勉强于咸丰十年(1860)九月率南路大军出当涂,经芜湖、繁昌、南陵、石棣、太平,于十一月进入皖南,威胁湘军总部祁门。曾国藩由于主力在外,心虚胆寒,"日在惊涛骇浪之中"①,准备一死。可是李秀成却绕道祁门,转入江西,使曾国藩绝处逢生,遗下无穷后患。咸丰十一年一月,南路军从广丰、广信出发,路经建昌、抚州、崇仁、宜黄、吉安,于四月占领瑞州,在此招兵买马,扩充军队,并且设立乡官,建立地方政权。在形势允许的情况下,李秀成的这些做法无可厚非,可是西征的目的不是建立巩固的地方政权,而是围袭武昌,解救安庆,应该采取跃进的方式,而不应该处处逗留,特别是在已经大大超过约定时间的情况下,这种做法贻误战机。直到五月,李秀成部才进入湖北,前锋到达武昌县(鄂城)。当时鄂南一带的民众积极参加太平军,李秀成部人数多达30万,若此时攻武昌,十分可能克之。曾国藩的幕僚赵烈文就说过:李秀成军"至鄂省南境,更进则武昌动摇,皖围撤矣"②。但李秀成在兴国会见英国驻汉口领事金执尔,受到其威胁,再加上陈玉成此时已经折返安庆,于是李秀成便放弃进攻武汉,率军经江西入浙江,攻打杭州。

李秀成不打武昌,又不回救安庆,却东进江、浙,给太平军西征战场带来了严重后果,双方兵力对比出现变化,湘军的实力因此上升,安庆因而陷于万分危急之中。洪仁玕后来回忆说:"后虽得杭州等郡,而失一安省,为京北屏大有可虞之势。殊忠王既托有苏、杭两省,以为高枕无忧,不以北岸及京都为忧。故予行文晓之曰:自古取江山,屡先西北而后东南,盖由上而下其势顺而易,由下而上,其势逆而难。况江之北,河之南,自(古)称为中州鱼米之地,前数年京内所恃以无恐者,实赖有此地屏藩资益也。今弃而不顾,徒以苏、杭繁华之地,一经挫折,必不能久远。""夫长江者,古号为长蛇,

---

① 江世荣:《曾国藩未刊信稿》,中华书局1959年版,第159页。
② 太平天国历史博物馆:《太平天国史料丛编简辑》第三册,中华书局1962年版,第374页。

湖北为头,安省为中,而江南为尾。今湖北未得,倘安徽有失,则蛇中既折,其尾虽生不久。"①

陈玉成、李秀成都未按照预定的策略行事,几十万大军徒劳跋涉数千里,耗时达半年之久,这本身就是一个极为严重的失败。在这种情况下,解安庆之围就只有在安庆直接与湘军交锋一途了。

这时安庆城已被湘军主力围困近一年,湘军在城外构筑了严密坚固的工事,再加上湘军以逸待劳,以静制动,这些都使太平军处于极端被动的地位。

咸丰十一年(1861)三月陈玉成返抵安庆外围之后,洪秀全又派洪仁玕、林绍璋自天京来支援陈部,黄文金、吴如孝等人也率军投入战斗。尽管太平军诸部倾注全力,但均未能破敌。六月,太平军在安庆外围的据点几乎全部陷落,此时安庆城内的守军早已弹尽粮绝。八月,曾国荃用地雷轰塌城垣,城内守军拼死作最后一搏,守将叶芸来以下1.6万太平军将士全部牺牲。

安庆失守,天京城便暴露于湘军的兵锋之下,正如洪仁玕后来回忆:"我军最重大之损失,乃是安庆落在清军之手,此城实为天京之锁钥而保障其安全者。一落在妖手,即可为攻我之基础。安庆一失,沿途至天京之城相继陷落不可复守矣。安庆一日无恙,则天京一日无险。"②

安庆失守后,陈玉成受革职处分,退守庐州。同治元年(1862)四月,清军多隆阿部进攻庐州。陈玉成不听手下将士"返回天京"、"重整旗鼓"的劝告,盲目信从暗中通敌的寿州团练头子苗沛霖,弃城突围,北走寿州。苗沛霖在寿州城内早已布好伏兵,陈玉成一行刚一入城便被逮住,随即解往颍州清将胜保营中。胜保要他下跪、投降,陈玉成凛然大骂:"尔胜小孩,在妖朝第一误国庸臣。本总裁三洗湖北,九下江南,尔见仗即跑。在白石山踏尔二十五营,全军覆没,尔带十余匹马抱头而窜,我叫饶尔一条性命。我怎配跪你,好不自重的物件!"③胜保劝降不成,便将陈玉成押入囚车。五月,陈玉成被害于河南延津县西校场,年仅26岁。

---

① 《洪仁玕自述》,太平天国历史博物馆:《太平天国文书汇编》,中华书局1979年版,第554页。
② 《洪仁玕自述》,太平天国历史博物馆:《太平天国文书汇编》,中华书局1979年版,第555页。
③ 赵雨生:《被掳纪略》,《太平天国资料》,第213页。

陈玉成是太平天国后期的栋梁之才,他的不幸遇难,是太平天国无法弥补的损失。洪仁玕说过:"如英王不死,天京之围必大不同,因为若彼能在江北活动,令我等常得交通之利,便可获得仙女庙及其附近诸地之源源接济也。英王一去,军势军威同时堕落,全部瓦解,因此清军便容易战胜。"①可以说,安庆的陷落和陈玉成的殉国预示着"天国"的败亡仅仅是时间问题了。

当安庆解围战正在激烈进行之时,李世贤因为开赴武汉途中与左宗棠部交战失利而转战浙江,在半年时间内,连克浙东、浙西大部分地区。八月,李秀成率南路西征军从江西进入浙江,在严州城外与李世贤部会合。十一月攻克绍兴、宁波,占领杭州,建立起以杭州为省会的浙江省,开辟了浙江根据地,与苏南根据地连成一片。李世贤等人在东南一带的胜利给正在走下坡路的太平天国领袖们带来了一点希望,才使太平天国又支撑了几年。

太平天国在政治、军事上的衰败给敌人的镇压创造了便利条件,因此,从同治元年(1862)开始,身居要职的曾国藩坐镇安庆,指挥全局。兵分三路:一路由曾国荃率湘军主力沿江东直逼天京;一路由左宗棠率另一支湘军猛扑浙江;一路由李鸿章率淮军攻略苏南。

面对湘、淮军的重重包围,李秀成于五月、七月在苏州召开了两次军事会议,商讨救援天京的战略方针。决定联合13个王的30万大军,兵分三路:北路由李秀成、李世贤率主力进攻城外方山、雨花台,进击湘军;中路由陈坤书等进攻芜湖金柱关,切断粮道;南路由杨辅清、黄文金等率兵进攻宁国,阻击增援部队。九月,太平军分别进攻雨花台大营和西路的大胜关、江东桥及三汊河大营。天京保卫战正式打响。双方在东起方山、西至板桥镇约五六十里的阵地上展开激烈交锋,均付出重大伤亡,曾国荃本人也面部负伤,几乎丧命。可是,由于太平军人心不齐,将领骄逸畏死,因而经过45天的战斗,各路太平军的战略目标均未达到。十月,忠王李秀成下令撤出围攻清军雨花台大营的战斗,这场规模空前的大会战最终以太平军的失败而告结束。

在天京保卫战中,李秀成等将领犯了严重的指挥错误:由于湘军其他几

---

① 《洪仁玕自述》,太平天国历史博物馆:《太平天国文书汇编》,第555页。

支主力受阻于外地,无法策应曾国荃部,而且其部瘟疫流行,作战力大减,李秀成等人应该抓住这一时机消灭这支孤军。可是李秀成等人却视而不见,直到各路援军一一赶到,方才与之交战,结果为其所败。

天京保卫战失利,李秀成受到了严责、革爵的处分。接着,洪秀全又命令李秀成执行"进北攻南"的新的作战计划,即渡江北征,进军皖、鄂,攻击敌后桐城、六安,使围困天京之兵分而北援,以解京围。这种"围魏救赵"的老办法早已为曾国藩所熟悉,他死咬住天京,加紧围攻。所以,李秀成率军渡江后,还未来得及与陈德才、赖文光部会师共击桐城、六安,就因天京告急而回师救援。在途中又遭湘军袭击,损失惨重,回到天京时,该部仅剩不足5万人了。这次徒劳往返,太平天国从此再也无力组织较大规模的反攻,天京城已深陷重围,难以挽回败局。

由于太平军集中发动天京会战,江浙地区防御力量减弱,清军开始加紧进攻江浙根据地的中心城市。江苏方面:咸丰十一年十二月(1862年1月)常熟太平军将官骆国忠发动叛乱,常熟周围敌军乘机反扑,占据了福山、常熟一线。同治元年(1862)一月,清军同外国人组成的"常胜军"进犯太仓,太仓守将钱寿仁投降;五月"常胜军"攻下昆新,六月攻占吴江与苏州间的夹浦关,吴江、震泽守将降;七月,洞庭东山失陷。这样,苏福省省会苏州的东、南、北三面均袒露于清军面前。李鸿章指挥清军并勾结"常胜军",三面包抄进攻苏州。慕王谭绍光率部坚守苏州,在艰难的处境中周密部署,誓与苏州城共存亡,多次击退来犯之敌。李鸿章为了攻破苏州,通过副将郑国魁牵线,诱使"天国"将领纳王郜永宽、守王周文佳叛变,杀害了谭绍光,苏州城破。8天后无锡失守。同治三年二月,"常胜军"攻陷宜兴、溧阳,三月,淮军与"常胜军"合围常州,护王陈坤书指挥8000余名太平军抗击10倍于己的敌军,淮军攻城久久不下。后来,"常胜军"用炸炮轰开城墙,陈坤书身先士卒,与将士一起肉搏。四月,常州失守,陈坤书被俘就义。太平天国苏南根据地完全丧失。

浙江方面:同治元年(1862)四月,英、法军与清军攻陷宁波后,便仿照"常胜军"分别组成中英混合军"常安军"和中法混合军"常捷军",帮助左宗棠共同镇压太平军。同治二年,左宗棠指挥湘军占金华、衢州,八月陷富阳,九月起合围杭州。十一月"常捷军"头子德克卑攻打凤山门,用炮炸塌城墙,守城的太平军在康王汪海洋指挥下,用血肉之躯作战,在粮尽援绝的情况下于同治三年二月弃城而走,大部分退入江西坚持战斗,比王钱贵仁带着千余人降清。杭州的陷落,标志着浙江根据地基本瓦解。

曾国藩对天京的进攻,采用的是"欲拔根本,先剪枝叶"的原则。同治二年(1863)十一月,随着苏州失守,苏浙战场全面瓦解,天京已经变成了一座四面受敌的孤城,10道城门中仅有太平、神策二门可与外界相通,天京城势在必失。在这种情况下,李秀成向洪秀全提出"让城别走"的建议,这在当时可以说是唯一可行的办法。可是,洪秀全竟怒斥李秀成:"朕奉上帝圣旨,天兄耶稣圣旨,下凡作天下万国独一真王,何惧之有!不用尔奏,政事不用尔理,尔欲外去,欲在京,任由于尔。朕铁桶江山,尔不扶,有人扶,尔说无兵,朕之天兵多过于水,何惧曾妖者乎!"①

同治三年(1864)五月,洪秀全在饥饿中病逝,幼主洪天贵福继位。干王洪仁玕于同治二年十一月奉命出京催粮未归,守卫天京的太平军将士便在李秀成的指挥下顽强抵抗。当时天京城内不足1万人,能作战的将士不过三四千人,面对的来势汹汹的湘军却有5万。六月,湘军从地道用炸药轰塌太平门东侧城垣20余丈,蜂拥而入。太平军将士展开激烈的肉搏战,首批登城的湘军400人全部被歼,先锋队3000余人被打死大半。城内的太平军没有一人投降,为保卫天京流尽了最后一滴血。

湘军破城后,进行疯狂屠杀和掠夺,诸王府火光冲天,昔日繁华的天京城化为一片瓦砾场。

天京失陷之时,洪仁发死于乱军之中,洪仁达被俘遇害。幼天王在李秀成的护送下逃出天京,不幸与忠王走散,后来辗转在安徽广德与洪仁玕会合。洪仁玕奉幼主继续战斗,于八月进入江西,准备与侍王李世贤会合。九月,洪仁玕、洪天贵福在江西石城被俘,先后在南昌被杀害。洪仁玕实践了生前"宁捐躯以殉国,不隐忍以偷生"的誓言②。

李秀成在突围时,将好马让给幼天王,自己骑一匹不力之马,跋涉一夜后避于南京郊外上方山,不料被人认出,为湘军俘获。他在囚笼中写下几万

---

① 中国史学会:"中国近代史资料丛刊"《太平天国》(二),第827页。
② 《洪仁玕全集》,中华书局1978年版,第28页。

字的"供词",详细记述太平天国的发展情况,总结败亡的原因。同时他也表示有招降太平军余部的愿望。七月,在他写完"供词"的当天,曾国藩将其杀害。李秀成和陈玉成一样,是太平天国后期重要的军事将领,他指挥太平军南征北战,为挽救"天国"的危亡立下了赫赫战功。天京的陷落和太平天国主要领导人的牺牲,标志着轰轰烈烈的太平天国基本结束。

3. 太平军余部与捻军继续斗争

天京的陷落标志着坚持斗争14年之久的太平天国已完全失败。但是,遍及大江南北的农民武装并没有被全部扑灭,数万太平天国余部和捻军继续同清朝展开斗争。

长江以南的太平军余部有两支,一由李世贤、汪海洋率领驻皖赣边境,一由黄文金率领驻浙江湖州。同治三年(1864)春,侍王李世贤奉命率太平军到江西运粮,以解天京饥荒。由于远在江西,故天京陷落时,他幸免于难。当他获悉天京陷落的消息,即与康王汪海洋等分路由江西转至福建。同年八月,攻克汀州、漳州等城。他们以漳州为根据地,建立政权,整军习武,坚持战斗。清军左宗棠部由浙江攻入福建。次年,太平军被迫撤出漳州。很不幸,处于困境中的李世贤、汪海洋之间发生内讧,汪海洋将李世贤杀害,带领部队突入广东嘉应州(今梅州)。左宗棠部尾随追至此处,双方展开激战,汪海洋战死,由谭体元接替主持军事。谭体元率部退出嘉应州城,进入附近山区。清军包围了他们的驻地,实行严密围困。至同治五年(1866)初,谭体元及所率太平军全部牺牲。与李世贤部相比,驻守湖州的黄文金部距离天京较近,所以幼天王洪天贵福逃出天京后,到安徽广德与洪仁玕会合,随后一同前往黄文金部。但湖州此时已处于清军围困之下,为保卫幼天王,洪仁玕、黄文金决定离开湖州前往江西,准备北渡长江,另辟根据地。不幸,黄文金病死在去宁国途中,洪仁玕和幼天王在失去护卫的情况下先后被俘遇害。至此,江南太平军的活动宣告结束。

在江北地区,反清武装以捻军为主体,太平军余部加入,继续坚持斗争。捻军是由捻党演变而来的。捻党的起源可追溯到清代康熙年间。首先出现于皖北的涽水、涡河流域,当时称"捻"(皖北方言,意为股,一捻也就是一股、一批、一支、一铺的意思),有了一定基础后逐步向外发展。随后,邻近的江苏、山东、河南等省都出现了捻党的秘密组织。至嘉庆朝中期,安徽的颍州、亳州,江苏的徐州,河南的归德,山东的兖州、曹州等地区,均有捻党组织在民间秘密活动。

　　捻党的早期活动主要以打家劫舍、贩卖私盐为主。他们"日则市场姿(恣)横,夜则乡村行窃"①,还集体吃大户,或据险扼隘,突起抢夺。由于安徽等地所食淮盐价高质次,不少捻党还参与武装贩卖私盐,因贩运私盐途中要跟盐官、盐巡进行武装搏斗,可从私盐贩处取得一定报酬。外出"打哨"是捻党较为重要的活动。他们手执武器,外出打劫官吏豪绅,劫夺当铺、钱铺、酒坊、盐店和金库等,每次活动少则一个多月,多则一年余,所得货财大家均分享用。显然,捻党初期的打家劫舍活动,主要是为了解决自身面临的衣食困难。他们集中成捻,分散回家,相互联络,以致村村有捻,庄庄有捻,使一些地区形成了捻党的一定势力范围,但各地区之间的捻党没有联系。

　　鸦片战争后,捻党的反清斗争方式由早期的贩运私盐、打击地主豪绅转向半武装斗争,捻党活动的扩大和逐渐发展,引起了清廷的恐惧。清政府调派清军进行围攻,捻党便将斗争目标转向地方官府和清军。在斗争过程中,涌现出像张乐行、龚得树、冯金标等颇有影响的"捻首"。

　　张乐行,即张洛行,嘉庆十五年(1810)出生于安徽亳州雉河集一个富裕家庭,在地方颇有威信。他聚众抗官、贩卖私盐,为著名的"盐趟主",是官府追捕的对象。咸丰元年(1851),淮北一带各州府县皆有捻党,张乐行和龚得树等人结捻聚义,攻破河南永城,破仓分粮,劫牢释囚。这一行动,揭开了捻军起义的序幕。次年,张乐行被推为领袖,率众在蒙城、亳州地区活动。咸丰三年(1853)初,太平军东进攻克安庆,长江北岸和黄河南岸的捻党纷纷起义,少者数百人,多者数千人,捻党开始转化为正式的武装——捻军。

　　太平天国定都天京后,派遣大将林凤祥、李开芳率师北伐。咸丰三年(1853)五月初一日,这支大军路过淮北,占领雉河集。在太平军的直接影

---

① 方玉澜:《星烈日记汇要》,中国史学会:"中国近代史资料丛刊"《捻军》(一)。

响下,张乐行、龚得树和河南永城的冯金标、安徽亳州的朱洪占等18个捻首,在雉河集山西会馆里歃血为盟,树立黄旗,自称"十八铺聚义",推举张乐行为盟主。"十八铺聚义"标志着捻党脱离秘密结社状态,公开武装抗清。此后,捻军与太平军两支军事力量结合在一起,共同反对清王朝。

捻军出现不久,清廷派工部侍郎吕贤基、给事中袁甲三、原漕运总督周天爵等赴皖镇压。这时,江淮之间的捻党反清活动已遍地开花,清廷对太平天国已难以应付,对捻军问题只好暂且搁置,留待观察。不久,周天爵忧死于宿州王市集,吕贤基被太平军击毙于舒城,袁甲三偷安自保不敢妄动。在这样的形势下,捻军得以迅速发展起来。

咸丰五年(1855)秋天,各路捻军集中安徽雉河集(今涡阳),在山西会馆举行"雉河集会议"。这次会议决定:各路捻军统一编制,以张乐行。领黄旗,龚得树领白旗,韩奇峰领蓝旗,苏添福领黑旗,侯士伟领红旗。这就是捻军的五大旗及其领袖。河南夏邑籍捻首王冠三率其黑旗捻军来会,是捻军主力之外又一支具有相当实力的友军。会议公推张乐行为"大汉盟主",据说捻军建国号为"大汉",张乐行称"大汉永王"、"大汉明命王"。会议用"大汉盟主"张乐行的名义发表布告,祭告天地,颁布行军条例,确定军事纪律。除黄、白、蓝、黑、红五大旗以外,另有各种镶边旗、八卦旗、水花旗等。各种旗色的捻军及捻首,都分配了番号和职衔。这次会议,使捻军从分散走向联合,有了统一的组织、共同的信条和领袖,并有了雉河集根据地。这是捻军第一次大联合,使捻军进入了新的发展阶段。

雉河集会议以后,皖北地区抗清斗争日益活跃,以张乐行为首的捻军很快控制了皖北广大农村。咸丰五年(1855)八月,张乐行、苏添福占会亭驿,陷夏邑城,人数发展到五六万人。后又东至江苏砀山,西扑商丘马牧集,南下包围亳州、占蒙城,分兵攻打鹿邑和颍上。

捻军在斗争中迅速发展,人数扩大到10余万人。咸丰六年(1856)二月,在张乐行、苏添福的率领下分兵五路,再次大规模进攻河南。围永城、陷夏邑,又围归德,把河南巡抚英桂困在城中,旋即捻军撤归德之围,返回雉河集,再举兵东进,攻怀远和宿州,直逼临淮,使苏北重镇清江浦清军大为震动,宣布戒严。可是捻军很快又撤回到雉河集。

咸丰六年(1856)三月,捻军又复活跃,此时,清廷已在归德调动兵力,以夺取雉河集为目标,准备大规模围攻。由于捻军"居则为民,出则为捻",组织松弛,缺乏必要战备。五月,雉河集被清军攻占,英桂、袁甲三、崇安在这里大肆进行屠杀,制造了"杨园子屠杀事件"。

捻军撤出雉河集后,龚得树在宿州临涣集大败清军崇安部。崇安西逃亳州城内。捻军主力在张乐行率领下,渡过颍河,到达三河尖。这里地处豫皖边区,是商贾辐辏的重镇,此后一直是捻军的根据地,一时竟扩大到几十万之众,声势雄壮。

太平天国内部爆发"天京事变"后,太平军在淮南的防务相当脆弱。在这种形势下,洪秀全采取联合捻军的战略方针。此时张乐行正在向淮南发展。李秀成便奉命通过李昭寿与张乐行、龚得树的旧日交谊,邀请张乐行加入太平天国的行列,张乐行复文表示同意。咸丰七年(1857)二月,太平军和捻军会师于霍邱城外。张乐行接受了太平天国的封号"征北主将",苏添福为"立天侯",张元隆(即张龙)为"钟天福",张宗禹为"石天燕"。洪秀全非常重视捻军,以手书对联、名马、银鞍赐予张乐行对联为:"祯命养飞龙,试自思南国之屏藩,谁称杰士;中原争逐鹿,果能掌北门之锁钥,方算英雄"。捻军成员一律蓄发,受印信,改换太平天国的旗帜。但这种合作仅限于有事联合作战,无事则各自行动,捻军仍保持着自己的独特制度和领导系统。

此后,张乐行率部与陈玉成在河南固始、安徽颍上等地联合作战。四月,捻军在三河尖战斗中失利。五月,张乐行率部及辎重、财物撤退至正阳关,遭到胜保的围攻,处境相当危急。张乐行派人向太平军六安驻军求援,李秀成遂派李昭寿往援,使捻军顺利南下,在六安与太平军会师。

这年十一月间,捻军在六安发生内讧。以刘永敬(刘饿狼)和刘天台(小白龙)为首的蓝旗将领欲回淮北过年,反对与太平军联合。他们认为留在淮南是给别人打天下,淮北老家却被清军洗劫。他们自恃有实力,不服从张乐行的领导,有的竟擅自率部回淮北。张乐行、龚得树坚决反对这种分裂行为,双方相持不下。后在张乐行的默许下,龚得树以"叛变"罪名处死刘永敬和刘天台,蓝旗余众受惊而溃散,刘天福、刘天祥等率部逃回淮北。这样,捻军分裂为淮北和淮南两部分,淮北捻军向山东、河南远征打粮,独立进行反清斗争;淮南捻军继续与太平天国联合作战。

咸丰八年(1858)三月,胜保、袁甲三移营六安城外,配合李孟群部清军,加紧围攻在六安的捻军。这时,李秀成正在浦口以北地区作战,陈玉成在湖北出击清军,均无法救援。捻军孤立无援,城内的捻军许原如、杨邦本等被收买而作内应,六安失守。张乐行率捻军沿淠河北上,再沿正阳关淮河水路东下,占领怀远、凤阳、临淮等地。在此后相当长一个时期里,怀远成为捻军主力的所在地。咸丰十年一月,捻军在张宗禹、李大喜等率领下,以蓝、黑两旗为主力约3万人,向苏北地区进军,一举攻占"南北冲途,七省车航往来辐凑"的苏北重镇清江浦(淮阴),杀死淮海道吴葆晋,河运总督庚长、漕运总督联英等狼狈逃往淮安。此后,已成太平天国将领的张乐行由"征北主将"晋升为"沃王"。

咸丰十一年(1861)八月,安庆失守,这是太平军联合捻军在江北抗清由盛转衰的转折点。此后军事局势急剧恶化。在淮南,长江北岸的太平天国区域纷纷沦陷,桐城、舒城、庐江、无为等地均被清军占领。这时张乐行被困在定远,惟一出路是再杀回皖北,重整旗鼓。陈玉成同意张乐行率捻军北归。清军袁甲三部攻占了定远,张乐行率捻军假道苗沛霖的团练区,渡过淮河,北归颍上。此时陈玉成部已被清军镇压,长江北岸只有张乐行一支孤军守在雉河集。

同治元年末(1863年初),僧格林沁率领他的蒙古骑兵先镇压了鲁西北白莲教起义队伍,接着又从归德进攻捻军。在亳北战役中,捻军损失甚重。同治二年二月,清军进逼雉河集,以张乐行为首的捻军退往宿州,受阻后折回雉河集。各路捻军集结为20万大军,与清军展开激烈战斗。决战中捻军失败,雉河集等地相继失守。苏添福、赵浩然、刘学渊等将领或死或俘。张乐行率二十几人杀出包围圈,携其子张闹(张喜)乘夜东走西阳集,投蓝旗捻首李四一家避难。李四一为蓝旗刘天台的部下,时已为宿州知州英翰属下牛斐然收买。他假意殷勤招待,向清军密报,张乐行父子遂被捕,解往僧格林沁大营。后张乐行殉难于亳州义门集附近之周家营,时年53岁。

张乐行领导的前期捻军失败后不久,在长江以北的安徽又出现了由赖文光和张宗禹领导的后期捻军抗清。同治二年(1863)一月,太平天国为缓解危局,派遣扶王陈德才为统帅,率领遵王赖文光、启王梁成富、祜王蓝成春等3万余人出征河南、陕西。远征西北是为了分散清军在江南的兵力,建立太平军在西北的根据地,以期东归。

到同治三年(1864),转战长江北岸的太平军陈德才、赖文光部进入安徽西部、湖北东部。同年陈德才在霍山牺牲。随后,赖文光率太平军余部与张乐行侄子张宗禹所率领的捻军重新集结,共推赖文光为统帅。从此,捻军完全接受太平军领导。赖文光按照太平军的兵制重新组织捻军,使其改变以往那种忽分忽合,不相统属的松散状态,又用太平军的兵法训练、部署捻军,增强其战斗力。为适应北方平原作战的特点,他采取了"易步为骑"的措施,扩大骑兵队伍,在战略战术上以骑兵运动战为主。这支整编后的捻军在赖文光和梁王张宗禹的领导下,称为"新捻军"。

在捻军重新整编的过程中,连续取得4次胜利:一败僧格林沁所部于湖北罗田滕家铺,杀清将徐连升等;二败河南罗山苏家河清将成保部;三败僧格林沁军于罗山永寨,杀都统舒通额等;四败僧格林沁军于光山人和寨,杀清将巴扬阿等。连续数次大胜使捻军军心稳定下来,并打开了局面。

同治三年(1864)十一月,赖文光在湖北襄阳大败僧格林沁所部清军,之后又在河南邓州唐陂大败清军。十二月,赖文光、任化邦、张宗禹等在河南鲁山把清军将领恒龄和舒伦保打败。

同治四年(1865)四月,捻军在山东菏泽高楼寨布下埋伏,诱使清军"入瓮",结果清朝仅存的一支嫡系精锐骑兵被打败,科尔沁郡王僧格林沁、内阁学士全顺、总兵何建鳌、额尔经厄等全部被击毙。

僧格林沁被击毙,清廷大为惊骇,急调曾国藩为钦差大臣,率湘、淮军北上。这时,捻军已乘胜开往皖北,打响了夺取雉河集的战斗。

曾国藩针对捻军流动作战的特点,提出"以静制动"的方针,即"重点设防","布置河防"和"查圩"。他以河南周家口、山东济南、江苏徐州、安徽临淮为老营,屯驻重兵,广储粮秣,一处有急,三处驰援,是为"重点设防";又东沿运河,西沿沙河、贾鲁河,构筑河防工事,北面则在黄河北岸重点驻兵,是为"布置河防";以地方团练在农村实行坚壁清野,进行登记和清查,实行连坐法,以切断捻军和当地农民的联系,是为"查圩"。军事布置既定,曾国藩以徐州为大营,以逸待劳来对付捻军。

曾国藩所布置的防线、据点并不能限制捻军的活动。同治四年(1865)五月,张宗禹和赖文光等会师围攻雉河集。六月,分两路由雉河集西走,活动在山东、河南、安徽一带。次年春,赖文光率部队进入湖北,先后在麻城击溃清军提督成大吉部,在黄州斩提督梁洪胜,进逼武汉。与此同时,张宗禹由豫西南冲破敌人沙河、贾鲁河防线,奔袭鲁西,在郓城击败全副火器装备的潘鼎新部,夺获枪炮。八月,张宗禹、赖文光又合力突破开封南面的沙河防线,击溃河南巡抚李鹤年的河防军,使捻军胜利进入山东河套地区。

这些胜利,使曾国藩的战略计划彻底失败。清廷撤去曾国藩的钦差大臣职务,留任两江总督原任,并以李鸿章为钦差大臣。

同治五年(1866)九月,赖文光打算在四川建立像太平天国一样的政权,遂在河南许州地区陈留、杞县一带举行军事会议,将所部捻军分为两支:一支由遵王赖文光和鲁王任化邦率领,在中原地区继续斗争,是为东捻军;一支由梁王张宗禹和幼沃王张禹爵率领,是为西捻军。当时,陕西一带回民起义正在蓬勃发展。东捻军拟由湖北入川,西捻军拟由陕甘入川,彼此互相呼应,"以为犄角之势"。

同治五年(1866)十月,李鸿章一改僧格林沁和曾国藩的策略,采取"用谋设间,徐图制贼,或蹙之于山深水复之地,弃之以诱其入,然后各省之军合力,三四面围困之;或阴扼其饥疲裹胁之众,使其内乱残杀"[1]。可见,李鸿章的战略并非单纯军事观点,还使用了政治手段,力图从内部瓦解捻军。

东捻军在分军以后,直奔鲁西,抢渡运河。力战月余,见清援军大集,遂于十一月折回河南,南下湖北,准备渡汉水,循宜昌入四川。屯聚河南唐县的湘军郭松林部,闻讯即星夜南援。十二月,东捻军在安陆府(今钟祥)臼口镇附近的罗家集,把追来的郭松林部湘军四营全部歼灭,提督郭松林被活捉。接着,又在德安府(今安陆)全歼淮军总兵张树珊部,并阵斩张树珊。东捻军的连战连胜使清军气焰大挫。同治六年一月,捻军在豫、陕交界的安陆府臼口镇严隆河附近,将淮军刘铭传部包围,刘铭传及其幕僚束手待毙。但东捻军对坐视淮军战败、准备独收战功的湘军鲍超部警惕不够,遭湘军鲍超部突从背后猛攻,东捻军猝不及防,由大胜转为大败,折损2万余人。经此挫折,东捻军被迫北走河南。赖文光也放弃了入川建政权的战略计划,仍以流动作战的方式应战清军。

---

[1] 《赖文光自述》,中国史学会:"中国近代史资料丛刊"《太平天国》(二)。

随后,东捻军转战河南、鄂东,再经河南转赴鲁西,越贾鲁河和黄河直插鲁东,五月,逼近通商口岸烟台。东捻军计划在鲁东休整,但李鸿章正在胶莱河布防,企图将东捻军围困在胶莱以东山东半岛的尖端。赖文光不得不挥师西返。七月,终于突破胶莱防线,进入鲁中潍县。当东捻军打算冲破运河防线再入河南时,清军在运河西岸的长墙防线已构筑成功,时值大雨绵绵,黄河和运河水位突涨,清军四面围击,将东捻军困于北有黄河、南有六塘河、西有运河、东有胶莱河的方形地带,处境日益艰难,而此时唯一可能外援的西捻军却远在陕北,呼应不灵。十月间,东捻军败于潍县松树山,再败于苏北赣榆地区。十一月,在寿光南北洋河和巨狝河之间,又一场决战,东捻军大败,主力损失殆尽,重要将领如鲁王任化邦、荆王牛宏升、首王范汝增等陆续战死。残部仅千余人在赖文光的率领下,突破北塘河防线,沿途欲抢渡运河,均未成功。十二月到达扬州东北湾头瓦窑铺,被淮军吴毓兰部击败而溃散,赖文光不幸被俘,就义于扬州,时年41岁。就义前,他写下千余字的《赖文光自述》。

以梁王张宗禹、淮王邱远才、幼沃王张禹爵为首的西捻军,在河南许州与东捻军分军以后,就西趋陕西,去联络回民起义军。他们避开守在潼关的清军,绕道商州,越过秦岭,直入华阴。这时,陕西回民起义军已退到甘肃东部。正在陕甘边境镇压回民起义的刘蓉部湘军,闻讯后匆忙东下,于同治五年(1866)十月下旬赶至华阴。西捻军避开正面交锋,进抵灞桥,逼近西安。刘蓉遂率湘军30余营回军西安,行至灞桥十里坡,被埋伏的西捻军精兵包围,这场战役,全歼湘军30余营,计1.4万余人。

十里坡之役后,清廷命湘军刘松山部赶至西安,解救被西捻军、回民起义军围困的西安。接着又任命左宗棠为钦差大臣,督率各路援陕清军。左宗棠在入陕之前,与同僚商定了战略计划,第一步先夺取关中地区,把西捻军消灭在渭水两岸,以巩固西安。左宗棠自领北路由潼关入陕,阻止西捻军东走河南;中路由荆紫关进屯蓝田,防捻军走鄂豫边境;南路由蜀河口入陕,防捻军南奔四川。三路军由南向北合围捻军。在清军步步进逼的情况下,西捻军撤离西安至渭水北岸,八月间更北退至蒲城一带。左宗棠欲将捻军围困于泾水、洛水之间,命令陕西各府州县坚壁清野,前后夹击。西捻军为摆脱困境于九月间由蒲城北走白水,进军陕北,开辟以宜川为中心的临时根据地。

当西捻军进屯陕北时,东捻军正被困于山东、苏北,情况日益严重,他们切盼西捻军来援。由于路途遥远,又遭封锁,联系非常困难。当西捻军一获知东捻军危急的消息,立即在宜川壶口踏过冰封的黄河,突破清军的河防,全师东下驰援。西捻军穿越晋南,绕过王屋山,进入河南怀庆、新乡,再北折挺进河北,越过保定,逼近易州,其"边马"(前哨部队)直抵京师外围的房山。张宗禹为了实践"誓同生死,万苦不辞"的诺言,冒着极大的危险,欲采用"围魏救赵"的策略,深入京师畿辅地区,以解救被围的东捻军。

东捻军早在一个月前已被清军消灭。张宗禹的这个战略没有达到目的。同时,由于孤军深入,又遭到清军的四面包围,西捻军不得不折向南走。此时清军援兵大集,李鸿章、左宗棠的淮、湘军,山东巡抚丁宝桢的鲁军,河南巡抚李鹤年的豫军,安徽巡抚英翰的皖军,都集中于冀中一带,妄图一举围歼西捻军于滹沱河以北。同治七年(1868)二月,河北饶阳一战,幼沃王张禹爵和淮王邱远才在战斗中牺牲。接着,西捻军突破滹沱河防线,神速南下,先后在河南封丘、滑县等地屡败清军,阵斩提督周盈瑞、陈振邦等。之后,张宗禹又转向东北进军,三月攻静海,逼天津,被清朝三口通商大臣崇厚率领的洋枪队击退,遂在运河以东滨海地区暂时休整。李鸿章即刻用围歼东捻军的方式对付西捻军。清军在运河西岸天津以南的减河构筑长墙工事,把黄河北岸的船只一律南调,以淮军、鲁军和洋枪队分别把守河防,又以游击方式与西捻军周旋。从此,西捻军被围困在天津以南、黄河以北、运河以东的长方形滨海地区。

六月发生商河大战和济阳玉林镇大战,这两次战役终使西捻军主力覆没。张宗禹率残部作最后的苦斗。七月,西捻军残部退往茌平南镇,猝遭清军阻击。南镇战役是捻军的最后一战。结果,西捻军被击溃,梁王张宗禹带18骑突围,不知所终。

捻军同清朝的斗争,几与太平天国的兴亡相始终。捻军作为一支由农民组织起来的军事武装,他们在斗争中所表现的勇于牺牲、前赴后继的精神,可歌可泣。他们富有斗争艺术,创造不少光辉的战例,以少胜多,在流动作战或奔袭中歼灭清军。然而,这支军事武装始终没有同太平天国真正统一为一个整体,虽受其封却不听调,独立行动,一直流动作战,没有根据地,没有政治目标和明确的方向,故其斗争还停留在劫富济贫的阶段,因此其失败是必然的。

4. 太平天国再评价

太平天国是以农民为主体发动的武装起义,这与历史上的农民起义并没有什么不同,它建国家,立国号,定制度,设百官,都是农民起义发展到一定阶段所产生的。但其规模之大,波及地区之广,持续时间之久,军事斗争之激烈,从总体上说,确已超过了中国历史上任何一次农民起义与农民战争的发展水平。特别是它发动起义的理论指导,是借用西方的宗教信仰,创立"拜上帝教",传达上帝的福音,用以发动农民群众,进而作为建国治国的理论基础。这就是比此前任何一次农民起义都更具鲜明的理论色彩和明确目标。它提出的解决土地问题的主张,远远超过以往农民起义所追求的"均贫富"、"不纳粮"的政治理想。太平天国后期洪仁玕提出的《资政新篇》,已透露出发展资本主义的新观念,更是以往的农民起义所无法企及的。

太平天国把矛头直指清朝政权,要用武力把它推翻,取而代之,建立一个在上帝——天王指导下的人人平等的社会,即天下男子都是兄弟之辈,天下女子皆是姊妹之群。这些政治主张和口号,特别是以《资政新篇》为代表,其政治目标不仅是推翻清朝,而是对中国社会的全盘改造。其价值和意义,就不是简单地用"革命性"所能概括的。但是,太平天国在本质上仍然是一个农民政权。它采用"上帝说",主张人人平等,在当时中国的历史条件下是无法实现的。在太平天国内部事实上也并未实现平等,相反,在定都天京后却是等级森严;对妇女的政策,仅具象征意义,实际是完全用儒家思想来约束妇女,甚至把男女分开,连夫妻也不得相聚。至于《资政新篇》,实际上同样行不通。从当时的社会状况考察,在清朝统治下的中国广大地区还处于根深蒂固的封建社会,而《资政新篇》作为一种超社会现实的遥远理想,根本无法实行。另外,太平天国所提出的一些政治理想,同历史上农民起义中所提出"均贫富"、"铲尽不平"的主张一样,不过是表达了农民对现实的不满而生发的一种幻想而已。所不同的是,太平天国是在西方资本主义及其文化大肆入侵中国的历史条件下提出来的口号,是在更高理论层次上表述的幻想罢了。那些对太平天国的男女平等、妇女解放等政策给以推崇的看法,是不全面的,他们是以个别事例或表面现象,据片言只语的记述,就给以高度评价。《天朝田亩制度》也是在条文规定上做文章,实际上在其统治地区并未全部实行。

有称太平天国建立的为"农民政权"、"革命政权"。这种说法也是有问题的。如果说,太平天国的前期是属于农民的或革命的政权,那么,定都天京后,就不符合事实了。洪秀全为首,其下诸王,都以改朝换代的姿态,极力营造新的帝王生活。他们的思想作风、生活方式,完全蜕化变质。从太平天国的官制看,最能反映政权的性质。它已失去原来的兄弟之义,而变为等级森严的封建官僚化的制度。他们绝大多数出身于农民家庭,进南京后,都成了新朝王侯,洪秀全成为"万岁",东王杨秀清成为"九千岁"……思想的变质,决定了其制定和推行的政策亦必然变质。当他们忙碌于自身享受,热衷于争权夺利,不惜展开火并、厮杀时,还能顾及广大农民的利益吗?太平天国的后期已不再是农民政权性质,而变成与清朝一样的封建政权。太平天国虽然也实行过一些有利于农民的政策,对西方列强采取强硬的立场。这些方面只能说是该政权有进步的表现。如同清朝在其前期或后期一样,无论实行过多少有利于农民的政策,也不能改变其封建政权的本质。

以太平天国农民起义的规模,以及迅速增长的政治、军事实力,还有捻军及部分边疆少数民族起义的配合、声援,要取得推翻清朝的完全成功是有实现的可能性的。然而,太平天国的领袖们并没有把这种可能性变成现实。在中国历史上,发生过无数次大大小小的农民起义,都以失败告终,惟有农民出身、当过和尚的朱元璋是个例外。他成功地削平群雄,一统天下。洪秀全领导的太平天国,声势浩大,实力雄厚,却终不免最后失败,过去就有中外反动势力"联合绞杀"太平天国的说法。洪仁玕就认为:"我朝祸害之源,即洋人助妖(指清朝)之事。""一自妖军贿买洋人,以攻我军,我朝连续失城失地,屡战屡败。"[①]事实上这是太平军失败的客观原因。洪仁玕把它当成根本原因。太平天国失败的最根本原因,不在外部,恰恰是在太平天国的内

---

① 《洪仁玕自述》,太平天国历史博物馆:《太平天国文书汇编》,第555页。

部,是在以洪秀全为首的领导集团的主观意识之中。

19世纪50年代,中国依然是自然经济占主导地位的小农社会,新兴的革命阶级即资产阶级和无产阶级尚未形成,这就决定太平天国只能是一场旧式的农民战争:参加起义的主要是农民,其次是手工业者,还有部分无业游民。从洪秀全到诸王诸将,除个别人(如石达开出身地主),大都是农民出身,论受教育,也只有洪秀全等极少数人有初级文化水平。这就是说,农民阶级是太平天国的领导力量。农民阶级是反对封建地主阶级的革命者,自然有其革命性的一面;同时,因为受到生产力的制约以及千百年来传统的小生产者的生产方式和生活方式的影响,又形成了自身难以克服的先天性的弱点,诸如保守、狭隘、自私等,尤其是失去受教育的权利,民智不开,比之垄断文化的封建地主阶级,又多了一层愚昧。当他们受到无法忍受的压迫和剥削,就揭竿而起,铤而走险。每一次起义或农民战争,都不过做了某些地主官僚集团改朝换代的工具。即使取得了成功,依然是当皇帝,如朱元璋,还不是照样变成新的统治者和压迫者!尽管太平天国所处时代已与以往不同,但在资产阶级和无产阶级尚未登上历史舞台的条件下,其出路要么推翻清朝,建立新一代王朝;要么彻底失败,被打入血泊之中。历史事实是太平天国归于后一种结局。

农民阶级领导的太平天国运动,其本身就注入了失败的因素,而在具体实践中,农民自身的弱点又起着支配或制约作用。如《天朝田亩制度》规定平分土地,仅仅反映了农民千百年来对土地的渴望,却是无法实现的一纸空文;以"拜上帝教"的宗教思想为指导,只能引入歧途。洪秀全痴迷于宗教,一有事就乞灵于上帝,以为上帝既然选择了他,一定会出现奇迹。这种短视和境遇一改善就得意的情绪,在军事上也有充分暴露。太平军从广西打到南京,节节胜利使洪秀全等变得骄傲起来,以为灭掉清朝指日可待,遂轻率出师北伐,招致全军覆没。又因满足于经营江南半壁江山,不再北伐,而想划江为守,与清朝对峙,岂非另一个南北朝!

由于缺乏远大的政治理想,当他们的个人利益一经得到满足,不再进取,追求享乐,腐化堕落随之而发生。追逐物质财富,追逐声色,追逐权力,首先在以洪秀全为首的领导层内泛滥起来。当他们之间的利益发生冲突时,就大动干戈,以极端手段把政敌的肉体一起消灭,血腥大屠杀令人发指。

历史上农民起义、建政权，大都以胜而骄，富贵而腐化，招致失败。太平天国的领袖们不以历史教训为借鉴，而是重蹈覆辙。太平天国的堡垒是从内部先攻破的，当其自身失去抗御能力，只能为清军与西方列强的联合所绞杀。其结局壮烈又凄惨，给历史留下了难以磨灭的惊叹！

太平天国虽以失败而告终，但其历史意义仍然是很深远的。太平天国坚持14年的艰苦斗争，沉重地打击了清朝的统治，促使其内部分化，削弱了实力。如，清朝所依赖的主要军事力量八旗军、绿营兵在同太平军的战斗中被打垮，汉族官僚集团代表人物曾国藩、左宗棠、李鸿章等，通过镇压太平天国而登上政治舞台。清朝不得不依赖他们维持其统治，这就改变了清朝"首崇满洲"的传统国策，把部分权力移交给新崛起的汉族官僚集团，从而改变了权力结构，对清朝未来的政治演变产生深刻影响。

太平天国对西方列强采取强硬的立场，对其侵华及其在华特权一律不予承认，表现了中华民族敢于反抗外来侵略的斗争精神。还同外国侵略者直接进行战斗，大长了中华民族的志气，显示了中国人民不可侮的英雄气概。太平天国的理想和斗争，是一份宝贵的历史遗产，对后世的革命运动起着推动作用。如康有为、梁启超发动的戊戌变法，孙中山领导的辛亥革命，都从太平天国的历史经验和教训中汲取了营养。孙中山自称"洪秀全第二"，表明他以洪秀全为榜样，以革命的武装推翻清朝的专制统治，把太平天国的精神发扬光大。

第三章 办洋务始末

1. 办洋务之缘起

"洋务"一词,即清人所专称"夷务",其大意可直解为洋人所办之时务。早自明清之际欧洲人泛海东来时起,中国人即以"天朝上国"自居,以万方来朝的定式思维来看待这些"化外之民",称之为"夷",显然有藐视之意。至咸丰朝,特别是在两次鸦片战争的打击下,妄自尊大的清朝统治者迫于时势之骤变,不再公开直呼这些西方列强曰"夷",而改称曰"洋"。"夷"、"洋"之转换和嬗递,既反映清朝统治者对现实的无奈与默认,也体现出其对世界大势的朦胧认识。一些有识之士,他们在叹服"夷人"之长技的同时,还躬身于实践,大力引进西方的机器生产和科学技术,企图借其法以自强。这场被称为"洋务运动"的仿效西方的活动,持续30余年。这场极具近代化色彩的"自强新政",何以能发轫于清朝日益衰败时期?应先探讨一下这一运动发端的历史背景。

从世界范围看,中国的这场洋务运动是当时世界资本主义潮流冲击的产物。资本主义来到人世间,它所带来的不仅是血和肮脏的东西;同样引人注目的是,"资产阶级,由于一切生产工具的迅速改进,由于交通的极其便利,把一切民族甚至最野蛮的民族都卷到文明中来了"。"它迫使一切民族——如果它们不想灭亡的话——采用资产阶级的生产方式;它迫使它们在自己那里推行所谓的文明,即变成资产者。"[①]出于对财富的强烈渴望,西

---

① 马克思、恩格斯:《共产党宣言》,《马克思恩格斯选集》第一卷,第255页。

方资产阶级以科学技术所凝成的自身实力为后盾,极力把触角伸向全球的每一个角落。在西方资本主义无孔不入的浸淫下,整个世界都在经受着一场深刻的社会变革,其结果没有哪一个民族能在这一不可抗拒的世界历史潮流中岿然不动,依然故我。举凡顺之者皆昌,逆之者皆亡。这种现象,正是资本主义时代西方资产阶级得以横行世界而无阻的真实写照。

当资本主义大潮开始向全球涌动的时候,古老的中国仍然在农业文明所编织的罗网中固步自封,闭关锁国,不愿也不屑于了解外部未知的世界。因而,在机器之声已基本响遍欧洲大陆的情况下,整个中国依旧以男耕女织为生产模式,在封建主义的暗夜中缓缓前行,东西方之间的历史进程由此迅速地拉开了距离。自清道光二十年(1840)至咸丰十年(1860)短短20年的时间里,西方列强挟工业文明之威力,发动了两次鸦片战争,结果都以清朝的惨败而告结束。以"天朝上国"自居的清朝统治者颜面尽失。面对这场旷古未闻的奇耻大辱,一些先进的思想家开始对西方列强的优越性隐然有所察觉,认为中国"人无弃材不如夷,地无遗利不如夷,君民不隔不如夷,名实必符不如夷"①,因而主张"师夷长技以制夷"②。同时,一些握有大权的朝中显贵和封疆大吏,如奕䜣、曾国藩、李鸿章等,积极投身于"洋务",讲求"洋器",大办军械;并逐渐主张以通商为契机加强对外贸易,以抵制西方资本主义列强的经济侵略。所有这些,其实都是对世界资本主义潮流的回应。就此而言,洋务运动之兴起,既有自身的偶然,亦有外在的必然,而西方资本主义的冲击无疑是最根本的动因。

洋务运动之所以在19世纪60年代发生,从很大程度上说,还与英、法发动的第二次鸦片战争有不可分割的关联。本来,第一次鸦片战争结束后,清朝统治者满以为一纸《南京条约》即可使中外长久相安,孰料十几年后,侵略者竟得寸进尺,再次发动了新的战争。这次战争中,"夷人"先是在京畿恣肆蹂躏,继而又攻陷京师,火烧圆明园,逼订《北京条约》,堂堂"天朝"被折磨得精疲力竭,极大地震撼了清朝统治者。继魏源等人提出"师夷"之说以后,面对中国数千年来"未有之变局"和"未有之强敌",李鸿章等人对

---

① 冯桂芬:《校邠庐抗议》卷下。
② 魏源:《海国图志》卷二。

时局的认识更趋深刻。他说:"外国利器强兵,百倍中国,内则狃处辇毂之下,外则布满江湖之间","外国猖獗至此,不亟亟焉求富强,中国将何以自立耶?"①冯桂芬亦疾呼:"有天地开辟以来未有之奇愤,凡有心知血气莫不冲冠发上指者,则今日之以广运万里地球中第一大国而受制于小夷也",若再抱残守缺,长此以往,"我中华且将为天下万国所鱼肉,何以堪之!"②可以说,这些人从本民族的利益出发,为国家的前途命运而忧心忡忡,他们的言行,逐渐扩而广之,其影响所及,使越来越多的人体会到发愤图强的时代紧迫感。这为洋务之举办提供了思想基础。

经过第二次鸦片战争,清朝统治者认识到,西方列强虽狰狞可憎,有如饕餮之徒,但尚无意夺取清朝的江山社稷,而有主动提出"愿为中国助剿"太平天国的意向。这样,在战争的暴风雨过后,侵略者摇身一变,又以同盟者的身份急清廷之所急,大唱"华洋会剿"。这在清朝统治者看来,不啻是借法自强的天赐良机。如奕䜣等于同治二年(1863)所称:"自强以练兵为要,练兵又以制器为先。现在江浙尚在用兵,托名学制以剿贼,亦可不露痕迹,此诚不可失之机会也。若于贼平之后始筹学制,则洋匠虽贪重值而肯来,洋官必疑忌而挠阻,此又势所必至者。是宜趁南省军威大振、洋人乐于见长之时,将外洋各种机利火器实力讲求,以期尽窥其中之秘。有事可以御侮,无事可以示威,即兵法所云'先为不可胜,以待敌之可胜者'此也。"③依奕䜣所见,趁"华洋会剿"的有利时机,不动声色地窥测"洋器"之技巧,待学有所成,则可依之"御侮"、"示威",这种只"讲求洋器"的单一性,决定了"师夷"的内容并非繁纷芜杂,因而有操作和实施上的便利性和简单性,这也是洋务运动经过短暂的酝酿过程即得以迅速兴办的一个重要原因。

如果说决策者奕䜣欲举办洋务是着眼于"中外和好"这一有利局面的话,那么,曾国藩、李鸿章等人倾心于"洋务"则主要源于对西洋"利器"的钦佩和向往。咸丰十一年(1861)八月,曾国藩奏云:"(外洋)轮船之速,洋炮之远,在英法则夸其独有,在中华则罕于所见。若能陆续购买,据为己物,在中华则见惯而不惊,在英法亦渐失其所恃。""况今日和议既成,中外贸易,

---

① 李鸿章:《李文忠公朋僚函稿》卷五、六。
② 冯桂芬:《校邠庐抗议》卷下。
③ 《筹办夷务始末》(同治朝)卷二五。

有无交通,购买外洋器物,尤属名正言顺;购成之后,诏募覃思之士,智巧之匠,始而演习,继而试造。不过一二年,火轮船必为中外官民通行之物,可以剿发逆,可以勤远略。"①曾国藩对轮船、洋炮的渴求程度,远在奕䜣之上。另一赞成洋务活动的李鸿章对效法"西器"更是情有独钟,也堪称最有见地。同治二年(1863)初,李鸿章在写给曾国藩的信中说:"鸿章尝往英法提督兵船,见其大炮之精纯,子药之细巧,器械之鲜明,队伍之雄整,实非中国所能及。""鸿章亦岂敢崇信邪教,求利益于我,惟深以为中国军器远逊外洋为耻,日戒谕将士,虚心忍辱,学得西人一二秘法,期有增益,而能战之。"②稍后,李鸿章又致函罗淑生说:"长江通商以来,中国利权操之外夷,弊端百出,无可禁阻。英法于江浙助剿,小有补益,将来甚为可虑,但望速平太平军,讲求戎政,痛改数百年营伍陋习,使我能自强,则彼尚不妄生觊觎,否则后患将不可思议也。"③与曾国藩一样,李鸿章认为"洋器"有如神技,远非中国的刀枪剑戟所能相比,得之对维护统治定大有裨益。曾、李等地方实力派人物对西方坚船利炮的这种认识,大大地增强了他们"师夷长技"的信心,对洋务运动的开展已取得了共识。

任何事物的产生和发展,都是内因和外因综合作用的结果,考察19世纪60年代的世界形势和中国社会,西方资本主义浪潮的冲击和西方列强发动的第二次鸦片战争,固然是洋务运动发端的最重要的外部条件;而太平天国战争对清朝统治秩序的强烈破坏,可看作是洋务运动发生的最直接的内部因素。

太平天国战争历时14年,波及18个省,它曾以摧枯拉朽之势,给旧有的封建统治造成了难以愈合的创伤。在这场全国规模的阶级大搏斗中,清朝原有的军政体系很快就被冲击得七零八落,根本无力阻挡住这股汹涌澎湃的洪流。万般无奈之下,清朝最高统治者被迫暂时摒弃民族之分畛,起用有救时之才者力挽危局,于是汉族地主阶级中一批头脑敏捷、目光敏锐的官僚得以应时崛起,其中尤以曾国藩、左宗棠、李鸿章等人为典型代表。这些

---

① 曾国藩:《曾文正公全集》卷二三。
② 李鸿章:《李文忠公朋僚函稿》卷二。
③ 李鸿章:《李文忠公朋僚函稿》卷三。

人"起于草莽,出自行间","多非殷实之家"①,他们对林则徐、龚自珍、魏源等人的"经世"思想推崇备至,时时以"不要钱、不怕死、不恋官"相标榜。受命于清廷出掌地方权柄以后,为了感恩图报,同时也为了拯救整个地主阶级垂危的命运,曾、李、左依靠自己组织起来的地主武装,疯狂"围剿"太平天国政权,终于使行将就木的清朝重获生机。在"显赫军功"光环的映照下,这些以实力起家的新贵深为清廷所倚重,以致各省督抚大权尽入其手,导致清朝之治权出现内轻外重的趋势。农民战争扫荡了清朝旧有的权贵势力,却又使一批合于时势的新贵登上政治舞台。这些人在镇压太平军的血腥战争中,切身体会到洋人船坚炮利的威力,为清朝的长治久安计,他们跳出了死守传统的窠臼,积极"师夷",以求得"长技"。这种举动一经付诸实施,很快就演化成一股潮流,正如时人称:"夫洋务即时务,当今日而兴言时事,固执有大于洋务者"②,"识时务者为俊杰,今日之时务,洋务而已矣"③。可见,洋务运动之勃然兴起,那些手握权柄的新贵们实有引发之功。

当然,太平天国农民战争并不是促使洋务运动产生的本质条件。把洋务运动看作是为镇压这场农民战争而派生出的罪恶产物,这其实是一种误解。支持这一论点的主要证据之一是,太平军大量使用洋枪洋炮,迫使湘、淮等军亦起而效仿,以便取得武器装备上的优势。曾国藩就说:"数年以来,无一支贼匪不有洋炮洋火"④,"忠王军三分之一均有洋枪"⑤。李鸿章致书曾国荃亦言:"李秀成所部最众,洋枪最多,生芒鬼子(指洋人)满船运购以获大利;鸿章言之屡矣,欲剿此贼非改小枪队为洋枪队不可,再持此以剿他贼亦战必胜,攻必取也。"⑥类似的言论,那些靠镇压太平天国而发迹的新贵所发甚多,于是有人据此便认为洋务运动是为镇压太平军而掀起的一场"造器"运动。

诚然,这些被称为"洋务派"的官僚们极力"讲求洋器",的确加速了农

---

① 左宗棠:《左文襄公书牍》卷二三。
② 王韬:《弢园文录外编》,第25页。
③ 陈炽:《庸书》外编卷五。
④ 曾国藩:《曾文正公全集》卷一四。
⑤ 曾国藩:《曾文正公全集》卷一一。
⑥ 李鸿章:《李文忠公朋僚函稿》卷二。

民战争的失败,但这只是问题的一个方面,更重要的是,洋务派大办"洋务",其主要目的并不在于镇压太平军,而是在于"自强"。在镇压太平天国的过程中,李鸿章等人亲眼看到了洋枪洋炮的神奇,震惊之余,他们深切领会到了这些拥有"神技"的西方侵略者的长远威胁。李鸿章说:"洋务最难着手,终无办法。惟望速平贼氛,讲求洋器。"① "盱衡当时兵将,靖内患或有余,御外侮则不足,若不及早自强……厝火积薪,可危实甚。"② 冯桂芬亦有类似之言,他说:"今国家以夷务为第一要政,而剿贼次之。何也?贼可灭,夷不可灭也","自强之道诚不可须臾缓矣"③。而洋务派思想家王韬说得最为直白:"当今天下之大患,不在平贼而在御戎。……然欲御戎,必先平贼,二者盖有相因之势。而欲平贼则请以和戎始。"④ 以上诸人之论,实际上都意在说明,"内乱"尚不足虑,而"外患"方是心头之疾。这些人身处乱世而能洞察矛盾之主次,这在当时确属难得之识见。此后的历史发展证明,洋务派对"外夷"的担忧确非虚言。就此来说,洋务派厉行"师夷"之道,大办军民两用工业,该是中国人为缩短中西差距而作出的最初尝试;至于洋务运动与太平天国的关系,可以说太平天国是洋务运动的助产士,洋务运动是太平天国的副产品。洋务运动的勃兴,曲折地反映了农民战争的伟大历史作用。

总之,在世界资本主义浪潮的冲击下,在第二次鸦片战争的刺激下,以及在太平天国的诱发下,洋务运动作为中国历史上从未有过的新现象,开始涌动于古老的中国封建肌体的内部。它的出现,既是时代的要求,又是各种矛盾交织作用的结果。它给中国社会所带来的影响,则完全体现在洋务派的各种实践之中。

2. 从军事工业到民用工业

洋务运动真正开展是在太平天国被镇压之后,在此之前,洋务派为解燃

---

① 李鸿章:《李文忠公朋僚函稿》卷三。
② 李鸿章:《李文忠公朋僚函稿》卷五。
③ 冯桂芬:《校邠庐抗议》卷下。
④ 王韬:《弢园尺牍》,第 32 页。

眉之急,除大量购置洋枪洋炮外,他们还作过一些自制枪炮的尝试。咸丰十一年(1861),曾国藩在安庆设立"内军械所",同治元年(1862),李鸿章在上海建立"洋炮局",翌年又在苏州设"洋炮局",仿制西式枪炮。这些单位设备简陋,技术粗糙,仍以手工生产为主,其产品难称精良,仅可勉强敷用,但却为以后创建真正的洋务军事工业准备了条件。

同治三年(1864),湘军攻陷天京,太平天国的失败已成定局。洋务派在稳住清朝的统治秩序后,开始投入到"借法求强"的活动之中,洋务运动由此发端。洋务派是从洋枪洋炮开始认识西方的,他们的"借法"亦从军事工业起步。

从同治四年(1865)至光绪十六年(1890),洋务派共创建规模不等的军用企业21个。这些企业中,大部分为中小型机器局,规模较大者仅5个,即江南制造总局、金陵机器制造局、福州船政局、天津机器制造局、湖北枪炮厂。这些局厂历来为清廷所重视,成为新式军工企业的骨干。以下对一些有代表性的企业作一概述。

(一)江南制造总局

同治四年(1865)五月,曾国藩、李鸿章在上海建立中国第一个大型新式军用企业"江南机器制造总局",简称"江南制造总局"、"江南制造局",亦称"上海机器局"、"沪局"。

江南制造总局初建时,技术力量以安庆的内军械所与上海和苏州的两个洋炮局为主,基础设施则以购买美商在上海虹口设立的旗记铁厂为主,规模较小,但发展很快。至光绪十九年(1893),沪局共建成工厂15个,辅助机构广方言馆、翻译馆等10余个。其经营范围,举凡军火生产、轮船修造、机器制造、钢铁冶炼等无不涉及。从数量上说,沪局生产的轮船、机器和钢铁,均未形成可观的规模,但其生产的综合程度是其他机器局所无法相比的。

从整个生产状况看,军火是沪局生产的重点,同时也是较见成效的一项经营活动。沪局的军工产品主要有枪支、大炮、弹药等3类。枪支是该局成立之初最主要的生产项目。因设备落后,开始时只能生产旧式前膛枪,至70年代后,才改造新式后膛枪。到光绪二十一年(1895),沪局已产各种前膛枪7000余支,各种后膛枪约5万支①。大炮是又一重要产品。在70年代中期以前仅能制造旧有的劈山炮和国外已过时的生铜炮,其威力较小。自光绪二年起才相继仿制西式熟铁前膛大炮和全钢后膛快炮。至光绪二十一年,共生产劈山炮及各种西式大炮300尊左右。这些大炮,虽然不如外国制造的那样精良,但"尚当勉图精利,取携自如,庶几船台不等虚设"②。随着枪炮的升级换代,弹药制造亦随之跟进。沪局生产的枪弹和炮弹种类很多。80年代末以前,主要生产黑色火药,此后即改制栗色火药和无烟火药。到光绪二十一年,共产各种火药450余万磅,各种炮弹130余万发,此外还有地雷和水雷1000余具③。总之,江南制造总局所造枪炮弹药,无论在量或质上堪称可观,李鸿章扬扬自得地说:"上海机器局为各省制造最大工厂,该局员等苦思力索,不惮繁难,奋勉图功,竟能于数年之间,创造新式枪炮,与西洋最精之器无异,为中国向来所未有。"④

(二)金陵机器制造局

同治四年(1865),李鸿章由江苏巡抚升任两江总督,苏州洋炮局亦随其迁往南京,经过扩充,改称金陵机器制造局,简称"金陵机器局"、"宁局"。

宁局自动工建厂到投入生产,仅用1年多时间。到同治八年(1869)已能制造大炮、炮车、炮弹、枪弹及多种军用物资,但数量较少。从同治十二年起逐渐扩建,最大的一次扩建是在中法战争结束后。中法战争中,因各省所需军火骤增,各机器局全力生产供应,而宁局"每年额领南北两洋经费仅十一万两,而两洋之军火资于是,各省之军火亦资于是,所操者约,而所施者博,固无怪该局之左支右绌,竭蹶日甚"⑤。鉴于此,中法战争后,清廷决定扩大其规模。据光绪二十五年(1899)两江总督刘坤一称,其生产能力已达到"年可造后膛枪一百八十支,两磅后膛炮四十八尊,一磅子快炮十六尊,各项炮弹六万五千八百颗,抬枪、自来火子弹五万粒,毛瑟枪子弹八万一千五百粒"⑥。

---

① 魏允恭:《江南制造局记》卷三。
② 李鸿章:《李文忠公奏稿》卷二六。
③ 魏允恭:《江南制造局记》卷三。
④ 李鸿章:《李文忠公奏稿》卷七七。
⑤ 曾国荃:《曾忠襄公奏议》卷二五。
⑥ 刘坤一:《刘忠诚公遗集》卷一《电奏》。

(三) 福州船政局

同治五年(1866),左宗棠在福州马尾办起中国第一个、也是洋务派所办唯一的近代化专业造船厂,称福州船政局,或称马尾船政局,一般简称为"闽局"或"闽厂"。

左宗棠于举办洋务中另辟蹊径,着意造船,综其言论主要在于:首先从国防上考虑,"自海上用兵以来,泰西各国火轮兵船直达天津,藩篱竟成虚设,星驰飙举,无足当之。"故左宗棠认为"欲防海之害而收其利,非整理水师不可;欲整理水师,非设局监造轮船不可。泰西巧而中国不必安于拙也,泰西有而中国不必安于无也"。其次是从经济上考虑,"自洋船准载北货行销各口,北地货物腾贵。江浙大商以海船为业者,往北置货,价本愈增,比及回南,费重行迟,不能减价以敌洋商,日久销耗愈甚,不惟亏折货本,寝至歇其旧业"。他担心"恐海船搁朽,目前江浙海运即有无船之虑,而漕政益难措手,是非设局急造轮船不为功",故而轮船一旦建成,则"漕政兴,军政举,商民之困纾,海关之税旺,一时之费,数世之利也"[①]。在西方列强正从海路向全球厉行军事和经济侵略的海洋时代,他提出主张自造轮船以固海防,抵制掠夺性贸易,这种认识在当时确属真知灼见。

福州船政局由沈葆桢任总理船政大臣,法国人日意格和德克碑分任正副监理。同治八年(1869),生产的第一艘轮船"万年清"号下水。至同治十三年,共造轮船15艘。鉴于中国匠徒已能自行制造轮船,沈葆桢按约期辞退洋员。在中国技术人员的努力下,造船技术和质量日渐提高。到光绪二十一年(1895),华工自行设计制造木胁兵船9艘、铁胁兵船9艘、钢胁兵船6艘,共用银430万两[②]。这些兵船虽不能与西方的巨型炮舰相比,但在造船技术上取得的长足进步是显著的。到光绪二十一年(1895),清朝已拥有广东水师、福建水师、南洋水师和北洋水师4支力量不等的舰队,其中闽局制造的船只占着很大比例。

(四) 天津机器制造局

同治六年(1867),三口通商大臣崇厚在天津创办"军火机器局",后改

[①] 以上见左宗棠:《左文襄公奏稿》卷一八。
[②] 据张国辉《洋务运动与中国近代企业》第49页表中数字算出。

称"天津机器制造局",简称"天津机器局"、"津局"。这是当时中国北方最大的兵工厂,有"洋军火之总汇"之称。

津局初办时,由崇厚总揽其事。同治九年(1870)天津教案后,由直隶总督李鸿章接办。由于李鸿章有办江南制造总局和金陵机器局的经验,在他的主持下发展很快。到光绪元年(1875),生产能力"就岁成军火而论,较前两年多至三四倍,所有料物亦如之,而人力所增不及一倍,经费则约增三分之一"①。从同治九年至光绪八年,共造各式洋火药610万磅,枪弹1600余万发,炮弹40余万枚,铜帽近3亿颗,各种地雷、水雷约3000具。

津局的业务范围很广,除生产各种军火外,还兼造各种军用器具,如炮车、布雷船、挖河船等。中法战争后,清廷欲建立一支"精练水师"②,且先从北洋入手,因此津局的生产范围随之扩大至制造铁舰、快船、鱼雷艇及海军用弹药,其作用愈加重要,被李鸿章视为"北洋水陆各军取给之源"③。

(五)湖北枪炮厂

从70年代起至80年代末,各省地方当局几乎都办起新式军工企业,但规模都较小,惟有张之洞于光绪十六年(1890)创办的湖北枪炮厂比较突出,是新式军事工业中设备最新、规模最大的兵工厂。

张之洞早在任两广总督时,就曾于光绪十四年(1888)拟在广州设立枪炮厂。他认为:"水陆各军需要枪炮,概系购自外洋,不但耗损中国财用,漏卮难塞,且订购需时,运送遥远,办理诸多周折。设遇缓急,则洋埠禁售,敌船封口,更有无处可购、无口可运之虑。""详筹时势,必须设厂自铸枪炮,方免受制于人,庶为自强持久之计。"④次年调任湖广总督后,即把筹建中的枪炮厂移设湖北汉阳大别山下,名湖北枪炮厂。

湖北枪炮厂自光绪十六年(1890)筹办兴建,到光绪二十年耗时4年多才建成。其原因是张之洞对枪炮厂的要求过高,如他说:"鄂设枪厂,机宜新式,钢贵自炼,二事并重。""器必求精求新,惟子药、钢料贵能自制,无一

---

① 李鸿章:《李文忠公奏稿》卷三三。
② 中国史学会:"中国近代史资料丛刊"《洋务运动》(四),第275页。
③ 中国史学会:"中国近代史资料丛刊"《洋务运动》(四),第275页。
④ 张之洞:《张文襄公全集》卷二五。

外购,方符本意。"①另外,张之洞企图以汉阳铁厂为中心建立起一个较完整的工业体系,本来应用于枪炮厂的经费许多都挪给铁厂,在很大程度上拖住了枪炮厂的建设进度。该厂建成后,仅就产品质量而言,在当时是首屈一指的。所制造的枪炮,均采用德国技术,且数量也可观,枪月产50支,炮月产8尊。枪弹最大产量每月造130万颗,平时维持60万颗。炮弹每月造7000颗。当时较先进的无烟火药,其产量也很大,最大产量每月达600磅,经常维持200磅。可是,湖北枪炮厂在中日甲午战争中却没有发挥其作用。

洋务派所办的这些新式军工企业,尽管创办的途径和方式不同,但其作用是相同的,就是使中国在军事上缩短了同资本主义国家的差距,增强了中国抵御外侮的力量,延缓了中国半殖民地化的进程②。至于说到这些军事工业加强了统治阶级镇压人民的强度,这是无可否认的,但如果以此断定洋务派所办的军工企业具有极大的反动性,则未免偏激和狭隘。事实上,洋务派的所作所为,主观上既有维护清朝封建统治的考虑,更有"自强"御侮的意图。由于历史条件的限制,洋务派没有把中国带上自强之路,但从将西方先进的科学技术引入中国这点而言,他们的举动值得肯定。

70年代以后,洋务派在继续兴办新式军事工业以求"自强"的同时,开始涉足以"求富"为目的的民用工业。这种情况的出现,同样是源于洋务派的"强国"之梦。随着军事工业的逐渐展开,洋务派意想不到的一些问题接踵而至。首先是经费问题。两次鸦片战争的战败赔款,镇压农民起义的庞大耗用,使国库空虚,财政竭蹶,再也无力承担办厂的全部费用。其次是配套问题。新式军事工业是一项系统性工程,仅有机器设备远远不够,还必须有原料、燃料的供应和运输、电讯等事业的配套,正如李鸿章所说:"船炮机器之用,非铁不成,非煤不济"③。因此,为了裕经费、浚利源,有必要"借求富以求强",新式民用工业也应运而生。

此外,新式民用工业得以在70年代崛起,也与下列因素有关。一是经过10余年的"师夷",洋务派对西方列强的认识由感性逐渐深入到理性。在接触的过程中,他们意识到"夷人"在军事上之所以船坚炮利,是因为有

---

① 张之洞:《张文襄公全集》卷一三五。
② 李时岳、胡滨:《从闭关到开放》,人民出版社1988年版,第124页。
③ 李鸿章:《李文忠公奏稿》卷一九。

强大的经济实力做后盾,如果单纯地依赖军工企业,仍难有自强之日,只有借法"求富",方能有效地"求强"。二是发展民用工业是洋务派出于维护国家利权的本能的内在要求。李鸿章即认为:"各口通商以来,中国沿海沿江之利,尽为外国商轮侵占。"[1]矿产资源亦为"邻国垂涎,而启侵占之衅,曷若由本国开采,而裕兵饷之源"[2]。单就原料、燃料的消费而言,"各局每年需用煤铁约银二百万两,大半取办于外洋"。显然长期如此"殊非善策","若中国亦用机器开采、转运、鼓铸、制造,其价比来自外洋更贱,各局每年所省经费固属不少,而此二百万两之资,不致为洋人所得。取之不尽,用之不竭,更可宏拓远谟矣"[3]。可见,洋务派的兼而"求富",实有抵御列强在经济上搜刮中国的心理。从更深的层次来看,鸦片战争以后,随着外国商品的大量涌入,中国自给自足的封建经济结构日益遭到破坏,客观上促进了中国城乡商品经济的发展。至70年代,中国广大的商品市场和劳动力市场业已出现,这为近代民用工业的产生提供了必要的历史条件[4]。

70年代后近20年间,新式民用企业如雨后春笋纷纷出现。按其经营形式划分,有官办、官督商办、官商合办、商办这样几种组织形式,其中以官督商办为主;从其经营范围区分,则有航运、煤矿、金属矿、电讯、铁路、纺织、冶炼等方面,其中以航运、煤矿、电讯、纺织等经济部门为主。这些与大机器相联系的新式民用行业的出现,是中国封建社会晚期的一种进步现象,它与军用工业一起,共同代表着当时中国社会发展的方向。以下对一些有代表性的企业作一概述。

(一)航运业与上海轮船招商局

自同治元年(1862)美国商人正式在上海成立第一家专业航运公司旗昌轮船公司后,外国在华洋行纷纷步其后尘,经营轮船业务,共同瓜分中国航运市场。结果,中国航运之利,尽入洋人囊中。中国旧式沙船航运业无力与之匹敌,难以为继,濒临破产边缘。组建新式航运公司,与洋人争夺利权,已刻不容缓。

---

[1] 李鸿章:《李文忠公奏稿》卷五六。
[2] 中国史学会:"中国近代史资料丛刊"《洋务运动》(七),第347页。
[3] 中国史学会:"中国近代史资料丛刊"《洋务运动》(七),第359—360页。
[4] 李时岳、胡滨:《从闭关到开放》,人民出版社1988年版,第126页。

同治十一年（1872），李鸿章在慨叹"以中国内洋任人横行，独不令华商展足耶"①的同时，主张"由官设立商局"②，以"悦服众商，冀为中土开此风气，渐收利权"③，并委浙江海运委员朱其昂具体筹办轮船招商事宜。经短暂运作，同年底，轮船招商局正式于上海组建。

招商局初建时，因实主局务的朱其昂"既于外洋情况不熟，又于贸易未谙，买船贵而运货少，用人滥而糜费多"④，在外国轮船公司的挤压下，经营情况不佳。为此李鸿章决定由深孚众望的唐廷枢任招商局总办，重组招商局。同时，也有其特殊原因，即"招商局为官与商合之发端，亦为隐制洋人之根本，万一中止，洋人将乘锋而起，将来之害，有不可胜言者矣！"⑤所以，李鸿章等竭力支持招商局与外轮公司竞争，很快就使招商局在与外轮的对抗中立稳了根基。轮船招商局除设总局于上海外，还在天津、牛庄（今营口）、烟台、汉口、福州、广州、香港以及日本、菲律宾、新加坡等地设立分局，初步奠定了中国近代航运业的基础。

轮船招商局是典型的官督商办企业。初建之时，各华商瞻前顾后，观望不决，入股者寥寥无几，最后赖李鸿章拨借官款 13.5 万两方得创办。主持招商局者，亦由李鸿章代表官方选择得力商人总司局务。至 70 年代后期，招商局再得官款接济，加之有官方帮揽业务，一举扭亏为盈，于是入股华商蜂拥而至，股金骤募至 200 万两。中法战争前后，因上海金融紊乱，银价下跌，招商局损失极其惨重。李鸿章遂再次改组招商局，废弃由商人主持业务的原则，加强了"官督"的力度，致使"商办"色彩日趋淡化，以致轮船招商局长期以来未能摆脱经济困难的窘境。

轮船招商局自身虽然缺陷很多，但其业绩可称斐然。营运仅 3 年，即使"中国之银少归洋商者，约已一千三百余万两"⑥。及至光绪十三年（1887），"创设招商局十余年来，中国商民得减价之益，而水脚少入洋商之

---

① 李鸿章：《李文忠公朋僚函稿》卷一二。
② 李鸿章：《李文忠公奏稿》卷二〇。
③ 李鸿章：《李文忠公译署函稿》卷一。
④ 刘坤一：《刘坤一遗集》第二册，第 601 页。
⑤ 中国史学会："中国近代史资料丛刊"《洋务运动》（六），第 11 页。
⑥ 中国史学会："中国近代史资料丛刊"《洋务运动》（六），第 10 页。

手者,奚止数千万,此实收回权利之大端。"①从这点来看,轮船招商局之设,实际上揭开了中国收回权利的序幕,影响深远。

(二) 采矿业与开平矿务局

中国近代采矿业始于机器采煤,其后逐渐扩而展之,把机器分别引入铁、铜、金、银、铅等矿的开采,其中,煤矿和铁矿的开采是洋务派经营的重点。随着新式军事工业的次第兴建,煤、铁需求日益增大,而洋商往往挟货居奇,高价出售,这使洋务派认识到,自采煤、铁以免受洋人牵制,已刻不容缓。在洋务派的眼里,借西法采矿不仅可"兴中国永远之利"②,还可"庶免厚费漏于外洋"③。特别是在国用匮竭的情况下,如置之不采,"此何异家有宝藏,封锢不启,而坐愁饥寒"④。在洋务派的推动下,光绪元年(1875),清廷准许开采煤、铁,并强调"即有需用外国人之处,亦当权自我操,勿任彼族搀越"⑤。

此后的20年间,采矿业发展很快,计有煤矿16座,铜矿8座,金矿6座,银矿、铅矿各4座,铁矿2座,共有40座之多。这些矿产的开采,在经营方式上多以官督商办为主。从经营状况上看,这些矿业不景气者居多。除了经费困难等因素,根据郑观应的分析:"一由官吏之需索,苟苴茸未至,必先托辞以拒,或谓舆情未洽,或谓势多窒碍,恐致扰民,由是事卒难行,每多中止。一由谬谈风水者妄言休咎,指为不便于民,以耸众听,于是因循推诿,动多掣肘,而有志于开矿者不禁废然返矣。"⑥这样,使新兴的采矿业大部分始终在困境中挣扎生存,境遇较好的惟开平矿务局,也较为典型。

开平矿务局,又称开平煤矿,是李鸿章委派唐廷枢于光绪四年(1878)筹建的,系官督商办。两年后投产,主要使用机器开采,日产煤至五六百吨之多,"除运往要口分供各局及中外轮船之用,并可兼顾内地民间日用"⑦。随着产量日增,煤炭外运成了难题,这又促使自办铁路。中国自办的第一条

---

① 李鸿章:《李文忠公朋僚函稿》卷一三。
② 《筹办夷务始末》(同治朝)卷五四。
③ 李鸿章:《李文忠公奏稿》卷一九。
④ 李鸿章:《李文忠公奏稿》卷二四。
⑤ 中国史学会:"中国近代史资料丛刊"《洋务运动》(一),第154页。
⑥ 郑观应:《盛世危言》卷四。
⑦ 中国史学会:"中国近代史资料丛刊"《洋务运动》(七),第140页。

铁路是唐(山)胥(各庄)铁路。该路为运煤一再展筑,分别延至天津和山海关外的中后所(今辽宁绥中)。

开平煤矿因"煤质之佳,甲于他处",加之唐廷枢经营得法,煤炭销售甚旺,入股者络绎不绝。至光绪二十一年(1895),年产量已逾25万余吨。李鸿章对此很满意,说:"从此中国兵商轮船及机器制造各局用煤,不致远购于外洋。一旦有事,庶不为敌人所把持,亦可免利源之外泄。富强之基,此为嚆矢。""开煤既旺,则炼铁可以渐图,开平局务振兴,则他省人材亦必闻风兴起。似于大局,关系匪浅。"①可见,开平煤矿,是办洋务的一个成功范例。

(三)电信业与电报总局

第二次鸦片战争后,西方列强企图以中国通商口岸为跳板,进而向腹地伸展侵略势力,因而再三提出要在中国领土上开展电信业,并要求取得在中国沿海敷设海底电线的权利。清廷坚决拒绝西方国家将电线架入内地,但大部分官僚也不主张自设电线,只有李鸿章等个别洋务派官员力主自办。同治四年(1865)李鸿章说:"铜线费钱不多,递信极速,洋人处心积虑要办,将来不知能否永远禁阻。""窃谓洋人如不向地方官禀明,在通商口岸私立铜线,禁阻不及,则风气渐开,中国人或亦仿照外洋机巧自立铜线,改英语为汉语,改英字为汉字,学习既熟,传播自远,应较驿递尤速。若至万不能禁时,惟有自置铜线以敌彼飞线之一法。"②李鸿章的建议未为清廷所注目,因此自设电线一事只好搁置。

70年代后期,自架电线之议忽又鹊起。光绪六年(1880),李鸿章再奏架设电线之事,并建议设线经费先由淮军饷项内拨款开办,"俟办成后仿照轮船招商章程,择公正商董招股集资,俾令分年缴还本银,嗣后即由官督商办,听其自取信资,以充经费"③。此议获得清廷的批准。同年九月,李鸿章设电报总局于天津,委盛宣怀为总办。中国近代电信事业由此诞生。

电报总局开办后,首先架设天津至上海的干线,继而又贯穿江苏、浙江、福建、广东省延至广州,开通运营后影响极大。正如郑观应所说:"沿海各

---

① 郑观应:《盛世危言》卷四。
② 《海防档》丁,电线(一),第8—9页。
③ 李鸿章:《李文忠公奏稿》卷三八。

省与京外筹商军国要事,调兵催饷,均得一气灵通,于洋务、海防实有裨助,而商民之转输贸易者,亦借电报速达,利益更广。"①长江流域的商人因"一隅之消息既灵,则他处之消息较滞,商情市况要不免有畸轻畸重之形",迫切要求沿长江架线。此后,长江线、广梧线、广九线和汉渝线等干线相继架成,并逐渐伸至边远地区,至光绪二十年(1894),基本上形成全国规模的电信网。

电报总局初建时,因"电利茫无把握",招股非常困难,幸赖盛宣怀、经元善、郑观应等主要投资者"同德同心,力顾大局",方得"勉而行之"②。及至电报为人们所认可时,电线之架设才得以四通八达。李鸿章于光绪十八年(1892)总结说:"中国创设电线,已阅十年。近来风气渐开,推行日广,东北则达吉林、黑龙江俄界,西北则达甘肃、新疆,东南则达闽、粤、台湾,西南则达广西、云南,遍布二十二行省,并及朝鲜外藩,殊方万里,呼吸可通,洵称便捷。"③

(四)冶炼业与湖北铁政局

80年代以后,随着军工企业、民用企业的发展与海军的创建,钢铁需求量日见增大,自办冶炼业已成当务之急。光绪十六年(1890),贵州青溪铁厂建成投产,开创了近代中国专业冶炼的先河。但由于钢铁冶炼所用设备昂贵,对矿产地依赖性强,加上各种经费耗用巨大,洋务派真正办成的冶炼企业只有2处,除青溪铁厂外,另一个就是湖北铁政局。

湖北铁政局是张之洞于光绪十六年(1890)创办的。张之洞在任两广总督时就筹划在广州建立炼铁厂。他之所以始终如一地要自炼钢铁,基于这样的认识:"窃以今日自强之端,首在开辟利源,杜绝外耗,举凡武备所资枪炮、军械、轮船、炮台、火车、电线等项,以及民间日用,农家工作之需要,无一不取于铁"④;"各省制造军械、轮船等局,所需机器及钢铁各料,历年皆系购之外洋。""若再不自炼内地钢铁,此等关系海防边防之利器,事事仰给于

---

① 郑观应:《盛世危言后编》卷一二。
② 经元善:《居易初集》卷二。
③ 中国史学会:"中国近代史资料丛刊"《洋务运动》(六),第446页。
④ 张之洞:《张文襄公奏议》卷二七。

人,远虑深思,尤为非计"①。故在调任湖广总督时,他又奏请将筹建中的铁厂随之迁至汉阳,继续筹办,以期建成一个以钢铁工业为核心的独立的工业体系。湖北铁政局成立后,张之洞正式开始将他的"自强"蓝图付诸实施。

汉阳铁厂于光绪十七年(1891)动工兴建,至光绪十九年基本竣工,共建成大小工厂10个。光绪二十年,汉阳铁厂正式开炉炼铁,所产生铁除内销外,还外售美国、日本等国。炼铁所用铁矿,均来自铁政局隶下的湖北大冶铁矿;所用煤炭也大部分来自张之洞于光绪十七年开办的湖北大冶王三石煤矿和江夏马鞍山煤矿。可见,湖北铁政局集采铁、掘煤、冶炼于一体,可称为大型的钢铁联合企业,因此湖北铁政局成为规模最大的新式民用重工业。

汉阳铁厂开始时采用官办的组织形式。张之洞认为:"若归商办,将来造轨制械转须向商购铁,虽塞洋铁之漏卮,究非自强之本计。"②甲午战争后,清廷财政困窘已极,再也无力"官办"新式企业,因而谕令内外:"中国原有局厂经营累岁,所费不赀,办理并无大效;亟应从速变计,招商承办,方不致有名无实。""一切仿照西例,商总其事,官为保护。若商力稍有不足,亦可借官款维持。"③在这种情况下,光绪二十二年(1896)张之洞将汉阳铁厂委任盛宣怀督办。此后汉阳铁厂变成了官督商办企业,不过此时洋务运动在政治上已经破产了。

除上述几个行业及企业外,民用工业中较重要的还有纺织业等,其中成就较大者当推李鸿章主办的上海机器织布局和张之洞创建的湖北纺织官局。这些企业基本上构成了洋务派倡办的民用工业的主体,它们与以缫丝、印刷、火柴、造纸、制糖、磨面等为经营对象的商办企业一起,共同奠定了中国近代民用工业的初步基础。与西方国家不同的是,这些民用工业在经营方式上多以"官督商办"为主。这实际上是封建官僚政治制度在经济上的表现。在当时的历史条件下,洋务派为保证民用工业的举办必然会利用手中掌握的大权采取控制措施,因而它与军事工业一样,不可避免地染上浓厚的封建政治色彩。尽管如此,以李鸿章、张之洞等为代表,大力创办"洋

---

① 张之洞:《张文襄公奏议》卷三三。
② 张之洞:《张文襄公奏议》卷三五。
③ 《中国近代工业史资料》第一辑下册,科学出版社1957年版,第817—818页。

务",对中国的自强和资本主义的发展,无疑起到了促进作用。

3. 洋务派与顽固派辩争

洋务派推行的以"师夷长技"为主要内容、以"求强求富"为主要目的的"自强新政"运动自始至终都受到当时地主阶级顽固派的阻挠和破坏。因为在顽固派的眼里,屈尊习西方的"奇技淫巧"就是"以夷变夏",所以不断口诛笔伐,声言"今日之患未有如侈谈洋务之大者也"[1]。因此,洋务派同顽固派在许多问题上展开了激烈的论争。

在承不承认中国落后于西方的问题上,洋务派认为,列强各国船坚炮利,民富国强,其"胥聚于中国",导致中国面临着"三千年一大变局",因而为自强之计,须有"识时务者""知所变计"[2]。而顽固派则认为,中国"圣圣相承,文德武功,震耀区夏","法度纪纲,灿然大备",坚称大清王朝近凌宋明,远胜汉唐,"何弱之有?"[3]

在要不要学习西方科学知识、培养新式人才的问题上,洋务派认为,制夷之策,首在师其长技,只有"取彼之长",方能"益我之短",是谓"取外人之长技以成中国之长技,不致见绌于相形,斯可有备而无患"[4]。而顽固派则认定,中国乃礼仪之邦,以道义为本,不需"西学"佐而治国,如任其泛滥,则会"溃夷夏之防,为乱阶之倡",结果即"以夷变夏"[5]。

在可不可以引进西方的机器和技术兴办新式企业的问题上,洋务派认为西方机器"巧夺天工","神妙不可思议","一夫可敌百夫之力,工省价廉",为与洋货相抗,须引入机器以代人工[6],自办企业。而顽固派则咬定:"中国数千年来,未尝用轮船、机器",也能"一朝恢一朝之土宇,一代拓一代

---

[1] 《筹办夷务始末》(同治朝)卷五〇。
[2] 李鸿章:《李文忠公奏稿》卷一九。
[3] 方浚颐:《二知轩文存》卷一二。
[4] 李鸿章:《李文忠公奏稿》卷二六。
[5] 中国史学会:"中国近代史资料丛刊"《洋务运动》(二),第50页。
[6] 中国史学会:"中国近代史资料丛刊"《洋务运动》(七),第501页。

之版章"①。其至断言:"外洋民数少,故用机器","中国民数繁,故不用机器","中外情形不同,灼然可见"②。他们视机器如洪水猛兽,恣然而论:"今天下言时务者,动以泰西机器为至巧至精,而欲变吾之法,师彼之法。""顾吾思之,机主于动,生于变,戾于正,乖于常。以技艺夺造化,则干天之怒;以仕宦营商贾,则废民之业;以度支供鼓铸,则损国之用。"③至于用机器开矿修路,顽固派不惜借"风水"、"地脉"之说加以阻禁。

　　洋务派"借法求强"所迈出的每一步,几乎都遭到顽固派的重重阻挠。顽固派唯古是尊,硁硁自守,皆为鼠目寸光之辈。他们对外来的一切事物都目为异端,一概加以贬斥,欣欣然以"清流"自诩。洋务派虽在思想上仍固守传统,但在行动上能因时而异,注重实效,制枪炮,造轮船,开矿山,修铁路,兴商政,以图自救。面对顽固派的迂腐之见,他们既针锋相对,又阐明事理,舌战几乎与整个洋务运动相始终。

　　第一次较大的争论是关于同文馆的天文、算学馆是否招收科甲正途人员。同文馆设于同治元年(1862),始以培养外语翻译人才为主。同治五年,奕訢鉴于西洋各国"互相师法,制作日新",而"独中国狃于因循积习,不思振作"④,他主张不以"学其人为耻",奏请在京师同文馆内增设天文、算学馆,招收出身于科甲的五品以下满汉官员入学。早在设同文馆之初,顽固派即嗤之以鼻,如今竟延揽"朝廷命官"入馆,于是群起聒噪,大加指责。监察御史张盛藻首先发难,奏议说:科举出身之人应"读孔孟之书,学尧舜之道,明体达用,规模宏远也,何必令其习为机巧,专明制造轮船、洋枪之理乎?"天文、算学,自可招考年少颖悟者;轮船、洋枪,宜由能工巧匠或军营武弁;"不必用科甲正途官员肄习其事,以养士气而专责成"⑤。当时,奕訢正权倾朝野,此奏议立即被"上谕"驳回,"著毋庸议"。接着,大学士倭仁又提出反对同文馆招收科甲正途人员。他奏称:"立国之道,尚礼义不尚权谋;根本之图,在人心不在技艺。今求之一艺之末,而又奉夷人为师","古今来

---

① 中国史学会:"中国近代史资料丛刊"《洋务运动》(二),第46页。
② 中国史学会:"中国近代史资料丛刊"《洋务运动》(六),第212页。
③ 方浚颐:《二知轩文存》卷一。
④ 《筹办夷务始末》(同治朝)卷四六。
⑤ 《筹办夷务始末》(同治朝)卷四七。

未闻有悖术数而能起衰振弱者也";况且"天下之大,不患无才,如以天文算学必须讲习,博采旁求,必有精其术者。何必夷人,何必师事夷人?"为"伸正气"、"弭邪氛",他请求朝廷:"宸衷独断,立罢前议,以维大局,而弭隐患。"①在倭仁的煽动下,附和蜂起,各种奇谈怪论鼎沸一时。甚至把"久旱不雨"、"阴霾蔽天"、"大风昼晦"、"御河之水源竭"、"都中之疫疠行"等自然灾祸都归咎于同文馆之设②。

针对顽固派的攻击和非难,洋务派据理驳斥,指出自强之道,必以轮船、火器为先,开设天文、算学馆,实为造船制器之根本。他们指责顽固派"仅以忠信为甲胄,礼义为干橹",闭目塞听,不思进取,"无事则嗤外国之利器为奇技淫巧,以为不必学;有事则惊外国之利器为变怪神奇,以为不能学"。奕䜣还直截了当地说:"当御史张盛藻条奏此事,明奉谕旨之后,臣衙门投考者尚不乏人;自倭仁倡议以来,京师各省士大夫聚党私议,约法阻拦,甚且以无稽谣言煽惑人心,臣衙门遂无复有投考者。是臣等未有失人心之道,人心之失倡浮言者失之也。"③因而要求倭仁对其"不患无才"等语负责,请其保荐精通天文、算学者。倭仁自知"意中并无精于天文算学之人,不敢妄保"④。

这场持续一年多的论争,双方各有得失:洋务派奏请设天文、算学馆虽得以实现,但顽固派的蛊惑之言却使科甲正途人员绝少入馆。这反映了"西学"的真正价值在当时尚限于少数人的认识范围之内。由于两派之间对待"西学"问题的观察角度不一,所以争论的问题越来越多。

随着新式军工企业的次第兴建,耗用经费日见浩繁,这却为顽固派攻讦洋务派提供了口实。同治十一年(1872),就应否制造轮船一事又展开一场大争论。这次争论的发难者是内阁学士宋晋。他奏称:福州船政局造船不止,用费过侈,"名为远谋,实同虚耗","以有用之帑金,为可缓可无之经费,以视直隶大灾赈需及京城部中用款,其缓急实有天渊之别。此在国家全盛时,帑项充盈,或可以创制新奇,示斗智角胜之用;今则军务未已,费用日绌,

---

① 《筹办夷务始末》(同治朝)卷四七。
② 中国史学会:"中国近代史资料丛刊"《洋务运动》(二),第50页。
③ 以上见《筹办夷务始末》(同治朝)卷四八。
④ 以上见《筹办夷务始末》(同治朝)卷四八。

殚竭脂膏以争此未必果胜之事,殊为无益"①。江南制造总局也兼修造轮船,故而一并被宋晋作为攻击目标。宋晋的奏折转发两江、闽浙等省督抚后,很快得到闽浙总督文煜等人的支持,他们也说闽厂造船用费超支严重,且所造兵船质量不精,难以倚之御侮,因而主张"暂行停止以节帑金"②。

清廷对此类言辞难置可否,洋务派则群起自辩,从不同角度回应宋晋等的攻击。曾国藩说:造船需费之巨,成事之难,始则有所预知,特以中国欲图自强,"刻下只宜自咎成船之未精,似不宜谓造船之失计;只宜因费多而筹省,似不宜因费绌而中止"③。左宗棠说:闽局造船仅3年有余,用费亦不过数百万两,当然难尽西方造船之奇巧,从长远看,若能"优其廪饩,假以时日,后效必有可期,只图急功近利,绝难有所作为"④。沈葆桢也认为:造船乃长久之计,难以一蹴而就。事关国家自强要政,切不可近图省费而浅尝辄止。若因此而废于半途,不仅造船之前功尽弃,而且船厂尚有旁落之虞。只有苦心经营,坚持不懈,方能使"国家亿万年有道之长永垂不朽者也"⑤。李鸿章的驳斥最为有力,他认为:中国数十年前受西方船坚炮利之害惨痛已极,理应引以为戒,"若我果深通其法,愈学愈精,愈推愈广,安见百数十年后不能攘夷而自立耶?"并以日本近年来亦取法西方为鉴,提出"中国安能不善自为计?""国家诸费皆可省,惟养兵设防、练习枪炮、制造兵轮船之费万不可省。求省费则必摒除一切,国无与立,终不得强矣"。由此他坚决主张闽局"不应裁撤也明矣"⑥。

随着洋务派倡建的新式民用企业相继崛起,举凡开矿、架线、办厂等一切效法西方之事,几乎无不受顽固派的指摘。其中是否应修筑铁路的争论,是辩争最为激烈的一次。

光绪六年(1880),中国边疆形势危急,为加强防务,淮系将领刘铭传向清廷提出修筑铁路的建议,他说:"铁路之利于漕务、赈务、商务、矿务、厘

---

① 《筹办夷务始末》(同治朝)卷八四。
② 《筹办夷务始末》(同治朝)卷八五。
③ 《海防档》乙,福州船厂(二),第326页。
④ 左宗棠:《左文襄公奏稿》卷四一。
⑤ 《筹办夷务始末》(同治朝)卷八六。
⑥ 李鸿章:《李文忠公奏稿》卷一九。

捐、行旅者不可殚述,而于用兵一道尤为急不可缓之图"。他具体勾勒出以京师为中心通往清江浦、汉口、盛京(今沈阳)、甘肃的铁路网。并建议可借"洋款"先行修筑清江浦至京师一线①。这一建议立即得到李鸿章的支持,却招致顽固派官僚的大肆攻击。顽固派认为,修筑铁路,不唯虚糜帑项,毁田徒民,徒滋骚扰,且有方便洋人贸易、引狼入室之虞②。甚至断言:铁路"行之外夷则可,行之中国则不可。何者？外夷以经商为主,君与民共谋共利者也;中国以养民为主,君以利利民,而君不言利者也。""与民争利,祸亦随之,为人臣者敢为邪说以蠹民耶"③,故请求清廷罢修铁路之议,以杜流弊。光绪七年(1881)初,清廷迭据廷臣陈奏,"佥以铁路断不宜开,不为无见。"结果刘铭传所奏,"著毋庸议"④。

光绪七年(1881),李鸿章为便于开平矿务局外运煤炭,不顾顽固派流言蜚语,仍修筑唐山至胥各庄铁路,至光绪十四年将该路展筑至大沽和天津。当计划将津沽路延至京师附近的通州时,顽固派再次兴风作浪。顽固派这次的阵容颇强,大学士恩承和吏部尚书徐桐叫嚣于前,数十名京官鼓噪于后,他们交章论奏,煽惑之言纷纷出笼:有言"铁路乃公司之利,非人民之利"者;有言"铁路一开,津通舟车尽废,水手、车夫、客店、负贩食力之人,终归饿莩"⑤者;有言铁路"开辟所未有,祖宗所未创,无事生事"者;有言"轮车所过之处,声闻数十里,雷轰电骇,震厉殊常,于地脉不无损伤"者;有言"若置铁路,尽撤藩篱,洞启门户","自失其险以延敌"者;有言"铁路一行,则四通八达皆可任彼遨游,愚妇村民不难尽被煽惑,冠裳化为鳞介,礼义必至消亡,是有害于风俗"⑥者。如此等等,不一而足。顽固派他们认为筑铁路"弊端"主要在三个方面,即资敌、扰民生计、伤风败俗。

针对顽固派的这些指责,洋务派毫不示弱。他们认为铁路"资敌"一说,纯属短见,"兵力苟强,自能御敌。议者徒诵设险守国之陈言,亦思地利人和之圣经乎"。至于"扰民生计",更属无稽之谈,铁路之修建,事涉万端,

---

① 中国史学会:"中国近代史资料丛刊"《洋务运动》(六),第138—139页。
② 中国史学会:"中国近代史资料丛刊"《洋务运动》(六),第139—140页。
③ 中国史学会:"中国近代史资料丛刊"《洋务运动》(六),第152页。
④ 《清德宗实录》卷一二六。
⑤ 李鸿章:《李文忠公海军函稿》卷三。
⑥ 中国史学会:"中国近代史资料丛刊"《洋务运动》(六),第163、169、210、208页。

处处需人,焉有失业之民?"非徒不失业而已,民之生计且因之益广,乃更裕于未兴铁路之时"①。断言修建铁路有碍体统,浸淫民风,实乃因循苟且之托辞,"人事随天道为变迁,今之人既非上古先朝之人,今之政岂犹是上古先朝之政?使事事绳以成例,则井田之制自古称良,弧矢之威本朝所尚,试行之于今日,庸有济乎"②。洋务派还引申说:修筑铁路可兴商旅,"中国生齿日繁,有田可耕者无几,谋生乏术,缓急堪虞"③,只有"经商"广开利源,方能使国强而民富。再者,铁路之兴办,"就五大洲言之,宜于西洋,宜于东洋,岂其独不宜于中国"④。

关于延伸修建到通州铁路的争论,清廷难作定夺,又想找一个双方都能接受的解决办法来平息愈演愈烈的辩争。光绪十五年(1889)初,慈禧太后等终于下定论:李鸿章主张修建到通州的铁路缓办,先行修筑由张之洞拟议的芦(沟桥)汉(口)铁路。这样,历经10年之久的有关修建铁路的争论,至此总算平息下来。

洋务派和顽固派之间的历次争论,主要是围绕着应否"师夷"的问题进行的,其争论的焦点,在于是否因时变革,讲求事功。虽然洋务派在自身属性上与顽固派并无本质上的不同,其借法自强的同时也坚持"中学为体,西学为用",但是与"深闭固拒,尊己而抑人,事变既来,茫昧昏蒙,束手无措"⑤的顽固派相比,洋务派不羁于"祖宗成法"的清规戒律,肯取西方之长,补中国之短,这具有一定的积极意义。在维护清朝封建统治这一根本性问题上,洋务派和顽固派并无歧异之处,只是在维护的手段上各执一端。洋务派所主张的手段,其实就是引进西方的科学技术和机器生产,借西法以图"自强",从而达到救亡御侮的"自立"目的。从这一点来说,顽固派成了一群固步自封的时代落伍者。

---

① 中国史学会:"中国近代史资料丛刊"《洋务运动》(六),第227页。
② 中国史学会:"中国近代史资料丛刊"《洋务运动》(六),第248页。
③ "中国近代史资料丛刊"《洋务运动》(六),第249页。
④ 中国史学会:"中国近代史资料丛刊"《洋务运动》(六),第257页。
⑤ 陈炽:《庸书》内篇上卷。

4. 洋务运动与中国近代化

洋务运动前后"攘扰"中国达30余年之久。在当时的历史条件下,内有封建主义的阻碍,外有西方资本主义的钳制,加之洋务派自身又具有天然的封建性、官僚性,洋务运动所取得的成就相当有限的。但是,洋务运动把科学技术和机器生产引入中国,并在一定范围内相应地改变了一部分人的思想观念和价值取向,从而使处于封建社会晚期的中国在某些方面出现具有进步性的社会特质,起到了促使中国向近代社会嬗变的催化作用,尽管这种作用还很微弱。可以说,正是在洋务运动的影响下,中国的封建社会才开始在经济结构、阶级关系及思想观念等方面最初显示近代社会的某些特征。

两次鸦片战争,不仅使西方资本主义国家实现了侵略中国的目的,而且也使清朝封建统治集团中一部分敏锐之士开始躬身反省。他们认为屡战屡败是"由于外国武器和舰艇的优越性",因而"自然地愿意在这方面和这些近代的敌人并驾齐驱"①。于是,随着以引进机器生产为主要内容的洋务运动的兴起,西方资本主义的某些经济因素开始在中国出现,在客观上推动中国社会经济发生某些新的变化,致使中国封建社会赖以存在的经济基础开始遭到微弱的侵蚀。

洋务运动以创建新式军事工业起步,继而又涉足民用工业,抛开其加强封建统治、救亡御侮的主观目的,单就其实现这种目的的手段而论,这场运动的经济活动不自觉地染上西方资本主义近代生产方式的某些色彩。在洋务派经营的军工企业和民用企业中,虽然其组织形式有悖于资本主义企业的"商办"原则,而以"官督商办"为主,但揆诸中国当时的社会实际情况,若"全恃官办,则巨资难筹;兼集商资,则众擎易举。然全归商办,则土棍或至阻挠;兼倚官威,则吏役又多需索。必官督商办,各有责成:商招股以兴工,不得有心隐漏;官稽查以征税,亦不得分外诛求;则上下相维,二弊俱去"②。

---

① 中国史学会:"中国近代史资料丛刊"《洋务运动》(八),附录。
② 郑观应:《盛世危言》卷五。

可见,官督商办,虽不可避免地在组织管理上给企业造成了封建衙门式的弊端,但这种管理上的封建性并不能完全妨碍洋务派举办的企业具有民族资本主义的性质。正是这些企业,开辟了近代中国工业的最初纪元,使中国在经济和军事等方面初步显示出近代历史的表征。

以"求强"、"求富"为目标的洋务运动,其功效确如李鸿章所言"茫如捕风"[①],但就是这些新式企业,才使封建中国揭开了采用西方资本主义生产方式的序幕。作为一种新的生产力,机器生产是以小农经济为基础的封建社会所无法容纳的,而事实却是近代生产方式一旦出现在封建中国的大地上,必然会一定程度地刺激和促进资本主义进一步发展。随着一部分投资于近代企业的地主、官僚和商人的增多,他们为发展资本主义而逐渐形成相应的新的社会力量,即资产阶级。正是这个阶级,最终埋葬了中国古老的封建统治制度。从这个意义上说,洋务运动不自觉地"创造"了一个新阶级,为结束封建统治而准备了最初的经济力量和社会力量。

随着近代企业的发展,近代教育也逐渐兴起。新式学堂的设立,海外留学生的派遣,近代科技人才的培养,使"西学"的传播范围越来越广,其价值也为愈来愈多的人所认可,这对中国传统的封建文化体系构成了潜在的威胁。特别是近代科学技术的引进,它给中国近代社会造成的影响更加深远。洋务运动期间,近代科学技术被引入中国主要是以译著西方科学技术的形式进行的。著名的翻译机构有京师同文馆、江南制造总局等,前者译著的内容侧重于外交、世界史、时事方面,后者则偏重于自然学科,如数学、物理、化学、天文学、矿物学、古地质学、医学等,其中以数学的翻译质量为最高。后来,梁启超评论说:"中国译出各西书,半皆彼中二十年前之著作,西人政学日出月新,新者出而旧者废,然则当时所译虽有善本,至今亦率为彼所吐弃矣。惟算学一门,西人之法无更新于微积者,而当时笔受诸君又皆精于此学,不让彼中人士,故西书中以算学为最良也。"[②]这些近代科学技术的引进,不仅开启人们的思维,扩大人们的视野,还使中国的科学初步走出长期停滞的低谷。这是社会进步的一个重要标志。随着自然科学和工业技术的

---

① 李鸿章:《李文忠公朋僚函稿》卷一七。
② 梁启超:《读西书法》。

日渐推广,许多人对八股取士的科举制度渐生不满。李鸿章即认为:"臣愚以为科目即不能骤变,时文即不能遽废,而小楷试帖大蹈虚饰,甚非作养人士之道。似应于考试功令稍加变通,另开洋务进取一格,以资造就。"①此类呼声在整个洋务运动期间一直很高。虽然洋务派的本意并非要取消科举制度,但在客观上造成对封建教育制度的冲击,光绪二十九年(1903)清廷明令废除科举考试,可以说是西式教育越来越深入人心的必然结果。

随着"西学"影响日广,西方近代的政治意识必然会伴之而来,表现在政治改革问题上,就是具有资本主义倾向的知识分子和一些洋务派官僚对西方议会政治的注意。如冯桂芬、容闳、王韬、薛福成、马建忠和郑观应等人,认为"求强"、"求富"应以发展资本主义工商业为主,并把它与西方的议会制度联系起来。中法战争前,王韬说过:"试观泰西各国,凡其驶驶日盛,财用充足,兵力雄强者,类皆君民一心,无论政治大小,悉经议院妥酌,然后举行。"②中法战争期间,郑观应也认为:"夫中国自秦汉以来以文法治天下,科条非不密也,其奉行而持守之者,非不严且明也。及其既也,适以束缚天下之君子,而便利天下之小人。官司益多,否塞益甚;堂帘益远,积弊益深。欲一扫而定之,诚非开设议院不可。"③"富强之本,不尽在船坚炮利,而在议院上下同心,教养得法。"④薛福成也说:"西洋各邦立国规模以议院为最良,至于君主、民主、官绅共治之主,爵员、武员、上下议院之员,尊卑泯其等差,选举凭以声望。其分曹治事,任久而责专;其出政施刑,令严而法简。"⑤一些洋务派官僚也提出设立议院的主张。文祥就说:西方国家"偶有动作,必由其国主付上议院议之,所谓谋及卿士也;付下议院议之,所谓谋及庶人也。议之可行则行,否则止,事事必合乎民情而后决然行之",中国虽"势有难行,而义可采取"⑥。郭嵩焘指出:泰西各国,大事"皆百姓任之,而取裁于议政院,其国家与其人民,交相维系,并心一力"。"要之,国家大计,必先立其

---

① 李鸿章:《李文忠公奏稿》卷二四。
② 王韬:《弢园文录外编》卷三。
③ 郑观应:《盛世危言》卷三。
④ 郑观应:《盛世危言》自序。
⑤ 薛福成:《出使英、法、意、比四国日记》光绪十六年七月二十二日。
⑥ 赵尔巽等:《清史稿》卷三八六《文祥传》,中华书局1977年版。

本,其见为富强之效者,末也"①。

以上言论均在说明议会制度实乃西方诸国富强之本,期望中国能有所借鉴。但是这些人主张设议院,其目的在于上下沟通,以消除君臣、君民之间的隔阂,它与君权至上是不相悖逆的。这样的议院,充其量是从属于皇帝的咨询性机构,洋务运动期间有关议院的言论,仍未超出"中学为体,西学为用"的范围。但是,这种体察到西方议会制度长处的意识一经出现,就再也无法从人们的头脑中抹掉。中日甲午战争以后,代表资产阶级意识形态的维新思想就与洋务运动中的这种新意识有着千丝万缕的联系。洋务运动中出现的这种朦胧的近代西方政治意识,为以后的资产阶级维新运动准备了最初的思想武器。

---

① 郭嵩焘:《养知书屋文集》卷一三。

第四章 慈禧独操政柄

1. 穆宗之死与德宗即位

按清代世祖、圣祖二帝14岁亲政的先例,穆宗也该临朝亲政了,但慈禧太后就是不愿撤帘还政,总以"典学未成"为托辞阻挠。一直拖到同治十二年(1873)正月穆宗18岁时,才勉强归政。但她企图通过训政,继续操纵国家的统治大权。穆宗性格刚烈,初执政权之际,往往不欲以国政关白慈禧,母子间因此意见愈深。久而久之,穆宗知慈禧太后之意旨"不能反对,如欲得其欢心,唯有顺从而已"①。不及两年,同治十三年十月三十日,穆宗忽患重疾,同年十二月五日不治而死,年仅19岁。

关于穆宗之死因,较具有代表性的说法有两种:一说死于天花,一说死于梅毒。根据穆宗近臣翁同龢的日记记载:同治十三年(1874)十月三十日"连日圣体违和,预备召见皆撤"。十一月初二日"圣躬有天花之喜,余等入至内务府大臣所坐处,托案上入请安,送天喜,易花衣,以红缉悬于当胸。""昨日治疹,申刻始定天花也。"②《清穆宗实录》也有记载:同治十三年十一月甲寅"皇帝于本月遇有天花之喜,仰赖苍穹默佑诸臻康吉,中外同欢,允宜普沛恩沦,优加赏赉"③。限于医疗水平,天花在当时属不治之疾,难以治愈。据以上记载看,穆宗患天花而死亡较为可信,而染梅毒一说,多见于当时传言,或未可信。

---

① [英]濮兰德等:《慈禧外纪》,第82页。
② 翁同龢:《翁同龢日记》第二册,中华书局1989年版。
③ 《清穆宗实录》卷三七三。

清穆宗无嗣,该由谁入嗣皇位,成为朝廷上下最为关注的大问题。出乎朝臣王公们的意外,穆宗驾崩的当天,慈禧太后就召集群臣进行御前会议,参加这次会议的翁同龢在日记中记有当时情景:十二月初五日"戌正,太后召诸臣入,谕云此后垂帘如何?枢臣中有言宗社为重,请择贤而立,然后恳乞垂帘。谕曰,文宗无次子,今遭此变,若承嗣年长者实不愿,须幼者乃可教育,现在一语即定,永无更移,我二人同一心,汝等敬听。则即宣曰某。维时醇亲王惊遽敬唯碰头痛哭,昏迷伏地,掖之不能起"①。关于立嗣大事就这样被慈禧决定下来。此绝非她一时的"即兴"之见,而是有预谋的。她选醇亲王奕譞长子载湉入承皇位,根本未顾及枢臣"以宗社为重,请择贤而立"的建议。她所做的一切,全然为了一个目的,就是便于继续垂帘听政。

按照清朝的祖宗"家法",皇帝驾崩无嗣,须从晚一辈中择一贤者立为嗣子,以皇子身份登基继位。穆宗载淳的晚一辈是"溥"字辈,而溥字辈有资格者有两人:一是宣宗长子奕纬的长孙溥伦。然而溥伦之父载治是奕纬的嗣子,载治生父奕纪既非宣宗之子,又非仁宗之孙,属皇族旁系近支,因而得不到宗室的支持。二是恭亲王奕䜣第四子载潡的嗣子溥伟,生父载滢是奕䜣次子,虽属宣宗直系近支,但在宗室中声誉不佳。再则,溥伟年已十七,如立则不久即须亲政。这当然是慈禧太后所不愿意接受的。

最后,醇亲王奕譞年仅4岁的长子载湉被慈禧太后选中为猎取权力的工具,除了载湉年尚幼、其生母又是慈禧之胞妹这些条件外,奕譞在辛酉政变时就为慈禧所倚重。奕譞明哲保身,处事圆滑,对慈禧忠心耿耿,立其儿子嗣接皇位,不会对慈禧构成威胁。

慈禧不顾清朝"家法",立载湉为帝的粗暴做法,梁启超称此是一种"枉国法,犯舆论"的行为。连慈禧本人也对此事"自知理屈词穷"②,但仍一意孤行。因为她在清廷最高统治集团中的地位已相当稳固,无人能撼动其根基。

嗣皇帝选定后,紧接着慈禧太后就为自己再次垂帘听政装点门面。同治十三年十二月六日(1875年1月13日),慈禧便命六部、九卿、翰、詹、科、

---

① 翁同龢:《翁同龢日记》第二册,中华书局1989年版。
② 中国史学会:"中国近代史资料丛刊"《戊戌变法》(三),第37页。

道妥议垂帘章程,然后再次玩弄故伎,宣称:"垂帘之举,本属一时权宜,惟念嗣皇帝此时尚在冲龄,且时事多艰,王大臣等不能无所禀秉,不得已姑如所请,一俟嗣皇帝典学有成,即行归政。"①又宣布明年改元"光绪",载湉即清德宗。德宗入承大统,两宫太后垂帘听政的局面再次形成。

慈禧太后再次垂帘听政,使她得以堂而皇之地成为清朝的实际最高统治者。与上次垂帘听政不同的是,这次重掌朝政,彻底打破了辛酉政变后形成的亲王辅政与太后听政相制约的权力结构,使权力重心转移至慈禧身上。这样,清朝的最高决策完全取决于慈禧的意志,给命运多舛的清朝又增添了不安定因素。

2. 罢黜奕䜣重组军机处

慈禧太后重新挂起"垂帘听政"的招牌后,装腔作势地表达了一番改弦更张的为政主张,如"广开言路,谏议时闻"、"敦崇节俭,力祛浮华"、"勤求闾阎疾苦,加意抚恤"、"各省营伍,整顿训练,以备不虞"等等②,通过她的懿旨宣知于内外,颇有弃旧图新之意。这些官样文章做完之后,如石沉大海,再也没有下文。相反,嗜权如命的慈禧对排除异己、罗致党羽却毫不含糊,立即付诸实施。清廷内部的人事变动在她的操纵下拉开了帷幕。

慈禧经过13年垂帘听政的苦心经营,本已培植起自己的亲信集团,但其集团成员几经消长,并未确立起绝对优势地位。特别是此次垂帘,帘前御座上的小皇帝是其在又一次破坏清朝"家法"的情况下强拉上去的,日后难免有遭到满族权贵集团群起攻之的危险。慈禧决定再施手腕,扫清她任意弄权道路上的障碍。为此,她把矛头指向在朝野仍有一定威望的恭亲王奕䜣,企图惩一儆百,告诫其他满族权贵安分守己,同时又把军机处大权抓在自己手中。

奕䜣在辛酉政变后以议政王的身份兼管军机处和总理衙门等要害部

---

① 《清德宗实录》卷一。
② 朱寿朋:《光绪朝东华录》(一),总第8—9页。

门,为维护清朝统治,他殚精竭虑,全力以赴,继镇压太平天国以后,又热心举办洋务,似乎给风雨飘摇的清朝带来了一线转机。但慈禧太后对大权在握的奕䜣不放心。同治四年(1865)三月,慈禧就以奕䜣"妄自尊大,诸多狂傲,倚仗爵高权重,目无君上"①为由,革除他的议政王及一切职权。当时奕䜣在清廷已坐大成势,其党羽纷纷为之"奏请任用",慈禧太后无奈,只好暂时妥协,让他仍在内廷行走,管理各国事务衙门,几乎尽复原职。此后奕䜣对慈禧"愈形谨饬",轻易不敢与之正面争锋。穆宗病逝前夕,慈禧警告恭亲王"当敬事如一,不得蹈去年故习。语简而厉"②。因有前车之鉴,奕䜣在慈禧立嗣、再度垂帘听政问题上一直沉默。

慈禧太后对奕䜣却从未掉以轻心,而是暗中压制和削弱他的势力。当时,朝廷中有一批所谓"清流派"的官僚,他们以风节相标榜,以补偏救弊自负,指斥当道,纠弹时政,蔚然成风。慈禧为利用清流派,借御史为耳目,以翰苑为喉舌,纵容"清流派"攻击枢府,借以向奕䜣施加压力。奕䜣也引"清流派"为声援,借以自保。奕䜣对"清流派"人物极力笼络,以礼待之,虚心咨访,为"清流派"所容。到中法战争爆发后,因清军在越南的惨败,清廷遭到"清流派"的猛烈抨击。慈禧借此大做文章,将责任全部推给奕䜣,让他当替罪羊,由此引发清廷的重大人事更迭。

光绪八年(1882)三月法国出兵侵占越南北部重镇河内后,又向北宁、太原等地发动进攻,战火蔓延至中国南部边境,中法交战迫在眉睫。面对法国愈来愈甚的挑衅和清廷和战不定的摇摆态度,"清流派"奋起呐喊,力主抗战,舆论一时为之沸腾。他们痛斥"当道诸臣莫敢倡言救越,徒縻军饷"③;揭露其主和谬论是"直苟且欺饰以误朝廷"④;认为若听任法国侵略越南,使"越南唾手可取,俄日两国势必效之挑衅朝鲜",与其造成这种不堪设想之后果,"何如今日戢狡谋之渐而先示之以威"⑤;纷纷上疏言战,要求公开出兵越南。与此同时,许多疆臣也纷起请缨。

---

① 翁同龢:《翁同龢日记》第一册,中华书局1989年版,第271页。
② 刘禺生:《王湘绮之遗迹零墨》,《世载堂杂忆》,第74页。
③ 《清光绪朝中法交涉史料》卷六。
④ 张佩纶:《涧于集·奏议三》。
⑤ 《清光绪朝中法交涉史料》卷六。

在主战派的强烈呼吁下,慈禧和奕䜣对法国的态度也渐趋强硬。总理衙门奉命照会法国特使说:越南久为中国藩封,"今乃侵凌无已,岂能受此蔑视。倘竟侵及我军驻扎之地,惟有开仗,不能坐视"。同时,清廷令广西布政使徐延旭率粤西防军6000人进驻北宁,又命云南布政使统滇省防军8000人驻守山西,以与北宁"成犄角之势"①。总理衙门又照会法国代办警告说:中法军队无论在北宁何处相遇,"贵国即当执启衅之咎"②,表达了清廷决心以武力来回击法国侵犯。

然而,慈禧、奕䜣他们仍寄希望于中法交涉出现"转圜"。在谕令前线将领督饬防营时,又告诫赴越清军"不可挑战,不可衅自我开"③。这种看似强硬实为求和局的指示,对前线抗法的清军不能不产生消极影响。刘永福的黑旗军孤军奋战取得纸桥大捷后,云贵总督岑毓英认为:"曩岁刘永福斩其参将安业,遂敛迹数年;今得此一番惩创,或可易于转圜,仍修旧好。"已擢升为广西巡抚的徐延旭甚至认为,法军"外强中干,已可概见"④。因而"仅出关数日,便折回龙州避暑,逗留竟至数月"。唐炯则因"明知朝廷战议不坚,败则为罪,胜不为功,即弃军而逃"⑤,擅自把军队从山西撤往兴化,他本人则潜回云南。清军将领这般敷衍消极的态度,焉能打仗!光绪九年(1883)冬,法军相继攻陷山西、北宁,清军不战而遁,前线顿时陷入一片混乱。

山西、北宁失守的消息传来,举朝哗然。面对法军大举进犯的威胁,军机处拿不出任何切实可行的应变之策,仅将徐延旭、唐炯二人革职逮捕,由湖南巡抚潘鼎新接任广西巡抚、由贵州巡抚张凯嵩接任云南巡抚。为掩饰败绩,慈禧太后决意借此事件,把责任全部推给奕䜣,罢其一切职务,把奕䜣集团从清廷的权力中枢完全清除出去。正当慈禧苦于找不到借口加罪于奕䜣之时,祭酒盛昱于光绪十年(1884)三月八日上奏折,要求追究边事败坏的责任。奏折中说,唐炯、徐延旭自道员超擢藩司,不满两年即分任云南、广

---

① 《清光绪朝中法交涉史料》卷八。
② 《中法越南交涉档》卷三。
③ 《清光绪朝中法交涉史料》卷八。
④ 以上见《清光绪朝中法交涉史料》卷五。
⑤ 《清光绪朝中法交涉史料》卷六。

西巡抚,系由侍讲学士张佩纶荐之于前,协办大学士李鸿藻保之于后。张佩纶资浅分疏,犹不足论;李鸿藻内参进退之权,外负安危之局,却轻信滥保,责任难逃;奕䜣、宝鋆久值枢廷,更事不少,非无知人之明,乃俯仰徘徊,坐观成败,其咎与李鸿藻同,均应负连带责任。因此请慈禧明降谕旨,将军机大臣交部议处,责令戴罪立功,认真改过①。

慈禧太后接此奏折,如获至宝,忙召见醇亲王奕譞共同密谋。奕譞早在同治朝即与奕䜣"不甚合"。他对奕䜣重用汉人、大办洋务颇以为非,向慈禧上折,"请摒除一切奇技淫巧、洋人器用"②。他尤不满于奕䜣所推行的"外敦信睦,隐示羁縻"的外交政策,在同治九年(1870)因天津教案与奕䜣发生激烈争论,指责奕䜣的妥协处理方案使"贤吏伤心,志士颓气,邦本大损,国威莫彰,图自强而愈不强"③。因当时奕䜣大权在握,却莫奈其何。在奕譞与奕䜣的斗争中,慈禧一直有意支持奕譞,排斥奕䜣。光绪九年(1883)六月,慈禧命奕譞会同奕䜣、宝鋆、李鸿藻等人办理"法越事宜",借以牵制奕䜣。光绪十年清军在山西、北宁的惨败,慈禧不仅无意责备奕譞,反召其密谋罢免奕䜣。奕譞求之不得,故愿大力效劳。

经过周密策划,奕譞负责草拟罢免奕䜣等军机大臣的上谕。上谕罗列的罪状是:"军机处实为内外用人行政之枢纽。恭亲王奕䜣等,始尚小心匡弼,继则委蛇保荣。近年爵禄日崇,因循日甚,每于朝廷振作求治之意,谬执成见,不肯实力奉行。屡经言者论列,或目为壅蔽,或劾其委靡,或谓簠簋不饬,或谓昧于知人。本朝家法甚严,若谓其如前代之窃权乱政,不惟居心所不敢,亦实法律所不容。"最后宣布:奕䜣"开去一切差使","家居养疾"④。军机处其他人员也难逃厄运。宝鋆、李鸿藻二人"均著开去一切差使,降二级调用"。翁同龢"退出军机处,仍在毓庆宫行走"⑤。

慈禧把奕䜣集团势力驱逐出军机处后,立即命事先选定的亲信入值军机处。新的军机大臣有:礼亲王世铎,户部尚书额勒和布、阎敬铭,刑部尚书

---

① 吴相湘:《晚清宫廷实纪》第一辑,第132—133页。
② 翁同龢:《翁同龢日记》第二册,中华书局1989年版,第577页。
③ 《筹办夷务始末》(同治朝)卷七九。
④ 朱寿朋:《光绪朝东华录》(二),总第1675—1676页。
⑤ 朱寿朋:《光绪朝东华录》(二),总第1676页。

张之万,工部左侍郎孙毓汶。奕𫍽因以太上之尊不便入军机,故又特发上谕:"军机处遇有紧要事件,著会同醇亲王奕𫍽商办,俟皇帝亲政后再降谕旨。"①这样,世铎虽任首席军机大臣,实际上是代奕𫍽而领枢府。新组建的军机处,其人员多属平庸之辈。世铎是礼烈亲王代善的七世孙,为人"懦庸无能"②。额勒和布,满洲镶黄旗人,咸丰朝任兵部主事,后累迁至理藩院尚书、户部尚书、内务府大臣等职,为人木讷寡言,被同僚讥为"哑人"③。张之万,直隶南皮人,道光进士,累官至兵部尚书,号称"治事精捷"、"练达",实则"唯工迎合"④。阎敬铭,陕西朝邑人,道光进士,由户部主事官至户部尚书,以善理财闻于时,为慈禧所赏识⑤。孙毓汶,咸丰进士,饶于智略,后投奕𫍽门下,"因习于醇亲王,渐与闻机要",成为奕𫍽的心腹智囊。入军机处后,"醇亲王以尊亲参机要,不常入值,疏牍日送邸阅,谓之'过府'。谕旨陈奏,皆毓汶为传达,同列不得预闻,故其权特重"⑥。可见,改组后的军机处是控制在奕𫍽及其心腹孙毓汶之手。

奕䜣此次被罢黜,标志着彻底退出政治舞台。因慑于慈禧太后的威权,部院大臣竟无一人敢奏请收回成命,外省督抚更是噤若寒蝉,只有罢职闲居的郭嵩焘上疏说:"恭亲王精明仁恕,小心敬畏,于洋务尤所深谙,远出一时廷臣之上"⑦,要求重新起用,但不为慈禧所纳。一开始参奏军机大臣的盛昱却上奏,说:"恭亲王才力聪明,举朝无出其右";"李鸿藻昧于知人,暗于料事,惟其愚忠不无可取"。"以礼亲王世铎与恭亲王较,以张之万与李鸿藻较,则弗如远甚。奴才前日劾章请严责成,而不敢轻言罢斥,实此之故,可否请旨饬令恭亲王与李鸿藻仍在军机处行走⑧。慈禧对盛昱这种出尔反尔的做法大为光火,痛骂其"利口覆邦,欲使官家不任一人",并愤而将所上奏折撕破,掷于地上。

---

① 朱寿朋:《光绪朝东华录》(二),总第 1677 页。
② 赵尔巽等:《清史稿》卷二一六《世铎传》,中华书局 1977 年版。
③ 赵尔巽等:《清史稿》卷四三九《额勒和布传》;沈云龙主编:《中国近代史料丛刊》第七十八辑。
④ 赵尔巽等:《清史稿》卷四三八《张之万传》;沈云龙主编:《中国近代史料丛刊》第七十八辑。
⑤ 赵尔巽等:《清史稿》卷四三八《阎敬铭传》;沈云龙主编:《中国近代史料丛刊》第七十八辑。
⑥ 赵尔巽等:《清史稿》卷四三六《孙毓汶传》,中华书局 1977 年版。
⑦ 郭嵩焘:《养知书屋奏疏》卷一二。
⑧ 吴相湘:《晚清宫廷实纪》第一辑,第 137 页。

继改组军机处之后,慈禧对部院大臣也进行了调整。李鸿藻的吏部尚书一职由礼部尚书徐桐接任,礼部尚书由左都御史毕道远接任。景廉的兵部尚书一职由理藩院尚书乌拉喜崇阿接替,理藩院尚书由左都御史延煦接任,都察院左都御史则由吏部左侍郎昆冈、祁世长接替。总理衙门事务由贝勒奕劻管理,内阁学士周德润,军机大臣阎敬铭、许庚身后亦在总理衙门行走。在不到半个月的时间里,慈禧即完成了清廷最高权力机构的重大改组。这次人事大变动因发生在光绪甲申年,故史称"光绪甲申朝局之变"。这次朝局之变,是在恭亲王奕䜣的势力遭到毁灭性打击的基础上完成的,因而此后,朝中大权悉归慈禧及其亲信控制,这给德宗亲政后行使权力设置了暗礁。

3. 德宗亲政与慈禧训政

继位于多事之秋的德宗,虽因年在冲龄而不能全部理解时势多艰的实际含义,但也给"典学授读"时代的小皇帝留下了深刻印象。亲政前10余年,德宗深居毓庆宫,从帝师翁同龢接受教育,不稍懈息。在翁同龢的悉心教诲下,很早就有"民惟邦本,兢兢求治"的思想。在用人行政问题上,认为天下之大,"必得贤人而共治之",因为"使权尽归于人君,而其臣皆无权,则天下亦不可得而治"[1]。用人之道,应"不拘资格,惟其贤而已矣。其人贤,即少年新进,亦不妨拔举之;其人不贤,既阅历已久,安得不除去之?此朝廷用人之权衡"。他极力主张循名责实,惟才是举,认为"为政者当综核名实,不次而拔之,不测而罚之,庶几可以磨砺而成大器"。并对那些嫉贤妒能、践踏人才的庸臣尖锐批评:"人臣之事君也,忠莫忠于推贤让能,奸莫奸于妨贤病国。"[2]以上诸论,为德宗"典学"时期所发议论之一斑。一个年仅十几岁的少年,能思索治国之道,确实难能可贵。德宗少年时代的思想为后来亲政时种种开明表现奠定了基础。

---

[1] 以上见《乙酉年御制文·跋苏轼喜雨亭记》,藏钞本。
[2] 以上见《乙酉年御制文·停年格注》,藏钞本。

光绪十二年(1886),德宗已16岁。对掌理朝政的兴趣也与日俱增:"近来披阅章奏,论断古今,剖决是非,权衡允当"①。特别是在中法交战中清朝所表现出来的软弱,使少年天子发出"边防不靖,重(疆)臣因循,国用空虚,海防粉饰,对不起祖宗"②的慨叹,增强了他重振祖宗雄风的愿望。德宗风华正茂,见解独特,已被朝臣视为重振乾纲的希望。

德宗亲政的条件已成熟,慈禧太后也找不出用以服众的理由赖在帝内继续听政了,只好决定"归政"。光绪十二年(1886)六月初十日,慈禧颁布懿旨,称:"前因皇帝冲龄践阼,一切用人行政,王大臣等不能无所承禀,因准廷臣之请,垂帘听政。并谕自皇帝典学有成,即行亲政。"并提出"自应钦遵同治十三年十二月初七日懿旨,即行亲政,以慰深宫期望之意。坛庙大祀,均应亲诣行礼,以昭诚敬。即本年冬至大祀圜丘为始,躬亲致祭。并著钦天监于明年正月选择吉期,举行亲政典礼"③。慈禧太后似乎很信守12年前的诺言,并无恋栈之意。

就在慈禧发出"归政"懿旨后的第5天,醇亲王奕譞、礼亲王世铎等纷纷出面,上奏"合词吁恳皇太后训政"④。"训政"之请出台后,慈禧在批示中先是装模作样地予以拒绝,称:"该王大臣等所请训政数年及暂缓归政之议,均毋庸议",随即话锋一转:"至醇亲王折内所称,宫廷政治,内外并重,归政后当永照现在规制,凡宫内一切事宜,先请懿旨,再于皇帝前奏闻,俾皇帝专心大政等语。念自皇帝冲龄嗣统抚育训诲深衷,十余年如一日,即亲政后,亦必随时调护,遇事提撕,此责不容卸,此念亦不容释。"⑤慈禧的话说得既明白,又圆滑,"随时调护,遇事提撕",好像是她不可推卸的责任,但前提是,"归政后当永照现在规制",这实际上是对皇帝亲政后仍听命于皇太后所作出的明确规定。

如果说慈禧太后在这道懿旨中对"训政"尚躲躲闪闪假意推辞的话,那么六月十八日所发布的懿旨中就对"训政"之请泰然受之了。她说:"醇亲

---

① 朱寿朋:《光绪朝东华录》(二),总第2119页。
② 翁同龢:《翁同龢日记》第三册,中华书局1989年版,第1275页。
③ 朱寿朋:《光绪朝东华录》(二),总第2119页。
④ 朱寿朋:《光绪朝东华录》(二),总第2123页。
⑤ 朱寿朋:《光绪朝东华录》(二),总第2125页。

王奕谟奏,重申愚悃请允训政,礼亲王世铎等奏再行沥诚吁恳训政数年各一折。皇帝初亲大政,决疑定策,实不能不遇事提撕,期臻周妥。既该王大臣等再三沥恳,何敢固持一己守经之义,致违天下众论之公。勉允所请,于皇帝亲政后再行训政数年。"①既然慈禧在"众望所归"下决定再行"训政",世铎等人不敢怠慢,立即紧锣密鼓地准备训政章程。十月二十五日,《训政细则》正式公布,其要点有:第一,凡遇召见,皇太后升座训政,拟请照礼臣会议,暂设纱屏为障;第二,中外臣工呈递皇太后、皇上安折,应请恭照现式预备,奏折亦恭照现式书写;第三,近年各衙门改归验放验看开单请旨及暂行停引见人员,拟请循照旧制,一律带领引见,仍恭候懿旨遵行,排单照现章预备;第四,内外臣工折奏应行批示者,拟照旧制均请朱笔批示,恭呈慈览发下②。从这份"细则"的主要内容看,慈禧太后的"训政"其实是以前垂帘听政的继续,并无本质上的区别,所不同的是,此前听政是以"帘"遮其尊容,训政后改为以"纱屏为障",仅此而已。

《训政细则》的颁布,为慈禧太后继续执掌大权披上合法的外衣,成为清朝统治者必须遵守的活动规则。慈禧太后的训政方式,表面上给人的印象是在德宗正式亲政后,再提携"数年",培养其独揽乾纲的能力,但在背后则隐藏着她的目的,这就是借"训政"之名,把德宗牢牢地置于自己控制之下。德宗毕竟不同于穆宗,他有自己的治国主张和政治抱负,也有自己的独立性格和独特情感,亲政后不甘受制于人,必然要与慈禧太后发生矛盾和纠纷。

光绪十三年(1887)正月十五日,慈禧太后为德宗举行亲政典礼。是日晨,德宗诣慈宁宫,率王公百官向慈禧太后行庆和礼,然后御太和殿,召见群臣受贺,并颁诏天下。此后,德宗端坐于皇宫殿堂,从容自如地召见臣下,有条不紊地处理朝政,俨然是个御宇多年的成熟君主。这一切都昭示着一个令慈禧徒叹奈何的事实:"训政"之名差强人意,长此以往肯定要招致天下物议。光绪十四年(1888)六月十九日,慈禧太后发出懿旨,表达了她想结束"训政"的意向:"前因皇帝甫经亲政,决疑定策,不能不遇事提撕,勉允臣

---

① 朱寿朋:《光绪朝东华录》(二),总第2141—2142页。
② 朱寿朋:《光绪朝东华录》(二),总第2180—2181页。

1357

工之请训政数年。两年以来,皇帝几余典学,益臻精进,于军国大小事务,均能随时剖决,措置合宜,深宫甚为欣慰。明年正月大婚礼成,应即亲裁大政,以慰天下臣民之望。"①慈禧太后懿旨中表现出的慷慨大度是前所未有的,不仅把原定"训政数年"的模棱两可的限期缩至最短,还决定给年已18岁的德宗举行大婚典礼。

皇帝婚配及"亲裁大政"不仅是"天下臣民之望",更是德宗本人梦寐以求的心愿。慈禧太后发出"归政"懿旨,使年轻的德宗欢欣鼓舞,他甚至连"长跪恳请太后收回成命"的过场也没走,就发布谕旨说:"太后垂帘听政,丰功伟烈,震古铄今,宵旰勤劬,数十年如一日。迨光绪十二年元月令朕亲裁大政,犹复曲垂慈爱,特允训政之请,劳心庶务及又两年。""敬念三十年来,圣母为天下忧劳况瘁,几无暑刻可以稍资休息。抚衷循省,感悚交深。慈复特沛温纶,重申前命,朕敢不祗遵慈训,于一切机务,兢兢业业,尽心经理,以冀仰酬我圣母抚育教诲有加无已之深恩。"②这道谕旨,满篇都是对慈禧殷殷感激之意,也反映了德宗让慈禧"稍资休息"和由自己"尽心经理"的迫切心情。德宗初涉朝政,不可能看懂慈禧深藏不露的"棋路"。慈禧太后秉政近30年,朝廷中仰其鼻息者大有人在,其势力盘根错节,尚无根基的德宗绝难挣脱慈禧的羁绊。果然,首先在他的"大婚"问题上,德宗就不明就里地落入慈禧的阴谋圈套而难以自拔。

慈禧太后对德宗的婚配出奇地热心。经过她的严格"把关",入围候选后、妃者计5人,有慈禧的侄女(副都统桂祥的女儿),江西巡抚德馨的两个女儿,礼部左侍郎长叙的两个女儿。在慈禧的一手操纵下,她的侄女叶赫那拉氏选为皇后,长叙的两个女儿他他拉氏选为皇妃。

慈禧太后为德宗选定后、妃后,又对自己"归政"后的地位精心做了安排。光绪十四年十二月一日,礼亲王世铎抛出了"归政条目"之折,"明年二月恭逢归政大典,除业经归复旧制各事毋庸另议外,现在应办之事,有应归复旧制者,有仍应暂为变通者。臣等悉心商酌,并与醇亲王面商,意见相同,谨拟条目,恭候钦定:一,临雍经筵典礼,御门办事,仍恭候特旨(指懿旨)举

---

① 《清德宗实录》卷二五六。
② 《清德宗实录》卷二五六。

行；一，中外臣工奏折，应恭书皇上圣鉴，至呈递请安折，仍应于皇太后、皇上前各递一份；一，各衙门引见人员，皇上阅看后，拟请仍照现章，于召见时臣等时请（懿）旨遵行"①。仅以上几条就可看出，慈禧太后其名曰"归政"，手中的权力几乎丝毫无损。通过大婚和归政，慈禧给德宗亲政设置了两道罗网：内有皇后"佐理宫闱"，充当耳目；外有"归政条目"的限制。

光绪十五年（1889）正月二十六日，清廷为德宗举行大婚典礼；二月初三日，举行正式亲政典礼。慈禧太后亦同时表示"即行归政"，将驻跸颐和园，以示颐养天年，无意于朝政。这样，从光绪元年到光绪十五年，经过慈禧太后垂帘听政的"辅佐"和训政的"提携"，德宗终于得以躬身大政。但他仍然无法摆脱慈禧控制的阴影。慈禧"表面上虽不预闻国政，实则未尝一日离去大权；身在颐和园，而精神实贯注于紫禁城也"②。德宗每天必须到颐和园请安。对现状早已不满的德宗决不会甘做傀儡，随着局势的变动，清廷中潜伏着的权力之争必然会重新出现。

4. 帝后两派的形成及争斗

慈禧太后移居颐和园后，或泛舟游水，或寄乐优伶，或赏书品画，似乎已超然于物外，尽心养性怡情了，实际上她须臾也不曾离开过宫廷政治的舞台。宫中诸事，有亲信代为传达；每日章疏，皇帝阅后必送至园中，听候裁决。天下诸务，虽汇总于紫禁城，但最终处置却在颐和园。"同、光以来，内外重臣，皆孝钦所亲拔"③。慈禧当政多年，身边早已形成亲信集团，她的势力遍布朝野，密如罗网。德宗亲政后，慈禧太后所用之人，"皆有不安之意，恐帝亲政之后，不能保其权位"④。因此，凡慈禧所器重者，更加不遗余力地向"老佛爷"靠拢，求得庇护。麇集于慈禧周围的，内有奕𬤝、世铎、奕劻等宗室要员和孙毓汶、徐用仪等汉族重臣；外有李鸿章等地方督抚。这些人以

---

① 朱寿朋：《光绪朝东华录》（三），总第2542页。
② ［英］濮兰德等：《慈禧外纪》，第112页。
③ 胡思敬：《国闻备乘》，中国史学会："中国近代史资料丛刊"《戊戌变法》（四），第278页。
④ ［英］濮兰德等：《慈禧外纪》，第112页。

慈禧为靠山,活跃于权力中枢和要害部门,大权在握。

德宗亲政后,虽处处受制于慈禧,但他名义上仍是一国之主。他春秋方富,抱有大志,"图治之心渐切","欲亲擢一二通才以资驰驱","以揽大权"[①]。随着政治思想成熟和处理政务渐趋老成,他对臣下的威慑力和凝聚力与日俱增,对慈禧太后的指手画脚也益发反感。他想按照自己的意愿治国,以开一代鸿基伟业。鉴于慈禧势力的根深蒂固,仅凭自己一人之力,绝难冲破藩篱,故有意延揽志同道合之士,引为股肱。一些识时务者,目睹清朝日削月朘的颓势,痛心疾首,他们把希望寄托在年轻的皇帝身上,祈盼能有所作为。可是,倾向于德宗的有识之士人数不多,能被德宗倚为臂膀者更形寥寥,如翁同龢、志锐、文廷式等人,是谓"帝派"。他们反对慈禧集团的"后派"人物浅陋顽固,更反对慈禧太后长期把持朝政。

关于"帝派"与"后派"的成员及其斗争,是个非常复杂的问题。就其成员组成而言,除各自的骨干始终具有明显的倾向性外,其余则多是因一时的政见分歧而归属于不同的派系,这些人参与其中,带有很强的功利目的和投机色彩。从斗争的具体情况看,其内容既有统治集团内部的权力之争,也有关于民族存亡、王朝兴衰的原则之争。两派之争的缓急程度,往往随时势而变动。甲午中日战争以前,清朝统治集团中的这两大派系尚无明显分野,只是初具雏形,其斗争也若隐若现,并无水火不容的冲突。中日战争爆发后,两派各树一帜,各执一词,就抗战与妥协的问题展开激烈交锋,两派的阵营遂骤然明朗。

光绪二十年(1894)春,清朝的藩属朝鲜爆发农民起义。在心怀鬼胎的日本的竭力怂恿下,清朝派兵迅速镇压了这次起义。起义平息后,清廷以"乱事敉平",照会日本,要求同时撤出日本借保护侨民和使馆之名向朝鲜派遣的大批军队。日本却不予理会,不断向入朝的清军挑衅,滋生事端,处心积虑欲点燃战火。战争危机迫在眉睫。

面对日本的挑衅,德宗主张予以严厉回击,绝不姑息。但主持前方兵事的直隶总督兼北洋大臣李鸿章却主张避战自保,寄希望于英国出面"调停"。六月初,德宗就李鸿章的请英调停之说发布谕旨,称:"日人肇衅挟制

---

① 梁启超:《戊戌政变记》,中国史学会:"中国近代史资料丛刊"《戊戌变法》(一),第 256 页。

朝鲜，倘致势难收束，中朝应自保藩封，不宜借助他邦，致异日别生枝节。"并称李鸿章"此议非但示弱于人，仍贻后患，殊属非计，著毋庸议。嗣后该大臣与洋人谈论务宜格外审慎，设轻率发端，致误事机，定惟该大臣是问"①。对于德宗的谕诫，李鸿章不以为然，为保存淮军实力，他有恃无恐地坚持"先定守局，再图进取"，"步步稳慎，乃可图功"。德宗对于李鸿章的迁延推托大为不满，指出日本"不遵条约，不守公法，任意恃强，专行无忌"②，战事似已不可避免，惟有备战迎敌，方可奋而自救。因此，德宗再下谕旨："现在日韩情事已将决裂，如势不可挽，朝廷一意主战。"而李鸿章"身膺重寄，熟谙兵事，断不可意存畏葸，著懔遵前旨，将布置进兵一切事宜迅筹复奏，若顾虑不前，徒事延宕，驯致贻误事机，定惟该大臣是问。"③在德宗的一再督促下，李鸿章才稍敛畏敌之意，于六月下旬开始增兵朝鲜。六月二十三日，日本舰队在丰岛海面袭击运送清兵的船只，4天后，又向牙山的清兵发起突然进攻。德宗以日本已公然揭开战幕，遂于七月初一日(8月1日)正式对日本宣战，谕李鸿章："严饬派出各军，迅速进剿，厚集雄师，陆续进发。"④中日战争由此全面展开。

德宗力排以李鸿章为代表的妥协势力的主和之见，毅然号召全国臣民戮力同心，共赴国难，激起许多忧国之士的爱国热情。他们纷纷上书言战，舆论声势颇为浩大。特别是有政治倾向的"帝派"人物，他们不仅为德宗的"一意力战"高声喝彩，还以此为契机，大力抨击妥协退让的畏战之徒。其中礼部右侍郎志锐出力甚大，他"上疏划战守策累万言"⑤，痛斥李鸿章主持战事"一味因循玩误，辄借口于衅端不自我开，希图敷衍了事"⑥。对日本宣战后，志锐面对朝廷内外顽固分子的重重阻力，大声疾呼，在七月十六日的奏折中指出："方日人肇衅之时，天下皆知，李鸿章措置之失，独孙毓汶悍然不顾，力排众议，迎合北洋。及皇上明诏下颁，赫然致付，天下皆闻风思奋，孙毓汶怏怏不乐，退有后言，著以皇上为少年喜事者"，"徐用仪起自章京，

---

① 《清德宗实录》卷三四二。
② 《清德宗实录》卷三四四。
③ 朱寿朋：《光绪朝东华录》(三)，总第3429—3430页。
④ 《清德宗实录》卷三四四。
⑤ 赵尔巽等：《清史稿》卷四七〇《志锐传》，中华书局1977年版。
⑥ 中国史学会："中国近代史资料丛刊"《中日战争》(二)，第623页。

性情柔滑,事事仰承其(孙毓汶)意",因而主张"立将孙毓汶罢斥,退出军机,朝政必有起色,军事必有转机"①。

孙毓汶、徐用仪都是慈禧太后安插在军机处的得力心腹,志锐公然要求将其罢斥,无疑是太岁头上动土。侍读学士文廷式在《奏朝鲜事机危迫条陈应办事宜折》②中,提出四条建议:(1)明赏罚;(2)增海军;(3)审邦交;(4)戒观望。中日开战后,他数次上奏弹劾李鸿章,指出战争"屡败者,李鸿章及其党为之耳"③。在德宗下决心与日本开战的感召下,一部分具有爱国热忱的官僚也"迫值主忧臣辱之时,争献御侮折冲之策"④。一时间,支持德宗主战的呼声势如潮涌。

德宗力主以武力解决中日争端,是出于一时之义愤,至于双方军事力量对比,他是不清楚的,因此所制定的作战方案和要求达到的目标,有不少是不切实际的。加之清军武备废弛,仓促迎战,前线将领缺乏协调,指挥失当,因而在九月下旬,日本侵略军长驱直入,突破鸭绿江防线,深入到中国东北境内作战。面对"水陆交绥,战无一胜"的败局,德宗束手无策,只能仰天长叹。

战场上的失利使两派的矛盾更加尖锐。当中日之战的炮声刚刚响起时,慈禧太后同德宗一样,对日本侵略军的力量估计不足,以为蕞尔岛国,难以与大清王朝匹敌,因而传懿旨亦主战,还不准借洋债。更重要的是,清朝统治集团对日本挑起战端的严重性没有足够的认识,以为日本大动干戈,至多是为了吞并朝鲜,而对其"素有北进之谋",则无所察觉。故在战事甫开之际,慈禧对德宗的主张并未介意,随着"倭寇扰及奉境,畿境吃紧"⑤,她开始感到事态的严重,后悔当初主战是一种错误的决定。甲午年正是她的六旬庆典,她本想借庆祝之机张扬自己,没料到这场战火会蔓延开来,势必影响六旬庆典活动。因此,她对德宗及"帝派"成员轻言战事感到不满。尤其使她难以容忍的是,通过和、战之争,她忽然发现在德宗周围已形成敢于同

---

① 中国史学会:"中国近代史资料丛刊"《中日战争》(三),第37—38页。
② 中国史学会:"中国近代史资料丛刊"《中日战争》(二),第606—607页。
③ 中国史学会:"中国近代史资料丛刊"《中日战争》(三),第331页。
④ 中国史学会:"中国近代史资料丛刊"《中日战争》(三),第154页。
⑤ 朱寿朋:《光绪朝东华录》(三),总第3488页。

自己抗争的政治势力。这些人遇事敢言，无所顾忌，甚至对她的宠臣肆言指斥。最让她感到震惊的是，他们竟敢提出停办六旬庆典的景点以移充军费的建议，认为正值国势日危之际娱目骋怀，无益于激励将士，因而要求将所有点缀景物、一切繁仪概行停止。如此言论使慈禧怒不可遏，决定对他们进行报复。

战争一败涂地，清朝统治集团内部乞求和谈的言论纷纷出笼。八月二十八日，慈禧太后召集枢臣议论战局，决定派翁同龢赴天津，传旨李鸿章托俄使出面调处，与日本议和。翁同龢是主战派的中坚，多次指责李鸿章的妥协退让行径，今竟遣其赴天津传议和之旨，实难接受。推辞再三，只好勉强为之，但声明："此节只有李某某复词，臣为传述，不加论断。臣为天子近臣，不敢以和局为举世唾骂也。"①先前在朝野一片主战声中，"后派"成员或随声附和，或保持沉默，今慈禧已亮出主和底牌，这些人也随风转向，军机大臣徐用仪甚至"使其同乡联名上书，意主求和而罢战"②。孙毓汶等权臣也极力迎合慈禧借洋人居间调停的论调，"以为不如此不能保陪都、护山陵"③。

十月二十六日，旅大失守。顽固派遂加紧了求和活动。对这股乞和逆流，德宗大加指责，说"冬三月倭人畏寒，正我兵可进之时，而云停战，得毋以计误我耶？"④他非但不主张议和，反而惩处了作战不力、贻误大局的李鸿章，说："该大臣调度乖方，救援不力，深堪痛恨。著革职留任，并摘去顶戴，以示薄惩，以观后效。"⑤德宗对战争的态度及其对李鸿章的处分，更加深了慈禧对他的不满和疑忌。德宗对她不敬不孝的苗头，慈禧早有觉察，但没想到竟至如此严重的地步，她决定还以颜色。李鸿章被"薄惩"两天后，慈禧太后发出懿旨，指责德宗的宠妃瑾、珍二妃"近来习尚浮华，屡有乞请之事"，"均著降为贵人，以示薄惩而肃内政"⑥。处分二妃，实质上是慈禧对德宗打击主和势力的一个回击，也是一次严厉警告。

---

① 翁同龢：《翁同龢日记》光绪二十年八月廿八日。
② 翁同龢：《翁同龢日记》光绪二十年八月廿八日。
③ 翁同龢：《翁同龢日记》光绪二十年九月初二日。
④ 翁同龢：《翁同龢日记》光绪二十年十月廿五日。
⑤ 《清德宗实录》卷三五二。
⑥ 朱寿朋：《光绪朝东华录》（三），总第3498页。

慈禧太后的主和立场昭然天下后，朝中主战舆论由指责李鸿章而转向慈禧太后。御史高燮曾首发其难，愤而怒斥慈禧"挟私朋比，淆乱国是，若不精白乃心，则列祖列宗在天之灵，必诛殛之"。他还怒骂孙毓汶、徐桐之流"唯阿取容，无所匡救"，气得慈禧怫然作色。对高燮曾敢如此出语伤人，德宗仅以"后再有论列者，宜加惩创"之辞以示儆诫。这使孙毓汶极为愤懑，叫喊："言者结党陷害，夙习已然，请鉴悉。"[①]慈禧亦认为高燮曾之折有离间之嫌，必加严驳。几天后，慈禧采取两项措施：首先把志锐发配至边陲乌里雅苏台，再下令"撤满汉书房"。书房是帝派成员商议战事的场所，德宗坚决不同意撤，书房是保住了，可是德宗与慈禧的关系更加恶化了。另一御史安维峻的奏折，更是一针见血，除了指斥李鸿章"倒行逆施"、"丧心病狂"、"不但误国而且卖国"等外，竟敢公开指责慈禧专权强行议和："皇太后既归政皇上，若仍遇事牵制，将何以上对祖宗，下对天下臣民？"[②]安维峻的奏折击中慈禧的要害。盛怒之下，她强令德宗将安维峻革职。自此以后，主和论调渐占上风，主战之论归于空喊，无补于时局。

光绪二十一年（1895）春，在慈禧太后的坚决支持下，李鸿章前往日本议和，结果，以一纸《马关条约》结束这场战争。在战争期间，"帝派"与"后派"为和、战问题几经交锋，终因"帝派"实力不济而屈从。但是，两派争斗并没有随战争结束而销声匿迹，随着局势的发展，两派矛盾仍在继续，直至发生戊戌宫廷政变。

---

① 翁同龢：《翁同龢日记》光绪二十年十一月初四日。
② 朱寿朋：《光绪朝东华录》（三），总第3515—3516页。

第五章 边疆危机与对策

1."海防"与"塞防"互争

经过两次鸦片战争,西方列强打开了中国沿海门户,并逐渐渗入到长江中下游地区和内地。同时在对中亚、缅甸等中国周边国家和地区的侵吞中,试图乘中国边疆地区民族关系复杂和清朝海防空虚之机,觊觎中国的新疆、台湾、西藏等地区。至19世纪七八十年代,中国边疆地区已出现危机态势。"海防"与"塞防"之争,就在此种复杂的边疆危机背景下发生的。

日本自1868年明治维新以后,迅速变更封建制,率先成为亚洲第一个资本主义强国。与此同时,日本也走上了对外扩张、侵略别国的军国主义道路。中国的台湾及属国琉球就成了其首选的侵略目标。日本崛起之际,其国力尚不及中国,但得到了美国的暗中支持[①]。遂于同治十年(1871)冬,以琉球一艘船海上遇难,船上的人漂泊到台湾,被当地高山族人劫杀为口实,谋犯台湾[②]。至同治十三年二月,日本将其阴谋变为行动,派遣军队侵入台湾。东南沿海海防告急。清朝对日本侵犯台湾采取坚决反击的立场。毕竟日本国力不足,力不从心,在遭到严重损失后,被迫从台湾撤军[③]。

日本初试锋芒,无功而返,却为将来侵占台湾准备了条件。此次事件引起清朝高度警惕,朝廷中一些有识之士如沈葆桢、李鸿章等力主加强海防,大量投放资金,努力经营台湾,以捍卫东南沿海省区的安全。

[①] 《甲戌公牍钞存》,《台湾文献史料丛刊》第七辑;《清末海军史料》,第3页。
[②] 《同治甲戌日兵侵台始末》,《台湾文献史料丛刊》第七辑。
[③] 连横:《台湾通史》上册,第281页。

1365

在日本侵犯台湾前,沙俄也利用中国的内战和新疆地区的动乱,试图侵占西北边疆。新疆地区民族较多,民族关系十分复杂。康熙、雍正、乾隆三朝时,西北地区包括青海动乱不止,清朝为统一进行了数十年的浴血斗争,至乾隆二十四年(1759)才最后平定动乱。从那时到咸丰朝即19世纪五六十年代,新疆基本安定了百余年。当太平天国金田起义爆发,很快波及西北地区。陕甘回民首先起义,引起新疆局势动荡,当地广大农牧民纷纷起来反抗清朝的统治。在动乱中,建立了名目繁多的割据政权。其中,有一些民族分裂分子,借反清的名义,大搞民族分裂活动。这一混乱而复杂的局势被浩罕汗国的一个军官阿古柏所利用,同治四年(1865)初,他率领一帮匪徒侵入新疆南部,占领了重镇喀什噶尔(今喀什)。经过两年多的征伐,攻占南疆各城,于同治六年竟建立所谓"哲德沙尔国"(七城之国)。其后,又向北扩张,侵占了吐鲁番、乌鲁木齐等地的大小城镇。阿古柏自称"毕条勒特汗"(意为"最幸运之主")。浩罕汗国本是藩属于清朝的一个小国。沙俄向东扩张时,吞并了它的大部分领土,只剩安集延部。阿古柏就是该部伯克(部落首领之意)。他纠集部属,侵入中国新疆地区,勾结当地的民族分裂分子,投靠沙俄、英国等列强。

　　新疆的动乱和阿古柏的入侵,给沙俄、英国企图吞并中国领土、谋取殖民权益制造了机会。早在17世纪中叶,沙俄就试图向中国的东北、西北及北部地区扩张,因遭到强大的清朝的抵抗而受阻。在相安了近一个世纪后,沙俄又乘清朝衰弱,于同治十年(1871)五月,以保护边界为名,突然出兵侵占了新疆西部重镇伊犁。同时,沙俄与阿古柏勾结起来,相互承认,而沙俄又迫使阿古柏服从"土尔克斯坦总督"的意志,要求他向沙俄称臣纳贡。

　　沙俄的这种要求,直接触犯了阿古柏的切身利益,引起他的疑忌。但他不敢贸然与沙俄为敌,转而向英国寻求帮助。英国不甘心沙俄独占新疆的利益,正谋划通过其附庸土耳其苏丹来蛊惑阿古柏臣服于土耳其,以达到控制阿古柏的目的,获取在新疆的殖民权益。阿古柏的求助,正符合英国的利益,双方一拍即合,很快勾结起来。同治十三年(1874)秋,英国印度总督派全权代表弗赛斯到喀什噶尔,经过谈判,于次年正式签署条约。英国正式承认阿古柏"艾米尔"(意为"统治者")的地位,以提供大量枪支弹药为条件,在其统治区取得了通商、派驻使臣、设立"领事"等特权。这样,新疆就面临着沙俄或者英国勾结阿古柏从中国分离出去的危险。

在西北危机日益严重之际,阿古柏欺骗清朝,声称其进入新疆是帮助清朝讨伐回民起义,并愿"以南八城归献朝廷"①,保证不扰清军控制的地区。清廷竟信以为真,直至阿古柏修筑工事图谋永据,方才醒悟阿古柏"归顺之说殊不可信"②。还在同治十年(1871),沙俄侵占伊犁,清廷派署理伊犁将军荣全速与俄方交涉,俄方避而不谈,交涉未果。至同治十三年,派景廉为钦差大臣,督办新疆军务,又派金顺、张曜和明顺等部马、步43营入疆。荣全与沙俄谈判,原来沙俄"不止在要求重币,亦不仅窃踞伊犁,将尽新疆之地皆为己有而后已"③,因此他拒绝了俄方的无理要求。

东南海防紧张之际,新疆"塞防"又告紧急。这使得清朝难以兼顾,随之朝廷内部争论不休。焦点是加强海防以备日本等国,还是巩固"塞防"以拒沙俄、英等国。在争论中,很快形成三种看法。

一是强调海防为先。同治十三年(1874)六月,清朝重臣就提出大力加强海防。如大学士文祥请求朝廷"停不急之费用,谋至急之海防"④。日本轻易侵犯台湾,表明清朝的海防十分虚弱,因此文祥及时提出加强海防。在日本军队撤出台湾后,海防局势缓和下来,但清朝仍很警惕,以奕䜣为首,由总理衙门进一步提出整顿和加强海防的具体实施办法⑤。接着,两江总督李宗羲、闽浙总督李鹤年、江西巡抚刘坤一、湖广总督李瀚章等,先后上奏,都阐述重海防的主张。

面对海防的问题,清朝的最大难处是经费严重不足,所列购置军舰、枪支弹药、军饷、练兵等,都需要经费。鸦片战争以来,清朝与欧美列强签订了一系列不平等条约,每年都必须支付巨额赔款。加上镇压太平天国的用兵,使国家财政危机空前严重。在台湾问题暂告结束后,新疆的问题已突现出来:阿古柏盘踞新疆已达10余年,沙俄侵占伊犁,英国插足其中,与沙俄角逐,争夺新疆。这一严峻的形势,对清朝同样构成严重威胁。清朝统治集团

---

① 中国史学会:"中国近代史资料丛刊"《回民起义》(三),第44页。
② 《陕甘新方略》卷二五三,第14页。
③ 《筹办夷务始末》(同治朝)卷八九,第9—10页。
④ 《同治甲戌日兵侵台始末》,《台湾文献史料丛刊》第七辑。
⑤ 详见《筹办夷务始末》(同治朝)卷九八。

不能不考虑是否用兵及如何加强"塞防"的问题。于是,海防与塞防,两者孰轻孰重的争论由此而起。

在强调海防重要性的同时,怎样处理西北塞防问题,时任直隶总督的李鸿章明确提出,两者万难兼顾,只有舍弃"塞防",全力经营"海防"才对。李鸿章是在同治十三年(1874)十一月初四日为响应总理衙门关于加强海防的具体措置,详细阐明上述观点和主张的。他有六点建议:(1)采用西洋方法练军;(2)设厂制造西洋枪炮;(3)购买铁甲舰;(4)暂弃新疆,划界自守,将塞防费用挪作海防之用;(5)改革考试制度,加开洋务科;(6)选拔懂洋务方面的人才。这六条中,最关紧要的是"暂弃新疆"。他又有详细论证,认为历代边防重点多在西北,国家强弱皆取决于此。如今形势不同了,东南海疆万余里,各国通商、传教,往来自如,这是一大巨变。新疆即使无战争,每年花费兵饷亦达300余万两。他打了个比方:"新疆不复,于肢体之元气无伤;海疆不防,则腹心之大患愈棘。"①故认为失去新疆于中国无损,有之反而受累。光绪元年(1875)二月,李鸿章再次就海防与塞防的问题发表意见。他认为,新疆北邻俄罗斯,西接土耳其、波斯(伊朗)诸国,南面靠近英属印度。这些国家日见强大,即便勉强收复新疆,将来也断难久守,而中国目前的实力也难以做到海防、塞防兼顾,不如命西征新疆的各路军队严守现占有的疆界,已出塞及尚未出塞的各路军,该撤的撤,该停的停,把撤或停的各军费挪作海防之用。

二是强调"塞防"重要。在朝廷上下大谈海防绝对重要之时,湖南巡抚王文韶首议"塞防"。同治十三年(1874)十一月,他上奏:"海疆之患,不能无因而至,其视成败以为动静者,则惟西陲军务。"强调了塞防成败,实关国家安危。如迅速收复新疆,沙俄不能得志于西北,那么西方列强就不敢"构衅于东南"。他主张海防与塞防都不能放弃,必须分出主次轻重缓急,当前应全力于塞防,收复新疆,就是为加强海防而先安定后方②。山东巡抚丁宝桢也如此主张。他认为沙俄侵占新疆是中国的"心腹之疾,患近而重",必

---

① 李鸿章:《李文忠公全书》卷一六,第17页。
② 《同治甲戌日兵侵台始末》,《台湾文献史料丛刊》第七辑。参见徐彻、董守义主编:《清代全史》第九卷,辽宁人民出版社1993年版(下略),第50—51页。

须加强东北和西北塞防①。

主张塞防最力、论辩精辟者,当推左宗棠。是时左宗棠以陕甘总督在西北督办军务。朝廷将李鸿章关于海防的奏折发给他,命他阅后具奏自己的意见。

光绪元年(1875)三月十五日,左宗棠写了一份长篇奏折,呈送京师。他首先表明自己对海防与塞防争论的基本立场,再进一步论证西北地区在历史上和目前的战略地位。他认为西北自古乃中华重地,周、秦、汉、唐之盛衰,均与是否掌握西北有关。当年高宗开疆两万里,其北路之西以伊犁为军府,南路之西以喀什噶尔为军府。朝廷上下诸臣对此都怀疑耗费巨大,是否合算。惟高宗卓见宏远,不为众议所迷,终于将新疆留在中国的版图之内。而今,俄、英进逼,阿古柏逞凶。当前局势,欲绝俄人阴谋,必先平定回部;欲收复伊犁,必先克乌鲁木齐。如果不得乌鲁木齐,不仅危及陕甘,而且燕晋内外蒙古将无息兵之日。因此,重新疆以保蒙古,保蒙古以护卫京师。西北与京师的关系,如臂膀与手指相连,形势完整,无缝可乘。倘若新疆不稳定,则蒙古不得安宁,不只是陕甘、山西各边有侵失之虑,即便直隶北边关山也无高枕安眠之日。他还指出,总观中国形势,"东则海防,西则塞防,二者并重",不可偏废。只要"相机缓急应之","自可两全其美"。他还认为,考察目前形势,西方列强在中国沿海挑起战争,似无可能,而收复新疆却是刻不容缓。至于军饷,海防有常年经费,而塞防经费却极为艰难,常常发不到满饷,无法将其经费移拨海防,而西北"若此时即拟定停兵节饷,自撤藩篱","是停兵节饷于海防未必有益,于边塞大有所妨"。

李鸿章不仅坚决反对塞防,并对左宗棠进兵西北亦持否定态度,在奏疏中甚至攻击左宗棠冒险,"不顾国家安危"。对此,左宗棠在奏折的最后部分给予正面回答。其大意是:臣本一介书生,承皇上给予特殊恩典,破格拔用。且今年已六十有五,正苦日暮途长,岂能不自量把重担挑在自己肩上!又何必贪图天大的功劳?臣虽愚不可及,也绝无此念头。然而,伊犁既归俄有,阿古柏又据喀什噶尔,如置之不问,必有日侵百里之势,后果不堪设想。

---

① 《同治甲戌日兵侵台始末》,《台湾文献史料丛刊》第七辑。

形势紧迫,不容许臣还有什么个人之想①。

比较左宗棠与李鸿章的说法,可谓针锋相对。首先,李鸿章偏执一词,毫无全局观念。他们对西北地区在历史上的战略地位的认识基本相近,但对眼前世界大势的分析则不同,李鸿章又走向了极端,只知道海防重要。虽然了解西方列强包括"东洋"日本必从海上来,却对如沙俄从中国"三北"边塞地区入侵则视而不见。事实上,沙俄已侵占了中国的伊犁,进而威胁蒙古,京师亦将陷入危险中。李鸿章片面强调海防极端重要,西北塞防可有可无,故有极大片面性。左宗棠是从全局出发,从战略的高度审视,提出海防、塞防"二者并重",只要分别"缓急",就能做到二者兼顾。如强调新疆乃至整个西北与全中国是一个完整的形势:重新疆以保蒙古,保蒙古以卫京师,西北与京师的关系,如臂指相连,缺一不可。此论何等形象而准确!在当时,清朝吏治腐败,朝廷和地方封疆大吏因循苟且,惧怕艰苦,更怕与洋人打仗。而左宗棠却独树一帜,发出一股浩然正气,给萎靡不振的风气注入了活力,给朝野带来了思想的震撼。

在这两种根本对立的观点之外,还有一种近似折中的意见,以军机大臣沈桂芬和总理衙门大臣董恂为代表,基本倾向于重视塞防,但又不尽相同。他们认为,日本侵略中国的缓急,要看中国与沙俄的关系亲疏如何。要防止日本从中俄关系中获利,就要同沙俄关系密切起来,避免双方失和,更不能发生战事②。从而默认沙俄对中国领土的侵占。这个观点实际上与海防论接近。

关于海防与塞防的争论,持续了半年多。从朝廷中各部门官员,到地方军政大吏,都纷纷陈述自己的见解,提出各种各样的建议。综合各方面的意见后,清廷以军机大臣文祥为代表,说服持歧见的人,完全支持并采纳左宗棠的战略分析。他强调,收复新疆,南辖回部,北抚蒙古,用以备御英、俄,这才是安边的"久远之计"③!军机处皆被他说服,转而一致支持左宗棠。于是,左宗棠受命于危难之际,一场进军新疆、收复失地的正义斗争即将展开。

---

① 左宗棠:《左文襄公奏稿》卷四六、四八。
② 董恂:《还读我书室山人手订年谱》,转引自徐彻、董守义主编:《清代全史》第九卷,第51页。
③ 李云麟:《西征事略》卷上。

2. 左宗棠收复新疆

通过海防与塞防的论争,清廷确认两者并重,决定在西北与东南同时加强防御和建设。

光绪元年(1875)三月二十八日,清廷改任左宗棠为钦差大臣,督办新疆军务;任命金顺为乌鲁木齐都统,仍帮办军务,全力注重西征。四月,又命李鸿章以直隶总督督办北洋海防事宜,沈葆桢为两江总督督办南洋海防事宜。

左宗棠临危受命,首先重新整编西征大军,将在新疆的湘、淮、蜀、旗各军汰弱留强,内分刘锦棠部湘军25营、金顺部40营、张曜部16营以及陆续增编的其他部队,约六七万人。另外,征调骆驼3万余峰,大车4600余辆。为了筹措军饷,他奏请借德国泰来洋行500万两、英国怡和洋行300万两白银。另在兰州创办生产枪炮武器的机器局,积储粮饷器械并筹谋转输事宜。

待一切准备就绪,左宗棠于光绪二年(1876)春移师肃州(今甘肃酒泉),命刘锦棠出兵,采用"先北后南"与"缓进急战"的战略方案。刘锦棠采用声东击西的战术,于六月二十一日半夜突袭黄田,次日克复,随后会合金顺部攻克古牧地,并击退阿古柏援兵阿托爱部。二十九日收复乌鲁木齐城。民族分裂主义分子白彦虎见势不妙,逃往南疆。接着,刘锦棠挥军先后收复迪化、昌吉、呼图壁等城(今乌鲁木齐西北)①,即分兵助金顺部攻击玛纳斯城,伊犁将军荣全也率部助战,三支部队会攻两个月,于九月二十一日将城攻克。至此,仅半年时间,除俄侵占的伊犁,北疆全部收复,分裂割据势力被肃清。

冬季来临,大雪封山。左宗棠命令各军暂停进攻,积极进行备战:重新调配兵力,运粮食、军火、器械装备。他指示下一个进攻目标是吐鲁番,打开进军南疆的大门。

阿古柏失去北疆,拼全力守南疆。他纠集残部固守达坂、吐鲁番和托克

---

① 左宗棠:《左文襄公奏稿》卷四九。

逊等城。吐鲁番为进出南疆的门户,达坂城位于乌鲁木齐与吐鲁番之间,为吐鲁番的前哨,托克逊在吐鲁番之南,是进入南疆后的第一个要塞城市。阿古柏在此三处构筑防线,企图顽抗。他利用清军暂缓进军的机会,调集重兵分驻三个据点,命刚刚逃来的白彦虎协守吐鲁番,命其子海古拉守托克逊、大总管爱伊德尔呼里达守达坂,阿古柏则退守托克逊西南的喀喇沙尔(今焉耆回族自治县)。

光绪三年(1877)三月,天气转暖,冰雪融化,左宗棠不失时机地下达了进军的命令,通告全军,约法三章。刘锦棠率军攻达坂城,用德国造的大炮猛烈轰击,击中火药库,全城爆炸,叛军惊慌四逃,清军把在押监狱中无辜受害的百姓全部释放,受到当地民众的热烈欢迎。刘锦棠部乘胜再克托克逊城。驻守哈密的张曜部和驻守巴里坤的徐占彪部奉命在盐池会师后,直趋吐鲁番,扫清外围据点,兵临城下。至三月十三日,会同刘锦棠部猛攻,白彦虎部将马人得被迫投降,吐鲁番全境收复①。

阿古柏从喀喇沙尔向南逃到库尔勒(又写作库陇勒),惊魂未定,又听说清军继续南进,当地民众纷纷起义,配合清军作战。他见大势已去,服毒自杀身死。其次子海古拉裹其尸西逃,留下白彦虎据守库尔勒。他还未到库车,其长兄伯克胡里派人将其截杀,抢得其父尸体,逃到喀什噶尔(今喀什),作最后的顽抗。

从五月到七月,吐鲁番地区酷热难耐,向有"火州"之称。左宗棠下令暂停进兵,待过了炎热期,到秋高气爽之际,再夺取最后胜利。

清军下一步作战目标是收复整个南疆地区。乾隆朝平息准噶尔叛乱后,设置八个城:喀喇沙尔、库车、阿克苏、乌什,此四城称东四城;从阿克苏往西南为叶尔羌(今莎车)、英吉沙尔(今英吉沙)、和田、喀什噶尔,称西四城。从吐鲁番到喀什噶尔长达4000余里。七月下旬,清军就在这条漫长的战线上顶着烈日,冒着热浪,发动了秋季攻势。

此时,英国出面为伯克胡里求情,要求清朝许其自立为藩属国。李鸿章又表示可以让步,主张接受英国的调停。身在前线的左宗棠闻讯,迅即上奏反对,指出喀什噶尔等处早在汉代已隶属中国,绝不可让阿古柏在此地建立

---

① 左宗棠:《左文襄公奏稿》卷五〇。

国家。他揭露了英国的企图,声明:我们出师是"除侵犯之贼,以复故有疆域",不论英、俄都没有理由"难我也"①。左宗棠的浩然正气,以及势如破竹的胜利,使清廷大受鼓舞,拒绝了英国的"调停",给予左宗棠坚决的支持,同意继续进军。

在左宗棠的总指挥下,刘锦棠率主力与各路军会师于曲会,然后进攻喀喇沙尔。白彦虎决都河水,将喀喇沙尔至库尔勒一带淹成一片汪洋,力图阻止清军。清军不为大水所惧,或搭桥,或涉水,直抵城下,于九月初一日收复喀喇沙尔,库尔勒随之而下,白彦虎逃到库车。清军追击,两天奔袭近800里,收复了库车,解救被裹胁的维吾尔族百姓达10万人。又连续攻下阿克苏、乌什等城。白彦虎再逃至喀什噶尔。

冬季又到了,寒风刺骨,大雪飞扬。为了不给白彦虎等喘息的机会,左宗棠决定乘胜进兵。清军冒着严寒勇猛向前。十一月十四日,终于收复喀什噶尔,此城已沦陷12年。在破城前,白彦虎与伯克胡里乘夜仓皇逃出城,向着边界狂奔,清军发觉后立即追赶,但未追上,这两个人投向了沙俄。仅数日,清军连续攻克叶尔羌、英吉沙尔,西四城全部收复。最后攻下英吉沙尔时,是光绪三年(1877)十一月二十日②。

驱逐阿古柏入侵、消灭民族分裂势力的新疆战事,历时一年半结束。除伊犁被沙俄占据外,新疆绝大部分均被收复。如此顺利而迅速地解决了这一难题,这是始料所不及的,原先不仅朝廷顾虑重重,就连力主西征的左宗棠也未必估计到如此之快。当收复吐鲁番,南疆门户被打开之时,他还认为:"数月之间转战三千余里,窃恐事有难能。"③及至南疆各城相继收复,他不禁赞叹:"戎机顺迅,近罕其比。"④

---

① 左宗棠:《左文襄公书牍》卷一八。参见徐彻、董守义主编:《清代全史》第九卷,第55—56页。
② 以上详见左宗棠:《左文襄公奏稿》卷五二。
③ 《清季外交史料》(光绪朝)卷一一,第21页。
④ 朱寿朋:《光绪朝东华录》(一),第503页。

3. 向沙俄交涉归还伊犁

正当阿古柏入侵新疆之际,沙俄乘机出动军队,强行进入中国伊犁谷地。早在同治六年(1867),沙俄驻华公使倭良嘎哩就照会清朝总理衙门,质问中国能否及时肃清新疆动乱,称此事关系两国交涉,俄国对新疆"绝无坐视之理",以此向清朝施加压力[①]。沙俄侵占了霍尔果斯河以西的两个卡伦,控制伊犁河上游的特克斯河谷,并不断进行武装挑衅。沙俄向伊犁地方当局提出无理的要求,遭到拒绝后,即派兵侵占天山要隘穆扎尔特达坂,以便切断依附于英国的阿古柏翻越天山北入伊犁的通道,同时可继续向清朝施加压力。

同治十年(1871)春,沙俄乘阿古柏从南疆侵入北疆之际,决定以武力强占伊犁。在伊犁河南,侵占春济的俄军继续东侵至都本,侵占穆扎尔特达坂的俄军北进克特缅山,妄图夹击克特缅。在伊犁河北,从博罗胡吉尔出发,长驱直进霍尔果斯河。由于遭到伊犁当地人民的英勇抵抗,至五月十七日,才占领固尔扎(今伊宁市)。随后又向四处扩张,控制北起塔城、额敏河,南至晶河、库尔喀喇乌苏(今乌苏)的准噶尔盆地西部地区。

沙俄对伊犁的强占是明目张胆的侵略行为,也是对中国不宣而战。可是沙俄用各种手段加以遮掩,强迫当地居民"归顺",并以"代为收复"之词来哄骗清朝。实际上沙俄强占伊犁之后,即划区设官,实行移民,企图永久霸占。

左宗棠消灭阿古柏入侵势力,收复新疆后,悬而未决的伊犁问题便提到了议事日程上。早在沙俄强占伊犁之初,清朝就多次交涉,要求归还伊犁,沙俄却百般拖延。先是借口等清朝收复乌鲁木齐、玛纳斯等城之后再议。等到清军消灭阿古柏势力,连克乌鲁木齐等城之后,俄方又提出"中国须将通商交涉各案先行办结,方可会议交还"[②]。清军克复南疆,全歼阿古柏势

[①] 《筹办夷务始末》(同治朝)卷四九,第25—26页。
[②] 《清季外交史料》(光绪朝)卷一五,第31页。

力,便要求俄国与督办新疆军务的钦差大臣左宗棠直接商谈伊犁交还及处理边境事宜。沙俄驻华公使布策仍坚持"必须将边界各案办结,以见中国真心和好,方能咨请本国派员会商"①。伊犁将军金顺主动派人到阿拉木图,与沙俄商议交还伊犁事兼引渡白彦虎,斜米列契省督郭尔帕科夫斯基却拒绝,借口此事"非在总理衙门商议,恐难办结"②,同时不肯交出白彦虎。

光绪四年(1878)五月,清朝派吏部右侍郎、署理盛京将军崇厚出使俄国,谈判收回伊犁事宜。为使谈判顺利,朝廷既加赏他总理各国事务大臣的头衔,又授予他"全权大臣,便宜行事"之权③。崇厚对于新疆,只知"伊犁重地岂能不收回",而对如何收回伊犁,视之甚易,"以收回伊犁为名,于国事之利病,洋情之变易,皆在所不计"④。崇厚出使俄国,翰林院侍讲张佩纶就认为不应授以"全权大臣,便宜行事"之权,还认为,崇厚应"由陆路前往,与左宗棠定议而后行"⑤,而不应由海路赴俄。这些建议都没有被采纳。崇厚奉旨与俄谈判,其结局注定要失败。

沙俄未曾料到清朝真的派遣使臣来谈判,又无正当理由加以拒绝,处境十分尴尬。为了转移视线,沙俄利用白彦虎、伯克胡里的残部窜犯中国边境,结果被抓住把柄,外交上更加被动。沙俄只好派出外交部高级顾问热梅尼、驻华公使布策、外交部亚洲司副司长梅尼阔夫,由土耳其斯坦总督考夫曼当顾问,开始中俄两国的正式谈判。

崇厚不懂得利用歼灭白彦虎、伯克胡里残部的胜利争取谈判的主动权,却被沙俄胁迫愚弄,钻入沙俄精心设计的圈套,"一切情势略无知晓。有听俄人之恫喝欺诬,拱手承诺而已"⑥。俄国以米留金为首的特别委员会最终制定了这样的谈判战略:归还伊犁,但尽可能多地勒索经济、政治特权和财政贷款。

崇厚多次将俄方的要求函告或电告总理衙门,虽然总理衙门认为让步

---

① 《清季外交史料》(光绪朝)卷一三,第16页。
② 《陕甘新方略》卷三○九,第8页。
③ 《清季外交史料》(光绪朝)卷一三,第28页。
④ 《清季外交史料》(光绪朝)卷一○,第19页。
⑤ 《清季外交史料》(光绪朝)卷一四,第9页。
⑥ 《郭嵩焘奏折》(光绪六年四月),朱寿朋:《光绪朝东华录》,总第897页。

太多,指令予以拒绝数项条款,尤其是分界要求"断不可许"①,但崇厚以"约章定明,势难再议"为由②,未候朝旨,即于光绪五年(1879)八月十五日擅自签订《交收伊犁条约》(又称《里瓦几亚条约》)。事毕,崇厚便自行回国。

这一条约对中国危害甚大。条约规定:中国偿付俄方"代收代守"伊犁兵费及历年中俄积案内俄方"损失"500万卢布(合白银280万两);割让霍尔果斯河以西及伊犁南境的特克斯河流域的大片土地给沙俄;俄商在中国蒙古及新疆全境免税贸易;俄国在嘉峪关、乌鲁木齐、哈密、吐鲁番、古城、乌里雅苏台、科布多等地增设领事等,共18条。其中分界之规定危害最大,竟使伊犁"一城孤悬浮寄,尽割置其膏腴之地,名为收还伊犁,而实弃之"③。伊犁虽已归还,但其西、北、南三面均被俄所包围,"已成弹丸孤注,控守弥难"④。

消息传来,举国震惊,群情激愤。朝廷官员群起痛斥崇厚,拒绝承认该约。经廷议,一致议决严惩崇厚,慈禧太后批准,将崇厚处以斩监候。光绪六年(1880)正月,清朝照会沙俄,崇厚所议条约"违训越权","窒碍难行"⑤。同时,另派驻英、法公使曾纪泽兼任驻俄公使,谈判修改条约。

沙俄眼看快要到手的权益被清廷否决,气急败坏。恼羞成怒的俄国驻华代办凯阳德闯入总理衙门,扬言动武。在东起黑龙江、西至喀什噶尔的漫长边境上,频繁地调动军队。另外,向伊犁境内增派军队。俄海军上将列索夫斯基率领一支庞大的舰队由黑海驶往中国沿海,准备封锁中国海面。中国也增兵备战。年近七旬的左宗棠再次赴新疆统筹军务,不顾"衰病日臻",同年二月,他携备装遗体的"舆梓发肃州"⑥,移营哈密,准备三路出击,决心以自己的生命为代价,誓死收复伊犁。

中俄关系陡然紧张,似乎一触即发。实际上,俄国因与土耳其的战争刚

---

① 《清季外交史料》(光绪朝)卷一六,第10、27页。
② 《清季外交史料》(光绪朝)卷一六,第10、27页。
③ 《郭嵩焘奏折》(光绪六年四月),朱寿朋:《光绪朝东华录》,总第897页。
④ 《清季外交史料》(光绪朝)卷一六,第27页。
⑤ 《清季外交史料》(光绪朝)卷一九,第3页。
⑥ 赵尔巽等:《清史稿》卷四一二《左宗棠传》,中华书局1977年版。

刚结束,财力空乏,赤字达5000万卢布;中国也担心同西方列强开战。经过英国等出面调停,双方又回到谈判桌上。

光绪六年(1880)七月,曾纪泽赴俄都圣彼得堡谈判。曾纪泽的使命是与俄重新修订崇厚所签条约,其谈判之艰难可想而知。他知道"俄人桀骜狙诈,无端尚且生风"①,欲再议已成之约,仿佛"探虎口而索已投之食"②。因此,他研究了总理衙门给他的谈判指导思想"宽于商贾而严于界址"之后,拟定了谈判原则:"力争分界,酌允通商"。

经过艰苦舌战,直到七月十八日,曾纪泽才得以提出修改条约的六点要求,主要是:收回全部伊犁地区、削减通商地点、削减领事添设地点以及减少免税特权等。面对这些合理的要求,俄国外交大臣格尔斯却立即翻脸拒绝继续谈判。他肆意玩弄外交手段,扬言把谈判地点改在北京,试图抓住清朝害怕在北京谈判会被日本、德国等利用的恐惧心理。结果,沙俄的外交恫吓得手,清廷十分紧张,总理衙门急电曾纪泽,要求他"力争几条即转圜地步,总以在俄定议为要"③。沙俄得知曾纪泽让步的保证之后,于八月二十八日恢复了谈判。沙俄摸清清朝的谈判意图之后,不再坚持割占特克斯河谷地区,转而想借此机会大肆讹诈更多的权利和赔款。

由于左宗棠的积极备战,曾纪泽外交上的得体表现与折冲樽俎中的艰苦卓绝,又因俄土战争使得俄国财政枯竭,经近半年的谈判,中俄双方于光绪七年(1881)正月二十六日在圣彼得堡签订《中俄伊犁条约》(当时称为《改订条约》,亦称《圣彼得堡条约》)和《改订陆路通商章程》。在新订的条约中,争回特克斯河流域的2万多平方公里的领土;俄国商人在新疆贸易,由"均不纳税"改为"暂不纳税";除原有的恰克图至天津商路以外,只添设了赴嘉峪关一路;领事增设地点只留两处(嘉峪关、吐鲁番);赔款金额由500万卢布增至900万卢布(合白银509万两)。

新约与旧约相比,中国争回了大量的利权,取回被俄占领之土地尤为重要。尽管这仍然是一个屈辱的不平等条约,但在当时中国边境狼烟四起的艰难条件下,曾纪泽做到这一点实属不易。

---

① 曾纪泽:《曾惠敏公遗集·奏疏》卷二,第7页。
② 曾纪泽:《曾惠敏公遗集·文集》卷三,第13页。
③ 《清季外交史料》(光绪朝)卷二五,第10页。

此后,在左宗棠的一再建议下,又经陕甘总督谭钟麟及刘锦棠补充、修订建省方案,迟至光绪十年(1884)十月,新疆正式建行省,命刘锦棠为甘肃新疆巡抚、魏光焘为新疆布政使。行省下,按内地郡县制,分设道、府、厅、州、县,行政区划逐渐完善,使新疆成为中国不可分割的一部分。

4. 日本入侵台湾及清廷交涉

明治维新后的日本,逐步走上军事强国之途。利用地理上近便的优势,对台湾更是处心积虑,志在必得,一直在等待时机。后来,终于抓住一个侵略台湾的口实。同治十年(1871)十一月,琉球一艘渔船遭遇飓风,漂至台湾海岸,船上50多人被当地高山族居民误杀,其余的人被救出,由清朝遣送回国。为了防止他国引发事端,急令台湾地方官认真查办此事平息冲突,但一时无结果。琉球自明初"无代不受封,无期不朝贡"[①],藩属于中国。但鉴于日本的威逼,从明万历三十七年(1609)开始,也向日本萨摩藩纳贡。于是,日本便借口此种关系,利用琉球渔民被杀事件谋图侵犯台湾。

同治十一年(1872),日本强迫琉球国王接受封号,表示臣服。次年春,派外务卿副岛种臣来华,向清朝总理衙门就琉球渔民被杀事件提出交涉。总理衙门严词驳斥,认为琉球是中国的属国,与日本毫无关系,更无权干涉此事。日本武力侵台蓄谋已久,同治十三年(1874),日本设立所谓"台湾事务都督"和"台湾事务局",并在长崎设立了军事基地。二月,日本派出陆军中将西乡从道率领陆、海军3000人进犯台湾。四月,日军登陆琅𤩹(今恒春),烧杀抢掠。高山族人民依据险峻的有利地形,奋起反击,先后打死入侵者500余人。日本受挫后,只得在龟山设立都督府,运来农具、花木等物,打算持久屯田于此,妄想霸占台湾。

日本侵入台湾,清朝一面向日本提出抗议,一面以福建船政大臣沈葆桢为钦差办理台湾等处海防兼理各国事务大臣,统率军队赶赴台湾,先后调集军队万余人。还着手拟建新式海军,拟设台湾与厦门之间的海底电线等加

---

① 李鸿章:《李文忠公译署函稿》卷八,第4页。

强防务的措施。日本面对清朝的积极备战,感到对华作战有"招致损及我独立主权之大祸"①的危险,遂转而求助于美、英等国的庇护,想通过外交手段逃避其挑起战争之罪责,并相机行事进行讹诈。于是,日本派遣特使大久保利通来华交涉。由于当时清廷对日本军事力量有恐惧心理,不敢对抗,只想息事宁人。美、英公使乘机出面"调停",露骨偏袒日本。主持外交事务的李鸿章不敢违反美、英公使的"调停"意见,力主与日本议和。经过一个多月的谈判,同治十三年(1874)九月,奕䜣、李鸿章等与日本大久保利通签订《台事专条》,规定肯定日本的所谓"保民义举";并以抚恤遇难琉球渔民、接受日军在台房屋的名义付给日本"偿银"50万两,作为日本撤兵台湾的条件。

日本侵犯台湾危机过去后,清朝有战略眼光的封疆大吏开始重视台湾防务。沈葆桢主张将开山、抚番和海防融为一体,来经营台湾战后事宜。刘铭传奏请台湾建省,以便加强防务。光绪十一年(1885)九月,清朝在台湾始建行省制,任命刘铭传为第一任巡抚。

5. 英俄觊觎西藏

英国早有打开中国西藏大门的非分之想。早在乾隆三十九年(1774),英国印度总督哈斯丁就派代表到西藏谋求通商。乾隆四十五年,又提出互市要求。此后,不断派人潜入西藏,从事搜集情报、盗窃文物等非法活动。19世纪60年代初,英国通过印度先后侵占中国的两个邻邦哲孟雄(今锡金)和不丹之后,又不断派人潜入西藏侦察。清朝西南藩篱被占,西藏直接成为英国下一步侵略的目标。

英国对西藏的种种不法行径,激起西藏僧俗官民的强烈反感。他们"一闻英人入境,哗然聚兵阻拦,情势汹汹"②。拉萨广大寺僧立誓:"藏地男女,不愿与洋人共生于天地之间。此后藏中无论如何,不得有违此誓。如

---

① [日]大久保:《对支回顾录》上卷,第92页。
② 吴丰培:《清季筹藏奏牍·丁宝桢奏牍》第一册第一辑,第15—16页。

藏中大小办事人等，但有违犯此誓，即系有背黄教，人人得而诛之。"①清廷为此也下令赶走从内地潜入西藏的外国传教士。

英国除妄想侵犯西藏之外，还力图开辟从云南渗入内地的道路。同治十三年（1874），英国军官柏郎率"远征军"探测进入中国云南的路线。英国使馆派翻译官马嘉理带领武装探路队入缅接应。次年初窜至腾越（今腾冲）地区，马嘉理开枪击杀我曼允山寨景颇族群众多名，群众奋起反击，将马嘉理击毙。这就是"马嘉理事件"。英国利用此事件向清朝施加压力，并派军舰恫吓，最后于光绪二年（1876）八月，清朝屈服于英国的淫威而被迫签订中英《烟台条约》。这一条约使英人入藏合法化，从而大大便利了英国侵犯西藏的活动。

光绪十年（1884），英印殖民当局官员马科蕾率300人左右的武装部队从哲孟雄出发，侵入西藏，被藏族人民阻于干坝地方。光绪十二年（1886），西藏地方政府在热纳宗隆吐山口设防。英印殖民当局为此提出抗议，要求藏军从隆吐山口撤防，认为藏军在此设防"意在阻止通商"②。并派出军队2000余人集结于西藏亚东以南边界，以争夺哲藏界地为借口，悍然向隆吐山口发动进攻。西藏爱国军民顽强反击，林芝、波密、边坝等地1万多援军赶到亚东，军民"誓死抵御，决无二心"③，英勇地打击了英军。

清廷一再命令藏军撤出隆吐山口，但遭到西藏地方政府的坚决反对，驻藏办事大臣文硕亦支持西藏地方政府，认为："藏番不允其所求，尤为情理所必致。"④然而，腐败的清朝却罢黜了力争领土主权和积极支持西藏地方政府抗英的驻藏办事大臣文硕，批评他"识见乖谬，不顾大局"⑤，改派升泰为驻藏帮办大臣，并委时任总税务司英人赫德之弟赫政为其助手，与英国"罢兵定界"，赴印度加尔各答和英国谈判。光绪十四年（1888）六月，升泰到达拉萨，他命令藏军静候待命，结果英军却不断增集援兵。八月，英国完全占领哲孟雄，并大举侵犯西藏。春丕、咱利、亚东和朗热等隘口相继失守，

---

① 朱寿朋：《光绪朝东华录》，总第2500页。
② 《文硕奏牍》卷二，第2页。
③ 吴丰培：《清季筹藏奏牍·升泰奏牍》卷二，第6—8页。
④ 《文硕奏牍》卷三，第15页。
⑤ 吴丰培：《清季筹藏奏牍·文硕奏牍》卷七，第25—26页。

藏军伤亡500余人。但西藏军民仍旧浴血奋战,三大寺的喇嘛也组织僧兵,准备参加抗英斗争。然而,驻藏帮办大臣升泰却坚决不抵抗,他遣回僧兵,并命令驻守仁进冈的藏军后撤几十里。

同年冬,升泰到纳汤英军兵营代表清朝与英国谈判。光绪十六年(1890)二月二十七日,中英签订了《藏印条约》,中国放弃对哲孟雄的宗主国地位,承认其归英国保护,并重新议定了中哲边界。光绪十九年十月二十八日,又签订了《中英会议藏印续约》,规定中国开放西藏亚东为通商口岸,中印哲边界免税贸易5年,等等。从此,英国侵略势力伸进了西藏。但是,西藏爱国僧民拒绝承认这两个不平等条约。为此,英国又于光绪二十九年发动了规模更大的侵略西藏的战争。

沙俄也不断地窥视中国西藏。从同治九年(1870)起,沙俄派出所谓"调查团",数次潜入西藏境内,收集情报和资料。光绪五年(1879),深入到拉萨附近的"调查团"杀害藏族牧民4人,打伤多人。由于当地藏族人民和西藏地方政府的强烈抵制,"调查团"被迫撤回。从19世纪70年代起,"俄人入藏者肩背相望,查勘矿山,测量地形,举动至为叵测"[1]。沙俄还以宗教做掩护,在与藏族有共同信仰的布里亚特蒙古人中培植亲俄势力,把他们送往圣彼得堡特别训练之后,派往西藏,长期潜伏,专搞破坏活动。阿旺·德尔智(俄名道尔济也夫,藏名洛桑姑马)是其中最奸诈、最有影响的一个间谍分子。他利用担任前藏十三世达赖喇嘛经师的有利地位,培植党羽,形成一个既能左右西藏政局,又能影响达赖喇嘛本人的亲俄集团。他还利用西藏人民的仇英情绪,挑拨西藏与清廷的关系,向达赖喇嘛灌输"英人将来侵略西藏可畏,中国政府亦不足赖,唯俄罗斯是将来喇嘛的唯一保护者"的亲俄思想[2],使达赖"恃俄国为外援",拒绝按升泰所订的条约派员勘界。光绪二十二年,俄国鼓动西藏同受英国控制的廓尔喀(尼泊尔)发生冲突。从此,英、俄两国对西藏的争夺公开化了。

光绪二十九年(1903),英、俄两国在伦敦谈判西藏问题,彼此争夺在藏权益。九月,英印殖民当局派兵侵入西藏,十月抵达亚东。十一月,俄军也

---

[1] 梁启超:《癸卯新民丛报汇编》,第788页。
[2] 黎孤岛:《俄人东侵史》,第267页。

进入西藏。光绪三十年二月,英军进攻江孜,四月初一日,西藏地方政府正式对英宣战。六月二十二日,英军侵入拉萨。七月初五日,西藏地方政府接受英方的要求,承认光绪十六年所订《藏印条约》,并规定开放江孜、噶大克、亚东为商埠,并且向英国赔款,七月二十八日正式签订《拉萨条约》。俄国闻知,向清朝施加压力。清朝不承认此约,委任唐绍仪为议约全权大臣赴印,重新与之交涉。但英印殖民当局不予转圜。直到光绪三十二年,唐绍仪才与英使萨道义在北京谈判,订立《中英藏印条约》,共四条:清朝承认《拉萨条约》;英国承诺不侵占西藏领土,不干涉西藏内政;中国承诺不准许其他国家干涉西藏内政;给予英国在西藏设电线通报到印度的特权。不久,英、俄订立协定,共同承认中国对西藏的主权,并承诺不干涉西藏内政。至此,英、俄分裂中国西藏的阴谋活动暂时被遏制,但英、俄仍获得诸多权益。

第六章 帝国主义列强武力侵华

1. 法对华战争

19世纪末20世纪初,世界资本主义进入帝国主义阶段。加紧对外扩张,发动侵略战争,经济上大肆掠夺,划分势力范围,都反映了帝国主义的本质特征。清朝统治下的中国进一步衰弱,被西方帝国主义宰割,中国被推入深重的灾难之中。

越南作为中国西南的邻国,长期与中国保持着藩属关系。开始向帝国主义过渡的法国,其在远东的殖民目标主要是吞并越南,进而染指中国。

16世纪末,法国传教士已来到越南活动。还在乾隆五十二年(1787),野心勃勃的法国国王路易十六根据在越南活动多年的百多禄主教的奏议,拟定了占领越南,进而侵入中国,建立"东方帝国"的殖民计划。鸦片战争后,法国加紧侵略步伐,到19世纪60年代,已占领越南南部6省。同治元年(1862),法迫使越南签订了赔款割地的《西贡条约》。同治六年,法国再次侵略越南,割占了其他3省。至同治十二年冬,又派安邺率军攻占河内,次年胁迫越南签订第二次《西贡条约》。法国妄想割裂中越两国传统的宗藩关系,把越南置于法国的殖民统治之下,进而窥视中国西南地区。越南请求中国援助,并请求驻扎在保胜(今老街)的刘永福黑旗军南下抗法。刘永福率军南下,于同治十二年十一月在河内城外伏击法军,击杀法军头领安邺。但是,怯懦的越南统治者却与法国签订丧权辱国的条约。清朝总理衙门大臣奕䜣等人立即向法国声明:中国有权利、有责任保护自己的藩属越南,不准许法国自越南向云南通商。

光绪五年(1879)初,法国海军筹划派军队进攻越南北圻;光绪八年初,法属交趾支那海军舰队司令李维业率法军400人再次北犯,企图吞并北圻。清朝闻讯,急派军队入越驻防。次年,李维业率军向清军和刘永福黑旗军进攻。四月,刘永福黑旗军与越南军民并肩作战,在河内城西2里的纸桥战役中,击毙了李维业。同时,法国海军中将孤拔率领4000人的舰队,攻下越南首都顺化,强逼越南签订城下之盟《顺化条约》,从而完全控制了越南。

中国驻法公使曾纪泽已察觉法国侵略中、越之阴谋,他在《中国先睡后醒论》文中指出,通过保护藩属国来维护中国的利益乃是中国对外交涉中急需解决的问题之一。并指出:"后有侵夺该藩属土地或有干预其内政者,中国必视此国为欲与我弃玉帛而事干戈矣。"[1]曾纪泽主动向法国交涉,代表清朝反对法国侵略越南和危及中国西南边疆的安全。他提醒清廷要制止法国的侵略活动,认为"法之图越,蓄谋已久,断非口舌所能挽救。吾华海防水师渐有起色,如拨派数艘移近南服,敌人有所顾忌,或可不至于剥肤噬脐之悔"[2]。《顺化条约》签订后,中法矛盾日益尖锐并导致直接冲突已不可免。法国一面继续北犯,一面胁迫清朝撤回刘永福黑旗军及其他在越南北部的中国军队。

由于中越两国的宗藩关系和法国侵略越南危及中国西南的安全,清廷中以左宗棠、张之洞、曾纪泽等为代表的一批官员主张全力抗法保越固边;以北洋大臣李鸿章为首的官员却认为:越南早已"阴降于法,而我代为力征经营,径与法人决裂,则兵端既开,或致扰乱各国通商全局,似为不值"[3]。清廷虽意识到法国侵略越南危害中国西南边疆的安全,但自感无力顾及,便采取如下政策:在军事上,派清军以"剿匪"的名义驻守边境和进入越境,但又多次训令清军将帅不可轻开战端,不得主动向法军进攻。暗中又以军饷、枪械、弹药资助积极抗法的刘永福黑旗军。在外交上,一面令李鸿章仍向法国求和,一面抗议法国侵越的行径,又指望其他国家的调停,同法国达成妥协的议案。清廷对法交涉的这种态度,反映出它既不甘放弃其宗主国的地位,又不敢与法交战的尴尬处境。

---

[1] 黄濬:《花随人圣盦摭忆》,第180页。
[2] 中国史学会:"中国近代史资料丛刊"《中法战争》(四),第257页。
[3] 中国史学会:"中国近代史资料丛刊"《中法战争》(五),第197页。

法国刚从1870年的普法战争的惨败中恢复过来,尚不具备其计划所需的军事和经济实力。光绪七年(1881)九月,法国外长指示驻华公使宝海称:我们务必小心翼翼地避免使北京朝廷不满来反对我们①。光绪八年九月,宝海同李鸿章在天津谈判。十一月间,李鸿章同宝海签订了一份"备忘录":法国保证不侵占越南的土地,中国与法国在北圻分界而治;中国撤退驻越军队,开放保胜为商埠。但是不久,有狂热殖民倾向的茹费里再次组阁,他不满足于宝海谈判所攫取的权益,派新任驻华大使德理固与清朝重新谈判,企图更多地进行讹诈。茹费理过低地估计中国的军事实力,认为"向中国所作的宣言需要在东京用军事行动予以支持。已可预见,倘不炫耀武力,中国军队的撤退与安南政府的屈从,将不可得"②。法国外长沙梅拉库也向茹费理建议:"你看到除非有一种决定性的军事行动,我们没有可能与中国达成协议。要它转回来的路程实在是太远了,如果没有严重的威胁或武力,中国是不会让步的。"③于是,光绪十年(1884),法国派遣1.2万名法军进攻清军驻地北宁,清军2万人很快被击溃。北宁之役得手,使法国控制整个越南。遍地涌起的越南军民的反抗斗争,仍旧保存实力的刘永福黑旗军以及部分援越清军,使得法国不敢高枕无忧,为此,法国派遣海军中校福禄诺为特使,向李鸿章提出五点议和条件。北宁之役的惨败,也使清廷意识到对法作战的艰险,德宗在上谕中说:"朝廷念出师护越以来,越不知感,法又为仇,兵连祸结,殊非万全之策。"④这样,中、法两国都出于不敢或不愿作战的目的,又一次走向谈判桌。

德宗采纳李鸿章的建议,与法议和罢战,集中精力办好国内洋务:"我君臣上下,当共卧薪尝胆,讲求实事,不宜复尚空谈,互相牵制,乃有蒸蒸日上之机。"⑤于是,清廷决定调离曾纪泽,授权李鸿章与福禄诺直接谈判。光绪十年(1884)四月十七日,李鸿章与福禄诺在天津签订《中法简明条约》共五款,主要内容有:中法订立南省通商章程;中国承认法国对越南的"保护

---

① 《法国海军部档案》,第1314—1971页。
② 中国史学会:"中国近代史资料丛刊"《中法战争》(三),第321页。
③ 中国史学会:"中国近代史资料丛刊"《中法战争》(四),第48页。
④ 中国史学会:"中国近代史资料丛刊"《中法战争》(五),第327页。
⑤ 中国史学会:"中国近代史资料丛刊"《中法战争》(五),第309—310页。

权";中国将驻越清军撤回边境;法国不向中国索赔军费,并在拟定条约中,极力保全中国的体面等①。清朝认为:该条约"尚无伤国体,事可允行";茹费理也认为:"彼此意见亦已俱极相合"②。两国都批准了这个条约。

　　清朝的妥协退让,并未换回所企求的"和局"。由于对清军撤回的日期双方意见不一致,五月初,侵越法军800人向谅山进军,狂妄挑衅,与奉旨"不准稍退示弱"③的援越清军发生冲突。清军在观音桥(又名北黎)打败法军,史称"北黎事件"。战败的法国侵略者恼羞成怒,随即派遣海军中将孤拔率领远东舰队开到台湾海峡,闯进福建水师海军基地马尾港,进行武力讹诈,无理要求赔款25000万法郎,否则废约开战。法国驻华代理公使谢满禄向清廷提出最后通牒,限令7天内答复,否则将占领中国沿海一两个港口作为赔款的抵押品。

　　清廷准备再次向法国让步妥协,派两江总督曾国荃到上海与法新任驻华公使巴德诺谈判。巴德诺坚持要求赔偿巨额军费,蛮横地拒绝谈判。

　　法国看到外交讹诈达不到目的,就想借助战争来夺取。海军少将利士比的副官日格密建议:"我看海军分舰队的一个强力行动及占取一地以为质,对于强制中国履行天津专约是必不可少的。"④六月中旬,巴德诺秘密命令利士比率领3艘军舰向台湾基隆进发。法军猛烈炮轰基隆炮台,海军陆战队随即登陆,妄图掠取煤矿。督办台湾事务大臣刘铭传指挥基隆守军发炮还击,英勇杀敌,经过一个小时的激战,击毙法军100余人,首战告捷。

　　法国不甘失败。七月上旬,法国议会决定增拨3800万法郎的军费。七月初二日晚,孤拔下令次日向福建清朝的舰队发起进攻。当时指挥福建水师的船政大臣何如璋和会办海疆事宜的张佩纶等人害怕破坏和谈,对法国挑战的实情秘而不宣,又不准备应战。法舰于下午1时3刻向福建水师突然袭击。中国军舰猝不及防,仓促应战,被击沉2艘、重创4艘,损失惨重。何如璋、张佩纶竟弃师不顾,仓皇而逃。广大爱国官兵义愤填膺,英勇反击,特别是管带张成等指挥的旗舰扬武号,"临大敌而毫无畏惧",沉着应战。

---

① 中国史学会:"中国近代史资料丛刊"《中法战争》(五),第324、309—310页。
② 中国史学会:"中国近代史资料丛刊"《中法战争》(四),第148、149页。
③ 中国史学会:"中国近代史资料丛刊"《中法战争》(四),第154页。
④ 中国史学会:"中国近代史资料丛刊"《中法战争》(七),第218页。

另外,如福星号、飞云号、福胜号等军舰也都临危不惧,奋战不止。福建水师的军舰几乎全部沉毁,官兵伤亡700余人,两岸炮台亦被法舰轰毁。这一战役,史称"马尾海战"。

马尾海战之败,使清廷别无退路,在舆论的敦促下,清廷被迫对法宣战。七月初六日发表对法宣战诏书,痛斥法国侵略者的种种罪行:"此次法人背约失信,众怒难平,不得已而用兵。各省团练,众志成城,定能同仇敌忾,并著各该督抚督率战守,共建殊勋,同膺懋赏。"①随即下令滇、桂各军快速进兵,沿海各地加强战备。马尾海战之后,张佩纶、何如璋被发往军台效力,总督何璟、巡抚张兆栋被革职,水师营务处张成被判为斩监候。同时,清廷起用左宗棠督办福建军务,调任杨昌濬为闽浙总督,授刘永福为记名提督。

清朝对法宣战,标志中法战争正式开始。其战事,海上以台湾为战场,陆上以越南境内和中越边境为战场。

光绪十年(1884)八月初,孤拔主力舰队二犯台湾,试图强占基隆。清将曹志忠、章高元等部进行顽强的抵抗。法军同时进攻守备薄弱的沪尾。刘铭传认为,沪尾作为基隆的后路,万一失守,则"不可收拾,不得已只有先其所急,移师顾守后路"②。被迫放弃基隆,退守沪尾,连夜赶回协助守将孙开华等加强防务。接着,法军全力进攻沪尾,先以军舰大炮轰击炮台,然后以800余名法军分三路强行登岸,夺取大小炮台。孙开华、章高元等率军杀敌,激战数小时,打死法军17人,打伤49人,其余法军因争相上船而溺死者70余人。沪尾之役的胜利,沉重地打击了法国侵略者的狂妄气焰。一名法国军官说:"这次的失败使全舰队的人为之丧气。"③

法军在沪尾受创之后,不惜怂恿日本参加对华作战,又对台湾实行封锁政策,企图切断台湾与外界的联系,从而迫使台湾军民因受困而屈服。海上封锁一直持续到光绪十一年(1885)五月,台湾所有港口和沿岸5海里水域都被宣布为封锁区。法军的封锁并未如愿。由于其兵力不足,因而对台湾的威胁并不大,相反,法军因供应困难,士兵水土不服,病员激增,又处于中国军民袭击的威胁之中,其自身的处境也是困难重重。广东、福建、上海等

---

① 中国史学会:"中国近代史资料丛刊"《中法战争》(五),第518—519页。
② 中国史学会:"中国近代史资料丛刊"《中法战争》(五),第563页。
③ 罗亚尔:《中法海战》,中国史学会:"中国近代史资料丛刊"《中法战争》(三),第572页。

地的人民群众突破法舰封锁线,向台湾运送物资,积极支援台湾军民的抗法斗争。码头工人拒绝搬运法国货物,中国商人拒绝把食物卖给法国人,船坞工人拒绝修理法国战舰。台湾军民在大陆军民的有力支援下,多次击退向台北进犯的法军,保守住了台北。

光绪十一年(1885)二月,法军侵占澎湖,孤拔又率舰队侵犯浙江镇海。浙江提督欧阳利见在镇海海口严密防守:钉木桩、沉石船;海口之外设水雷;在西岸修长墙、添炮台,严阵以待。当法舰炮轰镇海招宝山炮台时,即遭到扼守炮台的周茂训部开炮反击。孤拔数次侵犯,都因守将兵勇奋力还击而失败,只得退踞澎湖。他身受重伤,不久毙命于此。直到战争结束,镇海军民始终严阵以待,毫不松懈。法舰虽然"欲蹈暇伺间,以图一逞,卒不可得"①。

数月前,茹费理批准孤拔和巴德诺的建议,对中国实行海上禁运,企图切断大米北运京师的海路,以逼迫清朝求和。此举遭到英国的强烈反对。清朝则改海运为运河运输,并利用外国航运公司的船只运米,再加上法国的军事力量不足以实行有效的封锁,从而粉碎了法国禁运大米的图谋。

法国在台湾战场失败,便在中越边境不断增兵,发动进攻,企图从陆路打开中国的防御缺口。

光绪十年十二月(1885年2月),北越法军统帅波里也指挥增援法军进攻谅山,直扑中越边境。前线清军统帅广西巡抚潘鼎新按照李鸿章"败固不佳,胜亦从此多事"的指示,采取消极防御,使法军占领中越边境的重镇镇南关(今友谊关)。法军得意洋洋地在关前立柱上用汉字写下"广西门户已不复存在"的狂言。镇南关人民也在关门立柱,针锋相对地写上:"我们将用法国人的头颅,重建我们的门户!"②

清廷革去潘鼎新广西巡抚之职,年近七旬的老将冯子材临危受命,起用为帮办广西军务。他大力整顿队伍,团结各军将领,集中统一指挥。他亲临前敌,选定距镇南关10余里的关前隘,依山凭险,在隘口抢修长墙,赶筑炮台,作为消灭法军的战场。他令王孝祺部为后路;苏元春部驻幕府,为西路;

---

① 薛福成:《浙东筹防录序》,《庸盦文编》卷三。
② 中国史学会:"中国近代史资料丛刊"《中法战争》(三),第530页。

王德榜驻油隘,为东路;冯子材本人驻军中路,策应各路军。各路部队部署完毕之后,得知法军将攻击其侧翼,便先发制人,主动出击文渊城,捣毁其堡垒。二月初七日晨,盘踞谅山的法军分三路直扑隘口。法军很快攻占东岭的三座炮台,冯子材率部誓死阻击,命王孝祺部抄袭法军后路,苏元春部赶到东岭争夺炮台,王德榜部切断补给线,各军协力夹击法军。双方鏖战至次日,"药烟弥漫,至不辨旗帜,弹积阵前逾寸,墙石且被毁"①。法军在炮火的掩护下,越过战壕,快要跃上长墙。冯子材当机立断,大呼一声,手执长矛冲向敌阵,全军感奋,个个争先效死,肉搏冲阵,经过"七上七下"的激烈拼搏,终于夺回三座炮台,猛轰法军。初九日,冯子材发起总攻,法军溃不成军,被击毙1000多人,残兵败将"被杀急,则投枪降,去帽为叩首状,以手捍颈"②。清军夺取其枪炮等不计其数。这就是威震中外的"镇南关大捷"。此战扭转了整个中法战争的局面。

冯子材决心乘胜追击,不给退守谅山的法军有卷土重来的机会,决定二月初十日挥师南下,进攻文渊城。"法人一败不复整,败文渊、败谅山、败谷松、败威坡、败长庆、败船头,由北而南,八日夜退二百余里。"③法军前线司令官尼格里所率第二旅团遭重创。清军又取得了"谅山大捷"。

二月十三日,法军在镇南关惨败的消息传到巴黎,巴黎人民上街示威游行,高呼"打倒茹费理"的口号,茹费理被迫倒阁下台。

正当冯子材领导中越军民同心协力,光复越南河山之时,突然传来朝廷的诏书,命令清军必须于光绪十一年(1885)二月二十二日停战,撤兵回国。原来,李鸿章害怕法国"因愤添兵"和"不胜不休"④,而慈禧、奕𫍯等害怕长期战争会激起"兵变"或"民变",自光绪十年秋以来李鸿章就设法与法国接触,或明或暗谋求议和。当谅山大捷报知清廷之后,李鸿章立即建议:"当借谅山一胜之威,与缔和约,则法人必不再妄求。"⑤他又致电总理衙门:"谅山已复,若此时平心与和,和款可无大损,否则兵又连矣。"⑥于是,慈禧决意

---

① 林绳武:《冯勇毅公神道碑》。
② 中国史学会:"中国近代史资料丛刊"《中法战争》(三),第120页。
③ 中国史学会:"中国近代史资料丛刊"《中法战争》(三),第120页。
④ 《光绪朝中法交涉史料》,中国史学会:"中国近代史资料丛刊"《中法战争》(五),第157页。
⑤ 罗惇曧:《中法兵事本末》,中国史学会:"中国近代史资料丛刊"《中法战争》(一),第26页。
⑥ 李鸿章:《李文忠公电稿》卷五,第24页。

"乘胜求和",即于二月十九日授权中国海关总税务司驻伦敦办事处苏格兰人金登干,和法国外交部政务司司长毕乐签订《巴黎停战协定》,重新肯定《中法简明条约》有效。

清军将士接到撤兵停战的诏书,无不"扼腕愤痛,不肯退兵"[1],"拔剑斫地,恨恨连声"[2]。张之洞、彭玉麟亦致电反对撤兵。朝廷回复道:"奉旨,撤兵载在津约,现既允照津约,两国画押断难失信。现在桂甫复谅,法即据澎,冯、王若不乘胜即收,不惟全局败坏,且孤军深入,战事益无把握;纵再有进步,越地终非我有;而全台隶我版图,援断饷绝,一失难复,彼时和战两难,更将何以为计?且该督前于我军失利时,奏称只可保境坚守;此时得胜,何又不图收束耶?著该督遵旨,亟电各营,如电信不到之处,即发急递飞达,如期停战撤兵;倘有违误,惟该督是问!"[3]严旨既下,冯子材、王德榜等诸将只得遵旨撤退。时有爱国人士赋诗填词:"电飞宰相和戎愦,雷厉班师撤战回。不使黄龙成痛饮,古今一辙使人哀。"[4]把清廷强令冯子材退兵比作南宋秦桧强令岳飞从朱仙镇退兵,抒发悲愤之情。

四月二十七日,李鸿章与法国驻华公使巴德诺在天津正式签订《中法和约》。条约规定的主要内容有:清朝承认法国与越南订立的条约;两国派人会同勘定中国与北圻的界线;清朝同意在云南、广西、广东三省的中越边界开埠通商;中国以后修筑铁路应同法国"商办"。清朝还将刘永福黑旗军召回关内,作为换回澎湖列岛的条件。从此,法国势力更深入到中国云南、广西,进一步加深了西南边疆的危机。

2. 日本侵华战争

19世纪70年代起,日本不断向朝鲜和中国扩张。光绪二年(1876),日本以武力威迫朝鲜签订《江华条约》,攫取免税贸易、领事裁判权和在朝鲜

---

[1] 罗惇曧:《中法兵事本末》,中国史学会:"中国近代史资料丛刊"《中法战争》(一),第26页。
[2] 胡传钊:《盾墨留芳》,中国史学会:"中国近代史资料丛刊"《中法战争》(二),第602页。
[3] 中国史学会:"中国近代史资料丛刊"《中法战争》(六),第385页。
[4] 阿英编:《中法战争文学集》,中华书局1957年版,第68页。

沿海自由航行等特权,从此逐渐向朝鲜渗透,并同清朝争夺对朝鲜的宗主国地位。光绪八年,日本以武力胁迫朝鲜缔结《济物浦条约》和《修好条规续约》,又攫取了在朝鲜的驻兵权。光绪十一年,日本宫内大臣伊藤博文对清军帮助朝鲜国王镇压"甲申政变"一事进行要挟,强迫清廷签订《天津会议专条》,规定日本与中国在朝鲜有同等的出兵权,这为以后日本入侵朝鲜提供了"合法"借口。

从80年代后期起,日本加紧扩军备战。光绪十一年(1885),提出一个以10年为期的扩军计划。光绪十三年,进一步制定了《征讨清国策》,梦想把中国辽东半岛、山东半岛、浙江舟山群岛、台湾和澎湖列岛划归日本版图,图谋对中国发动一场"国运相赌"的战争。光绪十六年,日本开始以百分之六十的国家财政收入来建立和发展近代化的海陆军。并以超过清朝的北洋海军为目标,重点添置海军中的速射炮和最新快舰。光绪十八年,日本提前完成10年扩军计划,并于次年起改为6年为期的计划。制定海军军令部条例,并成立战时大本营。

光绪十六年(1890),山县有朋出任内阁首相,发表施政演说,狂妄叫嚣中国东北、台湾是日本的"生命线",公然煽动反华狂潮。此后,东邦协会、东洋俱乐部、殖民协会等军国主义团体竞相成立,大肆煽动向中国大陆扩张。

光绪二十年(1894)三月,朝鲜爆发东学党起义。日本极力劝诱清朝出兵,从而援引《天津会议专条》之规定,为日本出兵制造借口。日本外务大臣陆奥宗光说:"日本假借这个好题目","索性借此时机促成中日关系的破裂"[1]。当李鸿章发觉日军在朝鲜占有优势兵力时,急忙提议两国同时撤兵,但为时已晚。日本蓄意扩大事态,提出"改革"朝鲜内政的计划。陆奥训示驻朝公使大鸟圭介:"促成中日冲突,实为当前急务,为实行此事,可以采取任何手段。"[2]

面对一触即发的战争形势,李鸿章深知北洋海军此时已远远落后于日本舰队,不敢以自己多年苦心经营的北洋舰队轻易一战,主张"避战自保",

---

[1] [日]陆奥宗光:《伯爵陆奥宗光遗稿》,第323页。
[2] [日]陆奥宗光:《蹇蹇录》,第69页。

力主乞求列强出面"调停",特别是幻想"联俄制日",借用沙俄力量迫日本从朝鲜撤军。但是沙俄害怕把日本推向英国的怀抱,从而造成对自己不利局面,故从起初"不能置身局外"①的承诺转而讨好日本,暗中怂恿日本在朝鲜扩大事态,伺机趁火打劫。英国又拉拢日本对抗沙俄,且又得到日本绝不侵犯英国在华利益的保证,从而不但不"调停"中日冲突,相反,却与日本签订《日英通商航海条约》,作为支持日本发动侵华战争的保证。

李鸿章主持军事和外交,一味求和,就是在"调停"无望的情况下,备战工作也十分不力。直到光绪二十年(1894)六月,在德宗"速筹战备以杜狡谋"密谕的催促之下,李鸿章才拟出作战计划。李鸿章派卫汝贵、左宝贵等部进驻平壤,又命令叶志超从牙山撤到平壤,准备放弃朝鲜南部而退守北部。可是日军抢先一步,于光绪二十年六月二十一日劫持朝鲜国王,组织傀儡政权,命令向中国宣战,还"委托日本将驻扎在牙山的中国军队驱逐出境"②。六月二十三日凌晨,在牙山口外往来巡逻的日本"吉野"等三艘舰船向"济远"、"广乙"、"高升"等三舰炮击围攻,正式挑起侵略中国的战争。这一年是农历甲午年,故称"甲午战争"。

中日战争的第一仗由日本不宣而战而打响。清朝高价雇用英国商船"高升"号作为运兵船,渡海运兵增援牙山港清军驻地。"高升"号被日舰击沉,船上官兵9000人壮烈牺牲,只有300余人遇救。"广乙"号是自制军舰,很快被击沉。"济远"号连发数炮,以尾炮三中日"吉野"号,边打边退,最后摆脱追击,撤出战场。同一天,日陆军4000人进犯牙山的清军。清军前敌指挥聂士成在成欢驿率部迎战,但因兵力悬殊且部署不当,成欢驿于当日失陷。驻守在公州的后援部队,由主将叶志超做统帅,不战而弃牙山,狂逃平壤。到七月,日军已全部控制朝鲜南部。

李鸿章认为,日本炮击悬挂英旗的"高升"号舰,"日敢无故击沉,英人必不答应"③。但是,幻想英国出面干涉的希望很快破灭。清廷内部谴责李鸿章"因循误国"的呼声愈来愈高。德宗发布"李鸿章严饬派出各军,迅速进剿"的上谕。两国正式宣战。

---

① 《清光绪朝中日交涉史料》卷一三,第30页。
② [日]陆奥宗光:《蹇蹇录》,第67页。
③ 李鸿章:《李文忠公电稿》卷一六,第32页。

两国虽然宣战,李鸿章仍"志存和局,致诸将观望不前"①,只是消极应战。清军进驻平壤近2万人,淮军与东北地方军却不相统属,清军总指挥叶志超又不积极备战,致使清军难以形成战斗力。八月初,日本第五师团长野津道贯率领1.7万人,分路包围平壤。八月十六日晨,日军发起总攻。马玉昆部守卫平壤东门和大同江左岸,卫汝贵部守卫西南门,分别击退攻城的日军。坚守北城的左宝贵部激战失利,退守玄武门,主将叶志超害怕退路被切断,想弃城而逃。左宝贵中炮牺牲,玄武门陷落。叶志超急令各部快速撤退,平壤失陷,整个朝鲜半岛落入日军手中。

平壤战役后的第二天即八月十七日,日本联合舰队又在鸭绿江口的大东沟海面袭击北洋舰队,展开海上决战,史称黄海大战。日本早就决定消灭北洋舰队,以夺取制海权作为其对华作战的首要战略目标。李鸿章一意保存自己的实力,不敢让舰队驰逐大洋,与日本争夺制海权,只求"保船制敌",保持近海防御能力。这一极端错误的方针与朝野群情激昂的抗战热潮极不协调。因此,李鸿章在朝鲜战争之后,只得违心地作出巡查朝鲜西北海面时"遇敌即击"的决定②。在这次海战中,双方的强弱之别是十分明显的。中方军舰舰龄过长,速度慢,火力弱,而日方舰队拥有最新式的军舰,速度快,火力强。武器装备的优劣对比,的确对中国不利。但关键是李鸿章不想真打,故其北洋舰队在丁汝昌率领下正准备返回旅顺基地时,竟毫无作战准备,在日舰突袭之下,匆忙形成杂乱的半月形阵势。日舰采取避开居中的"定远"、"镇远"两主力舰,而从左侧猛烈轰击背后两阵脚的作战方案,使北洋舰队队形顿时混乱,陷入被动挨轰的局面。尽管如此,北洋舰队大部分官兵沉着应战。丁汝昌在开战时受伤,仍忍痛督战。旗舰"定远"号受伤后,在舰体下沉,弹尽药绝的危情下,管带邓世昌令全速直冲日舰"吉野"号,日军为之惊慌失措。很不幸,"定远"号被鱼雷击中,舰上官兵250多人全都殉国。"经远"号也被日炮火击中,全体官兵在管带林永升的指挥下坚持战斗,直到与舰俱毁。其他如"来远"号、"超勇"号、"靖远"号等舰的官兵,都不畏强敌,奋勇还击,死身殉国。日舰"松岛"、"赤城"、"吉野"、"西京丸"

---

① 《清光绪朝中日交涉史料》,中国史学会:"中国近代史资料丛刊"《中日战争》(三),第109页。

② 中国史学会:"中国近代史资料丛刊"《中日战争》(三),第70页。

等皆受重创,死伤官兵 600 多人。侵略者也付出了血的代价。双方激战到傍晚,以日舰主动撤离战场而结束。昏庸而无耻的李鸿章夸大损失,坚持避战,以"保船制敌"为借口,竟下令舰队余部退避威海卫军港,不准出海作战,造成了悲惨结局。

九月二十六日,日本第一军陆路军由山县有朋指挥渡过鸭绿江,于次日进攻重镇九连城东北的虎耳山。除部分将领如马金叙、聂士成等率部奋起抵抗外,大多一触即溃。至二十八日,九连城和安东(今辽宁丹东)等城相继失守。其后 20 余天,凤凰城、宽甸、岫岩等城相继失守,整个东边道几乎全境沦陷。日军兵分东、西两路,直扑辽阳。同时,由日本陆军大臣大山岩指挥的海路军,登陆金州(今属辽宁大连)的花园口,直扑重镇金州。旅顺守将徐邦道率部援救金州,因伤亡过重,金州陷落,徐邦道退守旅顺。大连守将赵怀益毫不抵抗,忙于逃跑。十月十日,日军不费一兵一卒,占据大连港口。二十日,大山岩指挥的日军从后路进攻旅顺。据守旅顺的清军将领龚照玙却在前一日逃往烟台,只有总兵徐邦道部孤军苦战。日军炮轰旅顺,发起总攻。徐邦道孤军无援,"痛哭求援于诸军,无一应者"①,终因寡不敌众,于二十四日,旅顺失陷。

是役,日军的伤亡大约只有 300 人。攻占这座要塞后,疯狂地进行连续 4 天的血腥大屠杀,中国同胞死者达 2 万余人。幸存者仅有 36 人!日本外相陆奥宗光在回忆中承认:"旅顺事件,虽无传说之甚,可能有若干无谓的杀戮。"②如今,旅顺白云山上的"万忠墓",是对这些死难者的悼念,也是日本侵华的一页血腥记录。

日军下一步就是集中全力消灭隐藏在山东半岛威海卫的北洋舰队。光绪二十年十二月(1895 年 1 月),日舰从正面封锁威海卫港口,日军 2 万余人在山东荣城龙须岛成山头登陆,从背面包抄威海卫后路。次年一月五日,日军占领南帮炮台,八日又攻占北帮炮台。二十三日,威海卫失守,北洋舰队宣告覆没。当时水师提督丁汝昌在腹背受敌的绝境下仍不投降,竭力组织反攻。日本联合舰队司令伊东佑亨写信给他,劝其投降,他复信说:"予

---

① 易顺鼎:《盾墨拾余》。
② [日]陆奥宗光:《蹇蹇录》,第 53 页。

决不弃报国大义,今唯一死以尽臣职。"①遂服毒自杀。

清军连续遭到惨败,清廷认为淮军不可恃,遂决定起用湘军,任命两江总督、湘军"名将"刘坤一为钦差大臣,督办东征军务,湖南巡抚、清流"名士"吴大澂,淮军总统宋庆为副帅,督兵6万,驻扎山海关内外。这是以德宗为首的主战派的最后一试,也是清朝在对外战争中的最大一次用兵。然而刘坤一却是一名鸦片瘾君子,没有鸦片刺激无法正常办公。前线数万清军胡乱安置,毫无战略部署可言。二月上旬,湘军连失牛庄、营口、田庄台等(皆属辽宁省境)军事要地,不到10天时间,6万清军全线溃败。清廷已山穷水尽,无路可走,只得急忙任命李鸿章为全权大臣,赴日本议和。

早在黄海战役之后,清廷主和派就开始央求列强调停中日战争,但各国都想乘机扩大势力,无意帮清朝的忙,致使调停告吹。随着日军大举入侵辽东半岛,清廷再度乞和。十一月下旬,清廷正式委任户部侍郎张荫桓、署湖南巡抚邵友濂为全权大臣,赴日本求和。日本借口所谓张、邵的代表"委任权"不完全,拒绝谈判,并私下指名要奕䜣或李鸿章担任议和大臣。当清军在辽东半岛、威海卫和山海关等战场进一步溃败,清廷被迫改派李鸿章为头等全权大臣赴日求和。二月,李鸿章在其子李经方、美国顾问科士达等人陪同下,前往日本马关(今下关)议和。行前,李鸿章上折陈述其议和主张,即"但能力图自强之计,原不嫌暂屈以求伸",只是地有多寡要次之分,须力与争辩,谈判定有一番周折,朝廷必须密为筹备,防止日军直犯近畿等②。由此可知,积弱之国无外交。二十八日,日本自由党暴徒小山丰太郎在李鸿章回旅馆途中进行狙击,伤势甚重。日本担心由此而横生枝节,使日本对中国的勒索"将陷于不得不大为让步的地步"③。于是,日方急于停战谈判。

在缔结和约的谈判中,日本首次公布议和条件,漫天勒索。李鸿章不敢允诺,不得不多次争辩,又提出全面修订案,如允割辽南安东等四地与澎湖列岛,赔款1亿两。新订商约"以中国与泰西各国现行约章为本"。三月十六日,日本又提出修改稿,并声称此为"尽头"条款,若不答应,必将大举进兵。在日本的威胁和逼迫下,清廷批准李鸿章"遵前旨与之定约"。三月二

---

① 日本海军司令部:《廿七、八海战史》下卷第十一章第一节。
② 王芸生:《六十年来中国与日本》第二册,三联书店1982年版,第220—222页。
③ [日]陆奥宗光:《蹇蹇录》,第137页。

十三日,中日双方在春帆楼最终签订《马关条约》11款,附有"另约"和《议订专条》各3款。半个多月后,中日双方互换批准书,《马关条约》开始生效。

《马关条约》的主要内容有:第一,承认朝鲜"独立",即承认日本控制朝鲜,其后果是严重地威胁中国东北边境的安全;第二,割让辽东半岛、台湾全岛和澎湖列岛给日本,这严重地破坏了中国领土主权的完整;第三,赔款2亿两库平银,从此中国的财政独立地位丧失,不得不靠借贷为生;第四,开放沙市、重庆、苏州、杭州为通商口岸,日船可以沿内河驶入上述口岸,并可在此设立领事馆;第五,日本在通商口岸任便开办工厂,并免征各种杂税等。此条约之屈辱,丧失领土主权之重,损失权益之多,赔款数额之巨,创下鸦片战争以来的空前纪录,是中国的一次空前浩劫①。

《马关条约》签订的消息传入国内,群情激愤。康有为等举人"公车上书",主张拒和废约,迁都再战。上海《申报》有时文曰:"我君可欺,而我民不可欺;我官可玩,而我民不可玩"②,表达了各阶层人民抗日拒约的强烈呼声。

清廷在日本的威逼下,决定如期交出台湾。全国人民知悉后,悲愤交集,台湾人民更是决心为反抗日军侵台奋战到底。"愿人人战死而失台,决不愿拱手而让台。"③台湾人民在吴汤兴、徐骧、姜绍祖、林崑冈、简成功父子等人的领导下,迅速组建抗日武装义军,他们配合驻守台湾的刘永福部,与日军进行了长达5个月的反对割让台湾的浴血奋战。台湾抗日军民拥戴刘永福为首领,先后在台北新竹,台中彰化、云林、嘉义、打狗港(今高雄市)等地与日军激战,直到弹尽壮烈牺牲。在这场保卫台湾的抗战中,台湾人民击毙日军4600多人,日军近卫师团长北白川能久亲王、第二旅团长山根信成少将,也被击毙。

《马关条约》签订后,俄、德、法三国为了维护他们在远东的利益,上演了一场三国干涉还辽的闹剧。三国施加压力,英、美等国亦不支持日本占有辽东。日本无力抗拒列强的要挟,被迫将辽东半岛归还中国,又从中国勒索

---

① 参见徐彻、董守义编:《清代全史》第九卷,第147页。
② 《申报》1895年7月15日。
③ 《台民布告》,中国史学会:"中国近代史资料丛刊"《中日战争》(一),第203页。

了白银3000万两,作为还辽的交换条件。

甲午战争及《马关条约》给中国造成的后果极其严重:不仅加快了中国"殖民地化"的历史进程,加深了中国的灾难程度,又开创了瓜分中国的先例,以此为开端,引发了帝国主义列强掀起瓜分中国的狂潮。

3. 日俄以武力争夺东三省

当日本通过发动侵华战争,夺得中国的辽东半岛及朝鲜,就与沙俄在东北地区的殖民利益发生冲突。还在中日战争进行中,沙俄就十分密切地注视着日本对中国、对朝鲜进行的扩张图谋,千方百计予以阻挠,并带头联合德、法共同出面干涉。接着,又抢先强占旅顺、大连,并在旅顺建立海军基地。这一切,深深地激怒了军国主义的日本,感到沙俄是日本向中国扩张的一个严重障碍。

光绪二十六年(1900)沙俄趁义和团运动爆发,出兵侵占了中国东北三省。《辛丑条约》签订后,沙俄仍赖在东北不走,在中东铁路沿线部署军队、警察,还攫取了松花江等中国内河的航运权,以及取得在东北许多地方的开矿、占地、伐木等特权。沙俄在东北地区的侵略行径激起了中国人民的反抗,而日本、英国、美国也各自从本身的侵略利益出发,向沙俄施加压力。

英国从东北地区的战略地位和侵华全局出发,决不容许沙俄独霸中国东北,因而积极寻找同盟者。最初选择德国,希望借助于1900年10月的"英德协定"来阻止沙俄在中国东北的扩张,但德国为了避免得罪沙俄,把中国东北排除在协定之外。英国只得另寻新的同盟者,与仇俄的日本一拍即合。沙俄视中国东北为禁脔,又与美国的"门户开放"、"机会均等"政策相冲突,从而又引起了彼此的利益矛盾。

在这种情况之下,沙俄被迫作出让步的表示。光绪二十八年(1902)春,中俄签订《交收东三省条约》,沙俄同意其在中国东北的军队在一年半内分三期撤出。第二期期限(1903年4月)将至,却节外生枝地提出在东北三省享有特殊权益的七项无理要求,作为撤军的前提条件,不但企图继续霸占中国东北,还想控制蒙古。光绪二十九年七月,沙俄在旅顺特设"远东总督府",原"关东省"首席长官阿历克谢耶夫任总督,以旅大租借地和中东铁路沿线作为其辖区,给以战争和外交全权。还专门设立一个由沙皇兼任主席的"远东事务特别委员会"。到第三期(1903年10月),沙俄增兵,重新占据奉天省城(今沈阳),妄想把中国东北地区变成它的"黄俄罗斯"或"黄色俄国"①。

从光绪二十九年(1903)起,日、俄为争夺中国东北侵略权益,多次举行谈判,终因双方的要求差距太大而无法调和,未能达成分赃协议。因为英日结为同盟,又有美国的支持,日本积极准备对沙俄作战。日本总参谋长儿玉源太郎在给天皇的奏报中说:"这是一次日本在战场上将十战六胜的良机。果真如此,我们就能指望某个国家会为和平谈判而出面帮忙。"②日本决定发动对俄战争。光绪三十年初,日本宣布中止与沙俄的谈判,关系正式破裂。日军突袭沙俄舰队,双方宣战。一场为争夺中国东北的帝国主义掠夺战争爆发。

日、俄双方在海、陆战场上全力拼杀。日、俄舰队在旅顺口附近发生多次海战,沙俄海军遭受重创,其波罗的海舰队在对马海峡几乎全军覆没。旅顺、大连被日夺占。日本陆军一路进攻,逼近辽阳,牵制了辽沈地区的俄军主力。日俄在辽阳会战,俄军惨败。八月,俄军主力撤退到沈阳。光绪三十一年(1905),双方投入60万大军展开沈阳大战。俄军失败,继续向北退却,但日军因战争损耗巨大,也无力继续进攻,战争呈僵持状态。

这是一场两个帝国主义强盗为争夺中国东北而在中国的土地上进行的掠夺战争,给战区人民带来巨大灾难。盛京(今沈阳)地区"陷于枪烟弹雨之中,死于炮林雷阵之上者数万生灵,血肉飞溅,产破家倾,父子兄弟哭于途,夫妇亲朋号于路,痛心疾首,惨不忍闻"③。其他地区同样是"兵连祸结,无辜惨死,血肉横飞。其槁项黄馘,饿死沟壑者,朋侪相庆,以为善终"④。

两个帝国主义强盗在中国的领土上厮杀,清廷进退两难,不敢亲近一方或疏远一方。当日俄战争一触即发时,袁世凯于光绪二十九年(1903)冬上

---

① 陈复光:《有清一代之中俄关系》,第339页。
② 詹森:《日本与中国:1894—1972年从战争到和平的时期》,第81页。
③ 《盛京时报》光绪三十二年九月初一日。
④ 《东三省权宜策》,《东方杂志》1904年第九期。

疏朝廷说:"附俄则日以海军扰我东南,附日则俄分陆军扰我西北。不但中国立危,且恐牵动全球。日俄果决裂,我当守局外。"①当时清朝的军事实力,确实不足以阻止日俄战争在中国爆发。所以,腐朽无能的清廷竟宣称:"(日俄)彼此均系友邦",中方自守中立。

日本虽在陆、海两个战场取得胜利,但因战争耗损巨大,难以继续作战。而沙俄因1905年爆发国内革命,沙皇政府忙于镇压本国人民,也无力继续作战。日俄战争最后以沙俄失败而告终。1905年6月,在美国的调停下,日、俄各派代表到美国朴茨茅斯谈判。9月5日,日俄签订《朴茨茅斯条约》,其中规定俄国将旅顺口、大连湾租借地和南满铁路(长春至旅顺口)连同其支线、煤矿等利权无偿"转让"给日本;长春以北为北满,归沙俄享有特殊利益;日俄两国除铁路警备队外,同时撤走在中国东北三省的军队。这场战争,以日、俄在东北划分势力范围而结束。

4.帝国主义列强瓜分中国

中日甲午战争后,帝国主义侵略势力争先恐后地冲向中国,力图攫取更多权益,并进而瓜分整个中国。帝国主义列强瓜分中国的开端,始于甲午战争,尤以"三国干涉还辽"为标志。早在甲午战争之前,沙俄就拟定了兼并东北的计划,并选中旅顺和大连作为沙俄远东地区的"不冻港"。光绪十七年(1891),沙俄不顾窘困的财政状况,修筑西伯利亚铁路,并试图加强远东地区的力量。甲午战争期间,俄国资产阶级的舆论喉舌《新闻报》竟鼓吹利用这一战争的"大好时机","干净利落地解决中国问题,由欧洲有关的几个主要国家加以瓜分"②。当沙俄得知日本要割占中国辽东半岛并正式签订《马关条约》时,便急忙向法、德两国建议,采取共同行动,"劝说"日本放弃割占辽东半岛。最后,日本被迫接受三国的要求,但向中国索取3000万两的"赎辽费"。这是帝国主义列强在19世纪末瓜分中国狂潮中的最早

---

① 《清季外交史料》卷一七九,第4页。
② [俄]鲍·亚·罗曼诺夫:《日俄战争外交史纲(1895—1907)》,第34页。

迹象。

以沙俄为首的"三国干涉还辽"给清朝造成好感,朝廷官员都想结交沙俄,幻想依靠沙俄的"邦交"来保护,以对付日本。

沙俄想利用日本的威胁来恫吓清朝,以"共同防日"为引诱,企图实现控制中国东北地区的野心。光绪二十一年(1895)冬,向清廷索取以"还辽"有功的"报酬",迫使同意俄舰到胶州湾"过冬"。沙俄财政大臣维特一直希望中俄结盟。清廷同意沙俄取道中国东北地区,把西伯利亚铁路修到海参崴。次年夏,沙皇尼古拉二世举行加冕典礼,沙俄决定利用这个机会企图与清朝贺冕的专使作秘密谈判。为此,拒绝湖北布政使王之春为清朝出使,而暗示惟有具备"健全的头脑和合理的看法"①的李鸿章才胜任此行。在沙俄的要求下,清廷任命李鸿章为"钦差头等出使大臣",出使庆贺沙皇加冕。沙皇担心李鸿章先到英、德等国访问,特派员在苏伊士运河抢先迎接他赴俄。沙皇亲自接见,给予高级礼遇。然后,由财政大臣维特、外交大臣罗拔诺夫与之秘密谈判。维特一再强调沙俄"帮助"和"保护"中国,必须首先修筑一条"最捷径地来到海参崴的铁路。为此,它就得穿过蒙古和满洲的北部"②,才具有战略意义。在沙俄的威逼和利诱下,光绪二十二年,李鸿章同维特和罗拔诺夫在莫斯科签订了针对日本的《中俄密约》(即《御敌互相援助条约》)。条约的主要内容有:日本如侵占沙俄远东或中国或朝鲜,中俄两国互相援助;战争期间,中国对俄舰开放所有口岸;中国允许沙俄修筑和经营经过黑龙江、吉林直达海参崴的铁路;沙俄无论战时或平时,均可在该路上运送军队及军需品;等等。这样,沙俄通过欺骗手段,在中国东北三省取得了种种特权,并且抢占和控制铁路沿线地区,使此地区逐步变成俄国的势力范围。

俄国对中国东北三省的攫取,空前地加剧了帝国主义列强之间的矛盾,同时也大大地刺激了列强对清朝的勒索。列宁就指出:"欧洲各国政府一个接一个拼命掠夺(所谓'租借')中国领土,瓜分中国的议论并不是无的放矢。如果直言不讳,就应当说:欧洲各国政府(最先恐怕是俄国政府)已经

---

① [俄]维特:《维特回忆录》第二卷,第53页。
② [俄]维特:《维特回忆录》第二卷,第53—54页。

开始瓜分中国了。"①帝国主义列强就此掀起了抢夺沿海港湾、划界、租地,争夺势力范围与瓜分中国的狂潮。

早在三国干涉还辽事件之前,德皇威廉二世就想通过支持沙俄吞并中国一些领土的外交手腕,来争取沙俄支持它谋求中国的一个良港。于是俄国支持德国向清廷提出长期"租借"胶州湾的要求,以便为自己觊觎旅顺、大连而制造理由。光绪二十三年(1897)十月,德国利用两名德籍传教士在山东巨野被杀事件,派军舰强占胶州湾。次年二月,德国强迫清廷签订《胶澳租界条约》,规定将胶州湾租借给德国,租期为99年,在这期间胶州湾完全由德国管辖;清廷允许德国在山东境内修筑两条由胶州湾到济南的铁路,德商并有权开采铁路沿线30里内的矿产;清朝在山东境内举办任何事业,如需外国人、外资和外国器材,德国享有优先承办权。这样,在"租借"的名义下,山东省变成了德国的势力范围。

狡猾的沙俄决定趁火打劫,以"监视德国""保护中国"及显示"中俄联盟之证"为幌子,于光绪二十三年(1897)十一月派军队强占旅顺口和大连湾。慈禧太后、李鸿章等竟称此举为沙俄讲"信义",命令旅顺守将随时接济俄舰所需物资。沙俄使出军事讹诈和金钱收买手段,威逼利诱清廷于光绪二十四年三月初和三月十七日分别签订了《旅大租地条约》和《续订旅大租地条约》。沙俄"租借"旅大后,东北三省就完全沦为沙俄的势力范围。

法国也以干涉还辽有功自居,向清廷强求"回报"。早在光绪二十一年(1895),法国就强占了云南边境的猛乌、乌得等地,要求清朝修改中法条约。在德、俄分别强租胶州湾和旅大之后,也要求"租借"广州湾(今湛江)。光绪二十三年二月,法国强迫清廷同意不将海南岛割让给他国。光绪二十五年十月初四日,中法正式签订《广州湾租界条约》,规定把广州湾及其附近海域租借给了法国,租期99年;中国允许法国承办越南至昆明、广州湾的赤坎至安浦两条铁路的修筑;又同意不把两广、云南割让给他国。这样,两广和云南的大部分地区就成为法国的势力范围。

英国在华的侵略势力和得来的权益一直占有优势。为了抵制沙俄势力南下,英国要求租借山东威海卫为军港,作为"补偿"。光绪二十四年(1898)五月

---

① 列宁:《中国的战争》,《列宁选集》第一卷,人民出版社版,第214页。

十三日，英国强迫清廷签订了《订租威海卫专条》，取得威海卫海湾连同刘公岛和威海卫沿岸10里宽地段的租借权。这就使得英国在向中国北部扩张并对付沙俄有了可靠据点。又为抵制法国在中国西南地区的扩张，英国于光绪二十三年掠夺中缅边境上原属中国的一些领土，并取得南碗（猛卯）三角地的"永租权"，逼迫清朝开辟广东三水、广西梧州等地为商埠。光绪二十四年初又强迫清廷宣布不将长江沿岸各省让租给他国。这样，长江流域就沦为英国势力范围。当法国强租广州湾后，英国立即要求租借九龙半岛作为"补偿"。同年四月，清廷被迫同英国签订《展拓香港界址专条》，把深圳河以南、九龙半岛界限街以北以及附近岛屿的中国领土，即所谓"新界"，租借给英国，租期为99年。

在甲午战争中已掠夺大量权益的日本，仍不满足。光绪二十四年（1898）闰三月，也强迫清廷声明不把福建省及其沿海地区让租给他国，福建就沦为日本势力范围。光绪二十五年二月，意大利也以炮舰相威胁，企图强迫清廷租借浙江省的三门湾，因被清廷拒绝，未果。

帝国主义列强在中国划分势力范围的过程中，既有争夺，又有勾结，总是以牺牲中国的主权、背着清朝私订分赃协议以换取彼此之间的妥协。这深刻地反映当时中国所处的低下的国际地位和被列强肆意瓜分的险恶形势。

当帝国主义列强竞相在中国强占海港、划分势力范围之时，后起的美国正忙于与西班牙争夺在菲律宾、古巴权益的美西战争。但它同样对中国这块肥肉垂涎已久，怎能甘心落在后面。美国在打败西班牙之后，美国总统麦金莱就立即声称美国"绝不在东方寻求一点非共同的利益"，而仅"要求门户开放"[①]。光绪二十四年（1898）冬，麦金莱在向国会递交的咨文中声称："正在中国发生着的重大事件，美国绝不是一个漠不关心的旁观者"，"我们有理由要求在这方面的利益获得友好的待遇。我的目的，是要用一切适当的、合于美国政府传统的手段，来促进美国在该地区的巨大利益"[②]。美国夺得菲律宾后，为其争夺在中国的权益提供了侵略基地。美国国务卿海约

[①] 泰勒·丹涅特：《美国人在东亚》，商务印书馆1959年版，第525页。
[②] 转引自卿汝楫：《美国侵华史》第二卷，三联书店1956年版，第440页。

翰于光绪二十五年八月至十月期间,先后训令美国驻英、法、德、意、日、俄等国的大使向各驻在国家政府进行交涉,征询各国对美国"门户开放"政策宣言的意见,并请对方作出承诺。"门户开放"政策的基本内容有:各国在中国的租借地和势力范围内,不得对他国的通商口岸、筑路、开矿等既得利益加以干涉;各国对运往自己势力范围内的他国货物,一律由中国政府以现行关税税率征税;各国在自己势力范围内,对征收他国船舶的港口税和货物的铁路运输费,应一律平等,不得征收高于本国的港口税和铁路运费;等等。美国提出"门户开放"政策,企图通过"机会均等"的手段,使整个中国市场对美国商品自由开放,使美国在没有自己的"势力范围"的劣势下,同样享受"势力范围"的特权。

"门户开放"政策提出后,首先得到未能在中国取得势力范围的意大利的赞成。经济发展迅速的德国、日本和法国也表示可以接受。在华贸易拥有绝对优势,但又受到德、俄、日等国严重挑战的英国,提出将九龙展地置于"门户开放"政策实施范围之外的先决条件之后,更是完全赞同。只有沙俄表示勉强接受。"门户开放"政策缓和了帝国主义列强在中国争夺的矛盾,而美国理所当然地成为这一政策的最大受益者,为其凭借经济优势掌握主宰中国的领导权创造了有利条件[①]。

甲午战争后,帝国主义列强对中国的经济掠夺和侵略方式发生根本变化,从输入廉价商品转变为竞相向中国输入资本,进而夺取中国的各项利权。这一期间,帝国主义列强向中国扩大资本输出的主要方式有:

第一,向清朝给以政治贷款。如清廷没有能力在3年内向日本支付2亿两"赔款"以及3000万两"赎辽费",他们就乘机表示可以提供附有政治条件的贷款,争当中国的债主。在威逼利诱下,清廷先后有三次大借款。光绪二十一年(1895)六月,俄、法以"干涉还辽"有功为补偿,签订《俄法洋款合同》,争得第一次借款权,清廷以海关收入作担保,使俄、法插手中国的海关管理。光绪二十二年二月,英、德联手与俄、法竞争,签订《英德洋款合同》,取得第二次借款权。合同规定,借款还清之前,中国海关总税务司应由英国人担任,从而英国控制了中国海关。光绪二十四年二月,英、德再次

[①] 参见徐彻、董守义主编:《清代全史》第九卷,第162—166页。

联手,夺取第三次借款权,签订《续借英德洋款合同》。从光绪二十一年到二十六年,共借款45100余万两白银,其利率之高、折扣之大,使清朝对帝国主义的财政依赖更加深了。

第二,投资修筑中国的铁路。甲午战争后的短短几年内,中国长达19000多里的铁路投资权和修筑权被列强攫取。他们控制的铁路修筑到哪里,哪里的大片土地和矿产资源就被控制了,还包括行政权和警察权。从而使铁路所到之处的中国领土主权名存实亡。

帝国主义列强争夺中国铁路的投资权,主要集中在芦汉(从芦沟桥到汉口)、津镇(从天津到镇江)、粤汉(从广东到汉口)等几条重要干线上。

清廷首先想用官款修建芦汉铁路,因国库空虚,改为官督商办,均未果,只得借洋款由外国人包建。光绪二十三年(1897)六月至二十四年五月,俄、法利用比利时银行团出面,取得芦汉铁路的投资权及修筑和经营权。

英国原想独揽津镇铁路的修筑权,但德国表示其在山东有独占权,也应参与,否则铁路就不允许穿过山东境内。英、德经过交涉和妥协,于光绪二十四年(1898)七月达成协议:天津到山东南境一段由德国修建,山东南境到镇江一段由英国修建,全线竣工后由双方共管。光绪二十五年四月,英、德逼迫清廷签订了《津镇铁路借款草合同》。

光绪二十四年(1898)三月美国夺得粤汉铁路的借款权和修筑权。当时正值美西战争爆发,德国倡议欧洲各国干涉美国,英国却反对这一倡议而谋求与美国分享粤汉铁路的投资权。光绪二十五年,英美签订协定,规定美国所取得的粤汉铁路允许英国投资,英国取得的广九铁路也允许美国投资。

第三,开设工厂和投资矿山。依照"利益均沾"的原则,《马关条约》所规定的日本拥有在通商口岸投资设厂的特权列强均可享有。由此外资企业渗透到中国的各个经济部门,取得巨额利润,严重地损害了中国民族工业的发展。此外,还加紧掠夺中国的矿产资源。美国首先于光绪二十二年(1896)提出"合办"门头沟煤矿,到光绪二十五年,美国夺得山西平定、盂县煤矿的开采权和四川麻哈金矿的开采权;英国夺得四川全省、山西盂县等地和河南怀庆附近地区的矿产开采权,以及热河朝阳煤矿的开采权;沙俄夺得中东铁路及其支路沿线的矿产开采权,以及新疆全省金矿的开采权;法国夺得四川灌县等地煤矿的开采权和四川金矿的开采权;德国夺得山东胶济铁路沿线和沂水、烟台等地矿产的开采权。

随着帝国主义列强对华商品输出继续增多,中国的对外贸易入超越来越严重。从光绪十六年(1890)到二十六年10年间,每年的入超额由3000多万增至6000多万海关两。帝国主义不断向中国扩大资本输出,疯狂地掠夺和剥削,使中国的经济越来越依赖外国。

甲午战争后帝国主义列强掀起的瓜分狂潮,给中国带来空前的民族灾难和社会危机,中华民族面临着亡国灭种的危险。在如此形势下,救亡图存已成为中国社会各阶级、阶层和社会集团的当务之急和首要责任。

第七章 救亡图存的尝试

1. 德宗与康梁变法

甲午战争后,赔款割地,帝国主义列强划分势力范围,使中国面临亡国的危险。这更加激起德宗"图强雪耻"的思想感情。清廷朝野面对亡国险境,纷纷上书言事,倡导变法革新,启迪着德宗"图强雪耻"的心扉,与之思想共鸣。而康有为等维新派人士给予的思想影响,是促使德宗产生维新变法思想的一个不容忽视的重要因素。

光绪二十一年(1895)三月,《马关条约》签订的消息传来,国内群情激愤。四月,康有为发动在京师考试的1200多名举人联名"公车上书",提出拒和、变法、迁都、练兵等政治主张,震动朝野。由于顽固派的封锁,德宗没有看到这份《上清帝第二书》(即"公车上书")。

"公车上书"不久,康有为会试中进士,授工部主事。五月,康有为又上《请及时变法富国养民教士治兵呈》,其内容比前一次更具体,反复强调变法之紧迫,备陈变法之方和缓急先后之序。这次上书由都察院转呈送到德宗手中。读到康有为的上书,德宗精神一振,思想受到极大震动。他感到康有为的变法主张有利于挽救国家危亡,重振清朝统治的活力,即命誊录副本三份:一份送慈禧太后,一份发军机处,一份存乾清宫,原件留勤政殿备参。康有为以工部主事的名义又提呈第四次上书,提出"设议院以通下情"的主张。由于上书中触及变革政治体制,遭到顽固派的扣压,德宗没有读到。

光绪二十三年(1897)十月,德国强占胶州湾。康有为闻之,急忙从上海赶赴京师,又向德宗数次上书。在其中一次上书中,他既分析了国际和国内形势,又指出了民族危机的严重性:"譬犹地雷四伏,药线交通,一处火燃,四面皆应"。他反复强调维新变法、救亡图存刻不容缓,鼓动德宗"发愤维新",否则"皇上与诸臣,虽欲苟安旦夕,歌舞湖山,而不可得矣;且恐皇上与诸臣,求为长安布衣而不可得矣"①。这第五次上书又被工部尚书淞溎扣压下来。后经高燮曾、翁同龢力争转呈,这第五次上书历经曲折终于上达德宗手中。德宗阅毕康有为的上书,为之心动,"上嘉纳之"②,准备召见康有为,以便面谈。但奕䜣等以"本朝成例,非四品以上官不能召见,今康有为乃小臣,皇上若欲有所询问,命大臣传语可也"③,加以阻拦。于是,德宗只得"命总理各国事务衙门大臣接见康有为询问天下大计,变法之宜。并令如有所见及有著述论政治者,由总理各国事务衙门进呈"④。光绪二十四年正月初三日,德宗命李鸿章、翁同龢、荣禄、廖寿恒、张荫桓等五大臣向康有为"问话"。康有为再次痛陈变法主张,得到了翁同龢的赏识。德宗于是谕令对康有为的条陈不得扣压,必须随到随送。同时"命总理各国事务王大臣进工部主事康有为所著《日本变政考》、《俄皇大彼得变政记》等书"⑤。正月初八日,康有为又上《应诏统筹全局折》(第六次上书),请求德宗厉行变法,指出:"变则能全,不变则亡,全变则强,小变仍亡。"德宗读了康有为的多次上书,"大购西人政书,遂决变政"⑥。广泛阅读有关书籍,使德宗开启了政治视野,增强了变法的决心。

当时,在国内宣传维新思想的学会和报纸如雨后春笋大量涌现,而顽固派则纷纷出马攻击和弹劾宣传维新思想者。御史文悌上章弹劾康有为组织的"保国会""名为保国,势必乱国","徒欲保中国四万万人,而置我大清国于度外"⑦。德宗针对如此诬蔑之词反驳说:"会为保国,岂有不善!"⑧即下

---

① 中国史学会:"中国近代史资料丛刊"《戊戌变法》(二),第188—192页。
② 朱寿朋:《光绪朝东华录》(四),总第4024、4017页。
③ 梁启超:《戊戌政变记》,《饮冰室全集》专集之一,第10页。
④ 朱寿朋:《光绪朝东华录》(四),总第4024、4017页。
⑤ 朱寿朋:《光绪朝东华录》(四),总第4024页。
⑥ 中国史学会:"中国近代史资料丛刊"《戊戌变法》(一),第313页。
⑦ 文悌:《严参康有为折稿》,中国史学会:"中国近代史资料丛刊"《戊戌变法》(二),第485页。
⑧ 康有为:《康南海自编年谱》,中国史学会:"中国近代史资料丛刊"《戊戌变法》(四),第143页。

令将文悌革职,保护了维新人士免遭诬陷。

光绪二十四年(1898)春夏之交,德宗决定利用不断高涨的维新运动来推行新政,于光绪二十四年(1898)四月二十三日,德宗颁布《明定国是》诏书。从这一天到八月初六日慈禧发动政变为止,历时103天,故史称"百日维新"。

《明定国是》诏书的颁布,标志着数十年来鼓吹宣传变法,终于付诸实践。所谓"明定国是",就是向全国公布变法新政的基本方针,实际上也是德宗变法维新的宣言书。诏书号召:"嗣后中外大小诸臣,自王公以及士庶,各宜努力向上,发愤为雄","共济时艰,不得敷衍因循,徇私援引"①。凡有爱国之心的中国人,无论维新派还是主张变法的清廷官员,都"捧读感泣,想望中兴",朝野"举国欢欣"。

从颁布《明定国是》诏书起,德宗先后发出变法诏令、谕旨达180多件,涉及政治、经济、人才、文化教育等诸多方面。其主要内容有:第一,在政治方面,裁汰冗员,删改则例,取消重叠的行政机构,允许官员上书言事,允许"族人"自谋生计。第二,在经济方面,设立农工商局,保护和鼓励发展农工商业;设立路矿总局,发展铁路和采矿业,创办邮政,改革财政,编制国家预算等。第三,在文教方面,废八股,改试策论,取消书院,设立学校,创办京师大学堂,设立译书局,翻译外国新书,允许自由创立报馆和学会,派留学生出国学习等。第四,在军事方面,训练海、陆军,裁减绿营,力行保甲,使用洋枪,改练洋操等。

这些新政措施反映了新兴的资产阶级变革与参政的政治要求,必然会遭到守旧的顽固势力的抵制和反对。康有为鉴于德宗受到以慈禧为首的顽固势力的多方钳制,为了缓解压力,建议"就皇上现在之权,行可变之事"。可是顽固派首先抵制德宗提出的开制度局举措,使之流产。德宗的诏令,地方大员除湖南巡抚陈宝箴尚能认真执行外,其他督抚,如两江总督刘坤一采取"可办办之,否则静候参处"②的消极抵制态度,而两广总督谭钟麟对"于

---

① 《清德宗实录》卷四一八。
② 康有为:《康南海自编年谱》,中国史学会:"中国近代史资料丛刊"《戊戌变法》(四),第145页。

本年五六月间谕令之事,无一字复奏"①,公然搪塞对抗。

在中央顽固派百般抵制、打击和破坏下,其形势更加险峻。慈禧强迫德宗任命她的亲信荣禄为直隶总督,统率甘军、武毅军、新建陆军三军,"身兼将相,权倾举朝"②,慈禧还强迫德宗下诏免去积极支持和参与变法的翁同龢的一切职务,驱逐回籍,借以孤立德宗。德宗决心顶着逆流推行变法,他频频召见维新派人士,共商变法大计。所召见者,有工部主事康有为、刑部主事张元济、江苏补用知府谭嗣同、广东举人梁启超、湖南盐法长宝道黄遵宪等,皆为六品以下的小臣。德宗还打击顽固派官僚。他命令将阻挠礼部主事王照上书的礼部尚书怀塔布、许应骙等六人"均著即行革职"。"至该部主事王照,不畏强御,勇猛可嘉,著赏给三品顶戴,以四品京堂候补升,用昭激励"③。德宗此举在朝野引起很大震动。七月二十日,德宗又特令内阁侍读杨锐、刑部候补主事刘光第、内阁候补中书林旭、江苏候补知府谭嗣同,均著赏加四品卿衔,在军机章京上行走,"参预新政事宜"④,时称"军机四卿"。"所有新政奏折,皆令(四章京)阅看,谕旨皆特令撰拟"⑤,由此形成支持他的核心力量。

随着德宗锐意变法,顽固派反对变法的活动越来越嚣张。慈禧太后在任命亲信荣禄为直隶总督统率北洋三军、控制卫戍京津的军权之后,便唆使御史李盛铎奏请德宗奉皇太后懿旨"天津阅兵"。于是,风传慈禧太后阴谋威逼德宗"禅让",另立新君。慈禧太后又任命怀塔布负责圆明园八旗和鸟枪营,任命刚毅负责健锐营,把京师和紫禁城的军事控制权牢牢抓住。慈禧太后还在内廷密置心腹太监,对德宗的一切行动加以严密监视。

德宗和维新派都已感受到了危机四伏。七月中旬,天津"阅兵"之日越来越逼近。康有为以为北洋三军中惟有袁世凯略知晓日本维新情况,且加入过强学会,有一定的维新倾向,与董福祥、聂士成不同,"拥兵权,可

---

① 《清德宗实录》卷四二三。
② 梁启超:《书十二月二十四日伪上谕后》,中国史学会:"中国近代史资料丛刊"《戊戌变法》(三),第38页。
③ 《清德宗实录》卷四二四。
④ 《清德宗实录》卷四二四。
⑤ 中国史学会:"中国近代史资料丛刊"《戊戌变法》(二),第75页。

救上者,只此一人"①。于是,康有为派弟子徐仁禄去天津小站游说袁世凯,希望他在关键时刻出兵"勤王"。袁世凯假意允诺。于是,德宗采纳康有为的建议,于七月二十七日发出上谕:"电寄荣禄,著传袁世凯即行来京陛见"②。八月初一日,德宗召见袁世凯,而且迫于形势的紧要,立即"著开缺以侍郎候补,责成专办练兵事务"③。袁世凯对此表示谢恩感激。德宗因此将他依为重托,以备不测。

顽固派得知袁世凯晋京之事后,立即采取应急措施:调聂士成的武毅军到天津屯驻陈家沟一带,以阻袁世凯新建陆军西行京师;调董福祥的甘军移驻京师彰德门外的长辛店,以备弹压维新派的军事行动。

就在维新派四处奔走,寻求日本的伊藤博文、英国的李提摩太、美国公使馆等援助而无门的情况下,御史杨崇伊密报慈禧太后,"至颐和园递请训政折"④。京、津形势显得异常紧张。

德宗判断事态即将剧变,即赐密诏于杨锐,明谕局势逆转,"朕之权力,实有未足,尔等与林旭、谭嗣同、刘光第及诸同志等妥速筹商,密缮封奏","朕实不胜紧急翘盼之至"⑤。维新骨干康有为、梁启超、谭嗣同等人在南海会馆密商对策,最后决定由谭嗣同亲会袁世凯,劝其"杀荣禄、除旧党",兴兵勤王,誓与顽固派作孤注一掷的反抗。八月三日夜,谭嗣同独往法华寺密访袁世凯。袁世凯以"吾营官皆旧人,枪弹火药皆在荣禄处,且小站去京二百余里,隔于铁路,虑不达事泄。若天津阅兵时,上驰入吾营,则可以上命诛贼臣也"⑥等言辞搪塞应对。

袁世凯向德宗"请训"之后,立即回津,向荣禄泄露德宗的"朱笔密谕"。慈禧太后得悉,急回皇宫发动政变,于八月初六日发出"训政"旨令,把德宗

---

① 康有为:《康南海自编年谱》,中国史学会:"中国近代史资料丛刊"《戊戌变法》(四),第159页。
② 《清德宗实录》卷四二五。
③ 《清德宗实录》卷四二六。
④ 康有为:《康南海自编年谱》,中国史学会:"中国近代史资料丛刊"《戊戌变法》(四),第160页。
⑤ 《赵伯严集光绪大事汇鉴》卷九。
⑥ 康有为:《康南海自编年谱》,中国史学会:"中国近代史资料丛刊"《戊戌变法》(四),第161页。

囚禁于中南海的瀛台。

顽固派疯狂地捕杀维新派人士及同情或支持维新的官吏。慈禧于政变当日谕旨中称:"工部候补主事康有为结党营私,莠言乱政,屡经被人参劾,著革职,并其弟康广仁均著步军统领衙门拿交刑部,按律治罪。"①随后几天,谭嗣同、刘光第、杨锐、林旭、杨深秀、康广仁、徐致靖等人被捕入狱。康有为逃到香港,梁启超逃到日本横滨。八月十三日,慈禧太后下令将康广仁、杨深秀、杨锐、刘光第、谭嗣同、林旭等六人斩于京师菜市口,时称"戊戌六君子"。许多人流戍、监禁、罢官,德宗主持的维新变法以失败告终。

戊戌变法是中国近代史上一个重大历史事件。它的失败,证明在中外反动派的统治下,改革之路行不通,必须以革命的手段把清王朝推翻,才是中国走向光明的必由之路。维新派的变法实践,为此做出了有益的尝试。

2. 义和团与庚子事变

义和团的前身称"义和拳",早在乾隆四十三年(1778),已见之于官方文书,主要分布在山东、直隶、河南、江苏等地。义和拳的构成十分复杂,有的原属白莲教支派八卦教的分支(如清水教),有的是从大刀会转过来的,有的则是民间自卫性的组织等,其加入的人员更是十分广泛,绝大部分为农民,部分是失业的城市劳动者和运输工人,以农民、手工业者居多。它没有统一的组织,以发帖子来进行联络,展开联合行动。义和拳原是农民、手工业者在劳动之余一起习拳练武,以期强身保家,后来在发展过程中逐渐形成一套"降神附体"、"画符吞朱"、"刀枪不入"等神秘主义的思想内容。义和拳作为一种秘密结社,在嘉庆十三年(1808)被清廷定为"邪教"而加以取缔。但仍在山东、豫东、皖北、苏北等地发展。义和团正是以义和拳为主,在群众性的反洋教的斗争中逐渐发展壮大的松散性的群众组织,具有鲜明的反帝斗争的性质。义和拳改称义和团,最早见于光绪二十四年(1898)五月

---

① 《清德宗实录》卷四二六。

山东巡抚张汝梅的奏折①。

在帝国主义侵华和瓜分狂潮中,山东人民尤其深受其害。洋教势力渗入山东后,各地教堂、教会、教民与广大群众的矛盾日益尖锐,给当地人民带来的灾难、欺凌,激起了山东人民对洋教的仇恨。

义和团首先在山东冠县展开斗争。传教士要挟清廷镇压团民,山东巡抚张汝梅愤恨教士对他恃强相压,于是对义和团采取"以抚为主、剿抚兼施"的方针,并上书朝廷:"应请责成地方官谕饬绅众,化私会为公举,改拳勇为民团,既明舆情,亦易钤束。"②光绪二十四年(1898)冬,梅花拳首领赵三多等人在冠县蒋家庄竖起"助清灭洋"或"扶清灭洋"的旗帜③,在撤往临清的沿途,力量逐渐发展壮大,直到直隶南部地区。不久,在团民首领朱红灯(原名朱逢明)和心诚和尚(原名杨照顺)等人率领下,茌平、禹城、长清、高唐、平原等地团民的反洋教斗争很快活跃起来。仅茌平县一地,"习拳者多至八百余处",几乎村村习拳。光绪二十五年,李庄团民在首领李长水的率领下,邀请朱红灯相助,打败了知县蒋楷的马队,随后又在森罗殿一带打败济南知府卢昌诒和统领袁世敦的步骑。

由地方官刚升任山东巡抚的毓贤,深知省内"教民肆虐太甚,乡民积怨不平"的实情④,又目睹教会气焰甚为嚣张逼人,遂基本上沿袭张汝梅的方针,而不再像过去镇压大刀会那样卖力了。他上书朝廷,建议将镇压团民的蒋楷和袁世敦撤职,并说:"东省民风素强,民俗尤厚,际此时艰日亟,当以固结民心为要图。"⑤后来,他被指控镇压团民不力,是纵容义和团的罪魁祸首,迫使清廷撤换他,改派袁世凯署理山东巡抚。

于是,袁世凯率领武卫右军到达山东,开始血腥镇压义和团。光绪二十六年(1900)春他在山东站稳脚跟后,就开始联合外国教堂武装疯狂围攻团民。义和团反洋教运动受到沉重打击,首领王立言等人先后牺牲,幸存的团民部分转入秘密活动,部分转移到直隶继续斗争。

---

① 故宫博物院明清档案部:《义和团档案史料》上册,中华书局1979年版,第14页。
② 故宫博物院明清档案部:《义和团档案史料》上册,中华书局1979年版,第16页。
③ 山东大学历史系:《山东义和团调查报告》,第44、50页。
④ 故宫博物院明清档案部:《义和团档案史料》上册,中华书局1979年版,第24页。
⑤ 故宫博物院明清档案部:《义和团档案史料》上册,中华书局1979年版,第40页。

山东义和团进入直隶后,与本地团民结合起来,以设坛练拳的方式由南向北发展。"京畿东南各属,一倡百和,从者如归。城市乡镇,遍设神坛,坛旁刀戟林立。"①义和团冲破种种阻碍,在日益发展壮大的过程中,逐渐形成了京、津、保三角地带和运河两岸的活动中心。

保定作为直隶省府的所在地,在光绪二十六年(1900)三四月间,已竖起"保清灭洋"的旗帜,到四月底,义和团已控制保定城。义和团在直隶的发展已成燎原之势。静海县游勇出身的曹福田和以操船为业的张德成为两支义和团的首领,声势浩大,有团民2万人之多。"拳民聚集既众,而新附者尤络绎不绝。"②中外反动势力对此惶惶不可终日,西方帝国主义列强要求清廷消灭义和团。但是,面对如此浩大的群众反帝运动,"劝禁不能止",武装镇压也"几蹈不测",众多团民毁铁路、焚教堂、断电线,如火如荼的义和团运动得到更大发展。从三月下旬起,京师南郊的黄村镇发展成为义和团团民的聚集地,并由此向京师市区渗入。满族权贵端郡王载漪首倡支持义和团,军机大臣刚毅、礼部尚书启秀等与之呼应,形成一派强大势力,给西太后以重大影响。慈禧太后眼看义和团在京、津等地的轰轰烈烈的活动一时无力消灭,便采取以"抚"为主的策略,承认义和团的合法地位,以便控制利用。

光绪二十六年(1900)初春,京师城内就有义和团的活动,他们张贴的揭帖中写道:"最恨和约,误国殃民,上行下效,民冤不伸。原忍至今,羽翼洋人,趋炎附势,肆虐同群。"③义和团取得了"合法"地位之后,在京师更是得到了蓬勃发展。五月中旬,京师出现"官兵任其猖獗,城门由其出入"的情景④,到下旬,京师团民已逾10万人。义和团团民入驻王公大臣的住宅,在城门、交通路口盘查行人,击毁外国教堂。

天津的义和团这时也展开活动。天津是华北地区最大的通商口岸,随着义和团的发展,帝国主义列强纷纷调军备战,声称保护侨民和使馆。面对

---

① 胡思敬:《驴背集》,中国史学会:"中国近代史资料丛刊"《义和团》第二册,第485页。
② [英]朴笛南姆威尔:《庚子使馆被围记》,中国史学会:"中国近代史资料丛刊"《义和团》第二册,第207页。
③ [日]佐原笃介:《拳乱纪闻》,中国史学会:"中国近代史资料丛刊"《义和团》第一册,第112页。
④ 故宫博物院明清档案部:《义和团档案史料》上册,第140页。

天津租界联军的迅速增兵,端王载漪一派"抚拳抗洋"的主张日益坚定。顺天府尹何乃莹上奏慈禧太后,认为:"拳会蔓延,诛不胜诛,不如抚而用之,统以将帅,编入行伍,因其仇教之心,用作果敢之气,化私愤而为公义,缓急可恃,似亦因势利导之一法。"①在此"导引"下,义和团大举进入天津。这时,帝国主义列强已开始武装进犯北京。聂士成激于民族大义,停止对义和团的镇压,率部抵御侵略军。曹福田、王成德和张德成等著名团首,相继率领团民进入天津城。在天津,义和团焚教堂、攻海关、砸监狱、夺武器,他们勇敢地抵抗侵略军的挑衅。驻扎天津城的直隶总督裕禄上奏说:"天津义和团民,近已聚集不下三万人,日以焚教堂,杀洋人为事。"②天津日益成为义和团反帝的主要战场之一。

进入天津、京师的义和团随处设立拳厂坛场,甚至上至王公贵族、下至娼妓皂隶,就连皇宫太监亦有设立拳坛者。各坛口人数不定,"每团多则数百人,少则百余人"③,甚至有上千逾万人的。团民大多信仰"神灵"和玉皇大帝、关圣帝君、张飞等,在坛口都竖立"扶清灭洋"、"助清灭洋"、"天兵天将"、"义和神拳"等旗帜。各坛口之间没有统一的机构,各地义和团始终分散作战。义和团提出"扶清灭洋"的口号,成为他们的行动纲领。这反映了广大下层人民群众在帝国主义列强瓜分中国的民族危机下,他们对帝国主义的痛恨远远超过对清朝封建统治的强烈不满。换言之,这正反映了中华民族与帝国主义列强的矛盾已上升为主要矛盾。由于帝国主义对中国的疯狂掠夺和侵略,已极大地破坏了广大农民及其他劳动人民的生活,他们发出了愤怒的吼声。这集中地体现在义和团对列强表现出一种盲目排外仇洋的极端的民族感情。他们焚毁洋书、洋货、教堂,不准再卖洋货,捣毁洋人的商店、住宅、药房,打击一切与"洋"有关的东西。由于团民对清廷认识不足,将"中国"与"大清"混同看待,从而没有自觉、明确地反对封建统治,还接受了清廷"主抚"的策略,因而陷入被欺骗和控制的圈套。只有到团民灭洋反教遭到清廷镇压之时,他们才会勇敢地打击清朝的专制统治。

随着义和团在直隶、京、津等地区的迅速发展,帝国主义列强胁迫清廷

---

① 故宫博物院明清档案部:《义和团档案史料》上册,第110页。
② 故宫博物院明清档案部:《义和团档案史料》上册,第157—158页。
③ 中国史学会:"中国近代史资料丛刊"《义和团》第一册,第306—307页。

镇压义和团运动。光绪二十六年(1900)三月,美、英、法、德四国公使联合照会清廷,限"两月以内,悉将义和团匪一律剿除,否则将派水陆各军驰入山东、直隶两省,代为剿平"①。当他们看到越来越多的清军加入义和团,以端王载漪为首的贵族官僚形成"抚拳抗洋"集团控制着清廷,而总理衙门"无力说服朝廷采取严厉的镇压措施"②,便不惜以武力干涉,谋划出兵,准备直接镇压义和团运动。"

五月初四日,帝国主义列强以"保护使馆"为名,派侵略军由天津乘火车到达北京,进驻东交民巷。当时,俄、英、法、日、意、美等国有24艘军舰集结在大沽口外,有2000多名士兵聚集在天津租界地。五月十四日,英国海军中将西摩率领俄、英、法、美、意、日、德、奥等八国拼凑的联军2000多人,乘火车从天津向北京进犯。由于京津铁路多处被义和团破坏,更主要的是义和团、董福祥的武卫后军和聂士成的武卫前军部队的顽强抵御,八国联军遭受重大损失,只得狼狈退返天津。

慈禧太后得悉八国联军开始进犯北京,并派兵强索大沽炮台,深知战争已经不可避免。于是,决定利用义和团,"现在民心已变,总以顺民心为最要"③,命令裕禄招抚义勇准备抵御洋兵,并同意载漪"首先请攻使馆"的建议。她心怀侥幸取胜的心理,于五月二十五日发表宣战谕旨和招抚团民的谕旨。又命载漪主持军事,载澜协助刚毅统率义和团。

慈禧太后如此强烈地忌恨西方列强,不惜"抚拳抗洋",这是有其深刻原因的。除了受载漪一派的影响,其主观原因,就在于她囚禁了德宗,还企图废掉他,而列强却"支持"德宗,要她"归政",无疑触犯了她亲掌国家最高权力的利益。其次,列强强占海港,划分势力范围,勒索巨额赔款等,有失她的尊严,迫于列强的进逼,又不得不照列强的要求去办。她看到义和团声势浩大,有利用价值,就采取扶持义和团的政策和策略,唆使义和团攻打洋人,攻击列强驻北京使馆,给列强一个教训,替她出一口气。

自招抚义和团的谕旨公布之后,京津地区、直隶、山西、蒙古、绥远、东北三省的义和团运动风起云涌,而山东的义和团运动乘机复起,其声势和规模

---

① 中国史学会:"中国近代史资料丛刊"《义和团》第三册,第169页。
② 胡滨译:《英国蓝皮书有义和团运动资料选译》,中华书局1980年版,第27页。
③ 中国史学会:"中国近代史资料丛刊"《义和团》第一册,第48页。

更为壮观。山西巡抚毓贤盲目仇洋排外,杀了外国传教士,又发布告示表示"支持"义和团,助长山西义和团的排外狂热。当时,声势最大的是东北义和团抗御沙俄侵略军的斗争。义和团斗争的对象首先是教堂、传教士,然后很快转变为袭击中东铁路沿线的俄国护路军。义和团和部分清军怀着强烈的民族仇恨,从捣毁教堂到拆毁铁路,最后发展为武装抗击沙俄侵略军。义和团和部分清军组成"忠义军",辗转于东北各地。

义和团和清军的反帝斗争,使得英国等帝国主义心惊胆战,既害怕义和团在长江流域发展势力,又担忧更多的清军投向义和团。而东南的封疆大吏如李鸿章、刘坤一、张之洞等人本来就是主张"剿拳和洋"的,于是,当英、美、德、法等帝国主义主动策动双方达成"谅解"的时候,自然是一拍即合。他们称朝廷下达的诏书为"矫诏",拒绝执行。光绪二十六年(1900)五月,督办芦汉铁路大臣盛宣怀在刘、张的授权下,同外国驻上海领事议订《东南互保章程》,规定:"上海租界归各国共同保护,长江及苏、杭内地均归各督抚保护,两不相扰"①,共同维护社会秩序,阻止义和团运动向这些地区发展。此后,两广总督李鸿章、山东巡抚袁世凯、浙江巡抚刘树棠、闽浙总督许应骙等也纷纷表示支持,加入"东南互保"的活动。"东南互保",表面上与清廷的"宣战"有抵触,实际上同清廷一贯的对内镇压、对外妥协的政策没有区别,所以清廷同意他们的做法。由此,东南各省人民的反帝斗争,影响和声势都甚微,而且很快被镇压下去。

八国联军攻陷了大沽口,继而大举进攻天津城。慈禧太后下诏宣战,打响了壮烈的天津保卫战。义和团和部分清军拆毁天津通往北京和塘沽的铁路,阻击侵略军的侵犯,并准备直攻紫竹林租界。老龙头火车站是大沽口向京、津进兵的枢纽,又是租界同外界联系的必经之地,其军事上的重要性可想而知。曹福田将所率义和团主力部署在车站附近,率数千人与练军合力攻打车站附近娘娘庙的俄军,并乘势包围车站。义和团毙伤俄军多人,几度占领火车站。侵略军在马家口一带布下地雷阵,企图阻止义和团的进攻。张德成用牛作为前驱,扫除地雷阵,直冲租界。最后因火力太猛,被迫退出。张德成率领新城义和团与练军一起阻击租界东面东局子,卡住了从大沽口

---

① 中国史学会:"中国近代史资料丛刊"《义和团》第三册,第338页。

进犯天津的要道。六月初,裕禄决定曹福田部和马玉崑武卫左军联合进攻车站,张德成部和聂士成军进攻紫竹林租界。六月十三日聂士成在进攻租界西南方八里台的战役中,身先士卒,双腿中弹,仍然顽强地冲锋陷阵,最后壮烈牺牲。帮办北洋军务大臣宋庆在天津保卫战最危急的时刻,抽调义和团离开前线,又相继捣毁城中坛口,严重削弱了防卫天津的义和团的力量,加速了天津保卫战的失败。六月十七日,裕禄、宋庆、马玉崑率部撤出战场,逃往杨村。次日即十八日,天津失陷。在沙俄远东司令阿历克谢耶夫的策划下,八国联军成立天津都统衙门,进行军事殖民统治。七月初十日,八国联军集结近2万人,以俄、法联军为右路,以日、英、美联军为左路,沿运河两岸向北京进犯。直隶总督裕禄退至蔡村,知败局已定,举手枪自杀身死。

慈禧太后见局势不可收拾,只得加紧求和的活动。七月十三日,正式任命李鸿章为议和全权大臣,又命宋庆在前线直接与联军谈判。帮办武卫军事务大臣李秉衡临危受命,仓促出京御敌,无奈兵败如山倒,八国联军如入无人之境,七月十七日夺占张家湾,李秉衡自杀身死。次日,通州失守。董福祥的甘军和义和团英勇抗敌,使俄军进攻东便门、日军进攻朝阳门受阻。二十日,英军乘虚攻入广渠门,其他侵略军乃得相继攻入城内。北京全城沦陷,慈禧太后已挟德宗和少数亲信臣仆仓皇出逃。

侵略联军入城后,肆意进行烧杀抢夺、奸淫掳掠,无恶不作。八国联军统帅瓦德西承认:"所有中国此次所受毁损及抢劫之损失,其详数将永远不能查出,但为数必极重大无疑。"①

八国联军侵占北京后,继续攻城略地,南至直鲁交界,西北到张家口,西至直晋交界,东北至奉天边界。形势的严重恶化,慈禧太后对义和团变"抚"为"剿"。二十日发布上谕:克日解散义和团,"倘敢抗拒,即著痛加铲除,以清乱源而靖地方"②。"扶清灭洋"的义和团终于被中外反动派共同镇压,轰轰烈烈的义和团运动就这样悲壮地结束了。

慈禧太后转而向帝国主义列强求和,命李鸿章为谈判代表,磋商和谈事宜。九月,外国公使召开拟订和约的准备会议。继八国之后,又有比利时、

---

① 中国史学会:"中国近代史资料丛刊"《义和团》第三册,第18、34页。
② 故宫博物院明清档案部:《义和团档案史料》上册,中华书局1979年版,第589页。

西班牙和荷兰加入，共11国，向清廷递交《议和大纲》12条。岂料，逃往西安的慈禧太后一见《议和大纲》，表示"所有十二条大纲，应即照允"，并发布谕旨："量中华之物力，结与国之欢心"，至此，完全屈服于帝国主义列强的横暴。光绪二十六年（1900）十一月七日，奕劻、李鸿章在《议和大纲》上画押，丧权辱国的和约基本成立。又经过半年多关于"惩办祸首"和赔款问题的反复讨价还价，最后于光绪二十七年七月二十五日正式签订《辛丑条约》（即《最后议定书》）。从所定条款可以认为，这是一个完全卖国的条约，集鸦片战争以来所签屈辱条约之大成。通过这一条约，帝国主义列强取得了在中国的驻军权和政治上对清朝的控制权，经济上的掠夺更是空前，中国的赔款本利共达9.8亿两。中国的半殖民地化愈陷愈深，严重地阻碍了中国近代化的历史进程。

轰轰烈烈的义和团运动虽然由于自身的弱点和中外反动势力的联合绞杀而失败了，但其反抗帝国主义侵略的民族精神永远激励着后人，在中国反抗外来侵略的斗争史上留下了光辉的一页。可以说，义和团运动仍旧是一次旧式的农民自发斗争，由于时代不同，它带有某些新的特点。农民阶级的保守性，使它还不认识近代资本主义的先进事物，其保护的仍是封闭落后、自给自足的农业自然经济，它不能代表中国近代化进程的历史方向。因此，义和团的斗争还停留在旧时代的斗争水平。学术界有一种意见，对义和团全盘否定是不对的。义和团运动是中国农民面对"天崩地坼"的帝国主义瓜分中国而引发的民族的反抗斗争，应有一定的历史地位。

3. 慈禧被迫"预备立宪"

义和团运动以及随之而来的八国联军侵华，几乎使清朝的统治陷入崩溃，清朝再也不能依靠原样维持统治了。在此之前，中日战争、日俄战争的结局，终于使以慈禧太后为首的清朝统治集团受到无情的震动。八国联军侵华后，为了更有效地控制清朝，也支持和敦促清朝实行立宪。戊戌变法刚刚过去，仍有少数改良主义者鼓吹立宪改制，促进了开明绅士和清廷中主张改革的官员支持或同情立宪运动。拥有实权的地方总督们希望朝廷仿效日本改为立宪政体。当时地方实权派的势力增大,向中央集权的体制提出挑战,这也迫使清廷不得不实行立宪改革。执掌国家最高权力的慈禧太后从一系列的事变中已感受到人心思变思乱。为了能继续秉政,迫于内外形势的压力,她一改顽固立场,也转向了改革。

光绪二十六年(1900)十二月十日,逃往西安的慈禧惊魂未定,就发出"变法"谕旨:"法积则弊,法弊则更,要归于强国利民而已","取外国之长,乃可补中国之短;惩前事之失,乃可作后事之师","事穷则变,安危强弱全系于斯"[1]。这年三月,创立政务处,作为新政的总指挥部和执行机构,试图"为宗庙计",以挽救其灭亡的命运。此事客观上为宪政准备了基础,顺应中国近代化的历史进程。

新政的主要措施是调整官制、改定刑律、整编新军、奖励实业等,在政治、经济、军事、文化等方面,做了一些维新派想要做的举措,为预备立宪创造了条件。但是,清廷试图通过新政来取得统治的稳定和获得资产阶级的支持的愿望却落空了,相反,却促使国内革命形势不断高涨,统治集团内部也相继奏请"变更政体,实行立宪"。随着以推翻清朝为目标的革命运动的不断高涨和立宪呼声的加强,清朝统治者已深深体会到潜在的可怕危险。极端保守的端方也奏称:"极宜附从多数希望立宪之心,以弭少数鼓动排满之乱党。"[2]在朝野一致呼吁立宪的情况下,慈禧审慎考虑,表示可以接受:"立宪一事,可使我满洲朝基础永久确固,而在外革命党亦可因此消灭。候调查结局后,若果无害,则必决意实行。"[3]于是,袁世凯奏请选派大臣出洋考察,慈禧太后当即同意。

光绪三十一年(1905)八月二十六日,载泽、戴鸿慈、徐世昌、端方、绍英等五大臣出洋考察。革命党人在北京火车站搞炸弹暗杀活动,出洋考察暂停。至同年十一月,人员稍作调整,仍是五大臣,出洋成行。半年之后,五大臣回京,俱陈立宪之利及不立宪之害。五大臣之首载泽密奏曰:"欲防革命之危机,舍立宪无他道。"[4]经过立宪与反立宪的激烈争论,清廷乃于光绪三

---

[1] 故宫博物院明清档案部:《义和团档案史料》,中华书局1979年版,第914—916页。
[2] 端方:《端忠敏公奏稿》卷八。
[3] 张枬、王忍之:《辛亥革命前十年间时论选集》第二卷上册,三联书店1987年版,第70页。
[4] 中国史学会:"中国近代史资料丛刊"《辛亥革命》(四),第29页。

十二年(1906)七月十三日宣布"预备仿行宪政"。从改革官制开始,并将修订法律、大兴教育、整顿军队、设置巡警、清理财政等,为立宪做准备,"凡政府一举一动,皆纳入筹备宪政之范围中"①。

清朝迫于世界大势之变化,亦惧于统治不稳,只得公布宪政编查馆编写的《宪法大纲》、《议院选举法要领》和《逐年筹备宪政事宜清单》等,答应以9年为预备立宪期限。至宣统二年(1910)九月,由于立宪派请开国会之风迭起,只得把预备立宪期限缩短为5年。

《钦定宪法大纲》规定"大清皇帝统治大清帝国,万世一系,永永尊戴,君上神圣不可侵犯",这实际上与封建皇权相差无几。"立法、司法、行政则皆综揽于君上统治之大权,故一言以蔽之,宪法者,所以巩固君权,兼以保护臣民者也。"②可见,本质难变,竟把西方资产阶级的宪政仍然纳于君权的控制之下。所谓官制改革,只是部院合并以及机构名称的变动而已。只对地方即各省诸督抚等实权派下手,收回他们的军权、财政权,削弱一部分有权势的地方大员。此种做法,大大加强了中央集权。这必然会激化统治集团内部的矛盾和斗争。

宣统元年(1909)九月,各省咨议局成立,使资产阶级立宪派有了合法地进行政治活动的据点。在各省咨议局和资政院的要求下,清廷于宣统三年三月成立新内阁。奕劻为总理大臣,那桐、徐世昌为协理大臣,梁敦彦为外务大臣,等等。在13名大臣中,满族占9名,其中皇族占6名,所有军政大权均被皇室贵族掌握,故时人称"皇族内阁"。

公布"皇族内阁",使资产阶级立宪派如梦初醒,方知所谓预备立宪是一场彻头彻尾的骗局。1911年武昌起义爆发,清朝统治分崩离析,清廷惊恐万状,只得取消"皇族内阁",重新起用袁世凯,任命他组织责任内阁,颁发《实行宪政谕》,这才开始真正的宪政。随着全国革命形势山雨欲来,清廷被迫颁布《君主立宪重要信条十九条》,正式建立君主立宪政体。这与《钦定宪法大纲》相比,确有很大的进步,其对皇权有很大限制,立法、司法、行政隶属于资政院,国会及内阁有一定的独立性。

---

① 张枬、王忍之:《辛亥革命前十年间时论选集》第三卷下册,三联书店1987年版,第637页。
② 朱寿朋:《光绪朝东华录》(五),第5578页。

预备立宪,完全是清廷出于无奈以苟延其统治,但其结果却产生了不可逆转的影响。这是中国封建社会史上从未有过的一次质的飞跃,实为两千多年封建政治制度未曾有过的重大突破,大大更新了人们的政治观念。

第八章 晚清思想文化巨变

1. 维新思想的兴起

第二次鸦片战争以后,随着西方列强侵华的加剧,汇聚成中国封建社会政治和思想文化的总危机。新的历史条件下维新思想的兴起,使晚清思想文化领域出现波澜激荡之势。其主要代表人物有康有为、梁启超、严复和谭嗣同等。

作为宣传维新变法思想的肇始者,康有为游历甚广,先后到过香港、上海,亲睹了资本主义文明;他阅读西方书籍,渐知西学在政治、经济、文化等方面优胜于中国腐朽的传统专制。当时帝国主义列强如狼似虎进逼中华,屡次发动侵略战争,使康有为痛感民族危机,因此数次上书皇帝,要求变法,实行维新,以图力挽危局。他要求皇帝"变成法,通下情,慎左右",否则"强邻四逼于外,奸民蓄乱于内,一旦有变,其何以支"①。康有为为寻找维新变法的理论依据,抓住公羊学说,掺以西学,提出了孔子"托古改制"理论,并配以"三统"、"三世"的历史观,掀起猛烈批判封建顽固守旧思想的维新思潮,如晴天霹雳,将沉闷的思想界冲开了一个缺口。康有为所撰写的《新学伪经考》和《孔子改制考》,实际上已构成了后来维新变法的重要理论根据。康有为的维新思想,有借孔子思想鼓吹维新变法和维护皇帝政治权威的历史局限性,但在当时的历史条件下,他的思想之前瞻及勇气,诚为可嘉。康有为正是以西方先进的进化论和自由平等学说为武器,吹起了维新变法思

---

① 中国史学会:"中国近代史资料丛刊"《第二次鸦片战争》(二),第127、125页。

想的号角,从而成为探索挽救中国危机的先进中国人之一。

光绪二十一年(1895)康有为发起了著名的"公车上书"。康有为的上书很快被人传抄印刷,维新思想得到广泛传播。康有为在北京创办《万国公报》,后改名《中外纪闻》。这份刊物大大地促进了维新思想的广泛宣传。进而他组织以挽救时局为宗旨的"强学会",成为传播、积蓄变法力量的阵地。康有为的得力助手梁启超,在上海的《时务报》总编辑任上,以激情和犀利的文字宣传西学,鼓吹维新变法,深受知识界的欢迎,《时务报》遂成为影响全国的维新派喉舌。由于康有为、梁启超的鼓动宣传,使得维新思想日益深入人心。

在湖南,宣传维新变法思想也迅速高涨起来,谭嗣同对封建思想的大胆怀疑,思想解放之勇气,宣传维新变法思想不遗余力,其功之大,亦当名列前茅。他在主要著作《仁学》中,猛烈地批判封建纲常名教的虚伪性,并大胆喊出"冲决君主之网罗,冲决伦常之网罗"的叛逆的声音①。其维新变法思想之彻底,使他走到了时代的最前列。

严复作为赴英的第一批官派留学生,在完成有关海军方面学业之余,大量研读了西方的哲学、政治等著作,培养和形成了自己的维新思想。他与夏曾佑等人在天津创办《国闻报》,向国人介绍西方资本主义政治制度,要求中国效仿西方以图自强,保国保种。他在天津《直报》上先后发表了《论世变之亟》、《救亡决论》、《原强》、《辟韩》等四篇文章。在文章中提倡西学,希图将"西洋至美之制,以富以强之机",引进到中国来,挽救民族危机。他以毕生精力翻译西学专著,以期"致力于译述以警世"。严复译书最有影响的一部当推赫胥黎的《天演论》(即《进化论与伦理学》)。其中以"物竞天择,适者生存"的进化论观点,唤起国人救亡图存,对思想界影响极大。

2. 排满反清思想的鼓吹

康有为等维新志士借助皇帝,推行戊戌变法,力主实行君主立宪,以挽

---

① 谭嗣同:《仁学自叙》,《谭嗣同全集》,中华书局1981年版,第290页。

救民族危机。而以慈禧为代表的顽固派血腥镇压了这场变法运动。事实表明,变法改良道路在中国是行不通的。20世纪初叶,给资产阶级革命思想的传播带来了时机。戊戌变法的冲击,清廷被迫推行某些新政,使民族资本主义得到较快的发展,特别是新式学堂的建立和出国留学生人数的日益增加,加速了西方资产阶级革命思想在中国的传播。新式学生和留学生广泛接触西方资产阶级的政治社会学说,深信西学对挽救中国存亡危机具有不可替代的作用,于是纷纷宣传西学。八国联军侵华以及《辛丑条约》的签订,使危机进一步加剧,先进的中国人对中外反动势力的勾结有了更加清醒的认识,这一切都深深地促进和刺激了民主革命思想的产生和传播。

"在中国的民主革命运动中,知识分子是首先觉悟的成分。"① 上海和日本东京是当时中国知识分子和留学生最集中的两个地方。他们有着强烈的爱国热忱,切身感受到国家命运危在旦夕,对帝国主义的侵略和民族危亡有着切肤之痛,在人民群众的革命行动的激励下,勇敢地走上资产阶级民主革命的道路。

"中国反帝反封建的资产阶级民主革命,正规地说起来,是从孙中山先生开始的。"② 孙中山从小就亲身体验到农民的苦难,青少年时代前往美国檀香山,受到西方资产阶级思想的熏陶,而当时国内的维新思潮也影响了他,一度对清朝抱有幻想,曾上书李鸿章,希望其实现"富国强兵"。结果遭到拒绝,无疑是对他的爱国之心的一次严重打击。中日战争爆发及中国的惨败,使他的思想猛醒,进一步认识到清朝封建统治的腐朽,从而总结出必须以暴力推翻清朝统治,才能挽救民族危机的结论。光绪二十一年(1895)春,孙中山在香港成立了最早的资产阶级革命团体"兴中会"总部,他任总理。在入会誓言中提出了"驱除鞑虏,恢复中华,创立合众政府"的革命主张。当时维新立宪等思想仍占主导地位,主张革命的思想受到排挤,使人感到惧怕:"闻总理有作乱谋反言论,咸畏足以破产灭族,虽亲戚故旧亦多奔避不遑。"③ "兴中会"成员突破忠君观念,变改良保皇思想为革命思想,则是十分危险的。

---

① 毛泽东:《在纪念五四运动胜利二十周年对青年的讲话》,《毛泽东选集》第二卷,第523页。
② 毛泽东:《青年运动的方向》,《毛泽东选集》第二卷,第527页。
③ 冯自由:《革命逸史》初集,第15页。

中国改革改良无望,"排满反清"的革命思想终于不可抑制地迸发出来,其势不可当。维新派激进人士唐才常利用会党组织"自立军",企图拥戴湖广总督张之洞割据长江中游,却遭到凶残捕杀。许多人从血的教训中看清了保皇立宪派的真面目,坚决地走上了革命道路。光绪二十六年(1900)下半年,中国留日学生团体"励志会"成员编辑《译书汇编》,翻译并刊发了卢梭的《民约论》等名著,鼓吹资产阶级的民主平等思想,歌颂资产阶级革命。光绪二十九年前后,在知识分子和留学生中兴起创办刊物、组织各省同乡会的热潮,他们借助于这些革命报刊和协会,在国内外青年学生和知识分子中间广为传播革命思想。他们先后创办了《湖北学生界》《浙江潮》《江苏》等刊物,宣传苦难的中国危机四伏,唤醒国人;介绍西方各国的政治、历史、经济、法律等,探求西方国强民富之道,以图挽救中国的民族危机。革命思潮的传播已成汹涌之势,很快推向高潮。

在宣传民主革命思想的高潮中,涌现出一批著名的思想家和宣传鼓动家,诸如章炳麟、邹容、陈天华等。

章炳麟,一名绛,字枚叔,号太炎,早年受改良主义的影响,后来受到戊戌变法失败的惨痛教训,遂走上民主革命的道路。光绪二十九年(1903),章炳麟针对康有为《答南北美洲诸华商论中国只可行立宪不可行革命书》中的顽固立场,在上海《苏报》发表传诵一时的名篇《驳康有为论革命书》。他指出:"公理之未明,即以革命明之;旧俗之俱在,即以革命去之",以此驳斥康有为借口"公理未明,旧俗俱在",蔑视中国人没有革命的资格的谬论。针对康有为称颂皇帝"圣明英武",章炳麟驳斥说:"载湉小丑,未辨菽麦。"他对康有为主张君主立宪的种种言论无情鞭挞,又对革命斗争予以热烈讴歌和鼓吹,其文旁征博引,说理透辟,影响甚广。

留日学生邹容在日本时发表演说中有不推翻清朝就不能救中国的言论,其辞犀利悲壮,鲜与伦比,很快在留日学生中流传。光绪二十九年(1903),他回国后又用通俗文字写出了被誉为近代中国"人权宣言"的《革命军》,猛烈批判中国专制制度的罪恶,宣传推翻清朝的统治,反对外国侵略,歌颂资产阶级革命,主张建立独立自主的"中华共和国"。这本激情似火、铿锵有力的警世著作,拨动着人们的心弦,很快风行海内外,总发行量逾百万册,对民主革命思想的传播起到了巨大的作用。

《猛回头》和《警世钟》两本小册子是留学日本的湖南学生陈天华目睹国家被蚕食鲸吞,无法平息内心的愤慨之作。他采用喜闻乐见的通俗文艺说唱形式写成,书中痛斥帝国主义侵略中国的野蛮行径,言辞悲壮地指出中国被瓜分的亡国危机,感情沉郁地反复阐述:要抵抗外国的侵略,国家要独立,就必须推翻沦为"洋人的朝廷",矛盾直指清王朝。由于深切地反映时代的要求,喊出了人民大众的心声,广为传诵,为辛亥革命的思想舆论准备发挥了巨大作用。

20世纪初期,革命书刊、各种学生团体和社会进步组织纷纷出现,这些都推动着民主革命向前发展,为资产阶级革命的到来做了思想上、舆论上的准备,在一定程度上也为资产阶级革命政党的建立打下组织上的基础。但是,"排满反清"思想也有时代局限性,主要是带有浓厚的狭隘民族意识和偏见,不利于团结广大多数共同斗争,同时,对帝国主义的本质也未能深刻解剖,所以革命一次次遭到挫折和失败。

3.引进西方科技与文化书刊

两次鸦片战争的失败,震惊了有识之士,他们开始关注西方的科学技术,特别是有关制造坚船利炮的军事技术。随着帝国主义列强对中国的侵略,民族和社会危机的加深,先进的中国人从中西对比中,已看到中国封建社会政治、经济、文化及军事等方面的严重弊端。他们认为中国欲图存救亡,必须学习西方的政治制度,借鉴其思想文化。于是,大量西方政治、文化方面的书刊被引进,使"西学"在中国迅速传播开来。

第二次鸦片战争后,清朝为适应中外交涉和办洋务之需,于同治元年(1862)在京师设立同文馆,专门培养外语人才。在洋务运动期间,各地还陆续设立一批工艺学校、军事学校以及其他新式学堂。这些学校大多增设了代数、几何、微积分、物理、化学、数理启蒙、外国史地、天文测算、航海测算、机械制造、地质矿务和国际法等新式课程,教育的新举措,不仅传播了西方的自然科学、技术和史地等知识,而且也培养了新式人才。清朝连续4年派遣计120名幼童赴美国留学,其后又有30多名学生分赴英、法留学。这些留学生,在留学期间,有的留心于西方的政治文化,有的留心于西方的科学技术。严复,就是他们中的优秀代表,正如梁启超所言:"然西洋留学生与本国思想界发生关系者,(严)复其首也。"①詹天佑也是留学生中的代表人物,他对中国的近代铁路事业作出了突出贡献。北京同文馆和上海江南制造总局附设的翻译馆,也都大量引进西方科学技术,扩大了西学在中国的传播。

西方传教士在中国除传教外,还设立学校、医院、报刊,翻译和出版西方书籍,对于西学的引进和传播也发挥了作用。传播西学方面,以英国传教士韦廉臣创办的"广学会"最为显著,这是中国近代史上外国在华设置的最大的出版机构。其中仅英国传教士李提摩太就有译著100多种,包括近代西方数理化、天文、历法、地理、历史等方面,其中以《泰西新史揽要》等尤具代表性。

洋务运动期间对于西学的引进和传播,主要集中于科学技术等物质文明方面,而有关西方资产阶级政治制度、哲学等却极少介绍。这一开创性的工作,是在甲午战争后,改良派开始从政治制度方面来思考问题。马建忠于光绪三年(1877)夏给李鸿章的信显示出这种转变:"以为欧洲各国富强,专在制造之精,兵纪之严;及披其律例,考其文事,而知其讲富者以护富为本,求强者以得民心为要","他如学校建而智士日多,议院立而下情可达。其制造、军旅、水师诸大端,皆其末焉者也"②。郑观应对西方的议会政体大加赞美:"议院者,公议政事之院也。集众思,广众益,用人行政,一秉至公,法诚良,意诚美矣。"③反映了要求改革中国封建专制制度而采取议会政治的良好愿望。从学习西方的科技到学习西方的政治制度,这是近代中国人学习西方的质的飞跃。其他如郭嵩焘、薛福成等,因到过外国,目睹西方社会,更是切身感受到西方近代政治的优越性。他们回国之后,纷纷著书立说,吸收并传播了西方的重商主义经济思想、民权和民治的政治思想以及进化论等哲学思想和自然科学学说,为推动中国的进步作出了应有的贡献。

随着中国封建社会之弱势和西方资本主义社会之强势的日益深化,先

---

① 梁启超:《清代学术概论》,第98页。
② 马建忠:《适可斋记言记行·上李伯相言出洋工课书》。
③ 郑观应:《盛世危言·议院》。

进的中国人为了挽救中国危机和民族危亡,向西方探寻救国救民的真理必然会从物质而深入到制度及文化,并形成热潮,有力地冲击了中国传统的思维模式和价值观念,但还不能从根本上解决中国文化自身的重建问题,因为正处于新旧文化的交替和磨合过程中,直到"五四"时期科学与玄学之战,表明新旧文化之争还在进行。只有中国共产党诞生以后,才从根本上找到了解决中国问题的道路和方法。

19世纪末20世纪初,是中国人民首先是知识分子开始觉醒的时代。先进的知识分子在引进和宣传西方科技文明时,解剖中国现状,由改良而转向革命,乃是必然之势。他们广泛进行舆论宣传,实际是为推翻中国专制制度做了思想与理论的准备。

近代中国文化,从总体上说,应是封建正统文化衰弱而向西方资本主义文化转型的过渡文化。但是,传统文化作为人们的思维方式和价值观念及心理的意识形态,是经年历久而形成的,不可能迅速地被异质文化所取代,原生的文化必然顽强地存在下去。在社会及思想大变革的时代,原生的文化不可能一成不变。20世纪初,中国的传统文化正经历着一场深刻的变化,惟适应时代的变化,才能存在下去。

在洋务派"中学为体,西学为用"思想的指导下,中国的传统文化如研究经学和子书以及辨伪和辑佚古籍等,仍是当时文化的一个趋向。孙诒让尽20年心力,"博稽群家",细究严辨汉儒思想,遂成《周礼正义》,号为"朴学殿军"。同时,还有大批正统学者转而研究先秦诸子之学。以孙诒让的《墨子间诂》、《墨子后语》和王先谦的《荀子集解》最为著名。梁启超对此论述说:"及今而稍明达之学者,皆以子与经并重。思想蜕变之枢机,有捩于彼而辟于此者,此类是已。"[①]由此可知,即使如晚清学者关注旧学,也可从中窥视出时代变迁之中的思想蜕变,不能一味视之为顽固守旧。

---

① 梁启超:《清代学术概论》,第61页。

4. 边疆史地研究形成热潮

由鸦片战争而开始走进近代中国的社会大变动时期,时代的风云激荡促使晚清学者远离乾嘉考据学,经世致用的治学思想,再开一代史学新风。而边疆史地的研究热潮就是其突出表现之一。

19世纪70年代至80年代,西方列强包括日本扩大侵华,把目光投向中国边疆地区,图谋夺占,引发中国边疆危机,因而吸引了中国学者的严重关切。在经世致用的治学思想的指导下,开始研究边疆问题,从历史到现状,展开深入研究,总结历史经验,以唤醒清廷及国人对边疆的关注,免遭列强的侵占。于是,掀起了边疆史地研究的热潮,产生了一系列重要成果。

魏源继承林则徐未竟之志,撰成《海国图志》,徐继畬撰成《瀛环志略》等书,以介绍世界各国的历史地理,开创了以经世致用的实学精神研究历史地理之先河,引起诸学者从故纸堆中走出来,开始关注世界各国,尤其对中、日两国的维新运动产生过重大影响。日本维新人士称:"皆为此书(指《海国图志》)所刺激,间接以演尊攘维新之活剧。"[1]梁启超17岁途经上海时,"从坊间购得《瀛环志略》读之,始知有五大洲各国"[2]。可见两书影响之大,其历史功绩不可抹杀。而姚莹以满腔的爱国之情,"就藏人访西事",于颠沛流离的贬官生活之中,考察祖国西南边疆,遂撰成《康𬭎纪行》一书,成为了解和研究我国边疆与外国舆地学术的重要参考书,它将历史学与地理学相结合,转向经世致用,对晚清边疆史地的研究产生过重要影响,使史地之学由"死学"变为"活学"。另外,魏源晚年所作《元史新编》,对于研究西北边疆史地和元史,唤起人们关注边疆问题,加强国防,亦有明显的意义。

梁启超在《清代学术概论》中说:"自乾隆后边徼多事,嘉道间学者渐留意西北边新疆、青海、西藏、蒙古诸地理,而徐松、张穆、何秋涛最名家。"[3]正是边疆危机刺激了史地学家更加关注边疆史地的研究。

---

[1] 梁启超:《论中国学术思想变迁之大势》。
[2] 梁启超:《三十自述》,《饮冰室合集·文集一一》。
[3] 梁启超:《清代学术概论》,第56页。

嘉庆十七年(1812)，徐松因科场案戍边伊犁，他利用这一机会对新疆史地进行实地调查研究。根据亲身调查研究的成果，撰成《新疆识略》一书，举凡新疆的山川道里、险要控扼、军政设施、边防卡伦等，皆作了详载。此书对新疆社会状况和历史地理的研究做出了开创性的贡献。随后，徐松又仿《水经注》体例，编撰了《西域水道注》一书。该书是他深入研究西北史地的最重要的成果，反映了他对新疆水文地理的认识水平，被誉为"最为精心结撰之作"①。徐松关于西北史地的著作还有若干部，在他的大力倡导和实践的影响下，研究西北史地渐成热潮，众多学者都加入了这一行列。

在边疆史地研究中，堪与魏源并称的，就是撰写《蒙古游牧记》的张穆。刘禺生在《世载堂杂忆》中这样推重张穆："谈辽、金、元史地者，京师以张穆为滥觞。"②《蒙古游牧记》"缀古通今，稽史籍，明边防，成一家之言"③。他考察古代蒙古与近代蒙古之间的渊源变化及山川城镇沿革，"既陈古义，又论今事"④，体现了经世致用的治学精神。

另一边疆史地学者何秋涛，"留心经世之务，以俄罗斯与中国壤地连接，宜有专书资考镜"⑤，遂将官私著述中有关蒙古、新疆、东北以及早期中俄关系的史料鸠数齐备，并加以分类排比和考订，遂成一书，名为《朔方备乘》。是书对中俄关系进行翔实的考证和记载，并期望清廷能吸取历史经验和教训，像圣祖那样勇敢地维护国家的统一。

此外，还有如祁韵士、沈垚、俞正燮、丁谦等学者，都是由于西方列强接踵而至图谋侵略而产生危机感，才研究边疆史地或蒙古史的。他们为了谋求富国强兵之道，从史地的研究中考求保卫边疆之策，密切联系边疆形势和中外军事、外交局势的变化。这种新学风，反映了当时时代的大变动，激励了人们的爱国思想。

---

① 梁启超：《中国近三百年学术史》，《饮冰室合集·专制七五》。
② 刘禺生：《世载堂杂忆》，中华书局1960年版，第37页。
③ 张穆：《〈蒙古游牧记〉自序》，《月斋文集》卷三。
④ 祁寯藻：《蒙古游牧记·序》。
⑤ 赵尔巽等：《清史稿》卷四八五《何秋涛传》，中华书局1977年版。

5. 文学艺术的新成就

刘勰曾说："黄唐淳而质,虞夏质而辨,商周丽而雅,楚汉侈而艳,魏晋浅而绮,宋初讹而新。"[1]所谓时运交移,文学变迁,古今自然之理。晚清的文学艺术特色,可以概括为实而愤。实,即真实,切于晚清衰落和西方列强侵略掠夺之实;愤,即悲愤,悲晚清之衰落,愤列强之掳掠。

鸦片战争一声炮响,震醒了那些溺于辞章虚文之士,他们开始用深沉的目光关注风雨飘摇中的清朝统治。文学即由策赋词章的应考之文转向经世致用的纪实。鸦片战争期间,已有用旧式诗文或通俗文字来动员和鼓舞人民反抗侵略。如传诵一时的《全粤义士义民公檄》,即有"踊跃同袍,子弟悉成劲旅,婉娈如玉,妇女悉能谈兵"之句,用来激励人们士气。这是清代文学的重大转向,但形式尚用骈俪之体,这是过渡性的反映。又如张维屏的《三元里》诗、魏源的《寰海十章》等,都是反抗侵略的好作品,或歌颂人民的英勇斗争,或痛斥佞臣卖国的丑恶行径。除旧式诗文外,还有众多的揭帖告示、传唱民谣等通俗文学,如梁信芳描写三元里人民抗英斗争的《牛栏冈》,明白晓畅,通俗易懂,生动地记述了当时的斗争实况。这种通俗文学,与其后的白话文运动有着实质性的渊源关系,太平天国的文体改革,主张"文以纪实,浮文所在必删;言贵从心,巧言由来当禁"[2],冲击了封建文学的桐城"妖气",以一种当时不易被人察知的历史发展的自身逻辑呼唤着白话文运动。当然,这种文体改革,有自身的时代和局限性。

在诗歌方面,出现时人所谓"诗界革命"。谭嗣同、梁启超等都援引西学新词语纳入诗中,尤以黄遵宪成绩最大。他为中日甲午战争而慷慨激昂,抒发爱国情怀,用通俗易懂的字句表达中国人民决不放弃台湾的冲天斗志,从内容到形式都接近于民歌,使文学向通俗化迈进了一步,较好地体现出文学为现实服务的特殊作用。

---

[1] 刘勰:《文心雕龙·通变》,人民文学出版社2018年版,第520页。
[2] 郭绍虞主编:《中国历代文论选》,上海古籍出版社1979年版,第380页。

翻译西方的文学作品，以林纾的影响为最大。他与友人合作，用文言翻译西方小说，计有170多种，影响甚广。林纾以翻译法国小仲马的《茶花女》、美国斯陀的《黑奴吁天录》而著名。《黑奴吁天录》被留学日本的中国学生戏剧社团"春柳社"改编为话剧，在东京演出，激励中国人立志图强，不畏强暴，反抗压迫。苏曼殊翻译英国拜伦的《哀希腊》诗，鼓舞国人要为国家的独立而奋斗，传诵很广。此外，英国莎士比亚、狄更斯，法国巴尔扎克、雨果和俄国普希金、托尔斯泰等作家的作品，也都被译介过来，既鼓舞中国人的反抗精神和自信心，也大大地丰富中国人的文学生活，对中外文学交流实有肇始之功。

　　一些关注现实生活的作家，目睹和感知清朝统治的腐朽、没落和外国侵略者的野蛮、罪恶，他们心中的郁闷之气和悲愤之情，不能不有所述作。谴责小说遂盛行，被后人誉为晚清四大谴责小说的是：李宝嘉的《官场现形记》、吴沃尧的《二十年目睹之怪现状》，曾朴的《孽海花》和刘鹗的《老残游记》。梁启超在《论小说与群治之关系》一文中说："欲新一国之民，不可不先新一国之小说。"①此说虽有拔高，但小说革命诚有益于世道民心亦明矣。

---

① 梁启超：《论小说与群治之关系》，郭绍虞主编：《中国历代文论选》，上海古籍出版社1979年版，第408页。

第九章 辛亥革命与清朝逊国

1. 风雨飘摇中的宣统政局

光绪三十四年(1908)十月二十一日,德宗病逝,年仅38岁。次日,慈禧太后亦病死。年仅3岁的溥仪继承帝位,年号宣统。

慈禧生前,用恩威并施的手段,成功地控制着臣僚,无论是满族亲贵,还是汉、蒙等高官权臣,都不敢向她的权力挑战,从而保证了清朝统治集团内部的相对稳定。她一死,掩盖着的权力争夺的矛盾,立即公开并尖锐化。这种权力真空,使得清廷内部极不稳定。溥仪即位时只是3岁幼童,病重中的慈禧下懿旨:"嗣皇帝尚在冲龄,正宜专心兴学,著摄政王载沣为监国。"① 载沣是溥仪的生父,能力有限,又非权威,面对着派系林立的统治集团和危机四起的末世之象,一筹莫展。

能够向摄政王载沣的权力挑战的,在清廷内部,惟袁世凯和奕劻的联合最有势力。鉴于袁世凯势力太大,肃亲王善耆和镇国公载泽都向载沣秘密建议及早除掉袁世凯,以绝后患。康有为也发出《讨袁檄文》和《光绪帝上宾请讨贼哀启》的通电,上书摄政王请求"为先帝报大仇,为国民除大蠹"②。奕劻和张之洞认为"主少国疑,不可轻于诛戮大臣"。

清廷在镇压人民的反抗以及与外国的军事斗争中,开始军事近代化的改革和建设。这使得军事权力下放到各省督抚一级,给封建王朝的军事集

---

① 《清宣统政纪实录》卷一,第5页。
② 康有为:《康有为政论集》上册,中华书局1981年版,第639页。

权制一个不小的冲击,而袁世凯在军事力量上的把持尤令摄政王载沣不安。但由于袁世凯势力遍布朝廷和地方,害怕一时措置不当,激起事变。于是,载沣只得旨令袁世凯"开缺回籍养疴",并贬斥袁的党羽唐绍仪、赵秉钧诸人。

在摄政王监国期间,削弱地方督抚的军权,归集到中央,就成为载沣打击袁世凯势力的又一重要举措。针对地方督抚控制新军对朝廷不利的局势,他先后将督抚对新军的军官任免权、筹饷权、指挥权收归陆军部。又借制定监国摄政王体制礼节"十六条",明文规定摄政王代皇帝一切权任事宜,统率全国海陆军。还设立军谘处(后改为军谘府),由亲信载涛、敏朗等充任,使之成为凌驾于陆军部之上的军事首脑。载沣一面削夺督抚的军事实权,一面又决定编练一支亲自控制的禁卫军。为此,除了对袁系人马采取怀柔拉拢的手段外,还多方延揽留学人才,扩建新军,排除北洋军的军事影响。后来袁世凯组建内阁,摄政王的军权被解除,其禁卫军反而被袁世凯所吞并。这种军权的争夺,激化了地方督抚实权派与朝廷的矛盾,使得宣统朝的政局更加动荡不安。

内忧如此,外患也非常紧迫。日俄战争后日本作为战胜国,几乎独占东北三省,沙俄所取得的权益悉被日本拿走。英、法、美、德等也加深经济侵略,大量输出资本,争夺铁路修筑权、矿山开采权、投资借贷权等。腐败无能的清朝一味忍让,奴颜婢膝,以图安宁,维持摇摇欲坠的统治权。

在清廷内部分崩离析之际,资产阶级立宪派以日俄战争的结局,一再鼓吹立宪,要求清廷仿效日本实行君主立宪。宣统元年(1909),为了应付急剧恶化的形势,清廷不得不公布《九年筹备立宪清单》,开始筹备咨议局。但是,资产阶级立宪派并不满足,先后多次联名请愿,要求速开国会。迫于立宪派的请愿和地方督抚上书的压力,清廷又缩短预备立宪期限。出于对"嗷鸿遍野,伏莽满山,举国逸然,不可终日"[①]这样危局的忧惧,宣统三年四月清廷组成了对皇帝负责而不对议院负责的内阁。内阁的13名成员中,有7人为皇族,皇族内阁立即遭到猛烈的抨击。立宪派对此彻底失去信心,清朝已到了穷途末路。随着立宪派的分化组合,危机日益加深,宣统政局一片

---

① 《国会请愿代表孙洪伊等上资政院书》,《国风报》第一年第二十六期。

混乱,清朝岌岌可危。

2. 孙中山——清朝的掘墓人

在清朝统治极端腐朽,国难深重,岌岌可危的形势下,一大批知识分子逐渐由改良转向革命。他们投入到民主革命的阵营中,孙中山则是中国民主革命的先行者,成为这支革命队伍的领路人。

孙中山,名文,字逸仙,同治五年(1866)生于广东香山县(今中山)翠亨村一个农民家庭。年轻时去美国檀香山经营垦牧的哥哥孙眉处,先后在教会学校读书,深受西方文化的影响。中法战争中清朝的腐败无能和丧权辱国给他很大的刺激,后来他回忆说:"予自乙酉中法战败之年,始决倾覆清廷,创造民国之志。"①光绪十八年(1892),他在澳门、广州两地行医,"以学堂为鼓吹之地,借医术为入世之媒"②,联络陈少白、尤列、杨鹤龄等志同道合者,酝酿反清活动。这时,他仍受到改良主义思想的影响。其中以他的老师何启和同乡郑观应等人对他影响尤大。光绪十九年冬,他与陆皓东、郑士良、尤列等人聚会广雅书局,倡议建立一个以"驱除鞑虏,恢复华夏"为宗旨的革命团体。但未提出具体的组织形式和活动计划,因为此时他仍具有改良主义的思想。他目睹当时洋务运动使国家在军事和工业上取得了一定的成效,于是在光绪二十年春北上天津,向李鸿章上书,希望实现"富国强兵"。可是李鸿章并未重视孙中山的上书的具体内容,但批准发给他出国考察农业的护照。孙中山再次来到檀香山,从报纸上得知甲午战争爆发、中国军队溃败的消息,愈加忧愤。他起而倡导革命,积极宣传反清思想,得到少数侨胞的同情和支持。这一年十月,他召集赞助反清的侨胞在檀香山卑涉银行经理何宽的寓所集会,计划成立革命团体,取名"兴中会",会上通过由他拟定的《兴中会章程》,指出:"方今强邻环列,虎视鹰瞵,久垂涎于中华

---

① 孙中山:《建国方略》,《孙中山选集》上卷,人民出版社1981年版,第192页。
② 孙中山:《建国方略》,《孙中山选集》上卷,人民出版社1981年版,第168页。

五金之富,物产之饶,蚕食鲸吞,已效尤于接踵,瓜分豆剖,实堪虑于目前。"①沉痛地分析了帝国主义瓜分中国后的国家危机,深刻揭露清朝的腐朽无能。在兴中会会员入会誓词中,明确提出"驱除鞑虏,恢复中华,创立合众政府"的纲领,决心推翻清朝,建立资产阶级的共和国。

孙中山创建兴中会后,积极发展会员,并把精力集中在发动武装起义夺取政权这一主要任务上。光绪二十一年(1895)一月,兴中会总部在香港成立,修订了《兴中会章程》,把斗争矛头更明确指向清朝。同时,联络广东的会党、绿营、防营、水师和游勇等,策划在广州发动起义。由于杨衢云指挥香港一路措置失当,致使起义未果。陆皓东被捕牺牲,孙中山也被迫流亡日本。这次起义未曾发动便失败,却是孙中山领导的革命武装起义的开端和预演。

孙中山流亡日本后,又辗转到美国和英国宣传反清革命,并考察西方社会,探讨有关资产阶级民主的理论。后来他回忆说:"两年之中,所见所闻,殊多心得。始知徒致国家富强,民权发达如欧洲列强者,犹未能登斯民于极乐之乡也;是以欧洲志士,犹有社会革命之运动也。予欲为一劳永逸之计,乃采取民生主义,以与民族、民权问题同时解决,此三民主义之主张所由完成也。"②

孙中山的革命活动已引起清廷的密切注意,他在英国期间,一度被清廷驻英使馆诱捕,囚禁达13天,如引渡回国,后果不堪设想。幸亏得到他在香港西医书院求学时相识的孟生医师和康德黎等人的奔走营救,才得以脱险。他用英文写成《伦敦被难记》在英国发表,引起欧美和日本进步人士的关注,意外地扩大了孙中山和他领导的革命团体的影响。

光绪二十三年(1897)七月,孙中山重新来到日本。他一面宣传革命,一面结交日本志士宫崎寅藏等人。慈禧太后发动政变后,康有为、梁启超等被迫流亡日本。孙中山希望同他们合作,康有为却以帝师自命,拒绝与之来往,仍然鼓吹君主立宪的政治主张。梁启超则随机应变,乘机扩大"保皇会"的势力,侵蚀了兴中会的许多阵地。

---

① 《檀香山兴中会成立宣言》,中国史学会:"中国近代史资料丛刊"《辛亥革命》(一),第85页。
② 孙中山:《建国方略》,《孙中山选集》上卷,人民出版社1981年版,第171—172页。

光绪二十五年(1899)义和团运动兴起,孙中山预感到清廷将陷入严重危机之中,抓紧作武装起义的准备。他和梁启超本来都支持唐才常拥护湖广总督张之洞割据长江中游,可是张之洞捕杀了200余人,唐才常组建的自立军也失败。这一血的教训,使犹豫于改良与革命之间的一大批知识分子走上革命的道路。孙中山在日本广泛活动,同留日学生建立了密切的联系,在他们心中播下了革命的火种。

乘义和团运动兴起,在北方迅速发展,又有唐才常在湖广策划起事的有利形势,孙中山派郑士良前往广东惠州联络会党,谋求在惠州发动起义。光绪二十六年(1900)九月,惠州起义爆发,郑士良率部连败清军,起义队伍发展到2万多人。由于日本禁止军火出口,破坏了孙中山自海外接济起义的计划,最后,起义队伍弹尽援绝,被迫解散。惠州起义虽然失败,却获得众多有识之士的支持,革命运动出现了有利的局面。

《辛丑条约》的签订,更使人觉醒,革命已得到更多知识界人士的认同,而留日学生们更是充满革命的激情。此时,孙中山来往于日本、南洋、欧美各地,鼓吹革命主张,扩大革命力量。由于康、梁等为代表的保皇派越来越反对革命,孙中山最终与保皇派决裂,并展开激烈的论战。结果,在日本的中国留学生中革命的情绪愈加激昂,书报杂志和社团大量涌现,使民主革命的思想迅速传播开来。创建的革命社团,较有影响的有黄兴任会长的"华兴会"、刘敬安等创建的"日知会"、蔡元培为会长的"光复会"等。

光绪三十一年(1905)夏,孙中山从欧洲到日本,受到留学日本的中国学生和各革命社团的热烈欢迎。经孙中山倡议,并在各社团之间做协调工作,终于在东京召开"中国革命同盟会"(简称同盟会)成立大会。孙中山被推为同盟会总理,他提出的"驱除鞑虏,恢复中华;创立民国,平均地权"十六字方针,被确认为同盟会总章。这是个具有资产阶级性质的革命政党,成为领导当时中国革命活动的核心力量。孙中山还创办《民报》作为同盟会的机关报。在发刊词中,他第一次系统地阐述了民族主义、民权主义、民生主义的"三民主义"革命理论,批驳保皇派的种种谬论。此后,在孙中山及其统一组织同盟会的领导下,将中国资产阶级革命推上了新阶段。

同盟会成立以后,孙中山积极联络会党和清军中倾向革命的官兵,加紧组织武装起义。光绪三十三年至三十四年(1907—1908),先后发动了黄冈之役、惠州七女湖之役、防城之役、镇南关之役、钦廉上思之役、河口之役等,但都遭到了失败。可是,他越遭受挫折越坚定,从不气馁,对革命充满信心,坚持反清斗争直至把清朝推翻。孙中山从事反清革命活动,不仅遭到清廷的通缉,还被日本政府当作不受欢迎的人而驱逐,他远赴欧美,宣传革命主张,在海外,他一直关注着国内的形势,等待时机,迎接新的战斗。

3. 武昌起义敲响清朝灭亡的丧钟

清廷的假立宪骗局彻底暴露后,政局一片混乱,各种社会矛盾更加尖锐而激化。宣统二年十二月(1911年1月),盛宣怀任职邮传部尚书,他策划把各省的商办铁路"收归国有",并勾结帝国主义势力磋商"借款兴办",以"国有"的名义把铁路利权出卖给外国。这不仅损失国家的权益,也损害了爱国商人的利益。他们对外国资本掠夺铁路利权的野心早已有深刻了解和认识:西方帝国主义列强瓜分中国和掠夺权益,"莫如夺其重要之铁路,则不必显居分割之名,而阴享分割之实。比年以来,各国势力范围之划定,实借攘夺铁路矿产为张本"①。由此一些爱国绅商和立宪派人士倡议自筹股份,兴办铁路。清廷因推行所谓"新政",且为舆论所迫,在光绪二十九年(1903)八月允准招筹商股设立铁路、矿务、农务、工艺等各项公司。十月由商部奏定《铁路简明章程》24条,规定各省官商在获准商部允诺后,可自筹股本兴修铁路干线或支线。商办铁路公司的纷纷建立,有关收回铁路权的斗争也随之展开。

铁路主权的得失,实关民族的根本利益,关系国计民生,是国家存亡的标志之一。保路便成为各种矛盾激发的焦点。两湖、广东绅商要求收回粤汉铁路主权的斗争,标志着全国性收回路权运动开始了。清廷面临极度窘迫的国家财政危机,把铁路和矿山的主权出卖给帝国主义财团作为贷款的抵押品。锡良就说过:"财政日窘,外祸日迫,惟有实行借债可为第一救亡

---

① 宓汝成:《中国近代铁路史资料》第三册,中华书局1963年版,第983页。

政策。"①清廷竟把"借债造路"作为"第一救亡政策",一律取消以前批准的商办铁路。当宣布将铁路干线"收归国有"的谕旨一下,就激起了两湖、广东、四川等省绅商的极大义愤。有一学生江元吉用血书写下十六字:"流血争路,路亡流血;路存国存,存路救国。"②更有人提出:"如腐败政府不允人民所请,不如推翻腐败政府。"③四川省的保路运动最为激烈。宣统三年（1911年）五月,四川铁路公司的川汉铁路股东在成都成立"保路同志会"。同盟会会员龙鸣剑、王天杰和陈孔白等人联合哥老会,准备随时发动起义。同盟会会员利用保路运动大力宣传革命,四川的保路运动正朝着武装反清的起义方向发展。八月,四川总督赵尔丰一手制造了枪杀群众20多人的"成都血案"。同盟会会员龙鸣剑等联络哥老会组成"保路同志军",在四川发动起义。到九月初,保路同志军起义在四川全省已是烽火四起,清廷忙派端方从湖北率军入川镇压。不久,湖北爆发了武昌起义。

武昌起义的具体组织者和发动者是革命党人组织共进会和文学社。1911年10月10日武昌起义的成功,与当时湖北的政治、经济和社会状况有关,湖北的革命党人艰苦卓绝的宣传、组织和发动工作,保障了革命的有效进行和顺利成功。湖北巡抚兼署湖广总督端方奏称:"自近年创兴铁路,武汉为南北枢轴,长江商务日辟,已骎骎直达上游,于是天下大势日趋重于鄂中,各国之宾从络绎,电牍纷纭,几于日不暇给。"④武汉当时是中国经济中心之一,也是帝国主义列强注意的重点地区。京汉铁路的全线通车,内河航运业的开辟,外国商品如潮水般大量涌入,经济侵略的触角已深入城乡各地。湖北的粤汉、川汉等铁路权被外国资本控制,作为交通枢纽的武汉,矛盾尤为尖锐,对武昌起义起着直接的激发作用。帝国主义列强的侵略和封建统治者敲骨吸髓的盘剥,使农民大批破产,湖北人民"十九咨嗟叹息,谓生理亏耗,输捐日多,衣食均艰,聊生何术"⑤。面对"米珠薪桂,民不聊

---

① 《清宣统政纪实录》卷四〇,第11页。
② 蔡寄鸥:《鄂州血史》,龙门联合书局1958年版,第52页。
③ 武汉大学历史系:《辛亥革命在湖北史料选辑》,湖北人民出版社1981年版,第501页。
④ 端方:《端忠敏公奏稿》卷二,第26页。
⑤ 刘源深:《鄂渚纪闻》,第18页。

生"①的尖锐的社会矛盾,人民群众的抗捐抗税斗争也蓬勃发展起来。而湖北革命党人的宣传、组织活动,尤其是在新军中的秘密活动,为武昌起义蓄积了武装力量。湖北革命志士认为:"革命非运动军队不可,运动军队非亲身加入行伍不可。"②所以,当时的革命党人组织都注重在新军中开展工作,掌握军队才有实力。以蒋翊武主持的"文学社"和焦达峰与孙武等具体负责的"共进会"等组织为主体,革命党人在湖北新军中展开秘密宣传与组织工作。这时,宋教仁、陈其美、谭人凤等成立的中部同盟会已制订了在长江流域发动起义的计划,并促使"共进会"和"文学社"联合行动。

清廷也加紧了对革命党人的镇压。湖广总督瑞澂将新军陆续调出武汉,前往四川镇压四川同志军的起义。湖北革命党人担心革命力量分散,纷纷要求迅速发动起义。原计划在10月6日起义,因准备不足,只得延期。10月9日正午,孙武在汉口俄租界制造炸弹失慎爆炸,沙俄巡捕搜查到准备起义的旗帜、文告、印信等,起义已泄露。第二天,设在武昌的起义指挥机关遭到破坏,湖广总督瑞澂下令全城戒严,大肆搜捕革命党人,形势顿时异常紧张。革命党人一致认为,只有及时举义,别无选择。于是,革命党人自行联络,相约于10日晚上发动起义。晚7时左右,新军工程第八营的革命党人以熊秉坤为首发动士兵,鸣枪起义。楚望台军械库守军中的革命士兵响应起义,一举占领了军械库。接着,步、炮、辎重各营的革命士兵听到枪声,纷纷冲出营房,聚集楚望台。革命士兵推举左队队官吴兆麟为临时总指挥。吴兆麟申明纪律后,分配任务,对总督衙门和第八镇司令部发起进攻。瑞澂和第八镇统制指挥所属部队顽强对抗。起义队伍浴血奋战,先后发动三次进攻,最后在蛇山炮队的协助下,占领总督衙门和镇司令部。瑞澂逃到"楚豫"号兵舰上。起义队伍一夜之间占领武昌城,鲜红的十八星旗飘扬在黄鹤楼上,宣告武昌起义的胜利。11日晚和12日晨,武昌对岸的革命党人也先后闻风而动,起义新军光复汉阳和汉口。武汉三镇完全为革命党人所控制。

武昌起义初战胜利,建立革命的领导机构以便统一事权领导革命,已非

---

① 《恕斋尚书胰存·公胰》卷一,第35页。
② 张唯光:《湖北革命知之录》,商务印书馆1946年版,第55页。

常急迫地摆在革命党人面前。此时,孙中山远在海外,一时无法赶回来,黄兴和同盟会其他重要领导人也远在香港、上海等地;文学社、共进会的领导人,有的牺牲,有的出逃,有的受伤。诚如革命党人蔡济民回忆中所言:"原来推定的诸人,目下都不在武昌,缓不济急。"①故认为,谘议局"所有议员都是湖北各县有代表性的人物,应该合作,好让革命事业早日得到胜利"②。于是革命党人邀请谘议局中以议长汤化龙为首的议员们和地方绅商协商。鉴于黎元洪善待士兵,为人较开明,作为新军统领威望甚高,经革命党人和谘议局议员公推,选他为湖北军政府都督。当武昌起义爆发时,黎元洪逃往黄土坡四十一标第三营管带谢国超家③,吴兆麟带人把黎元洪拥至谘议局。黎元洪起初不允,革命党人李翊东持长铳迫他默允,即宣告湖北军政府成立,以黎元洪为都督,以谘议局长汤化龙为民政部部长。革命党人用黎元洪的名誉来镇住人心和军心。与此同时,革命党人另行组织了一个真正的权力机构谋略处,来处理和决定一切大事。谋略处以蔡济民为首,其成员都是革命党人。

立宪派汤化龙和黎元洪企图操纵实权,不甘心被谋略处所左右。10月17日,汤化龙拉拢同盟会会员居正,借孙中山的名义,冒称同盟会东京本部草拟《中华民国军政府条例》,力图取消谋略处,以黎元洪任都督兼总司令,汤化龙任政事部部长,主管外交、内政、财政等局,以图排挤革命党人的领导。革命党人坚决予以回击,10月25日制定《中华民国鄂军政府改订暂行条例》,否定了《军政府条例》,改组政事部,将各局改为部,只给汤化龙一个编制部部长的闲职,其他各部均由革命党人控制。这些措施及时地回击了汤化龙和黎元洪想揽权的阴谋,因而保证了革命继续进行下去。可是,仍将黎元洪为首的旧官僚势力纳入军政府,以致最终未能保住革命党人用鲜血换来的政权。

武昌起义的成功,传到全国各地,革命党人迅速联络会党,先后发动新

---

① 李春萱于1956年9月16日的谈话记录,转引自房德邻:《清王朝的覆灭》,河南人民出版社1996年版,第480页。
② 李春萱:《辛亥首义纪事本末》,《辛亥首义回忆录》第二辑,湖北人民出版社1980年版,第169页。
③ 参见张国淦:《辛亥革命史料》,龙门联合书局1958年版,第85—86页。

军起义,革命烈火迅速在全国蔓延,首先响应的是湖南、陕西两省。湖南的起义,解除了武昌起义军政府的后顾之忧,使两湖地区连成一片,壮大了革命的声势和力量。陕西的起义,扩大革命在全国的影响,也切断了清廷从西北地区调兵遣将镇压武昌起义的可能性。随后,江西、山西、云南、上海、浙江、江苏、贵州、安徽、广西、福建和广东等省州县宣布光复,纷纷成立军政府,热烈响应武昌起义。在广大农村,农民群众也掀起了反封建的武装斗争。各省响应,宣布独立,群众武装斗争席卷全国,终于汇集成不可阻挡的革命洪流,猛烈冲击着摇摇欲坠的清王朝。

革命形势的迅猛发展,要求起义各省必须团结起来,组建一个统一的临时中央政府,与清王朝进行最后的斗争。武昌起义后关于组织临时中央政府的倡议,是湖北、上海两地于11月9日、11日分别提出的,上海方面并首先于15日召开了第一次各省代表会议,即"各省都督府代表联合会"。因武昌是首义之地,同盟会骨干云集,加之这里又是斗争的最前沿,经湖北方面力争,24日,各省代表会议迁至武昌,后为躲避清军炮火的威胁,各省代表会议又于30日改在汉口英租界举行。就成分来说,各省代表会议的组成非常复杂,既有革命派,又有立宪派,还有少数的旧官僚和封建士绅,这就决定了组建临时中央政府必然是一个充满斗争的曲折过程。12月2日,各省代表会议作出了两个重要决议,一是通过了《临时政府组织大纲》,一是虚总统之位以待袁世凯"反正来归"。《临时政府组织大纲》规定设立临时大总统、临时参议院,以及外交、内务、财政、军务、交通等五个部。根据"组织大纲"的规定,临时大总统由各省代表选举产生,其职权是统治全国,统率陆海军,经参议院同意实施宣战、媾和、缔约及任用行政各部部长。临时参议院为临时的立法机关,由各省都督府各派3名参议员组成,其职权是议决宣战、媾和、缔约,议决预算、币制、法律等。在参议院未成立之前,暂由各省代表会议代行其职权。

就在代表们讨论制定"组织大纲"时,12月2日,江浙联军攻克南京,江浙集团声势大震。因湖北战局日蹙,在武昌组织临时政府一时无法实施,江、沪、浙方面再一次活跃起来,决定在南京组织临时政府,并电催汉口方面的代表迅速赴宁。12月14日,各省代表齐聚南京。当时代表数额不仅有所增加,由原来的23人增为45人,而且更重要的是,同盟会员的比例也有所提高,约占二分之一强。代表们在商讨组织临时政府时分歧最大的是临时大总统的人选问题。武昌起义后,革命党阵营内弥漫着一股妥协空气,希望经过和平的途径迫使清帝退位,实现全国共和。而当时的政治形势,却把与革命军对峙的旧式人物袁世凯推到了革命舞台的中央。革命党人深知袁世凯是清廷的惟一救命稻草,如果袁世凯赞成共和,"反正来归",清朝的统治就会土崩瓦解。老谋深算的袁世凯也知道革命党人的这种心理,为实现自己的野心,早在各省代表聚集在汉口时,他就勾结英国驻华外交官向革命军提出三项条件:停战、清帝退位、举袁世凯为总统。各省代表到达南京后,原定于12月16日推举黄兴为临时总统,袁世凯惟恐野心落空,急派议和代表唐绍仪向革命党人表示赞同共和之意。对袁世凯抱有幻想的革命党人竟临时取消了总统选举会,组织临时政府的工作又陷入困境。

其实,革命党人在选举临时总统的问题上之所以畏首畏尾,除对袁世凯抱有妥协心理外,一个重要原因就是当时国内革命阵营内缺乏一个众望所归的核心人物。12月25日,孙中山自海外归国,抵达上海。各省革命党人极为兴奋,大都主张立即推举孙中山为临时大总统。立宪派和旧官僚政客也认为在袁世凯来南京主持政务之前,能化解危局者非孙中山莫属。29日,各省代表会议举行临时大总统选举会,17省代表除1省代表选举黄兴外,有16省代表选举孙中山,至此,武昌起义后在组织过程中一度难产的临时政府,终于以孙中山当选为临时大总统而告诞生。31日,根据孙中山的提议,各省代表会议通过决议,正式改国号为中华民国。1912年1月1日,孙中山到达南京宣誓就职,宣告中华民国临时政府成立,以1912年为民国元年,改用公历。

孙中山就任临时大总统以后,各省代表会议修订了《中华民国临时政府组织大纲》,规定增选副总统,行政各部也由5个增至9个。1912年1月3日,黎元洪当选为副总统。经孙中山和黄兴提议,行政各部总长也获通过。其中,陆军部、外交部、教育部总长分别由同盟会员黄兴、王宠惠、蔡元培担任,实业部、交通部总长分别由江浙立宪派首领张謇、汤寿潜担任,内务部、司法部总长分别由旧式官僚程德全、伍廷芳担任,海军部、财政部总长分别由曾任职于清政府的黄钟英、陈锦涛担任。从表面看,同盟会在临时政府内并不占优势,但实际上,根据同盟会提出的"部长取名,次长取实"的方案,除海军部外,其余各部次长悉为同盟会会员。加之程德全、汤寿潜、张謇等人未赴南京就职,各部几乎都是同盟会会员实掌其事,因而时有"次长内阁"之称。这表明,南京临时政府虽是不同派系组成的联合政权,但革命派在临时政府中握有领导权。

1912年1月28日,作为临时立法机关的临时参议院成立,当时共有参议员43名,代表18个省。就参议员的数额来说,同盟会占有30余席,立宪派不足10席。根据"组织大纲"的规定,参议院有立法权、财政权、任免权、外交权、顾问权等。孙中山对参议院寄予了很大希望,在成立大会上,他鼓励各参议员"各尽乃智,竭乃力,以固民国之始基,以扬我族之大烈,则不徒文一人之颂祷,其四万万人实嘉赖之"[①]。临时参议院的成立,标志着资产阶级革命派在构筑三权分立的政权蓝图上又迈出了重要一步。

南京临时政府实行新的建国宗旨,即"尽扫专制之流毒,确定共和,普利民生,以达革命之宗旨,完国民之志愿",就是要把封建专制的中国改造成资产阶级共和国。孙中山在临时大总统就职宣言中庄严地申明了临时政府的施政方针,对内要实行民族、领土、军政、内政、财政统一,对外要摈弃清代的辱国举措和排外心理,建立一个和平、民主、富强的国家。为此,南京临时政府颁布法令,除旧布新,推行资产阶级的政治、经济、文化制度:在政治上,它宣布人民享有选举、参政等"公权"和居住、言论、出版、集会、信教等"私权",禁止刑讯、体罚,禁止买卖人口,禁止蓄辫、缠足、赌博,严禁种植和吸食鸦片,等等;在经济上,承认雇佣关系,颁布保护工商业的规章,废除清代的一些苛捐杂税,鼓励华侨在国内投资;在文化上,提倡以"自由平等博爱为纲",宣布学校中一律废除《大清会典》、《大清律例》、《皇朝掌故》、《国朝事实》及"其他有碍国民精神"的科目,禁止小学"读经科"。这些法令,无不体现着民族资产阶级的原则和利益,但对地主阶级的利益根本没有任何触动,对广大农民的利益也缺乏积极的反映。

南京临时政府虽然建立起来了,但它仍然面临着严峻的局面。各帝国主义国家不仅拒绝承认这个脆弱的新政权,而且还从经济等方面进行限制

---

① 中国第二历史档案馆:《中华民国史档案资料汇编》第二辑,江苏人民出版社1981年版,第17页。

和遏制,如它们拒绝把其把持的海关及部分常关、盐厘的税收交给临时政府,对临时政府的借款要求置之不理;加之各地商会大都操纵在不愿支持临时政府的资产阶级立宪派手中,致使临时政府自始至终都未能摆脱财政困境。更重要的是,被立宪派和旧官僚控制的省区不奉临时政府为中央政府,就是革命派掌权的地方,也往往不服从中央的政令。甚至作为临时政府执政党的同盟会,内部也组织涣散,政见纷歧,很难发挥出上下齐心的团结精神。这一切,都为袁世凯窃取辛亥革命的胜利果实提供了有利条件。

4. 袁世凯"压南逼北"

清廷得知武昌起义的消息后,急命陆军大臣荫昌率北洋新军第一军南下镇压;军咨府正使冯国璋率北洋新军第二军听候调遣。这些新军都为袁世凯的亲信所控制,荫昌调动不灵。清廷惊慌失措。内阁总理大臣奕劻和协理大臣那桐、徐世昌感到局势严重,再三上奏朝廷,要求立即起用袁世凯。帝国主义列强为了维护在华利益,在宣布"中立"的幌子下,也竭力促使清廷重新起用袁世凯。光绪三十四年(1908)"开缺回籍养疴"的袁世凯一刻也没有停止政治活动,他时刻通过自己在朝廷内外的亲信,控制着北洋军队和淮军,密切关注时局动向。

清廷在中外都主张"非袁不可"的舆论下,下诏起用袁世凯为湖广总督,指挥湖北各军队及各路援军。袁世凯因没有给予足够的权力,以"足疾未痊"为辞,拒绝出山。同时又指使其亲信冯国璋、段祺瑞等北洋将领采取观望态度。由于北洋军又不肯卖力,使革命军顺利攻占重要据点刘家庙,北洋军接连被击退。湖南、陕西、山西等省又相继响应革命,宣布独立。奕劻在此形势下,改派袁世凯的好友徐世昌潜赴彰德"劝驾"。袁世凯乘机向朝廷提出六项条件,即明年召开国会,组织责任内阁,宽容参加武昌起义诸人,解除党禁,授予他指挥水陆各军及关于军队编制的全权,供给足够的军费等。清廷无奈再次忍让,下令释放政治犯,解散皇族内阁,任命袁世凯为内阁总理大臣,负责组织"责任内阁"。这样,袁世凯就把军政大权抓到了手中。清廷授袁世凯为钦差大臣,统率所有赴鄂的海军和长江水师,以其亲信冯国璋和段祺瑞分统第一、二路军,并拨款100万两作军费。袁世凯走马南下,动用兵力对付革命军政府。10月30日,他赶到信阳,亲自督战,北洋军猛攻汉口。11月2日占领汉口后,袁世凯回北京组织责任内阁。在帝国主义的支持下,袁世凯迫使载沣辞归,将清朝的军政大权全部拿到手。

诡计多端的袁世凯在南下之前,曾密派私人代表向黎元洪作议和试探。黎元洪表示:只要袁世凯赞成共和,就推举他为总统。袁世凯一面同革命军秘密接触,同时又暗中与外国公使商谈,请求出面干涉。当英国公使朱尔典指使驻汉口领事戈飞向革命军方面转达袁世凯停战议和的意愿时,狡猾的袁世凯却命令冯国璋猛攻汉阳,并在攻陷汉阳后架炮轰击武昌都督府,以施加军事压力。袁世凯不想把湖北革命军彻底消灭,他要借助革命势力逼迫朝廷交出更大的权力;又借武力压迫革命党人向他妥协,以捞取更多果实。12月18日,袁世凯的代表唐绍仪同中华民国军政府的代表伍廷芳在上海正式举行南北议和。20日,驻上海的英、美等六国总领事向双方代表提出照会,要求双方尽快和解,实际上是向南方革命军施加压力。

帝国主义列强在干涉南北议和的同时,还使用种种卑劣手段打击南方革命势力。如拒绝承认中华民国南京临时政府的合法地位,更在经济上加以扼杀,不但不给孙中山任何形式的贷款,而且截留了全部海关税收,借以加剧革命军政府的财政困难。

在南北议和过程中,以张謇为首的立宪派显然是支持袁世凯的。他们同孙中山若即若离,一度支持孙中山组建南京临时政府,但并不支持孙中山北伐。相反,在南京临时政府面临严重的财政危机时,百般刁难,迫使孙中山早日交出政权。伍廷芳和唐绍仪分别代表南北方,"在议场时,板起面孔,十足官话"①,但真正的政治交易却在赵凤昌的寓所"惜阴堂"秘密进行。有一部分革命党人对袁世凯抱有幻想,不时散布妥协的言论。张謇及时密电袁世凯,告知密谋议和结果:"甲日满退,乙日拥公,东南诸方一切通过","愿公奋其英略,旦夕之间戡定大局"②。在同盟会内部对袁世凯主张妥协的想法也占据上风。12月9日,黄兴复电汪精卫等人,表示只要袁世

---

① 张国淦:《辛亥革命史料》,龙门联合书局1958年版,第292页。
② 张謇:《张季子九录》卷四《政闻录》,第1页。

凯推翻清朝，"中华民国大统领一席，断推举项城无疑"①。在北洋军咄咄逼人的攻势下，黄兴仍坚持同孙中山一道宣布北伐，并制订六路北伐的计划。然而，革命军新编入伍的士兵缺少军事训练，多为城乡失业民众，连革命领导人都认为是乌合之众。黄兴向从江北前线返回的柏文蔚说："假若完全靠武力解决，将来鹿死谁手，尚难预料。"②这时，帝国主义列强公开支持袁世凯，甚至派兵和军舰干涉革命，大肆恫吓。黄兴面对"附和革命者，不是盘踞地方，就是拥兵自卫，只求目前名利，不计将来祸患，甚至以军队名义要求非和不可，并暗与袁通气"③的险恶困境，无能为力，只得"自度不能下动员令，惟有割腹以谢天下"④。孙中山等虽力主北伐，反对议和，但"内外负重要责任之同志，则悉倾向于议和"⑤，在帝国主义列强的干涉和革命内部妥协势力双重压力下，孙中山不得不向袁世凯让步。孙中山表示：只要清帝退位，共和既定时，他愿意让位，由袁世凯任大总统。但他又强调："盖民国之愿让步，为共和，非为袁氏也。"⑥反映了当时革命党人想用中华民国大总统的桂冠，借袁世凯之手换取代价沉重的共和。1月15日，孙中山复电伍廷芳说："如清帝实行退位，宣布共和，则临时政府决不食言，文即可正式宣布解职，以功以能，首推袁氏。"⑦

经过双方长时间的谈判，南北双方终于达成秘密协议：袁世凯在优待清室的条件下逼清帝退位，赞成共和政体，孙中山辞职，把临时大总统职位让给袁世凯。

袁世凯利用手中的军事实力，在帝国主义列强的军事、政治、经济支持下，在立宪派和旧官僚的呼应下，采用"压南逼北"的卑鄙伎俩，终于在实行"共和"的名义下达成了南北议和，窃取了辛亥革命的胜利果实。

---

① 《革命文牍汇编》第五册。
② 柏文蔚：《五十年经历》，《近代史资料》1979年第三期。
③ 耿毅：《辛亥广西援鄂回忆录》，《近代史资料》1961年第一期。
④ 胡汉民：《胡汉民自传》，中华书局2016年版。
⑤ 胡汉民：《胡汉民自传》，中华书局2016年版。
⑥ 白蕉：《袁世凯与中华民国》，中国史学会："中国近代史资料丛刊"《辛亥革命》（八），第19页。
⑦ 孙中山：《复伍廷芳电》，《孙中山全集》第二卷，中华书局1982年版，第23页。

5. 宣统宣布逊位

袁世凯背着清廷与南方革命政府进行了一系列秘密交易,当事成之时,他首先将以优待清室为条件逼使清帝逊位的密议,告知早已被他收买的奕劻,争取他的支持。奕劻不敢公开表示赞成,更不敢对如此重大之事负责。1912年1月12日,他召集宗室亲贵秘密会议,讨论此事,会议没有结果。顽固反对逊位的肃亲王善耆、恭亲王溥伟、原江宁将军铁良、原禁卫军协统良弼、原军咨大臣毓朗彼此联络,极力攻击袁世凯,企图逼袁世凯辞职。这一派政治势力被称为"宗社党"。清朝皇室和顽固派官僚企图利用由满族官兵组成的禁卫军,再勾结保皇势力如陕甘总督长庚、署理陕西巡抚升允和蒙古亲贵等,进行孤注一掷的垂死挣扎。

当时,清室内部有人指责袁世凯欺孤儿寡母,为了获取总统之位,妄图步"王莽篡位"后尘。这一诛心之伐使袁世凯难以承受,只好公开声称:他绝无此心。而孙中山则痛骂袁世凯失信,并号召"若因此而再起兵衅,全惟袁世凯是咎,举国军民,均欲灭袁氏而后朝食"[①]。

内外舆论夹攻,使袁世凯十分狼狈,既受宗社党人的强烈反对,又不敢公开表示赞成共和。他只得暗中指使亲信大造共和舆论,加快"逼宫"的步伐。1月26日,段祺瑞领衔,46个北洋将领联名通电:要求朝廷"明降谕旨,宣示中外,立定共和政体"[②]。同一天,宗社党首领良弼去肃亲王善耆府,劝说坚持反对共和。在回家途中,良弼被革命党人彭家珍炸伤,两天后死去,使王公贵族胆战心惊,热闹一时的宗社党便作鸟兽散。

帝国主义列强为了维护其在华利益,把袁世凯作为其利益的新代理人,于是指使在华外国商会出面,施加压力,逼清帝逊位,实行共和。1月16日,英国驻华公使朱尔典在一份报告中写道:"外国舆论已被用来促使退位

[①] 白蕉:《袁世凯与中华民国》,中国史学会:"中国近代史资料丛刊"《辛亥革命》(八),第135页。
[②] 《段祺瑞等致内阁请代奏电》,中国史学会:"中国近代史资料丛刊"《辛亥革命》(八),第174页。

运动而服务,我们已使各个条约口岸的外国商会懂得,它们对于目前这种动荡不安的状态,以及它使贸易遭致损失的情形,如果提出它们的意见,并且暗示朝廷,劝其采取这样一些妥协的措施,以便满足广大人民的希望,这将使退位一事的实现,成为轻而易举。"①由此,上海、汉口、香港等地的外国商会纷纷致电,请愿共和以俯顺舆情。

当时的一些驻外使节,也纷纷致电要求改定"共和",加大压力,逼迫清帝逊位。至于那些立宪派和旧官僚,更是为袁世凯出谋划策,摇旗呐喊,为其助阵。张謇作为江浙立宪派代表人物,亲至湖北与段祺瑞、黎元洪密谋,想借"南北军人之公意",威逼清帝逊位②。岑春煊致电载沣等满族王公亲贵,要求"径降明谕,宣示中外,令国民组织共和政治"③。直隶、山东等北方各省的立宪派借"绅民"的名义,由谘议局出面,请愿共和,威胁清帝赶快逊位。原先主张"君主立宪"的杨度,也承袁世凯的意旨,发起了"共和促进会",鼓吹"共和"和清帝退位。

当时机成熟,袁世凯开始亲自出马,威逼清帝逊位。1月16日,他与内阁大臣联衔密奏,要隆裕太后"速定方针","以息兵祸而顺民心",免遭法兰西王室的命运④。为了向隆裕太后施加压力,袁世凯又假装代表内阁总辞职。在回家的途中,遭到革命党人袭击,他安然无恙,乘机以此为借口,称病不入朝,幕后指使加紧"逼宫"。袁世凯收买隆裕太后的亲信太监张兰德,叫他向太后进言:"说袁世凯如何忠公,但是各省纷纷独立,前敌军队撤不下来,外债无望,饷项难筹,若不答应民党要求,则革命军队杀到北京,您的生命难保;倘能依从让位,则优待条件如何如何,仍可安居宫闱,长享尊荣富贵,袁世凯一切担保云云。"⑤

按慈禧的遗嘱,隆裕太后实掌国家大权。但隆裕遇事毫无主见,关系清朝存亡命运,她更是优柔寡断,多次召开御前会议商讨。但大多数王公大臣缄默无语,只有溥伟、善耆等主张交战,但无兵无饷,谈何容易。隆裕太后决

---

① 1912年1月16日朱尔典呈葛雷电,上海社科院历史所:《辛亥革命在上海史料选辑》,第1207—1208页。
② 《赵凤昌藏札》第一〇八册。
③ 《民立报》1912年1月19日(辛亥年十二月一日)。
④ 张溯淦:《辛亥革命史料》,龙门联合书局1958年版,第299—300页。
⑤ 载涛:《载沣与袁世凯的矛盾》,《晚清宫廷生活见闻》,文史资料出版社1982年度版,第83页。

定采纳溥伟提出的由"国会解决"的主张,谕令袁世凯内阁与南方商谈召集"国会"问题,借以苟延时日。袁世凯隐含威胁,立即回奏说:"如改为国会议决国体,则优待皇室条件,似亦应由国会议定,能否照前优隆,臣未敢预决。"①隆裕太后召开最后一次御前会议,除了为袁世凯帮腔外,已无人敢置一词。1月30日,载沣和奕劻朝见太后,不得不说:"官军既无斗志,不若逊位全终,犹得待遇。"②隆裕太后眼见大势已去,回天无力,遂做出决定,命内阁准备宣布"共和"的谕旨。2月3日,授袁世凯全权,与南京临时政府商谈退位优待条件。

关于清帝退位的优待条件,原是张謇、伍廷芳等人与袁世凯沆瀣一气,用来威逼利诱隆裕太后同意清帝退位,为袁世凯窃取政权创造条件,并非民国政府的意向。当伍廷芳提出退位优待条件,即为孙中山和黄兴所坚决反对。伍廷芳等议和代表坚持认为,只要"共和目的已达,其他枝节似可从宽"③。妥协倾向占主导地位的南京临时政府只得接受给予优待的主张。

南北双方经过多次交涉,2月9日终于商定《大清皇帝辞位后之优待条件》八款,主要内容有:

清帝"辞位"后,其尊号仍存不废,中华民国以待各外国君主之礼相待;

"辞位"后的清帝,岁用400万两,改铸新币后,改为400万元。此款由中华民国拨给;

"辞位"后,帝室暂居皇宫,日后移居颐和园,侍卫人等照常留用;

宗庙陵寝,永远奉祀,由中华民国酌设卫兵保护;

德宗(光绪)崇陵未完工程,如制妥修,所用经费,由中华民国支出;

以前宫内所有各项执事人员,可照常留用,惟以后不得再招阉人;

原有禁卫军,归中华民国陆军部编制,额数俸饷,仍如其旧。

上述是对清帝待遇的具体规定。又规定了皇族的待遇条件,如清王公世爵,概仍其旧;皇族私产,一体保护;皇族免当兵之义务,皇族对国家之公权及私权与国民同等。还规定了满、蒙、回、藏各族的待遇条件,等等④。

---

① 张国淦:《辛亥革命史料》,龙门联合书局1958年版,第304页。
② 李剑农:《戊戌以后三十年中国政治史》,中华书局1965年版,第137页。
③ 观渡庐(伍廷芳):《共和关键录》第一编,第80页。
④ 《临时公报》辛亥年十二月二十六日;参见《清宣统政纪实录》卷七○。

南京临时政府将此优待条件电告袁世凯。次日袁世凯召集内阁各部大臣及皇族近支王公讨论通过了清帝退位条件的最后修正案。

1912年2月11日（宣统三年十二月二十四日），隆裕太后正式同意民国所定优待条件，同时，决定宣统帝"辞位"。

2月12日，即农历宣统三年十二月二十五日，这是一个具有划时代意义的历史时刻：隆裕太后在养心殿将退位诏书交给外务大臣胡惟德，布告全国。诏书是以宣统帝奉隆裕太后懿旨的名义颁发的。其文如下：

> 前因民军起事，各省响应，九夏沸腾，生灵涂炭。特命袁世凯，遣员与民军代表讨论大局，议开国会，公决政体。两月以来，尚无确当办法，南北暌隔，彼此相持，商辍于途，士露于野，徒以国体一日不决，故民生一日不安。今全国人民心理，多倾向共和，南中各省既倡议于前，北方诸将亦主张于后。人心所向，天命可知。予亦何忍因一姓之尊荣，拂兆民之好恶。是用外观大势，内审舆情，特率皇帝将统治权公诸全国，定为共和立宪国体，近慰海内厌乱望治之心，远协古圣天下为公之义。
>
> 袁世凯前经资政院选举为总理大臣，当兹新旧代谢之际，宜有南北统一之方，即由袁世凯以全权组织临时共和政府，与民军协商统一办法。总期人民安堵，海宇乂安。仍合满汉蒙回藏五族完全领土为一大中华民国。予与皇帝得以退处宽闲，优游岁月，长受国民之优礼，亲见郅治之告成，岂不懿欤！①

这篇诏书，宣告了清朝命运的终结，统治权转交给新的政权——中华民国。诏书反映了以隆裕太后为首的满族皇室顺乎舆情，人心向共和不可逆转。诏书所表述的思想，无可挑剔。但交出政权，断绝爱新觉罗家族的皇帝继统，非出本愿，是在巨大的压力下作出的最痛苦的决定。不管怎么说，也不管出于何种动机，清皇室没有顽抗到底，因而避免了为争夺政权而继续战斗下去，人民也少遭灾难。隆裕太后等做出了明智的选择。

---

① 《清宣统政纪实录》卷七〇；《临时公报》辛亥年十二月二十六日。

诏书中关于袁世凯的一段话,据悉,是袁世凯为自己谋取权力而加上去的①。其用意十分清楚:表明自己是受清廷之命而接管政权,合法合理,与南京临时政府无关。孙中山做出承诺,如清帝退位,就将民国临时大总统的职位让给袁世凯。而今清帝退位,若南京临时政府不履行承诺,就可以按诏书所命,顺理成章地在北京组成新的临时政府,以与南京临时政府对抗。袁世凯用意之深,不言自明。总观清帝退位前的一系列运筹,实际都为袁世凯所一手操纵,包括南京临时政府,都落入袁世凯阴谋夺权的诡计之中。他"压南逼北",清廷与南京临时政府都成了他夺权的工具。从清廷方面说,袁世凯不费一兵一卒,逼清帝退位,夺取了组织政府的权力,这实际上是搞了一次宫廷政变;从南京方面说,袁世凯是巧取辛亥革命的胜利果实,清帝退位诏书一颁布,就为他夺权铺平了道路。

诏书颁布的当天,袁世凯以他的名义,将清帝退位诏书与优待清帝及皇室的条件分别照会各国驻华公使。

袁世凯手持清帝退位诏书,致电南京临时政府,再次承认共和政体,并保证"永不使君主政体再行于中国"。孙中山履行诺言,立即辞去大总统的职位,推荐袁世凯继任临时大总统。这样,袁世凯如愿以偿,从清朝的一个大官僚、大军阀,摇身一变而成为中华民国大总统。

6. 辛亥革命评说

如何评价辛亥革命,长期以来有一个说法,辛亥革命推翻了一代封建王朝,把皇帝赶下台,取得了胜利,但革命并不彻底,并未从根本上推翻封建专制制度,反帝反封建的历史使命也未完成。所以,从根本上说,辛亥革命失败了。这一说法,已成为学术界半个世纪以来的一个传统结论。

近20年来,原有的辛亥革命的评价模式已被打破。有的学者提出:辛亥革命并没有失败,它完成了其历史使命,取得了应有的成功和胜利。即便

---

① 曹欣欣:《〈清帝退位诏书〉内容》,《中国文物报》1991年12月13日。参见陈瑞云:《宣统帝》,吉林文史社1993年版,第133—134页。

是革命果实被袁世凯所篡夺,也丝毫不能改变辛亥革命的历史价值和深远的历史意义。

这一看法,无疑体现了近20年来对辛亥革命的研究水平的一次新飞跃。

首先,应当承认,历史赋予辛亥革命的使命,就是推翻清王朝,永远地结束中国的君主专制制度,建立资产阶级共和国。辛亥革命从其酝酿到发动武装起义,前赴后继,流血牺牲,都是为实现这一目标而进行英勇的斗争。当宣统三年十一月十三日,即中华民国元年(1912)元旦,在南京正式成立中华民国临时政府,孙中山就任临时大总统,就标志着资产阶级革命派取得了胜利。至宣统帝退位,清廷交出统治权,承认共和政体,废弃君主专制制度,可以说,辛亥革命基本完成了其历史使命,实现其既定的革命目标。这一划时代的胜利,是中国历史的巨变,是中国两千余年封建君主专制社会的带有根本性的转折,从而开辟了一个新时代——资产阶级掌握国家政权、向着资本主义发展的时代,改变了中国前进的方向,即改变了航向。辛亥革命创下的这一奇迹,无论怎样估计都不算高。毛泽东将孙中山评价为中国民族民主革命的"伟大的先行者",实际已包含了对辛亥革命的基本评价。辛亥革命无疑应列入20世纪中国最伟大的事件之一,在20世纪世界史上也应占有重要地位。

孙中山在就任大总统的《宣言书》中指出:"临时之政府,革命时代之政府也。"①这就把新成立的民国南京临时政府与清朝的封建君主专制政府相区别开来。从其制定和实施的一系列政策来看,证明其政权的资产阶级性质,并开始把中国推向前进。的确,孙中山任职时间不长,但南京临时政府却制定了一系列反映资产阶级利益的法律、法规、法令等,均体现了资产阶级的政治原则。

孙中山在大总统就职演说中,宣布施政方针:对内,尽扫专制之流毒,确定共和,完成民族统一、领土统一、军政统一、内治统一、财政统一;对外,洗去清朝时代辱国丧权之举措与排外之心理,与友邦益增睦谊,持和平主义,

---

① 孙中山:《临时大总统宣言书》,《孙中山全集》第二卷,中华书局1982年版,第3页。

将使中国见重于国际社会,且将使世界渐趋于大同①。这个施政方针,对内强调全国统一,以建立资产阶级共和国,对外要求洗刷清朝给中国带来的屈辱,都是有积极意义的。

以孙中山为首的南京临时政府为了扫除封建主义,发展资本主义,迅速颁布了有利于资本主义民主政治的建立和发展文化教育及民族资本主义经济的若干法令。这些法令的实施,虽然在短时间内不可能取得多少实际效果,但却确定了资产阶级共和国的基本模式,对中国冲破封建主义桎梏和发展资本主义产生深远的影响。根据西方资产阶级"自由平等"、"天赋人权"的原则,宣布了各民族一律平等,人民享有选举权、参政权,有言论、出版、集会、信教自由;解放"疍户"、"惰户"、"丐户"等所谓"贱民",规定他们享有同样的权利;禁止买卖人口,禁止蓄奴;革除历代官府衙门关于"大人"、"老爷"的称呼和跪拜之礼;等等。南京临时政府大力发展民族经济,鼓励发展工商业,倡办实业团体,奖励华侨在国内投资,颁布保护工商业的规章,提倡垦殖。在文化教育方面,禁止小学读经,废止宣扬封建主义的学科和教科书,新编合乎"共和民国宗旨"的教科书,把清朝规定的忠君、尊孔、尚公、尚武、尚实的教育方针,改为军国民教育、实利教育、公民道德、世界观、美育等五项。这种教育方针的革新,对中国教育的近代化有着深远的历史影响。孙中山还借鉴西方的文官制度,并吸收中国科举制度中的优点,通过考试选任官员,从而避免任人唯亲的封建官僚制度的缺欠。

在南京临时政府颁布的法律、法规、法令中,最有重要历史意义的应是3月11日由临时大总统孙中山公布的《中华民国临时约法》,共7章56条。其《总纲》规定:中华民国由中华人民组织之,中华民国之主权属于国民全体,以参议院、临时大总统、国务员、法院行使其统治权。《人民》一章规定:中华民国人民一律平等,人民享有人身、居住、言论、出版、集会、信仰等自由,享有请愿、陈诉、考试、选举和被选举等民主权利。这个约法确立了三权即行政、司法和立法独立的原则,将总统制的组织形式改为内阁制,内阁直接向国会负责,限制国家的行政权,从而对总统的权力作了多方的限制,这主要是防止袁世凯专权而规定的。这些法令法规以及国家体制的变更,都

---

① 参见孙中山:《临时大总统宣言书》,《孙中山全集》第二卷,中华书局1982年版,第1—2页。

是史无前例的,是划时代的飞跃!

为了取得外国对革命政权的承认和帮助,孙中山发表《宣告友邦书》,承认革命前清朝签订的一切条约包括卖国的可耻条约,承担过去的外债和赔款,承认外国在华的各种特权和利益。南京临时政府的这种怯懦表现,只会使西方列强认为革命党人软弱可欺,直到被袁世凯窃取政权,南京临时政府也没有获得承认。南京临时政府虽然对资产阶级的利益给予了关注和保护,却没有明确提出冲破农村中的封建土地关系,对农民阶级的利益要求缺乏关注,对反映和保护农民的利益亦缺乏具体的规定。因此,辛亥革命没能领导农民深入开展反封建主义的斗争。这是因为彻底的反帝、反封建的革命,只有在无产阶级及其政党共产党的领导下,才能最后完成。辛亥革命的严重缺欠,应是软弱与不彻底性,恰恰反映了中国民族资产阶级的软弱性和不彻底性即先天不足。若对其过分要求,则脱离了当时的历史条件,也脱离了中国国情的实际。不适当的要求必然得出不切实际的评价。

总之,在评价辛亥革命时,包括对南京临时政府所采取的施政方针和种种举措,不应低估其伟大的历史功绩。辛亥革命不仅是一场政治革命,同时也是一场思想革命。如从思想革命的意义来估量,辛亥革命尤其体现出它的重要价值。推翻帝制,是对中国历经数千年而根深蒂固的封建主义的一次毁灭性的破坏,而资本主义的政治观念和制度,资本主义的经济、军事、文化等,都在中国得到了实践,民主共和的思想得到广大人民群众的认可,并深入人心,帝制已被人民唾弃,从而使中国正式走出中世纪,向近代社会转化。因此,袁世凯窃取政权后实行恢复帝制,立即遭坚决抵制。袁世凯只做了80天的皇帝梦,在全国人民的同声讨伐中一命呜呼。宣统帝溥仪的复辟,也是一场闹剧,被世人唾弃。可见,辛亥革命影响之大,人心向共和,不可逆转。从思想变革看辛亥革命,同样也是成功的。

附 录

大 事 年 事

公元纪年	帝王纪年	大 事
1583 年	明万历十一年	努尔哈赤以"十三副遗甲"起兵,为父祖复仇。
1616 年	万历四十四年 后金天命元年	努尔哈赤在赫图阿拉建后金称汗,年号天命。
1619 年	万历四十七年 天命四年	明与后金决战于萨尔浒,明大败。
1625 年	明天启五年 天命十年	努尔哈赤决策,自辽阳迁都沈阳。
1626 年	天启六年天命十一年	努尔哈赤病逝,享年 68 岁,第八子皇太极即汗位,改元天聪。
1636 年	清崇德元年 (明崇祯九年)	皇太极即皇帝位,改国号为大清,改元为崇德。《太祖武皇帝实录》告成。
1641 年	崇德六年 (明崇祯十四年)	清军围锦州,在松山决战,破明军 13 万,俘其总督洪承畴。
1643 年	崇德八年 (明崇祯十六年)	9 月 21 日(农历八月初九日),皇太极病逝,第九子福临即位,以明年为顺治元年。
1644 年	顺治元年 (明崇祯十七年)	清军入关,大败李自成农民军。进入北京。
1645 年	顺治二年 (南明弘光元年)	清军下江南,入南京,南明弘光政权亡。
1661 年	顺治十八年 (南明永历十五年)	清军入缅,俘永历帝,南明亡。世祖病逝,第三子玄烨即位,改元康熙。

（续表）

公元纪年	帝王纪年	大 事
1667 年	康熙六年	玄烨亲政,原设四辅臣辅政结束。
1673 年	康熙十二年	吴三桂在云南起兵叛清,贵州、广西、四川、福建、陕西等省响应。
1681 年	康熙二十年	吴三桂之乱平,三藩全撤。
1683 年	康熙二十二年	郑克塽降,台湾回归。
1689 年	康熙二十八年	清与沙俄签订《尼布楚条约》。
1690 年	康熙二十九年	圣祖亲征噶尔丹,三十四年、三十六年又两度亲征,噶尔丹之乱平。
1705 年	康熙四十四年	自十七年治河导运,至此,"河工大成矣"。
1712 年	康熙五十一年	自是年始,滋生人丁,永不加赋;3 年内,将全国地丁钱粮全免一次。
1720 年	康熙五十九年	击溃准噶尔叛军,收复西藏。
1722 年	康熙六十一年	圣祖逝世,享年 69 岁,第四子胤禛即位,是为世宗,年号雍正。
1723 年	雍正元年	出兵征剿罗卜藏丹津叛乱,至次年五月平定,设西宁办事大臣,直接管辖青海。
1726 年	雍正四年	清军入藏,平息叛乱,议设驻藏大臣,次年派驻。在西南地区实施改土归流。
1729 年	雍正七年	设军机处。出师伐噶尔丹策零叛军,至十二年,双方达成停战协议。屡兴文字狱。
1733 年	雍正十一年	各省建立书院。
1735 年	雍正十三年	世宗去世,第四子弘历即位,是为高宗,以明年为乾隆元年。
1745 年	乾隆十年	普免全国一年钱粮,三十五年、四十三年、五十年至嘉庆元年(1796),各普免全国一年钱粮,总计赋银达 2 亿两。

(续表)

公元纪年	帝王纪年	大 事
1747 年	乾隆十二年	出师平定四川金川土司之乱。至三十六年,再战金川,于四十一年乱平。
1755 年	乾隆二十年	平西北准噶尔内乱,擒达瓦齐。
1758 年	乾隆二十三年	进军新疆回部,平定霍集占之乱。
1762 年	乾隆二十七年	高宗第三次南巡江浙,最后一次为乾隆四十九年。一生共六下江南。
1771 年	乾隆三十六年	户部库银达 8000 余万两。土尔扈特摆脱沙俄控制,回归祖国。
1772 年	乾隆三十七年	颁布征集天下图书的诏令,为创修《四库全书》之始。至四十年告成,是中国文化史上的一次创举。
1788 年	乾隆五十三年	出兵安南(越南),平息其内乱。镇压台湾林爽文起义。
1790 年	乾隆五十五年	全国人口猛增至 30746.72 万。缅甸求和,接受清廷敕封。
1791 年	乾隆五十六年	反击廓尔喀入侵西藏。改革西藏政体,一切事权皆归驻藏大臣。次年,创设金奔巴瓶抽签选灵童之法。
1793 年	乾隆五十八年	以马戛尔尼为首的英使团首次来华,提出建交、通商等要求,都被拒绝。
1795 年	乾隆六十年	贵州苗民起义。
1796 年	嘉庆元年	正月,高宗将帝位禅让给第十五子颙琰,是为仁宗,高宗称太上皇。川、楚、陕白莲教大起义。
1799 年	嘉庆四年	高宗去世,享年 89 岁。逮治权臣和珅及其同党。

（续表）

公元纪年	帝王纪年	大　事
1802 年	嘉庆七年	广东博罗、归善、永安等地爆发天地会起义。
1813 年	嘉庆十八年	京畿、河南、山东天理教起义；陕西岐山三才峡木工起义。
1820 年	嘉庆二十五年	仁宗病逝于承德避暑山庄，次子绵宁即位，是为宣宗，改年号为道光。
1834 年	道光十四年	全国人口突破 4 亿大关。
1839 年	道光十九年	林则徐下令外商呈缴鸦片；在虎门镇销烟。
1840 年	道光二十年	中英鸦片战争爆发。
1842 年	道光二十二年	在南京城下的英舰上签订耻辱的《南京条约》。
1844 年	道光二十四年	美国强迫清政府签订《望厦条约》，法国则强签《黄埔条约》。
1851 年	咸丰元年	道光三十年十二月初十日洪秀全于广西金田村发动起义，建太平军。宣宗第四子奕詝即位，是为文宗，年号为咸丰。
1856 年	咸丰六年	英国挑起第二次鸦片战争。次年，法国加入，联合侵华。
1858 年	咸丰八年	清军战败，被迫与英、法分签《天津条约》。俄、美又逼签了中俄、中美《天津条约》。俄又强签中俄《瑷珲条约》。
1860 年	咸丰十年	英法侵略军侵入北京，火烧圆明园，再强签中法、中英《北京条约》。俄则强签《中俄北京条约》，割占东北大片土地。
1861 年	咸丰十一年	文宗病逝于承德避暑山庄，时年 31 年。长子载淳即位，是为穆宗，改年号，初定祺祥，再定为同治。议定太后垂帘听政。西太后与恭亲王奕訢发动政变，推翻载垣等八大臣辅政。史称"辛酉政变"。
1864 年	同治三年	湘军攻克南京。太平天国失败。

(续表)

公元纪年	帝王纪年	大事
1865 年	同治四年	李鸿章在上海创办江南机器制造总局,在南京办成金陵机器制造总局。此即洋务运动。
1870 年	同治九年	天津教案爆发。
1872 年	同治十一年	轮船招商局成立。
1873 年	同治十二年	穆宗亲政。
1874 年	同治十三年	穆宗以天花病不治而逝,时年19岁。载湉即位,改年号为光绪。
1876 年	光绪二年	李鸿章与英使签订《烟台条约》。
1881 年	光绪七年	东太后去世。
1882 年	光绪八年	中俄签订《伊犁条约》。
1883 年	光绪九年	法军炮击清军,挑起战争。
1884 年	光绪十年	清政府向法宣战。
1889 年	光绪十五年	为光绪帝举行亲政大典。
1894 年	光绪二十年	清政府对日宣战,甲午战争爆发。
1895 年	光绪二十一年	中国战败,李鸿章在日签订屈辱的《马关条约》。
1896 年	光绪二十二年	与沙俄签订《中俄密约》。
1898 年	光绪二十四年	康有为进呈《应诏统筹全局折》。光绪帝宣布变法。
1900 年	光绪二十六年	义和团运动爆发。清政府对英、美等八国同时"宣战"。清军战败。八国联军进犯北京。签订《辛丑条约》。

（续表）

公元纪年	帝王纪年	大　事
1908 年	光绪三十四年	光绪帝病逝于瀛台涵元殿，终年 38 岁。以醇亲王载沣之子、年仅 3 岁的溥仪为嗣皇帝，以明年为宣统元年。慈禧太后亦病逝。
1911 年	宣统三年	武昌新军起义，即辛亥革命爆发。宣统帝退位，国家政权移交中华民国。清朝灭亡。

新版后记

该说的话，已在本书的《新版前言》中都说了，但细一想，似有未竟之言；已说过的话，似嫌未说得很明白，把这些未竟之言的话写在《新版后记》里，也不算多余。

本书在首版10多年后，现由人民文学出版社重新出版。就全书内容而言，大体保持原貌不变，只订改了个别之处。这是否说，本书尽善尽美，无可更改？完全不是这个意思。我在《新版前言》已做了解释，这里不妨再强调，一是本书长短即文字量适中。以目前所见百年清史书目，最长当推萧一山《清代通史》达400余万言，最短者为郑天挺之《清史简述》，不过数万言，也说清了清朝兴盛衰亡的历史过程。其中，还有三百万言、数十万言的，不下20余部。2003年，由国家批准实施的《清史纂修工程》，总字数达3000万言，是不是就把清史写尽了？也未必。写史无论是断代，还是通史，可长可短，可详可略，关键是是否抓住了主要问题，其次是定位给谁阅读？由此再决定长短。一句话，不以长短论高下。本书一是以高校清史教学、清史专业研究者、硕士生，以及喜欢清史的广大社会读者为阅读对象，本书的长短，较为适宜阅读。二是基本勾勒出清史完整的过程，大事、重要史实不漏，举凡重要人物、有影响的人物，一个不少，给予必要的历史地位。以小见大，诸多看似小事、小人物等等，不予忽视，引进书中，以丰富历史的内涵。三是全书的文字风格统一，雅俗相间，可读性强，专业学者、普通读者皆宜。最后，就是本书的观念、观点，在当前仍然适用，在可预见的将来，这些基本观点，不会过时。出于以上评估与判断，本书还是不增不减不改为好！否则，可能是画蛇添足，多此一举；或许弄巧反拙，费力不讨好！

清史是中国断代史中，学术分歧、不同观点对峙、说法最多的一门断代史，从对清史的总体评价，到具体事、具体人物，真是分歧无处不在！从撰写

新版后记

伊始,我就公开声明:这部清史,不跟风,不随声附和,也不崇信权威,它就是表达东北籍清史学者的一种"清史观"。十多年过去了,我们的"清史观"经受住了时间的检验,也经受住了不同学术思潮的冲击。如与美国的"新清史"相比较,尤其反证本书的"清史观"的重大学术价值。

从本书此次再出版,我和本书的作者们获得一个重要启示:一个真正的学者,撰写出高水平、高品位的学术著作,才具有恒久的生命力,传之久远,盛传不衰。反之,必然随着时间的流逝,很快便消失得无影无踪,早被人们遗忘!欲使一部论著具有生命力,关键就在于学者本人的学术识见与治学态度。一选题,其学术价值与现实的理论意义,具有长效的借鉴作用;二真实,即论著所写之史,必须真实可信,来不得半点虚假!一句话,历史的真实性永远是学术第一位!三解读即对每事、每个人,直至一条史料,能做出合情合理的解释,给出正确答案,使读者从中大受启发,因而置信不疑。四语言文字,一部高水平的论著,必用中国风格的完美语言来表述。低下的文字,枯燥的语言乏味;采用西式语言,亦不得读者之欢心。

纵览清亡百年间,有多少部清史问世!但让人们记得并还在继续出版的清史,大概也只有萧一山的《清代通史》等很少的两三部而已。萧氏清史,大抵符合上列四项基本要求。本书是否也符合?只是一种期许,这要靠广大读者来做判断了。

这些想法,是因本书再出版而引出来的话题,把它说出来,与读者们共勉、共思考、共受益!

实话实说,当初撰写这部清史,真不是件易事!靠着努力与坚持,才把本书写完!还好,本书受到学术界的肯定,也受到广大读者的喜爱。但我和本书的作者们并不以此为满足,再过若干年,真的想修订,就把这部书修理得更完善!

写到这里,我无法忘怀当年给予本书以宝贵支持的清史学界的诸多朋友。王思治教授就是给我支持最多的一位老师长。可以肯定,没有他的鼎力支持与激励,我是无缘来写这部书的。他对本书倾注了极大的热情并为之撰写文章,给予我的鼓励与支持,难以用语言文字来表达!可惜,这位令我十分敬重的师长已驾鹤西去。他不可能看到本书之再出版,但本书之再版,既是对他的纪念,也是对他的感激!

这里,我还要再次感谢人民文学出版社,为本书之重新面世,提供了千载难逢之机遇,这等于给予了本书一次新的生命,在此表示感谢！尤其感谢责任编辑杨华女士对本书的赏识。她在审读书稿中,广查史料,订正了初版中存在的一些讹误,付出的辛苦,难能可贵。在此代表本书的诸位作者表达敬意与慰问。

　　我在《新版前言》中还特别提到中国人民大学清史所孔勇博士及国家清史编纂委员会周小东先生,为本书之出版,做了许多我不能做的事,这使我感动不已。借此机会,再次向他俩致敬、致谢！

　　向支持本书出版的同仁、朋友们真诚致谢！

李 治 亭

2019 年 5 月 2 日于北京

清史

敬天勤民之寶